NomosGesetze

Landesrecht Mecklenburg-Vorpommern

Textsammlung

Herausgegeben von

Prof. Dr. Sabine Schlacke, Universität Greifswald
Vizepräsidentin des Staatsgerichtshofs der Freien Hansestadt Bremen

Dr. Joachim Kronisch, Präsident des Verwaltungsgerichts Schwerin

Dr. Thomas Darsow, Ministerialdirigent a. D.
(ehem. Ministerium für Inneres und Europa Mecklenburg-Vorpommern)

24. Auflage

Stand: 1. August 2022

Nomos

Die Deutsche Nationalbibliothek verzeichnet diese Publikation in der Deutschen Nationalbibliografie; detaillierte bibliografische Daten sind im Internet über http://dnb.d-nb.de abrufbar.

ISBN 978-3-8487-7409-8

24. Auflage 2022

Vorwort zur 24. Auflage

Die Textsammlung wichtiger Landesnormen in Mecklenburg-Vorpommern versteht sich weiterhin vor allem als Hilfsmittel für die Ausbildung im Studium und Referendariat, um sich mit dem hiesigen Landesrecht vertraut zu machen. Zugleich bietet sie der Rechtswissenschaft, Anwaltschaft und Praxis in Justiz, Verwaltung und Wirtschaft einen raschen Zugriff auf wesentliche Landesvorschriften.

Mit der 24. Auflage wird berücksichtigt, dass am 1. April 2022 Änderungen der Juristenausbildungs- und Prüfungsordnung (JAPO) M-V in Kraft getreten sind, die im Wesentlichen den Prüfungsstoff der Pflichtfächer (Zivilrecht, Strafrecht und Öffentliches Recht) für die Erste juristische Prüfung ändern. Hinsichtlich der Zweiten juristischen Staatsprüfung tritt eine entsprechende, den Prüfungsstoff anpassende Änderung der JAPO ab dem 1. August 2022 in Kraft.
Neben der Neuverkündung der Geschäftsordnung des Landtages M-V ist noch auf Änderungen des Abgeordnetengesetzes M-V und der Landeshaushaltsordnung M-V hinzuweisen.
Ebenfalls ist die Verfassung hinsichtlich des Entschädigungsanspruchs von Landtagsabgeordneten geändert worden (Art. 22 Abs. 3 S. 2 Verfassung M-V).

Die 24. Auflage gibt den Stand vom 1. August 2022 wieder.

Anregungen zur Gesetzessammlung, insbesondere zur Aufnahme oder zum Wegfall von Gesetzen und Verordnungen, sowie kritische Anmerkungen und Hinweise auf Korrigenda nehmen wir gerne entgegen.

Schwerin und Greifswald, im Juli 2022

Sabine Schlacke
Thomas Darsow
Joachim Kronisch

Inhalt

Verfassung
des Landes Mecklenburg-Vorpommern

Vom 23. Mai 1993 (GVOBl. M-V S. 372)
(GS Meckl.-Vorp. Gl. Nr.100-4)
zuletzt geändert durch Art. 1 Fünftes ÄndG vom 21. Dezember 2021 (GVOBl. M-V S. 1806)

Der Landtag hat die folgende Verfassung des Landes Mecklenburg-Vorpommern mit der Mehrheit von zwei Dritteln seiner Mitglieder beschlossen:[1][2]

Übersicht über die Artikel der Verfassung

---

1) **Amtl. Anm.:** Die Verfassung wird gemäß § 1 Abs. 1 des Gesetzes über die Verabschiedung und das Inkrafttreten der Verfassung des Landes Mecklenburg-Vorpommern mit dieser Verkündung als vorläufige Verfassung mit Ausnahme des Artikels 36 (Bürgerbeauftragter) sowie der Artikel 52 bis 54 über das Landesverfassungsgericht und des Absatzes 4 Satz 2 von Artikel 60 (Volksbegehren und Volksentscheid) in Kraft gesetzt. Wird die Verfassung gemäß § 1 Abs. 1 des vorstehend genannten Gesetzes im Volksentscheid von der Mehrheit der an der Abstimmung teilnehmenden Stimmberechtigten gebilligt, so wird dies im Gesetz- und Verordnungsblatt verkündet. In diesem Fall tritt diese Verfassung mit Beendigung der Ersten Wahlperiode des Landtages endgültig in Kraft.

2) Die Erste Wahlperiode endete mit dem 28.9.1994, damit tritt die Verfassung **am 29.9.1994 in Kraft**; vgl. die Bek. über das endgültige Inkrafttreten der Verfassung des Landes Mecklenburg-Vorpommern v. 23.8.1994 (GVOBl. S. 811).

Präambel

Im Bewußtsein der Verantwortung aus der deutschen Geschichte sowie gegenüber den zukünftigen Generationen,
erfüllt von dem Willen, die Würde und Freiheit des Menschen zu sichern, dem inneren und äußeren Frieden zu dienen, ein sozial gerechtes Gemeinwesen zu schaffen, den wirtschaftlichen Fortschritt aller zu fördern, die Schwachen zu schützen und die natürlichen Grundlagen des Lebens zu sichern,
entschlossen, ein lebendiges, eigenständiges und gleichberechtigtes Glied der Bundesrepublik Deutschland in der europäischen Völkergemeinschaft zu sein,
im Wissen um die Grenzen menschlichen Tuns,
haben sich die Bürger Mecklenburg-Vorpommerns auf der Grundlage des Grundgesetzes für die Bundesrepublik Deutschland in freier Selbstbestimmung diese Landesverfassung gegeben.

1. Abschnitt: Grundlagen

I. Staatsform

Artikel 1 (Das Land Mecklenburg-Vorpommern)

(1) Mecklenburg und Vorpommern bilden gemeinsam das Land Mecklenburg-Vorpommern.
(2) Mecklenburg-Vorpommern ist ein Land der Bundesrepublik Deutschland.
(3) [1]Die Landesfarben sind blau, weiß, gelb und rot. [2]Das Nähere über Landesfarben und Landeswappen sowie deren Gebrauch regelt das Gesetz.

Artikel 2 (Staatsgrundlagen)

Mecklenburg-Vorpommern ist ein republikanischer, demokratischer, sozialer und dem Schutz der natürlichen Lebensgrundlagen verpflichteter Rechtsstaat.

Artikel 3 (Demokratie)

(1) [1]Alle Staatsgewalt geht vom Volke aus. [2]Sie wird vom Volke in Wahlen und Abstimmungen sowie durch die Organe der Gesetzgebung, der vollziehenden Gewalt und der Rechtsprechung ausgeübt.

(2) Die Selbstverwaltung in den Gemeinden und Kreisen dient dem Aufbau der Demokratie von unten nach oben.

(3) Die Wahlen zu den Volksvertretungen im Lande, in den Gemeinden und Kreisen sind allgemein, unmittelbar, frei, gleich und geheim.

(4) Parteien und Bürgerbewegungen wirken bei der politischen Willensbildung des Volkes mit.

Artikel 4 (Bindung an Gesetz und Recht)

Die Gesetzgebung ist an das Grundgesetz für die Bundesrepublik Deutschland und an die Landesverfassung, die vollziehende Gewalt und die Rechtsprechung sind an Gesetz und Recht gebunden.

II.
Grundrechte

Artikel 5 (Menschenrechte, Geltung der Grundrechte des Grundgesetzes)

(1) Das Volk von Mecklenburg-Vorpommern bekennt sich zu den Menschenrechten als Grundlage der staatlichen Gemeinschaft, des Friedens und der Gerechtigkeit.

(2) Das Land Mecklenburg-Vorpommern ist um des Menschen Willen da; es hat die Würde aller in diesem Land lebenden oder sich hier aufhaltenden Menschen zu achten und zu schützen.

(3) Die im Grundgesetz für die Bundesrepublik Deutschland festgelegten Grundrechte und staatsbürgerlichen Rechte sind Bestandteil dieser Verfassung und unmittelbar geltendes Recht.

Artikel 6 (Datenschutz, Informationsrechte)

(1) [1]Jeder hat das Recht auf Schutz seiner personenbezogenen Daten. [2]Dieses Recht findet seine Grenzen in den Rechten Dritter und in den überwiegenden Interessen der Allgemeinheit.

(2) Jeder hat das Recht auf Auskunft über ihn betreffende Daten, soweit nicht Bundesrecht, rechtlich geschützte Interessen Dritter oder überwiegende Interessen der Allgemeinheit entgegenstehen.

(3) Jeder hat das Recht auf Zugang zu Informationen über die Umwelt, die bei der öffentlichen Verwaltung vorhanden sind.

(4) Das Nähere regelt das Gesetz.

Artikel 7 (Freiheit von Kunst und Wissenschaft)

(1) [1]Kunst, Wissenschaft, Forschung und Lehre sind frei. [2]Die Freiheit der Lehre entbindet nicht von der Treue zur Verfassung.

(2) Forschung unterliegt gesetzlichen Beschränkungen, wenn sie die Menschenwürde zu verletzen oder die natürlichen Lebensgrundlagen nachhaltig zu gefährden droht.

(3) [1]Hochschulen sind in der Regel Körperschaften des öffentlichen Rechts. [2]Sie verfügen im Rahmen der Gesetze über das Recht zur Selbstverwaltung. [3]In akademischen Angelegenheiten sind sie weisungsfrei.

(4) Auch andere wissenschaftliche Einrichtungen haben das Recht der Selbstverwaltung im Rahmen der Gesetze.

Artikel 8 (Chancengleichheit im Bildungswesen)

[1]Jeder hat nach seiner Begabung das Recht auf freien Zugang zu allen öffentlichen Bildungseinrichtungen, unabhängig von seiner wirtschaftlichen und sozialen Lage sowie seiner weltanschaulichen oder politischen Überzeugung. [2]Das Nähere regelt das Gesetz.

Artikel 9 (Kirchen und Religionsgesellschaften)

(1) Die Bestimmungen der Art. 136 bis 139 und 141 der Deutschen Verfassung vom 11. August 1919 sind Bestandteil dieser Verfassung.

(2) Das Land und die Kirchen sowie die ihnen gleichgestellten Religions- und Weltanschauungsgesellschaften können Fragen von gemeinsamen Belangen durch Vertrag regeln.

(3) [1]Die Einrichtung theologischer Fakultäten an den Landesuniversitäten wird den Kirchen nach Maßgabe eines Vertrages im Sinne des Absatz 2 gewährleistet. [2]Artikel 7 Abs. 3 bleibt unberührt.

Artikel 10 (Petitionsrecht)

[1]Jeder hat das Recht, sich einzeln oder in Gemeinschaft mit anderen schriftlich mit Bitten oder Beschwerden an die zuständigen Stellen und an die Volksvertretung zu wenden. [2]In angemessener Frist ist ein begründeter Bescheid zu erteilen.

III.
Staatsziele

Artikel 11 (Europäische Integration, grenzüberschreitende Zusammenarbeit)

Das Land Mecklenburg-Vorpommern wirkt im Rahmen seiner Zuständigkeiten an dem Ziel mit, die europäische Integration zu verwirklichen und die grenzüberschreitende Zusammenarbeit, insbesondere im Ostseeraum, zu fördern.

Artikel 12 (Umweltschutz)

(1) [1]Land, Gemeinden und Kreise sowie die anderen Träger der öffentlichen Verwaltung schützen und pflegen im Rahmen ihrer Zuständigkeiten die natürlichen Grundlagen jetzigen und künftigen Lebens und die Tiere. [2]Sie wirken auf den sparsamen Umgang mit Naturgütern hin.

(2) [1]Land, Gemeinden und Kreise schützen und pflegen die Landschaft mit ihren Naturschönheiten, Wäldern, Fluren und Alleen, die Binnengewässer und die Küste mit den Haff- und Boddengewässern. [2]Der freie Zugang zu ihnen wird gewährleistet.

(3) [1]Jeder ist gehalten, zur Verwirklichung der Ziele der Absätze 1 und 2 beizutragen. [2]Dies gilt insbesondere für die Land-, Forst- und Gewässerwirtschaft in ihrer Bedeutung für die Landschaftspflege.

(4) Eingriffe in Natur und Landschaft sollen vermieden, Schäden aus unvermeidbaren Eingriffen ausgeglichen und bereits eingetretene Schäden, soweit es möglich ist, behoben werden.

(5) Das Nähere regelt das Gesetz.

Artikel 13 (Förderung der Gleichstellung von Frauen und Männern)

[1]Die Förderung der tatsächlichen Gleichstellung von Frauen und Männern ist Aufgabe des Landes, der Gemeinden und Kreise sowie der anderen Träger der öffentlichen Verwaltung. [2]Dies gilt insbesondere für die Besetzung von öffentlich-rechtlichen Beratungs- und Beschlußorganen.

Artikel 14 (Schutz der Kinder und Jugendlichen)

(1) [1]Kinder und Jugendliche genießen als eigenständige Personen den Schutz des Landes, der Gemeinden und Kreise vor körperlicher und seelischer Vernachlässigung. [2]Sie sind durch staatliche und kommunale Maßnahmen und Einrichtungen gegen Ausbeutung sowie gegen sittliche, geistige und körperliche Verwahrlosung und gegen Misshandlung zu schützen.

(2) Land, Gemeinden und Kreise wirken darauf hin, daß für Kinder Betreuungseinrichtungen zur Verfügung stehen.

(3) Kinder und Jugendliche sind vor Gefährdung ihrer körperlichen und seelischen Entwicklung zu schützen.

(4) [1]Kinder und Jugendliche sind Träger von Rechten, deren Ausgestaltung die Persönlichkeit fördert und ihren wachsenden Fähigkeiten und Bedürfnissen zu selbstständigem Handeln entspricht. [2]Land, Gemeinden und Kreise fördern die Teilhabe von Kindern und Jugendlichen an der Gesellschaft.

Artikel 15 (Schulwesen)

(1) Das gesamte Schulwesen steht unter der Aufsicht des Landes.

(2) [1]Land, Gemeinden und Kreise sorgen für ein ausreichendes und vielfältiges öffentliches Schulwesen. [2]Es besteht allgemeine Schulpflicht.

(3) [1]Die Durchlässigkeit der Bildungsgänge wird gewährleistet. [2]Für die Aufnahme an weiterführenden Schulen sind außer dem Willen der Eltern nur Begabung und Leistung des Schülers maßgebend.

(4) Das Ziel der schulischen Erziehung ist die Entwicklung zur freien Persönlichkeit, die aus Ehrfurcht vor dem Leben und im Geiste der Toleranz bereit ist, Verantwortung für die Gemeinschaft mit anderen Menschen und Völkern sowie gegenüber künftigen Generationen zu tragen.

(5) Die Schulen achten die religiösen und weltanschaulichen Überzeugungen der Schüler, Eltern und Lehrer.

(6) Das Nähere regelt das Gesetz.

Artikel 16 (Förderung von Kultur und Wissenschaft)

(1) [1]Land, Gemeinden und Kreise schützen und fördern Kultur, Sport, Kunst und Wissenschaft. [2]Dabei werden die besonderen Belange der beiden Landesteile Mecklenburg und Vorpommern berücksichtigt.

(2) Das Land schützt und fördert die Pflege der niederdeutschen Sprache.

(3) [1]Hochschulen und andere wissenschaftliche Einrichtungen sollen in ausreichendem Maße eingerichtet, unterhalten und gefördert werden. [2]Freie Träger sind zugelassen.

(4) Land, Gemeinden und Kreise fördern Einrichtungen der Jugend- und Erwachsenenbildung.

Artikel 17 (Arbeit, Wirtschaft und Soziales)

(1) [1]Das Land trägt zur Erhaltung und Schaffung von Arbeitsplätzen bei. [2]Es sichert im Rahmen des gesamtwirtschaftlichen Gleichgewichts einen hohen Beschäftigungsstand.

(2) [1]Land, Gemeinden und Kreise wirken im Rahmen ihrer Zuständigkeit darauf hin, daß jedem angemessener Wohnraum zu sozial tragbaren Bedingungen zur Verfügung steht. [2]Sie unterstützen insbesondere den Wohnungsbau und die Erhaltung vorhandenen Wohnraums. [3]Sie sichern jedem im Notfall ein Obdach.

Artikel 17a (Schutz von alten Menschen und Menschen mit Behinderung)

[1]Land, Gemeinden und Kreise gewähren alten Menschen und Menschen mit Behinderung besonderen Schutz. [2]Soziale Hilfe und Fürsorge sowie staatliche und kommunale Maßnahmen dienen dem Ziel, das Leben gleichberechtigt und eigenverantwortlich zu gestalten.

Artikel 18 (Nationale Minderheiten und Volksgruppen)

Die kulturelle Eigenständigkeit ethnischer und nationaler Minderheiten und Volksgruppen von Bürgern deutscher Staatsangehörigkeit steht unter dem besonderen Schutz des Landes.

Artikel 18a (Friedensverpflichtung, Gewaltfreiheit)

(1) Alles staatliche Handeln muss dem inneren und äußeren Frieden dienen und Bedingungen schaffen, unter denen gesellschaftliche Konflikte gewaltfrei gelöst werden können.

(2) Handlungen, die geeignet sind und in der Absicht vorgenommen werden, das friedliche Zusammenleben der Völker oder der Bürger Mecklenburg-Vorpommerns zu stören und insbesondere darauf gerichtet sind, rassistisches oder anderes extremistisches Gedankengut zu verbreiten, sind verfassungswidrig.

Artikel 19 (Initiativen und Einrichtungen der Selbsthilfe)

(1) Land, Gemeinden und Kreise fördern Initiativen, die auf das Gemeinwohl gerichtet sind und der Selbsthilfe sowie dem solidarischen Handeln dienen.

(2) Die soziale Tätigkeit der Kirchen, der Träger der freien Wohlfahrtspflege und der freien Jugendhilfe wird geschützt und gefördert.

2. Abschnitt: Staatsorganisation

I. Landtag

Artikel 20 (Aufgaben und Zusammensetzung)

(1) [1]Der Landtag ist die gewählte Vertretung des Volkes. [2]Er ist Stätte der politischen Willensbildung. [3]Er wählt den Ministerpräsidenten, übt die gesetzgebende Gewalt aus und kontrolliert die Tätigkeit der Landesregierung und der Landesverwaltung. [4]Er behandelt öffentliche Angelegenheiten.

(2) [1]Der Landtag besteht aus mindestens einundsiebzig Abgeordneten. [2]Sie werden in freier, gleicher, allgemeiner, geheimer und unmittelbarer Wahl nach den Grundsätzen einer mit der Personenwahl verbundenen Verhältniswahl gewählt. [3]Die in Satz 1 genannte Zahl ändert sich nur, wenn Überhang- oder Ausgleichsmandate entstehen oder wenn Sitze leer bleiben. [4]Das Nähere regelt das Gesetz.

(3) Sitz des Landtages ist das Schloß zu Schwerin.

Artikel 21 (Wahlprüfung)

(1) [1]Die Wahlprüfung ist Aufgabe des Landtages. [2]Dieser entscheidet auch, ob ein Abgeordneter seinen Sitz im Landtag verloren hat.

(2) Die Entscheidungen des Landtages können beim Landesverfassungsgericht angefochten werden.

(3) Das Nähere regelt das Gesetz.

Artikel 22 (Stellung der Abgeordneten)

(1) Die Abgeordneten sind Vertreter des ganzen Volkes, an Aufträge und Weisungen nicht gebunden und nur ihrem Gewissen unterworfen.

(2) [1]Die Abgeordneten haben das Recht, im Landtag und in seinen Ausschüssen das Wort zu ergreifen sowie Fragen und Anträge zu stellen. [2]Sie können bei Wahlen und Beschlüssen ihre Stimme abgeben. [3]Das Nähere regelt die Geschäftsordnung.

(3) [1]Die Abgeordneten haben Anspruch auf eine angemessene, ihre Unabhängigkeit sichernde Entschädigung. [2]Auf diesen Anspruch kann nicht verzichtet werden, er ist nur zu einem Viertel übertragbar. [3]Das Nähere regelt das Gesetz.

Artikel 23 (Kandidatur)

(1) Wer sich um einen Sitz im Landtag bewirbt, hat Anspruch auf den zur Vorbereitung seiner Wahl erforderlichen Urlaub.

(2) [1]Niemand darf gehindert werden, das Amt eines Abgeordneten zu übernehmen und auszuüben. [2]Eine Kündigung oder Entlassung aus diesem Grunde ist unzulässig.

Artikel 24 (Indemnität, Immunität, Zeugnisverweigerungsrecht)

(1) [1]Abgeordnete dürfen zu keiner Zeit wegen einer Abstimmung oder wegen einer Äußerung im Landtag oder in einem seiner Ausschüsse gerichtlich oder dienstlich verfolgt oder sonst außerhalb des Landtages zur Verantwortung gezogen werden. [2]Dies gilt nicht für verleumderische Beleidigungen.

(2) [1]Wegen einer mit Strafe bedrohten Handlung dürfen Abgeordnete nur mit Genehmigung des Landtages zur Verantwortung gezogen oder verhaftet werden, es sei denn, sie werden bei Ausübung der Tat oder im Laufe des folgenden Tages festgenommen. [2]Strafverfahren gegen Abgeordnete sowie Haft oder sonstige Beschränkungen ihrer persönlichen Freiheit sind auf Verlangen des Landtages auszusetzen.

(3) [1]Die Abgeordneten sind berechtigt, das Zeugnis zu verweigern über Personen, die ihnen in ihrer Eigenschaft als Abgeordnete Tatsachen anvertraut haben, über Personen, denen sie in ihrer Eigenschaft als Abgeordnete Tatsachen anvertraut haben, sowie über diese Tatsachen selbst. [2]Insoweit sind auch Schriftstücke der Beschlagnahme entzogen.

Artikel 25 (Fraktionen)

(1) [1]Eine Vereinigung von mindestens vier Mitgliedern des Landtages bildet eine Fraktion. [2]Das Nähere regelt die Geschäftsordnung.

(2) [1]Fraktionen sind selbständige und unabhängige Gliederungen des Landtages. [2]Sie wirken mit eigenen Rechten und Pflichten bei der parlamentarischen Willensbildung mit. [3]Sie haben Anspruch auf angemessene Ausstattung. [4]Das Nähere regelt das Gesetz.

(3) Die Fraktionen haben Sitz und Stimme im Ältestenrat des Landtages.

Artikel 26 (Parlamentarische Opposition)

(1) Die Fraktionen und die Mitglieder des Landtages, welche die Regierung nicht stützen, bilden die parlamentarische Opposition.

(2) Sie hat insbesondere die Aufgabe, eigene Programme zu entwickeln und Initiativen für die Kontrolle von Landesregierung und Landesverwaltung zu ergreifen sowie Regierungsprogramm und Regierungsentscheidungen kritisch zu bewerten.

(3) Die parlamentarische Opposition hat in Erfüllung ihrer Aufgaben das Recht auf politische Chancengleichheit.

Artikel 27 (Wahlperiode)

(1) [1]Der Landtag wird vorbehaltlich der nachfolgenden Bestimmungen auf fünf Jahre gewählt. [2]Seine Wahlperiode beginnt mit seinem Zusammentritt und endet mit dem Zusammentritt eines neuen Landtages. [3]Die Neuwahl findet frühestens achtundfünfzig, spätestens einundsechzig Monate nach Beginn der Wahlperiode statt.

(2) [1]Der Landtag kann auf Antrag eines Drittels mit der Mehrheit von zwei Dritteln seiner Mitglieder unter gleichzeitiger Bestimmung eines Termins zur Neuwahl die Wahlperiode vorzeitig beenden. [2]Über den Antrag auf Beendigung kann frühestens nach einer Woche und muß spätestens einen Monat

nach Abschluß der Aussprache abgestimmt werden. [3]Die Neuwahl darf frühestens sechzig Tage und muß spätestens neunzig Tage nach dem Beschluß über die Beendigung der Wahlperiode stattfinden.

Artikel 28 (Zusammentritt des Landtages)

[1]Nach jeder Neuwahl tritt der Landtag spätestens am dreißigsten Tag nach der Wahl zusammen. [2]Er wird vom Präsidenten des alten Landtages einberufen.

Artikel 29 (Landtagspräsident, Geschäftsordnung)

(1) [1]Der Landtag wählt den Präsidenten, die Vizepräsidenten, die Schriftführer und deren Stellvertreter. [2]Der Landtag gibt sich eine Geschäftsordnung.

(2) [1]Der Präsident und die Vizepräsidenten können durch Beschluß des Landtages abberufen werden. [2]Der Beschluß setzt einen Antrag der Mehrheit der Mitglieder des Landtages voraus. [3]Er bedarf der Zustimmung einer Mehrheit von zwei Dritteln der Mitglieder des Landtages.

(3) [1]Der Präsident leitet nach Maßgabe der Geschäftsordnung die Verhandlungen und führt die Geschäfte des Landtages. [2]Er übt das Hausrecht und die Ordnungsgewalt im Landtag aus.

(4) In den Räumen des Landtages darf eine Durchsuchung oder Beschlagnahme nur mit Zustimmung des Präsidenten vorgenommen werden.

(5) Der Präsident vertritt das Land in allen Rechtsgeschäften und Rechtsstreitigkeiten des Landtages.

(6) [1]Der Präsident leitet die Verwaltung der gesamten wirtschaftlichen Angelegenheiten des Landtages nach Maßgabe des Landeshaushaltsgesetzes und stellt den Entwurf des Haushaltsplanes des Landtages fest. [2]Ihm obliegen die Einstellung und Entlassung der Angestellten und Arbeiter sowie die Ernennung, Entlassung und Versetzung in den Ruhestand der Beamten des Landtages nach den geltenden Rechts- und Verwaltungsvorschriften. [3]Der Präsident ist oberste Dienstbehörde aller Beschäftigten des Landtages.

Artikel 30 (Ältestenrat)

(1) [1]Der Ältestenrat besteht aus dem Präsidenten, den Vizepräsidenten und je einem Vertreter der Fraktionen. [2]Er unterstützt den Präsidenten bei der Wahrnehmung seiner Aufgaben.

(2) Die Feststellung des Entwurfs des Haushaltsplanes des Landtages, Entscheidungen nach Art. 29 Abs. 6 Satz 2 und solche, die Verhaltensregeln für die Abgeordneten betreffen oder die Fraktionen des Landtages in ihrer Gesamtheit berühren, trifft der Präsident im Benehmen mit dem Ältestenrat.

Artikel 31 (Öffentlichkeit, Berichterstattung)

(1) [1]Der Landtag verhandelt öffentlich. [2]Die Öffentlichkeit kann auf Antrag eines Viertels der Mitglieder des Landtages oder der Landesregierung mit einer Mehrheit von zwei Dritteln der anwesenden Mitglieder des Landtages ausgeschlossen werden. [3]Über den Antrag wird in nichtöffentlicher Sitzung entschieden.

(2) Wegen wahrheitsgetreuer Berichte über die öffentlichen Sitzungen des Landtages oder seiner Ausschüsse darf niemand zur Verantwortung gezogen werden.

Artikel 32 (Beschlußfassung, Wahlen)

(1) [1]Der Landtag beschließt mit der Mehrheit der abgegebenen Stimmen, soweit diese Verfassung nichts anderes vorschreibt. [2]Für die vom Landtag vorzunehmenden Wahlen können Gesetze oder die Geschäftsordnung größere Mehrheiten vorsehen.

(2) Mehrheit der Mitglieder des Landtages im Sinne dieser Verfassung ist die Mehrheit seiner gesetzlichen Mitgliederzahl.

(3) Der Landtag ist beschlußfähig, wenn die Mehrheit seiner Mitglieder anwesend ist.

(4) [1]Es ist in der Regel offen abzustimmen. [2]Die vom Landtag vorzunehmenden Wahlen sind in der Regel geheim. [3]Im übrigen können in Gesetzen oder in der Geschäftsordnung des Landtages Ausnahmen vorgesehen werden.

Artikel 33 (Ausschüsse)

(1) Zur Vorbereitung seiner Verhandlungen und Beschlüsse setzt der Landtag Ausschüsse ein, deren Zusammensetzung dem Stärkeverhältnis der Fraktionen zu entsprechen und den Rechten fraktionsloser Abgeordneter Rechnung zu tragen hat.

(2) [1]Die Ausschüsse werden im Rahmen der ihnen vom Landtag erteilten Aufträge tätig. [2]Sie können sich auch unabhängig von Aufträgen mit Angelegenheiten aus ihrem Aufgabengebiet befassen und hierzu dem Landtag Empfehlungen geben.

(3) Ausschußsitzungen sind in der Regel nicht öffentlich, soweit nicht der Ausschuß für einzelne Sitzungen oder Beratungsgegenstände anderes beschließt.

Artikel 34 (Untersuchungsausschüsse)

(1) [1]Der Landtag hat das Recht und auf Antrag eines Viertels seiner Mitglieder die Pflicht, zur Aufklärung von Tatbeständen im öffentlichen Interesse einen Untersuchungsausschuß einzusetzen. [2]Der Untersuchungsausschuß erhebt die erforderlichen Beweise in öffentlicher Verhandlung. [3]Beweiserhebungen, die gesetzliche Vorschriften oder Staatsgeheimnisse oder schutzwürdige Interessen einzelner, insbesondere des Datenschutzes, verletzen, sind unzulässig. [4]Seine Beratungen sind nicht öffentlich. [5]Der Ausschluß der Öffentlichkeit bei der Beweiserhebung und die Herstellung der Öffentlichkeit bei der Beratung bedürfen einer Mehrheit von zwei Dritteln der Mitglieder des Ausschusses. [6]Über den Ausschluß der Öffentlichkeit wird in nichtöffentlicher Sitzung entschieden.

(2) [1]Im Untersuchungsausschuß sind die Fraktionen mit mindestens je einem Mitglied vertreten. [2]Im übrigen werden die Sitze unter Berücksichtigung des Stärkeverhältnisses der Fraktionen verteilt; dabei ist sicherzustellen, daß die Mehrheitsverhältnisse im Untersuchungsausschuß den Mehrheitsverhältnissen im Landtag entsprechen. [3]Bei der Einsetzung jedes neuen Untersuchungsausschusses wechselt der Vorsitz unter den Fraktionen in der Reihenfolge ihrer Stärke.

(3) [1]Beweise sind zu erheben, wenn dies ein Viertel der Mitglieder des Untersuchungsausschusses beantragt. [2]Der Untersuchungsgegenstand darf gegen den Willen der Antragstellenden nicht eingeschränkt werden.

(4) [1]Auf Verlangen eines Viertels der Mitglieder des Untersuchungsausschusses ist die Landesregierung verpflichtet, Akten vorzulegen und ihren Bediensteten Aussagegenehmigungen zu erteilen. [2]Absatz 1 Satz 3 findet entsprechend Anwendung. [3]Gerichte und Verwaltungsbehörden haben Rechts- und Amtshilfe zu leisten. [4]Das Brief-, Post- und Fernmeldegeheimnis bleibt unberührt.

(5) Für die Beweiserhebung des Untersuchungsausschusses und der von ihm ersuchten Behörden gelten die Vorschriften über den Strafprozeß entsprechend, solange und soweit nicht durch Landesgesetz anderes bestimmt ist.

(6) [1]Der Untersuchungsbericht ist der richterlichen Erörterung entzogen. [2]In der Würdigung und Beurteilung des der Untersuchung zugrunde liegenden Sachverhalts sind die Gerichte frei.

(7) Das Nähere regelt das Gesetz.

Artikel 35 (Petitionsausschuß)

(1) [1]Zur Behandlung von Vorschlägen, Bitten und Beschwerden der Bürger bestellt der Landtag den Petitionsausschuß. [2]Dieser erörtert die Berichte der Beauftragten des Landtages.

(2) [1]Die Landesregierung und die der Aufsicht des Landes unterstehenden Träger öffentlicher Verwaltung sind verpflichtet, auf Verlangen eines Viertels der Mitglieder des Petitionsausschusses die zur Wahrnehmung seiner Aufgaben erforderlichen Akten der ihnen unterstehenden Behörden vorzulegen, jederzeit Zutritt zu den von ihnen verwalteten öffentlichen Einrichtungen zu gestatten, alle erforderlichen Auskünfte zu erteilen und Amtshilfe zu leisten. [2]Die gleiche Verpflichtung besteht gegenüber vom Ausschuß beauftragten Ausschußmitgliedern. [3]Artikel 40 Abs. 3 gilt entsprechend.

(3) Das Nähere regelt das Gesetz.

Artikel 35a (Ausschuss für Angelegenheiten der Europäischen Union)

(1) [1]Der Landtag bestellt einen Ausschuss für Angelegenheiten der Europäischen Union. [2]Dieser hat das Recht, dem Landtag in Angelegenheiten der Europäischen Union Beschlussempfehlungen vorzulegen (Initiativrecht).

(2) [1]Der Landtag kann den Ausschuss nach Absatz 1 in seiner Geschäftsordnung ermächtigen, in Angelegenheiten der Europäischen Union anstelle des Landtages Beschluss in öffentlicher Sitzung zu fassen, wenn eine rechtzeitige Beschlussfassung des Landtages nicht möglich ist. [2]Die Beschlüsse sind dem Landtag zur Kenntnis zu bringen. [3]Sie können auf Antrag einer Fraktion oder von mindestens vier Mitgliedern des Landtages nachträglich vom Landtag aufgehoben werden.

Artikel 36[1] (Bürgerbeauftragter)

(1) [1]Zur Wahrung der Rechte der Bürger gegenüber der Landesregierung und den Trägern der öffentlichen Verwaltung im Lande sowie zur Beratung und Unterstützung in sozialen Angelegenheiten wählt der Landtag auf die Dauer von sechs Jahren den Bürgerbeauftragten; einmalige Wiederwahl ist zulässig. [2]Er kann ihn mit einer Mehrheit von zwei Dritteln der Mitglieder des Landtages vorzeitig abberufen. [3]Auf eigenen Antrag ist er von seinem Amt zu entbinden.

(2) [1]Der Bürgerbeauftragte ist in der Ausübung seines Amtes unabhängig und nur dem Gesetz unterworfen. [2]Er wird auf Antrag von Bürgern, auf Anforderung des Landtages, des Petitionsausschusses, der Landesregierung oder von Amts wegen tätig.

(3) Das Nähere regelt das Gesetz.

Artikel 37 (Datenschutzbeauftragter)

(1) [1]Zur Wahrung des Rechts der Bürger auf Schutz ihrer persönlichen Daten wählt der Landtag auf die Dauer von sechs Jahren den Datenschutzbeauftragten; einmalige Wiederwahl ist zulässig. [2]Er kann ihn mit einer Mehrheit von zwei Dritteln seiner Mitglieder vorzeitig abberufen. [3]Auf eigenen Antrag ist er von seinem Amt zu entbinden.

(2) [1]Der Datenschutzbeauftragte ist in der Ausübung seines Amtes unabhängig und nur dem Gesetz unterworfen. [2]Er wird auf Antrag von Bürgern, auf Anforderung des Landtages, des Petitionsausschusses, der Landesregierung oder von Amts wegen tätig.

(3) Jeder kann sich an den Datenschutzbeauftragten wenden mit der Behauptung, bei der Bearbeitung seiner personenbezogenen Daten durch die öffentliche Verwaltung in seinem Recht auf Schutz seiner persönlichen Daten verletzt zu sein.

(4) Das Nähere regelt das Gesetz.

Artikel 38 (Anwesenheitspflicht und Zutrittsrecht der Landesregierung)

(1) Der Landtag und seine Ausschüsse haben das Recht und auf Antrag eines Drittels der jeweils vorgesehenen Mitglieder die Pflicht, die Anwesenheit jedes Mitglieds der Landesregierung zu verlangen.

(2) [1]Die Mitglieder der Landesregierung und ihre Beauftragten haben zu den Sitzungen des Landtages und seiner Ausschüsse Zutritt. [2]Zu nichtöffentlichen Sitzungen der Untersuchungsausschüsse, die nicht der Beweiserhebung dienen, und des Ausschusses zur Vorbereitung der Wahl der Verfassungsrichter besteht für Mitglieder der Landesregierung und ihre Beauftragten kein Zutritt, es sei denn, sie werden geladen.

(3) Den Mitgliedern der Landesregierung ist im Landtag und seinen Ausschüssen, ihren Beauftragten in den Ausschüssen auf Wunsch das Wort zu erteilen.

Artikel 39 (Informationspflichten der Landesregierung)

(1) [1]Die Landesregierung ist verpflichtet, den Landtag über die Vorbereitung von Gesetzen sowie über Grundsatzfragen der Landesplanung, der Standortplanung und Durchführung von Großvorhaben frühzeitig und vollständig zu unterrichten. [2]Das gleiche gilt für die Vorbereitung von Verordnungen und Verwaltungsvorschriften, die Mitwirkung im Bundesrat sowie die Zusammenarbeit mit dem Bund, den Ländern, anderen Staaten, den Europäischen Gemeinschaften und deren Organen, soweit es um Gegenstände von grundsätzlicher Bedeutung geht.

(2) Die Informationspflicht nach Absatz 1 findet ihre Grenzen in der Funktionsfähigkeit und Eigenverantwortung der Landesregierung.

(3) Das Nähere regelt das Gesetz.

Artikel 40 (Frage- und Auskunftsrecht der Abgeordneten, Aktenvorlage durch die Landesregierung)

(1) [1]Fragen einzelner Abgeordneter oder parlamentarische Anfragen haben die Landesregierung oder ihre Mitglieder dem Landtag und seinen Ausschüssen nach bestem Wissen unverzüglich und vollständig zu beantworten. [2]Die gleiche Verpflichtung trifft die Beauftragten der Landesregierung in den Ausschüssen des Landtages.

---

1) Art. 36 ist gem. §§ 1 Abs. 1, 3 des G über die Verabschiedung und das Inkrafttreten der Verfassung iVm Bek. v. 23.8.1994 (GVOBl. S. 811) mit Beendigung der ersten Wahlperiode des Landtages in Kraft getreten.

(2) [1]Die Landesregierung hat jedem Abgeordneten Auskünfte zu erteilen. [2]Sie hat den vom Landtag eingesetzten Ausschüssen in deren jeweiligen Geschäftsbereichen auf Verlangen der Mehrheit ihrer Mitglieder Akten vorzulegen. [3]Die Auskunftserteilung und die Aktenvorlage müssen unverzüglich und vollständig erfolgen.

(3) [1]Die Landesregierung kann die Beantwortung von Fragen, die Erteilung von Auskünften und die Vorlage von Akten ablehnen, wenn dem Bekanntwerden des Inhalts gesetzliche Vorschriften oder Staatsgeheimnisse oder schutzwürdige Interessen einzelner, insbesondere des Datenschutzes, entgegenstehen oder wenn die Funktionsfähigkeit und die Eigenverantwortung der Landesregierung beeinträchtigt werden. [2]Die Entscheidung ist den Fragestellenden oder den Antragstellenden mitzuteilen.

(4) Das Nähere regelt das Gesetz.

II.
Landesregierung

Artikel 41 (Stellung und Zusammensetzung)

(1) Die Landesregierung steht an der Spitze der vollziehenden Gewalt.

(2) Die Landesregierung besteht aus dem Ministerpräsidenten und den Ministern.

(3) Mitglieder der Landesregierung dürfen weder dem Deutschen Bundestag noch dem Europäischen Parlament oder dem Parlament eines anderen Landes angehören.

Artikel 42 (Wahl des Ministerpräsidenten)

(1) Der Ministerpräsident wird ohne Aussprache vom Landtag mit der Mehrheit seiner Mitglieder in geheimer Abstimmung gewählt.

(2) [1]Kommt die Wahl des Ministerpräsidenten innerhalb von vier Wochen nach Zusammentritt des neugewählten Landtages oder dem Rücktritt des Ministerpräsidenten nicht zustande, so beschließt der Landtag innerhalb von zwei Wochen über seine Auflösung. [2]Der Beschluß bedarf der Mehrheit der Mitglieder des Landtages.

(3) [1]Wird die Beendigung der Wahlperiode des Landtages nicht beschlossen, so findet am selben Tag eine neue Wahl des Ministerpräsidenten statt. [2]Zum Ministerpräsidenten gewählt ist, wer die meisten Stimmen erhält.

Artikel 43 (Bildung der Regierung)

[1]Der Ministerpräsident ernennt und entläßt die Minister. [2]Er beauftragt ein Mitglied der Landesregierung mit seiner Vertretung und zeigt seine Entscheidungen unverzüglich dem Landtag an.

Artikel 44 (Amtseid)

[1]Der Ministerpräsident und die Minister leisten bei der Amtsübernahme vor dem Landtag folgenden Eid:

„Ich schwöre, daß ich meine Kraft dem Volke und dem Lande widme, das Grundgesetz für die Bundesrepublik Deutschland und die Verfassung von Mecklenburg-Vorpommern sowie die Gesetze wahren und verteidigen, meine Pflichten gewissenhaft erfüllen und Gerechtigkeit gegenüber jedermann üben werde."

[2]Der Eid kann mit der religiösen Bekräftigung „So wahr mir Gott helfe" oder ohne sie geleistet werden.

Artikel 45 (Rechtsstellung der Regierungsmitglieder)

(1) [1]Der Ministerpräsident und die Minister stehen in einem besonderen öffentlich-rechtlichen Amtsverhältnis. [2]Die Mitglieder der Landesregierung dürfen kein anderes besoldetes Amt, kein Gewerbe und keinen Beruf ausüben und weder der Leitung noch dem Aufsichtsrat eines auf Erwerb gerichteten Unternehmens angehören. [3]Der Landtag kann Ausnahmen für die Entsendung in Organe von Unternehmen, an denen das Land beteiligt ist, zulassen.

(2) Im übrigen werden die Rechtsverhältnisse des Ministerpräsidenten und der Minister durch Gesetz geregelt.

Artikel 46 (Zuständigkeiten innerhalb der Regierung)

(1) Der Ministerpräsident bestimmt die Richtlinien der Regierungspolitik und trägt dafür die Verantwortung.

(2) Innerhalb dieser Richtlinien leitet jeder Minister seinen Geschäftsbereich selbständig und in eigener Verantwortung.

(3) [1]Die Landesregierung faßt ihre Beschlüsse mit Stimmenmehrheit. [2]Bei Stimmengleichheit entscheidet die Stimme des Ministerpräsidenten.

(4) Die Landesregierung gibt sich eine Geschäftsordnung.

Artikel 47 (Vertretung des Landes, Staatsverträge)

(1) [1]Der Ministerpräsident vertritt das Land nach außen. [2]Die Befugnis kann übertragen werden.

(2) Staatsverträge, die Gegenstände der Gesetzgebung betreffen, bedürfen der Zustimmung des Landtages in Form eines Gesetzes.

Artikel 48 (Ernennung von Beamten und Richtern, Einstellung von Angestellten und Arbeitern)

[1]Der Ministerpräsident ernennt die Beamten und Richter; er stellt die Angestellten und Arbeiter des Landes ein. [2]Er kann diese Befugnisse übertragen.

Artikel 49 (Begnadigung)

(1) [1]Der Ministerpräsident übt im Einzelfall für das Land das Begnadigungsrecht aus. [2]Er kann dieses Recht übertragen.

(2) Eine Amnestie bedarf eines Gesetzes.

Artikel 50 (Beendigung der Amtszeit)

(1) [1]Das Amt des Ministerpräsidenten endet mit dem Zusammentritt eines neuen Landtages. [2]Der Ministerpräsident und jeder Minister können jederzeit zurücktreten. [3]Mit der Beendigung des Amtes des Ministerpräsidenten endet auch das Amt der Minister.

(2) [1]Das Amt des Ministerpräsidenten endet, wenn ihm der Landtag das Vertrauen entzieht. [2]Der Landtag kann das Vertrauen nur dadurch entziehen, daß er mit der Mehrheit seiner Mitglieder einen Nachfolger wählt.

(3) [1]Der Antrag auf Entziehung des Vertrauens kann nur von mindestens einem Drittel der Mitglieder des Landtages gestellt werden. [2]Über den Antrag wird frühestens drei Tage nach Abschluß der Aussprache und spätestens vierzehn Tage nach Eingang des Antrages abgestimmt.

(4) [1]Nach Beendigung seines Amtes ist der Ministerpräsident verpflichtet, die Geschäfte bis zur Amtsübernahme durch seinen Nachfolger weiterzuführen. [2]Auf Ersuchen des Ministerpräsidenten haben Minister die Geschäfte bis zur Ernennung ihrer Nachfolger weiterzuführen.

Artikel 51 (Vertrauensfrage)

(1) [1]Findet ein Antrag des Ministerpräsidenten, ihm das Vertrauen auszusprechen, nicht die Zustimmung der Mehrheit der Mitglieder des Landtages, so erklärt der Präsident des Landtages auf Antrag des Ministerpräsidenten nach Ablauf von vierzehn Tagen die Wahlperiode des Landtages vorzeitig für beendet. [2]Der Antrag des Ministerpräsidenten kann frühestens eine Woche, spätestens zwei Wochen nach Abstimmung über den Vertrauensantrag gestellt werden. [3]Zwischen dem Vertrauensantrag und der Abstimmung müssen mindestens zweiundsiebzig Stunden liegen.

(2) Das Verfahren der vorzeitigen Beendigung der Wahlperiode ist beendet, sobald der Landtag mit der Mehrheit seiner Mitglieder einen neuen Ministerpräsidenten wählt und gehemmt, solange über einen Antrag auf Wahl eines neuen Ministerpräsidenten noch nicht entschieden ist.

III.
Landesverfassungsgericht[1)]

Artikel 52 (Stellung und Zusammensetzung)

(1) Es wird ein allen übrigen Verfassungsorganen gegenüber selbständiges und unabhängiges Landesverfassungsgericht errichtet.

(2) [1]Das Landesverfassungsgericht besteht aus dem Präsidenten und sechs weiteren Mitgliedern. [2]Der Präsident und drei der weiteren Mitglieder müssen die Befähigung zum Richteramt haben. [3]Jedes Mitglied hat einen Stellvertreter.

---

1) Art. 52 bis 54 sind gem. §§ 1 Abs. 1, 3 G über die Verabschiedung und das Inkrafttreten der Verfassung iVm Bek. v. 23.8.1994 (GVOBl. S. 811) mit Beendigung der ersten Wahlperiode des Landtags in Kraft getreten. – Vgl. hierzu das LandesverfassungsgerichtsG.

(3) Die Mitglieder des Landesverfassungsgerichts und die stellvertretenden Mitglieder werden auf Vorschlag eines besonderen Ausschusses vom Landtag ohne Aussprache mit einer Mehrheit von zwei Dritteln der anwesenden Mitglieder gewählt.

(4) Während ihrer Amtszeit dürfen die Mitglieder des Landesverfassungsgerichts oder deren Stellvertreter weder einer gesetzgebenden Körperschaft noch der Regierung des Bundes oder eines Landes oder einem entsprechenden Organ der Europäischen Union, dem Bundesverfassungsgericht, einem anderen Landesverfassungsgericht oder dem Europäischen Gerichtshof angehören.

Artikel 53 (Zuständigkeit)

Das Landesverfassungsgericht entscheidet

1. über die Auslegung dieser Verfassung aus Anlaß von Streitigkeiten über den Umfang der Rechte und Pflichten eines obersten Landesorgans oder anderer Beteiligter, die durch die Verfassung oder in der Geschäftsordnung des Landtages mit eigenen Rechten ausgestattet sind,
2. bei Meinungsverschiedenheiten oder Zweifeln über die förmliche oder sachliche Vereinbarkeit von Landesrecht mit dieser Verfassung auf Antrag der Landesregierung oder eines Drittels der Mitglieder des Landtages,
3. aus Anlaß von Streitigkeiten über die Durchführung von Volksinitiativen, Volksbegehren und Volksentscheiden auf Antrag der Antragsteller, der Landesregierung oder eines Viertels der Mitglieder des Landtages,
4. über die Verfassungsmäßigkeit des Auftrages eines Untersuchungsausschusses auf Vorlage eines Gerichts, wenn dieses den Untersuchungsauftrag für verfassungswidrig hält und es bei dessen Entscheidung auf diese Frage ankommt,
5. über die Vereinbarkeit eines Landesgesetzes mit dieser Verfassung, wenn ein Gericht das Verfahren gemäß Artikel 100 Abs. 1 des Grundgesetzes für die Bundesrepublik Deutschland ausgesetzt hat,
6. über Verfassungsbeschwerden, die jeder mit der Behauptung erheben kann, durch ein Landesgesetz unmittelbar in seinen Grundrechten oder staatsbürgerlichen Rechten verletzt zu sein,
7. über Verfassungsbeschwerden, die jeder mit der Behauptung erheben kann, durch die öffentliche Gewalt in einem seiner in Artikel 6 bis 10 dieser Verfassung gewährten Grundrechte verletzt zu sein, soweit eine Zuständigkeit des Bundesverfassungsgerichts nicht gegeben ist,
8. über Verfassungsbeschwerden von Gemeinden, Kreisen und Landschaftsverbänden wegen Verletzung des Rechts auf Selbstverwaltung nach Artikel 72 bis 75 durch ein Landesgesetz,
9. in den übrigen ihm durch diese Verfassung oder durch Gesetz zugewiesenen Fällen.

Artikel 54 (Gesetz über das Landesverfassungsgericht)

[1]Ein Gesetz regelt Organisation und Verfahren des Landesverfassungsgerichts. [2]Es bestimmt auch, in welchen Fällen die Entscheidungen des Verfassungsgerichts Gesetzeskraft haben.

3. Abschnitt: Staatsfunktionen

I. Rechtsetzung und Verfassungsänderung

Artikel 55 (Gesetzgebungsverfahren)

(1) [1]Gesetzentwürfe werden von der Landesregierung oder aus der Mitte des Landtages sowie gemäß Artikel 59 und 60 aus dem Volk eingebracht. [2]Ein Gesetzentwurf aus der Mitte des Landtages muß von einer mindestens Fraktionsstärke entsprechenden Zahl von Mitgliedern des Landtages unterstützt werden.

(2) Ein Gesetzesbeschluß des Landtages setzt eine Grundsatzberatung und eine Einzelberatung voraus.

Artikel 56 (Verfassungsänderungen)

(1) Diese Verfassung kann nur durch ein Gesetz geändert werden, das ihren Wortlaut ausdrücklich ändert oder ergänzt.

(2) Verfassungsändernde Gesetze bedürfen einer Mehrheit von zwei Dritteln der Mitglieder des Landtages.

(3) Eine Änderung der Verfassung darf der Würde des Menschen und den in Artikel 2 niedergelegten Grundsätzen dieser Verfassung nicht widersprechen.

Artikel 57 (Rechtsverordnungen)

(1) [1]Die Ermächtigung zum Erlaß einer Rechtsverordnung kann nur durch Gesetz erteilt werden. [2]Das Gesetz muß Inhalt, Zweck und Ausmaß der erteilten Ermächtigung bestimmen. [3]Die Rechtsgrundlage ist in der Rechtsverordnung anzugeben.

(2) Ist durch Gesetz vorgesehen, daß eine Ermächtigung weiter übertragen werden kann, so bedarf es zu ihrer Übertragung einer Rechtsverordnung.

Artikel 58 (Ausfertigung und Verkündung)

(1) Der Ministerpräsident fertigt unter Mitzeichnung der beteiligten Minister die verfassungsmäßig zustande gekommenen Gesetze aus und läßt sie im Gesetz- und Verordnungsblatt verkünden.

(2) Rechtsverordnungen werden von der Stelle, die sie erläßt, ausgefertigt und vorbehaltlich anderer gesetzlicher Regelung im Gesetz- und Verordnungsblatt verkündet.

(3) Die Gesetze und Rechtsverordnungen treten, wenn nichts anderes bestimmt ist, mit dem vierzehnten Tage nach Ablauf des Tages in Kraft, an dem sie verkündet worden sind.

(4) Die Geschäftsordnungen des Landtages, der Landesregierung und des Landesverfassungsgerichts werden im Gesetz- und Verordnungsblatt veröffentlicht.

II.
Initiativen aus dem Volk, Volksbegehren und Volksentscheid

Artikel 59 (Volksinitiative)

(1) [1]Im Rahmen seiner Entscheidungszuständigkeit kann der Landtag durch Volksinitiative mit Gegenständen der politischen Willensbildung befaßt werden. [2]Eine Volksinitiative kann auch einen mit Gründen versehenen Gesetzentwurf zum Inhalt haben.

(2) [1]Eine Volksinitiative muß von mindestens 15.000 Wahlberechtigten unterzeichnet sein. [2]Ihre Vertreter haben das Recht, angehört zu werden.

(3) Initiativen über den Haushalt des Landes, über Abgaben und Besoldung sind unzulässig.

(4) Das Nähere regelt das Gesetz.

Artikel 60[1] (Volksbegehren und Volksentscheid)

(1) [1]Ein Volksbegehren kann darauf gerichtet werden, ein Landesgesetz zu erlassen, zu ändern oder aufzuheben. [2]Dem Volksbegehren muss ein ausgearbeiteter, mit Gründen versehener Gesetzentwurf zugrunde liegen. [3]Das Volksbegehren muss von mindestens 100 000 Wahlberechtigten unterstützt werden.

(2) [1]Haushaltsgesetze, Abgabengesetze und Besoldungsgesetze können nicht Gegenstand eines Volksbegehrens sein. [2]Die Entscheidung, ob ein Volksbegehren zulässig ist, trifft auf Antrag der Landesregierung oder eines Viertels der Mitglieder des Landtages das Landesverfassungsgericht.

(3) [1]Nimmt der Landtag den Gesetzentwurf nicht innerhalb von sechs Monaten im wesentlichen unverändert an, findet frühestens drei, spätestens sechs Monate nach Ablauf der Frist oder dem Beschluß des Landtages, den Entwurf nicht als Gesetz anzunehmen, über den Gesetzentwurf ein Volksentscheid statt. [2]Der Landtag kann dem Volk einen eigenen Gesetzentwurf zum Gegenstand des Volksbegehrens zur Entscheidung vorlegen.

(4) [1]Ein Gesetzentwurf ist durch Volksentscheid angenommen, wenn die Mehrheit der Abstimmenden, mindestens aber ein Viertel der Wahlberechtigten zugestimmt haben. [2]Die Verfassung kann durch Volksentscheid nur geändert werden, wenn zwei Drittel der Abstimmenden, mindestens aber die Hälfte der Wahlberechtigten zustimmen. [3]In der Abstimmung zählen nur die gültigen Ja- und Nein-Stimmen.

(5) [1]Das Nähere regelt das Gesetz. [2]Es bestimmt auch, in welchem Zeitraum die Unterstützung nach Absatz 1 erfolgt sein muss.

---

1) Art. 60 Abs. 4 Satz 2 ist gem. §§ 1 Abs. 1, 3 G über die Verabschiedung und das Inkrafttreten der Verfassung iVm Bek. v. 23.8.1994 (GVOBl. S. 811) mit Beendigung der ersten Wahlperiode des Landtages in Kraft getreten.

III.
Haushalt und Rechnungsprüfung

Artikel 61 (Landeshaushalt)

(1) [1]Alle Einnahmen und Ausgaben sowie Verpflichtungsermächtigungen des Landes müssen für jedes Haushaltsjahr veranschlagt und in den Haushaltsplan eingestellt werden. [2]Bei Landesbetrieben und Sondervermögen des Landes brauchen nur die Zuführungen oder die Ablieferungen eingestellt zu werden. [3]Der Haushalt ist in Einnahmen und Ausgaben auszugleichen.

(2) Der Haushaltsplan wird vor Beginn des Haushaltsjahres durch ein Gesetz festgestellt.

(3) Der Gesetzentwurf nach Absatz 2 sowie Vorlagen zur Änderung des Haushaltsgesetzes und des Haushaltsplans werden von der Landesregierung in den Landtag eingebracht.

(4) [1]In das Haushaltsgesetz dürfen nur Vorschriften aufgenommen werden, die sich auf die Einnahmen und Ausgaben des Landes und auf den Zeitraum beziehen, für den das Haushaltsgesetz beschlossen wird. [2]Das Haushaltsgesetz kann vorschreiben, daß die Vorschriften erst mit der Verkündung des nächsten Haushaltsgesetzes oder bei Ermächtigung nach Artikel 66 zu einem späteren Zeitpunkt außer Kraft treten.

(5) [1]Das Vermögen und die Schulden sowie die Haushaltspläne der Landesbetriebe und Sondervermögen sind in einer Anlage des Haushaltsplanes nachzuweisen. [2]Die Beteiligungen des Landes an Wirtschaftsunternehmen sind offenzulegen.

Artikel 62 (Ausgaben vor Verabschiedung des Haushalts)

(1) Ist der Haushaltsplan nicht vor Beginn eines Haushaltsjahres durch Gesetz festgestellt worden, so ist die Landesregierung bis zum Inkrafttreten des Gesetzes ermächtigt, alle Ausgaben zu leisten oder Verpflichtungen einzugehen, die nötig sind,

1. um gesetzlich bestehende Einrichtungen zu erhalten und gesetzlich beschlossene Maßnahmen durchzuführen,
2. um die rechtlich begründeten Verpflichtungen des Landes zu erfüllen sowie
3. um Bauten, Beschaffungen und sonstige Leistungen fortzusetzen oder Beihilfen für diese Zwecke weiter zu gewähren, sofern durch den Haushaltsplan eines Vorjahres bereits Beträge bewilligt worden sind.

(2) [1]Soweit der Geldbedarf des Landes nicht durch Steuern, Abgaben und sonstige Einnahmen gedeckt werden kann, kann die Landesregierung für die nach Absatz 1 zulässigen Ausgaben Kredite aufnehmen. [2]Die Kreditaufnahme darf ein Viertel der im Haushaltsplan des Vorjahres veranschlagten Einnahmen nicht übersteigen.

Artikel 63 (Über- und außerplanmäßige Ausgaben)

(1) [1]Über- und außerplanmäßige Ausgaben und Verpflichtungen bedürfen der vorherigen Zustimmung des Finanzministers. [2]Sie darf nur im Falle eines unvorhergesehenen und unabweisbaren Bedürfnisses erteilt werden. [3]Das Nähere kann durch Gesetz geregelt werden.

(2) Über Zustimmungen zu über- und außerplanmäßigen Ausgaben und Verpflichtungen ist dem Landtag im Abstand von sechs Monaten nachträglich zu berichten.

Artikel 64 (Nachweis der Kostendeckung)

(1) Beschlußvorlagen aus der Mitte des Landtages, durch die dem Land Mehrausgaben oder Mindereinnahmen entstehen, müssen bestimmen, wie die zu ihrer Deckung erforderlichen Mittel aufzubringen sind.

(2) [1]Die Landesregierung kann verlangen, daß Beratung und Beschlußfassung über eine Vorlage nach Absatz 1 ausgesetzt werden. [2]Die Aussetzung endet nach Abgabe einer Stellungnahme durch die Landesregierung, spätestens nach Ablauf von sechs Wochen.

Artikel 65 (Kreditbeschaffung)

(1) Die Aufnahme von Krediten sowie die Übernahme von Bürgschaften, Garantien oder sonstigen Gewährleistungen, die zu Ausgaben in künftigen Haushaltsjahren führen können, bedürfen einer der Höhe nach bestimmten oder bestimmbaren Ermächtigung durch Gesetz.

(2) [1]Der Haushalt ist grundsätzlich ohne Einnahmen aus Krediten auszugleichen. [2]Ausnahmen hiervon sind zulässig zur im Auf- und Abschwung symmetrischen Berücksichtigung der Auswirkungen einer von der Normallage abweichenden konjunkturellen Entwicklung sowie für Naturkatastrophen oder

außergewöhnliche Notsituationen, die sich der Kontrolle des Landes entziehen und seine Finanzlage erheblich beeinträchtigen. [3]Die nach Satz 2, 2. Alternative zulässigen Kredite sind innerhalb eines bestimmten Zeitraums vollständig zu tilgen. [4]Das Nähere regelt ein Gesetz.

Artikel 66 (Landesvermögen)

[1]Erwerb, Verkauf und Belastung von Landesvermögen dürfen nur mit Zustimmung des Landtages erfolgen. [2]Die Zustimmung kann für Fälle von geringerer Bedeutung allgemein erteilt werden. [3]Das Nähere regelt das Gesetz.

Artikel 67 (Rechnungslegung und Rechnungsprüfung)

(1) [1]Der Finanzminister hat dem Landtag über alle Einnahmen und Ausgaben sowie über die Inanspruchnahme von Verpflichtungsermächtigungen jährlich Rechnung zu legen. [2]Ebenso ist über das Vermögen und die Schulden des Landes Rechnung zu legen.

(2) [1]Der Landesrechnungshof prüft die Rechnung sowie die Ordnungsmäßigkeit und die Wirtschaftlichkeit der Haushaltsführung. [2]Er berichtet darüber dem Landtag und unterrichtet gleichzeitig die Landesregierung.

(3) Aufgrund der Haushaltsrechnung und der Berichte des Landesrechnungshofs beschließt der Landtag über die Entlastung der Landesregierung.

(4) Das Nähere regelt das Gesetz.

Artikel 68 (Landesrechnungshof)

(1) [1]Der Landesrechnungshof ist eine selbständige, nur dem Gesetz unterworfene oberste Landesbehörde. [2]Seine Mitglieder besitzen richterliche Unabhängigkeit.

(2) [1]Der Landesrechnungshof besteht aus dem Präsidenten, dem Vizepräsidenten und weiteren Mitgliedern. [2]Der Präsident und der Vizepräsident werden auf Vorschlag der Landesregierung vom Landtag mit einer Mehrheit von zwei Dritteln der anwesenden Mitglieder, mindestens mit der Mehrheit der Mitglieder des Landtages ohne Aussprache auf die Dauer von zwölf Jahren gewählt. [3]Sie werden vom Ministerpräsidenten ernannt. [4]Eine Wiederwahl ist ausgeschlossen. [5]Die weiteren Mitglieder werden vom Ministerpräsidenten auf Vorschlag des Präsidenten des Landesrechnungshofes berufen.

(3) [1]Der Landesrechnungshof überwacht die gesamte Haushalts- und Wirtschaftsführung des Landes. [2]Er untersucht hierbei die Zweckmäßigkeit und Wirtschaftlichkeit der öffentlichen Verwaltung. [3]Er ist auch zuständig, soweit Stellen außerhalb der Landesverwaltung und Private Landesmittel erhalten oder Landesvermögen oder Landesmittel verwalten.

(4) Der Landesrechnungshof überwacht die Haushalts- und Wirtschaftsführung der kommunalen Körperschaften und der übrigen juristischen Personen des öffentlichen Rechts, die der Aufsicht des Landes unterstehen.

(5) Der Landesrechnungshof übermittelt jährlich das Ergebnis seiner Prüfung gleichzeitig dem Landtag und der Landesregierung.

(6) Das Nähere regelt das Gesetz.

IV.
Landesverwaltung und Selbstverwaltung

Artikel 69 (Träger der öffentlichen Verwaltung)

Die öffentliche Verwaltung wird durch die Landesregierung, die ihr unterstellten Behörden und die Träger der Selbstverwaltung ausgeübt.

Artikel 70 (Gesetzmäßigkeit und Organisation der öffentlichen Verwaltung)

(1) Die öffentliche Verwaltung ist an Gesetz und Recht gebunden.

(2) [1]Organisation, Zuständigkeiten und Verfahren der öffentlichen Verwaltung werden durch Gesetz oder aufgrund eines Gesetzes geregelt. [2]Dabei können Möglichkeiten der Einbeziehung der Bürger durch die öffentliche Verwaltung vorgesehen werden.

(3) [1]Die Einrichtung der Landesbehörden im einzelnen obliegt der Landesregierung. [2]Sie kann diese Befugnis auf einzelne Mitglieder der Landesregierung übertragen.

Artikel 71 (Öffentlicher Dienst)

(1) Jeder Deutsche hat nach seiner Eignung, Befähigung und fachlichen Leistung gleichen Zugang zu jedem öffentlichen Amt im Land.

(2) [1]Die Angehörigen des öffentlichen Dienstes sind Diener des ganzen Volkes und nicht einer Partei oder sonstigen Gruppe verpflichtet. [2]Sie haben ihr Amt unparteiisch, ohne Ansehen der Person und nur nach sachlichen Gesichtspunkten auszuüben.

(3) Die Wählbarkeit von Angehörigen des öffentlichen Dienstes zum Landtag und zu den Vertretungen der Gemeinden und Kreise kann gesetzlich beschränkt werden.

(4) Die Ausübung hoheitlicher Befugnisse ist als ständige Aufgabe in der Regel Angehörigen des öffentlichen Dienstes zu übertragen, die in einem öffentlich-rechtlichen Dienst- und Treueverhältnis stehen.

(5) Das Nähere regelt das Gesetz.

Artikel 72 (Kommunale Selbstverwaltung)

(1) [1]Die Gemeinden sind berechtigt und im Rahmen ihrer Leistungsfähigkeit verpflichtet, in ihrem Gebiet alle Angelegenheiten der örtlichen Gemeinschaft im Rahmen der Gesetze in eigener Verantwortung zu regeln. [2]Die Kreise haben im Rahmen ihres gesetzlichen Aufgabenbereiches nach Maßgabe der Gesetze das Recht der Selbstverwaltung.

(2) [1]In den Gemeinden und Kreisen muß das Volk eine Vertretung haben. [2]Durch Gesetz können Formen unmittelbarer Mitwirkung der Bürger an Aufgaben der Selbstverwaltung vorgesehen werden.

(3) [1]Die Gemeinden und Kreise können durch Gesetz oder aufgrund eines Gesetzes durch Rechtsverordnung zur Erfüllung bestimmter öffentlicher Aufgaben verpflichtet werden, wenn dabei gleichzeitig Bestimmungen über die Deckung der Kosten getroffen werden. [2]Führt die Erfüllung dieser Aufgaben zu einer Mehrbelastung der Gemeinden und Kreise, so ist dafür ein entsprechender finanzieller Ausgleich zu schaffen.

(4) Die Aufsicht des Landes stellt sicher, daß die Gesetze beachtet und die übertragenen Angelegenheiten weisungsgemäß ausgeführt werden.

(5) Das Nähere regelt das Gesetz.

Artikel 73 (Finanzgarantie)

(1) [1]Zur Erfüllung ihrer Aufgaben fließen den Gemeinden das Aufkommen an den Realsteuern und nach Maßgabe der Landesgesetze Anteile aus staatlichen Steuern zu. [2]Das Land ist verpflichtet, den Gemeinden und Kreisen eigene Steuerquellen zu erschließen.

(2) Um die Leistungsfähigkeit steuerschwacher Gemeinden und Kreise zu sichern und eine unterschiedliche Belastung mit Ausgaben auszugleichen, stellt das Land im Wege des Finanzausgleichs die erforderlichen Mittel zur Verfügung.

Artikel 74 (Haushaltswirtschaft)

Die Gemeinden und Kreise führen ihre Haushaltswirtschaft im Rahmen der Gesetze in eigener Verantwortung.

Artikel 75 (Landschaftsverbände)

Zur Pflege und Förderung insbesondere geschichtlicher, kultureller und landschaftlicher Besonderheiten der Landesteile Mecklenburg und Vorpommern können durch Gesetz Landschaftsverbände mit dem Recht auf Selbstverwaltung errichtet werden.

V. Rechtsprechung

Artikel 76 (Richter und Gerichte)

(1) [1]Die Rechtsprechung wird im Namen des Volkes ausgeübt. [2]Die Richter sind unabhängig und nur dem Gesetz unterworfen.

(2) Die Gerichte sind mit hauptamtlich berufenen Richtern, ausnahmsweise mit nebenamtlich tätigen Richtern und in den durch Gesetz bestimmten Fällen mit Laienrichtern besetzt.

(3) [1]Das Gesetz kann vorsehen, daß die Ernennung zum Richter auf Lebenszeit von dem Votum eines Richterwahlausschusses abhängig gemacht wird. [2]Seine Mitglieder werden vom Landtag mit der Mehrheit von zwei Dritteln der anwesenden Mitglieder gewählt. [3]Der Richterwahlausschuß muß zu zwei Dritteln aus Abgeordneten bestehen. [4]Er entscheidet mit Zweidrittelmehrheit.

Artikel 77 (Richteranklage)

[1]Verstößt ein Richter im Amt oder außerhalb des Amtes gegen die Grundsätze des Grundgesetzes für die Bundesrepublik Deutschland oder dieser Verfassung, so kann das Bundesverfassungsgericht gemäß Artikel 98 Abs. 2 und 5 des Grundgesetzes auf Antrag des Landtages anordnen, daß der Richter in ein anderes Amt oder in den Ruhestand zu versetzen ist. [2]Im Falle eines vorsätzlichen Verstoßes kann auf Entlassung erkannt werden. [3]Der Antrag des Landtages kann nur mit der Mehrheit seiner Mitglieder beschlossen werden.

4. Abschnitt: Schlußbestimmungen

Artikel 78 (Verfassungstext für Schüler)

Jeder Schüler erhält bei seiner Entlassung aus der Schule einen Abdruck dieser Verfassung und des Grundgesetzes für die Bundesrepublik Deutschland.

Artikel 79 (Sprachliche Gleichstellung)

Amts- und Funktionsbezeichnungen in dieser Verfassung sowie in den Gesetzen und Rechtsvorschriften des Landes werden auch in weiblicher Form verwendet.

Artikel 79a (Übergangsregelung)

Ab dem Haushaltsjahr 2012 sind die jährlichen Haushalte so aufzustellen, dass im Haushaltsjahr 2020 die Vorgaben des Artikels 65 Absatz 2 in der ab dem 1. Januar 2020 geltenden Fassung erfüllt werden.

Artikel 80 (Inkrafttreten)[1]

(1) Diese Verfassung wird vom Landtag mit der Mehrheit von zwei Dritteln seiner Mitglieder beschlossen und durch einen Volksentscheid mit einfacher Mehrheit der Abstimmenden bestätigt.

(2) Die Verfassung wird im Gesetz- und Verordnungsblatt verkündet und tritt mit Beendigung der ersten Wahlperiode[2] des Landtages in Kraft.

---

1) Vgl. das G über die Verabschiedung und das Inkrafttreten der Verfassung von Mecklenburg-Vorpommern und das G zum Volksentscheid über die Verfassung des Landes Mecklenburg-Vorpommern.

2) Die erste Wahlperiode endete mit dem 14.11.1994.

Geschäftsordnung des Landtages Mecklenburg-Vorpommern

Vom 26. Oktober 2021 (GVOBl. M-V S. 1494)
(GS Meckl.-Vorp. Gl. Nr. 1101-0-7)

Inhaltsübersicht:

I. Erstes Zusammentreten

§ 1 Einberufung, Leitung der ersten Sitzung, Alterspräsidentin oder Alterspräsidenten

(1) [1]Nach jeder Neuwahl tritt der Landtag spätestens am 30. Tag nach der Wahl zusammen. [2]Er wird von der Präsidentin oder vom Präsidenten des alten Landtages einberufen (Artikel 28 LVerf.).

(2) [1]Diese Sitzung leitet die Alterspräsidentin oder der Alterspräsident, bis die neu gewählte Präsidentin oder der neu gewählte Präsident oder einer ihrer oder seiner Stellvertreterinnen oder Stellvertreter das Amt übernimmt. [2]Die Alterspräsidentin oder der Alterspräsident ist das am längsten dem Landtag

angehörende Mitglied, das derzeit kein Regierungsamt übernimmt und das bereit ist, dieses Amt zu übernehmen; bei gleicher Dauer der Zugehörigkeit zum Landtag entscheidet das höhere Lebensalter.

(3) [1]Die Alterspräsidentin oder der Alterspräsident eröffnet die Sitzung, stellt die ordnungsgemäße Einberufung und die Beschlussfähigkeit fest. [2]Sie oder er ernennt vier Mitglieder des Landtages zu vorläufigen Schriftführerinnen oder Schriftführern und bildet mit ihnen ein vorläufiges Sitzungspräsidium.

(4) [1]In der ersten Sitzung jeder Wahlperiode beschließt der Landtag das Berechnungsverfahren für Anteile, Zugriffe und Reihenfolge der Fraktionen. [2]Berechnungsgrundlage ist das Stärkeverhältnis der Fraktionen.

II. Sitzungspräsidium und Ältestenrat

§ 2 Wahl der Präsidentin oder des Präsidenten, der Vizepräsidentinnen oder der Vizepräsidenten und der Schriftführerinnen oder der Schriftführer

(1) [1]Die Alterspräsidentin oder der Alterspräsident lässt die Präsidentin oder den Präsidenten während der ersten Sitzung in geheimer Wahl ohne Aussprache für die Dauer der Wahlperiode wählen. [2]Gewählt ist, wer mehr als die Hälfte der abgegebenen gültigen Stimmen erhält. [3]Ergibt sich eine solche Mehrheit nicht, so kommen die beiden Mitglieder des Landtages mit den höchsten Stimmenanteilen in die engere Wahl. [4]Bei Stimmengleichheit entscheidet das von der Alterspräsidentin oder vom Alterspräsidenten zu ziehende Los.

(2) [1]Der Landtag wählt geheim und in getrennten Wahlhandlungen für die Dauer der Wahlperiode eine erste Vizepräsidentin oder einen ersten Vizepräsidenten und eine zweite Vizepräsidentin oder einen zweiten Vizepräsidenten. [2]Der Landtag kann beschließen, weitere Vizepräsidentinnen oder Vizepräsidenten zu wählen. [3]Gewählt ist, wer die Mehrheit der abgegebenen Stimmen erhält. [4]Erlangt bei mehreren Bewerberinnen oder Bewerbern keiner der Bewerberinnen oder Bewerber die Mehrheit der abgegebenen Stimmen, kommen die beiden Bewerberinnen oder Bewerber mit den höchsten Stimmenzahlen in die engere Wahl; gewählt ist, wer die meisten Stimmen auf sich vereinigt. [5]Bei Stimmengleichheit entscheidet das Los durch die Hand der amtierenden Präsidentin oder des amtierenden Präsidenten.

(3) [1]Die Präsidentin oder der Präsident und die Vizepräsidentinnen oder Vizepräsidenten können durch Beschluss des Landtages abberufen werden. [2]Der Beschluss setzt einen Antrag der Mehrheit der Mitglieder des Landtages voraus. [3]Er bedarf der Zustimmung einer Mehrheit von zwei Dritteln der Mitglieder des Landtages (Artikel 29 Absatz 2 LVerf.) in geheimer Abstimmung.

(4) [1]Der Landtag wählt 16 Schriftführerinnen und Schriftführer. [2]Er kann beschließen, weitere Schriftführerinnen oder Schriftführer zu wählen. [3]Wenn kein Mitglied des Landtages widerspricht, kann die Wahl der Schriftführerinnen oder Schriftführer offen durch Handaufheben erfolgen.

§ 3 Aufgaben der Präsidentin oder des Präsidenten

(1) [1]Die Präsidentin oder der Präsident führt die Geschäfte des Landtages (Artikel 29 Absatz 3 LVerf.) und vertritt das Land in allen Rechtsgeschäften und Rechtsstreitigkeiten des Landtages (Artikel 29 Absatz 5 LVerf.). [2]Sie oder er wahrt die Würde und die Rechte des Landtages, fördert seine Arbeiten und leitet die Verhandlungen gerecht und unparteiisch.

(2) [1]Die Präsidentin oder der Präsident übt das Hausrecht und die Ordnungsgewalt im Landtag aus. [2]Ohne ihre oder seine Zustimmung darf in den Räumen des Landtages eine Durchsuchung oder Beschlagnahme nicht vorgenommen werden (Artikel 29 Absatz 4 LVerf.).

(3) [1]Die Präsidentin oder der Präsident ist oberste Dienstbehörde aller Beschäftigten des Landtages. [2]Ihr oder ihm obliegen die Einstellung und Entlassung der Angestellten und Arbeiterinnen oder Arbeiter sowie die Ernennung, Entlassung und Versetzung in den Ruhestand der Beamtinnen oder Beamten des Landtages nach den geltenden Rechts- und Verwaltungsvorschriften (Artikel 29 Absatz 6 LVerf.).

(4) [1]Die Präsidentin oder der Präsident leitet die Verwaltung der gesamten wirtschaftlichen Angelegenheiten des Landtages nach Maßgabe des Landeshaushaltsgesetzes und stellt den Entwurf des Haushaltsplanes des Landtages fest (Artikel 29 Absatz 6 LVerf.). [2]Sie oder er ist für die ordnungsgemäße Verwaltung der Einnahmen und Ausgaben des Landtages verantwortlich.

§ 4 Zusammensetzung und Aufgaben des Sitzungspräsidiums

(1) In den Sitzungen des Landtages bilden die amtierende Präsidentin oder der amtierende Präsident und die beiden amtierenden Schriftführerinnen oder Schriftführer das Sitzungspräsidium.

(2) [1]Die Schriftführerinnen oder Schriftführer unterstützen die Präsidentin oder den Präsidenten. [2]Im Besonderen führen sie die Rednerliste, nehmen den Namensaufruf vor und sammeln und zählen die Stimmen. [3]Die amtierende Präsidentin oder der amtierende Präsident verteilt die Geschäfte.

(3) Im Bedarfsfalle kann die amtierende Präsidentin oder der amtierende Präsident Schriftführerinnen oder Schriftführer aus der Mitte des Landtages für die jeweilige Sitzung ernennen.

§ 5 Zusammensetzung des Ältestenrates

(1) Der Ältestenrat besteht aus der Präsidentin oder dem Präsidenten, den Vizepräsidentinnen oder Vizepräsidenten und je einem für die Fraktion sprechenden Mitglied des Landtages jeder Fraktion (Artikel 30 Absatz 1 Satz 1 LVerf.).

(2) Zu Ältestenratssitzungen, die Plenarsitzungen vorbereiten, soll eine Regierungsvertreterin oder ein Regierungsvertreter hinzugezogen werden.

§ 6 Aufgaben des Ältestenrates

(1) [1]Der Ältestenrat unterstützt die Präsidentin oder den Präsidenten bei der Wahrnehmung ihrer oder seiner Aufgaben (Artikel 30 Absatz 1 Satz 2 LVerf.). [2]Er soll im Besonderen eine Verständigung zwischen den Fraktionen über den Arbeitsplan des Landtages und über die Besetzung der Stellen der Ausschussvorsitzenden, ihrer Stellvertreter sowie über die Reihenfolge der Beratungsgegenstände, Reihenfolge der Redebeiträge und über die Redezeiten herbeiführen. [3]Dabei soll er sich an dem Stärkeverhältnis der Fraktionen orientieren.

(2) [1]Die Feststellung des Entwurfs des Haushaltsplanes des Landtages, Entscheidungen nach Artikel 29 Absatz 6 Satz 2 der Verfassung des Landes Mecklenburg-Vorpommern und solche, die Verhaltensregeln für die Mitglieder des Landtages betreffen oder die Fraktionen des Landtages in ihrer Gesamtheit berühren, trifft die Präsidentin oder der Präsident im Benehmen mit dem Ältestenrat (Artikel 30 Absatz 2 LVerf.). [2]Von dem durch die Präsidentin oder den Präsidenten festgestellten Entwurf des Haushaltsplanes des Landtages kann der Finanzausschuss nur im Benehmen mit der Präsidentin oder dem Präsidenten abweichen.

§ 7 Einberufung des Ältestenrates

(1) [1]Die Präsidentin oder der Präsident beruft den Ältestenrat ein und leitet seine Verhandlungen. [2]Die Sitzungen des Ältestenrates sind nicht öffentlich.

(2) [1]Der Ältestenrat muss durch die Präsidentin oder den Präsidenten einberufen werden, wenn eine Fraktion dies unter Angabe der Gründe verlangt. [2]Den Zeitpunkt der Einberufung legt die Präsidentin oder der Präsident unter Beachtung der Dringlichkeit und Zweckmäßigkeit im pflichtgemäßen Ermessen fest.

(3) [1]Über jede Ältestenratssitzung ist ein Protokoll zu fertigen, das von der Direktorin oder dem Direktor des Landtages zu unterzeichnen ist. [2]Es muss enthalten:

a) die Namen der Anwesenden,
b) die Tagesordnung,
c) die Zeit des Beginns und des Schlusses der Sitzung,
d) eine kurze Zusammenfassung der Beratung.

[3]Wortprotokolle von Ältestenratssitzungen sind nicht zulässig. [4]Die Sitzungsprotokolle werden an die Mitglieder des Ältestenrates verteilt. [5]Die Landesregierung erhält Protokollauszüge zu den Tagesordnungspunkten, die die Landesregierung betreffen. [6]Die Protokolle sind ausschließlich für den internen Gebrauch bestimmt. [7]Die Weitergabe von Protokollen an Dritte ist nicht zulässig.

(4) Die Präsidentin oder der Präsident kann im Benehmen mit dem Ältestenrat für bestimmte Angelegenheiten Kommissionen bilden.

III. Ausschüsse und Kommissionen

1. Unterabschnitt: Gemeinsame Bestimmungen

§ 8 Rechtsgrundlagen

(1) Die Einsetzung der Ausschüsse und Kommissionen, ihre Aufgaben, das Verfahren sowie weitergehende Rechte richten sich nach den Bestimmungen dieses Abschnittes, es sei denn, dass in der Verfassung des Landes Mecklenburg-Vorpommern oder in Landesgesetzen etwas anderes bestimmt ist.

(2) Für die Beratungen der Ausschüsse und Kommissionen gelten im Übrigen die Bestimmungen dieser Geschäftsordnung sinngemäß, soweit in diesem Abschnitt nichts anderes bestimmt ist.

§ 9 Einsetzung

(1) [1]Zur Vorbereitung seiner Verhandlungen und Beschlüsse setzt der Landtag ständige Ausschüsse ein (Artikel 33 Absatz 1 LVerf.). [2]Bis zur Einsetzung der ständigen Ausschüsse können deren Aufgaben von einem vorläufigen Ausschuss wahrgenommen werden.

(2) Zur Behandlung von Vorschlägen, Bitten und Beschwerden der Bürger sowie zur Erörterung der Berichte der Beauftragten des Landtages bestellt der Landtag den Petitionsausschuss (Artikel 35 Absatz 1 LVerf.).

(2a) [1]Der Landtag bestellt einen Ausschuss für Angelegenheiten der Europäischen Union (Artikel 35a Absatz 1 LVerf.) als Europaausschuss. [2]Dieser hat das Recht, dem Landtag in Angelegenheiten der Europäischen Union Beschlussempfehlungen vorzulegen (Initiativrecht). [3]Er kann in Angelegenheiten der Europäischen Union anstelle des Landtages Beschluss in öffentlicher Sitzung fassen, wenn eine rechtzeitige Beschlussfassung des Landtages nicht möglich ist. [4]Die Beschlüsse sind dem Landtag zur Kenntnis zu bringen. [5]Sie können auf Antrag einer Fraktion oder von mindestens vier Mitgliedern des Landtages nachträglich vom Landtag aufgehoben werden.

(3) Für einzelne Angelegenheiten können weitere Ausschüsse und Kommissionen gebildet werden, insbesondere Untersuchungsausschüsse, Sonderausschüsse und Enquetekommissionen.

2. Unterabschnitt: Aufgaben, Zusammensetzung und Verfahren der ständigen Ausschüsse nach § 9 Absatz 1 und 2

§ 10 Zusammensetzung

(1) In jedem Ausschuss sind die Fraktionen entsprechend ihrem Stärke Verhältnis vertreten.

(2) Das System für eine dem Stärkeverhältnis der Fraktionen entsprechende Zusammensetzung der Ausschüsse und die Anzahl der Ausschussmitglieder bestimmt der Landtag.

(3) [1]An ein bestimmtes Quorum gebundene Minderheitenrechte stehen entsprechend dem Stärkeverhältnis im Landtag den Fraktionen in den Ausschüssen des Landtages zu. [2]Dies gilt auch, wenn aufgrund der festgelegten Mitgliederzahl eines Ausschusses und des gewählten Systems zur Bestimmung der Zusammensetzung der Ausschüsse die daraus resultierende Mitgliederzahl einer Fraktion das exakte Stärkeverhältnis im Landtag nicht widerspiegelt und die Fraktion rein numerisch das erforderliche Quorum im Ausschuss deshalb nicht erreicht.

(4) Jedes Mitglied des Landtages hat das Recht, mindestens einem Ausschuss anzugehören.

§ 11 Benennung der Vorsitzenden und der Mitglieder

(1) [1]Die Benennung der Vorsitzenden und der stellvertretenden Vorsitzenden erfolgt im Ältestenrat. [2]Soweit dort eine Verständigung über die Besetzung der Stellen der Vorsitzenden und stellvertretenden Vorsitzenden der Ausschüsse nicht zustande kommt, erfolgt die Benennung durch Zugriff nach Maßgabe des Stärkeverhältnisses der Fraktionen auf der Grundlage des nach § 10 Absatz 2 festgelegten Systems.

(2) [1]Die Fraktionen benennen durch schriftliche Erklärung gegenüber der Präsidentin oder dem Präsidenten die Ausschussmitglieder und deren Stellvertreterinnen oder Stellvertreter. [2]Im Bedarfsfall können die Fraktionen durch eine schriftliche Erklärung gegenüber der oder dem Ausschussvorsitzenden für nicht anwesende Mitglieder oder stellvertretende Mitglieder andere Mitglieder des Landtages für die Vertretung in der jeweiligen Ausschusssitzung benennen.

(3) [1]Die Präsidentin oder der Präsident benennt fraktionslose Mitglieder auf ihren oder deren Antrag als beratende Mitglieder eines Ausschusses. [2]Bei der Festlegung des Ausschusses ist der Wunsch des fraktionslosen Mitgliedes des Landtages zu berücksichtigen, wenn dem nicht sachliche Gründe entgegenstehen.

(4) Die Präsidentin oder der Präsident gibt dem Landtag die Vorsitzenden, stellvertretenden Vorsitzenden, Mitglieder und stellvertretenden Mitglieder der Ausschüsse bekannt.

(5) Die Fraktionen benennen gegenüber der oder dem jeweiligen Ausschussvorsitzenden in jedem Ausschuss Obleute.

§ 12 Aufgaben

(1) [1]Die Ausschüsse werden im Rahmen der ihnen vom Landtag erteilten Aufträge tätig. [2]Sie können sich auch unabhängig von Aufträgen mit Angelegenheiten aus ihrem Aufgabengebiet befassen und hierzu dem Landtag Empfehlungen geben (Artikel 33 Absatz 2 LVerf.).

(2) [1]Soweit den Ausschüssen vom Landtag Aufträge erteilt wurden, sind die Ausschüsse zu deren baldiger Erledigung verpflichtet und haben dem Landtag bestimmte Beschlüsse zu empfehlen. [2]Neun Monate nach Überweisung einer Vorlage können eine Fraktion oder mindestens vier Mitglieder des Landtages verlangen, dass der Ausschuss durch die Vorsitzende oder den Vorsitzenden oder die Berichterstatterin oder den Berichterstatter dem Landtag innerhalb von drei Wochen einen Bericht über den Stand der Beratungen vorlegt. [3]Das Verlangen ist an die Präsidentin oder den Präsidenten zu richten. [4]Der Bericht ist auf die Tagesordnung der nächsten Sitzung zu setzen, es sei denn, dass der Ausschuss zuvor die Vorlage abschließend beraten hat.

§ 13 Einberufung

(1) Die oder der Vorsitzende kann im Rahmen der vom Ältestenrat festgelegten Sitzungsmöglichkeiten für Ausschüsse Ausschusssitzungen selbstständig einberufen, es sei denn, dass der Ausschuss im Einzelfall etwas anderes beschließt.

(2) [1]Die oder der Vorsitzende ist zur Einberufung zum nächstmöglichen Termin innerhalb der festgelegten Sitzungsmöglichkeiten für Ausschüsse verpflichtet, wenn es eine Fraktion oder ein Viertel der Mitglieder des Ausschusses unter Angabe des zu verhandelnden Gegenstandes verlangen. [2]Kommt sie oder er dieser Verpflichtung nicht unverzüglich nach, beruft die Präsidentin oder der Präsident den Ausschuss ein.

(3) [1]Zur Einberufung einer Sitzung außerhalb der festgelegten Sitzungsmöglichkeiten für Ausschüsse oder außerhalb des ständigen Sitzungsortes des Landtages ist die oder der Vorsitzende nur berechtigt, wenn ein entsprechender Beschluss des Ausschusses oder ein entsprechendes Verlangen einer Fraktion des Landtages vorliegt und die Genehmigung der Präsidentin oder des Präsidenten erteilt worden ist. [2]Dem Verlangen einer Fraktion ist innerhalb von einer Woche nach Antragstellung zu entsprechen, soweit die Genehmigung der Präsidentin oder des Präsidenten erteilt wird.

(3a) [1]Die Präsidentin oder der Präsident kann auf Antrag der oder des Vorsitzenden zulassen, dass in außergewöhnlichen Fällen, in denen ein Zusammentreffen des Ausschusses an einem Sitzungsort aufgrund äußerer, nicht kontrollierbarer Umstände erheblich erschwert ist, Sitzungen im Wege einer Telefonkonferenz oder Videokonferenz abgehalten werden. [2]Abstimmungen erfolgen namentlich in entsprechender Anwendung des § 91.

(4) Die Präsidentin oder der Präsident genehmigt eine Sitzung außerhalb der festgelegten Sitzungsmöglichkeiten für Ausschüsse, wenn

a) Haushaltsmittel für die Durchführung der Sitzung zur Verfügung stehen,
b) keine Terminüberschneidungen mit Sitzungen des Landtages, anderer Ausschüsse und Kommissionen, mit Fraktionssitzungen und mit Bundes- und Landesparteitagen der im Landtag vertretenen Parteien gegeben sind und
c) die Mitglieder des Ausschusses Gelegenheit haben, sich in angemessener Weise auf die Sondersitzung vorzubereiten. Dies wird angenommen, wenn zwischen dem Zugang der Einladung und dem Sitzungstermin eine Frist von mindestens 48 Stunden gewahrt ist. Bei Einvernehmen der Fraktionen im Ausschuss kann diese Frist unterschritten werden.

§ 14 Tagesordnung

(1) [1]Die oder der Vorsitzende setzt die Tagesordnung fest, es sei denn, dass der Ausschuss vorher darüber beschließt. [2]Beratungsgegenstände, die eine Fraktion für die Tagesordnung vorschlägt, sind,

sofern sie von der Vorsitzenden oder vom Vorsitzenden nicht bei der Festsetzung der Tagesordnung berücksichtigt werden, spätestens auf die Tagesordnung der darauffolgenden Ausschusssitzung zu setzen.

(2) [1]Der Ausschuss kann die Tagesordnung mit Mehrheit ändern. [2]Erweitern kann er sie nur, wenn nicht eine Fraktion oder ein Viertel der Mitglieder des Ausschusses widersprechen.

(3) [1]Die oder der Vorsitzende übermittelt die Tagesordnung jeder Ausschusssitzung mit Angabe des Ortes und Termins den Mitgliedern des Landtages, den Mitgliedern der Landesregierung und der oder dem Bürgerbeauftragten. [2]Bei der Übermittlung der Tagesordnung soll eine Frist von 24 Stunden gewahrt werden.

§ 15 Teilnahme an Ausschusssitzungen

(1) [1]Jedes Mitglied des Landtages hat das Recht, auch an den Sitzungen eines Ausschusses, dem sie oder er nicht angehört, teilzunehmen, das Wort zu ergreifen sowie Fragen und Anträge zu stellen (Artikel 22 Absatz 2 LVerf.). [2]Stimmberechtigt sind die jeweiligen Mitglieder eines Ausschusses, nicht jedoch beratende Mitglieder.

(2) [1]Die Mitglieder der Landesregierung und ihre Beauftragten haben zu den Sitzungen der Ausschüsse Zutritt (Artikel 38 Absatz 2 LVerf.). [2]Ihnen ist auf Wunsch das Wort zu erteilen (Artikel 38 Absatz 3 LVerf.).

(3) [1]Die oder der Bürgerbeauftragte hat das Recht, an den Sitzungen des Petitionsausschusses teilzunehmen und an den Sitzungen der übrigen Ausschüsse des Landtages dann teilzunehmen, wenn ihr oder ihm Eingaben vorliegen, die die im jeweiligen Ausschuss behandelten Angelegenheiten betreffen. [2]Auf Verlangen muss sie oder er im Rahmen der Ausschussberatung gehört werden.

(4) Die Ausschüsse haben das Recht und auf Antrag eines Drittels ihrer Mitglieder die Pflicht, die Anwesenheit jedes Mitgliedes der Landesregierung zu verlangen (Artikel 38 Absatz 1 LVerf.).

(5) [1]Die Ausschüsse haben das Recht und auf Antrag eines Viertels ihrer Mitglieder oder einer Fraktion die Pflicht, die Bürgerbeauftragte oder den Bürgerbeauftragten des Landtages zur Beratung von Verhandlungsgegenständen, die deren oder dessen gesetzliche Aufgabenstellung betreffen, hinzuzuziehen und ihr oder ihm das Wort zu erteilen. [2]Die oder der Bürgerbeauftragte ist verpflichtet, bei der Aussprache über ihren oder seinen Jahresbericht in den Ausschüssen anwesend zu sein und sich auf Verlangen des Ausschusses oder eines Viertels der Mitglieder des Ausschusses oder einer Fraktion zu äußern.

(6) [1]Der Ausschuss kann unabhängig von den Regelungen des § 22 Absatz 1 bis 5 Einzelpersonen, die nicht zu den Zutrittsberechtigten nach den Regelungen dieser Geschäftsordnung gehören, zu Beratungen einzelner Gegenstände einladen und mit ihnen eine allgemeine Aussprache im Rahmen eines Expertengespräches durchführen. [2]Für den Ersatz von Auslagen und gegebenenfalls eine weitergehende Entschädigung gilt § 22 Absatz 6 entsprechend.

(7) Die oder der Vorsitzende lädt Vertreterinnen oder Vertreter der kommunalen Spitzenverbände zu den Beratungen ein, wenn diesen in den Fällen des § 23 Absatz 4 dieser Geschäftsordnung Gelegenheit zur Stellungnahme gegeben wird.

(8) [1]Zu einer Ausschusssitzung kann jede Fraktion Mitarbeiterinnen oder Mitarbeiter der Fraktion, die die Anforderungen des § 53 Absatz 1 Abgeordnetengesetz erfüllen, entsenden, die an der Sitzung als Zuhörerinnen oder Zuhörer teilnehmen können. [2]Sofern mehr als eine Mitarbeiterin oder ein Mitarbeiter einer Fraktion an einer Ausschusssitzung teilnimmt, ist dies der oder dem Vorsitzenden anzuzeigen.

§ 16 Ablauf der Sitzungen

(1) Die Leitung der Sitzung sowie die Durchführung der Ausschussbeschlüsse obliegt der oder dem Vorsitzenden.

(2) Die oder der Vorsitzende erteilt das Wort in der Reihenfolge der Wortmeldungen unter Berücksichtigung der Grundsätze des § 82 Absatz 1.

(3) Ist der ordnungsgemäße Ablauf einer Sitzung nicht mehr gewährleistet, kann die oder der Vorsitzende die Sitzung unterbrechen oder im Einvernehmen mit den Fraktionen im Ausschuss beenden.

(4) Sitzungsteilnehmerinnen oder Sitzungsteilnehmer, die nicht Mitglieder des Landtages sind, und Zuhörerinnen oder Zuhörer unterstehen während der Sitzung der Ordnungsgewalt der oder des Vorsitzenden.

§ 16a Abstimmung außerhalb einer Sitzung

(1) In außergewöhnlichen Fällen, in denen ein Zusammentreffen an einem Sitzungsort aufgrund äußerer, nicht kontrollierbarer Umstände erheblich erschwert ist und die Festlegung einer Telefonkonferenz oder Videokonferenz nicht möglich ist, können Angelegenheiten durch die Vorsitzende oder den Vorsitzenden nach Zustimmung durch die Präsidentin oder den Präsidenten im schriftlichen Beschlussverfahren oder mit elektronischen Kommunikationsmitteln durchgeführt werden.

(2) [1]Jedem Mitglied des Ausschusses ist dazu die entsprechende Vorlage zu übermitteln, einschließlich einer Fristsetzung für Rückäußerungen. [2]Die Frist soll mindestens 48 Stunden betragen, Rückäußerungen können schriftlich oder elektronisch erfolgen. [3]Im Falle einer nicht fristgemäßen Rückäußerung gilt dies als Nichtteilnahme.

(3) [1]Beantragt ein Mitglied des Ausschusses Änderungen zu einer Vorlage, gilt die Zustimmung als nicht erteilt. [2]Die Entscheidung über die Änderung und die Vorlage sind bis zur nächsten Sitzung des Ausschusses auszusetzen.

(4) Die oder der Vorsitzende des Ausschusses informiert über das Ergebnis des schriftlichen und elektronischen Abstimmungsverfahrens in der nächsten Sitzung des Ausschusses.

§ 17 Nicht öffentliche und öffentliche Sitzungen

(1) Ausschusssitzungen sind in der Regel nicht öffentlich, soweit nicht der Ausschuss für einzelne Sitzungen oder Beratungsgegenstände anderes beschließt (Artikel 33 Absatz 3 LVerf.).

(2) Anhörungssitzungen nach § 22 sind öffentlich, soweit der Ausschuss nicht etwas anderes beschließt.

(3) [1]Zu den öffentlichen Sitzungen der Ausschüsse – ausgenommen der Untersuchungsausschüsse – sind die Medien und sonstige Zuhörerinnen oder Zuhörer, soweit die Raumverhältnisse es gestatten, zugelassen. [2]Aufnahmen in Bild und Ton sind zulässig, soweit der Ausschuss nichts anderes beschließt. [3]Im Übrigen gelten die Regelungen der Hausordnung des Landtages.

(4) Aus nicht öffentlichen Sitzungen dürfen die Äußerungen einzelner Sitzungsteilnehmerinnen oder Sitzungsteilnehmer und das Abstimmungsverhalten einzelner Mitglieder des Landtages nicht veröffentlicht werden.

(5) Für die Beratung von Verschlusssachen mit dem Geheimhaltungsgrad VS-VERTRAULICH oder höher gelten die Bestimmungen der Geheimschutzordnung des Landtages (Anlage).

§ 18 Beschlussfähigkeit

(1) [1]Die Ausschüsse sind beschlussfähig, wenn die Mehrheit ihrer Mitglieder anwesend ist. [2]Sie gelten solange als beschlussfähig, wie nicht vor einer Abstimmung ein Mitglied verlangt, die Beschlussfähigkeit durch Auszählen festzustellen.

(2) [1]Die oder der Vorsitzende kann die Abstimmung, vor der die Feststellung der Beschlussfähigkeit verlangt wurde, auf bestimmte Zeit verschieben und, wenn nicht ein Mitglied widerspricht, die Aussprache fortsetzen oder einen anderen Tagesordnungspunkt aufrufen. [2]Ist nach Feststellung der Beschlussfähigkeit diese nicht gegeben und die Sitzung auf bestimmte Zeit unterbrochen worden und nach Wiedereröffnung die Beschlussfähigkeit noch nicht gegeben, gilt Satz 1.

§ 19 Federführung und Mitberatung

(1) [1]Wird eine Vorlage zugleich mehreren Ausschüssen überwiesen, so ist ein Ausschuss als federführend zu bestimmen. [2]Die beteiligten Ausschüsse beraten grundsätzlich getrennt und teilen das Ergebnis ihrer Beratungen dem federführenden Ausschuss schriftlich mit.

(2) [1]Werden Vorlagen an mehrere Ausschüsse überwiesen, setzt der federführende Ausschuss eine angemessene Frist zur Übermittlung ihrer Stellungnahme und teilt diese den mitberatenden Ausschüssen schriftlich mit. [2]Der mitberatende Ausschuss hat unverzüglich mitzuteilen, sofern die vorgegebene Frist nicht eingehalten werden kann. [3]Werden nicht innerhalb der vorgegebenen Frist dem federführenden Ausschuss die Stellungnahmen vorgelegt oder kommt eine Vereinbarung über eine andere Frist als die vorgegebene nicht zustande, kann der federführende Ausschuss dem Landtag eine Beschlussempfehlung vorlegen, frühestens jedoch nach vier Ausschusssitzungswochen nach der Überweisung.

(3) [1]Der federführende Ausschuss kann im Einvernehmen mit dem mitberatenden Ausschuss gemeinsame Sitzungen anberaumen. [2]Bei einer gemeinsamen Beratung stimmen die Mitglieder der einzelnen Ausschüsse getrennt ab.

§ 20 Verhandlungsgegenstände

(1) Verhandlungsgegenstände sind die dem Ausschuss überwiesenen Vorlagen und Angelegenheiten aus seinem Aufgabengebiet (§ 12 Absatz 1).

(2) [1]Sind einem Ausschuss mehrere konkurrierende Vorlagen zum selben Gegenstand überwiesen worden, beschließt der Ausschuss, welche Vorlage als Grundlage seiner Beschlussempfehlung an den Landtag dienen soll, und unterrichtet darüber die mitberatenden Ausschüsse. [2]Die anderen Vorlagen zum selben Gegenstand können, auch wenn sie bei der Beratung nicht oder nur teilweise berücksichtigt wurden, nach der Schlussabstimmung über die Grundlage der Beratung in der Beschlussempfehlung für erledigt erklärt werden. [3]Wird dem Antrag auf Erledigterklärung von der Antragstellerin oder dem Antragsteller einer Vorlage oder von einer Fraktion im Ausschuss widersprochen, muss über die Vorlage abgestimmt werden.

§ 21 Aktenvorlage und Auskunftserteilung durch die Landesregierung

[1]Die Landesregierung hat den vom Landtag eingesetzten Ausschüssen in deren jeweiligem Geschäftsbereich auf Verlangen der Mehrheit ihrer Mitglieder Akten vorzulegen. [2]Die Auskunftserteilung und die Aktenvorlage müssen unverzüglich und vollständig erfolgen (Artikel 40 Absatz 2 LVerf.).

§ 22 Anhörungsverfahren

(1) [1]Zur Information über einen seiner Verhandlungsgegenstände kann ein Ausschuss eine Anhörung von Sachverständigen, Interessenvertreterinnen oder Interessenvertretern und anderen Auskunftspersonen vornehmen. [2]Zur Vorbereitung einer Anhörung soll der Ausschuss den Auskunftspersonen rechtzeitig die jeweilige Fragestellung übermitteln. [3]Er kann sie um Einreichung einer schriftlichen Stellungnahme bitten. [4]Schriftliche Stellungnahmen sollen den Ausschussmitgliedern spätestens eine Woche vor dem Anhörungstermin vorliegen. [5]Im Rahmen der Anhörung können die schriftlichen und mündlichen Stellungnahmen im Einzelnen mit den Sachverständigen erörtert werden.

(2) Eine weitere Anhörung zum selben Gegenstand kann – soweit darüber kein Einvernehmen besteht – nur dann vorgenommen werden, wenn der Ausschuss feststellt, dass sich nach der ersten Anhörung wesentliche Änderungen am Beratungsgegenstand ergeben haben.

(3) [1]Bei überwiesenen Vorlagen ist der federführende Ausschuss auf Verlangen eines Viertels seiner Mitglieder oder einer Fraktion zur Durchführung einer Anhörung verpflichtet. [2]In diesem Fall müssen die von der Minderheit benannten Auskunftspersonen gehört werden. [3]Beschließt der Ausschuss eine Begrenzung der Anzahl der anzuhörenden Personen, kann von der Minderheit nur der ihrem Stärkeverhältnis im Ausschuss entsprechende Anteil an der Gesamtzahl der anzuhörenden Auskunftspersonen benannt werden. [4]Jede Fraktion kann mindestens eine Auskunftsperson benennen.

(4) [1]Bei nicht überwiesenen Verhandlungsgegenständen im Sinne von § 12 Absatz 1 Satz 2 erfolgt eine Anhörung auf Beschluss des Ausschusses. [2]Die Beschlussfassung ist nur zulässig, wenn ein entsprechender Antrag auf der Tagesordnung des Ausschusses steht.

(5) [1]Der mitberatende Ausschuss kann beschließen, im Einvernehmen mit dem federführenden Ausschuss eine Anhörung durchzuführen, soweit der federführende Ausschuss von der Möglichkeit des Absatzes 1 keinen Gebrauch macht oder seine Anhörung auf Teilfragen der Vorlagen, die nur seinen Geschäftsbereich betreffen, beschränkt. [2]Dem federführenden Ausschuss sind Ort und Termin sowie die Anhörungsunterlagen mitzuteilen. [3]Die Mitglieder des federführenden Ausschusses haben bei dieser Anhörung das Recht, jederzeit Fragen an die Anhörungspersonen zu richten.

(6) [1]Der Ersatz von Auslagen an Sachverständige und Auskunftspersonen erfolgt auf Antrag entsprechend dem Landesreisekostengesetz. [2]Für Sachverständige kann auf der Grundlage eines Ausschussbeschlusses im Einzelfall eine weitergehende Entschädigung beantragt werden.

(7) Die Absätze 1 bis 6 gelten auch für Anhörungen in nicht öffentlichen Sitzungen.

§ 23 Berichterstatterinnen oder Berichterstatter und Ausschussberichte

(1) Vorbehaltlich der Entscheidung des Ausschusses benennt die oder der Vorsitzende für die Beratung im Ausschuss und im Landtag eine Berichterstatterin oder einen Berichterstatter oder mehrere Berichterstatterinnen oder Berichterstatter für jeden Verhandlungsgegenstand, zu dem dem Landtag eine Beschlussempfehlung vorgelegt werden soll.

(2) Die Beschlussempfehlung und der Bericht des federführenden Ausschusses sind dem Landtag schriftlich zu unterbreiten.

(3) [1]Berät der Ausschuss eine ihm überwiesene Vorlage, die das Recht auf informationelle Selbstbestimmung berührt, ist der oder dem Landesbeauftragten für den Datenschutz vor der Beschlussfassung Gelegenheit zur Abgabe einer Stellungnahme im Ausschuss zu geben. [2]Sie oder er ist berechtigt und kann von der Mehrheit des Ausschusses verpflichtet werden, vor dem betreffenden Ausschuss zu erscheinen und zu reden.

(4) Berät der Ausschuss einen ihm überwiesenen Gesetzentwurf, der unmittelbar die Belange von Gemeinden und Landkreisen berührt, soll den kommunalen Spitzenverbänden vor der Beschlussfassung Gelegenheit zur Abgabe einer Stellungnahme im Ausschuss gegeben werden.

(5) [1]Der Ausschussbericht gibt den Beratungsverlauf wieder und begründet die Beschlussempfehlung. [2]Er enthält die Stellungnahme der mitbeteiligten Ausschüsse und legt den wesentlichen Inhalt der Beratungen im federführenden Ausschuss dar. [3]Auffassungen, die im Rahmen von öffentlichen und nicht öffentlichen Anhörungen von angehörten Personen dargelegt wurden, sind wiederzugeben. [4]Der Ausschussbericht ist von den Berichterstatterinnen oder Berichterstattern zu unterzeichnen.

§ 24 Sitzungsprotokoll

(1) [1]Über jede Ausschusssitzung ist ein analytisches Kurzprotokoll zu führen, das von der oder dem Vorsitzenden und von der Protokollführerin oder dem Protokollführer zu unterzeichnen ist. [2]Es muss enthalten:

a) die Namen der anwesenden Mitglieder,
b) die Tagesordnung,
c) die Zeit des Beginns und des Schlusses der Sitzung,
d) eine kurze Zusammenfassung der Beratung, der Abstimmungsergebnisse sowie den vollen Wortlaut der Anträge und Beschlüsse.

(2) Wortprotokolle von Ausschusssitzungen und Teilen von Ausschusssitzungen sind zu fertigen, wenn dies eine Fraktion vor Beginn des wörtlich wiederzugebenden Beratungsteils beantragt.

(3) Die Verteilung der Sitzungsprotokolle aus öffentlichen und nicht öffentlichen Sitzungen erfolgt entsprechend Anlage 5.

3. Unterabschnitt: Aufgaben, Zusammensetzung und Verfahren der Ausschüsse und Kommissionen nach § 9 Absatz 3

§ 25 Unterausschüsse

(1) Zur Erledigung dringender, unabweislicher und nicht auf andere Weise abzuarbeitender Aufgaben, die einem Ausschuss übertragen wurden, steht es den Ausschüssen frei, Unterausschüsse einzusetzen.

(2) Die Außenvertretung eines Unterausschusses obliegt der oder dem Ausschussvorsitzenden.

(3) In einem Unterausschuss muss jede Fraktion, die im Ausschuss vertreten ist, auf ihr Verlangen mindestens mit einem Mitglied vertreten sein.

§ 26 Untersuchungsausschüsse

[1]Anträge auf Einsetzung eines Untersuchungsausschusses, mit denen das verfassungsmäßige Recht auf Einsetzung eines Untersuchungsausschusses geltend gemacht wird (Artikel 34 LVerf.), müssen bei ihrer Einreichung von mindestens einem Viertel der Mitglieder des Landtages eigenhändig unterzeichnet sein. [2]Das Nähere zum Verfahren der Untersuchungsausschüsse regeln die Bestimmungen der Verfassung des Landes Mecklenburg-Vorpommern und des Gesetzes über die Einsetzung und das Verfahren von Untersuchungsausschüssen des Landtages Mecklenburg-Vorpommern.

§ 27 Wahlprüfungsausschuss

[1]Wahl Prüfungsausschuss ist der Rechtsausschuss des Landtages. [2]Das Nähere zum Verfahren des Wahlprüfungsausschusses regelt das Gesetz über die Wahlen im Land Mecklenburg-Vorpommern (Landes- und Kommunalwahlgesetz – LKWG M-V).

§ 28 Ausschuss zur Vorbereitung der Wahl der Mitglieder des Landesverfassungsgerichts und zur Wahl der Vertrauensleute gemäß Verwaltungsgerichtsordnung und Finanzgerichtsordnung

(1) Zur Vorbereitung der Wahl der Mitglieder des Landesverfassungsgerichts und der stellvertretenden Mitglieder setzt der Landtag einen besonderen Ausschuss ein (Artikel 52 Absatz 3 LVerf.).

(2) [1]Mitglieder dieses Ausschusses sind die Mitglieder des Rechtsausschusses. [2]Die oder der Vorsitzende und die oder der stellvertretende Vorsitzende des Rechtsausschusses üben diese Funktionen auch im besonderen Ausschuss aus.

(3) Im Einzelnen wird auf die Bestimmungen der Verfassung des Landes Mecklenburg-Vorpommern und des Gesetzes über das Landesverfassungsgericht Mecklenburg-Vorpommern verwiesen.

(4) Dieser Ausschuss ist auch zuständig für die Wahl der Vertrauensleute und ihrer Stellvertreterinnen oder Stellvertreter gemäß §§ 26 Absatz 2 Verwaltungsgerichtsordnung und 23 Absatz 2 der Finanzgerichtsordnung.

§ 29 Sonderausschüsse

(1) Für einzelne Angelegenheiten kann der Landtag Sonderausschüsse einsetzen.

(2) Die Benennung der oder des Vorsitzenden und der oder des stellvertretenden Vorsitzenden von Sonderausschüssen erfolgt in einer eigenen Zählreihe entsprechend dem Stärkeverhältnis der Fraktionen.

§ 30 Enquetekommissionen

Die Einsetzung und das Verfahren von Enquetekommissionen werden durch das Gesetz über die Einsetzung und das Verfahren von Enquetekommissionen geregelt.

IV. Mitglieder des Landtages

§ 31 Stellung

Rechte und Pflichten der Mitglieder des Landtages richten sich nach den Bestimmungen der Verfassung des Landes Mecklenburg-Vorpommern und dem Gesetz über die Rechtsverhältnisse der Mitglieder des Landtages Mecklenburg-Vorpommern (Abgeordnetengesetz) sowie den Bestimmungen dieser Geschäftsordnung.

§ 32 Rechte und Pflichten

(1) Die Mitglieder des Landtages haben das Recht und die Pflicht, nach Maßgabe dieser Geschäftsordnung an der Arbeit des Landtages, insbesondere an den Sitzungen des Landtages und seiner Ausschüsse, teilzunehmen.

(2) Wer verhindert ist, an einer Sitzung des Landtages teilzunehmen, hat dies der Präsidentin oder dem Präsidenten frühzeitig, möglichst aber 24 Stunden vor Sitzungsbeginn, mitzuteilen.

(3) [1]Für jede Sitzung des Landtages wird eine Anwesenheitsliste ausgelegt, in die sich die anwesenden Mitglieder des Landtages eintragen. [2]Die Folgen der Nichteintragung und der Nichtbeteiligung an einer namentlichen Abstimmung ergeben sich aus dem Abgeordnetengesetz.

(4) Mitglieder des Landtages, die eine Sitzung vor ihrem Schluss verlassen wollen, haben dies der Präsidentin oder dem Präsidenten unter Angabe der Uhrzeit schriftlich mitzuteilen.

(5) Abwesenheit außerhalb der sitzungsfreien Zeit ist der Präsidentin oder dem Präsidenten anzuzeigen.

§ 33 Akteneinsicht

(1) [1]Jedes Mitglied des Landtages ist berechtigt, die Akten des Landtages einzusehen, die über Gegenstände der parlamentarischen Beratung im Plenum sowie in den Ausschüssen und den sonstigen Gremien des Landtages angelegt sind, soweit nicht die Einsicht aufgrund gesetzlicher Vorschriften oder dieser Geschäftsordnung, insbesondere aus Gründen der Geheimhaltung, eingeschränkt ist. [2]Unter den Voraussetzungen des Satzes 1 kann in besonderen Fällen die Präsidentin oder der Präsident oder ihre Beauftragte oder ihr Beauftragter oder seine Beauftragte oder sein Beauftragter die Akteneinsicht durch eine von der Fraktion benannte Mitarbeiterin oder einen von einer Fraktion benannten Mitarbeiter zulassen.

(2) [1]Jedes Mitglied des Landtages hat ferner das Recht, diejenigen Akten des Landtages einzusehen, die über das Mitglied des Landtages betreffende Vorgänge geführt werden. [2]Das Gleiche gilt für ehemalige Mitglieder des Landtages. [3]Dritten darf in diese Akten nur mit Einwilligung der Betroffenen Einsicht gewährt werden.

(3) [1]Die Akteneinsicht wird in den Räumen des Landtages gewährt; zur Einsicht außerhalb des Landtagsgebäudes dürfen Akten nur an die Vorsitzenden und Berichterstatterinnen oder Berichterstatter der Ausschüsse abgegeben werden. [2]Die Präsidentin oder der Präsident kann Ausnahmen zulassen. [3]Durch die Akteneinsicht dürfen die Arbeiten des Landtages, seiner Ausschüsse und sonstigen Gremien sowie

der Ausschussvorsitzenden und der Berichterstatterinnen oder Berichterstatter nicht behindert werden. [4]Die Präsidentin oder der Präsident kann die Entscheidung über die Akteneinsicht mit Auflagen verbinden.

§ 34 Auskunftsersuchen

[1]Die Landesregierung hat jedem Mitglied des Landtages Auskünfte zu erteilen (Artikel 40 Absatz 2 Satz 1 LVerf.). [2]Weder die Anfrage noch die Auskunft werden als Landtagsdrucksache verteilt.

§ 35 Verhaltensregeln

Die gemäß § 47 des Gesetzes über die Rechtsverhältnisse der Mitglieder des Landtages Mecklenburg-Vorpommern beschlossenen Verhaltensregeln sind Bestandteil dieser Geschäftsordnung.

§ 36 Verzicht auf die Mitgliedschaft

[1]Der Verzicht auf die Mitgliedschaft im Landtag richtet sich nach den Bestimmungen des Gesetzes über die Wahlen im Land Mecklenburg-Vorpommern (Landes- und Kommunalwahlgesetz – LKWG M-V). [2]Der Verzicht wird, wenn er nicht für einen späteren Zeitpunkt erklärt ist, wirksam mit dem Eingang der notariellen Verzichtserklärung bei der Präsidentin oder dem Präsidenten oder mit der Erklärung zur Niederschrift der Präsidentin oder des Präsidenten. [3]Die Präsidentin oder der Präsident benachrichtigt die Landeswahlleiterin oder den Landeswahlleiter.

V. Fraktionen

§ 37 Begriff

Begriff und Rechtsstellung der Fraktionen richten sich nach den Bestimmungen der Verfassung des Landes Mecklenburg-Vorpommern und dem Gesetz über die Rechtsverhältnisse der Mitglieder des Landtages Mecklenburg-Vorpommern (Abgeordnetengesetz).

§ 38 Bildung

(1) Fraktionen sind Vereinigungen von mindestens vier Mitgliedern des Landtages (Artikel 25 Absatz 1 LVerf.).

(2) Die Bildung einer Fraktion, ihre Bezeichnung, die Namen der Vorsitzenden, Mitglieder und Gäste sind der Präsidentin oder dem Präsidenten schriftlich mitzuteilen.

(3) Jedes Mitglied des Landtages kann nur einer Fraktion angehören.

(4) [1]Mitglieder des Landtages, die keiner Fraktion angehören, können sich einer Fraktion mit deren Zustimmung als ständige Gäste anschließen und stehen dann deren Mitgliedern gleich. [2]Bei der Feststellung der Fraktionsstärke werden die Gäste nicht mitgezählt. [3]Sie sind jedoch bei der Bemessung der Stellenanteile zu berücksichtigen.

§ 39 Reihenfolge

[1]Die Reihenfolge der Fraktionen bestimmt sich nach ihrer Stärke. [2]Bei gleicher Fraktionsstärke entscheidet das Los, das von der Präsidentin oder dem Präsidenten in einer Sitzung des Landtages gezogen wird. [3]Erloschene Mandate werden bis zur Neubesetzung bei der Fraktion mitgezählt, die sie bisher innehatte.

§ 40 Parlamentarische Opposition

(1) Die Fraktionen und die Mitglieder des Landtages, welche die Regierung nicht unterstützen, bilden die parlamentarische Opposition (Artikel 26 Absatz 1 LVerf.).

(2) [1]Die parlamentarische Opposition hat insbesondere die Aufgaben, eigene Programme zu entwickeln und Initiativen für die Kontrolle von Landesregierung und Landesverwaltung zu ergreifen sowie Regierungsprogramme und Regierungsentscheidungen kritisch zu bewerten. [2]Dabei hat sie das Recht auf politische Chancengleichheit (Artikel 26 Absatz 2 und 3 LVerf.).

VI. Verhandlungsgegenstände

1. Unterabschnitt: Gemeinsame Bestimmungen

§ 41 Vorlagen

Vorlagen im Sinne dieser Geschäftsordnung sind insbesondere Gesetzentwürfe, Anträge, Unterrichtungen durch die Landesregierung und die Landtagspräsidentin oder den Landtagspräsidenten, Anfragen und die Antworten auf Anfragen, aufgrund von Gesetzesbeschlüssen oder sonstigen Beschlüssen des Landtages dem Landtag zugeleitete Berichte und Unterrichtungen, Beschlussempfehlungen und Berichte der Ausschüsse sowie Wahlvorschläge.

§ 42 Unzulässige Vorlagen

(1) Vorlagen im Sinne des § 41 weist die Präsidentin oder der Präsident zurück, wenn sie

1. gegen Formvorschriften der Verfassung des Landes Mecklenburg-Vorpommern, gegen diese Geschäftsordnung oder gegen die parlamentarische Ordnung im Übrigen verstoßen,
2. durch ihren Inhalt den Tatbestand einer strafbaren Handlung erfüllen,
3. ein Eingreifen in die richterliche Unabhängigkeit bedeuten und der Mangel nicht behoben wird.

(2) Die Zurückweisung von Vorlagen nach Absatz 1 erfolgt im Benehmen mit dem Ältestenrat.

(3) [1]Gegen die Zurückweisung können die Antragstellerinnen oder Antragsteller bei der Präsidentin oder dem Präsidenten schriftlich Einspruch einlegen. [2]Über den Einspruch berät unverzüglich der Rechtsausschuss. [3]Er legt dem Landtag eine Beschlussempfehlung vor, die im Landtag ohne Aussprache behandelt wird.

§ 43 Verhandlungsgegenstände

Verhandlungsgegenstände des Landtages können sein:

1. alle Vorlagen im Sinne dieser Geschäftsordnung;
2. Aussprachen zu Themen, die öffentliche Angelegenheiten sind und das Land betreffen, deren Zahl ist in jeder Sitzungswoche auf eine Aussprache pro Fraktion begrenzt;
3. Regierungserklärungen und sonstige mündlich gegebene Berichte von Mitgliedern der Landesregierung.

§ 44 Verteilung

(1) [1]Zulässige Vorlagen im Sinne des § 41 werden als Landtagsdrucksachen auf der Grundlage von eingereichten Urschriften und elektronischen Dateien erstellt. [2]Sie werden an die Mitglieder des Landtages, an die Mitglieder der Landesregierung, an die Präsidentin oder den Präsidenten des Landesrechnungshofes, an die Bürgerbeauftragte oder den Bürgerbeauftragten und an die Landesbeauftragte oder den Landesbeauftragten für den Datenschutz verteilt.

(2) [1]Die Zustellung der Landtagsdrucksachen erfolgt grundsätzlich durch die Einstellung in die öffentlichen Datenbanken des Landtages. [2]Zum Schutz von personenbezogenen Daten gelten die Regelungen der Datenschutzordnung des Landtages (Anlage 6). [3]Zum Schutz von Privat- und Geschäftsgeheimnissen (§ 13 der Geheimschutzordnung des Landtages, Anlage 1 dieser Geschäftsordnung) können Teile der Drucksache im erforderlichen Umfang unabhängig von einer Einstufung als Verschlusssache (VS) geschwärzt oder anonymisiert werden. [4]Über die Einstellung von Landtagsdrucksachen in die öffentlichen Datenbanken des Landtages werden die Drucksachenbezieherinnen oder Drucksachenbezieher per elektronischer Post an die E-Mail-Adressen informiert. [5]Darüber hinaus können Landtagsdrucksachen in Papierform über die beim Landtag eingerichteten Postfächer verteilt werden. [6]Der Verzicht auf eine Verteilung von Landtagsdrucksachen in Papierform erfolgt im Benehmen mit dem Ältestenrat. [7]Soweit sich Fristen dieser Geschäftsordnung nach dem Zeitpunkt der Verteilung der Drucksache bestimmen, ist hierfür die Einstellung der Drucksache in die abrufbare Datenbank maßgeblich. [8]Anträge, die aufgrund ihrer Dringlichkeit in die Tagesordnung aufgenommen werden sollen, sowie Änderungsanträge zu Vorlagen, die Gegenstand der Tagesordnung des Landtages sind, werden im Rahmen der Landtagssitzung in vorläufiger Fassung in Papierform verteilt.

§ 45 Erledigterklärung, Rücknahmen

(1) [1]Der Landtag kann einen Gesetzentwurf oder einen Antrag mit Zustimmung der Antragstellerin oder des Antragstellers für erledigt erklären. [2]Empfiehlt der federführende Ausschuss einvernehmlich die Erledigung, so gilt der Gesetzentwurf oder Antrag als erledigt, es sei denn, dass die Antragstellerin oder der Antragsteller, eine Fraktion oder mindestens vier Mitglieder des Landtages innerhalb von zwei Wochen nach der Verteilung der Drucksache zur Unterrichtung über die Erledigung eine Beratung im Landtag verlangen.

(2) [1]Gesetzentwürfe und Anträge können jederzeit vor der Schlussabstimmung von der Antragstellerin oder dem Antragsteller zurückgenommen werden, sie können von anderen Antragstellerinnen oder Antragstellern in dem Beratungsstadium übernommen werden, in dem sie sich vor der Rücknahme

befunden haben. [2]Zurückgenommene Gesetzentwürfe können nur von einer Fraktion oder vier Mitgliedern des Landtages übernommen werden.

2. Unterabschnitt: Gesetzentwürfe

§ 46 Einbringung

(1) [1]Gesetzentwürfe aus der Mitte des Landtages müssen von einer Fraktion oder vier Mitgliedern des Landtages unterzeichnet sein. [2]Dem Gesetzentwurf ist ein Vorblatt voranzustellen, in dem Problem, Lösung, Alternativen und Kosten kurz darzustellen sind. [3]Die Gesetzentwürfe sind schriftlich zu begründen.

(2) [1]Gesetzentwürfe der Landesregierung werden ebenfalls mit einem Vorblatt schriftlich eingebracht und mit einer Begründung versehen. [2]Das Vorblatt entspricht zumindest den Anforderungen des Absatzes 1. [3]Aus der Vorlage sollen neben den Kosten auch Schritte zur Umsetzung des Gesetzesvorhabens ersichtlich sein.

(2a) Mit der Einbringung der Gesetzentwürfe legt die Landesregierung dem Landtag auch vor, welche Fachkreise, Verbände, Kammern und sonstigen Organisationen zu ihren Gesetzentwürfen Stellungnahmen abgegeben haben (Verbandsanhörung).

(3) Der Entwurf des Haushaltsgesetzes und des Haushaltsplanes sowie Vorlagen zur Änderung des Haushaltsgesetzes und des Haushaltsplans werden von der Landesregierung in den Landtag eingebracht (Artikel 61 Absatz 3 LVerf.).

(4) [1]Zugelassene Volksinitiativen, die eine Gesetzesvorlage zum Gegenstand haben, und zugelassene Volksbegehren werden dem Landtag unmittelbar nach Entscheidung über die Zulassung gemäß dem Gesetz zur Ausführung von Initiativen aus dem Volk, Volksbegehren und Volksentscheid in Mecklenburg-Vorpommern (Volksabstimmungsgesetz) durch die Landtagspräsidentin oder den Landtagspräsidenten vorgelegt und auf die Tagesordnung der gemäß § 73 nächstmöglichen Landtagssitzung gesetzt. [2]Dabei gelten die für sonstige Vorlagen zur Aufsetzung auf die Tagesordnung festgelegten Fristen.

§ 47 Gesetzesberatungen

[1]Gesetzentwürfe werden in der Regel in zwei Lesungen beraten. [2]Bis zum Beginn der Schlussabstimmung kann der Landtag eine Dritte Lesung beschließen.

§ 48 Erste Lesung

(1) [1]In der Ersten Lesung werden in der Regel die Grundsätze des Gesetzentwurfes beraten. [2]Änderungsanträge zu Gesetzentwürfen sind vor Schluss der ersten Beratung nicht zulässig, zu Staatsverträgen überhaupt nicht zulässig.

(2) [1]Eine Abstimmung über den Gesetzentwurf findet nicht statt; abgestimmt wird nur über Anträge auf Ausschussüberweisung. [2]Wird der Gesetzentwurf an mehrere Ausschüsse überwiesen, so überträgt der Landtag einem Ausschuss die Federführung.

(3) Wird eine Ausschussüberweisung abgelehnt, so wird der Gesetzesentwurf spätestens nach drei Monaten von der Präsidentin oder dem Präsidenten zur Zweiten Lesung auf die Tagesordnung der folgenden Landtagssitzung gesetzt.

§ 49 Zweite Lesung

(1) [1]Die Zweite Lesung kann frühestens am zweiten Tag nach dem Schluss der Ersten Lesung stattfinden. [2]Der Landtag kann diese Frist verkürzen, es sei denn, dass mindestens vier Mitglieder des Landtages oder eine Fraktion widersprechen.

(2) Berichterstatterinnen oder Berichterstatter können ergänzend zum vorliegenden schriftlichen Bericht zu Beginn der Zweiten Lesung über die Ausschussberatung berichten.

(3) Gegenstand der Zweiten Lesung ist der Gesetzentwurf, wenn eine Ausschussberatung nicht stattgefunden hat oder der Ausschuss die unveränderte Annahme oder die Ablehnung des Gesetzentwurfes empfohlen hat.

(4) Hat der Ausschuss Änderungen des Gesetzentwurfes vorgeschlagen, so bildet die in der Beschlussempfehlung des Ausschusses empfohlene Fassung die Grundlage für die Zweite Lesung.

§ 50 Abstimmungen in der Zweiten Lesung

(1) Nach Schluss der Aussprache in der Zweiten Lesung wird über jede selbstständige Bestimmung oder Teile eines Gesetzentwurfes der Reihenfolge nach abgestimmt, wenn und soweit eine Fraktion oder mindestens vier Mitglieder des Landtages dies verlangen.

(2) [1]Über Änderungsanträge ist zunächst abzustimmen. [2]Sind im Verlauf der Zweiten Lesung Änderungen beschlossen worden, so ist auf Verlangen einer Fraktion oder von vier Mitgliedern des Landtages die Schlussabstimmung auszusetzen, bis eine Zusammenstellung der Änderungen verteilt ist.

(3) [1]Bis zur letzten Einzelabstimmung kann der Gesetzentwurf ganz oder teilweise an einen Ausschuss überwiesen werden. [2]Die Überweisung kann auch an Ausschüsse erfolgen, die bei der bisherigen Ausschussberatung nicht beteiligt waren. [3]Dies gilt auch für bereits abgestimmte Teile des Gesetzentwurfes. [4]Mit der Überweisung kann eine Dritte Lesung beschlossen werden.

(4) Sind in der Zweiten Lesung alle Teile eines Gesetzentwurfes abgelehnt worden, so ist die Vorlage abgelehnt und jede weitere Beratung unterbleibt.

§ 51 Schlussabstimmung

[1]Nach Schluss der Zweiten Lesung wird über den Gesetzentwurf im Ganzen, gegebenenfalls mit den im Verlauf der Zweiten Lesung beschlossenen Änderungen, abgestimmt. [2]In der Schlussabstimmung kann der Landtag beschließen, den Gesetzentwurf anzunehmen oder abzulehnen. [3]Auf Antrag von mindestens vier Mitgliedern des Landtages oder einer Fraktion kann die Schlussabstimmung von der letzten Lesung getrennt werden. [4]Sie muss jedoch während derselben Plenarsitzungswoche durchgeführt werden.

§ 52 Dritte Lesung

(1) Grundlage der Dritten Lesung bilden die Beschlüsse der Zweiten Lesung.

(2) [1]Die Dritte Lesung findet frühestens am zweiten Werktag nach Schluss der Zweiten Lesung statt. [2]Wurden in der Zweiten Lesung Änderungsanträge angenommen, beginnt die Frist erst nach Verteilung der entsprechenden Drucksachen. [3]§ 48 Absatz 1 Satz 2 und § 50 gelten entsprechend. [4]Änderungsanträge zu Gesetzentwürfen in dritter Beratung müssen von einer Fraktion oder vier Mitgliedern des Landtages unterzeichnet sein und dürfen sich nur auf Bestimmungen beziehen, zu denen in zweiter Beratung Änderungen beschlossen wurden.

§ 53 Zustimmungsgesetze zu Staatsverträgen

(1) Bei der Beratung von Gesetzentwürfen, mit denen die Zustimmung des Landtages zu einem Staatsvertrag erteilt werden soll, sind Beschlussempfehlungen von Ausschüssen und Änderungsanträge nur zum Entwurf des Zustimmungsgesetzes zulässig.

(2) Über den Staatsvertrag kann nur im Ganzen abgestimmt werden.

3. Unterabschnitt: Haushaltsvorlagen und Finanzvorlagen

§ 54 Haushaltsvorlagen

(1) [1]Haushaltsvorlagen sind der Entwurf des Haushaltsgesetzes und des Haushaltsplanes, Änderungsvorlagen zu diesen Entwürfen (Ergänzungsvorlagen), Vorlagen zur Änderung des Haushaltsgesetzes und des Haushaltsplanes (Nachtragshaushaltsvorlagen) sowie sonstige den Haushalt betreffende Vorlagen. [2]Alle Haushaltsvorlagen werden vom Landtag federführend an den Finanzausschuss und mitberatend an den jeweiligen Fachausschuss überwiesen.

(2) Ergänzungsvorlagen überweist die Präsidentin oder der Präsident ohne Erste Lesung federführend an den Finanzausschuss und mitberatend an den jeweiligen Fachausschuss.

§ 55 Finanzvorlagen

(1) Finanzvorlagen sind Vorlagen, die auf die öffentlichen Finanzen des Landes und der Kommunen erheblich einwirken und keine Haushaltsvorlagen im Sinne des § 54 sind.

(2) Finanzvorlagen aus der Mitte des Landtages, durch die dem Land Mehrausgaben oder Mindereinnahmen entstehen, müssen bestimmen, wie die zu ihrer Deckung erforderlichen Mittel aufzubringen sind (Artikel 64 Absatz 1 LVerf.).

(3) [1]Sofern im Ergebnis der abschließenden Beratung einer überwiesenen Vorlage im federführenden Ausschuss eine erhebliche Veränderung der Auswirkungen auf die öffentlichen Finanzen zu erwarten

ist, hat der federführende Ausschuss hierzu eine Stellungnahme des Finanzausschusses einzuholen. 2Diese Stellungnahme ist in den Bericht des federführenden Ausschusses aufzunehmen.

(4) 1Die Landesregierung kann verlangen, dass Beratung und Beschlussfassung über eine Vorlage aus der Mitte des Landtages, durch die dem Land Mehrausgaben oder Mindereinnahmen entstehen, ausgesetzt wird. 2Die Aussetzung endet nach Abgabe einer Stellungnahme durch die Landesregierung, spätestens nach Ablauf von sechs Wochen (Artikel 64 Absatz 2 LVerf.).

4. Unterabschnitt: Anträge

§ 56 Selbstständige Anträge

(1) 1Selbstständige Anträge sind der Präsidentin oder dem Präsidenten schriftlich einzureichen und von mindestens einem Mitglied des Landtages zu unterzeichnen. 2Sie sollten mit den Worten beginnen: „Der Landtag möge beschließen...“; und so abgefasst sein, dass sich klar erkennen lässt, wie der von der Antragstellerin oder dem Antragsteller erstrebte Landtagsbeschluss lauten soll.

(2) Zu Beginn der Beratung erhält die Antragstellerin oder der Antragsteller das Wort zur Begründung.

(3) Der Landtag kann einen selbstständigen Antrag ohne Beratung einem Ausschuss überweisen.

§ 57 Änderungsanträge

(1) 1Anträge, die den Wortlaut der Vorlage ändern oder ergänzen sollen, können bis zum Schluss der Beratung des Gegenstandes, auf den sie sich beziehen, gestellt werden. 2Sie müssen von mindestens einem Mitglied des Landtages unterzeichnet sein; sind sie nicht verteilt worden, so müssen sie verlesen werden. 3Sie müssen vor der Beschlussfassung verteilt werden, wenn eine Fraktion oder vier Mitglieder des Landtages dieses verlangen.

(2) 1Wegen der Form dieser Anträge gilt § 56 Absatz 1 Satz 1 entsprechend. 2Zulässig sind nur solche Anträge, die sich auf den Gegenstand der Vorlage beziehen und im Text ausdrücklich den Wortlaut der Ursprungsvorlage ändern oder ergänzen sollen.

(3) Anträge, die Änderungsanträge ändern oder ergänzen sollen, sind unzulässig.

§ 58 Akzessorische Entschließungsanträge

1Anträge, die Entschließungen zu auf der Tagesordnung der Landtagssitzung stehenden selbstständigen Vorlagen zum Inhalt haben, sollen spätestens am vierten Arbeitstag vor Beginn der Sitzung bis 12:00 Uhr eingereicht werden. 2Später eingereichte akzessorische Entschließungsanträge können auf die Tagesordnung gesetzt werden, wenn der Landtag mit Zweidrittelmehrheit der Mitglieder des Landtages die Dringlichkeit bejaht.

5. Unterabschnitt: Unterrichtungen und sonstige Vorlagen

§ 59 Behandlung der Unterrichtungen

1Berichte und Materialien zur Unterrichtung des Landtages gemäß gesetzlicher Bestimmungen oder gemäß seiner Beschlusslage sowie Berichte und Materialien zur Unterrichtung des Landtages, die von der Landesregierung oder der Präsidentin oder dem Präsidenten des Landtages vorgelegt werden (Unterrichtungen), setzt die Präsidentin oder der Präsident auf Verlangen einer Fraktion auf die Tagesordnung der nächsten Landtagssitzung oder überweist sie auf Verlangen einer Fraktion an die zuständigen Ausschüsse. 2Darüber hinaus kann die Präsidentin oder der Präsident Unterrichtungen im Benehmen mit dem Ältestenrat an die zuständigen Ausschüsse überweisen.

§ 60 Erledigung der Unterrichtungen

1Sofern nicht entweder eine Fraktion innerhalb von vier Monaten nach Veröffentlichung einer Unterrichtung als Drucksache die Aufsetzung der Unterrichtung auf die Tagesordnung der nächsten Landtagssitzung verlangt oder ein Ausschuss innerhalb von vier Monaten nach der Überweisung die Vorlage einer Beschlussempfehlung ankündigt, gilt die Unterrichtung mit Datum der Veröffentlichung einer entsprechenden Amtlichen Mitteilung als erledigt. 2Die Präsidentin oder der Präsident kann die Unterrichtung auch mit Datum der entsprechenden Amtlichen Mitteilung für erledigt erklären, wenn der Ausschuss nachträglich auf die Vorlage einer Beschlussempfehlung verzichtet.

§ 61 Sonstige Vorlagen

Für die Behandlung sonstiger Vorlagen gelten die Bestimmungen der §§ 59 und 60 entsprechend.

VII. Anfragen und Aktuelle Stunde

§ 62 Form und Verteilung der Anfragen sowie Verteilung der Antworten

(1) Die Mitglieder des Landtages können von der Landesregierung über bestimmt bezeichnete Tatsachen durch Große und Kleine Anfragen sowie durch mündliche Fragen in der Befragung der Landesregierung Auskünfte verlangen.

(2) 1Die Fragen sind der Präsidentin oder dem Präsidenten schriftlich einzureichen. 2Sie müssen kurz und sachlich gefasst sein und dürfen sich nur auf einen Gegenstand beziehen, für den die Landesregierung unmittelbar oder mittelbar verantwortlich ist.

(3) 1Fragen, die nach Form oder Inhalt einen Missbrauch darstellen, insbesondere Wertungen oder Unterstellungen enthalten oder gegen die Würde des Hauses verstoßen oder den Bestimmungen von Absatz 2 nicht entsprechen, kann die Präsidentin oder der Präsident zurückweisen. 2Die Zurückweisung bedarf der schriftlichen Begründung und ist den Fragestellerinnen oder Fragestellern zuzustellen.

(4) 1Gegen die Zurückweisung einer Frage kann die Fragestellerin oder der Fragesteller binnen einer Frist von einem Monat einen schriftlich zu begründenden Einspruch bei der Präsidentin oder beim Präsidenten einlegen. 2Dieser ist auf die Tagesordnung der nächsten Sitzung nach Eingang des Einspruchs zu setzen. 3Der Landtag entscheidet ohne Aussprache nach Beratung im Ältestenrat.

(5) Anfragen und die Antworten werden jeweils als Landtagsdrucksachen verteilt (§ 44 Absatz 1).

(6) 1Soweit Antworten auf Anfragen durch die Landesregierung als herausgebende Stelle als Verschlusssache (VS) eingestuft sind, werden diese entsprechend den Vorgaben der Geheimschutzordnung des Landtages (Anlage 1 dieser Geschäftsordnung) behandelt. 2Sie werden zur Einsichtnahme in geeigneten Räumlichkeiten des Landtages zugänglich gemacht. 3Soweit die Antworten auf Anfragen als VS–NUR FÜR DEN DIENSTGEBRAUCH eingestuft sind, werden sie darüber hinaus auf Verlangen entsprechend den Vorgaben der Geheimschutzordnung zur Verfügung gestellt. 4Für die Einzelheiten und für den Umgang mit höher eingestuften Verschlusssachen wird auf § 9 der Geheimschutzordnung des Landtages Bezug genommen.

§ 63 Große Anfragen

(1) Große Anfragen an die Landesregierung können von einer Fraktion oder mindestens vier Mitgliedern des Landtages gestellt werden und müssen von den Fragestellerinnen oder Fragestellern unterzeichnet sein.

(2) Große Anfragen sind schriftlich zu begründen, soweit nicht der Sachverhalt, über den Auskunft gewünscht wird, aus dem Wortlaut der Anfrage deutlich genug hervorgeht.

(3) 1Die Präsidentin oder der Präsident übermittelt die Großen Anfragen unverzüglich der Landesregierung und fordert sie schriftlich zur Erklärung auf, wann sie antworten werde. 2Nennt die Landesregierung innerhalb einer Frist von drei Wochen keinen Termin zur Beantwortung oder lehnt sie die Beantwortung ab, kann die Präsidentin oder der Präsident die Große Anfrage auf die Tagesordnung der nächsten Sitzung setzen. 3Sie oder er muss sie auf die Tagesordnung der nächsten Sitzung setzen, wenn die Antragstellerin oder der Antragsteller dies verlangen. 4Einer der Fragestellerinnen oder Fragesteller erhält vor der Stellungnahme der Landesregierung das Wort zur Begründung. 5An die Stellungnahme schließt sich eine Aussprache an.

(4) 1Nach Eingang der Antwort wird die Große Anfrage auf Antrag einer Fraktion oder mindestens vier Mitgliedern des Landtages auf die Tagesordnung des Landtages gesetzt. 2Für die Aufsetzung gelten die Fristen des § 73 Absatz 2.

§ 64 Kleine Anfragen

(1) Die Präsidentin oder der Präsident übermittelt die Kleinen Anfragen der Mitglieder des Landtages unverzüglich der Landesregierung mit der Aufforderung, sie innerhalb einer Frist von 20 Werktagen schriftlich zu beantworten.

(2) 1Kleine Anfragen dürfen sich nur auf einen bestimmten Sachverhalt beziehen und müssen so formuliert sein, dass sie von der Landesregierung in kurzer Form beantwortet werden können. 2Eine kurze und knappe Darstellung der zur Begründung notwendigen Tatsachen ist zulässig. 3Kleine Anfragen dürfen höchstens zehn Fragen mit höchstens je drei Unterfragen umfassen.

(3) 1Wird die Kleine Anfrage nicht innerhalb der gesetzten Frist beantwortet, so hat sie die Präsidentin oder der Präsident auf Verlangen des Mitgliedes des Landtages auf die Tagesordnung der nächsten Sitzung zur Beantwortung durch die Landesregierung zu setzen. 2Das Mitglied des Landtages kann

bei der Behandlung seiner Anfrage zusätzliche mündliche Fragen stellen. [3]Für die Aufsetzung gilt die Frist des § 73 Absatz 2.

§ 65 Befragung der Landesregierung

(1) [1]In der Regel findet in jeder Sitzungswoche eine Befragung der Landesregierung statt, in welcher die Mitglieder des Landtages der Landesregierung Fragen von aktuellem Interesse im Rahmen ihrer Verantwortlichkeit stellen können. [2]Den Fragen zugrunde liegen sollen vorrangig die von der Landesregierung öffentlich gemachten Themen ihrer vorangegangenen Sitzungen; die Fragen können durch Bemerkungen eingeleitet werden. [3]Die Frage einschließlich der einleitenden Bemerkung soll kurz gefasst sein und darf nicht länger als zwei Minuten benötigen; sie soll kurze Antworten ermöglichen. [4]Die Fragestellerin oder der Fragesteller darf eine Nachfrage stellen. [5]Zur Vorbereitung der Befragung der Landesregierung übermittelt die Landesregierung dem Landtag die Tagesordnung des Kabinetts unmittelbar nachdem diese festgestellt worden ist. [6]Wird die Tagesordnung der Kabinettssitzung erweitert, teilt die Landesregierung dies unverzüglich dem Landtag mit.

(2) [1]Jedes Mitglied des Landtages ist berechtigt, Fragen an die Landesregierung zu richten. [2]Die den Fragen zugrundeliegenden, bestimmt zu bezeichnenden Themen müssen durch die Fragestellerin oder den Fragesteller spätestens am Freitag vor einer Sitzungswoche bis 10:00 Uhr bei der Präsidentin oder dem Präsidenten eingegangen sein. [3]Ist die Tagesordnung der Kabinettssitzung erweitert worden, sind unabhängig von der Frist nach Satz 2 auch Fragen zu dem erweiterten Teil der Tagesordnung zulässig, wenn die diesen Fragen zugrundeliegenden Themen bis spätestens 14:00 Uhr am Dienstag der Sitzungswoche bei der Präsidentin oder dem Präsidenten eingegangen sind. [4]Die Themen werden der Landesregierung unverzüglich zugestellt.

(3) [1]Die Präsidentin oder der Präsident bestimmt, in welcher Reihenfolge die Themen und die Fragestellerinnen oder Fragesteller aufgerufen werden. [2]Dabei soll sie oder ihn die Sorge um die sachgemäße Erledigung und zweckmäßige Gestaltung der Befragung der Landesregierung, die Rücksicht auf die verschiedenen politischen Auffassungen und auf die Stärke der Fraktionen sowie die Rechte der Mitglieder des Landtages leiten. [3]Die Fragestellerin oder der Fragesteller stellt bei der Befragung der Landesregierung die Frage vom Saalmikrofon aus. [4]Die gestellten Fragen werden von dem zuständigen Mitglied der Landesregierung während der Sitzung mündlich beantwortet, es sein denn, dass die Fragestellerin oder der Fragesteller einer schriftlichen Beantwortung zustimmt. [5]Die Festlegung der Zuständigkeit für die Beantwortung der Frage bleibt der Landesregierung Vorbehalten.

(4) [1]Fragen, die nach Form oder Inhalt einen Missbrauch des Fragerechts darstellen, kann die Präsidentin oder der Präsident zurückweisen. [2]§ 66 Absatz 2 Satz 2 und 3 gelten entsprechend. [3]Im Fall einer Zurückweisung entscheidet auf Antrag der Fragestellerin oder des Fragestellers der Landtag ohne Aussprache.

(5) Im Zusammenhang mit der Antwort der Landesregierung wird eine Beratung nicht durchgeführt.

(6) [1]Die Dauer der Befragung der Landesregierung ist auf eine Stunde begrenzt. [2]Anträge zur Sache, Zwischenfragen und Kurzinterventionen sind unzulässig.

§ 66 Aktuelle Stunde

(1) [1]Über Angelegenheiten von allgemeinem aktuellen Interesse kann eine Debatte von einer Fraktion beantragt werden. [2]Das Antragsrecht wechselt zwischen den Fraktionen in der Reihenfolge des Stärkeverhältnisses der Fraktionen.

(2) [1]Gegenstand der Debatte können Angelegenheiten aus dem Bereich der Landespolitik und Äußerungen von Landespolitikerinnen oder Landespolitikern oder Landesbediensteten von besonderer politischer Bedeutung sein. [2]Die Formulierung des Gegenstandes muss kurz und sachlich gefasst sein. [3]Sie darf keine Wertungen oder Unterstellungen enthalten. [4]Der Antrag ist bei der Präsidentin oder dem Präsidenten schriftlich spätestens am Donnerstag vor einer Sitzungswoche bis 12:00 Uhr einzureichen.

(3) Die Präsidentin oder der Präsident setzt die Aussprache über den Gegenstand des Antrages auf die Tagesordnung der nächsten Sitzungswoche, wenn sie oder er den Antrag für zulässig hält.

(4) [1]Die Redezeit wird grundsätzlich entsprechend dem Stärkeverhältnis der Fraktionen aufgeteilt, wobei die Redezeit je Fraktion mindestens zehn Minuten beträgt. [2]Im Übrigen gilt die Vorschrift des § 84 Absatz 1 Satz 3. [3]Die Verlesung von Erklärungen oder von Reden ist unzulässig. [4]Anträge zur Sache können nicht gestellt werden. [5]Der Antrag auf Übergang zur Tagesordnung ist nicht zulässig.

[6]Die von der Landesregierung in Anspruch genommene Redezeit, die zehn Minuten nicht überschreiten soll, bleibt unberücksichtigt. [7]Überschreitet die Landesregierung die vorgegebene Redezeit von zehn Minuten, wird auf Antrag einer Fraktion der über die vorgegebene Redezeit hinausgehende Zeitraum den Fraktionen zu gleichen Teilen zur Verfügung gestellt; bei Bruchteilen von Minuten wird auf volle Minuten aufgerundet.

VIII. Petitionen

§ 67 Behandlung von Petitionen

(1) An den Landtag gerichtete Eingaben, die die Tätigkeit des Landtages, der Landesregierung oder der Landesverwaltung betreffen, überweist die Präsidentin oder der Präsident unmittelbar dem Petitionsausschuss.

(2) [1]Der Bericht über die vom Petitionsausschuss behandelten Petitionen wird mit einer Beschlussempfehlung dem Landtag in einer Sammelübersicht vorgelegt. [2]Die Berichte werden als Drucksache verteilt und innerhalb von drei Sitzungswochen des Landtages auf die Tagesordnung gesetzt. [3]Eine Aussprache findet nur statt, wenn dies von einer Fraktion oder vier Mitgliedern des Landtages verlangt wird.

(3) Die Behandlung der Petitionen und die Zusammenarbeit mit der oder dem Bürgerbeauftragten richten sich nach dem Petitions- und Bürgerbeauftragtengesetz.

(4) Der Landtag beschließt darüber hinaus Grundsätze über die Behandlung von Petitionen, die Bestandteil dieser Geschäftsordnung sind.

§ 68 Tätigkeitsbericht des Petitionsausschusses

Der Petitionsausschuss legt dem Landtag im ersten Quartal eines jeden Jahres einen schriftlichen Tätigkeitsbericht über seine Tätigkeit im vorangegangenen Jahr vor.

IX. Besondere Beratungsgegenstände

§ 69 Beteiligung an Verfassungsrechtsstreitigkeiten

(1) [1]Klagen, Verfassungsbeschwerden und sonstige Verfahren, die beim Bundesverfassungsgericht oder dem Verfassungsgericht eines Landes anhängig sind und zu denen dem Landtag Gelegenheit zur Stellungnahme gegeben wird, werden dem Rechtsausschuss mit der Bitte um eine schriftliche Empfehlung von der Präsidentin oder dem Präsidenten unmittelbar zur Beratung überwiesen. [2]Die Empfehlung des Rechtsausschusses soll innerhalb von vier Wochen der Präsidentin oder dem Präsidenten zugeleitet werden. [3]Nach Eingang der Empfehlung oder nach Ablauf der Frist nach Satz 2 entscheidet die Präsidentin oder der Präsident im Benehmen mit dem Ältestenrat über die Abgabe einer Stellungnahme gegenüber dem Bundesverfassungsgericht oder dem Verfassungsgericht eines Landes unter Berücksichtigung der Empfehlung des Rechtsausschusses.

(2) Absatz 1 gilt entsprechend für Verfahren, in denen der Landtag Beteiligter eines Streitverfahrens vor dem Bundesverfassungsgericht oder dem Verfassungsgericht Mecklenburg-Vorpommern ist.

§ 70 Immunitätsangelegenheiten

(1) [1]Ersuchen zu Immunitätsangelegenheiten nach Artikel 24 Absatz 2 der Verfassung des Landes Mecklenburg-Vorpommern werden von der Präsidentin oder dem Präsidenten unverzüglich dem zuständigen Rechtsausschuss zugeleitet. [2]Betroffene Mitglieder des Landtages dürfen an den Entscheidungen des Rechtsausschusses nicht mitwirken.

(2) Der Rechtsausschuss berät unverzüglich über das Ersuchen und legt dem Landtag eine Beschlussempfehlung vor.

(3) Die Behandlung von Immunitätsangelegenheiten im Landtag erfolgt ohne Aussprache.

(4) [1]Die Beratung über eine Beschlussempfehlung ist an Fristen nicht gebunden. [2]Sie soll unter Beachtung der Fristen des § 73 Absatz 2 erfolgen. [3]Ist die Beschlussempfehlung noch nicht verteilt, wird sie verlesen.

(5) Vor der Konstituierung des Rechtsausschusses kann die Präsidentin oder der Präsident dem Landtag in Immunitätsangelegenheiten unmittelbar eine Beschlussempfehlung vorlegen.

(6) Der Landtag kann weitere Grundsätze zur Behandlung von Immunitätsangelegenheiten beschließen, die dann Bestandteil dieser Geschäftsordnung werden.

§ 71 Richterinnen- oder Richteranklage

[1]Der Antrag, eine Richterin oder einen Richter vor dem Bundesverfassungsgericht anzuklagen (Artikel 77 LVerf), ist bei der Präsidentin oder dem Präsidenten schriftlich einzureichen. [2]Der Antrag wird in zwei Beratungen behandelt und am Schluss der ersten Beratung dem Rechtsausschuss überwiesen. [3]Der Antrag des Landtages beim Bundesverfassungsgericht kann nur mit der Mehrheit seiner Mitglieder beschlossen werden.

X. Sitzungsordnung

§ 72 Einberufung

(1) Die Präsidentin oder der Präsident beruft den Landtag im Benehmen mit dem Ältestenrat oder aufgrund des Beschlusses des Landtages ein.

(2) [1]Die Präsidentin oder der Präsident teilt vor Schluss jeder Sitzung Zeit und Ort der nächsten Sitzung mit. [2]Widerspricht ein Mitglied des Landtages, so entscheidet der Landtag. [3]Die Mitteilung der Präsidentin oder des Präsidenten oder der Beschluss des Landtages gelten als Einladung für die Mitglieder des Landtages und die Landesregierung.

(3) Die Präsidentin oder der Präsident setzt im Benehmen mit dem Ältestenrat Zeit und Ort der nächsten Sitzung selbstständig fest, wenn der Landtag ihn hierzu ermächtigt oder wegen Beschlussunfähigkeit oder aus einem anderen Grunde nicht entscheiden kann.

(4) [1]Die Präsidentin oder der Präsident muss den Landtag einberufen, wenn ein Viertel der Mitglieder des Landtages, die den Antrag eigenhändig unterzeichnen müssen, oder die Landesregierung es unter Angabe des Beratungsgegenstandes verlangen (Dringlichkeitssitzung). [2]Der Termin der Dringlichkeitssitzung wird von der Präsidentin oder dem Präsidenten im Benehmen mit dem Ältestenrat nach pflichtgemäßem Ermessen festgesetzt. [3]Dabei hat sich die Präsidentin oder der Präsident an der Dringlichkeit des Beratungsgegenstandes, dem Sitzungsrhythmus des Landtages und dem Terminwunsch der Antragstellerinnen oder Antragsteller zu orientieren. [4]In jedem Fall muss die Dringlichkeitssitzung innerhalb von 10 Werktagen, in den Parlamentsferien innerhalb von 15 Werktagen nach dem Verlangen stattfinden.

§ 73 Tagesordnung

(1) [1]Auf der Grundlage des Vorschlages der Präsidentin oder des Präsidenten wird im Ältestenrat die vorläufige Tagesordnung vereinbart, es sei denn, dass der Landtag vorher darüber beschließt. [2]Die Präsidentin oder der Präsident kann die vorläufige Tagesordnung im Benehmen mit den Fraktionen ändern. [3]Die vorläufige Tagesordnung sowie eventuelle Änderungen nach Satz 2 werden den Mitgliedern des Landtages und der Landesregierung mitgeteilt.

(2) [1]Beratungsgegenstände, die in die vorläufige Tagesordnung aufgenommen werden sollen, müssen spätestens zwei Wochen vor der Sitzung bis 12:00 Uhr bei der Präsidentin oder dem Präsidenten eingereicht werden. [2]Für Beschlussempfehlungen und Berichte von Ausschüssen und Berichte von Kommissionen reicht die fristgerechte Anmeldung. [3]Die Abgabe dieser Vorlagen muss spätestens eine Woche vor der Sitzung bis 12:00 Uhr erfolgen. [4]Wird diese Frist unterschritten, so kann die Beratung nicht erfolgen, wenn ein Viertel der Mitglieder des Landtages widerspricht.

(3) [1]Zu Beginn der Sitzung fragt die Präsidentin oder der Präsident, ob der vorläufigen Tagesordnung widersprochen wird. [2]Erfolgt kein Widerspruch, so gilt die Tagesordnung als festgestellt. [3]Wird der vorläufigen Tagesordnung widersprochen, stellt der Landtag die Tagesordnung fest.

§ 74 Abweichungen von der Tagesordnung

Der Landtag kann auf Vorschlag der Präsidentin oder des Präsidenten oder auf Antrag einer Fraktion oder mindestens vier Mitgliedern des Landtages im Verlauf der Sitzung zur Tagesordnung beschließen, dass

1. Gegenstände, die nicht auf der Tagesordnung stehen, beraten werden, wenn eine Zweidrittelmehrheit der Mitglieder des Landtages die Dringlichkeit bejaht,
2. die Reihenfolge der Beratungsgegenstände geändert wird,
3. verschiedene Punkte der Tagesordnung zusammen beraten werden,

4. ein Gegenstand von der Tagesordnung abgesetzt wird,
5. die Sitzung vor Erledigung der Tagesordnung geschlossen wird.

§ 75 Leitung der Sitzungen

(1) [1]Die Präsidentin oder der Präsident eröffnet, leitet und schließt die Sitzung. [2]Vor Schluss der Sitzung gibt sie oder er den Termin der nächsten Sitzung bekannt.

(2) Zu Beginn jeder Sitzung stellt die Präsidentin oder der Präsident die ordnungsgemäße Einberufung und die Beschlussfähigkeit des Landtages fest.

(3) Die Präsidentin oder der Präsident hat über jeden Gegenstand, der auf der Tagesordnung steht, die Beratung zu eröffnen.

(4) [1]Die Präsidentin oder der Präsident bestimmt im Einvernehmen mit den Vizepräsidentinnen oder Vizepräsidenten die Reihenfolge der Vertretung. [2]Sind Präsidentin oder Präsident und Vizepräsidentin oder Vizepräsident verhindert, übernimmt das älteste Mitglied des Landtages, oder, wenn dieses verhindert ist oder ablehnt, das nächstälteste Mitglied des Landtages die Leitung.

§ 76 Öffentlichkeit der Sitzungen

(1) [1]Der Landtag verhandelt öffentlich (Artikel 31 Absatz 1 Satz 1 LVerf.). [2]Die Öffentlichkeit kann auf Antrag eines Viertels der Mitglieder des Landtages oder der Landesregierung mit einer Mehrheit von zwei Dritteln der anwesenden Mitglieder des Landtages ausgeschlossen werden. [3]Über den Antrag wird in nicht öffentlicher Sitzung entschieden (Artikel 31 Absatz 1 Satz 2 und 3 LVerf.).

(2) Beschließt der Landtag den Ausschluss der Öffentlichkeit, dürfen nur Mitglieder des Landtages, Mitglieder der Landesregierung, Beauftragte der Landesregierung sowie die von der Präsidentin oder dem Präsidenten zugelassenen Bediensteten des Landtages und der Fraktionen im Sitzungssaal verbleiben.

§ 77 Beschlussfähigkeit

(1) Der Landtag ist beschlussfähig, wenn die Mehrheit seiner Mitglieder anwesend ist (Artikel 32 Absatz 3 LVerf.).

(2) [1]Wird vor Eröffnung der Abstimmung die Beschlussfähigkeit bezweifelt und auch vom Sitzungspräsidium nicht einmütig bejaht, ist in Verbindung mit der Abstimmung die Beschlussfähigkeit durch Zählung der Stimmen festzustellen. [2]Dabei ist die Antragstellerin oder der Antragsteller mitzuzählen. [3]Die Präsidentin oder der Präsident kann die Abstimmung auf kurze Zeit aussetzen.

(3) Ergibt sich bei einer namentlichen Abstimmung, bei einer Wahl oder bei der Auszählung nach Absatz 2, dass die zur Beschlussfähigkeit erforderliche Zahl der Mitglieder des Landtages nicht erreicht ist, stellt die Präsidentin oder der Präsident die Beschlussunfähigkeit des Hauses fest.

(4) [1]Bei Beschlussunfähigkeit hat die Präsidentin oder der Präsident die Sitzung sofort aufzuheben sowie Zeit, Ort und Tagesordnung der nächsten Sitzung bekannt zu geben. [2]Die Abstimmung wird in der nächsten Sitzung ohne Beratung vorgenommen. [3]Das Verlangen einer namentlichen Abstimmung bleibt dabei in Kraft.

§ 78 Teilnahme der Landesregierung

(1) Die Mitglieder der Landesregierung und ihre Beauftragten haben zu den Sitzungen des Landtages Zutritt (Artikel 38 Absatz 2 Satz 1 LVerf.).

(2) [1]Der Landtag hat das Recht und auf Antrag eines Drittels seiner Mitglieder die Pflicht, die Anwesenheit jedes Mitglieds der Landesregierung zu verlangen (Artikel 38 Absatz 1 LVerf.). [2]Über den Antrag ist unverzüglich zu entscheiden. [3]Die Mitglieder der Landesregierung haben dem Verlangen in angemessener Zeit zu entsprechen.

§ 79 Übergang zur Tagesordnung

(1) [1]Ein Antrag auf Übergang zur Tagesordnung kann bis zur Abstimmung jederzeit gestellt werden und bedarf keiner Unterstützung. [2]Wird ihm widersprochen, so ist vor der Abstimmung noch je eine Rednerin oder ein Redner jeder Fraktion zu hören.

(2) [1]Wird der Antrag abgelehnt, so darf er im Verlauf der Beratung zum selben Gegenstand nicht wiederholt werden. [2]Über Vorlagen der Landesregierung und Beschlussempfehlungen der Ausschüsse darf nicht zur Tagesordnung übergegangen werden.

§ 80 Schluss der Beratung

(1) Die Präsidentin oder der Präsident erklärt die Beratung für geschlossen, wenn die Rednerliste erschöpft ist und sich niemand mehr zu Wort meldet.

(2) Der Landtag kann die Beratung unterbrechen, vertagen oder schließen.

(3) [1]Ein Antrag auf Vertagung oder Schluss der Beratung bedarf der Unterstützung von mindestens vier Mitgliedern des Landtages. [2]Ist diese Voraussetzung erfüllt, so kann nach Verlesung der Rednerliste außer der Antragstellerin oder dem Antragsteller noch je einem Mitglied des Landtages jeder Fraktion das Wort erteilt werden. [3]Der Schlussantrag geht dem Vertagungsantrag vor.

(4) Über einen Schlussantrag kann erst abgestimmt werden, wenn mindestens ein Mitglied von jeder Fraktion Gelegenheit gehabt hat, zur Sache zu sprechen.

XI. Redeordnung

§ 81 Worterteilung, Wortentziehung und Kurzintervention

(1) [1]Ein Mitglied des Landtages darf sprechen, wenn ihm die Präsidentin oder der Präsident das Wort erteilt hat. [2]Will sich die Präsidentin oder der Präsident selbst als Rednerin oder Redner an der Aussprache beteiligen, so hat sie oder er während dieser Zeit den Vorsitz abzugeben.

(2) Den Mitgliedern der Landesregierung ist auf Wunsch jederzeit, auch außerhalb der Tagesordnung, von der Präsidentin oder vom Präsidenten das Wort zu erteilen, jedoch nicht vor Abschluss der Ausführungen der Rednerin oder des Redners, der das Wort hat (Artikel 38 Absatz 3 LVerf.).

(3) [1]Wer zur Sache sprechen oder im Anschluss an einen Debattenbeitrag in einer Aussprache eine Kurzintervention machen will, hat sich durch die jeweilige Parlamentarische Geschäftsführerin oder den jeweiligen Parlamentarischen Geschäftsführer in der Regel bei der Schriftführerin oder dem Schriftführer, die oder der die Rednerliste führt, zu Wort zu melden. [2]Zur Geschäftsordnung und zur Abgabe von Erklärungen können Wortmeldungen der Mitglieder des Landtages durch Zuruf erfolgen.

(4) [1]Je Debattenbeitrag sind nicht mehr als zwei Kurzinterventionen zulässig. [2]Kurzinterventionen zu Debattenbeiträgen aus der eigenen Fraktion sind unzulässig.

(5) [1]Auf eine Kurzintervention, die über die Saalmikrofone in freiem Vortrag zu erfolgen hat, kann die Rednerin oder der Redner vom Rednerpult erwidern. [2]Kurzintervention und Erwiderung dürfen die Dauer von jeweils zwei Minuten nicht überschreiten, wobei die Präsidentin oder der Präsident im Falle von zwei nacheinander erfolgten Kurzinterventionen die Redezeit für die Erwiderung entsprechend verlängern kann. [3]Die Redezeit wird nicht auf die Redezeiten nach § 84 angerechnet.

(6) [1]Für Zwischenfragen an die Rednerin oder den Redner in der Aussprache über einen Verhandlungsgegenstand melden sich die Mitglieder des Landtages über die Saalmikrofone zu Wort. [2]Zwischenfragen, die kurz und präzise sein müssen, dürfen erst vorgetragen werden, wenn die Rednerin oder der Redner sie auf eine entsprechende Frage der Präsidentin oder des Präsidenten zulässt.

(7) Zu einem durch Abstimmung erledigten Gegenstand darf in derselben Sitzung nicht mehr das Wort erteilt werden.

§ 82 Reihenfolge der Rednerinnen oder Redner

(1) [1]Die Präsidentin oder der Präsident bestimmt die Reihenfolge der Rednerinnen oder Redner. [2]Dabei soll sie oder ihn die Sorge um die sachgemäße Erledigung und zweckmäßige Gestaltung der Beratung, die Rücksicht auf die verschiedenen politischen Auffassungen, auf Rede und Gegenrede und auf die Stärke der Fraktionen sowie die Rechte der Mitglieder des Landtages leiten. [3]Insbesondere soll nach der Rede eines Mitgliedes der Landesregierung eine abweichende Meinung zu Wort kommen.

(2) [1]Nach einer Regierungserklärung kann je eine Vertreterin oder ein Vertreter der im Landtag vertretenen Fraktionen das Wort ergreifen. [2]Zunächst wird der Vertreterin oder dem Vertreter der stärksten Oppositionsfraktion das Wort erteilt.

(3) Nach der Einbringung soll die erste Rednerin oder der erste Redner in der Aussprache zu Vorlagen nicht der Fraktion der Einbringerin oder des Einbringers angehören.

§ 83 Die Rede

(1) [1]Die Rednerinnen oder Redner sprechen grundsätzlich in freiem Vortrag vom Rednerpult aus. [2]Sie können hierbei Aufzeichnungen benutzen.

(2) [1]Die Präsidentin oder der Präsident darf eine Rednerin oder einen Redner unterbrechen. [2]Ertönt die Glocke der Präsidentin oder des Präsidenten, hat die Rednerin oder der Redner seine Rede zu unterbrechen.

§ 84 Redezeit

(1) [1]Gestaltung und Dauer der Aussprache über einen Verhandlungsgegenstand werden auf Vorschlag des Ältestenrates vom Landtag festgelegt. [2]Die Redezeit für die Einbringung eines Verhandlungsgegenstandes durch ein Mitglied des Landtages oder der Landesregierung einschließlich der Redezeiten der Berichterstatterinnen oder Berichterstatter soll die Dauer von zehn Minuten nicht überschreiten. [3]Bei der Bemessung der den Fraktionen zustehenden Redezeit im Rahmen der Aussprache ist von einer gleichen Grundredezeit für alle Fraktionen je Verhandlungsgegenstand von fünf Minuten auszugehen, zuzüglich weiterer 30 Sekunden Redezeit je Mitglied des Landtages, welches seitens der jeweiligen Fraktion gemäß § 38 Absatz 2 als Mitglied angezeigt wurde; bei Bruchteilen von Minuten wird auf volle Minuten aufgerundet. [4]Auf Vorschlag des Ältestenrates kann hiervon abgewichen werden, insbesondere können einheitliche Redezeiten für alle Fraktionen zu einem Verhandlungsgegenstand bestimmt werden. [5]Mitgliedern des Landtages, die keiner Fraktion angehören, steht je Verhandlungsgegenstand eine Redezeit von drei Minuten zu.

(2) Der Landtag kann die Redezeit verlängern, wenn der Antrag von einer Fraktion gestellt wird.

(3) [1]Die Redezeit zur Einbringung des Entwurfes des Haushaltsgesetzes und des Haushaltsplanes soll 30 Minuten nicht überschreiten. [2]Abweichend von Absatz 1 gilt bei der Bemessung der Redezeit für die Fraktionen hierbei eine Grundredezeit von 30 Minuten pro Fraktion. [3]Im Übrigen gilt für die Beratung dieser Haushaltsvorlagen sowie für die Beratung der Beschlussempfehlungen zu den jeweiligen Einzelplänen in Zweiter Lesung bei der Bemessung der Redezeit § 84 Absatz 1.

(4) [1]Die Redezeit der Landesregierung im Rahmen einer Regierungserklärung soll 30 Minuten nicht überschreiten. [2]Abweichend von Absatz 1 beträgt die Grundredezeit je Fraktion im Rahmen der der Regierungserklärung folgenden Aussprache 30 Minuten; im Übrigen gelten die vorstehenden Absätze.

(5) Überschreitet ein Mitglied des Landtages die ihm zustehende Redezeit, so kann ihm die Präsidentin oder der Präsident nach einmaliger Mahnung das Wort entziehen; die Rednerin oder der Redner darf dann das Wort in derselben Aussprache zum gleichen Gegenstand nicht mehr erhalten.

§ 85 Zusätzliche Redezeiten

(1) [1]Überschreiten die Mitglieder der Landesregierung im Rahmen des Verhandlungsgegenstandes die im Ältestenrat angemeldeten Redezeiten, ist auf Antrag einer Fraktion der Ältestenrat einzuberufen, um erneut über die den Fraktionen im Rahmen der Aussprache zustehenden Redezeiten zu beraten. [2]Erfolgt keine Einberufung des Ältestenrates oder kann dieser kein Einvernehmen hinsichtlich eines den jeweiligen Fraktionen im Rahmen des Verhandlungsgegenstandes zusätzlich zur Verfügung stehenden Zeitraumes erzielen, steht der über die angemeldete Redezeit hinausgehende Zeitraum den Fraktionen im Verhältnis ihrer Stärke zu.

(2) [1]Erhält während der Beratung ein Mitglied der Landesregierung zu dem Gegenstand das Wort, so haben alle Fraktionen, denen zu diesem Zeitpunkt nicht mehr ein volles Viertel ihrer ursprünglichen Redezeit zu diesem Tagesordnungspunkt zur Verfügung steht, daneben Anspruch auf ein zusätzliches Viertel ihrer ursprünglichen Redezeit. [2]Die Regelung des Absatzes 1 bleibt hiervon unberührt.

(3) Ergreift nach Schluss der Beratung ein Mitglied der Landesregierung zu diesem Gegenstand das Wort, so ist die Beratung wiedereröffnet.

(4) Ergreift ein Mitglied der Landesregierung das Wort außerhalb der Tagesordnung, so wird auf Antrag einer Fraktion die Beratung über seine Ausführungen eröffnet.

§ 86 Beratung der Berichte der oder des Bürgerbeauftragten

Die Präsidentin oder der Präsident erteilt der oder dem Bürgerbeauftragten in der Aussprache über die von ihr oder ihm vorgelegten Berichte das Wort, wenn es von einer Fraktion oder vier Mitgliedern des Landtages beantragt worden ist und ein entsprechender Beschluss des Landtages gefasst wurde.

§ 87 Bemerkungen zur Geschäftsordnung

(1) [1]Zu einem Geschäftsordnungsantrag erteilt die Präsidentin oder der Präsident außer der Reihe der Wortmeldungen unverzüglich das Wort. [2]Eine Rede darf dadurch jedoch nicht unterbrochen werden. [3]Der Antrag muss sich auf den zur Beratung stehenden Verhandlungsgegenstand oder auf die Tagesordnung beziehen.

(2) Die Präsidentin oder der Präsident kann die Worterteilung bei Geschäftsordnungsanträgen, denen entsprochen werden muss (Verlangen), auf die Antragstellerin oder den Antragsteller, bei anderen Anträgen auf eine Sprecherin oder einen Sprecher jeder Fraktion beschränken.

(3) Meldet sich ein Mitglied des Landtages zur Geschäftsordnung zu Wort, ohne zu einem Geschäftsordnungsantrag sprechen oder einen solchen stellen zu wollen, so entzieht die Präsidentin oder der Präsident das Wort nach ihrem oder seinem Ermessen.

(4) Zur Geschäftsordnung darf die einzelne Rednerin oder der einzelne Redner nicht länger als zwei Minuten sprechen.

§ 88 Persönliche Bemerkungen

[1]Persönliche Bemerkungen, die die Dauer von zwei Minuten nicht überschreiten dürfen, sind erst nach Schluss der Beratung eines Gegenstandes oder, im Falle der Vertagung, am Schluss der Sitzung zulässig. [2]Die Rednerin oder der Redner darf nicht zur Sache sprechen, sondern nur Äußerungen, die in der Aussprache in Bezug auf ihre oder seine Person vorgekommen sind, zurückweisen oder eigene Ausführungen richtigstellen. [3]Persönliche Bemerkungen, die Bezug auf einen Tagesordnungspunkt nehmen, zu dem keine Aussprache stattgefunden hat, sind unzulässig.

XII. Abstimmungsordnung

§ 89 Fragestellung, Teilung der Frage

(1) [1]Die Präsidentin oder der Präsident stellt die Fragen so, dass sie sich mit Ja oder Nein beantworten lassen. [2]Sie sind in der Regel so zu fassen, dass gefragt wird, ob die Zustimmung erteilt wird oder nicht. [3]Unmittelbar vor der Abstimmung ist auf Antrag der Wortlaut des Beratungsgegenstandes zu verlesen, sofern er den Mitgliedern des Landtages nicht schriftlich vorliegt. [4]Über die Fassung der Frage kann das Wort zur Geschäftsordnung erteilt werden. [5]Wird der vorgeschlagenen Fassung widersprochen, entscheidet der Landtag.

(2) [1]Jedes Mitglied des Landtages kann beantragen, dass die Frage geteilt wird. [2]Bei Widerspruch gegen die Teilung entscheidet bei Anträgen von Mitgliedern des Landtages die Antragstellerin oder der Antragsteller, sonst der Landtag.

§ 90 Abstimmungsverfahren

(1) [1]Soweit nicht die Verfassung des Landes Mecklenburg-Vorpommern, ein Gesetz oder diese Geschäftsordnung andere Vorschriften enthalten, beschließt der Landtag mit einfacher Mehrheit (Mehrheit der abgegebenen Stimmen). [2]Stimmengleichheit verneint die Frage.

(2) Mehrheit der Mitglieder des Landtages ist die Mehrheit seiner gesetzlichen Mitgliederzahl (Artikel 32 Absatz 2 LVerf.).

(3) Abgestimmt wird in der Regel durch Handzeichen, in besonderen Fällen durch Aufstehen oder Sitzenbleiben (Artikel 32 Absatz 4 Satz 1 LVerf.).

(4) Soweit für einen Beschluss oder eine Wahl eine bestimmte Mehrheit vorgeschrieben ist, hat die Präsidentin oder der Präsident festzustellen, ob diese Mehrheit erreicht ist.

(5) Bei Abstimmungen zählen Stimmenthaltungen und ungültige Stimmen zur Feststellung der Beschlussfähigkeit des Landtages mit; bei der Ermittlung der Mehrheit bleiben sie außer Betracht.

(6) Wird das vom Sitzungsvorstand festgestellte Abstimmungsergebnis von einer Fraktion angezweifelt, wird die Abstimmung wiederholt und die Stimmen werden ausgezählt.

(7) Vom Beginn der Abstimmung bis zur Verkündung des Abstimmungsergebnisses wird das Wort auch zur Geschäftsordnung nicht erteilt.

§ 91 Namentliche Abstimmung

(1) [1]Namentliche Abstimmung kann bis zur Eröffnung der Abstimmung verlangt werden. [2]Sie muss stattfinden, wenn sie von einer Fraktion oder vier anwesenden Mitgliedern des Landtages verlangt wird. [3]Sie erfolgt durch Namensaufruf. [4]Eine namentliche Abstimmung über Anträge zur Geschäftsordnung und bei Wahlen ist unzulässig.

(2) Die anwesenden Mitglieder des Landtages haben beim Namensaufruf mit Ja oder Nein zu antworten oder zu erklären, dass sie sich der Stimme enthalten.

(3) [1]Nach Beendigung des Namensaufrufs erklärt die Präsidentin oder der Präsident die Abstimmung für geschlossen. [2]Entstehen Zweifel darüber, ob und wie ein Mitglied des Landtages abgestimmt hat, befragt die Präsidentin oder der Präsident die Mitglieder des Landtages.

§ 92 Geheime Abstimmung; Wahlen

(1) [1]Die vom Landtag vorzunehmenden Wahlen sind in der Regel geheim, soweit nicht in Gesetzen oder in der Geschäftsordnung Ausnahmen vorgesehen werden (Artikel 32 Absatz 4 LVerf.). [2]Die Wahl erfolgt durch Abgabe von Stimmzetteln. [3]Wenn kein Mitglied des Landtages widerspricht, kann auf Vorschlag der Präsidentin oder des Präsidenten oder auf Antrag offen durch Handaufheben gewählt werden. [4]Dies gilt nicht bei Wahlen, für welche in der Verfassung des Landes Mecklenburg-Vorpommern, durch Gesetz oder in dieser Geschäftsordnung die geheime Durchführung vorgeschrieben ist.

(2) [1]Auf Antrag von mindestens vier Mitgliedern des Landtages oder einer Fraktion ist zu einer Vertrauensfrage gemäß Artikel 51 Verfassung des Landes Mecklenburg-Vorpommern eine geheime Abstimmung durchzuführen. [2]Sie findet in der Weise statt, dass die Mitglieder auf weißen unbeschriebenen Karten die Frage mit Ja, Nein oder Enthaltung beantworten. [3]Die Karten werden von den Schriftführerinnen oder Schriftführern in Urnen gesammelt.

§ 93 Aussetzung der Abstimmung

Werden zu einer Vorlage mündlich Änderungen beantragt, ist auf Verlangen einer Fraktion die Abstimmung solange auszusetzen, bis der Änderungsantrag den Mitgliedern des Landtages schriftlich vorliegt.

§ 94 Reihenfolge der Abstimmung

(1) Über Anträge wird in folgender Reihenfolge abgestimmt:
1. Anträge auf Übergang zur Tagesordnung,
2. Anträge auf Schluss der Aussprache,
3. Anträge auf Vertagung der Aussprache,
4. Anträge auf Aussetzung der Abstimmung,
5. Anträge auf Überweisung an einen Ausschuss oder mehrere Ausschüsse,
6. sonstige Geschäftsordnungsanträge,
7. Anträge auf Entscheidung in der Sache selbst.

(2) [1]Im Übrigen ist über den weitergehenden Antrag zuerst abzustimmen. [2]Gehen die Anträge gleich weit, ist über den zuerst eingebrachten zunächst abzustimmen.

(3) [1]Über Änderungsanträge ist vorrangig abzustimmen. [2]Liegen mehrere Änderungsanträge vor, ist zunächst über den Antrag abzustimmen, der von der Vorlage am weitesten abweicht.

§ 95 Feststellung des Abstimmungsergebnisses

[1]Das Ergebnis jeder Abstimmung wird vom Sitzungspräsidium festgestellt und von der Präsidentin oder dem Präsidenten verkündet. [2]Bei namentlichen Abstimmungen sind die Abstimmungslisten in das Plenarprotokoll aufzunehmen.

§ 96 Erklärung zur Abstimmung

(1) Jedes Mitglied des Landtages darf erklären, warum es nicht an der Abstimmung teil genommen hat.

(2) Folgende Voraussetzungen müssen erfüllt sein:
1. Das Mitglied des Landtages, das am Abstimmungsverfahren nicht teilnimmt, muss anwesend sein.
2. Das Mitglied des Landtages hat vor oder unmittelbar nach dem Abstimmungsverfahren zu erklären, dass es nicht an der Abstimmung teilnimmt bzw. nicht teilgenommen hat.
3. Die Erklärung darf die Dauer von zwei Minuten nicht überschreiten.

(3) Nicht zulässig sind Erklärungen zu Abstimmungen, wenn zu dem Tagesordnungspunkt keine Aussprache stattgefunden hat.

XIII. Ordnungsbestimmungen

§ 97 Sach- und Ordnungsruf

(1) Die Präsidentin oder der Präsident kann Rednerinnen oder Redner, die vom Verhandlungsgegenstand abschweifen, zur Sache rufen.

(2) [1]Verletzt ein Mitglied des Landtages die Würde oder die Ordnung des Hauses, soll die Präsidentin oder der Präsident ihn zur Ordnung rufen. [2]Der Ordnungsruf und der Anlass hierzu dürfen von den nachfolgenden Rednerinnen oder Rednern nicht behandelt werden. [3]Ist der Präsidentin oder dem Präsidenten eine Ordnungsverletzung entgangen, so kann sie oder er sie in der nächsten Sitzung erwähnen und gegebenenfalls rügen.

§ 98 Wortentziehung

(1) [1]Ist ein Mitglied des Landtages während einer Rede dreimal zur Sache oder während einer Sitzung dreimal zur Ordnung gerufen und beim zweiten Male jeweils auf die Folgen eines dritten Rufes zur Sache oder zur Ordnung hingewiesen worden, so muss ihr oder ihm die Präsidentin oder der Präsident das Wort entziehen. [2]Die Wortentziehung kann für den jeweiligen Verhandlungsgegenstand oder – soweit dies ausdrücklich festgestellt wird – für die gesamte Sitzung ausgesprochen werden. [3]Eine weitere Ordnungsverletzung in der gleichen Sitzung ist als gröbliche Verletzung der Ordnung anzusehen.

(2) Bei einer gröblichen Verletzung der Ordnung kann die Präsidentin oder der Präsident der Rednerin oder dem Redner das Wort für den jeweiligen Verhandlungsgegenstand oder – soweit dies ausdrücklich festgestellt wird – für die gesamte Sitzung entziehen, ohne dass die Rednerin oder der Redner bereits zur Ordnung oder zur Sache gerufen worden ist.

§ 99 Ausschluss von Mitgliedern des Landtages

(1) [1]Wegen gröblicher Verletzung der Ordnung kann die Präsidentin oder der Präsident ein Mitglied des Landtages von der laufenden Sitzung sowie auch für mehrere Sitzungstage ausschließen, ohne dass ein Ordnungsruf ergangen ist. [2]Das Mitglied des Landtages hat den Sitzungssaal sofort zu verlassen. [3]Geschieht dies trotz der Aufforderung der Präsidentin oder des Präsidenten nicht, so wird die Sitzung unterbrochen oder aufgehoben. [4]Das Mitglied des Landtages kann sich dadurch den Ausschluss für weitere Sitzungstage zuziehen. [5]Die Entscheidung über den Ausschluss von mehreren Sitzungstagen trifft die Präsidentin oder der Präsident im Benehmen mit dem Ältestenrat. [6]Bis zum Schluss der Sitzung oder im Fall der Aufhebung der Sitzung bei Beginn der nächsten Sitzung muss die Präsidentin oder der Präsident bekannt geben, für wie viele Sitzungstage das Mitglied des Landtages ausgeschlossen wird.

(2) [1]Ein Sitzungsausschluss kann auch nachträglich spätestens in der auf die gröbliche Verletzung der Ordnung folgenden Sitzung ausgesprochen werden, wenn die Präsidentin oder der Präsident während der Sitzung eine Verletzung der Ordnung ausdrücklich feststellt und sich einen nachträglichen Sitzungsausschluss vorbehält. [2]Absatz 1 Satz 2 bis 6 gelten entsprechend. [3]Ein bereits erteilter Ordnungsruf schließt einen nachträglichen Sitzungsausschluss nicht aus.

(3) [1]Ausgeschlossene Mitglieder des Landtages dürfen während der Dauer des Ausschlusses von Plenarsitzungen auch nicht an in den gleichen Zeitraum fallenden Sitzungen der Ausschüsse teilnehmen. [2]Das betroffene Mitglied des Landtages gilt als beurlaubt. [3]Es darf sich nicht in die Anwesenheitsliste eintragen.

§ 100 Einspruch gegen Sachruf, Ordnungsruf, Wortentziehung oder Ausschluss

[1]Das Mitglied des Landtages kann bei der Präsidentin oder dem Präsidenten gegen den Sachruf, den Ordnungsruf, die Wortentziehung oder den Ausschluss bis zum Ablauf des dritten Werktages einen schriftlich zu begründenden Einspruch einlegen. [2]Dieser ist auf die Tagesordnung der nächsten Sitzung nach Eingang des Einspruchs zu setzen. [3]Der Landtag entscheidet ohne Aussprache nach Beratung im Ältestenrat. [4]Der Einspruch hat keine auf schiebende Wirkung.

§ 101 Unterbrechung und Aufhebung der Sitzung

[1]Wenn im Landtag eine störende Unruhe entsteht, die den Fortgang der Verhandlungen infrage stellt, kann die Präsidentin oder der Präsident die Sitzung auf bestimmte Zeit unterbrechen oder schließen. [2]Kann sie oder er sich kein Gehör verschaffen, verlässt sie oder er den Präsidentinnen- oder Präsidentenstuhl, wodurch die Sitzung unterbrochen wird. [3]Zur Fortsetzung der Sitzung lädt die Präsidentin oder der Präsident in geeigneter Weise ein.

§ 102 Weitere Ordnungsmaßnahmen

(1) Sitzungsteilnehmerinnen oder Sitzungsteilnehmer, die nicht Mitglieder des Landtages sind, und Zuhörerinnen oder Zuhörer unterstehen der Ordnungsgewalt der Präsidentin oder des Präsidenten,

(2) [1]Wer im Zuhörerraum Beifall oder Missbilligung äußert oder die Ordnung oder die Würde des Hauses verletzt, kann auf Anordnung der Präsidentin oder des Präsidenten aus dem Zuhörerraum verwiesen werden. [2]Die Präsidentin oder der Präsident kann bei Unruhe den Zuhörerraum räumen lassen.

XIV. Beurkundung der Verhandlungen, Ausfertigung und Erledigung der Beschlüsse des Landtages

§ 103 Plenarprotokoll

(1) Über jede Sitzung wird unter Verantwortung der Präsidentin oder des Präsidenten ein Plenarprotokoll angefertigt.

(2) Das Plenarprotokoll enthält

a) die Tagesordnung,

b) die Wiedergabe alles Gesprochenen und

c) Beginn und Schluss der Sitzung, Beifalls- und Missfallensbekundungen der Mitglieder des Landtages sowie weitere Vorkommnisse.

(3) Die Plenarprotokolle über öffentliche Sitzungen werden in elektronischer Form den Mitgliedern des Landtages sowie der Landesregierung und den Beauftragten des Landtages zur Verfügung gestellt.

(4) [1]Über nicht öffentliche Sitzungen des Landtages (Artikel 31 Absatz 1 Satz 2 und 3 LVerf.) wird das Plenarprotokoll lediglich in Papierform in einem Exemplar zur Verwahrung durch die Präsidentin oder den Präsidenten und in einem weiteren Exemplar für die Landesregierung hergestellt. [2]Die Sitzungsteilnehmerinnen oder Sitzungsteilnehmer können in diese Protokolle Einsicht nehmen; über die Einsicht ist Verschwiegenheit zu bewahren.

§ 104 Reden

(1) [1]Das Plenarprotokoll wird zunächst als vorläufige Manuskriptfassung und sodann als Druckfassung veröffentlicht. [2]Gegen die Veröffentlichung als Druckfassung kann keine Rednerin oder kein Redner mehr Einwände vortragen.

(2) [1]Neben dem Plenarprotokoll werden die Reden in Form von Video- und Audiodaten veröffentlicht. [2]Die Veränderung der veröffentlichten Video- und Audiodaten ist nur mit Zustimmung der Präsidentin oder des Präsidenten zulässig.

(3) [1]Die Nutzung der Video- und Audiodaten ist durch Abgeordnete nur zulässig für eigene Reden. [2]Für Fraktionen ist sie dann zulässig, wenn die Rednerinnen oder Redner zugestimmt haben.

(4) Weitere Regelungen trifft die Präsidentin oder der Präsident im Benehmen mit dem Ältestenrat.

§ 105 Beschlussprotokoll

(1) [1]Über die Beschlüsse des Landtages wird ein Beschlussprotokoll erstellt. [2]Die Aufzeichnung ist von der Präsidentin oder vom Präsidenten des Landtages zu unterzeichnen.

(2) [1]Das Beschlussprotokoll wird unverzüglich an alle Mitglieder des Landtages, die Landesregierung und die Beauftragten des Landtages verteilt. [2]Das Protokoll gilt als genehmigt, wenn bis eine Woche nach Verteilung kein schriftlicher Einspruch bei der Präsidentin oder beim Präsidenten durch ein Mitglied des Landtages oder ein Mitglied der Landesregierung erhoben worden ist.

(3) Wird ein Beschlussprotokoll beanstandet und der Einspruch nicht durch die in der Sitzung amtierende Präsidentin oder den amtierenden Präsidenten geklärt, so befragt die Präsidentin oder der Präsident den Landtag.

§ 106 Ausfertigung und Übersendung der Beschlüsse

(1) Die Präsidentin oder der Präsident fertigt die Beschlüsse aus und übersendet sie der Ministerpräsidentin oder dem Ministerpräsidenten.

(2) [1]Werden vor der Übersendung von Gesetzen in der vom Landtag in der Schlussabstimmung angenommenen Fassung Druckfehler oder andere offenbare Unrichtigkeiten festgestellt, kann die Präsidentin oder der Präsident im Einvernehmen mit dem federführenden Ausschuss eine Berichtigung veranlassen. [2]Ist der Gesetzesbeschluss bereits übersandt, macht die Präsidentin oder der Präsident die Ministerpräsidentin oder den Ministerpräsidenten auf die Druckfehler oder andere offenbare Unrichtigkeiten mit der Bitte aufmerksam, sie vor Ausfertigung und Verkündung des Gesetzes zu berichtigen.

§ 107 Auslegung der Geschäftsordnung

(1) Über während einer Sitzung auftauchende Zweifel über die Auslegung der Geschäftsordnung entscheidet die Präsidentin oder der Präsident.

(2) Eine grundsätzliche, über den Einzelfall hinausgehende Auslegung einer Vorschrift der Geschäftsordnung kann nur durch den Landtag nach Prüfung durch den Rechtsausschuss auf der Grundlage einer Beschlussempfehlung und eines Berichtes beschlossen werden.

§ 108 Abweichung von der Geschäftsordnung

Abweichungen von der Geschäftsordnung können im Einzelfall durch Beschluss des Landtages zugelassen werden, wenn nicht eine Fraktion oder vier Mitglieder des Landtages widersprechen.

§ 109 Änderung der Geschäftsordnung

[1]Anträge zur Änderung der Geschäftsordnung werden in zwei Lesungen beraten. [2]Die Regelung der Geschäftsordnung für die Behandlung von Gesetzentwürfen gilt entsprechend.

§ 110 Geltungsdauer der Geschäftsordnung

[1]Die Geschäftsordnung gilt für die Dauer der Wahlperiode. [2]Der Landtag entscheidet jeweils in seiner konstituierenden Sitzung, ob und in welchem Umfang die Geschäftsordnung der vorausgegangenen Wahlperiode übernommen wird.

XV. Schlussbestimmungen

§ 111 Fristenberechnung

(1) [1]Ist für den Anfang einer Frist die Verteilung einer Landtagsdrucksache maßgebend, so wird bei der Berechnung der Frist der Tag der Verteilung nicht mitgerechnet. [2]Wird die Drucksache in eine für alle Mitglieder des Landtages abrufbare Datenbank des Landtages eingestellt, so wird der Tag der Einstellung in die Datenbank bei der Berechnung der Frist nicht mitgerechnet. [3]Bei Drucksachen, die an Sitzungstagen bis zum Ende der Sitzung in die Postfächer oder auf die Plätze der Mitglieder des Landtages verteilt worden sind, beginnt die Frist mit der Verteilung.

(2) Ist eine Frist nach Werktagen bemessen, wird bei der Berechnung der Frist der Samstag nicht mitgerechnet.

(3) Fristen, die nach dieser Geschäftsordnung von den Fraktionen und den Mitgliedern des Landtages einzuhalten sind, werden durch die Parlamentsferien gehemmt.

§ 112 Wahrung der Frist

[1]Ist innerhalb einer bestimmten Frist gegenüber dem Landtag eine Erklärung abzugeben oder eine Leistung zu bewirken, so ist die Frist gewahrt, wenn die Erklärung oder Leistung am letzten Tage der Frist beim Landtag eingeht. [2]Fällt der letzte Tag auf einen Samstag, einen Sonntag oder einen am Sitz des Landtages staatlich anerkannten Feiertag, tritt an die Stelle des Samstages, Sonntages oder Feiertages der nächstfolgende Werktag.

§ 113 Ende der Wahlperiode

(1) Mit Ablauf der Wahlperiode oder mit der Auflösung des Landtages gelten alle vom Landtag nicht erledigten Gesetzentwürfe, Anträge, Unterrichtungen, sonstigen Vorlagen, Anfragen und Auskunftsersuchen als erledigt, soweit durch Gesetze oder diese Geschäftsordnung nichts anderes bestimmt ist.

(2) Noch nicht beschiedene Petitionen sowie Volksinitiativen und Volksbegehren werden in der nächsten Wahlperiode weiter beraten.

(3) Beschlüsse, mit denen von der Landesregierung regelmäßige Berichte zu einem Thema gefordert werden, bleiben für die nächste Wahlperiode in Kraft.

§ 114 Inkrafttreten

(1) Diese Geschäftsordnung tritt am 26. Oktober 2021 in Kraft.

(2) [1]Die Geschäftsordnung wird gemäß Artikel 58 Absatz 4 der Verfassung des Landes Mecklenburg-Vorpommern im Gesetz- und Verordnungsblatt veröffentlicht. [2]Gleiches gilt für Änderungen dieser Geschäftsordnung und ihrer Anlagen sowie Beschlüsse zu ihrer Auslegung gemäß § 107 Absatz 2.

Aufteilung von Redezeiten

1. Aktuelle Stunde (§ 66 GO LT)

– **Aufteilung der Redezeiten auf die Fraktionen**

insgesamt	SPD	AfD	CDU	DIE LINKE	BÜNDNIS 90/DIE GRÜNEN	FDP
67 Minuten	17	10	10	10	10	10

– **Redezeiten der Landesregierung: soll zehn Minuten nicht überschreiten**

*) Überschreitet die Landesregierung die vorgegebene maximale Redezeit von zehn Minuten, wird auf Antrag einer Fraktion der über die vorgegebene Zeit hinausgehende Zeitraum den Fraktionen zu gleichen Teilen zur Verfügung gestellt.

2. Redezeiten (§ 84)

2.1 Aussprachen zu Verhandlungsgegenständen (§ 84 Absatz 1)

Einbringung/Berichterstattung/Begründung:	**10 Minuten**
Grundredezeit je Verhandlungsgegenstand je Fraktion:	**5 Minuten**

zuzüglich weiterer 30 Sekunden Redezeit je Mitglied des Landtages.

insgesamt	SPD	AfD	CDU	DIE LINKE	BÜNDNIS 90/DIE GRÜNEN	FDP
71 Minuten	22	12	11	10	8	8

2.2 Aussprache zum Haushaltsgesetz/Haushaltsplan (1. Lesung) (§ 84 Absatz 3)

Einbringung durch die Landesregierung:	**30 Minuten**
Aussprache: Grundredezeit je Fraktion:	**30 Minuten**

insgesamt	SPD	AfD	CDU	DIE LINKE	BÜNDNIS 90/DIE GRÜNEN	FDP
221 Minuten	47	37	36	35	33	33

2.3 Regierungserklärung (§ 84 Absatz 4)

Redezeit der Landesregierung:	**30 Minuten**
Grundredezeit je Fraktion:	**30 Minuten**

insgesamt	SPD	AfD	CDU	DIE LINKE	BÜNDNIS 90/DIE GRÜNEN	FDP
221 Minuten	47	37	36	35	33	33

3. Kurzintervention

Kurzinterventionen und Erwiderungen dürfen die Dauer von jeweils **zwei Minuten** nicht überschreiten. Die Präsidentin oder der Präsident kann im Falle von zwei nacheinander erfolgten Kurzinterventionen die Redezeit für die Erwiderung entsprechend verlängern.

4. Bemerkungen zur Geschäftsordnung (§ 87)

bis zu **zwei Minuten**

Anlage 1

Geheimschutzordnung des Landtages Mecklenburg-Vorpommern

(hier nicht wiedergegeben)

Anlage 2

Verhaltensregeln für die Mitglieder des Landtages Mecklenburg-Vorpommern[Diese Anlage tritt außer Kraft, sobald die Novellierung des Abgeordnetengesetzes mit den entsprechenden Regelungen, insbesondere zur Anzeigepflicht realisiert wird. (17. Änderungsgesetz zum Abgeordnetengesetz)]

I. [Angaben]

Die Abgeordneten haben innerhalb einer Frist von drei Monaten nach Erwerb der Mitgliedschaft folgende Angaben zu machen, die zusammen mit den biografischen Angaben der Abgeordneten veröffentlicht werden:

1. Die gegenwärtig ausgeübten Berufe, und zwar
   a) unselbstständige Tätigkeit unter Angabe des Arbeitgebers (mit Branche), der eigenen Funktion bzw. dienstlichen Stellung,
   b) selbstständige Gewerbetreibende: Art des Gewerbes und Angabe der Firma,
   c) freie Berufe, sonstige selbstständige Berufe: Angabe des Berufszweiges,
   d) Angabe des Schwerpunktes der beruflichen Tätigkeit bei mehreren aus geübten Berufen.
2. Früher ausgeübte Berufe, soweit sie im Zusammenhang mit der Mandatsübernahme aufgegeben worden sind.
3. Vergütete und ehrenamtliche Tätigkeiten als Mitglied eines Organs einer Gebietskörperschaft, eines Vorstandes, Aufsichtsrats, Verwaltungsrats, sonstigen Organs oder Beirats, einer Gesellschaft, Genossenschaft, eines in einer anderen Rechtsform betriebenen Unternehmens oder einer Körperschaft, Stiftung oder Anstalt des öffentlichen Rechts.
4. Vergütete und ehrenamtliche Funktionen in Berufsverbänden, Wirtschaftsvereinigungen, sonstigen Interessenverbänden oder ähnlichen Organisationen.
   Während der Wahlperiode eintretende Änderungen oder Ergänzungen sind innerhalb von drei Monaten nach deren Eintritt schriftlich der Präsidentin oder dem Präsidenten mitzuteilen.

II. [Anzeigepflicht]

Die Abgeordneten haben der Präsidentin oder dem Präsidenten bis zum 30. April eines jeden Jahres für das Vorjahr anzuzeigen:

1. Entgeltliche Tätigkeiten der Beratung, Vertretung fremder Interessen, Erstattung von Gutachten, publizistische und Vortragstätigkeit, soweit diese Tätigkeiten nicht im Rahmen des ausgeübten Berufes liegen.
2. Zuwendungen und Vergünstigungen, die sie für ihre politische Tätigkeit als Landtagsabgeordnete erhalten haben, wenn die Summe aller Einnahmen nach Nummer 1 oder der Zuwendungen und Vergünstigungen nach Nummer 2 den Wert von 125 € je Zuwendungsgeberin oder Zuwendungsgeber in einem Kalenderjahr überschreitet.
   Die Abgeordneten haben hierfür gesondert Rechnung zu führen.

Haben Abgeordnete keine Einnahmen, Zuwendungen oder Vergünstigungen nach Nummer 1 oder Nummer 2 erhalten oder wird die Wertgrenze unterschritten, so ist anzuzeigen, dass keine meldepflichtigen Einnahmen angefallen sind.

Überschreiten die nach Nummer 1 erzielten Einnahmen oder die Zuwendungen und Vergünstigungen nach Nummer 2 den Wert von 750 € je Zuwendungsgeberin oder Zuwendungsgeber in einem Kalenderjahr, so sind sie als Amtliche Mitteilung zu veröffentlichen.

III. [Wirtschaftliche Interessen]

Wirkt eine Abgeordnete oder ein Abgeordneter in einem Ausschuss an der Beratung oder Abstimmung über einen Gegenstand mit, an welchem sie oder er selbst oder ein anderer, für den sie oder er gegen Entgelt tätig ist, ein unmittelbares wirtschaftliches Interesse hat, so hat sie oder er auf diese Interessenverknüpfung zuvor im Ausschuss hinzuweisen.

IV. [Unterlassungspflicht]

In beruflichen oder geschäftlichen Angelegenheiten sind Hinweise auf Mitgliedschaft im Landtag zu unterlassen.

V. [Verhalten bei Zweifeln]

Die oder der Abgeordnete ist verpflichtet, sich in Zweifelsfragen durch Rückfragen bei der Präsidentin oder dem Präsidenten über die Auslegung der Bestimmungen zu vergewissern.

VI. [Anhörung]

Wird der Vorwurf erhoben, dass eine Abgeordnete oder ein Abgeordneter gegen diese Verhaltensregeln verstoßen hat, so hat die Präsidentin oder der Präsident den Sachverhalt aufzuklären und die betroffene

Abgeordnete oder den betroffenen Abgeordneten anzuhören. Das Gleiche gilt, wenn eine Abgeordnete oder ein Abgeordneter selbst verlangt, einen gegen sie oder ihn erhobenen Vorwurf aufzuklären; das Verlangen muss ausreichend begründet sein.
Ergeben sich Anhaltspunkte für einen Verstoß, so hat die Präsidentin oder der Präsident der Fraktion, der die betreffende Abgeordnete oder der betreffende Abgeordnete angehört, Gelegenheit zur Stellungnahme zu geben. Die Präsidentin oder der Präsident stellt im Benehmen mit dem Ältestenrat fest, ob ein Verstoß gegen die Verhaltensregeln vorliegt. Die Präsidentin oder der Präsident teilt das Ergebnis der Überprüfung dem Landtag mit, wenn ein Verstoß festgestellt worden ist.
Die Präsidentin oder der Präsident hat, wenn die Überprüfung nicht ergeben hat, dass ein Verstoß vorliegt, auf Ersuchen der oder des betroffenen Abgeordneten dem Landtag dieses Ergebnis mitzuteilen.

Anlage 3

Grundsätze zur Behandlung von Eingaben an den Landtag (Verfahrensgrundsätze)
(hier nicht wiedergegeben)

Anlage 4

Grundsätze für die Behandlung von Immunitätsangelegenheiten (gemäß § 70 Absatz 4 GO LT)
(hier nicht wiedergegeben)

Anlage 5

Verteilung von Sitzungsprotokollen aus öffentlichen und nicht öffentlichen Sitzungen
(hier nicht wiedergegeben)

Anlage 6

Datenschutzordnung des Landtages

§ 1 Geltungsbereich
(1) Für die Verarbeitung personenbezogener Daten bei der Wahrnehmung parlamentarischer Aufgaben durch den Landtag, seine Gremien, seine Mitglieder und Fraktionen sowie ihre jeweiligen Verwaltungen und Beschäftigten gelten die Vorschriften dieser Datenschutzordnung, soweit die Verordnung (EU) 2016/679 des Europäischen Parlaments und des Rates vom 27. April 2016 zum Schutz natürlicher Personen bei der Verarbeitung personenbezogener Daten, zum freien Datenverkehr und zur Aufhebung der Richtlinie 95/46/EG (Datenschutz–Grundverordnung) (ABl. L 119 vom 4. Mai 2016), in der jeweils geltenden Fassung, nicht anwendbar ist.
(2) Diese Datenschutzordnung gilt nicht, wenn personenbezogene Daten bei der Wahrnehmung von Verwaltungsaufgaben verarbeitet werden.
(3) Besondere Vorschriften für die Verarbeitung personenbezogener Daten bei der Wahrnehmung parlamentarischer Aufgaben gehen für ihren Anendungsbereich den Bestimmungen dieser Datenschutzordnung vor.

§ 2 Grundsätze rechtmäßiger Datenverarbeitung
(1) Die Verarbeitung personenbezogener Daten ist zulässig, soweit
1. diese Datenschutzordnung oder eine besondere Vorschrift sie erlaubt oder
2. die betroffene Person eingewilligt hat.

(2) Für die Einwilligung gelten Artikel 6 Absatz 1 Satz 1 Buchstabe a sowie die Artikel 7 und 8 der Datenschutz–Grundverordnung entsprechend.
(3) Der Landtag, seine Gremien, seine Mitglieder, die Fraktionen sowie ihre jeweiligen Verwaltungen und Beschäftigten stellen die Ausführung dieser Datenschutzordnung sowie anderer Rechtsvorschriften im Sinne des § 1 Absatz 3 in eigener Verantwortung sicher.

§ 3 Zulässigkeit der Verarbeitung
(1) Die Verarbeitung personenbezogener Daten ist zulässig, soweit sie zur Wahrnehmung parlamentarischer Aufgaben einschließlich der Ausübung des freien Mandates erforderlich ist und überwiegende schutzwürdige Interessen der betroffenen Person nicht entgegenstehen.
(2) Personenbezogene Daten, die zur Wahrnehmung parlamentarischer Aufgaben verarbeitet werden, dürfen auch zur Wahrnehmung von Verwaltungsaufgaben genutzt werden, soweit eine Rechtsvorschrift dies vorsieht oder voraussetzt oder die betroffene Person einwilligt.

§ 4 Ergänzende Regelungen für die Datenübermittlung und Veröffentlichung

(1) [1]Unter den Voraussetzungen von § 3 Absatz 1 ist die Übermittlung personenbezogener Daten auch zulässig an andere Parlamente, deren Organe, Gremien, Mitglieder und Fraktionen sowie deren Verwaltungen. [2]Bei der Übermittlung von besonderen Kategorien personenbezogener Daten im Sinne von Artikel 9 Absatz 1 der Datenschutz–Grundverordnung sind grundsätzlich geschützte Verfahren zu verwenden.

(2) [1]Zu nicht parlamentarischen Zwecken können personenbezogene Daten in entsprechender Anwendung von § 4 Absatz 2 und 4 sowie § 9 Absatz 1 und 4 des Landesdatenschutzgesetzes übermittelt werden. [2]Die Übermittlung an nicht öffentliche Stellen ist zu nicht parlamentarischen Zwecken darüber hinaus zulässig, wenn die Empfängerin oder der Empfänger ein rechtliches Interesse an der Kenntnis der zu übermittelnden Daten glaubhaft macht und überwiegende schutzwürdige Interessen der betroffenen Person nicht entgegenstehen.

(3) [1]Unter den Voraussetzungen von § 3 Absatz 1 ist die Veröffentlichung personenbezogener Daten zulässig. [2]Bei der Veröffentlichung in Vorlagen im Sinne von § 41 der Geschäftsordnung und in Protokollen über öffentliche Sitzungen des Landtages oder seiner Gremien können personenbezogene Daten zum Schutz einer betroffenen Person im erforderlichen Umfang geschwärzt oder anonymisiert werden, soweit

1. nicht deren öffentliches Wirken betroffen und im Sachzusammenhang von wesentlicher Bedeutung ist oder
2. mit Blick auf das überwiegende Informationsinteresse der Öffentlichkeit ein Verzicht auf die Namensnennung nicht nachvollziehbar wäre.

(4) Geheimhaltungspflichten aufgrund gesetzlicher Bestimmungen oder eines besonderen Berufs- oder Amtsgeheimnisses bleiben unberührt.

§ 5 Löschung

[1]Personenbezogene Daten sind zu löschen, wenn ihre Speicherung unzulässig wird oder ihre Kenntnis zur Wahrnehmung parlamentarischer Aufgaben nicht mehr erforderlich ist. [2]Eine Löschung unterbleibt, wenn Grund zu der Annahme besteht, dass dadurch schutzwürdige Interessen der betroffenen Person beeinträchtigt würden. [3]Besondere Vorschriften zur Löschung beziehungsweise Archivierung personenbezogener Daten bleiben unberührt.

§ 6 Parlamentsinformation und -dokumentation; Berichtigung

(1) Der Landtag betreibt Parlamentsinformations- und -dokumentationssysteme, in denen personenbezogene Daten nach Maßgabe dieser Datenschutzordnung verarbeitet werden.

(2) [1]Die in den Systemen nach Absatz 1 verarbeiteten personenbezogenen Daten dienen der Nachvollziehbarkeit der parlamentarischen Abläufe. [2]Ihre vollständige oder teilweise Änderung, Löschung, Anonymisierung oder Unkenntlichmachung kann nicht verlangt werden, wenn deren erstmalige Verarbeitung rechtmäßig erfolgt ist.

(3) [1]Personenbezogene Daten in Drucksachen des Landtages und seiner Gremien sind zu berichtigen, soweit sie nachweislich unrichtig sind. [2]Wird bei personenbezogenen Daten in Akten festgestellt, dass sie nachweislich unrichtig sind, ist dies gesondert zu vermerken. [3]Die Berichtigung von Sitzungsprotokollen des Landtages und seiner Gremien erfolgt nach Maßgabe der Geschäftsordnung.

§ 7 Datensicherheit

Unter Berücksichtigung des Stands der Technik, der Implementierungskosten und der Art, des Umfangs, der Umstände und der Zwecke der Verarbeitung sowie der unterschiedlichen Eintrittswahrscheinlichkeit und Schwere des Risikos für die Rechte und Freiheiten natürlicher Personen treffen die Verantwortlichen geeignete technische und organisatorische Maßnahmen, um ein dem Risiko angemessenes Schutzniveau zu gewährleisten.

§ 8 Verzeichnis von Verarbeitungstätigkeiten

[1]Jede oder jeder Verantwortliche im Sinne von § 9 führt ein den Anforderungen von Artikel 30 Absatz 1 der Datenschutz–Grundverordnung entsprechendes Verzeichnis von Tätigkeiten, mittels derer sie oder er Daten verarbeitet. [2]Satz 1 gilt nicht für Datenverarbeitungen durch parlamentarische Untersuchungsausschüsse, die von ihnen eingesetzten Unterausschüsse und die ihnen zugeordneten Arbeitsstäbe sowie durch Mitglieder des Landtages und der Fraktionen im Zusammenhang mit der Tätigkeit parlamentarischer Untersuchungsausschüsse und durch Enquetekommissionen.

§ 9 Verschwiegenheitspflicht

(1) [1]Abgeordnete haben über personenbezogene Daten, die ihnen in ihrer Eigenschaft als Mitglied des Landtages bekannt werden, Verschwiegenheit zu bewahren. [2]Die Verschwiegenheitspflicht gilt auch für die Zeit nach dem Ausscheiden aus dem Amt. [3]Die Sätze 1 und 2 gelten entsprechend für die nicht dem Landtag angehörenden Mitglieder von Gremien des Landtages. [4]Besondere Regelungen, insbesondere zu Aussage- und Anzeigepflichten, bleiben unberührt.

(2) [1]Die Verantwortlichen stellen sicher, dass die von ihnen herangezogenen Personen zur Verschwiegenheit über die ihnen bei der Beschäftigung bekannt gewordenen personenbezogenen Daten verpflichtet sind. [2]Die Verpflichtung zur Verschwiegenheit hat sich auch auf die Zeit nach dem Ende der Tätigkeit zu erstrecken.
(3) Nicht der Verschwiegenheitspflicht unterliegen die Mitteilungen im dienstlichen Verkehr sowie Tatsachen, die offenkundig sind oder ihrer Bedeutung nach keines Schutzes bedürfen.

§ 10 Auskunftsrecht
(1) [1]Der betroffenen Person ist auf Antrag unentgeltlich Auskunft darüber zu erteilen, welche sie betreffenden personenbezogenen Daten nach dieser Datenschutzordnung verarbeitet werden. [2]Das Auskunftsersuchen ist in Textform zu erklären.
(2) [1]Soweit sich das Auskunftsersuchen auf personenbezogene Daten erstreckt, die nicht in Dateien gespeichert sind, kann die betroffene Person gebeten werden, sachdienliche Angaben zu machen, die das Auffinden der Daten ermöglichen. [2]Werden keine oder unzureichende Angaben gemacht, soll die Erteilung der Auskunft abgelehnt werden, wenn der hierfür erforderliche Aufwand außer Verhältnis zu dem von der betroffenen Person geltend gemachten Informationsinteresse steht.
(3) Soweit die betroffene Person über die Verarbeitung ihrer personenbezogenen Daten informiert wurde, kann das Auskunftsersuchen mit dem Hinweis darauf beantwortet werden.
(4) [1]§ 6 des Landesdatenschutzgesetzes gilt entsprechend. [2]Die Auskunftserteilung unterbleibt auch, soweit die Auskunft die ordnungsgemäße Wahrnehmung der parlamentarischen Aufgaben aller Wahrscheinlichkeit nach beeinträchtigen würde.
(5) Das Recht auf Akteneinsicht nach den parlamentsrechtlichen Vorschriften bleibt unberührt.

§ 11 Datenschutzkontrolle
(1) Die Präsidentin oder der Präsident überwacht im Benehmen mit dem Ältestenrat die Einhaltung der Bestimmungen dieser Datenschutzordnung sowie der Vorschriften im Sinne von § 1 Absatz 3 durch den Landtag, seine Gremien und seine Verwaltung.
(2) [1]Die Abgeordneten und Fraktionen überwachen die von ihnen selbst durchgeführte Datenverarbeitung in eigener Verantwortung. [2]Sie sollen hierfür einen Datenschutzbeauftragten für den Anwendungsbereich dieser Datenschutzordnung bestellen.
(3) Die Parlamentarische Kontrollkommission, die G10-Kommission und das SOG-Gremium unterliegen nicht der Überwachung.
(4) [1]Die Präsidentin oder der Präsident nimmt Beschwerden und Beanstandungen betroffener Personen entgegen und geht Vorgängen nach, die Anlass zu einer Überprüfung geben können. [2]Sie oder er kann dem Landtag, seinen Gremien und seiner Verwaltung Empfehlungen zur Verbesserung des Datenschutzes bei der Wahrnehmung parlamentarischer Aufgaben geben. [3]Betroffene Personen werden durch die Präsidentin oder den Präsidenten über die sachliche Befassung im Ältestenrat unterrichtet.
(5) Die Mitglieder des Ältestenrates sind in entsprechender Anwendung von § 9 zur Verschwiegenheit verpflichtet.

Anlage 7

Transparenzregister

§ 1 Öffentliche Liste der Interessenvertretung
Die Präsidentin oder der Präsident führt eine öffentliche Liste, in der alle Verbände und Vereine, die Interessen gegenüber dem Landtag vertreten, auf Antrag eingetragen werden.

§ 2 Angaben der Verbände und Vereine
(1) Eine parlamentarische Anhörung oder ein Expertengespräch von Vertretenden der in § 1 genannten Verbände oder Vereine findet nur statt, wenn sich diese in die Liste eingetragen und dabei folgende Angaben gemacht haben:
– Name und Sitz des Verbandes oder Vereins,
– Zusammensetzung von Vorstand und Geschäftsführung,
– Interessenbereich des Verbandes oder Vereins,
– Mitgliederzahl,
– Anzahl der angeschlossenen Organisationen,
– Namen der Verbands- oder Vereinsvertretenden sowie
– Anschrift der Geschäftsstelle (einschließlich Telefonnummer sowie E-Mail und Internetadresse).
(2) Die Eintragung in die Liste begründet keinen Rechtsanspruch auf Anhörung oder zur Teilnahme an einem Expertengespräch.
(3) [1]Die eingetragenen Verbände oder Vereine sollen zu Beginn jedes zweiten Jahres um eine Rückmeldung zur Aktualität der mitgelieferten Angaben gebeten werden. [2]Bleibt die Rückmeldung von einem

eingetragenen Verband oder Verein nach zweimaliger Aufforderung wiederholt aus, wird die Eintragung des Verbands oder Vereins gelöscht.

§ 3 Öffentliche Zugänglichkeit der Liste
Die Liste ist von der Präsidentin oder vom Präsidenten auf der Homepage des Landtages zu veröffentlichen.

Gesetz
zur Behandlung von Vorschlägen, Bitten und Beschwerden der Bürger sowie über den Bürgerbeauftragten des Landes Mecklenburg-Vorpommern (Petitions- und Bürgerbeauftragtengesetz – PetBüG M-V)[1)]

Vom 5. April 1995 (GVOBl. M-V S. 190)
(GS Meckl.-Vorp. Gl. Nr.100-7)

zuletzt geändert durch Art. 1 G zur Änd. des Petitions- und BürgerbeauftragtenG und zur Änd. anderer Gesetze vom 17. April 2021 (GVOBl. M-V S. 370)

Nichtamtliche Inhaltsübersicht

Abschnitt I

Allgemeiner Teil

§ 1 Eingabenrecht

(1) [1]Jeder hat das Recht, sich einzeln oder in Gemeinschaft mit anderen mit Vorschlägen, Bitten und Beschwerden (Eingaben) schriftlich an den Landtag und an den Bürgerbeauftragten zu wenden. [2]Dies gilt uneingeschränkt auch für Angehörige des öffentlichen Dienstes. [3]Die Eingaben an den Bürgerbeauftragten können darüber hinaus auch mündlich vorgetragen werden.

(2) [1]Das Petitionsrecht nach Artikel 10 der Landesverfassung steht jeder natürlichen Person und jeder inländischen juristischen Person des Privatrechts zu. [2]Geschäftsfähigkeit ist zur Ausübung des Eingabenrechts nicht erforderlich; es genügt, daß die Person in der Lage ist, ihr Anliegen verständlich zu äußern. [3]Das Petitionsrecht ist von persönlichen Verhältnissen des Petenten, wie Wohnsitz oder Staatsangehörigkeit, unabhängig. [4]Wird eine Petition für einen anderen eingereicht, kann eine Legitimation verlangt werden. [5]Ist der andere mit der Petition nicht einverstanden, unterbleibt die weitere Behandlung.

(3) Das Recht, sich an andere staatliche Stellen zu wenden, wird durch dieses Gesetz nicht berührt.

(4) An den Landtag, den Petitionsausschuß oder den Bürgerbeauftragten gerichtete Eingaben aus Justizvollzugsanstalten und sonstigen geschlossenen Einrichtungen sind unverzüglich, ohne Kontrolle, verschlossen an den Adressaten weiterzuleiten.

(5) Niemand darf wegen einer Eingabe an den Landtag, den Petitionsausschuß oder den Bürgerbeauftragten benachteiligt werden.

(6) Wenden sich Angehörige des öffentlichen Dienstes an den Landtag, den Petitionsausschuß oder den Bürgerbeauftragten, so darf aus diesem Grunde ein Disziplinarverfahren gegen diese Petenten nicht eingeleitet werden.

1) Verkündet als Art. 1 G v. 5.4.1995 (GVOBl. M-V S. 190); Inkrafttreten gem. Art. 4 Abs. 1 dieses G am 6.4.1995.

(7) Sofern die Landesregierung oder die der Aufsicht des Landes unterstehenden Träger öffentlicher Verwaltung beabsichtigen, eine Strafanzeige oder einen Strafantrag wegen des Inhalts einer Eingabe zu stellen, sind der Petitionsausschuß und der Bürgerbeauftragte vorher zu unterrichten.

§ 2 Grenzen der Behandlung von Eingaben

(1) Von der Behandlung einer Eingabe ist abzusehen, wenn

a) eine Zuständigkeit oder rechtliche Einwirkungsmöglichkeit der Landesregierung oder von Trägern der öffentlichen Verwaltung des Landes nicht gegeben ist,
b) ihre Behandlung einen Eingriff in ein schwebendes gerichtliches Verfahren oder die Nachprüfung einer richterlichen Entscheidung bedeuten würde; das Recht, sich mit dem Verhalten der betroffenen Stellen als Beteiligte in einem schwebenden Verfahren oder nach rechtskräftigem Abschluß eines Verfahrens zu befassen und Empfehlungen zu geben, bleibt unberührt,
c) es sich um ein rechtskräftig abgeschlossenes gerichtliches Verfahren handelt und das Vorbringen eine Wiederaufnahme des Verfahrens oder eine Abänderung der getroffenen richterlichen Entscheidung bezweckt,
d) es sich um eine Angelegenheit handelt, die Gegenstand eines staatsanwaltschaftlichen Ermittlungsverfahrens ist; die sachliche Prüfung ist jedoch zulässig, soweit mit der Eingabe eine schleppende Behandlung des Ermittlungsverfahrens geltend gemacht wird,
e) der Vorgang Gegenstand eines Untersuchungsausschusses nach Artikel 34 der Landesverfassung ist oder war.

(2) Von einer sachlichen Prüfung der Eingabe kann abgesehen werden, wenn

a) sie im schriftlichen Eingabeverfahren nicht mit dem Namen oder der derzeitigen vollständigen Anschrift des Einreichers versehen oder unleserlich ist,
b) sie ein konkretes Anliegen oder einen erkennbaren Sinnzusammenhang nicht enthält,
c) sie nach Form oder Inhalt eine Straftat darstellt,
d) nur eine frühere Bitte und Beschwerde ohne neues Vorbringen wiederholt wird, es sei denn, daß die Bestimmungen, die der früheren Entscheidung zugrunde lagen, aufgehoben oder geändert worden sind.

(3) Wird von einer sachlichen Prüfung abgesehen, so wird dies dem Bürger unter Angabe von Gründen mitgeteilt; im Falle des Absatzes 1 Buchstabe a) wird das Vorbringen an die zuständige Stelle weitergeleitet.

§ 3 Befugnisse

(1) Die Landesregierung und die der Aufsicht des Landes unterstehenden Träger öffentlicher Verwaltung sind verpflichtet, dem Petitionsausschuß oder den von ihm beauftragten Ausschußmitgliedern auf Verlangen eines Viertels der Mitglieder des Petitionsausschusses oder dem Bürgerbeauftragten auf dessen Verlangen

a) die zur Wahrnehmung ihrer Aufgaben erforderlichen Akten der ihnen unterstehenden Behörden vorzulegen,
b) Zutritt zu den von ihnen verwalteten öffentlichen Einrichtungen zu gestatten,
c) alle erforderlichen Auskünfte zu erteilen und
d) Amtshilfe bei der Durchführung der erforderlichen Erhebungen zu leisten.

(2) Diese Befugnisse finden ihre Grenze in den verfassungsmäßigen Rechten der Landesregierung nach Artikel 40 Abs. 3 der Landesverfassung.

§ 4 Sachverhaltsermittlung

(1) Der Petitionsausschuß und der Bürgerbeauftragte können Petenten zum Sachverhalt anhören, sofern diese damit einverstanden sind.

(2) Zur Klärung spezifischer Fragen ist der Bürgerbeauftragte berechtigt, Beratungen mit Sachverständigen durchzuführen.

(3) Der Petitionsausschuß und der Bürgerbeauftragte können jederzeit zur Klärung von Sachverhalten Ortsbesichtigungen vornehmen. Bei Ortsbesichtigungen ist die Landesregierung vorher zu benachrichtigen.

(4) Für die Entschädigung von Petenten sowie von Sachverständigen, die vom Petitionsausschuß oder vom Bürgerbeauftragten geladen worden sind, gelten die Entschädigungsrichtlinien des Landtages.

Abschnitt II
Der Bürgerbeauftragte

Unterabschnitt 1
Allgemeine Vorschriften über den Bürgerbeauftragten

§ 5 Wahl und Rechtsstellung

(1) [1]Der Bürgerbeauftragte ist in der Ausübung seines Amtes unabhängig und nur dem Gesetz unterworfen. [2]Der Bürgerbeauftragte darf weder einer Regierung noch einer gesetzgebenden Körperschaft des Bundes oder des Landes, noch einer kommunalen Vertretungskörperschaft angehören. [3]Er darf neben seinem Amt kein anderes besoldetes Amt, kein Gewerbe und keinen Beruf ausüben und weder der Leitung noch dem Aufsichts- oder Verwaltungsrat eines auf Erwerb gerichteten Unternehmens angehören.

(2) [1]Der Landtag wählt ohne Aussprache den Bürgerbeauftragten mit der Mehrheit seiner Mitglieder für die Dauer von sechs Jahren. [2]Die Wiederwahl ist nur einmal zulässig. [3]Von der Wahl ist ausgeschlossen, wer nicht in den Landtag von Mecklenburg-Vorpommern wählbar ist. [4]Vorschlagsberechtigt sind die Fraktionen des Landtages. [5]Kommt vor Ablauf der Amtszeit eine Neuwahl nicht zustande, führt der Bürgerbeauftragte das Amt bis zur Neuwahl weiter.

(3) [1]Vor Ablauf der Amtszeit kann der Bürgerbeauftragte nur mit einer Mehrheit von zwei Dritteln der Mitglieder des Landtages vorzeitig abberufen werden. [2]Auf eigenen Antrag ist er von seinem Amt zu entbinden.

(4) Das Amt des Bürgerbeauftragten wird beim Präsidenten des Landtages eingerichtet.

(5) Der Präsident des Landtages ernennt den Bürgerbeauftragten zum Beamten auf Zeit.

(6) [1]Er untersteht der Dienstaufsicht des Präsidenten des Landtages. [2]Für die Erfüllung der Aufgaben ist die notwendige Personal- und Sachausstattung zur Verfügung zu stellen; die Mittel sind im Einzelplan des Landtages in einem gesonderten Kapitel auszuweisen.

(7) [1]Der Bürgerbeauftragte bestellt einen Mitarbeiter zum Stellvertreter. [2]Der Stellvertreter führt die Geschäfte, wenn der Bürgerbeauftragte an der Ausübung des Amtes verhindert ist.

(8) [1]Die Mitarbeiter werden auf Vorschlag des Bürgerbeauftragten durch den Landtagspräsidenten eingestellt oder ernannt. [2]Sie können nur im Einvernehmen mit ihm versetzt oder abgeordnet werden. [3]Ihr Dienstvorgesetzter ist der Bürgerbeauftragte, an dessen Weisungen sie ausschließlich gebunden sind.

(9) Der Bürgerbeauftragte ist oberste Dienstbehörde im Sinne des § 96 der Strafprozeßordnung und oberste Aufsichtsbehörde im Sinne des § 99 der Verwaltungsgerichtsordnung.

(10) [1]Der Bürgerbeauftragte ist auch nach Beendigung seines Amtsverhältnisses verpflichtet, über die ihm amtlich bekannt gewordenen Angelegenheiten Verschwiegenheit zu bewahren. [2]Dies gilt nicht für Mitteilungen im dienstlichen Verkehr oder über Tatsachen, die offenkundig sind oder ihrer Bedeutung nach keiner Geheimhaltung bedürfen.

(11) [1]Der Bürgerbeauftragte darf, auch wenn er nicht mehr im Amt ist, über Angelegenheiten, die der Verschwiegenheitspflicht unterliegen, ohne Genehmigung weder vor Gericht noch außergerichtlich Aussagen oder Erklärungen abgeben. [2]Die Genehmigung erteilt der Präsident des Landtages nach der Anhörung des betroffenen Bürgers und des für die Angelegenheit zuständigen Mitglieds der Landesregierung.

(12) Unberührt bleibt die gesetzlich begründete Pflicht, Straftaten anzuzeigen und für die Wahrung der Verfassung des Landes Mecklenburg-Vorpommern einzutreten.

§ 6 Aufgabenstellung

(1) Der Bürgerbeauftragte hat die Aufgabe, die Rechte der Bürger gegenüber der Landesregierung und den Trägern der öffentlichen Verwaltung im Lande zu wahren und die Bürger in sozialen Angelegenheiten zu beraten und zu unterstützen sowie insbesondere die Belange von Menschen mit Behinderungen wahrzunehmen.

(2) [1]Er wird auf Antrag von Bürgern, auf Anforderung des Landtages, des Petitionsausschusses, der Landesregierung oder von Amts wegen tätig. [2]Von Amts wegen wird er insbesondere tätig, wenn er durch Bitten, Kritik, Beschwerden oder sonstige Eingaben an den Landtag oder in sonstiger Weise

hinreichende Anhaltspunkte dafür erhält, daß Stellen, die der parlamentarischen Kontrolle des Landtages unterliegen, Angelegenheiten von Bürgern rechtswidrig erledigt haben.

(3) Er führt Bürgersprechstunden im gesamten Land durch.

(4) Er unterrichtet den Bürger in angemessener Frist in einem begründeten Bescheid über die Behandlung seiner Eingabe.

(5) Der Bürgerbeauftragte ist zugleich der Beauftragte für die Landespolizei unter Beachtung der Maßgaben in Unterabschnitt 2.

§ 7 Erledigung der Aufgaben

(1) [1]Der Bürgerbeauftragte hat der zuständigen Stelle Gelegenheit zur Regelung einer Angelegenheit zu geben. [2]Dabei hat er auf eine zügige und einvernehmliche Lösung hinzuwirken.

(2) [1]Der Bürgerbeauftragte hat bei der Beratung und Unterstützung in sozialen Angelegenheiten, soweit es sich dabei nicht um Petitionen handelt, die Rechte aus § 3 Absatz 1 Buchstaben b) bis d). [2]In diesen Fällen kommen die Regelungen des § 8 Absätze 1 bis 6 nicht zur Anwendung.

(3) Wendet sich der Bürgerbeauftragte direkt an die sachlich unmittelbar zuständige Stelle, so unterrichtet er hiervon zuvor das zuständige Mitglied der Landesregierung.

(4) Die zuständige Stelle hat den Bürgerbeauftragten innerhalb einer angemessenen Frist, spätestens jedoch nach einem Monat, über die veranlaßten Maßnahmen, den Fortgang oder das Ergebnis des Verfahrens zu unterrichten.

(5) Der Bürgerbeauftragte unterrichtet den Bürger unverzüglich über die weitere Behandlung seiner Eingabe.

(6) [1]Der Bürgerbeauftragte hat das Recht, der Landesregierung und den der Aufsicht des Landes unterstehenden Trägern öffentlicher Verwaltung Empfehlungen zu erteilen. [2]Sofern er eine Empfehlung an Träger der öffentlichen Verwaltung im Lande richtet, ist diese Empfehlung ebenfalls dem zuständigen Mitglied der Landesregierung zuzuleiten. [3]Kommen die Adressaten dieser Empfehlung nicht nach, so müssen sie ihre Entscheidung dem Bürgerbeauftragten gegenüber begründen.

§ 8 Zusammenarbeit mit dem Landtag

(1) Der Bürgerbeauftragte unterrichtet den Petitionsausschuß,

a) sobald er mit einer Eingabe befaßt ist, die ihm nicht vom Petitionsausschuß zugeleitet worden ist,
b) wenn er von einer sachlichen Prüfung der Eingabe absieht (§ 2),
c) sofern eine Angelegenheit im Sinne von § 7 Abs. 1 einvernehmlich erledigt wurde; hierbei teilt er die Erledigungsart mit,
d) sofern die Landesregierung oder die der Aufsicht des Landes unterstehenden Träger öffentlicher Verwaltung ihrer Pflicht aus § 3 gegenüber dem Bürgerbeauftragten nicht nachkommen.

(2) [1]Sofern eine einvernehmliche Regelung im Sinne des § 7 Abs. 1 nicht zustande kommt, legt der Bürgerbeauftragte die Angelegenheit dem Petitionsausschuß zur Erledigung vor und teilt ihm dazu seine Auffassung mit. [2]Vor seiner abschließenden Entscheidung kann der Bürgerbeauftragte vom Petitionsausschuß beauftragt werden, seine Feststellungen zu ergänzen oder weitere Sachverhaltsaufklärungen in die Wege zu leiten.

(3) Kommen Adressaten einer Empfehlung im Sinne des § 7 Abs. 6 nicht nach, so müssen sie auf Antrag des Bürgerbeauftragten die Gründe dafür im Petitionsausschuß darlegen.

(4) Der Bürgerbeauftragte hat auf Verlangen des Petitionsausschusses, einer Fraktion oder eines Fünftels der Mitglieder des Landtags dem Petitionsausschuß jederzeit über Eingaben zu berichten.

(5) Der Petitionsausschuß kann den Bürgerbeauftragten mit der Prüfung einer Beeinträchtigung von Rechten der Bürger unabhängig von vorliegenden Eingaben betrauen.

(6) [1]Der Landtag und seine Ausschüsse können jederzeit die Anwesenheit des Bürgerbeauftragten verlangen. [2]Der Bürgerbeauftragte hat das Recht, an den Sitzungen des Petitionsausschusses teilzunehmen und an den Sitzungen der übrigen ständigen Ausschüsse des Landtages dann teilzunehmen, wenn ihm Eingaben vorliegen, die die im jeweiligen Ausschuss behandelten Angelegenheiten betreffen. [3]Auf Verlangen muß er im Rahmen der Ausschußberatungen gehört werden. [4]Wenn der Bürgerbeauftragte im Rahmen der Beratung eines Gesetzesvorhabens im federführenden Ausschuß Stellung genommen hat, sollen seine Darlegungen in ihren wesentlichen Punkten im Bericht des Ausschusses wiedergegeben werden.

(7) [1]Der Bürgerbeauftragte erstattet dem Landtag bis zum 31. März eines jeden Jahres einen schriftlichen Gesamtbericht über seine Tätigkeit nach diesem Unterabschnitt und nach Unterabschnitt 2, insbesondere über die Behandlung und die Erledigung der Eingaben im vorangegangenen Jahr. [2]Er ist verpflichtet, bei der Aussprache über den Jahresbericht im Landtag und seinen Ausschüssen anwesend zu sein und sich auf Verlangen zu äußern.

§ 9 Zusammenarbeit mit anderen Stellen

Der Bürgerbeauftragte wirkt auf eine Zusammenarbeit mit öffentlichen Stellen gleicher Art unter Wahrung des dort geltenden Rechts hin, sofern dies dazu beitragen kann, die Wirksamkeit seiner Untersuchungen und seiner Kontrolle zu verstärken sowie den Schutz der Rechte und Interessen der Personen, die Beschwerden bei ihm einreichen, zu verbessern.

Unterabschnitt 2

Besondere Vorschriften für die Landespolizei

§ 10 Aufgabe des Beauftragten für die Landespolizei

(1) Der Bürgerbeauftragte hat als Beauftragter für die Landespolizei die Aufgabe, sich mit Vorgängen aus dem polizeilichen Bereich zu befassen, die im Rahmen einer Eingabe nach § 13 an ihn herangetragen werden.

(2) Der Bürgerbeauftragte wird aufgrnnd eigener Entscheidung tätig, wenn ihm Umstände bekannt werden, die seinen Aufgabenbereich berühren.

(3) Für Eingaben, die sich auf die Landespolizei beziehen und nicht von Polizeibeschäftigten an den Bürgerbeauftragten herangetragen werden, findet dieses Gesetz mit Ausnahme der Vorschriften dieses Unterabschnittes Anwendung.

§ 11 Geltung der Vorschriften des Unterabschnittes 1

(1) [1]Soweit in diesem Unterabschnitt nichts Besonderes bestimmt ist, sind die Vorschriften des Unterabschnittes 1 entsprechend anzuwenden. [2]§ 8 Absatz 1 bis 5 finden keine Anwendung.

(2) In Fällen von grundsätzlicher Bedeutung kann der Bürgerbeauftragte den für Polizeiangelegenheiten zuständigen Ausschuss des Landtages in Kenntnis setzen.

§ 12 Anwendungsbereich, Konkurrenzen

(1) [1]Nachfolgende Bestimmungen finden Anwendung auf Beamtinnen und Beamte sowie Tarifbeschäftigte der Landespolizei gemäß § 2 Absatz 1 des Polizeiorganisationsgesetzes einschließlich der Einrichtungen mit Sonderstatus im Geschäftsbereich des Ministeriums für Inneres und Europa (Polizeibeschäftigte). [2]Für Polizeivollzugsbeamtinnen und -beamte anderer Länder oder des Bundes gelten die Bestimmungen nur in den Fällen des § 9 Absatz 1 Satz 1 Nummer 1 des Sicherheits- und Ordnungsgesetzes.

(2) [1]Ist gegen Polizeibeschäftigte wegen ihres dienstlichen Verhaltens

1. ein strafrechtliches Ermittlungsverfahren eingeleitet,
2. öffentliche Klage im strafgerichtlichen Verfahren erhoben,
3. ein gerichtliches Bußgeldverfahren anhängig,
4. ein behördliches Disziplinarverfahren eingeleitet,
5. ein gerichtliches Disziplinarverfahren anhängig,
6. ein arbeitsrechtliches Abmahn- oder Kündigungsverfahren eingeleitet oder
7. ein Verfahren nach § 19 Absatz 3 in Verbindung mit § 22 des Landesdatenschutzgesetzes eingeleitet,

setzt der Bürgerbeauftragte die Behandlung der wegen desselben Sachverhalts bei ihm laufenden Eingaben (§ 13) vorläufig aus. [2]Über die Tatsache der vorläufigen Aussetzung werden die eingabeführenden Polizeibeschäftigten unterrichtet. [3]Gleiches gilt im Fall der Wiederaufnahme des Verfahrens durch den Bürgerbeauftragten.

§ 13 Eingaben von Polizeibeschäftigten

(1) Polizeibeschäftigte können sich ohne Einhaltung des Dienstwegs mit einer Eingabe, die ein persönliches oder dienstliches Fehlverhalten einzelner Polizeibeschäftigter oder Mängel oder Fehlentwicklungen in der Landespolizei behauptet, unmittelbar an den Bürgerbeauftragten wenden.

(2) Wegen der Tatsache der Anrufung dürfen Polizeibeschäftigte weder dienstlich gemaßregelt werden noch sonstige Nachteile erleiden.

(3) [1]Eingaben nach Absatz 1 müssen binnen zwölf Monaten, nachdem sich der zugrundeliegende Sachverhalt ereignet hat, eingereicht sein. [2]§ 10 Absatz 2 bleibt unberührt.

§ 14 Form der Eingabe

(1) [1]Eingaben nach § 13 Absatz 1 sollen Namen und Anschrift der Polizeibeschäftigten sowie den der Eingabe zugrundeliegenden Sachverhalt enthalten. [2]Vertrauliche Eingaben, bei denen die Polizeibeschäftigten ausdrücklich um Geheimhaltung ihrer Identität ersucht haben, sind zulässig. [3]In diesem Fall darf die Identität der Polizeibeschäftigten nur mit ihrer ausdrücklichen Einwilligung offenbart werden, sofern keine Rechtspflichten entgegenstehen.

(2) Bei anonymen Eingaben nach § 13 Absatz 1 kann der Bürgerbeauftragte selbst tätig werden oder er leitet die Eingabe ohne sachliche Prüfung an die zuständige Stelle weiter.

§ 15 Erledigung der Aufgaben

(1) [1]Der Bürgerbeauftragte prüft, ob auf der Grundlage der Eingabe hinreichender Anlass zur Sachverhaltsaufklärung besteht. [2]Dies ist der Fall, wenn bei verständiger Würdigung des Vorbringens ein persönliches oder dienstliches Fehlverhalten oder Mängel oder Fehlentwicklungen in der Landespolizei möglich erscheinen. [3]Besteht kein hinreichender Anlass zur Sachverhaltsaufklärung, teilt der Bürgerbeauftragte dies den Polizeibeschäftigten unter Angabe der maßgeblichen Gründe mit. [4]Gegen die Entscheidung des Bürgerbeauftragten ist ein Rechtsbehelf oder ein Rechtsmittel nicht statthaft.

(2) [1]Zur sachlichen Prüfung kann der Bürgerbeauftragte vom Ministerium für Inneres und Europa sowie den ihm unterstellten Polizeibehörden oder Einrichtungen mit Sonderstatus mündlich oder schriftlich Auskunft verlangen (auskunftspflichtige Stellen). [2]Abweichend von § 7 Absatz 4 ist die Auskunft unverzüglich zu erteilen. [3]Die auskunftspflichtige Stelle hat den von einer Eingabe betroffenen Polizeibeschäftigten sowie der Leitung der betroffenen Organisationseinheit Gelegenheit zur Stellungnahme zu geben.

(3) Liegen konkrete Anhaltspunkte vor, die den Verdacht eines Dienstvergehens, einer Straftat oder Ordnungswidrigkeit rechtfertigen, weist die auskunftspflichtige Stelle die betroffenen Polizeibeschäftigten darauf hin, dass es ihnen freistehe, sich mündlich oder schriftlich zu äußern oder sich nicht zur Sache einzulassen und sich jederzeit einer oder eines Bevollmächtigten oder Beistands zu bedienen.

(4) [1]Im Rahmen des Verfahrens nach Absatz 2 darf eine Stellungnahme verweigert werden, wenn

1. die betroffenen Polizeibeschäftigten sich mit dieser selbst oder einen der in § 52 Absatz 1 der Strafprozessordnung genannten Angehörigen dem Verdacht eines Dienstvergehens, einer Straftat oder Ordnungswidrigkeit aussetzen würden,
2. für die um Stellungnahme oder Auskunft angehaltenen Polizeibeschäftigten ein Zeugnisverweigerungsrecht nach § 52 Absatz 1 der Strafprozessordnung besteht.

[2]Die Berufung auf ein Verweigerungsrecht nach Satz 1 erfolgt gegenüber der auskunftspflichtigen Stelle. [3]In diesen Fällen darf die auskunftspflichtige Stelle die Auskunft nach Absatz 2 Satz 1 nicht erteilen, soweit das Verweigerungsrecht nach Satz 1 reicht. [4]Die Auskunft darf außerdem verweigert werden, wenn zwingende Geheimhaltungsgründe ihrer Erteilung entgegenstehen. [5]§ 96 der Strafprozessordnung findet entsprechende Anwendung.

(5) Unbeschadet der Befugnisse nach § 3 Absatz 1 kann der Bürgerbeauftragte die eingabeführenden Polizeibeschäftigten, Zeuginnen und Zeugen sowie Sachverständige anhören.

§ 16 Abschluss des Verfahrens

(1) Ist der Bürgerbeauftragte nach Abschluss der Prüfung der Ansicht, dass ein Fehlverhalten von Polizeibeschäftigten oder Mängel oder Fehlentwicklungen in der Landespolizei vorliegen, teilt er dies dem Ministerium für Inneres und Europa mit und gibt ihm Gelegenheit zur Stellungnahme.

(2) [1]In begründet erscheinenden Fällen kann der Bürgerbeauftragte den Vorgang der für die Einleitung eines Straf-, Ordnungswidrigkeiten- oder Disziplinarverfahrens zuständigen Stelle unter Mitteilung der gewonnenen Erkenntnisse zuleiten. [2]Legalitätsprinzip und Strafverfolgungszwang im Verfahren beteiligter Polizeivollzugsbeamtinnen oder Polizeivollzugsbeamten bleiben unberührt.

(3) Die Art des Abschlusses ist den eingabeführenden Polizeibeschäftigten und dem Ministerium für Inneres und Europa unter Angabe der maßgeblichen Gründe mitzuteilen.

(4) Der Bürgerbeauftragte kann jederzeit dem Ministerium für Inneres und Europa Empfehlungen geben und Vorschläge zur Verbesserung der polizeilichen Arbeit vorlegen.

Abschnitt III

Der Petitionsausschuß

§ 17 Aufgabenstellung

(1) [1]Der Petitionsausschuß ist der vom Landtag bestellte Ausschuß zur Behandlung der an ihn gerichteten Eingaben der Bürger. [2]Er befaßt sich auch mit allen Eingaben, die ihm der Bürgerbeauftragte gemäß § 8 Abs. 2 zur Erledigung vorlegt. [3]Der Petitionsausschuß hat das Recht und auf Verlangen eines Viertels seiner Mitglieder die Pflicht, sich jederzeit auch mit allen übrigen Eingaben zu befassen.

(2) Der Petitionsausschuß hat als vorbereitendes Beschlußorgan des Landtages die Pflicht, dem Landtag zu den von ihm behandelten Petitionen bestimmte Beschlüsse in Form von Sammelübersichten vorzulegen und dazu einen Bericht zu erstatten.

(3) Die Empfehlungen zur abschließenden Erledigung durch den Landtag können insbesondere lauten:

a) die Petition der Landesregierung zur Berücksichtigung zu überweisen,
b) die Petition der Landesregierung zur Erwägung zu überweisen,
c) die Petition der Landesregierung als Material zu überweisen,
d) die Petition der Landesregierung zu überweisen, um sie auf das Anliegen des Petenten und die Begründung des Beschlusses des Landtages hinzuweisen,
e) die Petition den Fraktionen des Landtages zur Kenntnis zu geben,
f) das Petitionsverfahren abzuschließen.

§ 18 Ausführungen der Beschlüsse

(1) Nachdem der Landtag über eine Beschlußempfehlung entschieden hat, teilt der Vorsitzende des Petitionsausschusses dem Petenten die Art der Erledigung seiner Petition mit.

(2) [1]Bei Petitionen, die von Bürgerinitiativen oder anderen nicht rechtsfähigen Personengemeinschaften unter einem Gesamtnamen oder einer Kollektivbezeichnung eingebracht werden, wird über die Art der Erledigung nur derjenige informiert, der als Kontaktperson anzusehen ist. [2]Das gleiche gilt bei Sammelpetitionen. [3]Haben die Petenten keine gemeinsame Kontaktadresse, kann die Einzelbenachrichtigung durch öffentliche Bekanntmachung ersetzt werden. [4]Hierüber sowie über die Art und Weise der öffentlichen Bekanntmachung entscheidet der Petitionsausschuß.

(3) [1]Bei Massenpetitionen genügt in der Regel die Benachrichtigung einer Person oder Stelle, wenn sie als gemeinsame Kontaktadresse anzusehen ist. [2]Haben die Petenten keine gemeinsame Kontaktadresse, kann die Einzelbenachrichtigung durch öffentliche Bekanntmachung ersetzt werden. [3]Hierüber sowie über die Art und Weise der öffentlichen Bekanntmachung entscheidet der Petitionsausschuß.

(4) [1]Beschlüsse des Landtages, eine Petition der Landesregierung zur Berücksichtigung zu überweisen, teilt der Landtagspräsident dem Ministerpräsidenten mit. Beschlüsse des Landtages, eine Petition der Landesregierung zur Erwägung zu überweisen, teilt der Vorsitzende des Petitionsausschusses dem zuständigen Landesminister mit. [2]Der Landesregierung wird zur Beantwortung eine Frist von in der Regel sechs Wochen gesetzt. [3]Beschlüsse des Landtages, eine Petition der Landesregierung als Material zu überweisen, teilt der Vorsitzende des Petitionsausschusses dem zuständigen Landesminister mit. [4]Dieser hat dem Petitionsausschuß über die weitere Sachbehandlung spätestens nach einem Jahr zu berichten.

(5) Alle anderen Beschlüsse übermittelt der Vorsitzende des Petitionsausschusses.

§ 19 Sachverhaltsaufklärung gegenüber der Landesregierung

(1) Zur Klärung von Sachverhalten ist der Petitionsausschuß berechtigt, Mitglieder der Landesregierung und der Fachministerien als Zeugen und Sachverständige anzuhören.

(2) Der Petitionsausschuß hat das Recht und auf Antrag eines Drittels seiner Mitglieder die Pflicht, die Anwesenheit jedes Mitglieds der Landesregierung zu verlangen.

(3) [1]Stehen den Absätzen 1 und 2 gesetzliche Vorschriften entgegen, kann die Landesregierung eingeschränkte Aussagegenehmigungen erteilen oder diese versagen. [2]Die Entscheidung ist zu begründen und vor dem Petitionsausschuß zu vertreten.

§ 20 Weitere Verfahrensweise

(1) Der Petitionsausschuß kann Rechte der §§ 3 und 4 im Einzelfall auf seine Mitglieder übertragen.

(2) Beziehen sich Eingaben auf in der Beratung befindliche Vorlagen anderer Ausschüsse, ist der federführende Ausschuß um eine Stellungnahme zu ersuchen.

(3) Die weitere Arbeitsweise des Petitionsausschusses im einzelnen wird durch die Geschäftsordnung des Landtages Mecklenburg-Vorpommern geregelt.

§ 21 Berichte der Beauftragten des Landtages

[1]Der Petitionsausschuß erörtert federführend die Berichte der Beauftragten des Landtages und legt ihm über das Ergebnis seiner Beratungen eine Beschlußempfehlung und einen Bericht vor. [2]Auf der Grundlage der bis zum 31. Dezember 2024 nach § 8 Absatz 7 erstellten Berichte überprüft der Landtag die erzielten Wirkungen der Vorschriften des Abschnittes II Unterabschnitt 2.

Gesetz über die Rechtsverhältnisse der Mitglieder des Landtages von Mecklenburg-Vorpommern (Abgeordnetengesetz)

In der Fassung der Bekanntmachung vom 1. Februar 2007[1] (GVOBl. M-V S. 54)
(GS Meckl.-Vorp. Gl. Nr. 1101-1)
zuletzt geändert durch Art. 1 16. ÄndG vom 5. Februar 2019 (GVOBl. M-V S. 66)

Der Landtag hat das folgende Gesetz beschlossen:

Abschnitt I
Erwerb und Verlust der Mitgliedschaft im Landtag

§ 1 Erwerb und Verlust der Mitgliedschaft im Landtag

Erwerb und Verlust der Mitgliedschaft im Landtag regeln sich nach den Vorschriften des Gesetzes über die Wahlen im Land Mecklenburg-Vorpommern (Landes- und Kommunalwahlgesetz – LKWG M-V).

Abschnitt II
Mitgliedschaft im Landtag und Beruf

§ 2 Schutz der freien Mandatsausübung

(1) Niemand darf gehindert werden, sich um ein Mandat im Landtag zu bewerben, es zu übernehmen oder auszuüben.

(2) Benachteiligungen am Arbeitsplatz im Zusammenhang mit der Bewerbung um ein Mandat sowie der Annahme und Ausübung eines Mandats sind unzulässig.

(3) [1]Eine Kündigung oder Entlassung wegen der Annahme oder Ausübung des Mandats ist unzulässig. [2]Eine Kündigung ist im Übrigen nur aus wichtigem Grund zulässig. [3]Der Kündigungsschutz beginnt mit der Aufstellung des Bewerbers durch das dafür zuständige Organ der Partei oder mit der Einreichung des Wahlvorschlags, jedoch frühestens vier Jahre nach Beginn der laufenden Wahlperiode des Landtags, im Fall der Auflösung des Landtags vor Ende dieser Frist, frühestens mit seiner Auflösung. [4]Er gilt ein Jahr nach Beendigung des Mandats fort.

§ 3 Wahlvorbereitungsurlaub

[1]Einem Bewerber um einen Sitz im Landtag ist zur Vorbereitung seiner Wahl innerhalb der letzten zwei Monate vor dem Wahltag auf Antrag Urlaub bis zu zwei Monaten zu gewähren. [2]Ein Anspruch auf Fortzahlung des Gehaltes oder des Lohnes besteht für die Dauer der Beurlaubung nicht.

§ 4 Berufs- und Betriebszeiten

[1]Die Zeit der Mitgliedschaft im Landtag ist nach Beendigung des Mandats auf die Berufs- und Betriebszugehörigkeit anzurechnen. [2]Ansprüche aus betrieblicher oder überbetrieblicher Altersversorgung vor Übernahme des Mandats bleiben bestehen.

§ 5 Mitglieder anderer Volksvertretungen

Die §§ 2 bis 4 gelten auch zugunsten von Mitgliedern anderer Landesparlamente im Geltungsbereich des Grundgesetzes.

1) Neubekanntmachung des AbgG v. 20.12.1990 (GVOBl. M-V S. 3, ber. 1994 S. 859) in der ab 22.11.2006 geltenden Fassung.

Abschnitt III
Entschädigung der Abgeordneten und Versorgung

Titel 1
Entschädigung

§ 6 Entschädigung

(1) [1]Alle Abgeordneten erhalten eine einheitliche monatliche Entschädigung nach Maßgabe der geltenden monatlichen Besoldung für einen verheirateten Vorsitzenden Richter am Landgericht (R 2), Erfahrungsstufe 7 mit 2 Kindern. [2]Dabei bleiben jährliche oder einmalige Sonderzahlungen außer Betracht. [3]Die Höhe der Entschädigung wird entsprechend dieser Maßgabe auf 5 749,22 Euro[1)] festgesetzt.

(2) Als zusätzliche Entschädigung für die Ausübung besonderer parlamentarischer Funktionen erhalten

1.	der Präsident	100 vom Hundert,
2.	die Vizepräsidenten	50 vom Hundert,
3.	die Fraktionsvorsitzenden	100 vom Hundert,
4.	die Parlamentarischen Geschäftsführer	75 vom Hundert.

(3) [1]Der Landtag Mecklenburg-Vorpommern beschließt innerhalb des ersten Halbjahres nach der konstituierenden Sitzung über die Anpassung der Entschädigung nach § 6 Abs. 1 mit Wirkung für die gesamte Wahlperiode. [2]Der Präsident leitet den Fraktionen einen entsprechenden Gesetzesvorschlag zu, der für die gesamte Legislaturperiode die in Absatz 1 normierte Orientierung an einer Richterbesoldung sichert.

§ 7 Auszahlungsbetrag

[1]Der Auszahlungsbetrag der Entschädigung nach § 6 Abs. 1 und der zusätzlichen Entschädigung nach § 6 Abs. 2 vermindert sich in Ansehung der zu den Kosten in Pflegefällen nach § 25 gewährten Zuschüsse vom 1. Januar 1995 an um ein Dreihundertfünfundsechzigstel. [2]Vom Zeitpunkt des Inkrafttretens des § 43 des Elften Buches Sozialgesetzbuch vermindert sich der Auszahlungsbetrag der Entschädigung nach § 6 Abs. 1 und der zusätzlichen Entschädigung nach § 6 Abs. 2 um ein weiteres Dreihundertfünfundsechzigstel, wenn die Bundesregierung in der Rechtsverordnung nach Artikel 69 des Pflege-Versicherungsgesetzes festgestellt hat, dass die Aufhebung eines weiteren Feiertages, der stets auf einen Werktag fällt, notwendig ist.

Titel 2
Aufwandsentschädigung

§ 8 Grundsatz

(1) Ein Abgeordneter erhält zur Abgeltung der durch das Mandat veranlassten Aufwendungen eine Amtsausstattung, die Geld- und Sachleistungen umfasst.

(2) [1]Zur Amtsausstattung gehören auch die unentgeltliche Benutzung der Fernsprechanlagen im Landtag, soweit dies zur Mandatsausübung erforderlich ist, und die unentgeltliche Inanspruchnahme sonstiger vom Landtag zur Verfügung gestellter Leistungen. [2]Die Amtsausstattung umfasst ferner die unentgeltliche Benutzung von Verkehrsmitteln auf dem Streckennetz der Deutschen Bahn AG in Mecklenburg-Vorpommern. [3]Das Streckennetz umfasst auch die durch Privatbahnen betriebenen Teilstrecken.

§ 9 Kostenpauschale

(1) [1]Ein Abgeordneter erhält eine monatliche Pauschale für allgemeine Kosten (Kostenpauschale), insbesondere für die Betreuung des Wahlkreises, Bürokosten, Mobiliar, sächliche Kosten, Kosten für Schreibarbeiten, Porto und Telefon sowie sonstige Auslagen, die sich aus der Stellung des Abgeordneten ergeben, sowie Reisekosten, soweit sie nicht nach den §§ 10 bis 14 gesondert zu erstatten sind, in Höhe von 1 500,00 Euro[2)]. [2]Soweit einem Abgeordneten ein landeseigener Dienstkraftwagen zur

---

1) Die Entschädigung erhöht sich
– **mWv 1.1.2021** auf 6 466,30 EUR; vgl. Bek. v. 23.10.2020 (GVOBl. M-V S. 1082).

2) Die Kostenpauschale beträgt
– **mWv 1.1.2021** auf 1 607,88 EUR.; vgl. Bek. v. 23.10.2020 (GVOBl. M-V S. 1082).

alleinigen Nutzung zur Verfügung steht, wird die Kostenpauschale unabhängig von dieser Nutzung gewährt. [3]Ein Abgeordneter, der Amtsbezüge als Mitglied der Bundesregierung, einer Landesregierung oder als Parlamentarischer Staatssekretär bezieht, erhält 75 vom Hundert der Kostenpauschale.

(2) [1]Vorsitzende von Ausschüssen, Sonderausschüssen, Untersuchungsausschüssen und Enquete-Kommissionen erhalten für ihre Tätigkeit eine zusätzliche monatliche Kostenpauschale in Höhe von 400 Euro. [2]Nimmt ein Abgeordneter mehrere Vorsitzfunktionen wahr, so ist ein mehrfacher Bezug der monatlichen Kostenpauschale ausgeschlossen.

(3) [1]Für die Ausstattung von Büros erhält ein Abgeordneter auf Antrag und gegen Nachweis der Aufwendungen einen einmaligen Zuschuss von höchstens 2 550 Euro. [2]Abgeordneten, die in einer der vorherigen Wahlperioden einen Zuschuss für die Erstausstattung der Büros erhalten haben, wird auf Antrag und gegen Nachweis ein Zuschuss in Höhe von höchstens 1 000 Euro gewährt. [3]Für Abgeordnete, die bereits zwei aufeinander folgende Wahlperioden dem Landtag angehören, wird auf Antrag und gegen Nachweis in der folgenden Wahlperiode ein Zuschuss in Höhe von höchstens 1 500 Euro gewährt.

(4) [1]Einem Abgeordneten werden nachgewiesene Aufwendungen für die Beschäftigung von Mitarbeitern zur Unterstützung seiner parlamentarischen Arbeit erstattet, die dem monatlichen Bruttoarbeitsentgelt eines vollzeitbeschäftigen Angestellten des Landes Mecklenburg-Vorpommern mit der Entgeltgruppe E 10, Erfahrungsstufe 5 TV-L entsprechen. [2]Dabei bleiben jährliche oder einmalige Sonderzahlungen außer Betracht. [3]Der monatliche Erstattungsbetrag darf grundsätzlich ein Zwölftel des Jahresbetrages nicht übersteigen. [4]Der Erstattungsbetrag wird anteilig gemäß der Tarifentwicklung der Einkommen der vollzeitbeschäftigten Angestellten des Landes Mecklenburg-Vorpommern angepasst, deren Bruttoarbeitsentgelt sich an dem in Satz 1 genannten Betrag anlehnt. [5]Eine Erstattung von Aufwendungen kommt nur in Betracht, soweit

1. der Landtagsverwaltung zu Beginn des Arbeitsverhältnisses ein Führungszeugnis des Mitarbeiters vorliegt, das keine Eintragungen wegen der vorsätzlichen Begehung einer Straftat enthält, und
2. der Mitarbeiter nicht mit dem Abgeordneten des Landtages verheiratet oder in einer Lebenspartnerschaft verbunden, bis zum dritten Grade verwandt oder bis zum zweiten Grad verschwägert ist.

[6]In den Ausführungsbestimmungen nach § 58 werden weitergehende Regelungen festgelegt.

(5) Einem Abgeordneten können nachgewiesene Aufwendungen für die eigene Fortbildung ganz oder teilweise erstattet werden, soweit die Fortbildung der Ausübung des Mandates dient.

(6) Die näheren Regelungen, insbesondere über den Nachweis der Beschäftigten sowie die Eignung von Fortbildungen und dem Umfang der Erstattung nach Absatz 4, trifft der Präsident im Benehmen mit dem Ältestenrat.

§ 10 Reisekostenentschädigung

(1) Ein Abgeordneter erhält für die Teilnahme an Sitzungen und Veranstaltungen des Landtages, die vom Präsidenten im Benehmen mit dem Ältestenrat als solche ausgewiesen werden, des Ältestenrates, eines Ausschusses, einer Fraktion und eines Gremiums der Fraktion auf Antrag Reisekostenentschädigung.

(2) Das Gleiche gilt, wenn der Präsident, die Vizepräsidenten, die Fraktionsvorsitzenden oder Abgeordnete im Auftrage des Präsidenten oder eines Ausschusses mit vorheriger Zustimmung des Präsidenten in Wahrnehmung ihres Amtes oder Mandats außerhalb ihres Wohnsitzes tätig werden.

(3) Die Reisekostenentschädigung umfasst

1. Übernachtungsgeld,
2. Fahrkostenerstattung.

§ 11 Anwesenheit in Sitzungen

(1) Die Anwesenheit in einer Sitzung wird dadurch nachgewiesen, dass der Abgeordnete sich vor oder während einer Sitzung in eine Anwesenheitsliste einträgt.

(2) Für den Tag, an dem ein Abgeordneter in einer Sitzung ausgeschlossen wird, erhält er keine Reisekostenentschädigung im Sinne des § 10 Absatz 3, auch wenn seine Teilnahme an einer anderen Sitzung an demselben Tag nachgewiesen wird.

§ 12 Übernachtungsgeld

(1) [1]Hat ein Abgeordneter wegen der Teilnahme an einer der in § 10 bezeichneten Sitzungen oder Veranstaltungen aus zwingenden Gründen außerhalb seines Wohnortes übernachtet, wird ein Übernachtungsgeld in Höhe von 20 Euro gewährt. [2]Weist ein Abgeordneter höhere Übernachtungskosten nach, so sind ihm diese zu erstatten. [3]Der Präsident setzt einen Höchstbetrag fest.

(2) [1]Soweit nicht Absatz 1 in Anwendung zu bringen ist, erhält ein Abgeordneter für die Dauer seiner Mitgliedschaft im Landtag gegen Nachweis einen Zuschuss zum Mietzins für eine angemessene Übernachtungsmöglichkeit; er beträgt im Monat höchstens 450 Euro. [2]Der entsprechende Antrag ist zu Beginn des Mietverhältnisses zu stellen. [3]Wird das Mietverhältnis nach der erneuten Wahl in den Landtag in der neuen Wahlperiode fortgesetzt, ist ein Folgeantrag zu stellen.

§ 13 Fahrkostenerstattung

(1) [1]Benutzt der Abgeordnete zur Teilnahme an einer der im § 10 genannten Sitzungen einen Kraftwagen, so erhält er eine Wegstreckenentschädigung für den der Verkehrsübung entsprechenden kürzesten Reiseweg. [2]Sie beträgt für jeden Kilometer der Fahrtstrecke 0,30 Euro.

(2) Der Präsident und andere Abgeordnete, denen ein landeseigener Dienstkraftwagen zur ausschließlichen Verfügung steht, erhalten keine Fahrkostenerstattung.

§ 14 Reisen außerhalb Mecklenburg-Vorpommerns

(1) Für Reisen, die ein Abgeordneter im Auftrage des Landtages, des Präsidenten oder eines vom Präsidenten genehmigten Ausschussbeschlusses außerhalb Mecklenburg-Vorpommerns unternimmt, finden die §§ 11 bis 13 entsprechende Anwendung, soweit die Absätze 2 bis 4 nichts anderes bestimmen.

(2) Fahrkosten werden nur bis zur Höhe der bei Benutzung öffentlicher Land- und Seeverkehrsmittel entstehenden notwendigen Aufwendungen erstattet.

(3) Der Präsident kann in Ausnahmefällen die Erstattung nachgewiesener notwendiger Fahrkosten genehmigen.

(4) Für die Zeit der Teilnahme eines Abgeordneten an einer genehmigten Dienstreise außerhalb Mecklenburg-Vorpommerns wird Tagegeld in entsprechender Anwendung der Regelungen des Gesetzes über die Reisekostenvergütung für die Beamten und Richter des Landes Mecklenburg-Vorpommern (Landesreisekostengesetz) gezahlt.

(5) [1]Für Auslandsreisen wird das Übernachtungsgeld (§ 12 Abs. 1 Satz 1) in doppelter Höhe gezahlt. [2]Der Präsident kann die Erstattung der tatsächlich entstandenen notwendigen Übernachtungskosten bis zur doppelten Höhe des nach § 12 Abs. 1 Satz 3 festgesetzten Höchstbetrages genehmigen, wenn diese nachgewiesen werden.

§ 15 Wegfall des Anspruchs auf Aufwandsentschädigungen

(1) Ein Abgeordneter, der nach Ablauf des 57. Monats einer Wahlperiode in den Landtag eintritt, hat keinen Anspruch auf Leistungen nach den §§ 8 bis 14, wenn der Landtag seine Tätigkeit bereits abgeschlossen hat.

(2) Tritt ein Abgeordneter nach Ablauf des 48. Monats einer Wahlperiode in den Landtag ein, hat er keinen Anspruch auf die Erstattung der Aufwendungen für die Ausstattung des Wahlkreisbüros nach § 9 Abs. 3.

Titel 3

Leistungen nach Ausscheiden aus dem Landtag

§ 16 Übergangsgeld

(1) [1]Auf Antrag erhält ein Abgeordneter nach seinem Ausscheiden aus dem Landtag Übergangsgeld, sofern er dem Landtag mindestens ein Jahr angehört hat. [2]Dies gilt nicht, sofern der Abgeordnete die für ihn maßgebliche Regelaltersrente erreicht hat und ein Anspruch auf Altersentschädigung, Versorgungsbezüge oder Rente besteht. [3]Das Übergangsgeld wird in Höhe von 90 vom Hundert der Entschädigung nach § 6 Abs. 1 für drei Monate gewährt. [4]Soweit der Abgeordnete dem Landtag mindestens zwei Jahre angehört hat, wird auf Antrag für weitere 9 Monate ein Übergangsgeld in Höhe von 70 vom Hundert der Entschädigung nach § 6 Abs. 1 gewährt. [5]Falls der Abgeordnete dem Landtag mindestens fünf Jahre angehört hat, wird auf Antrag für weitere 24 Monate ein Übergangsgeld in Höhe

von 50 vom Hundert der Entschädigung nach § 6 Abs. 1 gewährt. [6]Das Übergangsgeld nach diesem Absatz ist binnen eines Monats nach dem Ausscheiden aus dem Landtag zu beantragen. [7]Eine Mitgliedschaft von der Dauer einer Wahlperiode im Sinne von Artikel 27 Abs. 1 der Verfassung des Landes gilt als fünf volle Jahre für die Berechnung nach Satz 5.

(2) [1]Bezüge aus der Mitgliedschaft im Europäischen Parlament, dem Deutschen Bundestag, der gesetzgebenden Körperschaft eines anderen Landes, aus einem Amtsverhältnis oder aus einer Verwendung im öffentlichen Dienst werden auf das Übergangsgeld angerechnet. [2]Das gilt auch für Erwerbseinkommen aus einer Beschäftigung oder Tätigkeit außerhalb des öffentlichen Dienstes und für Altersentschädigungen, Versorgungsbezüge und Renten. [3]Nicht angerechnet werden Bezüge aus ehrenamtlicher Tätigkeit.

(3) [1]Tritt ein ehemaliger Abgeordneter wieder in den Landtag ein, so ruht der Anspruch nach Absatz 1. [2]Der Anspruch ruht auch, solange der ehemalige Abgeordnete Entschädigung als Abgeordneter des Europäischen Parlaments, des Deutschen Bundestages oder der gesetzgebenden Körperschaft eines anderen Landes bezieht.

(4) Stirbt ein ehemaliger Abgeordneter, so werden die Leistungen nach Absatz 1 an seine Hinterbliebenen im Sinne von § 18 Absatz 1 und Absatz 2 Nr. 1 des Beamtenversorgungsgesetzes fortgesetzt, wenn Ansprüche auf Hinterbliebenenversorgung nach diesem Gesetz nicht entstehen; sind mehrere gleichberechtigte Personen vorhanden, so ist für die Bestimmung des Zahlungsempfängers die Reihenfolge der Aufzählung in § 18 Absatz 2 Nr. 1 des Beamtenversorgungsgesetzes maßgebend.

(5) Absatz 1 gilt nicht, wenn ein Abgeordneter die Mitgliedschaft im Landtag aufgrund § 45 Abs. 1 Satz 1 Nummern 2 oder 5 des Gesetzes über die Wahlen im Land Mecklenburg-Vorpommern (Landes- und Kommunalwahlgesetz – LKWG M-V) verliert.

§ 16a Übergangsregelung zum Übergangsgeld

Die mit Ablauf der 4. Wahlperiode ausscheidenden Abgeordneten erhalten auf Antrag wahlweise Übergangsgeld nach Maßgabe der bis zum Ablauf der 4. Wahlperiode geltenden Fassung des § 16 oder nach der ab der 5. Wahlperiode geltenden Neuregelung.

§ 17 Anspruch auf Altersentschädigung

(1) [1]Ein Abgeordneter erhält nach seinem Ausscheiden eine Altersentschädigung, wenn er das 67. Lebensjahr vollendet und dem Landtag ein Jahr angehört hat. [2]Auf Antrag wird die Altersentschädigung bis zu fünf Jahre vor Vollendung des 67. Lebensjahres gewährt.

(2) Tritt ein ehemaliger Abgeordneter wieder in den Landtag ein, so ruht der Anspruch auf Altersentschädigung.

§ 17a Übergangsregelung zum Anspruch auf Altersentschädigung

[1]Abgeordnete, die der 5. Wahlperiode mindestens ein Jahr angehört haben, erhalten nach ihrem Ausscheiden eine Altersentschädigung, wenn sie das 65. Lebensjahr vollendet haben. [2]Abgeordnete, die bereits vor der 5. Wahlperiode dem Landtag mindestens 4 Jahre angehörten, erhalten nach ihrem Ausscheiden eine Altersentschädigung, wenn sie das 60. Lebensjahr vollendet haben. [3]Bei Abgeordneten der ersten bis dritten Wahlperiode entsteht der Anspruch mit jedem weiteren Jahr der Mitgliedschaft im Landtag ein Lebensjahr früher, frühestens jedoch mit dem vollendeten 55. Lebensjahr.

§ 18 Höhe der Altersentschädigung

(1) [1]Die Altersentschädigung beträgt 4 vom Hundert der Entschädigung nach § 6 Abs. 1 für jedes der ersten fünf Jahre der Mitgliedschaft und jeweils 3,5 vom Hundert der Entschädigung nach § 6 Abs. 1 für das sechste bis zehnte Jahr Mitgliedschaft. [2]Für das elfte bis zwanzigste Jahr der Mitgliedschaft erhöht sich die Altersentschädigung um weitere 3 vom Hundert der Entschädigung nach § 6 Abs. 1 und für jedes Jahr ab dem einundzwanzigsten Jahr um weitere 2 vom Hundert. [3]Über volle Jahre hinausgehende Zeiten der Mitgliedschaft im Landtag sind bei der Berechnung nach Satz 1 und Satz 2 mit einem Zwölftel je begonnenem Monat zu berücksichtigen. [4]Für jedes Jahr des Bezugs von Übergangsgeld nach § 16 erhöht sich die Altersentschädigung um weitere 1,5 vom Hundert, soweit der tatsächlich ausgezahlte Betrag mindestens 50 vom Hundert der Entschädigung nach § 6 Abs. 1 entspricht. [5]Insgesamt beträgt die Altersentschädigung höchstens 71,75 vom Hundert der Entschädigung nach § 6 Abs. 1.

(2) [1]Für jedes Jahr, in dem für ein parlamentarisches Amt als gesetzliche Zulage nach § 6 Abs. 2 eine weitere Entschädigung nach § 6 Abs. 1 gezahlt wurde, wird zur Altersentschädigung eine Zulage von

1 vom Hundert der Entschädigung nach § 6 Abs. 1 geleistet. [2]Ist die Zulage nach § 6 Abs. 2 geringer, mindestens jedoch 30 vom Hundert, wird eine entsprechend geringere Zulage nach Satz 1 gewährt. [3]Diese Zulage wird bei der Begrenzung nach Absatz 1 Satz 5 nicht berücksichtigt.

(3) [1]Soweit eine Altersentschädigung nach § 17 Abs. 1 Satz 2 gewährt wird, vermindert sich die Höhe um 0,3 vom Hundert für jeden Monat vor dem in § 17 Abs. 1 Satz 1 genannten Zeitpunkt. [2]Soweit andere Einkünfte angerechnet werden, ist erst der nach der Anrechnung verbleibende Betrag der Altersentschädigung um den Betrag nach Satz 1 zu mindern. [3]Die Kürzung der bereits erworbenen Ansprüche nach Satz 1 bleibt auch dann bestehen, wenn der frühere Abgeordnete später wieder in den Landtag eintritt.

(4) Zeiten, für die eine Versorgungsabfindung nach § 21 gewährt wurde, werden bei der Bemessung einer Altersentschädigung nach diesem Gesetz nicht mehr berücksichtigt.

§ 18a Übergangsregelungen zur Höhe der Altersentschädigung

Anstelle des § 18 gilt für die vor dem Ablauf der 4. Wahlperiode entstandenen Ansprüche auf Altersentschädigung und Hinterbliebenenversorgung das bis zum Ende der 4. Wahlperiode geltende Recht mit folgenden Maßgaben:

1. Die Regelung des § 18 Abs. 2 gilt auch für die Mandatszeiten in der ersten bis vierten Wahlperiode.
2. Soweit bis zum Ablauf der 4. Wahlperiode wegen zu geringer Mandatszeit kein eigenständiger Anspruch auf Altersentschädigung erworben und auch keine Leistungen oder Anrechnungen nach dem bisherigen § 21 gewährt wurden, gilt § 18 in der neuen Fassung auch für die Zeiten vor der 5. Wahlperiode. Spätestens mit Ablauf der 4. Wahlperiode ausscheidende Abgeordnete können noch bis zum 31. Dezember 2007 einen Anspruch auf Versorgungsabfindung nach dem bisherigen § 21 geltend machen.

   Diese Vorschrift gilt auch für Versorgungsfälle, die erst nach dem Ablauf der 4. Wahlperiode eintreten.

§ 19 (weggefallen)

§ 20 Gesundheitsschäden

(1) [1]Hat ein Abgeordneter während seiner Zugehörigkeit zum Landtag ohne grobes eigenes Verschulden Gesundheitsschäden erlitten, die seine Arbeitskraft dauernd und so wesentlich beeinträchtigen, dass er sein Mandat und bei seinem Ausscheiden aus dem Landtag die bei seiner Wahl zum Landtag ausgeübte oder eine andere zumutbare Tätigkeit nicht ausüben kann, so erhält er unabhängig von den in § 17 vorgesehenen Voraussetzungen eine Altersentschädigung, deren Höhe sich nach § 18 richtet, mindestens jedoch in Höhe von 30 vom Hundert der Entschädigung nach § 6 Abs. 1. [2]Ist der Gesundheitsschaden durch einen Unfall in Ausübung oder infolge des Mandats eingetreten, so erhöht sich der Bemessungssatz nach § 18 um 20 vom Hundert, mindestens jedoch auf 66 ⅔ vom Hundert und höchstens auf 71,75 vom Hundert.

(2) Erleidet ein ehemaliger Abgeordneter Gesundheitsschäden im Sinne des Absatzes 1, so erhält er Altersentschädigung in der in § 18 vorgesehenen Höhe, wenn er das nach § 17 geforderte Lebensalter noch nicht erreicht hat.

(3) [1]Leistungen nach den Absätzen 1 und 2 werden nur auf Antrag gewährt. [2]Für zurückliegende Zeiten werden Leistungen nach den Absätzen 1 und 2 höchstens für drei Monate vor dem Monat gewährt, in dem der Antrag beim Präsidenten eingegangen ist.

§ 21 Versorgungsausgleich

(1) Hat ein Abgeordneter oder ehemaliger Abgeordneter während der Ehezeit Anwartschaften oder Ansprüche auf Altersentschädigung nach diesem Gesetz erworben, wird der Versorgungsausgleich im Falle einer Scheidung im Wege der externen Teilung durchgeführt.

(2) Der Wert der Versorgungsanwartschaft ist nach der Methode der unmittelbaren Bewertung zu ermitteln.

(3) Besteht zum Zeitpunkt des Eintritts der Rechtshängigkeit des Scheidungsantrages noch keine Anwartschaft auf eine Altersentschädigung nach dem bis zum Ende der 4. Wahlperiode des Landtages geltenden Recht, so ist für jedes Jahr der Mitgliedschaft im Landtag der entsprechende Anteil der Mindestaltersentschädigung zu berücksichtigen.

(4) Bezieht ein ehemaliger Abgeordneter eine Altersentschädigung, erfolgt eine Kürzung der Altersentschädigung, solange der geschiedene Ehepartner noch keine Versorgungsleistung erhält, in Höhe

der Ansprüche, welche der ehemalige Abgeordnete gegenüber dem Versorgungsträger des ehemaligen Ehepartners erworben hat.

§ 22 Nicht abgerechnete Leistungen

[1]Stirbt ein Abgeordneter, so erhalten sein überlebender Ehegatte oder eingetragener Lebenspartner, die leiblichen Abkömmlinge sowie die angenommenen Kinder die noch nicht abgerechneten Leistungen nach diesem Gesetz, soweit sie fällig waren. [2]Der Präsident bestimmt unter Berücksichtigung der Reihenfolge in Satz 1, an wen die Zahlung erfolgt.

§ 23 Hinterbliebenenversorgung

(1) Der überlebende Ehegatte oder eingetragene Lebenspartner eines verstorbenen Abgeordneten oder ehemaligen Abgeordneten, der die Mitgliedsdauer nach § 17 erfüllt hatte, erhält 60 vom Hundert der nach § 18 oder § 20 berechneten Altersentschädigung, auch wenn der Abgeordnete oder ehemalige Abgeordnete im Zeitpunkt seines Todes die Altersvoraussetzung nach § 17 noch nicht erfüllt hatte.

(2) [1]Die leiblichen und die angenommenen Kinder eines verstorbenen Abgeordneten oder ehemaligen Abgeordneten erhalten unter der Voraussetzung des Absatzes 1 Waisengeld. [2]Es beträgt für die Vollwaise 20 und für die Halbwaise 13 vom Hundert der nach Absatz 1 zu Grunde zu legenden Altersentschädigung.

§ 24 Anwendung beamtenrechtlicher Vorschriften

Soweit in diesem Gesetz nichts anderes bestimmt ist, sind für die Versorgung die für die Landesbeamten geltenden Vorschriften sinngemäß anzuwenden.

Titel 4

Zuschuss zu den Kosten in Krankheitsfällen, Unterstützungen

§ 25 Zuschuss zu den Kosten in Krankheitsfällen

(1) Die Abgeordneten und die Versorgungsempfänger nach diesem Gesetz erhalten einen Zuschuss zu den notwendigen Kosten in Krankheits-, Pflege-, Geburts- und Todesfällen in sinngemäßer Anwendung der Beihilfevorschriften für Landesbeamte, sofern sich ein Anspruch auf Beihilfe nicht aus anderen landesrechtlichen oder bundesrechtlichen Vorschriften ergibt.

(2) [1]Die Abgeordneten und die Versorgungsempfänger erhalten anstelle des Anspruchs auf den Zuschuss nach Absatz 1 einen Zuschuss zu ihren Krankenversicherungsbeiträgen. [2]Wird aufgrund gesetzlicher Vorschriften eine entsprechende Leistung von anderer Seite gezahlt, so wird der Zuschuss nach diesem Gesetz insoweit gekürzt. [3]Leistungen in diesem Sinne sind Zahlungen von Dritten, welche insbesondere aufgrund von Vorschriften des Fünften oder Sechsten Buches des Sozialgesetzbuches sowie des Gesetzes über die Krankenversicherung der Landwirte gewährt werden. [4]Mitglieder der gesetzlichen Krankenversicherung, die eine Rente aus der gesetzlichen Rentenversicherung beziehen und entweder den darauf entfallenden Krankenversicherungsbeitrag nach § 249a des Fünften Buches Sozialgesetzbuch nur zur Hälfte tragen oder gemäß § 106 des Sechsten Buches Sozialgesetzbuch einen Beitragszuschuss beziehen, erhalten für diesen rentenbezogenen Krankenversicherungsbeitrag keinen Zuschuss. [5]Der Zuschuss wird gezahlt in Höhe des Anteils am Gesamtbeitrag des Versicherten, der bei gesetzlich Versicherten nach dem Sozialgesetzbuch von anderer Seite zu zahlen wäre.

(3) [1]Der Anspruch auf den Zuschuss zu den Krankenversicherungsbeiträgen nach Absatz 2 schließt bei Abgeordneten des Landtags den Anspruch auf einen Zuschuss in Höhe der Hälfte des aus eigenen Mitteln geleisteten Pflegeversicherungsbeitrages, höchstens jedoch der Hälfte des Höchstbeitrages der sozialen Pflegeversicherung ein. [2]Ansprüche nach dieser Vorschrift bestehen nicht im Hinblick auf die Versicherungsbeiträge oder Zuschläge, die nach den gesetzlichen Vorschriften allein von den Versicherten zu tragen sind.

(4) [1]Die Entscheidung darüber, ob der Abgeordnete an Stelle der Leistungen nach Absatz 1 den Zuschuss nach Absatz 2 in Anspruch nehmen will, hat der Abgeordnete dem Präsidenten innerhalb von 4 Monaten nach Annahme des Mandats mitzuteilen. [2]An diese Entscheidung ist der Abgeordnete bis zum Ablauf von 2 Jahren nach Annahme des Mandats gebunden. [3]Teilt er bis zum Ablauf dieser Frist dem Präsidenten keine andere Entscheidung für den Rest der Wahlperiode mit, so gilt die Entscheidung für die Dauer der Wahlperiode. [4]Versorgungsempfänger haben die Entscheidung dem Präsidenten innerhalb von 4 Monaten nach Zustellung des Versorgungsbescheides mitzuteilen; sie bleiben an diese Entscheidung gebunden.

(5) [1]Die Zuschüsse nach den Absätzen 1 bis 3 werden auch für die Dauer des Bezuges von Übergangsgeld nach § 16 gewährt. [2]Übergangsgeldempfänger sind keine Versorgungsempfänger im Sinne des Absatzes 1, solange sie keine Leistungen nach den §§ 17 bis 20 beziehen. [3]Besteht ein Anspruch auf einen Zuschuss auch nach § 27 des Abgeordnetengesetzes des Bundes, so ruht der Anspruch nach diesem Gesetz.

(6) [1]Versorgungsempfänger im Sinne dieser Vorschrift ist ein ehemaliger Abgeordneter, der Altersentschädigung bezieht sowie ein Bezieher von Hinterbliebenenversorgung. [2]Ein Anspruch nach dieser Vorschrift besteht nur, soweit die Höhe der Altersentschädigung oder Hinterbliebenenversorgung mindestens 30 vom Hundert der Entschädigung nach § 6 Abs. 1 beträgt.

§ 26 Unterstützungen

[1]Der Präsident kann in besonderen wirtschaftlichen Notfällen Abgeordneten einmalige Unterstützungen, ausgeschiedenen Abgeordneten und deren Hinterbliebenen einmalige Unterstützungen und laufende Unterhaltszuschüsse gewähren. [2]Unterstützungen kommen insbesondere in Betracht,

1. wenn der Abgeordnete Schäden in Folge der Mandatsausübung erleidet,
2. soweit die Hinterbliebenen mandatsbedingte Aufwendungen nachweisen, für die Abgeordnete eine allgemeine Kostenpauschale erhalten.

[3]Die Gewährung einer Unterstützung ist ausgeschlossen, wenn der Betroffene anderweitig einen Ausgleich erlangen kann.

Titel 5

Anrechnung beim Zusammentreffen mehrerer Bezüge

§ 27 Anrechnung beim Zusammentreffen mehrerer Bezüge

(1) Hat ein Abgeordneter neben seiner Entschädigung nach § 6 Anspruch auf Einkommen aus einem Amtsverhältnis, wird die Entschädigung nach § 6 um 75 v.H. gekürzt.

(2) [1]Für die Zeit, für die ein Abgeordneter eine Entschädigung als Mitglied des Europäischen Parlaments oder des Deutschen Bundestages erhält, werden die Entschädigung nach § 6 Abs. 1 und die Kostenpauschale nach § 9 Abs. 1 nicht gewährt. [2]Ausgenommen von dieser Regelung ist § 29 Abs. 3.

(3) Hat ein Abgeordneter neben seiner Entschädigung nach § 6 Anspruch auf Versorgungsbezüge aus der Mitgliedschaft im Europäischen Parlament, aus einem Amtsverhältnis oder einer Verwendung im öffentlichen Dienst, so ruht die Entschädigung in Höhe von 50 vom Hundert der Versorgungsbezüge, höchstens jedoch zu 30 vom Hundert der Entschädigung nach § 6 Abs. 1.

(4) [1]Bezieht ein ehemaliger Abgeordneter Entschädigung als Mitglied des Europäischen Parlaments oder des Deutschen Bundestages oder der gesetzgebenden Körperschaft eines anderen Landes, ruhen die Versorgungsansprüche nach diesem Gesetz bis zur Höhe des Betrages der Entschädigung, den er als Abgeordneter des anderen Parlaments erhält. [2]Entsprechendes gilt für die Hinterbliebenen (§ 23).

(5) Versorgungsansprüche nach diesem Gesetz ruhen neben dem Einkommen aus einem Amtsverhältnis oder einer Verwendung im öffentlichen Dienst zu 75 vom Hundert des Betrages, um den sie und das Einkommen die Entschädigung nach § 6 Abs. 1 übersteigen, höchstens jedoch in Höhe von 75 vom Hundert.

(6) [1]Versorgungsansprüche nach diesem Gesetz ruhen neben Versorgungsbezügen aus der Mitgliedschaft im Europäischen Parlament, aus einem Amtsverhältnis oder einer Verwendung im öffentlichen Dienst oder neben Renten in Höhe von 50 vom Hundert des Betrages, um den die Ansprüche zusammen die Entschädigung nach § 6 Abs. 1 übersteigen. [2]Abweichend von Satz 1 gilt eine höhere Altersversorgung aus einem anderen Amt oder einer anderen Parlamentszugehörigkeit als Obergrenze, sofern der Versorgungsempfänger dieses Amt oder Mandat wenigstens drei Jahre innehatte. [3]In jedem Fall ruhen die Ansprüche nach diesem Gesetz höchstens in Höhe von 75 vom Hundert.

Titel 6
Gemeinsame Vorschriften

§ 28 Anpassung der Grund- und Aufwandsentschädigungen

(1)[1)] [1]Die Entschädigung nach § 6 Absatz 1 wird zum 1. Januar 2017, 1. Januar 2018, zum 1. Januar 2019, zum 1. Januar 2020 und zum 1. Januar 2021 nach Maßgabe der Entwicklung der Besoldung der Beamten und Richter im Land Mecklenburg-Vorpommern angepasst. [2]Dabei ist die in § 6 Absatz 1 festgelegte Orientierung an der Besoldungsgruppe R 2 für einen verheirateten Vorsitzenden Richter am Landgericht (R 2), Erfahrungsstufe 7 mit zwei Kindern beizubehalten. [3]Jährliche oder einmalige Sonderzahlungen bleiben bei der Berechnung außer Betracht. [4]Der Präsident ermittelt die sich daraus ergebende Höhe der Entschädigung und veröffentlicht den neuen Betrag im Gesetz- und Verordnungsblatt.

(2) [1]Die Kostenpauschale nach § 9 Absatz 1 wird zum 1. Januar 2017, 1. Januar 2018, zum 1. Januar 2019, zum 1. Januar 2020 und zum 1. Januar 2021 entsprechend der Entwicklung der Lebenshaltungskosten aller privaten Haushalte in Mecklenburg-Vorpommern angepasst. [2]Das Statistische Amt ermittelt die allgemeine Preisentwicklung nach Maßgabe des Gesetzes über die Preisstatistik in der jeweils geltenden Fassung, bezogen auf den Zeitraum, vom 1. Juli des vergangenen Jahres bis zum 30. Juni des laufenden Jahres. [3]Die sich hieraus ergebenden Preisentwicklungsraten teilt das Statistische Amt dem Präsidenten bis zum 15. September jeden Jahres mit. [4]Dieser veröffentlicht die ab dem Beginn des folgenden Jahres geltenden Beträge im Gesetz- und Verordnungsblatt.

§ 29 Beginn und Ende der Ansprüche, Zahlungsvorschriften

(1) [1]Zahlungen nach § 6 Abs. 1, den §§ 9 bis 13, 25 und 26 werden vom Tage der Feststellung des amtlichen Wahlergebnisses durch den Landeswahlausschuss ab geleistet, auch wenn die Wahlperiode des letzten Landtages noch nicht abgelaufen ist. [2]Die zusätzliche Entschädigung nach § 6 Abs. 2 wird vom Tage der Übertragung der besonderen parlamentarischen Funktion an gezahlt, frühestens jedoch vom Tage des Zusammentritts des neu gewählten Landtages an.

(2) [1]Ein ausscheidender Abgeordneter erhält die Entschädigung nach § 6 Abs. 1 und die Geldleistungen nach den §§ 8, 9 Absatz 1 und § 12 Absatz 2 bis zum Ende des Monats, in dem seine Mitgliedschaft endet. [2]Die zusätzliche Entschädigung gemäß § 6 Abs. 2 wird bis zum Ende des Monats gezahlt, in dem die besondere parlamentarische Funktion endet. [3]Die Entschädigung nach § 6 Absatz 1 und die Kostenpauschale nach § 9 Absatz 1 werden in den Fällen des § 27 Absatz 2 Satz 1 und in den Fällen eines nach § 34 mit dem Abgeordnetenmandat unvereinbaren Amtes von dem Tage an, an dem Ansprüche auf Leistungen aufgrund des jeweiligen Mandats oder Amtes entstanden sind, nicht gewährt.

(3) Die Aufwendungen für die Beschäftigung von Mitarbeitern nach § 9 Abs. 4 werden längstens bis zum Ende des fünften Monats nach dem Monat des Ausscheidens ersetzt, es sei denn, das Arbeitsverhältnis wird zu einem früheren Zeitpunkt beendet.

(4) [1]Die Leistungen nach den §§ 6 bis 9, 25 und 26 werden für einen Monat, die Leistungen nach § 11 für denselben Tag, die Leistungen nach § 12 für dieselbe Nacht und die Leistungen nach § 13 für dieselbe Fahrt nur einmal gewährt. [2]Nimmt ein Abgeordneter als Stellvertreter eine Vorsitzfunktion im Sinne des § 9 Absatz 2 Satz 1 für einen Zeitraum von mindestens zwei Monaten wahr, so erhält er anstelle des Vorsitzenden die zusätzliche monatliche Kostenpauschale nach § 9 Absatz 2 für jeden vollen Monat, in dem er die Vorsitzfunktion ausgeübt hat.

(5) Die Altersentschädigung wird vom Ersten des Monats, in welchem das anspruchsbegründende Ereignis eintritt, es sei denn, dass für diesen Monat noch Entschädigung nach § 6 gezahlt wird, bis zum Ablauf des Monats gewährt, in dem der Berechtigte stirbt.

(6) Der Anspruch auf Altersentschädigung ruht bei einem späteren Wiedereintritt in den Landtag für die Dauer der Mitgliedschaft.

(7) [1]Die Entschädigung nach § 6, die Aufwandsentschädigung nach § 8 Abs. 2 und § 9 Abs. 1 und die Leistungen nach den §§ 16, 17, 20, 23 und 25 werden monatlich im Voraus gezahlt. [2]Ist nur ein Teil zu leisten, so wird nach Kalendertagen abgerechnet.

---

1) Siehe hierzu u.a.: Landtags-Kostenpauschal-Bekanntmachung 2021 v. 23.10.2020 (GVOBl. M-V S. 1082).

§ 30 Verzicht/Übertragbarkeit

[1]Ein Verzicht auf die Entschädigung nach § 6 und die Leistungen nach §§ 8 bis 24 mit Ausnahme des § 8 Abs. 2 Satz 2 und § 16 ist unzulässig. [2]Der Anspruch auf Entschädigung nach § 6 und die Leistungen nach §§ 8 bis 15 ist nicht übertragbar. [3]Im Übrigen gelten die Vorschriften der §§ 850 ff. der Zivilprozessordnung.

§ 31 *[aufgehoben]*

§ 32 Begriffsbestimmungen

(1) [1]Eine Verwendung im öffentlichen Dienst ist jede Beschäftigung im Dienst von Körperschaften, Anstalten und Stiftungen des öffentlichen Rechts oder ihrer Verbände; ausgenommen ist die Beschäftigung bei öffentlich-rechtlichen Religionsgesellschaften oder ihren Verbänden. [2]Der Verwendung im öffentlichen Dienst steht gleich eine entsprechende Verwendung bei einer zwischenstaatlichen oder überstaatlichen Einrichtung, an der eine Körperschaft oder ein Verband im Sinne des Satzes 1 durch Zahlung von Beiträgen oder Zuschüssen oder in anderer Weise beteiligt ist.

(2) Als Einkommen aus einer Verwendung im öffentlichen Dienst gilt auch das Einkommen aus einer Beschäftigung bei Vereinigungen, Einrichtungen oder Unternehmen, deren Kapital (Grundkapital, Stammkapital) sich zu mehr als 50 v.H. in öffentlicher Hand befindet oder die zu mehr als der Hälfte aus öffentlichen Mitteln unterhalten werden.

(3) [1]Erwerbseinkommen aus einer Beschäftigung oder Tätigkeit außerhalb des öffentlichen Dienstes sind Einkünfte aus selbstständiger und nichtselbstständiger Arbeit, aus einem Gewerbebetrieb und aus der Land- und Forstwirtschaft. [2]Anzusetzen ist bei den Einkünften aus nicht selbstständiger Arbeit das monatliche Erwerbseinkommen, bei den anderen Einkunftsarten das Erwerbseinkommen des Kalenderjahres, geteilt durch zwölf Kalendermonate.

(4) [1]Rentenansprüche im Sinne dieses Gesetzes sind nur Ansprüche aus Renten aus den gesetzlichen Rentenversicherungen und aus einer zusätzlichen Alters- und Hinterbliebenenversorgung des öffentlichen Dienstes. [2]Der Umfang ihrer Anrechnung ergibt sich aus den für die Beamten des Landes jeweils geltenden versorgungsrechtlichen Vorschriften.

Abschnitt IV

Angehörige des öffentlichen Dienstes im Landtag

Titel 1

Wahlvorbereitungsurlaub

§ 33 Wahlvorbereitungsurlaub

(1) [1]Stimmt ein Beamter seiner Aufstellung als Bewerber für die Wahl zum Europäischen Parlament, zum Deutschen Bundestag oder zu der gesetzgebenden Körperschaft eines Landes zu, so ist ihm auf Antrag innerhalb der letzten zwei Monate vor dem Wahltag der zur Vorbereitung seiner Wahl erforderliche Urlaub unter Wegfall der Dienstbezüge zu gewähren. [2]Unberührt bleibt der Anspruch des Beamten auf Beihilfen in Krankheits-, Pflege-, Geburts- und Todesfällen.

(2) Absatz 1 Satz 2 gilt auch für Richter für die Zeit, für die ihnen der zur Vorbereitung der Wahl erforderliche Urlaub gewährt wird.

Titel 2

Abgeordnete mit einem mit dem Mandat unvereinbaren Amt

§ 34 Unvereinbare Ämter

Ein Abgeordneter darf nicht tätig sein als Berufsrichter, Staatsanwalt, Berufssoldat oder Soldat auf Zeit sowie Beamter oder Angestellter des Bundes, eines Landes, einer Kommune oder einer anderen Körperschaft öffentlichen Rechts mit Ausnahme der Religionsgemeinschaften.

§ 35 Ruhen der Rechte und Pflichten aus einem öffentlich-rechtlichen Dienstverhältnis

(1) [1]Ein in den Landtag gewählter Beamter, dessen Amt nach § 34 mit der Mitgliedschaft im Landtag nicht vereinbar ist, scheidet mit dem Erwerb der Mitgliedschaft im Landtag aus seinem Amt aus. [2]Die Rechte und Pflichten aus seinem Dienstverhältnis ruhen ab diesem Zeitpunkt für die Dauer der Mitgliedschaft mit Ausnahme der Pflicht zur Amtsverschwiegenheit und des Verbots der Annahme von

Belohnungen und Geschenken. [3]Der Beamte hat das Recht, seine Amts- oder Dienstbezeichnung mit dem Zusatz „außer Dienst" („a. D.") zu führen. [4]Bei unfallverletzten Beamten bleiben die Ansprüche auf das Heilverfahren und einen Unfallausgleich unberührt. [5]Satz 2 gilt längstens bis zum Eintritt oder bis zur Versetzung in den Ruhestand.

(2) Für den in den einstweiligen Ruhestand versetzten Beamten gelten die Absätze 1 und 2 längstens bis zum Eintritt oder bis zur Versetzung in den dauernden Ruhestand sinngemäß.

(3) [1]Einem in den Landtag gewählten Beamten auf Widerruf im Vorbereitungsdienst ist auf seinen Antrag Urlaub ohne Anwärterbezüge zu gewähren. [2]Wird der Beamte nach Bestehen der Laufbahnprüfung zum Beamten auf Probe ernannt, so ruhen seine Rechte und Pflichten aus diesem Dienstverhältnis nach Absatz 1 vom Tage an, mit dem die Ernennung wirksam wird.

§ 36 Wiederverwendung nach Beendigung des Mandats

(1) [1]Nach Beendigung der Mitgliedschaft im Landtag ruhen die in dem Dienstverhältnis eines Beamten begründeten Rechte und Pflichten für längstens weitere sechs Monate. [2]Der Beamte ist auf seinen Antrag, der binnen drei Monaten seit der Beendigung der Mitgliedschaft zu stellen ist, spätestens drei Monate nach Antragstellung wieder in das frühere Dienstverhältnis zurückzuführen. [3]Das ihm zu übertragende Amt muss derselben oder einer gleichwertigen Laufbahn angehören wie das zuletzt bekleidete Amt und mit mindestens demselben Endgrundgehalt ausgestattet sein. [4]Vom Tage der Antragstellung an erhält er die Dienstbezüge des zuletzt bekleideten Amtes.

(2) [1]Stellt der Beamte nicht binnen drei Monaten seit der Beendigung der Mitgliedschaft im Landtag einen Antrag nach Absatz 1, so ruhen die in dem Dienstverhältnis begründeten Rechte und Pflichten (§ 35 Absatz 1) weiter bis zum Eintritt oder bis zur Versetzung in den Ruhestand. [2]Die oberste Dienstbehörde kann den Beamten jedoch unter Übertragung eines Amtes im Sinne des Absatzes 1 Satz 3 wieder in das frühere Dienstverhältnis zurückführen. [3]Lehnt der Beamte die Rückführung ab oder folgt er ihr nicht, so ist er entlassen.

§ 37 Dienstzeiten im öffentlichen Dienst

(1) [1]Das Besoldungsdienstalter eines Beamten wird nach Beendigung der Mitgliedschaft im Landtag um die Hälfte der Dauer der Mitgliedschaft hinausgeschoben. [2]Dies gilt auch für die Zeit, in der die Rechte und Pflichten aus dem Dienstverhältnis nach § 36 Absatz 1 ruhen, bis zur Rückführung in das frühere Dienstverhältnis.

(2) Wird der Beamte nicht nach § 36 in das frühere Dienstverhältnis zurückgeführt, so wird das Besoldungsdienstalter um die Zeit nach Beendigung der Mitgliedschaft im Landtag bis zum Eintritt des Versorgungsfalles hinausgeschoben.

(3) [1]Die Zeit der Mitgliedschaft im Landtag gilt nicht als Dienstzeit im Sinne des Versorgungsrechts. [2]Das Gleiche gilt für die Zeit nach Beendigung der Mitgliedschaft im Landtag, wenn der Beamte nicht nach § 36 in das frühere Dienstverhältnis zurückgeführt wird. [3]Satz 2 ist nicht anzuwenden, wenn ein Antrag nach § 36 Absatz 1 Satz 2 gestellt wird.

(4) Nach Beendigung der Mitgliedschaft im Landtag ist die Zeit der Mitgliedschaft auf laufbahnrechtliche Dienstzeiten anzurechnen.

§ 38 Beförderungsverbot

(1) Legt ein Beamter sein Mandat nieder und bewirbt er sich zu diesem Zeitpunkt erneut um einen Sitz im Europäischen Parlament, im Deutschen Bundestag oder in der gesetzgebenden Körperschaft eines Landes, so ist die Übertragung eines anderen Amtes mit höherem Endgrundgehalt und die Übertragung eines anderen Amtes beim Wechsel der Laufbahngruppe nicht zulässig.

(2) Legt ein Richter sein Mandat nieder und bewirbt er sich zu diesem Zeitpunkt erneut um einen Sitz im Europäischen Parlament oder in der gesetzgebenden Körperschaft eines Landes, so ist die Übertragung eines anderen Amtes mit höherem Endgrundgehalt nicht zulässig.

§ 39 Entlassung

Ein Beamter, der in ein mit dem Mandat unvereinbares Amt berufen wird, ist zu entlassen, wenn er zur Zeit der Ernennung Mitglied des Deutschen Bundestags oder der gesetzgebenden Körperschaft eines Landes war und nicht innerhalb einer von der obersten Dienstbehörde zu bestimmenden angemessenen Frist sein Mandat niederlegt.

§ 40 Wahlbeamte auf Zeit

(1) Für Wahlbeamte auf Zeit gelten die nachfolgenden besonderen Vorschriften:

1. Die Rechte und Pflichten aus dem Dienstverhältnis ruhen längstens bis zum Ablauf der Amtszeit.
2. Fällt der Ablauf der Amtszeit auf einen Zeitpunkt nach dem Ausscheiden aus dem Landtag, gilt die Amtszeit zum Zeitpunkt des Ausscheidens aus dem Landtag insgesamt als abgeleistet. Wird in der Zeit zwischen dem Ausscheiden aus dem Landtag und dem Ablauf der Amtszeit wieder ein Beamtenverhältnis begründet, so kann die Dienstzeit nur einmal berücksichtigt werden.

(2) Für die in den Deutschen Bundestag oder in die gesetzgebende Körperschaft eines anderen Landes gewählten Wahlbeamten auf Zeit gilt Absatz 1 entsprechend, sofern ihr Amt kraft Gesetzes mit dem Mandat unvereinbar ist.

§ 41 Richter und Angestellte des öffentlichen Dienstes

[1]Die §§ 35 bis 38 gelten sinngemäß für andere Angehörige des öffentlichen Dienstes, die eine nach § 34 mit der Mitgliedschaft im Landtag unvereinbare Tätigkeit ausüben. [2]Nach Beendigung der Mitgliedschaft im Landtag ist die Zeit der Mitgliedschaft auf Dienst- und Beschäftigungszeiten anzurechnen; im Rahmen einer bestehenden zusätzlichen Alters- und Hinterbliebenenversorgung gilt dies nur im Hinblick auf Vorschriften, die die Anwartschaft oder den Anspruch dem Grunde nach regeln.

Titel 3
(weggefallen)

§§ 42–46 (weggefallen)

Abschnitt V
Unabhängigkeit des Abgeordneten

§ 47 Verhaltensregeln

(1) [1]Ein Mitglied des Landtags darf keine Zuwendungen annehmen oder Einkünfte erzielen, die es nur in der Erwartung erhält, dass es im Landtag die Interessen des Zahlenden vertreten wird. [2]Der Landtag gibt sich ergänzend nähere Verhaltensregeln.

(2) Die Verhaltensregeln müssen Bestimmungen enthalten über

1. Die Pflicht der Mitglieder des Landtages zur Anzeige ihres Berufs sowie ihrer wirtschaftlichen oder anderen Tätigkeiten, die auf für die Ausübung des Mandats bedeutsame Interessenverknüpfungen hinweisen können, unterschieden nach Tätigkeiten vor und nach der Übernahme des Mandats einschließlich ihrer Änderungen während der Ausübung des Mandats;
2. die Fälle einer Pflicht zur Anzeige der Art und Höhe der Einkünfte, wenn ein festgelegter Mindestbetrag überstiegen wird, soweit die vergütete Tätigkeit nicht aus dem Amtlichen Handbuch ersichtlich ist;
3. die Pflicht zur Rechnungsführung und Anzeige von Spenden, wenn ein festgelegter Mindestbetrag überstiegen wird;
4. (gestrichen)
5. die Veröffentlichung von Angaben im Amtlichen Handbuch;
6. das Verfahren sowie die Befugnisse und Pflichten des Präsidenten bei Verstößen gegen die Verhaltensregeln.

§ 48 Überprüfung der Abgeordneten

(1) Mitglieder des Landtages können beim Präsidenten schriftlich die Überprüfung auf eine hauptamtliche oder inoffizielle Tätigkeit für das oder unmittelbare Weisungsbefugnis gegenüber dem Ministerium für Staatssicherheit/Amt für Nationale Sicherheit (MfS/AfNS) der ehemaligen Deutschen Demokratischen Republik beantragen.

(2) Eine Überprüfung findet ohne Zustimmung statt, wenn der Rechtsausschuss des Landtages das Vorliegen von konkreten Anhaltspunkten für den Verdacht einer solchen Tätigkeit oder unmittelbaren Weisungsbefugnis in nicht öffentlicher Sitzung mit einer Mehrheit von drei Vierteln seiner Mitglieder festgestellt hat.

(3) Eine Kommission, bestehend aus drei Mitgliedern, die zum Landtag Mecklenburg-Vorpommern wählbar sein müssen und weder dem Landtag noch der Landesregierung angehören dürfen und die der

Landtag mit der Mehrheit seiner Mitglieder wählt, stellt aufgrund der Mitteilungen des Bundesbeauftragten für die Unterlagen des Staatssicherheitsdienstes der ehemaligen Deutschen Demokratischen Republik fest, ob eine hauptamtliche oder inoffizielle Mitarbeit für das oder eine unmittelbare Weisungsbefugnis gegenüber dem Ministerium für Staatssicherheit/Amt für Nationale Sicherheit (MfS/AfNS) der ehemaligen Deutschen Demokratischen Republik als erwiesen anzusehen ist.

(4) Das nähere Verfahren zur Feststellung einer Tätigkeit für das oder unmittelbaren Weisungsbefugnis gegenüber dem Ministerium für Staatssicherheit/Amt für Nationale Sicherheit der ehemaligen Deutschen Demokratischen Republik legt der Landtag in einer Richtlinie fest.

§ 49 Verschwiegenheitspflicht und Aussagegenehmigungsrecht

(1) Ein Mitglied des Landtages Mecklenburg-Vorpommern darf auch nach Beendigung seines Mandats ohne Genehmigung weder vor Gericht noch außergerichtlich Aussagen oder Erklärungen abgeben über Angelegenheiten, die aufgrund eines Gesetzes oder nach den Bestimmungen der Geschäftsordnung des Landtages der Verschwiegenheit unterliegen.

(2) [1]Die Genehmigung erteilt der Präsident des Landtages. [2]Sind Stellen außerhalb des Landtages an der Entstehung der geheimzuhaltenden Angelegenheiten beteiligt gewesen, kann die Genehmigung nur im Einvernehmen mit ihnen erteilt werden.

(3) Die Genehmigung darf nur versagt werden, wenn die Aussage oder Erklärung dem Wohl des Landes Mecklenburg-Vorpommern, eines anderen Landes oder des Bundes Nachteile bereiten oder die Erfüllung öffentlicher Aufgaben ernstlich gefährden oder erheblich erschweren würde.

Abschnitt VI

Rechtsstellung und Leistungen an die Fraktionen

§ 50 Fraktionsbildung

(1) Mitglieder des Landtages können sich nach Maßgabe des Artikels 25 der Verfassung des Landes Mecklenburg-Vorpommern zu Fraktionen zusammenschließen.

(2) Das Nähere regelt die Geschäftsordnung des Landtages.

§ 51 Rechtsstellung

(1) [1]Die Fraktionen sind rechtsfähige Vereinigungen von Abgeordneten des Landtages. [2]Sie können klagen und verklagt werden. [3]Öffentliche Gewalt wird von den Fraktionen nicht ausgeübt.

(2) Als Teil des Landtages sind die Fraktionen unmittelbar Adressat der politischen Willensbildung der Bürgerinnen und Bürger und zugleich selbst maßgeblicher Faktor des parlamentarisch-politischen Willensbildungsprozesses.

(3) [1]Zu den Aufgaben der Fraktionen gehört die eigenständige Öffentlichkeitsarbeit. [2]Sie dient der Unterrichtung der Öffentlichkeit über die parlamentarischen Vorgänge, Initiativen und Konzepte der Fraktionen, der Vermittlung ihrer politischen Standpunkte und dem Dialog mit den Bürgerinnen und Bürgern über parlamentarisch-politische Fragen. [3]Die Fraktionen sind in der Entscheidung über die geeigneten Mittel und Formen ihrer Öffentlichkeitsarbeit frei. [4]Die Öffentlichkeitsarbeit der Fraktionen unterliegt nicht dem Gebot der politischen Neutralität. [5]Die Urheberschaft der Fraktion muss erkennbar sein.

(4) Die Fraktionen haben das Recht, mit anderen Fraktionen und mit Fraktionen anderer Parlamente und mit Fraktionen der Kommunalvertretungen zusammenzuarbeiten, regionale und überregionale sowie internationale Kontakte zu pflegen.

§ 52 Organisation

(1) Die Fraktionen sind verpflichtet, ihre Organisation und Arbeitsweise auf den Grundsätzen der parlamentarischen Demokratie aufzubauen und an diesen auszurichten.

(2) [1]Die Fraktionen geben sich eine Geschäftsordnung, in der ihre Vertretung zu regeln ist. [2]Die Geschäftsordnung ist bei dem Präsidenten des Landtages zu hinterlegen, der die Vertretungsbefugnis in einer Landtags-Amtlichen Mitteilung veröffentlicht.

§ 53 Verschwiegenheitspflicht der Fraktionsangestellten

(1) [1]Angestellte der Fraktionen haben eine besondere Aufgabe bei der Unterstützung der parlamentarischen Demokratie. [2]Eine Beschäftigung soll nur erfolgen, wenn zu Beginn des Arbeitsverhältnisses der Landtagsverwaltung ein Führungszeugnis ohne belastende Eintragungen wegen vorsätzlicher Be-

gehung einer Straftat vorliegt. [3]In den Ausführungsbestimmungen nach § 58 werden weitergehende Regelungen festgelegt.

(2) [1]Angestellte der Fraktionen sind auch nach Beendigung ihres Beschäftigungsverhältnisses verpflichtet, über die ihnen bei ihrer Tätigkeit bekannt gewordenen Angelegenheiten Verschwiegenheit zu bewahren. [2]Dies gilt nicht für Tatsachen, die offenkundig sind oder ihrer Bedeutung nach keiner Geheimhaltung bedürfen.

(3) [1]Angestellte der Fraktionen dürfen, auch nach Beendigung ihres Beschäftigungsverhältnisses, ohne Genehmigung über solche Angelegenheiten weder vor Gericht noch außergerichtlich aussagen oder Erklärungen abgeben. [2]Die Genehmigung erteilt der jeweilige Fraktionsvorsitzende.

§ 54 Geld- und Sachleistungen

(1) [1]Die Fraktionen haben zur Wahrnehmung ihrer Aufgaben Anspruch auf Geld- und Sachleistungen aus dem Landeshaushalt. [2]Sie erhalten diese Leistungen zur Selbstbewirtschaftung. [3]Bildet sich mehr als eine Fraktion mit Mitgliedern des Landtages, die derselben Partei angehören, beschränkt sich ihre Finanzierung auf jenen Betrag, der sich ergäbe, wenn nur eine Fraktion gebildet würde. [4]Der Betrag wird anteilig entsprechend der Zahl der Abgeordneten auf diese Fraktionen aufgeteilt.

(2) [1]Diese Leistungen dürfen nur für die Aufgaben verwendet werden, die den Fraktionen nach der Landesverfassung, diesem Gesetz und der Geschäftsordnung des Landtages obliegen. [2]Eine Verwendung für Parteiaufgaben ist unzulässig.

(3) [1]Die Geldleistungen setzen sich im Einzelnen zusammen aus:

1. einem festen Grundbetrag für jede Fraktion,
2. einem festen Betrag für jedes Mitglied der Fraktion,
3. einem zusätzlichen Festbetrag für jedes Mitglied bis zum dreifachen der in Artikel 25 Abs. 1 der Verfassung des Landes Mecklenburg-Vorpommern festgelegten Mindeststärke einer Fraktion (Spezialisierungszuschlag),
4. einem Oppositionszuschlag in Höhe von einem Drittel der nach Nummer 3 errechneten Zuwendung.

[2]Die Auszahlung der Fraktionszuschüsse erfolgt monatlich.

(4) [1]Der Anspruch gemäß Absatz 1 entsteht mit dem Tag der Konstituierung der Fraktion, frühestens jedoch mit Beginn der Wahlperiode. [2]Verringert oder erhöht sich im Verlaufe der Wahlperiode die ständige Zahl der Mitglieder einer Fraktion, werden die Mittel gemäß Absatz 3 mit Beginn des auf den Tag der Änderung folgenden Monats neu berechnet. [3]Der Anspruch endet mit Ablauf des Monats, in dem die Vereinigung von Abgeordneten die Rechtsstellung als Fraktion verliert. [4]Tritt eine Fraktion die Rechtsnachfolge gemäß § 57 Abs. 7 für eine in der vorausgegangenen Wahlperiode bestehende Fraktion an, werden Mittel, die von der vorhergehenden Fraktion gemäß Absatz 3 für den Monat bereits bezogen wurden, in dem der Anspruch der nachfolgenden Fraktion entstanden ist, auf deren Anspruch angerechnet.

(5) [1]Die Fraktionen sind aufgrund der Fraktionsautonomie für die Dauer der Wahlperiode frei in der Entscheidung, in welchen Zeiträumen sie die Geldleistungen nach Absatz 1 verwenden. [2]Sie dürfen aus den Geldleistungen nach Absatz 1 auch über die Wahlperiode hinaus Rücklagen bilden. [3]Die Rücklagen dürfen für die Wahlperiode 60 v. H. der für das letzte vollständige Kalenderjahr der Wahlperiode erhaltenen Geldleistungen nach Absatz 1 nicht überschreiten. [4]Darüber hinausgehende Geldleistungen sind dem Landeshaushalt zurückzuführen.

(6) [1]Die Fraktionen erwerben an den aus den Geldleistungen nach Absatz 1 beschafften Gegenständen Eigentum. [2]Übersteigt der Wert eines angeschafften Gegenstandes die Wertgrenze für geringwertige Wirtschaftsgüter entsprechend den steuerrechtlichen Vorschriften, so ist dieser Gegenstand in ein besonderes Inventarverzeichnis der Fraktion aufzunehmen. [3]Die steuerrechtlichen Grundsätze der Absetzung für Abnutzung (AfA) sind bei der Fortschreibung des Inventarverzeichnisses anzuwenden.

(7) [1]Den Fraktionen werden zur Wahrnehmung ihrer Aufgaben nach Absatz 2 Büroräume einschließlich einer Grundausstattung mit Mobiliar und technischen Kommunikationsgeräten zur Verfügung gestellt. [2]Die im Zusammenhang mit der allgemeinen Nutzung der Büroräume anfallenden Betriebs- und Kommunikationskosten trägt das Land. [3]Die Sachleistungen werden nach Maßgabe des Haushaltsgesetzes erbracht. [4]Sie werden zur Nutzung überlassen und gehen nicht in das Eigentum der Fraktionen über.

(8) Die Beträge zur Berechnung der Geldleistungen nach Absatz 3 Satz 1 setzt der Präsident des Landtages im Benehmen mit dem Ältestenrat aufgrund seiner Ermächtigung zum Erlass von Ausführungsbestimmungen gemäß § 58 fest.

§ 55 Rechenschaftsbericht

(1) Die Fraktionen haben über die Herkunft und die Verwendung der Leistungen, die sie innerhalb eines Kalenderjahres (Rechnungsjahr) nach § 54 Abs. 1 erhalten haben, öffentlich Rechenschaft zu geben.

(2) Die Rechnung ist wie folgt gegliedert:

1. Einnahmen
   a) Zuschüsse an die Fraktion
      – allgemeine Zuschüsse nach dem Abgeordnetengesetz
      – Zuschüsse für die Unterhaltung eines Kfz oder für die Kosten eines anderen Verkehrsmittels
      – Zuschüsse für parlamentarische Untersuchungsausschüsse
      – Zuschüsse für Enquete-Kommissionen
      – Zuschüsse für Sonderausschüsse
   b) Erträge aus staatlichen Zuschüssen
      – Zinsen
      – sonstige Einnahmen
   c) Übertrag aus dem Vorjahr
2. Ausgaben
   a) Summe, der Leistungen an Fraktionsmitglieder für die Wahrnehmung besonderer Aufgaben in der Fraktion,
   b) Personalkosten,
   c) Geschäftsausstattung und Bürobedarf,
   d) Porto und Telefongebühren,
   e) Zeitungen, Zeitschriften, Bücher,
   f) Kosten des laufenden Geschäftsbetriebs,
   g) Presse- und Öffentlichkeitsarbeit,
   h) Kosten für Fraktion und Fraktionsvorstand
      – Reise- und Kfz-Kosten
      – Besprechungen, Einladungen etc.
      – Aufwandsentschädigungen
   i) sonstige Kosten
      – Klausurtagungen, Fachkongresse, Konferenzen
      – Beiträge
      – Verschiedenes
      – Fraktionsreisen
   j) Investitionsausgaben,
   k) Zuführung zum Vermögen.

(3) [1]Der Rechenschaftsbericht muss das Vermögen, das mit Mitteln nach § 54 Abs. 3 erworben wurde, die Rücklagen, die aus diesen Mitteln gebildet werden, die erhaltenen Sachleistungen sowie die Verbindlichkeiten ausweisen. [2]Die Vermögensübersicht gliedert sich wie folgt:

1. Aktivseite
   a) Inventar (nachrichtlich),
   b) Umlaufvermögen
      – Forderungen
      – Festgeld
      – Guthabenkonto
      – Kasse
2. Passivseite
   a) Rücklagen,
   b) Verbindlichkeiten.

(4) [1]Der Rechenschaftsbericht muss von einem Wirtschaftsprüfer oder einer Wirtschaftsprüfgesellschaft sowie einer internen Fraktionsprüfungskommission auf die Einhaltung der Regelungen in Absatz 2 und Absatz 3 geprüft werden. [2]Er ist dem Präsidenten des Landtages zusammen mit dem Prüfungsvermerk spätestens zum Ende des 6. Monats nach Ablauf eines Kalenderjahres vorzulegen. [3]Endet die Wahlperiode oder verliert eine Vereinigung von Abgeordneten die Rechtsstellung als Fraktion, so ist der Rechenschaftsbericht für den abgelaufenen Teil des Kalenderjahres (Rechnungsjahr) innerhalb einer Frist von 4 Monaten vorzulegen. [4]Als Ende des Berichtzeitraumes für den Rechenschaftsbericht im Sinne von Satz 3 wird der letzte Kalendertag des Monats festgelegt, in dem die Vereinigung von Abgeordneten die Rechtsstellung als Fraktion verliert.

(5) [1]Der Präsident des Landtages kann eine der in Absatz 4 geregelten Fristen um bis zu vier Monate verlängern, wenn eine solche Verlängerung sachlich geboten ist. [2]Solange eine Fraktion mit der Rechnungslegung in Verzug ist, sind die Geld- und Sachleistungen nach § 54 zurückzubehalten.

(6) Der Rechenschaftsbericht mit dem Prüfungsvermerk eines Wirtschaftsprüfers oder einer Wirtschaftsprüfungsgesellschaft wird als Amtliche Mitteilung verteilt.

§ 56 Rechnungsprüfung

(1) [1]Der Landesrechnungshof prüft die Rechnung sowie die Wirtschaftlichkeit und Ordnungsmäßigkeit der Haushalts- und Wirtschaftsführung der Fraktionen. [2]Der Präsident des Landesrechnungshofes ist für die Rechnungsprüfung der Fraktionen zuständig.

(2) [1]Bei der Prüfung ist der Rechtsstellung und den Aufgaben der Fraktionen Rechnung zu tragen. [2]Einzelheiten der Haushalts- und Wirtschaftsführung der Fraktionen werden in Ausführungsbestimmungen geregelt, die der Präsident des Landtages im Einvernehmen mit dem Ältestenrat nach Anhörung des Landesrechnungshofes erlassen kann. [3]Die politische Erforderlichkeit einer Maßnahme der Fraktionen ist nicht Gegenstand der Prüfung.

§ 57 Beendigung der Rechtsstellung und Liquidation

(1) Die Rechtsstellung einer Fraktion entfällt

1. bei Erlöschen des Fraktionsstatus,
2. bei Auflösung der Fraktion,
3. mit dem Ende der Wahlperiode.

(2) [1]In den Fällen der Nummern 1 und 2 des Absatzes 1 findet eine Liquidation statt. [2]Sie ist innerhalb von sechs Monaten nach dem Verlust der Rechtsstellung der Fraktion abzuschließen. [3]Findet die Liquidation nicht innerhalb von sechs Monaten nach dem Verlust der Rechtsstellung der Fraktion ihren Abschluss, kann der Präsident in begründeten Fällen eine Verlängerung dieser Frist um bis zu drei Monate gewähren. [4]Die Fraktion gilt bis zum Abschluss der Liquidation als fortbestehend, soweit der Zweck der Liquidation dies erfordert. [5]Die Liquidation erfolgt durch den Vorstand, soweit die Geschäftsordnung der Fraktion nichts anderes bestimmt.

(3) [1]Die Liquidatoren haben dem Präsidenten spätestens bis zum Ende des dritten Monats nach dem Verlust der Rechtsstellung der Fraktion ein von einem Wirtschaftsprüfer oder einer Wirtschaftsprüfungsgesellschaft geprüftes Vermögensverzeichnis vorzulegen, welches das Vermögen der Fraktion am Tag des Verlustes ihrer Rechtsstellung ausweist. [2]Sie haben die laufenden Geschäfte zu beenden und Gläubiger zu befriedigen. [3]Sie können zu diesem Zweck neue Geschäfte eingehen und das Vermögen in Geld umsetzen. [4]Die Zweckbindung nach § 54 Abs. 2 ist zu beachten. [5]Kommen die Liquidatoren ihren Verpflichtungen nach den Sätzen 1 bis 4 nicht nach, kann der Präsident diese abberufen und auf Kosten der in Liquidation befindlichen Fraktion einen unabhängigen Dritten als Liquidator einsetzen. [6]Fällt den Liquidatoren bei der Durchführung der Liquidation ein Verschulden zur Last, so haften sie für den daraus entstehenden Schaden gegenüber den Gläubigern als Gesamtschuldner.

(4) [1]Nach Beendigung der Liquidation ist dem Präsidenten ein Abschlussbericht vorzulegen. [2]Soweit nach dieser Liquidation Gelder aus öffentlichen Mitteln verbleiben, sind diese an den Landeshaushalt zurückzuführen. [3]Das Gleiche gilt für Vermögenswerte, die mit diesen Geldern angeschafft wurden, sowie für die nach § 54 Abs. 1 erbrachten Sachleistungen.

(5) [1]Das verbleibende Vermögen der Fraktion ist dem Anfallsberechtigten zu überlassen. [2]Anfallsberechtigt sind die in der Geschäftsordnung der Fraktion bestimmten Personen oder Stellen.

(6) [1]Maßnahmen nach Absatz 4 und Absatz 5 dürfen erst vorgenommen werden, wenn seit dem Ereignis, das zum Verlust der Rechtsstellung nach Absatz 1 geführt hat, sechs Monate verstrichen sind. [2]Die Sicherung der Gläubiger hat nach § 52 des Bürgerlichen Gesetzbuches zu erfolgen.

(7) [1]Im Falle des Absatzes 1 Nr. 3 findet eine Liquidation nicht statt, wenn sich innerhalb von 30 Tagen nach Beginn der neuen Wahlperiode eine Fraktion konstituiert, deren Mitlieder einer Partei angehören, die durch eine Fraktion in der abgelaufenen Wahlperiode im Landtag vertreten war und die sich zur Nachfolgefraktion erklärt. [2]In diesem Fall ist die neukonstituierte Fraktion Rechtsnachfolgerin der alten Fraktion.

Abschnitt VII

§ 58 Ausführungsbestimmungen

Der Präsident des Landtages erlässt Ausführungsbestimmungen zu diesem Gesetz, die als Amtliche Mitteilung veröffentlicht werden.

Abschnitt VIII

(Inkrafttreten)

Anlage

Richtlinie für das Verfahren der Überprüfung der Abgeordneten gemäß § 48 des Gesetzes über die Rechtsverhältnisse der Mitglieder des Landtages von Mecklenburg-Vorpommern (Abgeordnetengesetz)

1. Der vom Landtag gemäß § 48 Abs. 3 Abgeordnetengesetz zu wählenden Kommission sollen ein Arbeitsrichter oder ein Verwaltungsrichter sowie der jeweilige Landesbeauftragte Mecklenburg-Vorpommerns für die Unterlagen des Staatssicherheitsdienstes der ehemaligen DDR angehören. Die Mitglieder der Kommission bestimmen einen Vorsitzenden. Dieser bestimmt den Termin der Sitzungen und veranlasst die Ladung hierzu. Die Ladungsfrist beträgt 14 Tage. Bei ordnungsgemäßer Ladung ist die Kommission bei Anwesenheit der Mehrheit ihrer Mitglieder beschlussfähig. Die Kosten des Verfahrens trägt der Landtag. Die Vorschriften des § 10 Abs. 1 Satz 1 und Absatz 3 sowie § 11 Abs. 1 Abgeordnetengesetz gelten entsprechend.
2. Der Präsident des Landtages ersucht den Bundesbeauftragten für die Unterlagen des Staatssicherheitsdienstes der ehemaligen Deutschen Demokratischen Republik um Mitteilung von Erkenntnissen aus seinen Unterlagen über ein Mitglied des Landtages und um Akteneinsicht, falls dieses Mitglied es verlangt. Er ersucht den Bundesbeauftragten auch, falls der Rechtsausschuss konkrete Anhaltspunkte für den Verdacht der hauptamtlichen oder inoffiziellen Tätigkeit für das oder unmittelbaren Weisungsbefugnis gegenüber dem Ministerium für Staatssicherheit/Amt für Nationale Sicherheit (MfS/AfNS) der ehemaligen Deutschen Demokratischen Republik festgestellt hat. Das Mitglied des Landtages ist über das Ersuchen in Kenntnis zu setzen.
3. Die Überprüfung von Mitgliedern des Landtages gemäß § 48 Abs. 2 Abgeordnetengesetz kann von jedem Mitglied des Rechtsausschusses beantragt werden. Dem Antrag sind Belegmaterialien beizufügen.
4. Die Kommission trifft aufgrund der Mitteilungen des Bundesbeauftragten und aufgrund sonstiger ihr zugeleiteter oder von ihr beigezogener Unterlagen die Feststellung, ob eine hauptamtliche oder inoffizielle Mitarbeit für das oder eine unmittelbare Weisungsbefugnis gegenüber dem Ministerium für Staatssicherheit/Amt für Nationale Sicherheit (MfS/AfNS) der ehemaligen Deutschen Demokratischen Republik als erwiesen anzusehen ist.
5. Vor Abschluss der Feststellungen gemäß Nummer 4 sind die Tatsachen dem betroffenen Mitglied des Landtages zu eröffnen und mit ihm zu erörtern. Das betroffene Mitglied kann Einsicht in die bei der Kommission befindlichen Unterlagen verlangen. Es kann sich einer Vertrauensperson bedienen.
6. Der Vorsitzende der Kommission unterrichtet den Landtagspräsidenten und den Vorsitzenden derjenigen Fraktion, der das betroffene Mitglied des Landtages angehört, über die beabsichtigte Feststellung der Kommission.
7. Die Feststellung der Kommission über ein Mitglied des Landtages wird unter Angaben der wesentlichen Gründe als Landtagsdrucksache im Benehmen mit dem betroffenen Mitglied des Landtages veröffentlicht. In der Landtagsdrucksache ist auf Verlangen eine Erklärung des betroffenen Mitgliedes des Landtages in angemessenem Umfange aufzunehmen.

Gesetz über die Wahlen im Land Mecklenburg-Vorpommern (Landes- und Kommunalwahlgesetz – LKWG M-V)[1)]

Vom 16. Dezember 2010 (GVOBl. M-V S. 690)
(GS Meckl.-Vorp. Gl. Nr. 111-6)
zuletzt geändert durch Art. 1 Fünftes G zur Änd. des Landes- und KommunalwahlG vom 28. Januar 2021 (GVOBl. M-V S. 68)

Inhaltsübersicht

---

1) Verkündet als Art. 1 G v. 16.12.2010 (GVOBl. M-V S. 690); Inkrafttreten gem. Art. 5 Abs. 1 dieses G am 1.1.2011.

Teil 1

Gemeinsame Bestimmungen zum Landtags- und Kommunalwahlrecht

Abschnitt 1

Wahlgrundsätze, Wahlrecht, Wählbarkeit

§ 1 Geltungsbereich

Dieses Gesetz gilt für die Wahl des Landtages und für alle Kommunalwahlen (Wahl der Gemeindevertretungen, der Kreistage, der ehrenamtlichen und hauptamtlichen Bürgermeisterinnen und Bürgermeister sowie der Landrätinnen und Landräte) im Land Mecklenburg-Vorpommern.

§ 2 Wahlgrundsätze, Wahlperiode, Anfechtung

(1) Die Wahlen sind allgemein, unmittelbar, frei, gleich und geheim.

(2) [1]Die Wahlperiode der Gemeindevertretungen und der Kreistage beginnt mit dem Wahltag. [2]Sie endet mit dem Beginn der nächsten Wahlperiode.

(3) Entscheidungen und Maßnahmen, die sich unmittelbar auf das Wahlverfahren beziehen, können nur mit den in diesem Gesetz oder in den aufgrund dieses Gesetzes erlassenen Rechtsvorschriften vorgesehenen Rechtsbehelfen und im Wahlprüfungsverfahren angefochten werden.

§ 3 Wahltag, Wahlzeit

(1) [1]Wahltag ist ein Sonntag. [2]Die Wahlzeit dauert von 8 bis 18 Uhr. [3]Die Wahlleitung kann, wenn besondere Gründe es erfordern, die Wahlzeit verlängern.

(2) Der Tag der Landtagswahl und der Tag landesweiter Kommunalwahlen (Wahl der Gemeindevertretungen, der ehrenamtlichen Bürgermeisterinnen und Bürgermeister und der Kreistage) wird durch die Landesregierung festgelegt.

(3) [1]Der Tag der Wahl hauptamtlicher Bürgermeisterinnen oder Bürgermeister wird durch die Gemeindevertretung und der Tag der Wahl von Landrätinnen oder Landräten durch den Kreistag festgelegt. [2]Die Wahl darf frühestens sechs Monate und muss spätestens zwei Monate vor Ablauf der Amtszeit durchgeführt werden.

(4) [1]Mit der Festlegung des Wahltages für die Wahl ehrenamtlicher oder hauptamtlicher Bürgermeisterinnen oder Bürgermeister und Landrätinnen oder Landräte wird gleichzeitig über den Termin einer

möglichen Stichwahl entschieden. [2]Diese findet zwei Wochen später statt; die Vertretung kann diesen Termin durch einen Beschluss, der spätestens bis zum Ende der Frist zur Einreichung von Wahlvorschlägen gefasst werden kann, um bis zu zwei Wochen verschieben.

(5) Soweit die Gemeindevertretung oder der Kreistag (kommunale Vertretung) einen Wahltag festzulegen hat, kann die Rechtsaufsichtsbehörde bei Vorliegen wichtiger Gründe Ausnahmen von den zeitlichen Vorgaben dieses Gesetzes für die Festlegung des Wahltages bestimmen.

§ 4 Wahlrecht

(1) Wahlberechtigt zu Landtagswahlen sind alle Deutschen nach Artikel 116 Absatz 1 des Grundgesetzes, die am Wahltag
1. das 18. Lebensjahr vollendet haben,
2. seit mindestens 37 Tagen in Mecklenburg-Vorpommern nach dem Melderegister ihre Wohnung, bei mehreren Wohnungen ihre Hauptwohnung haben oder sich, ohne eine Wohnung zu haben, sonst gewöhnlich dort aufhalten,
3. nicht nach § 5 vom Wahlrecht ausgeschlossen sind.

(2) [1]Wahlberechtigt zu Kommunalwahlen sind alle Deutschen nach Artikel 116 Absatz 1 des Grundgesetzes und alle Staatsangehörigen der übrigen Mitgliedstaaten der Europäischen Gemeinschaft (Unionsbürger), die am Wahltag
1. das 16. Lebensjahr vollendet haben,
2. seit mindestens 37 Tagen in der Kommune nach dem Melderegister ihre Wohnung, bei mehreren Wohnungen ihre Hauptwohnung haben oder sich, ohne eine Wohnung zu haben, sonst gewöhnlich dort aufhalten,
3. nicht nach § 5 vom Wahlrecht ausgeschlossen sind.

[2]Bei einer Stichwahl nach § 67 Absatz 2 Satz 2 müssen die Voraussetzungen des Satzes 1 am Wahltag und am Stichwahltag vorliegen.

(3) Wer im Wahlgebiet mehrere Wohnungen hat, übt das Wahlrecht dort aus, wo sich nach dem Melderegister die Hauptwohnung befindet.

(4) Bei Berechnung der Frist nach Absatz 1 Nummer 2 oder Absatz 2 Nummer 2 ist der Tag des Einzugs in die Wohnung oder der Begründung des Aufenthalts in die Frist einzubeziehen.

(5) Werden in den letzten 37 Tagen vor der Wahl Gebietsteile einer Gemeinde oder eines Landkreises in eine oder mehrere andere Gemeinden oder Landkreise eingegliedert, so ist bei der Berechnung der Frist nach Absatz 1 Nummer 2 oder Absatz 2 Nummer 2 die Dauer des Wohnens oder des Aufenthalts in der eingegliederten Gemeinde oder dem eingegliederten Landkreis anzurechnen.

§ 5 Ausschluss vom Wahlrecht

Ausgeschlossen vom Wahlrecht ist, wer infolge Richterspruchs das Wahlrecht nicht besitzt.

§ 6 Wählbarkeit

(1) [1]Wählbar sind alle Wahlberechtigten, die am Wahltag das 18. Lebensjahr vollendet haben und seit mindestens drei Monaten im Wahlgebiet nach dem Melderegister ihre Wohnung, bei mehreren Wohnungen ihre Hauptwohnung haben oder sich, ohne eine Wohnung zu haben, sonst gewöhnlich dort aufhalten. [2]§ 66 bleibt unberührt.

(2) [1]Nicht wählbar ist, wer aufgrund einer rechtskräftigen Verurteilung durch ein deutsches Gericht die Fähigkeit, öffentliche Ämter zu bekleiden und Rechte aus öffentlichen Wahlen zu erlangen, nicht besitzt. [2]Nicht wählbar sind Unionsbürgerinnen und Unionsbürger auch dann, wenn sie infolge einer zivil- oder strafrechtlichen Einzelfallentscheidung im Herkunftsmitgliedstaat die Wählbarkeit nicht besitzen.

Abschnitt 2
Wahlorganisation

§ 7 Wahlorgane

(1) [1]Wahlorgane sind
1. für das Land die Landeswahlleiterin oder der Landeswahlleiter (Landeswahlleitung) und der Landeswahlausschuss,
2. für die Landkreise die Kreiswahlleiterin oder der Kreiswahlleiter (Kreiswahlleitung) und der Kreiswahlausschuss,
3. für die Gemeinden die Gemeindewahlleiterin oder der Gemeindewahlleiter (Gemeindewahlleitung) und der Gemeindewahlausschuss und
4. für jeden Wahlbezirk die Wahlvorsteherin oder der Wahlvorsteher und der Wahlvorstand.

[2]Für jeden Wahlkreis zur Landtagswahl werden die Wahlorgane des Landkreises oder der kreisfreien Stadt tätig, in deren Grenzen der Wahlkreis oder sein größter Teil liegt.

(2) [1]Alle Wahlorgane, Mitglieder von Wahlorganen und deren Stellvertretungen (Mitglieder der Wahlorganisation) üben ihre Tätigkeit überparteilich und unabhängig aus. [2]Sie sind zur Verschwiegenheit über die ihnen bei ihrer amtlichen Tätigkeit bekannt gewordenen Angelegenheiten verpflichtet.

(3) [1]Bewerberinnen oder Bewerber und Vertrauenspersonen dürfen nicht Mitglied der Wahlorganisation sein. [2]Sind Mitglieder der Wahlorganisation mit ihrem Einverständnis als Bewerberin oder Bewerber oder als Vertrauensperson benannt worden, tritt mit dem Zeitpunkt der Benennung der Verlust der Stellung als Mitglied der Wahlorganisation ein. [3]Das Amt ist unverzüglich neu zu besetzen.

(4) Niemand darf mehr als ein Amt in der Wahlorganisation ausüben.

§ 8 Wahlbehörden

(1) [1]Wahlbehörden werden bei jeder Wahlleitung als Landeswahlbehörde, Kreiswahlbehörde oder Gemeindewahlbehörde eingerichtet. [2]Sie unterstützen die Wahlleitung bei der Erfüllung ihrer Aufgaben. [3]Mitarbeiterinnen und Mitarbeiter der Wahlbehörden dürfen nicht an der Prüfung von Wahlvorschlägen und an der Ermittlung oder Erfassung von Wahlergebnissen mitwirken, wenn sie selbst oder Angehörige im Sinne von § 20 Absatz 5 des Landesverwaltungsverfahrensgesetzes Bewerberinnen oder Bewerber oder Vertrauenspersonen sind.

(2) Für alle Wahlen ist die Gemeindewahlbehörde für die Vorbereitung und Durchführung in der Gemeinde zuständig, soweit in diesem Gesetz oder in den aufgrund dieses Gesetzes erlassenen Rechtsvorschriften nicht etwas anderes bestimmt ist.

(3) [1]Die Landeswahlbehörde wird von der Landesregierung bestimmt. [2]Kreiswahlbehörden sind die Landräte. [3]Gemeindewahlbehörden sind für die amtsangehörigen Gemeinden die Amtsvorsteher und für die übrigen Gemeinden die Bürgermeister.

§ 9 Wahlleitung

(1) Die Wahlleitung trägt im Rahmen ihrer Aufgaben die Verantwortung für die Vorbereitung und Durchführung der Wahlen in ihrem Zuständigkeitsbereich.

(2) [1]Die Landeswahlleitung und ihre Stellvertretung werden von der Landesregierung bestellt. [2]Ihre Namen werden vom Innenministerium öffentlich bekannt gemacht.

(3) [1]Die kommunalen Wahlleitungen und ihre Stellvertretungen werden von den Vertretungen gewählt. [2]Ihre Namen werden von den Kommunen öffentlich bekannt gemacht.

(4) Alle Wahlleitungen und ihre Stellvertretungen bleiben bis zu einer Neubesetzung im Amt.

§ 10 Wahlausschüsse

(1) [1]Der Wahlausschuss soll in seiner Zusammensetzung den Mehrheitsverhältnissen der Parteien im Landtag oder der Parteien und Wählergruppen in den Vertretungen entsprechen. [2]Den Wahlausschuss bilden die Wahlleiterin als Vorsitzende oder der Wahlleiter als Vorsitzender und vier bis acht weitere Mitglieder. [3]Diese Anzahl wird vom Landtag oder von der Vertretung festgelegt. [4]Die weiteren Mitglieder und ihre Stellvertretung werden von der Wahlleitung vor Landtagswahlen oder landesweiten Kommunalwahlen aus dem Kreis der Wahlberechtigten berufen; für sie ist § 7 Absatz 3 nicht anwendbar, wenn eine Befassung des Wahlausschusses mit der betroffenen Wahl aus rechtlichen Gründen ausgeschlossen ist. [5]Werden von den Parteien und Wählergruppen nicht genügend Wahlberechtigte

vorgeschlagen, bleiben Plätze frei. [6]Wird dadurch die Mindestgröße nicht erreicht, beruft die Wahlleitung die an der Mindestgröße fehlenden Mitglieder des Wahlausschusses nach eigenem Ermessen.

(2) Die Namen der weiteren Mitglieder des Wahlausschusses und ihrer Stellvertretung werden von der Wahlleitung öffentlich bekannt gemacht.

(3) [1]Der Wahlausschuss tagt in öffentlicher Sitzung und ist ohne Rücksicht auf die Anzahl der erschienenen weiteren Mitglieder beschlussfähig. [2]Er beschließt mit Stimmenmehrheit; bei Stimmengleichheit entscheidet die Stimme der oder des Vorsitzenden. [3]Bei der Entscheidung über die Zulassung von Wahlvorschlägen gilt der Wahlvorschlag als zugelassen, wenn es trotz der Anwendung des Satzes 2 zu Stimmengleichheit kommt. [4]Die oder der Vorsitzende ist befugt, Personen, die die Sitzung stören, aus dem Sitzungsraum zu verweisen.

(4) Die Amtszeit des Wahlausschusses endet mit der Bestellung eines neuen Wahlausschusses.

§ 11 Wahlvorsteherin oder Wahlvorsteher und Wahlvorstand

(1) [1]In den Gemeinden wird für jeden Wahlbezirk für den Wahltag ein Wahlvorstand gebildet. [2]Der Wahlvorstand besteht aus der Wahlvorsteherin oder dem Wahlvorsteher als der oder dem Vorsitzenden, ihrer oder seiner Stellvertretung und drei bis sieben weiteren Mitgliedern, die die Gemeindewahlbehörde aus dem Kreis der Wahlberechtigten beruft. [3]Fehlende weitere Mitglieder sind am Wahltag von der oder dem Vorsitzenden durch Wahlberechtigte zu ersetzen, wenn dies mit Rücksicht auf die Beschlussfähigkeit des Wahlvorstandes erforderlich ist.

(2) Der Wahlvorstand leitet die Durchführung der Wahl und ermittelt das Wahlergebnis im Wahlbezirk.

(3) [1]Der Wahlvorstand wird öffentlich tätig. [2]Er beschließt mit Stimmenmehrheit; bei Stimmengleichheit entscheidet die Stimme der oder des Vorsitzenden.

§ 12 Ehrenamt

(1) Die Mitglieder der Wahlorganisation üben ihre Tätigkeit ehrenamtlich aus und haben Anspruch auf eine Aufwandsentschädigung.

(2) [1]Zur Übernahme dieser ehrenamtlichen Tätigkeit sind vorbehaltlich des Satzes 2 alle Wahlberechtigten verpflichtet. [2]Die Übernahme dürfen ablehnen

1. Mitglieder des Europäischen Parlaments, des Bundestages, des Landtages, der Bundesregierung und der Landesregierung,
2. im öffentlichen Dienst Beschäftigte, die amtlich mit dem Vollzug der Wahl oder mit der Aufrechterhaltung der öffentlichen Sicherheit und Ordnung beauftragt sind,
3. Wahlberechtigte, die am Wahltag wenigstens 67 Jahre alt sind, und
4. Wahlberechtigte, die glaubhaft machen, dass sie durch Familienpflichten, Krankheit oder sonstige dringende Gründe an der Übernahme des Amtes gehindert sind.

(3) [1]Bedienstete der Behörden und Einrichtungen des Landes, des Landkreises, der Gemeinde und des Amtes und sonstiger der Aufsicht des Landes unterstehenden Körperschaften, Anstalten und Stiftungen des öffentlichen Rechts, die ihren Wohnsitz oder ihren Dienstsitz im Wahlgebiet haben, sind abweichend von Absatz 1 nicht ehrenamtlich tätig, wenn die Tätigkeit als Mitglied der Wahlorganisation zu ihrem dienstlichen Aufgabenbereich gehört. [2]Die Bediensteten sind auch dann, wenn sie nicht im Gebiet der ersuchenden Gemeindewahlbehörde wohnen, berechtigt und auf Ersuchen der Gemeindewahlbehörde verpflichtet, als Mitglied der Wahlorganisation tätig zu werden. [3]Satz 2 gilt nicht, wenn sie in entsprechender Anwendung des Absatzes 2 Satz 2 die Übernahme der Tätigkeit ablehnen können.

(4) Wer zu einem Wahltag von mehreren Wahlbehörden als Mitglied der Wahlorganisation herangezogen wird, kann über den Ort seiner Heranziehung entscheiden.

§ 13 Daten der Wahlvorstände

(1) [1]Auf Ersuchen der Gemeindewahlbehörde sind zur Sicherstellung der Wahldurchführung die in § 12 Absatz 3 Satz 1 genannten Behörden und Einrichtungen verpflichtet, Name, Vorname und Anschrift ihrer Bediensteten zum Zweck der Berufung als Mitglieder der Wahlvorstände zu übermitteln. [2]Die ersuchte Stelle hat ihre Bediensteten über die Datenübermittlung zu unterrichten.

(2) Die Gemeindewahlbehörde darf, soweit die betroffene Person nicht widersprochen hat, die folgenden Daten der Mitglieder der Wahlvorstände für künftige Wahlen verarbeiten:

1. Name,
2. Vorname,

3. Anschrift,
4. Fernsprechnummern und E-Mail-Adressen,
5. Geburtsdatum,
6. bisherige Mitwirkung und ausgeübte Funktion.

Abschnitt 3
Vorbereitung der Wahl

§ 14 Aufforderung zur Einreichung von Wahlvorschlägen
Die Wahlleitung fordert nach der Bestimmung des Tages der Wahl so früh wie möglich durch öffentliche Bekanntmachung zur Einreichung von Wahlvorschlägen auf.

§ 15 Aufstellung von Wahlvorschlägen
(1) Soweit in § 55 Absatz 1 nichts anderes bestimmt ist, können Wahlvorschläge von den folgenden Wahlvorschlagsträgern aufgestellt werden:
1. einer Partei im Sinne des Artikels 21 des Grundgesetzes (Partei),
2. Wahlberechtigten, die sich zu einer Gruppe zusammenschließen (Wählergruppe) oder
3. einer einzelnen Person, die sich selbst als Bewerberin oder Bewerber vorschlägt (Einzelbewerbung).

(2) Eine Person darf nur auf einem Wahlvorschlag benannt sein, soweit § 62 Absatz 1 Satz 3 oder § 56 Absatz 4 Satz 2 nichts anderes bestimmt.

(3) Mehrere Wahlvorschlagsträger dürfen ihre Wahlvorschläge außer im Fall des § 62 Absatz 2 Satz 2 weder miteinander verbinden noch gemeinsame Wahlvorschläge aufstellen.

(4) [1]Die Bewerberinnen und Bewerber einer Partei oder Wählergruppe werden in verbindlicher Reihenfolge von einer Versammlung der Partei oder Wählergruppe aufgestellt, die eine nach ihrer Satzung zuständige Versammlung
1. der im Zeitpunkt ihres Zusammentritts wahlberechtigten Mitglieder dieser Partei oder Wählergruppe (Mitgliederversammlung) oder
2. von in entsprechender Anwendung der Sätze 2 bis 5 von Mitgliederversammlungen nach Nummer 1 aus deren Mitte gewählten Vertreterinnen und Vertretern (Vertreterversammlung)

sein muss. [2]Sie werden in geheimer schriftlicher Abstimmung gewählt. [3]Jede stimmberechtigte teilnehmende Person der Versammlung ist vorschlagsberechtigt. [4]Den Vorgeschlagenen ist Gelegenheit zu geben, sich und ihr Programm der Versammlung in angemessener Zeit vorzustellen. [5]Über den Verlauf der Versammlung und das Ergebnis der Abstimmung ist eine Niederschrift aufzunehmen.

§ 16 Inhalt von Wahlvorschlägen
(1) Jeder Wahlvorschlag einer Partei oder Wählergruppe muss deren Namen und, soweit vorhanden, deren Kurzbezeichnung oder Kennwort tragen.

(2) [1]In jedem Wahlvorschlag sind zwei Vertrauenspersonen (§ 17) zu bezeichnen. [2]Eine Einzelbewerberin oder ein Einzelbewerber nimmt die Funktion der Vertrauensperson selbst wahr; die Benennung einer zweiten Vertrauensperson ist nicht erforderlich.

(3) Als Bewerberin oder Bewerber einer Partei oder Wählergruppe kann nur benannt werden, wer die unwiderrufliche Zustimmung zur Benennung schriftlich erteilt hat.

(4) [1]Alle Personen, die sich auf dem Wahlvorschlag einer Partei bewerben, müssen Mitglieder dieser Partei oder parteilos sein. [2]Sie haben gegenüber der Wahlleitung an Eides statt zu versichern, dass sie keiner oder keiner anderen Partei angehören.

(5) [1]Dem Wahlvorschlag einer Partei oder Wählergruppe ist eine von der Versammlungsleitung, der Schriftführung und einer weiteren teilnehmenden Person unterzeichnete Ausfertigung der Niederschrift der Versammlung nach § 15 Absatz 4 beizufügen. [2]Die Unterzeichnenden haben dabei gegenüber der Wahlleitung an Eides statt zu versichern, dass die Anforderungen des § 15 Absatz 4 beachtet worden sind.

(6) Die Wahlleitung ist die zur Abnahme der in Absatz 4 und 5 vorgesehenen Versicherungen an Eides statt zuständige Behörde im Sinne des § 156 des Strafgesetzbuches.

(7) [1]Der Wahlvorschlag einer Partei oder Wählergruppe muss von den für das Wahlgebiet nach ihrer Satzung zuständigen Vertretungsberechtigten, der Wahlvorschlag einer einzelnen Person muss von ihr selbst persönlich und handschriftlich unterzeichnet sein, soweit nicht § 55 Absatz 5 weitergehende

Anforderungen vorsieht. [2]Die Unterzeichnenden haben dabei gegenüber der Wahlleitung an Eides statt zu versichern, dass sie hierfür unterzeichnungsbefugt sind.

(8) Wer durch die Wahl eine Unvereinbarkeit von Amt und Mandat (§ 25 der Kommunalverfassung) begründen würde, ist verpflichtet, dem Wahlvorschlag eine rechtlich nicht bindende Erklärung darüber beizufügen, welche Erklärung nach § 25 Absatz 4 Satz 1 der Kommunalverfassung im Fall des Wahlerfolges beabsichtigt ist.

(9) Auf Anforderung hat eine Partei oder Wählergruppe der zuständigen Wahlleitung ihre Satzung und einen Nachweis über die demokratische Wahl des Vorstandes zur Verfügung zu stellen.

§ 17 Vertrauenspersonen

(1) Soweit § 19 Absatz 3 nichts anderes bestimmt, sind nur die Vertrauenspersonen (§ 16 Absatz 2) jede für sich berechtigt, verbindliche Erklärungen zum Wahlvorschlag abzugeben und entgegenzunehmen.

(2) Fehlt im Wahlvorschlag einer Partei oder Wählergruppe die Bezeichnung von Vertrauenspersonen, so gelten die beiden Personen, die den Wahlvorschlag als erste unterzeichnet haben, als Vertrauenspersonen.

(3) Vertrauenspersonen können durch schriftliche Erklärung aller Unterzeichnenden des Wahlvorschlages nach § 16 Absatz 7 oder der Mehrheit der Unterzeichnenden des Wahlvorschlages nach § 55 Absatz 5 an die Wahlleitung abberufen oder ersetzt werden.

§ 18 Einreichung von Wahlvorschlägen, Behandlung mangelhafter Wahlvorschläge

(1) [1]Jeder Wahlvorschlagsträger darf nur einen Wahlvorschlag einreichen, soweit nicht § 55 Absatz 1 Satz 2 oder § 62 Absatz 1 Satz 2 etwas anderes bestimmt. [2]Die Wahlvorschläge sind bei der Wahlleitung einzureichen. [3]Die Wahlleitung hat die Wahlvorschläge unverzüglich nach Eingang zu prüfen. [4]Stellt sie bei einem Wahlvorschlag Mängel fest, so benachrichtigt sie sofort die Vertrauenspersonen und fordert sie auf, behebbare Mängel rechtzeitig zu beseitigen (§ 19 Absatz 3).

(2) [1]Nach Ablauf des 73. Tages vor der Wahl können nur noch Mängel gültiger Wahlvorschläge behoben werden. [2]Ein gültiger Wahlvorschlag liegt nur vor, wenn er

1. die nach § 16 Absatz 7 und § 55 Absatz 5 erforderlichen Unterschriften trägt und
2. den Wahlvorschlagsträger und die Person der benannten Bewerberinnen oder Bewerber eindeutig bezeichnet und
3. bei Parteien oder Wählergruppen die Ausfertigung der Niederschrift nach § 16 Absatz 5 und die Zustimmung nach § 16 Absatz 3 sowie etwa nach § 16 Absatz 4 erforderliche eidesstattliche Versicherungen enthält.

[3]Soweit Unterlagen nach Ablauf des 73. Tages vor der Wahl eingereicht werden, ist die Wahlleitung nicht zur Prüfung und Aufforderung zur Mängelbeseitigung nach Absatz 1 verpflichtet.

(3) Nach der Entscheidung über die Zulassung des Wahlvorschlages (§ 20 Absatz 1) können Mängel nicht mehr behoben werden.

§ 19 Änderung und Rücknahme von Wahlvorschlägen

(1) [1]Ein Wahlvorschlag kann bis zum Ablauf der Einreichungsfrist geändert werden. [2]Ein Wahlvorschlag kann zurückgenommen werden, solange noch nicht über seine Zulassung entschieden ist. [3]Nach der Entscheidung über die Zulassung eines Wahlvorschlags ist jede Änderung ausgeschlossen. [4]Absatz 4 sowie § 67 Absatz 2 bleiben unberührt.

(2) [1]Jede Änderung oder Rücknahme bedarf übereinstimmender Erklärungen der Vertrauenspersonen. [2]Wenn im Fall des § 16 Absatz 2 Satz 2 keine zweite Vertrauensperson bezeichnet wurde, bedarf es nur der Erklärung der Einzelbewerberin oder des Einzelbewerbers. [3]Diese Erklärungen sind der Wahlleitung gegenüber schriftlich abzugeben und können nicht widerrufen werden. [4]Ein Wahlvorschlag nach § 55 Absatz 5 kann auch von der Mehrheit der Unterzeichnenden durch gemeinsame schriftliche Erklärung zurückgenommen werden.

(3) [1]Wenn eine Person, die nach § 15 Absatz 4 ordnungsgemäß gewählt wurde, nach dem 83. Tag vor der Wahl und vor der Zulassung der Wahlvorschläge (§ 20) stirbt oder nach § 6 Absatz 2 die Wählbarkeit verliert oder wenn von der Wahlleitung innerhalb dieser Frist Bedenken gegen die Wählbarkeit erhoben werden, so kann eine andere Person auch von einem satzungsgemäß oder von der Mitglieder- oder Vertreterversammlung (§ 15 Absatz 4) dazu ermächtigten Organ der Partei oder Wählergruppe

gewählt werden, das mindestens sieben Mitglieder haben muss. [2]§ 15 Absatz 4 Satz 2 bis 5 gilt entsprechend; § 55 Absatz 5 findet keine Anwendung.

(4) [1]Wenn eine zugelassene Person zwischen der Zulassung und dem Wahltag stirbt oder nach § 6 Absatz 2 die Wählbarkeit verliert, wird dies von der Wahlleitung unverzüglich bekannt gemacht. [2]Der Stimmzettel wird nur dann geändert, wenn er sich zu dem Zeitpunkt, zu dem die Wahlleitung von dem Ereignis erfährt, noch nicht im Druck befindet. [3]Die Sätze 1 und 2 finden keine Anwendung, wenn ein Fall des § 44 Absatz 8 vorliegt.

§ 20 Zulassung von Wahlvorschlägen

(1) [1]Der zuständige Wahlausschuss entscheidet spätestens am 52. Tag vor der Wahl in öffentlicher Sitzung über die Zulassung der Wahlvorschläge. [2]Die Vertrauenspersonen der Wahlvorschläge und die Personen, die sich bei Bürgermeister- oder Landratswahlen bewerben, sind einzuladen und erhalten vor der Entscheidung des Wahlausschusses die Gelegenheit zur Stellungnahme.

(2) [1]Die Prüfungspflicht des Wahlausschusses erstreckt sich nur auf die Wahlvorschläge und die mit diesen zusammen eingereichten Unterlagen. [2]Tatsachen, die dem Wahlausschuss zuverlässig bekannt oder die offenkundig sind, können jedoch von ihm berücksichtigt werden.

(3) [1]Der Wahlausschuss hat Wahlvorschläge zurückzuweisen, die verspätet eingegangen sind oder sonst den Vorschriften dieses Gesetzes oder der aufgrund dieses Gesetzes erlassenen Rechtsvorschriften nicht entsprechen. [2]Beziehen sich die Beanstandungen nur auf einzelne von mehreren Personen, so sind diese aus dem Wahlvorschlag zu streichen. [3]Enthält ein Wahlvorschlag dann noch mehr Personen als zulässig, so sind die über die Höchstzahl hinausgehenden, auf dem Wahlvorschlag zuletzt aufgeführten Bewerberinnen und Bewerber zu streichen.

(4) Die Wahlleitung gibt die Entscheidung des Wahlausschusses in der Sitzung im Anschluss an die Beschlussfassung unter kurzer Angabe der Gründe bekannt und weist auf die Möglichkeit der Beschwerde nach Absatz 5 hin.

(5) [1]Weist ein Gemeinde- oder Kreiswahlausschuss einen Wahlvorschlag ganz oder teilweise zurück, so kann jede Vertrauensperson des zurückgewiesenen Wahlvorschlages und die Wahlleitung sowie bei Kreiswahlvorschlägen zur Landtagswahl die Landeswahlleitung bis zum 45. Tag vor der Wahl bis 18 Uhr Beschwerde erheben. [2]Die Wahlleitung sowie bei Kreiswahlvorschlägen zur Landtagswahl die Landeswahlleitung kann auch gegen die Zulassung eines Wahlvorschlages Beschwerde erheben. [3]Die Beschwerde gegen die Entscheidung eines Gemeindewahlausschusses ist an die Kreiswahlleitung zu richten und wird vom Kreiswahlausschuss entschieden. [4]Die Beschwerde gegen die Entscheidung eines Gemeindewahlausschusses einer kreisfreien Stadt oder eines Kreiswahlausschusses ist an die Landeswahlleitung zu richten und wird vom Landeswahlausschuss entschieden. [5]In der Beschwerdeverhandlung sind die erschienenen Beteiligten zu hören. [6]Die Beschwerdeentscheidung muss spätestens am 38. Tag vor der Wahl ergehen.

(6) Sind im Wahlvorschlagsverfahren melderechtliche Sachverhalte zu prüfen und ist jemand, der dabei für die zuständige Behörde tätig wird, als Wahlbewerberin oder Wahlbewerber beteiligt, tritt die Fachaufsichtsbehörde an die Stelle dieser Behörde.

§ 21 Bekanntmachung der Wahlvorschläge

[1]Die Wahlleitung hat die zugelassenen Wahlvorschläge spätestens am 24. Tag vor dem Wahltag öffentlich bekannt zu machen. [2]Dabei macht sie auch Erklärungen nach § 16 Absatz 8 und nach § 66 Absatz 1 Satz 2 bekannt. [3]Soweit hierzu nach § 66 Absatz 1 Satz 3 eine Begründung angegeben wurde, wird auch diese veröffentlicht.

§ 21a Wahlsichtwerbung

(1) Den Wahlvorschlagsträgern, die nach den Vorschriften dieses Gesetzes an Wahlen teilnehmen, ist für den Zeitraum von sechs Wochen vor dem Wahltag in angemessener Weise die Durchführung von Wahlsichtwerbung in öffentlichen Verkehrsräumen der Gemeinden zu ermöglichen.

(2) [1]Über einen Antrag auf Genehmigung von Wahlsichtwerbung hat die Gemeinde innerhalb eines Monats nach Eingang des Antrags zu entscheiden. [2]Die Genehmigung gilt als erteilt, wenn sie nicht innerhalb dieser Frist versagt wird.

(3) [1]Nebenbestimmungen zu Sondernutzungserlaubnissen nach den Vorschriften des Straßen- und Wegerechtes sind nur zur Gewährleistung der Verkehrssicherheit, zur Wahrung des Ortsbildes, zur Vermeidung von Beschädigungen und Verschmutzungen des Straßenraumes sowie zur Wahrung der

Chancengleichheit zulässig. [2]Anträge auf Sondernutzungserlaubnis können abgelehnt werden, wenn der Inhalt oder die Gestaltung der Wahlsichtwerbung gegen Strafgesetze oder gegen die Verfassung verstößt.

(4) [1]Sonstige landes- und bundesrechtliche Vorschriften bleiben unberührt.

§ 22 Stimmzettel

(1) Die Stimmzettel werden für jeden Wahlkreis oder Wahlbereich unter Verantwortung der Wahlleitung hergestellt.

(2) Die Bewerbungen oder Listen werden in folgender Reihenfolge aufgeführt:

1. Bewerberinnen und Bewerber oder Listen, die für eine der an der letzten Wahl gleicher Art im Wahlgebiet beteiligten Parteien auftreten, in der Reihenfolge der von diesen Parteien bei dieser Wahl im landesweit erreichten Stimmenzahl,
2. Bewerberinnen und Bewerber oder Listen, die für sonstige politische Parteien oder Wählergruppen auftreten, in alphabetischer Reihenfolge des Namens dieser Partei oder Wählergruppe,
3. Einzelbewerbungen in alphabetischer Reihenfolge des Namens.

(3) [1]Bei Landtagswahlen richtet sich die Reihenfolge der Kreiswahlvorschläge nach der Reihenfolge der entsprechenden Landeslisten. [2]Sonstige Kreiswahlvorschläge schließen sich in alphabetischer Reihenfolge der Namen zunächst der Parteien und dann der Einzelbewerbungen an.

(4) [1]Bei Bürgermeister- oder Landratswahlen wird Absatz 2 angewendet, wobei an die Stelle des Ergebnisses der letzten Bürgermeister- oder Landratswahl im Wahlgebiet das Ergebnis der letzten Wahl der Gemeindevertretung oder des Kreistages im Wahlgebiet tritt. [2]Im Fall eines gemeinsamen Wahlvorschlages nach § 62 Absatz 2 Satz 2 wird für Absatz 2 Nummer 1 auf die vorschlagende Partei oder Wählergruppe mit der höheren Stimmenzahl und für Absatz 2 Nummer 2 auf diejenige vorschlagende Partei oder Wählergruppe abgestellt, die in der alphabetischen Reihenfolge vorne liegt.

§ 23 Ausübung des Wahlrechts

(1) Wählen können alle Wahlberechtigten, die in ein Wählerverzeichnis eingetragen sind oder einen Wahlschein haben.

(2) Eine Person, die in das Wählerverzeichnis eingetragen ist, kann in dem Wahlbezirk wählen, in dessen Wählerverzeichnis sie eingetragen ist.

(3) Eine Person, die einen Wahlschein hat, kann an der Wahl

1. durch Briefwahl,
2. durch Urnenwahl vor einem beweglichen Wahlvorstand oder
3. durch Urnenwahl in einem beliebigen Wahlbezirk
   a) bei der Landtagswahl in dem Wahlkreis,
   b) bei der Wahl der Gemeindevertretung oder des Kreistages in dem Wahlbereich und
   c) bei der Bürgermeister- oder Landratswahl im Wahlgebiet

teilnehmen.

(4) [1]Jede wahlberechtigte Person kann ihr Wahlrecht nur einmal und nur persönlich ausüben. [2]Eine Ausübung des Wahlrechts durch eine Vertreterin oder einen Vertreter anstelle der wahlberechtigten Person ist unzulässig.

§ 24 Wählerverzeichnis

(1) [1]Die Gemeindewahlbehörde legt vor jeder Wahl für jeden Wahlbezirk ein Wählerverzeichnis an. [2]Es enthält Name und Vorname, Geburtsdatum und Wohnanschrift aller Wahlberechtigten. [3]Bei Wahlberechtigten, für die im Melderegister ein Sperrvermerk gemäß § 34 Absatz 5 des Landesmeldegesetzes eingetragen ist, wird anstelle der Anschrift die Erreichbarkeitsanschrift eingetragen.

(2) Die Gemeindewahlbehörde benachrichtigt spätestens am 22. Tag vor der Wahl die Wahlberechtigten von ihrer Eintragung in das Wählerverzeichnis.

(3) [1]Alle Wahlberechtigten haben an den Werktagen vom 20. bis 16. Tag vor der Wahl während der allgemeinen Öffnungszeiten bei der Gemeindewahlbehörde ein Recht auf Einsicht in das Wählerverzeichnis, um die Richtigkeit und Vollständigkeit der zu ihrer Person eingetragenen Daten zu überprüfen. [2]Zur Überprüfung der Daten von anderen Personen darf das Recht auf Einsicht in das Wählerverzeichnis nur wahrgenommen werden, wenn Tatsachen glaubhaft gemacht werden, aus denen sich eine Unrichtigkeit oder Unvollständigkeit des Wählerverzeichnisses ergeben kann.

(4) [1]Anträge auf Berichtigung des Wählerverzeichnisses können spätestens am 16. Tag vor der Wahl bei der Gemeindewahlbehörde unter Angabe der Gründe gestellt werden. [2]Stützen sich Anträge auf Tatsachenbehauptungen, die nicht offenkundig sind, so haben die Antragstellenden die erforderlichen Beweismittel beizubringen. [3]Die Gemeindewahlbehörde hat ihre Entscheidung spätestens am neunten Tag vor der Wahl den Antragstellenden und im Fall des Absatzes 3 Satz 2 der anderen Person unter Hinweis auf die Sätze 4 und 5 zuzustellen; bei Stattgabe eines Antrages zur eigenen Person reicht die sonstige schriftliche Bekanntgabe der Entscheidung. [4]Gegen die Ablehnung eines Antrages kann die oder der Antragstellende und gegen eine Änderung der Eintragung zu ihrer Person kann die andere Person spätestens am sechsten Tag vor der Wahl Beschwerde an den Gemeindewahlausschuss einlegen. [5]Der Gemeindewahlausschuss entscheidet spätestens am dritten Tag vor der Wahl.

(5) Die Gemeindewahlbehörde gibt spätestens am 24. Tag vor der Wahl öffentlich bekannt, wann die Wahlbenachrichtigungen den Wahlberechtigten spätestens vorliegen sollen und wann und wo die Möglichkeit zur Einsichtnahme in das Wählerverzeichnis und zur Antragstellung auf Berichtigung des Wählerverzeichnisses gegeben ist.

§ 25 Wahlschein

(1) Wahlberechtigte erhalten auf Antrag einen Wahlschein, wenn sie

1. aus einem von ihnen nicht zu vertretenden Grund nicht in das Wählerverzeichnis aufgenommen worden sind,
2. an der Briefwahl teilnehmen,
3. zur Urnenwahl einen anderen Wahlbezirk des Wahlkreises, Wahlbereiches oder Wahlgebietes aufsuchen oder
4. an der Urnenwahl vor einem beweglichen Wahlvorstand teilnehmen wollen.

(2) [1]Ein Wahlschein kann nur versagt werden, wenn die oder der Antragstellende im Wahlgebiet nicht wahlberechtigt ist. [2]Gegen die Versagung eines Wahlscheins kann bei der Gemeindewahlbehörde unter Angabe der Gründe Einspruch eingelegt werden. [3]Stützt sich der Einspruch auf Tatsachenbehauptungen, die nicht offenkundig sind, so hat die oder der Einspruchsführende die erforderlichen Beweismittel beizubringen. [4]Die Gemeindewahlbehörde entscheidet unverzüglich über den Einspruch. [5]Gegen eine Zurückweisung des Einspruchs kann die oder der Einspruchsführende Beschwerde an die Kreiswahlleitung einlegen. [6]Die Kreiswahlleitung entscheidet unverzüglich über die Beschwerde.

§ 26 Briefwahl

(1) [1]Wenn eine wahlberechtigte Person einen Wahlschein beantragt, erhält sie die Briefwahlunterlagen zusammen mit dem Wahlschein. [2]§ 29 Absatz 3 ist entsprechend anwendbar. [3]Sie ist selbst dafür verantwortlich, dass das Wahlgeheimnis bei der Stimmabgabe gewahrt bleibt.

(2) [1]Auf dem Wahlschein hat die wahlberechtigte Person oder, im Falle des § 29 Absatz 3, die Hilfsperson gegenüber der Wahlleitung an Eides statt zu versichern, dass der Stimmzettel persönlich oder gemäß dem erklärten Willen der wahlberechtigten Person gekennzeichnet worden ist. [2]Die Wahlleitung ist zur Abnahme einer solchen Versicherung an Eides statt zuständig; sie ist Behörde im Sinne des § 156 des Strafgesetzbuches.

(3) Die wählende Person übersendet oder überbringt der auf dem Wahlbriefumschlag bezeichneten Stelle den Wahlbrief so rechtzeitig, dass dieser spätestens am Wahltag bis 18 Uhr zugeht.

(4) Die mit Briefwahl abgegebenen Stimmen werden nicht dadurch ungültig, dass die wählende Person vor dem oder am Wahltag stirbt, aus dem Wahlgebiet verzieht oder ihr Wahlrecht nach § 5 verliert.

Abschnitt 4

Wahlhandlung, Wahlergebnis

§ 27 Öffentlichkeit der Wahl

[1]Die Wahlhandlung und die Feststellung des Wahlergebnisses sind öffentlich. [2]Die Wahlvorsteherin oder der Wahlvorsteher ist befugt, Personen, die die Ruhe und Ordnung stören, aus dem Wahlraum zu verweisen. [3]Wird eine wahlberechtigte Person aus dem Wahlraum verwiesen, in dem sie im Wählerverzeichnis eingetragen ist, so ist ihr möglichst noch Gelegenheit zur Ausübung des Wahlrechts zu geben.

§ 28 Unzulässige Wahlwerbung und Unterschriftensammlung, unzulässige Veröffentlichung von Wählerbefragungen

(1) Während der Wahlzeit sind in und an dem Gebäude, in dem sich der Wahlraum befindet, sowie unmittelbar vor dem Zugang zum Gebäude jede Beeinflussung der Wahlberechtigten durch Wort, Ton, Schrift oder Bild sowie jede Unterschriftensammlung verboten.

(2) Die Befragung von Wahlberechtigten im Wahlraum zum Inhalt ihrer Wahlentscheidung sowie die Veröffentlichung von Ergebnissen von Wählerbefragungen nach ihrer Stimmabgabe sind vor Ablauf der Wahlzeit unzulässig.

(3) Die Absätze 1 und 2 gelten entsprechend für Räume, in denen die Briefwahl an Ort und Stelle ausgeübt werden kann.

§ 29 Stimmabgabe im Wahlraum, Wahrung des Wahlgeheimnisses

(1) [1]Alle Wahlberechtigten, die ins Wählerverzeichnis eingetragen sind oder einen Wahlschein erhalten haben, können in einem Wahlraum mit einem Stimmzettel persönlich ihre Stimmen abgeben. [2]Es ist sicherzustellen, dass sie ihre Stimmzettel unbeobachtet kennzeichnen können. [3]Für die Aufnahme der Stimmzettel sind zur Wahrung des Wahlgeheimnisses Wahlurnen zu verwenden.

(2) [1]Mit dem Stimmzettel wird gewählt, indem durch Ankreuzen oder auf andere Weise eindeutig kenntlich gemacht wird, wie die wählende Person sich entschieden hat. [2]Sie faltet den Stimmzettel in der Weise, dass die Stimmabgabe nicht erkennbar ist und wirft ihn in die Wahlurne.

(3) [1]Wahlberechtigte, die des Lesens unkundig oder wegen einer Behinderung an der Abgabe ihrer Stimme gehindert sind, können sich der Hilfe einer anderen Person bedienen, die nicht Wahlbewerberin oder Wahlbewerber oder Vertrauensperson sein darf. [2]Die Hilfeleistung ist auf technische Hilfe bei der Kundgabe einer von der wahlberechtigten Person selbst getroffenen und geäußerten Wahlentscheidung beschränkt. [3]Unzulässig ist eine Hilfeleistung, die unter missbräuchlicher Einflussnahme erfolgt, die selbstbestimmte Willensbildung oder Entscheidung der wahlberechtigten Person ersetzt oder verändert oder wenn ein Interessenkonflikt der Hilfsperson besteht. [4]Die Hilfsperson ist zur Geheimhaltung der Kenntnisse verpflichtet, die sie bei der Hilfeleistung von der Wahl einer anderen Person erlangt hat.

§ 30 Feststellung des Wahlergebnisses im Wahlbezirk

(1) Nach Beendigung der Wahlhandlung stellt der Wahlvorstand für den Wahlbezirk fest, wie viele Stimmen

1. auf jede Bewerberin und jeden Bewerber und
2. auf jeden Wahlvorschlag

entfallen sind.

(2) [1]Der Wahlvorstand entscheidet über die Gültigkeit der abgegebenen Stimmen und über alle Zweifelsfragen, die sich bei der Wahlhandlung und der Ermittlung des Wahlergebnisses ergeben haben. [2]Der Wahlausschuss hat das Recht der Nachprüfung und Berichtigung.

§ 31 Zurückweisung von Wahlbriefen

[1]Zur Briefwahl ist jeder Wahlbrief zuzulassen,

1. der rechtzeitig eingegangen ist,
2. dem so viele gültige und vollständig ausgefüllte Wahlscheine beiliegen wie Stimmzettelumschläge enthalten sind,
3. bei dem kein Stimmzettelumschlag benutzt worden ist, der offensichtlich in einer das Wahlgeheimnis gefährdenden Weise von den übrigen abweicht,
4. bei dem wenigstens entweder der Wahlbriefumschlag oder der Stimmzettelumschlag verschlossen worden ist.

[2]Wahlbriefe, die eine oder mehrere dieser Voraussetzungen nicht erfüllen, sind zurückzuweisen. [3]Absender zurückgewiesener Wahlbriefe werden nicht als wählende Personen gezählt, ihre Stimmen gelten als nicht abgegeben.

§ 32 Ungültige Stimmen

(1) [1]Ungültig sind Stimmen, wenn der Stimmzettel

1. als nicht unter Verantwortung der Wahlleitung hergestellt erkennbar oder für einen anderen Wahlkreis oder Wahlbereich gültig ist,
2. keine Kennzeichnung enthält,

3. mehr Kennzeichnungen enthält als die wählende Person Stimmen hat,
4. zu einer oder mehreren Stimmen den Willen der wählenden Person nicht zweifelsfrei erkennen lässt oder
5. zu einer oder mehreren Stimmen einen Zusatz oder Vorbehalt enthält.

[2]In den Fällen der Nummern 1 bis 3 sind alle Stimmen ungültig.

(2) Bei der Briefwahl sind außerdem alle Stimmen ungültig, wenn der Stimmzettel nicht in einem Stimmzettelumschlag abgegeben worden ist oder der Stimmzettelumschlag offensichtlich in einer das Wahlgeheimnis gefährdenden Weise von den übrigen abweicht, jedoch eine Zurückweisung gemäß § 31 nicht erfolgt ist.

(3) [1]Mehrere in einem Stimmzettelumschlag abgegebene Stimmzettel gelten als einer, wenn sie gleich gekennzeichnet sind oder nur einer von ihnen gekennzeichnet ist; bei inhaltlich verschiedener Kennzeichnung gelten sie als ungültige Stimmen. [2]Bei leer abgegebenen Stimmzettelumschlägen gelten alle Stimmen als ungültig.

§ 33 Feststellung und Bekanntmachung des Wahlergebnisses, Benachrichtigung der Gewählten

(1) Der jeweils zuständige Wahlausschuss stellt für jeden Wahlbereich oder jeden Wahlkreis und gemäß der §§ 57, 58, 63, 64 oder 68 für das Wahlgebiet fest, wie viele Stimmen
1. auf jede Bewerberin und jeden Bewerber und
2. auf jeden Wahlvorschlag

entfallen sind und wer damit gewählt ist.

(2) [1]Bei Kommunalwahlen stellt der Wahlausschuss weiterhin für jeden Wahlvorschlag einer Partei oder Wählergruppe, auf den mindestens ein Sitz entfallen ist, die Ersatzpersonen und ihre Reihenfolge fest. [2]Die nicht gewählten Bewerberinnen und Bewerber des Wahlvorschlages sind Ersatzpersonen dieses Wahlvorschlags. [3]Die Reihenfolge der Ersatzpersonen richtet sich nach der Höhe der auf sie entfallenden Stimmenzahlen. [4]Bei gleichen Stimmenzahlen entscheidet die im Wahlvorschlag aufgeführte Reihenfolge.

(3) Die Wahlleitung gibt das Wahlergebnis nach der Beschlussfassung des Wahlausschusses noch in der Sitzung bekannt.

(4) Die Wahlleitung macht das Wahlergebnis unverzüglich öffentlich bekannt.

(5) Die Wahlleitung benachrichtigt die Gewählten unverzüglich schriftlich und weist sie auf die Regelung des § 34 hin.

§ 34 Erwerb der Mitgliedschaft im Landtag oder in der kommunalen Vertretung

[1]Die Gewählten erwerben die Mitgliedschaft im Landtag oder in der kommunalen Vertretung eine Woche nach der öffentlichen Bekanntmachung des Wahlergebnisses (§ 33 Absatz 4), jedoch nicht vor Ablauf der Wahlperiode des Landtages oder der Vertretung. [2]Der Erwerb der Mitgliedschaft tritt nicht ein, wenn die Gewählten binnen dieser Woche gegenüber der Wahlleitung schriftlich erklären, dass sie die Wahl nicht annehmen. [3]Eine Erklärung unter Vorbehalt gilt als unbeachtlich. [4]Eine Erklärung nach Satz 2 kann nicht widerrufen werden.

Abschnitt 5

Wahlprüfung, Nachrücken, Verbotsfolgen

§ 35 Einsprüche gegen die Gültigkeit der Wahl

(1) [1]Gegen die Gültigkeit der Wahl können alle Wahlberechtigten des Wahlgebietes innerhalb von zwei Wochen nach der Bekanntmachung des Wahlergebnisses, bei einer Stichwahl des endgültigen Wahlergebnisses, Einspruch erheben. [2]Gegen die Gültigkeit einer Kommunalwahl steht das gleiche Recht auch der Rechtsaufsichtsbehörde und gegen die Gültigkeit der Wahl der hauptamtlichen Bürgermeisterin oder des hauptamtlichen Bürgermeisters oder der Landrätin oder des Landrates auch nicht wahlberechtigten Bewerberinnen oder Bewerbern zu.

(2) Der Einsprach ist schriftlich oder zur Niederschrift unter Angabe der Gründe bei der Wahlleitung zu erheben.

(3) Der Einsprach hat keine aufschiebende Wirkung.

(4) Wird der Einspruch zurückgenommen, kann das Wahlprüfungsverfahren eingestellt werden.

§ 36 Zuständigkeit, Beteiligte, Mitwirkung im Wahlprüfungsverfahren

(1) [1]Über Einsprüche gegen die Gültigkeit der Wahl entscheidet bei Landtagswahlen der Landtag nach Prüfung durch einen hierfür bestellten Ausschuss. [2]Bei allen Kommunalwahlen entscheidet die Vertretung. [3]Sie kann die Vorbereitung ihrer Entscheidung auf einen Wahlprüfungsausschuss übertragen. [4]In den Kommunen können die gewählten Vertreterinnen und Vertreter bereits vor der Konstituierung der Vertretung einen Wahlprüfungsausschuss wählen oder über Einsprüche entscheiden.

(2) [1]Beteiligte im Wahlprüfungsverfahren sind

1. die Person, die den Einspruch eingelegt hat,
2. die Person, deren Wahl geprüft wird,
3. die Vertrauenspersonen der in Nummer 2 Genannten,
4. bei einem Einspruch gegen die Landtagswahl zusätzlich
   a) die Präsidentin oder der Präsident des Landtages,
   b) das Innenministerium,
   c) die Landeswahlleitung,
   d) eine Vertretungsperson der Fraktion der oder des Abgeordneten, deren oder dessen Wahl geprüft wird.

[2]Alle Beteiligten sind zu den Verhandlungsterminen des Wahlprüfungsausschusses zu laden. [3]Sie haben vor der Sitzung das Recht auf Einsichtnahme in die Prüfungsunterlagen am Sitz des Wahlprüfungsausschusses und in der Sitzung das Antragsrecht.

(3) [1]Von der Beratung über das Ergebnis der Prüfung und von der Beschlussfassung im Wahlprüfungsverfahren sind die Beteiligten nach Absatz 2 Nummer 1 und 2 ausgeschlossen; bei Kommunalwahlen ist § 24 der Kommunalverfassung nicht anwendbar. [2]Wenn in einem Wahlprüfungsverfahren aus dem gleichen Grund die Wahl von so vielen Personen zu prüfen ist, wie erforderlich wären, um eine Fraktion zu bilden, gilt im Landtag Satz 1 nicht. [3]Bei Kommunalwahlen tritt in diesem Fall die Rechtsaufsichtsbehörde an die Stelle der Vertretung.

§ 37 Wahlprüfungsausschuss des Landtages

(1) [1]Wahlprüfungsausschuss des Landtages ist der Rechtsausschuss. [2]Die oder der Vorsitzende bestimmt für jeden Einspruch eine Berichterstatterin oder einen Berichterstatter. [3]Der Ausschuss tritt in eine Vorprüfung ein, insbesondere darüber, ob der Einspruch form- und fristgerecht eingelegt ist und ob Termin zur mündlichen Verhandlung anzuberaumen ist. [4]Findet eine mündliche Verhandlung statt, so ist der Verhandlungstermin durch die Vorprüfung so vorzubereiten, dass möglichst nach einem einzigen Verhandlungstermin die Schlussentscheidung erfolgen kann.

(2) [1]Der Ausschuss ist berechtigt, Auskünfte jeder Art einzuholen und Zeuginnen und Zeugen und Sachverständige vernehmen und vereidigen zu lassen. [2]Bei der Vernehmung von Zeuginnen und Zeugen und Sachverständigen sind die Beteiligten (§ 36 Absatz 2) eine Woche vorher zu benachrichtigen. [3]Sie sind berechtigt, Fragen stellen zu lassen und Vorhalte zu machen. [4]Die Gerichte und Verwaltungsbehörden haben dem Ausschuss Rechts- und Amtshilfe zu leisten.

(3) [1]Vor der Schlussentscheidung wird Termin zur mündlichen Verhandlung nur dann anberaumt, wenn die Vorprüfung ergibt, dass davon eine weitere Förderung des Verfahrens zu erwarten ist. [2]Die mündliche Verhandlung findet öffentlich statt. [3]Der Wahlprüfungsausschuss berät in nichtöffentlicher Sitzung über das Ergebnis der Verhandlung.

(4) [1]Der Wahlprüfungsausschuss ist beschlussfähig, wenn mindestens die Hälfte der Mitglieder anwesend ist. [2]An der Beschlussfassung dürfen nur diejenigen Mitglieder oder deren Stellvertretung mitwirken, die an der dem Beschluss zu Grunde liegenden Verhandlung teilgenommen haben.

(5) Für das gesamte Verfahren sind die für den Zivilprozess geltenden Bestimmungen entsprechend anzuwenden auf Fristen, Ladungen, Zustellungen, Vereidigungen und die Rechte und Pflichten von Zeuginnen und Zeugen und Sachverständigen.

§ 38 Behandlung der Wahlanfechtung im Landtag

[1]Der Wahlprüfungsausschuss leitet das Ergebnis seiner Prüfung als Antrag dem Landtag zu. [2]Lehnt der Landtag den Antrag ab, so gilt der Einspruch als an den Wahlprüfungsausschuss zurückverwiesen. [3]Dabei kann der Landtag dem Wahlprüfungsausschuss die Nachprüfung bestimmter tatsächlicher oder rechtlicher Umstände aufgeben. [4]Nach erneuter mündlicher Verhandlung hat der Wahlprüfungsausschuss dem Landtag einen neuen Antrag vorzulegen. [5]Dieser Antrag kann nur durch Annahme eines

anderen Antrages über die Gültigkeit der angefochtenen Wahl und die sich aus einer Ungültigkeit ergebenden Folgerangen abgelehnt werden.

§ 39 Kommunaler Wahlprüfungsausschuss

(1) Der kommunale Wahlprüfungsausschuss prüft, ob der Einspruch form- und fristgerecht eingelegt ist und klärt den Sachverhalt soweit auf, dass die Vertretung über den Einspruch möglichst nach einem einzigen Verhandlungstermin Beschluss fassen kann.

(2) Die Wahlleitung legt dem Wahlprüfungsausschuss zu jedem Einspruch die vorhandenen Unterlagen und eine Stellungnahme vor.

(3) Für den kommunalen Wahrprüfungsausschuss ist § 37 Absatz 3 Satz 2 und 3 und Absatz 4 entsprechend anwendbar.

§ 40 Feststellung der Ergebnisse bei Wahlprüfung

(1) [1]War eine gewählte Person nicht wählbar oder hätte sie aus anderen Gründen, die sich aus dem Gesetz oder der Wahlordnung ergeben, nicht zur Wahl zugelassen werden dürfen, ist die Ungültigkeit ihrer Wahl festzustellen und ihr Ausscheiden zu beschließen. [2]Bei der Ungültigkeit einer Bürgermeister- oder Landratswahl ist statt des Ausscheidens die Wiederholung der Wahl zu beschließen; Absatz 2 Satz 3 findet Anwendung.

(2) [1]Sind bei der Vorbereitung der Wahl oder bei der Wahlhandlung Unregelmäßigkeiten vorgekommen, die das Wahlergebnis oder die Verteilung der Sitze aus den Wahlvorschlägen im Einzelfall beeinflusst haben können, so ist festzustellen, dass die Wahl zu wiederholen ist. [2]Wenn sich die Unregelmäßigkeiten nur auf einzelne Wahlbezirke erstrecken, ist diese Feststellung nur für diese Wahlbezirke und wenn sich die Unregelmäßigkeiten auf mehr als die Hälfte der Wahlbezirke eines Wahlkreises oder Wahlbereichs erstrecken, ist sie für diesen Wahlkreis oder Wahlbereich zu treffen. [3]Wenn sich die Unregelmäßigkeiten auf die Zulassung von Wahlvorschlägen beziehen, ist gleichzeitig festzustellen, ob die betroffenen Wahlvorschläge für die Wiederholungswahl zugelassen sind.

(3) Haben an einer Stichwahl nicht die beiden in § 67 Absatz 2 bezeichneten Personen teilgenommen, ist die Ungültigkeit der Stichwahl festzustellen; die Stichwahl ist zu wiederholen.

(4) Ist die Feststellung des Wahlergebnisses unrichtig, so ist sie aufzuheben und eine neue Feststellung anzuordnen.

(5) Liegt keiner der unter Absatz 1 bis 4 genannten Fälle vor, so ist der Einsprach zurückzuweisen.

(6) [1]Die Kosten der Wahlprüfung trägt die Körperschaft, in der gewählt wurde. [2]Die Beteiligten (§ 36 Absatz 2) haben keinen Anspruch auf Erstattung von Auslagen.

§ 41 Folgen der Feststellung

(1) Eine Feststellung nach § 40 Absatz 1 bis 4 hat erst dann Auswirkungen auf die Rechtsstellung der betroffenen Person, wenn sie unanfechtbar geworden ist.

(2) [1]Amts- oder Mitwirkungshandlungen der betroffenen Person, die vor der Unanfechtbarkeit einer Entscheidung nach § 40 vorgenommen worden sind, werden in ihrer Rechtswirksamkeit durch die Ungültigkeitserklärung nicht berührt. [2]Wahlen des Landtages oder der kommunalen Vertretung in der konstituierenden Sitzung sind auf Verlangen eines Mitgliedes zu wiederholen, wenn das Ergebnis der Wahlprüfung Auswirkungen auf das Ergebnis der Wahl gehabt haben kann; für alle anderen Beschlüsse gilt Satz 1 entsprechend.

(3) [1]Der Landtag kann mit einer Mehrheit von zwei Dritteln der Mitglieder entscheiden, dass die betroffene Person bis zur Unanfechtbarkeit der Feststellung nicht an der Arbeit des Landtages teilnehmen darf. [2]Das Landesverfassungsgericht kann auf Antrag der oder des Betroffenen diesen Beschluss durch einstweilige Anordnung aufheben oder auf Antrag von mindestens 15 Mitgliedern des Landtages eine Anordnung nach Satz 1 treffen.

(4) [1]Wird eine Wahl im gesamten Wahlgebiet für ungültig erklärt, bleiben die Mitglieder des Landtages oder der kommunalen Vertretung bis zur Wiederholungswahl im Amt. [2]Gleiches gilt für Wahlkreisabgeordnete, wenn eine Landtagswahl in einem Wahlkreis für ungültig erklärt wird.

§ 42 Gerichtliche Entscheidung

(1) [1]Die Wahlprüfungsentscheidung nach § 40 ist der Person, die den Einspruch erhoben hat, und der Person, deren Wahl für ungültig erklärt ist, binnen einer Frist von zwei Wochen schriftlich mit Begründung und Rechtsbehelfsbelehrung zuzustellen. [2]Bei Kommunalwahlen ist sie zusätzlich der Rechtsaufsichtsbehörde zuzustellen.

(2) Für die Anfechtung einer Wahlprüfungsentscheidung des Landtages gelten die Vorschriften des Landesverfassungsgerichtsgesetzes.

(3) Gegen die Wahlprüfungsentscheidung einer kommunalen Vertretung steht allen Beteiligten nach Absatz 1 binnen eines Monats nach Zustellung der Entscheidung die Klage vor den Verwaltungsgerichten nach den Vorschriften der Verwaltungsgerichtsordnung zu.

§ 43 Neufeststellung des Wahlergebnisses

(1) Ist die Entscheidung nach § 40 Absatz 5 rechtskräftig aufgehoben worden, so hat der Landtag oder die Vertretung unter Beachtung der gerichtlichen Entscheidung unverzüglich eine neue Entscheidung nach § 40 zu treffen.

(2) Ist die Feststellung des Wahlergebnisses (§ 33) ganz oder teilweise rechtskräftig aufgehoben worden, so hat der Wahlausschuss das Wahlergebnis unverzüglich neu festzustellen.

(3) Die Anfechtung der Entscheidung nach Absatz 1 oder der Feststellung nach Absatz 2 ist nur insoweit zulässig, als die Feststellung von der rechtskräftigen Aufhebungsentscheidung abweicht.

§ 44 Wahlen in besonderen Fällen

(1) [1]Wenn eine Wahl nach § 40 Absatz 1 Satz 2, Absatz 2 oder 3 zu wiederholen ist, findet eine Wiederholungswahl statt. [2]Die Wahlleitung stellt fest, welche Teile des Wahlverfahrens wegen ihrer Mangelhaftigkeit zu erneuern sind.

(2) [1]Wenn die Wahl in einem Wahlbereich ausfällt, weil dort keine Wahlvorschläge eingereicht oder zugelassen wurden, findet in dem betroffenen Gebiet eine Nachwahl statt. [2]Wenn die Wahl in einem Wahlgebiet, Wahlkreis, Wahlbereich oder Wahlbezirk infolge höherer Gewalt nicht durchgeführt werden kann, gilt in dem betroffenen Gebiet gleiches, wobei in diesem Fall kein neues Wahlvorschlagsverfahren durchgeführt wird. [3]Wenn während der Vorbereitung der Wahl ein offenkundiger, vor der Wahl nicht mehr behebbarer Mangel festgestellt wird, dessentwegen die Wahl im Fall ihrer Durchführung im Wahlprüfungsverfahren für ungültig erklärt werden müsste, sagt die Landeswahlleitung, für eine Kommune die Rechtsaufsichtsbehörde, die Wahl in dem betroffenen Gebiet ab. [4]Für die Nachwahl ordnet die in Satz 3 bezeichnete Stelle an, welche Teile des Wahlverfahrens wegen ihrer Mangelhaftigkeit zu erneuern sind.

(3) [1]Wenn ein Mitglied des Landtages nach § 46 Absatz 1 ausscheidet und nach § 46 Absatz 3 Satz 2 zu ersetzen ist, findet in dem Wahlkreis eine Neuwahl statt, bei der die Wahlberechtigten nur eine Erststimme (§ 53) haben. [2]Die betroffene Partei kann einen neuen Wahlvorschlag einreichen. [3]§ 45 Absatz 6 Satz 3 und 4 findet entsprechende Anwendung.

(4) Wenn die Wahl zu einer kommunalen Vertretung ausfällt, weil in einem Wahlgebiet nach dem Zulassungsverfahren aufgrund der Anzahl der eingereichten oder zugelassenen Wahlvorschläge feststeht, dass mehr als ein Drittel der zu besetzenden Mandate unbesetzt bleibt, findet eine Nachwahl statt.

(5) Wenn bei der Wahl einer kommunalen Vertretung so wenige Personen gewählt werden oder so viele Gewählte die Wahl nicht annehmen oder während der Wahlperiode so viele Mitglieder der Vertretung aus der Vertretung ausscheiden, dass mehr als ein Drittel der Mandate nach § 60 unbesetzt sind, findet eine Ergänzungswahl statt, bei der nur die unbesetzten Mandate neu besetzt werden.

(6) Wenn eine kommunale Vertretung durch die oberste Rechtsaufsichtsbehörde aufgelöst wird, findet eine Neuwahl statt.

(7) [1]Wenn aus Anlass der Auflösung oder Neubildung von Gemeinden und einzelner oder aller Landkreise oder der Änderung von Gemeinde- und Landkreisgrenzen nach den Bestimmungen der Kommunalverfassung eine Wahl erforderlich wird, findet eine Ergänzungswahl in dem unmittelbar betroffenen Gebiet oder eine Neuwahl statt. [2]Der Wahltag kann im Gebietsänderungsvertrag festgelegt werden.

(8) [1]Wenn bei einer Landtagswahl eine Wahlkreisbewerberin oder ein Wahlkreisbewerber oder bei einer Bürgermeister- oder Landratswahl eine zugelassene Person zwischen der Zulassung des Wahlvorschlages und dem Wahltag stirbt oder nach § 6 Absatz 2 ihre Wählbarkeit verliert, sagt die Wahlleitung die Wahl ab. [2]Es findet eine Nachwahl statt, auf die Absatz 3 Satz 2 Anwendung findet.

(9) [1]Wenn bei einer Bürgermeister- oder Landratswahl die gewählte Person die Ernennungsurkunde nicht annimmt, findet eine Neuwahl statt. [2]Wenn die bei dieser Neuwahl gewählte Person die Ernen-

nungsurkunde nicht annimmt, wählt die Vertretung die Bürgermeisterin oder den Bürgermeister oder die Landrätin oder den Landrat. 3§ 67 Absatz 4 Satz 3 und 4 findet Anwendung.

(10) 1Wenn eine Bürgermeisterin oder ein Bürgermeister oder eine Landrätin oder ein Landrat vorzeitig aus dem Amt scheidet, findet eine Neuwahl statt. 2Eine ehrenamtliche Bürgermeisterin oder ein ehrenamtlicher Bürgermeister wird für den Rest der Wahlperiode gewählt.

§ 45 Vorbereitung und Durchführung von Wahlen in besonderen Fällen

(1) 1Die Wahlleitung stellt die Notwendigkeit einer Wahl nach § 44 fest, soweit in § 44 Absatz 2 nichts anderes geregelt ist. 2Diese Feststellung ist entbehrlich in den Fällen des § 44 Absatz 1 und 6 und Absatz 7 Satz 2.

(2) 1Der Tag einer Wahl nach § 44 wird für den Landtag von der Landeswahlleitung und für eine Kommune von der Vertretung bestimmt. 2Ist eine Wahl landesweit ungültig oder unter Anwendung nichtiger gesetzlicher Bestimmungen durchgeführt worden, bestimmt die Landesregierung den Tag der Wiederholungs- oder Nachwahl. 3Die Wahlleitung macht den Wahltag öffentlich bekannt.

(3) 1Eine Wahl nach § 44 muss, soweit nachfolgend nichts anderes geregelt ist, spätestens vier Monate nach der Feststellung der Notwendigkeit dieser Wahl stattfinden. 2Konnte die Wahl wegen höherer Gewalt nicht durchgeführt werden, muss die Nachwahl spätestens einen Monat nach dem Wegfall der Hinderungsgründe stattfinden. 3Eine Bürgermeister- oder Landratswahl muss spätestens fünf Monate nach dem in Satz 1 bezeichneten Zeitpunkt stattfinden.

(4) 1Soweit in § 44 nichts anderes geregelt ist, findet eine Wahl nach § 44 mit neuen Wahlvorschlägen statt. 2Wenn seit der Wahl noch nicht mehr als drei Monate vergangen sind, gelten dieselben Wählerverzeichnisse und die Wahlberechtigung bestimmt sich nach dem ursprünglichen Wahltag. 3Sind seit der Wahl mehr als sechs Monate vergangen, so wird das Wahlverfahren in allen Teilen erneuert.

(5) Findet eine Wahl nach § 44 nur in einem Teil des Wahlgebiets statt, so wird entsprechend ihrem Ergebnis das Wahlergebnis für das gesamte Wahlgebiet neu festgestellt und die Verteilung der Sitze, soweit erforderlich, berichtigt.

(6) 1Wird die Wahl einer kommunalen Vertretung nach § 44 im gesamten Wahlgebiet durchgeführt, so beginnt die Wahlperiode der neuen Vertretung mit dem Tag dieser Wahl und endet mit der nächsten Wahl. 2Findet diese Wahl der Vertretung innerhalb von zwölf Monaten vor Ablauf der allgemeinen Wahlperiode statt, so endet die Wahlperiode mit dem Ende der nächsten allgemeinen Wahlperiode. 3Sind nur einzelne Vertreter neu zu wählen, unterbleibt die Wahl, wenn sie in dem in Satz 2 genannten Zeitraum stattfände und höchstens die Hälfte der Mandate nach § 60 Absatz 2 oder 3 betrifft. 4Diese Mandate bleiben für den Rest der Wahlperiode unbesetzt.

§ 46 Nachrücken

(1) Lehnt eine gewählte Person die Wahl ab, stirbt ein Mitglied des Landtags oder einer kommunalen Vertretung oder verliert es seinen Sitz nach §§ 59 oder 65 oder nach § 25 Absatz 4 Satz 3 der Kommunalverfassung, so bestimmt die Wahlleitung die nachrückende Person oder einen Termin zur Neuwahl oder stellt das Freibleiben des Sitzes fest.

(2) 1Nachrückende Person ist die nächste Ersatzperson des Wahlvorschlags, auf dem die oder der Ausgeschiedene gewählt worden ist. 2Nachrückende Person für eine Wahlkreisabgeordnete oder einen Wahlkreisabgeordneten einer Partei, für die eine Landesliste zugelassen war, ist die nächste Ersatzperson dieser Landesliste. 3Nachrückende Person kann nicht sein, wer

1. nach der Wahl aus der Partei ausgetreten oder ausgeschlossen worden ist, wenn die Partei dies vor dem Freiwerden des Sitzes der Wahlleitung schriftlich mitgeteilt hat,
2. durch schriftliche, unwiderrufliche Erklärung gegenüber der Wahlleitung auf ihre oder seine Anwartschaft verzichtet hat oder
3. seine Wählbarkeit nachträglich verloren hat.

4Die Ersatzperson ist verpflichtet, an der erforderlichen Prüfung mitzuwirken. 5Legt sie erforderliche Nachweise nicht in einer von der Wahlleitung gesetzten angemessenen Frist vor, kann die Wahlleitung feststellen, dass sie als Ersatzperson für die Wahlperiode ausscheidet. 6Löst sich eine Partei oder Wählergruppe nachträglich auf, so behält deren Wahlvorschlag seine Gültigkeit. 7Lehnt eine Ersatzperson die Annahme des Sitzes ab, so scheidet sie als Ersatzperson für die Wahlperiode aus.

(3) 1Ist eine Ersatzperson auf dem Wahlvorschlag einer Partei oder Wählergruppe nicht oder nicht mehr vorhanden, so gilt bei der Wahl einer kommunalen Vertretung in einem Wahlgebiet mit mehreren

Wahlbereichen § 64 Absatz 5 entsprechend. [2]War die ausgeschiedene Person als Wahlkreisabgeordnete oder Wahlkreisabgeordneter einer Partei, für die keine Landesliste zugelassen war, oder durch Einzelbewerbung in den Landtag gewählt worden, findet § 44 Absatz 3 Anwendung. [3]In allen anderen Fällen bleibt der Sitz frei.

(4) [1]Gegen die Feststellung der Wahlleitung ist Einspruch in entsprechender Anwendung des § 35 zulässig. [2]Der Landtag oder die kommunale Vertretung hat über Einsprüche in der Weise zu beschließen, dass die Feststellung der Wahlleitung bestätigt, aufgehoben oder abgeändert wird. [3]Gegen den Beschluss nach Satz 2 ist die Klage zulässig. [4]Die §§ 41 und 42 gelten entsprechend.

(5) [1]Für den Erwerb der Mitgliedschaft durch die Ersatzperson findet § 34 entsprechende Anwendung, wobei an die Stelle der öffentlichen Bekanntmachung nach § 33 Absatz 4 eine Benachrichtigung durch die Wahlleitung über das Nachrücken tritt. [2]Nach Erwerb der Mitgliedschaft gibt die Wahlleitung den Übergang des Sitzes öffentlich bekannt. [3]Der Erwerb der Mitgliedschaft tritt, wenn die Ersatzperson gegenüber der Wahlleitung schriftlich die Annahme erklärt, abweichend von § 34 Satz 1 mit Zugang dieser Erklärung ein.

§ 47 Folgen des Verbots einer Partei oder Wählergruppe

(1) [1]Wird eine Partei oder die Teilorganisationen einer Partei durch das Bundesverfassungsgericht gemäß Artikel 21 Absatz 2 Satz 2 des Grundgesetzes für verfassungswidrig erklärt, so verlieren die Mitglieder des Landtages oder einer kommunalen Vertretung, die dieser Partei oder Teilorganisation in der Zeit der Antragstellung (§ 43 des Gesetzes über das Bundesverfassungsgericht) oder der Verkündung der Entscheidung (§ 46 des Gesetzes über das Bundesverfassungsgericht) angehören, ihren Sitz und die Listennachfolger ihre Anwartschaft. [2]Satz 1 gilt auch, wenn eine Wählergruppe als Ersatzorganisation einer für verfassungswidrig erklärten Partei oder aus anderen Gründen rechtskräftig verboten wird.

(2) [1]Soweit Mitglieder des Landtages, die nach Absatz 1 ihren Sitz verloren haben, im Wahlkreis gewählt waren, finden Neuwahlen statt. [2]Mitglieder, die nach Absatz 1 ihren Sitz verloren haben, dürfen sich bei dieser Neuwahl nicht bewerben. [3]Soweit Mitglieder des Landtages, die nach Absatz 1 ihren Sitz verloren haben, auf Landeslisten gewählt waren, bleiben die Sitze unbesetzt. [4]Wenn sie auf der Landesliste einer nicht für verfassungswidrig erklärten Partei gewählt waren, findet abweichend von Satz 3 § 46 Anwendung. [5]Soweit nach Satz 3 Sitze unbesetzt bleiben, verringert sich die gesetzliche Mitgliederzahl des Landtages entsprechend.

(3) [1]Verlieren mehr als drei Mitglieder des Landtages, die auf Landeslisten gewählt waren, ihre Sitze nach Absatz 1, so findet eine erneute Feststellung des Wahlergebnisses gemäß § 33 statt. [2]Hierbei werden die zu Gunsten der für verfassungswidrig erklärten Partei abgegebenen Stimmen nicht berücksichtigt.

Abschnitt 6
Statistik, Kosten, Fristen und Termine

§ 48 Allgemeine Wahlstatistik

[1]Die Ergebnisse der Wahlen sind vom Statistischen Amt unter Wahrung des Wahlgeheimnisses statistisch auszuwerten; die Auswertung ist zu veröffentlichen. [2]Die kommunalen Wahlleitungen können die Ergebnisse der Kommunalwahlen statistisch auswerten.

§ 49 Wahlkosten

(1) [1]Die Kosten einer Wahl trägt die Körperschaft, in der gewählt wird. [2]Körperschaften, die die Wahl für andere Körperschaften durchführen, erhalten von diesen die Aufwandsentschädigung nach § 12 sowie für die weiteren durch die Vorbereitung und Durchführung der Wahl entstandenen notwendigen Ausgaben einen festen Betrag je Wahlberechtigten als pauschale Kostenerstattung. [3]Laufende Personal- und Sachkosten sowie Kosten für die Benutzung von eigenen Räumen und Einrichtungen werden dabei nicht berücksichtigt.

(2) [1]Bei zeitgleicher Durchführung einer Wahl mit Wahlen oder Abstimmungen der erstattungsberechtigten Körperschaft wird der Erstattungsbetrag anteilig um die aufgrund der zeitgleich durchgeführten Wahl oder Abstimmung erzielten Einsparungen gekürzt. [2]Dies gilt entsprechend, wenn die Europawahl oder die Bundestagswahl und Wahlen nach dem Landes- und Kommunalwahlgesetz als verbundene Wahlen am gleichen Tag durchgeführt werden.

(3) Für Landtagswahlen wird der feste Betrag vom Innenministerium im Einvernehmen mit dem Finanzministerium durch Rechtsverordnung festgesetzt.

(4) Für Kreistags- und Landratswahlen wird der feste Betrag vom Landkreis festgesetzt.

(5) Blindenvereinen werden die durch die Herstellung und Verteilung der Stimmzettelschablonen veranlassten notwendigen Ausgaben vom Land erstattet.

§ 50 Staatliche Mittel für Einzelbewerbungen bei Landtagswahlen

(1) Bei Landtagswahlen erhalten die Bewerberinnen oder Bewerber eines nach § 15 Absatz 1 Nummer 3 in Verbindung mit § 55 Absatz 5 von Wahlberechtigten eingereichten Kreiswahlvorschlages jeweils einen Betrag von 1,02 Euro für jede für sie abgegebene gültige Erststimme, wenn sie nach dem endgültigen Ergebnis der Landtagswahl mindestens zehn Prozent der in einem Wahlkreis abgegebenen gültigen Stimmen erreicht haben.

(2) [1]Die Festsetzung und die Auszahlung der Mittel sind von den Begünstigten innerhalb von zwei Monaten nach dem Zusammentritt des Landtages bei der Präsidentin oder beim Präsidenten des Landtages schriftlich zu beantragen; danach eingehende Anträge bleiben unberücksichtigt. [2]Der Betrag wird von der Präsidentin oder vom Präsidenten des Landtages festgesetzt und ausgezahlt.

§ 51 Leistungen nach dem Parteiengesetz bei Landtagswahlen

Die durch die Präsidentin oder den Präsidenten des Deutschen Bundestages festgesetzten Mittel (§§ 18 und 20 des Parteiengesetzes) werden im Fall des § 19 Absatz 8 Satz 1 des Parteiengesetzes von der Präsidentin oder dem Präsidenten des Landtages ausgezahlt.

§ 52 Fristen und Termine

[1]Die in diesem Gesetz und in den aufgrund dieses Gesetzes erlassenen Verordnungen vorgesehenen Fristen und Termine verlängern oder ändern sich nicht dadurch, dass der letzte Tag der Frist oder ein Termin auf einen Sonnabend oder einen Sonntag oder einen gesetzlichen Feiertag fällt. [2]Die Wiedereinsetzung in den vorigen Stand ist ausgeschlossen.

Teil 2
Ergänzende Bestimmungen zum Landtagswahlrecht

§ 53 Grundsätze der Landtagswahl

[1]Der Landtag wird durch direkte Wahl einer oder eines Wahlkreisabgeordneten in jedem Wahlkreis und im Übrigen durch Verhältniswahl aus den Landeslisten der politischen Parteien gewählt. [2]Für Landtagswahlen haben die Wahlberechtigten zwei Stimmen, eine Erststimme für die Wahl der oder des Wahlkreisabgeordneten und eine Zweitstimme für die Wahl nach Landeslisten, die zugleich für das Nachrücken bei Überhang- und Ausgleichsmandaten heranzuziehen sind.

§ 54 Gliederung des Wahlgebietes bei Landtagswahlen

(1) Wahlgebiet für Landtagswahlen ist das Land Mecklenburg-Vorpommern.

(2) [1]Das Wahlgebiet wird in 36 Wahlkreise eingeteilt. [2]Die Einteilung des Wahlgebietes in Wahlkreise ergibt sich aus der Anlage zu diesem Gesetz.

(3) [1]Jeder Wahlkreis wird für die Stimmabgabe in Wahlbezirke eingeteilt. [2]Die Kreiswahlleitung bestimmt einen oder mehrere Wahlbezirke für die Briefwahl.

§ 55 Wahlvorschläge zu Landtagswahlen, Beteiligungsanzeige

(1) [1]Wahlvorschläge zu Landtagswahlen können abweichend von § 15 Absatz 1 nicht von Wählergruppen eingereicht werden. [2]Eine Partei kann in jedem Wahlkreis nur einen Kreiswahlvorschlag und im Land nur eine Landesliste einreichen.

(2) [1]Parteien, die am Tag der Aufforderung zur Einreichung von Wahlvorschlägen im Landtag oder im Deutschen Bundestag seit dessen letzter Wahl nicht aufgrund eigener Wahlvorschläge ununterbrochen mit mindestens einer oder einem für sie in Mecklenburg-Vorpommern gewählten Abgeordneten vertreten sind, können Wahlvorschläge nur einreichen, wenn sie der Landeswahlleitung ihre Beteiligung an der Wahl schriftlich bis zum 108. Tag vor der Wahl bis 18 Uhr angezeigt haben und vom Landeswahlausschuss ihre Parteieigenschaft festgestellt ist. [2]Die Anzeige muss den Namen und die Kurzbezeichnung, unter denen die Partei sich an der Wahl beteiligen will, enthalten und von den für das Wahlgebiet nach ihrer Satzung zuständigen Vertretungsberechtigten persönlich und handschriftlich unterzeichnet sein. [3]Die schriftliche Satzung und das schriftliche Programm der Landesor-

ganisation der Partei sowie ein Nachweis über die demokratische Wahl des Landesvorstandes sind der Anzeige beizufügen; Nachweise über die Parteieigenschaft nach § 2 Absatz 1 Satz 1 des Parteiengesetzes sollen ihr beigefügt werden.

(3) [1]Die Landeswahlleitung hat die Anzeige nach Absatz 2 unverzüglich nach Eingang zu prüfen. [2]§ 18 findet entsprechende Anwendung, wobei an die Stelle der Vertrauenspersonen der Landesvorstand tritt und eine gültige Anzeige nur vorliegt, wenn sie die nach diesem Gesetz erforderlichen Unterschriften trägt und die Partei mit Namen und Kurzbezeichnung eindeutig bezeichnet. [3]Nach der Entscheidung über die Feststellung der Parteieigenschaft nach Absatz 4 ist jede Mängelbeseitigung ausgeschlossen.

(4) Der Landeswahlausschuss stellt spätestens am 94. Tag vor der Wahl für alle Wahlorgane verbindlich fest,

1. welche Parteien am Tag der Aufforderung zur Einreichung von Wahlvorschlägen im Landtag von Mecklenburg-Vorpommern oder im Deutschen Bundestag seit dessen letzter Wahl aufgrund eigener Wahlvorschläge ununterbrochen mit mindestens einer oder einem für sie in Mecklenburg-Vorpommern gewählten Abgeordneten vertreten sind,
2. welche Vereinigungen, die nach Absatz 2 ihre Beteiligung angezeigt haben, für die Wahl als Partei anzuerkennen sind; für eine Ablehnung der Anerkennung ist eine Zweidrittelmehrheit erforderlich.

(5) [1]Zusätzlich zu § 16 Absatz 7 bedarf der Kreiswahlvorschlag einer einzelnen Person der persönlichen und handschriftlichen Unterschrift von mindestens 100 Wahlberechtigten. [2]Gleiches gilt für Wahlvorschläge von Parteien, die im Landtag oder dem Deutschen Bundestag seit dessen letzter Wahl nicht aufgrund eigener Wahlvorschläge ununterbrochen mit mindestens einem für sie in Mecklenburg-Vorpommern gewählten Mitglied vertreten sind. [3]Die Wahlberechtigung muss im Zeitpunkt der Unterzeichnung gegeben sein und ist bei Einreichung des Wahlvorschlages nachzuweisen. [4]Unterzeichnende eines Kreiswahlvorschlages müssen im betreffenden Wahlkreis wahlberechtigt sein. [5]Jede wahlberechtigte Person darf nur einen Kreiswahlvorschlag und eine Landesliste unterzeichnen.

(6) Kreiswahlvorschläge sind der zuständigen Gemeinde- oder Kreiswahlleitung, die Landeslisten der Landeswahlleitung spätestens am 75. Tag vor der Wahl bis 16 Uhr schriftlich einzureichen.

§ 56 Aufstellen von Bewerberinnen und Bewerbern zu Landtagswahlen

(1) Wahlkreisbewerberinnen und Wahlkreisbewerber können gewählt werden

1. in einer Versammlung der im Zeitpunkt ihres Zusammentritts im Wahlkreis zum Landtagwahlberechtigten Mitglieder oder Delegierten der Partei (Wahlkreisversammlung) nach § 15 Absatz 4,
2. in Kreisen und kreisfreien Städten, die mehrere Wahlkreise umfassen, in einer gemeinsamen Versammlung der im Zeitpunkt ihres Zusammentritts in diesen Wahlkreisen zum Landtag wahlberechtigten Mitglieder oder Delegierten der Partei (gemeinsame Wahlkreisversammlung).

(2) Landeslistenbewerberinnen und Landeslistenbewerber sind in verbindlicher Reihenfolge in einer Landesversammlung nach § 15 Absatz 4 zu wählen.

(3) Die Wahlen dürfen frühestens 45 Monate, für die Vertreterversammlung nach § 15 Absatz 4 Nummer 2 frühestens 42 Monate nach Beginn der Wahlperiode des Landtages stattfinden; dies gilt nicht, wenn die Wahlperiode vorzeitig endet.

(4) [1]Dieselbe Person kann nur auf einer Landesliste oder auf einem Kreiswahlvorschlag benannt sein. [2]Sie kann jedoch zugleich auf einem Kreiswahlvorschlag und auf der Landesliste derselben Partei benannt werden. [3]Der Kreiswahlvorschlag darf nur den Namen einer Person enthalten. [4]Die Anzahl der Personen auf einer Landesliste ist nicht begrenzt.

§ 57 Wahl von Landtagsabgeordneten in den Wahlkreisen

[1]Bei Landtagswahlen wird in jedem Wahlkreis eine Abgeordnete oder ein Abgeordneter gewählt. [2]Gewählt ist, wer die meisten Stimmen auf sich vereinigt. [3]Bei Stimmengleichheit entscheidet das von der Kreiswahlleitung zu ziehende Los.

§ 58 Wahl nach Landeslisten

(1) Bei der Verteilung der Landtagssitze auf die Landeslisten werden nur Parteien berücksichtigt, die mindestens fünf Prozent der abgegebenen gültigen Stimmen erhalten haben.

(2) [1]Für die Verteilung der nach Landeslisten zu besetzenden Sitze werden die für jede Landesliste abgegebenen Zweitstimmen zusammengezählt. [2]Nicht berücksichtigt werden dabei die Zweitstimmen

derjenigen Wahlberechtigten, die ihre Erststimmen für eine im Wahlkreis erfolgreiche Person abgegeben haben, die als Einzelbewerbung oder von einer Partei vorgeschlagen ist, für die keine Landesliste zugelassen ist. 3Von der Gesamtzahl der nach Artikel 20 Absatz 2 der Verfassung des Landes Mecklenburg-Vorpommern zu wählenden Abgeordneten wird die Zahl der erfolgreichen Wahlkreisbewerberinnen und Wahlkreisbewerber abgezogen, die in Satz 2 genannt oder von einer nach Absatz 1 nicht zu berücksichtigenden Partei vorgeschlagen sind.

(3) 1Die nach Absatz 2 Satz 3 verbleibenden Sitze werden auf die Landeslisten wie folgt verteilt. 2Die Gesamtzahl der verbleibenden Sitze, vervielfacht mit der Zahl der Zweitstimmen für die jeweilige Landesliste im Wahlgebiet, wird durch die Gesamtzahl der Zweitstimmen aller zu berücksichtigenden Landeslisten geteilt. 3Dabei erhält jede Landesliste zunächst so viele Sitze wie sich für sie ganze Zahlen ergeben. 4Sind danach noch Sitze zu vergeben, so sind diese in der Reihenfolge der höchsten Zahlenbruchteile, die sich bei der Berechnung nach Satz 2 ergeben, auf die Landeslisten zu verteilen. 5Über die Zuteilung entscheidet bei gleichen Zahlenbruchteilen das von der Landeswahlleitung zu ziehende Los.

(4) 1Erhält bei der Verteilung der Sitze nach Absatz 3 eine Landesliste, auf die mehr als die Hälfte der Gesamtzahl aller zu berücksichtigenden Zweitstimmen entfallen ist, nicht mehr als die Hälfte der zu vergebenden Sitze, wird ihr von den nach Zahlenbruchteilen zu vergebenden Sitzen abweichend von Absatz 3 Satz 4 und 5 zunächst ein weiterer Sitz zugeteilt. 2Danach noch zu vergebende Sitze werden nach Absatz 3 Satz 4 und 5 verteilt.

(5) 1Von der für jede Partei so ermittelten Abgeordnetenzahl wird die Zahl der in den Wahlkreisen von ihr errungenen Sitze abgerechnet. 2Die ihr hiernach noch zustehenden Sitze werden aus der Landesliste in der dort festgelegten Reihenfolge besetzt. 3Personen, die in einem Wahlkreis gewählt sind, bleiben auf der Landesliste unberücksichtigt. 4Entfallen auf eine Landesliste mehr Sitze als sie Namen enthält, so bleiben diese Sitze unbesetzt.

(6) 1In den Wahlkreisen errungene Sitze verbleiben der Partei auch dann, wenn sie die nach den Absätzen 3 und 4 ermittelte Zahl übersteigen (Überhangmandate). 2In diesem Fall werden den übrigen Landeslisten weitere Sitze zugeteilt (Ausgleichsmandate). 3Die Gesamtzahl der Abgeordnetensitze (Artikel 20 Absatz 2 der Verfassung des Landes Mecklenburg-Vorpommern) erhöht sich um so viele, bis unter Einbeziehung der Überhangmandate das nach den Absätzen 3 und 4 zu berechnende Verhältnis erreicht ist. 4Die Zahl der Ausgleichsmandate darf dabei jedoch das Doppelte der Zahl der Überhangmandate nicht übersteigen. 5Ist die erhöhte Gesamtzahl der Abgeordnetensitze eine gerade Zahl, so wird diese um einen zusätzlichen Sitz erhöht. 6Auch bei Überhang- und Ausgleichsmandaten ist § 46 anwendbar.

§ 59 Verlust der Mitgliedschaft im Landtag

(1) 1Abgeordnete verlieren ihre Mitgliedschaft im Landtag
1. durch Verzicht,
2. durch nachträglichen Verlust der Wählbarkeit,
3. durch Feststellung der Ungültigkeit des Erwerbs der Mitgliedschaft,
4. bei Neufeststellung des Wahlergebnisses, wenn sie nach dem neuen Wahlergebnis nicht mehr Mitglied des Landtages werden,
5. durch Feststellung der Verfassungswidrigkeit der Partei oder der Teilorganisation einer Partei, der sie angehören, durch das Bundesverfassungsgericht im Verfahren nach Artikel 21 Absatz 2 Satz 2 des Grundgesetzes.

2Verlustgründe nach anderen gesetzlichen Vorschriften bleiben unberührt.

(2) 1Der Verzicht ist zur Niederschrift der Präsidentin oder des Präsidenten des Landtages oder einer deutschen Notarin oder eines deutschen Notars mit Sitz im Geltungsbereich des Grundgesetzes zu erklären. 2Die notarielle Verzichtserklärung hat die oder der Abgeordnete der Präsidentin oder dem Präsidenten des Landtages zu übermitteln. 3Der Verzicht kann nicht widerrufen werden.

(3) 1Die Feststellung, ob die Voraussetzungen nach Absatz 1 vorliegen, trifft im Fall
1. der Nummer 1
   die Präsidentin oder der Präsident des Landtages in Form der Erteilung einer schriftlichen Bestätigung des Verzichts,

2. der Nummer 2
   a) die Präsidentin oder der Präsident des Landtages durch Entscheidung, wenn der Verlust der Wählbarkeit durch rechtskräftigen Richterspruch eingetreten ist,
   b) im Übrigen der Landtag im Wahlprüfungsverfahren,
3. der Nummer 3
   der Landtag im Wahlprüfungsverfahren,
4. der Nummern 4 und 5
   die Präsidentin oder der Präsident des Landtages durch Entscheidung.

[2]Entscheidet die Präsidentin oder der Präsident des Landtages über den Verlust der Mitgliedschaft, so scheidet das Mitglied mit der Zustellung der Entscheidung oder zu dem in der Entscheidung bestimmten Zeitpunkt aus dem Landtag aus, sofern es keinen Antrag nach Satz 4 stellt. [3]Die Entscheidung ist unverzüglich von Amts wegen zu treffen. [4]Innerhalb von zwei Wochen nach Zustellung der Entscheidung kann die oder der betroffene Abgeordnete die Entscheidung des Landtages über die Mitgliedschaft im Wahlprüfungsverfahren beantragen.

(4) [1]Hat der Landtag nach Absatz 3 die Feststellung zu treffen, ob eine Person die Mitgliedschaft im Landtag verloren hat, ist zur Einleitung des Wahlprüfungsverfahrens nach § 35 antragsberechtigt,
1. im Fall des Absatzes 3 Satz 1 Nummer 1, Nummer 2 Buchstabe a und Nummer 4 in Verbindung mit Absatz 3 Satz 4 die von der Entscheidung betroffene Person,
2. im Fall des Absatzes 3 Satz 1 Nummer 2 Buchstabe b und Nummer 3
   a) jede im Landtag vertretene Partei,
   b) jede Fraktion des Landtages,
   c) eine Gruppe von mindestens zehn Mitgliedern des Landtages,
   d) das Innenministerium,
   e) die Landeswahlleitung.

[2]Der Antrag nach Satz 1 Nummer 1 kann nur innerhalb von zwei Wochen nach Zustellung der Entscheidung, der Antrag nach Satz 1 Nummer 2 kann jederzeit gestellt werden. [3]Der Antrag ist schriftlich oder zur Niederschrift unter Angabe der Gründe bei der Präsidentin oder dem Präsidenten des Landtages zu stellen.

Teil 3

Ergänzende Bestimmungen zum Kommunalwahlrecht

§ 60 Wahlgrundsätze und Anzahl der Sitze in Gemeindevertretung und Kreistag

(1) [1]Die kommunalen Vertretungen werden aufgrund von Wahlvorschlägen nach den Grundsätzen einer mit der Personenwahl verbundenen Verhältniswahl gewählt. [2]Die Wahlberechtigten haben drei Stimmen, die sie einer Person geben oder auf zwei oder drei Personen eines Wahlvorschlages oder unterschiedlicher Wahlvorschläge verteilen können.

(2) [1]Die Anzahl der Sitze in der Gemeindevertretung beträgt in Gemeinden mit einer Einwohnerzahl

		bis zu	500	7
von	501	bis zu	1 000	9
von	1 001	bis zu	1 500	11
von	1 501	bis zu	3 000	13
von	3 001	bis zu	4 500	15
von	4 501	bis zu	6 000	17
von	6 001	bis zu	7 500	19
von	7 501	bis zu	10 000	21
von	10 001	bis zu	20 000	25
von	20 001	bis zu	30 000	29
von	30 001	bis zu	50 000	37
von	50 001	bis zu	75 000	43
von	75 001	bis zu	100 000	45
von	100 001	bis zu	150 000	47
		über	150 000	53

[2]In ehrenamtlich verwalteten Gemeinden verringert sich die Anzahl der Sitze in der nach Satz 1 zu wählenden Gemeindevertretung jeweils um eins. [3]Dies gilt nicht, wenn ein Fall des § 67 Absatz 4 vorliegt.

(3) [1]Die Anzahl der Kreistagsmitglieder beträgt in Landkreisen mit einer Einwohnerzahl von

bis zu	175 000	61
und über	175 000	69

[2]In Landkreisen, deren Gebiet sich über eine Fläche von mehr als 4 000 Quadratkilometern erstreckt, erhöht sich die Zahl der nach Satz 1 zu wählenden Kreistagsmitglieder jeweils um acht.

(4) [1]Im Fall der Neubildung von Gemeinden und Landkreisen bestimmt sich die Anzahl der Sitze in der zu wählenden Vertretung nach den Absätzen 2 und 3. [2]Die Gemeinden können im Gebietsänderungsvertrag vereinbaren, dass sich die Anzahl der Sitze in der Gemeindevertretung in der ersten Wahlperiode nach der Neubildung oder Eingemeindung einer Gemeinde in Gemeinden mit einer Einwohnerzahl bis zu 1 500 um zwei und in Gemeinden mit einer Einwohnerzahl über 1 500 um zwei oder vier erhöht. [3]Findet eine Gebietsänderung während der Wahlperiode statt, erhöht sich die Anzahl der Sitze in der Vertretung in der Gemeinde oder in dem Landkreis mit dem Einwohnerzuwachs bis zum Ende der Wahlperiode im gleichen Verhältnis wie die Einwohnerzahl. [4]Soweit mit der Neubildung eine Auflösung von Gemeinden oder Landkreisen verbunden ist, endet die Wahlzeit der bisherigen Mitglieder der Vertretung mit dieser Auflösung.

(5) Für die Ermittlung der nach Absatz 2 und 3 zu Grunde zu legenden Einwohnerzahlen ist das letzte verfügbare Stichtagsergebnis der amtlichen Bevölkerungszahlen zum 31. Dezember eines Jahres maßgeblich.

§ 61 Wahlgebiet, Wahlbereiche und Wahlbezirke bei Kommunalwahlen

(1) Wahlgebiet ist das Gebiet der Kommune, in der gewählt wird.

(2) [1]Wahlgebiete mit einer Einwohnerzahl von bis zu 25 000 können in mehrere Wahlbereiche eingeteilt werden. [2]Alle übrigen Wahlgebiete sind in mehrere Wahlbereiche einzuteilen. [3]Für die Einwohnerzahl ist § 60 Absatz 5 anzuwenden.

(3) [1]Über Zahl und Abgrenzung der Wahlbereiche entscheidet die Vertretung. [2]Bei ihrer Bildung sind die örtlichen Verhältnisse sowie die historischen Gegebenheiten zu berücksichtigen. [3]Wahlbereiche bilden eine territoriale Einheit, soweit sich aus der Fläche der Ämter und Gemeinden keine Abweichungen ergeben. [4]Die Einwohnerzahl eines Wahlbereiches soll von der durchschnittlichen Einwohnerzahl aller Wahlbereiche nicht um mehr als 15 Prozent nach oben oder unten abweichen. [5]Die Wahlbereichsgrenzen der Landkreise dürfen die Wahlbereiche von Gemeinden grundsätzlich nicht durchschneiden. [6]Eine Ausnahme gilt nur, wenn die Landkreise sich vor der Einteilung ihrer Wahlbereiche mit den Gemeinden abgestimmt haben und bei der notwendigen Abwägung die Einhaltung von Satz 4 in keiner anderen Einteilung möglich ist.

(4) [1]Jeder Wahlbereich bildet zur Stimmabgabe mindestens einen Wahlbezirk. [2]Soweit erforderlich, teilt die Gemeindewahlbehörde den Wahlbereich in mehrere Wahlbezirke ein und bestimmt je Wahlbereich einen oder mehrere Wahlbezirke für die Briefwahl.

§ 62 Wahlvorschläge zu Kommunalwahlen

(1) [1]Die Wahlvorschläge zur Wahl von kommunalen Vertretungen werden für die Wahlbereiche aufgestellt. [2]Jeder Wahlvorschlagsträger darf in jedem Wahlbereich jeweils einen Wahlvorschlag einreichen. [3]Für jede Wahl darf eine Person vom gleichen Wahlvorschlagsträger in mehreren Wahlbereichen benannt werden. [4]Der Wahlvorschlag einer Partei oder Wählergruppe darf mehrere Personen, der Wahlvorschlag einer Einzelbewerbung darf nur eine Person enthalten.

(2) [1]Die Wahlvorschläge zu einer Bürgermeister- oder Landratswahl werden für das Wahlgebiet aufgestellt und dürfen jeweils nur eine Person enthalten. [2]Dabei können mehrere Parteien und Wählergruppen einen gemeinsamen Wahlvorschlag einreichen; § 16 Absatz 4 ist anwendbar, wobei an die Stelle der vorschlagenden Partei alle gemeinsam vorschlagenden Parteien treten. [3]Jede Partei oder Wählergruppe darf sich nur an einem gemeinsamen Wahlvorschlag beteiligen.

(3) [1]Für das Aufstellungsverfahren ist § 15 Absatz 4 anwendbar. [2]Ist die nach der Satzung zuständige Organisation der Partei oder Wählergruppe für das Aufstellungsverfahren nicht beschlussfähig oder ist eine geheime Wahl wegen einer Teilnehmerzahl unter drei nicht möglich, ist die nächsthöhere

Organisation der Partei oder Wählergruppe zuständig, soweit nicht die Satzung hierfür Regelungen enthält.

(4) Wahlvorschläge sind spätestens am 75. Tag vor der Wahl bis 16 Uhr schriftlich bei der für das Wahlgebiet zuständigen Wahlleitung einzureichen.

§ 63 System der Sitzverteilung bei Kommunalwahlen in Wahlgebieten mit einem Wahlbereich

(1) Der Wahlausschuss stellt das Wahlergebnis (§ 33 Absatz 1) in Wahlgebieten mit einem Wahlbereich nach den folgenden Bestimmungen fest.

(2) [1]Die im Wahlgebiet zu vergebenden Sitze werden nach den folgenden Sätzen 2 bis 5 auf die Wahlvorschläge verteilt. [2]Die Gesamtzahl der Sitze, vervielfacht mit der Zahl der Stimmen, die ein Wahlvorschlag erhalten hat, wird durch die Stimmenzahl aller Wahlvorschläge geteilt. [3]Jeder Wahlvorschlag erhält zunächst so viele Sitze wie ganze Zahlen auf ihn entfallen. [4]Danach zu vergebende Sitze sind den Wahlvorschlägen in der Reihenfolge der höchsten Zahlenbruchteile, die sich bei der Berechnung nach Satz 2 ergeben, zuzuteilen. [5]Bei gleichen Zahlenbruchteilen entscheidet das von der Wahlleitung zu ziehende Los.

(3) [1]Erhält bei der Verteilung der Sitze nach Absatz 2 der Wahlvorschlag einer Partei oder Wählergruppe, auf den mehr als die Hälfte der Stimmenzahl entfallen ist, nicht mehr als die Hälfte der insgesamt zu vergebenden Sitze, so wird ihm von den nach Zahlenbruchteilen zu vergebenden Sitzen abweichend von Absatz 2 Satz 4 und 5 ein weiterer Sitz zugeteilt. [2]Danach zu vergebende Sitze werden nach Absatz 2 Satz 4 und 5 zugeteilt. [3]In den ehrenamtlich verwalteten Gemeinden ist bei der Feststellung nach Satz 1, ob auf eine Partei oder Wählergruppe mehr als die Hälfte der Sitze entfallen ist, der Sitz der direkt gewählten Bürgermeisterin oder des direkt gewählten Bürgermeisters bei der Partei oder Wählergruppe zu berücksichtigen, von der sie oder er zur Bürgermeister-, Kreistags- oder Gemeindevertretungswahl für den gleichen Wahltag vorgeschlagen oder nach § 62 Absatz 2 Satz 2 gemeinsam vorgeschlagen wurde.

(4) [1]Die auf den Wahlvorschlag einer Partei oder Wählergruppe nach den Absätzen 2 und 3 entfallenen Sitze werden an die Bewerberinnen und Bewerber dieses Wahlvorschlages in der Reihenfolge ihrer Stimmenzahlen vergeben. [2]Bei gleichen Stimmenzahlen entscheidet die Reihenfolge im Wahlvorschlag.

(5) Ergibt die Berechnung nach den Absätzen 2 und 3 mehr Sitze für einen Wahlvorschlag als Personen auf ihm vorhanden sind, so bleiben die übrigen Sitze bis zum Ablauf der Wahlperiode unbesetzt, soweit nicht § 44 Absatz 5 anzuwenden ist.

§ 64 System der Sitzverteilung bei Kommunalwahlen in Wahlgebieten mit mehreren Wahlbereichen

(1) Der Wahlausschuss stellt das Wahlergebnis (§ 33 Absatz 1) in Wahlgebieten mit mehreren Wahlbereichen nach den folgenden Bestimmungen fest.

(2) Die im Wahlgebiet zu vergebenden Sitze werden den Parteien, Wählergruppen und Einzelbewerbungen aufgrund ihrer Gesamtstimmenzahlen (Absatz 1) nach dem Verfahren gemäß § 63 Absatz 2 und 3 zugeteilt.

(3) Die einer Partei oder Wählergruppe nach Absatz 2 im Wahlgebiet zugefallenen Sitze werden ihren Wahlvorschlägen in den einzelnen Wahlbereichen entsprechend dem Verfahren nach § 63 zugeteilt.

(4) [1]Die Zuweisung der nach Absatz 3 auf den Wahlvorschlag einer Partei oder Wählergruppe entfallenden Sitze an die Bewerberinnen und Bewerber dieses Wahlvorschlags richtet sich nach § 63. [2]Entfallen auf eine Person im Sinne des § 62 Absatz 1 Satz 3 rechnerisch mehrere Sitze, wird sie bei der Sitzverteilung unter den Wahlbereichen, in denen dem Wahlvorschlag nach Absatz 3 Sitze zugeteilt wurden, in dem Wahlbereich berücksichtigt, in welchem sie die meisten Stimmen auf sich vereinigt. [3]Bei Stimmengleichheit entscheidet das von der Wahlleitung zu ziehende Los.

(5) [1]Ergibt die Berechnung nach Absatz 3 mehr Sitze für einen Wahlvorschlag als Personen auf ihm vorhanden sind, so erhalten die übrigen Sitze diejenigen Personen auf den Wahlvorschlägen dieser Partei oder Wählergruppe in den anderen Wahlbereichen, die dort keinen Sitz erhalten. [2]Die Sitze werden in der Reihenfolge der höchsten Stimmenzahlen vergeben. [3]Bei gleichen Stimmenzahlen entscheidet die Reihenfolge im Wahlvorschlag, bei Gleichrangigkeit das von der Wahlleitung zu ziehende Los.

§ 65 Verlust des Sitzes in Gemeindevertretung oder Kreistag

(1) Ein Mitglied einer kommunalen Vertretung verliert den Sitz und scheidet aus der Vertretung aus, wenn

1. es verzichtet, mit Zugang der Verzichtserklärung (§ 23 Absatz 3 Satz 4 der Kommunalverfassung) gegenüber der oder dem Vorsitzenden der Vertretung oder, wenn dieser später liegt, zu einem in der Verzichtserklärung angegebenen Zeitpunkt,
2. es aufgrund einer Entscheidung im Wahlprüfungsverfahren ausscheiden muss (§ 40 Absatz 1), mit Unanfechtbarkeit dieser Entscheidung,
3. das Wahlergebnis neu festgestellt wurde (§ 43 Absatz 1), mit dessen öffentlicher Bekanntmachung,
4. nach der Wahl eine Voraussetzung der Wählbarkeit (§ 6) weggefallen ist und die Gemeindewahlbehörde, bei Mitgliedern des Kreistages die Kreiswahlbehörde, dies festgestellt hat, mit Unanfechtbarkeit der Feststellung,
5. es von einem Parteiverbot (§ 47 Absatz 1) betroffen ist, mit der Rechtskraft der Entscheidung des Bundesverfassungsgerichts,
6. es in dem Wahlgebiet, in dem es einen Sitz innehat, zur Bürgermeisterin oder zum Bürgermeister oder zur Landrätin oder zum Landrat ernannt wird, zum Zeitpunkt der Ernennung; dies gilt nicht, wenn bei der Wahl einer ehrenamtlichen Bürgermeisterin oder eines ehrenamtlichen Bürgermeisters, die gleichzeitig mit der Wahl der Vertretung stattfinden soll, ein Fall des § 67 Absatz 4 vorliegt.

(2) Durch das Ausscheiden des Mitglieds einer kommunalen Vertretung wird die Rechtswirksamkeit seiner bisherigen Tätigkeit nicht berührt.

§ 66 Persönliche Voraussetzungen für die Wahl zur Bürgermeisterin oder zum Bürgermeister oder zur Landrätin oder zum Landrat

(1) [1]Wählbar zur ehrenamtlichen oder hauptamtlichen Bürgermeisterin oder zum ehrenamtlichen oder hauptamtlichen Bürgermeister oder zur Landrätin oder zum Landrat ist, wer am Tag der Wahl nicht nach § 6 Absatz 2 von der Wählbarkeit ausgeschlossen ist und das 18. Lebensjahr vollendet hat. [2]Alle Personen, die sich bewerben und am 15. Januar 1990 das 18. Lebensjahr bereits vollendet hatten, haben schriftlich zu erklären, ob sie eine Tätigkeit für die Staatssicherheit der Deutschen Demokratische Republik ausgeübt haben. [3]Es steht ihnen frei, eine Begründung dazu abzugeben.

(2) [1]Wählbar zur hauptamtlichen Bürgermeisterin oder zum hauptamtlichen Bürgermeister oder zur Landrätin oder zum Landrat ist nur, wer am Tag der Wahl das 60. Lebensjahr, bei Wiederwahl das 64. Lebensjahr noch nicht vollendet hat und die Voraussetzungen zur Ernennung zur Beamtin auf Zeit oder zum Beamten auf Zeit erfüllt. [2]Abweichend von § 6 Absatz 1 ist der Wohnsitz im Wahlgebiet keine Voraussetzung der Wählbarkeit.

(3) Wählbar zur ehrenamtlichen Bürgermeisterin oder zum ehrenamtlichen Bürgermeister ist, wer in der Gemeinde nach § 6 wählbar ist und die Voraussetzungen zur Ernennung zur Ehrenbeamtin oder zum Ehrenbeamten erfüllt.

(4) [1]Der Wahlausschuss prüft auf der Grundlage des Inhalts der Wahlvorschläge, ob die in den Absätzen 1 bis 3 genannten Voraussetzungen vorliegen. [2]Liegen tatsächliche Anhaltspunkte vor, die Anlass zu Zweifeln geben, ob die Voraussetzung des § 7 Absatz 1 Nummer 2 des Beamtenstatusgesetzes erfüllt ist, wonach die zur Wahl stehenden Personen die Gewähr dafür bieten müssen, jederzeit für die freiheitliche demokratische Grundordnung im Sinne des Grundgesetzes einzutreten, legt der zuständige Wahlausschuss den Wahlvorschlag der Rechtsaufsichtsbehörde zur Prüfung dieser Wählbarkeitsvoraussetzung vor. [3]Die Rechtsaufsichtsbehörde kann im Rahmen ihrer Prüfung Auskünfte über die Bewerberin oder den Bewerber von der Verfassungsschutzbehörde des Landes Mecklenburg-Vorpommern einholen. [4]Diese hat die Auskünfte unverzüglich zu erteilen. [5]Die Rechtsaufsichtsbehörde unterrichtet den Wahlausschuss über das Ergebnis ihrer Prüfung. [6]Sie darf die von der Verfassungsschutzbehörde erhaltenen Auskünfte an den zuständigen Wahlausschuss weitergeben.

§ 67 Durchführung von Bürgermeister- oder Landratswahlen

(1) [1]Die Bürgermeisterin oder der Bürgermeister oder die Landrätin oder der Landrat wird im Wahlgebiet von den Wahlberechtigten nach den Grundsätzen der Mehrheitswahl gewählt. [2]Die Wahlbe-

rechtigten haben eine Stimme. [3]Die Wahl ehrenamtlicher Bürgermeisterinnen und Bürgermeister findet zusammen mit der regelmäßigen Wahl der Gemeindevertretungen statt.

(2) [1]Gewählt ist, wer mehr als die Hälfte der gültigen Stimmen erhalten hat. [2]Erhält niemand diese Mehrheit, so findet zwischen den beiden Personen mit den höchsten Stimmenzahlen eine Stichwahl statt. [3]Bei Stimmengleichheit entscheidet das von der Wahlleitung zu ziehende Los, wer für die Stichwahl zugelassen wird. [4]Verzichtet jemand auf die Teilnahme an der Stichwahl, so tritt an diese Stelle die Person mit der nächsthöchsten Stimmenzahl. [5]Satz 3 gilt entsprechend. [6]Der Verzicht kann spätestens am Tag nach der Wahl schriftlich gegenüber der Wahlleitung erklärt werden; § 34 Satz 3 und 4 ist entsprechend anzuwenden. [7]Bei der Stichwahl ist gewählt, wer von den gültigen Stimmen die höchste Stimmenzahl erhalten hat. [8]Bei Stimmengleichheit entscheidet das von der Wahlleitung zu ziehende Los.

(3) [1]Die Wahl findet nur mit einer Bewerberin oder einem Bewerber statt, wenn

1. nur eine Person zugelassen wird oder die Zugelassenen bis auf eine Person auf die Teilnahme verzichten,
2. eine der für die Stichwahl zugelassenen Personen durch Tod oder Verlust der Wählbarkeit ausscheidet oder auf die Teilnahme verzichtet, sofern niemand nach Absatz 2 Satz 4 vorhanden ist, der an die Stelle der ausgeschiedenen Person tritt.

[2]Die Feststellung nach Satz 1 trifft der Wahlausschuss. [3]Bei der Wahl mit einer Bewerberin oder einem Bewerber wird mit Ja oder Nein abgestimmt; gewählt ist, wer von den gültigen Stimmen mehr Ja-Stimmen als Nein-Stimmen erhalten hat, sofern der Stimmenanteil der Ja-Stimmen mindestens 15 Prozent der Wahlberechtigten umfasst. [4]Anderenfalls ist Absatz 4 entsprechend anzuwenden.

(4) [1]Treten alle zugelassenen Personen vor der Wahl zurück oder wird kein gültiger Wahlvorschlag eingereicht, wählt die Gemeindevertretung die Bürgermeisterin oder den Bürgermeister und der Kreistag die Landrätin oder den Landrat. [2]Die Feststellung nach Satz 1 trifft der Wahlausschuss. [3]Für diese Wahl finden § 40 Absatz 1 Satz 2 bis 5 oder § 117 Absatz 1 Satz 2 bis 5 der Kommunalverfassung Anwendung mit der Maßgabe, dass in ehrenamtlich verwalteten Gemeinden ein Mitglied der Vertretung zu wählen ist. [4]Ein Wahlvorschlagsverfahren nach diesem Gesetz findet nicht statt.

(5) Für die Stichwahl gelten die Bestimmungen dieses Gesetzes entsprechend.

§ 68 Feststellung des Wahlergebnisses einer Bürgermeister- oder Landratswahl

(1) Der Wahlausschuss stellt für das Wahlgebiet fest, wie viele Stimmen auf jede Bewerberin und jeden Bewerber entfallen sind und wer damit gewählt oder für die Stichwahl zugelassen ist.

(2) Findet die Wahl nach § 67 Absatz 3 statt, stellt der Wahlausschuss fest, ob die erforderliche Mehrheit erreicht worden ist.

§ 69 Verlust der Rechtsstellung der Bürgermeisterin oder des Bürgermeisters oder der Landrätin oder des Landrates

Die Bürgermeisterin oder der Bürgermeister oder die Landrätin oder der Landrat verliert das Amt

1. mit Beendigung des Beamtenverhältnisses,
2. durch unanfechtbare Feststellung der Ungültigkeit der Wahl im Wahlprüfungsverfahren,
3. durch unanfechtbare Berichtigung des Wahlergebnisses oder Neufeststellung des Wahlergebnisses aufgrund einer Wiederholungswahl oder
4. wenn eine Voraussetzung der Wählbarkeit weggefallen ist und die Rechtsaufsichtsbehörde dies festgestellt hat, mit Unanfechtbarkeit der Feststellung.

Teil 4
Schlussbestimmungen

§ 70 Ordnungswidrigkeiten

(1) Ordnungswidrig handelt, wer

1. entgegen § 12 Absatz 2 oder 3 ohne gesetzlichen Grund die Übernahme einer ehrenamtlichen oder nebenamtlichen Tätigkeit ablehnt oder sich ohne genügende Entschuldigung diesen Pflichten entzieht oder
2. entgegen § 28 Absatz 2 Ergebnisse von Wählerbefragungen nach der Stimmabgabe über den Inhalt der Wahlentscheidung vor Ablauf der Wahldauer veröffentlicht.

(2) Die Ordnungswidrigkeit nach Absatz 1 Nummer 1 kann mit einer Geldbuße bis zu 500 Euro, die Ordnungswidrigkeit nach Absatz 1 Nummer 2 mit einer Geldbuße bis zu 5 000 Euro geahndet werden.

(3) Verwaltungsbehörde im Sinne des § 36 Absatz 1 Nummer 1 des Gesetzes über Ordnungswidrigkeiten ist

1. bei Ordnungswidrigkeiten nach Absatz 1 Nummer 1
   a) die Landeswahlleitung, wenn sich die Ordnungswidrigkeit auf eine Tätigkeit in einem Wahlorgan des Landes bezieht,
   b) die Gemeindewahlleitung der kreisfreien Stadt, wenn sich die Ordnungswidrigkeit auf eine Tätigkeit in einem Wahlorgan der kreisfreien Stadt bezieht,
   c) die Kreiswahlleitung in allen anderen Fällen,
2. bei Ordnungswidrigkeiten nach Absatz 1 Nummer 2 die Landeswahlleitung.

§ 71 Durchführungsbestimmungen

(1) [1]Das Innenministerium wird ermächtigt, zur Ausführung dieses Gesetzes eine Wahlordnung als Rechtsverordnung zu erlassen. [2]In der Wahlordnung können Bestimmungen getroffen werden über

1. Bildung, Pflichten, Aufgaben und Beschlussfähigkeit der Wahlorgane,
2. die Aufgaben der Wahlbehörden,
3. die Übertragung von Aufgaben auf das Amt,
4. die Zeit der Öffnung der Wahlräume am Wahltag,
5. die Bekanntmachung der Wahl,
6. die Bildung der Wahlbezirke und ihre Bekanntmachung,
7. die Übernahme eines Wahlehrenamtes und die Aufwandsentschädigung für Mitglieder von Wahlorganen,
8. die Vorbereitung der Wahlen für Unionsbürgerinnen und Unionsbürger,
9. Beteiligungsanzeigen zu Landtagswahlen,
10. den Inhalt der Niederschrift über die Aufstellung der Bewerberinnen und Bewerber,
11. Höchstzahl, Einreichung, Inhalt und dazugehörige Unterlagen, Form, Prüfung, Beseitigung von Mängeln, Änderung und Ergänzung sowie Zulassung und Bekanntgabe der Wahlvorschläge,
12. Beschwerden gegen die Entscheidung des Wahlausschusses über die Zulassung von Wahlvorschlägen,
13. Form und Inhalt der Stimmzettel,
14. Beschaffung und Aufbewahrung von Wahlunterlagen,
15. die Voraussetzungen für die Aufnahme in die Wählerverzeichnisse, deren Führung, Berichtigung und Abschluss, die Möglichkeit der Einsichtnahme, den Antrag auf Berichtigung des Wählerverzeichnisses und die Beschwerde gegen die Ablehnung dieses Antrags, das Anfertigen von Auszügen aus dem Wählerverzeichnis und die Benachrichtigung der Wahlberechtigten,
16. die Voraussetzungen für die Erteilung von Wahlscheinen und den Einspruch und die Beschwerde gegen die Versagung von Wahlscheinen,
17. die Briefwahl, die Bildung von Briefwahlvorständen und die Umschläge für die Briefwahl,
18. die Bereitstellung, Einrichtung und Bekanntmachung der Wahlräume sowie über Vorrichtungen zur Wahrung des Wahlgeheimnisses und die Ausstattung des Wahlvorstandes,
19. die Stimmabgabe und die Verwendung technischer Hilfsmittel bei Stimmabgabe und Ergebnisermittlung,
20. die Vorbereitung und Durchführung der Stichwahl,
21. die Feststellung der Wahlergebnisse, ihre Weitermeldung und Bekanntgabe, die Benachrichtigung der Gewählten,
22. Auslegungsregeln für die Gültigkeit von Stimmen,
23. die Wahlprüfung und die Bekanntmachung der im Wahlprüfungsverfahren getroffenen Entscheidungen,
24. die Besonderheiten bei der Durchführung von Wahlen nach § 44,
25. den Ersatz ausgeschiedener Mitglieder kommunaler Vertretungen und die Bestimmung von in den Landtag nachrückenden Personen,
26. die Auswertung von Wahlen für statistische Erhebungen,
27. die Veranschlagung und Prüfung der Verwendung von Mitteln für Einzelbewerbungen und Leistungen nach dem Parteiengesetz bei Landtagswahlen,

28. die Anpassung der Regelungen dieses Gesetzes und weitere Regelungen, die erforderlich sind, um Wahlen, die nach diesem Gesetz durchgeführt werden, am gleichen Tag mit der Wahl der Abgeordneten des Europäischen Parlaments aus der Bundesrepublik Deutschland (Europaparlamentswahl) oder mit der Wahl des Deutschen Bundestages durchführen zu können, wenn und soweit das Bundesrecht andere Regelungen als dieses Gesetz vorsieht.

3Die Wahlordnung kann verbindliche Muster der zur Wahldurchführung erforderlichen Erklärungen, Niederschriften und sonstigen Formulare enthalten.

(2) 1Das Innenministerium wird ermächtigt, zur Ausführung dieses Gesetzes eine Verwaltungsvorschrift zu erlassen. 2In der Verwaltungsvorschrift sind Bestimmungen zu treffen über die Pflichten der Wahlorgane und Wahlbehörden.

(3) Das Innenministerium wird ermächtigt, die Abgrenzung von Wahlkreisen innerhalb der bestehenden Einteilung aufgrund kommunaler Gebiets- oder Namensänderungen neu zu beschreiben und im Gesetz- und Verordnungsblatt für Mecklenburg-Vorpommern als Neufassung der Anlage zu § 54 Absatz 2 bekannt zu machen.

(4) Bei einer Auflösung des Landtages kann das Innenministerium die in diesem Gesetz und in der Wahlordnung bestimmten Fristen und Termine durch Rechtsverordnung abkürzen oder verlängern und damit zusammenhängende ergänzende Verfahrensvorschriften erlassen, um eine ordnungsgemäße Vorbereitung der Wahl zu gewährleisten.

(5) 1Im Fall einer Naturkatastrophe oder eines ähnlichen Ereignisses höherer Gewalt kann der Landtag feststellen, dass die Vorbereitung oder Durchführung einer Wahl nach diesem Gesetz ganz oder teilweise unmöglich ist. 2Für diesen Fall wird das Ministerium für Inneres und Europa ermächtigt, durch Rechtsverordnung mit Zustimmung des Landtages von den Bestimmungen dieses Gesetzes abweichende Regelungen zu treffen, soweit diese erforderlich sind, um die fristgerechte Vorbereitung und Durchführung von Wahlen zu ermöglichen. 3Insbesondere können abweichende Regelungen von den Bestimmungen über

a) die Aufstellung von Wahlbewerberinnen und Wahlbewerbern getroffen werden, um die Benennung von Wahlbewerberinnen und Wahlbewerbern zu einer Wahl ohne die nach diesem Gesetz vorgesehenen Versammlungen zu ermöglichen; hierfür können auch Wahlvorschläge zugelassen werden, die unter Abweichung von der Satzung der Partei zustande gekommen sind,
b) die Anforderungen an die Unterstützungsunterschriften und die Anzahl der Unterstützungsunterschriften getroffen werden, um die Teilnahme an der Landtagswahl zu ermöglichen, und
c) die Stimmabgabe in Wahlräumen und die Durchführung der Briefwahl getroffen werden, um die Durchführung der Wahl soweit erforderlich im Wege der Briefwahl zu ermöglichen.

4Stehen einem rechtzeitigen Zusammentritt des Landtages unüberwindliche Hindernisse entgegen oder ist er nicht beschlussfähig, so entscheidet der Wahlprüfungsausschuss des Landtages über die Feststellung nach Satz 1 und die Zustimmung nach Satz 2.

§ 72 Übergangsregelung

Für Wahlverfahren, für die die Aufforderung zur Einreichung von Wahlvorschlägen nach § 14 am 17. Januar 2015 bereits erfolgt war, ist das Landes- und Kommunalwahlgesetz vom 16. Dezember 2010 (GVOBl. M-V S. 690), das zuletzt durch Gesetz vom 25. November 2013 (GVOBl. M-V S. 658) geändert worden ist, weiter anzuwenden.

§ 73 Außerkrafttreten des § 66 Absatz 1 Satz 2 und 3

1§ 66 Absatz 1 Satz 2 und 3 tritt zu dem in § 21 Absatz 3 des Stasi-Unterlagen-Gesetzes bezeichneten Zeitpunkt außer Kraft. 2Das Außerkrafttreten des § 66 Absatz 1 Satz 2 und 3 wird im Gesetzblatt des Landes Mecklenburg-Vorpommern bekannt gemacht.

Anlage
(zu § 54 Absatz 2)

Nr.	Wahlkreis	Gebiet des Wahlkreises
1	Greifswald	vom Landkreis Vorpommern-Greifswald die Hansestadt Greifswald
2	Neubrandenburg I	vom Landkreis Mecklenburgische Seenplatte aus der Stadt Neubrandenburg die Stadtgebiete Katharinenviertel, Süd, Lindenbergviertel und Ost
3	Neubrandenburg II	vom Landkreis Mecklenburgische Seenplatte aus der Stadt Neubrandenburg die Stadtgebiete Datzeviertel, Industrieviertel, Innenstadt, West, Vogelviertel und Reitbahnviertel
4	Hansestadt Rostock I	von der Hansestadt Rostock die Ortsteile Seebad Warnemünde, Markgrafenheide, Hohe Düne, Diedrichshagen, Lichtenhagen, Groß Klein und Schmarl
5	Hansestadt Rostock II	von der Hansestadt Rostock die Ortsteile Lütten Klein, Evershagen und Reutershagen (ohne „Komponistenviertel")
6	Hansestadt Rostock III	von der Hansestadt Rostock die Ortsteile Reutershagen (nur „Komponistenviertel"), Kröpeliner-Tor-Vorstadt, Hansaviertel, Gartenstadt/Stadtweide, Südstadt und Biestow
7	Hansestadt Rostock IV	von der Hansestadt Rostock die Ortsteile Stadtmitte, Brinckmansdorf, Dierkow-Ost, Dierkow-West, Dierkow-Neu, Toitenwinkel, Gehlsdorf, Hinrichsdorf, Krummendorf, Nienhagen, Peez, Stuthof, Jürgeshof, Hinrichshagen, Wiethagen und Torfbrücke
8	Schwerin I	von der Landeshauptstadt Schwerin die Stadtteile Altstadt, Feldstadt, Paulsstadt, Schelfstadt, Werdervorstadt, Lewenberg, Medewege, Wickendorf, Schelfwerder, Weststadt, Lankow, Neumühle, Friedrichsthal, Wamitz und Sacktannen
9	Schwerin II	von der Landeshauptstadt Schwerin die Stadtteile Ostorf, Großer Dreesch, Gartenstadt, Krebsförden, Görries, Wüstmark, Göhrener Tannen, Zippendorf, Neu Zippendorf, Mueßer Holz und Mueß
10	Wismar	vom Landkreis Nordwestmecklenburg die Hansestadt Wismar
11	Landkreis Rostock I	vom Landkreis Rostock die Städte Bad Doberan, Kröpelin, Kühlungsborn und Neubukow, die Gemeinde Satow, die Ämter Bad Doberan-Land und Neubukow-Salzhaff
12	Landkreis Rostock II	vom Landkreis Rostock die Gemeinden Dummerstorf, Graal-Müritz und Sanitz, die Ämter Carbäk, Rostocker Heide, Tessin und Wamow-West
13	Mecklenburgische Seenplatte I – Vorpommern-Greifswald I	vom Landkreis Mecklenburgische Seenplatte die Städte Dargun und Demmin, das Amt Demmin-Land und vom Landkreis Vorpommern-Greifswald die Ämter Jarmen-Tutow und Peenetal/Loitz
14	Mecklenburgische Seenplatte II	vom Landkreis Mecklenburgische Seenplatte die Ämter Malchin am Kummerower See, Stavenhagen und Treptower Tollensewinkel

Nr.	Wahlkreis	Gebiet des Wahlkreises
15	Landkreis Rostock III	vom Landkreis Rostock die Stadt Teterow, die Ämter Gnoien, Krakow am See, Laage, Mecklenburgische Schweiz und Schwaan
16	Landkreis Rostock IV	vom Landkreis Rostock die Stadt Güstrow, die Ämter Bützow-Land und Güstrow-Land
17	Ludwigslust-Parchim I	vom Landkreis Ludwigslust-Parchim die Städte Boizenburg/Elbe und Lübtheen, die Ämter Boizenburg-Land, Dömitz-Malliß und Zarrentin
18	Ludwigslust-Parchim II	vom Landkreis Ludwigslust-Parchim die Stadt Hagenow, die Ämter Hagenow-Land, Stralendorf und Wittenburg
19	Ludwigslust-Parchim III	vom Landkreis Ludwigslust-Parchim die Stadt Ludwigslust, die Ämter Grabow, Ludwigslust-Land und Neustadt-Glewe
20	Mecklenburgische Seenplatte III	vom Landkreis Mecklenburgische Seenplatte die Stadt Waren (Müritz), die Ämter Malchow, Röbel-Müritz und Seenlandschaft Waren
21	Mecklenburgische Seenplatte IV	vom Landkreis Mecklenburgische Seenplatte die Stadt Neustrelitz, die Gemeinde Feldberger Seenlandschaft, die Ämter Mecklenburgische Kleinseenplatte und Neustrelitz-Land
22	Mecklenburgische Seenplatte V	vom Landkreis Mecklenburgische Seenplatte die Ämter Friedland, Neverin, Penzliner Land, Stargarder Land und Woldegk
23	Vorpommern-Rügen I	vom Landkreis Vorpommern-Rügen die Stadt Marlow, die Gemeinde Zingst, die Ämter Darß/Fischland, Recknitz-Trebeltal und Ribnitz-Damgarten
24	Vorpommern-Rügen II – Stralsund III	vom Landkreis Vorpommern-Rügen die Stadt Grimmen, aus der Hansestadt Stralsund das Stadtgebiet[1)] Süd, die Gemeinde Süderholz, die Ämter Franzburg-Richtenberg und Miltzow
25	Vorpommern-Rügen III – Stralsund I	vom Landkreis Vorpommern-Rügen die Ämter Altenpleen, Barth und Niepars, aus der Hansestadt Stralsund die Stadtgebiete[1)] Knieper West[2)] und Knieper Nord[2)]
26	Stralsund II	vom Landkreis Vorpommern-Rügen aus der Hansestadt Stralsund die Stadtgebiete[1)] Altstadt, Franken, Grünhufe, Kniepervorstadt[2)], Langendorfer Berg, Lüssower Berg und Tribseer
27	Nordwestmecklenburg I	vom Landkreis Nordwestmecklenburg die Stadt Grevesmühlen, die Ämter Grevesmühlen-Land, Klützer Winkel, Rehna und Schönberger Land
28	Nordwestmecklenburg II	vom Landkreis Nordwestmecklenburg die Gemeinde Insel Poel, die Ämter Dorf Mecklenburg-Bad Kleinen, Gadebusch, Lützow-Lübstorf, Neuburg und Neukloster-Warin

1) **Amtl. Anm.:** Die hier bezeichneten Stadtgebiete umfassen die gleichnamigen ehemaligen Stadtteile der Hansestadt Stralsund nach dem Stand vom 31. Oktober 1997.

2) **Amtl. Anm.:** Stadtgebietsteile

Nr.	Wahlkreis	Gebiet des Wahlkreises
29	Vorpommern-Greifswald II	vom Landkreis Vorpommern-Greifswald die Stadt Anklam, die Ämter Anklam-Land, Landhagen und Züssow
30	Vorpommern-Greifswald III	vom Landkreis Vorpommern-Greifswald die Gemeinde Seebad Heringsdorf, die Ämter Am Peenestrom, Lubmin, Usedom-Nord und Usedom-Süd
31	Ludwigslust-Parchim IV	vom Landkreis Ludwigslust-Parchim die Stadt Parchim, die Ämter Eldenburg Lübz, Parchimer Umland und Plau am See
32	Ludwigslust-Parchim V	vom Landkreis Ludwigslust-Parchim die Ämter Crivitz, Goldberg-Mildenitz und Sternberger Seenlandschaft
33	Vorpommern-Rügen IV	vom Landkreis Vorpommern-Rügen die Stadt Sassnitz, aus dem Amt Bergen auf Rügen die Stadt Garz/Rügen, die Gemeinden Gustow und Poseritz, die Ämter Nord-Rügen und West-Rügen
34	Vorpommern-Rügen V	vom Landkreis Vorpommern-Rügen die Stadt Putbus, die Gemeinde Binz, aus dem Amt Bergen auf Rügen die Stadt Bergen auf Rügen, die Gemeinden Buschvitz, Lietzow, Parchtitz, Patzig, Ralswiek, Rappin und Sehlen, das Amt Mönchgut-Granitz
35	Vorpommern-Greifswald IV	vom Landkreis Vorpommern-Greifswald die Stadt Ueckermünde, die Ämter Am Stettiner Haff und Torgelow-Ferdinandshof
36	Vorpommern-Greifswald V	vom Landkreis Vorpommern-Greifswald die Städte Pasewalk und Strasburg (Uckermark), die Ämter Löcknitz-Penkun und Uecker-Randow-Tal

Landeshaushaltsordnung Mecklenburg-Vorpommern (LHO)

In der Fassung der Bekanntmachung vom 10. April 2000[1)] (GVOBl. M-V S. 159) (GS Meckl.-Vorp. Gl. Nr. 630-1)

zuletzt geändert durch Art. 2 HaushaltsbegleitG M-V 2022/2023 vom 30. Juni 2022 (GVOBl. M-V S. 400)

Inhaltsübersicht

1) Neubekanntmachung der LHO idF der Bek. v. 3.2.1994 (GVOBl. M-V S. 186, 391, 635) in der ab 6.4.2000 geltenden Fassung.

Teil I
Allgemeine Vorschriften zum Haushaltsplan

§ 1 Feststellung des Haushaltsplans

[1]Der Haushaltsplan wird vor Beginn des Haushaltsjahres durch das Haushaltsgesetz festgestellt. [2]Mit dem Haushaltsgesetz wird nur der Gesamtplan (§ 13 Abs. 4) verkündet.

§ 2 Bedeutung des Haushaltsplans

[1]Der Haushaltsplan dient der Feststellung und Deckung des Finanzbedarfs, der zur Erfüllung der Aufgaben des Landes im Bewilligungszeitraum voraussichtlich notwendig ist. [2]Der Haushaltsplan ist

Grundlage für die Haushalts- und Wirtschaftsführung. [3]Bei seiner Aufstellung und Ausführung ist den Erfordernissen des gesamtwirtschaftlichen Gleichgewichts Rechnung zu tragen.

§ 3 Wirkungen des Haushaltsplans

(1) Der Haushaltsplan ermächtigt die Verwaltung, Ausgaben zu leisten und Verpflichtungen einzugehen.

(2) Durch den Haushaltsplan werden Ansprüche oder Verbindlichkeiten weder begründet noch aufgehoben.

§ 4 Haushaltsjahr

[1]Rechnungsjahr (Haushaltsjahr) ist das Kalenderjahr. [2]Das Finanzministerium kann für einzelne Bereiche etwas anderes bestimmen.

§ 5 Vorläufige und endgültige Haushalts- und Wirtschaftsführung

Die Verwaltungsvorschriften zu diesem Gesetz sowie zur vorläufigen und endgültigen Haushalts- und Wirtschaftsführung erlässt das Finanzministerium.

§ 6 Notwendigkeit der Ausgaben und Verpflichtungsermächtigungen

Bei Aufstellung und Ausführung des Haushaltsplans sind nur die Ausgaben und die Ermächtigungen zum Eingehen von Verpflichtungen zur Leistung von Ausgaben in künftigen Jahren (Verpflichtungsermächtigungen) zu berücksichtigen, die zur Erfüllung der Aufgaben des Landes notwendig sind.

§ 7 Wirtschaftlichkeit und Sparsamkeit, Kosten- und Leistungsrechnung

(1) [1]Bei Aufstellung und Ausführung des Haushaltsplans sind die Grundsätze der Wirtschaftlichkeit und Sparsamkeit zu beachten. [2]Diese Grundsätze verpflichten zur Prüfung, inwieweit staatliche Aufgaben oder öffentlichen Zwecken dienende wirtschaftliche Tätigkeiten durch Ausgliederung und Entstaatlichung oder Privatisierung erfüllt werden können.

(2) Für alle finanzwirksamen Maßnahmen sind angemessene Wirtschaftlichkeitsuntersuchungen durchzuführen.

(3) In geeigneten Bereichen soll eine Kosten- und Leistungsrechnung eingeführt werden.

§ 7a Leistungsbezogene Planaufstellung und -bewirtschaftung

(1) [1]Die Einnahmen, Ausgaben und Verpflichtungsermächtigungen können im Rahmen eines Systems der dezentralen Verantwortung einer Organisationseinheit veranschlagt werden. [2]Dabei wird die Finanzverantwortung auf der Grundlage der Haushaltsermächtigung auf die Organisationseinheiten übertragen, die die Fach- und Sachverantwortung haben. [3]Voraussetzung sind geeignete Informations- und Steuerungsinstrumente, mit denen insbesondere sichergestellt wird, dass das jeweils verfügbare Ausgabevolumen nicht überschritten wird. [4]Art und Umfang der zu erbringenden Leistungen sind durch Gesetz oder den Haushaltsplan festzulegen.

(2) In den Fällen des Absatzes 1 soll durch Gesetz oder Haushaltsplan für die jeweilige Organisationseinheit bestimmt werden,

1. welche Einnahmen für bestimmte Zwecke verwendet werden sollen,
2. welche Ausgaben übertragbar sind und
3. welche Ausgaben und Verpflichtungsermächtigungen jeweils gegenseitig oder einseitig deckungsfähig sind.

§ 8 Grundsatz der Gesamtdeckung

[1]Alle Einnahmen dienen als Deckungsmittel für alle Ausgaben. [2]Auf die Verwendung für bestimmte Zwecke dürfen Einnahmen beschränkt werden, soweit dies durch Gesetz vorgeschrieben oder im Haushaltsplan zugelassen worden ist oder die Mittel von anderer Seite zweckgebunden zur Verfügung gestellt werden.

§ 9 Beauftragter für den Haushalt

(1) [1]Bei jeder Dienststelle, die Einnahmen oder Ausgaben bewirtschaftet, ist ein Beauftragter für den Haushalt zu bestellen, soweit der Leiter der Dienststelle diese Aufgabe nicht selbst wahrnimmt. [2]Der Beauftragte soll dem Leiter der Dienststelle unmittelbar unterstellt werden.

(2) [1]Dem Beauftragten obliegen die Aufstellung der Unterlagen für die Finanzplanung und der Unterlagen für den Entwurf des Haushaltsplans (Voranschläge) sowie die Ausführung des Haushaltsplans.

[2]Im Übrigen ist der Beauftragte bei allen Maßnahmen von finanzieller Bedeutung zu beteiligen. [3]Er kann Aufgaben bei der Ausführung des Haushaltsplans übertragen.

§ 10 Unterrichtung des Landtags

(1) [1]Die Landesregierung fügt ihren Gesetzesvorlagen einen Überblick über die Auswirkungen auf die Haushalts- und Finanzwirtschaft des Landes, der Gemeinden (Gemeindeverbände) und des Bundes bei. [2]Bei Einbringung von Gesetzesvorlagen, die voraussichtlich zu Mehrausgaben oder zu Mindereinnahmen führen, soll außerdem angegeben werden, auf welche Weise ein Ausgleich gefunden werden kann.

(2) Die Landesregierung unterrichtet den Landtag durch das Finanzministerium über erhebliche Änderungen der Haushaltsentwicklung und deren Auswirkungen auf die Finanzplanung.

(3) Die Landesregierung leistet den Mitgliedern des Landtags, die einen einnahmemindernden oder ausgabeerhöhenden Antrag zu stellen beabsichtigen, Hilfe bei der Ermittlung der finanziellen Auswirkungen.

(4) [1]Die Landesregierung legt dem Landtag die Entwürfe der Anmeldungen für die gemeinsame Rahmenplanung nach Artikel 91a Grundgesetz so rechtzeitig vor dem Termin der Anmeldung vor, dass sie beraten werden können. [2]Entsprechendes gilt für Anmeldungen zur Änderung der Rahmenpläne.

(5) Die Landesregierung legt dem Landtag die Entwürfe für Vereinbarungen im Sinne des Artikels 91b Grundgesetz so rechtzeitig vor Abschluss vor, dass sie zur Abgabe einer Stellungnahme beraten werden können.

Teil II
Aufstellung des Haushaltsplans und des Finanzplans

§ 11 Vollständigkeit und Einheit, Fälligkeitsprinzip

(1) Für jedes Haushaltsjahr ist ein Haushaltsplan aufzustellen.

(2) Der Haushaltsplan enthält alle im Haushaltsjahr

1. zu erwartenden Einnahmen,
2. voraussichtlich zu leistenden Ausgaben und
3. voraussichtlich benötigten Verpflichtungsermächtigungen.

§ 12 Geltungsdauer der Haushaltspläne

(1) Der Haushaltsplan kann für zwei Haushaltsjahre, nach Jahren getrennt, aufgestellt werden.

(2) [1]Der Haushaltsplan kann in einen Verwaltungshaushalt und in einen Finanzhaushalt gegliedert werden; beide können jeweils für zwei Haushaltsjahre, nach Jahren getrennt, aufgestellt werden. [2]Die Bewilligungszeiträume für beide Haushalte können in aufeinanderfolgenden Haushaltsjahren beginnen.

(3) Wird der Haushaltsplan in einen Verwaltungshaushalt und in einen Finanzhaushalt gegliedert, enthält der Verwaltungshaushalt

1. die zu erwartenden Verwaltungseinnahmen,
2. die voraussichtlich zu leistenden Verwaltungsausgaben (Personalausgaben und sächliche Verwaltungsausgaben),
3. die voraussichtlich benötigten Verpflichtungsermächtigungen zur Leistung von Verwaltungsausgaben.

§ 13 Einzelpläne, Gesamtplan, Gruppierungsplan

(1) Der Haushaltsplan besteht aus den Einzelplänen und dem Gesamtplan.

(2) [1]Die Einzelpläne enthalten die Einnahmen, Ausgaben und Verpflichtungsermächtigungen eines einzelnen Verwaltungszweigs oder bestimmte Gruppen von Einnahmen, Ausgaben und Verpflichtungsermächtigungen. [2]Die Einzelpläne sind in Kapitel und Titel einzuteilen. [3]Die Einteilung in Titel richtet sich nach Verwaltungsvorschriften über die Gruppierung der Einnahmen und Ausgaben des Haushaltsplans nach Arten (Gruppierungsplan).

(3) In dem Gruppierungsplan sind mindestens gesondert darzustellen

1. bei den Einnahmen: Steuern, Verwaltungseinnahmen, Einnahmen aus Vermögensveräußerungen, Darlehensrückflüsse, Zuweisungen und Zuschüsse, Einnahmen aus Krediten, wozu nicht Kredite

zur Aufrechterhaltung einer ordnungsgemäßen Kassenwirtschaft (Kassenverstärkungskredite) zählen, Entnahmen aus Rücklagen,
2. bei den Ausgaben: Personalausgaben, sächliche Verwaltungsausgaben, Zinsausgaben, Zuweisungen an Gebietskörperschaften, Zuschüsse an Unternehmen, Tilgungsausgaben, Schuldendiensthilfen, Zuführungen an Rücklagen, Ausgaben für Investitionen. Ausgaben für Investitionen sind die Ausgaben für
   a. Baumaßnahmen,
   b. den Erwerb von beweglichen Sachen, soweit sie nicht als sächliche Verwaltungsausgaben veranschlagt werden,
   c. den Erwerb von unbeweglichen Sachen,
   d. den Erwerb von Beteiligungen und von sonstigen Kapitalvermögen, von Forderungen und Anteilsrechten an Unternehmen, von Wertpapieren sowie für die Heraufsetzung des Kapitals von Unternehmen,
   e. Darlehen,
   f. die Inanspruchnahme aus Gewährleistungen,
   g. Zuweisungen und Zuschüsse zur Finanzierung von Ausgaben für die bei den Buchstaben a bis f genannten Zwecke.

(4) Der Gesamtplan enthält
1. eine Zusammenfassung der Einnahmen, Ausgaben und Verpflichtungsermächtigungen der Einzelpläne (Haushaltsübersicht),
2. eine Berechnung des Finanzierungssaldos (Finanzierungsübersicht). Der Finanzierungssaldo ergibt sich aus einer Gegenüberstellung der Einnahmen mit Ausnahme der Einnahmen aus Krediten vom Kreditmarkt, der Entnahmen aus Rücklagen und der Einnahmen aus kassenmäßigen Überschüssen einerseits und der Ausgaben mit Ausnahme der Ausgaben zur Schuldentilgung am Kreditmarkt, der Zuführungen an Rücklagen und der Ausgaben zur Deckung eines kassenmäßigen Fehlbetrages andererseits,
3. eine Darstellung der Einnahmen aus Krediten und der Tilgungsausgaben (Kreditfinanzierungsplan).

§ 14 Übersichten zum Haushaltsplan, Funktionenplan

(1) [1]Der Haushaltsplan hat folgende Anlagen:
1. Darstellung der Einnahmen und Ausgaben
   a. in einer Gruppierung nach bestimmten Arten (Gruppierungsübersicht),
   b. in einer Gliederung nach bestimmten Aufgabengebieten (Funktionenübersicht),
   c. in einer Zusammenfassung nach Buchstabe a und Buchstabe b (Haushaltsquerschnitt);
2. eine Übersicht über die den Haushalt in Einnahmen und Ausgaben durchlaufenden Posten;
3. Stellenplan bestehend aus einer Auflistung der
   a) Planstellen,
   b) anderen Stellen als Planstellen,
   c) Leerstellen,
4. zusammenfassende Stellenübersichten.

[2]Die Anlagen sind dem Entwurf des Haushaltsplan beizufügen.

(2) Die Funktionenübersicht richtet sich nach Verwaltungsvorschriften über die Gliederung der Einnahmen und Ausgaben des Haushaltsplans nach Aufgabengebieten (Funktionenplan).

§ 15 Bruttoveranschlagung, Selbstbewirtschaftungsmittel

(1) [1]Die Einnahmen und Ausgaben sind in voller Höhe und getrennt voneinander zu veranschlagen. [2]Dies gilt nicht für die Veranschlagung der Einnahmen aus Krediten vom Kreditmarkt und der hiermit zusammenhängenden Tilgungsausgaben. [3]Darüber hinaus können Ausnahmen von Satz 1 im Haushaltsplan zugelassen werden, insbesondere für Nebenkosten und Nebenerlöse bei Erwerbs- und Veräußerungsgeschäften. [4]In Fällen des Satzes 3 ist die Berechnung des veranschlagten Betrages dem Haushaltsplan als Anlage beizufügen oder in die Erläuterungen aufzunehmen.

(2) [1]Ausgaben können zur Selbstbewirtschaftung veranschlagt werden, wenn hierdurch eine sparsame Bewirtschaftung gefördert wird. [2]Selbstbewirtschaftungsmittel stehen über das laufende Haushaltsjahr hinaus zur Verfügung. [3]Bei der Bewirtschaftung aufkommende Einnahmen fließen den Selbstbewirt-

schaftungsmitteln zu. [4]Bei der Rechnungslegung ist nur die Zuweisung der Mittel an die beteiligten Stellen als Ausgabe nachzuweisen.

§ 16 Verpflichtungsermächtigungen

[1]Die Verpflichtungsermächtigungen sind bei den jeweiligen Ausgaben gesondert zu veranschlagen. [2]Wenn Verpflichtungen zu Lasten mehrerer Haushaltsjahre eingegangen werden können, sollen die Jahresbeträge im Haushaltsplan angegeben werden.

§ 17 Einzelveranschlagung, Erläuterungen, Stellenplan

(1) [1]Die Einnahmen sind nach dem Entstehungsgrund, die Ausgaben und die Verpflichtungsermächtigungen nach Zwecken getrennt zu veranschlagen und, soweit erforderlich, zu erläutern. [2]Erläuterungen können für verbindlich erklärt werden.

(2) [1]Bei Ausgaben für eine sich auf mehrere Jahre erstreckende Maßnahme sind bei der ersten Veranschlagung im Haushaltsplan die voraussichtlichen Gesamtkosten und bei jeder folgenden Veranschlagung außerdem die finanzielle Abwicklung darzulegen. [2]Das gilt nicht für Verträge im Rahmen der laufenden Verwaltung. [3]Das Nähere regelt das Finanzministerium.

(3) Zweckgebundene Einnahmen und die dazugehörigen Ausgaben sind kenntlich zu machen.

(4) Für denselben Zweck sollen weder Ausgaben noch Verpflichtungsermächtigungen bei verschiedenen Titeln veranschlagt werden.

(5) [1]Planstellen sind nach Besoldungsgruppen und Amtsbezeichnungen im Haushaltsplan (Stellenplan) auszubringen. [2]Sie dürfen nur für Aufgaben eingerichtet werden, zu deren Wahrnehmung die Begründung eines Beamtenverhältnisses zulässig ist und die in der Regel Daueraufgaben sind.

(6) [1]Stellen für Arbeitnehmer sind nach Entgeltgruppen im Haushaltsplan (Stellenplan) auszubringen. [2]Sie dürfen grundsätzlich nur für Daueraufgaben eingerichtet werden.

(7) Stellen für Beamte auf Widerruf sind nach Besoldungsgruppen und Amtsbezeichnungen, Stellen für Auszubildende sind nach Entgeltgruppen im Haushaltsplan (Stellenplan) auszubringen.

(8) Absatz 5 Satz 1 und Absatz 6 Satz 1 gelten für Leerstellen entsprechend.

(9) [1]Für jeden Beamten darf nur eine Planstelle und für jeden Arbeitnehmer nur eine Stelle ausgebracht werden. [2]Ausnahmen können im Haushaltsgesetz zugelassen werden.

§ 18 Kreditermächtigungen

(1) [1]Der Haushaltsplan ist grundsätzlich ohne Einnahmen aus Krediten auszugleichen. [2]Ausnahmen sind nur zulässig

1. zur im Auf- und Abschwung symmetrischen Berücksichtigung der Auswirkungen einer von der Normallage abweichenden konjunkturellen Entwicklung (Absatz 2),
2. bei Naturkatastrophen oder außergewöhnlichen Notsituationen, die sich der Kontrolle des Landes entziehen und die Finanzlage des Landes erheblich beeinträchtigen (Absatz 6).

(2) [1]Der Haushaltsgesetzgeber stellt für jedes einzelne Haushaltsjahr fest, ob eine Abweichung von der konjunkturellen Normallage zu erwarten ist. [2]Eine Abweichung von der konjunkturellen Normallage liegt vor, wenn die Höhe der Einnahmen aus Steuern und Zuweisungen nach Artikel 107 Grundgesetz den Durchschnitt der entsprechenden Einnahmen der fünf vorangegangenen Jahre als Referenzwert um mehr als 3 Prozent unter- oder überschreitet. [3]Bei der Bestimmung des Referenzwertes bleiben Sonderbedarfs-Bundesergänzungszuweisungen zur Deckung von Sonderlasten aus dem bestehenden starken infrastrukturellen Nachholbedarf und zum Ausgleich unterproportionaler kommunaler Finanzkraft unberücksichtigt. [4]Dabei ist die Entwicklung der Inflation in der Weise zu berücksichtigen, dass die einzelnen bei der Bildung des Referenzwertes einbezogenen Jahresbeträge entsprechend der Inflationsraten der darauffolgenden Jahre, einschließlich des betreffenden Haushaltsjahres, erhöht oder vermindert werden. [5]Über- oder Unterschreitungen, die auf Änderungen des Steuerrechts in dem betreffenden Haushaltsjahr und in den zwei vorangegangenen Jahren zurückzuführen sind, bleiben unberücksichtigt.

(3) [1]Stellt der Haushaltsgesetzgeber fest, dass eine Abweichung von der konjunkturellen Normallage aufgrund einer Unterschreitung des Referenzwertes um mehr als 3 Prozent zu erwarten ist, kann er im Haushaltsgesetz für das jeweilige Jahr eine Kreditermächtigung vorsehen. [2]Die Höhe der Kreditermächtigung darf die Höhe der Differenz zwischen dem um 3 Prozent geminderten Referenzwert und den erwarteten Einnahmen aus Steuern und Zuweisungen nach Artikel 107 Grundgesetz bereinigt um die Effekte aus Änderungen des Steuerrechts nach Absatz 2 Satz 5 nicht überschreiten. [3]Die Kredit-

ermächtigung ist um den Betrag zu mindern, der durch eine Entnahme aus dem Sondervermögen „Konjunkturausgleichsrücklage des Landes Mecklenburg-Vorpommern" ausgeglichen werden kann.

(4) [1]Die Kreditermächtigung darf nur mit dem Betrag in Anspruch genommen werden, der sich aus der Differenz zwischen dem um 3 Prozent geminderten Referenzwert und den tatsächlichen Einnahmen aus Steuern und Zuweisungen nach Artikel 107 Grundgesetz ergibt. [2]Dabei sind die Effekte aus Änderungen des Steuerrechts nach Absatz 2 Satz 5 und aus der Entnahme aus dem Sondervermögen „Konjunkturausgleichsrücklage des Landes Mecklenburg-Vorpommern" nach Absatz 3 Satz 3 zu berücksichtigen. [3]Wird die Kreditermächtigung über diesen Betrag hinaus in Anspruch genommen, so ist diese Überschreitung einem Fehlbetrag im Sinne von § 25 entsprechend zu behandeln. [4]Wird die Kreditermächtigung nicht entsprechend Satz 1 in Anspruch genommen, so gilt sie insoweit in dem nächsten Haushaltsjahr fort und kann zusätzlich in Anspruch genommen werden, sofern in diesem Haushaltsjahr die Einnahmen aus Steuern und Zuweisungen nach Artikel 107 Grundgesetz den Referenzwert noch nicht wieder erreicht haben.

(5) [1]Die entsprechend Absatz 4 aufgenommenen Kredite sollen zurückgeführt werden, sobald die konjunkturelle Normallage wieder erreicht ist. [2]Führt eine Abweichung von der konjunkturellen Normallage zu einer nach Absatz 2 ermittelten Überschreitung des Referenzwerts um mehr als 3 Prozent, so ist mindestens die Differenz zwischen dem um 3 Prozent erhöhten Referenzwert und den tatsächlichen Einnahmen aus Steuern und Zuweisungen nach Artikel 107 Grundgesetz zur Tilgung der nach Absatz 4 aufgenommenen Kredite einzusetzen. [3]Dabei sind die tatsächlichen Einnahmen um die Effekte aus Änderungen des Steuerrechts nach Absatz 2 Satz 5 zu bereinigen. [4]Nach der Tilgung dieser Kredite sind weitere Differenzbeträge zur Auffüllung des Sondervermögens „Konjunkturausgleichsrücklage des Landes Mecklenburg-Vorpommern" auf den Regelbestand nach § 3 Absatz 1 des Gesetzes über die Errichtung eines Sondervermögens „Konjunkturausgleichsrücklage des Landes Mecklenburg-Vorpommern" einzusetzen.

(6) [1]Naturkatastrophen im Sinne von Absatz 1 Satz 2 Nummer 2 sind unmittelbar drohende Gefahrenzustände oder Schädigungen von erheblichem Ausmaß, die durch Naturereignisse ausgelöst werden. [2]Andere, nicht durch Naturkatastrophen hervorgerufene, außergewöhnliche Notsituationen, die sich der Kontrolle des Landes entziehen, sind Ereignisse von großem Ausmaß an Schäden und erheblicher Bedeutung für die Öffentlichkeit, die durch plötzliche Begebenheiten, durch Unfälle, technisches oder menschliches Versagen ausgelöst oder von Dritten absichtlich herbeigeführt werden. [3]Eine erhebliche Beeinträchtigung der Finanzlage des Landes liegt vor, wenn Naturkatstrophen oder außergewöhnliche Notsituationen einen 50 Millionen Euro übersteigenden Mehrbedarf verursachen.

(7) [1]Die im Haushaltsgesetz festzulegende Höhe der Ermächtigung für nach Absatz 1 Satz 2 Nummer 2 aufzunehmende Kredite bemisst sich unter Abzug von 50 Millionen Euro nach dem Finanzbedarf zur Beseitigung von aus Naturkatastrophen resultierenden Schäden oder nach dem Finanzbedarf für etwaige Maßnahmen, mit denen das Ausmaß der drohenden Schäden möglichst gering gehalten werden soll. [2]Gleiches gilt für den Finanzbedarf zur Bewältigung und Überwindung außergewöhnlicher Notsituationen.

(8) Mit dem zur Kreditaufnahme gemäß Absatz 1 Satz 2 Nummer 2 ermächtigenden Haushaltsgesetz ist zeitgleich in einem Begleitgesetz unter Berücksichtigung der Höhe des prognostizierten Finanzbedarfs ein Tilgungsplan verbindlich festzulegen, aus dem sich ergibt, in welchem Zeitraum die aufgenommenen Kredite zu tilgen sind.

(9) [1]Kreditaufnahmen durch Sondervermögen des Landes sind ausgeschlossen. [2]Am 31. Dezember 2010 bestehende Kreditermächtigungen für bereits eingerichtete Sondervermögen bleiben hiervon unberührt. [3]Die Zweckbestimmungen dieser Kreditermächtigungen dürfen nicht erweitert werden. [4]Die Verbindlichkeiten der Sondervermögen sollen so weit zurückgeführt werden, dass eine Tilgung aus den laufenden Einnahmen des jeweiligen Sondervermögens gesichert ist.

(10) [1]Das Finanzministerium kann unabhängig von den Voraussetzungen des Absatzes 1 zur Aufrechterhaltung einer ordnungsgemäßen Kassenwirtschaft Kassenverstärkungskredite in einer durch das Haushaltsgesetz bestimmten Höhe aufnehmen. [2]Soweit diese Kredite zurückgezahlt sind, kann die Ermächtigung wiederholt in Anspruch genommen werden. [3]Kassenverstärkungskredite dürfen nicht später als sechs Monate nach Ablauf des Haushaltsjahres, für das sie aufgenommen worden sind, fällig werden.

(11) Die Ermächtigung nach Absatz 10 gilt bis zum Ende des laufenden Haushaltsjahres und, wenn das Haushaltsgesetz für das nächste Haushaltsjahr nicht rechtzeitig verkündet wird, bis zur Verkündung dieses Haushaltsgesetzes.

§ 19 Übertragbarkeit

[1]Ausgaben für Investitionen und Ausgaben aus zweckgebundenen Einnahmen sind übertragbar. [2]Andere Ausgaben können im Haushaltsplan für übertragbar erklärt werden, wenn dies ihre wirtschaftliche und sparsame Verwendung fördert.

§ 20 Deckungsfähigkeit

(1) Die Ausgaben der Hauptgruppe 4 sind innerhalb desselben Kapitels gegenseitig deckungsfähig.

(2) Darüber hinaus können Ausgaben im Haushaltsplan für gegenseitig oder einseitig deckungsfähig erklärt werden, wenn ein verwaltungsmäßiger oder sachlicher Zusammenhang besteht oder eine wirtschaftliche und sparsame Verwendung gefördert wird.

(3) Verpflichtungsermächtigungen können bei anderen Titeln in Anspruch genommen werden, wenn die Ausgaben dieser Titel deckungsfähig sind.

(4) Ausgaben, die ohne nähere Angabe des Verwendungszwecks veranschlagt sind, dürfen nicht für deckungsfähig erklärt werden.

§ 21 Wegfall- und Umwandlungsvermerke

(1) Ausgaben und Planstellen sind als künftig wegfallend zu bezeichnen, soweit sie in den folgenden Haushaltsjahren voraussichtlich nicht mehr benötigt werden.

(2) Planstellen sind als künftig umzuwandeln zu bezeichnen, soweit sie in den folgenden Haushaltsjahren voraussichtlich in Planstellen einer anderen Besoldungsgruppe oder in Stellen für Arbeitnehmer umzuwandeln sind.

(3) Die Absätze 1 und 2 gelten für andere Stellen als Planstellen entsprechend.

§ 22 Sperrvermerk

[1]Ausgaben, die aus besonderen Gründen zunächst noch nicht geleistet oder zu deren Lasten noch keine Verpflichtungen eingegangen werden sollen, sind im Haushaltsplan als gesperrt zu bezeichnen. [2]Entsprechendes gilt für Verpflichtungsermächtigungen sowie für Planstellen und Stellen, die zunächst nicht besetzt werden sollen. [3]In Ausnahmefällen kann durch Sperrvermerk, der auch die Zuständigkeit für dessen Aufhebung enthält, bestimmt werden, dass die Leistung von Ausgaben, die Inanspruchnahme von Verpflichtungsermächtigungen oder die Besetzung von Planstellen und Stellen der vorherigen Zustimmung (Einwilligung) des Landtags oder des Finanzausschusses des Landtags bedarf.

§ 23 Zuwendungen

Ausgaben und Verpflichtungsermächtigungen für Leistungen an Stellen außerhalb der Landesverwaltung zur Erfüllung bestimmter Zwecke (Zuwendungen) dürfen nur veranschlagt werden, wenn das Land an der Erfüllung durch solche Stellen ein erhebliches Interesse hat, das ohne die Zuwendungen nicht oder nicht im notwendigen Umfang befriedigt werden kann.

§ 24 Baumaßnahmen, größere Beschaffungen, größere Entwicklungsvorhaben

(1) [1]Ausgaben und Verpflichtungsermächtigungen für Baumaßnahmen dürfen erst veranschlagt werden, wenn Pläne, Kostenermittlungen und Erläuterungen vorliegen, aus denen die Art der Ausführung, die Kosten der Baumaßnahmen, des Grunderwerbs und der Einrichtungen sowie die vorgesehene Finanzierung und ein Zeitplan ersichtlich sind. [2]Den Unterlagen ist eine Schätzung der nach Fertigstellung der Maßnahme entstehenden jährlichen Haushaltsbelastungen beizufügen.

(2) [1]Ausgaben und Verpflichtungsermächtigungen für größere Beschaffungen und größere Entwicklungsvorhaben dürfen erst veranschlagt werden, wenn Planungen und Schätzungen der Kosten und Kostenbeteiligungen vorliegen. [2]Absatz 1 Satz 2 gilt entsprechend.

(3) [1]Ausnahmen von den Absätzen 1 und 2 sind nur zulässig, wenn es im Einzelfall nicht möglich ist, die Unterlagen rechtzeitig fertig zu stellen, und aus einer späteren Veranschlagung dem Land ein Nachteil erwachsen würde. [2]Die Notwendigkeit einer Ausnahme ist in den Erläuterungen zu begründen. [3]Die Ausgaben und Verpflichtungsermächtigungen für Maßnahmen, für welche die Unterlagen noch nicht vorliegen, sind gesperrt.

(4) [1]Auf einzeln veranschlagte Ausgaben und Verpflichtungsermächtigungen für Zuwendungen sind die Absätze 1 bis 3 entsprechend anzuwenden, wenn insgesamt mehr als 50 vom Hundert der Kosten

durch Zuwendungen von Bund, Ländern und Gemeinden gedeckt werden. [2]Das Finanzministerium kann Ausnahmen zulassen.

§ 25 Überschuss, Fehlbetrag

(1) Der Überschuss oder der Fehlbetrag ist der Unterschied zwischen den tatsächlich eingegangenen Einnahmen (Ist-Einnahmen) und den tatsächlich geleisteten Ausgaben (Ist-Ausgaben).

(2) [1]Ein Überschuss ist insbesondere zur Verminderung des Kreditbedarfs oder zur Tilgung von Schulden zu verwenden oder einer Konjunkturausgleichsrücklage zuzuführen. [2]Wird der Überschuss zur Schuldentilgung verwendet oder der Konjunkturausgleichsrücklage zugeführt, ist er in den nächsten festzustellenden Haushaltsplan einzustellen. [3]§ 6 Abs. 1 Satz 3 des Gesetzes zur Förderung der Stabilität und des Wachstums der Wirtschaft vom 8. Juni 1967 (BGBl. I S. 582) bleibt unberührt.

(3) [1]Ein Fehlbetrag ist spätestens in den Haushaltsplan für das zweitnächste Haushaltsjahr einzustellen. [2]Er darf durch Einnahmen aus Krediten nur gedeckt werden, soweit die Möglichkeiten einer Kreditaufnahme nicht ausgeschöpft sind.

§ 26 Landesbetriebe, Sondervermögen, Zuwendungsempfänger

(1) [1]Landesbetriebe haben einen Wirtschaftsplan aufzustellen, wenn ein Wirtschaften nach Einnahmen und Ausgaben des Haushaltsplans nicht zweckmäßig ist. [2]Der Wirtschaftsplan oder eine Übersicht über den Wirtschaftsplan ist dem Haushaltsplan als Anlage beizufügen oder in die Erläuterungen aufzunehmen. [3]Im Haushaltsplan sind nur die Zuführungen oder die Ablieferungen zu veranschlagen. [4]§ 17 Absatz 5 bis 8 gilt entsprechend. [5]Andere Stellen als Planstellen sind in den Erläuterungen anzugeben.

(2) [1]Bei Sondervermögen sind nur die Zuführungen oder die Ablieferungen im Haushaltsplan zu veranschlagen. [2]Über die Einnahmen, Ausgaben und Verpflichtungsermächtigungen der Sondervermögen sind Übersichten dem Haushaltsplan als Anlagen beizufügen oder in die Erläuterungen aufzunehmen.

(3) [1]Über die Einnahmen und Ausgaben von

1. juristischen Personen des öffentlichen Rechts, die vom Land ganz oder zum Teil zu unterhalten sind, und
2. Stellen außerhalb der Landesverwaltung, die vom Land Zuwendungen zur Deckung der gesamten Ausgaben oder eines nicht abgegrenzten Teils der Ausgaben erhalten,

sind Übersichten dem Haushaltsplan als Anlagen beizufügen oder in die Erläuterungen aufzunehmen. [2]Das Finanzministerium kann Ausnahmen zulassen.

§ 27 Voranschläge

(1) [1]Die Voranschläge sind von dem für den Einzelplan zuständigen Ministerien dem Finanzministerium zu dem von ihm zu bestimmenden Zeitpunkt zu übersenden. [2]Das Finanzministerium kann verlangen, dass den Voranschlägen Organisations- und Stellenpläne sowie andere Unterlagen beigefügt werden; ihm sind die erforderlichen Auskünfte zu erteilen.

(2) Die Voranschläge für die Einzelpläne des Präsidenten des Landtags und des Präsidenten des Landesrechnungshofs sind dem Finanzministerium mit den für die Aufstellung des Haushaltsplans erforderlichen Unterlagen so rechtzeitig vorzulegen, dass sie in den Entwurf des Haushaltsplans aufgenommen werden können.

§ 28 Aufstellung des Entwurfs des Haushaltsplans

(1) [1]Das Finanzministerium prüft die Voranschläge und stellt unter Einbeziehung der Voranschläge des Präsidenten des Landtags und des Präsidenten des Landesrechnungshofs den Entwurf des Haushaltsplans auf. [2]Es kann die Voranschläge nach Benehmen mit den beteiligten Stellen ändern. [3]Die Voranschläge des Präsidenten des Landtags und des Präsidenten des Landesrechnungshofs kann es nur mit deren Zustimmung ändern.

(2) [1]Über Angelegenheiten von grundsätzlicher oder erheblicher finanzieller Bedeutung kann der zuständige Minister die Entscheidung der Landesregierung einholen. [2]Entscheidet die Landesregierung gegen oder ohne die Stimme des Finanzministers, so steht ihm ein Widerspruchsrecht zu. [3]Wird Widerspruch erhoben, ist über diese Angelegenheit in einer weiteren Sitzung der Landesregierung erneut abzustimmen. [4]Einnahmen, Ausgaben, Verpflichtungsermächtigungen und Vermerke, die den Widerspruch des Finanzministers betreffen, dürfen in den Entwurf des Haushaltsplans nicht aufgenommen werden, wenn sie nicht in der neuen Abstimmung in Anwesenheit des Finanzministers von der Mehr-

heit sämtlicher Mitglieder der Landesregierung beschlossen werden und der Ministerpräsident mit der Mehrheit gestimmt hat.

§ 29 Beschluss über den Entwurf des Haushaltsplans

(1) Der Entwurf des Haushaltsgesetzes wird mit dem Entwurf des Haushaltsplans von der Landesregierung beschlossen.

(2) [1]Einnahmen, Ausgaben, Verpflichtungsermächtigungen und Vermerke, die das Finanzministerium in den Entwurf des Haushaltsplans nicht aufgenommen hat, unterliegen auf Antrag des zuständigen Ministeriums der Beschlussfassung der Landesregierung, wenn es sich um Angelegenheiten von grundsätzlicher oder erheblicher finanzieller Bedeutung handelt. [2]Dasselbe gilt für Vorschriften des Entwurfs des Haushaltsgesetzes. [3]§ 28 Abs. 2 Satz 2 bis 4 gelten entsprechend.

(3) [1]Wird die Zustimmung zur Änderung des Voranschlags des Präsidenten des Landtags nicht erteilt, so findet zum Zwecke der Herstellung einer Einigung eine Abstimmung des Voranschlags zwischen dem Präsidenten des Landtags, dem Finanzministerium, dem Ältestenrat des Landtags und den finanzpolitischen Sprechern der Landtagsfraktionen statt. [2]Der danach von dem Präsidenten des Landtags festgestellte Voranschlag ist unverändert in den Entwurf des Haushaltsplans einzufügen. [3]Wird die Zustimmung zur Änderung des Voranschlags des Präsidenten des Landesrechnungshofs nicht erteilt, so hat das Finanzministerium den unveränderten Voranschlag des Präsidenten des Landesrechnungshofs dem Entwurf des Haushaltsplans beizufügen.

§ 30 Vorlagefrist

(1) Der Entwurf des Haushaltsgesetzes ist mit dem Entwurf des Haushaltsplans vor Beginn des Haushaltsjahres beim Landtag einzubringen, in der Regel bis spätestens zum 30. September.

(2) Dem Landesrechnungshof ist der Entwurf des Haushaltsgesetzes mit dem Entwurf des Haushaltsplans zu übersenden.

§ 31 Finanzplanung, Berichterstattung zur Finanzwirtschaft

(1) [1]Das Finanzministerium stellt entsprechend den Bestimmungen des Gesetzes zur Förderung der Stabilität und des Wachstums der Wirtschaft (StWG) sowie des Haushaltsgrundsätzegesetzes (HGrG) einen Finanzplan für fünf Jahre auf. [2]Das Finanzministerium kann hierzu von den für den jeweiligen Einzelplan zuständigen Stellen die notwendigen Unterlagen anfordern und diese nach Benehmen mit den beteiligten Stellen ändern. [3]§ 27 Abs. 2 und § 28 Abs. 1 Satz 3 gelten entsprechend.

(2) [1]Die Landesregierung beschließt den Finanzplan und legt ihn dem Landtag vor. [2]§ 28 Abs. 2 Satz 2 bis 4 gelten entsprechend.

(3) Das Finanzministerium unterrichtet im Zusammenhang mit der Vorlage des Entwurfs des Haushaltsplans sowie des Finanzplans den Landtag über den Stand und die voraussichtliche Entwicklung der Finanzwirtschaft des Landes auch im Zusammenhang mit der gesamtwirtschaftlichen Entwicklung.

§ 32 Ergänzungen zum Entwurf des Haushaltsplans

Auf Ergänzungen zum Entwurf des Haushaltsgesetzes und des Haushaltsplans sind die Teile I und II sinngemäß anzuwenden.

§ 33 Nachtragshaushaltsgesetz

[1]Auf Nachträge zum Haushaltsgesetz und zum Haushaltsplan sind die Teile I und II sinngemäß anzuwenden. [2]Der Entwurf ist spätestens bis zum Ende des Haushaltsjahres einzubringen.

Teil III
Ausführung des Haushaltsplans

§ 34 Erhebung der Einnahmen, Bewirtschaftung der Ausgaben

(1) Einnahmen sind rechtzeitig und vollständig zu erheben.

(2) [1]Ausgaben dürfen nur soweit und nicht eher geleistet werden, als sie zur wirtschaftlichen und sparsamen Verwaltung erforderlich sind. [2]Die Ausgabemittel sind so zu bewirtschaften, dass sie zur Deckung aller Ausgaben ausreichen, die unter die einzelne Zweckbestimmung fallen.

(3) Absatz 2 gilt für die Inanspruchnahme von Verpflichtungsermächtigungen entsprechend.

§ 35 Bruttonachweis, Einzelnachweis

(1) [1]Alle Einnahmen und Ausgaben sind mit ihrem vollen Betrag bei dem hierfür vorgesehenen Titel zu buchen, soweit sich aus § 15 Abs. 1 Satz 2 nichts anderes ergibt. [2]In Fällen von geringer Bedeutung sowie für die Buchung zuviel gezahlter Beträge kann darüber hinaus das Finanzministerium im Einvernehmen mit dem Landesrechnungshof weitere Ausnahmen zulassen.

(2) [1]Für denselben Zweck dürfen Ausgaben aus verschiedenen Titeln nur geleistet werden, soweit der Haushaltsplan dies zulässt. [2]Entsprechendes gilt für die Inanspruchnahme von Verpflichtungsermächtigungen.

§ 36 Aufhebung der Sperre

[1]Nur mit Einwilligung des Finanzministeriums dürfen Ausgaben, die durch Gesetz oder im Haushaltsplan als gesperrt bezeichnet sind, geleistet sowie Verpflichtungen zur Leistung solcher Ausgaben eingegangen und im Haushaltsplan gesperrte Stellen besetzt werden. [2]Entsprechendes gilt für Verpflichtungsermächtigungen. [3]In den Fällen des § 22 Satz 3 hat das Finanzministerium die Einwilligung des Landtags oder des Finanzausschusses des Landtags entsprechend der sich aus dem Haushaltsplan ergebenden Zuständigkeit.

§ 37 Über- und außerplanmäßige Ausgaben

(1) [1]Über- und außerplanmäßige Ausgaben bedürfen der Einwilligung des Finanzministers. [2]Sie darf nur im Falle eines unvorhergesehenen und unabweisbaren Bedürfnisses erteilt werden. [3]Eine Unabweisbarkeit liegt insbesondere nicht vor, wenn die Ausgaben bis zur Verabschiedung des nächsten Haushaltsgesetzes oder des nächsten Nachtrags zum Haushaltsgesetz zurückgestellt werden können.

(2) Eines Nachtragshaushalts bedarf es nicht, wenn

a) die überplanmäßige oder außerplanmäßige Ausgabe einen im Haushaltsgesetz festgelegten Betrag nicht übersteigt oder
b) Rechtsverpflichtungen zu erfüllen sind oder
c) Mittel von Stellen außerhalb der Landesverwaltung für einen bestimmten Zweck zur Verfügung gestellt werden oder rechtsverbindlich zugesagt worden sind.

(3) Absatz 1 gilt auch für Maßnahmen, durch die für das Land Verpflichtungen entstehen können, für die Ausgaben im Haushaltsplan nicht veranschlagt sind.

(4) Überplanmäßige und außerplanmäßige Ausgaben sollen durch Einsparungen bei anderen Ausgaben in demselben Einzelplan ausgeglichen werden.

(5) Über überplanmäßige und außerplanmäßige Ausgaben ist dem Landtag für jedes Halbjahr nachträglich zu berichten.

(6) Ausgaben, die ohne nähere Angabe des Verwendungszwecks veranschlagt sind, dürfen nicht überschritten werden.

(7) [1]Mehrausgaben bei übertragbaren Ausgaben (Vorgriffe) sind unter den Voraussetzungen des Absatzes 1 auf die nächstjährige Bewilligung für den gleichen Zweck anzurechnen. [2]Das Finanzministerium kann Ausnahmen zulassen.

§ 38 Verpflichtungsermächtigungen

(1) [1]Maßnahmen, die das Land zur Leistung von Ausgaben in künftigen Haushaltsjahren verpflichten können, sind nur zulässig, wenn der Haushaltsplan dazu ermächtigt. [2]Der Finanzminister kann unter den Voraussetzungen des § 37 Abs. 1 Satz 2 Ausnahmen zulassen; § 37 Abs. 2 und 5 gelten entsprechend.

(2) [1]Die Inanspruchnahme von Verpflichtungsermächtigungen bedarf der Einwilligung des Finanzministeriums. [2]Das Finanzministerium kann auf seine Befugnisse verzichten.

(3) Das Finanzministerium ist bei Maßnahmen nach Absatz 1 von grundsätzlicher oder erheblicher finanzieller Bedeutung über den Beginn und Verlauf von Verhandlungen zu unterrichten.

(4) [1]Verpflichtungen für laufende Geschäfte dürfen eingegangen werden, ohne dass die Voraussetzungen der Absätze 1 und 2 vorliegen. [2]Einer Verpflichtungsermächtigung bedarf es auch dann nicht, wenn zu Lasten übertragbarer Ausgaben Verpflichtungen eingegangen werden, die im folgenden Haushaltsjahr zu Ausgaben führen. [3]Das Nähere regelt das Finanzministerium.

§ 39 Gewährleistungen, Kreditzusagen

(1) Die Übernahme von Bürgschaften, Garantien oder sonstigen Gewährleistungen, die zu Ausgaben in künftigen Haushaltsjahren führen können, bedarf einer Ermächtigung durch Landesgesetz, die der Höhe nach bestimmt ist.

(2) [1]Kreditzusagen sowie die Übernahme von Bürgschaften, Garantien oder sonstigen Gewährleistungen bedürfen der Einwilligung des Finanzministeriums. [2]Es ist an den Verhandlungen zu beteiligen. [3]Es kann auf seine Befugnisse verzichten.

(3) [1]Bei Maßnahmen nach Absatz 2 haben die zuständigen Dienststellen auszubedingen, dass sie oder ihre Beauftragten bei den Beteiligten jederzeit prüfen können,

1. ob die Voraussetzungen für die Kreditzusage oder ihre Erfüllung vorliegen oder vorgelegen haben,
2. ob im Falle der Übernahme einer Gewährleistung eine Inanspruchnahme des Landes in Betracht kommen kann oder die Voraussetzungen für eine solche vorliegen oder vorgelegen haben.

[2]Von der Ausbedingung eines Prüfungsrechts kann ausnahmsweise mit Einwilligung des Finanzministeriums abgesehen werden.

§ 40 Andere Maßnahmen von finanzieller Bedeutung

[1]Der Erlass von Rechtsverordnungen und Verwaltungsvorschriften, der Abschluss von Tarifverträgen oder die Gewährung von über- oder außertariflichen Leistungen sowie die Festsetzung oder Änderung von Entgelten für Verwaltungsleistungen bedürfen der Einwilligung des Finanzministeriums, wenn diese Regelungen zu Einnahmeminderungen oder zu zusätzlichen Ausgaben im laufenden Haushaltsjahr oder in künftigen Haushaltsjahren führen können. [2]Satz 1 ist auf sonstige Maßnahmen von grundsätzlicher oder erheblicher finanzieller Bedeutung anzuwenden, wenn sie zu Einnahmeminderungen im laufenden Haushaltsjahr oder in künftigen Haushaltsjahren führen können.

§ 41 Haushaltswirtschaftliche Sperre

Wenn die Entwicklung der Einnahmen oder Ausgaben es erfordert, kann das Finanzministerium nach Benehmen mit dem zuständigen Ministerium es von seiner Einwilligung abhängig machen, ob Verpflichtungen eingegangen oder Ausgaben geleistet werden.

§ 42 ***[aufgehoben]***

§ 43 Kassenmittel, Betriebsmittel

(1) Das Finanzministerium ermächtigt im Rahmen der zur Verfügung stehenden Kassenmittel die zuständigen Behörden, in ihrem Geschäftsbereich innerhalb eines bestimmten Zeitraumes die notwendigen Auszahlungen bis zur Höhe eines bestimmten Betrages leisten zu lassen (Betriebsmittel).

(2) Das Finanzministerium soll nicht sofort benötigte Kassenmittel so anlegen, dass über sie bei Bedarf verfügt werden kann.

§ 44 Zuwendungen, Verwaltung von Mitteln oder Vermögensgegenständen

(1) [1]Zuwendungen dürfen nur unter den Voraussetzungen des § 23 gewährt werden. [2]Dabei ist zu bestimmen, wie die zweckentsprechende Verwendung der Zuwendungen nachzuweisen ist. [3]Außerdem ist ein Prüfungsrecht der zuständigen Dienststelle oder ihrer Beauftragten festzulegen. [4]Verwaltungsvorschriften, welche die Regelung des Verwendungsnachweises und die Prüfung durch den Landesrechnungshof (§ 91) betreffen, werden im Einvernehmen mit dem Landesrechnungshof erlassen.

(2) Sollen Mittel oder Vermögensgegenstände des Landes von Stellen außerhalb der Landesverwaltung verwaltet werden, ist Absatz 1 entsprechend anzuwenden.

(3) [1]Juristischen Personen des privaten Rechts kann mit ihrem Einverständnis die Befugnis verliehen werden, Verwaltungsaufgaben auf dem Gebiet der Zuwendungen im eigenen Namen und in den Handlungsformen des öffentlichen Rechts wahrzunehmen, wenn die Beleihung im öffentlichen Interesse liegt und die Beliehene die Gewähr für eine sachgerechte Erfüllung der ihr übertragenen Aufgaben bietet. [2]Die Verleihung und die Entziehung der Befugnis obliegen den zuständigen Fachministerien. [3]Diese üben die Fachaufsicht aus.

§ 45 Sachliche und zeitliche Bindung

(1) [1]Ausgaben und Verpflichtungsermächtigungen dürfen nur zu dem im Haushaltsplan bezeichneten Zweck, soweit und solange er fortdauert, und nur bis zum Ende des Haushaltsjahres geleistet oder in Anspruch genommen werden. [2]Nicht in Anspruch genommene Verpflichtungsermächtigungen gelten,

wenn das Haushaltsgesetz für das nächste Haushaltsjahr nicht rechtzeitig verkündet wird, bis zur Verkündung dieses Haushaltsgesetzes.

(2) [1]Bei übertragbaren Ausgaben können Ausgabereste gebildet werden, die für die jeweilige Zweckbestimmung über das Haushaltsjahr hinaus bis zum Ende des auf die Bewilligung folgenden zweitnächsten Haushaltsjahres verfügbar bleiben. [2]Bei Bauten tritt an die Stelle des Haushaltsjahres der Bewilligung das Haushaltsjahr, in dem der Bau in seinen wesentlichen Teilen in Gebrauch genommen ist. [3]Das Finanzministerium kann im Einzelfall Ausnahmen zulassen.

(3) [1]Die Bildung und Inanspruchnahme von Ausgaberesten sowie die Inanspruchnahme nicht ausgeschöpfter Verpflichtungsermächtigungen nach Absatz 1 Satz 2 bedürfen der Einwilligung des Finanzministeriums. [2]Die Einwilligung darf bei Ausgaberesten nur erteilt werden, wenn rechtliche Verpflichtungen oder Zusagen, die aufgrund der Veranschlagung eingegangen oder gemacht wurden, noch erfüllt werden müssen. [3]Ausnahmsweise auch dann, wenn ohne diese Voraussetzungen die Leistung der Ausgabe bei wirtschaftlicher und sparsamer Verwaltung erforderlich ist.

(4) Das Finanzministerium kann in besonders begründeten Einzelfällen die Übertragbarkeit von Ausgaben zulassen, soweit Ausgaben für bereits bewilligte Maßnahmen noch im nächsten Haushaltsjahr zu leisten sind.

§ 46 Deckungsfähigkeit

Deckungsfähige Ausgaben dürfen, solange sie verfügbar sind, nach Maßgabe des § 20 Abs. 1 oder des Deckungsvermerks zugunsten einer anderen Ausgabe verwendet werden.

§ 47 Wegfall- und Umwandlungsvermerke

(1) Über Ausgaben und Planstellen, die der Haushaltsplan als künftig wegfallend bezeichnet, darf von dem Zeitpunkt an, mit dem die im Haushaltsplan bezeichnete Voraussetzung für den Wegfall erfüllt ist, nicht mehr verfügt werden.

(2) Ist eine Planstelle ohne Bestimmung der Voraussetzungen als künftig wegfallend bezeichnet, so ist dieser Vermerk mit Freiwerden einer Planstelle derselben Besoldungsgruppe für Beamte derselben Fachrichtung zu vollziehen.

(3) Ist eine Planstelle ohne Bestimmung der Voraussetzungen als künftig umzuwandeln bezeichnet, so ist dieser Vermerk mit Freiwerden einer Planstelle derselben Besoldungsgruppe für Beamte derselben Fachrichtung zu vollziehen.

(4) Die Absätze 1 bis 3 gelten für andere Stellen als Planstellen sowie für Leerstellen entsprechend.

§ 48 *[aufgehoben]*

§ 49 Grundsätze der Bewirtschaftung des Stellenplans

(1) Ein Amt darf nur zusammen mit der Einweisung in eine besetzbare Planstelle verliehen werden.

(2) [1]Wer als Beamter befördert wird, kann mit Wirkung vom Ersten des Monats, in dem seine Ernennung wirksam geworden ist, in die entsprechende, zu diesem Zeitpunkt besetzbare Planstelle eingewiesen werden. [2]Er kann mit Rückwirkung von höchstens drei Monaten, zum Ersten eines Monats, in eine besetzbare Planstelle eingewiesen werden, wenn er während dieser Zeit die Obliegenheiten dieses oder eines gleichwertigen Amtes wahrgenommen und die beamtenrechtliche Voraussetzung für die Beförderung erfüllt hat.

(3) [1]Planstellen und andere Stellen als Planstellen dürfen grundsätzlich nur mit einer Person besetzt werden. [2]Dies gilt entsprechend für Leerstellen. [3]Ausnahmen bestimmt das Haushaltsgesetz.

(4) Der Stellenplan ist bindend.

§ 50 Umsetzung von Mitteln und Planstellen

(1) [1]Die Landesregierung kann Mittel und Planstellen umsetzen, wenn Aufgaben von einer Verwaltung auf eine andere Verwaltung übergehen. [2]Eines Beschlusses der Landesregierung bedarf es nicht, wenn die beteiligten Ministerien und das Finanzministerium über die Umsetzung einig sind.

(2) [1]Eine Planstelle darf mit Einwilligung des Finanzministeriums in eine andere Verwaltung umgesetzt werden, wenn dort ein unvorhergesehener und unabweisbarer vordringlicher Personalbedarf besteht. [2]Über den weiteren Verbleib der Planstelle ist im nächsten Haushaltsplan zu bestimmen.

(3) Bei einzelplanübergreifenden Abordnungen und Abordnungen an Stellen außerhalb der Landesverwaltung können mit Einwilligung des Finanzministeriums die Personalausgaben für abgeordnete

Beamte von der abordnenden Verwaltung bis zur Verkündung des nächsten Haushaltsgesetzes weitergezahlt werden.

(4) Die Absätze 1 bis 3 gelten für Mittel und für andere Stellen als Planstellen entsprechend.

§ 51 Besondere Personalausgaben

Personalausgaben, die nicht auf Gesetz oder Tarifvertrag beruhen, dürfen nur geleistet werden, wenn dafür Ausgabemittel besonders zur Verfügung gestellt sind.

§ 52 Nutzungen und Sachbezüge

[1]Nutzungen und Sachbezüge dürfen Angehörigen des öffentlichen Dienstes nur gegen angemessenes Entgelt gewährt werden, soweit nicht durch Gesetz oder Tarifvertrag oder im Haushaltsplan etwas anderes bestimmt ist. [2]Das Finanzministerium kann für die Benutzung von Dienstfahrzeugen Ausnahmen zulassen. [3]Das Nähere für die Zuweisung, Nutzung, Verwaltung und Festsetzung des Nutzungswertes von Dienstwohnungen regelt das Finanzministerium. [4]Die Dienstwohnungen mit Ausnahme der Dienstwohnungen für Arbeitnehmer sind im Haushaltsplan auszubringen.

§ 53 Billigkeitsleistungen

Leistungen aus Gründen der Billigkeit dürfen nur gewährt werden, wenn dafür Ausgabemittel besonders zur Verfügung gestellt sind.

§ 54 Baumaßnahmen, größere Beschaffungen, größere Entwicklungsvorhaben

(1) [1]Baumaßnahmen dürfen nur begonnen werden, wenn ausführliche Entwurfszeichnungen und Kostenberechnungen vorliegen, es sei denn, dass es sich um kleine Maßnahmen handelt. [2]In den Zeichnungen und Berechnungen darf von den in § 24 bezeichneten Unterlagen nur insoweit abgewichen werden, als die Änderung nicht erheblich ist; weitergehende Ausnahmen bedürfen der Einwilligung des Finanzministeriums. [3]Das Nähere regelt das Haushaltsgesetz.

(2) [1]Größeren Beschaffungen und größeren Entwicklungsvorhaben sind ausreichende Unterlagen zugrunde zu legen. [2]Absatz 1 Satz 2 gilt entsprechend.

§ 55 Öffentliche Ausschreibung

Für das öffentliche Auftragswesen gilt das Vergabegesetz Mecklenburg-Vorpommern in seiner jeweiligen Fassung.

§ 56 Vorleistungen

(1) Vor Empfang der Gegenleistung dürfen Leistungen des Landes nur vereinbart oder bewirkt werden, wenn dies allgemein üblich oder durch besondere Umstände gerechtfertigt ist.

(2) Werden Zahlungen vor Fälligkeit an das Land entrichtet, kann nach Richtlinien des Finanzministeriums ein angemessener Abzug gewährt werden.

§ 57 Verträge mit Angehörigen des öffentlichen Dienstes

[1]Zwischen Angehörigen des öffentlichen Dienstes und ihrer Dienststelle dürfen Verträge nur mit Einwilligung des zuständigen Ministeriums abgeschlossen werden. [2]Dieses kann seine Befugnis auf nachgeordnete Dienststellen übertragen. [3]Satz 1 gilt nicht bei öffentlichen Ausschreibungen und Versteigerungen sowie in Fällen, für die allgemein Entgelte festgesetzt sind.

§ 58 Änderung von Verträgen, Vergleiche

(1) [1]Das zuständige Ministerium darf

1. Verträge zum Nachteil des Landes nur in besonders begründeten Ausnahmefällen aufheben oder ändern,
2. einen Vergleich nur abschließen, wenn dies für das Land zweckmäßig und wirtschaftlich ist.

[2]Das zuständige Ministerium kann seine Befugnisse übertragen.

(2) Maßnahmen nach Absatz 1 bedürfen der Einwilligung des Finanzministeriums, soweit es nicht darauf verzichtet.

§ 59 Veränderung von Ansprüchen

(1) [1]Das zuständige Ministerium darf Ansprüche nur

1. stunden, wenn die sofortige Einziehung mit erheblichen Härten für den Anspruchsgegner verbunden wäre und der Anspruch durch die Stundung nicht gefährdet wird. Die Stundung soll gegen angemessene Verzinsung und in der Regel nur gegen Sicherheitsleistung gewährt werden.

2. niederschlagen, wenn feststeht, dass die Einziehung keinen Erfolg haben wird, oder wenn die Kosten der Einziehung außer Verhältnis zur Höhe des Anspruchs stehen.
3. erlassen, wenn die Einziehung nach Lage des einzelnen Falles für den Anspruchsgegner eine besondere Härte bedeuten würde. Das Gleiche gilt für die Erstattung oder Anrechnung geleisteter Beträge und für die Freigabe von Sicherheiten.

[2]Das zuständige Ministerium kann seine Befugnisse übertragen.

(2) Maßnahmen nach Absatz 1 bedürfen der Einwilligung des Finanzministeriums, soweit es nicht darauf verzichtet.

(3) Andere Regelungen in Rechtsvorschriften bleiben unberührt.

§ 60 Vorschüsse, Verwahrungen

(1) [1]Als Vorschuss darf eine Ausgabe nur gebucht werden, wenn die Verpflichtung zur Leistung zwar feststeht, die Ausgabe aber noch nicht nach der im Haushaltsplan oder sonst vorgesehenen Ordnung gebucht werden kann. [2]Ein Vorschuss ist bis zum Ende des zweiten auf seine Entstehung folgenden Haushaltsjahres endgültig abzuwickeln.

(2) [1]In Verwahrung darf eine Einzahlung nur genommen werden, solange sie nicht endgültig gebucht werden kann. [2]Aus den Verwahrgeldern dürfen nur die mit ihnen im Zusammenhang stehenden Auszahlungen geleistet werden. [3]Werden Verwahrungen in die im Haushaltsplan oder sonst vorgesehene Ordnung übernommen, so sind die Einnahmen und die aus ihnen geleisteten Ausgaben getrennt nachzuweisen.

(3) Kassenverstärkungskredite sind wie Verwahrungen zu behandeln.

§ 61 Interne Verrechnungen

(1) [1]Innerhalb der Landesverwaltung dürfen Vermögensgegenstände für andere Zwecke als die, für die sie beschafft wurden, nur gegen Erstattung ihres vollen Wertes abgegeben werden, soweit sich aus dem Haushaltsplan nichts anderes ergibt. [2]Aufwendungen einer Dienststelle für eine andere sind zu erstatten; andere Regelungen in Rechtsvorschriften bleiben unberührt. [3]Ein Schadensausgleich zwischen Dienststellen unterbleibt.

(2) Absatz 1 gilt nicht, wenn der Wert der abzugebenden Vermögensgegenstände oder die zu erstattenden Aufwendungen einen bestimmten, von dem Finanzministerium festzusetzenden Betrag nicht überschreiten oder das Finanzministerium Ausnahmen zulässt.

(3) [1]Der Wert der abgegebenen Vermögensgegenstände und die Aufwendungen sind stets zu erstatten, wenn Landesbetriebe oder Sondervermögen des Landes beteiligt sind. [2]Entsprechendes gilt für den Ausgleich von Schäden. [3]Im Wege der Verwaltungsvereinbarung können andere Regelungen getroffen werden, soweit sie aus Gründen der Verwaltungsvereinfachung geboten sind.

(4) Für die Nutzung von Vermögensgegenständen gelten die Absätze 1 bis 3 entsprechend.

§ 62 (frei)

§ 63 Landesvermögen

(1) [1]Erwerb, Verkauf, anderweitige Veräußerung und Belastung von Landesvermögen dürfen nur mit Zustimmung des Landtags erfolgen. [2]Hierauf gerichtete Rechtsgeschäfte bedürfen der vorherigen Zustimmung (Einwilligung) des Landtags. [3]§§ 63a bis 65 bleiben unberührt.

(2) Vermögensgegenstände sollen nur erworben werden, soweit sie zur Erfüllung der Aufgaben des Landes in absehbarer Zeit erforderlich sind.

(3) Vermögensgegenstände dürfen nur veräußert werden, wenn sie zur Erfüllung der Aufgaben des Landes in absehbarer Zeit nicht benötigt werden.

(4) [1]Vermögensgegenstände dürfen nur zu ihrem vollen Wert veräußert werden. [2]Ausnahmen bedürfen der Einwilligung des Landtags.

(5) Ist der Wert gering oder besteht ein dringendes Landesinteresse, so kann das Finanzministerium Ausnahmen zulassen.

(6) Für die Überlassung der Nutzung eines Vermögensgegenstandes gelten die Absätze 3 bis 5 entsprechend.

§ 63a Bewegliche Sachen

(1) [1]Bewegliche Sachen dürfen abweichend von § 63 Abs. 1 mit Einwilligung des Finanzministeriums verkauft oder anderweitig veräußert werden, wenn sie von geringerer Bedeutung sind und eine im

Haushaltsgesetz genannte Wertgrenze nicht überschreiten. [2]Das Finanzministerium kann auf seine Mitwirkung verzichten.

(2) [1]Abweichend von Absatz 1 dürfen bewegliche Sachen ausnahmsweise auch dann mit Einwilligung des Finanzministeriums verkauft oder anderweitig veräußert werden, wenn dies aus zwingenden Gründen erforderlich ist. [2]Der Landtag ist unverzüglich hiervon zu unterrichten.

§ 64 Grundstücke

(1) [1]Grundstücke dürfen abweichend von § 63 Abs. 1 nur mit Einwilligung des Finanzministeriums erworben, verkauft, anderweitig veräußert oder belastet werden, wenn sie von geringerer Bedeutung sind und eine im Haushaltsgesetz genannte Wertgrenze nicht überschritten wird. [2]Bei der Ermittlung des Wertes eines belastenden dinglichen Rechts wird ein im wirtschaftlichen Zusammenhang mit der Belastung stehender Vorteil einbezogen. [3]Das Finanzministerium kann auf seine Mitwirkung verzichten.

(2) [1]Abweichend von Absatz 1 dürfen Grundstücke ausnahmsweise auch dann mit Einwilligung des Finanzministeriums erworben, verkauft, anderweitig veräußert oder belastet werden, wenn dies aus zwingenden Gründen erforderlich ist. [2]Der Landtag ist unverzüglich hiervon zu unterrichten.

(3) Für zu erwerbende oder zu veräußernde Grundstücke ist eine Wertermittlung aufzustellen.

(4) Dingliche Rechte dürfen an landeseigenen Grundstücken nur gegen angemessenes Entgelt bestellt werden.

(5) [1]Beim Erwerb von Grundstücken können in Ausnahmefällen mit Einwilligung des Finanzministeriums Hypotheken, Grund- und Rentenschulden unter Anrechnung auf den Kaufpreis ohne die Voraussetzungen des § 38 Abs. 1 übernommen werden. [2]In Fällen der Übernahme ist der anzurechnende Betrag beim zuständigen Haushaltsansatz einzusparen.

(6) [1]Einnahmen aus der Veräußerung von Grundstücken und grundstücksgleichen Rechten sind einem Sondervermögen zuzuführen. [2]Die Mittel aus den Einnahmen gemäß Satz 1 sind grundsätzlich nur zum Erwerb von Vermögensgegenständen der in Satz 1 genannten Art zu verwenden. [3]Ausnahmen können durch den Haushaltsplan zugelassen werden.

§ 65 Unmittelbare Beteiligung an privatrechtlichen Unternehmen

(1) Das Land soll sich, außer in den Fällen des Absatzes 4, an der Gründung eines Unternehmens in einer Rechtsform des privaten Rechts oder an einem bestehenden Unternehmen in einer solchen Rechtsform nur beteiligen, wenn

1. ein wichtiges Interesse des Landes vorliegt und sich der vom Land angestrebte Zweck nicht besser und wirtschaftlicher auf andere Weise erreichen lässt,
2. die Einzahlungsverpflichtung des Landes auf einen bestimmten Betrag begrenzt ist,
3. das Land einen angemessenen Einfluss, insbesondere im Aufsichtsrat oder in einem entsprechenden Überwachungsorgan erhält,
4. gewährleistet ist, dass der Jahresabschluss und der Lagebericht, soweit nicht weitergehende gesetzliche Vorschriften gelten oder andere gesetzliche Vorschriften entgegenstehen, in entsprechender Anwendung der Vorschriften des Dritten Buches des Handelsgesetzbuches für große Kapitalgesellschaften aufgestellt und geprüft werden,
5. gewährleistet ist, dass unabhängig von der Größe des Unternehmens und der Anzahl der Mitglieder der Geschäftsleitung die Bezüge im Sinne von § 65b Absatz 1 im Anhang des Jahresabschlusses gesondert veröffentlicht werden. Ist der Jahresabschluss nicht um einen Anhang zu erweitern, ist die gesonderte Veröffentlichung der Bezüge an anderer geeigneter Stelle, beispielsweise im Beteiligungsbericht des Landes, zu gewährleisten.

(2) [1]Abweichend von § 63 Abs. 1 dürfen mit Einwilligung des Finanzministeriums Anteile an einem Unternehmen erworben, bestehende Beteiligungen erhöht oder ganz oder zum Teil veräußert werden, wenn sie von geringerer Bedeutung sind und das Land dadurch in künftigen Haushaltsjahren finanziell nicht belastet wird. [2]Entsprechendes gilt bei einer Änderung des Nennkapitals oder des Gegenstandes des Unternehmens oder bei Änderung des Einflusses des Landes. [3]Das Finanzministerium ist an den Verhandlungen zu beteiligen.

(3) Das Finanzministerium kann auf die Ausübung der Befugnisse nach Absatz 2 verzichten.

(4) [1]An einer Erwerbs- oder Wirtschaftsgenossenschaft soll sich das Land nur beteiligen, wenn die Haftpflicht der Genossen für die Verbindlichkeiten der Genossenschaft dieser gegenüber im Voraus auf eine bestimmte Summe beschränkt ist. [2]Absatz 1 Nummer 5 und Absatz 2 gelten entsprechend.

(5) Das zuständige Ministerium hat darauf hinzuwirken, dass die auf Veranlassung des Landes gewählten oder entsandten Mitglieder der Aufsichtsorgane der Unternehmen bei ihrer Tätigkeit auch die besonderen Interessen des Landes berücksichtigen.

§ 65a Mittelbare Beteiligung an privatrechtlichen Unternehmen

[1]Das zuständige Ministerium hat darauf hinzuwirken, dass ein Unternehmen, an dem das Land unmittelbar oder mittelbar mit Mehrheit beteiligt ist, nur mit seiner Einwilligung eine Beteiligung von mehr als dem vierten Teil der Anteile eines anderen Unternehmens erwirbt, eine solche Beteiligung erhöht oder sie ganz oder zum Teil veräußert. [2]Es hat vor Erteilung seiner Zustimmung die Einwilligung des Finanzministeriums einzuholen. [3]§ 65 Abs. 1 Satz 1 Nr. 3 und 4 sowie Absatz 2 gelten entsprechend. [4]Das Finanzministerium kann auf die Ausübung der Befugnisse nach Satz 2 verzichten.

§ 65b Offenlegung der Bezüge bei privatrechtlichen Unternehmen mit Landesbeteiligung

(1) [1]Bei Unternehmen in der Rechtsform des privaten Rechts, an denen das Land unmittelbar oder mittelbar mehrheitlich beteiligt ist, wirkt das Land darauf hin, dass unabhängig von der Größe des Unternehmens und der Anzahl der Mitglieder der Geschäftsleitung im Anhang des Jahresabschlusses gesondert veröffentlicht werden:

a) die für die Tätigkeit im Geschäftsjahr gewährten Gesamtbezüge (Gehälter, Gewinnbeteiligungen, Bezugsrechte und sonstige aktienbasierte Vergütungen, Aufwandsentschädigungen, Versicherungsentgelte, Provisionen und Nebenleistungen jeder Art) jedes einzelnen Mitglieds des Geschäftsführungsorgans unter Namensnennung, aufgeteilt nach erfolgsunabhängigen, erfolgsbezogenen und Komponenten mit langfristiger Anreizwirkung. Dies gilt auch für
   aa) Leistungen, die dem einzelnen Mitglied für den Fall der vorzeitigen Beendigung zugesagt worden sind;
   bb) Leistungen, die dem einzelnen Mitglied für den Fall der regulären Beendigung seiner Tätigkeit zugesagt worden sind, mit ihrem Barwert, sowie den von dem Unternehmen während des Geschäftsjahres hierfür aufgewandten oder zurückgestellten Betrag;
   cc) während des Geschäftsjahres vereinbarte Änderungen dieser Zusagen;
   dd) Leistungen, die einem früheren Vorstandsmitglied, das seine Tätigkeit im Laufe des Geschäftsjahres beendet hat, in diesem Zusammenhang zugesagt und im Laufe des Geschäftsjahres gewährt worden sind;
b) die Gesamtbezüge (Abfindungen, Ruhegehälter, Hinterbliebenenbezüge und Leistungen verwandter Art) der früheren Mitglieder des Geschäftsführungsorgans und ihrer Hinterbliebenen. Dies gilt auch dann, wenn sich anhand dieser Angaben die Bezüge eines einzelnen früheren Mitglieds des Geschäftsführungsorgans feststellen lassen.

[2]Ist der Jahresabschluss nicht um einen Anhang zu erweitern, ist auf die gesonderte Veröffentlichung der Bezüge an anderer geeigneter Stelle, beispielsweise im Beteiligungsbericht des Landes, hinzuwirken. [3]Die auf Veranlassung des Landes gewählten oder entsandten Gremienmitglieder sind verpflichtet, insbesondere durch individualvertragliche Regelungen, auf die Veröffentlichung hinzuwirken.

(2) Der unmittelbaren oder mittelbaren mehrheitlichen Beteiligung im Sinne von Absatz 1 Satz 1 steht es gleich, wenn das Land nur zusammen mit Gemeinden, Ämtern, Kreisen oder Zweckverbänden, einem anderen Unternehmen im Sinne von Absatz 1 Nummer 1 oder landesunmittelbaren Unternehmen in der Rechtsform des öffentlichen Rechts unmittelbar oder mittelbar mehrheitlich beteiligt ist.

(3) [1]Ist das Land nicht mehrheitlich, sondern mindestens in Höhe von 10 Prozent an dem Unternehmen im Sinne von Absatz 1 Satz 1 beteiligt, soll es auf eine Veröffentlichung entsprechend Absatz 1 Sätze 1 bis 4 hinwirken. [2]Gleiches gilt für die Gremienmitglieder im Sinne von Absatz 1 Satz 5. [3]Absatz 2 gilt entsprechend.

§ 65c Offenlegung der Bezüge bei Landesbetrieben und Sondervermögen

Landesbetriebe und Sondervermögen, die unternehmerisch tätig sind, haben die Bezüge im Sinne von § 65b Absatz 1 zu veröffentlichen.

§ 65d Offenlegung der Bezüge bei institutioneller Förderung

(1) [1]Das Land gewährt Zuwendungen nach § 23 zur Deckung der gesamten Ausgaben oder eines nicht abgegrenzten Teils der Ausgaben an unternehmerisch tätige Zuwendungsempfänger nur, wenn sich diese verpflichten, auf eine Veröffentlichung der Bezüge im Sinne von § 65b Absatz 1 im Anhang des Jahresabschlusses hinzuwirken. [2]Ist der Jahresabschluss nicht um einen Anhang zu erweitern, ist auf die gesonderte Veröffentlichung der Bezüge an anderer geeigneter Stelle hinzuwirken. [3]Eine Förderung für nach dem 31. Dezember 2019 beginnende Geschäftsjahre erfolgt nur, wenn die Bezüge im Sinne von § 65b Absatz 1 veröffentlicht werden.

(2) Institutionell durch das Land geförderte Zuwendungsempfänger haben im Verwendungsnachweis die Bezüge im Sinne von § 65b Absatz 1 anzugeben.

(3) [1]Die Absätze 1 und 2 finden keine Anwendung, wenn die institutionelle Förderung durch das Land insgesamt weniger als 25 Prozent zur Deckung der Ausgaben beiträgt. [2]§ 65b Absatz 2 gilt entsprechend.

§ 66 Unterrichtung des Landesrechnungshofs

Besteht eine Mehrheitsbeteiligung im Sinne des § 53 des Haushaltsgrundsätzegesetzes, so hat das zuständige Ministerium darauf hinzuwirken, dass dem Landesrechnungshof die in § 54 Haushaltsgrundsätzegesetz bestimmten Befugnisse eingeräumt werden.

§ 67 Prüfungsrecht durch Vereinbarung

[1]Besteht keine Mehrheitsbeteiligung im Sinne des § 53 Haushaltsgrundsätzegesetz, so soll das zuständige Ministerium, soweit das Interesse des Landes dies erfordert, bei Unternehmen, die nicht Aktiengesellschaften, Kommanditgesellschaften auf Aktien oder Genossenschaften sind, darauf hinwirken, dass dem Land in der Satzung oder im Gesellschaftsvertrag die Befugnisse nach den §§ 53 und 54 des Haushaltsgrundsätzegesetzes eingeräumt werden. [2]Bei mittelbaren Beteiligungen gilt dies nur, wenn die Beteiligung den vierten Teil der Anteile übersteigt und einem Unternehmen zusteht, an dem das Land allein oder zusammen mit anderen Gebietskörperschaften mit Mehrheit im Sinne des § 53 des Haushaltsgrundsätzegesetzes beteiligt ist.

§ 68 Zuständigkeitsregelungen

(1) [1]Die Rechte nach § 53 Abs. 1 des Haushaltsgrundsätzegesetzes übt das für die Beteiligung zuständige Ministerium aus. [2]Bei der Wahl oder Bestellung der Prüfer nach § 53 Abs. 1 Nr. 1 des Haushaltsgrundsätzegesetzes übt das zuständige Ministerium die Rechte des Landes im Einvernehmen mit dem Landesrechnungshof aus.

(2) Einen Verzicht auf die Ausübung der Rechte des § 53 Abs. 1 des Haushaltsgrundsätzegesetzes erklärt das zuständige Ministerium im Einvernehmen mit dem Landesrechnungshof.

§ 69 Unterrichtung des Landesrechnungshofs

[1]Das zuständige Ministerium übersendet dem Landesrechnungshof innerhalb von drei Monaten nach der Haupt- oder Gesellschafterversammlung, die den Jahresabschluss für das abgelaufene Geschäftsjahr entgegennimmt oder festzustellen hat,

1. die Unterlagen, die dem Land als Aktionär oder Gesellschafter zugänglich sind,
2. die Berichte, welche die auf seine Veranlassung gewählten oder entsandten Mitglieder des Überwachungsorgans unter Beifügung aller ihnen über das Unternehmen zur Verfügung stehenden Unterlagen zu erstatten haben,
3. die ihm nach § 53 des Haushaltsgrundsätzegesetzes und § 67 zu übersendenden Prüfungsberichte.

[2]Es teilt dabei das Ergebnis seiner Prüfung mit.

Teil IV

Zahlungen, Buchführung und Rechnungslegung

§ 70 Zahlungen

[1]Zahlungen dürfen nur von Kassen und Zahlstellen angenommen oder geleistet werden. [2]Die Anordnung der Zahlung muss durch das zuständige Ministerium oder die von ihm ermächtigte Dienststelle schriftlich oder auf elektronischem Wege erteilt werden. [3]Das Finanzministerium kann Ausnahmen zulassen.

§ 71 Buchführung

(1) Über alle Zahlungen ist nach der im Haushaltsplan oder sonst vorgesehenen Ordnung in zeitlicher Folge Buch zu führen.

(2) [1]Über eingegangene Verpflichtungen sowie über Geldforderungen des Landes, die durch Landesbehörden verwaltet werden, ist ein Nachweis zu führen. [2]Für andere Bewirtschaftungsvorgänge kann das Finanzministerium die Buchführung anordnen. [3]Das Finanzministerium kann Ausnahmen zulassen.

(3) Einnahmen und Ausgaben auf Einnahme- und Ausgabereste (Haushaltsreste) aus Vorjahren,

1. für die im Haushaltsplan des laufenden Haushaltsjahres wiederum ein Titel vorgesehen ist, sind bei diesem zu buchen,
2. für die im Haushaltsplan des *laufendes*[1)] Haushaltsjahres kein Titel vorgesehen ist, sind an der Stelle zu buchen, an der sie im Falle der Veranschlagung im Haushaltsplan vorzusehen gewesen wären.

(4) Absatz 3 Nr. 2 gilt entsprechend für außerplanmäßige Einnahmen und Ausgaben.

(5) Das Nähere regelt das Finanzministerium im Einvernehmen mit dem Landesrechnungshof.

§ 71a ***[aufgehoben]***

§ 72 Buchung nach Haushaltsjahren

(1) Zahlungen, eingegangene Verpflichtungen, Geldforderungen sowie andere Bewirtschaftungsvorgänge, für die nach § 71 Abs. 1 und 2 die Buchführung angeordnet ist, sind nach Haushaltsjahren getrennt zu buchen.

(2) Alle Zahlungen mit Ausnahme der Fälle nach den Absätzen 3 und 4 sind für das Haushaltsjahr zu buchen, in dem sie eingegangen oder geleistet worden sind.

(3) Zahlungen, die im abgelaufenen Haushaltsjahr fällig waren, jedoch erst später eingehen oder geleistet werden, sind in den Büchern des abgelaufenen Haushaltsjahres zu buchen, solange die Bücher nicht abgeschlossen sind.

(4) Für das neue Haushaltsjahr sind zu buchen:

1. Einnahmen, die im neuen Haushaltsjahr fällig werden, jedoch vorher eingehen,
2. Ausgaben, die im neuen Haushaltsjahr fällig werden, jedoch wegen des fristgerechten Eingangs beim Empfänger vorher gezahlt werden müssen,
3. im Voraus zu zahlende Dienst-, Versorgungs- und entsprechende Bezüge sowie Renten für den ersten Monat des neuen Haushaltsjahres.

(5) Die Absätze 3 und 4 Nr. 1 gelten nicht für Steuern, Gebühren, andere Abgaben, Geldstrafen, Geldbußen sowie damit zusammenhängende Kosten.

(6) Ausnahmen von den Absätzen 2 bis 4 können zugelassen werden.

§ 73 Vermögensnachweis

[1]Über das Vermögen und die Schulden ist ein Nachweis zu erbringen. [2]Das Nähere regelt das Finanzministerium im Einvernehmen mit dem Landesrechnungshof.

§ 74 Buchführung bei Landesbetrieben

(1) [1]Landesbetriebe, die nach § 26 Abs. 1 Satz 1 einen Wirtschaftsplan aufstellen und bei denen eine Buchführung nach den §§ 71 bis 79 nicht zweckmäßig ist, haben nach den Regeln der kaufmännischen doppelten Buchführung zu buchen. [2]Das Nähere regelt das Finanzministerium im Einvernehmen mit dem Landesrechnungshof.

(2) Das zuständige Ministerium kann im Einvernehmen mit dem Finanzministerium und dem Landesrechnungshof anordnen, dass bei Landesbetrieben zusätzlich eine Betriebsbuchführung eingerichtet wird, wenn dies aus betriebswirtschaftlichen Gründen zweckmäßig ist.

(3) [1]Geschäftsjahr ist das Haushaltsjahr. [2]Ausnahmen kann das zuständige Ministerium im Einvernehmen mit dem Finanzministerium zulassen.

§ 75 Belegpflicht

Alle Buchungen sind zu belegen.

---

1) Richtig wohl: „laufenden“.

§ 76 Abschluss der Bücher

(1) [1]Die Bücher sind jährlich abzuschließen. [2]Das Finanzministerium bestimmt den Zeitpunkt des Abschlusses.

(2) Nach dem Abschluss der Bücher dürfen Einnahmen oder Ausgaben nicht mehr für den abgelaufenen Zeitraum gebucht werden.

§ 77 Kassensicherheit

[1]Wer Anordnungen im Sinne des § 70 erteilt oder an ihnen verantwortlich mitwirkt, darf an Zahlungen oder Buchungen nicht beteiligt sein. [2]Das Finanzministerium kann zulassen, dass die Kassensicherheit auf andere Weise gewährleistet wird.

§ 78 Unvermutete Prüfungen

[1]Für Zahlungen oder Buchungen zuständige Stellen sind mindestens jährlich, für die Verwaltung von Vorräten zuständige Stellen mindestens alle zwei Jahre unvermutet zu prüfen. [2]Das Finanzministerium kann Ausnahmen zulassen.

§ 79 Kassen des Landes und andere für Zahlungen und Buchungen zuständige Stellen

(1) [1]Die Landesregierung wird ermächtigt, durch Rechtsverordnung die Organisation (Errichtung, Auflösung, Übertragung von Zuständigkeiten) der Kassen des Landes zu regeln. [2]Ermächtigungen hierzu aufgrund anderer Rechtsvorschriften bleiben unberührt.

(2) Das Finanzministerium regelt das Nähere über

1. die Einrichtung der Kassen des Landes im Einzelnen und das Verwaltungsverfahren der für Zahlungen und Buchungen zuständigen Stellen des Landes, bei Zahlstellen und Kassen der Landesbetriebe nach Benehmen mit dem zuständigen Ministerium,
2. die Einrichtung der Bücher und Belege im Einvernehmen mit dem Landesrechnungshof.

(3) [1]Das Finanzministerium kann im Einvernehmen mit dem Landesrechnungshof Vereinfachungen für die Buchführung und die Belegung der Buchungen allgemein anordnen. [2]Der Landesrechnungshof kann im Einvernehmen mit dem zuständigen Ministerium im Einzelfall Vereinfachungen zulassen.

§ 80 Rechnungslegung

(1) [1]Die zuständigen Stellen haben für jedes Haushaltsjahr auf der Grundlage der abgeschlossenen Bücher Rechnung zu legen. [2]Das Finanzministerium kann im Einvernehmen mit dem Landesrechnungshof bestimmen, dass für einen anderen Zeitraum Rechnung zu legen ist.

(2) Auf der Grundlage der abgeschlossenen Bücher und Nachweise stellt das Finanzministerium für jedes Haushaltsjahr die Haushaltsrechnung sowie eine Vermögensübersicht auf.

§ 81 Gliederung der Haushaltsrechnung

(1) In der Haushaltsrechnung sind die Einnahmen und Ausgaben nach der in § 71 bezeichneten Ordnung den Ansätzen des Haushaltsplans unter Berücksichtigung der Haushaltsreste und der Vorgriffe gegenüber zu stellen.

(2) Bei den einzelnen Titeln und entsprechend bei den Schlusssummen sind besonders anzugeben:

1. bei den Einnahmen:
   a) die Ist-Einnahmen,
   b) die zu übertragenden Einnahmereste,
   c) die Summe der Ist-Einnahmen und der zu übertragenden Einnahmereste,
   d) die veranschlagten Einnahmen,
   e) die aus dem Vorjahr übertragenen Einnahmereste,
   f) die Summe der veranschlagten Einnahmen und der übertragenen Einnahmereste,
   g) der Mehr- oder Minderbetrag der Summe aus Buchstabe c gegenüber der Summe aus Buchstabe f;
2. bei den Ausgaben:
   a) die Ist-Ausgaben,
   b) die zu übertragenden Ausgabereste oder die Vorgriffe,
   c) die Summe der Ist-Ausgaben und der zu übertragenden Ausgabereste oder der Vorgriffe,
   d) die veranschlagten Ausgaben,
   e) die aus dem Vorjahr übertragenen Ausgabereste oder die Vorgriffe,

f) die Summe der veranschlagten Ausgaben und der übertragenen Ausgabereste oder der Vorgriffe,
g) der Mehr- oder Minderbetrag der Summe aus Buchstabe c gegenüber der Summe aus Buchstabe f,
h) der Betrag der über- oder außerplanmäßigen Ausgaben sowie der Vorgriffe.

(3) Für die jeweiligen Titel und entsprechend für die Schlusssummen ist die Höhe der eingegangenen Verpflichtungen und der Geldforderungen besonders anzugeben, soweit nach § 71 Abs. 2 ein Nachweis geführt wird.

(4) In den Fällen des § 25 Abs. 2 ist die Verminderung des Kreditbedarfs zugleich mit dem Nachweis des Überschusses darzustellen.

§ 82 Kassenmäßiger Abschluss

Im kassenmäßigen Abschluss sind nachzuweisen:

1. a) die Summe der Ist-Einnahmen,
   b) die Summe der Ist-Ausgaben,
   c) der Unterschied aus Buchstabe a und Buchstabe b (kassenmäßiges Jahresergebnis),
   d) die haushaltsmäßig noch nicht abgewickelten kassenmäßigen Jahresergebnisse früherer Jahre,
   e) das kassenmäßige Gesamtergebnis aus Buchstabe c und Buchstabe d;
2. a) die Summe der Ist-Einnahmen mit Ausnahme der Einnahmen aus Krediten vom Kreditmarkt, der Entnahmen aus Rücklagen und der Einnahmen aus kassenmäßigen Überschüssen,
   b) die Summe der Ist-Ausgaben mit Ausnahme der Ausgaben zur Schuldentilgung am Kreditmarkt, der Zuführungen an Rücklagen und der Ausgaben zur Deckung eines kassenmäßigen Fehlbetrages,
   c) der Finanzierungssaldo aus Buchstabe a und Buchstabe b.

§ 83 Haushaltsabschluss

Im Haushaltsabschluss sind nachzuweisen:

1. a) das kassenmäßige Jahresergebnis nach § 82 Nr. 1 Buchstabe c,
   b) das kassenmäßige Gesamtergebnis nach § 82 Nr. 1 Buchstabe e;
2. a) die aus dem Vorjahr übertragenen Einnahmereste und Ausgabereste,
   b) die in das folgende Haushaltsjahr zu übertragenden Einnahmereste und Ausgabereste,
   c) der Unterschied aus Buchstabe a und Buchstabe b,
   d) das rechnungsmäßige Jahresergebnis aus Nummer 1 Buchstabe a und Nummer 2 Buchstabe c,
   e) das rechnungsmäßige Gesamtergebnis aus Nummer 1 Buchstabe b und Nummer 2 Buchstabe b;
3. die Höhe der eingegangenen Verpflichtungen und Geldforderungen, soweit nach § 71 Abs. 2 ein Nachweis geführt wird.

§ 84 Abschlussbericht

Der kassenmäßige Abschluss und der Haushaltsabschluss sind in einem Bericht zu erläutern.

§ 85 Übersichten zur Haushaltsrechnung

(1) Der Haushaltsrechnung sind Übersichten beizufügen über

1. die über- und außerplanmäßigen Ausgaben einschließlich der Vorgriffe und ihre Begründung,
2. die Einnahmen und Ausgaben sowie den Bestand an Sondervermögen und Rücklagen,
3. den Jahresabschluss bei Landesbetrieben,
4. die Gesamtbeträge der nach § 59 erlassenen Ansprüche nach Geschäftsbereichen,
5. die nicht veranschlagten Einnahmen aus der Veräußerung von Vermögensgegenständen.

(2) Das Finanzministerium kann im Einvernehmen mit dem Landesrechnungshof von der Vorlage der Übersichten nach den Nummern 3 bis 5 absehen.

§ 86 Vermögensübersicht

(1) In der Vermögensübersicht sind der Bestand des Vermögens und der Schulden zu Beginn des Haushaltsjahres, die Veränderungen während des Haushaltsjahres und der Bestand zum Ende des Haushaltsjahres nachzuweisen.

(2) Die Vermögensübersicht ist dem Landtag und dem Landesrechnungshof zusammen mit der Haushaltsrechnung vorzulegen.

§ 87 Rechnungslegung der Landesbetriebe

(1) [1]Landesbetriebe, die nach den Regeln der kaufmännischen doppelten Buchführung buchen, stellen einen Jahresabschluss sowie einen Lagebericht in entsprechender Anwendung der Vorschrift des § 264 Abs. 1 Satz 1 des Handelsgesetzbuches auf. [2]Das zuständige Ministerium kann im Einvernehmen mit dem Finanzministerium auf die Aufstellung des Lageberichtes verzichten. [3]Die §§ 80 bis 85 sollen angewandt werden, soweit sie mit den Regeln der kaufmännischen doppelten Buchführung zu vereinbaren sind.

(2) Ist eine Betriebsbuchführung eingerichtet, so ist die Betriebsergebnisabrechnung dem Finanzministerium und Landesrechnungshof zu übersenden.

Teil V

Rechnungsprüfung

§ 88 Aufgaben des Landesrechnungshofs

(1) Die gesamte Haushalts- und Wirtschaftsführung des Landes einschließlich seiner Sondervermögen und Betriebe wird vom Landesrechnungshof überwacht.

(2) [1]Bei bestimmten Ausgaben, deren Verwendung geheim zu halten ist, kann der Haushaltsplan festlegen, dass die Prüfung allein durch den Präsidenten des Landesrechnungshofs oder, wenn dessen Stelle nicht besetzt ist, durch den Vizepräsidenten vorgenommen wird. [2]Weitere Beamte können zur Hilfeleistung herangezogen werden.

(3) [1]Der Landesrechnungshof kann aufgrund von Prüfungserfahrungen den Landtag, die Landesregierung und einzelne Ministerien beraten. [2]Soweit der Landesrechnungshof den Landtag berät, unterrichtet er gleichzeitig die Landesregierung.

(4) Der Landesrechnungshof hat sich auf Ersuchen des Landtags oder der Landesregierung über Fragen gutachtlich zu äußern, deren Beantwortung für die Bewirtschaftung der Haushaltsmittel von Bedeutung ist.

(5) [1]Durch Beschluss des Landtags kann der Landesrechnungshof ersucht werden, eine vom Landtag bestimmt bezeichnete Angelegenheit von besonderer Bedeutung zu prüfen und hierüber zu berichten. [2]Berichtet er dem Landtag, so unterrichtet er gleichzeitig die Landesregierung.

§ 89 Überwachung

(1) Zur Überwachung durch den Landesrechnungshof gehört insbesondere die Prüfung

1. der Einnahmen, Ausgaben, Verpflichtungen zur Leistung von Ausgaben, des Vermögens und der Schulden,
2. der Maßnahmen, die sich finanziell auswirken können,
3. der Verwahrungen und Vorschüsse,
4. der Verwendung der Mittel, die zur Selbstbewirtschaftung zugewiesen sind.

(2) Der Landesrechnungshof kann nach seinem Ermessen die Prüfung beschränken und Rechnungen ungeprüft lassen.

§ 90 Inhalt der Prüfung

Die Prüfung erstreckt sich auf die Einhaltung der für die Haushalts- und Wirtschaftsführung geltenden Vorschriften und Grundsätze, insbesondere darauf, ob

1. das Haushaltsgesetz und der Haushaltsplan eingehalten worden sind,
2. die Einnahmen und Ausgaben begründet und belegt sind und die Haushaltsrechnung sowie die Übersicht über das Vermögen und die Schulden ordnungsgemäß aufgestellt sind,
3. wirtschaftlich und sparsam verfahren wird,
4. die Aufgabe mit geringerem Personal- oder Sachaufwand oder auf andere Weise wirksamer erfüllt werden kann.

§ 91 Prüfung bei Stellen außerhalb der Landesverwaltung

(1) [1]Der Landesrechnungshof ist berechtigt, bei Stellen außerhalb der Landesverwaltung zu prüfen, wenn sie

1. Teile des Landeshaushaltsplans ausführen oder vom Land Ersatz von Aufwendungen erhalten,
2. Landesmittel oder Vermögensgegenstände des Landes verwalten oder
3. vom Land Zuwendungen erhalten.

[2]Leiten diese Stellen die Mittel des Landes an Dritte weiter, so kann der Landesrechnungshof auch bei diesen prüfen.

(2) [1]Die Prüfung erstreckt sich auf die bestimmungsmäßige und wirtschaftliche Verwaltung und Verwendung. [2]Bei Zuwendungen kann sie sich auch auf die sonstige Haushalts- und Wirtschaftsführung des Empfängers erstrecken, soweit es der Landesrechnungshof für seine Prüfung für notwendig hält.

(3) Bei der Gewährung von Krediten aus Haushaltsmitteln sowie bei der Übernahme von Bürgschaften, Garantien oder sonstigen Gewährleistungen durch das Land kann der Landesrechnungshof bei den Beteiligten prüfen, ob sie ausreichende Vorkehrungen gegen Nachteile für das Land getroffen oder ob die Voraussetzungen für eine Inanspruchnahme des Landes vorgelegen haben.

§ 92 Prüfung staatlicher Betätigung bei privatrechtlichen Unternehmen

(1) Der Landesrechnungshof prüft die Betätigung des Landes bei Unternehmen in einer Rechtsform des privaten Rechts, an denen das Land unmittelbar oder mittelbar beteiligt ist, unter Beachtung kaufmännischer Grundsätze.

(2) Absatz 1 gilt entsprechend bei Erwerbs- oder Wirtschaftsgenossenschaften, in denen das Land Mitglied ist.

§ 93 Gemeinsame Prüfung

[1]Ist für die Prüfung sowohl der Landesrechnungshof als auch der Bundesrechnungshof oder der Rechnungshof eines anderen Landes zuständig, so soll gemeinsam geprüft werden. [2]Der Landesrechnungshof kann durch Vereinbarung Prüfungsaufgaben mit Ausnahme der Prüfung der Haushaltsrechnung auf den Bundesrechnungshof oder einen anderen Landesrechnungshof übertragen. [3]Der Landesrechnungshof kann durch Vereinbarung auch Prüfungsaufgaben vom Bundesrechnungshof oder von anderen Landesrechnungshöfen übernehmen.

§ 94 Zeit und Art der Prüfung

(1) Der Landesrechnungshof bestimmt Zeit und Art der Prüfung und lässt erforderliche örtliche Erhebungen durch Beauftragte vornehmen.

(2) Der Landesrechnungshof kann Sachverständige hinzuziehen.

§ 95 Auskunftspflicht

(1) Unterlagen, die der Landesrechnungshof zur Erfüllung seiner Aufgaben für erforderlich hält, sind ihm auf Verlangen innerhalb einer bestimmten Frist zu übersenden oder seinen Beauftragten vorzulegen.

(2) Dem Landesrechnungshof und seinen Beauftragten sind die erbetenen Auskünfte zu erteilen.

§ 96 Prüfungsergebnis

(1) [1]Der Landesrechnungshof teilt das Prüfungsergebnis den zuständigen Stellen zur Äußerung innerhalb einer von ihm zu bestimmenden Frist mit. [2]Er hat es auch anderen Stellen mitzuteilen, soweit er dies aus besonderen Gründen, insbesondere zur Durchsetzung eines Schadenersatzanspruchs, für erforderlich hält. [3]Von einer Mitteilung kann er absehen, wenn es sich um unerhebliche Mängel handelt oder Weiterungen oder Kosten zu erwarten sind, die nicht im angemessenen Verhältnis zu der Bedeutung der Angelegenheit stehen würden.

(2) Prüfungsergebnisse von grundsätzlicher oder erheblicher finanzieller Bedeutung teilt der Landesrechnungshof dem Finanzministerium mit.

§ 97 Bemerkungen

(1) Der Landesrechnungshof fasst das Ergebnis seiner Prüfung, soweit es für die Entlastung der Landesregierung wegen der Haushalts- und Wirtschaftsführung von Bedeutung sein kann, jährlich für den Landtag in Bemerkungen zusammen, die er dem Landtag und der Landesregierung zuleitet.

(2) In den Bemerkungen ist insbesondere mitzuteilen,

1. ob die in der Haushaltsrechnung und der Vermögensübersicht und die in den Büchern aufgeführten Beträge übereinstimmen und die geprüften Einnahmen und Ausgaben ordnungsgemäß belegt sind,
2. in welchen Fällen von Bedeutung die für die Haushalts- und Wirtschaftsführung geltenden Vorschriften und Grundsätze nicht beachtet worden sind,

3. welche wesentlichen Beanstandungen sich aus der Prüfung der Betätigung bei Unternehmen mit eigener Rechtspersönlichkeit ergeben haben,
4. welche Maßnahmen für die Zukunft empfohlen werden.

(3) In die Bemerkungen können Feststellungen auch über spätere oder frühere Haushaltsjahre aufgenommen werden.

(4) Bemerkungen zu geheim zu haltenden Angelegenheiten werden dem Präsidenten des Landtags sowie dem Ministerpräsidenten und dem Finanzminister mitgeteilt.

§ 98 Nichtverfolgung von Ansprüchen

[1]Der Landesrechnungshof ist zu hören, wenn die Verwaltung Ansprüche des Landes, die in Prüfungsmitteilungen erörtert worden sind, nicht verfolgen will. [2]Er kann auf Anhörung verzichten.

§ 99 Angelegenheiten von besonderer Bedeutung

Über Angelegenheiten von besonderer Bedeutung kann der Landesrechnungshof den Landtag und die Landesregierung jederzeit unterrichten.

§ 100 (frei)

§ 101 Rechnung des Landesrechnungshofs

Die Rechnung des Landesrechnungshofs wird von dem Landtag geprüft, der auch die Entlastung erteilt.

§ 102 Unterrichtung des Landesrechnungshofs

(1) Der Landesrechnungshof ist unverzüglich zu unterrichten, wenn

1. oberste Landesbehörden allgemeine Vorschriften erlassen oder erläutern, welche die Bewirtschaftung der Haushaltsmittel des Landes betreffen oder sich auf dessen Einnahmen und Ausgaben auswirken,
2. den Landeshaushalt berührende Verwaltungseinrichtungen oder Landesbetriebe geschaffen, wesentlich geändert oder aufgelöst werden,
3. unmittelbare Beteiligungen des Landes nach § 65 oder mittelbare Beteiligungen nach § 65a an Unternehmen begründet, wesentlich geändert oder aufgegeben werden,
4. Vereinbarungen zwischen dem Land und einer Stelle außerhalb der Landesverwaltung oder zwischen obersten Landesbehörden über die Bewirtschaftung von Haushaltsmitteln des Landes getroffen werden,
5. von den obersten Landesbehörden organisatorische oder sonstige Maßnahmen von erheblicher finanzieller Tragweite getroffen werden.

(2) Dem Landesrechnungshof sind auf Anforderung Vorschriften oder Erläuterungen der in Absatz 1 Nr 1 genannten Art auch dann mitzuteilen, wenn andere Stellen des Landes sie erlassen.

(3) Der Landesrechnungshof kann sich jederzeit zu den in den Absätzen 1 und 2 genannten Maßnahmen äußern.

§ 103 Anhörung des Landesrechnungshofs

(1) Der Landesrechnungshof ist vor dem Erlass von Verwaltungsvorschriften zur Durchführung der Landeshaushaltsordnung zu hören.

(2) Zu den Verwaltungsvorschriften im Sinne des Absatzes 1 gehören auch allgemeine Dienstanweisungen über die Verwaltung der Kassen und Zahlstellen, über die Buchführung und den Nachweis des Vermögens.

§ 104 Prüfung der juristischen Personen des privaten Rechts

(1) Der Landesrechnungshof prüft die Haushalts- und Wirtschaftsführung der juristischen Personen des privaten Rechts, wenn

1. sie aufgrund eines Gesetzes vom Land Zuschüsse erhalten oder eine Garantieverpflichtung des Landes gesetzlich begründet ist oder
2. sie vom Land oder einer vom Land bestellten Person allein oder überwiegend verwaltet werden oder
3. mit dem Landesrechnungshof eine Prüfung durch ihn vereinbart oder
4. sie nicht Unternehmen sind und in ihrer Satzung mit Zustimmung des Landesrechnungshofs eine Prüfung durch ihn vorgesehen ist.

(2) Absatz 1 ist auf die vom Land oder von anderen Stellen für das Land verwalteten Treuhandvermögen anzuwenden.

(3) Steht dem Land vom Gewinn eines Unternehmens, an dem es nicht beteiligt ist, mehr als der vierte Teil zu, so prüft der Landesrechnungshof den Abschluss und die Geschäftsführung daraufhin, ob die Interessen des Landes nach den bestehenden Bestimmungen gewahrt worden sind.

Teil VI
Landesunmittelbare juristische Personen des öffentlichen Rechts

§ 105 Grundsatz

(1) Für landesunmittelbare juristische Personen des öffentlichen Rechts gelten
1. die §§ 106 bis 110,
2. die §§ 1 bis 87 entsprechend,

soweit nicht durch Gesetz oder aufgrund eines Gesetzes etwas anderes bestimmt ist.

(2) Für landesunmittelbare juristische Personen des öffentlichen Rechts kann das zuständige Ministerium im Einvernehmen mit dem Landesrechnungshof Ausnahmen von den in Absatz 1 bezeichneten Vorschriften zulassen, soweit kein erhebliches finanzielles Interesse des Landes besteht.

§ 106 Haushaltsplan

(1) [1]Das zur Geschäftsführung berufene Organ einer landesunmittelbaren juristischen Person des öffentlichen Rechts hat vor Beginn jedes Haushaltsjahres einen Haushaltsplan festzustellen. [2]Er muss alle im Haushaltsjahr zu erwartenden Einnahmen, voraussichtlich zu leistenden Ausgaben und voraussichtlich benötigte Verpflichtungsermächtigungen enthalten und ist in Einnahme und Ausgabe auszugleichen. [3]In den Haushaltsplan dürfen nur die Ausgaben und Verpflichtungsermächtigungen eingestellt werden, die zur Erfüllung der Aufgaben der juristischen Person notwendig sind.

(2) [1]Hat die juristische Person neben dem zur Geschäftsführung berufenen Organ ein besonderes Beschlussorgan, das in wichtigen Verwaltungsangelegenheiten zu entscheiden oder zuzustimmen oder die Geschäftsführung zu überwachen hat, so hat dieses den Haushaltsplan festzustellen. [2]Das zur Geschäftsführung berufene Organ hat den Entwurf dem Beschlussorgan vorzulegen.

§ 107 Umlagen, Beiträge

Ist die landesunmittelbare juristische Person des öffentlichen Rechts berechtigt, von ihren Mitgliedern Umlagen oder Beiträge zu erheben, so ist die Höhe der Umlagen oder der Beiträge für das neue Haushaltsjahr gleichzeitig mit der Feststellung des Haushaltsplans festzusetzen.

§ 108 Genehmigung des Haushaltsplans

[1]Der Haushaltsplan und die Festsetzung der Umlagen oder der Beiträge bedürfen bei landesunmittelbaren juristischen Personen des öffentlichen Rechts der Genehmigung des zuständigen Ministeriums. [2]Der Haushaltsplan und der Beschluss über die Festsetzung der Umlagen oder der Beiträge sind dem zuständigen Ministerium spätestens einen Monat vor Beginn des Haushaltsjahres vorzulegen. [3]Der Haushaltsplan und der Beschluss können nur gleichzeitig in Kraft treten.

§ 109 Rechnungslegung, Prüfung, Entlastung

(1) Nach Ende des Haushaltsjahres hat das zur Geschäftsführung berufene Organ der landesunmittelbaren juristischen Person des öffentlichen Rechts eine Rechnung aufzustellen.

(2) [1]Die Rechnung ist, unbeschadet einer Prüfung durch den Landesrechnungshof nach § 111, von der durch Gesetz oder Satzung bestimmten Stelle zu prüfen. [2]Die Satzungsvorschrift über die Durchführung der Prüfung bedarf der Zustimmung des zuständigen Ministeriums im Einvernehmen mit dem Landesrechnungshof.

(3) [1]Die Entlastung erteilt das zuständige Ministerium. [2]Ist ein besonderes Beschlussorgan vorhanden, obliegt ihm die Entlastung; die Entlastung bedarf dann der Genehmigung des zuständigen Ministeriums.

§ 110 Wirtschaftsplan

[1]Landesunmittelbare juristische Personen des öffentlichen Rechts, bei denen ein Wirtschaften nach Einnahmen und Ausgaben des Haushaltsplans nicht zweckmäßig ist, haben einen Wirtschaftsplan aufzustellen. [2]Buchen sie nach den Regeln der kaufmännischen doppelten Buchführung, stellen sie neben einer Bilanz und einer Gewinn- und Verlustrechnung einen Geschäftsbericht auf.

§ 111 Überwachung durch den Landesrechnungshof

(1) [1]Der Landesrechnungshof überwacht die Haushalts- und Wirtschaftsführung der landesunmittelbaren juristischen Personen des öffentlichen Rechts. [2]Die §§ 89 bis 99, §§ 102 und 103 sind entsprechend anzuwenden.

(2) Für landesunmittelbare juristische Personen des öffentlichen Rechts kann das zuständige Ministerium im Einvernehmen mit dem Landesrechnungshof Ausnahmen von Absatz 1 zulassen, soweit kein erhebliches finanzielles Interesse des Landes besteht.

(3) Die Absätze 1 und 2 gelten nicht für Religionsgesellschaften und Weltanschauungsgemeinschaften des öffentlichen Rechts nach Artikel 137 Abs. 5 und 7 der Deutschen Verfassung vom 11. August 1919 in Verbindung mit Artikel 140 des Grundgesetzes vom 23. Mai 1949.

(4) Andere gesetzliche Vorschriften, die die Überwachung durch den Landesrechnungshof regeln, bleiben unberührt.

§ 112 Sonderregelungen

(1) [1]Auf die landesunmittelbaren Träger der gesetzlichen Krankenversicherung, der gesetzlichen Pflegeversicherung, der gesetzlichen Unfallversicherung und der gesetzlichen Rentenversicherung einschließlich der Altershilfe für Landwirte ist nur § 111 anzuwenden, und zwar nur dann, wenn sie aufgrund eines Landesgesetzes vom Land Zuschüsse erhalten oder eine Garantieverpflichtung des Landes gesetzlich begründet ist. [2]Auf die Verbände der in Satz 1 genannten Sozialversicherungsträger ist unabhängig von ihrer Rechtsform § 111 anzuwenden, wenn Mitglieder dieser Verbände der Überwachung durch den Landesrechnungshof unterliegen. [3]Auf sonstige Vereinigungen auf dem Gebiet der Sozialversicherung finden die Vorschriften dieses Gesetzes keine Anwendung.

(2) [1]Auf Unternehmen in der Rechtsform einer landesunmittelbaren juristischen Person des öffentlichen Rechts sind unabhängig von der Höhe der Beteiligung des Landes § 65 Absatz 1 Nummer 3 bis 5, Absatz 2 und 3, § 68 Abs. 1 und § 69 entsprechend, § 111 unmittelbar anzuwenden. [2]Die Verpflichtung des Landes nach § 65b besteht auch in Bezug auf die in Satz 1 genannten Unternehmen, soweit diese nicht durch Landesgesetz zur Offenlegung der Bezüge im Sinne von § 65b Absatz 1 verpflichtet sind. [3]Gleiches gilt für die Gremienmitglieder im Sinne von § 65b Absatz 1 Satz 5. [4]Für Unternehmen in der Rechtsform einer juristischen Person des privaten Rechts, an denen in Satz 1 genannte Unternehmen unmittelbar oder mittelbar mit Mehrheit beteiligt sind, gelten die §§ 53 und 54 des Haushaltsgrundsätzegesetzes und die §§ 65 bis 69 entsprechend.

Teil VII
Sondervermögen

§ 113 Grundsatz

[1]Auf Sondervermögen des Landes sind die Teile I bis IV, VIII und IX dieses Gesetzes entsprechend anzuwenden, soweit nicht durch Gesetz oder aufgrund eines Gesetzes etwas anderes bestimmt ist. [2]Der Landesrechnungshof überwacht die Haushalts- und Wirtschaftsführung der Sondervermögen, Teil V dieses Gesetzes ist entsprechend anzuwenden.

Teil VIII
Entlastung

§ 114 Entlastung

(1) [1]Die Landesregierung hat durch das Finanzministerium dem Landtag über alle Einnahmen und Ausgaben jährlich Rechnung zu legen. [2]Die Haushaltsrechnung ist mit einer Übersicht über das Vermögen und die Schulden des Landes im nächsten Haushaltsjahr dem Landtag zur Entlastung vorzulegen. [3]Der Landesrechnungshof berichtet dem Landtag und der Landesregierung unmittelbar zur Haushaltsrechnung.

(2) [1]Der Landtag beschließt aufgrund der Haushaltsrechnung und der jährlichen Bemerkungen des Landesrechnungshofs über die Entlastung der Landesregierung. [2]Er stellt hierbei die wesentlichen Sachverhalte fest und beschließt über einzuleitende Maßnahmen.

(3) Der Landtag kann den Landesrechnungshof zur weiteren Aufklärung einzelner Sachverhalte auffordern.

(4) [1]Der Landtag bestimmt einen Termin, zu dem die Landesregierung über die eingeleiteten Maßnahmen dem Landtag zu berichten hat. [2]Soweit Maßnahmen nicht zu dem beabsichtigten Erfolg geführt haben, kann der Landtag die Sachverhalte wieder aufgreifen.

(5) Der Landtag kann bestimmte Sachverhalte ausdrücklich missbilligen.

Teil IX

Übergangs- und Schlussbestimmungen

§ 115 Öffentlich-rechtliche Dienst- oder Amtsverhältnisse

Vorschriften dieses Gesetzes für Beamte sind auf andere öffentlich-rechtliche Dienst- oder Amtsverhältnisse entsprechend anzuwenden.

§ 116 Endgültige Entscheidung

(1) [1]Der Finanzminister entscheidet in den Fällen des § 37 Abs. 1 endgültig. [2]Soweit dieses Gesetz in anderen Fällen Befugnisse des Finanzministeriums enthält, kann das zuständige Ministerium über die Maßnahme des Finanzministeriums die Entscheidung der Landesregierung einholen; die Landesregierung entscheidet anstelle des Finanzministeriums endgültig. [3]Entscheidet die Landesregierung gegen oder ohne die Stimme des Finanzministers, so gilt § 28 Abs. 2 Satz 2 bis 4 entsprechend.

(2) [1]Der Einwilligung des Finanzministers bedarf es ausnahmsweise nicht, wenn sofortiges Handeln zur Abwendung einer dem Land drohenden unmittelbar bevorstehenden Gefahr erforderlich ist, das durch die Notlage gebotene Maß nicht überschritten wird und die Einwilligung nicht rechtzeitig eingeholt werden kann. [2]Zu den getroffenen Maßnahmen ist die Genehmigung des Finanzministers unverzüglich einzuholen.

§ 117 Übergangsregelung

(1) § 65 Absatz 1 Nummer 5 und § 65b sind erstmals auf Jahres- und Konzernabschlüsse für das nach dem 31. Dezember 2015 beginnende Geschäftsjahr anzuwenden.

(2) §§ 65c und 65d sind erstmals auf Jahres- und Konzernabschlüsse für das nach dem 31. Dezember 2016 beginnende Geschäftsjahr anzuwenden.

§ 118 (frei)

§ 119 [In-Kraft-Treten]

Organisationsgesetz für das Land Mecklenburg-Vorpommern (Landesorganisationsgesetz – LOG M-V)

Vom 14. März 2005 (GVOBl. M-V S. 98)
(GS Meckl.-Vorp. Gl. Nr. 200-6)
zuletzt geändert durch Art. 8 Nr. 8 Viertes G zur Deregulierung und zum Bürokratieabbau vom 28. Oktober 2010 (GVOBl. M-V S. 615)

Der Landtag hat das folgende Gesetz beschlossen:

Inhaltsübersicht

Teil 1
Allgemeine Bestimmungen

§ 1 Geltungsbereich

(1) [1]Dieses Gesetz gilt für die Organisation der Träger der Verwaltung des Landes. [2]Für die Landkreise, Gemeinden und Ämter gilt das Gesetz nur, soweit es dies bestimmt. [3]Unter der gleichen Voraussetzung gilt es auch für die der Aufsicht des Landes unterstehenden rechtsfähigen Körperschaften des öffentlichen Rechts ohne Gebietshoheit sowie Anstalten und Stiftungen des öffentlichen Rechts.

(2) Dieses Gesetz gilt nicht für die Verwaltung des Landtages, den Landesrechnungshof, die staatlichen Hochschulen des Landes und die Organe der Rechtspflege, insbesondere die Gerichte, Staatsanwaltschaften, Vollzugsanstalten und Gnadenstellen.

(3) Es gilt ferner nicht für die Kirchen, Religions- und Weltanschauungsgemeinschaften des öffentlichen Rechts sowie deren Verbände, Einrichtungen und Stiftungen des öffentlichen Rechts.

§ 2 Träger der Landesverwaltung

(1) Die Verwaltung des Landes wird durch die Träger der unmittelbaren und der mittelbaren Landesverwaltung wahrgenommen.

(2) [1]Träger der unmittelbaren Landesverwaltung ist das Land. [2]Es handelt durch seine Behörden. [3]Landesbehörden sind die obersten Landesbehörden, die oberen Landesbehörden und die unteren Landesbehörden sowie die Landräte in ihrer Funktion als untere staatliche Verwaltungsbehörde.

(3) [1]Träger der mittelbaren Landesverwaltung sind die der Aufsicht des Landes unterstehenden Gebietskörperschaften, die rechtsfähigen Körperschaften des öffentlichen Rechts ohne Gebietshoheit, die rechtsfähigen Anstalten und Stiftungen des öffentlichen Rechts, soweit sie ihnen übertragene öffentliche Aufgaben wahrnehmen. [2]Sie handeln durch ihre durch Gesetz, auf der Grundlage eines Gesetzes oder satzungsgemäß gebildeten Organe.

(4) Natürliche und juristische Personen des Privatrechts sowie nichtrechtsfähige Vereinigungen sind Träger der mittelbaren Landesverwaltung für die ihnen übertragenen öffentlichen Aufgaben.

Teil 2
Allgemeine Grundsätze der Verwaltungsorganisation

§ 3 Bestimmung des Verwaltungsträgers, Dezentralisierung

(1) [1]Bei der Übertragung von Aufgaben der öffentlichen Verwaltung soll der Verwaltungsträger nach den Grundsätzen einer zweckmäßigen, wirtschaftlichen, orts- und bürgernahen Verwaltung bestimmt werden. [2]Auf Landesebene sollen Verwaltungsaufgaben von einer Übertragung ausgenommen werden, die aus rechtlichen Gründen oder aus Gründen der Zweckmäßigkeit oder der Effektivität und Effizienz auf Landesebene erledigt werden sollen (gewichtige Gründe).

(2) [1]Bei der Übertragung von Verwaltungsaufgaben von den Landesbehörden auf die kommunalen Körperschaften sind diese in geeigneten Fällen als pflichtige Selbstverwaltungsaufgaben (eigener Wirkungskreis) zu übertragen. [2]Soweit neue Verwaltungsaufgaben durch die Landesverwaltung übernommen werden sollen, ist vorrangig eine Aufgabenerfüllung durch die kommunalen Körperschaften zu prüfen.

(3) [1]Die von den Landesbehörden wahrzunehmenden Verwaltungsaufgaben sollen gebündelt wahrgenommen werden (Einheit der Verwaltung), sofern dies zweckmäßig ist oder die Effektivität und Effizienz der Aufgabenerfüllung fördert. [2]Für auf untere Landesbehörden übertragene oder bei diesen verbleibende Verwaltungsaufgaben ist die deckungsgleiche örtliche Zuständigkeit kommunaler Verwaltungsträger und der unteren Landesbehörden (Einräumigkeit der Verwaltung) herzustellen, soweit dies einer zweckmäßigen Aufgabenerfüllung dient.

(4) [1]Die von den Landkreisen zur Erfüllung nach Weisung (übertragener Wirkungskreis) wahrgenommenen Aufgaben sollen den Ämtern und amtsfreien Gemeinden als Aufgaben zur Erfüllung nach Weisung (übertragener Wirkungskreis) übertragen werden, sofern sie nicht von den Gemeinden als pflichtige Selbstverwaltungsaufgaben (eigener Wirkungskreis) wahrgenommen werden können. [2]Eine Übertragung soll nur erfolgen, wenn die Aufgaben von den in Satz 1 genannten örtlichen kommunalen Körperschaften fach- und sachgerecht sowie wirtschaftlich erfüllt werden können.

(5) In begründeten Ausnahmefällen können Verwaltungsaufgaben auf den Landrat als untere staatliche Verwaltungsbehörde übertragen werden (Organleihe).

(6) Sofern kommunalen Körperschaften oder nachgeordneten Landesbehörden Verwaltungsaufgaben und Zuständigkeiten übertragen werden, soll dies zur eigenverantwortlichen Wahrnehmung unter Beschränkung von Genehmigungsvorbehalten und Einvernehmensregelungen auf das unverzichtbare Maß geschehen.

§ 4 Übertragung von Verwaltungsaufgaben auf natürliche und juristische Personen des Privatrechts und nichtrechtsfähige Vereinigungen

(1) Natürlichen und juristischen Personen des Privatrechts sowie nichtrechtsfähigen Vereinigungen können Aufgaben der öffentlichen Verwaltung zur Erfüllung in öffentlich-rechtlichen Handlungsformen durch Gesetz oder aufgrund eines Gesetzes übertragen werden.

(2) [1]Eine Übertragung von Verwaltungsaufgaben zur Erfüllung in privatrechtlichen Handlungsformen ist zulässig, sofern

1. die Aufgaben von dem übertragenden Träger der öffentlichen Verwaltung auch in den Handlungsformen des privaten Rechts erfüllt werden dürfen und die Zuständigkeit einer Behörde nicht ausdrücklich vorgeschrieben ist,
2. die Aufgaben in den Handlungsformen des privaten Rechts wirtschaftlicher wahrgenommen werden können, ihre ordnungsgemäße Erfüllung dauerhaft gesichert ist und
3. die Eigenart der Aufgabe oder ein überwiegendes öffentliches Interesse der Übertragung nicht entgegensteht.

[2]Die Übertragung hat durch Gesetz oder aufgrund eines Gesetzes zu erfolgen, wenn die Zuständigkeit einer Behörde zur Erfüllung in Form des öffentlichen Rechts gesetzlich vorgeschrieben ist.

Teil 3
Aufbau der Landesverwaltung

Abschnitt 1
Unmittelbare Landesverwaltung

§ 5 Oberste Landesbehörden

(1) Oberste Landesbehörden nach diesem Gesetz sind
die Landesregierung,
der Ministerpräsident und
die Ministerien.

(2) [1]Die Landesregierung und im Rahmen ihres Geschäftsbereichs, der Ministerpräsident und die Ministerien leiten und beaufsichtigen die Landesverwaltung. [2]Für Verwaltungsaufgaben sollen sie nur zuständig sein, soweit dies durch Rechtsvorschrift bestimmt ist. [3]Weitere Aufgaben sollen sie nur nach Maßgabe des § 3 wahrnehmen.

(3) [1]Zur Bereitstellung sächlicher Mittel und zur Erbringung von daseinsvorsorgenden oder verwaltungsinternen Dienstleistungen, deren Übertragung an Dritte aus rechtlichen Gründen nicht möglich ist oder den Grundsätzen der Zweckmäßigkeit und Wirtschaftlichkeit nicht entsprechen, können vorbehaltlich besonderer hierfür geltender Regelungen die obersten Landesbehörden in ihrem Geschäftsbereich Einrichtungen als nichtrechtsfähige Anstalten bilden. [2]Die Einrichtungen sind organisatorisch selbstständig, bleiben aber Bestandteil der obersten Landesbehörden. [3]Die einzelnen Einrichtungen müssen sich aus dem Haushaltsplan ergeben. [4]Errichtung und Auflösung der Einrichtungen sind dem Innenministerium anzuzeigen.

(4) Der Ministerpräsident gibt die Behördenbezeichnungen und die Geschäftsbereiche der Ministerien im Amtsblatt für Mecklenburg-Vorpommern bekannt.

(5) Werden die Geschäftsbereiche des Ministerpräsidenten oder der Ministerien neu abgegrenzt, gehen die in den Gesetzen und Rechtsverordnungen bestimmten Zuständigkeiten auf die nach der Neuabgrenzung zuständige oberste Landesbehörde über.

§ 6 Obere Landesbehörden

(1) [1]Obere Landesbehörden sind Landesbehörden, die obersten Landesbehörden unmittelbar unterstehen und deren Zuständigkeit sich auf das gesamte Land erstreckt. [2]Obere Landesbehörden sind als Landesämter zu bezeichnen.

(2) [1]Oberen Landesbehörden obliegen besondere nichtministerielle Aufgaben, insbesondere prüfende, beratende und vorbereitende Tätigkeiten sowie die Erfassung und Aufbereitung von Daten. [2]Vollzugsaufgaben nehmen sie dann wahr, wenn die besondere Art, die Schwierigkeit oder der hohe Spezialisierungsgrad der Aufgabe eine Zuständigkeit erfordert, die über das Gebiet einer kommunalen

Gebietskörperschaft hinausgeht und die Art der Aufgabe eine Übertragung auf untere Landesbehörden nicht zulässt.

§ 7 Untere Landesbehörden

(1) Untere Landesbehörden sind Behörden, die

1. unmittelbar obersten oder oberen Landesbehörden unterstehen und deren Zuständigkeit sich auf einen Teil des Landes beschränkt oder
2. in einer Rechtsvorschrift ausdrücklich als untere Landesbehörden oder untere staatliche Verwaltungsbehörden bezeichnet sind.

(2) Untere Landesbehörden nehmen in eigener Verantwortung gesetzesausführende Verwaltungstätigkeit wahr.

§ 8 Errichtung, Auflösung und Verlegung von Landesbehörden

(1) [1]Neue Landesbehörden werden durch oder aufgrund eines Gesetzes errichtet. [2]Bestehende Landesbehörden, die nicht durch Gesetz errichtet worden sind, können zum Zwecke der Verwaltungsmodernisierung durch Rechtsverordnung der Landesregierung zusammengefasst, umgestaltet, aufgelöst oder in andere Behörden eingegliedert werden. [3]Die Landesregierung kann diese Befugnis auf die obersten Landesbehörden übertragen.

(2) [1]Die Rechtsverordnung muss die Art der Behörde, ihre Bezeichnung und ihren örtlichen Zuständigkeitsbereich bestimmen. [2]Sie soll ferner die sachliche Zuständigkeit regeln.

(3) Das Finanzministerium wird ermächtigt, gemäß § 17 Abs. 1 des Finanzverwaltungsgesetzes in der Fassung der Bekanntmachung vom 30. August 1971 (BGBl. I S. 1426, 1427), das zuletzt durch Artikel 4 des Gesetzes vom 5. Juli 2004 (BGBl. I S. 1427) geändert worden ist, hinsichtlich des Bezirks und des Sitzes der Finanzämter die notwendigen Rechtsverordnungen zu erlassen.

Abschnitt 2

Weitere Träger der öffentlichen Verwaltung

§ 9 Träger der öffentlichen Verwaltung

(1) Träger der öffentlichen Verwaltung neben dem Land sind die Gemeinden und Landkreise als Gebietskörperschaften sowie die Ämter.

(2) Träger einzelner Aufgaben der öffentlichen Verwaltung können ferner weitere Körperschaften des öffentlichen Rechts ohne Gebietshoheit, rechtsfähige Anstalten, Stiftungen des öffentlichen Rechts, privatrechtlich organisierte Verwaltungsträger sowie natürliche und juristische Personen des Privatrechts und nicht rechtsfähige Vereinigungen sein.

§ 10 Körperschaften, Anstalten und Stiftungen des öffentlichen Rechts

(1) Körperschaften des öffentlichen Rechts ohne Gebietshoheit sind verselbstständigte, mitgliedschaftlich organisierte rechtsfähige Verwaltungsträger, die dauerhaft Aufgaben im öffentlichen Interesse wahrnehmen.

(2) Anstalten des öffentlichen Rechts sind verselbstständigte, in der Regel nicht mitgliedschaftlich organisierte rechtsfähige Verwaltungseinheiten, die zur dauerhaften Wahrnehmung von Aufgaben im öffentlichen Interesse errichtet werden.

(3) Rechtsfähige Stiftungen des öffentlichen Rechts sind aufgrund öffentlichen Rechts errichtete oder anerkannte Verwaltungseinheiten, die mit einem Kapital- oder Sachbestand Aufgaben der öffentlichen Verwaltung dauerhaft wahrnehmen.

(4) [1]Körperschaften, Anstalten und Stiftungen des öffentlichen Rechts werden durch Gesetz oder aufgrund eines Gesetzes errichtet und aufgehoben. [2]Die wesentlichen Grundzüge dieser juristischen Personen hat der Gesetzgeber zu bestimmen. [3]Sie nehmen Aufgaben der Landesverwaltung nach Maßgabe der hierfür geltenden gesetzlichen Vorschriften wahr.

§ 11 Privatrechtlich organisierte Verwaltungsträger

(1) Die Landesverwaltung kann Unternehmen in einer Rechtsform des Privatrechts gründen, sich an bereits bestehenden Unternehmen in einer Rechtsform des Privatrechts beteiligen und Landesbetriebe durch Umwandlung in privatrechtlich organisierte Verwaltungsträger überführen, sofern sich der vom Land angestrebte Zweck nicht besser und wirtschaftlicher auf andere Weise erfüllen lässt.

§ 12 Natürliche und juristische Personen des Privatrechts, nichtrechtsfähige Vereinigungen

(1) [1]Natürlichen und juristischen Personen des Privatrechts sowie nichtrechtsfähigen Vereinigungen können nach Maßgabe der geltenden Gesetze Aufgaben der Landesverwaltung zur eigenverantwortlichen Wahrnehmung übertragen werden. [2]Die ordnungsgemäße Erfüllung der Aufgaben ist sicherzustellen.

(2) [1]Die Übertragung einzelner öffentlicher Aufgaben zur Erfüllung in öffentlich-rechtlichen Handlungsformen in eigenem Namen (Beleihung) ist nur durch Gesetz oder aufgrund eines Gesetzes durch verwaltungsrechtlichen Vertrag oder Verwaltungsakt möglich. [2]Die Beleihung ist im Amtsblatt für Mecklenburg-Vorpommern bekannt zu machen.

(3) Die Übertragung öffentlicher Aufgaben zur Erfüllung in privatrechtlichen Handlungsformen ist durch verwaltungsrechtlichen Vertrag oder Verwaltungsakt zulässig (Beauftragung).

Teil 4
Zuständigkeit

§ 13 Zuständigkeit von Landesbehörden

(1) [1]Die Bestimmung der sachlichen Zuständigkeit der Landesbehörden erfolgt durch Rechtsvorschriften nach den Grundsätzen einer zweckmäßigen und wirtschaftlichen Verwaltung. [2]§ 3 bleibt unberührt.

(2) Bei der Festlegung der örtlichen Zuständigkeit soll der Grundsatz einer orts- und bürgernahen Verwaltung beachtet werden.

(3) Gleichartige Aufgaben sollen grundsätzlich nur durch eine Verwaltungsbehörde wahrgenommen werden; Doppelzuständigkeiten sind zu vermeiden.

§ 14 Ausführung von Bundesrecht und von Rechtsakten der Europäischen Union

(1) [1]Ist zur Ausführung von Bundesrecht eine Behörde nicht bestimmt, kann die Landesregierung durch Rechtsverordnung die zuständige Behörde bestimmen. [2]Sie kann ihre Befugnisse durch Rechtsverordnung auf die fachlich zuständige oberste Landesbehörde übertragen.

(2) [1]Bei der Zuständigkeitszuweisung sind die Maßgaben des § 3 zu beachten. [2]Mit der Zuständigkeitszuweisung wird zugleich die Aufgabe übertragen.

(3) [1]Wenn nach Bundesrecht eine höhere Verwaltungsbehörde oder eine Mittelbehörde zuständig ist, so wird diese Zuständigkeit von der fachlich zuständigen obersten Landesbehörde wahrgenommen, sofern nicht die Landesregierung durch Rechtsverordnung eine andere Behörde bestimmt. [2]Ist in gesetzlichen Bestimmungen die Übertragung von Zuständigkeiten, die nach Bundesrecht obersten Landesbehörden zugewiesen sind, auf nachgeordnete Behörden für zulässig erklärt, ist nach Maßgabe der Grundsätze des § 3 Abs. 1 Satz 2 von dieser Übertragungsermächtigung Gebrauch zu machen.

(4) [1]Ist zur Ausführung von Rechtsakten der Europäischen Union nach Bundesrecht eine Behörde nicht bestimmt, kann die Landesregierung unter Beachtung der Grundsätze der Absätze 2 und 3 durch Rechtsverordnung die zuständige Behörde bestimmen. [2]Sie kann ihre Befugnisse durch Rechtsverordnung auf die fachlich zuständige oberste Landesbehörde übertragen.

Teil 5
Aufsicht

Abschnitt 1
Dienst- und Fachaufsicht über Behörden des Landes

§ 15 Dienst- und Fachaufsicht

(1) Die oberen Landesbehörden und die unteren Landesbehörden unterstehen der Dienstaufsicht und der Fachaufsicht.

(2) Die Dienstaufsicht und die Fachaufsicht werden durch die fachlich zuständige übergeordnete Landesbehörde ausgeübt, soweit durch Rechtsvorschrift nichts anderes bestimmt ist.

(3) Übt eine obere Landesbehörde die Dienstaufsicht und die Fachaufsicht aus, so ist die fachlich zuständige oberste Landesbehörde zugleich oberste Aufsichtsbehörde, soweit durch Rechtsvorschrift nichts anderes bestimmt ist.

§ 16 Umfang der Dienst- und Fachaufsicht

(1) Die Dienstaufsicht erstreckt sich auf die innere Ordnung, die allgemeine Geschäftsführung und die Personalangelegenheiten der Behörde.

(2) Die Fachaufsicht erstreckt sich auf die rechtmäßige und zweckmäßige Wahrnehmung der Verwaltungsangelegenheiten der Behörde.

§ 17 Mittel der Dienst- und Fachaufsicht

(1) Die Fachaufsichtsbehörde ist berechtigt, von der ihrer Aufsicht unterstehenden Behörde Berichterstattung und Vorlage der Akten zu verlangen, Prüfungen vorzunehmen und Weisungen zu erteilen.

(2) [1]Die Dienstaufsichtsbehörde hat im Rahmen der Dienstaufsicht die Befugnisse nach Absatz 1. [2]Maßnahmen gegen einzelne Bedienstete werden dadurch nicht ausgeschlossen.

(3) Wird eine Weisung der Fachaufsichtsbehörde nicht befolgt, kann die Fachaufsichtsbehörde

1. dem Leiter oder dem leitenden Kollegialorgan der angewiesenen Behörde untersagen, in der Angelegenheit, auf die sich die Weisung bezieht, weiter tätig zu werden,
2. der Behörde unmittelbar die zur Befolgung der Weisung notwendigen Anordnungen erteilen oder hiermit einen bestimmten Mitarbeiter der angewiesenen Behörde unmittelbar beauftragen.

(4) Bei Gefahr im Verzug oder wenn sonst die ordnungsgemäße Erfüllung der Aufgaben durch die angewiesene Behörde nicht gewährleistet erscheint, kann die Fachaufsichtsbehörde anstelle der angewiesenen Behörde tätig werden (Selbsteintrittsrecht).

(5) Andere Rechtsvorschriften, durch die Rechte der Dienstaufsichts- und Fachaufsichtsbehörden erweitert oder beschränkt sind, sowie die dienstlichen Vorschriften bleiben unberührt.

Abschnitt 2

Aufsicht über sonstige Behörden, natürliche und juristische Personen des Privatrechts und nichtrechtsfähige Vereinigungen

§ 18 Fachaufsicht über Behörden der Gemeinden, Landkreise und Ämter

Soweit die Gemeinden, Landkreise und Ämter Aufgaben zu Erfüllung nach Weisung wahrnehmen, unterstehen ihre Behörden der Fachaufsicht nach Maßgabe der Kommunalverfassung.

§ 19 Fachaufsicht über Behörden der öffentlich-rechtlichen Körperschaften ohne Gebietshoheit, Anstalten und Stiftungen, Insolvenz

(1) [1]Soweit die Körperschaften des öffentlichen Rechts ohne Gebietshoheit und die rechtsfähigen Anstalten und Stiftungen des öffentlichen Rechts Aufgaben des übertragenen Wirkungskreises wahrnehmen, unterstehen ihre Behörden der Fachaufsicht durch die zuständigen Behörden des Landes. [2]Dies gilt nicht für die in § 18 genannten Ämter.

(2) Fachaufsichtsbehörde ist, soweit durch Rechtsvorschriften nichts anderes bestimmt ist, die fachlich zuständige oberste Landesbehörde.

(3) Hinsichtlich des Umfangs und der Mittel der Fachaufsicht gelten die §§ 16 und 17 entsprechend.

(4) [1]Bei Fachaufsicht oder infolge der Aufgabenwahrnehmung bestehender Rechtsaufsicht des Landes über die in Absatz 1 genannten Einrichtungen findet § 62 Abs. 2 der Kommunalverfassung entsprechende Anwendung, soweit durch Gesetz nichts anderes bestimmt ist. [2]Satz 1 gilt nicht für Kreditinstitute und Versicherungsunternehmen des öffentlichen Rechts.

§ 20 Aufsicht über natürliche und juristische Personen des Privatrechts und nichtrechtsfähige Vereinigungen

[1]Werden natürlichen oder juristischen Personen des Privatrechts sowie nichtrechtsfähigen Vereinigungen Aufgaben der öffentlichen Verwaltung übertragen, so ist bei der Übertragung eine Aufsicht sicherzustellen. [2]Hierbei sind die Aufsichtsbehörde, der Umfang und die Mittel der Aufsicht festzulegen. [3]Je nach Eigenart der öffentlichen Aufgabe ist eine Erfolgskontrolle und Rechenschaftslegung sicherzustellen.

Teil 6

Übergangs- und Schlussvorschriften

§ 21 Bestehende Behörden

Sitz, Bezeichnung und Zuständigkeitsbereich der oberen Landesbehörden und der unteren Landesbehörden richten sich nach den bei In-Kraft-Treten dieses Gesetzes bestehenden Rechts- oder Verwaltungsvorschriften, solange die Landesregierung nichts Abweichendes bestimmt.

§ 22 In-Kraft-Treten, Außer-Kraft-Treten

(1) Dieses Gesetz tritt am Tage nach seiner Verkündung[1)] in Kraft.

(2) Gleichzeitig treten das Zuständigkeitsneuregelungsgesetz vom 20. Dezember 1990 (GVOBl. M-V 1991 S. 2), die Artikel 36 Abs. 3 und 39 des Gesetzes über die Funktionalreform vom 5. Mai 1994 (GVOBI. M-V S. 566), das zuletzt durch Artikel 1 des Gesetzes vom 16. Dezember 2003 (GVOBl. M-V S. 687) geändert worden ist, und der 4. Hauptteil (§§ 112 bis 116) des Landesverwaltungsverfahrensgesetzes in der Fassung der Bekanntmachung vom 26. Februar 2004 (GVOBI. M-V S. 106) außer Kraft.

1) Verkündet am 30. 3. 2005.

Gesetz über die Funktionalreform

Vom 5. Mai 1994 (GVOBl. M-V S. 566)
(GS Meckl.-Vorp. Gl. Nr. 200-4)

zuletzt geändert durch Art. 1 G zur Bestimmung der zuständigen Behörden auf dem Gebiet des öffentlichen Vereinsrechts vom 5. November 2015 (GVOBl. M-V S. 422)

Inhaltsübersicht

Abschnitt I
Geschäftsbereich des Innenministers

Artikel 1 Personenstandswesen

Die Aufgaben

1. der Bestellung der Standesbeamten nach § 53 des Personenstandsgesetzes,
2. der Verfolgung und Ahndung von Ordnungswidrigkeiten nach § 68 des Personenstandsgesetzes und
3. der Anzeige eines Sterbefalles nach § 35 des Personenstandsgesetzes, wenn die amtlichen Ermittlungen bei dieser Körperschaft geführt werden,

werden den kreisfreien Städten, den Ämtern und den amtsfreien Gemeinden übertragen.

Artikel 2 Familiennamen und Vornamen

Die Aufgabe der Annahme von Anträgen nach den §§ 5 und 11 des Gesetzes über die Änderung von Familiennamen und Vornamen werden den kreisfreien Städten, den Ämtern und den amtsfreien Gemeinden übertragen.

Artikel 3 Vertriebenenwesen

Die Aufgaben nach dem Bundesvertriebenengesetz werden den Landkreisen und den kreisfreien Städten übertragen, soweit nicht durch Rechtsverordnung bestimmte Aufgaben staatlichen Behörden vorbehalten werden.

Artikel 4 Einbürgerung

Die Aufgaben der Einbürgerung von Ausländern nach den §§ 85 und 86 des Ausländergesetzes werden auf die Landkreise und die kreisfreien Städte übertragen.

Artikel 5 (aufgehoben)

Artikel 6 (aufgehoben)

Artikel 7 Versammlungswesen

Die Aufgaben nach dem Versammlungsgesetz werden auf die Landkreise und die kreisfreien Städte übertragen, soweit nicht durch das Versammlungsgesetz oder durch Rechtsverordnung bestimmte Aufgaben staatlichen Behörden vorbehalten werden.

Artikel 8 Sonn- und Feiertage

(hier nicht wiedergegebene Änderungsvorschrift)

Artikel 9 Rettungstaten

(hier nicht wiedergegebene Änderungsvorschrift)

Artikel 10 Wohngeld

(1) [1]Die in den Absätzen 2 bis 4 genannten Aufgaben nach dem Wohngeldgesetz und dem Wohngeldsondergesetz werden den Landkreisen, den kreisfreien Städten und den Städten mit mehr als 20 000

Einwohnern übertragen. [2]Mit Wirkung vom 1. Januar 1996 werden diese Aufgaben den kreisfreien Städten, den Ämtern und den amtsfreien Gemeinden übertragen.

(2) [1]Zuständige Stellen nach § 23 Abs. 1 des Wohngeldgesetzes sowie nach § 13 Abs. 1 des Wohngeldsondergesetzes für die Annahme der Wohngeldanträge, die Bewilligung, die Entziehung und die Rückforderung von Miet- und Lastenzuschüssen (Wohngeld) sind die Landräte, die Oberbürgermeister (Bürgermeister) der kreisfreien Städte und die Bürgermeister der Städte mit mehr als 20 000 Einwohnern sowie mit Wirkung vom 1. Januar 1996 an Stelle der Landräte die Amtsvorsteher und die Bürgermeister der amtsfreien Gemeinden. [2]Der Landrat kann seine Zuständigkeiten nach Satz 1 vorzeitig im Einvernehmen mit den Amtsvorstehern und den Bürgermeistern der amtsfreien Gemeinden auf diese mit Zustimmung des fachlich zuständigen Ministers übertragen.

(3) Soweit sich aus Absatz 2 die Zuständigkeit der Landräte ergibt, sind zuständige Stellen für die Antragsannahme zusätzlich die Amtsvorsteher und die Bürgermeister der amtsangehörigen Gemeinden.

(4) Die untere Fachaufsicht über die zuständigen Stellen nach den Absätzen 2 und 3 wird von den Landräten, soweit sie nicht selbst zuständige Stellen sind, wahrgenommen.

(5) Die Verordnung zur Ausführung des Wohngeldgesetzes in der Fassung der Bekanntmachung vom 8. Januar 1991 (BGBl. I S. 13) vom 14. März 1991 (GVOBl. M-V S. 77) wird aufgehoben.

Artikel 11 Wohnungsbindung

(1) Die Aufgaben der zuständigen Stelle nach § 3 des Wohnungsbindungsgesetzes werden den kreisfreien Städten, den Ämtern und den amtsfreien Gemeinden übertragen, soweit in Absatz 2 nichts anderes bestimmt ist.

(2) Zuständige Stelle nach § 2 des Wohnungsbindungsgesetzes in Verbindung mit § 32 Abs. 3 Satz 1 des Wohnraumförderungsgesetzes sowie den §§ 8 und 9 des Wohnungsbindungsgesetzes ist die jeweilige Bewilligungsstelle.

Artikel 12 Kataster- und Vermessungswesen

(hier nicht wiedergegebene Änderungsvorschrift)

Artikel 13 Gutachterausschüsse für Grundstückswerte

Die in den §§ 3 Abs. 1 und 4 Abs. 1 der Landesverordnung über die Bildung von Gutachterausschüssen für Grundstückswerte vom 6. Juli 1992 (GVOBl. M-V S. 401) bezeichneten Aufgaben der Bestellung und der Verpflichtung der Mitglieder des Gutachterausschusses für Grundstückswerte werden auf die Landkreise und die kreisfreien Städte übertragen.

Artikel 14 Unabkömmlichstellung

Die Aufgaben nach § 1 Abs. 1 der Verordnung über die Zuständigkeit und das Verfahren bei der Unabkömmlichstellung vom 24. Juli 1962 (BGBl. I S. 524) werden den Landkreisen und den kreisfreien Städten übertragen, soweit nicht durch Rechtsverordnung bestimmte Aufgaben den staatlichen Behörden vorbehalten werden.

Abschnitt II

Geschäftsbereich des Wirtschaftsministers

Artikel 15 Allgemeines Gewerberecht

(1) Die Aufgaben nach den §§ 14 bis 15b, 33a, 33c Abs. 1, Abs. 3 Satz 1 und 3, 33d Abs. 1, 33i, 35 Abs. 5, 46 Abs. 3, 55 Abs. 2, 55a Abs. 1 Nr. 1, Abs. 2, 55b Abs. 2, 55c, 55e Abs. 2, 56 Abs. 1 Nr. 3b und Nr. 3f, 56a Abs. 2 und 3, 59, 60a Abs. 2 Satz 2 und Absatz 3, 60c und 60d der Gewerbeordnung werden den kreisfreien Städten, den Ämtern und den amtsfreien Gemeinden übertragen.

(2) Die Aufgaben nach den §§ 34 Abs. 1, 34a Abs. 1, 34b Abs. 1 und 2, 34c Abs. 1, 35 Abs. 1 und 2, 35 Abs. 6 der Gewerbeordnung werden den Landkreisen und den kreisfreien Städten übertragen sowie die Aufgaben nach § 69 Abs. 1 und 3 der Gewerbeordnung, soweit nicht der Wirtschaftsminister zuständig ist.

(3) Die Aufgabe der Verfolgung und Ahndung von Ordnungswidrigkeiten nach den §§ 144, 145 und 146 der Gewerbeordnung werden auf die Landkreise, die kreisfreien Städte, die Ämter und die amtsfreien Gemeinden im Rahmen der in den Absätzen 2 und 3 bestimmten Aufgaben übertragen.

Artikel 16 Preisangaben

Die Aufgaben nach § 2 Abs. 1 Satz 1 des Preisangabengesetzes werden den kreisfreien Städten, den Ämtern und den amtsfreien Gemeinden übertragen.

Artikel 17 Preis-, Wettbewerbs- und Warenzeichenwesen Ordnungswidrigkeiten

(1) Die Aufgaben der Verfolgung und Ahndung von Ordnungswidrigkeiten nach

1. § 6 Abs. 2 des Gesetzes gegen den unlauteren Wettbewerb,
2. *§ 3 der Zugabeverordnung*[1)],
3. *§ 11 des Rabattgesetzes*[2)],
4. *§ 4 des Gesetzes zum Schutz des Namens „Solingen"*[3)],
5. *§ 27 Abs. 1 des Warenzeichengesetzes*[3)],

werden den Landkreisen und den kreisfreien Städten übertragen.

(2) Die Aufgaben der Verfolgung und Ahndung von Ordnungswidrigkeiten nach § 3 Abs. 1 Nr. 2 des Wirtschaftsstrafgesetzes 1954 in Verbindung mit den hierauf verweisenden Rechtsvorschriften sowie nach den §§ 4 bis 6 des Wirtschaftsstrafgesetzes 1954 werden den kreisfreien Städten, den Ämtern und den amtsfreien Gemeinden übertragen.

Artikel 18 Straßenverkehr

(1) Die Aufgaben

1. der Straßenverkehrsbehörden nach den §§ 29 Abs. 2 und 30 Abs. 2 der Straßenverkehrsordnung,
2. der Genehmigung von Ausnahmen nach § 46 Abs. 1 Satz 1 Nr. 1, 3, 4, 8 und 11 der Straßenverkehrsordnung sowie nach § 46 Abs. 1 Satz 1 Nr. 9 der Straßenverkehrsordnung, soweit diese sich auf § 33 Abs. 1 Satz 1 Nr. 2 der Straßenverkehrsordnung beziehen,

werden den Gemeinden mit mehr als 10 000 Einwohnern übertragen.

(2) Die Aufgaben der Straßenverkehrsbehörden nach § 45 der Straßenverkehrsordnung werden neben den Aufgaben nach Absatz 1 den Gemeinden mit mehr als 20 000 Einwohnern übertragen.

(3) Die Aufgaben für die Genehmigung von Ausnahmen nach § 46 Abs. 2 Satz 1 der Straßenverkehrsordnung werden, soweit sich die Auswirkungen ausschließlich auf den eigenen Zuständigkeitsbereich erstrecken, auf die Landkreise und die kreisfreien Städte übertragen.

Artikel 19 Verkehrsordnungswidrigkeiten

(1) [1]Die Aufgaben der Verfolgung und Ahndung von Ordnungswidrigkeiten nach § 36 Abs. 1 Nr. 1 des Gesetzes über Ordnungswidrigkeiten für Ordnungswidrigkeiten nach den §§ 24 und 24a des Straßenverkehrsgesetzes werden den Landkreisen und den kreisfreien Städten übertragen. [2]Absatz 2 bleibt unberührt.

(2) Die in Absatz 1 genannten Aufgaben werden hinsichtlich des ruhenden Verkehrs den kreisfreien Städten, den Ämtern und den amtsfreien Gemeinden übertragen.

(3) Die Aufgaben der Verfolgung und Ahndung der in den Absätzen 1 und 2 genannten Ordnungswidrigkeiten schließt die Verkehrsüberwachung unbeschadet der Zuständigkeit der Polizei mit ein; Eingriffe in den fließenden Verkehr bleiben ausschließlich der Polizei vorbehalten.

Artikel 20 Wasserverkehr

(hier nicht wiedergegebene Änderungsvorschrift)

Artikel 21 Schornsteinfegerwesen

Die Aufgaben der zwangsweisen Durchsetzung der im § 1 Abs. 3 des Schornsteinfegergesetzes genannten Pflichten der Eigentümer und Besitzer von Grundstücken und Räumen sowie der Verfolgung und Ahndung von Ordnungswidrigkeiten nach § 50 des Schornsteinfegergesetzes werden den kreisfreien Städten, den Ämtern und den amtsfreien Gemeinden übertragen.

Artikel 22 Ladenschluß

(1) Die Aufgabe der Bestimmung über zugelassene Verkaufszeiten an Sonn- und Feiertagen nach § 12 Abs. 2 Satz 3 des Gesetzes über den Ladenschluß werden den Landkreisen und den kreisfreien Städten übertragen.

---

1) Aufgeh. mWv 25. 7. 2001 durch G v. 23. 7. 2001 (BGBl. I S. 1661).
2) Aufgeh. mWv 25. 7. 2001 durch G v. 23. 7. 2001 (BGBl. I S. 1663).
3) Verweis amtlich nicht angepasst; siehe jetzt das MarkenG.

(2) Die Aufgabe, die Einhaltung der in den §§ 3 bis 16, 18, 18a, 19, 20 Abs. 1, 2 und 2a und 21 des Gesetzes über den Ladenschluß sowie die in den dazu ergangenen Rechtsverordnungen getroffenen Regelungen zu überwachen, werden den kreisfreien Städten, den Ämtern und den amtsfreien Gemeinden übertragen.

Artikel 23 Gaststätten

(1) Die Aufgaben nach den §§ 2 Abs. 1, 5 Abs. 2, 9 Satz 1, 11, 21 Abs. 1 und 34 Abs. 3 des Gaststättengesetzes werden den Landkreisen und den kreisfreien Städten übertragen.

(2) Die Aufgaben nach den §§ 12 Abs. 1 und 19 des Gaststättengesetzes sowie die Durchführung der aufgrund von § 18 des Gaststättengesetzes erlassenen Verordnungen werden den kreisfreien Städten, den Ämtern und den amtsfreien Gemeinden übertragen.

(3) Die Aufgaben nach § 22 Abs. 1 und 2 sowie nach § 28 des Gaststättengesetzes werden auf die Landkreise, die kreisfreien Städte, die Ämter und die amtsfreien Gemeinden im Rahmen der in den Absätzen 1 und 2 bestimmten Aufgaben übertragen.

Artikel 24 Raumordnung und Landesplanung

(hier nicht wiedergegebene Änderungsvorschrift)

Artikel 25 Berufsbildung

Die Aufgaben der zuständigen Stelle im Sinne des § 84 Abs. 1 und 2 des Berufsbildungsgesetzes werden für den Ausbildungsberuf des Verwaltungsangestellten der Fachrichtung Kommunalverwaltung den Landkreisen und den kreisfreien Städten, die Träger der kommunalen Studieninstitute Anklam und Malchin sind, übertragen, soweit nicht durch Verordnung andere Stellen benannt werden.

Abschnitt III

Geschäftsbereich des Landwirtschaftsministers

Artikel 26 Jagdwesen

(hier nicht wiedergegebene Änderungsvorschrift)

Artikel 27 Fischereischeine

(1) Die Aufgaben der Fischereischeinprüfung nach § 4 Abs. 1 der Landesverordnung zur Durchführung des Fischereischeingesetzes und der Prüfungsordnung zum Erwerb des Fischereischeines im Land Mecklenburg-Vorpommern vom 8. September 1992 (GVOBl. M-V S. 568) werden den Landkreisen und den kreisfreien Städten übertragen.

(2) Die Aufgabe der Entziehung des Fischereischeines nach § 3 des Fischereischeingesetzes für das Land Mecklenburg-Vorpommern wird den kreisfreien Städten, den Ämtern und den amtsfreien Gemeinden übertragen, soweit sie den Fischereischein nach § 1 Abs. 1 der Landesverordnung zur Durchführung des Fischereischeingesetzes vom 8. September 1992 (GVOBl. M-V S. 565) erteilt haben.

Artikel 28 Ordnungswidrigkeiten Fischerei

Die Aufgaben der Verfolgung und Ahndung von Ordnungswidrigkeiten nach § 8 des Fischereischeingesetzes für das Land Mecklenburg-Vorpommern vom 22. Januar 1992 (GVOBl. M-V S. 14) werden den kreisfreien Städten, den Ämtern und den amtsfreien Gemeinden übertragen, sofern die Ordnungswidrigkeiten auf Binnengewässern im Sinne des § 1 Abs. 2 und 3 des Fischereigesetzes vom 6. Dezember 1993 (GVOBl. M-V S. 982) begangen wurden.

Artikel 29 Kleingartenwesen

Die Aufgaben der Anerkennung und des Entzugs der kleingärtnerischen Gemeinnützigkeit nach den §§ 2 und 20a Nr. 4 des Bundeskleingartengesetzes werden den kreisfreien Städten, den Ämtern und den amtsfreien Gemeinden übertragen.

Artikel 30 Dorferneuerung und ländlicher Wegebau

Die Maßnahmen nach dem Gesetz über die Gemeinschaftsaufgabe „Verbesserung der Agrarstruktur und des Küstenschutzes" werden, soweit sie die Förderung der Dorferneuerung und des ländlichen Wegebaus als Gemeinschaftsaufgabe betreffen und nicht unter § 37 Abs. 1 des Flurbereinigungsgesetzes fallen, auf die Landkreise und die kreisfreien Städte übertragen.

Abschnitt IV
Geschäftsbereich des Umweltministers

Artikel 31 (aufgehoben)

Artikel 32 Abfallwirtschaft und Altlasten

(1) Den Landkreisen und den kreisfreien Städten werden folgende Aufgaben übertragen:
1. die Überwachung der Entsorgung von Abfällen außerhalb von Abfallentsorgungsanlagen und außerhalb von gewerblichen und sonstigen wirtschaftlichen Unternehmen oder öffentlichen Einrichtungen, die der Nachweispflicht nach *§ 11 Abs. 3 Abfallgesetz*[1)] oder aufgrund *§ 11 Abs. 2 Abfallgesetz*[1)] unterliegen,
2. die Durchführung der Verpackungsverordnung,
3. die Durchführung der Klärschlammverordnung,
4. Verbote und Beschränkungen nach *§ 15 Abs. 5 Abfallgesetz*[1)],
5. die Ermittlung und Erfassung von altlastenverdächtigen Flächen und Altlasten des Fünften Teils des Abfallwirtschafts- und Altlastengesetzes für Mecklenburg-Vorpommern sowie deren Überwachung,
6. die Verfolgung und Ahndung von Ordnungswidrigkeiten im Rahmen der in den Nummern 1 bis 5 übertragenen Aufgaben.

(2) Den kreisfreien Städten, den Ämtern und den amtsfreien Gemeinden werden folgende Aufgaben übertragen:
1. das Anbringen der Aufforderung nach *§ 5 Abs. 2 des Abfallgesetzes*[1)] und
2. die Überwachung der Entsorgung von Kraftfahrzeugen oder Anhängern, die Abfall sind,
3. die Verfolgung und Ahndung von Ordnungswidrigkeiten im Rahmen der in den Nummern 1 und 2 übertragenen Aufgaben.

(3) (hier nicht wiedergegebene Änderungsvorschrift)

Artikel 33 Immissionsschutz

(1) Den Landkreisen und den kreisfreien Städten werden folgende Aufgaben übertragen:
1. die Beurteilung der Gebotenheit von Beschränkungen oder Verboten des Kraftfahrzeugverkehrs nach § 40 Abs. 2 Satz 1 Bundes-Immissionsschutzgesetz (BImSchG),
2. die Entgegennahme von Mitteilungen nach § 11 Abs. 1 der Störfall-Verordnung (12. BImSchV),
3. der Erlaß von Anordnungen und die Überwachung zur Einhaltung der sich aus Verordnungen nach den §§ 38 und 39 BImSchG ergebenden Anforderungen,
4. der Erlaß von Anordnungen und die Überwachung bei den nicht von dem Genehmigungserfordernis des § 4 Abs. 1 BImSchG erfaßten Gaststätten, Feuerungsanlagen, Sportanlagen, Baustellen und anderen Anlagen, soweit nicht durch Verordnung nach Absatz 6 die Zuständigkeit der Staatlichen Ämter für Umwelt und Natur, des Bergamtes oder anderer staatlicher Behörden bestimmt ist.

(2) Die Landkreise entscheiden über die Beschränkung des Betriebes von Wasserfahrzeugen nach § 8 Abs. 2 Satz 2 der Vierten Durchführungsverordnung zum Landeskulturgesetz – Schutz vor Lärm – (4. DVO/LKG) vom 14. Mai 1970 (GBl. DDR II S. 343).

(3) Den kreisfreien Städten, den Ämtern und den amtsfreien Gemeinden werden folgende Aufgaben übertragen:
1. die Lärmminderungsplanung nach § 47a BImSchG,
2. der Erlaß von Anordnungen und die Überwachung bei Anlagen, die im Rahmen von Konzerten, Schauspielen und ähnlichen Veranstaltungen sowie auf Messen und Märkten betrieben werden, sowie bei Rasenmähern im Sinne des § 1 Abs. 2 der Rasenmäherlärm-Verordnung (8. BImSchV),
3. der verhaltensbezogene Immissionsschutz nach den §§ 7 bis 9 der 4. DVO/LKG im Rahmen der für ihre Behörden bestimmten Zuständigkeiten.

(4) Mit Wirkung vom 1. Januar 1996 wird den Landkreisen und den kreisfreien Städten abweichend von Absatz 1 Nr. 4 die Aufgabe übertragen, bei den nicht von dem Genehmigungserfordernis des § 4 Abs. 1 Bundes-Immissionsschutzgesetz erfaßten Anlagen Anordnungen zu erlassen und die Überwa-

1) Verweis amtlich nicht angepasst; siehe jetzt das Kreislaufwirtschafts- und AbfallG.

chung durchzuführen, soweit nicht die Anlagen in Absatz 3 Nr. 2 genannt sind oder der Bergaufsicht unterstehen.

(5) Den in den Absätzen 1 bis 4 genannten kommunalen Körperschaften werden im Rahmen der dort bezeichneten Aufgaben auch die Aufgaben der Verfolgung und Ahndung von Ordnungswidrigkeiten übertragen.

(6) Der Umweltminister bestimmt durch Verordnung die für die Ausführung des Bundes-Immissionsschutzgesetzes, des Benzinbleigesetzes, der §§ 34 bis 36 des Landeskulturgesetzes sowie der aufgrund dieser Gesetze erlassenen Verordnungen zuständigen Behörden.

Artikel 34 (aufgehoben)

Abschnitt V

Geschäftsbereich des Sozialministers

Artikel 35 Gesundheitswesen

(1) Die Aufgaben nach dem *Gerätesicherheitsgesetz*[1)] werden auf die Landkreise und die kreisfreien Städte im Rahmen der für ihre Behörden nach der Landesverordnung über die Zuständigkeiten nach dem Gerätesicherheitsgesetz und der dazu erlassenen Verordnungen vom 9. Juli 1993 (GVOBl. M-V S. 726) bestimmten Zuständigkeiten übertragen.

(2) Die Aufgaben nach dem *Bundes-Seuchengesetz*[2)] werden auf die Landkreise und die kreisfreien Städte im Rahmen der für ihre Behörden nach der Landesverordnung zur Verhütung von Blutkontaktinfektionen vom 10. August 1993 (GVOBl. M-V S. 766) bestimmten Zuständigkeiten übertragen.

Abschnitt VI

Schlußvorschriften

Artikel 36 Übertragener Wirkungskreis

(1) Die in den Artikeln 1 bis 33 und 35 genannten Aufgaben werden von den Landkreisen, den kreisfreien Städten, den Ämtern und den amtsfreien Gemeinden im übertragenen Wirkungskreis erfüllt.

(2) Zuständige Behörden sind die Landräte, die Oberbürgermeister (Bürgermeister) der kreisfreien Städte, die Amtsvorsteher und die Bürgermeister der amtsfreien Gemeinden.

Artikel 37 Kostendeckung

(1) Soweit dieses Gesetz Aufgaben, die bisher vom Land wahrgenommen werden, auf die Landkreise, die kreisfreien Städte, die Ämter und die amtsfreien Gemeinden überträgt, erfolgt die Berücksichtigung finanzieller Mehraufwendungen durch eine Änderung des Finanzausgleichsgesetzes Mecklenburg-Vorpommern.

(2) Soweit dieses Gesetz Aufgaben, die bisher von den Landkreisen wahrgenommen wurden, auf die Ämter und die amtsfreien Gemeinden überträgt, erfolgt die Berücksichtigung der finanziellen Mehraufwendungen bei den Ämtern und den amtsfreien Gemeinden bei der Festsetzung der Kreisumlage.

Artikel 38 Personalübernahme

(1) [1]Die Landkreise und die kreisfreien Städte sind verpflichtet, das Personal der staatlichen Kataster- und Vermessungsämter zu übernehmen, das nach dem Stellenplan 1994 im Zeitpunkt des Inkrafttretens dieses Gesetzes (gemäß Artikel 40 Abs. 1 Satz 3 mit Ablauf des Tages vor den Neuwahlen) in den Kataster- und Vermessungsämtern beschäftigt ist. [2]Dieses gilt auch für die Auszubildenden. [3]Entlassungen von Arbeitnehmern der Kataster- und Vermessungsämter aus Gründen der Neuordnung dürfen für die Dauer von 18 Monaten nach dem Wechsel des öffentlich-rechtlichen Arbeitgebers nicht erfolgen. [4]Tarifrechtliche Bestimmungen bleiben hiervon unberührt.

(2) Die Ämter und die amtsfreien Gemeinden sind verpflichtet, nur das Personal der Wohngeldstellen zu übernehmen, das nach dem Stellenplan 1994 zum Zeitpunkt des Inkrafttretens des Gesetzes (gemäß Artikel 40 Abs. 1 Satz 3 mit Ablauf des Tages vor den Neuwahlen) mit der Wahrnehmung der Aufgaben betraut ist.

1) Verweis amtlich nicht angepasst; siehe jetzt das Geräte- und ProduktsicherheitsG.

2) Verweis amtlich nicht angepasst; siehe jetzt das InfektionsschutzG.

(3) [1]Die nach den Absätzen 1 und 2 abgebenden und aufnehmenden Körperschaften haben hierüber rechtzeitig vorher Vereinbarungen zu treffen. [2]Die Vorschriften der §§ 128 bis 133 des Beamtenrechtsrahmengesetzes bleiben unberührt.

Artikel 39 (aufgehoben)

Artikel 40 Inkrafttreten

(1) [1]Die Artikel 11, 19, 33 und 39 treten am Tage nach der Verkündung[1)], die Artikel 8, 12 und 30, 31 Abs. 1 und 4 sowie 32 Abs. 1 und 2 treten am 1. Januar 1995 in Kraft. [2]Artikel 34 tritt an dem Tage in Kraft, an dem die Aufnahme von Mecklenburg-Vorpommern in den Katalog von § 185 Abs. 2 der Verwaltungsgerichtsordnung in Kraft tritt[2)]. [3]Im übrigen tritt dieses Gesetz mit Ablauf des Tages vor den Neuwahlen für die Kreistage im Jahre 1994 in Kraft.

(2) Der Tag, an dem die in Absatz 1 Satz 2 genannte Vorschrift in Kraft tritt, ist im Gesetz- und Verordnungsblatt bekanntzugeben.

1) Verkündet am 19. 5. 1994.

2) 1. Juli 1994; siehe Bek. des Umweltministers v. 1. 7. 1994 (GVOBl. M-V S. 727).

Gesetz über die Zuordnung von Aufgaben (Aufgabenzuordnungsgesetz – AufgZuordG M-V)[1)]

Vom 12. Juli 2010 (GVOBl. M-V S. 383)
(GS Meckl.-Vorp. 200-12)
zuletzt geändert durch Art. 1 ÄndG vom 24. Juni 2013 (GVOBl. M-V S. 404)

Nichtamtliche Inhaltsübersicht

Teil 1
Funktionalreform I. Aufgabenübertragung vom Land auf kommunale Aufgabenträger

Kapitel 1
Geschäftsbereich des Innenministeriums

§ 1 Festsetzungsbehörden

Die Aufgabe der Entschädigungsfestsetzung nach § 17 des Schutzbereichsgesetzes in der im Bundesgesetzblatt Teil III, Gliederungsnummer 54-2, veröffentlichten bereinigten Fassung, das zuletzt durch Artikel 2 Absatz 11 des Gesetzes vom 12. August 2005 (BGBl. I S. 2354) geändert worden ist, wird den Landkreisen und kreisfreien Städten übertragen.

---

1) Das Gesetz tritt gem. Art. 16 Abs. 2 des Gesetzes über die Zuordnung von Aufgaben im Rahmen der Landkreisneuordnung (GVOBl. 2010 S. 383) am 1. 7. 2012 in Kraft. Abweichend hiervon treten § 8 am 1. 8. 2012 (Art. 16 Abs. 1), §§ 7 und 30 am 1. 8. 2011 (Art. 16 Abs. 5), §§ 25, 26 und 29 am 4. 9. 2011 (Art. 16 Abs. 4) in Kraft.

Kapitel 2

Geschäftsbereich des Ministeriums für Wirtschaft, Arbeit und Tourismus

§ 2 (aufgehoben)

Kapitel 3

Geschäftsbereich des Ministeriums für Landwirtschaft, Umwelt und Verbraucherschutz

§ 3 (aufgehoben)

§ 4 Wasser und Boden

(1) Folgende Aufgaben des Vollzuges nach dem Wasserhaushaltsgesetz vom 31. Juli 2009 (BGBl. I S. 2585) und dem Wassergesetz des Landes Mecklenburg-Vorpommern vom 30. November 1992 (GVOBl. M-V S. 669), das zuletzt durch Artikel 1 des Gesetzes vom 23. Februar 2010 (GVOBl. M-V S. 101) geändert worden ist, sowie der aufgrund dieser Gesetze erlassenen oder fortgeltenden Vorschriften werden den Landkreisen und kreisfreien Städten übertragen:

1. für Gewässer erster Ordnung
   a) Zulassungen und Anordnungen nach § 21 des Wassergesetzes des Landes Mecklenburg-Vorpommern,
   b) Anzeigen und Maßnahmen nach den §§ 82 und 118 des Wassergesetzes des Landes Mecklenburg-Vorpommern für die in § 82 des Wassergesetzes des Landes Mecklenburg-Vorpommern genannten Anlagen,
   c) Entscheidungen über Abwassereinleitungen mit Ausnahme von Einleitungen in Küstengewässer einschließlich der Aufgaben nach den §§ 3, 5 Absatz 3 bis 5 und § 7 des Gesetzes zur Ausführung des Protokolls über Schadstofffreisetzungs- und -verbringungsregister vom 21. Mai 2003 sowie zur Durchführung der Verordnung (EG) Nr. 166/2006 für diese Einleitungen,
   d) Maßnahmen nach § 100 des Wasserhaushaltsgesetzes für den Geltungsbereich der §§ 21 und 82 des Wassergesetzes des Landes Mecklenburg-Vorpommern und für die in Buchstabe c genannten Einleitungen.
2. Zulassungen nach § 78 Absatz 2 bis 4 und 6 des Wasserhaushaltsgesetzes einschließlich der Maßnahmen nach § 100 des Wasserhaushaltsgesetzes.

(2) Die Aufgaben der Durchführung des Bundes-Bodenschutzgesetzes vom 17. März 1998 (BGBl. I S. 502), das zuletzt durch Artikel 3 des Gesetzes vom 9. Dezember 2004 (BGBl. I S. 3214) geändert worden ist, ausgenommen die Anordnung der Untersuchung von altlastverdächtigen Flächen und von Altlasten sowie die Anordnung der notwendigen Maßnahmen zur Sanierung und der notwendigen Schutz- und Beschränkungsmaßnahmen für Altlasten, werden, soweit nichts anderes bestimmt ist, den Landkreisen und kreisfreien Städten übertragen.

§ 5 Naturschutzgebiete

Die naturschutzfachlichen Aufgaben in Naturschutzgebieten einschließlich der Umsetzung der Managementpläne für Gebiete des Europäischen ökologischen Netzes „Natura 2000" werden den Landkreisen und kreisfreien Städten übertragen.

§ 6 Artenschutz

Die Aufgaben des Vollzuges von § 44 Absatz 1 des Bundesnaturschutzgesetzes vom 29. Juli 2009 (BGBl. I S. 2542) werden den Landkreisen und kreisfreien Städten übertragen.

Kapitel 4

Geschäftsbereich des Ministeriums für Bildung, Wissenschaft und Kultur

§ 7[1] Schulentwicklungsplanung

Die Aufgaben der Schulentwicklungsplanung nach § 107 des Schulgesetzes vom 13. Februar 2006 (GVOBl. M-V S. 41), das zuletzt durch das Gesetz vom 16. Februar 2009 (GVOBl. M-V S. 241)

1) § 7 tritt gem. Art. 16 Abs. 5 des Gesetzes über die Zuordnung von Aufgaben im Rahmen der Landkreisneuordnung (GVOBl. 2010 S. 383) am 1. 8. 2011 in Kraft.

geändert worden ist, werden von den Landkreisen und kreisfreien Städten im eigenen Wirkungskreis wahrgenommen.

§ 8[1)] Förderschulen

Die Trägerschaft für das Landesförderzentrum für den Förderschwerpunkt „Hören" Mecklenburg-Vorpommern in Güstrow, die Landesschule für Körperbehinderte in Neubrandenburg und die Landesschule für Blinde und Sehbehinderte in Neukloster nach § 132 des Schulgesetzes werden den jeweiligen Landkreisen übertragen.

§ 9 Denkmalschutz

Die Aufgaben der Erteilung von Bescheinigungen über Denkmale nach § 25 des Denkmalschutzgesetzes in der Fassung der Bekanntmachung vom 6. Januar 1998 (GVOBl. M-V S. 12, 247), das zuletzt durch Artikel 5 des Gesetzes vom 12. Juli 2010 (GVOBl. M-V S. 366) geändert worden ist, werden den Landkreisen, den kreisfreien Städten und den großen kreisangehörigen Städten übertragen.

Kapitel 5

Geschäftsbereich des Ministeriums für Verkehr, Bau und Landesentwicklung

§ 10 Aufgaben der Anhörung für Planfeststellungsverfahren

Die Aufgaben der Anhörung für Planfeststellungsverfahren nach § 6 Absatz 4 des Wasserverkehrs- und Hafensicherheitsgesetzes vom 10. Juli 2008 (GVOBl. M-V S. 296), das durch Artikel 6 des Gesetzes vom 23. Februar 2010 (GVOBl. M-V S. 101) geändert worden ist, nach § 18 des Allgemeinen Eisenbahngesetzes vom 27. Dezember 1993 (BGBl. I S. 2378, 2396; 1994 I S. 2439), das zuletzt durch Artikel 7 des Gesetzes vom 29. Juli 2009 (BGBl. I S. 2542) geändert worden ist, nach § 6 des Luftverkehrsgesetzes in der Fassung der Bekanntmachung vom 10. Mai 2007 (BGBl. I S. 698), das zuletzt durch Artikel 1 des Gesetzes vom 24. August 2009 (BGBl. I S. 2942) geändert worden ist, nach § 45 Absatz 2 des Straßen- und Wegegesetzes des Landes Mecklenburg-Vorpommern vom 13. Januar 1993 (GVOBl. M-V S. 42), das zuletzt durch Artikel 5 des Gesetzes vom 23. Februar 2010 (GVOBl. M-V S. 101) geändert worden ist, sowie nach § 15 Absatz 1 des Landesseilbahngesetzes vom 20. Juli 2004 (GVOBl. M-V S. 318) werden den Landkreisen und kreisfreien Städten übertragen, soweit diese Verfahren Vorhaben betreffen, deren Träger eine kommunale Gebietskörperschaft ist oder an dem eine kommunale Gebietskörperschaft beteiligt ist.

§ 11 Seemannsgesetz

(1) Die Aufgaben nach § 2 des Seeaufgabengesetzes in der Fassung der Bekanntmachung vom 26. Juli 2002 (BGBl. I S. 2876), das zuletzt durch Artikel 11 Absatz 2 des Gesetzes vom 30. Oktober 2008 (BGBl. I S. 2130) geändert worden ist, und §§ 7 und 18 der Schiffsoffizier-Ausbildungsverordnung in der Fassung der Bekanntmachung vom 15. Januar 1992 (BGBl. I S. 22, 227), die zuletzt durch Artikel 523 der Verordnung vom 31. Oktober 2006 (BGBl. I S. 2407) geändert worden ist, werden dem Oberbürgermeister der kreisfreien Stadt Rostock übertragen.

(2) Die übrigen Aufgaben der Seemannsämter nach § 9 des Seemannsgesetzes in der im Bundesgesetzblatt Teil III, Gliederungsnummer 9513-1, veröffentlichten bereinigten Fassung, das zuletzt durch Artikel 324 der Verordnung vom 31. Oktober 2006 (BGBl. I S. 2407) geändert worden ist, werden der kreisfreien Stadt Rostock, den großen kreisangehörigen Städten Stralsund, Wismar sowie den amtsfreien Städten Wolgast und Sassnitz übertragen.

§ 12 Genehmigung von Flächennutzungsplänen

Die Aufgaben der Genehmigung von Flächennutzungsplänen nach § 6 Absatz 1 des Baugesetzbuches der kreisangehörigen Gemeinden und Planungsverbände nach § 205 des Baugesetzbuches einschließlich der Zweckverbände werden den Landkreisen übertragen.

§ 13 Durchführung baufachlicher Prüfungen

Die Aufgaben der Durchführung baufachlicher Prüfungen für Grünanlagen nach den Verwaltungsvorschriften zu den §§ 23 und 44 der Landeshaushaltsordnung Mecklenburg-Vorpommern vom 22.

1) § 8 tritt gem. Art. 16 Abs. 1 des Gesetzes über die Zuordnung von Aufgaben im Rahmen der Landkreisneuordnung (GVOBl. 2010 S. 383) am 1. 8. 2012 in Kraft.

September 2005 (AmtsBl. M-V S. 1121), die zuletzt durch die Verwaltungsvorschrift vom 13. November 2008 (AmtsBl. M-V S. 1046) geändert worden ist, werden den Gemeinden übertragen.

Kapitel 6

Geschäftsbereich des Ministeriums für Soziales und Gesundheit

§ 14 Wasch- und Reinigungsmittelgesetz

Die Überwachungsaufgaben und die Verfolgung und Ahndung von Ordnungswidrigkeiten nach dem Wasch- und Reinigungsmittelgesetz vom 29. April 2007 (BGBl. I S. 600) werden, soweit nichts anderes bestimmt ist, den Landkreisen und kreisfreien Städten übertragen.

§ 15 Besuchskommission

Die Aufgaben der Besuchskommission für die psychiatrischen Krankenhäuser nach § 31 des Psychischkrankengesetzes in der Fassung der Bekanntmachung vom 13. April 2000 (GVOBl. M-V S. 182), das zuletzt durch Artikel 6 des Gesetzes vom 23. Mai 2006 (GVOBl. M-V S. 194; LVerfGE GVOBl. M-V 2007 S. 318) geändert worden ist, werden den Landkreisen und kreisfreien Städten mit einem psychiatrischen Krankenhaus übertragen.

§ 16 Anerkennung von Beratungsstellen

Die Aufgaben der Durchführung des Anerkennungsverfahrens von Ehe-, Familien- und Erziehungsberatungsstellen nach den Richtlinien für die Anerkennung von Ehe-, Familien-, Erziehungs-, Jugend- sowie Sucht- und Drogenberatungsstellen im Sinne des § 203 Abs. 1 Nr. 4 StGB vom 17. September 1992 (AmtsBl. M-V S. 1015) werden den Landkreisen und kreisfreien Städten übertragen.

§ 17 (aufgehoben)

§ 18 Landesblindengeldgesetz

Die Aufgaben des Erlasses von Widerspruchsbescheiden nach § 9 Absatz 1 des Landesblindengeldgesetzes vom 12. März 2009 (GVOBl. M-V S. 278), das durch Artikel 7 des Gesetzes vom 17. Dezember 2009 (GVOBl. M-V S. 726) geändert worden ist, werden dem Kommunalen Sozialverband Mecklenburg-Vorpommern übertragen.

§ 19 (aufgehoben)

§ 20 Jugendhilfe

(1) Die Aufgaben des überörtlichen Trägers der öffentlichen Jugendhilfe nach § 85 Absatz 2 Nummer 2, 3, 5 bis 7 sowie 9 und 10 des Achten Buches Sozialgesetzbuch und nach dem Landesjugendhilfeorganisationsgesetz vom 23. Februar 1993 (GVOBl. M-V S. 158), das zuletzt durch Artikel 1 des Gesetzes vom 20. Juli 2006 (GVOBl. M-V S. 631) geändert worden ist, werden dem Kommunalen Sozialverband Mecklenburg-Vorpommern übertragen, soweit durch dieses Gesetz nichts anderes bestimmt ist.

(2) Der Kommunale Sozialverband Mecklenburg-Vorpommern richtet ein Landesjugendamt ein und führt bei der Wahrnehmung der Aufgaben nach den Absätzen 1, 3 und 4 den Zusatz „Landesjugendamt".

(3) Die Aufgaben der zentralen Adoptionsstelle nach § 2 Absatz 1 des Adoptionsvermittlungsgesetzes in der Fassung der Bekanntmachung vom 22. Dezember 2001 (BGBl. I 2002 S. 354), das zuletzt durch Artikel 8 des Gesetzes vom 10. Dezember 2008 (BGBl. I S. 2403) geändert worden ist, in Verbindung mit § 1 Absatz 1 des Adoptionsübereinkommens-Ausführungsgesetzes vom 5. November 2001 (BGBl. I S. 2950), das zuletzt durch Artikel 4 Absatz 17 des Gesetzes vom 17. Dezember 2006 (BGBl. I S. 3171) geändert worden ist, werden auf das Landesjugendamt beim Kommunalen Sozialverband Mecklenburg-Vorpommern übertragen.

(4) Die Aufgaben nach § 3 des Gesetzes zur Ausführung des Unterhaltsvorschussgesetzes vom 21. Dezember 1999 (GVOBl. M-V S. 644) werden auf das Landesjugendamt beim Kommunalen Sozialverband Mecklenburg-Vorpommern übertragen.

(5) [1]Den örtlichen Trägern der öffentlichen Jugendhilfe werden die Aufgaben der Erteilung und der Entziehung der Erlaubnis zum Betrieb einer Kindertageseinrichtung, der örtlichen Prüfung, der Entgegennahme von Anzeigen und der Untersagung von Tätigkeiten nach den §§ 45 bis 48 des Achten Buches Sozialgesetzbuch übertragen. [2]Für die von den örtlichen Trägern der öffentlichen Jugendhilfe

selbst getragenen Einrichtungen werden die Aufgaben nach Satz 1 von dem nach Absatz 2 eingerichteten Landesjugendamt wahrgenommen.

Kapitel 7

Aufgabenarten, Ordnungswidrigkeiten, Anpassung von Rechtsverordnungen

§ 21 Eigener Wirkungskreis

[1]Die in den §§ 7, 8, 13 und 15 sowie in § 20 Absatz 1 bis 3 und 5 genannten Aufgaben werden von den Aufgabenträgern im eigenen Wirkungskreis erfüllt. [2]Die Aufgaben der Durchführung der Anhörungsverfahren nach § 10 werden, soweit die Landkreise und Gemeinden unmittelbar oder mittelbar betroffen sind, im eigenen Wirkungskreis wahrgenommen.

§ 22 Organleihe

Die in § 11 Absatz 1 genannte Aufgabe der Ausstellung von Befähigungszeugnissen nach den §§ 7 und 18 der Schiffsoffizier-Ausbildungsverordnung wird vom Oberbürgermeister der kreisfreien Stadt Rostock als untere Landesbehörde wahrgenommen.

§ 23 Übertragener Wirkungskreis

Die übrigen Aufgaben werden von den Aufgabenträgern im übertragenen Wirkungskreis wahrgenommen.

§ 24 Ordnungswidrigkeiten

(1) [1]Die mit den durch die §§ 1, 4, 12 bis 14, 16, 18 und 20 übertragenen Aufgaben im Zusammenhang stehenden Ordnungswidrigkeiten werden von den jeweils zuständigen Landräten, Oberbürgermeistern der kreisfreien Städte und der großen kreisangehörigen Städte, den Bürgermeistern der amtsfreien Gemeinden sowie den Amtsvorstehern der Ämter und dem Verbandsdirektor des Kommunalen Sozialverbandes Mecklenburg-Vorpommern verfolgt und geahndet, soweit nichts anderes bestimmt ist. [2]Sie nehmen insoweit die Aufgaben der Verwaltungsbehörde nach § 36 Absatz 1 Nummer 1 des Gesetzes über Ordnungswidrigkeiten im übertragenen Wirkungskreis wahr.

(2) Die von den jeweils zuständigen Verwaltungsbehörden festgesetzten Geldbußen werden von diesen vereinnahmt.

§ 25[1)] Anpassung von Rechtsverordnungen

Die Landesregierung oder die einzelnen obersten Landesbehörden haben den §§ 1, 4 bis 16, 18 und 20 widersprechende Rechtsverordnungen anzupassen oder aufzuheben.

Teil 2

Übergreifende Regelungen

§ 26[2)] Auseinandersetzung

(1) [1]Die neuen Landkreise und die kreisfreien Städte schließen bis zum Inkrafttreten der Aufgabenübertragungen mit dem Land einen öffentlich-rechtlichen Vertrag zur Regelung der Vermögensauseinandersetzung, insbesondere über die Übertragung von Einrichtungsgegenständen, Arbeitsmitteln, Geräteausstattungen und dergleichen sowie für Datenverarbeitungsprogramme einschließlich der bestehenden Nutzungsrechte und Lizenzen, soweit dies rechtlich möglich ist. [2]Bei der Übernahme von Verbindlichkeiten sowie bei der Abtretung von Forderungen oder anderen Rechten, die im Zusammenhang mit den Aufgabenübertragungen stehen, sind die Vorschriften der §§ 398 ff. sowie der §§ 414 ff. des Bürgerlichen Gesetzbuches zu beachten.

(2) [1]Sofern die Landkreise und kreisfreien Städte landeseigene Grundstücke ganz und nicht nur vorübergehend für die Erfüllung von zu übertragenden Aufgaben benötigen, können sie diese Grundstücke vom Land unentgeltlich erwerben. [2]Die in diesem Zusammenhang entstehenden Kosten sind von den kommunalen Gebietskörperschaften zu tragen.

---

1) § 25 tritt gem. Art. 16 Abs. 4 des Gesetzes über die Zuordnung von Aufgaben im Rahmen der Landkreisneuordnung (GVOBl. 2010 S. 383) am 4. 9. 2011 in Kraft.

2) § 26 tritt gem. Art. 16 Abs. 4 des Gesetzes über die Zuordnung von Aufgaben im Rahmen der Landkreisneuordnung (GVOBl. 2010 S. 383) am 4. 9. 2011 in Kraft.

(3) [1]Soweit die Landkreise und kreisfreien Städte übergangsweise Büro- und Nebenflächen des Landes für die Erfüllung von zu übertragenden Aufgaben benötigen, kann im Vertrag nach Absatz 1 Satz 1 eine Vereinbarung über eine unentgeltliche Überlassung von Büro- und Nebenflächen des Landes oder von vom Land angemieteten Flächen getroffen werden. [2]Eine unentgeltliche Nutzung kann maximal bis zum 31. Dezember 2015 erfolgen.

(4) Absätze 1 und 3 gelten für die Aufgabenübertragung auf den Kommunalen Sozialverband Mecklenburg-Vorpommern entsprechend.

§ 27 Laufende Verwaltungsverfahren

[1]Verwaltungsvorgänge im Bereich der Aufgabenübertragungen nach den §§ 1, 4 bis 16, 18 und 20, die bei dem Übergang der jeweiligen Aufgaben noch nicht abgeschlossen sind, werden durch den neuen Aufgabenträger fortgesetzt. [2]Abweichende Vereinbarungen hinsichtlich Verwaltungsverfahren nach § 9 des Landesverwaltungsverfahrensgesetzes sind zwischen den bisherigen Verwaltungsträgern und den neuen Verwaltungsträgern zulässig.

§ 28 Mehrbelastungsausgleich

(1) [1]Das Land gleicht die finanziellen Mehrbelastungen aus, welche den jeweiligen kommunalen Körperschaften dadurch entstehen, dass ihnen durch die §§ 1, 4 bis 6, 8 bis 10, 12 bis 16, 18 und 20 Aufgaben übertragen werden. [2]Dieser Ausgleich nach Artikel 72 Absatz 3 der Verfassung des Landes Mecklenburg-Vorpommern erfolgt ausschließlich nach den Regelungen dieses Gesetzes.

(2) [1]Als finanziellen Ausgleich nach Absatz 1, mit Ausnahme der Aufgabenübertragungen nach den §§ 8, 18 und 20 Absatz 1 bis 4, erhalten die Landkreise Ludwigslust-Parchim, Mecklenburgische Seenplatte, Nordwestmecklenburg, Vorpommern-Greifswald, Vorpommern-Rügen und der Landkreis Rostock sowie die kreisfreien Städte Rostock und Schwerin insgesamt einen Betrag von jährlich 789 538 Euro. [2]Er beinhaltet den finanziellen Aufwand für das mit der Aufgabenerledigung bisher befasste Personal zuzüglich eines pauschalen Sachkostenaufschlages von zehn Prozent und abzüglich der erzielbaren Gebühren, Entgelte, Bußgelder und sonstigen Einnahmen.

(3) [1]Als Ausgleich für die Übertragung der Trägerschaft für die Förderschulen nach § 8 erhalten die Landkreise Nordwestmecklenburg, Mecklenburgische Seenplatte und der Landkreis Rostock einen Betrag von jährlich insgesamt 76 077 Euro. [2]Absatz 2 Satz 2 gilt entsprechend.

(4) Die Aufgabenträger nach § 11 erhalten ab 2013 zur Erfüllung der Aufgaben der Seemannsämter einen finanziellen Ausgleich in Höhe von jährlich 190 000 Euro.

(5) [1]Der Kommunale Sozialverband Mecklenburg-Vorpommern erhält zur Erfüllung der Aufgaben nach den §§ 18 und 20 Absatz 1 bis 4 einen finanziellen Ausgleich nach Absatz 1 in Höhe von jährlich 2 325 081 Euro. [2]Absatz 2 Satz 2 gilt entsprechend. [3]Der Betrag nach Satz 1 enthält 1 650 000 Euro für die Kostenerstattung gemäß § 89d des Achten Buches Sozialgesetzbuch; soweit dieser Betrag für die Kostenerstattung gemäß § 89d des Achten Buches Sozialgesetzbuch nicht auskömmlich ist, leistet das Land an den Kommunalen Sozialverband Mecklenburg-Vorpommern einen Ausgleich in Höhe der notwendigen Mehrausgaben. [4]Auf die Mehrausgaben nach Satz 3 werden entsprechende Minderausgaben angerechnet, die dem Kommunalen Sozialverband Mecklenburg-Vorpommern in den jeweils vorangegangenen drei Jahren entstanden sind. [5]Die notwendigen Mehrausgaben sind vom Kommunalen Sozialverband Mecklenburg-Vorpommern gegenüber dem für die öffentliche Jugendhilfe zuständigen Ministerium unverzüglich anzuzeigen und spätestens bis zum Ablauf des Folgejahres nachzuweisen.

(6) Die bisher für die Aufgabenerledigung sowie die Leistungsgewährung von Dritten, insbesondere vom Bund, außerhalb des Landeshaushaltes zur Verfügung gestellten Mittel (Zweckausgaben) werden ab dem Zeitpunkt der Aufgabenübertragung in voller Höhe den kommunalen Körperschaften überlassen.

(7) [1]Von den nach Absatz 2 bereitgestellten Mitteln werden den Landkreisen und kreisfreien Städten jährlich insgesamt 400 236 Euro Euro im Verhältnis zu ihren Einwohnerzahlen gewährt. [2]Es gelten dabei die vom Statistischen Amt zum 31. Dezember des jeweils vorvergangenen Jahres fortgeschriebenen Einwohnerzahlen.

(8) Um Abweichungen in der Verteilung der Aufgabenbelastungen unter den Landkreisen und kreisfreien Städten von der Einwohnerverteilung zu berücksichtigen, werden von den nach Absatz 2 bereitgestellten Mitteln 389 302 Euro wie folgt verteilt:

1. Landkreis Nordwestmecklenburg 36 042 Euro,
2. Landkreis Rostock 55 970 Euro,
3. Landkreis Vorpommern-Rügen 50 949 Euro,
4. Landkreis Vorpommern-Greifswald 71 990 Euro,
5. Landkreis Mecklenburgische Seenplatte 96 732 Euro,
6. Landkreis Ludwigslust-Parchim 70 636 Euro,
7. kreisfreie Stadt Rostock 4 428 Euro,
8. kreisfreie Stadt Schwerin 2 555 Euro.

(9) Von dem nach Absatz 3 Satz 1 festgelegten Ausgleichsbetrag erhalten die Landkreise Nordwestmecklenburg, Mecklenburgische Seenplatte und der Landkreis Rostock jeweils 25 359 Euro.

(10) Von dem nach Absatz 4 festgelegten Ausgleichsbetrag erhalten:
1. die kreisfreie Stadt Rostock 69 726 Euro,
2. die große kreisangehörige Stadt Stralsund 56 071 Euro,
3. die große kreisangehörige Stadt Wismar 23 054 Euro,
4. die amtsangehörige Stadt Wolgast 7 754 Euro,
5. die amtsfreie Stadt Sassnitz 33 395 Euro.

(11) [1]Im Jahr 2012 wird jeweils die Hälfte der Beträge nach den Absätzen 2 und 5 gezahlt. [2]Abweichend von Absatz 3 erhalten die Landkreise Nordwestmecklenburg, Mecklenburgische Seenplatte und der Landkreis Rostock im Jahr 2012 für die Übertragung der Trägerschaft für die Förderschulen nach § 8 einen Betrag von jeweils 10 566,25 Euro. [3]Im Jahr 2013 wird von den Beträgen nach den Absätzen 2 und 7 ein Betrag von 4 014 Euro abgesetzt. [4]Die Zuweisungen nach den Absätzen 5 und 7 bis 10 sowie nach den Sätzen 1 und 2 sind in monatlichen Teilbeträgen in der Mitte des Monats zu zahlen. [5]Abweichend von Satz 4 werden die Mittel nach Absatz 5 Satz 3 dem Kommunalen Sozialverband bereitgestellt, sobald sie für Erstattungen benötigt werden.

(12) Für Beamte und Arbeitnehmer, die von den neuen Aufgabenträgern voraussichtlich nicht übernommen werden, wird der Betrag nach Absatz 7 bis zum 31. Dezember 2020 jährlich um 58 950 Euro vermindert.

§ 29[1)] Personalübergang

(1) [1]Die Beamten und Arbeitnehmer, die Fachaufgaben wahrnehmen, die nach den §§ 1, 4 bis 6, 8 bis 10, 12 bis 16, 18 und 20 übertragen werden, sollen von den kommunalen Körperschaften mindestens im Rahmen des Mehrbelastungsausgleichs übernommen werden. [2]§ 27 Absatz 2 des Landesbeamtengesetzes vom 17. Dezember 2009 (GVOBl. M-V S. 687) findet keine Anwendung.

(2) Soweit nicht durch Tarifvertrag bis zum 30. April 2012 etwas anderes vereinbart wird, enthalten Arbeitsvertragsangebote der kommunalen Körperschaften an die Arbeitnehmer mindestens folgende Bedingungen:

1. [1]Die Übernahme erfolgt in der Entgeltgruppe, in die der Arbeitnehmer am Tag vor seiner Übernahme eingruppiert war und im Umfang der arbeitsvertraglich vereinbarten regelmäßigen wöchentlichen Arbeitszeit am Tage vor der Übernahme. [2]Bisherige einzelvertragliche Regelungen der Arbeitnehmer werden vom neuen Arbeitgeber übernommen, sofern dringende dienstliche Belange nicht entgegenstehen.
2. [1]Bei der Berechnung tarifrechtlich maßgeblicher Zeiten sowie von Zeiten der Betriebszugehörigkeit im Sinne des Kündigungsschutzgesetzes in der Fassung der Bekanntmachung vom 25. August 1969 (BGBl. I S. 1317), das zuletzt durch Artikel 3 des Gesetzes vom 26. März 2008 (BGBl. I S. 444) geändert worden ist, wird von den beim Land am Tag vor der Übernahme errechneten Zeiten ausgegangen. [2]Der Arbeitnehmer ist in die Stufe einzugruppieren, die den Betrag erreicht, der dem Arbeitnehmer am Tage der Übernahme bei Verbleiben im Landesdienst zustehen würde. [3]Die beim Land erreichte Stufenlaufzeit bleibt erhalten.
3. [1]Der Arbeitnehmer erhält auf Antrag den Geldbetrag, den er aufgrund regelmäßiger Arbeitsleistungen zum Zeitpunkt des Arbeitgeberwechsels nach den für das Land maßgebenden Bestimmungen erhalten würde, wenn er weiterhin in seiner bisherigen Tätigkeit beim Land beschäftigt wäre. [2]Der Anspruch besteht auch im Falle einer Änderungskündigung. [3]Auf die Besitzstandszu-

---

1) § 29 tritt gem. Art. 16 Abs. 4 des Gesetzes über die Zuordnung von Aufgaben im Rahmen der Landkreisneuordnung (GVOBl. 2010 S. 383) am 4. 9. 2011 in Kraft.

lage werden alle Entgelterhöhungen nach den in den kommunalen Körperschaften geltenden Tarifverträgen und Dienst- oder Betriebsvereinbarungen angerechnet. [4]Hierunter fallen nicht Zuschläge und Zulagen für Arbeitsleistungen, die er außerhalb der regulären Arbeitszeiten erbracht hat.

(3) [1]Betriebsbedingte Kündigungen durch den kommunalen Arbeitgeber sind aus Gründen, die im Zusammenhang mit Aufgabenübertragungen stehen, für die Dauer von drei Jahren ab dem Zeitpunkt des Personalübergangs ausgeschlossen. [2]Das Recht zur Kündigung aus anderen Gründen bleibt unberührt.

(4) [1]Für die Arbeitnehmer, die nach Absatz 1 von den kommunalen Körperschaften übernommen werden, finden die für Beamte im Falle einer Versetzung geltenden Vorschriften des Landesumzugskostengesetzes vom 3. Juni 1998 (GVOBl. M-V S. 554), das zuletzt durch Artikel 21 des Gesetzes vom 20. Juli 2006 (GVOBl. M-V S. 576) geändert worden ist, und der Trennungsgeldverordnung vom 23. Juli 1998 (GVOBl. M-V S. 608), die zuletzt durch Artikel 22 des Gesetzes vom 20. Juli 2006 (GVOBl. M-V S. 576) geändert worden ist, entsprechende Anwendung. [2]Zuständig für die Prüfung und Abwicklung umzugs- und trennungsgeldrechtlicher Ansprüche ist das Land Mecklenburg-Vorpommern. [3]Es trägt die Umzugskostenvergütungen und Trennungsgelder für ehemalige Beamte und Arbeitnehmer des Landes, die aufgrund der Aufgabenübertragungen von den kommunalen Körperschaften übernommen werden.

(5) [1]Die Verteilung der Versorgungslasten richtet sich nach dem Versorgungslastenteilungsgesetz vom 24. Juni 2010 (GVOBl. M-V S. 320). [2]Als Ausgleich für Aufwendungen durch Zuführungen an die Versorgungsrücklage erhält der Kommunale Versorgungsverband Mecklenburg-Vorpommern im Jahr 2012 einmalig 42 000 Euro. [3]Sofern keine Beamten vom Land zu den Kommunen wechseln, erstattet der Kommunale Versorgungsverband Mecklenburg-Vorpommern dem Land Mecklenburg-Vorpommern in 2013 den nach Satz 2 vereinnahmten Aufwendungsausgleich.

(6) [1]Das Finanzministerium koordiniert die Vermittlung der Beamten und Arbeitnehmer an die kommunalen Körperschaften. [2]Einzelheiten zum zeitlichen Ablauf und zur Verfahrensgestaltung können vertraglich zwischen dem Land und den kommunalen Landesverbänden geregelt werden. [3]Die personalführenden Landesdienststellen erteilen dem Zentralen Personalmanagement im Finanzministerium folgende Auskünfte aus den Personalakten derjenigen Beamten und Arbeitnehmer, die Aufgaben wahrnehmen, die nach den §§ 1, 4 bis 6, 8 bis 10, 12 bis 16, 18 und 20 den neuen Aufgabenträgern zugeordnet werden:

1. Name und Vorname,
2. Geburtsdatum,
3. Behörde und Dienstort,
4. Besoldungs- oder Entgeltgruppe,
5. Umfang der regelmäßigen wöchentlichen Arbeitszeit,
6. Bildungsabschluss und sonstige Qualifikationen,
7. bisherige berufliche Tätigkeiten,
8. Altersteilzeitvereinbarung,
9. Wohnort,
10. Schwerbehinderung oder eine gleichgestellte Behinderung.

(7) Das Zentrale Personalmanagement im Finanzministerium speichert die Daten nach Absatz 6 Satz 3 für die Dauer der Vermittlungstätigkeit, nutzt sie für diesen Zweck und übermittelt sie an die kommunalen Körperschaften, sofern dies erforderlich ist.

(8) [1]Abweichend von Absatz 1 gehen die Arbeits- und Ausbildungsverhältnisse der bei den in § 8 genannten Förderschulen Beschäftigten der äußeren Schulverwaltung kraft Gesetzes zum 1. August 2012 mit allen Rechten und Pflichten auf den Landkreis über, in dem die jeweilige Schule belegen ist. [2]Für die Dauer des ununterbrochen zur kommunalen Körperschaft fortbestehenden Arbeits- oder Ausbildungsverhältnisses finden ab dem Zeitpunkt des Übergangs die für den neuen Arbeitgeber geltenden Tarifverträge und Dienst- oder Betriebsvereinbarungen unter Maßgabe der Regelungen des Absatzes 2 Nummer 1 bis 3 Anwendung. [3]Absatz 3 findet entsprechende Anwendung.

§ 29a Bundeselterngeld- und Elternzeitgesetz

Für die Gewährung von Elterngeld nach dem Bundeselterngeld- und Elternzeitgesetz vom 5. Dezember 2006 (BGBl. I S. 2748), das zuletzt durch Artikel 1 des Gesetzes vom 15. Februar 2013 (BGBl. I

S. 254) geändert worden ist, einschließlich der Verfolgung und Ahndung der damit im Zusammenhang stehenden Ordnungswidrigkeiten ist das Landesamt für Gesundheit und Soziales zuständig.

§ 30[1] Sprachliche Gleichstellung

Soweit in diesem Gesetz Bezeichnungen, die für Frauen und Männer gelten, in der männlichen Sprachform verwendet werden, gelten diese Bezeichnungen für Frauen in der weiblichen Sprachform.

1) § 30 tritt gem. Art. 16 Abs. 5 des Gesetzes über die Zuordnung von Aufgaben im Rahmen der Landkreisneuordnung (GVOBl. 2010 S. 383) am 1. 8. 2011 in Kraft.

Verwaltungsverfahrens-, Zustellungs- und Vollstreckungsgesetz des Landes Mecklenburg-Vorpommern (Landesverwaltungsverfahrensgesetz – VwVfG M-V)

In der Fassung der Bekanntmachung vom 6. Mai 2020[1] (GVOBl. M-V S. 410)
(GS Meckl.-Vorp. Gl. Nr. 2010-1)

Inhaltsübersicht

1) Neubekanntmachung des VwVfG idF der Bek. v. 1.9.2014 (GVOBl. M-V S. 476) in der ab 16.5.2020 geltenden Fassung.

1. Hauptteil
Verwaltungsverfahren

Teil I
Anwendungsbereich, örtliche Zuständigkeit, elektronische Kommunikation, Amtshilfe, europäische Verwaltungszusammenarbeit

Abschnitt 1
Anwendungsbereich, örtliche Zuständigkeit, elektronische Kommunikation

§ 1 Anwendungsbereich

(1) Dieses Gesetz gilt für die öffentlich-rechtliche Verwaltungstätigkeit der Behörden des Landes, der Gemeinden, Ämter und Landkreise sowie der sonstigen der Aufsicht des Landes unterstehenden Körperschaften, Anstalten und Stiftungen des öffentlichen Rechts, soweit nicht landesrechtliche Vorschriften inhaltsgleiche oder entgegenstehende Bestimmungen enthalten.
(2) Dieses Gesetz gilt nicht für die Tätigkeit des Bundes sowie der Kirchen, der Religions- und Weltanschauungsgemeinschaften und ihrer Verbände und Einrichtungen im Land Mecklenburg-Vorpommern.
(3) Behörde im Sinne dieses Gesetzes ist jede Stelle, die Aufgaben der öffentlichen Verwaltung wahrnimmt.

§ 2 Ausnahmen vom Anwendungsbereich

(1) Die Vorschriften dieses Hauptteiles gelten nicht für
1. Verfahren, die nach den Vorschriften der Abgabenordnung durchzuführen sind; § 61 Absatz 3 und § 80 Absatz 4 Nummer 2 bleiben unberührt,
2. die Strafverfolgung, die Verfolgung und Ahndung von Ordnungswidrigkeiten, die Rechtshilfe für das Ausland in Straf- und Zivilsachen und, unbeschadet des § 80 Absatz 4 Nummer 1, für Maßnahmen des Richterdienstrechts,
3. Verfahren nach dem Sozialgesetzbuch,
4. das Recht des Lastenausgleichs,
5. das Recht der Wiedergutmachung,
6. Verfahren im Zusammenhang mit Ehrungen und der Ausübung des Begnadigungsrechtes.

(2) Für die Tätigkeit
1. der Gerichtsverwaltungen und der Behörden der Justizverwaltung einschließlich der ihrer Aufsicht unterliegenden Körperschaften des öffentlichen Rechts gelten die Vorschriften dieses Hauptteils nur, soweit die Tätigkeit der Nachprüfung durch die Gerichte der Verwaltungsgerichtsbarkeit oder durch die in verwaltungsrechtlichen Anwalts-, Patentanwalts- und Notarsachen zuständigen Gerichte unterliegt;
2. der Behörden bei Leistungs-, Eignungs- und ähnlichen Prüfungen von Personen und der Besetzung von Professorenstellen gelten nur die §§ 3a bis 13, 20 bis 27, 29 bis 38, 40 bis 52, 79, 80 und 120;
3. der Schulen und Hochschulen gelten nur die §§ 3a bis 13, 20 bis 52, 79, 80 und 120. Die §§ 28 und 39 gelten, soweit die Entscheidung nicht auf Leistungsbeurteilungen beruht;

4. bei der Besetzung von Stellen für wissenschaftliches und künstlerisches Personal einschließlich Berufungsverfahren bezieht sich das Akteneinsichtsrecht nach § 29 nicht auf die Gutachten von Professoren und anderen Sachverständigen, die über die fachliche Eignung der von der Hochschule vorgeschlagenen oder eingestellten Bewerber abgegeben werden. § 87 des Landesbeamtengesetzes bleibt unberührt.

§ 3 Örtliche Zuständigkeit

(1) Örtlich zuständig ist

1. in Angelegenheiten, die sich auf unbewegliches Vermögen oder ein ortsgebundenes Recht oder Rechtsverhältnis beziehen, die Behörde, in deren Zuständigkeitsgebiet das Vermögen oder der Ort liegt;
2. in Angelegenheiten, die sich auf den Betrieb eines Unternehmens oder einer seiner Betriebsstätten auf die Ausübung eines Berufes oder auf eine andere dauernde Tätigkeit beziehen, die Behörde, in deren Zuständigkeitsgebiet das Unternehmen oder die Betriebsstätte betrieben oder der Beruf oder die Tätigkeit ausgeübt wird oder werden soll;
3. in anderen Angelegenheiten, die
   a) eine natürliche Person betreffen, die Behörde, in deren Zuständigkeitsgebiet die natürliche Person ihren gewöhnlichen Aufenthalt hat oder zuletzt hatte,
   b) eine juristische Person oder eine Vereinigung betreffen, die Behörde, in deren Zuständigkeitsgebiet die juristische Person oder die Vereinigung ihren Sitz hat oder zuletzt hatte;
4. in Angelegenheiten, bei denen sich die Zuständigkeiten nicht aus den Nummern 1 bis 3 ergibt, die Behörde, in deren Zuständigkeitsgebiet der Anlass für die Amtshandlung hervortritt.

(2) [1]Sind nach Absatz 1 mehrere Behörden zuständig, so entscheidet die Behörde, die zuerst mit der Sache befasst worden ist, es sei denn, die gemeinsame fachlich zuständige Aufsichtsbehörde bestimmt, dass eine andere örtlich zuständige Behörde zu entscheiden hat. [2]Sie kann in den Fällen, in denen eine gleiche Angelegenheit sich auf mehrere Betriebsstätten eines Betriebes oder Unternehmens bezieht, eine der nach Absatz 1 Nummer 2 zuständigen Behörden als gemeinsame zuständige Behörde bestimmen, wenn dies unter Wahrung der Interessen der Beteiligten zur einheitlichen Entscheidung geboten ist. [3]Diese Aufsichtsbehörde entscheidet ferner über die örtliche Zuständigkeit, wenn sich mehrere Behörden für zuständig oder unzuständig halten oder wenn die Zuständigkeit aus anderen Gründen zweifelhaft ist. [4]Fehlt eine gemeinsame Aufsichtsbehörde, so treffen die fachlich zuständigen Aufsichtsbehörden die Entscheidung gemeinsam.

(3) Ändern sich im Laufe des Verwaltungsverfahrens die die Zuständigkeit begründenden Umstände, so kann die bisher zuständige Behörde das Verwaltungsverfahren fortführen, wenn dies unter Wahrung der Interessen der Beteiligten der einfachen und zweckmäßigen Durchführung des Verfahrens dient und die nunmehr zuständige Behörde zustimmt.

(4) [1]Bei Gefahr im Verzug ist für unaufschiebbare Maßnahmen jede Behörde örtlich zuständig, in deren Bezirk der Anlass für die Amtshandlung hervortritt. [2]Die nach Absatz 1 Nummer 1 bis 3 örtlich zuständige Behörde ist unverzüglich zu unterrichten.

§ 3a Elektronische Kommunikation

(1) Die Übermittlung elektronischer Dokumente ist zulässig, soweit der Empfänger hierfür einen Zugang eröffnet.

(2) [1]Eine durch Rechtsvorschrift angeordnete Schriftform kann, soweit nicht durch Rechtvorschrift etwas anderes bestimmt ist, durch die elektronische Form ersetzt werden. [2]Der elektronischen Form genügt ein elektronisches Dokument, das mit einer qualifizierten elektronischen Signatur versehen ist. [3]Die Signierung mit einem Pseudonym, das die Identifizierung der Person des Signaturschlüsselinhabers nicht unmittelbar durch die Behörde ermöglicht, ist nicht zulässig. [4]Diese Schriftform kann auch ersetzt werden

1. durch unmittelbare Abgabe der Erklärung in einem elektronischen Formular, das von der Behörde in einem Eingabegerät oder über öffentlich zugängliche Netze zur Verfügung gestellt wird;
2. bei Anträgen und Anzeigen durch Versendung eines elektronischen Dokuments an die Behörde mit der Versandart nach § 5 Absatz 5 des De-Mail-Gesetzes;
3. bei elektronischen Verwaltungsakten oder sonstigen elektronischen Dokumenten der Behörden durch Versendung einer De-Mail-Nachricht nach § 5 Absatz 5 des De-Mail-Gesetzes, bei der die

Bestätigung des akkreditierten Diensteanbieters die erlassende Behörde als Nutzer des De-Mail-Kontos erkennen lässt;
4. durch sonstige sichere Verfahren, die durch Rechtsverordnung der Bundesregierung mit Zustimmung des Bundesrates festgelegt werden, welche den Datenübermittler (Absender der Daten) authentifizieren und die Integrität des elektronisch übermittelten Datensatzes sowie die Barrierefreiheit gewährleisten; der IT-Planungsrat gibt Empfehlungen zu geeigneten Verfahren ab.

[5]In den Fällen des Satzes 4 Nummer 1 muss bei einer Eingabe über öffentlich zugängliche Netze ein sicherer Identitätsnachweis nach § 18 des Personalausweisgesetzes oder nach § 78 Absatz 5 des Aufenthaltsgesetzes erfolgen.

(3) [1]Ist ein der Behörde übermitteltes elektronisches Dokument für sie zur Bearbeitung nicht geeignet, teilt sie dies dem Absender unter Angabe der für sie geltenden technischen Rahmenbedingungen unverzüglich mit. [2]Macht ein Empfänger geltend, er könne das von der Behörde übermittelte elektronische Dokument nicht bearbeiten, hat sie es ihm erneut in einem geeigneten elektronischen Format oder als Schriftstück zu übermitteln.

§§ 3b, 3c ***[aufgehoben]***

Abschnitt 2
Amtshilfe

§ 4 Amtshilfe

(1) Jede Behörde leistet anderen Behörden auf Ersuchen ergänzende Hilfe (Amtshilfe).

(2) Amtshilfe liegt nicht vor, wenn
1. Behörden einander innerhalb eines bestehenden Weisungsverhältnisses Hilfe leisten;
2. die Hilfeleistung in Handlungen besteht, die der ersuchten Behörde als eigene Aufgabe obliegen.

§ 5 Voraussetzungen und Grenzen der Amtshilfe

(1) Eine Behörde kann um Amtshilfe insbesondere dann ersuchen, wenn sie
1. aus rechtlichen Gründen die Amtshandlung nicht selbst vornehmen kann;
2. aus tatsächlichen Gründen, besonders, weil die zur Vornahme der Amtshandlung erforderlichen Dienstkräfte oder Einrichtungen fehlen, die Amtshandlung nicht selbst vornehmen kann;
3. zur Durchführung ihrer Aufgaben auf die Kenntnis von Tatsachen angewiesen ist, die ihr unbekannt sind und die sie selbst nicht ermitteln kann;
4. zur Durchführung ihrer Aufgaben Urkunden oder sonstige Beweismittel benötigt, die sich im Besitz der ersuchten Behörde befinden;
5. die Amtshandlung nur mit wesentlich größerem Aufwand vornehmen könnte als die ersuchte Behörde.

(2) [1]Die ersuchte Behörde darf Hilfe nicht leisten, wenn
1. sie hierzu aus rechtlichen Gründen nicht in der Lage ist;
2. durch die Hilfeleistung dem Wohl des Bundes oder eines Landes erhebliche Nachteile bereitet würden.

[2]Die ersuchte Behörde ist insbesondere zur Vorlage von Urkunden oder Akten sowie zur Erteilung von Auskünften nicht verpflichtet, wenn die Vorgänge nach einem Gesetz oder ihrem Wesen nach geheimgehalten werden müssen.

(3) Die ersuchte Behörde braucht Hilfe nicht zu leisten, wenn
1. eine andere Behörde die Hilfe wesentlich einfacher oder mit wesentlich geringerem Aufwand leisten kann;
2. sie die Hilfe nur mit unverhältnismäßig großem Aufwand leisten könnte;
3. sie unter Berücksichtigung der Aufgaben der ersuchenden Behörde durch die Hilfeleistung die Erfüllung ihrer eigenen Aufgaben ernstlich gefährden würde.

(4) Die ersuchte Behörde darf die Hilfe nicht deshalb verweigern, weil sie das Ersuchen aus anderen als den in Absatz 3 genannten Gründen oder weil sie die mit der Amtshilfe zu verwirklichende Maßnahme für unzweckmäßig hält.

(5) [1]Hält die ersuchte Behörde sich zur Hilfe nicht für verpflichtet, so teilt sie der ersuchenden Behörde ihre Auffassung mit. [2]Besteht diese auf der Amtshilfe, so entscheidet über die Verpflichtung zur

Amtshilfe die gemeinsame fachlich zuständige Aufsichtsbehörde oder, sofern eine solche nicht besteht, die für die ersuchte Behörde fachlich zuständige Aufsichtsbehörde.

§ 6 Auswahl der Behörde

Kommen für die Amtshilfe mehrere Behörden in Betracht, so soll nach Möglichkeit eine Behörde der untersten Verwaltungsstufe des Verwaltungszweiges ersucht werden, dem die ersuchende Behörde angehört.

§ 7 Durchführung der Amtshilfe

(1) Die Zulässigkeit der Maßnahme, die durch die Amtshilfe verwirklicht werden soll, richtet sich nach dem für die ersuchende Behörde, die Durchführung der Amtshilfe nach dem für die ersuchte Behörde geltenden Recht.

(2) [1]Die ersuchende Behörde trägt gegenüber der ersuchten Behörde die Verantwortung für die Rechtmäßigkeit der zu treffenden Maßnahme. [2]Die ersuchte Behörde ist für die Durchführung der Amtshilfe verantwortlich.

§ 8 Kosten der Amtshilfe

(1) [1]Die ersuchende Behörde hat der ersuchten Behörde für die Amtshilfe keine Verwaltungsgebühr zu entrichten. [2]Auslagen hat sie der ersuchten Behörde auf Anforderung zu erstatten, wenn sie im Einzelfall 35 Euro übersteigen. [3]Leisten Behörden desselben Rechtsträgers einander Amtshilfe, so werden die Auslagen nicht erstattet.

(2) Nimmt die ersuchte Behörde zur Durchführung der Amtshilfe eine kostenpflichtige Amtshandlung vor, so stehen ihr die von einem Dritten hierfür geschuldeten Kosten (Verwaltungsgebühren, Benutzungsgebühren und Auslagen) zu.

Abschnitt 3

[1)] Europäische Verwaltungszusammenarbeit

§ 8a Grundsätze der Hilfeleistung

(1) Jede Behörde leistet Behörden anderer Mitgliedstaaten der Europäischen Union auf Ersuchen Hilfe, soweit dies nach Maßgabe von Rechtsakten der Europäischen Gemeinschaft geboten ist.

(2) [1]Behörden anderer Mitgliedstaaten der Europäischen Union können um Hilfe ersucht werden, soweit dies nach Maßgabe von Rechtsakten der Europäischen Gemeinschaft zugelassen ist. [2]Um Hilfe ist zu ersuchen, soweit dies nach Maßgabe von Rechtsakten der Europäischen Gemeinschaft geboten ist.

(3) Die §§ 5, 7 und 8 Absatz 2 sind entsprechend anzuwenden, soweit Rechtsakte der Europäischen Gemeinschaft nicht entgegenstehen.

§ 8b Form und Behandlung der Ersuchen

(1) [1]Ersuchen sind in deutscher Sprache an Behörden anderer Mitgliedstaaten der Europäischen Union zu richten; soweit erforderlich, ist eine Übersetzung beizufügen. [2]Die Ersuchen sind gemäß den gemeinschaftsrechtlichen Vorgaben und unter Angabe des maßgeblichen Rechtsaktes zu begründen.

(2) [1]Ersuchen von Behörden anderer Mitgliedstaaten der Europäischen Union dürfen nur erledigt werden, wenn sich ihr Inhalt in deutscher Sprache aus den Akten ergibt. [2]Soweit erforderlich, soll bei Ersuchen in einer anderen Sprache von der ersuchenden Behörde eine Übersetzung verlangt werden.

(3) Ersuchen von Behörden anderer Mitgliedstaaten der Europäischen Union können abgelehnt werden, wenn sie nicht ordnungsgemäß und unter Angabe des maßgeblichen Rechtsaktes begründet sind und die erforderliche Begründung nach Aufforderung nicht nachgereicht wird.

(4) [1]Einrichtungen und Hilfsmittel der Kommission zur Behandlung von Ersuchen sollen genutzt werden. [2]Informationen sollen elektronisch übermittelt werden.

§ 8c Kosten der Hilfeleistung

Ersuchende Behörden anderer Mitgliedstaaten der Europäischen Union haben Verwaltungsgebühren oder Auslagen nur zu erstatten, soweit dies nach Maßgabe von Rechtsakten der Europäischen Gemeinschaft verlangt werden kann.

---

1) **Amtl. Anm.:** Dieser Abschnitt dient der Umsetzung der Artikel 21 und 28 bis 35 der Richtlinie 2006/123/EG des Europäischen Parlaments und des Rates vom 12. Dezember 2006 über Dienstleistungen im Binnenmarkt (ABl. L 376 vom 27.12.2006, S. 36).

§ 8d Mitteilung von Amts wegen

(1) [1]Die zuständige Behörde teilt den Behörden anderer Mitgliedstaaten der Europäischen Union und der Kommission Angaben über Sachverhalte und Personen mit, soweit dies nach Maßgabe von Rechtsakten der Europäischen Gemeinschaft geboten ist. [2]Dabei sollen die hierzu eingerichteten Informationsnetze genutzt werden.

(2) Übermittelt eine Behörde Angaben nach Absatz 1 an die Behörde eines anderen Mitgliedstaats der Europäischen Union, unterrichtet sie den Betroffenen über die Tatsache der Übermittlung, soweit Rechtsakte der Europäischen Gemeinschaft dies vorsehen; dabei ist auf die Art der Angaben sowie auf die Zweckbestimmung und die Rechtsgrundlage der Übermittlung hinzuweisen.

§ 8e Anwendbarkeit

[1]Die Regelungen dieses Abschnitts sind mit Inkrafttreten des jeweiligen Rechtsaktes der Europäischen Gemeinschaft, wenn dieser unmittelbare Wirkung entfaltet, im Übrigen mit Ablauf der jeweiligen Umsetzungsfrist anzuwenden. [2]Sie gelten auch im Verhältnis zu den anderen Vertragsstaaten des Abkommens über den Europäischen Wirtschaftsraum, soweit Rechtsakte der Europäischen Gemeinschaft auch auf diese Staaten anzuwenden sind.

Teil II
Allgemeine Vorschriften über das Verwaltungsverfahren

Abschnitt 1
Verfahrensgrundsätze

§ 9 Begriff des Verwaltungsverfahrens

Das Verwaltungsverfahren im Sinne dieses Gesetzes ist die nach außen wirkende Tätigkeit der Behörden, die auf die Prüfung der Voraussetzungen, die Vorbereitung und den Erlass eines Verwaltungsaktes oder auf den Abschluss eines öffentlich-rechtlichen Vertrages gerichtet ist; es schließt den Erlass des Verwaltungsaktes oder den Abschluss des öffentlich-rechtlichen Vertrages ein.

§ 10 Nichtförmlichkeit des Verwaltungsverfahrens

[1]Das Verwaltungsverfahren ist an bestimmte Formen nicht gebunden, soweit keine besonderen Rechtsvorschriften für die Form des Verfahrens bestehen. [2]Es ist einfach, zweckmäßig und zügig durchzuführen.

§ 11 Beteiligungsfähigkeit

Fähig, am Verfahren beteiligt zu sein, sind
1. natürliche und juristische Personen,
2. Vereinigungen, soweit ihnen ein Recht zustehen kann,
3. Behörden.

§ 12 Handlungsfähigkeit

(1) Fähig zur Vornahme von Verfahrenshandlungen sind
1. natürliche Personen, die nach bürgerlichem Recht geschäftsfähig sind,
2. natürliche Personen, die nach bürgerlichem Recht in der Geschäftsfähigkeit beschränkt sind, soweit sie für den Gegenstand des Verfahrens durch Vorschriften des bürgerlichen Rechts als geschäftsfähig oder durch Vorschriften des öffentlichen Rechts als handlungsfähig anerkannt sind,
3. juristische Personen und Vereinigungen (§ 11 Nummer 2) durch ihre gesetzlichen Vertreter oder durch besonders Beauftragte,
4. Behörden durch ihre Leiter, deren Vertreter oder Beauftragte.

(2) Betrifft ein Einwilligungsvorbehalt nach § 1903 des Bürgerlichen Gesetzbuches den Gegenstand des Verfahrens, so ist ein geschäftsfähiger Betreuter nur insoweit zur Vornahme von Verfahrenshandlungen fähig, als er nach den Vorschriften des Bürgerlichen Rechts ohne Einwilligung des Betreuers handeln kann oder durch Vorschriften des öffentlichen Rechts als handlungsfähig anerkannt ist.

(3) Die §§ 53 und 55 der Zivilprozessordnung gelten entsprechend.

§ 13 Beteiligte

(1) Beteiligte sind

1. Antragsteller und Antragsgegner,
2. diejenigen, an die die Behörde den Verwaltungsakt richten will oder gerichtet hat,
3. diejenigen, mit denen die Behörde einen öffentlich-rechtlichen Vertrag schließen will oder geschlossen hat,
4. diejenigen, die nach Absatz 2 von der Behörde zu dem Verfahren hinzugezogen worden sind.

(2) [1]Die Behörde kann von Amts wegen oder auf Antrag diejenigen, deren rechtliche Interessen durch den Ausgang des Verfahrens berührt werden können, als Beteiligte hinzuziehen. [2]Hat der Ausgang des Verfahrens rechtsgestaltende Wirkung für einen Dritten, so ist dieser auf Antrag als Beteiligter zu dem Verfahren hinzuzuziehen; soweit er der Behörde bekannt ist, hat diese ihn von der Einleitung des Verfahrens zu benachrichtigen.

(3) Wer anzuhören ist, ohne dass die Voraussetzungen des Absatzes 1 vorliegen, wird dadurch nicht Beteiligter.

§ 14 Bevollmächtigte und Beistände

(1) [1]Ein Beteiligter kann sich durch einen Bevollmächtigten vertreten lassen. [2]Die Vollmacht ermächtigt zu allen das Verwaltungsverfahren betreffenden Verfahrenshandlungen, sofern sich aus ihrem Inhalt nicht etwas anderes ergibt. [3]Der Bevollmächtigte hat auf Verlangen seine Vollmacht schriftlich nachzuweisen. [4]Ein Widerruf der Vollmacht wird der Behörde gegenüber erst wirksam, wenn er ihr zugeht.

(2) Die Vollmacht wird weder durch den Tod des Vollmachtgebers noch durch eine Veränderung in seiner Handlungsfähigkeit oder seiner gesetzlichen Vertretung aufgehoben; der Bevollmächtigte hat jedoch, wenn er für den Rechtsnachfolger im Verwaltungsverfahren auftritt, dessen Vollmacht auf Verlangen schriftlich beizubringen.

(3) [1]Ist für das Verfahren ein Bevollmächtigter bestellt, so soll sich die Behörde an ihn wenden. [2]Sie kann sich an den Beteiligten selbst wenden, soweit er zur Mitwirkung verpflichtet ist. [3]Wendet sich die Behörde an den Beteiligten, so soll der Bevollmächtigte verständigt werden. [4]Vorschriften über die Zustellung an Bevollmächtigte bleiben unberührt.

(4) [1]Ein Beteiligter kann zu Verhandlungen und Besprechungen mit einem Beistand erscheinen. [2]Das von dem Beistand Vorgetragene gilt als von dem Beteiligten vorgebracht, soweit dieser nicht unverzüglich widerspricht.

(5) Bevollmächtigte und Beistände sind zurückzuweisen, wenn sie entgegen § 3 des Rechtsdienstleistungsgesetzes Rechtsdienstleistungen erbringen.

(6) [1]Bevollmächtigte und Beistände können vom Vortrag zurückgewiesen werden, wenn sie hierzu ungeeignet sind; vom mündlichen Vortrag können sie nur zurückgewiesen werden, wenn sie zum sachgemäßen Vortrag nicht fähig sind. [2]Nicht zurückgewiesen werden können Personen, die nach § 67 Absatz 2 Satz 1 und 2 Nummer 3 bis 7 der Verwaltungsgerichtsordnung zur Vertretung im verwaltungsgerichtlichen Verfahren befugt sind.

(7) [1]Die Zurückweisung nach den Absätzen 5 und 6 ist auch dem Beteiligten, dessen Bevollmächtigter oder Beistand zurückgewiesen wird, mitzuteilen. [2]Verfahrenshandlungen des zurückgewiesenen Bevollmächtigten oder Beistandes, die dieser nach der Zurückweisung vornimmt, sind unwirksam.

§ 15 Bestellung eines Empfangsbevollmächtigten

[1]Ein Beteiligter ohne Wohnsitz oder gewöhnlichen Aufenthalt, Sitz oder Geschäftsleitung im Inland hat der Behörde auf Verlangen innerhalb einer angemessenen Frist einen Empfangsbevollmächtigten im Inland zu benennen. [2]Unterlässt er dies, gilt ein an ihn gerichtetes Schriftstück am siebenten Tage nach der Aufgabe zur Post und ein elektronisch übermitteltes Dokument am dritten Tage nach der Absendung als zugegangen. [3]Dies gilt nicht, wenn feststeht, dass das Dokument den Empfänger nicht oder zu einem späteren Zeitpunkt erreicht hat; bei elektronischer Übermittlung gilt dies auch nicht, wenn feststeht, dass das Dokument den Empfänger zu einem früheren Zeitpunkt erreicht hat. [4]Auf die Rechtsfolgen der Unterlassung ist der Beteiligte hinzuweisen.

§ 16 Bestellung eines Vertreters von Amts wegen

(1) Ist ein Vertreter nicht vorhanden, so hat das Betreuungsgericht, für einen minderjährigen Beteiligten das Familiengericht, auf Ersuchen der Behörde einen geeigneten Vertreter zu bestellen

1. für einen Beteiligten, dessen Person unbekannt ist;
2. für einen abwesenden Beteiligten, dessen Aufenthalt unbekannt ist oder der in der Besorgung seiner Angelegenheiten verhindert ist;
3. für einen Beteiligten ohne Aufenthalt im Geltungsbereich des Grundgesetzes, wenn er der Aufforderung der Behörde, einen Vertreter zu bestellen, innerhalb der ihm gesetzten Frist nicht nachgekommen ist;
4. für einen Beteiligten, der infolge einer psychischen Krankheit oder körperlichen, geistigen oder seelischen Behinderung nicht in der Lage ist, in dem Verwaltungsverfahren selbst tätig zu werden;
5. bei herrenlosen Sachen, auf die sich das Verfahren bezieht, zur Wahrung der sich in bezug auf die Sache ergebenden Rechte und Pflichten.

(2) Für die Bestellung des Vertreters ist in den Fällen des Absatzes 1 Nummer 4 das Gericht zuständig, in dessen Bezirk der Beteiligte seinen gewöhnlichen Aufenthalt hat; im Übrigen ist das Gericht zuständig, in dessen Bezirk die ersuchende Behörde ihren Sitz hat.

(3) [1]Der Vertreter hat gegen den Rechtsträger der Behörde, die um seine Bestellung ersucht hat, Anspruch auf eine angemessene Vergütung und auf die Erstattung seiner baren Auslagen. [2]Die Behörde kann von dem Vertretenen Ersatz ihrer Aufwendungen verlangen. [3]Sie bestimmt die Vergütung und stellt die Auslagen und Aufwendungen fest.

(4) Im Übrigen gelten für die Bestellung und für das Amt des Vertreters in den Fällen des Absatzes 1 Nummer 4 die Vorschriften über die Betreuung, in den übrigen Fällen die Vorschriften über die Pflegschaft entsprechend.

§ 17 Vertreter bei gleichförmigen Eingaben

(1) [1]Bei Anträgen und Eingaben, die in einem Verwaltungsverfahren von mehr als 50 Personen auf Unterschriftslisten unterzeichnet oder in Form vervielfältigter gleichlautender Texte eingereicht worden sind (gleichförmige Eingaben), gilt für das Verfahren derjenige Unterzeichner als Vertreter der übrigen Unterzeichner, der darin mit seinem Namen, seinem Beruf und seiner Anschrift als Vertreter bezeichnet ist, soweit er nicht von ihnen als Bevollmächtigter bestellt worden ist. [2]Vertreter kann nur eine natürliche Person sein.

(2) [1]Die Behörde kann gleichförmige Eingaben, die die Angaben nach Absatz 1 Satz 1 nicht deutlich sichtbar auf jeder mit einer Unterschrift versehenen Seite enthalten oder dem Erfordernis des Absatzes 1 Satz 2 nicht entsprechen, unberücksichtigt lassen. [2]Will die Behörde so verfahren, so hat sie dies durch ortsübliche Bekanntmachung mitzuteilen. [3]Die Behörde kann ferner gleichförmige Eingaben insoweit unberücksichtigt lassen, als Unterzeichner ihren Namen oder ihre Anschrift nicht oder unleserlich angegeben haben.

(3) [1]Die Vertretungsmacht erlischt, sobald der Vertreter oder der Vertretene dies der Behörde schriftlich erklärt; der Vertreter kann eine solche Erklärung nur hinsichtlich aller Vertretenen abgeben. [2]Gibt der Vertretene eine solche Erklärung ab, so soll er der Behörde zugleich mitteilen, ob er seine Eingabe aufrechterhält und ob er einen Bevollmächtigten bestellt hat.

(4) [1]Endet die Vertretungsmacht des Vertreters, so kann die Behörde die nicht mehr Vertretenen auffordern, innerhalb einer angemessenen Frist einen gemeinsamen Vertreter zu bestellen. [2]Sind mehr als 50 Personen aufzufordern, so kann die Behörde die Aufforderung ortsüblich bekannt machen. [3]Wird der Aufforderung nicht fristgemäß entsprochen, so kann die Behörde von Amts wegen einen gemeinsamen Vertreter bestellen.

§ 18 Vertreter für Beteiligte bei gleichem Interesse

(1) [1]Sind an einem Verwaltungsverfahren mehr als 50 Personen im gleichen Interesse beteiligt, ohne vertreten zu sein, so kann die Behörde sie auffordern, innerhalb einer angemessenen Frist einen gemeinsamen Vertreter zu bestellen, wenn sonst die ordnungsgemäße Durchführung des Verwaltungsverfahrens beeinträchtigt wäre. [2]Kommen sie der Aufforderung nicht fristgemäß nach, so kann die Behörde von Amts wegen einen gemeinsamen Vertreter bestellen. [3]Vertreter kann nur eine natürliche Person sein.

(2) [1]Die Vertretungsmacht erlischt, sobald der Vertreter oder der Vertretene dies der Behörde schriftlich erklärt; der Vertreter kann eine solche Erklärung nur hinsichtlich aller Vertretenen abgeben. [2]Gibt der Vertretene eine solche Erklärung ab, so soll er der Behörde zugleich mitteilen, ob er seine Eingabe aufrechterhält und ob er einen Bevollmächtigten bestellt hat.

§ 19 Gemeinsame Vorschriften für Vertreter bei gleichförmigen Eingaben und bei gleichem Interesse

(1) [1]Der Vertreter hat die Interessen der Vertretenen sorgfältig wahrzunehmen. [2]Er kann alle das Verwaltungsverfahren betreffenden Verfahrenshandlungen vornehmen. [3]An Weisungen ist er nicht gebunden.

(2) § 14 Absatz 5 bis 7 gilt entsprechend.

(3) [1]Der von der Behörde bestellte Vertreter hat gegen deren Rechtsträger Anspruch auf angemessene Vergütung und auf Erstattung seiner baren Auslagen. [2]Die Behörde kann von den Vertretenen zu gleichen Anteilen Ersatz ihrer Aufwendungen verlangen. [3]Sie bestimmt die Vergütung und stellt die Auslagen und Aufwendungen fest.

§ 20 Ausgeschlossene Personen

(1) [1]In einem Verwaltungsverfahren darf für eine Behörde nicht tätig werden,

1. wer selbst Beteiligter ist;
2. wer Angehöriger eines Beteiligten ist;
3. wer einen Beteiligten kraft Gesetzes oder Vollmacht allgemein oder in diesem Verwaltungsverfahren vertritt;
4. wer Angehöriger einer Person ist, die einen Beteiligten in diesem Verfahren vertritt;
5. wer bei einem Beteiligten gegen Entgelt beschäftigt ist oder bei ihm als Mitglied des Vorstandes, des Aufsichtsrates oder eines gleichartigen Organs tätig ist; dies gilt nicht für den, dessen Anstellungskörperschaft Beteiligte ist;
6. wer außerhalb seiner amtlichen Eigenschaft in der Angelegenheit ein Gutachten abgegeben hat oder sonst tätig geworden ist.

[2]Dem Beteiligten steht gleich, wer durch die Tätigkeit oder durch die Entscheidung einen unmittelbaren Vorteil oder Nachteil erlangen kann. [3]Dies gilt nicht, wenn der Vor- oder Nachteil nur darauf beruht, dass jemand einer Berufs- oder Bevölkerungsgruppe angehört, deren gemeinsame Interessen durch die Angelegenheit berührt werden.

(2) Absatz 1 gilt nicht für Wahlen zu einer ehrenamtlichen Tätigkeit und für die Abberufung von ehrenamtlich Tätigen.

(3) Wer nach Absatz 1 ausgeschlossen ist, darf bei Gefahr im Verzug unaufschiebbare Maßnahmen treffen.

(4) [1]Hält sich ein Mitglied eines Ausschusses (§ 88) für ausgeschlossen oder bestehen Zweifel, ob die Voraussetzungen des Absatzes 1 gegeben sind, ist dies dem Vorsitzenden des Ausschusses mitzuteilen. [2]Der Ausschuss entscheidet über den Ausschluss. [3]Der Betroffene darf an dieser Entscheidung nicht mitwirken. [4]Das ausgeschlossene Mitglied darf bei der weiteren Beratung und Beschlussfassung nicht zugegen sein.

(5) [1]Angehörige im Sinne des Absatzes 1 Nummer 2 und 4 sind

1. der Verlobte,
2. der Ehegatte,

2a. der Lebenspartner einer eingetragenen Lebenspartnerschaft,

3. Verwandte und Verschwägerte gerader Linie,
4. Geschwister,
5. Kinder der Geschwister,
6. Ehegatten der Geschwister und Geschwister der Ehegatten,

6a. Lebenspartner der Geschwister und Geschwister der Lebenspartner einer eingetragenen Lebenspartnerschaft;

7. Geschwister der Eltern,
8. Personen, die durch ein auf längere Dauer angelegtes Pflegeverhältnis mit häuslicher Gemeinschaft wie Eltern und Kind miteinander verbunden sind (Pflegeeltern und Pflegekinder).

[2]Angehörige sind die in Satz 1 aufgeführten Personen auch dann, wenn

1. in den Fällen der Nummern 2, 3 und 6 die die Beziehung begründende Ehe nicht mehr besteht;
1a. in den Fällen der Nummern 2a, 3 und 6a die die Beziehung begründende Lebenspartnerschaft nicht mehr besteht;
2. in den Fällen der Nummern 3 bis 7 die Verwandtschaft oder Schwägerschaft durch Annahme als Kind erloschen ist;
3. im Falle der Nummer 8 die häusliche Gemeinschaft nicht mehr besteht, sofern die Personen weiterhin wie Eltern und Kind miteinander verbunden sind.

§ 21 Besorgnis der Befangenheit

(1) [1]Liegt ein Grund vor, der geeignet ist, Misstrauen gegen eine unparteiische Amtsausübung zu rechtfertigen, oder wird von einem Beteiligten das Vorliegen eines solchen Grundes behauptet, so hat, wer in einem Verwaltungsverfahren für eine Behörde tätig werden soll, den Leiter der Behörde oder den von diesem Beauftragten zu unterrichten und sich auf dessen Anordnung der Mitwirkung zu enthalten. [2]Betrifft die Besorgnis der Befangenheit den Leiter der Behörde, so trifft diese Anordnung die Aufsichtsbehörde, sofern sich der Behördenleiter nicht selbst einer Mitwirkung enthält.

(2) Für Mitglieder eines Ausschusses (§ 88) gilt § 20 Absatz 4 entsprechend.

§ 22 Beginn des Verfahrens

[1]Die Behörde entscheidet nach pflichtgemäßem Ermessen, ob und wann sie ein Verwaltungsverfahren durchführt. [2]Dies gilt nicht, wenn die Behörde auf Grund von Rechtsvorschriften
1. von Amts wegen oder auf Antrag tätig werden muss;
2. nur auf Antrag tätig werden darf und ein Antrag nicht vorliegt.

§ 23 Amtssprache

(1) Die Amtssprache ist Deutsch.

(2) [1]Werden bei einer Behörde in einer fremden Sprache Anträge gestellt oder Eingaben, Belege, Urkunden oder sonstige Dokumente vorgelegt, soll die Behörde unverzüglich die Vorlage einer Übersetzung verlangen. [2]In begründeten Fällen kann die Vorlage einer von einem öffentlich bestellten und beeidigten Dolmetscher oder Übersetzer angefertigten oder beglaubigten Übersetzung verlangt werden. [3]Wird die verlangte Übersetzung nicht unverzüglich vorgelegt, so kann die Behörde auf Kosten des Beteiligten selbst eine Übersetzung beschaffen. [4]Hat die Behörde Dolmetscher oder Übersetzer herangezogen, erhalten diese in entsprechender Anwendung des Justizvergütungs- und -entschädigungsgesetzes eine Vergütung.

(3) Soll durch eine Anzeige, einen Antrag oder die Abgabe einer Willenserklärung eine Frist in Lauf gesetzt werden, innerhalb deren die Behörde in einer bestimmten Weise tätig werden muss, und gehen diese in einer fremden Sprache ein, so beginnt der Lauf der Frist erst mit dem Zeitpunkt, in dem der Behörde eine Übersetzung vorliegt.

(4) [1]Soll durch eine Anzeige, einen Antrag oder eine Willenserklärung, die in fremder Sprache eingehen, zu Gunsten eines Beteiligten eine Frist gegenüber der Behörde gewahrt, ein öffentlich-rechtlicher Anspruch geltend gemacht oder eine Leistung begehrt werden, so gelten die Anzeige, der Antrag oder die Willenserklärung als zum Zeitpunkt des Eingangs bei der Behörde abgegeben, wenn auf Verlangen der Behörde innerhalb einer von dieser zu setzenden angemessenen Frist eine Übersetzung vorgelegt wird. [2]Andernfalls ist der Zeitpunkt des Eingangs der Übersetzung maßgebend, soweit sich nicht aus zwischenstaatlichen Vereinbarungen etwas anderes ergibt. [3]Auf diese Rechtsfolge ist bei der Fristsetzung hinzuweisen.

§ 24 Untersuchungsgrundsatz

(1) [1]Die Behörde ermittelt den Sachverhalt von Amts wegen. [2]Sie bestimmt Art und Umfang der Ermittlungen; an das Vorbringen und an die Beweisanträge der Beteiligten ist sie nicht gebunden. [3]Setzt die Behörde automatische Einrichtungen zum Erlass von Verwaltungsakten ein, muss sie für den Einzelfall bedeutsame tatsächliche Angaben des Beteiligten berücksichtigen, die im automatischen Verfahren nicht ermittelt würden.

(2) Die Behörde hat alle für den Einzelfall bedeutsamen, auch die für die Beteiligten günstigen Umstände zu berücksichtigen.

(3) Die Behörde darf die Entgegennahme von Erklärungen oder Anträgen, die in ihren Zuständigkeitsbereich fallen, nicht deshalb verweigern, weil sie die Erklärung oder den Antrag in der Sache für unzulässig oder unbegründet hält.

§ 25 Beratung, Auskunft, frühe Öffentlichkeitsbeteiligung

(1) [1]Die Behörde soll die Abgabe von Erklärungen, die Stellung von Anträgen oder die Berichtigung von Erklärungen oder Anträgen anregen, wenn diese offensichtlich nur versehentlich oder aus Unkenntnis unterblieben oder unrichtig abgegeben oder gestellt worden sind. [2]Sie erteilt, soweit erforderlich, Auskunft über die den Beteiligten im Verwaltungsverfahren zustehenden Rechte und die ihnen obliegenden Pflichten.

(2) [1]Die Behörde erörtert, soweit erforderlich, bereits vor Stellung eines Antrags mit dem zukünftigen Antragsteller, welche Nachweise und Unterlagen von ihm zu erbringen sind und in welcher Weise das Verfahren beschleunigt werden kann. [2]Soweit es der Verfahrensbeschleunigung dient, soll sie dem Antragsteller nach Eingang des Antrags unverzüglich Auskunft über die voraussichtliche Verfahrensdauer und die Vollständigkeit der Antragsunterlagen geben.

(3) [1]Die Behörde wirkt darauf hin, dass der Träger bei der Planung von Vorhaben, die nicht nur unwesentliche Auswirkungen auf die Belange einer größeren Zahl von Dritten haben können, die betroffene Öffentlichkeit frühzeitig über die Ziele des Vorhabens, die Mittel, es zu verwirklichen, und die voraussichtlichen Auswirkungen des Vorhabens unterrichtet (frühe Öffentlichkeitsbeteiligung). [2]Die frühe Öffentlichkeitsbeteiligung soll möglichst bereits vor Stellung eines Antrags stattfinden. [3]Der betroffenen Öffentlichkeit soll Gelegenheit zur Äußerung und zur Erörterung gegeben werden. [4]Das Ergebnis der vor Antragstellung durchgeführten Öffentlichkeitsbeteiligung soll der betroffenen Öffentlichkeit und der Behörde spätestens mit der Antragstellung, im Übrigen unverzüglich mitgeteilt werden. [5]Satz 1 gilt nicht, soweit die betroffene Öffentlichkeit bereits nach anderen Rechtsvorschriften vor der Antragstellung zu beteiligen ist. [6]Beteiligungsrechte nach anderen Rechtsvorschriften bleiben unberührt.

§ 26 Beweismittel

(1) [1]Die Behörde bedient sich der Beweismittel, die sie nach pflichtgemäßem Ermessen zur Ermittlung des Sachverhalts für erforderlich hält. [2]Sie kann insbesondere

1. Auskünfte jeder Art einholen,
2. Beteiligte anhören, Zeugen und Sachverständige vernehmen oder die schriftliche oder elektronische Äußerung von Beteiligten, Sachverständigen und Zeugen einholen,
3. Urkunden und Akten beiziehen,
4. den Augenschein einnehmen.

(2) [1]Die Beteiligten sollen bei der Ermittlung des Sachverhalts mitwirken. [2]Sie sollen insbesondere ihnen bekannte Tatsachen und Beweismittel angeben. [3]Eine weitergehende Pflicht, bei der Ermittlung des Sachverhalts mitzuwirken, insbesondere eine Pflicht zum persönlichen Erscheinen oder zur Aussage, besteht nur, soweit sie durch Rechtsvorschrift besonders vorgesehen ist. [4]Der Auskunftspflichtige kann die Auskunft auf Fragen, zu deren Beantwortung er durch Rechtsvorschrift verpflichtet ist, verweigern, wenn er durch die Beantwortung sich oder einen in § 20 Absatz 5 bezeichneten Angehörigen der Gefahr strafgerichtlicher Verfolgung oder eines Verfahrens nach dem Gesetz über Ordnungswidrigkeiten aussetzen würde.

(3) [1]Für Zeugen und Sachverständige besteht eine Pflicht zur Aussage oder zur Erstattung von Gutachten, wenn sie durch Rechtsvorschrift vorgesehen ist. [2]Falls die Behörde Zeugen und Sachverständige herangezogen hat, erhalten sie auf Antrag in entsprechender Anwendung des Justizvergütungs- und -entschädigungsgesetzes eine Entschädigung oder Vergütung.

§ 27 Versicherung an Eides statt

(1) [1]Die Behörde darf bei der Ermittlung des Sachverhalts eine Versicherung an Eides statt nur verlangen und abnehmen, wenn die Abnahme der Versicherung über den betreffenden Gegenstand und in dem betreffenden Verfahren durch Gesetz oder Rechtsverordnung vorgesehen und die Behörde durch Rechtsvorschrift für zuständig erklärt worden ist. [2]Eine Versicherung an Eides statt soll nur gefordert werden, wenn andere Mittel zur Erforschung der Wahrheit nicht vorhanden sind, zu keinem Ergebnis geführt haben oder einen unverhältnismäßigen Aufwand erfordern. [3]Von eidesunfähigen Personen im Sinne des § 393 der Zivilprozessordnung darf eine eidesstattliche Versicherung nicht verlangt werden.

(2) [1]Wird die Versicherung an Eides statt von einer Behörde zur Niederschrift aufgenommen, so sind zur Aufnahme nur der Behördenleiter, sein allgemeiner Vertreter sowie Angehörige des öffentlichen

Dienstes befugt, welche die Befähigung zum Richteramt haben oder die Voraussetzungen des § 110 Satz 1 des Deutschen Richtergesetzes erfüllen. 2Andere Angehörige des öffentlichen Dienstes kann der Behördenleiter oder sein allgemeiner Vertreter hierzu allgemein oder im Einzelfall schriftlich ermächtigen.

(3) 1Die Versicherung besteht darin, dass der Versichernde die Richtigkeit seiner Erklärung über den betreffenden Gegenstand bestätigt und erklärt: „Ich versichere an Eides statt, dass ich nach bestem Wissen die reine Wahrheit gesagt und nichts verschwiegen habe.“ 2Bevollmächtigte und Beistände sind berechtigt, an der Aufnahme der Versicherung an Eides statt teilzunehmen.

(4) 1Vor der Aufnahme der Versicherung an Eides statt ist der Versichernde über die Bedeutung der eidesstattlichen Versicherung und die strafrechtlichen Folgen einer unrichtigen oder unvollständigen eidesstattlichen Versicherung zu belehren. 2Die Belehrung ist in der Niederschrift zu vermerken.

(5) 1Die Niederschrift hat ferner die Namen der anwesenden Personen sowie den Ort und den Tag der Niederschrift zu enthalten. 2Die Niederschrift ist demjenigen, der die eidesstattliche Versicherung abgibt, zur Genehmigung vorzulesen oder auf Verlangen zur Durchsicht vorzulegen. 3Die erteilte Genehmigung ist zu vermerken und von dem Versichernden zu unterschreiben. 4Die Niederschrift ist sodann von demjenigen, der die Versicherung an Eides statt aufgenommen hat, sowie von dem Schriftführer zu unterschreiben.

§ 27a Öffentliche Bekanntmachung im Internet

(1) 1Ist durch Rechtsvorschrift eine öffentliche oder ortsübliche Bekanntmachung angeordnet, soll die Behörde deren Inhalt zusätzlich im Internet veröffentlichen. 2Dies wird dadurch bewirkt, dass der Inhalt der Bekanntmachung auf einer Internetseite der Behörde oder ihres Verwaltungsträgers zugänglich gemacht wird. 3Bezieht sich die Bekanntmachung auf zur Einsicht auszulegende Unterlagen, sollen auch diese über das Internet zugänglich gemacht werden. 4Soweit durch Rechtsvorschrift nichts anderes geregelt ist, ist der Inhalt der zur Einsicht ausgelegten Unterlagen maßgeblich.

(2) In der öffentlichen oder ortsüblichen Bekanntmachung ist die Internetseite anzugeben.

(3) Die Vorschriften zu den Formen der örtlichen Bekanntmachung aufgrund § 174 der Kommunalverfassung in Verbindung mit § 3 der Durchführungsverordnung zur Kommunalverfassung bleiben unberührt.

§ 28 Anhörung Beteiligter

(1) Bevor ein Verwaltungsakt erlassen wird, der in die Rechte eines Beteiligten eingreift, ist diesem Gelegenheit zu geben, sich zu den für die Entscheidung erheblichen Tatsachen zu äußern.

(2) Von der Anhörung kann abgesehen werden, wenn sie nach den Umständen des Einzelfalls nicht geboten ist, insbesondere wenn

1. eine sofortige Entscheidung wegen Gefahr im Verzug oder im öffentlichen Interesse notwendig erscheint;
2. durch die Anhörung die Einhaltung einer für die Entscheidung maßgeblichen Frist in Frage gestellt würde;
3. von den tatsächlichen Angaben eines Beteiligten, die dieser in einem Antrag oder einer Erklärung gemacht hat, nicht zu seinen Ungunsten abgewichen werden soll;
4. die Behörde eine Allgemeinverfügung oder gleichartige Verwaltungsakte in größerer Zahl oder Verwaltungsakte mit Hilfe automatischer Einrichtungen erlassen will;
5. Maßnahmen in der Verwaltungsvollstreckung getroffen werden sollen.

(3) Eine Anhörung unterbleibt, wenn ihr ein zwingendes öffentliches Interesse entgegensteht.

§ 29 Akteneinsicht durch Beteiligte

(1) 1Die Behörde hat den Beteiligten Einsicht in die das Verfahren betreffenden Akten zu gestatten, soweit deren Kenntnis zur Geltendmachung oder Verteidigung ihrer rechtlichen Interessen erforderlich ist. 2Satz 1 gilt bis zum Abschluss des Verwaltungsverfahrens nicht für Entwürfe zu Entscheidungen sowie die Arbeiten zu ihrer unmittelbaren Vorbereitung. 3Soweit nach den §§ 17 und 18 eine Vertretung stattfindet, haben nur die Vertreter Anspruch auf Akteneinsicht.

(2) Die Behörde ist zur Gestattung der Akteneinsicht nicht verpflichtet, soweit durch sie die ordnungsgemäße Erfüllung der Aufgaben der Behörde beeinträchtigt, das Bekanntwerden des Inhalts der Akten dem Wohle des Bundes oder eines Landes Nachteile bereiten würde oder soweit die Vorgänge nach

einem Gesetz oder ihrem Wesen nach, namentlich wegen der berechtigten Interessen der Beteiligten oder dritter Personen, geheim gehalten werden müssen.

(3) [1]Die Akteneinsicht erfolgt bei der Behörde, die die Akten führt. [2]Im Einzelfall kann die Einsicht auch bei einer anderen Behörde oder bei einer diplomatischen oder berufskonsularischen Vertretung der Bundesrepublik Deutschland im Ausland erfolgen; weitere Ausnahmen kann die Behörde, die die Akten führt, gestatten.

§ 30 Geheimhaltung

Die Beteiligten haben Anspruch darauf, dass ihre Geheimnisse, insbesondere die zum persönlichen Lebensbereich gehörenden Geheimnisse, sowie die Betriebs- und Geschäftsgeheimnisse, von der Behörde nicht unbefugt offenbart werden.

Abschnitt 2

Fristen, Termine, Wiedereinsetzung

§ 31 Fristen und Termine

(1) Für die Berechnung von Fristen und für die Bestimmung von Terminen gelten die §§ 187 bis 193 des Bürgerlichen Gesetzbuches entsprechend, soweit nicht durch die Absätze 2 bis 5 etwas anderes bestimmt ist.

(2) Der Lauf einer Frist, die von einer Behörde gesetzt wird, beginnt mit dem Tag, der auf die Bekanntmachung der Frist folgt, außer wenn dem Betroffenen etwas anderes mitgeteilt wird.

(3) [1]Fällt das Ende einer Frist auf einen Sonntag, einen gesetzlichen Feiertag oder einen Sonnabend, so endet die Frist mit dem Ablauf des nächstfolgenden Werktages. [2]Dies gilt nicht, wenn dem Betroffenen unter Hinweis auf diese Vorschrift ein bestimmter Tag als Ende der Frist mitgeteilt worden ist.

(4) Hat eine Behörde Leistungen nur für einen bestimmten Zeitraum zu erbringen, so endet dieser Zeitraum auch dann mit dem Ablauf seines letzten Tages, wenn dieser auf einen Sonntag, gesetzlichen Feiertag oder einen Sonnabend fällt.

(5) Der von einer Behörde gesetzte Termin ist auch dann einzuhalten, wenn er auf einen Sonntag, gesetzlichen Feiertag oder Sonnabend fällt.

(6) Ist eine Frist nach Stunden bestimmt, so werden Sonntage, gesetzliche Feiertage oder Sonnabende mitgerechnet.

(7) [1]Fristen, die von einer Behörde gesetzt sind, können verlängert werden. [2]Sind solche Fristen bereits abgelaufen, so können sie rückwirkend verlängert werden, insbesondere wenn es unbillig wäre, die durch den Fristablauf eingetretenen Rechtsfolgen bestehen zu lassen. [3]Die Behörde kann die Verlängerung der Frist nach § 36 mit einer Nebenbestimmung verbinden.

§ 32 Wiedereinsetzung in den vorigen Stand

(1) [1]War jemand ohne Verschulden verhindert, eine gesetzliche Frist einzuhalten, so ist ihm auf Antrag Wiedereinsetzung in den vorigen Stand zu gewähren. [2]Das Verschulden eines Vertreters ist dem Vertretenen zuzurechnen.

(2) [1]Der Antrag ist innerhalb von zwei Wochen nach Wegfall des Hindernisses zu stellen. [2]Die Tatsachen zur Begründung des Antrages sind bei der Antragstellung oder im Verfahren über den Antrag glaubhaft zu machen. [3]Innerhalb der Antragsfrist ist die versäumte Handlung nachzuholen. [4]Ist dies geschehen, so kann Wiedereinsetzung auch ohne Antrag gewährt werden.

(3) Nach einem Jahr seit dem Ende der versäumten Frist kann die Wiedereinsetzung nicht mehr beantragt oder die versäumte Handlung nicht mehr nachgeholt werden, außer wenn dies vor Ablauf der Jahresfrist infolge höherer Gewalt unmöglich war.

(4) Über den Antrag auf Wiedereinsetzung entscheidet die Behörde, die über die versäumte Handlung zu befinden hat.

(5) Die Wiedereinsetzung ist unzulässig, wenn sich aus einer Rechtsvorschrift ergibt, dass sie ausgeschlossen ist.

Abschnitt 3

Amtliche Beglaubigung

§ 33 Beglaubigung von Dokumenten

(1) [1]Jede Behörde ist befugt, Abschriften von Urkunden, die sie selbst ausgestellt hat, zu beglaubigen. [2]Darüber hinaus sind die von der Landesregierung durch Rechtsverordnung bestimmten Behörden befugt, Abschriften zu beglaubigen, wenn die Urschrift von einer Behörde ausgestellt ist oder die Abschrift zur Vorlage bei einer Behörde benötigt wird, sofern nicht durch Rechtsvorschrift die Erteilung beglaubigter Abschriften aus amtlichen Registern und Archiven anderen Behörden ausschließlich vorbehalten ist.

(2) Abschriften dürfen nicht beglaubigt werden, wenn Umstände zu der Annahme berechtigen, dass der ursprüngliche Inhalt des Schriftstückes, dessen Abschrift beglaubigt werden soll, geändert worden ist, insbesondere wenn dieses Schriftstück Lücken, Durchstreichungen, Einschaltungen, Änderungen, unleserliche Wörter, Zahlen oder Zeichen, Spuren der Beseitigung von Wörtern, Zahlen und Zeichen enthält oder wenn der Zusammenhang eines aus mehreren Blättern bestehenden Schriftstückes aufgehoben ist.

(3) [1]Eine Abschrift wird beglaubigt durch einen Beglaubigungsvermerk, der unter die Abschrift zu setzen ist. [2]Der Vermerk muss enthalten

1. die genaue Bezeichnung des Schriftstückes, dessen Abschrift beglaubigt wird,
2. die Feststellung, dass die beglaubigte Abschrift mit dem vorgelegten Schriftstück übereinstimmt,
3. den Hinweis, dass die beglaubigte Abschrift nur zur Vorlage bei der angegebenen Behörde erteilt wird, wenn die Urschrift nicht von einer Behörde ausgeschrieben ist,
4. den Ort und den Tag der Beglaubigung, die Unterschrift des für die Beglaubigung zuständigen Bediensteten und das Dienstsiegel.

(4) Die Absätze 1 bis 3 gelten entsprechend für die Beglaubigung von

1. Ablichtungen, Lichtdrucken und ähnlichen in technischen Verfahren hergestellten Vervielfältigungen,
2. auf fototechnischem Wege von Schriftstücken hergestellten Negativen, die bei einer Behörde aufbewahrt werden,
3. Ausdrucken elektronischer Dokumente,
4. elektronischen Dokumenten,
   a) die zur Abbildung eines Schriftstücks hergestellt wurden,
   b) die ein anderes technisches Format als das mit einer qualifizierten elektronischen Signatur verbundene Ausgangsdokument erhalten haben.

(5) [1]Der Beglaubigungsvermerk muss zusätzlich zu den Angaben nach Absatz 3 Satz 2 bei der Beglaubigung

1. des Ausdrucks eines elektronischen Dokuments, das mit einer qualifizierten elektronischen Signatur verbunden ist, die Feststellungen enthalten,
   a) wen die Signaturprüfung als Inhaber der Signatur ausweist,
   b) welchen Zeitpunkt die Signaturprüfung für die Anbringung der Signatur ausweist und
   c) welche Zertifikate mit welchen Daten dieser Signatur zu Grunde lagen;
2. eines elektronischen Dokuments den Namen des für die Beglaubigung zuständigen Bediensteten und die Bezeichnung der Behörde, die die Beglaubigung vornimmt, enthalten; die Unterschrift des für die Beglaubigung zuständigen Bediensteten und das Dienstsiegel nach Absatz 3 Satz 2 Nummer 4 werden durch eine dauerhaft überprüfbare qualifizierte elektronische Signatur ersetzt.

[2]Wird ein elektronisches Dokument, das ein anderes technisches Format als das mit einer qualifizierten elektronischen Signatur verbundene Ausgangsdokument erhalten hat, nach Satz 1 Nummer 2 beglaubigt, muss der Beglaubigungsvermerk zusätzlich die Feststellungen nach Satz 1 Nummer 1 für das Ausgangsdokument enthalten.

(6) Die nach Absatz 4 hergestellten Dokumente stehen, sofern sie beglaubigt sind, beglaubigten Abschriften gleich.

(7) Jede Behörde soll von Urkunden, die sie selbst ausgestellt hat, auf Verlangen ein elektronisches Dokument nach Absatz 4 Nummer 4 Buchstabe a oder eine elektronische Abschrift fertigen und beglaubigen.

§ 34 Beglaubigung von Unterschriften

(1) [1]Die von der Landesregierung durch Rechtsverordnung bestimmten Behörden sind befugt, Unterschriften zu beglaubigen, wenn das unterzeichnete Schriftstück zur Vorlage bei einer Behörde oder bei einer sonstigen Stelle, der auf Grund einer Rechtsvorschrift das unterzeichnete Schriftstück vorzulegen ist, benötigt wird. [2]Dies gilt nicht für

1. Unterschriften ohne zugehörigen Text,
2. Unterschriften, die der öffentlichen Beglaubigung (§ 129 des Bürgerlichen Gesetzbuches) bedürfen.

(2) Eine Unterschrift soll nur beglaubigt werden, wenn sie in Gegenwart des beglaubigenden Bediensteten vollzogen oder anerkannt wird.

(3) [1]Der Beglaubigungsvermerk ist unmittelbar bei der Unterschrift, die beglaubigt werden soll, anzubringen. [2]Er muss enthalten

1. die Bestätigung, dass die Unterschrift echt ist,
2. die genaue Bezeichnung desjenigen, dessen Unterschrift beglaubigt wird, sowie die Angabe, ob sich der für die Beglaubigung zuständige Bedienstete Gewissheit über diese Person verschafft hat und ob die Unterschrift in seiner Gegenwart vollzogen oder anerkannt worden ist,
3. den Hinweis, dass die Beglaubigung nur zur Vorlage bei der angegebenen Behörde oder Stelle bestimmt ist,
4. den Ort und den Tag der Beglaubigung, die Unterschrift des für die Beglaubigung zuständigen Bediensteten und das Dienstsiegel.

(4) Die Absätze 1 bis 3 gelten für die Beglaubigung von Handzeichen entsprechend.

Teil III
Verwaltungsakt

Abschnitt 1
Zustandekommen des Verwaltungsaktes

§ 35 Begriff des Verwaltungaktes

[1]Verwaltungsakt ist jede Verfügung, Entscheidung oder andere hoheitliche Maßnahme, die eine Behörde zur Regelung eines Einzelfalles auf dem Gebiet des öffentlichen Rechts trifft und die auf unmittelbare Rechtswirkung nach außen gerichtet ist. [2]Allgemeinverfügung ist ein Verwaltungsakt, der sich an einen nach allgemeinen Merkmalen bestimmten oder bestimmbaren Personenkreis richtet oder die öffentlich-rechtliche Eigenschaft einer Sache oder ihre Benutzung durch die Allgemeinheit betrifft.

§ 35a Vollständig automatisierter Erlass eines Verwaltungsaktes

Ein Verwaltungsakt kann vollständig durch automatische Einrichtungen erlassen werden, sofern dies durch Rechtsvorschrift zugelassen ist und weder ein Ermessen noch ein Beurteilungsspielraum besteht.

§ 36 Nebenbestimmungen zum Verwaltungsakt

(1) Ein Verwaltungsakt, auf den ein Anspruch besteht, darf mit einer Nebenbestimmung nur versehen werden, wenn sie durch Rechtsvorschrift zugelassen ist oder wenn sie sicherstellen soll, dass die gesetzlichen Voraussetzungen des Verwaltungsaktes erfüllt werden.

(2) Unbeschadet des Absatzes 1 darf ein Verwaltungsakt nach pflichtgemäßem Ermessen erlassen werden mit

1. einer Bestimmung, nach der eine Vergünstigung oder Belastung zu einem bestimmten Zeitpunkt beginnt, endet oder für einen bestimmten Zeitraum gilt (Befristung);
2. einer Bestimmung, nach der der Eintritt oder der Wegfall einer Vergünstigung oder einer Belastung von dem ungewissen Eintritt eines zukünftigen Ereignisses abhängt (Bedingung);
3. einem Vorbehalt des Widerrufs

oder verbunden werden mit

4. einer Bestimmung, durch die dem Begünstigten ein Tun, Dulden oder Unterlassen vorgeschrieben wird (Auflage);
5. einem Vorbehalt der nachträglichen Aufnahme, Änderung oder Ergänzung einer Auflage.

(3) Eine Nebenbestimmung darf dem Zweck des Verwaltungsaktes nicht zuwiderlaufen.

§ 37 Bestimmtheit und Form des Verwaltungsaktes; Rechtsbehelfsbelehrung

(1) Ein Verwaltungsakt muss inhaltlich hinreichend bestimmt sein.

(2) [1]Ein Verwaltungsakt kann schriftlich, elektronisch, mündlich oder in anderer Weise erlassen werden. [2]Ein mündlicher Verwaltungsakt ist schriftlich oder elektronisch zu bestätigen, wenn hieran ein berechtigtes Interesse besteht und der Betroffene dies unverzüglich verlangt. [3]Ein elektronischer Verwaltungsakt ist unter denselben Voraussetzungen schriftlich zu bestätigen; § 3a Absatz 2 findet insoweit keine Anwendung.

(3) [1]Ein schriftlicher oder elektronischer Verwaltungsakt muss die erlassende Behörde erkennen lassen und die Unterschrift oder die Namenswiedergabe des Behördenleiters, seines Vertreters oder seines Beauftragten enthalten. [2]Wird für einen Verwaltungsakt, für den durch Rechtsvorschrift die Schriftform angeordnet ist, die elektronische Form verwendet, muss auch das der Signatur zu Grunde liegende qualifizierte Zertifikat oder ein zugehöriges qualifiziertes Attributzertifikat die erlassende Behörde erkennen lassen. [3]Im Fall des § 3a Absatz 2 Satz 4 Nummer 3 muss die Bestätigung nach § 5 Absatz 5 des De-Mail-Gesetzes die erlassende Behörde als Nutzer des De-Mail-Kontos erkennen lassen.

(4) Für einen Verwaltungsakt kann für die nach § 3a Absatz 2 erforderliche Signatur durch Rechtsvorschrift die dauerhafte Überprüfbarkeit vorgeschrieben werden.

(5) [1]Bei einem schriftlichen Verwaltungsakt, der mithilfe automatischer Einrichtungen erlassen wird, können abweichend von Absatz 3 Unterschrift und Namenswiedergabe fehlen. [2]Zur Inhaltsangabe können Schlüsselzeichen verwendet werden, wenn derjenige, für den der Verwaltungsakt bestimmt ist oder von ihm betroffen wird, aufgrund der dazu gegebenen Erläuterungen den Inhalt des Verwaltungsaktes eindeutig erkennen kann.

(6) [1]Einem schriftlichen oder elektronischen Verwaltungsakt, der der Anfechtung unterliegt, ist eine Erklärung beizufügen, durch die der Beteiligte über den Rechtsbehelf, der gegen den Verwaltungsakt gegeben ist, über die Verwaltungsbehörde oder das Gericht, bei denen der Rechtsbehelf einzulegen ist, den Sitz und über die einzuhaltende Frist belehrt wird (Rechtsbehelfsbelehrung). [2]Die Rechtsbehelfsbelehrung ist auch der schriftlichen oder elektronischen Bestätigung eines Verwaltungsaktes und der Bescheinigung nach § 42a Absatz 3 beizufügen.

§ 38 Zusicherung

(1) [1]Eine von der zuständigen Behörde erteilte Zusage, einen bestimmten Verwaltungsakt später zu erlassen oder zu unterlassen (Zusicherung), bedarf zu ihrer Wirksamkeit der schriftlichen Form. [2]Ist vor dem Erlass des zugesicherten Verwaltungsaktes die Anhörung Beteiligter oder die Mitwirkung einer anderen Behörde oder eines Ausschusses aufgrund einer Rechtsvorschrift erforderlich, so darf die Zusicherung erst nach Anhörung der Beteiligten oder nach Mitwirkung dieser Behörde oder des Ausschusses gegeben werden.

(2) Auf die Unwirksamkeit der Zusicherung finden, unbeschadet des Absatzes 1 Satz 1, § 44, auf die Heilung von Mängeln bei der Anhörung Beteiligter und der Mitwirkung anderer Behörden oder Ausschüsse § 45 Absatz 1 Nummer 3 bis 5 sowie Absatz 2, auf die Rücknahme § 48, auf den Widerruf, unbeschadet des Absatzes 3, § 49 entsprechende Anwendung.

(3) Ändert sich nach Abgabe der Zusicherung die Sach- oder Rechtslage derart, dass die Behörde bei der Kenntnis der nachträglich eingetretenen Änderung die Zusicherung nicht gegeben hätte oder aus rechtlichen Gründen nicht hätte geben dürfen, ist die Behörde an die Zusicherung nicht mehr gebunden.

§ 39 Begründung des Verwaltungsaktes

(1) [1]Ein schriftlicher oder elektronischer sowie ein schriftlich oder elektronisch bestätigter Verwaltungsakt ist mit einer Begründung zu versehen. [2]In der Begründung sind die wesentlichen tatsächlichen und rechtlichen Gründe mitzuteilen, die die Behörde zu ihrer Entscheidung bewogen haben. [3]Die Begründung von Ermessensentscheidungen soll auch die Gesichtspunkte erkennen lassen, von denen die Behörde bei der Ausübung ihres Ermessens ausgegangen ist.

(2) Einer Begründung bedarf es nicht,

1. soweit die Behörde einem Antrag entspricht oder einer Erklärung folgt und der Verwaltungsakt nicht in Rechte eines anderen eingreift;
2. soweit demjenigen, für den der Verwaltungsakt bestimmt ist oder der von ihm betroffen wird, die Auffassung der Behörde über die Sach- und Rechtslage bereits bekannt oder auch ohne Begründung für ihn ohne weiteres erkennbar ist;

3. wenn die Behörde gleichartige Verwaltungsakte in größerer Zahl oder Verwaltungsakte mithilfe automatischer Einrichtungen erlässt und die Begründung nach den Umständen des Einzelfalles nicht geboten ist;
4. wenn sich dies aus einer Rechtsvorschrift ergibt;
5. wenn eine Allgemeinverfügung öffentlich bekannt gegeben wird.

§ 40 Ermessen

Ist die Behörde ermächtigt, nach ihrem Ermessen zu handeln, hat sie ihr Ermessen entsprechend dem Zweck der Ermächtigung auszuüben und die gesetzlichen Grenzen des Ermessens einzuhalten.

§ 41 Bekanntgabe des Verwaltungsaktes

(1) [1]Ein Verwaltungsakt ist demjenigen Beteiligten bekannt zu geben, für den er bestimmt ist oder der von ihm betroffen wird. [2]Ist ein Bevollmächtigter bestellt, so kann die Bekanntgabe ihm gegenüber vorgenommen werden.

(2) [1]Ein schriftlicher Verwaltungsakt, der im Inland durch die Post übermittelt wird, gilt am dritten Tag nach der Aufgabe zur Post als bekannt gegeben. [2]Ein Verwaltungsakt, der im Inland oder in das Ausland elektronisch übermittelt wird, gilt am dritten Tag nach der Absendung als bekannt gegeben. [3]Dies gilt nicht, wenn der Verwaltungsakt nicht oder zu einem späteren Zeitpunkt zugegangen ist; bei elektronischer Übermittlung gilt dies auch nicht, wenn der Verwaltungsakt zu einem früheren Zeitpunkt zugegangen ist. [4]Im Zweifel hat die Behörde den Zugang des Verwaltungsaktes und den Zeitpunkt des Zugangs nachzuweisen.

(2a) [1]Mit Einwilligung des Beteiligten kann ein elektronischer Verwaltungsakt dadurch bekannt gegeben werden, dass er vom Beteiligten oder von seinem Bevollmächtigten über öffentlich zugängliche Netze abgerufen wird. [2]Die Behörde hat zu gewährleisten, dass der Abruf nur nach Authentifizierung der berechtigten Person möglich ist und der elektronische Verwaltungsakt von ihr gespeichert werden kann. [3]Der Verwaltungsakt gilt am Tag nach dem Abruf als bekannt gegeben. [4]Wird der Verwaltungsakt nicht innerhalb von zehn Tagen nach Absendung einer Benachrichtigung über die Bereitstellung abgerufen, wird diese beendet. [5]In diesem Fall ist die Bekanntgabe nicht bewirkt; die Möglichkeit einer erneuten Bereitstellung zum Abruf oder der Bekanntgabe auf andere Weise bleibt unberührt.

(3) [1]Ein Verwaltungsakt darf öffentlich bekannt gegeben werden, wenn dies durch Rechtsvorschrift zugelassen ist. [2]Eine Allgemeinverfügung darf auch dann öffentlich bekannt gegeben werden, wenn eine Bekanntgabe an die Beteiligten untunlich ist.

(4) [1]Die öffentliche Bekanntgabe eines schriftlichen oder elektronischen Verwaltungsaktes wird dadurch bewirkt, dass sein verfügender Teil ortsüblich bekannt gemacht wird. [2]In der ortsüblichen Bekanntmachung ist anzugeben, wo der Verwaltungsakt und seine Begründung eingesehen werden können. [3]Der Verwaltungsakt gilt zwei Wochen nach der ortsüblichen Bekanntmachung als bekannt gegeben. [4]In einer Allgemeinverfügung kann ein hiervon abweichender Tag, jedoch frühestens der auf die Bekanntmachung folgende Tag bestimmt werden.

(5) Vorschriften über die Bekanntmachung eines Verwaltungsaktes mittels Zustellung bleiben unberührt.

§ 42 Offenbare Unrichtigkeiten im Verwaltungsakt

[1]Die Behörde kann Schreibfehler, Rechenfehler und ähnliche offenbare Unrichtigkeiten in einem Verwaltungsakt jederzeit berichtigen. [2]Bei berechtigtem Interesse des Beteiligten ist zu berichtigen. [3]Die Behörde ist berechtigt, die Vorlage des Dokumentes zu verlangen, das berichtigt werden soll.

§ 42a Genehmigungsfiktion

(1) [1]Eine beantragte Genehmigung gilt nach Ablauf einer für die Entscheidung festgelegten Frist als erteilt (Genehmigungsfiktion), wenn dies durch Rechtsvorschrift angeordnet und der Antrag hinreichend bestimmt ist. [2]Die Vorschriften über die Bestandskraft von Verwaltungsakten und über das Rechtsbehelfsverfahren gelten entsprechend.

(2) [1]Die Frist nach Absatz 1 Satz 1 beträgt drei Monate, soweit durch Rechtsvorschrift nichts Abweichendes bestimmt ist. [2]Die Frist beginnt mit Eingang der vollständigen Unterlagen. [3]Sie kann einmal angemessen verlängert werden, wenn dies wegen der Schwierigkeit der Angelegenheit gerechtfertigt ist. [4]Die Fristverlängerung ist zu begründen und rechtzeitig mitzuteilen.

(3) Auf Verlangen ist demjenigen, dem der Verwaltungsakt nach § 41 Absatz 1 hätte bekannt gegeben werden müssen, der Eintritt der Genehmigungsfiktion schriftlich zu bescheinigen.

Abschnitt 2
Bestandskraft des Verwaltungsaktes

§ 43 Wirksamkeit des Verwaltungsaktes

(1) [1]Ein Verwaltungsakt wird gegenüber demjenigen, für den er bestimmt ist oder der von ihm betroffen wird, in dem Zeitpunkt wirksam, in dem er ihm bekannt gegeben wird. [2]Der Verwaltungsakt wird mit dem Inhalt wirksam, mit dem er bekannt gegeben wird.

(2) Ein Verwaltungsakt bleibt wirksam, solange und soweit er nicht zurückgenommen, widerrufen, anderweitig aufgehoben oder durch Zeitablauf oder auf andere Weise erledigt ist.

(3) Ein nichtiger Verwaltungsakt ist unwirksam.

§ 44 Nichtigkeit des Verwaltungsaktes

(1) Ein Verwaltungsakt ist nichtig, soweit er an einem besonders schwerwiegenden Fehler leidet und dies bei verständiger Würdigung aller in Betracht kommenden Umstände offensichtlich ist.

(2) Ohne Rücksicht auf das Vorliegen der Voraussetzungen des Absatzes 1 ist ein Verwaltungsakt nichtig,

1. der schriftlich oder elektronisch erlassen worden ist, die erlassende Behörde aber nicht erkennen lässt;
2. der nach einer Rechtsvorschrift nur durch die Aushändigung einer Urkunde erlassen werden kann, aber dieser Form nicht genügt;
3. den eine Behörde außerhalb ihrer durch § 3 Absatz 1 Nummer 1 begründeten Zuständigkeit erlassen hat, ohne dazu ermächtigt zu sein;
4. den aus tatsächlichen Gründen niemand ausführen kann;
5. der die Begehung einer rechtswidrigen Tat verlangt, die einen Straf- oder Bußgeldtatbestand verwirklicht;
6. der gegen die guten Sitten verstößt.

(3) Ein Verwaltungsakt ist nicht schon deshalb nichtig, weil

1. Vorschriften über die örtliche Zuständigkeit nicht eingehalten worden sind, außer wenn ein Fall des Absatzes 2 Nummer 3 vorliegt;
2. eine nach § 20 Absatz 1 Satz 1 Nummer 2 bis 6 ausgeschlossene Person mitgewirkt hat;
3. ein durch Rechtsvorschrift zur Mitwirkung berufener Ausschuss den für den Erlass des Verwaltungsaktes vorgeschriebenen Beschluss nicht gefasst hat oder nicht beschlussfähig war;
4. die nach einer Rechtsvorschrift erforderliche Mitwirkung einer anderen Behörde unterblieben ist.

(4) Betrifft die Nichtigkeit nur einen Teil des Verwaltungsaktes, so ist er im ganzen nichtig, wenn der nichtige Teil so wesentlich ist, dass die Behörde den Verwaltungsakt ohne den nichtigen Teil nicht erlassen hätte.

(5) Die Behörde kann die Nichtigkeit jederzeit von Amts wegen feststellen; auf Antrag ist sie festzustellen, wenn der Antragsteller hieran ein berechtigtes Interesse hat.

§ 45 Heilung von Verfahrens- und Formfehlern

(1) Eine Verletzung von Verfahrens- oder Formvorschriften, die nicht den Verwaltungsakt nach § 44 nichtig macht, ist unbeachtlich, wenn

1. der für den Erlass des Verwaltungsaktes erforderliche Antrag nachträglich gestellt wird;
2. die erforderliche Begründung nachträglich gegeben wird;
3. die erforderliche Anhörung eines Beteiligten nachgeholt wird;
4. der Beschluss eines Ausschusses, dessen Mitwirkung für den Erlass des Verwaltungsaktes erforderlich ist, nachträglich gefasst wird;
5. die erforderliche Mitwirkung einer anderen Behörde nachgeholt wird.

(2) Handlungen nach Absatz 1 können bis zum Abschluss der letzten Tatsacheninstanz eines verwaltungsgerichtlichen Verfahrens nachgeholt werden.

(3) [1]Fehlt einem Verwaltungsakt die erforderliche Begründung oder ist die erforderliche Anhörung eines Beteiligten vor Erlass des Verwaltungsaktes unterblieben und ist dadurch die rechtzeitige Anfechtung des Verwaltungsaktes versäumt worden, so gilt die Versäumung der Rechtsbehelfsfrist als nicht verschuldet. [2]Das für die Wiedereinsetzungsfrist nach § 32 Absatz 2 maßgebende Ereignis tritt im Zeitpunkt der Nachholung der unterlassenen Verfahrensbehandlung ein.

§ 46 Folgen von Verfahrens- und Formfehlern

Die Aufhebung eines Verwaltungsaktes, der nicht nach § 44 nichtig ist, kann nicht allein deshalb beansprucht werden, weil er unter Verletzung von Vorschriften über das Verfahren, die Form oder die örtliche Zuständigkeit zu Stande gekommen ist, wenn offensichtlich ist, dass die Verletzung die Entscheidung in der Sache nicht beeinflusst hat.

§ 47 Umdeutung eines fehlerhaften Verwaltungsaktes

(1) Ein fehlerhafter Verwaltungsakt kann in einen anderen Verwaltungsakt umgedeutet werden, wenn er auf das gleiche Ziel gerichtet ist, von der erlassenden Behörde in der geschehenen Verfahrensweise und Form rechtmäßig hätte erlassen werden können und wenn die Voraussetzungen für dessen Erlass erfüllt sind.

(2) [1]Absatz 1 gilt nicht, wenn der Verwaltungsakt, in den der fehlerhafte Verwaltungsakt umzudeuten wäre, der erkennbaren Absicht der erlassenden Behörde widerspräche oder seine Rechtsfolgen für den Betroffenen ungünstiger wären als die des fehlerhaften Verwaltungsaktes. [2]Eine Umdeutung ist ferner unzulässig, wenn der fehlerhafte Verwaltungsakt nicht zurückgenommen werden dürfte.

(3) Eine Entscheidung, die nur als gesetzlich gebundene Entscheidung ergehen kann, kann nicht in eine Ermessensentscheidung umgedeutet werden.

(4) § 28 ist entsprechend anzuwenden.

§ 48 Rücknahme eines rechtswidrigen Verwaltungsaktes

(1) [1]Ein rechtswidriger Verwaltungsakt kann, auch nachdem er unanfechtbar geworden ist, ganz oder teilweise mit Wirkung für die Zukunft oder für die Vergangenheit zurückgenommen werden. [2]Ein Verwaltungsakt, der ein Recht oder einen rechtlich erheblichen Vorteil begründet oder bestätigt hat (begünstigender Verwaltungsakt), darf nur unter den Einschränkungen der Absätze 2 bis 4 zurückgenommen werden.

(2) [1]Ein rechtswidriger Verwaltungsakt, der eine einmalige oder laufende Geldleistung oder teilbare Sachleistung gewährt oder hierfür Voraussetzung ist, darf nicht zurückgenommen werden, soweit der Begünstigte auf den Bestand des Verwaltungsaktes vertraut hat und sein Vertrauen unter Abwägung mit dem öffentlichen Interesse an einer Rücknahme schutzwürdig ist. [2]Das Vertrauen ist in der Regel schutzwürdig, wenn der Begünstigte gewährte Leistungen verbraucht oder eine Vermögensdisposition getroffen hat, die er nicht mehr oder nur unter unzumutbaren Nachteilen rückgängig machen kann. [3]Auf Vertrauen kann sich der Begünstigte nicht berufen, wenn er

1. den Verwaltungsakt durch arglistige Täuschung, Drohung oder Bestechung erwirkt hat;
2. den Verwaltungsakt durch Angaben erwirkt hat, die in wesentlicher Beziehung unrichtig oder unvollständig waren;
3. die Rechtswidrigkeit des Verwaltungsaktes kannte oder infolge grober Fahrlässigkeit nicht kannte.

[4]In den Fällen des Satzes 3 wird der Verwaltungsakt in der Regel mit Wirkung für die Vergangenheit zurückgenommen.

(3) [1]Wird ein rechtswidriger Verwaltungsakt, der nicht unter Absatz 2 fällt, zurückgenommen, so hat die Behörde dem Betroffenen auf Antrag den Vermögensnachteil auszugleichen, den dieser dadurch erleidet, dass er auf den Bestand des Verwaltungsaktes vertraut hat, soweit sein Vertrauen unter Abwägung mit dem öffentlichen Interesse schutzwürdig ist. [2]Absatz 2 Satz 3 ist anzuwenden. [3]Der Vermögensnachteil ist jedoch nicht über den Betrag des Interesses hinaus zu ersetzen, das der Betroffene an dem Bestand des Verwaltungsaktes hat. [4]Der auszugleichende Vermögensnachteil wird durch die Behörde festgesetzt. [5]Der Anspruch kann nur innerhalb eines Jahres geltend gemacht werden; die Frist beginnt, sobald die Behörde den Betroffenen auf sie hingewiesen hat.

(4) [1]Erhält die Behörde von Tatsachen Kenntnis, welche die Rücknahme eines rechtswidrigen Verwaltungsaktes rechtfertigen, so ist die Rücknahme nur innerhalb eines Jahres seit dem Zeitpunkt der Kenntnisnahme zulässig. [2]Dies gilt nicht im Falle des Absatzes 2 Satz 3 Nummer 1.

(5) Über die Rücknahme entscheidet nach Unanfechtbarkeit des Verwaltungsaktes die nach § 3 zuständige Behörde; dies gilt auch dann, wenn der zurückzunehmende Verwaltungsakt von einer anderen Behörde erlassen worden ist.

§ 49 Widerruf eines rechtmäßigen Verwaltungsaktes

(1) Ein rechtmäßiger nicht begünstigender Verwaltungsakt kann, auch nachdem er unanfechtbar geworden ist, ganz oder teilweise mit Wirkung für die Zukunft widerrufen werden, außer wenn ein Ver-

waltungsakt gleichen Inhalts erneut erlassen werden müsste oder aus anderen Gründen ein Widerruf unzulässig ist.

(2) [1]Ein rechtmäßiger begünstigender Verwaltungsakt darf, auch nachdem er unanfechtbar geworden ist, ganz oder teilweise mit Wirkung für die Zukunft nur widerrufen werden,

1. wenn der Widerruf durch Rechtsvorschrift zugelassen oder im Verwaltungsakt vorbehalten ist;
2. wenn mit dem Verwaltungsakt eine Auflage verbunden ist und der Begünstigte diese nicht oder nicht innerhalb einer ihm gesetzten Frist erfüllt hat;
3. wenn die Behörde aufgrund nachträglich eingetretener Tatsachen berechtigt wäre, den Verwaltungsakt nicht zu erlassen, und wenn ohne den Widerruf das öffentliche Interesse gefährdet würde;
4. wenn die Behörde aufgrund einer geänderten Rechtsvorschrift berechtigt wäre, den Verwaltungsakt nicht zu erlassen, soweit der Begünstigte von der Vergünstigung noch keinen Gebrauch gemacht oder aufgrund des Verwaltungsaktes noch keine Leistungen empfangen hat, und wenn ohne den Widerruf das öffentliche Interesse gefährdet würde;
5. um schwere Nachteile für das Gemeinwohl zu verhüten oder zu beseitigen.

[2]§ 48 Absatz 4 gilt entsprechend.

(3) [1]Ein rechtmäßiger Verwaltungsakt, der eine einmalige oder laufende Geldleistung oder teilbare Sachleistung zu Erfüllung eines bestimmten Zweckes gewährt oder hierfür Voraussetzung ist, kann, auch, nachdem er unanfechtbar geworden ist, ganz oder teilweise auch mit Wirkung für die Vergangenheit widerrufen werden, wenn

1. die Leistung nicht, nicht alsbald nach der Erbringung oder nicht mehr für den in dem Verwaltungsakt bestimmten Zweck verwendet wird,
2. mit dem Verwaltungsakt eine Auflage verbunden ist und der Begünstigte diese nicht oder nicht innerhalb einer ihm gesetzten Frist erfüllt hat.

[2]§ 48 Absatz 4 gilt entsprechend.

(4) Der widerrufene Verwaltungsakt wird mit dem Wirksamwerden des Widerrufs unwirksam, wenn die Behörde keinen anderen Zeitpunkt bestimmt.

(5) Über den Widerruf entscheidet nach Unanfechtbarkeit des Verwaltungsaktes die nach § 3 zuständige Behörde, dies gilt auch dann, wenn der zu widerrufende Verwaltungsakt von einer anderen Behörde erlassen worden ist.

(6) [1]Wird ein begünstigender Verwaltungsakt in den Fällen des Absatzes 2 Nummer 3 bis 5 widerrufen, so hat die Behörde den Betroffenen auf Antrag für den Vermögensnachteil zu entschädigen, den dieser dadurch erleidet, dass er auf den Bestand des Verwaltungsaktes vertraut hat, soweit sein Vertrauen schutzwürdig ist. [2]§ 48 Absatz 3 Satz 3 bis 5 gilt entsprechend. [3]Für Streitigkeiten über die Entschädigung ist der ordentliche Rechtsweg gegeben.

§ 49a Erstattung, Verzinsung

(1) [1]Soweit ein Verwaltungsakt mit Wirkung für die Vergangenheit zurückgenommen oder widerrufen worden oder infolge Eintritts einer auflösenden Bedingung unwirksam geworden ist, sind bereits erbrachte Leistungen zu erstatten. [2]Die zu erstattende Leistung ist durch schriftlichen Verwaltungsakt festzusetzen.

(2) [1]Für den Umfang der Erstattung mit Ausnahme der Verzinsung gelten die Vorschriften des Bürgerlichen Gesetzbuches über die Herausgabe einer ungerechtfertigten Bereicherung entsprechend. [2]Auf den Wegfall der Bereicherung kann sich der Begünstigte nicht berufen, soweit er die Umstände kannte oder infolge grober Fahrlässigkeit nicht kannte, die zur Rücknahme, zum Widerruf oder zur Unwirksamkeit des Verwaltungsaktes geführt haben.

(3) [1]Der zu erstattende Betrag ist vom Eintritt der Unwirksamkeit des Verwaltungsaktes an mit 5 Prozentpunkten über dem Basiszinssatz nach § 247 des Bürgerlichen Gesetzbuchs jährlich zu verzinsen. [2]Von der Geltendmachung des Zinsanspruchs kann insbesondere dann abgesehen werden, wenn der Begünstigte die Umstände, die zur Rücknahme, zum Widerruf oder zur Unwirksamkeit des Verwaltungsaktes geführt haben, nicht zu vertreten hat und den zu erstattenden Betrag innerhalb der von der Behörde festgesetzten Frist leistet.

(4) [1]Wird eine Leistung nicht alsbald nach der Auszahlung für den bestimmten Zweck verwendet, so können für die Zeit bis zur zweckentsprechenden Verwendung Zinsen nach Absatz 3 Satz 1 verlangt

werden. [2]Entsprechendes gilt, soweit eine Leistung in Anspruch genommen wird, obwohl andere Mittel anteilig oder vorrangig einzusetzen sind. [3]§ 49 Absatz 3 Satz 1 Nummer 1 bleibt unberührt.

§ 50 Rücknahme und Widerruf im Rechtsbehelfsverfahren

§ 48 Absatz 1 Satz 2 und Absatz 2 bis 4 sowie § 49 Absatz 2 bis 4 und 6 gelten nicht, wenn ein begünstigender Verwaltungsakt, der von einem Dritten angefochten worden ist, während des Vorverfahrens oder während des verwaltungsgerichtlichen Verfahrens aufgehoben wird, soweit dadurch dem Widerspruch oder der Klage abgeholfen wird.

§ 51 Wiederaufgreifen des Verfahrens

(1) Die Behörde hat auf Antrag des Betroffenen über die Aufhebung oder Änderung eines unanfechtbaren Verwaltungsaktes zu entscheiden, wenn

1. sich die dem Verwaltungsakt zu Grunde liegende Sach- und Rechtslage nachträglich zu Gunsten des Betroffenen geändert hat;
2. neue Beweismittel vorliegen, die eine dem Betroffenen günstigere Entscheidung herbeigeführt haben würde[1)];
3. Wiederaufnahmegründe entsprechend § 580 der Zivilprozessordnung gegeben sind.

(2) Der Antrag ist nur zulässig, wenn der Betroffene ohne grobes Verschulden außer Stande war, den Grund für das Wiederaufgreifen in dem früheren Verfahren, insbesondere durch Rechtsbehelf, geltend zu machen.

(3) [1]Der Antrag muss binnen drei Monaten gestellt werden. [2]Die Frist beginnt mit dem Tage, an dem der Betroffene von dem Grund für das Wiederaufgreifen Kenntnis erhalten hat.

(4) Über den Antrag entscheidet die nach § 3 zuständige Behörde; dies gilt auch dann, wenn der Verwaltungsakt, dessen Aufhebung oder Änderung begehrt wird, von einer anderen Behörde erlassen worden ist.

(5) Die Vorschriften des § 48 Absatz 1 Satz 1 und des § 49 Absatz 1 bleiben unberührt.

§ 52 Rückgabe von Urkunden und Sachen

[1]Ist ein Verwaltungsakt unanfechtbar widerrufen oder zurückgenommen oder ist seine Wirksamkeit aus einem anderen Grund nicht oder nicht mehr gegeben, so kann die Behörde die auf Grund dieses Verwaltungsaktes erteilten Urkunden oder Sachen, die zum Nachweis der Rechte aus dem Verwaltungsakt oder zu deren Ausübung bestimmt sind, zurückfordern. [2]Der Inhaber und, sofern er nicht der Besitzer ist, auch der Besitzer dieser Urkunden oder Sachen sind zu ihrer Herausgabe verpflichtet. [3]Der Inhaber oder der Besitzer kann jedoch verlangen, dass ihm die Urkunden oder Sachen wieder ausgehändigt werden, nachdem sie von der Behörde als ungültig gekennzeichnet sind; dies gilt nicht bei Sachen, bei denen eine solche Kennzeichnung nicht oder nicht mit der erforderlichen Offensichtlichkeit oder Dauerhaftigkeit möglich ist.

Abschnitt 3
Verjährungsrechtliche Wirkungen des Verwaltungsaktes

§ 53 Hemmung der Verjährung durch Verwaltungsakt

(1) [1]Ein Verwaltungsakt, der zur Feststellung oder Durchsetzung des Anspruchs eines öffentlich-rechtlichen Rechtsträgers erlassen wird, hemmt die Verjährung dieses Anspruchs. [2]Die Hemmung endet mit Eintritt der Unanfechtbarkeit des Verwaltungsakts oder sechs Monate nach seiner anderweitigen Erledigung.

(2) [1]Wird ein Verwaltungsakt im Sinne des Absatzes 1 unanfechtbar, beginnt eine Verjährungsfrist von 30 Jahren. [2]Soweit der Verwaltungsakt einen Anspruch auf künftig fällig werdende regelmäßig wiederkehrende Leistungen zum Inhalt hat, bleibt es bei der für diesen Anspruch geltenden Verjährungsfrist.

1) Richtig wohl: „würden“.

Teil IV
Öffentlich-rechtlicher Vertrag

§ 54 Zulässigkeit des öffentlich-rechtlichen Vertrages
[1]Ein Rechtsverhältnis auf dem Gebiet des öffentlichen Rechts kann durch Vertrag begründet, geändert oder aufgehoben werden (öffentlich-rechtlicher Vertrag), soweit Rechtsvorschriften nicht entgegenstehen. [2]Insbesondere kann die Behörde, anstatt einen Verwaltungsakt zu erlassen, einen öffentlich-rechtlichen Vertrag mit demjenigen schließen, an den sie sonst den Verwaltungsakt richten würde.

§ 55 Vergleichsvertrag
Ein öffentlich-rechtlicher Vertrag im Sinne des § 54 Satz 2, durch den eine bei verständiger Würdigung des Sachverhalts oder der Rechtslage bestehende Ungewissheit durch gegenseitiges Nachgeben beseitigt wird (Vergleich), kann geschlossen werden, wenn die Behörde den Abschluss des Vergleichs zur Beseitigung der Ungewissheit nach pflichtgemäßem Ermessen für zweckmäßig hält.

§ 56 Austauschvertrag
(1) [1]Ein öffentlich-rechtlicher Vertrag im Sinne des § 54 Satz 2, in dem sich der Vertragspartner der Behörde zu einer Gegenleistung verpflichtet, kann geschlossen werden, wenn die Gegenleistung für einen bestimmten Zweck im Vertrag vereinbart wird und der Behörde zur Erfüllung ihrer öffentlichen Aufgaben dient. [2]Die Gegenleistung muss den gesamten Umständen nach angemessen sein und im sachlichen Zusammenhang mit der vertraglichen Leistung der Behörde stehen.

(2) Besteht auf die Leistung der Behörde ein Anspruch, so kann nur eine solche Gegenleistung vereinbart werden, die bei Erlass eines Verwaltungsaktes Inhalt einer Nebenbestimmung nach § 36 sein könnte.

§ 57 Schriftform
Ein öffentlich-rechtlicher Vertrag ist schriftlich zu schließen, soweit nicht durch Rechtsvorschrift eine andere Form vorgeschrieben ist.

§ 58 Zustimmung von Dritten und Behörden
(1) Ein öffentlich-rechtlicher Vertrag, der in Rechte eines Dritten eingreift, wird erst wirksam, wenn der Dritte schriftlich zustimmt.

(2) Wird anstatt eines Verwaltungsaktes, bei dessen Erlass nach einer Rechtsvorschrift die Genehmigung, die Zustimmung oder das Einvernehmen einer anderen Behörde erforderlich ist, ein Vertrag geschlossen, so wird dieser erst wirksam, nachdem die andere Behörde in der vorgeschriebenen Form mitgewirkt hat.

§ 59 Nichtigkeit des öffentlich-rechtlichen Vertrages
(1) Ein öffentlich-rechtlicher Vertrag ist nichtig, wenn sich die Nichtigkeit aus der entsprechenden Anwendung von Vorschriften des Bürgerlichen Gesetzbuches ergibt.

(2) Ein Vertrag im Sinne des § 54 Satz 2 ist ferner nichtig, wenn
1. ein Verwaltungsakt mit entsprechendem Inhalt nichtig wäre;
2. ein Verwaltungsakt mit entsprechendem Inhalt nicht nur wegen eines Verfahrens- oder Formfehlers im Sinne des § 46 rechtswidrig wäre und dies den Vertragschließenden bekannt war;
3. die Voraussetzungen zum Abschluss eines Vergleichsvertrages nicht vorlagen und ein Verwaltungsakt mit entsprechendem Inhalt nicht nur wegen eines Verfahrens- oder Formfehlers im Sinne des § 46 rechtswidrig wäre;
4. sich die Behörde eine nach § 56 unzulässige Gegenleistung versprechen lässt.

(3) Betrifft die Nichtigkeit nur einen Teil des Vertrages, so ist er im ganzen nichtig, wenn nicht anzunehmen ist, dass er auch ohne den nichtigen Teil geschlossen worden wäre.

§ 60 Anpassung und Kündigung in besonderen Fällen
(1) [1]Haben die Verhältnisse, die für die Festsetzung des Vertragsinhalts maßgebend sind, sich seit Abschluss des Vertrages so wesentlich geändert, dass einer Vertragspartei das Festhalten an der ursprünglichen vertraglichen Regelung nicht zuzumuten ist, so kann diese Vertragspartei eine Anpassung des Vertragsinhalts an die geänderten Verhältnisse verlangen oder, sofern eine Anpassung nicht möglich oder einer Vertragspartei nicht zuzumuten ist, den Vertrag kündigen. [2]Die Behörde kann den Vertrag auch kündigen, um schwere Nachteile für das Gemeinwohl zu verhüten oder zu beseitigen.

(2) [1]Die Kündigung bedarf der Schriftform, soweit nicht durch Rechtsvorschrift eine andere Form vorgeschrieben ist. [2]Sie soll begründet werden.

§ 61 Unterwerfung unter die sofortige Vollstreckung

(1) [1]Jeder Vertragschließende kann sich der sofortigen Vollstreckung aus einem öffentlich-rechtlichen Vertrag im Sinne des § 54 Satz 2 unterwerfen. [2]Die Behörde muss hierbei von dem Behördenleiter, seinem allgemeinen Vertreter oder einem Angehörigen des öffentlichen Dienstes, der die Befähigung zum Richteramt hat oder die Voraussetzungen des § 110 Satz 1 des Deutschen Richtergesetzes erfüllt, vertreten werden.

(2) [1]Auf öffentlich-rechtliche Verträge im Sinne des Absatzes 1 Satz 1 ist

1. bei der Vollstreckung von öffentlich-rechtlichen Geldforderungen § 111 Absatz 1 und 3
2. bei der Erzwingung von Handlungen, Duldungen und Unterlassungen § 95 des Sicherheits- und Ordnungsgesetzes

anzuwenden. [2]Will eine Behörde oder juristische Person des Privatrechts oder eine nichtrechtsfähige Vereinigung die Vollstreckung wegen einer Geldforderung betreiben, so ist § 170 Absatz 1 bis 3 der Verwaltungsgerichtsordnung entsprechend anzuwenden.

(3) Die Absätze 1 und 2 gelten auch für öffentlich-rechtliche Verträge über Kommunalabgaben.

§ 62 Ergänzende Anwendung von Vorschriften

[1]Soweit sich aus den §§ 54 bis 61 nichts Abweichendes ergibt, gelten die übrigen Vorschriften dieses Gesetzes. [2]Ergänzend gelten die Vorschriften des Bürgerlichen Gesetzbuches entsprechend.

Teil V
Besondere Verfahrensarten

Abschnitt 1
Förmliches Verwaltungsverfahren

§ 63 Anwendung der Vorschriften über das förmliche Verwaltungsverfahren

(1) Das förmliche Verwaltungsverfahren nach diesem Gesetz findet statt, wenn es durch Rechtsvorschrift angeordnet ist.

(2) Für das förmliche Verwaltungsverfahren gelten die §§ 64 bis 71 und, soweit sich aus ihnen nichts Abweichendes ergibt, die übrigen Vorschriften dieses Gesetzes.

(3) [1]Die Mitteilung nach § 17 Absatz 2 Satz 2 und die Aufforderung nach § 17 Absatz 4 Satz 2 sind im förmlichen Verwaltungsverfahren öffentlich bekannt zu machen. [2]Die öffentliche Bekanntmachung wird dadurch bewirkt, dass die Behörde die Mitteilung oder die Aufforderung in ihrem amtlichen Veröffentlichungsblatt und außerdem in örtlichen Tageszeitungen, die in dem Bereich verbreitet sind, in dem sich die Entscheidung voraussichtlich auswirken wird, bekannt macht.

§ 64 Form des Antrages

Setzt das förmliche Verwaltungsverfahren einen Antrag voraus, so ist er schriftlich oder zur Niederschrift bei der Behörde zu stellen.

§ 65 Mitwirkung von Zeugen und Sachverständigen

(1) [1]Im förmlichen Verwaltungsverfahren sind Zeugen zur Aussage und Sachverständige zur Erstattung von Gutachten verpflichtet. [2]Die Vorschriften der Zivilprozessordnung über die Pflicht, als Zeuge auszusagen oder als Sachverständiger ein Gutachten zu erstatten, über die Ablehnung von Sachverständigen sowie über die Vernehmung von Angehörigen des öffentlichen Dienstes als Zeugen oder Sachverständige, gelten entsprechend.

(2) [1]Verweigern Zeugen oder Sachverständige ohne Vorliegen eines der in den §§ 376, 383 bis 385 und 408 der Zivilprozessordnung bezeichneten Gründe die Aussage oder die Erstattung des Gutachtens, so kann die Behörde das für den Wohnsitz oder den Aufenthaltsort des Zeugen oder des Sachverständigen zuständige Verwaltungsgericht um die Vernehmung ersuchen. [2]Befindet sich der Wohnsitz oder der Aufenthaltsort des Zeugen oder des Sachverständigen nicht am Sitz eines Verwaltungsgerichtes oder einer besonders errichteten Kammer, so kann auch das zuständige Amtsgericht um die Vernehmung ersucht werden. [3]In dem Ersuchen hat die Behörde den Gegenstand der Vernehmung

darzulegen sowie die Namen und Anschriften der Beteiligten anzugeben. [4]Das Gericht hat die Beteiligten von den Beweisterminen zu benachrichtigen.

(3) Hält die Behörde mit Rücksicht auf die Bedeutung der Aussage eines Zeugen oder des Gutachtens eines Sachverständigen oder zur Herbeiführung einer wahrheitsgemäßen Aussage die Beeidigung für geboten, so kann sie das nach Absatz 2 zuständige Gericht um die eidliche Vernehmung ersuchen.

(4) Das Gericht entscheidet über die Rechtmäßigkeit einer Verweigerung des Zeugnisses, des Gutachtens oder der Eidesleistung.

(5) Ein Ersuchen nach Absatz 2 oder Absatz 3 an das Gericht darf nur von dem Behördenleiter, seinem allgemeinen Vertreter oder einem Angehörigen des öffentlichen Dienstes gestellt werden, der die Befähigung zum Richteramt hat oder die Voraussetzungen des § 110 Satz 1 des Deutschen Richtergesetzes erfüllt.

§ 66 Verpflichtung zur Anhörung von Beteiligten

(1) Im förmlichen Verwaltungsverfahren ist den Beteiligten Gelegenheit zu geben, sich vor der Entscheidung zu äußern.

(2) Den Beteiligten ist Gelegenheit zu geben, der Vernehmung von Zeugen oder Sachverständigen und der Einnahme des Augenscheins beizuwohnen und hierbei sachdienliche Fragen zu stellen; ein schriftlich oder elektronisch vorliegendes Gutachten soll ihnen zugänglich gemacht werden.

§ 67 Erfordernis der mündlichen Verhandlung

(1) [1]Die Behörde entscheidet nach mündlicher Verhandlung. [2]Hierzu sind die Beteiligten mit angemessener Frist schriftlich zu laden. [3]Bei der Ladung ist darauf hinzuweisen, dass bei Ausbleiben eines Beteiligten auch ohne ihn verhandelt werden kann. [4]Sind mehr als 50 Ladungen vorzunehmen, so können sie durch öffentliche Bekanntmachung ersetzt werden. [5]Die öffentliche Bekanntmachung wird dadurch bewirkt, dass der Verhandlungstermin mindestens zwei Wochen vorher im amtlichen Veröffentlichungsblatt der Behörde und außerdem in örtlichen Tageszeitungen, die in dem Bereich verbreitet sind, in dem sich die Entscheidung voraussichtlich auswirken wird, mit dem Hinweis nach Satz 3 bekannt gemacht wird. [6]Maßgebend für die Frist nach Satz 5 ist die Bekanntgabe im amtlichen Veröffentlichungsblatt.

(2) Die Behörde kann ohne mündliche Verhandlung entscheiden, wenn

1. einem Antrag im Einvernehmen mit allen Beteiligten in vollem Umfang entsprochen wird;
2. kein Beteiligter innerhalb einer hierfür gesetzten Frist Einwendungen gegen die vorgesehene Maßnahme hat;
3. die Behörde den Beteiligten mitgeteilt hat, dass sie beabsichtige, ohne mündliche Verhandlung zu entscheiden und kein Beteiligter innerhalb einer hierfür gesetzten Frist Einwendungen dagegen erhoben hat;
4. alle Beteiligten auf sie verzichtet haben;
5. wegen Gefahr im Verzug eine sofortige Entscheidung notwendig ist.

(3) Die Behörde soll das Verfahren so fördern, dass es möglichst in einem Verhandlungstermin erledigt werden kann.

§ 68 Verlauf der mündlichen Verhandlung

(1) [1]Die mündliche Verhandlung ist nicht öffentlich. [2]An ihr können Vertreter der Aufsichtsbehörden und Personen, die bei der Behörde zur Ausbildung beschäftigt sind, teilnehmen. [3]Anderen Personen kann der Verhandlungsleiter die Anwesenheit gestatten, wenn kein Beteiligter widerspricht.

(2) [1]Der Verhandlungsleiter hat die Sache mit den Beteiligten zu erörtern. [2]Er hat darauf hinzuwirken, dass unklare Anträge erläutert, sachdienliche Anträge gestellt, ungenügende Angaben ergänzt sowie alle für die Feststellung des Sachverhalts wesentlichen Erklärungen abgegeben werden.

(3) [1]Der Verhandlungsleiter ist für die Ordnung verantwortlich. [2]Er kann Personen, die seine Anordnungen nicht befolgen, entfernen lassen. [3]Die Verhandlung kann ohne diese Personen fortgesetzt werden.

(4) [1]Über die mündliche Verhandlung ist eine Niederschrift zu fertigen. [2]Die Niederschrift muss Angaben enthalten über

1. den Ort und den Tag der Verhandlung,
2. die Namen des Verhandlungsleiters, der erschienenen Beteiligten, Zeugen und Sachverständigen,
3. den behandelten Verfahrensgegenstand und die gestellten Anträge,

4. den wesentlichen Inhalt der Aussagen der Zeugen und Sachverständigen,
5. das Ergebnis eines Augenscheines.

[3]Die Niederschrift ist von dem Verhandlungsleiter und, soweit ein Schriftführer hinzugezogen worden ist, auch von diesem zu unterzeichnen. [4]Der Aufnahme in die Verhandlungsniederschrift steht die Aufnahme in eine Schrift gleich, die ihr als Anlage beigefügt und als solche bezeichnet ist; auf die Anlage ist in der Verhandlungsniederschrift hinzuweisen.

§ 69 Entscheidung

(1) Die Behörde entscheidet unter Würdigung des Gesamtergebnisses des Verfahrens.

(2) [1]Verwaltungsakte, die das förmliche Verfahren abschließen, sind schriftlich zu erlassen, schriftlich zu begründen und den Beteiligten zuzustellen; in den Fällen des § 39 Absatz 2 Nummer 1 und 3 bedarf es einer Begründung nicht. [2]Ein elektronischer Verwaltungsakt nach Satz 1 ist mit einer dauerhaft überprüfbaren qualifizierten elektronischen Signatur zu versehen. [3]Sind mehr als 50 Zustellungen vorzunehmen, so können sie durch öffentliche Bekanntmachung ersetzt werden. [4]Die öffentliche Bekanntmachung wird dadurch bewirkt, dass der verfügende Teil des Verwaltungsaktes und die Rechtsbehelfsbelehrung im amtlichen Veröffentlichungsblatt der Behörde und außerdem in örtlichen Tageszeitungen bekannt gemacht werden, die in dem Bereich verbreitet sind, in dem sich die Entscheidung voraussichtlich auswirken wird. [5]Der Verwaltungsakt gilt mit dem Tage als zugestellt, an dem seit dem Tage der Bekanntmachung in dem amtlichen Veröffentlichungsblatt zwei Wochen verstrichen sind; hierauf ist in der Bekanntmachung hinzuweisen. [6]Nach der öffentlichen Bekanntmachung kann der Verwaltungsakt bis zum Ablauf der Rechtsbehelfsfrist von den Beteiligten schriftlich oder elektronisch angefordert werden; hierauf ist in der Bekanntmachung gleichfalls hinzuweisen.

(3) [1]Wird das förmliche Verwaltungsverfahren auf andere Weise abgeschlossen, so sind die Beteiligten hiervon zu benachrichtigen. [2]Sind mehr als 50 Benachrichtigungen vorzunehmen, so können sie durch öffentliche Bekanntmachung ersetzt werden. [3]Absatz 2 Satz 4 gilt entsprechend.

§ 70 Anfechtung der Entscheidung

Vor Erhebung einer verwaltungsgerichtlichen Klage, die einen im förmlichen Verwaltungsverfahren erlassenen Verwaltungsakt zum Gegenstand hat, bedarf es keiner Nachprüfung in einem Vorverfahren.

§ 71 Besondere Vorschriften für das förmliche Verfahren vor Ausschüssen

(1) [1]Findet das förmliche Verwaltungsverfahren vor einem Ausschuss (§ 88) statt, so hat jedes Mitglied das Recht, sachdienliche Fragen zu stellen. [2]Wird eine Frage von einem Beteiligten beanstandet, so entscheidet der Ausschuss über die Zulässigkeit.

(2) [1]Bei der Beratung und Abstimmung dürfen nur Ausschussmitglieder zugegen sein, die an der mündlichen Verhandlung teilgenommen haben. [2]Ferner dürfen Personen zugegen sein, die bei der Behörde, bei der der Ausschuss gebildet ist, zur Ausbildung beschäftigt sind, soweit der Vorsitzende ihre Anwesenheit gestattet. [3]Die Abstimmungsergebnisse sind festzuhalten.

(3) [1]Jeder Beteiligte kann ein Mitglied des Ausschusses ablehnen, das in diesem Verwaltungsverfahren nicht tätig werden darf (§ 20) oder bei dem die Besorgnis der Befangenheit besteht (§ 21). [2]Eine Ablehnung vor der mündlichen Verhandlung ist schriftlich oder zur Niederschrift zu erklären. [3]Die Erklärung ist unzulässig, wenn sich der Beteiligte, ohne den ihm bekannten Ablehnungsgrund geltend zu machen, in die mündliche Verhandlung eingelassen hat. [4]Für die Entscheidung über die Ablehnung gilt § 20 Absatz 4 Satz 2 bis 4.

Abschnitt 1a
Verfahren über eine einheitliche Stelle

§ 71a Anwendbarkeit

(1) Ist durch Rechtsvorschrift angeordnet, dass ein Verwaltungsverfahren über eine einheitliche Stelle abgewickelt werden kann, so gelten die Vorschriften dieses Abschnitts und, soweit sich aus ihm nichts Abweichendes ergibt, die übrigen Vorschriften dieses Gesetzes.

(2) Der zuständigen Behörde obliegen die Pflichten aus § 71b Absatz 3, 4 und 6, § 71c Absatz 2 und § 71e auch dann, wenn sich der Antragsteller oder Anzeigepflichtige unmittelbar an die zuständige Behörde wendet.

§ 71b Verfahren

(1) Die einheitliche Stelle nimmt Anzeigen, Anträge, Willenserklärungen und Unterlagen entgegen und leitet sie unverzüglich an die zuständigen Behörden weiter.

(2) [1]Anzeigen, Anträge, Willenserklärungen und Unterlagen gelten am dritten Tag nach Eingang bei der einheitlichen Stelle als bei der zuständigen Behörde eingegangen. [2]Fristen werden mit Eingang bei der einheitlichen Stelle gewahrt.

(3) [1]Soll durch die Anzeige, den Antrag oder die Abgabe einer Willenserklärung eine Frist in Lauf gesetzt werden, innerhalb derer die zuständige Behörde tätig werden muss, stellt die zuständige Behörde eine Empfangsbestätigung aus. [2]In der Empfangsbestätigung ist das Datum des Eingangs bei der einheitlichen Stelle mitzuteilen und auf die Frist, die Voraussetzungen für den Beginn des Fristlaufs und auf eine an den Fristablauf geknüpfte Rechtsfolge sowie auf die verfügbaren Rechtsbehelfe hinzuweisen.

(4) [1]Ist die Anzeige oder der Antrag unvollständig, teilt die zuständige Behörde unverzüglich mit, welche Unterlagen nachzureichen sind. [2]Die Mitteilung enthält den Hinweis, dass der Lauf der Frist nach Absatz 3 erst mit Eingang der vollständigen Unterlagen beginnt. [3]Das Datum des Eingangs der nachgereichten Unterlagen bei der einheitlichen Stelle ist mitzuteilen.

(5) [1]Soweit die einheitliche Stelle zur Verfahrensabwicklung in Anspruch genommen wird, sollen Mitteilungen der zuständigen Behörde an den Antragsteller oder Anzeigepflichtigen über sie weitergegeben werden. [2]Verwaltungsakte werden auf Verlangen desjenigen, an den sich der Verwaltungsakt richtet, von der zuständigen Behörde unmittelbar bekannt gegeben.

(6) [1]Ein schriftlicher Verwaltungsakt, der durch die Post in das Ausland übermittelt wird, gilt einen Monat nach Aufgabe zur Post als bekannt gegeben. [2]§ 41 Absatz 2 Satz 3 gilt entsprechend. [3]Von dem Antragsteller oder Anzeigepflichtigen kann nicht nach § 15 verlangt werden, einen Empfangsbevollmächtigten zu bestellen.

§ 71c Informationspflichten

(1) [1]Die einheitliche Stelle erteilt auf Anfrage unverzüglich Auskunft über die maßgeblichen Vorschriften, die zuständigen Behörden, den Zugang zu den öffentlichen Registern und Datenbanken, die zustehenden Verfahrensrechte und die Einrichtungen, die den Antragsteller oder Anzeigepflichtigen bei der Aufnahme oder Ausübung seiner Tätigkeit unterstützen. [2]Sie teilt unverzüglich mit, wenn eine Anfrage zu unbestimmt ist.

(2) [1]Die zuständigen Behörden erteilen auf Anfrage unverzüglich Auskunft über die maßgeblichen Vorschriften und deren gewöhnliche Auslegung. [2]Nach § 25 erforderliche Anregungen und Auskünfte werden unverzüglich gegeben.

§ 71d Gegenseitige Unterstützung

[1]Die einheitliche Stelle und die zuständigen Behörden wirken gemeinsam auf eine ordnungsgemäße und zügige Verfahrensabwicklung hin; die Pflicht zur Unterstützung besteht auch gegenüber einheitlichen Stellen oder sonstigen Behörden des Bundes oder anderer Länder. [2]Die zuständigen Behörden stellen der einheitlichen Stelle insbesondere die erforderlichen Informationen zum Verfahrensstand zur Verfügung.

§ 71e Elektronisches Verfahren

[1]Das Verfahren nach diesem Abschnitt wird auf Verlangen in elektronischer Form abgewickelt. [2]§ 3a Absatz 2 Satz 2 und 3 und Absatz 3 bleibt unberührt.

Abschnitt 2
Planfeststellungsverfahren

§ 72 Anwendung der Vorschriften über das Planfeststellungsverfahren

(1) Ist ein Planfeststellungsverfahren durch Rechtsvorschrift angeordnet, so gelten hierfür die §§ 73 bis 78 und, soweit sich aus ihnen nichts Abweichendes ergibt, die übrigen Vorschriften dieses Gesetzes; die §§ 51 und 71a bis 71e sind nicht anzuwenden, § 29 ist mit der Maßgabe anzuwenden, dass Akteneinsicht nach pflichtgemäßem Ermessen zu gewähren ist.

(2) [1]Die Mitteilung nach § 17 Absatz 2 Satz 2 und die Aufforderung nach § 17 Absatz 4 Satz 2 sind im Planfeststellungsverfahren öffentlich bekannt zu machen. [2]Die öffentliche Bekanntmachung wird

dadurch bewirkt, dass die Behörde die Mitteilung oder die Aufforderung in ihrem amtlichen Veröffentlichungsblatt und außerdem in örtlichen Tageszeitungen, die in dem Bereich verbreitet sind, in dem sich das Vorhaben voraussichtlich auswirken wird, bekannt macht.

§ 73 Anhörungsverfahren

(1) [1]Der Träger des Vorhabens hat den Plan der Anhörungsbehörde zur Durchführung des Anhörungsverfahrens einzureichen. [2]Der Plan besteht aus den Zeichnungen und Erläuterungen, die das Vorhaben, seinen Anlass und die von dem Vorhaben betroffenen Grundstücke und Anlagen erkennen lassen.

(2) Innerhalb eines Monats nach Zugang des vollständigen Plans fordert die Anhörungsbehörde die Behörden, deren Aufgabenbereich durch das Vorhaben berührt wird, zur Stellungnahme auf und veranlasst, dass der Plan in den amtsfreien Gemeinden, Ämtern und kreisfreien Städten, in denen sich das Vorhaben voraussichtlich auswirken wird, ausgelegt wird.

(3) [1]Die amtsfreien Gemeinden, Ämter und kreisfreien Städte nach Absatz 2 haben den Plan innerhalb von drei Wochen nach Zugang für die Dauer eines Monats zur Einsicht auszulegen. [2]Auf eine Auslegung kann verzichtet werden, wenn der Kreis der Betroffenen und die Vereinigungen nach Absatz 4 Satz 5 bekannt sind und ihnen innerhalb angemessener Frist Gelegenheit gegeben wird, den Plan einzusehen.

(3a) [1]Die Behörden nach Absatz 2 haben ihre Stellungnahme innerhalb einer von der Anhörungsbehörde zu setzenden Frist abzugeben, die drei Monate nicht überschreiten darf. [2]Stellungnahmen, die nach Ablauf der Frist nach Satz 1 eingehen, sind zu berücksichtigen, wenn der Planfeststellungsbehörde die vorgebrachten Belange bekannt sind oder hätten bekannt sein müssen oder für die Rechtmäßigkeit der Entscheidung von Bedeutung sind; im Übrigen können sie berücksichtigt werden.

(4) [1]Jeder, dessen Belange durch das Vorhaben berührt werden, kann bis zwei Wochen nach Ablauf der Auslegungsfrist schriftlich oder zur Niederschrift bei der Anhörungsbehörde, der amtsfreien Gemeinde, dem Amt oder der kreisfreien Stadt Einwendungen gegen den Plan erheben. [2]Im Falle des Absatzes 3 Satz 2 bestimmt die Anhörungsbehörde die Einwendungsfrist. [3]Mit Ablauf der Einwendungsfrist sind alle Einwendungen ausgeschlossen, die nicht auf besonderen privatrechtlichen Titeln beruhen. [4]Hierauf ist in der Bekanntmachung der Auslegung oder bei der Bekanntgabe der Einwendungsfrist hinzuweisen. [5]Vereinigungen, die aufgrund einer Anerkennung nach anderen Rechtsvorschriften befugt sind, Rechtsbehelfe nach der Verwaltungsgerichtsordnung gegen die Entscheidung nach § 74 einzulegen, können innerhalb der Frist nach Satz 1 Stellungnahmen zu dem Plan abgeben. [6]Die Sätze 2 bis 4 gelten entsprechend.

(5) [1]Die amtsfreien Gemeinden, Ämter und kreisfreien Städte, in denen der Plan auszulegen ist, haben die Auslegung vorher ortsüblich bekannt zu machen. [2]In der Bekanntmachung ist darauf hinzuweisen,

1. wo und in welchem Zeitraum der Plan zur Einsicht ausgelegt ist;
2. dass etwaige Einwendungen oder Stellungnahmen von Vereinigungen nach Absatz 4 Satz 5 bei den in der Bekanntmachung zu bezeichnenden Stellen innerhalb der Einwendungsfrist vorzubringen sind;
3. dass bei Ausbleiben eines Beteiligten in dem Erörterungstermin auch ohne ihn verhandelt werden kann;
4. dass
   a) die Personen, die Einwendungen erhoben haben, oder die Vereinigungen, die Stellungnahmen abgegeben haben, von dem Erörterungstermin durch öffentliche Bekanntmachung benachrichtigt werden können,
   b) die Zustellung der Entscheidung über die Einwendungen durch öffentliche Bekanntmachung ersetzt werden kann, wenn mehr als 50 Benachrichtigungen oder Zustellungen vorzunehmen sind.

[3]Nicht ortsansässige Betroffene, deren Person und Aufenthalt bekannt sind oder sich innerhalb angemessener Frist ermitteln lassen, sollen auf Veranlassung der Anhörungsbehörde von der Auslegung mit dem Hinweis nach Satz 2 benachrichtigt werden.

(6) [1]Nach Ablauf der Einwendungsfrist hat die Anhörungsbehörde die rechtzeitig gegen den Plan erhobenen Einwendungen, die rechtzeitig abgegebenen Stellungnahmen von Vereinigungen nach Absatz 4 Satz 5 sowie die Stellungnahmen der Behörden zu dem Plan mit dem Träger des Vorhabens, den Behörden, den Betroffenen sowie denjenigen, die Einwendungen erhoben oder Stellungnahmen

abgegeben haben, zu erörtern. [2]Der Erörterungstermin ist mindestens eine Woche vorher ortsüblich bekannt zu machen. [3]Die Behörden, der Träger des Vorhabens und diejenigen, die Einwendungen erhoben oder Stellungnahmen abgegeben haben, sind von dem Erörterungstermin zu benachrichtigen. [4]Sind außer der Benachrichtigung der Behörden und des Trägers des Vorhabens mehr als 50 Benachrichtigungen vorzunehmen, so können diese Benachrichtigungen durch öffentliche Bekanntmachung ersetzt werden. [5]Die öffentliche Bekanntmachung wird dadurch bewirkt, dass abweichend von Satz 2 der Erörterungstermin im amtlichen Veröffentlichungsblatt der Anhörungsbehörde und außerdem in örtlichen Tageszeitungen bekannt gemacht wird, die in dem Bereich verbreitet sind, in dem sich das Vorhaben voraussichtlich auswirken wird; maßgebend für die Frist nach Satz 2 ist die Bekanntgabe im amtlichen Veröffentlichungsblatt. [6]Im Übrigen gelten für die Erörterung die Vorschriften über die mündliche Verhandlung im förmlichen Verwaltungsverfahren (§ 67 Absatz 1 Satz 3, Absatz 2 Nummer 1 und 4 und Absatz 3, § 68) entsprechend. [7]Die Anhörungsbehörde schließt die Erörterung innerhalb von drei Monaten nach Ablauf der Einwendungsfrist ab.

(7) Abweichend von den Vorschriften des Absatzes 6 Satz 2 bis 5 kann der Erörterungstermin bereits in der Bekanntmachung nach Absatz 5 Satz 2 bestimmt werden.

(8) [1]Soll ein ausgelegter Plan geändert werden und werden dadurch der Aufgabenbereich einer Behörde oder einer Vereinigung nach Absatz 4 Satz 5 oder Belange Dritter erstmals oder stärker als bisher berührt, so ist diesen die Änderung mitzuteilen und ihnen Gelegenheit zu Stellungnahmen und Einwendungen innerhalb von zwei Wochen zu geben; Absatz 4 Satz 3 bis 6 gilt entsprechend. [2]Wird sich die Änderung voraussichtlich auf das Gebiet einer anderen Gemeinde, eines Amtes oder einer kreisfreien Stadt auswirken, so ist der geänderte Plan dort auszulegen; die Absätze 2 bis 6 gelten entsprechend.

(9) Die Anhörungsbehörde gibt zum Ergebnis des Anhörungsverfahrens eine Stellungnahme ab und leitet diese der Planfeststellungsbehörde innerhalb eines Monats nach Abschluss der Erörterung mit dem Plan, den Stellungnahmen der Behörden und der Vereinigungen nach Absatz 4 Satz 5 sowie den nicht erledigten Einwendungen zu.

(10) Der Träger des Vorhabens hat der amtsfreien Gemeinde, dem Amt oder der kreisfreien Stadt die Auslagen zu erstatten, die durch Bekanntmachungen und Benachrichtigungen im Anhörungsverfahren entstehen, wenn sie 25 Euro übersteigen.

§ 74 Planfeststellungsbeschluss, Plangenehmigung

(1) [1]Die Planfeststellungsbehörde stellt den Plan fest (Planfeststellungsbeschluss). [2]Die Vorschriften über die Entscheidung und die Anfechtung der Entscheidung im förmlichen Verwaltungsverfahren (§§ 69 und 70) sind anzuwenden.

(2) [1]Im Planfeststellungsbeschluss entscheidet die Planfeststellungsbehörde über die Einwendungen, über die bei der Erörterung vor der Anhörungsbehörde keine Einigung erzielt worden ist. [2]Sie hat dem Träger des Vorhabens Vorkehrungen oder die Errichtung und Unterhaltung von Anlagen aufzuerlegen, die zum Wohl der Allgemeinheit oder zur Vermeidung nachteiliger Wirkungen auf Rechte anderer erforderlich sind. [3]Sind solche Vorkehrungen oder Anlagen untunlich oder mit dem Vorhaben unvereinbar, so hat der Betroffene Anspruch auf angemessene Entschädigung in Geld.

(3) Soweit eine abschließende Entscheidung noch nicht möglich ist, ist diese im Planfeststellungsbeschluss vorzubehalten; dem Träger des Vorhabens ist dabei aufzugeben, noch fehlende oder von der Planfeststellungsbehörde bestimmte Unterlagen rechtzeitig vorzulegen.

(4) [1]Der Planfeststellungsbeschluss ist dem Träger des Vorhabens, denjenigen, über deren Einwendungen entschieden worden ist, und den Vereinigungen, über deren Stellungnahmen entschieden worden ist, zuzustellen. [2]Eine Ausfertigung des Beschlusses ist mit einer Rechtsbehelfsbelehrung und einer Ausfertigung des festgestellten Planes in den amtsfreien Gemeinden, Ämtern und kreisfreien Städten zwei Wochen zur Einsicht auszulegen; der Ort und die Zeit der Auslegung sind ortsüblich bekanntzumachen. [3]Mit dem Ende der Auslegungsfrist gilt der Beschluss gegenüber den übrigen Betroffenen als zugestellt; darauf ist in der Bekanntmachung hinzuweisen. [4]§ 73 Absatz 10 gilt entsprechend.

(5) [1]Sind außer an den Träger des Vorhabens mehr als 50 Zustellungen nach Absatz 4 vorzunehmen, so können diese Zustellungen durch öffentliche Bekanntmachung ersetzt werden. [2]Die öffentliche Bekanntmachung wird dadurch bewirkt, dass der verfügende Teil des Planfeststellungsbeschlusses, die Rechtsbehelfsbelehrung und ein Hinweis auf die Auslegung nach Absatz 4 Satz 2 im amtlichen Veröffentlichungsblatt der zuständigen Behörde und außerdem in örtlichen Tageszeitungen bekannt

gemacht werden, die in dem Bereich verbreitet sind, in dem sich das Vorhaben voraussichtlich auswirken wird; auf Auflagen ist hinzuweisen. 3Mit dem Ende der Auslegungsfrist gilt der Beschluss den Betroffenen und denjenigen gegenüber, die Einwendungen erhoben haben, als zugestellt; hierauf ist in der Bekanntmachung hinzuweisen. 4Nach der öffentlichen Bekanntmachung kann der Planfeststellungsbeschluss bis zum Ablauf der Rechtsbehelfsfrist von den Betroffenen und von denjenigen, die Einwendungen erhoben haben, schriftlich oder elektronisch angefordert werden; hierauf ist in der Bekanntmachung gleichfalls hinzuweisen.

(6) 1Anstelle eines Planfeststellungsbeschlusses kann eine Plangenehmigung erteilt werden, wenn

1. Rechte anderer nicht oder nur unwesentlich beeinträchtigt werden oder die Betroffenen sich mit der Inanspruchnahme ihres Eigentums oder eines anderen Rechts schriftlich einverstanden erklärt haben,
2. mit den Trägem öffentlicher Belange, deren Aufgabenbereich berührt wird, das Benehmen hergestellt worden ist und
3. nicht andere Rechtsvorschriften eine Öffentlichkeitsbeteiligung vorschreiben, die den Anforderungen des § 73 Absatz 3 Satz 1 und Absatz 4 bis 7 entsprechen muss.

2Die Plangenehmigung hat die Rechtswirkungen der Planfeststellung; auf ihre Erteilung sind die Vorschriften über das Planfeststellungsverfahren nicht anzuwenden; davon ausgenommen sind Absatz 4 Satz 1 und Absatz 5, die entsprechend anzuwenden sind.

(7) 1Planfeststellung und Plangenehmigung entfallen in Fällen von unwesentlicher Bedeutung. 2Diese liegen vor, wenn

1. andere öffentliche Belange nicht berührt sind oder die erforderlichen behördlichen Entscheidungen vorliegen und sie dem Plan nicht entgegenstehen,
2. Rechte anderer nicht beeinflusst werden oder mit den vom Plan Betroffenen entsprechende Vereinbarungen getroffen worden sind und
3. nicht andere Rechtsvorschriften eine Öffentlichkeitsbeteiligung vorschreiben, die den Anforderungen des § 73 Absatz 3 Satz 1 und Absatz 4 bis 7 entsprechen muss.

§ 75 Rechtswirkung der Planfeststellung

(1) 1Durch die Planfeststellung wird die Zulässigkeit des Vorhabens einschließlich der notwendigen Folgemaßnahmen an anderen Anlagen im Hinblick auf alle von ihm berührten öffentlichen Belange festgestellt; neben der Planfeststellung sind andere behördliche Entscheidungen nach Bundes- oder Landesrecht, insbesondere öffentlich-rechtliche Genehmigungen, Verleihungen, Erlaubnisse, Bewilligungen, Zustimmungen und Planfeststellungen nicht erforderlich. 2Durch die Planfeststellung werden alle öffentlich-rechtlichen Beziehungen zwischen dem Träger des Vorhabens und den durch den Plan Betroffenen rechtsgestaltend geregelt.

(1a) 1Mängel bei der Abwägung der von dem Vorhaben berührten öffentlichen und privaten Belange sind nur erheblich, wenn sie offensichtlich und auf das Abwägungsergebnis von Einfluss gewesen sind. 2Erhebliche Mängel bei der Abwägung oder eine Verletzung von Verfahrens- oder Formvorschriften führen nur dann zur Aufhebung des Planfeststellungsbeschlusses oder der Plangenehmigung, wenn sie nicht durch Planergänzung oder durch ein ergänzendes Verfahren behoben werden können, die §§ 45 und 46 bleiben unberührt.

(2) 1Ist der Planfeststellungsbeschluss unanfechtbar geworden, so sind Ansprüche auf Unterlassung des Vorhabens, auf Beseitigung oder Änderung der Anlagen oder auf Unterlassung ihrer Benutzung ausgeschlossen. 2Treten nicht voraussehbare Wirkungen des Vorhabens oder der dem festgestellten Plan entsprechenden Anlagen auf das Recht eines anderen erst nach Unanfechtbarkeit des Planes auf, so kann der Betroffene Vorkehrungen oder die Errichtung und Unterhaltung von Anlagen verlangen, welche die nachteiligen Wirkungen ausschließen. 3Sie sind dem Träger des Vorhabens durch Beschluss der Planfeststellungsbehörde aufzuerlegen. 4Sind solche Vorkehrungen oder Anlagen untunlich oder mit dem Vorhaben unvereinbar, so richtet sich der Anspruch auf angemessene Entschädigung in Geld. 5Werden Vorkehrungen oder Anlagen im Sinne des Satzes 2 notwendig, weil nach Abschluss des Planfeststellungsverfahrens auf einem benachbarten Grundstück Veränderungen eingetreten sind, so hat die hierdurch entstehenden Kosten der Eigentümer des benachbarten Grundstücks zu tragen, es sei denn, dass die Veränderungen durch natürliche Ereignisse oder höhere Gewalt verursacht worden sind; Satz 4 ist nicht anzuwenden.

(3) [1]Anträge, mit denen Ansprüche auf Herstellung von Einrichtungen oder auf angemessene Entschädigung nach Absatz 2 Satz 2 und 4 geltend gemacht werden, sind schriftlich an die Planfeststellungsbehörde zu richten. [2]Sie sind nur innerhalb von drei Jahren nach dem Zeitpunkt zulässig, zu dem der Betroffene von den nachteiligen Wirkungen des dem unanfechtbar festgestellten Plan entsprechenden Vorhabens oder der Anlage Kenntnis erhalten hat; sie sind ausgeschlossen, wenn nach Herstellung des dem Plan entsprechenden Zustandes dreißig Jahre verstrichen sind.

(4) [1]Wird mit der Durchführung des Planes nicht innerhalb von fünf Jahren nach Eintritt der Unanfechtbarkeit begonnen, so tritt er außer Kraft. [2]Als Beginn der Durchführung des Plans gilt jede erstmals nach außen erkennbare Tätigkeit von mehr als nur geringfügiger Bedeutung zur plangemäßen Verwirklichung des Vorhabens; eine spätere Unterbrechung der Verwirklichung des Vorhabens berührt den Beginn der Durchführung nicht.

§ 76 Planänderungen vor Fertigstellung des Vorhabens

(1) Soll vor Fertigstellung des Vorhabens der festgestellte Plan geändert werden, bedarf es eines neuen Planfeststellungsverfahrens.

(2) Bei Planänderungen von unwesentlicher Bedeutung kann die Planfeststellungsbehörde von einem neuen Planfeststellungsverfahren absehen, wenn die Belange anderer nicht berührt werden oder wenn die Betroffenen der Änderung zugestimmt haben.

(3) Führt die Planfeststellungsbehörde in den Fällen des Absatzes 2 oder in anderen Fällen einer Planänderung von unwesentlicher Bedeutung ein Planfeststellungsverfahren durch, so bedarf es keines Anhörungsverfahrens und keiner öffentlichen Bekanntgabe des Planfeststellungsbeschlusses.

§ 77 Aufhebung des Planfeststellungsbeschlusses

[1]Wird ein Vorhaben, mit dessen Durchführung begonnen worden ist, endgültig aufgegeben, so hat die Planfeststellungsbehörde den Planfeststellungsbeschluss aufzuheben. [2]In dem Aufhebungsbeschluss sind dem Träger des Vorhabens die Wiederherstellung des früheren Zustandes oder geeignete andere Maßnahmen aufzuerlegen, soweit dies zum Wohl der Allgemeinheit oder zur Vermeidung nachteiliger Wirkungen auf Rechte anderer erforderlich ist. [3]Werden solche Maßnahmen notwendig, weil nach Abschluss des Planfeststellungsverfahrens auf einem benachbarten Grundstück Veränderungen eingetreten sind, so kann der Träger des Vorhabens durch Beschluss der Planfeststellungsbehörde zu geeigneten Vorkehrungen verpflichtet werden; die hierdurch entstehenden Kosten hat jedoch der Eigentümer des benachbarten Grundstückes zu tragen, es sei denn, dass die Veränderungen durch natürliche Ereignisse oder höhere Gewalt verursacht worden sind.

§ 78 Zusammentreffen mehrerer Vorhaben

(1) Treffen mehrere selbstständige Vorhaben, für deren Durchführung Planfeststellungsverfahren vorgeschrieben sind, derart zusammen, dass für diese Vorhaben oder für Teile von ihnen nur eine einheitliche Entscheidung möglich ist, so findet für diese Vorhaben oder für deren Teile nur ein Planfeststellungsverfahren statt.

(2) [1]Zuständigkeiten und Verfahren richten sich nach den Rechtsvorschriften über das Planfeststellungsverfahren, das für diejenige Anlage vorgeschrieben ist, die einen größeren Kreis öffentlich-rechtlicher Beziehungen berührt. [2]Bestehen Zweifel, welche Rechtsvorschrift anzuwenden ist, so entscheidet, falls nach den in Betracht kommenden Rechtsvorschriften mehrere Landesbehörden in den Geschäftsbereichen mehrerer oberster Landesbehörden zuständig sind, die Landesregierung, sonst die zuständige oberste Landesbehörde. [3]Bestehen Zweifel, welche Rechtsvorschrift anzuwenden ist, und sind nach den in Betracht kommenden Rechtsvorschriften Behörden verschiedener Länder zuständig, so führen, falls sich die obersten Behörden der Länder nicht einigen, die Landesregierungen das Einvernehmen darüber herbei, welche Rechtsvorschrift anzuwenden ist; sind nach den in Betracht kommenden Rechtsvorschriften eine Bundesbehörde und eine Landesbehörde zuständig, so führen, falls sich die obersten Bundes- und Landesbehörden nicht einigen, die Bundesregierung und die Landesregierung das Einvernehmen darüber herbei, welche Rechtsvorschrift anzuwenden ist.

Teil VI
Rechtsbehelfsverfahren

§ 79 Rechtsbehelfe gegen Verwaltungsakte
Für förmliche Rechtsbehelfe gegen Verwaltungsakte gelten die Verwaltungsgerichtsordnung und die zu ihrer Ausführung ergangenen Rechtsvorschriften, soweit nicht durch Gesetz etwas anderes bestimmt ist; im Übrigen gelten die Vorschriften dieses Gesetzes.

§ 80 Erstattung von Kosten im Vorverfahren
(1) [1]Soweit der Widerspruch erfolgreich ist, hat der Rechtsträger, dessen Behörde den angefochtenen Verwaltungsakt erlassen hat, demjenigen, der Widerspruch erhoben hat, die zur zweckentsprechenden Rechtsverfolgung oder Rechtsverteidigung notwendigen Aufwendungen zu erstatten. [2]Dies gilt auch, wenn der Widerspruch nur deshalb keinen Erfolg hat, weil die Verletzung einer Verfahrens- oder Formschrift nach § 45 unbeachtlich ist. [3]Soweit der Widerspruch erfolglos geblieben ist, hat derjenige, der den Widerspruch eingelegt hat, die zur zweckentsprechenden Rechtsverfolgung oder Rechtsverteidigung notwendigen Aufwendungen der Behörde, die den angefochtenen Verwaltungsakt erlassen hat, zu erstatten; dies gilt nicht, wenn der Widerspruch gegen einen Verwaltungsakt eingelegt wird, der im Rahmen

1. eines bestehenden oder früheren öffentlich-rechtlichen Dienst- oder Amtsverhältnisses oder
2. einer bestehenden oder früheren gesetzlichen Dienstpflicht oder einer Tätigkeit, die an der Stelle der gesetzlichen Dienstpflicht geleistet werden kann,

erlassen wurde. [4]Aufwendungen, die durch das Verschulden eines Erstattungsberechtigten entstanden sind, hat dieser selbst zu tragen; das Verschulden eines Vertreters ist dem Vertretenen zuzurechnen.

(2) Die Gebühren und Auslagen eines Rechtsanwalts oder eines sonstigen Bevollmächtigten im Vorverfahren sind erstattungsfähig, wenn die Zuziehung eines Bevollmächtigten notwendig war.

(3) [1]Die Behörde, die die Kostenentscheidung getroffen hat, setzt auf Antrag den Betrag der zu erstattenden Aufwendungen fest; hat ein Ausschuss oder Beirat (§ 73 Absatz 2 der Verwaltungsgerichtsordnung) die Kostenentscheidung getroffen, so obliegt die Kostenfestsetzung der Behörde, bei der der Ausschuss oder Beirat gebildet ist. [2]Die Kostenentscheidung bestimmt auch, ob die Zuziehung eines Rechtsanwalts oder eines sonstigen Bevollmächtigten notwendig war.

(4) Die Absätze 1 bis 3 gelten auch

1. für Vorverfahren bei Maßnahmen des Richterdienstrechts und
2. für abgabenrechtliche Vorverfahren, in denen an die Stelle des Einspruchs (§ 348 der Abgabenordnung) der Widerspruch (§ 68 der Verwaltungsgerichtsordnung) tritt.

Teil VII
Ehrenamtliche Tätigkeit, Ausschüsse

Abschnitt 1
Ehrenamtliche Tätigkeit

§ 81 Anwendung der Vorschriften über die ehrenamtliche Tätigkeit
Für die ehrenamtliche Tätigkeit im Verwaltungsverfahren gelten die §§ 82 bis 87, soweit Rechtsvorschriften nichts Abweichendes bestimmen.

§ 82 Pflicht zur ehrenamtlichen Tätigkeit
Eine Pflicht zur Übernahme ehrenamtlicher Tätigkeit besteht nur, wenn sie durch Rechtsvorschrift vorgesehen ist.

§ 83 Ausübung ehrenamtlicher Tätigkeit
(1) Der ehrenamtlich Tätige hat seine Tätigkeit gewissenhaft und unparteiisch auszuüben.

(2) [1]Bei Übernahme seiner Aufgaben ist er zur gewissenhaften und unparteiischen Tätigkeit und zur Verschwiegenheit besonders zu verpflichten. [2]Die Verpflichtung ist aktenkundig zu machen.

§ 84 Verschwiegenheitspflicht
(1) [1]Der ehrenamtlich Tätige hat, auch nach Beendigung seiner ehrenamtlichen Tätigkeit, über die ihm dabei bekannt gewordenen Angelegenheiten Verschwiegenheit zu wahren. [2]Dies gilt nicht für Mittei-

lungen im dienstlichen Verkehr oder über Tatsachen, die offenkundig sind oder ihrer Bedeutung nach keiner Geheimhaltung bedürfen.

(2) Der ehrenamtlich Tätige darf ohne Genehmigung über Angelegenheiten, über die er Verschwiegenheit zu wahren hat, weder vor Gericht noch außergerichtlich aussagen oder Erklärungen abgeben.

(3) Die Genehmigung, als Zeuge auszusagen, darf nur versagt werden, wenn die Aussage dem Wohle des Bundes oder eines Landes Nachteile bereiten oder die Erfüllung öffentlicher Aufgaben ernstlich gefährden oder erheblich erschweren würde.

(4) [1]Ist der ehrenamtlich Tätige Beteiligter in einem gerichtlichen Verfahren oder soll sein Vorbringen der Wahrnehmung seiner berechtigten Interessen dienen, so darf die Genehmigung auch dann, wenn die Voraussetzungen des Absatzes 3 erfüllt sind, nur versagt werden, wenn ein zwingendes öffentliches Interesse dies erfordert. [2]Wird sie versagt, so ist dem ehrenamtlich Tätigen der Schutz zu gewähren, den die öffentlichen Interessen zulassen.

(5) Die Genehmigung nach den Absätzen 2 bis 4 erteilt die fachlich zuständige Aufsichtsbehörde der Stelle, die den ehrenamtlich Tätigen berufen hat.

§ 85 Entschädigung

Der ehrenamtlich Tätige hat Anspruch auf Ersatz seiner notwendigen Auslagen und seines Verdienstausfalles.

§ 86 Abberufung

[1]Personen, die zu ehrenamtlicher Tätigkeit herangezogen worden sind, können von der Stelle, die sie berufen hat, abberufen werden, wenn ein wichtiger Grund vorliegt. [2]Ein wichtiger Grund liegt insbesondere vor, wenn der ehrenamtlich Tätige

1. seine Pflicht gröblich verletzt oder sich als unwürdig erwiesen hat,
2. seine Tätigkeit nicht mehr ordnungsgemäß ausüben kann.

§ 87 Ordnungswidrigkeiten

(1) Ordnungswidrig handelt, wer

1. eine ehrenamtliche Tätigkeit nicht übernimmt, obwohl er zur Übernahme verpflichtet ist,
2. eine ehrenamtliche Tätigkeit, zu deren Übernahme er verpflichtet war, ohne anerkennenswerten Grund niederlegt.

(2) Die Ordnungswidrigkeit kann mit einer Geldbuße geahndet werden.

Abschnitt 2

Ausschüsse

§ 88 Anwendung der Vorschriften über Ausschüsse

Für Ausschüsse, Beiräte und andere kollegiale Einrichtungen (Ausschüsse) gelten, wenn sie in einem Verwaltungsverfahren tätig werden, die §§ 89 bis 93, soweit Rechtsvorschriften nichts anderes bestimmen.

§ 89 Ordnung in den Sitzungen

Der Vorsitzende eröffnet, leitet und schließt die Sitzungen; er ist für die Ordnung verantwortlich.

§ 90 Beschlussfähigkeit

(1) [1]Ausschüsse sind beschlussfähig, wenn alle Mitglieder geladen und mehr als die Hälfte, mindestens aber drei der stimmberechtigten Mitglieder anwesend sind. [2]Beschlüsse können auch im schriftlichen Verfahren gefasst werden, wenn kein Mitglied widerspricht.

(2) Ist eine Angelegenheit wegen Beschlussunfähigkeit zurückgestellt worden und wird der Ausschuss zur Behandlung desselben Gegenstandes erneut geladen, so ist er ohne Rücksicht auf die Zahl der Erschienenen beschlussfähig, wenn darauf in dieser Ladung hingewiesen worden ist.

§ 91 Beschlussfassung

[1]Beschlüsse werden mit Stimmenmehrheit gefasst. [2]Bei Stimmengleichheit entscheidet bei offenen Abstimmungen die Stimme des Vorsitzenden, wenn er stimmberechtigt ist; sonst gilt Stimmengleichheit als Ablehnung.

§ 92 Wahlen durch Ausschüsse

(1) [1]Gewählt wird, wenn kein Mitglied des Ausschusses widerspricht, durch Zuruf oder Zeichen, sonst durch Stimmzettel. [2]Auf Verlangen eines Mitgliedes ist geheim zu wählen.

(2) [1]Gewählt ist, wer von den abgegebenen Stimmen die meisten erhalten hat. [2]Bei Stimmengleichheit entscheidet das vom Leiter der Wahl zu ziehende Los.

(3) [1]Sind mehrere gleichartige Wahlstellen zu besetzen und liegen mehrere Wahlvorschläge vor, so ist nach dem Höchstzahlverfahren d'Hondt zu wählen, außer wenn einstimmig etwas anderes beschlossen worden ist. [2]Über die Zuteilung der letzten Wahlstelle entscheidet bei gleicher Höchstzahl das vom Leiter der Wahl zu ziehende Los.

§ 93 Niederschrift

[1]Über die Sitzung ist eine Niederschrift zu fertigen. [2]Die Niederschrift muss Angaben enthalten über

1. den Ort und den Tag der Sitzung,
2. die Namen des Vorsitzenden und der anwesenden Ausschussmitglieder,
3. den behandelten Gegenstand und die gestellten Anträge,
4. die gefassten Beschlüsse,
5. das Ergebnis von Wahlen.

[3]Die Niederschrift ist von dem Vorsitzenden und, soweit ein Schriftführer hinzugezogen worden ist, auch von diesem zu unterzeichnen.

2. Hauptteil

Zustellungsverfahren

§ 94 Ausnahme vom Anwendungsbereich und Erfordernis der Zustellung

(1) Im Widerspruchsverfahren wird nach den Vorschriften des Verwaltungszustellungsgesetzes zugestellt.

(2) [1]Gerichte können bei der Erledigung von Verwaltungsangelegenheiten auch nach den Vorschriften zustellen, nach denen sie im Rahmen ihrer rechtsprechenden Tätigkeit zu verfahren haben. [2]Dies gilt entsprechend für Staatsanwaltschaften.

(3) Die Landesfinanzbehörden stellen nach den Vorschriften des Verwaltungszustellungsgesetzes zu.

(4) Die Vorschriften dieses Hauptteils gelten nicht für Zustellungen nach der Justizbeitreibungsverordnung und dem Hinterlegungsgesetz.

(5) Zugestellt wird, wenn es durch Rechtsvorschrift oder behördliche Anordnung bestimmt ist.

§ 95 Allgemeines

(1) Zustellung ist die Bekanntgabe eines schriftlichen oder elektronischen Dokuments in der in diesem Gesetz bestimmten Form.

(2) [1]Die Zustellung wird durch einen Erbringer von Postdienstleistungen, einem nach § 17 des De-Mail-Gesetzes akkreditierten Diensteanbieter oder durch die Behörde ausgeführt. [2]Daneben gelten die in den §§ 107 und 108 geregelten Sonderarten der Zustellung.

(3) [1]Die Behörde hat die Wahl zwischen den einzelnen Zustellungsarten. [2]§ 98 Absatz 5 Satz 1 Halbsatz 2 bleibt unberührt.

§ 96 Zustellung durch die Post mit Zustellungsurkunde

(1) Soll durch die Post mit Zustellungsurkunde zugestellt werden, übergibt die Behörde der Post den Zustellungsauftrag, das zuzustellende Dokument in einem verschlossenen Umschlag und einen vorbereiteten Vordruck einer Zustellungsurkunde.

(2) [1]Für die Ausführung der Zustellung gelten die §§ 177 bis 182 der Zivilprozessordnung entsprechend. [2]Im Fall des § 181 Absatz 1 der Zivilprozessordnung kann das zuzustellende Dokument am Ort der Zustellung bei einer von der Post dafür bestimmten Stelle oder am Ort des Amtsgerichts, in dessen Bezirk der Ort der Zustellung liegt, niedergelegt werden. [3]Die Niederlegung ist auch bei der Behörde möglich, die den Zustellungsauftrag erteilt hat, wenn diese Behörde ihren Sitz am Ort der Zustellung oder am Ort des Amtsgerichts hat, in dessen Bezirk der Ort der Zustellung liegt. [4]Für die Zustellungsurkunde, den Zustellungsauftrag, den verschlossenen Umschlag nach Absatz 1 und die schriftliche Mitteilung nach § 181 Absatz 1 Satz 3 der Zivilprozessordnung sind die Vordrucke nach der Zustellungsvordruckverordnung zu verwenden.

§ 97 Zustellung durch die Post mittels Einschreiben

(1) Ein Dokument kann durch die Post per Einschreiben durch Übergabe oder mittels Einschreiben mit Rückschein zugestellt werden.

(2) [1]Zum Nachweis der Zustellung genügt der Rückschein. [2]Im Übrigen gilt das Dokument am dritten Tag nach der Aufgabe zur Post als zugestellt, es sei denn, dass es nicht oder zu einem späteren Zeitpunkt zugegangen ist. [3]Im Zweifel hat die Behörde den Zugang und dessen Zeitpunkt nachzuweisen. [4]Der Tag der Aufgabe zur Post ist in den Akten zu vermerken. [5]Anstelle des Vermerks kann ein Vordruck mit der genauen Bezeichnung des zuzustellenden Dokuments (Betreff, Datum, Aktenzeichen) und dem eingedruckten, von der Post bestätigten Einlieferungsschein oder eine Ablichtung davon zu den Akten genommen werden.

§ 98 Zustellung durch die Behörde gegen Empfangsbekenntnis; elektronische Zustellung

(1) [1]Bei der Zustellung durch die Behörde händigt der zustellende Bedienstete das Dokument dem Empfänger in einem verschlossenen Umschlag aus. [2]Das Dokument kann auch offen ausgehändigt werden, wenn keine schutzwürdigen Interessen des Empfängers entgegenstehen. [3]Der Empfänger hat ein mit dem Datum der Aushändigung versehenes Empfangsbekenntnis zu unterschreiben. [4]Der Bedienstete vermerkt das Datum der Zustellung auf dem Umschlag des auszuhändigenden Dokuments oder bei offener Aushändigung auf dem Dokument selbst.

(2) [1]Die §§ 177 bis 181 der Zivilprozessordnung sind anzuwenden. [2]Zum Nachweis der Zustellung ist in den Akten zu vermerken:

1. im Fall der Ersatzzustellung in der Wohnung, in Geschäftsräumen und Einrichtungen nach § 178 der Zivilprozessordnung der Grund, der diese Zustellung rechtfertigt,
2. im Fall der Zustellung bei verweigerter Annahme nach § 179 der Zivilprozessordnung, wer die Annahme verweigert hat und dass das Dokument am Ort der Zustellung zurückgelassen oder an den Absender zurückgesandt wurde sowie der Zeitpunkt und der Ort der verweigerten Annahme,
3. in den Fällen der Ersatzzustellung nach den §§ 180 und 181 der Zivilprozessordnung der Grund der Ersatzzustellung sowie wann und wo das Dokument in einen Briefkasten eingelegt oder sonst niedergelegt und in welcher Weise die Niederlegung schriftlich mitgeteilt wurde.

[3]Im Fall des § 181 Absatz 1 der Zivilprozessordnung kann das zuzustellende Dokument bei der Behörde, die den Zustellungsauftrag erteilt hat, niedergelegt werden, wenn diese Behörde ihren Sitz am Ort der Zustellung oder am Ort des Amtsgerichts hat, in dessen Bezirk der Ort der Zustellung liegt.

(3) [1]Zur Nachtzeit, an Sonntagen und allgemeinen Feiertagen darf nach den Absätzen 1 und 2 im Inland nur mit schriftlicher oder elektronischer Erlaubnis des Behördenleiters zugestellt werden. [2]Die Nachtzeit umfasst die Stunden von 21 bis 6 Uhr. [3]Die Erlaubnis ist bei der Zustellung abschriftlich mitzuteilen. [4]Eine Zustellung, bei der diese Vorschriften nicht beachtet werden, ist wirksam, wenn die Annahme nicht verweigert wird.

(4) Das Dokument kann an Behörden, Körperschaften, Anstalten und Stiftungen des öffentlichen Rechts, Rechtsanwälte, Patentanwälte, Notare, Steuerberater, Steuerbevollmächtigte, Wirtschaftsprüfer, vereidigte Buchprüfer, Steuerberatungsgesellschaften, Wirtschaftsprüfungsgesellschaften und Buchprüfungsgesellschaften auch auf andere Weise, auch elektronisch, gegen Empfangsbekenntnis zugestellt werden.

(5) [1]Ein elektronisches Dokument kann im Übrigen unbeschadet des Absatzes 4 elektronisch zugestellt werden, soweit der Empfänger hierfür einen Zugang eröffnet; es ist elektronisch zuzustellen, wenn aufgrund einer Rechtsvorschrift ein Verfahren auf Verlangen des Empfängers in elektronischer Form abgewickelt wird. [2]Für die Übermittlung ist das Dokument mit einer qualifizierten elektronischen Signatur zu versehen und gegen unbefugte Kenntnisnahme Dritter zu schützen.

(6) [1]Bei der elektronischen Zustellung ist die Übermittlung mit dem Hinweis Zustellung gegen Empfangsbekenntnis einzuleiten. [2]Die Übermittlung muss die absendende Behörde, den Namen und die Anschrift des Zustellungsadressaten sowie den Namen des Bediensteten erkennen lassen, der das Dokument zur Übermittlung aufgegeben hat.

(7) [1]Zum Nachweis der Zustellung nach den Absätzen 4 und 5 genügt das mit Datum und Unterschrift versehene Empfangsbekenntnis, das an die Behörde durch die Post oder elektronisch zurückzusenden ist. [2]Ein elektronisches Dokument gilt in den Fällen des Absatzes 5 Satz 1 Halbsatz 2 am dritten Tag nach der Absendung an den vom Empfänger hierfür eröffneten Zugang als zugestellt, wenn der Behörde nicht spätestens an diesem Tag ein Empfangsbekenntnis nach Satz 1 zugeht. [3]Satz 2 gilt nicht, wenn

der Empfänger nachweist, dass das Dokument nicht oder zu einem späteren Zeitpunkt zugegangen ist. [4]Der Empfänger ist in den Fällen des Absatzes 5 Satz 1 Halbsatz 2 vor der Übermittlung über die Rechtsfolgen nach den Sätzen 2 und 3 zu belehren. [5]Zum Nachweis der Zustellung ist von der absendenden Behörde in den Akten zu vermerken, zu welchem Zeitpunkt und an welchen Zugang das Dokument gesendet wurde. [6]Der Empfänger ist über den Eintritt der Zustellungsfiktion nach Satz 2 zu benachrichtigen.

§ 99 Elektronische Zustellung gegen Abholbestätigung über De-Mail-Dienste

(1) [1]Die elektronische Zustellung kann unbeschadet von § 98 Absatz 4 und 5 Satz 1 durch Übermittlung der nach § 17 des De-Mail-Gesetzes akkreditierten Diensteanbieter gegen Abholbestätigung nach § 5 Absatz 9 des De-Mail-Gesetzes an das De-Mail-Postfach des Empfängers erfolgen. [2]Für die Zustellung nach Satz 1 sind § 98 Absatz 4 und 6 mit der Maßgabe anzuwenden, dass an die Stelle des Empfangsbekenntnisses die Abholbestätigung tritt.

(2) [1]Die absendende Behörde hat vom nach § 17 des De-Mail-Gesetzes akkreditierten Diensteanbieter eine Versandbestätigung nach § 5 Absatz 7 des De-Mail-Gesetzes und eine Abholbestätigung nach § 5 Absatz 9 des De-Mail-Gesetzes zu verlangen. [2]Diese sind unverzüglich der absendenden Behörde zu übermitteln.

(3) [1]Zum Nachweis der elektronischen Zustellung genügt die Abholbestätigung nach § 5 Absatz 9 des De-Mail-Gesetzes. [2]Für die Abholbestätigung gelten § 371 Absatz 1 Satz 2 und § 371a Absatz 2 der Zivilprozessordnung entsprechend.

(4) [1]Ein elektronisches Dokument gilt in den Fällen des § 98 Absatz 5 Satz 1 Halbsatz 2 am dritten Tag nach der Absendung an das De-Mail-Postfach des Empfängers als zugestellt, wenn er dieses Postfach als Zugang eröffnet hat und der Behörde nicht spätestens an diesem Tag eine elektronische Abholbestätigung nach § 5 Absatz 9 des De-Mail-Gesetzes zugeht. [2]Satz 1 gilt nicht, wenn der Empfänger nachweist, dass das Dokument nicht oder zu einem späteren Zeitpunkt zugegangen ist. [3]Der Empfänger ist in den Fällen des § 98 Absatz 5 Satz 1 Halbsatz 2 vor der Übermittlung über die Rechtsfolgen nach den Sätzen 1 und 2 zu belehren. [4]Als Nachweis der Zustellung nach Satz 1 dient die Versandbestätigung nach § 5 Absatz 7 des De-Mail-Gesetzes oder ein Vermerk der absendenden Behörde in den Akten, zu welchem Zeitpunkt und an welches De-Mail-Postfach das Dokument gesendet wurde. [5]Der Empfänger ist über den Eintritt der Zustellungsfiktion nach Satz 1 elektronisch zu benachrichtigen.

§ 100 Zustellung an gesetzliche Vertreter

(1) Bei natürlichen Personen, die nicht handlungsfähig im Sinne des § 12 sind, ist an ihre gesetzlichen Vertreter zuzustellen.

(2) [1]Zustellungen an Behörden, juristische Personen, nicht rechtsfähige Personenvereinigungen und Zweckvermögen sind an ihren Leiter zu richten. [2]Wenn das für eine solche Einrichtung geltende Recht den Begriff des Leiters nicht verwendet, gilt als Leiter das zur Vertretung nach außen berechtigte Organ.

(3) Sind mehrere gesetzliche Vertreter oder Leiter vorhanden, so genügt die Zustellung an einen von ihnen.

(4) Der zustellende Bedienstete braucht nicht zu prüfen, ob die Anschrift den Vorschriften der Absätze 1 bis 3 entspricht.

§ 101 Zustellung an Bevollmächtigte

(1) [1]Zustellungen können an den allgemeinen oder für bestimmte Angelegenheiten bestellten Bevollmächtigten gerichtet werden. [2]Sie sind an ihn zu richten, wenn er schriftliche Vollmacht vorgelegt hat. [3]Ist ein Bevollmächtigter für mehrere Beteiligte bestellt, so genügt die Zustellung eines Dokuments an ihn für alle Beteiligten.

(2) Einem Zustellungsbevollmächtigten mehrerer Beteiligter sind so viele Ausfertigungen oder Abschriften zuzustellen, als Beteiligte vorhanden sind.

(3) Auf § 180 Absatz 2 der Abgabenordnung beruhende Regelungen und § 183 der Abgabenordnung bleiben unberührt.

§ 101a Zustellung an mehrere Beteiligte

[1]Betrifft ein zusammengefasster Bescheid Ehegatten oder Ehegatten mit ihren Kindern oder Lebenspartner oder Lebenspartner mit ihren Kindern oder Alleinstehende mit ihren Kindern, so reicht es für die Zustellung an alle Beteiligten aus, wenn ihnen eine Ausfertigung unter ihrer gemeinsamen An-

schrift zugestellt wird. [2]Der Bescheid ist den Beteiligten einzeln zuzustellen, soweit sie dies beantragt haben.

§ 102 Heilung von Zustellungsmängeln

Lässt sich die formgerechte Zustellung des Dokuments nicht nachweisen oder ist es unter Verletzung zwingender Zustellungsvorschriften zugegangen, gilt es in dem Zeitpunkt als zugestellt, in dem es dem Empfangsberechtigten tatsächlich zugegangen ist; im Fall des § 98 Absatz 5 in dem Zeitpunkt, in dem der Empfänger das Empfangsbekenntnis zurückgesandt hat.

§§ 103–106 (weggefallen)

§ 107 Zustellung im Ausland

(1) Eine Zustellung im Ausland erfolgt

1. durch Einschreiben mit Rückschein, soweit die Zustellung von Dokumenten unmittelbar durch die Post völkerrechtlich zulässig ist,
2. auf Ersuchen der Behörde durch die Behörden des fremden Staates oder durch die zuständige diplomatische oder konsularische Vertretung Deutschlands,
3. auf Ersuchen der Behörde durch das Auswärtige Amt an eine Person, die das Recht der Immunität genießt und zu einer Vertretung Deutschlands im Ausland gehört, sowie an Familienangehörige einer solchen Person, wenn diese das Recht der Immunität genießen, oder
4. durch Übermittlung elektronischer Dokumente, soweit dies völkerrechtlich zulässig ist.

(2) [1]Zum Nachweis der Zustellung nach Absatz 1 Nummer 1 genügt der Rückschein. [2]Die Zustellung nach Absatz 1 Nummer 2 und 3 wird durch das Zeugnis der ersuchten Behörde nachgewiesen. [3]Der Nachweis der Zustellung gemäß Absatz 1 Nummer 4 richtet sich nach § 98 Absatz 7 Satz 1 bis 3 und 5 sowie nach § 99 Absatz 3 und 4 Satz 1, 2 und 4.

(3) [1]Die Behörde kann bei der Zustellung nach Absatz 1 Nummer 2 und 3 anordnen, dass die Person, an die zugestellt werden soll, innerhalb einer angemessenen Frist einen Zustellungsbevollmächtigten benennt, der im Inland wohnt oder dort einen Geschäftsraum hat. [2]Wird kein Zustellungsbevollmächtigter benannt, so können spätere Zustellungen bis zur nachträglichen Benennung dadurch bewirkt werden, dass das Dokument unter der Anschrift der Person, an die zugestellt werden soll, zur Post gegeben wird. [3]Das Dokument gilt am siebenten Tag nach der Aufgabe zur Post als zugestellt, wenn nicht feststeht, dass es den Empfänger nicht oder zu einem späteren Zeitpunkt erreicht hat. [4]Die Behörde kann eine längere Frist bestimmen. [5]In der Anordnung nach Satz 1 ist auf diese Rechtsfolgen hinzuweisen. [6]Zum Nachweis der Zustellung ist in den Akten zu vermerken, zu welcher Zeit und unter welcher Anschrift das Dokument zur Post gegeben wurde. [7]Ist durch Rechtsvorschrift angeordnet, dass ein Verwaltungsverfahren über eine einheitliche Stelle nach den Vorschriften des Verwaltungsverfahrensgesetzes abgewickelt werden kann, finden die Sätze 1 bis 6 keine Anwendung.

§ 108 Öffentliche Zustellung

(1) [1]Die Zustellung kann durch öffentliche Bekanntmachung erfolgen, wenn

1. der Aufenthaltsort des Empfängers unbekannt ist und eine Zustellung an einen Vertreter oder Zustellungsbevollmächtigten nicht möglich ist,
2. bei juristischen Personen, die zur Anmeldung einer inländischen Geschäftsanschrift zum Handelsregister verpflichtet sind, eine Zustellung weder unter der eingetragenen Anschrift noch unter einer im Handelsregister eingetragenen Anschrift einer für Zustellungen empfangsberechtigten Person oder einer ohne Ermittlungen bekannten anderen inländischen Anschrift möglich ist oder
3. sie im Fall des § 107 nicht möglich ist oder keinen Erfolg verspricht.

[2]Die Anordnung über die öffentliche Zustellung trifft ein zeichnungsberechtigter Bediensteter.

(2) [1]Die öffentliche Zustellung erfolgt durch Bekanntmachung einer Benachrichtigung an der Stelle, die von der Behörde hierfür allgemein bestimmt ist, oder durch Veröffentlichung einer Benachrichtigung im Amtsblatt für Mecklenburg-Vorpommern. [2]Die Benachrichtigung muss

1. die Behörde, für die zugestellt wird,
2. den Namen und die letzte bekannte Anschrift des Zustellungsadressaten,
3. das Datum und das Aktenzeichen des Dokuments sowie
4. die Stelle, wo das Dokument eingesehen werden kann,

erkennen lassen. [3]Die Benachrichtigung muss den Hinweis enthalten, dass das Dokument öffentlich zugestellt wird und Fristen in Gang gesetzt werden können, nach deren Ablauf Rechtsverluste drohen können. [4]Bei der Zustellung einer Ladung muss die Benachrichtigung den Hinweis enthalten, dass das Dokument eine Ladung zu einem Termin enthält, dessen Versäumnis Rechtsnachteile zur Folge haben kann. [5]In den Akten ist zu vermerken, wann und wie die Benachrichtigung bekannt gemacht wurde. [6]Das Dokument gilt als zugestellt, wenn seit dem Tag der Bekanntmachung der Benachrichtigung zwei Wochen vergangen sind.

§ 109 (weggefallen)

3. Hauptteil

Vollstreckungsverfahren

§ 110 Vollzug von Verwaltungsakten

Für den Vollzug von Verwaltungsakten, die auf Herausgabe einer Sache oder auf Vornahme einer Handlung oder auf Duldung oder Unterlassung gerichtet sind, gelten die §§ 79 bis 100 des Sicherheits- und Ordnungsgesetzes.

§ 111 Vollstreckung

(1) [1]Für öffentlich-rechtliche Geldforderungen des Landes, der Gemeinden, Ämter und Landkreise sowie der sonstigen der Aufsicht des Landes unterstehenden Körperschaften, rechtsfähigen Anstalten und Stiftungen des öffentlichen Rechts gelten die §§ 1 bis 3 und die §§ 5 bis 5b des Verwaltungs-Vollstreckungsgesetzes einschließlich der in § 5 Absatz 1 des Verwaltungs-Vollstreckungsgesetzes aufgeführten Vorschriften der Abgabenordnung. [2]§ 93 Absatz 8 bis 10 der Abgabenordnung findet Anwendung.

(2) [1]Die zuständigen Vollstreckungsbehörden bestimmt die Landesregierung durch Rechtsverordnung, soweit sie nicht gesetzlich bestimmt sind. [2]Die in der Rechtsverordnung nach Satz 1 als zuständig bestimmten Vollstreckungsbehörden können die Durchführung ihrer Aufgaben auf andere in der Rechtsverordnung nach Satz 1 aufgeführte Vollstreckungsbehörden durch öffentlich-rechtlichen Vertrag übertragen.

(3) [1]Für Amtshandlungen nach Absatz 1 werden Kosten nach § 19 Absatz 1 des Verwaltungs-Vollstreckungsgesetzes erhoben. [2]Für eine Mahnung nach § 3 Absatz 3 des Verwaltungs-Vollstreckungsgesetzes wird eine Mahngebühr erhoben. [3]Sie beträgt eins vom Hundert des Mahnbetrages bis 50 Euro einschließlich, ein halbes vom Hundert von dem Mehrbetrag, mindestens jedoch 2,50 Euro und höchstens 50 Euro. [4]Die Mahngebühr wird auf volle zehn Cent aufgerundet.

(4) [1]Leistet die Vollstreckungsbehörde einer anderen Behörde Vollstreckungshilfe, hat die ersuchende Behörde, wenn sie nicht demselben Rechtsträger angehört wie die Vollstreckungsbehörde, der Vollstreckungsbehörde

1. je Ersuchen für dessen Erledigung einen Betrag zum Ausgleich des durch Vollstreckungskosten nicht gedeckten Vollstreckungsaufwandes und
2. die bei Vollstreckungsschuldnern nicht beigetriebenen Vollstreckungskosten

zu zahlen. [2]Dies gilt auch im Verhältnis von Vollstreckungsbehörden zu Körperschaften, Anstalten und Stiftungen des öffentlichen Rechts sowie der mit hoheitlichen Befugnissen beliehenen Personen des Privatrechts, wenn die Vollstreckungsbehörde für diese vollstreckt. [3]Satz 1 Nummer 2 gilt nicht im Verhältnis von Vollstreckungsbehörden zu den öffentlich-rechtlichen Rundfunkanstalten. [4]Ist die ersuchende Behörde selbst Vollstreckungsbehörde, ist sie von der Zahlung nach Satz 1 befreit, soweit Gegenseitigkeit gewährleistet ist.

(4a) Die Vollstreckungsbehörde kann Pfändungs- und Einziehungsverfügungen auch dann erlassen und durch die Post zustellen lassen, wenn der Vollstreckungsschuldner oder der Drittschuldner seinen Wohnsitz, Sitz oder gewöhnlichen Aufenthalt außerhalb des Geltungsbereichs dieses Gesetzes, jedoch im Geltungsbereich des Grundgesetzes hat, sofern das dort geltende Landesrecht dies zulässt.

(4b) Vollstreckungsbehörden im Geltungsbereich des Grundgesetzes, die diesem Gesetz nicht unterliegen, können gegenüber Vollstreckungsschuldnern und Drittschuldnern, die ihren Wohnsitz, Sitz oder gewöhnlichen Aufenthalt im Geltungsbereich dieses Gesetzes haben, Pfändungs- und Einziehungsverfügungen erlassen und durch die Post zustellen lassen.

(5) [1]Die Landesregierung wird ermächtigt, durch Rechtsverordnung den Betrag nach Absatz 4 Satz 1 Nummer 1 entsprechend dem durchschnittlichen tatsächlichen durch Gebühren und Auslagen nicht gedeckten Verwaltungsaufwand pauschaliert festzusetzen. [2]Dabei kann nach Art und Höhe der bei-

zutreibenden Forderung sowie nach der Art der zu erbringenden Vollstreckungshandlung differenziert werden.
(6) Widerspruch und Anfechtungsklage haben keine aufschiebende Wirkung, soweit sie sich gegen Maßnahmen richten, die in der Vollstreckung öffentlich-rechtlicher Geldforderungen getroffen werden.

4. Hauptteil
(weggefallen)

§§ 112–116 (weggefallen)

5. Hauptteil
Übergangs- und Schlussvorschriften

§ 117 Einschränkung von Grundrechten

Aufgrund dieses Gesetzes können die Grundrechte auf körperliche Unversehrtheit und Freiheit der Person (Artikel 2 Absatz 2 des Grundgesetzes) und der Unverletzlichkeit der Wohnung (Artikel 13 des Grundgesetzes) eingeschränkt werden.

§ 118 Sonderregelung für Verteidigungsangelegenheiten

[1]Nach Feststellung des Verteidigungsfalles oder des Spannungsfalles kann in Verteidigungsangelegenheiten von der Anhörung Beteiligter (§ 28 Absatz 1), von der schriftlichen Bestätigung (§ 37 Absatz 2 Satz 2) und von der schriftlichen Begründung eines Verwaltungsaktes (§ 39 Absatz 1) abgesehen werden; in diesen Fällen gilt ein Verwaltungsakt abweichend von § 41 Absatz 4 Satz 3 mit dem auf die Bekanntmachung folgenden Tag als bekannt gegeben. [2]Dasselbe gilt für die sonstigen nach Artikel 80a des Grundgesetzes anzuwendenden Rechtsvorschriften.

§ 119 Länderübergreifende Verfahren

[1]Ist nach § 3 Absatz 2 Satz 4 eine gemeinsame zuständige Behörde bestimmt und erstreckt sich das Verwaltungsverfahren auf das Gebiet eines anderen Bundeslandes, so ist insoweit das Verfahrensrecht dieses Landes anzuwenden. [2]Die fachlich zuständigen Aufsichtsbehörden können durch Vereinbarung eine abweichende Regelung treffen.

§ 120 Übergangsvorschrift zu § 53

Artikel 229 § 6 Absatz 1 bis 4 des Einführungsgesetzes zum Bürgerlichen Gesetzbuch gilt entsprechend bei der Anwendung des § 53 in der seit dem 1. Januar 2002 geltenden Fassung.

§ 121 Verwaltungsvorschriften

Das Innenministerium erlässt die zur Durchführung dieses Gesetzes notwendigen Verwaltungsvorschriften.

§ 122 (Inkrafttreten, Außerkrafttreten)

Gesetz zur Förderung der elektronischen Verwaltungstätigkeit in Mecklenburg-Vorpommern[1] (E-Government-Gesetz Mecklenburg-Vorpommern – EGovG M-V)

Vom 25. April 2016 (GVOBl. M-V S. 198)
(GS Meckl.-Vorp. Gl. Nr. 2010-7)

zuletzt geändert durch Art. 1, Art. 2 Satz 3 Zweites G zur Änd. des E-Government-G M-V vom 21. November 2020 (GVOBl. M-V S. 1138)

Inhaltsübersicht

§ 1 Geltungsbereich

(1) Dieses Gesetz gilt für die öffentlich-rechtliche Verwaltungstätigkeit der Behörden des Landes, der Gemeinden, Ämter und Landkreise sowie der sonstigen der Aufsicht des Landes unterstehenden Körperschaften, Anstalten und Stiftungen des öffentlichen Rechts (nachfolgend Behörden genannt), soweit landesrechtliche oder bundesrechtliche Vorschriften nicht inhaltsgleiche oder entgegenstehende Bestimmungen enthalten.

(2) Dieses Gesetz gilt nicht für

1. die Tätigkeit der Kirchen, der Religions- und Weltanschauungsgemeinschaften und ihrer Verbände und Einrichtungen im Land Mecklenburg-Vorpommern,
2. die Tätigkeit des Norddeutschen Rundfunks, des Zweiten Deutschen Fernsehens und des Deutschlandradios,
3. die Strafverfolgung, die Verfolgung und Ahndung von Ordnungswidrigkeiten, den Verfassungsschutz, die Rechtshilfe für das Ausland in Straf- und Zivilsachen und Maßnahmen des Richterdienstrechts,
4. die Verwaltungstätigkeit nach dem Zweiten Buch Sozialgesetzbuch,
5. den Landesrechnungshof,
6. Verfahren, die nach den Vorschriften der Abgabenordnung durchzuführen sind,

[Nr. 7 bis 31.12.2022:]

7. Hochschulen und Schulen,

[Nr. 7 ab 1.1.2023:]

7. *[aufgehoben]*
8. den Landtag,

---

1) Verkündet als Art. 1 G v. 25.4.2016 (GVOBl. M-V S. 198); Inkrafttreten gem. Art. 3 dieses G am 14.5.2016, mit Ausnahme von § 13, der gem. Art. 3 Abs. 2 dieses G am 1.1.2018 in Kraft tritt, sowie § 2 Abs. 2 und § 10 Abs. 1, die gem. Art. 3 Abs. 3 dieses G am 1.1.2020 in Kraft treten.

9. den Bürgerbeauftragen des Landes Mecklenburg-Vorpommern und den Landesbeauftragen für Datenschutz und Informationsfreiheit Mecklenburg-Vorpommern,
10. die Tätigkeit der Jagdgenossenschaften.

[Abs. 3 bis 30.12.2022:]

(3) Für die Tätigkeit

1. der Gerichtsverwaltungen und der Behörden der Justizverwaltung einschließlich der ihrer Aufsicht unterliegenden Körperschaften des öffentlichen Rechts gilt dieses Gesetz nur, soweit die Tätigkeit der Nachprüfung durch die Gerichte der Verwaltungsgerichtsbarkeit oder der Nachprüfung durch die in verwaltungsrechtlichen Anwalts-, Patentanwalts- und Notarsachen zuständigen Gerichte unterliegt,
2. der Wasser- und Bodenverbände und der Wildschadensausgleichskassen gelten § 2 Absatz 2 und § 10 Absatz 1 nicht.

[Abs. 3 ab 31.12.2022:]

(3) Für die Tätigkeit der Gerichtsverwaltungen und der Behörden der Justizverwaltung einschließlich der ihrer Aufsicht unterliegenden Körperschaften des öffentlichen Rechts gilt dieses Gesetz nur, soweit die Tätigkeit der Nachprüfung durch die Gerichte der Verwaltungsgerichtsbarkeit oder der Nachprüfung durch die in verwaltungsrechtlichen Anwalts-, Patentanwalts- und Notarsachen zuständigen Gerichte unterliegt.

[Abs. 4 ab 1.1.2023:]

(4) Die Regelungen zum Elektronischen Rechnungsempfang gemäß § 4a bleiben unberührt.

§ 2 Elektronische Kommunikation

(1) Jede Behörde ist verpflichtet, auch einen Zugang für die Übermittlung von Dokumenten in elektronischer Form, auch soweit sie mit einer qualifizierten elektronischen Signatur versehen sind, zu eröffnen.

(2) [1]Jede Behörde soll einen elektronischen Zugang zusätzlich durch eine DE-Mail-Adresse im Sinne des DE-Mail-Gesetzes eröffnen. [2]Dabei ist der Empfang einer DE-Mail im Sinne des § 3a Absatz 2 Satz 4 Nummer 2 des Landesverwaltungsverfahrensgesetzes sicherzustellen. [3]Die technischen und organisatorischen Rahmenbedingungen sind auf der Homepage anzugeben. [4]Die Behörden haben nach Maßgabe des Onlinezugangsgesetzes vom 14. August 2017 (BGBl. I S. 3122, 3138) ihre Verwaltungsleistungen auch elektronisch über Verwaltungsportale anzubieten. [5]Die für ressortübergreifende IT-Angelegenheiten zuständige oberste Landesbehörde stellt ein Verwaltungsportal im Sinne von Satz 1 als E-Government-Basisdienst im Sinne von § 15 Absatz 1 bereit. [6]Das Verwaltungsportal besteht mindestens aus den Komponenten Identifikationsnachweis, Bereitstellung von Informationen und Formularen für das Anbieten von elektronischen Verwaltungsleistungen sowie elektronische Bezahlmöglichkeiten. [7]Die Gemeinden, Ämter und Landkreise sowie die sonstigen der Aufsicht des Landes unterstehenden juristischen Personen des öffentlichen Rechts können dem Verwaltungsportal des Landes beitreten. [8]Die Kosten für dieses Verwaltungsportal trägt das Land; § 15 Absatz 1 Satz 2 findet insoweit keine Anwendung.

(3) [1]Jede Behörde des Landes, der Gemeinden, Ämter und Landkreise bietet in elektronischen Verwaltungsverfahren, die über öffentlich zugängliche Netze erreichbar sind und in denen sie die Identität einer Person aufgrund einer Rechtsvorschrift festzustellen hat oder aus anderen Gründen eine Identifizierung für notwendig erachtet, einen elektronischen Identitätsnachweis nach § 18 des Personalausweisgesetzes oder nach § 78 Absatz 5 des Aufenthaltsgesetzes an. [2]Die zuständige Behörde kann die Aufgabe des elektronischen Identitätsnachweises an eine Körperschaft oder Anstalt des öffentlichen Rechts übertragen.

(4) [1]Ist durch Rechtsvorschrift die Verwendung eines bestimmten Formulars vorgeschrieben, das ein Unterschriftsfeld vorsieht, wird allein dadurch nicht die Anordnung der Schriftform bewirkt. [2]Bei einer für die elektronische Versendung an die Behörde bestimmten Fassung des Formulars entfällt das Unterschriftsfeld.

§ 3 Information zu Behörden und über ihre Verfahren in öffentlich zugänglichen Netzen

(1) Jede Behörde stellt über öffentlich zugängliche Netze in allgemein verständlicher Sprache Informationen über ihre Aufgaben, ihre Anschrift, ihre Geschäftszeiten sowie postalische, telefonische und elektronische Erreichbarkeiten zur Verfügung.

(2) Die Behörden des Landes, der Gemeinden, Ämter und Landkreise stellen die in Absatz 1 aufgeführten Informationen für das Verwaltungsportal des Landes elektronisch zur Verfügung.

(2a) [1]Die obersten Landesbehörden sollen mit Unterstützung einer zentralen Landesredaktion zu leistungsbegründenden Gesetzen und Rechtsverordnungen des Landes allgemeine Leistungsinformationen in standardisierter Form bereitstellen. [2]Die zentrale Landesredaktion wird bei der für ressortübergreifende IT-Angelegenheiten zuständigen obersten Landesbehörde geführt.

(3) Jede Behörde soll über öffentlich zugängliche Netze in allgemein verständlicher Sprache über ihre nach außen wirkende öffentlich-rechtliche Tätigkeit, damit verbundene Gebühren, beizubringende Unterlagen und die zuständige Ansprechstelle und ihre Erreichbarkeit informieren sowie erforderliche Formulare bereitstellen.

(4) Die Behörden des Landes stellen die in Absatz 3 aufgeführten Informationen und Formulare im Verwaltungsportal des Landes elektronisch zur Verfügung.

§ 4 Elektronische Bezahlmöglichkeiten

Fallen im Rahmen eines elektronisch durchgeführten Verwaltungsverfahrens Gebühren oder sonstige Forderungen an, muss die Behörde die Einzahlung dieser Gebühren oder Begleichung dieser sonstigen Forderungen durch Teilnahme an mindestens einem im elektronischen Geschäftsverkehr üblichen und hinreichend sicheren Zahlungsverfahren ermöglichen.

§ 4a Elektronischer Rechnungsempfang, Verordnungsermächtigung

(1) [1]Unabhängig vom Auftragswert und vom Betrag der Rechnung sind elektronische Rechnungen nach Maßgabe einer gemäß Absatz 4 erlassenen Rechtsverordnung zu empfangen und zu verarbeiten, wenn sie gegenüber einem öffentlichen Auftraggeber im Sinne von § 99 des Gesetzes gegen Wettbewerbsbeschränkungen ausgestellt wurden. [2]Vertragliche Regelungen, die die elektronische Rechnungsstellung vorschreiben, bleiben unberührt.

(2) Eine Rechnung ist elektronisch, wenn sie in einem strukturierten elektronischen Format ausgestellt, übermittelt und empfangen wird, und das Format die automatische und elektronische Verarbeitung der Rechnung ermöglicht.

(3) [1]Für die Ausstellung von elektronischen Rechnungen haben Rechnungssteller und Rechnungssender grundsätzlich den Datenaustauschstandard XRechnung vom 29. September 2017 (BAnz AT 10.10.2017 B1) in der jeweils aktuellen Fassung zu verwenden. [2]Es kann auch ein anderer Datenaustauschstandard verwendet werden, wenn er den Anforderungen der europäischen Norm für die elektronische Rechnungsstellung entspricht.

(4) [1]Die für ressortübergreifende IT-Angelegenheiten zuständige oberste Landesbehörde wird ermächtigt, durch Rechtsverordnung besondere Vorschriften zur Ausgestaltung des elektronischen Rechnungsverkehrs zu erlassen. [2]Diese Vorschriften können sich beziehen auf

1. die Art und Weise der Verarbeitung der elektronischen Rechnung, insbesondere auf die elektronische Verarbeitung,
2. die Anforderungen an die elektronische Rechnungsstellung, und zwar insbesondere auf die von den elektronischen Rechnungen zu erfüllenden Voraussetzungen, den Schutz personenbezogener Daten, das zu verwendende Rechnungsdatenmodell sowie auf die Verbindlichkeit der elektronischen Form,
3. die Befugnis von öffentlichen Auftraggebern, Sektorenauftraggebern und Konzessionsgebern, in Ausschreibungsbedingungen und bei freihändigen Vergaben die Erteilung elektronischer Rechnungen vorzusehen sowie
4. Ausnahmen für sicherheitsspezifische Aufträge.

§ 5 Elektronische Nachweise, Einwilligung

(1) [1]Wird ein Verwaltungsverfahren elektronisch geführt, können die vorzulegenden Nachweise elektronisch eingereicht werden, es sei denn, dass durch Rechtsvorschrift etwas anderes bestimmt ist oder die Behörde für bestimmte Verfahren oder im Einzelfall die .Vorlage eines Originals verlangt. [2]Die Behörde entscheidet nach pflichtgemäßem Ermessen, welche Art der elektronischen Einreichung zur Ermittlung des Sachverhalts zulässig ist.

(2) [1]Die zuständige Behörde kann erforderliche Nachweise, die von einer deutschen öffentlichen Stelle stammen, mit der Einwilligung des Verfahrensbeteiligten direkt bei der ausstellenden öffentlichen

Stelle elektronisch einholen. ²Zu diesem Zweck dürfen die anfordernde Behörde und die abgebende öffentliche Stelle die erforderlichen personenbezogenen Daten verarbeiten.

(3) ¹Sofern gesetzlich nichts anderes bestimmt ist, kann die Einwilligung nach Absatz 2 elektronisch erklärt werden. ²Dabei ist durch die zuständige Behörde sicherzustellen, dass die Bedingungen für die Einwilligung gemäß Artikel 6 Absatz 1 Satz 1 Buchstabe a und Artikel 7 Absätze 1 bis 3 der Verordnung (EU) 2016/679 des Europäischen Parlamentes und des Rates vom 27. April 2016 zum Schutz natürlicher Personen bei der Verarbeitung personenbezogener Daten, zum freien Datenverkehr und zur Aufbebung der Richtlinie 95/46/EG (Datenschutz-Grundverordnung) vorliegen. ³Die Einwilligung ist zu protokollieren.

§ 6 Georeferenzierung

(1) Wird ein elektronisches Register, welches Angaben mit Bezug zu inländischen Grundstücken enthält, neu aufgebaut oder überarbeitet, soll die Behörde in das Register eine bundesweit einheitlich festgelegte direkte Georeferenzierung zu dem jeweiligen Flurstück, dem Gebäude oder zu einem in einer Rechtsvorschrift definierten Gebiet aufnehmen, auf welches sich die Angaben beziehen.

(2) Register im Sinne dieses Gesetzes sind solche, für die Daten aufgrund von Rechtsvorschriften des Landes erhoben oder gespeichert werden; dies können öffentliche und nichtöffentliche Register sein.

§ 7 Amtliche Mitteilungs- und Verkündungsblätter

(1) Eine durch Rechtsvorschrift des Landes bestimmte Pflicht zur Veröffentlichung in einem amtlichen Mitteilungs- oder Verkündungsblatt kann unbeschadet des Artikels 58 Absatz 1 und 2 der Verfassung des Landes Mecklenburg-Vorpommern zusätzlich oder ausschließlich durch eine elektronische Ausgabe erfüllt werden, wenn diese über öffentlich zugängliche Netze angeboten wird.

(2) ¹Jede Person muss einen angemessenen Zugang zu der Veröffentlichung haben, insbesondere durch die Möglichkeit, Ausdrucke zu bestellen oder in öffentlichen Einrichtungen auf die Veröffentlichung zuzugreifen. ²Es muss die Möglichkeit bestehen, die Veröffentlichung zu abonnieren oder elektronisch einen Hinweis auf neue Veröffentlichungen zu erhalten. ³Gibt es nur eine elektronische Ausgabe, ist dies in öffentlich zugänglichen Netzen auf geeignete Weise bekannt zu machen. ⁴Es ist sicherzustellen, dass die veröffentlichten Inhalte allgemein und dauerhaft zugänglich sind und eine Veränderung des Inhalts ausgeschlossen ist. ⁵Bei gleichzeitiger Veröffentlichung in elektronischer und papiergebundener Form hat die herausgebende Stelle eine Regelung zu treffen, welche Form als die authentische anzusehen ist.

§ 8 Anforderungen an das Bereitstellen von Daten, Verordnungsermächtigung

(1) ¹Stellen Behörden über öffentlich zugängliche Netze Daten zur Verfügung, an denen ein Nutzungsinteresse, insbesondere ein Weiterverwendungsinteresse im Sinne des Informationsweiterverwendungsgesetzes, zu erwarten ist, so sind grundsätzlich maschinenlesbare Formate zu verwenden. ²Ein Format ist maschinenlesbar, wenn die enthaltenen Daten durch Software automatisiert ausgelesen und verarbeitet werden können. ³Die Daten sollen mit Metadaten versehen werden.

(2) ¹Die Landesregierung wird ermächtigt, durch Rechtsverordnung Bestimmungen für die Ausgestaltung und Nutzung der Daten und Metadaten nach Absatz 1 festzulegen. ²Sie kann die Ermächtigung für einzelne Verwaltungsbereiche auf die fachlich zuständige oberste Landesbehörde übertragen. ³Die Bestimmungen für die Nutzung der Daten sollen insbesondere den Umfang der Nutzung, Nutzungsbedingungen, Nutzungsgebühren oder -entgelte sowie Gewährleistungs- und Haftungsausschlüsse regeln. ⁴Die Bestimmungen für die Ausgestaltung der Metadaten sollen den Umfang, die Beschreibung und das Format der Metadaten festlegen, um so einen bundesweiten Austausch der Metadaten zu ermöglichen.

(3) Regelungen in anderen Rechtsvorschriften über technische Formate, in denen Daten verfügbar zu machen sind, gehen vor, soweit sie Maschinenlesbarkeit gewährleisten.

(4) Absatz 1 gilt für Daten, die vor dem 13. Mai 2016 erstellt wurden, nur, wenn sie in maschinenlesbaren Formaten vorliegen oder grundlegend überarbeitet werden.

§ 9 Barrierefreiheit

Die Behörden sollen die barrierefreie Ausgestaltung der elektronischen Kommunikation und der Verwendung elektronischer Dokumente nach § 6 des Landesbehindertengleichstellungsgesetzes in angemessener Form gewährleisten.

§ 10 Elektronische Aktenführung, Verordnungsermächtigung

(1)[1)] [1]Die Behörden sollen ihre Akten elektronisch führen, soweit nicht wichtige Gründe entgegenstehen. [2]Satz 1 gilt nicht für Behörden, bei denen das Führen elektronischer Akten bei langfristiger Betrachtung unwirtschaftlich ist. [3]Wird eine Akte elektronisch geführt, ist durch geeignete technisch-organisatorische Maßnahmen nach dem Stand der Technik sicherzustellen, dass die Grundsätze ordnungsgemäßer Aktenführung sowie die Aktennutzung durch andere Behörden und Gerichte eingehalten werden.

(2) Die Landesregierung wird ermächtigt, durch Rechtsverordnung Bestimmungen zu Datenaustauschstandards und allgemeinen technisch-organisatorischen Regelungen zur Kompatibilität verschiedener Verfahren für die elektronische Aktenführung zu treffen.

§ 11 Übertragen und Vernichten des Papieroriginals

(1) [1]Die Behörden sollen, soweit sie Akten elektronisch führen, anstelle von Papierdokumenten deren elektronische Wiedergabe in der elektronischen Akte aufbewahren. [2]Bei der Übertragung in elektronische Dokumente ist nach dem Stand der Technik sicherzustellen, dass die elektronischen Dokumente mit den Papierdokumenten bildlich und inhaltlich übereinstimmen, wenn sie lesbar gemacht werden. [3]Von der Übertragung der Papierdokumente in elektronische Dokumente kann abgesehen werden, wenn die Übertragung unverhältnismäßigen technischen Aufwand erfordert.

(2) [1]Papierdokumente nach Absatz 1 sollen nach der Übertragung in elektronische Dokumente vernichtet oder zurückgegeben werden, sobald eine weitere Aufbewahrung nicht mehr aus rechtlichen Gründen oder zur Qualitätssicherung des Übertragungsvorgangs erforderlich ist. [2]Die Anbietungspflicht gegenüber dem zuständigen öffentlichen Archiv wird durch die spätere Anbietung der elektronischen Dokumente erfüllt.

§ 12 Akteneinsicht

Soweit ein Recht auf Akteneinsicht besteht, können die Behörden, die Akten elektronisch führen, Akteneinsicht dadurch gewähren, dass sie

1. einen Aktenausdruck zur Verfügung stellen,
2. die elektronischen Dokumente auf einem Bildschirm wiedergeben,
3. elektronische Dokumente übermitteln oder
4. den elektronischen Zugriff auf den Inhalt der Akten gestatten.

§ 13 Datenübermittlung[2)]

[1]Die Behörden des Landes, der Gemeinden, Ämter und Landkreise sollen für die elektronische Datenübermittlung in automatisierten Verfahren innerhalb des Landes und mit den Bundesbehörden das Corporate Network Landeskommunikationsvermittlungs- und Informationsnetz (CN LAVINE) nutzen, soweit nicht wichtige Gründe entgegenstehen. [2]Vorgesehene Abweichungen von der Regelung nach Satz 1 sind zu begründen und der für ressortübergreifende IT-Angelegenheiten zuständigen obersten Landesbehörde zur Entscheidung vorzulegen.

§ 14 Optimierung von Verwaltungsabläufen

(1) Die internen Verwaltungsabläufe in den Landesbehörden sollen in elektronischer Form abgewickelt und in entsprechender Form gestaltet werden, soweit nicht Rechtsvorschriften entgegenstehen.

(2) [1]Verwaltungsabläufe, die künftig zu wesentlichen Teilen elektronisch unterstützt werden, sind vor Einführung der informationstechnischen Systeme zu optimieren. [2]Dabei sollen standardisierte Methoden genutzt werden. [3]Dies gilt auch bei wesentlichen Änderungen von bereits elektronisch unterstützten Verwaltungsabläufen oder eingesetzten informationstechnischen Systemen.

§ 15 E-Government-Basisdienste, Einhaltung von IT-Landesstandards, Verordnungsermächtigung

(1) [1]Die Landesregierung stellt für die Behörden des Landes fachunabhängige informationstechnische Verfahren zur Unterstützung von Verwaltungsaufgaben (E-GovernmentBasisdienste) bereit und legt IT-Landesstandards fest, um eine einheitliche, gesicherte und datenschutzgerechte elektronische Verwaltungstätigkeit zu gewährleisten. [2]In geeigneten Fällen können die E-Government-Basisdienste nach

1) § 10 Abs. 1 tritt am 1.1.2020 in Kraft; vgl. Fußnote zum Titel.
2) § 13 tritt am 1.1.2018 in Kraft; vgl. Fußnote zum Titel.

Satz 1 auch den übrigen in § 1 Absatz 1 genannten Behörden zur Verfügung gestellt werden, dabei entstehende Mehrkosten sind durch die jeweilige Behörde zu übernehmen.

(2) [1]Die für ressortübergreifende IT-Angelegenheiten zuständige oberste Landesbehörde erlässt im Benehmen mit den obersten Landesbehörden eine IT-Richtlinie für die Behörden des Landes, die insbesondere Festlegungen zu E-Government-Basisdiensten und den IT-Landesstandards enthält. [2]Dabei sind die vom Planungsrat für die IT-Zusammenarbeit der öffentlichen Verwaltung zwischen Bund und Ländern (nachfolgend IT-Planungsrat genannt) beschlossenen fachunabhängigen und fachübergreifenden IT-Interoperabilitäts- oder IT-Sicherheitsstandards zu berücksichtigen.

(3) [1]Die Behörden des Landes sind verpflichtet, die in der IT-Richtlinie als verbindlich festgelegten IT-Landesstandards einzuhalten. [2]Soweit aus technischen, wirtschaftlichen oder organisatorischen Gründen von den IT-Landesstandards abgewichen werden soll, ist dies zu begründen und der für ressortübergreifende IT-Angelegenheiten zuständigen obersten Landesbehörde zur Entscheidung vorzulegen. [3]Werden Interoperabilitäts- und Informationssicherheitsstandards verbindlich durch Beschlüsse des IT-Planungsrates gemäß Artikel 91c Absatz 2 Satz 1 des Grundgesetzes vorgeschrieben, sind diese Standards von allen Behörden im Sinne von § 1 Absatz 1 einzuhalten.

(4) [1]Die Landesregierung wird ermächtigt, durch Rechtsverordnung die Bereitstellung, Ausgestaltung und Nutzung von E-Government-Basisdiensten zu regeln. [2]Die Regelungen können sich insbesondere beziehen auf

1. die Art und den Funktionsumfang,
2. die Zuständigkeit für die Bereitstellung und die dabei zu verarbeitenden personenbezogenen Daten,
3. die Nutzungspflicht der Behörden des Landes sowie auf Ausnahmen von der Nutzungspflicht,
4. die inhaltliche Ausgestaltung, insbesondere hinsichtlich
   a) der Interoperabilitäts- und Informationssicherheitsstandards,
   b) der Anforderungen, die der Qualitätssicherung dienen,
5. das Verwaltungsportal des Landes gemäß § 2 Absatz 2. Insoweit können über die Regelungsgegenstände der Nummern 1. bis 4. hinaus auch Regelungen getroffen werden zu
   a) der Verwendung bestimmter IT-Komponenten, Standards und Sicherheitsvorgaben, Maßnahmen zum Schutz personenbezogener Daten, Art und Weise der Nutzung, Einrichtung und Verwaltung der Nutzerkonten und Identifizierung der Nutzer, soweit dies nicht durch Bundesrecht geregelt ist,
   b) der Einbindung in einen Portalverbund im Sinne von § 2 Absatz 1 des Onlinezugangsgesetzes und
   c) den öffentlichen Stellen im Sinne von § 7 Absatz 1 und 2 des Onlinezugangsgesetzes sowie deren Aufgaben und Befugnisse zu bestimmen,
   d) der gemeinsamen Verantwortlichkeit gemäß Artikel 26 Absatz 1 DS-GVO zwischen den öffentlichen Stellen im Sinne von § 7 Absatz 1 und 2 des Onlinezugangsgesetzes und den öffentlichen Verwaltungen, die gemäß § 1 Absatz 1 Onlinezugangsgesetz Verwaltungsdienstleistungen elektronisch über das Verwaltungsportal anbieten.

§ 16 Koordinierung der Informationstechnik in der Landesverwaltung

(1) [1]Die Steuerung und Koordinierung der Informationstechnik in der Landesverwaltung wird durch die Beauftragte oder den Beauftragten der Landesregierung Mecklenburg-Vorpommern für Informationstechnik (nachfolgend IT-Beauftragte oder IT-Beauftragter genannt) wahrgenommen. [2]Sie oder er legt die Rahmenbedingungen für den Einsatz der Informationstechnik in der Landesverwaltung nach Abstimmung mit den beteiligten obersten Landesbehörden fest.

(2) Die Wahrnehmung dieser Funktion obliegt der Staatssekretärin oder dem Staatssekretär der für ressortübergreifende IT-Angelegenheiten zuständigen obersten Landesbehörde.

(3) Zu den Aufgaben der oder des IT-Beauftragten gehören insbesondere

1. die Vertretung des Landes Mecklenburg-Vorpommern im IT-Planungsrat von Bund und Ländern,
2. die strategische Ausrichtung der IT-Politik des Landes,
3. die Herbeiführung von Beschlüssen zur E-Government- und IT-Strategie,
4. die Kommunikation von generellen inhaltlichen und finanziellen Zielen des IT-Einsatzes,
5. die Steuerung von ressortübergreifendem IT-Sicherheitsmanagement,

6. die Zusammenarbeit mit dem Bund, den Ländern und Kommunen sowie anderen Partnern in ressortübergreifenden IT-Angelegenheiten der Landesverwaltung und
7. die Beteiligung bei Gesetzgebungsverfahren und anderen Regierungsvorhaben des Landes mit wesentlichen Auswirkungen auf die Gestaltung der Informationstechnik der öffentlichen Verwaltung.

(4) Die obersten Landesbehörden stimmen die informationstechnischen Vorhaben ihrer Geschäftsbereiche mit der für ressortübergreifende IT-Angelegenheiten zuständigen obersten Landesbehörde ab.

§ 17 Lenkungsausschuss E-Government

(1) [1]Der Lenkungsausschuss E-Government bildet das zentrale Steuerungsgremium der gemeinsamen E-Government-Initiative von Land, Städte- und Gemeindetag und Landkreistag. [2]Ziel dieser Kooperation sind insbesondere die Einführung und Fortentwicklung elektronischer, interoperabler und sicherer Verwaltungsprozesse zwischen Land und Kommunen (ebenenübergreifende Kooperation). [3]Dem Lenkungsausschuss E-Government gehören zu gleichen Teilen Vertreterinnen oder Vertreter des Landes, des Städte- und Gemeindetages und des Landkreistages an. [4]Für diese sind jeweils Stellvertreterinnen oder Stellvertreter zu benennen. [5]Der Lenkungsausschuss E-Government kann bei Bedarf Dritte beratend hinzuziehen.

(2) Der Lenkungsausschuss E-Government ist in den Angelegenheiten zu beteiligen, die für die ebenenübergreifende Kooperation in der Informationstechnik von Bedeutung sind.

(3) In Fällen der ebenenübergreifenden Kooperation gibt der Lenkungsausschuss E-Government Empfehlungen insbesondere zu

1. den im IT-Planungsrat behandelten Themen,
2. den Umsetzungsregelungen für die Beschlüsse des IT-Planungsrates, die dieser gemäß § 1 Absatz 1 Satz 1 des Vertrages über die Errichtung des IT-Planungsrats und über die Grundlagen der Zusammenarbeit beim Einsatz der Informationstechnologie in den Verwaltungen von Bund und Ländern – Vertrag zur Ausführung von Artikel 91c GG – fasst, und zu den Bund-Länder-Beschlüssen im Bereich Informationstechnik und elektronische Verwaltung,
3. der Weiterentwicklung der Strategie für Informationstechnologie, Open-Government, elektronische Verwaltung und die Umsetzungsplanung des Landes Mecklenburg-Vorpommern und der Kommunen im Hinblick auf die elektronische Verwaltung sowie zur Steuerung der Schlüsselprojekte aus dieser Umsetzungsplanung,
4. landesspezifischen Interoperabilitäts- und Informationssicherheitsstandards für die ebenenübergreifende Kooperation der im Land Mecklenburg-Vorpommern eingesetzten informationstechnischen Systeme, soweit der IT-Planungsrat hierzu nicht bereits verbindliche Standards beschlossen hat,
5. den elektronischen Kommunikations- und Zahlungsverfahren und
6. Projektvorschlägen des Landes oder der Kommunen.

(4) Der Lenkungsausschuss E-Government gibt sich eine Geschäftsordnung.

§ 17a Experimentierklausel

(1) [1]Zur Erprobung neuer Formen der Aufgabenerledigung im Zusammenhang mit der Digitalisierung von Verwaltungsleistungen können Behörden des Landes sowie Behörden der Gemeinden, Ämter, Landkreise und Zweckverbände von landesrechtlichen Standards für einen Zeitraum von höchstens vier Jahren abweichen, wenn die ausreichende Erfüllung der Aufgabe auch auf andere Weise als durch die Erfüllung dieser Standards sichergestellt ist. [2]Bundesrecht, Recht der Europäischen Gemeinschaften oder Rechte Dritter dürfen nicht entgegenstehen.

(2) Standards im Sinne dieser Vorschrift sind Vorgaben in landesrechtlichen Vorschriften (Gesetze, Rechtsverordnungen und Verwaltungsvorschriften des Landes), die für die Aufgabenerfüllung der Behörden des Landes oder der Gemeinden, Ämter, Landkreise und Zweckverbände erlassen wurden.

(3) [1]Von welchen landesrechtlichen Standards abgewichen werden kann, entscheidet die jeweils fachlich zuständige oberste Landesbehörde nach Zustimmung der oder des Beauftragten der Landesregierung für Informationstechnik. [2]Gemeinden, Ämter, Landkreise und Zweckverbände können bei der jeweils fachlich zuständigen obersten Landesbehörde Anträge zu einer Entscheidung im Sinne des Satzes 1 stellen. [3]Der Landkreistag M-V und der Städte- und Gemeindetag M-V können stellvertretend für mehrere ihrer Mitglieder einen gemeinsamen Antrag stellen. [4]Vor der Antragstellung ist der Len-

kungsausschuss E-Government zu beteiligen. [5]Über den Antrag ist innerhalb von drei Monaten nach Eingang des Antrags zu entscheiden. [6]Beabsichtigt die jeweils fachlich zuständige oberste Landesbehörde die teilweise oder gänzliche Ablehnung des Antrags, so hat sie zunächst gemeinsam mit dem Lenkungsausschuss E-Government auf eine Verständigung hinzuwirken. [7]Sofern ein Einvernehmen hierzu nicht zu erzielen ist, wird der Antrag abgelehnt. [8]Die Bezeichnung der Normen, die Gegenstände der Abweichung sowie der Zeitraum der Erprobung sind im Amtsblatt für Mecklenburg-Vorpommern bekannt zu machen.

§ 18 Evaluierung

Die Landesregierung berichtet dem Landtag fünf Jahre nach Inkrafttreten der elektronischen Aktenführung über die durch das Gesetz erzielten Wirkungen und unterbreitet ihm Vorschläge für seine Weiterentwicklung.

Verordnung über die Kosten im Verwaltungsvollzugsverfahren (Verwaltungsvollzugskostenverordnung – VwVKVO M-V)

Vom 28. März 2012 (GVOBl. M-V S. 106)
(GS Meckl.-Vorp. 2011-1-10)
zuletzt geändert durch Art. 1 Vierte ÄndVO vom 28. September 2021 (GVOBl. M-V S. 1402)

Aufgrund des § 114 Absatz 1 und 2 des Sicherheits- und Ordnungsgesetzes vom 9. Mai 2011 (GVOBl. M-V S. 246) verordnen das Ministerium für Inneres und Sport, das Ministerium für Wirtschaft, Bau und Tourismus, das Ministerium für Landwirtschaft, Umwelt und Verbraucherschutz, das Ministerium für Bildung, Wissenschaft und Kultur, das Ministerium für Energie, Infrastruktur und Landesentwicklung und das Ministerium für Arbeit, Gleichstellung und Soziales im Einvernehmen mit dem Ministerium für Inneres und Sport und dem Finanzministerium:

§ 1 Gebührenpflichtige Amtshandlungen

(1) [1]Für folgende Amtshandlungen nach dem Sicherheits- und Ordnungsgesetz werden Gebühren erhoben:
1. Androhung von Zwangsmitteln,
2. Festsetzung von Zwangsgeld,
3. Antrag auf Vollstreckung der Ersatzzwangshaft,
4. Ersatzvornahme,
5. unmittelbare Ausführung einer Maßnahme,
6. Anwendung unmittelbaren Zwangs,
7. Vorführung oder Wegnahme einer Person,
8. amtliche Verwahrung im Zusammenhang mit Vollzugsmaßnahmen.

[2]Hierbei ist unerheblich, ob die Vollzugsbeamten in eigener Zuständigkeit handeln oder Vollzugshilfe leisten.

(2) Die gebührenpflichtigen Tatbestände und die Höhe der Gebühren ergeben sich aus dem anliegenden Gebührenverzeichnis, das Bestandteil dieser Verordnung ist.

(3) Die Gebühren für Amtshandlungen nach Absatz 1 Satz 1 Nummer 4 bis 7 können ermäßigt oder erlassen werden, wenn ihre Erhebung unbillig wäre.

§ 2 Entstehung der Gebührenschuld

[1]Die Gebührenschuld entsteht
1. in den Fällen des § 1 Absatz 1 Nummer 1 bis 3, sobald das die Entscheidung oder den Antrag enthaltene Schreiben zur Post gegeben oder in anderer Weise mit der Übermittlung begonnen worden ist,
2. in den Fällen des § 1 Absatz 1 Nummer 4, 6 und 7, sobald die Vollzugsbehörde erstmals Schritte zur Durchführung der Vollzugshandlung unternommen hat,
3. im Fall der Ausführung der Ersatzvornahme oder der Verwahrung durch einen Beauftragten mit der Erteilung des Auftrags,
4. im Fall des § 1 Absatz 1 Nummer 8 mit dem Beginn der Verwahrung.

[2]Im Fall des § 1 Absatz 1 Nummer 5 gilt Satz 1 Nummer 2 und 3 entsprechend.

§ 3 Auslagen

(1) Als Auslagen werden erhoben:
1. Aufwendungen nach § 10 Absatz 1 Satz 2 Nummer 1 bis 8 des Landesverwaltungskostengesetzes,
2. Beträge, die bei Amtshandlungen nach § 1 Absatz 1 Nummer 4 bis 8 an Auskunftspersonen, Beauftragte und an Hilfspersonen zu zahlen sind,
3. sonstige durch Ausführung des unmittelbaren Zwangs oder Anwendung der Ersatzzwangshaft entstandene Kosten,
4. Ausgaben für

a) die Beförderung und Verpflegung in amtlichen Gewahrsam genommener, vorzuführender oder weggenommener Personen,
b) die Kosten für Einwegdecken in den Fällen des amtlichen Gewahrsams,
c) die Reinigung von Diensträumen, Dienstfahrzeugen und Sachen bei über das gewöhnliche Maß hinausgehender Verschmutzung durch den Pflichtigen in den Fällen des amtlichen Gewahrsams,
d) die Beförderung, Verwahrung, Beaufsichtigung, Fütterung und Pflege von Tieren.

(2) [1]Auslagen sind auch dann zu erstatten, wenn für eine Amtshandlung Gebührenfreiheit besteht oder von der Gebührenerhebung abgesehen wird. [2]Auslagen für Telekommunikationsdienstleistungen sind mit der Gebühr abgegolten.

§ 4 Übergangsregelung

Bei der Erhebung von Gebühren und Auslagen für eine Amtshandlung, die vor Inkrafttreten dieser Verordnung beantragt oder begonnen, aber noch nicht vollständig erbracht wurde, ist die bisher geltende Verwaltungsvollzugskostenverordnung vom 9. Oktober 2002 (GVOBl. M-V S. 726) anzuwenden.

§ 5 Inkrafttreten, Außerkrafttreten

[1]Diese Verordnung tritt am Tag nach ihrer Verkündung[1)] in Kraft. [2]Gleichzeitig tritt die Verwaltungsvollzugskostenverordnung vom 9. Oktober 2002 (GVOBl. M-V S. 726) außer Kraft.

Anlage
zu § 1 Absatz 2

Gebührenverzeichnis

Tarifstelle	Gebührentatbestand	Gebühr in Euro
	Gebühren	
1	**Gebühren nach dem Zeitaufwand**	
	Die Gebühr nach dem Zeitaufwand beträgt je angefangene Stunde	
1.1	für eine Beamtin oder einen Beamten der Laufbahngruppe 1, unterhalb des zweiten Einstiegsamtes oder für vergleichbare Tarifbeschäftigte	55,50 (42/13,50)
1.2	für eine Beamtin oder einen Beamten der Laufbahngruppe 1, ab dem zweiten Einstiegsamt oder für vergleichbare Tarifbeschäftigte	62,50 (49/13,50)
1.3	für eine Beamtin oder einen Beamten der Laufbahngruppe 2, unterhalb des zweiten Einstiegsamtes oder für vergleichbare Tarifbeschäftigte	76,50 (63/13,50)
1.4	für eine Beamtin oder einen Beamten der Laufbahngruppe 2, ab dem zweiten Einstiegsamt oder für vergleichbare Tarifbeschäftigte	100,50 (87/13,50)
1.5	für Kraftfahrer	68,50 (55/13,50)
	Anmerkung zu Tarifstelle 1: Der Klammerzusatz bei der Gebühr differenziert zwischen dem Personal- und Sachkostenanteil (Personalkosten/Sachkosten). Bei den Tarifstellen 5 .1, 5 .3, 7.1 und 8 .1 ist bei der Berechnung der Gebühr nur der Personalkostenanteil zu berücksichtigen.	
2	**Schriftliche Androhung von Zwangsmitteln, wenn die Androhung nicht mit dem Verwaltungsakt verbunden ist, durch den die Handlung, Duldung oder Unterlassung aufgegeben wird**	62 bis 500
3	**Festsetzung von Zwangsgeld**	15 bis 500
4	**Antrag auf Vollstreckung der Ersatzzwangshaft**	21 bis 150
5	**Ersatzvornahme**	
5.1	Ersatzvornahme durch Vollzugsbehörde	nach dem Zeitaufwand; die Tarifstelle 1 findet Anwendung

1) Verkündet am 25.5.2012.

Tarifstelle	Gebührentatbestand	Gebühr in Euro
5.2	für den Einsatz je	
5.2.1	Diensthund für jede angefangene Stunde	32,10
5.2.2	Kraftrad	0,70
5.2.3	Personenkraftwagen, Kleinbus bis zu zehn Sitzen, Anhänger	0,50
5.2.4	Lastkraftwagen, Zugmaschine, Omnibus	2,60
5.2.5	*[aufgehoben]*	
	Anmerkung zu den Tarifstellen 5.2.2 bis 5.2.4: Die Gebühr gilt für jeden angefangenen Kilometer des Hin- und Rückweges.	
5.2.6	sonstiges Spezial- und Feuerwehrfahrzeug (einschließlich Ausrüstung), Kehrmaschine und anderes Spezialfahrzeug, bei einem zulässigen Gesamtgewicht	
5.2.6.1	bis 7,5 Tonnen	91,50
5.2.6.2	über 7,5 Tonnen	162,00
5.2.7	Drehleiter und Kranwagen	323,50
5.2.8	Wasserfahrzeug	
5.2.8.1	Küstenstreifenboot	416,50
5.2.8.2	Streifenboot	69
5.2.8.3	Hilfsstreifenboot	49,10
5.2.8.4	Schlauchboot	70
5.2.8.5	Wassermotorrad	43,90
	Anmerkung zu den Tarifstellen 5.2.6 bis 5.2.8: Die Gebühr gilt für jede angefangene Stunde.	
5.2.9	Hubschrauber für jede angefangene Flugstunde einschließlich Flugpersonal	5 775,50
5.3	Abgeltung eigener Aufwendungen der Vollzugsbehörde bei der Ausführung der Ersatzvornahme durch Beauftragte	nach dem Zeitaufwand; die Tarifstelle 1 findet Anwendung
6	**Unmittelbare Ausführung einer Maßnahme**	Die Tarifstellen 5.1 bis 5.3 finden entsprechende Anwendung
7	**Unmittelbarer Zwang**	
7.1	durch einen Beamten oder Tarifbeschäftigten	nach dem Zeitaufwand; die Tarifstelle 1 findet Anwendung
7.2	für den Einsatz von Diensthunden oder technischem Gerät, insbesondere von Fahrzeugen	Die Tarifstelle 5.2 findet entsprechende Anwendung
7.3	bei Gewahrsamnahmen	
7.3.1	Gewahrsamnahmen von Personen gemäß § 55 des Sicherheits- und Ordnungsgesetzes	nach dem Zeitaufwand; die Tarifstelle 1 findet Anwendung

Tarifstelle	Gebührentatbestand	Gebühr in Euro
7.3.2	Aufenthalt je angefangene 12 Stunden	50
	Anmerkungen zu Tarifstelle 7.3: a) Aus Gründen der Billigkeit oder des öffentlichen Interesses können die Gebühren ermäßigt oder es kann von ihrer Erhebung abgesehen werden (§ 6 des Landesverwaltungskostengesetzes). b) Als Auslagen sind zu erheben: – die entstandenen besonderen Aufwendungen für die Reinigung von Räumen oder Fahrzeugen durch Dritte wegen außergewöhnlicher Verschmutzung, – die Kosten für die Gestellung von Einwegdecken, – die Kosten der ärztlichen Untersuchung auf Gewahrsamstauglichkeit, – die bei der Verpflegung entstandenen Kosten im Rahmen der festgelegten Richtwerte (für Morgenkost 3 Euro, für Mittagskost 4,80 Euro, für Abendkost 4 Euro). c) Tarifstelle 7.3.2 beinhaltet auch die Personalkosten der verantwortlichen Mitarbeiter für den Gewahrsamsraum.	
8	**Vorführung oder Wegnahme einer Person**	
8.1	durch einen Beamten oder Tarifbeschäftigten	nach dem Zeitaufwand; die Tarifstelle 1 findet Anwendung
8.2	für den Einsatz eines Kraftfahrzeuges für jeden angefangenen Kilometer des Transportweges und der erforderlichen Hin- und Rückfahrt	0,50
9	**Amtliche Verwahrung**	
9.1	Grundgebühr für die im Zusammenhang mit Vollzugsmaßnahmen oder der unmittelbaren Ausführung einer Maßnahme durchgeführte amtlichen Verwahrung	nach dem Zeitaufwand; die Tarifstelle 1 findet Anwendung
9.2	zusätzlich bei Fahrzeugen je angefangenen Tag	
9.2.1	je Zweirad	3
9.2.2	je Fahrzeug bis 7,5 Tonnen	5
9.2.3	je Fahrzeug über 7,5 Tonnen	10
9.2.4	je sonstige Sache	2 bis 10
9.3	zusätzlich bei Tieren je angefangenen Tag	
9.3.1	je Kleintier	2
9.3.2	je Großtier	5,50
9.4	zusätzlich bei sonstigen beweglichen Sachen (zum Beispiel Hausrat) je angefangenen Tag und je Quadratmeter Lagerfläche	0,50
	Anmerkungen zu Tarifstelle 9: a) Die Grundgebühr enthält grundsätzliche, mit der amtlichen Verwahrung anfallende Personalkosten (zum Beispiel für Aufnahme, Halterermittlungsverfahren und Herausgabeverfahren). b) Die Gebühr für die Verwahrung darf 50 Prozent des Veräußerungswertes nicht übersteigen. Der Veräußerungswert ist von der Vollzugsbehörde nach billigem Ermessen zu schätzen. c) Als Auslagen sind die Kosten zu erheben, die Dritte in Rechnung gestellt haben. Dabei sind die Kosten der Verwertung inklusive der Bewertung in Rechnung zu stellen.	

Verwaltungskostengesetz des Landes Mecklenburg-Vorpommern (Landesverwaltungskostengesetz – VwKostG M-V)

Vom 4. Oktober 1991 (GVOBl. M-V S. 366, ber. S. 435)
(GS Meckl.-Vorp. Gl. Nr. 2013-1)

zuletzt geändert durch Art. 2 G zur Änd. des LandesverwaltungsverfahrensG, des LandesverwaltungskostenG und der Vollstreckungszuständigkeits- und -kostenlandesVO vom 2. Mai 2019 (GVOBl. M-V S. 158)

Nichtamtliche Inhaltsübersicht

Der Landtag hat das folgende Gesetz beschlossen:

1. Abschnitt Anwendungsbereich

§ 1 [Anwendungsbereich]

(1) [1]Kosten nach diesem Gesetz sind Verwaltungsgebühren, Benutzungsgebühren und Auslagen. [2]Verwaltungsgebühren sind die Gegenleistung für eine besondere Inanspruchnahme oder Leistung (Amtshandlung) der Behörden des Landes, der Gemeinden, Ämter und Landkreise sowie der sonstigen der Aufsicht des Landes unterstehenden Körperschaften, rechtsfähigen Anstalten und Stiftungen des öffentlichen Rechts und der mit Aufgaben der öffentlichen Verwaltung beliehenen Personen. [3]Benutzungsgebühren sind die Gegenleistung für eine Inanspruchnahme öffentlicher Einrichtungen des Landes. [4]§ 2 Abs. 1 Satz 3 bleibt unberührt.

(2) Dieses Gesetz gilt nicht für die Kosten

1. in Selbstverwaltungsangelegenheiten der Gemeinden, Ämter und Landkreise sowie der sonstigen der Aufsicht des Landes unterstehenden Körperschaften, rechtsfähigen Anstalten und Stiftungen des öffentlichen Rechts,
2. der Gerichte,

3. der Behörden der Justiz- und der Gerichtsverwaltung und
4. der Industrie- und Handelskammern, der Handwerkskammern, Handwerksinnungen und Kreishandwerkerschaften.

(3) Die Vorschriften dieses Gesetzes sind ergänzend anzuwenden, wenn nach anderen Rechtsvorschriften oder aufgrund öffentlich-rechtlichen Vertrages Kosten erhoben werden und nichts Abweichendes bestimmt ist.

2. Abschnitt
Verordnungen über Verwaltungsgebühren

§ 2 Grundsatz

(1) [1]Die einzelnen Amtshandlungen, für die Verwaltungsgebühren erhoben werden, und die Gebührensätze sind durch Verordnung zu bestimmen. [2]Dabei hat der Verordnungsgeber sich im Rahmen der Vorschriften der §§ 3 bis 6 zu halten. [3]Für nichthoheitliche Tätigkeiten der in Verwaltungssachen oder in sonstigen öffentlichen Angelegenheiten handelnden Sachverständigen und Prüfer einer Behörde gemäß § 1 Abs. 3 des Landesverwaltungsverfahrensgesetzes kann durch Kostenverordnung die Erhebung von Sachverständigengebühren vorgesehen werden. [4]Die Vorschriften dieses und des 3. Abschnittes mit Ausnahme des § 8 Abs. 1 gelten entsprechend.

(2) Kostenverordnungen erlassen die jeweils fachlich zuständigen obersten Landesbehörden im Einvernehmen mit dem Finanzministerium.

(3) [1]In Angelegenheiten, die eine gleichmäßige Regelung für alle Geschäftsbereiche zulassen, sollen Gebührensätze in einheitlicher Höhe erhoben werden. [2]Die Landesregierung wird ermächtigt, für Amtshandlungen allgemeiner Art mit ressortübergreifender Bedeutung eine allgemeine Kostenverordnung durch Rechtsverordnung zu erlassen.

§ 3 Bemessung der Gebührensätze

(1) Die Gebührensätze sind so zu bemessen, daß zwischen der den Verwaltungsaufwand berücksichtigenden Höhe der Gebühr einerseits und der Bedeutung, dem wirtschaftlichen Wert oder dem sonstigen Nutzen der Amtshandlung für den Kostenschuldner andererseits ein angemessenes Verhältnis besteht.

(2) Enthält ein Rechtsakt der Europäischen Gemeinschaften Vorgaben für die Bemessung von Gebühren, so sind die Gebühren nach Maßgabe dieses Rechtsakts festzusetzen.

§ 4 Arten der Gebührenbestimmung

Die Verwaltungsgebühren sind durch feste Sätze, nach dem Wert des Gegenstandes, nach der Dauer der Amtshandlung oder durch Rahmensätze zu bestimmen.

§ 5 Pauschgebühren

[1]Zur Abgeltung mehrfacher gleichartiger Amtshandlungen für denselben Kostenschuldner können für einen im voraus bestimmten Zeitraum, der ein Jahr nicht überschreiten darf, Pauschgebühren zugelassen werden. [2]Ist zu erwarten, daß die Pauschgebühr den Verwaltungsaufwand verringert, ist dies bei der Bemessung des Gebührensatzes zu berücksichtigen.

§ 6 Ermäßigung und Befreiung

Für bestimmte Arten von Amtshandlungen können aus Gründen der Billigkeit oder des öffentlichen Interesses Gebührenermäßigung und Auslagenermäßigung sowie Gebührenbefreiung und Auslagenbefreiung vorgesehen oder zugelassen werden.

3. Abschnitt
Allgemeine Vorschriften über Verwaltungsgebühren und Auslagen

§ 7 Sachliche Gebührenfreiheit

Verwaltungsgebühren werden nicht erhoben für

1. mündliche Auskünfte;
2. schriftliche oder elektronische Auskünfte, die nach Art und Umfang und unter Berücksichtigung ihres wirtschaftlichen Wertes oder ihres sonstigen Nutzens für den Anfragenden eine Gegenleistung nicht erfordern;
3. Amtshandlungen in Gnadensachen und bei Dienstaufsichtsbeschwerden;

4. Amtshandlungen, die sich aus einem bestehenden oder früheren Dienst- oder Arbeitsverhältnis von Bediensteten im öffentlichen Dienst oder aus einem bestehenden oder früheren öffentlich-rechtlichen Amtsverhältnis ergeben;
5. Amtshandlungen, die sich aus einer bestehenden oder früheren gesetzlichen Dienstpflicht oder einer Tätigkeit ergeben, die anstelle der gesetzlichen Dienstpflicht geleistet werden kann;
6. Kostenentscheidungen.

§ 8 Persönliche Gebührenfreiheit

(1) Von Verwaltungsgebühren sind befreit

1. die Bundesrepublik Deutschland und die bundesunmittelbaren juristischen Personen des öffentlichen Rechts, deren Ausgaben ganz oder teilweise aufgrund gesetzlicher Verpflichtungen aus dem Haushalt des Bundes getragen werden;
2. das Land, seine landesunmittelbaren juristischen Personen des öffentlichen Rechts, deren Ausgaben ganz oder teilweise aufgrund gesetzlicher Verpflichtungen aus dem Haushalt des Landes getragen werden und die anderen Bundesländer, soweit Gegenseitigkeit gewährleistet ist;
3. die Gemeinden, Ämter und Landkreise sowie Zweckverbände, sofern die Amtshandlung nicht ihre wirtschaftlichen Unternehmen betrifft;
4. die Sozialversicherungsträger, die der Aufsicht des Landes unterstehen;
5. Körperschaften, Vereinigungen und Stiftungen, die gemeinnützigen oder mildtägigen Zwecken im Sinne des Steuerrechts dienen, soweit die Angelegenheit nicht einen steuerpflichtigen wirtschaftlichen Geschäftsbetrieb betrifft;
6. Kirchen, sonstige Religionsgemeinschaften und Weltanschauungsvereinigungen, die die Rechtsstellung einer Körperschaft des öffentlichen Rechts haben.

(2) Die Gebührenfreiheit besteht nicht, soweit die in Absatz 1 Genannten berechtigt sind, die Verwaltungsgebühren Dritten aufzuerlegen.

(3) Die Gebührenfreiheit nach Absatz 1 Nr. 1 bis 3 besteht nicht für Sondervermögen und Bundesbetriebe nach Artikel 110 Abs. 1 des Grundgesetzes, für gleichartige Einrichtungen eines Landes und für öffentlich-rechtliche Unternehmen, an denen der Bund oder ein Land beteiligt ist.

(4) [1]Zur Zahlung von Verwaltungsgebühren bleiben die in Absatz 1 Genannten für Amtshandlungen folgender Behörden verpflichtet:

1. Landesamt für Umwelt, Naturschutz und Geologie für Angelegenheiten des Geologischen Dienstes,
2. Kataster- und Vermessungsbehörden,
3. Landesamt für Gesundheit und Soziales, soweit es sich um Amtshandlungen im Bereich des Gesundheitswesens handelt,
4. Landesamt für Brand- und Katastrophenschutz für Angelegenheiten der Kampfmittelbeseitigung,
5. für die Städtebauförderung des Landes Mecklenburg-Vorpommern zuständige Bewilligungsstelle.

[2]Durch Kostenverordnung nach § 2 Abs. 2 kann die Gebührenpflicht auf bestimmte Amtshandlungen der Behörden nach Satz 1 beschränkt werden.

§ 9 Gebührenbemessung

(1) [1]Sind Rahmensätze für Verwaltungsgebühren vorgesehen, so sind bei der Festsetzung der Gebühr im Einzelfall zu berücksichtigen:

1. der mit der Amtshandlung verbundene Verwaltungsaufwand, soweit Aufwendungen nicht als Auslagen gesondert berechnet werden, und
2. die Bedeutung, der wirtschaftliche Wert oder der sonstige Nutzen der Amtshandlung für den Gebührenschuldner.

[2]Sofern ein Rechtsakt der Europäischen Gemeinschaften vorschreibt, dass eine Gebühr nicht den Verwaltungsaufwand übersteigen darf, findet in seinem Anwendungsbereich Satz 1 Nummer 2 keine Anwendung.

(2) Ist eine Verwaltungsgebühr nach dem Wert des Gegenstandes zu bemessen, so ist der Wert zum Zeitpunkt der Beendigung der Amtshandlung maßgebend.

(3) Pauschgebühren sind nur auf Antrag und im voraus festzusetzen.

§ 10 Auslagen

(1) [1]Werden im Zusammenhang mit der Amtshandlung Auslagen notwendig, die nicht in die Verwaltungsgebühr einbezogen sind, hat der Kostenschuldner sie zu erstatten. [2]Nicht in die Verwaltungsgebühr einbezogen sind:

1. Entgelte für Telekommunikationsdienstleistungen sowie Entgelte für Postzustellungsaufträge und Einschreibe- und Nachnahmeverfahren. Wird durch Behördenangehörige förmlich oder unter Erhebung von Geldbeträgen außerhalb der Dienststelle zugestellt, ist derjenige Betrag zu erheben, der bei der förmlichen Zustellung mit Postzustellungsauftrag durch die Post oder bei Erhebung im Nachnahmeverfahren entstanden wäre;
2. Aufwendungen für weitere Ausfertigungen, Abschriften und Auszüge, die auf besonderen Antrag erteilt werden. Für die Berechnung der als Dokumentenpauschale zu erhebenden Schreibauslagen gilt § 136 Abs. 2 und 3 der Kostenordnung in der im Bundesgesetzblatt Teil III, Gliederungsnummer 361-1, veröffentlichten bereinigten Fassung, zuletzt geändert durch Artikel 2 Abs. 4 des Gesetzes vom 18. August 2005 (BGBl. I S. 2477);
3. Aufwendungen für Übersetzungen, die auf besonderen Antrag gefertigt werden;
4. Kosten, die durch öffentliche Bekanntmachung entstehen, mit Ausnahme der hierbei erwachsenden Entgelte für Postdienstleistungen;
5. die Zeugen und Sachverständigen zustehenden Entschädigungen oder Vergütungen. Erhält ein Sachverständiger aufgrund des § 1 Abs. 2 Satz 2 des Justizvergütungs- und -entschädigungsgesetzes keine Vergütung, ist der Betrag zu erheben, der ohne diese Vorschrift nach dem Gesetz zu zahlen wäre;
6. die bei Geschäften außerhalb der Dienststellen den Verwaltungsangehörigen aufgrund gesetzlicher oder vertraglicher Bestimmungen gewährten Vergütungen (Reisekostenvergütung, Auslagenersatz), der sonstige Aufwand für die Dienstreise und die Kosten für die Bereitstellung von Räumen;
7. die Beträge, die anderen in- und ausländischen Behörden, öffentlichen Einrichtungen oder Beamten zustehen, und zwar auch dann, wenn aus Gründen der Gegenseitigkeit, der Verwaltungsvereinfachung und dergleichen an die Behörden, Einrichtungen oder Beamten keine Zahlungen zu leisten sind;
8. die Kosten für die Beförderung von Sachen, mit Ausnahme der hierbei erwachsenen Entgelte für Postdienstleistungen, und für die Verwahrung von Sachen.

[3]Durch Kostenverordnung nach § 2 Abs. 2 kann bestimmt werden, daß mit der Verwaltungsgebühr für bestimmte Amtshandlungen Auslagen nach Satz 2 abgegolten sind. [4]Ebenso kann bestimmt werden, dass andere als in Satz 2 bezeichnete Kosten als Auslagen nicht in die Verwaltungsgebühr einbezogen sind.

(2) Soweit durch Rechtsvorschrift nichts anderes bestimmt ist, kann die Erstattung der in Absatz 1 aufgeführten Auslagen auch verlangt werden, wenn für eine Amtshandlung Gebührenfreiheit besteht oder von der Gebührenerhebung abgesehen wird.

§ 11 Entstehung der Kostenschuld

(1) Die Gebührenschuld entsteht, soweit ein Antrag notwendig ist, mit dessen Eingang bei der zuständigen Behörde, im übrigen mit der Beendigung der gebührenpflichtigen Amtshandlung.

(2) Die Verpflichtung zur Erstattung von Auslagen entsteht mit der Aufwendung des zu erstattenden Betrages, in den Fällen des § 10 Abs. 1 Nr. 5 Halbsatz 2 und Nr. 7 Halbsatz 2 mit der Beendigung der kostenpflichtigen Amtshandlung.

§ 12 Kostengläubiger

Kostengläubiger ist der Träger der öffentlichen Verwaltung, dessen Behörde eine kostenpflichtige Amtshandlung vornimmt.

§ 13 Kostenschuldner

(1) Zur Zahlung der Kosten ist verpflichtet,

1. wer die Amtshandlung veranlaßt oder zu wessen Gunsten sie vorgenommen wird,
2. wer die Kosten durch eine vor der zuständigen Behörde abgegebene oder ihr mitgeteilte Erklärung übernommen hat,
3. wer für die Kostenschuld eines anderen kraft Gesetzes haftet.

(2) Mehrere Kostenschuldner haften als Gesamtschuldner.

§ 14 Kostenentscheidung

(1) [1]Die Kosten werden von Amts wegen festgesetzt. [2]Die Entscheidung über die Kosten soll, soweit möglich, zusammen mit der Sachentscheidung ergehen. [3]Aus der Kostenentscheidung müssen mindestens hervorgehen:

1. die kostenerhebende Behörde,
2. der Kostenschuldner,
3. die kostenpflichtige Amtshandlung,
4. die als Verwaltungsgebühren und Auslagen zu zahlenden Beträge und
5. wo, wann und wie die Verwaltungsgebühren und Auslagen zu zahlen sind.

[4]Die Kostenentscheidung kann mündlich getroffen werden; sie ist auf Antrag schriftlich oder elektronisch zu bestätigen. [5]In einer schriftlichen sowie schriftlich oder elektronisch bestätigten Kostenentscheidung soll außerdem die Rechtsgrundlage für die Erhebung der Kosten und deren Berechnung angegeben werden.

(2) [1]Kosten, die bei richtiger Behandlung der Sache durch die Behörde nicht entstanden wären, werden nicht erhoben. [2]Das gleiche gilt für Auslagen, die durch eine von Amts wegen veranlaßte Verlegung eines Termins oder Vertagung einer Verhandlung entstanden sind.

(3) Ist ein anderer Träger der öffentlichen Verwaltung als das Land Kostengläubiger, so ist auch die Kostenentscheidung seiner Behörde eine Aufgabe im übertragenen Wirkungskreis.

§ 15 Verwaltungsgebühren in besonderen Fällen

(1) [1]Wird ein Antrag ausschließlich wegen Unzuständigkeit der Behörde abgelehnt, wird keine Verwaltungsgebühr erhoben. [2]Dasselbe gilt bei Zurücknahme eines Antrages, wenn mit der sachlichen Bearbeitung noch nicht begonnenen ist.

(2) [1]Die vorgesehene Verwaltungsgebühr ermäßigt sich um ein Viertel, wenn

1. ein Antrag zurückgenommen wird, nachdem mit der sachlichen Bearbeitung begonnen, die Amtshandlung aber noch nicht beendet ist, oder
2. ein Antrag aus anderen Gründen als wegen Unzuständigkeit abgelehnt wird.

[2]Aus Gründen der Billigkeit kann die Verwaltungsgebühr bis auf ein Viertel der vorgesehenen Gebühr ermäßigt oder von ihrer Erhebung abgesehen werden.

(3) [1]Wird wegen der Ablehnung oder der Vornahme einer kostenpflichtigen Amtshandlung Widerspruch erhoben, sind von dem Widerspruchsführer für den Erlaß des Widerspruchbescheides Verwaltungsgebühren und Auslagen zu erheben, wenn und soweit der Widerspruch zurückgewiesen wird. [2]In diesem Fall ist eine Verwaltungsgebühr bis zur Höhe der Gebühr zu erheben, die für die angefochtene Amtshandlung zu zahlen ist. [3]Wird ein Widerspruch zurückgenommen oder erledigt er sich auf andere Weise, nachdem mit der sachlichen Bearbeitung begonnen, der Widerspruchsbescheid aber noch nicht erlassen ist, so ist ein Viertel der nach Satz 2 festzusetzenden Verwaltungsgebühr zu erheben. [4]Wird der Widerspruchsbescheid der nächsthöheren Behörde ganz oder teilweise aufgehoben, sind die für den Widerspruchsbescheid bereits gezahlten Verwaltungsgebühren und Auslagen dem Träger der öffentlichen Verwaltung, der diese Kosten zu tragen hatte, auf Antrag zu erstatten.

(4) Richtet sich in einer kostenpflichtigen Angelegenheit der Widerspruch ausschließlich gegen die Kostenentscheidung, gilt Absatz 3 mit der Maßgabe, daß die Verwaltungsgebühr für den Widerspruchsbescheid bis zu einem Zehntel des angefochtenen Betrages, mindestens 2,50 Euro, beträgt.

(5) Für die Rücknahme oder den Widerruf eines kostenpflichtigen Verwaltungsaktes werden, sofern der Betroffene dazu Anlaß gegeben hat, eine Verwaltungsgebühr bis zur Höhe der für die Amtshandlung selbst festgesetzten Gebühr und die Auslagen erhoben.

(6) Wird ein Verwaltungsakt zurückgenommen oder widerrufen, ohne daß der Betroffene dazu Anlaß gegeben hat, ist die für die Amtshandlung festgesetzte Gebühr um mindestens die Hälfte zu ermäßigen; die Kosten können in voller Höhe erstattet werden, wenn dies der Billigkeit entspricht.

§ 16 Vorschußzahlung und Sicherheitsleistung

Eine Amtshandlung, die auf Antrag vorzunehmen ist, kann von der Zahlung eines angemessenen Vorschusses oder von einer angemessenen Sicherheitsleistung bis zur Höhe der voraussichtlich entstehenden Kosten abhängig gemacht werden.

§ 17 Fälligkeit

Kosten werden mit der Bekanntgabe der Kostenentscheidung an den Kostenschuldner fällig, wenn nicht die Behörde einen späteren Zeitpunkt bestimmt.

§ 18 Säumniszuschlag

(1) Werden bis zum Ablauf eines Monats nach dem Fälligkeitstag Verwaltungsgebühren oder Auslagen nicht entrichtet, kann für jeden angefangenen Monat der Säumnis ein Säumniszuschlag von eins vom Hundert des rückständigen Betrages erhoben werden, wenn dieser 50 Euro übersteigt.

(2) Absatz 1 gilt nicht, wenn Säumniszuschläge nicht rechtzeitig entrichtet werden.

(3) Für die Berechnung des Säumniszuschlages wird der rückständige Betrag auf volle 50 Euro nach unten abgerundet.

(4) Als Tag, an dem eine Zahlung entrichtet worden ist, gilt

1. bei Übergabe oder Übersendung von Zahlungsmitteln an die für den Kostengläubiger zuständige Kasse der Tag des Eingangs;
2. bei Überweisung oder Einzahlung auf ein Konto der für den Kostengläubiger zuständigen Kasse und bei Einzahlung mit Zahlkarte oder Postanweisung der Tag, an dem der Betrag der Kasse gutgeschrieben wird.

§ 19 Stundung, Niederschlagung und Erlaß

[1]Für die Stundung, die Niederschlagung und den Erlaß von Forderungen auf Zahlung von Verwaltungsgebühren, Auslagen und sonstigen Nebenleistungen gelten die Vorschriften der Landeshaushaltsordnung. [2]In Fällen, in denen ein anderer Träger der öffentlichen Verwaltung als das Land Kostengläubiger ist, gelten die für ihn verbindlichen entsprechenden Vorschriften.

§ 20 Verjährung

(1) [1]Der Anspruch auf Zahlung von Kosten verjährt nach fünf Jahren. [2]Die Verjährung beginnt mit dem Ablauf des Kalenderjahres, in dem der Anspruch fällig geworden ist. [3]Mit dem Ablauf der Verjährungsfrist erlischt der Anspruch.

(2) Die Verjährung ist gehemmt, solange der Anspruch innerhalb der letzten sechs Monate der Frist wegen höherer Gewalt nicht verfolgt werden kann.

(3) Die Verjährung wird unterbrochen durch schriftliche Zahlungsaufforderung, durch Zahlungsaufschub, durch Stundung, durch Aussetzen der Vollziehung, durch Sicherheitsleistungen, durch eine Vollstreckungsmaßnahme, durch Vollstreckungsaufschub, durch Anmeldung im Insolvenzverfahren und durch Ermittlungen des Kostengläubigers über Wohnsitz oder Aufenthalt des Zahlungspflichtigen.

(4) Mit Ablauf des Kalenderjahres, in dem die Unterbrechung endet, beginnt eine neue Verjährung.

(5) Die Verjährung wird nur in Höhe des Betrages unterbrochen, auf den sich die Unterbrechungshandlung bezieht.

(6) Wird eine Kostenentscheidung angefochten, verjähren Ansprüche aus ihr nicht vor Ablauf von sechs Monaten, nachdem die Kostenentscheidung unanfechtbar geworden ist oder das Verfahren sich auf andere Weise erledigt hat.

§ 21 Erstattung

(1) Überzahlte oder zu Unrecht erhobene Kosten sind unverzüglich zu erstatten, zu Unrecht erhobene Kosten jedoch nur, soweit eine Kostenentscheidung noch nicht unanfechtbar geworden ist; nach diesem Zeitpunkt können zu Unrecht erhobene Kosten nur aus Gründen der Billigkeit erstattet werden.

(2) [1]Der Erstattungsanspruch verjährt nach drei Jahren. [2]Die Verjährung beginnt mit dem Ablauf des Kalenderjahres, in dem der Anspruch entstanden ist, jedoch nicht vor Unanfechtbarkeit der Kostenentscheidung. [3]Mit dem Ablauf der Verjährungsfrist erlischt der Anspruch.

(3) § 20 Abs. 2 bis 5 gilt entsprechend.

§ 22 Rechtsbehelfsverfahren

(1) Die Kostenentscheidung kann zusammen mit der Amtshandlung oder selbständig angefochten werden; der Rechtsbehelf gegen eine Amtshandlung erstreckt sich auch auf die Kostenentscheidung.

(2) Wird eine Kostenentscheidung selbständig angefochten, ist das Rechtsbehelfsverfahren kostenrechtlich als selbständiges Verfahren zu behandeln.

4. Abschnitt
Allgemeine Vorschriften über Benutzungsgebühren

§ 23 Grundsatz
(1) Die öffentlichen Einrichtungen des Landes, für die Benutzungsgebühren erhoben werden, die gebührenpflichtigen Benutzungsarten und die Gebührensätze sind durch Verordnung zu bestimmen.
(2) Benutzungsgebührenverordnungen erlassen die jeweils fachlich zuständigen obersten Landesbehörden im Einvernehmen mit dem Finanzministerium.
(3) §§ 5 und 6 gelten entsprechend.

§ 24 Bemessung der Gebührensätze
(1) [1]Die Gebührensätze sind so zu bemessen, daß das veranschlagte Gebührenaufkommen die Kosten der laufenden Verwaltung und Unterhaltung der öffentlichen Einrichtung nicht übersteigt und in der Regel deckt. [2]Die Gebührensätze sind nach dem Umfang und nach der Art der Inanspruchnahme der öffentlichen Einrichtung zu bestimmen.
(2) [1]Kosten nach Absatz 1 sind die nach betriebswirtschaftlichen Grundsätzen ansatzfähigen Kosten. [2]Dazu gehören auch Entgelte für in Anspruch genommene Fremdleistungen, Abschreibungen, die nach der mutmaßlichen Nutzungsdauer oder der Leistungsmenge gleichmäßig zu bemessen sind, und eine angemessene Verzinsung des aufgewendeten Kapitals; bei der Verzinsung bleibt der aus Beiträgen und Zuschüssen Dritter aufgebrachte Eigenkapitalanteil unberücksichtigt. [3]Soweit die Umsätze der öffentlichen Einrichtung der Umsatzsteuer unterliegen, kann die Umsatzsteuer dem Gebührenpflichtigen auferlegt werden.

§ 25 Entstehung und Fälligkeit der Gebühr
(1) [1]Die Gebührenschuld entsteht mit der Erteilung der Benutzungserlaubnis, im übrigen mit Beginn der Benutzung. [2]Sie ist mit Beginn der Benutzung zu entrichten, soweit durch Benutzungsverordnung nichts anderes bestimmt ist.
(2) § 7 Nr. 6 und §§ 10, 14, 18 bis 21 gelten entsprechend.

§ 26 Kostengläubiger
Kostengläubiger ist das Land.

§ 27 Kostenschuldner
(1) Zur Zahlung der Kosten ist der Benutzer oder derjenige verpflichtet, der
1. die Kosten durch eine vor der zuständigen Behörde abgegebene oder ihr mitgeteilte Erklärung übernommen hat;
2. für die Kostenschuld des Benutzers kraft Gesetzes haftet.

(2) Mehrere Kostenschuldner haften als Gesamtschuldner.

5. Abschnitt
Übergangs- und Schlußvorschriften

§ 28 (aufgehoben)

§ 29 Aufhebung von Vorschriften
[nicht wiedergegebene Aufhebungsvorschriften]

§ 30 Inkrafttreten
Dieses Gesetz tritt am Tage nach der Verkündung[1] in Kraft.

---
1) Verkündet am 14.10.1991.

Gesetz zur Regelung des Zugangs zu Informationen für das Land Mecklenburg-Vorpommern (Informationsfreiheitsgesetz – IFG M-V)

Vom 10. Juli 2006 (GVOBl. M-V S. 556)
(GS Meckl.-Vorp. Gl. Nr.201-7)

zuletzt geändert durch Art. 3 G zur Anpassung des LandesdatenschutzG und weiterer datenschutzrechtlicher Vorschriften an die VO (EU) 2016/679 und zur Umsetzung der RL (EU) 2016/680 vom 22. Mai 2018 (GVOBl. M-V S. 193)

Nichtamtliche Inhaltsübersicht

§ 1 Grundsätze der Informationszugangsfreiheit

(1) Zweck dieses Gesetzes ist es, den freien Zugang zu in den Behörden vorhandenen Informationen sowie die Verbreitung dieser Informationen zu gewährleisten und die grundlegenden Voraussetzungen festzulegen, unter denen derartige Informationen zugänglich gemacht werden sollen.

(2) [1]Jede natürliche und juristische Person des Privatrechts hat Anspruch auf Zugang zu den bei einer Behörde vorhandenen Informationen. [2]Dies gilt für Personenvereinigungen entsprechend.

(3) [1]Besondere Rechtsvorschriften über den Zugang zu amtlichen Informationen, die Auskunftserteilung oder die Gewährung von Akteneinsicht bleiben unberührt. [2]Bei zulässigem Informationsantrag gilt das Prinzip der Amtsverschwiegenheit nicht.

(4) Der Informationszugang nach diesem Gesetz umfasst nicht das Recht zur Weiterverwendung erhaltener Informationen zu gewerblichen Zwecken.

§ 2 Begriffsbestimmungen

[1]Im Sinne dieses Gesetzes sind

1. Informationen: jede amtlichen Zwecken dienende Aufzeichnung in Form von Schrift, Bild, Ton oder in sonstigen Daten;
2. Informationsträger: alle Medien, die Informationen in Schrift-, Bild-, Ton- oder automatisierter oder in sonstiger Form speichern können.

[2]Nicht hierunter fallen Entwürfe und Notizen, die nicht Bestandteil eines Vorgangs werden sollen und die spätestens nach dessen Abschluss vernichtet werden.

§ 3 Anwendungsbereich

(1) Die Vorschriften über den Zugang zu Informationen gelten für die Behörden des Landes, der Landkreise, der Ämter und Gemeinden, für die sonstigen Körperschaften, rechtsfähigen Anstalten und Stiftungen des öffentlichen Rechts sowie für den Landtag, soweit er Verwaltungsaufgaben wahrnimmt, auch, wenn diese Bundesrecht oder Recht der Europäischen Gemeinschaften ausführen.

(2) Behörde im Sinne dieses Gesetzes ist jede Stelle nach § 1 Abs. 3 des Landesverwaltungsverfahrensgesetzes.

(3) Einer Behörde im Sinne dieser Vorschrift steht eine natürliche oder juristische Person des Privatrechts gleich, soweit sie Aufgaben der öffentlichen Verwaltung wahrnimmt oder dieser Person die

Erfüllung öffentlicher Aufgaben übertragen wurde oder an denen eine oder mehrere der in Absatz 1 genannten juristischen Personen des öffentlichen Rechts mit einer Mehrheit der Anteile oder Stimmen beteiligt sind.

(4) Behörden im Sinne dieses Gesetzes sind nicht

1. die Gerichte, Strafverfolgungs- und Strafvollstreckungsbehörden, soweit sie als Organe der Rechtspflege oder aufgrund besonderer Rechtsvorschriften in richterlicher Unabhängigkeit tätig werden sowie Disziplinarbehörden,
2. der Landesrechnungshof, soweit er in richterlicher Unabhängigkeit tätig wird.

§ 4 Ausgestaltung des Informationszugangsanspruchs

(1) [1]Die Behörde hat nach Wahl des Antragstellers schriftlich oder mündlich Auskunft zu erteilen oder die Informationsträger zugänglich zu machen, die die begehrten Informationen enthalten. [2]Soweit Informationsträger nur mit Hilfe von Maschinen lesbar sind, stellt die Behörde auf Verlangen des Antragstellers maschinenlesbare Informationsträger einschließlich der erforderlichen Leseanweisungen oder lesbare Ausdrucke zur Verfügung.

(2) Handelt es sich um vorübergehend beigezogene Informationsträger anderer öffentlicher Stellen, die nicht Bestandteil der eigenen Verwaltungsunterlagen werden sollen, so weist die Behörde auf diese Tatsache hin und teilt dem Antragsteller die für die Entscheidung über den Informationszugang zuständige Stelle mit.

(3) [1]Die Behörde stellt ausreichende zeitliche, sachliche und räumliche Möglichkeiten für den Informationszugang zur Verfügung. [2]Die Anfertigung von Notizen ist gestattet. [3]Die Behörde stellt dem Antragsteller auf Verlangen Kopien zur Verfügung.

(4) Handelt es sich um Informationen, die bereits öffentlich und barrierearm zugänglich sind, ist ein Anspruch ausgeschlossen, sofern die Behörde dem Antragsteller in einer entsprechenden Verweisungsmitteilung die Fundstelle angibt.

§ 5 Schutz öffentlicher Belange und der Rechtsdurchsetzung

Der Antrag auf Zugang zu Informationen ist abzulehnen, soweit und solange

1. das Bekanntwerden der Informationen dem Wohl des Landes, den inter- und supranationalen Beziehungen, den Beziehungen zum Bund oder zu einem Land schwerwiegende Nachteile bereiten oder die Landesverteidigung oder die innere Sicherheit schädigen würde,
2. durch die Bekanntgabe der Informationen der Erfolg eines strafrechtlichen Ermittlungs- oder Strafvollstreckungsverfahrens gefährdet oder der Verfahrensablauf eines anhängigen Gerichts-, Ordnungswidrigkeiten- oder Disziplinarverfahrens erheblich beeinträchtigt würde,
3. durch die Bekanntgabe der Informationen Angaben und Mitteilungen von Behörden, die nicht dem Geltungsbereich dieses Gesetzes unterfallen, offenbart würden und die Behörden in die Offenbarung nicht eingewilligt haben oder von einer Einwilligung nicht auszugehen ist.
4. das Bekanntwerden der Informationen die öffentliche Sicherheit und Ordnung gefährden kann.

§ 6 Schutz des behördlichen Entscheidungsprozesses

(1) Der Antrag auf Zugang zu Informationen ist abzulehnen für Entwürfe zu Entscheidungen sowie die Arbeiten und Beschlüsse zu ihrer unmittelbaren Vorbereitung, soweit und solange durch die vorzeitige Bekanntgabe der Informationen der Erfolg der Entscheidung vereitelt würde.

(2) Nicht der unmittelbaren Vorbereitung dienen insbesondere Ergebnisse von Beweiserhebungen und Gutachten oder Stellungnahmen Dritter.

(3) Nicht zugänglich sind Protokolle vertraulicher Beratungen.

(4) Der Antrag auf Zugang zu Informationen ist abzulehnen, wenn das Bekanntwerden des Inhaltes der Informationen die Funktionsfähigkeit und die Eigenverantwortung der Landesregierung beeinträchtigt.

(5) [1]Informationen, die nach den Absätzen 1 und 3 nicht gewährt werden konnten, sind spätestens nach Abschluss des jeweiligen Verfahrens zugänglich zu machen. [2]Dies gilt hinsichtlich Absatz 3 nur für Ergebnisprotokolle.

(6) Der Antrag auf Informationszugang ist abzulehnen, wenn zu befürchten ist, dass durch das Bekanntwerden der Informationen der Erfolg behördlicher Maßnahmen, insbesondere von Überwachungs- und Aufsichtsmaßnahmen, von ordnungsbehördlichen Anordnungen oder Maßnahmen der

Verwaltungsvollstreckung, gefährdet oder vereitelt sowie die ordnungsgemäße Erfüllung der Aufgaben der betroffenen Behörde erheblich beeinträchtigt würde.

§ 7 Schutz personenbezogener Daten

Der Antrag auf den Zugang zu Informationen ist abzulehnen, soweit durch das Bekanntwerden der Informationen personenbezogene Daten offenbart werden, es sei denn,

1. die Betroffenen willigen ein,
2. die Offenbarung ist durch Rechtsvorschrift erlaubt,
3. die Offenbarung ist zur Abwehr erheblicher Nachteile für das Allgemeinwohl oder schwerwiegender Beeinträchtigungen der Rechte Einzelner geboten,
4. die Einholung der Einwilligung des Betroffenen ist nicht oder nur mit unverhältnismäßigem Aufwand möglich, und es ist offensichtlich, dass die Offenbarung im Interesse des Betroffenen liegt,
5. der Antragsteller macht ein rechtliches Interesse an der Kenntnis der begehrten Informationen geltend und überwiegende schutzwürdige Belange der oder des Betroffenen stehen der Offenbarung nicht entgegen.

§ 8 Schutz des geistigen Eigentums und von Betriebs- oder Geschäftsgeheimnissen

[1]Der Antrag auf Zugang zu Informationen ist abzulehnen, soweit der Schutz geistigen Eigentums entgegensteht oder durch die Übermittlung der Informationen ein Betriebs- oder Geschäftsgeheimnis offenbart wird und der Betroffene nicht eingewilligt hat. [2]Dies gilt auch für das Land, die kommunalen Körperschaften sowie für Unternehmen und Einrichtungen, die von kommunalen Körperschaften nach den Vorschriften der Kommunalverfassung in einer Rechtsform des privaten oder öffentlichen Rechts geführt werden, bei der Teilnahme am Wirtschaftsverkehr.

§ 9 Verfahren bei Beteiligung Dritter

(1) In den Fällen der §§ 7 und 8 gibt die Behörde einem Dritten, dessen Belange durch den Antrag auf Informationszugang berührt sind, schriftlich Gelegenheit zur Stellungnahme innerhalb eines Monats, sofern Anhaltspunkte dafür vorliegen, dass er ein schutzwürdiges Interesse am Ausschluss des Informationszugangs haben kann.

(2) [1]Die Entscheidung über den Antrag auf Informationszugang ergeht schriftlich und ist auch dem Dritten bekannt zu geben. [2]Der Informationszugang darf erst erfolgen, wenn die Entscheidung dem Dritten gegenüber bestandskräftig oder die sofortige Vollziehung angeordnet worden ist und seit der Bekanntgabe der Anordnung an den Dritten zwei Wochen verstrichen sind. [3]§ 12 Absatz 2 gilt entsprechend.

§ 10 Antragstellung

(1) [1]Der Zugang zu Informationen wird auf Antrag gewährt. [2]Der Antrag ist schriftlich oder zur Niederschrift an die Behörde zu richten, bei der die begehrten Informationen vorhanden sind. [3]Im Fall des § 3 Abs. 3 ist der Antrag an die Behörde zu richten, die sich der natürlichen oder juristischen Person des Privatrechts zur Erfüllung ihrer öffentlich-rechtlichen Aufgaben bedient.

(2) [1]Im Antrag sind die begehrten Informationen zu umschreiben. [2]Sofern dem Antragsteller Angaben zur Umschreibung der begehrten Informationen fehlen, hat ihn die Behörde zu beraten.

(3) [1]Die Behörde ist nicht verpflichtet, die inhaltliche Richtigkeit der Information zu prüfen. [2]Sind die Informationen bei der Behörde, bei der der Antrag gestellt worden ist, nicht oder nicht vollständig vorhanden, hat diese Behörde dem Antragsteller hinsichtlich der fehlenden Informationen unverzüglich die zuständige Behörde zu benennen, soweit ihr dies bekannt ist.

(4) [1]Bei Anträgen, die von mehr als 50 Personen auf Unterschriftslisten unterzeichnet oder in Form vervielfältigter gleich lautender Texte eingereicht worden sind (gleichförmige Anträge), sowie bei Anträgen von mehr als 50 Personen, die das gleiche Informationsinteresse verfolgen, gelten die §§ 17 bis 19 des Landesverwaltungsverfahrensgesetzes entsprechend. [2]Sind mehr als 50 Personen aufzufordern, einen gemeinsamen Vertreter zu bestellen, kann die Aufforderung ortsüblich bekannt gemacht werden.

(5) Soweit und solange Informationen aufgrund der §§ 5 bis 8 nicht zugänglich gemacht werden dürfen, besteht Anspruch auf Zugang zu den übrigen Informationen.

§ 11 Bescheidung des Antrags

(1) [1]Der Antrag ist unverzüglich, spätestens jedoch nach Ablauf einer Frist von einem Monat, im Fall der Beteiligung eines Dritten (§ 9 Absatz 1) spätestens zwei Monate nach Stellung eines ordnungsgemäßen Antrags zu bescheiden. [2]Der Antragsteller ist über die Beteiligung eines Dritten schriftlich zu informieren.

(2) [1]Soweit Umfang oder Komplexität der begehrten Informationen dies rechtfertigen, kann die Frist des Absatzes 1 auf bis zu drei Monate verlängert werden. [2]Der Antragsteller ist über die Fristverlängerung und deren Gründe schriftlich zu informieren.

(3) Besteht ein Anspruch auf Informationszugang nur teilweise, ist dem Antrag in dem Umfang stattzugeben, in dem der Informationszugang ohne Preisgabe der geheimhaltungsbedürftigen Informationen und ohne unverhältnismäßigen Verwaltungsaufwand möglich ist.

§ 12 Ablehnung des Antrags, Rechtsweg

(1) [1]Soweit die Behörde den Antrag ganz oder teilweise ablehnt, hat sie hierfür die Gründe und darüber hinaus mitzuteilen, ob und wann der Informationszugang ganz oder teilweise zu einem späteren Zeitpunkt voraussichtlich möglich ist. [2]Auf die Möglichkeit von Widerspruch und Verpflichtungsklage sowie Anrufung des Landesbeauftragten für die Informationsfreiheit ist dabei hinzuweisen.

(2) [1]Gegen die Ablehnung sind Widerspruch und Verpflichtungsklage zulässig. [2]Ein Widerspruchsverfahren nach den Vorschriften des 8. Abschnitts der Verwaltungsgerichtsordnung ist auch dann durchzuführen, wenn die Entscheidung von einer obersten Landesbehörde getroffen worden ist.

§ 13 Gebühren und Auslagen

(1) [1]Für Amtshandlungen nach diesem Gesetz sind Gebühren und Auslagen zu erheben. [2]Dies gilt nicht für die Erteilung einfacher Auskünfte. [3]Auslagen sind zu erstatten; sie dürfen die tatsächlichen Kosten nicht überschreiten.

(2) Das Innenministerium wird ermächtigt, für Amtshandlungen nach Absatz 1 die Gebührentatbestände und die Höhe der Gebühren sowie der Auslagen durch Rechtsverordnung zu bestimmen.

§ 14 Die oder der Landesbeauftragte für Informationsfreiheit

(1) [1]Das Recht auf Informationszugangsfreiheit wird durch die oder den Landesbeauftragten für Informationsfreiheit (Kontrollstelle) gewahrt. [2]Die oder der Landesbeauftragte für den Datenschutz gemäß § 15 Absatz 1 des Landesdatenschutzgesetzes vom 22. Mai 2018 (GVOBl. M-V S. 193) ist die Kontrollstelle nach Satz 1.

(2) [1]Eine Person, die der Ansicht ist, dass ihr Informationsersuchen zu Unrecht abgelehnt oder nicht beachtet worden ist, hat das Recht auf Anrufung der Kontrollstelle. [2]Die Vorschriften über den gerichtlichen Rechtsschutz und die Beschwerdemöglichkeit bei der zuständigen Aufsichtsbehörde bleiben unberührt.

(3) [1]Die Kontrollstelle kontrolliert die Einhaltung der Vorschriften dieses Gesetzes. [2]Stellt die Kontrollstelle Verstöße gegen Vorschriften dieses Gesetzes fest, so beanstandet sie dies

1. bei den Behörden des Landes gegenüber der zuständigen obersten Landesbehörde,
2. bei den Gemeinden, Ämtern und Landkreisen gegenüber dem verwaltungsleitenden Organ,
3. bei den Körperschaften, Anstalten und Stiftungen des öffentlichen Rechts sowie bei Vereinigungen solcher Körperschaften, Anstalten und Stiftungen gegenüber dem Vorstand oder dem sonst vertretungsberechtigten Organ

und fordert zur Stellungnahme innerhalb einer von ihr zu bestimmenden Frist auf. [3]In Fällen von Satz 2 Nummer 2 und 3 unterrichtet die Kontrollstelle gleichzeitig auch die zuständige oberste Aufsichtsbehörde. [4]Mit der Beanstandung kann die Kontrollstelle Vorschläge zur Beseitigung der Mängel und zur sonstigen Verbesserung der Umsetzung dieses Gesetzes verbinden. [5]Die Kontrollstelle kann von einer Beanstandung absehen oder auf eine Stellungnahme verzichten, wenn es sich um unerhebliche oder bereits abgestellte Mängel handelt. [6]Die gemäß Satz 2 abzugebende Stellungnahme soll auch eine Darstellung der Maßnahmen enthalten, die aufgrund der Beanstandung der Kontrollstelle getroffen worden sind. [7]Die in Satz 2 Nummer 2 und 3 genannten Stellen leiten der zuständigen obersten Aufsichtsbehörde eine Abschrift ihrer Stellungnahme an die Kontrollstelle zu. [8]Die Kontrollstelle kann Betroffene über Beanstandungen und die hierauf erfolgten Maßnahmen unterrichten.

(4) [1]Die öffentlichen Stellen sind verpflichtet, die Kontrollstelle bei der Aufgabenerfüllung zu unterstützen. [2]Ihr ist dabei insbesondere

1. Auskunft zu ihren Fragen sowie Einsicht in alle Unterlagen zu gewähren, die im Zusammenhang mit dem Informationszugangsgesuch stehen und
2. jederzeit Zutritt zu allen Diensträumen zu gewähren.

[3]Die Rechte nach Satz 1 dürfen von der oder dem Landesbeauftragten für Informationsfreiheit nur persönlich ausgeübt werden, wenn die zuständige oberste Landesbehörde im Einzelfall feststellt, dass die Sicherheit des Bundes oder eines Landes dies gebietet.

(5) Die Kontrollstelle ist berechtigt, die für die Erfüllung ihrer durch dieses Gesetz zugewiesenen Aufgaben erforderlichen personenbezogenen Daten unter den Voraussetzungen der Verordnung (EU) 2016/679 des Europäischen Parlaments und des Rates vom 27. April 2016 zum Schutz natürlicher Personen bei der Verarbeitung personenbezogener Daten, zum freien Datenverkehr und zur Aufhebung der Richtlinie 95/46/EG (Datenschutz-Grundverordnung) (ABl. L 119 vom 04.05.2016, S. 1; L 314 vom 22.11.2016, S. 72) zu verarbeiten.

(6) Die Kontrollstelle arbeitet mit den Behörden und sonstigen Stellen, die für die Kontrolle und Einhaltung von Vorschriften über den Informationszugang durch einen unbeschränkten Personenkreis im Bund und den Ländern zuständig sind, zusammen.

(7) [1]Die Kontrollstelle kann die in Absatz 3 genannten Stellen beraten und Empfehlungen aussprechen. [2]Die Kontrollstelle kann auf Bitte des Landtages oder der Landesregierung in Fragen der Informationszugangsfreiheit Gutachten erstellen und Untersuchungen vornehmen. [3]Vor dem Erlass von Rechts- und Verwaltungsvorschriften, die das Recht auf Informationszugangsfreiheit betreffen, ist die Kontrollstelle zu hören.

(8) [1]Die Kontrollstelle hat dem Landtag und der Landesregierung jeweils für zwei Kalenderjahre einen Bericht über das Ergebnis seiner Tätigkeit vorzulegen. [2]Die Landesregierung leitet dazu innerhalb von sechs Monaten nach Vorlage dieses Berichts ihre Stellungnahme dem Landtag zu. [3]Die Kontrollstelle informiert die Öffentlichkeit in angemessener Form zu Fragen der Informationszugangsfreiheit.

§ 15 Inkrafttreten

Dieses Gesetz tritt am Tag nach der Verkündung[1)] in Kraft.

1) Verkündet am 28.7.2006.

Kommunalverfassung für das Land Mecklenburg-Vorpommern (Kommunalverfassung – KV M-V)[1)]

Vom 13. Juli 2011 (GVOBl. M-V S. 777)
(GS Meckl.-Vorp. Gl. Nr. 2020-9)
zuletzt geändert durch Art. 1 Doppik-ErleichterungsG vom 23. Juli 2019 (GVOBl. M-V S. 467)

Inhaltsübersicht

1) Verkündet als Art. 1 G v. 13. 7. 2011 (GVOBl. M-V 2011 S. 777); Inkrafttreten gem. Art. 3 Abs. 1 dieses G am 5. 9. 2011.

Teil 1
Gemeindeordnung

Abschnitt 1
Grundlagen der Gemeindeverfassung

§ 1 Begriff der Gemeinden

(1) Die Gemeinden sind eine wesentliche Grundlage des demokratischen Staates.

(2) [1]Die Gemeinden sind Gebietskörperschaften. [2]Sie fördern in freier Selbstverwaltung das Wohl ihrer Einwohnerinnen und Einwohner.

(3) Gemeinden sollen nicht weniger als 500 Einwohnerinnen und Einwohner haben.

§ 2 Eigener Wirkungskreis

(1) Die Gemeinden sind berechtigt und im Rahmen ihrer Leistungsfähigkeit verpflichtet, alle Angelegenheiten der örtlichen Gemeinschaft im Rahmen der Gesetze in eigener Verantwortung zu regeln.

(2) Zu den Aufgaben des eigenen Wirkungskreises gehören insbesondere die harmonische Gestaltung der Gemeindeentwicklung unter Beachtung der Belange der Umwelt und des Naturschutzes, des Denkmalschutzes und der Belange von Wirtschaft und Gewerbe, die Bauleitplanung, die Gewährleistung des örtlichen öffentlichen Personennahverkehrs, die Versorgung mit Energie, insbesondere erneuerbarer Art, und mit Wasser, die Abwasserbeseitigung und -reinigung, die Sicherung und Förderung eines bedarfsgerechten öffentlichen Angebotes an Bildungs- und Kinderbetreuungseinrichtungen, die Entwicklung der Freizeit- und Erholungseinrichtungen sowie des kulturellen Lebens, der öffentliche Wohnungsbau, die gesundheitliche und soziale Betreuung, der Brandschutz und die Entwicklung partnerschaftlicher Beziehungen zu Gemeinden anderer Staaten.

(3) Die Gemeinden können durch Gesetz oder aufgrund eines Gesetzes durch Rechtsverordnung zur Erfüllung einzelner Selbstverwaltungsaufgaben verpflichtet werden.

(4) In die Rechte der Gemeinden darf nur durch Gesetz oder aufgrund eines Gesetzes eingegriffen werden.

§ 3 Übertragener Wirkungskreis

(1) Den Gemeinden können durch Gesetz oder aufgrund eines Gesetzes durch Rechtsverordnung öffentliche Aufgaben zur Erfüllung nach Weisung übertragen werden,

(2) Rechtsverordnungen der Gemeinden im übertragenen Wirkungskreis werden nach dem für Satzungen geltenden Verfahren öffentlich bekannt gemacht.

§ 4 Finanzierung der Aufgaben, Konnexität

(1) [1]Die Gemeinden regeln ihre Finanzwirtschaft in eigener Verantwortung. [2]Sie haben die zur ordnungsgemäßen Erfüllung ihrer Aufgaben notwendigen Mittel aus eigenen Einzahlungen aufzubringen. [3]Reichen diese nicht aus, haben sie Anspruch auf einen übergemeindlichen Finanzausgleich.

(2) [1]Werden Gemeinden durch das Land zur Erfüllung von Aufgaben nach § 2 Absatz 3 verpflichtet oder werden ihnen durch das Land Aufgaben nach § 3 Absatz 1 übertragen, so ist dabei gleichzeitig über die Deckung der Kosten zu entscheiden. [2]Führt die Erfüllung dieser Aufgaben zu einer Mehrbelastung der Gemeinden, so ist dafür ein entsprechender finanzieller Ausgleich zu schaffen. [3]Kostenfolgeabschätzungen sind unter Beteiligung der kommunalen Verbände vorzunehmen. [4]Der finanzielle Ausgleich ist zeitgleich mit der Aufgabenübertragung zu gewähren. [5]Dieser ist in der Rechtsvorschrift, die die Aufgabenübertragung anordnet, oder zeitnah im Finanzausgleichsgesetz zu regeln.

(3) [1]Werden Gemeinden durch Gesetz, durch Rechtsverordnung aufgrund eines Gesetzes von Aufgaben oder durch Verwaltungsvorschriften des Landes von Kosten entlastet, so ist dafür ein entsprechender finanzieller Ausgleich zu Gunsten des Landes vorzunehmen. [2]Absatz 2 Satz 3 gilt entsprechend.

§ 5 Satzungsrecht, Hauptsatzung

(1) [1]Die Gemeinden können die Angelegenheiten des eigenen Wirkungskreises durch Satzung regeln, soweit die Gesetze nichts anderes bestimmen. [2]In Angelegenheiten des übertragenen Wirkungskreises können Satzungen nur erlassen werden, wenn ein Gesetz dies vorsieht.

(2) [1]Jede Gemeinde hat eine Hauptsatzung zu erlassen. [2]In ihr ist zu regeln, was nach den Vorschriften dieses Gesetzes der Hauptsatzung vorbehalten ist; auch andere für die Verfassung der Gemeinde we-

sentliche Fragen können in der Hauptsatzung geregelt werden. [3]Die Hauptsatzung wird von der Gemeindevertretung mit der Mehrheit aller Mitglieder beschlossen. [4]Sie ist der Rechtsaufsichtsbehörde vor der Ausfertigung anzuzeigen. [5]Sie darf nur in Kraft gesetzt werden, wenn die Rechtsaufsichtsbehörde die Verletzung von Rechtsvorschriften nicht innerhalb von zwei Monaten nach Eingang der erforderlichen Unterlagen geltend gemacht oder wenn sie vor Ablauf der Frist erklärt hat, dass sie keine Verletzung von Rechtsvorschriften geltend macht. [6]Für Änderungen der Hauptsatzung gelten die Sätze 3 und 4 entsprechend. [7]Auf Änderungen, die das Verfahren der öffentlichen Bekanntmachung betreffen, findet zudem Satz 5 entsprechende Anwendung. [8]Bestimmungen der Hauptsatzung nach § 22 Absatz 2 und 4, §§ 35, 36, 40 Absatz 4, §§ 41, 42 und 42a entfalten ihre Wirksamkeit bereits mit der Beschlussfassung.

(3) [1]Ordnungswidrig handelt, wer vorsätzlich oder fahrlässig einer Satzung zuwiderhandelt, soweit die Satzung für einen bestimmten Tatbestand auf diese Vorschrift verweist. [2]Die Ordnungswidrigkeit kann mit einer Geldbuße geahndet werden. [3]Verwaltungsbehörden nach § 36 Absatz 1 Satz 1 des Gesetzes über Ordnungswidrigkeiten sind die Oberbürgermeister der kreisfreien und großen kreisangehörigen Städte, die Bürgermeister der amtsfreien Gemeinden und die Amtsvorsteher.

(4) [1]Satzungen sind vom Bürgermeister auszufertigen und öffentlich bekannt zu machen. [2]Die Form der öffentlichen Bekanntmachung von Satzungen wird durch Rechtsverordnung nach § 174 Absatz 1 Nummer 2 geregelt. [3]Im Übrigen bestimmt die Gemeinde Form, Fristen und Verfahren der öffentlichen Bekanntmachung in der Hauptsatzung. [4]Satzungen treten am Tag nach der Bekanntmachung in Kraft, wenn kein anderer Zeitpunkt bestimmt ist. [5]Sie sind der Rechtsaufsichtsbehörde anzuzeigen, soweit sich nicht aus anderen gesetzlichen Vorschriften eine Anzeige- oder Genehmigungspflicht ergibt. [6]Für Satzungsänderungen gelten die Sätze 1, 4 und 5 entsprechend.

(5) [1]Ein Verstoß gegen Verfahrens- und Formvorschriften, die in diesem Gesetz enthalten oder aufgrund dieses Gesetzes erlassen worden sind, kann nach Ablauf eines Jahres seit der öffentlichen Bekanntmachung nicht mehr geltend gemacht werden, wenn bei der Bekanntmachung auf die Regelungen dieses Absatzes hingewiesen worden ist. [2]Diese Folge tritt nicht ein, wenn der Verstoß innerhalb der Jahresfrist schriftlich unter Bezeichnung der verletzten Vorschrift und der Tatsache, aus der sich der Verstoß ergibt, gegenüber der Gemeinde geltend gemacht wird. [3]Eine Verletzung von Anzeige-, Genehmigungs- oder Bekanntmachungsvorschriften kann abweichend von Satz 1 stets geltend gemacht werden.

(6) [1]Absatz 5 gilt auch ohne die Hinweispflicht des Satzes 1 für Satzungen, die nach dem 17. Mai 1990 und vor dem 12. Juni 1994 in Kraft getreten sind. [2]Die Jahresfrist beginnt für diese Satzungen mit dem 12. Juni 1994.

(7) [1]Für Flächennutzungspläne gelten die Absätze 5 und 6 entsprechend. [2]Die Bekanntmachung nach § 6 Absatz 5 des Baugesetzbuches erfolgt in der für Satzungen geltenden Weise.

§ 6 Kommunale Verbände

(1) Zur Förderung der kommunalen Selbstverwaltung und Wahrnehmung ihrer Interessen haben die Gemeinden das Recht, Verbände zu bilden.

(2) Die Landesregierung hat die Verbindung zu diesen Verbänden zu wahren und bei der Vorbereitung von Rechtsvorschriften, die unmittelbar die Belange der Gemeinden berühren, mit ihnen zusammenzuwirken.

(3) Der Landtag soll bei den Beratungen entsprechender Gesetzentwürfe diese Verbände anhören.

§ 7 Gemeindearten

(1) Gemeinden im Sinne dieses Gesetzes sind auch die kreisangehörigen, die großen kreisangehörigen und die kreisfreien Städte.

(2) [1]Große kreisangehörige Städte sind die Stadt Neubrandenburg sowie die Hansestädte Greifswald, Stralsund und Wismar. [2]Die großen kreisangehörigen Städte erfüllen neben ihren Aufgaben als amtsfreie Gemeinden in ihrem Gebiet die Aufgaben, die ihnen durch oder aufgrund eines Gesetzes zugewiesen werden. [3]Eine große kreisangehörige Stadt kann, sofern sie dem zustimmt, durch Rechtsverordnung des Ministeriums für Inneres und Europa von einzelnen oder allen Aufgaben, die ihr kraft dieses Status übertragen wurden, befreit werden. [4]Mit der Befreiung von allen diesen Aufgaben erlischt das Recht nach § 8 Absatz 6.

(3) [1]Kreisfreie Städte sind die Hansestadt Rostock und die Landeshauptstadt Schwerin. [2]Die kreisfreien Städte erfüllen neben ihren Aufgaben als amtsfreie Gemeinden in ihrem Gebiet alle Aufgaben, die den Landkreisen obliegen.

§ 8 Name und Bezeichnung

(1) [1]Die Gemeinden führen ihren bisherigen Namen. [2]Eine neu gebildete Gemeinde bestimmt ihren Namen selbst. [3]Die Gemeindevertretung kann mit einer Mehrheit von zwei Dritteln aller Mitglieder den Gemeindenamen ändern. [4]An die Stelle des Beschlusses kann ein Bürgerentscheid treten. [5]Die Bestimmung, Feststellung oder Änderung des Namens und seiner Schreibweise ist nur aus Gründen des öffentlichen Wohls zulässig. [6]Sie bedarf der Genehmigung des Ministeriums für Inneres und Europa.

(2) Namensänderungen sind im Amtsblatt für Mecklenburg-Vorpommern bekannt zu machen.

(3) Die Bezeichnung Stadt führen die Gemeinden, denen diese Bezeichnung nach dem bisherigen Recht zusteht oder auf Antrag von der Landesregierung verliehen wird.

(4) [1]Das Ministerium für Inneres und Europa kann auf Antrag der Gemeinde weitere Bezeichnungen verleihen. [2]Ohne Verleihung dürfen überkommene Bezeichnungen sowie dem Namen nachgestellte Bezeichnungen nach dem Kurortgesetz geführt werden. [3]§ 6 des Kurortgesetzes bleibt unberührt.

(5) Die Stadt Schwerin führt die Bezeichnung Landeshauptstadt.

(6) Die Stadt Neubrandenburg sowie die Hansestädte Greifswald, Stralsund und Wismar können die Bezeichnung große kreisangehörige Stadt führen.

§ 9 Wappen, Flaggen und Siegel

(1) [1]Die Gemeinden sind berechtigt, Wappen und Flaggen zu führen, die mit ihrer Geschichte und mit demokratischen Grundsätzen übereinstimmen. [2]Die Annahme neuer Wappen und Flaggen und ihre Änderung bedürfen der Genehmigung des Ministeriums für Inneres und Europa.

(2) [1]Die Gemeinden führen Dienstsiegel. [2]Gemeinden, die zur Führung eines Wappens berechtigt sind, führen dieses in ihrem Dienstsiegel. [3]Das Ministerium für Inneres und Europa wird ermächtigt, durch Rechtsverordnung nähere Bestimmungen über die Führung, Ausgestaltung und Aufbewahrung sowie den Nachweis kommunaler Dienstsiegel zu treffen.

§ 10 Gemeindegebiet

(1) [1]Das Gebiet der Gemeinde bilden die Grundstücke, die nach geltendem Recht zu ihr gehören. [2]Grenzstreitigkeiten entscheidet die Rechtsaufsichtsbehörde.

(2) [1]Jedes Grundstück soll zu einer Gemeinde gehören. [2]Aus besonderen Gründen können Grundstücke außerhalb einer Gemeinde verbleiben (gemeindefreie Grundstücke).

(3) Das Gebiet der Gemeinde soll so bemessen sein, dass die örtliche Verbundenheit der Einwohnerinnen und Einwohner sowie die Leistungsfähigkeit der Gemeinde zur Erfüllung ihrer Selbstverwaltungsaufgaben gewährleistet sind.

§ 11 Gebietsänderungen

(1) [1]Aus Gründen des öffentlichen Wohls können Gemeinden aufgelöst, neu gebildet oder in ihren Grenzen geändert werden (Gebietsänderungen). [2]Die Bürgerinnen und Bürger, die in dem unmittelbar betroffenen Gebiet wohnen, sowie die betroffenen Gemeinden, Ämter und Landkreise sind vorher anzuhören.

(2) [1]Gebietsänderungen können durch Vertrag der beteiligten Gemeinden, durch Gesetz oder, bei örtlich begrenzten Einzelregelungen, durch Entscheidung des Ministeriums für Inneres und Europa vorgenommen werden. [2]Eine Regelung ist örtlich begrenzt, wenn höchstens zwei Gemeinden betroffen sind.

(3) Gebietsänderungen, die nicht durch Gesetz erfolgen, sind im Amtsblatt für Mecklenburg-Vorpommern bekannt zu machen.

(4) [1]Eine wirksame Gebietsänderung begründet unmittelbar Rechte und Pflichten der Beteiligten und bewirkt den Übergang, die Beschränkung oder die Aufhebung von dinglichen Rechten. [2]Die zuständigen Behörden sind verpflichtet, das Grundbuch, das Wasserbuch und andere öffentliche Bücher zu berichtigen. [3]Die durch die Gebietsänderung erforderlichen Rechtshandlungen sind frei von öffentlichen Abgaben und Verwaltungskosten, soweit diese auf Landesrecht beruhen.

(5) Werden durch die Änderung von Gemeindegrenzen die Grenzen von Ämtern oder Landkreisen berührt, so bewirkt die Änderung der Gemeindegrenzen auch die Änderung der Ämter- und Kreisgrenzen.

§ 12 Gebietsänderungsverträge

(1) [1]Die Aufnahme von Verhandlungen über Gebietsänderungsverträge bedarf eines Beschlusses der Gemeindevertretung mit der Mehrheit aller Mitglieder. [2]Gebietsänderungsverträge müssen von den Gemeindevertretungen der beteiligten Gemeinden jeweils mit der Mehrheit aller Mitglieder beschlossen werden. [3]An die Stelle des Beschlusses der Gemeindevertretung kann ein Bürgerentscheid treten. [4]Die Verträge müssen Bestimmungen über die Auseinandersetzung, die Rechtsnachfolge und die Überleitung des Ortsrechts enthalten. [5]Sie bedürfen der Genehmigung der Rechtsaufsichtsbehörde. [6]Die Genehmigung ist zu erteilen, wenn Gründe des öffentlichen Wohls nicht entgegenstehen. [7]Bewirkt eine vertragliche Gebietsänderung zwischen Gemeinden die Änderung von Kreisgrenzen, bedarf sie der Zustimmung der betroffenen Landkreise. [8]Die oberste Rechtsaufsichtsbehörde kann die Zustimmung der betroffenen Landkreise ersetzen, wenn die Gebietsänderung auch unter Berücksichtigung der Belange der Landkreise dem öffentlichen Wohl dient. [9]Die Gebietsänderungsverträge sind nach dem für Satzungen geltenden Verfahren öffentlich bekannt zu machen, soweit sie Regelungen über die Überleitung des Ortsrechts enthalten.

(2) [1]Betrifft eine Gebietsänderung nur eine Gemeinde, so tritt an die Stelle der Vereinbarung nach Absatz 1 ein Beschluss der Gemeindevertretung mit der Mehrheit aller Mitglieder. [2]In dem Gemeindegebiet, das eine neue Gemeinde bilden soll, ist ein Bürgerentscheid durchzuführen. [3]Kommt die erforderliche Mehrheit nach § 20 Absatz 6 nicht zu Stande, ist eine Regelung nur durch Entscheidung des Ministeriums für Inneres und Europa möglich.

(3) Wechseln Einrichtungen eines Amtes infolge der Gebietsänderung in den Bereich eines anderen Amtes, so sind die beteiligten Ämter in die Auseinandersetzung mit einzubeziehen.

Abschnitt 2

Einwohnerinnen und Einwohner, Bürgerinnen und Bürger

§ 13 Begriff

(1) Einwohnerinnen und Einwohner der Gemeinde sind die in der Gemeinde wohnenden natürlichen Personen.

(2) Bürgerinnen und Bürger sind die zu den Gemeindevertretungswahlen wahlberechtigten Personen nach Absatz 1.

§ 14 Rechte und Pflichten der Einwohnerinnen und Einwohner

(1) [1]Die Einwohnerinnen und Einwohner der Gemeinde haben das Recht, sich schriftlich oder zur Niederschrift mit Anregungen und Beschwerden an die Gemeindevertretung zu wenden. [2]Sie sind über die Stellungnahme der Gemeindevertretung oder eines Ausschusses unverzüglich zu unterrichten.

(2) Die Einwohnerinnen und Einwohner der Gemeinde sind im Rahmen der bestehenden Vorschriften berechtigt, die öffentlichen Einrichtungen der Gemeinde zu benutzen, und verpflichtet, die Gemeindelasten zu tragen.

(3) Diese Vorschriften gelten entsprechend für natürliche und juristische Personen und Personenvereinigungen, die in der Gemeinde Grundstücke besitzen oder nutzen oder ein Gewerbe betreiben.

(4) [1]Die Gemeinde soll die Abgabe von Erklärungen, die Stellung von Anträgen oder die Berichtigung von Erklärungen oder Anträgen anregen, wenn diese offensichtlich nur versehentlich oder aus Unkenntnis unterblieben oder unrichtig abgegeben oder gestellt worden sind. [2]Sie erteilt, soweit erforderlich, Auskunft über die den Beteiligten im Verwaltungsverfahren zustehenden Rechte und die ihnen obliegenden Pflichten.

§ 15 Anschluss- und Benutzungszwang

(1) [1]Die Gemeinde kann für die Grundstücke ihres Gebiets durch Satzung den Anschluss an die Wasserversorgung, die Abwasserbeseitigung, die Straßenreinigung, Einrichtungen zur Versorgung mit Fernwärme und ähnliche dem öffentlichen Wohl dienende Einrichtungen (Anschlusszwang) und die Benutzung dieser Einrichtungen und der öffentlichen Schlachthöfe (Benutzungszwang) vorschreiben, wenn ein dringendes öffentliches Bedürfnis dafür besteht. [2]Ein dringendes öffentliches Bedürfnis kann nicht ausschließlich durch die Erhöhung der Wirtschaftlichkeit der Einrichtung begründet werden.

(2) [1]Die Satzung kann Ausnahmen vom Anschluss- und Benutzungszwang zulassen. [2]Der Anschluss- und Benutzungszwang kann auf bestimmte Teile des Gemeindegebiets und auf bestimmte Gruppen von Grundstücken oder Personen beschränkt werden.

(3) [1]Die Satzung kann vorschreiben, dass Eigentümer sowie dinglich Nutzungsberechtigte das Anbringen und Verlegen örtlicher Leitungen für die jeweilige öffentliche Einrichtung auf ihrem Grundstück zu dulden haben, wenn dieses an die Einrichtung angeschlossen oder anzuschließen ist, in wirtschaftlichem Zusammenhang mit der Einrichtung benutzt wird oder wenn die Möglichkeit der Inanspruchnahme der Einrichtung für das Grundstück sonst vorteilhaft ist. [2]Die Duldungspflicht besteht nicht, wenn die Inanspruchnahme des Grundstücks die in Satz 1 genannten Personen mehr als erforderlich oder in unzumutbarer Weise belasten würde.

§ 16 Unterrichtung der Einwohnerinnen und Einwohner

(1) [1]Der Bürgermeister unterrichtet die Einwohnerinnen und Einwohner über allgemein bedeutsame Angelegenheiten der Gemeinde. [2]Zu diesem Zweck sollen Einwohnerversammlungen abgehalten sowie andere geeignete Formen einer bürgernahen kommunalen Öffentlichkeitsarbeit angewendet werden. [3]Das Nähere regelt die Hauptsatzung.

(2) [1]Bei wichtigen Planungen und Vorhaben, die von der Gemeinde oder auf ihrem Gebiet von einem Zweckverband durchgeführt werden, sollen die Einwohnerinnen und Einwohner möglichst frühzeitig über die Grundlagen, Ziele und Auswirkungen unterrichtet werden. [2]Soweit Planungen bedeutsame Investitionen oder Investitionsfördermaßnahmen betreffen, sind die beabsichtigte Finanzierung und die möglichen Folgen des Vorhabens für die Steuern, Beiträge und Hebesätze der Gemeinde darzustellen. [3]Den Einwohnerinnen und Einwohnern ist Gelegenheit zur Äußerung zu geben. [4]Vorschriften über eine förmliche Beteiligung oder Anhörung bleiben unberührt.

§ 17 Fragestunde, Anhörung

(1) [1]Die Gemeindevertretung soll bei öffentlichen Sitzungen Einwohnerinnen und Einwohnern, die das 14. Lebensjahr vollendet haben, die Möglichkeit einräumen, zu Angelegenheiten der örtlichen Gemeinschaft Fragen zu stellen und Vorschläge oder Anregungen zu unterbreiten. [2]§ 14 Absatz 3 gilt entsprechend.

(2) Die Gemeindevertretung kann beschließen, Sachverständige sowie Einwohnerinnen und Einwohner, die von dem Gegenstand der Beratung betroffen sind, anzuhören.

(3) Das Nähere regelt die Hauptsatzung.

§ 18 Einwohnerantrag

(1) [1]Einwohnerinnen und Einwohner, die das 14. Lebensjahr vollendet haben, können beantragen, dass in der Gemeindevertretung eine wichtige Angelegenheit behandelt wird, die zum eigenen Wirkungskreis der Gemeinde gehört. [2]Dies gilt nicht, wenn innerhalb des letzten Jahres bereits ein zulässiger Antrag gleichen Inhalts behandelt wurde.

(2) [1]Der Einwohnerantrag muss schriftlich an die Gemeindevertretung gestellt werden und eine Begründung enthalten. [2]Er muss von mindestens 5 Prozent oder von mindestens 2 000 der in Absatz 1 genannten Personen unterzeichnet sein. [3]Über die Zulässigkeit des Antrags entscheidet die Gemeindevertretung.

(3) Zulässige Anträge hat die Gemeindevertretung unverzüglich zu behandeln.

§ 19 Rechte und Pflichten der Bürgerinnen und Bürger

(1) Die verantwortliche Teilnahme an der gemeindlichen Selbstverwaltung ist Recht und Pflicht der Bürgerinnen und Bürger.

(2) Die Bürgerinnen und Bürger sind verpflichtet, Ehrenämter und ehrenamtliche Tätigkeiten für die Gemeinde zu übernehmen und gewissenhaft und unparteiisch auszuüben.

(3) [1]Die Bestellung in ein Ehrenamt oder eine ehrenamtliche Tätigkeit erfolgt durch die Gemeindevertretung, soweit gesetzlich nichts anderes bestimmt ist. [2]Die Gemeindevertretung kann diese Befugnis auf den Hauptausschuss oder auf den Bürgermeister übertragen. [3]Aus einem wichtigen Grund in den persönlichen Lebensumständen können Betroffene ihre Bestellung ablehnen oder eine Abberufung verlangen.

(4) Für die Ausübung von Ehrenämtern und ehrenamtlichen Tätigkeiten für die Gemeinde gelten die Bestimmungen über die Verschwiegenheit (§ 23 Absatz 6), Mitwirkungsverbote (§ 24), Vertretungs-

verbot (§ 26), Entschädigungen, Kündigungsschutz (§ 27) und die Verpflichtung (§ 28 Absatz 2 Satz 3) entsprechend.

§ 20 Bürgerentscheid, Bürgerbegehren

(1) [1]Wichtige Entscheidungen in Angelegenheiten des eigenen Wirkungskreises können statt durch Beschluss der Gemeindevertretung durch die Bürgerinnen und Bürger selbst getroffen werden (Bürgerentscheid). [2]Ein Bürgerentscheid oder ein Beschluss nach Absatz 5 Satz 5 kann innerhalb von zwei Jahren nur durch einen neuen Bürgerentscheid geändert oder aufgehoben werden.

(2) Ein Bürgerentscheid findet nicht statt über

1. die innere Organisation der Verwaltung,
2. die Rechtsverhältnisse der für die Gemeinde haupt- oder ehrenamtlich tätigen Personen,
3. Entscheidungen im Rahmen des gemeindlichen Haushalts-, Rechnungsprüfungs- und Abgabenwesens und in diesem Rahmen auch Entscheidungen über Entgelte und kommunale Betriebe,
4. Entscheidungen nach § 36 des Baugesetzbuches, die Aufstellung, Änderung und Aufhebung von Bauleitplänen sowie sonstige Angelegenheiten, die im Rahmen eines Planfeststellungsverfahrens oder eines förmlichen Verwaltungsverfahrens mit Öffentlichkeitsbeteiligung oder eines abfallrechtlichen, immissionsschutzrechtlichen, wasserrechtlichen oder vergleichbaren Zulassungsverfahrens zu entscheiden sind,
5. die Beteiligung an kommunaler Zusammenarbeit,
6. Satzungen, durch die ein Anschluss- oder Benutzungszwang geregelt wird, sowie
7. Anträge, die ein gesetzwidriges Ziel verfolgen.

(3) [1]Die Gemeindevertretung kann im Benehmen mit der Rechtsaufsichtsbehörde mit der Mehrheit aller Mitglieder die Durchführung eines Bürgerentscheides beschließen (Vertreterbegehren). [2]Der Beschluss muss die zu entscheidende Frage enthalten und den Zeitpunkt des Bürgerentscheides bestimmen.

(4) [1]Die Bürgerinnen und Bürger können die Durchführung eines Bürgerentscheides beantragen (Bürgerbegehren), wenn innerhalb der letzten zwei Jahre nicht bereits ein Bürgerentscheid zur gleichen Angelegenheit durchgeführt worden ist. [2]Richtet sich der Antrag gegen einen Beschluss der Gemeindevertretung, muss er innerhalb von sechs Wochen nach der Bekanntgabe des Beschlusses gestellt werden, es sei denn, der Beschluss wurde noch nicht durchgeführt.

(5) [1]Das Bürgerbegehren muss schriftlich an die Gemeindevertretung gerichtet werden und die zu entscheidende Frage, eine Begründung und einen durchführbaren Vorschlag zur Deckung der Kosten der verlangten Maßnahme enthalten. [2]Hinsichtlich der Kostendeckung können die Bürgerinnen und Bürger Beratung durch die Gemeinde in Anspruch nehmen. [3]Das Bürgerbegehren muss von mindestens 10 Prozent der Bürgerinnen und Bürger oder von mindestens 4 000 Bürgerinnen und Bürgern unterzeichnet sein. [4]Über die Zulässigkeit des Bürgerbegehrens und den Zeitpunkt des Bürgerentscheides entscheidet die Gemeindevertretung unverzüglich im Benehmen mit der Rechtsaufsichtsbehörde. [5]Der Bürgerentscheid entfällt, wenn die Gemeindevertretung oder der Hauptausschuss die Durchführung der beantragten Maßnahme beschließt.

(6) [1]Bei einem Bürgerentscheid ist die gestellte Frage in dem Sinne entschieden, in dem sie von der Mehrheit der gültigen Stimmen beantwortet wurde, sofern diese Mehrheit mindestens 25 Prozent der Stimmberechtigten beträgt. [2]Bei Stimmengleichheit gilt die Frage als mit Nein beantwortet. [3]Ist die nach Satz 1 erforderliche Mehrheit nicht erreicht worden, hat die Gemeindevertretung die Angelegenheit zu entscheiden.

(7) [1]Ein Bürgerentscheid über die Abberufung des Bürgermeisters kann nur durch einen Beschluss der Gemeindevertretung mit der Mehrheit von zwei Dritteln aller Mitglieder herbeigeführt werden. [2]§ 32 Absatz 1 Satz 1 gilt entsprechend. [3]Der Bürgerentscheid bedarf der Mehrheit von zwei Dritteln der gültigen Stimmen, wobei diese Mehrheit mindestens einem Drittel der Stimmberechtigten entsprechen muss. [4]Absatz 6 Satz 3 findet keine Anwendung. [5]Mit dem Tag nach der Bekanntgabe des erfolgreichen Bürgerentscheides tritt der hauptamtliche Bürgermeister in den einstweiligen Ruhestand, sofern eine Wartezeit von fünf Jahren nach Maßgabe des Versorgungsrechts erfüllt wurde.

Abschnitt 3
Vertretung und Verwaltung

§ 21 Organe
Organe der Gemeinde sind die Gemeindevertretung und der Bürgermeister.

§ 22 Gemeindevertretung
(1) [1]Die Gemeindevertretung ist die Vertretung der Bürgerinnen und Bürger und das oberste Willensbildungs- und Beschlussorgan der Gemeinde. [2]In Städten führt sie die Bezeichnung Stadtvertretung. [3]In kreisfreien und großen kreisangehörigen Städten kann in der Hauptsatzung festgelegt werden, dass sie die Bezeichnung Bürgerschaft führt, soweit dies mit ihrer Geschichte übereinstimmt.
(2) [1]Die Gemeindevertretung ist für alle wichtigen Angelegenheiten der Gemeinde zuständig und überwacht die Durchführung ihrer Entscheidungen, soweit nicht durch Gesetz, Hauptsatzung oder Beschluss der Gemeindevertretung eine Übertragung auf den Hauptausschuss oder den Bürgermeister stattgefunden hat. [2]Wichtig sind, neben den der Gemeindevertretung gesetzlich zugewiesenen Aufgaben, Angelegenheiten, die aufgrund ihrer politischen Bedeutung, ihrer wirtschaftlichen Auswirkungen oder als Grundlage für Einzelentscheidungen von grundsätzlicher Bedeutung für die Gemeinde sind. [3]Die Gemeindevertretung kann Angelegenheiten, die sie übertragen hat, auch im Einzelfall jederzeit an sich ziehen. [4]Wurde eine Angelegenheit durch die Hauptsatzung übertragen, kann die Gemeindevertretung sie nur durch Beschluss mit der Mehrheit aller Mitglieder an sich ziehen.
(3) Die Entscheidungen in folgenden Angelegenheiten können nicht übertragen werden:
1. Angelegenheiten, über die kraft Gesetzes die Gemeindevertretung entscheidet,
2. die Übernahme neuer Aufgaben, für die keine gesetzliche Verpflichtung besteht,
3. die Bestellung der Rechnungsprüferinnen und Rechnungsprüfer,
4. die allgemeinen Grundsätze, nach denen die Verwaltung geführt werden soll,
5. die Grundsätze der Personalentscheidungen,
6. der Erlass, die Änderung und die Aufhebung von Satzungen,
7. die Aufstellung, Änderung und Aufhebung von Flächennutzungsplänen,
8. die Haushaltssatzung, den Haushaltsplan, den Stellenplan, ein Haushaltssicherungskonzept, die Entgegennahme des Jahresabschlusses und die Entlastung des Bürgermeisters für die Haushaltsdurchführung,
9. die Errichtung, die Umwandlung des Zwecks, die Zusammenlegung und Aufhebung von Stiftungen sowie die Verwendung des Stiftungsvermögens,
10. die Errichtung, Übernahme, wesentliche Änderung der Aufgaben, wesentliche Erweiterung oder Einschränkung, Änderung der Organisationsform und Auflösung kommunaler Unternehmen und Einrichtungen sowie Beteiligung an Unternehmen und Einrichtungen,
11. die Ermittlung des Satzes öffentlicher Abgaben und die Festsetzung allgemeiner privatrechtlicher Entgelte,
12. die Bestellung und Wahl von Personen, die für die Gemeinde Mitgliedschaftsrechte in Organen, Beiräten oder Ausschüssen von juristischen Personen oder Personenvereinigungen wahrnehmen,
13. die Mitgliedschaft in kommunalen Verbänden und in Zweckverbänden, der Abschluss öffentlich-rechtlicher Verträge nach §§ 165 und 167 sowie die Entscheidung über partnerschaftliche Beziehungen zu anderen Gemeinden,
14. Gebietsänderungen und
15. die Verleihung und die Aberkennung des Ehrenbürgerrechts und von Ehrenbezeichnungen.

(4) [1]Die Hauptsatzung kann bestimmen, dass der Hauptausschuss oder der Bürgermeister Entscheidungen bis zu bestimmten Wertgrenzen in folgenden Angelegenheiten trifft:
1. die Genehmigung von Verträgen nach § 38 Absatz 6 Satz 6 und 7 und § 39 Absatz 2 Satz 11 und 12,
2. die Zustimmung zu über- und außerplanmäßigen Aufwendungen und Auszahlungen,
3. die Verfügung über Gemeindevermögen, insbesondere die Veräußerung oder Belastung von Grundstücken, Schenkungen, die Hingabe von Darlehen und die Aufnahme von Krediten durch die Gemeinde,
4. die Übernahme von Bürgschaften, der Abschluss von Gewährverträgen, die Bestellung sonstiger Sicherheiten für Dritte sowie wirtschaftlich gleich zu achtende Rechtsgeschäfte und

5. den Abschluss von städtebaulichen Verträgen, insbesondere Erschließungsverträgen und Durchführungsverträgen zu vorhabenbezogenen Bebauungsplänen.

2Enthält die Hauptsatzung solche Regelungen nicht, obliegt die Entscheidung ausschließlich der Gemeindevertretung.

(5) 1Die Gemeindevertretung ist, soweit nichts anderes bestimmt ist, oberste Dienstbehörde. 2Sie kann ihre Befugnisse insoweit auf den Hauptausschuss oder auf den Bürgermeister übertragen, soweit durch Gesetz oder aufgrund eines Gesetzes nichts anderes bestimmt ist. 3Die Aufgaben als oberste Dienstbehörde des Bürgermeisters und der Beigeordneten sind nicht übertragbar. 4Die Gemeindevertretung übt ihre Befugnisse nach Satz 1 im Einvernehmen mit dem Bürgermeister aus, das durch Beschluss mit der Mehrheit aller Mitglieder der Gemeindevertretung ersetzt werden kann. 5Die Gemeindevertretung ist Dienstvorgesetzter des Bürgermeisters; sie hat keine Disziplinarbefugnis. 6Führt der Bürgermeister Aufgaben des übertragenen Wirkungskreises durch, darf die Gemeindevertretung Aussagegenehmigungen nach § 47 Absatz 1 Satz 1 des Landesbeamtengesetzes nur mit Zustimmung der Fachaufsichtsbehörde erteilen.

(6) Die Gemeindevertretung gibt sich zur Regelung ihrer inneren Angelegenheiten eine Geschäftsordnung.

§ 23 Mitglieder der Gemeindevertretung

(1) 1Die Mitglieder der Gemeindevertretung werden von den Bürgerinnen und Bürgern in allgemeiner, unmittelbarer, freier, gleicher und geheimer Wahl auf die Dauer von fünf Jahren gewählt. 2Das Nähere regelt das Landes- und Kommunalwahlgesetz.

(2) Für Mitglieder der Gemeindevertretung kann die Hauptsatzung eine andere, mit der Geschichte der Gemeinde im Einklang stehende Bezeichnung vorsehen.

(3) 1Die Mitglieder der Gemeindevertretung üben ihr Mandat im Rahmen der Gesetze nach ihrer freien, nur dem Gemeinwohl verpflichteten Überzeugung aus. 2Sie sind an Aufträge und Verpflichtungen, durch welche die Freiheit ihrer Entschließungen beschränkt wird, nicht gebunden. 3Die Mitglieder der Gemeindevertretung sind zur Teilnahme an den Sitzungen und zur Mitarbeit verpflichtet, wenn sie nicht aus wichtigem Grund verhindert sind. 4Sie können auf ihr Mandat jederzeit durch schriftliche, unwiderrufliche Erklärung gegenüber der oder dem Vorsitzenden der Gemeindevertretung verzichten.

(4) Jedes Mitglied der Gemeindevertretung ist berechtigt, in der Gemeindevertretung und in den Ausschüssen, denen es angehört, Anträge zu stellen.

(5) 1Die Mitglieder der Gemeindevertretung können sich zu Fraktionen zusammenschließen oder bestehenden Fraktionen mit deren Zustimmung beitreten. 2Eine Fraktion muss aus mindestens zwei, in Städten mit mehr als 25 Mitgliedern der Stadtvertretung aus mindestens drei und in Städten mit mehr als 37 Mitgliedern der Stadtvertretung aus mindestens vier Mitgliedern bestehen; maßgebend ist die Anzahl der am Tag der Wahl der Gemeindevertretung zu wählenden Gemeindevertreter. 3Ihre innere Ordnung muss demokratischen und rechtsstaatlichen Grundsätzen entsprechen. 4Soweit die Fraktionen Zuwendungen aus dem Gemeindehaushalt erhalten, ist die Verwendung dieser Mittel im Rahmen der örtlichen Prüfung zu prüfen. 5Eine Verwendung der Zuwendungen für Parteiaufgaben ist unzulässig. 6Näheres über die Bildung von Fraktionen, ihre Rechte und Pflichten regelt die Geschäftsordnung. 7In Gemeindevertretungen mit bis zu elf Mitgliedern stehen die Rechte nach § 29 Absatz 7 Satz 2, § 31 Absatz 2 Satz 5 und § 34 Absatz 2 auch jedem einzelnen Mitglied zu.

(6) 1Die Mitglieder der Gemeindevertretung sind zur Verschwiegenheit über die ihnen bei ihrer Tätigkeit bekannt gewordenen Angelegenheiten verpflichtet. 2Dies gilt nicht für Tatsachen, die offenkundig sind oder ihrer Bedeutung nach keiner Geheimhaltung bedürfen. 3Die Mitglieder der Gemeindevertretung dürfen ohne Genehmigung der Gemeindevertretung weder gerichtlich noch außergerichtlich Aussagen machen, soweit sie zur Verschwiegenheit verpflichtet sind. 4Die Verschwiegenheitspflicht besteht auch nach der Beendigung des Mandats fort.

(7) Nach Ablauf der Wahlperiode üben die bisherigen Mitglieder der Gemeindevertretung ihr Mandat bis zur konstituierenden Sitzung der neu gewählten Gemeindevertretung aus.

§ 24 Mitwirkungsverbote

(1) Die Mitglieder der Gemeindevertretung dürfen weder beratend noch entscheidend mitwirken oder sonst tätig werden,

1. wenn die Entscheidung ihnen selbst oder ihren Angehörigen im Sinne von § 20 Absatz 5 des Landesverwaltungsverfahrensgesetzes einen unmittelbaren Vorteil oder Nachteil bringen kann,
2. wenn sie zu dem Beratungsgegenstand in anderer als öffentlicher Eigenschaft ein Gutachten abgegeben haben,
3. wenn sie eine natürliche oder juristische Person oder eine Vereinigung vertreten, der die Entscheidung einen unmittelbaren Vorteil oder Nachteil bringen kann oder
4. wenn sie Bedienstete einer Aufsichtsbehörde sind und der Beratungsgegenstand einen unmittelbaren Bezug zu ihrem dienstlichen Aufgabenbereich besitzt.

(2) Die Mitwirkungsverbote des Absatzes 1 gelten nicht,

1. wenn der Vorteil oder der Nachteil nur darauf beruht, dass jemand einer Berufs- oder Bevölkerungsgruppe angehört, deren gemeinsame Interessen durch die Angelegenheit berührt werden,
2. bei Wahlen sowie bei Abberufungen und
3. wenn die Vertretung der natürlichen oder juristischen Person oder Vereinigung auf Vorschlag der Gemeinde ausgeübt wird.

(3) [1]Wer annehmen muss, nach Absatz 1 von der Mitwirkung ausgeschlossen zu sein, hat den Ausschließungsgrund unaufgefordert der oder dem Vorsitzenden der Gemeindevertretung anzuzeigen und den Sitzungsraum zu verlassen; bei einer öffentlichen Sitzung kann sie oder er sich in dem für die Öffentlichkeit bestimmten Teil des Sitzungsraumes aufhalten. [2]Ob ein Ausschließungsgrund vorliegt, entscheidet in Zweifelsfällen die Gemeindevertretung in nichtöffentlicher Sitzung unter Ausschluss der betroffenen Person nach deren Anhörung.

(4) [1]Eine Entscheidung, die unter Verstoß gegen das Mitwirkungsverbot zu Stande kommt oder bei der ein Mitglied der Gemeindevertretung ungerechtfertigt ausgeschlossen wird, ist unwirksam. [2]Ein ungerechtfertigter Ausschluss eines Mitglieds der Gemeindevertretung ist von Anfang an unbeachtlich, wenn dieses der Entscheidung nachträglich zustimmt.

(5) [1]Ein Verstoß gegen das Mitwirkungsverbot oder ein ungerechtfertigter Ausschluss eines Mitglieds der Gemeindevertretung kann nach Ablauf eines Jahres nicht mehr geltend gemacht werden, es sei denn, dass der Verstoß oder der ungerechtfertigte Ausschluss innerhalb dieser Frist schriftlich unter Bezeichnung der Tatsache, aus der sich der Verstoß oder der ungerechtfertigte Ausschluss ergibt, gegenüber der Gemeinde geltend gemacht wird. [2]Die Jahresfrist beginnt am Tag nach der Beschlussfassung oder, sofern eine öffentliche Bekanntmachung erforderlich ist, am Tag nach der öffentlichen Bekanntmachung.

§ 25 Unvereinbarkeit von Amt und Mandat

(1) [1]Mitglied der Gemeindevertretung können nicht solche Personen sein, die tätig sind als

1. Bedienstete der Gemeinde oder des Amtes, dem die Gemeinde angehört, soweit sie mit dem verwaltungsmäßigen Vollzug von Rechtsvorschriften oder mit der Vorbereitung oder Umsetzung von Entscheidungen der Organe der Gemeinde oder des Amtes befasst sind, oder gegenüber anderen Bediensteten der Gemeinde oder des Amtes Befugnisse des Dienstvorgesetzten wahrnehmen, soweit sie diese Funktionen nicht ehrenamtlich ausüben,
2. Landrätin oder Landrat, Stellvertreterin oder Stellvertreter der Landrätin oder des Landrates oder Beigeordnete oder Beigeordneter im Dienst des Landkreises, dem die Gemeinde angehört,
3. leitende Bedienstete im Dienst eines Zweckverbandes oder einer sonstigen Körperschaft, Anstalt oder Stiftung des öffentlichen Rechts, der die Gemeinde oder das Amt angehört,
4. Bedienstete einer Rechtsaufsichtsbehörde nach § 79, die entscheidend unmittelbar die Rechtsaufsicht oder die Rechnungsprüfung über die Gemeinde oder über das Amt wahrnehmen,
5. leitende Angestellte eines privatrechtlichen Unternehmens oder Kommunalunternehmens, an dem die Gemeinde oder das Amt mittelbar oder unmittelbar mit mehr als 50 Prozent beteiligt ist.

[2]Im Dienst des Amtes im Sinne des Satzes 1 Nummer 1 stehen auch Bedienstete der Gemeinde, die nach § 126 Absatz 1 Satz 3 die Verwaltung des Amtes wahrnimmt. [3]Satz 1 gilt nicht für Arbeiterinnen und Arbeiter.

(2) Leitende Bedienstete oder leitende Angestellte im Sinne des Absatzes 1 Nummer 3 und 5 sind Vorstandsmitglieder sowie Personen, die die Verwaltungsleitung, Geschäftsführung oder vergleichbare Ämter innehaben, soweit die Funktion nicht ehrenamtlich ausgeübt wird.

(3) Die Mitglieder der Gemeindevertretung haben der oder dem Vorsitzenden der Gemeindevertretung ihren Beruf sowie andere vergütete oder ehrenamtliche Tätigkeiten nach den Absätzen 1 und 2 mitzuteilen.

(4) [1]Bei Verstößen gegen Absatz 1 fordert die oder der Vorsitzende der Gemeindevertretung das Mitglied der Gemeindevertretung auf, innerhalb eines Monats zu erklären, ob es aus dem Arbeits- oder Dienstverhältnis ausscheiden oder auf das Mandat verzichten will. [2]Die Mitgliedschaft in der Gemeindevertretung ruht von der Aufforderung durch die oder den Vorsitzenden an so lange wie das Arbeits- oder Dienstverhältnis und das Mandat nebeneinander bestehen. [3]Gibt das Mitglied der Gemeindevertretung keine Erklärung ab, stellt die oder der Vorsitzende den Verlust des Mandats fest.

§ 26 Vertretungsverbot

Mitglieder der Gemeindevertretung dürfen Ansprüche Dritter gegen die Gemeinde nicht geltend machen, es sei denn, dass sie als gesetzliche Vertreter handeln.

§ 27 Entschädigungen, Kündigungsschutz

(1) Mitglieder der Gemeindevertretung haben Anspruch auf

1. Ersatz ihrer Auslagen,
2. Ersatz des entgangenen Arbeitsverdienstes,
3. Erstattung des auf den entgangenen Arbeitsverdienst entfallenden Arbeitgeberanteils zur Sozialversicherung, soweit dieser zu ihren Lasten an den Sozialversicherungsträger abgeführt wird, und
4. Reisekostenvergütung.

(2) Die Entschädigungen sind in der Hauptsatzung zu regeln.

(3) [1]Der Ersatz der tatsächlichen Auslagen kann auch durch eine pauschalierte Aufwandsentschädigung erfolgen. [2]Die Ansprüche auf Entschädigung sind nicht übertragbar. [3]Auf sie kann nicht verzichtet werden, soweit ein Aufwand tatsächlich entstanden ist.

(4) Mitgliedern der Gemeindevertretung kann Ersatz für Sachschäden nach den für Beamte geltenden Bestimmungen geleistet werden.

(5) [1]Wer als Mitglied der Gemeindevertretung tätig ist, darf aus einem Dienst- oder Arbeitsverhältnis nicht aus diesem Grund entlassen, gekündigt, versetzt oder abgeordnet werden. [2]Ihm ist die für diese Tätigkeit notwendige freie Zeit zu gewähren.

(6) [1]Niemand darf gehindert werden, sich um ein Mandat in der Gemeindevertretung zu bewerben, es anzunehmen oder auszuüben. [2]Benachteiligungen am Arbeitsplatz im Zusammenhang mit der Bewerbung um ein Mandat, der Annahme und Ausübung eines Mandats sind unzulässig. [3]Entgegenstehende Vereinbarungen sind nichtig.

§ 28 Konstituierung der Gemeindevertretung, Vorsitz

(1) [1]Die Gemeindevertretung tritt innerhalb von sechs Wochen nach einer Kommunalwahl zu ihrer konstituierenden Sitzung zusammen. [2]Die Einberufung erfolgt durch die oder den bisherigen Vorsitzenden der Gemeindevertretung. [3]Das an Lebensjahren älteste Mitglied der Gemeindevertretung eröffnet die Sitzung.

(2) [1]In hauptamtlich verwalteten Gemeinden wird unter der Leitung des ältesten Mitglieds aus der Mitte der Gemeindevertretung die oder der Vorsitzende gewählt. [2]Das älteste Mitglied verpflichtet die gewählte Person durch Handschlag auf die gewissenhafte Erfüllung ihrer Pflichten und übergibt ihr die Leitung der Sitzung. [3]Die oder der Vorsitzende verpflichtet die Mitglieder der Gemeindevertretung durch Handschlag auf die gewissenhafte Erfüllung ihrer Pflichten.

(3) [1]In ehrenamtlich verwalteten Gemeinden wird nach der Eröffnung der Sitzung der Bürgermeister von seinem Amtsvorgänger und dessen Stellvertreter ernannt. [2]Danach übergibt das älteste Mitglied dem Bürgermeister die Leitung der Sitzung. [3]Erfolgt aufgrund von Zweifeln an der Gültigkeit der Wahl keine Ernennung des Bürgermeisters, wird zunächst die Wahl und Ernennung der Stellvertreterinnen oder Stellvertreter nach § 40 Absatz 2 durchgeführt. [4]Der Bürgermeister verpflichtet die Mitglieder der Gemeindevertretung durch Handschlag auf die gewissenhafte Erfüllung ihrer Pflichten.

(4) [1]Die Gemeindevertretung wird durch ihre Vorsitzende oder ihren Vorsitzenden vertreten. [2]In Städten führen diese die Bezeichnung Stadtvertretervorsteherin oder Stadtvertretervorsteher, sofern die Hauptsatzung nicht eine andere Bezeichnung vorsieht. [3]In ehrenamtlich verwalteten Gemeinden umfasst das Amt des Bürgermeisters auch die Aufgaben des Vorsitzenden der Gemeindevertretung.

(5) [1]Die Gemeindevertretung wählt aus ihrer Mitte zwei Personen, die die Vorsitzende oder den Vorsitzenden im Verhinderungsfall vertreten. [2]In Städten können zur Unterstützung der oder des Vorsitzenden Vorstände oder Präsidien der Stadtvertretung gebildet werden, denen neben den in Satz 1 genannten Personen weitere Mitglieder angehören können. [3]Das Nähere regelt die Hauptsatzung. [4]Sie kann bestimmen, dass die Bildung des Vorstands oder Präsidiums nach den Grundsätzen der Verhältniswahl erfolgt. [5]In ehrenamtlich verwalteten Gemeinden nehmen die Stellvertreterinnen und Stellvertreter des Bürgermeisters die Aufgaben nach Satz 1 wahr.

§ 29 Sitzungen der Gemeindevertretung

(1) [1]Die oder der Vorsitzende setzt im Benehmen mit dem Bürgermeister die Tagesordnung fest und beruft die Sitzungen der Gemeindevertretung schriftlich oder, sofern es die Geschäftsordnung bestimmt, elektronisch unter Mitteilung der Tagesordnung ein. [2]Jedes Mitglied der Gemeindevertretung kann verlangen, seine Einladungen schriftlich statt elektronisch zu erhalten. [3]Eine Angelegenheit muss auf die Tagesordnung gesetzt werden, wenn es ein Mitglied der Gemeindevertretung, eine Ortsteilvertretung oder der Bürgermeister beantragt. [4]Ein solcher Tagesordnungspunkt darf nur dann durch Mehrheitsbeschluss abgesetzt werden, wenn dem Antragsteller zuvor ausreichend Gelegenheit gegeben wurde, seinen Antrag zu begründen. [5]Die oder der Vorsitzende leitet die Sitzungen, sorgt für die Aufrechterhaltung der Ordnung und übt das Hausrecht aus.

(2) [1]Die Gemeindevertretung tritt zusammen, so oft es die Geschäftslage erfordert. [2]Die Geschäftsordnung kann einen Zeitraum vorsehen, nach dem die Gemeindevertretung einzuberufen ist. [3]Die Gemeindevertretung muss unverzüglich einberufen werden, wenn es ein Viertel aller Mitglieder, eine Fraktion oder der Bürgermeister unter Angabe des Beratungsgegenstandes beantragt.

(3) [1]Die Ladungsfristen für ordentliche und für Dringlichkeitssitzungen sind in der Geschäftsordnung zu regeln. [2]Eine Ladungsfrist von drei Tagen soll nicht unterschritten werden. [3]Unter Einhaltung der Ladungsfrist sollen die Beschlussvorlagen der Verwaltung übersandt werden.

(4) Die Mehrheit aller Mitglieder der Gemeindevertretung kann in der Sitzung die Erweiterung der Tagesordnung beschließen, wenn es sich um eine Angelegenheit handelt, die wegen besonderer Dringlichkeit keinen Aufschub bis zur nächsten Sitzung duldet.

(5) [1]Die Sitzungen der Gemeindevertretung sind öffentlich. [2]Die Öffentlichkeit ist auszuschließen, wenn überwiegende Belange des öffentlichen Wohls oder berechtigte Interessen Einzelner es erfordern. [3]Der Ausschluss der Öffentlichkeit kann in diesem Rahmen in der Hauptsatzung oder durch Beschluss der Gemeindevertretung angeordnet werden. [4]Über den Ausschluss der Öffentlichkeit wird in nichtöffentlicher Sitzung beraten und mit der Mehrheit aller Mitglieder der Gemeindevertretung entschieden. [5]In öffentlichen Sitzungen der Gemeindevertretung sind Film- und Tonaufnahmen durch die Medien zulässig, soweit dem nicht ein Viertel aller Mitglieder der Gemeindevertretung in geheimer Abstimmung widerspricht.

(6) [1]Zeit, Ort und Tagesordnung der Sitzung der Gemeindevertretung sind rechtzeitig vor der Sitzung öffentlich bekannt zu machen. [2]Für Punkte der Tagesordnung, die nichtöffentlich behandelt werden sollen, gilt dies nur insoweit, als dadurch der Zweck der Nichtöffentlichkeit nicht gefährdet wird.

(7) [1]Der Bürgermeister nimmt an den Sitzungen der Gemeindevertretung teil. [2]Er ist jederzeit berechtigt und auf Antrag eines Viertels aller Mitglieder der Gemeindevertretung oder einer Fraktion verpflichtet, zu einem Punkt der Tagesordnung vor der Gemeindevertretung Stellung zu nehmen. [3]Die Sätze 1 und 2 gelten für Beigeordnete in Angelegenheiten ihres Geschäftsbereiches entsprechend.

(8) [1]Über jede Sitzung der Gemeindevertretung ist eine Niederschrift nach näherer Bestimmung in der Geschäftsordnung anzufertigen. [2]Die Niederschriften über den öffentlichen Teil der Sitzungen sind der Öffentlichkeit zugänglich zu machen.

§ 30 Beschlussfähigkeit

(1) [1]Die Gemeindevertretung ist beschlussfähig, wenn alle Mitglieder der Gemeindevertretung ordnungsgemäß geladen wurden und mehr als die Hälfte davon zur Sitzung anwesend ist. [2]Ein Mangel der Ladung ist unbeachtlich, wenn das betroffene Mitglied zur Sitzung erscheint. [3]Die Beschlussfähigkeit ist zu Beginn der Sitzung durch die Vorsitzende oder den Vorsitzenden festzustellen. [4]Danach bleibt die Gemeindevertretung so lange beschlussfähig, bis die oder der Vorsitzende von sich aus oder auf Antrag eines Mitglieds die Beschlussunfähigkeit feststellt. [5]Dieses Mitglied zählt zu den Anwe-

senden. [6]Die oder der Vorsitzende hat die Beschlussunfähigkeit festzustellen, wenn weniger als ein Drittel aller Mitglieder anwesend ist.

(2) Ist mehr als die Hälfte aller Mitglieder der Gemeindevertretung nach § 24 ausgeschlossen, so ist die Gemeindevertretung beschlussfähig, wenn mehr als ein Drittel aller Mitglieder zur Sitzung anwesend ist.

(3) [1]Ist eine Angelegenheit wegen Beschlussunfähigkeit der Gemeindevertretung zurückgestellt worden, so ist die Gemeindevertretung in einer nachfolgenden Sitzung für diese Angelegenheit beschlussfähig, wenn mindestens drei stimmberechtigte Mitglieder anwesend sind und bei der Ladung auf diese Vorschrift hingewiesen wurde. [2]Sind weniger als drei stimmberechtigte Mitglieder anwesend, entscheidet der Bürgermeister mit Genehmigung der Rechtsaufsichtsbehörde.

§ 31 Beschlussfassung

(1) [1]Beschlüsse der Gemeindevertretung werden, soweit nicht das Gesetz etwas anderes vorsieht, mit einfacher Mehrheit der anwesenden Mitglieder der Gemeindevertretung in offener Abstimmung gefasst. [2]Die einfache Mehrheit ist erreicht, wenn die Zahl der Ja-Stimmen die der Nein-Stimmen übersteigt. [3]Stimmenthaltungen und ungültige Stimmen sind unbeachtlich. [4]Sieht das Gesetz einen Anteil aller Mitglieder der Gemeindevertretung vor, so berechnet sich dieser nach der gesetzlichen Zahl der Mitglieder, vermindert um die in der laufenden Wahlperiode außer durch eine Ergänzungswahl nicht wieder besetzbaren Mandate. [5]Für Personalentscheidungen, die keine Wahlen sind, gilt § 32 Absatz 1 Satz 2 und 3 entsprechend.

(2) [1]Eine Abstimmung erfolgt nur über solche Anträge, die zu diesem Zeitpunkt schriftlich vorliegen oder mündlich zur Sitzungsniederschrift erklärt werden. [2]Anträge, durch die der Gemeinde Mehraufwendungen, Mehrauszahlungen, Mindererträge oder Mindereinzahlungen entstehen, müssen bestimmen, wie die zu ihrer Deckung erforderlichen Mittel aufzubringen sind; der Teilhaushalt ist zu benennen. [3]Anträge sowie Beschlussvorlagen, die die Umsetzung des Haushaltssicherungskonzeptes verzögern oder diesem entgegenstehen, müssen unter Benennung der berührten Maßnahme des Haushaltssicherungskonzeptes zusätzliche neue Maßnahmen benennen, die die entstehenden Mehraufwendungen, Mehrauszahlungen, Mindererträge oder Mindereinzahlungen vollständig kompensieren. [4]Dabei ist die Eignung der neuen Maßnahmen darzustellen. [5]Auf Antrag eines Viertels aller Mitglieder der Gemeindevertretung oder einer Fraktion wird namentlich abgestimmt. [6]Geheime Abstimmungen sind unzulässig.

(3) In nichtöffentlicher Sitzung gefasste Beschlüsse der Gemeindevertretung sind spätestens in der nächsten öffentlichen Sitzung bekannt zu machen, soweit dadurch der Zweck der Nichtöffentlichkeit nicht gefährdet wird.

§ 32 Wahlen, Abberufungen

(1) [1]Abstimmungen über Personalangelegenheiten, die durch ein Gesetz als Wahlen bezeichnet sind, erfolgen geheim, sofern ein Mitglied der Gemeindevertretung dies beantragt, ansonsten durch Handzeichen. [2]Gewählt ist, soweit nicht das Gesetz etwas anderes vorsieht, wer die meisten Stimmen erhält. [3]Bei Stimmengleichheit entscheidet das Los, das durch die Vorsitzende oder den Vorsitzenden zu ziehen ist. [4]Soweit nur eine Person zur Wahl steht, ist diese gewählt, wenn sie mehr Ja- als Nein-Stimmen erhält.

(2) [1]Bestimmt dieses Gesetz, dass eine Wahl nach den Grundsätzen der Verhältniswahl zu erfolgen hat, so kann sich die Gemeindevertretung auf eine einvernehmliche Besetzung der Wahlstellen verständigen. [2]Kommt eine solche Verständigung nicht zu Stande, wird über konkurrierende Wahlvorschlagslisten abgestimmt. [3]Wahlvorschlagslisten können nur durch Fraktionen oder Zählgemeinschaften eingereicht werden. [4]Zu Zählgemeinschaften können sich fraktionslose Mitglieder der Gemeindevertretung untereinander oder mit einer Fraktion zusammenschließen. [5]Ein weitergehender Zusammenschluss zu einer Zählgemeinschaft ist nur zulässig, wenn dadurch andere Fraktionen oder Zählgemeinschaften nicht benachteiligt werden. [6]Die Unzulässigkeit einer Zählgemeinschaft ist unbeachtlich, wenn sie nicht vor Beginn der Abstimmung geltend gemacht wird. [7]Über die Wahlvorschlagslisten der Fraktionen und Zählgemeinschaften stimmt die Gemeindevertretung in einem Wahlgang ab. [8]Die Wahlstellen werden entsprechend den auf die Listen entfallenen Stimmenzahlen besetzt. [9]Bei Bedarf entscheidet das Los. [10]Ein Mitglied der Gemeindevertretung gilt als aus einer nach den Grundsätzen der Verhältniswahl vergebenen Funktion abberufen, wenn es Mitglied einer Fraktion wird, von der es

nicht vorgeschlagen wurde, oder die nicht der Zählgemeinschaft angehört hat, von der es vorgeschlagen wurde. [11]Die Wiederbesetzung frei gewordener Wahlstellen bestimmt sich nach Satz 1 bis 7, wobei die bereits besetzten Stellen anzurechnen sind. [12]Wird eine Wahlstelle frei, erfolgt auf Antrag einer Fraktion eine vollständige Neubesetzung des Gremiums, zu dem die Wahlstelle gehört. [13]Das Nähere regelt die Geschäftsordnung.

(3) [1]Die Gemeindevertretung kann eine von ihr gewählte Person aus ihrer Funktion abberufen. [2]Ein Abberufungsbeschluss bedarf der Mehrheit aller Mitglieder der Gemeindevertretung. [3]Absatz 1 Satz 1 gilt entsprechend.

(4) [1]Die Beigeordneten können auf schriftlichen Antrag von mehr als der Hälfte aller Mitglieder der Gemeindevertretung mit einer Mehrheit von zwei Dritteln aller Mitglieder aus ihrem Amt abberufen werden. [2]Zwischen Antrag und Abstimmung müssen mindestens zwei Wochen liegen. [3]Mit dem Tag der Abberufung treten die Beigeordneten in den einstweiligen Ruhestand, sofern eine Wartezeit von fünf Jahren nach Maßgabe des Versorgungsrechts erfüllt wurde. [4]Die Sätze 1 bis 3 gelten entsprechend für den Bürgermeister, der aufgrund der Bestimmungen des Landes- und Kommunalwahlgesetzes durch die Gemeindevertretung gewählt wurde.

(5) [1]Der direkt gewählte Bürgermeister kann nur durch Bürgerentscheid abberufen werden. [2]Das Nähere regelt § 20.

(6) [1]Ein durch Wahl besetztes Amt endet, wenn eine Wählbarkeitsvoraussetzung, die auf Dauer vorliegen muss, nachträglich entfällt. [2]Die beamtenrechtlichen Vorschriften bleiben unberührt.

§ 33 Widerspruch gegen Beschlüsse der Gemeindevertretung und beschließender Ausschüsse

(1) [1]Verletzt ein Beschluss der Gemeindevertretung das Recht, so hat der Bürgermeister dem Beschluss zu widersprechen. [2]Der Bürgermeister kann einem Beschluss widersprechen, wenn dieser das Wohl der Gemeinde gefährdet. [3]Der Widerspruch muss binnen zwei Wochen nach der Beschlussfassung schriftlich eingelegt und begründet werden. [4]Er hat aufschiebende Wirkung. [5]Die Gemeindevertretung muss über die Angelegenheit in der nächsten Sitzung beschließen.

(2) [1]Verletzt auch der neue Beschluss das Recht, so hat ihn der Bürgermeister schriftlich unter Darlegung der Gründe binnen zwei Wochen nach der Beschlussfassung zu beanstanden und die Beanstandung der Rechtsaufsichtsbehörde anzuzeigen. [2]Die Beanstandung hat aufschiebende Wirkung. [3]Gegen die Beanstandung steht der Gemeindevertretung die Klage vor dem Verwaltungsgericht zu.

(3) [1]Verletzt ein Beschluss eines beschließenden Ausschusses das Recht, so hat der Bürgermeister dem Beschluss zu widersprechen. [2]Absatz 1 Satz 2 bis 4 gilt entsprechend. [3]Der Hauptausschuss muss über den Widerspruch in der nächsten Sitzung beraten. [4]Gibt er ihm nicht statt, beschließt die Gemeindevertretung über den Widerspruch. [5]Absatz 2 gilt entsprechend.

(4) Für den Jugendhilfeausschuss gelten anstelle des Absatzes 3 die Absätze 1 und 2 entsprechend.

§ 34 Kontrolle der Verwaltung

(1) [1]Die Gemeindevertretung ist vom Bürgermeister über alle wesentlichen Angelegenheiten der Gemeindeverwaltung zu unterrichten. [2]Er unterrichtet die Gemeindevertretung mindestens halbjährlich über die Entscheidungen, die er nach § 22 Absatz 4 und 5 getroffen hat.

(2) Der Bürgermeister und die Beigeordneten sind verpflichtet, der Gemeindevertretung auf Antrag eines Viertels aller Mitglieder der Gemeindevertretung oder einer Fraktion Auskunft zu erteilen.

(3) [1]Jedes Mitglied der Gemeindevertretung kann an den Bürgermeister schriftliche oder in einer Sitzung der Gemeindevertretung mündliche Anfragen stellen, die in angemessener Frist zu beantworten sind. [2]Das Nähere regelt die Hauptsatzung.

(4) [1]In Einzelfällen ist auf Antrag jedem Mitglied der Gemeindevertretung Akteneinsicht zu gewähren, soweit dem nicht schutzwürdige Belange Betroffener oder Dritter oder zu schützende Interessen des Landes oder Bundes entgegenstehen. [2]Entsprechendes gilt für Vorsitzende eines Ausschusses.

§ 35 Hauptausschuss

(1) [1]In hauptamtlich verwalteten Gemeinden bildet die Gemeindevertretung einen Hauptausschuss. [2]In anderen Gemeinden kann ein Hauptausschuss gebildet werden. [3]Die Hauptsatzung bestimmt, wie viele Mitglieder der Hauptausschuss hat und ob stellvertretende Mitglieder zu wählen sind. [4]Die Besetzung erfolgt nach den Grundsätzen der Verhältniswahl. [5]Vorsitzendes Mitglied des Hauptausschusses ist der Bürgermeister. [6]In ehrenamtlich verwalteten Gemeinden hat der Bürgermeister bei der Be-

setzung des Hauptausschusses seine Stimme offen abzugeben. [7]Sein Mandat ist auf den Wahlvorschlag anzurechnen, für den er gestimmt hat.

(2) [1]Der Hauptausschuss koordiniert die Arbeit aller Ausschüsse der Gemeindevertretung. [2]Er entscheidet nach den von der Gemeindevertretung festgelegten Richtlinien über die Planung der Verwaltungsaufgaben von besonderer Bedeutung. [3]Er entscheidet in Angelegenheiten, die ihm durch Beschluss der Gemeindevertretung oder durch die Hauptsatzung übertragen sind. [4]Der Hauptausschuss entscheidet auch in dringenden Angelegenheiten, deren Erledigung nicht bis zu einer Dringlichkeitssitzung der Gemeindevertretung aufgeschoben werden kann. [5]Diese Entscheidungen bedürfen der Genehmigung durch die Gemeindevertretung.

(3) [1]Soweit dem Hauptausschuss Personalentscheidungen zugewiesen sind, entscheidet er im Einvernehmen mit dem Bürgermeister. [2]Wird kein Einvernehmen erzielt, kann die Gemeindevertretung das Einvernehmen des Bürgermeisters mit der Mehrheit aller Mitglieder der Gemeindevertretung ersetzen.

(4) [1]Die Mitglieder der Gemeindevertretung und die Beigeordneten haben das Recht, den Sitzungen des Hauptausschusses beizuwohnen. [2]Die Beigeordneten haben daneben das Recht, in Angelegenheiten ihres Geschäftsbereiches das Wort zu verlangen. [3]Sie sind auf Antrag der Mehrheit aller Mitglieder des Hauptausschusses zur Teilnahme verpflichtet. [4]Die Hauptsatzung kann bestimmen, dass die Sitzungen des Hauptausschusses öffentlich stattfinden. [5]In diesem Fall gilt § 29 Absatz 5 entsprechend.

(5) Im Übrigen gelten für den Hauptausschuss § 29 Absatz 1 bis 4 und 8 sowie §§ 30, 31 Absatz 1 und 2 entsprechend.

§ 36 Beratende und weitere Ausschüsse

(1) [1]Die Gemeindevertretung kann zur Vorbereitung ihrer Beschlüsse ständige oder zeitweilige Ausschüsse bilden, die beratend tätig werden. [2]Die Besetzung der Ausschüsse erfolgt nach den Grundsätzen der Verhältniswahl. [3]Soweit nicht gesetzlich vorgeschrieben, regelt die Hauptsatzung Bildung, Zusammensetzung und Aufgaben der Ausschüsse. [4]Sie bestimmt auch, ob stellvertretende Mitglieder zu wählen sind.

(2) [1]In jeder Gemeinde ist ein Finanzausschuss zu bilden. [2]Die Hauptsatzung kann vorsehen, dass die Aufgaben des Finanzausschusses vom Hauptausschuss wahrgenommen werden. [3]Der Finanzausschuss bereitet die Haushaltssatzung der Gemeinde und die für die Durchführung des Haushaltsplanes erforderlichen Entscheidungen vor. [4]Er kann die Haushaltsführung der Gemeinde begleiten. [5]In jeder Gemeinde ist ein Rechnungsprüfungsausschuss nach dem Kommunalprüfungsgesetz zu bilden. [6]Amtsangehörige Gemeinden können den Rechnungsprüfungsausschuss des Amtes in Anspruch nehmen.

(3) [1]Der Bürgermeister hat das Recht, beratend an allen Ausschusssitzungen teilzunehmen. [2]Er ist auf Antrag der Mehrheit aller Mitglieder eines Ausschusses zur Teilnahme verpflichtet. [3]Gleiches gilt für die Beigeordneten in Angelegenheiten ihres Geschäftsbereichs.

(4) [1]Wird ein Ausschuss neu gebildet oder vollständig neu besetzt, so lädt die oder der Vorsitzende der Gemeindevertretung zur ersten Ausschusssitzung ein. [2]In dieser Sitzung werden die oder der Vorsitzende des Ausschusses sowie zwei Personen, die sie oder ihn vertreten, gewählt.

(5) [1]Die Hauptsatzung kann bestimmen, dass neben einer Mehrheit von Mitgliedern der Gemeindevertretung auch weitere sachkundige Einwohnerinnen und Einwohner in die beratenden Ausschüsse zu berufen sind. [2]Hat die Gemeinde kein eigenes Rechnungsprüfungsamt eingerichtet, kann die Hauptsatzung abweichend von Satz 1 bestimmen, dass eine mehrheitliche Besetzung des Rechnungsprüfungsausschusses mit Mitgliedern der Gemeindevertretung nicht erforderlich ist. [3]Die Hinzuziehung von Sachverständigen ist zulässig. [4]Sachkundige Einwohnerinnen und Einwohner haben für die Teilnahme im Ausschuss die gleichen Rechte und Pflichten wie Mitglieder der Gemeindevertretung. [5]§§ 24 bis 27 und 28 Absatz 2 Satz 3 gelten entsprechend.

(6) [1]Die Mitglieder der Gemeindevertretung haben das Recht, den Sitzungen der beratenden Ausschüsse beizuwohnen. [2]Die Hauptsatzung kann bestimmen, dass die Ausschusssitzungen öffentlich stattfinden. [3]In diesem Fall gelten § 17 Absatz 2, § 29 Absatz 5 und 6 sowie § 31 Absatz 3 entsprechend.

(7) [1]Im Übrigen gelten für die beratenden Ausschüsse § 29 Absatz 1 bis 4 und 8 und §§ 30, 31 Absatz 1 und 2 entsprechend. [2]Gesetzliche oder aufgrund dieses Gesetzes ergangene Regelungen über die Bildung und die Zuständigkeiten weiterer Ausschüsse bleiben unberührt.

§ 37 Wahl und Amtszeit der Bürgermeisterin oder des Bürgermeisters

(1) [1]Die Bürgerinnen und Bürger wählen die Bürgermeisterin oder den Bürgermeister in allgemeiner, unmittelbarer, freier, gleicher und geheimer Wahl. [2]Das Nähere regelt das Landes- und Kommunalwahlgesetz.

(2) [1]Die Amtszeit beträgt in hauptamtlich verwalteten Gemeinden mindestens sieben und höchstens neun Jahre. [2]Sie wird durch die Hauptsatzung bestimmt. [3]Auf Antrag einer Fraktion oder eines Viertels aller Mitglieder der Gemeindevertretung ist die Stelle spätestens vier Monate vor dem Wahltag mit einer Bewerbungsfrist von mindestens einem Monat überregional öffentlich auszuschreiben. [4]Nach Ablauf der in der Hauptsatzung bestimmten Amtszeit bleibt die hauptamtliche Bürgermeisterin oder der hauptamtliche Bürgermeister bis zum Amtsantritt der Nachfolgerin oder des Nachfolgers, längstens aber sechs Monate, im Amt. [5]Für die Dauer der Weiterführung der Amtsgeschäfte besteht das Beamtenverhältnis auf Zeit fort, ohne dass es einer erneuten Ernennung bedarf; die bisherigen Bezüge sind weiterzugewähren. [6]Eine hauptamtliche Bürgermeisterin oder ein hauptamtlicher Bürgermeister ist verpflichtet, sich einmal zur Wiederwahl zu stellen. [7]Wird diese Obliegenheit nicht erfüllt, ist die Bürgermeisterin oder der Bürgermeister mit Ablauf der Amtszeit aus dem Beamtenverhältnis entlassen.

(3) [1]In ehrenamtlich verwalteten Gemeinden entspricht die Amtszeit der Wahlperiode der Gemeindevertretung. [2]Nach Ablauf der Wahlperiode der Gemeindevertretung endet die Amtszeit mit dem Amtsantritt der neu gewählten Bürgermeisterin oder des neu gewählten Bürgermeisters oder mit dem Amtsantritt einer Stellvertreterin oder eines Stellvertreters.

(4) [1]Das Wahlergebnis ist der Rechtsaufsichtsbehörde unverzüglich anzuzeigen; bei der Wahl in hauptamtlich verwalteten Gemeinden sind die Sitzungsniederschriften des Wahlausschusses über die Zulassung der zur Wahl stehenden Personen und über die Feststellung des Wahlergebnisses vorzulegen. [2]Die gewählte Person wird unter Berufung in das Beamtenverhältnis auf Zeit beziehungsweise als Ehrenbeamtin oder Ehrenbeamter für die Dauer der Amtszeit zur Bürgermeisterin oder zum Bürgermeister ernannt. [3]Die Ernennung erfolgt, wenn kein Einspruch gegen die Gültigkeit der Wahl nach § 35 Absatz 1 des Landes- und Kommunalwahlgesetzes eingelegt worden ist oder wenn die Gemeindevertretung die Einsprüche nach § 40 Absatz 5 des Landes- und Kommunalwahlgesetzes zurückgewiesen hat [4]Die Anzeige gilt als gesetzliche Mitwirkung nach § 12 Absatz 1 Nummer 4 des Beamtenstatusgesetzes vom 17. Juni 2008 (BGBl. I S. 1010), das durch Artikel 15 Absatz 16 des Gesetzes vom 5. Februar 2009 (BGBl. I S. 160) geändert worden ist. [5]Mit der Ernennung tritt die Bürgermeisterin oder der Bürgermeister das Amt an. [6]Bei einer Wiederwahl ist eine neue Ernennungsurkunde auszuhändigen.

§ 38 Hauptamtlicher Bürgermeister

(1) [1]Kreisfreie und große kreisangehörige Städte, amtsfreie Gemeinden (§ 125 Absatz 4 und 5) sowie geschäftsführende Gemeinden (§ 126 Absatz 1) haben einen hauptamtlichen Bürgermeister. [2]In kreisfreien und großen kreisangehörigen Städten führt er die Bezeichnung Oberbürgermeister, sofern die Hauptsatzung nicht die Bezeichnung Bürgermeister vorsieht.

(2) [1]Der Bürgermeister ist gesetzlicher Vertreter der Gemeinde. [2]Er leitet die Verwaltung und ist für die sachgerechte Erledigung der Aufgaben und den ordnungsgemäßen Gang der Verwaltung verantwortlich. [3]Der Bürgermeister führt mit den ihm unmittelbar nachgeordneten leitenden Bediensteten regelmäßige Beratungen durch, um eine einheitliche Verwaltungsführung zu gewährleisten. [4]Er ist Dienstvorgesetzter der Gemeindebediensteten ohne Disziplinarbefugnis gegenüber den Beigeordneten. [5]Er kann einzelne Befugnisse nach Satz 4 übertragen.

(3) [1]Im eigenen Wirkungskreis der Gemeinde bereitet der Bürgermeister die Beschlüsse der Gemeindevertretung und des Hauptausschusses vor und führt sie aus. [2]Der Bürgermeister ist für die Geschäfte der laufenden Verwaltung zuständig. [3]Zu den Geschäften der laufenden Verwaltung zählen insbesondere Entscheidungen von geringer wirtschaftlicher Bedeutung, Entscheidungen, die den laufenden Betrieb der Verwaltung aufrechterhalten, sowie gesetzlich oder tariflich gebundene Entscheidungen.

(4) [1]Der Bürgermeister entscheidet in eigener Zuständigkeit alle Angelegenheiten, die nicht von der Gemeindevertretung oder dem Hauptausschuss wahrgenommen werden. [2]In Fällen äußerster Dringlichkeit entscheidet er anstelle des Hauptausschusses. [3]Diese Entscheidungen bedürfen der Genehmigung durch den Hauptausschuss, soweit dieser zuständig ist, im Übrigen durch die Gemeindevertretung.

(5) [1]Der Bürgermeister führt die Aufgaben des übertragenen Wirkungskreises der Gemeinde durch. [2]Er ist dafür der zuständigen Fachaufsichtsbehörde verantwortlich. [3]Soweit der Bürgermeister bei der Durchführung dieser Aufgaben Ermessen hat, kann er sich mit der Gemeindevertretung oder ihren Ausschüssen beraten. [4]Er hat die Gemeindevertretung über Angelegenheiten von besonderer Bedeutung zu unterrichten.

(6) [1]Erklärungen, durch die die Gemeinde verpflichtet werden soll oder mit denen eine Vollmacht erteilt wird, bedürfen der Schriftform. [2]Sie sind vom Bürgermeister sowie einem seiner Stellvertreter handschriftlich zu unterzeichnen und mit dem Dienstsiegel zu versehen. [3]Die Hauptsatzung kann Wertgrenzen bestimmen, bis zu denen es dieser Formvorschriften ganz oder teilweise nicht bedarf. [4]Satz 2 gilt auch für die Ausfertigung von Urkunden nach beamtenrechtlichen Vorschriften und für den Abschluss von Arbeitsverträgen. [5]Erklärungen, die diesen Formvorschriften nicht genügen, bedürfen zu ihrer Wirksamkeit der Genehmigung durch die Gemeindevertretung. [6]Verträge der Gemeinde mit Mitgliedern der Gemeindevertretung und der Ausschüsse sowie mit dem Bürgermeister und leitenden Bediensteten der Gemeinde bedürfen zu ihrer Wirksamkeit der Genehmigung durch die Gemeindevertretung. [7]Gleiches gilt für Verträge der Gemeinde mit natürlichen oder juristischen Personen oder Vereinigungen, die durch die in Satz 6 genannten Personen vertreten werden.

(7) [1]Die Regelung der inneren Organisation der Verwaltung und der Geschäftsverteilung obliegt dem Bürgermeister. [2]§ 22 Absatz 3 Nummer 4 und 5 bleibt unberührt.

(8) [1]Liegen in der Person des Bürgermeisters Ausschließungsgründe nach § 24 vor, so darf er nicht tätig werden. [2]§ 20 des Landesverwaltungsverfahrensgesetzes bleibt unberührt.

(9) [1]In Gemeinden mit mehr als 20 000 Einwohnerinnen und Einwohnern muss der Bürgermeister oder jemand aus der ihm unmittelbar nachgeordneten leitenden Mitarbeiterschaft der Gemeinde die Befähigung zum Richteramt besitzen. [2]In amtsfreien Gemeinden mit mehr als 5 000 Einwohnerinnen und Einwohnern sowie in geschäftsführenden Gemeinden muss der Bürgermeister oder jemand aus der ihm unmittelbar nachgeordneten Mitarbeiterschaft ein verwaltungswissenschaftliches Studium, das auf die Tätigkeit in der öffentlichen Verwaltung vorbereitet, mit einem Bachelorgrad oder vergleichbaren Grad erfolgreich abgeschlossen haben. [3]Die Voraussetzung nach Satz 2 erfüllen auch Bedienstete, die die Laufbahnbefähigung für den gehobenen allgemeinen Verwaltungsdienst bis zum Tag vor dem Inkrafttreten des Landesbeamtengesetzes erworben haben, sowie Angestellte mit zehnjähriger Berufserfahrung im öffentlichen Dienst, davon fünf Jahre bei einer Kommunalverwaltung oder einer Rechtsaufsichtsbehörde, die Tätigkeiten wahrgenommen haben, die mindestens dem ersten Einstiegsamt der Laufbahngruppe 2 in der Fachrichtung des Allgemeinen Dienstes entsprechen.

§ 39 Ehrenamtlicher Bürgermeister

(1) Amtsangehörige Gemeinden, die nicht die Geschäfte des Amtes führen, haben einen ehrenamtlichen Bürgermeister.

(2) [1]Der Bürgermeister ist gesetzlicher Vertreter der Gemeinde. [2]Er nimmt die Aufgaben des Vorsitzenden der Gemeindevertretung wahr. [3]Der Bürgermeister ist Dienstvorgesetzter der Gemeindebediensteten. [4]Er kann einzelne Befugnisse nach Satz 3 übertragen. [5]Erklärungen, durch die die Gemeinde verpflichtet werden soll oder mit denen eine Vollmacht erteilt wird, bedürfen der Schriftform. [6]Sie sind vom Bürgermeister sowie einem seiner Stellvertreter handschriftlich zu unterzeichnen und mit dem Dienstsiegel zu versehen. [7]Die Hauptsatzung kann Wertgrenzen bestimmen, bis zu denen es dieser Formvorschriften ganz oder teilweise nicht bedarf. [8]Satz 6 gilt auch für die Ausfertigung von Urkunden nach beamtenrechtlichen Vorschriften und für den Abschluss von Arbeitsverträgen. [9]Erklärungen, die diesen Formvorschriften nicht genügen, bedürfen zu ihrer Wirksamkeit der Genehmigung durch die Gemeindevertretung. [10]Die Zuständigkeiten des Amtsvorstehers bleiben unberührt. [11]Verträge der Gemeinde mit Mitgliedern der Gemeindevertretung und der Ausschüsse bedürfen zu ihrer Wirksamkeit der Genehmigung durch die Gemeindevertretung. [12]Gleiches gilt für Verträge der Gemeinde mit natürlichen oder juristischen Personen oder Vereinigungen, die durch die in Satz 11 genannten Personen vertreten werden.

(3) [1]Der Bürgermeister entscheidet in eigener Zuständigkeit alle Angelegenheiten, die nicht von der Gemeindevertretung oder dem Hauptausschuss wahrgenommen werden. [2]Soweit er dies nicht generell oder im Einzelfall dem Amt übertragen hat, entscheidet der Bürgermeister in Angelegenheiten von geringer wirtschaftlicher Bedeutung und trifft gesetzlich oder tariflich gebundene Entscheidungen. [3]In Fällen äußerster Dringlichkeit entscheidet er anstelle des Hauptausschusses oder der Gemeindever-

tretung, wenn ein Hauptausschuss nicht eingerichtet ist. [4]Diese Entscheidungen bedürfen der Genehmigung durch den Hauptausschuss, soweit dieser zuständig ist, im Übrigen durch die Gemeindevertretung.

(4) [1]Liegen in der Person des Bürgermeisters Ausschließungsgründe nach § 24 vor, so darf er nicht tätig werden. [2]§ 20 des Landesverwaltungsverfahrensgesetzes bleibt unberührt.

(5) [1]Der ehrenamtliche Bürgermeister erhält mit seiner Ernennung zum Ehrenbeamten alle Rechte und Pflichten eines Mitglieds der Gemeindevertretung. [2]Er wird auf die gesetzliche Zahl der Mitglieder der Gemeindevertretung nach § 60 Absatz 2 Satz 1 des Landes- und Kommunalwahlgesetzes angerechnet.

§ 40 Stellvertretung des Bürgermeisters, Beigeordnete

(1) [1]Die Gemeindevertretung bestimmt die Stellvertretung des Bürgermeisters durch Wahl zweier Personen, die den Bürgermeister im Fall seiner Verhinderung vertreten. [2]Gewählt ist, wer mehr als die Hälfte der Stimmen aller Mitglieder der Gemeindevertretung erhält. [3]Wird diese Mehrheit nicht erreicht, so wird über dieselben Personen erneut abgestimmt. [4]Erhält auch dann niemand die erforderliche Mehrheit, so ist die Wahl in einer späteren Sitzung zu wiederholen, wenn nur eine Person zur Wahl stand. [5]Bei zwei oder mehr Personen findet eine Stichwahl zwischen den beiden Personen mit der höchsten Stimmenzahl statt, bei der gewählt ist, wer die meisten Stimmen erhält. [6]Die Reihenfolge der Stellvertretung ist mit der Wahl festzulegen.

(2) [1]In ehrenamtlich verwalteten Gemeinden erfolgt die Wahl durch die Gemeindevertretung für die Dauer ihrer Wahlperiode aus ihrer Mitte. [2]Die Stellvertreterinnen und Stellvertreter sind für die Dauer ihrer Amtszeit in das Beamtenverhältnis als Ehrenbeamtin oder Ehrenbeamter zu berufen. [3]§ 37 Absatz 3 Satz 2 und § 39 Absatz 4 gelten entsprechend.

(3) [1]In hauptamtlich verwalteten Gemeinden erfolgt die Wahl durch die Gemeindevertretung für die Dauer ihrer Wahlperiode aus dem Kreis der dem Bürgermeister unmittelbar nachgeordneten leitenden Bediensteten. [2]§ 19 Absatz 2 und 3 Satz 3 gilt entsprechend. [3]Das Wahlergebnis ist der Rechtsaufsichtsbehörde durch Übersendung eines Protokollauszugs anzuzeigen. [4]Die Hauptsatzung kann für die Stellvertreterinnen und Stellvertreter des Bürgermeisters eine andere Bezeichnung, die mit der Geschichte der Stadt übereinstimmt, vorsehen. [5]Die Stellvertreterinnen und Stellvertreter sind für die Dauer ihrer Amtszeit in das Beamtenverhältnis als Ehrenbeamtin oder Ehrenbeamter zu berufen. [6]Ihr bisheriges Dienst- oder Arbeitsverhältnis bleibt davon unberührt. [7]Für sie gelten §§ 24, 26, 27, 37 Absatz 3 Satz 2 und § 39 Absatz 4 entsprechend.

(4) [1]In großen kreisangehörigen Städten können bis zu zwei, in kreisfreien Städten bis zu drei und in kreisfreien Städten mit mehr als 100 000 Einwohnerinnen und Einwohnern bis zu vier hauptamtliche Beigeordnete gewählt werden. [2]Für sie gilt § 38 Absatz 8 entsprechend. [3]Die Hauptsatzung kann für die Beigeordneten eine andere Bezeichnung, die mit der Geschichte der Stadt übereinstimmt, vorsehen. [4]Die Beigeordneten sind dem Oberbürgermeister unmittelbar nachgeordnete leitende Bedienstete der Stadtverwaltung. [5]Die Übertragung eines amtsangemessenen Aufgabenbereichs erfolgt durch den Oberbürgermeister mit Zustimmung der Stadtvertretung. [6]Spätere Änderungen des Aufgabenbereichs bedürfen der Zustimmung der Stadtvertretung oder, soweit die Hauptsatzung dies bestimmt, des Hauptausschusses, wenn sie eine Verlagerung von mehr als 10 Prozent der dem Aufgabenbereich ursprünglich zugewiesenen Dienstposten zur Folge haben. [7]Mit Ausnahme der in §§ 29, 33 und 38 Absatz 4 genannten Aufgaben erfolgt durch die Beigeordneten in ihrem Aufgabenbereich eine ständige Vertretung des Oberbürgermeisters, dessen fachlicher Weisung sie unterstehen. [8]Sofern die Hauptsatzung die Wahl von Beigeordneten vorsieht, erstreckt sich die Wahl zugleich auf die Funktion des 1. oder 2. Stellvertreters des Oberbürgermeisters. [9]Soweit nach der Hauptsatzung von der Wahl von Beigeordneten abgesehen wird, gilt für die Stellvertretung des Oberbürgermeisters § 40 Absatz 3 entsprechend. [10]Ist nach der Hauptsatzung nur eine Beigeordnete oder ein Beigeordneter zu wählen, erstreckt sich die Wahl zugleich auf die Funktion des 1. Stellvertreters des Oberbürgermeisters.

(5) [1]Für die Wahl und Amtszeit der Beigeordneten gelten Absatz 1, § 37 Absatz 2 und § 3 Absatz 3 Satz 2 des Landes- und Kommunalwahlgesetzes entsprechend. [2]Beigeordnete müssen die für ihr Amt erforderliche Eignung, Befähigung und Sachkunde besitzen. [3]Den Mitgliedern der Stadtvertretung ist Gelegenheit zu geben, rechtzeitig vor der Wahl die Bewerbungsunterlagen aller zur Wahl stehenden Personen einzusehen; dies gilt auch dann, wenn eine öffentliche Ausschreibung der Stellen unterblieben ist. [4]Die Wahl ist der Rechtsaufsichtsbehörde binnen einer Woche anzuzeigen; dabei sind die zur

Prüfung der Rechtmäßigkeit der Wahl erforderlichen Unterlagen, insbesondere über die Voraussetzungen nach den Sätzen 2 und 3 sowie die Sitzungsniederschrift, vorzulegen. [5]Die Rechtsaufsichtsbehörde kann einer rechtswidrigen Wahl innerhalb von sechs Wochen nach Anzeige der Wahl widersprechen; § 81 gilt entsprechend. [6]Widerspricht die Rechtsaufsichtsbehörde nicht innerhalb der in Satz 5 genannten Frist, sind die Gewählten für die Dauer ihrer Amtszeit unter Berufung in das Beamtenverhältnis auf Zeit zu Beigeordneten zu ernennen. [7]Die Beteiligung der Rechtsaufsichtsbehörde gilt als gesetzliche Mitwirkung nach § 12 Absatz 1 Nummer 4 des Beamtenstatusgesetzes. [8]Bei einer Wiederwahl ist eine neue Ernennungsurkunde auszuhändigen.

§ 41 Gleichstellungsbeauftragte

(1) [1]Die Förderung der tatsächlichen Gleichstellung von Frauen und Männern ist auch eine Aufgabe der Gemeinden. [2]Dafür bestellen hauptamtlich verwaltete Gemeinden Gleichstellungsbeauftragte, die in Gemeinden mit mehr als 10 000 Einwohnerinnen und Einwohnern hauptamtlich tätig sind. [3]Andere Gemeinden können Gleichstellungsbeauftragte bestellen, die ehrenamtlich tätig sein können. [4]Für ehrenamtlich tätige Gleichstellungsbeauftragte gilt § 27 entsprechend.

(2) [1]Die Bestellung erfolgt, soweit nicht durch die Hauptsatzung eine Übertragung auf den Hauptausschuss stattgefunden hat, durch die Gemeindevertretung. [2]Die Aufhebung der Bestellung bedarf eines Beschlusses mit der Mehrheit von zwei Dritteln aller Mitglieder der Gemeindevertretung.

(3) [1]Die Gleichstellungsbeauftragte ist Teil der Gemeindeverwaltung. [2]Sie kann an den Sitzungen der Gemeindevertretung und der Ausschüsse teilnehmen. [3]Ihr ist in Angelegenheiten ihres Aufgabenbereichs auf Wunsch das Wort zu erteilen.

(4) [1]Der Gleichstellungsbeauftragten soll Gelegenheit gegeben werden, in grundlegenden Angelegenheiten ihres Aufgabenbereiches so rechtzeitig Stellung zu nehmen, dass ihre Stellungnahme bei der abschließenden Entscheidung berücksichtigt werden kann. [2]Auf Verlangen der Gleichstellungsbeauftragten hat der Bürgermeister gemäß § 29 Absatz 1 Satz 2 zu beantragen, Angelegenheiten nach Absatz 1 auf die Tagesordnung zu setzen, soweit nicht andere wichtige Belange entgegenstehen.

(5) Die Gleichstellungsbeauftragte ist bei der Ausübung ihrer Teilnahme- und Rederechte nach Absatz 3 sowie bei der Erstellung ihrer Stellungnahmen nach Absatz 4 weisungsfrei.

(6) Das Nähere regelt die Hauptsatzung.

§ 41a Behindertenbeiräte

[1]Bei der Erfüllung ihrer Aufgaben und im Rahmen ihrer Leistungsfähigkeit tragen die Gemeinden dafür Sorge, dass auf die besonderen Belange von Menschen mit Behinderungen Rücksicht genommen wird. [2]Die Gemeinden können hierfür Beiräte oder Beauftragte bestellen.

§ 42 Ortsteilvertretung

(1) [1]In kreisfreien und großen kreisangehörigen Städten kann die Stadtvertretung für Ortsteile Ortsteilvertretungen wählen. [2]Entsprechendes gilt in anderen Gemeinden für Gebiete, die früher selbstständige Gemeinden waren. [3]Die Wahl erfolgt nach den Grundsätzen der Verhältniswahl. [4]Wählbar sind Einwohnerinnen und Einwohner des Ortsteils sowie Mitglieder der Gemeindevertretung.

(2) [1]Die Ortsteilvertretung ist über alle für den Ortsteil wichtigen Angelegenheiten zu unterrichten. [2]Die oder der Vorsitzende der Ortsteilvertretung hat in der Gemeindevertretung und in den Ausschüssen das Rede- und Antragsrecht, soweit Angelegenheiten des Ortsteils betroffen sind.

(3) [1]Die Sitzungen der Ortsteilvertretungen sind öffentlich. [2]§ 29 Absatz 5 und 6 sowie § 31 Absatz 3 gelten entsprechend.

(4) Für Mitglieder der Ortsteilvertretung gelten die Bestimmungen über Mandatsausübung und Verschwiegenheit (§ 23 Absatz 3, 4, 6 und 7), Mitwirkungsverbote (§ 24), Unvereinbarkeit von Amt und Mandat (§ 25), Vertretungsverbot (§ 26), Entschädigungen, Kündigungsschutz (§ 27) und die Verpflichtung (§ 28 Absatz 2 Satz 3) entsprechend.

(5) [1]In der Hauptsatzung ist zu regeln,

1. ob Ortsteilvertretungen gebildet werden,
2. die Bezeichnung der Ortsteile sowie deren Namen, die Bezeichnungen der Mitglieder der Ortsteilvertretungen und deren Vorsitzender,
3. die Zahl der Mitglieder der Ortsteilvertretungen,
4. das Wahlverfahren.

[2]In der Hauptsatzung kann bestimmt werden, dass
1. das Ergebnis der Kommunalwahlen im Ortsteil bei der Besetzung der Ortsteilvertretung zu berücksichtigen ist und
2. die Vorsitzenden der Ortsteilvertretungen Einwohnerversammlungen für ihre Ortsteile einberufen können, zu denen der Bürgermeister einzuladen ist.

(6) [1]In Angelegenheiten, die den Ortsteil in besonderer Weise betreffen und für die dies der Gebietsänderungsvertrag oder die Hauptsatzung ausdrücklich bestimmt, kann die Ortsteilvertretung Widerspruch gegen Beschlüsse der Gemeindevertretung einlegen, sofern diese das Wohl des Ortsteils beeinträchtigen. [2]Der Widerspruch muss innerhalb von zwei Wochen bei der Gemeindevertretung eingelegt und begründet werden. [3]Er hat aufschiebende Wirkung, solange er nicht durch Beschluss der Gemeindevertretung zurückgewiesen wird.

§ 42a Ortsvorsteherin, Ortsvorsteher

(1) [1]Soweit es der Gebietsänderungsvertrag nach § 12 oder die Hauptsatzung vorsieht, wählen die Bürgerinnen und Bürger für ihren Ortsteil eine Ortsvorsteherin oder einen Ortsvorsteher im Rahmen einer Einwohnerversammlung für die Dauer der Wahlperiode der Gemeindevertretung. [2]Das Nähere regelt die Hauptsatzung. [3]Die gewählte Person ist für die Dauer ihrer Amtszeit unter Berufung in das Beamtenverhältnis als Ehrenbeamtin oder Ehrenbeamter zur Ortsvorsteherin oder zum Ortsvorsteher zu ernennen. [4]Unter den Voraussetzungen von Satz 1 nimmt der Bürgermeister der aufgelösten Gemeinde die Aufgaben des Ortsvorstehers bis zum Ende seiner Amtszeit wahr.

(2) [1]In Ortsteilen, für die eine Ortsvorsteherin oder ein Ortsvorsteher gewählt wird, tritt diese oder dieser an die Stelle einer Ortsteilvertretung nach § 42. [2]§ 42 Absatz 4 gilt entsprechend.

(3) [1]Die Ortsvorsteherin oder der Ortsvorsteher vertritt die Interessen des Ortsteils. [2]Sie oder er hat die Rechte und Pflichten eines Mitgliedes der Gemeindevertretung mit Ausnahme des Stimmrechts.

(4) [1]Die Ortsvorsteherin oder der Ortsvorsteher entscheidet über die Verwendung der nach § 46 Absatz 7 bereitgestellten Mittel. [2]Gegen diese Entscheidungen steht dem Bürgermeister ein Widerspruchsrecht zu, nach dessen Einlegung die Gemeindevertretung entscheidet. [3]Die Ortsvorsteherin oder der Ortsvorsteher darf Verpflichtungserklärungen auf der Grundlage von Entscheidungen nach Satz 1 nur abgeben, soweit hierfür eine entsprechende Vollmacht des Bürgermeisters vorliegt.

(5) Vereinbarungen im Rahmen eines Gebietsänderungsvertrages über die Wahl einer Ortsvorsteherin oder eines Ortsvorstehers treten nach Ablauf der auf die Gebietsänderung folgenden Wahlperiode außer Kraft.

Abschnitt 4
Haushaltswirtschaft

§ 42b Weiterentwicklung der kommunalen Selbstverwaltung

(1) [1]Zur Weiterentwicklung der kommunalen Selbstverwaltung kann das Ministerium für Inneres und Europa gegenüber einer Gemeinde auf deren Antrag zeitlich begrenzte Ausnahmen von haushalts- und organisationsrechtlichen Vorschriften dieses Gesetzes und der nach § 174 erlassenen Regelungen nach Maßgabe des Absatzes 2 zulassen. [2]Die Ausnahme kann unter Bedingungen und Auflagen erfolgen.

(2) [1]Ausnahmen können insbesondere zugelassen werden von den Regelungen über die Haushaltssatzung, den Haushaltsplan, den Stellenplan, den Jahresabschluss, die Regelungen zur Haushaltsbewirtschaftung, zur Buchführung sowie zu anderen Regelungen, die hiermit im Zusammenhang stehen. [2]Von Regelungen, die der Gemeindevertretung, dem Hauptausschuss, dem Bürgermeister sowie den Beigeordneten nicht übertragbare Zuständigkeiten zuweisen, können Ausnahmen nur zugelassen werden, wenn sowohl die Gemeindevertretung als auch der Bürgermeister zugestimmt haben.

§ 43 Allgemeine Haushaltsgrundsätze

(1) [1]Die Gemeinde hat ihre Haushaltswirtschaft so zu planen und zu führen, dass die stetige Erfüllung ihrer Aufgaben unter Beachtung der Generationengerechtigkeit nachhaltig gesichert ist. [2]Dabei ist den Erfordernissen des gesamtwirtschaftlichen Gleichgewichts sowie den Empfehlungen des Stabilitätsrates gemäß § 51 Absatz 1 des Haushaltsgrundsätzegesetzes Rechnung zu tragen.

(2) [1]Die Gemeinde hat ihre Zahlungsfähigkeit durch eine angemessene Liquiditätsplanung sicherzustellen. [2]Investitionsvorhaben oder selbstständig nutzbare Teilvorhaben dürfen erst begonnen werden, wenn die Finanzierung gesichert ist.

(3) [1]Die Gemeinde darf sich nicht überschulden. [2]Sie ist überschuldet, wenn nach der Haushaltsplanung das Eigenkapital im Haushaltsjahr aufgebraucht wird oder in der Bilanz ein „nicht durch Eigenkapital gedeckter Fehlbetrag“ auszuweisen ist.

(4) Die Haushaltswirtschaft erfolgt nach den Grundsätzen der Wirtschaftlichkeit und Sparsamkeit.

(5) [1]Die Bücher sind nach den Regeln der doppelten Buchführung für Gemeinden zu führen. [2]Dabei sind die Grundsätze ordnungsmäßiger Buchführung unter Berücksichtigung der besonderen gemeindehaushaltsrechtlichen Bestimmungen zu beachten.

(6) Der Ergebnishaushalt und der Finanzhaushalt sind in jedem Haushaltsjahr in Planung und Rechnung auszugleichen (Haushaltsausgleich).

(7) [1]Kann der Haushaltsausgleich nach Absatz 6 trotz Ausnutzung aller Sparmöglichkeiten sowie Ausschöpfung aller Ertrags- und Einzahlungsmöglichkeiten nicht erreicht werden, ist ein Haushaltssicherungskonzept zu erstellen, in dem die Ursachen für den unausgeglichenen Haushalt beschrieben und Maßnahmen dargestellt werden, durch die der Haushaltsausgleich und eine geordnete Haushaltswirtschaft auf Dauer sichergestellt werden. [2]Es ist der Zeitraum anzugeben, innerhalb dessen der Haushaltsausgleich wieder erreicht wird (Konsolidierungszeitraum).

(8) [1]Das Haushaltssicherungskonzept wird von der Gemeindevertretung beschlossen. [2]Es ist über den Konsolidierungszeitraum mindestens jährlich fortzuschreiben. [3]Die Fortschreibung ist bei negativen Abweichungen vom bereits beschlossenen Haushaltssicherungskonzept von der Gemeindevertretung zu beschließen. [4]Negative Abweichungen liegen insbesondere dann vor, wenn beschlossene Konsolidierungsmaßnahmen nicht oder nicht vollständig umgesetzt wurden, durchgeführte Konsolidierungsmaßnahmen nicht den gewünschten Erfolg gebracht haben oder sich der Konsolidierungszeitraum verlängert.

(9) [1]Die Absätze 7 und 8 finden keine Anwendung, sofern nach der Haushaltsplanung der Haushaltsausgleich nicht im Haushaltsjahr, aber spätestens zum Ende des Finanzplanungszeitraumes erreicht wird. [2]Sofern sich der Konsolidierungszeitraum durch eine folgende Haushaltsplanung verlängert, ist abweichend von Satz 1 ein Haushaltssicherungskonzept zu erstellen.

§ 44 Grundsätze der Erzielung von Erträgen und Einzahlungen

(1) Die Gemeinde erhebt Abgaben nach den gesetzlichen Vorschriften.

(2) Sie hat die zur Erfüllung ihrer Aufgaben erforderlichen Erträge und Einzahlungen,

1. soweit vertretbar und geboten, aus Entgelten für die von ihr erbrachten Leistungen,
2. im Übrigen aus Steuern

zu beschaffen, soweit die sonstigen Erträge und Einzahlungen nicht ausreichen,

(3) Die Gemeinde darf Kredite für Investitionen und Investitionsförderungsmaßnahmen nur aufnehmen, wenn eine andere Finanzierung nicht möglich oder wirtschaftlich unzweckmäßig wäre.

(4) [1]Die Gemeinde darf zur Erfüllung ihrer Aufgaben nach § 2 Spenden, Schenkungen und ähnliche Zuwendungen einwerben und annehmen oder an Dritte vermitteln, die sich an der Erfüllung von Aufgaben nach § 2 beteiligen. [2]Zuwendungen dürfen nur durch den Bürgermeister oder einen Stellvertreter eingeworben, das Angebot einer Zuwendung nur von ihnen entgegengenommen werden. [3]Über die Annahme oder Vermittlung entscheidet die Gemeindevertretung, soweit eine in der Hauptsatzung festzulegende Wertgrenze von höchstens 1 000 Euro überschritten wird. [4]Entscheidungen von 100 bis höchstens 1 000 Euro kann die Gemeindevertretung durch die Hauptsatzung nur auf den Hauptausschuss übertragen. [5]Die Gemeinde erstellt jährlich einen Bericht, in welchem die Geber, die Zuwendungen und die Zuwendungszwecke anzugeben sind, und übersendet ihn der Rechtsaufsichtsbehörde. [6]Der jeweils aktuelle Bericht ist der Öffentlichkeit zugänglich zu machen.

§ 45 Haushaltssatzung

(1) Die Gemeinde hat für jedes Haushaltsjahr eine Haushaltssatzung zu erlassen.

(2) Die Haushaltssatzung kann Festsetzungen für zwei Haushaltsjahre, nach Haushaltsjahren getrennt, enthalten.

(3) [1]Die Haushaltssatzung enthält die Festsetzung

1. des Haushaltsplanes unter Angabe
   a) der Gesamtbeträge der Erträge und der Aufwendungen sowie des sich nach Veränderung der Rücklagen ergebenden Jahresergebnisses,

b) der Gesamtbeträge der laufenden Einzahlungen und Auszaltlungen einschließlich des Betrages der Auszahlungen für die planmäßige Tilgung von Krediten für Investitionen und Investitionsförderungsmaßnahmen sowie des sich daraus ergebenden Saldos (jahresbezogener Saldo der laufenden Ein- und Auszahlungen),
c) der Gesamtbeträge der Einzahlungen und Auszahlungen aus der Investitionstätigkeit sowie des sich daraus ergebenden Saldos,
d) des Gesamtbetrages der vorgesehenen Kreditaufnahmen für Investitionen und Investitionsförderungsmaßnahmen ohne Umschuldungen (Kreditermächtigung),
e) des Gesamtbetrages der Ermächtigungen zum Eingehen von Verpflichtungen, die künftige Haushaltsjahre mit Auszahlungen für Investitionen und Investitionsförderungsmaßnahmen belasten (Verpflichtungsermächtigungen),

2. des Höchstbetrages aller Kredite zur Sicherung der Zahlungsfähigkeit der Gemeinde (Kassenkredite),
3. der Steuersätze (Hebesätze),
4. der Gesamtzahl der im Stellenplan ausgewiesenen Stellen.

[2]Die Haushaltssatzung kann weitere Vorschriften enthalten, die sich auf die Erträge und Aufwendungen, Einzahlungen und Auszahlungen und den Stellenplan des Haushaltsjahres beziehen.

(4) In der Haushaltssatzung sind der Saldo der laufenden Ein- und Auszahlungen, das Ergebnis und die voraussichtliche Höhe des Eigenkapitals jeweils zum Ende des Haushaltsjahres nachrichtlich anzugeben.

(5) Die Haushaltssatzung tritt mit Beginn des Haushaltsjahres in Kraft und gilt für das Haushaltsjahr.

(6) Haushaltsjahr ist das Kalenderjahr, soweit für einzelne Bereiche durch Gesetz oder aufgrund eines Gesetzes nichts anderes bestimmt ist.

(7) Zur Behebung von Fehlern kann die Haushaltssatzung auch nach Ablauf des Haushaltsjahres geändert oder erlassen werden; § 47 ist zu beachten.

§ 46 Haushaltsplan

(1) Der Haushaltsplan ist Bestandteil der Haushaltssatzung,

(2) Der Haushaltsplan enthält alle im Haushaltsjahr für die Erfüllung der Aufgaben der Gemeinde voraussichtlich

1. anfallenden Erträge und eingehenden Einzahlungen,
2. entstehenden Aufwendungen und zu leistenden Auszahlungen,
3. notwendigen Verpflichtungsermächtigungen.

(3) Die Vorschriften über die Haushaltswirtschaft der Sondervermögen der Gemeinde bleiben unberührt.

(4) Der Haushaltsplan besteht aus:

1. dem Ergebnishaushalt,
2. dem Finanzhaushalt,
3. den Teilhaushalten,
4. dem Stellenplan.

(5) Im Ergebnis- und Finanzhaushalt sowie in den Teilergebnis- und Teilfinanzhaushalten sind die Ergebnisse des Haushaltsvorvorjahres, die Ansätze des Haushaltsvorjahres, die Ansätze des Haushaltsjahres, bei einem Doppelhaushalt der beiden Haushaltsjahre, und die Planungsdaten der folgenden drei Haushaltsjahre, bei einem Doppelhaushalt der folgenden zwei Haushaltsjahre (Finanzplanungszeitraum), für jedes Haushaltsjahr getrennt, gegenüberzustellen.

(6) [1]Der Haushaltsplan ist Grundlage für die Haushaltswirtschaft der Gemeinde. [2]Er ist nach Maßgabe dieses Gesetzes und der aufgrund dieses Gesetzes erlassenen Vorschriften für die Haushaltswirtschaft verbindlich. [3]Ansprüche und Verbindlichkeiten Dritter werden durch ihn weder begründet noch aufgehoben.

(7) Die Gemeindevertretung kann Mittel im Haushalt ausweisen, über deren Verwendung für kleinere ortsteilbezogene Maßnahmen die Ortsteilvertretung entscheidet.

§ 47 Erlass der Haushaltssatzung

(1) Die Haushaltssatzung mit ihren Anlagen wird von der Gemeindevertretung in öffentlicher Sitzung beraten und beschlossen.

(2) [1]Die Haushaltssatzung ist öffentlich bekannt zu machen. [2]Vor ihrer öffentlichen Bekanntmachung ist die beschlossene Haushaltssatzung mit dem Haushaltsplan und den Bestandteilen des letzten aufgestellten Jahresabschlusses gemäß § 60 Absatz 2 der Rechtsaufsichtsbehörde vorzulegen, die Vorlage soll vor Beginn des Haushaltsjahres erfolgen. [3]Enthält die Haushaltssatzung genehmigungspflichtige Festsetzungen, darf sie erst nach Bekanntgabe der rechtsaufsichtlichen Entscheidungen hierzu öffentlich bekannt gemacht werden. [4]Wird die Genehmigung nicht, nur teilweise oder mit Nebenbestimmungen erteilt, ist in der öffentlichen Bekanntmachung hierauf hinzuweisen. [5]Rechtsaufsichtliche Entscheidungen zur Haushaltssatzung, die zu einem späteren Zeitpunkt geändert werden, sind öffentlich bekannt zu machen.

§ 48 Nachtragshaushaltssatzung

(1) [1]Die Haushaltssatzung kann bis zum Ablauf des Haushaltsjahres durch Nachtragshaushaltssatzung geändert werden; § 45 Absatz 7 bleibt unberührt. [2]Für die Nachtragshaushaltssatzung gelten die Bestimmungen über die Haushaltssatzung entsprechend.

(2) Die Gemeinde hat unverzüglich eine Nachtragshaushaltssatzung zu erlassen,

1. wenn sich zeigt, dass im Ergebnishaushalt ein erheblicher Fehlbetrag entstehen, ein bereits ausgewiesener Fehlbetrag sich wesentlich erhöhen, im Finanzhaushalt ein erheblicher negativer Saldo der laufenden Ein- und Auszahlungen entstehen oder ein bereits ausgewiesener negativer Saldo der laufenden Ein- und Auszahlungen sich wesentlich erhöhen wird; § 51 Absatz 4 bleibt unberührt,
2. im Ergebnishaushalt bisher nicht veranschlagte oder zusätzliche Aufwendungen bei einzelnen Aufwandspositionen in einem im Verhältnis zu den Gesamtaufwendungen erheblichen Umfang getätigt werden sollen oder müssen; Entsprechendes gilt im Finanzhaushalt für Auszahlungen,
3. bisher nicht veranschlagte Auszahlungen für Investitionen oder Investitionsförderungsmaßnahmen geleistet werden sollen,
4. Bedienstete eingestellt, befördert oder in eine höhere Entgeltgruppe eingestuft werden sollen und der Stellenplan die entsprechenden Stellen nicht enthält.

(3) Absatz 2 findet keine Anwendung auf

1. geringfügige, unabweisbare Auszahlungen für Investitionen und Investitionsförderungsmaßnahmen oder Auszahlungen für Investitionen und Investitionsförderungsmaßnahmen, die durch zweckgebundene Einzahlungen vollständig finanziert werden, sowie geringfügige, unabweisbare Aufwendungen und Auszahlungen für Instandsetzungen an Bauten und Anlagen,
2. geringfügige Abweichungen vom Stellenplan und die Leistung höherer Personalaufwendungen und -auszahlungen oder Abweichungen, die aufgrund von Änderungen des Besoldungsrechtes, der Tarifverträge, aufgrund rechtskräftiger Urteile oder aufgrund der gesetzlichen Übertragung von Aufgaben notwendig werden,
3. Auszahlungen, die der Tilgung eines Kredites für Investitionen oder Investitionsförderungsmaßnahmen im Rahmen einer Umschuldung dienen,
4. Aufwendungen, die dem Grunde oder der Höhe nach erst nach Ablauf des Haushaltsjahres bekannt werden.

§ 49 Vorläufige Haushaltsführung

(1) Ist die Haushaltssatzung bei Beginn des Haushaltsjahres noch nicht öffentlich bekannt gemacht, so darf die Gemeinde bis zur öffentlichen Bekanntmachung nur

1. Aufwendungen oder Auszahlungen leisten, zu deren Leistung sie rechtlich verpflichtet ist oder die für die Wahrnehmung von Aufgaben nach § 2 Absatz 3 oder § 3 unaufschiebbar sind,
2. Investitionen tätigen oder Verpflichtungen eingehen, für die im Finanzhaushalt eines Haushaltsvorjahres Haushaltsansätze oder Verpflichtungsermächtigungen vorgesehen waren, sowie Auszahlungen und Aufwendungen aus übertragenen Ermächtigungen leisten,
3. Aufwendungen und Auszahlungen für freiwillige Selbstverwaltungsaufgaben in dem Umfang leisten, der unaufschiebbar ist, um bestehende Aufgaben fortzuführen,
4. Abgaben nach den Sätzen des Vorjahres erheben, soweit diese in der Haushaltssatzung festgesetzt werden,
5. Kredite umschulden.

(2) [1]Reichen die Mittel zur Finanzierung von Maßnahmen nach Absatz 1 Nummer 1 und 2 nicht aus, darf die Gemeinde für diese Maßnahmen mit Genehmigung der Rechtsaufsichtsbehörde Kredite für Investitionen und Investitionsförderungsmaßnahmen bis zur Höhe der Festsetzung in der Haushaltssatzung aufnehmen. [2]Ist die Haushaltssatzung noch nicht beschlossen worden, bedarf die Aufnahme von Krediten der Beschlussfassung durch die Gemeindevertretung. [3]§ 52 Absatz 2 Satz 2 und 3 gilt entsprechend.

(3) Der Stellenplan des Vorjahres gilt weiter, bis die Haushaltssatzung für das neue Jahr erlassen ist.

(4) Aufwendungen und Auszahlungen nach Absatz 1 Nummer 3 dürfen nur geleistet werden, wenn die beschlossene Haushaltssatzung hierzu ermächtigt oder, sofern die Haushaltssatzung noch nicht beschlossen worden ist, die Gemeindevertretung diesen zugestimmt hat.

§ 50 Überplanmäßige und außerplanmäßige Aufwendungen und Auszahlungen

(1) Überplanmäßige und außerplanmäßige Aufwendungen oder Auszahlungen sind nur zulässig, wenn sie unvorhergesehen und unabweisbar sind und die Deckung gewährleistet ist.

(2) Für Investitionen und Investitionsförderungsmaßnahmen, die im folgenden Haushaltsjahr fortgeführt werden, sind überplanmäßige Auszahlungen auch dann zulässig, wenn ihre Deckung im laufenden Haushaltsjahr nur durch Erlass einer Nachtragshaushaltssatzung möglich wäre, die Deckung aber im Haushaltsfolgejahr gewährleistet ist.

(3) Die Absätze 1 und 2 gelten entsprechend für Maßnahmen, die überplanmäßige oder außerplanmäßige Aufwendungen oder Auszahlungen nach sich ziehen können.

(4) Nicht veranschlagte oder zusätzliche Aufwendungen, die erst bei der Aufstellung des Jahresabschlusses festgestellt werden können und nicht zu Auszahlungen führen, stellen keine über- oder außerplanmäßigen Aufwendungen dar.

(5) § 48 Absatz 2 bleibt unberührt.

§ 51 Haushaltswirtschaftliche Sperre

(1) [1]Wenn die Entwicklung der Erträge, der laufenden Einzahlungen, der Aufwendungen oder der laufenden Auszahlungen es erfordert, hat der Bürgermeister nach pflichtgemäßem Ermessen die Inanspruchnahme von Ansätzen für Aufwendungen, Auszahlungen und Verpflichtungsermächtigungen zu sperren. [2]Die Leiterin oder der Leiter der Finanzverwaltung ist verpflichtet, den Bürgermeister rechtzeitig zu beraten.

(2) Über die Inanspruchnahme gesperrter Beträge oder die Aufhebung der Sperre entscheidet der Bürgermeister, in Fällen des Absatzes 4 ist hierzu das Einvernehmen mit der Gemeindevertretung herzustellen.

(3) Die Gemeindevertretung ist über eine haushaltswirtschaftliche Sperre, die Inanspruchnahme gesperrter Beträge oder die Aufhebung der Sperre unverzüglich zu unterrichten.

(4) [1]Eine haushaltswirtschaftliche Sperre kann eine Nachtragshaushaltssatzung nach § 48 Absatz 2 Nummer 1 ersetzen, wenn sie im Einvernehmen mit der Gemeindevertretung erlassen wird. [2]Die Sperrverfügung und der Beschluss über das Einvernehmen sind der Rechtsaufsichtsbehörde anzuzeigen. [3]Beschließt die Gemeindevertretung nach Erlass der haushaltswirtschaftlichen Sperre eine Nachtragshaushaltssatzung aufgrund von § 48 Absatz 2 Nummer 1, gilt die haushaltswirtschaftliche Sperre ab dem Inkrafttreten der Nachtragshaushaltsatzung als aufgehoben, soweit die Gemeindevertretung nicht beschließt, dass sie ganz oder teilweise fortgelten soll.

§ 52 Kredite für Investitionen und Investitionsförderungsmaßnahmen, kreditähnliche Rechtsgeschäfte

(1) Kredite für Investitionen und Investitionsförderungsmaßnahmen dürfen unter der Voraussetzung des § 44 Absatz 3 nur für Investitionen und Investitionsförderungsmaßnahmen sowie zur Umschuldung von Krediten für Investitionen und Investitionsförderungsmaßnahmen aufgenommen werden.

(2) [1]Der Gesamtbetrag der vorgesehenen Kreditaufnahmen nach Absatz 1 mit Ausnahme von Umschuldungen bedarf im Rahmen der Haushaltssatzung der Genehmigung der Rechtsaufsichtsbehörde (Gesamtgenehmigung). [2]Die Rechtsaufsichtsbehörde hat die vorgesehenen Kreditaufnahmen nach den Grundsätzen einer geordneten Haushaltswirtschaft zu überprüfen; die Genehmigung kann unter Bedingungen und Auflagen erteilt werden. [3]Sie ist in der Regel zu versagen, wenn die Kreditverpflichtungen mit der dauernden Leistungsfähigkeit der Gemeinde nicht im Einklang stehen.

(3) Die Kreditermächtigung nach § 45 Absatz 3 Satz 1 Nummer 1 Buchstabe d gilt bis zum Ende des auf das Haushaltsjahr folgenden Haushaltsjahres und, wenn die öffentliche Bekanntmachung der Haushaltssatzung für das übernächste Haushaltsjahr nicht rechtzeitig erfolgt, bis zur öffentlichen Bekanntmachung dieser Haushaltssatzung.

(4) Die Aufnahme der einzelnen Kredite, deren Gesamtbetrag nach Absatz 2 genehmigt worden ist, bedarf der Genehmigung der Rechtsaufsichtsbehörde (Einzelgenehmigung),

1. sobald die Kreditaufnahmen nach § 19 des Gesetzes zur Förderung der Stabilität und des Wachstums der Wirtschaft vom 8. Juni 1967 (BGBl. I S. 582), das zuletzt durch Artikel 135 der Rechtsverordnung vom 31. Oktober 2006 (BGBl. I S. 2407) geändert worden ist, beschränkt worden sind; die Einzelgenehmigung kann nach Maßgabe der Kreditbeschränkungen versagt werden,
2. wenn sich die Rechtsaufsichtsbehörde dies wegen einer möglichen Gefährdung der dauernden Leistungsfähigkeit der Gemeinde in der Gesamtgenehmigung vorbehalten hat.

(5) [1]Die Begründung einer Zahlungsverpflichtung, die wirtschaftlich einer Kreditaufnahme gleichkommt, bedarf der Genehmigung der Rechtsaufsichtsbehörde (Einzelgenehmigung). [2]Absatz 2 Satz 2 und 3 gilt entsprechend.

(6) Das Ministerium für Inneres und Europa wird ermächtigt, durch Rechtsverordnung die Begründung von Zahlungsverpflichtungen nach Absatz 5 von der Genehmigungspflicht sowie Zahlungsverpflichtungen nach § 55a von der Anzeigepflicht freizustellen, wenn sie zur Erfüllung bestimmter Aufgaben entstehen oder ihrer Natur nach regelmäßig wiederkehren oder wenn bestimmte Beträge nicht überschritten werden.

(7) [1]Die Gemeinde darf zur Sicherung von Krediten keine Sicherheiten bestellen. [2]Die Rechtsaufsichtsbehörde kann Ausnahmen zulassen, wenn die Bestellung von Sicherheiten den Regeln des Geschäftsverkehrs entspricht.

§ 53 Kassenkredite

(1) Die Gemeinde hat jederzeit ihre Zahlungsfähigkeit sicherzustellen.

(2) [1]Zur rechtzeitigen Leistung ihrer Auszahlungen kann die Gemeinde Kassenkredite bis zu dem in der Haushaltssatzung festgesetzten und nach Absatz 3 genehmigten Höchstbetrag aufnehmen, soweit keine anderen Mittel zur Verfügung stehen. [2]Diese Ermächtigung gilt über das Haushaltsjahr hinaus bis zur öffentlichen Bekanntmachung der neuen Haushaltssatzung.

(3) [1]Der in der Haushaltssatzung festgesetzte Höchstbetrag der Kassenkredite der Gemeinde bedarf einer Genehmigung durch die Rechtsaufsichtsbehörde, soweit dieser zehn Prozent der im Finanzhaushalt veranschlagten laufenden Einzahlungen übersteigt. [2]§ 52 Absatz 2 Satz 2 gilt entsprechend.

§ 54 Verpflichtungsermächtigungen

(1) [1]Verpflichtungen zur Leistung von Auszahlungen für Investitionen und Investitionsförderungsmaßnahmen in künftigen Haushaltsjahren dürfen grundsätzlich nur eingegangen werden, wenn der Haushaltsplan oder bei einer Haushaltssatzung nach § 45 Absatz 2 der Haushaltsplan des Folgejahres dazu ermächtigt. [2]Sie dürfen mit Zustimmung der Gemeindevertretung ausnahmsweise ohne Ermächtigung durch den Haushaltsplan überplanmäßig oder außerplanmäßig eingegangen werden, wenn sie unvorhergesehen und unabweisbar sind und der festgesetzte Gesamtbetrag der Verpflichtungsermächtigungen nach § 45 Absatz 3 Satz 1 Nummer 1 Buchstabe e nicht überschritten wird.

(2) Verpflichtungsermächtigungen dürfen in der Regel zulasten der dem Haushaltsjahr folgenden drei Haushaltsjahre veranschlagt werden, in Ausnahmefällen auch bis zum Abschluss einer Maßnahme.

(3) Verpflichtungsermächtigungen gelten bis zum Ende des Haushaltsjahres und, wenn die Haushaltssatzung für das folgende Haushaltsjahr nicht rechtzeitig öffentlich bekannt gemacht wird, bis zur öffentlichen Bekanntmachung dieser Haushaltssatzung.

(4) [1]Der Gesamtbetrag der vorgesehenen Verpflichtungsermächtigungen bedarf im Rahmen der Haushaltssatzung der Genehmigung der Rechtsaufsichtsbehörde (Gesamtgenehmigung). [2]§ 52 Absatz 2 Satz 2 und 3 gilt entsprechend.

§ 55 *[aufgehoben]*

§ 55a Langfristige Verpflichtungen

[1]Entscheidungen zur Begründung sonstiger laufender Zahlungsverpflichtungen, deren Laufzeit den Finanzplanungszeitraum übersteigt, sind der Rechtsaufsichtsbehörde anzuzeigen. [2]Dies gilt nicht für Entscheidungen in Geschäften der laufenden Verwaltung, Entscheidungen, die bereits einer ander-

weitig geregelten Genehmigungs- oder Anzeigepflicht unterliegen oder auf einer erteilten Genehmigung zu Kreditaufnahmen für Investitionen oder Verpflichtungsermächtigungen beruhen, sowie für Entscheidungen auf der Grundlage eines wirksamen Stellenplanes. [3]Die Entscheidung darf erst vollzogen werden, wenn die Rechtsaufsichtsbehörde nicht innerhalb von einem Monat nach Eingang der erforderlichen Unterlagen die Unvereinbarkeit der Entscheidung mit den Grundsätzen einer geordneten Haushaltswirtschaft geltend gemacht hat oder vor Ablauf der Frist erklärt, dass eine Vereinbarkeit mit den Grundsätzen der geordneten Haushaltswirtschaft besteht.

§ 56 Erwerb und Verwaltung von Vermögen, Veräußerung von Vermögen

(1) Die Gemeinde soll Vermögensgegenstände nur erwerben, soweit dies zur Erfüllung ihrer Aufgaben erforderlich ist.

(2) [1]Die Vermögensgegenstände sind pfleglich und wirtschaftlich zu verwalten und ordnungsgemäß nachzuweisen. [2]Bei Geldanlagen ist auf eine ausreichende Sicherheit zu achten; sie sollen einen angemessenen Ertrag erwirtschaften.

(3) Die Gemeinde darf Gemeindevermögen nur dann in Stiftungsvermögen einbringen, wenn ein wichtiges Interesse der Gemeinde daran vorliegt und der von der Gemeinde damit angestrebte Zweck nicht ebenso gut auf andere Weise erfüllt werden kann.

(4) [1]Die Gemeinde darf Vermögensgegenstände veräußern, die sie zur Erfüllung ihrer Aufgaben in absehbarer Zeit nicht benötigt. [2]Vermögensgegenstände müssen zu ihrem vollen Wert veräußert werden, soweit nicht ein besonderes öffentliches Interesse Abweichungen zulässt.

(5) Für die Überlassung der Nutzung eines Vermögensgegenstandes gilt Absatz 4 entsprechend.

(6) Die Gemeinde bedarf der Genehmigung der Rechtsaufsichtsbehörde, wenn sie

1. Vermögensgegenstände unentgeltlich veräußert, Grundstücke oder Grundstücksteile unter dem vollen Wert veräußert oder tauscht sowie die Bestellung eines Erbbaurechts unter dem vollen Wert vornimmt,
2. Eigenbetriebe oder Beteiligungen an Unternehmen veräußert oder
3. Vermögensgegenstände in Unternehmen in privater Rechtsform einbringt.

(7) [1]Die Durchführung der Veräußerung oder des Tauschs von Grundstücken oder Grundstücksteilen sowie der Bestellung von Erbbaurechten zum vollen Wert ohne Genehmigung setzt voraus, dass der Bürgermeister und einer seiner Stellvertreter, bei amtsangehörigen Gemeinden der Bürgermeister und die leitende Verwaltungsbeamtin oder der leitende Verwaltungsbeamte, gegenüber dem Grundbuchamt erklären, dass diese Rechtsgeschäfte zum vollen Wert erfolgen (Vollwertigkeitserklärung). [2]Bei der Veräußerung oder dem Tausch von Grundstücken und Grundstücksteilen und bei der Bestellung von Erbbaurechten unter Wert kann die Genehmigungspflicht nach Absatz 6 Nummer 1 nicht durch eine Vollwertigkeitserklärung ersetzt werden. [3]Ohne die nach Absatz 6 Nummer 1 erforderliche Genehmigung bleibt das Grundgeschäft bis zur Eintragung im Grundbuch schwebend unwirksam. [4]Entsteht der Gemeinde aus einer unzutreffenden Erklärung ein Schaden, haften die in Satz 1 genannten Personen nach den beamtenrechtlichen Vorschriften.

(8) Die Genehmigung der Rechtsaufsichtsbehörde nach Absatz 6 gilt als erteilt, wenn die Rechtsaufsichtsbehörde eine mögliche Verletzung von Rechtsvorschriften nicht innerhalb von zwei Monaten nach Eingang der erforderlichen Antragsunterlagen geltend macht.

(9) Das Ministerium für Inneres und Europa kann durch Rechtsverordnung Rechtsgeschäfte von der Genehmigungspflicht freistellen, die bestimmte Wertgrenzen oder Grundstücksgrößen nicht überschreiten, die ihrer Natur nach regelmäßig wiederkehren, die zur Erfüllung bestimmter Aufgaben abgeschlossen werden oder bei denen öffentlich-rechtliche Körperschaften als Erwerber auftreten.

§ 57 Sicherheiten und Gewährleistungen für Dritte, Darlehensgewährungen

(1) [1]Die Gemeinde darf Bürgschaften und Verpflichtungen aus Gewährverträgen nur übernehmen, soweit dies zur Erfüllung ihrer Aufgaben erforderlich ist. [2]Im Übrigen darf eine Gemeinde keine Sicherheiten zu Gunsten Dritter bestellen. [3]Die Rechtsaufsichtsbehörde kann generell oder im Einzelfall Ausnahmen zulassen, soweit ein öffentliches Interesse besteht.

(2) [1]Die Gemeinde darf Darlehen nur gewähren, soweit dies zur Erfüllung ihrer Aufgaben erforderlich ist und verwertbare Sicherheiten gegeben werden. [2]Darlehen für Baumaßnahmen sind dinglich zu sichern. [3]Darlehen an eine andere Gemeinde sind abweichend von den Sätzen 1 und 2 im Einzelfall

zulässig, wenn dies der Erfüllung öffentlicher Aufgaben dient und die Liquidität des eigenen Haushaltes nicht gefährdet ist.

(3) [1]Rechtsgeschäfte nach Absatz 1 Satz 1 und Absatz 2 bedürfen der Genehmigung der Rechtsaufsichtsbehörde. [2]Gleiches gilt für Rechtsgeschäfte, die wirtschaftlich vergleichbare Auswirkungen haben, insbesondere, wenn sich aus Rechtsgeschäften Dritter Aufwands- und Auszahlungsverpflichtungen für die Gemeinde in künftigen Haushaltsjahren ergeben. [3]§ 56 Absatz 9 gilt entsprechend.

§ 58 Gemeindekasse

(1) [1]In hauptamtlich verwalteten Gemeinden erledigt die Gemeindekasse die Kassengeschäfte der Gemeinde. [2]Kassengeschäfte sind die Zahlungsabwicklung einschließlich des Mahnwesens und der Zwangsvollstreckung sowie die Verwahrung und Verwaltung von Wertgegenständen.

(2) Die Gemeinde hat, wenn sie ihre Kassengeschäfte selbst besorgt, eine Kassenverwalterin oder einen Kassenverwalter und eine Stellvertreterin oder einen Stellvertreter zu bestellen.

(3) Die anordnungsbefugten Bediensteten der Gemeinde sowie die mit der Leitung des Rechnungsprüfungsamtes oder dort mit Prüfungsaufgaben betrauten Personen dürfen nicht gleichzeitig Aufgaben der in Absatz 2 genannten Personen wahrnehmen.

(4) Die in Absatz 2 genannten Personen dürfen untereinander und zu den übrigen in Absatz 3 genannten Personen sowie zur Bürgermeisterin oder zum Bürgermeister nicht Angehörige im Sinne von § 20 Absatz 5 des Landesverwaltungsverfahrensgesetzes sein.

(5) Die in Absatz 2 genannten Personen und die übrigen Bediensteten der Gemeindekasse sind nicht befugt, Zahlungen anzuordnen.

(6) [1]Sonderkassen sollen mit der Gemeindekasse verbunden werden. [2]Ist eine Sonderkasse nicht mit der Gemeindekasse verbunden, so gelten für die mit der Verwaltung der Sonderkasse betrauten Personen die Absätze 2 bis 5 entsprechend.

§ 59 Übertragung von Kassengeschäften, Automation des Rechnungswesens

(1) [1]Eine hauptamtlich verwaltete Gemeinde kann die Kassengeschäfte ganz oder zum Teil von einer Stelle außerhalb der Gemeindeverwaltung besorgen lassen, wenn die ordnungsgemäße Erledigung und die Prüfung nach den für die Gemeinde geltenden Vorschriften gewährleistet sind. [2]Die Übertragung ist der Rechtsaufsichtsbehörde vorher anzuzeigen.

(2) Werden die Kassengeschäfte oder das Rechnungswesen ganz oder zum Teil automatisiert, sind die Programme vor ihrer Anwendung vom Anwender zu prüfen und vom Bürgermeister zur Anwendung freizugeben.

§ 60 Jahresabschluss

(1) [1]Die Gemeinde hat für den Schluss eines jeden Haushaltsjahres einen Jahresabschluss aufzustellen, in dem das Ergebnis der Haushaltswirtschaft des Haushaltsjahres nachzuweisen ist. [2]Er hat das Vermögen, das Eigenkapital, die Sonderposten, die Rückstellungen, die Verbindlichkeiten, die Rechnungsabgrenzungsposten, die Erträge und Aufwendungen sowie die Einzahlungen und Auszahlungen vollständig zu enthalten, soweit durch Gesetz oder aufgrund eines Gesetzes nichts anderes bestimmt ist. [3]Der Jahresabschluss hat unter Beachtung der Grundsätze ordnungsmäßiger Buchführung ein den tatsächlichen Verhältnissen entsprechendes Bild der Vermögens-, Finanz- und Ertragslage der Gemeinde zu vermitteln.

(2) Der Jahresabschluss besteht aus:

1. der Ergebnisrechnung,
2. der Finanzrechnung,
3. der Übersicht über die Teilrechnungen,
4. der Bilanz,
5. dem Anhang.

(3) Dem Jahresabschluss sind als Anlagen beizufügen:

1. die Anlagenübersicht,
2. die Forderungsübersicht,
3. die Verbindlichkeitenübersicht,
4. eine Übersicht über die über das Ende des Haushaltsjahres hinaus geltenden Haushaltsermächtigungen.

(4) Der Jahresabschluss ist innerhalb von fünf Monaten nach Abschluss des Haushaltsjahres aufzustellen.

(5) [1]Die Gemeindevertretung beschließt über die Feststellung des geprüften Jahresabschlusses bis spätestens 31. Dezember des auf das Haushaltsjahr folgenden Haushaltsjahres. [2]Sie entscheidet in einem gesonderten Beschluss über die Entlastung des Bürgermeisters. [3]Verweigert die Gemeindevertretung die Entlastung oder spricht sie diese mit Einschränkungen aus, so hat sie dafür die Gründe anzugeben.

(6) [1]Die Beschlüsse über die Feststellung des Jahresabschlusses und über die Entlastung sind der Rechtsaufsichtsbehörde unverzüglich mitzuteilen. [2]Die Beschlüsse nach Satz 1, der Jahresabschluss sowie der abschließende Prüfungsvermerk des Rechnungsprüfungsausschusses und des Rechnungsprüfungsamtes, soweit ein solches eingerichtet ist, oder des Rechnungsprüfers, soweit ein solcher bestellt ist, sind nach dem für Satzungen geltenden Verfahren öffentlich bekannt zu machen.

(7) Ergibt sich nach Feststellung des Jahresabschlusses oder der Eröffnungsbilanz, dass dieser oder diese wesentliche Fehler enthält, so sind diese im letzten noch nicht festgestellten Jahresabschluss zu berichtigen.

§ 61 Gesamtabschluss

(1) [1]Eine große kreisangehörige oder kreisfreie Stadt hat für den Schluss eines jeden Haushaltsjahres einen Gesamtabschluss aufzustellen. [2]Andere Gemeinden können einen Gesamtabschluss aufstellen. [3]Der Gesamtabschluss muss unter Beachtung der Grundsätze ordnungsmäßiger Buchführung ein den tatsächlichen Verhältnissen entsprechendes Bild der Vermögens-, Ertrags- und Finanzlage der Gemeinde vermitteln.

(2) [1]Zu dem Gesamtabschluss sind der Jahresabschluss der Gemeinde nach § 60 und die Jahresabschlüsse

1. der Eigenbetriebe gemäß § 64 Absatz 1 oder der sonstigen Sondervermögen gemäß § 64 Absatz 2 oder 3,
2. der eigenen Unternehmen oder eigenen Einrichtungen in Privatrechtsform,
3. der Unternehmen oder Einrichtungen in Privatrechtsform, an denen die Gemeinde beteiligt ist und auf die die Gemeinde einen beherrschenden oder maßgeblichen Einfluss ausübt,
4. der eigenen Kommunalunternehmen gemäß § 70,
5. der gemeinsamen Kommunalunternehmen, zu deren Stammkapital die Gemeinde mehr als 50 Prozent beigetragen hat,
6. der Zweckverbände, bei denen die Gemeinde Mitglied mit beherrschendem oder maßgeblichem Einfluss ist,

(Aufgabenträger) zusammenzuführen (Konsolidierung), wenn diese ihre Bücher nach den Regeln der kaufmännischen oder der doppelten Buchführung für Gemeinden führen. [2]Sind Jahresabschlüsse von Aufgabenträgern von untergeordneter Bedeutung für die Abbildung der Vermögens-, Ertrags- und Finanzlage der Gemeinde, können sie bei der Konsolidierung unberücksichtigt bleiben. [3]Für die Konsolidierung mittelbarer Beteiligungen gilt § 290 Absatz 3 des Handelsgesetzbuches entsprechend. [4]Ein Aufgabenträger gemäß Satz 1 mit dem Zweck der unmittelbaren oder mittelbaren Trägerschaft an Sparkassen ist nicht in den Gesamtabschluss einzubeziehen. [5]Für den in die Konsolidierung einzubeziehenden Jahresabschluss der Gemeinde können die Vorschriften des Handelsgesetzbuches in der Fassung des Gesetzes vom 3. August 2005 (BGBl. I S. 2267) angewendet werden.

(3) Der Gesamtabschluss besteht aus:

1. der Gesamtergebnisrechnung,
2. der Gesamtbilanz,
3. dem Gesamtanhang.

(4) Dem Gesamtabschluss sind als Anlagen beizufügen:

1. die Gesamtanlagenübersicht,
2. die Gesamtforderungsübersicht,
3. die Gesamtverbindlichkeitenübersicht.

(5) [1]Der Gesamtabschluss ist innerhalb von neun Monaten nach Ablauf des Haushaltsjahres aufzustellen. [2]Der geprüfte Gesamtabschluss ist der Gemeindevertretung vor Ende des auf den Abschlussstichtag folgenden Haushaltsjahres zur Kenntnis vorzulegen.

(6) Der Gesamtabschluss sowie der abschließende Prüfungsvermerk des Rechnungsprüfungsausschusses und des Rechnungsprüfungsamtes, soweit ein solches eingerichtet ist, oder des Rechnungsprüfers, soweit ein solcher bestellt ist, sind unverzüglich nach der Kenntnisnahme durch die Gemeindevertretung nach dem für Satzungen geltenden Verfahren öffentlich bekannt zu machen.
(7) Ergibt sich nach Kenntnisnahme des Gesamtabschlusses durch die Gemeindevertretung, dass dieser wesentliche Fehler enthält, so sind diese im letzten noch nicht der Gemeindevertretung zur Kenntnis vorgelegten Gesamtabschluss zu berichtigen.

§ 62 Zwangsvollstreckung

(1) [1]Zur Einleitung der Zwangsvollstreckung gegen die Gemeinde wegen einer Geldforderung bedarf der Gläubiger einer Zulassungsverfügung der Rechtsaufsichtsbehörde, es sei denn, dass es sich um die Verfolgung dinglicher Rechte handelt. [2]In der Verfügung bezeichnet die Rechtsaufsichtsbehörde die Vermögensgegenstände, in welche die Zwangsvollstreckung zugelassen wird, und den Zeitraum, in dem sie stattfinden soll. [3]Die Zwangsvollstreckung wird nach den Vorschriften der Zivilprozessordnung durchgeführt.
(2) [1]Die Rechtsaufsichtsbehörde setzt die Gemeinde über den Antrag eines Gläubigers auf Erlass einer Zulassungsverfügung unverzüglich in Kenntnis. [2]Ab diesem Zeitpunkt bis zur Entscheidung über den Antrag kann die Rechtsaufsichtsbehörde Entscheidungen der Gemeinde, mit denen über Gemeindevermögen verfügt wird, einem rechtsaufsichtlichen Zustimmungserfordernis unterstellen.
(3) Ein Insolvenzverfahren über das Vermögen der Gemeinde findet nicht statt.

§ 63 (nicht besetzt)

Abschnitt 5

Sondervermögen, treuhänderisch verwaltetes Vermögen

§ 64 Sondervermögen

(1) [1]Für Eigenbetriebe der Gemeinden ist eine Sonderrechnung zu führen. [2]Es gelten die §§ 43 und 44, 49 und 52 bis 57 entsprechend.
(2) [1]Für städtebauliche Sondervermögen zur Durchführung von städtebaulichen Gesamtmaßnahmen im Sinne des besonderen Städtebaurechts nach dem Baugesetzbuch ist eine Sonderrechnung zu führen. [2]Mit Genehmigung der Rechtsaufsichtsbehörde kann auf die Führung einer Sonderrechnung verzichtet werden. [3]Die städtebauliche Gesamtmaßnahme ist in diesem Fall als wesentliches Produkt in einem gesonderten Teilhaushalt zu führen.
(3) [1]Für nichtrechtsfähige örtliche Stiftungen ist eine Sonderrechnung zu führen. [2]Soweit es sich bei diesen um unbedeutendes Sondervermögen handelt, kann es im Rechnungswesen gesondert nachgewiesen werden.
(4) Für die Sondervermögen nach den Absätzen 2 und 3 und für sonstige Sondervermögen, für die durch Gesetz oder aufgrund eines Gesetzes Sonderrechnungen geführt werden, gelten die Vorschriften des Abschnittes 4, soweit nicht gesetzlich etwas anderes bestimmt ist.

§ 65 Treuhänderisch verwaltetes Vermögen

(1) Für Vermögen, die die Gemeinde treuhänderisch zu verwalten hat, sind besondere Haushaltspläne aufzustellen und Sonderrechnungen zu führen.
(2) [1]Der Abschnitt 4 gilt mit der Maßgabe, dass an die Stelle der Haushaltssatzung der Beschluss über den Haushaltsplan tritt und von der Bekanntmachung abgesehen werden kann. [2]Anstelle eines Haushaltsplans kann ein Wirtschaftsplan aufgestellt werden; die Vorschriften für Eigenbetriebe gelten entsprechend.
(3) Die Verwaltung von unbedeutendem treuhänderisch verwaltetem Vermögen kann im Rechnungswesen gesondert nachgewiesen werden.
(4) Abweichende gesetzliche Vorschriften bleiben unberührt.

§ 66 Sonderkassen

[1]Für Sondervermögen und treuhänderisch verwaltete Vermögen, für die Sonderrechnungen geführt werden, sind Sonderkassen einzurichten; sie sollen mit der Gemeindekasse verbunden werden. [2]§ 58 gilt entsprechend.

§ 67 (nicht besetzt)

Abschnitt 6
Wirtschaftliche Betätigung

§ 68 Zulässigkeit wirtschaftlicher Unternehmen und Einrichtungen

(1) [1]Als wirtschaftliche Betätigung ist der Betrieb von Unternehmen zu verstehen, die als Hersteller, Anbieter oder Verteiler von Gütern oder Dienstleistungen am Markt tätig werden, sofern die Leistung ihrer Art nach auch von einem Privaten mit der Absicht der Gewinnerzielung erbracht werden könnte. [2]Als wirtschaftliche Betätigung im Sinne des Satzes 1 gilt auch der Betrieb von Einrichtungen nach Absatz 3.

(2) [1]Unternehmen der Gemeinde sind nur zulässig, wenn
1. der öffentliche Zweck das Unternehmen rechtfertigt,
2. das Unternehmen nach Art und Umfang in einem angemessenen Verhältnis zur Leistungsfähigkeit der Gemeinde und zum voraussichtlichen Bedarf steht und
3. die Gemeinde die Aufgabe ebenso gut und wirtschaftlich wie Dritte erfüllen kann.

[2]Tätigkeiten, mit denen die Gemeinde an dem vom Wettbewerb beherrschten Wirtschaftsleben ganz überwiegend mit dem Ziel der Gewinnerzielung teilnimmt, entsprechen keinem öffentlichen Zweck. [3]Die wirtschaftliche Betätigung in den Bereichen der Strom-, Gas- und Wärmeversorgung dient auch bei Betätigung außerhalb des Gemeindegebiets einem öffentlichen Zweck.

(3) [1]Einrichtungen im Sinne des Absatzes 1 Satz 2 sind:
1. Einrichtungen, zu deren Betrieb die Gemeinde gesetzlich verpflichtet ist,
2. Einrichtungen des Unterrichts-, Erziehungs- und Bildungswesens, der Kunstpflege, der körperlichen Ertüchtigung, der Gesundheits- und Wohlfahrtspflege sowie öffentliche Einrichtungen ähnlicher Art,
3. Einrichtungen, die ausschließlich zur Deckung des Eigenbedarfs der Gemeinde dienen und
4. Einrichtungen zur Erzeugung von Energie, insbesondere erneuerbarer Art, soweit diese nach Art und Umfang in einem angemessenen Verhältnis zur Leistungsfähigkeit der Gemeinde stehen.

[2]Auch Einrichtungen sind nach wirtschaftlichen Gesichtspunkten zu führen.

(4) [1]Die Gemeinde kann Unternehmen und Einrichtungen außerhalb ihrer allgemeinen Verwaltung, soweit sich aus diesem Gesetz und den hierzu erlassenen Rechtsverordnungen nicht anderes ergibt, in folgenden Organisationsformen betreiben:
1. als Eigenbetrieb,
2. als Kommunalunternehmen,
3. in Organisationsformen des Privatrechts.

[2]Die Errichtung einer Aktiengesellschaft sowie die Umwandlung von bestehenden Unternehmen und Einrichtungen in eine solche sind ausgeschlossen.

(5) [1]Bankunternehmen darf die Gemeinde nicht betreiben. [2]Für das öffentliche Sparkassenwesen gelten die spezialgesetzlichen Regelungen.

(6) Bei Unternehmen und Einrichtungen, für die kein Wettbewerb gleichartiger Privatunternehmen besteht, dürfen der Anschluss und die Belieferung nicht davon abhängig gemacht werden, dass auch andere Leistungen oder Lieferungen abgenommen werden.

(7) [1]Bei der Entscheidung der Gemeindevertretung zur wirtschaftlichen Betätigung im Sinne von § 77 Absatz 1 Satz 1 Nummer 1 sind die Auswirkungen der beabsichtigten wirtschaftlichen Betätigung auf die mittelständische Wirtschaft und auf das Handwerk zu berücksichtigen. [2]Zu diesem Zweck soll den örtlich zuständigen Industrie- und Handelskammern sowie den Handwerkskammern seitens der Gemeinde vor der Entscheidung die Möglichkeit zur schriftlichen Stellungnahme unter Setzung einer Frist von vier Wochen eingeräumt werden.

§ 69 Unternehmen und Einrichtungen in Privatrechtsform

(1) Die Gemeinde darf Unternehmen und Einrichtungen in einer Rechtsform des privaten Rechts nur errichten, übernehmen, sich daran beteiligen oder auf andere Wirtschaftsbereiche ausdehnen, wenn
1. bei Unternehmen die Voraussetzungen des § 68 Absatz 2 Satz 1 gegeben sind,
2. bei Einrichtungen ein wichtiges Interesse der Gemeinde an der Privatrechtsform nachgewiesen wird und dabei in einem Bericht zur Vorbereitung des Gemeindevertretungsbeschlusses nach § 22 Absatz 3 Nummer 10 unter umfassender Abwägung der Vor- und Nachteile abgewogen wird,

dass die Aufgabe im Vergleich zu den öffentlich-rechtlichen Organisationsformen wirtschaftlicher durchgeführt werden kann,
3. durch die Ausgestaltung des Gesellschaftsvertrages oder der Satzung sichergestellt ist, dass der öffentliche Zweck des Unternehmens erfüllt wird,
4. die Gemeinde einen angemessenen Einfluss, insbesondere im Aufsichtsrat oder in einem entsprechenden Überwachungsorgan des Unternehmens erhält und dieser durch Gesellschaftsvertrag, Satzung oder in anderer Weise gesichert wird,
5. die Haftung der Gemeinde auf einen ihrer Leistungsfähigkeit angemessenen Betrag begrenzt wird und
6. die Einzahlungsverpflichtungen (Gründungskapital, laufende Nachschusspflicht) der Gemeinde in einem angemessenen Verhältnis zu ihrer Leistungsfähigkeit stehen.

(2) [1]Die Gemeinde darf der Beteiligung eines Unternehmens oder einer Einrichtung, an dem oder der sie unmittelbar oder mittelbar mit mehr als 20 Prozent beteiligt ist, an einem anderen Unternehmen oder einer anderen Einrichtung nur zustimmen, wenn die Voraussetzungen des § 68 Absatz 2 vorliegen. [2]Satz 1 gilt entsprechend, wenn der Gemeinde zusammen mit anderen Gemeinden, Ämtern, Landkreisen oder Zweckverbänden mehr als 20 Prozent der Anteile zustehen.

§ 70 Kommunalunternehmen

(1) Die Gemeinde kann Unternehmen und Einrichtungen im Sinne des § 68 in der Rechtsform einer rechtsfähigen Anstalt des öffentlichen Rechts (Kommunalunternehmen) errichten oder bestehende Eigenbetriebe im Wege der Gesamtrechtsnachfolge in Kommunalunternehmen umwandeln.

(2) [1]Ein der Gemeinde gehörendes Unternehmen in Privatrechtsform kann durch Beschluss der Gesellschafterversammlung oder eines entsprechenden Organs in eine Anstalt nach Absatz 1 umgewandelt werden. [2]Die Umwandlung einer Anstalt nach Absatz 1 in ein Unternehmen in Privatrechtsform ist ebenfalls zulässig. [3]Für Umwandlungen nach den Sätzen 1 und 2 gelten die Vorschriften des Umwandlungsgesetzes über Formwechsel.

(3) [1]Das Kommunalunternehmen kann sich nach Maßgabe der Unternehmenssatzung an anderen Unternehmen beteiligen, wenn das dem Unternehmenszweck dient. [2]§ 69 gilt entsprechend.

(4) [1]Die Gemeinde kann dem Kommunalunternehmen einzelne oder alle mit einem bestimmten Zweck zusammenhängende Aufgaben ganz oder teilweise übertragen. [2]Sie kann nach Maßgabe des § 15 durch gesonderte Satzung einen Anschluss- und Benutzungszwang zu Gunsten des Kommunalunternehmens festlegen. [3]Sie kann ihm auch das Recht einräumen, an ihrer Stelle Satzungen zu erlassen; § 5 gilt entsprechend.

(5) [1]Die Gemeinde regelt die Rechtsverhältnisse des Kommunalunternehmens durch eine Unternehmenssatzung. [2]Sie muss Bestimmungen über den Namen, den Sitz und die Aufgaben des Unternehmens, die Anzahl der Mitglieder des Vorstandes und des Verwaltungsrates und die Höhe des Stammkapitals enthalten.

(6) Die Gemeinde unterstützt das Kommunalunternehmen bei der Erfüllung seiner Aufgaben mit der Maßgabe, dass ein Anspruch des Kommunalunternehmens gegen die Gemeinde oder eine sonstige Verpflichtung der Gemeinde, dem Kommunalunternehmen unbeschränkt Mittel zur Verfügung zu stellen, nicht besteht.

(7) [1]Das Kommunalunternehmen haftet für seine Verbindlichkeiten mit seinem gesamten Vermögen. [2]Die Gemeinde haftet lediglich bis zur Höhe des einzuzahlenden Stammkapitals.

§ 70a Organe des Kommunalunternehmens, Personal

(1) Organe des Kommunalunternehmens sind der Vorstand und der Verwaltungsrat.

(2) [1]Der Vorstand leitet das Kommunalunternehmen in eigener Verantwortung, soweit nicht gesetzlich oder durch die Unternehmenssatzung etwas anderes bestimmt ist. [2]Der Vorstand ist gesetzlicher Vertreter des Kommunalunternehmens. [3]Die Gemeinde hat darauf hinzuwirken, dass jedes Vorstandsmitglied vertraglich verpflichtet wird, der Gemeinde die ihm im Geschäftsjahr gewährten Bezüge im Sinne von § 285 Nummer 9 Buchstabe a des Handelsgesetzbuches jährlich zur Veröffentlichung mitzuteilen.

(3) [1]Der Verwaltungsrat bestimmt die Richtlinien der Geschäftspolitik und überwacht die Geschäftsführung des Vorstandes. [2]Der Verwaltungsrat bestellt den Vorstand auf höchstens fünf Jahre. [3]Er entscheidet außerdem über

1. den Erlass von Satzungen gemäß § 70 Absatz 4 Satz 3,
2. die Feststellung des Wirtschaftsplanes und des Jahresabschlusses,
3. die Festsetzung allgemein geltender Tarife und Entgelte für die Leistungsnehmer,
4. die Beteiligung des Kommunalunternehmens an anderen Unternehmen,
5. den Vorschlag zur Auswahl des Abschlussprüfers,
6. die Ergebnisverwendung.

4Entscheidungen im Sinne des Satzes 3 Nummer 1, 4 und 6 bedürfen der vorherigen Zustimmung der Gemeindevertretung. 5Im Übrigen gilt § 71 Absatz 1 Satz 5 entsprechend. 6Die Abstimmung entgegen der Weisung berührt die Gültigkeit des Beschlusses des Verwaltungsrates nicht.

(4) 1Der Verwaltungsrat besteht aus dem Bürgermeister als vorsitzendem Mitglied und den übrigen Mitgliedern. 2Der Bürgermeister nimmt die Tätigkeit des vorsitzenden Mitglieds im Hauptamt wahr. 3Mit Zustimmung des Bürgermeisters kann die Gemeindevertretung eine andere Person zum Vorsitzenden Mitglied bestellen. 4Das vorsitzende Mitglied nach Satz 3 2. Halbsatz und die übrigen Mitglieder des Verwaltungsrates werden von der Gemeinde nach den Grundsätzen der Verhältniswahl bestellt. 5Die Amtszeit von Mitgliedern des Verwaltungsrates, die der Gemeindevertretung angehören, endet mit dem Ende der Wahlzeit oder dem vorzeitigen Ausscheiden aus der Gemeindevertretung. 6Die Mitglieder des Verwaltungsrates können nicht sein:

1. hauptberufliche Bedienstete des Kommunalunternehmens,
2. leitende Bedienstete von juristischen Personen oder sonstigen Organisationen des öffentlichen oder privaten Rechts, an denen das Kommunalunternehmen mit mehr als 50 Prozent beteiligt ist; eine Beteiligung am Stimmrecht genügt,
3. Bedienstete der Rechtsaufsichtsbehörde, die unmittelbar mit Aufgaben der Aufsicht über das Kommunalunternehmen befasst sind. Für die Mitglieder im Verwaltungsrat gelten die §§ 24, 26 und 27 entsprechend.

(5) Dem Kommunalunternehmen kann durch Satzung Dienstherrnfähigkeit verliehen werden, wenn es aufgrund einer Aufgabenübertragung nach § 70 Absatz 4 hoheitliche Befugnisse ausübt.

(6) § 71 Absatz 3 bis 5 gilt entsprechend.

§ 70b Sonstige Vorschriften für Kommunalunternehmen

(1) 1Für das Kommunalunternehmen gilt § 73 Absatz 1 Satz 1 Nummer 1 bis 5 und 7 und 8 mit der Maßgabe, dass diese Informations- und Prüfungsrechte in der Unternehmenssatzung zu verankern sind. 2Die Vorschriften über die Eröffnungsbilanz und den Jahresabschluss des Ersten Abschnittes des Dritten Buches des Handelsgesetzbuches sind entsprechend anzuwenden.

(2) 1Für die überörtliche Prüfung gelten die Vorschriften des Abschnitts II des Kommunalprüfungsgesetzes. 2Das Kommunalunternehmen unterliegt der Jahresabschlussprüfung nach den Vorschriften des Abschnitts III des Kommunalprüfungsgesetzes.

(3) Die Vorschriften des § 9 Absatz 2, § 43 Absatz 1, der §§ 44, 45, 49, 52 bis 57 und 62 sind auf das Kommunalunternehmen entsprechend anzuwenden.

(4) Das Kommunalunternehmen ist zur Vollstreckung von Verwaltungsakten in demselben Umfang berechtigt wie die Gemeinde, wenn es aufgrund einer Aufgabenübertragung nach § 70 Absatz 4 hoheitliche Befugnisse ausübt und bei der Aufgabenübertragung nichts Abweichendes geregelt wird.

§ 71 Vertretung der Gemeinde in Unternehmen und Einrichtungen

(1) 1Der Bürgermeister vertritt die Gemeinde in der Gesellschafterversammlung oder in dem dieser entsprechenden Organ der Unternehmen und Einrichtungen in einer Rechtsform des privaten Rechts, an denen die Gemeinde beteiligt ist, er nimmt diese Tätigkeit im Hauptamt wahr. 2Der Bürgermeister kann Bedienstete der Gemeinde oder des Amtes im Verhinderungsfall mit seiner Vertretung beauftragen. 3Personen, die die Gemeinde in Unternehmen oder Einrichtungen nach Satz 1, an denen die Gemeinde beteiligt ist, vertreten, dürfen in diesen Unternehmen oder Einrichtungen nicht leitende Bedienstete sein; nimmt der Bürgermeister die Funktion eines leitenden Bediensteten wahr, hat er diese Tätigkeit in angemessener Frist, spätestens drei Monate nach seiner Ernennung, aufzugeben. 4Soweit der Gemeinde mehrere Sitze zustehen, erfolgt die Bestellung der weiteren Vertreterinnen und Vertreter nach den Grundsätzen der Verhältniswahl durch die Gemeindevertretung. 5Die Vertreterinnen und Vertreter haben den Weisungen oder Richtlinien der Gemeindevertretung zu folgen, soweit durch Gesetz nichts anderes bestimmt ist.

(2) [1]Absatz 1 Satz 2 bis 5 gilt entsprechend für die von der Gemeinde bestellten Mitglieder, des Aufsichtsrates oder eines ähnlichen Organs von Unternehmen und Einrichtungen, soweit nicht gesetzliche Bestimmungen des Gesellschaftsrechts entgegenstehen. [2]Durch Ausgestaltung des Gesellschaftsvertrages ist sicherzustellen, dass die von der Gemeinde bestellten Mitglieder an die Weisungen und Richtlinien der Gemeindevertretung gebunden sind, sofern dem gesetzlich nichts entgegensteht.

(3) [1]Werden Vertreterinnen oder Vertreter der Gemeinde aus ihrer Tätigkeit in einem Organ eines Unternehmens oder einer Einrichtung in einer Rechtsform des privaten Rechts haftbar gemacht, hat ihnen die Gemeinde den Schaden zu ersetzen, es sei denn, dass sie ihn vorsätzlich oder grob fahrlässig herbeigeführt haben. [2]Auch in diesem Fall ist die Gemeinde schadenersatzpflichtig, wenn ihre Vertreterinnen und Vertreter nach Weisung gehandelt haben.

(4) [1]Die Vertreterinnen und Vertreter der Gemeinde haben den Hauptausschuss oder die Gemeindevertretung über alle Angelegenheiten von besonderer Bedeutung frühzeitig zu unterrichten. [2]Kreditaufnahmen außerhalb des gültigen Wirtschaftsplanes sind stets Angelegenheiten von besonderer Bedeutung. [3]Der Hauptausschuss oder die Gemeindevertretung hat auf Antrag einer Fraktion oder eines Viertels aller Mitglieder Auskunft zu verlangen. [4]Die Unterrichtungspflicht und das Auskunftsrecht bestehen nur, soweit durch Gesetz nichts anderes bestimmt ist.

(5) [1]Vergütungen, Sitzungsgelder und Aufwandsentschädigungen aus einer Tätigkeit als Vertreterin oder Vertreter der Gemeinde in Unternehmen oder Einrichtungen in einer Rechtsform des privaten Rechts sind an die Gemeinde abzuführen, soweit sie in der Hauptsatzung festzulegende Beträge übersteigen. [2]Dabei ist sicherzustellen, dass mindestens die Aufwendungen, die im Zusammenhang mit der Tätigkeit nachweislich entstanden sind, ausgeglichen werden.

§ 72 (nicht besetzt)

§ 73 Informations- und Prüfungsrechte, Beteiligungsbericht

(1) [1]Ist eine Gemeinde unmittelbar oder mittelbar mit maßgeblichem Einfluss an einem Unternehmen oder einer Einrichtung in einer Rechtsform des privaten Rechts beteiligt, so hat sie dafür Sorge zu tragen, dass

1. in sinngemäßer Anwendung der für Eigenbetriebe geltenden Vorschriften für jedes Wirtschaftsjahr ein Wirtschaftsplan aufgestellt, der Wirtschaftsführung eine fünfjährige Finanzplanung zu Grunde gelegt und der Wirtschaftsplan sowie die Finanzplanung der Gemeindevertretung zur Kenntnis gebracht werden,
2. in der Satzung oder im Gesellschaftsvertrag die Aufstellung des Jahresabschlusses und des Lageberichts nach den Vorschriften des Dritten Buches des Handelsgesetzbuches für große Kapitalgesellschaften und deren Prüfung nach den Vorschriften des Kommunalprüfungsgesetzes über die Jahresabschlussprüfung kommunaler Wirtschaftsbetriebe vorgeschrieben werden, soweit nicht andere gesetzliche Vorschriften unmittelbar gelten oder entgegenstehen,
3. ihr in der Satzung oder im Gesellschaftsvertrag die Rechte nach § 53 Absatz 1 des Haushaltsgrundsätzegesetzes vom 19. August 1969 (BGBl. I S. 1273), das zuletzt durch Artikel 1 des Gesetzes vom 27. Mai 2010 (BGBl. I S. 671) geändert worden ist, eingeräumt werden,
4. ihr und der für die überörtlichen Prüfungen zuständigen Prüfungsbehörde in der Satzung oder im Gesellschaftsvertrag die in § 54 des Haushaltsgrundsätzegesetzes vorgesehenen Befugnisse eingeräumt werden,
5. ihr der Prüfungsbericht des Abschlussprüfers übersandt wird, soweit nicht andere gesetzliche Vorschriften unmittelbar gelten oder entgegenstehen,
6. in der Satzung oder im Gesellschaftsvertrag ein Teilnahmerecht des Bürgermeisters an den Sitzungen des Aufsichtsrates oder eines ähnlichen Organs verankert ist, soweit nicht gesetzliche Bestimmungen entgegenstehen,
7. in der Satzung oder im Gesellschaftsvertrag geregelt ist, dass die Beteiligung an anderen Gesellschaften der Zustimmung der Gemeinde bedarf und
8. in der Satzung oder im Gesellschaftervertrag geregelt ist, dass § 286 Absatz 4 und § 288 des Handelsgesetzbuches im Hinblick auf die Angaben nach § 285 Nummer 9 Buchstabe a und b des Handelsgesetzbuches keine Anwendung findet.

[2]Bei einer geringeren Beteiligung oder einer solchen, die bereits vor dem 5. September 2011 bestanden hat, soll die Gemeinde hierauf hinwirken. [3]Satz 1 gilt entsprechend, wenn die Gemeinde zusammen

mit anderen Gemeinden, Ämtern, Landkreisen oder Zweckverbänden mit maßgeblichem Einfluss beteiligt ist.

(2) Wird der Jahresabschluss nach anderen Vorschriften als denen des Kommunalprüfungsgesetzes über die Jahresabschlussprüfung kommunaler Wirtschaftsbetriebe geprüft, kann die Gemeinde im Falle des Absatzes 1 Satz 1 die Rechte nach § 53 Absatz 1 Nummer 1 und 2 des Haushaltsgrundsätzegesetzes ausüben und kann die Rechtsaufsichtsbehörde verlangen, dass die Gemeinde ihr den Prüfungsbericht mitteilt.

(3) [1]Die Gemeinde hat zum Ende eines Haushaltsjahres einen Bericht über die unmittelbaren und mittelbaren Beteiligungen an Unternehmen und Einrichtungen zu erstellen und diesen Bericht bis zum 30. September des Folgejahres der Gemeindevertretung und der Rechtsaufsichtsbehörde vorzulegen. [2]Der Bericht hat insbesondere Angaben über die Erfüllung des öffentlichen Zwecks, die Beteiligungsverhältnisse, die wirtschaftliche Lage und Entwicklung, die Kapitalzuführungen und -entnahmen durch die Gemeinde und Auswirkungen auf die Haushalts- und Finanzwirtschaft sowie die Zusammensetzung der Organe der Gesellschaft zu enthalten. [3]Die Gemeinde weist in einer öffentlichen Bekanntmachung darauf hin, dass jeder Einsicht in den Bericht nehmen kann.

(4) Gemeinden, die einen Gesamtabschluss erstellen, sind von der Pflicht zur Erstellung eines Berichtes nach Absatz 3 befreit.

§ 74 (nicht besetzt)

§ 75 Wirtschaftsgrundsätze

(1) [1]Die Unternehmen und Einrichtungen sind so zu führen, dass der öffentliche Zweck erfüllt wird. [2]Unternehmen sollen einen Ertrag für den Haushalt der Gemeinde abwerfen, soweit dadurch die Erfüllung des öffentlichen Zwecks nicht beeinträchtigt wird. [3]§ 21 der Gemeindehaushaltsverordnung-Doppik ist anzuwenden.

(2) Der Jahresgewinn der wirtschaftlichen Unternehmen soll so hoch sein, dass außer den für die technische und wirtschaftliche Fortentwicklung des Unternehmens notwendigen Rücklagen mindestens eine marktübliche Verzinsung des Eigenkapitals erwirtschaftet wird.

§ 75a Beteiligungsmanagement

[1]Die Gemeinde hat Unternehmen und Einrichtungen entsprechend der öffentlichen Zielsetzung zu koordinieren und zu überwachen (Beteiligungsmanagement). [2]Dies erfordert insbesondere die Wahrnehmung einer Beteiligungsverwaltung, die Errichtung eines Beteiligungscontrollings, die Beratung und Betreuung von Vertreterinnen und Vertretern der Gemeinde in Unternehmen und Einrichtungen, die Koordination der Wahrnehmung gemeindlicher Interessen in den Organen der Unternehmen und Einrichtungen, die Koordination der Wirtschaftsplanung der Unternehmen und Einrichtungen mit der Haushaltsplanung.

§ 76 Energieverträge

(1) Die Gemeinde darf Verträge über die Lieferung von Energie in das Gemeindegebiet sowie Konzessionsverträge, durch die sie einem Energieversorgungsunternehmen die Benutzung von Eigentum der Gemeinde einschließlich der öffentlichen Straßen, Wege und Plätze für Leitungen zur Versorgung der Einwohnerinnen und Einwohner überlässt, nur abschließen, wenn die Erfüllung der Aufgaben der Gemeinde nicht gefährdet wird und die berechtigten wirtschaftlichen Interessen der Gemeinde und ihrer Einwohnerinnen und Einwohner gewahrt sind.

(2) Dasselbe gilt für eine Verlängerung oder ihre Ablehnung sowie für eine wichtige Änderung derartiger Verträge.

§ 77 Anzeigepflichten

(1) [1]Entscheidungen der Gemeinde über

1. die Errichtung, Übernahme und wesentliche Erweiterung sowie die Änderung der Organisationsform oder die wesentliche Änderung der Aufgaben gemeindlicher Unternehmen und Einrichtungen,
2. die unmittelbare oder mittelbare Beteiligung der Gemeinde mit mehr als 20 Prozent an Unternehmen und Einrichtungen,
3. die Auflösung von Eigenbetrieben und Kommunalunternehmen

sind der Rechtsaufsichtsbehörde anzuzeigen. [2]Sie werden wirksam, wenn die Rechtsaufsichtsbehörde die Verletzung von Rechtsvorschriften nicht innerhalb von zwei Monaten nach Eingang der erforderlichen Unterlagen geltend gemacht oder wenn sie vor Ablauf der Frist erklärt hat, dass sie keine Verletzung von Rechtsvorschriften geltend macht, Rechtsgeschäfte auf der Grundlage von Entscheidungen der Gemeinde nach Satz 1 dürfen erst vollzogen werden, wenn das Anzeigeverfahren nach Satz 2 abgeschlossen ist.

(2) Gleiches gilt für Rechtsgeschäfte, die ihrer Art nach geeignet sind, den Einfluss der Gemeinde auf das Unternehmen oder die Einrichtung zu mindern, zu beseitigen oder die Ausübung von Rechten aus einer Beteiligung zu beschränken.

Abschnitt 7
Aufsicht

§ 78 Grundsatz

(1) [1]Die Aufsicht hat die Selbstverwaltung der Gemeinden zu fördern, die Rechte der Gemeinden zu schützen und die Erfüllung ihrer Pflichten zu sichern. [2]Die Aufsicht soll die Gemeinden vor allem beraten, unterstützen und die Entschlusskraft und Verantwortungsbereitschaft der Gemeindeorgane fördern.

(2) Die Aufsicht im eigenen Wirkungskreis ist darauf beschränkt, die Rechtmäßigkeit der Verwaltung sicherzustellen (Rechtsaufsicht).

(3) Soweit dieses Gesetz Genehmigungspflichten vorsieht, darf die Rechtsaufsichtsbehörde die Genehmigung nur versagen, wenn die Beschlüsse oder Anordnungen der Gemeinde rechtswidrig sind.

(4) Die Aufsicht im übertragenen Wirkungskreis erstreckt sich auf die Rechtmäßigkeit und Zweckmäßigkeit der Verwaltung (Fachaufsicht).

§ 79 Rechtsaufsichtsbehörden

(1) Rechtsaufsichtsbehörde für die kreisfreien und großen kreisangehörigen Städte sowie deren selbstständige Kommunalunternehmen ist das Ministerium für Inneres und Europa.

(2) Rechtsaufsichtsbehörde für die kreisangehörigen Gemeinden im Übrigen und deren selbstständige Kommunalunternehmen ist der Landrat als untere staatliche Verwaltungsbehörde.

(3) Oberste Rechtsaufsichtsbehörde ist das Ministerium für Inneres und Europa.

(4) Für die Genehmigung von Kreisgrenzen überschreitenden Gebietsänderungsverträgen sowie für die Schlichtung Kreisgrenzen überschreitender Grenzstreitigkeiten ist das Ministerium für Inneres und Europa zuständige Rechtsaufsichtsbehörde.

§ 80 Informationsrecht

(1) [1]Die Rechtsaufsichtsbehörde ist berechtigt, sich jederzeit über die Angelegenheiten der Gemeinden zu unterrichten. [2]Sie kann an Ort und Stelle prüfen und besichtigen, mündliche und schriftliche Berichte anfordern sowie Akten und sonstige Unterlagen anfordern oder einsehen, soweit es zur Erfüllung ihrer Aufgaben erforderlich ist.

(2) Das Informationsrecht nach Absatz 1 steht auch der fachlich zuständigen obersten Landesbehörde zu.

§ 81 Beanstandungs- und Aufhebungsrecht

(1) [1]Die Rechtsaufsichtsbehörde kann rechtswidrige Beschlüsse und Anordnungen der Gemeinde beanstanden und verlangen, dass die Gemeinde den Beschluss oder die Anordnung binnen einer angemessenen Frist aufhebt. [2]Die Beanstandung hat aufschiebende Wirkung.

(2) [1]Kommt die Gemeinde dem Verlangen der Rechtsaufsichtsbehörde innerhalb der gesetzten Frist nicht nach, so kann die Rechtsaufsichtsbehörde die von ihr beanstandeten Beschlüsse und Anordnungen aufheben. [2]In diesem Fall ist die Gemeinde verpflichtet, bereits getroffene Maßnahmen rückgängig zu machen.

(3) [1]Die Rechtsaufsichtsbehörde kann vor einer Beanstandung anordnen, dass ein Beschluss oder eine Anordnung der Gemeinde bis zur Ermittlung des Sachverhalts, höchstens jedoch für einen Monat, ausgesetzt wird. [2]Die Aussetzungsanordnung hat aufschiebende Wirkung. [3]Widerspruch und Klage gegen die Aussetzungsanordnung haben keine aufschiebende Wirkung.

§ 82 Anordnungsrecht und Ersatzvornahme

(1) Erfüllt die Gemeinde die ihr gesetzlich obliegenden Pflichten nicht, kann die Rechtsaufsichtsbehörde anordnen, dass die Gemeinde innerhalb einer angemessenen Frist das Erforderliche veranlasst und durchführt.

(2) [1]Kommt die Gemeinde einer Anordnung der Rechtsaufsichtsbehörde nicht innerhalb der festgesetzten Frist nach, kann die Rechtsaufsichtsbehörde die erforderlichen Maßnahmen anstelle und auf Kosten der Gemeinde selbst durchführen oder die Durchführung einem Dritten übertragen. [2]Die Maßnahme gilt als solche der Gemeinde. [3]Die Ersatzvornahme ist bei Gefahr im Verzuge auch ohne vorhergehende Anordnung zulässig.

§ 83 Beauftragter

(1) [1]Wenn und solange der ordnungsgemäße Gang der Verwaltung der Gemeinde es erfordert und die Befugnisse der Rechtsaufsichtsbehörde nach den §§ 80 bis 82 nicht ausreichen, kann diese einen Beauftragten bestellen, der alle oder einzelne Aufgaben der Gemeinde auf deren Kosten wahrnimmt. [2]Die Rechtsaufsichtsbehörde kann insbesondere einen Beauftragten bestellen, um eine geordnete Haushaltswirtschaft wiederherzustellen.

(2) Der Beauftragte tritt an die Stelle der Gemeindevertretung oder des Bürgermeisters, soweit dies zur Erfüllung seiner Aufgaben erforderlich ist.

(3) [1]Der Beauftragte in der Funktion des Bürgermeisters kann abweichend von § 38 Absatz 6 Satz 2 und § 39 Absatz 2 Satz 6 Verpflichtungserklärungen allein unterzeichnen, sofern die Rechtsaufsichtsbehörde nichts anderes bestimmt. [2]Dies gilt auch für die Ausfertigung von Urkunden nach beamtenrechtlichen Vorschriften.

(4) Bei der Bestellung eines Beauftragten in der Funktion des ehrenamtlichen Bürgermeisters hat die Rechtsaufsichtsbehörde festzulegen, ob die Beauftragung auch die Aufgaben des Vorsitzenden der Gemeindevertretung und die Mitgliedschaft im Amtsausschuss einschließt.

(5) Zu Beauftragten in der Funktion des ehrenamtlichen Bürgermeisters oder der Gemeindevertretung können entgegen § 25 auch Bedienstete des Amtes oder der Rechtsaufsichtsbehörde bestellt werden.

(6) [1]Die Rechtsaufsichtsbehörde kann festlegen, dass der Beauftragte eine angemessene Vergütung erhält. [2]Diese soll sich der Höhe nach an der für die entsprechende Funktion vorgesehenen Entschädigung oder Besoldung orientieren. [3]Die Vergütung ist von der Gemeinde unmittelbar an den Beauftragten zu leisten.

§ 84 Auflösung der Gemeindevertretung

[1]Die oberste Rechtsaufsichtsbehörde kann eine Gemeindevertretung auflösen, wenn deren Beschlussfähigkeit dauerhaft nur nach § 30 Absatz 3 hergestellt werden kann. [2]Nach der Auflösung der Gemeindevertretung findet binnen vier Monaten eine Wahl aus besonderem Anlass gemäß § 44 Absatz 6 des Landes- und Kommunalwahlgesetzes statt.

§ 85 Rechtsbehelfe

Gegen Maßnahmen der Rechtsaufsichtsbehörde sind Widerspruch und Anfechtungsklage nach Maßgabe der Verwaltungsgerichtsordnung gegeben.

§ 86 Fachaufsichtsbehörden

(1) Fachaufsichtsbehörde für die Bürgermeister der amtsfreien Gemeinden mit Ausnahme der großen kreisangehörigen Städte ist der Landrat, soweit durch Gesetz oder Rechtsverordnung nichts anderes bestimmt ist.

(2) Ist in einer vom Landrat als Fachaufsichtsbehörde zu entscheidenden Angelegenheit der Landkreis beteiligt, so tritt an die Stelle des Landrates die fachlich zuständige oberste Landesbehörde.

(3) Fachaufsichtsbehörde für die Oberbürgermeister der kreisfreien und großen kreisangehörigen Städte ist die fachlich zuständige oberste Landesbehörde, soweit durch Rechtsvorschrift speziell für diese Städte nichts anderes bestimmt ist.

(4) Oberste Fachaufsichtsbehörde ist die fachlich zuständige oberste Landesbehörde, soweit durch Rechtsvorschrift nichts anderes bestimmt ist.

§ 87 Mittel der Fachaufsicht

(1) [1]Den Fachaufsichtsbehörden steht ein Informationsrecht gemäß § 80 zu. [2]Der Bürgermeister soll die Fachaufsichtsbehörden rechtzeitig über auftretende Probleme bei der Erfüllung übertragener Aufgaben informieren.

(2) Die Fachaufsichtsbehörden sind berechtigt, Weisungen zu erteilen.

(3) Wird eine Weisung der Fachaufsichtsbehörde nicht befolgt, kann sie dem Bürgermeister untersagen, in der Angelegenheit, auf die sich die Weisung bezieht, weiter tätig zu werden und einer oder einem Bediensteten der Gemeinde unmittelbar die zur Befolgung der Weisung erforderlichen Anordnungen erteilen.

(4) Bei Gefahr im Verzug oder wenn sonst die ordnungsgemäße Erfüllung der Aufgaben durch den Bürgermeister nicht gewährleistet erscheint, kann die Fachaufsichtsbehörde an seiner Stelle tätig werden (Selbsteintrittsrecht).

(5) Andere Rechtsvorschriften, durch die die Rechte der Fachaufsichtsbehörden erweitert oder beschränkt sind, bleiben unberührt.

Teil 2

Landkreisordnung

Abschnitt 1

Grundlagen der Landkreisverfassung

§ 88 Wesen der Landkreise

(1) Die Landkreise sind Gebietskörperschaften und Gemeindeverbände.

(2) [1]Die Landkreise sorgen bei der Wahrnehmung ihrer Aufgaben für eine bürgernahe Verwaltung zum Wohl ihrer Einwohnerinnen und Einwohner sowie der kreisangehörigen Gemeinden nach den Grundsätzen der kommunalen Selbstverwaltung. [2]Sie unterstützen die Gemeinden in der Erfüllung ihrer Aufgaben und tragen zum Ausgleich ihrer Lasten bei.

§ 89 Eigener Wirkungskreis

(1) Die Landkreise regeln in ihrem Gebiet die gemeindeübergreifenden Angelegenheiten in eigener Verantwortung, soweit die Gesetze nicht etwas anderes bestimmen.

(2) [1]Die Landkreise erfüllen in ihrem Gebiet in eigener Verantwortung alle die Leistungsfähigkeit der kreisangehörigen Gemeinden und Ämter übersteigenden öffentlichen Aufgaben, soweit die Gesetze nichts anderes bestimmen und die Aufgaben nicht durch kommunale Zusammenarbeit erfüllt werden. [2]Sie fördern insbesondere die wirtschaftliche, ökologische, soziale und kulturelle Entwicklung ihres Gebietes zum Wohle der Einwohnerinnen und Einwohner.

(3) [1]Die Landkreise können auf Antrag von Gemeinden weitere gemeindliche Selbstverwaltungsaufgaben übernehmen. [2]Die Übernahme erfolgt durch einen Beschluss des Kreistages, der der Mehrheit von zwei Dritteln aller Kreistagsmitglieder bedarf.

(4) Die Landkreise können durch Gesetz oder aufgrund eines Gesetzes durch Rechtsverordnung zur Erfüllung einzelner Aufgaben verpflichtet werden.

(5) In die Rechte der Landkreise darf nur durch Gesetz oder aufgrund eines Gesetzes eingegriffen werden.

§ 90 Übertragener Wirkungskreis

(1) Den Landkreisen können durch Gesetz oder aufgrund eines Gesetzes durch Rechtsverordnung öffentliche Aufgaben zur Erfüllung nach Weisung übertragen werden.

(2) Rechtsverordnungen der Landkreise im übertragenen Wirkungskreis werden nach dem für Satzungen geltenden Verfahren öffentlich bekannt gemacht.

§ 91 Finanzierung der Aufgaben, Konnexität

(1) [1]Die Landkreise regeln ihre Finanzwirtschaft in eigener Verantwortung. [2]Sie haben die zur ordnungsgemäßen Erfüllung ihrer Aufgaben notwendigen Mittel aus eigenen Einzahlungen aufzubringen. [3]Reichen diese nicht aus, haben sie Anspruch auf einen Finanzausgleich.

(2) [1]Werden Landkreise durch das Land zur Erfüllung von Aufgaben nach § 89 Absatz 4 verpflichtet oder werden ihnen durch das Land Aufgaben nach § 90 Absatz 1 übertragen, so ist dabei gleichzeitig über die Deckung der Kosten zu entscheiden. [2]Führt die Erfüllung dieser Aufgaben zu einer Mehrbe-

lastung der Landkreise, so ist dafür ein entsprechender finanzieller Ausgleich zu schaffen. [3]Kostenfolgeabschätzungen sind unter Beteiligung der kommunalen Verbände vorzunehmen. [4]Der finanzielle Ausgleich ist zeitgleich mit der Aufgabenübertragung zu gewähren. [5]Dieser ist in der Rechtsvorschrift zu regeln, die die Aufgabenübertragung anordnet, oder zeitnah im Finanzausgleichsgesetz zu regeln.

(3) [1]Werden Landkreise durch Gesetz, durch Rechtsverordnung aufgrund eines Gesetzes von Aufgaben oder durch Verwaltungsvorschriften des Landes von Kosten entlastet, so ist dafür ein entsprechender finanzieller Ausgleich zu Gunsten des Landes vorzunehmen. [2]Absatz 2 Satz 3 gilt entsprechend.

§ 92 Satzungsrecht, Hauptsatzung

(1) [1]Die Landkreise können die Angelegenheiten des eigenen Wirkungskreises durch Satzung regeln, soweit die Gesetze nichts anderes bestimmen. [2]In Angelegenheiten des übertragenen Wirkungskreises können Satzungen nur erlassen werden, wenn ein Gesetz dies vorsieht.

(2) Jeder Landkreis hat eine Hauptsatzung zu erlassen.

(3) § 5 Absatz 2 bis 6 gilt entsprechend.

§ 93 Kommunale Verbände

[1]Zur Förderung der kommunalen Selbstverwaltung und Wahrnehmung ihrer Interessen haben die Landkreise das Recht, Verbände zu bilden. [2]§ 6 Absatz 2 und 3 gilt entsprechend.

§ 94 Name und Sitz

(1) Die Landkreise führen ihren gesetzlich bestimmten Namen.

(2) [1]Der Kreistag kann mit einer Mehrheit von zwei Dritteln aller Kreistagsmitglieder den Namen des Landkreises ändern. [2]Die Änderung des Namens ist nur aus Gründen des öffentlichen Wohls zulässig. [3]Sie bedarf der Genehmigung des Ministeriums für Inneres und Europa.

(3) Der Sitz der Kreisverwaltung kann auf Antrag des Kreistages, der der Mehrheit von zwei Dritteln aller Kreistagsmitglieder bedarf, vom Ministeriums für Inneres und Europa geändert werden.

§ 95 Wappen, Flaggen und Siegel

[1]Die Landkreise sind berechtigt, Wappen und Flaggen zu führen. [2]Sie führen Dienstsiegel. [3]§ 9 gilt entsprechend.

§ 96 Kreisgebiet

[1]Das Gebiet des Landkreises bilden die Gemeinden und gemeindefreien Gebiete, die nach geltendem Recht zu ihm gehören. [2]Grenzstreitigkeiten entscheidet die Rechtsaufsichtsbehörde.

§ 97 Gebietsänderungen

(1) [1]Aus Gründen des öffentlichen Wohls können Landkreise aufgelöst, neu gebildet oder in ihren Grenzen geändert werden (Gebietsänderungen). [2]Die betroffenen Gemeinden, Ämter und Landkreise sind vorher anzuhören.

(2) Die Neubildung oder Auflösung von Landkreisen ist nur durch Gesetz möglich.

(3) Im Übrigen gelten die §§ 11 und 12 Absatz 1 und 3 entsprechend.

§ 98 Einwohnerinnen und Einwohner, Bürgerinnen und Bürger

(1) Einwohnerinnen und Einwohner des Landkreises sind die im Landkreis wohnenden natürlichen Personen.

(2) Bürgerinnen und Bürger sind die zu den Kreistagswahlen wahlberechtigten Personen nach Absatz 1.

§ 99 Rechte und Pflichten der Einwohnerinnen und Einwohner

(1) [1]Die Einwohnerinnen und Einwohner des Landkreises haben das Recht, sich schriftlich oder zur Niederschrift mit Anregungen und Beschwerden an den Kreistag zu wenden. [2]Sie sind über die Stellungnahme des Kreistages oder eines Ausschusses unverzüglich zu unterrichten.

(2) Die Einwohnerinnen und Einwohner des Landkreises sind im Rahmen der bestehenden Vorschriften berechtigt, die öffentlichen Einrichtungen des Landkreises zu benutzen, und verpflichtet, die Lasten des Landkreises zu tragen.

(3) Diese Vorschriften gelten entsprechend für natürliche und juristische Personen und Personenvereinigungen, die im Landkreis Grundstücke besitzen oder nutzen oder ein Gewerbe betreiben.

§ 100 Anschluss- und Benutzungszwang

[1]Der Landkreis kann für Einrichtungen, die dem öffentlichen Wohl dienen, durch Satzung Anschlusszwang und Benutzungszwang vorschreiben, wenn ein dringendes öffentliches Bedürfnis dafür besteht. [2]§ 15 gilt entsprechend.

§ 101 Unterrichtung der Einwohnerinnen und Einwohner, Fragestunde, Anhörung, Einwohnerantrag

(1) [1]Der Landrat unterrichtet die Einwohnerinnen und Einwohner über allgemein bedeutsame Angelegenheiten des Landkreises. [2]§ 16 gilt entsprechend.

(2) Für Fragestunden, Anhörungen und Einwohneranträge gelten die §§ 17 und 18 entsprechend.

§ 102 Rechte und Pflichten der Bürgerinnen und Bürger, Bürgerentscheid

(1) [1]Die Bürgerinnen und Bürger sind verpflichtet, Ehrenämter und ehrenamtliche Tätigkeiten für den Landkreis zu übernehmen und gewissenhaft und unparteiisch auszuüben. [2]§ 19 Absatz 3 und 4 gilt entsprechend.

(2) [1]Wichtige Entscheidungen in Angelegenheiten des eigenen Wirkungskreises können statt durch Beschluss des Kreistages durch die Bürgerinnen und Bürger selbst getroffen werden (Bürgerentscheid). [2]§ 20 gilt entsprechend.

Abschnitt 2
Vertretung und Verwaltung

§ 103 Organe

Organe des Landkreises sind der Kreistag und der Landrat.

§ 104 Kreistag

(1) Der Kreistag ist die Vertretung der Bürgerinnen und Bürger und das oberste Willensbildungs- und Beschlussorgan des Landkreises.

(2) [1]Der Kreistag ist für alle wichtigen Angelegenheiten des Landkreises zuständig und überwacht die Durchführung seiner Entscheidungen, soweit nicht durch Gesetz, Hauptsatzung oder Beschluss des Kreistages eine Übertragung auf den Kreisausschuss oder den Landrat stattgefunden hat. [2]Wichtig sind, neben den dem Kreistag gesetzlich zugewiesenen Aufgaben, Angelegenheiten, die aufgrund ihrer politischen Bedeutung, ihrer wirtschaftlichen Auswirkungen oder als Grundlage für Einzelentscheidungen von grundsätzlicher Bedeutung für den Landkreis sind. [3]Der Kreistag kann Angelegenheiten, die er übertragen hat, auch im Einzelfall jederzeit an sich ziehen. [4]Wurde eine Angelegenheit durch die Hauptsatzung übertragen, kann der Kreistag sie nur durch Beschluss mit der Mehrheit aller Kreistagsmitglieder an sich ziehen.

(3) Die Entscheidungen in folgenden Angelegenheiten können nicht übertragen werden:

1. Angelegenheiten, über die kraft Gesetzes der Kreistag entscheidet,
2. die Übernahme neuer Aufgaben, für die keine gesetzliche Verpflichtung besteht,
3. die Bestellung der Rechnungsprüferinnen und Rechnungsprüfer,
4. die allgemeinen Grundsätze, nach denen die Verwaltung geführt werden soll,
5. die Grundsätze der Personalentscheidungen,
6. der Erlass, die Änderung und die Aufhebung von Satzungen,
7. die Haushaltssatzung, den Haushaltsplan, den Stellenplan, ein Haushaltssicherungskonzept, die Entgegennahme des Jahresabschlusses und die Entlastung des Landrats für die Haushaltsdurchführung,
8. die Errichtung, die Umwandlung des Zwecks, die Zusammenlegung und Aufhebung von Stiftungen sowie die Verwendung des Stiftungsvermögens,
9. die Errichtung, Übernahme, wesentliche Änderung der Aufgaben, wesentliche Erweiterung oder Einschränkung, Änderung der Organisationsform und Auflösung kommunaler Unternehmen und Einrichtungen sowie Beteiligung an Unternehmen und Einrichtungen,
10. die Ermittlung des Satzes öffentlicher Abgaben und die Festsetzung allgemeiner privatrechtlicher Entgelte,
11. die Bestellung und Wahl von Vertreterinnen und Vertretern des Landkreises, die Mitgliedschaftsrechte in Organen, Beiräten oder Ausschüssen von juristischen Personen oder Personenvereinigungen wahrnehmen,

12. die Mitgliedschaft in kommunalen Verbänden und in Zweckverbänden, der Abschluss öffentlich-rechtlicher Verträge nach den §§ 165 und 167 sowie die Entscheidung über partnerschaftliche Beziehungen zu anderen Landkreisen,
13. Gebietsänderungen und
14. die Verleihung und die Aberkennung von Ehrenbezeichnungen.

(4) [1]Die Hauptsatzung kann bestimmen, dass der Kreisausschuss oder der Landrat Entscheidungen bis zu bestimmten Wertgrenzen in folgenden Angelegenheiten trifft:

1. die Genehmigung von Verträgen nach § 115 Absatz 5 Satz 6 und 7,
2. die Zustimmung zu über- und außerplanmäßigen Aufwendungen und Auszahlungen,
3. die Verfügung über Landkreisvermögen, insbesondere die Veräußerung oder Belastung von Grundstücken, Schenkungen, die Hingabe von Darlehen und die Aufnahme von Krediten durch den Landkreis, und
4. die Übernahme von Bürgschaften, der Abschluss von Gewährverträgen, die Bestellung sonstiger Sicherheiten für Dritte sowie wirtschaftlich gleich zu achtende Rechtsgeschäfte.

[2]Enthält die Hauptsatzung solche Regelungen nicht, obliegt die Entscheidung ausschließlich dem Kreistag.

(5) [1]Der Kreistag ist, soweit nichts anderes bestimmt ist, oberste Dienstbehörde. [2]Er kann seine Befugnisse insoweit auf den Kreisausschuss oder auf den Landrat übertragen, soweit durch Gesetz oder aufgrund eines Gesetzes nichts anderes bestimmt ist. [3]Die Aufgaben als oberste Dienstbehörde des Landrates und der Beigeordneten sind nicht übertragbar. [4]Der Kreistag übt seine Befugnisse nach Satz 1 im Einvernehmen mit dem Landrat aus, das durch Beschluss mit der Mehrheit aller Kreistagsmitglieder ersetzt werden kann. [5]Der Kreistag ist Dienstvorgesetzter des Landrats; er hat keine Disziplinarbefugnis. [6]Führt der Landrat Aufgaben des übertragenen Wirkungskreises durch, darf der Kreistag Aussagegenehmigungen nach § 47 Absatz 1 Satz 1 des Landesbeamtengesetzes nur mit Zustimmung der Fachaufsichtsbehörde erteilen.

(6) Der Kreistag gibt sich zur Regelung seiner inneren Angelegenheiten eine Geschäftsordnung.

§ 105 Kreistagsmitglieder

(1) [1]Die Kreistagsmitglieder werden von den Bürgerinnen und Bürgern in allgemeiner, unmittelbarer, freier, gleicher und geheimer Wahl auf die Dauer von fünf Jahren gewählt. [2]Das Landes- und Kommunalwahlgesetz bestimmt die gesetzliche Zahl der Kreistagsmitglieder und regelt das Wahlverfahren.

(2) [1]Die Kreistagsmitglieder üben ihr Mandat im Rahmen der Gesetze nach ihrer freien, nur dem Gemeinwohl verpflichteten Überzeugung aus. [2]Sie sind an Aufträge und Verpflichtungen, durch welche die Freiheit ihrer Entschließungen beschränkt wird, nicht gebunden. [3]Die Kreistagsmitglieder sind zur Teilnahme an den Sitzungen und zur Mitarbeit verpflichtet, wenn sie nicht aus wichtigem Grund verhindert sind. [4]Sie können auf ihr Mandat jederzeit durch schriftliche, unwiderrufliche Erklärung gegenüber dem Kreistagspräsidenten verzichten.

(3) Jedes Kreistagsmitglied ist berechtigt, im Kreistag und in den Ausschüssen, denen es angehört, Anträge zu stellen.

(4) [1]Die Kreistagsmitglieder können sich zu Fraktionen zusammenschließen oder bestehenden Fraktionen mit deren Zustimmung beitreten. [2]Eine Fraktion muss aus mindestens vier Mitgliedern bestehen. [3]Ihre innere Ordnung muss demokratischen und rechtsstaatlichen Grundsätzen entsprechen. [4]Die Landkreise sollen im Rahmen ihrer finanziellen Leistungsfähigkeit die Aufgabenwahrnehmung der Fraktionen durch Zuwendungen aus dem Kreishaushalt für deren Geschäftsbedarf in angemessenem Umfang unterstützen. [5]Soweit die Fraktionen Zuwendungen aus dem Kreishaushalt erhalten, ist die Verwendung dieser Mittel im Rahmen der örtlichen Prüfung zu prüfen. [6]Eine Verwendung der Zuwendungen für Parteiaufgaben ist unzulässig. [7]Näheres über die Bildung von Fraktionen, ihre Rechte und Pflichten regelt die Geschäftsordnung.

(5) Nach Ablauf der Wahlperiode üben die bisherigen Kreistagsmitglieder ihr Mandat bis zur konstituierenden Sitzung des neu gewählten Kreistages aus.

(6) Die Bestimmungen über die Pflicht zur Verschwiegenheit (§ 23 Absatz 6), Mitwirkungsverbote (§ 24), Unvereinbarkeit von Amt und Mandat (§ 25), Vertretungsverbot (§ 26) und Entschädigungen, Kündigungsschutz (§ 27) gelten für Kreistagsmitglieder entsprechend.

§ 106 Konstituierung des Kreistages, Vorsitz

(1) [1]Der Kreistag tritt innerhalb von sechs Wochen nach einer Kommunalwahl zu seiner konstituierenden Sitzung zusammen. [2]Die Einberufung erfolgt durch die bisherige Kreistagspräsidentin oder den bisherigen Kreistagspräsidenten. [3]Das an Lebensjahren älteste Kreistagsmitglied eröffnet die Sitzung. [4]Unter seiner Leitung wählt der Kreistag aus seiner Mitte die Kreistagspräsidentin oder den Kreistagspräsidenten, die oder der den Vorsitz im Kreistag innehat. [5]Das älteste Kreistagsmitglied verpflichtet die gewählte Person durch Handschlag auf die gewissenhafte Erfüllung ihrer Pflichten und übergibt ihr die Leitung der Sitzung. [6]Die Kreistagspräsidentin oder der Kreistagspräsident verpflichtet die Kreistagsmitglieder durch Handschlag auf die gewissenhafte Erfüllung ihrer Pflichten.

(2) Der Kreistag wird durch die Kreistagspräsidentin oder den Kreistagspräsidenten vertreten.

(3) [1]Der Kreistag wählt aus seiner Mitte zwei Personen, die die Kreistagspräsidentin oder den Kreistagspräsidenten im Verhinderungsfall vertreten. [2]Zur Unterstützung der Kreistagspräsidentin oder des Kreistagspräsidenten kann ein Vorstand oder Präsidium gebildet werden, dem neben den in Satz 1 genannten Personen weitere Mitglieder angehören können. [3]Das Nähere regelt die Hauptsatzung. [4]Sie kann bestimmen, dass die Bildung des Präsidiums nach den Grundsätzen der Verhältniswahl erfolgt.

§ 107 Sitzungen des Kreistages

(1) [1]Die Kreistagspräsidentin oder der Kreistagspräsident setzt im Benehmen mit dem Landrat die Tagesordnung fest und beruft die Sitzungen des Kreistages schriftlich oder, sofern es die Geschäftsordnung bestimmt, elektronisch unter Mitteilung der Tagesordnung ein. [2]Jedes Kreistagsmitglied kann verlangen, seine Einladungen schriftlich statt elektronisch zu erhalten. [3]Die Kreistagspräsidentin oder der Kreistagspräsident muss eine Angelegenheit auf die Tagesordnung setzen, wenn es ein Kreistagsmitglied oder der Landrat beantragt. [4]Ein solcher Tagesordnungspunkt darf nur dann durch Mehrheitsbeschluss abgesetzt werden, wenn dem Antragsteller zuvor ausreichend Gelegenheit gegeben wurde, seinen Antrag zu begründen. [5]Die Kreistagspräsidentin oder der Kreistagspräsident leitet die Sitzungen, sorgt für die Aufrechterhaltung der Ordnung und übt das Hausrecht aus.

(2) [1]Der Kreistag tritt zusammen, so oft es die Geschäftslage erfordert. [2]Die Geschäftsordnung kann einen Zeitraum vorsehen, nach dem der Kreistag einzuberufen ist. [3]Der Kreistag muss unverzüglich einberufen werden, wenn es ein Viertel aller Kreistagsmitglieder, eine Fraktion oder der Landrat unter Angabe des Beratungsgegenstandes beantragt.

(3) [1]Die Ladungsfristen für ordentliche und für Dringlichkeitssitzungen sind in der Geschäftsordnung zu regeln. [2]Eine Ladungsfrist von drei Tagen soll nicht unterschritten werden. [3]Unter Einhaltung der Ladungsfrist sollen die Beschlussvorlagen der Verwaltung übersandt werden.

(4) Die Mehrheit aller Kreistagsmitglieder kann in der Sitzung die Erweiterung der Tagesordnung beschließen, wenn es sich um eine Angelegenheit handelt, die wegen besonderer Dringlichkeit keinen Aufschub bis zur nächsten Sitzung duldet.

(5) [1]Die Sitzungen des Kreistages sind öffentlich. [2]Die Öffentlichkeit ist auszuschließen, wenn überwiegende Belange des öffentlichen Wohls oder berechtigte Interessen Einzelner es erfordern. [3]Der Ausschluss der Öffentlichkeit kann in diesem Rahmen in der Hauptsatzung oder durch Beschluss des Kreistages angeordnet werden. [4]Über den Ausschluss der Öffentlichkeit wird in nichtöffentlicher Sitzung beraten und mit der Mehrheit aller Kreistagsmitglieder entschieden. [5]In öffentlichen Sitzungen des Kreistages sind Film- und Tonaufnahmen durch die Medien zulässig, soweit dem nicht ein Viertel aller Kreistagsmitglieder in geheimer Abstimmung widerspricht.

(6) [1]Zeit, Ort und Tagesordnung der Sitzungen des Kreistages sind rechtzeitig vor der Sitzung öffentlich bekannt zu machen. [2]Für Punkte der Tagesordnung, die nichtöffentlich behandelt werden sollen, gilt dies nur insoweit, als dadurch der Zweck der Nichtöffentlichkeit nicht gefährdet wird.

(7) [1]Der Landrat nimmt an den Sitzungen des Kreistages teil. [2]Er ist jederzeit berechtigt und auf Antrag eines Viertels aller Kreistagsmitglieder oder einer Fraktion verpflichtet, zu einem Punkt der Tagesordnung vor dem Kreistag Stellung zu nehmen. [3]Die Sätze 1 und 2 gelten für Beigeordnete in Angelegenheiten ihres Geschäftsbereiches entsprechend.

(8) [1]Über jede Sitzung des Kreistages ist eine Niederschrift nach näherer Bestimmung in der Geschäftsordnung anzufertigen. [2]Die Niederschriften über den öffentlichen Teil der Sitzungen sind der Öffentlichkeit zugänglich zu machen.

§ 108 Beschlussfähigkeit

(1) [1]Der Kreistag ist beschlussfähig, wenn alle Kreistagsmitglieder ordnungsgemäß geladen wurden und mehr als die Hälfte aller Kreistagsmitglieder zur Sitzung anwesend ist. [2]Ein Mangel der Ladung ist unbeachtlich, wenn das betroffene Kreistagsmitglied – zur Sitzung erscheint. [3]Die Beschlussfähigkeit ist zu Beginn der Sitzung festzustellen. [4]Danach bleibt der Kreistag so lange beschlussfähig, bis die Kreistagspräsidentin oder der Kreistagspräsident von sich aus oder auf Antrag eines Kreistagsmitgliedes die Beschlussunfähigkeit feststellt. [5]Dieses Kreistagsmitglied zählt zu den Anwesenden. [6]Die Beschlussunfähigkeit ist festzustellen, wenn weniger als ein Drittel aller Kreistagsmitglieder anwesend ist.

(2) Ist mehr als die Hälfte aller Kreistagsmitglieder nach § 24 ausgeschlossen, so ist der Kreistag beschlussfähig, wenn mehr als ein Drittel aller Kreistagsmitglieder zur Sitzung anwesend ist.

(3) [1]Ist eine Angelegenheit wegen Beschlussunfähigkeit des Kreistages zurückgestellt worden, so ist der Kreistag in einer nachfolgenden Sitzung für diese Angelegenheit beschlussfähig, wenn mindestens drei stimmberechtigte Kreistagsmitglieder anwesend sind und bei der Ladung auf diese Vorschrift hingewiesen wurden. [2]Sind weniger als drei stimmberechtigte Kreistagsmitglieder anwesend, entscheidet der Landrat mit Genehmigung der Rechtsaufsichtsbehörde.

§ 109 Beschlussfassung

(1) [1]Beschlüsse des Kreistages werden, soweit nicht das Gesetz etwas anderes vorsieht, mit einfacher Mehrheit der anwesenden Kreistagsmitglieder in offener Abstimmung gefasst. [2]Die einfache Mehrheit ist erreicht, wenn die Zahl der Ja-Stimmen die der Nein-Stimmen übersteigt. [3]Stimmenthaltungen und ungültige Stimmen sind unbeachtlich. [4]Sieht das Gesetz einen Anteil aller Kreistagsmitglieder vor, so berechnet sich dieser nach der gesetzlichen Zahl der Kreistagsmitglieder, vermindert um die in der laufenden Wahlperiode außer durch eine Ergänzungswahl nicht wieder besetzbaren Mandate. [5]Für Personalentscheidungen, die keine Wahlen sind, gilt § 110 Absatz 1 Satz 2 und 3 entsprechend.

(2) [1]Eine Abstimmung erfolgt nur über solche Anträge, die zu diesem Zeitpunkt schriftlich vorliegen oder mündlich zur Sitzungsniederschrift erklärt werden. [2]Anträge, durch die dem Landkreis Mehraufwendungen, Mehrauszahlungen, Mindererträge oder Mindereinzahlungen entstehen, müssen bestimmen, wie die zu ihrer Deckung erforderlichen Mittel aufzubringen sind; der Teilhaushalt ist zu benennen. [3]Anträge sowie Beschlussvorlagen, die die Umsetzung des Haushaltssicherungskonzeptes verzögern oder diesem entgegenstehen, müssen unter Benennung der berührten Maßnahme des Haushaltssicherungskonzeptes zusätzliche neue Maßnahmen benennen, die die entstehenden Mehraufwendungen, Mehrauszahlungen, Mindererträge oder Mindereinzahlungen vollständig kompensieren. [4]Dabei ist die Eignung der neuen Maßnahmen darzustellen. [5]Auf Antrag eines Viertels aller Kreistagsmitglieder oder einer Fraktion wird namentlich abgestimmt. [6]Geheime Abstimmungen sind unzulässig.

(3) In nichtöffentlicher Sitzung gefasste Beschlüsse des Kreistages sind spätestens in der nächsten öffentlichen Sitzung bekannt zu geben, soweit dadurch der Zweck der Nichtöffentlichkeit nicht gefährdet wird.

§ 110 Wahlen, Abberufungen

(1) [1]Abstimmungen über Personalangelegenheiten, die durch ein Gesetz als Wahlen bezeichnet sind, erfolgen geheim, sofern ein Kreistagsmitglied dies beantragt, ansonsten durch Handzeichen. [2]Gewählt ist, soweit nicht das Gesetz etwas anderes vorsieht, wer die meisten Stimmen erhält. [3]Bei Stimmengleichheit entscheidet das Los, das durch die Kreistagspräsidentin oder den Kreistagspräsidenten zu ziehen ist. [4]Soweit nur eine Person zur Wahl steht, ist diese gewählt, wenn sie mehr Ja- als Nein-Stimmen erhält.

(2) [1]Bestimmt dieses Gesetz, dass eine Wahl nach den Grundsätzen der Verhältniswahl zu erfolgen hat, so kann sich der Kreistag auf eine einvernehmliche Besetzung der Wahlstellen verständigen. [2]Kommt eine solche Verständigung nicht zu Stande, wird über konkurrierende Wahlvorschlagslisten abgestimmt. [3]Wahlvorschlagslisten können nur durch Fraktionen oder Zählgemeinschaften eingereicht werden. [4]Zu Zählgemeinschaften können sich fraktionslose Kreistagsmitglieder untereinander oder mit Fraktionen zusammenschließen. [5]Ein weitergehender Zusammenschluss zu einer Zählgemeinschaft ist nur zulässig, wenn dadurch andere Fraktionen oder Zählgemeinschaften nicht benachteiligt werden. [6]Die Unzulässigkeit einer Zählgemeinschaft ist unbeachtlich, wenn sie nicht vor Beginn der Abstimmung geltend gemacht wird. [7]Über die Wahlvorschlagslisten der Fraktionen und Zählgemein-

schaften stimmt der Kreistag in einem Wahlgang ab. [8]Die Wahlstellen werden entsprechend den auf die Listen entfallenen Stimmenzahlen besetzt. [9]Bei Bedarf entscheidet das Los. [10]Ein Kreistagsmitglied gilt als aus einer nach den Grundsätzen der Verhältniswahl vergebenen Funktion abberufen, wenn es Mitglied einer Fraktion wird, von der es nicht vorgeschlagen wurde, oder die nicht der Zählgemeinschaft angehört hat, von der es vorgeschlagen wurde. [11]Die Wiederbesetzung frei gewordener Wahlstellen bestimmt sich nach den Sätzen 1 bis 7, wobei die bereits besetzten Stellen anzurechnen sind. [12]Wird eine Wahlstelle frei, erfolgt auf Antrag einer Fraktion eine vollständige Neubesetzung des Gremiums, zu dem die Wahlstelle gehört. [13]Das Nähere regelt die Geschäftsordnung.

(3) [1]Der Kreistag kann eine von ihm gewählte Person aus ihrer Funktion abberufen. [2]Ein Abberufungsbeschluss bedarf der Mehrheit aller Kreistagsmitglieder. [3]Absatz 1 Satz 1 gilt entsprechend.

(4) [1]Die Beigeordneten können auf schriftlichen Antrag von mehr als der Hälfte aller Kreistagsmitglieder mit einer Mehrheit von zwei Dritteln aller Kreistagsmitglieder aus ihrem Amt abberufen werden. [2]Zwischen Antrag und Abstimmung müssen mindestens zwei Wochen liegen. [3]Mit dem Tag der Abberufung treten die Beigeordneten in den einstweiligen Ruhestand, sofern eine Wartezeit von fünf Jahren nach Maßgabe des Versorgungsrechts erfüllt wurde. [4]Die Sätze 1 bis 3 gelten entsprechend für den Landrat, der aufgrund der Bestimmungen des Landes- und Kommunalwahlgesetzes durch den Kreistag gewählt wurde.

(5) [1]Der direkt gewählte Landrat kann nur durch Bürgerentscheid abberufen werden. [2]§ 20 gilt entsprechend.

(6) [1]Ein durch Wahl besetztes Amt endet, wenn eine Wählbarkeitsvoraussetzung, die auf Dauer vorliegen muss, nachträglich entfällt. [2]Die beamtenrechtlichen Vorschriften bleiben unberührt.

§ 111 Widerspruch gegen Beschlüsse des Kreistages und beschließender Ausschüsse

(1) [1]Verletzt ein Beschluss des Kreistages das Recht, so hat der Landrat dem Beschluss zu widersprechen. [2]Der Landrat kann einem Beschluss widersprechen, wenn der Beschluss das Wohl des Landkreises gefährdet. [3]Der Widerspruch muss binnen zwei Wochen nach der Beschlussfassung schriftlich eingelegt und begründet werden. [4]Er hat aufschiebende Wirkung. [5]Der Kreistag muss über die Angelegenheit in der nächsten Sitzung beschließen.

(2) [1]Verletzt auch der neue Beschluss das Recht, so hat ihn der Landrat schriftlich unter Darlegung der Gründe binnen zwei Wochen nach der Beschlussfassung zu beanstanden und die Beanstandung der Rechtsaufsichtsbehörde anzuzeigen. [2]Die Beanstandung hat aufschiebende Wirkung. [3]Gegen die Beanstandung steht dem Kreistag die Klage vor dem Verwaltungsgericht zu.

(3) [1]Verletzt ein Beschluss eines beschließenden Ausschusses das Recht, so hat der Landrat dem Beschluss zu widersprechen. [2]Absatz 1 Satz 2 bis 4 gilt entsprechend. [3]Der Kreisausschuss muss über den Widerspruch in der nächsten Sitzung beraten. [4]Gibt er ihm nicht statt, beschließt der Kreistag über den Widerspruch. [5]Absatz 2 gilt entsprechend.

(4) Für den Jugendhilfeausschuss gelten anstelle des Absatzes 3 die Absätze 1 und 2 entsprechend.

§ 112 Kontrolle der Verwaltung

(1) [1]Der Kreistag ist vom Landrat über alle wesentlichen Angelegenheiten der Kreisverwaltung zu unterrichten. [2]Er unterrichtet den Kreistag mindestens halbjährlich über die Entscheidungen, die er nach § 104 Absatz 4 und 5 getroffen hat.

(2) Der Landrat und die Beigeordneten sind verpflichtet, dem Kreistag auf Antrag eines Viertels aller Kreistagsmitglieder oder einer Fraktion Auskunft zu erteilen.

(3) [1]Jedes Kreistagsmitglied kann an den Landrat schriftliche oder in einer Sitzung des Kreistags mündliche Anfragen stellen, die in angemessener Frist zu beantworten sind. [2]Das Nähere regelt die Hauptsatzung.

(4) [1]In Einzelfällen ist auf Antrag jedem Mitglied des Kreistages Akteneinsicht zu gewähren, soweit dem nicht schutzwürdige Belange Betroffener oder Dritter oder zu schützende Interessen des Landes oder Bundes entgegenstehen. [2]Entsprechendes gilt für Vorsitzende eines Ausschusses.

§ 113 Kreisausschuss

(1) [1]Jeder Kreistag bildet einen Kreisausschuss. [2]Die Hauptsatzung bestimmt, wie viele Mitglieder der Kreisausschuss hat und ob stellvertretende Mitglieder zu wählen sind. [3]Die Besetzung erfolgt nach den Grundsätzen der Verhältniswahl. [4]Stimmberechtigter Vorsitzender ist der Landrat.

(2) [1]Der Kreisausschuss koordiniert die Arbeit aller Ausschüsse des Kreistages. [2]Er entscheidet nach den vom Kreistag festgelegten Richtlinien über die Planung der Verwaltungsaufgaben von besonderer Bedeutung. [3]Er entscheidet in Angelegenheiten, die ihm durch Beschluss des Kreistages oder durch die Hauptsatzung übertragen sind. [4]Der Kreisausschuss entscheidet auch in dringenden Angelegenheiten, deren Erledigung nicht bis zu einer Dringlichkeitssitzung des Kreistages aufgeschoben werden kann. [5]Diese Entscheidungen bedürfen der Genehmigung durch den Kreistag.

(3) [1]Soweit dem Kreisausschuss Personalentscheidungen zugewiesen sind, entscheidet er im Einvernehmen mit dem Landrat. [2]Wird kein Einvernehmen erzielt, kann der Kreistag das Einvernehmen des Landrats mit der Mehrheit aller Kreistagsmitglieder ersetzen.

(4) [1]Die Kreistagsmitglieder und die Beigeordneten haben das Recht, den Sitzungen des Kreisausschusses beizuwohnen. [2]Die Beigeordneten haben daneben das Recht, in Angelegenheiten ihres Geschäftsbereiches das Wort zu verlangen. [3]Sie sind auf Antrag der Mehrheit aller Mitglieder des Kreisausschusses zur Teilnahme verpflichtet. [4]Die Hauptsatzung kann bestimmen, dass die Sitzungen des Kreisausschusses öffentlich stattfinden. [5]In diesem Fall gilt § 107 Absatz 5 entsprechend.

(5) Im Übrigen gelten für den Kreisausschuss § 107 Absatz 1 bis 4 und 8, §§ 108 und 109 Absatz 1 und 2 entsprechend.

§ 114 Beratende und weitere Ausschüsse

(1) [1]Der Kreistag kann zur Vorbereitung seiner Beschlüsse ständige oder zeitweilige Ausschüsse bilden, die beratend tätig werden. [2]Die Besetzung der Ausschüsse erfolgt nach den Grundsätzen der Verhältniswahl. [3]Soweit nicht im Gesetz vorgeschrieben, regelt die Hauptsatzung Bildung, Zusammensetzung und Aufgaben der Ausschüsse. [4]Sie bestimmt auch, ob stellvertretende Mitglieder zu wählen sind.

(2) [1]In jedem Landkreis ist ein Finanzausschuss zu bilden. [2]Er bereitet die Haushaltssatzung des Landkreises und die für die Durchführung des Haushaltsplanes erforderlichen Entscheidungen vor. [3]Er kann die Haushaltsführung des Landkreises begleiten. [4]In jedem Landkreis ist ein Rechnungsprüfungsausschuss nach dem Kommunalprüfungsgesetz zu bilden.

(3) [1]Der Landrat hat das Recht, beratend an allen Ausschusssitzungen teilzunehmen. [2]Er ist auf Antrag der Mehrheit aller Mitglieder eines Ausschusses zur Teilnahme verpflichtet. [3]Gleiches gilt für die Beigeordneten in Angelegenheiten ihres Geschäftsbereiches.

(4) [1]Wird ein Ausschuss neu gebildet oder vollständig neu besetzt, so lädt die Kreistagspräsidentin oder der Kreistagspräsident zur ersten Ausschusssitzung ein. [2]In dieser Sitzung werden die oder der Vorsitzende des Ausschusses sowie zwei Personen, die sie oder ihn vertreten, gewählt.

(5) [1]Die Hauptsatzung kann bestimmen, dass neben einer Mehrheit von Kreistagsmitgliedern auch weitere sachkundige Einwohnerinnen und Einwohner in die beratenden Ausschüsse zu berufen sind. [2]Die Hinzuziehung von Sachverständigen ist zulässig. [3]Sachkundige Einwohnerinnen und Einwohner haben für die Teilnahme im Ausschuss die gleichen Rechte und Pflichten wie Kreistagsmitglieder. [4]§§ 24 bis 27 und 106 Absatz 1 Satz 6 gelten entsprechend.

(6) [1]Die Kreistagsmitglieder haben das Recht, den Sitzungen der beratenden Ausschüsse beizuwohnen. [2]Die Hauptsatzung kann bestimmen, dass die Ausschusssitzungen öffentlich stattfinden. [3]In diesem Fall gelten § 107 Absatz 5 und 6 sowie § 109 Absatz 3 entsprechend.

(7) [1]Im Übrigen gelten für die beratenden Ausschüsse § 107 Absatz 1 bis 4 und 8, §§ 108 und 109 Absatz 1 und 2 entsprechend. [2]Gesetzliche oder aufgrund Gesetzes ergangene Regelungen über die Bildung und die Zuständigkeiten weiterer Ausschüsse bleiben unberührt.

§ 115 Landrat

(1) [1]Der Landrat ist gesetzlicher Vertreter des Landkreises. [2]Er leitet die Verwaltung und ist für die sachgerechte Erledigung der Aufgaben und den ordnungsgemäßen Gang der Verwaltung verantwortlich. [3]Der Landrat führt mit den ihm unmittelbar nachgeordneten leitenden Bediensteten regelmäßige Beratungen durch, um eine einheitliche Verwaltungsführung zu gewährleisten. [4]Er ist Dienstvorgesetzter der Bediensteten des Landkreises ohne Disziplinarbefugnis gegenüber den Beigeordneten. [5]Er kann einzelne Befugnisse nach Satz 4 übertragen.

(2) [1]Im eigenen Wirkungskreis des Landkreises bereitet der Landrat die Beschlüsse des Kreistages und des Kreisausschusses vor und führt sie aus. [2]Der Landrat ist für die Geschäfte der laufenden Verwaltung zuständig. [3]Zu den Geschäften der laufenden Verwaltung zählen insbesondere Entscheidungen von

geringer wirtschaftlicher Bedeutung, Entscheidungen, die den laufenden Betrieb der Verwaltung aufrecht erhalten sowie gesetzlich oder tariflich gebundene Entscheidungen.

(3) [1]Der Landrat entscheidet in eigener Zuständigkeit alle Angelegenheiten, die nicht vom Kreistag oder dem Kreisausschuss wahrgenommen werden. [2]In Fällen äußerster Dringlichkeit entscheidet er anstelle des Kreisausschusses. [3]Diese Entscheidungen bedürfen der Genehmigung durch den Kreisausschuss, soweit dieser zuständig ist, im Übrigen durch den Kreistag.

(4) [1]Der Landrat führt die Aufgaben des übertragenen Wirkungskreises des Landkreises durch. [2]Er ist dafür der zuständigen Fachaufsichtsbehörde verantwortlich. [3]Soweit der Landrat bei der Durchführung dieser Aufgaben Ermessen hat, kann er sich mit dem Kreistag oder seinen Ausschüssen beraten. [4]Er hat den Kreistag über Angelegenheiten von besonderer Bedeutung zu unterrichten.

(5) [1]Erklärungen, durch die der Landkreis verpflichtet werden soll oder mit denen eine Vollmacht erteilt wird, bedürfen der Schriftform. [2]Sie sind vom Landrat sowie einem seiner Stellvertreter handschriftlich zu unterzeichnen und mit dem Dienstsiegel zu versehen. [3]Die Hauptsatzung kann Wertgrenzen bestimmen, bis zu denen es dieser Formvorschriften ganz oder teilweise nicht bedarf. [4]Satz 2 gilt auch für die Ausfertigung von Urkunden nach beamtenrechtlichen Vorschriften und für den Abschluss von Arbeitsverträgen. [5]Erklärungen, die diesen Formvorschriften nicht genügen, bedürfen zu ihrer Wirksamkeit der Genehmigung durch den Kreistag. [6]Verträge des Landkreises mit Mitgliedern des Kreistages und der Ausschüsse sowie mit dem Landrat und leitenden Bediensteten des Landkreises bedürfen zu ihrer Wirksamkeit der Genehmigung durch den Kreistag. [7]Gleiches gilt für Verträge des Landkreises mit natürlichen oder juristischen Personen oder Vereinigungen, die durch die in Satz 6 genannten Personen vertreten werden.

(6) [1]Die Regelung der inneren Organisation der Verwaltung und der Geschäftsverteilung obliegt dem Landrat. [2]§ 104 Absatz 3 Nummer 4 und 5 bleibt unberührt.

(7) [1]Liegen in der Person des Landrates Ausschließungsgründe nach § 24 vor, so darf er nicht tätig werden. [2]§ 20 des Landesverwaltungsverfahrensgesetzes bleibt unberührt.

(8) Der Landrat oder jemand aus der ihm unmittelbar nachgeordneten leitenden Mitarbeiterschaft des Landkreises muss die Befähigung zum Richteramt besitzen.

§ 116 Wahl und Amtszeit der Landrätin oder des Landrats

(1) [1]Die Bürgerinnen und Bürger wählen die Landrätin oder den Landrat in allgemeiner, unmittelbarer, freier, gleicher und geheimer Wahl. [2]Das Nähere regelt das Landes- und Kommunalwahlgesetz.

(2) [1]Die Amtszeit der Landrätin oder des Landrates beträgt mindestens sieben und höchstens neun Jahre. [2]Sie wird durch die Hauptsatzung bestimmt. [3]Auf Antrag einer Fraktion oder eines Viertels aller Kreistagsmitglieder ist die Stelle spätestens drei Monate vor dem Wahltag mit einer Bewerbungsfrist von mindestens einem Monat überregional öffentlich auszuschreiben. [4]Nach Ablauf der in der Hauptsatzung bestimmten Amtszeit bleibt die Landrätin oder der Landrat bis zum Amtsantritt der Nachfolgerin oder des Nachfolgers, längstens aber sechs Monate, im Amt. [5]Für die Dauer der Weiterführung der Amtsgeschäfte besteht das Beamtenverhältnis auf Zeit fort, ohne dass es einer erneuten Ernennung bedarf; die bisherigen Bezüge sind weiterzugewähren. [6]Eine Landrätin oder ein Landrat ist verpflichtet, sich einmal zur Wiederwahl zu stellen. [7]Wird diese Obliegenheit nicht erfüllt, ist die Landrätin oder der Landrat mit Ablauf der Amtszeit aus dem Beamtenverhältnis entlassen.

(3) [1]Das Wahlergebnis ist der Rechtsaufsichtsbehörde unverzüglich anzuzeigen; dabei sind die Sitzungsniederschriften des Wahlausschusses über die Zulassung der zur Wahl stehenden Personen und über die Feststellung des Wahlergebnisses vorzulegen. [2]Die oder der Gewählte wird für die Dauer der Amtszeit unter Berufung in das Beamtenverhältnis auf Zeit zur Landrätin oder zum Landrat ernannt. [3]Die Ernennung erfolgt, wenn kein Einspruch gegen die Gültigkeit der Wahl nach § 35 Absatz 1 des Landes- und Kommunalwahlgesetzes eingelegt worden ist oder wenn der Kreistag die Einsprüche nach § 40 Absatz 5 des Landes- und Kommunalwahlgesetzes zurückgewiesen hat. [4]Die Anzeige gilt als gesetzliche Mitwirkung nach § 12 Absatz 1 Nummer 4 des Beamtenstatusgesetzes. [5]Mit der Ernennung tritt die Landrätin oder der Landrat das Amt an. [6]Bei einer Wiederwahl ist eine neue Ernennungsurkunde auszuhändigen.

§ 117 Stellvertretung des Landrates, Beigeordnete

(1) [1]Der Kreistag bestimmt die Stellvertretung des Landrates durch Wahl zweier Personen, die den Landrat im Fall seiner Verhinderung vertreten. [2]Gewählt ist, wer mehr als die Hälfte der Stimmen aller

Kreistagsmitglieder erhält. 3Wird diese Mehrheit nicht erreicht, so wird über dieselben Personen erneut abgestimmt. 4Erhält auch dann niemand die erforderliche Mehrheit, so ist die Wahl in einer späteren Sitzung zu wiederholen, wenn nur eine Person zur Wahl stand. 5Bei zwei oder mehr Personen findet eine Stichwahl zwischen den beiden Personen mit der höchsten Stimmenzahl statt, bei der gewählt ist, wer die meisten Stimmen erhält. 6Die Reihenfolge der Stellvertretung ist mit der Wahl festzulegen.

(2) 1Die Hauptsatzung kann vorsehen, dass in Landkreisen mit mehr als 200 000 Einwohnerinnen und Einwohnern bis zu vier, in Landkreisen bis zu 200 000 Einwohnerinnen und Einwohnern bis zu drei Beigeordnete gewählt werden. 2Für sie gilt § 115 Absatz 7 entsprechend. 3Die Beigeordneten sind dem Landrat unmittelbar nachgeordnete leitende Bedienstete der Kreisverwaltung. 4Die Übertragung eines amtsangemessenen Aufgabenbereichs erfolgt durch den Landrat mit der Zustimmung des Kreistages. 5Spätere Änderungen des Aufgabenbereichs bedürfen der Zustimmung des Kreistages, oder, soweit die Hauptsatzung dies bestimmt, des Kreisausschusses, wenn sie eine Verlagerung von mehr als 10 Prozent der dem Aufgabenbereich ursprünglich zugewiesenen Dienstposten zur Folge haben. 6Mit Ausnahme der in den §§ 107, 111 und 115 Absatz 3 genannten Aufgaben erfolgt durch die Beigeordneten in ihrem Aufgabenbereich eine ständige Vertretung des Landrates, dessen fachlicher Weisung sie unterstehen. 7Sofern die Hauptsatzung die Wahl von Beigeordneten vorsieht, erstreckt sich die Wahl zugleich auf die Funktion des 1. oder 2. Stellvertreters des Landrates. 8Soweit nach der Hauptsatzung von der Wahl von Beigeordneten abgesehen wird, gilt für die Stellvertretung des Landrates § 40 Absatz 3 entsprechend. 9Ist nach der Hauptsatzung nur eine Beigeordnete oder ein Beigeordneter zu wählen, erstreckt sich die Wahl zugleich auf die Funktion des 1. Stellvertreters des Landrates.

(3) 1Für die Wahl und Amtszeit der Beigeordneten gelten Absatz 1 und § 116 Absatz 2 sowie § 3 Absatz 3 Satz 2 des Landes- und Kommunalwahlgesetzes entsprechend. 2Beigeordnete müssen die für ihr Amt erforderliche Eignung, Befähigung und Sachkunde besitzen. 3Den Kreistagsmitgliedern ist Gelegenheit zu geben, rechtzeitig vor der Wahl die Bewerbungsunterlagen aller zur Wahl stehenden Personen einzusehen; dies gilt auch dann, wenn eine öffentliche Ausschreibung der Stellen unterblieben ist. 4Die Wahl ist der Rechtsaufsichtsbehörde binnen einer Woche anzuzeigen; dabei sind die zur Prüfung der Rechtmäßigkeit der Wahl erforderlichen Unterlagen, insbesondere über die Voraussetzungen nach den Sätzen 2 und 3 sowie die Sitzungsniederschrift, vorzulegen. 5Die Rechtsaufsichtsbehörde kann einer rechtswidrigen Wahl innerhalb von sechs Wochen nach Anzeige der Wahl widersprechen; § 81 gilt entsprechend. 6Widerspricht die Rechtsaufsichtsbehörde nicht innerhalb der in Satz 5 genannten Frist, sind die Gewählten für die Dauer ihrer Amtszeit unter Berufung in das Beamtenverhältnis auf Zeit zu Beigeordneten zu ernennen. 7Die Beteiligung der Rechtsaufsichtsbehörde gilt als gesetzliche Mitwirkung nach § 12 Absatz 1 Nummer 4 des Beamtenstatusgesetzes. 8Bei einer Wiederwahl ist eine neue Ernennungsurkunde auszuhändigen.

§ 118 Gleichstellungsbeauftragte

(1) 1Die Förderung der tatsächlichen Gleichstellung von Frauen und Männern ist auch eine Aufgabe der Landkreise. 2Dafür bestellen die Landkreise hauptamtliche Gleichstellungsbeauftragte, die sie für diese Arbeit in Vollzeit beschäftigen. 3Die zur Bewältigung ihrer Arbeit erforderliche personelle Unterstützung für die Sachbearbeitung ist von den Landkreisen sicherzustellen und die personelle Vertretung für die Gleichstellungsbeauftragte ist zu regeln. 4Die Gleichstellungsbeauftragte ist mit den zur Erfüllung ihrer Aufgaben notwendigen räumlichen und sächlichen Mitteln auszustatten.

(2) 1Die Bestellung erfolgt, soweit nicht durch die Hauptsatzung eine Übertragung auf den Kreisausschuss stattgefunden hat, durch den Kreistag. 2Die Aufhebung der Bestellung bedarf eines Beschlusses mit der Mehrheit von zwei Dritteln aller Kreistagsmitglieder.

(3) 1Die Gleichstellungsbeauftragte ist Teil der Kreisverwaltung. 2Sie kann an den Sitzungen des Kreistages und der Ausschüsse teilnehmen. 3Ihr ist in Angelegenheiten ihres Aufgabenbereiches auf Wunsch das Wort zu erteilen.

(4) 1Der Gleichstellungsbeauftragten soll Gelegenheit gegeben werden, in grundlegenden Angelegenheiten ihres Aufgabenbereiches so rechtzeitig Stellung zu nehmen, dass ihre Stellungnahme bei der abschließenden Entscheidung berücksichtigt werden kann. 2Auf Verlangen der Gleichstellungsbeauftragten hat der Landrat gemäß § 107 Absatz 1 Satz 2 zu beantragen, Angelegenheiten nach Absatz 1 auf die Tagesordnung zu setzen, soweit nicht andere wichtige Belange entgegenstehen.

(5) Die Gleichstellungsbeauftragte ist bei der Ausübung ihrer Teilnahme- und Rederechte nach Absatz 3 sowie bei der Erstellung ihrer Stellungnahmen nach Absatz 4 weisungsfrei.

(6) Das Nähere regelt die Hauptsatzung.

§ 118a Behindertenbeiräte

[1]Bei der Erfüllung ihrer Aufgaben und im Rahmen ihrer Leistungsfähigkeit tragen die Landkreise dafür Sorge, dass auf die besonderen Belange von Menschen mit Behinderungen Rücksicht genommen wird. [2]Die Landkreise können hierfür Beiräte oder Beauftragte bestellen.

§ 119 Untere staatliche Verwaltungsbehörde

(1) Das Gebiet des Landkreises ist zugleich der Zuständigkeitsbereich des Landrates als untere staatliche Verwaltungsbehörde.

(2) [1]Der Landrat nimmt als untere staatliche Verwaltungsbehörde die Rechtsaufsicht über die kreisangehörigen Gemeinden und Ämter sowie die Aufgaben nach dem Kommunalprüfungsgesetz wahr. [2]Die Aufgaben, die ihm durch Gesetz als untere staatliche Verwaltungsbehörde zugewiesen worden sind, bleiben unberührt.

(3) [1]Der Landrat ist bei der Erfüllung seiner Aufgaben als untere staatliche Verwaltungsbehörde ausschließlich den fachlich zuständigen obersten Landesbehörden verantwortlich. [2]Er hat ihre Weisungen zu beachten und ihnen über alle Vorgänge zu berichten, die für die obersten Landesbehörden von Bedeutung sein können.

(4) Der Landrat wirkt darauf hin, dass die im Landkreis tätigen staatlichen Verwaltungsbehörden dem Gemeinwohl dienend zusammenwirken.

(5) [1]Die für die Erfüllung der Aufgaben der unteren staatlichen Verwaltungsbehörde erforderlichen Dienstkräfte und Einrichtungen sind vom Landkreis zur Verfügung zu stellen. [2]Zur Unterstützung können Beschäftigte des Landes im Benehmen mit dem Landrat an den Landkreis abgeordnet werden; § 27 Absatz 1 Satz 3 des Landesbeamtengesetzes findet bezogen auf die Abordnung keine Anwendung. [3]Diese Bediensteten können mit Zustimmung des Kreistages auch mit Angelegenheiten des eigenen und des übertragenen Wirkungskreises befasst werden. [4]Der Landrat bestellt mit Zustimmung des Ministeriums für Inneres und Europa eine fachlich geeignete Leiterin oder einen fachlich geeigneten Leiter der mit Rechtsaufsicht befassten Organisationseinheit. [5]Die Abbestellung bedarf ebenfalls der Zustimmung.

(6) Die vom Landrat als untere staatliche Verwaltungsbehörde festgesetzten Gebühren und Auslagen stehen dem Landkreis zu.

(7) [1]Der Landrat als untere staatliche Verwaltungsbehörde untersteht der Dienstaufsicht des Ministeriums für Inneres und Europa. [2]Die Dienstaufsicht erstreckt sich auf die innere Ordnung, die allgemeine Geschäftsführung und die Personalangelegenheiten der Behörde. [3]Der Dienstaufsichtsbehörde steht das Informationsrecht nach § 80 zu. [4]Sie ist berechtigt, Weisungen zu erteilen. [5]Andere Rechtsvorschriften, die die Rechte der Dienstaufsichtsbehörde erweitern oder beschränken, sowie die dienst rechtlichen Vorschriften bleiben unberührt.

Abschnitt 3

Haushaltswirtschaft, Sondervermögen, wirtschaftliche Betätigung

§ 120 Haushaltswirtschaft

(1) Für die Haushaltswirtschaft des Landkreises gelten die Bestimmungen über die Haushaltswirtschaft der Gemeinden entsprechend, soweit nachfolgend nichts anderes geregelt ist.

(2) Der Landkreis hat die zur Erfüllung seiner Aufgaben erforderlichen Erträge und Einzahlungen

1. soweit vertretbar und geboten, aus Entgelten für die von ihm erbrachten Leistungen,
2. aus Steuern,
3. im Übrigen aus einer Kreisumlage nach den Bestimmungen des Finanzausgleichsgesetzes Mecklenburg-Vorpommern,

zu beschaffen, soweit die sonstigen Erträge und Einzahlungen nicht ausreichen.

(3) Jeder Landkreis hat ein Rechnungsprüfungsamt.

(4) Für den Gesamtabschluss gilt § 61 Absatz 1 Satz 2 entsprechend.

§ 121 Sondervermögen, treuhänderisch verwaltetes Vermögen

Für Sondervermögen und treuhänderisch verwaltetes Vermögen der Landkreise gelten die §§ 64 bis 66 entsprechend.

§ 122 Wirtschaftliche Betätigung

Für die wirtschaftliche Betätigung des Landkreises gelten die §§ 68 bis 77 entsprechend.

Abschnitt 4
Aufsicht

§ 123 Rechts- und Fachaufsicht

[1]Für die Rechts- und Fachaufsicht über die Landkreise gelten die §§ 78 und 80 bis 84 sowie 87 entsprechend. [2]Gegen Maßnahmen der Rechtsaufsichtsbehörde ist die Anfechtungsklage nach Maßgabe der Verwaltungsgerichtsordnung gegeben.

§ 124 Aufsichtsbehörden

(1) Rechtsaufsichtsbehörde für die Landkreise und deren selbstständige Kommunalunternehmen ist das Ministerium für Inneres und Europa.

(2) Fachaufsichtsbehörde für die Landräte ist die fachlich zuständige oberste Landesbehörde, soweit durch Rechtsvorschrift nichts anderes bestimmt ist.

Teil 3
Amtsordnung

Abschnitt 1
Allgemeines

§ 125 Allgemeine Stellung der Ämter

(1) [1]Die Ämter sind Körperschaften des öffentlichen Rechts, die aus Gemeinden desselben Landkreises bestehen. [2]Sie dienen der Stärkung der gemeindlichen Selbstverwaltung im ländlichen Raum. [3]Die Ämter treten als Träger von Aufgaben der öffentlichen Verwaltung an die Stelle der amtsangehörigen Gemeinden, soweit dieses Gesetz es bestimmt oder zulässt.

(2) Das Recht der Gemeinden, alle Angelegenheiten der örtlichen Gemeinschaft im Rahmen der Gesetze in Eigenverantwortung zu regeln und in ihrem Gebiet im Rahmen der Leistungsfähigkeit alle öffentlichen Aufgaben in Eigenverantwortung zu erfüllen, bleibt unberührt, soweit gesetzlich nichts anderes bestimmt ist.

(3) [1]Fläche und Einwohnerzahl eines Amtes sind so zu bemessen, dass eine leistungsfähige, sparsame und wirtschaftlich arbeitende Verwaltung unter ehrenamtlicher Leitung erreicht wird. [2]Hierbei sind die örtlichen Verhältnisse, im Besonderen die Verkehrs-, Schul- und Wirtschaftsverhältnisse sowie die kulturellen und geschichtlichen Beziehungen angemessen zu berücksichtigen. [3]Die Ämter sollen in der Regel 8 000 Einwohnerinnen und Einwohner und mehr haben, mindestens jedoch über 6 000 Einwohnerinnen und Einwohner verfügen. [4]Einem Amt sollen in der Regel nicht mehr als zehn Gemeinden angehören.

(4) [1]Gemeinden mit mindestens 5 000 Einwohnerinnen und Einwohnern können selbstständig verwaltet (amtsfrei) werden, wenn die Gemeindevertretung dies beschließt, die Finanzkraft der Gemeinde eine stetige Aufgabenerfüllung gewährleistet und sonstige Gründe des öffentlichen Wohls nicht entgegenstehen. [2]Gemeinden, die am 4. März 2004 amtsfrei waren, bleiben auch mit weniger als 5 000 Einwohnerinnen und Einwohnern amtsfrei, soweit die übrigen Voraussetzungen nach Satz 1 erfüllt sind.

(5) [1]Gemeinden mit weniger als 5 000, aber mehr als 1 000 Einwohnerinnen und Einwohnern, können selbstständig verwaltet (amtsfrei) werden, wenn sie sich auf das abgeschlossene Gebiet einer Insel erstrecken und begrenzen oder wenn sie aufgrund einer anderen besonderen geografischen Lage oder ihrer ausgeprägten Bedeutung für den Fremdenverkehr eine besondere Stellung einnehmen und die in Absatz 4 Satz 1 genannten Voraussetzungen erfüllt sind. [2]Gemeinden, die am 31. Dezember 2003 hiernach amtsfrei waren, bleiben amtsfrei, soweit die in Absatz 4 genannten Voraussetzungen weiterhin erfüllt sind.

(6) [1]Die Landesregierung wird ermächtigt, durch Rechtsverordnung

1. Ämter aufzulösen, zu ändern, neu zu bilden sowie die hiermit zusammenhängenden Regelungen zur Rechtsnachfolge, zum Personalübergang, soweit hierüber keine dem öffentlichen Wohl entsprechende vertragliche Regelung zu Stande kommt, und zum Namen und Sitz zu treffen,

2. eine Gemeinde, die keinem Amt angehört und nicht die Voraussetzungen des Absatzes 4 oder 5 erfüllt, einem Amt zuzuordnen,
3. die Amtsfreiheit einer Gemeinde, die die Voraussetzungen des Absatzes 4 oder 5 erfüllt, zu bestimmen.

[2]Sie kann das Ministerium für Inneres und Europa durch Rechtsverordnung ermächtigen, die aufgrund des Satzes 1 oder des § 1 Absatz 6 der Amtsordnung vom 18. März 1992 (GVOBl. M-V S. 187) erlassenen Rechtsverordnungen zu ändern. [3]Vor dem Erlass einer Rechtsverordnung sind die betroffenen Gemeinden, Ämter und Landkreise anzuhören.

(7) Bei der Änderung und Auflösung von Ämtern regelt die Rechtsaufsichtsbehörde die Auseinandersetzung und die Überleitung der Satzungen der Ämter.

§ 126 Verwaltungseinrichtungen, Siegel

(1) [1]Das Amt soll zur Durchführung seiner Aufgaben eine eigene Verwaltung einrichten. [2]Es sorgt für die erforderlichen Dienstkräfte und Verwaltungseinrichtungen. [3]Verzichtet das Amt auf eine eigene Verwaltung, muss es entweder

1. einen öffentlich-rechtlichen Vertrag mit einer größeren amtsangehörigen Gemeinde schließen, in dem sich diese zur Verwaltung des Amtes verpflichtet (geschäftsführende Gemeinde), oder
2. eine Verwaltungsgemeinschaft nach § 167 mit einer außerhalb des Amtes liegenden amtsfreien Gemeinde oder einem anderen Amt vereinbaren.

[4]Der öffentlich-rechtliche Vertrag nach Satz 3 Nummer 1 bedarf der Genehmigung der Rechtsaufsichtsbehörde und ist von den Beteiligten öffentlich bekannt zu machen.

(2) [1]Das Ministerium für Inneres und Europa kann anordnen, dass ein Amt entsprechend der Regelung des Absatzes 1 Satz 3 verwaltet wird, wenn dies einer leistungsfähigen, sparsamen und wirtschaftlich arbeitenden Verwaltung dient und eine vertragliche Regelung nicht zu Stande gekommen ist. [2]Die betroffenen Gemeinden und Ämter sind anzuhören. [3]Gemeinden über 3 000 Einwohnerinnen und Einwohner können eine Anordnung des Ministeriums für Inneres und Europa nach Satz 1 beantragen.

(3) Die Ämter führen Dienstsiegel.

Abschnitt 2
Aufgaben der Ämter

§ 127 Amt und eigener Wirkungskreis der Gemeinden

(1) [1]Das Amt bereitet im Einvernehmen mit dem Bürgermeister die Beschlüsse und Entscheidungen der Gemeindeorgane vor und führt sie aus. [2]In Angelegenheiten der laufenden Verwaltung der Gemeinde entscheidet das Amt. [3]Für Angelegenheiten von geringer wirtschaftlicher Bedeutung sowie für gesetzlich oder tariflich gebundene Entscheidungen gilt dies nur, wenn der Bürgermeister die Entscheidungsbefugnis dem Amt übertragen hat. [4]Für die Kontrolle der Amtsverwaltung durch die Gemeindevertretung hinsichtlich der in den Sätzen 1 bis 3 geregelten Aufgaben gilt § 34 entsprechend. [5]Die Gemeinde kann nach Anhörung des Amtes mit Zustimmung der Rechtsaufsichtsbehörde beschließen, einzelne Selbstverwaltungsaufgaben selbst durchzuführen. [6]Ist die Gemeinde in einem gerichtlichen Verfahren beteiligt, so wird sie durch das Amt vertreten; eine Vertretung findet nicht statt, wenn es sich um ein Verfahren handelt, das gegen das Amt oder andere amtsangehörige Gemeinden geführt wird. [7]Die Gemeinden tragen Prozessführungskosten selbst, soweit der Amtsausschuss nichts anderes beschließt.

(2) [1]Das Amt besorgt die Kassengeschäfte und führt das Rechnungswesen sowie die Veranlagung und Erhebung der Gemeindeabgaben für die amtsangehörigen Gemeinden. [2]Es bereitet für diese die Aufstellung der Haushaltspläne vor.

(3) Das Amt hat über die öffentlichen Aufgaben, die mehrere amtsangehörige Gemeinden betreffen und eine gemeinsame Abstimmung erfordern, zu beraten und auf ihre Erfüllung hinzuwirken.

(4) Über die Regelung des Absatzes 1 Satz 1 hinaus können mehrere amtsangehörige Gemeinden gemeinsam dem Amt Selbstverwaltungsaufgaben übertragen.

(5) [1]Die Gemeinden können eine Rückübertragung verlangen, wenn sich die Verhältnisse, die der Übertragung zu Grunde lagen, so wesentlich geändert haben, dass den Gemeinden ein Festhalten an der Übertragung nicht weiter zugemutet werden kann. [2]Soweit erforderlich, erfolgt in diesen Fällen

eine Auseinandersetzung. [3]Wenn zwischen dem Amt und der Gemeinde eine einvernehmliche Regelung nicht zu Stande kommt, entscheidet die Rechtsaufsichtsbehörde.

(6) [1]Die Gemeindevertretung einer amtsangehörigen Gemeinde kann einem Beschluss des Amtsausschusses widersprechen, wenn der Beschluss das Wohl der Gemeinde gefährdet. [2]Der Widerspruch muss binnen eines Monats nach Beschlussfassung schriftlich eingelegt und begründet werden. [3]Er hat aufschiebende Wirkung. [4]Der Beschluss ist aufgehoben, wenn der Amtsausschuss den Widerspruch nicht binnen eines Monats in einer neuen Sitzung zurückweist; der Beschluss bedarf der Mehrheit aller Mitglieder des Amtsausschusses.

§ 128 Übertragener Wirkungskreis

Das Amt ist Träger der Aufgaben des übertragenen Wirkungskreises nach § 3.

§ 129 Satzungsrecht

Für das Satzungsrecht der Ämter gilt § 5 entsprechend.

§ 130 Einwohnerinnen and Einwohner, Bürgerinnen und Bürger

(1) [1]Einwohnerinnen und Einwohner des Amtes sind die Einwohnerinnen und Einwohner der amtsangehörigen Gemeinden. [2]§§ 14 bis 17 finden entsprechende Anwendung.

(2) [1]Bürgerinnen und Bürger des Amtes sind die Bürgerinnen und Bürger der amtsangehörigen Gemeinden. [2]§ 19 gilt entsprechend.

Abschnitt 3
Organisation der Ämter

§ 131 Organe

Organe des Amtes sind der Amtsausschuss und der Amtsvorsteher.

§ 132 Zusammensetzung des Amtsausschusses

(1) [1]Der Amtsausschuss besteht aus den Bürgermeistern der amtsangehörigen Gemeinden und den weiteren Mitgliedern nach Absatz 2. [2]Ist der Amtsvorsteher bei seiner Wahl nicht Mitglied des Amtsausschusses (§ 137 Absatz 1 Satz 3), so tritt er als zusätzliches Mitglied hinzu.

(2) [1]Gemeinden über 1 000 Einwohnerinnen und Einwohner entsenden weitere Mitglieder in den Amtsausschuss. [2]Ihre Zahl beträgt

in Gemeinden bis 2 000 Einwohnerinnen und Einwohner 1,
in Gemeinden bis 3 000 Einwohnerinnen und Einwohner 2,
in Gemeinden bis 4 000 Einwohnerinnen und Einwohner 3,
in Gemeinden bis 6 000 Einwohnerinnen und Einwohner 4 und
in Gemeinden mit mehr als 6 000 Einwohnerinnen und Einwohnern 5.

(3) [1]Die Gemeindevertretungen wählen aus ihrer Mitte die weiteren Mitglieder des Amtsausschusses nach den Grundsätzen der Verhältniswahl. [2]Der Bürgermeister hat seine Stimme offen abzugeben. [3]Bei der Zuteilung der zu vergebenden Mandate im Amtsausschuss ist er auf den Wahlvorschlag anzurechnen, für den er gestimmt hat. [4]Die Gemeindevertretungen können nach den Grundsätzen der Verhältniswahl stellvertretende weitere Mitglieder des Amtsausschusses wählen. [5]Die Hauptsatzung des Amtes bestimmt deren Zahl und die Art der Vertretung.

(4) [1]Die von den Gemeinden zu entsendenden Vertreterinnen und Vertreter müssen binnen zwei Monaten nach einer Kommunalwahl gewählt werden. [2]Der Amtsausschuss tritt binnen weiterer zwei Wochen zu seiner konstituierenden Sitzung zusammen. [3]Die Einberufung erfolgt durch den bisherigen Amtsvorsteher. [4]Bis zum Zusammentritt des neuen Amtsausschusses bleibt der bisherige Amtsausschuss tätig. [5]Der Amtsausschuss konstituiert sich mit der Wahl des Amtsvorstehers (§ 137).

§ 133 Ausscheiden aus dem Amtsausschuss

[1]Bürgermeister und weitere Mitglieder des Amtsausschusses scheiden aus dem Amtsausschuss aus, wenn sie ihr Amt als Bürgermeister oder ihren Sitz in der Gemeindevertretung verlieren. [2]Dies gilt nicht für die Person des Amtsvorstehers, solange sie Bürger des Amtes ist und für Bürgermeister, deren Gemeinde in einer anderen Gemeinde des Amtes aufgegangen ist. [3]Wird die Gemeindevertretung, der eine Stellvertreterin oder ein Stellvertreter des Amtsvorstehers angehört, neu gewählt, bleibt diese oder dieser im Amt, bis die Nachfolgerin oder der Nachfolger das Amt antritt.

§ 134 Aufgaben und Arbeitsweise des Amtsausschusses

(1) Der Amtsausschuss ist das oberste Willensbildungs- und Beschlussorgan des Amtes.

(2) [1]Der Amtsausschuss ist für alle wichtigen Angelegenheiten des Amtes zuständig und überwacht die Durchführung seiner Entscheidungen, soweit nicht durch Gesetz, Hauptsatzung oder Beschluss des Amtsausschusses eine Übertragung auf den Amtsvorsteher stattgefunden hat. [2]Wichtig sind, neben den dem Amtsausschuss gesetzlich zugewiesenen Aufgaben, Angelegenheiten, die aufgrund ihrer politischen Bedeutung, ihrer wirtschaftlichen Auswirkungen oder als Grundlage für Einzelentscheidungen von grundsätzlicher Bedeutung für das Amt sind. [3]Die Übertragung auf den Amtsvorsteher ist in entsprechender Anwendung des § 22 Absatz 3 und 4 beschränkt. [4]Der Amtsausschuss kann Angelegenheiten, die er übertragen hat, auch im Einzelfall jederzeit an sich ziehen. [5]Wurde die Angelegenheit durch die Hauptsatzung übertragen, kann der Amtsausschuss sie nur durch Beschluss mit der Mehrheit aller Mitglieder an sich ziehen.

(3) [1]Der Amtsausschuss ist, soweit nichts anderes bestimmt ist, oberste Dienstbehörde. [2]Er bestellt eine leitende Verwaltungsbeamtin oder einen leitenden Verwaltungsbeamten. [3]Er kann seine Befugnisse nach Satz 1 auf den Amtsvorsteher übertragen, soweit durch Gesetz oder aufgrund eines Gesetzes nichts anderes bestimmt ist. [4]Der Amtsausschuss übt seine Befugnisse nach den Sätzen 1 und 2 im Einvernehmen mit dem Amtsvorsteher aus, das durch Beschluss mit der Mehrheit aller Mitglieder des Amtsausschusses ersetzt werden kann. [5]Der Amtsausschuss ist Dienstvorgesetzter des Amtsvorstehers und seiner ehrenamtlichen Stellvertreterinnen und Stellvertreter; er hat keine Disziplinarbefugnis. [6]Führt der Amtsvorsteher Aufgaben des übertragenen Wirkungskreises durch, darf der Amtsausschuss Aussagegenehmigungen nach § 47 Absatz 1 Satz 1 des Landesbeamtengesetzes nur mit Zustimmung der Fachaufsichtsbehörde erteilen.

(4) Bei der Beschlussfassung über Aufgaben, die dem Amt nach § 127 Absatz 4 übertragen worden sind, haben die Mitglieder des Amtsausschusses, deren Gemeinden von der Übertragung nicht betroffen sind, kein Stimmrecht.

(5) Der Amtsausschuss gibt sich zur Regelung seiner inneren Angelegenheiten eine Geschäftsordnung.

(6) [1]Die Mitglieder der Gemeindevertretungen haben das Recht, den Sitzungen des Amtsausschusses beizuwohnen. [2]Die leitende Verwaltungsbeamtin oder der leitende Verwaltungsbeamte ist berechtigt und auf Antrag eines Viertels aller Mitglieder des Amtsausschusses verpflichtet, an den Sitzungen des Amtsausschusses teilzunehmen. [3]Ihr oder ihm ist auf Antrag das Wort zu erteilen.

§ 135 Anzuwendende Vorschriften

Die Bestimmungen über das Bekanntmachungsverfahren für Rechtsverordnungen (§ 3 Absatz 2), die Rechtsstellung der Mitglieder der Gemeindevertretung (§ 23 Absatz 3, 4 und 6), Mitwirkungsverbote (§ 24), Vertretungsverbot (§ 26), Entschädigungen, Kündigungsschutz (§ 27), Verpflichtung (§ 28 Absatz 2 Satz 3), Sitzungen der Gemeindevertretung (§ 29 Absatz 1 bis 6 und 8), Beschlussfähigkeit (§ 30), Beschlussfassung (§ 31), Wahlen, Abberufungen (§ 32 Absatz 1, 3 und 5) und Kontrolle der Verwaltung (§ 34) sind anzuwenden, wobei an die Stelle der Gemeindevertretung der Amtsausschuss, an die Stelle der Mitglieder der Gemeindevertretung die Mitglieder des Amtsausschusses, an die Stelle des Bürgermeisters und der oder des Vorsitzenden der Gemeindevertretung der Amtsvorsteher und an die Stelle der Gemeindeverwaltung die Amtsverwaltung treten.

§ 136 Ausschüsse des Amtsausschusses

(1) [1]Der Amtsausschuss kann zur Vorbereitung seiner Beschlüsse ständige oder zeitweilige Ausschüsse bilden, die beratend tätig werden. [2]Für Angelegenheiten, die dem Amt nach § 127 Absatz 4 übertragen worden sind, können beschließende Unterausschüsse des Amtsausschusses gebildet werden. [3]Die Hauptsatzung regelt Bildung, Zusammensetzung und Aufgabengebiet der Ausschüsse. [4]Sie bestimmt auch, ob für die Ausschussmitglieder Verhinderungsvertreterinnen und Verhinderungsvertreter gewählt werden.

(2) [1]Die Hauptsatzung kann bestimmen, dass neben einer Mehrheit von Mitgliedern des Amtsausschusses auch weitere sachkundige Einwohnerinnen und Einwohner in die Ausschüsse berufen werden. [2]Sachkundige Einwohnerinnen und Einwohner haben für die Teilnahme im Ausschuss die gleichen Rechte und Pflichten wie Mitglieder des Amtsausschusses. [3]§§ 24 bis 27 und 28 Absatz 2 Satz 3 gelten entsprechend.

(3) [1]In jedem Amt ist ein Rechnungsprüfungsausschuss nach dem Kommunalprüfungsgesetz zu bilden. [2]Abweichend von Absatz 2 Satz 1 kann die Hauptsatzung bestimmen, dass eine mehrheitliche Besetzung des Rechnungsprüfungsausschusses mit Mitgliedern des Amtsausschusses nicht erforderlich ist.

(4) [1]Der Amtsvorsteher und die leitende Verwaltungsbeamtin oder der leitende Verwaltungsbeamte haben das Recht, beratend an allen Ausschusssitzungen teilzunehmen. [2]Sie sind auf Antrag der Mehrheit aller Mitglieder eines Ausschusses zur Teilnahme verpflichtet. [3]Die Mitglieder des Amtsausschusses haben das Recht, den Sitzungen der Ausschüsse beizuwohnen. [4]Die Hauptsatzung kann bestimmen, dass die Ausschusssitzungen öffentlich stattfinden. [5]In diesem Fall gelten § 29 Absatz 5 und 6 sowie § 31 Absatz 3 entsprechend.

(5) [1]Im Übrigen gelten für die beratenden Ausschüsse § 29 Absatz 1 bis 4 und 8, § 30 sowie § 31 Absatz 1 und 2 entsprechend. [2]Gesetzliche oder aufgrund Gesetzes ergangene Regelungen über die Bildung und die Zuständigkeit weiterer Ausschüsse bleiben unberührt.

§ 137 Wahl und Stellung der Amtsvorsteherin oder des Amtsvorstehers

(1) [1]Der Amtsausschuss wählt unter Vorsitz seines an Lebensjahren ältesten Mitglieds aus seiner Mitte für die Dauer der Wahlperiode der Gemeindevertretungen die Amtsvorsteherin oder den Amtsvorsteher. [2]§ 40 Absatz 1 Satz 2 bis 5 gilt entsprechend. [3]Wird in zwei Wahlgängen die erforderliche Mehrheit von keiner der zur Wahl stehenden Personen erreicht, kann in einem erneuten Wahlverfahren auch gewählt werden, wer nicht dem Amtsausschuss angehört, aber Bürgerin oder Bürger des Amtes (§ 130 Absatz 2 Satz 1) ist. [4]§ 25 gilt entsprechend. [5]Verändert sich durch Änderung des Amtes die Einwohnerzahl um mehr als 25 Prozent, so sind die Amtsvorsteherin oder der Amtsvorsteher und ihre oder seine Stellvertreterinnen und Stellvertreter neu zu wählen.

(2) Für die Abberufung der Amtsvorsteherin oder des Amtsvorstehers gilt § 32 Absatz 4, für die Abberufung der Stellvertreterinnen und Stellvertreter § 32 Absatz 3 Satz 2 entsprechend.

(3) [1]Die gewählte Person ist für die Dauer ihrer Amtszeit unter Berufung in das Beamtenverhältnis als Ehrenbeamtin oder Ehrenbeamter zur Amtsvorsteherin oder zum Amtsvorsteher zu ernennen. [2]Sie wird vom ältesten Mitglied des Amtsausschusses in öffentlicher Sitzung des Amtsausschusses vereidigt und ins Amt eingeführt.

(4) [1]Die Amtsvorsteherin oder der Amtsvorsteher bleibt bis zum Amtsantritt der Nachfolgerin oder des Nachfolgers, längstens aber sechs Monate, im Amt. [2]Das Beamtenverhältnis besteht für diese Zeit fort.

(5) [1]In Ämtern mit mindestens 15 000 Einwohnerinnen und Einwohnern und eigener Verwaltung ist die Amtsvorsteherin oder der Amtsvorsteher hauptamtlich tätig, wenn die Hauptsatzung dies vorsieht. [2]§ 40 Absatz 5 gilt entsprechend. [3]Wählbar sind auch Amtsvorsteherinnen und Amtsvorsteher, die ihr Amt mindestens fünf Jahre ehrenamtlich ausgeübt haben. [4]Wird eine hauptamtliche Amtsvorsteherin oder ein hauptamtlicher Amtsvorsteher gewählt, ist entsprechend § 28 Absatz 2 eine Vorsitzende oder ein Vorsitzender des Amtsausschusses zu wählen, die oder der insoweit die Aufgaben des Amtsvorstehers wahrnimmt. [5]§ 142 Absatz 4 gilt für die hauptamtliche Amtsvorsteherin oder den hauptamtlichen Amtsvorsteher entsprechend.

§ 138 Aufgaben des Amtsvorstehers

(1) [1]Der Amtsvorsteher führt den Vorsitz im Amtsausschuss. [2]Er vertritt ihn gegenüber Dritten.

(2) [1]Der Amtsvorsteher leitet die Verwaltung des Amtes ehrenamtlich nach den Grundsätzen und Richtlinien des Amtsausschusses und im Rahmen der von ihm bereitgestellten Mittel. [2]Er bereitet die Beschlüsse des Amtsausschusses vor und führt sie aus. [3]Der Amtsvorsteher ist für die Geschäfte der laufenden Verwaltung des Amtes zuständig. [4]Gleiches gilt im Rahmen des § 127 Absatz 1 Satz 2 und 3 für die Geschäfte der laufenden Verwaltung der Gemeinden. [5]§ 38 Absatz 2 Satz 4 und 5, Absatz 7 und 8 gilt entsprechend.

(3) [1]Der Amtsvorsteher entscheidet in dringenden Angelegenheiten, deren Erledigung nicht bis zu einer Dringlichkeitssitzung des Amtsausschusses aufgeschoben werden kann. [2]Diese Entscheidungen bedürfen der Genehmigung durch den Amtsausschuss.

(4) [1]Der Amtsvorsteher führt die Aufgaben des übertragenen Wirkungskreises durch. [2]Er ist dafür der zuständigen Fachaufsichtsbehörde verantwortlich. [3]Soweit der Amtsvorsteher bei der Durchführung dieser Aufgaben Ermessen hat, kann er sich mit dem Amtsausschuss oder dessen Ausschüssen beraten. [4]Er hat den Amtsausschuss über Angelegenheiten von besonderer Bedeutung zu unterrichten.

§ 139 Stellvertretung des Amtsvorstehers

(1) [1]Der Amtsausschuss wählt aus seiner Mitte in der konstituierenden Sitzung für die Dauer der Wahlperiode der Gemeindevertretungen zwei Personen, die den Amtsvorsteher im Verhinderungsfall vertreten. [2]Die Reihenfolge der Stellvertretung ist mit der Wahl festzulegen.

(2) [1]Die Stellvertretung nach Absatz 1 erstreckt sich nur auf Aufgaben des eigenen Wirkungskreises. [2]Bei der Durchführung der Aufgaben des übertragenen Wirkungskreises wird der Amtsvorsteher in gleicher Weise durch die leitende Verwaltungsbeamtin oder den leitenden Verwaltungsbeamten vertreten. [3]Soweit in Ämtern mit hauptamtlichem Amtsvorsteher nach § 142 Absatz 1 Satz 2 keine leitende Verwaltungsbeamtin oder kein leitender Verwaltungsbeamter zu bestellen ist, wählt der Amtsausschuss die Vertreter des Amtsvorstehers für den übertragenen Wirkungskreis. [4]§ 40 Absatz 3 gilt entsprechend.

(3) [1]Die ehrenamtlichen Steilvertreterinnen und Stellvertreter sind für die Dauer ihrer Amtszeit in das Beamtenverhältnis als Ehrenbeamtin oder Ehrenbeamter zu berufen. [2]Sie werden vom Amtsvorsteher in öffentlicher Sitzung des Amtsausschusses vereidigt und in ihr Amt eingeführt.

§ 140 Widerspruch gegen Beschlüsse des Amtsausschusses

(1) [1]Verletzt ein Beschluss des Amtsausschusses das Recht, so hat der Amtsvorsteher dem Beschluss zu widersprechen. [2]Der Amtsvorsteher kann einem Beschluss widersprechen, wenn dieser das Wohl des Amtes gefährdet. [3]Der Widerspruch muss binnen drei Wochen nach der Beschlussfassung schriftlich eingelegt und begründet werden. [4]Er hat aufschiebende Wirkung. [5]Der Amtsausschuss muss über die Angelegenheit in der nächsten Sitzung beschließen.

(2) [1]Verletzt auch der neue Beschluss das Recht, so hat ihn der Amtsvorsteher schriftlich unter Darlegung der Gründe binnen zwei Wochen nach der Beschlussfassung zu beanstanden und die Beanstandung der Rechtsaufsichtsbehörde anzuzeigen. [2]Die Beanstandung hat aufschiebende Wirkung. [3]Gegen die Beanstandung stellt dem Amtsausschuss die Klage vor dem Verwaltungsgericht zu.

§ 141 Teilnahme an Sitzungen der Gemeindevertretungen

[1]Der Amtsvorsteher, die leitende Verwaltungsbeamtin oder der leitende Verwaltungsbeamte und, soweit der Amtsvorsteher dies bestimmt, andere Bedienstete des Amtes, sind berechtigt und auf Antrag eines Viertels aller Mitglieder der Gemeindevertretung verpflichtet, an den Sitzungen der Gemeindevertretungen teilzunehmen. [2]Dem Amtsvorsteher und der leitenden Verwaltungsbeamtin oder dem leitenden Verwaltungsbeamten ist auf Antrag das Wort zu erteilen. [3]Den anderen Bediensteten der Amtsverwaltung kann das Wort erteilt werden. [4]Für Sitzungen der Ausschüsse einer Gemeindevertretung gelten die Sätze 1 bis 3 entsprechend.

Abschnitt 4
Weitere Grundsätze für die Verwaltung des Amtes

§ 142 Leitende Verwaltungsbeamtin oder leitender Verwaltungsbeamter, Gleichstellungsbeauftragte

(1) [1]Der Amtsausschuss bestellt eine leitende Verwaltungsbeamtin oder einen leitenden Verwaltungsbeamten. [2]Dies gilt nicht, wenn das Amt auf eine eigene Verwaltung verzichtet (§ 126) oder einen hauptamtlichen Amtsvorsteher hat, soweit dieser die in Satz 3 genannten Voraussetzungen erfüllt. [3]Die leitende Verwaltungsbeamtin oder der leitende Verwaltungsbeamte muss die für ihr oder sein Amt erforderliche Eignung und Sachkunde besitzen und ein verwaltungswissenschaftliches Studium, das auf die Tätigkeit in der öffentlichen Verwaltung vorbereitet, mit einem Bachelorgrad oder vergleichbaren Grad erfolgreich abgeschlossen haben. [4]Die leitende Verwaltungsbeamtin oder der leitende Verwaltungsbeamte soll fünf Jahre bei einer Kommunalverwaltung oder einer Rechtsaufsichtsbehörde Tätigkeiten wahrgenommen haben, die mindestens dem ersten Einstiegsamt der Laufbahngruppe 2 in der Fachrichtung des Allgemeinen Dienstes entsprechen. [5]Die Voraussetzung nach Satz 3 erfüllen auch Bedienstete, die die Laufbahnbefähigung für den gehobenen allgemeinen Verwaltungsdienst bis zum Tag vor dem Inkrafttreten des Landesbeamtengesetzes erworben haben, sowie Angestellte mit zehnjähriger Berufserfahrung im öffentlichen Dienst, davon fünf Jahre bei einer Kommunal Verwaltung oder einer Rechtsaufsichtsbehörde, die Tätigkeiten wahrgenommen haben, die mindestens dem ersten Einstiegsamt der Laufbahngruppe 2 in der Fachrichtung des allgemeinen Dienstes entsprechen.

(2) [1]Die Funktion des leitenden Verwaltungsbeamten ist durch Beamte wahrzunehmen. [2]Angestellte in der Funktion des leitenden Verwaltungsbeamten, die zur Vermeidung einer unbilligen Härte nicht nach den Bewährungsvorschriften der Laufbahnverordnung bis zum 31. Dezember 1996 verbeamtet wurden, verbleiben im bestehenden Angestelltenverhältnis.

(3) Der Beschluss des Amtsausschusses, mit dem eine leitende Verwaltungsbeamtin oder ein leitender Verwaltungsbeamter bestellt wird, ist der Rechtsaufsichtsbehörde binnen einer Woche anzuzeigen; dabei sind die zur Überprüfung der Rechtmäßigkeit der Bestellung erforderlichen Unterlagen vorzulegen.

(4) [1]Neben dem ehrenamtlichen Bürgermeister sowie dem Amtsvorsteher ist auch die leitende Verwaltungsbeamtin oder der leitende Verwaltungsbeamte verpflichtet, einem rechtswidrigen Beschluss der Gemeindevertretung oder des Amtsausschusses zu widersprechen. [2]§§ 33 und 140 gelten entsprechend.

(5) [1]Ämter mit eigener Verwaltung bestellen Gleichstellungsbeauftragte. [2]Das Nähere regelt die Hauptsatzung. [3]Die Aufhebung der Bestellung bedarf eines Beschlusses mit der Mehrheit von zwei Dritteln aller Mitglieder des Amtsausschusses. [4]Für ehrenamtliche Gleichstellungsbeauftragte gilt § 27 entsprechend.

§ 143 Gesetzliche Vertretung

(1) Der Amtsvorsteher ist gesetzlicher Vertreter des Amtes.

(2) [1]Erklärungen, durch die das Amt verpflichtet werden soll oder mit denen eine Vollmacht erteilt wird, bedürfen der Schriftform. [2]Sie sind vom Amtsvorsteher sowie einem seiner Stellvertreter handschriftlich zu unterzeichnen und mit dem Dienstsiegel zu versehen. [3]Die Hauptsatzung kann Wertgrenzen bestimmen, bis zu denen es dieser Form Vorschriften ganz oder teilweise nicht bedarf. [4]Satz 2 gilt auch für die Ausfertigung von Urkunden nach beamtenrechtlichen Vorschriften und für Arbeitsverträge. [5]Erklärungen, die diesen Formvorschriften nicht genügen, bedürfen zu ihrer Wirksamkeit der Genehmigung durch den Amtsausschuss. [6]Verträge des Amtes mit Mitgliedern des Amtsausschusses und der Ausschüsse sowie mit dem Amtsvorsteher, seinen Stellvertreterinnen und Stellvertretern und leitenden Bediensteten des Amtes bedürfen zu ihrer Wirksamkeit der Genehmigung durch den Amtsausschuss. [7]Gleiches gilt für Verträge des Amtes mit natürlichen oder juristischen Personen oder Vereinigungen, die durch die in Satz 6 genannten Personen vertreten werden.

§ 144 Haushaltswirtschaft und wirtschaftliche Betätigung des Amtes

(1) [1]Das Amt führt einen eigenen Haushalt. [2]Für die Haushaltswirtschaft des Amtes gelten die Bestimmungen über die Haushaltswirtschaft der Gemeinde mit der Maßgabe entsprechend, dass § 43 Absatz 3 keine Anwendung findet und abweichend von § 43 Absatz 6 der Haushaltsausgleich in Planung und Rechnung erreicht ist, wenn der Finanzhaushalt ausgeglichen ist. [3]Für den Gesamtabschluss gilt § 61 Absatz 1 Satz 2 entsprechend.

(2) Für die wirtschaftliche Betätigung des Amtes gelten die §§ 68 bis 77 entsprechend.

§ 145 Rechts- und Fachaufsicht, Aufsichtsbehörden

(1) Für die Rechts- und Fachaufsicht über das Amt gelten §§ 78 und 80 bis 85 sowie 87 entsprechend.

(2) [1]Rechtsaufsichtsbehörde für die Ämter und deren selbstständige Kommunal unternehmen ist der Landrat als untere staatliche Verwaltungsbehörde. [2]§ 79 Absatz 3 findet Anwendung.

(3) [1]Fachaufsichtsbehörde für die Amtsvorsteher der Ämter ist der Landrat, soweit durch Rechtsvorschrift nichts anderes bestimmt ist. [2]§ 86 Absatz 2 und 4 findet Anwendung.

Abschnitt 5
Finanzierung der Ämter

§ 146 Aufwendungen in besonderen Fällen

(1) [1]Soweit das Amt Träger von Aufgaben nach den §§ 2 und 3 ist, hat es die ihm entstandenen Aufwendungen auf die beteiligten Gemeinden umzulegen. [2]Die Umlage soll in der Regel nach dem Verhältnis des Nutzens der beteiligten Gemeinden bemessen werden (Umlagegrundlage).

(2) [1]Der Amtsausschuss setzt mit der Mehrheit aller Mitglieder die Umlagegrundlagen im Benehmen mit den beteiligten Gemeinden fest. [2]Bei einer Beteiligung aller Gemeinden gelten die Vorschriften des Finanzausgleichsgesetzes über die Kreisumlage entsprechend.

(3) Führt das Amt für eine Gemeinde die Verwaltungsgeschäfte einer Einrichtung, so ist für die Gebührenfestsetzung von der Gemeinde der Verwaltungsaufwand in Höhe des vom Amt festgesetzten Kostenanteils zu berücksichtigen und dem Amt zu erstatten.

§ 147 Amtsumlage

(1) Soweit andere Einzahlungen den Finanzbedarf der Ämter nicht decken, ist eine Umlage von den amtsangehörigen Gemeinden zu erheben (Amtsumlage).

(2) Für die Bemessung und Festsetzung der Amtsumlage gelten die Vorschriften des Finanzausgleichsgesetzes über die Kreisumlage entsprechend.

Abschnitt 6

Besondere Bestimmungen

§ 148 Geschäftsführung des Amtes durch eine amtsangehörige Gemeinde

(1) [1]Wird die Verwaltung des Amtes durch eine größere amtsangehörige Gemeinde wahrgenommen (§ 126 Absatz 1 Nummer 1), kann der Amtsvorsteher fachliche Weisungen erteilen. [2]§ 38 Absatz 2 Satz 4 und 5 findet abweichend von § 138 Absatz 2 Satz 5 für den Amtsvorsteher keine Anwendung. [3]Für die geschäftsführende Gemeinde gilt § 127 Absatz 1 und 2 nicht; im Übrigen bleiben die Rechte und Pflichten des Amtes als Träger von Aufgaben unberührt. [4]Der Bürgermeister der geschäftsführenden Gemeinde hat die Rechte und Pflichten eines leitenden Verwaltungsbeamten des Amtes.

(2) [1]Die geschäftsführende Gemeinde kann dem Amt durch öffentlich-rechtlichen Vertrag weitergehende Rechte, insbesondere bei der Bestellung von Dienstkräften, einräumen. [2]Im öffentlich-rechtlichen Vertrag können von § 147 Absatz 2 abweichende Finanzierungsregelungen vereinbart werden.

Teil 4

Kommunale Zusammenarbeit

Abschnitt 1

Allgemeines

§ 149 Grundsätze und Formen kommunaler Zusammenarbeit

(1) [1]Zur Erfüllung öffentlicher Aufgaben, die über einzelne kommunale Körperschaften hinaus wirken oder die auf diese Weise besser oder wirtschaftlicher wahrgenommen werden können, sollen die betroffenen Gemeinden, Ämter und Landkreise zusammenarbeiten. [2]Dem dienen Zweckverbände, öffentlich-rechtliche Vereinbarungen, Verwaltungsgemeinschaften und gemeinsame Kommunalunternehmen.

(2) Soweit es sich um Zusammenarbeit zur Erfüllung von Aufgaben des übertragenen Wirkungskreises handelt, ist die Zustimmung des verwaltungsleitenden Organs zu den Beschlüssen der Vertretungskörperschaft erforderlich.

(3) Vorschriften über besondere Formen kommunaler Zusammenarbeit bleiben unberührt.

Abschnitt 2

Der Zweckverband

§ 150 Rechtsnatur, Verbandsmitglieder

(1) Zweckverbände sind Körperschaften des öffentlichen Rechts ohne Gebietshoheit.

(2) [1]Gemeinden, Ämter und Landkreise können sich zu Zweckverbänden zusammenschließen. [2]Andere Körperschaften des öffentlichen Rechts sowie Anstalten und Stiftungen des öffentlichen Rechts können Verbandsmitglieder sein, soweit dies gesetzlich nicht ausgeschlossen oder beschränkt ist. [3]Natürliche Personen und juristische Personen des Privatrechts können Verbandsmitglieder sein, wenn die Erfüllung der Verbandsaufgaben dadurch gefördert wird und Gründe des öffentlichen Wohls nicht entgegenstehen.

(3) [1]Die Rechtsaufsichtsbehörde kann Gemeinden, Ämter und Landkreise zur gemeinsamen Erfüllung einzelner Aufgaben nach § 2 Absatz 3 oder § 3 zu einem Zweckverband zusammenschließen (Pflichtverband) oder bestehenden Zweckverbänden anschließen (Pflichtanschluss), wenn die Betroffenen selbst nicht in der Lage sind, die Aufgaben wahrzunehmen. [2]Entsprechendes gilt, wenn bestehende

Zweckverbände nicht in der Lage sind, die ihnen übertragenen Aufgaben wahrzunehmen. [3]Vor der Entscheidung hat die Rechtsaufsichtsbehörde die Beteiligten anzuhören. [4]Vereinbaren die Beteiligten nicht innerhalb von zwei Monaten die Verbandssatzung, so erlässt sie die Rechtsaufsichtsbehörde.

(4) [1]Ein Zweckverband darf nicht ausschließlich aus Gemeinden eines Amtes gebildet werden. [2]Dies gilt nicht für Planungsverbände nach § 205 Absatz 1 bis 5 des Baugesetzbuchs. [3]Entspricht ein bestehender Zweckverband dem nicht, wird das Amt Rechtsnachfolger des Zweckverbandes. [4]Satz 3 gilt nicht, wenn der Zweckverband die Verwaltung des Amtes in Anspruch nimmt. [5]Das Amt ist zur Übernahme der Verwaltung verpflichtet.

§ 150a Zusammenschluss von Zweckverbänden

(1) [1]Zweckverbände können sich durch öffentlich-rechtlichen Vertrag zu einem neuen Zweckverband zusammenschließen. [2]Gleichzeitig ist die Verbandssatzung des neuen Zweckverbandes zu vereinbaren, die dieser zu erlassen hat. [3]Die Beschlüsse der Verbandsversammlungen über den Zusammenschluss bedürfen einer Mehrheit von zwei Dritteln aller Mitglieder der Verbandsversammlung. [4]Der neue Zweckverband ist Rechtsnachfolger der bisherigen Zweckverbände. [5]Die bisherigen Zweckverbände gelten mit der Errichtung des neuen Zweckverbandes als aufgehoben.

(2) [1]Ein Zweckverband kann durch öffentlich-rechtlichen Vertrag mit seinen vollständigen Aufgaben einem anderen Zweckverband beitreten. [2]Absatz 1 Satz 2 und 3 gilt entsprechend. [3]Der beitretende Zweckverband gilt mit dem Beitritt als aufgehoben. [4]Der aufnehmende Zweckverband ist Rechtsnachfolger des beitretenden Zweckverbandes.

(3) Der öffentlich-rechtliche Vertrag nach Absatz 1 oder Absatz 2 bedarf der Genehmigung der Rechtsaufsichtsbehörde.

(4) [1]Verbandsmitglieder, deren Vertreterinnen und Vertreter dem öffentlich-rechtlichen Vertrag über den Zusammenschluss nicht zugestimmt haben, können bis zum Wirksamwerden des Zusammenschlusses aus wichtigem Grund ihren Austritt aus dem neuen Zweckverband erklären. [2]§ 163 gilt nicht. [3]Der Austritt bedarf der Genehmigung der Rechtsaufsichtsbehörde. [4]Die Genehmigung ist zu erteilen, wenn die Auseinandersetzung der Beteiligten geregelt ist und dringende Gründe des öffentlichen Wohls nicht entgegenstehen.

§ 151 Aufgaben

(1) [1]Dem Zweckverband obliegt die Erfüllung der ihm durch öffentlich-rechtlichen Vertrag übertragenen Aufgaben der öffentlichen Verwaltung. [2]Mit der Übertragung gehen das Recht und die Pflicht zur Erfüllung der Aufgaben auf den Zweckverband über.

(2) Mit der Aufgabenübertragung geht das Satzungsrecht der Verbandsmitglieder auf den Zweckverband über, soweit gesetzliche Vorschriften dies nicht ausschließen.

(3) [1]Mit der Aufgabenübertragung gehen das für die Aufgabenwahrnehmung benötigte Anlagevermögen und die hiermit im Zusammenhang stehenden Verbindlichkeiten entschädigungslos auf den Zweckverband über. [2]Bei Rückübertragung der Aufgaben, bei Beendigung der Verbandsmitgliedschaft oder Aufhebung des Verbandes gilt dies entsprechend. [3]Die Beteiligten können abweichende Regelungen treffen.

§ 152 Errichtung des Zweckverbandes, Verbandssatzung

(1) [1]Der Zweckverband wird durch öffentlich-rechtlichen Vertrag der Beteiligten errichtet. [2]Der Vertrag bedarf der Genehmigung der Rechtsaufsichtsbehörde.

(2) Die Verbandsmitglieder vereinbaren eine Verbandssatzung, die der Zweckverband erlässt.

(3) Die Verbandssatzung muss bestimmen

1. den Namen und den Sitz des Zweckverbandes,
2. die Aufgaben und die Art ihrer Erfüllung,
3. die Verbandsmitglieder und ihr Stimmrecht,
4. die Organe des Zweckverbandes,
5. die Zahl der Vertreterinnen und Vertreter der Verbandsmitglieder in der Verbandsversammlung und die Zahl der Mitglieder des Verbandsvorstands,
6. das Nähere der öffentlichen Bekanntmachung im Rahmen der nach § 174 Absatz 1 Nummer 2 erlassenen Rechtsverordnung,
7. die Entschädigung im Rahmen der nach § 174 Absatz 1 Nummer 8 erlassenen Rechtsverordnung,

8. den Maßstab, nach dem die Verbandsmitglieder zur Deckung des Finanzbedarfs beizutragen haben,
9. Regelungen über Beitritt und Ausscheiden von Verbandsmitgliedern und
10. die Auseinandersetzung bei Aufhebung des Verbands.

(4) [1]Die Verbandssatzung wird mit der Mehrheit aller Mitglieder der Verbandsversammlung beschlossen. [2]Sie ist der Rechtsaufsichtsbehörde vor der Ausfertigung anzuzeigen. [3]Sie darf nur in Kraft gesetzt werden, wenn die Rechtsaufsichtsbehörde die Verletzung von Rechtsvorschriften nicht innerhalb von zwei Monaten nach Eingang der erforderlichen Unterlagen geltend gemacht oder wenn sie vor Ablauf der Frist erklärt hat, dass sie keine Verletzung von Rechtsvorschriften geltend macht. [4]§ 5 Absatz 2 Satz 8 gilt entsprechend.

(5) [1]Für Änderungen der Verbandssatzung gilt Absatz 4 entsprechend. [2]Änderungen der Verbandssatzung über die Aufgaben des Zweckverbandes, den Maßstab, nach dem die Verbandsmitglieder zur Deckung des Finanzbedarfs beizutragen haben, und die Regelungen über Beitritt, Austritt und Ausschluss von Verbandsmitgliedern bedürfen einer Mehrheit von zwei Dritteln der Mitglieder der Verbandsversammlung.

§ 153 Ausgleich

Neben der Verbandssatzung können die Beteiligten schriftlich vereinbaren, dass Vorteile und Nachteile, die sich für sie aus der Bildung des Zweckverbandes oder späteren Veränderungen ergeben, ausgeglichen werden.

§ 154 Anzuwendende Vorschriften

Für den Zweckverband gelten die Bestimmungen über das Satzungsrecht (§ 5 Absatz 1 und 3 bis 6), Dienstsiegel (§ 9 Absatz 2), Rechte und Pflichten der Einwohnerinnen und Einwohner (§ 14), Anschluss- und Benutzungszwang (§ 15), Unterrichtung der Einwohnerinnen und Einwohner (§ 16), Fragestunde, Anhörung (§ 17), die Aufgaben der Gemeindevertretung (§ 22 Absatz 5 Satz 1 bis 5), die Rechtsstellung der Mitglieder der Gemeindevertretung (§ 23 Absatz 3, 4 und 6), Mitwirkungsverbote (§ 24), Unvereinbarkeit von Amt und Mandat (§ 25), Vertretungsverbot (§ 26), Entschädigungen, Kündigungsschutz (§ 27), Sitzungen der Gemeindevertretung (§ 29), Beschlussfähigkeit (§ 30), Beschlussfassung (§ 31), Wahlen, Abberufungen (§ 32 Absatz 1, 3, 4 und 5), Widerspruch gegen Beschlüsse der Gemeindevertretung (§ 33 Absatz 1 und 2), Kontrolle der Verwaltung (§ 34) und beratende Ausschüsse (§ 36 Absatz 1 Satz 1, 3 und 4, Absatz 2 Satz 5 und Absatz 3 bis 7) entsprechend, wobei an die Stelle der Gemeindevertretung die Verbandsversammlung, an die Stelle der Mitglieder der Gemeindevertretung die Mitglieder der Verbandsversammlung, an die Stelle der Einwohnerinnen, Einwohner, Bürgerinnen und Bürger der Gemeinde die Einwohnerinnen, Einwohner, Bürgerinnen und Bürger der Mitglieder des Zweckverbandes, an die Stelle des Bürgermeisters der Verbandsvorsteher und an die Stelle der oder des Vorsitzenden der Gemeindevertretung die oder der Vorsitzende der Verbandsversammlung treten.

§ 155 Organe

Organe des Zweckverbandes sind die Verbandsversammlung und der Verbandsvorsteher.

§ 156 Verbandsversammlung

(1) Die Verbandsversammlung ist das oberste Willensbildungs- und Beschlussorgan des Zweckverbandes.

(2) [1]Die Verbandsversammlung bestellt aus den Bürgermeistern, Amtsvorstehern und Landräten der verbandsangehörigen Gemeinden, Ämter und Landkreise sowie den Vertreterinnen und Vertretern anderer Verbandsmitglieder (§ 150 Absatz 2 Satz 2 und 3). [2]Die Verbandssatzung kann vorsehen, dass die Vertretungskörperschaften anstelle der Bürgermeister, Amtsvorsteher oder Landräte Bedienstete mit der Vertretung in der Verbandsversammlung betrauen können, denen die Leitung des fachlich zuständigen Dezernats oder Amtes obliegt. [3]Sofern natürliche Personen Verbandsmitglieder sind, gehören sie selbst der Verbandsversammlung an. [4]Die Verbandssatzung kann bestimmen, dass die Verbandsmitglieder weitere Vertreterinnen und Vertreter in die Verbandsversammlung entsenden.

(3) [1]Die weiteren Vertreterinnen und Vertreter der Gemeinden, Ämter und Landkreise werden von den Vertretungskörperschaften nach den Grundsätzen der Verhältniswahl für die Dauer der Wahlperiode der Vertretungskörperschaften gewählt. [2]Die Wahl muss binnen zwei Monaten nach einer Kommunalwahl durchgeführt werden.

(4) [1]Die Bürgermeister, Amtsvorsteher und Landräte werden im Verhinderungsfall durch ihre Stellvertreterin oder ihren Stellvertreter vertreten. [2]Für die weiteren Vertreterinnen und Vertreter der Gemeinden, Ämter und Landkreise können Stellvertreterinnen und Stellvertreter gewählt werden. [3]Die Verbandssatzung bestimmt die Zahl der Stelivertreterinnen und Stellvertreter und die Art der Vertretung. [4]Absatz 3 Satz 1 ist anzuwenden.

(5) [1]Der Bürgermeister, Landrat oder Amtsvorsteher, der sein Amt verliert, scheidet aus der Verbandsversammlung aus. [2]Dies gilt nicht für den Verbandsvorsteher.

(6) Die Vertreterinnen und Vertreter der Verbandsmitglieder üben ihr Amt nach Ablauf ihrer Amtszeit bis zum Amtsantritt ihrer Nachfolger aus, soweit gesetzlich nichts anderes bestimmt ist.

(7) Die Gemeinden, Ämter und Landkreise können ihren Vertreterinnen und Vertretern in der Verbandsversammlung in folgenden Angelegenheiten Weisungen erteilen:

1. Wahl und Abberufung des Verbandsvorstehers und des Verbandsvorstands,
2. Zusammenschluss von Zweckverbänden,
3. Änderung der Verbandssatzung,
4. Beratung des Jahresabschlusses und Entlastung des Verbandsvorstehers,
5. Festsetzung von Umlagen und Stammkapital.

(8) [1]Stehen einem Verbandsmitglied nach der Verbandssatzung mehrere Stimmen zu, tritt für die Berechnung der Mehrheiten die Zahl der Stimmen an die Steile der Zahl der Vertreterinnen und Vertreter in der Verbandsversammlung. [2]Die Verbandssatzung kann für diesen Fall die Übertragbarkeit des Stimmrechts auf eine andere Vertreterin oder einen anderen Vertreter des Verbandsmitglieds vorsehen.

§ 157 Zusammentreten und Aufgaben der Verbandsversammlung

(1) [1]Die Verbandsversammlung tritt spätestens drei Monate nach einer Kommunalwahl zur konstituierenden Sitzung zusammen. [2]Die Einberufung erfolgt durch die bisherige Vorsitzende oder den bisherigen Vorsitzenden der Verbandsversammlung. [3]Zu ihrer ersten Sitzung nach der Errichtung des Zweckverbandes wird die Verbandsversammlung durch die Rechtsaufsichtsbehörde einberufen. [4]Die Verbandsversammlung wählt unter Leitung des ältesten Mitglieds aus ihrer Mitte ihre Vorsitzende oder ihren Vorsitzenden und unter deren oder dessen Leitung einen oder mehrere Stellvertreterinnen oder Stellvertreter. [5]§ 28 Absatz 2 Satz 2 und 3 gilt entsprechend.

(2) [1]Die Verbandsversammlung ist für alle wichtigen Angelegenheiten des Zweckverbandes zuständig und überwacht die Durchführung ihrer Entscheidungen, soweit nicht durch Gesetz, Verbandssatzung oder Beschluss der Verbandsversammlung eine Übertragung auf den Verbandsvorsteher, den Verbandsvorstand oder auf Ausschüsse stattgefunden hat. [2]Wichtig sind, neben den der Verbandsversammlung gesetzlich zugewiesenen Aufgaben, Angelegenheiten, die aufgrund ihrer politischen Bedeutung, ihrer wirtschaftlichen Auswirkungen oder als Grundlage für Einzelentscheidungen von grundsätzlicher Bedeutung für den Zweckverband sind. [3]Die Übertragung ist in entsprechender Anwendung des § 22 Absatz 3 und 4 beschränkt. [4]Die Verbandsversammlung kann Angelegenheiten, die sie übertragen hat, auch im Einzelfall jederzeit an sich ziehen. [5]Wurde eine Angelegenheit durch die Verbandssatzung übertragen, kann die Verbandsversammlung sie nur durch Beschluss mit der Mehrheit aller Mitglieder an sich ziehen.

(3) Die Verbandsversammlung gibt sich zur Regelung ihrer inneren Angelegenheiten eine Geschäftsordnung.

(4) Die Verbandsversammlung wird durch ihre Vorsitzende oder ihren Vorsitzenden vertreten.

§ 158 Gesetzliche Vertretung

(1) Der Verbandsvorsteher ist gesetzlicher Vertreter des Zweckverbandes.

(2) [1]Erklärungen, durch die der Zweckverband verpflichtet werden soll oder mit denen ein Bevollmächtigter bestellt wird, bedürfen der Schriftform. [2]Sie sind vom Verbandsvorsteher sowie einem seiner Stellvertreter handschriftlich zu unterzeichnen und mit dem Dienstsiegel zu versehen. [3]Die Verbandssatzung kann Wertgrenzen bestimmen, bis zu denen es dieser Formvorschriften ganz oder teilweise nicht bedarf. [4]Satz 2 gilt auch für die Ausfertigung von Urkunden nach beamtenrechtlichen Vorschriften und für Arbeitsverträge. [5]Erklärungen, die diesen Vorschriften nicht genügen, bedürfen zu ihrer Wirksamkeit der Genehmigung durch die Verbandsversammlung. [6]Verträge des Zweckverbandes mit Mitgliedern der Verbandsversammlung, des Verbandsvorstands und der Ausschüsse sowie mit dem Verbandsvorsteher, seinen Steilvertreterinnen oder Stellvertretern und leitenden Bediensteten

des Zweckverbandes bedürfen zu ihrer Wirksamkeit der Genehmigung durch die Verbandsversammlung. [7]Gleiches gilt für Verträge des Zweckverbandes mit natürlichen oder juristischen Personen oder Vereinigungen, die durch die in Satz 6 genannten Personen vertreten werden.

§ 159 Verbandsvorsteher, Verbandsvorstand

(1) [1]Die Verbandsversammlung wählt aus ihrer Mitte für die Dauer ihrer Wahlperiode den Verbandsvorsteher sowie zwei Stellvertreterinnen oder Stellvertreter. [2]§ 40 Absatz 1 Satz 2 bis 6 findet Anwendung. [3]Der Verbandsvorsteher und seine Stellvertreterinnen und Stellvertreter dürfen nicht demselben Verbandsmitglied angehören. [4]Ein ehrenamtlicher Verbandsvorsteher kann gleichzeitig auch Vorsitzender der Verbandsversammlung sein. [5]Das Gleiche gilt für seine Stellvertreterinnen und Stellvertreter.

(2) [1]Der Verbandsvorsteher und seine Stellvertreterinnen und Stellvertreter sind für die Dauer ihrer Amtszeit in das Beamtenverhältnis als Ehrenbeamtin oder Ehrenbeamter zu berufen. [2]Sie bleiben bis zum Amtsantritt ihrer Nachfolgerinnen oder Nachfolger, längstens aber sechs Monate, im Amt. [3]Das Beamtenverhältnis besteht während dieser Zeit fort. [4]Für die Abberufung des Verbandsvorstehers gilt § 32 Absatz 4, für die Abberufung der Stellvertreterinnen und Stellvertreter § 32 Absatz 3 Satz 2 entsprechend.

(3) [1]Die Verbandssatzung kann die Bildung eines Verbandsvorstands vorsehen, wenn dies nach Art und Umfang der wahrzunehmenden Aufgaben zweckmäßig ist. [2]Die Verbandssatzung kann für den Verbandsvorstand eine andere Bezeichnung vorsehen.

(4) [1]Der Verbandsvorstand besteht aus dem Verbandsvorsteher als Vorsitzendem und mindestens zwei weiteren Mitgliedern. [2]Die weiteren Mitglieder werden von der Verbandsversammlung für die Dauer ihrer Wahlperiode gewählt. [3]Mindestens die Hälfte der weiteren Mitglieder muss der Verbandsversammlung angehören. [4]Für die weiteren Mitglieder des Verbandsvorstands gilt § 25 entsprechend. [5]Für die Aufgaben und die Rechtsstellung des Verbandsvorstands sowie das Widerspruchsrecht des Verbandsvorstehers gegen Beschlüsse des Verbandsvorstands gelten § 35 Absatz 2 bis 5 sowie § 33 Absatz 3 über den Hauptausschuss einer Gemeinde entsprechend.

(5) [1]Der Verbandsvorsteher leitet die Verwaltung des Zweckverbandes nach den Grundsätzen und Richtlinien der Verbandsversammlung und im Rahmen der von ihr bereitgestellten Mittel. [2]Er bereitet die Beschlüsse der Verbandsversammlung und des Verbandsvorstands vor und führt sie durch. [3]Er ist für die sachliche Erledigung der Aufgaben und den Geschäftsgang der Verwaltung verantwortlich. [4]§ 38 Absatz 2 Satz 4 und 5, Absatz 3 Satz 2 und 3, Absatz 7 und 8 gilt entsprechend. [5]In Fällen äußerster Dringlichkeit entscheidet der Verbandsvorsteher anstelle des Verbandsvorstands und, soweit ein Verbandsvorstand nicht gebildet wurde, anstelle der Verbandsversammlung. [6]Diese Entscheidungen bedürfen der Genehmigung durch den Verbandsvorstand, soweit dieser zuständig ist, im Übrigen durch die Verbandsversammlung.

(6) [1]ist der Zweckverband Träger von Aufgaben des übertragenen Wirkungskreises, ist der Verbandsvorsteher der zuständigen Fachaufsichtsbehörde für deren Durchführung verantwortlich. [2]Soweit der Verbandsvorsteher bei der Durchführung dieser Aufgaben Ermessen hat, kann er sich mit der Verbandsversammlung oder ihren Ausschüssen beraten. [3]Die Fachaufsichtsbehörde ist über wichtige Verwaltungsangelegenheiten zu unterrichten.

§ 160 Ehrenamtliche und hauptamtliche Tätigkeit

(1) Die Mitglieder der Verbandsversammlung, der Verbandsvorsteher und die weiteren Mitglieder des Verbandsvorstands sind ehrenamtlich tätig.

(2) [1]Die Verbandssatzung kann die Wahl eines hauptamtlichen Verbandsvorstehers vorsehen, wenn dies nach Art und Umfang der wahrzunehmenden Aufgaben zweckmäßig ist. [2]§ 40 Absatz 5 gilt entsprechend.

(3) [1]Der Zweckverband besitzt Dienstherrnfähigkeit. [2]Er darf eigene Bedienstete nur beschäftigen, wenn dies in der Verbandssatzung vorgesehen ist. [3]In diesem Fall muss die Verbandssatzung auch Vorschriften über die Übernahme der Bediensteten durch die Verbandsmitglieder oder die sonstige Abwicklung der Dienst- und Versorgungsverhältnisse bei der Aufhebung des Zweckverbandes oder der Änderung seiner Aufgaben treffen.

(4) [1]Die Verbandsversammlung ist, soweit nichts anderes bestimmt ist, oberste Dienstbehörde. [2]Die Verbandsversammlung kann die Zuständigkeit insoweit übertragen. [3]Die Verbandsversammlung ist

Dienstvorgesetzter des Verbandsvorstehers und seiner Stellvertreterinnen und Stellvertreter; sie hat keine Disziplinarbefugnis. [4]Führen der Verbandsvorsteher oder dessen Stellvertreterinnen oder Stellvertreter Aufgaben des übertragenen Wirkungskreises durch, darf die Verbandsversammlung Aussagegenehmigungen nach § 47 Absatz 1 Satz 1 des Landesbeamtengesetzes nur mit Zustimmung der Fachaufsichtsbehörde erteilen.

(5) [1]Hat der Zweckverband keine eigene Verwaltung, ist die Wahrnehmung der Verwaltungs- und Kassengeschäfte durch die Verbandssatzung zu regeln. [2]§ 126 Absatz 1 ist entsprechend anzuwenden.

§ 161 Haushaltswirtschaft und wirtschaftliche Betätigung des Zweckverbandes

(1) [1]Der Zweckverband führt einen eigenen Haushalt. [2]Für die Haushaltswirtschaft des Zweckverbandes gelten die Bestimmungen über die Haushaltswirtschaft der Gemeinde entsprechend, soweit nachfolgend nichts anderes geregelt ist. [3]Für den Gesamtabschluss gilt § 61 Absatz 1 Satz 2 entsprechend. [4]Verfügt ein Zweckverband aufgrund seiner Aufgabenstruktur über kein oder nur geringes Anlagevermögen findet § 43 Absatz 3 keine Anwendung; der Haushaltsausgleich in Planung und Rechnung ist abweichend von § 43 Absatz 6 erreicht, wenn der Finanzhaushalt ausgeglichen ist.

(2) Für die wirtschaftliche Betätigung des Zweckverbandes gelten die §§ 68 bis 77 entsprechend.

(3) [1]Ist die Hauptaufgabe eines Zweckverbandes das Betreiben eines gemeinsamen Unternehmens, so gelten für die Wirtschaftsführung die für die Eigenbetriebe geltenden Vorschriften dieses Gesetzes und der Eigenbetriebsverordnung entsprechend. [2]Ist die Hauptaufgabe des Zweckverbandes das Betreiben einer Einrichtung, kann die Verbandssatzung bestimmen, dass die Wirtschaftsführung nach den Vorschriften der Eigenbetriebsverordnung erfolgt.

§ 162 Deckung des Finanzbedarfs

(1) [1]Der Zweckverband erhebt von den Verbandsmitgliedern eine Umlage, soweit seine sonstigen Einzahlungen nicht ausreichen, um seinen Finanzbedarf zu decken (Verbandsumlage). [2]In der Verbandssatzung ist der Maßstab für die Bemessung der Verbandsumlage zu bestimmen; er soll sich nach dem Verhältnis des Nutzens der Verbandsmitglieder richten (Umlagegrundlage). [3]Die Umlagepflicht einzelner Verbandsmitglieder kann durch die Verbandssatzung beschränkt werden.

(2) Die Höhe der Umlage ist in der Haushaltssatzung für jedes Jahr festzusetzen.

§ 163 Beendigung der Verbandsmitgliedschaft

(1) [1]Für den Austritt aus einem Zweckverband ist bei einer Gemeinde, einem Amt oder einem Landkreis ein Beschluss der Vertretungskörperschaft erforderlich. [2]Die Verbandsversammlung hat nach schriftlicher Anzeige des Beschlusses beim Verbandsvorsteher unverzüglich über die Änderung der Verbandssatzung zu beschließen. [3]Der Austritt wird nach Abschluss des Anzeigeverfahrens gemäß § 152 Absatz 4 Satz 2 und 3 mit der öffentlichen Bekanntmachung der geänderten Verbandssatzung wirksam.

(2) Ein Ausschluss einer Gemeinde, eines Amtes, eines Landkreises oder eines Zweckverbandes aus einem Zweckverband ist unzulässig.

(3) [1]Ein Ausschluss anderer Verbandsmitglieder (§ 150 Absatz 2 Satz 2 und 3) ist nur zulässig, wenn ein in der Verbandssatzung geregelter Ausschlussgrund vorliegt. [2]Das Mitglied ist anzuhören. [3]Der Ausschluss bedarf einer Mehrheit von zwei Dritteln der Mitglieder der Verbandsversammlung. [4]Absatz 1 Satz 3 gilt entsprechend.

§ 164 Aufhebung des Zweckverbandes

(1) Für die Aufhebung des Zweckverbandes gilt § 152 Absatz 1 entsprechend.

(2) Im Fall der Aufhebung ist der Zweckverband verpflichtet, das Grundbuch, das Wasserbuch und andere öffentliche Bücher berichtigen zu lassen.

(3) Verringert sich die Mitgliederzahl auf ein Mitglied, ist der Zweckverband aufgehoben.

Abschnitt 3

Die öffentlich-rechtliche Vereinbarung

§ 165 Voraussetzung und Verfahren

(1) [1]Gemeinden, Ämter, Zweckverbände und Landkreise können durch öffentlich-rechtlichen Vertrag vereinbaren, dass eine der beteiligten Körperschaften einzelne oder mehrere zusammenhängende Aufgaben der übrigen Beteiligten übernimmt oder den übrigen Beteiligten die Mitbenutzung einer von ihr

betriebenen Einrichtung gestattet. [2]Durch die Vereinbarung, mit der eine Körperschaft Aufgaben übernimmt, gehen das Recht und die Pflicht der übrigen Körperschaften zur Erfüllung der Aufgaben auf die übernehmende Körperschaft über.

(2) Landkreise können mit der zu ihrem Gebiet gehörenden großen kreisangehörigen Stadt eine Vereinbarung nach Absatz 1 schließen, wonach die große kreisangehörige Stadt Aufgaben des Landkreises übernimmt, für die die große kreisangehörige Stadt als vormals kreisfreie Stadt zuständig war.

(3) In der Vereinbarung kann den übrigen Beteiligten ein Mitwirkungsrecht bei der Erfüllung der Aufgaben eingeräumt werden.

(4) Die Vereinbarung ist als Verpflichtungserklärung auszufertigen.

(5) [1]Die Vereinbarung muss die Beteiligten, die Aufgabe, den neuen Träger der Aufgabe, die zuständige Behörde und den Zeitpunkt des Aufgabenübergangs bestimmen. [2]Sie bedarf der Genehmigung der Rechtsaufsichtsbehörde. [3]Die Beteiligten machen die Vereinbarung öffentlich bekannt. [4]Für die Änderung und Aufhebung einer Vereinbarung gelten die Sätze 1 bis 3 sowie Absatz 4 entsprechend.

(6) [1]Ist die Geltungsdauer der Vereinbarung nicht befristet, so muss sie die Voraussetzungen bestimmen, unter denen sie von einzelnen Beteiligten gekündigt werden kann. [2]§ 60 des Landesverwaltungsverfahrensgesetzes bleibt unberührt.

(7) Sofern ein Mitglied durch Kündigung ausscheidet, ist die Vereinbarung von den Beteiligten zu ändern.

§ 166 Satzungsbefugnis

(1) In der Vereinbarung kann der Körperschaft, welche die Aufgaben übernimmt, die Befugnis übertragen werden, Satzungen anstelle der übrigen Beteiligten für deren Gebiet zu erlassen oder die Benutzung einer Einrichtung durch eine für das gesamte Gebiet der Beteiligten geltende Satzung zu regeln.

(2) Für die öffentliche Bekanntmachung durch den Träger der Aufgabe gelten die Vorschriften über die örtliche Bekanntmachung der Beteiligten.

(3) Die Körperschaft kann im Geltungsbereich der Satzung alle zur Durchführung erforderlichen Maßnahmen wie im eigenen Gebiet treffen.

Abschnitt 4

Die Verwaltungsgemeinschaft

§ 167 Voraussetzung und Verfahren

(1) [1]Kreisfreie Städte, große kreisangehörige Städte, amtsfreie Gemeinden, Ämter, Zweckverbände, auf Gesetz beruhende sonstige Verbände und Landkreise können durch öffentlich-rechtlichen Vertrag vereinbaren, dass ein Beteiligter zur Erfüllung seiner Aufgaben die Verwaltung eines anderen Beteiligten in Anspruch nimmt (Verwaltungsgemeinschaft). [2]Ein Landkreis kann durch öffentlich-rechtlichen Vertrag die Verwaltungen der ihm angehörenden Ämter und amtsfreien Gemeinden in Anspruch nehmen, soweit dies nicht durch Gesetz oder Rechtsverordnung ausgeschlossen ist. [3]Die Rechte und Pflichten als Träger der Aufgabe bleiben davon unberührt; seine Behörden können fachliche Weisungen erteilen.

(2) Landkreise können mit der zu ihrem Gebiet gehörenden großen kreisangehörigen Stadt einen Vertrag nach Absatz 1 schließen, wonach der Landkreis die Verwaltung der großen kreisangehörigen Stadt zur Erfüllung ihm obliegender Aufgaben, für die die große kreisangehörige Stadt als vormals kreisfreie Stadt zuständig war, in Anspruch nimmt.

(3) [1]In dem öffentlich-rechtlichen Vertrag können dem Träger der Aufgabe weitergehende Rechte, insbesondere bei der Bestellung von Dienstkräften, eingeräumt werden. [2]Dabei ist gleichzeitig die Finanzierung zu regeln.

(4) [1]Beteiligt sich an einer Verwaltungsgemeinschaft ein Amt, so sind neben dem Amtsvorsteher die leitende Verwaltungsbeamtin oder der leitende Verwaltungsbeamte des geschäftsführenden Amtes und der Bürgermeister der geschäftsführenden Gemeinde berechtigt und auf Antrag eines Viertels der Mitglieder verpflichtet, an den Sitzungen der Vertretungskörperschaft und der Ausschüsse des Trägers der Aufgabe teilzunehmen. [2]Ihnen ist auf Wunsch das Wort zu erteilen.

(5) [1]Der öffentlich-rechtliche Vertrag bedarf der Schriftform und der Genehmigung der Rechtsaufsichtsbehörde. [2]Ein öffentlich-rechtlicher Vertrag zur Erfüllung ausschließlich freiwilliger Aufgaben

des eigenen Wirkungskreises ist abweichend von Satz 1 anzuzeigen. [3]§ 165 Absatz 6 und 7 gilt entsprechend.

Abschnitt 5
Gemeinsame Kommunalunternehmen

§ 167a Rechtsnatur

Gemeinsame Kommunalunternehmen sind selbstständige Unternehmen in der Rechtsform einer Anstalt des öffentlichen Rechts, die von mehreren kommunalen Körperschaften getragen werden.

§ 167b Entstehung und Grundlagen gemeinsamer Kommunalunternehmen

(1) Kommunale Körperschaften können durch öffentlich-rechtlichen Vertrag

1. ein gemeinsames Kommunalunternehmen errichten,
2. sich an einem bestehenden gemeinsamen Kommunal unternehmen als weitere Träger beteiligen und
3. im Wege der Gesamtrechtsnachfolge über eine Umwandlung
   a) bestehende Eigenbetriebe,
   b) Unternehmen in Privatrechtsform, an denen alle Anteile die Körperschaften halten, die Träger des gemeinsamen Kommunalunternehmens werden wollen,

in ein gemeinsames Kommunalunternehmen einbringen.

(2) Die Vorschriften über Kommunalunternehmen gelten für gemeinsame Kommunalunternehmen entsprechend.

(3) [1]Im Rahmen des öffentlich-rechtlichen Vertrags nach Absatz 1 legen die beteiligten GebietskörperschaftenKörperschaften die Unternehmenssatzung des gemeinsamen Kommunalunternehmens fest. [2]In der Unternehmenssatzung sind die Rechtsverhältnisse des gemeinsamen Kommunalunternehmens und das Verfahren zur Änderung der Unternehmenssatzung sowie die Verteilung des Anstaltsvermögens und des Anstaltspersonals im Fall der Auflösung des Kommunalunternehmens zu regeln. [3]Der öffentlich-rechtliche Vertrag nach Absatz 1 enthält darüber hinaus mindestens Bestimmungen über

1. die Verteilung der Anteile am Stammkapital und an Unterstützungsleistungen auf die Träger des gemeinsamen Kommunalunternehmens sowie über das Verfahren, in dem über Unterstützungsleistungen entschieden wird,
2. die Verteilung der Sitze im Verwaltungsrat auf die Träger des gemeinsamen Kommunalunternehmens und die Bestimmung des vorsitzenden Mitglieds des Verwaltungsrates,
3. die zuständige Stelle, soweit Vorschriften über Einsichts- und Prüfungsrechte bestehen, und
4. ein Verfahren, das die gemeinschaftliche Entscheidung der Träger des gemeinsamen Kommunalunternehmens über die Wahrnehmung von Rechten und Pflichten sicherstellt, die nach den Bestimmungen dieses Gesetzes die kommunale GebietskörperschaftKörperschaft gegenüber eines von ihr getragenen Kommunalunternehmens hat. § 70 Absatz 6 bleibt unberührt.

(4) [1]Dem Verwaltungsrat des gemeinsamen Kommunalunternehmens müssen die gesetzlichen Vertreterinnen und Vertreter ihrer Träger angehören, sie nehmen diese Tätigkeit im Hauptamt wahr. [2]Die nach Satz 1 dem Verwaltungsrat angehörenden Mitglieder können Bedienstete ihrer GebietskörperschaftKörperschaft im Verhinderungsfall mit ihrer Vertretung beauftragen. [3]Hat ein Träger nach dem öffentlich-rechtlichen Vertrag nach Absatz 1 weitere Personen in den Verwaltungsrat zu entsenden, so müssen diese Personen seiner Vertretungskörperschaft angehören.

§ 167c Anzeigepflichten, Bekanntmachungen

(1) [1]Der öffentlich-rechtliche Vertrag, durch den das gemeinsame Kommunalunternehmen zu Stande kommt, Vereinbarungen über die Beteiligung eines weiteren Trägers an der Anstalt, Änderungen im Bestand der der Anstalt übertragenen Aufgaben sowie eine Vereinbarung über die Auflösung des gemeinsamen Kommunalunternehmens sind der Rechtsaufsichtsbehörde anzuzeigen. [2]§ 77 Absatz 1 Satz 2 und 3 gilt entsprechend.

(2) [1]Erlässt das gemeinsame Kommunalunternehmen eine Satzung, so hat es diese für das Gebiet jedes Trägers der Anstalt nach den Vorschriften bekannt zu machen, die für die Bekanntmachung eigener Satzungen des Trägers gelten. [2]Ein Wechsel der Aufgabenträgerschaft infolge der Bildung, der Än-

derung der Aufgabenstellung oder der Auflösung eines gemeinsamen Kommunalunternehmens ist öffentlich bekannt zu machen.

Abschnitt 6
Aufsicht und weitere Bestimmungen

§ 168 Aufsicht

(1) Für die Aufsicht gelten die §§ 78, 80 bis 83, 85 und 87 entsprechend.

(2) [1]Unbeschadet der Mitgliedschaft Dritter nach § 150 Absatz 2 Satz 2 und 3 ist Rechtsaufsichtsbehörde der Landrat. [2]An die Stelle des Landrates tritt das Ministerium für Inneres und Europa, wenn nicht ausschließlich der Aufsicht des Landrates unterstehende Gemeinden und Ämter beteiligt sind. [3]Das Ministerium für Inneres und Europa kann die Rechtsaufsicht nach Anhörung der Beteiligten auf einen Landrat übertragen, es sei denn, dass dem Zweckverband eine der Rechtsaufsicht des Ministeriums für Inneres und Europa unterstehende Körperschaft angehört.

(3) Oberste Rechtsaufsichtsbehörde ist das Ministerium für Inneres und Europa.

(4) [1]Fachaufsichtsbehörde ist der Landrat, soweit durch Rechtsvorschrift nichts anderes bestimmt ist. [2]Absatz 2 Satz 2 und 3 gilt entsprechend, wobei an die Stelle des Ministeriums für Inneres und Europa die fachlich zuständige oberste Landesbehörde tritt.

(5) Oberste Fachaufsichtsbehörde ist die fachlich zuständige oberste Landesbehörde, soweit durch Rechtsvorschrift nichts anderes bestimmt ist.

§ 169 Grenzüberschreitende kommunale Zusammenarbeit

(1) [1]Die Mitgliedschaft von juristischer. [2]Personen des öffentlichen Rechts, die der Aufsicht des Landes unterstehen, in einem Zweckverband, der seinen Sitz außerhalb des Landes Mecklenburg-Vorpommern hat, bedarf der Genehmigung des Ministeriums für Inneres und Europa.

(2) Gleiches gilt für öffentlich-rechtliche Vereinbarungen und Verwaltungsgemeinschaften an denen Gemeinden, Ämter, Zweckverbände oder Landkreise außerhalb des Landes Mecklenburg-Vorpommern beteiligt sind.

§ 170 Anwendung auf sonstige Verbände

Auf Wasser- und Bodenverbände, auf Schulverbände, auf Planungsverbände nach § 205 Absatz 1 bis 5 des Baugesetzbuchs und auf regionale Planungsverbände ist dieses Gesetz entsprechend anzuwenden, soweit das Wasserverbandsgesetz vom 12. Februar 1991 (BGBl. I S. 405), das durch das Gesetz vom 15. Mai 2002 (BGBl. I S. 1578) geändert worden ist, das Gesetz über die Bildung von Gewässerunterhaltungsverbänden vom 4. August 1992 (GVOBl. M-V S. 458), das zuletzt durch das Gesetz vom 17. Dezember 2008 (GVOBl. M-V S. 499) geändert worden ist, das Wasserverbandsausführungsgesetz vom 4. August 1992 (GVOBl. M-V S. 458), das zuletzt durch Artikel 2 des Gesetzes vom 22. November 2001 (GVOBl. M-V S. 448) geändert worden ist, das Schulgesetz in der Fassung der Bekanntmachung vom 10. September 2010 (GVOBl. M-V S. 462), das Baugesetzbuch oder das Landesplanungsgesetz in der Fassung der Bekanntmachung vom 5. Mai 1998 (GVOBl. M-V S. 503, 613), das zuletzt durch Artikel 8 des Gesetzes vom 12. Juli 2010 (GVOBl. M-V S. 366, 382) geändert worden ist, nichts anderes bestimmen.

§ 170a Unbeachtlichkeit von Rechtsfehlern bei der Bildung von Zweckverbänden

(1) [1]Für Zweckverbände, die in der Zeit vom 3. Oktober 1990 bis zum Ablauf des 11. Juni 1994 gebildet worden sind, haben bis zu dem zuletzt genannten Zeitpunkt die Vorschriften des Zweckverbandsgesetzes vom 7. Juli 1939 (RGBl. I S. 979), das zuletzt durch die Rechtsverordnung vom 24. Juli 1941 (RGBl. I S. 464) geändert worden ist, gegolten. [2]Eine Verletzung von Form- und Verfahrensvorschriften bei der Bildung dieser Zweckverbände ist unbeachtlich. [3]Form- und Verfahrensvorschriften nach Satz 2 sind insbesondere Vorschriften über

1. die Beschlussfassung der künftigen Verbandsmitglieder über die Bildung des Zweckverbandes,
2. die Vertretung der künftigen Verbandsmitglieder bei der Bildung des Zweckverbandes,
3. die Vereinbarung der Verbandssatzung zur Bildung des Zweckverbandes,
4. den Beschluss über die Bildung des Zweckverbandes unter Feststellung der Verbandssatzung und
5. die öffentliche Bekanntmachung.

(2) [1]Fehlende oder nicht feststellbare Beschlüsse der Vertretungskörperschaft zur Verbandsbildung stehen einer Verbandsbildung mit der kommunalen Körperschaft nicht entgegen, wenn die kommunale Körperschaft in der Folgezeit als Verbandsmitglied aufgetreten ist. [2]Dies ist insbesondere der Fall, wenn stimmberechtigte Vertreterinnen und Vertreter mit Kenntnis der Vertretungskörperschaft für die kommunale Körperschaft mehrmals an den Sitzungen der Verbandsversammlung teilgenommen und sich an Beschlussfassungen beteiligt haben. [3]Fehlende oder nicht feststellbare Willenserklärungen zur Bildung des Zweckverbandes stehen einer Verbandsbildung mit denjenigen kommunalen Körperschaften nicht entgegen, die als Verbandsmitglieder aufgetreten sind. [4]Die Mitwirkung von kommunalen Körperschaften an der Bildung des Zweckverbandes, die nicht oder erst zu einem späteren Zeitpunkt Verbandsmitglied geworden sind, steht einer Verbandsbildung der anderen kommunalen Körperschatten nicht entgegen.

(3) [1]Einem Beschluss über die Bildung des Zweckverbandes unter Feststellung der Verbandssatzung nach § 11 Absatz 1 des Zweckverbandsgesetzes wird die Genehmigung der Zweckverbandssatzung durch die zuständige Rechtsaufsichtsbehörde gleichgestellt. [2]Gleichgestellt wird auch die Genehmigung der Zweckverbandsbildung, sofern die Verbandssatzung der zuständigen Rechtsaufsichtsbehörde zuvor angezeigt worden war.

(4) [1]Für die Feststellung der Verbandssatzung nach § 11 Absatz 1 des Zweckverbandsgesetzes ist es unerheblich, ob die Vertretungskörperschaften der Verbandsmitglieder oder von ihnen entsandte Vertreterinnen und Vertreter die Verbandssatzung beschlossen haben, wenn die Verbandsmitglieder durch Entsendung der Vertreterinnen und Vertreter und deren Teilnahme an den Sitzungen und Beschlussfassungen der Verbandsversammlung an der Verbandstätigkeit mitgewirkt haben. [2]Beschlüsse der Vertreterinnen und Vertreter vor der Entstehung des Zweckverbandes sind wirksam, soweit sie von der Feststellung umfasst waren oder im Fall des Absatzes 3 Satz 2 die zuständige Rechtsaufsichtsbehörde keine rechtlichen Bedenken geltend gemacht hat.

(5) [1]Fehlende oder nicht feststellbare Genehmigungen nach § 11 Absatz 1 des Zweckverbandsgesetzes im Sinne des Absatzes 3 stehen einer Verbandsbildung nicht entgegen, wenn die Rechtsaufsichtsbehörde von dem Zweckverband Kenntnis erlangt und nicht innerhalb von sechs Monaten der Verbandssatzung widersprochen hat. [2]Ändert sich der Inhalt der Verbandssatzung aufgrund des § 170b Absatz 2 bis 9, bleibt die Wirksamkeit der Genehmigung dieser Verbandssatzung unberührt.

(6) Ist die öffentliche Bekanntmachung des Beschlusses nach § 11 Absatz 1 des Zweckverbandsgesetzes unterblieben, so gilt als Zeitpunkt des Entstehens des Verbandes der auf die öffentliche Bekanntmachung der Verbandssatzung folgende Tag, sofern diese keinen späteren Zeitpunkt bestimmt.

(7) Ist die öffentliche Bekanntmachung der Verbandssatzung vollständig oder teilweise unterblieben, so gilt als Zeitpunkt des Entstehens des Verbandes der auf die öffentliche Bekanntmachung des Beschlusses nach § 11 Absatz 1 des Zweckverbandsgesetzes folgende Tag, sofern in der Verbandssatzung oder in dem Beschluss kein späterer Zeitpunkt bestimmt ist.

(8) [1]Ist die öffentliche Bekanntmachung des Beschlusses nach § 11 Absatz 1 des Zweckverbandsgesetzes und der Verbandssatzung vollständig unterblieben, so gilt als Zeitpunkt des Entstehens des Verbandes unbeschadet des Absatzes 9 der auf die öffentliche Bekanntmachung der ersten Satzung zur Änderung der Verbandssatzung oder der ersten sonstigen Satzung des Verbandes folgende Tag. [2]Diese Satzungen sind auch dann wirksam, wenn die Beschlussfassung und die öffentliche Bekanntmachung vor der Entstehung des Verbandes erfolgt sind.

(9) [1]Der Verband hat die vollständig oder teilweise unterbliebene öffentliche Bekanntmachung der Verbandssatzung und aller bis zum Inkrafttreten dieses Gesetzes erfolgten Änderungen auf eigene Kosten unverzüglich nachzuholen. [2]Die Rechtsaufsichtsbehörde kann hierfür eine Frist bestimmen. [3]Ist die öffentliche Bekanntmachung des Beschlusses und der Verbandssatzung vollständig unterblieben, entsteht der Zweckverband zu dem in Absatz 8 bestimmten Zeitpunkt, erst mit der Nachholung der Bekanntmachung. [4]Die Bekanntmachung erfolgt in dem allgemeinen amtlichen Bekanntmachungsblatt der zuständigen Rechtsaufsichtsbehörde.

(10) Die Absätze 2 bis 9 gelten für die Aufnahme und das Ausscheiden einzelner Verbandsmitglieder sowie für sonstige Änderungen der Verbandssatzung entsprechend.

(11) [1]Die öffentliche Bekanntmachung des Beschlusses nach § 11 Absatz 1 des Zweckverbandsgesetzes und der Verbandssatzung ist nicht deshalb fehlerhaft, weil sie nicht im amtlichen Bekanntmachungsblatt der zuständigen Rechtsaufsichtsbehörde erfolgt ist. [2]Das Gleiche gilt für den Fall, dass die

öffentliche Bekanntmachung nicht durch die Rechtsaufsichtsbehörde, sondern durch den Zweckverband veranlasst wurde.

(12) [1]Ein Verwaltungsakt, der von einem ursprünglich nicht wirksam entstandenen Verband zu einem Zeitpunkt erlassen worden ist, in dem dieser Verband nach Maßgabe der Absätze 1 bis 11 als entstanden gilt, gilt als bekannt gegeben mit dem Inkrafttreten dieses Gesetzes, im Falle des Absatzes 9 Satz 3 mit der Nachholung der Bekanntmachung, soweit die Voraussetzungen für die Bekanntgabe im Übrigen vorliegen. [2]Rechtskräftige gerichtliche Entscheidungen bleiben unberührt.

(13) [1]Verbandsmitglieder, die bis zum 30. Juni 1997 beschlossen haben, aus einem Zweckverband auszutreten, können innerhalb eines Monats nach Bekanntmachung ihren Austritt aus dem Zweckverband erklären, wenn deren Vertretungskörperschaften keinen Beschluss zur Verbandsbildung gefasst haben oder sich der Umlagemaßstab für das betreffende Verbandsmitglied aufgrund der Änderung der Verbandssatzung nach § 170b Absatz 7 Satz 2 zu Ungunsten des Verbandsmitgliedes geändert hat. [2]Der Austritt bedarf der Genehmigung der Rechtsaufsichtsbehörde. [3]Die Genehmigung ist zu erteilen, wenn die Voraussetzungen nach Satz 1 vorliegen, die Auseinandersetzung der Beteiligten geregelt ist und dringende Gründe des öffentlichen Wohls nicht entgegenstehen. [4]Ein Austritt nach dem Teil 4 der Kommunalverfassung bleibt unberührt.

§ 170b Unbeachtlichkeit von Rechtsfehlern beim Beitritt in einen Zweckverband und Fiktionen bei Unvollständigkeit der Verbandssatzung

(1) [1]Fehlende oder nicht feststellbare Beschlüsse der Vertretungskörperschaften zum Verbandsbeitritt, fehlende oder nicht feststellbare Anträge von beitretenden kommunalen Körperschaften sowie fehlende oder nicht feststellbare Satzungsänderungsbeschlüsse der Verbandsversammlung zum Beitritt sind unbeachtlich, wenn die Beteiligten den Beitritt tatsächlich vollzogen haben. [2]Der Beitritt gilt als vollzogen, wenn die kommunale Körperschaft entsprechend § 170a Absatz 2 als Verbandsmitglied aufgetreten ist.

(2) Weist die Verbandssatzung eines Zweckverbandes einzelne Bestimmungen, die nach § 24 Absatz 1 des Zweckverbandsgesetzes zum notwendigen Satzungsinhalt gehören, nicht auf, steht dies nach der Maßgabe der Absätze 3 bis 9 einer Verbandsbildung nicht entgegen.

(3) [1]Fehlt in der Verbandssatzung ein Mitgliederverzeichnis oder ist das Mitgliederverzeichnis nicht vollständig, gelten als Verbandsmitglieder die kommunalen Körperschaften, die in der Verbandssatzung oder einer späteren Satzung des Zweckverbandes aufgeführt werden. [2]Neben den Verbandsmitgliedern nach Satz 1 gelten die kommunalen Körperschaften als Verbandsmitglieder, die gemäß § 170a Absatz 2 als Verbandsmitglieder aufgetreten sind.

(4) Fehlen in der Verbandssatzung wirksame Regelungen zu den Aufgaben des Zweckverbandes, gelten die von dem Zweckverband wahrgenommenen Aufgaben als vereinbart und übertragen.

(5) [1]Fehlt in der Verbandssatzung eine wirksame Regelung zum Namen des Zweckverbandes, gilt der von dem Zweckverband im Rechtsverkehr verwendete Name als vereinbart. [2]Fehlt in der Verbandssatzung eine wirksame Regelung zum Sitz des Zweckverbandes, gilt der Ort als vereinbarter Verbandssitz, an dem der Zweckverband seine Verwaltung oder die Geschäftsstelle unterhält. [3]Ist der Sitz nach Satz 2 nicht bestimmbar, gilt der Ort als vereinbarter Verbandssitz, der in der Anschrift des Zweckverbandes angegeben wird.

(6) [1]Fehlt in der Verbandssatzung eine wirksame Regelung zur Verwaltung und Vertretung, so gelten, vorbehaltlich der Regelung des Zweckverbandsgesetzes, die Vorschriften der Gemeindeordnung entsprechend als vereinbart. [2]Fehlt in der Verbandssatzung eine wirksame Regelung zur Stimmenzahl der Verbandsmitglieder in der Verbandsversammlung, gilt das bei Abstimmungen in der Verbandsversammlung zu Grunde gelegte Stimmenverhältnis als vereinbart.

(7) [1]Fehlt in der Verbandssatzung ein wirksamer Umlagemaßstab, gilt der Umlagemaßstab als vereinbart, nach dem die Verbandsmitglieder seit Aufnahme der Verbandstätigkeit einvernehmlich zur Deckung des Finanzbedarfs beigetragen haben. [2]Ist ein einheitlicher Umlagemaßstab nach Satz 1 nicht bestimmbar, gilt folgender Umlagemaßstab in der Verbandssatzung als vereinbart: Soweit die Einnahmen des Zweckverbandes zur Deckung des Finanzbedarfes nicht ausreichen, wird von den Verbandsmitgliedern eine Umlage erhoben. [3]Die Bemessung der Verbandsumlage bestimmt sich nach der dem einzelnen Verbandsmitglied zuzurechnenden Einwohnerzahl. [4]Maßgeblich sind die vom Statistischen Amt zum 30. Juni fortgeschriebenen Einwohnerzahlen vom 1. Januar des folgenden Jahres an.

(8) [1]Fehlt in der Verbandssatzung eine wirksame Regelung zur Form der öffentlichen Bekanntmachungen, gilt die von dem Zweckverband verwendete Bekanntmachungsform als vereinbart, sofern sie geeignet war und ist, den Bekanntmachungsgegenstand allen betroffenen Einwohnerinnen und Einwohnern zur Kenntnis zu bringen. [2]Ist eine einheitliche wirksame Bekanntmachungsform danach nicht feststellbar, gilt die öffentliche Bekanntmachung im Veröffentlichungsblatt der Aufsichtsbehörde als vereinbart. [3]Öffentliche Bekanntmachungen des Zweckverbandes vor Inkrafttreten dieses Gesetzes sind nicht deshalb fehlerhaft, weil sie in einer anderen als der vereinbarten oder als vereinbart geltenden Bekanntmachungsform erfolgt sind, sofern diese Bekanntmachungen geeignet waren, den Bekanntmachungsgegenstand allen betroffenen Einwohnerinnen und Einwohnern zur Kenntnis zu bringen.

(9) [1]Fehlt in der Verbandssatzung eine wirksame Regelung zur Abwicklung im Fall der Auflösung des Zweckverbandes oder der Änderung seiner Aufgaben, insbesondere hinsichtlich der Übernahme der hauptamtlichen Bediensteten, gilt die Regelung als vereinbart, die die Verbandsmitglieder bei der Auflösung des Zweckverbandes oder bei einer Änderung seiner Aufgaben einvernehmlich getroffen haben. [2]Ist eine Regelung danach nicht bestimmbar, gilt folgende Regelung in der Verbandssatzung als vereinbart: Die Bediensteten des Zweckverbandes sind im Falle seiner Auflösung oder einer Änderung seiner Aufgabe, soweit die Beschäftigungsverhältnisse nicht aufgelöst werden, von den Verbandsmitgliedern anteilig zu übernehmen. [3]Die Regelung, von welchen Verbandsmitgliedern die einzelnen Bediensteten zu übernehmen sind, erfolgt gleichzeitig mit dem Beschluss über die Auflösung oder Aufgabenänderung des Zweckverbandes. [4]Bei der Regelung ist das Verhältnis der Einwohnerzahlen zu Grunde zu legen, soweit nicht die Verbandsmitglieder einvemehmlich etwas anderes bestimmen. [5]Maßgeblich sind insoweit die vom Statistischen Amt zum 30. Juni fortgeschriebenen Einwohnerzahlen vom 1. Januar des folgenden Jahres an.

Teil 5
Schlussvorschriften

§ 171 Einwohnerzahlen

(1) Soweit dieses Gesetz auf Einwohnerzahlen abstellt, gelten die vom Statistischen Amt zum 30. Juni fortgeschriebenen Einwohnerzahlen vom 1. Januar des folgenden Jahres an.

(2) Die Rechtsaufsichtsbehörde kann auf Antrag der betroffenen Körperschaft entscheiden, dass die Änderung einer Einwohnerzahl unbeachtlich bleibt.

§ 172 Ordnungsverstöße, Haftung

(1) [1]Wer als Mitglied einer Gemeindevertretung seine Pflichten zur Teilnahme an Sitzungen und zur Mitarbeit (§ 23 Absatz 3 Satz 3), zur Verschwiegenheit (§ 23 Absatz 6), zur Anzeige eines Ausschließungsgrundes (§ 24 Absatz 3), zur Mitteilung des Berufs und anderer vergüteter oder ehrenamtlicher Tätigkeiten (§ 25 Absatz 3), zur Befolgung von Richtlinien und Weisungen der Gemeindevertretung (§ 71 Absatz 1 Satz 5 und Absatz 2), zur Unterrichtung über Angelegenheiten von besonderer Bedeutung (§ 71 Absatz 4) oder zur Abführung von Vergütungen, Sitzungsgeldern und Aufwandsentschädigungen (§ 71 Absatz 5) verletzt oder dem Verbot, Ansprüche Dritter gegen die Gemeinde geltend zu machen (§ 26) zuwiderhandelt, kann mit einem Ordnungsgeld belegt werden. [2]Entsprechendes gilt für Mitglieder einer Ortsteilvertretung, eines Ausschusses, eines Kreistages, eines Amtsausschusses oder einer Verbandsversammlung, für Ortsvorsteherinnen und Ortsvorsteher sowie für Vertreterinnen und Vertreter von Gemeinden, Ämtern, Landkreisen oder Zweckverbänden in Unternehmen und Einrichtungen. [3]Über die Verhängung des Ordnungsgeldes entscheidet die Gemeindevertretung, der Kreistag, der Amtsausschuss oder die Verbandsversammlung. [4]Die Ordnungsgelder werden im Verwaltungszwangsverfahren beigetrieben.

(2) [1]Gleiches gilt für Bürgerinnen und Bürger, die sich entgegen § 19 Absatz 2 oder § 102 Absatz 1 weigern, ein Ehrenamt oder eine ehrenamtliche Tätigkeit zu übernehmen oder auszuüben. [2]Die Entscheidung über die Verhängung eines Ordnungsgeldes trifft der Bürgermeister, Amtsvorsteher oder Landrat.

(3) Entsteht einer Gemeinde, einem Landkreis, einem Amt oder einem Zweckverband aus einer in Absatz 1 genannten Pflichtverletzung ein Schaden, so haftet die Verursacherin oder der Verursacher, wenn sie oder er vorsätzlich oder grob fahrlässig gehandelt hat.

§ 173 Sprachformen

[1]Soweit in diesem Gesetz Funktions-, Amts-, Organ- und Behördenbezeichnungen in der männlichen Sprachform verwendet werden, gelten diese Bezeichnungen für Frauen und Männer. [2]Beim Vollzug dieses Gesetzes können diese Bezeichnungen für Frauen in der weiblichen Sprachform verwendet werden.

§ 173a Elektronische Kommunikation

(1) [1]Für Erklärungen, durch die Gemeinden, Landkreise, Ämter oder Zweckverbände verpflichtet werden, kann die Haupt- oder Verbandssatzung vorsehen, dass neben der Schriftform auch die elektronische Form zulässig ist. [2]In elektronischer Form müssen diese Erklärungen mit einer dauerhaft überprüfbaren qualifizierten Signatur versehen sein. [3]Die handschriftliche Unterzeichnung sowie die Beifügung des Dienstsiegels entfallen.

(2) Für Einwohneranträge, Bürgerbegehren und Bürgerentscheide der Gemeinden und Landkreise findet § 3a des Landesverwaltungsverfahrensgesetzes keine Anwendung.

§ 174 Durchführungsbestimmungen

(1) Das Ministerium für Inneres und Europa wird ermächtigt, durch Rechtsverordnung nähere Bestimmungen zu treffen über

1. den Schriftkopf im Schriftverkehr,
2. die Form der öffentlichen Bekanntmachung von Satzungen,
3. die Änderung von Namen der Gemeinden und Landkreise,
4. das Verfahren und die Durchführung von Gebietsänderungen,
5. das Verfahren zur Durchführung von Einwohneranträgen, Bürgerentscheiden und Bürgerbegehren,
6. die Zuwendung von Haushaltsmitteln an Fraktionen,
7. das Verfahren bei der Änderung und Auflösung von Ämtern,
8. die Gewährung von Entschädigungen an Ehrenbeamtinnen und Ehrenbeamte, ehrenamtlich tätige Bürgerinnen und Bürger, ehrenamtliche Gleichstellungsbeauftragte, Mitglieder der Gemeindevertretungen, Ortsteilvertretungen, Kreistage, Amtsausschüsse, Ausschüsse nach § 36 Absatz 5, § 114 Absatz 5 und § 136 Absatz 3, Verbandsversammlungen und der Verbandsvorstände, insbesondere über
   a) die pauschalierte Erstattung von Auslagen, entgangenem Arbeitsverdienst und Reisekosten,
   b) die Höchstbeträge für pauschalierte Entschädigungen, insbesondere für Aufwandsentschädigungen, und
   c) die Wirkung der Änderung der Einwohnerzahl auf die Höhe der Entschädigung; dabei sind die Einwohnerzahlen der Gemeinden und Landkreise zu berücksichtigen,
9. den Inhalt und die Gestaltung des Haushaltsplans und seiner Anlagen sowie die Haushaltsführung,
10. die Einstellung und die Entnahme aus den Rücklagen,
11. die Erfassung, den Nachweis, die Bewertung und die Abschreibung der Vermögensgegenstände, der Sonderposten, der Rückstellungen, der Verbindlichkeiten und der Rechnungsabgrenzungsposten,
12. die Geldanlagen und ihre Sicherung,
13. die Ausschreibung von Lieferungen und Leistungen sowie die Vergabe von Aufträgen,
14. die Stundung, die Niederschlagung und den Erlass von Ansprüchen sowie die Behandlung von Kleinbeträgen,
15. die Aufgaben und die Organisation der Kasse und der Sonderkassen, deren Beaufsichtigung und Prüfung sowie die Abwicklung des Zahlungsverkehrs und das Rechnungswesen,
16. den Inhalt und die Gestaltung des Jahresabschlusses, des Gesamtabschlusses, der Anlagen zum Jahresabschluss, der Kosten- und Leistungsrechnung sowie die Abdeckung von Fehlbeträgen und die Verwendung von Überschüssen,
17. die Besetzung von Stellen mit Beamtinnen und Beamten sowie Beschäftigten,
18. Kommunalunternehmen und Eigenbetriebe, insbesondere über
   a) die Zulässigkeit,
   b) die Leitung und Vertretung,

c) Zuständigkeiten der gemeindlichen Organe und Abgrenzung der Befugnisse der Leitung von denen der gemeindlichen Organe,
d) Inhalt und Erlass der Betriebssatzungen,
e) Inhalt und Gestaltung des Wirtschaftsplans sowie die Wirtschaftsführung und ihre Überwachung,
f) die Erhaltung des Vermögens, insbesondere die Erfassung, den Nachweis, die Bewertung und Abschreibung der Vermögensgegenstände,
g) das Rechnungswesen und die Buchführung,
h) die Berichterstattung und die Rechenschaftspflicht der Leitung,
i) Inhalt und Gestaltung des Jahresabschlusses, 19. die Direktwahl der Bürgermeister und Landräte.

(2) Das Ministerium für Inneres und Europa wird ermächtigt, durch Rechtsverordnung nähere Bestimmungen zu treffen über
1. die Haushaltssatzung und die Nachtragshaushaltssatzung,
2. den Konten- und Produktrahmen,
3. die Übersicht über die aus Verpflichtungsermächtigungen voraussichtlich fällig werdenden Auszahlungen,
4. die Übersicht über den voraussichtlichen Stand der Verbindlichkeiten,
5. die Form und Gliederung des Ergebnishaushaltes, Finanzhaushaltes und der Teilhaushalte,
6. die Investitionsübersicht,
7. die Übersicht über die Teilhaushalte und zugeordneten Produkte,
8. die Übersicht über die produktbezogenen Finanzdaten,
9. den Stellenplan,
10. die Einhaltung der Obergrenzen,
11. die Form und Gliederung der Ergebnisrechnung, der Finanzrechnung, der Teilrechnungen, der Bilanz und des Anhangs,
12. die Form und Gliederung der Gesamtergebnisrechnung, der Gesamtbilanz und des Gesamtanhangs,
13. die Anlagen Übersicht, Forderungsübersicht und Verbindlichkeitenübersicht,
14. die Übersicht über die über das Ende des Haushaltsjahres hinaus geltenden Haushaltsermächtigungen,
15. den Nachweis und die Beurteilung der dauernden Leistungsfähigkeit der Gemeinde,
16. die Gliederung und Form des Erfolgsplanes, der Bereichserfolgspläne, des Finanzplanes, der Bereichsfinanzpläne, und der Stellenübersicht der Eigenbetriebe und
17. die Gliederung der Bilanz, der Gewinn- und Verlustrechnung, der Finanzrechnung, der Bereichsrechnungen und des Anlagennachweises im Jahresabschluss der Eigenbetriebe.

§ 175 Zuordnung gemeindefreier Flächen

(1) Das Gesetz über die Bildung von gemeindefreien Grundstücken (Forstgutsbezirken) im Lande Mecklenburg vom 21. März 1947 (Regierungsblatt für Mecklenburg Nummer 6 S. 41), § 11 Absatz 5 und § 12 des Gesetzes über die Regelung verschiedener Punkte des Gemeindeverfassungsrechts vom 27. Dezember 1927 (Preußische Gesetzsammlung Nummer 43 S. 211) sowie die Verordnung über gemeindefreie Grundstücke und Gutsbezirke vom 15. November 1938 (RGBl. I S. 1631) werden aufgehoben.

(2) Die durch Absatz 1 betroffenen Flächen unterfallen der gemeindlichen Gebietshoheit entsprechend der Zuordnung nach dem Liegenschaftskataster zum 12. Juni 1994.

(3) Entsteht durch diese Zuordnung ein vollständig abgetrennter Hoheitsbereich einer Gemeinde, so wird die Fläche derjenigen Gemeinde zugeordnet, von deren Gebiet sie umschlossen ist.

(4) Grenzänderungen, die auf Grundlage der Kommunalverfassung vom 17. Mai 1990 (GBl. DDR I S. 255) nach Inkrafttreten des Einigungsvertrages erfolgt sind, bleiben unberührt.

§ 176 Übergangsvorschriften

[1]Der erste Gesamtabschluss gemäß § 61 ist spätestens für das Haushaltsjahr 2024 zu erstellen. [2]Dieser ist so rechtzeitig aufzustellen, dass er spätestens bis zum Ablauf des folgenden Haushaltsjahres der Gemeindevertretung zur Kenntnis vorgelegt werden kann. [3]Für kreisfreie Städte und große kreisan-

gehörige Städte findet § 73 Absatz 3 keine Anwendung. [4]Gleiches gilt für andere Gemeinden, Landkreise, Ämter und Zweckverbände, die sich bis zum 31. Dezember 2019 verbindlich für die Erstellung eines Gesamtabschlusses nach Satz 1 entscheiden. [5]Im Übrigen ist ein Beteiligungsbericht nach § 73 Absatz 3 erstmals für das Haushaltsjahr 2019 zu erstellen.

Durchführungsverordnung zur Kommunalverfassung (KV-DVO)

Vom 9. Mai 2012 (GVOBl. M-V S. 133)
(GS Meckl.-Vorp. 2020-9-2)
zuletzt geändert durch Art. 2 Doppik-Erleichterungsverordnung vom 23. Juli 2019 (GVOBl. M-V S. 499)

Aufgrund des § 174 Absatz 1 Nummer 1 bis 7 der Kommunalverfassung vom 13. Juli 2011 (GVOBl. M-V S. 777) verordnet das Ministerium für Inneres und Sport:

Nichtamtliche Inhaltsübersicht

Abschnitt 1
Schriftkopf im Schriftverkehr

§ 1 Schriftkopf

(1) Der Schriftkopf lautet im eigenen und übertragenen Wirkungskreis

1. für Gemeinden:
   (Bezeichnung, Name)
   Der Bürgermeister/Der Oberbürgermeister
2. für Ämter:
   Amt (Name)
   Der Amtsvorsteher
3. für Landkreise:
   Landkreis (Name)
   Der Landrat

Die vorangestellte Bezeichnung „Landkreis” entfällt, wenn das Wort „Landkreis” Bestandteil des Kreisnamens ist.

4. für Zweckverbände:
(Name)
Der Verbandsvorsteher

5. für Verwaltungsgemeinschaften nach § 167 Absatz 1 der Kommunalverfassung:
Bezeichnung der Behörde der in Anspruch genommenen Körperschaft (zum Beispiel „Bürgermeister der Stadt …”)
als (Angabe einer gesetzlich geregelten Funktionsbezeichnung oder eines sonstigen geeigneten Zusatzes, der den Aufgabenbereich der Verwaltungsgemeinschaft umschreibt; zum Beispiel „Kataster- und Vermessungsamt”)
der (Bezeichnungen, Namen der an der Verwaltungsgemeinschaft beteiligten Aufgabenträger; zum Beispiel „Gemeinden …”)

6. für Verwaltungsgemeinschaften nach § 167 Absatz 2 der Kommunalverfassung:
Bezeichnung der Behörde der großen kreisangehörigen Stadt (zum Beispiel „Oberbürgermeister der Stadt …”)
als (Angabe einer gesetzlich geregelten Funktionsbezeichnung oder eines sonstigen geeigneten Zusatzes, der den Aufgabenbereich der Verwaltungsgemeinschaft umschreibt; zum Beispiel „Gesundheitsamt”)
des Landkreises (Name)

(2) Der Schriftkopf der unteren staatlichen Verwaltungsbehörde enthält die Behördenbezeichnung („Der Landrat”) sowie einen den Zuständigkeitsbereich kennzeichnenden Zusatz („des Landkreises …”).

(3) [1]Die Schriftköpfe nach den Absätzen 1 und 2 können mit einem Zusatz versehen werden, der eine gesetzlich geregelte Funktionsbezeichnung (zum Beispiel „untere Bauaufsichtsbehörde” oder „untere Rechtsaufsichtsbehörde”), das jeweils handelnde Dezernat oder Amt oder den Eigenbetrieb angibt. [2]Bei Zweckverbänden kann im Schriftkopf die wahrgenommene Aufgabe (zum Beispiel „Wasser-Abwasser-Erdgas”) aufgeführt werden.

(4) Die vorstehenden Regelungen stehen der Verwendung abweichender Schriftköpfe anderer kommunaler Behörden nicht entgegen.

(5) Die Behördenbezeichnungen der Absätze 1 und 2 können auch in weiblicher Form verwendet werden.

Abschnitt 2
Öffentliche Bekanntmachung von Satzungen

§ 2 Inhalt der öffentlichen Bekanntmachung

(1) Die Satzung ist in ihrem vollen Wortlaut öffentlich bekannt zu machen.

(2) Karten, Pläne oder Zeichnungen sind Bestandteil einer Satzung, wenn sie in der Satzung als solcher bezeichnet werden.

§ 3 Formen der öffentlichen Bekanntmachung

(1) [1]Die Bekanntmachung kann nur erfolgen

1. in einem amtlichen Bekanntmachungsblatt (§ 5),
2. in einer oder mehreren in der Gemeinde verbreiteten Tageszeitung oder in einer anderen regelmäßig erscheinenden Zeitung (§ 6),
3. durch Aushang an den hierfür bestimmten Stellen (§ 7) oder
4. im Internet (§ 8).

[2]Grundsätzlich erfolgt die Bekanntmachung nur in einem Medium der in Satz 1 genannten Bekanntmachungsformen.

(2) [1]Die Form der öffentlichen Bekanntmachung ist in der Hauptsatzung festzulegen. [2]Erfolgen die öffentlichen Bekanntmachungen

1. im amtlichen Bekanntmachungsblatt oder in der Zeitung, so sind diese Druckwerke in der Hauptsatzung namentlich zu bezeichnen,

2. durch Aushang, so ist in der Hauptsatzung anzugeben, an welchen Standorten die Aushangtafeln aufgestellt sind,
3. in einem nicht regelmäßig erscheinenden amtlichen Bekanntmachungsblatt, so ist zudem die Zeitung, in der auf die Herausgabe des amtlichen Bekanntmachungsblattes hinzuweisen ist, namentlich zu bezeichnen,
4. im Internet, so ist die Internetadresse mit anzugeben.

3Im Fall von Nummer 4 ist in der Hauptsatzung unter Angabe der Bezugsadresse darauf hinzuweisen, dass sich jede Person Satzungen kostenpflichtig zusenden lassen kann und Textfassungen am Verwaltungssitz zur Mitnahme ausliegen oder bereitgehalten werden. 4Dies gilt auch für außer Kraft getretene Satzungen.

(3) 1Kann die in der Hauptsatzung vorgeschriebene Bekanntmachungsform infolge höherer Gewalt oder sonstiger unabwendbarer Ereignisse nicht eingehalten werden, so genügt als öffentliche Bekanntmachung jede andere dafür in der Hauptsatzung festzulegende geeignete Form der Bekanntmachung nach Absatz 1. 2In diesen Fällen ist die Bekanntmachung in der durch die Hauptsatzung vorgeschriebenen Form unverzüglich nachzuholen, sofern sie nicht durch Zeitablauf gegenstandslos geworden ist.

§ 4 Ersatzbekanntmachung

(1) Karten, Pläne sowie Haushaltspläne, Jahresabschlüsse, Gesamtabschlüsse oder Zeichnungen als Bestandteile einer Satzung können anstatt einer öffentlichen Bekanntmachung nach § 3 Absatz 1 an einer bestimmten der Allgemeinheit zugänglichen Stelle der Gemeinde- oder Amtsverwaltung zur Einsicht während der Dienststunden ausgelegt werden.

(2) 1Auf die Auslegung ist bei der öffentlichen Bekanntmachung des Wortlautes der Satzung in der nach § 3 Absatz 1 festgelegten Form hinzuweisen. 2Der Hinweis auf die Auslegung hat Gegenstand, Ort (Gebäude und Raum), Tageszeit, Beginn und Dauer der Auslegung zu umfassen.

(3) Die Mindestdauer der Auslegung beträgt zehn Arbeitstage, soweit gesetzlich nichts anderes bestimmt ist.

§ 5 Amtliches Bekanntmachungsblatt

(1) Das amtliche Bekanntmachungsblatt muss
1. durch seine Bezeichnung auf seinen Charakter und den Träger der öffentlichen Verwaltung, der es herausgibt, hinweisen,
2. jahrgangsweise fortlaufend nummeriert sein und den Ausgabetag angeben,
3. die Erscheinungsweise angeben,
4. die Bezugsmöglichkeiten angeben,
5. einzeln und im Abonnement zu beziehen sein,
6. bei nicht regelmäßigem Erscheinen in der vorigen Ausgabe oder einer Zeitung angekündigt werden und
7. den amtlichen Text deutlich vom nichtamtlichen Text trennen.

(2) Sofern der Druck und Vertrieb Dritten übertragen ist, ist der Gemeinde hinreichende Einflussmöglichkeit auf Inhalt, Erscheinungsweise und Vertrieb einzuräumen, sodass es bei Bedarf jederzeit erscheinen kann und die Kenntnisnahme der Einwohner gewährleistet ist.

§ 6 Zeitung

1Die öffentliche Bekanntmachung in einer Zeitung nach § 3 Absatz 1 Nummer 2 ist zulässig, wenn in dieser auf den amtlichen Bekanntmachungsteil hingewiesen wird und die Bezugsmöglichkeiten und -bedingungen angegeben sind. 2Als Zeitung gilt ein Druckerzeugnis, dessen Inhalt mindestens zur Hälfte aus presseüblicher Berichterstattung besteht.

§ 7 Aushang

(1) 1Die Gemeinde hat die Zahl der Aushangtafeln so zu bemessen, dass sie für die Einwohnerinnen und Einwohner in zumutbarer Weise erreichbar sind. 2Der Aushang ist in Gemeinden mit bis zu 35 000 Einwohnern zulässig.

(2) 1Die Mindestdauer des Aushangs beträgt 14 Tage. 2Der Tag des Aushangs und der Abnahme werden nicht mitgerechnet, aber auf dem ausgehängten Schriftstück mit Unterschrift und Dienstsiegel vermerkt.

§ 8 Internet

(1) Die öffentlichen Bekanntmachungen müssen auf der Internetseite des Trägers der öffentlichen Verwaltung so erreichbar sein, dass der Internetnutzende von der Startseite des Trägers aus mit einem Mausklick in den Bereich des Ortsrechts gelangt.

(2) Rechtsvorschriften, deren Bekanntmachung im Internet erfolgt ist, sind für die Dauer ihrer Gültigkeit im Internet bereitzustellen.

(3) [1]Die Bereitstellung im Internet darf nur im Rahmen einer ausschließlich in Verantwortung des Trägers der öffentlichen Verwaltung betriebenen Internetseite erfolgen. [2]Er darf sich zur Einrichtung und Pflege der Internetseite eines Dritten bedienen. [3]Als Träger der öffentlichen Verwaltung nach den Sätzen 1 und 2 gilt bei Satzungen amtsangehöriger Gemeinden neben dem Amt auch die Gemeinde. [4]Erfolgt die öffentliche Bekanntmachung amtsangehöriger Gemeinden auf der Internetseite des Amtes, muss der Intemetnutzende abweichend von Absatz 1 höchstens mit zwei Mausklicks in den Bereich des gemeindlichen Ortsrechts gelangen.

§ 8a Gemeinsame Bekanntmachung

[1]Einzelne Gemeinden, Ämter oder Zweckverbände können die in § 3 Absatz 1 Nummer 1 und 4 genannten Bekanntmachungsmedien gemeinsam herausgeben oder das Bekanntmachungsmedium des zuständigen Landkreises oder Zweckverbände die Bekanntmachungsmedien aller Verbandsmitglieder benutzen. [2]Ein landkreisübergreifender Zweckverband kann die Anlage Amtlicher Anzeiger zum Amtsblatt für Mecklenburg-Vorpommern nutzen.

§ 9 Zeitpunkt der öffentlichen Bekanntmachung

Die öffentliche Bekanntmachung der Satzung ist erfolgt

1. im amtlichen Bekanntmachungsblatt mit Ablauf des Erscheinungstages,
2. in einer Zeitung mit Ablauf des Erscheinungstages; erfolgt der Abdruck in mehreren Zeitungen, so ist der Erscheinungstag der zuletzt erschienenen Zeitung maßgebend,
3. bei Aushang mit Ablauf des letzten Tages der Aushangfrist,
4. bei der Ersatzbekanntmachung mit Ablauf des letzten Tages der Auslegungsfrist,
5. im Internet mit Ablauf des Tages, an dem sie im Internet verfügbar ist.

Abschnitt 3

Änderung von Gemeindenamen

§ 10 Gründe des öffentlichen Wohls

Die Änderung des Namens einer Gemeinde dient insbesondere dann dem öffentlichen Wohl im Sinne des § 8 Absatz 1 Satz 5 der Kommunalverfassung, wenn sie

1. einer individuellen und grundsätzlich unverwechselbaren Kennzeichnung der Gemeinde dient,
2. einem übergeordneten Interesse an einem klaren und leicht zu gebrauchenden Namen entspricht oder
3. durch hinreichende historische Gründe gerechtfertigt ist.

Abschnitt 4

Gebietsänderungen

§ 11 Verfahren

(1) [1]Die Beschlüsse der Gemeindevertretungen über eine Gebietsänderung müssen die von der Gebietsänderung betroffenen Flächen nach dem Liegenschaftskataster oder bei gemeindefreien Wasserflächen nach dem amtlichen Lagebezugssystem in Mecklenburg-Vorpommern sowie die Anzahl der von der Gebietsänderung betroffenen Einwohnerinnen und Einwohner bestimmen. [2]Bei Gebietsänderungen, die Teilgebiete von Gemeinden oder gemeindefreie Flächen betreffen, ist der Beschlussvorlage ein auf der Grundlage der automatisierten Liegenschaftskarte zu erstellender maßstabsgerechter Lageplan oder ein Auszug aus amtlichen topografischen Karten mit Kennzeichnung der von der Gebietsänderung betroffenen Flächen beizufügen. [3]Die Auszüge sollen im Format DIN A4 erstellt werden.

(2) [1]Haben Gemeinden einen Gebietsänderungsvertrag nach § 12 Absatz 1 der Kommunalverfassung geschlossen, so hat die zuständige Rechtsaufsichtsbehörde über die Erteilung der Genehmigung nach Vorlage folgender Unterlagen zu befinden:

1. ein Nachweis über die erfolgte Anhörung der betroffenen Bürgerinnen und Bürger,
2. Auszüge aus den Protokollen über die Beschlüsse der Gemeindevertretungen zum Gebietsänderungsvertrag sowie
3. eine Darlegung der aus Sicht der Gemeinden maßgebenden Gründe des öffentlichen Wohls für die Gebietsänderung.

[2]Der Gebietsänderungsvertrag ist der zuständigen Rechtsaufsichtsbehörde mindestens zwei Monate vor dem beabsichtigten Wirksamwerden der Gebietsänderung vorzulegen.

(3) [1]Für das Wirksamwerden der vertraglichen Gebietsänderung ist ein in der Zukunft liegender Zeitpunkt vorzusehen. [2]Aus Zweckmäßigkeitsgründen sollten die betroffenen Gemeinden hierfür den Ablauf des 30. Juni oder des 31. Dezember oder den Tag der nächsten Wahl zur Gemeindevertretung vereinbaren.

(4) [1]Gebietsänderungsverträge dürfen keinen der Beteiligten wirtschaftlich unverhältnismäßig belasten oder begünstigen; laufende Ausgleichszahlungen sollen einen Zeitraum von zehn Jahren nicht überschreiten. [2]Die Rechtsaufsichtsbehörde hat darauf zu achten, dass der Vertrag durchgeführt wird. [3]Dies gilt nicht, soweit sich die Verhältnisse seit dem Abschluss des Vertrages so wesentlich geändert haben, dass der Gemeinde ein Festhalten an den vertraglichen Bestimmungen nicht zumutbar ist. [4]Abweichungen vom Gebietsänderungsvertrag sind darüber hinaus aus wichtigem Grund zulässig, soweit hierüber Einvernehmen zwischen der Gemeindevertretung und der Vertretung des Ortsteils (§§ 42, 42a der Kommunalverfassung) besteht.

(5) Soweit der Wohnsitz oder der dauernde Aufenthalt in der Gemeinde für Rechte und Pflichten maßgebend ist, wird bei einer Gebietsänderung die Dauer des Wohnens oder des dauernden Aufenthalts in dem eingegliederten Gebiet auf die Dauer des Wohnens oder des dauernden Aufenthalts in der Gemeinde angerechnet.

(6) [1]Unterschiedliches Ortsrecht soll spätestens ein Jahr nach Wirksamwerden der Gebietsänderung durch einheitliches Ortsrecht ersetzt werden. [2]Für Abgabensatzungen kann im Gebietsänderungsvertrag eine Übergangsfrist von bis zu drei Jahren bestimmt werden.

(7) Eine Auseinandersetzung zwischen den betroffenen Gemeinden hat, soweit erforderlich, hinsichtlich des unbeweglichen und beweglichen Vermögens, des Verwaltungshaushalts und der Rechtsnachfolge aus Mitgliedschaften und Beteiligungen zu erfolgen.

(8) [1]Bei der Neubildung einer Gemeinde kann der Gebietsänderungsvertrag bestimmen, dass Bürgerentscheide zu im Gebietsänderungsvertrag aufzuführenden Fragen, die mit der Neubildung im Zusammenhang stehen, bereits vor dem Wirksamwerden der Neubildung durchgeführt werden. [2]Die Bürgerinnen und Bürger der sich zusammenschließenden Gemeinden gelten insoweit als Bürgerinnen und Bürger einer Gemeinde. [3]Im Gebietsänderungsvertrag ist zu bestimmen, welche Gemeinde für die Vorbereitung und Durchführung des Bürgerentscheides verantwortlich ist, sofern keine Übertragung dieser Aufgabe auf das Amt gemäß § 127 Absatz 4 der Kommunalverfassung erfolgt ist.

§ 12 Beteiligung des Ministeriums für Inneres und Sport

(1) [1]Verändert sich durch die Gebietsänderung der Mitgliederbestand oder die Einwohnerzahl eines Amtes, bedarf die Genehmigung der vorherigen Zustimmung des Ministeriums für Inneres und Sport. [2]Der Zustimmung nach Satz 1 bedarf es bei Gebietsänderungen innerhalb eines Amtes nicht, wenn

1. der Mitgliederbestand des Amtes nach der Gebietsänderung vier oder mehr beträgt,
2. die Mitgliedsgemeinden eines Amtes durch die Gebietsänderung geografisch nicht getrennt werden oder
3. die neue Gemeinde nicht die Hälfte oder mehr Mitglieder des Amtsausschusses stellt.

(2) [1]Hat die untere Rechtsaufsichtsbehörde die Gebietsänderung genehmigt, setzt sie das Ministerium für Inneres und Sport hiervon unverzüglich in Kenntnis. [2]Das Ministerium für Inneres und Sport gibt die Gebietsänderung im Amtsblatt für Mecklenburg-Vorpommern bekannt.

Abschnitt 5

Mitwirkungsrechte der Einwohner und Bürger

§ 13 Einwohnerantrag

(1) [1]Für die im Rahmen eines Einwohnerantrags erforderlichen Unterschriften sind Antragslisten oder Einzelanträge zu verwenden, die von jedem Antragsteller eigenhändig zu unterzeichnen sind. [2]Neben der Unterschrift sind Familienname, Vorname, Geburtsdatum, Anschrift sowie Datum der Unterzeichnung lesbar einzutragen. [3]Jeder neuen Unterschriftenseite der Antragslisten oder jedem Einzelantrag ist der Wortlaut des Antrags voranzustellen.

(2) [1]Der Einwohnerantrag muss bis zu drei Personen benennen, die berechtigt sind, die Unterzeichner zu vertreten. [2]Die Namen der Vertretungspersonen sind jeder neuen Unterschriftenseite der Antragslisten oder jedem Einzelantrag voranzustellen.

(3) [1]Der Einwohnerantrag muss schriftlich an die Gemeindevertretung gerichtet werden. [2]Die Entscheidung der Gemeindevertretung darüber, ob der Einwohnerantrag inhaltlich und hinsichtlich seiner formellen Voraussetzungen zulässig ist, ist den Vertretungspersonen bekannt zu geben.

(4) Vor der Behandlung eines zulässigen Einwohnerantrags durch die Gemeindevertretung sind die Vertretungspersonen in der Sitzung der Gemeindevertretung zu hören.

(5) Die Jahresfrist für einen weiteren Einwohnerantrag gleichen Inhalts beginnt mit dem Tag des Zugangs der Zulässigkeitsentscheidung der Gemeinde bei den Vertretungspersonen.

§ 14 Form des Bürgerbegehrens

(1) [1]Die durch ein Bürgerbegehren nach § 20 Absatz 4 und 5 der Kommunalverfassung eingebrachte Frage ist so zu formulieren, dass sie mit Ja oder Nein beantwortet werden kann. [2]Die Fragestellung muss das Ziel des Bürgerbegehrens eindeutig zum Ausdruck bringen. [3]Sie darf die freie und sachliche Willensbildung der Bürgerinnen und Bürger insbesondere nicht durch beleidigende, polemische oder suggestive Formulierungen gefährden. [4]Inhaltlich zusammengehörende Teilbereiche können zusammengefasst werden; in diesem Fall ist eine einheitliche Abstimmungsfrage zu formulieren. [5]Die Koppelung unterschiedlicher Bürgerbegehren in einem Verfahren ist nicht zulässig.

(2) Das Bürgerbegehren muss bis zu drei Personen benennen, die berechtigt sind, die Unterzeichnenden zu vertreten.

(3) [1]Der Kostendeckungsvorschlag muss auch die voraussichtlich zu erwartende Kostenhöhe der verlangten Maßnahme enthalten. [2]Auf Verlangen der Initiatoren eines Bürgerbegehrens gibt die Gemeinde im Rahmen ihrer Beratungspflicht nach § 20 Absatz 5 Satz 2 der Kommunalverfassung auch eine Einschätzung zur Kostenhöhe ab.

(4) Das Bürgerbegehren darf nur von Bürgern unterzeichnet werden, die am Tag des Eingangs des Antrags bei der Gemeinde dort zu den Gemeindewahlen wahlberechtigt sind.

(5) [1]Für die erforderlichen Unterschriften sind Antragslisten oder Einzelanträge zu verwenden, die von jedem Antragstellenden eigenhändig zu unterzeichnen sind. [2]Neben der Unterschrift sind Familienname, Vorname, Geburtsdatum, Anschrift sowie Datum der Unterzeichnung lesbar einzutragen. [3]Jeder neuen Unterschriftenseite der Antragslisten oder jedem Einzelantrag sind das Ziel des Bürgerbegehrens sowie die Namen der Vertretungspersonen nach Absatz 2 voranzustellen. [4]Außerdem sind den Antragstellenden vor der Eintragung die Begründung sowie der Kostendeckungsvorschlag in geeigneter Weise zur Kenntnis zu geben.

§ 15 Durchführung des Bürgerbegehrens

(1) [1]Das Bürgerbegehren muss schriftlich an die Gemeindevertretung gerichtet werden. [2]Nachdem das Bürgerbegehren eingereicht wurde, ist ein Nachreichen von Unterschriftslisten oder Einzelanträgen nur bis zur Einberufung der Sitzung der Gemeindevertretung, auf der über die Zulässigkeit des Bürgerbegehrens entschieden werden soll, sowie unter Einhaltung der Frist im Sinne des § 20 Absatz 4 Satz 2 der Kommunalverfassung zulässig. [3]Rechtzeitig vor der Entscheidung der Gemeindevertretung, ob das Bürgerbegehren inhaltlich und hinsichtlich seiner formellen Voraussetzungen zulässig ist, ist die Beschlussvorlage der Verwaltung der Rechtsaufsichtsbehörde zu übersenden. [4]Die Rechtsaufsichtsbehörde gibt hierzu eine Stellungnahme ab, die der Beschlussvorlage beizufügen ist. [5]Die Rechtsaufsichtsbehörde ist über die Entscheidung der Gemeindevertretung unverzüglich zu unterrichten. [6]Den Vertretungspersonen nach § 14 Absatz 2 ist die Entscheidung bekannt zu geben.

(2) Die Unterschriftensammlung für die Wiederholung eines Bürgerbegehrens nach § 20 Absatz 4 der Kommunalverfassung darf nicht vor Ablauf der zweijährigen Frist, gerechnet vom Tag des Bürgerentscheids in der gleichen Angelegenheit, beginnen.

(3) [1]Die Sechswochenfrist nach § 20 Absatz 4 der Kommunalverfassung beginnt mit dem Tag nach der Beschlussfassung der Gemeindevertretung, bei Beschlussfassung in nichtöffentlicher Sitzung mit der Bekanntmachung des Beschlusses gemäß § 31 Absatz 3 der Kommunalverfassung. [2]Gegen den Beschluss der Gemeindevertretung ist ein Bürgerbegehren auch dann gerichtet, wenn es den Beschluss nicht ausdrücklich erwähnt, sondern in positiver Formulierung ein anderes Vorhaben anstelle des von der Gemeindevertretung beschlossenen Vorhabens anstrebt.

§ 16 Vertreterbegehren

Wird ein Bürgerentscheid durch Beschluss der Gemeindevertretung gemäß § 20 Absatz 3 der Kommunalverfassung (Vertreterbegehren) eingeleitet, so gelten § 14 Absatz 1 und 3 Satz 1 und § 15 Absatz 1 Satz 2 bis 4 entsprechend mit der Maßgabe, dass das Ministerium für Inneres und Sport auf Antrag Ausnahmen von § 14 Absatz 1 Satz 1 zulassen kann.

§ 17 Vorbereitung des Bürgerentscheids

(1) [1]Die Gemeindevertretung entscheidet darüber, ob der Bürgerentscheid als Abstimmung in Abstimmungsräumen, im Rahmen einer Einwohnerversammlung (§ 18 Absatz 4) oder als reine Briefabstimmung (§ 18 Absatz 5) durchgeführt werden soll. [2]Für Bürgerentscheide, die nicht zusammen mit einer Wahl durchgeführt werden, entscheidet sie darüber hinaus, ob auch eine Briefabstimmung ermöglicht wird, auf die § 18 Absatz 5 entsprechend anzuwenden ist. [3]Außer in den Fällen des § 18 Absatz 4 und 5 findet der Bürgerentscheid an einem von der Gemeindevertretung festzulegenden Sonntag in der Zeit von 8.00 bis 18.00 Uhr statt. [4]In Gemeinden mit weniger als 1 000 Einwohnerinnen und Einwohnern können von Satz 3 abweichende Uhrzeiten festgelegt werden. [5]Der Abstimmungszeitraum muss mindestens sechs Stunden betragen. [6]Die Gemeinde macht frühestens sechs und spätestens zwei Wochen vor dem Beginn des Bürgerentscheids die zu entscheidende Frage, die Art der Durchführung des Bürgerentscheids nach Satz 1, den Abstimmungszeitraum sowie die Voraussetzungen für die Stimmberechtigung und die Stimmabgabe öffentlich bekannt. [7]Statt der öffentlichen Bekanntgabe der Stimmbezirke und Abstimmungsräume kann die Gemeinde die Stimmberechtigten hierüber schriftlich benachrichtigen.

(2) [1]Die von den Gemeindeorganen (§ 21 der Kommunalverfassung) vertretene Auffassung zu der gestellten Frage ist den Bürgerinnen und Bürgern so rechtzeitig vor dem Bürgerentscheid darzulegen, dass sie die maßgeblichen Argumente in ihre Entscheidung einbeziehen können. [2]Die Darlegung entfällt bei Bürgerentscheiden über die Abberufung der Bürgermeisterin oder des Bürgermeisters. [3]Die Darlegung kann insbesondere durch öffentliche Bekanntmachung oder in einer Einwohnerversammlung erfolgen. [4]Die Auffassung der Gemeindeorgane kann zusammengefasst dargestellt werden. [5]Dabei kann in der öffentlichen Bekanntmachung darauf hingewiesen werden, dass eine Darstellung der vollständigen Auffassung der Gemeindeorgane bei der Gemeinde zur Einsichtnahme ausliegt. [6]§ 14 Absatz 1 Satz 4 gilt entsprechend.

(3) [1]Für die Fragestellung des Bürgerentscheids ist die Formulierung des jeweiligen Bürger- oder Vertreterbegehrens zu verwenden. [2]Mit Zustimmung der Vertretungspersonen kann die Gemeindevertretung die Formulierung des Bürgerbegehrens so verändern, dass die Verständlichkeit der Fragestellung erhöht oder eine zuvor unzulässige Fragestellung zulässig wird.

(4) [1]Gemeinden bis 5 000 Einwohnerinnen und Einwohner bilden mindestens einen Stimmbezirk. [2]Größere Gemeinden sind in mehrere Stimmbezirke einzuteilen, die nicht mehr als 5 000 Einwohnerinnen und Einwohner umfassen dürfen. [3]In jedem Stimmbezirk ist ein Abstimmungsraum einzurichten. [4]Die Gemeinde erstellt frühestens vier Wochen vor dem Bürgerentscheid, getrennt nach Stimmbezirken, ein Verzeichnis der stimmberechtigten Bürgerinnen und Bürger.

(5) [1]Die Gemeindevertretung einer amtsangehörigen Gemeinde kann durch Beschluss die Aufgaben der Abstimmungsleitung auf die Wahlleitung beim Amt übertragen oder selbst in entsprechender Anwendung von § 9 Absatz 3 des Landes- und Kommunalwahlgesetzes eine Abstimmungsleitung wählen. [2]Die Abstimmungsleitung hat die Rechte, Pflichten und Aufgaben der Gemeindewahlleitung nach dem Landes- und Kommunalwahlgesetz und der aufgrund dieses Gesetzes erlassenen Rechtsvorschriften, wobei an die Stelle des Wahlausschusses ein Abstimmungsausschuss und an die Stelle der Wahlvor-

stände Abstimmungsvorstände treten. [3]Der Abstimmungsausschuss wird in entsprechender Anwendung von § 10 Absatz 1 des Landes- und Kommunalwahlgesetzes gebildet, wobei neben die Parteien und Wählergruppen auch die Initiatoren des Bürgerentscheides treten.

(6) [1]Findet der Bürgerentscheid zusammen mit einer Wahl statt, gilt für die Vorbereitung und Durchführung des Bürgerentscheids Folgendes: Soweit in dieser Verordnung nichts Abweichendes geregelt ist, finden die Regelungen des Landes- und Kommunalwahlgesetzes und der aufgrund dieses Gesetzes erlassenen Rechtsvorschriften entsprechende Anwendung. [2]Findet der Bürgerentscheid zusammen mit einer Wahl nach dem Bundeswahlgesetz oder dem Europawahlgesetz statt, gehen die für diese Wahl geltenden wahlrechtlichen Regelungen vor. [3]Die zuständigen Wahlorgane nehmen die ihnen für die Vorbereitung der Wahl übertragenen Aufgaben entsprechend auch für die Vorbereitung des Bürgerentscheids wahr.

§ 18 Durchführung des Bürgerentscheids

(1) [1]Die Abstimmung ist allgemein, frei, gleich, unmittelbar und geheim. [2]Die Gemeinde führt den Bürgerentscheid so durch, dass die Einhaltung dieser Abstimmungsgrundsätze gewährleistet und eine Verfälschung der Abstimmung ausgeschlossen ist. [3]Auf Verlangen, insbesondere wenn Zweifel an ihrer Identität bestehen, haben die Stimmberechtigten einen amtlichen Lichtbildausweis vorzulegen, bevor sie den Stimmzettel erhalten. [4]Die Stimmabgabe ist im Verzeichnis der stimmberechtigten Bürgerinnen und Bürger zu vermerken. [5]Die Abstimmungsräume sind während der Abstimmung und der Auszählung für die Öffentlichkeit zugänglich.

(2) [1]Nach Schließung der Abstimmungsräume ermitteln die Abstimmungsvorstände in öffentlicher Sitzung das Abstimmungsergebnis im Stimmbezirk, über das eine Niederschrift anzufertigen ist, und teilen es dem Abstimmungsausschuss mit. [2]Dieser stellt in öffentlicher Sitzung das Stimmergebnis für die gesamte Gemeinde fest und erstellt hierüber eine Niederschrift. [3]Das Ergebnis des Bürgerentscheids ist durch die Gemeinde unverzüglich öffentlich bekannt zu machen und dem Ministerium für Inneres und Sport auf dem Dienstweg mitzuteilen.

(3) [1]Wird bei der Vorbereitung oder der Durchführung des Bürgerentscheids gegen Vorschriften der Kommunalverfassung oder dieser Verordnung verstoßen, berührt dies die Wirksamkeit des Bürgerentscheids nur, wenn sich diese Verstöße auf das Ergebnis des Bürgerentscheids ausgewirkt haben können. [2]In diesem Fall kann die Rechtsaufsichtsbehörde den Bürgerentscheid beanstanden.

(4) [1]Abweichend von den vorstehenden Regelungen kann in Gemeinden bis 3 000 Einwohnerinnen und Einwohner ein Bürgerentscheid auch im Rahmen einer Einwohnerversammlung in offener Abstimmung durchgeführt werden. [2]Es sind Stimmkarten zu verwenden, die nur an Bürgerinnen und Bürger der Gemeinde ausgegeben werden dürfen.

(5) [1]Soweit die Gemeindevertretung dies beschließt, kann der Bürgerentscheid als reine Briefabstimmung durchgeführt werden. [2]In diesem Fall werden die Briefabstimmungsunterlagen jedem Abstimmungsberechtigten unaufgefordert übersandt. [3]Den Bürgerinnen und Bürgern ist in dem Übersendungsschreiben mitzuteilen, bis wann die Abgabe oder Rücksendung des Stimmzettels erfolgt sein muss und wann und wo die öffentliche Auszählung erfolgt, für die Absatz 2 entsprechende Anwendung findet. [4]Die Gemeindevertretung bestimmt, welche technischen oder organisatorischen Vorkehrungen gegen eine mehrfache Teilnahme an der Abstimmung getroffen werden, oder sie überträgt diese Entscheidung auf die Abstimmungsleitung. [5]Für Bürgerentscheide nach § 20 Absatz 7 der Kommunalverfassung ist das Briefwahlverfahren nach § 26 des Landes- und Kommunalwahlgesetzes entsprechend anzuwenden.

Abschnitt 6
Zuwendungen von Haushaltsmitteln an Fraktionen

§ 19 Zuwendungen von Haushaltsmittel an Fraktionen

(1) Als ständigen Gliederungen kommunaler Vertretungsorgane kann den Fraktionen in Gemeindevertretungen zur Erfüllung ihrer Aufgaben Unterstützung aus Haushaltsmitteln gewährt werden.

(2) Die Unterstützung kann erfolgen

1. durch Geldmittel,
2. durch Sachmittel und
3. durch Bereitstellung von Personal.

(3) [1]Eine Unterstützung ist nur zulässig, soweit sie sich auf die Erfüllung von Aufgaben bezieht, für die die Fraktionen zuständig sind. [2]Unzulässig ist eine Unterstützung, die
1. eine verdeckte Parteienfinanzierung darstellen würde, wie insbesondere Zuschüsse zu Wahlkampfzwecken oder für die Teilnahme an Parteiveranstaltungen, oder
2. dem Ersatz von Aufwendungen dient, deren Abgeltung dem Grunde nach durch § 27 der Kommunalverfassung geregelt ist.

(4) Auch für die Unterstützung zulässiger Fraktionsaufgaben sind die finanzielle Leistungsfähigkeit der Gemeinde, die Grundsätze der Wirtschaftlichkeit und der Sparsamkeit sowie die allgemeinen haushalts- und kassenrechtlichen Bestimmungen zu beachten.

(5) [1]Über die zweckentsprechende Verwendung der gewährten Mittel ist innerhalb von drei Monaten nach Ablauf des Haushaltsjahres durch Vorlage eines Sachberichts und eines zahlenmäßigen Nachweises ein Verwendungsnachweis zu führen. [2]Die Fraktionsvorsitzenden haben die bestimmungsgemäße Verwendung der Mittel zu versichern. [3]In dem Sachbericht ist die Verwendung der Haushaltsmittel darzustellen. [4]In dem zahlenmäßigen Nachweis sind die Erträge und Aufwendungen, gegliedert nach wesentlichen Ertrags- und Aufwandsarten, summarisch auszuweisen. [5]Soweit Bedienstete der Gemeinde unter Weiterzahlung ihrer Bezüge bei einer Fraktion beschäftigt oder für eine Fraktion tätig sind, müssen sie unbeschadet einer Darstellung im Stellenplan in dem Verwendungsnachweis aufgeführt sein. [6]Bei anderen Fraktionsbediensteten sind zur Nachprüfung eines zulässigen Einsatzes sowie einer tarifgerechten Eingruppierung und Vergütung mindestens die Art der Tätigkeit sowie die regelmäßige Wochenarbeitszeit anzugeben. [7]Den Stellen der örtlichen und der überörtlichen Prüfung ist auf Verlangen Einsicht in die Belege zu gewähren.

(6) [1]Nach Ablauf der Wahlperiode oder bei Auflösung einer Fraktion aus anderen Gründen sind nicht verbrauchte Geldmittel und Sachmittel an die Gemeinde zurückzugeben. [2]Geldmittel, für die im Rahmen der jährlichen Rechnungsprüfung ein Nachweis der zweckentsprechenden Verwendung nicht geführt werden kann, sind mit künftigen Leistungen zu verrechnen, oder, wenn eine Verrechnung nicht möglich ist, von der Fraktion zurückzuerstatten. [3]Für den Wert nicht bestimmungsgemäß verwendeter Sachmittel oder eines nicht bestimmungsgemäß erfolgten Personaleinsatzes gilt Satz 2 entsprechend. [4]Der Bürgermeister hat die nach den Sätzen 1 bis 3 erforderlichen Maßnahmen von Amts wegen zu veranlassen.

Abschnitt 7
Auseinandersetzung bei der Änderung und Auflösung von Ämtern

§ 20 Auseinandersetzung bei der Änderung und Auflösung von Ämtern

(1) Wird ein Amt so geändert oder aufgelöst, dass die bisher dem Amtsvorsteher dieses Amtes obliegenden Aufgaben auf unterschiedliche Behörden übergehen, findet zwischen den Rechtsträgern dieser Behörden eine Auseinandersetzung nach § 125 Absatz 7 der Kommunalverfassung statt.

(2) Die Auseinandersetzung hat das Ziel, die vor der Änderung oder Auflösung bestehende Gemeinsamkeit von Rechten und Pflichten aufzulösen und in einer dem öffentlichen Wohl entsprechenden Weise auf die verschiedenen Rechtsträger zu verteilen.

(3) [1]Grundlage des von der Rechtsaufsichtsbehörde zu erlassenden Verwaltungsaktes soll eine von den Rechtsträgern abgeschlossene Vereinbarung sein. [2]Kommt eine solche Vereinbarung nicht zu Stande, entscheidet die Rechtsaufsichtsbehörde über die Auseinandersetzung nach pflichtgemäßem Ermessen und nach Maßgabe der Sätze 3 bis 6. [3]In der Regel ist der Maßstab für die Verteilung der Rechte und Pflichten der auf die verschiedenen Rechtsträger entfallende Einwohneranteil. [4]Soweit eine dementsprechende Verteilung der Dienst- und Arbeitsverhältnisse nicht möglich ist, soll in der Auseinandersetzungsregelung bestimmt werden, dass der nicht in dem errechneten Umfang Personal übernehmende Rechtsträger eine einmalige Ausgleichszahlung an den Rechtsträger zu leisten hat, bei dem das überzählige Personal verbleibt. [5]Der Ausgleichsbetrag beträgt 50 000 Euro pro rechnerisch zu übertragendem Mitarbeiter. [6]Die Zahl der Mitarbeiter wird auf eine Nachkommastelle berechnet und nicht gerundet.

(4) Zur Ermittlung des Wertes von Vermögensgegenständen, die der Auseinandersetzung unterliegen, ist die Rechtsaufsichtsbehörde befugt, Gutachten einzuholen, deren Kosten von den Rechtsträgern zu gleichen Teilen zu tragen sind.

Abschnitt 8
Schlussvorschriften

§ 21 Geltung für Landkreise, Ämter und Zweckverbände
(1) Die Vorschriften der §§ 2 bis 19 gelten für Landkreise entsprechend.
(2) Die Vorschriften der §§ 2 bis 9 gelten für Ämter und Zweckverbände entsprechend.

§ 22 Inkrafttreten, Außerkrafttreten
[1]Diese Verordnung tritt am Tag nach ihrer Verkündung[1)] in Kraft. [2]Gleichzeitig tritt die Durchführungsverordnung zur Kommunalverfassung vom 4. März 2008 (GVOBl. M-V S. 85), die zuletzt durch Artikel 2 der Verordnung vom 26. Oktober 2011 (GVOBl. M-V S. 1019) geändert worden ist, außer Kraft.

1) Verkündet am 25. 5. 2012.

Gemeindehaushaltsverordnung-Doppik (GemHVO-Doppik)

Vom 25. Februar 2008 (GVOBl. M-V S. 34)
(GS Meckl.-Vorp. Gl. Nr. 2020-2-44)

zuletzt geändert durch Art. 13 G zur Neufassung des FinanzausgleichsG Mecklenburg-Vorpommern und zur Änd. weiterer G vom 9. April 2020 (GVOBl. M-V S. 166)

Aufgrund des § 174 Abs. 1 Nr. 9 bis 17 und Abs. 2 Nr. 1 bis 8 und Nr. 10 bis 17 der Kommunalverfassung in der Fassung der Bekanntmachung vom 8. Juni 2004 (GVOBl. M-V S. 205), zuletzt geändert durch Artikel 2 Nr. 31 des Gesetzes vom 14. Dezember 2007 (GVOBl. M-V S. 410), verordnet das Innenministerium:

Inhaltsübersicht

Abschnitt 1
Haushaltsplan

§ 1 Anlagen

Dem Haushaltsplan sind als Anlagen beizufügen:
1. der Vorbericht,
2. eine Übersicht über die aus Verpflichtungsermächtigungen in den einzelnen Haushaltsjahren voraussichtlich fällig werdenden Auszahlungen,
3. eine Übersicht über den voraussichtlichen Stand der Verbindlichkeiten aus Krediten für Investitionen und Investitionsförderungsmaßnahmen, der Kassenkredite, der kreditähnlichen Rechtsgeschäfte sowie der Rückstellungen zum Beginn und zum Ende des Haushaltsjahres,
4. das der Ergebnis- und Finanzplanung zu Grunde liegende Investitionsprogramm,
5. der Nachweis der dauernden Leistungsfähigkeit nach § 17,
6. eine Übersicht über die Zuwendungen an die Fraktionen,
7. die Wirtschaftspläne der Eigenbetriebe, der sonstigen Sondervermögen, für die Sonderrechnungen geführt werden, sowie der Unternehmen und Einrichtungen mit eigener Rechtspersönlichkeit, an denen die Gemeinde mit maßgeblichem Einfluss beteiligt ist,
8. die neuesten geprüften Jahresabschlüsse der Eigenbetriebe, der sonstigen Sondervermögen, für die Sonderrechnungen geführt werden, sowie der Unternehmen und Einrichtungen mit eigener Rechtspersönlichkeit, an denen die Gemeinde mit maßgeblichem Einfluss beteiligt ist, sofern die Gemeindevertretung diese nicht bereits festgestellt oder zur Kenntnis genommen hat,
9. eine Übersicht über die Wirtschaftslage und die voraussichtliche Entwicklung der Unternehmen und Einrichtungen, an denen die Gemeinde nicht mit maßgeblichem Einfluss beteiligt ist,
10. die Wirtschaftspläne der rechtsfähigen Anstalten des öffentlichen Rechts – mit Ausnahme der Sparkassen –, für die die Gemeinde Gewährträger ist,
11. die Wirtschaftspläne/Haushaltspläne der Zweckverbände – mit Ausnahme der Zweckverbände, die ausschließlich Beteiligungen an Sparkassen halten –, bei denen die Gemeinde Mitglied mit maßgeblichem Einfluss ist und zu denen sie im laufenden Haushaltsjahr wesentliche Finanzbeziehungen unterhält,
12. eine Übersicht über die Finanzdaten der Teilhaushalte gemäß § 4 Absatz 11,
13. eine Übersicht über Erträge und Aufwendungen,
14. eine Übersicht über die Zusammensetzung und Entwicklung des Saldos der liquiden Mittel und der Kassenkredite im Finanzplanungszeitraum, unterteilt in laufende Ein- und Auszahlungen, Ein- und Auszahlungen aus Investitionstätigkeit sowie Ein- und Auszahlungen aus durchlaufenden Geldern und ungeklärten Zahlungsvorgängen,
15. eine Übersicht über die im Stellenplan enthaltenen Stellen nach Besoldungs- und Entgeltgruppen (Stellenplanquerschnitt),
16. eine Übersicht mit einer Gegenüberstellung der im Haushaltsvorjahr ausgewiesenen sowie der am 30. Juni des Haushaltsvorjahres tatsächlich besetzten Stellen zu den im Haushaltsjahr geplanten Stellen (Veränderungsliste).

§ 2 Ergebnishaushalt

(1) [1]Im Ergebnishaushalt sind mindestens die folgenden Posten gesondert in der angegebenen Reihenfolge auszuweisen, soweit ihnen Erträge oder Aufwendungen zuzuordnen sind:

1. Steuern und ähnliche Abgaben,
2. Zuwendungen, allgemeine Umlagen und sonstige Transfererträge,
3. Erträge der sozialen Sicherung,
4. Öffentlich-rechtliche Leistungsentgelte,
5. Privatrechtliche Leistungsentgelte,
6. Kostenerstattungen und Kostenumlagen,
7. Andere aktivierte Eigenleistungen,
8. Zinserträge und sonstige Finanzerträge,
9. Sonstige Erträge,
10. Summe der Erträge (Summe der Nummern 1 bis 9),
11. Personalaufwendungen;
12. Versorgungsaufwendungen,
13. Aufwendungen für Sach- und Dienstleistungen,
14. Abschreibungen,
15. Zuwendungen, Umlagen und sonstige Transferaufwendungen,
16. Aufwendungen der sozialen Sicherung,
17. Zinsaufwendungen und sonstige Finanzaufwendungen,
18. Sonstige Aufwendungen,
19. Summe der Aufwendungen (Summe der Nummern 11 bis 18),
20. Jahresergebnis (Jahresüberschuss/Jahresfehlbetrag) vor Veränderung der Rücklagen (Saldo der Nummern 10 und 19),
21. Einstellung in die Kapitalrücklage,
22. Entnahme aus der Kapitalrücklage,
23. Einstellung in die Rücklage für Belastungen aus dem kommunalen Finanzausgleich,
24. Entnahme aus der Rücklage für Belastungen aus dem kommunalen Finanzausgleich,
25. Jahresergebnis (Jahresüberschuss/Jahresfehlbetrag, Nummer 20 zuzüglich Nummern 22 und 24 abzüglich Nummern 21 und 23),

nachrichtlich:

26. Ergebnisvortrag aus dem Haushaltsvorjahr,
27. Ergebnis (Überschuss/Fehlbetrag) zum 31. Dezember des Haushaltsjahres (Summe der Nummern 25 und 26).

[2]Der Ergebnishaushalt des Haushaltsplanes eines Städtebaulichen Sondervermögens ist bei dem Posten „Sonstige laufende Erträge“ um einen Unterposten „darunter Erhöhung des Bestandes an fertigen und unfertigen Erzeugnissen“ und bei dem Posten „Sonstige Aufwendungen“ um einen Unterposten „darunter Verminderung des Bestandes an fertigen und unfertigen Erzeugnissen“ zu ergänzen.

(2) Die Zuordnung von Erträgen und Aufwendungen zu den Posten des Ergebnishaushaltes ist auf der Grundlage des vom Ministerium für Inneres und Europa als Verwaltungsvorschrift bekannt gegebenen Kontenrahmenplanes vorzunehmen.

§ 3 Finanzhaushalt

(1) [1]Im Finanzhaushalt sind mindestens die folgenden Posten gesondert in der angegebenen Reihenfolge auszuweisen, soweit ihnen Einzahlungen oder Auszahlungen zuzuordnen sind:

1. Steuern und ähnliche Abgaben,
2. Zuwendungen, allgemeine Umlagen und sonstige Transfereinzahlungen,
3. Einzahlungen der sozialen Sicherung,
4. Öffentlich-rechtliche Leistungsentgelte,
5. Privatrechtliche Leistungsentgelte,
6. Kostenerstattungen und Kostenumlagen,
7. Zinseinzahlungen und sonstige Finanzeinzahlungen,
8. Sonstige laufende Einzahlungen,
9. Summe der laufenden Einzahlungen (Summe der Nummern 1 bis 8),
10. Personalauszahlungen,
11. Versorgungsauszahlungen,
12. Auszahlungen für Sach- und Dienstleistungen,
13. Zuwendungen, Umlagen und sonstige Transferauszahlungen,

14. Auszahlungen der sozialen Sicherung,
15. Zinsauszahlungen und sonstige Finanzauszahlungen,
16. Sonstige laufende Auszahlungen,
17. Summe der laufenden Auszahlungen (Summe der Nummern 10 bis 16),
18. jahresbezogener Saldo der laufenden Ein- und Auszahlungen vor planmäßiger Tilgung (Saldo der Nummern 9 und 17),
19. Einzahlungen aus Investitionszuwendungen,
20. Einzahlungen aus Beiträgen und ähnlichen Entgelten,
21. Einzahlungen aus Anlagevermögen,
22. Einzahlungen aus sonstigen Ausleihungen und Kreditgewährungen,
23. Sonstige Investitionseinzahlungen,
24. Summe der Einzahlungen aus Investitionstätigkeit (Summe der Nummern 19 bis 23),
25. Auszahlungen für Anlagevermögen,
26. Auszahlungen für sonstige Ausleihungen und Kreditgewährungen,
27. Sonstige Investitionsauszahlungen,
28. Summe der Auszahlungen aus Investitionstätigkeit (Summe der Nummern 25 bis 27),
29. Saldo der Ein- und Auszahlungen aus Investitionstätigkeit (Saldo der Nummern 24 und 28),
30. Finanzmittelüberschuss/Finanzmittelfehlbetrag (Summe der Nummern 18 und 29),
31. Einzahlungen aus der Aufnahme von Krediten für Investitionen und Investitionsförderungsmaßnahmen,
32. Auszahlungen für die planmäßige Tilgung von Krediten für Investitionen und Investitionsförderungsmaßnahmen,
33. Sonstige Auszahlungen zur Tilgung von Krediten für Investitionen und Investitionsförderungsmaßnahmen,
34. Saldo der Ein- und Auszahlungen aus Krediten für Investitionen und Investitionsförderungsmaßnahmen (Nummer 31 abzüglich Nummern 32 und 33),
35. Saldo der durchlaufenden Gelder und ungeklärten Zahlungsvorgänge,
36. Veränderung der liquiden Mittel und der Kassenkredite (Summe der Nummern 30, 34 und 35),
37. jahresbezogener Saldo der laufenden Ein- und Auszahlungen (Saldo der Nummern 18 und 32)

nachrichtlich:

38. Saldo der laufenden Ein- und Auszahlungen zum 31. Dezember des Haushaltsvorjahres,
39. Saldo der laufenden Ein- und Auszahlungen zum 31. Dezember des Haushaltsjahres (Summe der Nummern 37 und 38),
    darunter:
    - Zuführung zum investiven Bereich aus einem positiven Saldo der laufenden Ein- und Auszahlungen zum 31. Dezember des Haushaltsjahres [Einzahlung in Nummer 23 (Sonstige Investitionseinzahlungen) und Auszahlung in Nummer 16 (Sonstige laufende Auszahlungen) enthalten],
    - Zuführung zur Deckung eines negativen Saldos der laufenden Ein- und Auszahlungen zum 31. Dezember des Haushaltsjahres aus dem investiven Bereich [Einzahlung in Nummer 8 (Sonstige laufende Einzahlungen) und Auszahlung in Nummer 27 (Sonstige Investitionsauszahlungen) enthalten]
    - Zuführung gemäß § 12 Nummer 6 zum laufenden Bereich.

[2]Amtsangehörige Gemeinden haben anstelle des Satzes 1 Nummer 36 die Veränderung der Forderungen und der Verbindlichkeiten aus Kassenkrediten gegenüber dem Amt auszuweisen. [3]Ämter haben bei dem Posten nach Satz 1 Nummer 36 nur den auf ihren Haushalt entfallenden Anteil an den Kassenkrediten und den liquiden Mitteln auszuweisen. [4]Die Sätze 2 und 3 gelten für die zuständige Verwaltungsbehörde des Amtes entsprechend. [5]Der Finanzhaushalt des Haushaltsplanes eines Städtebaulichen Sondervermögens ist bei dem Posten „Sonstige laufende Einzahlungen" um einen Unterposten „darunter Erhöhung des Bestandes an fertigen und unfertigen Erzeugnissen" und bei dem Posten „Sonstige laufende Auszahlungen" um einen Unterposten „darunter Verminderung des Bestandes an fertigen und unfertigen Erzeugnissen" zu ergänzen.

(2) Die Zuordnung von Ein- und Auszahlungen zu den Posten des Finanzhaushaltes ist auf der Grundlage des vom Ministerium für Inneres und Europa als Verwaltungsvorschrift bekannt gegebenen Kontenrahmenplanes vorzunehmen.

§ 4 Teilhaushalte

(1) [1]Der Haushalt der Gemeinde ist angemessen in Teilhaushalte zu gliedern. [2]Jeder Teilhaushalt besteht aus:

1. einem Teilergebnishaushalt,
2. einem Teilfinanzhaushalt.

[3]Jeder Teilhaushalt bildet eine Bewirtschaftungseinheit; die Bewirtschaftungsregelungen sind im Haushaltsplan oder im Teilhaushalt anzugeben.

(2) [1]Die Teilhaushalte sind produktorientiert auf der Grundlage des vom Ministerium für Inneres und Europa als Verwaltungsvorschrift bekannt gegebenen Produktrahmenplanes funktional oder nach der örtlichen Organisation institutionell zu gliedern. [2]Die wesentlichen Produkte sind teilhaushaltsbezogen zu bestimmen. [3]Zu den wesentlichen Produkten sind Ziele und Leistungen zu beschreiben sowie Leistungsmengen und Kennzahlen zu Zielvorgaben anzugeben. [4]Die Ziele und Kennzahlen sollen zur Grundlage der Gestaltung, der Planung, der Steuerung und der Erfolgskontrolle des jährlichen Haushaltes gemacht werden. [5]Für jeden Teilhaushalt sind die Finanzdaten des Haushaltsjahres für die wesentlichen und sonstigen Produkte darzustellen. [6]Dabei können die Finanzdaten der sonstigen Produkte zusammengefasst dargestellt werden.

(3) [1]Hauptproduktbereiche, Produktbereiche, Produktgruppen oder Produkte können zu einem Teilhaushalt zusammengefasst oder auf mehrere Teilhaushalte aufgeteilt werden. [2]Der Hauptproduktbereich „6 Zentrale Finanzleistungen" des Produktrahmenplanes ist als Teilhaushalt auszuweisen, sofern die Produkte der Produktgruppe „612 Sonstige allgemeine Finanzwirtschaft (soweit nicht einem anderen Produkt direkt zugeordnet)" und des Produktbereiches „62 Beteiligungen, Sondervermögen (soweit nicht einem anderen Produkt direkt zugeordnet)" nicht anderen Teilhaushalten direkt sachbezogen zugeordnet werden. [3]Erfolgt im Laufe des Haushaltsjahres eine Änderung der Organisationsstruktur mit Auswirkungen auf die Zuordnung zu den Teilhaushalten oder den Produkten, können die Haushaltsansätze entsprechend neu zugeordnet werden.

(4) [1]Der Bürgermeister regelt die Grundsätze über die Verrechnung der internen Leistungsbeziehungen zwischen den Teilhaushalten in einer Dienstanweisung. [2]Aufwendungen und Auszahlungen aus internen Leistungsbeziehungen sind Erträge und Einzahlungen aus internen Leistungsbeziehungen in gleicher Höhe gegenüberzustellen.

(5) [1]In jedem Teilergebnishaushalt sind mindestens die Posten nach § 2 Absatz 1 Nummer 1 bis 19 auszuweisen, soweit ihnen Erträge oder Aufwendungen zuzuordnen sind. [2] Zusätzlich sind folgende Posten auszuweisen:

1. unter Nummer 20: Jahresergebnis des Teilhaushaltes vor Verrechnung der internen Leistungsbeziehungen und vor Veränderung der Rücklagen (Saldo der Nummern 10 und 19),
2. unter Nummer 21: Erträge aus internen Leistungsbeziehungen,
3. unter Nummer 22: Aufwendungen aus internen Leistungsbeziehungen,
4. unter Nummer 23: Jahresergebnis des Teilhaushaltes nach Verrechnung der internen Leistungsbeziehungen und vor Veränderung der Rücklagen (Nummer 20 zuzüglich Nummer 21 abzüglich Nummer 22).

(6) [1]In jedem Teilfinanzhaushalt sind mindestens die Posten nach § 3 Absatz 1 Satz 1 Nummer 1 bis 29 auszuweisen, soweit ihnen Einzahlungen oder Auszahlungen zuzuordnen sind. [2]Zusätzlich sind unter Nummer 18 folgende Posten auszuweisen:

1. Nummer 18.1: Saldo der Ein- und Auszahlungen aus internen Leistungsbeziehungen,
2. Nummer 18.2: jahresbezogener Saldo der laufenden Ein- und Auszahlungen vor planmäßiger Tilgung nach Verrechnung der internen Leistungsbeziehungen (Summe der Nummern 18 und 18.1).

[3]Unter Nummer 30 ist der Finanzmittelüberschuss/Finanzmittelfehlbetrag des Teilhaushaltes auszuweisen (Summe der Nummern 18.2 und 29).

(7) [1]Investitionen und Investitionsförderungsmaßnahmen, die sich über mehrere Haushaltsjahre erstrecken oder die die von der Gemeindevertretung festgelegten Wertgrenzen für die in § 3 Absatz 1 Satz 1 Nummer 25 bis 27 genannten Auszahlungen überschreiten, sind einzeln im Teilfinanzhaushalt

in einer Investitionsübersicht darzustellen. [2]Neue Investitionen und Investitionsförderungsmaßnahmen sind zu erläutern.

(8) [1]Verpflichtungsermächtigungen sind in den Teilhaushalten maßnahmenbezogen zu veranschlagen. [2]Es ist anzugeben, wie sich die Verpflichtungen voraussichtlich auf die künftigen Haushaltsjahre verteilen werden. [3]Die Notwendigkeit und die Höhe der einzelnen Verpflichtungsermächtigung sind zu erläutern.

(9) In den Teilhaushalten sind ferner zu erläutern:

1. Ansätze für Aufwendungen und Auszahlungen zur Erfüllung von Verträgen, die die Gemeinde über ein Haushaltsjahr hinaus zu erheblichen Zahlungen verpflichten,
2. Abschreibungen, soweit sie erheblich von den planmäßigen Abschreibungen abweichen oder die Abschreibungsmethode von der im Haushaltsvorjahr angewendeten Abschreibungsmethode abweicht,
3. im Teilhaushalt enthaltene Haushaltsvermerke gemäß den §§ 13 bis 15,
4. wesentliche Ansätze von Erträgen und Aufwendungen sowie laufenden Ein- und Auszahlungen, soweit sie von den Ansätzen des Haushaltsvorjahres erheblich abweichen,
5. andere besondere Bestimmungen in den Teilhaushalten.

(10) Erläuterungen gemäß Absatz 7 Satz 2 und Absatz 9 können statt im Teilhaushalt im Vorbericht erfolgen; es ist dabei der Teilhaushalt, auf den sich die Erläuterungen beziehen, anzugeben.

(11) [1]Wenn der Haushaltsplan der Gemeinde in mehr als zwei Teilhaushalte gegliedert ist, ist diesem eine Übersicht über die Finanzdaten der Teilhaushalte als Anlage beizufügen. [2]In dieser sind die Planansätze der einzelnen Teilergebnis- und Teilfinanzhaushalte entsprechend der Gliederung nach Absatz 5 und 6 darzustellen.

§ 4a Stellenplan

(1) [1]Im Stellenplan sind die im Haushaltsjahr erforderlichen Stellen der Beamtinnen und Beamten und der nicht nur vorübergehend beschäftigten Arbeitnehmerinnen und Arbeitnehmer aufgestellt nach Teilbereichen entsprechend der organisatorischen Gliederung der Verwaltung auszuweisen. [2]Bei Beamtinnen und Beamten ist die Amtsbezeichnung und bei Arbeitnehmerinnen und Arbeitnehmern die Funktion anzugeben. [3]Als vorübergehend beschäftigt gelten solche Beschäftigte, deren Dienstleistung auf insgesamt höchstens sechs Monate begrenzt ist. [4]Im Stellenplan sind

1. Stellen von Widerrufsbeamtinnen und -beamten und für Auszubildende,
2. Stellen für Beamtinnen und Beamte, die zu anderen Dienstherren oder Institutionen abgeordnet oder die ohne Dienstbezüge beurlaubt worden sind,

nachrichtlich aufzuführen.

(2) Dem Stellenplan sind als Anlagen die Übersichten nach § 1 Nummer 15 und 16 beizufügen.

(3) [1]Der Bürgermeister darf eine Planstelle in einen anderen Teilbereich des Stellenplans umsetzen, wenn dort ein vordringlicher Personalbedarf entsteht. [2]Über den weiteren Verbleib der Planstelle ist im nächsten Haushaltsplan zu bestimmen.

(4) [1]Stellen, die nicht mehr benötigt werden, sind unter Angabe eines bestimmten Zeitpunktes als künftig wegfallend (kw) zu bezeichnen. [2]Stellen, die zu einem späteren Zeitpunkt anders bewertet werden sollen, sind als künftig umzuwandeln (ku) zu bezeichnen. [3]Dabei ist die künftige Bewertung anzugeben. [4]Bei Stellen, die länger als ein Jahr unbesetzt waren, ist zu vermerken, seit wann die Stellen unbesetzt sind. [5]Soweit Stellen als künftig wegfallend oder künftig umzuwandeln bezeichnet worden sind, dürfen diese nach Wirksamwerden des Vermerkes nicht mehr oder nicht mehr entsprechend ihrer früheren Ausweisung besetzt werden.

(5) Besetzbare Planstellen für Beamtinnen und Beamte können bei Bedarf vorübergehend mit Arbeitnehmerinnen und Arbeitnehmern besetzt werden, die nach ihren Tätigkeitsmerkmalen eine vergleichbare Tätigkeit ausüben.

(6) [1]Jede Stelle darf grundsätzlich nur mit einer Stelleninhaberin oder einem Stelleninhaber besetzt sein. [2]Die Besetzung einer Stelle mit zwei Teilzeitbeschäftigten der gleichen oder einer niedrigeren Besoldungs- oder Entgeltgruppe ist zulässig, soweit die Gesamtarbeitszeit der Teilzeitbeschäftigten auf dieser Stelle die regelmäßige Arbeitszeit eines Vollzeitbeschäftigten nicht überschreitet. [3]Bei Stellen für Teilzeitbeschäftigte ist im Stellenplan die jeweils festgelegte Anzahl der wöchentlichen Arbeitsstunden anzugeben. [4]Satz 2 gilt entsprechend.

§ 5 Vorbericht

[1]Der Vorbericht gibt einen Überblick über die Entwicklung der Haushaltswirtschaft im Haushaltsjahr unter Einbeziehung der beiden Haushaltsvorjahre. [2]Die durch den Haushalt gesetzten Rahmenbedingungen sind zu erläutern. [3]Der Vorbericht enthält ferner einen Ausblick auf die Entwicklung der Rahmenbedingungen der Planung und wichtiger Planungskomponenten innerhalb des Zeitraumes der Ergebnis- und Finanzplanung. [4]Insbesondere sind darzustellen:

1. die Entwicklung der wichtigsten Erträge und Einzahlungen sowie der Aufwendungen und Auszahlungen,
2. die Entwicklung der Jahresergebnisse (Jahresüberschüsse/Jahresfehlbeträge),
3. die Entwicklung des Saldos der laufenden Ein- und Auszahlungen bis zum Ende des Finanzplanungszeitraumes,
4. die Entwicklung der Investitionen und Investitionsförderungsmaßnahmen sowie die sich hieraus ergebenden Auswirkungen auf die Ergebnis- und Finanzhaushalte der folgenden Haushaltsjahre,
5. die Entwicklung der Kredite für Investitionen und Investitionsförderungsmaßnahmen,
6. die Belastung des Haushaltes durch kreditähnliche Rechtsgeschäfte,
7. die Entwicklung der Kassenkredite,
8. die Entwicklung des Eigenkapitales untergliedert nach den einzelnen Posten des Eigenkapitales,
9. die Entwicklung der Sonderposten untergliedert nach den einzelnen Sonderposten
10. die Entwicklung der Rückstellungen,
11. die Aufwendungen und Auszahlungen, Erträge und Einzahlungen sowie die selbstfinanzierten Eigenanteile für freiwillige Leistungen,
12. die wesentlichen Finanzbeziehungen zwischen Kernhaushalt und Unternehmen, Einrichtungen sowie Sondervermögen,
13. die maßnahmenbezogene Verwendung von Zuweisungen nach § 23 des Finanzausgleichsgesetzes Mecklenburg-Vorpommern bei einer Zuführung nach § 12 Nummer 6 zur Finanzierung von Instandhaltungsmaßnahmen,
14. jeweils in einer Übersicht
    a) die im Haushaltsplan des Haushaltsjahres umgesetzten wesentlichen Maßnahmen zur Haushaltskonsolidierung mit ihren finanziellen Auswirkungen im Haushaltsjahr und in den drei Haushaltsfolgejahren sowie im verbleibenden Konsolidierungszeitraum,
    b) noch nicht umgesetzte Maßnahmen zur Haushaltskonsolidierung mit ihren möglichen finanziellen Auswirkungen im Haushaltsjahr und in den drei Haushaltsfolgejahren sowie im verbleibenden Konsolidierungszeitraum,

    sofern die Gemeinde ein Haushaltssicherungskonzept aufzustellen hat und dem Haushaltsplan kein beschlossenes Haushaltssicherungskonzept oder keine Fortschreibung eines bereits beschlossenen Haushaltssicherungskonzeptes beigefügt ist.

§ 6 Festsetzungen für zwei Haushaltsjahre

(1) Werden in der Haushaltssatzung Festsetzungen für zwei Haushaltsjahre getroffen (Doppelhaushalt), sind im Haushaltsplan die Ansätze für Erträge und Aufwendungen, Ein- und Auszahlungen sowie Verpflichtungsermächtigungen für jedes der beiden Haushaltsjahre getrennt zu veranschlagen.

(2) Anlagen nach § 1, die nach der Verabschiedung eines Haushaltsplanes nach Absatz 1 erstellt worden sind, müssen dem folgenden Haushaltsplan beigefügt werden.

§ 7 Nachtragshaushaltsplan

(1) Der Nachtragshaushaltsplan muss im Ergebnishaushalt, im Finanzhaushalt und in den Teilhaushalten alle erheblichen Änderungen der Erträge und Aufwendungen sowie der Ein- und Auszahlungen, die im Zeitpunkt seiner Aufstellung bereits geleistet oder angeordnet wurden oder absehbar sind, sowie die damit zusammenhängenden Änderungen der Ziele und Kennzahlen enthalten.

(2) Im Nachtragshaushaltsplan sind die im Zeitpunkt seiner Aufstellung von der Gemeindevertretung bereits beschlossenen über- und außerplanmäßigen Aufwendungen und Auszahlungen gesondert darzustellen.

(3) Enthält der Nachtragshaushaltsplan neue Verpflichtungsermächtigungen, sind deren Auswirkungen auf die Planungsdaten im Ergebnis- und Finanzhaushalt anzugeben; die Übersicht nach § 1 Nummer 2 ist zu ergänzen.

Abschnitt 2
Planungsgrundsätze

§ 8 Allgemeine Planungsgrundsätze

(1) Die Erträge und Aufwendungen sowie die Ein- und Auszahlungen sind in voller Höhe und getrennt voneinander zu veranschlagen, soweit in dieser Verordnung nichts anderes bestimmt ist.

(2) Die Erträge und Aufwendungen sowie die Ein- und Auszahlungen sind sorgfältig zu schätzen, soweit sie nicht errechenbar sind.

(3) [1]Die Erträge und Aufwendungen sind in ihrer voraussichtlichen Höhe in dem Haushaltsjahr zu veranschlagen, dem sie wirtschaftlich zuzurechnen sind. [2]Abweichend von Satz 1 sind die Erträge und Aufwendungen aus der Erhebung des Schulkostenbeitrages nach der Verordnung zur Berechnung der Schulkostenbeiträge und zum Verfahren des Schullastenausgleichs sowie der Internatsunterbringungskosten in der jeweils geltenden Fassung in dem Haushaltsjahr zu veranschlagen, in dem der Schullastenausgleich von den anspruchsberechtigten Schulträgern erhoben wird.

(4) [1]Die Ein- und Auszahlungen sind in Höhe der im Haushaltsjahr voraussichtlich eingehenden oder zu leistenden Zahlungen zu veranschlagen. [2]Aufwendungen und Auszahlungen, die zunächst noch nicht in Anspruch genommen werden sollen, können im Haushaltsplan mit einem Sperrvermerk versehen werden. [3]Entsprechendes gilt für Verpflichtungsermächtigungen sowie für Stellen, die zunächst nicht besetzt werden sollen.

(5) Im Ergebnis- und Finanzhaushalt sind die vom Ministerium für Inneres und Europa durch Erlass bekannt gegebenen Orientierungsdaten zu berücksichtigen.

(6) Im Haushaltsplan sind nicht zu veranschlagen

1. durchlaufende Gelder (Ein- und Auszahlungen, die auf Grundlage einer Rechtsvorschrift durch die Gemeinde auf Rechnung eines Dritten erhoben oder geleistet werden),
2. Finanzmittel, die die Gemeinde aufgrund einer Rechtsvorschrift unmittelbar in den Haushalt eines anderen öffentlichen Aufgabenträgers zu buchen hat,
3. Finanzmittel, die die Kasse des endgültigen Kostenträgers oder eine andere Kasse, die unmittelbar mit dem endgültigen Kostenträger abrechnet, anstelle der Gemeindekasse einnimmt oder ausgibt.

§ 9 Investitionen, Investitionsförderungsmaßnahmen

(1) Bevor Investitionen und Investitionsförderungsmaßnahmen von erheblicher finanzieller Bedeutung beschlossen und im Finanzhaushalt ausgewiesen werden, ist unter mehreren in Betracht kommenden Möglichkeiten durch einen Wirtschaftlichkeitsvergleich, zumindest durch einen Vergleich der Anschaffungs- oder Herstellungskosten und der Folgekosten, die für die Gemeinde wirtschaftlichste Lösung zu ermitteln.

(2) [1]Auszahlungen für Investitionen und Investitionsförderungsmaßnahmen sowie Verpflichtungsermächtigungen dürfen erst veranschlagt werden, wenn Pläne, Kostenberechnungen, ein Investitionszeitenplan und Erläuterungen vorliegen, aus denen die Art der Ausführung, die gesamten Investitionskosten sowie die voraussichtlichen Jahresraten unter Angabe der Kostenbeteiligung Dritter ersichtlich sind. [2]Den Unterlagen ist eine Schätzung der nach Durchführung der Investition entstehenden jährlichen Haushaltsbelastungen beizufügen.

(3) [1]Ausnahmen von Absatz 2 sind bei Investitionen und Investitionsförderungsmaßnahmen von geringer finanzieller Bedeutung zulässig; jedoch muss mindestens eine Kostenschätzung vorliegen. [2]Die Notwendigkeit einer Ausnahme ist in den Erläuterungen zum jeweiligen Teilfinanzhaushalt zu begründen.

§ 10 Verfügungsmittel

[1]Im Haushaltsplan können in angemessener Höhe Verfügungsmittel des Bürgermeisters veranschlagt werden. [2]Die Ansätze dürfen nicht überschritten werden; sie sind nicht deckungsfähig und nicht übertragbar.

§ 11 Weitere Bestimmungen für die Veranschlagung von Erträgen und Aufwendungen sowie von Ein- und Auszahlungen

(1) [1]Abgaben, abgabenähnliche Erträge und allgemeine Finanzzuweisungen, die die Gemeinde abzusetzen hat, vermindern die Erträge des Haushaltsjahres, auch wenn sie sich auf Erträge der Haushalts-

vorjahre beziehen. [2]Satz 1 gilt entsprechend für geleistete Umlagen, die an die Gemeinde zurückfließen.

(2) Absatz 1 gilt entsprechend für die mit diesen Erträgen und Aufwendungen in Zusammenhang stehenden Ein- und Auszahlungen.

(3) Die Veranschlagung von Personalaufwendungen richtet sich nach den im Haushaltsjahr voraussichtlich in den einzelnen Teilhaushalten besetzten Stellen unter Beachtung der besoldungs- und tarifrechtlichen Regelungen.

(4) Die Versorgungsaufwendungen und Versorgungsauszahlungen sowie die Beihilfen für die Versorgungsberechtigten können zentral im Hauptproduktbereich 1 abgebildet werden.

(5) Bei Sondervermögen mit Sonderrechnungen sind die voraussichtlichen Jahresergebnisse in dem Ergebnishaushalt der Gemeinde zu veranschlagen.

(6) Interne Leistungen zwischen den Teilhaushalten sind verursachungsgerecht zu verrechnen.

(7) Die Veränderung der Rücklagen ist unter sinngemäßer Anwendung von § 18 zu veranschlagen.

Abschnitt 3

Deckungsgrundsätze, Haushaltsausgleich

§ 12 Grundsatz der Gesamtdeckung

Soweit in der Kommunalverfassung und in dieser Verordnung nichts anderes bestimmt ist, dienen

1. die Erträge insgesamt zur Deckung der Aufwendungen,
2. die laufenden Einzahlungen insgesamt zur Deckung der laufenden Auszahlungen einschließlich der planmäßigen Tilgung von Krediten für Investitionen und Investitionsförderungsmaßnahmen,
3. die Einzahlungen aus Investitionstätigkeit und zur außerplanmäßigen Tilgung von Krediten für Investitionen und Investitionsförderungsmaßnahmen und aus der Aufnahme von Krediten für Investitionen und Investitionsförderungsmaßnahmen insgesamt zur Deckung der Auszahlungen aus Investitionstätigkeit.
4. Ergibt sich im Finanzhaushalt ein positiver Saldo der laufenden Ein- und Auszahlungen nach § 3 Absatz 1 Satz 1 Nummer 39, kann dieser zur Finanzierung von Investitionen oder Investitionsförderungsmaßnahmen oder zur außerplanmäßigen Tilgung von Krediten für Investitionen und Investitionsförderungsmaßnahmen eingesetzt werden, wenn dieser Saldo bis zum Ende des Finanzplanungszeitraumes nicht zur liquiditätsbedingten Absicherung von Rückstellungen oder für den Ausgleich des Finanzhaushaltes in Haushaltsfolgejahren benötigt wird.
5. In Einzelfällen kann mit Genehmigung der Rechtsaufsichtsbehörde ein negativer Saldo der laufenden Ein- und Auszahlungen nach § 16 Absatz 1 Nummer 2 oder Absatz 2 Nummer 2 durch Einzahlungen aus der Investitionstätigkeit gedeckt werden, soweit dies der nachhaltigen Haushaltskonsolidierung dient.
6. Einzahlungen aus Investitionstätigkeit nach § 23 und § 24 des Finanzausgleichsgesetzes Mecklenburg-Vorpommern dienen neben der Deckung von Auszahlungen für Investitionen und Investitionsförderungsmaßnahmen der Deckung laufender Auszahlungen im Rahmen von § 23 und § 24 des Finanzausgleichsgesetzes Mecklenburg-Vorpommern und können dem laufenden Bereich zugeführt werden. Dies gilt auch für Einzahlungen nach § 23 und § 24 des Finanzausgleichsgesetzes Mecklenburg-Vorpommern aus Haushaltsvorjahren, die noch nicht verwendet worden sind.

§ 13 Zweckbindung

(1) [1]Erträge sind auf die Verwendung für bestimmte Aufwendungen beschränkt, soweit sich dies aus einer Rechtsvorschrift oder aus der Zweckbestimmung eines Dritten ergibt. [2]Sie sind ferner durch Haushaltsvermerk auf die Verwendung für bestimmte Aufwendungen zu beschränken, soweit sich die Beschränkung aus der Natur der Erträge ergibt oder ein sachlicher Zusammenhang dies erfordert. [3]Zweckgebundene Mehrerträge dürfen für entsprechende Mehraufwendungen verwendet werden.

(2) [1]Bei sachlich engem Zusammenhang kann durch Haushaltsvermerk bestimmt werden, dass Mehrerträge bestimmte Aufwendungsansätze erhöhen oder Mindererträge bestimmte Aufwendungsansätze vermindern. [2]Ausgenommen hiervon sind Mehrerträge aus Steuern in Höhe des nicht zur Deckung überplanmäßiger Umlageverpflichtungen gebundenen Betrages und Mehrerträge aus allgemeinen Zuwendungen und Umlagen.

(3) Mehraufwendungen nach Absatz 1 Satz 3 und Abs. 2 gelten nicht als überplanmäßige Aufwendungen.

(4) Die Absätze 1 bis 3 gelten für Einzahlungen und daraus zu leistende Auszahlungen entsprechend.

§ 14 Deckungsfähigkeit

(1) [1]Innerhalb eines Teilergebnishaushaltes sind die Ansätze für Aufwendungen gegenseitig deckungsfähig, soweit nichts anderes durch Haushaltsvermerk bestimmt wird. [2]Bei Inanspruchnahme der gegenseitigen Deckungsfähigkeit in einem Teilergebnishaushalt gilt sie auch für entsprechende Ansätze für Auszahlungen im Teilfinanzhaushalt.

(2) [1]Ansätze für Aufwendungen, die nicht nach Absatz 1 deckungsfähig sind, können durch Haushaltsvermerk für gegenseitig oder einseitig deckungsfähig erklärt werden, soweit sie sachlich zusammenhängen. [2]Absatz 1 Satz 2 gilt entsprechend.

(3) Ansätze für Auszahlungen aus Investitionstätigkeit können innerhalb eines Teilfinanzhaushaltes durch Haushaltsvermerk jeweils für gegenseitig oder einseitig deckungsfähig erklärt werden.

(4) Ansätze für laufende Auszahlungen können zu Gunsten von Auszahlungen aus Investitionstätigkeit desselben Teilfinanzhaushaltes durch Haushaltsvermerk für einseitig deckungsfähig erklärt werden.

(5) Bei Deckungsfähigkeit können die Ermächtigungen aus deckungsberechtigten Ansätzen für Aufwendungen und Auszahlungen zulasten der Ermächtigung aus deckungspflichtigen Ansätzen erhöht werden.

(6) Ansätze für laufende Auszahlungen und Ansätze für Auszahlungen aus Investitionstätigkeit, die aus Einzahlungen nach § 23 und § 24 des Finanzausgleichsgesetzes Mecklenburg-Vorpommern finanziert werden, sind gegenseitig deckungsfähig.

§ 15 Übertragbarkeit

(1) [1]Ansätze für Aufwendungen und für laufende Auszahlungen eines Teilhaushaltes können bei einem ausgeglichenen Haushalt durch Haushaltsvermerk ganz oder teilweise für übertragbar erklärt werden, soweit der Haushaltsausgleich im Haushaltsfolgejahr dennoch erreicht werden kann. [2]Ansätze für Instandhaltungsmaßnahmen können durch Haushaltsvermerk auch dann für ganz oder teilweise übertragbar erklärt werden, wenn der Haushalt im Haushaltsjahr nicht ausgeglichen ist oder der Haushaltsausgleich im Haushaltsfolgejahr nicht erreicht werden kann. [3]Die Übertragungen sind auf das Notwendige zu beschränken. [4]Sie bleiben längstens bis zum Ende des folgenden Haushaltsjahres verfügbar.

(2) [1]Ansätze für Aufwendungen und für laufende Auszahlungen eines Teilhaushaltes sind übertragbar, soweit hinsichtlich der Ansätze im Haushaltsjahr bereits rechtliche Verpflichtungen eingegangen wurden oder sie in sonstiger Weise gebunden sind. [2]Dies gilt auch dann, wenn der Haushalt im Haushaltsjahr nicht ausgeglichen ist oder der Haushaltsausgleich im Haushaltsfolgejahr nicht erreicht werden kann. [3]Absatz 1 Satz 4 gilt entsprechend.

(3) [1]Ein- und Auszahlungsansätze für Investitionen und Investitionsförderungsmaßnahmen sind übertragbar. [2]Diese bleiben bis zur Fälligkeit der letzten Zahlung für ihren Zweck bestehen, längstens jedoch zwei Jahre nach Schluss des Haushaltsjahres, in dem die Investition in ihren wesentlichen Teilen genutzt werden kann oder die Investitionsförderungsmaßnahme durchgeführt wurde. [3]Werden Investitionen und Investitionsförderungsmaßnahmen im Haushaltsjahr nicht begonnen, bleiben die Ermächtigungen bis zum Ende des Haushaltsfolgejahres bestehen.

(4) [1]Absatz 1 und 2 gelten entsprechend für Ermächtigungen zu überplanmäßigen und außerplanmäßigen Aufwendungen und Auszahlungen. [2]Absatz 3 gilt entsprechend für Ermächtigungen zu überplanmäßigen und außerplanmäßigen Auszahlungen aus Investitionstätigkeit.

(5) Bei der Zweckbindung von Erträgen oder Einzahlungen gemäß § 13 bleiben die entsprechenden Ermächtigungen zur Leistung von Aufwendungen bis zur Erfüllung des Zweckes und solche zur Leistung von Auszahlungen bis zur Fälligkeit der letzten Zahlung für ihren Zweck verfügbar.

(6) Durch die Übertragung der Ermächtigungen erhöhen sich die Ermächtigungen der betreffenden Posten des entsprechenden Teilhaushaltes der Haushaltsfolgejahre.

§ 16 Haushaltsausgleich

(1) Der Haushalt ist in der Planung ausgeglichen, wenn

1. der Ergebnishaushalt unter Berücksichtigung von noch nicht ausgeglichenen Fehlbeträgen und vorgetragenen Jahresüberschüssen aus Haushaltsvorjahren gemäß § 2 Absatz 1 Nummer 27 keinen Fehlbetrag ausweist,
2. im Finanzhaushalt kein negativer Saldo der laufenden Ein- und Auszahlungen gemäß § 3 Absatz 1 Satz 1 Nummer 39 besteht.

(2) Der Haushalt ist in der Rechnung ausgeglichen, wenn

1. die Ergebnisrechnung unter Berücksichtigung von noch nicht ausgeglichenen Fehlbeträgen und vorgetragenen Jahresüberschüssen aus Haushaltsvorjahren gemäß § 2 Absatz 1 Nummer 27 keinen Fehlbetrag ausweist,
2. in der Finanzrechnung kein negativer Saldo der laufenden Ein- und Auszahlungen gemäß § 3 Absatz 1 Satz 1 Nummer 39 besteht.

§ 17 Beurteilung und Nachweis der dauernden Leistungsfähigkeit

(1) [1]Die Beurteilung der dauernden Leistungsfähigkeit einer Gemeinde erfolgt auf Grundlage von Haushaltskennzahlen und Haushaltskriterien zum Haushaltsausgleich, zur Verschuldung und sonstigen wesentlichen finanziellen Risiken der Gemeinde im Haushaltsjahr und im Finanzplanungszeitraum. [2]Hat die Gemeinde ein Haushaltssicherungskonzept beschlossen, ist darüber hinaus die Entwicklung im Konsolidierungszeitraum in die Beurteilung der dauernden Leistungsfähigkeit einzubeziehen.

(2) [1]Die Beurteilung der dauernden Leistungsfähigkeit der Gemeinden erfolgt durch ein rechnerunterstütztes Haushaltsbewertungs- und Informationssystem der Kommunen (RUBIKON). [2]Der Zugang zu RUBIKON wird den Gemeinden und den Rechtsaufsichtsbehörden vom Ministerium für Inneres und Europa zur Verfügung gestellt. [3]Die Datenerfassung im System erfolgt durch die Gemeinde.

(3) [1]Die Beurteilung der dauernden Leistungsfähigkeit der Gemeinde erfolgt in RUBIKON automatisiert durch gewichtete Haushaltskennzahlen. [2]Abhängig vom Ausmaß der ermittelten finanziellen Risiken erfolgt die Einordnung in eine gesicherte, eingeschränkte, gefährdete oder weggefallene dauernde Leistungsfähigkeit. [3]Die Datenauswertung aus RUBIKON ist dem Haushaltsplan als Nachweis der dauernden Leistungsfähigkeit der Gemeinde als Anlage beizufügen.

(4) Für die Beurteilung und den Nachweis der dauernden Leistungsfähigkeit sowie zum Verfahren der Datenerfassung in RUBIKON sind die Grundsätze und Richtlinien zu beachten, die das Ministerium für Inneres und Europa durch Verwaltungsvorschrift bestimmt.

§ 17a Maßnahmen bei Einschränkungen der dauernden Leistungsfähigkeit

(1) [1]Ist die dauernde Leistungsfähigkeit einer Gemeinde eingeschränkt, gefährdet oder weggefallen, ist die Gemeinde verpflichtet, in Abhängigkeit vom Ausmaß und den Ursachen der bestehenden Haushaltsprobleme unverzüglich alle notwendigen Maßnahmen zu ergreifen, die zur Wiederherstellung der dauernden Leistungsfähigkeit erforderlich sind. [2]Dabei sind

1. die Notwendigkeit und der Umfang der Aufwendungen und Auszahlungen im pflichtigen Aufgabenbereich,
2. die Angemessenheit von Aufwendungen und Auszahlungen im freiwilligen Aufgabenbereich sowie
3. die Möglichkeiten zur Erhöhung der Erträge und Einzahlungen

zu prüfen.

(2) Kreditaufnahmen für Investitionen und Investitionsförderungsmaßnahmen im Haushaltsjahr oder in Haushaltsfolgejahren sind bei eingeschränkter, gefährdeter oder weggefallener dauernder Leistungsfähigkeit nur zulässig, soweit

1. die Folgekosten der geplanten Investitionsmaßnahmen die Erreichung des Haushaltsausgleichs zum Ende des Finanzplanungszeitraumes nicht gefährden oder
2. die geplanten Investitionsmaßnahmen zur Sicherung der pflichtigen Aufgabenerfüllung notwendig sind oder der Wiedererlangung der dauernden Leistungsfähigkeit dienen oder ihr zumindest nicht entgegenstehen.

(3) Genehmigungen für Kreditaufnahmen für Investitionen und Investitionsförderungsmaßnahmen können bei eingeschränkter, gefährdeter oder weggefallener dauernder Leistungsfähigkeit nur erteilt

werden, wenn die Gemeinde nachweist, dass die Voraussetzungen nach Absatz 2 Nummer 1 oder 2 vorliegen.

(4) Für die Genehmigung von Verpflichtungsermächtigungen und die Anzeige langfristiger Verpflichtungen gelten die Absätze 2 und 3 entsprechend.

§ 17b Haushaltssicherungskonzept

(1) Das Haushaltssicherungskonzept ist mindestens wie folgt zu gliedern, wobei die Darstellung zu den einzelnen Punkten zwischen dem Ergebnishaushalt und dem Finanzhaushalt zu unterscheiden hat:

1. Darstellung der aktuellen Haushaltslage,
2. Analyse der Ursachen für den fehlenden Haushaltsausgleich,
3. Feststellung des Konsolidierungsbedarfs,
4. Festlegung der Konsolidierungsmaßnahmen,
5. Zusammenfassung der finanziellen Wirkungen der Konsolidierungsmaßnahmen,
6. Angabe des Konsolidierungszeitraumes.

(2) Die Konsolidierungsmaßnahmen sind produktbezogen mit ihren finanziellen Wirkungen in den jeweiligen Haushaltsjahren des Konsolidierungszeitraums darzustellen.

(3) Die Zusammenfassung der finanziellen Wirkungen der Konsolidierungsmaßnahmen erfolgt auf Grundlage der Finanzplanung und ihrer Fortschreibung für den Konsolidierungszeitraum.

§ 18 Entnahmen aus Rücklagen

(1) [1]Aufwendungen aus der Übertragung von Vermögensgegenständen und Schulden auf der Grundlage von Rechtsvorschriften sind durch Entnahme aus der allgemeinen Kapitalrücklage zu decken. [2]Entsprechende Erträge sind in die allgemeine Kapitalrücklage einzustellen. [3]Satz 1 gilt entsprechend für die Rückzahlung einer Konsolidierungshilfe nach § 22 des Finanzausgleichsgesetzes Mecklenburg-Vorpommern, die eigenkapitalverstärkend gewirkt hat.

(2) [1]Durch Entnahme aus der allgemeinen Kapitalrücklage können folgende Aufwendungen gedeckt werden:

1. Aufwendungen aus planmäßigen Abschreibungen auf Vermögensgegenstände des Anlagevermögens, die bis zur Umstellung auf die doppelte Buchführung aus der Kreisumlage oder der Amtsumlage finanziert wurden, soweit dadurch ein Jahresfehlbetrag entstanden ist,
2. Aufwendungen aus planmäßigen Abschreibungen für zukünftig nicht mehr benötigte Vermögensgegenstände des Anlagevermögens,
3. Aufwendungen aus der Altfehlbetragsumlage,
4. Aufwendungen aus planmäßigen Abschreibungen auf Vermögensgegenstände des Anlagevermögens, für die Zuwendungen im Zusammenhang mit dem Breitbandausbau im ländlichen Raum gewährt worden sind.

[2]Mit den Aufwendungen zusammenhängende Erträge sind in die allgemeine Kapitalrücklage einzustellen. [3]Entnahmen dürfen nicht dazu führen, dass ein nicht durch Eigenkapital gedeckter Fehlbetrag auszuweisen ist. [4]Satz 3 gilt nicht für Entnahmen nach Satz 1 Nummer 4.

(3) [1]Im Einzelfall können durch Beschluss der Gemeindevertretung, spätestens mit Feststellung des Jahresabschlusses, weitere Aufwendungen, insbesondere außerplanmäßige Abschreibungen, durch Entnahme aus der allgemeinen Kapitalrücklage gedeckt werden. [2]Absatz 2 Satz 2 und 3 gilt entsprechend. [3]Diese Entnahme aus der allgemeinen Kapitalrücklage bedarf der Genehmigung durch die Rechtsaufsichtsbehörde.

(4) [1]Soweit ein Fehlbetrag durch planmäßige Abschreibungen auf Vermögensgegenstände des Anlagevermögens entstanden ist, kann dieser durch eine Entnahme der in Vorjahren oder im laufenden Haushaltsjahr der zweckgebundenen Kapitalrücklage aus investiv gebundenen Zuweisungen zugeführten Beträgen gedeckt werden. [2]Der Fehlbetrag ist nur insoweit durch planmäßige Abschreibungen entstanden, wie den Abschreibungen keine korrespondierenden Erträge durch die Auflösung von Sonderposten zum Anlagevermögen gegenüberstehen. [3]Der Bestand dieser Rücklage darf nicht negativ werden.

(5) [1]Soweit nach den Entnahmen nach Absatz 1 bis 4 ein Fehlbetrag verbleibt, kann dieser bis zur Höhe eines im Anhang zur Eröffnungsbilanz zum 1. Januar 2012 oder im Anhang zum Jahresabschluss zum 31. Dezember 2011 ausgewiesenen positiven Saldos der laufenden Ein- und Auszahlungen durch Entnahme aus der allgemeinen Kapitalrücklage gedeckt werden. [2]Absatz 2 Satz 3 gilt entsprechend.

(6) [1]Aufwendungen für Zwecke nach§ 23 und§ 24 des Finanzausgleichsgesetzes Mecklenburg-Vorpommern, denen keine korrespondierenden Erträge durch die Auflösung von Sonderposten zum Anlagevermögen gegenüberstehen, können durch eine Entnahme aus in Vorjahren oder im Haushaltsjahr der zweckgebundenen Kapitalrücklage aus Zuweisungen nach § 23 und § 24 des Finanzausgleichsgesetzes Mecklenburg-Vorpommern zugeführten Beträgen gedeckt werden. [2]Absatz 4 Satz 3 gilt entsprechend.

Abschnitt 4

Weitere Bestimmungen für die Haushaltswirtschaft

§ 19 Bewirtschaftung und Überwachung

(1) [1]Die im Haushaltsplan enthaltenen Ansätze für Aufwendungen und Auszahlungen dürfen erst dann in Anspruch genommen werden, wenn die Aufgabenerfüllung dies erfordert. [2]Dies gilt sinngemäß für Verpflichtungsermächtigungen.

(2) [1]Bei Ansätzen für Auszahlungen für Investitionen und Investitionsförderungsmaßnahmen muss die rechtzeitige Bereitstellung von Finanzmitteln gesichert sein. [2]Dabei darf die Finanzierung anderer, bereits begonnener Maßnahmen nicht beeinträchtigt werden.

(3) Die Inanspruchnahme der Ansätze für Aufwendungen und Auszahlungen sowie der bewilligten über- und außerplanmäßigen Aufwendungen und Auszahlungen ist in geeigneter Weise ständig zu überwachen.

(4) Die in den einzelnen Teilhaushalten noch zur Verfügung stehenden Ansätze für Aufwendungen und Auszahlungen müssen stets zu erkennen sein.

(5) Die Absätze 3 und 4 gelten sinngemäß für die Inanspruchnahme von Verpflichtungsermächtigungen.

(6) Durch geeignete Maßnahmen ist sicherzustellen, dass Ansprüche der Gemeinde vollständig erfasst, rechtzeitig geltend gemacht und eingezogen und Verpflichtungen der Gemeinde erst bei Fälligkeit erfüllt werden.

(7) Über die Verwendung von Zuwendungen, die den Fraktionen durch Beschluss der Gemeindevertretung zur Wahrnehmung von Aufgaben gewährt werden, ist dem Bürgermeister ein Nachweis in einfacher Form zuzuleiten.

§ 20 Berichtspflicht

Der Bürgermeister hat die Gemeindevertretung oder einen von ihr bestimmten Ausschuss spätestens zum 30. Juni des Haushaltsjahres über den Haushaltsvollzug einschließlich der Erreichung der Finanz- und Leistungsziele zu unterrichten.

§ 21 Vergabe von Aufträgen

Für die Vergabe öffentlicher Aufträge gilt das Vergabegesetz Mecklenburg-Vorpommern mit Ausnahme des § 1 Absatz 2.

§ 22 Stundung, Niederschlagung, Erlass

(1) [1]Ansprüche dürfen ganz oder teilweise gestundet werden, wenn ihre Einziehung bei Fälligkeit eine erhebliche Härte für den Schuldner bedeuten würde und der Anspruch durch die Stundung nicht gefährdet wird. [2]Für die Dauer einer gewährten Stundung von Ansprüchen sind Zinsen zu erheben. [3]Die Berechnung der Zinsen erfolgt gemäß § 238 der Abgabenordnung. [4]Auf die Zinsen kann ganz oder teilweise verzichtet werden, wenn ihre Erhebung nach Lage des Einzelfalles unbillig wäre. [5]Soweit es die Umstände des Einzelfalles erfordern, soll eine geeignete Sicherheit verlangt werden.

(2) [1]Ansprüche dürfen niedergeschlagen werden, wenn

1. feststeht, dass die Einziehung keinen Erfolg haben wird oder
2. die Kosten der Einziehung in keinem angemessenen Verhältnis zur Höhe des Anspruches stehen.

[2]Befristet niedergeschlagene Ansprüche sind im Rechnungswesen der Gemeinde nachzuweisen. [3]Unbefristet niedergeschlagene Ansprüche sind auszubuchen.

(3) [1]Ansprüche dürfen ganz oder teilweise erlassen werden, wenn ihre Einziehung nach Lage des einzelnen Falles für die Schuldnerin oder den Schuldner eine besondere Härte bedeuten würde. [2]Das Gleiche gilt für die Rückzahlung oder Anrechnung von geleisteten Beträgen.

(4) Besondere gesetzliche Vorschriften über Stundung, Niederschlagung und Erlass von Ansprüchen der Gemeinde bleiben unberührt.

§ 23 Kleinbeträge

(1) [1]Die Gemeinde kann davon absehen, Ansprüche von weniger als 10 Euro geltend zu machen, es sei denn, dass die Einziehung aus grundsätzlichen Erwägungen geboten ist; Letzteres gilt insbesondere für Verwaltungsgebühren, Bußgelder und Zahlungsverpflichtungen aufgrund besonderer Rechtsvorschriften, allgemeiner Tarife oder allgemein festgesetzter Entgelte. [2]Besondere gesetzliche Vorschriften über die Geltendmachung von Kleinbeträgen bleiben unberührt.

(2) Mit juristischen Personen des öffentlichen Rechts kann im Falle der Gegenseitigkeit etwas anderes vereinbart werden.

Abschnitt 5

Abwicklung des Zahlungsverkehrs, Rechnungswesen

§ 24 Zahlungsanweisung, Zahlungsabwicklung

(1) [1]Zur Zahlungsanweisung gehören die Erstellung und die Erteilung der Kassenanordnungen und deren Dokumentation in den Büchern. [2]Jeder Zahlungsvorgang ist zu erfassen und zu dokumentieren.

(2) Zur Zahlungsabwicklung gehören:

1. die Annahme von Einzahlungen,
2. die Leistung von Auszahlungen,
3. die Verwaltung der Finanzmittel,
4. das Mahnwesen und die Vollstreckung.

(3) Beschäftigte, denen die Zahlungsabwicklung obliegt, können mit der Stundung, der Niederschlagung und dem Erlass von gemeindlichen Ansprüchen beauftragt werden, wenn dies der Verwaltungsvereinfachung dient und eine ordnungsgemäße Erledigung gewährleistet ist.

(4) Sofern in dieser Verordnung nichts anderes bestimmt ist, dürfen nur aufgrund einer Kassenanordnung Auszahlungen geleistet und Einzahlungen angenommen werden.

(5) Jeder Zahlungsanspruch und jede Zahlungsverpflichtung ist auf ihren Grund und ihre Höhe zu prüfen und festzustellen (sachliche und rechnerische Feststellung).

(6) Wer die sachliche und rechnerische Feststellung getroffen hat, darf nicht auch die Kassenanordnung erteilen.

(7) [1]Zahlungsanweisung und Zahlungsabwicklung dürfen nicht von derselben Person wahrgenommen werden. [2]Bediensteten, denen die Buchführung oder die Zahlungsabwicklung obliegt, darf die Befugnis zur sachlichen und rechnerischen Feststellung nur übertragen werden, wenn und soweit der Sachverhalt nur von ihnen beurteilt werden kann.

(8) [1]Die Bestände der Finanzmittelkonten sind am Schluss des Buchungstages oder vor Beginn des folgenden Buchungstages mit den Finanzmittelbeständen und den Salden der Konten der Finanzrechnung abzugleichen. [2]Am Ende des Haushaltsjahres sind die Finanzmittelkonten für die Aufstellung des Jahresabschlusses abzuschließen und deren Salden mit den Salden der Finanzrechnung abzugleichen. [3]Der Bestand an Finanzmitteln ist festzustellen.

§ 25 Zweck der Buchführung, Buchführungspflicht

(1) Die Buchführung hat:

1. die Aufstellung des Jahresabschlusses und den Vergleich von Plan und Ergebnis zu ermöglichen,
2. die Überprüfung des Umgangs mit öffentlichen Mitteln im Hinblick auf Rechtmäßigkeit, Wirtschaftlichkeit und Sparsamkeit zu ermöglichen,
3. Informationen für den Haushaltsvollzug und für die künftige Haushaltsplanung bereitzustellen.

(2) Die Gemeinde ist zur Erfüllung der in Absatz 1 genannten Zwecke verpflichtet, Bücher nach den Regeln der doppelten Buchführung für Gemeinden zu führen, in denen

1. alle Vorgänge, die zu einer Änderung der Höhe oder der Zusammensetzung des Vermögens, des Eigenkapitales, der Sonderposten, der Rückstellungen oder der Verbindlichkeiten führen,
2. alle Erträge und Aufwendungen,
3. alle Ein- und Auszahlungen,
4. die durchlaufenden Gelder und ungeklärten Zahlungsvorgänge

nach den Grundsätzen ordnungsmäßiger Buchführung aufgezeichnet werden.

(3) Rechtsvorschriften über weitergehende Buchführungspflichten bleiben unberührt.

(4) [1]Für Städtebauliche Sondervermögen genügt eine halbjährliche Übernahme der Aufwendungen und Erträge sowie der Auszahlungen und Einzahlungen in das Rechnungswesen der Gemeinde. [2]Gleiches gilt für die Erträge und Aufwendungen sowie die Einzahlungen und Auszahlungen aus der einem Verwalter übertragenen Immobilienbewirtschaftung.

§ 26 Buchführung

(1) Die Buchführung muss so beschaffen sein, dass sie einem sachverständigen Dritten innerhalb einer angemessenen Zeit einen Überblick über die Geschäftsvorfälle und die Lage der Gemeinde vermitteln kann.

(2) Die einzelnen Geschäftsvorfälle müssen sich in ihrer Entstehung und Abwicklung verfolgen lassen.

(3) Die Bücher müssen Auswertungen nach Teilhaushalten, nach dem vom Ministerium für Inneres und Europa bekannt gegebenen Produktrahmenplan, nach der sachlichen Ordnung sowie nach der zeitlichen Ordnung zulassen.

(4) [1]Die Buchungen sind nach zeitlicher Ordnung im Journal und nach sachlicher Ordnung auf Sachkonten vorzunehmen. [2]Interne Leistungsbeziehungen sollten mindestens monatlich verrechnet werden. [3]Die Finanzbuchhaltung kann durch Nebenbuchhaltungen ergänzt werden. [4]Die Ergebnisse der Nebenbuchhaltungen sind mindestens monatlich auf die Sachkonten der Finanzbuchhaltung zu übernehmen. [5]Der Bürgermeister bestimmt, welche Nebenbuchhaltungen geführt werden.

(5) Die Buchung auf dem Sachkonto umfasst mindestens
1. eine eindeutige Belegnummer,
2. den Buchungstag,
3. einen Hinweis, der die Verbindung mit dem Gegenkonto herstellt,
4. den Betrag.

(6) [1]Die Eintragungen in die Bücher und die sonst erforderlichen Aufzeichnungen müssen richtig, vollständig, zeitnah und geordnet vorgenommen werden. [2]Die Bedeutung von verwendeten Abkürzungen, Ziffern, Buchstaben und Symbolen muss im Einzelfall eindeutig festgelegt sein.

(7) [1]Eine Eintragung in den Büchern oder eine Aufzeichnung darf nicht in einer Weise verändert werden, dass der ursprüngliche Inhalt nicht mehr feststellbar ist. [2]Auch solche Veränderungen dürfen nicht vorgenommen werden, deren Beschaffenheit es ungewiss lässt, ob sie ursprünglich oder erst später durchgeführt worden sind.

(8) [1]Den Buchungen sind Belege, durch die der Nachweis der richtigen und vollständigen Ermittlung der Ansprüche und Verpflichtungen zu erbringen ist, zu Grunde zu legen (begründende Unterlagen). [2]Die Buchungsbelege müssen Hinweise enthalten, die eine Verbindung zu den Eintragungen in den Büchern herstellen.

(9) [1]Die Ergebnis- und die Finanzrechnung sowie die Bilanz werden in einem geschlossenen System geführt. [2]Aus den Buchungen der zahlungswirksamen Geschäftsvorfälle sind die Zahlungen für den Ausweis in der Finanzrechnung durch eine von der Gemeinde bestimmte Buchungsmethode zu ermitteln. [3]Die Ermittlung darf nicht durch eine indirekte Rückrechnung aus dem in der Ergebnisrechnung ausgewiesenen Jahresergebnis erfolgen.

(10) Für die Buchführung mithilfe automatisierter Datenverarbeitung gilt § 12 Absatz 1 der Gemeindekassenverordnung-Doppik.

(11) [1]Der Buchführung ist der vom Ministerium für Inneres und Europa bekannt gegebene Kontenrahmenplan zu Grunde zu legen. [2]Die von der Gemeinde eingerichteten Konten sind in einem Verzeichnis (Kontenplan) aufzuführen.

(12) Die Bücher sind durch geeignete Maßnahmen gegen Verlust, Wegnahme und Veränderungen zu schützen.

(13) In einer Dienstanweisung regelt der Bürgermeister das Nähere über die Sicherung des Buchungsverfahrens.

§ 27 Kosten- und Leistungsrechnung

(1) [1]Nach den örtlichen Bedürfnissen soll als Grundlage für die Verwaltungssteuerung sowie für die Beurteilung der Wirtschaftlichkeit und Leistungsfähigkeit der Verwaltung eine Kosten- und Leistungsrechnung geführt werden. [2]Auf eine Kosten- und Leistungsrechnung kann verzichtet werden,

wenn durch eine angemessene Produktgliederung und interne Leistungsverrechnungen eine ausreichende Steuerungsgrundlage gegeben ist.

(2) Die Kosten und Erlöse sind aus der Buchführung herzuleiten.

(3) Der Bürgermeister regelt Art und Umfang der Kosten- und Leistungsrechnung in einer Dienstanweisung.

§ 28 Sicherheitsstandards im Rechnungswesen

(1) Um die ordnungsgemäße Erledigung der Aufgaben des Kassen- und Rechnungswesens unter besonderer Berücksichtigung des Umgangs mit Zahlungsmitteln sowie die Verwahrung und Verwaltung von Wertgegenständen sicherzustellen, ist von dem Bürgermeister eine Dienstanweisung unter Berücksichtigung der örtlichen Gegebenheiten zu erlassen.

(2) Die Dienstanweisung nach Absatz 1 muss hinreichend bestimmt sein und mindestens Bestimmungen enthalten über:

1. die Aufbau- und Ablauforganisation mit Festlegungen über
   a) die sachbezogenen Verantwortlichkeiten einschließlich der Befugnis zur sachlichen und rechnerischen Feststellung sowie zur Erteilung von Kassenanordnungen,
   b) die schriftlichen Unterschriftsbefugnisse oder die elektronischen Signaturen mit Angabe von Form und Umfang,
   c) die zentrale oder dezentrale Erledigung der Zahlungsabwicklung mit Festlegung eines Verantwortlichen für die Sicherstellung der Zahlungsfähigkeit,
   d) die Buchungsverfahren mit und ohne Zahlungsabwicklung sowie die Identifikation von Buchungen,
   e) die zeitnahe Erfassung der Geschäftsvorfälle,
   f) die tägliche Abstimmung der Bestände der Finanzmittelkonten mit den Finanzmittelbeständen und den Salden der Finanzrechnung (Tagesabschluss),
   g) die Jahresabstimmung der Konten für die Erstellung des Jahresabschlusses,
   h) die Behandlung von Kleinbeträgen,
   i) die Stundung, die Niederschlagung und den Erlass von Ansprüchen der Gemeinde,
   j) das Mahn- und Vollstreckungsverfahren mit Festlegung einer zentralen Stelle,
   k) den Belegdurchlauf,
   l) die Belegablage,
   m) die Aufbewahrung von Unterlagen sowie die Beachtung der Aufbewahrungsfristen,
2. den Einsatz automatisierter Verfahren im Rechnungswesen mit Festlegungen über
   a) die fachliche Prüfung durch den Anwender,
   b) die Freigabe von Verfahren durch den Bürgermeister,
   c) die Berechtigungen im Verfahren,
   d) die Dokumentation der eingegebenen Daten und ihrer Veränderungen, die Identifikationen innerhalb der sachlichen und zeitlichen Buchung,
   e) die Sicherung der erfassten Daten,
   f) die Nachprüfbarkeit von elektronischen Signaturen einschließlich der Aufbewahrungsfristen,
   g) die Sicherung und Kontrolle der Verfahren,
   h) die Abgrenzung der Verwaltung von Informationssystemen und automatisierten Verfahren von der fachlichen Sachbearbeitung und der Erledigung der Aufgaben der Finanzbuchhaltung,
3. die Verwaltung der Zahlungsmittel mit Festlegungen über
   a) die Einrichtung von Zahlstellen und Bankkonten,
   b) die Ausreichung von Handvorschüssen,
   c) die Zahlungen mit Hilfe von Automaten,
   d) die Unterschriften von zwei Beschäftigten im Bankverkehr,
   e) die Aufbewahrung, Beförderung und Entgegennahme von Zahlungsmitteln durch Beschäftigte und Automaten,
   f) den Einsatz von Geldkarten, Debitkarten oder Kreditkarten sowie Schecks und Wechsel im Rahmen der Erledigung der Kassengeschäfte,
   g) die Anlage nicht benötigter Finanzmittel,
   h) die Aufnahme und Rückzahlung von Kassenkrediten,

   i) die durchlaufende Zahlungsabwicklung,
   j) die Erledigung von Kassengeschäften für andere (fremde Kassengeschäfte),
   k) die Besorgung des Zahlungsverkehrs durch Dritte,
4. die Sicherheit und Überwachung des Rechnungswesens mit Festlegungen über
   a) das Verbot bestimmter Tätigkeiten in Personalunion,
   b) die Besorgung des Rechnungswesens durch Dritte,
   c) die Sicherheitseinrichtungen,
   d) die Aufsicht und Kontrolle über Buchführung und Zahlungsabwicklung,
   e) die regelmäßigen und unvermuteten Prüfungen,
   f) die Beteiligung der Kassenaufsicht,
5. die sichere Verwahrung und die Verwaltung von Wertgegenständen sowie von sonstigen Unterlagen (Verwahrgelass).

§ 29 Aufbewahrung von Unterlagen, Aufbewahrungsfristen

(1) [1]Die Gemeinde ist verpflichtet, die Bücher, die Unterlagen über die Inventur, die Jahresabschlüsse, die dazu ergangenen Anweisungen und Organisationsregelungen, die Buchungsbelege, die Unterlagen über den Zahlungsverkehr sowie die sonstigen erforderlichen Aufzeichnungen geordnet und sicher aufzubewahren. [2]Soweit begründende Unterlagen nicht den Kassenanordnungen beigefügt sind, obliegt ihre Aufbewahrung den anordnenden Stellen.

(2) [1]Die Eröffnungsbilanz und die Jahresabschlüsse sind dauernd aufzubewahren. [2]Bücher, Inventare, Rechenschaftsberichte, der Anhang zur Eröffnungsbilanz und die Anlagen zum Jahresabschluss sowie die zu ihrem Verständnis erforderlichen Arbeitsanweisungen und Organisationsunterlagen sind zehn Jahre, die sonstigen Belege sechs Jahre aufzubewahren. [3]Ergeben sich Zahlungsgrund und Zahlungspflichtige oder Empfangsberechtigte nicht aus den Büchern, sind die Belege so lange wie die Bücher aufzubewahren. [4]Die Fristen beginnen am 1. Januar des der Feststellung des Jahresabschlusses folgenden Haushaltsjahres.

(3) [1]Die in Absatz 2 aufgeführten Unterlagen können auch auf einem Bild- oder Datenträger aufbewahrt werden, wenn dies den Grundsätzen ordnungsmäßiger Buchführung entspricht und sichergestellt ist, dass die Wiedergabe mit den Belegen bildlich und mit den anderen Daten inhaltlich übereinstimmt, wenn sie lesbar gemacht wird, während der Dauer der Aufbewahrungsfrist jederzeit verfügbar ist und unverzüglich lesbar gemacht und maschinell ausgewertet werden kann. [2]Die Bildträger oder die Datenträger sind anstelle der Originale aufzubewahren.

(4) Andere Rechtsvorschriften über die Aufbewahrung von Büchern und Unterlagen bleiben unberührt.

Abschnitt 6

Inventar, Ansatz- und Bewertungsbestimmungen

§ 30 Inventur, Inventar

(1) [1]Die Gemeinde hat für den Schluss eines jeden Haushaltsjahres mit einer Rechnungsführung nach den Regeln der doppelten Buchführung für Gemeinden für Zwecke der Erstellung der Bilanz ihr Vermögen, ihre Sonderposten, ihre Rückstellungen und ihre Verbindlichkeiten sowie für Zwecke der Erstellung des Anhangs ihre Haftungsverhältnisse und ihre Verpflichtungen aus kreditähnlichen Geschäften sowie alle Sachverhalte, aus denen sich für die Gemeinde sonstige finanzielle Verpflichtungen ergeben können, unter Beachtung der Grundsätze ordnungsmäßiger Buchführung genau zu verzeichnen. [2]Dabei ist der Wert der einzelnen Vermögensgegenstände, Sonderposten, Rückstellungen, Verbindlichkeiten und der sonstigen finanziellen Verpflichtungen anzugeben (Inventar).

(2) Das Inventar ist innerhalb der einem ordnungsgemäßen Geschäftsgang entsprechenden Zeit aufzustellen.

(3) Körperliche Vermögensgegenstände sind durch eine körperliche Bestandsaufnahme zu erfassen, soweit in dieser Verordnung nichts anderes bestimmt ist.

(4) Das Verfahren und die Ergebnisse der Inventur sind so zu dokumentieren, dass diese für sachverständige Dritte nachvollziehbar sind.

(5) Der Bürgermeister regelt das Nähere über die Durchführung der Inventur in einer Dienstanweisung.

§ 31 Inventur-, Bewertungsvereinfachungsverfahren

(1) [1]Bei der Aufstellung des Inventars darf der Bestand der Vermögensgegenstände nach Art, Menge und Wert auch mit Hilfe anerkannter mathematisch-statistischer Methoden aufgrund von Stichproben oder durch andere geeignete Verfahren ermittelt werden. [2]Das Verfahren muss den Grundsätzen ordnungsmäßiger Buchführung entsprechen und von der Rechtsaufsichtsbehörde für zulässig erklärt werden.

(2) Bei der Aufstellung des Inventars für den Schluss eines Haushaltsjahres bedarf es einer körperlichen Bestandsaufnahme der Vermögensgegenstände nicht, soweit durch Anwendung eines den Grundsätzen ordnungsmäßiger Buchführung entsprechenden anderen Verfahrens gesichert ist, dass der Bestand der Vermögensgegenstände nach Art, Menge und Wert auch ohne die körperliche Bestandsaufnahme für diesen Zeitpunkt festgestellt werden kann (Buch- oder Beleginventur).

(3) In dem Inventar für den Schluss eines Haushaltsjahres brauchen Vermögensgegenstände nicht verzeichnet zu werden, wenn

1. die Gemeinde ihren Bestand aufgrund einer körperlichen Bestandsaufnahme oder aufgrund eines nach den Grundsätzen ordnungsmäßiger Buchführung zulässigen anderen Verfahrens nach Art, Menge und Wert in einem besonderen Inventar verzeichnet hat, das für einen Tag innerhalb der letzten drei Monate vor oder der ersten beiden Monate nach dem Schluss des Haushaltsjahres aufgestellt ist, und
2. aufgrund des besonderen Inventars durch Anwendung eines den Grundsätzen ordnungsmäßiger Buchführung entsprechenden Fortschreibungs- oder Rückrechnungsverfahrens gesichert ist, dass der am Schluss des Haushaltsjahres vorhandene Bestand der Vermögensgegenstände für diesen Zeitpunkt ordnungsgemäß bewertet werden kann.

(4) Nicht entgeltlich erworbene oder selbst hergestellte immaterielle Vermögensgegenstände des Anlagevermögens können erfasst werden.

(5) Auf eine Erfassung abnutzbarer, beweglicher Vermögensgegenstände des Anlagevermögens, deren Anschaffungs- oder Herstellungskosten im Einzelnen wertmäßig den Betrag von 1 000 Euro ohne Umsatzsteuer nicht überschreiten, kann verzichtet werden.

(6) Bereits aus Lagern abgegebene Vorratsbestände von Roh-, Hilfs- und Betriebsstoffen, Waren sowie unfertige und fertige Erzeugnisse für den eigenen Verbrauch gelten als verbraucht.

(7) Soweit es den Grundsätzen ordnungsmäßiger Buchführung entspricht, kann für den Wertansatz gleichartiger Vermögensgegenstände des Vorratsvermögens unterstellt werden, dass die zuerst oder dass die zuletzt angeschafften oder hergestellten Vermögensgegenstände zuerst oder in einer sonstigen bestimmten Folge verbraucht oder veräußert worden sind.

(8) [1]Vermögensgegenstände des Sachanlagevermögens sowie Roh-, Hilfs- und Betriebsstoffe können, wenn sie regelmäßig ersetzt werden und ihr Gesamtwert für die Gemeinde von nachrangiger Bedeutung ist, mit einer gleich bleibenden Menge und einem gleich bleibenden Wert (Festwert) angesetzt werden, sofern ihr Bestand in seiner Größe, seinem Wert und seiner Zusammensetzung nur geringen Veränderungen unterliegt. [2]Jedoch ist in der Regel alle drei Jahre eine körperliche Bestandsaufnahme durchzuführen.

(9) [1]Das stehende Holzvermögen, das einer regelmäßigen Bewirtschaftung unterliegt, kann mit einer gleich bleibenden Menge und einem gleich bleibenden Wert angesetzt werden. [2]Eine Anpassung des Festwerts ist grundsätzlich nach der Erstellung eines neuen Forsteinrichtungswerkes durchzuführen.

(10) Gleichartige Vermögensgegenstände des Vorratsvermögens sowie andere gleichartige oder annähernd gleichwertige bewegliche Vermögensgegenstände, Sonderposten, Rückstellungen und Verbindlichkeiten können jeweils zu einer Gruppe zusammengefasst und mit dem gewogenen Durchschnittswert angesetzt werden.

§ 32 Allgemeine Bewertungsgrundsätze

(1) [1]Die Bewertung der in der Bilanz auszuweisenden Vermögensgegenstände, der Sonderposten, der Rückstellungen, der Verbindlichkeiten und der Rechnungsabgrenzungsposten ist unter Beachtung der Grundsätze ordnungsmäßiger Buchführung vorzunehmen. [2]Dabei gilt insbesondere:

1. die Wertansätze in der Eröffnungsbilanz des Haushaltsjahres müssen mit denen in der Schlussbilanz des Haushaltsvorjahres übereinstimmen,

2. die Vermögensgegenstände, die Sonderposten, die Rückstellungen, die Verbindlichkeiten und die Rechnungsabgrenzungsposten sind zum Bilanzstichtag einzeln zu bewerten, soweit diese Verordnung keine anderen Bewertungsverfahren zulässt,
3. es ist vorsichtig zu bewerten; vorhersehbare Risiken und Verluste, die bis zum Bilanzstichtag entstanden sind, sind zu berücksichtigen, selbst wenn diese erst zwischen dem Bilanzstichtag und dem Tag der Aufstellung des Jahresabschlusses bekannt geworden sind; Erträge sind nur zu berücksichtigen, soweit sie am Bilanzstichtag realisiert sind,
4. Erträge und Aufwendungen des Haushaltsjahres sind unabhängig von den Zeitpunkten der entsprechenden Zahlungen im Jahresabschluss zu berücksichtigen,
5. die auf den vorhergehenden Jahresabschluss angewandten Bewertungsmethoden sollen beibehalten werden; begründete Abweichungen sind im Anhang anzugeben und zu erläutern,
6. bei der Bewertung ist grundsätzlich von der Fortführung der Verwaltungstätigkeit auszugehen.

(2) Bei der Bewertung sind die Grundsätze zu beachten, die das Ministerium für Inneres und Europa durch Verwaltungsvorschrift bestimmt.

§ 33 Wertansätze der Vermögensgegenstände und Verbindlichkeiten

(1) Vermögensgegenstände sind höchstens mit den Anschaffungs- oder Herstellungskosten, vermindert um Abschreibungen nach § 34, anzusetzen.

(2) [1]Anschaffungskosten sind die Aufwendungen, die geleistet werden, um einen Vermögensgegenstand zu erwerben und ihn in einen betriebsbereiten Zustand zu versetzen, soweit sie dem Vermögensgegenstand einzeln zugeordnet werden können. [2]Zu den Anschaffungskosten gehören auch die Nebenkosten sowie die nachträglichen Anschaffungskosten. [3]Minderungen des Anschaffungspreises sind abzusetzen.

(3) [1]Herstellungskosten sind die Aufwendungen, die durch den Verbrauch von Gütern und die Inanspruchnahme von Diensten für die Herstellung eines Vermögensgegenstandes, seine Erweiterung oder für eine über seinen ursprünglichen Zustand hinausgehende wesentliche Verbesserung entstehen. [2]Dazu gehören die Materialkosten, die Fertigungskosten und die Sonderkosten der Fertigung. [3]Bei der Berechnung der Herstellungskosten dürfen auch angemessene Teile der notwendigen Materialgemeinkosten, der notwendigen Fertigungsgemeinkosten und des Werteverzehrs des Anlagevermögens, soweit er durch die Fertigung veranlasst ist, eingerechnet werden. [4]Kosten der allgemeinen Verwaltung sowie Aufwendungen für soziale Einrichtungen der Verwaltung, für freiwillige soziale Leistungen sowie für zusätzliche Altersversorgung dürfen nicht eingerechnet werden. [5]Aufwendungen im Sinne des Satzes 3 dürfen nur insoweit berücksichtigt werden, als sie auf den Zeitraum der Herstellung entfallen. [6]Forschungs- und Vertriebskosten dürfen nicht in die Herstellungskosten einbezogen werden.

(4) [1]Zinsen für Fremdkapital gehören nicht zu den Herstellungskosten. [2]Zinsen für Fremdkapital, das zur Finanzierung der Herstellung eines Vermögensgegenstandes verwendet wird, dürfen als Herstellungskosten angesetzt werden, soweit sie auf den Zeitraum der Herstellung entfallen; in diesem Falle gelten sie als Herstellungskosten des Vermögensgegenstandes.

(5) Forderungen sind grundsätzlich mit dem Nominalwert anzusetzen.

(6) Verbindlichkeiten sind grundsätzlich mit ihrem Rückzahlungsbetrag anzusetzen.

(7) Sondervermögen mit Sonderrechnung sind mit dem Betrag des Eigenkapitals des Sondervermögens zum Bilanzstichtag anzusetzen (Eigenkapital-Spiegelbildmethode).

§ 34 Abschreibungen

(1) [1]Bei Vermögensgegenständen des Anlagevermögens, deren Nutzung zeitlich begrenzt ist, sind die Anschaffungs- oder Herstellungskosten um planmäßige Abschreibungen zu vermindern. [2]Die planmäßige Abschreibung erfolgt grundsätzlich in gleichen Jahresraten über die voraussichtliche wirtschaftliche Nutzungsdauer (lineare Abschreibung). [3]Ausnahmsweise ist eine Abschreibung mit fallenden Beträgen (geometrisch-degressive Abschreibung) oder nach Maßgabe der Leistungsabgabe (Leistungsabschreibung) zulässig, wenn dies dem Nutzungsverlauf wesentlich besser entspricht.

(2) [1]Für die Bestimmung der wirtschaftlichen Nutzungsdauer von abnutzbaren Vermögensgegenständen des Anlagevermögens ist die vom Ministerium für Inneres und Europa als Verwaltungsvorschrift bekannt gegebene Abschreibungstabelle für Gemeinden anzuwenden. [2]Die Gemeinde kann in begründeten Fällen kürzere Nutzungsdauern zu Grunde legen; dies ist im Anhang zu erläutern.

(3) [1]Wird durch Instandsetzung eines abnutzbaren Vermögensgegenstandes des Anlagevermögens eine Verlängerung seiner wirtschaftlichen Nutzungsdauer erreicht, ist die Restnutzungsdauer neu zu bestimmen. [2]Entsprechend ist zu verfahren, wenn infolge einer voraussichtlich dauernden Wertminderung eine Verkürzung der Restnutzungsdauer eintritt.

(4) [1]Im Jahr der Anschaffung oder Herstellung sind abnutzbare Vermögensgegenstände des Anlagevermögens entsprechend dem Zeitpunkt ihrer Anschaffung oder Herstellung zeitanteilig abzuschreiben. [2]Satz 1 gilt sinngemäß für den Abgang von abnutzbaren Vermögensgegenständen des Anlagevermögens.

(5) Abnutzbare bewegliche Vermögensgegenstände des Anlagevermögens, deren Anschaffungs- oder Herstellungskosten im Einzelnen wertmäßig den Betrag von 1 000 Euro ohne Umsatzsteuer nicht überschreiten, können im Jahr ihrer Anschaffung oder Herstellung voll abgeschrieben und in Abgang gestellt werden.

(6) [1]Ohne Rücksicht darauf, ob ihre Nutzung zeitlich begrenzt ist, sind bei Vermögensgegenständen des Anlagevermögens im Falle einer voraussichtlich dauernden Wertminderung außerplanmäßige Abschreibungen vorzunehmen, um die Vermögensgegenstände mit dem niedrigeren Wert anzusetzen, der ihnen am Bilanzstichtag beizulegen ist. [2]Stellt sich in einem späteren Haushaltsjahr heraus, dass die Gründe für die Abschreibung nicht mehr bestehen, ist der Betrag dieser Abschreibung in dem Umfang der Werterhöhung unter Berücksichtigung der planmäßigen Abschreibungen, die inzwischen vorzunehmen gewesen wären, zuzuschreiben.

(7) [1]Bei Vermögensgegenständen des Umlaufvermögens sind Abschreibungen vorzunehmen, um diese mit einem niedrigeren Wert anzusetzen, der sich aus einem Börsen- oder Marktpreis am Bilanzstichtag ergibt. [2]Ist ein Börsen- oder Marktpreis nicht festzustellen und übersteigen die Anschaffungs- oder Herstellungskosten den Wert, der den Vermögensgegenständen am Bilanzstichtag beizulegen ist, so ist auf diesen niedrigeren Wert abzuschreiben. [3]Stellt sich in einem späteren Haushaltsjahr heraus, dass die Gründe für die Abschreibung nicht mehr bestehen, so ist der Betrag dieser Abschreibung in dem Umfang der Werterhöhung zuzuschreiben.

(8) Abschreibungen und Zuschreibungen nach den Absätzen 6 und 7 sind im Anhang anzugeben und zu erläutern.

§ 35 Rückstellungen

(1) [1]Rückstellungen sind zu bilden für:

1. Pensionsverpflichtungen aufgrund von beamtenrechtlichen oder vertraglichen Ansprüchen,
2. Beihilfeverpflichtungen gegenüber Versorgungsempfängern sowie Beamten und Arbeitnehmern für die Zeit nach dem Ausscheiden aus dem aktiven Dienst bzw. Arbeitsverhältnis,
3. Entgeltzahlungen für Zeiten der Freistellung von der Arbeit im Rahmen der Altersteilzeitarbeit und ähnlichen Maßnahmen,
4. im Haushaltsjahr unterlassene Aufwendungen für Instandhaltung, wenn die Nachholung der Instandhaltung innerhalb der nächsten drei Haushaltsjahre hinreichend konkret beabsichtigt ist; die Maßnahmen der Instandhaltung müssen am Bilanzstichtag einzeln bestimmt und wertmäßig beziffert sein,
5. Rekultivierung und Nachsorge von Abfalldeponien,
6. Sanierung von Altlasten,
7. Verpflichtungen aufgrund von Steuerschuldverhältnissen,
8. drohende Verpflichtungen aus anhängigen Gerichtsverfahren,
9. sonstige Verpflichtungen gegenüber Dritten oder aufgrund von Rechtsvorschriften, die vor dem Bilanzstichtag wirtschaftlich begründet wurden und dem Grunde oder der Höhe nach noch nicht genau bekannt sind.

[2]Für andere Zwecke dürfen Rückstellungen nicht gebildet werden.

(2) Auf die Bildung von Rückstellungen nach Absatz 1 kann verzichtet werden:

1. für nicht in Anspruch genommenen Urlaub und nicht abgegoltene Überstunden,
2. für Kosten der internen Jahresabschlusserstellung und Jahresabschlussprüfung,
3. wenn die zu erwartenden Aufwendungen nicht von wesentlicher Bedeutung für die Vermögens- und Ertragslage der Gemeinde sind. Die Gemeinde kann hierfür Wertgrenzen bestimmen, bis zu denen die Bildung von Rückstellungen unterbleiben kann.

(3) Rückstellungen sind mit dem Betrag der voraussichtlichen Inanspruchnahme der Gemeinde anzusetzen.

(4) Rückstellungen nach Absatz 1 Satz 1 Nr. 1 und 2 sind zum Barwert der erworbenen Versorgungsansprüche nach dem Teilwertverfahren anzusetzen; dabei ist der Rechnungszinsfuß zu Grunde zu legen, der nach den Vorschriften des Einkommensteuergesetzes für die Bemessung der Pensionsrückstellungen maßgebend ist.

(5) Rückstellungen sind aufzulösen, soweit der Grund für ihre Bildung entfallen ist.

§ 36 Rechnungsabgrenzungsposten

(1) [1]Als Rechnungsabgrenzungsposten sind auf der Aktivseite vor dem Bilanzstichtag geleistete Ausgaben auszuweisen, soweit sie Aufwand für eine bestimmte Zeit nach dem Bilanzstichtag darstellen. [2]Ferner ist die als Aufwand berücksichtigte Umsatzsteuer auf am Bilanzstichtag auszuweisende oder von den Vorräten offen abgesetzten Anzahlungen auszuweisen. [3]Auf die Bildung eines aktiven Rechnungsabgrenzungspostens kann verzichtet werden, sofern der Wert des einzelnen Abgrenzungspostens nicht mehr als 1 000 Euro beträgt und eine unterlassene Abgrenzung das Jahresergebnis nicht wesentlich beeinflusst.

(2) [1]Als Rechnungsabgrenzungsposten sind auf der Passivseite vor dem Bilanzstichtag erhaltene Einnahmen auszuweisen, soweit sie Ertrag für eine bestimmte Zeit nach dem Bilanzstichtag darstellen. [2]Absatz 1 Satz 3 gilt für passive Rechnungsabgrenzungsposten entsprechend.

(3) [1]Ist der Rückzahlungsbetrag einer Verbindlichkeit höher als der Auszahlungsbetrag, so ist der Unterschiedsbetrag auf der Aktivseite als Rechnungsabgrenzungsposten aufzunehmen. [2]Der Unterschiedsbetrag ist durch planmäßige jährliche Abschreibungen, verteilt auf die gesamte Laufzeit der Verbindlichkeit, aufzulösen.

§ 37 Besondere Bilanzposten

(1) [1]Von der Gemeinde mit einer mehrjährigen Zweckbindung oder mit einer vereinbarten Gegenleistungsverpflichtung geleistete Zuwendungen für die Anschaffung oder Herstellung von Vermögensgegenständen des Anlagevermögens sind als immaterielle Vermögensgegenstände auf der Aktivseite auszuweisen. [2]Die Abschreibung erfolgt bei Zuwendungen mit einer mehrjährigen Zweckbindung über die Dauer der Zweckbindung; Zuwendungen mit einer Gegenleistungsverpflichtung sind über den Zeitraum, in dem die Gegenleistungsverpflichtung besteht, abzuschreiben, längstens jedoch über die wirtschaftliche Nutzungsdauer des Vermögensgegenstandes, für den die Zuwendung geleistet wurde. [3]Sofern die Voraussetzungen nach Satz 1 nicht vorliegen, ist die geleistete Zuwendung den laufenden Auszahlungen und Aufwendungen zuzuordnen.

(2) [1]Erhaltene zweckgebundene Zuwendungen für die Anschaffung oder Herstellung von Vermögensgegenständen des Anlagevermögens, und des Umlaufvermögens, deren ertragswirksame Auflösung durch den Zuwendungsgeber nicht ausgeschlossen wurde, sind als Sonderposten auf der Passivseite auszuweisen. [2]Die Auflösung der Sonderposten zum Anlagevermögen erfolgt ertragswirksam entsprechend der Abschreibung des damit finanzierten Vermögensgegenstandes. [3]Ist eine Zuordnung der Zuwendungen nicht möglich, sind sie in einen gesonderten Sonderposten einzustellen. [4]Der Auflösung dieses Sonderpostens ist ein sachgerechter gemeindebezogen ermittelter Prozentsatz zu Grunde zu legen.

(3) Erhaltene Zuwendungen für die Anschaffung oder Herstellung von Vermögensgegenständen des Anlagevermögens, deren ertragswirksame Auflösung durch den Zuwendungsgeber ausgeschlossen wurde (Kapitalzuschüsse), sind in die Kapitalrücklage einzustellen.

(4) [1]Zuschüsse aus Beiträgen und ähnlichen Entgelten Nutzungsberechtigter für die Anschaffung oder Herstellung von Vermögensgegenständen des Anlagevermögens und des Umlaufvermögens sind als Sonderposten auf der Passivseite auszuweisen. [2]Die Auflösung der Sonderposten zum Anlagevermögen erfolgt ertragswirksam entsprechend der Abschreibung des damit finanzierten Vermögensgegenstandes oder über die Dauer des eingeräumten Nutzungsrechtes.

(5) Erhaltene Zuwendungen und Zuschüsse aus Beiträgen und ähnlichen Entgelten Nutzungsberechtigter für die Anschaffung oder Herstellung von Vermögensgegenständen des Anlagevermögens und des Umlaufvermögens sind bis zum Zeitpunkt der Anschaffung oder Fertigstellung als erhaltene Anzahlungen auf Sonderposten auf der Passivseite auszuweisen; diese Anzahlungen sind in dem Haus-

haltsjahr, in dem die bezuschussten Vermögensgegenstände angeschafft oder fertiggestellt werden, auf den entsprechenden Sonderposten umzubuchen.

(6) [1]Kreisangehörige Gemeinden haben zum Ausgleich zukünftiger Umlageverpflichtungen nach dem Finanzausgleich sowie zum Zwecke der Vorsorge für absehbare Mindereinnahmen aus dem Finanzausgleich eine Rücklage zu bilden, sofern sich für das Haushaltsfolgejahr aufgrund des § 12 des Finanzausgleichsgesetzes Mecklenburg-Vorpommern eine Steuerkraftmesszahl ergibt, die den Durchschnitt der beiden Haushaltsvorjahre wesentlich übersteigt. [2]Die Rücklage ist aufzulösen, soweit ihr Zweck entfallen ist. [3]Einzelheiten regelt das Ministerium für Inneres und Europa durch Verwaltungsvorschrift.

(7) Anteilige Rücklagen des Kommunalen Versorgungsverbandes Mecklenburg-Vorpommern zur Abdeckung von Pensionsverpflichtungen sind als Finanzanlagen auszuweisen.

(8) [1]Bestehen bei Betrieben gewerblicher Art, die im Kernhaushalt geführt werden, zwischen den Wertansätzen von Vermögensgegenständen, Schulden und Rechnungsabgrenzungsposten in der Bilanz und ihren steuerlichen Wertansätzen Differenzen, die sich in späteren Haushaltsjahren voraussichtlich abbauen, so ist eine sich daraus insgesamt ergebende Steuerbelastung als passive latente Steuern in der Bilanz anzusetzen. [2]Eine sich daraus insgesamt ergebende Steuerentlastung kann als aktive latente Steuern in der Bilanz angesetzt werden. [3]Die sich ergebende Steuerbelastung und die sich ergebende Steuerentlastung können auch unverrechnet angesetzt werden. [4]Steuerliche Verlustvorträge sind bei der Berechnung aktiver latenter Steuern in Höhe der innerhalb der nächsten fünf Jahre zu erwartenden Verlustverrechnung zu berücksichtigen. [5]Die Beträge der sich ergebenden Steuerbelastung und Steuerentlastung sind mit den individuellen Steuersätzen im Zeitpunkt des Abbaus der Differenzen zu bewerten und nicht abzuzinsen. [6]Die ausgewiesenen Posten sind aufzulösen, sobald die Steuerbe- oder -entlastung eintritt oder mit ihr nicht mehr zu rechnen ist. [7]Der Aufwand oder Ertrag aus der Veränderung bilanzierter latenter Steuern ist in der Ergebnisrechnung gesondert unter dem Posten „Steuern vom Einkommen und vom Ertrag" auszuweisen.

§ 38 Nicht durch Eigenkapital gedeckter Fehlbetrag

Ergibt sich in der Bilanz ein Überschuss der Passivposten über die Aktivposten, so ist der entsprechende Betrag am Schluss der Bilanz auf der Aktivseite gesondert unter der Bezeichnung „Nicht durch Eigenkapital gedeckter Fehlbetrag" auszuweisen.

§ 39 Kostenüber- und Kostenunterdeckungen

(1) Sofern Kostenüberdeckungen für Einrichtungen, die in der Regel aus Entgelten finanziert werden (kostenrechnende Einrichtungen) auszugleichen sind, ist in entsprechender Höhe ein Sonderposten für den Gebührenausgleich anzusetzen.

(2) Sofern Kostenunterdeckungen ausgeglichen werden sollen, sind diese im Anhang anzugeben.

(3) Zweckverbände und sonstige Verbände nach § 170 der Kommunalverfassung ohne Eigenkapitalausstattung weisen Überdeckungen aus Kostenumlagen in einem sonstigen Sonderposten auf der Passivseite aus.

§ 40 *[aufgehoben]*

§ 41 Berücksichtigung steuerlicher Vorschriften bei Betrieben gewerblicher Art

Bei Betrieben gewerblicher Art ist die Anwendung abweichender steuerlicher Bilanzierungs- und Bewertungsvorschriften zulässig.

Abschnitt 7
Jahresabschluss

§ 42 *[aufgehoben]*

§ 43 Allgemeine Grundsätze für die Gliederung

(1) [1]Die Form der Darstellung, insbesondere die Gliederung der aufeinander folgenden Ergebnisrechnungen, Finanzrechnungen und Bilanzen, ist beizubehalten, soweit nicht in Ausnahmefällen wegen besonderer Umstände Abweichungen erforderlich sind. [2]Die Abweichungen sind im Anhang anzugeben und zu begründen.

(2) Fällt ein Vermögensgegenstand, ein Sonderposten, eine Rückstellung oder eine Verbindlichkeit unter mehrere Posten der Bilanz, so ist die Mitzugehörigkeit zu anderen Posten bei dem Posten, unter

dem der Ausweis erfolgt ist, zu vermerken oder im Anhang anzugeben, wenn dies zur Aufstellung eines klaren und übersichtlichen Jahresabschlusses erforderlich ist.

(3) [1]Eine weitere Untergliederung der Posten der Ergebnisrechnung, der Finanzrechnung und der Bilanz ist zulässig; dabei ist jedoch die vorgeschriebene Gliederung zu beachten. [2]Neue Posten dürfen hinzugefügt werden, wenn ihr Inhalt nicht von einem vorgeschriebenen Posten gedeckt wird. [3]Die Ergänzung ist im Anhang anzugeben und zu begründen.

(4) Ein Posten der Ergebnisrechnung, der Finanzrechnung oder der Bilanz, für den kein Betrag auszuweisen ist, braucht nicht aufgeführt zu werden, es sei denn, dass im Jahresabschluss des Haushaltsvorjahres oder im Ergebnis- oder Finanzhaushalt des Haushaltsjahres unter dieser Position ein Betrag ausgewiesen wurde.

§ 44 Ergebnisrechnung

(1) [1]In der Ergebnisrechnung sind die dem Haushaltsjahr zuzurechnenden Erträge und Aufwendungen vollständig und getrennt voneinander nachzuweisen. [2]Erträge dürfen nicht mit Aufwendungen verrechnet werden, soweit durch Gesetz oder Verordnung nichts anderes zugelassen ist.

(2) [1]Die Ergebnisrechnung ist in Staffelform aufzustellen. [2]Für die Gliederung gilt § 2 Abs. 1 entsprechend.

(3) Den in der Ergebnisrechnung nachzuweisenden Ergebnissen sind die Ergebnisse der Rechnung des Haushaltsvorjahres und die Gesamtermächtigungen im Haushaltsjahr gegenüberzustellen; erhebliche Unterschiede sind im Anhang anzugeben und zu erläutern.

(4) Das in der Ergebnisrechnung ausgewiesene Jahresergebnis ist auf neue Rechnung vorzutragen, der Ausweis erfolgt unter dem Posten „Ergebnisvortrag“.

§ 45 Finanzrechnung

(1) [1]In der Finanzrechnung sind die im Haushaltsjahr eingegangenen Einzahlungen und geleisteten Auszahlungen vollständig und getrennt voneinander nachzuweisen. [2]Einzahlungen dürfen nicht mit Auszahlungen verrechnet werden, soweit durch Gesetz oder Verordnung nichts anderes zugelassen ist.

(2) [1]Die Finanzrechnung ist in Staffelform aufzustellen. [2]Für die Gliederung gilt § 3 Abs. 1 entsprechend.

(3) Den in der Finanzrechnung nachzuweisenden Ergebnissen sind die Ergebnisse der Rechnung des Haushaltsvorjahres und die Gesamtermächtigungen im Haushaltsjahr gegenüberzustellen; erhebliche Unterschiede sind im Anhang anzugeben und zu erläutern.

(4) Der Saldo der laufenden Ein- und Auszahlungen zum 31. Dezember des Haushaltsjahres gemäß § 3 Absatz 1 Satz 1 Nummer 39 ist auf neue Rechnung vorzutragen.

§ 46 Übersicht über die Teilrechnungen

Wenn der Haushaltsplan der Gemeinde in mehr als zwei Teilhaushalte gegliedert ist, ist dem Jahresabschluss eine Übersicht über die Finanzdaten der Teilrechnungen beizufügen, § 4 Absatz 11 gilt entsprechend.

§ 47 Bilanz

(1) [1]In der Bilanz sind das Anlagevermögen, das Umlaufvermögen, das Eigenkapital, die Sonderposten, die Rückstellungen, die Verbindlichkeiten und die Rechnungsabgrenzungsposten vollständig und getrennt voneinander auszuweisen. [2]Die Posten der Aktivseite dürfen nicht mit den Posten der Passivseite verrechnet werden, soweit durch Gesetz oder Verordnung nichts anderes zugelassen ist.

(2) [1]In der Bilanz ist zu jedem Posten der entsprechende Betrag der Bilanz des Haushaltsvorjahres anzugeben; erhebliche Veränderungen sind im Anhang anzugeben und zu erläutern. [2]Ebenfalls im Anhang sind anzugeben und zu erläutern:

1. Posten, die mit jenen der Bilanz des Haushaltsvorjahres nicht vergleichbar sind, und
2. die betragsmäßige Anpassung von Posten der Bilanz des Haushaltsvorjahres.

(3) Die Bilanz ist in Kontoform aufzustellen.

(4) Die Aktivseite der Bilanz ist mindestens wie folgt in der angegebenen Reihenfolge zu gliedern:

1. Anlagevermögen:
1.1 Immaterielle Vermögensgegenstände:
1.1.1 Gewerbliche Schutzrechte und ähnliche Rechte und Werte sowie Lizenzen an solchen Rechten und Werten;

1.1.2 Geleistete Zuwendungen;
1.1.3 Geleistete Investitionszuschüsse;
1.1.4 Geschäfts- oder Firmenwert;
1.1.5 Geleistete Anzahlungen auf immaterielle Vermögensgegenstände;
1.2 Sachanlagen:
1.2.1 Wald, Forsten;
1.2.2 Sonstige unbebaute Grundstücke und grundstücksgleiche Rechte;
1.2.3 Bebaute Grundstücke und grundstücksgleiche Rechte;
1.2.4 Infrastrukturvermögen;
1.2.5 Bauten auf fremdem Grund und Boden;
1.2.6 Kunstgegenstände, Denkmäler;
1.2.7 Maschinen, technische Anlagen, Fahrzeuge;
1.2.8 Betriebs- und Geschäftsausstattung,
1.2.9 Pflanzen und Tiere;
1.2.10 Geleistete Anzahlungen auf Sachanlagen, Anlagen im Bau;
1.3 Finanzanlagen:
1.3.1 Anteile an verbundenen Unternehmen;
1.3.2 Ausleihungen an verbundene Unternehmen;
1.3.3 Beteiligungen;
1.3.4 Ausleihungen an Unternehmen, mit denen ein Beteiligungsverhältnis besteht;
1.3.5 Sondervermögen mit Sonderrechnung, Zweckverbände, Anstalten des öffentlichen Rechts, rechtsfähige kommunale Stiftungen;
1.3.6 Ausleihungen an Sondervermögen mit Sonderrechnung, Zweckverbände, Anstalten des öffentlichen Rechts, rechtsfähige kommunale Stiftungen;
1.3.7 Sonstige Wertpapiere des Anlagevermögens;
1.3.8 Anteilige Rücklagen des Kommunalen Versorgungsverbandes zur Abdeckung von Pensionsverpflichtungen;
1.3.9 Sonstige Ausleihungen;
2. Umlaufvermögen:
2.1 Vorräte:
2.1.1 Roh-, Hilfs- und Betriebsstoffe;
2.1.2 Unfertige Erzeugnisse, unfertige Leistungen;
2.1.3 Fertige Erzeugnisse, fertige Leistungen und Waren;
2.1.4 Geleistete Anzahlungen auf Vorräte;
2.2 Forderungen und sonstige Vermögensgegenstände:
2.2.1 Öffentlich-rechtliche Forderungen, Forderungen aus Transferleistungen;
2.2.2 Privatrechtliche Forderungen aus Lieferungen und Leistungen;
2.2.3 Forderungen gegen verbundene Unternehmen;
2.2.4 Forderungen gegen Unternehmen, mit denen ein Beteiligungsverhältnis besteht;
2.2.5 Forderungen gegen Sondervermögen mit Sonderrechnung, Zweckverbände, Anstalten des öffentlichen Rechts, rechtsfähige kommunale Stiftungen;
2.2.6 Forderungen gegen den sonstigen öffentlichen Bereich;
2.2.6.1 Forderungen aus dem gemeinsamen Zahlungsmittelbestand;
2.2.6.2 Sonstige Forderungen gegen den sonstigen öffentlichen Bereich;
2.2.7 Sonstige Vermögensgegenstände;
2.3 Wertpapiere des Umlaufvermögens:
2.3.1 Anteile an verbundenen Unternehmen;
2.3.2 Anteile an Unternehmen, mit denen ein Beteiligungsverhältnis besteht;
2.3.3 Sonstige Wertpapiere des Umlaufvermögens;
2.4 Liquide Mittel
3. Rechnungsabgrenzungsposten:
3.1 Disagio;
3.2 Sonstige Rechnungsabgrenzungsposten;

4. Aktive latente Steuern;
5. Nicht durch Eigenkapital gedeckter Fehlbetrag.

(5) Die Passivseite der Bilanz ist mindestens wie folgt in der angegebenen Reihenfolge zu gliedern:

1. Eigenkapital:
1.1 Kapitalrücklage;
1.1.1 Allgemeine Kapitalrücklage;
1.1.2 Zweckgebundene Kapitalrücklagen;
1.2 Ergebnisrücklage für Belastungen aus dem kommunalen Finanzausgleich
1.3 Ergebnisvortrag;
1.4 Jahresüberschuss/Jahresfehlbetrag;
1.5 Nicht durch Eigenkapital gedeckter Fehlbetrag;
2. Sonderposten:
2.1 Sonderposten zum Anlagevermögen:
2.1.1 Sonderposten aus Zuwendungen;
2.1.2 Sonderposten aus Beiträgen und ähnlichen Entgelten;
2.1.3 Sonderposten aus Anzahlungen;
2.2 Sonderposten für den Gebührenausgleich;
2.3 Sonderposten mit Rücklageanteil;
2.4 Sonstige Sonderposten;
3. Rückstellungen:
3.1 Rückstellungen für Pensionen und ähnliche Verpflichtungen;
3.2 Steuerrückstellungen;
3.3 Sonstige Rückstellungen;
4. Verbindlichkeiten:
4.1 Anleihen;
4.2 Verbindlichkeiten aus Kreditaufnahmen:
4.2.1 Verbindlichkeiten aus Kreditaufnahmen für Investitionen und Investitionsförderungsmaßnahmen;
4.2.2 Verbindlichkeiten aus Kassenkrediten;
4.3 Verbindlichkeiten aus Vorgängen, die Kreditaufnahmen wirtschaftlich gleichkommen;
4.4 Erhaltene Anzahlungen auf Bestellungen;
4.5 Verbindlichkeiten aus Lieferungen und Leistungen;
4.6 Verbindlichkeiten aus Transferleistungen;
4.7 Verbindlichkeiten gegenüber verbundenen Unternehmen;
4.8 Verbindlichkeiten gegenüber Unternehmen, mit denen ein Beteiligungsverhältnis besteht;
4.9 Verbindlichkeiten gegenüber Sondervermögen mit Sonderrechnung, Zweckverbänden, Anstalten des öffentlichen Rechts, rechtsfähigen kommunalen Stiftungen;
4.10 Verbindlichkeiten gegenüber dem sonstigen öffentlichen Bereich;
4.10.1 Verbindlichkeiten aus dem gemeinsamen Zahlungsmittelbestand;
4.10.2 Sonstige Verbindlichkeiten gegenüber dem sonstigen öffentlichen Bereich;
4.11 Sonstige Verbindlichkeiten;
5. Rechnungsabgrenzungsposten:
5.1 Grabnutzungsentgelte;
5.2 Anzahlungen auf Grabnutzungsentgelte;
5.3 Sonstige;
6. Passive latente Steuern.

(6) Ämter geben nachrichtlich den Anteil der liquiden Mittel oder des Kassenkredites des Amtes an der Gesamtliquidität (Amt und amtsangehörige Gemeinden) an.

(7) Die Zuordnung der Vermögensgegenstände, der Sonderposten, der Rückstellungen, der Verbindlichkeiten und der Rechnungsabgrenzungsposten zu den Bilanzposten ist auf der Grundlage des vom Ministerium für Inneres und Europa als Verwaltungsvorschrift bekannt gegebenen Kontenrahmenplanes vorzunehmen.

§ 48 Anhang

(1) Im Anhang ist eine dem gemeindlichen Aufgabenumfang entsprechende Analyse der Haushaltswirtschaft und der Vermögens-, Ertrags- und Finanzlage der Gemeinde vorzunehmen.

(2) [1]Die Entwicklung des in der Bilanz ausgewiesenen Ergebnisvortrages sowie die Behandlung von Fehlbeträgen und Überschüssen und die Zusammensetzung und Entwicklung des Saldos der liquiden Mittel und der Kassenkredite unterteilt in laufende Ein- und Auszahlungen, Ein- und Auszahlungen aus Investitionstätigkeit sowie Ein- und Auszahlungen aus durchlaufenden Geldern und ungeklärten Zahlungsvorgängen sind darzustellen. [2]Dem Anhang ist eine Übersicht über die Erträge und Aufwendungen zur Ergebnisrechnung beizufügen.

(3) Über die Erfüllung der zu den wesentlichen Produkten vorgegebenen Ziele, Leistungsmengen und Kennzahlen sowie über die Umsetzung des Investitionsprogrammes ist zu berichten.

(4) Die durchschnittliche Zahl der während des Haushaltsjahres beschäftigten Beamtinnen und Beamten sowie Arbeitnehmerinnen und Arbeitnehmer ist anzugeben.

(5) Soweit unter Beachtung der Grundsätze ordnungsmäßiger Buchführung für die Darstellung der Vermögens-, Finanz- und Ertragslage der Gemeinde nicht von untergeordneter Bedeutung, sind ferner anzugeben und zu erläutern:

1. die auf die Posten der Ergebnisrechnung, der Finanzrechnung und der Bilanz angewandten Bilanzierungs- und Bewertungsmethoden; Abweichungen von den bisher angewandten Bilanzierungs- und Bewertungsmethoden mit einer Begründung; die sich daraus ergebenden Auswirkungen auf die Vermögens-, Finanz- und Ertragslage sind gesondert darzustellen,
2. ausgeübte Wahlrechte in Bezug auf die Erfassung und Bewertung und ihre Auswirkungen auf die Vermögens-, Finanz- und Ertragslage,
3. bilanzierte Vermögensgegenstände mit zum Bilanzstichtag noch ungeklärten Eigentumsverhältnissen (einschließlich Buchwert und Risikoabschätzung),
4. drohende finanzielle Belastungen, für die keine Rückstellungen gebildet wurden (z.B. für Großreparaturen, Rekultivierungs- und Entsorgungsaufwendungen, unterlassene Instandhaltung, sofern keine Wertminderung der betroffenen Vermögensgegenstände möglich ist),
5. Haftungsverhältnisse aus der Bestellung von Sicherheiten für fremde Verbindlichkeiten sowie weitere Sachverhalte oder sonstige Haftungsverhältnisse, die nicht in der Bilanz auszuweisen sind und aus denen sich finanzielle Verpflichtungen ergeben können,
6. Haftungsrisiken aus der Zusatzversorgung von Arbeitnehmern,
7. eine bestehende Trägerschaft an einer Sparkasse oder die Mitgliedschaft in einem Sparkassenzweckverband,
8. jeweils der Betrag und die Art der einzelnen Erträge und Aufwendungen von außergewöhnlicher Größenordnung oder außergewöhnlicher Bedeutung,
9. Art und Umfang bestehender Derivate, Darlegung der Entscheidungsgründe zum Abschluss der Derivate einschließlich Unterrichtung über die sich aus den Verträgen ergebenden wesentlichen Entwicklungen und Risiken,
10. weitere Angaben, soweit sie nach den Vorschriften der Kommunalverfassung oder dieser Verordnung für den Anhang vorgesehen sind.

§ 49 *[aufgehoben]*

§ 50 Anlagenübersicht

(1) In der Anlagenübersicht sind die Anschaffungs- und Herstellungskosten, die kumulierten Abschreibungen sowie die Restbuchwerte des Anlagevermögens der Gemeinde zum Beginn und zum Ende des Haushaltsjahres, die Zu- und Abgänge, die Umbuchungen sowie die Zuschreibungen und die Abschreibungen darzustellen.

(2) Sofern auf Vermögensgegenstände des Anlagevermögens außerplanmäßige Abschreibungen vorgenommen wurden, sind diese Absetzungen pro Posten offen auszuweisen.

§ 51 Forderungsübersicht

(1) In der Forderungsübersicht sind die Forderungen der Gemeinde nachzuweisen.

(2) [1]Anzugeben sind der Gesamtbetrag zum Beginn und zum Ende des Haushaltsjahres, die Forderungen, unterteilt nach Restlaufzeiten bis zu einem Jahr, von einem bis zu fünf Jahren und von mehr

als fünf Jahren. [2]Ferner sind die auf die Forderungen vorgenommenen Wertberichtigungen bei jedem Posten anzugeben.

§ 52 Verbindlichkeitenübersicht

(1) In der Verbindlichkeitenübersicht sind die Verbindlichkeiten der Gemeinde nachzuweisen.

(2) Anzugeben sind der Gesamtbetrag zum Beginn und zum Ende des Haushaltsjahres, die Verbindlichkeiten, unterteilt nach Restlaufzeiten bis zu einem Jahr, von einem bis zu fünf Jahren und von mehr als fünf Jahren.

§ 53 Übersicht über die über das Ende des Haushaltsjahres hinaus geltenden Haushaltsermächtigungen

[1]Die Übersicht über die über das Ende des Haushaltsjahres hinaus geltenden Haushaltsermächtigungen ist unter Angabe der betroffenen Teilhaushalte wie folgt zu gliedern:

1. Aufwandsermächtigungen,
2. Ein- und Auszahlungsermächtigungen und
3. Ermächtigungen für die Aufnahme von Krediten für Investitionen und Investitionsförderungsmaßnahmen.

[2]In der Übersicht sind ferner die aus Verpflichtungsermächtigungen in den kommenden Haushaltsjahren voraussichtlich fällig werdenden Auszahlungen darzustellen.

§ 53a Berichtigung

(1) [1]Die Berichtigung eines festgestellten Jahresabschlusses gemäß § 60 Absatz 7 der Kommunalverfassung beschränkt sich auf wesentliche Fehler, die dazu führen, dass die dargestellte Vermögens-, Finanz- und Ertragslage nicht den tatsächlichen Verhältnissen entspricht. [2]Die sich aus der Berichtigung ergebende Wertänderung ist erfolgswirksam.

(2) Für die Berichtigung der Eröffnungsbilanz gilt Absatz 1 entsprechend mit der Maßgabe, dass eine sich aus der Berichtigung ergebende Wertänderung ergebnisneutral mit der allgemeinen Kapitalrücklage verrechnet wird.

(3) Wertberichtigungen und Wertnachholungen sind im Anhang zum aufzustellenden Jahresabschluss gesondert anzugeben.

Abschnitt 8

Gesamtabschluss

§ 54 *[aufgehoben]*

§ 55 Konsolidierung

(1) Der Umfang der Konsolidierung des Jahresabschlusses der Gemeinde mit den Jahresabschlüssen der Aufgabenträger ist abhängig davon, ob diese unter beherrschendem oder maßgeblichem Einfluss der Gemeinde stehen.

(2) [1]Einen beherrschenden Einfluss übt die Gemeinde über ihre Eigenbetriebe, ihre sonstigen Vermögen mit Sonderrechnung und über ihre Kommunalunternehmen aus. [2]Über Aufgabenträger mit eigener Rechtspersönlichkeit übt die Gemeinde beherrschenden Einfluss aus, wenn ihr

1. die Mehrheit der Stimmrechte der Gesellschafter oder Mitglieder zusteht,
2. das Recht zusteht, die Mehrheit der Mitglieder des Verwaltungs-, Leitungs- oder Aufsichtsorganes zu bestellen oder abzuberufen und sie gleichzeitig Gesellschafter oder Mitglied ist oder
3. das Recht zusteht, einen beherrschenden Einfluss aufgrund eines mit diesem Aufgabenträger geschlossenen Beherrschungsvertrages oder aufgrund einer Satzungsbestimmung dieses Unternehmens auszuüben.

(3) Einen maßgeblichen Einfluss übt die Gemeinde über Aufgabenträger aus, über die sie keinen beherrschenden Einfluss nach Absatz 1 ausübt und bei denen ihr mehr als 20 Prozeht der Stimmrechte als Gesellschafter, Mitglied oder Träger zustehen, wenn die Einflussmöglichkeiten nicht durch Vereinbarung eingeschränkt sind.

(4) Für die Mitgliedschaft in Zweckverbänden ist für die Bestimmung des beherrschenden oder maßgeblichen Einflusses der Gemeinde das Verhältnis zwischen der der Gemeinde nach der Verbandssatzung zustehenden Stimmenzahl in der Verbandsversammlung und der satzungsmäßigen Gesamtstimmenzahl in der Verbandsversammlung maßgebend.

(5) [1]Aufgabenträger, die unter beherrschendem Einfluss der Gemeinde stehen, sind entsprechend den §§ 300 bis 309 des Handelsgesetzbuches in den Gesamtabschluss einzubeziehen. [2]Abweichend von § 308 des Handelsgesetzbuches ist es unerheblich, wenn für die in den Gesamtabschluss übernommenen Vermögensgegenstände und Schulden unterschiedliche Ansatz- und Bewertungsvorschriften für die Gemeinde und die Aufgabenträger bestehen. [3]Satz 2 gilt sinngemäß für den Ausweis von Aufwendungen und Erträgen in der Gesamtergebnisrechnung.

(6) [1]Aufgabenträger, die unter maßgeblichem Einfluss der Gemeinde stehen, sind entsprechend der §§ 311 und 312 des Handelsgesetzbuches zu konsolidieren. [2]Auf die Zuordnung eines Unterschiedsbetrages gemäß § 312 Absatz 2 Satz 1 des Handelsgesetzbuches kann verzichtet werden.

(7) [1]Aufgabenträger sind gemäß § 61 Absatz 2 Satz 2 der Kommunalverfassung von untergeordneter Bedeutung, wenn keine oder nur geringfügige negative Jahresergebnisse vor Ergebnisverwendung ausgewiesen werden und

– die Erträge oder Aufwendungen des Aufgabenträgers nicht mehr als 5 Prozent der Gesamterträge oder Gesamtaufwendungen betragen,
– die Summe des Anlage- und Umlaufvermögens des Aufgabenträgers nicht mehr als 5 Prozent der Summe des Gesamtanlage- und -umlaufvermögens beträgt oder
– die Summe der Rückstellungen und Verbindlichkeiten des Aufgabenträgers nicht mehr als 5 Prozent der Summe der Gesamtrückstellungen und -verbindlichkeiten beträgt.

[2]Die Gesamtbeträge sind jeweils ohne Einbeziehung der Beträge des zu beurteilenden Aufgabenträgers zu ermitteln.

(8) [1]Die Jahresabschlüsse der in den Gesamtabschluss einbezogenen Aufgabenträger sollen auf den Stichtag des Gesamtabschlusses aufgestellt werden. [2]Liegt der Jahresabschluss eines Aufgabenträgers mehr als sechs Monate vor dem Stichtag des Gesamtabschlusses, soll eine Einbeziehung auf der Basis eines aufgestellten Zwischenabschlusses erfolgen. [3]Soweit hierauf verzichtet wird, sind Vorgänge von besonderer Bedeutung für die Vermögens-, Finanz- und Ertragslage dieses Aufgabenträgers, die zwischen dem Abschlussstichtag dieses Aufgabenträgers und dem Stichtag des Gesamtabschlusses eingetreten sind, im Gesamtanhang anzugeben.

(9) [1]Wahlrechte sind nach einheitlichen, sachlichen Kriterien auszuüben und im Zeitablauf kontinuierlich anzuwenden. [2]Die ausgeübten Wahlrechte sind im Gesamtanhang darzustellen.

§ 56 Gesamtergebnisrechnung

In der Gesamtergebnisrechnung sind mindestens die folgenden Posten gesondert in der angegebenen Reihenfolge auszuweisen, soweit ihnen Erträge und Aufwendungen zuzuordnen sind:

1. Steuern und ähnliche Abgaben,
2. Zuwendungen, allgemeine Umlagen und sonstige Transfererträge,
3. Erträge der sozialen Sicherung,
4. Öffentlich-rechtliche Leistungsentgelte,
5. Privatrechtliche Leistungsentgelte,
6. Kostenerstattungen und Kostenumlagen,
7. Andere aktivierte Eigenleistungen,
8. Erträge aus Beteiligungen ohne Erträge von Aufgabenträgern gemäß § 55 Absatz 2 bis 4,
9. Erträge von Aufgabenträgern, über die die Gemeinde einen beherrschenden Einfluss ausübt,
10. Erträge von Aufgabenträgern, über die die Gemeinde einen maßgeblichen Einfluss ausübt,
11. Erträge aus anderen Wertpapieren und Ausleihungen des Finanzanlagevermögens,
12. Sonstige Zins- und ähnliche Erträge,
13. Sonstige Erträge,
14. Summe der Erträge (Summe der Nummern 1 bis 13),
15. Personalaufwendungen,
16. Versorgungsaufwendungen,
17. Aufwendungen für Sach- und Dienstleistungen,
18. Abschreibungen,
19. Zuwendungen, Umlagen und sonstige Transferaufwendungen,
20. Aufwendungen der sozialen Sicherung,
21. Aufwendungen aus Verlustübernahme von Aufgabenträgern, über die die Gemeinde einen beherrschenden Einfluss ausübt,

22. Aufwendungen aus Verlustübernahme von Aufgabenträgern, über die die Gemeinde einen maßgeblichen Einfluss ausübt,
23. Zins- und ähnliche Aufwendungen,
24. Sonstige Aufwendungen,
25. Summe der Aufwendungen (Summe der Nummern 15 bis 24),
26. Ergebnis (Saldo der Nummern 14 und 25),
27. Steuern vom Einkommen und vom Ertrag,
28. Sonstige Steuern,
29. Gesamtergebnis (Summe der Nummern 26 bis 28),
30. Anderen Gesellschaftern, Trägern oder Mitgliedern zustehender Gewinn (gemäß § 307 Absatz 2 des Handelsgesetzbuches),
31. Auf andere Gesellschafter, Träger oder Mitglieder entfallender Verlust (gemäß § 307 Absatz 2 des Handelsgesetzbuches),
32. Gesamtergebnis nach Drittanteilen (Summe der Nummern 29 bis 31).

§ 57 *[aufgehoben]*

§ 58 Gesamtbilanz

(1) Die Aktivseite der Gesamtbilanz ist mindestens wie folgt in der angegebenen Reihenfolge zu gliedern:

1. Anlagevermögen:
1.1 Immaterielle Vermögensgegenstände:
1.1.1 Entgeltlich geworbene Konzessionen, gewerbliche Schutzrechte und ähnliche Rechte und Werte sowie Lizenzen an solchen Rechten und Werten (ohne Investitionszuschüsse),
1.1.2 Geleistete Investitionszuschüsse;
1.1.3 Geleistete Zuwendungen;
1.1.4 Geschäfts- oder Firmenwert;
1.1.5 Geleistete Anzahlungen auf immaterielle Vermögensgegenstände;
1.2 Sachanlagen:
1.2.1 Wald, Forsten;
1.2.2 Sonstige unbebaute Grundstücke und grundstücksgleiche Rechte;
1.2.3 Bebaute Grundstücke und grundstücksgleiche Rechte;
1.2.4 Infrastrukturvermögen;
1.2.5 Bauten auf fremdem Grund und Boden;
1.2.6 Kunstgegenstände, Denkmäler;
1.2.7 Maschinen, technische Anlagen, Fahrzeuge;
1.2.8 Betriebs- und Geschäftsausstattung;
1.2.9 Pflanzen und Tiere;
1.2.10 Geleistete Anzahlungen auf Sachanlagen, Anlagen im Bau;
1.3 Finanzanlagen:
1.3.1 Anteile an verbundenen Unternehmen;
1.3.2 Ausleihungen an verbundene Unternehmen;
1.3.3 Beteiligungen;
1.3.4 Ausleihungen an Unternehmen, mit denen ein Beteiligungsverhältnis besteht;
1.3.5 Sondervermögen mit Sonderrechnung, Zweckverbände, Anstalten des öffentlichen Rechts, rechtsfähige kommunale Stiftungen;
1.3.6 Ausleihungen an Sondervermögen mit Sonderrechnung, Zweckverbände, Anstalten des öffentlichen Rechts, rechtsfähige kommunale Stiftungen;
1.3.7 Sonstige Wertpapiere des Anlagevermögens;
1.3.8 Anteilige Rücklagen des Kommunalen Versorgungsverbandes zur Abdeckung von Pensionsverpflichtungen;
1.3.9 Sonstige Ausleihungen;
2. Umlaufvermögen:
2.1 Vorräte:
2.1.1 Roh-, Hilfs- und Betriebsstoffe;
2.1.2 Unfertige Erzeugnisse, unfertige Leistungen;

2.1.3 Fertige Erzeugnisse, fertige Leistungen und Waren;
2.1.4 Geleistete Anzahlungen auf Vorräte;
2.2 Forderungen und sonstige Vermögensgegenstände:
2.2.1 Öffentlich-rechtliche Forderungen, Forderungen aus Transferleistungen;
2.2.2 Privatrechtliche Forderungen aus Lieferungen und Leistungen;
2.2.3 Forderungen gegen verbundene Unternehmen;
2.2.4 Forderungen gegen Unternehmen, mit denen ein Beteiligungsverhältnis besteht;
2.2.5 Forderungen gegen Sondervermögen mit Sonderrechnung, Zweckverbände, Anstalten des öffentlichen Rechts, rechtsfähige kommunale Stiftungen;
2.2.6 Forderungen gegen Gesellschafter, Träger oder Mitglieder;
2.2.7 Forderungen gegen den sonstigen öffentlichen Bereich;
2.2.7.1 Forderungen aus dem gemeinsamen Zahlungsmittelbestand;
2.2.7.2 Sonstige Forderungen gegen den sonstigen öffentlichen Bereich;
2.2.8 Forderungen nach dem Krankenhausfinanzierungsrecht;
2.2.9 Sonstige Vermögensgegenstände;
2.3 Wertpapiere des Umlaufvermögens:
2.3.1 Sonstige Wertpapiere des Umlaufvermögens;
2.4 Liquide Mittel
3. Ausgleichsposten nach dem Krankenhausfinanzierungsrecht:
3.1 Ausgleichsposten aus Darlehensförderung;
3.2 Ausgleichsposten aus Eigenmittelförderung;
4. Rechnungsabgrenzungsposten:
4.1 Disagio;
4.2 Sonstige Rechnungsabgrenzungsposten;
5. Aktive latente Steuern
6. Nicht durch Eigenkapital gedeckter Fehlbetrag.

(2) Die Passivseite der Gesamtbilanz ist mindestens wie folgt in der angegebenen Reihenfolge zu gliedern:

1. Eigenkapital:
1.1 Gezeichnetes Kapital;
1.2 Kapitalrücklagen:
1.2.1 Zweckgebundene Kapitalrücklagen;
1.2.2 Sonstige Kapitalrücklagen;
1.3 Gewinnrücklagen:
1.3.1 Gesetzliche Rücklage;
1.3.2 Rücklage für Anteile an einem herrschenden oder mehrheitlich beteiligten Unternehmen;
1.3.3 Satzungsmäßige Rücklagen;
1.3.4 Rücklage für Belastungen aus dem kommunalen Finanzausgleich;
1.3.5 Sonstige zweckgebundene Gewinnrücklagen;
1.3.6 Sonstige Gewinnrücklagen;
1.4 Gesamtergebnisvortrag;
1.5 Gesamtergebnis;
1.6 Ausgleichsposten für Anteile anderer Gesellschafter, Träger oder Mitglieder;
1.7 Nicht durch Eigenkapital gedeckter Fehlbetrag;
2. Unterschiedsbetrag aus der Kapitalkonsolidierung;
3. Sonderposten:
3.1 Sonderposten zum Anlagevermögen:
3.1.1 Sonderposten aus Zuwendungen;
3.1.2 Sonderposten aus Beiträgen und ähnlichen Entgelten;
3.1.3 Sonderposten aus Anzahlungen;
3.2 Sonderposten für den Gebührenausgleich;
3.3 Sonderposten mit Rücklageanteil;
3.4 Sonstige Sonderposten;

4. Rückstellungen:
4.1 Rückstellungen für Pensionen und ähnliche Verpflichtungen;
4.2 Steuerrückstellungen;
4.3 Sonstige Rückstellungen;
5. Verbindlichkeiten:
5.1 Anleihen;
5.2 Verbindlichkeiten aus Kreditaufnahmen;
5.3 Verbindlichkeiten aus Vorgängen, die Kreditaufnahmen wirtschaftlich gleichkommen;
5.4 Erhaltene Anzahlungen auf Bestellungen;
5.5 Verbindlichkeiten aus Lieferungen und Leistungen;
5.6 Verbindlichkeiten aus der Annahme gezogener Wechsel und der Ausstellung eigener Wechsel;
5.7 Verbindlichkeiten aus Transferleistungen;
5.8 Verbindlichkeiten gegenüber verbundenen Unternehmen;
5.9 Verbindlichkeiten gegenüber Unternehmen, mit denen ein Beteiligungsverhältnis besteht;
5.10 Verbindlichkeiten gegenüber Sondervermögen mit Sonderrechnung, Zweckverbänden, Anstalten des öffentlichen Rechts, rechtsfähigen kommunalen Stiftungen;
5.11 Verbindlichkeiten gegenüber Gesellschaftern, Trägern oder Mitgliedern;
5.12 Verbindlichkeiten gegenüber dem sonstigen öffentlichen Bereich;
5.12.1 Verbindlichkeiten aus dem gemeinsamen Zahlungsmittelbestand;
5.12.2 Sonstige Verbindlichkeiten gegenüber dem sonstigen öffentlichen Bereich;
5.13 Verbindlichkeiten nach dem Krankenhausfinanzierungsrecht;
5.14 Sonstige Verbindlichkeiten, davon aus Steuern, davon im Rahmen der sozialen Sicherheit;
6. Rechnungsabgrenzungsposten:
6.1 Grabnutzungsentgelte;
6.2 Anzahlungen auf Grabnutzungsentgelte;
6.3 Sonstige Rechnungsabgrenzungsposten;
7. Passive latenten Steuern.

§ 59 Gesamtanhang

(1) Im Gesamtanhang ist eine dem Umfang dem gemeindlichen Aufgabenumfang entsprechende Analyse der Haushaltswirtschaft und der Vermögens-, Ertrags- und Finanzlage der Gemeinde einschließlich ihrer in den Gesamtabschluss einbezogenen Aufgabenträger vorzunehmen.

(2) Soweit unter Beachtung der Grundsätze ordnungsmäßiger Buchführung für die Darstellung der Gesamtvermögens-, -finanz- und -ertragslage nicht von untergeordneter Bedeutung, sind ferner anzugeben und zu erläutern:

1. die Abgrenzung des Konsolidierungskreises und angewandte Konsolidierungsmethoden,
2. die Nichteinbeziehung von Aufgabenträgern gemäß § 55 Absatz 7 in den Gesamtabschluss; die Aufgabenträger sind zu benennen und die Nichteinbeziehung zu begründen,
3. der Gesamtbetrag der sonstigen finanziellen Verpflichtungen und Haftungsverhältnisse, aus denen sich finanzielle Verpflichtungen ergeben können und die nicht in der Gesamtbilanz erscheinen,
4. weitere Angaben, soweit sie nach den Vorschriften der Kommunalverfassung oder dieser Verordnung für den Gesamtanhang vorgesehen sind.

§ 60 *[aufgehoben]*

Abschnitt 9

Schlussvorschriften

§ 61 Muster

Zur Vergleichbarkeit der Haushalte und der Jahresabschlüsse sind die Muster zu beachten, die das Ministerium für Inneres und Europa durch Verwaltungsvorschrift bekannt gibt, insbesondere für:

1. Haushaltssatzung und Nachtragshaushaltssatzung,
2. Übersicht über die aus Verpflichtungsermächtigungen voraussichtlich fällig werdenden Auszahlungen,
3. Übersicht über den voraussichtlichen Stand der Verbindlichkeiten und Rückstellungen,
4. Investitionsübersicht, Investitionsprogramm,

5. Zusammensetzung und Entwicklung des Saldos der liquiden Mittel und der Kassenkredite im Haushaltsjahr und im Finanzplanungszeitraum,
6. Ergebnishaushalt und Ergebnisrechnung, Gesamtergebnisrechnung, Übersicht über Erträge und Aufwendungen,
7. Finanzhaushalt und Finanzrechnung,
8. Teilhaushalte, Übersichten über die Finanzdaten der Teilhaushalte und Teilrechnungen, die Darstellung der einem Teilhaushalt zugeordneten Produkte sowie der wesentlichen Produkte,
9. Bilanz und Gesamtbilanz,
10. Anhang und Gesamtanhang,
11. Anlagenübersicht, Forderungsübersicht, Verbindlichkeitenübersicht, Übersicht über die über das Ende des Haushaltsjahres hinaus geltenden Haushaltsermächtigungen,
12. Stellenplan, Stellenplanquerschnitt und Veränderungsliste.

§ 62 Landkreise, Ämter, Zweckverbände

(1) Diese Verordnung gilt für die Landkreise, Ämter und Zweckverbände entsprechend, soweit nachfolgend nichts anderes geregelt ist.

(2) Für Ämter findet § 16 Absatz 1 Nummer 1 und Absatz 2 Nummer 1 keine Anwendung.

(3) Für Zweckverbände findet § 17 Absatz 2 und 3 sowie nach Maßgabe von § 161 Absatz 1 Satz 4 der Kommunalverfassung § 16 Absatz 1 Nummer 1 und Absatz 2 Nummer 1 keine Anwendung.

§ 63 Übergangsregelungen

(1) [1]Die Haushaltswirtschaft bis einschließlich des Haushaltsjahres 2020, bei Doppelhaushalten bis einschließlich des Haushaltsjahres 2021, kann noch nach dieser Verordnung in der bis zum 31. Juli 2019 geltenden Fassung oder bereits nach den Bestimmungen der seit dem 1. August 2019 geltenden Fassung geführt werden. [2]Dies gilt insbesondere für die nach § 61 erforderlichen Anpassungen der Muster.

(2) Abnutzbare bewegliche Vermögensgegenstände des Anlagevermögens deren Anschaffungs- oder Herstellungskosten im Einzelnen den Betrag von 1 000 Euro ohne Umsatzsteuer nicht überschritten haben, können im Haushaltsjahr 2017, 2018 oder 2019 voll abgeschrieben und in Abgang gestellt werden.

§ 64 Inkrafttreten

Diese Verordnung tritt mit Wirkung vom 1. Januar 2008 in Kraft.

Kommunalabgabengesetz – KAG M-V

In der Fassung der Bekanntmachung vom 12. April 2005[1)] (GVOBl. M-V S. 146)
(GS Meckl.-Vorp. 6140-2)

zuletzt geändert durch Art. 2 G zur Einführung von Tourismusorten und Tourismusregionen vom 13. Juli 2021 (GVOBl. M-V S. 1162)

Nichtamtliche Inhaltsübersicht

I. Teil
Allgemeine Vorschriften

§ 1 Kommunalabgaben

(1) Die Gemeinden und Landkreise sind berechtigt, nach Maßgabe dieses Gesetzes Abgaben (Steuern, Gebühren, Beiträge und sonstige Abgaben) zu erheben, soweit nicht geltende Gesetze etwas anderes bestimmen.

(2) [1]Ämter und Zweckverbände können in Erfüllung der ihnen übertragenen Aufgaben des eigenen Wirkungskreises Abgaben mit Ausnahme von Steuern erheben. [2]Entsprechendes gilt für Kommunalunternehmen in der Rechtsform einer rechtsfähigen Anstalt des öffentlichen Rechts, soweit ihnen gemäß § 70 Absatz 4 Satz 3 der Kommunalverfassung das Recht eingeräumt wurde, Abgabensatzungen zu erlassen.

(3) Unberührt bleibt die Befugnis der in den Absätzen 1 und 2 genannten kommunalen Körperschaften, für ihre öffentlichen Einrichtungen Benutzungs- oder Entgeltregelungen in privatrechtlicher Form zu treffen.

(4) [1]Dieses Gesetz gilt auch für Erschließungsbeiträge nach dem Baugesetzbuch und für andere Abgaben, die von den in den Absätzen 1 und 2 genannten kommunalen Körperschaften im Bereich der Aufgaben des eigenen Wirkungskreises und des übertragenen Wirkungskreises aufgrund anderer Gesetze erhoben werden. [2]Satz 1 gilt nur, soweit im Baugesetzbuch oder in den anderen Gesetzen keine eigenen Regelungen enthalten sind.

---

1) Neubekanntmachung des KAG v. 1.6.1993 (GVOBl. M-V S. 522, ber. S. 916) in der ab 31.3.2005 geltenden Fassung.

§ 2 Rechtsgrundlagen für Kommunalabgaben

(1) [1]Abgaben dürfen nur aufgrund einer Satzung erhoben werden. [2]Die Satzung muss den Kreis der Abgabenschuldner, den die Abgabe begründenden Tatbestand, den Maßstab und den Satz der Abgabe sowie den Zeitpunkt ihrer Entstehung und ihrer Fälligkeit angeben. [3]Die Verpflichtung zur Angabe des Beitragssatzes gilt nicht bei Erlass einer Satzung über die Erhebung von Straßenbaubeiträgen nach § 8. [4]Es ist zulässig, in Satzungen über Verwaltungsgebühren nach § 5 für bestimmte Leistungen einen Gebührenrahmen mit einem Höchst- und einem Mindestsatz festzulegen.

(2) Sofern durch Satzung nichts anderes bestimmt ist, bilden technisch getrennte Anlagen eines Einrichtungsträgers, die der Erfüllung derselben öffentlichen Aufgabe dienen, eine Einrichtung im rechtlichen Sinne, bei der Benutzungsgebühren und Anschlussbeiträge nach jeweils einheitlichen Sätzen erhoben werden.

(3) [1]In die Ermittlung der Höhe eines Abgabensatzes (Kalkulation) darf die abgabenberechtigte Körperschaft einzelne Aufwands- und Kostenpositionen nachträglich einstellen oder anders bewerten, soweit dadurch nicht der Abgabensatz erhöht wird. [2]Die nachträgliche Änderung der Kalkulation führt nicht zur Unwirksamkeit der Abgabensatzung; sie bedarf auch keiner erneuten Befassung der Vertretungskörperschaft.

II. Teil
Die einzelnen Abgaben

§ 3 Steuern

(1) [1]Gemeinden und Landkreise können örtliche Verbrauch- und Aufwandsteuern erheben. [2]Die Besteuerung desselben Gegenstandes durch eine kreisangehörige Gemeinde und den Landkreis ist unzulässig. [3]Eine Jagdsteuer darf ab dem 1. April 2005 nicht mehr erhoben werden. [4]Eine Vergnügungsteuer darf nicht erhoben werden, soweit sie das Halten von Spiel- und Geschicklichkeitsgeräten in der Spielbankabgabe unterliegenden Einrichtungen zum Gegenstand hat. [5]Der Zweitwohnungssteuer unterfallen nicht Gartenlauben im Sinne des § 3 Abs. 2 und des § 20a des Bundeskleingartengesetzes (BKleinG) vom 28. Februar 1983 (BGBI. I S. 210), das zuletzt durch Artikel 14 des Gesetzes vom 13. September 2001 (BGBI. I S. 2376) geändert worden ist, in der jeweils geltenden Fassung. [6]Dies gilt nicht für Gartenlauben nach § 20a Nr. 8 des Bundeskleingartengesetzes, deren Inhaber vor dem 3. Oktober 1990 eine Befugnis zur dauernden Nutzung der Laube zu Wohnzwecken erteilt wurde oder die dauernd zu Wohnzwecken genutzt werden.

(2) [1]Die Einführung einer im Land bisher nicht erhobenen Steuer nach Absatz 1 bedarf der Zustimmung des Innenministeriums im Einvernehmen mit dem Finanzministerium. [2]Die Zustimmung muss mindestens drei Monate vor dem beabsichtigten In-Kraft-Treten der Steuersatzung beim Innenministerium beantragt werden. [3]Auf die Erteilung der Zustimmung besteht kein Anspruch.

§ 4 Gebühren (Allgemeines)

(1) Gebühren sind Geldleistungen, die als Gegenleistung für eine besondere Leistung – Amtshandlungen oder sonstige Tätigkeit – der Verwaltung (Verwaltungsgebühren) oder für die Inanspruchnahme öffentlicher Einrichtungen (Benutzungsgebühren) erhoben werden.

(2) [1]Die Gebührensätze sind nach festen Merkmalen zu bestimmen. [2]Ermäßigungen aus sozialen Gründen sind zulässig, soweit es im öffentlichen Interesse geboten ist und für die Einrichtungen kein Anschluss- und Benutzungszwang besteht.

§ 5 Verwaltungsgebühren

(1) Verwaltungsgebühren für Leistungen des eigenen Wirkungskreises dürfen nur erhoben werden, wenn die Leistung der Verwaltung von dem Beteiligten beantragt oder sonst veranlasst worden ist.

(2) [1]Wird ein Antrag auf eine gebührenpflichtige Leistung abgelehnt oder vor ihrer Beendigung zurückgenommen, so sind 10 bis 75 vom Hundert der Gebühr zu erheben, die bei ihrer Vornahme zu erheben wäre. [2]Wird der Antrag lediglich wegen Unzuständigkeit abgelehnt, so ist keine Gebühr zu erheben.

(3) [1]Für die Widerspruchsbescheide darf nur dann eine Gebühr erhoben werden, wenn der Verwaltungsakt, gegen den Widerspruch erhoben wird, gebührenpflichtig ist und wenn oder soweit der Widerspruch zurückgewiesen wird. [2]Die Gebühr beträgt höchstens die Hälfte der für den angefochtenen Verwaltungsakt festzusetzenden Gebühr.

(4) Das veranschlagte Gebührenaufkommen soll die voraussichtlichen Kosten für den betreffenden Verwaltungszweig nicht übersteigen.

(5) Mündliche Auskünfte sind gebührenfrei.

(6) Von Gebühren sind befreit

1. das Land, die Gemeinden, Landkreise, Ämter, Zweckverbände und Wasser- und Bodenverbände, sofern die Leistung der Verwaltung nicht ihre wirtschaftlichen Unternehmen betrifft oder es sich nicht um eine beantragte sonstige Tätigkeit im Sinne des § 4 Abs. 1 auf dem Gebiet der Bauleitplanung, des Kultur-, Tief- und Hochbaus handelt,
2. die Bundesrepublik Deutschland und die anderen Länder, soweit Gegenseitigkeit gewährleistet ist,
3. die Kirchen und Religionsgemeinschaften des öffentlichen Rechts, soweit die Leistung der Verwaltung unmittelbar der Durchführung kirchlicher Zwecke im Sinne des § 54 der Abgabenordnung dient.

(7) [1]Besondere Auslagen, die im Zusammenhang mit der Leistung entstehen, sind zu ersetzen, auch wenn der Zahlungspflichtige von der Entrichtung der Gebühr befreit ist. [2]Auslagen können auch demjenigen auferlegt werden, der sie durch unbegründete Einwendungen verursacht hat. [3]Zu ersetzen sind insbesondere

1. im Einzelfall besonders hohe Kosten für die Inanspruchnahme von Informations- und Kommunikationstechnik,
2. Kosten öffentlicher Bekanntmachungen,
3. Zeugen- und Sachverständigenkosten,
4. die bei Dienstgeschäften den beteiligten Verwaltungsangehörigen zustehenden Reisekostenvergütungen,
5. Kosten der Beförderung oder Verwahrung von Sachen,
6. Zustellungs- und Nachnahmekosten.

[4]Für den Ersatz der Auslagen gelten die Vorschriften dieses Gesetzes entsprechend.

§ 6 Benutzungsgebühren

(1) [1]Benutzungsgebühren sind zu erheben, wenn eine Einrichtung überwiegend der Inanspruchnahme einzelner Personen oder Personengruppen dient. [2]Das veranschlagte Gebührenaufkommen soll die voraussichtlichen Kosten der Einrichtung decken, aber nicht überschreiten. [3]Von einer Kostendeckung kann aus Gründen des öffentlichen Interesses abgesehen werden.

(2) [1]Kosten im Sinne des Absatzes 1 sind die nach betriebswirtschaftlichen Grundsätzen auf Basis des wertmäßigen Kostenbegriffs ansatzfähigen Kosten. [2]Dazu gehören auch Entgelte für in Anspruch genommene Fremdleistungen sowie Abschreibungen nach Absatz 2a und eine angemessene Verzinsung des aufgewandten Kapitals nach Absatz 2b.

(2a) [1]Für Abschreibungen sind die Anlagewerte um Beiträge und ähnliche Entgelte zu kürzen. [2]Eine Kürzung um Zuschüsse Dritter ist zulässig, soweit diese nicht ausdrücklich zur Bildung von Eigenkapital gewährt worden sind (Kapitalzuschüsse) und die Tilgung erforderlicher Investitionskredite nicht gefährdet wird. [3]Anstelle der Kürzung von Anlagewerten nach Satz 1 und 2 kann eine ertragswirksame Auflösung der Beiträge oder Zuschüsse erfolgen. [4]Die Anlagewerte sind nach Anschaffungs- oder Herstellungswerten (aufgewandtes Kapital) zu bemessen. [5]Aus besonderen wirtschaftlichen Gründen darf der Wiederbeschaffungszeitwert zu Grunde gelegt werden. [6]Hinzugerechnet werden können erforderliche Kosten nicht realisierter Planungen; sie sind mit einem gewichteten durchschnittlichen Abschreibungssatz abzuschreiben. [7]Im Übrigen sind Abschreibungen nach der mutmaßlichen Nutzungsdauer oder Leistungsmenge gleichmäßig zu bemessen.

(2b) [1]Der Verzinsung des aufgewandten Kapitals sind die um Beiträge und Zuschüsse Dritter gekürzten Anschaffungs- und Herstellungskosten abzüglich der Abschreibungen zu Grunde zu legen (Abzugs-Restwertmethode). [2]Alternativ ist es zulässig, den Restwert des aufgewandten Kapitals nach Abzug der mit einem gewichteten Abschreibungssatz aufgelösten Zuschüsse und Beiträge Dritter zu Grunde zu legen (Auflösungs-Restwertmethode). [3]Anstelle der Restwertmethoden nach Satz 1 und 2 kann der um die Hälfte reduzierte Wert des aufgewandten Kapitals der Zinskalkulation zu Grunde gelegt werden (Durchschnittswertmethode). [4]Es ist zulässig, von der Verzinsung des Eigenkapitals abzusehen. [5]Nach Absatz 2a erzielte Abschreibungserlöse sind, soweit sie sich nicht auf durch Eigenkapital finanziertes

Anlagevermögen beziehen und in einer Rücklage angesammelt wurden, angemessen zu verzinsen und einrichtungsbezogen kostenmindernd oder kapitalerhaltend einzusetzen.

(2c) [1]Werden öffentliche Einrichtungen als Unternehmen oder Einrichtung im Sinne der §§ 68, 70 oder § 161 Absatz 3 der Kommunalverfassung geführt, so können anstelle der in den Absätzen 2 bis 2b genannten Kosten die sich aus dem Wirtschaftsplan des Unternehmens ergebenden Selbstkosten zuzüglich eines angemessenen Gewinns angesetzt werden. [2]Angemessen ist ein Gewinn, der die Verzinsung des Eigenkapitals nicht übersteigt.

(2d) [1]Der Gebührenberechnung ist ein Kalkulationszeitraum zu Grunde zu legen, der bei der Wasserversorgung, der Abwasserbeseitigung, der Abfallentsorgung und der Straßenreinigung nicht mehr als fünf Jahre umfassen soll. [2]Übersteigt am Ende eines Kalkulationszeitraums das Gebührenaufkommen die ansatzfähigen Kosten, so sind die Kostenüberdeckungen spätestens innerhalb von drei Jahren nach Ende des abgeschlossenen Kalkulationszeitraums auszugleichen; Kostenunterdeckungen sollen innerhalb dieses Zeitraumes ausgeglichen werden.

(3) [1]Die Gebühr ist nach Art und Umfang der Inanspruchnahme der Einrichtung zu bemessen. [2]Es kann ein Wahrscheinlichkeitsmaßstab gewählt werden, der nicht in einem offensichtlichen Missverhältnis zu der Inanspruchnahme stehen darf. [3]Gebühren für die Wasserversorgung und für die Abwasserbeseitigung sind grundsätzlich linear zu bemessen; sie können degressiv bemessen werden, wenn dies im öffentlichen Interesse erforderlich ist. [4]Die Erhebung einer Grundgebühr neben der Gebühr nach den Sätzen 1 bis 3 sowie die Erhebung einer Mindestgebühr sind zulässig.

(4) [1]Gebührenschuldner ist, wer die mit der öffentlichen Einrichtung gebotene Leistung in Anspruch nimmt. [2]Bei der Wasserversorgung, der Abwasserbeseitigung, der Abfallentsorgung und der Straßenreinigung ist Gebührenschuldner, wer nach den grundsteuerrechtlichen Vorschriften Schuldner der Grundsteuer ist oder sein würde, wenn das Grundstück nicht von der Grundsteuer befreit wäre. [3]Gebühren nach Satz 2 ruhen als öffentliche Last auf dem Grundstück, soweit es sich um grundstücksbezogene Gebühren handelt. [4]Die Satzung kann bei grundstücksbezogenen Gebühren bestimmen, dass sonstige Nutzungsberechtigte des Grundstücks gebührenpflichtig sind. [5]Bei der Entsorgung der Abfälle von Schiffen oder Gewerbebetrieben, bei denen die Voraussetzungen des Satzes 2 nicht gegeben sind, kann der Besitzer, bei der Entsorgung unzulässig abgelagerter Abfälle, der letzte Besitzer der Abfälle zum Gebührenschuldner erklärt werden.

(5) Für die Benutzung öffentlicher Straßen, Wege und Plätze für Messen, Märkte und Verkaufsstände und andere Sondernutzungen kann eine besondere Gebühr erhoben werden.

(6) Auf Gebühren können vom Beginn des Erhebungszeitraumes an angemessene Vorauszahlungen verlangt werden.

§ 7 Beiträge (Allgemeines)

(1) [1]Beiträge sind Geldleistungen, die dem Ersatz des Aufwandes für die Anschaffung, Herstellung, Verbesserung, Erweiterung, Erneuerung und den Umbau öffentlicher Einrichtungen oder Teilen davon, jedoch ohne laufende Unterhaltung und Instandsetzung, dienen. [2]Sie werden nach den Regelungen des Satzes 3 und der Absätze 2 bis 6 sowie der §§ 8 und 9 als Gegenleistung dafür erhoben, dass den Beitragspflichtigen durch die Möglichkeit der Inanspruchnahme Vorteile geboten werden. [3]Die Beiträge sind nach den Vorteilen zu bemessen; § 9 Abs. 4 bis 8 bleibt unberührt.

(2) [1]Beitragspflichtig ist, wer im Zeitpunkt der Bekanntgabe des Beitragsbescheides Eigentümer des bevorteilten Grundstückes oder im Falle des § 8 Abs. 7 Inhaber des Gewerbebetriebes ist. [2]Die Satzung kann bestimmen, dass beitragspflichtig ist, wer im Zeitpunkt des Entstehens der sachlichen Beitragspflicht Eigentümer des bevorteilten Grundstückes oder im Falle des § 8 Abs. 7 Inhaber des Gewerbebetriebes ist. [3]Bei einem erbbaubelasteten Grundstück ist der Erbbauberechtigte anstelle des Eigentümers beitragspflichtig. [4]Ist das Grundstück mit einem dinglichen Nutzungsrecht nach Artikel 233 § 4 des Einführungsgesetzes zum Bürgerlichen Gesetzbuch belastet, so ist der Inhaber dieses Rechtes anstelle des Eigentümers beitragspflichtig. [5]Mehrere Beitragspflichtige haften als Gesamtschuldner; bei Wohnungs- und Teileigentum sind die einzelnen Wohnungs- und Teileigentümer nur entsprechend ihrem Miteigentumsanteil beitragspflichtig.

(3) Für selbständig nutzbare Teile von öffentlichen Einrichtungen können Teilbeiträge erhoben werden (Kostenspaltung).

(4) [1]Auf die künftige Beitragsschuld können Vorausleistungen bis zur Höhe der voraussichtlichen Beitragsschuld verlangt werden, sobald mit der Durchführung von Maßnahmen begonnen worden ist.

[2]Wer Abgabenpflichtiger für die Vorausleistung ist, bestimmt sich nach entsprechender Anwendung des Absatzes 2. [3]Die Vorausleistung ist mit der endgültigen Beitragsschuld zu verrechnen, auch wenn der Vorausleistende nicht endgültig beitragspflichtig ist. [4]Ist die Beitragspflicht sechs Jahre nach Erlass des Vorausleistungsbescheides noch nicht entstanden, kann die Vorausleistung zurückverlangt werden. [5]Der Rückzahlungsanspruch ist ab Zahlung der Vorausleistung mit jährlich 6 vom Hundert zu verzinsen.

(5) Die beitragsberechtigten kommunalen Körperschaften können Bestimmungen über die Ablösung des Beitrages im Ganzen vor Entstehen der Beitragspflicht treffen.

(6) Der Beitrag ruht als öffentliche Last auf dem Grundstück, im Falle des Absatzes 2 Satz 3 auf dem Erbbaurecht, im Falle des Absatzes 2 Satz 4 auf dem dinglichen Nutzungsrecht, im Falle des Absatzes 2 Satz 5 zweiter Halbsatz auf dem Wohnungs- oder Teileigentum.

(7) [1]In der Satzung kann bestimmt werden, dass der Beitrag und eine Vorausleistung auf den Beitrag ab einer bestimmten Höhe auf Antrag des Beitragsschuldners durch Bescheid in Form einer Rente gezahlt wird. [2]Lässt die Gemeinde eine Verrentung zu, so ist der Beitrag oder die Vorausleistung auf den Beitrag durch Bescheid in eine Schuld umzuwandeln, die in höchstens zehn Jahresleistungen zu entrichten ist. [3]Eine Verlängerung auf bis zu 20 Jahresleistungen ist möglich, wenn die Entrichtung nach Satz 2 eine erhebliche Härte für den Beitragsschuldner bedeuten würde. [4]In dem Bescheid sind Höhe und Zeitpunkt der Fälligkeit der Jahresleistungen zu bestimmen. [5]Der jeweilige Restbetrag ist zu verzinsen. [6]Der Beitragsschuldner kann am Ende jeden Jahres den Restbetrag ohne weitere Zinsverpflichtung tilgen. [7]Die Jahresraten sind wiederkehrende Leistungen im Sinne des § 10 Absatz 1 Nummer 3 des Gesetzes über die Zwangsversteigerung und die Zwangsverwaltung. [8]Bei Veräußerung des Grundstücks oder des Erbbaurechts wird der Beitrag in voller Höhe des Restbetrags fällig.

§ 8 Straßenbaubeiträge

(1) [1]Zur Deckung des Aufwandes für die Anschaffung, Herstellung, Verbesserung, Erweiterung, Erneuerung und den Umbau der notwendigen öffentlichen Straßen, Wege und Plätze sind Straßenbaubeiträge zu erheben. [2]Die beitragsberechtigte kommunale Körperschaft hat mindestens 10 vom Hundert des Aufwandes zu tragen. [3]Vor der Heranziehung zu Straßenbaubeiträgen soll die beitragsberechtigte kommunale Körperschaft die Beitragspflichtigen über die wesentlichen Regelungen der Beitragserhebung informieren.

(2) [1]Der Aufwand ist nach den tatsächlich entstandenen Kosten oder nach Einheitssätzen unter Berücksichtigung der Leistungen und Zuschüsse Dritter zu ermitteln. [2]Zur Anschaffung gehören auch straßenrechtliche Entschädigungsleistungen und der Wert der Grundstücke, die der Träger der Maßnahme einbringt. [3]Zuschüsse sind, soweit der Zuschussgeber nichts anderes bestimmt hat, vorrangig zur Deckung des öffentlichen Anteils und nur, soweit sie diesen übersteigen, zur Deckung des übrigen Aufwandes zu verwenden.

(3) Einheitssätze nach Absatz 2 Satz 1 sind nach durchschnittlichen Kosten festzusetzen, die im Gebiet der beitragsberechtigten kommunalen Körperschaft üblicherweise für vergleichbare öffentliche Einrichtungen aufzuwenden sind.

(4) Der Aufwand kann auch für Abschnitte einer Einrichtung ermittelt werden, wenn diese selbständig in Anspruch genommen werden können.

(5) Die sachliche Beitragspflicht entsteht mit der endgültigen Herstellung der Einrichtung, in den Fällen des Absatzes 4 oder des § 7 Abs. 3 mit der Beendigung der Teilmaßnahme; in den Fällen der Anschaffung entsteht die sachliche Beitragspflicht, sobald der gesamte Anschaffungsaufwand geleistet wurde.

(6) Die Satzung kann bestimmen, dass der Beitrag zinslos gestundet wird, solange das Grundstück als Kleingarten im Sinne des Bundeskleingartengesetzes genutzt wird und der Beitragspflichtige nachweist, dass die darauf befindlichen Gebäude nicht zum dauerhaften Wohnen geeignet sind oder für gewerbliche Zwecke genutzt werden.

(7) [1]Müssen Straßen, Wege und Plätze, ungeachtet ihrer Widmung, deshalb kostspieliger gebaut oder ausgebaut werden, als es ihrer gewöhnlichen Bestimmung gemäß notwendig wäre, weil sie im Zusammenhang mit der Bewirtschaftung oder Ausbeutung von Grundstücken oder im Zusammenhang mit einem gewerblichen Betrieb außergewöhnlich beansprucht werden, so können die beitragsberechtigten kommunalen Körperschaften von den Eigentümern dieser Grundstücke oder von den Unter-

nehmern der gewerblichen Betriebe besondere Straßenbaubeiträge als Ausgleich für die Mehraufwendungen erheben. [2]Absatz 1 Satz 3 und die Absätze 2 bis 5 sowie § 7 sind entsprechend anzuwenden.

§ 8a Abschaffung der Straßenbaubeiträge, Kompensation

(1) Für Straßenbaumaßnahmen, deren Durchführung ab dem 1. Januar 2018 beginnt, werden keine Beiträge erhoben.

(2) [1]Zur Kompensation für den Wegfall der Straßenbaubeiträge für die Straßenbaumaßnahmen, deren Durchführung im Zeitraum vom 1. Januar 2018 bis zum 31. Dezember 2019 beginnt, erstattet das Land Mecklenburg-Vorpommern den Gemeinden auf Antrag für die einzelne Straßenbaumaßnahme die nach Entstehen der sachlichen Beitragspflicht auf der Grundlage der gemeindlichen Satzung zu kalkulierenden Beitragsforderungen. [2]Nach dem 31. Oktober 2018 erlassene Satzungen bleiben dabei grundsätzlich unberücksichtigt. [4]Auf die Wirksamkeit der Satzung kommt es für die Erstattung nicht an. [5]Straßenbaumaßnahmen nach Absatz 1 Satz 1, die auf Teileinrichtungen nach § 7 Absatz 3 oder auf Abschnitte nach § 8 Absatz 4 beschränkt sind, gelten ungeachtet hierzu ergangener Kostenspaltungs- oder Abschnittsbildungsbeschlüsse als selbstständig abrechenbare Maßnahmen für die vom Land zu leistende Erstattung. [6]Die Erstattung kann frühestens ab dem 1. Juli 2020 beantragt werden. [7]§ 12 Absatz 2 Nummer 1 gilt entsprechend.

(3) [1]Das Ministerium für Inneres und Europa wird ermächtigt, durch Rechtsverordnung nähere Bestimmungen über das Erstattungsverfahren nach Absatz 2 zu treffen. [2]Das Ministerium für Inneres und Europa wird ermächtigt, die Norddeutsche Landesbank – Girozentrale – durch die Rechtsverordnung nach Satz 1 zu berechtigen, durch das von ihr errichtete Landesförderinstitut MecklenburgVorpommern zur Durchführung des Erstattungsverfahrens nach Absatz 2 Verwaltungsakte zu erlassen und öffentlich-rechtliche Verträge zu schließen.

(4) Zur Kompensation fiir den Wegfall der Straßenbaubeiträge für die Straßenbaumaßnahmen, deren Durchführung ab dem 1. Januar 2020 beginnt, erfolgt ab dem Jahr 2020 eine jährliche pauschale Mittelzuweisung an die Gemeinden, die sich bis einschließlich des Jahres 2024 auf jährlich insgesamt 25 000 000 Euro beläuft und die ab dem Jahr 2025 jährlich für alle Gemeinden zusammen 30 000 000 Euro beträgt.

(5) [1]Die Mittel nach Absatz 4 werden nach den Straßenlängen verteilt, die sich aus den nach § 4 Absatz 1 Straßen- und Wegegesetz des Landes Mecklenburg-Vorpommern zu führenden Straßenverzeichnissen ergeben. [2]Die Straßenlängen werden nach Maßgabe der folgenden Tabelle gewichtet:

Art der Straße	Gewichtung
Gemeindestraßen	Faktor 1,0
Bundes-, Landes- und Kreisstraßen in Ortslagen von Gemeinden nach § 13 Absatz 1 und 5 des Straßen- und Wegegesetzes des Landes Mecklenburg-Vorpommern	Faktor 1,0
Bundes-, Landes- und Kreisstraßen in den übrigen Ortslagen	Faktor 0,2
Sonstige öffentliche Straßen und Wege	Faktor 0,15

[3]Die sich nach Satz 2 für jede Gemeinde ergebenden gewichteten Straßenlängen werden zu gewichteten Gesamtstraßenlängen addiert und die jährliche pauschale Mittelzuweisung nach Absatz 4 durch die gewichteten Gesamtstraßenlängen geteilt. [4]Der auf die einzelne Gemeinde entfallende pauschale jährliche Zuweisungsbetrag ergibt sich aus der Multiplikation des nach Satz 3 ermittelten Quotienten mit den auf die Gemeinde nach Satz 2 entfallenden gewichteten Straßenlängen.

(6) Im Abstand von vier Jahren ist zu überprüfen, ob eine Anpassung der Mittelzuweisung nach den Absätzen 4 und 5 erforderlich ist.

(7) [1]Die Zuweisungen nach Absatz 4 werden jeweils zum 30. Juni eines Jahres für das laufende Jahr ausgezahlt. [2]Die Zuweisungen an kreisangehörige Gemeinden werden dem Landkreis zugeleitet. [3]Dieser ist verpflichtet, die Zuweisungen unverzüglich an die Gemeinden und Ämter weiterzuleiten.

§ 9 Anschlussbeiträge

(1) [1]Zur Deckung des Aufwandes für die Anschaffung und Herstellung der notwendigen öffentlichen Einrichtungen zur leitungsgebundenen Versorgung mit Wasser oder Wärme oder zur leitungsgebundenen Abwasserentsorgung sollen Anschlussbeiträge erhoben werden. [2]§ 10 bleibt unberührt.

(2) [1]Der Aufwand ist nach den tatsächlich entstandenen und voraussichtlich zu erwartenden Kosten unter Berücksichtigung der Leistungen und Zuschüsse Dritter zu ermitteln. [2]Die Aufwandsermittlung hat für die gesamte öffentliche Einrichtung (Globalkalkulation) oder für einen sowohl zeitlich als auch

hinsichtlich des Bauprogramms sowie der bevorteilten Grundstücke repräsentativen Teil der öffentlichen Einrichtung (Rechnungsperiodenkalkulation) zu erfolgen. [3]Zum Aufwand gehört auch der Wert der Grundstücke, die der Einrichtungsträger einbringt. [4]Zuschüsse sind vorbehaltlich der Sätze 5 und 6 zur Deckung des gesamten Aufwandes zu verwenden. [5]Zuschüsse, die nach den Rechtsvorschriften des Zuwendungsprogramms oder sonstigen Bestimmungen des Zuschussgebers zur Begünstigung bestimmter Beitragspflichtiger oder bestimmter Gruppen von Beitragspflichtigen zu verwenden sind, bleiben in der Beitragskalkulation unberücksichtigt. [6]Diese Zuschüsse sind bei der Heranziehung zu den Beiträgen zu Gunsten der in Satz 5 genannten Beitragspflichtigen beitragsmindernd zu berücksichtigen.

(3) [1]Die sachliche Beitragspflicht entsteht, sobald das Grundstück an die Einrichtung angeschlossen werden kann, frühestens jedoch mit dem In-Kraft-Treten der ersten wirksamen Satzung. [2]Die Satzung kann einen späteren Zeitpunkt bestimmen.[1)]

(4) [1]In der Satzung kann bestimmt werden, dass Gebäude oder selbständige Gebäudeteile, die nach der Art ihrer Nutzung keinen Bedarf nach Anschluss an die Einrichtung haben oder nicht angeschlossen werden dürfen, bei der Ermittlung der Beitragshöhe für die mit solchen Gebäuden oder Gebäudeteilen bebauten Grundstücke unberücksichtigt bleiben. [2]Dies gilt nicht für Gebäude oder Gebäudeteile, die tatsächlich angeschlossen sind.

(5) [1]Für bebaute Grundstücke, die nicht oder nicht vollständig im Geltungsbereich eines Bebauungsplanes im Sinne von § 30 des Baugesetzbuches liegen, und bei denen der nicht bebaute Teil des Grundstücks wesentlich größer ist als bei dem Durchschnitt der bebauten Grundstücke im Geltungsbereich der Satzung, kann in der Satzung eine Begrenzung der beitragspflichtigen Grundstücksfläche vorgenommen werden. [2]Bei der Ermittlung der Begrenzung sollen die durchschnittliche Grundstücksgröße, die Bebauungstiefe und die bauliche Nutzung im Geltungsbereich der Satzung berücksichtigt werden; Grundstücke im Außenbereich nach § 35 des Baugesetzbuches bleiben bei der Ermittlung der Begrenzung außer Betracht. [3]Im Bescheid über die Beitragsfestsetzung ist die Grundstücksfläche, auf die sich der Beitrag bezieht, festzulegen.

(6) Für unbebaute Grundstücke, die innerhalb eines im Zusammenhang bebauten Ortsteils nach § 34 des Baugesetzbuches oder innerhalb des Geltungsbereiches eines Bebauungsplanes im Sinne von § 30 des Baugesetzbuches liegen, kann durch Satzung bestimmt werden, dass die Beitragspflicht erst als entstanden gilt, wenn das Grundstück mit anzuschließenden Gebäuden bebaut oder tatsächlich angeschlossen wird.

(7) Ändern sich im Falle der Beitragsbemessung nach Absatz 4 oder 5 die für die Beitragsbemessung maßgebenden Umstände nachträglich und erhöht sich dadurch der Vorteil, so entsteht damit ein zusätzlicher Beitrag.

(8) [1]Beiträge nach den Absätzen 6 und 7 sind auch dann zu erheben, wenn ein Aufwand im Sinne der Absätze 1 und 2 nicht mehr zu decken ist. [2]Diese Beiträge sind zur Minderung der Gebührenbelastung aller an die Einrichtung Angeschlossenen zu verwenden.

(9) [1]Werden Regelungen nach den Absätzen 4 bis 6 getroffen, so kann die Heranziehung zu bereits früher entstandenen Beiträgen als unbillig im Sinne des § 222 Abgabenordnung angesehen werden, soweit der früher entstandene Beitrag höher ist als der nach den Absätzen 4 bis 6 ermittelte Beitrag. [2]In diesen Fällen kann der Differenzbetrag zinslos gestundet werden.

(10) [1]Werden Grundstücke landwirtschaftlich genutzt, so kann der Beitrag gestundet werden, soweit das Grundstück zur Erhaltung der Wirtschaftlichkeit des Betriebes landwirtschaftlich genutzt werden muss. [2]Satz 1 gilt auch für Fälle der Nutzungsüberlassung und Betriebsübergabe an Angehörige. [3]Auf die Erhebung von Stundungszinsen kann in den Fällen der Sätze 1 und 2 verzichtet werden.

§ 10 Kostenersatz für Haus- und Grundstücksanschlüsse

(1) [1]Der Aufwand, der erforderlich ist, ein Grundstück an Versorgungs- oder Entwässerungsleitungen anzuschließen, kann in den beitragsfähigen Aufwand der Maßnahme nach § 9 einbezogen werden. [2]Es ist auch zulässig, einen gesonderten Beitrag zu erheben. [3]Der Aufwand kann entsprechend § 9 Abs. 2 oder nach Einheitssätzen ermittelt werden, die für Anschlüsse der gleichen Art im Gebiet der beitragsberechtigten Körperschaft üblicherweise durchschnittlich entstehen.

1) Nach dem 1. KAG-ÄndG v. 14.3.2005 (GVOBl. M-V S. 91) folgt hier noch ein in der Neubekanntmachung nicht enthaltener Satz 3: „Die Absätze 6 und 7 bleiben unberührt.“

(2) [1]Anstelle eines Beitrages nach Absatz 1 kann ein öffentlich-rechtlicher Erstattungsanspruch erhoben werden. [2]Der zu deckende Aufwand kann nach den tatsächlich im Einzelfall entstandenen Kosten oder entsprechend § 9 Abs. 2 oder nach Einheitssätzen ermittelt werden, die für Anschlüsse der gleichen Art im Gebiet der erstattungsberechtigten Körperschaft üblicherweise durchschnittlich entstehen. [3]Durch Satzung kann bestimmt werden, dass Versorgungs- und Abwasserleitungen, die nicht in der Mitte der Straße verlaufen, als in der Straßenmitte verlaufend gelten.

(3) Für die Herstellung weiterer vom Anschlussberechtigten zusätzlich geforderter Anschlussleitungen und für die Beseitigung von Anschlüssen ist eine Kostenerstattung in Höhe des tatsächlich entstandenen Aufwandes als öffentlich-rechtlicher Erstattungsanspruch zu leisten.

(4) [1]Der öffentlich-rechtliche Erstattungsanspruch nach den Absätzen 2 und 3 entsteht mit der endgültigen Herstellung der Anschlussleitung, im Falle der Beseitigung eines Anschlusses mit der Beendigung der Maßnahme. [2]Er gilt als Abgabe im Sinne des § 1 dieses Gesetzes, für ihn gelten die Vorschriften dieses Gesetzes entsprechend. [3]Widerspruch und Anfechtungsklage gegen die Geltendmachung des öffentlich-rechtlichen Erstattungsanspruchs haben keine aufschiebende Wirkung.

§ 11 Kur- und Fremdenverkehrsabgaben

(1) [1]Gemeinden und Gemeindeteile, die als Kur- oder Erholungsorte anerkannt sind, können zur Deckung ihrer besonderen Kosten

1a) für die Herstellung, Anschaffung, Erweiterung, Verbesserung, Erneuerung, Verwaltung und Unterhaltung der zu Kur- und Erholungszwecken bereitgestellten öffentlichen Einrichtungen und Anlagen,

b) für die zu touristischen Zwecken beworbenen und durchgeführten Veranstaltungen,

c) für die zu touristischen Zwecken beworbenen und angebotenen Leistungen und

d) für die. gegebenenfalls auch im Rahmen eines überregionalen Verbundes. den Abgabepflichtigen eingeräumte Möglichkeit der kostenlosen oder ermäßigten Benutzung des öffentlichen Personennahverkehrs und anderer Angebote eine Kurabgabe,

2. für Zwecke der Fremdenverkehrswerbung und zur Deckung von Aufwendungen nach Nummer 1 von Personen und Personenvereinigungen, denen durch den Fremdenverkehr Vorteile geboten werden, laufende Fremdenverkehrsabgaben

erheben. [2]Mehrere Gemeinden, die die Voraussetzung des Satzes 1 erfüllen, können eine gemeinsame Kurabgabe erheben, deren Ertrag die Gesamtaufwendungen für die in Satz 1 Nummer 1 genannten Maßnahmen nicht übersteigen darf. [3]Die Erhebung einer Kurabgabe entsprechend Satz 1 Nummer 1 ist darüber hinaus möglich in Orten und Regionen, die als Tourismusort oder -region anerkannt sind.

(2) [1]Die Kurabgabe wird von allen Personen erhoben, die sich im Erhebungsgebiet aufhalten, ohne dort ihren gewöhnlichen Aufenthalt zu haben (ortsfremd) und denen die Möglichkeit zur Benutzung von öffentlichen Einrichtungen oder zur Teilnahme an Veranstaltungen geboten wird. [2]Als ortsfremd gilt auch, wer im Erhebungsgebiet Eigentümer oder Besitzer einer Wohnungseinheit ist, wenn und soweit er sie überwiegend zu Erholungszwecken nutzt. [3]Als ortsfremd gilt nicht, wer im Erhebungsgebiet arbeitet, in einem Ausbildungsverhältnis steht oder einen Kleingarten im Sinne des Bundeskleingartengesetzes bewirtschaftet, der keine Wohnnutzung ermöglicht. [4]Ist die dauernde Nutzung einer Wohnlaube gemäß § 20a Nr. 8 Bundeskleingartengesetz möglich, gilt derjenige als ortsfremd, der sie zu Wohnzwecken nutzt oder Dritten dazu überlässt.

(3) [1]Wer Personen beherbergt oder ihnen Wohnraum zu Erholungszwecken überlässt, kann verpflichtet werden, die beherbergten Personen zu melden, die Kurabgabe einzuziehen und abzuführen. [2]Er haftet für die rechtzeitige und vollständige Einziehung und Abführung der Kurabgabe. [3]Die in Satz 1 genannten Pflichten können Reiseunternehmern auferlegt werden, wenn die Kurabgabe in dem Entgelt enthalten ist, das die Reiseteilnehmer an die Reiseunternehmer zu entrichten haben. [4]Satz 1 gilt entsprechend für denjenigen, der Standplätze zum Aufstellen von Zelten, Wohnwagen, Wohnmobilen und ähnlichen Unterkunftsmöglichkeiten überlässt.

(4) Das Recht zur Erhebung von Gebühren für die Benutzung besonderer öffentlicher Einrichtungen oder allgemein zugänglicher Veranstaltungen wird durch die Erhebung einer Kurabgabe nicht berührt.

(5) [1]Kurabgabensatzungen können aus wichtigen Gründen die vollständige oder teilweise Befreiung von der Abgabepflicht zulassen. [2]Gemeinden und Gemeindeteile, die nach Absatz 1 zur Erhebung der Kurabgabe berechtigt sind, können die Kurabgaben gegenseitig anerkennen und ansonsten Zahlungspflichtige von einer Kurabgabe befreien. [3]Durch Satzung kann bestimmt werden, dass die zur Erhebung

der Kurabgaben erforderlichen Daten, personenbezogenen Daten und besondere Kategorien personenbezogener Daten elektronisch an die Gemeinden zu übermitteln sind. [4]Die nach Absatz 1 zur Erhebung der Kurabgabe berechtigten Gemeinden und Gemeindeteile sowie die nach Absatz 3 zur Meldung Verpflichteten sind abweichend von Artikel 9 Absatz 1 der Verordnung (EU) 2016/679 des Europäischen Parlaments und des Rates vom 27. April 20 l 6 zum Schutz natürlicher Personen bei der Verarbeitung personenbezogener Daten, zum freien Datenverkehr und zur Aufhebung der Richtlinie 95/46/EG (Datenschutz-Grundverordnung) befugt. [5]Gesundheitsdaten betroffener Personen zu verarbeiten, soweit dies zur Berechnung der Kurabgabe oder zur Entscheidung über die Befreiung von der Kurabgabe zwingend erforderlich ist.

III. Teil

Verfahrensvorschriften

§ 12 Anwendung der Abgabenordnung

(1) Auf Kommunalabgaben sind die Vorschriften der Abgabenordnung in der jeweiligen Fassung entsprechend anzuwenden, soweit nicht dieses Gesetz oder andere Gesetze besondere Vorschriften enthalten.

(2) § 169 der Abgabenordnung gilt mit der Maßgabe, dass

1. über § 169 Absatz 1 Satz 1 der Abgabenordnung hinaus die Festsetzung eines Beitrags unabhängig von dem Entstehen der Beitragspflicht spätestens 20 Jahre nach Ablauf des Jahres, in dem die Vorteilslage eintrat, nicht mehr zulässig ist, wobei der Lauf der Frist frühestens mit Ablauf des 31. Dezember 2000 beginnt,
2. die Festsetzungsfrist nach § 169 Absatz 2 Satz 1 der Abgabenordnung einheitlich für alle kommunalen Abgaben vier Jahre beträgt,
3. die Festsetzungsfrist für Nebenleistungen ein Jahr beträgt; das gilt nicht für Säumniszuschläge.

(3) [1]§ 363 Abs. 2 der Abgabenordnung ist mit den in den Sätzen 2 bis 6 genannten zusätzlichen Maßgaben anzuwenden. [2]Ist wegen der Gültigkeit einer Abgabensatzung ein Verfahren bei dem Oberverwaltungsgericht Mecklenburg-Vorpommern, einem obersten Bundesgericht oder beim Europäischen Gerichtshof anhängig und wird der Widerspruch hierauf gestützt, ruht das Widerspruchsverfahren insoweit bis zu dessen rechtskräftigem Abschluss. [3]Gleiches gilt, wenn bei den genannten Gerichten, den Verwaltungsgerichten des Landes oder dem Bundesverfassungsgericht ein Verfahren wegen einer Rechtsfrage anhängig ist, die in einem Widerspruchsverfahren entscheidungserheblich ist. [4]Bei Widersprüchen in gleich gelagerten Fällen soll die Widerspruchsbehörde geeignete Verfahren als Musterverfahren auswählen und vorrangig entscheiden. [5]Die verbleibenden Widerspruchsverfahren ruhen bis zur Rechtskraft der Entscheidungen in den Musterverfahren. [6]Das Ruhen ist dem Widerspruchsführer mitzuteilen. [7]Das Widerspruchsverfahren ist fortzusetzen, wenn der Widerspruchsführer dies beantragt oder die abgabenberechtigte Körperschaft dies dem Widerspruchsführer mitteilt.

(4) [1]Abweichend von der Abgabenordnung ist den nach § 6 Abs. 4, § 7 Abs. 2 oder § 11 Abs. 1 Nr. 2 Abgabenpflichtigen auf Verlangen Einsicht in die der Abgabenfestsetzung zu Grunde liegenden Kalkulationen zu gewähren, soweit diese Gegenstand der Beschlussfassung nach § 22 Abs. 3 Nr. 11 oder § 104 Abs. 3 Nr. 10 der Kommunalverfassung waren oder nach § 2 Abs. 3 nachträglich geändert wurden. [2]§ 29 Abs. 2 und 3 des Landesverwaltungsverfahrensgesetzes ist entsprechend anzuwenden. [3]Eine Verwaltungsgebühr nach § 5 darf hierfür nur verlangt werden, soweit der Abgabenpflichtige die Fertigung von Kopien oder Abschriften aus den Kalkulationsunterlagen verlangt oder in Fällen des § 5 Abs. 7.

(5) [1]Bei der Hundesteuer darf abweichend von § 30 der Abgabenordnung in Schadensfällen Auskunft über Namen und Anschrift des Hundehalters an Behörden und Schadensbeteiligte gegeben werden. [2]Bei gefährlichen Hunden im Sinne des § 2 der Hundehalterverordnung vom 4. Juli 2000 (GVOBl. M-V S. 295, 391; 2004 S. 488), zuletzt geändert durch die Verordnung vom 16. April 2004 (GVOBl. M-V S. 174), dürfen die Gemeinden Namen und Anschriften der Hundehalter sowie die Hunderasse auch zum Vollzug der Vorschriften über gefährliche Hunde speichern, verändern, nutzen und an andere zum Vollzug dieser Vorschriften zuständige Behörden übermitteln.

(6) [1]In der Satzung kann ein von § 238 Absatz 1 Satz 1 der Abgabenordnung abweichender geringerer Zinssatz bestimmt werden. [2]Die Satzung muss eine jährliche Verzinsung in Höhe von mindestens zwei vom Hundert über dem Basiszinssatz nach § 247 des Bürgerlichen Gesetzbuchs sicherstellen.

§ 12a Beauftragung und Mitteilungspflichten Dritter

(1) [1]Die abgabenberechtigten Körperschaften können in der Satzung bestimmen, dass die Ermittlung der Berechnungsgrundlagen, die Abgabenberechnung, die Ausfertigung und Versendung von Abgabenbescheiden sowie die Entgegennahme der zu entrichtenden Abgaben von einem damit beauftragten Dritten wahrgenommen werden. [2]Der Dritte darf nur beauftragt werden, wenn die ordnungsgemäße Aufgabenerfüllung und Prüfung nach den für kommunale Körperschaften geltenden Vorschriften gewährleistet sind. [3]Die abgabenberechtigten Körperschaften können sich zur Erfüllung der in Satz 1 genannten Aufgaben auch der Datenverarbeitungsanlagen Dritter bedienen.

(2) Die abgabenberechtigten Körperschaften können durch Satzung bestimmen, dass Dritte, die in engen rechtlichen oder wirtschaftlichen Beziehungen zu einem Sachverhalt stehen, an den die Abgabenpflicht anknüpft, anstelle der Beteiligten gegen Kostenerstattung verpflichtet sind, ihnen die zur Abgabenfestsetzung oder -erhebung erforderlichen Berechnungsgrundlagen mitzuteilen.

§ 13 Kleinbeträge

Es kann davon abgesehen werden, Abgaben und abgabenrechtliche Nebenleistungen festzusetzen, zu erheben, nachzufordern oder zu erstatten, wenn der Betrag niedriger als zehn Euro ist und die Kosten der Einziehung oder Erstattung außer Verhältnis zu dem Betrag stehen, soweit nicht wegen der grundsätzlichen Bedeutung des Falles eine Einziehung geboten ist oder die Erstattung beantragt wird.

§ 14 Vollstreckung privatrechtlicher Entgelte

(1) [1]Die abgabenberechtigten Körperschaften, ihre Eigenbetriebe oder Eigengesellschaften können die ihnen für die Benutzung einer im öffentlichen Interesse unterhaltenen Einrichtung geschuldeten privatrechtlichen Entgelte im Wege der Verwaltungsvollstreckung entsprechend § 111 des Landesverwaltungsverfahrensgesetzes beitreiben. [2]Die erhobenen Entgelte müssen auf einem Tarif beruhen, der öffentlich bekannt gemacht worden ist oder zur Einsichtnahme ausliegt. [3]An die Stelle des Leistungsbescheides tritt die Zahlungsaufforderung.

(2) [1]Die Vollstreckung ist einzustellen, sobald der Vollstreckungsschuldner bei der Vollstreckungsbehörde gegen die Forderung als solche schriftlich oder zur Niederschrift Einwendungen erhebt. [2]Der Vollstreckungsschuldner ist über dieses Recht in der Androhung der Vollstreckung zu belehren. [3]Bereits getroffene Vollstreckungsmaßnahmen sind unverzüglich aufzuheben, wenn

1. der Gläubiger nicht binnen eines Monats nach Geltendmachung der Einwendungen wegen seiner Forderungen vor den ordentlichen Gerichten Klage erhoben oder den Erlass eines Mahnbescheides beantragt hat oder
2. der Gläubiger mit der Klage rechtskräftig abgewiesen worden ist.

[4]Die Vollstreckung kann fortgesetzt werden, sobald ein vollstreckbarer Titel im Sinne der Zivilprozessordnung vorliegt.

§ 15 Geltung der Bescheide über wiederkehrende Abgaben

[1]In Bescheiden über kommunale Abgaben, die für einen Zeitabschnitt erhoben werden, kann bestimmt werden, dass diese Bescheide auch für die folgenden Zeitabschnitte gelten. [2]Dabei ist anzugeben, an welchen Tagen und mit welchen Beträgen die Abgaben jeweils fällig werden.

IV. Teil
Straf- und Bußgeldvorschriften

§ 16 Abgabenhinterziehung

(1) [1]Mit Freiheitsstrafe bis zu zwei Jahren oder Geldstrafe wird bestraft, wer

1. der Körperschaft, der die Abgabe zusteht, oder einer anderen Behörde über abgabenrechtlich erhebliche Tatsachen unrichtige oder unvollständige Angaben macht oder
2. die Körperschaft, der die Abgabe zusteht, pflichtwidrig über abgabenrechtlich erhebliche Tatsachen in Unkenntnis lässt

und dadurch Abgaben verkürzt oder nicht gerechtfertigte Abgabenvorteile für sich oder einen anderen erlangt. [2]§ 370 Abs. 4, §§ 371 und 376 der Abgabenordnung gelten entsprechend.

(2) Der Versuch ist strafbar.

(3) Für das Strafverfahren gelten die §§ 385, 391, 393, 395 bis 398 und 407 der Abgabenordnung in der jeweiligen Fassung entsprechend.

§ 17 Leichtfertige Abgabenverkürzung und Abgabengefährdung

(1) [1]Ordnungswidrig handelt, wer als Abgabenpflichtiger oder bei Wahrnehmung der Angelegenheiten eines Abgabenpflichtigen eine der in § 16 Abs. 1 Satz 1 bezeichneten Taten leichtfertig begeht (leichtfertige Abgabenverkürzung). [2]§ 370 Abs. 4 und § 378 Abs. 3 der Abgabenordnung in der jeweiligen Fassung gelten entsprechend.

(2) Ordnungswidrig handelt auch, wer vorsätzlich oder leichtfertig

1. Belege ausstellt, die in tatsächlicher Hinsicht unrichtig sind, oder
2. den Vorschriften einer Abgabensatzung zur Sicherung der Abgabenerhebung, insbesondere zur Anmeldung und Anzeige von Tatsachen, zur Führung von Aufzeichnungen oder Nachweisen zur Kennzeichnung oder Vorlegung von Gegenständen oder zur Erhebung und Abführung von Abgaben zuwiderhandelt

und es dadurch ermöglicht, Abgaben zu verkürzen oder nicht gerechtfertigte Abgabenvorteile zu erlangen (Abgabengefährdung).

(3) Die Ordnungswidrigkeit kann in den Fällen des Absatzes 1 mit einer Geldbuße bis zu 10 000 Euro und in den Fällen des Absatzes 2 mit einer Geldbuße bis zu 5 000 Euro geahndet werden.

(4) Für das Bußgeldverfahren gelten außer den allgemeinen Vorschriften des Gesetzes über Ordnungswidrigkeiten, § 378 Abs. 3 sowie die §§ 391, 393, 396, 397, 407 und 411 der Abgabenordnung entsprechend.

(5) Verwaltungsbehörde im Sinne des § 36 Abs. 1 Nr. 1 des Gesetzes über Ordnungswidrigkeiten ist der Leiter der Verwaltung derjenigen Körperschaft, der die Abgabe zusteht.

V. Teil
Schlussvorschriften

§ 18 (aufgehoben)

§ 19 Einschränkung von Grundrechten

Die Grundrechte auf körperliche Unversehrtheit und Freiheit der Person (Artikel 2 Abs. 2 des Grundgesetzes) und der Unverletzlichkeit der Wohnung (Artikel 13 des Grundgesetzes) werden nach Maßgabe dieses Gesetzes eingeschränkt.

§ 20 (aufgehoben)

§ 21 Übergangsregelung

Sofern vor Inkrafttreten des Ersten Gesetzes zur Änderung des Kommunalabgabengesetzes vom 14. Juli 2016 (GVOBl. M-V S. 584) Beiträge für die Erneuerung leitungsgebundener Einrichtungen oder entsprechende privatrechtliche Baukostenzuschüsse erhoben wurden, ist dies auch nach Inkrafttreten des Ersten Gesetzes zur Änderung des Kommunalabgabengesetzes vom 14. Juli 2016 (GVOBl. M-V S. 584) weiterhin zulässig.

§ 22 In-Kraft-Treten, Außer-Kraft-Treten, Überleitung

(1) [1]Dieses Gesetz tritt am Tage nach seiner Verkündung[1)] in Kraft. [2]Mit dem Inkrafttreten dieses Gesetzes tritt das Kommunalabgabengesetz vom 11. April 1991 (GVOBl. M-V S. 113) außer Kraft.

(2) [1]Satzungen, die aufgrund des Kommunalabgabengesetzes vom 1. Juni 1993 (GVOBl. M-V S. 522, 916), geändert durch Artikel 27 des Gesetzes vom 22. November 2001 (GVOBl. M-V S. 438), gültig erlassen worden sind, bleiben weiterhin in Kraft. [2]Sie sind bis zum 1. Januar 2007 dem geänderten Recht anzupassen.

(3) Soweit sich für bestehende Abgabesatzungen ein Rechtsmangel daraus ergibt, dass das Kommunalabgabengesetz in der Fassung der Bekanntmachung vom 12. April 2005 (GVOBl. M-V S. 146), das zuletzt durch Artikel 2 des Gesetzes vom 13. Juli 2011 (GVOBl. M-V S. 777, 833) geändert worden ist, die Heranziehung zu Beiträgen keiner zeitlichen Obergrenze unterwirft, ist dieser Rechtsmangel mit Inkrafttreten des Ersten Gesetzes zur Änderung des Kommunalabgabengesetzes vom 14. Juli 2016 (GVOBl. M-V S. 584) unbeachtlich.

1) Diese Vorschrift betrifft das Inkrafttreten des KAG in der ursprünglichen Fassung vom 1.6.1993 (GVOBl. M-V S. 522, ber. S. 916).

Finanzausgleichsgesetz Mecklenburg-Vorpommern (FAG M-V)[1)]

Vom 9. April 2020 (GVOBl. M-V S. 166)
(GS Meckl.-Vorp. Gl. Nr. 6030-14)

zuletzt geändert durch Art. 6 HaushaltsbegleitG M-V 2022/2023 vom 30. Juni 2022 (GVOBl. M-V S. 400)

Inhaltsübersicht

1) Verkündet als Art. 1 G v. 29.4.2020 (BGBl. I S. 864); Inkrafttreten gem. Art. 17 Abs. 1 dieses G am 7.5.2020.

Abschnitt 1
Allgemeine Vorschriften

§ 1 Finanzierung kommunaler Aufgaben

(1) In Erfüllung der Pflichten aus Artikel 73 der Verfassung des Landes Mecklenburg-Vorpommern trifft dieses Gesetz grundsätzliche Regelungen über die Ausstattung der Kommunen mit den für ihre Aufgabenwahrnehmung erforderlichen Mitteln und den zwischengemeindlichen Finanzausgleich.

(2) [1]Die Sicherung der Leistungsfähigkeit der steuerschwachen Gemeinden und Landkreise und der Ausgleich unterschiedlicher finanzieller Belastungen erfolgt vorrangig durch Zuweisungen nach diesem Gesetz. [2]Mit ihnen sind alle Lasten abgegolten.

(3) Die Gemeinden, Ämter und Landkreise tragen alle Aufwendungen und Auszahlungen, die durch die Wahrnehmung ihrer eigenen sowie der ihnen übertragenen Aufgaben entstehen, soweit nicht durch Gesetz etwas anderes bestimmt ist.

(4) Zur Deckung ihrer Aufwendungen und Auszahlungen stehen den Gemeinden, Ämtern und Landkreisen die ihnen durch Bundes- und Landesgesetze zugeteilten Steuern und sonstigen öffentlichen Abgaben sowie die Erträge und Einzahlungen zu, die bei der Wahrnehmung ihrer eigenen sowie der ihnen übertragenen Aufgaben entstehen, soweit nicht durch Gesetz etwas anderes bestimmt ist.

(5) Soweit die Landräte Aufgaben als untere staatliche Verwaltungsbehörde und die Oberbürgermeister Aufgaben als untere Landesbehörde wahrnehmen, gelten die Absätze 3 und 4 entsprechend.

(6) Die Absätze 3 und 4 gelten auch, wenn die Aufwendungen und Auszahlungen sowie Erträge und Einzahlungen im Zusammenhang mit der Ausführung von Weisungen der Fachaufsichtsbehörden und der Rechtsaufsichtsbehörde entstehen.

(7) [1]In Ergänzung ihrer Erträge und Einzahlungen nach Absatz 4 erhalten die Gemeinden, Ämter und Landkreise vom Land

1. Ausgleichsleistungen in Anwendung des Konnexitätsgrundsatzes gemäß Artikel 72 Absatz 3 der Verfassung des Landes Mecklenburg-Vorpommern in Verbindung mit § 4 Absatz 2 und 3, § 91 Absatz 2 und 3 der Kommunalverfassung innerhalb und außerhalb des Finanzausgleichsgesetzes nach Maßgabe dieses Gesetzes (§ 2),
2. Finanzausgleichsleistungen nach Maßgabe dieses Gesetzes und
3. Zuweisungen und projektbezogene Fördermittel außerhalb des kommunalen Finanzausgleichs aufgrund besonderer Gesetze und nach Maßgabe des Haushaltsplans.

[2]Die Finanzausgleichsleistungen nach Satz 1 Nummer 2 werden vorrangig in Form allgemeiner Finanzzuweisungen als Beitrag zur Deckung des allgemeinen Finanzbedarfs der Gemeinden und Landkreise bereitgestellt. [3]Zur Abdeckung besonderer Bedarfe können Finanzzuweisungen auch in Form von Zweckzuweisungen verteilt werden. [4]Das Land kann ferner Zuwendungen durch Darlehen außerhalb des Finanzausgleichs leisten.

(8) Das Land leitet Zuweisungen des Bundes in dem Umfang an die Gemeinden und Landkreise weiter, der ihrer Leistungsbeteiligung an der Erfüllung der Aufgaben oder an der Belastung mit Auszahlungen entspricht, soweit nicht Vorschriften des Bundes etwas Anderes bestimmen.

§ 2 Ausgleichsleistungen in Anwendung des Konnexitätsgrundsatzes

(1) [1]Finanzielle Ausgleichsleistungen nach § 1 Absatz 7 Satz 1 Nummer 1 sowie deren Aufteilung werden grundsätzlich im Rahmen des jeweiligen Rechtsetzungsverfahrens bestimmt, mit dem kommunale Körperschaften zur Erfüllung bestimmter öffentlicher Aufgaben verpflichtet werden sollen. [2]Soweit die Art der Aufgabe und die hierfür erforderlichen Ausgleichsleistungen keine abweichende Ver-

teilung und Auszahlung bedingen, sollen die Aufteilung und Auszahlung in entsprechender Anwendung der Vorschriften dieses Gesetzes erfolgen.

(2) Die Ausgleichsleistungen nach Absatz 1 werden unabhängig von den Finanzausgleichsleistungen mit Beginn der wirksamen Aufgabenübertragung berechnet und ab dem sich anschließenden Haushaltsjahr zur Verfügung gestellt, soweit aus haushaltsrechtlichen Gründen oder aufgrund einer nicht zeitgleich mit der Aufgabenübertragung berechneten Ausgleichsleistung nicht das darauffolgende Haushaltsjahr in Betracht kommt.

§ 3 Beiträge der Gemeinden, Ämter und Landkreise an das Land

(1) [1]Das Land fordert angemessene Beiträge von einzelnen Gemeinden, Ämtern und Landkreisen nur, soweit es diese im gegenseitigen Einvernehmen durch die Unterhaltung einzelner Einrichtungen in finanziell wesentlichem Umfang von Aufgaben entlastet, die nach gesetzlicher Vorschrift von ihnen zu erfüllen sein würden. [2]Bestehende vertragliche Regelungen zwischen dem Land und den einzelnen Gemeinden, Ämtern und Landkreisen bleiben unberührt.

(2) Das Land fordert von den Gemeinden und Landkreisen keine Beiträge zu Verwaltungskosten.

§ 4 Zuweisungen und Beiträge der Gemeinden an den Landkreis

[1]§ 1 Absatz 7 Satz 2 und Absatz 8 sowie § 3 Absatz 2 gelten sinngemäß für Zuweisungen und Beiträge im Verhältnis der Landkreise zu den kreisangehörigen Gemeinden. [2]§ 3 Absatz 2 gilt im Verhältnis der Landkreise zu den kreisangehörigen Gemeinden auch für Zuweisungen des Landes, soweit Vorschriften des Landes nichts anderes bestimmen.

Abschnitt 2

Finanzausgleich zwischen Land und Kommunen

§ 5 Allgemeiner Steuerverbund

[1]Das Land Mecklenburg-Vorpommern stellt den Gemeinden und Landkreisen zur Wahrnehmung ihrer Aufgaben von seinen Anteilen aus den Gemeinschaftssteuern (Einkommensteuer, Körperschaftsteuer und Umsatzsteuer), seinem Aufkommen aus den Landessteuern, dem Aufkommen aus dem Landesanteil der Gewerbesteuerumlage und der Gewerbesteuer in gemeindefreien Gebieten, den Zuweisungen an das Land aus dem bundesstaatlichen Finanzausgleich einschließlich der Bundesergänzungszuweisungen sowie den Einnahmen des Landes nach dem Gesetz zur Regelung der finanziellen Kompensation zugunsten der Länder infolge der Übertragung der Ertragshoheit der Kraftfahrzeugsteuer auf den Bund Finanzzuweisungen zur Verfügung. [2]Deren Höhe wird nach Maßgabe der §§ 6 bis 8 bestimmt.

§ 6 Beteiligungsquote und Festbetragsfinanzierung der Aufgaben des übertragenen Wirkungskreises und der unteren staatlichen Verwaltungsbehörden

(1) An der Summe der Einzahlungen der Gemeinden und Landkreise aus eigenen Steuern (Grundsteuern und Gewerbesteuern abzüglich Gewerbesteuerumlage, Gemeindeanteile an der Einkommen- und der Umsatzsteuer sowie andere Steuern) sowie den nach Abzugsbeträgen nach § 8 verbleibenden, dem allgemeinen Steuerverbund nach § 5 unterliegenden Einnahmen des Landes sind die Gemeinden und Landkreise bis auf Weiteres in Höhe von 30,978 Prozent und das Land in Höhe von 69,022 Prozent zu beteiligen.

(2) [1]Im Abstand von zwei Jahren, erstmalig für das Jahr 2022, ist unter Berücksichtigung des Gleichmäßigkeitsgrundsatzes (§ 7) zu überprüfen, ob aufgrund von Veränderungen im Aufgabenbestand oder aufgrund der Entwicklung der Ausgaben und Auszahlungen im Verhältnis zwischen dem Land sowie den Gemeinden und Landkreisen die Finanzverteilung nach Absatz 1 anzupassen ist. [2]Die Prüfung findet im Beirat nach § 34 auf Grundlage eines gemeinsam von dem Finanzministerium und dem für Kommunales zuständigen Ministerium zu erstellenden Prüfungsberichts zur Entwicklung des Aufgabenbestandes und den hierfür verwendeten finanziellen Mitteln statt. [3]Dabei werden die jährlichen Netto-Ausgaben und Netto-Auszahlungen sowie weitere vom Beirat festzulegende Finanzkennziffern der vergangenen Periode untersucht. [4]Eine Prognose ist nicht anzustellen.

(3) Das Land stellt den Kommunen zum Ausgleich der Kosten für die Wahrnehmung der Aufgaben des übertragenen Wirkungskreises und der unteren staatlichen Verwaltungsbehörden (§ 22) aus den nach Abzugsbeträgen nach § 8 verbleibenden, dem allgemeinen Steuerverbund nach § 5 unterliegen-

den Einnahmen des Landes ab dem Jahr 2022 bis zur nächsten Überprüfung einen Festbetrag in Höhe von jährlich 269 800 000 Euro zur Verfügung.

§ 7 Gleichmäßigkeitsgrundsatz

Die Summe der Einzahlungen der Gemeinden und Landkreise aus eigenen Steuern und den Zuweisungen aus dem kommunalen Finanzausgleich soll sich gleichmäßig zu den dem Land verbleibenden Einnahmen aus Steuern, Zuweisungen aus dem bundesstaatlichen Finanzausgleich einschließlich der Bundesergänzungszuweisungen, abzüglich der den Gemeinden und Landkreisen nach diesem Gesetz zufließenden Finanzausgleichsleistungen entwickeln (Gleichmäßigkeitsgrundsatz).

§ 8 Abzugsbeträge, Verordnungsermächtigung

[1]Bei den Einnahmen des Landes nach § 6 Absatz 1 bleiben unberücksichtigt:
1. die Einnahmen aus der Feuerschutzsteuer,
2. die Einnahmen aus der Umsatzsteuer zur Finanzierung von Betriebsausgaben für die Kindertagesförderung in Höhe von 16 148 000 Euro,
3. die Umsatzsteuermehreinnahmen zur Weiterentwicklung der Qualität und zur Teilhabe in der Kindertagesbetreuung in Höhe von 18 780 000 Euro im Jahr 2020 und 37 693 000 Euro in den Jahren 2021 und 2022,
4. a) die Einnahmen aus der Umsatzsteuer vom Bund für flüchtlingsbedingte Kosten (Pauschalen für Asylbewerber und abgelehnte Asylbewerber, unbegleitete minderjährige Flüchtlinge sowie für flüchtlingsbezogene Zwecke) in Höhe von 29 300 000 Euro im Jahr 2020 und 25 500 000 Euro im Jahr 2021 sowie 6 600 000 Euro ab dem Jahr 2022,
   b) die Einnahmen aus der Umsatzsteuer vom Bund zur Unterstützung der Kommunen bei den Kosten der Unterkunft und zur Abgeltung der angefallenen Kosten des Landes im Bereich der Lebenshaltung für ukrainische Kriegsvertriebene in Höhe von 18 900 000 Euro im Jahr 2022 und weitere Beträge ab 2023,
5. ein Betrag in Höhe von 85,2 Prozent der dem Land zufließenden Bundesergänzungszuweisungen nach § 11 Absatz 3 des Finanzausgleichsgesetzes,
6. Grunderwerbsteuereinnahmen in Höhe von 30 000 000 Euro,
7. die Einnahmen aus der Umsatzsteuer vom Bund für die Umsetzung des Paktes für den Öffentlichen Gesundheitsdienst,
8. die Einnahmen aus der Umsatzsteuer vom Bund für die Umsetzung des Aktionsprogramms „Aufholen nach Corona für Kinder und Jugendliche in den Jahren 2021 und 2022" in Höhe von 16 228 000 Euro im Jahr 2022.

[2]Ergeben sich aufgrund bundesgesetzlicher Regelungen bei Satz 1 Nummer 3 oder Nummer 4 zusätzliche oder geänderte Beträge, sind diese spätestens in der endgültigen Abrechnung für das Jahr der Zahlung zu berücksichtigen. [3]Die Bewirtschaftung der kommunalen Anteile an der Pauschale für flüchtlingsbezogene Zwecke nach Satz 1 Nummer 4 Buchstabe a in Höhe von 3 440 000 Euro für das Jahr 2020, in Höhe von 2 457 000 Euro für das Jahr 2021 und der kommunalen Anteile in Höhe von 26 Prozent von entsprechenden zusätzlichen Beträgen ab dem Jahr 2022 im Sinne des Satzes 2 erfolgt durch das für Kommunales zuständige Ministerium; dieses kann das Nähere zur belastungsorientierten Verteilung der Beträge durch Rechtsverordnung regeln. [4]Soweit dieses Gesetz keine Verteilungsregelung trifft, regelt das fachlich zuständige Ministerium die Verteilung der Mittel nach Satz 1.

§ 9 Familienleistungsausgleich

[1]In den Finanzzuweisungen des Landes nach § 5 ist die Beteiligung der Gemeinden in Höhe von 26,09 Prozent an den jährlichen Einnahmen des Landes aus dem erhöhten Länderanteil an der Umsatzsteuer zum Ausgleich der Steuerausfälle aufgrund der Neuordnung des Familienleistungsausgleichs (Ausgleichszuweisung) enthalten. [2]Wird bei der Berechnung der Ausgleichszuweisungen die für die Beteiligung der Gemeinden maßgebliche Quote von 26,09 Prozent unterschritten, so wird der Differenzbetrag gesondert als Aufstockungsbetrag aus dem Landeshaushalt bereitgestellt.

§ 10 Zusätzliche Leistungen des Landes, Mittelübertragungen, Verordnungsermächtigung

(1) *[aufgehoben]*

(2) [1]Die dem Land und den Kommunen zufließenden Umsatzsteuermehreinnahmen aus dem Fünf-Milliarden-Euro-Paket des Bundes nach dem Gesetz zur Beteiligung des Bundes an den Kosten der Integration und zur weiteren Entlastung von Ländern und Kommunen werden dauerhaft, soweit sie

nach § 6 Absatz 1 dem Land zustehen, in entsprechendem Umfang einem Kommunalen Entschuldungsfonds Mecklenburg-Vorpommern zugeführt. [2]Eine endgültige Berechnung der Zuführung erfolgt auf der Basis der für das jeweilige Jahr durch Rechtsverordnung des Bundesministeriums der Finanzen endgültig festgestellten Anteile der Gemeinden und der Länder an der Umsatzsteuer. [3]Der Unterschiedsbetrag zwischen den vorläufigen und endgültigen Zuführungen an den Kommunalen Entschuldungsfonds Mecklenburg-Vorpommern ist spätestens mit der Zuführung der Mittel seitens des Landes an den Fonds des übernächsten Haushaltsjahres zu verrechnen. [4]Im Jahr 2020 wird den kommunalen Trägern gemäß § 1 Absatz 1 des Landesausführungsgesetzes SGB II durch das für Soziales zuständige Ministerium ein Teilbetrag der Landesmittel nach Satz 1 in Höhe von 8 765 000 Euro gemäß § 11 Absatz 3 Nummer 1 des Landesausführungsgesetzes SGB II belastungsorientiert zugewiesen. [5]In den Jahren 2021 und 2022 gilt Satz 4 entsprechend; die Zuweisungen betragen im Jahr 2021 12 031 000 Euro und im Jahr 2022 11 486 000 Euro.

(3) [1]In den Jahren 2020 bis 2022 stellt das Land den Kommunen jährlich 40 000 000 Euro zur Aufstockung der Zuweisungen für Infrastruktur zur Verfügung. [2]Im Jahr 2021 stellt das Land 35 500 000 Euro zur Aufstockung der Schlüsselmasse zur Verfügung.

(4) [1]Von den Finanzausgleichsleistungen des Landes erhalten die Träger der Theater und Orchester 35 800 000 Euro. [2]Die Bewirtschaftung der Mittel erfolgt durch das für Kultur zuständige Ministerium. [3]Dieses kann das Nähere durch Rechtsverordnung regeln.

(5) [1]Von den Finanzausgleichsleistungen des Landes erhalten die Kommunen 27 300 000 Euro für Straßenbau und öffentlichen Personennahverkehr. [2]Die Bewirtschaftung der Mittel erfolgt durch das für Infrastruktur zuständige Ministerium. [3]Dieses kann das Nähere durch Rechtsverordnung regeln.

§ 11 Berechnung der Finanzausgleichsleistungen

(1) [1]Die nach den §§ 5 bis 9 und 10 Absatz 2 bereitzustellenden Finanzausgleichsleistungen des Landes werden nach den Ansätzen im Landeshaushaltsplan und den geschätzten Steuereinnahmen der Gemeinden vorläufig errechnet und im Landeshaushaltsplan festgesetzt. [2]Eine Verringerung der Bezugsansätze im Rahmen von Nachtragshaushaltsplänen wird für den Finanzausgleich des laufenden Jahres nicht berücksichtigt.

(2) [1]Nach Ablauf des Haushaltsjahres werden die Finanzausgleichsleistungen des Landes endgültig berechnet. [2]Bei der endgültigen Berechnung der Finanzausgleichsleistungen auf der Basis der tatsächlichen Einnahmen und Einzahlungen ist die Finanzverteilung nach § 6 Absatz 1 zu Grunde zu legen, die für das Jahr galt, für welches die Abrechnung erfolgt. [3]Über die Abrechnung ist der Beirat nach § 34 frühzeitig zu informieren.

(3) [1]Sind die endgültigen Zuweisungen zugunsten der Kommunen höher als die vorläufigen, wird der Differenzbetrag im Jahr der Abrechnung fällig. [2]Fällige Abrechnungsbeträge werden ab dem Jahr 2022 vollständig dem Kommunalen Ausgleichsfonds Mecklenburg-Vorpommern zugeführt, soweit dieser den Höchstbestand nach § 3 Absatz 1 Satz 2 Kommunales Ausgleichfondsgesetz Mecklenburg-Vorpommern noch nicht erreicht hat. [3]Nicht an den Kommunalen Ausgleichsfonds Mecklenburg-Vorpommern abzuführende Beträge stärken im darauffolgenden Jahr die Schlüsselzuweisungen nach § 14 Absatz 1 Nummer 2.

(4) [1]Sind die endgültigen Zuweisungen zu Lasten der Kommunen niedriger als die vorläufigen, wird der Differenzbetrag im darauffolgenden Jahr fällig und zugunsten des Landes der Finanzausgleichsmasse entnommen. [2]Es können Entnahmen gemäß § 4 Kommunales Ausgleichsfondsgesetz Mecklenburg-Vorpommern erfolgen.

(5) [1]Abweichend von Absatz 2 hat die tatsächliche Entwicklung der Einnahmen und Einzahlungen im Jahr 2020 für einen Teilbetrag der Finanzausgleichsleistungen in Höhe von 67 000 000 Euro keine Auswirkungen. [2]Abweichend von den Absätzen 3 und 4 wird die Summe der Abrechnungsbeträge für die Jahre 2015 bis 2018 für Zuweisungen nach § 24 verwendet. [3]Abweichend von Absatz 4 wird der negative Abrechnungsbetrag für das Jahr 2020 in Teilbeträgen von 70 000 000 Euro im Jahr 2022, 30 000 000 Euro im Jahr 2023 und 71 981 008 Euro im Jahr 2024 der Finanzausgleichsmasse des jeweiligen Jahres zu Gunsten des Landes entnommen. [4]Abweichend von Absatz 3 wird der positive Abrechnungsbetrag für das Jahr 2021 zur Erhöhung der Finanzausgleichsmasse des Jahres 2022 verwendet. [5]Die im Abrechnungsbetrag für das Jahr 2022 enthaltenen zusätzlichen Einnahmen aus der Umsatzsteuer vom Bund für Mehraufwendungen für ukrainische Kriegsvertriebene, für die kein Abzug nach § 8 Satz 1 Nummer 4 Buchstabe b oder § 8 Satz 2 vorzunehmen ist und die in § 14 Absatz 1

Nummer 1 Buchstabe h nicht berücksichtigt sind, werden abweichend von Absatz 3 oder Absatz 4 bis zum 1. August 2023 entsprechend § 24b verteilt.

(6) [1]Abweichend von Absatz 1 wird der kommunale Anteil an zusätzlichen Einnahmen im Jahr 2023 aus der Umsatzsteuer vom Bund für Mehraufwendungen für die ukrainischen Kriegsvertriebenen, für den der Vorwegabzug nach § 14 Absatz 1 Nummer 1 Buchstabe h Anwendung findet, zusätzlich zu den Ansätzen im Haushaltsplan als Teil der vorläufigen Finanzausgleichsleistungen bereitgestellt. [2]Die erhöhten vorläufigen Finanzausgleichsleistungen nach Satz 1 sind bei der endgültigen Abrechnung für das Jahr 2023 zu berücksichtigen.

§ 12 Sanktionsleistungen

(1) [1]Sanktionszahlungen, die das Land in Erfüllung seiner Verpflichtung gemäß Artikel 109 Absatz 5 Satz 2 Halbsatz 1 des Grundgesetzes (Länderanteil nach der Einwohnerzahl) leisten muss, werden dem Land spätestens im übernächsten Haushaltsjahr nach ihrer Fälligkeit entsprechend dem kommunalen Anteil gemäß § 6 Absatz 1 an der im Gleichmäßigkeitsgrundsatz zu berücksichtigenden gesamten Finanzmasse aus Mitteln der Finanzausgleichsmasse erstattet. [2]Ist das übernächste Haushaltsjahr das zweite Haushaltsjahr eines zweijährigen Haushaltes, ist die Erstattung spätestens in dem dem übernächsten Jahr folgenden Jahr vorzunehmen.

(2) [1]Sanktionszahlungen, die das Land in Erfüllung seiner Verpflichtung gemäß Artikel 109 Absatz 5 Satz 2 Halbsatz 2 des Grundgesetzes (Verursachungsbeitrag) leisten muss, werden dem Land entsprechend dem Anteil der Kommunen am Verursachungsbeitrag gemäß § 2 Absatz 2 des Sanktionszahlungs-Aufteilungsgesetzes vom 5. September 2006 (BGBl. I S. 2098, 2104), das durch Artikel 3 des Gesetzes vom 15. Juli 2013 (BGBl. I S. 2398, 2399) geändert worden ist, spätestens im übernächsten Haushaltsjahr nach ihrer Fälligkeit aus Mitteln der Finanzausgleichsmasse erstattet. [2]Absatz 1 Satz 2 gilt entsprechend.

Abschnitt 3
Finanzausgleichsmasse

§ 13 Finanzausgleichsmasse

Die seitens des Landes nach Abschnitt 2 zur Verfügung gestellten Finanzausgleichsleistungen, ausgenommen der nach § 10 Absatz 4 und 5, und das Aufkommen aus der Finanzausgleichsumlage nach § 29 Absatz 2 Satz 3 bilden die Finanzausgleichsmasse.

§ 14 Verwendung der Finanzausgleichsmasse, Verordnungsermächtigung

(1) Die Finanzausgleichsmasse wird verwendet

1. für Vorwegabzüge für
   a) den Ausgleich der Wahrnehmung der Aufgaben des übertragenen Wirkungskreises und der unteren staatlichen Verwaltungsbehörde nach § 22 in Höhe von 269 800 000 Euro,
   b) Zuweisungen für Infrastruktur nach § 23 in den Jahren 2020 bis 2022 in Höhe von 150 000 000 Euro sowie ab dem Jahr 2023 in Höhe von 6,5 Prozent der Finanzausgleichsmasse mindestens jedoch 100 000 000 Euro,
   c) Zuweisungen für kreisangehörige zentrale Orte nach § 24 in Höhe von jeweils 15 000 000 Euro in den Jahren 2020 bis 2021,
   d) Sonderbedarfszuweisungen in Höhe von 15 000 000 Euro und Sonderzuweisungen in Höhe von 15 000 000 Euro nach § 25,
   e) Zuweisungen an den Kommunalen Aufbaufonds Mecklenburg-Vorpommern nach § 28 in Höhe von 7 000 000 Euro,
   f) Zuweisungen an den Kommunalen Entschuldungsfonds Mecklenburg-Vorpommern nach § 26, in Höhe von 50 000 000 Euro,
   g) die Finanzierung des kooperativen E-Governments nach § 24a in Höhe von 2 700 000 Euro sowie
   h) einmalige Zuweisungen an Gemeinden und Landkreise nach § 24b für Mehraufwendungen für ukrainische Kriegsvertriebene für übrige Kosten, etwa in den Bereichen Kinderbetreuung, Beschulung sowie Gesundheits- und Pflegekosten, in Höhe von 5 800 000 Euro im Jahr 2022

und in Höhe des entsprechenden kommunalen Anteils der zusätzlichen Einnahmen aus der Umsatzsteuer vom Bund im Jahr 2023 für denselben Zweck und

2. im Übrigen für Schlüsselzuweisungen nach § 15,

(2) [1]Soweit einzelne Ansätze nach Absatz 1 Buchstabe b bis g nicht vollständig für Zuweisungen benötigt werden, werden sie ab dem Jahr 2022 dem Kommunalen Ausgleichsfonds Mecklenburg-Vorpommern zugeführt. [2]Das Nähere regelt das für Kommunales zuständige Ministerium im Benehmen mit dem für Finanzen zuständigen Ministerium durch Rechtsverordnung.

Abschnitt 4
Schlüsselzuweisungen

§ 15 Gesamtschlüsselmasse

(1) Die Mittel nach § 14 Absatz 1 Nummer 2 (Gesamtschlüsselmasse) abzüglich des Familienleistungsausgleichs nach § 9 sowie abzüglich des Aufkommens aus der Finanzausgleichsumlage nach § 29 Absatz 2 Satz 3 stehen

1. für Gemeindeaufgaben in Höhe von 58,43 Prozent und
2. für Kreisaufgaben in Höhe von 41,57 Prozent

zur Verfügung.

(2) Die Teilschlüsselmasse für Gemeindeaufgaben nach Absatz 1 Nummer 1 erhöht sich um den Familienleistungsausgleich nach § 9 und um das Aufkommen aus der Finanzausgleichsumlage nach § 29 Absatz 2 Satz 3.

(3) Mit der Gesamtschlüsselmasse können Zahlungen, die das Land zugunsten der Kommunen leistet, verrechnet werden, soweit entweder eine Ermächtigung durch Gesetz oder durch Verordnung der Landesregierung oder eine Zustimmung der kommunalen Landesverbände vorliegt.

(4) [1]Von den Schlüsselzuweisungen können bis zu 4 Prozent für investive Zwecke verwendet werden. [2]Dieser Teil der Zuweisungen wird dann als Kapitalzuschuss gewährt.

§ 16 Berechnung der Schlüsselzuweisungen für Gemeindeaufgaben

(1) Eine kreisfreie Stadt oder eine kreisangehörige Gemeinde erhält Schlüsselzuweisungen für Gemeindeaufgaben, wenn ihre Bedarfsmesszahl ihre Steuerkraftmesszahl übersteigt.

(2) Die Bedarfsmesszahl für Gemeindeaufgaben, mit der der durchschnittliche Finanzbedarf für die Erfüllung von Gemeindeaufgaben ausgedrückt wird, errechnet sich durch Vervielfältigung des Bedarfsansatzes nach § 17 mit einem für die kreisfreien Städte und kreisangehörigen Gemeinden einheitlichen Grundbetrag.

(3) Der Grundbetrag ist ein durch rechnerische Näherung bestimmter Wert, der so festgesetzt wird, dass die zur Verfügung stehende Teilschlüsselmasse für Gemeindeaufgaben nach § 15 Absatz 2 soweit wie rechnerisch möglich aufgebraucht wird.

(4) Die Steuerkraftmesszahlen der kreisfreien Städte und kreisangehörigen Gemeinden werden zur Berechnung der Schlüsselzuweisungen aus der Summe ihrer Steuerkraftzahlen nach § 18 gebildet.

(5) Die Schlüsselzuweisungen betragen 60 Prozent des Unterschiedsbetrages zwischen Bedarfsmesszahl und Steuerkraftmesszahl (Ausgleichsquote), beide Zahlen in Euro ausgedrückt.

(6) [1]Erreicht bei einer kreisfreien Stadt oder einer kreisangehörigen Gemeinde die Finanzkraft (Absatz 7) je Einwohner nicht 90 Prozent der durchschnittlichen Finanzkraft aller Gemeinden je Einwohner, so wird die Differenz zu 90 Prozent durch zusätzliche Schlüsselzuweisungen ausgeglichen (relative Mindestfinanzausstattung). [2]Die Finanzierung dieser für die relative Mindestfinanzausstattung erforderlichen Zuweisungsmittel erfolgt jeweils aus den nach § 15 Absatz 2 für Gemeindeaufgaben zur Verfügung stehenden Mitteln.

(7) [1]Die Finanzkraft einer Gemeinde ergibt sich aus der Summe der Schlüsselzuweisung und der Steuerkraftmesszahl abzüglich der Finanzausgleichsumlage (§ 29). [2]Die durchschnittliche Finanzkraft aller Gemeinden je Einwohner wird ermittelt, indem die Summe der Schlüsselzuweisungen und der Steuerkraftmesszahlen abzüglich der Finanzausgleichsumlage aller Gemeinden durch die Einwohnerzahl aller Gemeinden geteilt wird.

§ 17 Bedarfsansatz für Gemeindeaufgaben

(1) Der Bedarfsansatz für Gemeindeaufgaben wird durch Addition des Hauptansatzes und der Nebenansätze ermittelt.

(2) Der Hauptansatz ergibt sich aus der Einwohnerzahl einer Gemeinde.

(3) Folgende zusätzliche Nebenansätze werden berücksichtigt:

1. Ansatz für Kinder,
2. Ansatz für Demografie,
3. Ansatz für übergemeindliche Aufgaben der zentralen Orte.

(4) Der Nebenansatz für Kinder wird berechnet, indem das Produkt aus der Anzahl der Kinder bis zum vollendeten 18. Lebensjahr und dem Faktor 1,22 gebildet wird.

(5) [1]Der Nebenansatz für Demografie einer nicht zentralörtlichen Gemeinde, mit dem der überdurchschnittliche Bevölkerungsrückgang über zehn Jahre Berücksichtigung findet, beruht auf einer Vergleichsberechnung der

1. nach Absatz 2 zu berücksichtigende Einwohnerzahl mit
2. der Einwohnerzahl, die zehn Jahre vor dem nach Absatz 2 maßgeblichen Jahr festgestellt wurde.

[2]Ist die Entwicklung der Einwohnerzahl im Betrachtungszeitraum negativ, wird diese der Entwicklung der Einwohnerzahl aller Gemeinden des Landes Mecklenburg-Vorpommern im Vergleichszeitraum gegenübergestellt. [3]Soweit der Einwohnerverlust einer Gemeinde größer als im Durchschnitt aller Gemeinden des Landes ist, wird der den Durchschnitt übersteigende Teil des Einwohnerverlusts mit dem Faktor 0,35 multipliziert. [4]Für die Berechnung des Nebenansatzes für Demografie einer zentralörtlichen Gemeinde finden die Sätze 1 und 2 mit der Maßgabe Anwendung, dass die Einwohnerzahl aus den jeweiligen Verflechtungsbereichen der Grund, Mittel- oder Oberzentren ermittelt werden.

(6) Der Nebenansatz für übergemeindliche Aufgaben der zentralen Orte wird berechnet, indem die Summe aus der Einwohnerzahl des jeweiligen Verflechtungsbereichs und des Nebenansatzes für Demografie

1. mit dem Faktor 0,06 für Grundzentren,
2. mit dem Faktor 0,12 für Mittelzentren und
3. mit dem Faktor 0,16 für Oberzentren

multipliziert wird.

§ 18 Berechnung der Steuerkraftzahlen

(1) [1]Die Steuerkraftzahlen für die einzelnen Steuerarten werden wie folgt ermittelt:

1. als Steuerkraftzahl der Grundsteuer von Betrieben der Land- und Forstwirtschaft (Grundsteuer A) und auf Grundstücke (Grundsteuer B) die nach Absatz 2 zu ermittelnden Messbeträge, vervielfältigt mit dem nach Satz 2 geltenden Nivellierungshebesatz,
2. als Steuerkraftzahl der Gewerbesteuer die nach Absatz 2 zu ermittelnden Messbeträge, vervielfältigt mit dem nach Satz 2 geltenden Nivellierungshebesatz, abzüglich der Istauszahlungen an Gewerbesteuerumlage des Vorvorjahres,
3. das Istaufkommen des Gemeindeanteils an der Einkommensteuer des Vorvorjahres und
4. das Istaufkommen des Gemeindeanteils an der Umsatzsteuer des Vorvorjahres.

[2]Für die Berechnung der Steuerkraftzahlen zu den Grundsteuern und zur Gewerbesteuer (Realsteuern) werden in den Jahren 2020 bis 2023 folgende Nivellierungshebesätze zugrunde gelegt:

Grundsteuer A: 323 Prozent,
Grundsteuer B: 427 Prozent,
Gewerbesteuer: 381 Prozent.

[3]Soweit für die Finanzausgleichsjahre ab 2024 nichts Abweichendes geregelt wird, gelten die für das Jahr 2022 durch das Statistische Amt Mecklenburg-Vorpommern ermittelten durchschnittlichen Realsteuerhebesätze als neue Nivellierungshebesätze. [4]Danach findet jeweils eine Fortschreibung der Nivellierungshebesätze auf Grundlage der ermittelten durchschnittlichen Realsteuerhebesätze im Abstand von vier Jahren statt.

(2) [1]Die Messbeträge der Realsteuern werden durch Teilung des Istaufkommens des vorvergangenen Haushaltsjahres durch die örtlichen Hebesätze des vorvergangenen Haushaltsjahres errechnet. [2]Die Steuerkraftzahlen der Realsteuern werden auf Grundlage der nach § 3 Absatz 2 Nummer 2 des Finanz- und Personalstatistikgesetzes in der Fassung der Bekanntmachung vom 22. Februar 2006 (BGBl. I S. 438), das zuletzt durch Artikel 2 des Gesetzes vom 2. März 2016 (BGBl. I S. 342, 346) geändert worden ist, zu erfolgenden Meldungen der Gemeinden ermittelt.

(3) [1]Soweit die Steuerkraftzahl einer Realsteuer negativ ist, wird der örtliche Hebesatz des Jahres mit dem zuletzt positiven Steueraufkommen der jeweiligen Steuerart zu Grunde gelegt. [2]Bei einem örtlichen Hebesatz von „Null" werden der nach Absatz 1 Satz 2 bis 4 geltende Nivellierungshebesatz sowie der landesdurchschnittliche gewogene Messbetrag pro Einwohner aller kreisangehörigen Gemeinden in Ansatz gebracht,

(4) [1]Werden nach einem öffentlichrechtlichen Vertrag zwischen Gemeinden Regelungen über die Aufteilung von Grundsteueraufkommen oder Gewerbesteueraufkommen getroffen, so können diese bei der Ermittlung der Steuerkraftzahlen für das betreffende Jahr auf Antrag berücksichtigt werden, wenn der öffentlich-rechtliche Vertrag mindestens für die Dauer von fünf Jahren geschlossen sowie eine Auseinandersetzungsregelung für Fälle der Steuerrückzahlung getroffen worden ist. [2]Bei der Berechnung der Steuerkraftzahl einer Gemeinde wird das nach diesem Absatz aufgeteilte Aufkommen mit dem Realsteuerhebesatz berücksichtigt, der für die tatsächlich hebeberechtigte Gemeinde zu berücksichtigen ist. [3]Das Nähere kann das für Kommunales zuständige Ministerium durch Verwaltungsvorschrift regeln.

(5) [1]Soweit sich bei Gebietsänderungen (Gemeindezusammenschlüsse und Eingemeindungen) die Realsteuerhebesätze der bisherigen Gemeinden unterscheiden, ist der Berechnung der Steuerkraftzahlen der gewogene durchschnittliche Hebesatz der zusammengeschlossenen Gemeinde zu Grunde zu legen. [2]Gleiches gilt, wenn nach Gebietsänderungen für einen Übergangszeitraum unterschiedliche Hebesätze in einem Gemeindegebiet angewandt werden.

§ 19 Berechnung der Schlüsselzuweisungen für Kreisaufgaben

(1) Eine kreisfreie Stadt oder ein Landkreis erhält Schlüsselzuweisungen für Kreisaufgaben, wenn die Bedarfsmesszahl die Umlagekraftmesszahl übersteigt.

(2) Die Bedarfsmesszahlen für Kreisaufgaben werden durch Vervielfältigung des Bedarfsansatzes nach § 20 mit einem für die Landkreise und kreisfreien Städte einheitlichen Grundbetrag ermittelt.

(3) Der Grundbetrag ist ein durch rechnerische Näherung bestimmter Wert, der so festgesetzt wird, dass die zur Verfügung stehende Teilschlüsselmasse für Kreisaufgaben nach § 15 Absatz 1 Nummer 2 soweit wie rechnerisch möglich aufgebraucht wird.

(4) [1]Die Umlagekraftmesszahlen der Landkreise und kreisfreien Städte werden ermittelt, indem die jeweilige Summe der Schlüsselzuweisungen nach § 16 Absatz 5 und 6 und der Steuerkraftzahlen nach § 18 mit dem gewogenen landesdurchschnittlichen Kreisumlagesatz des Vorvorjahres multipliziert wird. [2]Der landesdurchschnittlich gewogene Kreisumlagesatz ist ein auf sieben Nachkommastellen gerundeter Prozentsatz, der sich aus der Division der Summe des Kreisumlageaufkommens aller Kreise des vorvergangenen Jahres durch die Summe der Umlagegrundlagen aller Kreise (§ 30 Absatz 2 Satz 3) des vorvergangenen Jahres ergibt.

(5) Die Schlüsselzuweisungen betragen 60 Prozent des Unterschiedsbetrages zwischen Bedarfsmesszahl und Umlagekraftmesszahl (Ausgleichsquote), beide Zahlen in Euro ausgedrückt.

§ 20 Bedarfsansatz für Kreisaufgaben

(1) Die Bedarfsansätze für Kreisaufgaben ergeben sich aus der Addition der Einwohnerzahl des Landkreises oder der kreisfreien Stadt und dem Soziallastenansatz nach Absatz 2.

(2) Zur Berechnung des Soziallastenansatzes des Landkreises oder der kreisfreien Stadt wird die durchschnittliche Anzahl von Bedarfsgemeinschaften, die Grundsicherung für Arbeitssuchende nach dem Zweiten Buch Sozialgesetzbuch im jeweiligen Vorvorjahr erhielten, mit dem Faktor 5,7 multipliziert.

§ 21 Überprüfungen der horizontalen Verteilung

(1) [1]Die Höhe der Mindestfinanzausstattung nach § 16 Absatz 6 wird im Jahr 2023 mit Wirkung ab dem Jahr 2024 überprüft. [2]Die Notwendigkeit und die Höhe der investiven Bindung der Schlüsselzuweisungen nach § 15 Absatz 4 wird im Jahr 2023 mit Wirkung ab dem Jahr 2024 überprüft.

(2) [1]Die Aufteilung der Gesamtschlüsselmasse auf Gemeinde- und Kreisaufgaben nach § 15 sowie die Nebenansätze nach § 17 Absatz 3 bis 6 für Gemeindeaufgaben und § 20 Absatz 2 für Kreisaufgaben sollen erstmals vier Jahre nach Inkrafttreten dieser Vorschrift durch finanzwissenschaftliche Analyse überprüft werden, soweit nicht außerordentliche Entwicklungen eine vorgezogene Überprüfung erfordern. [2]Gegenstand der Überprüfung können weitere Bestandteile des Ausgleichssystems wie die

Höhe der Ausgleichsgrade nach den § 16 Absatz 5 und § 19 Absatz 5 oder der Mindestfinanzausstattung nach § 16 Absatz 6 sein.

Abschnitt 5
Ausgleich für übertragene Aufgaben und Infrastruktur

§ 22 Zuweisungen für die Wahrnehmung der Aufgaben des übertragenen Wirkungskreises und der unteren staatlichen Verwaltungsbehörden

(1) [1]In Höhe der nach § 14 Absatz 1 Nummer 1 Buchstabe a bereitgestellten Mittel erhalten Gemeinden, Ämter und Landkreise Zuweisungen für die Erfüllung der Aufgaben des übertragenen Wirkungskreises und der unteren staatlichen Verwaltungsbehörden, die vor Inkrafttreten von Artikel 72 Absatz 3 der Verfassung des Landes Mecklenburg-Vorpommern in der Fassung vom 4. April 2000 (GVOBl. M-V S. 158) übertragen wurden. [2]Mit der Zuweisung werden alle bei wirtschaftlicher und sparsamer Haushaltsführung zu erwartenden Personal- und Sachaufwendungen sowie Zweckaufwendungen der Gemeinden, Ämter und Landkreise ausgeglichen.

(2) Von den nach § 14 Absatz 1 Nummer 1 Buchstabe a bereitgestellten Mitteln erhalten

1. die Ämter und amtsfreien Gemeinden ohne die großen kreisangehörigen Städte 51 250 000 Euro,
2. die großen kreisangehörigen Städte 17 450 000 Euro,
3. die kreisfreien Städte 43 600 000 Euro,
4. die Landkreise 128 600 000 Euro und
5. die Träger der unteren Vermessungs- und Geoinformationsbehörden und der Geschäftsstellen der Gutachterausschüsse 28 900 000 Euro.

(3) [1]Die Verteilung der Zuweisungen nach Absatz 2 Nummern 1 bis 3 erfolgt jeweils im Verhältnis der Einwohnerzahlen. [2]Die Zuweisungen nach Absatz 2 Nummer 4 erfolgen zu 70 Prozent im Verhältnis der Einwohnerzahlen und zu 30 Prozent im Verhältnis der in Einwohnerzahlen umgerechneten Gebietsflächenanteile als Produkt der Gebietsfläche und der durchschnittlichen Einwohnerzahl je Quadratkilometer der Landkreise. [3]Die Zuweisungen nach Absatz 2 Nummer 5 werden zu gleichen Teilen unter Berücksichtigung der Einwohnerzahl, der Gesamtfläche und der Anzahl der Flurstücke des Zuständigkeitsbereiches einer unteren Vermessungs- und Geoinformationsbehörde jährlich festgesetzt.

(4) [1]Im Abstand von zwei Jahren ist zu überprüfen, ob aufgrund von Veränderungen im Aufgabenbestand oder in der Aufgabenwahrnehmung eine Anpassung des Ausgleichs für übertragene Aufgaben und seiner Verteilung notwendig ist. [2]Die Prüfung findet im Beirat nach § 34 auf Basis eines vom für Kommunales zuständigen Ministerium zu erstellenden Prüfungsberichts statt.

(5) [1]Für die Kostenermittlung nach Absatz 4 haben die Gemeinden, Ämter und Landkreise auf Anforderung die benötigten Daten zur Verfügung zu stellen. [2]Für die Gruppe nach Absatz 2 Nummer 1 kann statt einer Vollerhebung eine Bezugnahme auf Stichproben erfolgen, wenn dabei keine stichprobenbasierten Verzerrungen zu erwarten sind. [3]Es werden die für die Aufgabenwahrnehmung erforderlichen Sach- und Personalkosten ermittelt und die mit der jeweiligen Aufgabe verbundenen Einnahmen für das Erhebungsjahr vollständig erfasst. [4]Hinsichtlich der Verwaltungsgemeinkosten und der Kosten eines Büroarbeitsplatzes werden geeignete Pauschalen verwendet. [5]Ausgaben für Investitionen werden für das Erhebungsjahr sowie das Vorjahr erhoben.

(6) Zur Kostenermittlung nach Absatz 4 werden die nach Absatz 5 erhobenen Daten mittels quantitativer Analyseverfahren bereinigt und gewichtet, um die sich bei wirtschaftlicher und sparsamer Verwaltungstätigkeit ergebenden durchschnittlichen Kosten und Einsparungen zu ermitteln; Mittelungen und Pauschalisierungen sind zulässig.

(7) [1]In besonderen Ausnahmefällen kann einzelnen kommunalen Aufgabenträgern, bei denen es zu einer außerordentlichen und erheblichen Unterdeckung durch Sonderlasten bei Erfüllung der Aufgaben nach Absatz 1 kommt, auf Antrag eine Sonderbelastungszuweisung für abgelaufene Haushaltsjahre im Rahmen der Kostenüberprüfung nach Absatz 4 gewährt werden. [2] Bei der Feststellung des Fehlbetrags bleiben nicht notwendige Ausgaben außer Ansatz, zumutbare jedoch nicht ausgeschöpfte Einnahmen werden angerechnet.

§ 23 Zuweisungen für Infrastruktur

(1) [1]In Höhe der nach § 14 Absatz 1 Nummer 1 Buchstabe b bereitgestellten Mittel erhalten Gemeinden und Landkreise allgemeine Zuweisungen ausschließlich für Investitionen und Investitionsförderungsmaßnahmen sowie Instandhaltungsmaßnahmen insbesondere in den Bereichen Schulen, Kindertageseinrichtungen, Straßen, öffentlicher Personennahverkehr, Sportanlagen, Feuerwehr und Brandschutz, kommunaler Wohnungsbau sowie Digitalisierung und Breitband. [2]Die Zuweisungen werden als Kapitalzuschüsse gewährt.

(2) Von den Mitteln nach Absatz 1 stehen für

1.	Gemeinden	65 Prozent und
2.	Landkreise	35 Prozent

zur Verfügung.

(3) [1]Von den nach Absatz 2 Nummer 1 für Gemeinden vorgesehenen Mitteln wird in den Jahren 2020 bis 2022 ein Teilbetrag von 32 500 000 Euro vorab nach den Anteilsverhältnissen der Einwohnerzahlen verteilt. [2]Die verbleibenden Mittel werden zu 50 Prozent nach der Einwohnerzahl und zu 50 Prozent nach der Finanzkraft verteilt. [3]Die finanzkraftabhängige Zuweisung erhalten Gemeinden, deren Finanzkraft je Einwohner 115 Prozent der durchschnittlichen Finanzkraft je Einwohner nicht erreicht. [4]Die Höhe der finanzkraftabhängigen Zuweisung einer Gemeinde wird ermittelt, indem zunächst die Differenz der Finanzkraft der Gemeinde je Einwohner zu dem auf 115 Prozent erhöhten durchschnittlichen Wert der Finanzkraft aller Gemeinden je Einwohner gebildet wird. [5]Das absolute Ergebnis wird mit der Einwohnerzahl der Gemeinde multipliziert. [6]Das so ermittelte Produkt wird durch die Summe der mit gleichem Rechenweg ermittelten Produkte aller Gemeinden, deren Finanzkraft unter 115 Prozent liegt, dividiert. [7]Der sich hieraus ergebende Quotient wird mit dem für finanzkraftabhängige Zuweisungen zur Verfügung stehenden Betrag multipliziert.

(4) Die nach Absatz 2 Nummer 2 für Landkreise vorgesehenen Mittel werden zu 50 Prozent nach den Anteilsverhältnissen der Einwohnerzahlen und zu 50 Prozent nach den Anteilsverhältnissen der Gebietsflächen verteilt.

§ 24 Übergangszuweisung an kreisangehörige zentrale Orte

(1) [1]Kreisangehörige zentrale Orte erhalten für eine Übergangszeit von fünf Jahren Zuweisungen insbesondere für investive Zwecke. [2]Von den nach § 11 Absatz 5 Satz 2 und § 14 Absatz 1 Nummer 1 Buchstabe c hierfür insgesamt zur Verfügung stehenden Mitteln werden

1.	im Jahr 2020	36 000 000 Euro,
2.	im Jahr 2021	24 000 000 Euro,
3.	im Jahr 2022	20 000 000 Euro sowie
4.	im Jahr 2023	10 000 000 Euro ausgezahlt.

[3]Der verbleibende Restbetrag kommt im Jahr 2024 zur Auszahlung.

(2) [1]Die Höhe der jährlichen Zuweisung wird ermittelt, indem die Anzahl der Einwohner im Nahbereich eines kreisangehörigen zentralen Ortes durch die Gesamtzahl der Einwohner aller Nahbereiche von kreisangehörigen Zentralen Orten dividiert und mit dem für das Jahr zur Verfügung stehenden Betrag multipliziert wird. [2]Die Zuweisungen werden als Kapitalzuschüsse gewährt.

§ 24a Finanzierung des kooperativen E-Government

(1) Zur Finanzierung kommunaler Anteile
1. am Betrieb kooperativer E-Government-Komponenten des Landes,
2. für kooperative Digitalisierungsvorhaben und -projekte,
3. am Betrieb zentraler Infrastrukturen wie der elektronischen Datenübermittlung in automatisierten Verfahren nach § 13 des E-Government-Gesetzes Mecklenburg-Vorpommern und
4. für Personal- und Sachkosten des Büros kooperatives E-Government stehen die nach § 14 Absatz 1 Nummer 1 Buchstabe g bereitgestellten Mittel zur Verfügung.

(2) [1]Über die Verwendung der Mittel entscheidet der Lenkungsausschuss nach § 17 des E-Government-Gesetzes Mecklenburg-Vorpommern. [2]Die Mittel werden durch das für Digitalisierung zuständige Ministerium bewirtschaftet.

§ 24b Zuweisungen für Mehraufwendungen für ukrainische Kriegsvertriebene

(1) Gemeinden und Landkreise erhalten Zuweisungen zur Finanzierung ihrer Mehraufwendungen für ukrainische Kriegsvertriebene in Höhe der nach § 14 Absatz 1 Nummer 1 Buchstabe h zur Verfügung stehenden Mittel.

(2) [1]Die Mittel nach Absatz 1 werden den kreisfreien Städten und Landkreisen im Verhältnis der aufhältigen ukrainischen Kriegsvertriebenen, die seit dem 24. Februar 2022 eingereist sind und denen eine Aufenthaltserlaubnis nach § 24 Absatz 1 Aufenthaltsgesetz erteilt oder eine Fiktionsbescheinigung nach § 81 Absatz 5 in Verbindung mit Absatz 3 des Aufenthaltsgesetzes ausgestellt worden ist, zugewiesen. [2]Grundlage für die Verteilung ist im Jahr 2022 eine Auswertung des Ausländerzentralregisters nach den in Satz 1 genannten Kriterien zum Stichtag 31. August 2022 und im Jahr 2023 eine Auswertung des Ausländerzentralregisters nach den in Satz 1 genannten Kriterien zum Stichtag 31. Dezember 2022. [3]Die Landkreise leiten 60 Prozent des Zuweisungsbetrages an die kreisangehörigen Gemeinden im Verhältnis der dort zum Stichtag aufhältigen ukrainischen Kriegsvertriebenen weiter.

(3) [1]Die Mittel werden bis zum 1. Oktober des Ausgleichsjahres an die kreisfreien Städte und Landkreise ausgezahlt. [2]Die Landkreise sind verpflichtet, die Gemeindeanteile nach Absatz 2 Satz 3 unverzüglich an die Gemeinden weiterzuleiten.

Abschnitt 6

Zuweisungen für besondere Bedarfe

§ 25 Sonderbedarfszuweisungen

(1) [1]Das Land stellt nach § 14 Absatz 1 Nummer 1 Buchstabe d jeweils 15 000 000 Euro für Sonderbedarfszuweisungen und für Sonderzuweisungen zur Verfügung. [2]Die Mittel sind gegenseitig deckungsfähig. [3]Die Verwendung der Mittel für Sonderzuweisungen ist in § 27 Absatz 2 und 4 und für Sonderbedarfszuweisungen in den folgenden Absätzen geregelt.

(2) [1]Das Land kann an Gemeinden, Landkreise sowie Ämter und Zweckverbände auf Antrag Sonderbedarfszuweisungen für Investitionen und für nicht investive Zwecke gewähren, soweit

1. sich die Antragsteller in einer außergewöhnlichen Lage befinden oder besondere Aufgaben zu erfüllen haben,
2. diese zur Finanzierung von Vorhaben, die zu den pflichtigen Aufgaben im eigenen Wirkungskreis gehören, notwendig sind und
3. diese zur Förderung von Verwaltungskooperationen oder Verwaltungsfusionen beitragen oder ein besonderes öffentliches Interesse vorliegt.

[2]Sonderbedarfszuweisungen werden Antragstellern in außergewöhnlichen Lagen im Sinne von Satz 1 Nummer 1 nur gewährt, soweit kein Anspruch gegenüber Dritten besteht. [3]Besondere Aufgaben sind insbesondere solche, die die zentralen Orte für die Einwohner ihrer Nah-, Mittel- oder Oberbereiche sowie sonstige Gemeinden auch für Einwohner der Umlandgemeinden wahrnehmen oder bei denen ein besonderes öffentliches Interesse besteht. [4]Zur Förderung der Zwecke nach Satz 1 können freie Kassenmittel auch zur Abdeckung besonderer vorübergehender Liquiditätsbedarfe für einen befristeten Zeitraum als rückzahlbare Liquiditätshilfe zur Verfügung gestellt werden.

(3) [1]Über die Bewilligung der Sonderbedarfszuweisungen und Liquiditätshilfen entscheidet das für Kommunales zuständige Ministerium im Benehmen mit den zuständigen Fachministerien. [2]Ein Rechtsanspruch auf eine Zuweisung oder eine bestimmte Höhe der Zuweisung besteht nicht. [3]Über Entscheidungen der Gewährung von Sonderbedarfszuweisungen und Liquiditätshilfen von mehr als 250 000 Euro werden die kommunalen Landesverbände unterrichtet.

(4) Das für Kommunales zuständige Ministerium unterrichtet den nach § 34 eingerichteten Beirat jährlich über die Verwendung der nach § 14 Absatz 1 Satz 1 Nummer 1 Buchstabe d bereitgestellten Mittel.

§ 26 Kommunaler Entschuldungsfonds Mecklenburg-Vorpommern, Verordnungsermächtigung

(1) [1]Das Land hat unter dem Namen „Kommunaler Entschuldungsfonds Mecklenburg-Vorpommern“ ein rechtlich unselbstständiges Sondervermögen mit dem Ziel errichtet, die Kommunen bei der Rückführung eines negativen Saldos der laufenden Ein- und Auszahlungen gemäß § 45 Absatz 2 in Verbindung mit § 3 Absatz 1 Satz 1 Nummer 39 der Gemeindehaushaltsverordnung-Doppik und der

Rückführung von Krediten, die Altverbindlichkeiten im Sinne von § 3 des Altschuldenhilfe-Gesetzes darstellen, zu unterstützen. [2]Die Bewirtschaftung des Sondervermögens obliegt dem für Kommunales zuständigen Ministerium. [3]Es erstellt im Benehmen mit dem für Finanzen zuständigen Ministerium für jedes Haushaltsjahr einen Wirtschaftsplan und eine Jahresrechnung für das Sondervermögen. [4]Die Vorschriften der Landeshaushaltsordnung Mecklenburg-Vorpommern gelten entsprechend.

(2) Dem Kommunalen Entschuldungsfonds Mecklenburg-Vorpommern werden die Mittel gemäß § 14 Absatz 1 Nummer 1 Buchstabe f zugeführt.

(3) [1]Die Mittel nach Absatz 2 stehen zur Verfügung für:

1. Konsolidierungs- und Ergänzungszuweisungen nach § 27 in Höhe von 25 000 000 Euro,
2. die Unterstützung von Gemeinden bei der Rückführung von Krediten, die Altverbindlichkeiten im Sinne von § 3 des Altschuldenhilfe-Gesetzes darstellen, in Höhe von 25 000 000 Euro.

[2]Satz 1 Nummer 2 gilt auch für Gemeinden, die ihren Wohnungsunternehmen finanzielle Mittel mit dem Ziel gewähren, Altverbindlichkeiten im Sinne von § 3 des Altschuldenhilfe-Gesetzes zu tilgen. [3]Die Mittel nach Satz 1 sind gegenseitig deckungsfähig.

(4) [1]Die für die Gewährung von Zuweisungen für Altverbindlichkeiten nach Absatz 3 Satz 1 Nummer 2 und Satz 2 einschließlich der Erarbeitung und der Feststellung der hierfür notwendigen Entscheidungsgrundlagen in den Jahren 2018 bis 2020 erforderlichen Mittel für Personal- und Sachkosten des Landes werden hälftig vom Land und von den Kommunen getragen. [2]Der kommunale Anteil wird in den Jahren 2018 bis 2020 zulasten der Mittel nach Absatz 3 zur Verfügung gestellt und ist auf insgesamt 230 000 Euro begrenzt. [3]Ab dem Jahr 2021 werden die erforderlichen Personal- und Sachkosten für die Gewährung der Zuweisungen für Altverbindlichkeiten vollständig aus den Mitteln nach Absatz 3 Satz 1 Nummer 2 finanziert.

(5) [1]Einzelheiten zur Bewirtschaftung des Sondervermögens sowie zu den Voraussetzungen und zum Verfahren für die Gewährung der Zuweisungen einschließlich der Festsetzung von Ausschlussfristen kann das für Kommunales zuständige Ministerium durch Rechtsverordnung regeln. [2]Das für Kommunales zuständige Ministerium wird ermächtigt, die Norddeutsche Landesbank – Girozentrale – durch die Rechtsverordnung nach Satz 1 zu berechtigen, durch das von ihr errichtete Landesförderinstitut Mecklenburg-Vorpommern zur Durchführung des Verfahrens zur Gewährung von Zuweisungen für Altverbindlichkeiten nach Absatz 3 Satz 1 Nummer 2 und Satz 2 Verwaltungsakte zu erlassen.

(6) Der Beirat nach § 34 ist mindestens einmal jährlich über die Verwendung der Mittel und die Bewirtschaftung des Fonds zu informieren.

§ 27 Hilfen zum Erreichen des Haushaltsausgleichs, Sonderzuweisungen

(1) [1]Weist eine Gemeinde oder ein Landkreis im Haushaltsvorjahr einen positiven jahresbezogenen Saldo der laufenden Ein- und Auszahlungen in der Finanzrechnung aus und bestand zum 31. Dezember 2021 und zum Ende des Haushaltsvorjahres insgesamt ein negativer Saldo der laufenden Ein- und Auszahlungen, kann beim für Kommunales zuständigen Ministerium eine Konsolidierungszuweisung beantragt werden. [2]Die Konsolidierungszuweisung wird grundsätzlich in Höhe des selbst erwirtschafteten jahresbezogenen positiven Saldos der laufenden Ein- und Auszahlungen gewährt (Grundzuweisung). [3]Die Konsolidierungszuweisung beträgt 20 Prozent des zum 31. Dezember 2021 bestehenden negativen Saldos der laufenden Ein- und Auszahlungen (Mindestzuweisung), wenn

1. der Antrag von einer kreisangehörigen Gemeinde, die keine große kreisangehörige Stadt ist, gestellt wird und diese die Hebesätze für Realsteuern im Haushaltsvorjahr so festgesetzt hat, dass sie mindestens 20 Hebesatzpunkte über dem gewogenen Durchschnittshebesatz nach Absatz 4 Satz 4 liegen; Mindereinzahlungen bei einer Realsteuerart können dabei durch Mehreinzahlungen bei einer anderen Realsteuerart ausgeglichen werden, oder
2. der Antrag von einem Landkreis, einer kreisfreien Stadt oder einer großen kreisangehörigen Stadt gestellt wird und dieser oder diese im Haushaltsvorjahr mindestens einen positiven jahresbezogenen Saldo der laufenden Ein- und Auszahlungen in Höhe von 3 000 000 Euro oder 1,5 Prozent der laufenden Auszahlungen der Finanzrechnung erreicht hat.

[4]Eine Konsolidierungszuweisung nach Satz 1 bis 3 kann höchstens in Höhe des Betrags gewährt werden, der zum Ausgleich des negativen Saldos der laufenden Ein- und Auszahlungen der Finanzrechnung zum 31. Dezember 2021 unter Einbeziehung bereits erhaltener oder gewährter Hilfen zum Erreichen des Haushaltsausgleichs und selbst erwirtschafteter jahresbezogener positiver Salden erforderlich ist; die Zuweisung ist auf einen Betrag von 9 000 000 Euro beschränkt.

(2) [1]Weist eine kreisangehörige Gemeinde mit Ausnahme der großen kreisangehörigen Städte

1. in den drei vorangegangenen Haushaltsjahren jeweils einen jahresbezogenen negativen Saldo der laufenden Ein- und Auszahlungen aus und bestand zum Ende dieser Haushaltsjahre auch insgesamt ein negativer Saldo der laufenden Ein- und Auszahlungen in der Finanzrechnung oder
2. im Haushaltsvorjahr einen negativen jahresbezogenen Saldo der laufenden Ein- und Auszahlungen und in den vier vorangegangenen Haushaltsjahren nur in einem Haushaltsjahr einen jahresbezogenen positiven Saldo der laufenden Ein- und Auszahlungen aus und bestand zum Ende dieser Haushaltsjahre auch insgesamt ein negativer Saldo der laufenden Ein- und Auszahlungen in der Finanzrechnung,

kann beim für Kommunales zuständigen Ministerium eine Sonderzuweisung beantragt werden. [2]Diese wird in Höhe des negativen jahresbezogenen Saldos der laufenden Ein- und Auszahlungen im Haushaltsvorjahr gewährt. [3]Die Gewährung der Sonderzuweisung erfolgt, wenn die Gemeinde

1. die Hebesätze für Realsteuern im Haushaltsvorjahr so festgesetzt hat, dass sie mindestens 20 Hebesatzpunkte über dem gewogenen Durchschnittshebesatz nach Absatz 4 Satz 4 liegen; Mindereinzahlungen bei einer Realsteuerart können dabei durch Mehreinzahlungen bei einer anderen Realsteuerart ausgeglichen werden,
2. die im Haushaltssicherungskonzept oder dessen Fortschreibung für das Haushaltsvorjahr festgelegten Maßnahmen umgesetzt oder die darin festgelegten Haushaltsverbesserungen insgesamt erreicht hat und
3. auf den Haushaltsausgleich des Haushaltsvorjahres gerichtete rechtsaufsichtliche Entscheidungen umgesetzt hat.

[4]Bestand zum 31. Dezember 2021 ein negativer Saldo der laufenden Ein- und Auszahlungen in der Finanzrechnung, erhält die Gemeinde ergänzend zur Sonderzuweisung eine Zuweisung zur Unterstützung beim Abbau dieses negativen Saldos in Höhe von 20 Prozent dieses Saldos (Ergänzungszuweisung); Absatz 1 Satz 4 gilt entsprechend.

(3) [1]Wurde einer Gemeinde oder einem Landkreis im Jahr 2020 oder im Jahr 2021 eine Konsolidierungszuweisung gewährt und wird diese in Folgejahren erneut beantragt, richtet sich die Berechnung der Mindestzuweisung abweichend von Absatz 1 Satz 3 nach dem Saldo der laufenden Ein- und Auszahlungen, der der Berechnung der erstmaligen Zuweisung zu Grunde gelegen hat, sofern die Antragstellung für aufeinander folgende Haushaltsjahre erfolgt. [2]Dies gilt entsprechend, wenn der Antragsteller eine Ergänzungszuweisung erhalten hat und in Folgejahren eine Konsolidierungszuweisung oder erneut eine Ergänzungszuweisung beantragt. [3]Absatz 1 Satz 4 gilt entsprechend.

(4) [1]Die Gewährung der Zuweisungen erfolgt im Rahmen der nach § 26 Absatz 3 Nummer 1 für Konsolidierungs- und Ergänzungszuweisungen und nach § 25 Absatz 1 für Sonderzuweisungen im Haushaltsjahr zur Verfügung stehenden Mittel und richtet sich nach der Reihenfolge des Eingangs der Anträge. [2]Der Antrag auf Zuweisung nach Absatz 1 oder 2 ist der zuständigen Rechtsaufsichtsbehörde bis spätestens zum 1. September des Haushaltsjahres mit dem vom für Kommunales zuständigen Ministerium durch Verwaltungsvorschrift festgelegten Antragsformular vorzulegen, diese leitet den Antrag kreisangehöriger Gemeinden mit Ausnahme der großen kreisangehörigen Städte mit einer Stellungnahme innerhalb eines Monats an das für Kommunales zuständige Ministerium weiter. [3]Dem Antrag ist als Nachweis der Salden, die der Gewährung der Zuweisungen nach Absatz 1 oder 2 zu Grunde liegen, die Darstellung im Anhang gemäß § 48 Absatz 2 der Gemeindehaushaltsverordnung-Doppik für das Haushaltsvorjahr aus dem gemäß § 60 Absatz 4 der Kommunalverfassung aufgestellten Jahresabschluss, für vorangegangene Haushaltsjahre aus den gemäß § 60 Absatz 5 der Kommunalverfassung festgestellten Jahresabschlüssen beizufügen. [4]Für die Bestimmung der gewogenen Durchschnittshebesätze sowie von Mehr- oder Mindereinzahlungen nach Absatz 1 Satz 3 Nummer 1, Absatz 2 Satz 3 Nummer 1 oder Absatz 6 Satz 1 Nummer 1 sind die gewogenen Durchschnittshebesätze der Gemeindegrößenklasse entsprechend dem Realsteuervergleich des Statistischen Amtes Mecklenburg-Vorpommern für das jeweilige Haushaltsvorvorjahr des der Berechnung zu Grunde liegenden Haushaltsjahres heranzuziehen; für die Berechnung von Mehr- und Mindereinzahlungen sind die Gewerbesteuereinzahlungen um die gezahlte Gewerbesteuerumlage zu mindern.

(5) [1]Übersteigt eine Zuweisung nach Absatz 1 oder die Summe der Zuweisungen nach Absatz 2 nach Feststellung des Jahresabschlusses des Haushaltsjahres, für das die Zuweisung gewährt wurde, den nach Absatz 1 Satz 4 maßgeblichen negativen Saldo der laufenden Ein- und Auszahlungen der Fi-

nanzrechnung, hat die Gemeinde oder der Landkreis dies dem für Kommunales zuständigen Ministerium spätestens einen Monat nach Feststellung des Jahresabschlusses mitzuteilen und den übersteigenden Betrag innerhalb eines Monats nach erfolgter Mitteilung zurückzuzahlen. [2]Bestand nach Maßgabe von Satz 1 kein ausgleichsfähiger negativer Saldo der laufenden Ein- und Auszahlungen, erfolgt die Rückzahlung in Höhe des Zuweisungsbetrags. [3]Hat eine Gemeinde oder ein Landkreis in Haushaltsvorjahren bereits Zuweisungen nach Absatz 1 oder 2 oder anderweitige Hilfen zum Erreichen des Haushaltsausgleichs erhalten, so sind die der Antragstellung zu Grunde liegenden

1. jahresbezogenen Salden der laufenden Ein- und Auszahlungen der Finanzrechnung um darin enthaltene Zuweisungsbeträge zu mindern,
2. Salden der laufenden Ein- und Auszahlungen der Finanzrechnung um die bis zum Endes des jeweiligen Haushaltsjahres gewährten Hilfen zum Erreichen des Haushaltsausgleichs zu erhöhen, soweit diese im Saldo noch nicht enthalten sind.

(6) Es gelten folgende Übergangsbestimmungen für eine Antragstellung im Jahr 2022:

1. Die Hebesätze für Realsteuern der Gemeinde für das Haushaltsjahr 2021 müssen abweichend von Absatz 1 Satz 3 Nummer 1 und Absatz 2 Satz 3 Nummer 1 mindestens in Höhe der gewogenen Durchschnittshebesätze nach Absatz 4 Satz 4 festgesetzt worden sein.
2. Abweichend von Absatz 2 Satz 4 ist der Saldo der laufenden Ein- und Auszahlungen zum 1. Januar 2021 Grundlage für die Berechnung der Ergänzungszuweisung für das Haushaltsjahr 2021.

§ 28 Kommunaler Aufbaufonds Mecklenburg-Vorpommern

(1) Aus den Zuweisungen gemäß § 14 Absatz 1 Nummer 1 Buchstabe e wird unter der Bezeichnung „Kommunaler Aufbaufonds Mecklenburg-Vorpommern" (nachfolgend Aufbaufonds genannt) ein rechtlich unselbstständiges Sondervermögen des Landes gebildet.

(2) [1]Der Aufbaufonds wird vom für Kommunales zuständigen Ministerium verwaltet. [2]Zur Beratung des für Kommunales zuständigen Ministeriums wird ein Beirat gebildet. [3]Die Mitglieder des Beirates werden von den kommunalen Landesverbänden vorgeschlagen und durch das für Kommunales zuständige Ministerium berufen. [4]Das für Kommunales zuständige Ministerium kann die treuhänderische Verwaltung des Sondervermögens auf einen Dritten übertragen. [5]Für den Treuhänder findet § 113 der Landeshaushaltsordnung Mecklenburg-Vorpommern entsprechend Anwendung. [6]Der Treuhänder unterliegt der Prüfungskompetenz des Landesrechnungshofes nach § 91 Absatz 1 der Landeshaushaltsordnung Mecklenburg-Vorpommern. [7]Der Landesrechnungshof kann bei dem Empfänger die bestimmungsgemäße und wirtschaftliche Verwaltung und Verwendung der Mittel prüfen.

(3) [1]Das für Kommunales zuständige Ministerium erstellt für jedes Haushaltsjahr einen Wirtschaftsplan und eine Jahresrechnung für den Aufbaufonds. [2]Die Vorschriften der Landeshaushaltsordnung Mecklenburg-Vorpommern gelten entsprechend. [3]Das für Kommunales zuständige Ministerium wird ermächtigt, für den Aufbaufonds Kapitalmarktmittel aufzunehmen, soweit die nach Absatz 1 zugeführten Zuweisungen und die weiteren Verpflichtungen des Aufbaufonds dies zulassen. [4]Die Kreditaufnahme darf insgesamt die fünffache Höhe der nach § 14 Absatz 1 Nummer 1 Buchstabe e bereitgestellten Mittel nicht überschreiten. [5]Das für Kommunales zuständige Ministerium kann diese Befugnisse auf einen Dritten treuhänderisch übertragen und selbstschuldnerische Bürgschaften in Höhe der von dem Dritten aufgenommenen Kapitalmarktmittel zuzüglich Zinsen in marktüblicher Höhe übernehmen.

(4) Der Aufbaufonds dient der Unterstützung der kommunalen Körperschaften.

(5) Zur Refinanzierung der vom Land vorfinanzierten Eigenanteile im Zusammenhang mit dem Breitbandausbau werden aus dem Aufbaufonds jährlich bis zu 20 000 000 Euro, längstens jedoch bis zum Jahr 2034, entnommen.

(6) [1]Zins- und Tilgungsleistungen für Darlehen fließen dem Aufbaufonds wieder zu. [2]Wird der Aufbaufonds durch Gesetz aufgelöst, werden die verbleibenden Mittel dem Kommunalen Ausgleichsfonds Mecklenburg-Vorpommern zugeführt.

(7) Der Beirat nach § 34 ist mindestens einmal jährlich über die Entwicklung des Fondsvermögens zu unterrichten.

Abschnitt 7

Umlagen

§ 29 Finanzausgleichsumlage

(1) Von den kreisangehörigen Gemeinden, deren Steuerkraftmesszahl (§ 16 Absatz 4) die Bedarfsmesszahl (§ 16 Absatz 2) um mehr als 15 Prozent übersteigt, wird eine Finanzausgleichsumlage erhoben.

(2) [1]Die Finanzausgleichsumlage beträgt 30 Prozent des Differenzbetrages nach Absatz 1. [2]Aus ihrem Aufkommen fließt ein Teilbetrag in Höhe des gewogenen landesdurchschnittlichen Kreisumlagesatzes des Vorvorjahres dem Landkreis zu, in dem sich die finanzausgleichsumlagepflichtige Gemeinde befindet. [3]Der verbleibende Betrag wird der Teilschlüsselmasse für Gemeindeaufgaben hinzugefügt.

(3) [1]Die Finanzausgleichsumlage ist zum 1. Oktober eines Jahres fällig. [2]Für rückständige Beträge können Verzugszinsen in Höhe von 2 Prozentpunkten über dem jeweiligen Basiszinssatz nach § 247 des Bürgerlichen Gesetzbuches gefordert werden.

§ 30 Kreisumlage, Verordnungsermächtigung

(1) Soweit die sonstigen Erträge und Einzahlungen eines Landkreises seinen Bedarf nicht decken, erhebt er eine Umlage von den kreisangehörigen Gemeinden (Kreisumlage).

(2) [1]Die Kreisumlage wird für jedes Haushaltsjahr in einem Vomhundertsatz der Umlagegrundlagen (Umlagesatz) bemessen. [2]Der Umlagesatz ist in der Haushaltssatzung festzusetzen. [3]Die Umlagegrundlagen entsprechen der Finanzkraft nach § 16 Absatz 7 Satz 1.

(3) [1]Die Umlagegrundlagen werden wie folgt abgesenkt:

1. im Jahr 2020 individuell
   a) im Landkreis Mecklenburgische Seenplatte um 10,8145 Prozent,
   b) im Landkreis Rostock um 7,4665 Prozent,
   c) im Landkreis Vorpommern-Rügen um 10,8145 Prozent,
   d) im Landkreis Nordwestmecklenburg um 6,9661 Prozent,
   e) im Landkreis Vorpommern-Greifswald um 10,8145 Prozent,
   f) im Landkreis Ludwigslust-Parchim um 8,6592 Prozent,
2. im Jahr 2021 einheitlich um 6,966 Prozent,
3. im Jahr 2022 einheitlich um 3,483 Prozent.

[2]Ab dem Jahr 2023 findet keine Absenkung der Umlagegrundlagen mehr statt. [3]Die Absenkung gilt nicht für Amtsumlagen gemäß § 147 der Kommunalverfassung.

(4) [1]Die Kreisumlage ist zwischen großen kreisangehörigen Städten und sonstigen kreisangehörigen Gemeinden zu differenzieren, wenn große kreisangehörige Städte in ihrem Gebiet Aufgaben anstelle des Landkreises wahrnehmen und anderweitig kein ausreichender finanzieller Ausgleich stattfindet. [2]Das für Kommunales zuständige Ministerium kann das Nähere hierzu durch Rechtsverordnung regeln.

(5) [1]Die Kreisumlage ist anteilig zu zahlen, wenn Teilbeträge der Schlüsselzuweisungen für Gemeindeaufgaben und der Gemeindeanteile an der Einkommensteuer und der Umsatzsteuer den Gemeinden zufließen. [2]Ergibt sich nach den Absätzen 2 und 3 eine negative Umlagegrundlage, hat die kreisangehörige Gemeinde gegenüber dem Landkreis einen Zahlungsanspruch. [3]Der Landkreis kann für rückständige Beträge Verzugszinsen in Höhe von 2 Prozentpunkten über dem jeweiligen Basiszinssatz nach § 247 des Bürgerlichen Gesetzbuches fordern. [4]Das für Kommunales zuständige Ministerium kann das Nähere hierzu durch Rechtsverordnung regeln.

Abschnitt 8

Gemeinsame Vorschriften, Verfahren, Beirat

§ 31 Grundlagen der Verteilung

(1) Soweit dieses Gesetz auf Einwohnerzahlen abstellt, gelten die vom Statistischen Amt Mecklenburg-Vorpommern zum 31. Dezember des jeweils vorvergangenen Jahres fortgeschriebenen Einwohnerzahlen; Gleiches gilt für die Feststellung der Anzahl von Kindern.

(2) [1]Für die Gebietsfläche ist der Gebietsstand am 31. Dezember des jeweils vorvergangenen Jahres zu Grunde zu legen. [2]Als Gebietsflächen gelten auch die Flächen der inneren Seegewässer.

(3) [1]Soweit dieses Gesetz die Aufkommen der Gemeinden aus Steuern zu Grunde legt, sind die im Kalenderjahr tatsächlich eingezahlten Beträge und festgesetzten Hebesätze zu berücksichtigen. [2]Steuerrückzahlungen und die Gewerbesteuerumlage werden hiervon abgezogen. [3]Die korrekte Erfassung und Übermittlung der Realsteueraufkommen (Grundsteuer A, Grundsteuer B und Gewerbesteuer) und der Hebesätze ist durch die Rechnungs- und die Gemeindeprüfungsämter nach Abschluss eines Kalenderjahres auf Anforderung des Statistischen Amtes Mecklenburg-Vorpommern zu prüfen und zu bestätigen.

(4) Die Bedarfsansätze nach § 17 Absatz 1 und § 20 Absatz 1 werden auf die nächste Ganzzahl aufgerundet.

(5) Für Zuweisungen nach diesem Gesetz ist der Gebietsstand am 1. Januar des Ausgleichsjahres maßgebend.

(6) [1]Zentrale Orte sind die im Landesraumentwicklungsprogramm Mecklenburg-Vorpommern und in den Regionalen Raumentwicklungsprogrammen festgelegten und als solche bezeichneten Gemeinden. [2]Bei geteilten Zentren werden die Einwohner im gemeinsamen Verflechtungsbereich im Verhältnis der Einwohner der jeweiligen Gemeinden zueinander aufgeteilt. [3]Handelt es sich dabei um Zentren unterschiedlicher Ordnung, werden der kleineren Gemeinde mindestens 15 Prozent der Einwohner des gemeinsamen Verflechtungsbereichs zugerechnet.

(7) Das für Kommunales zuständige Ministerium stellt die weiteren Grundlagen der Verteilung nach diesem Gesetz jährlich fest.

§ 32 Festsetzung und Berichtigung der Zuweisungen und der Finanzausgleichsumlage

(1) [1]Die Zuweisungen aus der Finanzausgleichsmasse nach § 14 mit Ausnahme der Zuweisungen nach § 14 Absatz 1 Nummer 1 Buchstabe d bis f, die Übergangszuweisungen an kreisangehörige zentrale Orte nach § 24, die Finanzausgleichsumlage nach § 29 sowie die Kreisumlagegrundlagen nach § 30 werden durch das Statistische Amt Mecklenburg-Vorpommern errechnet und durch das für Kommunales zuständige Ministerium festgesetzt. [2]Falls Leistungen nach diesem Gesetz nicht rechtzeitig vor Beginn des Haushaltsjahres festgesetzt werden können, sind Abschlagszahlungen zu leisten. [3]Ein Anspruch gegen das Land auf Zinsen für nachzuleistende Beträge besteht in diesem Fall nicht. [4]Nach Vorlage der verbindlichen Daten erfolgt eine Verrechnung.

(2) [1]Stellen sich nach der Festsetzung der Zuweisungen nach Absatz 1 bedeutende Unrichtigkeiten heraus, sind diese zu berichtigen. [2]Bedeutende Unrichtigkeiten liegen insbesondere vor bei Systemfehlern, die sich auf die gesamte Berechnung auswirken, und auch dann vor, wenn sie im Einzelfall bei den Schlüsselzuweisungen für Gemeindeaufgaben das Zehnfache und bei den Schlüsselzuweisungen für Kreisaufgaben das Fünfundzwanzigfache des jeweiligen Grundbetrages (§ 16 Absatz 3 sowie § 19 Absatz 3) übersteigen.

(3) [1]Das für Kommunales zuständige Ministerium wird ermächtigt, die Festsetzungen nach Absatz 1 auf der Internetseite des Statistischen Amtes Mecklenburg-Vorpommern öffentlich bekannt zu geben. [2]Die Internetadresse mit den erforderlichen Zugangsdaten wird in dem jeweiligen Auszahlungserlass des für Kommunales zuständigen Ministeriums veröffentlicht. [3]Das für Kommunales zuständige Ministerium wird ermächtigt, den Auszahlungserlass im Amtsblatt für Mecklenburg-Vorpommern zu veröffentlichen. [4]Die Festsetzungen nach Absatz 1 gelten zwei Wochen nach Veröffentlichung des Auszahlungserlasses im Amtsblatt für Mecklenburg-Vorpommern als bekannt gegeben.

(4) Einwendungen gegen die Festsetzung nach Absatz 1 müssen innerhalb eines Monats nach Bekanntgabe gegenüber dem für Kommunales zuständigen Ministerium erhoben werden.

(5) Der Mittelbedarf für Berichtigungen der Schlüsselzuweisungen ist in Einzelfällen aus den Mitteln für Sonderbedarfszuweisungen und Sonderzuweisungen (§ 14 Absatz 1 Nummer 1 Buchstabe d) zu decken.

§ 33 Auszahlung der Zuweisungen

(1) Schlüsselzuweisungen nach den §§ 16 und 19 sowie Zuweisungen nach den §§ 22 bis 24 sind in monatlichen Teilbeträgen zur Mitte des Monats zu zahlen.

(2) [1]Die Zuweisungen an kreisangehörige Gemeinden werden dem Landkreis zugeleitet. [2]Dieser ist verpflichtet, die Zuweisungen unverzüglich an die Gemeinden und Ämter weiterzuleiten. [3]Der Landkreis darf die den einzelnen Gemeinden zustehenden Beträge gegen Zahlungsverpflichtungen der Ge-

meinden nur aufrechnen, wenn es sich um fällige Kreisumlagen gemäß § 30, den Kreisanteil an der Finanzausgleichsumlage gemäß § 29 oder sonstige gesetzliche Verpflichtungen handelt.

(3) Abweichend von Absatz 1 können die Auszahlungen der Teilbeträge durch das für Kommunales zuständige Ministerium im Einvernehmen mit dem für Finanzen zuständigen Ministerium zu einem früheren Zeitpunkt erfolgen.

(4) Das für Kommunales zuständige Ministerium ist berechtigt, fällige Forderungen zum Beispiel aus Umlagen nach diesem Gesetz mit Zuweisungen nach diesem Gesetz zu verrechnen.

§ 34 Beirat

(1) [1]Beim für Kommunales zuständigen Ministerium wird ein Beirat für den kommunalen Finanzausgleich eingerichtet. [2]Ihm gehören an:

1. ein Vertreter des für Kommunales zuständigen Ministeriums als vorsitzendes Mitglied,
2. ein Vertreter des für Finanzen zuständigen Ministeriums,
3. ein Vertreter des Landkreistages Mecklenburg-Vorpommern,
4. ein Vertreter des Städte- und Gemeindetages Mecklenburg-Vorpommern.

§ 35 Übergangsregelungen

(1) Der Anteil der Finanzausgleichsumlage des Jahres 2019 gemäß § 8 Absatz 2 Satz 3 des Finanzausgleichsgesetzes Mecklenburg-Vorpommern vom 10. November 2009 (GVOBl. M-V S. 606), das zuletzt durch Artikel 3 des Gesetzes vom 13. Dezember 2018 (GVOBl. M-V S. 408, 409) geändert worden ist, wird der Teilschlüsselmasse für Gemeindeaufgaben nach § 15 Absatz 2 zugeführt.

(2) Für das Verfahren und die Fälligkeit der Abrechnung des Finanzausgleichs für vor dem 1. Januar 2020 liegende Ausgleichsjahre findet das Finanzausgleichsgesetz Mecklenburg-Vorpommern in der Fassung vom 10. November 2009 (GVOBl. M-V S. 606) in der am 31. Dezember des jeweiligen Ausgleichsjahres geltenden Fassung weiterhin Anwendung.

(3) Fusionszuweisungen nach § 5 des Gemeinde-Leitbildgesetzes in Verbindung mit § 1 Absatz 5 der Fusionsverordnung werden aus dem Kommunalen Aufbaufonds Mecklenburg-Vorpommern nach § 28 ausgezahlt.

Abschnitt 9

Ausgleich COVID-19-bedingter finanzieller Belastungen

§ 36 Pauschaler Ausgleich von Gewerbesteuermindereinnahmen der Gemeinden im Jahr 2020

(1) Die Gemeinden erhalten für im Jahr 2020 erwartete Gewerbesteuermindereinnahmen einen pauschalen Ausgleich in Höhe von 120 000 000 Euro.

(2) [1]Die Mittel nach Absatz 1 werden zu 90 Prozent nach den durchschnittlichen Netto-Gewerbesteueraufkommen der Jahre 2016 bis 2019 und zu 10 Prozent nach der negativen Differenz zwischen dem Netto-Gewerbesteueraufkommen im 1. Halbjahr 2019 und 1. Halbjahr 2020 auf die Gemeinden verteilt. [2]Die Berechnung der einzelgemeindlichen Zuweisungen erfolgt nach den Absätzen 3 und 4. [3]Die Zuweisungen werden mathematisch auf die nächste Ganzzahl gerundet und durch die Anlage, die Bestandteil dieses Gesetzes ist, festgesetzt. [4]Die Auszahlung der Zuweisungen erfolgt zusammen mit der Auszahlung der Finanzausgleichsleistungen für den Monat Dezember 2020 über die Landkreise.

(3) [1]Aus dem Mittelwert des Gewerbesteueraufkommens der Jahre 2016 bis 2019 abzüglich einer rechnerischen Gewerbesteuerumlage wird für jede Gemeinde im Verhältnis zur Summe aller Mittelwerte eine Schlüsselzahl gebildet, die dem Anteil der jeweiligen Gemeinde an den nach Absatz 2 Satz 1 zur Verfügung stehenden Mitteln entspricht. [2]Bei der Mittelwertbildung werden negative Aufkommen in den Jahren 2016 und 2017 auf Null gesetzt. [3]Die Schlüsselzahlen werden auf neun Nachkommastellen gerundet.

(4) [1]Bei Gemeinden, deren Gewerbesteueraufkommen abzüglich einer rechnerischen Gewerbesteuerumlage im 1. Halbjahr 2020 geringer als im 1. Halbjahr 2019 ist, wird im Verhältnis der Differenz zur Summe aller negativen Differenzen eine Schlüsselzahl gebildet, die dem Anteil der Gemeinde an den nach Absatz 2 Satz 1 zur Verfügung stehenden Mitteln entspricht. [2]Die Schlüsselzahlen werden auf neun Nachkommastellen gerundet.

(5) [1]Bei der Abrechnung des Finanzausgleichs für das Jahr 2020 ist der pauschale Ausgleich nach Absatz 1 als Steuersurrogat bei der Summe der Einzahlungen der Gemeinden und Landkreise nach § 6 Absatz 1 zu berücksichtigen. [2]Der Betrag von 48 000 000 Euro, den das Land nach § 1 Absatz 2

Satz 2 des Gesetzes zum Ausgleich von Gewerbesteuermindereinnahmen der Gemeinden in Folge der COVID-19-Pandemie durch Bund und Länder für Wirkungen im bundesstaatlichen Finanzausgleich erhält, ist in den allgemeinen Steuerverbund nach § 5 als Einnahme des Landes einzubeziehen.

(6) [1]Im Jahr 2022 wird die Zuweisung jeder Gemeinde bei der Ermittlung ihrer Steuerkraftmesszahl nach § 18 mitberücksichtigt. [2]Dazu wird der Zuweisungsbetrag nach Absatz 2 einer Gemeinde durch einen für jede Gemeinde zu bestimmenden durchschnittlichen gewogenen Hebesatz der Jahre 2016 bis 2020 geteilt und mit dem Nivellierungshebesatz für die Gewerbesteuer nach § 18 Absatz 1 Satz 2 vervielfältigt (Steuerkraftzahl). [3]Zur Bestimmung des durchschnittlichen gewogenen Hebesatzes einer Gemeinde wird die Summe der Gewerbesteueraufkommen der Jahre 2016 bis 2019 sowie das doppelte Gewerbesteueraufkommen des 1. Halbjahres 2020 durch die Summe der Grundbeträge der Jahre 2016 bis 2019 sowie des doppelten Grundbetrags des 1. Halbjahres 2020 geteilt.

§ 37 Pauschaler Ausgleich von Gewerbesteuermindereinnahmen der Gemeinden im Jahr 2021; Verordnungsermächtigung

(1) Die Gemeinden erhalten für im Jahr 2021 erwartete Gewerbesteuermindereinnahmen einen pauschalen Ausgleich in Höhe von 67 000 000 Euro.

(2) Die Verteilung der Mittel nach Absatz 1 wird im Beirat nach § 34 abgestimmt.

(3) Bei der Abrechnung des Finanzausgleichs für das Jahr 2021 ist der pauschale Ausgleich nach Absatz 1 als Steuersurrogat bei der Summe der Einzahlungen der Gemeinden und Landkreise nach § 6 Absatz 1 zu berücksichtigen.

(4) Im Jahr 2023 wird die Zuweisung jeder Gemeinde bei der Ermittlung ihrer Steuerkraftmesszahl nach § 18 mitberücksichtigt.

(5) Das für Kommunales zuständige Ministerium wird ermächtigt, durch Rechtsverordnung die Schlüsselzahlen nach Absatz 2 festzusetzen und Einzelheiten zur Berücksichtigung der Zuweisungen bei der Ermittlung der Steuerkraftzahlen nach Absatz 4 zu regeln.

§ 38 Stärkung der Finanzausgleichsmasse im Jahr 2021

[1]Der Abrechnungsbetrag zugunsten der Kommunen für das Jahr 2019 verstärkt im Jahr 2021 die Finanzausgleichsmasse nach § 13. [2]Der Anteil für den Familienleistungsausgleich nach § 9 wird mit der Teilschlüsselmasse für Gemeindeaufgaben verrechnet.

Anlage zu § 36 FAG M-V
(hier nicht wiedergegeben)

Gesetz über die öffentliche Sicherheit und Ordnung in Mecklenburg-Vorpommern (Sicherheits- und Ordnungsgesetz – SOG M-V)[1)]

Vom 27. April 2020 (GVOBl. M-V S. 334)
(GS Meckl.-Vorp. Gl. Nr. 2011-3)

zuletzt geändert durch Art. 2 ÄndG zum Petitions- und BürgerbeauftragtenG und zur Änd. anderer Gs vom 17. April 2021 (GVOBl. M-V S. 370)

Inhaltsübersicht

1) Verkündet als Art. 1 G v. 27.4.2020 (GVOBl. M-V S. 334); Inkrafttreten gem. Art. 5 dieses G am 5.6.2020.

Abschnitt 1

Aufgaben und Zuständigkeit (§§ 1 – 11)

§ 1 Aufgaben

(1) Das Land, die Landkreise, die kreisfreien und die großen kreisangehörigen Städte, die Ämter und die amtsfreien Gemeinden haben die Aufgabe, von der Allgemeinheit oder dem Einzelnen Gefahren abzuwehren, durch die die öffentliche Sicherheit oder Ordnung bedroht wird (Gefahrenabwehr).

(2) Unbeschadet der Zuständigkeit der Polizei zur vorbeugenden Bekämpfung von Straftaten (§ 7 Absatz 1 Nummer 4) sollen staatliche und nichtstaatliche Träger öffentlicher Aufgaben im Rahmen ihres jeweiligen gesetzlichen Zuständigkeitsbereichs Zusammenwirken und zur Vermeidung strafbarer Verhaltensweisen (Kriminalprävention) beitragen.

(3) Der Schutz privater Rechte gehört zur Gefahrenabwehr, wenn gerichtlicher Schutz nicht rechtzeitig zu erlangen ist und ohne die Hilfe die Gefahr besteht, dass die Verwirklichung des Rechts vereitelt oder wesentlich erschwert wird.

(4) Die Gefahrenabwehr wird von den Landkreisen, kreisfreien und großen kreisangehörigen Städten, Ämtern und amtsfreien Gemeinden als Landesaufgabe im übertragenen Wirkungskreis wahrgenommen.

§ 2 Ordnungsbehörden und Polizei

(1) Die Gefahrenabwehr obliegt den Ordnungsbehörden und der Polizei.

(2) [1]Die Ordnungsbehörden und die Polizei haben ferner diejenigen Aufgaben zu erfüllen, die ihnen durch besondere Rechtsvorschriften übertragen sind. [2]Soweit für die Durchführung dieser Aufgaben die besonderen Rechtsvorschriften nichts Abweichendes bestimmen, gelten die §§ 2 bis 78 nach Maßgabe der §§ 4 und 7.

§ 3 Begriffsbestimmungen

(1) [1]Ordnungsbehörden sind:

1. die Ministerien im Rahmen ihres Geschäftsbereichs (Landesordnungsbehörden),
2. die Landräte für die Landkreise (Kreisordnungsbehörden),
3. die Oberbürgermeister beziehungsweise Bürgermeister für die kreisfreien und die großen kreisangehörigen Städte, die Amtsvorsteher für die Ämter, die Bürgermeister für die amtsfreien Gemeinden (örtliche Ordnungsbehörden),
4. die Landesbehörden, denen Aufgaben der Gefahrenabwehr durch besondere Rechtsvorschriften übertragen sind (Sonderordnungsbehörden).

[2]Die Oberbürgermeister der kreisfreien Städte sind für das Gebiet ihrer Stadt zugleich Kreisordnungsbehörden.

(2) Polizei im Sinne dieses Gesetzes sind die Polizeivollzugsbeamtinnen und Polizeivollzugsbeamten sowie die Polizeibehörden des Landes.

(3) Im Sinne dieses Gesetzes ist

1. eine im einzelnen Falle bevorstehende Gefahr:

eine Sachlage, bei der bei ungehindertem Ablauf des objektiv zu erwartenden Geschehens ein die öffentliche Sicherheit oder Ordnung schädigendes Ereignis im konkreten Einzelfall in absehbarer Zeit mit hinreichender Wahrscheinlichkeit eintreten wird;

2. gegenwärtige Gefahr:
eine Sachlage, bei der das die öffentliche Sicherheit oder Ordnung schädigende Ereignis bereits eingetreten ist (Störung) oder unmittelbar oder in allernächster Zeit mit an Sicherheit grenzender Wahrscheinlichkeit bevorsteht;

3. erhebliche Gefahr:
eine Gefahr für ein bedeutsames Rechtsgut, wie Leib, Leben oder Freiheit einer Person, wesentliche Sach- oder Vermögenswerte oder den Bestand des Staates.

(4) „Dritter“ ist

1. eine natürliche oder juristische Person, Behörde, Einrichtung oder andere Stelle, außer der betroffenen Person (Person, gegen die sich die Maßnahme gezielt richtet), der verantwortlichen Stelle (Absatz 5 Nummer 9), dem Auftragsverarbeiter (Absatz 5 Nummer 10) und den Personen, die unter der unmittelbaren Verantwortung der verantwortlichen Stelle oder des Auftragsverarbeiters befugt sind, die personenbezogenen Daten zu verarbeiten oder
2. eine natürliche oder juristische Person, Behörde, Einrichtung oder andere Stelle, außer der betroffenen Person.

(5) Im Sinne dieses Gesetzes

1. sind „personenbezogene Daten“ alle Informationen, die sich auf eine identifizierte oder identifizierbare natürliche Person (im Folgenden „betroffene Person“) beziehen; als identifizierbar wird eine natürliche Person angesehen, die direkt oder indirekt, insbesondere mittels Zuordnung zu einer Kennung wie einem Namen, zu einer Kennnummer, zu Standortdaten, zu einer Online-Kennung oder zu einem oder mehreren besonderen Merkmalen, die Ausdruck der physischen, physiologischen, genetischen, psychischen, wirtschaftlichen, kulturellen oder sozialen Identität dieser natürlichen Person sind, identifiziert werden kann.
2. sind „Grunddaten“ Daten, die zur Identifizierung einer Person dienen, wie insbesondere Name, Geschlecht, Geburtsdatum, Geburtsort, Staatsangehörigkeit, Anschrift.
3. sind „besondere Kategorien personenbezogener Daten“:
   a) Daten, aus denen die ethnische Herkunft, die politische Meinung oder die religiöse oder weltanschauliche Überzeugung oder die Gewerkschaftszugehörigkeit hervorgehen,
   b) genetische Daten,
   c) biometrische Daten; Lichtbilder jedoch nur, soweit sie mit speziellen technischen Verfahren verarbeitet werden sollen, die die eindeutige Identifizierung oder Authentifizierung einer natürlichen Person ermöglichen,
   d) Gesundheitsdaten,
   e) Daten zum Sexualleben,
   f) Daten der sexuellen Orientierung.
4. ist „Verarbeitung“ jeder mit oder ohne Hilfe automatisierter Verfahren ausgeführte Vorgang oder jede solche Vorgangsreihe im Zusammenhang mit personenbezogenen Daten wie das Erheben, das Erfassen, die Organisation, das Ordnen, die Speicherung, die Anpassung oder Veränderung, das Auslesen, das Abfragen, die Verwendung, die Offenlegung durch Übermittlung, Verbreitung oder eine andere Form der Bereitstellung, der Abgleich oder die Verknüpfung, die Einschränkung, das Löschen oder die Vernichtung.
5. ist „Einschränkung der Verarbeitung“ die Markierung gespeicherter personenbezogener Daten mit dem Ziel, ihre künftige Verarbeitung einzuschränken.
6. ist „Profiling“ jede Art der automatisierten Verarbeitung personenbezogener Daten, die darin besteht, dass diese personenbezogenen Daten verwendet werden, um bestimmte persönliche Aspekte, die sich auf eine natürliche Person beziehen, zu bewerten, insbesondere um Aspekte bezüglich Arbeitsleistung, wirtschaftliche Lage, Gesundheit, persönliche Vorlieben, Interessen, Zuverlässigkeit, Verhalten, Aufenthaltsort oder Ortswechsel dieser natürlichen Person zu analysieren oder vorherzusagen.
7. ist „Pseudonymisierung“ die Verarbeitung personenbezogener Daten in einer Weise, dass die personenbezogenen Daten ohne Hinzuziehung zusätzlicher Informationen nicht mehr einer spe-

zifischen betroffenen Person zugeordnet werden können, sofern diese zusätzlichen Informationen gesondert aufbewahrt werden und technischen und organisatorischen Maßnahmen unterliegen, die gewährleisten, dass die personenbezogenen Daten nicht einer identifizierten oder identifizierbaren natürlichen Person zugewiesen werden.

8. ist ein „Dateisystem" jede strukturierte Sammlung personenbezogener Daten, die nach bestimmten Kriterien zugänglich sind, unabhängig davon, ob diese Sammlung zentral, dezentral oder nach funktionalen oder geografischen Gesichtspunkten geordnet geführt wird.
9. ist „verantwortliche Stelle" die Polizeibehörde oder Ordnungsbehörde, die die personenbezogenen Daten zur Erfüllung der ihr obliegenden Aufgaben nach diesem Gesetz verarbeitet.
10. ist „Auftragsverarbeiter" eine natürliche oder juristische Person, Behörde, Einrichtung oder andere Stelle, die personenbezogene Daten im Auftrag der verantwortlichen Stelle verarbeitet.
11. ist „Empfänger" eine natürliche oder juristische Person, Behörde, Einrichtung oder andere Stelle, der personenbezogene Daten offengelegt werden, unabhängig davon, ob es sich bei ihr um einen Dritten nach Absatz 4 Nummer 1 handelt oder nicht. Behörden, die im Rahmen eines bestimmten Untersuchungsauftrags nach dem Unionsrecht oder dem Recht der Mitgliedstaaten möglicherweise personenbezogene Daten erhalten, gelten jedoch nicht als Empfänger; die Verarbeitung dieser Daten durch die genannten Behörden erfolgt im Einklang mit den geltenden Datenschutzvorschriften gemäß den Zwecken der Verarbeitung.
12. ist „Einwilligung" der betroffenen Person jede freiwillig für den bestimmten Fall, in informierter Weise und unmissverständlich abgegebene Willensbekundung in Form einer Erklärung oder einer sonstigen eindeutigen bestätigenden Handlung, mit der die betroffene Person zu verstehen gibt, dass sie mit der Verarbeitung der sie betreffenden personenbezogenen Daten einverstanden ist.
13. ist „Verletzung des Schutzes personenbezogener Daten" eine Verletzung der Sicherheit, die, ob unbeabsichtigt oder unrechtmäßig, zur Vernichtung, zum Verlust, zur Veränderung, oder zur unbefugten Offenlegung von beziehungsweise zum unbefugten Zugang zu personenbezogenen Daten führt, die übermittelt, gespeichert oder auf sonstige Weise verarbeitet wurden.
14. sind „genetische Daten" personenbezogene Daten zu den ererbten oder erworbenen genetischen Eigenschaften einer natürlichen Person, die eindeutige Informationen über die Physiologie oder die Gesundheit dieser natürlichen Person liefern und insbesondere aus der Analyse einer biologischen Probe der betreffenden natürlichen Person gewonnen wurden.
15. sind „biometrische Daten" mit speziellen technischen Verfahren gewonnene personenbezogene Daten zu den physischen, physiologischen oder verhaltenstypischen Merkmalen einer natürlichen Person, die die eindeutige Identifizierung dieser natürlichen Person ermöglichen oder bestätigen, wie Gesichtsbilder oder daktyloskopische Daten.
16. sind „Gesundheitsdaten" personenbezogene Daten, die sich auf die körperliche oder geistige Gesundheit einer natürlichen Person, einschließlich der Erbringung von Gesundheitsdienstleistungen, beziehen und aus denen Informationen über deren Gesundheitszustand hervorgehen.
17. ist „internationale Organisation" eine völkerrechtliche Organisation und ihre nachgeordneten Stellen oder jede sonstige Einrichtung, die durch eine zwischen zwei oder mehr Ländern geschlossene Übereinkunft oder auf der Grundlage einer solchen Übereinkunft geschaffen wurde.

§ 4 Sachliche Zuständigkeit der Ordnungsbehörden, Ermächtigung zum Erlass von Rechtsverordnungen

(1) [1]Für die Gefahrenabwehr sind die Ordnungsbehörden zuständig, soweit durch Rechtsvorschrift nichts anderes bestimmt ist. [2]Zur Gefahrenabwehr gehört auch die Verhütung von Ordnungswidrigkeiten.

(2) [1]Sachlich zuständig ist die örtliche Ordnungsbehörde, soweit durch Rechtsvorschrift nichts anderes bestimmt ist. [2]Das fachlich zuständige Ministerium kann im Einvernehmen mit dem Ministerium für Inneres und Europa durch Rechtsverordnung die Zuständigkeit auf die Landes-, Kreis- oder Sonderordnungsbehörden übertragen.

(3) [1]Bei Gefahr im Verzug ist für unaufschiebbare Maßnahmen jedoch jede örtlich zuständige Ordnungsbehörde auch sachlich zuständig. [2]Dies gilt nicht für Sonderordnungsbehörden. [3]Die nach Absatz 2 zuständige Behörde ist unverzüglich zu unterrichten.

(4) [1]Neben den örtlichen Ordnungsbehörden sind auch die Landes- und Kreisordnungsbehörden, neben den Kreisordnungsbehörden auch die Landesordnungsbehörden für den Erlass von Verordnungen über die öffentliche Sicherheit oder Ordnung zuständig, wenn sie eine einheitliche Regelung für ihren Bezirk oder für Teile ihres Bezirks für erforderlich halten. [2]Sie können insoweit ihrer Verordnung entgegenstehende oder inhaltsgleiche Vorschriften der nachgeordneten Ordnungsbehörde aufheben.

§ 5 Örtliche Zuständigkeit der Ordnungsbehörden, Ermächtigung zum Erlass von Rechtsverordnungen

(1) Örtlich zuständig ist im Bereich ihrer sachlichen Zuständigkeit die Ordnungsbehörde, in deren Bezirk die zu schützenden Interessen verletzt oder gefährdet werden.

(2) Ist es zweckmäßig, eine Angelegenheit, die benachbarte Bezirke berührt, einheitlich zu regeln, so kann die gemeinsame Fachaufsichtsbehörde eine der beteiligten Ordnungsbehörden für allein zuständig erklären.

(3) [1]Ist die nach Absatz 1 zuständige Ordnungsbehörde nicht ohne eine Verzögerung, durch die der Erfolg des Eingreifens beeinträchtigt würde, zu erreichen, so ist für unaufschiebbare Maßnahmen eine örtlich zuständige Ordnungsbehörde der angrenzenden Bezirke zuständig. [2]Die nach Absatz 1 zuständige Behörde ist unverzüglich zu unterrichten.

(4) Das fachlich zuständige Ministerium kann im Einvernehmen mit dem Ministerium für Inneres und Europa durch Rechtsverordnung die örtliche Zuständigkeit der Ordnungsbehörden abweichend von den Absätzen 1 und 3 regeln.

§ 6 *[aufgehoben]*

§ 7 Sachliche Zuständigkeit der Polizei

(1) Die Polizei hat

1. Gefahren für die öffentliche Sicherheit oder Ordnung festzustellen und aus gegebenem Anlass zu ermitteln;
2. die zuständige Ordnungsbehörde über alle Vorgänge unverzüglich zu unterrichten, die deren Eingreifen erfordern oder für deren Entschließung von Bedeutung sein können;
3. im Einzelfall zur Abwehr von Gefahren für die öffentliche Sicherheit oder Ordnung selbstständig diejenigen Maßnahmen zu treffen, die sie nach pflichtgemäßem Ermessen für unaufschiebbar hält;
4. im Rahmen der Gefahrenabwehr auch Straftaten zu verhüten und für die Verfolgung künftiger Straftaten vorzusorgen (vorbeugende Bekämpfung von Straftaten) sowie andere Vorbereitungen zu treffen, um künftige Gefahren abwehren zu können.

(2) Die Polizei leistet anderen Behörden Vollzugshilfe (§§ 82a bis 82c).

§ 8 Örtliche Zuständigkeit der Polizeivollzugsbeamtinnen und Polizeivollzugsbeamten

[1]Polizeivollzugsbeamtinnen und Polizeivollzugsbeamte sind befugt, Amtshandlungen im gesamten Landesgebiet und in den Hoheitsgewässern vorzunehmen. [2]Soweit sie im Bezirk einer Behörde der Polizei tätig werden, der sie nicht zugeteilt sind, gelten ihre dienstlichen Handlungen als Maßnahme dieser Behörde.

§ 9 Amtshandlungen von Polizeivollzugsbeamtinnen und Polizeivollzugsbeamten eines anderen Landes oder des Bundes oder anderer Staaten sowie von Zollbediensteten in den Vollzugsbereichen der Zollverwaltung

(1) [1]Polizeivollzugsbeamtinnen und Polizeivollzugsbeamte eines anderen Landes oder des Bundes können in Mecklenburg-Vorpommern Amtshandlungen vornehmen

1. auf Anforderung oder mit Zustimmung der zuständigen mecklenburg-vorpommerschen Behörde;
2. in den Fällen des Artikels 35 Absatz 2 und 3 und des Artikels 91 Absatz 1 des Grundgesetzes;
3. zur Abwehr einer gegenwärtigen erheblichen Gefahr, zur Verfolgung von Straftaten auf frischer Tat sowie zur Verfolgung und Wiederergreifung Entwichener, wenn die zuständige mecklenburg-vorpommersche Behörde die erforderlichen Maßnahmen nicht rechtzeitig treffen kann;
4. zur Erfüllung polizeilicher Aufgaben bei Gefangenentransporten;
5. zur Verfolgung von Straftaten und Ordnungswidrigkeiten und zur Gefahrenabwehr in den durch Verwaltungsabkommen, Staatsvertrag oder Gesetz geregelten Fällen.

[2]In den Fällen des Satzes 1 Nummer 3 bis 5 ist die zuständige Polizeidienststelle unverzüglich zu unterrichten.

(2) [1]Werden Polizeivollzugsbeamtinnen und Polizeivollzugsbeamte nach Absatz 1 tätig, haben sie die gleichen Befugnisse wie Polizeivollzugsbeamtinnen und Polizeivollzugsbeamte des Landes Mecklenburg-Vorpommern. [2]Ihre Maßnahmen gelten als Maßnahmen derjenigen Polizeibehörde, in deren örtlichem und sachlichem Zuständigkeitsbereich sie tätig geworden sind; sie unterliegen insoweit deren Weisungen.

(3) Besondere Rechtsvorschriften über die Zuständigkeit von Polizeivollzugsbeamtinnen und Polizeivollzugsbeamten des Bundes bleiben unberührt.

(4) Absatz 1 und 2 gelten für Zollbedienstete in den Vollzugsbereichen der Zollverwaltung, denen der Gebrauch von Schusswaffen bei Anwendung des unmittelbaren Zwangs bei Ausübung öffentlicher Gewalt gestattet ist, entsprechend.

(5) [1]Polizeivollzugsbeamtinnen und Polizeivollzugsbeamte anderer Staaten können in Mecklenburg-Vorpommern Amtshandlungen vornehmen, soweit dies durch völkerrechtliche Vereinbarungen oder nach Maßgabe von Rechtsakten der Europäischen Union vorgesehen ist. [2]Sie können nur mit solchen Amtshandlungen betraut werden, die auch von den Polizeivollzugsbeamtinnen und Polizeivollzugsbeamten des Landes Mecklenburg-Vorpommem vorgenommen werden dürfen.

§ 10 Amtshandlungen von Polizeivollzugsbeamtinnen und Polizeivollzugsbeamten außerhalb Mecklenburg-Vorpommerns

(1) [1]Die Polizeivollzugsbeamtinnen und Polizeivollzugsbeamten des Landes Mecklenburg-Vorpommern dürfen außerhalb des Landes im Zuständigkeitsbereich eines anderen Landes oder des Bundes nur unter den Voraussetzungen, die § 9 Absatz 1 entsprechen, und im Falle des Artikels 91 Absatz 2 des Grundgesetzes sowie nur dann tätig werden, wenn das dort geltende Recht es vorsieht. [2]Außerhalb der Bundesrepublik Deutschland dürfen Polizeivollzugsbeamtinnen und Polizeivollzugsbeamte des Landes Mecklenburg-Vorpommern tätig werden, soweit dies durch völkerrechtliche Vereinbarungen oder nach Maßgabe von Rechtsakten der Europäischen Union vorgesehen ist.

(2) Einer Anforderung von Polizeivollzugsbeamtinnen und Polizeivollzugsbeamten durch ein anderes Land oder durch den Bund ist zu entsprechen, wenn die Anforderung alle für die Entscheidung wesentlichen Merkmale des Einsatzauftrages enthält und soweit nicht die Verwendung der Polizei im eigenen Lande dringlicher ist als die Unterstützung der Polizei des anderen Landes oder des Bundes.

§ 11 Zusammenarbeit von Ordnungsbehörden und Polizei

[1]Die Ordnungsbehörden und die Polizei arbeiten im Rahmen ihrer sachlichen Zuständigkeit zusammen und unterrichten sich gegenseitig über Vorkommnisse und Maßnahmen von Bedeutung. [2]Näheres, insbesondere über die Zusammenarbeit im Rahmen der Vollzugshilfe, regelt das Ministerium für Inneres und Europa im Einvernehmen mit dem fachlich zuständigen Ministerium durch Verwaltungsvorschrift.

Abschnitt 2
Maßnahmen zur Aufrechterhaltung der öffentlichen Sicherheit und Ordnung (§§ 12 – 24)

§ 12 Grundsatz

(1) Die Ordnungsbehörden und Polizei führen die Aufgabe der Gefahrenabwehr nach den hierfür erlassenen besonderen Gesetzen und Rechts Verordnungen durch.

(2) Nur soweit solche besonderen Gesetze und Rechtsverordnungen fehlen oder eine abschließende Regelung nicht enthalten, gelten für die Durchführung der Gefahrenabwehr die §§ 13 bis 78.

§ 13 Allgemeine Befugnisse

Die Ordnungsbehörden und die Polizei haben im Rahmen der geltenden Gesetze die nach pflichtgemäßem Ermessen notwendigen Maßnahmen zu treffen, um von der Allgemeinheit oder dem Einzelnen Gefahren abzuwehren, durch die die öffentliche Sicherheit oder Ordnung bedroht wird.

§ 14 Ermessen

(1) Die Ordnungsbehörden und die Polizei entscheiden über die von ihnen zu treffenden notwendigen Maßnahmen zur Gefahrenabwehr nach sachlichen Gesichtspunkten unter Abwägung der öffentlichen Belange und der Interessen des Einzelnen, soweit Rechtsvorschriften nicht bestimmen, dass oder in welcher Weise sie tätig zu werden haben (pflichtgemäßes Ermessen).

(2) [1]Den Betroffenen ist auf Antrag zu gestatten, ein anderes ebenso wirksames Mittel anzuwenden, sofern die Allgemeinheit dadurch nicht stärker beeinträchtigt wird. [2]Der Antrag kann nur innerhalb der Frist gestellt werden, die den Betroffenen zur Abwehr der Gefahr gesetzt wurde.

§ 15 Grundsatz der Verhältnismäßigkeit

(1) [1]Von mehreren möglichen und geeigneten Maßnahmen haben die Ordnungsbehörden und die Polizei diejenigen Maßnahmen zu treffen, die den Einzelnen und die Allgemeinheit voraussichtlich am wenigsten beeinträchtigen. [2]Kommen dabei mehrere Mittel in Betracht, so genügt es, wenn eines davon bestimmt wird.

(2) Eine Maßnahme darf nicht zu einem Nachteil führen, der zu dem erstrebten Erfolg erkennbar außer Verhältnis steht.

(3) Eine Maßnahme ist nur solange zulässig, bis ihr Zweck erreicht ist oder sich zeigt, dass er nicht erreicht werden kann.

§ 16 Verfügungen

(1) Verfügungen (Ordnungs- und Polizeiverfügungen) als Maßnahmen zur Gefahrenabwehr, die in die Rechte des Einzelnen eingreifen, sind, sofern nicht die nachfolgenden Vorschriften, ein besonderes Gesetz oder eine Verordnung über die öffentliche Sicherheit oder Ordnung die Befugnisse der Polizei und der Ordnungsbehörden besonders regeln, nur zulässig, soweit sie

1. zur Beseitigung einer Störung der öffentlichen Sicherheit oder Ordnung oder
2. zur Abwehr einer im einzelnen Falle bevorstehenden Gefahr für die öffentliche Sicherheit oder Ordnung

erforderlich sind.

(2) Ordnungs- und Polizeiverfügungen sind Verwaltungsakte im Sinne des § 35 des Landesverwaltungsverfahrensgesetzes.

§ 17 Verordnungen über die öffentliche Sicherheit oder Ordnung

(1) Die Landes-, Kreis- und örtlichen Ordnungsbehörden können zur Abwehr von Gefahren für die öffentliche Sicherheit oder Ordnung Verordnungen erlassen (Verordnungen über die öffentliche Sicherheit oder Ordnung).

(2) [1]Die Verordnungen über die öffentliche Sicherheit oder Ordnung des Landes werden von den Landesbehörden, die der Landkreise werden vom Landrat erlassen (Kreisverordnungen). [2]Verordnungen über die öffentliche Sicherheit oder Ordnung kreisfreier Städte stehen Kreisverordnungen gleich.

(3) Die Verordnungen über die öffentliche Sicherheit oder Ordnung der kreisfreien und der großen kreisangehörigen Städte, der amtsfreien Gemeinden und der Ämter (Stadt-, Gemeinde- und Amtsverordnungen) werden vom Oberbürgermeister, Bürgermeister oder Amtsvorsteher für das Gemeinde- oder Amtsgebiet oder für Teile von ihnen erlassen.

(4) [1]Landesordnungsbehörden dürfen Verordnungen über die öffentliche Sicherheit oder Ordnung nur erlassen, wenn eine einheitliche Regelung für das ganze Land oder für Landesteile, die mehr als einen Landkreis oder eine kreisfreie Stadt umfassen, geboten ist. [2]Die Kreisordnungsbehörden dürfen Verordnungen über die öffentliche Sicherheit oder Ordnung nur erlassen, wenn eine einheitliche Regelung für den Landkreis oder für Gebiete, die mehr als eine Gemeinde umfassen, geboten ist.

§ 18 Inhalt der Verordnungen über die öffentliche Sicherheit oder Ordnung

(1) Verordnungen über die öffentliche Sicherheit oder Ordnung müssen ihrem Inhalt nach bestimmt sein.

(2) Verweisungen auf Bekanntmachungen, Festsetzungen oder sonstige Anordnungen außerhalb von Gesetzen und Rechtsverordnungen sind unzulässig, soweit diese Anordnungen Gebote oder Verbote von unbeschränkter Dauer enthalten.

§ 19 Ordnungswidrigkeiten

(1) Ordnungswidrig handelt, wer vorsätzlich oder fahrlässig einer aufgrund des § 17 erlassenen Verordnung zuwiderhandelt, soweit sie für einen bestimmten Tatbestand auf diese Bußgeldvorschrift verweist.

(2) Die Ordnungswidrigkeit kann mit einer Geldbuße bis zu 5 000 Euro geahndet werden.

(3) [1]Verwaltungsbehörden im Sinne des § 36 Absatz 1 Nummer 1 des Gesetzes über Ordnungswidrigkeiten sind die Landräte, die Oberbürgermeister beziehungsweise Bürgermeister für die kreisfreien

und großen kreisangehörigen Städte, die Bürgermeister der amtsfreien Gemeinden und die Amtsvorsteher der Ämter jeweils für die Verfolgung und Ahndung von Zuwiderhandlungen gegen eine von ihnen aufgrund von § 17 erlassene Verordnung. [2]Für die Verfolgung und Ahndung von Zuwiderhandlungen gegen Verordnungen einer Landesordnungsbehörde über die öffentliche Sicherheit oder Ordnung sind die Landräte und die Oberbürgermeister der kreisfreien Städte zuständig, soweit keine andere Behörde bestimmt ist.

(4) Gegenstände, auf die sich die Ordnungswidrigkeit bezieht oder die zu ihrer Vorbereitung oder Begehung verwendet worden sind, können eingezogen werden, soweit die Verordnung für einen bestimmten Tatbestand auf diese Vorschrift verweist.

§ 20 Verhältnis zu anderen Rechtsvorschriften; Genehmigungspflicht

(1) [1]Verordnungen über die öffentliche Sicherheit oder Ordnung dürfen keine Bestimmungen enthalten, die mit Gesetzen und Rechtsverordnungen in Widerspruch stehen. [2]Stadt-, Gemeinde-, Kreis- und Amtsverordnungen dürfen keine Bestimmungen enthalten, die mit Verordnungen über die öffentliche Sicherheit oder Ordnung einer Landesordnungsbehörde in Widerspruch stehen. [3]Dies gilt entsprechend für Stadt-, Gemeinde- und Amtsverordnungen im Verhältnis zu Kreisverordnungen.

(2) [1]Eine Verordnung über die öffentliche Sicherheit oder Ordnung einer Landesordnungsbehörde darf durch Stadt-, Gemeinde-, Kreis- oder Amtsverordnung nur ergänzt werden, soweit die Verordnung einer Landesordnungsbehörde dies ausdrücklich zulässt. [2]Dies gilt entsprechend für Stadt-, Gemeinde- und Amtsverordnungen im Verhältnis zu Kreisverordnungen.

(3) [1]Verordnungen über die öffentliche Sicherheit oder Ordnung der Landkreise und der kreisfreien sowie der großen kreisangehörigen Städte bedürfen der Genehmigung des Ministeriums für Inneres und Europa, die der Ämter und der amtsfreien Gemeinden bedürfen der Genehmigung des Landrates. [2]Die Ausfertigung der nach Satz 1 genehmigungsbedürftigen Verordnungen erfolgt nach Erteilung der Genehmigung.

§ 21 Form der Verordnungen über die öffentliche Sicherheit oder Ordnung

(1) Die Verordnungen über die öffentliche Sicherheit oder Ordnung müssen

1. als Kreis-, Stadt-, Gemeinde- oder Amtsverordnung in der Überschrift entsprechend gekennzeichnet sein,
2. die Rechtsvorschriften angeben, welche die Ermächtigung zum Erlass der Verordnung enthalten,
3. auf die erteilte Genehmigung, Zustimmung oder das Einvernehmen mit anderen Stellen hinweisen, soweit dies gesetzlich vorgeschrieben ist,
4. das Datum angeben, unter dem sie ausgefertigt sind, und
5. die Behörde bezeichnen, die die Verordnung erlassen hat.

(2) Verordnungen über die öffentliche Sicherheit oder Ordnung sollen

1. in der Überschrift ihren wesentlichen Inhalt kennzeichnen und
2. den örtlichen Geltungsbereich und die Geltungsdauer angeben. Ist der Geltungsbereich nicht angegeben, so gelten die Verordnungen für den gesamten Bezirk der Behörde.

§ 22 Geltungsdauer

(1) [1]Verordnungen über die öffentliche Sicherheit oder Ordnung sollen eine Beschränkung ihrer Geltungsdauer enthalten. [2]Die Geltung darf nicht über 20 Jahre hinaus erstreckt werden. [3]Verordnungen, die keine Beschränkung der Geltungsdauer enthalten, treten 20 Jahre nach ihrem Inkrafttreten außer Kraft.

(2) Absatz 1 findet keine Anwendung auf Verordnungen über die öffentliche Sicherheit oder Ordnung, durch die Verordnungen über die öffentliche Sicherheit oder Ordnung abgeändert oder aufgehoben werden.

§ 23 Amtliche Bekanntmachung

(1) Verordnungen über die öffentliche Sicherheit oder Ordnung einer Landesordnungsbehörde sind im Gesetz- und Verordnungsblatt für Mecklenburg-Vorpommern zu verkünden.

(2) Stadt-, Gemeinde-, Kreis- und Amtsverordnungen sind örtlich in der für Satzungen bestimmten Weise zu verkünden.

(3) [1]Bei Gefahr im Verzug kann die Verkündung durch Bekanntmachung in Tageszeitungen, im Hörfunk, im Fernsehen, im Internet, durch Lautsprecher oder in anderer ortsüblicher Art ersetzt werden (Ersatzverkündung). [2]Die Verordnung über die öffentliche Sicherheit oder Ordnung ist sodann unver-

züglich nach Absatz 1 oder 2 bekannt zu machen. [3]Hierbei sind der Zeitpunkt und die Art der Ersatzverkündung anzugeben.

§ 24 Inkrafttreten der Verordnungen über die öffentliche Sicherheit oder Ordnung

Verordnungen über die öffentliche Sicherheit oder Ordnung treten, soweit in ihnen nichts anderes bestimmt ist, am Tage nach ihrer Verkündung in Kraft.

Abschnitt 3

Verarbeitung personenbezogener Daten (§§ 25 – 49)

Unterabschnitt 1

Grundsätze der Verarbeitung (§§ 25 – 26b)

§ 25 Bestimmungen zur Anwendbarkeit der Vorschriften dieses Gesetzes im Anwendungsbereich der Verordnung (EU) 2016/679 und des Landesdatenschutzgesetzes

(1) [1]Die Vorschriften zur Datenverarbeitung nach diesem Gesetz gelten in Anwendung der Artikel 6 Absatz 2 und 3 jeweils in Verbindung mit Absatz 1 Buchstabe e sowie Artikel 23 Absatz 1 der Verordnung (EU) 2016/679 des Europäischen Parlaments und des Rates vom 27. April 2016 zum Schutz natürlicher Personen bei der Verarbeitung personenbezogener Daten, zum freien Datenverkehr und zur Aufhebung der Richtlinie 95/46/EG (Datenschutz-Grundverordnung) (ABl. L 119 vom 4.5.2016, S. 1, L 314 vom 22.11.2016, S. 72, L 127 vom 23.5.2018, S. 2) auch für die Erfüllung von ordnungsbehördlichen und polizeilichen Aufgaben, die in den Anwendungsbereich der Verordnung (EU) 2016/679 fallen. [2]Dies gilt nicht, soweit diese Vorschriften bereits auf den Anwendungsbereich der Richtlinie (EU) 2016/680 des Europäischen Parlaments und des Rates vom 27. April 2016 zum Schutz natürlicher Personen bei der Verarbeitung personenbezogener Daten durch die zuständigen Behörden zum Zwecke der Verhütung, Ermittlung, Aufdeckung oder Verfolgung von Straftaten oder der Strafvollstreckung sowie zum freien Datenverkehr und zur Aufhebung des Rahmenbeschlusses 2008/977/JI des Rates (ABl. L 119 vom 4.5.2016, S. 89, L 127 vom 23.5.2018, S. 9) beschränkt sind und soweit die Definitionen in § 3 Absatz 4 und 5 denen des Artikels 4 der Verordnung (EU) 2016/679 entsprechen.

(2) Zur Schaffung einer kohärenten Regelungslage im Bereich des Gefahrenabwehrrechtes werden zu folgenden Regelungen der Verordnung (EU) 2016/679 spezifische Bestimmungen im Sinne des Artikels 6 Absatz 2 und 3 jeweils in Verbindung mit Absatz 1 Buchstabe e der Verordnung (EU) 2016/679 erlassen und zwar

1. mit § 3 Absatz 4 Nummer 1 zu Artikel 4 Nummer 7.
2. mit § 3 Absatz 5 Nummer 3 Buchstabe c zu Artikel 9 Absatz 1.
3. mit § 25a Absatz 1 zu Artikel 6 Absatz 1 Buchstabe e.
4. mit § 25a Absatz 2 zu Artikel 5 Absatz 1 Buchstabe a, b und e,
5. mit § 25a Absatz 3 Satz 1, Absatz 4 Satz 1 und Absatz 7 sowie mit § 46j zu Artikel 5 Absatz 1 Buchstabe a.
6. mit § 25a Absatz 5 zu den Artikeln 13 und 14.
7. mit § 26 zu Artikel 7.
8. mit den §§ 27 Absatz 1 bis 3, 37a und 42 Absatz 1, 2 und 4 zu Artikel 6 Absatz 1 Buchstabe e.
9. mit § 27 Absatz 4 zu Artikel 6 Absatz 1 Buchstabe e und zu Artikel 9 Absatz 2 Buchstabe g.
10. mit § 36 zu Artikel 6 Absatz 1 Buchstabe e und Absatz 4.
11. mit § 37 zu Artikel 10.
12. mit den §§ 39 bis 39c zu Artikel 5 Absatz 1 Buchstabe a, b und d.
13. mit § 42 Absatz 3 zu Artikel 26 Absatz 2 Satz 2.
14. mit den §§ 42 Absatz 6 und 45c Absatz 3 und 4 zu Artikel 30.
15. mit den §§ 45 und 45a zu Artikel 5 Absatz 1 Buchstabe d.
16. mit § 45b zu Artikel 35.
17. mit den §§ 46d bis 46f zu Artikel 5 Absatz 1 Buchstabe a und b und zu Artikel 31.
18. mit § 46g zu Artikel 5 Absatz 1 Buchstabe a und b.
19. mit § 46h zu Artikel 25.
20. mit § 46i zu Artikel 5 Absatz 1 Buchstabe f und zu Artikel 32.
21. mit § 46k zu Artikel 28.
22. mit § 47 zu Artikel 77 Absatz 1.

23. mit § 48a zu Artikel 16 bis 19.
24. mit § 48b Absatz 6 Satz 2 zu Artikel 57 Absatz 1 Buchstabe a.
25. mit § 48c zu Artikel 31 und zu Artikel 36.
26. mit § 48d zu Artikel 33.
27. mit den §§ 48e, 48f, 48g Absatz 2 bis 4 zu den Artikeln 37 bis 39.
28. mit § 48h zu Artikel 5 Absatz 1 Buchstabe a.

(3) Ferner
1. wird mit § 25a Absatz 3 Satz 2 und Absatz 4 Satz 2 der Artikel 5 Absatz 1 Buchstabe a der Verordnung (EU) 2016/679 beschränkt nach Artikel 23 Absatz 1 Buchstabe d der Verordnung (EU) 2016/679,
2. wird mit § 25a Absatz 6 der Artikel 22 der Verordnung (EU) 2016/679 beschränkt nach Artikel 23 Absatz 1 Buchstabe i der Verordnung (EU) 2016/679,
3. werden mit den §§ 46a und 46b zu Artikel 14 Absatz 5 Buchstabe b der Verordnung (EU) 2016/679 spezifische Bestimmungen im Sinne des Artikels 6 Absatz 2 und 3 jeweils in Verbindung mit Absatz 1 Buchstabe e der Verordnung (EU) 2016/679 erlassen und zudem wird Artikel 14 beschränkt im Sinne des Artikels 23 Absatz 1 Buchstabe d der Verordnung (EU) 2016/679,
4. werden mit § 46c zu Artikel 34 der Verordnung (EU) 2016/679 spezifische Bestimmungen im Sinne des Artikels 6 Absatz 2 und 3 jeweils in Verbindung mit Absatz 1 Buchstabe e der Verordnung (EU) 2016/679 erlassen und § 46c enthält zudem Beschränkungen im Sinne des Artikels 23 Absatz 1 Buchstabe d der Verordnung (EU) 2016/679 und
5. werden mit § 48 zu Artikel 15 der Verordnung (EU) 2016/679 spezifische Bestimmungen im Sinne des Artikels 6 Absatz 2 und 3 jeweils in Verbindung mit Absatz 1 Buchstabe e der Verordnung (EU) 2016/679 erlassen und § 48 enthält zudem Beschränkungen im Sinne des Artikels 23 Absatz 1 Buchstabe d der Verordnung (EU) 2016/679.

(4) Mit den übrigen Vorschriften zur Datenverarbeitung im Sinne des Absatzes 1 werden zu Artikel 6 Absatz 1 der Verordnung (EU) 2016/679 spezifische Bestimmungen im Sinne des Artikels 6 Absatz 2 und 3 jeweils in Verbindung mit Absatz 1 Buchstabe e der Verordnung (EU) 2016/679 erlassen.

(5) Soweit in diesem Gesetz nichts Besonderes geregelt ist, findet das Landesdatenschutzgesetz ergänzend Anwendung.

§ 25a Allgemeine Grundsätze

(1) Die Ordnungsbehörden und die Polizei dürfen personenbezogene Daten zum Zwecke der Gefahrenabwehr verarbeiten, soweit dies zur Erfüllung ihrer Aufgaben erforderlich ist und
1. die Art und der Umfang des Umgangs mit den personenbezogenen Daten durch Gesetz ausdrücklich zugelassen ist oder
2. die betroffene Person gemäß § 26 eingewilligt hat.

(2) [1]Die verantwortliche Stelle hat bei der Verarbeitung personenbezogener Daten so weit wie möglich zwischen den verschiedenen Kategorien betroffener Personen zu unterscheiden. [2]Es sind insbesondere die in § 27 Absatz 1 und 3 jeweils aufgeführten Kategorien zu bilden.

(3) [1]Personenbezogene Daten sind bei der betroffenen Person zu erheben. [2]Bei Behörden und anderen öffentlichen Stellen oder bei Personen und Stellen außerhalb der öffentlichen Verwaltung dürfen sie nur erhoben werden, wenn die Erhebung bei der betroffenen Person nicht oder nicht rechtzeitig möglich ist oder sonst die Erfüllung der jeweiligen polizeilichen oder ordnungsbehördlichen Aufgabe erheblich erschwert oder gefährdet werden würde.

(4) [1]Personenbezogene Daten sind offen zu erheben. [2]Eine Erhebung, die nicht als polizeiliche oder ordnungsbehördliche Maßnahme erkennbar sein soll, ist nur zulässig, wenn sonst die Erfüllung polizeilicher oder ordnungsbehördlicher Aufgaben erheblich gefährdet werden würde oder wenn anzunehmen ist, dass dies im Interesse der betroffenen Person ist.

(5) Werden personenbezogene Daten bei der betroffenen Person oder bei Dritten (§ 3 Absatz 4 Nummer 1) aufgrund einer Rechtsvorschrift erhoben, die zur Auskunft verpflichtet, so sind diese hierauf, sonst auf die Freiwilligkeit ihrer Auskunft, auf bestehende Auskunftsverweigerungsrechte und auf Verlangen auf die Rechtsgrundlage für die Erhebung hinzuweisen.

(6) [1]Eine ausschließlich auf einer automatisierten Verarbeitung beruhende Entscheidung, einschließlich Profiling, die mit einer nachteiligen Rechtsfolge für die betroffene Person verbunden ist oder sie erheblich beeinträchtigt, ist nur zulässig, wenn sie in diesem Gesetz vorgesehen ist. [2]Entscheidungen

nach Satz 1 dürfen nicht auf besonderen Kategorien personenbezogener Daten beruhen, sofern nicht geeignete Maßnahmen zum Schutz der Rechtsgüter sowie der berechtigten Interessen der betroffenen Personen getroffen wurden. [3]Profiling, das zur Folge hat, dass betroffene Personen auf der Grundlage von besonderen Kategorien personenbezogener Daten diskriminiert werden, ist verboten. [4]Kinder dürfen von keinen Maßnahmen nach Satz 1 betroffen sein.

(7) [1]Die verantwortliche Stelle hat bei der Verarbeitung so weit wie möglich danach zu unterscheiden, ob personenbezogene Daten auf Tatsachen oder auf persönlichen Einschätzungen beruhen. [2]Zu diesem Zweck hat sie, soweit dies im Rahmen der jeweiligen Verarbeitung möglich und angemessen ist, Beurteilungen, die auf persönlichen Einschätzungen beruhen, als solche kenntlich zu machen. [3]Es muss außerdem feststellbar sein, welche Stelle die Unterlagen führt, die der auf einer persönlichen Einschätzung beruhenden Beurteilung zugrunde liegen.

§ 25b Gerichtliche Zuständigkeit, Verfahren

[1]Wird in diesem Gesetz eine richterliche Entscheidung bestimmt, ist das Amtsgericht zuständig, in dessen Bezirk die die Maßnahme durchführende Ordnungsbehörde oder Polizeibehörde ihren Sitz hat. [2]Für das Verfahren findet das Gesetz über das Verfahren in Familiensachen und in den Angelegenheiten der freiwilligen Gerichtsbarkeit entsprechende Anwendung. [3]Satz 1 und 2 gelten nicht, soweit dieses Gesetz die gerichtliche Zuständigkeit oder das Verfahren abweichend regelt. [4]Gegen die Entscheidung des Gerichtes ist auch die Beschwerde der beantragenden Behörde zulässig. [5]Die Rechtsbeschwerde findet nicht statt. [6]Die Entscheidung des Gerichtes bedarf zu ihrer Wirksamkeit auch dann nicht der Anhörung der betroffenen Person und der Bekanntgabe an die betroffene Person, soweit der Zweck der Maßnahme durch diese gefährdet würde. [7]§ 77 bleibt unberührt.

§ 26 Einwilligung

(1) [1]Die Verarbeitung personenbezogener Daten kann auch auf Grundlage einer Einwilligung der betroffenen Person erfolgen. [2]Unter Berücksichtigung der Umstände des Einzelfalles kann diese schriftlich, entsprechend § 3a des Landesverwaltungsverfahrensgesetzes auf elektronischem Wege oder mündlich erfolgen. [3]Die verantwortliche Stelle muss die Einwilligung der betroffenen Person nachweisen können.

(2) Soll die Einwilligung zusammen mit anderen Erklärungen schriftlich eingeholt werden, ist die Einwilligungserklärung im äußeren Erscheinungsbild des Schriftstücks hervorzuheben und sprachlich derart abzufassen, dass eine eindeutige Zuordnung zu dem die Einwilligung betreffenden Teil durch die betroffene Person möglich ist.

(3) Soweit besondere Kategorien personenbezogener Daten verarbeitet werden, muss sich die Einwilligung ausdrücklich auf diese Daten beziehen.

(4) [1]Die betroffene Person ist vor Abgabe der Einwilligung in geeigneter Weise über die Bedeutung und Tragweite der Einwilligung, insbesondere über die Art und den Umfang der Verarbeitung sowie über Empfänger beabsichtigter Übermittlungen von Daten, aufzuklären. [2]Die Anschrift der datenverarbeitenden Stelle ist ihr mitzuteilen.

(5) [1]Die betroffene Person ist unter Darlegung der Rechtsfolgen darauf hinzuweisen, dass sie die Einwilligung verweigern und mit Wirkung für die Zukunft jederzeit widerrufen kann. [2]An die Form des Widerrufs dürfen keine höheren Anforderungen als an die der Erteilung der Einwilligung gestellt werden.

(6) [1]Die Einwilligung ist nur wirksam, wenn sie auf der freien Entscheidung der betroffenen Person beruht. [2]Bei der Beurteilung, ob die Einwilligung freiwillig erteilt wurde, müssen die Umstände der Erteilung berücksichtigt werden.

§ 26a Schutz des Kernbereiches privater Lebensgestaltung

(1) Rechtfertigen Tatsachen die Annahme, dass durch eine Maßnahme allein Erkenntnisse aus dem Kernbereich privater Lebensgestaltung erlangt werden, ist diese unzulässig.

(2) [1]Werden durch eine Maßnahme auch Erkenntnisse aus dem Kernbereich privater Lebensgestaltung erlangt, dürfen diese nicht verwertet werden. [2]Aufzeichnungen über solche Erkenntnisse sind unverzüglich zu löschen und die Tatsache ihrer Erlangung und Löschung ist gemäß § 46d zu dokumentieren; für die Protokollierung gilt § 46e. [3]Die Dokumentation und entsprechende Protokollierung dürfen ausschließlich für Zwecke der Datenschutzkontrolle verwendet werden; sie sind frühestens nach Ab-

schluss der Datenschutzkontrolle gemäß § 48b Absatz 6 und spätestens nach vierundzwanzig Monaten zu löschen.

(3) [1]Dürfen Daten nach diesem Gesetz erhoben werden und rechtfertigen während der Erhebung Tatsachen die Annahme, dass Erkenntnisse aus dem Kernbereich privater Lebensgestaltung erfasst werden, ist die Maßnahme abzubrechen; dies gilt nicht, sofern mit dem Abbruch der Maßnahme eine Gefährdung der eingesetzten Polizeibeamtinnen und Polizeibeamten oder Vertrauenspersonen oder ihrer weiteren Verwendung verbunden wäre. [2]Soweit Daten aufgezeichnet werden, ist der Aufzeichnungsvorgang, soweit dies technisch möglich ist, unverzüglich zu unterbrechen. [3]Nach einer Unterbrechung darf die Datenerhebung und -aufzeichnung nur fortgesetzt werden, wenn aufgrund geänderter Umstände davon ausgegangen werden kann, dass die Gründe, die zur Unterbrechung geführt haben, nicht mehr vorliegen. [4]Die Tatsache der Unterbrechung und der Fortsetzung ist zu dokumentieren oder zu protokollieren; Absatz 2 Satz 3 gilt entsprechend.

(4) [1]Soweit in diesem Gesetz nichts Besonderes geregelt ist, ist vor einer Verwendung von Daten in oder aus Wohn- oder Geschäftsräumen oder in oder von befriedetem Besitztum die Rechtmäßigkeit dieser Datenerhebung zuvor richterlich festzustellen. [2]Bei Gefahr im Verzug entscheidet über die Verwendung die Behördenleitung oder eine von ihr besonders beauftragte Beamtin oder ein von ihr besonders beauftragter Beamter; eine richterliche Entscheidung ist unverzüglich nachzuholen. [3]Sind in den Fällen des Satzes 2 Daten an andere Stellen übermittelt worden und wurde die Rechtmäßigkeit dieser Datenerhebung nicht richterlich bestätigt, ist § 45 Absatz 5 zu beachten.

(5) [1]Soweit in diesem Gesetz nichts Besonderes geregelt ist, sind vor einer Verwendung von Daten in Fällen einer Unterbrechung nach Absatz 3, die nicht bereits von Absatz 4 erfasst werden, die erhobenen Daten der oder dem behördlichen Datenschutzbeauftragten zur Auswertung und Entscheidung über die Rechtmäßigkeit dieser Datenerhebung vorzulegen. [2]Absatz 4 Satz 2 gilt entsprechend. [3]Sind in den Fällen des Satzes 2 Daten an andere Stellen übermittelt worden und wurde die Rechtmäßigkeit dieser Datenerhebung nicht von der oder dem behördlichen Datenschutzbeauftragten festgestellt, ist § 45 Absatz 5 zu beachten.

§ 26b Schutz von zeugnisverweigerungsberechtigten Personen

(1) [1]Maßnahmen zur Datenerhebung, die sich gegen einen in § 53 Absatz 1 der Strafprozessordnung genannten Berufsgeheimnisträger richten und voraussichtlich Erkenntnisse erbringen würden, über die diese Person das Zeugnis verweigern dürfte, sind unzulässig. [2]§ 28 Absatz 2 bleibt unberührt. [3]Dennoch erlangte Erkenntnisse dürfen nicht verwertet werden. [4]Für die Dokumentation, Protokollierung und Löschung ist § 26a Absatz 2 Satz 2 und 3 anzuwenden. [5]Die Sätze 2 bis 4 gelten entsprechend, wenn durch eine Maßnahme, die sich nicht gegen einen in § 53 Absatz 1 der Strafprozessordnung genannten Berufsgeheimnisträger richtet, von einer dort genannten Person Erkenntnisse erlangt werden, über die sie das Zeugnis verweigern dürfte.

(2) [1]Maßnahmen zur Datenerhebung, durch die ein Berufsgeheimnisträger betroffen wäre und dadurch voraussichtlich Erkenntnisse erlangt würden, über die diese Person das Zeugnis verweigern dürfte, sind abweichend von Absatz 1 zulässig, soweit dies zur Abwehr einer gegenwärtigen Gefahr für Leib, Leben oder Freiheit erforderlich ist. [2]Dies gilt nicht für Berufsgeheimnisträger nach § 53 Absatz 1 Satz 1 Nummer 1, 2 und 4 der Strafprozessordnung sowie für einen Rechtsanwalt, eine nach § 206 der Bundesrechtsanwaltsordnung in eine Rechtsanwaltskammer aufgenommene Person oder einen Kammerrechtsbeistand. [3]Nach Satz 1 erhobene Daten dürfen nur für den dort bezeichneten Zweck verwendet werden.

(3) Die Absätze 1 und 2 gelten entsprechend, soweit die in § 53a der Strafprozessordnung Genannten das Zeugnis verweigern dürften.

(4) Die Absätze 1 bis 3 gelten nicht, sofern Tatsachen die Annahme rechtfertigen, dass die zeugnisverweigerungsberechtigte Person für die Gefahr verantwortlich ist.

Unterabschnitt 2

Maßnahmen der Datenerhebung (§§ 27 – 35)

§ 27 Allgemeine Befugnisse zur Datenerhebung

(1) Zur Abwehr einer im einzelnen Falle bevorstehenden Gefahr können personenbezogene Daten erhoben werden über

1. die in den §§ 69 und 70 genannten Personen und, unter den Voraussetzungen des § 71, über die dort genannten Personen,
2. geschädigte, hilflose oder vermisste Personen sowie deren Angehörige, gesetzliche Vertreter oder Personen des Vertrauens,
3. gefährdete Personen,
4. Zeuginnen und Zeugen, Hinweisgeberinnen und Hinweisgeber oder sonstige Auskunftspersonen,
5. unbekannte Personen und
6. Tote.

(2) [1]Zur Vorbereitung für die Hilfeleistung und das Handeln in Gefahrenfällen können von

1. Personen, deren besondere Kenntnisse oder Fähigkeiten zur Gefahrenabwehr benötigt werden,
2. Verantwortlichen für Anlagen oder Einrichtungen, von denen eine erhebliche Gefahr ausgehen kann,
3. Verantwortlichen für gefährdete Anlagen oder Einrichtungen und
4. Verantwortlichen für Veranstaltungen in der Öffentlichkeit, die nicht dem Versammlungsgesetz unterliegen,

Namen, Vornamen, akademische Grade, Anschriften, Telefonnummern und andere personenbezogene Daten über die Erreichbarkeit sowie nähere Angaben über die Zugehörigkeit zu einer der genannten Personengruppen aus allgemein zugänglichen Quellen, bei Behörden oder aufgrund freiwilliger Angaben der betroffenen Person erhoben werden. [2]Eine verdeckte Datenerhebung ist nicht zulässig. [3]Kommt es im Zusammenhang mit einem Gefahrenfall zur Begehung einer Straftat oder Ordnungswidrigkeit, so dürfen die nach Satz 1 Nummer 2 bis 4 erhobenen personenbezogenen Daten zur Verfolgung einer solchen Straftat oder Ordnungswidrigkeit verarbeitet werden. [4]Werden die nach Satz 1 Nummer 4 erhobenen personenbezogenen Daten nicht nach Satz 3 verwendet, sind sie spätestens einen Monat nach Beendigung des Anlasses ihrer Erhebung zu löschen.

(3) Rechtfertigen Tatsachen die Annahme der künftigen Begehung von Straftaten von erheblicher Bedeutung (§ 49) oder von terroristischen Straftaten (§ 67c), kann die Polizei personenbezogene Daten erheben über

1. Personen, bei denen Tatsachen die Annahme rechtfertigen, dass sie künftig solche Straftaten begehen oder sich an solchen beteiligen werden,
2. Personen, die mit einer Person nach Nummer 1 in nicht nur flüchtigem oder in zufälligem Kontakt stehen und
   a) von der Vorbereitung einer Straftat nach Satz 1 Kenntnis haben,
   b) aus der Verwertung der Tat Vorteile ziehen könnten oder
   c) derer sich die Person nach Nummer 1 zur Begehung der Straftat bedienen könnte

   und wenn die Verhütung dieser Straftaten auf andere Weise aussichtslos oder wesentlich erschwert wäre,
3. Personen, bei denen Tatsachen die Annahme rechtfertigen, dass sie Opfer solcher Straftaten werden, oder
4. Zeuginnen und Zeugen, Hinweisgeberinnen und Hinweisgeber oder sonstige Auskunftspersonen, die dazu beitragen können, den Sachverhalt solcher Straftaten aufzuklären.

(4) [1]In den Fällen des Absatzes 1 Nummer 1 bis 3, 5 und 6 sowie des Absatzes 3 Nummer 1 und 2 kann die Polizei auch ohne Einwilligung nach § 26 besondere Kategorien personenbezogener Daten im Sinne des § 3 Absatz 5 Nummer 3 erheben, sofern die Kenntnis dieser Daten zur Abwehr der Gefahr für die öffentliche Sicherheit im jeweiligen Einzelfall zwingend erforderlich ist. [2]Für die Ordnungsbehörden gilt Satz 1 ausschließlich in den Fällen des Absatzes 1 Nummer 1 bis 3, 5 und 6.

(5) [1]Die Polizei sowie Behörden, die Aufgaben der Hilfs- und Rettungsdienste wahrnehmen, können fernmündlich an sie gerichtete Notrufe und über Notrufeinrichtungen eingehende sonstige Mitteilungen aufzeichnen; ausgehende Gespräche können aufgezeichnet werden, sofern sie mit der Bearbeitung des Notrufs in Zusammenhang stehen. [2]Im Übrigen ist eine Aufzeichnung von Anrufen zulässig, soweit dies im Einzelfall zur polizeilichen Aufgabenerfüllung erforderlich ist. [3]Die oder der Anrufende soll auf die Aufzeichnung nach Satz 2 hingewiesen werden, soweit dadurch die Aufgabenerfüllung nicht gefährdet wird. [4]Die Aufzeichnungen nach Satz 1 sind spätestens sechs Monate, die Aufzeichnungen nach Satz 2 spätestens eine Woche nach ihrer Erhebung zu löschen. [5]Dies gilt nicht, sofern die Daten

zur Verfolgung von Straftaten oder Ordnungswidrigkeiten oder zur Erfüllung der in § 1 bezeichneten Aufgaben benötigt werden.

§ 27a Polizeiliche Anhalte- und Sichtkontrollen

[1]Die Polizei darf

1. im öffentlichen Verkehrsraum zur vorbeugenden Bekämpfung von Straftaten von erheblicher Bedeutung (§ 49) oder terroristischer Straftaten (§ 67c) oder
2. im Grenzgebiet bis zu einer Tiefe von 30 Kilometern, in öffentlichen Einrichtungen des internationalen Verkehrs mit unmittelbarem Grenzbezug, im Küstenmeer sowie in den inneren Gewässern zur vorbeugenden Bekämpfung der grenzüberschreitenden Kriminalität oder zur Unterbindung des unerlaubten Aufenthalts

Personen kurzzeitig anhalten und mitgeführte Fahrzeuge, insbesondere deren Kofferräume und Ladeflächen, in Augenschein nehmen. [2]Maßnahmen nach Satz 1 Nummer 1 werden durch die Leitung der zuständigen Polizeibehörde oder durch eine von ihr besonders beauftragte Beamtin oder einen von ihr besonders beauftragten Beamten angeordnet, soweit polizeiliche Lageerkenntnisse dies rechtfertigen. [3]Die Anordnung ergeht schriftlich, in Fällen von Gefahr im Verzug ist sie unverzüglich nachträglich zu dokumentieren. [4]Sie ist in örtlicher und zeitlicher Hinsicht auf den zur vorbeugenden Bekämpfung der in Satz 1 Nummer 1 aufgeführten Straftaten erforderlichen Umfang zu beschränken. [5]Die Anordnung ist auf höchstens einen Monat zu befristen und unter Angabe der Lageerkenntnisse zu begründen. [6]Eine Verlängerung ist möglich, soweit die Anordnungsvoraussetzungen fortbestehen; Satz 2 bis 5 gelten entsprechend.

§ 28 Befragung und Auskunftspflicht

(1) [1]Personen dürfen befragt werden, wenn Tatsachen die Annahme rechtfertigen, dass sie Angaben machen können, die für die Aufgabenerfüllung nach § 1 erforderlich sind. [2]Für die Dauer der Befragung dürfen diese Personen angehalten werden.

(2) [1]Eine Person, die nach Absatz 1 befragt wird, hat die erforderlichen Angaben zu leisten und auf Frage auch Namen, Vornamen, Tag und Ort der Geburt, Wohnanschrift und Staatsangehörigkeit anzugeben. [2]§ 136a Absatz 1 Satz 1 und 3 sowie Absatz 2 und 3 der Strafprozessordnung gilt entsprechend. [3]§ 90 findet keine Anwendung. [4]§ 26b bleibt unberührt. [5]Unter den in den §§ 52 bis 55 der Strafprozessordnung bezeichneten Voraussetzungen ist die betroffene Person zur Verweigerung der Auskunft zur Sache berechtigt. [6]Dies gilt nicht, soweit die Auskunft zur Abwehr einer Gefahr für den Bestand oder die Sicherheit des Bundes oder eines Landes oder Leib, Leben oder Freiheit einer Person erforderlich ist; insoweit erlangte Auskünfte dürfen nur zu Zwecken der Gefahrenabwehr verwendet werden. [7]Ein Berufsgeheimnisträger nach § 53 Absatz 1 Satz 1 Nummer 1, 2 und 4 der Strafprozessordnung sowie ein Rechtsanwalt, eine nach § 206 der Bundesrechtsanwaltsordnung in eine Rechtsanwaltskammer aufgenommene Person oder ein Kammerrechtsbeistand ist auch in den Fällen des Satzes 6 zur Verweigerung der Auskunft berechtigt. [8]Die betroffene Person ist über ihr Recht zur Verweigerung der Auskunft zu belehren.

§ 29 Identitätsfeststellung

(1) [1]Die Identität einer Person darf zur Abwehr einer im einzelnen Falle bevorstehenden Gefahr festgestellt werden. [2]Darüber hinaus dürfen Polizeivollzugsbeamtinnen und Polizeivollzugsbeamte die Identität einer Person feststellen,

1. wenn sie sich an einem Ort aufhält,
   a) für den Tatsachen die Annahme rechtfertigen, dass
      aa) dort Personen Straftaten verabreden, vorbereiten oder verüben,
      bb) sich dort gesuchte Straftäter verbergen,
      cc) sich dort Personen treffen, die gegen aufenthaltsrechtliche Vorschriften verstoßen, oder
      dd) dort Personen dem unerlaubten Glücksspiel nachgehen oder
   b) an dem Personen der Prostitution nachgehen,
2. wenn sie sich in einer Verkehrs- oder Versorgungsanlage oder -einrichtung, einem öffentlichen Verkehrsmittel, Amtsgebäude oder in deren unmittelbarer Nähe aufhält und Tatsachen die Annahme rechtfertigen, dass in oder an diesem Objekt Straftaten begangen werden sollen, durch die Personen oder diese Objekte gefährdet sind,

3. wenn sie sich in einem gefährdeten Objekt oder in dessen unmittelbarer Nähe aufhält und die zuständige Polizeibehörde für dieses Objekt besondere Schutzmaßnahmen angeordnet hat oder
4. an einer Kontrollstelle, die von der Polizei eingerichtet worden ist, um folgende Straftaten zu verhüten, für die Tatsachen die Annahme ihrer Begehung rechtfertigen:
   a) die in §§ 125, 125a des Strafgesetzbuches genannten Straftaten,
   b) die in § 129a des Strafgesetzbuches oder die in § 67c genannten Straftaten,
   c) eine Straftat nach § 250 Absatz 1 Nummer 1 Buchstabe a, b oder Absatz 2 des Strafgesetzbuches,
   d) eine Straftat nach § 255 des Strafgesetzbuches in der Begehungsform nach § 250 Absatz 1 Nummer 1 Buchstabe a, b oder Absatz 2 des Strafgesetzbuches oder
   e) eine Straftat nach § 27 des Versammlungsgesetzes.

(2) [1]Es dürfen die zur Feststellung der Identität erforderlichen Maßnahmen getroffen werden. [2]Insbesondere kann verlangt werden, dass die betroffene Person Angaben zur Feststellung ihrer Identität macht sowie mitgeführte Ausweispapiere zur Prüfung aushändigt. [3]Die betroffene Person darf angehalten werden. [4]Vollzugsbeamtinnen und Vollzugsbeamte der Ordnungsbehörden dürfen die betroffene Person nur bis zum Eintreffen der Polizei festhalten, wenn die Identität auf andere Weise nicht oder nur unter erheblichen Schwierigkeiten festgestellt werden kann.

(3) [1]Polizeivollzugsbeamtinnen und Polizeivollzugsbeamte dürfen die betroffene Person festhalten oder zur Dienststelle verbringen, wenn die Identität auf andere Weise nicht oder nur unter erheblichen Schwierigkeiten festgestellt werden kann. [2]Dabei können die betroffene Person sowie die von ihr mitgeführten Sachen zum Zwecke der Identitätsfeststellung durchsucht werden. [3]Die betroffene Person darf nicht länger festgehalten werden, als es zur Feststellung ihrer Identität erforderlich ist. [4]Spätestens am Ende des Tages nach dem Festhalten muss die Entlassung erfolgen, sofern nicht vorher die Fortdauer der Freiheitsentziehung gerichtlich angeordnet worden ist.

(4) § 56 gilt entsprechend mit der Maßgabe, dass die Freiheitsentziehung insgesamt drei Tage nicht überschreiten darf.

§ 30 Prüfung von Berechtigungsscheinen

[1]Es kann verlangt werden, dass ein Berechtigungsschein zur Prüfung ausgehändigt wird, wenn die betroffene Person aufgrund einer Rechtsvorschrift oder einer vollziehbaren Auflage in einem Erlaubnisbescheid verpflichtet ist, diesen Berechtigungsschein mitzuführen. [2]Die betroffene Person darf für die Dauer der Prüfung angehalten werden.

§ 31 Erkennungsdienstliche Maßnahmen

(1) [1]Erkennungsdienstliche Maßnahmen dürfen angeordnet werden, wenn eine nach § 29 zulässige Identitätsfeststellung auf andere Weise nicht oder nur unter erheblichen Schwierigkeiten möglich ist. [2]Darüber hinaus dürfen Polizeivollzugsbeamtinnen und Polizeivollzugsbeamte die zur Verhütung oder Aufklärung einer künftigen mit Strafe bedrohten Handlung erforderlich erscheinenden erkennungsdienstlichen Maßnahmen anordnen, wenn die betroffene Person verdächtig ist, eine mit Strafe bedrohte Handlung begangen zu haben, und wenn wegen der Art oder Ausführung der Handlung die Gefahr der Begehung weiterer mit Strafe bedrohter Handlungen besteht. [3]Die angeordneten Maßnahmen werden von der Polizei durchgeführt. [4]Sie können auch von Ordnungsbehörden durchgeführt werden, soweit sie über die erforderlichen personellen und materiellen Voraussetzungen verfügen.

(2) Erkennungsdienstliche Maßnahmen sind insbesondere
1. die Abnahme von Fingerabdrücken und Abdrücken von Hand- oder Fußflächen,
2. die Aufnahme von Lichtbildern,
3. die Feststellung äußerer körperlicher Merkmale,
4. Messungen und
5. Tonaufzeichnungen.

(3) Ist die Identität festgestellt, dürfen die in den Fällen des Absatzes 1 Satz 1 im Zusammenhang mit der Feststellung angefallenen erkennungsdienstlichen Daten oder angefertigten Unterlagen nur dann weiterverarbeitet oder verwendet werden, wenn dies für Zwecke nach Absatz 1 Satz 2 oder nach Rechtsvorschriften anderer Gesetze zulässig ist.

(4) Das Ministerium für Inneres und Europa regelt das Nähere durch Verwaltungsvorschrift.

§ 31a Molekulargenetische Untersuchung zur Identitätsfeststellung

(1) [1]Die Polizei kann zur Feststellung der Identität von hilflosen Personen oder Toten deren DNA-Identifizierungsmuster mit denjenigen vermisster Personen abgleichen, wenn die Feststellung der Identität auf andere Weise nicht oder nur unter erheblichen Schwierigkeiten möglich ist. [2]Zu diesem Zweck dürfen

1. hilflosen Personen oder Toten Körperzellen entnommen werden,
2. Proben von Gegenständen mit Spurenmaterial vermisster Personen genommen werden und
3. die Proben nach den Nummern 1 und 2 molekulargenetisch untersucht werden.

[3]Für die Entnahme der Körperzellen gilt § 81a Absatz 1 Satz 2 der Strafprozessordnung entsprechend. [4]Die Untersuchungen nach Satz 2 Nummer 3 sind auf die Feststellung des DNA-Identifizierungsmusters und des Geschlechts zu beschränken. [5]Entnommene Körperzellen sind unverzüglich zu vernichten, wenn sie für die Untersuchung nach Satz 2 nicht mehr benötigt werden. [6]Die DNA-Identifizierungsmuster können zum Zweck des Abgleichs in einem Dateisystem gespeichert werden. [7]Sie sind unverzüglich zu löschen, wenn sie zur Identitätsfeststellung nach Satz 1 nicht mehr benötigt werden.

(2) [1]Molekulargenetische Untersuchungen bedürfen der richterlichen Anordnung auf Antrag der Leitung der zuständigen Polizeibehörde. [2]Im Antrag sind anzugeben:

1. soweit wie möglich eine Beschreibung zur Person, gegen die sich die Maßnahme richtet,
2. Art und Umfang der Maßnahme,
3. der Sachverhalt,
4. eine Begründung.

(3) [1]Die Anordnung ergeht schriftlich. [2]In ihr sind anzugeben:

1. soweit wie möglich eine Beschreibung zur Person, gegen die sich die Maßnahme richtet,
2. Art und Umfang der Maßnahme,
3. die Gründe.

[3]Für die Durchführung der Untersuchungen gilt § 81f Absatz 2 der Strafprozessordnung entsprechend.

§ 32 Einsatz technischer Mittel zur offenen Bild- und Tonaufnahme sowie zur Bild- und Tonaufzeichnung

(1) Bei oder im Zusammenhang mit öffentlichen Veranstaltungen oder Ansammlungen, die nicht dem Versammlungsgesetz unterliegen, können personenbezogene Daten offen auch durch den Einsatz technischer Mittel

1. zur Bild- und Tonaufzeichnung über die in § 69 und § 70 genannten Personen erhoben werden, wenn Tatsachen die Annahme rechtfertigen, dass dabei Straftaten begangen werden oder
2. zur Bildaufnahme erhoben werden, wenn Tatsachen die Annahme rechtfertigen, dass dabei Straftaten begangen werden, oder zur Übersichtsaufnahme erhoben werden, wenn dies zur Lenkung und Leitung des Einsatzes erforderlich ist. Übersichtsaufzeichnungen und die gezielte Feststellung der Identität einer auf diesen Aufzeichnungen abgebildeten Person sind nur unter den Voraussetzungen der Nummer 1 zulässig; die Identitätsfeststellung darf nur durch die Polizei erfolgen.

(2) An öffentlich zugänglichen Orten dürfen personenbezogene Daten offen mit technischen Mitteln zur Bildaufnahme erhoben werden, wenn und solange Tatsachen die Annahme rechtfertigen, dass an diesen ein die öffentliche Sicherheit schädigendes Ereignis in absehbarer Zeit mit hinreichender Wahrscheinlichkeit eintreten wird.

(3) Darüber hinaus dürfen personenbezogene Daten offen mit technischen Mitteln zur Bildaufzeichnung erhoben werden, soweit an öffentlich zugänglichen Orten wiederholt Straftaten begangen worden sind und Tatsachen die Annahme rechtfertigen, dass dort künftig mit der Begehung von Straftaten zu rechnen ist.

(4) An oder in den in § 29 Absatz 1 Satz 2 Nummer 2 und 3 genannten Objekten dürfen personenbezogene Daten offen mit technischen Mitteln zur Bild- und Tonaufzeichnung erhoben werden, soweit Tatsachen die Annahme rechtfertigen, dass an oder in Objekten dieser Art Straftaten begangen werden sollen, durch die Personen, diese Objekte oder andere darin befindliche Sachen gefährdet sind.

(5) [1]Maßnahmen nach Absatz 2 bis 4 bedürfen der schriftlichen Anordnung durch die Leitung der zuständigen Behörde. [2]In ihr sind anzugeben:

1. Art, Umfang und Dauer der Maßnahme, einschließlich einer Bezeichnung der Orte beziehungsweise Objekte, auf die sich die Maßnahme erstreckt,
2. die Gründe.

[3]Über die Anordnung ist die oder der Landesbeauftragte für den Datenschutz unverzüglich zu unterrichten.

(6) [1]Die Datenverarbeitung kann auch dann erfolgen, wenn Dritte (§ 3 Absatz 4 Nummer 2) unvermeidbar betroffen sind. [2]Auf eine Datenverarbeitung nach Absatz 1 bis 4 ist in geeigneter Weise hinzuweisen, soweit diese nicht offenkundig ist oder Gefahr im Verzug besteht. [3]Eine wegen Gefahr im Verzug unterbliebene Mitteilung ist unverzüglich nachzuholen.

(7) [1]Aufzeichnungen nach Absatz 1 sind spätestens einen Monat nach ihrer Erhebung zu löschen. [2]Aufzeichnungen nach Absatz 3 und 4 sind spätestens zwei Wochen nach ihrer Erhebung zu löschen. [3]Satz 1 und 2 gelten nicht, soweit nach diesem Gesetz eine Weiterverarbeitung zulässig ist oder § 45 Absatz 3 eine Einschränkung der Verarbeitung vorsieht.

(8) [1]Die Polizei kann an öffentlichen Orten technische Mittel zur offenen Bild- und Tonaufzeichnung in oder an Fahrzeugen der Polizei einsetzen, soweit und solange im Rahmen der Gefahrenabwehr und bei der Verfolgung von Straftaten und Ordnungswidrigkeiten mit hinreichender Wahrscheinlichkeit zu erwarten ist, dass dies zum Schutz der Polizeivollzugsbeamtinnen oder Polizeivollzugsbeamten oder Dritten (§ 3 Absatz 4 Nummer 2) gegen eine Gefahr für Leib oder Leben erforderlich ist. [2]Absatz 6 und Absatz 7 Satz 2 und 3 gelten entsprechend.

(9) [1]Die Polizei kann in den für die Durchführung der Gewahrsamnahme genutzten polizeilichen Räumen durch den offenen Einsatz technischer Mittel Bild- und Tonaufzeichnungen anfertigen, soweit Tatsachen die Annahme rechtfertigen, dass dies zum Schutz der dort befindlichen Personen gegen eine Gefahr für Leib oder Leben erforderlich ist. [2]Absatz 6 und Absatz 7 Satz 2 und 3 gelten entsprechend.

(10) [1]Die Polizei darf durch den offenen Einsatz technischer Mittel Bild- und Tonaufzeichnungen zur Suche von Personen, deren Leben oder Gesundheit gefährdet ist, anfertigen, wenn die Erfüllung der polizeilichen Aufgabe auf andere Weise aussichtslos oder wesentlich erschwert wäre. [2]Absatz 6 gilt entsprechend. [3]Nach Abschluss der Maßnahme sind die erhobenen personenbezogenen Daten unverzüglich zu löschen. [4]Dies gilt nicht, soweit nach diesem Gesetz eine Weiterverarbeitung zulässig ist oder § 45 Absatz 3 eine Einschränkung der Verarbeitung vorsieht.

§ 32a Einsatz körpernah getragener Aufnahmegeräte

(1) [1]Die Polizei kann an öffentlich zugänglichen Orten für die Dauer von bis zu 60 Sekunden Daten durch Anfertigen von Bild- und Tonaufzeichnungen offen mittels körpernah getragener Aufnahmegeräte im Zwischenspeicher erheben, soweit und solange im Rahmen der Gefahrenabwehr und bei der Verfolgung von Straftaten und Ordnungswidrigkeiten mit hinreichender Wahrscheinlichkeit zu erwarten ist, dass dies zum Schutz der Polizeivollzugsbeamtinnen oder Polizeivollzugsbeamten oder Dritter (§ 3 Absatz 4 Nummer 2) gegen eine Gefahr für Leib oder Leben erforderlich ist. [2]Die im Zwischenspeicher erhobenen Daten werden spätestens nach Ablauf von 60 Sekunden automatisch gelöscht, soweit ihre Speicherung nicht nach Absatz 2 zulässig ist.

(2) [1]Die Polizei kann darüber hinaus an öffentlich zugänglichen Orten im Rahmen der Gefahrenabwehr und bei der Verfolgung von Straftaten und Ordnungswidrigkeiten Daten durch Anfertigen von Bild- und Tonaufzeichnungen offen mittels körpernah getragener Aufnahmegeräte auf einem dauerhaften Speichermedium erheben, soweit und solange Tatsachen die Annahme rechtfertigen, dass dies zum Schutz der Polizeivollzugsbeamtinnen oder Polizeivollzugsbeamten oder Dritter (§ 3 Absatz 4 Nummer 2) gegen eine im Einzelfall bevorstehende Gefahr für Leib oder Leben erforderlich ist. [2]In diesem Fall dürfen die nach Absatz 1 Satz 1 erhobenen Daten auf das dauerhafte Speichermedium übertragen werden.

(3) [1]In Wohn- und Geschäftsräumen sowie in oder von befriedetem Besitztum gilt Absatz 1 entsprechend. [2]Eine dauerhafte Datenerhebung nach Absatz 2 ist in Wohn- und Geschäftsräumen sowie auf einem befriedeten Besitztum nur zulässig, soweit und solange Tatsachen die Annahme rechtfertigen, dass dies zum Schutz der Polizeivollzugsbeamtinnen oder Polizeivollzugsbeamten oder Dritter (§ 3 Absatz 4 Nummer 2) gegen eine gegenwärtige Gefahr für Leib oder Leben erforderlich ist.

(4) § 32 Absatz 6 gilt entsprechend.

(5) [1]Aufzeichnungen sind verschlüsselt sowie manipulationssicher anzufertigen und aufzubewahren. [2]Aufzeichnungen, die nach Absatz 3 oder in Fällen einer Unterbrechung nach § 26a Absatz 3 ange-

fertigt wurden, sind besonders zu kennzeichnen. [3]Auf dem dauerhaften Speichermedium gespeicherte Daten sind nach Ablauf von zwei Wochen nach ihrer Erhebung zu löschen; § 32 Absatz 7 Satz 3 gilt entsprechend.

(6) [1]Das Ministerium für Inneres und Europa regelt das Nähere durch Verwaltungsvorschrift. [2]Die Vorschriften des Versammlungsrechts bleiben unberührt.

§ 33 Besondere Mittel der Datenerhebung

(1) Besondere Mittel der Datenerhebung sind

1. die planmäßig angelegte Beobachtung, die durchgehend länger als 24 Stunden dauert oder an mehr als zwei Tagen stattfinden soll (längerfristige Observation),
2. der verdeckte Einsatz technischer Mittel, insbesondere solcher zur Bild- und Tonaufnahme oder Bild- und Tonaufzeichnung,
3. der Einsatz von Personen, deren Zusammenarbeit mit der Polizei den Betroffenen und Dritten (§ 3 Absatz 4 Nummer 2) nicht bekannt ist (Vertrauenspersonen),
4. der Einsatz von Polizeivollzugsbeamtinnen und Polizeivollzugsbeamten unter einer ihnen verliehenen, auf Dauer angelegten, veränderten Identität (verdeckt Ermittelnde).

(2) [1]Mittel des Absatzes 1 können nur angewandt werden, wenn Tatsachen die Annahme der Begehung von Straftaten von erheblicher Bedeutung (§ 49) rechtfertigen und die Aufklärung des Sachverhaltes zum Zwecke der Verhütung solcher Straftaten oder ihrer möglichen Verfolgung ansonsten unmöglich oder wesentlich erschwert wäre. [2]In diesem Fall kann die Polizei mit den Mitteln des Absatzes 1 Daten erheben über

1. Personen, bei denen Tatsachen die Annahme rechtfertigen, dass sie eine Straftat nach Satz 1 begehen oder sich an einer solchen beteiligen werden oder
2. Personen nach § 27 Absatz 3 Nummer 2.

[3]Mittel nach Absatz 1 können bei Vorliegen der Voraussetzungen des § 67a Absatz 1 auch gegenüber den dort genannten Personen sowie Personen nach § 27 Absatz 3 Nummer 2 eingesetzt werden, wenn die Aufklärung des Sachverhaltes zum Zwecke der Verhütung terroristischer Straftaten (§ 67c) oder ihrer möglichen Verfolgung ansonsten unmöglich oder wesentlich erschwert wäre. [4]Brief-, Post- und Fernmeldegeheimnis bleiben unberührt.

(3) Abweichend von Absatz 2 können Mittel nach Absatz 1 Nummer 2 eingesetzt werden, wenn dies ausschließlich dem Schutz der bei einem polizeilichen Einsatz tätigen Personen dient.

(4) Die Maßnahmen nach Absatz 1 und 3 dürfen auch durchgeführt werden, wenn Dritte (§ 3 Absatz 4 Nummer 2) unvermeidbar betroffen sind.

(5) [1]Verdeckt Ermittelnde dürfen unter der Legende mit Einverständnis der berechtigten Person deren Wohnung betreten. [2]Im Übrigen richten sich die Befugnisse verdeckt Ermittelnder nach diesem Gesetz oder anderen Rechtsvorschriften.

(6) [1]Soweit es für den Aufbau und zur Aufrechterhaltung der Legende verdeckt Ermittelnder unerlässlich ist, können entsprechende Urkunden hergestellt, verändert und gebraucht werden. [2]Die Unerlässlichkeit stellt die Behörde fest, die die verdeckt Ermittelnden einsetzt. [3]Verdeckt Ermittelnde dürfen unter der Legende zur Erfüllung ihres Auftrages am Rechtsverkehr teilnehmen.

§ 33a Verfahren beim Einsatz besonderer Mittel der Datenerhebung

(1) [1]Maßnahmen nach § 33 bedürfen in den Fällen des

1. Absatz 1 Nummer 1,
2. Absatz 1 Nummer 2, bei denen durchgehend länger als 24 Stunden oder an mehr als zwei Tagen Bildaufzeichnungen bestimmter Personen angefertigt werden sollen,
3. Absatz 1 Nummer 2 zum Abhören oder Aufzeichnen des nicht öffentlich gesprochenen Wortes,
4. Absatz 1 Nummer 2, bei denen für Observationszwecke bestimmte technische Mittel durchgehend länger als 24 Stunden oder an mehr als zwei Tagen zum Einsatz kommen, und
5. Absatz 1 Nummer 3 und 4, die sich gegen eine bestimmte Person richten oder bei denen Vertrauenspersonen oder verdeckt Ermittelnde eine Wohnung betreten, die nicht allgemein zugänglich ist,

der richterlichen Anordnung auf Antrag der Leitung der zuständigen Polizeibehörde. [2]Bei Gefahr im Verzug für Leib, Leben oder Freiheit einer Person kann die Leitung der zuständigen Polizeibehörde diese Maßnahme anordnen; eine richterliche Entscheidung ist unverzüglich nachzuholen. [3]Soweit die

Anordnung nach Satz 2 nicht binnen drei Tagen durch das Gericht bestätigt wird, tritt sie außer Kraft. [4]Die Anordnung der sonstigen Maßnahmen nach § 33 Absatz 1 erfolgt außer bei Gefahr im Verzug durch die Leitung der zuständigen Polizeibehörde oder durch eine von ihr besonders beauftragte Beamtin oder einen besonders beauftragten Beamten.

(2) Im Antrag sind anzugeben;

1. die Person, gegen die sich die Maßnahme richtet, soweit möglich mit Namen und Anschrift,
2. Art, Umfang und Dauer der Maßnahme,
3. der Sachverhalt sowie
4. eine Begründung.

(3) [1]Die Anordnung ergeht schriftlich; in Fällen von Gefahr im Verzug ist sie unverzüglich nachträglich zu dokumentieren. [2]In ihr sind anzugeben:

1. die Person, gegen die sich die Maßnahme richtet, soweit möglich mit Namen und Anschrift,
2. Art, Umfang und Dauer der Maßnahme sowie
3. die Gründe.

[3]Die Anordnung ist auf höchstens drei Monate zu befristen; im Falle des § 33 Absatz 1 Nummer 3 und 4 ist die Maßnahme auf höchstens sechs Monate zu befristen. [4]Die Verlängerung der Maßnahme um jeweils denselben Höchstzeitraum bedarf einer neuen Anordnung.

(4) [1]Daten, die ausschließlich über andere als die in § 33 Absatz 2 oder 4 oder in § 26b genannten Personen erhoben worden sind, sind unverzüglich zu löschen. [2]Dies gilt nicht, wenn die nach § 33 Absatz 2 erhobenen Daten zur Verfolgung von Straftaten benötigt werden. [3]Satz 1 gilt ferner nicht, soweit die nach § 26b erhobenen Daten aufgrund gesetzlicher Bestimmungen verwendet werden dürfen.

(5) [1]Maßnahmen nach § 33 Absatz 3 kann die Einsatzleitung anordnen. [2]Aufzeichnungen sind unverzüglich nach Beendigung des Einsatzes zu löschen. [3]Dies gilt nicht, soweit nach diesem Gesetz eine Weiterverarbeitung zulässig ist oder § 45 Absatz 3 eine Einschränkung der Verarbeitung vorsieht.

§ 33b Einsatz technischer Mittel zur Wohnraumüberwachung

(1) [1]Die Polizei kann zur Abwehr einer gegenwärtigen Gefahr für Leib, Leben oder Freiheit einer Person oder solche Güter der Allgemeinheit, deren Bedrohung die Grundlagen oder den Bestand des Bundes oder eines Landes oder die Grundlagen der Existenz der Menschen berührt, durch den verdeckten Einsatz technischer Mittel in oder aus der Wohnung einer Person, die für diese Gefahr verantwortlich ist, deren nichtöffentlich gesprochenes Wort abhören und aufzeichnen sowie von ihr Lichtbilder und Bildaufzeichnungen herstellen, soweit die Abwehr der Gefahr ansonsten unmöglich oder wesentlich erschwert wäre. [2]Diese Maßnahmen dürfen auch unter den Voraussetzungen des § 67a Absatz 1 gegen die dort genannten Personen durchgeführt werden, soweit die Abwehr der dort bezeichneten Gefahr ansonsten unmöglich oder wesentlich erschwert wäre.

(2) In Wohnungen anderer Personen ist die Maßnahme nur zulässig, wenn Tatsachen die Annahme rechtfertigen, dass

1. sich eine Person im Sinne des Absatzes 1 dort aufhält und
2. die Maßnahme in der Wohnung dieser Person allein nicht zur Abwehr der Gefahr oder zur Verhütung einer Straftat nach Absatz 1 führen wird.

(3) [1]Die Maßnahmen nach Absatz 1 und 2 dürfen auch durchgeführt werden, wenn Dritte (§ 3 Absatz 4 Nummer 2) unvermeidbar betroffen sind. [2]Bei der Beurteilung nach § 26a Absatz 1 ist insbesondere auf die Art der zu überwachenden Räumlichkeiten und das Verhältnis der dort anwesenden Personen zueinander abzustellen.

(4) [1]Die Maßnahmen nach Absatz 1 und 2 bedürfen der richterlichen Anordnung auf Antrag der Leitung der zuständigen Polizeibehörde. [2]Bei Gefahr im Verzug kann die Leitung der zuständigen Polizeibehörde die Maßnahme anordnen; eine richterliche Entscheidung ist unverzüglich nachzuholen. [3]Soweit die Anordnung nach Satz 2 nicht binnen drei Tagen durch das Gericht bestätigt wird, tritt sie außer Kraft.

(5) Im Antrag sind anzugeben:

1. die Person, gegen die sich die Maßnahme richtet, soweit möglich mit Namen und Anschrift,
2. die zu überwachende Wohnung oder die zu überwachenden Wohnräume,
3. Art, Umfang und Dauer der Maßnahme,

4. der Sachverhalt sowie
5. eine Begründung.

(6) [1]Die Anordnung ergeht schriftlich; in Fällen von Gefahr im Verzug ist sie unverzüglich nachträglich zu dokumentieren. [2]In ihr sind anzugeben:

1. die Person, gegen die sich die Maßnahme richtet, soweit möglich mit Namen und Anschrift,
2. die zu überwachende Wohnung oder die zu überwachenden Wohnräume,
3. Art, Umfang und Dauer der Maßnahme sowie
4. die Gründe.

[3]Die Anordnung ist auf höchstens einen Monat zu befristen. [4]Eine Verlängerung um jeweils nicht mehr als einen Monat ist zulässig, soweit die Voraussetzungen der Anordnung unter Berücksichtigung der gewonnenen Erkenntnisse fortbestehen. [5]Liegen die Voraussetzungen der Anordnung nicht mehr vor, sind die aufgrund der Anordnung ergriffenen Maßnahmen unverzüglich zu beenden.

(7) [1]Das anordnende Gericht ist über den Verlauf und die Ergebnisse zu unterrichten; es entscheidet unverzüglich über die Rechtmäßigkeit der Datenverarbeitung. [2]Sofern die Voraussetzungen der Anordnung nicht mehr vorliegen, ordnet es die Beendigung der Maßnahme an, soweit diese nicht bereits durch die Leitung der zuständigen Polizeibehörde veranlasst wurde.

(8) [1]Bei Gefahr im Verzug entscheidet über die Verwendung erhobener Daten die Leitung der zuständigen Polizeibehörde; eine richterliche Entscheidung nach Absatz 7 Satz 1 ist unverzüglich nachzuholen. [2]Bei der Sichtung der erhobenen Daten kann sie sich der technischen Unterstützung von zwei weiteren Bediensteten der Behörde bedienen. [3]Die Bediensteten sind zur Verschwiegenheit über die ihnen bekannt gewordenen Erkenntnisse, die nicht verwertet werden dürfen, verpflichtet. [4]Sind Daten an andere Stellen übermittelt worden und wurde die Rechtmäßigkeit dieser Datenerhebung nicht richterlich bestätigt, ist § 45 Absatz 5 zu beachten.

(9) § 33 Absatz 3 und § 33a Absatz 5 gelten entsprechend.

§ 33c Einsatz technischer Mittel zum Eingriff in informationstechnische Systeme

(1) [1]Die Polizei darf durch den verdeckten Einsatz technischer Mittel in von der betroffenen Person genutzte informationstechnische Systeme eingreifen und aus ihnen Daten erheben, wenn Tatsachen die Annahme rechtfertigen, dass eine Gefahr vorliegt für

1. Leib, Leben oder Freiheit einer Person oder
2. solche Güter der Allgemeinheit, deren Bedrohung die Grundlagen oder den Bestand des Bundes oder eines Landes oder die Grundlagen der Existenz der Menschen berührt.

[2]Eine Maßnahme nach Satz 1 ist auch zulässig, wenn die Voraussetzungen des § 67a Absatz 1 vorliegen. [3]Die Maßnahme darf sich nur gegen eine Person richten, die für eine Gefahr verantwortlich ist. [4]In informationstechnische Systeme anderer Personen darf die Maßnahme nur eingreifen, wenn Tatsachen die Annahme rechtfertigen, dass eine nach Satz 1 oder 2 betroffene Person dort ermittlungsrelevante Informationen speichert.

(2) [1]Die Maßnahme darf nur durchgeführt werden, wenn die Abwehr der Gefahr ansonsten aussichtslos oder wesentlich erschwert wäre. [2]Sie darf auch durchgeführt werden, wenn Dritte (§ 3 Absatz 4 Nummer 2) unvermeidbar betroffen sind. [3]§ 26a gilt mit der zusätzlichen Maßgabe, dass, soweit möglich, technisch sicherzustellen ist, dass Daten, die den Kernbereich privater Lebensgestaltung betreffen, nicht erhoben werden.

(3) [1]Es ist technisch sicherzustellen, dass

1. an dem informationstechnischen System nur Veränderungen vorgenommen werden, die für die Datenerhebung unerlässlich sind, und
2. die vorgenommenen Veränderungen bei Beendigung der Maßnahme, soweit technisch möglich, automatisiert rückgängig gemacht werden.

[2]Das eingesetzte Mittel ist nach dem Stand der Technik gegen unbefugte Nutzung zu schützen. [3]Kopierte Daten sind nach dem Stand der Technik gegen Veränderung, unbefugte Löschung und unbefugte Kenntnisnahme zu schützen.

(4) [1]Unter den Voraussetzungen des Absatzes 1 dürfen technische Mittel eingesetzt werden, um zur Vorbereitung einer Maßnahme nach Absatz 1 die erforderlichen Daten, wie insbesondere spezifische Kennungen, sowie den Standort eines informationstechnischen Systems zu ermitteln. [2]Personenbezo-

gene Daten Dritter (§ 3 Absatz 4 Nummer 2) dürfen dabei nur erhoben werden, wenn dies aus technischen Gründen unvermeidbar ist.

(5) Das verdeckte Durchsuchen von Sachen sowie das verdeckte Betreten und Durchsuchen von Räumlichkeiten der betroffenen Personen sind zulässig, soweit dies zur Durchführung von Maßnahmen nach Absatz 1 und 4 erforderlich ist.

(6) Die Maßnahmen nach Absatz 1 und 4, auch soweit ein Fall des Absatzes 5 vorliegt, bedürfen der richterlichen Anordnung auf Antrag der Leitung der zuständigen Polizeibehörde.

(7) Im Antrag sind anzugeben:

1. die Person, gegen die sich die Maßnahme richtet, soweit möglich mit Namen und Anschrift,
2. eine möglichst genaue Bezeichnung des informationstechnischen Systems, in das zur Datenerhebung eingegriffen werden soll,
3. in Fällen des Absatzes 5, soweit möglich, auch eine Bezeichnung der Sachen und die Anschrift der Räumlichkeiten der betroffenen Personen,
4. Art, Umfang und Dauer der Maßnahme,
5. der Sachverhalt sowie
6. eine Begründung.

(8) [1]Die Anordnung ergeht schriftlich. [2]In ihr sind anzugeben:

1. die Person, gegen die sich die Maßnahme richtet, soweit möglich mit Namen und Anschrift,
2. eine möglichst genaue Bezeichnung des informationstechnischen Systems, in das zur Datenerhebung eingegriffen werden soll,
3. in Fällen des Absatzes 5, soweit möglich, auch eine Bezeichnung der Sachen und die Anschrift der Räumlichkeiten der betroffenen Personen,
4. Art, Umfang und Dauer der Maßnahme unter Benennung des Endzeitpunktes sowie
5. die Gründe.

[3]Die Anordnung ist auf höchstens drei Monate zu befristen. [4]Eine Verlängerung um jeweils nicht mehr als einen Monat ist zulässig, soweit die Anordnungsvoraussetzungen unter Berücksichtigung der gewonnenen Erkenntnisse fortbestehen. [5]Liegen die Voraussetzungen der Anordnung nicht mehr vor, sind die aufgrund der Anordnung ergriffenen Maßnahmen unverzüglich zu beenden.

(9) [1]Das anordnende Gericht ist über den Verlauf und die Ergebnisse zu unterrichten; es entscheidet unverzüglich über die Rechtmäßigkeit der Datenverarbeitung. [2]Sofern die Voraussetzungen der Anordnung nicht mehr vorliegen, ordnet es die Beendigung der Maßnahme an, soweit diese nicht bereits durch die Leitung der zuständigen Polizeibehörde veranlasst wurde.

(10) [1]Bei Gefahr im Verzug entscheidet über die Verwendung erhobener Daten die Leitung der zuständigen Polizeibehörde; eine richterliche Entscheidung nach Absatz 9 Satz 1 ist unverzüglich nachzuholen. [2]Bei der Sichtung der erhobenen Daten kann sie sich der technischen Unterstützung von zwei weiteren Bediensteten der Behörde bedienen. [3]Die Bediensteten sind zur Verschwiegenheit über die ihnen bekannt gewordenen Erkenntnisse, die nicht verwertet werden dürfen, verpflichtet. [4]Sind Daten an andere Stellen übermittelt worden und wurde die Rechtmäßigkeit dieser Datenerhebung nicht richterlich bestätigt, ist § 45 Absatz 5 zu beachten.

§ 33d Einsatz technischer Mittel zur Überwachung der Telekommunikation

(1) [1]Die Polizei kann ohne Wissen der betroffenen Person personenbezogene Daten durch den Einsatz technischer Mittel zur Überwachung und Aufzeichnung der Telekommunikation erheben über

1. die für eine Gefahr Verantwortlichen, wenn dies zur Abwehr einer im einzelnen Falle bevorstehenden Gefahr für Leib, Leben oder Freiheit einer Person oder solche Güter der Allgemeinheit, deren Bedrohung die Grundlagen oder den Bestand des Bundes oder eines Landes oder die Grundlagen der Existenz der Menschen berührt, erforderlich ist oder
2. Verantwortliche für eine Gefahr nach § 67a Absatz 1 oder
3. Personen, bei denen Tatsachen die Annahme rechtfertigen, dass sie für eine Person nach Nummer 1 oder 2 bestimmte oder von dieser herrührende Mitteilungen entgegennehmen oder weitergeben oder
4. Personen, bei denen Tatsachen die Annahme rechtfertigen, dass eine Person nach Nummer 1 oder 2 deren Telekommunikationsanschluss oder Endgerät benutzen wird oder
5. Personen, deren Leben oder Gesundheit gefährdet ist.

[2]Datenerhebungen nach Satz 1 dürfen nur durchgeführt werden, wenn die Erfüllung der polizeilichen Aufgabe auf andere Weise aussichtslos oder wesentlich erschwert wäre. [3]Die Maßnahme darf auch durchgeführt werden, wenn Dritte (§ 3 Absatz 4 Nummer 2) unvermeidbar betroffen sind.

(2) [1]Eine Datenerhebung nach Absatz 1 kann sich auf

a) die Inhalte und Umstände der Telekommunikation oder

b) Verkehrs- und Standortdaten im Sinne des Telekommunikationsgesetzes

beziehen. [2]Unter den Voraussetzungen des Absatzes 1 kann die Polizei auch Auskunft über die Verkehrs- und Standortdaten in einem zurückliegenden Zeitraum verlangen. [3]Die Erhebung aller in einer Funkzelle angefallenen Verkehrsdaten (Funkzellenabfrage) ist nicht zulässig.

(3) [1]Die Überwachung und Aufzeichnung der Telekommunikation darf auch in der Weise erfolgen, dass verdeckt mit technischen Mitteln in von der betroffenen Person genutzte informationstechnische Systeme eingegriffen wird, wenn

1. durch technische Maßnahmen sichergestellt ist, dass ausschließlich laufende Telekommunikation überwacht und aufgezeichnet wird und
2. der Eingriff in das informationstechnische System notwendig ist, um die Überwachung und Aufzeichnung der Telekommunikation insbesondere auch in unverschlüsselter Form zu ermöglichen.

[2]Auf dem informationstechnischen System der betroffenen Person gespeicherte Inhalte und Umstände der Kommunikation dürfen überwacht und aufgezeichnet werden, wenn sie auch während des laufenden Übertragungsvorgangs im öffentlichen Telekommunikationsnetz in verschlüsselter Form hätten überwacht und aufgezeichnet werden können. [3]§ 33c Absatz 3 und 5 gilt entsprechend. [4]§ 33c bleibt im Übrigen unberührt.

(4) [1]Die Maßnahmen bedürfen der richterlichen Anordnung auf Antrag der Leitung der zuständigen Polizeibehörde. [2]Bei Gefahr im Verzug für Leib, Leben oder Freiheit einer Person kann die Leitung der zuständigen Polizeibehörde oder eine von ihr besonders beauftragte Beamtin oder ein von ihr besonders beauftragter Beamter die Maßnahme anordnen; eine richterliche Entscheidung ist unverzüglich nachzuholen. [3]Soweit die Anordnung nach Satz 2 nicht binnen drei Tagen durch das Gericht bestätigt wird, tritt sie außer Kraft.

(5) Im Antrag sind anzugeben:

1. die Person, gegen die sich die Maßnahme richtet, soweit möglich mit Namen und Anschrift,
2. soweit möglich die Rufnummer oder eine andere Kennung des zu überwachenden Anschlusses oder des Endgeräts, sofern nicht Tatsachen die Annahme rechtfertigen, dass diese Rufnummer oder andere Kennung zugleich einem anderen Endgerät zugeordnet ist,
3. Art, Umfang und Dauer der Maßnahme,
4. im Falle des Absatzes 3 auch eine möglichst genaue Bezeichnung des informationstechnischen Systems, in das zur Datenerhebung eingegriffen werden soll, und in den Fällen der entsprechenden Anwendung des § 33c Absatz 5, soweit möglich, auch eine Bezeichnung der Sachen und die Anschrift der Räumlichkeiten der betroffenen Person,
5. der Sachverhalt sowie
6. eine Begründung.

(6) [1]Die Anordnung ergeht schriftlich. [2]In ihr sind anzugeben:

1. die Person, gegen die sich die Maßnahme richtet, soweit möglich mit Namen und Anschrift,
2. die Rufnummer oder eine andere Kennung des zu überwachenden Anschlusses oder des Endgeräts, sofern nicht Tatsachen die Annahme rechtfertigen, dass diese Rufnummer oder andere Kennung zugleich einem anderen Endgerät zugeordnet ist,
3. Art, Umfang und Dauer der Maßnahme einschließlich der Uhrzeit der Anordnung,
4. im Falle des Absatzes 3 auch eine möglichst genaue Bezeichnung des informationstechnischen Systems, in das zur Datenerhebung eingegriffen werden soll, und in den Fällen der entsprechenden Anwendung des § 33c Absatz 5, soweit möglich, auch eine Bezeichnung der Sachen und die Anschrift der Räumlichkeiten der betroffenen Person sowie
5. die Gründe.

[3]Bei Gefahr im Verzug kann die Angabe der Gründe unterbleiben; sie ist unverzüglich nachzuholen. [4]Die Anordnung ist auf höchstens drei Monate zu befristen. [5]Eine Verlängerung um jeweils nicht mehr als drei weitere Monate ist zulässig, soweit die Voraussetzungen der Anordnung unter Berücksichti-

gung der gewonnenen Erkenntnisse fortbestehen. [6]Liegen die Voraussetzungen der Anordnung nicht mehr vor, sind die aufgrund der Anordnung ergriffenen Maßnahmen unverzüglich zu beenden.

(7) [1]Aufgrund der Anordnung hat jeder Diensteanbieter im Sinne des Telekommunikationsgesetzes der Polizei nach Maßgabe des Telekommunikationsgesetzes und der Telekommunikations-Überwachungsverordnung die Maßnahmen unverzüglich zu ermöglichen und die erforderlichen Auskünfte unverzüglich zu erteilen. [2]Die in Anspruch genommenen Diensteanbieter werden entsprechend § 23 des Justizvergütungs- und -entschädigungsgesetzes entschädigt.

(8) [1]Über die Rechtmäßigkeit erhobener Daten, die im Wege einer automatischen Aufzeichnung ohne zeitgleiche Prüfung, ob der Kernbereich privater Lebensgestaltung berührt ist, erlangt wurden, entscheidet die oder der behördliche Datenschutzbeauftragte. [2]Satz 1 gilt entsprechend, wenn sich bei zeitgleicher Prüfung Tatsachen ergeben, die die Annahme rechtfertigen, dass Erkenntnisse aus dem Kernbereich erfasst werden. [3]Bei Gefahr im Verzug entscheidet über die Verwendung erhobener Daten die Leitung der zuständigen Polizeibehörde oder eine von ihr besonders beauftragte Beamtin oder ein von ihr besonders beauftragter Beamter; eine Entscheidung der oder des behördlichen Datenschutzbeauftragten ist unverzüglich nachzuholen. [4]Soweit personenbezogene Daten Dritter (§ 3 Absatz 4 Nummer 2) erhoben worden sind, sind diese unverzüglich nach der Entscheidung zur Datenweiterverarbeitung zu löschen, soweit dies technisch möglich ist. [5]Sind in den Fällen des Satzes 3 Daten an andere Stellen übermittelt worden und wurde die Rechtmäßigkeit dieser Datenerhebung nicht von der oder dem behördlichen Datenschutzbeauftragten festgestellt, ist § 45 Absatz 5 anzuwenden.

§ 33e Auskunft über Nutzungsdaten

(1) [1]Die Polizei kann unter den Voraussetzungen des § 33d Absatz 1 über die dort genannten Personen Auskünfte über Nutzungsdaten gemäß § 15 Absatz 1 Satz 2 Nummer 2 und 3 des Telemediengesetzes verlangen. [2]Die Auskunft kann auch über zukünftige Nutzungsdaten angeordnet werden.

(2) Für die Anordnung der Maßnahme gilt § 33d Absatz 4 bis 6 entsprechend.

(3) [1]Aufgrund der Anordnung hat jeder Diensteanbieter im Sinne des Telemediengesetzes der Polizei unverzüglich Auskunft über die Nutzungsdaten auf dem von ihr bestimmten Weg zu erteilen. [2]§ 33d Absatz 7 Satz 2 gilt entsprechend.

§ 33f Identifizierung und Lokalisierung von Mobilfunkkarten und -endgeräten

(1) [1]Die Polizei kann unter den Voraussetzungen des § 33d Absatz 1 durch technische Mittel

1. die Gerätenummer eines Mobilfunkendgeräts und die Kartennummer der darin verwendeten Karte sowie
2. den Standort eines Mobilfunkendgeräts

ermitteln. [2]Personenbezogene Daten Dritter (§ 3 Absatz 4 Nummer 2) dürfen anlässlich einer Maßnahme nach Satz 1 nur erhoben werden, wenn dies aus technischen Gründen zur Erreichung des Zwecks nach Satz 1 unvermeidbar ist. [3]Über den Datenabgleich zur Ermittlung der gesuchten Geräte- und Kartennummer hinaus dürfen sie nicht verwendet werden und sind nach Beendigung der Maßnahme unverzüglich zu löschen.

(2) Für die Anordnung der Maßnahme gilt § 33d Absatz 4 bis 6 entsprechend.

(3) [1]Aufgrund der Anordnung einer Maßnahme nach Absatz 1 Satz 1 Nummer 2 hat jeder Diensteanbieter im Sinne des Telekommunikationsgesetzes der Polizei unverzüglich die für die Ermittlung des Standortes des Mobilfunkendgeräts erforderliche Geräte- und Kartennummer mitzuteilen. [2]§ 33d Absatz 7 Satz 2 gilt entsprechend.

§ 33g Unterbrechung oder Verhinderung der Telekommunikation

(1) [1]Die Polizei kann unter den Voraussetzungen des § 33d Absatz 1 Satz 1 Nummer 1 bis 4 und Satz 2 durch technische Mittel Telekommunikationsverbindungen unterbrechen oder verhindern. [2]Die Maßnahme darf auch durchgeführt werden, wenn Telekommunikationsverbindungen Dritter (§ 3 Absatz 4 Nummer 2) unvermeidbar unterbrochen oder verhindert werden.

(2) Die Polizei kann unter den Voraussetzungen des Absatzes 1 Telekommunikationsverbindungen auch ohne Kenntnis der Rufnummer oder einer anderen Kennung des betreffenden Anschlusses oder des Endgeräts unterbrechen oder verhindern, sofern anderenfalls die Erreichung des Zwecks der Maßnahme nach Absatz 1 auf andere Weise aussichtslos oder wesentlich erschwert wäre.

(3) Für die Anordnung gilt § 33d Absatz 4 entsprechend.

(4) Im Antrag sind anzugeben:

1. die Person, gegen die sich die Maßnahme richtet, soweit möglich mit Namen und Anschrift,
2. soweit möglich die Rufnummer oder eine andere Kennung des zu überwachenden Anschlusses oder des Endgeräts, sofern nicht Tatsachen die Annahme rechtfertigen, dass diese Rufnummer oder andere Kennung zugleich einem anderen Endgerät zugeordnet ist,
3. Art, Umfang und Dauer der Maßnahme unter Benennung des Endzeitpunkts,
4. im Fall des Absatzes 2 die möglichst genaue räumliche und zeitliche Bezeichnung der Telekommunikationsverbindungen, die unterbrochen oder verhindert werden sollen,
5. der Sachverhalt sowie
6. eine Begründung.

(5) [1]Die Anordnung ergeht schriftlich. [2]In ihr sind anzugeben:

1. die Person, gegen die sich die Maßnahme richtet, soweit möglich mit Namen und Anschrift,
2. soweit möglich die Rufnummer oder eine andere Kennung des zu überwachenden Anschlusses oder des Endgeräts, sofern nicht Tatsachen die Annahme rechtfertigen, dass diese Rufnummer oder andere Kennung zugleich einem anderen Endgerät zugeordnet ist,
3. Art, Umfang und Dauer der Maßnahme unter Benennung des Endzeitpunkts,
4. im Fall des Absatzes 2 die möglichst genaue räumliche und zeitliche Bezeichnung der Telekommunikationsverbindungen, die unterbrochen oder verhindert werden sollen sowie
5. die Gründe.

[3]§ 33d Absatz 6 Satz 3 bis 6 gilt entsprechend.

§ 33h[1)] Auskunft über Bestandsdaten

(1) [1]Die Polizei kann zur Abwehr einer im einzelnen Falle bevorstehenden Gefahr von Diensteanbietern im Sinne des Telekommunikationsgesetzes Auskunft über die nach den §§ 95 und 111 des Telekommunikationsgesetzes oder von Diensteanbietern im Sinne des Telemediengesetzes Auskunft über die nach § 14 Absatz 1 und § 15 Absatz 1 Satz 2 Nummer 1 des Telemediengesetzes erhobenen personenbezogenen Daten verlangen. [2]Bezieht sich das Auskunftsverlangen nach Satz 1 auf Daten, mittels derer der Zugriff auf Endgeräte oder auf Speichereinrichtungen, die in diesen Endgeräten oder hiervon räumlich getrennt eingesetzt werden, geschützt wird, darf die Auskunft nur verlangt werden, wenn die gesetzlichen Voraussetzungen für die Nutzung der Daten vorliegen.

(2) Die Auskunft nach Absatz 1 darf auch anhand einer zu einem bestimmten Zeitpunkt zugewiesenen Internetprotokoll-Adresse sowie weiterer zur Individualisierung erforderlicher technischer Daten verlangt werden.

(3) [1]Aufgrund eines Auskunftsverlangens nach Absatz 1 oder Absatz 2 haben die Diensteanbieter die zur Auskunftserteilung erforderlichen Daten unverzüglich, vollständig und richtig zu übermitteln. [2]§ 33d Absatz 7 Satz 2 gilt entsprechend.

§ 34 Einsatz unbemannter Luftfahrtsysteme

[1]Bei den nachfolgenden Maßnahmen dürfen unter Beachtung der dort bestehenden Regelungen Daten auch durch den Einsatz unbemannter Luftfahrtsysteme erhoben werden:

1. offene Bild- und Tonaufnahmen oder Bild- und Tonaufzeichnungen nach § 32 Absatz 1, 3, 4 und 10,
2. Einsatz besonderer Mittel der Datenerhebung nach § 33,
3. Einsatz technischer Mittel in Wohnungen nach § 33b,
4. Einsatz technischer Mittel zum Eingriff in informationstechnische Systeme nach § 33c,
5. Einsatz technischer Mittel zur Telekommunikationsüberwachung nach den §§ 33d, 33f und 33g.

[2]Eine Datenerhebung mittels unbemannter Luftfahrtsysteme durch eine Vertrauensperson ist unzulässig.

§ 35 Ausschreibung zur polizeilichen Beobachtung und gezielten Kontrolle

(1) [1]Rechtfertigen Tatsachen die Annahme dafür, dass bestimmte Personen Straftaten von erheblicher Bedeutung (§ 49) oder terroristische Straftaten (§ 67c) begehen werden, kann die Polizei zur Verhütung oder zur vorbeugenden Bekämpfung solcher Straftaten personenbezogene Daten, insbesondere die

---

1) § 33h Abs. 1 Satz 1 und Abs. 2 ist gem. Landesverfassungsgericht 3/14 M-V v. 28.10.2021 (GVOBl. M-V 2022 S. 62) mit Art. 6 LV, Art. 5 Abs. 3 LV i.V.m. Art. 2 Abs. 1 GG i.V.m. Art. 1 GG und Art. 10 GG unvereinbar.
Bis zu einer Neuregelung, längstens jedoch bis zum 31.10.2022, bleiben die für mit der Landesverfassung unvereinbar erklärten Vorschriften nach Maßgabe des Abschnitts D II. der Gründe weiter anwendbar.

Personalien dieser Personen oder die amtlichen Kennzeichen, die Identifizierungsnummern oder die äußeren Kennzeichnungen der von solchen Personen benutzten oder eingesetzten Kraftfahrzeuge, Wasserfahrzeuge, Luftfahrzeuge oder Container, in einem Dateisystem speichern, damit andere Polizeibehörden Erkenntnisse über das Antreffen sowie über Personen nach § 27 Absatz 3 Nummer 2 bei Gelegenheit einer Überprüfung aus anderem Anlass übermitteln (Ausschreibung zur polizeilichen Beobachtung). 2Die Maßnahme kann auch durchgeführt werden, wenn die Voraussetzungen des § 67a Absatz 1 vorliegen.

(2) 1Unter den Voraussetzungen des Absatzes 1 ist auch die Ausschreibung zur gezielten Kontrolle zulässig. 2Unbeschadet anderer Vorschriften kann die Polizei im Rahmen der gezielten Kontrolle

1. die Identität von Personen feststellen, die sich in einem zur gezielten Kontrolle ausgeschriebenen Fahrzeug oder Container befinden,
2. das zur gezielten Kontrolle ausgeschriebene Fahrzeug oder den Container sowie die darin befindlichen Sachen durchsuchen sowie
3. die zur gezielten Kontrolle ausgeschriebene Person durchsuchen

und die daraus gewonnenen Erkenntnisse an die ausschreibende Polizeibehörde übermitteln. 3Die für die Identitätsfeststellung sowie die Durchsuchung von Personen und Sachen geltenden Vorschriften sind im Übrigen anzuwenden.

(3) Die Maßnahmen nach Absatz 1 und 2 bedürfen der Anordnung durch die Leitung der zuständigen Polizeibehörde.

(4) 1Die Anordnung ergeht schriftlich. 2In ihr sind anzugeben:

1. die Person, gegen die sich die Maßnahme richtet, soweit möglich mit Namen und Anschrift,
2. sonstige Angaben nach Absatz 1,
3. Art, Umfang und Dauer der Maßnahme sowie
4. die Gründe.

(5) 1Die Anordnung ist auf höchstens sechs Monate zu befristen. 2Liegen die Voraussetzungen für die Anordnung nicht mehr vor oder ist der Zweck der Maßnahme erreicht oder zeigt sich, dass er nicht erreicht werden kann, ist die Ausschreibung unverzüglich zu löschen. 3Eine Verlängerung um jeweils nicht mehr als sechs weitere Monate ist zulässig, soweit die Voraussetzungen der Anordnung fortbestehen. 4Eine Verlängerung bedarf der gerichtlichen Anordnung nach Maßgabe des Absatzes 4 auf Antrag der Leitung der zuständigen Polizeibehörde; der Antrag muss die Angaben nach Absatz 4 Satz 2 Nummer 1 bis 3 sowie den Sachverhalt und eine Begründung enthalten.

Unterabschnitt 3

Speicherung, Übermittlung und sonstige Verarbeitung personenbezogener Daten (§§ 36 – 44)

§ 36 Zweckbindung, Grundsatz der hypothetischen Datenneuerhebung

(1) 1Soweit in diesem Gesetz nichts Besonderes geregelt ist, können personenbezogene Daten, die zu Zwecken dieses Gesetzes erhoben wurden, weiterverarbeitet werden, soweit dies zur Erfüllung derselben Aufgabe und zum Schutz derselben Rechtsgüter oder zur Verhütung derselben Straftaten oder Ordnungswidrigkeiten erforderlich ist. 2Bei personenbezogenen Daten, die durch Maßnahmen zur Wohnraumüberwachung (§ 33b) oder zum Eingriff in informationstechnische Systeme (§ 33c) erlangt wurden, gilt dies mit der Maßgabe, dass im Einzelfall eine Gefahrenlage im Sinne dieser Vorschriften vorliegt.

(2) 1Personenbezogene Daten, die zu Zwecken dieses Gesetzes erhoben wurden, können zu anderen Zwecken weiterverarbeitet werden, wenn unter Berücksichtigung der jeweiligen Datenerhebungsvorschrift

1. mindestens
   a) vergleichbar schwerwiegende Straftaten oder Ordnungswidrigkeiten verhütet, aufgedeckt oder verfolgt oder
   b) vergleichbar bedeutsame Rechtsgüter geschützt

   werden sollen und
2. sich im Einzelfall konkrete Ermittlungsansätze

a) zur Verhütung, Aufdeckung oder Verfolgung solcher Straftaten oder Ordnungswidrigkeiten ergeben oder
b) zur Abwehr von in einem übersehbaren Zeitraum drohenden Gefahren für mindestens vergleichbar bedeutsame Rechtsgüter erkennen lassen,

soweit Rechtsvorschriften dieses Gesetzes oder anderer Gesetze die zweckändernde Weiterverarbeitung nicht besonders regeln oder wenn andere Rechtsvorschriften dieses Gesetzes oder anderer Gesetze eine Datenerhebung zu dem anderen Zweck mit vergleichbaren Mitteln zulassen. [2]§ 37a bleibt unberührt.

(3) [1]Für die Weiterverarbeitung von personenbezogenen Daten, die durch Maßnahmen zur Wohnraumüberwachung (§ 33b) oder zum Eingriff in informationstechnische Systeme (§ 33c) erlangt wurden, gilt Absatz 2 Satz 1 Nummer 2 Buchstabe b mit der Maßgabe entsprechend, dass im Einzelfall eine Gefahrenlage im Sinne dieser Vorschriften vorliegen muss. [2]Lichtbilder oder Bildaufzeichnungen von einer Person, die durch eine Maßnahme zur Wohnraumüberwachung (§ 33b) erlangt wurden, dürfen nicht zu Strafverfolgungszwecken weiterverarbeitet werden.

(4) Abweichend von Absatz 2 können die vorhandenen Grunddaten nach § 3 Absatz 5 Nummer 2 einer Person auch weiterverarbeitet werden, um diese Person zu identifizieren.

(5) Bei der Weiterverarbeitung von personenbezogenen Daten ist durch organisatorische und technische Vorkehrungen sicherzustellen, dass die Absätze 1 bis 4 beachtet werden.

§ 37 Voraussetzungen der Verarbeitung personenbezogener Daten aus Strafermittlungsverfahren

(1) [1]Die Polizei kann personenbezogene Daten, die sie im Rahmen von Strafermittlungsverfahren über Personen gewonnen hat, die einer Straftat verdächtig sind, unter Beachtung des § 36 Absatz 2 und 3 verarbeiten, soweit dies zur vorbeugenden Bekämpfung von Straftaten erforderlich ist, weil wegen der Art oder Ausführung der Tat, der Persönlichkeit der betroffenen Person oder sonstiger Erkenntnisse die Gefahr der Begehung einer weiteren Straftat besteht. [2]§ 37a bleibt unberührt.

(2) [1]Ist der Ausgang des Strafermittlungsverfahrens zum Zeitpunkt der Entscheidung über eine Speicherung nicht bekannt, darf die Dauer der Speicherung zunächst drei Jahre nicht überschreiten. [2]Eine weitere Speicherung darf nur nach erneuter Prüfung des Sachverhalts und nur unter der Voraussetzung erfolgen, dass die Polizei Erkundigungen hinsichtlich des Ausgangs des Verfahrens einholt; entfällt der dem Strafermittlungsverfahren zugrundeliegende Verdacht, so sind die Daten zu löschen.

(3) [1]Die Polizei kann die nach § 27 Absatz 3 erhobenen Daten unter Beachtung des § 36 Absatz 1 bis 3 verarbeiten. [2]Die Speicherungsdauer dieser Daten darf drei Jahre nicht überschreiten. [3]Nach jeweils einem Jahr, gerechnet vom Zeitpunkt ihrer Speicherung, ist zu prüfen, ob die Voraussetzungen einer weiteren Nutzung noch vorliegen; die Entscheidung trifft die Leitung der zuständigen Polizeibehörde oder eine von ihr besonders beauftragte Beamtin oder ein von ihr besonders beauftragter Beamter.

(4) § 36 Absatz 5 gilt entsprechend.

§ 37a Verarbeitung zu Zwecken der wissenschaftlichen und historischen Forschung, Aus- und Fortbildung und Statistik

(1) Personenbezogene Daten, die in oder aus Wohn- oder Geschäftsräumen oder befriedetem Besitztum oder durch eine Maßnahme nach § 33c oder in Fällen des § 26a Absatz 3 oder des § 26b erhoben wurden, dürfen nicht zu Zwecken der wissenschaftlichen oder historischen Forschung oder der Aus- und Fortbildung weiterverarbeitet werden.

(2) Personenbezogene Daten, die nicht unter Absatz 1 fallen, dürfen zu Zwecken der wissenschaftlichen oder historischen Forschung nach Maßgabe des § 9 des Landesdatenschutzgesetzes weiterverarbeitet werden.

(3) [1]Die Polizei und Ordnungsbehörden können personenbezogene Daten, die nicht unter Absatz 1 fallen, zu Zwecken der Aus- und Fortbildung weiterverarbeiten und an die mit der Aus- und Fortbildung ihrer Beschäftigten beauftragten öffentlichen Stellen übermitteln, wenn auf andere Weise das Ziel der Aus- oder Fortbildung nicht erreichbar ist und nicht überwiegende schutzwürdige Interessen der betroffenen Personen entgegenstehen. [2]Soweit der Zweck der Weiterverarbeitung dieses zulässt und kein unvertretbarer Verwaltungsaufwand entgegensteht, sind diese Daten zu anonymisieren. [3]Für die Übermittlung personenbezogener Daten gilt § 9 Absatz 4 des Landesdatenschutzgesetzes entsprechend.

(4) Personenbezogene Daten dürfen zu statistischen Zwecken nur in anonymisierter Form weiterverarbeitet werden.

§ 38 Weiterverarbeitung personenbezogener Daten zur Vorgangsverwaltung und befristeten Dokumentation

[1]Zur Vorgangsverwaltung oder zur befristeten Dokumentation behördlichen Handelns können personenbezogene Daten gespeichert und nur zu diesem Zweck weiterverarbeitet werden. [2]Die §§ 36 bis 37a sind nicht anzuwenden. [3]Mittel und Umfang der Vorgangsverwaltung werden vom Ministerium für Inneres und Europa im Benehmen mit der oder dem Landesbeauftragten für den Datenschutz durch Verwaltungsvorschrift bestimmt.

§ 39 Grundsätze der Datenübermittlung

(1) [1]Die verantwortliche Stelle hat angemessene Maßnahmen zu ergreifen, um zu gewährleisten, dass personenbezogene Daten, die unrichtig oder nicht mehr aktuell sind, nicht übermittelt oder sonst zur Verfügung gestellt werden. [2]Zu diesem Zweck hat sie, soweit dies mit angemessenem Aufwand möglich ist, die Qualität der Daten vor ihrer Übermittlung oder Bereitstellung zu überprüfen. [3]Bei jeder Übermittlung personenbezogener Daten hat sie zudem, soweit dies möglich und angemessen ist, Informationen beizufügen, die es dem Empfänger gestatten, die Richtigkeit, die Vollständigkeit und die Zuverlässigkeit der Daten sowie deren Aktualität zu beurteilen.

(2) [1]Gelten für die Verarbeitung von personenbezogenen Daten besondere Bedingungen, so hat bei Datenübermittlungen die übermittelnde Stelle den Empfänger auf diese Bedingungen und die Pflicht zu ihrer Beachtung hinzuweisen. [2]Die Hinweispflicht kann dadurch erfüllt werden, dass die Daten entsprechend gekennzeichnet werden.

(3) Die übermittelnde Stelle darf auf Empfänger in anderen Mitgliedstaaten der Europäischen Union und auf Einrichtungen und sonstige Stellen, die nach den Kapiteln 4 und 5 des Titels V des Dritten Teils des Vertrags über die Arbeitsweise der Europäischen Union errichtet wurden, keine Bedingungen anwenden, die nicht auch für entsprechende innerstaatliche Datenübermittlungen gelten.

§ 39a Datenübermittlungsverbote und Verweigerungsgründe

(1) [1]Die Übermittlung personenbezogener Daten unterbleibt, wenn

1. für die übermittelnde Stelle erkennbar ist, dass unter Berücksichtigung der Art der Daten und ihrer Erhebung die schutzwürdigen Interessen der betroffenen Person das Allgemeininteresse an der Übermittlung überwiegen, oder
2. Weiterverarbeitungsregelungen entgegenstehen; die Verpflichtung zur Wahrung gesetzlicher Geheimhaltungspflichten oder von Berufs- oder besonderen Amtsgeheimnissen, die nicht auf gesetzlichen Vorschriften beruhen, bleibt unberührt.

[2]Satz 1 Nummer 1 gilt nicht für Übermittlungen an die Staatsanwaltschaften.

(2) Die Datenübermittlung an Stellen außerhalb der Bundesrepublik Deutschland unterbleibt darüber hinaus,

1. wenn hierdurch wesentliche Sicherheitsinteressen des Bundes oder der Länder beeinträchtigt würden,
2. wenn hierdurch der Erfolg laufender Ermittlungen oder Leib, Leben oder Freiheit einer Person gefährdet würde,
3. soweit Grund zu der Annahme besteht, dass durch sie gegen den Zweck eines deutschen Gesetzes verstoßen würde, oder
4. wenn Tatsachen die Annahme rechtfertigen, dass die Übermittlung der Daten zu den in der Charta der Grundrechte der Europäischen Union enthaltenen Grundsätzen, insbesondere dadurch, dass durch die Weiterverarbeitung der übermittelten Daten im Empfängerstaat Verletzungen von elementaren rechtsstaatlichen Grundsätzen oder Menschenrechtsverletzungen drohen, in Widerspruch stünde.

(3) Bei der Beurteilung von Ausschluss- und Verweigerungsgründen haben die Behörden insbesondere die nach § 28 Absatz 3 des Bundeskriminalamtgesetzes für den polizeilichen Informationsaustausch und Rechtshilfeverkehr geführte Aufstellung über die Einhaltung der elementaren rechtsstaatlichen Grundsätze und Menschenrechtsstandards sowie das Datenschutzniveau in den jeweiligen Drittstaaten, die die speziellen Erfordernisse des polizeilichen Informationsaustauschs berücksichtigt, zu beachten.

§ 39b Datenübermittlung im innerstaatlichen Bereich

(1) [1]Personenbezogene Daten können unter Beachtung des § 36 Absatz 2 bis 4 und der §§ 39 und 39a innerhalb des Landes an Polizeibehörden und Ordnungsbehörden und darüber hinaus auch an andere Polizeien und Ordnungsbehörden des Bundes und der Länder übermittelt werden, soweit dies zur Erfüllung der polizeilichen oder ordnungsbehördlichen Aufgaben der übermittelnden Stelle oder des Empfängers erforderlich ist. [2]Die über Personen nach § 27 Absatz 3 Nummer 2 bis 4 gespeicherten personenbezogenen Daten dürfen nur an andere Polizeidienststellen übermittelt werden.

(2) Für die Einrichtung von automatisierten Verfahren gilt § 42.

(3) [1]Personenbezogene Daten können an andere als die in Absatz 1 genannten Behörden und sonstige öffentliche Stellen übermittelt werden, soweit dies

1. in anderen Rechtsvorschriften vorgesehen ist oder
2. unter Beachtung des § 36 Absatz 2 bis 4 und der §§ 39 und 39a zulässig und erforderlich ist
   a) zur Aufgabenerfüllung nach diesem Gesetz,
   b) für Zwecke der Verfolgung von Straftaten oder Ordnungswidrigkeiten,
   c) für Zwecke der Gefahrenabwehr oder
   d) zur Verhütung oder Beseitigung erheblicher Nachteile für das Gemeinwohl oder zur Abwehr einer schwerwiegenden Beeinträchtigung der Rechte Einzelner

   und Zwecke des Verfahrens, zu dem die Daten erhoben wurden, nicht entgegenstehen.

[2]Persönliche Einschätzungen oder Beurteilungen sowie gespeicherte personenbezogene Daten über Personen nach § 27 Absatz 3 Nummer 2 bis 4 dürfen nicht übermittelt werden. [3]Die Übermittlung personenbezogener Daten zwischen der Verfassungsschutzbehörde und den Ordnungsbehörden oder der Polizei des Landes richtet sich nach den Vorschriften des Landesverfassungsschutzgesetzes.

(4) [1]Unter den Voraussetzungen des Absatzes 3 können personenbezogene Daten auch an nichtöffentliche Stellen übermittelt werden. [2]Die Übermittlung unterbleibt, wenn der der Erhebung dieser Daten zugrundeliegende Zweck gefährdet würde oder schutzwürdige Interessen der betroffenen Person beeinträchtigt würden. [3]Sind personenbezogene Daten durch eine andere Stelle übermittelt worden und besteht Grund zu der Annahme, dass durch die Übermittlung hach Satz 1 der der Erhebung dieser Daten zugrundeliegende Zweck gefährdet würde, ist vor der Übermittlung die Zustimmung dieser Stelle einzuholen. [4]Verarbeitungsbedingungen der übermittelnden Stelle sind zu beachten.

(5) [1]Der Empfänger darf die übermittelten personenbezogenen Daten nur zu dem Zweck verarbeiten, für den sie ihm übermittelt worden sind. [2]Eine Verarbeitung für andere Zwecke ist unter Beachtung des § 36 Absatz 2 bis 4 zulässig; im Falle des Absatzes 4 gilt dies nur, soweit die übermittelnde Stelle der Zweckänderung zustimmt.

(6) [1]Die Verantwortung für die Zulässigkeit der Datenübermittlung trägt die übermittelnde Stelle. [2]Erfolgt die Übermittlung in den Fällen von Absatz 1 oder 3 Nummer 2 auf Ersuchen des Empfängers, trägt dieser die Verantwortung. [3]In diesen Fällen prüft die übermittelnde Stelle nur, ob das Übermittlungsersuchen im Rahmen der Aufgaben des Empfängers liegt, es sei denn, dass besonderer Anlass zur Prüfung der Zulässigkeit der Übermittlung besteht. [4]Im Übrigen hat die ersuchende Stelle der übermittelnden Stelle die zur Prüfung der Zulässigkeit der Übermittlung erforderlichen Angaben zu machen.

(7) Sind mit personenbezogenen Daten, die nach Absatz 1 oder 3 übermittelt werden dürfen, weitere personenbezogene Daten der betroffenen Person oder eines Dritten (§ 3 Absatz 4 Nummer 2) in Akten so verbunden, dass eine Trennung nicht oder nur mit unvertretbarem Aufwand möglich ist, so ist die Übermittlung auch dieser Daten zulässig, soweit nicht berechtigte Interessen der betroffenen Person oder eines Dritten (§ 3 Absatz 4 Nummer 2) an der Geheimhaltung offensichtlich überwiegen; eine Verwendung dieser Daten durch den Empfänger ist unzulässig.

§ 39c Datenübermittlung an Mitgliedstaaten und Organisationen der Europäischen Union

(1) [1]§ 39b gilt, mit Ausnahme des § 39b Absatz 6, entsprechend für die Übermittlung von personenbezogenen Daten an

1. öffentliche und nichtöffentliche Stellen in Mitgliedstaaten der Europäischen Union und
2. zwischen- und überstaatliche Stellen der Europäischen Union oder deren Mitgliedstaaten, die mit Aufgaben im Sinne dieses Gesetzes befasst sind.

[2]Die Verantwortung für die Zulässigkeit der Datenübermittlung trägt die übermittelnde Stelle. [3]Für die Übermittlung an Polizei- und Justizbehörden sowie an sonstige für die Verhütung oder Verfolgung von Straftaten zuständige öffentliche Stellen zum Zwecke der Verfolgung von Straftaten und zur Strafvollstreckung bleiben die Vorschriften über die internationale Rechtshilfe in strafrechtlichen Angelegenheiten unberührt. [4]Die Zulässigkeit der Übermittlung personenbezogener Daten an eine Polizeibehörde oder eine sonstige für die Verhütung und Verfolgung von Straftaten zuständige öffentliche Stelle eines Mitgliedstaates der Europäischen Union auf der Grundlage besonderer völkerrechtlicher Vereinbarungen bleibt unberührt.

(2) Absatz 1 findet auch Anwendung auf die Übermittlung von personenbezogenen Daten an Polizeibehörden oder sonstige für die Verhütung und Verfolgung von Straftaten zuständige öffentliche Stellen von Staaten, welche die Bestimmungen des Schengen-Besitzstandes aufgrund eines Assoziierungsübereinkommens mit der Europäischen Union über die Umsetzung, Anwendung und Entwicklung des Schengen-Besitzstandes anwenden.

§ 39d Datenübermittlung in Drittstaaten im Anwendungsbereich der Richtlinie (EU) 2016/680

(1) [1]Personenbezogene Daten können unter Beachtung des § 36 Absatz 2 bis 4, der §§ 39 und 39a sowie der §§ 39e bis 39g an Polizei- und Justizbehörden sowie an sonstige für die Verhütung oder Verfolgung von Straftaten oder Ordnungswidrigkeiten zuständige öffentliche Stellen in anderen als den in § 39c genannten Staaten (Drittstaaten) und an andere als dort genannten zwischen- und überstaatlichen Stellen, die mit Aufgaben der Verhütung oder Verfolgung von Straftaten oder Ordnungswidrigkeiten befasst sind, übermittelt werden, soweit dies erforderlich ist

1. zur Erfüllung einer Aufgabe nach § 4 Absatz 1 Satz 2 und § 7 Absatz 1 Nummer 4 oder
2. zu den Zwecken nach § 39g Absatz 1 Satz 1 Nummer 1 bis 3 und 5.

[2]§ 39b Absatz 1 Satz 2 gilt entsprechend.

(2) [1]Die Verantwortung für die Zulässigkeit der Übermittlung trägt die übermittelnde Stelle. [2]Der Empfänger personenbezogener Daten ist darauf hinzuweisen, dass die Daten nur zu dem Zweck verarbeitet werden dürfen, zu dem sie übermittelt worden sind. [3]Ferner ist ihm der bei der übermittelnden Stelle vorgesehene Löschungszeitpunkt mitzuteilen.

§ 39e Grundsätze der Datenübermittlung in Drittstaaten im Anwendungsbereich der Richtlinie (EU) 2016/680

(1) Die Übermittlung personenbezogener Daten nach § 39d ist zulässig, wenn die Europäische Kommission gemäß Artikel 36 Absatz 3 der Richtlinie (EU) 2016/680 einen Angemessenheitsbeschluss gefasst hat.

(2) [1]Die Übermittlung personenbezogener Daten hat trotz des Vorliegens eines Angemessenheitsbeschlusses im Sinne des Absatzes 1 zu unterbleiben, wenn im Einzelfall ein datenschutzrechtlich angemessener und die elementaren Menschenrechte wahrender Umgang mit den Daten beim Empfänger nicht hinreichend gesichert ist oder sonst überwiegende schutzwürdige Interessen einer betroffenen Person entgegenstehen. [2]Bei der Beurteilung hat die übermittelnde Stelle maßgeblich zu berücksichtigen, ob der Empfänger im Einzelfall einen angemessenen Schutz der übermittelten Daten garantiert.

(3) [1]Wenn personenbezogene Daten, die aus einem anderen Mitgliedstaat der Europäischen Union übermittelt oder zur Verfügung gestellt wurden, nach § 39d Absatz 1 übermittelt werden sollen, muss dieser Übermittlung zuvor von der zuständigen Stelle des anderen Mitgliedstaates zugestimmt werden. [2]Übermittlungen ohne vorherige Zustimmung sind nur dann zulässig, wenn die Übermittlung erforderlich ist, um eine gegenwärtige Gefahr für die öffentliche Sicherheit eines Staates oder für die wesentlichen Interessen eines Mitgliedstaates abzuwehren, und die vorherige Zustimmung nicht rechtzeitig eingeholt werden kann. [3]Im Fall des Satzes 2 ist die Stelle des anderen Mitgliedstaates, die für die Erteilung der Zustimmung zuständig gewesen wäre, unverzüglich über die Übermittlung zu unterrichten.

(4) [1]Die Stelle, die Daten nach Absatz 1 übermittelt, hat durch geeignete Maßnahmen sicherzustellen, dass der Empfänger die übermittelten Daten nur dann an andere Drittstaaten oder andere als die in § 39c genannten zwischen- und überstaatlichen Stellen weiterübermittelt, wenn die übermittelnde Stelle dieser Übermittlung zuvor zugestimmt hat. [2]Bei der Entscheidung über die Erteilung der Zustimmung sind alle maßgeblichen Faktoren zu berücksichtigen, insbesondere die Schwere der Straftat, der Zweck der ursprünglichen Übermittlung und das in dem Drittstaat oder der anderen als in § 39c

genannten zwischen- und überstaatlichen Stelle, an das oder an die die Daten weiterübermittelt werden sollen, bestehende Schutzniveau für personenbezogene Daten. [3]Eine Zustimmung darf nur dann erfolgen, wenn auch eine direkte Übermittlung an den anderen Drittstaat oder an die andere als in § 39c genannte zwischen- und überstaatliche Stelle zulässig wäre. [4]Die Zuständigkeit für die Erteilung der Zustimmung kann auch abweichend geregelt werden.

§ 39f Datenübermittlung in Drittstaaten bei geeigneten Garantien im Anwendungsbereich der Richtlinie (EU) 2016/680

(1) Liegt entgegen § 39e Absatz 1 kein Angemessenheitsbeschluss nach Artikel 36 Absatz 3 der Richtlinie (EU) 2016/680 vor, ist eine Übermittlung nach § 39d unter Beachtung der übrigen Maßgaben des § 39e auch dann zulässig, wenn

1. in einem rechtsverbindlichen Instrument geeignete Garantien für den Schutz personenbezogener Daten vorgesehen sind oder
2. die übermittelnde Stelle nach Beurteilung aller Umstände, die bei der Übermittlung eine Rolle spielen, zu der Auffassung gelangt ist, dass geeignete Garantien für den Schutz personenbezogener Daten bestehen.

(2) Die verantwortliche Stelle hat die oder den Landesbeauftragten für den Datenschutz zu unterrichten, wenn aufgrund einer Beurteilung nach Absatz 1 Nummer 2 eine Datenübermittlung erfolgt ist; die Beurteilung ist zu dokumentieren und der Aufsichtsbehörde auf Anforderung zur Verfügung zu stellen.

§ 39g Datenübermittlung in Drittstaaten ohne geeignete Garantien im Anwendungsbereich der Richtlinie (EU) 2016/680

(1) Liegt entgegen § 39e Absatz 1 kein Angemessenheitsbeschluss nach Artikel 36 Absatz 3 der Richtlinie (EU) 2016/680 vor und liegen auch keine geeigneten Garantien im Sinne des § 39f Absatz 1 vor, ist eine Übermittlung nach § 39d unter Beachtung der übrigen Maßgaben des § 39e nur dann zulässig, wenn die Übermittlung erforderlich ist

1. zum Schutz lebenswichtiger Interessen einer natürlichen Person,
2. zur Wahrung berechtigter Interessen der betroffenen Person,
3. zur Abwehr einer gegenwärtigen erheblichen Gefahr für die öffentliche Sicherheit eines Staates,
4. im Einzelfall für die in § 39d genannten Zwecke oder
5. im Einzelfall zur Geltendmachung, Ausübung oder Verteidigung von Rechtsansprüchen im Zusammenhang mit den in § 39d genannten Zwecken.

(2) Die verantwortliche Stelle hat von einer Übermittlung nach Absatz 1 abzusehen, wenn die Grundrechte der betroffenen Person das öffentliche Interesse an der Übermittlung überwiegen.

§ 39h Sonstige Datenübermittlung an Empfänger in Drittstaaten im Anwendungsbereich der Richtlinie (EU) 2016/680

(1) [1]Bei Vorliegen der übrigen für die Datenübermittlung in Drittstaaten geltenden Voraussetzungen können im besonderen Einzelfall personenbezogene Daten unmittelbar an andere als die in § 39d Absatz 1 genannten Stellen in Drittstaaten übermittelt werden, wenn die Übermittlung für die Erfüllung ihrer Aufgaben unbedingt erforderlich ist und

1. im konkreten Fall keine Grundrechte der betroffenen Person das öffentliche Interesse an einer Übermittlung überwiegen,
2. die Übermittlung an die in § 39d Absatz 1 genannten Stellen wirkungslos oder ungeeignet wäre, insbesondere, weil sie nicht rechtzeitig durchgeführt werden kann, und
3. die übermittelnde Stelle dem Empfänger die Zwecke der Verarbeitung mitteilt und ihn darauf hinweist, dass die übermittelten Daten nur in dem Umfang verarbeitet werden dürfen, in dem ihre Verarbeitung für diese Zwecke erforderlich ist.

[2]§ 39b Absatz 3 Satz 2 gilt entsprechend.

(2) Die übermittelnde Stelle hat die in § 39d Absatz 1 genannten Stellen unverzüglich über die Datenübermittlung zu unterrichten, sofern dies nicht wirkungslos oder ungeeignet ist.

(3) [1]Die verantwortliche Stelle hat die oder den Landesbeauftragten für den Datenschutz jährlich über die Datenübermittlung zu unterrichten. [2]In der Unterrichtung kann sie die Empfänger und die Übermittlungszwecke angemessen kategorisieren.

(4) Bei Datenübermittlungen nach Absatz 1 hat die übermittelnde Stelle den Empfänger zu verpflichten, die übermittelten personenbezogenen Daten nur für den Zweck zu verarbeiten, für den sie übermittelt worden sind.

(5) Abkommen im Bereich der justiziellen Zusammenarbeit in Strafsachen und der polizeilichen Zusammenarbeit bleiben unberührt.

§ 40 Datenübermittlung zum Zwecke einer Zuverlässigkeitsüberprüfung

(1) [1]Sofern vor Veranstaltungen Tatsachen die Annahme rechtfertigen, dass bei deren Durchführung eine besondere Gefahrenlage eintreten könnte, kann die Polizei personenbezogene Daten einer Person mit ihrer schriftlichen Einwilligung nach § 26 an öffentliche und nichtöffentliche Stellen übermitteln, wenn es für die Überprüfung ihrer Zuverlässigkeit erforderlich ist und im Hinblick auf den Anlass dieser Überprüfung, insbesondere den Zugang der betroffenen Person zu der Veranstaltung, sowie wegen der Art und des Umfangs der Erkenntnisse über sie und mit Rücksicht auf das berechtigte Sicherheitsinteresse des Empfängers angemessen ist. [2]Die Rückmeldung an eine nichtöffentliche Stelle beschränkt sich auf die Auskunft zum Vorliegen von Zuverlässigkeitsbedenken.

(2) [1]Der Empfänger darf die übermittelten Daten nur für den Zweck der Zuverlässigkeitsüberprüfung verarbeiten. [2]Die Polizei hat den Empfänger schriftlich zu verpflichten, diese Zweckbestimmung einzuhalten und eine Löschung der Daten spätestens nach Beendigung der Veranstaltung vorzunehmen. [3]Die betroffene Person ist durch die Polizei über den Inhalt der Übermittlung zu informieren, soweit dies nicht bereits auf andere Weise sichergestellt ist.

(3) Die Vorschriften des Sicherheitsüberprüfungsgesetzes des Landes Mecklenburg-Vorpommern bleiben unberührt.

§ 41 Bekanntgabe an die Öffentlichkeit

Die Ordnungsbehörden und die Polizei können Daten einer Person zum Zwecke der Ermittlung der Identität oder des Aufenthaltsortes oder zur Warnung öffentlich bekannt geben oder an andere Stellen zur Bekanntgabe an die Öffentlichkeit übermitteln, wenn

1. die Abwehr einer im einzelnen Falle bevorstehenden Gefahr für Leib, Leben oder Freiheit einer Person auf andere Weise nicht möglich erscheint oder
2. Tatsachen die Annahme rechtfertigen, dass diese Person eine Straftat von erheblicher Bedeutung (§ 49) oder eine terroristische Straftat (§ 67c) begehen wird und die Verhütung oder die Vorsorge für die Verfolgung dieser Straftat auf andere Weise nicht möglich erscheint.

§ 42 Automatisierte Verfahren, Verfahrensbeschreibung

(1) Automatisierte Verfahren zur Verarbeitung personenbezogener Daten dürfen unter Beachtung des § 36 Absatz 1 bis 4 nur eingeführt werden, wenn dies unter Berücksichtigung der schutzwürdigen Interessen der betroffenen Personen und der Aufgaben der beteiligten Stellen angemessen ist.

(2) [1]Ein automatisiertes Verfahren nach Absatz 1 kann auch in Form eines Verfahrens,

1. das die Übermittlung personenbezogener Daten durch Abruf ermöglicht (Abrufverfahren),
2. bei dem mehrere verantwortliche Stellen gemeinsam die Verarbeitung personenbezogener Daten ermöglichen (Verbundverfahren) oder
3. das aus mindestens zwei eigenständigen automatisierten Teilverfahren mit jeweils eigenen verantwortlichen Stellen besteht (gemeinsames Verfahren),

eingerichtet werden. [2]Abrufverfahren können insbesondere zwischen Polizeidienststellen, zwischen Ordnungsbehörden sowie zwischen Ordnungsbehörden und der Polizei vereinbart werden; der Abruf durch andere als die genannten Stellen ist nur aufgrund besonderer Rechtsvorschriften zulässig. [3]Der Empfänger trägt die Verantwortung für die Rechtmäßigkeit des Abrufs. [4]Einen Datenverbund, der eine automatisierte Datenübermittlung zwischen Polizeidienststellen des Landes und Polizeidienststellen des Bundes und der Länder ermöglicht und zur Erfüllung polizeilicher Aufgaben, die überörtliche Bedeutung haben, erforderlich ist, darf nur durch das Ministerium für Inneres und Europa als oberste Landesbehörde vereinbart werden.

(3) [1]Werden in automatisierten Verfahren die Zwecke und die Mittel der Verarbeitung von zwei oder mehr verantwortlichen Stellen gemeinsam festgelegt, gelten sie als gemeinsam verantwortliche Stellen. [2]Gemeinsam verantwortliche Stellen haben ihre jeweiligen Aufgaben und datenschutzrechtlichen Verantwortlichkeiten in transparenter Form in einer Vereinbarung festzulegen, soweit diese nicht bereits in Rechtsvorschriften festgelegt sind. [3]Aus der Vereinbarung muss insbesondere hervorgehen, wer

welchen allgemeinen Informationspflichten gemäß § 46 nachzukommen hat und wie und gegenüber wem betroffene Personen ihre Rechte wahrnehmen können. [4]In der Vereinbarung ist eine Anlaufstelle für die betroffenen Personen anzugeben. [5]Eine entsprechende Vereinbarung hindert die betroffene Person nicht, ihre Rechte gegenüber jeder der gemeinsam verantwortlichen Stellen geltlend zu machen. [6]Soweit Anliegen nicht bei der Anlaufstelle eingehen, sind diese ihr zuzuleiten. [7]Betrifft die Vereinbarung die Verarbeitung von Daten außerhalb des Anwendungsbereichs der Richtlinie (EU) 2016/680, ist der wesentliche Inhalt der Vereinbarung den betroffenen Personen öffentlich zur Verfügung zu stellen. [8]Wesentlich sind dabei nur solche Teile der Vereinbarung, die die betroffenen Personen zur Wahrnehmung ihrer Rechte benötigen und deren Kenntnis die Aufgabenwahrnehmung der verantwortlichen Stellen nicht wesentlich erschweren.

(4) [1]Die verantwortliche Stelle ist verpflichtet, für jedes von ihr eingesetzte automatisierte Verfahren, bei dem personenbezogene Daten verarbeitet werden, in einer Verfahrensbeschreibung festzulegen:

1. die Bezeichnung des Verfahrens und der verarbeitenden Stelle,
2. den Zweck und die Rechtsgrundlage der Verarbeitung,
3. die Kategorien der personenbezogenen Daten,
4. die Kategorien der Betroffenen,
5. Prüffristen nach § 45a oder Speicherungsdauer,
6. die Kategorien der Empfänger, denen die Daten übermittelt werden,
7. geplante Datenübermittlungen an Staaten und Stellen nach § 39d Absatz 1, einschließlich deren Bezeichnung,
8. Angaben nach § 45b Absatz 4,
9. eine Beschreibung der technischen und organisatorischen Maßnahmen nach den §§ 46d bis 46i und
10. besondere Regelungen über die Verarbeitung von Daten, die nach dem 2. Unterabschnitt (§§ 27 bis 35) erhoben wurden, insbesondere zum Verhältnis von Speicherinhalt und Abrufberechtigung.

[2]Die Verfahrensbeschreibung ist elektronisch zu führen und laufend auf dem neuesten Stand zu halten.

(5) Vor dem erstmaligen Einsatz eines Verfahrens nach Absatz 1 oder dessen wesentlicher Änderung ist die oder der Landesbeauftragte für den Datenschutz zu beteiligen.

(6) Die Verfahrensbeschreibung ist in das Verzeichnis der Verarbeitungstätigkeiten der verantwortlichen Stelle (§ 45c) aufzunehmen.

(7) Das Ministerium für Inneres und Europa regelt das Nähere durch Verwaltungsvorschrift.

§ 43 Datenabgleich

(1) [1]Die Polizei kann personenbezogene Daten der in den §§ 69, 70 sowie § 27 Absatz 3 Nummer 1 und Nummer 2 genannten Personen mit dem Inhalt polizeilicher Dateisysteme im Rahmen der Zweckbindung dieser Dateisysteme abgleichen. [2]Personenbezogene Daten anderer Personen kann die Polizei abgleichen, wenn Tatsachen die Annahme rechtfertigen, dass dies zur Erfüllung polizeilicher Aufgaben erforderlich ist. [3]Die Polizei kann ferner im Rahmen ihrer Aufgabenerfüllung erlangte personenbezogene Daten mit dem Fahndungsbestand abgleichen. [4]Die betroffene Person kann für die Dauer des Datenabgleichs angehalten werden. [5]Ein Abgleich der nach § 27 Absatz 2 erlangten personenbezogenen Daten ist nur mit Zustimmung der betroffenen Personen zulässig.

(2) [1]Die Ordnungsbehörden können personenbezogene Daten der in den §§ 69 und 70 genannten Personen mit dem Inhalt anderer von ihnen geführter Dateisysteme im Rahmen der Zweckbestimmung dieser Dateisysteme abgleichen. [2]Personenbezogene Daten anderer Personen können die Ordnungsbehörden abgleichen, wenn Tatsachen die Annahme rechtfertigen, dass dies zur Erfüllung ordnungsbehördlicher Aufgaben erforderlich ist. [3]Absatz 1 Satz 5 gilt entsprechend.

(3) Rechtsvorschriften über den Datenabgleich in anderen Fällen bleiben unberührt.

§ 43a Datenerhebung und Datenabgleich zur Erkennung von Kraftfahrzeugkennzeichen

(1) [1]Die Polizei kann im öffentlichen Verkehrsraum technische Mittel zur Erkennung von Kraftfahrzeugkennzeichen auch ohne Wissen der betroffenen Person einsetzen,

1. wenn dies zur Abwehr einer im einzelnen Falle bevorstehenden Gefahr für Leib, Leben oder Freiheit einer Person erforderlich ist,

2. wenn dies zur Abwehr einer gegenwärtigen Gefahr erforderlich ist und die Voraussetzungen für eine Identitätsfeststellung nach § 29 Absatz 1 Satz 2 vorliegen,
3. wenn eine Person oder ein Fahrzeug zur polizeilichen Beobachtung ausgeschrieben wurde und Tatsachen die Annahme rechtfertigen, dass die für die Ausschreibung relevante Begehung von Straftaten in absehbarer Zeit mit hinreichender Wahrscheinlichkeit bevorsteht,
4. wenn eine Person oder ein Fahrzeug zur gezielten Kontrolle ausgeschrieben wurde und Tatsachen die Annahme rechtfertigen, dass die für die Ausschreibung relevante Begehung von Straftaten in absehbarer Zeit mit hinreichender Wahrscheinlichkeit bevorsteht,
5. wenn dokumentierte polizeiliche Lageerkenntnisse über Kriminalitätsschwerpunkte eine Überwachung des öffentlichen Verkehrsraumes zur vorbeugenden Bekämpfung von Straftaten von erheblicher Bedeutung (§ 49) oder terroristischer Straftaten (§ 67c) erfordern oder
6. zur vorbeugenden Bekämpfung der grenzüberschreitenden Kriminalität oder zur Unterbindung des unerlaubten Aufenthalts in dem Gebiet von der Bundesgrenze bis einschließlich der Bundesautobahn A 20.

[2]Dabei können das Kennzeichen und Angaben zum Ort, zur Fahrtrichtung, zum Datum und zur Uhrzeit automatisiert erhoben werden. [3]Die automatisierte Datenerhebung kann sich auch auf das Bild des Fahrzeuges erstrecken. [4]Sie darf auch durchgeführt werden, wenn Dritte (§ 3 Absatz 4 Nummer 2) unvermeidbar betroffen sind. [5]Der Einsatz technischer Mittel zur Erkennung von Kraftfahrzeugkennzeichen darf nicht flächendeckend durchgeführt werden; er ist für Kontrollzwecke zu dokumentieren,

(2) [1]Die erhobenen Daten dürfen nur mit polizeilichen Dateisystemen abgeglichen werden, die auf dasselbe Schutzziel ausgerichtet sind wie die Datenerhebung nach Absatz 1. [2]Es können für den Datenabgleich nach Satz 1 auch solche polizeilichen Dateisysteme genutzt werden, die neben präventiven auch repressiven Zwecken dienen. [3]Automatisierte Abgleiche dürfen nicht protokolliert werden.

(3) Nach Absatz 1 erhobene Daten, die nicht in den zum Datenabgleich genutzten Dateisystemen enthalten sind (Nichttreffer), sind sofort zu löschen.

(4) [1]Sind die nach Absatz 1 erhobenen Daten in den zum Datenabgleich genutzten Dateisystemen enthalten (Treffer), können die Daten gespeichert werden. [2]Außer im Falle des Absatzes 1 Satz 1 Nummer 3 ist das von einem Treffer betroffene Fahrzeug unmittelbar durch die Polizei anzuhalten und die betroffene Fahrzeugführerin oder der betroffene Fahrzeugführer ist über die durchgeführte Maßnahme zu informieren. [3]Weitere Maßnahmen dürfen erst nach einer Überprüfung des Treffers vorgenommen werden. [4]Die nach Satz 1 gespeicherten Daten sind außer im Falle des Absatzes 1 Satz 1 Nummer 3 und 4 spätestens 48 Stunden nach ihrer Erhebung unwiderruflich zu löschen. [5]Die im Falle des Absatzes 1 Satz 1 Nummer 3 und 4 gespeicherten Daten können polizeilich genutzt und zusammen mit den gewonnenen Erkenntnissen an die aus schreibende Stelle übermittelt werden. [6]Außer im Fall des Absatzes 1 Satz 1 Nummer 3 und 4 dürfen die nach Satz 1 gespeicherten Daten nicht zu einem Bewegungsbild verbunden werden.

(5) [1]Die Polizei kann im öffentlichen Verkehrsraum technische Mittel zur Erkennung von Kraftfahrzeugkennzeichen ohne Wissen der Person auch zur Unterstützung einer Observation gemäß § 33 Absatz 1 Nummer 1 einsetzen. [2]Absatz 1 Satz 2 bis 5 gilt entsprechend. [3]Die erhobenen Daten können mit einem polizeilichen Dateisystem, in dem Kennzeichen von Fahrzeugen gespeichert sind, die auf die observierte Person zugelassen sind oder durch diese Person genutzt werden, abgeglichen werden. [4]Absatz 3 und Absatz 4 Satz 1 gelten entsprechend. [5]Die gespeicherten Daten dürfen zu einem Bewegungsbild verbunden werden. [6]Im Übrigen sind die für die Observation gemäß § 33 Absatz 1 Nummer 1 geltenden Vorschriften zur Datenverarbeitung anzuwenden.

§ 44 Rasterfahndung

(1) [1]Die Polizei kann von Behörden, anderen öffentlichen Stellen und von Stellen außerhalb der öffentlichen Verwaltung

1. unter den Voraussetzungen des § 67a Absatz 1 oder
2. zur Abwehr einer im einzelnen Falle bevorstehenden Gefahr für den Bestand oder die Sicherheit des Bundes oder eines Landes oder für Leib, Leben oder Freiheit einer Person oder Sachen von bedeutendem Wert, deren Erhalt im öffentlichen Interesse geboten ist,

die Übermittlung von personenbezogenen Daten bestimmter Personengruppen aus Dateisystemen zum Zweck des Abgleichs mit anderen Datenbeständen verlangen (Rasterfahndung), wenn Tatsachen die Annahme rechtfertigen, dass dies zur Abwehr der Gefahr erforderlich ist. [2]Von den Verfassungsschutzbehörden des Bundes oder der Länder, dem Bundesnachrichtendienst sowie dem Militärischen Abschirmdienst kann die Übermittlung nach Satz 1 nicht verlangt werden.

(2) [1]Das Übermittlungsersuchen ist auf Namen, Anschrift, Tag und Ort der Geburt sowie auf im einzelnen Falle festzulegende Merkmale zu beschränken; es darf sich nicht auf personenbezogene Daten erstrecken, die einem Berufs- oder besonderen Amtsgeheimnis unterliegen. [2]Von Übermittlungsersuchen nicht erfasste personenbezogene Daten dürfen übermittelt werden, wenn wegen erheblicher technischer Schwierigkeiten oder wegen eines unangemessenen Zeit- oder Kostenaufwands eine Beschränkung auf die angeforderten Daten nicht möglich ist; diese Daten dürfen nicht verwendet werden.

(3) [1]Die Maßnahme bedarf der richterlichen Anordnung auf Antrag der Leitung der zuständigen Polizeibehörde. [2]Bei Gefahr im Verzug kann die Leitung der zuständigen Polizeibehörde die Maßnahme anordnen; eine richterliche Entscheidung ist unverzüglich nachzuholen. [3]Soweit die Anordnung nach Satz 2 nicht binnen drei Tagen durch das Gericht bestätigt wird, tritt sie außer Kraft.

(4) Im Antrag sind anzugeben:

1. soweit möglich die Angaben nach Absatz 2 Satz 1,
2. die zur Übermittlung zu Verpflichtenden,
3. der Sachverhalt,
4. eine Begründung.

(5) [1]Die Anordnung ergeht schriftlich. [2]In ihr sind anzugeben:

1. soweit möglich die Angaben nach Absatz 2 Satz 1,
2. die zur Übermittlung Verpflichteten,
3. der Sachverhalt,
4. die Gründe.

(6) Die oder der Landesbeauftragte für den Datenschutz ist unverzüglich über die Maßnahme zu unterrichten.

(7) Ist der Zweck der Maßnahme erreicht oder zeigt sich, dass er nicht erreicht werden kann, sind die übermittelten und im Zusammenhang mit der Maßnahme zusätzlich angefallenen personenbezogenen Daten auf dem Datenträger zu löschen und die Unterlagen zurückzugeben oder zu vernichten, soweit sie nicht zur Abwehr einer anderen Gefahr im Sinne des Absatzes 1 Satz 1 oder für ein mit dem Sachverhalt zusammenhängendes Strafverfahren erforderlich sind.

Unterabschnitt 4

Pflichten der verantwortlichen Stelle und des Auftragsverarbeiters (§§ 45 – 46k)

§ 45 Berichtigung, Ergänzung, Löschung und Einschränkung der Verarbeitung personenbezogener Daten

(1) [1]Die verantwortliche Stelle hat personenbezogene Daten unverzüglich zu berichtigen, wenn sie unrichtig sind. [2]Die Daten sind zu ergänzen, wenn der Zweck der Speicherung oder ein berechtigtes Interesse der betroffenen Person dies erfordert.

(2) [1]Personenbezogene Daten sind unverzüglich zu löschen, sobald aus Anlass einer Einzelfallprüfung, die insbesondere nach Beendigung einer Datenerhebungsmaßnahme unverzüglich durchzuführen ist, oder im Rahmen einer Überprüfung nach § 45a festgestellt wird, dass

1. ihre Verarbeitung nach diesem Gesetz unzulässig war oder ist, es sei denn, die Verarbeitung ist durch Rechtsvorschriften anderer Gesetze zugelassen,
2. sie zur Erfüllung einer rechtlichen Verpflichtung gelöscht werden müssen,
3. sie unrichtig sind und die speichernde Stelle keine Kenntnis der richtigen Daten erlangen kann,
4. ihre Kenntnis zur Erfüllung der in der Zuständigkeit der speichernden Stelle liegenden Aufgabe nicht mehr erforderlich ist, es sei denn, die Daten dürfen nach § 36 Absatz 2 bis 4 weiterverarbeitet werden, oder
5. eine Einwilligung nach § 26 widerrufen wird, es sei denn, die Verarbeitung ist durch Rechtsvorschriften dieses Gesetzes oder anderer Gesetze zugelassen.

[2]Kommt eine Löschung zum Zeitpunkt der Überprüfung nicht in Betracht, ist eine neue Prüffrist festzulegen.

(3) [1]Anstelle der Löschung tritt die Einschränkung der Verarbeitung, solange

1. Grund zu der Annahme besteht, dass durch die Löschung schutzwürdige Belange der betroffenen Person beeinträchtigt werden,
2. die Nutzung der personenbezogenen Daten zur Behebung einer bestehenden Beweisnot in einem gerichtlichen Verfahren oder einem Verwaltungsverfahren unerlässlich ist, oder
3. eine Löschung wegen der besonderen Art der Speicherung nicht oder nur mit unverhältnismäßigem Aufwand möglich ist.

[2]In ihrer Verarbeitung nach Satz 1 eingeschränkte Daten dürfen nur zu dem Zweck verarbeitet werden, der ihrer Löschung entgegenstand; in Fällen der Nummer 1 nur mit Einwilligung der betroffenen Person. [3]Im Übrigen dürfen solche Daten zu wissenschaftlichen Zwecken nach Maßgabe des § 37a Absatz 2 verwendet werden. [4]Bei automatisierten Dateisystemen ist technisch sicherzustellen, dass eine Einschränkung der Verarbeitung eindeutig erkennbar ist und eine Verarbeitung für andere Zwecke nicht ohne weitere Prüfung möglich ist.

(4) Für die Übergabe der Daten an ein Archiv gelten anstelle einer Löschung aus dem in Absatz 2 Satz 1 Nummer 4 genannten Grund die Vorschriften des Landesarchivgesetzes.

(5) [1]Nach einer Übermittlung personenbezogener Daten ist in den Fällen des Absatzes 1 bis 3 der Empfänger unverzüglich über die Berichtigung, Ergänzung, Löschung oder Einschränkung der Verarbeitung in Kenntnis zu setzen; im Fall der Ergänzung nach Absatz 1 gilt dies nur, wenn im Zeitpunkt der Übermittlung auch diese ergänzten Daten übermittelt worden wären. [2]Die Berichtigung von unrichtigen personenbezogenen Daten ist, sofern die Daten nicht selbst erhoben wurden, der zuständigen Stelle, von der die unrichtigen Daten stammen, mitzuteilen.

§ 45a Festlegung von Prüffristen

(1) Unbeschadet in Rechtsvorschriften festgesetzter Höchstspeicher- oder Löschfristen hat die verantwortliche Stelle für die Löschung von personenbezogenen Daten oder für eine regelmäßige Überprüfung der Notwendigkeit ihrer Speicherung angemessene Fristen vorzusehen und durch verfahrensrechtliche Vorkehrungen sicherzustellen, dass diese Fristen eingehalten werden.

(2) [1]Die Prüffristen dürfen

1. bei Erwachsenen fünf Jahre, in besonderen Fällen zehn Jahre,
2. bei Erwachsenen nach Vollendung des 70. Lebensjahres und bei Jugendlichen fünf Jahre,
3. bei Kindern zwei Jahre sowie
4. abweichend von Nummer 1 und Nummer 2 bei einer Sexualstraftat nach den §§ 174 bis 180, 182 oder einer Straftat nach den §§ 211 bis 213, 223 bis 227 des Strafgesetzbuches, die sexuell bestimmt ist, 15 Jahre

nicht überschreiten, wobei nach dem Zweck der Speicherung sowie der Art und Bedeutung des Sachverhaltes zu unterscheiden ist. [2]Die Frist beginnt regelmäßig mit dem Tag der letzten behördlichen Speicherung eines für die Gefahrenprognose maßgebenden personenbezogenen Datums, jedoch nicht vor der Entlassung der betroffenen Person aus der Justizvollzugsanstalt oder Jugendanstalt, der Beendigung einer mit Freiheitsentziehung verbundenen Maßregel der Besserung oder Sicherung oder dem Ablauf einer gerichtlich bestimmten Bewährungszeit. [3]Gibt eine Person innerhalb der Frist des Satzes 1 Anlass zur Speicherung weiterer personenbezogener Daten über sie, die für die Gefahrenprognose maßgebend sind, so gilt für alle zu ihr gespeicherten Daten gemeinsam der Prüfungstermin, der als letzter eintritt, oder die Aufbewahrungsfrist, die als letzte endet.

(3) Ist eine weitere Aufbewahrung erforderlich, ist in regelmäßigen Abständen, spätestens bei Änderung des die Speicherung begründenden Sachverhaltes, eine erneute Prüfung durchzuführen.

§ 45b Durchführung einer Datenschutz-Folgenabschätzung

(1) Hat eine Form der Verarbeitung, insbesondere bei Verwendung neuer Technologien, aufgrund der Art, des Umfangs, der Umstände und der Zwecke der Verarbeitung voraussichtlich ein hohes Risiko für die Rechtsgüter betroffener Personen zur Folge, so hat die verantwortliche Stelle vorab eine Abschätzung der Folgen der vorgesehenen Verarbeitungsvorgänge für die betroffenen Personen durchzuführen.

(2) Für die Untersuchung mehrerer ähnlicher Verarbeitungsvorgänge mit ähnlich hohem Gefahrenpotenzial kann eine gemeinsame Datenschutz-Folgenabschätzung vorgenommen werden.

(3) Die verantwortliche Stelle hat die behördliche Datenschutzbeauftragte oder den behördlichen Datenschutzbeauftragten an der Durchführung der Folgenabschätzung zu beteiligen.

(4) [1]Die Folgenabschätzung hat den Rechten der von der Verarbeitung betroffenen Personen Rechnung zu tragen und zumindest Folgendes zu enthalten:
1. eine systematische Beschreibung der geplanten Verarbeitungsvorgänge und der Zwecke der Verarbeitung,
2. eine Bewertung der Notwendigkeit und Verhältnismäßigkeit der Verarbeitungsvorgänge in Bezug auf deren Zweck,
3. eine Bewertung der Gefahren für die Rechtsgüter der betroffenen Personen und
4. die Maßnahmen, mit denen bestehenden Gefahren abgeholfen werden soll, einschließlich der Garantien, der Sicherheitsvorkehrungen und der Verfahren, durch die der Schutz personenbezogener Daten sichergestellt und die Einhaltung der gesetzlichen Vorgaben nachgewiesen werden sollen.

[2]Die Einhaltung genehmigter Verhaltensregeln gemäß Artikel 40 der Verordnung (EU) 2016/679 durch die verantwortliche Stelle oder den Auftragsverarbeiter ist im Rahmen der Folgenabschätzung zu berücksichtigen.

(5) Soweit es erforderlich ist, hat die verantwortliche Stelle eine Überprüfung durchzuführen, ob die Verarbeitung den Maßgaben folgt, die sich aus der Folgenabschätzung ergeben haben.

§ 45c Verzeichnis von Verarbeitungstätigkeiten

(1) [1]Die verantwortliche Stelle hat ein Verzeichnis aller Kategorien von Verarbeitungstätigkeiten zu führen, die in ihre Zuständigkeit fallen. [2]Dieses Verzeichnis hat hinsichtlich der Datenverarbeitung zu Zwecken der Richtlinie (EU) 2016/680 die folgenden Angaben zu enthalten:
1. den Namen und die Kontaktdaten der verantwortlichen Stelle und gegebenenfalls der gemeinsam mit ihr verantwortlichen Stellen sowie den Namen und die Kontaktdaten der oder des behördlichen Datenschutzbeauftragten,
2. die Zwecke und die Rechtsgrundlagen der Verarbeitung,
3. die Kategorien von Empfängern, gegenüber denen die personenbezogenen Daten offengelegt worden sind oder noch offengelegt werden sollen,
4. eine Beschreibung der Kategorien betroffener Personen und der Kategorien personenbezogener Daten,
5. gegebenenfalls die Verwendung von Profiling,
6. gegebenenfalls die Kategorien von Übermittlungen personenbezogener Daten an Staaten und Stellen nach § 39d Absatz 1, einschließlich deren Bezeichnung,
7. die Prüffristen nach § 45a oder die Aufbewahnungs- oder Speicherungsdauer und
8. eine allgemeine Beschreibung der technischen und organisatorischen Maßnahmen nach den §§ 46d bis 46i.

[3]Bei automatisierten Verfahren gemäß § 42 sind im Verzeichnis alle verantwortlichen Stellen zu benennen. [4]Ferner ist bei Vorliegen einer Vereinbarung nach § 42 Absatz 3 zu ergänzen, für welchen konkreten Bereich der Datenverarbeitung jede der beteiligten Stellen verantwortlich ist.

(2) Der Auftragsverarbeiter hat ein Verzeichnis aller Kategorien von Verarbeitungen, die er im Auftrag einer verantwortlichen Stelle durchführt, zu führen, das hinsichtlich der Datenverarbeitung zu Zwecken der Richtlinie (EU) 2016/680 Folgendes zu enthalten hat:
1. den Namen und die Kontaktdaten des Auftragsverarbeiters, jeder verantwortlichen Stelle, in deren Auftrag der Auftragsverarbeiter tätig ist, sowie gegebenenfalls der oder des behördlichen Datenschutzbeauftragten,
2. gegebenenfalls Übermittlungen von personenbezogenen Daten an Staaten und Stellen nach § 39d Absatz 1, einschließlich deren Bezeichnung,
3. eine allgemeine Beschreibung der technischen und organisatorischen Maßnahmen nach den §§ 46d bis 46i.

(3) [1]Die in den Absätzen 1 und 2 genannten Verzeichnisse sind elektronisch zu führen. [2]Dies gilt auch für die nach Artikel 30 der Verordnung (EU) 2016/679 zu führenden Verzeichnisse.

(4) Die verantwortlichen Stellen und die Auftragsverarbeiter haben auf Anforderung ihre Verzeichnisse der oder dem Landesbeauftragten für den Datenschutz zur Verfügung zu stellen.

§ 46 Allgemeine Informationspflicht

(1) Im Anwendungsbereich der Richtlinie (EU) 2016/680 hat die verantwortliche Stelle in allgemeiner Form und für jede Person zugänglich Informationen zur Verfügung zu stellen über

1. die Zwecke der von ihr vorgenommenen Verarbeitungen,
2. die im Hinblick auf die Verarbeitung ihrer personenbezogenen Daten bestehenden Rechte der betroffenen Personen auf Auskunft, Berichtigung, Löschung und Einschränkung der Verarbeitung,
3. den Namen und die Kontaktdaten der verantwortlichen Stelle und der oder des behördlichen Datenschutzbeauftragten,
4. das Recht, die Landesbeauftragte oder den Landesbeauftragten für den Datenschutz anzurufen, und
5. die Erreichbarkeit der oder des Landesbeauftragten für den Datenschutz.

(2) Im Anwendungsbereich der Verordnung (EU) 2016/679 gilt unter Beachtung der Artikel 13 und 14 der Verordnung (EU) 2016/679 § 5 des Landesdatenschutzgesetzes.

§ 46a Benachrichtigungspflichten bei verdeckten und eingriffsintensiven Maßnahmen

(1) [1]Bei folgenden Maßnahmen sind die dort jeweils benannten Personen durch die durchführende Stelle zu benachrichtigen:
1. bei Feststellung der Identität von Personen auf Übersichtsaufzeichnungen nach § 32 Absatz 1 Satz 1 Nummer 2 Satz 2 die Adressaten der Maßnahme,
2. bei Einsatz besonderer Mittel der Datenerhebung nach § 33 Absatz 1
   a) die Adressaten der Maßnahme,
   b) diejenigen, deren personenbezogene Daten verarbeitet wurden und
   c) diejenigen, deren nicht allgemein zugängliche Wohnung betreten wurde,
3. bei Einsatz technischer Mittel in Wohnungen nach § 33b die von der Maßnahme betroffenen Personen, auch wenn die Maßnahme nach § 33b Absatz 9 als Personenschutzmaßnahme erfolgt ist,
4. bei verdecktem Zugriff auf informationstechnische Systeme nach § 33c, Eingriffen in den Telekommunikationsbereich nach § 33d oder Inanspruchnahme von Diensteanbietern nach den §§ 33e bis 33g und § 33h Absatz 1 Satz 2 und Absatz 2
   a) die Adressaten der Maßnahme und
   b) diejenigen, deren personenbezogene Daten im Rahmen einer solchen Maßnahme verarbeitet wurden,
5. bei Ausschreibung zur polizeilichen Beobachtung oder gezielten Kontrolle nach § 35
   a) die Adressaten der Maßnahme und
   b) diejenigen, deren personenbezogene Daten verarbeitet wurden,
6. bei Rasterfahndung nach § 44 die Personen, gegen die nach Auswertung der Daten weitere Maßnahmen durchgeführt wurden,
7. bei elektronischer Aufenthaltsüberwachung nach § 67a die Adressaten der Maßnahme, wenn Bewegungsbilder erstellt wurden, wobei die Benachrichtigung spätestens zwei Monate nach deren Beendigung zu erfolgen hat.

[2]Erfolgen Maßnahmen mit Mitteln des § 33d Absatz 3, sind die in Satz 1 Nummer 4 genannten Personen auch darüber zu unterrichten, dass mit technischen Mitteln verdeckt auf informationstechnische Systeme zugegriffen wurde. [3]Die Benachrichtigung unterbleibt, soweit überwiegende schutzwürdige Belange einer betroffenen Person entgegenstehen. [4]Zudem kann die Benachrichtigung einer in Satz 1 Nummer 2, 4 und 5 bezeichneten Person, gegen die sich die Maßnahme nicht gerichtet hat, unterbleiben, wenn diese von der Maßnahme nur unerheblich betroffen wurde. [5]Nachforschungen zur Feststellung der Identität oder des Aufenthaltsortes einer in Satz 1 bezeichneten Person sind nur vorzunehmen, wenn dies unter Berücksichtigung der Eingriffsintensität der Maßnahme gegenüber dieser Person, des Aufwands für die Feststellung sowie der daraus für diese oder andere Personen folgenden Beeinträchtigungen geboten ist. [6]Bezieht sich die Benachrichtigung auf Daten, die an oder von Verfassungsschutzbehörden des Bundes oder der Länder oder die an den oder von dem Bundesnachrichtendienst oder Militärischen Abschirmdienst übermittelt wurden, ist sie nur nach Zustimmung dieser Stellen zulässig.

(2) [1]Die Benachrichtigung erfolgt, sobald dies ohne Gefährdung des Zwecks der Maßnahme, der eingesetzten Polizeibeamtinnen und Polizeibeamten oder Vertrauenspersonen oder der in der jeweiligen Befugnisnorm genannten Rechtsgüter geschehen kann. [2]In den Fällen des Absatzes 1 Satz 1 Nummer 2 und bei Maßnahmen nach § 33b Absatz 9 ist auch eine Gefährdung der weiteren Verwendung von Vertrauenspersonen und verdeckt Ermittelnden als bedeutender Belang zu berücksichtigen. [3]Ist wegen

desselben Sachverhalts ein strafrechtliches Ermittlungsverfahren gegen die betroffene Person eingeleitet worden, ist die Benachrichtigung in Abstimmung mit der Staatsanwaltschaft zurückzustellen, solange der Stand des Ermittlungsverfahrens eine Benachrichtigung nicht zulässt.

(3) Die Benachrichtigung hat zumindest zu enthalten:

1. die Angaben nach § 46 Absatz 1,
2. die Rechtsgrundlage der Datenerhebung und gegebenenfalls der weiteren Verarbeitung,
3. Informationen über die mutmaßliche Dauer der Datenspeicherung oder, falls diese Angabe nicht möglich ist, Kriterien hierfür sowie
4. gegebenenfalls über die Kategorien der Empfänger der Daten.

(4) [1]Wird die Benachrichtigung aus einem der in Absatz 2 genannten Gründe zurückgestellt, bedarf die weitere Zurückstellung der richterlichen Zustimmung, wenn sie nicht innerhalb des folgenden Zeitraums erfolgt:

1. sechs Monate nach Beendigung des Einsatzes technischer Mittel in Wohnungen nach § 33b oder des verdeckten Zugriffs auf informationstechnische Systeme nach § 33c oder § 33d Absatz 3 oder
2. ein Jahr nach Beendigung einer der übrigen in Absatz 1 Satz 1 Nummer 1 bis 6 bezeichneten Maßnahmen.

[2]Sind mehrere Maßnahmen in einem engen zeitlichen Zusammenhang durchgeführt worden, so beginnt die in Satz 1 genannte Frist mit der Beendigung der letzten Maßnahme. [3]Die richterliche Entscheidung ist vorbehaltlich einer anderen richterlichen Anordnung jeweils nach einem Jahr erneut einzuholen. [4]Eine Benachrichtigung kann mit richterlicher Zustimmung frühestens nach dem Ablauf von fünf Jahren auf Dauer unterbleiben, wenn

1. überwiegende Interessen einer betroffenen Person entgegenstehen oder
2. die Voraussetzungen für eine Benachrichtigung mit an Sicherheit grenzender Wahrscheinlichkeit auch in Zukunft nicht eintreten werden

und eine Verwendung der Daten gegen die betroffene Person ausgeschlossen ist. [5]In diesem Fall sind die Daten zu löschen,

§ 46b Benachrichtigung über die Speicherung personenbezogener Daten von Kindern und unter Betreuung stehenden Personen

[1]Werden personenbezogene Daten von Kindern ohne Kenntnis der Sorgeberechtigten verarbeitet, sind die Sorgeberechtigten durch die verantwortliche Stelle zu benachrichtigen, sobald die Aufgabenerfüllung hierdurch nicht mehr gefährdet wird. [2]Die Benachrichtigung kann zurückgestellt werden, solange zu besorgen ist, dass die Benachrichtigung zu erheblichen Nachteilen für das Kind führt; § 46a Absatz 4 gilt entsprechend. [3]Satz 1 und 2 gelten sinngemäß für unter Betreuung stehende Personen.

§ 46c Benachrichtigung betroffener Personen bei Verletzungen des Schutzes personenbezogener Daten

(1) Hat eine Verletzung des Schutzes personenbezogener Daten voraussichtlich eine hohe Gefährdung für Rechtsgüter betroffener Personen zur Folge, hat die verantwortliche Stelle diese Personen unverzüglich über den Vorfall zu benachrichtigen.

(2) Die Benachrichtigung nach Absatz 1 hat in allgemein verständlicher Weise die Art der Verletzung des Schutzes personenbezogener Daten zu beschreiben und zumindest die folgenden Angaben zu enthalten:

1. den Namen und die Kontaktdaten der oder des behördlichen Datenschutzbeauftragten oder einer sonstigen Person oder Stelle, die weitere Informationen erteilen kann,
2. eine Beschreibung der wahrscheinlichen Folgen der Verletzung und
3. eine Beschreibung der von der verantwortlichen Stelle ergriffenen oder vorgeschlagenen Maßnahmen zur Behandlung der Verletzung und der getroffenen Maßnahmen zur Abmilderung ihrer möglichen nachteiligen Auswirkungen.

(3) Die Benachrichtigung der betroffenen Personen nach Absatz 1 kann zurückgestellt oder eingeschränkt werden oder unterbleiben, soweit und solange

1. die Benachrichtigung die öffentliche Sicherheit gefährden oder sonst dem Wohle des Bundes oder eines Landes Nachteile bereiten würde,
2. die personenbezogenen Daten oder die Tatsache ihrer Verarbeitung nach einer Rechtsvorschrift geheim zu halten sind,

3. die Benachrichtigung die Sicherheit von Datenverarbeitungssystemen gefährden würde,
4. die Benachrichtigung die Rechtsgüter einer anderen Person gefährden würde oder
5. die Benachrichtigung die Erfüllung der Aufgaben nach diesem Gesetz gefährden oder wesentlich erschweren würde

und soweit nicht die Interessen der betroffenen Person aufgrund der von der Verletzung ausgehenden Gefährdung im Sinne des Absatzes 1 überwiegen.

(4) Die Benachrichtigung nach Absatz 1 kann unterbleiben, wenn

1. die verantwortliche Stelle für die von der Verletzung betroffenen Daten geeignete technische und organisatorische Sicherheitsvorkehrungen getroffen hat; dies gilt insbesondere für Vorkehrungen wie Verschlüsselungen, durch die die Daten für unbefugte Personen unzugänglich gemacht wurden;
2. die verantwortliche Stelle durch unmittelbar im Anschluss an die Verletzung getroffene Maßnahmen sichergestellt hat, dass aller Wahrscheinlichkeit nach keine Gefährdung im Sinne des Absatzes 1 mehr besteht, oder
3. dies, insbesondere wegen der Vielzahl betroffener Personen, mit einem unverhältnismäßigen Aufwand verbunden wäre; in diesem Fall hat die verantwortliche Stelle die Verletzung nach Maßgabe des Absatzes 2 öffentlich bekannt zu machen oder eine ähnlich wirksame Maßnahme zur Information zu ergreifen.

(5) [1]Wenn die verantwortliche Stelle die betroffenen Personen über eine Verletzung des Schutzes personenbezogener Daten nicht benachrichtigt hat, kann die oder der Landesbeauftragte für den Datenschutz die Nachholung von der verantwortlichen Stelle verlangen oder förmlich feststellen, dass ihrer oder seiner Auffassung nach die in Absatz 4 genannten Voraussetzungen nicht erfüllt sind. [2]Hierbei hat sie oder er die Wahrscheinlichkeit zu berücksichtigen, dass die Verletzung eine Gefährdung im Sinne des Absatzes 1 zur Folge hat.

(6) In einem Straf- oder Ordnungswidrigkeitenverfahren gegen die meldepflichtige oder benachrichtigende Person oder einen ihrer in § 52 Absatz 1 der Strafprozessordnung bezeichneten Angehörigen darf eine Benachrichtigung nach Absatz 1 nur mit Zustimmung der meldepflichtigen oder benachrichtigenden Person verwendet werden.

§ 46d Dokumentationspflichten

(1) [1]Die verantwortliche Stelle und der Auftragsverarbeiter haben zu jeder Maßnahme insbesondere Folgendes zu dokumentieren:

1. die Rechtsgrundlage der Erhebung personenbezogener Daten und der der Erhebung zugrundeliegende Sachverhalt,
2. die Weiterverarbeitung personenbezogener Daten im Sinne des § 36 Absatz 1 und die Zweckänderung sowie deren Gründe,
3. die sonstige weitere Verwendung personenbezogener Daten, insbesondere die Abfrage, die Offenlegung einschließlich Übermittlung, die Kombination, die Einschränkung der Verarbeitung und die Löschung, sowie die Gründe der weiteren Verwendung; bei einer Berichtigung, Ergänzung und Löschung fehlerhafter, unvollständiger und unrichtiger Daten zusätzlich auch den Zeitraum und die Gründe, die zur Fehlerhaftigkeit, Unvollständigkeit oder Unrichtigkeit geführt haben,
4. den auch nur vorübergehenden Verzicht auf die Löschung personenbezogener Daten sowie deren Gründe,
5. die Benachrichtigung von Datenempfängern in Fällen von § 45 Absatz 5,
6. die Festlegung von Prüffristen nach § 45a sowie deren Bemessungsgründe,
7. die Benachrichtigung betroffener Personen nach den §§ 46a bis 46c, die Zurückstellung sowie das Unterbleiben der Benachrichtigung sowie die Gründe und
8. die Benachrichtigung der oder des Landesbeauftragten für den Datenschutz.

[2]Im Rahmen der Dokumentation sind auch das Datum und soweit erforderlich die Uhrzeit des Verarbeitungsvorgangs festzuhalten. [3]Bei der Übermittlung personenbezogener Daten muss zudem aus der Dokumentation die Aktenfundstelle, die Identität der übermittelnden Person, welche Daten übermittelt wurden und deren Empfänger erkennbar sein.

(2) [1]Dokumentationen zu den in § 46f Absatz 2 genannten verdeckten und eingriffsintensiven Maßnahmen müssen zusätzlich den in §§ 46e und 46f aufgeführten Protokollierungen entsprechen. [2]Die den Protokollierungen entsprechenden Dokumentationen sind ebenso wie Dokumentationen zu Da-

tenübermittlungen an Drittstaaten und weitere zwischen- und überstaatliche Stellen nach den §§ 39d bis 39h sowie nach der Verordnung (EU) 2016/679 mindestens bis zum Abschluss der Kontrolle nach § 48b Absatz 6 aufzubewahren.

(3) [1]Soweit die Dokumentationen den Protokollierungen in § 46f entsprechen, dürfen sie nur zu den in § 46f Absatz 4 Satz 1 genannten Zwecken verwendet werden. [2]Im Übrigen dürfen Dokumentationen zu den in § 46e Absatz 4 Satz 1 genannten Zwecken verwendet werden.

§ 46e Protokollierungspflichten

(1) In automatisierten Verfahren nach § 42 haben die verantwortlichen Stellen und die Auftragsverarbeiter mindestens die folgenden Verarbeitungsvorgänge zu protokollieren:

1. Erhebung,
2. Veränderung,
3. Abfrage,
4. Offenlegung einschließlich Übermittlung,
5. Kombination und
6. Löschung.

(2) Die Protokolle über Abfragen und Offenlegungen müssen es ermöglichen, die Begründung, das Datum und die Uhrzeit dieser Vorgänge und so weit wie möglich die Identität der Person, die die personenbezogenen Daten abgefragt oder offengelegt hat, und die Identität des Empfängers der Daten festzustellen.

(3) Die Protokollierung erfolgt in einer Weise, dass die Protokolle

1. der oder dem behördlichen Datenschutzbeauftragten und der oder dem Landesbeauftragten für den Datenschutz in elektronisch auswertbarer Form für die Überprüfung der Rechtmäßigkeit der Datenverarbeitung zur Verfügung stehen und
2. eine Überprüfung ermöglichen, dass Zugriffe auf personenbezogene Daten im automatisierten Verfahren innerhalb festgelegter Zugriffsberechtigungen erfolgen.

(4) [1]Protokollierungen dürfen nur verwendet werden

1. zur Erfüllung von Informationspflichten nach § 46,
2. zur Erfüllung von Benachrichtigungspflichten nach den §§ 46a bis 46c,
3. zur Überprüfung der Rechtmäßigkeit der Datenverarbeitung, auch durch die betroffene Person, einschließlich der Eigenüberwachung,
4. zur Gewährleistung der Integrität und Sicherheit der personenbezogenen Daten,
5. zur Verhütung und Verfolgung von Straftaten oder Ordnungswidrigkeiten,
6. soweit dies nach § 48h zur Erstellung der Berichte und Unterrichtungen erforderlich ist.

[2]Sie sind, soweit gesetzlich nichts anderes bestimmt ist, am Ende des auf deren Generierung folgenden Jahres zu löschen, es sei denn, dass sie für die in Satz 1 genannten Zwecke noch erforderlich sind. [3]Bei den in § 46f Absatz 2 genannten Maßnahmen und bei der Übermittlung personenbezogener Daten an Drittstaaten und weitere zwischen- und überstaatliche Stellen nach den §§ 39d bis 39h sowie nach der Verordnung (EU) 2016/679 tritt an die Stelle der in Satz 2 bestimmten Frist die in § 48b Absatz 6 genannte Frist.

(5) Protokollierungen sind durch technische und organisatorische Maßnahmen zu sichern und der oder dem Landesbeauftragten für den Datenschutz auf Verlangen zur Verfügung zu stellen.

(6) Abweichende Regelungen bestimmt § 115 Absatz 3.

§ 46f Protokollierungspflichten bei verdeckten und eingriffsintensiven Maßnahmen

(1) Bei den in § 46a Absatz 1 Satz 1 aufgeführten Maßnahmen sind neben den nach § 46e zu protokollierenden Vorgängen zu protokollieren:

1. das zur Datenerhebung eingesetzte Mittel,
2. der Zeitpunkt des Einsatzes,
3. Angaben, die die Feststellung der erhobenen Daten ermöglichen, sowie
4. die Organisationseinheit, die die Maßnahme durchführt.

(2) Zu protokollieren sind auch

1. bei Feststellung der Identität von Personen auf Übersichtsaufzeichnungen nach § 32 Absatz 1 Satz 1 Nummer 2 Satz 2 die Adressaten der Maßnahme,
2. bei Einsatz besonderer Mittel der Datenerhebung nach § 33 Absatz 1

a) die Adressaten der Maßnahme,
b) diejenigen, deren personenbezogene Daten verarbeitet wurden und
c) diejenigen, deren nicht allgemein zugängliche Wohnung betreten wurde,
3. bei Einsatz technischer Mittel in Wohnungen nach § 33b die von der Maßnahme betroffenen Personen, auch wenn die Maßnahme nach § 33b Absatz 9 als Personenschutzmaßnahme erfolgt ist,
4. bei verdecktem Zugriff auf informationstechnische Systeme nach § 33c und nach § 33d Absatz 3
a) die Adressaten der Maßnahme,
b) diejenigen, deren personenbezogene Daten im Rahmen einer solchen Maßnahme verarbeitet wurden und
c) die Angaben zur Identifizierung des informationstechnischen Systems und die daran vorgenommenen nicht nur flüchtigen Veränderungen,
5. bei sonstigen Eingriffen in den Telekommunikationsbereich nach § 33d oder Inanspruchnahme von Diensteanbietern nach den §§ 33e bis 33g
a) die Adressaten der Maßnahme und
b) diejenigen, deren personenbezogene Daten im Rahmen einer solchen Maßnahme verarbeitet wurden,
6. bei Ausschreibung zur polizeilichen Beobachtung oder gezielten Kontrolle nach § 35
a) die Adressaten der Maßnahme und
b) diejenigen, deren personenbezogene Daten verarbeitet wurden,
7. bei Rasterfahndung nach § 44
a) die im Übermittlungsersuchen nach § 44 Absatz 2 Satz 1 enthaltenen Merkmale und
b) die Personen, gegen die nach Auswertung der Daten weitere Maßnahmen durchgeführt wurden,
8. bei elektronischer Aufenthaltsüberwachung nach § 67a die Adressaten der Maßnahme, wenn Bewegungsbilder erstellt wurden.

(3) [1]Nachforschungen zur Feststellung der Identität einer in Absatz 2 bezeichneten Person sind nur vorzunehmen, wenn dies unter Berücksichtigung der Eingriffsintensität der Maßnahme gegenüber dieser Person, des Aufwands für die Feststellung ihrer Identität sowie der daraus für diese oder andere Personen folgenden Beeinträchtigungen geboten ist. [2]Die Zahl der Personen, deren Protokollierung unterblieben ist, ist im Protokoll anzugeben.

(4) [1]Diese Protokolldaten dürfen nur verwendet werden für Zwecke der Benachrichtigung nach den §§ 46a bis 46c und § 48d, soweit erforderlich für die Erstellung der Berichte und Unterrichtungen nach § 48h oder um der betroffenen Person oder einer dazu befugten öffentlichen Stelle die Prüfung zu ermöglichen, ob die Maßnahmen rechtmäßig durchgeführt worden sind. [2]Sie sind bis zum Abschluss der Kontrolle nach § 48b Absatz 6 aufzubewahren und sodann automatisiert zu löschen, es sei denn, dass sie für den in Satz 1 genannten Zweck noch erforderlich sind.

§ 46g Kennzeichnungspflichten

(1) [1]Bei der Speicherung in automatisierten polizeilichen Verfahren nach § 42 sind personenbezogene Daten wie folgt zu kennzeichnen:
1. Angabe des Mittels der Erhebung der Daten einschließlich der Angabe, ob die Daten offen oder verdeckt erhoben wurden,
2. Angabe der Kategorie nach § 25a Absatz 2 bei Personen, zu denen Grunddaten nach § 3 Absatz 5 Nummer 2 angelegt wurden,
3. Angabe der
a) Rechtsgüter, deren Schutz ihre Erhebung dient oder
b) Straftaten oder Ordnungswidrigkeiten, deren Verfolgung oder Verhütung ihre Erhebung dient,
4. Angabe der Stelle, die sie erhoben hat,
5. falls zutreffend die Angabe, dass sie in oder aus Wohn- oder Geschäftsräumen oder befriedetem Besitztum erhoben wurden,
6. falls zutreffend die Angabe, dass es sich um kernbereichsrelevante Daten nach § 26a handelt, soweit diese nicht unverzüglich gelöscht werden konnten,

7. falls zutreffend die Angabe, dass es sich um Daten nach § 26b, die den Schutz zeugnisverweigerungsberechtigter Personen betreffen, handelt, soweit diese nicht unverzüglich gelöscht werden konnten,
8. falls zutreffend die Angaben, ob sie beim Diensteanbieter erhoben wurden und um welche konkrete Datenart es sich handelt; im Fall des § 33d auch die Angabe, auf welcher konkreten Rechtsgrundlage des Telekommunikationsgesetzes der Diensteanbieter die Daten gespeichert hat,
9. falls zutreffend die Angabe, dass es sich um besondere Kategorien personenbezogener Daten nach § 3 Absatz 5 Nummer 3 handelt,
10. falls zutreffend die Angaben, dass es sich bei ihnen um eine persönliche Einschätzung oder Beurteilung handelt und welche Stelle die Unterlagen führt, die der auf einer persönlichen Einschätzung beruhenden Beurteilung zugrunde liegen.

[2]Die Kennzeichnung nach Satz 1 Nummer 1 kann auch durch die Angabe der Rechtsgrundlage der jeweiligen Mittel der Datenerhebung ergänzt werden. [3]Sollen personenbezogene Daten zu einem anderen Zweck als dem, zu dem sie erhoben wurden, weiterverarbeitet werden, sind sie zu kennzeichnen.

(2) Personenbezogene Daten, die nicht entsprechend den Anforderungen des Absatzes 1 gekennzeichnet sind, dürfen so lange nicht weiterverarbeitet oder übermittelt werden, bis eine Kennzeichnung entsprechend den Anforderungen des Absatzes 1 erfolgt ist.

(3) [1]Durch geeignete technische Maßnahmen ist sicherzustellen, dass die Kennzeichnung auch nach einer Übermittlung an eine andere Stelle erhalten bleibt. [2]Nach einer Übermittlung an eine andere Stelle ist die Kennzeichnung nach Absatz 1 durch diese Stelle aufrechtzuerhalten.

(4) Abweichende Regelungen bestimmt § 115 Absatz 1 und 2.

§ 46h Datenschutz durch Technikgestaltung und datenschutzfreundliche Voreinstellungen

(1) [1]Die verantwortliche Stelle hat sowohl zum Zeitpunkt der Festlegung der Mittel für die Verarbeitung als auch zum Zeitpunkt der Verarbeitung selbst angemessene Vorkehrungen zu treffen, die geeignet sind, die Datenschutzgrundsätze wie etwa die Datensparsamkeit wirksam umzusetzen, und die sicherstellen, dass die gesetzlichen Anforderungen eingehalten und die Rechte der betroffenen Personen geschützt werden. [2]Sie hat hierbei den Stand der Technik, die Implementierungskosten und die Art, den Umfang, die Umstände und die Zwecke der Verarbeitung sowie die unterschiedliche Eintrittswahrscheinlichkeit und Schwere der mit der Verarbeitung verbundenen Gefahren für die Rechtsgüter der betroffenen Personen zu berücksichtigen. [3]Insbesondere sind die Verarbeitung personenbezogener Daten und die Auswahl und Gestaltung von Datenverarbeitungssystemen an dem Ziel auszurichten, so wenig personenbezogene Daten wie möglich zu verarbeiten. [4]Personenbezogene Daten sind zum frühestmöglichen Zeitpunkt zu anonymisieren oder zu pseudonymisieren, soweit dies nach dem Verarbeitungszweck möglich ist.

(2) [1]Die verantwortliche Stelle hat geeignete technische und organisatorische Maßnahmen zu treffen, die sicherstellen, dass durch Voreinstellungen grundsätzlich nur solche personenbezogenen Daten verarbeitet werden können, deren Verarbeitung für den jeweiligen bestimmten Verarbeitungszweck erforderlich ist. [2]Dies betrifft die Menge der erhobenen Daten, den Umfang ihrer Verarbeitung, ihre Speicherfrist und ihre Zugänglichkeit. [3]Die Maßnahmen müssen insbesondere gewährleisten, dass die Daten durch Voreinstellungen nicht automatisiert einer unbestimmten Anzahl von Personen zugänglich gemacht werden können.

(3) Die Einhaltung eines genehmigten Zertifizierungsverfahrens gemäß Artikel 42 der Verordnung (EU) 2016/679 durch die verantwortliche Stelle kann als Umstand zum Nachweis für die Erfüllung der Anforderungen in den Absätzen 1 und 2 dienen.

§ 46i Anforderungen an die Sicherheit der Datenverarbeitung

(1) [1]Die verantwortliche Stelle und der Auftragsverarbeiter haben unter Berücksichtigung des Stands der Technik, der Implementierungskosten, der Art, des Umfangs, der Umstände und der Zwecke der Verarbeitung sowie der Eintrittswahrscheinlichkeit und der Schwere der mit der Verarbeitung verbundenen Gefahren für die Rechtsgüter der betroffenen Personen die erforderlichen technischen und organisatorischen Maßnahmen zu treffen, um bei der Verarbeitung personenbezogener Daten ein dem Risiko angemessenes Schutzniveau zu gewährleisten, insbesondere im Hinblick auf die Verarbeitung besonderer Kategorien personenbezogener Daten. [2]Die verantwortliche Stelle hat hierbei die einschlägigen Standards, Technischen Richtlinien und Empfehlungen des Bundesamtes für Sicherheit in der

Informationstechnik zu berücksichtigen. [3]Die Einhaltung genehmigter Verhaltensregeln gemäß Artikel 40 der Verordnung (EU) 2016/679 oder eines genehmigten Zertifizierungsverfahrens gemäß Artikel 42 der Verordnung (EU) 2016/679 kann als Umstand zum Nachweis der Erfüllung der Anforderungen nach den Absätzen 1 bis 3 dienen.

(2) [1]Die in Absatz 1 genannten Maßnahmen sollen unter anderem die Pseudonymisierung und Verschlüsselung personenbezogener Daten umfassen, soweit solche Mittel in Anbetracht der Verarbeitungszwecke möglich sind. [2]Die Maßnahmen nach Absatz 1 sollen dazu führen, dass

1. die Vertraulichkeit, Integrität, Verfügbarkeit und Belastbarkeit der Systeme und Dienste im Zusammenhang mit der Verarbeitung auf Dauer sichergestellt werden und
2. die Verfügbarkeit der personenbezogenen Daten und der Zugang zu ihnen bei einem physischen oder technischen Zwischenfall rasch wiederhergestellt werden können.

(3) [1]Im Fall einer automatisierten Verarbeitung haben die verantwortliche Stelle und der Auftragsverarbeiter nach einer Risikobewertung Maßnahmen zu ergreifen, die Folgendes bezwecken:

1. Verwehrung des Zugangs für Unbefugte zu Verarbeitungsanlagen, mit denen die Verarbeitung durchgeführt wird (Zugangskontrolle),
2. Verhinderung des unbefugten Lesens, Kopierens, Veränderns oder Löschens von Datenträgern (Datenträgerkontrolle),
3. Verhinderung der unbefugten Eingabe von personenbezogenen Daten sowie der unbefugten Kenntnisnahme, Veränderung und Löschung von gespeicherten personenbezogenen Daten (Speicherkontrolle),
4. Verhinderung der Nutzung automatisierter Verarbeitungssysteme mithilfe von Einrichtungen zur Datenübertragung durch Unbefugte (Benutzerkontrolle),
5. Gewährleistung, dass die zur Benutzung eines automatisierten Verarbeitungssystems Berechtigten ausschließlich zu den von ihrer Zugangsberechtigung umfassten personenbezogenen Daten Zugang haben (Zugriffskontrolle),
6. Gewährleistung, dass überprüft und festgestellt werden kann, an welche Stellen personenbezogene Daten mithilfe von Einrichtungen zur Datenübertragung übermittelt oder zur Verfügung gestellt wurden oder werden können (Übertragungskontrolle),
7. Gewährleistung, dass nachträglich überprüft und festgestellt werden kann, welche personenbezogenen Daten zu welcher Zeit und von wem in automatisierte Verarbeitungssysteme eingegeben oder verändert worden sind (Eingabekontrolle),
8. Gewährleistung, dass bei der Übermittlung personenbezogener Daten sowie beim Transport von Datenträgern die Vertraulichkeit und Integrität der Daten geschützt werden (Transportkontrolle),
9. Gewährleistung, dass eingesetzte Systeme im Störungsfall wiederhergestellt werden können (Wiederherstellbarkeit),
10. Gewährleistung, dass alle Funktionen des Systems zur Verfügung stehen und auftretende Fehlfunktionen gemeldet werden (Zuverlässigkeit),
11. Gewährleistung, dass gespeicherte personenbezogene Daten nicht durch Fehlfunktionen des Systems beschädigt werden können (Datenintegrität),
12. Gewährleistung, dass personenbezogene Daten, zu denen der verantwortlichen Stelle oder dem Auftragsverarbeiter unterstellte Personen Zugang haben, nur entsprechend den Weisungen der verantwortlichen Stelle verarbeitet werden können (Auftragskontrolle),
13. Gewährleistung, dass personenbezogene Daten gegen Zerstörung oder Verlust geschützt sind (Verfügbarkeitskontrolle),
14. Gewährleistung, dass zu unterschiedlichen Zwecken erhobene personenbezogene Daten getrennt verarbeitet werden können (Trennbarkeit).

[2]Ein Zweck nach Satz 1 Nummer 2 bis 5 kann insbesondere durch die Verwendung von dem Stand der Technik entsprechenden Verschlüsselungsverfahren erreicht werden.

(4) Die Maßnahmen zur Datensicherheit sind regelmäßig auf ihre Wirksamkeit hin zu überprüfen und zu bewerten.

§ 46j Vertrauliche Meldung von Verstößen

Die verantwortliche Stelle hat zu ermöglichen, dass ihr vertrauliche Meldungen über in ihrem Verantwortungsbereich erfolgende Verstöße gegen Datenschutzvorschriften zugeleitet werden können.

§ 46k Auftragsverarbeitung

(1) [1]Erfolgt die Verarbeitung personenbezogener Daten im Auftrag durch andere Personen oder Stellen, bleibt die beauftragende Stelle verantwortliche Stelle und hat für die Einhaltung der Vorschriften dieses Gesetzes und anderer Vorschriften über den Datenschutz zu sorgen. [2]Die Rechte der betroffenen Personen auf Auskunft, Berichtigung, Löschung, Einschränkung der Verarbeitung und Schadensersatz sind in diesem Fall gegenüber der verantwortlichen Stelle geltend zu machen.

(2) [1]Die verantwortliche Stelle hat den Auftragsverarbeiter insbesondere unter Berücksichtigung der Art der zu verarbeitenden Daten sorgfältig auszuwählen. [2]Der Auftragsverarbeiter muss mit geeigneten technischen und organisatorischen Maßnahmen sicherstellen können, dass die Verarbeitung im Einklang mit den gesetzlichen Anforderungen erfolgt und der Schutz der Rechte der betroffenen Personen gewährleistet wird. [3]Die Einhaltung genehmigter Verhaltensregeln gemäß Artikel 40 der Verordnung (EU) 2016/679 oder eines genehmigten Zertifizierungsverfahrens gemäß Artikel 42 der Verordnung (EU) 2016/679 durch einen Auftragsverarbeiter kann als Umstand zur Begründung für dessen Geeignetheit im Sinne des Satzes 2 dienen.

(3) [1]Auftragsverarbeiter dürfen ohne vorherige schriftliche Genehmigung der verantwortlichen Stelle keine weiteren Auftragsverarbeiter hinzuziehen. [2]Hat die verantwortliche Stelle dem Auftragsverarbeiter eine allgemeine Genehmigung zur Hinzuziehung weiterer Auftragsverarbeiter erteilt, hat der Auftragsverarbeiter die verantwortliche Stelle über jede beabsichtigte Hinzuziehung oder Ersetzung zu informieren. [3]Die verantwortliche Stelle kann in diesem Fall die Hinzuziehung oder Ersetzung untersagen.

(4) [1]Zieht ein Auftragsverarbeiter einen weiteren Auftragsverarbeiter hinzu, so hat er diesem dieselben Verpflichtungen aus seinem Vertrag mit der verantwortlichen Stelle nach Absatz 5 aufzuerlegen, die auch für ihn gelten, soweit diese Pflichten für den weiteren Auftragsverarbeiter nicht schon aufgrund anderer Vorschriften verbindlich sind. [2]Absatz 2 gilt entsprechend. [3]Erfüllt ein weiterer Auftragsverarbeiter diese Verpflichtungen nicht, so haftet der ihn beauftragende Auftragsverarbeiter gegenüber der verantwortlichen Stelle für die Einhaltung der Pflichten des weiteren Auftragsverarbeiters.

(5) [1]Die Auftragsverarbeitung ist in einem Vertrag oder einer anderen verbindlichen Regelung auszugestalten, der oder die den Gegenstand, die Dauer, die Art und den Zweck der Verarbeitung, die Art der personenbezogenen Daten, die Kategorien betroffener Personen und die Rechte und Pflichten der verantwortlichen Stelle festlegt. [2]Der Vertrag oder die andere Regelung haben insbesondere vorzusehen, dass der Auftragsverarbeiter

1. nur auf dokumentierte Weisung der verantwortlichen Stelle handelt; ist der Auftragsverarbeiter der Ansicht, dass eine Weisung des Auftraggebers gegen eine Vorschrift über den Datenschutz verstößt, hat er den Auftraggeber unverzüglich darauf hinzuweisen;
2. gewährleistet, dass die zur Verarbeitung der personenbezogenen Daten befugten Personen zur Vertraulichkeit verpflichtet werden, soweit sie keiner angemessenen gesetzlichen Verschwiegenheitspflicht unterliegen;
3. die verantwortliche Stelle mit geeigneten Mitteln dabei unterstützt, die Einhaltung der Bestimmungen über die Rechte der betroffenen Person zu gewährleisten;
4. alle personenbezogenen Daten nach Abschluss der Erbringung der Verarbeitungsleistungen nach Wahl der verantwortlichen Stelle zurückgibt oder löscht und bestehende Kopien vernichtet, wenn nicht nach einer Rechtsvorschrift eine Verpflichtung zur Speicherung der Daten besteht;
5. der verantwortlichen Stelle alle erforderlichen Informationen, insbesondere die gemäß den §§ 46d bis 46f erstellten Dokumentationen und Protokolle, zum Nachweis der Einhaltung seiner Pflichten zur Verfügung stellt;
6. Überprüfungen durch die verantwortliche Stelle, eine von dieser beauftragten Prüferin oder einen von dieser beauftragten Prüfer oder die Landesbeauftragte oder den Landesbeauftragten für den Datenschutz ermöglicht und diese unterstützt;
7. die in den Absätzen 3 und 4 aufgeführten Bedingungen für die Inanspruchnahme der Dienste eines weiteren Auftragsverarbeiters einhält;
8. alle gemäß § 46i erforderlichen Maßnahmen ergreift und
9. unter Berücksichtigung der Art der Verarbeitung und der ihm zur Verfügung stehenden Informationen die verantwortliche Stelle bei der Einhaltung der in den §§ 45b, 46c, 46i, 48c und 48d genannten Pflichten unterstützt.

(6) [1]Der Vertrag im Sinne des Absatzes 5 bedarf der Schriftform; § 3a des Landesverwaltungsverfahrensgesetzes gilt entsprechend. [2]Die oder der Landesbeauftragte für den Datenschutz ist über die Beauftragung zu informieren.

(7) Ein Auftragsverarbeiter, der die Zwecke und Mittel der Verarbeitung unter Verstoß gegen diese Vorschrift bestimmt, gilt in Bezug auf diese Verarbeitung als verantwortliche Stelle.

Unterabschnitt 5

Rechte der betroffenen Person (§§ 47 – 48a)

§ 47 Recht auf Anrufung der oder des Landesbeauftragten für den Datenschutz

Jede betroffene Person kann sich unbeschadet anderweitiger Rechtsbehelfe mit einer Beschwerde an die Landesbeauftragte oder den Landesbeauftragten für den Datenschutz wenden, wenn sie der Auffassung ist, bei der Verarbeitung ihrer personenbezogenen Daten nach diesem Gesetz durch die Polizei oder Ordnungsbehörden in ihren Rechten verletzt worden zu sein.

§ 48 Recht auf Auskunft und Akteneinsicht

(1) [1]Die verantwortliche Stelle teilt einer Person auf deren schriftlichen Antrag gebührenfrei mit, ob sie betreffende personenbezogene Daten verarbeitet werden. [2]Ist dies der Fall, erhält die Person ihrem Antrag entsprechend Auskunft über sie betreffende personenbezogene Daten und über

1. die Rechtsgrundlage und die Zwecke der Verarbeitung,
2. verfügbare Informationen zur Herkunft der Daten oder, falls dies im Einzelfall nicht möglich ist, zu den Kategorien personenbezogener Daten, die verarbeitet werden,
3. die Empfänger, gegenüber denen die personenbezogenen Daten offengelegt wurden,
4. die für deren Speicherung vorgesehene Dauer oder, falls dies im Einzelfall nicht möglich ist, die Kriterien für deren Festlegung,
5. die bestehenden Rechte auf Berichtigung, Löschung oder Einschränkung der Verarbeitung gemäß § 48a und
6. die Kontaktdaten der oder des Landesbeauftragten für den Datenschutz und die Möglichkeit, bei ihr oder ihm Beschwerde nach § 47 einzulegen.

[3]Bestehen begründete Zweifel an der Identität der antragstellenden Person, kann die Erteilung der Auskunft von der Erbringung geeigneter Nachweise abhängig gemacht werden.

(2) [1]Wurden personenbezogene Daten von anderen oder an andere Stellen übermittelt, gibt die verantwortliche Stelle diesen vor Erteilung der Auskunft Gelegenheit zur Stellungnahme. [2]Ergibt sich aus der Stellungnahme, dass eine Auskunftserteilung die Aufgabenerfüllung dieser Stellen gefährden würde, unterbleibt die Auskunft. [3]Die Auskunft zur Übermittlung personenbezogener Daten von oder an Verfassungsschutzbehörden des Bundes oder der Länder, den Bundesnachrichtendienst oder den Militärischen Abschirmdienst, wird nur mit Zustimmung dieser Stellen erteilt.

(3) [1]Ein Auskunftsanspruch besteht nicht, wenn eine Auskunft bereits erteilt wurde und die gespeicherten personenbezogenen Daten sich nicht geändert haben oder die Auskunft offensichtlich missbräuchlich verlangt wird. [2]Darüber hinaus gelten für das Zurückstellen, Einschränken oder Unterbleiben der Auskunft die §§ 46a bis 46c entsprechend. [3]Die Regelungen zu den Benachrichtigungspflichten nach den §§ 46a bis 46c bleiben unberührt.

(4) [1]Sind personenbezogene Daten in Akten oder nicht automatisierten Dateisystemen gespeichert, ist der betroffenen Person auf schriftlichen Antrag bei der verantwortlichen Stelle unter den Voraussetzungen der Absätze 1 bis 3 gebührenfrei Einsicht in die jeweiligen sie betreffenden Akten oder Dateien zu gewähren. [2]Die Einsichtnahme darf nicht erfolgen, wenn die personenbezogenen Daten der betroffenen Person mit personenbezogenen Daten Dritter im Sinne von § 3 Absatz 4 Nummer 2 oder geheimhaltungsbedürftigen nicht personenbezogenen Daten derart verbunden sind, dass ihre Trennung nicht oder nur mit unverhältnismäßig großem Aufwand möglich ist. [3]In diesem Fall ist der betroffenen Person jedoch über die zu ihr gespeicherten Daten Auskunft zu erteilen. [4]Rechtsvorschriften über die Akteneinsicht im Verwaltungsverfahren bleiben unberührt.

(5) [1]Die betroffene Person wird unverzüglich durch die verantwortliche Stelle darüber in Kenntnis gesetzt, wie mit dem Antrag nach Absatz 1 oder 4 verfahren wird, falls über ihn nicht unverzüglich entschieden wird. [2]Soweit ein Antrag abgelehnt wird, ist die betroffene Person hierüber unter Mitteilung der Gründe schriftlich zu unterrichten und darauf hinzuweisen, dass sie Beschwerde bei der oder

dem Landesbeauftragten für den Datenschutz einlegen oder ihre Rechte auch über diese oder diesen ausüben kann. [3]Die Mitteilung der Gründe unterbleibt, soweit und solange hierdurch

1. die Erfüllung der Aufgaben nach diesem Gesetz erheblich erschwert oder gefährdet werden würde,
2. die öffentliche Sicherheit oder Ordnung gefährdet würde, oder
3. überwiegende Rechte anderer Personen gefährdet werden würden.

[4]Die Begründung für das Unterbleiben der Mitteilung der Gründe ist von der verantwortlichen Stelle zu dokumentieren. [5]Sie sind der oder dem Landesbeauftragten für den Datenschutz für deren oder dessen Kontrolle in auswertbarer Weise zur Verfügung zu stellen, soweit nicht das Ministerium für Inneres und Europa im Einzelfall feststellt, dass dadurch die Sicherheit des Landes, eines anderen Bundeslandes oder des Bundes gefährdet würde. [6]Eine Mitteilung der oder des Landesbeauftragten für den Datenschutz an die betroffene Person im Beschwerdeverfahren darf keine Rückschlüsse auf den Erkenntnisstand der verantwortlichen Stelle zulassen, sofern diese nicht einer weitergehenden Auskunft zustimmt.

(6) Wird ein Antrag nicht vollständig genehmigt oder über ihn nicht unverzüglich entschieden, ist die betroffene Person schriftlich darauf hinzuweisen, dass sie Beschwerde bei der oder dem Landesbeauftragten für den Datenschutz einlegen, ihre Rechte auch über diese oder diesen ausüben oder gerichtlichen Rechtsschutz in Anspruch nehmen kann.

(7) § 6 Absatz 5 des Landesdatenschutzgesetzes gilt entsprechend.

(8) Bei offensichtlich unbegründeten oder in ungebührlichem Umfang gestellten Anträgen können angemessene Kosten erhoben werden, soweit nicht ausnahmsweise schon von der Bearbeitung abgesehen werden kann.

§ 48a Recht auf Berichtigung, Ergänzung, Löschung sowie Einschränkung der Verarbeitung

(1) [1]Die betroffene Person kann bei der verantwortlichen Stelle gebührenfrei die unverzügliche Berichtigung, Ergänzung, Löschung oder Einschränkung der Verarbeitung ihrer personenbezogenen Daten schriftlich beantragen. [2]Bestehen begründete Zweifel an der Identität der antragstellenden Person, kann die Bearbeitung ihres Anliegens von der Erbringung geeigneter Nachweise abhängig gemacht werden. [3]Im Fall von Aussagen, Beurteilungen oder anderweitigen Wertungen betrifft die Frage der Richtigkeit der Daten nicht deren Inhalt, sondern die Tatsache, ob die Aussage, Beurteilung oder anderweitige Wertung so erfolgt ist. [4]Kann die Richtigkeit der Daten nicht erwiesen werden, werden die Daten in der Verarbeitung eingeschränkt. [5]In diesem Fall wird die betroffene Person unterrichtet, bevor die Verarbeitungseinschränkung aufgehoben wird.

(2) [1]Die verantwortliche Stelle prüft nach Maßgabe des § 45 den Antrag. [2]Sie hat die betroffene Person über die Genehmigung des Antrages beziehungsweise über ein Absehen von der Berichtigung, Ergänzung oder Löschung oder über die an deren Stelle tretende Einschränkung der Verarbeitung der personenbezogenen Daten schriftlich zu unterrichten; im Falle einer Ablehnung des Antrages sind der betroffenen Person auch die Gründe mitzuteilen. [3]Die Mitteilung der Gründe unterbleibt, soweit und solange hierdurch

1. die Erfüllung polizeilicher Aufgaben nach diesem Gesetz erheblich erschwert oder gefährdet werden würde,
2. die öffentliche Sicherheit oder Ordnung gefährdet werden würde, oder
3. überwiegende Rechte anderer Personen gefährdet werden würden.

[4]Falls über den Antrag nicht unverzüglich entschieden wird, wird die betroffene Person unverzüglich darüber in Kenntnis gesetzt, wie mit dem Antrag verfahren wird.

(3) § 48 Absatz 6 bis 8 gilt entsprechend.

Unterabschnitt 6

Datenschutzaufsichtliche und parlamentarische Kontrolle (§§ 48b-48h)

§ 48b Aufsicht durch die Landesbeauftragte oder den Landesbeauftragten für den Datenschutz über die Datenverarbeitung

(1) Unbeschadet anderer Regelungen dieses Gesetzes nimmt die oder der Landesbeauftragte für den Datenschutz im Rahmen der Aufsicht über die Datenverarbeitung zu Zwecken der Richtlinie (EU) 2016/680 die Aufgaben entsprechend Artikel 57 Absatz 1 Buchstabe a bis i und t der Verordnung (EU)

2016/679 wahr und übt die Befugnisse entsprechend Artikel 58 Absatz 1, Absatz 2 Buchstabe a und b sowie Absatz 3 Buchstabe a und b dieser Verordnung aus.

(2) [1]Weitergehende Maßnahmen darf die oder der Landesbeauftragte für den Datenschutz im Anwendungsbereich der Richtlinie (EU) 2016/680 nur anordnen, wenn dies zur Abwendung einer nach Ausübung der Befugnisse nach Absatz 1 fortbestehenden wesentlichen Verletzung datenschutzrechtlicher Vorschriften erforderlich ist und die Aufgabenwahrnehmung durch die verantwortliche Stelle dadurch nicht wesentlich beeinträchtigt wird. [2]Eine Löschung von personenbezogenen Daten darf nicht angeordnet werden.

(3) [1]Unbeschadet der Bestimmungen in Absatz 1 und 2 kann die oder der Landesbeauftragte für den Datenschutz festgestellte Verstöße gegen Vorschriften über den Datenschutz im Anwendungsbereich der Richtlinie (EU) 2016/680 beanstanden und ihre Behebung in angemessener Frist fordern. [2]Sie oder er kann die Rechts- und Fachaufsichtsbehörde hierüber verständigen. [3]Werden die beanstandeten Verstöße nicht behoben, kann sie oder er von den in Satz 2 genannten Stellen binnen angemessener Frist geeignete Maßnahmen fordern. [4]Nach fruchtlosem Fristablauf kann die oder der Landesbeauftragte für den Datenschutz den Landtag und die Landesregierung verständigen.

(4) [1]Übt die oder der Landesbeauftragte für den Datenschutz für die betroffene Person deren Rechte im Anwendungsbereich der Richtlinie (EU) 2016/680 aus, hat sie oder er die Rechtmäßigkeit der Verarbeitung zu überprüfen und die betroffene Person innerhalb einer angemessenen Frist über das Ergebnis dieser Überprüfung zu unterrichten oder ihr die Gründe mitzuteilen, aus denen die Überprüfung nicht vorgenommen werden kann. [2]Hierbei ist die betroffene Person auf die Rechtsschutzmöglichkeiten gegen die Landesbeauftragte oder den Landesbeauftragten für den Datenschutz hinzuweisen. [3]Die Mitteilung an die betroffene Person darf keine Rückschlüsse auf den Erkenntnisstand der verantwortlichen Stelle zulassen, sofern diese Stelle nicht einer weitergehenden Auskunft zustimmt. [4]Die oder der Landesbeauftragte für den Datenschutz hat eine bei ihr oder ihm eingelegte Beschwerde über eine Verarbeitung, die in die Zuständigkeit einer Aufsichtsbehörde des Bundes, eines anderen Landes oder in einem anderen Mitgliedstaat der Europäischen Union fällt, unverzüglich an die zuständige Aufsichtsbehörde weiterzuleiten. [5]Sie oder er hat in diesem Fall die betroffene Person über die Weiterleitung zu unterrichten und ihr auf deren Ersuchen weitere Unterstützung zu leisten.

(5) Die Aufsicht durch die Landesbeauftragte oder den Landesbeauftragten für den Datenschutz im Anwendungsbereich der Richtlinie (EU) 2016/680 erstreckt sich nicht auf eine Datenverarbeitung, die gerichtlich überprüft wurde.

(6) [1]Die oder der Landesbeauftragte für den Datenschutz führt zu den in § 46f Absatz 2 genannten Maßnahmen und zu Datenübermittlungen an Drittstaaten und weitere zwischen- und überstaatliche Stellen nach den §§ 39d bis 39h im Abstand von längstens zwei Jahren zumindest stichprobenartig Kontrollen durch. [2]Dies gilt auch für Datenübermittlungen an Drittstaaten und weitere zwischen- und überstaatliche Stellen nach der Verordnung (EU) 2016/679.

§ 48c Zusammenarbeit mit der oder dem Landesbeauftragten für den Datenschutz und deren oder dessen Anhörung

(1) Die verantwortliche Stelle und der Auftragsverarbeiter haben mit der oder dem Landesbeauftragten für den Datenschutz bei der Erfüllung ihrer oder seiner Aufgaben zusammenzuarbeiten.

(2) [1]Die verantwortliche Stelle hat vor der Inbetriebnahme von neu anzulegenden automatisierten Verfahren nach § 42 die Landesbeauftragte oder den Landesbeauftragten für den Datenschutz anzuhören, wenn

1. aus einer Datenschutz-Folgenabschätzung nach § 45b hervorgeht, dass die Verarbeitung ein hohes Risiko für die Rechtsgüter betroffener Personen zur Folge hätte, wenn die verantwortliche Stelle keine Abhilfemaßnahmen treffen würde, oder
2. die Form der Verarbeitung, insbesondere bei der Verwendung neuer Technologien, Mechanismen oder Verfahren, ein hohes Risiko für die Rechtsgüter betroffener Personen zur Folge hat.

[2]Die oder der Landesbeauftragte für den Datenschutz kann eine Liste der Verarbeitungsvorgänge erstellen, die der Pflicht zur Anhörung nach Satz 1 unterliegen.

(3) [1]Der oder dem Landesbeauftragten für den Datenschutz sind im Fall des Absatzes 2 vorzulegen:

1. die nach § 45b durchgeführte Datenschutz-Folgenabschätzung,
2. gegebenenfalls Angaben zu den jeweiligen Zuständigkeiten der verantwortlichen Stelle, der gemeinsam verantwortlichen Stellen und der an der Verarbeitung beteiligten Auftragsverarbeiter,

3. Angaben zu den Zwecken und Mitteln der beabsichtigten Verarbeitung,
4. Angaben zu den zum Schutz der Rechtsgüter der betroffenen Personen vorgesehenen Maßnahmen und Garantien und
5. Name und Kontaktdaten der oder des behördlichen Datenschutzbeauftragten.

[2]Auf Anforderung sind ihr oder ihm zudem alle sonstigen Informationen zu übermitteln, die sie oder er benötigt, um die Rechtmäßigkeit der Verarbeitung sowie insbesondere die in Bezug auf den Schutz der personenbezogenen Daten der betroffenen Personen bestehenden Gefahren und die diesbezüglichen Garantien bewerten zu können.

(4) [1]Ist die oder der Landesbeauftragte für den Datenschutz der Auffassung, dass die geplante Verarbeitung gegen gesetzliche Vorgaben verstoßen würde, insbesondere weil die verantwortliche Stelle das Risiko nicht ausreichend ermittelt oder keine ausreichenden Abhilfemaßnahmen getroffen hat, kann sie oder er der verantwortlichen Stelle und gegebenenfalls dem Auftragsverarbeiter innerhalb eines Zeitraums von sechs Wochen nach Einleitung der Anhörung schriftliche Empfehlungen unterbreiten, welche Maßnahmen noch ergriffen werden sollten. [2]Erfolgt die geplante Verarbeitung nicht zu Zwecken der Richtlinie (EU) 2016/680, beträgt die Frist acht Wochen. [3]Die oder der Landesbeauftragte für den Datenschutz kann diese Frist im Anwendungsbereich der Richtlinie (EU) 2016/680 um einen Monat, in übrigen Fällen um sechs Wochen verlängern, wenn die geplante Verarbeitung besonders komplex ist. [4]Sie oder er hat in diesem Fall innerhalb eines Monats nach Einleitung der Anhörung die verantwortliche Stelle und gegebenenfalls den Auftragsverarbeiter über die Fristverlängerung zu informieren. [5]Die Fristen können durch die Landesbeauftragte oder den Landesbeauftragten Für den Datenschutz ausgesetzt werden, bis die verantwortliche Stelle ihr oder ihm die zur Anhörung angeforderten Informationen zur Verfügung gestellt hat. [6]Die Ausübung ihrer oder seiner sonstigen Befugnisse nach § 48b bleibt davon unberührt.

(5) [1]Hat die beabsichtigte Verarbeitung zu Zwecken der Richtlinie (EU) 2016/680 erhebliche Bedeutung für die Aufgabenerfüllung der verantwortlichen Stelle und ist sie daher besonders dringlich, kann die verantwortliche Stelle mit der Verarbeitung nach Beginn der Anhörung, aber vor Ablauf der in Absatz 4 Satz 1 genannten Frist beginnen. [2]In diesem Fall sind die Empfehlungen der oder des Landesbeauftragten für den Datenschutz im Nachhinein zu berücksichtigen und die Art und Weise der Verarbeitung daraufhin gegebenenfalls anzupassen.

(6) Vor dem Erlass oder der Änderung von Rechts- oder Verwaltungsvorschriften, die das Recht auf informationelle Selbstbestimmung berühren, ist die oder der Landesbeauftragte für den Datenschutz frühestmöglich anzuhören.

§ 48d Benachrichtigung der oder des Landesbeauftragten für den Datenschutz bei Verletzungen des Schutzes personenbezogener Daten

(1) [1]Die verantwortliche Stelle hat eine Verletzung des Schutzes personenbezogener Daten unverzüglich, spätestens jedoch 72 Stunden nachdem sie ihr bekannt geworden ist, der oder dem Landesbeauftragten für den Datenschutz zu melden, es sei denn, dass die Verletzung voraussichtlich keine Gefahr für die Rechtsgüter natürlicher Personen mit sich gebracht hat. [2]Erfolgt die Meldung an die Landesbeauftragte oder den Landesbeauftragten für den Datenschutz nicht innerhalb von 72 Stunden, so ist die Verzögerung ihr oder ihm gegenüber zu begründen.

(2) Ein Auftragsverarbeiter hat eine Verletzung des Schutzes personenbezogener Daten unverzüglich der verantwortlichen Stelle entsprechend den Maßgaben der Absätze 3 und 4 zu melden.

(3) Die Meldung nach Absatz 1 hat zumindest folgende Informationen zu enthalten:

1. eine Beschreibung der Art der Verletzung des Schutzes personenbezogener Daten, die, soweit möglich, Angaben zu den betroffenen Kategorien personenbezogener Daten und Erkenntnisse zur ungefähren Anzahl der betroffenen personenbezogenen Datensätze zu enthalten hat,
2. den Namen und die Kontaktdaten der oder des behördlichen Datenschutzbeauftragten oder einer sonstigen Person oder Stelle, die weitere Informationen erteilen kann,
3. eine Beschreibung der eingetretenen und eine Einschätzung der wahrscheinlichen Folgen der Verletzung und
4. eine Beschreibung der von der verantwortlichen Stelle durchgeführten oder vorgeschlagenen Maßnahmen zur Behandlung der Verletzung und der getroffenen Maßnahmen zur Vermeidung ihrer möglichen nachteiligen Auswirkungen.

(4) Wenn die Informationen nach Absatz 3 nicht zusammen mit der Meldung übermittelt werden können, hat die verantwortliche Stelle sie unverzüglich nachzureichen, sobald sie ihr vorliegen.

(5) [1]Die verantwortliche Stelle hat Verletzungen des Schutzes personenbezogener Daten zu dokumentieren. [2]Die Dokumentation hat alle mit den Vorfällen zusammenhängenden Tatsachen, deren Auswirkungen und die ergriffenen Abhilfemaßnahmen zu umfassen.

(6) Soweit von einer Verletzung personenbezogene Daten betroffen sind, die von einer verantwortlichen Stelle in einem anderen Mitgliedstaat der Europäischen Union übermittelt wurden, sind die in Absatz 3 genannten Informationen der dortigen verantwortlichen Stelle unverzüglich zu übermitteln.

(7) Weitere Pflichten der verantwortlichen Stelle zu Benachrichtigungen über Verletzungen des Schutzes personenbezogener Daten bleiben unberührt.

(8) § 46c Absatz 6 gilt entsprechend.

§ 48e Bestellung behördlicher Datenschutzbeauftragter

(1) Die verantwortliche Stelle bestellt schriftlich eine behördliche Datenschutzbeauftragte oder einen behördlichen Datenschutzbeauftragten sowie eine Vertretung.

(2) Für mehrere Behörden nach Absatz 1 kann unter Berücksichtigung ihrer Organisationsstruktur und ihrer Größe eine gemeinsame Datenschutzbeauftragte oder ein gemeinsamer Datenschutzbeauftragter bestellt werden.

(3) Die oder der behördliche Datenschutzbeauftragte wird auf der Grundlage ihrer oder seiner beruflichen Qualifikation und insbesondere ihres oder seines Fachwissens, das sie oder er auf dem Gebiet des Datenschutzrechts und der Datenschutzpraxis besitzt, sowie auf der Grundlage ihrer oder seiner Fähigkeit zur Erfüllung der in § 48g genannten Aufgaben bestellt.

(4) Die oder der behördliche Datenschutzbeauftragte kann Beschäftigte oder Beschäftigter der Stelle nach Absatz 1 oder einer der Stellen nach Absatz 2 sein oder ihre oder seine Aufgaben auf der Grundlage eines Dienstleistungsvertrags erfüllen.

(5) Die Kontaktdaten der oder des behördlichen Datenschutzbeauftragten sind von der Stelle nach Absatz 1 oder den Stellen nach Absatz 2 öffentlich bekannt zu geben und der oder dem Landesbeauftragten für den Datenschutz mitzuteilen.

§ 48f Stellung der behördlichen Datenschutzbeauftragten

(1) [1]Die verantwortliche Stelle hat

1. sicherzustellen, dass die oder der behördliche Datenschutzbeauftragte ordnungsgemäß und frühzeitig in alle mit dem Schutz personenbezogener Daten zusammenhängenden Fragen eingebunden wird,
2. die behördliche Datenschutzbeauftragte oder den behördlichen Datenschutzbeauftragten bei der Erfüllung ihrer oder seiner Aufgaben gemäß § 48g zu unterstützen, indem sie die für die Erfüllung dieser Aufgaben erforderlichen Ressourcen und den Zugang zu personenbezogenen Daten und Verarbeitungsvorgängen sowie die zur Erhaltung ihres oder seines Fachwissens erforderlichen Ressourcen zur Verfügung stellt und
3. sicherzustellen, dass die oder der behördliche Datenschutzbeauftragte bei der Erfüllung ihrer oder seiner Aufgaben keine Anweisungen bezüglich der Ausübung dieser Aufgaben erhält.

[2]Die oder der behördliche Datenschutzbeauftragte berichtet unmittelbar der Leitung der Behörde. [3]Er oder sie darf von der Behörde wegen der Erfüllung ihrer oder seiner Aufgaben nicht abberufen oder benachteiligt werden.

(2) [1]Die Abberufung der oder des behördlichen Datenschutzbeauftragten ist nur in entsprechender Anwendung des § 626 des Bürgerlichen Gesetzbuches zulässig. [2]Die Kündigung des Arbeitsverhältnisses ist unzulässig, es sei denn, dass Tatsachen vorliegen, die die Behörde zur Kündigung aus wichtigem Grund ohne Einhaltung einer Kündigungsfrist berechtigen. [3]Nach dem Ende der Tätigkeit als behördliche Datenschutzbeauftragte oder als behördlicher Datenschutzbeauftragter ist die Kündigung des Arbeitsverhältnisses innerhalb eines Jahres unzulässig, es sei denn, dass eine Kündigung aus wichtigem Grund ohne Einhaltung einer Kündigungsfrist berechtigt ist.

(3) [1]Beschäftigte der verantwortlichen Stelle können sich ohne Einhaltung des Dienstweges in allen Angelegenheiten des Datenschutzes an die für sie zuständige behördliche Datenschutzbeauftragte oder den für sie zuständigen behördlichen Datenschutzbeauftragten wenden. [2]Betroffene Personen können die behördliche Datenschutzbeauftragte oder den behördlichen Datenschutzbeauftragten zu allen mit

der Verarbeitung ihrer personenbezogenen Daten und mit der Wahrnehmung ihrer Rechte gemäß der Verordnung (EU) 2016/679, diesem Gesetz sowie anderen Rechtsvorschriften über den Datenschutz im Zusammenhang stehenden Fragen zu Rate ziehen. [3]Die oder der behördliche Datenschutzbeauftragte ist auch nach Beendigung ihrer oder seiner Tätigkeit zur Verschwiegenheit über die Identität der betroffenen Person sowie über Umstände, die Rückschlüsse auf die betroffene Person zulassen, verpflichtet, soweit sie oder er nicht davon durch die betroffene Person befreit wird.

(4) [1]Wenn die oder der behördliche Datenschutzbeauftragte bei ihrer oder seiner Tätigkeit Kenntnis von Daten erhält, für die der Leitung oder einer bei der in Absatz 1 genannten Behörden beschäftigten Person aus beruflichen Gründen ein Zeugnisverweigerungsrecht zusteht, steht dieses Recht auch der oder dem behördlichen Datenschutzbeauftragten und den ihr oder ihm unterstellten Beschäftigten zu. [2]Über die Ausübung dieses Rechts entscheidet die Person, der das Zeugnisverweigerungsrecht aus beruflichen Gründen zusteht, es sei denn, dass diese Entscheidung in absehbarer Zeit nicht herbeigeführt werden kann. [3]Soweit das Zeugnisverweigerungsrecht der oder des behördlichen Datenschutzbeauftragten reicht, unterliegen ihre oder seine Akten und andere Dokumente einem Beschlagnahmeverbot.

§ 48g Aufgaben der behördlichen Datenschutzbeauftragten

(1) Der oder dem behördlichen Datenschutzbeauftragten obliegen neben den in der Verordnung (EU) 2016/679 genannten Aufgaben zumindest folgende Aufgaben:

1. Unterrichtung und Beratung der Behörde und der Beschäftigten, die Verarbeitungen durchführen, hinsichtlich ihrer Pflichten nach diesem Gesetz und sonstigen Vorschriften über den Datenschutz, einschließlich der zur Umsetzung der Richtlinie (EU) 2016/680 erlassenen Rechtsvorschriften;
2. Überwachung der Einhaltung der Vorschriften dieses Gesetzes und sonstiger Vorschriften über den Datenschutz, einschließlich der zur Umsetzung der Richtlinie (EU) 2016/680 erlassenen Rechtsvorschriften, sowie der Strategien der Behörde für den Schutz personenbezogener Daten, einschließlich der Zuweisung von Zuständigkeiten, der Sensibilisierung und der Schulung der an den Verarbeitungsvorgängen beteiligten Beschäftigten und der diesbezüglichen Überprüfungen;
3. Entscheidung nach § 26a Absatz 5 sowie Beratung im Zusammenhang mit der Datenschutz-Folgenabschätzung nach § 45b und Überwachung ihrer Durchführung;
4. Zusammenarbeit mit der oder dem Landesbeauftragten für den Datenschutz;
5. Tätigkeit als Anlaufstelle für die Landesbeauftragte oder den Landesbeauftragten für den Datenschutz in mit der Verarbeitung personenbezogener Daten zusammenhängenden Fragen, einschließlich der vorherigen Konsultation nach § 48c, und gegebenenfalls Beratung zu allen sonstigen Fragen.

(2) [1]Die oder der behördliche Datenschutzbeauftragte hat ein Recht auf Einsichtnahme in das Verzeichnis aller Verarbeitungstätigkeiten. [2]Vor erstmaliger Inbetriebnahme einer Verarbeitungstätigkeit ist der oder dem behördlichen Datenschutzbeauftragten das Verzeichnis mit der Gelegenheit zur Stellungnahme zu dem entsprechenden Eintrag vorzulegen.

(3) [1]Die oder der behördliche Datenschutzbeauftragte kann andere Aufgaben und Pflichten wahrnehmen. [2]Die Behörde hat dafür Sorge zu tragen, dass derartige Aufgaben und Pflichten nicht zu einem Interessenkonflikt führen und der oder dem behördlichen Datenschutzbeauftragten für ihre oder seine Aufgaben nach Absatz 1 hinreichend Arbeitszeit verbleibt.

(4) Die oder der behördliche Datenschutzbeauftragte trägt bei der Erfüllung ihrer oder seiner Aufgaben dem mit den Verarbeitungsvorgängen verbundenen Risiko gebührend Rechnung, wobei sie oder er die Art, den Umfang, die Umstände und die Zwecke der Verarbeitung berücksichtigt.

§ 48h Parlamentarische Kontrolle, Unterrichtung der Öffentlichkeit

(1) [1]Das Ministerium für Inneres und Europa berichtet einem Gremium des Landtages (SOG-Gremium) über folgende durchgeführte Maßnahmen:

1. Einsatz besonderer Mittel der Datenerhebung nach § 33 Absatz 1,
2. Einsatz technischer Mittel in Wohnungen nach § 33b; soweit die Maßnahme nach § 33b Absatz 9 als Personenschutzmaßnahme erfolgt ist nur, wenn die erhobenen Daten gemäß § 36 weiterverarbeitet wurden,
3. verdeckter Zugriff auf informationstechnische Systeme nach § 33c,
4. Eingriffe in den Telekommunikationsbereich nach den §§ 33d bis 33g,

5. Rasterfahndung nach § 44,
6. elektronische Aufenthaltsüberwachung nach § 67a und
7. Datenübermittlung an Drittstaaten und weitere zwischen- und überstaatliche Stellen nach den §§ 39d bis 39h und nach der Verordnung (EU) 2016/679.

[2]Der Bericht bezieht sich auf ein Kalenderjahr und ist bis zum 31. Dezember des darauffolgenden Jahres abzugeben. [3]Im Bericht ist darzustellen, in welchem Umfang von den Befugnissen aus Anlass welcher Art von Gefahrenlagen Gebrauch gemacht wurde und in welchem Umfang die Benachrichtigung der betroffenen Personen erfolgt ist. [4]Das Justizministerium berichtet unter Beachtung von Satz 2 dem SOG-Gremium entsprechend § 101b Absatz 4 der Strafprozessordnung über die durchgeführten Maßnahmen nach § 100c der Strafprozessordnung, die von einem Gericht in Mecklenburg-Vorpommern angeordnet worden sind.

(2) [1]Das SOG-Gremium besteht aus fünf Mitgliedern und wird vom Landtag gewählt. [2]Die Zusammensetzung regelt sich nach dem Stärkeverhältnis der Fraktionen. [3]Das Gremium gibt sich eine Geschäftsordnung.

(3) Die Landesregierung unterrichtet auf der Grundlage des Berichts nach Absatz 1 den Landtag über die Anzahl der Maßnahmen nach Absatz 1 Satz 1 und Satz 3 und in welchem Umfang eine Benachrichtigung erfolgt ist.

(4) Das Ministerium für Inneres und Europa und das Justizministerium veröffentlichen nach Unterrichtung des Landtages zur Information der Öffentlichkeit die erfolgte Unterrichtung an den Landtag auf ihrer Internetseite.

(5) Das Ministerium für Inneres und Europa regelt das nähere Verfahren zur Erfüllung der Berichtspflichten nach Absatz 1 Satz 1 durch Verwaltungsvorschrift.

Unterabschnitt 7

Straftaten von erheblicher Bedeutung (§ 49)

§ 49 Straftaten von erheblicher Bedeutung

Straftaten von erheblicher Bedeutung im Sinne dieses Gesetzes sind

1. Verbrechen,
2. Vergehen nach den §§ 86, 86a, 89a, 89b, 89c Absatz 1 bis 4, 91, 95, 129, 129a, 129b, 130, 184b Absatz 1 und 2, 184c Absatz 2, 303b Absatz 4, 310 Absatz 1 Nummer 2 des Strafgesetzbuches und
3. banden-, gewerbs-, serienmäßig oder sonst organisiert begangene Vergehen nach
   a) den §§ 125a, 180a, 181a, 224, 243, 244, 260, 261, 263 bis 264a, 265b, 266, 267, 283, 283a und 324 bis 330 des Strafgesetzbuches,
   b) § 52 Absatz 1 Nummer 2 Buchstabe c und d des Waffengesetzes,
   c) § 29 Absatz 3 Satz 2 Nummer 1 des Betäubungsmittelgesetzes,
   d) den §§ 95 Absatz 2 und 96 Absatz 2 des Aufenthaltsgesetzes.

Abschnitt 4

Besondere Maßnahmen (§§ 49a – 67d)

§ 49a Grundsatz

Soweit personenbezogene Daten nach Abschnitt 4 verarbeitet werden und nichts Abweichendes geregelt ist, sind die Vorschriften des Abschnittes 3 anzuwenden.

Unterabschnitt 1

Besondere Maßnahmen der Polizei und der Ordnungsbehörden (§§ 50 – 67)

§ 50 Vorladung

(1) Eine Person kann schriftlich oder mündlich vorgeladen werden, wenn

1. Tatsachen die Annahme rechtfertigen, dass die Person sachdienliche Angaben machen kann, die für die Erfüllung einer bestimmten Aufgabe der Ordnungsbehörden oder der Polizei erforderlich sind, oder
2. dies zur Durchführung einer gesetzlich zugelassenen erkennungsdienstlichen Maßnahme erforderlich ist.

(2) [1]Bei der Vorladung soll deren Grund angegeben werden. [2]Bei der Festsetzung des Zeitpunktes soll auf den Beruf und die sonstigen Lebensverhältnisse der oder des Vorgeladenen Rücksicht genommen werden.

(3) Wird der Vorladung ohne hinreichenden Grund keine Folge geleistet, so kann sie zwangsweise durchgesetzt werden,
1. wenn die Angaben zur Abwehr einer im einzelnen Falle bevorstehenden Gefahr für Leib, Leben oder Freiheit einer Person erforderlich sind oder
2. wenn erkennungsdienstliche Maßnahmen durchgeführt werden sollen.

(4) § 136a der Strafprozessordnung gilt mit Ausnahme seines Absatzes 1 Satz 2 entsprechend.

(5) Maßnahmen nach Absatz 3 im Wege des unmittelbaren Zwanges dürfen nur Polizeivollzugsbeamtinnen und Polizeivollzugsbeamte vornehmen.

(6) Für die Entschädigung von Personen, die auf Vorladung als Zeuginnen und Zeugen erscheinen oder die als Sachverständige oder Dolmetscherinnen und Dolmetscher herangezogen werden, gilt das Justizvergütungs- und -entschädigungsgesetz entsprechend.

§ 51 Verfahren bei der Vorführung

(1) [1]Kommt eine Person der gesetzlichen Verpflichtung, vor einer Behörde zu erscheinen, auf Vorladung nicht nach, so kann sie vorgeführt werden, wenn hierauf in der Vorladung hingewiesen worden ist. [2]Unter der gleichen Voraussetzung kann eine Person vorgeführt werden, wenn sie aufgrund gesetzlicher Vorschrift einer Behörde vorzustellen ist, die Vorstellung aber unterblieben ist.

(2) [1]Die vorgeführte Person darf nicht länger als bis zum Ende der Amtshandlung, zu der sie vorgeladen war, festgehalten werden. [2]Spätestens am Ende des Tages nach der Vorführung ist sie zu entlassen.

(3) § 56 gilt entsprechend.

§ 52 Platzverweisung und Wegweisung

(1) [1]Zur Abwehr einer im einzelnen Falle bevorstehenden Gefahr ist es zulässig, eine Person vorübergehend von einem Ort zu verweisen oder ihr vorübergehend das Betreten eines Ortes zu verbieten. [2]Die Platzverweisung kann auch gegen Personen angeordnet werden, die den Einsatz der Feuerwehr oder von Hilfs- oder Rettungsdiensten behindern.

(2) [1]Die Polizei kann eine Person ihrer Wohnung und des unmittelbar angrenzenden Bereichs verweisen, wenn dies erforderlich ist, um eine gegenwärtige Gefahr für Leib, Leben oder Freiheit von Bewohnerinnen oder Bewohnern derselben Wohnung (gefährdete Personen) abzuwenden. [2]Unter den gleichen Voraussetzungen kann die Einsatzleitung ein Betretungsverbot anordnen. [3]Sie informiert unverzüglich die Leitung der zuständigen Polizeibehörde über die Anordnung; § 52a Absatz 3 gilt entsprechend und Widerspruch und Anfechtungsklage gegen die Anordnung haben keine aufschiebende Wirkung. [4]Die Maßnahme darf die Dauer von 14 Tagen nicht überschreiten. [5]Ergänzend können Maßnahmen zur Durchsetzung der Wegweisung oder des Betretungsverbotes verfügt werden. [6]Im Falle eines Antrags auf zivilrechtlichen Schutz nach dem Gewaltschutzgesetz mit dem Ziel des Erlasses einer einstweiligen Anordnung endet die nach Satz 1 oder 2 verfügte polizeiliche Maßnahme bereits mit dem Tag der Wirksamkeit der gerichtlichen Entscheidung. [7]Das Gericht informiert unverzüglich die örtlich zuständige Polizeidienststelle über seine Entscheidung.

(3) [1]Im Falle einer Wegweisung oder eines angeordneten Betretungsverbots nach Absatz 2 darf die Polizei die für eine Kontaktaufnahme erforderlichen personenbezogenen Daten der gefährdeten Personen an die zuständige vom Ministerium für Soziales, Integration und Gleichstellung anerkannte Interventionsstelle übermitteln. [2]Dies gilt nicht, wenn ausschließlich gefährdete Personen betroffen sind, die das 18. Lebensjahr noch nicht vollendet haben. [3]Die Interventionsstelle darf die übermittelten personenbezogenen Daten ausschließlich dazu verwenden, den gefährdeten Personen unverzüglich Beratung zum Schutz ihrer Rechtsgüter anzubieten. [4]Lehnt eine gefährdete Person die Beratung ab, hat die Interventionsstelle die übermittelten Daten unverzüglich zu löschen. [5]Im Übrigen sind die

übermittelten Daten nach Abschluss der Beratungstätigkeit zu löschen. [6]Die Sätze 2 bis 5 gelten auch für eine nach § 39b Absatz 4 zulässige Datenübermittlung.

§ 52a Aufenthalts- und Betretungsverbot

(1) [1]Rechtfertigen Tatsachen die Annahme, dass eine Person in einem bestimmten örtlichen Bereich eine Straftat, die keine terroristische Straftat nach § 67c ist, begehen wird, können Ordnungsbehörden und Polizei ihr untersagen, diesen Bereich zu betreten oder sich dort aufzuhalten. [2]Örtlicher Bereich im Sinne des Satzes 1 ist ein Ort oder ein Gebiet innerhalb einer Gemeinde oder auch ein gesamtes Gemeindegebiet.

(2) [1]Maßnahmen nach Absatz 1 dürfen nur durch die Leitung der zuständigen Ordnungs- oder Polizeibehörde oder bei polizeilicher Anordnung auch durch die von ihr besonders beauftragte Beamtin oder den von ihr besonders beauftragten Beamten angeordnet werden. [2]Widerspruch und Anfechtungsklage gegen die Anordnung haben keine aufschiebende Wirkung.

(3) [1]Die Anordnung ergeht schriftlich. [2]In ihr sind anzugeben:

1. die Person, gegen die sich die Maßnahme richtet, mit Namen und Anschrift,
2. Art, Umfang und Dauer der Maßnahme, einschließlich einer Bezeichnung der örtlichen Bereiche, die die Person nicht betreten oder in denen sich die Person nicht aufhalten darf, sowie
3. die Gründe.

(4) [1]Das Verbot ist zeitlich und örtlich auf den zur Verhütung der Straftat erforderlichen Umfang zu beschränken und darf räumlich nicht den Zugang zur Wohnung der betroffenen Person umfassen. [2]Die Vorschriften des Versammlungsrechts bleiben unberührt.

(5) [1]Das Verbot ist auf höchstens drei Monate zu befristen. [2]Eine Verlängerung um jeweils nicht mehr als drei Monate ist möglich, soweit die Voraussetzungen fortbestehen. [3]Eine Verlängerung bedarf der gerichtlichen Anordnung nach Maßgabe des Absatzes 3 auf Antrag der Leitung der zuständigen Ordnungs- oder Polizeibehörde; der Antrag muss die Angaben nach Absatz 3 Satz 2 Nummer 1 und 2 sowie den Sachverhalt und eine Begründung enthalten.

(6) Die jeweils örtlich zuständigen Ordnungs- und Polizeibehörden unterrichten sich gegenseitig unverzüglich über ein nach dieser Vorschrift angeordnetes Aufenthalts- und Betretungsverbot.

§ 52b Meldeauflage

(1) [1]Rechtfertigen Tatsachen die Annahme, dass eine Person eine Straftat begehen wird, kann sie durch die Polizei verpflichtet werden, an bestimmten Tagen zu bestimmten Zeiten in einer bestimmten Polizeidienststelle zu erscheinen (Meldeauflage). [2]Gleiches gilt, wenn die Voraussetzungen des § 67a Absatz 1 vorliegen. [3]Soweit der Zweck der Meldeauflage oder anderer im Zusammenhang mit der Anordnung stehenden Maßnahmen nicht gefährdet wird, kann mit Zustimmung der betroffenen Person auch eine inländische Polizeidienststelle außerhalb ihres Wohnsitzes oder ständigen Aufenthaltsortes bestimmt werden.

(2) [1]Maßnahmen nach Absatz 1 Satz 1 dürfen nur durch die Leitung der zuständigen Polizeibehörde oder durch eine von ihr besonders beauftragte Beamtin oder einen von ihr besonders beauftragten Beamten angeordnet werden. [2]Maßnahmen nach Absatz 1 Satz 2 darf nur die Leitung der zuständigen Polizeibehörde anordnen. [3]Widerspruch und Anfechtungsklage gegen die Anordnung haben keine aufschiebende Wirkung.

(3) [1]Die Anordnung ergeht schriftlich. [2]In ihr sind anzugeben:

1. die Person, gegen die sich die Maßnahme richtet, mit Namen und Anschrift,
2. Art, Umfang und Dauer der Maßnahme, einschließlich der Polizeidienststelle, bei der sich die Person zu melden hat, sowie
3. die Gründe.

(4) [1]Die Meldeauflage ist zeitlich und örtlich auf den zur Verhütung der Straftat erforderlichen Umfang zu beschränken und darf unter Berücksichtigung der Art und Schwere der zu verhütenden Straftat keine unzumutbaren Auswirkungen auf die Lebensführung der betroffenen Person haben. [2]Die Vorschriften des Versammlungsrechts bleiben unberührt.

(5) [1]Das Gebot ist auf höchstens drei Monate zu befristen. [2]Eine Verlängerung um jeweils nicht mehr als drei Monate ist möglich, soweit die Voraussetzungen fortbestehen. [3]Eine Verlängerung bedarf der gerichtlichen Anordnung nach Maßgabe des Absatzes 3 auf Antrag der Leitung der zuständigen Po-

lizeibehörde; der Antrag muss die Angaben nach Absatz 3 Satz 2 Nummer 1 und 2 sowie den Sachverhalt und eine Begründung enthalten.

(6) [1]Eine nach Absatz 1 Satz 2 angeordnete Meldeauflage geht der nach Absatz 1 Satz 1 angeordneten Meldeauflage vor, soweit sie sich entgegenstehen. [2]Gleiches gilt in Bezug auf ein nach § 52a angeordnetes Aufenthalts- und Betretungsverbot.

§ 53 Durchsuchung von Personen und Verfahren

(1) Eine Person kann außer in den Fällen des § 29 Absatz 3 Satz 2 nur durchsucht werden, wenn

1. Tatsachen die Annahme rechtfertigen, dass die Person Sachen bei sich führt, die sichergestellt werden können,
2. sie nach diesem Gesetz oder anderen Rechtsvorschriften angehalten oder festgehalten werden kann und die Durchsuchung
   a) zum Schutz der Person oder
   b) zur Eigensicherung des Amtsträgers

   erforderlich ist oder
3. eine Identitätsfeststellung aufgrund des § 29 Absatz 1 Satz 2 Nummer 1, 2 oder 3 zulässig ist.

(2) Die Person kann zum Zwecke der Durchsuchung zur Dienststelle verbracht werden, wenn es sonst nicht möglich ist, die Durchsuchung ordnungsgemäß durchzuführen.

(3) Maßnahmen nach Absatz 1 und 2 dürfen nur Polizeivollzugsbeamtinnen und Polizeivollzugsbeamte anordnen.

(4) Bei der Durchsuchung einer Person können der Körper, die Kleidung, der Inhalt der Kleidung und die sonstigen am Körper getragenen Sachen durchsucht werden.

(5) [1]Personen dürfen nur von Personen gleichen Geschlechts oder von Ärztinnen oder Ärzten durchsucht werden. [2]Bei berechtigtem Interesse soll dem Wunsch der zu durchsuchenden Person, die Durchsuchung einer Person oder einer Ärztin oder einem Arzt bestimmten Geschlechts zu übertragen, entsprochen werden; hierauf ist sie hinzuweisen. [3]Satz 1 und 2 gelten nicht, wenn die sofortige Durchsuchung zum Schutz gegen eine im einzelnen Falle bevorstehende Gefahr für Leib oder Leben erforderlich ist.

§ 54 Untersuchung von Personen und Verfahren

(1) [1]Bei einer lebenden oder verstorbenen Person, von der sich ergibt oder anzunehmen ist, dass sie krank, krankheitsverdächtig, ansteckungsverdächtig ist oder war, können körperliche Untersuchungen, Entnahmen von Blutproben und andere körperliche Eingriffe zur Feststellung des Infektionsstatus angeordnet werden, wenn Tatsachen die Annahme rechtfertigen, dass es zu einer Übertragung von Krankheitserregern, wie insbesondere Hepatitis B, Hepatitis C oder Humanes Immundefizienzvirus (HIV) auf eine andere Person gekommen ist und bei dieser Person dadurch eine Gefahr für das Leben oder eine schwerwiegende Gesundheitsgefährdung besteht und die Kenntnis des Infektionsstatus zur Abwehr der Gefahr erforderlich ist. [2]Körperliche Untersuchungen und Eingriffe dürfen nur von einer Ärztin oder einem Arzt nach den Regeln der ärztlichen Kunst durchgefühlt werden; § 53 Absatz 5 Satz 2 und 3 gelten insoweit entsprechend. [3]Vor einer Blutentnahme soll eine ärztliche Konsultation erfolgen. [4]Körperliche Untersuchungen und Eingriffe sind ohne Einwilligung der betroffenen Person zulässig, wenn kein Nachteil für ihre Gesundheit zu befürchten ist.

(2) [1]Die Maßnahme bedarf, außer in Fällen von Gefahr im Verzug, der richterlichen Anordnung auf Antrag der Leitung der zuständigen Polizeibehörde oder einer von ihr besonders beauftragten Beamtin oder eines von ihr besonders beauftragten Beamten. [2]Im Antrag sind anzugeben:

1. die Person, gegen die sich die Maßnahme richtet, soweit möglich mit Namen und Anschrift,
2. Art und Umfang der Maßnahme,
3. der Sachverhalt sowie
4. eine Begründung.

[3]Im Falle einer Anordnung durch die Polizei bei Gefahr im Verzug gilt § 25b entsprechend. [4]Die richterliche Entscheidung ist unverzüglich nachzuholen.

(3) [1]Die Anordnung ergeht schriftlich, in Fällen von Gefahr im Verzug ist sie unverzüglich nachträglich zu dokumentieren. [2]In ihr sind anzugeben:

1. die Person, gegen die sich die Maßnahme richtet, soweit möglich mit Namen und Anschrift,
2. Art und Umfang der Maßnahme sowie
3. die Gründe.

(4) Die bei der Untersuchung erhobenen personenbezogenen Daten dürfen über den Zweck dieses Gesetzes hinaus nur zum Schutz vor oder zur Abwehr von schwerwiegenden Gesundheitsgefährdungen verarbeitet werden.

§ 55 Gewahrsam von Personen

(1) Eine Person kann nur in Gewahrsam genommen werden, wenn dies
1. zu ihrem Schutz gegen eine im einzelnen Falle bevorstehende Gefahr für Leib oder Leben erforderlich ist, insbesondere, weil sie sich erkennbar in einem die freie Willensbestimmung ausschließenden Zustand oder sonst in hilfloser Lage befindet,
2. unerlässlich ist, um die unmittelbar bevorstehende Begehung oder Fortsetzung einer Straftat zu verhindern; die Annahme, dass eine Person eine solche Tat begehen oder zu ihrer Begehung beitragen wird, kann sich insbesondere darauf stützen, dass
   a) sie die Begehung der Tat angekündigt oder dazu aufgefordert hat oder Transparente oder sonstige Gegenstände mit einer solchen Aufforderung mit sich führt; dies gilt auch für Flugblätter solchen Inhalts, soweit sie in einer Menge mitgeführt werden, die zur Verteilung geeignet ist,
   b) bei ihr Waffen, Werkzeuge oder sonstige Gegenstände aufgefunden werden, die ersichtlich zur Tatbegehung bestimmt sind oder erfahrungsgemäß bei derartigen Taten verwendet werden oder ihre Begleitperson solche Gegenstände mit sich führt und sie den Umständen nach hiervon Kenntnis haben musste, oder
   c) sie bereits in der Vergangenheit aus vergleichbarem Anlass bei der Begehung von Straftaten als Störer angetroffen worden ist und Tatsachen die Annahme rechtfertigen, dass eine Wiederholung dieser Verhaltensweise zu erwarten ist,
3. unerlässlich ist, um eine gegenwärtige Gefahr für die öffentliche Sicherheit oder Ordnung abzuwehren,
4. unerlässlich ist, um private Rechte zu schützen und eine Festnahme und Vorführung der Person nach den §§ 229 und 230 Absatz 3 des Bürgerlichen Gesetzbuches zulässig ist, oder
5. unerlässlich ist, um eine Maßnahme nach den §§ 52, 52a, 52b, 67a oder 67b durchzusetzen.

(2) [1]Minderjährige, die sich der Obhut der Sorgeberechtigten entzogen haben, können in Gewahrsam genommen werden, um sie den Sorgeberechtigten oder dem Jugendamt zuzuführen. [2]Satz 1 gilt sinngemäß für unter Betreuung stehende Personen,

(3) Eine Person, die aus dem Vollzug von Untersuchungshaft, Freiheitsstrafen, Jugendstrafen oder freiheitsentziehenden Maßregeln der Besserung und Sicherung entwichen ist oder sich sonst ohne Erlaubnis außerhalb der Justizvollzugsanstalt, Jugendanstalt, Jugendarrestanstalt oder einer Anstalt nach den §§ 63, 64 oder 66 des Strafgesetzbuches aufhält, kann in Gewahrsam genommen und in die Anstalt zurückgebracht werden.

(4) Maßnahmen nach den Absätzen 1 bis 3 dürfen nur Polizeivollzugsbeamtinnen und Polizeivollzugsbeamte vornehmen.

(5) [1]Der Gewahrsam ist unverzüglich aufzuheben, sobald der Grund weggefallen oder der Zweck erreicht ist. [2]Der Gewahrsam ist spätestens am Ende des Tages nach der Übernahme in den Gewahrsam aufzuheben, sofern nicht vorher die Fortdauer der Freiheitsentziehung gerichtlich angeordnet worden ist.

§ 56 Verfahren bei amtlichem Gewahrsam

(1) Wird eine Person in Gewahrsam, Verwahrung oder Haft genommen oder untergebracht (amtlicher Gewahrsam), so sind ihr unverzüglich der Grund der Maßnahme und die zulässigen Rechtsbehelfe bekannt zu geben, es sei denn, die Bekanntgabe wirkt sich für die Person nachteilig aus.

(2) [1]Einer in Gewahrsam genommenen Person ist unverzüglich Gelegenheit zu geben, eine oder einen Angehörigen oder eine Person ihres Vertrauens zu benachrichtigen. [2]Ist die betroffene Person nicht in der Lage, von diesem Recht Gebrauch zu machen, so soll die Behörde selbst die Benachrichtigung einer oder eines Angehörigen übernehmen. [3]Ist die betroffene Person minderjährig, so ist in jedem Falle diejenige Person unverzüglich zu benachrichtigen, der die Sorge für die betroffene Person obliegt;

ist für die betroffene Person eine Betreuerin oder ein Betreuer bestellt, so ist diese oder dieser zu benachrichtigen. [4]Satz 1 und 2 gelten nicht, soweit der Zweck des Gewahrsams dadurch gefährdet wird.

(3) [1]Die Person soll nicht in einem Raum mit Strafgefangenen, Untersuchungsgefangenen oder Suchtkranken verwahrt werden. [2]Die Unterbringung soll getrennt nach Geschlechtern erfolgen; findet der Gewahrsam in Gewahrsamsräumen statt, hat sie getrennt zu erfolgen.

(4) Der Person dürfen nur solche Beschränkungen auferlegt werden, die zur Sicherung des Zwecks oder zur Aufrechterhaltung der Ordnung des amtlichen Gewahrsams notwendig sind.

(5) [1]Nimmt die Polizei eine Person in Gewahrsam, so hat sie unter Angabe der betroffenen Person, mit deren Namen und deren Anschrift, der beabsichtigten Gewahrsamsdauer, des Sachverhalts und der Begründung unverzüglich eine richterliche Entscheidung über die Zulässigkeit und Fortdauer des Gewahrsams herbeizuführen. [2]Der Herbeiführung der Entscheidung bedarf es nicht, wenn anzunehmen ist, dass die Entscheidung erst nach Wegfall des Grundes des Gewahrsams ergehen würde. [3]Die richterliche Entscheidung ergeht schriftlich und in ihr sind anzugeben:

1. die Person, gegen die sich die Maßnahme richtet, soweit möglich mit Namen und Anschrift,
2. Art und höchstzulässige Dauer des Gewahrsams; der Gewahrsam darf im Falle des § 55 Absatz 1 Nummer 2 zehn Tage und in den übrigen Fällen drei Tage nicht überschreiten, soweit gesetzlich nichts anderes bestimmt ist, sowie
3. die Gründe.

[4]Für die Entscheidung ist das Amtsgericht zuständig, in dessen Bezirk der Gewahrsam vollzogen wird. [5]Für das Verfahren gelten die Vorschriften über das Verfahren in Freiheitsentziehungssachen nach dem Gesetz über das Verfahren in Familiensachen und in den Angelegenheiten der freiwilligen Gerichtsbarkeit entsprechend. [6]Die richterliche Entscheidung kann ohne persönliche Anhörung der in Gewahrsam genommenen Person ergehen, wenn diese rauschbedingt nicht in der Lage ist, den Gegenstand der persönlichen Anhörung durch das Gericht ausreichend zu erfassen und in der Anhörung zur Feststellung der entscheidungserheblichen Tatsachen beizutragen. [7]In diesen Fällen wird die richterliche Entscheidung mit Erlass wirksam und bedarf hierzu nicht der Bekanntgabe an die in Gewahrsam genommene Person. [8]Dauert die Freiheitsentziehung länger als bis zum Ende des Tages nach dem Ergreifen, ist in den Fällen des Satzes 6 unverzüglich eine erneute richterliche Entscheidung herbeizuführen. [9]Ist eine Anhörung hierbei nicht möglich, hat sich das Gericht einen persönlichen Eindruck von der in Gewahrsam genommenen Person zu verschaffen. [10]Für die Gerichtskosten gelten, soweit nichts anderes bestimmt ist, die Vorschriften über die Kostenerhebung in den Angelegenheiten der freiwilligen Gerichtsbarkeit entsprechend.

(6) Wird der Gewahrsam nach § 55 Absatz 1 im Wege der Amtshilfe in der nach dem Vollstreckungsplan für das Land Mecklenburg-Vorpommern zuständigen Justizvollzugsanstalt vollzogen, gelten die §§ 171, 173 bis 175 und 178 Absatz 3 des Strafvollzugsgesetzes entsprechend.

§ 57 Durchsuchung von Sachen

(1) Sachen können außer in den Fällen des § 29 Absatz 3 Satz 2, § 33c Absatz 5, § 33d Absatz 3 Satz 3 und des § 35 Absatz 2 Satz 2 Nummer 2 nur durchsucht werden, wenn

1. eine Person sie mitführt, die nach § 53 durchsucht werden darf,
2. Tatsachen die Annahme rechtfertigen, dass sich darin eine andere Sache befindet, die sichergestellt werden kann,
3. Tatsachen die Annahme rechtfertigen, dass sich darin eine Person befindet, die
   a) in Gewahrsam genommen werden darf,
   b) widerrechtlich festgehalten wird oder
   c) hilflos ist,
4. sie sich an einem der in § 29 Absatz 1 Satz 2 Nummer 1 genannten Orte befinden,
5. sie sich in einem Objekt im Sinne des § 29 Absatz 1 Satz 2 Nummer 2 oder 3 oder in dessen unmittelbarer Nähe befinden und Tatsachen die Annahme rechtfertigen, dass Straftaten in oder an diesem Objekt begangen werden sollen, oder
6. es sich um ein Land-, Wasser- oder Luftfahrzeug handelt, in dem sich eine Person befindet, deren Identität nach § 29 festgestellt werden darf; die Durchsuchung kann sich auch auf die in dem Fahrzeug enthaltenen Sachen erstrecken.

(2) [1]Betrifft die Durchsuchung ein elektronisches Speichermedium, können auch vom Durchsuchungsobjekt räumlich getrennte Speichermedien durchsucht werden, soweit von diesem aus auf sie zugegriffen werden kann und wenn die Erfüllung der Aufgabe nach diesem Gesetz auf andere Weise aussichtslos oder wesentlich erschwert wäre. [2]Die Maßnahme darf auch durchgeführt werden, wenn Dritte (§ 3 Absatz 4 Nummer 2) unvermeidbar betroffen sind. [3]Personenbezogene Daten dürfen darüberhinausgehend nur dann weiterverarbeitet werden, wenn dies gesetzlich zugelassen ist.

§ 58 Verfahren bei der Durchsuchung von Sachen

(1) [1]Bei der Durchsuchung von Sachen vor Ort hat die Gewahrsamsinhaberin oder der Gewahrsamsinhaber das Recht, anwesend zu sein. [2]Ist sie oder er abwesend und eine Vertreterin oder ein Vertreter oder eine Zeugin oder ein Zeuge anwesend, so sollen diese hinzugezogen werden.

(2) Der Gewahrsamsinhaberin oder dem Gewahrsamsinhaber ist eine Bescheinigung über die Durchsuchung und ihren Grund zu erteilen; dies im Falle ihrer oder seiner Anwesenheit jedoch nur auf Verlangen.

§ 59 Betreten und Durchsuchung von Räumen

(1) Das Betreten von Wohn- und Geschäftsräumen oder eines befriedeten Besitztums ist gegen den Willen der Inhaberin oder des Inhabers nur zulässig, wenn dies zur Verhütung einer erheblichen Gefahr für die öffentliche Sicherheit oder Ordnung erforderlich ist.

(2) Arbeits-, Betriebs- und Geschäftsräume sowie andere Räume und Grundstücke, die der Öffentlichkeit zugänglich sind, dürfen zum Zwecke der Gefahrenabwehr während der Arbeits-, Geschäfts- oder Aufenthaltszeit betreten werden.

(3) Polizeivollzugsbeamtinnen und Polizeivollzugsbeamte dürfen Wohn- und Geschäftsräume oder ein befriedetes Besitztum nur durchsuchen, wenn

1. Tatsachen die Annahme rechtfertigen, dass sich darin eine Person befindet, die nach § 51 vorgeführt oder nach einer Rechtsvorschrift in Gewahrsam genommen werden darf,
2. Tatsachen die Annahme rechtfertigen, dass sich darin Sachen befinden, die nach § 61 Absatz 1 Satz 1 Nummer 1 sichergestellt werden dürfen, oder
3. dies zur Abwehr einer gegenwärtigen erheblichen Gefahr erforderlich ist.

(4) [1]Während der Nachtzeit, welche die Stunden von 21 bis 6 Uhr umfasst, sind das Betreten und die Durchsuchung durch Polizeivollzugsbeamtinnen und Polizeivollzugsbeamte nur zur Abwehr einer gegenwärtigen erheblichen Gefahr zulässig. [2]Dies gilt nicht für das Betreten von Räumen,

1. die zur Nachtzeit jeder Person zugänglich sind,
2. wenn Tatsachen die Annahme rechtfertigen, dass
   a) dort Personen Straftaten verabreden, vorbereiten oder verüben,
   b) sich dort Personen treffen, die gegen aufenthaltsrechtliche Vorschriften verstoßen,
   c) sich dort gesuchte Straftäter verbergen oder
   d) dort Personen dem unerlaubten Glücksspiel nachgehen, oder
3. die der Prostitution dienen.

(5) [1]Durchsuchungen von Wohn- und Geschäftsräumen bedürfen, außer in den Fällen von Gefahr im Verzug, der richterlichen Anordnung auf Antrag der Leitung der zuständigen Polizeibehörde oder der von ihr besonders beauftragten Beamtin oder des von ihr besonders beauftragten Beamten. [2]Im Antrag sind anzugeben:

1. die Person, gegen die sich die Maßnahme richtet, soweit möglich mit Namen und Anschrift,
2. die zu durchsuchenden Räume und deren Anschrift,
3. der Sachverhalt sowie
4. eine Begründung.

[3]Im Falle einer Anordnung durch die Polizei bei Gefahr im Verzug gilt § 25b entsprechend. [4]Die richterliche Entscheidung ist unverzüglich nachzuholen.

(6) [1]Die Anordnung ergeht schriftlich; in Fällen von Gefahr im Verzug ist sie unverzüglich nachträglich zu dokumentieren. [2]In ihr sind anzugeben:

1. die Person, gegen die sich die Maßnahme richtet, soweit möglich mit Namen und Anschrift,
2. die zu durchsuchenden Räume und deren Anschrift sowie
3. die Gründe.

[3]Für die Anordnung ist das Amtsgericht, in dessen Bezirk die zu durchsuchenden Räume liegen, zuständig.

§ 60 Verfahren bei der Durchsuchung von Räumen

(1) [1]Bei der Durchsuchung der Wohnung, der Geschäftsräume oder des befriedeten Besitztums hat die Inhaberin oder der Inhaber das Recht, anwesend zu sein. [2]Ist sie oder er nicht anwesend, so soll eine Vertreterin oder ein Vertreter oder eine Zeugin oder ein Zeuge hinzugezogen werden.

(2) [1]Der Inhaberin oder dem Inhaber oder ihrem oder seinem Vertreter ist vor Beginn der Durchsuchung der Grund der Maßnahme bekannt zu geben. [2]Auf die zulässigen Rechtsbehelfe ist hinzuweisen.

(3) [1]Über die Durchsuchung ist eine Niederschrift zu fertigen, in der die für die Durchführung verantwortliche Behörde, Anlass, Zeit und Ort der Durchsuchung und die anwesenden Personen namentlich aufzuführen sind. [2]Die Niederschrift ist von den durchsuchenden Vollzugsbeamtinnen oder Vollzugsbeamten und der Inhaberin oder dem Inhaber des durchsuchten Raumes, ihrer oder seiner Vertreterin oder ihrem oder seinem Vertreter oder den hinzugezogenen Zeuginnen oder Zeugen zu unterschreiben. [3]Wird die Unterschrift verweigert, so ist hierüber ein Vermerk aufzunehmen. [4]Der Inhaberin oder dem Inhaber und ihrer oder seiner Vertreterin oder ihrem oder seinem Vertreter ist auf Verlangen eine Abschrift der Niederschrift auszuhändigen.

(4) Ist die Anfertigung der Niederschrift oder die Aushändigung ihrer Abschrift unter den vorherrschenden Umständen nicht möglich oder würde sie den Zweck der Durchsuchung gefährden, so sind der Inhaberin oder dem Inhaber oder ihrer oder seiner Vertreterin oder ihrem oder seinem Vertreter lediglich die Vornahme der Durchsuchung unter Angabe der für die Durchsuchung verantwortlichen Behörde sowie Zeit und Ort der Durchsuchung schriftlich zu bestätigen.

(5) Die nach § 291 der Abgabenordnung für die Vornahme einer Vollstreckungshandlung zur Beitreibung einer Geldforderung erforderliche Niederschrift ersetzt die Niederschrift nach dieser Bestimmung.

§ 61 Sicherstellung von Sachen

(1) [1]Eine Sache kann nur sichergestellt werden,

1. um eine gegenwärtige Gefahr für die öffentliche Sicherheit oder Ordnung abzuwehren,
2. wenn sie von einer Person mitgeführt wird, die nach diesem Gesetz oder anderen Rechtsvorschriften festgehalten wird, und die Sache verwendet werden kann, um
   a) sich zu töten oder zu verletzen,
   b) Leben oder Gesundheit anderer zu schädigen,
   c) fremde Sachen zu beschädigen oder
   d) die Flucht zu ermöglichen oder zu erleichtern,
3. um die Eigentümerin oder den Eigentümer oder die rechtmäßige Inhaberin oder den rechtmäßigen Inhaber der tatsächlichen Gewalt vor Verlust oder Beschädigung einer Sache zu schützen oder
4. wenn Tatsachen die Annahme rechtfertigen, dass sie zur Begehung einer Straftat oder Ordnungswidrigkeit verwendet werden soll.

[2]Satz 1 gilt auch für Daten auf einem elektronischen Speichermedium und für Daten, auf von diesem räumlich getrennten Speichermedien, soweit auf sie vom elektronischen Speichermedium aus zugegriffen werden kann. [3]Der weitere Zugriff auf diese Daten kann ausgeschlossen werden, wenn andernfalls die Abwehr der Gefahr, der Schutz vor Verlust oder die Verhinderung der Verwendung aussichtslos oder wesentlich erschwert wäre. [4]Die sicherstellende Behörde hat die richterliche Bestätigung der Rechtmäßigkeit der Maßnahmen nach Satz 2 und 3 unverzüglich zu beantragen; im Übrigen gilt § 25b entsprechend. [5]Daten, die nach den §§ 26a und 26b nicht weiterverarbeitet werden dürfen oder für die Aufgabenerfüllung nicht mehr erforderlich sind, sind zu löschen; dies gilt nicht für Daten, die zusammen mit dem Datenträger sichergestellt wurden, auf dem sie gespeichert sind. [6]Die Regelungen in Absatz 3 sowie in den §§ 62, 63 und 64 Absatz 4 hinsichtlich der Herausgabe, des Verfahrens, der Verwahrung und der Vernichtung gelten unter Berücksichtigung der unkörperlichen Natur von Daten entsprechend.

(2) [1]Die Polizei kann Forderungen oder andere Vermögensrechte bis zu einer Dauer von sechs Monaten sicherstellen, soweit Tatsachen die Annahme rechtfertigen, dass diese zur Begehung einer Straftat von erheblicher Bedeutung nach § 49 oder einer terroristischen Straftat nach § 67c verwendet werden sollen. [2]Die Sicherstellung wird auf Antrag der Leitung der Polizeibehörde durch Pfändung durch das

Amtsgericht, in dessen Bezirk die Inhaberin oder der Inhaber der Forderung oder Vermögensrechte ihren oder seinen Wohnsitz oder ständigen Aufenthalt hat, bewirkt. [3]Die Vorschriften der Zivilprozessordnung über die Zwangsvollstreckung in Forderungen und andere Vermögensrechte sind entsprechend anzuwenden.

(3) [1]Sobald die Voraussetzungen für die Sicherstellung weggefallen sind, sind die Sachen derjenigen oder demjenigen herauszugeben, bei der oder dem sie sichergestellt worden sind; Forderungen oder andere Vermögensrechte sind entsprechend freizugeben. [2]Ist die Herausgabe an sie oder ihn nicht möglich, können sie an eine andere Person herausgegeben werden, die ihre Berechtigung glaubhaft macht. [3]Die Herausgabe ist ausgeschlossen, wenn dadurch erneut die Voraussetzungen für eine Sicherstellung eintreten würden; soweit es sich um sichergestellte Forderungen oder andere Vermögensrechte handelt, kann die Sicherstellung um jeweils weitere sechs Monate verlängert werden. [4]Über die Verlängerung entscheidet auf Antrag der Leitung der Polizeibehörde das Amtsgericht, in dessen Bezirk die Inhaberin oder der Inhaber der Forderung oder Vermögensrechte ihren oder seinen Wohnsitz oder ständigen Aufenthalt hat. [5]Der Antrag muss neben den Angaben aus der nach Absatz 2 erfolgten Sicherstellung insbesondere die Gründe für die Verlängerung enthalten.

(4) Die Herausgabe der Sachen kann von der Zahlung der Kosten, die durch die Sicherstellung entstanden sind, abhängig gemacht werden.

§ 62 Verfahren bei der Sicherstellung von Sachen

(1) Hat eine Person eine bewegliche Sache herauszugeben oder vorzulegen, so kann die Vollzugsbeamtin oder der Vollzugsbeamte (§ 103) sie ihr wegnehmen.

(2) Der herausgabepflichtigen Person ist eine Bescheinigung zu erteilen, die die weggenommene Sache bezeichnet, den Grund der Maßnahme erkennen lässt und eine Belehrung über die zulässigen Rechtsbehelfe enthalten soll.

(3) Wird die Sache nicht vorgefunden, so hat die herausgabepflichtige Person auf Verlangen der Vollzugsbehörde vor dem Amtsgericht an Eides Statt zu versichern, dass sie nicht wisse, wo die Sache sich befinde.

(4) [1]Dem Antrag an das Amtsgericht, der herausgabepflichtigen Person die eidesstattliche Versicherung abzunehmen, sind beglaubigte Abschriften des Verwaltungsaktes sowie eine etwaige Niederschrift über den erfolglosen Wegnahmeversuch beizufügen. [2]Für das Verfahren vor dem Amtsgericht gelten die §§ 478 bis 480, 483, 802e, 802f Absatz 4, 802g bis 802i, 883 Absatz 2 Satz 2 und Absatz 3 der Zivilprozessordnung entsprechend.

(5) [1]Sichergestellte Sachen sind amtlich zu verwahren. [2]Falls die Beschaffenheit der Sache dies nicht zulässt oder die amtliche Verwahrung unzweckmäßig ist, kann der Zweck der Sicherstellung auf andere Weise gewährleistet werden.

§ 63 Amtliche Verwahrung

(1) [1]Wird eine Sache amtlich oder durch einen Anderen in amtlichem Auftrag verwahrt, so ist das Erforderliche zu veranlassen, um einem Verderb oder einer wesentlichen Minderung ihres Wertes vorzubeugen. [2]Dies gilt nicht, wenn der Andere auf Verlangen der früheren Gewahrsamsinhaberinnen oder Gewahrsamsinhaber mit der Verwahrung beauftragt worden sind. [3]Abweichende Rechtsvorschriften bleiben unberührt.

(2) Die verwahrten Sachen sind zu verzeichnen und so zu kennzeichnen, dass Verwechselungen vermieden werden.

§ 64 Verwertung, Vernichtung

(1) Die Verwertung verwahrter Sachen ist zulässig, wenn

1. ihr Verderb oder eine wesentliche Minderung ihres Wertes droht oder ihre Aufbewahrung oder Unterhaltung mit unverhältnismäßig hohen Kosten, erheblichen Schwierigkeiten oder Gefahren für die öffentliche Sicherheit oder Ordnung verbunden ist,
2. die empfangsberechtigte Person die Sache innerhalb einer Frist von sechs Wochen nach schriftlich ergangener Aufforderung nicht in Empfang nimmt oder
3. die Sache nach einer Frist von sechs Monaten nicht an die empfangsberechtigte Person herausgegeben werden kann, ohne dass die Gründe, die zu ihrer Sicherstellung berechtigten, fortbestehen oder Sicherstellungsgründe erneut entstehen würden.

(2) [1]Die Verwertung soll nach den §§ 296, 298, 302 bis 305 und 308 der Abgabenordnung durchgeführt werden. [2]Die Eigentümerin oder der Eigentümer und andere Personen, denen Rechte an der Sache zustehen, sollen vor der Androhung der Verwertung gehört werden; ihnen sollen Ort und Zeit der Verwertung mitgeteilt werden. [3]Bei der Verwertung von Datenträgern ist sicherzustellen, dass zuvor personenbezogene Daten dem Stand der Technik entsprechend gelöscht wurden.

(3) [1]Der Erlös tritt an die Stelle der Sache und ist an die berechtigte Person herauszugeben. [2]Ist eine berechtigte Person nicht vorhanden oder nicht zu ermitteln, so ist der Erlös nach den Vorschriften des Bürgerlichen Gesetzbuchs zu hinterlegen. [3]Der Anspruch auf Herausgabe des Erlöses erlischt drei Jahre nach Ablauf des Jahres, in dem die Sache verwertet worden ist. [4]Ist eine Sache verwertet worden, können die Kosten aus dem Erlös gedeckt werden.

(4) [1]Verwahrte Sachen können unbrauchbar gemacht, vernichtet oder eingezogen werden, wenn

1. im Falle einer Verwertung die Gründe, die zu ihrer Sicherstellung berechtigten, fortbestehen oder Sicherstellungsgründe erneut entstehen würden oder
2. eine Verwertung aus anderen Gründen nicht möglich ist oder der zu erwartende Erlös aus einer Verwertung die entstehenden Kosten nicht deckt.

[2]Absatz 2 Satz 2 gilt entsprechend.

§ 65 Verfahren bei der Wegnahme einer Person

(1) Hat jemand eine Person herauszugeben, so kann die Vollzugsbeamtin oder der Vollzugsbeamte (§ 103) sie jeder Person wegnehmen, bei der sie angetroffen wird.

(2) Der herausgabepflichtigen Person ist eine Bescheinigung zu erteilen, die die weggenommene Person bezeichnet, den Grund der Maßnahme erkennen lässt und eine Belehrung über die zulässigen Rechtsbehelfe enthalten soll.

(3) Wird die Person nicht vorgefunden, so hat die herausgabepflichtige Person auf Verlangen der Vollzugsbehörde vor dem Amtsgericht an Eides Statt zu versichern, dass sie nicht wisse, wo die Person sich befinde.

(4) § 62 Absatz 4 gilt entsprechend.

§ 66 Verfahren bei der Zwangsräumung

(1) [1]Hat eine Person eine unbewegliche Sache, einen Raum oder ein Schiff zu räumen oder herauszugeben, so können sie und die ihrem Haushalt oder Geschäftsbetrieb angehörenden Personen aus dem Besitz gesetzt werden. [2]Der Zeitpunkt der Zwangsräumung soll der betroffenen Person in angemessener Zeit vorher angekündigt werden.

(2) Werden bei einer Zwangsräumung bewegliche Sachen vorgefunden, die nicht herauszugeben oder vorzulegen sind, so werden sie der betroffenen Person oder, wenn diese abwesend ist, der Vertreterin oder dem Vertreter oder einer dem Haushalt oder Geschäftsbetrieb der betroffenen Person angehörenden erwachsenen Person übergeben.

(3) [1]Ist keine empfangsberechtigte Person nach Absatz 2 anwesend, so sind die beweglichen Sachen in amtliche Verwahrung zu nehmen. [2]Dies gilt auch, wenn sich die empfangsberechtigte Person weigert, die Sachen anzunehmen.

§ 67 Übertragung des Eigentums

(1) Ist eine Person zur Übertragung des Eigentums an einer Sache verpflichtet, so ist für die nach bürgerlichem Recht erforderlichen Willenserklärungen und für die Eintragung in öffentliche Bücher und Register § 93 anzuwenden.

(2) [1]Die Übergabe der Sache wird dadurch bewirkt, dass die Vollzugsbeamtin oder der Vollzugsbeamte die Sache in Besitz nimmt. [2]§ 62 Absatz 3 und 4 gilt entsprechend. [3]Befindet sich die Sache im Gewahrsam Anderer, so ist der Behörde, die den Verwaltungsakt erlassen hat, der Anspruch der betroffenen Person auf Herausgabe der Sache zu überweisen. [4]Die §§ 309 bis 313 und 315 bis 317 der Abgabenordnung sind entsprechend anzuwenden.

Unterabschnitt 2

Besondere Maßnahmen der Polizei im Zusammenhang mit drohenden terroristischen Straftaten (§§ 67a – 67d)

§ 67a Elektronische Aufenthaltsüberwachung

(1) Die Polizei kann eine Person dazu verpflichten, ein technisches Mittel, mit dem der Aufenthaltsort dieser Person elektronisch überwacht werden kann, ständig in betriebsbereitem Zustand am Körper bei sich zu führen und dessen Funktionsfähigkeit nicht zu beeinträchtigen, wenn

1. Tatsachen die Annahme rechtfertigen, dass diese Person innerhalb eines überschaubaren Zeitraums auf eine zumindest ihrer Art nach konkretisierte Weise eine terroristische Straftat nach § 67c begehen oder an dieser teilnehmen wird, oder
2. das individuelle Verhalten dieser Person die konkrete Wahrscheinlichkeit dafür begründet, dass sie innerhalb eines überschaubaren Zeitraums eine terroristische Straftat nach § 67c begehen oder an dieser teilnehmen wird,

um diese Person durch die Überwachung und die Datenverwendung von der Begehung einer solchen Straftat abzuhalten.

(2) Eine Maßnahme nach Absatz 1 soll mit einer Maßnahme nach § 67b verbunden werden.

(3) [1]Die Polizei kann mithilfe der von der verantwortlichen Person mitgeführten technischen Mittel automatisiert Daten über deren Aufenthaltsort sowie über etwaige Beeinträchtigungen der Datenerhebung erheben und speichern. [2]Soweit es technisch möglich ist, ist sicherzustellen, dass innerhalb der Wohnung der betroffenen Person keine über den Umstand ihrer Anwesenheit hinausgehenden Aufenthaltsdaten erhoben werden. [3]Die Daten dürfen ohne Einwilligung der betroffenen Person nur verarbeitet werden, soweit dies erforderlich ist für die folgenden Zwecke:

1. zur Verhütung oder zur Verfolgung einer terroristischen Straftat nach § 67c,
2. zur Feststellung von Verstößen gegen eine Aufenthaltsanordnung nach § 67b,
3. zur Verfolgung einer Straftat nach § 67d,
4. zur Abwehr einer gegenwärtigen erheblichen Gefahr oder
5. zur Aufrechterhaltung der Funktionsfähigkeit der technischen Mittel.

[4]Zur Einhaltung der Zweckbindung nach Satz 3 hat die Verarbeitung der Daten automatisiert zu erfolgen. [5]Zudem sind die Daten gegen unbefugte Kenntnisnahme und Verarbeitung besonders zu sichern.

(4) [1]Die in Absatz 3 Satz 1 genannten Daten sind spätestens zwei Monate nach ihrer Erhebung zu löschen, soweit sie nicht für die in Absatz 3 Satz 3 genannten Zwecke verwendet werden. [2]Für die Protokollierung gelten die §§ 46e und 46f. [3]Werden innerhalb der Wohnung der betroffenen Person über den Umstand ihrer Anwesenheit hinausgehende Aufenthaltsdaten erhoben, dürfen diese nicht verarbeitet werden und sind unverzüglich nach Kenntnisnahme zu löschen. [4]Die Tatsache ihrer Kenntnisnahme ist zu dokumentieren und die Löschung zu protokollieren; für die Dokumentation gilt § 46d und für die Protokollierung Satz 2.

(5) [1]Eine Maßnahme nach Absatz 1, auch in Verbindung mit Absatz 2, bedarf der richterlichen Anordnung auf Antrag der Leitung der zuständigen Polizeibehörde. [2]Im Antrag sind anzugeben:

1. die Person, gegen die sich die Maßnahme richtet, mit Namen und Anschrift,
2. Art, Umfang und Dauer der Maßnahme, die Angabe, ob gegenüber der Person, gegen die sich die Maßnahme richtet, eine Aufenthaltsanordnung nach § 67b besteht,
3. der Sachverhalt sowie
4. eine Begründung.

[3]Bei Gefahr im Verzug kann die Leitung der zuständigen Polizeibehörde die Maßnahme anordnen; § 25b gilt entsprechend. [4]Eine richterliche Entscheidung ist unverzüglich nachzuholen. [5]Soweit die Anordnung nicht binnen drei Tagen durch das Gericht bestätigt wird, tritt sie außer Kraft.

(6) [1]Die Anordnung ergeht schriftlich. [2]In ihr sind anzugeben:

1. die Person, gegen die sich die Maßnahme richtet, mit Namen und Anschrift,
2. Art, Umfang und Dauer der Maßnahme,
3. im Fall des Absatzes 2 die Angaben aus § 67b Absatz 3 Satz 2 Nummer 2 sowie
4. die Gründe.

(7) [1]Die Anordnung ist auf höchstens drei Monate zu befristen. [2]Eine Verlängerung um jeweils nicht mehr als drei Monate ist möglich, soweit die Anordnungsvoraussetzungen fortbestehen. [3]Liegen die Voraussetzungen der Anordnung nicht mehr vor, ist die Maßnahme unverzüglich zu beenden.

§ 67b Aufenthaltsanordnung

(1) Die Polizei kann zur Abwehr einer Gefahr oder zur Verhütung einer terroristischen Straftat nach § 67c einer Person untersagen, sich ohne Erlaubnis der zuständigen Polizeibehörde von ihrem Wohn- oder Aufenthaltsort oder aus einem bestimmten Bereich zu entfernen (Aufenthaltsgebot) oder sich an bestimmten Orten aufzuhalten (Aufenthaltsverbot), wenn

1. Tatsachen die Annahme rechtfertigen, dass die betroffene Person innerhalb eines überschaubaren Zeitraums auf eine zumindest ihrer Art nach konkretisierte Weise eine terroristische Straftat nach § 67c begehen oder an dieser teilnehmen wird, oder
2. das individuelle Verhalten der betroffenen Person die konkrete Wahrscheinlichkeit begründet, dass sie innerhalb eines überschaubaren Zeitraums eine terroristische Straftat nach § 67c begehen oder an dieser teilnehmen wird.

(2) [1]Maßnahmen nach Absatz 1 dürfen nur von der Leitung der zuständigen Polizeibehörde angeordnet werden. [2]Widerspruch und Anfechtungsklage gegen die Anordnung haben keine aufschiebende Wirkung.

(3) [1]Die Anordnung ergeht schriftlich. [2]In ihr sind anzugeben:

1. die Person, gegen die sich die Maßnahme richtet, mit Namen und Anschrift,
2. Art, Umfang und Dauer der Maßnahme, einschließlich einer Bezeichnung der Orte, von denen sich die Person ohne Erlaubnis der zuständigen Polizeibehörde nicht entfernen oder an denen sich die Person ohne Erlaubnis der zuständigen Polizeibehörde nicht aufhalten darf, sowie
3. die Gründe.

(4) [1]Aufenthaltsgebote und Aufenthaltsverbote sind auf den zur Abwehr der Gefahr oder zur Verhütung einer terroristischen Straftat nach § 67c erforderlichen Umfang zu beschränken und dürfen räumlich den Zugang zur Wohnung der betroffenen Person nicht umfassen. [2]Sie sind auf höchstens drei Monate zu befristen. [3]Eine Verlängerung um jeweils nicht mehr als drei Monate ist möglich, soweit ihre Voraussetzungen fortbestehen. [4]Eine Verlängerung bedarf der gerichtlichen Anordnung nach Maßgabe des Absatzes 3 auf Antrag der Leitung der zuständigen Polizeibehörde; der Antrag muss die Angaben nach Absatz 3 Satz 2 Nummer 1 und 2 sowie den Sachverhalt und eine Begründung enthalten.

(5) [1]Die Vorschriften des Versammlungsrechts bleiben unberührt. [2]Eine Aufenthaltsanordnung nach Absatz 1 geht einem Aufenthalts- und Betretungsverbot nach § 52a vor, soweit sie sich entgegenstehen. [3]Gleiches gilt in Bezug auf eine nach § 52b Absatz 1 Satz 1 angeordnete Meldeauflage.

§ 67c Terroristische Straftat

Eine terroristische Straftat im Sinne dieses Gesetzes ist eine Straftat

1. nach den §§ 89a bis 89c, 129a und 129b des Strafgesetzbuches,
2. nach den §§ 211, 212, 224, 226 und 227 des Strafgesetzbuches,
3. nach den §§ 239a und 239b des Strafgesetzbuches,
4. nach den §§ 303b, 305, 305a, 306 bis 306c, 307 Absatz 1 bis 3, 308 Absatz 1 bis 4, 309 Absatz 1 bis 5, 310 Absatz 1 oder 2, 313, 314, 315 Absatz 1, 3 oder 4, 315b Absatz 1 oder 3, 316b Absatz 1 oder 3, 316c Absatz 1 bis 3 und 317 Absatz 1 des Strafgesetzbuches,
5. nach den §§ 328 Absatz 1 oder 2, 330 Absatz 1 oder 2 und 330a Absatz 1 bis 3 des Strafgesetzbuches,
6. nach den §§ 19 Absatz 1 bis 3, 20 Absatz 1 oder 2, 20a Absatz 1 bis 3 oder nach § 22a Absatz 1 bis 3 des Gesetzes über die Kontrolle von Kriegswaffen,
7. nach den §§ 19 Absatz 2 Nummer 2 oder Absatz 3 Nummer 2, 20 Absatz 1 oder 2 oder 20a Absatz 1 bis 3 jeweils auch in Verbindung mit § 21 des Gesetzes über die Kontrolle von Kriegswaffen,
8. nach § 51 Absatz 1 bis 3 des Waffengesetzes,
9. nach den §§ 6 bis 12 des Völkerstrafgesetzbuches

bei Begehung im In- und Ausland, wenn diese Straftat dazu bestimmt ist,

1. die Bevölkerung auf erhebliche Weise einzuschüchtern,
2. eine Behörde oder eine internationale Organisation rechtswidrig mit Gewalt oder durch Drohung mit Gewalt zu nötigen oder

3. die politischen, verfassungsrechtlichen, wirtschaftlichen oder sozialen Grundstrukturen eines Staates, eines Landes oder einer internationalen Organisation zu beseitigen oder erheblich zu beeinträchtigen

und durch die Art ihrer Begehung oder ihre Auswirkungen einen Staat, ein Land oder eine internationale Organisation erheblich schädigen können.

§ 67d Strafvorschrift

(1) Mit Freiheitsstrafe bis zu zwei Jahren oder mit Geldstrafe wird bestraft, wer gegen eine gerichtliche Anordnung nach § 67a Absatz 1 verstößt und dadurch den Zweck der Maßnahme gefährdet.

(2) Ebenso wird bestraft, wer gegen eine gerichtliche Anordnung nach § 67b, die mit der Anordnung einer Maßnahme nach § 67a Absatz 1 verbunden wurde, verstößt und dadurch den Zweck der Aufenthaltsanordnung gefährdet.

(3) Absatz 1 und 2 gelten auch in den Fällen einer behördlichen Anordnung bei Gefahr im Verzug nach § 67a Absatz 5 Satz 3; die Strafbarkeit entfällt, wenn die Anordnung nicht innerhalb der Frist des § 67a Absatz 5 Satz 4 durch das zuständige Gericht bestätigt wird.

(4) Die Tat wird nur auf Antrag der zuständigen Polizeibehörde verfolgt.

Abschnitt 5

In Anspruch zu nehmende Personen (§§ 68 – 71)

§ 68 Grundsatz

Maßnahmen zur Gefahrenabwehr dürfen nur gegen die nach den §§ 69 oder 70 verantwortlichen Personen gerichtet werden, es sei denn, dass gesetzlich etwas anderes bestimmt ist.

§ 69 Verantwortlichkeit für das Verhalten von Personen

(1) Wird die öffentliche Sicherheit oder Ordnung durch das Verhalten von Personen gestört oder im einzelnen Fall gefährdet, so ist die Person verantwortlich, die die Störung oder Gefahr verursacht hat.

(2) [1]Verursachen Personen, die das 14. Lebensjahr noch nicht vollendet haben, die Störung oder Gefahr, so ist auch diejenige Person verantwortlich, der die Sorge für die minderjährige Person obliegt. [2]Ist für die Person eine Betreuerin oder ein Betreuer bestellt, so können die Maßnahmen im Rahmen ihres oder seines Aufgabenkreises auch gegen sic oder ihn gerichtet werden.

(3) Verursacht eine Person, die zu einer Verrichtung bestellt ist, die Störung oder Gefahr, so ist auch die Person verantwortlich, die die andere Person zu der Verrichtung bestellt hat.

§ 70 Verantwortlichkeit für Sachen

(1) Wird die öffentliche Sicherheit oder Ordnung durch den Zustand einer Sache gestört oder im einzelnen Fall gefährdet, so ist deren Eigentümerin oder Eigentümer verantwortlich.

(2) [1]Eine Person, die die tatsächliche Gewalt über eine Sache ausübt, ist neben der Eigentümerin oder dem Eigentümer verantwortlich. [2]Sie ist anstelle der Eigentümerin oder des Eigentümers verantwortlich, wenn sie die tatsächliche Gewalt gegen den Willen der Eigentümerin oder des Eigentümers ausübt.

(3) Geht die Störung oder Gefahr von einer herrenlosen Sache aus, so können die Maßnahmen gegen die Person gerichtet werden, die das Eigentum an der Sache aufgegeben hat.

(4) Gesetze, die eine andere Regelung enthalten, bleiben unberührt.

§ 70a Unmittelbare Ausführung einer Maßnahme

[1]Die Ordnungsbehörden und die Polizei können eine Maßnahme selbst oder durch eine Beauftragte oder einen Beauftragten (unmittelbar) ausführen, wenn die oder der nach den §§ 69 oder 70 Verantwortliche nicht oder nicht rechtzeitig erreicht werden kann und die Maßnahme dem tatsächlichen oder mutmaßlichen Willen der oder des Verantwortlichen entspricht. [2]Die von der Maßnahme Betroffenen sind unverzüglich zu unterrichten.

§ 71 Inanspruchnahme des Nichtstörers

(1) Zur Beseitigung einer Störung oder zur Abwehr einer gegenwärtigen Gefahr können Maßnahmen auch gegen andere Personen als die Verantwortlichen (§§ 68 bis 70) getroffen werden, soweit und solange

1. die Verantwortlichen nicht oder nicht rechtzeitig in Anspruch genommen werden können oder Maßnahmen gegen sie keinen Erfolg versprechen und

2. die Störung oder Gefahr nicht durch die Behörde selbst oder durch eine Beauftragte oder einen Beauftragten beseitigt werden kann und
3. die andere Person ohne erhebliche eigene Gefährdung oder Verletzung anderer überwiegender Pflichten in Anspruch genommen werden kann.

(2) Wird eine andere Person in Anspruch genommen, so hat die Behörde die verantwortliche Person unverzüglich zu benachrichtigen.

Abschnitt 6
Entschädigungsansprüche (§§ 72 – 77)

§ 72 Entschädigungsanspruch des Nichtstörers

(1) Wer nach § 71 in Anspruch genommen wird, kann Entschädigung für den ihm hierdurch entstandenen Schaden verlangen.

(2) Ein Entschädigungsanspruch besteht jedoch nicht, soweit
1. die oder der Geschädigte auf andere Weise Ersatz erlangt hat oder
2. die oder der Geschädigte oder ihr oder sein Vermögen durch die Maßnahme geschützt worden ist.

(3) Die Absätze 1 und 2 finden keine Anwendung, soweit die Entschädigungspflicht wegen rechtmäßiger Maßnahmen in anderen gesetzlichen Vorschriften geregelt oder ausgeschlossen ist.

§ 73 Entschädigungsanspruch Unbeteiligter

§ 72 findet entsprechende Anwendung, wenn Unbeteiligte, die weder nach den §§ 68 bis 70 verantwortlich noch nach § 71 in Anspruch genommen worden sind, durch Maßnahmen zur Gefahrenabwehr getötet oder verletzt werden oder einen billigerweise nicht zumutbaren Schaden erleiden.

§ 74 Art, Inhalt und Umfang der Entschädigungsleistung

(1) [1]Die Entschädigung wird nur für Vermögensschäden gewährt. [2]Für entgangenen Gewinn, der über den Ausfall des gewöhnlichen Verdienstes oder Nutzungsentgeltes hinausgeht, und für Vermögensnachteile, die nicht in unmittelbarem Zusammenhang mit der zu entschädigenden Maßnahme stehen, ist jedoch eine Entschädigung nur zu leisten, wenn und soweit diese zur Abwendung unbilliger Härten geboten erscheint.

(2) [1]Die Entschädigung ist in Geld zu gewähren. [2]Besteht der Schaden in der Aufhebung oder Verminderung der Erwerbsfähigkeit oder in einer Vermehrung der Bedürfnisse oder in dem Verlust oder der Minderung eines Rechts auf Unterhalt, so ist die Entschädigung durch Entrichtung einer Geldrente zu gewähren. [3]Statt der Rente kann eine Abfindung in Kapital verlangt werden, wenn ein wichtiger Grund vorliegt.

(3) Die Entschädigung ist nur gegen Abtretung der Ansprüche zu gewähren, die der oder dem Entschädigungsberechtigten aufgrund der Maßnahme, auf der die Entschädigung beruht, gegen Andere zustehen.

(4) Hat bei der Entstehung des Schadens ein Verschulden der betroffenen Person mitgewirkt, so ist das Mitverschulden zu berücksichtigen.

(5) [1]Der Entschädigungsanspruch kann nur innerhalb eines Jahres geltend gemacht werden; die Frist beginnt, sobald die oder der Geschädigte von dem Schaden und dem entschädigungspflichtigen Träger der öffentlichen Verwaltung Kenntnis erlangt. [2]Ohne Rücksicht auf diese Kenntnis kann der Anspruch nur innerhalb von dreißig Jahren seit der Entstehung des Anspruchs geltend gemacht werden.

(6) Gesetze, die weitergehende Ersatzansprüche gewähren, bleiben unberührt.

§ 75 Entschädigungspflichtiger Rückgriff

(1) Entschädigungspflichtig ist der Träger der öffentlichen Verwaltung, in dessen Dienst diejenige oder derjenige steht, die oder der die Maßnahme getroffen hat.

(2) [1]Hat die oder der Bedienstete für die Behörde eines anderen Trägers gehandelt, so ist Letztgenannter entschädigungspflichtig. [2]Ist in den Fällen des Satzes 1 eine Entschädigung nur wegen der Art und Weise der Durchführung der Maßnahme zu gewähren, so kann der entschädigungspflichtige Träger von dem Träger, in dessen Dienst die oder der Bedienstete steht, Ersatz seiner Aufwendungen verlangen, es sei denn, dass er selbst die Verantwortung für die Art und Weise der Durchführung trägt.

(3) In den Fällen des § 72 kann die oder der Entschädigungspflichtige in entsprechender Anwendung der Vorschriften des Bürgerlichen Gesetzbuches über die Geschäftsführung ohne Auftrag von den nach den §§ 68 bis 70 Verantwortlichen durch Verwaltungsakt Ersatz seiner Aufwendungen verlangen.

§ 76 Schadensersatzansprüche und Entschädigung aus der Verarbeitung von Daten

(1) [1]Hat eine verantwortliche Stelle einer betroffenen Person durch eine Verarbeitung zu Zwecken der Richtlinie (EU) 2016/680 personenbezogener Daten, die nach diesem Gesetz oder nach anderen auf ihre Verarbeitung anwendbaren Vorschriften rechtswidrig war, einen Schaden zugefügt, ist sie oder ihr Rechtsträger der betroffenen Person zum Schadensersatz verpflichtet. [2]Die Ersatzpflicht entfällt, soweit bei einer nicht automatisierten Verarbeitung der Schaden nicht auf ein Verschulden der verantwortlichen Stelle zurückzuführen ist.

(2) Wegen eines Schadens, der nicht Vermögensschaden ist, kann die betroffene Person eine angemessene Entschädigung in Geld verlangen.

(3) Lässt sich bei einer automatisierten Verarbeitung personenbezogener Daten nicht ermitteln, welche von mehreren beteiligten verantwortlichen Stellen den Schaden verursacht hat, so haftet jede verantwortliche Stelle beziehungsweise ihr Rechtsträger.

(4) Mehrere Ersatzpflichtige haften als Gesamtschuldner.

(5) Hat bei der Entstehung des Schadens ein Verschulden der betroffenen Person mitgewirkt, ist § 254 des Bürgerlichen Gesetzbuches entsprechend anzuwenden.

(6) Auf die Verjährung finden die für unerlaubte Handlungen geltenden Verjährungsvorschriften des Bürgerlichen Gesetzbuches entsprechende Anwendung.

(7) Vorschriften, nach denen Ersatzpflichtige in weiterem Umfang als nach dieser Vorschrift haften oder nach denen andere für den Schaden verantwortlich sind, bleiben unberührt.

§ 77 Rechtsweg

Für Streitigkeiten über die in §§ 72 bis 74 und 76 bezeichneten Ansprüche ist der ordentliche Rechtsweg gegeben.

Abschnitt 7

Einschränkung von Grundrechten (§ 78)

§ 78 Einschränkung von Grundrechten

Für Maßnahmen, die nach den Vorschriften der Abschnitte 1 bis 6 getroffen werden können, werden das Recht auf körperliche Unversehrtheit (Artikel 2 Absatz 2 Satz 1 des Grundgesetzes), das Recht der Freiheit der Person (Artikel 2 Absatz 2 Satz 2 des Grundgesetzes), das Recht auf Versammlungsfreiheit (Artikel 8 Absatz 1 des Grundgesetzes), das Recht auf Wahrung des Fernmeldegeheimnisses (Artikel 10 Absatz 1 des Grundgesetzes), das Recht der Freizügigkeit (Artikel 11 des Grundgesetzes) und das Recht der Unverletzlichkeit der Wohnung (Artikel 13 des Grundgesetzes) eingeschränkt.

Abschnitt 8

Erzwingung von Handlungen, Duldungen oder Unterlassungen (§§ 79 –113)

Unterabschnitt 1

Allgemeines Vollzugsverfahren (§§ 79 – 92)

§ 79 Grundsatz

(1) Verwaltungsakte, die auf Herausgabe einer Sache oder auf Vornahme einer Handlung oder auf Duldung oder Unterlassung gerichtet sind, werden im Wege des Verwaltungszwangs durchgesetzt (Vollzug).

(2) Für den Vollzug gelten die §§ 80 bis 99.

(3) Die §§ 80 bis 99 gelten auch für den Vollzug von Verwaltungsakten, die nicht der Gefahrenabwehr dienen und die von Behörden der in § 1 genannten Verwaltungsträger sowie der sonstigen der Aufsicht des Landes unterstehenden Körperschaften, Anstalten und Stiftungen des öffentlichen Rechts erlassen werden.

§ 80 Zulässigkeit des Vollzugs von Verwaltungsakten

(1) Der Vollzug von Verwaltungsakten ist zulässig, wenn

1. der Verwaltungsakt unanfechtbar ist oder
2. ein Rechtsbehelf keine aufschiebende Wirkung hat.

(2) Beim Vollzug eines Verwaltungsaktes im Wege der Ersatzvornahme (§ 89) oder der Anwendung unmittelbaren Zwangs (§ 90) kann von Absatz 1 abgewichen werden, wenn
1. auf andere Weise eine gegenwärtige Gefahr für die öffentliche Sicherheit oder Ordnung nicht abgewehrt werden kann oder
2. eine rechtswidrige Tat oder mit Geldbuße bedrohte Handlung anders nicht verhindert werden kann.

§ 81 Sofortiger Vollzug

(1) [1]Der Verwaltungszwang ohne vorausgegangenen Verwaltungsakt (sofortiger Vollzug) ist im Wege der Ersatzvornahme oder des unmittelbaren Zwangs zulässig, wenn eine gegenwärtige Gefahr auf andere Weise nicht abgewehrt werden kann und die Behörde hierbei innerhalb ihrer gesetzlichen Befugnisse handelt. [2]Dies gilt insbesondere, wenn Maßnahmen gegen pflichtige Personen nicht oder nicht rechtzeitig möglich sind. [3]Rechtsvorschriften, die die Voraussetzungen des sofortigen Vollzugs abweichend regeln, bleiben unberührt.

(2) Bei einer Ersatzvornahme sind die Verantwortlichen unverzüglich zu benachrichtigen.

(3) Für den sofortigen Vollzug gelten die nachfolgenden Vorschriften über den Vollzug von Verwaltungsakten entsprechend, soweit in ihnen nichts anderes bestimmt ist.

§ 82 Vollzugsbehörden

Der Verwaltungsakt wird von der Behörde vollzogen, die ihn erlassen hat; sie vollzieht auch die Widerspruchsentscheidungen.

§ 82a Vollzugshilfe

(1) Die Polizei leistet anderen Behörden im Einzelfall auf Ersuchen Vollzugshilfe, wenn unmittelbarer Zwang anzuwenden ist und die anderen Behörden nicht über die hierzu erforderlichen Dienstkräfte verfügen oder ihre Maßnahmen nicht auf andere Weise selbst durchsetzen können.

(2) [1]Die Polizei ist nur für die Art und Weise der Durchführung verantwortlich. [2]Im Übrigen gelten die Grundsätze der Amtshilfe entsprechend.

(3) Die Verpflichtung zur Amtshilfe bleibt unberührt.

§ 82b Verfahren

(1) Vollzugshilfeersuchen sind grundsätzlich schriftlich zu stellen; sie haben den Grund und die Rechtsgrundlage der Maßnahme anzugeben.

(2) [1]In Eilfällen kann das Ersuchen formlos gestellt werden. [2]Es ist jedoch auf Verlangen unverzüglich schriftlich zu bestätigen.

(3) Die ersuchende Behörde ist von der Ausführung des Ersuchens zu verständigen.

§ 82c Vollzugshilfe bei Freiheitsentziehung

(1) Hat das Vollzugshilfeersuchen eine Freiheitsentziehung zum Inhalt, ist auch die richterliche Entscheidung über die Zulässigkeit der Freiheitsentziehung vorzulegen oder in dem Ersuchen zu bezeichnen.

(2) Ist eine vorherige richterliche Entscheidung nicht ergangen, hat die Polizei die festgehaltene Person zu entlassen, wenn die ersuchende Behörde diese nicht übernimmt oder die richterliche Entscheidung nicht unverzüglich nachträglich beantragt.

(3) § 56 gilt entsprechend.

§ 83 Pflichtige Person

(1) Als pflichtige Person kann in Anspruch genommen werden
1. diejenige, gegen die sich der Verwaltungsakt richtet,
2. ihr Rechtsnachfolger, soweit der Verwaltungsakt auch gegen ihn wirkt.

(2) Ist jemand nach diesem Gesetz oder nach anderen Rechtsvorschriften verpflichtet, den Vollzug zu dulden, so ist er pflichtige Person, soweit seine Duldungspflicht reicht.

§ 84 Vollzug gegen den Rechtsnachfolger

(1) [1]Der Vollzug gegen den Rechtsnachfolger darf erst beginnen, nachdem er von dem Verwaltungsakt Kenntnis erhalten hat und darauf hingewiesen worden ist, dass der Vollzug gegen ihn durchgeführt werden kann. [2]Von diesen Voraussetzungen kann in den Fällen des § 80 Absatz 2 abgesehen werden.

(2) [1]Der Vollzug, der im Zeitpunkt des Eintritts der Rechtsnachfolge bereits begonnen hat, darf gegen den Rechtsnachfolger fortgesetzt werden. [2]Dabei ist Absatz 1 zu beachten.

§ 85 Vollzug gegen Träger der öffentlichen Verwaltung

Gegen Träger der öffentlichen Verwaltung ist der Vollzug nur zulässig, soweit er durch Rechtsvorschrift ausdrücklich zugelassen ist.

§ 86 Zwangsmittel

(1) Zwangsmittel sind

1. das Zwangsgeld (§ 88),
2. die Ersatzvornahme (§ 89),
3. der unmittelbare Zwang (§ 90).

(2) Die Zwangsmittel können auch neben einer Strafe oder Geldbuße angewandt und solange wiederholt und gewechselt werden, bis der Verwaltungsakt befolgt worden oder auf andere Weise erledigt ist.

§ 87 Androhung von Zwangsmitteln

(1) [1]Die Zwangsmittel müssen schriftlich angedroht werden. [2]Beim Vorliegen der Voraussetzungen des § 80 Absatz 2 sowie des § 81 kann das Zwangsmittel mündlich angedroht werden oder die Androhung unterbleiben.

(2) [1]In der Androhung ist eine Frist zu bestimmen, innerhalb der die Erfüllung der Verpflichtung der pflichtigen Person billigerweise zugemutet werden kann. [2]Eine Frist braucht nicht bestimmt zu werden, wenn eine Duldung oder Unterlassung erzwungen werden soll.

(3) [1]Die Androhung kann mit dem Verwaltungsakt, der vollzogen werden soll, verbunden werden. [2]Sie soll mit ihm verbunden werden, wenn die sofortige Vollziehung angeordnet oder dem Rechtsbehelf keine aufschiebende Wirkung beigelegt ist (§ 80 Absatz 1 Nummer 2).

(4) [1]Die Androhung muss sich auf bestimmte Zwangsmittel beziehen. [2]Werden mehrere Zwangsmittel angedroht, ist anzugeben, in welcher Reihenfolge sie angewandt werden sollen. [3]Unzulässig ist die Androhung, mit der sich die Vollzugsbehörde die Wahl zwischen den Zwangsmitteln vorbehält.

(5) Das Zwangsgeld ist in bestimmter Höhe anzudrohen.

(6) [1]Im Falle der Ersatzvornahme (§ 89) ist in der Androhung der Kostenbetrag vorläufig zu veranschlagen. [2]Das Recht auf Nachforderung bleibt unberührt.

§ 88 Zwangsgeld

(1) Das Zwangsgeld ist zulässig, wenn

1. die pflichtige Person angehalten werden soll, eine Handlung vorzunehmen, oder
2. die pflichtige Person ihrer Verpflichtung zuwiderhandelt, eine Handlung zu dulden oder zu unterlassen.

(2) Das Zwangsgeld ist schriftlich festzusetzen.

(3) Das Zwangsgeld beträgt mindestens 10 Euro, höchstens 50 000 Euro.

§ 89 Ersatzvornahme

(1) Wird eine Verpflichtung, eine Handlung vorzunehmen, deren Vornahme durch einen anderen möglich ist, nicht erfüllt, so kann die Vollzugsbehörde die Handlung auf Kosten der pflichtigen Person ausführen oder durch eine oder einen Beauftragten ausführen lassen (Ersatzvornahme).

(2) Die Vollzugsbehörde kann der pflichtigen Person auferlegen, die Kosten in der vorläufig veranschlagten Höhe vorauszuzahlen.

§ 90 Unmittelbarer Zwang

Führen die Ersatzvornahme oder das Zwangsgeld nicht zum Erfolg oder sind sie unzweckmäßig, so kann die Vollzugsbehörde mit unmittelbarem Zwang die Handlung selbst vornehmen oder die pflichtige Person zur Handlung, Duldung oder Unterlassung zwingen.

§ 91 Ersatzzwangshaft

(1) [1]Ist das Zwangsgeld uneinbringlich, so kann das Verwaltungsgericht auf Antrag der Vollzugsbehörde die Ersatzzwangshaft anordnen, wenn bei Androhung des Zwangsgeldes hierauf hingewiesen worden ist. [2]Die Ersatzzwangshaft beträgt mindestens einen Tag, höchstens zwei Wochen.

(2) Die Ersatzzwangshaft ist auf Antrag der Vollzugsbehörde von der Justizverwaltung nach den Bestimmungen der §§ 802g Absatz 1 Satz 2 und 3 sowie Absatz 2, 802h und 802i der Zivilprozessordnung zu vollstrecken.

§ 92 Einstellung des Vollzugs

(1) Der Vollzug ist einzustellen, wenn

1. der Verwaltungsakt aufgehoben worden ist,
2. die Vollziehung des Verwaltungsaktes ausgesetzt worden ist,
3. die aufschiebende Wirkung eines Rechtsbehelfs angeordnet oder wiederhergestellt worden ist,
4. der Zweck des Vollzuges erreicht ist oder
5. weitere Verstöße gegen eine Duldungs- oder Unterlassungspflicht nicht zu erwarten sind.

(2) Die Vollzugsbeamtinnen und Vollzugsbeamten (§ 103) sind nur dann verpflichtet, von weiteren Vollzugsmaßnahmen abzusehen, wenn ihnen Tatsachen nachgewiesen werden, aus denen sich die Pflicht zur Einstellung eindeutig ergibt.

Unterabschnitt 2

Vollzug von Verwaltungsakten, die auf Abgabe einer Erklärung gerichtet sind (§ 93)

§ 93 Abgabe einer Erklärung

(1) [1]Ist jemand verpflichtet, eine bestimmte Erklärung abzugeben, so gilt diese Erklärung als abgegeben, sobald der Verwaltungsakt, der die Verpflichtung begründet hat, unanfechtbar geworden ist. [2]Voraussetzung ist, dass

1. der Inhalt der Erklärung in dem Verwaltungsakt festgelegt worden ist,
2. die pflichtige Person auf diese Rechtsfolge hingewiesen worden ist und
3. sie in dem Zeitpunkt des Eintritts der Unanfechtbarkeit des Verwaltungsaktes diese Erklärung rechtswirksam abgeben kann.

(2) [1]Die Behörde, die den Verwaltungsakt erlassen hat, teilt den Beteiligten mit, in welchem Zeitpunkt der Verwaltungsakt unanfechtbar geworden ist. [2]Sie ist berechtigt, die zur Wirksamkeit der Erklärung erforderlichen Genehmigungen und Zustimmungen einzuholen und Anträge auf Eintragungen in öffentliche Bücher und Register zu stellen. [3]§ 792 der Zivilprozessordnung ist anzuwenden.

Unterabschnitt 3

Erweiterte Anwendung der Vollzugsvorschriften (§§ 94–97)

§ 94 Anwendung der Vollzugsvorschriften aufgrund bundesrechtlicher Ermächtigungen

Die Vorschriften über die Erzwingung von Handlungen, Duldungen oder Unterlassungen gelten auch, soweit in Bundesgesetzen die Länder ermächtigt worden sind zu bestimmen, dass die landesrechtlichen Vorschriften über das Verwaltungszwangsverfahren anzuwenden sind oder an die Stelle von bundesrechtlichen Vorschriften treten können.

§ 95 Anwendung der Vollzugsvorschriften auf öffentlich-rechtliche Verträge

[1]Auf öffentlich-rechtliche Verträge im Sinne des § 61 Absatz 1 des Landesverwaltungsverfahrensgesetzes sind die Vorschriften über die Erzwingung von Handlungen, Duldungen oder Unterlassungen entsprechend anzuwenden. [2]Richtet sich die Vollstreckung wegen der Erzwingung einer Handlung, Duldung oder Unterlassung gegen einen Träger der öffentlichen Verwaltung, so ist § 172 der Verwaltungsgerichtsordnung entsprechend anzuwenden.

§ 96 Sonstige Anwendung der Vollzugsvorschriften

(1) Die Vorschriften über die Erzwingung von Handlungen, Duldungen oder Unterlassungen gelten entsprechend

1. für die Vollstreckung aus gerichtlichen Entscheidungen, die nach gesetzlicher Vorschrift von einer Verwaltungsbehörde zu vollziehen sind, und

2. wenn ein Gericht eine Vollstreckungsbehörde zur Ausführung einer Vollstreckung in Anspruch nimmt und die Vollstreckung nach landesrechtlichen Bestimmungen durchzuführen ist.

(2) In den Fällen des Absatzes 1 bedarf es einer Androhung der Zwangsmittel (§ 87) nicht.

§ 97 Maßnahmen gegen Tiere

[1]Bei Maßnahmen gegen Tiere aufgrund der Vorschriften dieses Gesetzes sind die für Sachen geltenden Vorschriften entsprechend anzuwenden. [2]Hierbei haben die Behörden die Verantwortung des Menschen für das Tier zu berücksichtigen.

Unterabschnitt 4

Einschränkung von Grundrechten und Rechtsbehelfe (§§ 98-100)

§ 98 Einschränkung von Grundrechten

Für Maßnahmen, die nach den Vorschriften der Unterabschnitte 1 bis 3 getroffen werden können, werden das Recht auf körperliche Unversehrtheit (Artikel 2 Absatz 2 Satz 1 des Grundgesetzes), das Recht der Freiheit der Person (Artikel 2 Absatz 2 Satz 2 des Grundgesetzes) und das Recht der Unverletzlichkeit der Wohnung (Artikel 13 des Grundgesetzes) eingeschränkt.

§ 99 Rechtsbehelfe

(1) [1]Die Rechtsmittel und sonstigen Rechtsbehelfe gegen Vollzugsmaßnahmen richten sich, soweit durch Gesetz nicht ausdrücklich etwas anderes bestimmt ist, nach den Vorschriften über die allgemeine Verwaltungsgerichtsbarkeit. [2]Sie haben keine aufschiebende Wirkung.

(2) Einwendungen gegen den dem Vollzug zugrundeliegenden Verwaltungsakt sind außerhalb des Vollzugsverfahrens mit den dafür zugelassenen Rechtsbehelfen zu verfolgen.

§ 100 (aufgehoben)

Unterabschnitt 5

Ausübung unmittelbaren Zwangs (§§ 101–113)

§ 101 Rechtliche Grundlagen

(1) Lassen Rechtsvorschriften die Anwendung unmittelbaren Zwangs zu, so gelten für die Art und Weise der Ausübung des unmittelbaren Zwangs die §§ 102 bis 112 und, soweit sich aus ihnen nichts Abweichendes ergibt, die übrigen Vorschriften dieses Gesetzes.

(2) Das Recht zur Verteidigung in den Fällen der Notwehr und des Notstandes bleibt unberührt.

§ 102 Begriffsbestimmung

(1) Unmittelbarer Zwang ist die Einwirkung auf Personen oder Sachen durch

1. körperliche Gewalt,
2. Hilfsmittel der körperlichen Gewalt,
3. Waffen.

(2) Körperliche Gewalt ist jede unmittelbare körperliche Einwirkung auf Personen oder Sachen.

(3) Hilfsmittel der körperlichen Gewalt sind insbesondere Fesseln, Wasserwerfer, technische Sperren, Diensthunde, Dienstpferde, Dienstfahrzeuge, Reizstoffe und Sprengmittel; Sprengmittel dürfen nicht gegen Personen angewandt werden.

(4) Als Waffen sind nur Schlagstöcke, Distanz-Elektroimpulsgeräte, Pistolen, Revolver, Gewehre und Maschinenpistolen zugelassen.

§ 103 Vollzugsbeamtinnen und Vollzugsbeamte

(1) Unmittelbarer Zwang darf nur durch Vollzugsbeamtinnen und Vollzugsbeamte ausgeübt werden.

(2) Vollzugsbeamtinnen und Vollzugsbeamte sind

1. Polizeivollzugsbeamtinnen und Polizeivollzugsbeamte und
2. andere Beamtinnen und Beamte und sonstige Bedienstete, die durch Rechtsverordnung der Landesregierung ermächtigt sind, unmittelbaren Zwang auszuüben.

(3) Vollzugsbeamtinnen und Vollzugsbeamte der Ämter und amtsfreien Gemeinden bedürfen der Bestätigung der Kreisordnungsbehörde.

§ 104 Handeln auf Anordnung

(1) [1]Vollzugsbeamtinnen und Vollzugsbeamte sind verpflichtet, unmittelbaren Zwang anzuwenden, der im Vollzugsdienst von ihrer oder ihrem Vorgesetzten oder einer sonst dazu befugten Person angeordnet wird. [2]Dies gilt nicht, wenn die Anordnung die Menschenwürde verletzt oder nicht zu dienstlichen Zwecken erteilt worden ist.

(2) [1]Eine Anordnung darf nicht befolgt werden, wenn dadurch eine Straftat begangen würde. [2]Befolgen Vollzugsbeamtinnen und Vollzugsbeamte die Anordnung trotzdem, so trifft sie eine Schuld nur, wenn sie erkennen oder wenn es nach den ihnen bekannten Umständen offensichtlich ist, dass dadurch eine Straftat begangen wird.

(3) Bedenken gegen die Rechtmäßigkeit der Anordnung haben Vollzugsbeamtinnen und Vollzugsbeamte der oder dem Anordnenden gegenüber vorzubringen, soweit das nach den Umständen möglich ist.

(4) § 36 Absatz 2 und 3 des Beamtenstatusgesetzes ist nicht anzuwenden.

§ 105 Hilfeleistung für Verletzte

Wird unmittelbarer Zwang angewendet, ist Verletzten, soweit es nötig ist und die Lage es zulässt, Beistand zu leisten und ärztliche Hilfe zu verschaffen.

§ 106 Fesselung von Personen

Eine Person, die nach diesem Gesetz oder anderen Gesetzen festgehalten wird, darf gefesselt werden,

1. wenn Tatsachen die Annahme rechtfertigen, dass sie
   a) andere Personen angreifen oder Sachen von nicht geringem Wert beschädigen wird,
   b) fliehen wird oder befreit werden soll oder
   c) sich töten oder erheblich verletzen wird, oder
2. wenn sie Widerstand leistet.

§ 107 Zum Gebrauch von Schusswaffen Berechtigte

Die Befugnis zum Gebrauch von Schusswaffen steht ausschließlich zu

1. den Polizeivollzugsbeamtinnen und Polizeivollzugsbeamten,
2. den Beamtinnen und Beamten sowie anderen Bediensteten der Landesforstverwaltung, die im Forst- und Jagdschutz verwendet werden, sowie bestätigten Jagdaufsehern (§ 25 Landesjagdgesetz), sofern sie Berufsjäger oder forstlich ausgebildet sind,
3. den Beamtinnen und Beamten sowie anderen Bediensteten der Gerichte und Behörden der Justizverwaltung, die mit Sicherungs- und Vollzugsaufgaben betraut sind, jedoch nicht den Gerichtsvollzieherinnen und Gerichtsvollziehern.

§ 108 Allgemeine Vorschriften für den Schusswaffengebrauch

(1) Schusswaffen dürfen nur gebraucht werden, wenn andere Maßnahmen des unmittelbaren Zwangs erfolglos angewendet worden sind oder offensichtlich keinen Erfolg versprechen.

(2) [1]Der Schusswaffengebrauch ist unzulässig, wenn Unbeteiligte gefährdet werden. [2]Dies gilt nicht, wenn der Schusswaffengebrauch das einzige Mittel zur Abwehr einer gegenwärtigen Lebensgefahr ist.

(3) [1]Gegen Personen, die tatsächlich oder dem äußeren Eindruck nach noch nicht 14 Jahre alt sind, dürfen Schusswaffen nicht gebraucht werden. [2]Das gilt nicht, wenn der Schusswaffengebrauch das einzige Mittel zur Abwehr einer gegenwärtigen Gefahr für Leib oder Leben ist.

§ 109 Schusswaffengebrauch gegen Personen

(1) [1]Gegen Personen ist der Gebrauch von Schusswaffen nur zulässig, um diese angriffs- oder fluchtunfähig zu machen und soweit der Zweck nicht durch Schusswaffengebrauch gegen Sachen erreicht werden kann. [2]Ein Schuss, der mit an Sicherheit grenzender Wahrscheinlichkeit tödlich wirken wird, ist durch Polizeivollzugsbeamtinnen und Polizeivollzugsbeamte nur zulässig, wenn er das einzige Mittel zur Abwehr einer gegenwärtigen Lebensgefahr oder der gegenwärtigen Gefahr einer schwerwiegenden Verletzung der körperlichen Unversehrtheit ist.

(2) Schusswaffen dürfen gegen Personen nur gebraucht werden,

1. um eine gegenwärtige Gefahr für Leib oder Leben abzuwehren,
2. um die unmittelbar bevorstehende Begehung oder Fortsetzung eines Verbrechens oder eines Vergehens unter Anwendung oder Mitführung von Schusswaffen oder Explosivmitteln zu verhindern,

3. um eine Person anzuhalten, die sich der Festnahme oder Identitätsfeststellung durch Flucht zu entziehen versucht, wenn sie
   a) eines Verbrechens dringend verdächtig ist oder
   b) eines Vergehens dringend verdächtig ist und Tatsachen die Annahme rechtfertigen, dass sie von einer Schusswaffe oder einem Explosivmittel Gebrauch machen werde,
4. zur Vereitelung der Flucht oder zur Ergreifung einer Person, die in amtlichem Gewahrsam zu halten oder ihm zuzuführen ist
   a) aufgrund richterlicher Entscheidung wegen eines Verbrechens oder aufgrund des dringenden Verdachts eines Verbrechens oder
   b) aufgrund richterlicher Entscheidung wegen eines Vergehens oder aufgrund des dringenden Verdachts eines Vergehens, sofern Tatsachen die Annahme rechtfertigen, dass sie von einer Schusswaffe oder einem Explosivmittel Gebrauch machen wird, oder
5. um die gewaltsame Befreiung einer Person aus amtlichem Gewahrsam zu verhindern.

(3) Schusswaffen dürfen nach Absatz 2 Nummer 4 nicht gebraucht werden, wenn es sich um den Vollzug eines Jugendarrestes oder eines Strafarrestes handelt oder wenn die Flucht aus einer offenen Anstalt verhindert werden soll.

§ 110 Schusswaffengebrauch gegen Personen in einer Menschenmenge

(1) Schusswaffen dürfen gegen Personen in einer Menschenmenge nur gebraucht werden, wenn von ihr oder aus ihr heraus schwerwiegende Gewalttaten begangen werden oder unmittelbar bevorstehen und andere Maßnahmen keinen Erfolg versprechen.

(2) Wer sich aus einer solchen Menschenmenge nach wiederholter Androhung des Schusswaffengebrauches nicht entfernt, obwohl ihm das möglich ist, ist nicht Unbeteiligte Person im Sinne des § 108 Absatz 2.

§ 111 Warnung

(1) [1]Bevor unmittelbarer Zwang gegen Personen angewendet wird, ist zu warnen. [2]Von der Warnung kann abgesehen werden, wenn die Umstände sie nicht zulassen, insbesondere wenn die sofortige Anwendung des Zwangsmittels zur Abwehr einer im einzelnen Falle bevorstehenden Gefahr notwendig ist. [3]Als Warnung vor dem Schusswaffengebrauch gilt auch die Abgabe eines Warnschusses.

(2) Schusswaffen dürfen nur dann ohne Warnung gebraucht werden, wenn dies zur Abwehr einer gegenwärtigen Gefahr für Leib oder Leben erforderlich ist.

(3) [1]Gegenüber einer Menschenmenge ist vor Anwendung unmittelbaren Zwangs möglichst so rechtzeitig zu warnen, dass sich Unbeteiligte noch entfernen können. [2]Vor Gebrauch von Schusswaffen gegen Personen in einer Menschenmenge ist stets zu warnen; die Warnung ist vor dem Gebrauch zu wiederholen. [3]Bei Gebrauch von technischen Sperren und Einsatz von Dienstpferden kann von der Warnung abgesehen werden.

§ 112 Verwaltungsvorschriften über die Anwendung unmittelbaren Zwangs

Die allgemeinen Verwaltungsvorschriften über die Anwendung unmittelbaren Zwangs erlässt das Ministerium für Inneres und Europa für seinen Geschäftsbereich; die anderen Ministerien erlassen sie für ihren Geschäftsbereich im Einvernehmen mit dem Ministerium für Inneres und Europa.

§ 113 Einschränkung von Grundrechten

Für Maßnahmen, die nach Vorschriften dieses Unterabschnitts getroffen werden, werden das Recht auf Leben und körperliche Unversehrtheit (Artikel 2 Absatz 2 Satz 1 des Grundgesetzes), das Recht der Freiheit der Person (Artikel 2 Absatz 2 Satz 2 des Grundgesetzes) und das Recht der Unverletzlichkeit der Wohnung (Artikel 13 des Grundgesetzes) eingeschränkt.

Abschnitt 9

Kosten (§ 114)

§ 114 Kosten, Ermächtigung zum Erlass von Rechtsverordnungen

(1) Für Amtshandlungen nach diesem Gesetz und den zur Durchführung dieses Gesetzes erlassenen Rechtsverordnungen werden Kosten (Gebühren und Auslagen) erhoben.

(2) [1]Die obersten Landesbehörden werden ermächtigt, jeweils für ihren Zuständigkeitsbereich durch Rechtsverordnung nach § 2 des Landesverwaltungskostengesetzes die einzelnen Amtshandlungen, für

die die Verwaltungsgebühren erhoben werden, die Gebührensätze, die Entstehung der Gebührenschuld sowie Art und Umfang der zu erstattenden Auslagen zu bestimmen. [2]Das Landesverwaltungskostengesetz findet Anwendung, soweit dieses Gesetz keine abweichenden Vorschriften enthält. [3]Durch Rechtsverordnung kann von den §§ 10, 11 Absatz 1, 13 Absatz 1, 15 Absatz 1 und 2 sowie § 16 des Landesverwaltungskostengesetzes abgewichen werden.

(3) Die Kosten trägt die pflichtige Person, im Fall der unmittelbaren Ausführung einer Maßnahme (§ 70a) die oder der nach den §§ 69 oder 70 Verantwortliche.

Abschnitt 10
Schlussbestimmungen (§§ 115, 116)

§ 115 Ausnahme- und Übergangsvorschriften

(1) § 46g Absatz 1 und 2 gelten nicht, soweit eine Kennzeichnung tatsächlich nicht möglich ist oder solange eine Kennzeichnung nach dem Stand der Technik nicht möglich ist.

(2) [1]Abweichend von § 46g Absatz 2 ist eine Weiterverarbeitung oder Übermittlung personenbezogener Daten auch zulässig nach den Bestimmungen der für die Daten am 4. Juni 2020 jeweils geltenden Verfahrensbeschreibung in der bis zum 4. Juni 2020 geltenden Fassung. [2]Satz 1 gilt für personenbezogene Daten,

a) die mit Ablauf des 4. Juni 2020 keine Kennzeichnung nach § 46g Absatz 1 aufweisen,
b) die ab dem 5. Juni 2020 gespeichert werden, soweit eine Kennzeichnung tatsächlich nicht möglich ist oder solange eine Kennzeichnung nach dem Stand der Technik nicht möglich ist.

(3) [1]Protokollierungen nach § 46e müssen bei vor dem 6. Mai 2016 eingerichteten, automatisierten Verfahren erst bis zum 6. Mai 2023 erfolgen, wenn andernfalls ein unverhältnismäßiger Aufwand entstünde. [2]Satz 1 gilt nicht für die Protokollierungen bei verdeckten und eingriffsintensiven Maßnahmen nach § 46f und bei der Übermittlung personenbezogener Daten an Drittstaaten und weitere zwischen- und überstaatliche Stellen nach den §§ 39d bis 39h sowie nach der Verordnung (EU) 2016/679. [3]Die Anwendung von Satz 1 ist zu begründen, zu dokumentieren und dem Ministerium für Inneres und Europa mitzuteilen. [4]Die oder der Landesbeauftragte für den Datenschutz ist über das betroffene automatisierte Verfahren und die Gründe für die Anwendung von Satz 1 zu unterrichten.

(4) Die Frist für Prüfungen der oder des Landesbeauftragten für den Datenschutz nach § 48b Absatz 6 beginnt erstmalig mit dem 1. Januar 2021.

(5) [1]Das erste berichtspflichtige Kalenderjahr gemäß § 48h Absatz 1 Satz 2 ist das Jahr 2021. [2]Bis zum 31. Dezember 2020 finden § 34 Absatz 7, auch in Verbindung mit § 34a Absatz 9 und § 34b Absatz 9 des Sicherheits- und Ordnungsgesetzes in der am 4. Juni 2020 geltenden Fassung Anwendung.

§ 116 Evaluierungspflicht

Die Landesregierung berichtet dem Landtag bis zum 31. Dezember 2024 über die erzielten Wirkungen der mit dem Inkrafttreten dieses Gesetzes am 5. Juni 2020 vorgenommenen Änderungen.

Gesetz zur Organisation der Landespolizei in Mecklenburg-Vorpommern (Polizeiorganisationsgesetz – POG M-V)

In der Fassung vom 30. November 2010[1] (GVOBl. M-V S. 674)
(GS Meckl.-Vorp. Gl. Nr. 2012-4)

zuletzt geändert durch Art. 3 ÄndG zum Petitions- und BürgerbeauftragtenG und zur Änd. anderer Gs vom 17. April 2021 (GVOBl. M-V S. 370)

Der Landtag hat das folgende Gesetz beschlossen:

§ 1 Begriff der Polizei

Polizei im Sinne dieses Gesetzes sind die Polizeivollzugsbeamten und die Polizeibehörden des Landes Mecklenburg-Vorpommern.

§ 2 Behörden der Polizei

(1) Polizeibehörden sind:

1. das Ministerium für Inneres und Europa,
2. die Polizeipräsidien,
3. das Landeswasserschutzpolizeiamt Mecklenburg-Vorpommern,
4. das Landeskriminalamt Mecklenburg-Vorpommern,
5. das Landesbereitschaftspolizeiamt Mecklenburg-Vorpommern,
6. das Landesamt für zentrale Aufgaben und Technik der Polizei, Brand- und Katastrophenschutz Mecklenburg-Vorpommern.

(2) Das Ministerium für Inneres und Europa regelt die Aufgaben und die innere Organisation der Behörden und Dienststellen der Polizei und übt als oberste Polizeibehörde die Dienst- und Fachaufsicht über die übrigen Behörden nach Absatz 1 Nr. 2 bis 6 aus.

§ 3 Örtliche Zuständigkeit der Polizei

[1]Die Behörden nach § 2 Abs. 1 Nr. 3 bis 6 sind als obere Landesbehörden landesweit zuständig. [2]Die örtliche Zuständigkeit der Polizeipräsidien als untere Landesbehörden bestimmt das Ministerium für Inneres und Europa durch Rechtsverordnung.

§ 4 Allgemeine sachliche Zuständigkeit der Polizeibehörden, Zusammenarbeit, Dienstkräfte

(1) [1]Die Polizeibehörden haben die Aufgaben zu erfüllen, die ihnen durch Gesetz oder Rechtsverordnung übertragen sind. [2]Sie sind zuständig für die Gefahrenabwehr sowie für die Erforschung und Verfolgung von Straftaten und Ordnungswidrigkeiten. [3]Sie sind bei der Durchführung der polizeilichen Aufgaben zur Zusammenarbeit verpflichtet.

(2) Die Beamten einer Polizeibehörde können einer anderen Polizeibehörde unterstellt werden.

§ 5 Polizeipräsidien

(1) Polizeipräsidien sind:

1. das Polizeipräsidium Rostock,
2. das Polizeipräsidium Neubrandenburg.

(2) Die Polizeipräsidien nehmen alle polizeilichen Aufgaben wahr, soweit sie nicht anderen Behörden der Polizei obliegen.

§ 6 Landeswasserschutzpolizeiamt Mecklenburg-Vorpommern

Das Landeswasserschutzpolizeiamt Mecklenburg-Vorpommern ist für polizeiliche Aufgaben im Bereich der Küstengewässer und Häfen sowie auf den schiffbaren Wasserstraßen, sonstigen Binnengewässern und den jeweils dazugehörigen Anlagen und Straßen zuständig.

§ 7 Landeskriminalamt Mecklenburg-Vorpommern

(1) [1]Das Landeskriminalamt Mecklenburg-Vorpommern ist zentrale Dienststelle im Sinne des § 1 Abs. 2 des Bundeskriminalamtgesetzes in der jeweils geltenden Fassung. [2]Dazu hat es die erforderlichen Einrichtungen vorzuhalten und kriminaltechnische und erkennungsdienstliche Untersuchungen

1) Neubekanntmachung des POG M-V v. 10.7.2001 (GVOBl. M-V S. 254) in der ab 1.3.2011 geltenden Fassung.

durchzuführen und Gutachten zu erstatten sowie die für die Kriminalitätsbekämpfung bedeutsamen Daten zu sammeln und auszuwerten.

(2) Das Landeskriminalamt hat die Polizeibehörden bei der präventiven und repressiven Kriminalitätsbekämpfung zu unterstützen.

(3) Das Landeskriminalamt koordiniert die Kriminalitätsbekämpfung und erlässt nach Zustimmung durch das Ministerium für Inneres und Europa die dazu erforderlichen Regelungen.

(4) [1]Dem Landeskriminalamt obliegt insbesondere die zentrale Bekämpfung der Organisierten Kriminalität, der Geldwäsche, der Rauschgiftkriminalität, der Wirtschaftskriminalität und der Staatsschutzkriminalität sowie die Durchführung entsprechender Ermittlungen. [2]Darüber hinaus hat das Landeskriminalamt Ermittlungen auf Weisung des Ministeriums für Inneres und Europa oder auf Ersuchen einer Staatsanwaltschaft zu führen. [3]Das Landeskriminalamt kann bei gegenseitigem Einvernehmen Ermittlungsvorgänge von den Polizeibehörden übernehmen.

(5) Dem Landeskriminalamt sind die landesweiten Aufgaben im Bereich der Spezialeinheiten, soweit sie nicht § 8 unterfallen, zugewiesen.

(6) Das Ministerium für Inneres und Europa regelt durch Rechtsverordnung fachaufsichtliche Befugnisse des Landeskriminalamtes.

§ 8 Landesbereitschaftspolizeiamt Mecklenburg-Vorpommern

Das Landesbereitschaftspolizeiamt Mecklenburg-Vorpommern ist zuständig für

– die Unterstützung der Behörden der Polizei, auch soweit sie durch dessen Spezialeinheiten geleistet wird, nach Weisung des Ministeriums für Inneres und Europa,
– die Mitwirkung bei der Abwehr von Gefahren für den Bestand oder die freiheitliche demokratische Grundordnung des Bundes oder eines Landes nach Maßgabe des Artikel 91 des Grundgesetzes,
– die Mitwirkung bei Hilfeleistungen gemäß Artikel 35 Abs. 2 und 3 des Grundgesetzes.

§ 9 Landesamt für zentrale Aufgaben und Technik der Polizei, Brand- und Katastrophenschutz Mecklenburg-Vorpommern

Das Landesamt für zentrale Aufgaben und Technik der Polizei, Brand- und Katastrophenschutz Mecklenburg-Vorpommern ist zuständig für:

1. behördenübergreifende Aufgaben im Zusammenhang mit Informations- und Kommunikationstechnik sowie sonstigen Führungs- und Einsatzmitteln der Polizei und des Katastrophenschutzes,
2. Serviceaufgaben im nichttechnischen Bereich,
3. Aufgaben des Landes im Brandschutz, die ihm durch Gesetz übertragen wurden,
4. Aufgaben der oberen Katastrophenschutzbehörde,
5. Aufgaben der Munitionsbergung und -vernichtung,
6. Serviceaufgaben für Behörden und Organisationen mit Sicherheitsaufgaben im Digitalfunk.

§ 10 In-Kraft-Treten, Außer-Kraft-Treten

Datenschutzgesetz für das Land Mecklenburg-Vorpommern (Landesdatenschutzgesetz – DSG M-V)[1)]

Vom 22. Mai 2018 (GVOBl. M-V S. 193, 194)
(GS Meckl.-Vorp. Gl. Nr. 204-5)

Inhaltsübersicht

Teil 1
Allgemeine Regelungen

§ 1 Zweck des Gesetzes

(1) [1]Dieses Gesetz regelt die notwendigen Ergänzungen zur Durchführung der Verordnung (EU) 2016/679 des Europäischen Parlaments und des Rates vom 27. April 2016 zum Schutz natürlicher Personen bei der Verarbeitung personenbezogener Daten, zum freien Datenverkehr und zur Aufhebung der Richtlinie 95/46/EG (Datenschutz-Grundverordnung) (ABl. L 119 vom 04.05.2016, S. 1; L 314 vom 22.11.2016, S. 72). [2]Gleichzeitig regelt es in den Grenzen der Verordnung (EU) 2016/679 die spezifischen Anforderungen an die Verarbeitung personenbezogener Daten.

(2) Darüber hinaus trifft dieses Gesetz Regelungen für die Verarbeitung personenbezogener Daten und die Kontrolle der Verarbeitung außerhalb des Anwendungsbereichs des Unionsrechts im Sinne von Artikel 2 Absatz 2 Buchstabe a der Verordnung (EU) 2016/679.

1) Verkündet als Art. 1 G v. 22.5.2018 (GVOBl. M-V S. 193); Inkrafttreten gem. Art. 10 Satz 1 dieses G am 25.5.2018.

§ 2 Anwendungsbereich

(1) Dieses Gesetz gilt für Behörden, öffentlich-rechtliche Einrichtungen und Stellen des Landes, der Gemeinden, der Ämter, der Landkreise sowie für sonstige der Aufsicht des Landes unterstehende juristische Personen des öffentlichen Rechts (öffentliche Stellen), wenn sie personenbezogene Daten verarbeiten.

(2) [1]Als öffentliche Stellen gelten auch juristische Personen und sonstige Vereinigungen des privaten Rechts, die Aufgaben der öffentlichen Verwaltung wahrnehmen und an denen eine oder mehrere der in Absatz 1 genannten juristischen Personen des öffentlichen Rechts mit absoluter Mehrheit der Anteile oder Stimmen beteiligt sind. [2]Beteiligt sich eine juristische Person oder sonstige Vereinigung des privaten Rechts, auf die dieses Gesetz nach Satz 1 Anwendung findet, an einer weiteren Vereinigung des privaten Rechts, so findet Satz 1 entsprechende Anwendung. [3]Nehmen nicht-öffentliche Stellen hoheitliche Aufgaben der öffentlichen Verwaltung wahr, sind sie insoweit öffentliche Stellen im Sinne dieses Gesetzes.

(3) Für die Gerichte sowie für die Behörden der Staatsanwaltschaft, den Verfassungsschutz und den Landesrechnungshof gilt dieses Gesetz nur, soweit sie allgemeine Verwaltungsaufgaben wahrnehmen.

(4) Der Landtag, seine Gremien, seine Mitglieder, die Fraktionen sowie ihre jeweiligen Verwaltungen und Beschäftigten unterliegen nicht den Bestimmungen dieses Gesetzes, soweit sie zur Wahrnehmung parlamentarischer Aufgaben personenbezogene Daten verarbeiten und dabei die vom Landtag hierfür erlassenen Datenschutzregelungen anzuwenden haben.

(5) [1]Dieses Gesetz gilt nicht für öffentliche Stellen, soweit sie am Wettbewerb teilnehmen. [2]Für sie gelten insoweit die für nicht-öffentliche Stellen geltenden Vorschriften.

(6) Religionsgemeinschaften des öffentlichen Rechts und die diesen zugeordneten Einrichtungen des Privatrechts unterliegen den Bestimmungen dieses Gesetzes nicht, wenn sie zum Zeitpunkt des Inkrafttretens der Verordnung (EU) 2016/679 umfassende Regeln zum Schutz natürlicher Personen bei der Verarbeitung angewendet und diese Regeln mit der Verordnung (EU) 2016/679 in Einklang gebracht haben.

(7) Die Vorschriften der Verordnung (EU) 2016/679 in Verbindung mit diesem Gesetz gehen denen des Landesverwaltungsverfahrensgesetzes vor, soweit personenbezogene Daten verarbeitet werden.

§ 3 Entsprechende Anwendung zur Umsetzung der Richtlinie (EU) 2016/680

Zur Umsetzung der Richtlinie (EU) 2016/680 des Europäischen Parlaments und des Rates vom 27. April 2016 zum Schutz natürlicher Personen bei der Verarbeitung personenbezogener Daten durch die zuständigen Behörden zum Zweck der Verhütung, Ermittlung, Aufdeckung oder Verfolgung von Straftaten oder der Strafvollstreckung sowie zum freien Datenverkehr und zur Aufhebung des Rahmenbeschlusses 2008/977/JI des Rates (ABl. L 119 vom 04.05.2016, S. 89) gelten die Regelungen der Verordnung (EU) 2016/679 und dieses Gesetzes entsprechend, soweit gesetzlich nicht etwas anderes bestimmt ist.

Teil 2

Grundsätze

§ 4 Zulässigkeit der Verarbeitung

(1) [1]Die Verarbeitung personenbezogener Daten ist zulässig, wenn sie zur Erfüllung der in der Zuständigkeit der öffentlichen Stelle liegenden Aufgabe oder in Ausübung öffentlicher Gewalt, die der Öffentlichen Stelle übertragen wurde, erforderlich ist. [2]Die Öffentliche Stelle ist insoweit Verantwortlicher im Sinne der Verordnung (EU) 2016/679. [3]Soweit nicht offensichtlich überwiegende schutzwürdige Interessen der betroffenen Person entgegenstehen, können personenbezogene Daten auch zu eigenen Ausbildungs- oder Prüfungszwecken verarbeitet werden.

(2) Eine Verarbeitung zu einem anderen Zweck als demjenigen, zu dem die personenbezogenen Daten erhoben wurden, ist zulässig, wenn

1. es zur Abwehr erheblicher Nachteile für das Gemeinwohl oder einer sonst unmittelbar drohenden Gefahr für die öffentliche Sicherheit erforderlich ist,
2. es zur Verfolgung von Straftaten und Ordnungswidrigkeiten, zur Vollstreckung oder zum Vollzug von Strafen, von Maßnahmen nach § 11 Absatz 1 Nummer 8 des Strafgesetzbuches, von Erzie-

hungsmaßregeln oder von Zuchtmitteln im Sinne des Jugendgerichtsgesetzes oder zur Vollstreckung von Bußgeldentscheidungen erforderlich ist,
3. sie zum Schutz der betroffenen Person oder der Rechte und Freiheiten anderer Personen erforderlich ist,
4. Angaben der betroffenen Person überprüft werden müssen, weil tatsächliche Anhaltspunkte für deren Unrichtigkeit bestehen,
5. es zu Zwecken der Ausübung von Aufsichts- und Kontrollbefugnissen, der Rechnungsprüfung oder der Durchführung von Organisationsuntersuchungen erforderlich ist.

(3) Besondere Amts- oder Berufsgeheimnisse bleiben unberührt.

(4) Personenbezogene Daten, die ausschließlich zu Zwecken der Datenschutzkontrolle, der Datensicherheit oder zur Sicherstellung des ordnungsgemäßen Betriebes einer Datenverarbeitungsanlage gespeichert werden, dürfen nicht für andere Zwecke verarbeitet werden.

(5) [1]Sind mit personenbezogenen Daten weitere Daten der betroffenen Person oder Dritter derart verbunden, dass die Trennung nach erforderlichen und nicht erforderlichen Daten nicht oder nur mit unverhältnismäßig hohem Aufwand möglich ist, so sind auch die Kenntnisnahme, die Weitergabe innerhalb der Stelle des Verantwortlichen und die Übermittlung der Daten an andere öffentliche Stellen, die nicht zur Erfüllung der jeweiligen Aufgabe erforderlich sind, zulässig. [2]Die nicht erforderlichen Daten unterliegen einem Verwertungsverbot, auf welches der Verantwortliche hinzuweisen hat.

Teil 3
Rechte der betroffenen Person

§ 5 Beschränkung der Informationspflicht

Der Verantwortliche kann von seiner Informationspflicht bei der Verarbeitung von personenbezogenen Daten nach Artikel 13 oder 14 der Verordnung (EU) 2016/679 absehen, soweit und solange
1. die Information die öffentliche Sicherheit gefährden oder sonst dem Wohle des Bundes oder eines Landes Nachteile bereiten würde,
2. dies zur Verfolgung von Straftaten oder Ordnungswidrigkeiten notwendig ist oder
3. die personenbezogenen Daten oder die Tatsache ihrer Verarbeitung nach einer Rechtsvorschrift oder wegen der Rechte und Freiheiten anderer Personen geheim zu halten sind.

§ 6 Beschränkung des Auskunftsrechts

(1) [1]Bezieht sich eine Auskunftserteilung an eine betroffene Person auf personenbezogene Daten, die vom Verantwortlichen an Behörden der Staatsanwaltschaft, an Polizeidienststellen, an Landesfinanzbehörden, an Behörden des Verfassungsschutzes, den Bundesnachrichtendienst, den Militärischen Abschirmdienst oder andere Behörden des Bundesministeriums der Verteidigung übermittelt wurden, so ist diesen vorab Gelegenheit zur Stellungnahme zu geben. [2]Gleiches gilt für Auskunftserteilungen, die sich auf die Übermittlung personenbezogener Daten von diesen Behörden beziehen.

(2) Der Verantwortliche kann einen Antrag auf Auskunftsersuchen ablehnen, soweit und solange
1. die Information die öffentliche Sicherheit gefährden oder sonst dem Wohle des Bundes oder eines Landes Nachteile bereiten würde,
2. dies zur Verfolgung von Straftaten oder Ordnungswidrigkeiten notwendig ist oder
3. die personenbezogenen Daten oder die Tatsache ihrer Verarbeitung nach einer Rechtsvorschrift oder wegen der Rechte und Freiheiten anderer Personen geheim zu halten sind.

(3) Die Ablehnung der Auskunftserteilung bedarf keiner Begründung, soweit durch die Mitteilung der tatsächlichen und rechtlichen Gründe, auf die die Entscheidung gestützt wird, der mit der Auskunftsverweigerung verfolgte Zweck gefährdet würde.

(4) [1]Wird der betroffenen Person keine Auskunft erteilt, so ist diese auf Verlangen der Aufsichtsbehörde zu erteilen, soweit nicht die jeweils zuständige oberste Landesbehörde im Einzelfall feststellt, dass dadurch die Sicherheit des Bundes oder eines Landes gefährdet würde. [2]Die Mitteilung der Aufsichtsbehörde an die betroffene Person darf keine Rückschlüsse auf den Erkenntnisstand des Verantwortlichen zulassen, sofern dieser nicht einer weitergehenden Auskunft zugestimmt hat.

(5) Ein Auskunftsanspruch der betroffenen Person über personenbezogene Daten, die ausschließlich zu Zwecken der Datensicherung und der Datenschutzkontrolle gespeichert sind, ist ausgeschlossen.

§ 7 Benachrichtigung der von einer Verletzung des Schutzes personenbezogener Daten betroffenen Person nach Artikel 34 der Verordnung (EU) 2016/679

Der Verantwortliche kann von der Benachrichtigung der von einer Verletzung des Schutzes personenbezogener Daten betroffenen Person absehen, soweit und solange

1. die Information die öffentliche Sicherheit gefährden oder sonst dem Wohle des Bundes oder eines Landes Nachteile bereiten würde,
2. die personenbezogenen Daten oder die Tatsache ihrer Verarbeitung nach einer Rechtsvorschrift oder wegen der Rechte und Freiheiten anderer Personen geheim zu halten sind oder
3. die Benachrichtigung die Sicherheit von Datenverarbeitungssystemen gefährden würden.

Teil 4

Besondere Verarbeitungssituationen

§ 8 Verarbeitung besonderer Kategorien personenbezogener Daten

[1]Werden auf der Grundlage dieses Teils besondere Kategorien personenbezogener Daten im Sinne von Artikel 9 Absatz 1 der Verordnung (EU) 2016/679 verarbeitet, sind vom Verantwortlichen angemessene und spezifische Maßnahmen zur Wahrung der Grundrechte und Interessen der betroffenen Person vorzusehen. [2]Unter Berücksichtigung des Stands der Technik, der Implementierungskosten und der Art, Umstände und der Zwecke der Verarbeitung sowie der unterschiedlichen Eintrittswahrscheinlichkeit und Schwere der mit der Verarbeitung verbundenen Risiken für die Rechte und Freiheiten natürlicher Personen können dazu insbesondere gehören:

1. technische und organisatorische Maßnahmen, um sicherzustellen, dass die Verarbeitung gemäß der Verordnung (EU) 2016/679 erfolgt,
2. Maßnahmen, die gewährleisten, dass nachträglich überprüft und festgestellt werden kann, ob und von wem personenbezogene Daten verarbeitet worden sind,
3. die Sensibilisierung der an der Verarbeitung Beteiligten,
4. die Beschränkung des Zugangs zu den personenbezogenen Daten innerhalb der Stelle des Verantwortlichen sowie möglicher Auftragsverarbeiter,
5. die Pseudonymisierung oder Verschlüsselung personenbezogener Daten,
6. die Sicherstellung der Vertraulichkeit, Integrität und Verfügbarkeit der Daten Sowie der Belastbarkeit der Systeme und Dienste, die mit der Verarbeitung personenbezogener Daten in Zusammenhang stehen, einschließlich der Fähigkeit, die Verfügbarkeit und den Zugang zu diesen Daten, Systemen und Diensten bei einem Zwischenfall wiederherzustellen,
7. zur Gewährleistung der Sicherheit der Verarbeitung die Einrichtung eines Verfahrens zur regelmäßigen Überprüfung, Bewertung und Evaluierung der Wirksamkeit der technischen und organisatorischen Maßnahmen oder
8. spezifische Verfahrensregelungen, die im Falle einer Übermittlung oder Verarbeitung für andere Zwecke die Einhaltung der Vorgaben dieses Gesetzes sowie der Verordnung (EU) 2016/679 sicherstellen.

Kapitel 1

Besondere Verarbeitungssituationen im Anwendungsbereich der Verordnung (EU) 2016/679

§ 9 Datenverarbeitung für wissenschaftliche oder historische Forschung

(1) [1]Öffentliche Stellen dürfen personenbezogene Daten einschließlich besondere Kategorien personenbezogener Daten im Sinne von Artikel 9 Absatz 1 der Verordnung (EU) 2016/679 ohne Einwilligung für ein bestimmtes Forschungsvorhaben verarbeiten, wenn schutzwürdige Belange der betroffenen Person wegen der Art der Daten, wegen ihrer Offenkundigkeit oder wegen der Art der Verwendung nicht beeinträchtigt werden oder das öffentliche Interesse an der Durchführung des Forschungsvorhabens die schutzwürdigen Belange der betroffenen Person erheblich überwiegt und der Zweck der Forschung nicht auf andere Weise erreicht werden kann. [2]Im Falle einer Übermittlung dürfen die personenbezogenen Daten nicht für andere Zwecke als für Forschungszwecke verarbeitet werden.

(2) [1]Die Daten sind, sobald dies nach dem Forschungszweck möglich ist, dergestalt zu verändern, dass die Einzelangaben über persönliche oder sachliche Verhältnisse nicht mehr oder nur mit einem un-

verhältnismäßigen Aufwand an Zeit, Kosten und Arbeitskraft einer bestimmten oder bestimmbaren natürlichen Person zugeordnet werden können. [2]Bis dahin sind die Merkmale gesondert zu speichern, mit denen Einzelangaben über persönliche oder sachliche Verhältnisse einer bestimmten oder bestimmbaren natürlichen Person zugeordnet werden können. [3]Sie sind zu löschen, sobald der Forschungszweck dies erlaubt.

(3) Die wissenschaftliche oder historische Forschung betreibenden öffentlichen Stellen dürfen personenbezogene Daten nur veröffentlichen, wenn

1. die betroffene Person eingewilligt hat oder
2. dies für die Darstellung von Forschungsergebnissen über Ereignisse der Zeitgeschichte unerlässlich ist.

(4) An Dritte oder Stellen, die den Vorschriften dieses Gesetzes nicht unterliegen, dürfen personenbezogene Daten entsprechend Absatz 1 Satz 1 nur übermittelt werden, wenn diese sich verpflichten, die Bestimmungen des Absatzes 1 Satz 2 sowie der Absätze 2 und 3 einzuhalten.

(5) Das Recht auf Auskunft nach Artikel 15 der Verordnung (EU) 2016/679, auf Berichtigung nach Artikel 16 der Verordnung (EU) 2016/679, auf Einschränkung der Verarbeitung nach Artikel 18 der Verordnung (EU) 2016/679 und auf Widerspruch nach Artikel 21 der Verordnung (EU) 2016/679 besteht nicht, soweit die Wahrnehmung dieser Rechte die spezifischen Forschungszwecke unmöglich machen oder ernsthaft beeinträchtigen würde und solche Ausnahmen für die Erfüllung dieser Zwecke notwendig sind oder die Inanspruchnahme oder Gewährung dieser Rechte unmöglich ist.

§ 10 Datenverarbeitung bei Beschäftigungsverhältnissen

(1) [1]Personenbezogene Daten von Bewerberinnen und Bewerbern sowie von Beschäftigten dürfen nur verarbeitet werden, wenn dies zur Eingehung, Durchführung, Beendigung oder Abwicklung des Dienst- oder Arbeitsverhältnisses oder zur Durchführung innerdienstlicher, planerischer, organisatorischer, personeller, sozialer oder haushalts- und kostenrechnerischer Maßnahmen, insbesondere zu Zwecken der Personalplanung und des Personaleinsatzes, erforderlich ist oder in einer Rechtsvorschrift, einem Tarifvertrag oder einer Dienst- oder Betriebsvereinbarung vorgesehen ist. [2]Zur Aufdeckung von Straftaten dürfen personenbezogene Daten von Beschäftigen nur dann verarbeitet werden, wenn zu dokumentierende tatsächliche Anhaltspunkte den Verdacht begründen, dass die betroffene Person im Beschäftigungsverhältnis eine Straftat begangen hat, die Verarbeitung zur Aufdeckung erforderlich ist und das schutzwürdige Interesse der betroffenen Person an dem Ausschluss der Verarbeitung nicht überwiegt, insbesondere Art und Ausmaß im Hinblick auf den Anlass nicht unverhältnismäßig sind. [3]Eine Übermittlung der Daten von Beschäftigten an Personen und Stellen außerhalb des öffentlichen Bereiches ist nur zulässig, wenn der Empfänger ein rechtliches Interesse darlegt, der Dienstverkehr es erfordert oder die betroffene Person eingewilligt hat. [4]Die Datenübermittlung an einen künftigen Dienstherrn oder Arbeitgeber ist nur mit Einwilligung der betroffenen Person zulässig.

(2) [1]Abweichend von Artikel 9 Absatz 1 der Verordnung (EU) 2016/679 ist die Verarbeitung besonderer Kategorien personenbezogener Daten im Sinne von Artikel 9 Absatz 1 der Verordnung (EU) 2016/679 für Zwecke des Beschäftigungsverhältnisses zulässig, wenn sie zur Ausübung von Rechten oder zur Erfüllung rechtlicher Pflichten aus dem Arbeitsrecht, dem Recht der sozialen Sicherheit und des Sozialschutzes erforderlich ist und kein Grund zu der Annahme besteht, dass das schutzwürdige Interesse der betroffenen Person an dem Ausschluss der Verarbeitung überwiegt. [2]Erfolgt die Verarbeitung auf der Grundlage einer Einwilligung, muss sich die Einwilligung ausdrücklich auf diese Daten beziehen.

(3) Auf die Verarbeitung von Personalaktendaten der Arbeitnehmerinnen und Arbeitnehmer sowie der Auszubildenden finden die für Beamtinnen und Beamte geltenden Vorschriften des Landesbeamtengesetzes entsprechende Anwendung, es sei denn, besondere Rechtsvorschriften oder tarifliche Vereinbarungen gehen vor.

(4) [1]Die Verarbeitung der bei medizinischen oder psychologischen Untersuchungen und Tests zum Zwecke der Eingehung eines Dienst- oder Arbeitsverhältnisses erhobenen Daten ist nur zulässig, soweit dies wegen der besonderen Anforderungen an die vorgesehene Tätigkeit erforderlich ist. [2]Die Einstellungsbehörde darf von der untersuchenden Ärztin oder dem untersuchenden Arzt nur die Übermittlung des Ergebnisses der Eignungsuntersuchung und dabei festgestellter Risikofaktoren verlangen.

(5) [1]Personenbezogene Daten, die zu Zwecken der Eingehung eines Dienst- oder Arbeitsverhältnisses verarbeitet werden, sind zu löschen, sobald feststeht, dass ein Dienst- oder Arbeitsverhältnis nicht

zustande kommt. [2]Dies gilt nicht, wenn die betroffene Person in die weitere Verarbeitung eingewilligt hat oder soweit Rechtsvorschriften einer Löschung entgegenstehen. [3]Besteht Grund zu der Annahme, dass durch die Löschung schutzwürdige Belange der betroffenen Person beeinträchtigt werden, ist sie zu benachrichtigen. [4]Soweit Rechtsvorschriften nicht entgegenstehen, sind personenbezogene Daten nach Beendigung eines Dienst- oder Arbeitsverhältnisses zu löschen, wenn diese nicht mehr benötigt werden.

(6) Soweit personenbezogene Daten der Beschäftigten im Rahmen der Durchführung der technischen und organisatorischen Maßnahmen nach Artikel 32 der Verordnung (EU) 2016/679 gespeichert werden, dürfen sie nicht zu Zwecken der Verhaltens- oder Leistungskontrolle genutzt werden.

§ 11 Videoüberwachung

(1) Die Verarbeitung personenbezogener Daten mit Hilfe von optisch-elektronischen Einrichtungen (Videoüberwachung) ist zulässig, wenn dies

1. zur Wahrnehmung des Hausrechts,
2. zum Schutz des Eigentums oder Besitzes oder
3. zur Kontrolle von Zugangsberechtigungen

erforderlich ist und keine Anhaltspunkte bestehen, dass überwiegende schutzwürdige Interessen der betroffenen Personen entgegenstehen.

(2) Die Videoüberwachung, die Angaben nach Artikel 13 Absatz 1 Buchstabe a bis c der Verordnung (EU) 2016/679 sowie die Möglichkeit, bei der oder dem Verantwortlichen die weiteren Informationen nach Artikel 13 der Verordnung (EU) 2016/679 zu erhalten, sind durch geeignete Maßnahmen zum frühestmöglichen Zeitpunkt erkennbar zu machen.

(3) Eine Verarbeitung zu anderen Zwecken ist nur zulässig, soweit dies zur Abwehr von Gefahren für die öffentliche Sicherheit oder zur Verfolgung von Straftaten erforderlich ist.

§ 12 Verarbeitung personenbezogener Daten zu Zwecken der freien Meinungsäußerung und der Informationsfreiheit

(1) [1]Soweit personenbezogene Daten in Ausübung des Rechts auf freie Meinungsäußerung und Informationsfreiheit zu journalistischen, künstlerischen oder literarischen Zwecken verarbeitet werden, gelten von den Kapiteln II bis VII sowie IX der Verordnung (EU) 2016/679 nur Artikel 5 Absatz 1 Buchstabe f und die Artikel 24 und 32 sowie § 83 des Bundesdatenschutzgesetzes. [2]Artikel 82 der Verordnung (EU) 2016/679 und § 83 des Bundesdatenschutzgesetzes gelten mit der Maßgabe, dass nur für Schäden gehaftet wird, die durch eine Verletzung des Datengeheimnisses oder durch unzureichende technische oder organisatorische Maßnahmen nach Artikel 5 Absatz 1 Buchstabe f und Artikel 24 der Verordnung (EU) 2016/679 eintreten.

(2) Führt die Verarbeitung personenbezogener Daten gemäß Absatz 1 Satz 1 zur Verbreitung von Gegendarstellungen der betroffenen Person oder zu Verpflichtungserklärungen, Beschlüssen oder Urteilen über die Unterlassung der Verbreitung oder über den Widerruf des Inhalts der Daten, so sind diese Gegendarstellungen, Verpflichtungserklärungen, Beschlüsse, Urteile und Widerrufe zu den gespeicherten Daten zu nehmen und dort für dieselbe Zeitdauer aufzubewahren wie die Daten selbst sowie bei einer Übermittlung der Daten gemeinsam zu übermitteln.

Kapitel 2
Besondere Verarbeitungssituationen außerhalb des Anwendungsbereichs der Verordnung (EU) 2016/679

§ 13 Öffentliche Auszeichnungen und Ehrungen

(1) [1]Bei Verfahren im Rahmen öffentlicher Auszeichnungen und Ehrungen dürfen die zuständigen Stellen sowie die von ihnen besonders beauftragten Stellen die dazu erforderlichen personenbezogenen Daten auch ohne Kenntnis des Betroffenen verarbeiten. [2]Die Verarbeitung dieser Daten für andere Zwecke ist nur mit Einwilligung der betroffenen Person zulässig.

(2) Auf Anforderung der in Absatz 1 genannten Stellen dürfen andere öffentliche Stellen die zur Vorbereitung der Auszeichnung oder Ehrung erforderlichen Daten übermitteln.

(3) [1]Der betroffenen Person ist auf Antrag Auskunft zu erteilen über
1. die zu ihr gespeicherten Daten,
2. die Herkunft der Daten,
3. die Empfänger, an die die Daten übermittelt werden sowie
4. den Zweck und die Rechtsgrundlage der Verarbeitung der Daten.

[2]Eine Auskunft darf nicht dazu führen, dass personenbezogene Daten zu einer dritten Person offenbart werden, es sei denn eine Einwilligung der dritten Person liegt vor. [3]Die Form der Auskunftserteilung ist nach pflichtgemäßem Ermessen zu bestimmen.

(4) Bei Verfahren im Rahmen öffentlicher Auszeichnungen und Ehrungen gelten nur die Artikel 5 bis 7, Artikel 16 bis 18, Kapitel IV sowie Kapitel VI der Verordnung (EU) 2016/679 entsprechend.

§ 14 Begnadigungsverfahren

(1) [1]In Begnadigungsverfahren ist die Verarbeitung personenbezogener Daten einschließlich Daten im Sinne von Artikel 9 Absatz 1 der Verordnung (EU) 2016/679 zulässig, soweit sie zur Ausübung des Gnadenrechts durch die zuständigen Stellen erforderlich ist. [2]Diese Datenverarbeitung unterliegt nicht der Kontrolle der Aufsichtsbehörde.

(2) In Begnadigungsverfahren gelten nur die Artikel 5 bis 7 sowie Kapitel IV mit Ausnahme von Artikel 33 der Verordnung (EU) 2016/679 entsprechend.

Teil 5
Aufsichtsbehörde

§ 15 Errichtung

(1) [1]Die Aufsichtsbehörde wird bei der Präsidentin oder dem Präsidenten des Landtages errichtet. [2]Die Aufsichtsbehörde führt die Amts- und Funktionsbezeichnung „Die Landesbeauftragte für den Datenschutz“ oder „Der Landesbeauftragte für den Datenschutz“.

(2) [1]Die notwendigen Personal- und Sachmittel, die der Aufsichtsbehörde für die Erfüllung ihrer Aufgaben zur Verfügung zu stellen sind, sind im Einzelplan des Landtages in einem gesonderten Kapitel auszuweisen. [2]§ 27 Absatz 2, § 28 Absatz 1 und § 29 Absatz 3 der Landeshaushaltsordnung gelten entsprechend.

(3) [1]Die Beamtinnen und Beamten der Aufsichtsbehörde werden auf Vorschlag der oder des Landesbeauftragten für den Datenschutz (Mitglied der Aufsichtsbehörde) durch die Präsidentin oder den Präsidenten des Landtages ernannt. [2]Sie können nur im Einvernehmen mit dem Mitglied der Aufsichtsbehörde versetzt oder abgeordnet werden. [3]Dienstvorgesetzte Stelle der Beamtinnen und Beamten ist das Mitglied der Aufsichtsbehörde, an dessen Weisungen sie ausschließlich gebunden sind. [4]Diese Regelungen gelten entsprechend für Arbeitnehmerinnen und Arbeitnehmer, die bei der Aufsichtsbehörde beschäftigt sind oder beschäftigt werden sollen. [5]Die Präsidentin oder der Präsident des Landtages stellt sicher, dass das Mitglied der Aufsichtsbehörde sein eigenes Personal auswählt und hat, das ausschließlich der Leitung des Mitglieds der Aufsichtsbehörde untersteht.

(4) [1]Das Mitglied der Aufsichtsbehörde regelt seine Stellvertretung selbst. [2]Diese führt die Geschäfte, wenn das Mitglied der Aufsichtsbehörde an der Ausübung des Amtes verhindert ist oder wenn das Amtsverhältnis endet und es nicht zur Weiterführung der Geschäfte verpflichtet ist.

§ 16 Ernennung und Amtszeit

(1) [1]Der Landtag wählt ohne Aussprache das Mitglied der Aufsichtsbehörde mit mehr als der Hälfte der gesetzlichen Zahl seiner Mitglieder. [2]Die Wiederwahl ist nur einmal zulässig. [3]Vorschlagsberechtigt sind die Fraktionen des Landtages. [4]Die Präsidentin oder der Präsident des Landtages ernennt das Mitglied der Aufsichtsbehörde zur Beamtin auf Zeit oder zum Beamten auf Zeit. [5]Das Mitglied der Aufsichtsbehörde muss die Befähigung zum Richteramt, zum Verwaltungsdienst der Laufbahngruppe 2 zweites Einstiegsamt oder eine gleichgestellte Befähigung haben und die zur Erfüllung ihrer oder seiner Aufgaben erforderliche Qualifikation, Erfahrung und Sachkunde insbesondere im Bereich des Schutzes personenbezogener Daten besitzen.

(2) Die Amtszeit nach Artikel 37 Absatz 1 der Verfassung des Landes Mecklenburg-Vorpommern verlängert sich bis zur Wahl einer Nachfolgerin oder eines Nachfolgers, maximal jedoch um sechs Monate.

§ 17 Unabhängigkeit

(1) Die Aufsichtsbehörde ist in der Ausübung ihres Amtes unabhängig und nur dem Gesetz unterworfen.

(2) Die Präsidentin oder der Präsident des Landtages darf keine Maßnahmen treffen, die das Mitglied der Aufsichtsbehörde bei der Erfüllung seiner Aufgaben und der Ausübung seiner Befugnisse direkt oder indirekt beeinflussen.

(3) Die Aufsichtsbehörde unterliegt der Rechnungsprüfung durch den Landesrechnungshof, soweit ihre Unabhängigkeit dadurch nicht beeinträchtigt wird.

§ 18 Rechte und Pflichten

(1) [1]Ergänzend zu Artikel 52 Absatz 3 der Verordnung (EU) 2016/679 darf das Mitglied der Aufsichtsbehörde neben dem Amt kein anderes besoldetes Amt, kein mit den Aufgaben seines Amtes nicht zu vereinbarendes Gewerbe und keinen Beruf ausüben und weder der Leitung oder dem Aufsichtsrat oder Verwaltungsrat eines auf Erwerb gerichteten Unternehmens noch einer Regierung oder einer gesetzgebenden Körperschaft des Bundes oder eines Landes angehören. [2]Es darf nicht gegen Entgelt außergerichtliche Gutachten abgeben. [3]Wird eine Beamtin oder ein Beamter des Landes Mecklenburg-Vorpommern zum Mitglied der Aufsichtsbehörde ernannt, gilt § 4 des Landesministergesetzes entsprechend.

(2) [1]Das Mitglied der Aufsichtsbehörde hat der Präsidentin oder dem Präsidenten des Landtages Mitteilung über Geschenke zu machen, die es in Bezug auf das Amt erhält. [2]Die Präsidentin oder der Präsident des Landtages entscheidet über die Verwendung der Geschenke. [3]Sie oder er kann Verfahrensvorschriften erlassen.

(3) [1]Das Mitglied der Aufsichtsbehörde ist auch nach Beendigung des Amtsverhältnisses verpflichtet, über die ihm amtlich bekanntgewordenen Angelegenheiten Verschwiegenheit zu bewahren. [2]Dies gilt nicht für Mitteilungen im dienstlichen Verkehr oder über Tatsachen, die offenkundig sind oder ihrer Bedeutung nach keiner Geheimhaltung bedürfen. [3]Das Mitglied der Aufsichtsbehörde entscheidet nach pflichtgemäßem Ermessen, ob und inwieweit es über solche Angelegenheiten vor Gericht oder außergerichtlich aussagt oder Erklärungen abgibt; wenn es nicht mehr im Amt ist, ist die Genehmigung des amtierenden Mitglieds der Aufsichtsbehörde erforderlich. [4]Unberührt bleibt die gesetzlich begründete Pflicht, Straftaten anzuzeigen und bei Gefährdung der freiheitlichen demokratischen Grundordnung für deren Erhaltung einzutreten.

(4) [1]Das Mitglied der Aufsichtsbehörde entscheidet über die Ausübung des Zeugnisverweigerungsrechts nach § 13 Absatz 3 des Bundesdatenschutzgesetzes. [2]Es darf als Zeugin oder Zeuge aussagen, es sei denn, die Aussage würde

1. dem Wohl des Bundes oder eines Landes Nachteile bereiten, insbesondere Nachteile für die Sicherheit der Bundesrepublik Deutschland oder ihre Beziehungen zu anderen Staaten, oder
2. Grundrechte verletzen.

[3]Betrifft die Aussage laufende oder abgeschlossene Vorgänge, die dem Kernbereich exekutiver Eigenverantwortung der Landesregierung zuzurechnen sind oder sein könnten, darf das Mitglied der Aufsichtsbehörde nur im Benehmen mit der Landesregierung aussagen. [4]§ 25 Absatz 2 des Landesverfassungsgerichtsgesetzes bleibt unberührt.

(5) Das Mitglied der Aufsichtsbehörde ist oberste Dienstbehörde im Sinne des § 96 der Strafprozessordnung und oberste Aufsichtsbehörde im Sinne des § 99 der Verwaltungsgerichtsordnung, des § 119 der Sozialgerichtsordnung und des § 86 der Finanzgerichtsordnung.

§ 19 Aufgaben und Befugnisse

(1) [1]Die Aufsichtsbehörde ist zuständige Aufsichtsbehörde im Sinne von Artikel 51 Absatz 1 der Verordnung (EU) 2016/679 und Artikel 41 Absatz 1 der Richtlinie (EU) 2016/680 im Land Mecklenburg-Vorpommern. [2]Ihr obliegt auch die Aufsicht über die Einhaltung der datenschutzrechtlichen Vorschriften, wenn die Datenverarbeitung weder der Verordnung (EU) 2016/679 noch der Richtlinie (EU) 2016/680 unterliegt, es sei denn, die Aufsichtsbefugnis ist durch spezielle Regelungen ausgeschlossen.

(2) Die Aufsichtsbehörde ist auch Aufsichtsbehörde nach § 40 des Bundesdatenschutzgesetzes für die Datenverarbeitung nicht-öffentlicher Stellen im Land Mecklenburg-Vorpommern.

(3) Die Aufsichtsbehörde ist im Rahmen der ihr durch die Verordnung (EU) 2016/679 und durch Absatz 2 zugewiesenen Aufgaben zuständig für die Verfolgung und Ahndung von Ordnungswidrigkeiten.

(4) Die Aufsichtsbehörde ist nicht zuständig, soweit Religionsgemeinschaften des öffentlichen Rechts, die gemäß § 2 Absatz 6 umfassende Datenschutzregeln anwenden, einer eigenen kirchlichen Aufsichtsbehörde unterliegen, die die in Kapitel VI der Verordnung (EU) 2016/679 niedergelegten Bedingungen erfüllt.

§ 20 Mitwirkungspflicht

(1) Berufs- und Amtsgeheimnisse entbinden nicht von einer Mitwirkungspflicht, die sich aus den Regelungen des Artikels 58 der Verordnung (EU) 2016/679 ergibt.

(2) [1]Macht die Aufsichtsbehörde von den Befugnissen nach Artikel 58 Absatz 2 der Verordnung (EU) 2016/679 Gebrauch, teilt sie dies der zuständigen Fach- oder Rechtsaufsichtsbehörde mit. [2]Der Verantwortliche gibt gegenüber der zuständigen Fach- oder Rechtsaufsichtsbehörde innerhalb eines Monats, nachdem die Maßnahme nach Satz 1 getroffen wurde, eine Stellungnahme ab. [3]In dieser Stellungnahme ist darzustellen und zu begründen, in welcher Weise auf die Maßnahme der Aufsichtsbehörde reagiert wird.

§ 21 Stellungnahme der Landesregierung zum Tätigkeitsbericht

Soweit der Tätigkeitsbericht der Aufsichtsbehörde gemäß Artikel 59 der Verordnung (EU) 2016/679 den Verantwortungsbereich der Landesregierung betrifft, leitet die Landesregierung dazu innerhalb von sechs Monaten nach Vorlage dieses Berichts ihre Stellungnahme dem Landtag zu.

Teil 6

Sanktionen, Einschränkung von Grundrechten, Übergangsvorschriften

§ 22 Ordnungswidrigkeiten

(1) [1]Ordnungswidrig handelt, wer entgegen den Vorschriften der Verordnung (EU) 2016/679, dieses Gesetzes oder einer anderen Rechtsvorschrift über den Schutz personenbezogener Daten personenbezogene Daten, die nicht offenkundig sind,

1. erhebt, speichert, unbefugt verwendet, verändert, übermittelt, weitergibt, zum Abruf bereithält oder löscht oder
2. abruft, einsieht, sich anderweitig verschafft, durch Vortäuschung falscher Tatsachen an sich oder andere zu übermitteln veranlasst.

[2]Ordnungswidrig handelt auch, wer unter den in Satz 1 genannten Voraussetzungen Einzelangaben über persönliche oder sachliche Verhältnisse einer nicht mehr bestimmbaren Person mit anderen Informationen zusammenführt und dadurch die betroffene Person wieder bestimmbar macht.

(2) Die Ordnungswidrigkeit kann mit einer Geldbuße bis zu fünfzigtausend Euro geahndet werden.

(3) Gegen Behörden oder sonstige öffentliche Stellen im Sinne von § 2 Absätze 1 bis 3 werden keine Geldbußen verhängt.

§ 23 Straftaten

(1) Wer gegen Entgelt oder in der Absicht, sich oder einen anderen zu bereichern oder einen anderen zu schädigen, eine der in § 22 Absatz 1 genannten Handlungen begeht, wird mit Freiheitsstrafe bis zu 2 Jahren oder mit Geldstrafe bestraft.

(2) [1]Die Tat wird nur auf Antrag verfolgt. [2]Antragsberechtigt sind die betroffene Person, der Verantwortliche, der oder die Auftragsverarbeiter und die Aufsichtsbehörde.

§ 24 Einschränkung von Grundrechten

Durch dieses Gesetz wird das Recht auf informationelle Selbstbestimmung aus Artikel 2 Absatz 1 in Verbindung mit Artikel 1 Absatz 1 des Grundgesetzes eingeschränkt.

Landesverordnung über die Zuständigkeit der Immissionsschutzbehörden (Immissionsschutz-Zuständigkeitslandesverordnung – ImmSchZustLVO M-V)

Vom 12. Februar 2015 (GVOBl. M-V S. 70)
(GS Meckl.-Vorp. Gl. Nr. 200-6-78)
geändert durch Art. 1 Erste ÄndVO vom 1. Juni 2017 (GVOBl. M-V S. 114)

Aufgrund
- des § 14 Absatz 1 des Landesorganisationsgesetzes vom 14. März 2005 (GVOBl. M-V S. 98), das durch Artikel 8 Nummer 8 des Gesetzes vom 28. Oktober 2010 (GVOBl. M-V S. 615, 618) geändert worden ist, in Verbindung mit
  - dem Bundes-Immissionsschutzgesetz in der Fassung der Bekanntmachung vom 17. Mai 2013 (BGBl. I S. 1274), das durch Artikel 1 des Gesetzes vom 20. November 2014 (BGBl. I S. 1740) geändert worden ist,
  - dem § 5 des Benzinbleigesetzes vom 5. August 1971 (BGBl. I S. 1234), das zuletzt durch Artikel 58 der Verordnung vom 31. Oktober 2006 (BGBl. I S. 2407, 2413) geändert worden ist,
  - dem § 5 Absatz 1, § 10, § 11 Absatz 1 und § 15 des Gesetzes zum Schutz gegen Fluglärm in der Fassung der Bekanntmachung vom 31. Oktober 2007 (BGBl. I S. 2550),
  - den §§ 3 bis 6 des Seveso-II-Richtlinie-Umsetzungsgesetzes vom 22. November 2001 (GVOBl. M-V S. 445), das durch das Gesetz vom 20. Mai 2011 (GVOBl. M-V S. 341) geändert worden ist,
  - den §§ 3 und 5 des Gesetzes zur Ausführung des Protokolls über Schadstofffreisetzungs- und -verbringungsregister vom 21. Mai 2003 sowie zur Durchführung der Verordnung (EG) Nr. 166/2006 vom 6. Juni 2007 (BGBl. I S. 1002),
- des § 36 Absatz 2 Satz 1 des Gesetzes über Ordnungswidrigkeiten in der Fassung der Bekanntmachung vom 19. Februar 1987 (BGBl. I S. 602), das zuletzt durch Artikel 18 des Gesetzes vom 10. Oktober 2013 (BGBl. I S. 3786, 3796) geändert worden ist,

verordnet die Landesregierung:

§ 1 Zuständigkeit des Ministeriums für Landwirtschaft und Umwelt

Das Ministerium für Landwirtschaft und Umwelt ist die zuständige oberste Landesbehörde und die zuständige oberste Immissionsschutzbehörde des Landes im Sinne des Bundes-Immissionsschutzgesetzes und der aufgrund dieses Gesetzes erlassenen Rechtsverordnungen sowie
1. des Benzinbleigesetzes,
2. des Gesetzes zum Schutz gegen Fluglärm,
3. des Seveso-II-Richtlinie-Umsetzungsgesetzes.

§ 2 Zuständigkeit des Landesamtes für Umwelt, Naturschutz und Geologie

(1) Das Landesamt für Umwelt, Naturschutz und Geologie ist zuständig für
1. die Bekanntgabe von Stellen nach den §§ 26 und 28 sowie von Sachverständigen nach § 29a des Bundes-Immissionsschutzgesetzes in Verbindung mit § 12 Absatz 2 der Bekanntgabeverordnung,
2. die Festsetzung von Entschädigungen nach § 42 Absatz 3 des Bundes-Immissionsschutzgesetzes,
3. die Feststellung über bestimmte Luftverunreinigungen nach § 44 Absatz 1 des Bundes-Immissionsschutzgesetzes,
4. die Aufstellung, Überprüfung und Ergänzung von Emissionskatastern nach § 46 des Bundes-Immissionsschutzgesetzes,
5. die Aufstellung von Luftreinhalte- und Aktionsplänen nach § 47 des Bundes-Immissionsschutzgesetzes,
6. die Mitteilung der Ballungsräume und Hauptverkehrsstraßen nach § 47c Absatz 5 des Bundes-Immissionsschutzgesetzes an das Bundesministerium für Umwelt, Naturschutz und Reaktorsicherheit oder eine von ihm benannte Stelle,

7. die Erarbeitung von Lärmkarten nach § 47c des Bundes-Immissionsschutzgesetzes, Datenerhebung mittels Anordnungen nach § 3 der Verordnung über die Lärmkartierung, Übermittlung von Informationen aus Lärmkarten nach § 47c Absatz 6 des Bundes-Immissionsschutzgesetzes an das Bundesministerium für Umwelt, Naturschutz und Reaktorsicherheit oder eine von ihm benannte Stelle und Information der Öffentlichkeit über Lärmkarten nach § 47f Absatz 1 Satz 1 Nummer 3 des Bundes-Immissionsschutzgesetzes,
8. die Mitteilung von Informationen aus den Lärmaktionsplänen nach § 47d Absatz 7 des Bundes-Immissionsschutzgesetzes an das Bundesministerium für Umwelt, Naturschutz und Reaktorsicherheit oder eine von ihm benannte Stelle,
9. die Überprüfung und Aktualisierung der Überwachungspläne nach § 52a Absatz 1 des Bundes-Immissionsschutzgesetzes und des § 17 Absatz 1 der Störfall-Verordnung (nachfolgend 12. BImSchV genannt),
10. die Bekanntgabe von Prüfstellen nach § 13 Absatz 3 der Verordnung über kleine und mittlere Feuerungsanlagen (nachfolgend 1. BImSchV genannt),
11. die Anerkennung von Lehrgängen nach § 7 Nummer 2 der Verordnung über Immissionsschutz- und Störfallbeauftragte,
12. die Bewilligung von Ausnahmen nach § 16 der Verordnung über die Beschaffenheit und die Auszeichnung der Qualitäten von Kraft- und Brennstoffen,
13. die Festlegung von Vereinfachungen der Emissionserklärung für bestimmte Anlagen nach § 3 Absatz 2 der Verordnung über Emissionserklärungen (nachfolgend 11. BImSchV genannt),
14. die Festlegung des Formats der Emissionserklärung sowie die Genehmigung diesbezüglicher Abweichungen nach § 3 Absatz 3 der 11. BImSchV,
15. die Abrufung von Daten nach § 7 Absatz 1 der Verordnung über elektromagnetische Felder (nachfolgend 26. BImSchV genannt),
16. die Zulassung von Ausnahmen nach § 8 der 26. BImSchV,
17. die Marktüberwachung nach § 10 Absatz 1 Nummer 2 der Verordnung über Emissionsgrenzwerte für Verbrennungsmotoren,
18. die Durchführung der Verordnung über Luftqualitätsstandards und Emissionshöchstmengen,
19. die Berichterstattungen an das Bundesministerium für Umwelt, Naturschutz und Reaktorsicherheit, die sich aus dem Bundes-Immissionsschutzgesetz und den dazugehörigen Durchführungsverordnungen sowie aus EU-Richtlinien ergeben, einschließlich
    a) die Berichterstattung nach § 61 des Bundes-Immissionsschutzgesetzes,
    b) die Berichterstattung nach § 25 Absatz 3 der Verordnung über Großfeuerungs-, Gasturbinen- und Verbrennungsmotoranlagen (nachfolgend 13. BImSchV genannt),
    c) die Berichterstattung nach § 22 Absatz 3 der Verordnung über die Verbrennung und die Mitverbrennung von Abfällen (nachfolgend 17. BImSchV genannt),
    d) die Berichterstattung nach § 8 der Verordnung zur Begrenzung der Emissionen flüchtiger organischer Verbindungen bei der Verwendung organischer Lösemittel in bestimmten Anlagen (nachfolgend 31. BImSchV genannt),
    e) die Berichterstattung nach § 61 Absatz 1 des Bundes-Immissionsschutzgesetzes zu Artikel 72 der Richtlinie 2010/75/EU des Europäischen Parlaments und des Rates vom 24. November 2010 über Industrieemissionen (integrierte Vermeidung und Verminderung der Umweltverschmutzung) (Neufassung) (ABl. L 334 vom 17.12.2010, S. 17) gegenüber dem Bundesministerium für Umwelt, Naturschutz und Reaktorsicherheit,
    f) die Berichterstattung nach § 61 Absatz 1 des Bundes-Immissionsschutzgesetzes in Verbindung mit § 5 Absatz 1 des Gesetzes zur Ausführung des Protokolls über Schadstofffreisetzungs- und -verbringungsregister vom 21. Mai 2003 sowie zur Durchführung der Verordnung (EG) Nr. 166/2006 für Tätigkeiten, die der Berichtspflicht nach Artikel 5 der Verordnung (EG) Nr. 166/2006 des Europäischen Parlaments und des Rates vom 18. Januar 2006 über die Schaffung eines Europäischen Schadstofffreisetzungs- und -verbringungsregisters und zur Änderung der Richtlinien 91/689/EWG und 96/61/EG des Rates (ABl. L 33 vom 4.2.2006, S. 1) unterliegen (ausgenommen der Nummern 5d, 5f und 7b des Anhangs I der Verordnung (EG) Nr. 166/2006 sowie der Bergaufsicht unterliegenden Tätigkeiten),

g) die Berichterstattung nach § 61 Absatz 2 des Bundes-Immissionsschutzgesetzes zu Artikel 21 Absatz 5 der Richtlinie 2012/18/EU des Europäischen Parlaments und des Rates vom 4. Juli 2012 zur Beherrschung der Gefahren schwerer Unfälle mit gefährlichen Stoffen, zur Änderung und anschließenden Aufhebung der Richtlinie 96/82/EG des Rates (ABl. L 197 vom 24.7.2012, S. 1) gegenüber dem Bundesministerium für Umwelt, Naturschutz, Bau und Reaktorsicherheit,

20. die Ermittlung der Lärmbelastung nach § 3 Absatz 1 des Gesetzes zum Schutz gegen Fluglärm,
21. die Ermittlung der nach § 4 des Gesetzes zum Schutz gegen Fluglärm festzusetzenden Lärmschutzbereiche auf Grundlage der Verordnung über die Datenerfassung und das Berechnungsverfahren für die Festsetzung von Lärmschutzbereichen,
22. die Zulassung von Ausnahmen zu Bauverboten nach § 5 des Gesetzes zum Schutz gegen Fluglärm,
23. die Festsetzung der Erstattung von Aufwendungen für bauliche Schallschutzmaßnahmen nach § 9 des Gesetzes zum Schutz gegen Fluglärm unter Berücksichtigung der Maßgaben der Flugplatz-Schallschutzmaßnahmenverordnung.

(2) Das Landesamt für Umwelt, Naturschutz und Geologie ist Fachbehörde für die Durchführung

1. des Bundes-Immissionsschutzgesetzes und der aufgrund dieses Gesetzes erlassenen Rechtsverordnungen,
2. des Gesetzes zum Schutz gegen Fluglärm.

§ 3 Zuständigkeiten der Staatlichen Ämter für Landwirtschaft und Umwelt

Die Staatlichen Ämter für Landwirtschaft und Umwelt Mecklenburgische Seenplatte, Mittleres Mecklenburg, Vorpommern und Westmecklenburg sind zuständig für

1. die Durchführung des Benzinbleigesetzes, soweit die Anlagen nicht der Bergaufsicht unterliegen,
2. den Vollzug des Bundes-Immissionsschutzgesetzes und seiner Durchführungsverordnungen hinsichtlich der nach § 4 Absatz 1 des Bundes-Immissionsschutzgesetzes genehmigungsbedürftigen Anlagen, soweit sie nicht der Bergaufsicht unterstehen, einschließlich
   a) der Erteilung von Genehmigungen nach § 4 Absatz 1, den §§ 8 und 16, Vorbescheiden nach § 9 und des Genehmigungswiderrufs nach § 17 Absatz 2 Satz 2 und § 21 des Bundes-Immissionsschutzgesetzes,
   b) der Zulassung vorzeitigen Beginns und deren Widerrufs nach § 8a des Bundes-Immissionsschutzgesetzes,
   c) der Anordnungen nach § 17 Absatz 1 und 5, den §§ 26, 28, 29, 29a, 31 Absatz 2, § 53 Absatz 2 und § 58a Absatz 2 des Bundes-Immissionsschutzgesetzes,
   d) der Entgegennahme von Mitteilungen und Unterlagen nach § 12 Absatz 2b, § 15 Absatz 3, § 29a Absatz 3, § 31 Absatz 1, den §§ 51b, 52a Absatz 1 und 2, § 55 Absatz 1, § 58c in Verbindung mit § 55 Absatz 1, § 67 Absatz 2, § 67 Absatz 7 in Verbindung mit § 67 Absatz 2 und nach § 67a Absatz 1 des Bundes-Immissionsschutzgesetzes,
   e) der Untersagung des Betriebes sowie der Anordnung der Stilllegung oder Beseitigung einer Anlage nach § 20 des Bundes-Immissionsschutzgesetzes,
   f) der Fristsetzung nach § 27 des Bundes-Immissionsschutzgesetzes für die Abgabe der Emissionserklärung und deren Entgegennahme,
   g) der Überwachung nach § 52 des Bundes-Immissionsschutzgesetzes,
   h) die Erstellung und Aktualisierung der Überwachungsprogramme nach § 52a Absatz 2 des Bundes-Immissionsschutzgesetzes,
   i) der Anordnung der Bestellung eines anderen Immissionsschutzbeauftragten nach § 55 Absatz 2 sowie eines anderen Störfallbeauftragten nach § 58c Absatz 1 in Verbindung mit § 55 Absatz 1 des Bundes-Immissionsschutzgesetzes,
   j) der Bearbeitung von Anzeigen über die Änderung genehmigungsbedürftiger Anlagen gemäß § 15 Absatz 1 sowie der Prüfung der Genehmigungsbedürftigkeit einer Änderung gemäß § 15 Absatz 2 Satz 1 und der Mitteilung gemäß § 15 Absatz 2 Satz 2 des Bundes-Immissionsschutzgesetzes,
   k) die Entgegennahme und Überprüfung der Berichte nach den §§ 24 und 25 Absatz 1 und 2 der 13. BImSchV,
   l) die Entgegennahme und Überprüfung der Berichte nach § 22 Absatz 1 und 2 der 17. BImSchV,

3. den Vollzug des Bundes-Immissionsschutzgesetzes und seiner Durchführungsverordnungen hinsichtlich der Betriebsbereiche nach § 3 Absatz 5a des Bundes-Immissionsschutzgesetzes einschließlich
   a) der Erteilung von Genehmigungen nach den §§ 16a und 23b des Bundes-Immissionsschutzgesetzes in Verbindung mit § 18 der 12. BImSchV,
   b) der Bearbeitung von Anzeigen über die Änderung genehmigungsbedürftiger Anlagen nach § 15 Absatz 2a des Bundes-Immissionsschutzgesetzes,
   c) der Bearbeitung von Anzeigen über die Errichtung und Änderung nicht genehmigungsbedürftiger Anlagen nach § 23a des Bundes-Immissionsschutzgesetzes,
   d) der Anordnungen nach den §§ 17, 20 Absatz 1a, den §§ 24, 25 Absatz 1a, den §§ 25a und 31 Absatz 2a des Bundes-Immissionsschutzgesetzes,
   e) der Überwachung nach § 52 des Bundes-Immissionsschutzgesetzes und § 16 der 12. BImSchV,
   f) der Auferlegung von Pflichten im Einzelfall nach § 1 Absatz 2 der 12. BImSchV,
   g) der Entgegennahme der Anzeige nach den §§ 7 und 20 der 12. BImSchV,
   h) der Zulassung von Ausnahmen nach § 11 Absatz 2 und 6 der 12. BImSchV,
   i) der Mitteilungen nach § 13, der Feststellung von möglichen Domino-Effekten nach § 15 Absatz 1 und der Zurverfügungstellung von Informationen nach § 15 Absatz 2 der 12. BImSchV,
   j) der Erstellung und Aktualisierung der Überwachungsprogramme nach § 17 Absatz 2 der 12. BimSchV,
   k) Einholung von Informationen, Ergreifung von Maßnahmen sowie Empfehlungen nach § 19 Absatz 3 der 12. BImSchV,
   l) der Entgegennahme und Weitergabe von Meldungen nach § 19 Absatz 1, 2, 4 und 5 der 12. BImSchV,
4. die Durchführung des Bundes-Immissionsschutzgesetzes, des Benzinbleigesetzes und der aufgrund dieser Gesetze erlassenen Rechtsverordnungen, soweit nichts anderes bestimmt ist,
5. den Vollzug des Seveso-II-Richtlinie-Umsetzungsgesetzes einschließlich
   a) der Zulassung von Ausnahmen nach § 3 Absatz 4 des Seveso-II-Richtlinie-Umsetzungsgesetzes,
   b) der Prüfung eines Sicherheitsberichtes gemäß § 4 Absatz 1 und 2 des Seveso-II-Richtlinie-Umsetzungsgesetzes,
   c) der Feststellung von möglichen Dominoeffekten nach § 4 Absatz 3 des Seveso-II-Richtlinie-Umsetzungsgesetzes,
   d) der Anordnung im Einzelfall gemäß § 5 Absatz 1 des Seveso-II-Richtlinie-Umsetzungsgesetzes,
   e) der Untersagung des Betriebes einer Anlage nach § 5 Absatz 2 und 3 des Seveso-II-Richtlinie-Umsetzungsgesetzes,
6. die Entgegennahme, Überprüfung und Weiterleitung von Informationen nach § 3 und die Erteilung einer Fristverlängerung nach § 3 Absatz 2 sowie die Aufgaben nach § 5 Absatz 3 bis 5 des Gesetzes zur Ausführung des Protokolls über Schadstofffreisetzungs- und -verbringungsregister vom 21. Mai 2003 sowie zur Durchführung der Verordnung (EG) Nr. 166/2006 für Tätigkeiten, die der Berichtspflicht nach Artikel 5 der Verordnung (EG) Nr. 166/2006 unterliegen (ausgenommen die Nummern 5d, 5f und 7b des Anhangs I der Verordnung (EG) Nr. 166/2006 sowie die der Bergaufsicht unterliegenden Tätigkeiten).

§ 4 Zuständigkeit der Landräte und der Oberbürgermeister der kreisfreien Städte

Die Landräte und die Oberbürgermeister der kreisfreien Städte sind zuständig für

1. die Überwachung nach § 52 des Bundes-Immissionsschutzgesetzes der nicht von dem Genehmigungserfordernis des § 4 Absatz 1 des Bundes-Immissionsschutzgesetzes erfassten Anlagen – einschließlich Freizeit- und Vergnügungsparks sowie ortsfesten Freiluftspielstätten –, soweit sie nicht der Bergaufsicht unterstehen, einschließlich
   a) des Erlasses von Anordnungen nach den §§ 24 bis 26 und 29 Absatz 2 des Bundes-Immissionsschutzgesetzes und
   b) des Auskunftsverlangens über aufgrund von § 26 des Bundes-Immissionsschutzgesetzes ermittelte Emissionen und Immissionen nach § 31 des Bundes-Immissionsschutzgesetzes,

2. die Einhaltung der sich aus der Verkehrslärmschutzverordnung ergebenden Anforderungen an den Bau oder die wesentliche Änderung von öffentlichen Straßen sowie Schienenwegen der Straßenbahnen und der Eisenbahnen,
3. die Einhaltung der Betriebsregelungen nach § 7 Absatz 1 der Geräte- und Maschinenlärmschutzverordnung (nachfolgend 32. BImSchV genannt) für die Geräte/Maschinen der Nummern 01 bis 21, 23, 26 bis 31, 36 bis 38, 41 bis 48 und 52 bis 57 des Anhanges zur 32. BImSchV,
4. die Zulassung von Ausnahmen nach § 7 Absatz 2 der 32. BImSchV für die in Nummer 3 genannten Geräte/Maschinen,
5. die Beurteilung der Gebotenheit von Beschränkungen oder Verboten des Kraftfahrzeugverkehrs nach § 40 Absatz 2 Satz 1 des Bundes-Immissionsschutzgesetzes,
6. die Zulassung von Ausnahmen nach § 22 von den Anforderungen der §§ 3 bis 11, 19, 25 und 26 der 1. BImSchV,
7. die Entgegennahme von Anzeigen nach § 7 Absatz 2 und 3 der 26. BImSchV,
8. die Entgegennahme von Anzeigen nach § 12 der Verordnung zur Emissionsbegrenzung von leichtflüchtigen halogenierten organischen Verbindungen (nachfolgend 2. BImSchV genannt),
9. die Entgegennahme von Anzeigen nach § 5 der 31. BImSchV.

§ 5 Zuständigkeit der Oberbürgermeister der großen kreisangehörigen Städte

Die Oberbürgermeister der großen kreisangehörigen Städte sind neben den sich aus dem § 15 Landkreisneuordnungsgesetz ergebenden Zuständigkeiten zuständig für

1. die Einhaltung der Betriebsregelungen nach dem § 7 Absatz 1 der 32. BImSchV für die Geräte/Maschinen der Nummern 01 bis 21, 23, 26 bis 31, 36 bis 38, 41 bis 48 und 52 bis 57 des Anhanges zur 32. BImSchV,
2. die Zulassung von Ausnahmen nach dem § 7 Absatz 2 der 32. BImSchV für die in Nummer 1 genannten Geräte/Maschinen,
3. die Zulassung von Ausnahmen nach § 22 von den Anforderungen der §§ 3 bis 11, 19, 25 und 26 der 1. BImSchV,
4. die Entgegennahme von Anzeigen nach § 7 Absatz 2 und 3 der 26. BImSchV,
5. die Entgegennahme von Anzeigen nach § 12 der 2. BImSchV,
6. die Entgegennahme von Anzeigen nach § 5 der 31. BImSchV.

§ 6 Zuständigkeit der Amtsvorsteher und der Bürgermeister der amtsfreien Gemeinden

Die Amtsvorsteher und die Bürgermeister der amtsfreien Gemeinden sind zuständig für

1. die Aufstellung von Lärmaktionsplänen nach § 47d des Bundes-Immissionsschutzgesetzes,
2. die Überwachung nach § 52 des Bundes-Immissionsschutzgesetzes für
   a) ortsveränderliche technische Einrichtungen, die bei Konzerten, Schauspielen und ähnlichen Veranstaltungen sowie auf Messen und Märkten betrieben werden,
   b) die Einhaltung der Betriebsregelungen nach § 7 Absatz 1 der 32. BImSchV für die Geräte/Maschinen der Nummern 22, 24, 25, 32 bis 35, 39, 40 und 49 bis 51 des Anhanges zur 32. BImSchV,
3. die Zulassung von Ausnahmen nach § 7 Absatz 2 der 32. BImSchV für die in Nummer 2 Buchstabe b genannten Geräte/Maschinen,
4. Anordnungen nach den §§ 24 bis 26 und 29 Absatz 2 des Bundes-Immissionsschutzgesetzes für die unter Nummer 2 genannten Anlagen.

§ 7 Zuständigkeiten des Bergamtes

Das Bergamt ist zuständig für die der Bergaufsicht unterstehenden Anlagen und Betriebsbereiche hinsichtlich der Wahrnehmung der unter § 3 Nummer 2 bis 4 sowie unter § 4 Absatz 1 Nummer 1 genannten Aufgaben.

§ 8 Zuständigkeit für die Verfolgung und Ahndung von Ordnungswidrigkeiten

Zuständige Verwaltungsbehörde für die Verfolgung und Ahndung von Ordnungswidrigkeiten nach § 62 des Bundes-Immissionsschutzgesetzes, § 7 des Benzinbleigesetzes, § 7 des Seveso-II-Richtlinie-Umsetzungsgesetzes und § 7 des Gesetzes zur Ausführung des Protokolls über Schadstofffreisetzungs- und -verbringungsregister vom 21. Mai 2003 sowie zur Durchführung der Verordnung (EG) Nr. 166/2006 ist die gemäß den §§ 3 bis 7 jeweils sachlich und örtlich zuständige Überwachungsbehörde.

§ 9 Übertragung von Ermächtigungen

Die Landesregierung überträgt ihre Befugnis, die zuständigen Behörden für den Vollzug des Immissionsschutzrechts durch Rechtsverordnung zu bestimmen, auf die für den Immissionsschutz zuständige oberste Landesbehörde.

§ 10 Inkrafttreten, Außerkrafttreten

[1]Diese Verordnung tritt am Tag nach der Verkündung[1)] in Kraft. [2]Gleichzeitig tritt die Immissionsschutz-Zuständigkeitsverordnung vom 4. Juli 2007 (GVOBl. M-V S. 250), die durch die Verordnung vom 13. Februar 2008 (GVOBl. M-V S. 31) geändert worden ist, außer Kraft.

1) Verkündet am 27.2.2015.

Landesverordnung über die Errichtung von unteren Landesbehörden der Landwirtschafts- und Umweltverwaltung

Vom 3. Juni 2010 (GVOBl. M-V S. 310)
(GS Meckl.-Vorp. 200-6-43)
zuletzt geändert durch Art. 1 Fünfte ÄndVO vom 16. Dezember 2020 (GVOBl. M-V S. 1411)

Aufgrund des § 8 Absatz 1 Satz 2 und 3 in Verbindung mit Absatz 2 des Landesorganisationsgesetzes vom 14. März 2005 (GVOBl. M-V S. 98) verordnet die Landesregierung:

§ 1 Errichtung, Organisationsform, Sitz

Im Geschäftsbereich des Ministeriums für Landwirtschaft und Umwelt sind vier Staatliche Ämter für Landwirtschaft und Umwelt als untere Landesbehörden für die Regionen Mecklenburgische Seenplatte mit Sitz in Neubrandenburg, Mittleres Mecklenburg mit Sitz in Rostock, Vorpommern mit Sitz in Stralsund und einer Außenstelle in Ueckermünde sowie Westmecklenburg mit Sitz in Schwerin errichtet.

§ 2 Zusammenfassung von Behörden

[1]Es werden
1. die Ämter für Landwirtschaft und
2. die Staatlichen Ämter für Umwelt und Natur

in den Staatlichen Ämtern für Landwirtschaft und Umwelt zusammengefasst. [2]Die Ämter für Landwirtschaft und die Staatlichen Ämter für Umwelt und Natur werden als selbstständige Behörden aufgelöst.

§ 3 Örtliche Zuständigkeit

(1) [1]Die örtlichen Zuständigkeitsbereiche im Land, außerhalb des in Absatz 2 beschriebenen Küstenmeeres, umfassen folgende Gebietskörperschaften:

Amt	Amtsbereich
Mecklenburgische Seenplatte	Landkreis Mecklenburgische Seenplatte sowie auf dem Gebiet des Abfall-, des Immissionsschutz- und des umweltbezogenen Chemikalienrechts auch die Gemeinden der Ämter Jarmen-Tutow, Peenetal/Loitz und der Ämter Am Stettiner Haff, Löcknitz-Penkun, Torgelow-Ferdinandshof und Uecker-Randow-Tal sowie die amtsfreien Gemeinden Pasewalk, Strasburg (Uckermark) und Ueckermünde,
Mittleres Mecklenburg	Landkreis Rostock und Hansestadt Rostock,
Vorpommern	Landkreise Vorpommern-Rügen und Vorpommern-Greifswald [ausgenommen auf dem Gebiet des Abfall-, des Immissionsschutz- und des umweltbezogenen Chemikalienrechts die Gemeinden der Ämter Jarmen-Tutow, Peenetal/Loitz und der Ämter Am Stettiner Haff, Löcknitz-Penkun, Torgelow-Ferdinandshof und Uecker-Randow-Tal sowie die amtsfreien Gemeinden Pasewalk, Strasburg (Uckermark) und Ueckermünde],
Westmecklenburg	Landkreise Nordwestmecklenburg, Ludwigslust-Parchim und Landeshauptstadt Schwerin.

[2]Abweichend von Satz 1 ist das Staatliche Amt für Landwirtschaft und Umwelt Mecklenburgische Seenplatte auf dem Gebiet des Abfallrechts auch für den Standort der Deponie Stern-Dennin (Landkreis Vorpommern-Greifswald) örtlich zuständig. [3]Abweichend von Satz 1 ist ferner für Entscheidungen auf dem Gebiet der
1. Agrarinvestitionsförderung,
2. integrierten Produktion von Obst und Gemüse,
3. Förderung des Kleingartenwesens

das Staatliche Amt für Landwirtschaft und Umwelt Westmecklenburg örtlich zuständig.

(2) [1]In dem nachstehend beschriebenen und in der beigefügten Karte, die als Anlage Bestandteil dieser Verordnung ist, gekennzeichneten Gebiet des Küstenmeeres der Ostsee sind – innerhalb der Grenzen des Landes Mecklenburg-Vorpommern – örtlich zuständig:

1. das Staatliche Amt für Landwirtschaft und Umwelt Westmecklenburg südwestlich der Linie, die bestimmt wird durch den Punkt mit den Koordinaten
   54° 0146″ N 11° 3348″ O
   und von dort nacheinander geradlinig zu den Punkten mit den Koordinaten
   54° 02 39″ N 11°3153″O
   54° 02 17″ N 11°3112″O
   54° 02 13″ N 11°3025″O
   bis zum Schnittpunkt des Hoheitsgebietes
   54° 09 59″ N 11° 1900″O
   verläuft,
2. das Staatliche Amt für Landwirtschaft und Umwelt Mittleres Mecklenburg nordöstlich der in Nummer 1 genannten Linie und südwestlich der Linie, die bestimmt wird durch den Punkt mit den Koordinaten
   54° 1636″N 12° 1714″O
   und von dort geradlinig bis zum Schnittpunkt des Hoheitsgebietes
   54° 2307″ N 12° 09 59″ O
   verläuft und
3. das Staatliche Amt für Landwirtschaft und Umwelt Vorpommern nordöstlich der in Nummer 2 genannten Linie.

[2]Abweichend von Satz 1 ist auf dem Gebiet des Abfall-, des Immissionsschutz- und des umweltbezogenen Chemikalienrechts das Staatliche Amt für Landwirtschaft und Umwelt Vorpommern örtlich zuständig.

(3) Das Ministerium für Landwirtschaft und Umwelt ist ermächtigt, für Aufgaben, die nach Inkrafttreten dieser Verordnung entstehen, abweichend von Absatz 1 Satz 1 die Zuständigkeit der Staatlichen Ämter für Landwirtschaft und Umwelt durch Rechtsverordnung neu zu bestimmen.

§ 4 Sachliche Zuständigkeit

Die Aufgaben der in § 2 genannten Ämter werden von den Staatlichen Ämtern für Landwirtschaft und Umwelt fortgeführt.

§ 5 Dienstaufsicht

Die Dienstaufsicht über die Staatlichen Ämter für Landwirtschaft und Umwelt obliegt dem Ministerium für Landwirtschaft und Umwelt.

§ 6 Übergangsvorschrift

(1) Bis die Voraussetzungen zur Zusammenführung der Ämter an einem Standort geschaffen sind, wird die Tätigkeit der Staatlichen Ämter für Landwirtschaft und Umwelt in den Räumen der früheren Ämter für Landwirtschaft und Staatlichen Ämter für Umwelt und Natur ausgeübt.

(2) Das Ministerium für Landwirtschaft und Umwelt wird den jeweiligen Zeitpunkt der Zusammenführung im Gesetz- und Verordnungsblatt für Mecklenburg-Vorpommern bekannt machen.

§ 7 Inkrafttreten, Außerkrafttreten

(1) Diese Verordnung tritt am 1. Juli 2010 in Kraft.

(2) Mit dem Inkrafttreten dieser Verordnung treten die Landesverordnung über die Errichtung von Landesbehörden der Landwirtschaftsverwaltung vom 6. Oktober 1994 (GVOBl. M-V S. 954), die zuletzt durch die Verordnung vom 13. Oktober 1998 (GVOBl. M-V S. 850) geändert worden ist, und die Landesverordnung über untere Landesbehörden der Umweltverwaltung vom 19. März 2004 (GVOBl. M-V S. 142), die durch Artikel 1 der Verordnung vom 23. Mai 2006 (GVOBl. M-V S. 268) geändert worden ist, außer Kraft.

Anlage

[Anlage]

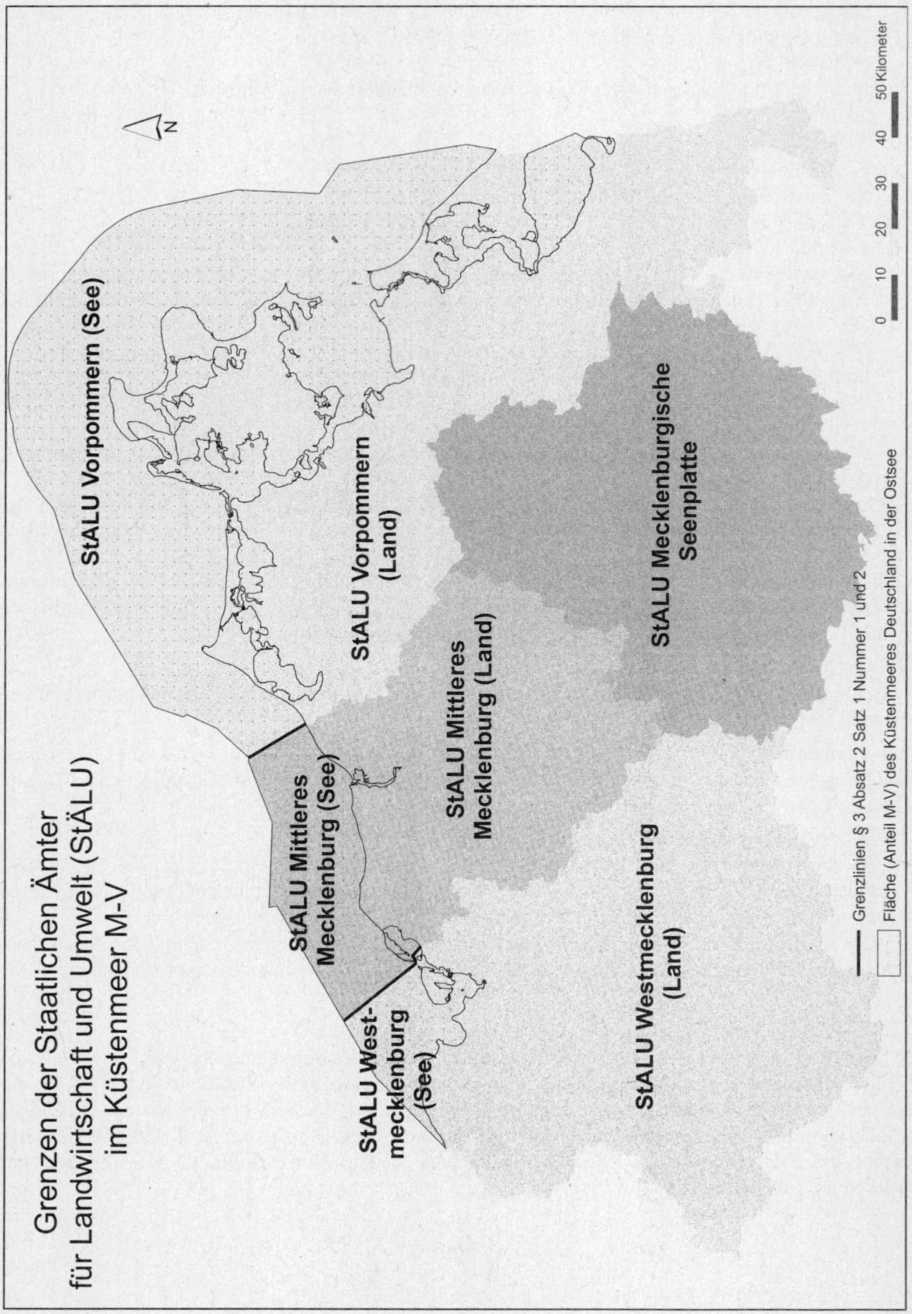

Abfallwirtschaftsgesetz für Mecklenburg-Vorpommern (Abfallwirtschaftsgesetz – AbfWG M-V)

In der Fassung der Bekanntmachung vom 15. Januar 1997[1)] (GVOBl. M-V S. 43)
(GS Meckl.-Vorp. Gl. Nr. 2129-1)
zuletzt geändert durch Art. 2 ÄndG vom 22. Juni 2012 (GVOBl. M-V S. 186)

Inhaltsübersicht

Teil 1

Ziel des Gesetzes, Pflichten der öffentlichen Hand

§ 1 Ziel des Gesetzes

(1) [1]Ziel des Gesetzes ist die Förderung der Kreislaufwirtschaft zur Schonung der natürlichen Ressourcen und die Sicherung der umweltverträglichen Beseitigung von Abfällen. [2]Dem Ziel der Kreislaufwirtschaft dienen insbesondere die anlageninterne Kreislaufführung von Stoffen, eine abfall- und schadstoffarme Produktion und Produktgestaltung, die Herstellung langlebiger und reparaturfreundlicher Produkte, die Wiederverwendung von Stoffen und Produkten, der Einsatz nachwachsender Rohstoffe sowie ein Konsumverhalten, das auf den Erwerb der genannten Produkte gerichtet ist.

1) Neubekanntmachung des AbfallwirtschaftsG v. 4. 8. 1992 (GVOBl. M-V S. 450) in der seit 21. 12. 1996 geltenden Fassung.

(2) Jeder muß durch sein Verhalten dazu beitragen, daß die Kreislaufwirtschaft verwirklicht wird.

(3) Zur Verwirklichung der Kreislaufwirtschaft wirkt das Land Mecklenburg-Vorpommern im Rahmen seiner Zuständigkeiten insbesondere hin auf

1. das abfallarme und die Verwertung begünstigende Herstellen, Be- und Verarbeiten und Inverkehrbringen von Erzeugnissen,
2. die Erhöhung der Gebrauchsdauer und Haltbarkeit sowie die Steigerung der Wiederverwendung von Erzeugnissen,
3. die Entwicklung und Anwendung von Verfahren zur Verminderung des Schadstoffgehalts und zur Verwertung von Abfällen.

§ 2 Pflichten der öffentlichen Hand

(1) [1]Das Land, die Landkreise, die Gemeinden und die sonstigen juristischen Personen des öffentlichen Rechts haben vorbildlich dazu beizutragen, daß die Kreislaufwirtschaft erreicht wird. [2]Hierzu sind finanzielle Mehrbelastungen in angemessenem Umfang hinzunehmen.

(2) Die in Absatz 1 genannten juristischen Personen sind insbesondere verpflichtet,

1. bei der Erfüllung ihrer Aufgaben vorrangig Erzeugnisse zu verwenden, die sich durch Langlebigkeit, Reparaturfreundlichkeit und Wiederverwendbarkeit oder Verwertbarkeit auszeichnen, im Vergleich zu anderen Erzeugnissen zu weniger oder zu entsorgungsfreundlicheren Abfällen führen oder aus Abfällen oder nachwachsenden Rohstoffen hergestellt worden sind,
2. bei der Ausschreibung und Vergabe von Bauleistungen und sonstigen Lieferungen und Leistungen darauf hinzuwirken, daß Erzeugnisse im Sinne der Nummer 1 verwendet werden und entsprechende Angebote nach Maßgabe des Absatzes 1 Satz 2 zu bevorzugen,
3. Dritte zu einer Handhabung nach den Vorschriften der Nummern 1 und 2 zu verpflichten, wenn sie diesen ihre Einrichtungen oder Grundstücke zur Verfügung stellen oder Zuwendungen bewilligen.

(3) Die in Absatz 1 genannten juristischen Personen wirken im Rahmen ihrer Möglichkeiten darauf hin, daß Gesellschaften des privaten Rechts, an denen sie beteiligt sind, die Verpflichtungen des Absatzes 2 beachten.

Teil 2
Träger der Abfallentsorgung

§ 3 Öffentlich-rechtliche Entsorgungsträger

(1) [1]Öffentlich-rechtliche Entsorgungsträger im Sinne des § 13 Abs. 1 Satz 1 des Kreislaufwirtschafts- und Abfallgesetzes vom 27. September 1994 (BGBl. I S. 2705), geändert durch Artikel 3 des Gesetzes vom 12. September 1996 (BGBl. I S. 1354), sind die Landkreise und die kreisfreien Städte. [2]Sie erfüllen die sich aus dem Kreislaufwirtschafts- und Abfallgesetz und aus diesem Gesetz ergebenden Aufgaben als Pflichtaufgaben im eigenen Wirkungskreis.

(2) Die öffentlich-rechtlichen Entsorgungsträger können unter den Voraussetzungen des § 15 Abs. 3 des Kreislaufwirtschafts- und Abfallgesetzes Abfälle durch Satzung oder Anordnung für den Einzelfall von der Entsorgung ganz oder teilweise ausschließen.

(3) [1]Die öffentlich-rechtlichen Entsorgungsträger haben Abfälle aus privaten Haushaltungen, die wegen ihres Schadstoffgehalts zur Wahrung des Wohls der Allgemeinheit einer getrennten Entsorgung bedürfen, getrennt von den sonstigen Abfällen einzusammeln, zu befördern, zu behandeln, zu lagern oder abzulagern. [2]Dies gilt auch für Kleinmengen vergleichbarer Abfälle zur Beseitigung aus anderen Herkunftsbereichen, soweit sie mit den in Satz 1 genannten Abfällen beseitigt werden können.

(4) Die öffentlich-rechtlichen Entsorgungsträger wirken in ihrem Aufgabenbereich darauf hin, daß möglichst wenig Abfall entsteht.

(5) Die öffentlich-rechtlichen Entsorgungsträger haben sicherzustellen, daß die eigenen und von ihnen genutzte Entsorgungsanlagen Dritter nach dem Stand der Technik errichtet, betrieben und entsprechend überwacht werden.

§ 4 Mindestausstattung mit Entsorgungseinrichtungen und -anlagen

(1) Die öffentlich-rechtlichen Entsorgungsträger haben Systeme zur getrennten Sammlung und stofflichen Verwertung einzuführen, die mindestens Recycling- oder Wertstoffhöfe sowie, soweit nicht

gesonderte Holsysteme eingeführt sind oder werden, Bringsysteme wenigstens für Glas, Papier, Pappe und kompostierbare Stoffe umfassen.

(2) Die öffentlich-rechtlichen Entsorgungsträger haben, vorrangig im Wege der kommunalen Zusammenarbeit, sicherzustellen, daß ihnen Anlagen zur Verfügung stehen, in denen die nach Ausschöpfung der Vermeidungs- und Verwertungsmöglichkeiten verbleibenden Abfälle so behandelt werden, daß sie möglichst verwertet werden können oder sonst weitgehend mineralisiert, stabilisiert und im Volumen minimiert werden.

(3) Die öffentlich-rechtlichen Entsorgungsträger haben, vorrangig im Wege der kommunalen Zusammenarbeit, sicherzustellen, daß ihnen eine den Anforderungen der Technischen Anleitung Siedlungsabfall vom 14. Mai 1993 (BAnz. Nr. 99a vom 29. Mai 1993) in der jeweiligen Fassung entsprechende Deponie mit einer verfügbaren Nutzungsdauer von mindestens zehn Jahren zur Verfügung steht.

§ 5 Mitwirkung der Ämter und amtsfreien Gemeinden

(1) [1]Die Landkreise können durch öffentlich-rechtliche Vereinbarung (§ 165 der Kommunalverfassung für das Land Mecklenburg-Vorpommern) einzelne Aufgaben der Abfallentsorgung den Ämtern und amtsfreien Gemeinden übertragen, wenn eine ordnungsgemäße Abfallentsorgung gewährleistet ist und Festlegungen des Abfallwirtschaftsplans nicht entgegenstehen. [2]Unter denselben Voraussetzungen können die Landkreise im Rahmen einer Verwaltungsgemeinschaft (§ 167 der Kommunalverfassung für das Land Mecklenburg-Vorpommern) die Verwaltung der Gemeinden zur Aufgabenerfüllung in Anspruch nehmen.

(2) [1]Die Ämter und amtsfreien Gemeinden unterstützen den Landkreis bei der Durchführung von Verwertungsmaßnahmen auf ihrem Gebiet. [2]Sie stellen insbesondere Grundstücke, Einrichtungen und Personal zur Erfassung von stofflich verwertbaren Abfällen bereit. [3]Die Kosten für die Leistungen der Ämter und amtsfreien Gemeinden nach den Sätzen 1 und 2 trägt der Landkreis.

§ 6 Satzungen zur Regelung der kommunalen Abfallentsorgung

(1) [1]Die öffentlich-rechtlichen Entsorgungsträger regeln durch Satzung den Anschlußzwang für die Abfallentsorgung (§§ 15 und 100 der Kommunalverfassung für das Land Mecklenburg-Vorpommern) sowie die Überlassungspflicht (§ 13 Abs. 1 des Kreislaufwirtschafts- und Abfallgesetzes). [2]Sie können insbesondere bestimmen, in welcher Art, in welcher Weise, an welchem Ort und zu welcher Zeit ihnen die Abfälle zu überlassen sind. [3]Die Erzeuger oder Besitzer von Abfällen sind zur getrennten Überlassung zu verpflichten, soweit die Pflicht der öffentlich-rechtlichen Entsorgungsträger zur stofflichen Verwertung reicht, die getrennte Erfassung der Abfälle der Nutzung von Verwertungsmöglichkeiten oder der ordnungsgemäßen Entsorgung sonst förderlich ist oder in einer Rechtsverordnung aufgrund des Kreislaufwirtschafts- und Abfallgesetzes vorgeschrieben ist. [4]In den Fällen des Satzes 3 kann auch verlangt werden, Abfälle an zentralen Sammelstellen zu überlassen, soweit das Einsammeln am Anfallort nur mit erheblichem Aufwand möglich und das Verbringen zur Sammelstelle den Erzeugern oder Besitzern zumutbar ist.

(2) [1]Die öffentlich-rechtlichen Entsorgungsträger erheben, soweit nicht ein privatrechtliches Entgelt gefordert wird, für die Entsorgung der Abfälle Gebühren. [2]Im Fall des § 5 Abs. 1 werden die Gebühren von den Ämtern und amtsfreien Gemeinden erhoben, soweit Abfälle ihnen überlassen oder von ihnen ohne Überlassung eingesammelt werden. [3]Soweit für bestimmte Abfälle nur einzelne Maßnahmen der Entsorgung übertragen werden, bemißt die für das Einsammeln zuständige Körperschaft die Gebühren so, daß hierin auch die Entgelte eingeschlossen sind, die der anderen Körperschaft für die Durchführung der ihr obliegenden Maßnahmen zustehen.

(3) [1]Soweit die Entsorgung der Abfälle einzelner Erzeuger oder Besitzer nach Art oder Menge besondere Anlagen, Einrichtungen oder sonstige Aufwendungen erfordert, können wegen der daraus entstehenden Mehrkosten von den Erzeugern oder Besitzern besondere Gebühren und Beiträge erhoben werden. [2]Für diese Gebühren und Beiträge kann eine angemessene Sicherheitsleistung verlangt werden.

(4) Für die Gebühren- und Beitragserhebung ist das Kommunalabgabengesetz mit der Maßgabe anzuwenden, daß

1. Beiträge auch von Gewerbetreibenden erhoben werden können,
2. zu den ansatzfähigen Kosten auch die Aufwendungen für Maßnahmen nach § 3 Abs. 4 und § 5 Abs. 2 dieses Gesetzes sowie nach § 38 Abs. 1 des Kreislaufwirtschafts- und Abfallgesetzes gehören,
3. im Rahmen des Äquivalenzprinzips entsprechend den Abfallmengen progressiv gestaffelte Gebühren erhoben werden können, um Anreize zur Vermeidung von Abfällen zu schaffen.

§ 7 Zusammenschlüsse

(1) [1]Die öffentlich-rechtlichen Entsorgungsträger können zur Erfüllung ihrer Aufgaben zusammenarbeiten, insbesondere sich zu Zweckverbänden zusammenschließen. [2]Sie können durch die oberste Abfallbehörde im Einvernehmen mit dem Innenministerium zu Zweckverbänden zusammengeschlossen werden, sofern dies aus zwingenden Gründen des öffentlichen Wohls geboten ist, insbesondere wenn dadurch

1. die Erfüllung der Entsorgungspflicht durch die Verpflichteten erst möglich wird,
2. von Abfallverwertungs- und Abfallbeseitigungsanlagen (Abfallentsorgungsanlagen) ausgehende Beeinträchtigungen des Wohls der Allgemeinheit vermieden werden können,
3. die Entsorgung insgesamt wesentlich wirtschaftlicher gestaltet werden kann.

(2) Die Rechte und Pflichten der öffentlich-rechtlichen Entsorgungsträger gehen auf die Zweckverbände über, soweit ihnen Aufgaben der Abfallentsorgung übertragen werden.

(3) Soweit das Kreislaufwirtschafts- und Abfallgesetz oder dieses Gesetz nichts anderes bestimmt, finden die Vorschriften der Kommunalverfassung für das Land Mecklenburg-Vorpommern über die kommunale Zusammenarbeit Anwendung.

§ 8 Besondere Einrichtungen

Das Land kann unter Einbeziehung der Entsorgungspflichtigen besondere Einrichtungen zur Beseitigung von Abfällen, die wegen ihrer Art, Menge oder Beschaffenheit nicht mit den in Haushaltungen anfallenden Abfällen beseitigt werden können, schaffen, übernehmen oder sich an derartigen Einrichtungen selbst beteiligen.

Teil 3
Abfallwirtschaftskonzepte, Abfallbilanzen und Abfallwirtschaftsplan

§ 9 Abfallwirtschaftskonzepte der öffentlich-rechtlichen Entsorgungsträger

(1) [1]Die öffentlich-rechtlichen Entsorgungsträger haben Abfallwirtschaftskonzepte über die Verwertung und die Beseitigung der in ihrem Gebiet anfallenden und ihnen zu überlassenden Abfälle zu erstellen (§ 19 Abs. 5 des Kreislaufwirtschafts- und Abfallgesetzes). [2]Dabei sind die Festlegungen des Abfallwirtschaftsplanes nach § 11 entsprechend ihrer jeweiligen Verbindlichkeit zu beachten. [3]Das Abfallwirtschaftskonzept muß die Entsorgungssicherheit für mindestens zehn Jahre im voraus nachweisen. [4]Dazu hat es für diesen Zeitraum insbesondere zu enthalten:

1. Angaben über Art, Menge und Verbleib der anfallenden Abfälle,
2. die Darstellung der getroffenen und geplanten Maßnahmen zur Abfallvermeidung,
3. die Darstellung der Methoden, Anlagen und Einrichtungen der Abfallentsorgung,
4. Angaben zur voraussichtlichen Laufzeit der vorhandenen Abfallentsorgungsanlagen,
5. Angaben zu den geplanten Standorten und zum zeitlichen Ablauf der Planung und Errichtung der erforderlichen Abfallentsorgungsanlagen einschließlich der geschätzten Bau- und Betriebskosten sowie zu der erforderlichen Stillegung, Sicherung und Rekultivierung vorhandener Anlagen,
6. die Darstellung der Zusammenarbeit mit anderen öffentlich-rechtlichen Entsorgungsträgern sowie mit Dritten und privaten Entsorgungsträgern im Sinne der §§ 16 bis 18 des Kreislaufwirtschafts- und Abfallgesetzes,
7. die Darstellung der voraussichtlichen Gebührenentwicklung insbesondere unter Berücksichtigung der Maßnahmen nach Nummer 2, 3 und 5.

(2) [1]Das Abfallwirtschaftskonzept ist erstmalig bis zum 31. Dezember 1997 zu erstellen. [2]Es ist bei wesentlichen Änderungen der Planungsgrundlagen spätestens alle drei Jahre fortzuschreiben. [3]Das Abfallwirtschaftskonzept und seine Fortschreibungen sollen mit den benachbarten öffentlich-rechtlichen Entsorgungsträgern und mit den nach § 16 Abs. 3, § 17 Abs. 3 Satz 2 und § 18 Abs. 2 Satz 2 des Kreislaufwirtschafts- und Abfallgesetzes von den Dritten und den privaten Entsorgungsträgern zu er-

stellenden Abfallwirtschaftskonzepten nach Möglichkeit abgestimmt werden. [4]Die Betroffenen, berührte Träger öffentlicher Belange und berührte Verbände sind vor der erstmaligen Erstellung und bei Fortschreibungen mit wesentlichen Änderungen zu hören.

(3) [1]Das Abfallwirtschaftskonzept und seine Fortschreibungen sind nach Beschlußfassung durch den Kreistag oder die Stadtvertretung der zuständigen Behörde vorzulegen und der Öffentlichkeit in geeigneter Form zugänglich zu machen. [2]Jeder Einwohner im Gebiet des öffentlich-rechtlichen Entsorgungsträgers hat das Recht, in das Konzept und seine Fortschreibungen Einsicht zu nehmen.

§ 10 Abfallbilanzen der öffentlich-rechtlichen Entsorgungsträger

(1) [1]Die öffentlich-rechtlichen Entsorgungsträger erstellen bis zum 1. April jeweils für das abgelaufene Jahr eine Abfallbilanz über Art, Herkunft, Menge und Verbleib der in ihrem Gebiet angefallenen und ihnen überlassenen Abfälle (§ 20 Abs. 3 des Kreislaufwirtschafts- und Abfallgesetzes). [2]Soweit Abfälle nicht verwertet wurden, ist dies zu begründen. [3]In der Abfallbilanz sind auch die angefallenen Kosten der Entsorgung darzustellen.

(2) [1]Die Abfallbilanz ist der zuständigen Behörde vorzulegen. [2]Jeder Einwohner im Gebiet des öffentlich-rechtlichen Entsorgungsträgers hat das Recht, in die Abfallbilanz Einsicht zu nehmen.

§ 11 Abfallwirtschaftsplan

(1) [1]Die oberste Abfallbehörde stellt nach Anhörung der Entsorgungsträger im Sinne der §§ 15, 17 und 18 des Kreislaufwirtschafts- und Abfallgesetzes oder ihrer Landesverbände, der Gemeinden oder ihrer Zusammenschlüsse, der berührten Träger öffentlicher Belange sowie der zur Mitwirkung gemäß § 63 Abs. 2 des Bundesnaturschutzgesetzes vom 29. Juli 2009 (BGBl. I S. 2542) berechtigten Naturschutzvereinigungen einen Abfallwirtschaftsplan (§ 29 des Kreislaufwirtschafts- und Abfallgesetzes) auf. [2]Der Abfallwirtschaftsplan soll eine Verteilung der Abfallbeseitigungsanlagen entsprechend den anfallenden Abfallmengen vorgeben, die eine angemessene arbeitsteilige Mitwirkung aller öffentlich-rechtlichen Entsorgungsträger sicherstellt. [3]Über die in § 29 Abs. 1 des Kreislaufwirtschafts- und Abfallgesetzes genannten Festlegungen hinaus kann der Abfallwirtschaftsplan insbesondere Kriterien für die Standortwahl für Abfallbeseitigungsanlagen vorgeben. [4]Der Abfallwirtschaftsplan soll die Möglichkeiten der kommunalen Zusammenarbeit insbesondere im Interesse einer umweltverträglichen und kostengünstigen Abfallentsorgung berücksichtigen. [5]Der Plan kann in sachlichen und räumlichen Teilabschnitten aufgestellt werden. [6]Er ist im Amtsblatt für Mecklenburg-Vorpommern zu veröffentlichen.

(2) [1]Die Landesregierung kann durch Rechtsverordnung den Abfallwirtschaftsplan für die Beseitigungspflichtigen für verbindlich erklären. [2]Sie kann die Verbindlichkeit auf einzelne Ausweisungen und Bestimmungen des Planes beschränken.

(3) [1]Die oberste Abfallbehörde kann auf Antrag eines Entsorgungsträgers Ausnahmen von den Festlegungen des Abfallwirtschaftsplanes zulassen, wenn die Ziele des Kreislaufwirtschafts- und Abfallgesetzes, dieses Gesetzes und des Abfallwirtschaftsplans nicht beeinträchtigt werden und sonstige Belange des Gemeinwohls nicht entgegenstehen. [2]Werden die Belange anderer Entsorgungsträger berührt, sind diese vor der Entscheidung zu hören.

Teil 4
Abfallentsorgungsanlagen

Abschnitt 1
Planfeststellungs- und Genehmigungsverfahren, Überwachung, Deponieschonung

§ 12 (entfällt)

§ 13 Veränderungssperre

(1) [1]Wird für eine Abfallentsorgungsanlage ein Planfeststellungsverfahren oder ein Verfahren unter Einbeziehung der Öffentlichkeit nach § 10 des Bundes-Immissionsschutzgesetzes in der Fassung der Bekanntmachung vom 14. Mai 1990 (BGBl. I S. 880), zuletzt geändert durch das Gesetz vom 19. Juli 1995 (BGBl. I S. 930), durchgeführt, so dürfen vom Beginn der Auslegung oder von der Bestimmung der Einwendungsfrist gegenüber den Betroffenen (§ 73 Abs. 4 Satz 2 des Verwaltungsverfahrensgesetzes) an bis zum Abschluß des Verfahrens auf den von der geplanten Anlage betroffenen Flächen wesentlich wertsteigernde oder die Errichtung der Anlage erheblich erschwerende Veränderungen

nicht vorgenommen werden. [2]Veränderungen, die auf rechtlich zulässige Weise vorher begonnen wurden, Unterhaltungsarbeiten und die Fortführung einer bisher rechtmäßig ausgeübten Nutzung werden hiervon nicht berührt.

(2) [1]Dauert die Veränderungssperre länger als vier Jahre, so können die Eigentümer und die sonst zur Nutzung Berechtigten für danach entstehende Vermögensnachteile vom Träger der Abfallentsorgungsanlage eine angemessene Entschädigung in Geld verlangen. [2]Der Eigentümer einer vom Vorhaben betroffenen Fläche kann vom Träger der Abfallentsorgungsanlage ferner verlangen, daß dieser die Fläche zu Eigentum übernimmt, wenn es dem Eigentümer wegen der Veränderungssperre wirtschaftlich nicht mehr zuzumuten ist, die Fläche in der bisherigen oder einer anderen zulässigen Art zu nutzen. [3]Kommt eine Einigung über die Übernahme nicht zustande, kann der Eigentümer die Enteignung des Eigentums an der Fläche verlangen.

(3) Die zuständige Behörde kann im Einzelfall Ausnahmen von der Veränderungssperre nach Absatz 1 zulassen, wenn keine überwiegenden öffentlichen Belange entgegenstehen und die Einhaltung der Veränderungssperre zu einer offenbar nicht beabsichtigten Härte führen würde.

§ 14 Enteignung

[1]Die Enteignung ist über den in § 13 Abs. 2 Satz 3 genannten Zweck hinaus zulässig, soweit sie zur Ausführung eines nach § 31 Abs. 2 des Kreislaufwirtschafts- und Abfallgesetzes festgestellten Planes erforderlich ist und der Plan unanfechtbar ist oder ein Rechtsmittel keine aufschiebende Wirkung hat. [2]Die Enteignung ist auch zugunsten von juristischen Personen des Privatrechts zulässig, soweit diese Aufgaben nach dem Kreislaufwirtschafts- und Abfallgesetz oder diesem Gesetz wahrnehmen. [3]Im übrigen gilt das Enteignungsgesetz für das Land Mecklenburg-Vorpommern vom 2. März 1993 (GVOBl. M-V S. 178).

§ 15 Genehmigungsverfahren

(1) Anträge auf Erteilung der Genehmigung für Errichtung, Betrieb und wesentliche Änderung von Deponien nach § 31 Abs. 3 des Kreislaufwirtschafts- und Abfallgesetzes sind schriftlich oder elektronisch mit den zur Beurteilung notwendigen Unterlagen bei der zuständigen Behörde einzureichen.

(2) Die Unterlagen müssen die Zeichnungen und Erläuterungen enthalten, die das Vorhaben, seinen Anlaß und die von dem Vorhaben betroffenen Grundstücke und Anlagen erkennen lassen.

(3) Anträge mit unvollständigen oder mangelhaften Unterlagen können abgelehnt werden, wenn der Antragsteller innerhalb einer ihm gesetzten Frist die Mängel nicht behoben hat.

(4) Die Entscheidung ergeht schriftlich.

§ 16 Bauüberwachung und Abnahme

(1) [1]Die Errichtung und Änderung von Deponien, die einer Planfeststellung oder Genehmigung bedürfen, unterliegen der Überwachung und Abnahme durch die zuständige Behörde. [2]Vor der Abnahme dürfen die Deponie oder Teile der Deponie nur mit Zustimmung der zuständigen Behörde in Betrieb genommen werden.

(2) § 40 Abs. 2 bis 4 des Kreislaufwirtschafts- und Abfallgesetzes gilt entsprechend.

§ 16a Nachträgliche Anordnungen

Erfüllt eine Abfallentsorgungsanlage, die der Genehmigung nach den Vorschriften des Bundes-Immissionsschutzgesetzes bedarf, Anforderungen des Kreislaufwirtschafts- und Abfallgesetzes, dieses Gesetzes oder der aufgrund der genannten Gesetze erlassenen Vorschriften nicht, so kann die zuständige Behörde die erforderlichen Anordnungen erlassen.

§ 17 Eigenüberwachung

[1]Der Betreiber einer Abfallentsorgungsanlage hat die Einhaltung der abfallrechtlichen Vorschriften durch sachkundiges und zuverlässiges Personal fortlaufend zu überwachen (Eigenüberwachung). [2]Er kann sich dabei Dritter bedienen. [3]Er hat die Anlage mit den dafür erforderlichen Einrichtungen und Geräten auszurüsten, Untersuchungen durchzuführen und ihre Ergebnisse aufzuzeichnen. [4]Die Aufzeichnungen sind der zuständigen Behörde auf Verlangen vorzulegen. [5]Störungen des Anlagenbetriebes sind unverzüglich der zuständigen Abfallbehörde anzuzeigen, wenn schädliche Auswirkungen auf die Umwelt zu befürchten sind.

§ 18 Deponieschonung

[1]Unbelastete Bauabfälle dürfen nicht auf Deponien, die für Hausmüll oder hausmüllähnliche Gewerbeabfälle zugelassen sind, abgelagert werden. [2]Dies gilt nicht für die Bauabfallmengen, die für die Errichtung, den Betrieb und die Stillegung der Deponien benötigt werden.

Abschnitt 2

Stillegung und Beseitigung von Deponien und anderen Abfallentsorgungsanlagen

§ 19 Untersagung, Stillegung und Beseitigung

(1) [1]Kommt der Anlagenbetreiber einer Nebenbestimmung nach § 32 Abs. 4 des Kreislaufwirtschafts- und Abfallgesetzes oder einer vollziehbaren nachträglichen Anordnung nach § 35 Abs. 2 Satz 1 des Kreislaufwirtschafts- und Abfallgesetzes oder § 16a nicht nach, so kann die zuständige Behörde den Betrieb ganz oder teilweise bis zur Erfüllung der Nebenbestimmung oder Anordnung untersagen. [2]Die bisher nach den §§ 8 bis 9a des Abfallgesetzes vom 27. August 1986 (BGBl. I S. 1410, 1501), zuletzt geändert durch Artikel 2 des Gesetzes vom 12. September 1996 (BGBl. I S. 1354), erteilten Nebenbestimmungen und Anordungen stehen den in Satz 1 genannten gleich.

(2) [1]Wird eine Deponie ohne den erforderlichen Planfeststellungsbeschluß oder ohne die erforderliche Genehmigung errichtet, betrieben oder geändert, so soll die zuständige Behörde anordnen, daß die Deponie stillzulegen oder zu beseitigen ist. [2]Sie hat die Beseitigung anzuordnen, wenn die Allgemeinheit oder die Nachbarschaft nicht auf andere Weise ausreichend geschützt werden kann. [3]Die zuständige Behörde kann verlangen, daß ein Antrag auf Durchführung eines Planfeststellungs- oder Genehmigungsverfahrens gestellt wird.

§ 20 Pflichten des Inhabers untersagter Deponien

(1) Wird der Betrieb einer Deponie nach § 35 Abs. 2 Satz 2 des Kreislaufwirtschafts- und Abfallgesetzes untersagt oder eine Deponie nach § 19 Abs. 2 stillgelegt, so ist deren Inhaber verpflichtet, die erforderlichen Vorkehrungen zu treffen, um eine Beeinträchtigung des Wohls der Allgemeinheit zu verhüten oder zu unterbinden, insbesondere um die mit der Deponie verbundenen Eingriffe in Natur und Landschaft auszugleichen.

(2) Um die Erfüllung dieser Verpflichtung sicherzustellen, trifft die zuständige Behörde die erforderlichen Anordnungen.

§ 21 Stillgelegte Abfallentsorgungsanlagen

(1) [1]Die ehemaligen Betreiber von Abfallentsorgungsanlagen, die vor dem 1. Juli 1990 stillgelegt worden sind, haben das Gelände, das für die Abfallentsorgung verwendet worden ist, auf ihre Kosten zu rekultivieren oder sonstige Vorkehrungen zu treffen, die erforderlich sind, um Beeinträchtigungen des Wohls der Allgemeinheit zu verhüten. [2]Die zuständige Behörde trifft die erforderlichen Anordnungen. [3]Sind Anordnungen gegen den ehemaligen Betreiber der Anlage nicht möglich oder nicht erfolgversprechend, so sollen sie gegen den Grundeigentümer gerichtet werden. [4]Sind Anordnungen nach den Sätzen 2 und 3 nicht möglich oder nicht erfolgversprechend, so hat die zuständige Behörde die Maßnahmen nach Satz 1 auf Kosten derjenigen durchzuführen, die sonst zur Durchführung verpflichtet wären.

(2) Die Grundeigentümer oder sonstigen Berechtigten haben die Durchführung der nach Absatz 1 erforderlichen Maßnahmen zu dulden.

Teil 5

(aufgehoben)

§§ 22 bis 25 (aufgehoben)

Teil 6

Anordnungen für den Einzelfall, Beseitigung verbotener Ablagerungen

§ 26 Anordnungen für den Einzelfall

Die zuständige Überwachungsbehörde kann zur Verhütung oder Unterbindung von Verstößen gegen das Abfallrecht der Europäischen Union, das Abfallverbringungsgesetz vom 30. September 1994 (BGBl. I S. 2771), dieses Gesetz oder die aufgrund der genannten Gesetze erlassenen Rechtsvorschriften Anordnungen für den Einzelfall treffen, soweit eine solche Befugnis nicht in anderen abfallrechtlichen Vorschriften enthalten ist.

§ 27 Beseitigung verbotener Ablagerungen

(1) Wer in unzulässiger Weise Abfälle behandelt, lagert oder ablagert, ist zur Beseitigung des rechtswidrigen Zustands verpflichtet.

(2) [1]Die zuständige Überwachungsbehörde soll die erforderlichen Anordnungen erlassen. [2]Sind solche Anordnungen nicht oder nur unter unverhältnismäßigem Aufwand möglich oder nicht erfolgversprechend, so kann die zuständige Überwachungsbehörde den rechtswidrigen Zustand auf Kosten des Pflichtigen beseitigen oder beseitigen lassen.

Teil 7

Ordnungswidrigkeiten

§ 28 Ordnungswidrigkeiten

(1) Ordnungswidrig handelt, wer vorsätzlich oder fahrlässig

1. entgegen dem Verbot des § 13 Abs. 1 Satz 1 auf den von der geplanten Anlage betroffenen Flächen wesentlich wertsteigernde oder die Errichtung der Anlage erheblich erschwerende Veränderungen vornimmt,
2. ohne Zustimmung nach § 16 Abs. 1 Satz 2 eine Deponie oder Teile einer Deponie vor der Abnahme in Betrieb nimmt,
3. entgegen § 17 Satz 5 Störungen des Anlagenbetriebes nicht oder nicht rechtzeitig der zuständigen Abfallbehörde anzeigt,
4. entgegen § 18 Satz 1 unbelastete Bauabfälle ablagert,
5. einer vollziehbaren Anordnung nach § 16a, § 19 Abs. 2 Satz 1 oder 2, § 20 Abs. 2, § 21 Abs. 1 Satz 2 oder 3, § 27 Abs. 2 Satz 1 zuwiderhandelt.

(2) Die Ordnungswidrigkeit kann mit einer Geldbuße bis zu 50 000 Euro geahndet werden.

Teil 8

Zuständigkeiten, Verwaltungsvorschriften, Inkrafttreten

§ 29 Abfallbehörden

(1) Oberste Abfallbehörde ist das für die Kreislauf- und Abfallwirtschaft zuständige Ministerium.

(2) [1]Obere Abfallbehörde ist das Landesamt für Umwelt und Natur. [2]Es ist zugleich technische Fachbehörde für die oberste Abfallbehörde und die unteren Abfallbehörden.

(3) Untere Abfallbehörden sind die Staatlichen Ämter für Landwirtschaft und Umwelt, die Landräte und Oberbürgermeister der kreisfreien Städte sowie die Amtsvorsteher der Ämter und die Bürgermeister der amtsfreien Gemeinden.

§ 30 Aufgaben der Abfallbehörden

(1) [1]Die Abfallbehörden haben die Aufgabe, das Abfallrecht der Europäischen Union, das Abfallverbringungsgesetz, das Kreislaufwirtschafts- und Abfallgesetz, dieses Gesetz und die aufgrund dieser Gesetze erlassenen Verordnungen durchzuführen, soweit nicht in Rechtsvorschriften etwas anderes bestimmt ist. [2]Sie sind im Rahmen ihrer Zuständigkeiten Überwachungsbehörden nach § 40 Abs. 1 Satz 1 des Kreislaufwirtschafts- und Abfallgesetzes.

(2) Die Abfallbehörden sind Sonderordnungsbehörden nach dem Gesetz über die öffentliche Sicherheit und Ordnung.

§ 31 Zuständigkeiten

Die oberste Abfallbehörde bestimmt durch Verordnung die für die Ausführung des Abfallrechtes der Europäischen Union, des Abfallverbringungsgesetzes, des Kreislaufwirtschafts- und Abfallgesetzes, dieses Gesetzes und der aufgrund dieser Gesetze erlassenen Verordnungen zuständigen Behörden.

§ 32 Verwaltungsvorschriften

Die oberste Abfallbehörde erläßt die zur Durchführung des Abfallverbringungsgesetzes, des Kreislaufwirtschafts- und Abfallgesetzes, dieses Gesetzes und der aufgrund dieser Gesetze erlassenen Verordnungen erforderlichen Verwaltungsvorschriften.

§§ 33, 34 (entfallen)

§ 35[1] (Inkrafttreten)

1) Das G in seiner ursprünglichen Fassung ist am 8. 8. 1992 in Kraft getreten.

Verordnung über die Zuständigkeit der Abfallbehörden (Abfall-Zuständigkeitsverordnung – AbfZustVO M-V)

Vom 15. Juni 2012 (GVOBl. M-V S. 240)
(GS Meckl.-Vorp. Gl. Nr. 2129-1-6)

zuletzt geändert durch Art. 1 VO zur Änd. der Abfall-ZuständigkeitsVO und der Abfall-KostenVO vom 3. September 2019 (GVOBl. M-V S. 579)

Aufgrund des § 31 des Abfallwirtschaftsgesetzes in der Fassung der Bekanntmachung vom 15. Januar 1997 (GVOBl. M-V S. 43), das zuletzt durch Artikel 3 des Gesetzes vom 4. Juli 2011 (GVOBl. M-V S. 759, 765) geändert worden ist, und aufgrund von § 36 Absatz 2 des Gesetzes über Ordnungswidrigkeiten in der Fassung der Bekanntmachung vom 19. Februar 1987 (BGBl. I S. 602), das zuletzt durch Artikel 2 des Gesetzes vom 29. Juli 2009 (BGBl. I S. 2353, 2354) geändert worden ist, in Verbindung mit § 1 der Landesverordnung zur Übertragung der Ermächtigung, die Zuständigkeit für die Verfolgung und Ahndung von Ordnungswidrigkeiten auf eine andere Behörde oder sonstige Stelle zu delegieren, vom 12. März 1991 (GVOBl. M-V S. 77), verordnet das Ministerium für Wirtschaft, Bau und Tourismus:

§ 1 Zuständigkeit des für die Abfallwirtschaft zuständigen Ministeriums

Das für die Abfallwirtschaft zuständige Ministerium ist zuständig für das erstmalige Erstellen des Überwachungsplanes nach § 47 Absatz 7 Satz 1 des Kreislaufwirtschaftsgesetzes auch in Verbindung mit § 22a Absatz 1 Satz 1 der Deponieverordnung.

§ 2 Zuständigkeit des Landesamtes für Umwelt, Naturschutz und Geologie

Das Landesamt für Umwelt, Naturschutz und Geologie ist zuständig für:

1. die Zustimmung zum Ausschluss von Abfällen von der Entsorgung und zum Widerruf dieses Ausschlusses sowie Anordnungen und Maßnahmen zur Durchführung der Zustimmung und des Widerrufs nach § 20 Absatz 2 des Kreislaufwirtschaftsgesetzes,
2. die Entgegennahme und Prüfung der Anzeige der freiwilligen Rücknahme gemäß § 26 Absatz 2, die Freistellung von den Nachweispflichten gemäß § 26 Absatz 3, Anordnungen nach § 26 Absatz 5 Satz 2 und Feststellungen nach § 26 Absatz 6 des Kreislaufwirtschaftsgesetzes sowie Anordnungen und Maßnahmen zur Durchführung des § 26 Absatz 2 bis 6 des Kreislaufwirtschaftsgesetzes,
3. die Anordnungen nach § 29 des Kreislaufwirtschaftsgesetzes sowie sonstige Anordnungen und Maßnahmen zur Durchführung des § 29 Absatz 1 bis 3 des Kreislaufwirtschaftsgesetzes,
4. die Überprüfung und Aktualisierung des Überwachungsplanes nach § 47 Absatz 7 Satz 1 des Kreislaufwirtschaftsgesetzes auch in Verbindung mit § 22a Absatz 1 Satz 2 der Deponieverordnung,
5. die Zustimmung zu einem Überwachungsvertrag nach § 56 Absatz 5 Satz 3 des Kreislaufwirtschaftsgesetzes,
6. die Anerkennung einer Entsorgergemeinschaft nach § 56 Absatz 6 Satz 2 des Kreislaufwirtschaftsgesetzes,
7. den Entzug des Zertifikats zum Entsorgungsfachbetrieb, den Entzug der Berechtigung zum Führen des Überwachungszeichens und die Untersagung der Verwendung der Bezeichnung „Entsorgungsfachbetrieb“ nach § 56 Absatz 8 Satz 2 des Kreislaufwirtschaftsgesetzes sowie Anordnungen und Maßnahmen zur Durchführung des § 56 des Kreislaufwirtschaftsgesetzes,
8. die Durchführung der Entsorgungsfachbetriebeverordnung mit Ausnahme der Funktion der Überwachungsbehörde im Rahmen der Benehmensäußerung nach § 12 Absatz 1 Satz 2, § 16 Absatz 2 Satz 1 und § 26 Absatz 1 Satz 3 der Entsorgungsfachbetriebeverordnung,
9. die Anerkennung von Lehrgängen sowie Anordnungen und Maßnahmen zur Durchführung der Anerkennung nach § 9 Absatz 1 Nummer 3 und § 9 Absatz 2 Satz 2 der Abfallbeauftragtenverordnung,

10. die Anerkennung von Lehrgängen sowie Anordnungen und Maßnahmen zur Durchführung der Anerkennung nach § 4 Absatz 3 Satz 1, Absatz 5, § 5 Absatz 1 Satz 1 Nummer 2, Absatz 3 Satz 2 und § 16 Absatz 2 der Anzeige- und Erlaubnisverordnung,
11. die Anerkennung von Lehrgängen sowie Anordnungen und Maßnahmen zur Durchführung der Anerkennung nach § 4 Nummer 2 der Deponieverordnung,
12. die Anerkennung als sachverständige Person sowie Anordnungen und Maßnahmen zur Durchführung der Anerkennung nach § 6 Nummer 3 der Altfahrzeug-Verordnung,
13. die Anerkennung als sachverständige Person sowie Anordnungen und Maßnahmen zur Durchführung der Anerkennung nach § 2 Absatz 18 Nummer 3 des Batteriegesetzes,
14. die Anerkennung als sachverständige Person sowie Anordnungen und Maßnahmen zur Durchführung der Anerkennung nach § 21 Absatz 2 Nummer 3 des Elektro- und Elektronikgerätegesetzes,
15. die Anerkennung als sachverständige Person sowie Anordnungen und Maßnahmen zur Durchführung der Anerkennung nach § 4 Absatz 6 Nummer 4 der Gewerbeabfallverordnung,
16. die Genehmigung des Betriebs eines Systems, den Widerruf dieser Genehmigung und das Verlangen einer Sicherheitsleistung sowie Anordnungen und Maßnahmen zur Durchführung der Genehmigung, des Widerrufs und des Verlangens einer Sicherheitsleistung nach § 18 des Verpackungsgesetzes,
17. die Entgegennahme der Prüfergebnisse und Informationen der Zentralen Stelle nach § 26 Absatz 1 Satz 2 Nummer 7 des Verpackungsgesetzes sowie die Entgegennahme von Informationen der Zentralen Stelle über die Schätzungen der Menge der beteiligten Verpackungen des betreffenden Systems nach § 26 Absatz 1 Satz 2 Nummer 8 des Verpackungsgesetzes,
18. die Einsichtnahme in die bei der Zentralen Stelle hinterlegten Datenmeldungen, Vollständigkeitserklärungen, Mengenstromnachweise und Meldungen der Systeme sowie die Auskunftsersuchen bei der Zentralen Stelle nach § 26 Absatz 1 Satz 2 Nummer 20 des Verpackungsgesetzes,
19. die Entgegennahme von Informationen nach § 26 Absatz 1 Satz 2 Nummer 21 zur Verfolgung von Ordnungswidrigkeiten nach § 34 Absatz 1 Nummer 18 des Verpackungsgesetzes,
20. die Bekanntgabe einer Untersuchungsstelle nach § 6 Absatz 6 Satz 1 und Absatz 7 und die Entgegennahme von Nachweisen nach § 6 Absatz 8 Satz 3 der Altholzverordnung sowie Anordnungen und Maßnahmen zur Durchführung der Bekanntgabe nach § 6 Absatz 6 Satz 1, Absatz 7 und 8 der Altholzverordnung,
21. die Bekanntgabe einer Fremdkontrollstelle nach § 11 Absatz 1 Satz 1 und Absatz 4 bis 6 der Gewerbeabfallverordnung und die Entgegennahme von Nachweisen nach § 11 Absatz 5 Satz 3 der Gewerbeabfallverordnung sowie die Anordnungen und Maßnahmen zur Durchführung der Bekanntgabe nach § 11 Absatz 1 Satz 1 und Absatz 4 bis 6 der Gewerbeabfallverordnung,
22. die Notifizierung einer Untersuchungsstelle nach § 33 der Klärschlammverordnung und die Entgegennahme von Nachweisen nach § 33 Absatz 4 Satz 3 der Klärschlammverordnung sowie Anordnungen und Maßnahmen zur Durchführung der Notifizierung nach § 33 der Klärschlammverordnung,
23. die Bestimmung einer Untersuchungsstelle sowie Anordnungen und Maßnahmen zur Durchführung der Bestimmung nach § 5 Absatz 2 Satz 2 der Altölverordnung,
24. die Bestimmung einer Untersuchungsstelle nach § 3 Absatz 8 Satz 1, Absatz 8a, § 4 Absatz 9 Satz 1 und § 9 Absatz 2 Satz 6 und die Entgegennahme von Nachweisen nach § 3 Absatz 8b Satz 3 der Bioabfallverordnung sowie Anordnungen und Maßnahmen zur Durchführung der Bestimmung nach § 3 Absatz 8 Satz 1, Absatz 8a und 8b, § 4 Absatz 9 Satz 1 und § 9 Absatz 2 Satz 6 der Bioabfallverordnung,
25. die Durchführung des Abfallverbringungsgesetzes, der Verordnung (EG) Nr. 1013/2006 des Europäischen Parlaments und des Rates vom 14. Juni 2006 über die Verbringung von Abfällen (ABl. L 190 vom 12.7.2006, S. 1), die zuletzt durch die Verordnung (EU) 2015/2002 der Kommission vom 10. November 2015 (ABl. L 294, S. 1) geändert worden ist, in der jeweils geltenden Fassung, der Verordnung (EG) Nr. 1418/2007 der Kommission vom 29. November 2007 über die Ausfuhr von bestimmten in Anhang III oder IIIA der Verordnung (EG) Nr. 1013/2006 des Europäischen Parlaments und des Rates aufgeführten Abfällen, die zur Verwertung bestimmt sind, in bestimmte Staaten, für die der OECD-Beschluss über die Kontrolle der grenzüberschrei-

tenden Verbringung von Abfällen nicht gilt (ABl. L 316 vom 4.12.2007, S. 6), die zuletzt durch die Verordnung (EU) Nr. 733/2014 der Kommission vom 24. Juni 2014 (ABl. L 191 vom 4.7.2014, S. 10) geändert worden ist, in der jeweils geltenden Fassung, der Abfallverbringungsbußgeldverordnung und dem damit in Zusammenhang stehenden Vollzug des Abfallrechts des Landes, des Bundes und der Europäischen Gemeinschaften,

26. die Berichterstattung nach § 5 Absatz 1 des Gesetzes zur Ausführung des Protokolls über Schadstofffreisetzungs- und -verbringungsregister vom 21. Mai 2003 sowie zur Durchführung der Verordnung (EG) Nr. 166/2006 für Tätigkeiten nach Nummer 5d des Anhangs I der Verordnung (EG) Nr. 166/2006 des Europäischen Parlaments und des Rates vom 18. Januar 2006 über die Schaffung eines Europäischen Schadstofffreisetzungs- und -verbringungsregisters und zur Änderung der Richtlinien 91/689/EWG und 96/61/EG des Rates (ABl. L 33 vom 4.2.2006, S. 1), die zuletzt durch Verordnung (EG) Nr. 596/2009 des Europäischen Parlaments und des Rates vom 18. Juni 2009 (ABl. L 188 vom 18.7.2009, S. 14) geändert worden ist, in der jeweils geltenden Fassung, die der Berichtspflicht nach Artikel 5 der Verordnung (EG) Nr. 166/2006 unterliegen,
27. die Entgegennahme und Auswertung der Abfallbilanzen nach § 10 Absatz 2 Satz 1 des Abfallwirtschaftsgesetzes in Verbindung mit § 31 Absatz 3 des Kreislaufwirtschaftsgesetzes sowie Anordnungen und Maßnahmen zur Durchführung des § 10 Absatz 2 Satz 1 des Abfallwirtschaftsgesetzes in Verbindung mit § 31 Absatz 3 des Kreislaufwirtschaftsgesetzes,
28. die Koordinierung des Datenaustausches zwischen Nachweispflichtigen und den Behörden sowie des länderübergreifenden Datenaustausches sowie Anordnungen und Maßnahmen zur Durchführung der Koordinierung nach § 20 der Nachweisverordnung,
29. die Bekanntgabe von Sachverständigen sowie Anordnungen und Maßnahmen zur Durchführung der Bekanntgabe nach § 22 Absatz 2 der Nachweisverordnung,
30. die Genehmigung und Überwachung eines herstellereigenen Rücknahmesystems nach § 7 und die Entgegennahme und Prüfung der Dokumentation nach § 15 Absatz 2 des Batteriegesetzes sowie Anordnungen und Maßnahmen zur Durchführung der §§ 7 und 15 Absatz 2 des Batteriegesetzes,
31. Zustimmung zur Gleichwertigkeit eines Beprobungsverfahrens sowie Anordnungen und Maßnahmen zur Durchführung der Zustimmung nach Anhang 4 Nummer 3 Satz 2 der Deponieverordnung.

§ 3 Zuständigkeiten der Staatlichen Ämter für Landwirtschaft und Umwelt

Die Staatlichen Ämter für Landwirtschaft und Umwelt sind zuständig für:

1. die Durchführung des Abfallrechts des Landes, des Bundes und der Europäischen Gemeinschaften, soweit durch Rechtsvorschrift nichts anderes bestimmt ist,
2. die Entgegennahme, Überprüfung und Weiterleitung von Informationen nach § 3 Absatz 1 und die Erteilung einer Fristverlängerung nach § 3 Absatz 2 sowie die Aufgaben nach § 5 Absatz 3 bis 5 des Gesetzes zur Ausführung des Protokolls über Schadstofffreisetzungs- und -verbringungsregister vom 21. Mai 2003 sowie zur Durchführung der Verordnung (EG) Nr. 166/2006 für Tätigkeiten nach Nummer 5d des Anhangs I der Verordnung (EG) Nr. 166/2006, die der Berichtspflicht nach Artikel 5 der Verordnung (EG) Nr. 166/2006 unterliegen.

§ 4 Zuständigkeiten der Landräte und der Oberbürgermeister der kreisfreien Städte

Die Landräte und die Oberbürgermeister der kreisfreien Städte sind zuständig für:

1. soweit durch § 5 Nummer 2 nichts anderes bestimmt ist, die Überwachung der Abfallbewirtschaftung, einschließlich des Erlasses von Anordnungen und Maßnahmen nach § 62 des Kreislaufwirtschaftsgesetzes und den §§ 26 sowie 27 Absatz 2 des Abfallwirtschaftsgesetzes zur Wiederherstellung rechtmäßiger Zustände, außerhalb
   a) – bau-, immissionsschutz- oder abfallrechtlich genehmigungsbedürftiger Abfallentsorgungsanlagen und sonstiger genehmigungsbedürftiger Anlagen nach § 1 der Verordnung über genehmigungsbedürftige Anlagen, einschließlich ihrer auf dem Gelände der Anlage befindlichen Verwaltungsgebäude, und
   – Anlagen im Sinne des Buchstaben a erster Anstrich, die endgültig stillgelegt sind oder deren Genehmigungsbedürftigkeit aus anderen Gründen entfallen ist, soweit die auf dem

Gelände dieser Anlagen befindlichen Abfälle im Rahmen des früheren genehmigungsbedürftigen Anlagenbetriebes angefallen sind, sowie

b) gewerbsmäßiger Tätigkeit oder sonstiger Tätigkeit im Rahmen wirtschaftlicher Unternehmen oder öffentlicher Einrichtungen, die
   - für mindestens eine Abfallart der Nachweispflicht nach § 50 Absatz 1 oder § 51 Absatz 1 Nummer 1 des Kreislaufwirtschaftsgesetzes oder § 4 der POP-Abfall-Überwachungs-Verordnung unterliegt,
   - einer Anzeigepflicht nach § 53 Absatz 1 oder einer Erlaubnispflicht nach § 54 Absatz 1 des Kreislaufwirtschaftsgesetzes unterliegt, soweit durch Nummer 2 nichts anderes bestimmt ist, oder
   - in den Anwendungsbereich der Bioabfallverordnung fällt,

2. die Entgegennahme und Prüfung der Anzeige für Sammlungen nach § 18 Absatz 1 auch in Verbindung mit § 72 Absatz 2, die Durchführung der Anhörung nach § 18 Absatz 4, die Anordnungen nach § 18 Absatz 3 Satz 2, Absatz 5 und 6 des Kreislaufwirtschaftsgesetzes sowie sonstige Anordnungen und Maßnahmen zur Durchführung des § 17 Absatz 2 Satz 1 Nummer 3 und 4, Absatz 2 Satz 2, Absatz 3, §§ 18 und 72 Absatz 2 des Kreislaufwirtschaftsgesetzes,
3. die Durchführung des Verpackungsgesetzes, soweit durch Rechtsvorschrift nichts anderes bestimmt ist,
4. die Durchführung der Klärschlammverordnung, soweit durch Rechtsvorschrift nichts anderes bestimmt ist,
5. die Durchführung der Pflanzenabfalllandesverordnung,
6. die Durchführung der Gewerbeabfallverordnung außerhalb von Anlagen nach Nummer 1 Buchstabe a.

§ 5 Zuständigkeiten der Oberbürgermeister der kreisfreien und großen kreisangehörigen Städte, der Amtsvorsteher der Ämter und der Bürgermeister der amtsfreien Gemeinden

Die Oberbürgermeister der kreisfreien und großen kreisangehörigen Städte, die Amtsvorsteher der Ämter und die Bürgermeister der amtsfreien Gemeinden sind zuständig für:

1. das Anbringen der Aufforderung nach § 20 Absatz 3 Nummer 3 des Kreislaufwirtschaftsgesetzes,
2. außerhalb von Anlagen nach § 4 Nummer 1 Buchstabe a die Überwachung der Abfallbewirtschaftung rechtswidrig behandelter, gelagerter oder abgelagerter Kraftfahrzeuge oder Anhänger, die Abfall sind, einschließlich des Erlasses von Anordnungen und Maßnahmen nach § 62 des Kreislaufwirtschaftsgesetzes und den nach den §§ 26 sowie 27 Absatz 2 des Abfallwirtschaftsgesetzes zur Wiederherstellung rechtmäßiger Zustände.

§ 6 Zuständigkeit der LMS Agrarberatung GmbH (LMS)

Die LMS ist zuständig für die Anerkennung von Trägern der Qualitätssicherung im Bereich von Bioabfällen und Klärschlämmen nach § 12 Absatz 5 Satz 2 des Kreislaufwirtschaftsgesetzes.

§ 7 Zuständigkeit für die Verfolgung und Ahndung von Ordnungswidrigkeiten

Zuständige Verwaltungsbehörde für die Verfolgung und Ahndung von Ordnungswidrigkeiten nach dem Abfallrecht ist die jeweils örtlich und nach den §§ 1 bis 5 sachlich zuständige Behörde.

§ 8 Übertragener Wirkungskreis

Die sich aus den in den §§ 4 und 5 festgelegten kommunalen Behördenzuständigkeiten ergebenden Aufgaben werden von den kommunalen Körperschaften im übertragenen Wirkungskreis wahrgenommen.

§ 9 Einheitliche Stelle

[1]Die Industrie- und Handelskammer Neubrandenburg für das östliche Mecklenburg-Vorpommern, die Industrie- und Handelskammer zu Rostock und die Industrie- und Handelskammer zu Schwerin sind einheitliche Stelle für die Abwicklung:

1. des Erlaubnisverfahrens nach § 54 Absatz 6 Satz 1 des Kreislaufwirtschaftsgesetzes in Verbindung mit § 10 Absatz 7 der Anzeige- und Erlaubnisverordnung,
2. des Verfahrens zur Anerkennung als Sachverständiger nach § 6 Nummer 3 der Altfahrzeug-Verordnung,
3. des Verfahrens zur Bekanntgabe einer Untersuchungsstelle nach § 6 Absatz 7 Satz 5 der Altholzverordnung,

4. des Verfahrens zur Anerkennung als Sachverständiger nach § 2 Absatz 18 Nummer 3 des Batteriegesetzes,
5. des Verfahrens zur Bekanntgabe einer Untersuchungsstelle nach § 3 Absatz 8a Satz 5 der Bioabfallverordnung,
6. des Verfahrens zur Anerkennung als Sachverständiger nach § 24 Absatz 2 Satz 4 der Deponieverordnung,
7. des Verfahrens zur Anerkennung als Sachverständiger nach § 21 Absatz 2 Nummer 3 des Elektro- und Elektronikgerätegesetzes,
8. des Verfahrens zur Anerkennung als sachverständige Person nach § 4 Absatz 6 Nummer 4 der Gewerbeabfallverordnung,
9. des Verfahrens zur Bekanntgabe einer Fremdkontrollstelle nach § 11 Absatz 4 Satz 6 der Gewerbeabfallverordnung,
10. des Verfahrens zur Notifizierung einer Untersuchungsstelle nach § 33 Absatz 3 Satz 4 der Klärschlammverordnung.

[2]Näheres regelt das Einheitlicher-Ansprechpartner-Errichtungsgesetz Mecklenburg-Vorpommern.

§ 10 Inkrafttreten, Außerkrafttreten

(1) [1]Diese Verordnung tritt vorbehaltlich des Absatzes 2 am Tag nach der Verkündung[1)] in Kraft. [2]Gleichzeitig tritt die Abfall-Zuständigkeitsverordnung in der Fassung der Bekanntmachung vom 1. November 2006 (GVOBl. M-V S. 823), die zuletzt durch Artikel 5 des Gesetzes vom 4. Juli 2011 (GVOBl. M-V S. 759, 765) geändert worden ist, außer Kraft.

(2) [1]§ 6 tritt an dem Tag in Kraft, an dem die betreffende Änderung des Gesetzes über die Beleihung der LMS Landwirtschaftsberatung Mecklenburg-Vorpommern/Schleswig-Holstein GmbH (LMS) mit staatlichen Aufgaben vom 19. Juli 1994 (GVOBl. M-V S. 759) in Kraft tritt. [2]Das Ministerium für Landwirtschaft, Umwelt und Verbraucherschutz gibt den Tag des Inkrafttretens im Gesetz- und Verordnungsblatt bekannt.

(3) § 2 Nummer 3 und 4 sowie § 3 Nummer 6 treten am 1. Juli 2012 außer Kraft.

1) Verkündet am 29.6.2012.

Gesetz über die Umweltverträglichkeitsprüfung in Mecklenburg-Vorpommern (Landes-UVP-Gesetz – LUVPG M-V)[1)]

In der Fassung der Bekanntmachung vom 23. September 2018[2)] (GVOBl. M-V S. 363)
(GS Meckl.-Vorp. Gl. Nr.2129-8)

Nichtamtliche Inhaltsübersicht

§ 1 Anwendungsbereich

(1) Dieses Gesetz gilt für

1. die in Anlage 1 aufgeführten Vorhaben,
2. die in Anlage 4 aufgeführten Pläne und Programme,
3. sonstige Pläne und Programme, für die nach § 12 Absatz 3 Satz 2, Absatz 4 und 5 eine Strategische Umweltprüfung oder Vorprüfung durchzuführen ist.

(2) [1]Bei Vorhaben oder Teilen von Vorhaben, die ausschließlich der Bewältigung von Katastrophenfällen dienen, kann die zuständige Behörde im Einzelfall entscheiden, dieses Gesetz ganz oder teilweise nicht anzuwenden, soweit sich die Anwendung nach Einschätzung der zuständigen Behörde negativ auf die Erfüllung dieses Zwecks auswirken würde. [2]Bei der Entscheidung ist der Schutz vor erheblichen nachteiligen Umweltauswirkungen zu berücksichtigen. [3]Sonstige Rechtsvorschriften, die das Zulassungsverfahren betreffen, bleiben unberührt.

§ 2 Begriffsbestimmungen

(1) Schutzgüter im Sinne dieses Gesetzes sind

1. Menschen, insbesondere die menschliche Gesundheit,
2. Tiere, Pflanzen und die biologische Vielfalt,
3. Fläche, Boden, Wasser, Luft, Klima und Landschaft,
4. kulturelles Erbe und sonstige Sachgüter sowie
5. die Wechselwirkung zwischen den vorgenannten Schutzgütern.

(2) [1]Umweltauswirkungen im Sinne dieses Gesetzes sind unmittelbare und mittelbare Auswirkungen eines Vorhabens oder der Durchführung eines Plans oder Programms auf die Schutzgüter. [2]Dies schließt auch solche Auswirkungen des Vorhabens ein, die aufgrund von dessen Anfälligkeit für

---

1) **Amtl. Anm.:** Das Gesetz dient der Umsetzung der

– Richtlinie 2011/92/EU des Europäischen Parlaments uud des Rates vom 13. Dezember 2011 über die Umweltverträglichkeitsprüfung bei bestimmten öffentlichen und privaten Projekten in der Fassung der Richtlinie 2014/52/EU (ABl. L 124 vom 25.4.2014, S. 1),
– Richtlinie 2001/42/EG des Europäischen Parlaments und des Rates vom 27. Juni 2001 über die Prüfung der Umweltauswirkungen bestimmter Pläne und Programme (ABl. L 197 vom 21.7.2001, S. 30), und
– Artikel 2 und 3 Nummer 1 der Richtlinie 2003/35/EG des Europäischen Parlaments und des Rates vom 26. Mai 2003 über die Beteiligung der Öffentlichkeit bei der Ausarbeitung bestimmter umweltbezogener Pläne und Programme und zur Änderung der Richtlinie 85/337/EWG und 96/61/EG des Rates in Bezug auf die Öffentlichkeitsbeteiligung und den Zugang zu den Gerichten (ABl. L 156 vom 25.6.2003, S. 17).

2) Neubekanntmachung des LUVPG idF v. 27.7.2011 (GVOBl. M-V S. 885) in der ab 17.7.2018 geltenden Fassung.

schwere Unfälle oder Katastrophen zu erwarten sind, soweit diese schweren Unfälle oder Katastrophen für das Vorhaben relevant sind.

(3) Grenzüberschreitende Umweltauswirkungen im Sinne dieses Gesetzes sind Umweltauswirkungen eines Vorhabens in einem anderen Staat.

(4) Vorhaben im Sinne dieses Gesetzes sind nach Maßgabe der Anlage 1

1. bei Neuvorhaben
   a) die Errichtung und der Betrieb einer technischen Anlage,
   b) der Bau einer sonstigen Anlage,
   c) die Durchführung einer sonstigen in Natur und Landschaft eingreifenden Maßnahme,
2. bei Änderungsvorhaben
   a) die Änderung, einschließlich der Erweiterung, der Lage, der Beschaffenheit oder des Betriebs einer technischen Anlage,
   b) die Änderung, einschließlich der Erweiterung, der Lage oder der Beschaffenheit einer sonstigen Anlage,
   c) die Änderung, einschließlich der Erweiterung; der Durchführung einer sonstigen in Natur und Landschaft eingreifenden Maßnahme.

(5) Zulassungsentscheidungen im Sinne dieses Gesetzes sind

1. die Bewilligung, die Erlaubnis, die Genehmigung, der Planfeststellungsbeschluss und sonstige behördliche Entscheidungen über die Zulässigkeit von Vorhaben, die in einem Verwaltungsverfahren getroffen werden, einschließlich des Vorbescheids, der Teilgenehmigung und anderer Teilzulassungen, mit Ausnahme von Anzeigeverfahren,
2. Entscheidungen in vorgelagerten Verfahren nach § 49 des Gesetzes über die Umweltverträglichkeitsprüfung,
3. Beschlüsse nach § 10 des Baugesetzbuchs über die Aufstellung, Änderung oder Ergänzung von Bebauungsplänen, durch die die Zulässigkeit von bestimmten Vorhaben im Sinne der Anlage 1 begründet werden soll, sowie Beschlüsse nach § 10 des Baugesetzbuchs über Bebauungspläne, die Planfeststellungsbeschlüsse für Vorhaben im Sinne der Anlage 1 ersetzen.

(6) [1]Pläne und Programme im Sinne dieses Gesetzes sind nur solche landesrechtlich oder durch Rechtsakte der Europäischen Union vorgesehenen Pläne und Programme, die

1. von einer Behörde ausgearbeitet und angenommen werden,
2. von einer Behörde zur Annahme durch eine Regierung oder im Wege eines Gesetzgebungsverfahrens ausgearbeitet werden oder
3. von einem Dritten zur Annahme durch eine Behörde ausgearbeitet werden.

[2]Ausgenommen sind Pläne und Programme, die ausschließlich der Bewältigung von Katastrophenfällen dienen, sowie Finanz- und Haushaltspläne und -programme.

(7) Öffentlichkeit im Sinne dieses Gesetzes sind einzelne oder mehrere natürliche oder juristische Personen sowie deren Vereinigungen.

(8) Umweltprüfungen im Sinne dieses Gesetzes sind Umweltverträglichkeitsprüfungen und Strategische Umweltprüfungen.

(9) Einwirkungsbereich im Sinne dieses Gesetzes ist das geographische Gebiet, in dem Umweltauswirkungen auftreten, die für die Zulassung eines Vorhabens relevant sind.

§ 3 Grundsätze für Umweltprüfungen

[1]Umweltprüfungen umfassen die Ermittlung, Beschreibung und Bewertung der erheblichen Auswirkungen eines Vorhabens oder eines Plans oder Programms auf die Schutzgüter. [2]Sie dienen einer wirksamen Umweltvorsorge nach Maßgabe der geltenden Gesetze und werden nach einheitlichen Grundsätzen sowie unter Beteiligung der Öffentlichkeit durchgeführt.

§ 4 Umweltverträglichkeitsprüfung

Die Umweltverträglichkeitsprüfung ist unselbstständiger Teil verwaltungsbehördlicher Verfahren, die Zulassungsentscheidungen dienen.

§ 5 Feststellung der UVP-Pflicht

(1) [1]Die zuständige Behörde stellt auf der Grundlage geeigneter Angaben des Vorhabenträgers sowie eigener Informationen unverzüglich fest, ob nach den §§ 6 bis 11 für das Vorhaben eine Pflicht zur

Durchführung einer Umweltverträglichkeitsprüfung (UVP-Pflicht) besteht oder nicht. [2]Die Feststellung trifft die Behörde

1. auf Antrag des Vorhabenträgers oder
2. bei einem Antrag nach § 15 des Gesetzes über die Umweltverträglichkeitsprüfung oder
3. von Amts wegen nach Beginn des Verfahrens, das der Zulassungsentscheidung dient.

(2) [1]Sofern eine Vorprüfung vorgenommen worden ist, gibt die zuständige Behörde die Feststellung der Öffentlichkeit bekannt. [2]Dabei gibt sie die wesentlichen Gründe für das Bestehen oder Nichtbestehen der UVP-Pflicht unter Hinweis auf die jeweils einschlägigen Kriterien nach Anlage 3 an. [3]Gelangt die Behörde zu dem Ergebnis, dass keine UVP-Pflicht besteht, geht sie auch darauf ein, welche Merkmale des Vorhabens oder des Standorts oder welche Vorkehrungen für diese Einschätzung maßgebend sind. [4]Bei der Feststellung der UVP-Pflicht kann die Bekanntgabe mit der Bekanntmachung nach § 19 des Gesetzes über die Umweltverträglichkeitsprüfung verbunden werden.

(3) [1]Die Feststellung ist nicht selbstständig anfechtbar. [2]Beruht die Feststellung auf einer Vorprüfung, so ist die Einschätzung der zuständigen Behörde in einem gerichtlichen Verfahren betreffend die Zulassungsentscheidung nur daraufhin zu überprüfen, ob die Vorprüfung entsprechend den Vorgaben des § 7 durchgeführt worden ist und ob das Ergebnis nachvollziehbar ist.

§ 6 Unbedingte UVP-Pflicht bei Neuvorhaben

[1]Für ein Neuvorhaben, das in Anlage 1 mit dem Buchstaben „X“ gekennzeichnet ist, besteht die UVP-Pflicht, wenn die zur Bestimmung der Art des Vorhabens genannten Merkmale vorliegen. [2]Sofern Schwellenwerte angegeben sind, besteht die UVP-Pflicht, wenn die Werte erreicht oder überschritten werden.

§ 7 Vorprüfung bei Neuvorhaben

(1) [1]Bei einem Neuvorhaben, das in Anlage 1 mit dem Buchstaben „A“ gekennzeichnet ist, führt die zuständige Behörde eine allgemeine Vorprüfung zur Feststellung der UVP-Pflicht durch. [2]Die allgemeine Vorprüfung wird als überschlägige Prüfung unter Berücksichtigung der in Anlage 3 aufgeführten Kriterien durchgeführt. [3]Die UVP-Pflicht besteht, wenn das Neuvorhaben nach Einschätzung der zuständigen Behörde erhebliche nachteilige Umweltauswirkungen haben kann, die bei der Zulassungsentscheidung zu berücksichtigen wären.

(2) [1]Bei einem Neuvorhaben, das in Anlage 1 mit dem Buchstaben „S“ gekennzeichnet ist, führt die zuständige Behörde eine standortbezogene Vorprüfung zur Feststellung der UVP-Pflicht durch. [2]Die standortbezogene Vorprüfung wird als überschlägige Prüfung in zwei Stufen durchgeführt. [3]In der ersten Stufe prüft die zuständige Behörde, ob bei dem Neuvorhaben besondere örtliche Gegebenheiten gemäß den in Anlage 3 Nummer 2 Buchstabe c aufgeführten Schutzkriterien vorliegen. [4]Ergibt die Prüfung auf der ersten Stufe, dass keine besonderen örtlichen Gegebenheiten vorliegen, so besteht keine UVP-Pflicht. [5]Ergibt die Prüfung in der ersten Stufe, dass besondere örtliche Gegebenheiten vorliegen, so prüft die Behörde auf der zweiten Stufe unter Berücksichtigung der in Anlage 3 aufgeführten Kriterien, ob das Neuvorhaben erhebliche nachteilige Umweltauswirkungen haben kann, die die besondere Empfindlichkeit oder die Schutzziele des Gebietes betreffen und bei der Zulassungsentscheidung zu berücksichtigen wären. [6]Die UVP-Pflicht besteht, wenn das Neuvorhaben nach Einschätzung der zuständigen Behörde solche Umweltauswirkungen haben kann.

(3) [1]Die Vorprüfung nach den Absätzen 1 und 2 entfällt, wenn der Vorhabenträger die Durchführung einer Umweltverträglichkeitsprüfung beantragt und die zuständige Behörde das Entfallen der Vorprüfung als zweckmäßig erachtet. [2]Für diese Neuvorhaben besteht die UVP-Pflicht. [3]Die Entscheidung der zuständigen Behörde ist nicht anfechtbar.

(4) Zur Vorbereitung der Vorprüfung ist der Vorhabenträger verpflichtet, der zuständigen Behörde geeignete Angaben nach Anlage 2 zu den Merkmalen des Neuvorhabens und des Standorts sowie zu den möglichen erheblichen Umweltauswirkungen des Neuvorhabens zu übermitteln.

(5) [1]Bei der Vorprüfung berücksichtigt die Behörde, ob erhebliche nachteilige Umweltauswirkungen durch Merkmale des Vorhabens oder des Standorts oder durch Vorkehrungen des Vorhabenträgers offensichtlich ausgeschlossen werden. [2]Liegen der Behörde Ergebnisse vorgelagerter Umweltprüfungen oder anderer rechtlich vorgeschriebener Untersuchungen zu den Umweltauswirkungen des Vorhabens vor, so bezieht sie diese Ergebnisse in die Vorprüfung ein. [3]Bei der allgemeinen Vorprüfung

kann sie ergänzend berücksichtigen, inwieweit Schwellenwerte, die die allgemeine Vorprüfung eröffnen, überschritten werden.

(6) [1]Die zuständige Behörde trifft die Feststellung zügig und spätestens sechs Wochen nach Erhalt der nach Absatz 4 erforderlichen Angaben. [2]In Ausnahmefällen kann sie die Frist für die Feststellung um bis zu drei Wochen oder, wenn dies wegen der besonderen Schwierigkeit der Prüfung erforderlich ist, um bis zu sechs Wochen verlängern.

(7) Die zuständige Behörde dokumentiert die Durchführung und das Ergebnis der allgemeinen und der standortbezogenen Vorprüfung.

§ 8 UVP-Pflicht bei Änderungsvorhaben

(1) [1]Wird ein Vorhaben geändert, für das eine Umweltverträglichkeitsprüfung durchgeführt worden ist, so besteht für das Änderungsvorhaben die UVP-Pflicht, wenn

1. allein die Änderung die Schwellenwerte für eine unbedingte UVP-Pflicht gemäß § 6 erreicht oder überschreitet oder
2. die allgemeine Vorprüfung ergibt, dass die Änderung zusätzliche erhebliche nachteilige oder andere erhebliche nachteilige Umweltauswirkungen hervorrufen kann.

[2]Wird ein Vorhaben geändert, für das keine Schwellenwerte vorgeschrieben sind, so wird die allgemeine Vorprüfung nach Satz 1 Nummer 2 durchgeführt. [3]Wird ein Vorhaben der Anlage 1 Nummer 30 geändert, so wird die allgemeine Vorprüfung nach Satz 1 Nummer 2 nur durchgeführt, wenn allein durch die Änderung der jeweils für den Bau des entsprechenden Vorhabens in den Nummern 18.1, 18.2, 18.3, 18.4 oder 18.6 der Anlage 1 zum Gesetz über die Umweltverträglichkeitsprüfung genannte Prüfwert erreicht oder überschritten wird.

(2) [1]Wird ein Vorhaben geändert, für das keine Umweltverträglichkeitsprüfung durchgeführt worden ist, so besteht für das Änderungsvorhaben die UVP-Pflicht, wenn das geänderte Vorhaben

1. den Schwellenwert für die unbedingte UVP-Pflicht gemäß § 6 erstmals erreicht oder überschreitet oder
2. einen in Anlage 1 angegebenen Prüfwert für die Vorprüfung erstmals oder erneut erreicht oder überschreitet und eine Vorprüfung ergibt, dass die Änderung erhebliche nachteilige Umweltauswirkungen hervorrufen kann.

[2]Wird ein Vorhaben nach Anlage 1 Nummer 30 geändert, gilt Satz 1 mit der Maßgabe, dass allein durch die Änderung der Prüfwert nach Satz 1 Nummer 2 erreicht oder überschritten wird.

(3) [1]Wird ein Vorhaben geändert, für das keine Umweltverträglichkeitsprüfung durchgführt worden ist, so wird für das Änderungsvorhaben eine Vorprüfung durchgeführt, wenn für das Vorhaben nach Anlage 1

1. eine UVP-Pflicht besteht und dafür keine Schwellenwerte vorgeschrieben sind oder
2. eine Vorprüfung, aber keine Prüfwerte vorgeschrieben sind.

[2]Die UVP-Pflicht besteht, wenn die Vorprüfung ergibt, dass die Änderung erhebliche nachteilige Umweltauswirkungen hervorrufen kann.

(4) Für die Vorprüfung bei Änderungsvorhaben gilt § 7 entsprechend.

(5) Der in den jeweiligen Anwendungsbereich der Richtlinien 85/337/EWG[1)] und 97/11/EG[2)] fallende, aber vor Ablauf der jeweiligen Umsetzungsfristen erreichte Bestand bleibt hinsichtlich des Erreichens oder Überschreitens der Schwellenwerte und der Prüfwerte unberücksichtigt.

§ 9 UVP-Pflicht bei kumulierenden Vorhaben

(1) Für kumulierende Vorhaben besteht die UVP-Pflicht, wenn die kumulierenden Vorhaben zusammen die maßgeblichen Schwellenwerte nach § 6 erreichen oder überschreiten.

(2) [1]Bei kumulierenden Vorhaben, die zusammen die Prüfwerte für eine allgemeine Vorprüfung erstmals oder erneut erreichen oder überschreiten, ist die allgemeine Vorprüfung durchzuführen. [2]Für die allgemeine Vorprüfung gilt § 7 Absatz 1 und 3 bis 7 entsprechend.

---

1) **Amtl. Anm.:** Richtlinie 85/337/EWG des Rates vom 27. Juni 1985 über die Umweltverträglichkeitsprüfung bei bestimmten öffentlichen und privaten Projekten (ABl. L 175 vom 5.7.1985, S. 40)

2) **Amtl. Anm.:** Richtlinie 97/11/EG des Rates vom 3. März 1997 zur Änderung der Richtlinie 85/337/EWG über die Umweltverträglichkeitsprüfung bei bestimmten öffentlichen und privaten Projekten (ABl. L 73 vom 14.3.1997, S. 5)

(3) [1]Bei kumulierenden Vorhaben, die zusammen die Prüfwerte für eine standortbezogene Vorprüfung erstmals oder erneut erreichen oder überschreiten, ist die standortbezogene Vorprüfung durchzuführen. [2]Für die standortbezogene Vorprüfung gilt § 7 Absatz 2 bis 7 entsprechend.

(4) [1]Kumulierende Vorhaben liegen vor, wenn mehrere Vorhaben derselben Art von einem oder mehreren Vorhabenträgern durchgeführt werden und in einem engen Zusammenhang stehen. [2]Ein enger Zusammenhang liegt vor, wenn

1. sich der Einwirkungsbereich der Vorhaben überschneidet und
2. die Vorhaben funktional und wirtschaftlich aufeinander bezogen sind.

[3]Technische und sonstige Anlagen müssen zusätzlich mit gemeinsamen betrieblichen oder baulichen Einrichtungen verbunden sein.

(5) Der in den jeweiligen Anwendungsbereich der Richtlinien 85/337/EWG und 97/11/EG fallende, aber vor Ablauf der jeweiligen Umsetzungsfristen erreichte Bestand bleibt hinsichtlich des Erreichens oder Überschreitens der Schwellenwerte und der Prüfwerte unberücksichtigt.

§ 10 UVP-Pflicht bei hinzutretenden kumulierenden Vorhaben, bei denen das Zulassungsverfahren für das frühere Vorhaben abgeschlossen ist

(1) Hinzutretende kumulierende Vorhaben liegen vor, wenn zu einem beantragten oder bestehenden Vorhaben (früheres Vorhaben) nachträglich ein kumulierendes Vorhaben hinzutritt.

(2) [1]Wenn für das frühere Vorhaben eine Zulassungsentscheidung getroffen worden ist, so besteht für den Fall, dass für das frühere Vorhaben bereits eine Umweltverträglichkeitsprüfung durchgeführt worden ist, für das hinzutretende kumulierende Vorhaben die UVP-Pflicht, wenn

1. das hinzutretende Vorhaben allein die Schwellenwerte für eine UVP-Pflicht gemäß § 6 erreicht oder überschreitet oder
2. eine allgemeine Vorprüfung ergibt, dass durch sein Hinzutreten zusätzliche erhebliche nachteilige oder andere erhebliche nachteilige Umweltauswirkungen hervorgerufen werden können.

[2]Für die allgemeine Vorprüfung gilt § 7 Absatz 1 und Absatz 3 bis 7 entsprechend.

(3) [1]Wenn für das frühere Vorhaben eine Zulassungsentscheidung getroffen worden ist, so ist für den Fall, dass für das frühere Vorhaben keine Umweltverträglichkeitsprüfung durchgeführt worden ist, für das hinzutretende kumulierende Vorhaben

1. die Umweltverträglichkeitsprüfung durchzuführen, wenn die kumulierenden Vorhaben zusammen die maßgeblichen Schwellenwerte nach § 6 erreichen oder überschreiten, oder
2. die allgemeine Vorprüfung durchzuführen, wenn die kumulierenden Vorhaben zusammen die Prüfwerte für die allgemeine Vorprüfung erstmals oder erneut erreichen oder überschreiten, oder
3. die standortbezogene Vorprüfung durchzuführen, wenn die kumulierenden Vorhaben zusammen die Prüfwerte für die standortbezogene Vorprüfung erstmals oder erneut erreichen oder überschreiten.

[2]Für die Vorprüfung gilt § 7 entsprechend.

(4) [1]Erreichen oder überschreiten in den Fällen des Absatzes 3 die kumulierenden Vorhaben zwar zusammen die maßgeblichen Schwellenwerte nach § 6, werden jedoch für das hinzutretende kumulierende Vorhaben weder der Prüfwert für die standortbezogene Vorprüfung noch der Prüfwert für die allgemeine Vorprüfung erreicht oder überschritten, so besteht für das hinzutretende kumulierende Vorhaben die UVP-Pflicht nur, wenn die allgemeine Vorprüfung ergibt, dass durch sein Hinzutreten zusätzliche erhebliche nachteilige oder andere erhebliche nachteilige Umweltauswirkungen eintreten können. [2]Für die allgemeine Vorprüfung gilt § 7 Absatz 1 und Absatz 3 bis 7 entsprechend.

(5) In der Vorprüfung für das hinzutretende kumulierende Vorhaben ist das frühere Vorhaben als Vorbelastung zu berücksichtigen.

(6) Der in den jeweiligen Anwendungsbereich der Richtlinien 85/337/EWG und 97/11/EG fallende, aber vor Ablauf der jeweiligen Umsetzungsfristen erreichte Bestand bleibt hinsichtlich des Erreichens oder Überschreitens der Schwellenwerte und der Prüfwerte unberücksichtigt.

§ 11 UVP-Pflicht bei hinzutretenden kumulierenden Vorhaben, bei denen das frühere Vorhaben noch im Zulassungsverfahren ist

(1) [1]Wenn für das frühere Vorhaben zum Zeitpunkt der Antragstellung für das hinzutretende kumulierende Vorhaben noch keine Zulassungsentscheidung getroffen worden ist, so besteht für den Fall,

dass für das frühere Vorhaben allein die UVP-Pflicht besteht, für das hinzutretende kumulierende Vorhaben die UVP-Pflicht, wenn

1. das hinzutretende Vorhaben allein die Schwellenwerte für die UVP-Pflicht gemäß § 6 erreicht oder überschreitet oder
2. die allgemeine Vorprüfung ergibt, dass durch das hinzutretende Vorhaben zusätzliche erhebliche nachteilige oder andere erhebliche Umweltauswirkungen hervorgerufen werden können.

[2]Für die allgemeine Vorprüfung gilt § 7 Absatz 1 und Absatz 3 bis 7 entsprechend.

(2) [1]Wenn für das frühere Vorhaben zum Zeitpunkt der Antragstellung für das hinzutretende kumulierende Vorhaben noch keine Zulassungsentscheidung getroffen worden ist, so ist für den Fall, dass für das frühere Vorhaben allein keine UVP-Pflicht besteht und die Antragsunterlagen für dieses Zulassungsverfahren bereits vollständig eingereicht sind, für das hinzutretende kumulierende Vorhaben

1. die Umweltverträglichkeitsprüfung durchzuführen, wenn die kumulierenden Vorhaben zusammen die maßgeblichen Schwellenwerte nach § 6 erreichen oder überschreiten,
2. die allgemeine Vorprüfung durchzuführen, wenn die kumulierenden Vorhaben zusammen die Prüfwerte für die allgemeine Vorprüfung erstmals oder erneut erreichen oder überschreiten, oder
3. die standortbezogene Vorprüfung durchzuführen, wenn die kumulierenden Vorhaben zusammen die Prüfwerte für die standortbezogene Vorprüfung erstmals oder erneut erreichen oder überschreiten.

[2]Für die Vorprüfung gilt § 7 entsprechend. [3]Für das frühere Vorhaben besteht keine UVP-Pflicht und keine Pflicht zur Durchführung einer Vorprüfung.

(3) [1]Wenn für das frühere Vorhaben zum Zeitpunkt der Antragstellung für das hinzutretende kumulierende Vorhaben noch keine Zulassungsentscheidung getroffen worden ist, so ist für den Fall, dass für das frühere Vorhaben allein keine UVP-Pflicht besteht und die Antragsunterlagen für dieses Zulassungsverfahren noch nicht vollständig eingereicht sind, für die kumulierenden Vorhaben jeweils

1. eine Umweltverträglichkeitsprüfung durchzuführen, wenn die kumulierenden Vorhaben zusammen die maßgeblichen Schwellenwerte nach § 6 erreichen oder überschreiten,
2. eine allgemeine Vorprüfung durchzuführen, wenn die kumulierenden Vorhaben zusammen die Prüfwerte für eine allgemeine Vorprüfung erstmals oder erneut erreichen oder überschreiten, oder
3. eine standortbezogene Vorprüfung durchzuführen, wenn die kumulierenden Vorhaben zusammen die Prüfwerte für eine standortbezogene Vorprüfung erstmals oder erneut erreichen oder überschreiten.

[2]Für die Vorprüfung gilt § 7 entsprechend.

(4) [1]Erreichen oder überschreiten in den Fällen des Absatzes 2 oder Absatzes 3 die kumulierenden Vorhaben zwar zusammen die maßgeblichen Schwellenwerte nach § 6, werden jedoch für das hinzutretende kumulierende Vorhaben weder der Prüfwert für die standortbezogene Vorprüfung noch der Prüfwert für die allgemeine Vorprüfung erreicht oder überschritten, so besteht für das hinzutretende kumulierende Vorhaben die UVP-Pflicht nur, wenn die allgemeine Vorprüfung ergibt, dass durch sein Hinzutreten zusätzliche erhebliche nachteilige oder andere erhebliche nachteilige Umweltauswirkungen hervorgerufen werden können. [2]Für die allgemeine Vorprüfung gilt § 7 Absatz 1 und Absatz 3 bis 7 entsprechend. [3]Im Fall des Absatzes 3 sind Satz 1 und 2 für das frühere Vorhaben entsprechend anzuwenden.

(5) Das frühere Vorhaben und das hinzutretende kumulierende Vorhaben sind in der Vorprüfung für das jeweils andere Vorhaben als Vorbelastung zu berücksichtigen.

(6) Der in den jeweiligen Anwendungsbereich der Richtlinien 85/337/EWG und 97/11/EG fallende, aber vor Ablauf der jeweiligen Umsetzungsfristen erreichte Bestand bleibt hinsichtlich des Erreichens oder Überschreitens der Schwellenwerte und der Prüfwerte unberücksichtigt.

§ 12 Strategische Umweltprüfung, Feststellung der SUP-Pflicht

(1) Die Strategische Umweltprüfung (SUP) ist unselbstständiger Teil behördlicher Verfahren zur Aufstellung oder Änderung von Plänen und Programmen.

(2) [1]Die zuständige Behörde stellt frühzeitig fest, ob nach den Absätzen 3 bis 5 eine Verpflichtung zur Durchführung einer Strategischen Umweltprüfung (SUP-Pflicht) besteht. [2]Die Feststellung der SUP-Pflicht ist, sofern eine Vorprüfung des Einzelfalls nach Absatz 3 Satz 2 oder Absatz 5 vorgenommen worden ist, der Öffentlichkeit nach den Bestimmungen des Landes über den Zugang zu Umweltinfor-

mationen zugänglich zu machen; soll eine Strategische Umweltprüfung unterbleiben, ist dies einschließlich der dafür wesentlichen Gründe bekannt zu geben. [3]Die Feststellung ist nicht selbstständig anfechtbar.

(3) [1]Eine Strategische Umweltprüfung ist durchzuführen bei Plänen und Programmen, die

1. in der Anlage 4 Nummer 1 aufgeführt sind oder
2. in der Anlage 4 Nummer 2 aufgeführt sind und für Entscheidungen über die Zulässigkeit von in der Anlage 1 oder der Anlage 1 des Gesetzes über die Umweltverträglichkeitsprüfung aufgeführten Vorhaben einen Rahmen setzen.

[2]Bei nicht unter Satz 1 fallenden Plänen und Programmen ist eine Strategische Umweltprüfung nur dann durchzuführen, wenn sie für die Entscheidung über die Zulässigkeit von in der Anlage 1 aufgeführten oder anderen Vorhaben einen Rahmen setzen und nach einer Vorprüfung im Einzelfall im Sinne der Sätze 4 bis 7 voraussichtlich erhebliche Umweltauswirkungen haben. [3]Pläne und Programme setzen einen Rahmen für die Entscheidung über die Zulässigkeit von Vorhaben, wenn sie Festlegungen mit Bedeutung für spätere Zulassungsentscheidungen, insbesondere zum Bedarf, zur Größe, zum Standort, zur Beschaffenheit, zu Betriebsbedingungen von Vorhaben oder zur Inanspruchnahme von Ressourcen enthalten. [4]Hängt die Durchführung einer Strategischen Umweltprüfung von einer Vorprüfung des Einzelfalls ab, hat die zuständige Behörde aufgrund einer überschlägigen Prüfung unter Berücksichtigung der in Anlage 5 aufgeführten Kriterien einzuschätzen, ob der Plan oder das Programm voraussichtlich erhebliche Umweltauswirkungen hat, die im weiteren Aufstellungsverfahren zu berücksichtigen wären. [5]Bei der Vorprüfung nach Satz 4 ist zu berücksichtigen, inwieweit Umweltauswirkungen durch Vermeidungs- und Verminderungsmaßnahmen offensichtlich ausgeschlossen werden. [6]Die Behörden, deren umwelt- und gesundheitsbezogener Aufgabenbereich durch den Plan oder das Programm berührt wird, sind bei der Vorprüfung zu beteiligen. [7]Die Durchführung und das Ergebnis der Vorprüfung sind zu dokumentieren.

(4) Eine Strategische Umweltprüfung ist durchzuführen bei Plänen und Programmen im Sinne des § 36 Satz 1 Nummer 2 des Bundesnaturschutzgesetzes, wenn sie die Voraussetzungen des § 34 Absatz 1 Satz 1 des Bundesnaturschutzgesetzes erfüllen.

(5) Werden Pläne und Programme nach Absatz 3 Satz 1 und Absatz 4 nur geringfügig geändert oder legen sie die Nutzung kleiner Gebiete auf lokaler Ebene fest, so ist eine Strategische Umweltprüfung nur dann durchzuführen, wenn eine Vorprüfung des Einzelfalls im Sinne von Absatz 3 Satz 4 bis 7 ergibt, dass der Plan oder das Programm voraussichtlich erhebliche Umweltauswirkungen hat.

§ 13 Anforderungen und Verfahren der Umweltprüfung, zentrales Internetportal des Landes, Verordnungsermächtigung

(1) [1]Für die Durchführung der Umweltprüfung gelten das Gesetz über die Umweltverträglichkeitsprüfung sowie die zu diesem Gesetz ergangenen Rechtsverordnungen und allgemeinen Verwaltungsvorschriften in der jeweils geltenden Fassung entsprechend. [2]Dies betrifft insbesondere

- die Anforderungen an die Umweltprüfung,
- das anzuwendende Verfahren einschließlich der Beteiligung der in- und ausländischen Behörden und Öffentlichkeit,
- die Berücksichtigung der Ergebnisse der Umweltprüfung bei der Entscheidung über die Zulässigkeit des Vorhabens oder die Annahme des Plans oder Programms,
- die Überwachung der erheblichen nachteiligen Umweltauswirkungen, die sich aus der Zulassung des Vorhabens ergeben,
- die Überwachung der erheblichen Umweltauswirkungen, die sich aus der Durchführung des Plans oder Programms ergeben,
- die Vermeidung von Interessenkonflikten und
- die Berichterstattung an die Europäische Kommission.

[3]§ 4 Absatz 5 bis 7, § 7 Absatz 2 bis 4, § 9 Absatz 3 und 5 Satz 2 und § 20a Absatz 3 des Landesplanungsgesetzes bleiben unberührt.

(2) [1]Die Zugänglichmachung des Inhalts von Bekanntmachungen sowie auszulegenden Unterlagen und Bescheiden erfolgt im zentralen Internetportal des Landes, wenn die Zulassungsbehörde eine Landes- oder kommunale Behörde ist. [2]Maßgeblich ist der Inhalt der ausgelegten Unterlagen und Bescheide. [3]Für den Aufbau und Betrieb des zentralen Internetportals des Landes ist das Landesamt für Umwelt, Naturschutz und Geologie zuständig. [4]Die Zulassungsbehörden erhalten Lese- und

Schreibrechte und sind für die jeweiligen Veröffentlichungen und Löschungen sowie die Vorbereitung der Berichterstattung nach § 73 des Gesetzes über die Umweltverträglichkeitsprüfung verantwortlich.

(3) Der Inhalt des zentralen Internetportals soll auch für die Zwecke der Berichterstattung nach § 73 des Gesetzes über die Umweltverträglichkeitsprüfung verwendet werden.

(4) [1]Bei der Aufstellung und Änderung von Landschaftsplanungen nach den §§ 10 und 11 des Bundesnaturschutzgesetzes sind in die Darstellungen nach § 9 Absatz 3 des Bundesnaturschutzgesetzes die Umweltauswirkungen auf die in § 2 Absatz 1 genannten Schutzgüter aufzunehmen. [2]Sofern Landschaftspläne parallel zu Bauleitplänen aufgestellt werden, erfolgt die Durchführung der Verfahrensschritte der Strategischen Umweltprüfung im Rahmen dieser Verfahren.

(5) [1]Bedarf ein Vorhaben der Zulassung durch mehrere Behörden, so bestimmt die Landesregierung durch Rechtsverordnung eine federführende Behörde, die zumindest für die Aufgaben nach den §§ 5, 15, 24, 54, 55 Absatz 1 bis 4 und 6 und § 56 des Gesetzes über die Umweltverträglichkeitsprüfung sowie nach den §§ 5 bis 11 zuständig ist. [2]Mit der Rechtsverordnung können der federführenden Behörde weitere verfahrensrechtliche Zuständigkeiten nach dem Gesetz über die Umweltverträglichkeitsprüfung übertragen werden.

§ 14 Übergangsvorschrift

(1) Für Vorhaben, für die das Verfahren zur Feststellung der UVP-Pflicht im Einzelfall nach § 3 Absatz 6 und 7 in der Fassung dieses Gesetzes, die vor dem 16. Mai 2017 galt, vor dem 16. Mai 2017 eingeleitet wurde, sind die Vorschriften über die Vorprüfung des Einzelfalls in der bis dahin geltenden Fassung weiter anzuwenden.

(2) Verfahren nach § 4 sind nach der Fassung dieses Gesetzes, die vor dem 16. Mai 2017 galt, zu Ende zu führen, wenn vor diesem Zeitpunkt

1. das Verfahren zur Unterrichtung über voraussichtlich beizubringende Unterlagen entsprechend der bis dahin geltenden Fassung des § 5 Absatz 1 des Gesetzes über die Umweltverträglichkeitsprüfung eingeleitet wurde
   oder
2. die Unterlagen entsprechend § 6 der bis dahin geltenden Fassung des Gesetzes über die Umweltverträglichkeitsprüfung vorgelegt wurden.

(3) Verfahren nach § 12 Absatz 1 sind nach der Fassung dieses Gesetzes, die vor dem 16. Mai 2017 galt, zu Ende zu führen, wenn vor diesem Zeitpunkt der Untersuchungsrahmen entsprechend § 14f Absatz 1 in der bis dahin geltenden Fassung des Gesetzes über die Umweltverträglichkeitsprüfung festgelegt wurde.

Anlage 1
(zu § 1 Absatz 1 Nummer 1, § 2 Absatz 4, § 6 Satz 1 und § 7 Absatz 1 Satz 1 und Absatz 2 Satz 1)

Liste „UVP-pflichtige Vorhaben"

Nachstehende Vorhaben fallen nach § 1 Absatz 1 Nummer 1 in den Anwendungsbereich dieses Gesetzes. Soweit nachstehend eine allgemeine Vorprüfung oder eine standortbezogene Vorprüfung des Einzelfalls vorgesehen ist, nimmt dies Bezug auf die Regelungen des § 7 Absatz 1 und 2.

Legende:

Nr. = Nummer des Vorhabens
Vorhaben = Art des Vorhabens mit ggf. Schwellenwerten nach § 6 Satz 2 und § 7 Absatz 5 Satz 3
X = Vorhaben ist UVP-pflichtig
A = allgemeine Vorprüfung des Einzelfalls (§ 7 Absatz 1 Satz 1)
S = standortbezogene Vorprüfung des Einzelfalls (§ 7 Absatz 2 Satz 1)

Nr.	**Vorhaben**	**Festlegung zur UVP**
1 bis 17	(weggefallen)	
18	**Bauten des Küstenschutzes zur Bekämpfung der Erosion und meerestechnische Arbeiten, die geeignet sind, Veränderungen der Küste mit sich zu bringen (zum Beispiel Bau von Deichen, Molen, Hafendämmen und sonstigen Küstenschutzbauten), mit Ausnahme der Unterhaltung und Wiederherstellung solcher Bauten**	
a)	Deichbauten, wenn durch aperiodische Salzwasserüberflutungen ökologisch geprägte Flächen eingedeicht werden (Höhenlagen bis 0,8 m HN)	X
b)	Beseitigung von Deichen	S
c)	ufernormale Bauwerke ab 100 m in See	A
d)	uferparallele Bauwerke ab 500 m	A
e)	Dünenneubauten auf bisher dünenlosen Grundflächen	A
f)	Sandvorspülungen vor Fels- und Steilküsten, auf Block- und Geröllgründen, an Boddengewässern mit Verlandungsbereichen	A
19	(weggefallen)	
20	Bau einer Landesschnellstraße[1)]	**X**
21	**Bau einer neuen vier- oder mehrspurigen Straße, wenn diese neue Straße eine durchgehende Länge von 5 km oder mehr aufweist**	**X**
22	**Bau einer vier- oder mehrspurigen Straße durch Verlegung und/ oder Ausbau einer bestehenden Straße, wenn dieser verlegte und/ oder ausgebaute Straßenabschnitt eine durchgehende Länge von 10 km oder mehr aufweist**	**X**
23	Bau einer sonstigen Straße, ausgenommen Ortsstraßen im Sinne des § 3 StrWG-MV	**A**
23a	**Bau einer Privatstraße, ausgenommen innerhalb der geschlossenen Ortslage oder innerhalb ausgewiesener Baugebiete**	**A**
24	**Errichtung und Betrieb von Torfgewinnungsvorhaben, sofern sie nicht dem Bergrecht unterliegen, die einschließlich Betriebsanlagen und -einrichtungen**	
a)	mehr als 5 ha Gesamtfläche beanspruchen	X
b)	bis zu 5 ha Gesamtfläche beanspruchen	A

1) **Amtl. Anm.:** „Schnellstraßen" sind Schnellstraßen gemäß den Begriffsbestimmungen des Europäischen Übereinkommens über die Hauptstraßen des internationalen Verkehrs vom 15. November 1975.

Nr.	Vorhaben	Festlegung zur UVP
25	**Errichtung und Betrieb von Steinbrüchen, Tagebauen, Abgrabungen zur Gewinnung von nicht dem Bergrecht unterliegenden Bodenschätzen, die einschließlich Betriebsanlagen und -einrichtungen sowie der Aufschüttungen, die unmittelbare Folge von Abgrabungen sind,**	
a)	mehr als 10 ha Gesamtfläche beanspruchen	X
b)	1 bis 10 ha Gesamtfläche beanspruchen	S
26	(weggefallen)	
27	Bau der gemeinschaftlichen und öffentlichen Anlagen im Sinne des Flurbereinigungsgesetzes	**A**
28	(aufgehoben)	
a)	ab einer Größe von 10 ha	A
b)	bei einer Größe von 1 bis weniger als 10 ha	S
29	**Errichtung und Betrieb von Skipisten, Skiliften und Seilbahnen, einschließlich der zugehörigen Betriebsanlagen und -einrichtungen**	**A**
30	**Bau eines Feriendorfes, eines Hotelkomplexes oder einer sonstigen großen Einrichtung für die Ferien- und Fremdenbeherbergung,** **eines ganzjährig betriebenen Campingplatzes,** **eines Freizeitparks,** **eines Parkplatzes oder** eines Einkaufszentrums, eines großflächigen Einzelhandelsbetriebes oder eines sonstigen großflächigen Handelsbetriebes im Sinne des § 11 Absatz 3 Satz 1 der Baunutzungsverordnung, soweit der in den Nummern 18.1, 18.2, 18.3, 18.4 oder 18.6 der Anlage 1 zum UVPG genannte jeweilige Prüfwert für die Vorprüfung erreicht oder überschritten wird	**A**

Anlage 2
(zu § 7 Absatz 4)

Angaben des Vorhabenträgers zur Vorbereitung der Vorprüfung

1. Nachstehende Angaben sind nach § 7 Absatz 4 vom Vorhabenträger zu übermitteln, wenn nach § 7 Absatz 1 und 2, auch in Verbindung mit den §§ 8 bis 11, eine Vorprüfung durchzuführen ist.
   a) Eine Beschreibung des Vorhabens, insbesondere
      aa) der physischen Merkmale des gesamten Vorhabens und, soweit relevant, der Abrissarbeiten,
      bb) des Standorts des Vorhabens und der ökologischen Empfindlichkeit der Gebiete, die durch das Vorhaben beeinträchtigt werden können.
   b) Eine Beschreibung der Schutzgüter, die von dem Vorhaben erheblich beeinträchtigt werden können.
   c) Eine Beschreibung der möglichen erheblichen Auswirkungen des Vorhabens auf die betroffenen Schutzgüter infolge
      aa) der erwarteten Rückstände und Emissionen sowie gegebenenfalls der Abfallerzeugung,
      bb) der Nutzung der natürlichen Ressourcen, insbesondere Fläche, Boden, Wasser, Tiere, Pflanzen und biologische Vielfalt.
2. Bei der Zusammenstellung der Angaben für die Vorprüfung ist den Kriterien nach Anlage 3, die für das Vorhaben von Bedeutung sind, Rechnung zu tragen. Soweit der Vorhabenträger über Ergebnisse vorgelagerter Umweltprüfungen oder anderer rechtlich vorgeschriebener Untersuchungen zu den Umweltauswirkungen des Vorhabens verfügt, sind diese ebenfalls einzubeziehen.
3. Zusätzlich zu den Angaben nach Nummer 1 Buchstabe a kann der Vorhabenträger auch eine Beschreibung aller Merkmale des Vorhabens und des Standorts und aller Vorkehrungen vorlegen, mit denen erhebliche nachteilige Umweltauswirkungen ausgeschlossen werden sollen.
4. Wird eine standortbezogene Vorprüfung durchgeführt, können sich die Angaben des Vorhabenträgers in der ersten Stufe auf solche Angaben beschränken, die sich auf das Vorliegen besonderer örtlicher Gegebenheiten gemäß den in Anlage 3 Nummer 2 Buchstabe c aufgeführten Schutzkriterien beziehen.

Anlage 3
(zu § 5 Absatz 2 Satz 2 und § 7 Absatz 1 Satz 2, Absatz 2 Satz 3 und 5)

Kriterien für die Vorprüfung

Nachstehende Kriterien sind anzuwenden, soweit in § 7 Absatz 1 und 2, auch in Verbindung mit den §§ 8 bis 11, auf Anlage 3 Bezug genommen wird.

1. Merkmale der Vorhaben

Die Merkmale eines Vorhabens sind insbesondere hinsichtlich folgender Kriterien zu beurteilen:

a) Größe und Ausgestaltung des gesamten Vorhabens und, soweit relevant, der Abrissarbeiten,
b) Zusammenwirken mit anderen bestehenden oder zugelassenen Vorhaben und Tätigkeiten,
c) Nutzung natürlicher Ressourcen, insbesondere Fläche, Boden, Wasser, Tiere, Pflanzen und biologische Vielfalt,
d) Erzeugung von Abfällen im Sinne von § 3 Absatz 1 und 8 des Kreislaufwirtschaftsgesetzes,
e) Umweltverschmutzung und Belästigungen,
f) Risiken von Störfällen, Unfällen und Katastrophen, die für das Vorhaben von Bedeutung sind, einschließlich der Störfälle, Unfälle und Katastrophen, die wissenschaftlichen Erkenntnissen zufolge durch den Klimawandel bedingt sind, insbesondere mit Blick auf:
   aa) verwendete Stoffe und Technologien,
   bb) die Anfälligkeit des Vorhabens für Störfälle im Sinne des § 2 Nummer 7 der Störfall-Verordnung, insbesondere aufgrund seiner Verwirklichung innerhalb des angemessenen Sicherheitsabstandes zu Betriebsbereichen im Sinne des § 3 Absatz 5a des Bundes-Immissionsschutzgesetzes,
g) Risiken für die menschliche Gesundheit, z.B. durch Verunreinigung von Wasser oder Luft.

2. Standort des Vorhabens

Die ökologische Empfindlichkeit eines Gebiets, das durch ein Vorhaben möglicherweise beeinträchtigt wird, ist insbesondere hinsichtlich folgender Nutzungs- und Schutzkriterien unter Berücksichtigung des Zusammenwirkens mit anderen Vorhaben in ihrem gemeinsamen Einwirkungsbereich zu beurteilen:

a) bestehende Nutzung des Gebietes, insbesondere als Fläche für Siedlung und Erholung, für land-, forst- und fischereiwirtschaftliche Nutzungen, für sonstige wirtschaftliche und öffentliche Nutzungen, Verkehr, Ver- und Entsorgung (Nutzungskriterien),

b) Reichtum, Verfügbarkeit, Qualität und Regenerationsfähigkeit der natürlichen Ressourcen, insbesondere Fläche, Boden, Landschaft, Wasser, Tiere, Pflanzen, biologische Vielfalt, des Gebiets und seines Untergrunds (Qualitätskriterien),
c) Belastbarkeit der Schutzgüter unter besonderer Berücksichtigung folgender Gebiete und von Art und Umfang des ihnen jeweils zugewiesenen Schutzes (Schutzkriterien):
   aa) Natura 2000-Gebiete nach § 7 Absatz 1 Nummer 8 des Bundesnaturschutzgesetzes,
   bb) Naturschutzgebiete nach § 23 des Bundesnaturschutzgesetzes, soweit nicht bereits von den Buchstaben aa erfasst,
   cc) Nationalparke und Nationale Naturmonumente nach § 24 des Bundesnaturschutzgesetzes, soweit nicht bereits von den Buchstaben aa erfasst,
   dd) Biosphärenreservate und Landschaftsschutzgebiete nach den §§ 25 und 26 des Bundesnaturschutzgesetzes,
   ee) Naturdenkmäler nach § 28 des Bundesnaturschutzgesetzes,
   ff) geschützte Landschaftsbestandteile nach § 29 des Bundesnaturschutzgesetzes einschließlich Alleen nach § 19 des Naturschutzausführungsgesetzes,
   gg) einstweilig sichergestellte Naturschutzgebiete nach § 22 Absatz 3 des Bundesnaturschutzgesetzes und § 17 des Naturschutzausführungsgesetzes, soweit nicht bereits von den Buchstaben aa erfasst,
   hh) gesetzlich geschützte Biotope und Geotope nach § 20 des Naturschutzausführungsgesetzes,
   ii) Wasserschutzgebiete nach § 51 des Wasserhaushaltsgesetzes, Heilquellenschutzgebiete nach § 53 Absatz 4 des Wasserhaushaltsgesetzes, Risikogebiete nach § 73 Absatz 1 des Wasserhaushaltsgesetzes sowie Überschwemmungsgebiete nach § 76 des Wasserhaushaltsgesetzes,
   jj) Gebiete, in denen die in den Gemeinschaftsvorschriften festgelegten Umweltqualitätsnormen bereits überschritten sind,
   kk) Gebiete mit hoher Bevölkerungsdichte, insbesondere Zentrale Orte im Sinne des § 2 Absatz 2 Nummer 2 des Raumordnungsgesetzes,
   ll) in amtlichen Listen oder Karten verzeichnete Denkmale, Denkmalensembles, Bodendenkmale oder Gebiete, die als archäologisch bedeutende Landschaften eingestuft worden sind.

3. Art und Merkmale der möglichen Auswirkungen

Die möglichen erheblichen Auswirkungen eines Vorhabens auf die Schutzgüter sind anhand der unter den Nummern 1 und 2 aufgeführten Kriterien zu beurteilen; dabei ist insbesondere folgenden Gesichtspunkten Rechnung zu tragen:
a) der Art und dem Ausmaß der Auswirkungen, insbesondere welches geographische Gebiet betroffen ist und wie viele Personen von den Auswirkungen voraussichtlich betroffen sind,
b) dem etwaigen grenzüberschreitenden Charakter der Auswirkungen,
c) der Schwere und der Komplexität der Auswirkungen,
d) der Wahrscheinlichkeit von Auswirkungen,
e) dem voraussichtlichen Zeitpunkt des Eintretens sowie der Dauer, Häufigkeit und Umkehrbarkeit der Auswirkungen,
f) dem Zusammenwirken der Auswirkungen mit den Auswirkungen anderer bestehender oder zugelassener Vorhaben,
g) der Möglichkeit, die Auswirkungen wirksam zu vermindern.

Anlage 4
(zu § 1 Absatz 1 Nummer 2 und § 12 Absatz 3 Satz 1)

Liste „SUP-pflichtiger Pläne und Programme“

Nachstehende Pläne und Programme fallen nach § 2 Absatz 6 in den Anwendungsbereich dieses Gesetzes.

Legende:

Nr. = Nummer des Plans oder Programms
Plan oder Programm = Art des Plans oder Programms mit obligatorischer Strategischer Umweltprüfung nach § 12 Absatz 3 Satz 1

Nr.	Plan oder Programm
1	Obligatorische Strategische Umweltprüfung nach § 12 Absatz 3 Satz 1 Nummer 1
1.1	Naturparkpläne nach § 3 Nummer 4 des Naturschutzausführungsgesetzes
1.2	Forstliche Rahmenpläne nach § 9 Absatz 2 des Landeswaldgesetzes
1.3	Landschaftsplanungen nach den §§ 10 und 11 des Bundesnaturschutzgesetzes
1.4	Rahmenkonzept und Fachpläne nach § 4 des Biosphärenreservat-Elbe-Gesetzes
2	Strategische Umweltprüfung bei Rahmensetzung nach § 12 Absatz 3 Satz 1 Nummer 2
2.1	Wasserwirtschaftliche Sonderpläne nach § 131 Absatz 1 des Wassergesetzes des Landes Mecklenburg-Vorpommern

Anlage 5
(zu § 12 Absatz 3 Satz 4)

Kriterien für die Vorprüfung des Einzelfalls im Rahmen einer Strategischen Umweltprüfung

Nachstehende Kriterien sind anzuwenden, soweit auf Anlage 5 Bezug genommen wird.

1. **Merkmale des Plans oder Programms, insbesondere in Bezug auf**
   a) das Ausmaß, in dem der Plan oder das Programm einen Rahmen setzt,
   b) das Ausmaß, in dem der Plan oder das Programm andere Pläne oder Programme beeinflusst,
   c) die Bedeutung des Plans oder Programms für die Einbeziehung umweltbezogener einschließlich gesundheitsbezogener Erwägungen, insbesondere im Hinblick auf die Förderung der nachhaltigen Entwicklung,
   d) die für den Plan oder das Programm relevanten umweltbezogenen einschließlich gesundheitsbezogener Probleme,
   e) die Bedeutung des Plans oder Programms für die Durchführung nationaler und europäischer Umweltvorschriften.
2. **Merkmale der möglichen Auswirkungen und der voraussichtlich betroffenen Gebiete, insbesondere in Bezug auf**
   a) die Wahrscheinlichkeit, Dauer, Häufigkeit und Umkehrbarkeit der Auswirkungen,
   b) den kumulativen und grenzüberschreitenden Charakter der Auswirkungen,
   c) die Risiken für die Umwelt einschließlich der menschlichen Gesundheit (z.B. bei Unfällen),
   d) den Umfang und die räumliche Ausdehnung der Auswirkungen,
   e) die Bedeutung und die Sensibilität des voraussichtlich betroffenen Gebiets aufgrund der besonderen natürlichen Merkmale, des kulturellen Erbes, der Intensität der Bodennutzung des Gebiets jeweils unter Berücksichtigung der Überschreitung von Umweltqualitätsnormen und Grenzwerten,
   f) Gebiete nach Nummer 2 Buchstabe c der Anlage 3.

Wassergesetz des Landes Mecklenburg-Vorpommern (LWaG)

Vom 30. November 1992 (GVOBl. M-V S. 669)
(GS Meckl.-Vorp. Gl. Nr.753-2)
zuletzt geändert durch Art. 1 Drittes ÄndG zum WasserG vom 8. Juni 2021 (GVOBl. M-V S. 866)

Der Landtag hat das folgende Gesetz beschlossen:

Inhaltsübersicht

Erster Teil
Einleitende Bestimmungen

§ 1 Sachlicher Geltungsbereich (zu den §§ 2 und 3 Nr. 2 WHG)

(1) [1]Dieses Gesetz gilt für die Gewässer, die in § 2 Abs. 1 des Wasserhaushaltsgesetzes (WHG) bezeichnet sind und für das nicht aus Quellen wild abfließende Wasser. [2]Zu den oberirdischen Gewässern gehören auch unterirdische Strecken und geschlossene Gerinne, soweit sie Teile oder Fortsetzungen von oberirdischen Gewässern sind. [3]Zu den Küstengewässern gehören auch die Sund- und Boddengewässer sowie Haffe und Wieken einschließlich ihrer Randgewässer, soweit deren Wasserhaushalt durch das Meer bestimmt wird.

(2) [1]Vorbehaltlich der Sätze 2 und 3 werden von den Bestimmungen des Wasserhaushaltsgesetzes und den Bestimmungen dieses Gesetzes ausgenommen:

1. Gräben und kleine Wasseransammlungen, die nicht der Vorflut oder der Vorflut der Grundstücke nur eines Eigentümers dienen und von wasserwirtschaftlich untergeordneter Bedeutung sind,
2. Grundstücke, die ausschließlich zur Fischzucht oder Fischhaltung oder zu anderen nicht wasserwirtschaftlichen Zwecken mit Wasser bespannt werden und mit einem Gewässer nur durch künstliche Vorrichtungen zum Füllen und Ablassen verbunden sind.

[2]Satz 1 gilt nicht für die Benutzung im Sinne des § 9 Abs. 1 Nr. 4 und Abs. 2 Nr. 2 des Wasserhaushaltsgesetzes. [3]Satz 1 Nr. 1 gilt nicht für die Anwendung von Pflanzenschutz- und Düngemitteln, soweit es sich um Gewässer handelt, die nicht nur zeitweilig mit Wasser gefüllt sind.

(3) [1]Die oberirdischen Gewässer, die nicht Binnenwasserstraßen sind, enden seewärts dort, wo ihr Wasserhaushalt durch das Meer bestimmt wird. [2]Die Grenze zum Küstengewässer wird durch die gradlinige Verbindung der Küstenlinien an der Mündung bei Mittelwasserstand oder durch Siele, Schleusen und Schöpfwerke gebildet. [3]Ist diese Abgrenzung mit Satz 1 nicht vereinbar, kann die oberste Wasserbehörde den Endpunkt anhand des Wasserhaushalts bestimmen.

§ 2 Anwendung internationalen Rechts

(1) Zwischenstaatliche Vereinbarungen oder bindende Beschlüsse der Europäischen Gemeinschaften sind von den Wasserbehörden bei ihren Entscheidungen zu beachten.

(2) Eine Erlaubnis, Bewilligung, Planfeststellung oder eine Genehmigung nach dem Wasserhaushaltsgesetz, diesem Gesetz oder nach einer hiernach erlassenen Rechtsvorschrift ist zu versagen, wenn die

in Absatz 1 genannten Vereinbarungen und Beschlüsse entgegenstehen oder wenn und soweit diesen nicht durch Benutzungsbedingungen, Bedingungen, Auflagen und sonstigen Nebenbestimmungen entsprochen werden kann.

(3) [1]Die oberste Wasserbehörde wird ermächtigt, durch Rechtsverordnung die zur Durchführung von bindenden Rechtsakten der Europäischen Gemeinschaften und zur Umsetzung von internationalen Vereinbarungen erforderlichen Vorschriften zu erlassen, um im Sinne von § 6 Abs. 1 des Wasserhaushaltsgesetzes die Gewässer zu bewirtschaften und zu schützen. [2]Dies betrifft insbesondere Vorschriften über

1. qualitative und quantitative Anforderungen an die Gewässer,
2. Anforderungen an das Einbringen und Einleiten von Stoffen in die Gewässer und in Abwasseranlagen,
3. den Schutz der Gewässer gegen Beeinträchtigungen durch den Umgang mit wassergefährdenden Stoffen,
4. den Bau und Betrieb von Anlagen
5. die Festsetzung von Gebieten, in denen bestimmte Anforderungen, Gebote und Verbote zu beachten sind,
6. die durchzuführenden Verfahren,
7. die Einhaltung der Anforderungen, ihre Kontrolle und Überwachung,
8. Messmethoden und Messverfahren,
9. den Austausch der Informationen und den Zugang zu ihnen.

§§ 2a, 3 ***[aufgehoben]***

Zweiter Teil

Benutzung der Gewässer und Schutz der Gewässer, Genehmigung von Anlagen

Erster Abschnitt

Gemeinsame Bestimmungen

§ 4 ***[aufgehoben]***

§ 5 Benutzungen (zu § 9 WHG)

(1) Die Vorschriften des Wasserhaushaltsgesetzes und dieses Gesetzes über die Benutzung der Gewässer gelten auch für

1. das Versickern, Verregnen, Verrieseln und Versenken oder sonstige Aufbringen von Abwasser und anderen Stoffen, welche die Eigenschaften von Gewässern nachteilig verändern können,
2. die landwirtschaftliche und forstwirtschaftliche Düngung, soweit durch sie dauernde oder mehr als nur unerhebliche schädliche Änderungen der Beschaffenheit eines Gewässers zu besorgen sind.

(2) Die Erteilung einer Bewilligung für diese Benutzungen ist ausgeschlossen.

§ 6 ***[aufgehoben]***

§ 7 Zusammentreffen mehrerer Erlaubnis- oder Bewilligungsanträge (zu den §§ 8 und 91 bis 94 WHG)

[1]Treffen Anträge auf Erteilung einer Erlaubnis oder Bewilligung für Benutzungen zusammen, die sich auch bei Festsetzung von Benutzungsbedingungen und Auflagen gegenseitig ausschließen, so hat das Vorhaben den Vorrang, das den größten Nutzen für das Wohl der Allgemeinheit erwarten läßt, insbesondere hinsichtlich der öffentlichen Wasserversorgung und Abwasserbeseitigung unter besonderer Berücksichtigung der wasserwirtschaftlichen Auswirkungen. [2]Stehen mehrere beabsichtigte Benutzungen einander gleich, so gebührt zunächst dem Antrag des Gewässereigentümers vor Anträgen anderer Personen, sodann demjenigen Antrag der Vorzug, der zuerst gestellt wurde. [3]Nach Ablauf der in der Bekanntmachung des beabsichtigten Unternehmens bestimmten Frist werden neue Erlaubnis- oder Bewilligungsanträge in demselben Verfahren nicht mehr berücksichtigt. [4]Satz 1 ist im Verfahren zur Erteilung von Zwangsrechten (§§ 91 bis 94 des Wasserhaushaltsgesetzes) anzuwenden.

§§ 8–13 ***[aufgehoben]***

§ 14 Verzicht

Auf eine Erlaubnis, eine gehobene Erlaubnis, eine Bewilligung, ein altes Recht oder eine alte Befugnis kann der Unternehmer schriftlich oder zur Niederschrift bei der zuständigen Wasserbehörde verzichten.

§ 15 Vorkehrungen bei Erlöschen einer Erlaubnis, einer Bewilligung, eines alten Rechts oder einer alten Befugnis

(1) Ist eine Erlaubnis oder eine Bewilligung ganz oder teilweise erloschen, kann die Wasserbehörde den Unternehmer verpflichten,

1. die Anlagen für die Benutzung des Gewässers ganz oder teilweise auf seine Kosten zu beseitigen und den früheren Zustand wiederherzustellen oder
2. auf seine Kosten Vorkehrungen zu treffen, die geeignet sind, nachteilige Folgen zu verhüten oder
3. eine Stauanlage unter den Voraussetzungen des § 28 dieses Gesetzes weiter zu unterhalten oder die Unterhaltung nach § 28 Abs. 2 Nr. 1 dieses Gesetzes zu dulden.

   Der Unternehmer kann die ihm obliegenden Pflichten nach Nummer 1 bis 3 durch Zahlung an den Ausbau- oder Unterhaltungspflichtigen des Gewässers ablösen. Die Unterhaltungspflicht an der Stauanlage geht in diesem Falle mit der Zahlung auf den Ausbau- oder Unterhaltungspflichtigen des Gewässers über.

(2) Steht eine Anordnung nach Absatz 1 in Zusammenhang mit der Beschränkung oder dem Widerruf einer Bewilligung nach § 18 Abs. 2 des Wasserhaushaltsgesetzes, so ist dafür Entschädigung zu leisten.

(3) [1]Ist eine Erlaubnis oder Bewilligung, ein Gewässer mittels einer Wasserbenutzungsanlage zu benutzen, erloschen, so kann die Anlage oder, wenn sie wesentlicher Bestandteil eines Grundstücks ist, das Grundstück, soweit es für die Anlage benötigt wird, zum Wohl der Allgemeinheit zugunsten des Ausbau- oder Unterhaltungspflichtigen des Gewässers enteignet werden. [2]Der Betroffene ist zu entschädigen.

(4) [1]Die oberste Wasserbehörde stellt die Zulässigkeit der Enteignung nach Absatz 3 fest. [2]Im übrigen gilt das Enteignungsgesetz des Landes Mecklenburg-Vorpommern.

(5) Diese Vorschriften gelten bei Erlöschen alter Rechte oder Befugnisse entsprechend.

§ 16 Entgelt für Wasserentnahme

(1) [1]Das Land erhebt von dem Benutzer eines Gewässers ein Entgelt für folgende Benutzungen:

1. Entnehmen und Ableiten von Wasser aus oberirdischen Gewässern,
2. Entnehmen, Zutagefördern, Zutageleiten und Ableiten von Grundwasser.

[2]Bei der Erhebung des Entgeltes gilt Grundwasser, das im Zusammenhang mit dem Abbau oder der Gewinnung von Kies, Sand, Mergel, Ton, Lehm, Torf, Steinen oder anderen Bodenbestandteilen freigelegt worden ist, als oberirdisches Gewässer.

(2) Ein Entgelt wird nicht erhoben für

1. erlaubnisfreie Benutzungen im Sinne des § 8 Abs. 2 und 3, der §§ 25, 26 und 46 des Wasserhaushaltsgesetzes sowie des § 23 dieses Gesetzes,
2. das Entnehmen, Zutagefördern, Zutageleiten und Ableiten von Wasser aus Heilquellen, soweit das Wasser nicht im Zusammenhang mit dem Abfüllen von Mineralwasser verwendet wird,
3. das Entnehmen und Ableiten von Wasser aus oberirdischen Gewässern, um aus ihm unmittelbar Wärme zu gewinnen, und das anschließende Wiedereinleiten in das Gewässer,
4. das Entnehmen, Zutagefördern, Zutageleiten und Ableiten von Grundwasser, um aus ihm unmittelbar Wärme zu gewinnen, und das anschließende Wiedereinleiten in das Grundwasser oder in ein oberirdisches Gewässer,
5. das Entnehmen, Zutagefördern, Zutageleiten, Ableiten von Wasser für Zwecke der Fischerei und der landwirtschaftlichen und erwerbsgärtnerischen Beregnung,
6. das Entnehmen und Ableiten von Wasser aus oberirdischen Gewässern zum Zweck der Wasserkraftnutzung, sofern keine nachteilige Veränderung der chemischen, physikalischen und biologischen Eigenschaften des Wassers erfolgt,
7. Benutzungen, sofern die Wassermenge insgesamt nicht mehr als zweitausend Kubikmeter im Kalenderjahr beträgt.

(3) [1]Für das Entnehmen, Zutagefördern, Zutageleiten und Ableiten von Grundwasser beträgt der Abgabesatz 0,10 Euro je Kubikmeter, für das Entnehmen und Ableiten von Wasser aus oberirdischen

Gewässern beträgt der Abgabesatz 0,02 Euro je Kubikmeter. [2]Bei einer Wiedereinleitung des entnommenen Wassers mit einem Verlust von nicht mehr als 1 Prozent der Wassermenge in das Gewässer, aus dem es entnommen wurde, ermäßigt sich die Höhe des Entgelts auf 10 Prozent. [3]Bei einer nicht zugelassenen Gewässerbenutzung ist jeweils der zweifache Betrag je Kubikmeter entnommenen Wassers zu erheben. [4]Beiträge im Sinne des § 13 Abs. 2 Nr. 4 des Wasserhaushaltsgesetzes schließen die Verpflichtung zur Zahlung des Wasserentnahmeentgelts nicht aus. [5]Das Entgelt steht dem Land zu.

(4) [1]Im Einzelfall kann die oberste Wasserbehörde im Einvernehmen mit der für Finanzen zuständigen obersten Landesbehörde ganz oder teilweise auf die Erhebung des nach Absatz 3 zu erhebenden Entgeltes verzichten, wenn das Vorhaben im Besonderen öffentlichen Interesse steht. [2]Satz 1 gilt nicht für Wasserentnahmen zur Trinkwasserversorgung.

§ 17 Veranlagungszeitraum für das Wasserentnahmeentgelt, Erklärungspflicht

(1) Veranlagungszeitraum ist das Kalenderjahr.

(2) Der Entgeltpflichtige hat der Wasserbehörde in einer Erklärung die zur Festsetzung des Entgelts erforderlichen Angaben zu machen und die dafür erforderlichen Unterlagen vorzulegen.

(3) [1]Das Wasserentnahmeentgelt ist für die im Vorjahr tatsächlich entnommene Wassermenge zu zahlen. [2]Die Erklärung ist für jedes Kalenderjahr spätestens bis zum 31. Januar des folgenden Jahres abzugeben.

(4) Kommt der Entgeltpflichtige seinen Verpflichtungen nach den Absätzen 2 und 3 nicht nach, so kann die zuständige Wasserbehörde das Entgelt im Wege der Schätzung festsetzen.

(5) Die Erklärung ist nach dem von der obersten Wasserbehörde bekanntgegebenen amtlichen Vordruck abzugeben.

§ 18 Festsetzung des Wasserentnahmeentgeltes, Fälligkeit, Verwendung

(1) Das Entgelt wird jährlich durch Bescheid festgesetzt (Festsetzungsbescheid).

(2) [1]Die Festsetzungsfrist beträgt vier Jahre, bei Überschreitung der Frist für die Abgabeerklärung nach § 17 Abs. 3 fünf Jahre. [2]Sie verlängert sich auf zehn Jahre, wenn ein Entgelt hinterzogen oder leichtfertig verkürzt worden ist. [3]Die Festsetzungsfrist beginnt jeweils mit Ablauf des Kalenderjahres, in dem eine der in § 16 genannten Benutzungen ausgeübt worden ist.

(3) Das Entgelt ist einen Monat nach Bekanntgabe des Festsetzungsbescheides fällig.

(4) [1]Das Aufkommen aus dem Entgelt für Wasserentnahmen ist für Maßnahmen, die der Erhaltung oder Verbesserung der Gewässergüte oder der Gewässerunterhaltung dienen, zweckgebunden. [2]Hierzu gehören auch Entschädigungen und Ausgleich von wirtschaftlichen Nachteilen in Wasserschutzgebieten gemäß § 52 Abs. 4 und 5 des Wasserhaushaltsgesetzes, sofern das Land die Entschädigung beziehungsweise den Ausgleich leistet, sowie für die Gewährung von Zuschüssen für die Sanierung von Gewässer- und Bodenverunreinigungen in Wasserschutzgebieten infolge von Altlasten, deren Verursacher nicht feststeht oder vorläufig weder zur Beseitigung der Altlast noch zur Finanzierung ihrer Beseitigung herangezogen werden kann. [3]Der durch den Vollzug der Vorschriften über das Entgelt für Wasserentnahmen entstehende Verwaltungsaufwand kann aus dem Entgeltaufkommen gedeckt werden.

(5) Die Zweckbindung gemäß Absatz 4 erstreckt sich auch auf Rückflüsse von Zuschüssen nach Absatz 4 Satz 2 und auf Erstattungsbeiträge nach § 97 Satz 4 des Wasserhaushaltsgesetzes.

§ 19 Ausgleichsverfahren (zu § 52 Abs. 5 WHG)

(1) [1]Der Ausgleich nach § 52 Abs. 5 des Wasserhaushaltsgesetzes ist durch Antrag eines Betroffenen gegenüber dem Ausgleichspflichtigen bei der Wasserbehörde geltend zu machen. [2]Als landwirtschaftliche Nutzung eines Grundstücks im Sinne des § 52 Abs. 5 des Wasserhaushaltsgesetzes gilt auch die erwerbsgärtnerische Nutzung. [3]Der Ausgleich erfolgt nur, wenn die wirtschaftlichen Nachteile jährlich 50 Euro übersteigen. [4]Ein Ausgleich wird insoweit nicht geleistet, als es dem Betroffenen möglich ist, durch eigene zumutbare Maßnahmen die wirtschaftlichen Nachteile zu mindern.

(2) [1]Der Ausgleich ist durch einen für das Kalenderjahr fällig werdenden Betrag in Geld zu leisten. [2]Der Anspruch entfällt, wenn ein Antrag nicht bis zum 30. Juni des folgenden Jahres gestellt wird.

§ 20 Wassergefährdende Stoffe (zu § 62 WHG)

(1) [1]Wer Anlagen zum Herstellen, Befördern, Lagern, Abfüllen, Umschlagen, Behandeln und Verwenden wassergefährdender Stoffe nach § 62 des Wasserhaushaltsgesetzes betreiben, einbauen, aufstellen, unterhalten oder stilllegen will, hat sein Vorhaben rechtzeitig vor Beginn der Maßnahme, ent-

sprechend der geltenden Rechtsverordnung über Anlagen zum Umgang mit wassergefährdenden Stoffen, der zuständigen Wasserbehörde anzuzeigen. [2]Anzeigepflichtig sind auch wesentliche Änderungen des Betriebes. [3]Die Anzeigepflicht besteht nicht bei oberirdischen Lagerbehältern für Benzin, Heizöl und Dieselkraftstoff mit einem Rauminhalt von insgesamt nicht mehr als 750 Liter außerhalb von Wasser- und Heilquellenschutzgebieten.

(2) Die Anzeige hat die Angabe des wassergefährdenden Stoffes, seine Menge sowie den Ort, die Art des Umganges und vorgesehene Schutzmaßnahmen zu enthalten.

(3) [1]Anlagen nach § 62 Abs. 1 des Wasserhaushaltsgesetzes sind so einzubauen, aufzustellen, in Stand zu halten, in Stand zu setzen, zu betreiben und zu reinigen, dass Undichtigkeiten bei normalem Betrieb ausgeschlossen und bei einer Störung leicht und zuverlässig feststellbar sind. [2]Bei Anlagen nach § 62 Abs. 1 des Wasserhaushaltsgesetzes und bei Anlagen zum Umschlagen wassergefährdender Stoffe ist sicherzustellen, dass wassergefährdende Stoffe nicht über den Sicherheitsbereich der Anlage hinaus gelangen können; zulässig sind auch Anlagen, die unter Berücksichtigung des Gefährdungspotenzials eine gleichwertige Sicherheit gewährleisten. [3]Im Hinblick auf Störungen des bestimmungsgemäßen Betriebes sind besondere Vorsorgemaßnahmen zu treffen. [4]Wenn die Anforderungen nach den Sätzen 1 bis 3 aus technischen oder betrieblichen Gründen nur teilweise erfüllbar sind, sind zum Ausgleich weitere Sicherheitseinrichtungen oder Maßnahmen vorzusehen, die eine Gewässerverunreinigung verhindern.

(4) Die oberste Wasserbehörde kann durch Rechtsverordnung für Anlagen nach § 62 Abs. 1 des Wasserhaushaltsgesetzes

1. Ausnahmen von der Anzeigepflicht nach Absatz 1 zulassen,
2. die an das Anlagenkataster nach Absatz 7 zu stellenden Mindestanforderungen festlegen,
3. die Anforderungen für die Zulässigkeit und die technische Ausführung einschließlich der Sicherheit im Störungsfall von Anlagen regeln,
4. Einzelheiten der Überwachungspflicht, die Zulassung von Sachverständigen und Einzelheiten der Prüfung von Anlagen auf Kosten des Unternehmers regeln,
5. regeln, wann Maßnahmen zur Beobachtung der Gewässer und des Bodens erforderlich sind,
6. bestimmen, in welchen Fällen ein Gewässerschutzbeauftragter zu bestellen ist,
7. bestimmen, wer technische Überwachungsorganisationen sind, und Tätigkeiten bestimmen, die nicht von Fachbetrieben ausgeführt werden müssen,
8. Vorschriften über die Überprüfung und Kennzeichnung von Fachbetrieben erlassen.

(5) [1]Gelangen wassergefährdende Stoffe aus Anlagen nach § 62 Abs. 1 des Wasserhaushaltsgesetzes oder aus Schiffen in ein Gewässer, in eine Abwasseranlage oder in den Boden, so hat derjenige, der die Anlage betreibt, unterhält, überwacht oder das Schiff führt, unverzüglich geeignete Maßnahmen zu treffen, die ein weiteres Austreten verhindern und Auswirkungen mindern. [2]Ausgetretene wassergefährdende Stoffe hat er so zu beseitigen, dass eine schädliche Verunreinigung des Gewässers nicht mehr zu besorgen ist.

(6) [1]Das Austreten von wassergefährdenden Stoffen ist unter den Voraussetzungen des Absatzes 5 unverzüglich der Wasserbehörde oder der nächsten Polizeidienststelle anzuzeigen. [2]Anzeigepflichtig ist neben den in Absatz 5 genannten Personen auch derjenige, der eine Anlage befüllt oder entleert, in Stand setzt, reinigt oder prüft, sowie derjenige, der das Austreten wassergefährdender Stoffe verursacht hat. [3]Die Verpflichtung zur Anzeige besteht auch bei dem Verdacht, dass wassergefährdende Stoffe aus einer Anlage oder einem Schiff ausgetreten sind.

(7) [1]Die wesentlichen Merkmale, insbesondere die Sicherheitseinrichtungen von Anlagen nach § 62 Abs. 1 des Wasserhaushaltsgesetzes sowie des Betriebsgeländes, sind vom Anlagenbetreiber in einem Anlagenkataster darzustellen und fortzuschreiben. [2]Für Anlagen, von denen bei Störungen oder Unfällen erhebliche Gefahren für Gewässer ausgehen können, ist im Anlagenkataster darzulegen, durch welche Maßnahmen diese Gefahren gering gehalten werden sollen. [3]Störungen oder Unfälle, deren Auswirkungen und die zur Vermeidung von Wiederholungsfällen getroffenen Maßnahmen sind im Anlagenkataster auszuweisen. [4]Das Anlagenkataster ist der Wasserbehörde auf Anforderung vorzulegen.

Zweiter Abschnitt
Besondere Bestimmungen für oberirdische Gewässer und Küstengewässer

Unterabschnitt 1
Erlaubnisfreie Benutzungen

§ 21 Gemeingebrauch (zu § 25 WHG)

(1) [1]Jede Person darf auf eigene Gefahr unter den Voraussetzungen des § 25 des Wasserhaushaltsgesetzes die oberirdischen Gewässer mit Ausnahme von Talsperren, Rückhalte- und Speicherbecken sowie des Einflussbereichs oberhalb und unterhalb wasserwirtschaftlicher Anlagen, von denen mindestens dreißig Meter Abstand zu halten ist, unentgeltlich zum Baden, nicht motorisierten Eissport, Befahren mit kleinen Wasserfahrzeugen ohne Motorkraft und zum Tauchen ohne Atemgeräte benutzen. [2]Das Befahren oberirdischer Gewässer durch Personen, die einen gültigen Fischereischein und eine Angelerlaubnis für das zu befahrende Gewässer haben, mit kleinen Wasserfahrzeugen, die mit elektrischer Motorkraft betrieben werden, eine Motorleistung von höchstens einem Kilowatt sowie eine Wasserverdrängung von höchstens 1500 Kilogramm aufweisen und höchstens eine Geschwindigkeit von sechs Kilometern in der Stunde erreichen, ist dem Gemeingebrauch nach Maßgabe des Satz 1 gleichgestellt. [3]Die Anlieger eines Gewässers haben zu dulden, dass kleine Wasserfahrzeuge um Stauanlagen oder sonstige Hindernisse herumgetragen werden. [4]Verbots- und Ausnahmebestimmungen nach anderen Vorschriften, insbesondere naturschutzrechtliche Bestimmungen, bleiben unberührt.

(2) Unter den Voraussetzungen des § 25 des Wasserhaushaltsgesetzes darf
1. Wasser in geringen Mengen für einen vorübergehenden Zweck entnommen werden,
2. Wasser zur Speisung von Viehtränken entnommen werden,
3. Grund-, Quell- und Niederschlagswasser aus Einzelanlagen eingeleitet werden, sofern das zugeführte Wasser nicht Stoffe enthält, die geeignet sind, das Gewässer zu verunreinigen oder sonstige nachteilige Veränderungen seiner Eigenschaften herbeizuführen, und sofern der Wasserabfluss nicht beeinträchtigt wird.

(3) Absatz 1 gilt nicht für das Befahren von Seen, die weder im Eigentum von Körperschaften des öffentlichen Rechts stehen noch von einem Gewässer durchflossen werden.

(4) [1]Die Absätze 1 und 2 gelten nicht für Gewässer in Hofräumen, Gärten und Parkanlagen, die Eigentum der Anlieger sind, sowie auf Betriebsgrundstücken. [2]Die Absätze 1 und 2 gelten ferner nicht für Schilf- und Röhrichtbestände innerhalb der Gewässer.

(5) Die Wasserbehörde kann an künstlichen fließenden Gewässern und an stehenden Gewässern sowie an Anlagen im Sinne des Absatzes 1 den Gemeingebrauch zulassen.

(6) Die Wasserbehörde kann zum Schutz der Ordnung des Wasserhaushalts den Gemeingebrauch durch Rechtsverordnung, Allgemeinverfügung oder im Einzelfall regeln, beschränken oder ausschließen und an Talsperren, Rückhalte- und Speicherbecken die Zulassung des Gemeingebrauchs von der Herstellung, Unterhaltung und Überwachung erforderlicher Einrichtungen und Anlagen abhängig machen.

(7) [1]Die Wasserbehörde kann im Einvernehmen mit der zuständigen Naturschutzbehörde das Befahren von nicht schiffbaren Gewässern mit motorgetriebenen Wasserfahrzeugen über Absatz 1 Satz 2 hinaus durch Allgemeinverfügung oder im Einzelfall zulassen und dabei Nutzungsvorschriften für das Befahren erlassen, sofern dies die Ordnung des Wasserhaushalts erfordert; die §§ 12 und 13 des Wasserhaushaltsgesetzes gelten entsprechend. [2]Die Zulassung ist widerruflich; sie kann befristet werden. [3]Bei der Wahrnehmung von Aufgaben der Gewässerunterhaltung, des Brand- und Katastrophenschutzes, des Rettungswesens und der Wasserschutzpolizei können motorgetriebene Wasserfahrzeuge eingesetzt werden, ohne dass es einer Zulassung bedarf.

§ 22 Gemeingebrauch an Küstengewässern

[1]Jedermann darf die Küstengewässer unentgeltlich zum Baden und zum Wasser- und Eissport benutzen und hierzu den Strand betreten. [2]§ 21 Abs. 6 gilt sinngemäß.

§ 23 Erlaubnisfreie Benutzungen der Küstengewässer (zu § 43 WHG)

In den Küstengewässern ist eine Erlaubnis oder Bewilligung nicht erforderlich für

1. das Einbringen von Geräten für Zwecke der Fischerei und der Forschung,
2. das Einleiten von Grund-, Quell- und Niederschlagswasser, sofern es nicht Stoffe enthält, die Eigenschaften der Küstengewässer nachteilig verändern können.

§ 24 *[aufgehoben]*

Unterabschnitt 2
Stauanlagen

§ 25 Staumarke

(1) Jede Stauanlage mit festgesetzter Stauhöhe muß mit mindestens einer Staumarke versehen werden, an der die einzuhaltende Stauhöhe und, wenn der Wasserstand auf bestimmter Mindesthöhe gehalten werden muß, auch die Mindesthöhe deutlich angegeben sind.

(2) [1]Die Staumarke ist auf mindestens zwei Sicherungsmarken zu beziehen, von denen eine unter der Erdoberfläche liegen muß. [2]Staumarke und Sicherungsmarken sind an das amtliche Höhenfestpunktfeld anzuschließen und ihre Höhen im amtlichen Höhensystem des Landes Mecklenburg-Vorpommern anzugeben.

(3) [1]Die Staumarke wird von der Wasserbehörde gesetzt, die hierüber eine Niederschrift aufnimmt. [2]Der Unternehmer der Stauanlage ist hinzuzuziehen, andere Beteiligte können zugezogen werden. [3]Die Eigentümer, Anlieger und Hinterlieger haben das Setzen der Staumarken und der Sicherungsmarken zu dulden. [4]Sie haben Anspruch auf Entschädigung für entstandene Schäden.

§ 26 Erhalten der Staumarke

(1) [1]Der Stauberechtigte und derjenige, der die Stauanlage betreibt, haben dafür zu sorgen, daß Staumarken und Sicherungsmarken sichtbar und zugänglich sind und erhalten bleiben. [2]Sie haben jede Veränderung von Staumarken oder Sicherungsmarken unverzüglich der zuständigen Wasserbehörde anzuzeigen und bei amtlichen Prüfungen unentgeltlich Arbeitshilfe zu stellen.

(2) [1]Für das Verändern von Staumarken oder Sicherungsmarken gilt § 25 Abs. 3 entsprechend. [2]Staumarken oder Sicherungsmarken dürfen ohne Zustimmung der Wasserbehörde nicht entfernt werden.

§ 27 Kosten

[1]Die Kosten des Setzens oder Versetzens einer Staumarke und der Sicherungsmarke einschließlich der Verfahrenskosten trägt der Stauberechtigte. [2]Das gleiche gilt für die Kosten der Erhaltung und Erneuerung der Staumarke und der Sicherungsmarken.

§ 28 Außerbetriebsetzen von Stauanlagen

(1) [1]Der Stauberechtigte darf eine Stauanlage nur mit Genehmigung der Wasserbehörde dauernd außer Betrieb setzen oder beseitigen. [2]Dies gilt nicht, wenn ein Verfahren nach § 68 Abs. 1 des Wasserhaushaltsgesetzes durchzuführen ist.

(2) Die Genehmigung darf nur versagt werden, wenn ein anderer, der ein berechtigtes Interesse an dem Fortbestand oder weiteren Betrieb der Anlage hat, sich verpflichtet,
1. nach Wahl des Stauberechtigten die Kosten für die künftige Unterhaltung der Anlage zu ersetzen oder die Anlage selbst zu unterhalten,
2. dem Stauberechtigten andere Nachteile zu ersetzen und
3. für die Erfüllung dieser Verpflichtungen Sicherheit zu leisten.

(3) Für Stauanlagen, die aufgrund einer Erlaubnis oder Bewilligung errichtet werden, oder aufgrund eines alten Rechtes oder einer alten Befugnis errichtet worden sind, gelten die Absätze 1 und 2 nur, soweit im Einzelfalle nichts anderes bestimmt ist.

§ 29 Unbefugtes Aufstauen oder Ablassen

(1) Es ist verboten, Wasser über die zugelassenen Höhen aufzustauen oder aufgestautes Wasser so abzulassen, daß für fremde Grundstücke oder Anlagen Gefahren oder Nachteile entstehen, die Ausübung von Rechten und Befugnissen zur Benutzung des Gewässers beeinträchtigt oder die Unterhaltung des Gewässers erschwert wird.

(2) Sobald das Wasser über die zugelassene Höhe steigt, hat der Unternehmer ohne Anspruch auf Entschädigung das aufgestaute Wasser nach Maßgabe des Absatzes 1 abzulassen, bis das Wasser wieder auf die Höhe der Staumarke gesunken ist.

(3) Ist das Ablassen einer Stauanlage wegen Gefahr im Verzug erforderlich, so hat der Betreiber der Anlage der Wasserbehörde unverzüglich die getroffenen Maßnahmen anzuzeigen.

§ 30 *[aufgehoben]*

Dritter Abschnitt

Besondere Bestimmungen für das Grundwasser

§ 31 Bewirtschaftung des Grundwassers

(1) Wenn zu besorgen ist, daß das Grundwasserdargebot im Entnahmegebiet oder der Wasser- und Naturhaushalt nachteilig beeinträchtigt werden können, ist auf Kosten des Antragstellers vor Entscheidung über den Antrag ein Beweissicherungsverfahren durchzuführen.

(2) [1]Die öffentliche Wasserversorgung hat den Vorrang vor allen anderen Benutzungen des Grundwassers. [2]Für sonstige Zwecke soll die Entnahme von Grundwasser, das aufgrund seiner Beschaffenheit für die Wasserversorgung nutzbar ist, auf solche Fälle beschränkt werden, in denen bereits genutztes Wasser, Oberflächen- oder Niederschlagswasser nicht eingesetzt werden kann.

(3) [1]Bei der Planung und Durchführung von Baumaßnahmen und Aufforstungen sind die Belange der Grundwasserneubildung zu beachten. [2]Es ist darauf hinzuwirken, daß die Grundwasserneubildung nicht durch Versiegelung des Bodens oder andere Beeinträchtigungen des Versickerungsvermögens des Bodens wesentlich eingeschränkt wird. [3]Feuchtgebiete und bedeutende Einsickerungsbereiche sind von baulichen Anlagen freizuhalten, soweit nicht überwiegende Gründe des Wohls der Allgemeinheit etwas anderes erfordern.

(4) [1]Die Wasserbehörde kann Handlungen und Maßnahmen untersagen, wenn diese auf das Grundwasservorkommen einwirken oder einwirken können und dadurch entweder der Bestand einer Wasserversorgungsanlage gefährdet wird oder die Gefährdung eines für die Wasserversorgung benötigten Grundwasservorkommens zu besorgen ist. [2]§ 52 Abs. 4 des Wasserhaushaltsgesetzes gilt entsprechend. [3]Sind bereits Schäden entstanden, trifft die Wasserbehörde die zur Beseitigung und Sanierung erforderlichen Anordnungen.

§ 32 Erweiterung und Beschränkung der erlaubnisfreien Benutzung (zu § 46 WHG)

(1) Das Entnehmen, Zutagefördern, Zutageleiten oder Ableiten von Grundwasser bedarf der Erlaubnis oder der Bewilligung

1. in den Fällen des § 46 Abs. 1 Satz 1 Nr. 2 des Wasserhaushaltsgesetzes in besonders geschützten Teilen von Natur und Landschaft,
2. in den in Absatz 2 genannten Fällen, sofern eine Umweltverträglichkeitsprüfung durchzuführen ist.

(2) Von dem Erlaubnis- oder Bewilligungserfordernis werden das Entnehmen, Zutagefördern, Zutageleiten oder Ableiten von Grundwasser in geringen Mengen für gewerbliche Betriebe sowie für die Landwirtschaft, die Forstwirtschaft oder den Gartenbau über die in § 46 Abs. 1 Satz 1 des Wasserhaushaltsgesetzes bezeichneten Zwecke hinaus ausgenommen, soweit

a) keine signifikanten nachteiligen Auswirkungen auf den Wasserhaushalt zu besorgen sind und
b) sie für Zwecke des nicht gewerblichen Gartenbaus oder zur Erhaltung der Bodenfruchtbarkeit außerhalb besonders geschützter Teile von Natur und Landschaft erfolgen.

(3) [1]Der Wasserbehörde ist eine Benutzung in den Fällen des § 46 Abs. 1 Satz 1 des Wasserhaushaltsgesetzes und des Absatzes 2 anzuzeigen. [2]Die endgültige Untersagung oder die Festsetzung von Benutzungsbedingungen hat binnen zwei Monaten nach der Anzeige oder der vorläufigen Untersagung zu erfolgen.

(4) [1]Wenn eine Verunreinigung des Grundwassers nicht zu besorgen ist und sonstige Belange nicht entgegenstehen, können die Gemeinden durch Satzung regeln, dass Niederschlagswasser außerhalb von Wasserschutzgebieten auf den Grundstücken, auf denen es anfällt, oder auf besonders hierfür ausgewiesenen Flächen erlaubnisfrei versickert werden kann. [2]Bei einer Beeinträchtigung des Wohls der Allgemeinheit oder sonstiger Belange kann die Benutzung durch die Wasserbehörde im Einzelfall untersagt werden.

(5) Soweit die Ordnung des Wasserhaushalts es erfordert, kann unter Berücksichtigung der wasserwirtschaftlichen Verhältnisse allgemein oder für einzelne Gebiete durch Rechtsverordnung bestimmt

werden, dass abweichend von den in Absatz 2 geregelten Fällen eine Erlaubnis oder eine Bewilligung erforderlich ist.

§ 33 Erdaufschlüsse (zu § 49 WHG)

(1) Bei einer unbeabsichtigten, nicht nur vorübergehenden Erschließung des Grundwassers sind die Arbeiten einstweilen einzustellen.

(2) [1]Die Zuständigkeiten der Bergbehörden bleiben unberührt. [2]Entscheidungen der Bergbehörden ergehen im Einvernehmen mit den Wasserbehörden.

Vierter Abschnitt
Heilquellen

§§ 34, 35 ***[aufgehoben]***

§ 36 Besondere Pflichten bei Heilquellen (zu § 53 WHG)

Eigentümer und Unternehmer einer staatlich anerkannten Heilquelle sind verpflichtet, das Heilwasser in regelmäßigen, von der für Gesundheit zuständigen obersten Landesbehörde zu bestimmenden Abständen auf ihre Kosten bakteriologisch und chemisch prüfen und untersuchen zu lassen und das Untersuchungsergebnis der Gesundheitsbehörde und der Wasserbehörde mitzuteilen.

Fünfter Abschnitt
[aufgehoben]

§§ 37, 38 ***[aufgehoben]***

Sechster Abschnitt
Abwasserbeseitigung

§ 39 ***[aufgehoben]***

§ 40 Abwasserbeseitigungspflicht

(1) [1]Die Abwasserbeseitigung obliegt den Gemeinden im Rahmen der Selbstverwaltung, soweit sie nicht nach Absatz 4 anderen Körperschaften des öffentlichen Rechts übertragen wurden. [2]Die Beseitigungspflicht umfaßt bei Kleinkläranlagen auch das Entleeren und Transportieren des anfallenden Schlammes und bei abflußlosen Gruben das Entleeren und Transportieren des Grubeninhaltes.

(2) [1]Anfallendes Abwasser ist dem Beseitigungspflichtigen zu überlassen. [2]Die Beseitigungspflichtigen können durch Satzung bestimmen, wie ihnen das angefallene Abwasser zu überlassen ist. [3]Sie können insbesondere vorschreiben, daß Abwasser vor der Überlassung behandelt werden muß.

(3) [1]Die Pflicht zur Abwasserbeseitigung nach Absatz 1 und zur Überlassung des Abwassers nach Absatz 2 entfällt

1. für Niederschlagswasser, das von öffentlichen Verkehrsflächen im Außenbereich abfließt,
2. für Niederschlagswasser, das verwertet oder versickert wird,
3. für Abwasser, das bei der Mineralgewinnung anfällt,
4. für Abwasser, das noch weiter verwendet werden soll, und für Abwasser aus landwirtschaftlichen oder forstwirtschaftlichen Betrieben oder Gärtnereibetrieben, das in dem Betrieb, in dem es angefallen ist, unter Beachtung der abfallrechtlichen Bestimmungen zur Bodenbehandlung Verwendung findet,
5. für Abwasser, dessen Einleitung in ein Gewässer wasserrechtlich erlaubt ist, für die Dauer der Erlaubnis,
6. für verunreinigtes Wasser, das im Rahmen einer Grundwassersanierung mit Zustimmung der Wasserbehörde entnommen und nach einer Behandlung wieder versickert oder in ein Oberflächengewässer eingeleitet wird,
7. durch widerrufliche oder befristete Entscheidungen der Wasserbehörde auf Antrag des Beseitigungspflichtigen, wenn eine anderweitige Beseitigung des Abwassers oder des Schlammes aus Gründen des Gewässerschutzes oder wegen eines unvertretbar hohen Aufwandes zweckmäßig ist, insbesondere wenn

a) das Abwasser wegen seiner Art oder Menge nicht zusammen mit dem in Haushaltungen anfallenden Abwasser beseitigt werden kann oder
b) eine Übernahme des Abwassers auch technisch nicht möglich ist oder wegen der Siedlungsstruktur das Abwasser gesondert beseitigt werden muss

und dadurch das Wohl der Allgemeinheit nicht beeinträchtigt wird.

[2]Zur Beseitigung dieses Abwassers ist derjenige verpflichtet, bei dem das Abwasser anfällt; anderweitige Regelungen in Ortssatzungen bleiben unberührt.

(4) [1]Die Beseitigungspflichtigen können die Aufgaben nach Absatz 1 sowie nach den §§ 61 und 101 Abs. 1 des Wasserhaushaltsgesetzes oder deren Durchführung auf andere Körperschaften des öffentlichen Rechts übertragen, sie können insbesondere Wasser-, Boden- oder Zweckverbände bilden oder öffentlich-rechtliche Vereinbarungen abschließen. [2]Sie können sich zur Erfüllung ihrer Aufgaben Dritter bedienen. [3]Wenn es aus Gründen des Wohls der Allgemeinheit geboten ist, können die Beseitigungspflichtigen nach den Bestimmungen des Wasserverbandsgesetzes (WVG) vom 12. Februar 1991 (BGBl. I S. 405) auch zu Körperschaften des öffentlichen Rechts zusammengeschlossen werden. [4]Die Möglichkeit des Zusammenschlusses nach anderen Gesetzen bleibt unberührt.

(5) Die zur Abwasserbeseitigung gebildeten Wasser- und Bodenverbände können durch Satzung Anschluß- und Benutzungszwang vorschreiben sowie Gebühren und Beiträge nach den Vorschriften des Gesetzes über kommunale Abgaben in der jeweils geltenden Fassung erheben, sofern zu ihren Aufgaben auch das Übernehmen und Sammeln des Abwassers und der unter die Beseitigungspflicht fallenden Stoffe am Anfallort gehört.

§ 41 Selbstüberwachung von Abwassereinleitungen und Abwasseranlagen (zu § 61 WHG)

[1]Die oberste Wasserbehörde kann zum Schutz der Gewässer durch Rechtsverordnung allgemein festlegen,

1. dass die Unternehmer von Abwasseranlagen Untersuchungen des Abwassers, der anfallenden Schlämme oder des von ihnen beeinflussten Gewässers auf ihre Kosten durchzuführen und ein Abwasserkataster zu führen haben, das eine Zusammenstellung über Art, Menge und Herkunft des Abwassers enthält,
2. dass die Unternehmer von Abwasseranlagen die Einleitung nicht häuslichen Abwassers Dritter in ihre Anlage auf Kosten des Einleiters durch regelmäßige Untersuchungen zu überwachen haben,
3. dass die Unternehmer von Abwasseranlagen die Sicherheit und Funktion ihrer Anlagen sowie den baulichen Zustand auf ihre Kosten daraufhin zu prüfen haben, ob diese den jeweils in Betracht kommenden Regeln der Technik entsprechen und welche weiteren Anforderungen zu berücksichtigen sind,
4. dass bestimmte Untersuchungen nach den Nummern 1 und 2 sowie Prüfungen nach Nummer 3 von staatlichen oder staatlich anerkannten Stellen durchzuführen sind,
5. in welchen Zeitabständen und in welcher Form die Untersuchungen und Prüfungen nach den Nummern 1 bis 4 durchzuführen sind,
6. in welcher Form, in welchen Fällen, in welchen Zeitabständen und welchen Stellen die Untersuchungsergebnisse, Aufzeichnungen und Prüfungsergebnisse nach den Nummern 1 bis 4 zu übermitteln sind.

[2]Die Rechtsverordnung nach Satz 1 Nr. 4 regelt auch die Voraussetzungen und das Verfahren der staatlichen Anerkennung.

§ 42 Indirekteinleitungen (zu den §§ 58 und 59 WHG)

(1) [1]Über die Genehmigungen nach den §§ 58 und 59 des Wasserhaushaltsgesetzes entscheidet die Wasserbehörde, welche die Einleiterlaubnis nach den §§ 8 und 10 des Wasserhaushaltsgesetzes erteilt hat. [2]Sie ist auch für die Überwachung der Indirekteinleitung zuständig. [3]Liegt der Ort der Indirekteinleitung außerhalb des Zuständigkeitsbereiches der Behörde nach Satz 1, so entscheidet die am Ort der Indirekteinleitung zuständige Behörde im Benehmen mit der Erlaubnisbehörde. [4]Die §§ 100 und 101 des Wasserhaushaltsgesetzes und § 92 finden entsprechende Anwendung.

(2) [1]Die oberste Wasserbehörde wird ermächtigt, die Zuständigkeit zur Erteilung einer Indirekteinleitergenehmigung nach den §§ 58 und 59 des Wasserhaushaltsgesetzes dem Träger der Abwasserbeseitigungspflicht durch Rechtsverordnung zu übertragen. [2]Die Aufgaben werden in diesem Fall zur Erfüllung nach Weisung wahrgenommen.

(3) Genehmigungspflichten und Anforderungen nach kommunalem Satzungsrecht bleiben unberührt.

(4) Die oberste Wasserbehörde wird nach Maßgabe des § 58 Abs. 1 Satz 3 des Wasserhaushaltsgesetzes ermächtigt, durch Rechtsverordnung die Voraussetzungen zu bestimmen, unter denen eine Genehmigung als erteilt gilt.

Siebenter Abschnitt

Wasserversorgung

§ 43 Aufgaben der öffentlichen Wasserversorgung

(1) [1]Die Gemeinden haben im Rahmen der Selbstverwaltung in ihrem Gebiet die Bevölkerung und die gewerblichen und sonstigen Einrichtungen ausreichend mit Trink- und Brauchwasser zu versorgen, soweit diese Verpflichtung nicht auf andere Körperschaften des öffentlichen Rechts übertragen wurde (Träger der öffentlichen Wasserversorgung). [2]Die Versorgungspflicht besteht nicht

1. wenn die Versorgung technisch oder wegen des unverhältnismäßig hohen Aufwands nicht möglich ist und
2. für die Versorgung mit Brauchwasser, wenn es dem Verbraucher zumutbar ist, diesen Bedarf einzuschränken oder anderweitig zu decken.

(2) [1]Die zur Wasserversorgung Verpflichteten können die Aufgaben nach Absatz 1 oder deren Durchführung auf andere Körperschaften des öffentlichen Rechts übertragen und sich Dritter bei der Erfüllung ihrer Aufgaben bedienen. [2]§ 40 Abs. 4 und 5 gilt sinngemäß.

(3) Entsprechen Wasservorkommen infolge äußerer und behebbarer Einflüsse nicht den Qualitätsanforderungen für die öffentliche Wasserversorgung, hat das Land die Sanierung sicherzustellen.

§§ 44, 45 *[aufgehoben]*

§ 46 Schutz der Wasservorkommen, Eigenkontrolle

[1]Der Träger der öffentlichen Wasserversorgung hat die Wassergewinnungsanlage zu überwachen und bei der Überwachung des festgesetzten Wasserschutzgebietes hinsichtlich Vermeidung von Verunreinigungen und anderer für die Wasserversorgung nachteiliger Veränderungen hinzuwirken. [2]Er hat bestehende Gefahren unverzüglich der Wasserbehörde und dem zuständigen Gesundheitsamt mitzuteilen und auf eine Begrenzung beziehungsweise Abwendung des Schadens hinzuwirken. [3]Die Wasserbehörde kann geeigneten Mitarbeitern der Versorgungsunternehmen zum Zwecke der Überwachung des Schutzgebietes die Rechte nach § 101 des Wasserhaushaltsgesetzes übertragen. [4]Wenn das Wasserschutzgebiet noch nicht festgesetzt ist, gilt die Verpflichtung nach Satz 1 und 2 für das Einzugsgebiet der Wassergewinnungsanlage.

§ 47 *[aufgehoben]*

Dritter Teil

Gewässereinteilung und Eigentumsverhältnisse an den Gewässern

§ 48 Gewässereinteilung

(1) [1]Die Gewässer mit Ausnahme des Grundwassers, der Heilquellen und des aus Quellen wild abfließenden Wassers werden nach ihrer wasserwirtschaftlichen Bedeutung und Vorteilswirkung eingeteilt in:

1. Gewässer erster Ordnung:
   die Bundeswasserstraßen, die Küstengewässer und die in der Anlage 1 genannten Gewässer;
2. Gewässer zweiter Ordnung:
   alle anderen oberirdischen Gewässer.

[2]Das in der Anlage 1 zu diesem Gesetz enthaltene Verzeichnis der Gewässer oder Gewässerbereiche erster Ordnung kann durch Rechtsverordnung der obersten Wasserbehörde geändert werden.

(2) Oberirdische Gewässer, die von einem natürlichen oberirdischen Gewässer abzweigen und sich wieder mit ihm vereinigen, sowie Mündungsarme eines natürlichen Gewässers gehören zu der Ordnung, der das Hauptgewässer an der Abzweigstelle angehört.

§ 49 Gewässer erster Ordnung

[1]Die Gewässer erster Ordnung sind Eigentum des Landes, soweit sie nicht Bundeswasserstraßen sind. [2]Den Gewässern erster Ordnung gleichgestellt sind Talsperren, Rückhalte- und Speicherbecken mit überregionalen Wasserbewirtschaftungs- und Hochwasserschutzaufgaben.

§ 50 Gewässer zweiter Ordnung

Die Gewässer zweiter Ordnung gehören den Eigentümern der Ufergrundstücke, sofern das Gewässer kein selbständiges Grundstück bildet.

§ 51 Bisheriges Eigentum

[1]Soweit bei Inkrafttreten dieses Gesetzes das Eigentum an Gewässern nicht den Eigentümern der Ufergrundstücke zusteht, bleibt es unabhängig von der Unterhaltungspflicht aufrechterhalten. [2]Auf anderer Rechtsgrundlage bestehende Ansprüche auf Eigentumsübertragung bleiben unberührt.

§ 52 Eigentumsgrenzen

(1) Ist ein Gewässerbett ein selbständiges Grundstück, so wird die Eigentumsgrenze zwischen dem Gewässerbett und den Ufergrundstücken durch die Uferlinie bestimmt.

(2) Bildet ein Gewässerbett mit den Ufern ein selbständiges Grundstück, so bestimmt sich die Eigentumsgrenze zu den angrenzenden Grundstücken nach dem Liegenschaftskataster.

(3) [1]Steht das Eigentum an einem Gewässer den Eigentümern der Ufergrundstücke zu, so sind die Anteile Bestandteil der Ufergrundstücke. [2]Die Eigentumsgrenze im Gewässerbett bestimmt sich wie folgt:

1. für gegenüberliegende Grundstücke durch eine Linie, die in der Mitte des Gewässers bei Mittelwasserstand verläuft,
2. für nebeneinanderliegende Grundstücke durch eine vom Schnittpunkt ihrer Grenze mit der Uferlinie senkrecht auf die vorbezeichnete Mittellinie zu ziehende Linie,
3. für auf der anderen Seite des Gewässers sich fortsetzende Grundstücke durch die Verbindungslinien der beiderseitigen Grundstücksgrenzen.

(4) Bei Eigentumsänderungen nach §§ 54 bis 57 wird die neue Eigentumsgrenze durch die neue Uferlinie bestimmt.

§ 53 Uferlinie

(1) Die Grenze zwischen dem Gewässer und den Ufergrundstücken wird durch die Linie des Mittelwasserstandes bestimmt.

(2) [1]Als Mittelwasserstand gilt das arithmetische Mittel der Jahresmittelwasserstände der letzten zwanzig Jahre. [2]Stehen für diesen Zeitraum keine vollständigen Pegelregistrierungen zur Verfügung, so bezeichnet die zuständige Wasserbehörde die Beobachtungen, die zu verwenden sind.

(3) [1]Die Uferlinie kann, auch wenn keine Pegelbeobachtungen vorliegen, durch die Wasserbehörde festgesetzt und soweit erforderlich, bezeichnet werden. [2]Die Beteiligten sind zu hören. [3]Jeder Beteiligte kann verlangen, daß die Uferlinie auf seine Kosten festgesetzt und bezeichnet wird.

§ 54 Verlandung

(1) Bei einem fließenden Gewässer wächst eine durch allmähliches Anlanden oder durch Zurücktreten des Wassers entstandene Verlandung den Eigentümern der Ufergrundstücke zu, wenn die Verlandung mit dem bisherigen Ufer bei Mittelwasserstand zusammenhängt, sich darauf Pflanzenwuchs gebildet hat und danach drei Jahre verstrichen sind.

(2) [1]Bei einem stehenden Gewässer, dessen Grenzen sich nach § 52 Abs. 1 bestimmen, tritt im Falle der Verlandung keine Eigentumsänderung ein. [2]Der Eigentümer hat den früheren Anliegern den Zutritt zum Gewässer zu gestatten, soweit dies zur Ausübung des Gemeingebrauchs in dem bisher ausgeübten Umfange erforderlich ist.

§ 55 Überflutung

Werden an einem fließenden Gewässer, dessen Bett ein selbständiges Grundstück im Sinne des § 52 Abs. 1 oder 2 ist, infolge natürlicher Ereignisse Ufergrundstücke und dahinterliegende Grundstücke bei Mittelwasserstand dauernd überflutet, so wächst das Eigentum an den überfluteten Flächen dem Eigentümer des Gewässerbettes zu, jedoch in den Fällen des § 58 Abs. 1 Satz 2 erst, wenn das Recht auf Wiederherstellung des ursprünglichen Zustandes erloschen ist.

§ 56 Uferabriß
Wird ein Stück Land durch Naturgewalt vom Ufer abgerissen und mit einem anderen Grundstück vereinigt, so wird es zu dessen Bestandteil, jedoch in den Fällen des § 58 Abs. 1 Satz 2 erst, wenn das Recht auf Wiederherstellung des ursprünglichen Zustandes erloschen ist.

§ 57 Bildung eines neuen Gewässerbettes
Hat sich ein fließendes Gewässer infolge natürlicher Ereignisse für dauernd ein neues Bett geschaffen, so geht das Eigentum am neuen Gewässerbett auf den Eigentümer des alten Gewässerbettes über, jedoch in den Fällen des § 58 Abs. 1 Satz 2 erst, wenn das Recht auf Wiederherstellung des ursprünglichen Zustandes erloschen ist.

§ 58 Entschädigung, Wiederherstellung
(1) [1]In den Fällen der §§ 55, 56 und 57 hat der Eigentümer des Gewässerbettes den bisherigen Eigentümer zu entschädigen. [2]Der bisherige Eigentümer kann anstelle der Entschädigung den ursprünglichen Zustand wiederherstellen.
(2) Der frühere Zustand ist vom Unterhaltungspflichtigen wiederherzustellen, wenn es das Wohl der Allgemeinheit erfordert und die Wasserbehörde dies verlangt.
(3) [1]Das Recht auf Entschädigung und Wiederherstellung erlischt binnen drei Jahre. [2]Die Frist beginnt mit Ablauf des Jahres, in dem die Veränderung eingetreten ist. [3]Die §§ 202 ff. BGB gelten entsprechend.

§ 59 Verlassenes Gewässerbett, Inseln
[1]Wird ein Gewässerbett vom Wasser verlassen oder tritt in einem Gewässer eine Erderhebung hervor, die den Mittelwasserstand überragt und bei diesem Wasserstand nach keiner Seite hin mit dem Ufer zusammenhängt (Insel), so bleibt das Eigentum an den hierdurch entstandenen Landflächen unverändert. [2]Das gleiche gilt, wenn bei der Bildung eines neuen Gewässerbettes Grundstücke zu einer Insel werden.

§ 60 *[aufgehoben]*

Vierter Teil
Unterhaltung und Ausbau oberirdischer Gewässer

Erster Abschnitt
Unterhaltung der Gewässer

§ 61 *[aufgehoben]*

§ 62 Umfang (zu § 39 WHG)
Maßnahmen der Gewässerunterhaltung nach § 39 Abs. 1 des Wasserhaushaltsgesetzes sind auch die Unterhaltung und der Betrieb der Anlagen, die der Abführung des Wassers dienen.

§ 63 Unterhaltungslast (zu § 40 WHG)
[1]Die Unterhaltung der Gewässer, mit Ausnahme der Erhaltung der Schiffbarkeit, obliegt
1. bei Gewässern erster Ordnung mit Ausnahme der Bundeswasserstraßen dem Land,
2. bei Gewässern zweiter Ordnung den durch besonderes Gesetz gegründeten Unterhaltungsverbänden,
3. bei Häfen, Lande- und Umschlagstellen dem, der sie betreibt.

[2]Die Verpflichtung zur Unterhaltung begründet keinen Rechtsanspruch Dritter gegen den Träger der Unterhaltungslast.

§ 64 *[aufgehoben]*

§ 65 Ersatz von Mehrkosten
[1]Erhöhen sich die Kosten der Unterhaltung, weil ein Grundstück in seinem Bestand besonders gesichert werden muß oder weil eine Anlage in, an oder über dem Gewässer sie erschwert, so hat der Eigentümer des Grundstücks oder der Anlage dem Unterhaltungspflichtigen die Mehrkosten zu ersetzen. [2]Dazu ist auch verpflichtet, wer die Unterhaltung durch Einleiten von Abwasser erschwert. [3]Der Unterhaltungspflichtige kann statt der tatsächlichen Mehrkosten jährliche Leistungen entsprechend den durch-

schnittlichen Mehrkosten, die durch Erschwernisse gleicher Art verursacht werden, verlangen. [4]Als Berechnungsgrundlage genügt eine annähernde Ermittlung der Mehrkosten.

§ 66 Besondere Pflichten im Interesse der Unterhaltung (zu § 41 WHG)

[1]Die Anlieger und die Hinterlieger haben das Aufbringen und Einebnen des Aushubs auf ihren Grundstücken zu dulden, soweit dadurch die bisherige Nutzung nicht dauernd beeinträchtigt wird. [2]Der Träger der Unterhaltungslast hat den Nachweis der Unbedenklichkeit zu erbringen.

§ 67 *[aufgehoben]*

Zweiter Abschnitt Ausbau der Gewässer

§ 68 Ausbau (zu § 67 WHG)

(1) [1]Der zum Wohl der Allgemeinheit erforderliche Ausbau ist eine öffentlich-rechtliche Verpflichtung; sie begründet keinen Rechtsanspruch Dritter gegen den Träger dieser Verpflichtung. [2]Die Pflicht nach Satz 1 obliegt:

1. bei Gewässern erster Ordnung dem Land, soweit diese Pflicht nicht bereits dem Bund obliegt,
2. bei Gewässern zweiter Ordnung den Gemeinden.

(2) Legt der Ausbau den Gemeinden Lasten auf, die in keinem Verhältnis zu dem ihnen dadurch erwachsenen Vorteil und ihrer Leistungsfähigkeit stehen, so kann der Ausbau nur erzwungen werden, wenn das Land sich an der Aufbringung der Kosten angemessen beteiligt und dadurch eine ausreichende Entlastung entsteht.

(3) Erfolgt der Ausbau im öffentlichen Interesse, sind die §§ 41 und 42 des Wasserhaushaltsgesetzes und § 66 sinngemäß anzuwenden.

§ 68a *[aufgehoben]*

§ 69 Schutzmaßnahmen bei Ausbau und Unterhaltung

(1) [1]Der Unternehmer des Ausbaues und der Unterhaltungspflichtige können durch die Wasserbehörde verpflichtet werden, Einrichtungen herzustellen und zu unterhalten, um Beeinträchtigungen des Wohls der Allgemeinheit oder schutzwürdiger Belange anderer Gewässerbenutzer oder der Anlieger infolge des Ausbaues oder der Unterhaltung abzuwehren. [2]Dies gilt insbesondere bei Nachteilen für den Naturhaushalt, die durch die Unterbrechung von natürlichen Lebensräumen entstehen.

(2) Die vom Ausbau betroffenen öffentlichen Verkehrs- und Versorgungseinrichtungen sind auf Kosten des Unternehmers des Ausbaues anzupassen.

§ 70 *[aufgehoben]*

Fünfter Teil Sicherung des Hochwasserabflusses

§ 71 Grundsatz

[1]Die Sicherung des Hochwasserabflusses, die dem Wohl der Allgemeinheit dient, ist eine öffentliche Aufgabe. [2]Sie begründet keinen Rechtsanspruch Dritter.

§ 72 Deiche und andere den Hochwasserabfluss beeinflussende Anlagen

(1) Für Deiche oder andere Anlagen, die zum Zweck des Hochwasserschutzes errichtet werden (Hochwasserschutzanlagen), ist § 69 sinngemäß anzuwenden.

(2) Hochwasserschutzanlagen sind so zu unterhalten und zu betreiben, dass sie den Schutzzweck erfüllen.

(3) Zur Unterhaltung der Deiche gehört insbesondere die regelmäßige Pflege der Grasnarbe, die Kontrolle auf Schadstellen und deren Beseitigung sowie die Bekämpfung der deichspezifischen Schädlinge.

(4) Die Unterhaltung umfaßt die Pflicht, den Deich in seinem bisherigen Umfang zu festigen, zu sichern und wiederherzustellen.

§ 73 Unterhaltungslast

(1) Der Bau und die Unterhaltung von Deichen und anderen Anlagen zur Sicherung des Hochwasserabflusses, welche im Interesse des Wohls der Allgemeinheit erforderlich sind, obliegt:

1. hinsichtlich der in der Anlage 2 aufgeführten Deiche und der dazugehörigen anderen Anlagen zur Sicherung des Hochwasserabflusses (Landesschutzdeiche), den nach besonderer gesetzlicher Vorschrift zu bildenden Deichverbänden,
2. hinsichtlich aller übrigen Deiche und anderen Anlagen zur Sicherung des Hochwasserabflusses den für die Unterhaltung der Gewässer zweiter Ordnung gebildeten Unterhaltungsverbänden im jeweiligen Verbandsgebiet. Bestehende Verpflichtungen anderer bleiben unberührt.

(2) Bis zu dem Zeitpunkt, zu dem die neuen Unterhaltungsverbände ihre Tätigkeit aufnehmen, obliegt die Unterhaltung den bisher Verpflichteten.

(3) [1]Ist streitig, wer zur Unterhaltung eines Deiches verpflichtet ist, so obliegt die Unterhaltung vorläufig der Gemeinde, in deren Gebiet sich der Deich befindet. [2]Der Träger der Unterhaltungslast hat der Gemeinde die notwendigen Aufwendungen zu erstatten.

§ 74 Schutz der Deiche

(1) [1]Jede Benutzung der Deiche und ihrer beiderseitigen, mindestens drei Meter breiten Schutzstreifen, die ihre Wehrfähigkeit beeinträchtigen kann, ist unzulässig. [2]Zum Schutz der Deiche und ihrer Schutzstreifen ist insbesondere verboten:

1. das Reiten, das Treiben von Vieh, das Weiden von Großvieh oder das Halten von anderen Haus- und Nutztieren mit Ausnahme der vertraglich geregelten Schafhütung,
2. das Betreten außerhalb der angelegten Wege und Übergänge, außer zur befugten Jagdausübung,
3. das Fahren mit Fahrzeugen aller Art und das Parken,
4. das Lagern von Stoffen,
5. das Errichten oder Verändern von Bauwerken und Anlagen, das Aufstellen, Lagern oder Ablagern von Gegenständen aller Art sowie das Verlegen von Rohren, Kabeln und anderen Leitungen,
6. das Pflanzen von Bäumen oder Sträuchern,
7. das Abbrennen von Gräsern oder Treibseln sowie die Beschädigung oder das Entfernen der Grasnarbe,
8. das Vornehmen von Abgrabungen.

[3]Verbote oder Beschränkungen nach anderen Rechtsvorschriften bleiben unberührt.

(2) Die Verbote nach Absatz 1 gelten nicht für Maßnahmen, die der Erhaltung und Verbesserung der Wehrfähigkeit, der Unterhaltung, der Wiederherstellung oder der Verteidigung des Deiches oder der Bewirtschaftung der Schutzstreifen und des Vorlandes dienen.

(3) Die Wasserbehörde kann auf Antrag oder von Amts wegen Ausnahmen von den Verboten nach Absatz 1 im Einvernehmen mit dem Unterhaltungspflichtigen des Deiches genehmigen, wenn die Wehrfähigkeit und die ordnungsgemäße Unterhaltung des Deiches nicht beeinträchtigt werden und entweder das Verbot im Einzelfall zu einer unbilligen Härte führen würde oder eine Ausnahme im Interesse des Wohls der Allgemeinheit erforderlich ist.

(4) Das Beweiden von Deichen mit Schafen soll als spezielle Deichpflege finanziell gefördert werden.

§ 75 Eigentum

[1]Soweit bei Inkrafttreten dieses Gesetzes das Eigentum an den Deichen nicht den Unterhaltungspflichtigen zusteht, bleibt es aufrechterhalten. [2]Der Unterhaltungspflichtige hat das Eigentum an Deich und Schutzstreifen zu übernehmen, wenn der Grundstückseigentümer es ihm unentgeltlich anbietet.

§ 76 ***[aufgehoben]***

§ 77 Duldungspflichten

[1]Soweit es zur Planung und Durchführung von Maßnahmen zum Bau oder zur Unterhaltung von Deichen oder Küstenschutzanlagen erforderlich ist, haben die Eigentümer und Nutzungsberechtigten der anliegenden und hinterliegenden Grundstücke nach rechtzeitiger Ankündigung zu dulden, daß die Bau- oder Unterhaltungspflichtigen oder deren Beauftragte die Grundstücke betreten, vorübergehend nutzen oder ihnen Bestandteile entnehmen, wenn diese anderweitig nur mit unverhältnismäßig hohen Kosten beschafft werden können. [2]Entstehen Schäden, so können die Betroffenen Entschädigungen verlangen. [3]Das Recht der Wasser- und Bodenverbände bleibt unberührt. [4]Im Übrigen finden § 41 des Wasserhaushaltsgesetzes und § 66 Anwendung.

§§ 78-80 ***[aufgehoben]***

Sechster Teil
Anlagen an, in, unter und über oberirdischen Gewässern

§ 81 ***[aufgehoben]***

§ 82 Bauliche Anlagen (zu § 36 WHG)

(1) [1]Die Errichtung, Beseitigung oder wesentliche Änderung wasserrechtlich zulassungsfreier baulicher Anlagen an, in, über und unter oberirdischen Gewässern ist rechtzeitig vor Beginn der Maßnahme anzuzeigen. [2]Stehen wasserwirtschaftliche Belange dem Vorhaben entgegen, so hat die Wasserbehörde diese der anderen Zulassungsbehörde binnen eines Monats nach Eingang der vollständigen Unterlagen mitzuteilen.

(2) Absatz 1 gilt nicht für bauliche Anlagen, die aufgrund eines rechtsverbindlichen Bebauungsplanes errichtet oder wesentlich geändert werden, der unter Beteiligung der zuständigen Wasserbehörde zu Stande gekommen ist.

(3) Lässt sich innerhalb der Frist nach Absatz 1 Satz 2 nicht mit genügender Sicherheit feststellen, ob und wieweit nachteilige Wirkungen eintreten werden, so kann die Entscheidung unter Vorbehalt des Widerrufs und nachträglicher Auflagen ohne Entschädigung ergehen.

(4) [1]Im Falle des Widerrufs ohne Entschädigung kann die Wasserbehörde dem Eigentümer der Anlagen aufgeben, auf seine Kosten den früheren Zustand ganz oder teilweise wieder herzustellen oder andere zur Abwendung nachteiliger Folgen geeignete Vorkehrungen zu treffen. [2]Die Änderung oder Beseitigung von Anlagen, die ohne Vorbehalt nach Absatz 3 errichtet sind, kann nur aus Gründen des Gewässerschutzes, insbesondere zur Erreichung eines guten ökologischen und chemischen Zustandes, oder aus Gründen des Wohls der Allgemeinheit, insbesondere der öffentlichen Sicherheit und Ordnung, und gegen Entschädigung angeordnet werden.

(5) Führen die in Absatz 1 genannten Anlagen zu Mehraufwendungen bei der Gewässerunterhaltung, sind diese den Trägern der Unterhaltungs- und Ausbaupflicht zu ersetzen.

Siebenter Teil
Küsten

Erster Abschnitt
Allgemeine Vorschriften

§ 83 Küstenschutz

(1) [1]Der Schutz der Küsten durch den Bau, die Unterhaltung und Wiederherstellung von See-, Bodden- und Haffdeichen (Deiche), Buhnen, Deckwerken und von anderen technischen Einrichtungen und Maßnahmen, einschließlich biologischer Maßnahmen, sowie durch die Sicherung, Erhaltung und Wiederherstellung der seewärtigen Dünen und des Strandes (Küstenschutz) ist eine öffentliche Aufgabe. [2]Sie begründet keinen Rechtsanspruch Dritter. [3]Die Pflicht zur Sicherung der Küsten erstreckt sich auf den Schutz von im Zusammenhang bebauten Gebieten.

(2) [1]Die Durchführung des Küstenschutzes ist eine öffentliche Aufgabe von Küstenschutzverbänden, die nach besonderer gesetzlicher Vorschrift errichtet werden. [2]Bis zu dem Zeitpunkt, zu dem die neuen Küstenschutz- und Deichverbände ihre Tätigkeit aufnehmen, obliegt die Aufgabenerfüllung dem bisher Verpflichteten.

(3) [1]Die Aufgabe zur Durchführung des Küstenschutzes erstreckt sich nicht auf den Bau, die Unterhaltung und Wiederherstellung von Deichen, die ausschließlich dem Schutz landwirtschaftlicher Flächen gegen Hochwasser und Sturmflut dienen. [2]Diese Aufgabe obliegt den durch dieses Gesetz für die Gewässerunterhaltung gebildeten Unterhaltungsverbänden im jeweiligen Verbandsgebiet. [3]Deiche mit dieser Bedeutung werden nach Anhörung des zuständigen Unterhaltungsverbandes von der obersten Wasserbehörde festgestellt und im Amtsblatt für Mecklenburg-Vorpommern bekanntgemacht.

Zweiter Abschnitt
Gemeinsame Vorschriften und Eigentum

§ 84 Küstenschutzanlagen (zu § 68 WHG)

(1) [1]Die Errichtung und wesentliche Umgestaltung von nicht UVP-pflichtigen Küstenschutzanlagen und Sandvorspülungen bedürfen der Genehmigung. [2]Satz 1 gilt nicht für Deichbauten. [3]Die Beseitigung von Küstenschutzanlagen, die nicht der UVP-Pflicht unterliegen, bedarf der rechtzeitigen Anzeige.

(2) Die Genehmigung ist zu untersagen, wenn von der Anlage eine Beeinträchtigung des Wohls der Allgemeinheit, insbesondere der Belange des Küstenschutzes oder der öffentlichen Sicherheit zu erwarten ist, die nicht durch Auflagen verhütet oder ausgeglichen werden kann.

(3) Für die Unterhaltung der Deiche, Buhnen, Deckwerke und der anderen Anlagen des Küstenschutzes sind § 41 des Wasserhaushaltsgesetzes und die §§ 66 und 72 Abs. 2 sinngemäß anzuwenden.

(4) § 77 gilt entsprechend.

(5) Benutzungen der Deiche und der seewärtigen Dünen richten sich nach § 74, sofern nach § 87 nicht weitergehende Verbote gelten.

§ 85 Eigentum

(1) Soweit bei Inkrafttreten dieses Gesetzes das Eigentum an den Deichen, Buhnen, Deckwerken und anderen Anlagen des Küstenschutzes sowie an den seewärtigen Dünen und dem Strand nicht den Unterhaltungspflichtigen zusteht, bleibt es aufrechterhalten.

(2) Soweit unter § 83 Abs. 3 fallende Deiche im Eigentum des Landes stehen, geht das Eigentum an ihnen unentgeltlich auf den zuständigen Unterhaltungsverband über.

(3) [1]Der Strand steht unbeschadet wohlerworbener Rechte Dritter im Eigentum des Landes. [2]Strand ist der im Wirkungsbereich der Wellen mit einem dynamischen Sedimentakkumulationskörper überlagerte Küstenstreifen, der seewärts durch die Mittelwasserlinie und landseitig durch den Dünen- oder Steiluferfuß oder den Beginn der geschlossenen Pflanzendecke begrenzt wird, sofern nicht der Fußpunkt baulicher Anlagen eine künstliche Grenze bildet.

Dritter Abschnitt
Sicherung und Erhaltung der Küste

§ 86 *[aufgehoben]*

§ 87 Nutzungsbestimmungen

(1) [1]Auf dem Strand ist es verboten:
1. Sand, Kies, Geröll oder Steine zu entnehmen,
2. Liegeplätze für Wasserfahrzeuge oder Netztrockenplätze einzurichten,
3. Abgrabungen, Abspülungen oder Bohrungen vorzunehmen,
4. mit Fahrzeugen aller Art zu fahren,
5. Gegenstände aller Art aufzustellen, zu lagern oder abzulagern, die geeignet sind, Küstenschutzanlagen zu beschädigen oder deren Unterhaltung zu beeinträchtigen.

[2]Satz 1 Nr. 1, 3 und 5 gelten auch für den Vorstrand. [3]Satz 1 Nr. 1 findet für seewärtige Dünen entsprechend Anwendung. [4]Darüber hinaus ist es verboten, auf seewärtigen Dünen schützenden Bewuchs wesentlich zu verändern, zu beseitigen oder zu beschädigen. [5]Naturschutzrechtliche Bestimmungen bleiben unberührt.

(2) Durch die Nutzung des Vorlandes dürfen die Belange des Küstenschutzes als öffentliche Aufgabe nicht beeinträchtigt werden.

(3) [1]Auf den durch Küstenschutzanlagen gesicherten Steilufern und innerhalb eines Bereiches von 50 Metern landwärts der Böschungsoberkante gilt Absatz 1 Nr. 1 und 3 entsprechend. [2]Die wesentliche Veränderung, Beseitigung oder Beschädigung schützenden Bewuchses ist verboten.

(4) [1]Die Wasserbehörde kann von den Verboten der Absätze 1 bis 3 Ausnahmen zulassen, wenn die Belange des Küstenschutzes als öffentliche Aufgabe nicht beeinträchtigt werden. [2]Darüber hinaus kann die Wasserbehörde die Verlegung von Leitungen in den Überwegen von Schutzdünen während der Badesaison zulassen, wenn dies mit den Belangen des Küstenschutzes vereinbar ist.

(5) Die Gemeinden dürfen, als Aufgabe im eigenen Wirkungskreis, für einen zum Gemeindegebiet gehörenden Strand im Einvernehmen mit dem Unterhaltungspflichtigen der Küstenschutzanlagen durch Satzung Ausnahmen von den Verboten des Absatzes 1 Satz 1 Nr. 2, 4 und 5 für den saisonalen Badebetrieb und die Fischerei zulassen.

(6) Die Wasserbehörde kann über die Verbote nach den Absätzen 1 bis 3 und nach § 84 Abs. 5 hinaus zur Wahrung der Belange des Küstenschutzes als öffentliche Aufgabe weitere Handlungen oder Unterlassungen, die geeignet sind, den Küstenschutz als öffentliche Aufgabe zu gefährden, insbesondere die Nutzung und Benutzung des Strandes, des Vorstrandes, der Schutzdünen, des Vorlandes und der sonstigen Flächen und Anlagen, die dem öffentlichen Küstenschutz zu dienen bestimmt oder geeignet sind, durch Verfügung regeln, beschränken oder untersagen.

§ 88 *[aufgehoben]*

§ 89 Anlagen an der Küste

(1) Die Errichtung, wesentliche Änderung oder Beseitigung baulicher Anlagen an Küstengewässern in einem Abstand von 200 Metern land- und seewärts von der Mittelwasserlinie sowie im Vorstrandbereich (seewärts des Strandes gelegener Meeresbereich bis zu einer von Seegangswirkung unbeeinflussten Wassertiefe) bedarf bei der Wasserbehörde der rechtzeitigen Anzeige.

(2) Das Vorhaben ist zu untersagen, wenn es nicht mit den Belangen des Küstenschutzes als öffentliche Aufgabe vereinbar ist.

(3) Vorhaben an Steilküsten sind zu untersagen, wenn durch bestehende Küstenschutzanlagen oder durch zulässige Maßnahmen des Vorhabenträgers zur Verhinderung des Steiluferrückganges eine Gefährdung der zu errichtenden baulichen Anlagen durch Steiluferrückgang langfristig nicht ausgeschlossen werden können.

(4) § 82 Abs. 2 bis 4 gilt sinngemäß.

Achter Teil
Gewässeraufsicht

Erster Abschnitt
Allgemeine Vorschriften

§ 90 Aufgaben und Zuständigkeiten für den Küstenschutz

Die §§ 100 und 101 des Wasserhaushaltsgesetzes gelten für den Küstenschutz sinngemäß.

§ 91 *[aufgehoben]*

§ 92 Kosten der Gewässeraufsicht

(1) [1]Wer zu Maßnahmen der Gewässeraufsicht Anlaß gibt, hat die notwendigen Kosten zu erstatten. [2]Zu diesen Kosten gehören auch

– Kosten der Ermittlung des Verantwortlichen,
– Kosten der Gefahrerforschung,
– Kosten der Maßnahmen zur Gefahrenabwehr,
– Kosten der Kontrollmaßnahmen zur Beurteilung des Erfolges der Gefahrenabwehrmaßnahmen.

[3]Die Kosten werden von der Wasserbehörde durch Bescheid festgesetzt.

(2) [1]Für die im Rahmen der Gewässeraufsicht regelmäßig durchzuführenden Abwasseruntersuchungen besteht eine Verpflichtung zur Kostentragung in dem Umfang, wie er in dem die Abwassereinleitung zulassenden Bescheid geregelt ist. [2]Für darüber *hinausgehenden*[1)] Untersuchungen besteht die Verpflichtung zur Kostentragung, wenn ein Verstoß gegen die Festsetzungen des Zulassungsbescheides festgestellt wird. [3]Weitergehende gesetzliche Bestimmungen bleiben unberührt.

§ 92a Anwendung für kommunale Behörden

Die §§ 100 und 101 des Wasserhaushaltsgesetzes und § 92 finden für die Bürgermeister, Amtsvorsteher und Abwasserbeseitigungspflichtigen nach § 40 für die ihnen nach diesem Gesetz oder aufgrund dieses Gesetzes übertragenen Vollzugsaufgaben entsprechende Anwendung.

1) Richtig wohl: „hinausgehende“.

Zweiter Abschnitt
Besondere Vorschriften

§ 93 Wasserschau, Schaukommission

(1) Die Schaukommissionen unterstützen die Wasserbehörde durch Schauen der natürlich fließenden oberirdischen Gewässer zweiter Ordnung (Gewässerschaukommission), sie wirken bei den sich aus der Wasserschau ergebenden Entscheidungen der Wasserbehörden mit.

(2) Mit der Schau der Gewässer kann ein Wasser- und Bodenverband beauftragt werden (§§ 44 und 45 des Wasserverbandsgesetzes in der jeweils geltenden Fassung).

§ 94 Wassergefahr

(1) Werden zur Abwendung einer durch Hochwasser, Sturmfluten, Eisgang oder andere Ereignisse entstehenden Wassergefahr augenblicklich Vorkehrungen notwendig, so sind die benachbarten Gemeinden, auch wenn sie nicht bedroht sind, verpflichtet, die erforderliche Hilfe zu leisten.

(2) Ist ein Deich bei Hochwasser gefährdet, so haben auf Anordnung der Wasserbehörde die Bewohner der bedrohten und, falls erforderlich, der benachbarten Gemeinden durch persönliche Dienste oder andere Leistungen die erforderliche Hilfe zu leisten.

(3) Die Körperschaft, in deren Interesse Hilfe geleistet wird, hat auf Verlangen für Sachschaden und Verdienstausfall eine angemessene Entschädigung zu gewähren.

§ 95 Wasserwehr

(1) [1]Gemeinden haben einen Wasserwehrdienst einzurichten, wenn sie erfahrungsgemäß durch Überschwemmungen beziehungsweise Hochwasser oder Sturmfluten gefährdet werden können. [2]Das Nähere regeln die Gemeinden durch Ortssatzungen.

(2) [1]Die Wasserbehörde legt gegenüber den Gemeinden den Beginn und das Ende der Überwachung der Deiche fest und kann zur Sicherung der Deiche Weisungen erteilen. [2]Die Wasserbehörden unterstützen die Gemeinden bei der Beobachtung und Sicherung der Deiche und beraten sie bei der Abwehr von Wassergefahren.

§ 96 Warn- und Alarmdienst

(1) Die oberste Wasserbehörde wird ermächtigt, durch Rechtsverordnung für Gewässer einen Warn- und Alarmdienst zum Schutz der Gewässer gegen Verunreinigung und zum Schutz vor Wassergefahren einzurichten.

(2) Die Verordnung bestimmt die Meldestellen, das Meldeverfahren und legt die Verantwortung für die Bedienung der Hochwasserschutzanlagen sowie für die Bekämpfung von Verunreinigungen und deren Auswirkungen fest.

(3) Aus der Einrichtung des Warn- und Alarmdienstes können Dritte keine Ansprüche herleiten.

(4) Warn- und Alarmpläne für länderübergreifende oberirdische Gewässer sind mit den angrenzenden Ländern abzustimmen.

Neunter Teil
Zwangsrechte

§§ 97–101 ***[aufgehoben]***

§ 102 Enteignungsrecht

[1]Soweit für Zwecke der öffentlichen Wasserversorgung oder der öffentlichen Abwasserbeseitigung die Entziehung oder die Beschränkung von Grundeigentum oder Rechten am Grundeigentum im Wege der Enteignung erforderlich wird, stellt die Wasserbehörde die Zulässigkeit der Enteignung fest. [2]§ 15 Abs. 4 Satz 2 ist anzuwenden.

§§ 103–105 ***[aufgehoben]***

Elfter Teil
Zuständigkeit, Verfahren

Erster Abschnitt
Zuständigkeit

§ 106 Wasserbehörden, Aufgaben

[1]Die Durchführung des Wasserhaushaltsgesetzes, des § 65 des Gesetzes über die Umweltverträglichkeitsprüfung bei wasserbezogenen Vorhaben, dieses Gesetzes und der aufgrund dieser Gesetze erlassenen Rechtsverordnungen ist Aufgabe der Wasserbehörden, soweit durch Rechtsvorschriften nicht etwas anderes bestimmt ist. [2]Wasserbehörden sind:
1. das Ministerium für Landwirtschaft, Umwelt und Verbraucherschutz als oberste Wasserbehörde,
2. das Landesamt für Umwelt, Naturschutz und Geologie als obere Wasserbehörde, soweit ihm Vollzugsaufgaben übertragen sind,
3. die Staatlichen Ämter für Landwirtschaft und Umwelt sowie die Landräte und die Oberbürgermeister der kreisfreien Städte als untere Wasserbehörden.

[3]Die Landkreise und kreisfreien Städte nehmen die Aufgaben nach Satz 1 als Pflichtaufgaben zur Erfüllung nach Weisung wahr. [4]Satz 3 gilt für die Bürgermeister der amtsfreien Gemeinden und die Amtsvorsteher der Ämter entsprechend, soweit ihnen Vollzugsaufgaben nach diesem Gesetz oder aufgrund dieses Gesetzes übertragen worden sind.

§ 107 Zuständigkeiten

(1) [1]Die Wahrnehmung der Aufgaben nach den in § 106 genannten Gesetzen und Rechtsverordnungen obliegt den Landräten und den Oberbürgermeistern der kreisfreien Städte als untere Wasserbehörden, soweit durch Gesetz oder aufgrund eines Gesetzes nichts anderes bestimmt ist. [2]Darüber hinaus sind die Landräte und die Oberbürgermeister der kreisfreien Städte Bescheinigungsbehörde nach § 3 der Sachenrechts-Durchführungsverordnung vom 20. Dezember 1994 (BGBl. I S. 3900).

(2) [1]Die oberste Wasserbehörde ist zuständig für den Erlass von Rechtsverordnungen
1. zur Festsetzung von
   a) Wasserschutzgebieten nach § 51 Abs. 1 des Wasserhaushaltsgesetzes,
   b) Heilquellenschutzgebieten nach § 53 Abs. 4 des Wasserhaushaltsgesetzes,
   c) Überschwemmungsgebieten nach § 76 Abs. 2 des Wasserhaushaltsgesetzes,
2. über eine Veränderungssperre nach § 86 des Wasserhaushaltsgesetzes.

[2]Sie ist zuständige Behörde nach den §§ 73 bis 75, 76 Abs. 3, §§ 79 und 80 Abs. 2 des Wasserhaushaltsgesetzes.

(3) [1]Die obere Wasserbehörde ist zuständig für:
1. die Erteilung, Änderung, Beschränkung oder Rücknahme einer Erlaubnis oder Bewilligung für Gewässerbenutzungen bei kerntechnischen Anlagen,
2. Planfeststellungen oder -genehmigungen nach § 68 des Wasserhaushaltsgesetzes für Gewässer erster Ordnung und für die Hochwasser- und Küstenschutzanlagen,
3. Genehmigungen nach § 60 Abs. 3 des Wasserhaushaltsgesetzes einschließlich der Erlaubnis nach § 8 des Wasserhaushaltsgesetzes,
4. *[aufgehoben]*
5. das Führen des Wasserbuchs nach § 87 des Wasserhaushaltsgesetzes,
6. die Mitwirkung in Verfahren nach § 19 des Wasserhaushaltsgesetzes und
7. die Überprüfung und Aktualisierung der Maßnahmenprogramme und Bewirtschaftungspläne entsprechend § 84 Abs. 1 des Wasserhaushaltsgesetzes.

[2]Sie ist ferner zuständige Behörde nach:
a) § 5 Abs. 1 des Gesetzes zur Ausführung des Protokolls über Schadstofffreisetzungs- und -verbringungsregister vom 21. Mai 2003 sowie zur Durchführung der Verordnung (EG) Nr. 166/2006 vom 6. Juni 2007 (BGBl. I S. 1002),
b) § 7 Abs. 2 bis 4, § 29 Abs. 2 Satz 1, den §§ 30, 44, 47 Abs. 2 Satz 2 und Abs. 3, § 83 Abs. 4 und § 85 des Wasserhaushaltsgesetzes.

(4) [1]Die Staatlichen Ämter für Landwirtschaft und Umwelt sind zuständig für:
1. die Gewässer erster Ordnung, mit Ausnahme von

a) Zulassungen und Anordnungen nach § 21,
b) Anzeigen und Maßnahmen nach den §§ 82 und 118 für bauliche Anlagen nach § 82,
c) Entscheidungen über Abwassereinleitungen, ausgenommen von Einleitungen in Küstengewässer,

2. den Küstenschutz,
3. die Landesschutzdeiche,
4. Entscheidungen nach § 65 des Gesetzes über die Umweltverträglichkeitsprüfung, sofern die Rohrleitungsanlagen über die Grenzen eines Landkreises oder einer kreisfreien Stadt hinausgehen,
5. die Gewässeraufsicht einschließlich der Gefahrenabwehr für die in Nummern 1 bis 3 und Absatz 3 Satz 1 Nummer 2 genannten Aufgaben und Vorhaben.

[2]Sie sind ferner zuständig für:

a) die Aufgaben der Anhörungsbehörde in den von der obersten und oberen Wasserbehörde durchzuführenden Planfeststellungsverfahren und förmlichen Verfahren,
b) Maßnahmen nach § 91 des Wasserhaushaltsgesetzes,
c) die Durchführung des gewässerkundlichen Mess- und Beobachtungsdienstes.

(5) Die Wasserbehörden nehmen ferner die Aufgaben nach den §§ 3, 5 Abs. 3 bis 5 und § 7 des Gesetzes zur Ausführung des Protokolls über Schadstofffreisetzungs- und -verbringungsregister vom 21. Mai 2003 sowie zur Durchführung der Verordnung (EG) Nr. 166/2006 für die in ihrer Zuständigkeit liegenden Abwassereinleitungen und Indirekteinleitungen wahr.

(6) Die Bürgermeister der amtsfreien Gemeinden und die Amtsvorsteher der Ämter sind für die Entgegennahme der Anzeige für den Umgang mit wassergefährdenden Stoffen im Zusammenhang mit Haustankanlagen und für die Zulassung von Abweichungen von den Vorschriften bei wild abfließendem Wasser nach § 37 des Wasserhaushaltsgesetzes zuständig.

(7) Die oberste Wasserbehörde kann durch Rechtsverordnung die Zuständigkeiten für wasserbehördliche Aufgaben bestimmen, die sich aufgrund des Rechts der Europäischen Gemeinschaft oder zwischenstaatlicher Vereinbarungen, von Bundesrecht und von Landesrecht ergeben, soweit diese wasserbehördlichen Aufgaben nach Inkrafttreten dieses Gesetzes begründet werden.

§ 108 *[aufgehoben]*

§ 109 Bergrechtliche Genehmigungen

Entstehen bei Vorhaben, die der bergrechtlichen Aufsicht unterliegen, Gewässer, so darf die Genehmigung nur im Einvernehmen mit dem zuständigen Staatlichen Amt für Umwelt und Natur erteilt werden.

§ 110 Fachbehörden, gewässerkundlicher Dienst

(1) [1]Das Landesamt für Umwelt, Naturschutz und Geologie ist Fachbehörde. [2]Es ermittelt und entwickelt jeweils in seinem Dienstaufgabenbereich die naturwissenschaftlichen, gewässerkundlichen, geologischen und technischen Grundlagen für die Ordnung des Wasserhaushalts. [3]Es führt konzeptionelle und fachbegleitende Arbeiten für die Vorbereitung und die Durchführung wasserbehördlicher Verfahren durch.

(2) Technische Fachbehörden für die Wasserbehörden sind die Staatlichen Ämter für Umwelt und Natur.

(3) Die Durchführung des gewässerkundlichen Mess- und Beobachtungsdienstes obliegt dem Land.

§ 111 Bestimmung der Zuständigkeit in besonderen Fällen

[1]Ist in derselben Sache die örtliche oder sachliche Zuständigkeit mehrerer Wasserbehörden begründet oder ist es zweckmäßig, eine Angelegenheit einheitlich zu regeln, so bestimmt die oberste Wasserbehörde die zuständige Wasserbehörde oder die Fachbehörde nach dem Schwerpunktprinzip. [2]Ist auch die Zuständigkeit der Behörde eines anderen Bundeslandes gegeben, so vereinbart die oberste Wasserbehörde mit der zuständigen Obersten Landesbehörde des anderen Bundeslandes die in der Sache zuständige Wasserbehörde durch Verwaltungsvereinbarung.

§ 112 Sachverständige

Die oberste Wasserbehörde kann durch Rechtsverordnung

1. bestimmte Aufgaben, insbesondere Prüf- und Überwachungsmaßnahmen, auf anerkannte Sachverständige oder sachverständige Stellen übertragen,

2. die Voraussetzungen für die Anerkennung der Sachverständigen oder sachverständigen Stellen und die Entgelte für deren Leistungen regeln,
3. die Vorlage eines Nachweises über Maßnahmen von Sachverständigen oder sachverständigen Stellen nach Nummer 1 bei der Wasserbehörde vorschreiben.

Zweiter Abschnitt
Verfahren, allgemeine Bestimmungen

§ 113 Grundsatz

(1) Soweit in diesem Gesetz oder in den aufgrund dieses Gesetzes erlassenen Rechtsvorschriften nichts anderes bestimmt ist, gilt für das Verwaltungsverfahren das Landesverwaltungsverfahrensgesetz.

(2) [1]Anträge, über die die Wasserbehörden zu entscheiden haben, sind mit den zur Beurteilung erforderlichen Unterlagen (Plänen, Zeichnungen, Nachweisungen und Beschreibungen) schriftlich oder elektronisch einzureichen. [2]Dokumente, die Betriebs- oder Geschäftsgeheimnisse enthalten, sind als solche zu kennzeichnen und getrennt von den übrigen Unterlagen vorzulegen. [3]Ihr Inhalt muß, soweit dies ohne Preisgabe des Geheimnisses möglich ist, so ausführlich dargestellt sein, daß Dritte beurteilen können, ob und in welchem Umfange sie von den Auswirkungen des Vorhabens betroffen werden können.

(3) Werden Benutzungen ohne die erforderliche Erlaubnis oder Bewilligung ausgeübt, Gewässer, Deiche oder Anlagen ohne die erforderliche Planfeststellung, Genehmigung, Eignungsfeststellung oder Bauartzulassung ausgebaut, errichtet, geändert, angebaut oder betrieben, kann die Wasserbehörde verlangen, daß ein Antrag schriftlich oder elektronisch gestellt und die erforderlichen Unterlagen vorgelegt werden.

(4) Die Absätze 2 und 3 gelten für Anzeigen sinngemäß.

§ 113a Konzentrationswirkung

[1]Über Genehmigungen und Ausnahmegenehmigungen nach § 52 Abs. 1 Satz 2, § 53 Abs. 5 und § 78 Abs. 2 bis 4 des Wasserhaushaltsgesetzes sowie nach § 74 Abs. 3, § 136 Abs. 3 und § 137 Abs. 2 entscheidet gleichzeitig mit Erteilung der Baugenehmigung die Bauaufsichtsbehörde im Einvernehmen mit der Wasserbehörde, wenn das Vorhaben einer Baugenehmigung bedarf. [2]In den übrigen Fällen schließt die wasserrechtliche Genehmigung die Baugenehmigung ein.

§ 114 Einwendungen privatrechtlicher Natur

(1) Sind gegen einen Antrag Einwendungen aufgrund von Privatrechtsverhältnissen erhoben worden, so kann die Wasserbehörde unter Vorbehalt dieser Einwendungen entscheiden oder das Verfahren aussetzen, bis das Privatrechtsverhältnis geklärt ist.

(2) Wird das Verfahren ausgesetzt, ist eine Frist zu bestimmen, in der Klage zu erheben ist.

§ 115 Verfahrenserfordernisse

(1) [1]Entscheidungen nach dem Wasserhaushaltsgesetz und diesem Gesetz sind schriftlich oder elektronisch zu erlassen, es sei denn, daß sie nur eine vorläufige Regelung treffen oder wegen Gefahr im Verzug erlassen werden. [2]Den Verfahrensbeteiligten, die nicht Antragsteller sind, kann die Entscheidung ohne die zugehörigen Planunterlagen mit dem Hinweis bekanntgegeben oder zugestellt werden, an welchem Ort und in welcher Frist diese eingesehen werden können.

(2) Sind mehr als fünfzig Benachrichtigungen oder Zustellungen vorzunehmen, so können sie durch öffentliche Bekanntgabe ersetzt werden.

(3) Soweit eine wasserrechtliche Entscheidung andere öffentlich-rechtliche Entscheidungen einschließt oder von einer anderen öffentlich-rechtlichen Entscheidung ersetzt wird, ist die ersetzte Entscheidung ausdrücklich zu bezeichnen.

§ 116 Sicherheitsleistung

(1) [1]Die Wasserbehörde kann die Leistung einer Sicherheit oder den Nachweis einer Haftpflichtversicherung verlangen, soweit sie erforderlich sind, um die Erfüllung von Bedingungen, Auflagen und sonstigen Verpflichtungen zu sichern oder finanzielle Risiken abzudecken, die bei Unfällen oder Betriebsstörungen entstehen können. [2]Das Land und sonstige Körperschaften des öffentlichen Rechts sind von der Sicherheitsleistung frei, sofern nicht im Einzelfall etwas anderes bestimmt wird. [3]Auf Sicherheitsleistungen sind die §§ 232 bis 240 des Bürgerlichen Gesetzbuches anzuwenden.

(2) Art und Höhe der Sicherheit sowie der Begünstigte sind zu bestimmen.

(3) [1]Ist der Grund für die Sicherheitsleistung weggefallen, so ist dem Begünstigten eine Frist zu setzen, binnen deren er die Einwilligung in die Rückgabe der Sicherheit zu erklären oder die Erhebung der Klage wegen seiner Ansprüche nachzuweisen hat. [2]Nach Ablauf der Frist ist die Rückgabe der Sicherheit anzuordnen, wenn nicht inzwischen die Erhebung der Klage nachgewiesen ist.

§ 117 Vorläufige Anordnungen, Beweissicherung

(1) [1]Ist ein Verfahren nach dem Wasserhaushaltsgesetz oder diesem Gesetz eingeleitet, so kann die Wasserbehörde zur Sicherung der in Aussicht genommenen Maßnahmen vorläufige Anordnungen treffen, wenn das Wohl der Allgemeinheit diese erfordert. [2]Die Anordnung kann befristet werden.

(2) Zur Feststellung von Tatsachen, die für eine nach dem Wasserhaushaltsgesetz oder diesem Gesetz zu treffende Entscheidung von Bedeutung sein können, insbesondere zur Feststellung des Zustandes einer Sache, kann die Wasserbehörde die erforderlichen Maßnahmen anordnen, wenn sonst die Feststellung unmöglich oder wesentlich erschwert würde (Beweissicherungsverfahren).

§ 118 Anzeigeverfahren

(1) Soweit in diesem Gesetz nichts Anderes bestimmt ist, gilt für anzeigepflichtige Vorhaben, dass:

1. der Anzeige die zur Beurteilung des Vorhabens erforderlichen Unterlagen beizufügen sind,
2. die Wasserbehörde die Vollständigkeit der eingereichten Unterlagen zu bestätigen hat,
3. mit dem Vorhaben frühestens sechs Wochen nach Eingang der vollständigen Unterlagen begonnen werden darf; die Behörde kann diese Frist verkürzen oder um bis zu vier Wochen verlängern,
4. die Wasserbehörde, wenn sich aus der Anzeige ergibt, dass weitere Maßnahmen zum Schutz der Gewässer oder zur Sicherung der Belange des Küstenschutzes erforderlich sind, Auflagen erteilen kann, mit denen die angezeigte Handlung auch befristet oder beschränkt werden kann.

(2) [1]Das anzeigepflichtige Vorhaben ist von der Wasserbehörde zu untersagen, wenn die Verunreinigung eines Gewässers oder eine sonstige nachteilige Veränderung der Gewässereigenschaften zu besorgen ist. [2]Das Vorhaben kann versagt werden, wenn von dem beabsichtigten Unternehmen eine nicht unter Satz 1 fallende Beeinträchtigung des Wohls der Allgemeinheit oder erhebliche Nachteile, Gefahren oder Belästigungen für andere Grundstücke, Bauten oder sonstige Anlagen oder eine erhebliche Beeinträchtigung der Gewässerunterhaltung zu erwarten sind, die durch Bedingungen oder Auflagen weder verhütet noch ausgeglichen werden können.

(3) [1]Die nach diesem Gesetz begründete Anzeigepflicht besteht nicht, wenn das Vorhaben nach anderen Rechtsvorschriften einer Zulassung oder Anzeige bedarf. [2]Die hierfür zuständige Behörde entscheidet im Einvernehmen mit der Wasserbehörde. [3]Das Einvernehmen gilt als erteilt, wenn die Wasserbehörde nicht innerhalb von vier Wochen auf die Anfrage der zuständigen Behörde reagiert.

§ 119 Auskunftsanspruch

(1) Die Wasserbehörden erteilen auf Antrag jedermann Auskunft über die bei ihnen vorhandenen wasserwirtschaftlichen Daten.

(2) Der Anspruch auf Auskunft nach Absatz 1 besteht nicht

1. für personenbezogene Daten und für Daten, die ein Betriebs- oder Geschäftsgeheimnis enthalten, wenn durch die Auskunft schutzwürdige Belange des Betroffenen oder der Allgemeinheit erheblich beeinträchtigt würden,
2. für Daten, die den Wasserbehörden von Dritten mitgeteilt worden sind, es sei denn, diese sind berechtigt, diese Daten selbst zu erheben oder deren Übermittlung zur Erfüllung ihrer Aufgaben zu verlangen,
3. für Daten aus nicht abgeschlossenen Untersuchungen, Berichten, Studien oder Verfahren.

(3) [1]Können durch die Auskunft schutzwürdige Belange des Betroffenen, die Einhaltung eines Betriebs- oder Geschäftsgeheimnisses oder Geheimhaltungsinteressen anderer Behörden beeinträchtigt werden, so hat die Wasserbehörde den Betroffenen vorher Gelegenheit zur Stellungnahme zu geben. [2]Eine Beeinträchtigung schutzwürdiger Belange steht dem Auskunftsanspruch nach Absatz 1 dann nicht entgegen, wenn eine Interessenabwägung durch die Wasserbehörde im Einzelfall ergeben hat, daß das öffentliche Interesse am Schutz der Umwelt das Geheimhaltungsinteresse des Betroffenen oder einer anderen Behörde überwiegt.

§ 120 Auskunftserteilung

(1) [1]Der Antrag nach § 119 Abs. 1 ist bei der Wasserbehörde schriftlich oder elektronisch zu stellen. [2]In ihm sind die mitzuteilenden Daten und der Zweck, zu dem die Mitteilung begehrt wird, möglichst genau zu bezeichnen. [3]Der Antrag kann zurückgewiesen werden, wenn er offensichtlich mißbräuchlich ist oder den Anforderungen an die Bestimmtheit nach Satz 2 nicht entspricht. [4]Die Zurückweisung erfolgt schriftlich oder elektronisch.

(2) [1]Die Auskunft wird nach Wahl des Antragstellers erteilt durch die Einsichtnahme in die der Wasserbehörde vorliegenden Schriftstücke oder durch die Erteilung von Ablichtungen oder Abschriften. [2]Die Auskunft kann auch elektronisch übermittelt werden.

§ 121 Verfahrenskosten

[1]Die Verfahrenskosten fallen dem Antragsteller oder dem nach § 51 des Wasserhaushaltsgesetzes Begünstigten zur Last. [2]Kosten, die infolge unbegründeter Einwendungen, oder im Falle eines Entschädigungsverfahrens durch wesentlich überhöhte Entschädigungsanforderungen entstanden sind, können demjenigen auferlegt werden, der die Einwendungen oder die Entschädigungsforderung erhoben hat.

Dritter Abschnitt
Förmliches Verwaltungsverfahren

§ 122 Förmliche Verfahren

(1) Im förmlichen Verwaltungsverfahren nach den Bestimmungen des Verwaltungsverfahrensgesetzes ergehen die Entscheidungen über

1. die Erteilung von Bewilligungen nach den §§ 8 und 10 des Wasserhaushaltsgesetzes,
2. den Ausgleich von Rechten und Befugnissen mit Ausnahme von Erlaubnissen untereinander,
3. die Zulassung von Vorhaben, die der Umweltverträglichkeitsprüfung unterliegen.

(2) [1]Für die Festsetzung von Wasserschutzgebieten, Quellenschutzgebieten und Überschwemmungsgebieten gelten die Vorschriften über das förmliche Verwaltungsverfahren sinngemäß. [2]Auszulegen sind der Entwurf der vorgesehenen Rechtsverordnung mit den dazu gehörenden Plänen. [3]Die Verfahren zur Festsetzung von Wasserschutzgebieten, Quellenschutzgebieten und Überschwemmungsgebieten finden mit dem Erlaß der Verordnung ihren Abschluß. [4]Die Festsetzung ist durch die beteiligten Gemeinden ortsüblich bekanntzumachen.

(3) [1]Für das Verfahren nach den Absätzen 1 und 2 ist ein Anhörungsverfahren nach den Bestimmungen des Verwaltungsverfahrensgesetzes durchzuführen. [2]In den Fällen des Absatz 1 erfolgt die Durchführung der Umweltverträglichkeitsprüfung im Rahmen des förmlichen Verfahrens.

(4) Wasserschutzgebiete nach § 51 des Wasserhaushaltsgesetzes, Heilquellenschutzgebiete nach § 53 des Wasserhaushaltsgesetzes und Überschwemmungsgebiete nach § 76 des Wasserhaushaltsgesetzes sind im Liegenschaftskataster nachzuweisen.

§ 123 Inhalt des Bescheids

Der Bescheid hat zu enthalten:

1. die genaue Bezeichnung des bewilligten Rechts oder der erlaubten Benutzung nach Art, Umfang und Zweck und des der Benutzung zugrundeliegenden Planes,
2. die Dauer der Bewilligung oder der Erlaubnis, die Benutzungsbedingungen und Auflagen, soweit die Festsetzung der Auflagen nicht einem späteren Verfahren vorbehalten wird,
3. die Frist für den Beginn der Benutzung,
4. die Entscheidung über Einwendungen und andere Anträge nach § 7 dieses Gesetzes,
5. die Entscheidung über eine Entschädigung, soweit deren Festsetzung nicht einem späteren Verfahren vorbehalten wird,
6. die Entscheidung über die Kosten des Verfahrens.

§ 124 ***[aufgehoben]***

Vierter Abschnitt
Koordinierung von Verfahren

§ 124a Koordinierung von Verfahren
Ist mit der Errichtung, dem Betrieb oder der wesentlichen Änderung einer Industrieanlage, die in der Verordnung über genehmigungsbedürftige Anlagen im Anhang 1 in der Spalte c mit einem G oder in der Spalte d mit einem E gekennzeichnet ist, eine Gewässerbenutzung verbunden, entscheidet die Immissionsschutzbehörde anstelle der Wasserbehörde über die Gewässerbenutzung im Einvernehmen mit der zuständigen Wasserbehörde.

§§ 124b–124h *[aufgehoben]*

Fünfter Abschnitt
Andere Verfahren

§ 125 Ausgleichsverfahren
Die Kosten des Ausgleichsverfahrens fallen den Beteiligten nach dem Maß ihres zu schätzenden Vorteils zur Last.

§§ 126–129a *[aufgehoben]*

Zwölfter Teil
Wasserwirtschaftliche Planung, Wasserbuch

Erster Abschnitt
Wasserwirtschaftliche Planung

§ 130 Zuordnung der Gewässer zu Flussgebietseinheiten (zu § 7 Abs. 5 WHG)
(1) Die oberirdischen Gewässer im Land Mecklenburg-Vorpommern einschließlich des zugeordneten Grundwassers werden, soweit sie
1. im Einzugsgebiet der Elbe liegen, der Flussgebietseinheit „Elbe“,
2. im Einzugsgebiet der Trave liegen, der Flussgebietseinheit „Schlei/Trave“,
3. im Einzugsgebiet der Oder und des Stettiner Haffs liegen, der Flussgebietseinheit „Oder“ und
4. in den sonstigen Einzugsgebieten liegen, der Flussgebietseinheit „Warnow/Peene“,

zugeordnet.
(2) Das Stettiner Haff wird der Flussgebietseinheit „Oder“, die sonstigen Küstengewässer werden der Flussgebietseinheit „Warnow/Peene“ zugeordnet.
(3) Die Flussgebietseinheiten sind in der Anlage 3 in Kartenform dargestellt.

§ 130a Maßnahmenprogramm und Bewirtschaftungsplan (zu den §§ 82 und 83 WHG)
(1) Für die Flussgebietseinheit sind ein Maßnahmenprogramm und ein Bewirtschaftungsplan aufzustellen, um die in den §§ 27, 44 und 47 Abs. 1 des Wasserhaushaltsgesetzes festgelegten Ziele zu erreichen.
(2) [1]Für die Flussgebietseinheit „Warnow/Peene“ erstellt die obere Wasserbehörde ein Maßnahmenprogramm und einen Bewirtschaftungsplan. [2]Für die anderen Flussgebietseinheiten in Mecklenburg-Vorpommern erstellt die obere Wasserbehörde Beiträge für die Erstellung der Maßnahmenprogramme und Bewirtschaftungspläne und koordiniert diese mit den übrigen an den Flussgebietseinheiten beteiligten Ländern. [3]Die oberste Wasserbehörde wird ermächtigt, durch Verwaltungsabkommen mit den anderen Beteiligten an dem jeweiligen Flusseinzugsgebiet Einzelheiten der Koordinierung zu regeln.
(3) [1]Bei Flussgebietseinheiten, die auch im Hoheitsgebiet anderer Mitgliedstaaten der Europäischen Gemeinschaft liegen, koordiniert die obere Wasserbehörde die Maßnahmenprogramme und Bewirtschaftungspläne auch mit den zuständigen Behörden dieser Staaten. [2]Die Koordinierung erfolgt im Benehmen und, soweit auch Verwaltungskompetenzen des Bundes berührt sind, im Einvernehmen mit den zuständigen Bundesbehörden. [3]In den Fällen des Satzes 1 ist das Einvernehmen mit den zuständigen Bundesbehörden auch erforderlich, soweit die Pflege der Beziehungen zu auswärtigen Staaten nach Artikel 32 des Grundgesetzes berührt ist.
(4) [1]Die Maßnahmenprogramme und Bewirtschaftungspläne sind bis zum 22. Dezember 2009 aufzustellen. [2]Ein Hinweis, wo die Bewirtschaftungspläne oder deren Teilbereiche, die sich auf die in

Mecklenburg-Vorpommern liegenden Gebiete einer Flussgebietseinheit beziehen, sowie die entsprechenden Maßnahmenprogramme und die übrigen Unterlagen nach § 14l Abs. 2 des Gesetzes über die Umweltverträglichkeitsprüfung einsehbar sind, wird im Amtsblatt für Mecklenburg-Vorpommern veröffentlicht. [3]Sie sind mit der Veröffentlichung für alle Behörden verbindlich. [4]Zusätzlich kann die oberste Wasserbehörde Anforderungen und Maßnahmen des Maßnahmenprogramms nach Satz 2, die von den Unterhaltungspflichtigen oder von den Ausbaupflichtigen umzusetzen sind, für diese durch Rechtsverordnung für verbindlich erklären.

§§ 130b, 130c *[aufgehoben]*

§ 131 Sonstige wasserwirtschaftliche Planung

(1) Soweit dies für die Erfüllung wasserwirtschaftlicher Aufgaben erforderlich ist, stellt die oberste Wasserbehörde wasserwirtschaftliche Sonderpläne auf.

(2) [1]Der Entwurf des wasserwirtschaftlichen Sonderplanes ist in den betroffenen Gemeinden zur Einsichtnahme einen Monat öffentlich auszulegen. [2]Innerhalb eines weiteren Monats können schriftlich Anregungen und Bedenken vorgebracht werden. [3]Ort und Zeit der Auslegung und der Hinweis auf die Einwendungsfrist sind ortsüblich bekannt zu machen. [4]Die Träger öffentlicher Belange sind von dem Planungsentwurf in geeigneter Form zu unterrichten und zur Stellungnahme aufzufordern. [5]Die Staatlichen Ämter für Umwelt und Natur führen das Beteiligungsverfahren durch.

Zweiter Abschnitt
Wasserbuch

§ 132 Eintragung in das Wasserbuch (zu § 87 WHG)

(1) Die oberste Wasserbehörde bestimmt Einrichtung, Inhalt und Form des Wasserbuchs.

(2) In das Wasserbuch sind außer den in § 87 des Wasserhaushaltsgesetzes genannten Rechtsverhältnissen Heilquellenschutzgebiete (§ 53 des Wasserhaushaltsgesetzes) und Zwangsrechte (§§ 93 und 94 des Wasserhaushaltsgesetzes) einzutragen.

§ 133 Einsicht

[1]Die Einsicht in das Wasserbuch und diejenigen Entscheidungen, auf die die Eintragung Bezug nimmt, ist jedermann gestattet. [2]Auf Antrag sind kostenpflichtige Auszüge zu erteilen, wenn ein berechtigtes Interesse dargelegt wird.

Dreizehnter Teil
Bußgeldbestimmungen

§ 134 Ordnungswidrigkeiten

(1) Ordnungswidrig handelt, wer vorsätzlich oder fahrlässig

1. ohne die erforderliche Erlaubnis, gehobene Erlaubnis oder Bewilligung oder unter Nichtbefolgung einer vollziehbaren Auflage Benutzungen im Sinne des § 5 ausübt,
2. die Grenzen des Gemeingebrauchs gemäß den §§ 21 und 22 ohne Erlaubnis oder Bewilligung überschreitet,
3. Staumarken oder Sicherungsmarken ohne Zustimmung gemäß § 26 Abs. 2 Satz 2 entfernt, abändert oder beschädigt,
4. die Bezeichnung der Uferlinie gemäß § 53 Abs. 3 unbefugt entfernt, abändert oder beschädigt,
5. ohne die erforderliche Genehmigung oder unter Nichtbefolgen einer vollziehbaren Auflage
   a) eine Stauanlage gemäß § 28 Abs. 1 Satz 1 dauernd außer Betrieb setzt oder beseitigt,
   b) Nutzungen im Sinne des § 74 Abs. 1 ausübt,
   c) nach § 84 Abs. 1 Bauten des Küstenschutzes errichtet oder Sandvorspülungen vornimmt,
   d) in Heilquellenschutzgebieten nach § 137 Abs. 2 Bohrungen, Grabungen und andere Arbeiten, welche den Bestand oder die Beschaffenheit einer Heilquelle beeinflussen könnte, vornimmt,
6. einer Verordnung
   a) zur Regelung des Gemeingebrauchs nach § 21 Abs. 6 und § 22 Satz 2,
   b) über Anlagen zum Umgang mit wassergefährdenden Stoffen nach § 20 Abs. 4,

c) über die Selbstüberwachung von Abwassereinleitungen und Abwasseranlagen nach § 41,
d) über den Warn- und Alarmdienst nach § 96

zuwiderhandelt, wenn die Verordnung für einen bestimmten Tatbestand auf diese Bußgeldvorschrift verweist,

7. den Verpflichtungen durch die Wasserbehörde gemäß § 15 Abs. 1 nicht nachkommt,
8. der Anzeigepflicht nach § 20 Abs. 1 und 6, § 26 Abs. 1 Satz 2, § 32 Abs. 3 Satz 1, § 82 Abs. 1, § 84 Abs. 1 Satz 2 oder § 89 Abs. 1 nicht, nicht richtig, nicht vollständig oder nicht rechtzeitig nachkommt oder entgegen § 20 Abs. 2, § 113 Abs. 4 und § 118 Abs. 1 Satz 1 Nr. 1 der Anzeige die erforderlichen Unterlagen nicht beifügt,
9. das Anlagenkataster entgegen § 20 Abs. 7 Satz 1 oder 2 nicht oder nicht ordnungsgemäß führt oder entgegen § 20 Abs. 7 Satz 4 auf Anforderung nicht vorlegt,
10. den Vorschriften des § 29 über das Aufstauen von Wasser oder das Ablassen aufgestauten Wassers zuwiderhandelt,
11. als Eigentümer oder Unternehmer einer staatlich anerkannten Heilquelle die Pflicht verletzt, das Heilwasser gemäß § 36 untersuchen zu lassen,
12. der Pflicht zur Überlassung von Abwasser an den Beseitigungspflichtigen nach § 40 Abs. 2 Satz 1 oder zur Beseitigung von Abwasser nach § 40 Abs. 3 Satz 2 nicht nachkommt
13. entgegen § 46 Satz 1, 2 und 4 die Wassergewinnungsanlage, das festgesetzte Wasserschutzgebiet oder das Einzugsgebiet der Wassergewinnungsanlage nicht überwacht, bestehende Gefahren der unteren Wasserbehörde nicht oder nicht rechtzeitig mitteilt oder nicht auf die Begrenzung des Schadens hinwirkt,
14. die Verbote auf den Deichen und ihren beiderseitigen Schutzstreifen gemäß § 74 Abs. 1 und § 84 Abs. 5 nicht einhält,
15. vollziehbare Auflagen gemäß § 82 Abs. 3, § 89 Abs. 4, § 118 Abs. 1 Satz 1 Nr. 4 nicht erfüllt oder die gemäß § 82 Abs. 4 und § 89 Abs. 4 geforderten Handlungen nicht vornimmt,
16. den Nutzungsbestimmungen auf den seewärtigen Dünen und dem Strand sowie den Steilufern gemäß § 87 Abs. 1 und 3 zuwiderhandelt oder entgegen § 87 Abs. 3 ohne Genehmigung Nutzungen ausübt,
17. einer nach § 40 Abs. 2 und 3 erlassenen Satzung zuwiderhandelt, soweit diese Satzung für einen bestimmten Tatbestand auf diese Bußgeldvorschrift verweist.

(2) Die Ordnungswidrigkeit kann mit einer Geldbuße bis zu 50 000 Euro geahndet werden.

(3) [1]Zuständige Verwaltungsbehörde nach § 36 Abs. 1 Nr. 1 des Gesetzes über Ordnungswidrigkeiten für die Verfolgung und Ahndung von Ordnungswidrigkeiten nach dem Wasserhaushaltsgesetz und diesem Gesetz sind die Landräte und die Oberbürgermeister der kreisfreien Städte als untere Wasserbehörden. [2]Wird die Ordnungswidrigkeit in nicht inkommunalisierten Bereichen eines Küstengewässers begangen, sind die Staatlichen Ämter für Landwirtschaft und Umwelt als untere Wasserbehörden zuständige Verwaltungsbehörde nach Satz 1.

Vierzehnter Teil

Übergangs- und Schlußbestimmungen

§ 135 Alte Rechte und alte Befugnisse (zu den §§ 20 und 21 WHG)

(1) [1]Eine Erlaubnis oder eine Bewilligung ist nicht erforderlich für Benutzungen, die nach dem Wassergesetz vom 2. Juli 1982 (GBl. DDR I S. 467) erteilt oder aufrechterhalten worden sind. [2]§ 20 Abs. 2 des Wasserhaushaltsgesetzes gilt entsprechend.

(2) Ist bei Rechten, die vor dem Inkrafttreten dieses Gesetzes erteilt sind, für die Erstellung von Anlagen eine Frist gesetzt, so bedarf es einer Erlaubnis oder Bewilligung nicht, wenn innerhalb der Frist rechtmäßige Anlagen erstellt werden.

(3) [1]Inhalt und Umfang der alten Rechte und alten Befugnisse bestimmen sich, soweit sie auf besonderem Titel beruhen, nach diesem, im übrigen nach dem vor Inkrafttreten dieses Gesetzes geltende Recht. [2]Sind Inhalt und Umfang nicht festgelegt oder ungewiß, so kann die Wasserbehörde Inhalt und Umfang festsetzen.

(4) Nutzungsrechte und Mitbenutzungsrechte an Grundstücken zur Errichtung, zum Betrieb und zur Erhaltung von öffentlichen Wasserversorgungs- und Abwasseranlagen, die nach § 40 Abs. 1 Buchsta-

be c des Wassergesetzes vom 2. Juli 1982 (GBl. DDR I S. 467) oder nach früheren Rechtsvorschriften begründet wurden, bleiben bestehen und stehen dem jeweiligen Betreiber der Anlage zu.

§ 136 Schutzgebiete und Schutzstreifen

(1) [1]Die auf der Grundlage des Wassergesetzes vom 2. Juli 1982 (GBl. DDR I S. 467) festgelegten Trinkwasserschutzgebiete und Trinkwasservorbehaltsgebiete (§ 29 des Wassergesetzes), bei denen die Voraussetzungen des § 51 Abs. 1 des Wasserhaushaltsgesetzes vorliegen, Uferstreifen (§ 33 Abs. 2 des Wassergesetzes), Hochwasserschutzgebiete und Deichschutzstreifen (§ 36 des Wassergesetzes), Küstenschutzgebiete (§ 37 des Wassergesetzes) und wasserwirtschaftlichen Vorbehaltsgebiete (§ 39 des Wassergesetzes) sowie die nach früheren wasserrechtlichen Vorschriften festgelegten Schutzgebiete und -streifen bleiben bestehen. [2]Sie sind in das Wasserbuch einzutragen.

(2) [1]Trinkwasserschutzgebiete und Trinkwasservorbehaltsgebiete, die nicht den Voraussetzungen des Absatzes 1 Satz 1 entsprechen, sind aufgehoben. [2]Die aufgehobenen Trinkwasserschutzgebiete und Trinkwasservorbehaltsgebiete werden von der Wasserbehörde öffentlich bekannt gemacht. [3]In Zweifelsfällen stellt die Wasserbehörde auf Antrag oder von Amts wegen das Vorliegen der Voraussetzungen des Satzes 1 fest.

(3) [1]Die Wasserbehörde kann auf Antrag von den Verboten und Nutzungsbeschränkungen Ausnahmen zulassen, wenn sie dem jeweiligen Schutzziel nicht zuwiderlaufen oder eine Ausnahme im Interesse des Wohls der Allgemeinheit erforderlich ist. [2]Für die Zulassung von Ausnahmen sind die §§ 12, 13 Abs. 1 und § 14 Abs. 3 des Wasserhaushaltsgesetzes sinngemäß anzuwenden.

§ 137 Heilquellenschutz

(1) Die vor dem 1. Dezember 1992 anerkannten Heilquellen gelten als staatlich anerkannte Heilquellen im Sinne des § 53 Abs. 2 des Wasserhaushaltsgesetzes.

(2) [1]Die vor dem 1. Dezember 1992 festgesetzten Quellenschutzgebiete gelten als Heilquellenschutzgebiete im Sinne des § 53 Abs. 4 des Wasserhaushaltsgesetzes. [2]Bis zum Erlaß neuer Schutzvorschriften bedürfen in diesen Schutzgebieten, soweit im Einzelfalle nicht anderes bestimmt ist, Bohrungen, Grabungen und andere Arbeiten, welche den Bestand oder die Beschaffenheit der Heilquelle beeinflussen können, einer Genehmigung; besondere Schutzvorschriften bleiben unberührt.

(3) Die Genehmigung erteilt die oberste Wasserbehörde; sie entscheidet im Einvernehmen mit der zuständigen Bergbehörde.

§ 138 Einschränkung von Grundrechten

Soweit durch die Vorschriften dieses Gesetzes die Grundrechte

1. der Unverletzlichkeit der Wohnung (Artikel 13 des Grundgesetzes) und
2. der Unverletzlichkeit des Eigentums (Artikel 14 des Grundgesetzes)

berührt werden, werden diese Grundrechte eingeschränkt.

§ 139 Geltungsbereich von Verordnungen

(1) [1]Erstreckt sich der Geltungsbereich von Rechtsverordnungen oder einzelner ihrer Bestimmungen nicht auf das Gebiet des Landes oder einer Gebietskörperschaft, so ist der Geltungsbereich in der Verordnung zu beschreiben oder in Karten, Plänen oder Verzeichnissen darzustellen, die einen Bestandteil der Rechtsverordnung bilden. [2]Die Karten, Pläne oder Verzeichnisse müssen erkennen lassen, welche Grundflächen von der Verordnung betroffen werden. [3]Im Zweifel gilt ein Eigentümer oder Nutzungsberechtigter als nicht betroffen.

(2) [1]Sind Karten, Pläne oder Verzeichnisse Bestandteil einer Rechtsverordnung, kann die Verkündung dieser Teile dadurch ersetzt werden, daß sie zu jedermanns Einsicht während der Dienststunden bei den Gemeinden ausgelegt werden, deren Gebiet von der Rechtsverordnung betroffen ist, sofern der Inhalt der Karten, Pläne oder Verzeichnisse in der Rechtsverordnung grob umschrieben ist. [2]Im textlichen Teil der Rechtsverordnung müssen Ort und Zeit der Auslegung bezeichnet sein.

§ 140 Änderung und Außerkrafttreten früherer Vorschriften

[hier nicht wiedergegebene Änderungs- bzw. Aufhebungsvorschriften]

§ 141 Inkrafttreten des Gesetzes

Dieses Gesetz tritt mit Wirkung vom 1. Dezember 1992 in Kraft.

Anlage 1
(zu § 48 Abs. 1)

Verzeichnis der Gewässer I. Ordnung

Nr.	Gewässer	von	bis	Länge in km
1	Stepenitz	Mündung in den Dassower See	unterhalb der Straßenbrücken Gadebusch – Bobitz in Mühlen Eichsen	43,68
2	Boize (einschl. Wallgräben, Färbergraben und Alte Boize)	Mündung i. d. Hafen Boizenburg Schöpfw. Boizenburg	unterhalb der Brücke in Gresse Ellernholzschleuse	13,81
3	Sude (einschl. Freilauf Brömsenberg)	Mündung i. d. Hafen Boizenburg	unterhalb der Straßenbrücke der B 5 bei Redefin	39,60
4	Schaale	Mündung in die Sude bei Blücher	unterhalb der Straßenbrücke der B 5 in Zahrensdorf	8,70
5	Krainke	Mündung in die Sude bei Besitz	unterhalb Schöpfwerk Krainke bei Niendorf	5,85
6	Rögnitz	Mündung in die Sude bei Sückau	Mündung der Elde-Rögnitz-Überl. oberhalb Glaisin	40,99
7	Elde-Rögnitz Überleitung	Mündung i. d. Rögnitz oberhalb Glaisin	Müritz-Elde-Wasserstraße oberhalb der Schleuse Eldena	8,71
8	Löcknitz	Mündung in die Elbe bei Wehningen	Landesgrenze unterhalb Wehr Wustrow	36,20
9	Wallensteingraben	Mündung in den Hafen Wismar	Auslauf aus dem Schweriner See	21,50
10	Ablauf der Talsperre Farpen	Mündung in die Wismarer Bucht	Auslauf aus der Talsperre Farpen	4,60
11	Großer Hellbach	Mündung in das Salzhaff	unterhalb der Straßenbrücke Kröpelin-Ahrenshagen	21,08
12	Warnow	oberhalb d. Eisenbahnbrücke Rostock-Stralsund	Einlauf Barniner See	112,32
13	Nebel (Kanal) einschl. Alte Nebel	Mündung i. d. Warnow bei Bützow Mündung i. d. Nebel unterhalb Wehr Wolken	Einlauf in den Krakower See/Dobbin Streichwehr Lüssow	66,36
14	Rechte Randgräben d. Nebel (Kanalstrecke Wolken-Güstrow) einschl. Düker	Raum Bützow/Wolken im Auftragsbereich rechts in Fließrichtung der Nebel	Raum Güstrow im Auftragsbereich rechts in Fließrichtung der Nebel	5,56
15	Linke Randgräben d. Nebel (Kanalstrecke Wolken-Güstrow)	Raum Bützow/Wolken im Auftragsbereich links in Fließrichtung der Nebel	Raum Güstrow im Auftragsbereich links in Fließrichtung der Nebel	5,43
16	Mildenitz	Mündung i. d. Warnow b. Sternberger Burg	Einlauf in den Goldberger See bei Wendisch Waren	46,18
17	Recknitz	Mündung in den Ribnitzer Bodden	unterhalb Straßenbrücke Tessin	48,76
18	Barthe	Mündung in den Barther Bodden	Auslauf aus dem Borgwallsee	37,64
19	Trebel	Mündung in die Peenewasserstraße	Mündung der Blinden Trebel/Siermersdorf	75,03
20	Teterower Peene	Mündung in den Kummerower See	Auslauf aus dem Teterower See	15,00

Nr.	Gewässer	von	bis	Länge in km
21	Dahmer Kanal	Mündung in die Peenewasserstraße bei Malchin	Auslauf aus dem Malchiner See	7,00
22	Ostpeene	Mündung in die Peenewasserstraße oberhalb Straßenbrücke Malchin	Auslauf aus dem Torgelower See	24,35
23	Tollense	[1] Mündung in die Peene	Auslauf aus dem Rödliner See, unterhalb Wehr Teschendorf	130,24
24	Großer Landgraben mit Peene-Süd-Kanal	Mündung in die Zarow	Abzweig des Zuleiters von der Peene bei Dersewitz	49,82
	– Großer Landgraben	– Mündung in die Zarow	– Mündung der Datze in den großen Landgraben	23,52
	– Peene-Südkanal	– Mündung in den Großen Landgraben Wehr Cavelpaß	– Abzweig des Zuleiters von der Peene bei Dersewitz	26,30
25	Ablauf der Talsperre Brohm (einschl. Zarow, Weißer Graben u. Golmer Mühlenb.)	Mündung in das Kleine Haff	unterhalb Auslaufbauwerk der Talsperre Brohm	33,84
26	Uecker	oberhalb d. Straßenbrücke Ueckermünde	Landesgrenze bei Nieden	37,08
27	Randow	Mündung in die Uecker	Auslauf aus dem Löcknitzer See	31,73
28	Seenverbindung	div. Teilstrecken		
	– Obere Havel	Mündung in den Middelsee	Einlauf in den Großen Labussee	
	– Bolter Kanal	Müritz-Havel-Wstr.	Auslauf a. d. Müritz	
	– Fleether Mühlbach	Rätzsee	Vilzsee	
	– Drosedower Bek	Gobenowsee	Rätzsee	
	– Dollbek	Labussee	Gobenowsee	32,31
29	Ein- und Ausläufe der Schöpfwerke im Krs. Hagenow	Elbe, Sude u. Krainke	oberhalb der Schöpfwerke	1,80
30	Ein- und Ausläufe der Schöpfwerke im Krs. Ludwigslust	Elbe	oberhalb der Schöpfwerke	1,70
31	Qualmgraben am Löcknitzdeich	Verb. gr. Löcknitz – Schöpfwerk Gaarz	Brücke Polz	8,00
32	Verbindungsgr. Löcknitz – Schöpfwerk Gaarz u. Drängewgr. am Elbdeich	Schöpfwerk Gaarz	Qualmgraben am Löcknitzdeich bzw. B 195 in Richtung Klein Schmölen	0,92
33	Torfkanal Usedom	Kleines Haff	Wolgastsee	6,84
34	Beeke	Kleines Haff	Mützelburger See	6,00
35	Linkener Graben	Staatsgrenze zur Republik Polen	B 104	0,35

1) **Amtl. Anm.:** „umfassend Rödliner Verbindungsgraben (1,80 km), Wanzkaer See (3,40 km), Nonnenbach (4 km), Lieps (3,50 km), Liepskanal (0,78 km), Tollensesee (10,60 km), Oelmühlenbach (1,96 km), Oberbach (0,80 km), Lindebach (16,70 km), Gätenbach (1,80 km), Randkanal (5,50 km) und Tollense (79,40 km)."

Anlage 2
(zu § 73 Abs. 1)

Verzeichnis der Landesschutzdeiche

Nr.	Landesschutzdeiche	von	bis	Länge in km
1	*[aufgehoben]*			
2	*[aufgehoben]*			
3	*[aufgehoben]*			
4	*[aufgehoben]*			
5	*[aufgehoben]*			
6	Elbdeich mit Neuen Eisenbahndamm	Elb-km 502,1 Schöpfwerk Gaarz	Elb-km 503,75 B 195 – Hafeneinfahrt Dömitz – Hafenende	2,97
7	Elbdeich mit Hafendeich	Elb-km 503,75 Dömitz/Hafenende	Elb-km 505,65 Hafeneinf. – A'Brücke	2,39
8	Dömitzer Stadt-Rückstaudeiche	an der Doven Elde Roggenfelder Deich Dömitzer Stadtwall Dömitzer Mühlendeich Heiddorfer Deich Kalißer Deich		11,27
9	Elbdeiche:			
	Brodaer Deich	Dömitz/Amtsscheune	Rüterberger Forst	
	Brodaer Schloßdeich	Rüterberger Forst	Glambecker Deich	
	Glambecker Deich	Brodaer Schloßdeich	Rüterberger Elbvorland	
	Büdnerdeich	in Rüterberg		
	Rüterberger Deich	in Rüterberg		6,80
10	Löcknitzdeiche			22,57
	– rechter Löcknitzdeich	– Landesgrenze zu Niedersachsen, bei Rüterberg	– B 191	3,89
	– rechter Löcknitzdeich	– B 191	– Löcknitzdüker	2,15
	– rechter Löcknitzdeich	– Löcknitzdüker	– Hohes Gelände Klein Schmölen Ausbau	3,59
	– linker Löcknitzdeich	– Landesgrenze zu Niedersachsen, bei Rüterberg	– B 191	3,89
	– linker Löcknitzdeich	– B 191	– Löcknitzdüker	2,17
	– linker Löcknitzdeich	– Löcknitzdüker	– Straßenbrücke Klein Schmölen	2,43
	– linker Löcknitzdeich	– Straßenbrücke Klein Schmölen	– Anschluss Löcknitz-Sommerdeich (B 195)	1,25
	– linker Löcknitz-Sommerdeich	– linker Löcknitzdeich	– Landesgrenze zu Brandenburg, bei Klein Schmölen	0,78
	– linker Löcknitz-Sommerdeich	– Landesgrenze zu Brandenburg, bei Polz	– Landesgrenze zu Brandenburg, bei Breetz	2,07
	– Schmölener Brackdeich	– Ortsausgang Schmölen, südlich des Schmölener Bracks	– Richtung Polz	0,35

Nr.	Landesschutzdeiche	von	bis	Länge in km
11	Schafdamm	Löcknitzd. oberhalb Wehningen	i. d. Wehninger Forst	1,14
12	Eledeiche			5,27
	Elbedeich Boizenburg	– Boizenburg, neue Sudemündung	– Pionierbrücke (alte Sudemündung)	2,94
	Elbedeich Mahnkenwerder	– Pionierbrücke (alte Sudemündung)	– Landesgrenze zu Niedersachsen (Herrweg)	2,33
13	*[aufgehoben]*			
14	Alter Elbedeich			1,88
	– Soltower Deich	– Landesgrenze zu Niedersachsen (Bleckeder Holz)	– Sudedeich bei Soltow (Porath)	1,78
	– Qualmdeich Timmermann			0,10
15	Hafendeich Boizenburg	Sudedeich/-mündung	Hafenende/Parkplatz	1,29
16	Sudedeiche			31,76
	– rechter Sudedeich	– Boizenburg/neue Sudemündung	– Hochufer bei Gothmann	2,65
	– rechter Sudedeich	– Hochufer bei Gothmann	– Ringdeich Bandekow B 195	4,58
	– rechter Sudedeich Besitz/Blücher	– Blücher hohes Gelände	– Anschluss südlich Brahlstorf	10,83
	– rechter Sudedeich	– Landesgrenze zu Niedersachsen unterhalb Garlitz	– Deichende unterhalb Garlitz	0,15
	– linker Sudedeich Mahnkenwerder	– Elbedeich Mahnkenwerder	– Anschluss Alter Elbedeich bei Soltow (Porath)	1,56
	– linker Sudedeich Teldau	– Anschluss Alter Elbedeich bei Soltow (Porath)	– B 195	2,46
	– linker Sudedeich Teldau	– B 195	– Poldergrenze	1,01
	– Qualmdeich Thiel	– Thiel'sches Brack		0,43
	– linker Sudedeich Timkenberg	– Poldergrenze	– Schleuse Thiel	0,96
	– linker Sudedeich Timkenberg	– Schleuse Thiel	– Cafe Kiß	1,80
	– linker Sudedeich Niendorf-Teschenbrügge	– Cafe Kiß	– Schöpfwerk Niendorf/Teschenbrügge	0,94
	– linker Sudedeich Niendorf-Teschenbrügge	– Schöpfwerk Niendorf/Teschenbrügge	– Krainkemündung	1,69
	– Qualmdeich Basedow	– Basedow'sche Brack		0,30
	– linker Sudedeich	– Sude	– oberhalb Wehr Brömsenberg	1,20
	– rechter Sudedeich	– Sude	– oberhalb Wehr Brömsenberg	1,20
17	Rückstaudeiche			15,27

Nr.	Landesschutzdeiche	von	bis	Länge in km
	– Röthdeich (davon Dünenkette Gothmann 1,10 km)	– B 195	– Bollenberg	2,07
	– Deich an der B 195 Bandekow / Gülze	– Ringdeich Bandekow	– Ringdeich Gülze	0,57
	– Ringdeich Gülze	– Ortslage Gülze	– Straße bis zur Schaalebrücke	2,40
	– Ringdeich Bandekow	– Ortslage Bandekow		1,95
	– linker Krainkedeich	– Anschluss Sudedeich/Krainkemündung	– Landesgrenze zu Niedersachsen	1,31
	– linker Deich am Brahlstorfer Bach Neue Sude	Abschnitte innerhalb M-V entlang der Landesgrenze zu Niedersachsen		2,26
	– Langenheider Deiche (rechter und linker Deich am Langenheider Bauerngraben)	Landesgrenze zu Niedersachsen	Langenheide	3,82
	– Deich am Wehr 1 Boize (ehem. Wehrdamm Boize)	– Wehr 1 Boizetal bei Heide	– hohes Gelände bei Heide	0,26
	– Linker Boizedeich	– Abzweig Hafenbahn	– Oberhalb Ellernholzschleuse	0,63
18	Rögnitzdeiche			42,89
	Rechter Rögnitzdeich	Gudow	Wehr Haveckenburg	14,47
	Rechter Rögnitzdeich	Wehr Haveckenburg	Leussow	13,15
	Linker Rögnitzdeich	Wehr Haveckenburg	Leussow	15,27
19	*[aufgehoben]*			
20	Elbdeich mit Rückstaudeich am Randkanal	Elb-km 564,2/Horst	Elb-km 566,2 Landesgrenze	
		Elbdeich bei Horst	Nostorf	6,22
21	Nebeldeiche mit Deich oberhalb Wehr Güstrow u. Deich a. d. Zuckerfabrik	Wolken	Güstrow	27,45
22	Deich Anklam W	Entensteig	Oldenburger Kanal	0,30
23	Deich Anklam O	Aradokanal	Reichsbahndamm	0,98
24	Peenedamm	Reichsbahndamm	Straßenbrücke	1,25
25	Eichholzdeich	Demmin. Baumannstr.	Reutersiedlung	1,63
26	Deich Bürgerwiesen	Demmin. Klärwerk	Demmin. Schlachthof	3,00
27	Schmalzgr.deich	Industriegebiet	Demmin. Bahndamm	1,00
28	Vorwerkdeich	Schöpfw. Peenealtarm	Rohrbrücke Tollense	2,60
29	Ryckdeiche	Wieck-Eldena	Stadtlage Greifswald	5,96

Anlage 3
(zu § 130 Abs. 3)

Flussgebietseinheiten

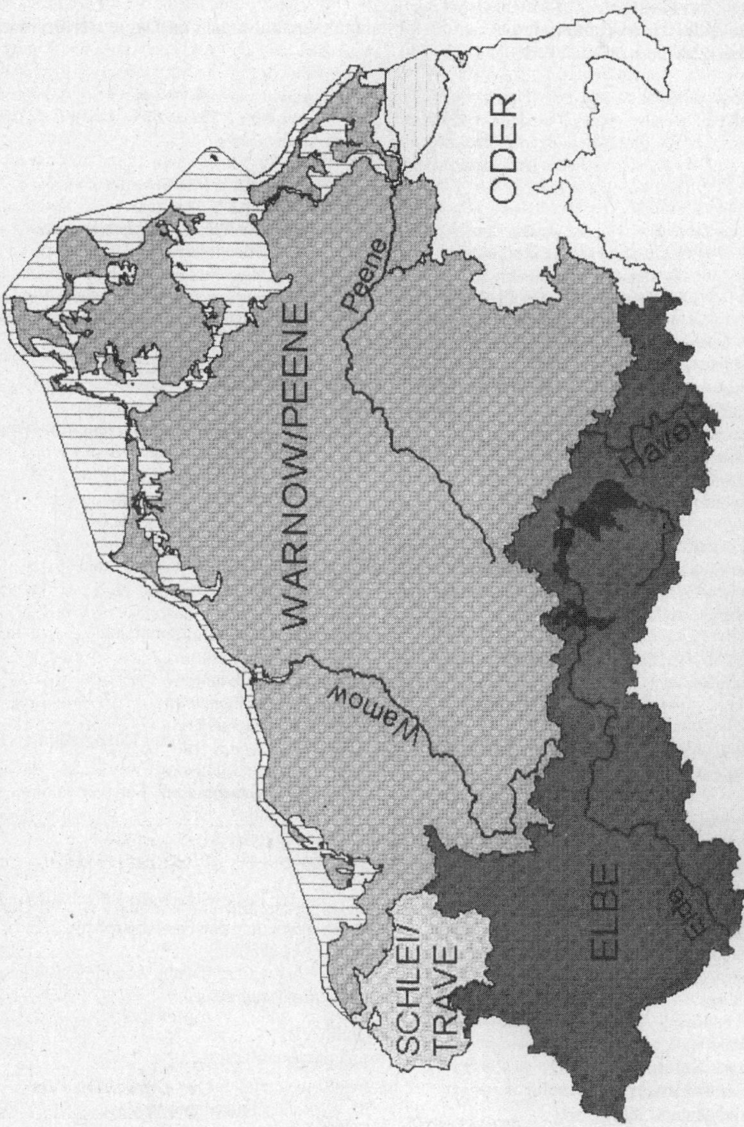

Waldgesetz für das Land Mecklenburg-Vorpommern (Landeswaldgesetz – LWaldG)

In der Fassung der Bekanntmachung vom 27. Juli 2011[1)] (GVOBl. M-V S. 870)
(GS Meckl.-Vorp. Gl. Nr.790-2)

zuletzt geändert durch Art. 2 G zur Änd. des LandesforstanstaltserrichtungsG und weiterer forstrechtl. Vorschriften vom 22. Mai 2021 (GVOBl. M-V S. 790)

Inhaltsübersicht

1) Neubekanntmachung des LandeswaldG v. 8.2.1993 (GVOBl. M-V S. 90) in der ab dem 1.6.2011 geltenden Fassung.

Abschnitt I
Allgemeine Vorschriften

§ 1 Ziele und Grundsätze

(1) [1]Der Wald prägt in Mecklenburg-Vorpommern die Landschaft und gehört zu den Naturreichtümern des Landes. [2]Er ist unverzichtbare natürliche Lebensgrundlage der Menschen und Lebensraum für Pflanzen und Tiere.

(2) Wald ist wegen seines wirtschaftlichen Nutzens (Nutzfunktion) und wegen seiner Bedeutung für die Umwelt, insbesondere für die dauernde Funktionsfähigkeit des Naturhaushaltes, das Klima, den Wasserhaushalt, die Reinhaltung der Luft, die Biodiversität, die Bodenfruchtbarkeit, das Landschaftsbild, die Agrar- und Infrastruktur sowie die Erholung der Bevölkerung (Schutz- und Erholungsfunktion) zu erhalten und zu mehren.

(3) [1]Nach Maßgabe dieses Gesetzes ist es Verpflichtung aller, den Wald zu schützen. [2]Aufgabe der Waldbesitzer ist es, ihren Wald in seiner Funktions- und Ertragsfähigkeit zu erhalten. [3]Aufgabe des Staates ist es, die Rahmenbedingungen für eine im Sinne dieses Gesetzes ordnungsgemäße Forstwirtschaft sicherzustellen.

(4) Bei den Entscheidungen nach diesem Gesetz sind die Belange der Allgemeinheit und die Rechte, Pflichten und wirtschaftlichen Interessen der Waldbesitzer gegeneinander und untereinander gerecht abzuwägen.

(5) Die Mitwirkung der Waldbesitzer bei der Verwirklichung der Ziele des Gesetzes ist unerlässlich.

§ 2 Wald

(1) [1]Wald im Sinne dieses Gesetzes ist jede mit Waldgehölzen bestockte Grundfläche. [2]Waldgehölze sind alle Waldbaum- und Waldstraucharten. [3]Bestockung ist der flächenhafte Bewuchs mit Waldgehölzen, unabhängig von Regelmäßigkeit und Art der Entstehung.

(2) [1]Als Wald gelten auch kahlgeschlagene oder verlichtete Grundflächen, Waldwege, Waldeinteilungs- und Sicherungsstreifen, Waldwiesen, Waldblößen, Lichtungen, Waldpark- und Walderholungsplätze sowie als Vorwald dienender Bewuchs. [2]Als Wald gelten ferner im Wald liegende oder mit ihm verbundene und ihm dienende Flächen wie insbesondere:

- Wildäsungsflächen und Holzlagerplätze,
- Pflanzgärten und Leitungsschneisen,
- Weihnachtsbaum- und Schmuckreisigkulturen,
- Teiche, Weiher, Gräben und andere Gewässer von untergeordneter Bedeutung sowie deren Uferbereiche,
- Moore, Heiden und sonstige ungenutzte Ländereien (Ödflächen).

(3) Nicht als Wald gelten:

- in der Feldflur oder im bebauten Gebiet gelegene kleinere Flächen, die mit einzelnen Baumgruppen, Baumreihen oder Hecken bestockt sind,
- in der Feldflur gelegene Weihnachtsbaum- und Schmuckreisigkulturen, Baumschulen und zum Wohnbereich gehörende Parkanlagen,
- mit Waldgehölzen bestockte Friedhöfe, sofern die Waldfunktionen eingeschränkt sind,
- mit Waldgehölzen bestockte Grundflächen, die die Mindestgröße von 0,2 Hektar nicht erreichen,
- Grundflächen, auf denen Baumarten mit dem Ziel baldiger Holzentnahme angepflanzt werden und deren Bestände eine Umtriebszeit von nicht länger als 20 Jahren haben (Kurzumtriebsplantagen),
- Flächen mit Baumbestand, die gleichzeitig dem Anbau landwirtschaftlicher Produkte dienen (agroforstliche Nutzung), und
- mit Forstpflanzen bestockte Flächen, die am 6. August 2010 in dem in § 3 Satz 1 der InVeKoS-Verordnung bezeichneten Flächenidentifizierungssystem als landwirtschaftliche Flächen erfasst sind, solange deren landwirtschaftliche Nutzung andauert.

(4) Ob eine Grundfläche Wald im Sinne dieses Gesetzes ist, kann auf Antrag von der Forstbehörde durch Verwaltungsakt festgestellt werden.

§ 3 Waldverzeichnis

(1) Zur Erfüllung der Aufgaben dieses Gesetzes ist durch die Forstbehörde ein Verzeichnis sämtlicher Waldgrundstücke zu führen.

(2) Die Landesregierung wird ermächtigt, das Nähere, insbesondere

1. den Inhalt,
2. die Zuständigkeit für das Einrichten und Führen,
3. die Mitwirkung der Waldbesitzer und anderer Behörden sowie
4. die Nutzung einschließlich der Verarbeitung personenbezogener Daten

durch Rechtsverordnung zu regeln.

§ 4 Waldeigentumsarten

(1) [1]Staatswald nach diesem Gesetz ist Wald, der im Alleineigentum der Bundesrepublik Deutschland, eines Landes oder einer Anstalt oder Stiftung des öffentlichen Rechts steht. [2]Wald im Eigentum des Landes Mecklenburg-Vorpommern oder der Landesforstanstalt ist Landeswald nach diesem Gesetz.

(2) Körperschaftswald im Sinne dieses Gesetzes ist Wald im Eigentum der Gemeinden, Landkreise, Zweckverbände oder der Körperschaften des öffentlichen Rechts ohne Gebietshoheit mit Ausnahme von Wald im Eigentum von Religionsgemeinschaften und deren Einrichtungen.

(3) Privatwald im Sinne dieses Gesetzes ist Wald, der weder Staatswald noch Körperschaftswald ist.

§ 5 Waldbesitzer

Waldbesitzer im Sinne dieses Gesetzes sind der Waldeigentümer und der Nutzungsberechtigte, sofern dieser unmittelbarer Besitzer des Waldes ist.

§ 6 Zielsetzungen im Staatswald und im Körperschaftswald

(1) [1]Der Staatswald hat dem Gemeinwohl im besonderen Maße zu dienen. [2]Er soll in seinem Bestand und in seiner Flächenausdehnung erhalten, nach Möglichkeit vermehrt und verbessert werden. [3]Die Grundsätze ordnungsgemäßer Forstwirtschaft nach § 12 und naturnaher Forstwirtschaft nach § 11 Absatz 6 sind anzuwenden, um die Nutz-, Schutz- und Erholungsfunktion des Waldes nachhaltig zur Wirkung zu bringen. [4]Im Rahmen dieser Zielsetzungen ist der Staatswald nach ökonomischen und ökologischen Grundsätzen zu bewirtschaften.

(2) Der Körperschaftswald soll unter Beachtung seiner besonderen Zweckbestimmung, seiner Eigenart und der Bedürfnisse der Körperschaft im Rahmen der Leistungsfähigkeit wie Staatswald bewirtschaftet werden.

§ 7 (weggefallen)

Abschnitt II

Forstliche Rahmenplanung, Sicherung der Funktionen des Waldes

§ 8 Forstliche Rahmenplanung

[1]Die forstliche Rahmenplanung ist darauf gerichtet, die Funktionen des Waldes nach § 1 Absatz 2 zu sichern. [2]Die Erfordernisse und Maßnahmen der forstlichen Rahmenplanung werden nach Maßgabe der landesplanungsrechtlichen Vorschriften in die Programme oder Pläne nach § 4 des Landesplanungsgesetzes aufgenommen.

§ 9 Grundsätze der forstlichen Rahmenplanung

(1) [1]Bei der forstlichen Rahmenplanung sind die innerforstlichen Strukturen und die Beziehungen des Waldes zum Umland einschließlich der Waldflächenverteilung im Raum zu berücksichtigen. [2]Die Belange der Landwirtschaft sowie des Naturschutzes und der Landschaftspflege sind zu beachten.

(2) [1]Forstliche Rahmenpläne werden von der obersten Forstbehörde flächendeckend erstellt. [2]Sie sollen mindestens enthalten:

1. eine Darstellung des Waldes im Planungsgebiet nach Fläche, Aufbau, Erschließung durch Wege und Besitzverteilung, der bestehenden forstlichen Zusammenschlüsse und des jeweils angestrebten Zustandes,

2. eine Darstellung der Bedeutung des Waldes im Planungsgebiet für die Holzerzeugung, für die Umwelt, den Naturschutz und die Erholung der Bevölkerung nach dem bestehenden und dem angestrebten Zustand (Waldfunktionenkarte) und
3. eine Darstellung der Flächen des Planungsgebietes, deren Aufforstung angestrebt wird (Aufforstungsgebiete).

(3) (weggefallen)

(4) In den forstlichen Rahmenplänen sind die notwendigen Maßnahmen zur Sicherung, Verbesserung und Gesunderhaltung der Wälder, ihrer Verteilung und zur Sicherung ihrer Zweckbestimmung mit den dazu erforderlichen Voraussetzungen textlich und kartenmäßig darzustellen und zu begründen.

(5) [1]Bei der Aufstellung der forstlichen Rahmenpläne sind die Träger öffentlicher Belange, deren Interessen durch die forstliche Rahmenplanung berührt werden, und anerkannte Forstvereinigungen rechtzeitig zu unterrichten und anzuhören, soweit nicht nach sonstigen Vorschriften eine andere Form der Beteiligung vorgeschrieben ist. [2]Dies gilt entsprechend für die beteiligten Wald- und sonstigen Grundbesitzer und deren Zusammenschlüsse. [3]Die Anerkennung von Forstvereinigungen nach Satz 1 erfolgt durch die oberste Forstbehörde. [4]Die Anerkennung ist auf Antrag zu erteilen, wenn die Vereinigung nach ihrer Satzung überwiegend Ziele verfolgt, die den Funktionen des Waldes oder der Forstwirtschaft dienen, die Gewähr für eine sachgerechte und landesweite Aufgabenerfüllung bietet, gemeinnützige Zwecke im Sinne von § 55 der Abgabenordnung verfolgt und grundsätzlich jeder Person den Eintritt als Mitglied ermöglicht.

§ 10 Sicherung der Funktionen des Waldes bei Planungen und Maßnahmen von Trägern öffentlicher Vorhaben

Die Träger öffentlicher Vorhaben haben bei Planungen und Maßnahmen, die eine Inanspruchnahme von Waldflächen vorsehen oder die in ihren Auswirkungen Waldflächen betreffen können,

1. die Funktionen des Waldes nach § 1 Absatz 2 angemessen zu berücksichtigen; sie dürfen Wald nur in Anspruch nehmen, soweit die Planungen und Maßnahmen nicht auf anderen Flächen verwirklicht werden können und nicht Versagungsgründe nach § 15 Absatz 4 vorliegen,
2. die Forstbehörden bereits bei der Vorbereitung der Planungen und Maßnahmen zu unterrichten und anzuhören, soweit nicht nach § 45 Absatz 2 des Bundeswaldgesetzes und sonstigen Rechtsvorschriften eine andere Form der Beteiligung vorgeschrieben ist, sowie
3. ihre Entscheidungen im Einvernehmen mit den zuständigen Forstbehörden zu treffen, soweit Bundesrecht nicht entgegensteht.

Abschnitt III
Erhaltung, Bewirtschaftung, Schutz und Vermehrung des Waldes

§ 11 Allgemeine Grundsätze

(1) Der ordnungsgemäßen Forstwirtschaft kommt für die Erhaltung einer ökologisch stabilen, vielfältigen und artenreichen Kultur- und Erholungslandschaft eine zentrale Bedeutung zu.

(2) Der Waldbesitzer ist verpflichtet, seinen Wald im Rahmen der Zweckbestimmung nach anerkannten forstlichen Grundsätzen so zu bewirtschaften und zu pflegen, dass die Nutz-, Schutz- und Erholungsfunktion des Waldes unter Berücksichtigung der langfristigen Wachstumszeiträume stetig und auf Dauer erbracht wird (Nachhaltigkeit).

(3) Die Forstbehörden haben bei der Erfüllung ihrer Aufgaben die Ziele des Naturschutzes und der Landschaftspflege zu beachten und zu unterstützen.

(4) [1]Staatswald sowie Körperschafts- und Privatwald über 100 Hektar Größe sind nach Forsteinrichtungswerken für zehnjährige Zeiträume durch forstliche Fachkräfte zu bewirtschaften. [2]Die Forsteinrichtungswerke bedürfen der Erstellung durch einen öffentlich bestellten und vereidigten Sachverständigen für das Fachgebiet Forsteinrichtung oder der Bestätigung der Forstbehörde. [3]Die oberste Forstbehörde wird ermächtigt, die Anforderungen an die Waldzustandsbeschreibung und an die Planung durch Rechtsverordnung zu regeln.

(5) Forstnebennutzungen dürfen nur so ausgeübt werden, dass eine ordnungsgemäße Forstwirtschaft nicht gefährdet wird.

(6) [1]Die Bewirtschaftung des Landeswaldes erfolgt durch naturnahe Forstwirtschaft mit einem Waldbau auf ökologischer Grundlage. [2]Ziel ist es, stabile, strukturreiche und gegenüber sich ändernden

Umweltbedingungen anpassungsfähige Wälder zu entwickeln, die in besonderem Maße den regionalen Anforderungen als Erholungs-, Bildungs- und Forschungsraum gerecht werden. [3]Die oberste Forstbehörde wird ermächtigt, Einzelheiten hierzu durch Rechtsverordnung zu regeln.

(7) [1]Die Gestaltung von Wald in denkmalgeschützten Parkanlagen ist entsprechend den denkmalpflegerischen Belangen uneingeschränkt möglich. [2]Die denkmalpflegerische Eigenschaft ist in das Waldverzeichnis nach § 3 aufzunehmen.

§ 12 Bewirtschaftung des Waldes

(1) Im Rahmen seiner Verpflichtung zu einer ordnungsgemäßen Forstwirtschaft hat der Waldbesitzer insbesondere

1. den Boden und die Bodenfruchtbarkeit zu erhalten sowie ein flächiges Befahren des Waldes zu vermeiden,
2. bei der Erschließung des Waldes denkmalschützende Belange und Gesichtspunkte der Landschafts-, Boden- und Bestandeserhaltung zu beachten sowie ein den forstwirtschaftlichen und naturschutzfachlichen Belangen und an die Waldbrandvorsorge angepasstes Wegesystem zu unterhalten,
3. die nachhaltige Holzproduktion und die Erhaltung des Waldes als Lebensraum einer artenreichen Pflanzen- und Tierwelt zu sichern,
4. Verjüngungsmaßnahmen mit standortgerechten und geeigneten Baumarten vorzunehmen und bevorzugt Mischbestände zu begründen,
5. Forstkulturen und Naturverjüngungen ausreichend zu ergänzen, zu pflegen und zu schützen,
6. Kahlhiebe hiebsunreifer Bestände oder auf größeren Flächen zu vermeiden,
7. auf den Einsatz von Pflanzenschutzmitteln möglichst zu verzichten und weitgehend den biologischen Waldschutz anzuwenden,
8. der naturnahen Gestaltung sowie Pflege der Waldränder besondere Aufmerksamkeit zu widmen,
9. möglichst biogene Schmier- und Kraftstoffe bei maschinellen Arbeiten im Wald einzusetzen,
10. auf Wilddichten hinzuwirken, die eine natürliche Verjüngung der vorkommenden Hauptbaumarten ermöglichen,
11. Alt- und Totholz zu belassen, sofern eine wirtschaftliche Nutzung nicht vorgesehen ist,
12. den natürlichen Wasserhaushalt zu berücksichtigen und Entwässerungen zu vermeiden,
13. die Anforderungen der Richtlinie 92/43/EWG und die Anforderungen der Richtlinie 2009/147/EG in den Natura 2000-Gebieten zu beachten.

(2) Maßnahmen im Rahmen einer ordnungsgemäßen Forstwirtschaft gemäß Absatz 1 sind nicht Eingriffe im Sinne des Naturschutzrechts.

§ 13 Kahlhiebe und Pflege hiebsunreifer Bestände

(1) Kahlhiebe im Sinne dieses Gesetzes sind flächenhafte Einschläge von Baumbeständen.

(2) Kahlhieben gleichgestellt sind Eingriffe in einen Baumbestand, die die Bestockung einer Waldfläche ohne gesicherte Verjüngung auf weniger als 50 Prozent des normalen Vollbestandes der betreffenden Baumart bei gleichem Alter und gleicher Ertragsklasse herabsetzen.

(3) [1]Kahlhiebe mit einer Flächengröße über zwei Hektar, Ausnahmen zur Pflege hiebsunreifer Bestände nach Absatz 5 und Kahlhiebe im Wald, der sich in einem Abstand von bis zu 300 Metern zur Mittelwasserlinie an Küstengewässern nach § 1 Absatz 1 des Wassergesetzes des Landes Mecklenburg-Vorpommern befindet, bedürfen der vorherigen Genehmigung der Forstbehörde. [2]Angrenzende Kahlflächen und noch nicht gesicherte Verjüngungsflächen des gleichen Forstbetriebes werden dabei mit eingerechnet. [3]Die Genehmigung der in einem Forsteinrichtungswerk nach § 11 Absatz 4 geplanten Kahlhiebe und kahlhiebsgleichen Maßnahmen kann mit dessen Bestätigung durch die Forstbehörde verbunden werden.

(4) Die Genehmigung ist unbeschadet weitergehender Rechtsvorschriften zu versagen, wenn
1. die Gefahr besteht, dass die Fläche in angemessener Frist nicht wieder aufgeforstet wird (§ 14 Absatz 3),
2. eine Umwandlung in eine andere Nutzungsart beantragt wird und Versagungsgründe nach § 15 Absatz 4 gegeben sind oder
3. erhebliche Nachteile für den Waldschutz, die Waldbewirtschaftung oder die Tier- und Pflanzenwelt zu befürchten sind.

(5) [1]Hiebsunreife Bestände sind so zu pflegen, dass die Bestockung nicht auf weniger als 70 Prozent des Vollbestandes reduziert wird. [2]Hiebsunreif sind Nadelholzbestände unter 60 Jahren und Laubholzbestände unter 80 Jahren mit Ausnahme von Stockausschlags- und Laubweichholzbeständen. [3]Satz 1 findet keine Anwendung auf die ordnungsgemäße Bewirtschaftung von Sitkafichten und Weihnachtsbaumkulturen sowie Pflege- und Bewirtschaftungsmaßnahmen kalamitätsgeschädigter Flächen, deren Bestockung durch natürliche Ereignisse, wie Windwurf, Windbruch und abgestorbene Bestandesmitglieder, auf unter 70 Prozent des Vollbestandes reduziert wurde.

§ 14 Pflicht zur Wiederbestockung

(1) [1]Kahlgeschlagene Grundflächen sind wieder zu bestocken, stark verlichtete Waldbestände zu ergänzen, falls nicht die Umwandlung in eine andere Nutzungsart genehmigt worden oder sonst zulässig ist. [2]Die Pflicht zur Wiederbestockung und Ergänzung umfasst auch die Verpflichtung, Kulturen und Naturverjüngungen rechtzeitig und sachgemäß nachzubessern, zu schützen und zu pflegen. [3]Sofern die Verlichtung von Waldbeständen durch Tierarten verursacht wird, gegen die der Waldbesitzer aufgrund rechtlicher Verpflichtungen keine Abwehrmaßnahmen ergreifen darf, kann ihn die Forstbehörde von der Pflicht nach Satz 2 entbinden.

(2) Die Forstbehörde kann die Wiederbestockung von kahlgeschlagenen oder unvollständig bestockten Grundflächen ohne Rücksicht auf die Ursache ihrer Entstehung anordnen, wenn die Flächen Wald im Sinne dieses Gesetzes sind.

(3) Die Forstbehörde kann für die Wiederbestockung eine angemessene Frist setzen, die drei Jahre nicht überschreiten soll.

(4) [1]Zur Gewährleistung der Wiederbestockung kann von dem Waldbesitzer Sicherheit verlangt werden. [2]Die Höhe der Sicherheit soll die voraussichtlichen Kosten für die Wiederbestockung einschließlich der Nachbesserung und für die erforderliche Sicherung der Kultur bis längstens fünf Jahre nach ihrer Begründung decken. [3]Im Falle einer Ersatzvornahme kann die Forstbehörde die hinterlegte Sicherheit verwenden.

§ 15 Umwandlung von Wald in andere Nutzungsarten

(1) [1]Wald darf nur mit vorheriger Genehmigung der Forstbehörden gerodet und in eine andere Nutzungsart überführt werden (Umwandlung). [2]Einer Genehmigung bedarf es nicht, soweit Regelungen in einem Bebauungsplan oder einer städtebaulichen Satzung eine andere Nutzung vorsehen, zum Zeitpunkt des Satzungsbeschlusses kein Wald nach § 2 bestand und seit dem Satzungsbeschluss weniger als zehn Jahre vergangen sind. [3]Die Umwandlung von Staatswald ab einer Flächengröße von einem Hektar bedarf der Zustimmung der obersten Forstbehörde.

(2) Die Forstbehörden können bestimmen, dass die Umwandlung nur für einen befristeten Zeitraum zulässig ist und der Wald nach Ablauf des festgesetzten Zeitraums wieder herzustellen ist.

(3) [1]Bei der Entscheidung über einen Umwandlungsantrag sind die Belange der Allgemeinheit sowie die Rechte, Pflichten und wirtschaftlichen Interessen des Waldbesitzers gegeneinander und untereinander abzuwägen. [2]Die Erfordernisse der forstlichen Rahmenplanung sowie der Raumordnung und Landesplanung sind zu berücksichtigen.

(4) Die Genehmigung ist zu versagen, wenn die Erhaltung des Waldes im überwiegenden öffentlichen Interesse liegt, insbesondere
1. bei wesentlicher Beeinträchtigung von Wald mit besonderen Schutz- oder Erholungsfunktionen oder
2. bei wesentlicher Gefährdung benachbarter Waldflächen oder
3. bei fehlender Notwendigkeit einer Umwandlung der vorgesehenen Fläche für den beabsichtigten Zweck oder

4. bei Unzulässigkeit der Umwandlung nach anderen Rechtsvorschriften oder
5. wenn der Wald dem Schutz gegen schädliche Umwelteinwirkungen im Sinne des Bundesimmissionsschutzgesetzes dient oder
6. wenn der Wald für die Leistungsfähigkeit des Naturhaushaltes, die forstwirtschaftliche Erzeugung, das Landschaftsbild oder die Erholung der Bevölkerung von wesentlicher Bedeutung ist.

(5) [1]Der Antragsteller ist zum Ausgleich der nachteiligen Folgen der Umwandlung verpflichtet. [2]Insbesondere kann ihm aufgegeben werden:
1. die Aufforstung und Pflege einer anderen Fläche, die nicht Wald ist und die der umgewandelten Fläche nach Größe, Lage, Beschaffenheit und künftiger Funktion gleichwertig werden kann (Ersatzaufforstung),
2. die Durchführung anderer Pflege-, Schutz- und Gestaltungsmaßnahmen.

(6) [1]Soweit die nachteiligen Wirkungen einer ständigen oder befristeten Umwandlung nicht ausgeglichen werden können, ist eine Walderhaltungsabgabe zu entrichten. [2]Die Walderhaltungsabgabe kann auch neben Ersatzmaßnahmen nach Absatz 5 verlangt werden. [3]Die Forstbehörde verwendet die Walderhaltungsabgabe zur Durchführung von Maßnahmen nach Absatz 5 sowie zum hierfür erforderlichen Flächenerwerb. [4]Die oberste Forstbehörde wird ermächtigt, durch Rechtsverordnung die Höhe dieser Abgabe und das Verfahren ihrer Erhebung zu regeln. [5]Die Höhe ist nach der Schwere der Beeinträchtigung, dem Wert oder dem Vorteil für den Verursacher sowie nach der wirtschaftlichen Zumutbarkeit zu bemessen; in unbedeutenden Fällen kann von der Erhebung abgesehen werden.

(7) Auf den Ausgleich nachteiliger Folgen der Umwandlung kann verzichtet werden, soweit nach der Umwandlung das öffentliche Betretungsrecht nicht eingeschränkt wird und es sich ausschließlich um
1. eine naturschutzrechtliche Ausgleichs- und Ersatzmaßnahme zur Wiederherstellung des natürlichen Wasserhaushaltes oder
2. die historische Gestaltung von denkmalgeschützten Parkanlagen

handelt.

(8) [1]Die Genehmigung ist auf längstens fünf Jahre zu befristen. [2]Die Waldfläche darf erst unmittelbar vor Verwirklichung der anderen Nutzung abgeholzt und gerodet werden. [3]Bis dahin bleibt der Waldbesitzer zu einer ordnungsgemäßen Forstwirtschaft verpflichtet.

(9) Die Genehmigung zur ständigen oder befristeten Nutzungsartenänderung von Waldflächen wird unbeschadet privater Rechte Dritter erteilt und berührt die nach anderen Rechtsvorschriften erforderlichen Genehmigungen und sonstigen behördlichen Entscheidungen oder Anzeigen an andere Behörden nicht.

(10) Soll Wald ohne Rodung anderweitig genutzt werden, gelten die Absätze 1 bis 9 entsprechend.

(11) [1]Die Forstbehörde kann Maßnahmen, die zum Ausgleich nachteiliger Folgen einer Umwandlung geeignet sind, anerkennen, wenn sie den Maßnahmen vor deren Beginn zugestimmt hat. [2]Von der Anerkennung ausgeschlossen sind Maßnahmen, zu denen der Waldbesitzer verpflichtet ist oder für die eine öffentliche Beihilfe gewährt wurde. [3]Die oberste Forstbehörde bestimmt die Grundsätze der fachlichen Bewertung von Maßnahmen durch Rechtsverordnung. [4]Hierzu zählt die Bewertung der sich verändernden Waldfunktionen und des Verhältnisses der Waldfunktionen untereinander. [5]Die Anerkennung der Maßnahmen ist in das Waldverzeichnis aufzunehmen.

§ 15a Besondere Fälle der Umwandlung von Wald

(1) Soll für eine Waldfläche in einem Bauleitplan eine andere Nutzung dargestellt oder festgesetzt werden, so prüft die Forstbehörde unbeschadet der Bestimmungen des § 10, ob die Voraussetzungen für eine Genehmigung der Umwandlung nach § 15 vorliegen.

(2) [1]Soweit die Genehmigung der Umwandlung in Aussicht gestellt werden kann, erteilt die Forstbehörde darüber eine Umwandlungserklärung. [2]Ist eine Umwandlungserklärung erteilt worden, so darf die Genehmigung nach § 15 nur versagt werden, wenn zum Zeitpunkt der Antragstellung eine wesentliche Änderung der Sachlage eingetreten ist oder zwingende Gründe des öffentlichen Interesses eine Versagung rechtfertigen. [3]Kann die Umwandlungserklärung nicht erteilt werden, so kann der Bauleitplan nicht beschlossen, genehmigt oder bekannt gemacht werden.

(3) Die Umwandlung nach § 15 darf erst genehmigt werden, wenn die Inanspruchnahme der Waldfläche für die vorgesehene Nutzungsart zulässig ist.

§ 16 Rechte und Pflichten von Nachbarn

(1) [1]Die Waldbesitzer haben bei der Bewirtschaftung ihres Waldes auf die Bewirtschaftung benachbarter Grundstücke angemessen Rücksicht zu nehmen, soweit dies im Rahmen einer ordnungsgemäßen Forstwirtschaft ohne unbillige Härten möglich ist. [2]Sie haben ihre Bewirtschaftungsmaßnahmen auf angrenzenden Flächen aufeinander abzustimmen und insbesondere ohne vorbeugende Sicherungen Maßnahmen zu unterlassen, durch die benachbarte Waldflächen offensichtlich der Gefahr des Windwurfs, der Aushagerung, des Rindenbrandes oder anderer Waldschäden ausgesetzt werden.

(2) Werden Grundflächen erstmalig aufgeforstet oder Kahlflächen neben landwirtschaftlich oder erwerbsgärtnerisch genutzten Nachbargrundstücken wieder aufgeforstet, ist mit der Pflanzstelle ein Mindestabstand von vier Metern, bei Pappelanpflanzungen von acht Metern zum Nachbargrundstück einzuhalten.

§ 17 Benutzung fremder Grundstücke, Duldung von Wegen

(1) Sind forstliche Maßnahmen ohne Benutzung eines fremden Grundstückes oder Weges nicht oder nur mit unverhältnismäßig hohem Aufwand möglich, sind dessen Eigentümer und Nutzungsberechtigter verpflichtet, auf schriftliches Verlangen des Waldbesitzers die Benutzung zu dulden.

(2) Der Waldbesitzer ist verpflichtet, einen durch die Benutzung fremder Grundstücke und Wege entstandenen Schaden zu ersetzen.

(3) [1]Wenn es zur Erschließung eines Waldgebietes erforderlich ist, kann die Forstbehörde mit den beteiligten Grundstückseigentümern und Nutzungsberechtigten sowie den zuständigen Behörden festlegen, dass die Anlage eines Weges auf den betroffenen Grundstücken gegen eine angemessene Entschädigung zu dulden ist. [2]Waldbesitzer und Dritte, die durch die Anlage Vorteile haben, sollen in angemessenem Umfang zu den Kosten herangezogen werden.

(4) (weggefallen)

(5) Ursprünglich vorhandene Verbindungswege zu Waldflächen sollen zur Gewährleistung einer ordnungsgemäßen Forstwirtschaft, soweit notwendig, im Rahmen des Flurneuordnungsverfahrens wieder hergestellt werden.

§ 18 Waldverwüstung, Waldverunreinigung

(1) Waldverwüstung, insbesondere eine Zerstörung von Waldbeständen und Waldboden oder eine erhebliche Beeinträchtigung des Gesundheitszustandes und des Wachstums, ist verboten.

(2) Das Ablagern von Abfällen oder anderen nicht zum Wald gehörenden Gegenständen oder Stoffen im oder am Wald sowie das Einleiten oder Ausbringen von Abwässern in den Wald außerhalb von genehmigten Ablagerungsplätzen ist verboten.

§ 19 Waldschutz

(1) [1]Die Waldbesitzer haben der Gefahr einer erheblichen Schädigung des Waldes durch abiotische Faktoren und biotische Schaderreger vorzubeugen. [2]Schäden abiotischer und biotischer Art sind rechtzeitig und angemessen im Rahmen der ordnungsgemäßen Forstwirtschaft entgegenzuwirken (Waldschutz).

(2) [1]Die Forstbehörde kann erforderlichenfalls Schutzmaßnahmen anordnen. [2]Sie kann von den Waldbesitzern oder sonstigen Begünstigten anteiligen Kostenersatz verlangen.

(3) Die oberste Forstbehörde kann durch Rechtsverordnung nähere Bestimmungen zum Schutz der Wälder vor Waldbränden und vor weiteren abiotischen sowie biotischen Schäden nach Absatz 1 erlassen.

§ 20 Abstand baulicher Anlagen zum Wald

(1) [1]Zur Sicherung vor Gefahren durch Windwurf oder Waldbrand ist bei der Errichtung baulicher Anlagen ein Abstand von 30 Metern zum Wald einzuhalten. [2]Die oberste Forstbehörde wird ermächtigt, durch Rechtsverordnung hiervon Ausnahmen zu bestimmen.

(2) [1]Über die Zulassung von Ausnahmen nach Absatz 1 entscheidet die Forstbehörde. [2]Bedarf die bauliche Anlage einer Baugenehmigung, entscheidet über Ausnahmen die Bauaufsichtsbehörde im Einvernehmen mit der Forstbehörde.

(3) Einer Entscheidung über die Zulassung nach Absatz 2 bedarf es nicht für bauliche Anlagen, die den Festlegungen eines rechtsverbindlichen Bebauungsplanes entsprechen, der unter Beteiligung der Forstbehörde zu Stande gekommen ist.

(4) Bei der Erstaufforstung gelten die Bestimmungen der Absätze 1 bis 3 entsprechend.

§ 21 Schutzwald

(1) Wald kann auf Antrag oder von Amts wegen zu Schutzwald erklärt werden, wenn es zur Abwehr oder Verhütung von Gefahren, erheblichen Nachteilen oder erheblichen Belästigungen für die Allgemeinheit notwendig ist, bestimmte forstliche Maßnahmen durchzuführen, zu unterlassen oder zu dulden.

(2) Die Erklärung zu Schutzwald kommt insbesondere in Betracht zum Schutz
- gegen schädliche Umwelteinwirkungen im Sinne des Bundesimmissionsschutzgesetzes,
- gegen Erosion durch Wasser und Wind, Austrocknung, schädliches Abfließen von Niederschlagswasser, Vernässung, Überflutung, Uferabbruch und Schneeverwehung,
- vor Waldbrand in Form bestockter Waldbrandriegel,
- von Grundwasser und von Oberflächengewässern,
- der Küstenregion (Küstenschutzwald),
- von Natura 2000-Gebieten, sofern dies zur Erfüllung der Pflichten aus den Richtlinien 2009/147/EG und 92/43/EWG erforderlich ist,
- von seltenen Waldgesellschaften sowie Tier- und Pflanzenarten.

(3) [1]Eine Ausweisung von Küstenschutzwald kommt insbesondere dann in Betracht, wenn dies zum Schutz der Küstenregion erforderlich ist. [2]Bei der Ausweisung von Küstenschutzwald sind die für den Küstenschutz zuständigen Behörden zu beteiligen.

(4) Zu Schutzwald kann auch Wald erklärt werden, der vorrangig der forstlichen Forschung, der Erhaltung forstlicher Genressourcen oder der Wahrung kulturhistorisch bedeutsamer Bestandesstrukturen und Bewirtschaftungsformen dient oder als Naturwaldreservat gesichert werden soll.

(5) [1]Die oberste Forstbehörde erklärt Wald zu Schutzwald durch Rechtsverordnung nach Anhörung der betroffenen Waldbesitzer. [2]Soweit die Erklärung zum Schutzwald zum Schutz von Natura 2000-Gebieten erfolgt, bedarf diese des Einvernehmens mit der obersten Naturschutzbehörde. [3]In der Verordnung sind der Schutzzweck, die betroffenen Waldflächen und die durchzuführenden oder zu unterlassenden Maßnahmen anzugeben. [4]Durch die Erklärung zu Schutzwald kann den Waldbesitzern die Durchführung oder Unterlassung bestimmter Maßnahmen auferlegt werden. [5]Maßnahmen mit enteignender Wirkung werden nach § 47 dieses Gesetzes entschädigt.

(6) Die Schutzwaldeigenschaft ist in das Waldverzeichnis aufzunehmen.

§ 22 Erholungs-, Kur- und Heilwald

(1) [1]Wald kann auf Antrag oder von Amts wegen zu Erholungs-, Kur- oder Heilwald erklärt werden, wenn es das Wohl der Allgemeinheit erfordert, entsprechende Waldflächen für Zwecke der Erholung zu schützen, zu pflegen oder zu gestalten. [2]Privatwald darf nur dann zu Erholungs-, Kur- oder Heilwald erklärt werden, wenn Staatswald und Körperschaftswald zur Sicherung des Erholungs-, Kur- und Heilbedürfnisses nicht ausreichen oder wegen ihrer Lage und Beschaffenheit nicht oder nur geringfügig für die Erholung in Anspruch genommen werden können.

(2) Die Erklärung zu Erholungs-, Kur- oder Heilwald kommt insbesondere in Betracht für Waldflächen in Verdichtungsräumen und für solche Waldflächen, die in der Nähe von Heilbädern, Kur- und Erholungsorten liegen.

(3) [1]Die oberste Forstbehörde erklärt Wald zu Erholungs-, Kur- oder Heilwald durch Rechtsverordnung nach Anhörung der betroffenen Waldbesitzer und Gemeinden sowie Jagdausübungsberechtigten. [2]In der Verordnung sind der Schutzzweck, die betroffenen Waldflächen und die durchzuführenden, zu duldenden oder zu unterlassenden Maßnahmen anzugeben. [3]Dazu gehören insbesondere Vorschriften über
- die Bewirtschaftung des Waldes nach Art und Umfang,
- die Beschränkung der Jagdausübung zum Schutz der Waldbesucher,
- die Verpflichtung der Waldbesitzer, den Bau, die Errichtung und die Unterhaltung von Wegen, Bänken, Schutzhütten und ähnlichen Anlagen oder Einrichtungen und die Beseitigung von störenden Anlagen oder Einrichtungen zu dulden,
- das Verhalten der Waldbesucher,
- zu berücksichtigende Gesichtspunkte der Denkmalpflege, des Naturschutzes und der Landschaftspflege sowie die Anbindung an das öffentliche Wegenetz.

(4) Die Erholungs-, Kur- oder Heilwaldeigenschaft ist in das Waldverzeichnis aufzunehmen.

§ 23 Waldbewirtschaftung in Nationalparken und Naturschutzgebieten

(1) [1]Die Vorschriften dieses Gesetzes finden auf Nationalparke Anwendung, soweit die Nationalparkgesetze und -verordnungen nicht entgegenstehen. [2]Satz 1 gilt entsprechend für Naturschutzgebiete.

(2) (weggefallen)

(3) Ist Wald nach dem Naturschutzrecht unter Schutz gestellt, so ist dies in das Waldverzeichnis aufzunehmen.

§ 24 Erstaufforstung

(1) Erstaufforstung ist die Neuanlage von Wald auf bisher nicht als Wald geltenden Grundflächen.

(2) [1]Die Erstaufforstung von Grundflächen, die aufgrund der forstlichen Rahmenplanung für die Aufforstung vorgesehen sind, liegt im öffentlichen Interesse. [2]Andere Interessen und Belange sind dabei abzuwägen.

(3) Das Land, die Gemeinden und andere juristische Personen des öffentlichen Rechts sollen geeignete Flächen erwerben und aufforsten, wenn es dem Landschaftscharakter förderlich, zur Abrundung oder Bildung größerer Waldflächen zweckmäßig und für die Verbesserung der land- und forstwirtschaftlichen Flächen- und Besitzstruktur vorteilhaft ist oder zur ökologischen Stabilisierung der Landschaft beiträgt.

§ 25 Genehmigung von Erstaufforstungen

(1) [1]Erstaufforstungen bedürfen der Genehmigung der Forstbehörde. [2]Dabei sind auch Belange des Trinkwasserschutzes zu berücksichtigen. [3]Die Forstbehörde hat darauf hinzuwirken, dass die Erstaufforstung mit standortgerechten Baumarten erfolgt.

(2) Die Genehmigung darf nur versagt werden, wenn

1. für Grundflächen in genehmigten Bauleitplänen oder sonstigen gesetzlich vorgeschriebenen Plänen rechtsverbindlich eine andere Verwendung vorgesehen ist, die der Aufforstung zuwiderliefe,
2. die Grundfläche nach Maßgabe der landesplanungsrechtlich verbindlichen Programme oder Pläne nicht aufgeforstet werden soll,
3. die Erstaufforstung Belange des Naturschutzes und der Landschaftspflege erheblich beeinträchtigen würde.

§ 26 Vorkaufsrecht des Landes

(1) [1]Das Land hat ein Vorkaufsrecht an einem Grundstück, das ganz oder teilweise im oder am landeseigenen Wald liegt. [2]Als Grundlage für die Prüfung der Ausübung des Vorkaufsrechts veröffentlicht die oberste Forstbehörde eine Flächenkulisse. [3]Bei zum Zeitpunkt des Vertragsabschlusses nicht in der veröffentlichten Flächenkulisse aufgeführten Grundstücken wird das Vorkaufsrecht nicht ausgeübt.

(2) Das Vorkaufsrecht des Landes wird durch Verwaltungsakt der obersten Forstbehörde gegenüber dem Veräußerer ausgeübt.

(3) [1]Das Vorkaufsrecht darf nur ausgeübt werden, wenn der Kauf der Verbesserung der Waldstruktur oder der Sicherung der Schutz- und Erholungsfunktion des Waldes dient. [2]Bei der Ausübung des Vorkaufsrechtes ist der Verwendungszweck gemäß Satz 1 anzugeben. [3]Das Land darf sein Vorkaufsrecht nicht ausüben, wenn das Grundstück an einen Familienangehörigen nach § 8 Nummer 2 des Grundstücksverkehrsgesetzes verkauft wird.

(4) [1]Das Vorkaufsrecht des Landes bedarf nicht der Eintragung im Grundbuch. [2]Es geht rechtsgeschäftlichen Vorkaufsrechten im Rang vor und tritt hinter öffentlich-rechtlichen Vorkaufsrechten aufgrund Bundesrechts zurück. [3]Die §§ 463 bis 469, 471, 1098 Absatz 2 und die §§ 1099 bis 1102 des Bürgerlichen Gesetzbuches gelten entsprechend.

(5) [1]Das Land kann sein Vorkaufsrecht zu Gunsten eines Landkreises, einer Gemeinde sowie Personen öffentlichen Rechts ausüben. [2]In diesem Fall tritt die jeweilige Körperschaft beziehungsweise Rechtsperson gemäß Satz 1 an die Stelle des Landes.[1)]

§ 27 (weggefallen)

1) **Amtl. Anm.:** Gemäß Artikel 1 Nummer 26 Buchstabe b in Verbindung mit Artikel 5 Satz 1 des Gesetzes vom 20. Mai 2011 (GVOBl. M-V S. 311) wird am 1. Januar 2013 der § 26 Absatz 5 wie folgt gefasst: „Das Land kann das Vorkaufsrecht zu Gunsten einer anderen Person des öffentlichen Rechts ausüben. In diesem Fall besteht das Vorkaufsrecht, wenn das Grundstück ganz oder teilweise im oder am Wald dieser Person liegt und auf deren Antrag durch die oberste Forstbehörde im Verzeichnis nach Absatz 1 veröffentlicht wurde. Die Absätze 2 bis 4 gelten entsprechend."

Abschnitt IV

Verhalten im Wald

§ 28 Betreten des Waldes

(1) [1]Jedermann darf den Wald zum Zwecke der Erholung betreten. [2]Das Fahren mit dem Rollstuhl steht dem Betreten gleich. [3]Für das Betreten des Waldes darf kein Entgelt erhoben werden.

(2) Nicht gestattet ist das Betreten von

1. Forstkulturen und Jungwüchsen bis zu einer Höhe von vier Metern,
2. Pflanzgärten und Wildäckern,
3. Waldflächen und Waldwegen, auf denen Holz eingeschlagen, bearbeitet oder bewegt wird oder auf denen sonstige Waldarbeiten durchgeführt werden,
4. sonstigen forstbetrieblichen, jagdlichen oder fischereiwirtschaftlichen Einrichtungen,
5. forstbehördlich gesperrten Waldflächen und Waldwegen.

(3) [1]Das Betreten des Waldes erfolgt auf eigene Gefahr. [2]Wer den Wald betritt, hat sich so zu verhalten, dass die Lebensgemeinschaft Wald und die Bewirtschaftung des Waldes nicht gestört, der Wald nicht gefährdet, beschädigt oder verunreinigt sowie die Erholung anderer nicht beeinträchtigt wird. [3]Die Waldbesitzer haften insbesondere nicht für

1. natur- oder waldtypische Gefahren durch Bäume oder durch den Zustand von Wegen, unabhängig von der Kennzeichnung,
2. aus der Bewirtschaftung der Flächen entstehende typische Gefahren,
3. Gefahren, die dadurch entstehen, dass
   a) Wald in der Zeit von einer Stunde nach Sonnenuntergang bis einer Stunde vor Sonnenaufgang (Nachtzeit) betreten wird,
   b) bei der Ausübung von Betretungsrechten sonstige schlechte Sichtverhältnisse nicht berücksichtigt werden,
4. Gefahren außerhalb von Wegen, die
   a) natur- oder waldtypisch sind oder
   b) durch Eingriffe in den Wald oder durch den Zustand von Anlagen entstehen, insbesondere durch Bodenerkundungsschächte, Gruben und Rohrdurchlässe.

[4]Die Haftung der Waldbesitzer ist nicht nach Satz 3 Nummer 2 oder 4 Buchstabe b ausgeschlossen, wenn die Schädigung von Personen, die den Wald betreten, von Waldbesitzern vorsätzlich oder grob fahrlässig herbeigeführt wird.

(4) [1]Das Fahren mit Kraftfahrzeugen aller Art ist außerhalb der dem öffentlichen Verkehr gewidmeten Straßen und Wege nur dem Waldbesitzer, seinen Beauftragten und den hierzu gesetzlich Befugten sowie den Jagdausübungsberechtigten und ihren Beauftragten gestattet. [2]Die Forstbehörde kann Dritten auf Antrag das Befahren von Straßen und Wegen genehmigen. [3]Dabei sind die schutzwürdigen Interessen des Waldbesitzers zu wahren.

(5) Das Fahren mit Fahrrädern ohne Motorantrieb sowie elektromotorunterstützten Fahrrädern bis zu einer Höchstgeschwindigkeit von 25 Kilometern pro Stunde ist nur auf Waldwegen und privaten Straßen im Wald auf eigene Gefahr gestattet, soweit sie nicht behördlich oder nach § 30 Absatz 1 gesperrt sind.

(6) [1]Das Reiten und das Fahren mit Gespannen im Wald sind auf besonders zur Verfügung gestellten und gekennzeichneten Wegen und Plätzen gestattet und erfolgen auf eigene Gefahr. [2]Dafür müssen die Landkreise und die Gemeinden im Einvernehmen mit der Forstbehörde geeignete Wege ausweisen und kennzeichnen, die mit den Reitwegen außerhalb des Waldes Verbindung haben. [3]Die Interessen der Waldbesitzer und des Pferdesports sowie der Pferdezucht sind dabei angemessen zu berücksichtigen. [4]Darüber hinaus kann der Waldbesitzer das Reiten und das Fahren mit Gespannen auf eigenen Wegen gestatten. [5]Das gilt nicht für ausgewiesene Rad- und Wanderwege sowie Sport- und Lehrpfade. [6]Diese dürfen grundsätzlich nicht als Reitwege ausgewiesen werden. [7]Die Bewirtschaftung der Wälder und die Erholung anderer Waldbesucher dürfen durch das Reiten und das Fahren mit Gespannen nicht erheblich beeinträchtigt werden.

(7) [1]Die individuelle Ausübung von Sportarten ist unter Beachtung des Absatzes 3 auf Waldwegen gestattet. [2]Organisierte Sportveranstaltungen, auch reitsportliche Veranstaltungen, bedürfen der vor-

herigen Genehmigung durch die Forstbehörde im Einverständnis mit den Waldbesitzern. [3]Für den Motorsport im Wald findet § 29 Absatz 5 Anwendung.

(8) [1]Anlage und Kennzeichnung von besitzüberschreitenden Rad- und Wanderwegen bedürfen der Genehmigung der Forstbehörde. [2]Die Interessen der Waldbesitzer sind angemessen zu berücksichtigen.

§ 29 Sonstige Benutzungen des Waldes

(1) [1]Das Zelten sowie das Abstellen von Wohnwagen, Wohnmobilen und Verkaufsständen sind unzulässig. [2]Ausnahmen bedürfen der vorherigen Genehmigung durch die Forstbehörde und der Zustimmung des Waldbesitzers. [3]Die Entscheidung nach Satz 2 trifft die Bauaufsichtsbehörde im Einvernehmen mit der Forstbehörde, wenn es sich bei der Maßnahme um bauliche Anlagen handelt, die einer Baugenehmigung bedürfen.

(2) [1]Das Halten und Hüten von Haustieren im Wald sowie die Mitnahme von gezähmten Wildtieren und Haustieren mit Ausnahme angeleinter Hunde sind unzulässig. [2]Die Anleinpflicht gilt nicht für den bestimmungsgemäßen Einsatz von Dienst- und Jagdgebrauchshunden.

(3) Das Halten und Hüten von landwirtschaftlichen Nutztieren sowie Pferden und Wildtieren in abgegrenzten Waldstücken oder in besonderen Gehegen bedarf der Zustimmung des Waldbesitzers und der Genehmigung durch die Forstbehörde.

(4) [1]Das Anbringen, Aufstellen oder Auslegen von Werbevorrichtungen, Plakaten oder anderen Zeichen im Wald bedarf der Genehmigung der Forstbehörde und der Zustimmung des Waldbesitzers. [2]Die Entscheidung nach Satz 1 trifft die Bauaufsichtsbehörde im Einvernehmen mit der Forstbehörde, wenn es sich bei der Maßnahme um bauliche Anlagen handelt, die einer Baugenehmigung bedürfen. [3]Genehmigungsfrei ist die Errichtung und Anbringung von forstbetrieblichen Zeichen.

(5) [1]Weitere Formen der Waldnutzung können mit Zustimmung des Waldbesitzers durch die Forstbehörde genehmigt werden, sofern das Betretungsrecht nach § 28 Absatz 1 nicht eingeschränkt wird und die übrigen Waldfunktionen nicht erheblich beeinträchtigt werden; § 15 Absatz 10 findet unter diesen Voraussetzungen keine Anwendung. [2]Das Aufstellen und Bewirtschaften von Bienenwagen und Bienenständen im Wald ist genehmigungsfrei. [3]Das Erfordernis der Zustimmung des Waldbesitzers bleibt unberührt.

§ 30 Kennzeichnung und Sperrung von Waldflächen

(1) Der Waldbesitzer kann mit vorheriger Genehmigung durch die Forstbehörde das Betreten oder sonstige Benutzungen bestimmter Waldflächen einschließlich der Waldwege ganz oder teilweise untersagen (Sperrung von Waldflächen), wenn und solange

1. die Sperrung aus wichtigen Gründen des Waldschutzes, insbesondere des Waldbrandschutzes, der Wald- oder Wildbewirtschaftung, zum Schutz der Waldbesucher, zur Vermeidung erheblicher Schäden oder zur Wahrung anderer schutzwürdiger Interessen des Waldbesitzers erforderlich ist,
2. die Waldfläche für die Erhaltung bestimmter frei lebender Tier- und Pflanzenarten von wesentlicher Bedeutung ist,
3. die Waldfläche für andere wichtige, dem Gemeinwohl dienende Zwecke benötigt wird, die ohne Sperrung nicht erreicht werden können,
4. dies nach anderen landesrechtlichen Vorschriften zulässig ist.

(2) Die Forstbehörde kann die Sperrung auch von Amts wegen anordnen.

(3) Liegen die Voraussetzungen für die Sperrung von Waldflächen und Waldwegen nicht oder nicht mehr vor, so hat der Waldbesitzer die Sperrung unverzüglich aufzuheben.

(4) Die oberste Forstbehörde wird ermächtigt, durch Rechtsverordnung zu bestimmen, wie Schutz- und Erholungs-, Kur- oder Heilwald sowie gesperrter Wald zu kennzeichnen sind.

§ 31 Aneignung von Walderzeugnissen

(1) [1]Jedermann ist berechtigt, soweit es das Naturschutzrecht zulässt, Waldfrüchte wie Beeren, Kräuter, Nüsse und Pilze in geringen Mengen zu sammeln. [2]Gleiches gilt für Handsträuße von Blumen, Farnkraut, Gräsern und Zweigen für den eigenen Bedarf. [3]Aneignung und Entnahme haben pfleglich zu erfolgen.

(2) Die Entnahme von Zweigen oder Wipfeltrieben aus Kulturen und Verjüngungen sowie von herabhängenden Zweigen an Randbäumen und das Ausgraben oder andere Entnahmen von Waldbäumen, Waldsträuchern und anderen Waldpflanzen sind nicht zulässig.

(3) (weggefallen)

(4) Holz darf im Staatswald für den eigenen Bedarf gesammelt werden, wenn es sich um zu Boden gefallenes, dürres oder angefaultes Holz unter 10 Zentimeter Durchmesser handelt, solange eine ordnungsgemäße Forstwirtschaft hierdurch nicht gefährdet wird.

Abschnitt V

Organisation und Aufgaben der Landesforstverwaltung

§ 32 Forstbehörden

(1) Oberste Forstbehörde ist das fachlich zuständige Ministerium.

(2) (weggefallen)

(3) Untere Forstbehörden sind der Vorstand der Landesforstanstalt und die Nationalparkämter.

(4) *[aufgehoben]*

(5) (weggefallen)

(6) § 1 des Großschutzgebietsorganisationsgesetzes bleibt unberührt.

§ 33 Dienstbezeichnung und Dienstkleidung

[1]Die Bediensteten der Forstbehörden sollen bei der Ausübung des Dienstes Dienstkleidung tragen. [2]Sie führen eine Dienstbezeichnung. [3]Die oberste Forstbehörde regelt das Tragen der Dienstkleidung und das Führen der Dienstbezeichnung durch Rechtsverordnung.

§ 34 Aufgaben der Forstbehörden, Gefahrenabwehr

(1) [1]Die Forstbehörden überwachen die Erfüllung der nach den forstrechtlichen Vorschriften bestehenden Verpflichtungen und treffen nach pflichtgemäßem Ermessen die erforderlichen Maßnahmen zur Abwehr von Zuwiderhandlungen gegen diese Verpflichtungen und zur Sicherung der Funktionen des Waldes. [2]Sie haben in Erfüllung ihrer Aufgaben die Befugnisse von Sonderordnungsbehörden. [3]Die Bediensteten und Beauftragten der Forstbehörden sind befugt, den Wald zu befahren und zu betreten. [4]Die Waldbesitzer haben die zur Durchführung dieses Gesetzes erforderlichen Auskünfte zu erteilen und Einsichtnahme in ihre Unterlagen zu ermöglichen.

(2) [1]Die Forstbehörden haben die ihnen nach diesem Gesetz und sonstigen Rechtsvorschriften zugewiesenen Aufgaben zu erfüllen. [2]Hierzu gehören

1. die Verwaltung und Bewirtschaftung des Landeswaldes,
2. die Beratung, Betreuung und Förderung für die Waldeigentumsarten des Privat- und Körperschaftswaldes,
3. die Durchführung von Maßnahmen zum Schutz des Waldes und zur Förderung der Forstwirtschaft,
4. die forstliche Rahmenplanung und weitere Planungen zur Waldentwicklung,
5. die Durchführung der sich aus dem Jagdrecht ergebenden Aufgaben, insbesondere die Jagdnutzung in den Eigenjagdbezirken des Landes und der Landesforstanstalt sowie die Vertretung des Landes in den Jagdgenossenschaften,
6. die Wahrnehmung des Naturschutzes im Wald,
7. abweichend von § 34 Absatz 6 des Bundesnaturschutzgesetzes die Entgegennahme von Anzeigen, sofern es sich um Projekte im Wald handelt,
8. die Bildung für nachhaltige Entwicklung und die Waldpädagogik,
9. die Durchführung eines forstlichen Forschungs- und Versuchswesens zur Bereitstellung wissenschaftlicher Grundlagen für eine den regionalen Verhältnissen gerecht werdende und den Zielsetzungen des § 11 Absatz 6 sowie § 12 entsprechende, ordnungsgemäße und zukunftsorientierte Forstwirtschaft,
10. die Durchführung eines Wildwirkungsmonitorings im Wald.

§ 35 Zuständigkeit

(1) Soweit in diesem Gesetz oder aufgrund dieses Gesetzes nichts anderes bestimmt ist, ist die untere Forstbehörde zuständig.

(2) Der Amtsbezirk und Wirkungsbereich einer unteren Forstbehörde umfasst alle in ihr vorhandenen Formen von Waldeigentum und Waldfunktionen.

§ 36 (weggefallen)

§ 37 Forstplanung

(1) Die oberste Forstbehörde erarbeitet die landesweiten Erfordernisse und Maßnahmen der forstlichen Rahmenplanung, die sie im gutachtlichen Waldentwicklungsprogramm darstellt.

(2) Die Landesforstanstalt ist zuständig für die Erfassung und Darstellung des Zustandes der Wälder, die Erkundung und Kartierung der ökologischen Verhältnisse der Waldstandorte sowie die Waldinventur.

(3) Die Landesforstanstalt ist zuständig für die Erhebung, Verarbeitung und Speicherung von Daten gemäß ihren Aufgaben nach Absatz 2 sowie für die Vorbereitung forstlicher Rahmenpläne gemäß §§ 8 und 9.

(4) [1]Die Landesforstanstalt führt die für die Wälder aller Eigentumsarten vorhandenen Daten über den Zustand des Waldes einschließlich der forstlichen Standortkartierung, Waldbiotopkartierung, Waldfunktionskartierung auf Landesebene nach einheitlichen Grundsätzen weiter. [2]Diese Daten dienen als Grundlage für die Bewahrung der Wälder und ihrer Funktionen sowie für die Förderung der Forstwirtschaft gemäß § 1.

(5) Die Landesforstanstalt erstellt die Forsteinrichtungswerke gemäß § 11 Absatz 4 Satz 1 nach Maßgabe des Landesforstanstaltsgesetzes.

§ 38 ***[aufgehoben]***

§ 39 Landeswaldprogramm und Landeswaldforum

(1) [1]Zur Entwicklung von Strategien der nachhaltigen Sicherung und Stärkung der sozioökonomischen, ökologischen und kulturellen Funktionen des Waldes kann unter Berücksichtigung der Resolutionen des Waldforums der Vereinten Nationen, der Beschlüsse der Europäischen Forstministerkonferenzen und der Europäischen Forststrategie ein Landeswaldprogramm entwickelt und fortgeschrieben werden. [2]Hierzu kann bei der obersten Forstbehörde ein Landeswaldforum gebildet werden. [3]Das Landeswaldprogramm wird durch die oberste Forstbehörde veröffentlicht.

(2) Die oberste Forstbehörde berichtet dem für Forsten zuständigen Ausschuss des Landtags zu einem geeigneten Zeitpunkt oder auf Antrag einer Fraktion, mindestens jedoch einmal zur Mitte der Legislaturperiode über den Zustand der Wälder und über die Lage der Forstwirtschaft in Mecklenburg-Vorpommern.

§ 40 Landesforstbeirat

(1) Bei der obersten Forstbehörde wird ein Landesforstbeirat gebildet.

(2) Der Landesforstbeirat berät die oberste Forstbehörde bei forstlichen Fragen von grundsätzlicher Bedeutung.

(3) [1]Dem Landesforstbeirat sollen Vertreter von Interessenverbänden, berufsständischen Vertretungen, kommunalen Verbänden, anerkannten Naturschutzvereinigungen und der Forstwissenschaft angehören. [2]Die Zahl seiner Mitglieder soll 15 Personen nicht überschreiten.

Abschnitt VI

Sonderbestimmungen für den Körperschafts- und Privatwald

§ 41 Staatlich anerkannte Forstverwaltungen und Forstreviere

(1) [1]Forstbetrieben körperschaftlicher und privater Waldbesitzer, die die Bewirtschaftung des Waldes nach den Kriterien naturnaher Forstwirtschaft durchführen sowie Schutz- und Erholungsfunktionen des Waldes hinreichend berücksichtigen, kann bei einer Mindestgröße von 500 Hektar auf Antrag die Bezeichnung „Staatlich anerkanntes Forstrevier" durch die oberste Forstbehörde verliehen werden. [2]Voraussetzung hierfür ist die Leitung der Verwaltung und Bewirtschaftung durch forstliches Fachpersonal, das mindestens die Eignungsvoraussetzungen zum Vorbereitungsdienst für Forstinspektoranwärter erfüllen soll. [3]Wird die Mindestgröße von 5 000 Hektar erreicht, kann unter den in Satz 1 genannten Voraussetzungen die Bezeichnung „Staatlich anerkannte Forstverwaltung" verliehen werden, soweit die Leitung der Verwaltung und Bewirtschaftung durch forstliches Fachpersonal erfolgt, das die Eingangsvoraussetzung für den Vorbereitungsdienst für Forstreferendare erfüllt. [4]Bei Wegfall der Voraussetzungen ist die Bezeichnung zu entziehen.

(2) [1]Die oberste Forstbehörde kann staatlich anerkannten kommunalen Forstverwaltungen auf deren Antrag durch Rechtsverordnung die Aufgaben der unteren Forstbehörde nach den §§ 28 und 29 sowie

die Aufgaben als zuständige Verwaltungsbehörde nach § 51 Absatz 9 für die Verfolgung und Ahndung von Verstößen gegen diese Bestimmungen, gegen § 31 und gegen eine Rechtsverordnung nach § 19 Absatz 3 übertragen. [2]Die staatlich anerkannten kommunalen Forstverwaltungen unterliegen bei der Wahrnehmung der übertragenen Aufgaben der Fachaufsicht der obersten Forstbehörde.

§ 42 (weggefallen)

Abschnitt VII

Förderung der Forstwirtschaft, Entschädigung

§ 43 Förderung der Forstwirtschaft

(1) Die Forstwirtschaft soll zur Erhaltung der Waldfunktionen und Erreichung der Ziele gemäß § 1 fachlich und finanziell gefördert sowie durch Maßnahmen zur Strukturverbesserung gestärkt werden.

(2) Privat- und Körperschaftswaldbesitzer können sich in Fragen der nachhaltigen Sicherung der Waldfunktionen unentgeltlich durch die Forstbehörde beraten lassen.

(3) Im wirtschaftlichen Interesse des Waldbesitzers liegende betriebstechnische Hilfeleistungen der Forstbehörde (Betreuung) gehen über die Beratung nach Absatz 2 hinaus und sind entgeltpflichtig.

§§ 44, 45 (weggefallen)

§ 46 Forstwirtschaftliche Zusammenschlüsse

(1) Gemäß den §§ 15 bis 40 des Bundeswaldgesetzes können zur Förderung der Forstwirtschaft forstwirtschaftliche Zusammenschlüsse gebildet werden.

(2) Die Forstbehörden unterstützen die Bildung dieser Zusammenschlüsse, diese sollen bei öffentlichen Fördermaßnahmen berücksichtigt werden.

§ 47 Entschädigung

(1) [1]Eingriffe mit enteignender Wirkung aufgrund § 17 Absatz 3, § 21 Absatz 5, § 22 Absatz 3, § 28 Absatz 6 oder aufgrund einer auf diesem Gesetz beruhenden Rechtsverordnung oder Maßnahme sind angemessen zu entschädigen. [2]Dem Waldbesitzer ist eine Entschädigung insbesondere zu gewähren, wenn eine ordnungsgemäße forstwirtschaftliche Nutzung der betreffenden Grundflächen aufgegeben oder in unzumutbarer Weise eingeschränkt werden muss und hierdurch die Betriebe oder sonstigen wirtschaftlichen Einheiten, zu denen die Grundflächen gehören, unvermeidlich und nicht nur unwesentlich beeinträchtigt werden.

(2) Entschädigungspflichtig ist der Träger der öffentlichen Verwaltung, dessen Behörde die enteignende Rechtsvorschrift erlassen oder Maßnahme getroffen hat.

(3) [1]Der Grundstückseigentümer kann verlangen, dass der Entschädigungspflichtige das Grundstück übernimmt, soweit es ihm infolge der enteignenden Maßnahme wirtschaftlich nicht mehr zumutbar ist, das Grundstück zu behalten oder es in der bisherigen oder einer anderen zulässigen Art zu nutzen. [2]Kommt eine Einigung über die Übernahme des Grundstückes nicht zustande, kann der Eigentümer das Enteignungsverfahren beantragen.

(4) Bei der Ausweisung von Schutz- und Erholungs-, Kur- oder Heilwald ist der Entschädigungspflichtige berechtigt, von den Verursachern und den Begünstigten Ersatz bis zur Höhe ihrer Vorteile zu verlangen.

(5) Im Übrigen gilt das Enteignungsgesetz des Landes Mecklenburg-Vorpommern.

Abschnitt VIII

Forstschutzbeauftragte

§§ 48, 49 (weggefallen)

§ 50 Forstschutzbeauftragte

(1) Forstschutzbeauftragte sind

1. die Bediensteten der Forstbehörden des Landes und
2. die körperschaftlichen und privaten Bediensteten im forstlichen Revierdienst, die auf Antrag des Waldbesitzers durch die Forstbehörde zu Forstschutzbeauftragten bestellt wurden; der Antrag ist abzulehnen, wenn Bedenken gegen die Zuverlässigkeit oder die Eignung zum Forstschutz bestehen.

(2) Die Forstschutzbeauftragten haben die Aufgabe, Zuwiderhandlungen gegen Rechtsvorschriften, die dem Schutz und der Erhaltung des Waldes dienen und deren Übertretung mit Strafe oder Geldbuße bedroht ist, festzustellen, zu verhüten, zu unterbinden sowie bei der Verfolgung solcher Zuwiderhandlungen mitzuwirken.

(3) Soweit es zur Erfüllung ihrer Aufgaben nach Absatz 2 erforderlich ist, sind die Forstschutzbeauftragten berechtigt,

1. Grundstücke zu betreten,
2. eine Person zur Feststellung ihrer Personalien anzuhalten; § 29 Absatz 2 und 3 des Sicherheits- und Ordnungsgesetzes gilt entsprechend,
3. eine Person vorübergehend aus dem Wald zu verweisen und ihr vorübergehend das Betreten des Waldes zu verbieten und
4. unberechtigt entnommene Gegenstände sowie Gegenstände sicherzustellen, die bei Zuwiderhandlungen nach Absatz 2 verwendet wurden oder verwendet werden sollen.

(4) Weitergehende Befugnisse der Forstschutzbeauftragten nach Absatz 1 als Ermittlungspersonen der Staatsanwaltschaft bleiben unberührt.

(5) [1]Die Forstschutzbeauftragten müssen bei der Ausübung ihrer Tätigkeit ein Dienstabzeichen tragen und einen Dienstausweis mit sich führen, der bei Vornahme einer Amtshandlung vorzuzeigen ist. [2]Die Forstschutzbeauftragten unterstehen der Fachaufsicht durch die oberste Forstbehörde oder die von ihr beauftragte Forstbehörde.

Abschnitt IX
Ordnungswidrigkeiten

§ 51 Ordnungswidrigkeiten

(1) Ordnungswidrig handelt, wer vorsätzlich oder fahrlässig sein Betretungsrecht nach § 28 Absatz 1 überschreitet, indem er

1. nach § 28 Absatz 2 gesperrte Waldflächen und Waldwege betritt,
2. die Lebensgemeinschaft Wald, die Bewirtschaftung des Waldes oder die Erholung anderer beeinträchtigt (§ 28 Absatz 3 Satz 2), indem er
   a) Wald verunreinigt,
   b) Tore von Wildgattern (§ 31 Absatz 2 und 3 des Landesjagdgesetzes), Schlagbäume oder ähnliche Vorrichtungen, die zum Schutz von Pflanzgeräten, Forstkulturen, Forstdickungen oder zur Sperrung dienen, öffnet,
   c) das zur Bewässerung einer Waldfläche dienende Wasser ableitet, Gräben, Wälle oder sonstige Anlagen, die der Be- oder Entwässerung dienen, verändert, beschädigt oder beseitigt,
   d) sich unberechtigt Walderzeugnisse aneignet,
3. mit einem Kraftfahrzeug im Wald unbefugt auf nichtöffentlichen Straßen und Wegen oder außerhalb von Wegen fährt (§ 28 Absatz 4),
4. mit Fahrrädern außerhalb von Waldwegen fährt (§ 28 Absatz 5),
5. außerhalb der hierfür zugelassenen Wege und Plätze reitet oder Fahrten mit Gespannen durchführt (§ 28 Absatz 6),
6. im Wald organisierte Sportveranstaltungen oder Motorsport ohne die erforderliche Genehmigung durchführt oder betreibt (§ 28 Absatz 7 und § 29 Absatz 5),
7. Rad- und Wanderwege ohne die erforderliche Genehmigung anlegt oder kennzeichnet (§ 28 Absatz 8).

(2) Ordnungswidrig handelt, wer vorsätzlich oder fahrlässig die Vorschriften über sonstige Benutzungen des Waldes (§ 29) verletzt, indem er

1. ohne vorherige Genehmigung auf Waldflächen unbefugt zeltet, Wohnwagen, Wohnmobile und Verkaufsstände abstellt (§ 29 Absatz 1),
2. im Wald Haustiere hält oder gezähmte Wild- oder Haustiere mit Ausnahme angeleinter Hunde mitnimmt (§ 29 Absatz 2),
3. im Wald ohne die erforderliche Genehmigung landwirtschaftliche Nutztiere, Pferde oder Wildtiere hält oder hütet (§ 29 Absatz 3),

4. im Wald unbefugt Werbevorrichtungen, Plakate oder andere Zeichen aufstellt, anbringt oder auslegt (§ 29 Absatz 4),
5. Waldnutzungen nach § 29 Absatz 5 ohne die erforderliche Genehmigung durchführt.

(3) Ordnungswidrig handelt, wer vorsätzlich oder fahrlässig sein Aneignungsrecht nach § 31 überschreitet, indem er
1. sich größere Mengen von Waldfrüchten oder Pflanzenteilen aneignet, als in § 31 Absatz 1 gestattet ist,
2. Zweige oder Wipfeltriebe aus Kulturen oder Verjüngungen entnimmt (§ 31 Absatz 2),
3. im Staatswald Leseholz über 10 Zentimeter Durchmesser sammelt (§ 31 Absatz 4).

(4) Ordnungswidrig handelt ferner, wer vorsätzlich oder fahrlässig im Wald
1. Waldbäume, Waldsträucher oder die zum Schutz von Bäumen und Sträuchern dienenden Vorrichtungen,
2. Wege, Bestandteile oder Zubehör der Wege, Dämme, Böschungen oder Gewässer,
3. Vorrichtungen oder Warnschilder, die zur Verhütung von Unfällen oder zum Zweck des vorbeugenden Waldbrandschutzes angebracht sind,
4. Zeichen oder Vorrichtungen, die zur Abgrenzung, Vermessung, Sperrung oder Kennzeichnung von Waldflächen, Versuchsflächen und Walderzeugnissen oder als Wegweiser dienen,
5. Schutzhütten, fischerei- und jagdwirtschaftliche oder der Erholung dienende Einrichtungen und Anlagen sowie ihr Zubehör,
6. aufgeschichtete oder gebündelte Holzstöße oder angehäufte Bodenerzeugnisse

entfernt, beschädigt, zerstört oder auf andere Weise unbrauchbar macht.

(5) Ordnungswidrig handelt, wer vorsätzlich oder fahrlässig
1. eine Waldfläche ohne die erforderliche Genehmigung der Forstbehörde ganz oder teilweise kahlschlägt (§ 13 Absatz 3),
2. die Bestockung von hiebsunreifen Beständen auf weniger als 70 Prozent des Vollbestandes reduziert (§ 13 Absatz 5),
3. ohne Genehmigung Wald rodet oder umwandelt (§ 15 Absatz 1),
4. eine für eine andere Nutzung vorgesehene Waldfläche zu zeitig abholzt und rodet (§ 15 Absatz 8 Satz 2),
5. Waldbestände oder Waldboden zerstört oder deren Gesundheitszustand erheblich beeinträchtigt (§ 18 Absatz 1),
6. Abfälle oder andere nicht zum Wald gehörende Gegenstände oder Stoffe im oder am Wald außerhalb von genehmigten Ablagerungsplätzen ablagert oder Abwässer in den Wald einleitet oder im Wald ausbringt (§ 18 Absatz 2),
7. einer Rechtsverordnung der obersten Forstbehörde zum Waldschutz (§ 19 Absatz 3) zuwiderhandelt, soweit sie für bestimmte Tatbestände auf diese Bußgeldvorschrift verweist,
8. einer Rechtsverordnung der obersten Forstbehörde über Schutz-, Erholungs-, Kur- oder Heilwald (§ 21 Absatz 5 und § 22 Absatz 3) zuwiderhandelt, soweit sie für bestimmte Tatbestände auf diese Bußgeldvorschrift verweist,
9. eine vollziehbare Anordnung der Forstbehörde nach § 34 Absatz 1 nicht befolgt.

(6) Ordnungswidrig handelt auch, wer vorsätzlich oder fahrlässig
1. kahlgeschlagene Waldflächen entgegen einer vollziehbaren Anordnung nicht fristgerecht wieder bestockt (§ 14 Absatz 2 und 3),
2. ohne Genehmigung eine Erstaufforstung durchführt (§ 25 Absatz 1),
3. ohne Genehmigung Waldwege oder Waldflächen sperrt (§ 30 Absatz 1),
4. einer sonstigen aufgrund dieses Gesetzes erlassenen Rechtsverordnung oder Satzung zuwiderhandelt, soweit die Verordnung oder Satzung für bestimmte Tatbestände auf diese Bußgeldvorschrift verweist.

(7) [1]Ordnungswidrigkeiten nach den Absätzen 1 bis 4 und 6 können mit einer Geldbuße bis zu 7 500 Euro geahndet werden. [2]Ordnungswidrigkeiten nach Absatz 5 können mit einer Geldbuße bis zu 75 000 Euro geahndet werden.

(8) [1]Gegenstände, auf die sich die Ordnungswidrigkeit bezieht oder die zu ihrer Begehung oder Vorbereitung gebraucht worden oder bestimmt gewesen sind, können eingezogen werden. [2]§ 23 des Gesetzes über Ordnungswidrigkeiten ist anzuwenden.

(9) Die Forstbehörde ist zuständige Verwaltungsbehörde nach § 36 Absatz 1 Nummer 1 und § 37 Absatz 1 des Gesetzes über Ordnungswidrigkeiten für die Verfolgung und Ahndung der Ordnungswidrigkeiten nach diesem Gesetz und den aufgrund dieses Gesetzes erlassenen Rechtsverordnungen.

§§ 52, 53 (weggefallen)

Abschnitt X
(Schlussbestimmungen)

§ 54 (Aufhebung von Vorschriften)

§ 55 (Inkrafttreten)

Gesetz zur Neuorganisation der Naturschutz- und der Landesforstverwaltung in den Großschutzgebieten Mecklenburg-Vorpommerns (Großschutzgebietsorganisationsgesetz – GSchGOrgG)[1)]

Vom 18. Dezember 1995 (GVOBl. M-V S. 659)
(GS Meckl.-Vorp. Gl. Nr.791-3)

zuletzt geändert durch Art. 3 ÄndG vom 15. Januar 2015 (GVOBl. M-V S. 30)

§ 1 Errichtung einer gemeinsamen Naturschutz- und Landesforstverwaltung in den Großschutzgebieten

(1) Zum Zwecke der Neuorganisation der Naturschutz- und der Landesforstverwaltung in den Großschutzgebieten Mecklenburg-Vorpommerns werden errichtet:

1. als untere Naturschutz- und untere Forstbehörden
   a) das Nationalparkamt Müritz für den „Müritz-Nationalpark" und
   b) das Nationalparkamt Vorpommern für den „Nationalpark Vorpommersche Boddenlandschaft" und den „Nationalpark Jasmund",
2. als untere Naturschutzbehörden
   a) das Biosphärenreservatsamt Schaalsee-Elbe für die Biosphärenreservate Schaalsee und Flusslandschaft Elbe Mecklenburg-Vorpommern und
   b) das Biosphärenreservatsamt Südost-Rügen für das Biosphärenreservat Südost-Rügen

(2) Das Nationalparkamt Rügen und das Nationalparkamt Vorpommersche Boddenlandschaft werden aufgelöst.

(3) Die Dienstaufsicht über die in Absatz 1 genannten Ämter obliegt dem Ministerium für Landwirtschaft, Umwelt und Verbraucherschutz.

§ 2 Verordnungsermächtigungen

[1]Das Ministerium für Landwirtschaft, Umwelt und Verbraucherschutz. wird ermächtigt, durch Rechtsverordnung die mit der Neuorganisation verbundenen Maßnahmen zu regeln, insbesondere Landesbehörden seines Ressortbereiches aufzulösen, zu verlegen sowie die örtliche Zuständigkeit an die Regelungen dieses Gesetzes anzupassen. [2]Es wird weiterhin ermächtigt, den Sitz der Landesbehörden nach § 1 Abs. 1 durch Rechtsverordnung festzulegen.

1) Verkündet als Art. 1 G v. 18. 12. 1995 (GVOBl. M-V S. 659); Inkrafttreten gem. Art. 4 dieses G am 1. 1. 1996.

Gesetz des Landes Mecklenburg-Vorpommern zur Ausführung des Bundesnaturschutzgesetzes (Naturschutzausführungsgesetz – NatSchAG M-V)[1)2)]

Vom 23. Februar 2010 (GVOBl. M-V S. 66)
(GS Meckl.-Vorp. Gl. Nr. 791-9)

zuletzt geändert durch Art. 3 G zur Modernisierung des Landesrechts zur Umweltverträglichkeitsprüfung und zur Änd. anderer Rechtsvorschriften[3)] vom 5. Juli 2018 (GVOBl. M-V S. 221)

Inhaltsübersicht

---

1) Verkündet als Art. 1 G zur Bereinigung des Landesnaturschutzrechts v. 23.2.2010 (GVOBl. M-V S. 66); Inkrafttreten gem. Art. 23 Satz 1 am 1.3.2010.

2) Das Gesetz weicht in einzelnen Punkten vom BundesnaturschutzG ab, vgl. Hinweis v. 24.11.2010 (BGBl. I S. 1621).

3) **Amtl. Anm.:** Dieses Gesetz dient der Umsetzung der Richtlinie 2011/92/EU des Europäischen Parlaments und des Rates vom 13. Dezember 2011 über die Umweltverträglichkeitsprüfung bei bestimmten öffentlichen und privaten Projekten in der Fassung der Richtlinie 2014/52/EU (ABl. L 124 vom 25.4.2014, S. 1), und der Richtlinie 2001/42/EG des Europäischen Parlaments und des Rates vom 27. Juni 2001 über die Prüfung der Umweltauswirkungen bestimmter Pläne und Programme (ABl. L 197 vom 21.7.2001, S. 30).

Kapitel 1
Zuständigkeiten, Aufgaben und Befugnisse, Zusammenarbeit der Behörden (zu § 3 BNatSchG)

§ 1 Naturschutzbehörden

(1) Dieses Gesetz, das Bundesnaturschutzgesetz (BNatSchG) und die aufgrund dieser Gesetze erlassenen oder fortgeltenden Rechtsvorschriften (naturschutzrechtliche Vorschriften) werden, soweit nichts Anderes bestimmt ist, durch die Naturschutzbehörden ausgeführt.

(2) Die Naturschutzbehörden sind als Ordnungsbehörden zuständig.

(3) Naturschutzbehörden sind

1. das Ministerium für Landwirtschaft, Umwelt und Verbraucherschutz (oberste Naturschutzbehörde),
2. das Landesamt für Umwelt, Naturschutz und Geologie (obere Naturschutzbehörde),
3. die Nationalparkämter und die Biosphärenreservatsämter (Großschutzgebietsverwaltung),
4. die Staatlichen Ämter für Landwirtschaft und Umwelt (Fachbehörden für Naturschutz),
5. die Landräte und Oberbürgermeister der kreisfreien Städte (untere Naturschutzbehörden),
6. die Amtsvorsteher der Ämter und die Bürgermeister der amtsfreien Gemeinden.

(4) Die Pflichten zur gegenseitigen behördlichen Unterstützung nach § 2 Absatz 2 des Bundesnaturschutzgesetzes und zur Unterrichtung und Information nach § 3 Absatz 5 und 6 des Bundesnaturschutzgesetzes gelten auch für kommunale Behörden.

(5) Die Träger der landwirtschaftlichen Beratung sollen die Inhalte und Voraussetzungen einer umweltschonenden Land-, Forst- und Fischereiwirtschaft im Rahmen ihrer Tätigkeit vermitteln.

§ 2 Zuständigkeiten der obersten Naturschutzbehörde

Soweit gesetzlich nichts Anderes bestimmt ist, ist die oberste Naturschutzbehörde zuständig für

1. die Ausübung der Fachaufsicht über die Naturschutzbehörden,
2. die Erarbeitung und Veröffentlichung des Gutachtlichen Landschaftsprogramms,
3. die Entscheidung über die Verwendung der Ersatzzahlung,
4. die Festsetzung von Naturschutzgebieten und Nationalen Naturmonumenten,
5. die Festsetzung von Landschaftsschutzgebieten in gemeindefreien Gebieten.

§ 3 Zuständigkeiten der oberen Naturschutzbehörde

[1]Soweit gesetzlich nichts Anderes bestimmt ist, ist die obere Naturschutzbehörde zuständig für

1. die Erarbeitung und Veröffentlichung der Gutachtlichen Landschaftsrahmenpläne,
2. die Führung des Ökokontoverzeichnisses und des Kompensationsverzeichnisses,
3. die Erfassung der geschützten und einstweilig gesicherten Flächen und Landschaftsbestandteile,
4. die Erarbeitung der Schutz-, Pflege-, Wiederherstellungs- und Entwicklungskonzeptionen der Naturparke (Naturparkpläne) im Einvernehmen mit der in ihrem Gebiet jeweils berührten unteren Naturschutzbehörde,

5. den Vollzug der §§ 37 bis 41 und 44 bis 55 des Bundesnaturschutzgesetzes einschließlich der auf diesen Vorschriften beruhenden Rechtsverordnungen, soweit der Vollzug Landesbehörden zugewiesen ist; dies gilt nicht für § 39 Absatz 5 und 6 sowie § 44 Absatz 1 des Bundesnaturschutzgesetzes,
6. den Vollzug von § 23 Absatz 4 und 6,
7. die Erarbeitung von
   a) Grundlagen für den Flächen- und Objektschutz,
   b) Planungs- und Entscheidungshilfen für die Naturschutzbehörden,
   c) Fachbeiträgen für die Planung anderer Behörden und Stellen nach deren Anforderung,
8. die Erfassung des Zustandes von Natur und Landschaft und von Veränderungen in der Tier- und Pflanzenwelt und deren Lebensräumen,
9. die Schulung und fachliche Betreuung der im Naturschutz tätigen Bediensteten und ehrenamtlichen Mitarbeiter,
10. die Vergabe und Kontrolle der Verwendung von Fördermitteln und Zuwendungen des Landes, die für Zwecke des Naturschutzes und der Landschaftspflege mit landesweiter Bedeutung zur Verfügung gestellt werden.

[2]Die oberste Naturschutzbehörde kann durch Rechtsverordnung bestimmen, dass für die Erteilung von Ausnahmen oder Befreiungen von den Verboten des § 44 Absatz 1 des Bundesnaturschutzgesetzes für bestimmte Arten die obere Naturschutzbehörde zuständig ist.

§ 4 Zuständigkeiten der Großschutzgebietsverwaltung

Soweit gesetzlich nichts Anderes bestimmt ist, sind die Nationalparkämter und die Biosphärenreservatsämter zuständig für alle Aufgaben und Entscheidungen der unteren Naturschutzbehörden sowie der Fachbehörden für Naturschutz, sofern jene den räumlichen Geltungsbereich eines festgesetzten Nationalparks oder Biosphärenreservats betreffen.

§ 5 Zuständigkeiten der Fachbehörden für Naturschutz

Soweit gesetzlich nichts Anderes bestimmt ist, sind die Fachbehörden für Naturschutz zuständig für

1. die naturschutzrechtlichen Entscheidungen im Bereich der Küstengewässer sowie sonstiger gemeindefreier Flächen, sofern nicht nach den §§ 2 bis 4 eine andere Behörde zuständig ist,
2. die Vergabe und Kontrolle der Verwendung von Fördermitteln und Zuwendungen des Landes, die für Zwecke des Naturschutzes und der Landschaftspflege mit regionaler Bedeutung zur Verfügung gestellt werden,
3. das Management einschließlich der Managementplanung in den Gebieten des europäischen ökologischen Netzes „Natura 2000“.

§ 6 Zuständigkeiten der unteren Naturschutzbehörden

[1]Soweit gesetzlich nichts Anderes bestimmt ist, sind die Landräte und Oberbürgermeister der kreisfreien Städte für den Vollzug der naturschutzrechtlichen Vorschriften zuständig. [2]Die Landkreise und die kreisfreien Städte nehmen die Aufgaben im übertragenen Wirkungskreis wahr.

§ 7 Zuständigkeiten der Amtsvorsteher der Ämter und der Bürgermeister der amtsfreien Gemeinden

[1]Soweit gesetzlich nichts Anderes bestimmt ist, sind die Amtsvorsteher der Ämter und die Bürgermeister der amtsfreien Gemeinden zuständig für den Vollzug

1. der §§ 25 und 28 sowie von
2. gemeindlichen Satzungen auf der Grundlage dieses Gesetzes.

[2]Sie nehmen die Aufgaben nach Satz 1 Nummer 1 im übertragenen Wirkungskreis wahr.

§ 8 Gefahrenabwehr

(1) [1]Die nach diesem Gesetz zuständigen Behörden überwachen die Erfüllung der nach den naturschutzrechtlichen Vorschriften bestehenden Verpflichtungen. [2]Soweit Behörden nach diesem Gesetz zuständig sind, sind sie auch befugt, nach pflichtgemäßem Ermessen die erforderlichen Maßnahmen zur Abwehr von Zuwiderhandlungen gegen die Verpflichtungen und zur Abwehr von Gefahren für Natur und Landschaft zu treffen; § 40 Absatz 3 und 4 gilt entsprechend.

(2) [1]Sind Teile von Natur und Landschaft rechtswidrig zerstört, beschädigt oder verändert worden, ordnet die zuständige Behörde die nach § 15 Absatz 2 und 6 des Bundesnaturschutzgesetzes vorgese-

henen Maßnahmen an. [2]Eine Anordnung, die ein Grundstück betrifft und sich an den Eigentümer oder Nutzungsberechtigten richtet, ist auch für dessen Rechtsnachfolger verbindlich.

(3) [1]Die örtlichen Ordnungsbehörden und die Polizei haben die Naturschutzbehörden von allen Vorgängen zu unterrichten, die deren Eingreifen erfordern oder für deren Entscheidung von Bedeutung sein können. [2]Diese Verpflichtung gilt im Verhältnis der Naturschutzbehörden zueinander entsprechend.

(4) Die Befugnisse der örtlichen Ordnungsbehörden und der Polizei, die zur Aufrechterhaltung der öffentlichen Sicherheit oder Ordnung erforderlichen unaufschiebbaren Maßnahmen zu treffen, bleiben unberührt.

§ 9 Betreten von Grundstücken, Untersuchungen (zu § 65 Absatz 3 BNatSchG)

(1) Bedienstete und Beauftragte der Naturschutzbehörden und der Gemeinden dürfen zur Wahrnehmung ihrer Aufgaben

1. Grundstücke, mit Ausnahme von Wohngebäuden, betreten und dort nach rechtzeitiger Ankündigung Vermessungen, Bestandserhebungen, Bodenuntersuchungen, Bodenproben oder ähnliche Arbeiten durchführen sowie Fotografien anfertigen,
2. Aufnahme- und Auslieferungsbücher, Aufbewahrungsorte, Ver- und Bearbeitungsstätten und Tiergehege an Ort und Stelle daraufhin überprüfen, ob die Vorschriften zum Schutz wild lebender Tiere und Pflanzen eingehalten werden.

(2) [1]Vor dem Betreten eines nicht jeder Person zugänglichen Grundstückes sollen der Eigentümer und der Nutzungsberechtigte benachrichtigt werden, sofern dem kein wichtiger Grund entgegensteht. [2]In geeigneten Fällen kann die Benachrichtigung auch durch ortsübliche Bekanntmachung erfolgen.

(3) Bei Betrieben, die der Bergaufsicht unterstehen, haben Untersuchungen und Kontrollen im Einvernehmen mit der Bergbehörde zu erfolgen.

§ 10 Einschränkung von Grundrechten

Für Maßnahmen, die nach diesem Gesetz getroffen werden können, werden das Recht auf Freiheit der Person (Artikel 2 Absatz 2 Satz 2 des Grundgesetzes) und das Recht der Unverletzlichkeit der Wohnung (Artikel 13 des Grundgesetzes) eingeschränkt.

Kapitel 2
Landschaftsplanung, Eingriffsregelung

§ 11 Landschaftsplanung (zu den §§ 8 bis 12 BNatSchG)

(1) Abweichend von § 10 Absatz 1 Satz 1 und Absatz 2 des Bundesnaturschutzgesetzes ist für das gesamte Land ein Gutachtliches Landschaftsprogramm und für die Regionen nach § 12 Absatz 1 des Landesplanungsgesetzes jeweils ein Gutachtlicher Landschaftsrahmenplan zu erstellen.

(2) [1]Die Landschaftspläne sind von den Gemeinden zu erarbeiten und zu veröffentlichen. [2]Sie sind der unteren Naturschutzbehörde vor der Beschlussfassung zur Stellungnahme vorzulegen. [3]Bei der Vorlage der Bauleitpläne zur Genehmigung sind die Landschaftspläne beizufügen. [4]Die Aufgabe wird von den Gemeinden im eigenen Wirkungskreis wahrgenommen.

(3) [1]Die Inhalte der Gutachtlichen Landschaftsplanung sind in den Maßnahmen, Planungen und Verwaltungsverfahren anderer Behörden und sonstiger öffentlicher Stellen, soweit sich deren Entscheidungen auf Natur und Landschaft im Planungsraum auswirken können, nach Maßgabe der dafür geltenden Vorschriften des Rechts der Raumordnung und Landesplanung zu beachten, wenn sie als Ziele der Raumordnung und Landesplanung in die Raumentwicklungsprogramme eingefügt sind. [2]Sie sind zu berücksichtigen, wenn sie als Grundsätze der Raumordnung und Landesplanung in die Raumentwicklungsprogramme eingefügt sind oder wenn sie als in der Aufstellung befindliche Ziele der Raumordnung und Landesplanung als sonstige Erfordernisse der Raumordnung gelten. [3]Im Übrigen sind die raumbedeutsamen Inhalte der Gutachtlichen Landschaftsplanung angemessen zu berücksichtigen.

§ 12 Eingriffe in Natur und Landschaft (zu den §§ 13 bis 18 BNatSchG)

(1) Eingriffe gemäß § 14 Absatz 1 des Bundesnaturschutzgesetzes sind insbesondere

1. die Gewinnung von Bodenschätzen, namentlich Kies, Sand, Ton, Torf, Kreide, Steinen oder anderen selbstständig verwertbaren Bodenbestandteilen (oberflächennahe Bodenschätze), wenn die abzubauende Fläche größer als 300 Quadratmeter ist,

2. Abgrabungen, Aufschüttungen, Ausfüllungen, Auf- oder Abspülungen von mehr als zwei Metern Höhe oder Tiefe oder mit einer Grundfläche von mehr als 300 Quadratmetern im Außenbereich,
3. die Einrichtung oder wesentliche Änderung von Lager-, Ausstellungs-, Sport-, Zelt- und Campingplätzen, Golfplätzen sowie Park- und Stellplätzen von mehr als 300 Quadratmetern im Außenbereich,
4. die Errichtung oder wesentliche Änderung von Hafen-, Küsten- und Uferschutzanlagen, Seebrücken, Stegen, Sportboothäfen, Bootsliegeplätzen und Bootsschuppen sowie von Offshore-Anlagen, insbesondere solchen zur Gewinnung von Windenergie,
5. die Errichtung oder wesentliche Änderung von Abfallentsorgungsanlagen,
6. die Herstellung, Beseitigung oder wesentliche Umgestaltung von Gewässern oder ihren Ufern sowie die Benutzung von Gewässern, die den Wasserstand oder den Abfluss wesentlich verändert,
7. die Entwässerung oder sonstige nachhaltige Beeinträchtigung von Mooren, Sümpfen, Brüchen, Söllen oder sonstigen Feuchtgebieten,
8. die Beseitigung oder nachhaltige oder erhebliche Schädigung von Parkanlagen, Alleen, Baumreihen, Baumgruppen, Feldgehölzen und Feldhecken,
9. die nachhaltige Beeinträchtigung von Ufervegetationen, Heiden, Dünen, Osern, Trocken- und Magerrasen sowie Salzgrünland,
10. die Errichtung oder wesentliche Erweiterung von Gartenanlagen im Außenbereich,
11. der Bau und die wesentliche Änderung von Straßen, Wegen, Bahnanlagen, Flugplätzen, Motor- und Flugsportflächen, Modellflugplätzen und sonstigen Verkehrsflächen im Außenbereich,
12. die Errichtung baulicher Anlagen auf bisher baulich nicht genutzten Grundstücken und die wesentliche Änderung baulicher Anlagen im Außenbereich sowie die Versiegelung von Flächen von mehr als 300 Quadratmetern, ausgenommen die Errichtung von Unterstellplätzen bis 150 Quadratmeter Grundfläche für die landwirtschaftliche Nutztierhaltung auf landwirtschaftlich genutzten Flächen,
13. die Errichtung und die wesentliche Änderung von Sende- und Leitungsmasten sowie das Verlegen oberirdischer und unterirdischer Leitungen außerhalb des Straßenkörpers im Außenbereich, ausgenommen Zuleitungen zu Viehtränken und elektrischen Weidezäunen,
14. die Errichtung von Einfriedungen und Einzäunungen, ausgenommen die Einfriedung von Hof-, Garten- und Gebäudeflächen und die übliche Einzäunung für landwirtschaftliche Weidetierhaltung und Wildtierhaltung, soweit diese ohne Fundament errichtet werden soll, für forstliche und einjährige landwirtschaftliche Kulturen sowie für Küstenschutzanlagen,
15. die Errichtung und der Betrieb von Tiergehegen einschließlich in und auf Gewässern,
16. die Änderung der Nutzungsart von Dauergrünland auf Niedermoorstandorten,
17. die Verwendung von Ödland oder naturnahen Flächen zu intensiver Landwirtschaftsnutzung,
18. die Einrichtung oder wesentliche Änderung von Skipisten,
19. die Errichtung oder Änderung von Werbeanlagen im Außenbereich, sofern sie baurechtlich genehmigungspflichtig sind,
20. die Umwandlung von Wald in andere Nutzungsarten gemäß § 15 des Landeswaldgesetzes.

(2) [1]Absatz 1 gilt nicht für
1. Maßnahmen, die unmittelbar der Verwaltung der Gebiete von gemeinschaftlicher Bedeutung oder der Europäischen Vogelschutzgebiete dienen oder Bestandteil der Maßnahmenprogramme oder Bewirtschaftungspläne gemäß den §§ 82 und 83 des Wasserhaushaltsgesetzes sind,
2. behördlich durchgeführte oder angeordnete Maßnahmen zur Pflege und Entwicklung von geschützten Gebieten und Gegenständen,
3. die Pflege und Rekultivierung vorhandener Garten- und Parkanlagen entsprechend dem Denkmalschutzrecht.

[2]Die oberste Naturschutzbehörde kann im Einvernehmen mit der für die Land-, Forst- und Fischereiwirtschaft zuständigen obersten Landesbehörde durch Rechtsverordnung regeln, dass bestimmte Maßnahmen und Vorhaben, die im Zusammenhang mit der ordnungsgemäßen land-, forst- und fischereiwirtschaftlichen Bodennutzung erforderlich sind und keiner anderen fachgesetzlichen Genehmigung bedürfen, keinen Eingriff nach § 14 Absatz 1 des Bundesnaturschutzgesetzes darstellen. [3]Die oberste Naturschutzbehörde bestimmt ferner im Einvernehmen mit der obersten Wasserbehörde durch Rechtsverordnung die öffentlichen Maßnahmen zur Ordnung des Wasserhaushalts, des Gewässerschutzes

sowie des Hochwasser- und Küstenschutzes, die keinen Eingriff nach § 14 Absatz 1 des Bundesnaturschutzgesetzes darstellen. [4]In den Rechtsverordnungen können Mindestanforderungen an den Standort sowie die Durchführung und die Anlage der Maßnahmen und Vorhaben festgelegt werden.

(3) Bei UVP-pflichtigen Vorhaben muss zudem sichergestellt sein, dass

1. Gefahren für die in § 2 Absatz 1 Nummer 1 bis 5 des Landes-UVP-Gesetzes genannten Schutzgüter nicht hervorgerufen werden können und
2. Vorsorge gegen erhebliche nachteilige Auswirkungen auf die Schutzgüter, insbesondere durch Maßnahmen entsprechend dem Stand der Technik, getroffen wird.

(4) Die Ersatzzahlung nach § 15 Absatz 6 des Bundesnaturschutzgesetzes ist an das Land zu leisten und wird an die Stiftung Umwelt- und Naturschutz Mecklenburg-Vorpommern weitergeleitet.

(5) [1]Maßnahmen gemäß § 16 Absatz 1 des Bundesnaturschutzgesetzes sind auf Antrag von der örtlich zuständigen Naturschutzbehörde als zur Kompensation geeignet anzuerkennen und in das Ökokontoverzeichnis einzutragen, wenn sie vor Durchführung der Maßnahme

1. schriftlich zugestimmt und
2. Umfang, Art und naturschutzfachlichen Wert der dauerhaft günstigen Wirkungen verbindlich festgestellt hat.

[2]§ 17 Absatz 4 des Bundesnaturschutzgesetzes findet entsprechende Anwendung. [3]Nach Satz 1 anerkannte Maßnahmen sind handelbar. [4]Für die Anerkennung nach § 16 Absatz 1 des Bundesnaturschutzgesetzes ist die Bewertung nach Satz 1 Nummer 2 bindend, soweit die Maßnahme plangemäß durchgeführt worden ist.

(6) [1]Abweichend von § 17 Absatz 1 und 3 des Bundesnaturschutzgesetzes bedürfen Eingriffe der Genehmigung. [2]Die Genehmigung wird als Bestandteil der Naturschutzgenehmigung nach den Bestimmungen der §§ 40 bis 42 erteilt.

(7) [1]Die oberste Naturschutzbehörde kann im Benehmen mit dem Innenministerium, dem für Raumordnung, Baurecht und Infrastruktur sowie dem für Land- und Forstwirtschaft zuständigen Ministerium durch Rechtsverordnung nähere Regelungen zu den §§ 13 bis 18 des Bundesnaturschutzgesetzes und den Absätzen 1 und 3 bis 5 treffen, insbesondere über

1. das Führen von Ökokonten und den Handel mit anerkannten Maßnahmen,
2. die Bewertung von Eingriffen, die Eignung und Bewertung von Ausgleichs- und Ersatzmaßnahmen, die Berechnung der Ersatzzahlung sowie Maßnahmen der Erfolgskontrolle,
3. das Führen von behördlichen Katastern, die Maßnahmen nach § 16 des Bundesnaturschutzgesetzes, andere Kompensationsmaßnahmen sowie dafür geeignete oder bereits für die Kompensation von Eingriffen in Anspruch genommene Flächen verzeichnen, und
4. die Voraussetzungen, unter denen Verpflichtungen des Eingriffsverursachers nach § 15 des Bundesnaturschutzgesetzes mit befreiender Wirkung auf andere übertragen werden können.

[2]Die Verordnung kann bestimmen, dass Maßnahmen nach § 16 des Bundesnaturschutzgesetzes vorrangig auf bestimmten Flächen vorgenommen werden sollen. [3]In der Verordnung kann auch bestimmt werden, dass Maßnahmen nach § 135a Absatz 2 Satz 2 des Baugesetzbuchs nachrichtlich im Ökokontoverzeichnis geführt werden können.

§ 13 Abbau von oberflächennahen Bodenschätzen, Abgrabungen und Aufschüttungen, Landgewinnung am Meer

(1) [1]Einer Genehmigung bedürfen

1. die Gewinnung von nicht dem Bergrecht unterliegenden oberflächennahen Bodenschätzen gemäß § 12 Absatz 1 Nummer 1,
2. Abgrabungen, Aufschüttungen, Ausfüllungen, Auf- oder Abspülungen gemäß § 12 Absatz 1 Nummer 2 oder
3. die Landgewinnung am Meer.

[2]Die Genehmigung schließt die Baugenehmigung ein. [3]Sie ist nicht erforderlich für Sandvorspülungen, die dem Küstenschutz dienen, sowie für Baugruben, die unmittelbar zur Aufnahme von Baukörpern dienen.

(2) Die Genehmigung ist zu versagen, wenn

1. dem Verfahren öffentlich-rechtliche Rechtsvorschriften oder Erfordernisse der Raumordnung und Landesplanung entgegenstehen oder

2. das Vorhaben andere öffentliche Belange beeinträchtigt, insbesondere eine sparsame und planmäßige Gewinnung von Bodenschätzen gefährdet wird.

(3) [1]Dem Antrag auf Genehmigung nach Absatz 1 sind auf Verlangen der Behörde ein fachgerecht erarbeiteter Nutzungsplan, ein landschaftspflegerischer Begleitplan und eine schriftliche Erklärung des Eigentümers, der dinglich Berechtigten und des Besitzers beizufügen, dass sie mit dem Vorhaben sowie den vorgesehenen Ausgleichs- und Ersatzmaßnahmen und der Nutzung nach Beendigung des Vorhabens einverstanden sind. [2]Im Übrigen finden die Vorschriften des § 17 des Bundesnaturschutzgesetzes und des § 41 Absatz 2 bis 4 entsprechende Anwendung.

(4) Auf Antrag kann ein vorzeitiger Beginn des Vorhabens zugelassen werden; § 17 des Wasserhaushaltsgesetzes gilt sinngemäß.

(5) UVP-pflichtige Vorhaben nach Absatz 1 bedürfen der Planfeststellung.

Kapitel 3

Schutz bestimmter Teile von Natur und Landschaft (zu den §§ 20 bis 36 BNatSchG)

§ 14 Geschützte Teile von Natur und Landschaft

(1) Die Erklärung zum Nationalpark oder zum Biosphärenreservat erfolgt durch Gesetz.

(2) [1]Die Erklärung zum Naturpark erfolgt durch Rechtsverordnung der Landesregierung. [2]Naturparke werden in gemeinsamer Trägerschaft durch das Land Mecklenburg-Vorpommern und die betroffenen Landkreise errichtet. [3]Die Landkreise und das Land wirken zusammen, um eine einheitliche und nachhaltige Entwicklung der Naturparke zu gewährleisten. [4]Das Zusammenwirken wird in einer Verwaltungsvereinbarung geregelt.

(3) Die Erklärung zum geschützten Landschaftsbestandteil erfolgt durch Satzung der Gemeinde, sofern und soweit sie nicht zur Umsetzung des europäischen ökologischen Netzes „Natura 2000“ oder für den Biotopverbund durch Rechtsverordnung der unteren Naturschutzbehörde erfolgt.

(4) Im Übrigen erfolgt die Erklärung zu geschützten Teilen von Natur und Landschaft durch Rechtsverordnung.

(5) [1]Grundstücke in geschützten Teilen von Natur und Landschaft sowie in Gebieten des Netzes „Natura 2000“ können in ein Verzeichnis eingetragen werden. [2]Die Verzeichnisse werden von den Naturschutzbehörden geführt. [3]In ihnen können Vorname, Name und Anschrift von Eigentümern, Erbbau- und Nutzungsberechtigten gespeichert werden, soweit dies zur Erfüllung von Aufgaben des Naturschutzes erforderlich ist.

(6) [1]Geschützte Teile von Natur und Landschaft sollen von der zuständigen Naturschutzbehörde in der Natur durch Tafeln mit dem Symbol der Waldohreule, wie in der Anlage 1 zu diesem Gesetz abgebildet, kenntlich gemacht werden. [2]Eigentümer und Nutzungsberechtigte von Grundstücken haben die Aufstellung der Tafeln zu dulden. [3]Bei der Aufstellung ist auf die Grundstücksnutzung Rücksicht zu nehmen.

(7) [1]Die Bezeichnungen der geschützten Teile von Natur und Landschaft sowie die nach Absatz 6 vorgeschriebene Kennzeichnung dürfen nur für die festgesetzten Gebiete und Gegenstände verwendet werden, die Bezeichnung „Biosphärenreservat“ und die Kennzeichnung auch für solche Gebiete, die von der UNESCO als Biosphärenreservat anerkannt worden sind. [2]Bezeichnungen und Kennzeichnungen, die ihnen zum Verwechseln ähnlich sind, dürfen für Bestandteile von Natur und Landschaft nicht benutzt werden.

(8) [1]Festsetzungen von geschützten Teilen von Natur und Landschaft sowie Maßnahmen nach § 17 Absatz 1 werden in das durch die Katasterbehörden fortzuführende Liegenschaftskataster aufgenommen. [2]Dies erfolgt durch einen entsprechenden Hinweis zu allen betroffenen Flurstücken in dem automatisiert geführten Liegenschaftsbuch.

(9) [1]Die oberste Naturschutzbehörde kann im Einzelfall Handlungen außerhalb eines Naturschutzgebietes untersagen, die keiner öffentlich-rechtlichen Zulassung bedürfen, soweit diese Handlungen geeignet sind, den Bestand des Gebietes, seines Naturhaushalts oder seine Bestandteile zu gefährden. [2]Ferner bleiben in Naturschutzgebieten Regelungen zur Bekämpfung des Bisams unberührt.

(10) [1]Bei Naturdenkmälern und gesetzlich geschützten Bäumen sind Eigentümer und Nutzungsberechtigte verpflichtet, Schäden und Gefahren, die von diesen ausgehen, unverzüglich der unteren Naturschutzbehörde anzuzeigen. [2]Die Unterschutzstellung entbindet den Eigentümer oder Nutzungsbe-

rechtigten nicht von der Verkehrssicherungspflicht und den üblichen Pflege- und Unterhaltungsmaßnahmen.

(11) Sofern eine Beeinträchtigung geschützter Teile von Natur und Landschaft behördlich zugelassen wird, gilt § 15 Absatz 2 und 6 des Bundesnaturschutzgesetzes entsprechend.

(12) Für Entscheidungen über behördliche Gestattungen werden Kosten nicht erhoben, soweit sie nach Regelungen dieses Kapitels oder aufgrund dieses Kapitels erlassener oder fortgeltender Rechtsvorschriften entweder für Schutz- und Pflegemaßnahmen oder für eine ordnungsgemäße land-, forst- und fischereiwirtschaftliche Bodennutzung erforderlich werden.

(13) Amtshandlungen, die dem Erlass einer Rechtsverordnung oder Satzung nach diesem Kapitel dienen, sind frei von auf Landesrecht beruhenden Gebühren und Auslagen.

§ 15 Erlass von Rechtsverordnungen und Satzungen

(1) [1]Vor dem Erlass einer Rechtsverordnung zur Festsetzung von geschützten Teilen von Natur und Landschaft sind die Gemeinden, die im voraussichtlichen Geltungsbereich der Rechtsverordnung liegen, sowie die Behörden und Träger öffentlicher Belange, deren Aufgabenbereiche durch das Vorhaben berührt werden, zu hören. [2]Den Beteiligten soll für die Abgabe ihrer Stellungnahme eine angemessene, mindestens jedoch vierwöchige Frist gesetzt werden; äußern sie sich nicht fristgemäß, kann die zuständige Naturschutzbehörde davon ausgehen, dass die von ihnen wahrzunehmenden öffentlichen Belange durch die Rechtsverordnung nicht berührt werden.

(2) [1]Der Entwurf der Rechtsverordnung ist mit den dazugehörenden Karten für die Dauer eines Monats in den kreisfreien Städten, amtsfreien Gemeinden und Ämtern, die im voraussichtlichen Geltungsbereich der Rechtsverordnung liegen, öffentlich auszulegen. [2]Ort und Dauer der Auslegung haben die genannten Körperschaften mindestens eine Woche vorher mit dem Hinweis darauf ortsüblich bekannt zu machen, dass bis zu zwei Wochen nach Ablauf der Auslegungszeit bei ihnen oder bei der Naturschutzbehörde, die die Rechtsverordnung erlässt, Bedenken und Anregungen vorgebracht werden können.

(3) Die Beteiligung nach Absatz 1 kann gleichzeitig mit dem Verfahren nach Absatz 2 durchgeführt werden.

(4) Die zuständige Naturschutzbehörde prüft die fristgerecht vorgebrachten Bedenken und Anregungen und führt einen Erörterungstermin durch oder teilt das Ergebnis den Betroffenen mit.

(5) Wird der Entwurf der Rechtsverordnung räumlich oder sachlich erheblich erweitert, so ist das Verfahren nach den Absätzen 1 bis 4 zu wiederholen.

(6) [1]Die Absätze 1 bis 5 sind nicht anzuwenden, wenn eine Rechtsverordnung nach § 22 Absatz 3 des Bundesnaturschutzgesetzes erlassen werden soll. [2]Sie sind ferner nicht anzuwenden, wenn

1. eine Rechtsverordnung nur unwesentlich geändert oder nur dem geltenden Recht angepasst werden soll,
2. eine Rechtsverordnung erlassen werden soll, die sich ausschließlich auf Flächen erstreckt, die zu Zwecken des Naturschutzes und der Landschaftspflege erworben oder bereitgestellt worden sind,
3. eine Rechtsverordnung über ein Naturdenkmal oder einzelne geschützte Landschaftsbestandteile erlassen oder eine Rechtsverordnung nur auf Grundstücke weniger Eigentümer erstreckt werden soll und die Eigentümer bekannt sind; vor Erlass der Rechtsverordnung sind die betroffenen Eigentümer, Nutzungsberechtigten und Gemeinden zu hören.

(7) [1]Die Abgrenzung eines Schutzgebietes ist in der Rechtsverordnung

1. im Einzelnen zu beschreiben oder
2. zeichnerisch in Karten darzustellen, die
   a) als Bestandteil der Rechtsverordnung im Verkündungsblatt abgedruckt werden,
   b) bei Behörden eingesehen werden können; die Behörden, die in der Rechtsverordnung zu benennen sind, haben Ausfertigungen der Karten aufzubewahren, oder
   c) bei den in der Rechtsverordnung zu benennenden Behörden in unveränderlicher digitaler Form archivmäßig geordnet zur öffentlichen Einsichtnahme während der Dienststunden bereit gehalten werden.

[2]Die Karten und die Beschreibung müssen in hinreichender Klarheit erkennen lassen, welche Grundstücke zum Schutzgebiet gehören; bei Zweifeln gelten die Flächen als nicht betroffen.

(8) Rechtsverordnungen der unteren Naturschutzbehörde sind örtlich in der für Satzungen bestimmten Weise zu verkünden.

(9) Auf den Erlass gemeindlicher Satzungen zur Festsetzung von geschützten Landschaftsbestandteilen finden die Absätze 1 bis 7 entsprechende Anwendung.

§ 16 Unbeachtlichkeit von Mängeln, Behebung von Fehlern

(1) [1]Die ein Naturdenkmal festsetzende Rechtsverordnung ist nicht allein deshalb nichtig, weil ein geschützter Landschaftsbestandteil hätte festgesetzt werden müssen, soweit seine Festsetzung unter Berücksichtigung des Schutzzwecks zu dem gleichen Schutz hätte führen müssen. [2]Das Gleiche gilt, wenn eine Einzelschöpfung der Natur nicht als Naturdenkmal, sondern als geschützter Landschaftsbestandteil festgesetzt wurde.

(2) [1]Eine Verletzung der in § 15 genannten Verfahrensvorschriften ist unbeachtlich, wenn sie nicht schriftlich innerhalb eines Jahres ab Inkrafttreten der Rechtsvorschrift gegenüber der Naturschutzbehörde oder der Gemeinde geltend gemacht worden ist, die die Rechtsvorschrift erlassen hat. [2]Das Gleiche gilt für Mängel bei der Prüfung der Erforderlichkeit der Festsetzung oder einzelnen Anordnungen, wenn die Voraussetzungen für die Festsetzung im Übrigen beim Inkrafttreten der Rechtsverordnung vorgelegen haben. [3]Der Sachverhalt, der die Verletzung begründen soll, ist darzulegen.

(3) Im Erörterungstermin oder durch besondere Nachricht ist auf die Frist nach Absatz 2 und auf die Rechtsfolgen aufmerksam zu machen.

(4) Eine Rechtsvorschrift kann mit rückwirkender Kraft erlassen werden, wenn sie eine Regelung ersetzt, die auf einem Verfahrens- oder Formfehler beruht.

§ 17 Einstweilige Sicherstellung, Veränderungssperre

(1) Für Zuständigkeit und Form der einstweiligen Sicherstellung nach § 22 Absatz 3 des Bundesnaturschutzgesetzes finden die für die beabsichtigte Festsetzung geltenden Vorschriften entsprechende Anwendung.

(2) [1]In geplanten Naturschutzgebieten sind von der Bekanntmachung der Auslegung (§ 15 Absatz 2 Satz 2) an bis zum Inkrafttreten der Rechtsverordnung, längstens für zwei Jahre, alle Veränderungen verboten, soweit nicht durch einstweilige Sicherstellung abweichende Regelungen getroffen werden (Veränderungssperre). [2]Die im Zeitpunkt der Bekanntmachung ausgeübte rechtmäßige Bodennutzung und Gewässernutzung bleiben unberührt. [3]In der Bekanntmachung ist auf diese Wirkung hinzuweisen.

§ 18 Gesetzlich geschützte Bäume

(1) [1]Bäume mit einem Stammumfang von mindestens 100 Zentimetern, gemessen in einer Höhe von 1,30 Metern über dem Erdboden, sind gesetzlich geschützt. [2]Dies gilt nicht für

1. Bäume in Hausgärten, mit Ausnahme von Eichen, Ulmen, Platanen, Linden und Buchen,
2. Obstbäume, mit Ausnahme von Walnuss und Esskastanie,
3. Pappeln im Innenbereich,
4. Bäume in Kleingartenanlagen im Sinne des Kleingartenrechts,
5. Wald im Sinne des Forstrechts,
6. Bäume in denkmalgeschützten Parkanlagen, sofern zwischen der unteren Naturschutzbehörde und der zuständigen Denkmalschutzbehörde einvernehmlich ein Konzept zur Pflege, Erhaltung und Entwicklung des Parkbaumbestands erstellt wurde.

(2) [1]Die Beseitigung geschützter Bäume sowie alle Handlungen, die zu ihrer Zerstörung, Beschädigung oder erheblichen Beeinträchtigung führen können, sind verboten. [2]Zulässig bleiben fachgerechte Pflege- und Erhaltungsmaßnahmen sowie Maßnahmen zur Abwehr einer gegenwärtigen Gefahr für Leib oder Leben oder Sachen von bedeutendem Wert.

(3) [1]Die Naturschutzbehörde hat von den Verboten des Absatzes 2 Ausnahmen zuzulassen, wenn

1. ein nach sonstigen öffentlich-rechtlichen Vorschriften zulässiges Vorhaben sonst nicht oder nur unter unzumutbaren Beschränkungen verwirklicht werden kann,
2. von dem Baum Gefahren oder unzumutbare Nachteile ausgehen, die nicht auf andere Weise mit zumutbarem Aufwand beseitigt werden können oder
3. Bäume im Interesse der Erhaltung und Entwicklung anderer gesetzlich geschützter Bäume entfernt werden müssen.

[2]§ 15 Absatz 2 und 6 des Bundesnaturschutzgesetzes gilt entsprechend.

§ 19 Schutz der Alleen (zu § 29 Absatz 3 BNatSchG)

(1) [1]Alleen und einseitige Baumreihen an öffentlichen oder privaten Verkehrsflächen und Feldwegen sind gesetzlich geschützt. [2]Die Beseitigung von Alleen oder einseitigen Baumreihen sowie alle Handlungen, die zu deren Zerstörung, Beschädigung oder nachteiligen Veränderung führen können, sind verboten. [3]Dies gilt nicht für die Pflege und Rekultivierung vorhandener Garten- und Parkanlagen entsprechend dem Denkmalschutzrecht.

(2) [1]Die Naturschutzbehörde kann Befreiungen unter den Voraussetzungen des § 67 Absatz 1 und 3 des Bundesnaturschutzgesetzes erteilen. [2]Bei Befreiungen aus Gründen der Verkehrssicherheit liegen Gründe des überwiegenden öffentlichen Interesses in der Regel erst dann vor, wenn die Maßnahme aus Gründen der Verkehrssicherheit zwingend erforderlich ist und die Verkehrssicherheit nicht auf andere Weise verbessert werden kann. [3]Der Träger der Straßenbaulast hat die notwendige Unterhaltung in Abstimmung mit der Naturschutzbehörde vorzunehmen.

(3) [1]Um den Alleenbestand nachhaltig zu sichern, hat die zuständige Behörde, insbesondere im Rahmen von Ausgleichs- und Ersatzmaßnahmen, rechtzeitig und in ausreichendem Umfang Neuanpflanzungen vorzunehmen oder für deren Durchführung zu sorgen. [2]Dabei sind bevorzugt standortgerechte und einheimische Baumarten einschließlich einheimischer Wildobstbaumarten zu verwenden. [3]Die Neuanpflanzungen sind dem Landschaftsbild anzupassen und sollen gleichzeitig einen Bezug zur örtlichen Landeskultur haben.

§ 20 Gesetzlich geschützte Biotope und Geotope (abweichende Vorschrift zu § 30 Absatz 2 Satz 1 Nummer 1 bis 4, Satz 2 und Absatz 3 BNatSchG)

(1) [1]Maßnahmen, die zu einer Zerstörung, Beschädigung, Veränderung des charakteristischen Zustandes oder sonstigen erheblichen oder nachhaltigen Beeinträchtigung folgender Biotope in der in der Anlage 2 zu diesem Gesetz beschriebenen Ausprägung führen können, sind unzulässig:

1. naturnahe Moore und Sümpfe, Sölle, Röhrichtbestände und Riede, seggen- und binsenreiche Nasswiesen,
2. naturnahe und unverbaute Bach- und Flussabschnitte, Quellbereiche, Altwässer, Torfstiche und stehende Kleingewässer jeweils einschließlich der Ufervegetation, Verlandungsbereiche stehender Gewässer,
3. Zwergstrauch- und Wacholderheiden, Trocken- und Magerrasen sowie aufgelassene Kreidebrüche,
4. naturnahe Bruch-, Sumpf- und Auwälder, Gebüsche und Wälder trockenwarmer Standorte, Feldgehölze und Feldhecken.

[2]Soweit es sich bei den Biotopen um Gebiete gemeinschaftlicher Bedeutung oder um nach § 21 Absatz 1 ausgewählte oder festgesetzte Europäische Vogelschutzgebiete handelt, gilt ferner § 21 Absatz 2 Satz 2.

(2) Absatz 1 gilt auch für die folgenden Geotope in der in der Anlage 3 zu diesem Gesetz beschriebenen Ausprägung:

1. Findlinge, Blockpackungen, Gesteinsschollen und Oser,
2. Trockentäler und Kalktuff-Vorkommen,
3. offene Binnendünen und Kliffranddünen,
4. Kliffs und Haken.

(3) [1]Die untere Naturschutzbehörde kann auf Antrag im Einzelfall Ausnahmen zulassen, wenn die Beeinträchtigungen der Biotope oder Geotope ausgeglichen werden können oder die Maßnahme aus überwiegenden Gründen des Gemeinwohls notwendig ist. [2]Über den Satz 1 hinaus ist eineAusnahme zuzulassen, wenn es sich um Biotope oder Geotope handelt, die nach dem Inkrafttreten eines Bebauungsplans entstanden sind, und eine nach dem Bebauungsplan zulässige Nutzung verwirklicht werden soll. [3]Soweit es sich bei den Biotopen oder Geotopen um Gebiete gemeinschaftlicher Bedeutung oder um nach § 21 Absatz 1 ausgewählte oder festgesetzte Europäische Vogelschutzgebiete handelt, sind Ausnahmen nur zulässig, wenn auch die Anforderungen von § 34 Absatz 1 bis 5 des Bundesnaturschutzgesetzes erfüllt sind. [4]Bei Ausnahmen, die aus überwiegenden Gründen des Gemeinwohls notwendig sind, finden die Bestimmungen des § 15 Absatz 2 und 6 des Bundesnaturschutzgesetzes über Ausgleichs- und Ersatzmaßnahmen Anwendung.

(4) [1]Die Biotope nach Absatz 1 und die Geotope nach Absatz 2 sind in ein Verzeichnis einzutragen, das von der oberen Naturschutzbehörde geführt wird. [2]Das Verzeichnis liegt bei der oberen sowie der

örtlich zuständigen unteren Naturschutzbehörde zur Einsicht für jedermann aus. [3]Die Verbote der Absätze 1 und 2 gelten unabhängig von der Aufnahme in das Verzeichnis.

(5) [1]Die Eintragung in die Verzeichnisse wird den Eigentümern oder Nutzungsberechtigten der Grundstücke, auf denen sich die Biotope oder Geotope befinden, schriftlich und unter Hinweis auf die Verbote des Absatzes 1 bekannt gegeben. [2]An die Stelle der Bekanntgabe nach Satz 1 kann die ortsübliche Bekanntmachung in der betreffenden Gemeinde treten. [3]Die Biotope und Geotope können in der Örtlichkeit entsprechend § 14 Absatz 6 kenntlich gemacht werden.

§ 21 Netz „Natura 2000" (zu den §§ 32 bis 34 BNatSchG)

(1) [1]Die Auswahl der Gebiete nach § 32 Absatz 1 Satz 1 des Bundesnaturschutzgesetzes erfolgt durch die Landesregierung. [2]Die oberste Naturschutzbehörde stellt das Benehmen mit dem Bundesministerium für Umwelt, Naturschutz und Reaktorsicherheit nach § 32 Absatz 1 Satz 2 des Bundesnaturschutzgesetzes her.

(2) [1]Die Landesregierung kann die Gebiete nach Artikel 4 Absatz 2 Unterabsatz 3 der Richtlinie 92/43/EWG und nach Artikel 4 Absatz 1 und 2 der Richtlinie 2009/147/EG durch Rechtsverordnung zu besonderen Schutzgebieten erklären. [2]In den Gebieten nach Satz 1 sind alle Vorhaben, Maßnahmen, Veränderungen oder Störungen, die zu erheblichen Beeinträchtigungen eines Gebietes des europäischen ökologischen Netzes „Natura 2000" in seinen für die Erhaltungsziele maßgeblichen Bestandteilen führen können, unzulässig und können durch die zuständige Naturschutzbehörde untersagt werden, sofern sie nicht nach § 34 Absatz 1 bis 5 des Bundesnaturschutzgesetzes zugelassen sind.

(3) [1]Die Rechtsverordnung nach Absatz 2 bestimmt die Namen der Gebiete, die Gebietsgrenzen in den Maßstäben 1: 250 000 (Übersichtskarte) und 1: 25 000 (Detailkarten), die zu schützenden Arten und Biotope von gemeinschaftlicher Bedeutung sowie den Schutzzweck und die Erhaltungsziele. [2]Sie kann darüber hinaus Ge- und Verbote sowie Pflege- und Entwicklungsmaßnahmen enthalten, sofern diese zur Erfüllung der Pflichten aus den in Absatz 2 genannten Richtlinien erforderlich sind. [3]Die Übersichtskarte ist im Gesetz- und Verordnungsblatt zu verkünden. [4]Die Detailkarten sind bei der obersten Naturschutzbehörde archivmäßig zu verwahren. [5]Ausfertigungen der Detailkarten werden bei den in § 1 Absatz 3 Nummer 3 bis 5 genannten Naturschutzbehörden in unveränderlicher digitaler Form archivmäßig geordnet zur öffentlichen Einsichtnahme während der Dienststunden und darüber hinaus auf der Webseite der oberen Naturschutzbehörde bereit gehalten. [6]Für das Verfahren zum Erlass und zur Änderung der Rechtsverordnung gilt § 15 Absatz 1 bis 5 mit der Maßgabe, dass die Auslegung nur in den in § 1 Absatz 3 Nummer 3 bis 5 genannten Naturschutzbehörden stattfindet und die Mitteilung des Ergebnisses durch Verkündung der Rechtsverordnung im Gesetz- und Verordnungsblatt erfolgt.

(4) Bei bereits zu geschützten Teilen von Natur und Landschaft erklärten Gebieten und Objekten gilt als jeweiliger Schutzzweck auch der in der Rechtsverordnung nach den Absätzen 2 und 3 genannte Schutzzweck, soweit es sich um Gebiete gemeinschaftlicher Bedeutung oder Europäische Vogelschutzgebiete handelt.

(5) Abweichend von § 34 Absatz 1 Satz 2 des Bundesnaturschutzgesetzes ergeben sich die Maßstäbe für die Verträglichkeit auch aus der Rechtsverordnung nach Absatz 2 und 3.

(6) Das Einholen der Stellungnahme der Kommission nach § 34 Absatz 4 Satz 2 des Bundesnaturschutzgesetzes und die Unterrichtung der Kommission nach § 34 Absatz 5 Satz 2 des Bundesnaturschutzgesetzes erfolgen durch die für die Genehmigung des Projektes zuständige Genehmigungsbehörde über die fachlich zuständige oberste Landesbehörde.

§ 22 Fortgeltung von Unterschutzstellungen

(1) [1]Verordnungen, Anordnungen, Beschlüsse, Behandlungsrichtlinien und Landschaftspflegepläne, die aufgrund des Reichsnaturschutzgesetzes vom 26. Juni 1935 (RGBl. I S. 821), des Naturschutzgesetzes vom 4. August 1954 (GBl. I Nr. 71 S. 695), des Landeskulturgesetzes vom 14. Mai 1970 (GBl. I Nr. 12 S. 67) und der Naturschutzverordnung vom 18. Mai 1989 (GBl. I Nr. 12 S. 159) sowie des Umweltrahmengesetzes vom 29. Juni 1990 (GBl. I Nr. 42 S. 649) zum Schutz oder zur einstweiligen Sicherstellung von Nationalparken, Naturschutzgebieten, Landschaftsschutzgebieten, Biosphärenreservaten, Naturparken, Naturdenkmalen, Flächennaturdenkmalen, geschützten Feuchtgebieten, Schongebieten und geschützten Parks erlassen oder gefasst worden sind, bleiben in Kraft, sofern sie nicht ausdrücklich aufgehoben werden oder ihre Geltungsdauer abläuft. [2]Für ihre Aufhebung und Änderung gelten die Zuständigkeits- und Verfahrensvorschriften dieses Gesetzes entsprechend. [3]Die auf-

grund von Artikel 3 Nummer 30 Buchstabe a, b, c, f und l der Vereinbarung vom 18. September 1990 zum Einigungsvertrag vom 31. August 1990 in Verbindung mit Artikel 1 des Gesetzes vom 23. September 1990 (BGBl. II S. 885, 889, 1239) übergeleiteten Verordnungen können durch Verordnung der obersten Naturschutzbehörde geändert werden.

(2) [1]Die aufgrund des § 3 des Ersten Gesetzes zum Naturschutz im Land Mecklenburg-Vorpommern und aufgrund des Landesnaturschutzgesetzes in der bis zum Inkrafttreten dieses Gesetzes geltenden Fassung erlassenen oder fortgeltenden Unterschutzstellungen und einstweiligen Sicherstellungen bleiben in Kraft, sofern sie nicht ausdrücklich aufgehoben oder geändert werden oder ihre Geltungsdauer abläuft. [2]§ 26 Absatz 1 Satz 4 des Landesnaturschutzgesetzes in der Fassung der Bekanntmachung vom 22. Oktober 2002 (GVOBl. M-V 2003 S. 1) gilt entsprechend.

(3) Soweit in den nach den Absätzen 1 und 2 fortgeltenden Regelungen über den Schutz bestimmter Teile von Natur und Landschaft auf außer Kraft getretene oder tretende Rechtsvorschriften verwiesen wird, treten die entsprechenden Vorschriften des Bundesnaturschutzgesetzes und dieses Gesetzes oder die entsprechenden aufgrund dieser Gesetze erlassenen Vorschriften an deren Stelle.

Kapitel 4
Schutz der wild lebenden Tier- und Pflanzenarten, ihrer Lebensstätten und Biotope (zu den §§ 37 bis 55 BNatSchG)

§ 23 Artenschutz

(1) Die Ermächtigungen zum Erlass einer Rechtsverordnung nach § 39 Absatz 5 Satz 3, § 45 Absatz 7 Satz 4 und § 54 Absatz 10 des Bundesnaturschutzgesetzes werden auf die oberste Naturschutzbehörde übertragen.

(2) [1]Gemäß § 42 Absatz 5 des Bundesnaturschutzgesetzes wird bestimmt, dass die Genehmigung nach § 42 Absatz 2 Satz 1 des Bundesnaturschutzgesetzes die Erlaubnis nach § 11 Absatz 1 Satz 1 Nummer 2a und 3 Buchstabe d des Tierschutzgesetzes einschließt. [2]Die Genehmigung nach § 42 Absatz 2 Satz 1 des Bundesnaturschutzgesetzes ergeht ferner gemeinsam mit folgenden anlagenbezogenen Entscheidungen:

1. der Baugenehmigung,
2. sonstigen naturschutzrechtlichen Entscheidungen, soweit sie nicht durch Behörden des Bundes zu treffen sind,
3. sonstigen tierschutzrechtlichen und tierseuchenrechtlichen Entscheidungen sowie
4. der Entscheidung über die Erfüllung der Voraussetzungen nach § 4 Nummer 20 Buchstabe a des Umsatzsteuergesetzes.

[3]Zuständig für alle Entscheidungen sind die in § 6 genannten Behörden. [4]Soweit die Genehmigung nach § 42 Absatz 2 Satz 1 des Bundesnaturschutzgesetzes die Haltung von Tieren wild lebender Arten gestattet, die Menschen lebensgefährlich werden können, insbesondere von Tieren aller großen Katzen- und Bärenarten, Wölfen, Elefanten, Nashörnern, Krokodilen, Riesen- und Giftschlangen und giftigen Gliederfüßern, ergeht sie im Einvernehmen mit der zuständigen Kreisordnungsbehörde.

(3) [1]Die Anforderungen des § 43 Absatz 3 des Bundesnaturschutzgesetzes gelten gemäß § 43 Absatz 4 des Bundesnaturschutzgesetzes nicht in den dort genannten Fällen. [2]Hierzu gehören insbesondere die folgenden Anlagen:

1. Anlagen der Teichwirtschaft und Fischzucht,
2. Wildgatter,
3. Anlagen, in denen Tiere wild lebender Arten zur Wiedereinbürgerung im Rahmen eines von der zuständigen Naturschutzbehörde durchgeführten oder genehmigten Artenhilfsprogramms gehalten werden,
4. Anlagen, die für Zwecke eines wissenschaftlichen Instituts auf dem Grundstück des Instituts errichtet werden,
5. Anlagen, die zum Zwecke des Handels eines zoologischen Fachgeschäfts auf dem Grundstück des Fachgeschäfts errichtet werden,

6. Anlagen auf zum engeren Wohnbereich gehörenden Flächen, in denen ausschließlich für private Zwecke und in geringer Anzahl wild lebende Tiere der Arten gehalten werden, die verhaltensgerecht auch innerhalb von Wohnungen gehalten werden können,
7. Anlagen der landwirtschaftlichen Haltung von Dam- oder Rotwild auf landwirtschaftlich genutzten Flächen.

(4) [1]Gemäß § 54 Absatz 7 Satz 2 des Bundesnaturschutzgesetzes ist es zum Schutz der Horst- und Neststandorte der Adler, Baum- und Wanderfalken, Weihen, Schwarzstörche und Kraniche verboten,
1. im Umkreis von 100 Metern um den Standort (Horstschutzzone I) Bestockungen zu entfernen oder den Charakter des Gebietes sonst zu verändern,
2. in der Horstschutzzone I und im Umkreis ab 100 bis 300 Meter um den Standort (Horstschutzzone II) in der Zeit vom 1. März bis zum 31. August land-, forst- und fischereiwirtschaftliche Maßnahmen durchzuführen,
3. in den Horstschutzzonen I und II in der Zeit vom 1. März bis zum 31. August die Jagd auszuüben,
4. in den Horstschutzzonen I und II stationäre jagdliche Einrichtungen zu errichten; in der für die Jagdausübung freien Zeit ist die Benutzung mobiler jagdlicher Einrichtungen zulässig.

[2]Satz 1 Nummer 1 und 2 gilt nicht für Fischadler, deren Horste sich auf Masten in der bewirtschafteten freien Landschaft befinden. [3]Für Rohrweihen, die in der bewirtschafteten freien Landschaft nisten, gilt der Brutplatz als Horstschutzzone I und der Umkreis von 200 Metern um den Brutplatz als Horstschutzzone II; für sie gilt das Verbot nach Satz 1 Nummer 2 nicht. [4]Für Kraniche gelten die Verbote nach Satz 1 Nummer 2 und 3 in der Zeit vom 1. März bis 31. Mai. [5]Für Kraniche, die in der bewirtschafteten freien Landschaft nisten, gilt der Brutplatz als Horstschutzzone I und der Umkreis von 200 Metern um den Brutplatz als Horstschutzzone II; für sie gilt das Verbot nach Satz 1 Nummer 2 nicht. [6]Für Seeadler gelten die Verbote nach Satz 1 Nummer 2 und 3 in der Zeit vom 1. Januar bis zum 31. Juli.

(5) [1]Die oberste Naturschutzbehörde wird ermächtigt, durch Rechtsverordnung Einzelheiten des Schutzes nach Absatz 4 zu regeln. [2]Dabei kann sie, soweit erforderlich, weitere Schutzbestimmungen für die Horstschutzzonen treffen und die Regelungen in Absatz 4 sowie in der Rechtsverordnung auf den Schutz der Horststandorte anderer in ihrem Bestand gefährdeter Vogelarten ausdehnen.

(6) Von den Verboten nach den Absätzen 4 und 5 können auf Antrag Ausnahmen zugelassen werden, wenn
1. die hierdurch entstehenden Beeinträchtigungen geringfügig sind oder
2. die Standortverhältnisse dies erlauben.

Kapitel 5
Meeresnaturschutz (zu den §§ 56 bis 58 BNatSchG)

§ 24 Meeresnaturschutz

(1) [1]Natur und Landschaft der Ostsee stehen unter dem besonderen Schutz des Landes. [2]Hierzu gehören insbesondere die marinen Lebensräume, Tiere und Pflanzen im gesamten Bereich der Küstengewässer einschließlich der Sund- und Boddengewässer sowie der Haffe und Wieke. [3]Aufgrund ihrer Vielfalt, Eigenart und Schönheit kommt der Natur und Landschaft der Ostsee eine herausragende Bedeutung für den Erhalt der Funktionsfähigkeit des Naturhaushaltes und für den Schutz des Landschaftsbildes in Mecklenburg-Vorpommern zu.

(2) [1]Jeder ist verpflichtet, der besonderen Empfindlichkeit mariner Ökosysteme Rechnung zu tragen. [2]Nutzungsansprüche sind am Grundsatz der Nachhaltigkeit auszurichten.

(3) [1]Die Naturschutzbehörden sind verpflichtet, einen wirksamen Schutz von Natur und Landschaft der Ostsee einschließlich der Sund- und Boddengewässer sowie der Haffe und Wieke sicherzustellen. [2]Hierzu sind insbesondere die Maßnahmen der ökologischen Umweltbeobachtung, der Landschaftsplanung und der Kapitel 3 und 4 des Bundesnaturschutzgesetzes zu ergreifen. [3]Im Rahmen der ökologischen Umweltbeobachtung sind die Veränderungen und Einwirkungen auf Natur und Landschaft der Ostsee zu ermitteln, auszuwerten und zu bewerten. [4]Bei der Erfüllung der Aufgaben der Landschaftsplanung ist der besonderen Empfindlichkeit mariner Ökosysteme Rechnung zu tragen. [5]Ersatzmaßnahmen bei Eingriffen in Natur und Landschaft der Ostsee sollen vorrangig dort ergriffen werden.

[6]Ersatzzahlungen gemäß § 15 Absatz 6 des Bundesnaturschutzgesetzes sollen vorrangig für Maßnahmen im marinen Bereich verwendet werden.

(4) Das Land kommt seiner Verantwortung für den marinen Naturschutz auch durch die Umsetzung internationaler Verpflichtungen, insbesondere der Meldung von marinen Schutzgebieten entsprechend den Empfehlungen der Helsinki-Kommission, nach.

Kapitel 6

Erholung in Natur und Landschaft (zu den §§ 59 bis 62 BNatSchG)

§ 25 Betreten der freien Landschaft

(1) [1]Soweit durch Rechtsvorschrift nichts Anderes geregelt ist, darf jede Person in der freien Landschaft auf eigene Gefahr Privatwege (private Straßen und Wege aller Art) sowie Wegeränder und Feldraine zum Zwecke der naturverträglichen Erholung betreten und mit einem Fahrrad befahren. [2]Das Fahren mit Rollstühlen steht dem Betreten gleich. [3]Reiter dürfen Privatwege nur benutzen, wenn sie trittfest oder als Reitweg ausgewiesen sind.

(2) [1]Absatz 1 gilt nicht innerhalb eingefriedeter Grundstücke, auf denen Tiere weiden, Gartenbau, Teichwirtschaft oder Fischzucht betrieben wird, sowie für Hof- und Gebäudeflächen. [2]Die landwirtschaftliche Bewirtschaftung darf durch das Betreten gemäß Absatz 1 nicht beeinträchtigt werden. [3]Gegenstände dürfen nicht in Natur und Landschaft zurückgelassen werden. [4]Die Erholung Anderer in Natur und Landschaft darf nicht gestört werden.

(3) [1]Der Eigentümer oder Nutzungsberechtigte darf Flächen und Wege nach Absatz 1 nur mit Genehmigung sperren. [2]Die Genehmigung darf nur erteilt werden, wenn dies

1. zur Wahrung schutzwürdiger Interessen des Eigentümers oder Nutzungsberechtigten, insbesondere aus wichtigen Gründen des Feldschutzes, der Bewirtschaftung oder zur Vermeidung erheblicher Schäden, oder
2. zur Wahrung überwiegender Interessen der Allgemeinheit, insbesondere aus wichtigen Gründen des Naturschutzes und der Landschaftspflege, oder zum Schutze der Erholungssuchenden

erforderlich ist. [3]Die Genehmigung ist zu befristen.

(4) Aus Gründen des Absatzes 3 Satz 2 Nummer 2 kann die Behörde die Sperrung der bezeichneten Flächen und Wege auch von Amts wegen anordnen.

(5) Für gesperrte Privatwege gilt § 26 Absatz 2 entsprechend.

§ 26 Einrichtung von Wander- und Reitwegen

(1) [1]Gemeinden und Landkreise richten geeignete und zusammenhängende Wander- und Reitwege im Verbund mit sonstigen Straßen, Wegen und Flächen, die betreten werden dürfen oder auf denen das Reiten zulässig ist, ein oder wirken auf ihre Einrichtung hin. [2]Hierbei sind die Leistungsfähigkeit der Gemeinden und Landkreise, der Bedarf der Allgemeinheit an Erholung in Natur und Landschaft und das Schutzbedürfnis empfindlicher Landschaftsteile und Arten zu berücksichtigen.

(2) [1]Die Wege sind zu kennzeichnen. [2]Der Eigentümer oder sonstige Berechtigte haben die Markierungen zu dulden. [3]Wander- und Radwege, Sport- und Lehrpfade sollen nicht als Reitweg gekennzeichnet werden.

§ 27 Benutzung und Schutz des Strandes

(1) [1]Soweit durch Rechtsvorschrift nichts Anderes geregelt ist, darf jede Person den Ostseestrand sowie den Strand an Boddengewässern auf eigene Gefahr betreten und sich dort aufhalten sowie Muschelschalen und Steine für den eigenen Bedarf in geringen Mengen sammeln. [2]Das Anlanden und Auflegen von Booten der Küstenfischerei, von motorlosen Sportbooten und von Sportbooten, die mit einer Antriebsmaschine ausgerüstet sind, deren größte Nutzleistung weniger als 3,69 kW beträgt, ist gestattet. [3]Dabei ist auf den Gemeingebrauch, insbesondere die Badenutzung, und die Belange des Naturschutzes Rücksicht zu nehmen. [4]§ 25 Absatz 3 Satz 2 Nummer 2 gilt entsprechend.

(2) Es ist verboten, in Küstendünen oder auf Strandwällen Feuer zu entzünden oder außerhalb der gekennzeichneten Wege zu fahren, zu zelten sowie Wohnwagen, Wohnmobile oder andere Fahrzeuge aufzustellen.

(3) Die Gemeinden haben das Recht, einen zum Gemeindegebiet oder, mit Zustimmung der betroffenen Nachbargemeinde, zu deren Gebiet gehörenden Teil des Strandes für den Badebetrieb oder zu anderen

Zwecken zu nutzen, soweit nicht überwiegende Gründe des Naturschutzes und der Landschaftspflege, andere Belange des Gemeinwohls oder Rechtsvorschriften entgegenstehen.

(4) [1]Die Gemeinden regeln das Nähere durch Satzung. [2]Dabei sind sie befugt, den nach Absatz 1 eingeräumten Gemeingebrauch einzuschränken und auch Dritten die Sondernutzung zu gestatten. [3]Das Wandern entlang des Strandes darf nicht gehindert oder abgabepflichtig gemacht werden; im Übrigen ist ein angemessenes Verhältnis zwischen abgabepflichtigem und abgabefreiem Strand zu gewährleisten.

§ 28 Zelten und Aufstellen von beweglichen Unterkünften

(1) Zelte oder sonstige bewegliche Unterkünfte (Wohnwagen, Wohnmobile) dürfen nur auf hierfür zugelassenen Plätzen aufgestellt und benutzt werden.

(2) [1]Nichtmotorisierte Wanderer dürfen außer in Nationalparken, Nationalen Naturmonumenten und Naturschutzgebieten abseits von Zelt- und Campingplätzen in der freien Landschaft für eine Nacht zelten, wenn sie privatrechtlich dazu befugt sind und keine anderen Rechtsvorschriften entgegenstehen. [2]Auf Grundstücken, die zum engeren Wohnbereich gehören, dürfen Zelte und sonstige bewegliche Unterkünfte für den persönlichen Gebrauch aufgestellt werden, wenn die Belange der öffentlichen Sicherheit und Ordnung gewährleistet sind.

(3) [1]Auf Antrag kann im Einzelfall außerhalb von Zelt- und Campingplätzen die Aufstellung und Benutzung von insgesamt nicht mehr als fünf Zelten oder nach dem Straßenverkehrsrecht zugelassenen Wohnwagen und Wohnmobilen bis zu sechs Monaten genehmigt werden, wenn

1. Belange des Naturschutzes und der Landschaftspflege und andere Belange des allgemeinen Wohls nicht beeinträchtigt werden,
2. die genutzte Stelle und ihre Umgebung sauber gehalten und vor dem Verlassen wieder in einen ordnungsgemäßen Zustand gebracht werden und
3. ordnungsgemäße sanitäre Verhältnisse und sonstige Belange der öffentlichen Sicherheit und Ordnung gewährleistet sind.

[2]Satz 1 gilt auch für Zeltlager mit mehr als fünf Zelten, die im Rahmen einer zeitlich begrenzten Jugend-, Sport- oder ähnlichen Veranstaltung für deren Dauer aufgeschlagen werden sollen.

§ 29 Küsten- und Gewässerschutzstreiten (abweichende Vorschrift zu § 61 BNatSchG)

(1) [1]An Gewässern erster Ordnung sowie Seen und Teichen mit einer Größe von einem Hektar und mehr dürfen bauliche Anlagen in einem Abstand von bis zu 50 Metern land- und gewässerwärts von der Mittelwasserlinie an gerechnet nicht errichtet oder wesentlich geändert werden. [2]An Küstengewässern ist abweichend von Satz 1 ein Abstand von 150 Metern land- und seewärts von der Mittelwasserlinie einzuhalten.

(2) Absatz 1 gilt nicht für

1. Fischereihäfen, auch soweit diese nicht öffentlich sind, und öffentliche Häfen,
2. bauliche Anlagen, die aufgrund eines Planfeststellungsverfahrens in Ausübung wasserrechtlicher Erlaubnisse oder Bewilligungen oder zum Zwecke des Küsten- und Hochwasserschutzes errichtet oder wesentlich geändert werden,
3. bauliche Anlagen, die aufgrund eines rechtsverbindlichen Bebauungsplanes errichtet oder wesentlich geändert werden oder für die im Bereich von im Zusammenhang bebauten Ortsteilen nach § 34 des Baugesetzbuches ein Anspruch auf Bebauung besteht,
4. die bauliche Erweiterung eines zulässigerweise errichteten landwirtschaftlichen oder gewerblichen Betriebes, wenn die Erweiterung im Verhältnis zum vorhandenen Gebäude und Betrieb angemessen ist,
5. bauliche Anlagen des Rettungswesens, der Landesverteidigung, des fließenden öffentlichen Verkehrs, der Schifffahrt, der Versorgung und Entsorgung, der Windenergienutzung im Offshore-Bereich oder von sonstigen öffentlichen oder privaten Wirtschaftsbetrieben, wenn sie auf einen Standort dieser Art angewiesen sind, oder
6. Viehtränken sowie Einfriedungen zur landwirtschaftlichen Weidetierhaltung.

(3) Ausnahmen von Absatz 1 können zugelassen werden für

1. bauliche Anlagen, die allein oder im Zusammenhang mit anderen baulichen Anlagen das Ortsbild oder die Stadtgestalt prägen oder von städtebaulicher Bedeutung sind,

2. notwendige bauliche Anlagen, die ausschließlich dem Badebetrieb, dem Wassersport oder der berufsmäßigen Fischerei dienen, sowie für räumlich damit verbundene Dienstwohnungen, wenn ständige Aufsicht oder Wartung erforderlich ist,
3. bauliche Anlagen, die dem Naturschutz oder der Versorgung von Badegästen und Wassersportlern dienen, sowie für Bootsschuppen und Stege, vorrangig als Gemeinschaftsanlagen,
4. die Aufstellung, Änderung oder Ergänzung von Bebauungsplänen oder einer Satzung nach § 34 Absatz 4 Satz 1 Nummer 3 des Baugesetzbuches sowie für bauliche Anlagen innerhalb des zukünftigen Plangeltungsbereiches, wenn der Plan den Stand nach § 33 des Baugesetzbuches erreicht hat, oder
5. jagdliche Ansitze.

Kapitel 7
Ehrenamtlicher Naturschutz

§ 30 Mitwirkung von anerkannten Naturschutzvereinigungen (zu den §§ 63 und 64 BNatSchG)

(1) Gemäß § 63 Absatz 2 Nummer 8 des Bundesnaturschutzgesetzes findet eine Mitwirkung ferner statt bei der Erteilung von Ausnahmen nach § 20 Absatz 3 und Befreiungen von den Verboten des § 19 Absatz 1 und des § 23 Absatz 4 und 5, soweit die Naturschutzvereinigung durch das Vorhaben in ihrem für die Anerkennung maßgebenden satzungsgemäßen Aufgabenbereich berührt wird.

(2) [1]Anerkannte Naturschutzvereinigungen sind über Vorhaben, auf die sich die Mitwirkung erstreckt, rechtzeitig in Kenntnis zu setzen. [2]Sie werden am Verfahren beteiligt, wenn sie innerhalb von zwei Wochen nach Kenntnis mitteilen, sich am Verfahren beteiligen zu wollen. [3]Der zu beteiligenden Naturschutzvereinigung ist innerhalb einer angemessenen, mindestens jedoch vierwöchigen Frist nach Übersendung der Unterlagen Gelegenheit zur Stellungnahme zu geben. [4]Die Naturschutzvereinigung hat Ansprach auf Übersendung aller für das Vorhaben bedeutsamer Unterlagen, soweit sie nicht Betriebs- oder Geschäftsgeheimnisse enthalten.

(3) Endet das Verfahren durch einen Verwaltungsakt oder den Abschluss eines öffentlich-rechtlichen Vertrages, so ist den Verbänden, die im Verfahren eine Stellungnahme abgegeben haben, die Entscheidung bekannt zu geben, es sei denn, der Verband hat von seinem Mitwirkungsrecht nicht innerhalb der Frist nach Absatz 2 Gebrauch gemacht.

(4) [1]Durch schriftliche Erklärung kann ein Verband gegenüber der zuständigen Naturschutzbehörde auf die Mitwirkung in bestimmten Verfahren verzichten. [2]Die Verfahren sind unter Angabe der für sie maßgeblichen Rechtsvorschriften zu bezeichnen.

(5) [1]Gemäß § 64 Absatz 3 des Bundesnaturschutzgesetzes können Rechtsbehelfe ferner eingelegt werden gegen
1. Befreiungen von dem Verbot des § 19 Absatz 1, wenn mehr als zehn Bäume betroffen sind, sowie
2. Befreiungen von den Verboten des § 23 Absatz 4 und 5,

sofern die Entscheidungen Vorhaben betreffen, die mit Eingriffen in Natur und Landschaft verbunden sind.

§ 31 Beiräte für Naturschutz und Landschaftspflege, Kreisnaturschutzbeauftragte

(1) [1]Bei der obersten Naturschutzbehörde kann ein Beirat für Naturschutz und Landschaftspflege gebildet werden. [2]Die Mitglieder des Beirates werden befristet und auf Widerruf bestellt; sie dürfen nicht Bedienstete von Naturschutzbehörden sein.

(2) [1]In den Beirat sind Personen zu berufen, die im Naturschutz und in der Landschaftspflege besonders fachkundig oder erfahren sind. [2]Die Beiratsmitglieder sind ehrenamtlich tätig und an Weisungen nicht gebunden. [3]Sie haben Anspruch auf Erstattung von Reisekosten.

(3) [1]Der Beirat hat die oberste Naturschutzbehörde in wichtigen Angelegenheiten des Naturschutzes und der Landschaftspflege in ihrem Aufgabenbereich zu unterstützen und fachlich zu beraten. [2]Dazu ist der Beirat rechtzeitig zu unterrichten. [3]Er kann Maßnahmen des Naturschutzes anregen und ist auf Verlangen zu hören.

(4) [1]Bei den unteren Naturschutzbehörden können Beiräte für Naturschutz und Landschaftspflege gebildet sowie aus deren Mitgliedern ein Kreisnaturschutzbeauftragter bestellt werden. [2]Der Beauftragte

vertritt den Beirat, insbesondere in allen laufenden und unaufschiebbaren Angelegenheiten. [3]Die Absätze 1 bis 3 gelten sinngemäß.

§ 32 Betreuung geschützter Teile von Natur und Landschaft

(1) [1]Die Naturschutzbehörden können im Rahmen ihrer Zuständigkeit natürlichen oder juristischen Personen des Privatrechts, die sich nach ihrer Zweckbestimmung überwiegend dem Naturschutz und der Landschaftspflege widmen, auf Antrag in bestimmtem Umfange mit der Betreuung von geschützten Teilen von Natur und Landschaft beauftragen. [2]Voraussetzung ist, dass sie die Gewähr für eine sachgerechte Förderung der Ziele des Naturschutzes und der Landschaftspflege bieten. [3]§ 34 Satz 2 Nummer 7 des Landeswaldgesetzes bleibt unberührt. [4]Die Beauftragung soll befristet werden; sie kann widerrufen werden. [5]Ein Anspruch auf Erstattung von Kosten wird durch sie nicht begründet. [6]Die Naturschutzbehörde beteiligt sich an den notwendigen Aufwendungen nach Maßgabe des Haushalts.

(2) Die Schutzgebietsbeauftragten sollen vor einer Änderung oder Aufhebung der Schutzvorschriften und vor allen Entscheidungen gehört werden, welche die geschützten Teile von Natur und Landschaft erheblich beeinträchtigen können.

(3) Die Betreuung beinhaltet,

1. die Entwicklung des Schutzgegenstandes und der Tier- und Pflanzenwelt sowie ihrer Lebensräume zu beobachten und schriftlich festzuhalten,
2. Vorschläge zur Verbesserung der Wirksamkeit der getroffenen Regelungen und Maßnahmen zu unterbreiten,
3. pflegerische Maßnahmen des Naturschutzes durchzuführen,
4. die Öffentlichkeit über das Schutzgebiet und naturschutzgerechtes Verhalten zu informieren.

§ 33 Naturschutzwarte

(1) [1]Zur Unterstützung der Naturschutzbehörden werden für ein bestimmtes Gebiet durch die unteren Naturschutzbehörden sowie die Großschutzgebietsverwaltung Naturschutzwarte bestellt. [2]Ihre Tätigkeit ist ehrenamtlich.

(2) Die unteren Forstbehörden nehmen die Aufgaben der Naturschutzwarte für den Geltungsbereich des Landeswaldgesetzes unter Einbeziehung der nach Absatz 1 bestellten Personen wahr.

(3) [1]Die Naturschutzwarte haben die sie bestellende Naturschutzbehörde über alle nachteiligen Veränderungen in Natur und Landschaft zu informieren und durch Aufklärung darauf hinzuwirken, dass Schäden von Natur und Landschaft abgewendet werden. [2]Sie haben ferner die Aufgabe, Zuwiderhandlungen gegen Rechtsvorschriften, die dem Schutz und der Pflege von Natur und Landschaft dienen oder die Erholung in der freien Natur regeln und deren Übertretung mit Strafe oder Geldbuße bedroht ist, festzustellen, abzuwehren sowie bei der Verfolgung solcher Zuwiderhandlungen mitzuwirken.

(4) Soweit es zur Erfüllung ihrer Aufgaben nach Absatz 3 erforderlich ist, sind die Naturschutzwarte berechtigt,

1. Grundstücke, mit Ausnahme von Wohngebäuden, zu betreten,
2. eine Person anzuhalten und ihre Identität festzustellen; § 29 Absatz 2 und 3 des Sicherheits- und Ordnungsgesetzes gilt entsprechend,
3. eine Person vorübergehend von einem Platz zu verweisen und ihr vorübergehend das Betreten eines Platzes zu verbieten und
4. unberechtigt entnommene Gegenstände, gehaltene oder erworbene Pflanzen und Tiere sowie solche Gegenstände sicherzustellen, die bei Zuwiderhandlungen nach Absatz 3 verwendet wurden oder verwendet werden sollen.

(5) Die ehrenamtlichen Naturschutzwarte müssen bei der Ausübung ihrer Tätigkeit einen Dienstausweis mit sich führen, der bei Vornahme einer Amtshandlung auf Verlangen vorzuzeigen ist.

(6) Die oberste Naturschutzbehörde kann im Einvernehmen mit dem Innenministerium durch Rechtsverordnung die Voraussetzungen für die Eignung der bestellten Personen, die Begründung und die Ausgestaltung des Dienstverhältnisses, die Abberufung, den Aufwendungsersatz sowie die Aus- und Fortbildung regeln und Vorschriften über den Dienstausweis und das Dienstabzeichen treffen.

Kapitel 8
Eigentumsbindung, Ausnahmen

§ 34 Vorkaufsrecht (zu § 66 BNatSchG)

(1) Abweichend von § 66 Absatz 1 des Bundesnaturschutzgesetzes steht dem Land im Fall des § 66 Absatz 1 Satz 1 Nummer 2 des Bundesnaturschutzgesetzes kein Vorkaufsrecht zu.

(2) Abweichend von § 66 Absatz 3 Satz 5 des Bundesnaturschutzgesetzes ist das Vorkaufsrecht ferner ausgeschlossen, wenn das Grundstück zusammen mit einem landwirtschaftlichen Betrieb veräußert wird, mit dem es eine Einheit bildet.

(3) [1]Veräußerer und Erwerber haben den Inhalt des geschlossenen Vertrages der obersten Naturschutzbehörde unverzüglich mitzuteilen. [2]Das Vorkaufsrecht kann nur binnen zweier Monate nach Mitteilung des Kaufvertrages ausgeübt werden.

(4) [1]Das Vorkaufsrecht des Landes wird durch Verwaltungsakt der obersten Naturschutzbehörde gegenüber dem Veräußerer ausgeübt. [2]Bei der Ausübung des Vorkaufsrechts ist der Verwendungszweck des Grundstücks anzugeben.

(5) [1]Abweichend von § 66 Absatz 4 kann das Land sein Vorkaufsrecht auch zu Gunsten der Stiftung Umwelt- und Naturschutz Mecklenburg-Vorpommern oder anderer Körperschaften, Anstalten oder Stiftungen des öffentlichen Rechts ausüben, wenn der Begünstigte zustimmt. [2]In diesem Fall tritt der Begünstigte an die Stelle des Landes. [3]Für die Verpflichtungen aus dem Kaufvertrag haftet das Land neben dem Begünstigten.

§ 35 Ausnahmen

(1) [1]Soweit es in fortgeltenden Rechtsvorschriften vorgesehen ist, ohne dass hierfür die Voraussetzungen näher festgelegt sind, kann die zuständige Naturschutzbehörde Ausnahmen zulassen, wenn sich dies mit den Belangen des Naturschutzes und der Landschaftspflege vereinbaren lässt und auch keine sonstigen öffentlichen Belange entgegenstehen. [2]Bei Unterschutzstellungen nach § 22 Absatz 1 gilt dies auch dann, wenn die Erteilung von Ausnahmen nicht vorgesehen ist.

(2) § 67 Absatz 3 des Bundesnaturschutzgesetzes gilt entsprechend.

§ 36 Enteignung und Ausgleich, öffentliche Förderung (zu § 68 BNatSchG)

(1) [1]Soweit eine Verwaltungsentscheidung, insbesondere die Ablehnung einer Ausnahme oder Befreiung, zu einer unzumutbaren Belastung führt, ist mit ihr zumindest dem Grunde nach zugleich über die zu gewährende Entschädigung zu entscheiden. [2]Zur Leistung der Entschädigung nach § 68 Absatz 1 und 2 des Bundesnaturschutzgesetzes ist der Träger der öffentlichen Verwaltung verpflichtet, dessen Behörde die Rechtsvorschrift erlassen oder die Maßnahme getroffen hat. [3]Abweichend von § 68 Absatz 1 und 2 des Bundesnaturschutzgesetzes kann von dem Eigentümer auch die Eintragung einer beschränkten persönlichen Dienstbarkeit oder Grunddienstbarkeit mit dem Inhalt verlangt werden, dass die Nutzung, für die Entschädigung gezahlt werden soll, auf dem Grundstück nicht mehr ausgeübt werden kann.

(2) [1]Das Eigentum und andere Rechte an Grundstücken können zum Wohle der Allgemeinheit und zu Gunsten des Landes oder einer anderen der Aufsicht des Landes unterstehenden Körperschaft, Anstalt oder Stiftung des öffentlichen Rechts, der Landkreise und kreisfreien Städte auf Antrag der obersten Naturschutzbehörde enteignet werden, wenn dies zur Verwirklichung der Ziele des Naturschutzes und der Landschaftspflege, einschließlich der Vorsorge für die Erholung in Natur und Landschaft, sowie der Erfordernisse und Maßnahmen nach diesem Gesetz erforderlich ist. [2]Enteignet werden können insbesondere das Eigentum oder andere Rechte an Grundstücken, auf denen in einem Fachplan oder in einem landschaftspflegerischen Begleitplan Ausgleichs- oder Ersatzmaßnahmen festgesetzt werden. [3]Gleiches gilt für das Eigentum oder andere Rechte an Grundstücken, wenn deren Inanspruchnahme für die Einrichtung des zusammenhängenden Wander- und Reitwegenetzes nach § 26 Absatz 1 erforderlich ist. [4]In den Fällen des Satzes 2 tritt die zuständige Planfeststellungsbehörde an die Steile der obersten Naturschutzbehörde.

(3) [1]Die oberste Naturschutzbehörde oder die Planfeststellungsbehörde ist auch für die Aufstellung des für die Enteignung erforderlichen Planes zuständig. [2]Im Übrigen gilt das Enteignungsgesetz für das Land Mecklenburg-Vorpommern.

(4) [1]Wird durch Maßnahmen des Naturschutzes oder der Landschaftspflege dem Eigentümer oder einem anderen Nutzungsberechtigten ein wirtschaftlicher Nachteil zugefügt, der für den Betroffenen

in seinen persönlichen Lebensumständen, insbesondere im wirtschaftlichen und sozialen Bereich, eine besondere Härte bedeutet, ohne dass nach § 68 Absatz 1 des Bundesnaturschutzgesetzes ein Ausgleich zu leisten ist, so kann dem Betroffenen auf Antrag nach Maßgabe des Haushalts ein Härteausgleich in Geld gewährt werden, soweit dies zur Vermeidung oder zum Ausgleich der besonderen Härte geboten erscheint. [2]Zur Leistung des Ausgleichs ist der Träger der öffentlichen Verwaltung verpflichtet, dessen Behörde die Rechtsvorschrift erlassen oder die Maßnahme getroffen hat. [3]Absatz 1 gilt entsprechend.

(5) Das Land hat sich nach Maßgabe des Haushalts an Aufwendungen für Maßnahmen des Naturschutzes und der Landschaftspflege, für die Schaffung oder Unterhaltung von Informationseinrichtungen sowie von Wegen und Zugängen zu beteiligen, die gleichermaßen der Förderung der Erholung in Natur und Landschaft als auch dem Schutz bestimmter Teile von Natur und Landschaft dienen.

Kapitel 9
Stiftung Umwelt- und Naturschutz Mecklenburg-Vorpommern

§ 37 Aufgaben der Stiftung

(1) Unter dem Namen „Stiftung Umwelt- und Naturschutz Mecklenburg-Vorpommern" besteht eine rechtsfähige Stiftung des öffentlichen Rechts.

(2) [1]Das Gebiet der Stiftung erstreckt sich auf das Land Mecklenburg-Vorpommern. [2]Der Sitz der Stiftung ist Schwerin. [3]Die Stiftung führt das kleine Landessiegel.

(3) [1]Die Stiftung verfolgt insbesondere im Rahmen der Naturschutzprogramme des Landes den Zweck,

1. für den Naturschutz und die Sicherung der Funktionsfähigkeit des Naturhaushalts besonders geeignete Grundstücke in Mecklenburg-Vorpommern zu erwerben, anzupachten oder den Erwerb oder die Anpachtung durch Dritte durchführen zu lassen,
2. den Erwerb oder die Anpachtung solcher Grundstücke durch geeignete Träger zu fördern,
3. die Grundstücke nach Nummer 1 zu pflegen und zu entwickeln oder die Pflege und Entwicklung durch Dritte oder Naturschutzbehörden durchführen zu lassen,
4. Maßnahmen zur Aufklärung, Ausbildung und Fortbildung zu unterstützen und zu fördern,
5. die Forschung, insbesondere die integrative Umweltforschung, sowie modellhafte Untersuchungen auf dem Gebiet der natürlichen Umwelt anzuregen und zu fördern,
6. sonstige Maßnahmen des Naturschutzes und der Landschaftspflege durchzuführen oder zu ihrer Durchführung beizutragen.

[2]Die Zuständigkeiten der Naturschutzbehörden bleiben unberührt. [3]Das Nähere regelt die Satzung.

(4) [1]Die Stiftung gibt sich eine Satzung, die vom Kuratorium mit einer Mehrheit von zwei Dritteln seiner Mitglieder beschlossen wird. [2]Die Satzung nach Satz 1 sowie ihre Änderung bedürfen der Genehmigung der obersten Naturschutzbehörde.

(5) Stiftungsbehörde ist die oberste Naturschutzbehörde.

§ 38 Stiftungsvermögen, Erlöschen der Stiftung

(1) Das Vermögen der Stiftung besteht insbesondere aus Grundbesitz.

(2) Die Stiftung verfolgt ausschließlich und unmittelbar steuerbegünstigte Zwecke gemäß den §§ 51 bis 68 der Abgabenordnung.

(3) Die Stiftung erfüllt ihren Zweck insbesondere durch Verwendung

1. der Erträge des Stiftungsvermögens,
2. von Zuwendungen des Landes nach Maßgabe des Haushaltsplanes,
3. von Zuwendungen Dritter,
4. von Ersatzzahlungen bei Eingriffen in Natur und Landschaft, sofern die Stiftung Maßnahmen im Sinne des § 15 Absatz 6 des Bundesnaturschutzgesetzes durchführt oder durchführen lässt,
5. von Geldbußen,
6. von Erträgen aus öffentlichen Lotterien und Ausspielungen, Ausstellungen, Veranstaltungen oder Sammlungen.

(4) [1]Für das Haushalts-, Kassen- und Rechnungswesen sowie für die Rechnungslegung der Stiftung finden die für die Landesverwaltung geltenden Bestimmungen entsprechende Anwendung. [2]Der Landesrechnungshof hat ein Prüfungsrecht.

(5) Im Falle des Erlöschens der Stiftung hat das Land Mecklenburg-Vorpommern das ihm zufallende Vermögen im Sinne des Stiftungszwecks zu verwenden.

§ 39 Stiftungsorgane

(1) Die Organe der Stiftung sind das Kuratorium und der Vorstand.

(2) [1]Das Kuratorium besteht aus elf Mitgliedern. [2]Ihm gehören ein Beauftragter der obersten Naturschutzbehörde und ein vom Umweltausschuss des Landtages aus seiner Mitte zu wählender Vertreter an. [3]Ferner werden auf Vorschlag der nachstehenden Institutionen zwei vom Beirat für Naturschutz und Landschaftspflege bei der obersten Naturschutzbehörde aus seiner Mitte zu wählende Vertreter sowie ein von den Industrie- und Handelskammern und Handwerkskammern, ein von den kommunalen Spitzenverbänden, ein von den Unternehmerverbänden, ein vom Bauernverband, ein von den Landschaftspflegeverbänden und je ein von den Universitäten Greifswald und Rostock zu bestimmender Vertreter durch die oberste Naturschutzbehörde berufen.

(3) [1]Die Mitglieder des Kuratoriums werden für die Dauer einer Legislaturperiode entsandt. [2]Eine erneute Berufung ist zulässig.

(4) [1]Das Kuratorium beschließt über alle grundsätzlichen Fragen, die zum Aufgabenbereich der Stiftung gehören. [2]Es überwacht die Tätigkeit des Vorstandes.

(5) [1]Die Mitglieder des Kuratoriums sind ehrenamtlich tätig. [2]Sie haben Anspruch auf Ersatz ihrer notwendigen Auslagen.

(6) [1]Der Vorstand der Stiftung besteht aus einem oder einer hauptamtlichen Vorsitzenden und höchstens zwei ehrenamtlichen stellvertretenden Personen. [2]Sie werden auf Vorschlag des Kuratoriums von der obersten Naturschutzbehörde berufen.

(7) [1]Der Vorstand hat die Beschlüsse des Kuratoriums vorzubereiten und deren Durchführung zu gewährleisten. [2]Er führt die Geschäfte der Stiftung. [3]Er vertritt die Stiftung; die Mitglieder des Vorstandes sind dabei alleinvertretungsberechtigt.

(8) [1]Der Vorstand bedient sich für die Führung der Geschäfte der Stiftung der Unterstützung durch Arbeitnehmer. [2]Auf die Arbeitnehmer der Stiftung sind die für die Arbeitnehmer des Landes geltenden Tarifverträge und sonstigen Bestimmungen anzuwenden.

(9) [1]Der Stiftung wird die Dienstherreneigenschaft verliehen. [2]Die oberste Naturschutzbehörde ist berechtigt, Bedienstete vorübergehend an die Stiftung abzuordnen.

(10) Das Nähere regelt die Satzung.

Kapitel 10
Verfahren

§ 40 Naturschutzgenehmigung

(1) [1]Alle für eine Maßnahme erforderlichen Entscheidungen der gemäß den §§ 4 bis 6 zuständigen Naturschutzbehörden nach dem Bundesnaturschutzgesetz, diesem Gesetz und den aufgrund dieser Gesetze erlassenen oder fortgeltenden Rechtsvorschriften werden in einer einheitlichen behördlichen Genehmigung zusammengefasst (Naturschutzgenehmigung). [2]Satz 1 gilt nicht für Entscheidungen nach § 42 Absatz 2 Satz 1 des Bundesnaturschutzgesetzes und § 13. [3]Satz 1 gilt auch für Entscheidungen der in § 7 genannten Behörden, sofern sie mit Entscheidungen zusammentreffen, die gemäß Satz 1 in einer Naturschutzgenehmigung zusammengefasst werden.

(2) Die Naturschutzgenehmigung wird erteilt

1. durch die Großschutzgebietsverwaltung im Rahmen ihrer Zuständigkeit gemäß § 4,
2. durch die Fachbehörde für Naturschutz im Rahmen ihrer Zuständigkeit gemäß § 5,
3. durch die untere Naturschutzbehörde in allen übrigen Fällen.

(3) [1]Wären nach Absatz 2 mehrere Naturschutzgenehmigungen zu erteilen, so werden diese zusammengefasst und erteilt

1. durch die Großschutzgebietsverwaltung, sofern sie nach Absatz 2 Nummer 1 zuständig ist,
2. durch die Fachbehörde für Naturschutz in den übrigen Fällen, sofern sie nach Absatz 2 Nummer 2 zuständig ist.

[2]Im Übrigen bestimmt sich die Zuständigkeit nach dem Schwerpunkt der Maßnahme; in Zweifelsfällen entscheidet die oberste Naturschutzbehörde nach Absatz 4.

(4) Die oberste Naturschutzbehörde kann im Einzelfall die Zuständigkeit ergänzend oder abweichend von Absatz 3 nach dem Schwerpunkt der Maßnahme bestimmen.

§ 41 Verfahrensvorschriften für die Naturschutzgenehmigung

(1) Die Naturschutzgenehmigung wird auf Antrag erteilt.

(2) [1]Die Naturschutzgenehmigung verpflichtet auch die Rechtsnachfolger des Verursachers. [2]Erfüllt der Verursacher oder dessen Rechtsnachfolger die ihm auferlegten Ausgleichs- und Ersatzmaßnahmen gemäß § 15 Absatz 2 und 6 des Bundesnaturschutzgesetzes nicht und führen Maßnahmen der Verwaltungsvollstreckung nicht zum Erfolg, so kann die Genehmigungsbehörde für die Erfüllung dieser Verpflichtungen auch den Eigentümer des betroffenen Grundstücks in Anspruch nehmen, sofern er mit dem Eingriff einverstanden war oder ein Einverständnis nach den Umständen des Falles anzunehmen ist.

(3) [1]Soweit nicht in anderen Rechtsvorschriften etwas Anderes bestimmt ist, erlischt die Naturschutzgenehmigung, wenn mit der Maßnahme nicht innerhalb von drei Jahren nach Erteilung begonnen oder eine begonnene Maßnahme länger als ein Jahr unterbrochen worden ist. [2]Die Frist kann in begründeten Ausnahmefällen auf Antrag bis zu zwei Jahre verlängert werden.

(4) Betrifft die Naturschutzgenehmigung ein UVP-pflichtiges Vorhaben, so muss das Verfahren den Anforderungen der Umweltverträglichkeitsprüfung entsprechen.

§ 42 Konzentrationswirkung

(1) [1]Die Naturschutzgenehmigung wird durch die Bauaufsichtsbehörde im Einvernehmen mit der zuständigen Naturschutzbehörde erteilt, wenn es sich bei dem Vorhaben um eine bauliche Anlage handelt, die einer Baugenehmigung bedarf. [2]Die zuständige Naturschutzbehörde hat das Mitwirkungsverfahren nach § 63 des Bundesnaturschutzgesetzes und § 30 durchzuführen. [3]Über die Erteilung des Einvernehmens entscheidet die zuständige Naturschutzbehörde innerhalb von zwei Monaten nach Eingang des Ersuchens der Bauaufsichtsbehörde. [4]Sofern ein Beteiligungsverfahren nach Satz 2 durchzuführen ist, finden Satz 3 sowie § 69 Absatz 1 Satz 2 der Landesbauordnung keine Anwendung.

(2) [1]Die Naturschutzgenehmigung wird durch die untere Forstbehörde im Einvernehmen mit der zuständigen Naturschutzbehörde erteilt, wenn das Vorhaben einer Genehmigung nach § 15 oder § 25 des Landeswaldgesetzes bedarf. [2]Die zuständige Naturschutzbehörde hat das Beteiligungsverfahren nach § 63 des Bundesnaturschutzgesetzes und § 30 durchzuführen.

(3) [1]Die Naturschutzgenehmigung wird durch die Bergbehörde im Einvernehmen mit der zuständigen Naturschutzbehörde erteilt, wenn es sich um ein Vorhaben handelt, das einer Genehmigung nach den §§ 51, 52 Absatz 1, 2 und 3 bis 5, den §§ 53 bis 57, 126 und 127 des Bundesberggesetzes bedarf. [2]Die zuständige Naturschutzbehörde hat das Beteiligungsverfahren nach § 63 des Bundesnaturschutzgesetzes und § 30 durchzuführen.

(4) Sofern nach den Absätzen 1 bis 3 verschiedene Behörden für die Erteilung der Naturschutzgenehmigung zuständig wären, entscheidet die oberste Naturschutzbehörde, welche Behörde für die Erteilung der Naturschutzgenehmigung zuständig ist.

(5) [1]In allen übrigen Fällen wird die Naturschutzgenehmigung durch die in § 40 Absatz 2 bis 4 bestimmte Behörde erteilt. [2]Das gilt nicht für andere behördliche Entscheidungen mit Konzentrationswirkung.

Kapitel 11
Bußgeldvorschriften

§ 43 Ordnungswidrigkeiten

(1) Ordnungswidrig handelt, wer vorsätzlich oder fahrlässig, ohne dass ihm eine Ausnahme oder Befreiung erteilt wurde,

1. entgegen § 12 Absatz 6 einen Eingriff der in § 14 Absatz 1 des Bundesnaturschutzgesetzes und § 12 Absatz 1 Nummer 1 bis 20 bezeichneten Art ohne Genehmigung vornimmt,

1a. entgegen § 13 Absatz 1 und 5 ohne Genehmigung oder Planfeststellung oberflächennahe Bodenschätze gewinnt, Abgrabungen, Aufschüttungen, Ausfüllungen, Auf- oder Abspülungen durchführt oder eine Landgewinnung am Meer vornimmt,

2. entgegen § 18 Absatz 2 Satz 1 geschützte Bäume beseitigt oder Handlungen vornimmt, die zu deren Zerstörung, Beschädigung oder erheblichen Beeinträchtigung führen können,
3. entgegen § 19 Absatz 1 Satz 2 Alleen oder einseitige Baumreihen beseitigt oder Handlungen vornimmt, die zu deren Zerstörung, Beschädigung oder nachteiligen Veränderung führen können,
4. entgegen § 20 Absatz 1 einen geschützten Biotop zerstört, beschädigt, seinen charakteristischen Zustand verändert oder ihn sonst erheblich oder nachhaltig beeinträchtigt, wenn dieser Biotop in einem gemäß § 20 Absatz 4 Satz 2 ausliegenden Verzeichnis eingetragen oder in anderer Weise dem Verantwortlichen schriftlich bekannt gegeben oder entsprechend § 20 Absatz 5 in der betreffenden Gemeinde bekannt gegeben oder gekennzeichnet worden war,
5. entgegen § 20 Absatz 2 einen geschützten Geotop zerstört, beschädigt, seinen charakteristischen Zustand verändert oder ihn sonst erheblich oder nachhaltig beeinträchtigt, wenn dieser Geotop in einem gemäß § 20 Absatz 4 Satz 2 ausliegenden Verzeichnis eingetragen oder in anderer Weise dem Verantwortlichen schriftlich bekannt gegeben oder entsprechend § 20 Absatz 5 in der betreffenden Gemeinde bekannt gegeben oder gekennzeichnet worden war,
6. entgegen § 23 Absatz 4 dem Schutz der Horst- und Neststandorte der Adler, Baum- und Wanderfalken, Weihen, Schwarzstörche und Kraniche zuwiderhandelt, indem er
   a) in der Horstschutzzone I Bestockungen entfernt oder den Charakter des Gebietes sonst verändert,
   b) in den Horstschutzzonen I und II in der Zeit vom 1. März bis zum 31. August land-, forst- und fischereiwirtschaftliche Maßnahmen durchführt,
   c) in den Horstschutzzonen I und II in der Zeit vom 1. März bis zum 31. August die Jagd ausübt,
   d) in den Horstschutzzonen I und II stationäre jagdliche Einrichtungen errichtet oder in der Zeit vom 1. März bis zum 31. August mobile jagdliche Einrichtungen aufstellt oder benutzt; bei den Horsten des Seeadlers gelten die genannten Zuwiderhandlungen jeweils für den Zeitraum vom 1. Januar bis zum 31. Juli,
7. als Eigentümer oder Nutzungsberechtigter anderen entgegen § 25 Absatz 3 ohne Genehmigung das Betreten der freien Landschaft nach § 25 Absatz 1 durch Sperrungen verwehrt oder wesentlich einschränkt,
8. nach § 25 Absatz 3 und 4 sowie § 27 Absatz 1 Satz 4 gesperrte Flächen oder Wege betritt oder sich dort aufhält,
9. entgegen § 27 Absatz 2 in Küstendünen oder auf Strandwällen Feuer entzündet oder außerhalb der gekennzeichneten Wege fährt, zeltet oder Wohnwagen, Wohnmobile oder andere Fahrzeuge aufstellt,
10. entgegen § 28 Absatz 1 Zelte oder sonstige bewegliche Unterkünfte außerhalb von hierfür zugelassenen Plätzen aufstellt oder benutzt,
11. entgegen § 28 Absatz 2 Satz 1 in der freien Landschaft zeltet,
12. entgegen § 29 Absatz 1 an Gewässern erster Ordnung, Seen und Teichen mit einer Größe von einem Hektar und mehr sowie Küstengewässern bauliche Anlagen innerhalb des Schutzstreifens errichtet oder wesentlich ändert.

(2) Ordnungswidrig handelt auch, wer vorsätzlich oder fahrlässig

1. einer aufgrund der § 12 Absatz 2 und 7, § 14 Absatz 2 bis 4, § 17 Absatz 1, § 21 Absatz 2 und 3, § 23 Absatz 1 und 5 sowie § 27 Absatz 4 erlassenen Rechtsverordnung oder Satzung sowie einer in § 22 Absatz 1 Satz 3 genannten Verordnung zuwiderhandelt, soweit sie für bestimmte Tatbestände auf diese Bußgeldvorschrift verweist; § 22 Absatz 3 gilt entsprechend,
2. unbefugt Zeichen oder Vorrichtungen, die zur Sperrung, zur Kennzeichnung von kennzeichnungsbedürftigen Flächen oder Gegenständen dienen, entfernt, beschädigt, zerstört oder auf andere Weise unbrauchbar macht.

(3) Die Ordnungswidrigkeit kann geahndet werden

1. in den Fällen des Absatzes 1 Nummer 1 bis 5, 6 Buchstabe a und Nummer 12 sowie in den Fällen des Absatzes 2 Nummer 1 mit einer Geldbuße bis zu 100 000 Euro,
2. in den Fällen des Absatzes 1 Nummer 6 Buchstabe b bis d mit einer Geldbuße bis zu 20 000 Euro,
3. in den übrigen Fällen mit einer Geldbuße bis zu 5 000 Euro.

(4) Die Bußgelder sollen Zwecken des Naturschutzes und der Landschaftspflege zugeführt werden.

(5) [1]Verwaltungsbehörde im Sinne des § 36 Absatz 1 Nummer 1 des Gesetzes über Ordnungswidrigkeiten ist die jeweils für die Aufgabe zuständige Behörde. [2]Dies gilt auch für Ordnungswidrigkeiten gemäß § 69 des Bundesnaturschutzgesetzes.

(6) [1]Ist eine Ordnungswidrigkeit nach diesem Gesetz begangen worden, so können

1. Gegenstände, auf die sich die Straftat oder die Ordnungswidrigkeit bezieht, und
2. Gegenstände, die zu ihrer Begehung oder Vorbereitung gebraucht worden oder bestimmt gewesen sind,

eingezogen werden. [2]§ 23 des Gesetzes über Ordnungswidrigkeiten ist anzuwenden.

Anlage 1
(zu § 14 Abs. 6)

Symbol der Waldohreule

Anlage 2
(zu § 20 Abs. 1)

Definitionen der gesetzlich geschützten Biotope

Inhaltsübersicht:

Vorbemerkungen

1. Die nach § 20 Absatz 1 besonders geschützten Biotope[1)] werden gekennzeichnet durch
   – die prägenden Standortverhältnisse einschließlich der traditionellen und aktuellen Nutzungseinflüsse,
   – die charakteristische aktuelle Vegetation,
   – sonstige typische geomorphologische Eigenschaften.
2. Für die Biotoptypen[2)] werden charakteristische Pflanzenarten genannt, wobei die „Vergesellschaftung", also das regelmäßige gemeinsame Auftreten mehrerer Arten, kennzeichnend für den Biotoptyp ist.
   Neben „optimal" ausgebildeten Biotopen finden sich, durch verschiedene Einflüsse verursacht, häufiger „Degenerations- und Regenerationsstadien". Diese sind nur insoweit besonders geschützt, als noch Kennarten den Biotoptyp eindeutig charakterisieren.
3. Mindestgrößen werden, sofern aus funktionalen Gründen erforderlich, jeweils bei den einzelnen Biotoptypen genannt. Ist keine Mindestgröße angegeben, so ist der Biotoptyp auch ohne Angabe einer Mindestgröße hinreichend definiert (z.B. aufgelassene Kreidebrüche), bereits in kleinster Ausprägung geschützt (z.B. Quellen) oder er tritt so großflächig auf, dass eine Mindestflächenangabe unnötig ist (z.B. Boddengewässer). Die in den Einzelbeschreibungen der Biotoptypen genannten Mindestgrößen sind unter folgenden Voraussetzungen nicht anzuwenden:
   – In dem Biotop kommt/kommen eine oder mehrere Tier- oder Pflanzenart(en) der Kategorien 0 oder 1[3)] der Roten Listen Mecklenburg-Vorpommerns vor.
   – In dem Biotop kommen zahlreiche Individuen einer oder mehrerer Tier- und Pflanzenart(en) der Kategorien 2 oder 3 der Roten Listen Mecklenburg-Vorpommerns vor.
   Liegen mehrere geschützte Biotope in einem Komplex vor, genügt es, wenn ein Biotop die Mindestgröße erreicht.
4. Geschützte Biotope, die in der Vergangenheit infolge oder trotz einer z.B. extensiven land- oder forstwirtschaftlichen Bodennutzung entstanden sind und damit ihre besonderen Eigenschaften entwickelt haben, dürfen generell in diesem zulässigen Rahmen weiter genutzt werden.

---

1) **Amtl. Anm.:** „Biotope": Abgrenzbare Lebensräume von Pflanzen- und Tiergemeinschaften
2) **Amtl. Anm.:** „Biotoptypen" sind abstrakte Einheiten gleichartiger Biotope mit weitgehend einheitlichen Bedingungen.
3) **Amtl. Anm.:** Kategorien: 0 = ausgestorben oder verschollen, 1 = vom Aussterben bedroht, 2 = stark gefährdet, 3 = gefährdet

1 Feuchtbiotope

1.1 Naturnahe Moore

Als naturnahe Moore werden die von einem Überschuss an Regen- oder Mineralbodenwasser abhängigen, weitgehend unbewaldeten Biotope bezeichnet, die in ungestörtem Zustand eine torfbildende Vegetation besitzen. Je nach Naturnähe bzw. Entwässerungseinfluss können die Standorte überwässert (ungestörtes Moor) bis feucht (mäßig entwässert) sein. Die Torfmächtigkeit beträgt mindestens 30 cm. In den gesetzlichen Schutz sind auch die Degenerations- und Regenerationsstadien einbezogen, sofern diese noch von typischen Moorpflanzen geprägt werden.

Zu unterscheiden sind die hier beschriebenen „offenen" Moore von den „bewaldeten" Mooren (vgl. 4.1).

Nach der Hydrologie und Entwicklungsgeschichte können hydrologische Moortypen unterschieden werden: In den jungeiszeitlich überformten Grundmoränenlandschaften Mecklenburg-Vorpommerns treten insbesondere Überflutungs-, Durchströmungs- und Quellmoore, im Küstenbereich auch Regenmoore auf. Die Endmoränenbereiche sind besonders durch Verlandungs- und Kesselmoore charakterisiert, die Altmoränenlandschaft Südwest-Mecklenburgs durch Versumpfungsmoore.

Nach dem Nährstoffgehalt und den hydrochemischen Verhältnissen sind folgende ökologische Moortypen zu unterscheiden: Armmoore (oligotroph-sauer), Sauer-Zwischenmoore (mesotroph-sauer), Basen-Zwischenmoore (mesotroph-sub-neutral), Kalk-Zwischenmoore (mesotroph-kalkhaltig) und Reichmoore (eutroph).

Mindestgrößen:

Basen- und Kalk-Zwischenmoore: 25 m^2

Kessel- und Quellmoore: 100 m^2

Übrige Moortypen: 1 000 m^2

Regenerierte Flach-Abtorfungsbereiche: 1 000 m^2 (vgl. 2.4)

Typische Merkmale der Vegetation:

Armmoore (Regenmoore): Der Boden ist weitgehend von Torfmoosen bedeckt. Dazwischen können Wollgräser, Glocken-Heide, Sumpf-Porst, Sonnentau, Moosbeere u.a. Arten eingestreut sein. Im zentralen Moorbereich ist ein baumfreies Bülten (20–50 cm erhöhte Moospolster) – Schlenkenmosaik (Wasserlachen) typisch.

Bei Störungen des Wasserhaushalts (frühere Entwässerung, Torfabbau) bilden sich auf den grundwasserbeherrschten Moorböden Zwergstrauchheiden mit Heidekraut, Rausch-, Blau- und Preiselbeere oder Pfeifengrasbestände heraus.

Bei bereits längere Zeit bestehender Austrocknung des Moores und tieferen Grundwasserständen ist der Baumwuchs stark ausgebildet und besteht überwiegend aus Moorbirken und Kiefern (vgl. 4.1).

Großflächige Flachabtorfungen von Armmooren unterliegen dem gesetzlichen Schutz, wenn sie sich regeneriert haben und typische Moorvegetation dominiert (vgl. 2.4).

Sauer-Zwischenmoore (Kesselmoore, Verlandungsmoore): In den Sauer-Zwischenmooren herrschen ebenfalls Torfmoosrasen sowie Kleinseggenriede vor. Die Wollgräser werden weitgehend durch Riedgräser (Faden-Binse, Zwiebel-Binse, Grau-Segge, Faden-Segge, Schnabel-Segge) ersetzt. Typische Pflanzen sind u.a. Blutauge, Fieberklee, Sumpffarn, Schnabelried, Sumpf-Calla.

Häufig auftretende Waldgesellschaften auf schwach entwässerten Moorböden mit moortypischer Krautvegetation sind Schnabelseggen-Kiefern-Birken-Bruchwälder, Torfmoos-Birken-Erlen-Bruchwälder und Weidengebüsche (vgl. 4.1).

Basen-Zwischenmoore (Durchströmungsmoore, Verlandungsmoore): Dieser Moortyp ist in weiten Teilen der vermoorten Flusstäler dominierend. Bei ungestörtem Wasserhaushalt herrschen laubmoosreiche Seggenriede mit einer großen Vielfalt an Blütenpflanzen vor. Bei mäßiger Entwässerung und extensiver landwirtschaftlicher Nutzung ohne Düngung sind artenreiche Feuchtwiesen (Pfeifengraswiesen) entstanden.

Bei Zufuhr von Stickstoffdünger entstehen Honiggraswiesen bzw. Kohldistelwiesen (siehe auch 1.5).

Typische Pflanzenarten sind z.B.: Kuckucks-Lichtnelke, Wiesen-Knöterich, Trauben-Trespe, Kohldistel, Echtes Mädesüß, Pfeifengras, Sumpf-Schafgarbe, Nordisches Labkraut, Färber-Scharte, Teufelsabbiss.

Durch ausbleibende landwirtschaftliche Nutzung verläuft die Entwicklung über Weiden- und Faulbaumgebüsche hin zu Erlenbruchwäldern (vgl. 4.1).

Kalk-Zwischenmoore (Verlandungsmoore, Quellmoore, Durchströmungsmoore): Sie sind meist durch Verlandung an Seeufern bzw. in den Flusstalmooren entstanden. Schwach entwässerte Standorte wurden auch extensiv landwirtschaftlich ohne Düngung genutzt.

Kalk-Zwischenmoore werden z.B. durch Braunmoos-Schneidenriede mit der Dominanz der Binsen-Schneide, durch das Mehlprimel-Kopfbinsenried (Mehl-Primel, Echtes Fettkraut, Rostrotes Kopfried, Sumpf-Sitter u.a.) und das Braunmoos-Kalkbinsenried (Blauer Tarant, Stumpfblütige Binse) charakterisiert (vgl. 1.4).

Nach Auflassung genutzter, schwach entwässerter Standorte entstehen Bruchwälder (vgl. 4.1).

Reichmoore (Quellmoore, Überflutungsmoore, Versumpfungsmoore, Verlandungsmoore): Diese Moorformen sind aufgrund ihrer Abstufungen im Säure-Basenverhalten sehr vielgestaltig. Die ursprüngliche Vegetation setzt sich aus Großseggenrieden, Weidengebüschen und Erlenbruchwäldern zusammen. Heute weisen die meisten dieser Moore als Ergebnis ihrer Nutzungsgeschichte Bruchwälder und -gebüsche, Feuchtwiesen, Röhrichte und Hochstaudenfluren auf. Typische Pflanzenarten der Feuchtwiesen sind z.B. Sumpf-Dotterblume, Sumpf-Kratzdistel, Schlank- und Sumpf-Segge, Wiesen-Schaumkraut, Sumpf-Schachtelhalm, Wald-Engelwurz, Sumpf-Hornklee, Echtes Mädesüß, Gemeines Helmkraut, Wasser-Schwaden und Echter Baldrian (vgl. 1.2, 1.4, 1.5, 4.1).

1.2 Naturnahe Sümpfe

Naturnahe Sümpfe sind überwiegend gehölzarme Lebensräume auf mineralischen oder flachgründig torfigen (bis 40 cm Mächtigkeit) oder anmoorigen Böden, die aufgrund von Oberflächen-, Quell- oder hoch anstehendem Grundwasser überwässert bis feucht (mäßig entwässert) sind.

Man kann sie teilweise als frühe Entwicklungsstadien von Mooren (Versumpfungsmooren) ansehen, die erst wenig Torf akkumuliert haben. In anderen Sümpfen hat sich durch wechselnde Wasserführung über längere Zeit ein Gleichgewicht von Torfbildung und Torfzersetzung eingestellt.

Solche Biotope liegen z.B. auf extensiv landwirtschaftlich genutzten anmoorigen Standorten oder an flachen Seeufern mit schwankenden Wasserständen, die eine normale Verlandung unterbrechen. Ein sumpfartiges Entwicklungsstadium kann auch bei der Renaturierung von Mooren auftreten.

Mindestgröße: 100 m^2

Typische Merkmale der Vegetation:

Abhängig vom Nährstoffgehalt, der Nutzung und vom Bodenwasserhaushalt können sich unterschiedliche Vegetationstypen herausbilden, die in den meisten Fällen Übergänge zu anderen geschützten Biotopen darstellen.

Sümpfe können Seggenriede, Sumpfreitgras-, Mädesüß-, Hundsstraußgras-, Binsen-, Sumpfsimsen-, Sumpfschachtelhalmfluren, Weidengebüsche (insbesondere Grau-Weiden), Röhrichte und Vegetationstypen der Verlandungszonen aufweisen. Es kommen auch z.B. Überschneidungen mit Quellbereichen und Übergänge zu Bruch- und Sumpfwäldern vor (vgl. 1.4, 1.5, 2.2, 2.6, 4.1).

1.3 Sölle

Sölle sind Hohlformen verschiedener Größe und Formen, die mindestens zeitweilig Wasser führen und dementsprechend meist eine Wasser- oder Sumpfvegetation sowie oft einen Gehölzsaum aufweisen.

In der Regel weisen sie einen umlaufenden Steilrand oder eine schwache Umwallung auf. In der geowissenschaftlichen Fachterminologie sind Sölle Hohlformen, die durch Ausschmelzen von Toteis oder andere späteiszeitliche Prozesse entstanden sind. Neben diesen Söllen im engeren Sinn sind auch andere Geländehohlformen, die o. a. Merkmale aufweisen und die durch menschliche Einflüsse entstanden sind, besonders geschützte Biotope.

Mindestgröße: 25 m^2

Typische Merkmale der Vegetation:

Oft ist eine Unterwasser-, Schwimmblatt- oder Röhrichtvegetation ausgebildet (vgl. 1.4, 2.5). Für Sölle mit starken Wasserspiegelschwankungen sind Pflanzengesellschaften zeitweilig trockenfallender Teichböden (Zweizahnfluren) sowie das Weiße Straußgras charakteristisch (vgl. 2.6).

Bedingt durch Nährstoffeinträge aus den umgebenden landwirtschaftlichen Nutzflächen haben sich häufig ruderale, nitrophile Staudenfluren ausgebildet. Der Gehölzsaum besteht meist aus Weiden und Erlen (vgl. 4.1).

1.4 Röhrichtbestände und Riede

In diesen Pflanzengesellschaften dominieren röhricht- bzw. riedbildende Arten.

Unterschieden werden Wasser- und Landröhrichte. Süßwasserröhrichte treten an Fließ- und Stillgewässerufern des Binnenlandes auf; Brackwasserröhrichte, die durch andere Begleitarten charakterisiert werden, kommen an den Ufern der Boddengewässer und im Mündungsbereich von Fließgewässern vor (vgl. 5.6). Landröhrichte entstehen oberhalb der Mittelwasserlinie im Überflutungsbereich der Binnen- und Küstengewässer sowie in vernässten Bereichen (Röhrichtbestände auf Acker- und Wiesenbrachen).

Riede werden weitgehend von Sauergräsern gebildet. Unterschieden werden Groß- und Kleinseggenriede. Sie kommen insbesondere im Verlandungsbereich von Stand- und Fließgewässern sowie auf Zwischenmoorstandorten vor (vgl. 1.1, 1.2, 2.1).

Röhrichtbestände und Riede sind häufig Bestandteil anderer geschützter Biotope.

Mindestgröße: 100 m^2 (bei linearer Ausprägung Mindestbreite: 5 m)

Typische Merkmale der Vegetation:

Neben dem Gemeinen Schilf bilden insbesondere Rohr-Glanzgras, Rohrkolben- und Schwadenarten sowie großwüchsige Simsen hohe Röhrichte. Kleinröhrichte bestehen vor allem aus krautigen Pflanzen

unter 70 cm Wuchshöhe (z.B. Froschlöffel, Schwanenblume, Brunnenkresse, Kalmus, Schachtelhalm- und Igelkolbenarten).
Großseggenriede werden durch hochwüchsige Seggenarten, wie z.B. Schlank-Segge, Schwarzschopf-Segge, Steif-Segge, Ufer-Segge, Rispen-Segge und Sumpf-Segge sowie weitere Sauergräser (u.a. Gemeine Strandsimse, Binsen-Schneide) dominiert, während Kleinseggenriede durch kleinwüchsige Seggenarten charakterisiert werden.

1.5 Seggen- und binsenreiche Nasswiesen
Der Biotoptyp umfasst durch extensive landwirtschaftliche Nutzungen (vorwiegend Mahd) auf Moor- oder anmoorigen, grundwasserbeherrschten Böden sowie auf wechselfeuchten, oft überfluteten Böden entwickelte meist artenreiche Wiesen, in deren Pflanzengesellschaften Seggen und Binsen stets vertreten sind.
Verfalls- und Brachestadien von Saatgrasland, die insbesondere durch Binsenhorste gekennzeichnet sind, unterliegen nicht dem besonderen Schutz. Dies gilt auch für intensiv beweidete Grünländer, auf denen nur die Flatter-Binse als Verdichtungs- und Weidezeiger vorkommt.
Mindestgröße: 200 m^2
Typische Merkmale der Vegetation:
Seggen- und binsenreiche Nasswiesen können je nach der Nutzung und den Standortverhältnissen als Sumpfdotterblumen-, Kohldistel-, Honiggras-, Kalkbinsen-, Sumpfherzblatt-, Wassergreiskraut-, Wiesenknopf-Silgen-, Rasenschmielen-, Wiesenknöterich-, Trollblumen-, Waldsimsen- oder Pfeifengraswiesen ausgebildet sein.
Bei ausbleibender oder unregelmäßiger landwirtschaftlicher Nutzung können sich hochstaudenreiche Ausbildungsformen entwickeln (z.B. mit Sumpf-Kratzdistel, Kohldistel, Mädesüß, Gilbweiderich, Wald-Simse, Engelwurz- und Pestwurzarten, Echter Baldrian, Blutweiderich, Wasserdost, Wolfstrapp usw.).

2 Gewässerbiotope

2.1 Naturnahe und unverbaute Bach- und Flussabschnitte einschließlich der Ufervegetation
Bäche sind Fließgewässer geringer Breite, Flüsse sind mehr als 5 m breit. Sie gelten als naturnah, wenn sie durch einen unregelmäßig wechselnden Lauf (z.B. Ausbildung von Mäandern, Gleit- und Prallhängen, Altwässern und Verzweigungen), durch Variabilität des Gewässerbettes (z.B. Bänke, Fließrinnen, Kolke), durch naturraum-typisches Bodensubstrat (z.B. Schlick, Sand, Kies, Geröll, Torf) sowie durch naturraumtypischen Bewuchs der Ufer gekennzeichnet sind.
Im Mündungsbereich der Flüsse sind natürliche Rückstauerscheinungen typisch. Eine Besonderheit der Bäche und Flüsse im Endmoränengebiet ist das häufige Durchfließen von Seen und die Ausbildung von Durchbruchstälern.
Naturnahe und unverbaute Bach- und Flussabschnitte sind nicht durch Sohl- bzw. Uferbefestigungen sowie durch technische Querbauwerke (Wanderbarrieren z.B. für Fische) in ihrer Entwicklung und Besiedlung beeinträchtigt.
Als geschützter Uferbereich gilt in den durch das Gewässer geprägten Auen jeweils ein Uferstreifen in einer Breite von 7 m ab Böschungsoberkante, sofern nicht weitere geschützte Biotope angrenzen (vgl. 1.4, 1.5, 4.1).
Mindestlänge: 50 m
Typische Merkmale der Vegetation:
Schnellfließende sowie beschattete naturnahe Bäche weisen nur eine spärliche Wasservegetation auf.
In unbeschatteten, langsam fließenden Bachläufen entwickelt sich eine üppige Vegetation, u.a. mit Flutendem Wasserhahnenfuß, Pfeilkraut, Laichkraut-, Wasserstern-, Igelkolben- und Röhrichtarten (vgl. 1.4).
In Stillwasserzonen von Flussläufen können auch Schwimmblattgesellschaften vorkommen.
Als bachbegleitende Uferpflanzen treten u.a. Pestwurzarten, Berle, Echter Baldrian und Echte Engelwurz auf. Die Gehölze bestehen aus Erlen-Eschen-Säumen, Erlen-Eschen-(Bruch-)Wäldern und Weidengebüschen.

2.2 Quellbereiche einschließlich der Ufervegetation
Quellen sind natürliche, örtlich begrenzte, dauerhafte oder zeitweilige Grundwasseraustritte an der Erdoberfläche. Sie können als Wasseraustritte mit Quelltopf oder in einem Tümpel, aus denen ein Bach abfließt, als Sturzquelle oder als Sicker- oder Sumpfquelle, die Quellsümpfe oder Moore ausbilden, in Erscheinung treten.
Quellbereiche sind oft über die Umgebung aufgewölbt (Quellkuppen). Eine in Mecklenburg-Vorpommern seltene Quellenform sind die Kalktuffquellen, an deren Austritt sich biogene Quellkalke gebildet haben bzw. bilden, sie sind gleichzeitig gesetzlich geschützte Geotope (vgl. Anlage 3 zu § 20 Absatz 2).
Gefasste Quellen, die durch Baumaßnahmen befestigt wurden und keine typische Vegetation aufweisen, unterliegen nicht dem gesetzlichen Schutz.

Typische Merkmale der Vegetation:

Die Vegetation von Quellen ist stark von der Beschattung sowie von den Wasserabflussverhältnissen und den Wasserinhaltsstoffen abhängig. Quellen können völlig vegetationsfrei sein oder unter anderem folgende Biotope aufweisen: quellige Erlen-Eschenwälder, Moorbirkenwälder, Grauweidengebüsche, Quellfluren, Röhrichte, die bei entsprechender extensiver landwirtschaftlicher Nutzung in Quellwiesen (Trollblumen-, Waldsimsen- oder Kalkbinsenwiese) überführt werden können (vgl. 1.4, 1.5, 4.1).

Für Quellfluren sind z.B. Bitteres und Wald-Schaumkraut, Milzkrautarten, Rispen-Segge und Riesen-Schachtelhalm typisch. Kalktuffquellen werden durch Tuffmoose geprägt.

2.3 Altwässer einschließlich der Ufervegetation

Altwässer sind natürlich oder künstlich abgetrennte ehemalige Flussstrecken, die als dauernd oder regelmäßig über längere Zeit wasserführende Gewässer unmittelbar oder mittelbar mit dem Abflussregime eines Flusses (z.B. bei Hochwasser) verbunden sind.

Altarme stehen als ehemalige Flussstrecken dauernd einseitig (oder beidseitig, dann jedoch nicht dauernd durchströmt) mit dem Fließgewässer in Verbindung.

Typische Merkmale der Vegetation:

Durch Auflandungen (Geschiebe- und Schwebstoffablagerungen bei Überschwemmungen) und Verlandungen (Ablagerungen abgestorbener organischer Substanzen, die im Altwasser erzeugt wurden) entsteht eine deutliche Zonierung der Vegetation, die von Unterwasserrasen, Laichkraut- und Schwimmblattpflanzen, Röhrichten und Seggenrieden bis zu Bruchwäldern reicht (vgl. 1.4, 2.6, 4.1).

2.4 Torfstiche einschließlich der Ufervegetation

Torfstiche sind ständig oder zeitweilig wasserführende, unbewaldete Torfentnahmestellen mit gewöhnlich regelmäßigen Formen, die auf menschliche Tätigkeiten in verschiedenen Zeiträumen zurückzuführen sind. Zu unterscheiden sind:

– Handtorfstiche, die über mehrere Jahrhunderte angelegt wurden und kleine flache Abgrabungen hinterließen, die sich heute in einem fortgeschrittenen Verlandungsstadium befinden,
– weitaus größere und tiefere Maschinentorfstiche, die insbesondere in der zweiten Hälfte des 19. Jahrhunderts, nach den beiden Weltkriegen sowie örtlich in den siebziger Jahren erschlossen wurden und
– maschinelle Flachabtorfungen insbesondere in den Regenmooren, die u.a. für gärtnerische Zwecke bis in die Gegenwart betrieben werden.

Torfstiche unterliegen dem gesetzlichen Schutz, wenn eine moor- oder kleingewässertypische Vegetation dominiert (vgl. 1.1, 2.5).

Mindestgrößen:

Regenerierte Torfstiche: 25 m² (vgl. 2.5)

Regenerierte Flachabtorfungsbereiche: 1 000 m² (vgl. 1.1)

Typische Merkmale der Vegetation:

Handtorfstiche weisen in ihren verschiedenen Verlandungsstadien alle Übergänge von Schwingrasengesellschaften über Großseggenriede, Weidengebüsche bis zu Erlenbruchwäldern auf (vgl. 1.1, 1.4, 4.1).

Aufgelassene Maschinentorfstiche, die häufig auch mit einem Fließgewässer in Verbindung stehen, sind meist von einem schmalen Erlen-Birkensaum umgeben. Je nach Tiefe ist die Unterwasservegetation unterschiedlich ausgeprägt. Bei etwas flacheren Torfstichen sind z.B. Krebsscheren- und Seerosenbestände typisch (vgl. 2.6).

Aufgelassene, flach abgetorfte Flächen der Regenmoore sind, eine entsprechende Wasserführung vorausgesetzt, nur bei einer flächenhaften Wiederbesiedlung mit typischen Moorpflanzen, wie z.B. Torfmoosen und Wollgras, besonders geschützt (vgl. 1.1).

2.5 Stehende Kleingewässer einschließlich der Ufervegetation

Hierunter fallen Stillgewässer bis zu 1 ha Wasserfläche, die natürlich (Weiher) oder aufgrund der Tätigkeit des Menschen (Teiche, Abgrabungsgewässer) entstanden sind. Auch zeitweilig trockenfallende Kleingewässer (Tümpel) sind besonders geschützt. Künstlich entstandene Stillgewässer sind geschützte Biotope, wenn sie sich aufgrund von Nutzungsaufgabe oder nur extensiver Nutzung naturnah entwickelt haben. Der gewerblichen Fischerei dienende Teiche sind keine geschützten Biotope, es sei denn, sie wurden über 30 Jahre nicht mehr zu diesem Zweck genutzt und haben sich naturnah entwickelt.

Kennzeichen für den naturnahen Zustand sind naturnahe Uferstrukturen, in der Regel mit typischer Verlandungsvegetation. Darüber hinaus kann auch eine artenreiche Fauna, z.B. von Amphibien und Libellen, als Kriterium für die Naturnähe herangezogen werden.

Es ergeben sich Überschneidungen mit Söllen, Torfstichen und Altwässern (vgl. 1.3, 2.3, 2.4).

Mindestgröße: 25 m²

Typische Merkmale der Vegetation:
Naturnahe stehende Kleingewässer sind meist durch artenreiche Röhricht-, Schwimmblatt- oder Unterwasservegetation gekennzeichnet, können aber auch durch Nährstoffarmut oder Beschattung bedingt vegetationsarm sein.
Besonders verbreitet sind Schwimmblattgesellschaften mit Wasserlinsen-, Wasserstern- und Laichkrautarten.

2.6 Verlandungsbereiche stehender Gewässer
Der Begriff umfasst den Lebensraum der Randzonen von Stillgewässern, in denen natürliche Verlandungsprozesse ablaufen, einschließlich ihrer Anfangs- und Endstadien. Ihre Begrenzung ist landwärts die Grenze der grundwassernahen organischen Bodenbildung oder, soweit diese nicht oder noch nicht ausgebildet ist, das Ende der ufertypischen Pflanzengesellschaften.
Wasserwärts kann der Verlandungsbereich abhängig von der submersen Vegetation bis in mehrere Meter Wassertiefe reichen; bei flacheren Gewässern umfasst er den gesamten Wasserkörper.
Typische Merkmale der Vegetation:
Im Verlandungsbereich sind insbesondere Unterwasserrasen, Laichkrautgesellschaften, Wasserlinsen- und Seerosengesellschaften, Schwingrasen, Röhrichte, Seggenriede, Hochstaudenfluren, Gebüsche und Bruchwälder typisch (vgl. 1.2, 1.4, 4.1).
Bei entsprechender extensiver landwirtschaftlicher Nutzung der Uferzonen treten z.B. Kohldistel-, Pfeifengras- und Sumpfdotterblumenwiesen auf (vgl. 1.5).

3 Trockenbiotope

3.1 Zwergstrauch- und Wacholderheiden
Von Zwergsträuchern, namentlich Heidekrautgewächsen, dominierte mehrjährige Pflanzenformationen, zum Teil mit eingestreuten Wacholderbüschen, meist auf bodensauren, kalk- und nährstoffarmen Sandstandorten. Gehölze können bis zu einem Deckungsgrad von 30 Prozent vorhanden sein.
In Mecklenburg-Vorpommern kommen nur im Küstenbereich natürliche Heiden vor. In anderen Gebieten entstehen sie sekundär durch menschliche Nutzung (Abholzung, Beweidung, Brände, militärische Nutzung). Auch vergraste Alterungs- und Degenerationsstadien der Zwergstrauchheide sind eingeschlossen. Nicht dem gesetzlichen Schutz unterliegen kurzlebige Heiden auf Schlagflächen im Wald.
Mindestgröße: 100 m^2 (bei linearer Ausprägung Mindestbreite: 5 m)
Typische Merkmale der Vegetation:
Trockenheiden: Vom Heidekraut (Besenheide) geprägter Heidetyp auf trockenen, sandigen Standorten, teilweise mit flächenhaftem Bewuchs von Besenginster oder Wacholder („Wacholderheide"). Weitere charakteristische Arten sind z.B. Pillen-Segge, Dreizahn, Habichtskrautarten und Erdflechten sowie Englischer Ginster und Haar-Ginster.
Bei Alterungsstadien kann es auch zur Dominanz von Gräsern (vor allem Drahtschmiele, Schaf-Schwingel) kommen.
Feuchtheiden: Auf anmoorigen, grundwasserbeherrschten Böden, aber auch auf austrocknenden Armmooren, kommen Glocken-Heide, Pfeifengras, Sparrige Binse sowie oft auch Torfmoose herrschend vor.
Krähenbeeren-Heiden: Von Krähenbeere, Besenheide sowie der Kriech-Weide geprägte Pflanzengesellschaft der festgelegten Küstendünen (Grau- bzw. Braundünen) sowie einiger Binnendünenstandorte. Weitere typische Arten sind z.B. Berg-Jasione, Sand-Segge und Habichtskräuter.

3.2 Trocken- und Magerrasen
Trocken- und Magerrasen sind geprägt durch niederwüchsige, ausläufer- und horstbildende Gräser und eine oft artenreiche, buntblühende Krautflora; Gehölze können bis zu einem Deckungsgrad von 30 Prozent eingestreut sein. Magerrasen sind durch Nährstoffarmut oder geringe Nährstoffverfügbarkeit gekennzeichnet. Trockenrasen bilden sich auf wasserdurchlässigen oder flachgründigen und somit trockenen Standorten. Das Substrat kann sehr unterschiedlich sein (Sand, Kies, Lehm, Kreidefelsen). Mager- und Trockenrasen bilden sich ohne Nutzung z.B. an der Küste oder auf in Bewegung befindlichen Binnendünen. Überwiegend entstanden oder entstehen sie aufgrund extensiver Nutzungen (Beweidung oder Mahd ohne Nährstoffzufuhr, militärische Nutzung auf Truppenübungsplätzen) und bedürfen zu ihrer Erhaltung einer Fortführung dieser Nutzungen.
Mindestgröße: 200 m^2 (bei linearer Ausprägung Mindestbreite: 5 m)
Auch Mager- und Trockenrasen, die sich nicht eindeutig einem der unten genannten Typen zuordnen lassen, z.B. ruderalisierte Magerrasen oder Fragmentgesellschaften wie die Straußgrasflur sind besonders geschützte Biotope, wenn sie noch das typische Arteninventar aufweisen und nicht nur kurzlebige Entwicklungsstadien z.B. in Kahlschlagfluren darstellen.

Typische Merkmale der Vegetation:
Silbergrasfluren: Diese Pioniergesellschaft wird geprägt durch Silbergras, Sand-Segge sowie die Charakterarten Bauernsenf und Frühlings-Spergel. Fortgeschrittenere Sukzessionsstadien werden zuweilen durch Erdflechten und Moose geprägt.
Kleinschmielenrasen entwickeln sich häufig in Kontakt zu Silbergrasfluren. Sie können als Nelkenhafer-Gesellschaften, Thymian-Schafschwingel-Gesellschaften oder als Gesellschaft des Schmalblättrigen Rispengrases ausgebildet sein. Typische Pflanzenarten sind z.B.: Nelken-Haferschmiele, Schaf-Schwingel, Sand-Thymian, Schmalrispiges Straußgras und Berg-Jasione.
Grasnelkenfluren: Weitgehend geschlossene, niedrige, blütenreiche Rasen auf verfestigten, etwas humosen Sandböden, vor allem auf Terrassensanden und Binnendünen. Charakteristische Pflanzenarten sind z.B. Grasnelke, Heide-Nelke, Silber-Fingerkraut, Hasen-Klee, Strohblume, Knolliger Hahnenfuß, Ferkelkraut, Echtes Labkraut und Feld-Beifuß.
Für die subkontinental geprägten Fluren sind Rauhblatt-Schwingel, Steppen-Lieschgras und Kartäuser-Nelke typisch.
Borstgrasrasen wachsen auf nährstoffarmen, bodensauren, sandigen bis lehmigen, z.T. auch torfigen Böden mäßig trockener bis wechselfeuchter Standorte. Sie werden geprägt durch das Borstgras.
Für trockene Borstgrasrasen sind z.B. Gemeine Kreuzblume, Hunds-Veilchen, Tüpfel-Hartheu, Habichtskräuter und Blutwurz typisch (Kreuzblumen-Borstgrasrasen).
Die auf sauren Anmoorböden wachsenden, feuchten Borstgrasrasen werden durch Nässezeiger wie Sparrige Binse, Teufelsabbiss, Wiesen-Segge und Sumpf-Veilchen geprägt und kommen häufig im Kontakt zu Feuchtheiden vor (Seggen-Binsen-Borstgrasrasen).
Blauschillergrasfluren sind lockere, niedrige Sandtrockenrasen des subkontinentalen Klimabereiches auf warmen, trockenen, humusarmen, relativ kalkreichen Sandstandorten. Sie werden geprägt durch Blaugrünes Schillergras sowie Sand-Schwingel, Dünen-Schwingel, Leimkraut und Habichtskrautarten. In verarmten Ausbildungen kommt auch der Feld-Beifuß vor.
Kalk-Halbtrockenrasen kommen vor allem auf Rügen und im Randowtal, in floristisch verarmter Form, aber auch an anderen Stellen des jungpleistozänen Tieflandes auf mittelgründigen Lehm- und Kalkverwitterungsböden vor. Kennzeichnende Pflanzenarten sind u.a. Fieder-Zwenke, Gemeiner Wundklee, Saat-Esparsette, Golddistel, Wiesen-Primel, Knolliger Hahnenfuß, Zittergras und Tauben-Skabiose.

3.3 Aufgelassene Kreidebrüche
Kreidebrüche entstehen durch den Abbau von Kreidevorkommen. Durch die bergbauliche Nutzung der Kreide entstehen mehr oder weniger große Hohlformen, von denen ein Teil Wasser führen kann, sowie Rohboden-Schutthalden.
Sobald die Nutzung noch bestehender Kreidebrüche eingestellt wird, sind diese geschützte Biotope, weil auch die vegetationsarmen Anfangsstadien als Lebensraum von z.B. Amphibien und Hautflüglern von Bedeutung sind.
Typische Merkmale der Vegetation:
Je nach Sukzessionsstadium findet man ein vielfältiges Mosaik von Rohböden mit nur spärlicher Vegetation, geprägt durch diverse Mager- und Trockenrasenarten, orchideenreichen Kalk-Halbtrockenrasen und kalkreichen Kleingewässern (z.B. mit Schachtelhalm-Verlandungsfluren und Armleuchteralgen-Rasen sowie Seeverlandungsvegetation). In bereits längere Zeit außer Nutzung befindlichen Kreidebrüchen siedeln sich Gebüsche aus Sal-, Lorbeer- und Grau-Weiden, Birken und Berg-Ahorn an (vgl. 1.4, 2.5, 3.2, 4.2, 4.3).

4 Gehölzbiotope

4.1 Naturnahe Bruch-, Sumpf- und Auwälder
Bruch- und Sumpfwälder sind naturnah zusammengesetzte Wälder auf natürlicherweise nassen Moor- oder Mineralböden einschließlich ihrer Vorwaldstadien. Mäßig entwässerte Bruch- und Sumpfwälder auf grundwasserbeherrschten Böden gelten als gesetzlich geschützt, soweit in der Krautschicht noch typische feuchteanzeigende Pflanzenarten dominieren (vgl. 1.1, 1.2).
Auwälder umfassen zum einen Bestände, die auf mineralischen Auenböden im Überflutungsbereich großer Fließgewässer stocken und der Dynamik des zügigen, stark wechselnden Grundwassers (in Mecklenburg-Vorpommern nur im Elbetal und an der Sude vorkommend) unterliegen, sowie zum anderen die entlang von Fließgewässern mit bewegtem Grundwasser in den Flusstalmooren und Bachniederungen vorherrschenden Wälder.
Diese gesetzlich geschützten Biotope wurden in der Vergangenheit überwiegend in verschiedensten Formen forstwirtschaftlich genutzt (z.B. Niederwaldnutzung von Bruchwäldern). Die traditionellen, ordnungsgemäßen forstlichen Bodennutzungen werden durch den gesetzlichen Biotopschutz nicht ausgeschlossen, sofern nicht die Standorteigenschaften, z.B. durch Entwässerungsmaßnahmen, nachhaltig verändert werden.

Bruch-, Sumpf- und Auwälder sind vielfach nur noch in Form von schmalen, fließgewässerbegleitenden Säumen vorhanden, die als dauerbestockte Ufergehölze auch eine besondere Bedeutung für den Gewässerschutz haben (vgl. 2.1).

Mindestgrößen:

Wälder: 5 000 m² (bei fließgewässerbegleitenden Säumen Mindestlänge: 50 m)
Gebüsche: 100 m²

Typische Merkmale der Vegetation:

Bestandsbildende Baumarten der Bruch- und Sumpfwälder sind Moor-Birke, Schwarz-Erle, Esche, Gewöhnliche Traubenkirsche, Kiefer oder Bruch-Weide. Häufige Sträucher sind Grau-Weide, Lorbeer-Weide, Faulbaum, Gagel und Ohr-Weide.

Diese Arten bilden je nach Wasserstufe und Nährstoffversorgung der Böden verschiedene Gesellschaften von Erlen-Bruchwäldern, Birken-Bruchwäldern, Birken-Kiefern-Moorwäldern, Erlenwäldern und Erlen-Eschenwäldern.

Als Vorwaldstadien kommen auch Gebüsche aus den o.g. Gehölzarten vor.

Für die Krautschicht sind z.B. Bitteres Schaumkraut, Breitblättriger Dornfarn, Gemeiner Gilbweiderich, Grau-Segge, Schnabel-Segge, Sumpf-Segge, Ufer-Segge, Winkel-Segge, Großes Hexenkraut, Kohldistel, Quell-Sternmiere, Sumpf-Reitgras, Sumpf-Vergissmeinnicht, Ufer-Wolfstrapp, Wald-Engelwurz, Wald-Simse, Wasser-Schwertlilie und Zungen-Hahnenfuß typisch.

Nicht unter den gesetzlichen Schutz fallen die auf den tiefer entwässerten Moorböden stockenden Eichen-, Buchen- und Kiefern-Moorwälder und die Bestände, in denen die Entwässerungs- und Stickstoffzeiger in der Krautschicht dominieren.

Bei den Auwäldern auf mineralischen Böden werden in Abhängigkeit von der jährlichen Überflutungsdauer Weichholzauen und Hartholzauen unterschieden. Die natürliche Baumartenkombination der Weichholzauen besteht aus verschiedenen Weidenarten (Silberweiden-Auenwälder); Hartholzauen werden durch Stiel-Eiche, Feld-, Berg- und Flatter-Ulme, Esche sowie Ahornarten geprägt (Stieleichen-Ulmen-Auenwälder).

Hartholzauenwälder, die infolge Ausdeichung keiner Überflutung mehr unterliegen und sich in artenreiche Buchenwälder entwickelt haben, unterliegen nicht dem gesetzlichen Schutz.

Die Auwälder in den Flusstalmooren und den Bachniederungen leiten zu den Erlen-Bruchwäldern über, typisch sind verschiedene Ausbildungen der Erlen-Eschenwälder.

4.2 Naturnahe Gebüsche und Wälder trockenwarmer Standorte

Es handelt sich zum Teil um natürliche oder um naturnahe, durch wirtschaftliche Nutzungen wie Waldweide und Niederwaldbewirtschaftung bedingte, meist schwachwüchsige Wälder und Gebüsche aus trockenheitsertragenden und teils wärmebedürftigen Pflanzenarten. Sie stocken meist auf südlich oder westlich exponierten Hängen.

Mindestgröße:

Wälder: 5 000 m²
Gebüsche: 100 m²

Typische Merkmale der Vegetation:

Wälder trockenwarmer Standorte: Auf kalkarmen Böden stocken durch subkontinentales Klima geprägte Haarstrang- und Kuhschellen-Kiefernwälder mit den typischen Arten Berg-Haarstrang, Wiesen-Küchenschelle, Blaugrünes Schillergras, Sand-Thymian und Sand-Nelke. Auf kalkreichen, wärmebegünstigten Steilhängen kommen Orchideen- und Eisbeeren-Buchenwälder vor.

Die gut ausgebildete Strauchschicht wird z.B. von Hartriegel, Alpen-Johannisbeere, Roter Heckenkirsche und teilweise von Wacholder geprägt. In der Krautschicht sind Weiße Schwalbenwurz, Wiesen-Primel, Finger-Segge, Blaugrüne Segge sowie Waldvögleinarten und Braunrote Stendelwurz typisch.

Gebüsche trockenwarmer Standorte: Die Strauchbestände auf trockenen, wärmebegünstigten, meist hängigen Standorten werden durch Schlehe, Hartriegel, Rosenarten und Weißdorn bestimmt.

Oft bestehen Komplexe mit wärmeliebenden Krautsaumgesellschaften und Magerrasen, die ebenfalls besonders geschützt sind (vgl. 3.2).

Zu den Gebüschen trockenwarmer Standorte zählen auch Kriechweiden- und Sanddorngebüsche des Küstenbereiches und Wacholdergebüsche (z.B. Kriechweiden-Wacholdergebüsche der Seeabsenkungsterrassen). Es bestehen Übergänge zu den Zwergstrauch- und Wacholderheiden (vgl. 3.1).

4.3 Naturnahe Feldgehölze

Feldgehölze sind kleinflächige, nicht lineare (vgl. Feldhecken) Baum- und Strauchbestände (bis zu einer Fläche von 2 ha) in der freien Landschaft. Sie sind in der Regel an mindestens drei Seiten von Landwirtschaftsflächen umgeben. Feldgehölze können Überreste eines früheren, längst gerodeten Waldkomplexes sein oder auf einer nicht mehr genutzten Fläche durch natürlichen Aufwuchs oder Pflanzung entstanden sein.

Typische Feldgehölze sind im Inneren waldähnlich, sie besitzen einen ausgeprägten, stabilen Außenmantel aus kurzen, tiefbeasteten Randgehölzen. Geschützte Feldgehölze sind aber auch kleine Baum- und/oder Strauchgruppen in der freien Landschaft ohne diese idealtypische Ausprägung, soweit sie überwiegend aus standortheimischen Gehölzarten bestehen.
Gehölzpflanzungen sind nicht geschützte Biotope, wenn sie einen höheren Anteil (> 50 Prozent) nichtheimischer Baumund Straucharten (z.B. Hybridpappeln, Fichten) enthalten.
Mindestgröße: 100 m^2
Typische Merkmale der Vegetation:
Kennzeichnende Baumarten sind u.a. Stiel-Eiche, Hainbuche, Sand-Birke, Zitter-Pappel, Eberesche, Ulmen-, Linden-, Ahorn- und Wildobstarten, in feuchteren Lagen auch Schwarz-Erle, Moor-Birke, Esche und Weiden (vgl. 4.1). Prägende Sträucher sind u.a. Weißdorn-, Rosen- und Brombeerarten, Hasel, Wald-Geißblatt, Schwarzer Holunder, Hopfen, Pfaffenhütchen und Kreuzdorn.

4.4 Naturnahe Feldhecken
Feldhecken sind lineare, vorwiegend aus Sträuchern aufgebaute Gehölze in der freien Landschaft. Sie können von Bäumen durchsetzt (sog. Überhälter) oder auch dominiert werden (Baumhecken). Teil der Feldhecke sind auch die krautigen Säume und am Rande der Hecke abgelagerte Lesesteinhaufen.
Die westmecklenburgischen Knicks (Wallhecken) sind eine Sonderform der Feldhecken. Kennzeichnend ist ein ca. 1 m hoher und ca. 2,5 m breiter Wall aus Erde und Steinen, auf dem Gehölze stocken, die ca. alle zehn Jahre „auf den Stock gesetzt" bzw. umgeknickt, werden. Bei Reddern (Doppelknicks) verläuft links und rechts eines schmalen Feldweges jeweils ein Knick.
Die traditionelle Pflege bleibt im bisher zulässigen Umfang vom gesetzlichen Biotopschutz unberührt.
Keine geschützten Biotope sind monotone, strukturarme Windschutzpflanzungen. In der Regel sind sie durch einen dominierenden Anteil an nichtheimischen Baum- und Straucharten gekennzeichnet. Typisch ist weiterhin auch die Verwendung schnellwachsender Gehölzarten (z.B. Pappelhybriden), so dass die typischen standortheimischen Straucharten weitgehend fehlen.
Mindestlänge: 50 m
Liegen Feldheckenabschnitte maximal 5 m voneinander entfernt, so werden die Längen der einzelnen Abschnitte für die Beurteilung der Mindestlänge zusammengefasst.
Typische Merkmale der Vegetation:
Typische Feldheckenpflanzen sind z.B. Schlehe, Weißdorn, Hasel, Pfaffenhütchen, Schwarzer Holunder, Gewöhnlicher Schneeball, Hecken-Rose und Brombeerarten. Als Überhälter kommen z.B. Ahornarten, Hainbuche, Stiel-Eiche, Wildobstarten und Kiefer vor. Die vorgelagerten Säume bestehen aus meist nitrophilen Staudenfluren.

Anlage 3
(zu § 20 Abs. 2)

Definitionen der gesetzlich geschützten Geotope

Inhaltsübersicht

Vorbemerkungen

1. Geotope stellen erdgeschichtliche Bildungen der unbelebten Natur dar, die Erkenntnisse über die Entwicklung der Erde oder des früheren Lebens auf der Erde vermitteln. Geotope umfassen Gesteine, Fossilien, Landschaftsformen und Quellbildungen. Geotope gleicher Genese werden zu Geotoptypen zusammengefasst.
2. Gesetzlich geschützt sind diejenigen Geotope, die sich durch ihre besondere erdgeschichtliche Bedeutung, Seltenheit oder Eigenart auszeichnen. Für Wissenschaft, Forschung und Lehre sind sie Dokumente von besonderem Wert. Sie lassen sich aufgrund ihrer besonderen Eigenschaften von der Umgebung klar abgrenzen.
3. Zwischen Geotopen und Biotopen bestehen enge Beziehungen, Geotopschutz und Biotopschutz überlagern sich vielfach. Deshalb unterstehen die folgenden Geotope vorrangig dem gesetzlichen Biotopschutz und werden bereits in Anlage 2 zu § 20 Absatz 1 geführt: Sölle, naturnahe und unverbaute Bach- und Flussabschnitte, aufgelassene Kreidebrüche, Fels- und Steilküsten, Strandwälle, Dünen, marine Block- und Steingründe, Windwattflächen sowie Boddengewässer mit Verlandungsbereichen. Die unter den folgenden Nummern beschriebenen Geotope unterliegen dagegen ausschließlich (vgl. aber Nummer 3.1) dem gesetzlichen Geotopschutz.

1 Glaziale Bildungen

1.1 Findlinge

Ein Findling stellt einen vom Inlandeis transportierten Gesteinsblock dar. Findlinge aus kristallinem und metamorphem Gestein sind gesetzlich geschützt, wenn sie folgende Mindestgrößen entsprechend der naturbedingten Verteilung erreichen:

– nördlich der Endmoräne des Pommerschen Stadiums der Weichseleiszeit (Linie Krakow-Waren-Neustrelitz-Feldberg) und östlich der Linie Rostock-Güstrow: Mindestvolumen von 10 m^3. Dies erfordert zumindest eine Länge von 3,5 m.
– zwischen der Endmoräne des Frankfurter Stadiums (Linie Zarrentin-Schwerin-Parchim-Wredenhagen) und der Endmoräne des Pommerschen Stadiums einerseits sowie nördlich der Pommerschen Endmoräne und westlich der Linie Rostock-Güstrow andererseits: Mindestvolumen von 5 m^3. Dies erfordert zumindest eine Länge von 2,5 m.
– im Altmoränengebiet Südwestmecklenburgs (südlich der Linie Zarrentin-Schwerin-Parchim): Mindestvolumen von 1 m^3. Dies erfordert zumindest eine Länge von 1,5 m.

Findlinge aus Sedimentgesteinen (Kalke, Sandsteine, Quarzite) über 1 m Länge sind generell geschützt. Der Schutz von Findlingen schließt deren Umlagerung im Einzelfall nicht aus.

1.2 Blockpackungen

Blockpackungen stellen natürliche Anreicherungen größerer Geschiebe am Rand des Inlandeises dar. In Mecklenburg-Vorpommern sind noch 13 Vorkommen erhalten und gesetzlich geschützt: drei nahe von Feldberg, je eine bei den Ortschaften Dutzow, Zarrentin, Mankmoos, Marienhof bei Krakow am See, Langhagen, Blücherhof, Laiendorf, Kargow, Freidorf und Sassnitz.
Die Entfernung von Blöcken und Steinen ist untersagt.

1.3 Gesteinsschollen

Gesteinsschollen im glazialgeologischen Sinne stellen Gesteinskörper aus erdgeschichtlich bedeutsamen Schichtenfolgen dar, die durch das Inlandeis vom Untergrund abgelöst und verfrachtet wurden. Lagerstättenabbau ist untersagt. Geringfügiges Abschürfen für wissenschaftliche Zwecke ist gestattet.

1.4 Oser

Oser sind wichtige Zeugen für Spalten des Inlandeises. Das Land Mecklenburg-Vorpommern verfügt aufgrund seiner Lage im jüngsten Gletscherverbreitungsgebiet über einen in Deutschland einmalig vielfältigen Bestand an Osern, die deshalb gesetzlich geschützt sind. Sie treten als bahndammähnliche Hügel und Hügelketten von geringer Breite (30 bis ca. 150 m) und beträchtlicher Länge (in Ausnahmefällen bis 30 km) in Grundmoränengebieten auf. In der Regel heben sie sich von den benachbarten Flächen durch ihre Höhe ab. Flankierende Rinnen (Osgräben) sind Bestandteil des Geotops.
Der Abbau von Kiessand sowie Veränderungen am Relief sind untersagt. Traditionelle landwirtschaftliche Nutzung gilt nicht als nachhaltige Beeinträchtigung.

2 Fluviatile Bildungen

2.1 Trockentäler

Trockentäler sind Oberflächenformen, die am Ende einer Vereisung im Vorfeld des Inlandeises entstanden. Infolge der durch Dauerfrost im Boden gehemmten Versickerung schnitt das oberflächlich abfließende Schmelzwasser Erosionskerben ein, die nach dem Auftauen trocken fielen. Als fossile Oberflächenformen sind die Trockentäler von erdgeschichtlicher Bedeutung und deshalb gesetzlich geschützt.

2.2 Kalktuff-Vorkommen

Kalktuff-Vorkommen entstehen dort, wo Quellen aus kalkreichen Schichten austreten. Der Kalk umkrustet die Vegetation und bildet Bänke von hartem, porösem Kalktuff. Als kleinräumige Geotope von zumeist geringer Standfestigkeit sind sie gesetzlich geschützt.

3 Windablagerungen

3.1 Offene Binnendünen

Offene Binnendünen treten in Heidegebieten als vegetationsarme bis vegetationsfreie, aus Fein- bis Mittelsanden bestehende Höhenzüge auf und sind auch als Biotop gesetzlich geschützt. Die nahezu vegetationsfreien Binnendünen sind im Binnenland der einzige Geotoptyp, an dem gegenwärtig Umlagerungen durch Wind ohne anthropogene Beeinflussung stattfinden.

3.2 Kliffranddünen

Kliffranddünen sind gesetzlich geschützt, wenn sie mindestens eine Höhe von 1 m aufweisen. Sie bilden sich auf höheren Steilufern der Ostseeküste, sofern diese von fein- bis mittelkörnigen Sanden aufgebaut werden. Bei auflandigen Winden werden die Sande aus den Steilufern auf den Kliffrand geweht und mit ständig wechselnder Oberflächenform abgelagert.

4 Marine Bildungen

4.1 Kliffs

Kliffs sind Steilküsten, die zumindest zeitweise dem direkten Einfluss des Meerwassers unterliegen (aktive Kliffs) oder durch natürliche Vorgänge dauerhaft vom Meerwasser getrennt wurden (fossile Kliffs).
Aktive Kliffs sind als Geotope nur dann gesetzlich geschützt, wenn an ihnen

- eine aus mehreren Schichten bestehende stratigraphische Abfolge,
- Vorkommen voreiszeitlicher oder zwischeneiszeitlicher Sedimente oder
- besondere Formen der Lagerungsstörungen

aufgeschlossen sind.
Fossile Kliffs sind durch eine den gesamten Ostseeraum betreffende Meeresausbreitung im Zeitraum 5000 bis 1000 Jahre v. Chr. (Litorina-Transgression) entstanden. Sie blieben dadurch erhalten, dass sich durch Prozesse des Küstenausgleichs Strandwälle vorlagerten (auf dem Darß, auf Mönchgut und auf Usedom).
Als Zeugen für den früheren Verlauf der Ostseeküste sind sie gesetzlich geschützt.

4.2 Haken

Marine Haken bilden sich im Strömungslee von Abtragungsküsten durch Sandverlagerung. Durch die ständig in Umbildung begriffenen, vegetationsfreien Haken werden die Auswirkungen der am Meeresgrund ablaufenden Umlagerangsprozesse auch oberhalb des Meeresspiegels sichtbar.
Eingriffe in die Haken, die die Küstenausgleichsprozesse stören, sind untersagt.

Erläuterungen:

Aus der Summe aller erdgeschichtlichen, vor allem mit der Eiszeit verbundenen Erscheinungsformen an der Landesoberfläche sind neben den Schutzgründen „Landschaftliche Schönheit" oder „Naturschutz" einzelne Zeugen der Eiszeit und Nacheiszeit als Geotope insbesondere deshalb geschützt, weil sie als beispielhafte oder außergewöhnliche unbelebte Naturerscheinungen im Falle der Beeinträchtigung oder Beseitigung nicht reversibel sind. Das Land Mecklenburg-Vorpommern nimmt den größten deutschen Anteil am jüngsten Gletscherverbreitungsgebiet ein und verfügt aufgrund dessen über besonders typisch ausgebildete Hinterlassenschaften der Gletscher. Ihr Schutz ist deshalb eine Verpflichtung über die Landesgrenzen hinaus.

Geotope sind häufig auch als Biotope erfasst oder sie treten gemeinsam in einem Schutzgebiet auf. Die über die bereits vorhandenen Schutzgebiete hinausgehende Flächeninanspruchnahme durch Geotope im Land Mecklenburg-Vorpommern liegt deutlich unter 1 Prozent der Landesfläche und betrifft vor allem die für das Land besonders charakteristischen Geotoptypen Findlinge (Naturdenkmale von punktförmiger Ausdehnung) und Oser (schmale, langgestreckte Schmelzwasserbildungen).

Durch Sand- und Kiesabbau wurden in der Vergangenheit die Oser in ihrer äußeren Form zum Teil beeinträchtigt oder abgebaut und einige große Findlinge wurden zu Bausteinen verarbeitet. Ebenso sind die früher zahlreichen Blockpackungen sowie Gesteinsschollen als Lagerstätten von lokaler Bedeutung (vor allem Tone des Juras und Tertiärs, Kalk der Kreide, warmzeitliche Bildungen) dezimiert worden. Ihr gesetzlicher Schutz soll weitere Verluste verhindern.

Um den Schutz einzelner Findlinge zu gewährleisten, ist im Einzelfall eine Umsetzung vor Ort oder in eine öffentliche Anlage, einen Museumsgarten oder einen Findlingsgarten zugelassen oder ratsam.

Trockentäler sind bisher außerhalb von bestehenden Schutzgebieten nicht bekannt. Ihr Schutz bezieht sich auf die Erhaltung der Form und schließt land- und forstwirtschaftliche Nutzung nicht aus. Dagegen sind die Kalktuffe aufgrund ihrer besonderen Form und wegen ihrer geringen Stabilität vor jeglicher Beeinträchtigung geschützt. Dies gilt auch für Kalktuffe am Kliff von Jasmund, die durch die Brandung umgelagert wurden. Die Kalktuff-Vorkommen haben etwa die Größe eines Naturdenkmals.

Von den offenen Binnendünen als Biotope heben sich die Wanderdünen als Geotope ab, da ihre Entwicklung nicht abgeschlossen ist. Sie beschränken sich auf kleine Areale der Terrassensande im Urstromtal der Elbe sowie in der Ückermünder Heide.

Kliffranddünen sind der ständigen Veränderung unterworfen, da sie vom Wind abhängig sind und durch Küstenrückgang auf natürliche Weise beeinträchtigt werden. Deshalb ist ihr gesetzlicher Schutz auf Standorte beschränkt, wo sie günstige Erhaltungsbedingungen vorfinden. Dies ist nur an Teilen der Kliffs von Fischland, Hiddensee, Wittow, Mönchgut und Usedom gegeben. Kliffranddünen überlagern häufig einen charakteristischen Bodenhorizont (Podsol-Profil).

Da die Fels- und Steilküsten als Biotope weitgehend geschützt sind, bedarf der Geotop Aktives Kliff des gesetzlichen Schutzes nach § 20 Absatz 2 nur dann, wenn die geologischen Verhältnisse von besonderer Bedeutung sind. Sichtbarkeit und gelegentliche Zugänglichkeit für wissenschaftliche Zwecke sind Ziele des Geotopschutzes für erdgeschichtlich wichtige Kliffabschnitte ebenso wie bei vergleichbaren Verhältnissen im Binnenland.

Die fossilen Kliffs sind bewachsen und unterliegen keiner natürlichen Veränderung. In der Regel sind sie Teile von Schutzgebieten. Das gilt auch für die marinen Haken.

Landes-Umweltinformationsgesetz (LUIG M-V)[1)]

Vom 14. Juli 2006 (GVOBl. M-V S. 568)
(GS Meckl.-Vorp. Gl. Nr. 2129-13)

zuletzt geändert durch Art. 4 LU-RechtsbereinigungsG M-V vom 27. Mai 2016 (GVOBl. M-V S. 431)

§ 1 Gesetzeszweck und Anwendungsbereich

(1) Zweck dieses Gesetzes ist es, den rechtlichen Rahmen für den freien Zugang zu Umweltinformationen bei informationspflichtigen Stellen sowie für die Verbreitung dieser Umweltinformationen in Mecklenburg-Vorpommern zu schaffen.

(2) Dieses Gesetz gilt für informationspflichtige Stellen des Landes, der Gemeinden, der Ämter, der Landkreise und der unter ihrer Aufsicht stehenden Körperschaften, Anstalten und Stiftungen des öffentlichen Rechts.

§ 2 Informationspflichtige Stellen

(1) Informationspflichtige Stellen sind

1. die Landesregierung und andere Stellen der öffentlichen Verwaltung. Gremien, die diese Stellen beraten, gelten als Teil der Stelle, die deren Mitglieder beruft. Zu den informationspflichtigen Stellen gehören nicht die
   a) obersten Landesbehörden, soweit und solange sie im Rahmen der Gesetzgebung tätig werden;
   b) Gerichte des Landes, soweit sie nicht Aufgaben der öffentlichen Verwaltung wahrnehmen;
2. natürliche oder juristische Personen des privaten Rechts, soweit sie öffentliche Aufgaben wahrnehmen oder öffentliche Dienstleistungen erbringen, die im Zusammenhang mit der Umwelt stehen, insbesondere solche der umweltbezogenen Daseinsvorsorge, und dabei der Kontrolle einer oder mehrerer der in § 1 Abs. 2 genannten Stellen der öffentlichen Verwaltung unterliegen.

(2) Eine Kontrolle im Sinne des Absatzes 1 Nummer 2 liegt vor, wenn die Voraussetzungen des § 2 Absatz 2 des Umweltinformationsgesetzes gegeben sind und der überwiegende Anteil an der Mehrheit nach dessen Nummer 3 den in § 1 Absatz 2 genannten juristischen Personen des öffentlichen Rechts zuzuordnen ist.

§ 3 Informationszugang, Verbreitung von Umweltinformationen

Für den Zugang zu und die Verbreitung von Umweltinformationen gelten die Vorschriften dieses Gesetzes sowie § 2 Abs. 3 und 4, die §§ 3 bis 5, § 6 Abs. 1, 3 und 4 und die §§ 7 bis 10 des Umweltinformationsgesetzes entsprechend.

§ 4 Rechtsschutz

(1) Gegen eine Entscheidung einer informationspflichtigen Stelle im Sinne des § 2 Abs. 1 Nr. 1 ist ein Widerspruchsverfahren nach den §§ 68 bis 73 der Verwaltungsgerichtsordnung auch dann durchzuführen, wenn die Entscheidung von einer obersten Landesbehörde getroffen worden ist.

(2) Für Streitigkeiten um Ansprüche gegen private informationspflichtige Stellen im Sinne des § 2 Abs. 1 Nr. 2 aufgrund von Vorschriften dieses Gesetzes ist der Verwaltungsrechtsweg gegeben.

§ 5 Koordinierungsgebot bei der Unterrichtung der Öffentlichkeit

(1) Soweit verschiedene informationspflichtige Stellen des Landes nach § 2 in Verbindung mit den §§ 7 und 10 des Umweltinformationsgesetzes aufgrund unterschiedlicher Rechtsvorschriften über die gleichen Umweltinformationen verfügen, sollen sie sich darüber abstimmen, wer die betreffenden Umweltinformationen verbreitet.

(2) Soweit die Verpflichtung zur Verbreitung bestimmter Umweltinformationen nach § 10 des Umweltinformationsgesetzes neben Landesbehörden auch Bundesbehörden trifft, streben die informationspflichtigen Stellen des Landes eine koordinierte Verbreitung an.

§ 6 Kosten

(1) [1]Für die Übermittlung von Umweltinformationen aufgrund dieses Gesetzes werden Kosten erhoben. [2]Das Umweltministerium wird ermächtigt, einzelne Amtshandlungen, für die Verwaltungsge-

1) Verkündet als Art. 1 G v. 14. 7. 2006 (GVOBl. M-V S. 568); Inkrafttreten gem. Art. 6 Abs. 1 dieses G am 29. 7. 2006.

bühren erhoben werden, die Gebührensätze sowie die Auslagen durch Rechtsverordnung zu bestimmen.

(2) Gebühren- und auslagenfrei sind

1. die Erteilung mündlicher und einfacher schriftlicher Auskünfte auch bei Herausgabe von wenigen Duplikaten,
2. die Einsichtnahme in die beantragten Informationen an Ort und Stelle auch bei Herausgabe von wenigen Duplikaten,
3. Maßnahmen und Vorkehrungen zur Unterstützung des Zugangs zu Umweltinformationen nach § 3 dieses Gesetzes und § 7 des Umweltinformationsgesetzes,
4. die Unterrichtung der Öffentlichkeit nach § 3 dieses Gesetzes und § 10 des Umweltinformationsgesetzes,
5. die Ablehnung oder Rücknahme eines Antrags auf Übermittlung von Umweltinformationen sowie Entscheidungen, die die Rücknahme oder den Widerruf von Amtshandlungen nach diesem Gesetz betreffen,
6. die Übermittlung der Ergebnisse der Überwachung der Emissionen nach den §§ 26, 28 und 29 des Bundes-Immissionsschutzgesetzes in der Fassung der Bekanntmachung vom 17. Mai 2013 (BGBl. I S. 1274) in der jeweils geltenden Fassung,
7. der Zugang zu Informationen über Entscheidungen und Ergebnisse im Sinne des § 42 des Kreislaufwirtschaftsgesetzes vom 24. Februar 2012 (BGBl. I S. 212) in der jeweils geltenden Fassung,
8. die Übermittlung der Ergebnisse der Überwachung der Emissionen nach § 8 der Industriekläranlagen-Zulassungs- und Überwachungsverordnung vom 2. Mai 2013 (BGBl. I S. 973, 3756) in der jeweils geltenden Fassung.

(3) Die Gebühren sind auch unter Berücksichtigung des Verwaltungsaufwandes so zu bemessen, dass der Informationszugang nach § 3 wirksam in Anspruch genommen werden kann.

(4) [1]Private informationspflichtige Stellen können für die Übermittlung von Informationen nach diesem Gesetz von der antragstellenden Person Kostenerstattung verlangen. [2]Die Absätze 1 und 2 finden entsprechende Anwendung. [3]Die Höhe der erstattungsfähigen Kosten bemisst sich nach den festgelegten Gebührensätzen für Amtshandlungen von informationspflichtigen Stellen der öffentlichen Verwaltung.

§ 7 Überwachung

(1) Die zuständigen Stellen der öffentlichen Verwaltung, die die Kontrolle im Sinne des § 2 Abs. 2 für das Land, die Gemeinden, die Ämter, die Landkreise und die unter ihrer Aufsicht stehenden Körperschaften, Anstalten und Stiftungen des öffentlichen Rechts ausüben, überwachen die Einhaltung dieses Gesetzes durch private informationspflichtige Stellen im Sinne des § 2 Abs. 1 Nr. 2.

(2) Die informationspflichtigen Stellen nach § 2 Abs. 1 Nr. 2 haben den zuständigen Stellen auf Verlangen alle Informationen herauszugeben, die die Stellen zur Wahrnehmung ihrer Aufgaben nach Absatz 1 benötigen.

(3) Die nach Absatz 1 zuständigen Stellen können gegenüber den informationspflichtigen Stellen nach § 2 Abs. 1 Nr. 2 die zur Einhaltung und Durchführung dieses Gesetzes erforderlichen Maßnahmen ergreifen oder Anordnungen treffen.

(4) Die Landesregierung wird ermächtigt, durch Rechtsverordnung die Aufgaben nach den Absätzen 1 bis 3 abweichend von Absatz 1 auf andere Stellen der öffentlichen Verwaltung zu übertragen.

§ 8 Ordnungswidrigkeiten

(1) Ordnungswidrig handelt, wer vorsätzlich oder fahrlässig einer vollziehbaren Anordnung nach § 7 Abs. 3 zuwiderhandelt.

(2) Die Ordnungswidrigkeit nach Absatz 1 kann mit einer Geldbuße von bis zu 10 000 Euro geahndet werden.

Landesbauordnung Mecklenburg-Vorpommern (LBauO M-V)[1)]

In der Fassung der Bekanntmachung vom 15. Oktober 2015[2)] (GVOBl. M-V S. 344, ber. 2016 S. 28) (GS Meckl.-Vorp. Gl. Nr. 2130-10)

zuletzt geändert durch Art. 1 Viertes ÄndG zur LandesbauO M-V vom 26. Juni 2021 (GVOBl. M-V S. 1033)

Inhaltsübersicht

1) **Amtl. Anm.:** Die Verpflichtung aus der Richtlinie 98/34/EG des Europäischen Parlaments und des Rates vom 22. Juni 1998 über ein Informationsverfahren auf dem Gebiet der Normen und technischen Vorschriften und der Vorschriften für die Dienste der Informationsgesellschaft (ABl. L 204 vom 21.7.1998, S. 37), die zuletzt durch Artikel 26 Absatz 2 der Verordnung (EU) Nr. 1025/2012 des Europäischen Parlaments und des Rates vom 25. Oktober 2012 (ABl. L 316 vom 14.11.2012, S. 12) geändert worden ist, sind beachtet worden.

2) Neubekanntmachung der LBauO M-V v. 18.4.2006 (GVOBl. M-V S. 102) in der ab dem 31.10.2015 geltenden berichtigten Fassung.

Teil 1
Allgemeine Vorschriften

§ 1 Anwendungsbereich

(1) [1]Dieses Gesetz gilt für bauliche Anlagen und Bauprodukte. [2]Es gilt auch für Grundstücke sowie für andere Anlagen und Einrichtungen, an die in diesem Gesetz oder in Vorschriften aufgrund dieses Gesetzes Anforderungen gestellt werden.

(2) Dieses Gesetz gilt nicht für

1. Anlagen des öffentlichen Verkehrs einschließlich Zubehör, Nebenanlagen und Nebenbetrieben, ausgenommen Gebäude,
2. Anlagen, die der Bergaufsicht unterliegen, ausgenommen Gebäude,
3. Rohrleitungsanlagen sowie Leitungen aller Art, ausgenommen in Gebäuden,
4. Kräne und Krananlagen mit Ausnahme der Kranbahnen und Kranfundamente,

5. Schiffe und andere schwimmende Anlagen in Häfen, für die wasserverkehrsrechtliche Regelungen getroffen sind, ausgenommen schwimmende Häuser,
6. Messestände in Messe- und Ausstellungsgebäuden,
7. Regale und Regalanlagen in Gebäuden, soweit sie nicht Teil der Gebäudekonstruktion sind und keine Erschließungsfunktion haben.

§ 2 Begriffe

(1) [1]Bauliche Anlagen sind mit dem Erdboden verbundene, aus Bauprodukten hergestellte Anlagen; eine Verbindung mit dem Boden besteht auch dann, wenn die Anlage durch eigene Schwere auf dem Boden ruht oder auf ortsfesten Bahnen begrenzt beweglich ist oder wenn die Anlage nach ihrem Verwendungszweck dazu bestimmt ist, überwiegend ortsfest benutzt zu werden. [2]Bauliche Anlagen sind auch

1. Aufschüttungen und Abgrabungen,
2. Lagerplätze, Abstellplätze und Ausstellungsplätze,
3. Sport- und Spielflächen,
4. Campingplätze, Wochenendplätze und Zeltplätze,
5. Freizeit- und Vergnügungsparks,
6. Stellplätze für Kraftfahrzeuge,
7. Gerüste,
8. Hilfseinrichtungen zur statischen Sicherung von Bauzuständen,
9. Regale im Freien und Regale, die Teil der Gebäudekonstruktion sind oder Erschließungsfunktion haben,
10. Werbeanlagen (§ 10).

[3]Anlagen sind bauliche Anlagen und sonstige Anlagen und Einrichtungen im Sinne des § 1 Absatz 1 Satz 2.

(2) [1]Gebäude sind selbstständig benutzbare, überdeckte bauliche Anlagen, die von Menschen betreten werden können und geeignet oder bestimmt sind, dem Schutz von Menschen, Tieren oder Sachen zu dienen. [2]Wohngebäude sind Gebäude, die nur Wohnungen und die zugehörigen Garagen und Nebenräume enthalten, darüber hinaus allenfalls Räume für die Berufsausübung freiberuflich oder in ähnlicher Art Tätiger, denen gegenüber die Wohnungen überwiegen müssen.

(3) [1]Gebäude werden in folgende Gebäudeklassen eingeteilt:

1. Gebäudeklasse 1:
   a) freistehende Gebäude mit einer Höhe bis zu 7 m und nicht mehr als zwei Nutzungseinheiten von insgesamt nicht mehr als 400 m^2 und
   b) freistehende land- oder forstwirtschaftlich genutzte Gebäude,
2. Gebäudeklasse 2:
   Gebäude mit einer Höhe bis zu 7 m und nicht mehr als zwei Nutzungseinheiten von insgesamt nicht mehr als 400 m^2,
3. Gebäudeklasse 3:
   sonstige Gebäude mit einer Höhe bis zu 7 m,
4. Gebäudeklasse 4:
   Gebäude mit einer Höhe bis zu 13 m und Nutzungseinheiten mit jeweils nicht mehr als 400 m^2,
5. Gebäudeklasse 5:
   sonstige Gebäude einschließlich unterirdischer Gebäude.

[2]Höhe im Sinne des Satzes 1 ist das Maß der Fußbodenoberkante des höchstgelegenen Geschosses, in dem ein Aufenthaltsraum möglich ist, über der Geländeoberfläche im Mittel. [3]Die Grundflächen der Nutzungseinheiten im Sinne dieses Gesetzes sind die Brutto-Grundflächen; bei der Berechnung der Brutto-Grundflächen nach Satz 1 bleiben Flächen in Kellergeschossen außer Betracht. [4]Wird ein Nebengebäude an ein Gebäude der Gebäudeklasse 1 angebaut, verändert sich die Gebäudeklasse nicht, wenn das Nebengebäude nach § 61 Absatz 1 Nummer 1 Buchstabe a oder b verfahrensfrei ist.

(4) Sonderbauten sind Anlagen und Räume besonderer Art oder Nutzung, die einen der nachfolgenden Tatbestände erfüllen:

1. Hochhäuser (Gebäude mit einer Höhe nach Absatz 3 Satz 2 von mehr als 22 m),
2. bauliche Anlagen mit einer Höhe von mehr als 30 m,

3. Gebäude mit mehr als 1 600 m^2 Grundfläche des Geschosses mit der größten Ausdehnung, ausgenommen Wohngebäude und Garagen,
4. Verkaufsstätten, deren Verkaufsräume und Ladenstraßen eine Grundfläche von insgesamt mehr als 800 m^2 haben,
5. Gebäude mit Räumen, die einer Büro- oder Verwaltungsnutzung dienen und einzeln eine Grundfläche von mehr als 400 m^2 haben,
6. Gebäude mit Räumen, die einzeln für die Nutzung durch mehr als 100 Personen bestimmt sind,
7. Versammlungsstätten
   a) mit Versammlungsräumen, die insgesamt mehr als 200 Besucher fassen, wenn diese Versammlungsräume gemeinsame Rettungswege haben,
   b) im Freien mit Szenenflächen sowie Freisportanlagen jeweils mit Tribünen, die keine Fliegenden Bauten sind und insgesamt mehr als 1000 Besucher fassen,
8. Schank- und Speisegaststätten mit mehr als 40 Gastplätzen in Gebäuden oder mehr als 1000 Gastplätzen im Freien, Beherbergungsstätten mit mehr als zwölf Betten und Spielhallen mit mehr als 150 m^2 Grundfläche,
9. Gebäude mit Nutzungseinheiten zum Zwecke der Pflege oder Betreuung von Personen mit Pflegebedürftigkeit oder Behinderung, deren Selbstrettungsfähigkeit eingeschränkt ist, wenn die Nutzungseinheiten
   a) einzeln für mehr als acht Personen oder
   b) für Personen mit Intensivpflegebedarf bestimmt sind oder
   c) einen gemeinsamen Rettungsweg haben und für insgesamt mehr als zwölf Personen bestimmt sind,
10. Krankenhäuser,
11. sonstige Einrichtungen zur Unterbringung von Personen sowie Wohnheime,
12. Tageseinrichtungen für Kinder, Menschen mit Behinderung und alte Menschen, ausgenommen Tageseinrichtungen einschließlich Tagespflege für nicht mehr als zehn Kinder,
13. Schulen, Hochschulen und ähnliche Einrichtungen,
14. Justizvollzugsanstalten und bauliche Anlagen für den Maßregelvollzug,
15. Camping- und Wochenendplätze,
16. Freizeit- und Vergnügungsparks,
17. Fliegende Bauten, soweit sie einer Ausführungsgenehmigung bedürfen,
18. Regallager mit einer Oberkante Lagerguthöhe von mehr als 7,50 m,
19. bauliche Anlagen, deren Nutzung durch Umgang oder Lagerung von Stoffen mit Explosions- oder erhöhter Brandgefahr verbunden ist,
20. Anlagen und Räume, die in den Nummern 1 bis 19 nicht aufgeführt und deren Art oder Nutzung mit vergleichbaren Gefahren verbunden sind.

(5) Aufenthaltsräume sind Räume, die zum nicht nur vorübergehenden Aufenthalt von Menschen bestimmt oder geeignet sind.

(6) [1]Geschosse sind oberirdische Geschosse, wenn ihre Deckenoberkanten im Mittel mehr als 1,40 m über die Geländeoberfläche hinausragen; im Übrigen sind sie Kellergeschosse. [2]Vollgeschosse sind Geschosse, deren Deckenoberkante im Mittel mehr als 1,40 m über die Geländeoberfläche hinausragt und die über mindestens zwei Drittel ihrer Grundfläche eine lichte Höhe von mindestens 2,30 m haben. [3]Hohlräume zwischen der obersten Decke und der Bedachung, in denen Aufenthaltsräume nicht möglich sind, sind keine Geschosse.

(7) [1]Stellplätze sind Flächen, die dem Abstellen von Kraftfahrzeugen außerhalb der öffentlichen Verkehrsflächen dienen. [2]Garagen sind Gebäude oder Gebäudeteile zum Abstellen von Kraftfahrzeugen. [3]Ausstellungs-, Verkaufs-, Werk- und Lagerräume für Kraftfahrzeuge sind keine Stellplätze oder Garagen.

(8) Feuerstätten sind in oder an Gebäuden ortsfest benutzte Anlagen oder Einrichtungen, die dazu bestimmt sind, durch Verbrennung Wärme zu erzeugen.

(9) Barrierefrei sind bauliche Anlagen, soweit sie für Menschen mit Behinderung in der allgemein üblichen Weise, ohne besondere Erschwernis und grundsätzlich ohne fremde Hilfe zugänglich und nutzbar sind.

(10) Bauprodukte sind

1. Produkte, Baustoffe, Bauteile und Anlagen sowie Bausätze nach Artikel 2 Nummer 2 der Verordnung (EU) Nr. 305/2011 des Europäischen Parlaments und des Rates vom 9. März 2011 zur Festlegung harmonisierter Bedingungen für die Vermarktung von Bauprodukten und zur Aufhebung der Richtlinie 89/106/EWG des Rates (ABl. L 88 vom 4. April 2011, S. 5), die hergestellt werden, um dauerhaft in bauliche Anlagen eingebaut zu werden,
2. aus Produkten, Baustoffen, Bauteilen sowie Bausätzen nach Artikel 2 Nummer 2 der Verordnung (EU) Nr. 305/2011 vorgefertigte Anlagen, die hergestellt werden, um mit dem Erdboden verbunden zu werden

und deren Verwendung sich auf die Anforderungen nach § 3 auswirken kann.

(11) Bauart ist das Zusammenfügen von Bauprodukten zu baulichen Anlagen oder Teilen von baulichen Anlagen.

§ 3 Allgemeine Anforderungen

[1]Anlagen sind so anzuordnen, zu errichten und zu ändern, dass die öffentliche Sicherheit und Ordnung, insbesondere Leben, Gesundheit und die natürlichen Lebensgrundlagen nicht gefährdet werden; dabei sind die Grundanforderungen an Bauwerke nach Anhang I der Verordnung (EU) Nr. 305/2011 zu berücksichtigen. [2]Dies gilt auch für die Beseitigung von Anlagen und bei der Änderung ihrer Nutzung. [3]Anlagen müssen bei ordnungsgemäßer Instandhaltung die allgemeinen Anforderungen des Satzes 1 ihrem Zweck entsprechend angemessen dauerhaft erfüllen und ohne Missstände benutzbar sein.

Teil 2
Das Grundstück und seine Bebauung

§ 4 Bebauung der Grundstücke mit Gebäuden

(1) Gebäude dürfen nur errichtet oder geändert werden, wenn das Grundstück in angemessener Breite an einer befahrbaren öffentlichen Verkehrsfläche liegt oder wenn das Grundstück eine befahrbare, öffentlich-rechtlich gesicherte Zufahrt zu einer befahrbaren öffentlichen Verkehrsfläche hat.

(2) Ein Gebäude auf mehreren Grundstücken ist nur zulässig, wenn öffentlich-rechtlich gesichert ist, dass dadurch keine Verhältnisse eintreten können, die Vorschriften dieses Gesetzes oder aufgrund dieses Gesetzes widersprechen.

§ 5 Zugänge und Zufahrten auf den Grundstücken

(1) [1]Von öffentlichen Verkehrsflächen ist insbesondere für die Feuerwehr ein geradliniger Zu- oder Durchgang zu rückwärtigen Gebäuden zu schaffen; zu anderen Gebäuden ist er zu schaffen, wenn der zweite Rettungsweg dieser Gebäude über Rettungsgeräte der Feuerwehr führt. [2]Zu Gebäuden, bei denen die Oberkante der Brüstung von zum Anleitern bestimmten Fenstern oder Stellen mehr als 8 m über Gelände liegt, ist in den Fällen des Satzes 1 anstelle eines Zu- oder Durchgangs eine Zu- oder Durchfahrt zu schaffen. [3]Ist für die Personenrettung der Einsatz von Hubrettungsfahrzeugen erforderlich, sind die dafür erforderlichen Aufstell- und Bewegungsflächen vorzusehen. [4]Bei Gebäuden, die ganz oder mit Teilen mehr als 50 m von einer öffentlichen Verkehrsfläche entfernt sind, sind Zufahrten oder Durchfahrten nach Satz 2 zu den vor und hinter den Gebäuden gelegenen Grundstücksteilen und Bewegungsflächen herzustellen, wenn sie aus Gründen des Feuerwehreinsatzes erforderlich sind.

(2) [1]Zu- und Durchfahrten, Aufstellflächen und Bewegungsflächen müssen für Feuerwehrfahrzeuge ausreichend befestigt und tragfähig sein; sie sind als solche zu kennzeichnen und ständig frei zu halten; die Kennzeichnung von Zufahrten muss von der öffentlichen Verkehrsfläche aus sichtbar sein. [2]Fahrzeuge dürfen auf den Flächen nach Satz 1 nicht abgestellt werden.

§ 6 Abstandsflächen, Abstände

(1) [1]Vor den Außenwänden von Gebäuden sind Abstandsflächen von oberirdischen Gebäuden freizuhalten. [2]Satz 1 gilt entsprechend für andere Anlagen, von denen Wirkungen wie von Gebäuden ausgehen, gegenüber Gebäuden und Grundstücksgrenzen. [3]Eine Abstandsfläche ist nicht erforderlich vor Außenwänden,

1. die an Grundstücksgrenzen errichtet werden, wenn nach planungsrechtlichen Vorschriften an die Grenze gebaut werden muss oder gebaut werden darf, oder
2. soweit nach der umgebenden Bebauung im Sinne des § 34 Absatz 1 Satz 1 des Baugesetzbuches abweichende Gebäudeabstände zulässig sind.

[4]Für Windenergieanlagen, die im Außenbereich errichtet werden, ist Absatz 1 Satz 2 nicht anzuwenden.

(2) [1]Abstandsflächen sowie Abstände nach § 30 Absatz 2 Nummer 1 und § 32 Absatz 2 müssen auf dem Grundstück selbst liegen. [2]Sie dürfen auch auf öffentlichen Verkehrs-, Grün- und Wasserflächen liegen, jedoch nur bis zu deren Mitte. [3]Abstandsflächen sowie Abstände im Sinne des Satzes 1 dürfen sich ganz oder teilweise auf andere Grundstücke erstrecken, wenn öffentlich-rechtlich gesichert ist, dass sie nicht überbaut werden; Abstandsflächen dürfen auf die auf diesen Grundstücken erforderlichen Abstandsflächen nicht angerechnet werden.

(3) Die Abstandsflächen dürfen sich nicht überdecken; dies gilt nicht für

1. Außenwände, die in einem Winkel von mehr als 75 Grad zueinander stehen,
2. Außenwände zu einem fremder Sicht entzogenen Gartenhof bei Wohngebäuden der Gebäudeklassen 1 und 2,
3. Gebäude und andere bauliche Anlagen, die in den Abstandsflächen zulässig sind.

(4) [1]Die Tiefe der Abstandsfläche bemisst sich nach der Wandhöhe; sie wird senkrecht zur Wand gemessen. [2]Wandhöhe ist das Maß von der Geländeoberfläche bis zum Schnittpunkt der Wand mit der Dachhaut oder bis zum oberen Abschluss der Wand. [3]Die Höhe von Dächern mit einer Neigung von weniger als 70 Grad wird zu einem Drittel der Wandhöhe hinzugerechnet. [4]Andernfalls wird die Höhe des Daches voll hinzugerechnet. [5]Die Sätze 1 bis 4 gelten für Dachaufbauten entsprechend. [6]Das sich ergebende Maß ist H.

(5) [1]Die Tiefe der Abstandsflächen beträgt 0,4 H, mindestens 3 m. [2]In Gewerbe- und Industriegebieten sowie für Antennenanlagen im Außenbereich genügt eine Tiefe von 0,2 H, mindestens 3 m. [3]Vor den Außenwänden von Wohngebäuden der Gebäudeklassen 1 und 2 mit nicht mehr als drei oberirdischen Geschossen genügt als Tiefe der Abstandsfläche 3 m. [4]Werden von einer städtebaulichen Satzung oder einer Satzung nach § 86 Außenwände zugelassen oder vorgeschrieben, vor denen Abstandsflächen größerer oder geringerer Tiefe als nach den Sätzen 1 bis 3 liegen müssten, finden die Sätze 1 bis 3 keine Anwendung, es sei denn, die Satzung ordnet die Geltung dieser Vorschriften an.

(6) Bei der Bemessung der Abstandsflächen bleiben außer Betracht

1. vor die Außenwand vortretende Bauteile wie Gesimse und Dachüberstände,
2. Vorbauten, wenn sie
   a) insgesamt nicht mehr als ein Drittel der Breite der jeweiligen Außenwand in Anspruch nehmen,
   b) nicht mehr als 1,50 m vor diese Außenwand vortreten und
   c) mindestens 2 m von der gegenüberliegenden Nachbargrenze entfernt bleiben,
3. bei Gebäuden an der Grundstücksgrenze die Seitenwände von Vorbauten und Dachaufbauten, auch wenn sie nicht an der Grundstücksgrenze errichtet werden.

(7) [1]Bei der Bemessung der Abstandsflächen bleiben Maßnahmen zum Zwecke der Energieeinsparung und Solaranlagen an bestehenden Gebäuden, unabhängig davon, ob diese den Anforderungen der Absätze 2 bis 6 entsprechen, außer Betracht, wenn sie

1. eine Stärke von nicht mehr als 0,25 m aufweisen und
2. mindestens 2,50 m von der Nachbargrenze zurückbleiben.

[2]§ 67 Absatz 1 Satz 1 bleibt unberührt.

(8) [1]In den Abstandsflächen eines Gebäudes sowie ohne eigene Abstandsflächen sind, auch wenn sie nicht an die Grundstücksgrenze oder an das Gebäude angebaut werden, zulässig

1. Garagen und Gebäude ohne Aufenthaltsräume und ohne Feuerstätten mit einer mittleren Wandhöhe bis zu 3 m und einer Gesamtlänge je Grundstücksgrenze von 9 m,
2. gebäudeunabhängige Solaranlagen mit einer Höhe bis zu 3 m und einer Gesamtlänge je Grundstücksgrenze von 9 m,
3. Stützmauern und geschlossene Einfriedungen in Gewerbe- und Industriegebieten, außerhalb dieser Baugebiete mit einer Höhe bis zu 2 m.

[2]Die Länge der die Abstandsflächentiefe gegenüber den Grundstücksgrenzen nicht einhaltenden Bebauung nach den Nummern 1 und 2 darf auf einem Grundstück insgesamt 15 m nicht überschreiten.

§ 7 Teilung von Grundstücken

(1) Durch die Teilung eines Grundstücks, das bebaut oder dessen Bebauung genehmigt ist, dürfen keine Verhältnisse geschaffen werden, die Vorschriften dieses Gesetzes oder aufgrund dieses Gesetzes widersprechen.

(2) Soll bei einer Teilung nach Absatz 1 von Vorschriften dieses Gesetzes oder aufgrund dieses Gesetzes abgewichen werden, ist § 67 entsprechend anzuwenden.

§ 8 Nicht überbaute Flächen der bebauten Grundstücke, Kinderspielplätze

(1) [1]Die nicht mit Gebäuden oder vergleichbaren baulichen Anlagen überbauten Flächen der bebauten Grundstücke sind

1. wasseraufnahmefähig zu belassen oder herzustellen und
2. zu begrünen oder zu bepflanzen,

soweit dem nicht die Erfordernisse einer anderen zulässigen Verwendung der Flächen entgegenstehen. [2]Satz 1 findet keine Anwendung, soweit Bebauungspläne oder andere Satzungen Festsetzungen zu den nicht überbauten Flächen treffen.

(2) [1]Bei der Errichtung von Gebäuden mit mehr als drei Wohnungen ist auf dem Baugrundstück oder in unmittelbarer Nähe auf einem anderen geeigneten Grundstück, dessen dauerhafte Nutzung für diesen Zweck öffentlich-rechtlich gesichert sein muss, ein ausreichend großer Spielplatz für Kleinkinder anzulegen. [2]Dies gilt nicht, wenn in unmittelbarer Nähe eine Gemeinschaftsanlage oder ein sonstiger für die Kinder nutzbarer Spielplatz geschaffen wird oder vorhanden oder ein solcher Spielplatz wegen der Art und der Lage der Wohnung nicht erforderlich ist. [3]Bei bestehenden Gebäuden nach Satz 1 kann die Herstellung von Spielplätzen für Kleinkinder verlangt werden, wenn dies die Gesundheit und der Schutz der Kinder erfordern.

Teil 3
Bauliche Anlagen

Abschnitt 1
Gestaltung

§ 9 Gestaltung

[1]Bauliche Anlagen müssen nach Form, Maßstab, Verhältnis der Baumassen und Bauteile zueinander, Werkstoff und Farbe so gestaltet sein, dass sie nicht verunstaltet wirken. [2]Bauliche Anlagen dürfen das Straßen-, Orts- und Landschaftsbild nicht verunstalten.

§ 10 Anlagen der Außenwerbung, Warenautomaten

(1) [1]Anlagen der Außenwerbung (Werbeanlagen) sind alle ortsfesten Einrichtungen, die der Ankündigung oder Anpreisung oder als Hinweis auf Gewerbe oder Beruf dienen und vom öffentlichen Verkehrsraum aus sichtbar sind. [2]Hierzu zählen insbesondere Schilder, Beschriftungen, Bemalungen, Lichtwerbungen, Schaukästen sowie für Zettelanschläge und Bogenanschläge oder Lichtwerbung bestimmte Säulen, Tafeln und Flächen.

(2) [1]Werbeanlagen dürfen nicht erheblich belästigen, insbesondere nicht durch ihre Größe, Häufung, Lichtstärke oder Betriebsweise. [2]Sie dürfen die der architektonischen Gliederung dienenden Bauteile nicht überschneiden oder verdecken.

(3) [1]Außerhalb der im Zusammenhang bebauten Ortsteile sind Werbeanlagen unzulässig. [2]Ausgenommen sind, soweit in anderen Vorschriften nichts anderes bestimmt ist,

1. Werbeanlagen an der Stätte der Leistung,
2. einzelne Hinweiszeichen an Verkehrsstraßen und Wegabzweigungen, die im Interesse des Verkehrs auf außerhalb der Ortsdurchfahrten liegende Betriebe oder versteckt liegende Stätten aufmerksam machen,
3. Schilder, die Inhaber und Art gewerblicher Betriebe kennzeichnen (Hinweisschilder), wenn sie vor Ortsdurchfahrten auf einer Tafel zusammengefasst sind,
4. Werbeanlagen an und auf Flugplätzen, Sportanlagen und Versammlungsstätten, soweit sie nicht in die freie Landschaft wirken,
5. Werbeanlagen auf Ausstellungs- und Messegeländen.

(4) [1]In Kleinsiedlungsgebieten, Dorfgebieten, reinen und allgemeinen Wohngebieten sind Werbeanlagen nur zulässig an der Stätte der Leistung sowie Anlagen für amtliche Mitteilungen und zur Unterrichtung der Bevölkerung über kirchliche, kulturelle, politische, sportliche und ähnliche Veranstaltungen; die jeweils freie Fläche dieser Anlagen darf auch für andere Werbung verwendet werden. [2]In reinen Wohngebieten darf an der Stätte der Leistung nur mit Hinweisschildern geworben werden. [3]An Haltestellen des öffentlichen Personennahverkehrs können auch andere Werbeanlagen zugelassen werden, soweit diese die Eigenart des Gebiets und das Ortsbild nicht beeinträchtigen.

(5) Die Absätze 1 bis 3 gelten für Warenautomaten entsprechend.

(6) Die Vorschriften dieses Gesetzes sind nicht anzuwenden auf

1. Anschläge und Lichtwerbung an dafür genehmigten Säulen, Tafeln und Flächen,
2. Werbemittel an Zeitungs- und Zeitschriftenverkaufsstellen,
3. Auslagen und Dekorationen in Fenstern und Schaukästen,
4. Wahlwerbung für die Dauer eines Wahlkampfs.

Abschnitt 2

Allgemeine Anforderungen an die Bauausführung

§ 11 Baustelle

(1) Baustellen sind so einzurichten, dass bauliche Anlagen ordnungsgemäß errichtet, geändert oder beseitigt werden können und Gefahren oder vermeidbare Belästigungen nicht entstehen.

(2) [1]Bei Bauarbeiten, durch die unbeteiligte Personen gefährdet werden können, ist die Gefahrenzone abzugrenzen oder durch Warnzeichen zu kennzeichnen. [2]Soweit erforderlich, sind Baustellen mit einem Bauzaun abzugrenzen, mit Schutzvorrichtungen gegen herabfallende Gegenstände zu versehen und zu beleuchten.

(3) Bei der Ausführung nicht verfahrensfreier Bauvorhaben hat der Bauherr an der Baustelle ein Schild, das die Bezeichnung des Bauvorhabens sowie die Namen und Anschriften des Entwurfsverfassers, des Bauleiters und der Unternehmer für den Rohbau enthalten muss, dauerhaft und von der öffentlichen Verkehrsfläche aus sichtbar anzubringen.

(4) Bäume, Hecken und sonstige Bepflanzungen, die aufgrund anderer Rechtsvorschriften zu erhalten sind, müssen während der Bauausführung geschützt werden.

§ 12 Standsicherheit

(1) [1]Jede bauliche Anlage muss im Ganzen und in ihren einzelnen Teilen für sich allein standsicher sein. [2]Die Standsicherheit anderer baulicher Anlagen und die Tragfähigkeit des Baugrundes der Nachbargrundstücke dürfen nicht gefährdet werden.

(2) Die Verwendung gemeinsamer Bauteile für mehrere bauliche Anlagen ist zulässig, wenn öffentlich-rechtlich gesichert ist, dass die gemeinsamen Bauteile bei der Beseitigung einer der baulichen Anlagen bestehen bleiben können.

§ 13 Schutz gegen schädliche Einflüsse

[1]Bauliche Anlagen müssen so angeordnet, beschaffen und gebrauchstauglich sein, dass durch Wasser, Feuchtigkeit, pflanzliche und tierische Schädlinge sowie andere chemische, physikalische oder biologische Einflüsse Gefahren oder unzumutbare Belästigungen nicht entstehen. [2]Baugrundstücke müssen für bauliche Anlagen geeignet sein.

§ 14 Brandschutz

Bauliche Anlagen sind so anzuordnen, zu errichten, zu ändern und in Stand zu halten, dass der Entstehung eines Brandes und der Ausbreitung von Feuer und Rauch (Brandausbreitung) vorgebeugt wird und bei einem Brand die Rettung von Menschen und Tieren sowie wirksame Löscharbeiten möglich sind.

§ 15 Wärme-, Schall-, Erschütterungsschutz

(1) Gebäude müssen einen ihrer Nutzung und den klimatischen Verhältnissen entsprechenden Wärmeschutz haben.

(2) [1]Gebäude müssen einen ihrer Nutzung entsprechenden Schallschutz haben. [2]Geräusche, die von ortsfesten Einrichtungen in baulichen Anlagen oder auf Baugrundstücken ausgehen, sind so zu dämmen, dass Gefahren oder unzumutbare Belästigungen nicht entstehen.

(3) Erschütterungen oder Schwingungen, die von ortsfesten Einrichtungen in baulichen Anlagen oder auf Baugrundstücken ausgehen, sind so zu dämmen, dass Gefahren oder unzumutbare Belästigungen nicht entstehen.

§ 16 Verkehrssicherheit

(1) Bauliche Anlagen und die dem Verkehr dienenden nicht überbauten Flächen von bebauten Grundstücken müssen verkehrssicher sein.

(2) Die Sicherheit und Leichtigkeit des öffentlichen Verkehrs darf durch bauliche Anlagen oder deren Nutzung nicht gefährdet werden.

§ 16a Bauarten

(1) Bauarten dürfen nur angewendet werden, wenn bei ihrer Anwendung die baulichen Anlagen bei ordnungsgemäßer Instandhaltung während einer dem Zweck entsprechenden angemessenen Zeitdauer die Anforderungen dieses Gesetzes oder aufgrund dieses Gesetzes erlassener Vorschriften erfüllen und für ihren Anwendungszweck tauglich sind.

(2) [1]Bauarten, die von Technischen Baubestimmungen nach § 85a Absatz 2 Nummer 2 oder Nummer 3 Buchstabe a wesentlich abweichen oder für die es allgemein anerkannte Regeln der Technik nicht gibt, dürfen bei der Errichtung, Änderung und Instandhaltung baulicher Anlagen nur angewendet werden, wenn für sie

1. eine allgemeine Bauartgenehmigung durch das Deutsche Institut für Bautechnik oder
2. eine vorhabenbezogene Bauartgenehmigung durch die oberste Bauaufsichtsbehörde

erteilt worden ist. [2]§ 18 Absatz 2 bis 7 gilt entsprechend.

(3) [1]Anstelle einer allgemeinen Bauartgenehmigung genügt ein allgemeines bauaufsichtliches Prüfzeugnis für Bauarten, wenn die Bauart nach allgemein anerkannten Prüfverfahren beurteilt werden kann. [2]In einer Technischen Baubestimmung nach § 85a werden diese Bauarten mit der Angabe der maßgebenden technischen Regeln bekannt gemacht. [3]§ 19 Absatz 2 gilt entsprechend.

(4) Wenn Gefahren im Sinne des § 3 nicht zu erwarten sind, kann die oberste Bauaufsichtsbehörde im Einzelfall oder für genau begrenzte Fälle allgemein festlegen, dass eine Bauartgenehmigung nicht erforderlich ist.

(5) [1]Bauarten bedürfen einer Bestätigung ihrer Übereinstimmung mit den Technischen Baubestimmungen nach § 85a Absatz 2, den allgemeinen Bauartgenehmigungen, den allgemeinen bauaufsichtlichen Prüfzeugnissen für Bauarten oder den vorhabenbezogenen Bauartgenehmigungen; als Übereinstimmung gilt auch eine Abweichung, die nicht wesentlich ist. [2]§ 21 Absatz 2 gilt für den Anwender der Bauart entsprechend.

(6) [1]Bei Bauarten, deren Anwendung in außergewöhnlichem Maß von der Sachkunde und Erfahrung der damit betrauten Personen oder von einer Ausstattung mit besonderen Vorrichtungen abhängt, kann in der Bauartgenehmigung oder durch Rechtsverordnung der obersten Bauaufsichtsbehörde vorgeschrieben werden, dass der Anwender über solche Fachkräfte und Vorrichtungen verfügt und den Nachweis hierüber gegenüber einer Prüfstelle nach § 24 Satz 1 Nummer 6 zu erbringen hat. [2]In der Rechtsverordnung können Mindestanforderungen an die Ausbildung, die durch Prüfung nachzuweisende Befähigung und die Ausbildungsstätten einschließlich der Anerkennungsvoraussetzungen gestellt werden.

(7) Für Bauarten, die einer außergewöhnlichen Sorgfalt bei Ausführung oder Instandhaltung bedürfen, kann in der Bauartgenehmigung oder durch Rechtsverordnung der obersten Bauaufsichtsbehörde die Überwachung dieser Tätigkeiten durch eine Überwachungsstelle nach § 24 Satz 1 Nummer 5 vorgeschrieben werden.

Abschnitt 3
Bauprodukte

§ 16b Allgemeine Anforderungen für die Verwendung von Bauprodukten

(1) Bauprodukte dürfen nur verwendet werden, wenn bei ihrer Verwendung die baulichen Anlagen bei ordnungsgemäßer Instandhaltung während einer dem Zweck entsprechenden angemessenen Zeitdauer die Anforderungen dieses Gesetzes oder aufgrund dieses Gesetzes erlassener Vorschriften erfüllen und gebrauchstauglich sind.

(2) Bauprodukte, die in Vorschriften anderer Vertragsstaaten des Abkommens vom 2. Mai 1992 über den Europäischen Wirtschaftsraum genannten technischen Anforderungen entsprechen, dürfen verwendet werden, wenn das geforderte Schutzniveau nach § 3 gleichermaßen dauerhaft erreicht wird.

§ 16c Anforderungen für die Verwendung von CE-gekennzeichneten Bauprodukten

[1]Ein Bauprodukt, das die CE-Kennzeichnung aufgrund der Verordnung (EU) Nr. 305/2011 trägt, darf verwendet werden, wenn die erklärten Leistungen den in diesem Gesetz oder aufgrund dieses Gesetzes erlassenen Vorschriften festgelegten Anforderungen für diese Verwendung entsprechen. [2]Die §§ 17 bis 25 Absatz 1 gelten nicht für Bauprodukte, die die CE-Kennzeichnung aufgrund der Verordnung (EU) Nr. 305/2011 tragen.

§ 17 Verwendbarkeitsnachweise

(1) Ein Verwendbarkeitsnachweis (§§ 18 bis 20) ist für ein Bauprodukt erforderlich, wenn
1. es keine Technische Baubestimmung und keine allgemein anerkannte Regel der Technik gibt,
2. das Bauprodukt von einer Technischen Baubestimmung (§ 85a Absatz 2 Nummer 3) wesentlich abweicht oder
3. eine Rechtsverordnung nach § 85 Absatz 4a es vorsieht.

(2) Ein Verwendbarkeitsnachweis ist nicht erforderlich für ein Bauprodukt,
1. das von einer allgemein anerkannten Regel der Technik abweicht oder
2. das für die Erfüllung der Anforderungen dieses Gesetzes oder aufgrund dieses Gesetzes erlassener Vorschriften nur eine untergeordnete Bedeutung hat.

§ 18 Allgemeine bauaufsichtliche Zulassung

(1) Das Deutsche Institut für Bautechnik erteilt auf Antrag unter den Voraussetzungen des § 17 Absatz 1 eine allgemeine bauaufsichtliche Zulassung für Bauprodukte, wenn deren Verwendbarkeit im Sinne des § 16b Absatz 1 nachgewiesen ist.

(2) [1]Die zur Begründung des Antrags erforderlichen Unterlagen sind beizufügen. [2]Soweit erforderlich, sind Probestücke vom Antragsteller zur Verfügung zu stellen oder durch Sachverständige, die das Deutsche Institut für Bautechnik bestimmen kann, zu entnehmen oder Probeausführungen unter Aufsicht der Sachverständigen herzustellen. [3]§ 69 Absatz 2 gilt entsprechend.

(3) Das Deutsche Institut für Bautechnik kann für die Durchführung der Prüfung die sachverständige Stelle und für Probeausführungen die Ausführungsstelle und Ausführungszeit vorschreiben.

(4) [1]Die allgemeine bauaufsichtliche Zulassung wird widerruflich und für eine bestimmte Frist erteilt, die in der Regel fünf Jahre beträgt. [2]Die Zulassung kann mit Nebenbestimmungen erteilt werden. [3]Sie kann auf in Textform gestelltem Antrag in der Regel um fünf Jahre verlängert werden. [4]§ 73 Absatz 2 Satz 2 gilt entsprechend.

(5) Die Zulassung wird unbeschadet der privaten Rechte Dritter erteilt.

(6) Das Deutsche Institut für Bautechnik macht die von ihm erteilten allgemeinen bauaufsichtlichen Zulassungen nach Gegenstand und wesentlichem Inhalt öffentlich bekannt.

(7) Allgemeine bauaufsichtliche Zulassungen nach dem Recht anderer Länder gelten auch im Land Mecklenburg-Vorpommern.

§ 19 Allgemeines bauaufsichtliches Prüfzeugnis

(1) [1]Bauprodukte, die nach allgemein anerkannten Prüfverfahren beurteilt werden, bedürfen anstelle einer allgemeinen bauaufsichtlichen Zulassung nur eines allgemeinen bauaufsichtlichen Prüfzeugnisses. [2]Dies wird mit der Angabe der maßgebenden technischen Regeln in den Technischen Baubestimmungen nach § 85a bekannt gemacht.

(2) [1]Ein allgemeines bauaufsichtliches Prüfzeugnis wird von einer Prüfstelle nach § 24 Satz 1 Nummer 1 für Bauprodukte nach Absatz 1 erteilt, wenn deren Verwendbarkeit im Sinne des § 16b Absatz 1 nachgewiesen ist. [2]§ 18 Absatz 2 und 4 bis 7 gilt entsprechend. [3]Die Anerkennungsbehörde für Stellen nach § 24 Satz 1 Nummer 1 und § 85 Absatz 4 Nummer 1 kann allgemeine bauaufsichtliche Prüfzeugnisse zurücknehmen oder widerrufen; die §§ 48 und 49 des Landesverwaltungsverfahrensgesetzes finden Anwendung.

§ 20 Nachweis der Verwendbarkeit von Bauprodukten im Einzelfall

[1]Mit Zustimmung der obersten Bauaufsichtsbehörde dürfen unter den Voraussetzungen des § 17 Absatz 1 im Einzelfall Bauprodukte verwendet werden, wenn ihre Verwendbarkeit im Sinne des § 16b

Absatz 1 nachgewiesen ist. [2]Wenn Gefahren im Sinne des § 3 nicht zu erwarten sind, kann die oberste Bauaufsichtsbehörde im Einzelfall erklären, dass ihre Zustimmung nicht erforderlich ist.

§ 21 Übereinstimmungsbestätigung

(1) Bauprodukte bedürfen einer Bestätigung ihrer Übereinstimmung mit den Technischen Baubestimmungen nach § 85a Absatz 2, den allgemeinen bauaufsichtlichen Zulassungen, den allgemeinen bauaufsichtlichen Prüfzeugnissen oder den Zustimmungen im Einzelfall; als Übereinstimmung gilt auch eine Abweichung, die nicht wesentlich ist.

(2) Die Bestätigung der Übereinstimmung erfolgt durch Übereinstimmungserklärung des Herstellers (§ 22).

(3) Die Übereinstimmungserklärung hat der Hersteller durch Kennzeichnung der Bauprodukte mit dem Übereinstimmungszeichen (Ü-Zeichen) unter Hinweis auf den Verwendungszweck abzugeben.

(4) Das Ü-Zeichen ist auf dem Bauprodukt, auf einem Beipackzettel oder auf seiner Verpackung oder, wenn dies Schwierigkeiten bereitet, auf dem Lieferschein oder auf einer Anlage zum Lieferschein anzubringen.

(5) Ü-Zeichen aus anderen Ländern und aus anderen Staaten gelten im Land Mecklenburg-Vorpommern.

§ 22 Übereinstimmungserklärung des Herstellers

(1) Der Hersteller darf eine Übereinstimmungserklärung nur abgeben, wenn er durch werkseigene Produktionskontrolle sichergestellt hat, dass das von ihm hergestellte Bauprodukt den Technischen Baubestimmungen, der allgemeinen bauaufsichtlichen Zulassung, dem allgemeinen bauaufsichtlichen Prüfzeugnis oder der Zustimmung im Einzelfall entspricht.

(2) [1]In den Technischen Baubestimmungen nach § 85a, in den allgemeinen bauaufsichtlichen Zulassungen, in den allgemeinen bauaufsichtlichen Prüfzeugnissen oder in den Zustimmungen im Einzelfall kann eine Prüfung der Bauprodukte durch eine Prüfstelle vor Abgabe der Übereinstimmungserklärung vorgeschrieben werden, wenn dies zur Sicherung einer ordnungsgemäßen Herstellung erforderlich ist. [2]In diesen Fällen hat die Prüfstelle das Bauprodukt daraufhin zu überprüfen, ob es den Technischen Baubestimmungen, der allgemeinen bauaufsichtlichen Zulassung, dem allgemeinen bauaufsichtlichen Prüfzeugnis oder der Zustimmung im Einzelfall entspricht.

(3) [1]In den Technischen Baubestimmungen nach § 85a, in den allgemeinen bauaufsichtlichen Zulassungen oder in den Zustimmungen im Einzelfall kann eine Zertifizierung vor Abgabe der Übereinstimmungserklärung vorgeschrieben werden, wenn dies zum Nachweis einer ordnungsgemäßen Herstellung eines Bauproduktes erforderlich ist. [2]Die oberste Bauaufsichtsbehörde kann im Einzelfall die Verwendung von Bauprodukten ohne Zertifizierung gestatten, wenn nachgewiesen ist, dass diese Bauprodukte den technischen Regeln, Zulassungen, Prüfzeugnissen oder Zustimmungen nach Absatz 1 entsprechen.

(4) Bauprodukte, die nicht in Serie hergestellt werden, bedürfen nur einer Übereinstimmungserklärung nach Absatz 1, sofern nichts anderes bestimmt ist.

§ 23 Zertifizierung

(1) Dem Hersteller ist ein Übereinstimmungszertifikat von einer Zertifizierungsstelle nach § 24 zu erteilen, wenn das Bauprodukt

1. den Technischen Baubestimmungen nach § 85a Absatz 2, der allgemeinen bauaufsichtlichen Zulassung, dem allgemeinen bauaufsichtlichen Prüfzeugnis oder der Zustimmung im Einzelfall entspricht und
2. einer werkseigenen Produktionskontrolle sowie einer Fremdüberwachung nach Maßgabe des Absatzes 2 unterliegt.

(2) [1]Die Fremdüberwachung ist von Überwachungsstellen nach § 24 durchzuführen. [2]Die Fremdüberwachung hat regelmäßig zu überprüfen, ob das Bauprodukt den Technischen Baubestimmungen nach § 85a Absatz 2, der allgemeinen bauaufsichtlichen Zulassung, dem allgemeinen bauaufsichtlichen Prüfzeugnis oder der Zustimmung im Einzelfall entspricht.

§ 24 Prüf-, Zertifizierungs-, Überwachungsstellen

[1]Die oberste Bauaufsichtsbehörde kann eine natürliche oder juristische Person als

1. Prüfstelle für die Erteilung allgemeiner bauaufsichtlicher Prüfzeugnisse (§ 19 Absatz 2),
2. Prüfstelle für die Überprüfung von Bauprodukten vor Bestätigung der Übereinstimmung (§ 22 Absatz 2),
3. Zertifizierungsstelle (§ 23 Absatz 1),
4. Überwachungsstelle für die Fremdüberwachung (§ 23 Absatz 2),
5. Überwachungsstelle für die Überwachung nach § 16a Absatz 7 und § 25 Absatz 2 oder
6. Prüfstelle für die Überprüfung nach § 16a Absatz 6 und § 25 Absatz 1

anerkennen, wenn sie oder die bei ihr Beschäftigten nach ihrer Ausbildung, Fachkenntnis, persönlichen Zuverlässigkeit, ihrer Unparteilichkeit und ihren Leistungen die Gewähr dafür bieten, dass diese Aufgaben den öffentlich-rechtlichen Vorschriften entsprechend wahrgenommen werden, und wenn sie über die erforderlichen Vorrichtungen verfügen. [2]Satz 1 ist entsprechend auf Behörden anzuwenden, wenn sie ausreichend mit geeigneten Fachkräften besetzt und mit den erforderlichen Vorrichtungen ausgestattet sind. [3]Die Anerkennung von Prüf-, Zertifizierungs- und Übenwachungsstellen anderer Länder gilt auch im Land Mecklenburg-Vorpommern.

§ 25 Besondere Sachkunde- und Sorgfaltsanforderungen

(1) [1]Bei Bauprodukten, deren Herstellung in außergewöhnlichem Maß von der Sachkunde und Erfahrung der damit betrauten Personen oder von einer Ausstattung mit besonderen Vorrichtungen abhängt, kann in der allgemeinen bauaufsichtlichen Zulassung, in der Zustimmung im Einzelfall oder durch Rechtsverordnung der obersten Bauaufsichtsbehörde vorgeschrieben werden, dass der Hersteller über solche Fachkräfte und Vorrichtungen verfügt und den Nachweis hierüber gegenüber einer Prüfstelle nach § 24 Satz 1 Nummer 6 zu erbringen hat. [2]In der Rechtsverordnung können Mindestanforderungen an die Ausbildung, die durch Prüfung nachzuweisende Befähigung und die Ausbildungsstätten einschließlich der Anerkennungsvoraussetzungen gestellt werden.

(2) Für Bauprodukte, die wegen ihrer besonderen Eigenschaften oder ihres besonderen Verwendungszweckes einer außergewöhnlichen Sorgfalt bei Einbau, Transport, Instandhaltung oder Reinigung bedürfen, kann in der allgemeinen bauaufsichtlichen Zulassung, in der Zustimmung im Einzelfall oder durch Rechtsverordnung der obersten Bauaufsichtsbehörde die Überwachung dieser Tätigkeiten durch eine Überwachungsstelle nach § 24 Satz 1 Nummer 5 vorgeschrieben werden, soweit diese Tätigkeiten nicht bereits durch die Verordnung (EU) Nr. 305/2011 erfasst sind.

Abschnitt 4

Brandverhalten von Baustoffen und Bauteilen; Wände, Decken, Dächer

§ 26 Allgemeine Anforderungen an das Brandverhalten von Baustoffen und Bauteilen

(1) [1]Baustoffe werden nach den Anforderungen an ihr Brandverhalten unterschieden in
1. nichtbrennbare,
2. schwerentflammbare,
3. normalentflammbare.

[2]Baustoffe, die nicht mindestens normalentflammbar sind (leichtentflammbare Baustoffe) dürfen nicht verwendet werden; dies gilt nicht, wenn sie in Verbindung mit anderen Baustoffen nicht leichtentflammbar sind.

(2) [1]Bauteile werden nach den Anforderungen an ihre Feuerwiderstandsfähigkeit unterschieden in
1. feuerbeständige,
2. hochfeuerhemmende,
3. feuerhemmende;

die Feuerwiderstandsfähigkeit bezieht sich bei tragenden und aussteifenden Bauteilen auf deren Standsicherheit im Brandfall, bei raumabschließenden Bauteilen auf deren Widerstand gegen die Brandausbreitung. [2]Bauteile werden zusätzlich nach dem Brandverhalten ihrer Baustoffe unterschieden in
1. Bauteile aus nichtbrennbaren Baustoffen,
2. Bauteile, deren tragende und aussteifende Teile aus nichtbrennbaren Baustoffen bestehen und die bei raumabschließenden Bauteilen zusätzlich eine in Bauteilebene durchgehende Schicht aus nichtbrennbaren Baustoffen haben,

3. Bauteile, deren tragende und aussteifende Teile aus brennbaren Baustoffen bestehen und die allseitig eine brandschutztechnisch wirksame Bekleidung aus nichtbrennbaren Baustoffen (Brandschutzbekleidung) und Dämmstoffe aus nichtbrennbaren Baustoffen haben,
4. Bauteile aus brennbaren Baustoffen.

3Soweit in diesem Gesetz oder in Vorschriften aufgrund dieses Gesetzes nichts anderes bestimmt ist, müssen
1. Bauteile, die feuerbeständig sein müssen, mindestens den Anforderungen des Satzes 2 Nummer 2,
2. Bauteile, die hochfeuerhemmend sein müssen, mindestens den Anforderungen des Satzes 2 Nummer 3

entsprechen. 4Abweichend von Satz 3 sind andere Bauteile, die feuerbeständig oder hochfeuerhemmend sein müssen, aus brennbaren Baustoffen zulässig, sofern sie den Technischen Baubestimmungen nach § 85a entsprechen. 5Satz 4 gilt nicht für Wände nach § 30 Absatz 3 Satz 1 und Wände nach § 35 Absatz 4 Satz 1 Nummer 1.

§ 27 Tragende Wände, Stützen

(1) 1Tragende und aussteifende Wände und Stützen müssen im Brandfall ausreichend lang standsicher sein. 2Sie müssen
1. in Gebäuden der Gebäudeklasse 5 feuerbeständig,
2. in Gebäuden der Gebäudeklasse 4 hochfeuerhemmend,
3. in Gebäuden der Gebäudeklassen 2 und 3 feuerhemmend

sein. 3Satz 2 gilt
1. für Geschosse im Dachraum nur, wenn darüber noch Aufenthaltsräume möglich sind; § 29 Absatz 4 bleibt unberührt,
2. nicht für Balkone, ausgenommen offene Gänge, die als notwendige Flure dienen.

(2) Im Kellergeschoss müssen tragende und aussteifende Wände und Stützen
1. in Gebäuden der Gebäudeklassen 3 bis 5 feuerbeständig,
2. in Gebäuden der Gebäudeklassen 1 und 2 feuerhemmend

sein.

§ 28 Außenwände

(1) Außenwände und Außenwandteile wie Brüstungen und Schürzen sind so auszubilden, dass eine Brandausbreitung auf und in diesen Bauteilen ausreichend lang begrenzt ist.

(2) 1Nichttragende Außenwände und nichttragende Teile tragender Außenwände müssen aus nichtbrennbaren Baustoffen bestehen; sie sind aus brennbaren Baustoffen zulässig, wenn sie als raumabschließende Bauteile feuerhemmend sind. 2Satz 1 gilt nicht für
1. Türen und Fenster,
2. Fugendichtungen und
3. brennbare Dämmstoffe in nichtbrennbaren geschlossenen Profilen der Außenwandkonstruktionen.

(3) 1Oberflächen von Außenwänden sowie Außenwandbekleidungen müssen einschließlich der Dämmstoffe und Unterkonstruktionen schwerentflammbar sein; Unterkonstruktionen aus normalentflammbaren Baustoffen sind zulässig, wenn die Anforderungen nach Absatz 1 erfüllt sind. 2Balkonbekleidungen, die über die erforderliche Umwehrungshöhe hinaus hochgeführt werden, und mehr als zwei Geschosse überbrückende Solaranlagen an Außenwänden müssen schwerentflammbar sein. 3Baustoffe, die schwerentflammbar sein müssen, in Bauteilen nach Satz 1 Halbsatz 1 und Satz 2 dürfen nicht brennend abfallen oder abtropfen.

(4) 1Bei Außenwandkonstruktionen mit geschossübergreifenden Hohl- oder Lufträumen wie hinterlüfteten Außenwandbekleidungen sind gegen die Brandausbreitung besondere Vorkehrungen zu treffen. 2Satz 1 gilt für Doppelfassaden entsprechend.

(5) 1Die Absätze 2, 3 und 4 Satz 1 gelten nicht für Gebäude der Gebäudeklassen 1 bis 3; Absatz 4 Satz 2 gilt nicht für Gebäude der Gebäudeklassen 1 und 2. 2Abweichend von Absatz 3 sind hinterlüftete Außenwandbekleidungen, die den Technischen Baubestimmungen nach § 85a entsprechen, mit Ausnahme der Dämmstoffe, aus normalentflammbaren Baustoffen zulässig.

§ 29 Trennwände

(1) Trennwände nach Absatz 2 müssen als raumabschließende Bauteile von Räumen oder Nutzungseinheiten innerhalb von Geschossen ausreichend lang widerstandsfähig gegen die Brandausbreitung sein.

(2) Trennwände sind erforderlich

1. zwischen Nutzungseinheiten sowie zwischen Nutzungseinheiten und anders genutzten Räumen, ausgenommen notwendigen Fluren,
2. zum Abschluss von Räumen mit Explosions- oder erhöhter Brandgefahr,
3. zwischen Aufenthaltsräumen und anders genutzten Räumen im Kellergeschoss.

(3) [1]Trennwände nach Absatz 2 Nummer 1 und 3 müssen die Feuerwiderstandsfähigkeit der tragenden und aussteifenden Bauteile des Geschosses haben, jedoch mindestens feuerhemmend sein. [2]Trennwände nach Absatz 2 Nummer 2 müssen feuerbeständig sein.

(4) Die Trennwände nach Absatz 2 sind bis zur Rohdecke, im Dachraum bis unter die Dachhaut zu führen; werden in Dachräumen Trennwände nur bis zur Rohdecke geführt, ist diese Decke als raumabschließendes Bauteil einschließlich der sie tragenden und aussteifenden Bauteile feuerhemmend herzustellen.

(5) Öffnungen in Trennwänden nach Absatz 2 sind nur zulässig, wenn sie auf die für die Nutzung erforderliche Zahl und Größe beschränkt sind; sie müssen feuerhemmende, dicht- und selbstschließende Abschlüsse haben.

(6) Die Absätze 1 bis 5 gelten nicht für Wohngebäude der Gebäudeklassen 1 und 2.

§ 30 Brandwände

(1) Brandwände müssen als raumabschließende Bauteile zum Abschluss von Gebäuden (Gebäudeabschlusswand) oder zur Unterteilung von Gebäuden in Brandabschnitte (innere Brandwand) ausreichend lang die Brandausbreitung auf andere Gebäude oder Brandabschnitte verhindern.

(2) Brandwände sind erforderlich

1. als Gebäudeabschlusswand, ausgenommen von Gebäuden ohne Aufenthaltsräume und ohne Feuerstätten mit nicht mehr als 50 m³ Brutto-Rauminhalt, wenn diese Abschlusswände an oder mit einem Abstand von weniger als 2,50 m gegenüber der Grundstücksgrenze errichtet werden, es sei denn, dass ein Abstand von mindestens 5 m zu bestehenden oder nach den baurechtlichen Vorschriften zulässigen künftigen Gebäuden gesichert ist,
2. als innere Brandwand zur Unterteilung ausgedehnter Gebäude in Abständen von nicht mehr als 40 m,
3. als innere Brandwand zur Unterteilung landwirtschaftlich genutzter Gebäude in Brandabschnitte von nicht mehr als 10 000 m³ Brutto-Rauminhalt,
4. als Gebäudeabschlusswand zwischen Wohngebäuden und angebauten landwirtschaftlich genutzten Gebäuden sowie als innere Brandwand zwischen dem Wohnteil und dem landwirtschaftlich genutzten Teil eines Gebäudes.

(3) [1]Brandwände müssen auch unter zusätzlicher mechanischer Beanspruchung feuerbeständig sein und aus nichtbrennbaren Baustoffen bestehen. [2]Anstelle von Brandwänden sind in den Fällen des Absatzes 2 Nummer 1 bis 3 zulässig

1. für Gebäude der Gebäudeklasse 4 Wände, die auch unter zusätzlicher mechanischer Beanspruchung hochfeuerhemmend sind,
2. für Gebäude der Gebäudeklassen 1 bis 3 hochfeuerhemmende Wände,
3. für Gebäude der Gebäudeklassen 1 bis 3 Gebäudeabschlusswände, die jeweils von innen nach außen die Feuerwiderstandsfähigkeit der tragenden und aussteifenden Teile des Gebäudes, mindestens jedoch feuerhemmende Bauteile, und von außen nach innen die Feuerwiderstandsfähigkeit feuerbeständiger Bauteile haben.

[3]In den Fällen des Absatzes 2 Nummer 4 sind anstelle von Brandwänden feuerbeständige Wände zulässig, wenn der Brutto-Rauminhalt des landwirtschaftlich genutzten Gebäudes oder Gebäudeteils nicht größer als 2000 m³ ist.

(4) [1]Brandwände müssen bis zur Bedachung durchgehen und in allen Geschossen übereinander angeordnet sein. [2]Abweichend davon dürfen anstelle innerer Brandwände Wände geschossweise versetzt angeordnet werden, wenn

1. die Wände im Übrigen Absatz 3 Satz 1 entsprechen,
2. die Decken, soweit sie in Verbindung mit diesen Wänden stehen, feuerbeständig sind, aus nichtbrennbaren Baustoffen bestehen und keine Öffnungen haben,
3. die Bauteile, die diese Wände und Decken unterstützen, feuerbeständig sind und aus nichtbrennbaren Baustoffen bestehen,
4. die Außenwände in der Breite des Versatzes in dem Geschoss oberhalb oder unterhalb des Versatzes feuerbeständig sind und
5. Öffnungen in den Außenwänden im Bereich des Versatzes so angeordnet oder andere Vorkehrungen so getroffen sind, dass eine Brandausbreitung in andere Brandabschnitte nicht zu befürchten ist.

(5) [1]Brandwände sind 0,30 m über die Bedachung zu führen oder in Höhe der Dachhaut mit einer beiderseits 0,50 m auskragenden feuerbeständigen Platte aus nichtbrennbaren Baustoffen abzuschließen; darüber dürfen brennbare Teile des Daches nicht hinweggeführt werden. [2]Bei Gebäuden der Gebäudeklassen 1 bis 3 sind Brandwände mindestens bis unter die Dachhaut zu führen. [3]Verbleibende Hohlräume sind vollständig mit nichtbrennbaren Baustoffen auszufüllen.

(6) Müssen Gebäude oder Gebäudeteile, die über Eck zusammenstoßen, durch eine Brandwand getrennt werden, so muss der Abstand dieser Wand von der inneren Ecke mindestens 5 m betragen; das gilt nicht, wenn der Winkel der inneren Ecke mehr als 120 Grad beträgt oder mindestens eine Außenwand auf 5 m Länge als öffnungslose feuerbeständige Wand aus nichtbrennbaren Baustoffen, bei Gebäuden der Gebäudeklassen 1 bis 4 als öffnungslose hochfeuerhemmende Wand ausgebildet ist.

(7) [1]Bauteile mit brennbaren Baustoffen dürfen über Brandwände nicht hinweggeführt werden. [2]Bei Außenwandkonstruktionen, die eine seitliche Brandausbreitung begünstigen können, wie hinterlüfteten Außenwandbekleidungen oder Doppelfassaden, sind gegen die Brandausbreitung im Bereich der Brandwände besondere Vorkehrungen zu treffen. [3]Außenwandbekleidungen von Gebäudeabschlusswänden müssen einschließlich der Dämmstoffe und Unterkonstruktionen nichtbrennbar sein. [4]Bauteile dürfen in Brandwände nur soweit eingreifen, dass deren Feuerwiderstandsfähigkeit nicht beeinträchtigt wird; für Leitungen, Leitungsschlitze und Schornsteine gilt dies entsprechend.

(8) [1]Öffnungen in Brandwänden sind unzulässig. [2]Sie sind in inneren Brandwänden nur zulässig, wenn sie auf die für die Nutzung erforderliche Zahl und Größe beschränkt sind; die Öffnungen müssen feuerbeständige, dicht- und selbstschließende Abschlüsse haben.

(9) In inneren Brandwänden sind feuerbeständige Verglasungen nur zulässig, wenn sie auf die für die Nutzung erforderliche Zahl und Größe beschränkt sind.

(10) Absatz 2 Nummer 1 gilt nicht für seitliche Wände von Vorbauten im Sinne des § 6 Absatz 6, wenn sie von dem Nachbargebäude oder der Nachbargrenze einen Abstand einhalten, der ihrer eigenen Ausladung entspricht, mindestens jedoch 1 m beträgt.

(11) Die Absätze 4 bis 10 gelten entsprechend auch für Wände, die nach Absatz 3 Satz 2 und 3 anstelle von Brandwänden zulässig sind.

§ 31 Decken

(1) [1]Decken müssen als tragende und raumabschließende Bauteile zwischen Geschossen im Brandfall ausreichend lang standsicher und widerstandsfähig gegen die Brandausbreitung sein. [2]Sie müssen
1. in Gebäuden der Gebäudeklasse 5 feuerbeständig,
2. in Gebäuden der Gebäudeklasse 4 hochfeuerhemmend,
3. in Gebäuden der Gebäudeklassen 2 und 3 feuerhemmend

sein. [3]Satz 2 gilt
1. für Geschosse im Dachraum nur, wenn darüber Aufenthaltsräume möglich sind; § 29 Absatz 4 bleibt unberührt,
2. nicht für Balkone, ausgenommen offene Gänge, die als notwendige Flure dienen.

(2) [1]Im Kellergeschoss müssen Decken
1. in Gebäuden der Gebäudeklassen 3 bis 5 feuerbeständig,
2. in Gebäuden der Gebäudeklassen 1 und 2 feuerhemmend

sein. [2]Decken müssen feuerbeständig sein

1. unter und über Räumen mit Explosions- oder erhöhter Brandgefahr, ausgenommen in Wohngebäuden der Gebäudeklassen 1 und 2,
2. zwischen dem landwirtschaftlich genutzten Teil und dem Wohnteil eines Gebäudes.

(3) Der Anschluss der Decken an die Außenwand ist so herzustellen, dass er den Anforderungen aus Absatz 1 Satz 1 genügt.

(4) Öffnungen in Decken, für die eine Feuerwiderstandsfähigkeit vorgeschrieben ist, sind nur zulässig
1. in Gebäuden der Gebäudeklassen 1 und 2,
2. innerhalb derselben Nutzungseinheit mit nicht mehr als insgesamt 400 m² in nicht mehr als zwei Geschossen,
3. im Übrigen, wenn sie auf die für die Nutzung erforderliche Zahl und Größe beschränkt sind und Abschlüsse mit der Feuerwiderstandsfähigkeit der Decke haben.

§ 32 Dächer

(1) Bedachungen müssen gegen eine Brandbeanspruchung von außen durch Flugfeuer und strahlende Wärme ausreichend lang widerstandsfähig sein (harte Bedachung).

(2) [1]Bedachungen, die die Anforderungen nach Absatz 1 nicht erfüllen, sind zulässig bei Gebäuden der Gebäudeklassen 1 bis 3, wenn die Dächer der Gebäude
1. einen Abstand von der Grundstücksgrenze von mindestens 12 m,
2. von Gebäuden auf demselben Grundstück mit harter Bedachung einen Abstand von mindestens 15 m,
3. von Gebäuden auf demselben Grundstück mit Bedachungen, die die Anforderungen nach Absatz 1 nicht erfüllen, einen Abstand von mindestens 24 m,
4. von Gebäuden auf demselben Grundstück ohne Aufenthaltsräume und ohne Feuerstätten mit nicht mehr als 50 m³ Brutto-Rauminhalt einen Abstand von mindestens 5 m

einhalten. [2]Soweit Dächer der Gebäude nach Satz 1 Abstand halten müssen, genügt bei Wohngebäuden der Gebäudeklassen 1 und 2 in den Fällen
1. der Nummer 1 ein Abstand von mindestens 6 m,
2. der Nummer 2 ein Abstand von mindestens 9 m,
3. der Nummer 3 ein Abstand von mindestens 12 m.

[3]Es dürfen zwei Wohngebäude mit jeweils nur einer Wohnung und mit weicher Bedachung als Doppelhaus aneinandergebaut werden, wenn die Grundstückseigentümer durch Baulast die Verpflichtung übernommen haben, mit weicher Bedachung aneinander zu bauen und das Aneinanderbauen zu dulden; ein solches Doppelhaus gilt im Sinne des Satzes 2 als ein Gebäude.

(3) Die Absätze 1 und 2 gelten nicht für
1. Gebäude ohne Aufenthaltsräume und ohne Feuerstätten mit nicht mehr als 50 m³ Brutto-Rauminhalt,
2. lichtdurchlässige Bedachungen aus nichtbrennbaren Baustoffen; brennbare Fugendichtungen und brennbare Dämmstoffe in nichtbrennbaren Profilen sind zulässig,
3. Dachflächenfenster, Oberlichte und Lichtkuppeln von Wohngebäuden,
4. Eingangsüberdachungen und Vordächer aus nichtbrennbaren Baustoffen,
5. Eingangsüberdachungen aus brennbaren Baustoffen, wenn die Eingänge nur zu Wohnungen führen.

(4) Abweichend von den Absätzen 1 und 2 sind
1. lichtdurchlässige Teilflächen aus brennbaren Baustoffen in Bedachungen nach Absatz 1 und
2. begrünte Bedachungen

zulässig, wenn eine Brandentstehung bei einer Brandbeanspruchung von außen durch Flugfeuer und strahlende Wärme nicht zu befürchten ist oder Vorkehrungen hiergegen getroffen werden.

(5) [1]Dachüberstände, Dachgesimse und Dachaufbauten, lichtdurchlässige Bedachungen, Dachflächenfenster, Lichtkuppeln, Oberlichte und Solaranlagen sind so anzuordnen und herzustellen, dass Feuer nicht auf andere Gebäudeteile und Nachbargrundstücke übertragen werden kann. [2]Von Brandwänden und von Wänden, die anstelle von Brandwänden zulässig sind, müssen mindestens 1,25 m entfernt sein
1. Dachflächenfenster, Oberlichte, Lichtkuppeln und Öffnungen in der Bedachung, wenn diese Wände nicht mindestens 30 cm über die Bedachung geführt sind,

2. Solaranlagen, Dachgauben und ähnliche Dachaufbauten aus brennbaren Baustoffen, wenn sie nicht durch diese Wände gegen Brandübertragung geschützt sind.

(6) [1]Dächer von traufseitig aneinander gebauten Gebäuden müssen als raumabschließende Bauteile für eine Brandbeanspruchung von innen nach außen einschließlich der sie tragenden und aussteifenden Bauteile feuerhemmend sein. [2]Öffnungen in diesen Dachflächen müssen waagerecht gemessen mindestens 2 m von der Brandwand oder der Wand, die anstelle der Brandwand zulässig ist, entfernt sein.

(7) [1]Dächer von Anbauten, die an Außenwände mit Öffnungen oder ohne Feuerwiderstandsfähigkeit anschließen, müssen innerhalb eines Abstands von 5 m von diesen Wänden als raumabschließende Bauteile für eine Brandbeanspruchung von innen nach außen einschließlich der sie tragenden und aussteifenden Bauteile die Feuerwiderstandsfähigkeit der Decken des Gebäudeteils haben, an den sie angebaut werden. [2]Dies gilt nicht für Anbauten an Wohngebäude der Gebäudeklassen 1 bis 3.

(8) Dächer an Verkehrsflächen und über Eingängen müssen Vorrichtungen zum Schutz gegen das Herabfallen von Schnee und Eis haben, wenn dies die Verkehrssicherheit erfordert.

(9) Für vom Dach aus vorzunehmende Arbeiten sind sicher benutzbare Vorrichtungen anzubringen.

Abschnitt 5

Rettungswege, Öffnungen, Umwehrungen

§ 33 Erster und zweiter Rettungsweg

(1) Für Nutzungseinheiten mit mindestens einem Aufenthaltsraum wie Wohnungen, Praxen, selbstständige Betriebsstätten müssen in jedem Geschoss mindestens zwei voneinander unabhängige Rettungswege ins Freie vorhanden sein; beide Rettungswege dürfen jedoch innerhalb des Geschosses über denselben notwendigen Flur führen.

(2) [1]Für Nutzungseinheiten nach Absatz 1, die nicht zu ebener Erde liegen, muss der erste Rettungsweg über eine notwendige Treppe führen. [2]Der zweite Rettungsweg kann eine weitere notwendige Treppe oder eine mit Rettungsgeräten der Feuerwehr erreichbare Stelle der Nutzungseinheit sein. [3]Ein zweiter Rettungsweg ist nicht erforderlich, wenn die Rettung über einen sicher erreichbaren Treppenraum möglich ist, in den Feuer und Rauch nicht eindringen können (Sicherheitstreppenraum).

(3) [1]Gebäude, deren zweiter Rettungsweg über Rettungsgeräte der Feuerwehr führt und bei denen die Oberkante der Brüstung von zum Anleitern bestimmten Fenstern oder Stellen mehr als 8 m über der Geländeoberfläche liegt, dürfen nur errichtet werden, wenn die Feuerwehr über die erforderlichen Rettungsgeräte wie Hubrettungsfahrzeuge verfügt. [2]Bei Sonderbauten ist der zweite Rettungsweg über Rettungsgeräte der Feuerwehr nur zulässig, wenn keine Bedenken wegen der Personenrettung bestehen.

§ 34 Treppen

(1) [1]Jedes nicht zu ebener Erde liegende Geschoss und der benutzbare Dachraum eines Gebäudes müssen über mindestens eine Treppe zugänglich sein (notwendige Treppe). [2]Statt notwendiger Treppen sind Rampen mit flacher Neigung zulässig.

(2) [1]Einschiebbare Treppen und Rolltreppen sind als notwendige Treppen unzulässig. [2]In Gebäuden der Gebäudeklassen 1 und 2 sind einschiebbare Treppen und Leitern als Zugang zu einem Dachraum ohne Aufenthaltsraum zulässig.

(3) [1]Notwendige Treppen sind in einem Zuge zu allen angeschlossenen Geschossen zu führen; sie müssen mit den Treppen zum Dachraum unmittelbar verbunden sein. [2]Dies gilt nicht für Treppen

1. in Gebäuden der Gebäudeklassen 1 bis 3,
2. nach § 35 Absatz 1 Satz 3 Nummer 2.

(4) [1]Die tragenden Teile notwendiger Treppen müssen

1. in Gebäuden der Gebäudeklasse 5 feuerhemmend und aus nichtbrennbaren Baustoffen,
2. in Gebäuden der Gebäudeklasse 4 aus nichtbrennbaren Baustoffen,
3. in Gebäuden der Gebäudeklasse 3 aus nichtbrennbaren Baustoffen oder feuerhemmend

sein. [2]Tragende Teile von Außentreppen nach § 35 Absatz 1 Satz 3 Nummer 3 für Gebäude der Gebäudeklassen 3 bis 5 müssen aus nichtbrennbaren Baustoffen bestehen.

(5) Die nutzbare Breite der Treppenläufe und Treppenabsätze notwendiger Treppen muss für den größten zu erwartenden Verkehr ausreichen.

(6) [1]Treppen müssen einen festen und griffsicheren Handlauf haben. [2]Für Treppen sind Handläufe auf beiden Seiten und Zwischenhandläufe vorzusehen, soweit die Verkehrssicherheit dies erfordert.

(7) Eine Treppe darf nicht unmittelbar hinter einer Tür beginnen, die in Richtung der Treppe aufschlägt; zwischen Treppe und Tür ist ein ausreichender Treppenabsatz anzuordnen.

§ 35 Notwendige Treppenräume, Ausgänge

(1) [1]Jede notwendige Treppe muss zur Sicherstellung der Rettungswege aus den Geschossen ins Freie in einem eigenen, durchgehenden Treppenraum liegen (notwendiger Treppenraum). [2]Notwendige Treppenräume müssen so angeordnet und ausgebildet sein, dass die Nutzung der notwendigen Treppen im Brandfall ausreichend lang möglich ist. [3]Notwendige Treppen sind ohne eigenen Treppenraum zulässig

1. in Gebäuden der Gebäudeklassen 1 und 2,
2. für die Verbindung von höchstens zwei Geschossen innerhalb derselben Nutzungseinheit von insgesamt nicht mehr als 200 m^2, wenn in jedem Geschoss ein anderer Rettungsweg erreicht werden kann,
3. als Außentreppe, wenn ihre Nutzung ausreichend sicher ist und im Brandfall nicht gefährdet werden kann.

(2) [1]Von jeder Stelle eines Aufenthaltsraumes sowie eines Kellergeschosses muss mindestens ein Ausgang in einen notwendigen Treppenraum oder ins Freie in höchstens 35 m Entfernung erreichbar sein. [2]Übereinander liegende Kellergeschosse müssen jeweils mindestens zwei Ausgänge in notwendige Treppenräume oder ins Freie haben. [3]Sind mehrere notwendige Treppenräume erforderlich, müssen sie so verteilt sein, dass sie möglichst entgegengesetzt liegen und dass die Rettungswege möglichst kurz sind.

(3) [1]Jeder notwendige Treppenraum muss einen unmittelbaren Ausgang ins Freie haben. [2]Sofern der Ausgang eines notwendigen Treppenraumes nicht unmittelbar ins Freie führt, muss der Raum zwischen dem notwendigen Treppenraum und dem Ausgang ins Freie

1. mindestens so breit sein wie die dazugehörigen Treppenläufe,
2. Wände haben, die die Anforderungen an die Wände des Treppenraumes erfüllen,
3. rauchdichte und selbstschließende Abschlüsse zu notwendigen Fluren haben und
4. ohne Öffnungen zu anderen Räumen, ausgenommen zu notwendigen Fluren, sein.

(4) [1]Die Wände notwendiger Treppenräume müssen als raumabschließende Bauteile

1. in Gebäuden der Gebäudeklasse 5 die Bauart von Brandwänden haben,
2. in Gebäuden der Gebäudeklasse 4 auch unter zusätzlicher mechanischer Beanspruchung hochfeuerhemmend und
3. in Gebäuden der Gebäudeklasse 3 feuerhemmend

sein. [2]Dies ist nicht erforderlich für Außenwände von Treppenräumen, die aus nichtbrennbaren Baustoffen bestehen und durch andere an diese Außenwände anschließende Gebäudeteile im Brandfall nicht gefährdet werden können. [3]Der obere Abschluss notwendiger Treppenräume muss als raumabschließendes Bauteil die Feuerwiderstandsfähigkeit der Decken des Gebäudes haben; dies gilt nicht, wenn der obere Abschluss das Dach ist und die Treppenraumwände bis unter die Dachhaut reichen.

(5) In notwendigen Treppenräumen und in Räumen nach Absatz 3 Satz 2 müssen

1. Bekleidungen, Putze, Dämmstoffe, Unterdecken und Einbauten aus nichtbrennbaren Baustoffen bestehen,
2. Wände und Decken aus brennbaren Baustoffen eine Bekleidung aus nichtbrennbaren Baustoffen in ausreichender Dicke haben,
3. Bodenbeläge, ausgenommen Gleitschutzprofile, aus mindestens schwerentflammbaren Baustoffen bestehen.

(6) [1]In notwendigen Treppenräumen müssen Öffnungen

1. zu Kellergeschossen, zu nicht ausgebauten Dachräumen, Werkstätten, Läden, Lager- und ähnlichen Räumen sowie zu sonstigen Räumen und Nutzungseinheiten mit einer Fläche von mehr als 200 m^2, ausgenommen Wohnungen, mindestens feuerhemmende, rauchdichte und selbstschließende Abschlüsse,
2. zu notwendigen Fluren rauchdichte und selbstschließende Abschlüsse,
3. zu sonstigen Räumen und Nutzungseinheiten mindestens dicht- und selbstschließende Abschlüsse

haben. [2]Die Feuerschutz- und Rauchschutzabschlüsse dürfen lichtdurchlässige Seitenteile und Oberlichte enthalten, wenn der Abschluss insgesamt nicht breiter als 2,50 m ist.

(7) [1]Notwendige Treppenräume müssen zu beleuchten sein. [2]Notwendige Treppenräume ohne Fenster müssen in Gebäuden mit einer Höhe nach § 2 Absatz 3 Satz 2 von mehr als 13 m eine Sicherheitsbeleuchtung haben.

(8) [1]Notwendige Treppenräume müssen belüftet und zur Unterstützung wirksamer Löscharbeiten entraucht werden können. [2]Sie müssen

1. in jedem oberirdischen Geschoss unmittelbar ins Freie führende Fenster mit einem freien Querschnitt von mindestens 0,50 m^2 haben, die geöffnet werden können, oder
2. an der obersten Stelle eine Öffnung zur Rauchableitung haben.

[3]In den Fällen des Satzes 2 Nummer 1 ist in Gebäuden der Gebäudeklasse 5 an der obersten Stelle eine Öffnung zur Rauchableitung erforderlich; in den Fällen des Satzes 2 Nummer 2 sind in Gebäuden der Gebäudeklassen 4 und 5, soweit dies zur Erfüllung der Anforderungen nach Satz 1 erforderlich ist, besondere Vorkehrungen zu treffen. [4]Öffnungen zur Rauchableitung nach Satz 2 und 3 müssen in jedem Treppenraum einen freien Querschnitt von mindestens 1 m^2 und Vorrichtungen zum Öffnen ihrer Abschlüsse haben, die vom Erdgeschoss sowie vom obersten Treppenabsatz aus bedient werden können.

§ 36 Notwendige Flure, offene Gänge

(1) [1]Flure, über die Rettungswege aus Aufenthaltsräumen oder aus Nutzungseinheiten mit Aufenthaltsräumen zu Ausgängen in notwendige Treppenräume oder ins Freie führen (notwendige Flure), müssen so angeordnet und ausgebildet sein, dass die Nutzung im Brandfall ausreichend lang möglich ist. [2]Notwendige Flure sind nicht erforderlich

1. in Wohngebäuden der Gebäudeklassen 1 und 2,
2. in sonstigen Gebäuden der Gebäudeklassen 1 und 2, ausgenommen in Kellergeschossen,
3. innerhalb von Nutzungseinheiten mit nicht mehr als 200 m^2 und innerhalb von Wohnungen,
4. innerhalb von Nutzungseinheiten, die einer Büro- oder Verwaltungsnutzung dienen, mit nicht mehr als 400 m^2; das gilt auch für Teile größerer Nutzungseinheiten, wenn diese Teile nicht größer als 400 m^2 sind, Trennwände nach § 29 Absatz 2 Nummer 1 haben und jeder Teil unabhängig von anderen Teilen Rettungswege nach § 33 Absatz 1 hat.

(2) [1]Notwendige Flure müssen so breit sein, dass sie für den größten zu erwartenden Verkehr ausreichen. [2]In den Fluren ist eine Folge von weniger als drei Stufen unzulässig.

(3) [1]Notwendige Flure sind durch nichtabschließbare, rauchdichte und selbstschließende Abschlüsse in Rauchabschnitte zu unterteilen. [2]Die Rauchabschnitte sollen nicht länger als 30 m sein. [3]Die Abschlüsse sind bis an die Rohdecke zu führen; sie dürfen bis an die Unterdecke der Flure geführt werden, wenn die Unterdecke feuerhemmend ist. [4]Notwendige Flure mit nur einer Fluchtrichtung, die zu einem Sicherheitstreppenraum führen, dürfen nicht länger als 15 m sein. [5]Satz 1 bis 4 gilt nicht für offene Gänge nach Absatz 5.

(4) [1]Die Wände notwendiger Flure müssen als raumabschließende Bauteile feuerhemmend, in Kellergeschossen, deren tragende und aussteifende Bauteile feuerbeständig sein müssen, feuerbeständig sein. [2]Die Wände sind bis an die Rohdecke zu führen. [3]Sie dürfen bis an die Unterdecke der Flure geführt werden, wenn die Unterdecke feuerhemmend und ein demjenigen nach Satz 1 vergleichbarer Raumabschluss sichergestellt ist. [4]Türen in diesen Wänden müssen dicht schließen; Öffnungen zu Lagerbereichen im Kellergeschoss müssen feuerhemmende, dicht- und selbstschließende Abschlüsse haben.

(5) [1]Für Wände und Brüstungen notwendiger Flure mit nur einer Fluchtrichtung, die als offene Gänge vor den Außenwänden angeordnet sind, gilt Absatz 4 entsprechend. [2]Fenster sind in diesen Außenwänden ab einer Brüstungshöhe von 0,90 m zulässig.

(6) In notwendigen Fluren sowie in offenen Gängen nach Absatz 5 müssen

1. Bekleidungen, Putze, Unterdecken und Dämmstoffe aus nichtbrennbaren Baustoffen bestehen,
2. Wände und Decken aus brennbaren Baustoffen eine Bekleidung aus nichtbrennbaren Baustoffen in ausreichender Dicke haben.

§ 37 Fenster, Türen, sonstige Öffnungen

(1) Können die Fensterflächen nicht gefahrlos vom Erdboden, vom Innern des Gebäudes, von Loggien oder Balkonen aus gereinigt werden, so sind Vorrichtungen wie Aufzüge, Halterungen oder Stangen anzubringen, die eine Reinigung von außen ermöglichen.

(2) [1]Glastüren und andere Glasflächen, die bis zum Fußboden allgemein zugänglicher Verkehrsflächen herabreichen, sind so zu kennzeichnen, dass sie leicht erkannt werden können. [2]Weitere Schutzmaßnahmen sind für größere Glasflächen vorzusehen, wenn dies die Verkehrssicherheit erfordert.

(3) Eingangstüren von Wohnungen, die über Aufzüge erreichbar sein müssen, müssen eine lichte Durchgangsbreite von mindestens 0,90 m haben.

(4) [1]Jedes Kellergeschoss ohne Fenster muss mindestens eine Öffnung ins Freie haben, um eine Rauchableitung zu ermöglichen. [2]Gemeinsame Kellerlichtschächte für übereinander liegende Kellergeschosse sind unzulässig.

(5) [1]Fenster, die als Rettungswege nach § 33 Absatz 2 Satz 2 dienen, müssen im Lichten mindestens 0,90 m x 1,20 m groß und nicht höher als 1,20 m über der Fußbodenoberkante angeordnet sein. [2]Liegen diese Fenster in Dachschrägen oder Dachaufbauten, so darf ihre Unterkante oder ein davor liegender Austritt von der Traufkante horizontal gemessen nicht mehr als 1 m entfernt sein.

§ 38 Umwehrungen

(1) In, an und auf baulichen Anlagen sind zu umwehren oder mit Brüstungen zu versehen:

1. Flächen, die im Allgemeinen zum Begehen bestimmt sind und unmittelbar an mehr als 1 m tiefer liegende Flächen angrenzen; dies gilt nicht, wenn die Umwehrung dem Zweck der Flächen widerspricht,
2. nicht begehbare Oberlichte und Glasabdeckungen in Flächen, die im Allgemeinen zum Begehen bestimmt sind, wenn sie weniger als 0,50 m aus diesen Flächen herausragen,
3. Dächer oder Dachteile, die zum auch nur zeitweiligen Aufenthalt von Menschen bestimmt sind,
4. Öffnungen in begehbaren Decken sowie in Dächern oder Dachteilen nach Nummer 3, wenn sie nicht sicher abgedeckt sind,
5. nicht begehbare Glasflächen in Decken sowie in Dächern oder Dachteilen nach Nummer 3,
6. die freien Seiten von Treppenläufen, Treppenabsätzen und Treppenöffnungen (Treppenaugen),
7. Kellerlichtschächte und Betriebsschächte, die an Verkehrsflächen liegen, wenn sie nicht verkehrssicher abgedeckt sind.

(2) [1]In Verkehrsflächen liegende Kellerlichtschächte und Betriebsschächte sind in Höhe der Verkehrsfläche verkehrssicher abzudecken. [2]An und in Verkehrsflächen liegende Abdeckungen müssen gegen unbefugtes Abheben gesichert sein. [3]Fenster, die unmittelbar an Treppen liegen und deren Brüstung unter der notwendigen Umwehrungshöhe liegen, sind zu sichern.

(3) [1]Fensterbrüstungen von Flächen mit einer Absturzhöhe bis zu 12 m müssen mindestens 0,80 m, von Flächen mit mehr als 12 m Absturzhöhe mindestens 0,90 m hoch sein. [2]Geringere Brüstungshöhen sind zulässig, wenn durch andere Vorrichtungen wie Geländer die nach Absatz 4 vorgeschriebenen Mindesthöhen eingehalten werden.

(4) Andere notwendige Umwehrungen müssen folgende Mindesthöhen haben:

1. Umwehrungen zur Sicherung von Öffnungen in begehbaren Decken und Dächern sowie Umwehrungen von Flächen mit einer Absturzhöhe von 1 m bis zu 12 m — 0,90 m,
2. Umwehrungen von Flächen mit mehr als 12 m Absturzhöhe — 1,10 m.

Abschnitt 6

Technische Gebäudeausrüstung

§ 39 Aufzüge

(1) [1]Aufzüge im Innern von Gebäuden müssen eigene Fahrschächte haben, um eine Brandausbreitung in andere Geschosse ausreichend lang zu verhindern. [2]In einem Fahrschacht dürfen bis zu drei Aufzüge liegen. [3]Aufzüge ohne eigene Fahrschächte sind zulässig

1. innerhalb eines notwendigen Treppenraumes, ausgenommen in Hochhäusern,
2. innerhalb von Räumen, die Geschosse überbrücken,
3. zur Verbindung von Geschossen, die offen miteinander in Verbindung stehen dürfen,
4. in Gebäuden der Gebäudeklassen 1 und 2;

sie müssen sicher umkleidet sein.

(2) [1]Die Fahrschachtwände müssen als raumabschließende Bauteile

1. in Gebäuden der Gebäudeklasse 5 feuerbeständig und aus nichtbrennbaren Baustoffen,
2. in Gebäuden der Gebäudeklasse 4 hochfeuerhemmend,
3. in Gebäuden der Gebäudeklasse 3 feuerhemmend

sein; Fahrschachtwände aus brennbaren Baustoffen müssen schachtseitig eine Bekleidung aus nichtbrennbaren Baustoffen in ausreichender Dicke haben. [2]Fahrschachttüren und andere Öffnungen in Fahrschachtwänden mit erforderlicher Feuerwiderstandsfähigkeit sind so herzustellen, dass die Anforderungen nach Absatz 1 Satz 1 nicht beeinträchtigt werden.

(3) [1]Fahrschächte müssen zu lüften sein und eine Öffnung zur Rauchableitung mit einem freien Querschnitt von mindestens 2,5 vom Hundert der Fahrschachtgrundfläche, mindestens jedoch 0,10 m² haben. [2]Diese Öffnung darf einen Abschluss haben, der im Brandfall selbsttätig öffnet und von mindestens einer geeigneten Stelle aus bedient werden kann. [3]Die Lage der Rauchaustrittsöffnungen muss so gewählt werden, dass der Rauchaustritt durch Windeinfluss nicht beeinträchtigt wird.

(4) [1]Gebäude mit einer Höhe nach § 2 Absatz 3 Satz 2 von mehr als 13 m müssen Aufzüge in ausreichender Zahl haben. [2]Von diesen Aufzügen muss mindestens ein Aufzug Kinderwagen, Rollstühle, Krankentragen und Lasten aufnehmen können und Haltestellen in allen Geschossen haben. [3]Dieser Aufzug muss von allen Wohnungen in dem Gebäude und von der öffentlichen Verkehrsfläche aus stufenlos erreichbar sein. [4]Haltestellen im obersten Geschoss, im Erdgeschoss und in den Kellergeschossen sind nicht erforderlich, wenn sie nur unter besonderen Schwierigkeiten hergestellt werden können.

(5) [1]Fahrkörbe zur Aufnahme einer Krankentrage müssen eine nutzbare Grundfläche von mindestens 1,10 m x 2,10 m, zur Aufnahme eines Rollstuhls von mindestens 1,10 m x 1,40 m haben; Türen müssen eine lichte Durchgangsbreite von mindestens 0,90 m haben. [2]In einem Aufzug für Rollstühle und Krankentragen darf der für Rollstühle nicht erforderliche Teil der Fahrkorbgrundfläche durch eine verschließbare Tür abgesperrt werden. [3]Vor den Aufzügen muss eine ausreichende Bewegungsfläche vorhanden sein.

§ 40 Leitungsanlagen, Installationsschächte und -kanäle

(1) Leitungen dürfen durch raumabschließende Bauteile, für die eine Feuerwiderstandsfähigkeit vorgeschrieben ist, nur hindurchgeführt werden, wenn eine Brandausbreitung ausreichend lang nicht zu befürchten ist oder Vorkehrungen hiergegen getroffen sind; dies gilt nicht

1. für Gebäude der Gebäudeklassen 1 und 2,
2. innerhalb von Wohnungen,
3. innerhalb derselben Nutzungseinheit mit nicht mehr als insgesamt 400 m² in nicht mehr als zwei Geschossen.

(2) In notwendigen Treppenräumen, in Räumen nach § 35 Absatz 3 Satz 2 und in notwendigen Fluren sind Leitungsanlagen nur zulässig, wenn eine Nutzung als Rettungsweg im Brandfall ausreichend lang möglich ist.

(3) Für Installationsschächte und -kanäle gelten Absatz 1 sowie § 41 Absatz 2 Satz 1 und Absatz 3 entsprechend.

§ 41 Lüftungsanlagen

(1) Lüftungsanlagen müssen betriebssicher und brandsicher sein; sie dürfen den ordnungsgemäßen Betrieb von Feuerungsanlagen nicht beeinträchtigen.

(2) [1]Lüftungsleitungen sowie deren Bekleidungen und Dämmstoffe müssen aus nichtbrennbaren Baustoffen bestehen; brennbare Baustoffe sind zulässig, wenn ein Beitrag der Lüftungsleitung zur Brandentstehung und Brandweiterleitung nicht zu befürchten ist. [2]Lüftungsleitungen dürfen raumabschließende Bauteile, für die eine Feuerwiderstandsfähigkeit vorgeschrieben ist, nur überbrücken, wenn eine Brandausbreitung ausreichend lang nicht zu befürchten ist oder wenn Vorkehrungen hiergegen getroffen sind.

(3) Lüftungsanlagen sind so herzustellen, dass sie Gerüche und Staub nicht in andere Räume übertragen.

(4) [1]Lüftungsanlagen dürfen nicht in Abgasanlagen eingeführt werden; die gemeinsame Nutzung von Lüftungsleitungen zur Lüftung und zur Ableitung der Abgase von Feuerstätten ist zulässig, wenn keine

Bedenken wegen der Betriebssicherheit und des Brandschutzes bestehen. [2]Die Abluft ist ins Freie zu führen. [3]Nicht zur Lüftungsanlage gehörende Einrichtungen sind in Lüftungsleitungen unzulässig.

(5) Die Absätze 2 und 3 gelten nicht
1. für Gebäude der Gebäudeklassen 1 und 2,
2. innerhalb von Wohnungen,
3. innerhalb derselben Nutzungseinheit mit nicht mehr als 400 m² in nicht mehr als zwei Geschossen.

(6) Für raumlufttechnische Anlagen und Warmluftheizungen gelten die Absätze 1 bis 5 entsprechend.

§ 42 Feuerungsanlagen, sonstige Anlagen zur Wärmeerzeugung, Brennstoffversorgung

(1) Feuerstätten und Abgasanlagen (Feuerungsanlagen) müssen betriebssicher und brandsicher sein.

(2) Feuerstätten dürfen in Räumen nur aufgestellt werden, wenn nach der Art der Feuerstätte und nach Lage, Größe, baulicher Beschaffenheit und Nutzung der Räume Gefahren nicht entstehen.

(3) [1]Abgase von Feuerstätten sind durch Abgasleitungen, Schornsteine und Verbindungsstücke (Abgasanlagen) so abzuführen, dass keine Gefahren oder unzumutbaren Belästigungen entstehen. [2]Abgasanlagen sind in solcher Zahl und Lage und so herzustellen, dass die Feuerstätten des Gebäudes ordnungsgemäß angeschlossen werden können. [3]Sie müssen leicht gereinigt werden können.

(4) [1]Behälter und Rohrleitungen für brennbare Gase und Flüssigkeiten müssen betriebssicher und brandsicher sein. [2]Diese Behälter sowie feste Brennstoffe sind so aufzustellen oder zu lagern, dass keine Gefahren oder unzumutbaren Belästigungen entstehen.

(5) Für die Aufstellung von ortsfesten Verbrennungsmotoren, Blockheizkraftwerken, Brennstoffzellen und Verdichtern sowie die Ableitung ihrer Verbrennungsgase gelten die Absätze 1 bis 3 entsprechend.

§ 43 Sanitäre Anlagen, Wasserzähler

(1) Fensterlose Bäder und Toiletten sind nur zulässig, wenn eine wirksame Lüftung gewährleistet ist.

(2) [1]Jede Wohnung muss einen eigenen Wasserzähler haben. [2]Dies gilt nicht bei Nutzungsänderungen, wenn die Anforderung nach Satz 1 nur mit unverhältnismäßigem Mehraufwand erfüllt werden kann.

§ 44 Kleinkläranlagen, Gruben

[1]Kleinkläranlagen und Gruben müssen wasserdicht und ausreichend groß sein. [2]Sie müssen eine dichte und sichere Abdeckung sowie Reinigungs- und Entleerungsöffnungen haben. [3]Diese Öffnungen dürfen nur vom Freien aus zugänglich sein. [4]Die Anlagen sind so zu entlüften, dass Gesundheitsschäden oder unzumutbare Belästigungen nicht entstehen. [5]Die Zuleitungen zu Abwasserentsorgungsanlagen müssen geschlossen, dicht, und, soweit erforderlich, zum Reinigen eingerichtet sein.

§ 45 Aufbewahrung fester Abfallstoffe

Feste Abfallstoffe dürfen innerhalb von Gebäuden vorübergehend aufbewahrt werden, in Gebäuden der Gebäudeklassen 3 bis 5 jedoch nur, wenn die dafür bestimmten Räume
1. Trennwände und Decken als raumabschließende Bauteile mit der Feuerwiderstandsfähigkeit der tragenden Wände und
2. Öffnungen vom Gebäudeinnern zum Aufstellraum mit feuerhemmenden, dicht- und selbstschließenden Abschlüssen haben,
3. unmittelbar vom Freien entleert werden können und
4. eine ständig wirksame Lüftung haben.

§ 46 Schutzanlagen

(1) Bauliche Anlagen, bei denen nach Lage, Bauart oder Nutzung Blitzschlag leicht eintreten oder zu schweren Folgen führen kann, sind mit dauernd wirksamen Blitzschutzanlagen zu versehen.

(2) [1]Windenergieanlagen, die nach dem 30. Dezember 2017 genehmigt werden und aufgrund luftfahrtrechtlicher Bestimmungen einer Nachtkennzeichnung bedürfen, sind mit einer bedarfsgesteuerten, dem Stand der Technik entsprechenden Nachteinschaltvorrichtung zu versehen, die nur bei der Annäherung eines Luftfahrzeugs aktiviert wird (bedarfsgesteuerte Nachtkennzeichnung), soweit dies nicht luftfahrtrechtliche Bestimmungen oder luftfahrtbehördliche Anordnungen im Einzelfall ausschließen. [2]Bei Vorhaben mit weniger als fünf neuen Windenergieanlagen kann auf Antrag des Bauherrn diese Verpflichtung abgelöst werden. [3]Die Verpflichtung zur bedarfsgesteuerten Nachtkennzeichnung besteht auch, wenn mehrere Vorhaben, die gleichzeitig von demselben oder mehreren Trägern verwirklicht werden sollen und in einem engen räumlichen und betrieblichen Zusammenhang

stehen (kumulierende Vorhaben), zusammen mehr als vier Windenergieanlagen umfassen. [4]Ein enger räumlicher und betrieblicher Zusammenhang ist gegeben, wenn die Anlagen

- im Ergebnis wirtschaftlich beurteilt mehrheitlich den gleichen natürlichen oder juristischen Personen zuzuordnen sind, unbeschadet der gewählten Gesellschaftsform und entweder
- in demselben Eignungsgebiet liegen oder
- in demselben Bebauungsplangebiet liegen oder
- in demselben Flächennutzungsplangebiet liegen oder
- mit gemeinsamen Betriebseinrichtungen verbunden sind.

(3) [1]Der Bauherr hat im Falle des Absatzes 2 Satz 2 eine Ablöse je Windenergieanlage in Höhe von 100 TEUR an das für Energie zuständige Ministerium oder eine durch dieses bestimmte Behörde zu erbringen. [2]Das Land hat die Ablöse zweckgebunden für die Installation und für den Betrieb von bedarfsgesteuerten Nachtkennzeichnungen an bestehenden Windenergieanlagen zu verwenden. [3]Der Bauherr kann von dieser Verpflichtung bei Vorliegen besonderer Umstände befreit werden.

(4) Bei Windenergieanlagen auf See bleiben die seeverkehrsrechtlichen Anforderungen zur Befeuerung unberührt.

(5) Die Landesregierung berichtet beginnend am 31. Dezember 2018 dem Landtag jährlich über die Auswirkungen der Absätze 2 und 3 und des § 85 Absatz 7.

Abschnitt 7

Nutzungsbedingte Anforderungen

§ 47 Aufenthaltsräume

(1) [1]Aufenthaltsräume müssen eine lichte Raumhöhe von mindestens 2,40 m haben, Aufenthaltsräume in Wohngebäuden der Gebäudeklassen 1 und 2 eine lichte Raumhöhe von mindestens 2,30 m. [2]Im Dachraum muss diese Raumhöhe über mindestens der Hälfte ihrer Netto-Grundfläche vorhanden sein. [3]Raumteile mit einer lichten Höhe bis zu 1,50 m bleiben bei der Berechnung der Netto-Grundfläche außer Betracht.

(2) [1]Aufenthaltsräume müssen ausreichend belüftet und mit Tageslicht belichtet werden können. [2]Sie müssen Fenster mit einem Rohbaumaß der Fensteröffnungen von mindestens 1/8 der Netto-Grundfläche des Raumes einschließlich der Netto-Grundfläche verglaster Vorbauten und Loggien haben.

(3) Aufenthaltsräume, deren Nutzung eine Belichtung mit Tageslicht verbietet, sowie Verkaufsräume, Schank- und Speisegaststätten, ärztliche Behandlungs-, Sport-, Spiel-, Werk- und ähnliche Räume sind ohne Fenster zulässig.

§ 48 Wohnungen

(1) [1]Jede Wohnung muss eine Küche oder Kochnische haben. [2]Fensterlose Küchen oder Kochnischen sind zulässig, wenn eine wirksame Lüftung gewährleistet ist.

(2) [1]In Gebäuden der Gebäudeklassen 3 bis 5 mit Wohnungen sind leicht erreichbare und gut zugängliche Abstellräume für Kinderwagen, Fahrräder und Mobilitätshilfen sowie für jede Wohnung ein mindestens 5 m^2 großer Abstellraum herzustellen. [2]Liegt der Abstellraum für eine Wohnung außerhalb der Wohnung, muss zusätzlich innerhalb der Wohnung eine Abstellfläche von mindestens 1 m^2 hergestellt werden.

(3) Jede Wohnung muss ein Bad mit Badewanne oder Dusche und eine Toilette haben.

(4) [1]In Wohnungen müssen Schlafräume und Kinderzimmer sowie Flure, über die Rettungswege von Aufenthaltsräumen führen, jeweils mindestens einen Rauchwarnmelder haben. [2]Die Rauchwarnmelder müssen so eingebaut oder angebracht und betrieben werden, dass Brandrauch frühzeitig erkannt und gemeldet wird.

§ 49 Stellplätze, Garagen und Abstellplätze für Fahrräder

(1) Die notwendigen Stellplätze und Garagen sowie Abstellmöglichkeiten für Fahrräder (§ 86 Absatz 1 Nummer 4) sind auf dem Baugrundstück oder in zumutbarer Entfernung davon auf einem geeigneten Grundstück herzustellen, dessen Benutzung für diesen Zweck öffentlich-rechtlich gesichert wird.

(2) Die Gemeinde hat den Geldbetrag für die Ablösung von Stellplätzen oder Garagen zu verwenden für

1. die Herstellung zusätzlicher oder die Instandhaltung, die Instandsetzung oder die Modernisierung bestehender Parkeinrichtungen,
2. sonstige Maßnahmen zur Entlastung der Straßen vom ruhenden Verkehr einschließlich investiver Maßnahmen des öffentlichen Personennahverkehrs.

§ 50 Barrierefreies Bauen

(1) [1]In Gebäuden mit mehr als zwei Wohnungen müssen die Wohnungen eines Geschosses barrierefrei erreichbar sein; diese Verpflichtung kann auch durch barrierefrei erreichbare Wohnungen in mehreren Geschossen erfüllt werden. [2]In diesen Wohnungen müssen die Wohn- und Schlafräume, eine Toilette, ein Bad, die Küche oder die Kochnische und, soweit vorhanden, der Freisitz barrierefrei sein. [3]§ 39 Absatz 4 bleibt unberührt.

(2) [1]Bauliche Anlagen, die öffentlich zugänglich sind, müssen in den dem allgemeinen Besucher- und Benutzerverkehr dienenden Teilen barrierefrei sein. [2]Dies gilt insbesondere für

1. Einrichtungen der Kultur und des Bildungswesens,
2. Sport- und Freizeitstätten,
3. Einrichtungen des Gesundheitswesens,
4. Büro-, Verwaltungs- und Gerichtsgebäude,
5. Verkaufs-, Gast- und Beherbergungsstätten,
6. Stellplätze, Garagen und Toilettenanlagen.

[3]Für die der zweckentsprechenden Nutzung dienenden Räume und Anlagen genügt es, wenn sie in dem erforderlichen Umfang barrierefrei sind. [4]Toilettenräume und notwendige Stellplätze für Besucher und Benutzer müssen in der erforderlichen Anzahl barrierefrei sein.

(3) Die Bauaufsichtsbehörde kann unabhängig von § 67 Abweichungen von den Absätzen 1 und 2 zulassen, soweit dies aus Gründen des Denkmalschutzes erforderlich ist oder die Anforderungen nur mit unverhältnismäßigem Mehraufwand erfüllt werden können; § 67 Absatz 2 gilt entsprechend.

§ 51 Sonderbauten

[1]An Sonderbauten (§ 2 Absatz 4) können im Einzelfall zur Verwirklichung der allgemeinen Anforderungen nach § 3 besondere Anforderungen gestellt werden. [2]Erleichterungen können gestattet werden, soweit es der Einhaltung von Vorschriften wegen der besonderen Art oder Nutzung baulicher Anlagen oder Räume oder wegen besonderer Anforderungen nicht bedarf. [3]Die Anforderungen und Erleichterungen nach Satz 1 und 2 können sich insbesondere erstrecken auf

1. die Anordnung der baulichen Anlagen auf dem Grundstück,
2. die Abstände von Nachbargrenzen, von anderen baulichen Anlagen auf dem Grundstück und von öffentlichen Verkehrsflächen sowie auf die Größe der freizuhaltenden Flächen der Grundstücke,
3. die Öffnungen nach öffentlichen Verkehrsflächen und nach angrenzenden Grundstücken,
4. die Anlage von Zu- und Abfahrten,
5. die Anlage von Grünstreifen, Baumpflanzungen und anderen Pflanzungen sowie die Begrünung oder Beseitigung von Halden und Gruben,
6. die Bauart und Anordnung aller für die Stand- und Verkehrssicherheit, den Brand-, Wärme-, Schall- oder Gesundheitsschutz wesentlichen Bauteile und die Verwendung von Baustoffen,
7. Brandschutzanlagen, -einrichtungen und -vorkehrungen,
8. die Löschwasserrückhaltung,
9. die Anordnung und Herstellung von Aufzügen, Treppen, Treppenräumen, Fluren, Ausgängen und sonstigen Rettungswegen,
10. die Beleuchtung und Energieversorgung,
11. die Lüftung und Rauchableitung,
12. die Feuerungsanlagen und Heizräume,
13. die Wasserversorgung,
14. die Aufbewahrung und Entsorgung von Abwasser und festen Abfallstoffen,
15. die Stellplätze und Garagen,
16. die barrierefreie Nutzbarkeit,
17. die zulässige Zahl der Benutzer, Anordnung und Zahl der zulässigen Sitz- und Stehplätze bei Versammlungsstätten, Tribünen und Fliegenden Bauten,

18. die Zahl der Toiletten für Besucher,
19. Umfang, Inhalt und Zahl besonderer Bauvorlagen, insbesondere eines Brandschutzkonzepts,
20. weitere zu erbringende Bescheinigungen,
21. die Bestellung und Qualifikation des Bauleiters und der Fachbauleiter,
22. den Betrieb und die Nutzung einschließlich der Bestellung und der Qualifikation eines Brandschutzbeauftragten,
23. Erst-, Wiederholungs- und Nachprüfungen und die Bescheinigungen, die hierüber zu erbringen sind.

Teil 4

Die am Bau Beteiligten

§ 52 Grundpflichten

Bei der Errichtung, Änderung, Nutzungsänderung, Instandhaltung und der Beseitigung von Anlagen sind der Bauherr und im Rahmen ihres Wirkungskreises die anderen am Bau Beteiligten dafür verantwortlich, dass die öffentlich-rechtlichen Vorschriften eingehalten werden.

§ 53 Bauherr

(1) [1]Der Bauherr hat zur Vorbereitung, Überwachung und Ausführung eines nicht verfahrensfreien Bauvorhabens sowie der Beseitigung von Anlagen geeignete Beteiligte nach Maßgabe der §§ 54 bis 56 zu bestellen, soweit er nicht selbst zur Erfüllung der Verpflichtungen nach diesen Vorschriften geeignet ist. [2]Er hat dafür zu sorgen, dass die für die Ausführung des jeweiligen Bauvorhabens notwendigen Einzelzeichnungen, Einzelberechnungen und Anweisungen angefertigt werden. [3]Dem Bauherrn obliegen außerdem die nach den öffentlich-rechtlichen Vorschriften erforderlichen Anträge, Anzeigen und Nachweise. [4]Er hat die zur Erfüllung der Anforderungen dieses Gesetzes oder aufgrund dieses Gesetzes erlassener Vorschriften erforderlichen Nachweise und Unterlagen zu den verwendeten Bauprodukten und den angewandten Bauarten bereitzuhalten. [5]Werden Bauprodukte verwendet, die die CE-Kennzeichnung nach der Verordnung (EU) Nr. 305/2011 tragen, ist .die Leistungserklärung bereitzuhalten. [6]Der Bauherr hat vor Baubeginn den Namen des Tragwerksplaners für die Beseitigung von Anlagen im Sinne des § 61 Absatz 3 Satz 4, den Namen des Bauleiters und während der Bauausführung einen Wechsel des Bauleiters unverzüglich der Bauaufsichtsbehörde in Textform mitzuteilen. [7]Wechselt der Bauherr, hat der neue Bauherr dies der Bauaufsichtsbehörde unverzüglich in Textform mitzuteilen.

(2) [1]Treten bei einem Bauvorhaben mehrere Personen als Bauherr auf, so kann die Bauaufsichtsbehörde verlangen, dass ihr gegenüber ein Vertreter bestellt wird, der die dem Bauherrn nach den öffentlich-rechtlichen Vorschriften obliegenden Verpflichtungen zu erfüllen hat. [2]Im Übrigen findet § 18 Absatz 1 Satz 2 und 3 und Absatz 2 des Landesverwaltungsverfahrensgesetzes mit der Maßgabe entsprechende Anwendung, dass eine Erklärung in Textform ausreichend ist.

§ 54 Entwurfsverfasser

(1) [1]Der Entwurfsverfasser muss nach Sachkunde und Erfahrung zur Vorbereitung des jeweiligen Bauvorhabens geeignet sein. [2]Er ist für die Vollständigkeit und Brauchbarkeit seines Entwurfs verantwortlich. [3]Der Entwurfsverfasser hat dafür zu sorgen, dass die für die Ausführung notwendigen Einzelzeichnungen, Einzelberechnungen und Anweisungen den öffentlich-rechtlichen Vorschriften entsprechen.

(2) [1]Hat der Entwurfsverfasser auf einzelnen Fachgebieten nicht die erforderliche Sachkunde und Erfahrung, so sind geeignete Fachplaner heranzuziehen. [2]Diese sind für die von ihnen gefertigten Unterlagen verantwortlich. [3]Für das ordnungsgemäße Ineinandergreifen aller Fachplanungen bleibt der Entwurfsverfasser verantwortlich.

§ 55 Unternehmer

(1) [1]Jeder Unternehmer ist für die mit den öffentlich-rechtlichen Anforderungen übereinstimmende Ausführung der von ihm übernommenen Arbeiten und insoweit für die ordnungsgemäße Einrichtung und den sicheren Betrieb der Baustelle verantwortlich. [2]Er hat die zur Erfüllung der Anforderungen dieses Gesetzes oder aufgrund dieses Gesetzes erlassener Vorschriften erforderlichen Nachweise und Unterlagen zu den verwendeten Bauprodukten und den angewandten Bauarten zu erbringen und auf

der Baustelle bereitzuhalten. [3]Bei Bauprodukten, die die CE-Kennzeichnung nach der Verordnung (EU) Nr. 305/2011 tragen, ist die Leistungserklärung bereitzuhalten.

(2) Jeder Unternehmer hat auf Verlangen der Bauaufsichtsbehörde für Arbeiten, bei denen die Sicherheit der Anlage in außergewöhnlichem Maße von der besonderen Sachkenntnis und Erfahrung des Unternehmers oder von einer Ausstattung des Unternehmens mit besonderen Vorrichtungen abhängt, nachzuweisen, dass er für diese Arbeiten geeignet ist und über die erforderlichen Vorrichtungen verfügt.

§ 56 Bauleiter

(1) [1]Der Bauleiter hat darüber zu wachen, dass die Baumaßnahme entsprechend den öffentlich-rechtlichen Anforderungen und den für die Ausführung notwendigen Einzelzeichnungen, Einzelberechnungen und Anweisungen durchgeführt wird und die dafür erforderlichen Weisungen zu erteilen. [2]Er hat im Rahmen dieser Aufgabe auf den sicheren bautechnischen Betrieb der Baustelle, insbesondere auf das gefahrlose Ineinandergreifen der Arbeiten der Unternehmer zu achten. [3]Die Verantwortlichkeit der Unternehmer bleibt unberührt.

(2) [1]Der Bauleiter muss über die für seine Aufgabe erforderliche Sachkunde und Erfahrung verfügen. [2]Verfügt er auf einzelnen Teilgebieten nicht über die erforderliche Sachkunde, so sind geeignete Fachbauleiter heranzuziehen. [3]Diese treten insoweit an die Stelle des Bauleiters. [4]Der Bauleiter hat die Tätigkeit der Fachbauleiter und seine Tätigkeit aufeinander abzustimmen.

Teil 5
Bauaufsichtsbehörden, Verfahren

Abschnitt 1
Bauaufsichtsbehörden

§ 57 Aufbau und Zuständigkeit der Bauaufsichtsbehörden

(1) [1]Bauaufsichtsbehörden sind

1. die Landräte und die Oberbürgermeister der kreisfreien und großen kreisangehörigen Städte als untere Bauaufsichtsbehörden und
2. das für die Bauaufsicht zuständige Ministerium als oberste Bauaufsichtsbehörde.

[2]Die Landkreise, kreisfreien Städte und großen kreisangehörigen Städte nehmen die Aufgaben der unteren Bauaufsichtsbehörden im übertragenen Wirkungskreis wahr.

(2) [1]Für den Vollzug dieses Gesetzes sowie anderer öffentlich-rechtlicher Vorschriften für die Errichtung, Änderung, Nutzungsänderung und Beseitigung sowie die Nutzung und die Instandhaltung von Anlagen ist die untere Bauaufsichtsbehörde zuständig, soweit nichts anderes bestimmt ist. [2]Sind für zusammenhängende bauliche Anlagen mehrere Bauaufsichtsbehörden zuständig, so bestimmt die oberste Bauaufsichtsbehörde die zuständige Bauaufsichtsbehörde; dies gilt auch, wenn die örtliche Zuständigkeit aus anderen Gründen zweifelhaft oder eine örtliche Zuständigkeit einer unteren Bauaufsichtsbehörde nicht gegeben ist.

(3) Die unteren Bauaufsichtsbehörden sind zur Durchführung ihrer Aufgaben ausreichend mit geeigneten Fachkräften zu besetzen und mit den erforderlichen Vorrichtungen auszustatten.

(4) [1]Die nach diesem Gesetz und nach den aufgrund dieses Gesetzes erlassenen Vorschriften erforderlichen Anträge, Genehmigungen und Bescheide bedürfen der Schriftform. [2]Anzeigen, Mitteilungen und Unterrichtungen können schriftlich oder elektronisch erfolgen.

§ 58 Aufgaben und Befugnisse der Bauaufsichtsbehörden

(1) [1]Die Bauaufsichtsbehörden haben bei der Errichtung, Änderung, Nutzungsänderung und Beseitigung sowie bei der Nutzung und Instandhaltung von Anlagen darüber zu wachen, dass die öffentlich-rechtlichen Vorschriften eingehalten werden, soweit nicht andere Behörden zuständig sind. [2]Sie können in Wahrnehmung dieser Aufgaben die erforderlichen Maßnahmen treffen. [3]Sie sollen auf künftige Nutzungsmöglichkeiten der Anlagen, insbesondere durch alternative Mobilitätsformen (E-Mobilität) und Kommunikationsinfrastruktur (Breitband), hinwirken.

(2) Bauaufsichtliche Genehmigungen und sonstige Maßnahmen gelten auch für und gegen Rechtsnachfolger.

(3) [1]Die mit dem Vollzug dieses Gesetzes beauftragten Personen sind berechtigt, in Ausübung ihres Amtes Grundstücke und Anlagen einschließlich der Wohnungen zu betreten. [2]Das Grundrecht der Unverletzlichkeit der Wohnung (Artikel 13 des Grundgesetzes, Artikel 5 Absatz 3 der Verfassung des Landes Mecklenburg-Vorpommern) wird insoweit eingeschränkt.

Abschnitt 2

Genehmigungspflicht, Genehmigungsfreiheit

§ 59 Grundsatz

(1) [1]Die Errichtung, Änderung und Nutzungsänderung von Anlagen bedürfen der Baugenehmigung, soweit in den §§ 60 bis 62, 76 und 77 nichts anderes bestimmt ist. [2]Die Beseitigung von Anlagen, die als Denkmale in die Denkmallisten eingetragen sind, bedarf ebenfalls der Baugenehmigung.

(2) Handelt es sich bei dem genehmigungsbedürftigen Vorhaben um ein solches, das nach dem Gesetz über die Umweltverträglichkeitsprüfung oder nach dem Landes-UVP-Gesetz einer Umweltverträglichkeitsprüfung bedarf, so muss das Genehmigungsverfahren den Anforderungen des genannten Gesetzes entsprechen.

(3) Die Genehmigungsfreiheit nach den §§ 60 bis 62, 76 und § 77 Absatz 1 Satz 3 sowie die Beschränkung der bauaufsichtlichen Prüfung nach §§ 63, 64, 66 Absatz 4 und § 77 Absatz 3 entbinden nicht von der Verpflichtung zur Einhaltung der Anforderungen, die durch öffentlich-rechtliche Vorschriften an Anlagen gestellt werden, und lassen die bauaufsichtlichen Eingriffsbefugnisse unberührt.

§ 60 Vorrang anderer Gestattungsverfahren

Keiner Baugenehmigung, Abweichung, Genehmigungsfreistellung, Zustimmung und Bauüberwachung nach diesem Gesetz bedürfen

1. nach wasserrechtlichen Rechtsvorschriften zulassungsbedürftige Anlagen, die dem Ausbau oder der Unterhaltung eines Gewässers dienen, sowie Abwasserbehandlungsanlagen, die einer Umweltverträglichkeitsprüfung bedürfen, ausgenommen Gebäude, die Sonderbauten sind,
2. nach anderen Rechtsvorschriften zulassungsbedürftige Anlagen für die öffentliche Versorgung mit Elektrizität, Gas, Wärme und Wasser, ausgenommen Gebäude, die Sonderbauten sind,
3. Anlagen, die einer Errichtungsgenehmigung nach dem Atomrecht bedürfen,
4. Anlagen, die nach Produktsicherheitsrecht einer Genehmigung oder Erlaubnis bedürfen.

§ 61 Verfahrensfreie Bauvorhaben, Beseitigung von Anlagen

(1) Verfahrensfrei sind

1. folgende Gebäude:
   a) eingeschossige Gebäude mit einer Brutto-Grundfläche bis zu 10 m^2, außer im Außenbereich,
   b) Gebäude und Gebäudeteile einschließlich überdachter Stellplätze zum Abstellen von Fahrzeugen mit einer mittleren Wandhöhe bis zu 3 m und einer Brutto-Grundfläche bis zu 30 m^2, außer im Außenbereich,
   c) Gebäude ohne Feuerungsanlagen mit einer traufseitigen Wandhöhe bis zu 5 m, die einem land- oder forstwirtschaftlichen Betrieb oder einem Betrieb der gartenbaulichen Erzeugung im Sinne des § 35 Absatz 1 Nummer 1 und 2 und § 201 des Baugesetzbuches dienen, höchstens 150 m^2 Brutto-Grundfläche haben und nur zur Unterbringung von Sachen oder zum vorübergehenden Schutz von Tieren bestimmt sind,
   d) Gewächshäuser mit einer Firsthöhe bis zu 5 m, die einem landwirtschaftlichen Betrieb oder einem Betrieb der gartenbaulichen Erzeugung im Sinne des § 35 Absatz 1 Nummer 1 und 2 und § 201 des Baugesetzbuches dienen und höchstens 250 m^2 Brutto-Grundfläche haben, sowie vorübergehend aufgestellte Folientunnel mit höchstens 1 600 m^2 Grundfläche,
   e) Fahrgastunterstände, die dem öffentlichen Personenverkehr oder der Schülerbeförderung dienen,
   f) Schutzhütten für Wanderer, die jedermann zugänglich sind und keine Aufenthaltsräume haben,
   g) Terrassenüberdachungen mit einer Fläche bis zu 30 m^2 und einer Tiefe bis zu 3 m,

h) Gartenlauben in Kleingartenanlagen im Sinne des § 1 Absatz 1 des Bundeskleingartengesetzes,
i) Wochenendhäuser bis 40 m^2 Grundfläche auf den dafür vorgesehenen Bereichen von Campingplätzen;

2. Anlagen der technischen Gebäudeausrüstung, ausgenommen freistehende Abgasanlagen mit einer Höhe von mehr als 10 m;
3. folgende Anlagen zur Nutzung erneuerbarer Energien:
   a) Solaranlagen in, an und auf Dach- und Außenwandflächen, ausgenommen bei Hochhäusern, sowie die damit verbundene Änderung der Nutzung oder der äußeren Gestalt des Gebäudes,
   b) gebäudeunabhängige Solaranlagen mit einer Höhe bis zu 3 m und einer Gesamtlänge bis zu 9 m,
   c) Windenergieanlagen bis zu 10 m Höhe, gemessen von der Geländeoberfläche bis zum höchsten Punkt der vom Rotor bestrichenen Fläche und einem Rotordurchmesser bis zu 3 m, außer in reinen, allgemeinen und besonderen Wohngebieten und in Mischgebieten;
4. folgende Anlagen der Ver- und Entsorgung:
   a) Brunnen,
   b) Anlagen, die der Telekommunikation, der öffentlichen Versorgung mit Elektrizität, Gas, Öl, Wärme und Wasser oder der Wasserwirtschaft dienen, mit einer Höhe bis zu 5 m und einer Brutto-Grundfläche bis zu 10 m^2;
5. folgende Masten, Antennen und ähnliche Anlagen:
   a) unbeschadet der Nummer 4 Buchstabe b Antennen einschließlich der Masten mit einer Höhe bis zu 10 m, auf Gebäuden, gemessen ab dem Schnittpunkt der Anlage mit der Dachhaut, im Außenbereich freistehend mit einer Höhe bis zu 15 m und zugehöriger Versorgungseinheiten mit einem Brutto-Rauminhalt bis zu 10 m^3 sowie, soweit sie in, auf oder an einer bestehenden baulichen Anlage errichtet werden, die damit verbundene Änderung der Nutzung oder der äußeren Gestalt der Anlage,
   b) Masten und Unterstützungen für Fernsprechleitungen, für Leitungen zur Versorgung mit Elektrizität, für Seilbahnen und für Leitungen sonstiger Verkehrsmittel, für Sirenen und für Fahnen,
   c) Masten, die aus Gründen des Brauchtums errichtet werden,
   d) Signalhochbauten für die Landesvermessung;
6. folgende Behälter:
   a) ortsfeste Behälter für Flüssiggas mit einem Fassungsvermögen von weniger als 3 t, für nicht verflüssigte Gase mit einem Brutto-Rauminhalt bis zu 6 m^3,
   b) ortsfeste Behälter für brennbare oder wassergefährdende Flüssigkeiten mit einem Brutto-Rauminhalt bis zu 10 m^3,
   c) ortsfeste Behälter sonstiger Art mit einem Brutto-Rauminhalt bis zu 50 m^3 und einer Höhe bis zu 3 m,
   d) Gärfutterbehälter mit einer Höhe bis zu 6 m und Schnitzelgruben,
   e) Fahrsilos und ähnliche Anlagen,
   f) Wasserbecken mit einem Beckeninhalt bis zu 100 m^3;
7. folgende Mauern und Einfriedungen:
   a) Mauern einschließlich Stützmauern und Einfriedungen mit einer Höhe bis zu 2 m, außer im Außenbereich,
   b) offene Einfriedungen für Grundstücke, die einem land- oder forstwirtschaftlichen Betrieb im Sinne des § 35 Absatz 1 Nummer 1 und 2 und § 201 des Baugesetzbuches dienen;
8. private Verkehrsanlagen einschließlich Brücken und Durchlässen mit einer lichten Weite bis zu 5 m und Untertunnelungen mit einem Durchmesser bis zu 3 m;
9. Aufschüttungen und Abgrabungen mit einer Höhe oder Tiefe bis zu 2 m und einer Grundfläche bis zu 30 m^2, im Außenbereich bis zu 300 m^2;
10. folgende Anlagen in Gärten und zur Freizeitgestaltung:
   a) Schwimmbecken mit einem Beckeninhalt bis zu 100 m^3 einschließlich dazugehöriger luftgetragener Überdachungen, außer im Außenbereich,
   b) Sprungschanzen, Sprungtürme und Rutschbahnen mit einer Höhe bis zu 10 m,

c) Anlagen, die der zweckentsprechenden Einrichtung von Spiel-, Abenteuerspiel-, Bolz- und Sportplätzen, Reit- und Wanderwegen, Trimm- und Lehrpfaden dienen, ausgenommen Gebäude und Tribünen,
d) Wohnwagen, Zelte und bauliche Anlagen, die keine Gebäude sind, auf Camping-, Zelt- und Wochenendplätzen,
e) Anlagen, die der Gartennutzung, der Gartengestaltung oder der zweckentsprechenden Einrichtung von Gärten dienen, ausgenommen Gebäude und Einfriedungen,
f) Stege ohne Aufbauten in und an Gewässern;

11. folgende tragende und nichttragende Bauteile:
a) nichttragende und nichtaussteifende Bauteile in baulichen Anlagen,
b) die Änderung tragender oder aussteifender Bauteile innerhalb von Wohngebäuden der Gebäudeklassen 1 und 2,
c) Fenster und Türen sowie die dafür bestimmten Öffnungen,
d) Außenwandbekleidungen einschließlich Maßnahmen der Wärmedämmung, ausgenommen bei Hochhäusern, Verblendungen und Verputz baulicher Anlagen,
e) Bedachung einschließlich Maßnahmen der Wärmedämmung, ausgenommen bei Hochhäusern;

12. folgende Werbeanlagen, Warenautomaten:
a) Werbeanlagen mit einer Ansichtsfläche bis zu 1 m^2,
b) Werbeanlagen, die nach ihrem erkennbaren Zweck nur vorübergehend für höchstens zwei Monate angebracht werden, außer im Außenbereich,
c) Schilder, die Inhaber und Art gewerblicher Betriebe kennzeichnen (Hinweisschilder), wenn sie vor Ortsdurchfahrten auf einer einzigen Tafel zusammengefasst sind,
d) Werbeanlagen in durch Bebauungsplan festgesetzten Gewerbe-, Industrie- und vergleichbaren Sondergebieten an der Stätte der Leistung mit einer Höhe bis zu 10 m,
e) Warenautomaten

sowie, soweit sie in, auf oder an einer bestehenden baulichen Anlage errichtet werden, die damit verbundene Änderung der Nutzung oder der äußeren Gestalt der Anlage;

13. folgende vorübergehend aufgestellte oder benutzbare Anlagen:
a) Baustelleneinrichtungen einschließlich der Lagerhallen, Schutzhallen und Unterkünfte,
b) Gerüste,
c) Toilettenwagen,
d) Behelfsbauten, die der Landesverteidigung, dem Katastrophenschutz oder der Unfallhilfe dienen,
e) bauliche Anlagen, die für höchstens drei Monate auf genehmigtem Messe- und Ausstellungsgelände errichtet werden, ausgenommen Fliegende Bauten,
f) Verkaufsstände und andere bauliche Anlagen auf Straßenfesten, Volksfesten und Märkten, ausgenommen Fliegende Bauten;

14. folgende Plätze:
a) Lager- und Abstellplätze, die einem land- oder forstwirtschaftlichen Betrieb im Sinne des § 35 Absatz 1 Nummer 1 und 2 und § 201 des Baugesetzbuches dienen und, soweit sie befestigt sind, eine Fläche von nicht mehr als 1 000 m^2 haben,
b) nicht überdachte Stellplätze mit einer Fläche bis zu 30 m^2 und deren Zufahrten,
c) Kinderspielplätze im Sinne des § 8 Absatz 2 Satz 1;

15. folgende sonstige Anlagen:
a) Fahrradabstellanlagen mit einer Fläche bis zu 30 m^2,
b) Zapfsäulen und Tankautomaten genehmigter Tankstellen sowie Ladestationen für Elektromobilität und die damit verbundene Änderung der Nutzung,
c) Regale mit einer Höhe bis zu 7,50 m Oberkante Lagergut,
d) Grabdenkmale auf Friedhöfen, Feldkreuze, Denkmäler und sonstige Kunstwerke jeweils mit einer Höhe bis zu 4 m,
e) andere unbedeutende Anlagen oder unbedeutende Teile von Anlagen wie Hauseingangsüberdachungen, Markisen, Rollläden, Terrassen, Maschinenfundamente, Straßenfahrzeug-

waagen, Pergolen, Jägerstände, Wildfütterungen, Bienenfreistände, Taubenhäuser, Hofeinfahrten und Teppichstangen,

f) Kornpostanlagen bis zu 300 m^2 Lager- und Rottefläche.

(2) Verfahrensfrei ist die Änderung der Nutzung von Anlagen, wenn

1. für die neue Nutzung keine anderen öffentlich-rechtlichen Anforderungen nach § 64 in Verbindung mit § 66 als für die bisherige Nutzung in Betracht kommen,
2. die Errichtung oder Änderung der Anlagen nach Absatz 1 verfahrensfrei wäre.

(3) [1]Verfahrensfrei ist die Beseitigung von

1. Anlagen nach Absatz 1,
2. freistehenden Gebäuden der Gebäudeklassen 1 und 3,
3. sonstigen Anlagen, die keine Gebäude sind, mit einer Höhe bis zu 10m.

[2]Die beabsichtigte Beseitigung aller übrigen Anlagen ist mindestens einen Monat zuvor der Bauaufsichtsbehörde anzuzeigen. [3]Die Sätze 1 und 2 gelten nicht für die Beseitigung von Anlagen, die als Denkmale in die Denkmallisten eingetragen sind. [4]Bei nicht freistehenden Gebäuden muss die Standsicherheit des Gebäudes oder der Gebäude, an die das zu beseitigende Gebäude angebaut ist, durch einen qualifizierten Tragwerksplaner im Sinne des § 66 Absatz 2 beurteilt und im erforderlichen Umfang nachgewiesen werden; die Beseitigung ist, soweit notwendig, durch den qualifizierten Tragwerksplaner zu überwachen. [5]Satz 4 gilt nicht, soweit an verfahrensfreie Gebäude angebaut ist. [6]§ 72 Absatz 7 Nummer 2 und Absatz 9 gilt entsprechend.

(4) Verfahrensfrei sind Instandhaltungsarbeiten.

§ 62 Genehmigungsfreistellung

(1) [1]Keiner Genehmigung bedarf unter den Voraussetzungen des Absatzes 2 die Errichtung, Änderung und Nutzungsänderung von

1. Wohngebäuden,
2. sonstigen baulichen Anlagen, die keine Gebäude sind,
3. Nebengebäuden und Nebenanlagen zu Bauvorhaben nach Nummer 1 und 2,

ausgenommen Sonderbauten. [2]Satz 1 gilt nicht für die Errichtung, Änderung oder Nutzungsänderung

1. eines oder mehrerer Gebäude, wenn dadurch dem Wohnen dienende Nutzungseinheiten mit einer Größe von insgesamt mehr als 5 000 m^2 Brutto-Grundfläche geschaffen werden,
2. baulicher Anlagen, die öffentlich zugänglich sind, wenn dadurch die gleichzeitige Nutzung durch mehr als 100 zusätzliche Besucher ermöglicht wird,

die innerhalb eines angemessenen Sicherheitsabstands eines Betriebsbereichs im Sinne des § 3 Absatz 5c des Bundes-Immissionsschutzgesetzes in der Fassung der Bekanntmachung vom 17. Mai 2013 (BGBl. I S. 1274), das durch Artikel 1 des Gesetzes vom 30. November 2016 (BGBl. I S. 2749) geändert worden ist, liegen; es sei denn, die Immissionsschutzbehörde hat bestätigt, dass sich das Vorhaben außerhalb des angemessenen Sicherheitsabstands des Betriebsbereichs befindet.

(2) Nach Absatz 1 ist ein Bauvorhaben genehmigungsfrei gestellt, wenn

1. es im Geltungsbereich eines Bebauungsplans im Sinne des § 30 Absatz 1 oder der §§ 12, 30 Absatz 2 des Baugesetzbuches liegt,
2. es den Festsetzungen des Bebauungsplanes nicht widerspricht oder die erforderlichen Befreiungen und Ausnahmen nach § 31 des Baugesetzbuches erteilt worden sind,
3. die Erschließung im Sinne des Baugesetzbuches gesichert ist und
4. die Gemeinde nicht innerhalb der Frist nach Absatz 3 Satz 2 erklärt, dass das vereinfachte Baugenehmigungsverfahren durchgeführt werden soll oder eine vorläufige Untersagung nach § 15 Absatz 1 Satz 2 des Baugesetzbuches beantragt wurde.

(3) [1]Der Bauherr hat die erforderlichen Unterlagen bei der Gemeinde einzureichen; die Gemeinde legt, soweit die Unterlagen nicht elektronisch eingereicht wurden und sie nicht selbst Trägerin der Bauaufsichtsbehörde ist, eine Ausfertigung der Unterlagen unverzüglich der Bauaufsichtsbehörde vor. [2]Mit dem Bauvorhaben darf einen Monat nach Eingang der erforderlichen Unterlagen bei der Gemeinde begonnen werden. [3]Teilt die Gemeinde dem Bauherrn vor Ablauf der Frist mit, dass kein Genehmigungsverfahren durchgeführt werden soll und sie eine Untersagung nach § 15 Absatz 1 Satz 2 des Baugesetzbuches nicht beantragen wird, darf der Bauherr mit der Ausführung des Bauvorhabens beginnen; von der Mitteilung nach Halbsatz 1 hat die Gemeinde die Bauaufsichtsbehörde zu unterrichten.

[4]Will der Bauherr mit der Ausführung des Bauvorhabens mehr als drei Jahre, nachdem die Bauausführung nach Satz 2 und 3 zulässig geworden ist, beginnen, gilt Satz 1 bis 3 entsprechend.

(4) [1]Die Erklärung der Gemeinde nach Absatz 2 Nummer 4 erste Alternative kann insbesondere deshalb erfolgen, weil sie eine Überprüfung der sonstigen Voraussetzungen des Absatzes 2 oder des Bauvorhabens aus anderen Gründen für erforderlich hält. [2]Darauf, dass die Gemeinde von ihrer Erklärungsmöglichkeit keinen Gebrauch macht, besteht kein Rechtsanspruch. [3]Erklärt die Gemeinde, dass das vereinfachte Baugenehmigungsverfahren durchgeführt werden soll, hat sie dem Bauherrn vorgelegte Unterlagen zurückzureichen. [4]Hat der Bauherr bei der Einreichung der Unterlagen bestimmt, dass diese im Fall der Erklärung nach Absatz 2 Nummer 4 als Bauantrag zu behandeln sind, leitet sie die Unterlagen gleichzeitig mit der Erklärung an die Bauaufsichtsbehörde weiter. [5]Werden Unterlagen gleichzeitig bei der Bauaufsichtsbehörde elektronisch eingereicht, informiert die Gemeinde die Bauaufsichtsbehörde über die Abgabe der Erklärung nach Absatz 2 Nummer 4 erste Alternative und gegebenenfalls über die Erklärung des Bauherrn, dass die Einreichung der Unterlagen als Bauantrag behandelt werden soll.

(5) [1]§ 66 bleibt unberührt. [2]§ 68 Absatz 2 Satz 1, Absatz 4 Satz 1 und 2, § 72 Absatz 7 Nummer 2, Absatz 8 und 9 sind entsprechend anzuwenden.

(6) Die vorläufige Untersagung eines Vorhabens nach § 15 Absatz 1 Satz 2 des Baugesetzbuches ist durch die Bauaufsichtsbehörde innerhalb eines Monats nach Eingang des Antrages der Gemeinde auszusprechen.

(7) Ist das Vorhaben wegen Verstoßes gegen Vorschriften, die wegen der Unwirksamkeit des Bebauungsplans anzuwenden sind, rechtswidrig, darf die Beseitigung oder Untersagung der Nutzung nur angeordnet werden, soweit Rechte Dritter verletzt werden.

Abschnitt 3
Genehmigungsverfahren

§ 63 Vereinfachtes Baugenehmigungsverfahren

(1) [1]Bei

a) Wohngebäuden,
b) sonstigen baulichen Anlagen, die keine Gebäude sind,
c) Nebengebäuden und Nebenanlagen zu Bauvorhaben nach den Buchstaben a und b,
d) Mobilställen,

ausgenommen Sonderbauten, prüft die Bauaufsichtsbehörde

1. die Übereinstimmung mit den Vorschriften über die Zulässigkeit der baulichen Anlagen nach den §§ 29 bis 38 des Baugesetzbuches,
2. beantragte Abweichungen im Sinne des § 67 Absatz 1 und 2 Satz 2 und gemäß § 50 Absatz 3 sowie die Übereinstimmung mit den Vorschriften des § 6,
3. andere öffentlich-rechtliche Anforderungen, soweit wegen der Baugenehmigung eine Entscheidung nach anderen öffentlich-rechtlichen Vorschriften entfällt oder ersetzt wird.

[2]§ 61 Absatz 3 Satz 2 bis 5 und § 66 bleiben unberührt.

(2) [1]Über den Bauantrag ist innerhalb von drei Monaten nach Eingang des vollständigen Antrages zu entscheiden; die Bauaufsichtsbehörde kann diese Frist aus wichtigem Grund schriftlich gegenüber dem Bauherrn um bis zu einem Monat verlängern. [2]Die Genehmigung gilt als erteilt, wenn sie nicht innerhalb der nach Satz 1 maßgeblichen Frist versagt wird. [3]Dies gilt nicht, wenn die Bauaufsichtsbehörde dem Bauherrn innerhalb der nach Satz 1 Halbsatz 1 maßgeblichen Frist mitteilt, dass die Gemeinde ihr nach dem Baugesetzbuch erforderliches Einvernehmen versagt hat und die Ersetzung nach § 71 erfolgen soll. [4]Satz 1 gilt auch nicht, wenn für die Entscheidung über die Zulässigkeit des Vorhabens nach anderen öffentlich-rechtlichen Vorschriften Verbände beteiligt werden müssen.

§ 64 Baugenehmigungsverfahren

[1]Bei genehmigungsbedürftigen baulichen Anlagen, die nicht unter § 63 fallen, prüft die Bauaufsichtsbehörde

1. die Übereinstimmung mit den Vorschriften über die Zulässigkeit der baulichen Anlagen nach den §§ 29 bis 38 des Baugesetzbuches,
2. Anforderungen nach den Vorschriften dieses Gesetzes und aufgrund dieses Gesetzes,

3. andere öffentlich-rechtliche Anforderungen, soweit wegen der Baugenehmigung eine Entscheidung nach anderen öffentlich-rechtlichen Vorschriften entfällt oder ersetzt wird.

[2]§ 66 bleibt unberührt.

§ 65 Bauvorlageberechtigung

(1) [1]Bauvorlagen für die nicht verfahrensfreie Errichtung und Änderung von Gebäuden müssen von einem Entwurfsverfasser erstellt sein, der bauvorlageberechtigt ist. [2]Dies gilt nicht für

1. Bauvorlagen, die üblicherweise von Fachkräften mit anderer Ausbildung als nach Absatz 2 verfasst werden, und
2. geringfügige oder technisch einfache Bauvorhaben.

(2) Bauvorlageberechtigt ist, wer

1. die Berufsbezeichnung „Architekt" führen darf,
2. in die von der Ingenieurkammer Mecklenburg-Vorpommern geführte Liste der Bauvorlageberechtigten eingetragen ist; Eintragungen anderer Länder gelten auch im Land Mecklenburg-Vorpommern;
3. die Berufsbezeichnung „Innenarchitekt" führen darf, für die mit der Berufsaufgabe des Innenarchitekten verbundenen baulichen Änderungen von Gebäuden oder
4. einen berufsqualifizierenden Hochschulabschluss eines Studiums der Fachrichtung Architektur, Hochbau oder des Bauingenieurwesens nachweist, danach mindestens zwei Jahre auf dem Gebiet der Entwurfsplanung von Gebäuden praktisch tätig gewesen ist und Bediensteter einer juristischen Person des öffentlichen Rechts ist, für die dienstliche Tätigkeit.

(3) In die Liste der Bauvorlageberechtigten ist auf Antrag von der Ingenieurkammer Mecklenburg-Vorpommern einzutragen, wer

1. einen berufsqualifizierenden Hochschulabschluss eines Studiums der Fachrichtung Hochbau [Artikel 49 Absatz 1 der Richtlinie 2005/36/EG des Europäischen Parlaments und des Rates vom 7. September 2005 über die Anerkennung von Berufsqualifikationen (ABl. EU Nr. L 255, S. 22), zuletzt geändert durch die Richtlinie 2013/55/EU des Europäischen Parlaments und des Rates vom 20. November 2013 (ABl. EU Nr. L 354, S. 132)] oder des Bauingenieurwesens nachweist und
2. danach mindestens zwei Jahre auf dem Gebiet der Entwurfsplanung von Gebäuden praktisch tätig gewesen ist.

(4) [1]Personen, die in einem anderen Mitgliedstaat der Europäischen Union oder einem nach dem Recht der Europäischen Gemeinschaft gleichgestellten Staat als Bauvorlageberechtigte niedergelassen sind, sind ohne Eintragung in die Liste nach Absatz 2 Nummer 2 bauvorlageberechtigt, wenn sie

1. eine vergleichbare Berechtigung besitzen und
2. dafür dem Absatz 3 Satz 1 Nummer 1 und 2 vergleichbare Anforderungen erfüllen mussten.

[2]Sie haben das erstmalige Tätigwerden als Bauvorlageberechtigter vorher der Ingenieurkammer Mecklenburg-Vorpommern anzuzeigen und dabei

1. eine Bescheinigung darüber, dass sie in einem Mitgliedstaat der Europäischen Union oder einem nach dem Recht der Europäischen Gemeinschaft gleichgestellten Staat rechtmäßig als Bauvorlageberechtigte niedergelassen sind und ihnen die Ausübung dieser Tätigkeiten zum Zeitpunkt der Vorlage der Bescheinigung nicht, auch nicht vorübergehend, untersagt ist, und
2. einen Nachweis darüber, dass sie im Staat ihrer Niederlassung für die Tätigkeit als Bauvorlageberechtigter mindestens die Voraussetzungen des Absatz 3 Satz 1 Nummer 1 und 2 erfüllen mussten,

vorzulegen; sie sind in einem Verzeichnis zu führen.

(5) Personen, die in einem anderen Mitgliedstaat der Europäischen Union oder einem nach dem Recht der Europäischen Gemeinschaft gleichgestellten Staat als Bauvorlageberechtigte niedergelassen sind, ohne im Sinne des Absatzes 4 Satz 1 Nummer 2 vergleichbar zu sein, sind bauvorlageberechtigt, wenn ihnen die Ingenieurkammer Mecklenburg-Vorpommern auf Antrag bescheinigt hat, dass sie die Anforderungen des Absatzes 3 Satz 1 Nummer 1 und 2 erfüllen; sie sind in einem Verzeichnis zu führen.

(5a) [1]Personen, die in einem anderen Mitgliedstaat der Europäischen Union oder einem nach dem Recht der Europäischen Gemeinschaften gleichgestellten Staat niedergelassen und dort bauvorlageberechtigt sind, ohne die Voraussetzungen der Absätze 2 bis 5 zu erfüllen, bestätigt die Ingenieurkammer Mecklenburg-Vorpommern nach Maßgabe des Artikels 4f Absatz 1 der Richtlinie 2005/36/ EG auf Antrag, dass sie im Umfang der Bauvorlageberechtigung ihres Herkunftsmitgliedstaates bauvorlageberechtigt sind (partieller Zugang). ²Diese Bestätigung kann nach Maßgabe der in Artikel 4f Absatz 2 der Richtlinie 2005/36/EG genannten Gründe verweigert werden. ³Die Ingenieurkammer Mecklenburg-Vorpommern führt das Verzeichnis der Personen, die gemäß Satz I bauvorlageberechtigt sind. ⁴Personen nach Satz 1, die in ihrem Herkunftsmitgliedstaat rechtmäßig als Architekt oder Innenarchitekt niedergelassen sind und nur vorübergehend und gelegentlich gemäß Artikel 5 Absatz 2 der Richtlinie 2005/36/EG tätig werden wollen, sind, sofern sie die Anforderungen des Artikel 5 Absatz 1 der Richtlinie 2005/36/EG erfüllen und ihre Dienstleistungserbringung nach § 3 Absatz 2 Satz 1 des Architekten- und Ingenieurgesetzes angezeigt haben, ebenfalls im Umfang der Bauvorlageberechtigung ihres Herkunftsmitgliedstaates bauvorlageberechtigt.

(6) Anzeigen und Bescheinigungen nach den Absätzen 4 und 5 sind nicht erforderlich, wenn bereits in einem anderen Land eine Anzeige erfolgt ist oder eine Bescheinigung erteilt wurde; eine weitere Eintragung in die von der Ingenieurkammer Mecklenburg-Vorpommern geführten Verzeichnisse erfolgt nicht.

(7) Das Verfahren nach den Absätzen 3 bis 5 kann über eine einheitliche Stelle nach § 1 Absatz 1 des Einheitlicher-Ansprechpartner-Errichtungsgesetzes abgewickelt werden.

§ 66 Bautechnische Nachweise

(1) ¹Die Einhaltung der Anforderungen an die Standsicherheit, den Brand-, Schall- und Erschütterungsschutz ist nach näherer Maßgabe der Verordnung aufgrund § 85 Absatz 3 nachzuweisen (bautechnische Nachweise); dies gilt nicht für verfahrensfreie Bauvorhaben, einschließlich der Beseitigung von Anlagen, soweit nicht in diesem Gesetz oder in der Rechtsverordnung aufgrund § 85 Absatz 3 anderes bestimmt ist. ²Die Bauvorlageberechtigung nach § 65 Absatz 2 Nummer 1, 2 und 4 schließt die Berechtigung zur Erstellung der bautechnischen Nachweise ein, soweit nicht nachfolgend Abweichendes bestimmt ist.

(2) ¹Bei

1. Gebäuden der Gebäudeklassen 1 bis 3,
2. sonstigen baulichen Anlagen, die keine Gebäude sind,

muss der Standsicherheitsnachweis von einer Person mit einem berufsqualifizierenden Hochschulabschluss eines Studiums der Fachrichtung Architektur, Hochbau oder des Bauingenieurwesens mit einer mindestens dreijährigen Berufserfahrung in der Tragwerksplanung erstellt sein, der in einer von der Architektenkammer Mecklenburg-Vorpommern oder der Ingenieurkammer Mecklenburg-Vorpommern zu führenden Liste eingetragen ist; Eintragungen anderer Länder gelten auch in Mecklenburg-Vorpommern. ²Auch bei anderen Bauvorhaben darf der Standsicherheitsnachweis von einem Tragwerksplaner nach Satz 1 erstellt werden. ³Bei Bauvorhaben der Gebäudeklasse 4, ausgenommen Sonderbauten sowie Mittel- und Großgaragen im Sinne der Verordnung nach § 85 Absatz 1 Nummer 3, muss der Brandschutznachweis erstellt sein von

1. einem für das Bauvorhaben Bauvorlageberechtigten, der die erforderlichen Kenntnisse des Brandschutzes nachgewiesen hat,
2. a) einem Angehörigen der Fachrichtung Architektur, Hochbau, Bauingenieurwesen oder eines Studiengangs mit Schwerpunkt Brandschutz, der ein Studium an einer deutschen Hochschule oder ein gleichwertiges Studium an einer ausländischen Hochschule abgeschlossen hat, oder
   b) einem Absolventen einer Ausbildung für mindestens den gehobenen feuerwehrtechnischen Dienst,

   der nach Abschluss der Ausbildung mindestens zwei Jahre auf dem Gebiet der brandschutztechnischen Planung und Ausführung von Gebäuden oder deren Prüfung praktisch tätig gewesen ist und die erforderlichen Kenntnisse des Brandschutzes nachgewiesen hat, oder
3. einem Prüfingenieur für Brandschutz,

der in einer von der Architektenkammer Mecklenburg-Vorpommern oder der Ingenieurkammer Mecklenburg-Vorpommern zu führenden Liste eingetragen ist; Eintragungen anderer Länder gelten auch in Mecklenburg-Vorpommern. ⁴Auch bei anderen Bauvorhaben darf der Brandschutznachweis von einem Brandschutzplaner nach Satz 3 erstellt werden. ⁵Für Personen, die in einem anderen Mitgliedstaat der Europäischen Union oder einem nach dem Recht der Europäischen Gemeinschaft gleichgestellten Staat zur Erstellung von Standsicherheits- oder Brandschutznachweisen niedergelassen sind, gilt § 65 Absatz 4 bis 6 entsprechend; die vergleichbare Berechtigung und die vergleichbaren Anforderungen richten sich dabei nach Satz 1 oder 3. [6]Die Anzeige oder der Antrag auf Erteilung einer Bescheinigung ist bei der nach Satz 1 oder 3 zuständigen Stelle einzureichen.

(3) [1]Bei

1. Gebäuden der Gebäudeklassen 4 und 5,
2. wenn dies nach Maßgabe eines in der Rechtsverordnung nach § 85 Absatz 3 geregelten Kriterienkatalogs erforderlich ist, bei
   a) Gebäuden der Gebäudeklassen 1 bis 3,
   b) Behältern, Brücken, Stützmauern, Tribünen,
   c) Fundamenten von Windenergieanlagen, bei denen die Höhe der Windenergieanlage, gemessen von der Geländeoberfläche bis zum höchsten Punkt der vom Rotor bestrichenen Fläche, mehr als 10 m beträgt,
   d) sonstigen baulichen Anlagen, die keine Gebäude sind, mit einer Höhe von mehr als 10 m

muss der Standsicherheitsnachweis bauaufsichtlich geprüft sein; das gilt nicht für Wohngebäude der Gebäudeklassen 1 und 2 sowie deren Nebengebäude. [2]Bei

1. Sonderbauten,
2. Mittel- und Großgaragen im Sinne der Verordnung nach § 85 Absatz 1 Nummer 3,
3. Gebäuden der Gebäudeklasse 5

muss der Brandschutznachweis bauaufsichtlich geprüft sein.

(4) [1]Außer in den Fällen des Absatzes 3 werden bautechnische Nachweise nicht geprüft; § 67 bleibt unberührt. [2]Einer bauaufsichtlichen Prüfung bedarf es ferner nicht, soweit für das Bauvorhaben Standsicherheitsnachweise vorliegen, die von einem Prüfamt für Standsicherheit allgemein geprüft sind (Typenprüfung); Typenprüfungen anderer Länder gelten auch im Land Mecklenburg-Vorpommern.

(5) Das Verfahren nach Absatz 2 kann über eine einheitliche Stelle nach § 1 Absatz 1 des Einheitlicher-Ansprechpartner-Errichtungsgesetzes abgewickelt werden.

§ 67 Abweichungen

(1) [1]Die Bauaufsichtsbehörde kann Abweichungen von Anforderungen dieses Gesetzes und aufgrund dieses Gesetzes erlassener Vorschriften zulassen, wenn sie unter Berücksichtigung des Zwecks der jeweiligen Anforderung und unter Würdigung der öffentlich-rechtlich geschützten nachbarlichen Belange mit den öffentlichen Belangen, insbesondere den Anforderungen des § 3 vereinbar sind. [2]§ 85a Absatz 1 Satz 3 bleibt unberührt.

(2) [1]Die Zulassung von Abweichungen nach Absatz 1, von Ausnahmen und Befreiungen von den Festsetzungen eines Bebauungsplans oder einer sonstigen städtebaulichen Satzung oder von Regelungen der Baunutzungsverordnung ist gesondert zu beantragen; der Antrag ist zu begründen. [2]Für Anlagen, die keiner Genehmigung bedürfen, sowie für Abweichungen von Vorschriften, die im Genehmigungsverfahren nicht geprüft werden, gilt Satz 1 entsprechend.

(3) Über Abweichungen nach Absatz 1 Satz 1 von örtlichen Bauvorschriften sowie über Ausnahmen und Befreiungen nach Absatz 2 Satz 1 entscheidet bei verfahrensfreien Bauvorhaben die Gemeinde nach Maßgabe der Absätze 1 und 2.

§ 68 Bauantrag, Bauvorlagen

(1) Der Bauantrag ist bei der Bauaufsichtsbehörde einzureichen.

(2) [1]Mit dem Bauantrag sind alle für die Beurteilung des Bauvorhabens und die Bearbeitung des Bauantrags erforderlichen Unterlagen (Bauvorlagen) einzureichen. [2]Es kann gestattet werden, dass einzelne Bauvorlagen nachgereicht werden.

(3) In besonderen Fällen kann zur Beurteilung der Einwirkung des Bauvorhabens auf die Umgebung verlangt werden, dass es in geeigneter Weise auf dem Baugrundstück dargestellt wird.

(4) Ist der Bauherr nicht Grundstückseigentümer, kann die Zustimmung des Grundstückseigentümers zu dem Bauvorhaben gefordert werden.

§ 69 Behandlung des Bauantrags

(1) [1]Die Bauaufsichtsbehörde hört zum Bauantrag die Gemeinde und diejenigen Stellen,

1. deren Beteiligung oder Anhörung für die Entscheidung über den Bauantrag durch Rechtsvorschrift vorgeschrieben ist, oder
2. ohne deren Stellungnahme die Genehmigungsfähigkeit des Bauantrags nicht beurteilt werden kann;

die Beteiligung oder Anhörung entfällt, wenn die Gemeinde oder die jeweilige Stelle dem Bauantrag bereits vor Einleitung des Baugenehmigungsverfahrens zugestimmt hat. 2Bedarf die Erteilung der Baugenehmigung der Zustimmung oder des Einvernehmens einer anderen Körperschaft, Behörde oder sonstigen Stelle, so gilt diese als erteilt, wenn sie nicht einen Monat nach Eingang des Ersuchens verweigert wird; von der Frist nach Halbsatz 1 abweichende Regelungen durch Rechtsvorschrift bleiben unberührt. 3Stellungnahmen bleiben unberücksichtigt, wenn sie nicht innerhalb eines Monats nach Aufforderung zur Stellungnahme bei der Bauaufsichtsbehörde eingehen, es sei denn, die verspätete Stellungnahme ist für die Rechtmäßigkeit der Entscheidung über den Bauantrag von Bedeutung.

(2) 1Ist der Bauantrag unvollständig oder weist er sonstige erhebliche Mängel auf, fordert die Bauaufsichtsbehörde den Bauherrn zur Behebung der Mängel innerhalb einer angemessenen Frist auf. 2Werden die Mängel innerhalb der Frist nicht behoben, ist der Antrag zurückzuweisen.

§ 70 Beteiligung der Nachbarn und der Öffentlichkeit

(1) 1Die Bauaufsichtsbehörde soll die Eigentümer benachbarter Grundstücke (Nachbarn) vor Erteilung von Abweichungen und Befreiungen benachrichtigen, wenn zu erwarten ist, dass öffentlich-rechtlich geschützte nachbarliche Belange berührt werden. 2Einwendungen sind innerhalb von zwei Wochen nach Zugang der Benachrichtigung bei der Bauaufsichtsbehörde in Textform oder zur Niederschrift vorzubringen.

(2) Die Benachrichtigung entfällt, wenn die zu benachrichtigenden Nachbarn dem Bauvorhaben zugestimmt haben.

(3) 1Haben die Nachbarn dem Bauvorhaben nicht zugestimmt, ist ihnen die Baugenehmigung zuzustellen. 2Bei mehr als 20 Nachbarn, denen die Baugenehmigung zuzustellen ist, kann die Zustellung nach Satz 1 durch öffentliche Bekanntmachung ersetzt werden; die Bekanntmachung hat den verfügenden Teil der Baugenehmigung, die Rechtsbehelfsbelehrung sowie einen Hinweis darauf zu enthalten, wo die Akten des Baugenehmigungsverfahrens eingesehen werden können. 3Sie ist im amtlichen Veröffentlichungsblatt der Bauaufsichtsbehörde bekannt zu machen. 4Die Zustellung gilt mit dem Tag der Bekanntmachung als bewirkt.

(4) 1Bei baulichen Anlagen, die aufgrund ihrer Beschaffenheit oder ihres Betriebs geeignet sind, die Allgemeinheit oder die Nachbarschaft zu gefährden, zu benachteiligen oder zu belästigen, kann die Bauaufsichtsbehörde auf Antrag des Bauherrn das Bauvorhaben in ihrem amtlichen Veröffentlichungsblatt und außerdem in örtlichen Tageszeitungen, die im Bereich des Standorts der Anlage verbreitet sind, öffentlich bekannt machen; verfährt die Bauaufsichtsbehörde nach Halbsatz 1, findet Absatz 1 keine Anwendung. 2Nach der Bekanntmachung sind der Antrag und die Bauvorlagen sowie die entscheidungserheblichen Berichte und Empfehlungen, die der Bauaufsichtsbehörde zum Zeitpunkt der Bekanntmachung vorliegen, einen Monat zur Einsicht auszulegen. 3Mit Ablauf einer Frist von einem Monat nach der Bekanntmachung des Bauvorhabens nach Satz 1 Halbsatz 1 sind alle öffentlich-rechtlichen Einwendungen gegen das Bauvorhaben ausgeschlossen. 4Die Zustellung der Baugenehmigung nach Absatz 3 Satz 1 kann durch öffentliche Bekanntmachung ersetzt werden; Absatz 3 Satz 4 sowie Satz 1 Halbsatz 1 gelten entsprechend. 5In der Bekanntmachung nach Satz 1 Halbsatz 1 ist darauf hinzuweisen,

1. wo und wann die Akten des Verfahrens eingesehen werden können,
2. wo und wann Einwendungen gegen das Bauvorhaben vorgebracht werden können,
3. welche Rechtsfolgen mit Ablauf der Frist des Satzes 2 eintreten und
4. dass die Zustellung der Baugenehmigung durch öffentliche Bekanntmachung ersetzt werden kann.

(5) 1Bei der Errichtung, Änderung oder Nutzungsänderung

1. eines Gebäudes oder mehrerer Gebäude, wenn dadurch dem Wohnen dienende Nutzungseinheiten mit einer Größe von insgesamt mehr als 5 000 m^2 Brutto-Grundfläche geschaffen werden,
2. baulicher Anlagen, die öffentlich zugänglich sind, wenn dadurch die gleichzeitige Nutzung durch mehr als 100 zusätzliche Besucher ermöglicht wird,
3. baulicher Anlagen, die nach Durchführung des Bauvorhabens Sonderbauten nach § 2 Absatz 4 Nummer 9 Buchstabe c und Nummern 10 bis 13 sowie 15 und 16 sind,

ist eine Öffentlichkeitsbeteiligung entsprechend § 18 Absätze 2, 4 und 5 der Störfall-Verordnung – 12. BImSchV in der Fassung der Bekanntmachung vom 8. Juni 2005 (BGBl. I S. 1598), die durch Artikel 1 der Verordnung vom 9. Januar 2017 (BGBl. I S. 47) geändert worden ist, durchzuführen, wenn das oder die Gebäude oder baulichen Anlagen innerhalb des angemessenen Sicherheitsabstands nach § 3

Absatz 5c des Bundes-Immissionsschutzgesetzes liegen; es sei denn, die Immissionsschutzbehörde hat bestätigt, dass sich das Vorhaben außerhalb des angemessenen Sicherheitsabstands des Betriebsbereichs befindet.

§ 71 Ersetzung des gemeindlichen Einvernehmens

(1) [1]Hat eine Gemeinde ihr nach § 14 Absatz 2 Satz 2, § 22 Absatz 5 Satz 1, § 36 Absatz 1 Satz 1 und 2 des Baugesetzbuches erforderliches Einvernehmen rechtswidrig versagt, ist das fehlende Einvernehmen nach Maßgabe der Absätze 2 bis 4 zu ersetzen. [2]Die Ersetzung erfolgt durch die Erteilung der Baugenehmigung.

(2) § 82 der Kommunalverfassung findet keine Anwendung.

(3) [1]Die Baugenehmigung ist zugleich eine begründungspflichtige Ersatzvornahme. [2]Widerspruch und Anfechtungsklage einer Gemeinde gegen die Ersatzvornahme haben keine aufschiebende Wirkung.

(4) [1]Die Gemeinde ist vor Erteilung der Baugenehmigung anzuhören. [2]Dabei ist ihr Gelegenheit zu geben, binnen angemessener Frist erneut über das gemeindliche Einvernehmen zu entscheiden.

(5) Die Absätze 1 bis 4 finden entsprechende Anwendung, soweit innerhalb anderer Zulassungsverfahren die Entscheidung über die Baugenehmigung eingeschlossen ist.

§ 72 Baugenehmigung, Baubeginn

(1) Die Baugenehmigung ist zu erteilen, wenn dem Bauvorhaben keine öffentlich-rechtlichen Vorschriften entgegenstehen, die im bauaufsichtlichen Genehmigungsverfahren zu prüfen sind.

(2) Bei Vorhaben, für die nach dem Gesetz über die Umweltverträglichkeitsprüfung oder nach dem Landes-UVP-Gesetz eine Umweltverträglichkeitsprüfung durchgeführt wird, muss zudem sichergestellt sein, dass

1. Gefahren für die in § 2 Absatz 1 Nummer 1 bis 5 dieser Gesetze genannten Schutzgüter nicht hervorgerufen werden können und
2. Vorsorge gegen erhebliche nachteilige Auswirkungen auf die Schutzgüter, insbesondere durch Maßnahmen entsprechend dem Stand der Technik, getroffen wird.

(3) Die Baugenehmigung bedarf der Schriftform; sie ist nur insoweit zu begründen, als Abweichungen oder Befreiungen von nachbarschützenden Vorschriften zugelassen werden und der Nachbar nicht nach § 70 Absatz 2 zugestimmt hat.

(4) Die Baugenehmigung kann unter Auflagen, Bedingungen und dem Vorbehalt der nachträglichen Aufnahme, Änderung oder Ergänzung einer Auflage sowie befristet erteilt werden.

(5) Die Baugenehmigung wird unbeschadet der Rechte Dritter erteilt.

(6) [1]Wird mit der Baugenehmigung zugleich eine andere Gestattung erteilt, die nach öffentlich-rechtlichen Vorschriften einem Dritten bekannt zu geben ist, so hat die Bauaufsichtsbehörde die Bekanntgabe vorzunehmen. [2]Der Gemeinde ist, wenn sie nicht Trägerin der Bauaufsichtsbehörde ist, die Entscheidung der Bauaufsichtsbehörde durch eine Übermittlung des Bescheides zur Kenntnis zu geben.

(7) Mit der Bauausführung oder mit der Ausführung des jeweiligen Bauabschnitts darf erst begonnen werden, wenn

1. die Baugenehmigung dem Bauherrn zugegangen ist und
2. die Baubeginnsanzeige der Bauaufsichtsbehörde vorliegt.

(8) [1]Vor Baubeginn eines Gebäudes müssen die Grundrissfläche abgesteckt und seine Höhenlage festgelegt sein. [2]Baugenehmigungen, Bauvorlagen sowie bautechnische Nachweise, soweit es sich nicht um Bauvorlagen handelt, müssen an der Baustelle von Baubeginn an vorliegen.

(9) Der Bauherr hat den Ausführungsbeginn genehmigungsbedürftiger Vorhaben und die Wiederaufnahme der Bauarbeiten nach einer Unterbrechung von mehr als drei Monaten mindestens eine Woche vorher der Bauaufsichtsbehörde in Textform mitzuteilen (Baubeginnsanzeige).

(10) Die Bauaufsichtsbehörde kann Baubeginn und Lage des Baugrundstücks an andere Behörden und sonstige öffentliche Stellen zur Bekämpfung der Schwarzarbeit und illegalen Beschäftigung nach dem Gesetz zur Bekämpfung der Schwarzarbeit und illegalen Beschäftigung übermitteln.

§ 72a Typengenehmigung

(1) [1]Für bauliche Anlagen, die in derselben Ausführung an mehreren Stellen errichtet werden sollen, wird auf Antrag durch die oberste Bauaufsichtsbehörde eine Typengenehmigung erteilt, wenn die baulichen Anlagen oder Teile von baulichen Anlagen den Anforderungen nach diesem Gesetz oder aufgrund dieses Gesetzes erlassenen Vorschriften entsprechen. [2]Eine Typengenehmigung kann auch

für bauliche Anlagen erteilt werden, die in unterschiedlicher Ausführung, aber nach einem bestimmten System und aus bestimmten Bauteilen an mehreren Stellen errichtet werden sollen; in der Typengenehmigung ist die zulässige Veränderbarkeit festzulegen. [3]Für Fliegende Bauten wird eine Typengenehmigung nicht erteilt.

(2) [1]Die Typengenehmigung gilt fünf Jahre. [2]Die Frist kann auf Antrag jeweils bis zu fünf Jahre verlängert werden. [3]§ 73 Absatz 2 Satz 2 gilt entsprechend.

(3) Die oberste Bauaufsichtsbehörde kann Typengenehmigungen anderer Länder auch in Mecklenburg-Vorpommern anerkennen.

(4) [1]Eine Typengenehmigung entbindet nicht von der Verpflichtung, ein bauaufsichtliches Verfahren durchzuführen. [2]Die in der Typengenehmigung entschiedenen Fragen sind von der Bauaufsichtsbehörde nicht mehr zu prüfen.

§ 73 Geltungsdauer der Genehmigung

(1) Die Baugenehmigung und die Teilbaugenehmigung erlöschen, wenn innerhalb von drei Jahren nach ihrer Erteilung mit der Ausführung des Bauvorhabens nicht begonnen oder die Bauausführung länger als ein Jahr unterbrochen worden ist.

(2) [1]Die Frist nach Absatz 1 kann auf in Textform gestellten Antrag jeweils bis zu einem Jahr verlängert werden. [2]Sie kann auch rückwirkend verlängert werden, wenn der Antrag vor Fristablauf bei der Bauaufsichtsbehörde eingegangen ist.

§ 74 Teilbaugenehmigung

[1]Ist ein Bauantrag eingereicht, kann der Beginn der Bauarbeiten für die Baugrube und für einzelne Bauteile oder Bauabschnitte auf in Textform gestellten Antrag schon vor Erteilung der Baugenehmigung gestattet werden (Teilbaugenehmigung). [2]§ 72 gilt entsprechend.

§ 75 Vorbescheid

[1]Vor Einreichung des Bauantrags ist auf Antrag des Bauherrn zu einzelnen Fragen des Bauvorhabens ein Vorbescheid zu erteilen. [2]Der Vorbescheid gilt drei Jahre. [3]Die Frist kann auf schriftlichen Antrag jeweils bis zu einem Jahr verlängert werden. [4]Die §§ 68 bis 70, 72 Absatz 1 bis 5 und § 73 Absatz 2 Satz 2 gelten entsprechend.

§ 76 Genehmigung Fliegender Bauten

(1) [1]Fliegende Bauten sind bauliche Anlagen, die geeignet und bestimmt sind, an verschiedenen Orten wiederholt aufgestellt und zerlegt zu werden. [2]Baustelleneinrichtungen und Baugerüste sind keine Fliegenden Bauten.

(2) [1]Fliegende Bauten bedürfen, bevor sie erstmals aufgestellt und in Gebrauch genommen werden, einer Ausführungsgenehmigung. [2]Dies gilt nicht für

1. Fliegende Bauten mit einer Höhe bis zu 5 m, die nicht dazu bestimmt sind, von Besuchern betreten zu werden,
2. Fliegende Bauten mit einer Höhe bis zu 5 m, die für Kinder betrieben werden und eine Geschwindigkeit von höchstens 1 m/s haben,
3. Bühnen, die Fliegende Bauten sind, einschließlich Überdachungen und sonstigen Aufbauten mit einer Höhe bis zu 5 m, einer Grundfläche bis zu 100 m² und einer Fußbodenhöhe bis zu 1,50 m,
4. erdgeschossige Zelte und betretbare Verkaufsstände, die Fliegende Bauten sind, jeweils mit einer Grundfläche bis zu 75 m²,
5. aufblasbare Spielgeräte mit einer Höhe des betretbaren Bereichs von bis zu 5m oder mit überdachten Bereichen, bei denen die Entfernung zum Ausgang nicht mehr als 3m, sofern ein Absinken der Überdachung konstruktiv verhindert wird, nicht mehr als 10m beträgt.

(3) Die Ausführungsgenehmigung wird von der obersten Bauaufsichtsbehörde erteilt, soweit der Antragsteller seine Hauptwohnung oder seine gewerbliche Niederlassung in Mecklenburg-Vorpommern hat oder, wenn der Antragsteller seine Hauptwohnung oder seine gewerbliche Niederlassung außerhalb der Bundesrepublik Deutschland hat, der Fliegende Bau in Mecklenburg-Vorpommern erstmals aufgestellt und in Gebrauch genommen werden soll.

(4) [1]Die Genehmigung wird für eine bestimmte Frist erteilt, die höchstens fünf Jahre betragen soll; sie kann auf in Textform gestellten Antrag von der für die Erteilung der Ausführungsgenehmigung zuständigen Behörde jeweils bis zu fünf Jahren verlängert werden; § 73 Absatz 2 Satz 2 gilt entsprechend. [2]Die Genehmigungen werden in ein Prüfbuch eingetragen, dem eine Ausfertigung der mit einem

Genehmigungsvermerk zu versehenden Bauvorlagen beizufügen ist. [3]Ausführungsgenehmigungen anderer Länder gelten auch im Land Mecklenburg-Vorpommern.

(5) [1]Der Inhaber der Ausführungsgenehmigung hat den Wechsel seines Wohnsitzes oder seiner gewerblichen Niederlassung oder die Übertragung eines Fliegenden Baus an Dritte der Bauaufsichtsbehörde anzuzeigen, die die Ausführungsgenehmigung erteilt hat. [2]Die Behörde hat die Änderungen in das Prüfbuch einzutragen und sie, wenn mit den Änderungen ein Wechsel der Zuständigkeit verbunden ist, der nunmehr zuständigen Behörde mitzuteilen.

(6) [1]Fliegende Bauten, die nach Absatz 2 Satz 1 einer Ausführungsgenehmigung bedürfen, dürfen unbeschadet anderer Vorschriften nur in Gebrauch genommen werden, wenn ihre Aufstellung der Bauaufsichtsbehörde des Aufstellungsortes unter Vorlage des Prüfbuches angezeigt ist. [2]Die Bauaufsichtsbehörde kann die Inbetriebnahme dieser Fliegenden Bauten von einer Gebrauchsabnahme abhängig machen. [3]Das Ergebnis der Abnahme ist in das Prüfbuch einzutragen. [4]In der Ausführungsgenehmigung kann bestimmt werden, dass Anzeigen nach Satz 1 nicht erforderlich sind, wenn eine Gefährdung im Sinne des § 3 Satz 1 nicht zu erwarten ist.

(7) [1]Die für die Erteilung der Gebrauchsabnahme zuständige Bauaufsichtsbehörde kann Auflagen machen oder die Aufstellung oder den Gebrauch Fliegender Bauten untersagen, soweit dies nach den örtlichen Verhältnissen oder zur Abwehr von Gefahren erforderlich ist, insbesondere weil die Betriebssicherheit oder Standsicherheit nicht oder nicht mehr gewährleistet ist oder weil von der Ausführungsgenehmigung abgewichen wird. [2]Wird die Aufstellung oder der Gebrauch untersagt, ist dies in das Prüfbuch einzutragen. [3]Die ausstellende Behörde ist zu benachrichtigen, das Prüfbuch ist einzuziehen und der ausstellenden Behörde zuzuleiten, wenn die Herstellung ordnungsgemäßer Zustände innerhalb angemessener Frist nicht zu erwarten ist.

(8) [1]Bei Fliegenden Bauten, die von Besuchern betreten und längere Zeit an einem Aufstellungsort betrieben werden, kann die für die Gebrauchsabnahme zuständige Bauaufsichtsbehörde aus Gründen der Sicherheit Nachabnahmen durchführen. [2]Das Ergebnis der Nachabnahme ist in das Prüfbuch einzutragen.

(9) § 68 Absatz 1, 2 und 4, § 81 Absatz 1 und 4 gelten entsprechend.

§ 77 Bauaufsichtliche Zustimmung

(1) [1]Nicht verfahrensfreie Bauvorhaben bedürfen keiner Genehmigung, Genehmigungsfreistellung und Bauüberwachung, wenn

1. die Leitung der Entwurfsarbeiten und die Bauüberwachung einer Baudienststelle des Bundes oder eines Landes übertragen ist und
2. die Baudienststelle ausreichend mit geeigneten Fachkräften besetzt ist.

[2]Solche baulichen Anlagen bedürfen jedoch der Zustimmung der unteren Bauaufsichtsbehörde. [3]Die Zustimmung entfällt, wenn die Gemeinde nicht widerspricht und, soweit ihre öffentlich-rechtlich geschützten Belange von Abweichungen, Ausnahmen und Befreiungen berührt sein können, die Nachbarn dem Bauvorhaben zustimmen. [4]Keiner Genehmigung, Genehmigungsfreistellung oder Zustimmung bedürfen unter den Voraussetzungen des Satzes 1 Baumaßnahmen in oder an bestehenden Gebäuden, soweit sie nicht zu einer Erweiterung des Bauvolumens oder zu einer nicht verfahrensfreien Nutzungsänderung führen, sowie die Beseitigung baulicher Anlagen. [5]Satz 3 gilt nicht für bauliche Anlagen, für die nach § 70 Absatz 5 eine Öffentlichkeitsbeteiligung durchzuführen ist.

(2) Der Antrag auf Zustimmung ist bei der unteren Bauaufsichtsbehörde einzureichen.

(3) [1]Die Bauaufsichtsbehörde prüft

1. die Übereinstimmung mit den Vorschriften über die Zulässigkeit der baulichen Anlagen nach den §§ 29 bis 38 des Baugesetzbuches und
2. andere öffentlich-rechtliche Anforderungen, soweit wegen der Zustimmung eine Entscheidung nach anderen öffentlich-rechtlichen Vorschriften entfällt oder ersetzt wird.

[2]Sie führt bei den in Absatz 1 Satz 5 genannten Anlagen die Öffentlichkeitsbeteiligung durch. [3]Die Bauaufsichtsbehörde entscheidet über Abweichungen, Ausnahmen und Befreiungen von den nach Satz 1 zu prüfenden sowie von anderen Vorschriften, soweit sie nachbarschützend sind und die Nachbarn nicht zugestimmt haben. [4]Im Übrigen bedarf die Zulässigkeit von Abweichungen, Ausnahmen und Befreiungen keiner bauaufsichtlichen Entscheidung.

(4) [1]Die Gemeinde ist vor Erteilung der Zustimmung zu hören. [2]§ 36 Absatz 2 Satz 2 Halbsatz 1 des Baugesetzbuches gilt entsprechend. [3]Im Übrigen sind die Vorschriften über das Baugenehmigungsverfahren entsprechend anzuwenden.

(5) [1]Anlagen, die der Landesverteidigung, dienstlichen Zwecken der Bundespolizei oder dem zivilen Bevölkerungsschutz dienen, sind abweichend von den Absätzen 1 bis 4 der unteren Bauaufsichtsbehörde vor Baubeginn in geeigneter Weise zur Kenntnis zu bringen; Absatz 1 Satz 3 Halbsatz 1 gilt entsprechend. [2]Im Übrigen wirken die Bauaufsichtsbehörden nicht mit. [3]§ 76 Absatz 2 bis 9 findet auf Fliegende Bauten, die der Landesverteidigung, dienstlichen Zwecken der Bundespolizei oder dem zivilen Bevölkerungsschutz dienen, keine Anwendung.

(6) [1]Die Baudienststelle trägt die Verantwortung dafür, dass Entwurf, Ausführung und Zustand der Anlagen den öffentlich-rechtlichen Vorschriften entsprechen. [2]§ 58 Absatz 1 Satz 2, § 79 und § 80 finden keine Anwendung.

Abschnitt 4

Bauaufsichtliche Maßnahmen

§ 78 Verbot unrechtmäßig gekennzeichneter Bauprodukte

Sind Bauprodukte entgegen § 21 mit dem Ü-Zeichen gekennzeichnet, kann die Bauaufsichtsbehörde die Verwendung dieser Bauprodukte untersagen und deren Kennzeichnung entwerten oder beseitigen lassen.

§ 79 Einstellung von Arbeiten

(1) [1]Werden Anlagen im Widerspruch zu öffentlich-rechtlichen Vorschriften errichtet, geändert oder beseitigt, kann die Bauaufsichtsbehörde die Einstellung der Arbeiten anordnen. [2]Dies gilt auch dann, wenn

1. die Ausführung eines Vorhabens entgegen den Vorschriften des § 72 Absatz 7 und 9 begonnen wurde, oder
2. bei der Ausführung
   a) eines genehmigungsbedürftigen Bauvorhabens von den genehmigten Bauvorlagen,
   b) eines genehmigungsfreigestellten Bauvorhabens von den eingereichten Unterlagen

   abgewichen wird,
3. Bauprodukte verwendet werden, die entgegen der Verordnung (EU) Nr. 305/2011 keine CE-Kennzeichnung oder entgegen § 21 kein Ü-Zeichen tragen,
4. Bauprodukte verwendet werden, die unberechtigt mit der CE-Kennzeichnung oder dem Ü-Zeichen (§ 21 Absatz 3) gekennzeichnet sind.

(2) Werden unzulässige Arbeiten trotz einer schriftlich oder mündlich verfügten Einstellung fortgesetzt, kann die Bauaufsichtsbehörde die Baustelle versiegeln oder die an der Baustelle vorhandenen Bauprodukte, Geräte, Maschinen und Bauhilfsmittel in amtlichen Gewahrsam bringen.

§ 80 Beseitigung von Anlagen, Nutzungsuntersagung

(1) Werden Anlagen im Widerspruch zu öffentlich-rechtlichen Vorschriften errichtet oder geändert, kann die Bauaufsichtsbehörde die teilweise oder vollständige Beseitigung der Anlagen anordnen, wenn nicht auf andere Weise rechtmäßige Zustände hergestellt werden können.

(2) [1]Werden Anlagen im Widerspruch zu öffentlich-rechtlichen Vorschriften genutzt, kann diese Nutzung untersagt werden. [2]Wird eine unzulässige Nutzung trotz einer schriftlich verfügten Nutzungsuntersagung fortgesetzt, so kann die Bauaufsichtsbehörde die Anlagen oder Teile der Anlagen versiegeln.

§ 80a Anpassung von Anlagen, Anpassungsverlangen

(1) Die Bauaufsichtsbehörde kann verlangen, dass bestehende oder nach genehmigten Bauvorlagen bereits begonnene bauliche Anlagen angepasst werden, wenn

1. in diesem Gesetz oder in Vorschriften aufgrund dieses Gesetzes andere Anforderungen als nach dem bisherigen Recht gestellt werden oder
2. nicht voraussehbare Gefahren oder unzumutbare Beeinträchtigungen aufgetreten sind

und dies zur Abwehr von erheblichen Gefahren für Leben oder Gesundheit oder von schweren Nachteilen für die Allgemeinheit erforderlich ist.

(2) Sollen bauliche Anlagen wesentlich geändert werden, so kann die Bauaufsichtsbehörde verlangen, dass auch die nicht unmittelbar berührten Teile der baulichen Anlage mit diesem Gesetz oder den aufgrund dieses Gesetzes erlassenen Vorschriften in Einklang gebracht werden, wenn

1. die Bauteile, die diesen Vorschriften nicht mehr entsprechen, mit den beabsichtigten Arbeiten in einem konstruktiven Zusammenhang stehen und
2. die Durchführung dieser Vorschriften bei den von den Arbeiten nicht berührten Teilen der baulichen Anlage keine unzumutbaren Mehrkosten verursacht.

(3) Soweit bauliche Anlagen nicht genutzt werden und im Verfall begriffen sind, kann die Bauaufsichtsbehörde den Abbruch oder die Beseitigung anordnen, es sei denn, dass ein öffentliches oder schutzwürdiges privates Interesse an ihrer Erhaltung besteht oder auf andere Weise rechtmäßige Zustände hergestellt werden können.

(4) Die Vorschriften der § 58 Absatz 1 Satz 2 und § 80 bleiben unberührt.

Abschnitt 5

Bauüberwachung

§ 81 Bauüberwachung

(1) Die Bauaufsichtsbehörde kann die Einhaltung der öffentlich-rechtlichen Vorschriften und Anforderungen und die ordnungsgemäße Erfüllung der Pflichten der am Bau Beteiligten überprüfen.

(2) [1]Die Bauaufsichtsbehörde überwacht nach näherer Maßgabe der Rechtsverordnung nach § 85 Absatz 2 die Bauausführung bei baulichen Anlagen

1. nach § 66 Absatz 3 Satz 1 hinsichtlich des von ihr bauaufsichtlich geprüften Standsicherheitsnachweises,
2. nach § 66 Absatz 3 Satz 2 hinsichtlich des von ihr bauaufsichtlich geprüften Brandschutznachweises.

[2]Bei Gebäuden der Gebäudeklasse 4, ausgenommen Sonderbauten sowie Mittel- und Großgaragen im Sinne der Verordnung nach § 85 Absatz 1 Nummer 3, ist die mit dem Brandschutznachweis übereinstimmende Bauausführung vom Nachweisersteller oder einem anderen Nachweisberechtigten im Sinne des § 66 Absatz 2 Satz 3 zu bestätigen.

(3) Im Rahmen der Bauüberwachung können Proben von Bauprodukten, soweit erforderlich, auch aus fertigen Bauteilen zu Prüfzwecken entnommen werden.

(4) Im Rahmen der Bauüberwachung ist jederzeit Einblick in die Genehmigungen, Zulassungen, Prüfzeugnisse, Übereinstimmungszertifikate, Zeugnisse und Aufzeichnungen über die in die CE-Kennzeichnungen und Leistungserklärungen nach der Verordnung (EU) Nr. 305/2011, in die Bautagebücher und andere vorgeschriebene Aufzeichnungen zu gewähren.

(5) Die Bauaufsichtsbehörde oder der Prüfsachverständige soll, soweit sie oder er im Rahmen der Bauüberwachung Erkenntnisse über systematische Rechtsverstöße gegen die Verordnung (EU) Nr. 305/2011 erlangt, diese der für die Marktüberwachung zuständigen Stelle mitteilen.

§ 82 Bauzustandsanzeigen, Aufnahme der Nutzung

(1) [1]Die Bauaufsichtsbehörde kann verlangen, dass ihr Beginn und Beendigung bestimmter Bauarbeiten angezeigt werden. [2]Die Bauarbeiten dürfen erst fortgesetzt werden, wenn die Bauaufsichtsbehörde der Fortführung der Bauarbeiten zugestimmt hat.

(2) [1]Der Bauherr hat die beabsichtigte Aufnahme der Nutzung einer nicht verfahrensfreien baulichen Anlage mindestens zwei Wochen vorher der Bauaufsichtsbehörde anzuzeigen. [2]In den Fällen des § 81 Absatz 2 Satz 2 ist die jeweilige Bestätigung mit der Anzeige nach Satz 1 vorzulegen. [3]Eine bauliche Anlage darf erst benutzt werden, wenn sie selbst, Zufahrtswege, Wasserversorgungs- und Abwasserentsorgungs- sowie Gemeinschaftsanlagen in dem erforderlichen Umfang sicher benutzbar sind, nicht jedoch vor dem in Satz 1 bezeichneten Zeitpunkt. [4]Feuerstätten dürfen erst in Betrieb genommen werden, wenn der bevollmächtigte Bezirksschornsteinfeger die Tauglichkeit und die sichere Benutzbarkeit der Abgasanlagen bescheinigt hat; hierzu ist ihm rechtzeitig Gelegenheit zu geben, auch den Rohbauzustand zu besichtigen. [5]Verbrennungsmotoren und Blockheizkraftwerke dürfen erst dann in Betrieb genommen werden, wenn der bevollmächtigte Bezirksschornsteinfeger die Tauglichkeit und sichere Benutzbarkeit der Leitungen zur Abführung von Verbrennungsgasen bescheinigt hat.

Abschnitt 6

Baulasten

§ 83 Baulasten, Baulastenverzeichnis

(1) [1]Durch Erklärung gegenüber der Bauaufsichtsbehörde können Grundstückseigentümer öffentlich-rechtliche Verpflichtungen zu einem ihre Grundstücke betreffenden Tun, Dulden oder Unterlassen übernehmen, die sich nicht schon aus öffentlich-rechtlichen Vorschriften ergeben (Baulasten). [2]Baulasten werden unbeschadet der Rechte Dritter mit der Eintragung in das Baulastenverzeichnis wirksam und wirken auch gegenüber Rechtsnachfolgern.

(2) Die Erklärung nach Absatz 1 bedarf der Schriftform; die Unterschrift muss öffentlich beglaubigt oder vor der Bauaufsichtsbehörde geleistet oder vor ihr anerkannt werden.

(3) [1]Die Baulast geht durch Verzicht der Bauaufsichtsbehörde unter. [2]Der Verzicht ist zu erklären, wenn ein öffentliches Interesse an der Baulast nicht mehr besteht. [3]Vor dem Verzicht sollen der Verpflichtete und die durch die Baulast Begünstigten angehört werden. [4]Der Verzicht wird mit der Löschung der Baulast im Baulastenverzeichnis wirksam.

(4) [1]Das Baulastenverzeichnis wird von der Bauaufsichtsbehörde geführt. [2]In das Baulastenverzeichnis können auch eingetragen werden

1. andere baurechtliche Verpflichtungen des Grundstückseigentümers zu einem sein Grundstück betreffenden Tun, Dulden oder Unterlassen,
2. Auflagen, Bedingungen, Befristungen und Widerrufsvorbehalte.

(5) [1]Wer ein berechtigtes Interesse darlegt, kann in das Baulastenverzeichnis Einsicht nehmen oder sich einen Auszug erstellen lassen. [2]Öffentlich bestellte Vermessungsingenieure sowie Notare und Rechtsanwälte im nachgewiesenen Auftrag eines Notars sind befugt, das Baulastenverzeichnis einzusehen und eine Abschrift zu verlangen, ohne dass es der Darlegung eines berechtigten Interesses bedarf.

Teil 6

Ordnungswidrigkeiten, Verordnungsermächtigungen; Übergangsbestimmungen

§ 84 Ordnungswidrigkeiten

(1) [1]Ordnungswidrig handelt, wer vorsätzlich oder fahrlässig

1. einer nach § 85 Absatz 1 bis 3 erlassenen Rechtsverordnung oder einer nach § 86 Absatz 1 und 2 erlassenen Satzung zuwiderhandelt, sofern die Rechtsverordnung oder die Satzung für einen bestimmten Tatbestand auf diese Bußgeldvorschrift verweist,
2. einer vollziehbaren schriftlichen Anordnung der Bauaufsichtsbehörde zuwiderhandelt, die aufgrund dieses Gesetzes oder aufgrund einer nach diesem Gesetz zulässigen Rechtsverordnung oder Satzung erlassen worden ist, sofern die Anordnung auf die Bußgeldvorschrift verweist,
3. ohne die erforderliche Baugenehmigung (§ 59 Absatz 1), Teilbaugenehmigung (§ 74) oder Abweichung (§ 67 und § 50 Absatz 3) oder abweichend davon bauliche Anlagen errichtet, ändert, benutzt oder entgegen § 61 Absatz 3 Satz 2 bis 5 beseitigt,
4. entgegen der Vorschrift des § 62 Absatz 3 Satz 2 bis 4 mit der Ausführung eines Bauvorhabens beginnt,
5. Fliegende Bauten ohne Ausführungsgenehmigung (§ 76 Absatz 2) in Gebrauch nimmt oder ohne Anzeige und Abnahme (§ 76 Absatz 6) in Gebrauch nimmt,
6. entgegen der Vorschrift des des § 72 Absatz 7 mit Bauarbeiten beginnt, entgegen der Vorschrift des § 61 Absatz 3 Satz 6 mit der Beseitigung einer Anlage beginnt, entgegen den Vorschriften des § 82 Absatz 1 Bauarbeiten fortsetzt oder entgegen der Vorschrift des § 82 Absatz 2 Satz 1 und 2 bauliche Anlagen nutzt,
7. die Baubeginnsanzeige (§ 72 Absatz 9) nicht oder nicht fristgerecht erstattet,
8. Bauprodukte mit dem Ü-Zeichen kennzeichnet, ohne dass dafür die Voraussetzungen nach § 21 Absatz 3 vorliegen,
9. Bauprodukte entgegen § 21 Absatz 3 ohne das Ü-Zeichen verwendet,
10. Bauarten entgegen § 16a ohne Bauartgenehmigung oder allgemeines bauaufsichtliches Prüfzeugnis für Bauarten anwendet,

11. als Bauherr, Entwurfsverfasser, Unternehmer, Bauleiter oder als deren Vertreter den Vorschriften der §§ 53 Absatz 1 Satz 1 bis 4 und 6 bis 7, 54 Absatz 1 Satz 3, 55 Absatz 1 Satz 1 und 2 oder 56 Absatz 1 zuwiderhandelt oder
12. der Vorschrift des § 48 Absatz 4 zuwiderhandelt.

[2]Ist eine Ordnungswidrigkeit nach Satz 1 Nummer 8 bis 10 begangen worden, können Gegenstände, auf die sich die Ordnungswidrigkeit bezieht, eingezogen werden; § 19 des Gesetzes über Ordnungswidrigkeiten ist anzuwenden.

(2) Ordnungswidrig handelt auch, wer wider besseres Wissen
1. unrichtige Angaben macht oder unrichtige Pläne oder Unterlagen vorlegt, um einen nach diesem Gesetz vorgesehenen Verwaltungsakt zu erwirken oder zu verhindern,
2. als Prüfingenieur unrichtige Prüfberichte erstellt,
3. unrichtige Angaben im Kriterienkatalog nach § 66 Absatz 3 Satz 1 Nummer 2 macht.

(3) Die Ordnungswidrigkeit kann mit einer Geldbuße bis zu 500 000 Euro geahndet werden.

(4) [1]Verwaltungsbehörde im Sinne des § 36 Absatz 1 Nummer 1 des Gesetzes über Ordnungswidrigkeiten ist die untere Bauaufsichtsbehörde. [2]Die Geldbußen fließen in die Kasse des Trägers der Bauaufsichtsbehörde.

§ 85 Verordnungsermächtigungen

(1) Zur Verwirklichung der in § 3, § 16a Absatz 1 und § 16b Absatz 1 bezeichneten Anforderungen wird die oberste Bauaufsichtsbehörde ermächtigt, durch Rechtsverordnung Vorschriften zu erlassen über
1. die nähere Bestimmung allgemeiner Anforderungen der §§ 4 bis 48,
2. Anforderungen an Feuerungsanlagen (§ 42),
3. Anforderungen an Garagen (§ 49),
4. besondere Anforderungen oder Erleichterungen, die sich aus der besonderen Art oder Nutzung der baulichen Anlagen für Errichtung, Änderung, Unterhaltung, Betrieb und Nutzung ergeben (§ 51), sowie über die Anwendung solcher Anforderungen auf bestehende bauliche Anlagen dieser Art,
5. Erst-, Wiederholungs- und Nachprüfung von Anlagen, die zur Verhütung erheblicher Gefahren oder Nachteile ständig ordnungsgemäß unterhalten werden müssen, und die Erstreckung dieser Nachprüfungspflicht auf bestehende Anlagen,
6. die Anwesenheit fachkundiger Personen beim Betrieb technisch schwieriger baulicher Anlagen und Einrichtungen wie Bühnenbetriebe und technisch schwierige Fliegende Bauten einschließlich des Nachweises der Befähigung dieser Personen.

(2) [1]Die oberste Bauaufsichtsbehörde wird ermächtigt, durch Rechtsverordnung Vorschriften zu erlassen über
1. Prüfingenieure und Prüfämter, denen bauaufsichtliche Prüfaufgaben einschließlich der Bauüberwachung und der Bauzustandsbesichtigung übertragen werden, sowie
2. Prüfsachverständige, die im Auftrag des Bauherrn oder des sonstigen nach Bauordnungsrecht Verantwortlichen die Einhaltung bauordnungsrechtlicher Anforderungen prüfen und bescheinigen.

[2]Die Rechtsverordnungen nach Satz 1 regeln, soweit erforderlich,
1. die Fachbereiche und die Fachrichtungen, in denen Prüfingenieure, Prüfämter und Prüfsachverständige tätig werden,
2. die Zuständigkeit für die Anerkennung, die Anerkennungsvoraussetzungen und das Anerkennungsverfahren,
3. Erlöschen, Rücknahme und Widerruf der Anerkennung einschließlich der Festlegung einer Altersgrenze,
4. die Aufgabenerledigung,
5. die Vergütung.

[3]Die oberste Bauaufsichtsbehörde kann durch Rechtsverordnung ferner, soweit Tragwerksplaner nach § 66 Absatz 2 Satz 1 oder Brandschutzplaner nach § 66 Absatz 2 Satz 3 noch nicht in ausreichendem Umfang eingetragen sind, anordnen, dass die Standsicherheits- oder Brandschutznachweise bauaufsichtlich geprüft werden und die Bauausführung bauaufsichtlich überwacht wird.

(3) [1]Die oberste Bauaufsichtsbehörde wird ermächtigt, durch Rechtsverordnung Vorschriften zu erlassen über

1. Umfang, Inhalt und Zahl der erforderlichen Unterlagen einschließlich der Vorlagen bei der Anzeige der beabsichtigten Beseitigung von Anlagen nach § 61 Absatz 3 Satz 2 und bei der Genehmigungsfreistellung nach § 62,
2. die erforderlichen Anträge, Anzeigen, Nachweise, Bescheinigungen und Bestätigungen, auch bei verfahrensfreien Bauvorhaben,
3. das Verfahren im Einzelnen.

[2]Sie kann dabei

1. die Art der Übermittlung,
2. für verschiedene Arten von Bauvorhaben unterschiedliche Anforderungen und Verfahren,
3. den Gebrauch der von der obersten Bauaufsichtsbehörde veröffentlichten Formulare

vorschreiben.

(4) Die oberste Bauaufsichtsbehörde wird ermächtigt, durch Rechtsverordnung

1. die Zuständigkeit für die Anerkennung von Prüf-, Zertifizierungs- und Überwachungsstellen (§ 24) auf andere Behörden zu übertragen; die Zuständigkeit kann auch auf eine Behörde eines anderen Landes übertragen werden, die der Aufsicht einer obersten Bauaufsichtsbehörde untersteht oder an deren Willensbildung die oberste Bauaufsichtsbehörde mitwirkt,
2. das Ü-Zeichen festzulegen und zu diesem Zeichen zusätzliche Angaben zu verlangen,
3. das Anerkennungsverfahren nach § 24, die Voraussetzungen für die Anerkennung, ihre Rücknahme, ihren Widerruf und ihr Erlöschen zu regeln, insbesondere auch Altersgrenzen festzulegen sowie eine ausreichende Haftpflichtversicherung zu fordern.

(4a) Die oberste Bauaufsichtsbehörde kann durch Rechtsverordnung vorschreiben, dass für bestimmte Bauprodukte und Bauarten, auch soweit sie Anforderungen nach anderen Rechtsvorschriften unterliegen, hinsichtlich dieser Anforderungen § 16a Absatz 2 sowie die §§ 17 bis 25 ganz oder teilweise anwendbar sind, wenn die anderen Rechtsvorschriften dies verlangen oder zulassen.

(5) [1]Die oberste Bauaufsichtsbehörde wird ermächtigt, durch Rechtsverordnung zu bestimmen, dass die Anforderungen der aufgrund des § 34 des Produktsicherheitsgesetzes und des § 49 Absatz 4 des Energiewirtschaftsgesetzes erlassenen Rechtsverordnungen entsprechend für Anlagen gelten, die weder gewerblichen noch wirtschaftlichen Zwecken dienen und in deren Gefahrenbereich auch keine Arbeitnehmer beschäftigt werden. [2]Sie kann auch die Verfahrensvorschriften dieser Verordnungen für anwendbar erklären oder selbst das Verfahren bestimmen sowie Zuständigkeiten und Gebühren regeln. [3]Dabei kann sie auch vorschreiben, dass danach zu erteilende Erlaubnisse die Baugenehmigung oder die Zustimmung nach § 77 einschließlich der zugehörigen Abweichungen einschließen sowie dass § 35 Absatz 2 des Produktsicherheitsgesetzes insoweit Anwendung findet.

(6) [1]Die oberste Bauaufsichtsbehörde wird ermächtigt, durch Rechtsverordnung zu bestimmen, dass natürliche oder juristische Personen des Privatrechts mit der Aufgabe der Erteilung der Ausführungsgenehmigungen für Fliegende Bauten (§ 76 Absatz 3) betraut werden. [2]In der Rechtsverordnung sind die sachlichen und persönlichen Voraussetzungen zu bestimmen, Regelungen über Rücknahme, Widerruf und eine Befristung der Aufgabenübertragung zu treffen sowie die Aufsicht und die Kosten zu regeln.

(7) Das für Energie zuständige Ministerium wird ermächtigt, durch Rechtsverordnung Vorschriften zu § 46 Absatz 2 und 3 zu erlassen über

1. die abweichende Festsetzung der Höhe der Ablöse nach § 46 Absatz 3 Satz 1 zur Nachrüstung bestehender Windenergieanlagen mit einer bedarfsgesteuerten Nachtkennzeichnung,
2. dessen zweckgebundene Verwendung einschließlich der Berücksichtigung von Anträgen zur Nachrüstung,
3. die zuständige Behörde und Einzelheiten des Verwaltungsverfahrens, insbesondere zur Ausübung des Ermessens,
4. die Höhe der Gebühren für die Amtshandlungen und
5. nähere Bestimmungen zu den besonderen Umständen nach § 46 Absatz 3 Satz 3.

§ 85a Technische Baubestimmungen

(1) [1]Die Anforderungen nach § 3 können durch Technische Baubestimmungen konkretisiert werden. [2]Die Technischen Baubestimmungen sind zu beachten. [3]Von den in den Technischen Baubestimmun-

gen enthaltenen Planungs-, Bemessungs- und Ausführungsregelungen kann abgewichen werden, wenn mit einer anderen Lösung in gleichem Maße die Anforderungen erfüllt werden und in der Technischen Baubestimmung eine Abweichung nicht ausgeschlossen ist; die §§ 16a Absatz 2, 17 Absatz 1 und 67 Absatz 1 bleiben unberührt.

(2) Die Konkretisierungen können durch Bezugnahmen auf technische Regeln und deren Fundstellen oder auf andere Weise erfolgen, insbesondere in Bezug auf:

1. bestimmte bauliche Anlagen oder ihre Teile,
2. die Planung, Bemessung und Ausführung baulicher Anlagen und ihrer Teile,
3. die Leistung von Bauprodukten in bestimmten baulichen Anlagen oder ihren Teilen, insbesondere:
   a) Planung, Bemessung und Ausführung baulicher Anlagen bei Einbau eines Bauproduktes,
   b) Merkmale von Bauprodukten, die sich für einen Verwendungszweck auf die Erfüllung der Anforderungen nach § 3 auswirken,
   c) Verfahren für die Feststellung der Leistung eines Bauproduktes im Hinblick auf Merkmale, die sich für einen Verwendungszweck auf die Erfüllung der Anforderungen nach § 3 auswirken,
   d) zulässige oder unzulässige besondere Verwendungszwecke,
   e) die Festlegung von Klassen und Stufen in Bezug auf bestimmte Verwendungszwecke,
   f) die für einen bestimmten Verwendungszweck anzugebende oder erforderliche und anzugebende Leistung in Bezug auf ein Merkmal, das sich für einen Verwendungszweck auf die Erfüllung der Anforderungen nach § 3 auswirkt, soweit vorgesehen in Klassen und Stufen,
4. die Bauarten und die Bauprodukte, die nur e~nes allgemeinen bauaufsichtlichen Prüfzeugnisses nach § l6a Absatz 3 oder nach § 19 Absatz 1 bedürfen,
5. Voraussetzungen zur Abgabe der Übereinstimmungserklärung für ein Bauprodukt nach § 22,
6. die Art, den Inhalt und die Form technischer Dokumentation.

(3) Die Technischen Baubestimmungen sollen nach den Grundanforderungen nach Anhang I der Verordnung (EU) Nr. 305/2011 gegliedert sein.

(4) Die Technischen Baubestimmungen enthalten eine nicht abschließende Liste von Bauprodukten, die keines Verwendbarkeitsnachweises nach § 17 Absatz 1 bedürfen.

(5) Die oberste Bauaufsichtsbehörde erlässt die zur Durchführung dieses Gesetzes oder der Vorschriften aufgrund dieses Gesetzes erforderlichen Technischen Baubestimmungen auf der Grundlage der vom Deutschen Institut für Bautechnik nach Anhörung der beteiligten Kreise im Einvernehmen mit den obersten Bauaufsichtsbehörden der Länder veröffentlichten Verwaltungsvorschrift Technische Baubestimmungen.

§ 86 Örtliche Bauvorschriften

(1) Die Gemeinden können durch Satzung örtliche Bauvorschriften erlassen über

1. Anforderungen an die äußere Gestaltung baulicher Anlagen sowie von Werbeanlagen und Warenautomaten zur Erhaltung und Gestaltung von Ortsbildern,
2. über das Verbot von Werbeanlagen und Warenautomaten aus ortsgestalterischen Gründen,
3. die Lage, Größe, Beschaffenheit, Ausstattung und Unterhaltung von Kinderspielplätzen (§ 8 Absatz 2),
4. Zahl, Größe und Beschaffenheit der Stellplätze oder Garagen sowie Abstellmöglichkeiten für Fahrräder (§ 49 Absatz 1), die unter Berücksichtigung der Sicherheit und Leichtigkeit des Verkehrs, der Bedürfnisse des ruhenden Verkehrs und der Erschließung durch Einrichtungen des öffentlichen Personennahverkehrs für Anlagen erforderlich sind, bei denen ein Zu- und Abgangsverkehr mit Kraftfahrzeugen oder Fahrrädern zu erwarten ist (notwendige Stellplätze und Abstellplätze für Fahrräder), einschließlich des Mehrbedarfs bei Änderungen und Nutzungsänderungen der Anlagen sowie die Ablösung der Herstellungspflicht und die Höhe der Ablösungsbeträge, die nach Art der Nutzung und Lage der Anlage unterschiedlich geregelt werden kann,
5. die Gestaltung der Plätze für bewegliche Abfallbehälter und der unbebauten Flächen der bebauten Grundstücke sowie über die Notwendigkeit, Art, Gestaltung und Höhe von Einfriedungen; dabei kann bestimmt werden, dass Vorgärten nicht als Arbeitsflächen oder Lagerflächen benutzt werden dürfen,

6. von § 6 abweichende Maße der Abstandsflächentiefe, soweit dies zur Gestaltung des Ortsbildes oder zur Verwirklichung der Festsetzungen einer städtebaulichen Satzung erforderlich ist und eine ausreichende Belichtung sowie der Brandschutz gewährleistet sind,
7. die Begrünung baulicher Anlagen.

(2) Die Gemeinde erlässt die örtliche Bauvorschrift als Satzung im übertragenen Wirkungskreis.

(3) [1]Örtliche Bauvorschriften können auch durch Bebauungsplan oder, soweit das Baugesetzbuch dies vorsieht, durch andere Satzungen nach den Vorschriften des Baugesetzbuches erlassen werden. [2]Werden die örtlichen Bauvorschriften durch Bebauungsplan oder durch eine sonstige städtebauliche Satzung nach dem Baugesetzbuch erlassen, so sind die Vorschriften des Ersten und des Dritten Abschnitts des Ersten Teils, des Ersten Abschnitts des Zweiten Teils, die §§ 13, 13a, 30, 31, 33, 36 und 214 und 215 des Baugesetzbuches entsprechend anzuwenden.

(4) [1]Anforderungen nach den Absätzen 1 und 2 können innerhalb der örtlichen Bauvorschrift auch in Form zeichnerischer Darstellungen gestellt werden. [2]Ihre Bekanntgabe kann dadurch ersetzt werden, dass dieser Teil der örtlichen Bauvorschrift bei der Gemeinde zur Einsicht ausgelegt wird; hierauf ist in den örtlichen Bauvorschriften hinzuweisen.

§ 87 Übergangsregelungen

(1) Die vor dem 1. Oktober 2019 eingeleiteten Verfahren sind nach den bisherigen Vorschriften weiterzuführen.

(2) [1]Die Verwendung des Ü-Zeichens auf Bauprodukten, die die CE-Kennzeichnung aufgrund der Verordnung (EU) Nr. 305/2011 tragen, ist ab dem 1. Oktober 2019 nicht mehr zulässig. [2]Sind bereits in Verkehr gebrachte Bauprodukte, die die CE-Kennzeichnung aufgrund der Verordnung (EU) Nr. 305/2011 tragen, mit dem Ü-Zeichen gekennzeichnet, verliert das Ü-Zeichen am 1. Oktober 2019 seine Gültigkeit.

(3) Bis zum 1. Oktober 2019 für Bauarten erteilte allgemeine bauaufsichtliche Zulassungen oder Zustimmungen im Einzelfall gelten als Bauartgenehmigung fort.

(4) [1]Bestehende Anerkennungen als Prüf-, Überwachungs- und Zertifizierungsstellen bleiben in dem bis zum 1. Oktober 2019 geregelten Umfang wirksam. [2]Vor diesem Tag gestellte Anträge gelten als Anträge nach diesem Gesetz.

Gesetz des Landes Mecklenburg-Vorpommern zur Ausführung des Baugesetzbuches (Baugesetzbuchausführungsgesetz – AG-BauGB M-V)

Vom 30. Januar 1998 (GVOBl. M-V S. 110)
(GS Meckl.-Vorp. Gl. Nr.2130-4)

zuletzt geändert durch Art. 2 G zur Änd. des Architekten- und IngenieurG und des BaugesetzbuchausführungsG vom 19. März 2021 (GVOBl. M-V S. 270)

Der Landtag hat das folgende Gesetz beschlossen:

§ 1 Vorläufige Untersagung

Der Antrag auf vorläufige Untersagung nach § 15 Absatz 1 Satz 2 des Baugesetzbuches ist innerhalb eines Monats nach Eingang der für das genehmigungsfreie Bauen erforderlichen Unterlagen durch die Gemeinde zu stellen. Die untere Bauaufsichtsbehörde hat die vorläufige Untersagung innerhalb eines Monats nach Eingang des Antrages auszusprechen.

§ 2 ***[aufgehoben]***

§ 3 Vorhaben im Außenbereich

Die Frist nach § 35 Absatz 4 Satz 1 Nummer 1 Buchstabe c des Baugesetzbuches als Voraussetzung für die Änderung der bisherigen Nutzung eines Gebäudes im Außenbereich ist nicht anzuwenden.

§ 4 Ersetzung des gemeindlichen Einvernehmens

Zuständige Behörde für die Ersetzung eines rechtswidrig versagten Einvernehmens der Gemeinde gemäß § 36 Absatz 2 Satz 3 des Baugesetzbuches ist die Genehmigungsbehörde.

§ 5 Verordnungsermächtigung zur Einführung der Anzeigepflicht

Die für den Städtebau zuständige oberste Landesbehörde wird ermächtigt, durch Rechtsverordnung zu bestimmen, ob und inwieweit Bebauungspläne und Satzungen nach § 34 Absatz 4 Satz 1und § 35 Absatz 6 des Baugesetzbuches, die nicht der Genehmigung bedürfen, vor ihrem Inkrafttreten der höheren Verwaltungsbehörde gemäß § 246 Absatz 1a des Baugesetzbuches anzuzeigen sind.

§ 6 Aufgabenübertragung

Folgende Aufgaben der höheren Verwaltungsbehörde werden den Landkreisen für die kreisangehörigen Städte, Gemeinden und Planungsverbände gemäß § 205 des Baugesetzbuches einschließlich Zweckverbände gemäß § 203 Absatz 3 des Baugesetzbuches als Aufgaben des übertragenen Wirkungskreises übertragen:

1. die Genehmigung von Bebauungsplänen gemäß § 10 Absatz 2 des Baugesetzbuches sowie Innenbereichssatzungen und Außenbereichssatzungen gemäß der §§ 34 und 35 des Baugesetzbuches, wenn die Satzungen nach den §§ 34 und 35 des Baugesetzbuches gemäß den Überleitungsvorschriften des § 233 Absatz 1 des Baugesetzbuches einer Genehmigung bedürfen,
2. die Prüfung der Verletzung von Rechtsvorschriften im Anzeigeverfahren für Bebauungspläne sowie Innenbereichssatzungen und Außenbereichsatzungen nach §§ 34 und 35 des Baugesetzbuches, soweit eine Anzeigepflicht durch Rechtsverordnung nach § 5 eingeführt ist,
3. Die Genehmigung von Flächennutzungsplänen gemäß § 6 Absatz 1 des Baugesetzbuches.
4. die Entscheidungen gemäß den §§ 18 Absatz 2 Satz 4, 28 Absatz 6 Satz 3, 43 Absatz 2 Satz 1, 126 Absatz 2 Satz 2 sowie 209 Absatz 2 Satz 1 des Baugesetzbuches.

§ 7 Kostendeckung

Die durch die Übertragung von Aufgaben durch dieses Gesetz entstehenden Kosten der Landkreise sind durch die Zuweisungen für gesetzlich übertragene Aufgaben aus dem kommunalen Finanzausgleich abgegolten.

§ 8 Inkrafttreten, Außerkrafttreten

(1) Dieses Gesetz tritt mit Wirkung vom 1. Januar 1998 in Kraft.

(2) Mit Inkrafttreten nach Absatz 1 tritt die Landesverordnung zur Übertragung von Aufgaben der höheren Verwaltungsbehörde nach dem Baugesetzbuch vom 16. Juli 1993 (GVOBl. M-V S. 732) außer Kraft.

Gesetz zum Schutz und zur Pflege der Denkmale im Lande Mecklenburg-Vorpommern (Denkmalschutzgesetz – DSchG M-V)

In der Fassung der Bekanntmachung vom 6. Januar 1998[1] (GVOBl. M-V S. 12, ber. S. 247) (GS Meckl.-Vorp. Gl. Nr.224-2)

zuletzt geändert durch Art. 10 ÄndG vom 12. Juli 2010 (GVOBl. M-V S. 383)

Inhaltsübersicht

Erster Abschnitt

Allgemeine Vorschriften

§ 1 Aufgaben des Denkmalschutzes und der Denkmalpflege

(1) Aufgabe von Denkmalschutz und Denkmalpflege ist, die Denkmale als Quellen der Geschichte und Tradition zu schützen, zu pflegen, wissenschaftlich zu erforschen und auf eine sinnvolle Nutzung hinzuwirken.

(2) [1]Denkmalschutz und Denkmalpflege obliegen dem Land, den Landkreisen und Gemeinden. [2]Die Landkreise und Gemeinden nehmen diese Aufgaben als Auftragsangelegenheiten nach Maßgabe dieses Gesetzes wahr.

(3) [1]Bei öffentlichen Planungen und Maßnahmen sind die Belange des Denkmalschutzes und der Denkmalpflege zu berücksichtigen. [2]Bei der Abwägung ist eine Erhaltung und sinnvolle Nutzung der Denkmale und Denkmalbereiche anzustreben. [3]Die für den Denkmalschutz und die Denkmalpflege zuständigen Behörden sind frühzeitig zu beteiligen.

1) Neubekanntmachung des DenkmalschutzG v. 30. 11. 1993 (GVOBl. M-V S. 975) in der ab 1. 1. 1998 geltenden Fassung.

§ 2 Begriffsbestimmungen

(1) Denkmale im Sinne dieses Gesetzes sind Sachen, Mehrheiten von Sachen und Teile von Sachen, an deren Erhaltung und Nutzung ein öffentliches Interesse besteht, wenn die Sachen bedeutend für die Geschichte des Menschen, für Städte und Siedlungen oder für die Entwicklung der Arbeits- und Wirtschaftsbedingungen sind und für die Erhaltung und Nutzung künstlerische, wissenschaftliche, geschichtliche, volkskundliche oder städtebauliche Gründe vorliegen.

(2) [1]Baudenkmale sind Denkmale, die aus baulichen Anlagen oder Teilen baulicher Anlagen bestehen. [2]Ebenso zu behandeln sind Garten-, Friedhofs- und Parkanlagen sowie andere von Menschen gestaltete Landschaftsteile, wenn sie die Voraussetzungen des Absatzes 1 erfüllen. [3]Historische Ausstattungsstücke sind wie Baudenkmale zu behandeln, sofern sie mit dem Baudenkmal eine Einheit von Denkmalwert bilden.

(3) [1]Denkmalbereiche sind Gruppen baulicher Anlagen, die aus den in Absatz 1 genannten Gründen erhaltenswert sind, unabhängig davon, ob die einzelnen baulichen Anlagen für sich Baudenkmale sind. [2]Denkmalbereiche können Stadtgrundrisse, Stadt-, Ortsbilder und -silhouetten, Stadtteile und -viertel, Siedlungen, Gehöftgruppen, Straßenzüge, bauliche Gesamtanlagen, Produktionsstätten und Einzelbauten sein sowie deren engere Umgebung, sofern sie für deren Erscheinungsbild bedeutend sind. [3]Mit dem Denkmalbereich wird das äußere Erscheinungsbild geschützt.

(4) Bewegliche Denkmale sind alle nicht ortsfesten Denkmale.

(5) [1]Bodendenkmale sind bewegliche oder unbewegliche Denkmale, die sich im Boden, in Mooren sowie in Gewässern befinden oder befanden. [2]Als Bodendenkmale gelten auch

– Zeugnisse, die von menschlichen und mit diesem im Zusammenhang stehenden tierischen und pflanzlichen Leben in der Vergangenheit künden,
– Veränderungen und Verfärbungen in der natürlichen Bodenbeschaffenheit, die durch nicht mehr selbständig erkennbare Bodendenkmale hervorgerufen worden sind, sofern sie die Voraussetzungen des Absatzes 1 erfüllen.

(6) Auf Archivgut finden die Vorschriften des Gesetzes keine Anwendung.

Zweiter Abschnitt
Behörden des Denkmalschutzes und der Denkmalpflege

§ 3 Denkmalschutzbehörden

[1]Denkmalschutzbehörden sind

1. das Ministerium für Bildung, Wissenschaft und Kultur als oberste Denkmalschutzbehörde und
2. die Landräte und Oberbürgermeister der kreisfreien und großen kreisangehörigen Städte als untere Denkmalschutzbehörden.

[2]Sofern nichts anderes bestimmt ist, sind die unteren Denkmalschutzbehörden für den Vollzug dieses Gesetzes zuständig. [3]Sie arbeiten mit den am Denkmalschutz und der Denkmalpflege interessierten Verbänden, Bürgern und ehrenamtlichen Denkmalpflegern zusammen.

§ 4 Denkmalfachbehörde

(1) [1]Fachbehörde ist das Landesamt für Kultur und Denkmalpflege. [2]Es berät und unterstützt die Gemeinden, Landkreise, kreisfreien Städte und großen kreisangehörigen Städte in der Denkmalpflege und dem Denkmalschutz. [3]Es wirkt fachlich bei den Entscheidungen der unteren Denkmalschutzbehörden und der obersten Denkmalschutzbehörde mit.

(2) Die Denkmalfachbehörde nimmt im Rahmen der Denkmalpflege insbesondere folgende Aufgaben wahr:

1. Systematische Erfassung der Denkmale (Inventarisierung),
2. wissenschaftliche Untersuchung und Erforschung der Denkmale sowie Veröffentlichung und wissenschaftliche Behandlung der Fragen von Methodik und Praxis der Denkmalpflege,
3. Anleitung und Betreuung von Konservierung und Restaurierung von Denkmalen sowie fachliche Überwachung dieser Maßnahmen,
4. wissenschaftliche Ausgrabungen, Bergung und Restaurierung von Bodendenkmalen, Überwachung dieser Maßnahmen sowie die Erfassung der beweglichen Bodendenkmale,
5. Bewirtschaftung der ihnen vom Land bereitgestellten Mittel für Denkmalpflege,

6. allgemeine Vertretung der Interessen der Denkmalpflege bei Planungen und sonstigen Maßnahmen,
7. die Denkmalfachbehörde kann auf Vorschlag der unteren Denkmalschutzbehörden ehrenamtliche Denkmalpfleger ernennen.

(3) [1]Aufgaben der Denkmalfachbehörde, die Bodendenkmale nach § 28 Abs. 1 des Bundesnaturschutzgesetzes betreffen, die zugleich die Voraussetzungen eines Naturdenkmals im Sinne des § 25 oder eines gesetzlich geschützten Geotops nach § 20 Abs. 2 des Naturschutzausführungsgesetzes erfüllen, nehmen jene im Einvernehmen mit der zuständigen Naturschutzbehörde wahr. [2]Kommt das Einvernehmen nicht zustande, entscheidet die nächsthöhere Behörde in Benehmen mit der Naturschutzbehörde derselben Verwaltungsebene.

§ 5 Denkmalliste

(1) [1]Denkmale sind in die Denkmallisten einzutragen. [2]Die Denkmallisten führen die unteren Denkmalschutzbehörden getrennt nach Bodendenkmalen, Baudenkmalen und beweglichen Denkmalen. [3]Bewegliche Denkmale sind nur einzutragen, wenn dies wegen ihrer besonderen Bedeutung, die auch in einem historischen Ortsbezug liegen kann, angebracht erscheint. [4]Werden bewegliche Denkmale in einer öffentlichen Sammlung betreut, so bedürfen sie nicht der Eintragung in die Denkmalliste. [5]Der Eigentümer und die Gemeinde sollen vor der Eintragung des Denkmals in die jeweilige Denkmalliste angehört werden und sind von der Eintragung aller Denkmale in die jeweiligen Denkmallisten zu benachrichtigen. [6]Veränderungen an den Denkmallisten dürfen nur nach Anhörung der Denkmalfachbehörde vorgenommen werden.

(2) [1]Der Schutz durch dieses Gesetz ist nicht davon abhängig, daß Denkmale in die Denkmallisten eingetragen sind. [2]Die §§ 6, 7, 8 und 9 gelten jedoch für bewegliche Denkmale nur, wenn sie in die Denkmalliste eingetragen sind.

(3) [1]Die Ausweisung der Denkmalbereiche ergeht nach Anhörung der Denkmalfachbehörde und im Einvernehmen mit den Gemeinden durch Rechtsverordnung der unteren Denkmalschutzbehörde. [2]Die Denkmalbereiche sind von der unteren Denkmalschutzbehörde ortsüblich bekannt zu machen.

(4) Die Eintragung ist von Amts wegen zu löschen, wenn die Eintragungsvoraussetzungen nicht mehr vorliegen.

(5) [1]Die Denkmallisten stehen jedermann zur Einsicht offen. [2]Die Denkmallisten für Bodendenkmale und bewegliche Denkmale können nur von demjenigen eingesehen werden, der ein berechtigtes Interesse nachweist.

Dritter Abschnitt

Maßnahmen für Denkmale

§ 6 Erhaltungspflicht

(1) Eigentümer, Besitzer und Unterhaltungspflichtige von Denkmalen sind verpflichtet, diese im Rahmen des Zumutbaren denkmalgerecht instand zu setzen, zu erhalten und pfleglich zu behandeln.

(2) Das Land, die Landkreise sowie die Gemeinden können hierzu durch Zuwendungen beitragen.

(3) Bei allen Entscheidungen nach diesem Gesetz sind die berechtigten Interessen der Eigentümer der Denkmale zu berücksichtigen.

(4) Werden Denkmale nicht mehr entsprechend ihrer ursprünglichen Zweckbestimmung genutzt, ist durch die Eigentümer eine Nutzung abzusichern, die eine möglichst weitgehende Erhaltung der Substanz auf die Dauer gewährleistet.

(5) Wird in ein Denkmal eingegriffen, so hat der Verursacher des Eingriffes alle Kosten zu tragen, die für die Erhaltung und fachgerechte Instandsetzung, Bergung und Dokumentation des Denkmals anfallen.

§ 7 Genehmigungspflichtige Maßnahmen

(1) [1]Der Genehmigung der unteren Denkmalschutzbehörde bedarf, wer

1. Denkmale beseitigen, verändern, an einen anderen Ort verbringen oder die bisherige Nutzung ändern will,
2. in der Umgebung von Denkmalen Maßnahmen durchführen will, wenn hierdurch das Erscheinungsbild oder die Substanz des Denkmals erheblich beeinträchtigt wird.

[2]Vor der Entscheidung hat die untere Denkmalschutzbehörde die Denkmalfachbehörde zu hören. [3]Der Genehmigung bedarf es nicht, wenn bei Vorhaben nach § 77 Abs. 1 der Landesbauordnung Mecklenburg-Vorpommern die Denkmalfachbehörde zugestimmt hat.

(2) [1]Der Antrag auf Erteilung einer Genehmigung ist schriftlich mit den zur Beurteilung des Vorhabens erforderlichen Unterlagen bei einer unteren Denkmalschutzbehörde einzureichen. [2]Im Einzelfall kann verlangt werden, dass der Genehmigungsantrag durch vorbereitende Untersuchungen, insbesondere durch eine denkmalpflegerische Zielstellung gemäß Absatz 3 Nr. 1, ergänzt wird.

(3) Die Genehmigung ist zu erteilen,

1. bei Übereinstimmung der in Aussicht genommenen Maßnahmen mit einer von dem fachlich zuständigen Landesamt bestätigten, von dem Eigentümer oder Auftraggeber zu erstellenden denkmalpflegerischen Zielstellung der an dem Denkmal zu ergreifenden Maßnahmen und wenn sonstige Gründe des Denkmalschutzes oder der Denkmalpflege nicht entgegenstehen,
2. wenn ein überwiegendes öffentliches Interesse die Maßnahme verlangt.

(4) Im Übrigen kann die Genehmigung versagt werden, wenn und soweit gewichtige Gründe des Denkmalschutzes für die unveränderte Beibehaltung des bisherigen Zustandes sprechen.

(5) [1]Die Genehmigung kann mit Nebenbestimmungen erteilt werden, soweit dies zum Schutz des Denkmals erforderlich ist. [2]Bei der Entscheidung sind die berechtigten Belange des Verpflichteten zu berücksichtigen.

(6) [1]Erfordert die genehmigungspflichtige Maßnahme nach anderen gesetzlichen Bestimmungen eine Planfeststellung, Genehmigung, Erlaubnis, Bewilligung, Zulassung oder Zustimmung, so ersetzt diese Entscheidung die Genehmigung nach Absatz 1. [2]Die nach Satz 1 zuständigen Behörden haben vor der Erteilung einer Genehmigung das Einvernehmen mit der Denkmalfachbehörde herzustellen. [3]Kann das Einvernehmen nicht binnen vier Wochen hergestellt werden, so entscheidet die zuständige oberste Landesbehörde innerhalb von vier Wochen abschließend.

§ 8 Veräußerungs- und Veränderungsanzeige

[1]Wird ein Denkmal veräußert, so haben der frühere und der neue Eigentümer den Eigentümerwechsel unverzüglich, spätestens jedoch innerhalb eines Monats, der für die Führung der Denkmalliste fachlich zuständigen Behörde anzuzeigen. [2]Die Anzeige eines Pflichtigen befreit den anderen.

§ 9 Auskunfts- und Duldungspflichten

(1) Eigentümer, Besitzer und sonstige Nutzungsberechtigte sind dazu verpflichtet, Auskünfte zu erteilen, die zur Erfüllung der Aufgaben des Denkmalschutzes und der Denkmalpflege notwendig sind.

(2) [1]Die unteren Denkmalschutzbehörden sowie die Denkmalfachbehörde oder ihre Vertreter sind berechtigt, Grundstücke und Wohnungen zu betreten sowie Prüfungen und Untersuchungen anzustellen, soweit dies für die Belange der Denkmalpflege und des Denkmalschutzes, insbesondere zur Eintragung in die Denkmalliste oder anderer Maßnahmen nach diesem Gesetz dringend erforderlich ist. [2]Das Betreten von Wohnungen ist ohne Einwilligung des Eigentümers oder sonstiger Nutzungsberechtigter nur bei Gefahr im Verzuge zulässig.

(3) Das Grundrecht der Unverletzlichkeit der Wohnung (Artikel 13 des Grundgesetzes) wird durch dieses Gesetz eingeschränkt.

§ 10 Denkmale der Kirchen und öffentlich-rechtlicher Religionsgemeinschaften

(1) Die Kirchen und das Land tragen gemeinsam Verantwortung für den Schutz und Erhalt der kirchlichen Denkmale.

(2) [1]Die Kirchen stellen sicher, daß ihre Denkmale erhalten bleiben und der Allgemeinheit zugänglich gemacht werden, sofern hieran ein öffentliches Interesse besteht. [2]Insoweit sind Enteignungen nach dem Denkmalschutzrecht unzulässig.

(3) [1]Bei Entscheidungen über Denkmale, die gottesdienstlichen, kultischen oder gleichartigen kirchlichen Zwecken unmittelbar dienen, berücksichtigen die Denkmalschutzbehörden die von den kirch-

lichen Oberbehörden festgestellten Belange. [2]Die kirchliche Oberbehörde entscheidet im Benehmen mit der obersten Denkmalschutzbehörde, falls die untere Denkmalschutzbehörde oder die Denkmalfachbehörde die geltend gemachten Belange nicht anerkennt.

(4) Durch Vereinbarungen können den Kirchen Aufgaben des Denkmalschutzes übertragen werden.

(5) [1]Das Land nimmt bei der Förderung nach dem Denkmalrecht, auch bei der Vergabe von Mitteln, Rücksicht auf die besonderen denkmalpflegerischen Aufgaben der Kirchen. [2]Es setzt sich dafür ein, daß die Kirchen auch von solchen Einrichtungen Hilfe erhalten, die auf nationaler und internationaler Ebene für die Kultur- und Denkmalpflege tätig sind.

Vierter Abschnitt
Besondere Maßnahmen

§ 11 Fund von Denkmalen

(1) [1]Wer Sachen, Sachgesamtheiten oder Teile von Sachen entdeckt, von denen anzunehmen ist, daß an ihrer Erhaltung gemäß § 2 Abs. 1 ein öffentliches Interesse besteht, hat dies unverzüglich anzuzeigen. [2]Anzeigepflicht besteht für

– den Entdecker,
– den Leiter der Arbeiten,
– den Grundeigentümer,
– zufällige Zeugen, die den Wert des Gegenstandes erkennen.

(2) [1]Die Anzeige hat gegenüber der unteren Denkmalschutzbehörde zu erfolgen. [2]Sie leitet die Anzeige unverzüglich an die Denkmalfachbehörde weiter.

(3) [1]Der Fund und die Fundstelle sind in unverändertem Zustand zu erhalten. [2]Die Verpflichtung erlischt fünf Werktage nach Zugang der Anzeige, bei schriftlicher Anzeige spätestens nach einer Woche. [3]Die untere Denkmalschutzbehörde kann die Frist im Rahmen des Zumutbaren verlängern, wenn die sachgerechte Untersuchung oder die Bergung des Denkmals dies erfordert.

(4) [1]Die Denkmalfachbehörde, die unteren Denkmalschutzbehörden mit Genehmigung der Denkmalfachbehörde sowie deren Beauftragte sind berechtigt, das Denkmal zu bergen und für die Auswertung und die wissenschaftliche Erforschung bis zu einem Jahr in Besitz zu nehmen. [2]Dabei sind alle zur Erhaltung des Denkmals notwendigen Maßnahmen zu treffen. [3]Die Denkmalfachbehörde kann die Frist um ein Jahr verlängern, wenn dies zur Erhaltung des Denkmals oder zu seiner wissenschaftlichen Erforschung erforderlich ist.

§ 12 Nachforschungen

Nachforschungen, insbesondere Grabungen oder der Einsatz von technischen Suchgeräten, mit dem Ziel, Denkmale, insbesondere Bodendenkmale, zu entdecken, bedürfen der Genehmigung der obersten Denkmalschutzbehörde.

§ 13 Schatzregal

Bewegliche Denkmale, die herrenlos sind oder die so lange verborgen gewesen sind, daß ihr Eigentümer nicht mehr zu ermitteln ist, werden mit der Entdeckung Eigentum des Landes, wenn sie bei staatlichen Nachforschungen oder in Grabungsschutzgebieten im Sinne des § 16[1)] entdeckt werden oder wenn sie einen hervorragenden wissenschaftlichen Wert haben.

§ 14 Grabungsschutzgebiete

(1) Die untere Denkmalschutzbehörde kann im Benehmen mit der zuständigen Gemeinde bestimmte Grundstücke, die voraussichtlich Bodendenkmale enthalten, durch Eintragung in die Denkmalliste zu Grabungsschutzgebieten erklären.

(2) [1]In der Mitteilung an den Eigentümer und die Gemeinde gemäß § 5 Abs. 1 sind die Maßnahmen zu bezeichnen, die einer Genehmigung bedürfen. [2]Die Genehmigung erteilt die untere Denkmalschutzbehörde. [3]Auf die Genehmigung findet § 7 Abs. 2 bis 7 Anwendung.

§ 15 Sonderregelung bei Maßnahmen zur Gewinnung von Bodenschätzen

[1]In Gebieten, in denen nach den Zielen der Raumordnung und Landesplanung Maßnahmen nach dem Bundesberggesetz vorgesehen sind, ist rechtzeitig vor Beginn der Maßnahme der Denkmalfachbehörde Gelegenheit zur fachwissenschaftlichen Untersuchung von vermuteten Denkmalen, insbesondere von

1) Richtig wohl: „§ 14“.

Bodendenkmalen, oder zu deren Bergung zu geben. [2]Hierzu sind der unteren Denkmalschutzbehörde rechtzeitig alle einschlägigen Planungen sowie deren Änderungen bekanntzugeben.

Fünfter Abschnitt
Denkmalrechtliche Verfügungen, Zugang zu Denkmalen, Kennzeichnung, Entschädigung

§ 16 Allgemeine Maßnahmen der Denkmalbehörden

Die unteren Denkmalschutzbehörden haben diejenigen Maßnahmen zu treffen, die ihnen nach pflichtgemäßem Ermessen erforderlich erscheinen, um Denkmale zu schützen, zu erhalten und zu bergen sowie Gefahren von ihnen abzuwenden.

§ 17 Wiederherstellung des ursprünglichen Zustandes

(1) [1]Wer eine Handlung, die nach diesem Gesetz der Genehmigung bedarf, ohne Genehmigung, unsachgemäß oder im Widerspruch zu den Auflagen durchführt, muß auf Verlangen der zuständigen unteren Denkmalschutzbehörde die Arbeiten sofort einstellen und den bisherigen Zustand wiederherstellen. [2]Bei Gefahr im Verzug kann bis zur Entscheidung der unteren Denkmalschutzbehörde die Denkmalfachbehörde die Einstellung der Arbeiten anordnen. [3]Die Baueinstellung nach den bauordnungsrechtlichen Vorschriften bleibt unberührt.

(2) Wer widerrechtlich ein Denkmal vorsätzlich oder fahrlässig beschädigt oder zerstört, ist auf Verlangen der unteren Denkmalschutzbehörde verpflichtet, das Zerstörte wiederherzustellen.

(3) Im übrigen finden die Vorschriften des Gesetzes über die öffentliche Sicherheit und Ordnung in Mecklenburg-Vorpommern Anwendung.

§ 18 Zugang zu Denkmalen

(1) Denkmale oder Teile derselben sollen im Rahmen des für den Eigentümer und sonstigen Nutzungsberechtigten Zumutbaren der Öffentlichkeit zugänglich gemacht werden.

(2) Die unteren Denkmalschutzbehörden sollen mit den Eigentümern und sonstigen Nutzungsberechtigten von Denkmalen Vereinbarungen über den Zutritt treffen.

§ 19 Kennzeichnung der Denkmale

[1]Denkmale können gekennzeichnet werden. [2]Das Nähere regelt die oberste Denkmalschutzbehörde durch Verwaltungsvorschrift. [3]Eigentümer und sonstige Nutzungsberechtigte von Denkmalen haben die Anbringung von Kennzeichen und Erläuterungstafeln zu dulden.

§ 20 Durchsetzung der Erhaltung

(1) Kommen Eigentümer, Besitzer oder sonstige Unterhaltspflichtige ihren Verpflichtungen nach § 6 nicht nach und tritt hierdurch eine Gefährdung der Denkmale ein, können sie von der unteren Denkmalschutzbehörde verpflichtet werden, erforderliche Erhaltungsmaßnahmen im Rahmen des Zumutbaren durchzuführen.

(2) [1]Erfordert der Zustand eines Denkmals zu seiner Instandhaltung, Instandsetzung oder zu seinem Schutz Maßnahmen, ohne deren unverzügliche Durchführung es gefährdet würde, können die Denkmalschutzbehörden diejenigen Maßnahmen selbst durchführen oder einleiten, die zur Abwendung einer unmittelbaren Gefahr für den Bestand des Denkmals geboten sind. [2]Eigentümer und Besitzer sind verpflichtet, solche Maßnahmen zu dulden. [3]Eigentümer, Besitzer und sonstige Unterhaltungspflichtige können im Rahmen des Zumutbaren zur Erstattung der entstandenen Kosten herangezogen werden.

§ 21 Enteignungen

(1) Eine Enteignung von Denkmalen ist nach diesem Gesetz zulässig, wenn allein dadurch

1. ein Denkmal in seinem Bestand, seiner Eigenart oder seinem Erscheinungsbild erhalten werden kann,
2. ein Denkmal der Allgemeinheit zugänglich gemacht werden kann, sofern hieran ein öffentliches Interesse besteht, oder
3. in einem Grabungsschutzgebiet planmäßige Nachforschungen betrieben werden können.

(2) Im übrigen gilt das Enteignungsgesetz des Landes Mecklenburg-Vorpommern.

§ 22 Vorkaufsrecht

(1) [1]Der Gemeinde steht beim Kauf von Grundstücken, auf oder in denen sich Denkmale befinden, ein Vorkaufsrecht zu. [2]Es darf nur ausgeübt werden, wenn dadurch die dauernde Erhaltung des Denkmals

ermöglicht werden soll. [3]Das Vorkaufsrecht ist ausgeschlossen, wenn der Eigentümer das Grundstück an seinen Ehegatten, Lebenspartner oder an eine Person veräußert, die mit ihm in gerader Linie verwandt oder verschwägert oder in der Seitenlinie bis zum dritten Grad verwandt ist. [4]Das Vorkaufsrecht steht der Gemeinde nicht zu beim Kauf von Rechten nach dem Wohnungseigentumsgesetz und bei Erbbaurechten.

(2) [1]Das Vorkaufsrecht kann nur binnen zwei Monaten nach Mitteilung des Kaufvertrages durch Verwaltungsakt gegenüber dem Veräußerer ausgeübt werden. [2]Die §§ 504, 505 Abs. 2, §§ 506 bis 509 und 512 des Bürgerlichen Gesetzbuches sind anzuwenden. [3]Nach Mitteilung des Kaufvertrages ist auf Ersuchen der Gemeinde zur Sicherung ihres Anspruchs auf Übereignung des Grundstücks eine Vormerkung in das Grundbuch einzutragen; die Gemeinde trägt die Kosten der Eintragung der Vormerkung und ihrer Löschung. [4]Das Vorkaufsrecht ist nicht übertragbar. [5]Bei einem Eigentumserwerb aufgrund der Ausübung des Vorkaufsrechts erlöschen rechtsgeschäftliche Vorkaufsrechte. [6]Wird die Gemeinde nach Ausübung des Vorkaufsrechts im Grundbuch als Eigentümerin eingetragen, so kann sie das Grundbuchamt ersuchen, eine zur Sicherung des Übereignungsanspruches des Käufers im Grundbuch eingetragene Vormerkung zu löschen; sie darf das Ersuchen nur stellen, wenn die Ausübung des Vorkaufsrechts für den Käufer unanfechtbar ist.

(3) [1]Der durch das Vorkaufsrecht Verpflichtete hat der Gemeinde den Inhalt des mit dem Dritten abgeschlossenen Vertrags unverzüglich mitzuteilen; die Mitteilung des Verpflichteten wird durch die Mitteilung des Dritten ersetzt. [2]Das Grundbuchamt darf bei Veräußerungen den Erwerber als Eigentümer in das Grundbuch eintragen, wenn ihm die Nichtausübung oder das Nichtbestehen des Vorkaufsrechts nachgewiesen ist. [3]Besteht ein Vorkaufsrecht nicht oder wird es nicht ausgeübt, hat die Gemeinde auf Antrag eines Beteiligten darüber unverzüglich ein Zeugnis auszustellen. [4]Das Zeugnis gilt als Verzicht auf die Ausübung des Vorkaufsrechts.

(4) [1]Die Gemeinde kann das Vorkaufsrecht zugunsten einer anderen juristischen Person ausüben; bei juristischen Personen des Privatrechts besteht diese Befugnis nur, sofern die dauernde Erhaltung der in oder auf einem Grundstück liegenden Baudenkmale oder ortsfesten Bodendenkmale zu den satzungsmäßigen Aufgaben der juristischen Person gehört und bei Berücksichtigung aller Umstände gesichert ist. [2]Absatz 1 Satz 2 und 3 gilt entsprechend. [3]Die Gemeinde kann das Vorkaufsrecht zugunsten eines anderen nur ausüben, wenn ihr die Zustimmung des Begünstigten vorliegt.

§ 23 Entschädigung

Haben Maßnahmen aufgrund dieses Gesetzes enteignende Wirkung, ist eine Entschädigung nach Maßgabe des § 5 des Enteignungsgesetzes zu leisten.

Sechster Abschnitt
Denkmalförderung

§ 24 Finanzielle Zuwendungen

[1]Das Land, die Landkreise, die kreisfreien Städte, die großen kreisangehörigen Städte und Gemeinden können Zuwendungen zur Pflege von Denkmalen nach Maßgabe der jeweiligen Haushalte gewähren. [2]Bei der Vergabe von Zuwendungen ist die Leistungsfähigkeit des Eigentümers zu berücksichtigen. [3]Die Zuwendung setzt einen Antrag voraus.

§ 25 Bescheinigung für steuerliche Zwecke

Die Landkreise, kreisfreien Städte und großen kreisangehörigen Städte sind für die Erteilung von Bescheinigungen über Denkmale für steuerliche Zwecke zuständig.

Siebter Abschnitt
Schlußvorschriften

§ 26 Ordnungswidrigkeiten

(1) Ordnungswidrig handelt, wer vorsätzlich oder fahrlässig

1. eine nach § 8 oder § 11 Abs. 1 erforderliche Anzeige nicht unverzüglich erstattet,
2. Maßnahmen, die nach § 7 Abs. 1 und § 12 der Erlaubnis bedürfen, ohne Erlaubnis oder abweichend von ihr durchführt oder durchführen läßt,

3. entdeckte Bodendenkmale oder die Entdeckungsstätte nicht nach § 11 Abs. 3 in unverändertem Zustand erhält,
4. eine nach § 9 Abs. 1 geforderte Auskunft nicht erteilt,
5. seinen Verpflichtungen gemäß § 6 Abs. 1 Denkmale im Rahmen des zumutbaren denkmalgerecht instand zu setzen, zu erhalten und pfleglich zu behandeln, trotz vollziehbarer, diese Verpflichtungen konkretisierender Anordnung der zuständigen Behörden nicht nachkommt. Eine Geldbuße darf jedoch nur festgesetzt werden, wenn die Anordnung auf diese Bußgeldvorschrift verweist.

(2) [1]Die Ordnungswidrigkeiten können mit Geldbußen bis zu 150 000 Euro geahndet werden. [2]Wird ohne Erlaubnis nach § 7 Abs. 1 Nr. 1 ein Denkmal zerstört, kann eine Geldbuße bis zu 1 500 000 Euro festgesetzt werden.

(3) Die Verfolgung der Ordnungswidrigkeit verjährt in fünf Jahren.

(4) Zuständige Behörde im Sinne des § 36 Abs. 1 Nr. 1 des Gesetzes über Ordnungwidrigkeiten ist die untere Denkmalschutzbehörde.

§ 27 Verwaltungsvorschriften

Das Ministerium für Bildung, Wissenschaft und Kultur erläßt die zur Ausführung dieses Gesetzes erforderlichen Verwaltungsvorschriften.

§ 28 Übergangsvorschriften

[1]Die in den Listen der Bodenaltertümer nach den §§ 4 und 6 Abs. 1 der Verordnung zum Schutz und zur Erhaltung der ur- und frühgeschichtlichen Bodenaltertümer vom 28. Mai 1954 (GBl. Nr. 54 S. 547) erfaßten Denkmale unterliegen bis zum 31. Dezember 2006 den Bestimmungen des Gesetzes. [2]Die Listen sind bis zu diesem Zeitpunkt von der Denkmalfachbehörde zu überprüfen und in Denkmallisten nach § 5 zu übernehmen. [3]Diese Listen sind anschließend den unteren Denkmalschutzbehörden zu übergeben.

§ 29 (Inkrafttreten)

Gesetz über die Raumordnung und Landesplanung des Landes Mecklenburg-Vorpommern (Landesplanungsgesetz – LPlG)

In der Fassung der Bekanntmachung vom 5. Mai 1998[1)] (GVOBl. M-V S. 503, ber. S. 613) (GS Meckl.-Vorp. Gl. Nr. 230-1)

zuletzt geändert durch Art. 9 G zur Neufassung des FinanzausgleichsG Mecklenburg-Vorpommern und zur Änd. weiterer G vom 9. April 2020 (GVOBl. M-V S. 166)

Inhaltsübersicht

I. Teil
Aufgaben und Grundsätze der Raumordnung und Landesplanung

§ 1 Aufgaben der Raumordnung und Landesplanung

(1) Raumordnung und Landesplanung als Aufgabe des Landes beinhalten,

1. eine übergeordnete, überörtliche und zusammenfassende Planung aufzustellen, zu ändern oder zu ergänzen, die den wirtschaftlichen, sozialen, kulturellen, historischen, ökologischen und landschaftlichen Erfordernissen der nachhaltigen räumlichen Entwicklung des Landes Rechnung trägt; dazu zählt auch die Ausweisung geeigneter Gebiete zur Steuerung privilegierter Vorhaben im Außenbereich,

1) Neubekanntmachung des LandesplanungsG v. 31.3.1992 (GVOBl. M-V S. 242) in der ab 30.4.1998 geltenden Fassung.

2. raumbedeutsame Planungen und Maßnahmen der Planungsträger entsprechend den Erfordernissen einer geordneten räumlichen Entwicklung des Landes aufeinander abzustimmen. Dabei sind die widerstreitenden öffentlichen und privaten Interessen, soweit sie auf der jeweiligen Ebene erkennbar und von Bedeutung sind, gegeneinander abzuwägen und zu einem Ausgleich zu bringen,
3. die grenzüberschreitende Zusammenarbeit mit den angrenzenden Bundesländern und den Nachbarstaaten zu fördern und raumbedeutsame Planungen und Maßnahmen, die erhebliche Auswirkungen auf Nachbarstaaten haben können, nach den Grundsätzen der Gegenseitigkeit und Gleichwertigkeit abzustimmen.

(2) Raumordnung und Landesplanung haben darauf hinzuwirken, dass in der Europäischen Union sowie bei der Raumordnung und den raumbedeutsamen Fachplanungen des Bundes einschließlich der deutschen ausschließlichen Wirtschaftszone und der Länder den Belangen des Landes Mecklenburg-Vorpommern Rechnung getragen wird.

§ 2 Grundsätze der Raumordnung und Landesplanung

Über die in § 2 des Raumordnungsgesetzes vom 18. August 1997 (BGBl. I S. 2081, 2102), zuletzt geändert durch Artikel 2b des Gesetzes vom 25. Juni 2005 (BGBl. I S. 1746), entwickelten Grundsätze hinaus gelten folgende Grundsätze zur Entwicklung des Landes:

1. Planungen und Maßnahmen zur Entwicklung des Landes sind so zu gestalten, daß sie dazu beitragen, in allen Teilräumen des Landes, insbesondere auch in seiner Grenzregion, gleichwertige Lebensbedingungen herzustellen und Abwanderungen zu vermeiden. Dabei soll auch der Verwirklichung des Prinzips der Geschlechtergerechtigkeit Rechnung getragen werden.
2. Die Wirtschaft soll nachhaltig gestärkt und der Strukturwandel so unterstützt werden, daß die Wirtschafts- und Leistungskraft möglichst rasch bundesweites Niveau erreicht und ausreichend viele Arbeitsplätze geschaffen sowie gesichert werden. Dazu sind auch die Möglichkeiten der Forschung und Entwicklung sowie der innovativen Produktion voll einzusetzen.
3. Die Landwirtschaft ist als wichtiger Erwerbszweig des Landes wettbewerbsfähig, vielseitig strukturiert zu entwickeln und als Faktor zur Pflege der Kulturlandschaft zu erhalten. Für land- und forstwirtschaftliche Nutzung gut geeignete Böden sollen hierfür möglichst erhalten und umweltverträglich bewirtschaftet werden. Bei einer Änderung der Bodennutzung, insbesondere bei der Umgestaltung monostrukturierter Flächen, sind vielfältige ökologisch verträgliche Nutzungen anzustreben.
4. Schutz, Pflege und Entwicklung der natürlichen Grundlagen des Lebens sind zu sichern. Dies gilt insbesondere für die Reinhaltung von Luft, Boden und Wasser sowie für die Erhaltung der Arten in Fauna und Flora. Naturgüter sind sparsam und schonend in Anspruch zu nehmen. Das Gleichgewicht von Naturhaushalt und Klima soll nicht nachteilig verändert werden. Bereits eingetretene Schäden sind, soweit möglich, zu beseitigen. Das gilt auch für die Sanierung militärischer Altlasten.
5. Verkehrsanlagen und Kommunikationsnetze sollen so ausgebaut oder bei Notwendigkeit gebaut werden, dass sie, soweit möglich barrierefreie Lebensräume schaffend, alle Landesteile durch leistungsfähige Verbindungen erschließen und miteinander verbinden, die Randlage des Landes Mecklenburg-Vorpommern innerhalb der Bundesrepublik Deutschland kompensieren und die Lagegunst des Landes in seiner wirtschaftlichen, sozialen und kulturellen Anbindung an Nord- und Osteuropa stärken. Der schienengebundene Personen- und Güterverkehr, die Binnen- und Seeschiffahrt und der öffentliche Personenverkehr sollen vorrangig entwickelt werden.
6. Gemeinden, die sich als Mittelpunkt des wirtschaftlichen, sozialen und kulturellen Lebens eignen, sollen je nach der Eigenart und Bedeutung der angestrebten Mittelpunktaufgaben als zentraler Ort gestärkt werden. In ihnen sollen der Bevölkerung in angemessener Entfernung überörtliche Einrichtungen der Daseinsvorsorge zugänglich sein. Die Siedlungsflächen aller Gemeinden sollen ihrer Lage, Größe, Struktur und Ausstattung angemessen sein. Der Zersiedelung der Landschaft ist entgegenzuwirken.
7. Flächeninanspruchnahme und Bebauung sollen so angeordnet werden, daß die Ursprünglichkeit und Identität der Mecklenburger und vorpommerschen Landschaft an der Küste und im Binnenland, ihrer Städte und Dörfer gewahrt bleiben und Beeinträchtigungen vermieden oder beseitigt werden. Kennzeichnende Ortsbilder sollen erhalten oder wiederhergestellt werden. Die

landestypischen Alleen sollen erhalten werden. Der mit dem Ausbau der Windenergie einhergehenden Veränderung der Mecklenburger und vorpommerschen Landschaft und den daraus entstehenden raumordnerischen Konflikten soll durch die Absicherung einer wirtschaftlichen Beteiligungsmöglichkeit für Bürgerinnen und Bürger sowie Gemeinden Rechnung getragen werden.

8. Die landsmannschaftliche Verbundenheit sowie die geschichtlichen und kulturellen Belange sollen berücksichtigt werden. Auf die Erhaltung von Kultur- und Naturdenkmälern ist zu achten.
9. Geeignete Gebiete sollen als Fremdenverkehrs- und Erholungsräume umweltverträglich erhalten oder ausgestaltet werden. Der Zugang zur Ostsee, den Binnenseen, Flüssen und anderen reizvollen Landschaftsteilen soll für die Allgemeinheit freigehalten oder nach Möglichkeit wieder eröffnet werden.
10. Wälder sollen nach Lage, Ausdehnung und Art geschützt und so erhalten werden, daß sie Klima und Wasserhaushalt günstig beeinflussen, ihre natürlichen Schutzaufgaben erfüllen und in der Regel der Bevölkerung als Erholungsgebiete zugänglich sind. In waldarmen Gebieten ist eine Ausdehnung von Wäldern und Gehölzen anzustreben, wobei die ökologischen Landschaftsfunktionen und das charakteristische Landschaftsbild zu beachten sind.
11. Den Erfordernissen der Erkundung, Sicherung und Gewinnung heimischer Rohstoffe ist unter Berücksichtigung des Umwelt- und Landschaftsschutzes Rechnung zu tragen. Abbau- und damit im Zusammenhang stehende Ablagerungsflächen sind als Teil der Landschaft zu gestalten bzw. einer ökologisch vertretbaren und die Landschaft so wenig wie möglich beeinträchtigenden Zweckbestimmung zuzuführen.
12. In allen Teilen des Landes sollen die Voraussetzungen für eine versorgungssichere, umweltverträgliche, preiswürdige und rationelle Energieversorgung geschaffen werden. Dabei sollen alle Möglichkeiten der Energieeinsparung berücksichtigt werden.
13. Abfallvermeidung hat Vorrang vor Verwertung, Verwertung vor Deponierung und anderen Arten der Entsorgung. Nicht vermeidbare Abfälle sind so zu verwerten bzw. zu entsorgen, daß das Wohl der Allgemeinheit so wenig wie möglich beeinträchtigt wird.

§ 3 Geltung der Grundsätze

Die Grundsätze der Raumordnung und Landesplanung des § 2 Raumordnungsgesetz des Bundes und des § 2 dieses Gesetzes gelten unmittelbar für alle Behörden und öffentlichen Planungsträger bei Planungen und Maßnahmen, durch die Grund und Boden in Anspruch genommen werden oder die räumliche Entwicklung eines Gebietes beeinflußt wird (raumbedeutsame Planungen und Maßnahmen); sie sind gegeneinander und untereinander abzuwägen.

II. Teil
Programme der Raumordnung und Landesplanung

§ 4 Raumentwicklungsprogramme

(1) Zur Verwirklichung der Grundsätze der Raumordnung und Landesplanung des § 2 und zur Erfüllung der in § 1 Abs. 1 bezeichneten Aufgaben sind Raumentwicklungsprogramme für die räumliche Entwicklung des Landes (Landesraumentwicklungsprogramm) und seiner Teilräume (regionale Raumentwicklungsprogramme) auf- und festzustellen.

(2) [1]Mit den Raumentwicklungsprogrammen wird die anzustrebende räumliche Entwicklung für einen langfristigen Zeitraum von in der Regel zehn Jahren festgelegt (Planungszeitraum). [2]Sie sollen nach Ablauf etwa der Hälfte des Planungszeitraumes überprüft und, soweit erforderlich, geändert oder ergänzt werden.

(3) Die Aufstellung räumlicher und sachlicher Teilprogramme ist zulässig.

(4) Die Raumentwicklungsprogramme bestehen aus Text und Karte und sind zu begründen.

(5) [1]Bei der Aufstellung, Änderung, Ergänzung oder Aufhebung der Raumentwicklungsprogramme ist eine Umweltprüfung durchzuführen, in der die voraussichtlichen erheblichen Umweltauswirkungen aufgrund der Verwirklichung des Raumentwicklungsprogramms ermittelt und in einem Umweltbericht beschrieben und bewertet werden. [2]Die oberste Landesplanungsbehörde oder die regionalen Planungsverbände legen dazu für jedes Raumentwicklungsprogramm fest, in welchem Umfang und Detaillierungsgrad die Ermittlung der Belange für die Abwägung erforderlich ist. [3]Im Umweltbericht werden

die vernünftigen Alternativen unter Berücksichtigung der wesentlichen Zwecke, der Zielsetzungen und des räumlichen Geltungsbereichs des Raumentwicklungsprogramms, entsprechend dem Planungsstand, ermittelt, beschrieben und bewertet. [4]Im Einzelnen sind die im Anhang I der Richtlinie 2001/42/EG des Europäischen Parlaments und des Rates vom 27. Juni 2001 über die Prüfung der Umweltauswirkungen bestimmter Pläne und Programme (ABl. EG Nr. L 197 S. 30) genannten Angaben zu erarbeiten. [5]Die Umweltprüfung bezieht sich auf das, was nach gegenwärtigem Wissensstand und allgemein anerkannten Prüfmethoden sowie nach Inhalt und Detaillierungsgrad des Raumentwicklungsplans angemessenerweise gefordert werden kann.

(6) Der Umweltbericht wird für das Landesraumentwicklungsprogramm von der obersten Landesplanungsbehörde und für die regionalen Raumentwicklungsprogramme von den regionalen Planungsverbänden erstellt.

(7) Sind aufgrund der Vorschriften der Europäischen Gemeinschaften weitere Verfahren zur Prüfung von Umweltauswirkungen durchzuführen, erfolgt dies im Rahmen der Umweltprüfung.

(8) [1]Ziele der Raumordnung sind verbindliche, räumlich und sachlich bestimmte oder bestimmbare Festlegungen zur Entwicklung, Ordnung und Sicherung des Gesamtraums und seiner Teilräume, die auf der Ebene der Landes- oder Regionalplanung abschließend abgewogen worden sind; ein Ziel kann auch darin bestehen, dass ein Gebiet für eine bestimmte Nutzung nach § 35 Abs. 1 Nr. 2 bis 6 des Baugesetzbuchs als geeignet ausgewiesen wird. [2]Sie werden in textlicher oder zeichnerischer Form dargestellt und sind als Ziele der Raumordnung zu kennzeichnen.

(9) [1]Festlegungen in Raumentwicklungsprogrammen können auch Gebiete bezeichnen,

1. die für bestimmte, raumbedeutsame Funktionen oder Nutzungen vorgesehen sind und andere raumbedeutsame Nutzungen in diesem Gebiet ausschließen, soweit diese mit den vorrangigen Funktionen, Nutzungen oder Zielen der Raumordnung nicht vereinbar sind (Vorranggebiete),
2. in denen bestimmten, raumbedeutsamen Funktionen oder Nutzungen bei der Abwägung mit konkurrierenden raumbedeutsamen Nutzungen besonderes Gewicht beigemessen werden soll (Vorbehaltsgebiete),
3. die für bestimmte, raumbedeutsame Maßnahmen geeignet sind, die städtebaulich nach § 35 des Baugesetzbuchs zu beurteilen sind und an anderer Stelle im Planungsraum ausgeschlossen werden (Eignungsgebiete). Bei Eignungsgebieten für Windenergieanlagen ist eine wirtschaftliche Beteiligungsmöglichkeit für Bürgerinnen und Bürger sowie Gemeinden im Sinne des Bürger- und Gemeindenbeteiligungsgesetzes vorzusehen.

[2]Zur Förderung der Verwirklichung der Festlegungen können Gebiete nach Satz 1 Nr. 1 mit Gebieten nach Satz 1 Nr. 3 kombiniert werden.

§ 5 Wirkung der Raumentwicklungsprogramme

(1) [1]Die Raumentwicklungsprogramme enthalten die Erfordernisse der Raumordnung und Landesplanung, die räumlich und sachlich zur Verwirklichung der Grundsätze des § 2 erforderlich sind. [2]Ziele der Raumordnung und Landesplanung sind zu beachten, Grundsätze und sonstige Erfordernisse sind zu berücksichtigen.

(2) Alle Träger der öffentlichen Verwaltung haben darauf hinzuwirken, daß die juristischen Personen des Privatrechts, an denen sie beteiligt sind, zur Verwirklichung der Ziele der Raumentwicklungsprogramme beitragen.

(3) [1]Eine Verletzung von Verfahrens- und Formvorschriften ist unbeachtlich, wenn sie nicht innerhalb eines Jahres nach der Bekanntmachung des Raumentwicklungsprogramms der obersten Landesplanungsbehörde gegenüber schriftlich unter Darlegung des Sachverhalts, der die Verletzung begründen soll, geltend gemacht wird. [2]In der Bekanntmachung des Raumentwicklungsprogramms ist auf die Voraussetzungen für die Geltendmachung der Verletzung von Verfahrens- und Formvorschriften sowie auf die Rechtsfolgen hinzuweisen.

(4) [1]Für die Rechtswirksamkeit des Raumentwicklungsprogramms ist es unbeachtlich, wenn dessen Begründung unvollständig ist. [2]Eine Unvollständigkeit des Umweltberichts ist erheblich, wenn abwägungserhebliche Angaben fehlen. [3]Unerheblich ist, wenn Angaben in der zusammenfassenden Erklärung und zum Monitoring in nur unwesentlichen Punkten unvollständig sind.

(5) [1]Mängel im Abwägungsvorgang sind nur erheblich, wenn sie offensichtlich und auf das Abwägungsergebnis von Einfluss gewesen sind. [2]Solche Abwägungsmängel, eine erhebliche Unvollständigkeit des Umweltberichts sowie die Verletzung von Verfahrens- und Formvorschriften, die nicht

nach Absatz 3 unbeachtlich sind, führen nicht zur Nichtigkeit des Raumentwicklungsprogramms, wenn sie durch ein ergänzendes Verfahren behoben werden können. [3]Bis zur Behebung der Mängel entfaltet das Raumentwicklungsprogramm insofern keine Bindungswirkungen; die ausgesetzten Teile können auch rückwirkend in Kraft gesetzt werden.

(6) [1]Will ein Planungsträger gemäß Absatz 1 oder eine juristische Person des Privatrechts gemäß Absatz 2 von Zielen eines Raumentwicklungsprogramms abweichen, so ist die oberste Landesplanungsbehörde unter Angabe der Gründe unverzüglich zu unterrichten. [2]Diese kann im Einvernehmen mit den jeweils berührten Fachministerien Abweichungen zulassen, wenn diese aufgrund veränderter Tatsachen oder Erkenntnisse nach raumordnerischen Gesichtspunkten geboten sind und die Raumentwicklungsprogramme in ihren Grundzügen nicht berührt werden.

§ 6 Inhalt des Landesraumentwicklungsprogramms

(1) Das Landesraumentwicklungsprogramm enthält die Ziele und Grundsätze der Raumordnung und Landesplanung, die das ganze Land einschließlich des Küstenmeeres betreffen oder die für die räumliche Beziehung der Landesteile untereinander wesentlich sind.

(2) Im Landesraumentwicklungsprogramm ist die anzustrebende geordnete Entwicklung des Raumes, insbesondere im Hinblick auf den Schutz der natürlichen Grundlagen des Lebens, die Siedlungsstruktur, den Verkehr, die gewerbliche Wirtschaft, den Fremdenverkehr, die Land- und Forstwirtschaft, die Wasserwirtschaft und die Energiewirtschaft in den Grundzügen und in Abstimmung sich überschneidender Raumansprüche einzelner Fachplanungen darzustellen.

(3) In dem Landesraumentwicklungsprogramm werden insbesondere die zentralen Orte für Ober- und Mittelbereiche festgelegt, die Kriterien für die Ausweisung der zentralen Orte der Nahbereichsstufe in den regionalen Raumentwicklungsprogrammen aufgestellt, Räume für großflächige schutzwürdige Raumfunktionen als Vorrang- oder Vorbehaltsgebiete und die überregionalen Achsen ausgewiesen sowie die abschließende Planung und Festlegung im Küstenmeer vorgenommen; § 4 Abs. 8 und 9 findet Anwendung.

(4) Die landesweiten Erfordernisse und Maßnahmen des Naturschutzes und der Landschaftspflege werden von der obersten Naturschutzbehörde im Gutachtlichen Landschaftsprogramm erarbeitet und nach Abwägung mit den anderen Belangen Bestandteil des Landesraumentwicklungsprogramms.

§ 7 Aufstellung des Landesraumentwicklungsprogramms

(1) Das Landesraumentwicklungsprogramm wird von der obersten Landesplanungsbehörde erarbeitet.

(2) [1]Die oberste Landesplanungsbehörde gibt der betroffenen Öffentlichkeit sowie den Behörden und sonstigen öffentlichen Stellen frühzeitig den Entwurf des Landesraumentwicklungsprogramms bekannt. [2]Ihnen ist Gelegenheit zur Äußerung zu geben. [3]Die Behörden, deren umweltbezogener Aufgabenbereich durch das Landesraumentwicklungsprogramm berührt wird, werden aufgefordert, sich auch im Hinblick auf den erforderlichen Umfang und Detaillierungsgrad der Umweltprüfung zu äußern.

(3) [1]Der überarbeitete Entwurf des Landesraumentwicklungsprogramms einschließlich Begründung und Umweltbericht ist der betroffenen Öffentlichkeit sowie den Behörden und sonstigen öffentlichen Stellen mit einer angemessenen Frist zur Stellungnahme bekannt zu geben. [2]Ort und Dauer der Auslegung sowie ein Zugang über das Internet sind in angemessener Frist in den Amtsblättern des Landes und der Landkreise und kreisfreien Städte bekannt zu geben. [3]In der Bekanntmachung ist darauf hinzuweisen, dass bis zum Ablauf der Auslegungsfrist Gelegenheit zur schriftlichen Äußerung gegenüber der obersten Landesplanungsbehörde gegeben wird. [4]Ferner ist darauf hinzuweisen, dass nicht fristgemäß abgegebene Stellungnahmen im weiteren Verfahren nicht berücksichtigt werden. [5]Die fristgemäß abgegebenen Stellungnahmen sind zu prüfen und in die Abwägung einzustellen.

(4) [1]Das Landesraumentwicklungsprogramm wird von der Landesregierung im Benehmen mit dem Landesplanungsbeirat festgestellt und als Rechtsverordnung erlassen. [2]Nach Abschluss des Verfahrens veröffentlicht die oberste Landesplanungsbehörde im Amtsblatt für Mecklenburg-Vorpommern

1. eine zusammenfassende Erklärung,
   a) wie die Umwelterwägungen in das Raumentwicklungsprogramm einbezogen wurden,
   b) wie der nach § 4 Abs. 5 erstellte Umweltbericht, die Ergebnisse der Anhörung nach Absatz 3 sowie die geprüften Alternativen in der Abwägung berücksichtigt wurden und

c) welche Gründe nach Abwägung mit den geprüften anderweitigen Planungsmöglichkeiten für die Festlegungen des Raumentwicklungsprogramms entscheidungserheblich waren,
2. eine Zusammenstellung der Maßnahmen, die durchgeführt werden sollen, um die erheblichen Auswirkungen auf die Umwelt bei der Verwirklichung des Raumentwicklungsprogramms zu überwachen.

[3]In der zusammenfassenden Erklärung ist darauf hinzuweisen, wo der Umweltbericht eingesehen werden kann.

§ 8 Inhalt der regionalen Raumentwicklungsprogramme

(1) Die regionalen Raumentwicklungsprogramme sind aus dem Landesraumentwicklungsprogramm zu entwickeln.

(2) [1]In den regionalen Raumentwicklungsprogrammen sind insbesondere die zentralen Orte der Nahbereichsstufe, die regionalen Achsen sowie Vorrang- oder Vorbehaltsgebiete mindestens für die Fachbereiche Natur und Landschaft, Tourismus, Landwirtschaft, Küsten- und Hochwasserschutz, Trinkwasser- und Rohstoffsicherung und Eignungsgebiete für Windenergienutzung auszuweisen. [2]Sofern Vorrang- oder Vorbehaltsgebiete im Landesraumentwicklungsprogramm ausgewiesen worden sind, können sie gemäß den dortigen Regelungen konkretisiert werden.

(3) Die regionalen Erfordernisse und Maßnahmen des Naturschutzes und der Landschaftspflege werden von der nach Naturschutzrecht zuständigen Behörde in den gutachtlichen Landschaftsrahmenplänen erarbeitet und nach Abwägung mit den anderen Belangen Bestandteil der regionalen Raumentwicklungsprogramme.

§ 9 Aufstellung der regionalen Raumentwicklungsprogramme

(1) [1]Die Aufstellung, Änderung, Ergänzung oder Aufhebung der regionalen Raumentwicklungsprogramme obliegt den regionalen Planungsverbänden. [2]Dabei bedienen sie sich der jeweils zuständigen Ämter für Raumordnung und Landesplanung als Geschäftsstellen, die insoweit an die fachlichen Weisungen der regionalen Planungsverbände gebunden sind.

(2) Die oberste Landesplanungsbehörde kann Richtlinien zur Ausarbeitung von regionalen Raumentwicklungsprogrammen erlassen.

(3) [1]Bei der Aufstellung der regionalen Raumentwicklungsprogramme ist § 7 Abs. 2 und 3 entsprechend anzuwenden. [2]Die Umweltprüfung soll auf zusätzliche oder andere erhebliche Umweltauswirkungen beschränkt werden, die im Umweltbericht des Landesraumentwicklungsprogramms nicht erfasst sind.

(4) Die regionalen Planungsverbände beschließen über die regionalen Raumentwicklungsprogramme sowie deren Änderungen und stimmen dabei die Interessen der Verbandsmitglieder im Rahmen der Landesplanung ab.

(5) [1]Die regionalen Raumentwicklungsprogramme werden von der Landesregierung durch Rechtsverordnung für verbindlich erklärt, soweit sie nach diesem Gesetz aufgestellt sind, sonstigen höherrangigen Rechtsvorschriften nicht widersprechen und sich die vorgesehene räumliche Entwicklung der Region in die angestrebte räumliche Entwicklung des Landes einfügt, wie sie sich aus den Entscheidungen des Landtages, der Landesregierung und der obersten Landesbehörden ergibt. [2]§ 7 Abs. 4 Satz 2 und 3 findet Anwendung.

III. Teil

Organisation der Raumordnung und Landesplanung

1. Abschnitt:

Organisation der Raumordnung und Landesplanung auf Landesebene

§ 10 Landesplanungsbehörden

[1]Den Landesplanungsbehörden obliegen die Aufgaben nach § 1. [2]Oberste Landesplanungsbehörde ist das für Raumordnung und Landesplanung zuständige Ministerium. [3]Der obersten Landesplanungsbehörde werden Ämter für Raumordnung und Landesplanung nachgeordnet (untere Landesplanungsbehörden).

§ 11 Landesplanungsbeirat

(1) [1]Zur Mitwirkung an den Aufgaben der Raumordnung und Landesplanung wird ein Landesplanungsbeirat gebildet. [2]Der Landesplanungsbeirat hat die Aufgabe, die oberste Landesplanungsbehörde in grundsätzlichen Fragen, insbesondere bei der Aufstellung des Landesraumentwicklungsprogramms, zu beraten. [3]Die oberste Landesplanungsbehörde unterrichtet den Landesplanungsbeirat über grundsätzliche Fragen der Landesplanung.

(2) [1]Vorsitz führt der für Raumordnung und Landesplanung zuständige Landesminister. [2]Die Mitglieder des Landesplanungsbeirates werden durch die in Absatz 3 genannten Parteien, Organisationen, Interessenverbände und Einrichtungen vorgeschlagen und vom für Raumordnung und Landesplanung zuständigen Landesminister berufen. [3]Die Berufung erfolgt für die Dauer einer Wahlperiode des Landtages. [4]Die Mitgliedschaft endet mit der Berufung eines neuen Landesplanungsbeirates. [5]Eine Wiederholung der Mitgliedschaft ist zulässig. [6]Die Tätigkeit ist ehrenamtlich.

(3) [1]Dem Landesplanungsbeirat gehören außer der Person, die den Vorsitz führt, und den vier aus der Mitte des Landtags gewählten Personen eine Vertretung der folgenden Institutionen an:

a) je eine der kommunalen Landesverbände,
b) der Industrie- und Handelskammern,
c) der Handwerkskammern,
d) des Bauernverbandes Mecklenburg-Vorpommern,
e) der Gewerkschaften,
f) der Landesvereinigung Mecklenburg-Vorpommern der Arbeitgeberverbände,
g) je eine der Universitäten Rostock und Greifswald,
h) der Fachhochschulen,
i) der anerkannten Naturschutzvereinigungen,
j) des Landesfremdenverkehrs Verbandes,
k) des Landesamtes für Kultur und Denkmalpflege,
l) der Kirchen,
m) der Parlamentarischen Staatssekretärin für Frauen und Gleichstellung,
n) je eine der regionalen Planungsverbände.

[2]Der Vorsitzende kann weitere Sachverständige hinzuziehen.

(4) [1]Der Landesplanungsbeirat kann vom Vorsitzenden jederzeit einberufen werden. [2]Er muß einberufen werden, wenn wenigstens ein Drittel seiner Mitglieder dies beantragt.

(5) Der Landesplanungsbeirat gibt sich eine Geschäftsordnung.

2. Abschnitt: Organisation der Raumordnung und Landesplanung auf Regionsebene

§ 12 Regionen und regionale Planungsverbände

(1) In jeder der nachfolgenden Regionen wird ein regionaler Planungsverband gebildet:

1. Planungsregion Westmecklenburg mit den Landkreisen Nordwestmecklenburg, Südwestmecklenburg sowie der Landeshauptstadt Schwerin;
2. Planungsregion Mittleres Mecklenburg/Rostock mit dem Landkreis Mittleres Mecklenburg sowie der Hansestadt Rostock;
3. Planungsregion Vorpommern mit den Landkreisen Nordvorpommern und Südvorpommern;
4. Planungsregion Mecklenburgische Seenplatte mit dem Landkreis Mecklenburgische Seenplatte.

(2) Die regionalen Planungsverbände sind Zusammenschlüsse der Landkreise, der kreisfreien Städte, der großen kreisangehörigen Städte sowie der Mittelzentren der jeweiligen Region.

(3) [1]Sie sind Körperschaften des öffentlichen Rechts. [2]Sie unterliegen der Rechtsaufsicht und nach Maßgabe des Absatzes 4 der Fachaufsicht des Landes. [3]Aufsichtsbehörde ist die oberste Landesplanungsbehörde. [4]Die Rechtsaufsicht nimmt sie im Einvernehmen mit dem Innenministerium wahr.

(4) Die oberste Landesplanungsbehörde kann Weisungen über den Planungszeitraum, über die Form der regionalen Raumentwicklungsprogramme und hinsichtlich der Beachtung der Richtlinien nach § 9 Abs. 2 erteilen.

(5) Unbeschadet der besonderen Bestimmungen dieses Gesetzes sind auf die regionalen Planungsverbände die für kommunale Zweckverbände geltenden Vorschriften anzuwenden, wobei anstelle des Verbandsvorstehers der Verbandsvorstand tritt.

§ 13 Verbandssatzung

[1]Die Verbandssatzung, ihre Änderung und Aufhebung muß mit der Mehrheit von zwei Dritteln der Stimmen der Mitglieder der Verbandsversammlung beschlossen werden. [2]In der Verbandssatzung wird auch der Schlüssel festgelegt, nach dem der regionale Planungsverband zur Wahrnehmung seiner über § 9 Abs. 1 hinausgehenden Aufgaben von seinen Mitgliedern Sonderumlagen erheben kann.

§ 14 Organisation der regionalen Planungsverbände

(1) Organe des regionalen Planungsverbandes sind die Verbandsversammlung und der Verbandsvorstand.

(2) [1]Die Verbandsversammlung besteht aus den Landräten, den Oberbürgermeistern der kreisfreien Städte, den Oberbürgermeistern der großen kreisangehörigen Städte, den Bürgermeistern der Mittelzentren sowie aus weiteren Vertretern. [2]Jeder Vertreter hat eine Stimme und ist an Aufträge und Weisungen nicht gebunden. [3]Die Verbandssatzung kann vorsehen, dass die Vertretungskörperschaft anstelle des Landrates oder Oberbürgermeisters einen Beigeordneten in die Verbandsversammlung entsenden kann. [4]Die Verbandsversammlung wählt aus der Mitte der Landräte, Oberbürgermeister und Bürgermeister den Vorsitzenden des regionalen Planungsverbandes, der zugleich Vorsitzender beider Organe ist, und zwei stellvertretende Vorsitzende.

(3) [1]Jeder Landkreis, jede kreisfreie Stadt, jede große kreisangehörige Stadt und jedes Mittelzentrum entsendet für je angefangene 10 000 Einwohner einen Vertreter in die Verbandsversammlung. [2]Auf die Zahl der Vertreter eines Landkreises werden der Landrat, die Oberbürgermeister der großen kreisangehörigen Städte, die Bürgermeister der Mittelzentren sowie die weiteren Vertreter der großen kreisangehörigen Städte und der Mittelzentren, auf die Zahl der Vertreter einer kreisfreien Stadt wird der Oberbürgermeister angerechnet. [3]Auf die Zahl der Vertreter der großen kreisangehörigen Städte und der Mittelzentren werden die Oberbürgermeister der großen kreisangehörigen Städte und die Bürgermeister der Mittelzentren angerechnet. [4]Kein Verbandsmitglied darf einen Stimmenanteil von mehr als 40 Prozent haben.

(4) [1]Der Verbandsvorstand besteht aus den Landräten, den Oberbürgermeistern der kreisfreien Städte, den Oberbürgermeistern der großen kreisangehörigen Städte sowie aus zwei Bürgermeistern der Mittelzentren; hat die Planungsregion mehr als zwei Mittelzentren, werden die Bürgermeister aus dem Kreis der Mittelzentrumsbürgermeister gewählt. [2]Zu diesen Mitgliedern tritt eine gleiche Anzahl weiterer, aus der Mitte der Verbandsversammlung zu wählender Mitglieder hinzu. [3]Absatz 2 Satz 3 sowie § 159 Abs. 1 und 2 der Kommunalverfassung sind entsprechend anzuwenden, § 159 Abs. 3 und 4 und § 160 Abs. 2 und 3 der Kommunalverfassung finden keine Anwendung.

(5) Die Bestimmungen des § 158 der Kommunalverfassung für das Land Mecklenburg-Vorpommern über die gesetzliche Vertretung des Verbandes und über Erklärungen, durch die der Verband verpflichtet werden soll, oder mit denen ein Bevollmächtigter bestellt wird, finden mit der Maßgabe Anwendung, daß an die Stelle des Verbandsvorstehers und seiner Stellvertreter der Vorsitzende des regionalen Planungsverbandes und seine Stellvertreter treten.

(6) Der regionale Planungsverband kann einen Planungsbeirat berufen, der ihn durch Gutachten und Empfehlungen unterstützt.

IV. Teil

Sicherung der Raumordnung und Landesplanung

§ 15 Raumordnungsverfahren

(1) [1]Die Landesplanungsbehörden führen auf der Grundlage des § 15 des Raumordnungsgesetzes für die raumbedeutsamen Planungen und Maßnahmen, die in der Verordnung zu § 17 Abs. 2 des Raumordnungsgesetzes bestimmt sind, in der Regel ein Raumordnungsverfahren durch. [2]Sie führen für weitere raumbedeutsame Vorhaben von überörtlicher Bedeutung Raumordnungsverfahren durch, wenn dies landesplanerisch erforderlich ist. [3]Satz 2 gilt auch für Vorhaben nach Anhang I der Richtlinie 2011/92/EU des Europäischen Parlaments und des Rates vom 13. Dezember 2011 über die Umweltverträglichkeitsprüfung bei bestimmten öffentlichen und privaten Projekten (ABl. L 26 vom 28.1.2012,

S. 1), die durch die Richtlinie 2014/52/EU (ABl. L 124 vom 16.4.2014, S. 1) geändert worden ist, in der jeweils geltenden Fassung.

(2) [1]Als Ergebnis des Raumordnungsverfahrens stellen die Landesplanungsbehörden in einer landesplanerischen Beurteilung fest,

1. ob Vorhaben mit den Erfordernissen der Raumordnung übereinstimmen und
2. wie Vorhaben unter den Gesichtspunkten der Raumordnung aufeinander abgestimmt und durchgeführt werden können.

[2]Das Ergebnis ist insbesondere unter Bezugnahme auf die Grundsätze und Ziele der Raumordnung und Landesplanung zu begründen. [3]Das Ergebnis der im Raumordnungsverfahren eingeschlossenen raumordnerischen Umweltverträglichkeitsprüfung muß im Rahmen der landesplanerischen Beurteilung berücksichtigt werden.

(3) [1]Über die Notwendigkeit eines Raumordnungsverfahrens entscheidet die oberste Landesplanungsbehörde. [2]Für die Durchführung des Raumordnungsverfahrens ist die untere Landesplanungsbehörde zuständig. [3]Die oberste Landesplanungsbehörde kann sich im Einzelfall die Durchführung des Raumordnungsverfahrens vorbehalten.

(4) [1]Das Raumordnungsverfahren kann auf Antrag des Trägers des Vorhabens oder von Amts wegen eingeleitet werden. [2]Der Antragsteller kann auch ein anderer berührter Planungsträger sein. [3]Auf die Einleitung besteht kein Rechtsanspruch. [4]Bei raumbedeutsamen Maßnahmen von öffentlichen Stellen des Bundes, von anderen öffentlichen Stellen, die im Auftrag des Bundes tätig sind, sowie von Personen des Privatrechts nach § 1 Abs. 1 Satz 3, die für den Bund öffentliche Aufgaben wahrnehmen, ist im Benehmen mit der zuständigen Stelle oder Person über die Einleitung eines Raumordnungsverfahrens zu entscheiden.

(5) [1]Die zuständige Landesplanungsbehörde kann vom Träger des Vorhabens die erforderlichen Angaben für die Planung oder Maßnahme einholen. [2]Dabei sollen sich die Verfahrensunterlagen auf die Angaben beschränken, die erforderlich sind, um eine Bewertung der raumbedeutsamen Auswirkungen des Vorhabens zu ermöglichen.

(6) Im Raumordnungsverfahren sind, soweit sie in ihren Aufgaben berührt sein können, die Planungsträger sowie die nach § 63 Abs. 2 des Bundesnaturschutzgesetzes vom 29. Juli 2009 (BGBl. I S. 2542) zur Mitwirkung berechtigten Naturschutzvereinigungen zu beteiligen.

(7) Die Landesplanungsbehörden können Dritte an den Raumordnungsverfahren beteiligen.

(8) Die Landesplanungsbehörden beziehen die Öffentlichkeit in der Regel dadurch ein, daß

1. das Vorhaben öffentlich bekanntgemacht wird,
2. die für die Prüfung der Umweltverträglichkeit erforderlichen Unterlagen während eines angemessenen Zeitraumes eingesehen werden können,
3. Gelegenheit zur Äußerung gegeben wird,
4. die Öffentlichkeit über das Ergebnis unterrichtet wird.

§ 16 Untersagung raumordnungswidriger Planungen und Maßnahmen

(1) Raumbedeutsame Planungen und Maßnahmen können untersagt werden:

1. zeitlich unbefristet, wenn Ziele der Raumordnung und Landesplanung entgegenstehen,
2. zeitlich befristet, wenn zu befürchten ist, daß die Verwirklichung in Aufstellung, Änderung, Ergänzung oder Aufhebung befindlicher Ziele der Raumordnung und Landesplanung unmöglich gemacht oder wesentlich erschwert würde. Die befristete Untersagung kann auch bei behördlichen Entscheidungen über die Zulässigkeit raumbedeutsamer Maßnahmen einzelner erfolgen, wenn die Ziele der Raumordnung und Landesplanung bei der Genehmigung der Maßnahme nach § 4 Abs. 4 und 5 Raumordnungsgesetz rechtserheblich sind.

(2) [1]Die befristete Untersagung kann wiederholt werden. [2]Ihre Gesamtdauer darf zwei Jahre nicht überschreiten.

(3) [1]Die Untersagung erfolgt von Amts wegen oder auf Antrag eines Planungsträgers, dessen Aufgaben durch die zu untersagende Planung oder Maßnahme berührt werden. [2]Sie obliegt der obersten Landesplanungsbehörde. [3]Der Träger der zu untersagenden Planung oder Maßnahme ist anzuhören.

(4) Widerspruch und Anfechtungsklage gegen eine Untersagung haben keine aufschiebende Wirkung.

(5) [1]Muß der Träger der untersagten Planung oder Maßnahme aufgrund der Untersagung einen Dritten entschädigen, so ersetzt ihm das Land die hierdurch entstehenden notwendigen Aufwendungen. [2]Die

Ersatzleistung ist ausgeschlossen, wenn die Untersagung von dem Planungsträger verschuldet ist oder aus Anlaß der Untersagung aus anderen Rechtsgründen Entschädigungsansprüche bestehen.

§ 16a Stadt-Umland-Räume

[1]Im Landesraumentwicklungsprogramm werden Stadt-Umland-Räume für Rostock, Schwerin, Neubrandenburg, Stralsund, Greifswald und Wismar festgelegt, in die die Gemeinden mit besonders intensiven Verflechtungsbeziehungen zu diesen Kernstädten einbezogen werden. [2]Die Gemeinden in den Stadt-Umland-Räumen unterliegen untereinander einem besonderen Kooperations- und Abstimmungsgebot. [3]Dieses Gebot gilt für Planungen, Vorhaben und Maßnahmen in den Bereichen Flächennutzung, gemeindliche Einrichtungen sowie sonstige Infrastruktur, von denen Auswirkungen auf mehrere Gemeinden im Stadt-Umland-Raum ausgehen. [4]Das Nähere und das Verfahren zur Abstimmung und Kooperation regelt das Landesraumentwicklungsprogramm.

§ 17 Landesplanung und Bauleitplanung

(1) [1]Die Gemeinden haben der unteren Landesplanungsbehörde die beabsichtigte Aufstellung eines Bauleitplanes anzuzeigen und dabei die allgemeinen Planungsabsichten mitzuteilen. [2]Die unteren Landesplanungsbehörden geben im Rahmen der Beteiligung der Behörden landesplanerische Stellungnahmen ab, in denen festgestellt wird, ob der Bauleitplan mit den Zielen der Raumordnung und Landesplanung übereinstimmt und ob die Grundsätze und sonstigen Erfordernisse der Raumordnung und Landesplanung berücksichtigt worden sind.

(2) [1]Auf die Anzeige nach Absatz 1 kann für bestimmte Arten von Bebauungsplänen verzichtet werden. [2]Das Nähere regelt die oberste Landesplanungsbehörde.

§ 18 Ersatzleistung an die Gemeinden

(1) Muß eine Gemeinde einen Dritten nach den §§ 39 bis 44 und 246a des Baugesetzbuches entschädigen, weil sie einen in Kraft getretenen Bebauungsplan zur Anpassung an die Ziele der Raumordnung und Landesplanung ändern oder aufheben mußte, so hat ihr das Land Ersatz zu leisten.

(2) Ein Anspruch auf Ersatzleistung ist ausgeschlossen, wenn die Gemeinde die untere Landesplanungsbehörde nicht rechtzeitig von der beabsichtigten Aufstellung oder Änderung des Bebauungsplanes unterrichtet hat oder soweit sie von einem durch die Maßnahme Begünstigten Ersatz verlangen kann.

§ 19 Raumordnungskataster

[1]Die unteren Landesplanungsbehörden führen ein Raumordnungskataster. [2]Es soll alle raumbedeutsamen Planungen und Maßnahmen enthalten, die zur Wahrnehmung der Aufgaben der Landesplanung von Bedeutung sind.

§ 20 Mitteilungs- und Auskunftspflicht

(1) Die Träger der öffentlichen Verwaltung haben der örtlich zuständigen unteren Landesplanungsbehörde die wesentlichen raumbeanspruchenden oder raumbeeinflussenden Planungen, Maßnahmen und Einzelvorhaben aus ihrem Zuständigkeitsbereich mitzuteilen und die erforderlichen Auskünfte zu erteilen.

(2) Die gleiche Verpflichtung trifft natürliche und juristische Personen des Privatrechts sowie nicht rechtsfähige Vereinigungen, soweit die Erteilung der Auskunft nicht aufgrund von Rechtsvorschriften verweigert werden kann.

§ 20a Verwirklichung der Raumentwicklungsprogramme

(1) [1]Die oberste Landesplanungsbehörde und die regionalen Planungsverbände wirken auf die Verwirklichung der Raumentwicklungsprogramme hin. [2]Sie fördern die Zusammenarbeit der für die Verwirklichung maßgebenden Behörden und Personen des Privatrechts. [3]Dies kann insbesondere durch

- Regionalmanagement
- regionale Entwicklungskonzepte
- integriertes Küstenzonenmanagement
- grenzüberschreitende Zusammenarbeit

geschehen.

(2) Verträge zur Vorbereitung und Verwirklichung der Raumentwicklungsprogramme können geschlossen werden.

(3) [1]Die oberste Landesplanungsbehörde und die regionalen Planungsverbände überwachen die erheblichen Umweltauswirkungen, die aufgrund der Verwirklichung der Raumentwicklungsprogramme eintreten, um insbesondere unvorhergesehene nachteilige Umweltauswirkungen frühzeitig zu ermitteln und in der Lage zu sein, geeignete Maßnahmen zur Abhilfe zu ergreifen. [2]Sie nutzen dabei den Umweltbericht, die Erklärung nach § 7 Abs. 4 Satz 2 und die Informationen derjenigen Behörden, die aufgrund ihres umwelt- und gesundheitsbezogenen Aufgabenbereichs zur Behebung beitragen können.

V. Teil
Sonstige Regelungen

§ 21 Ausgleichsleistungen in Anwendung des Konnexitätsgrundsatzes

(1) Soweit den Gemeinden und den Landkreisen aufgrund der Wahrnehmung ihrer Aufgaben nach § 16a finanzielle Mehrbelastungen entstehen, die durch Einsparungen oder Verfahrensstraffungen nicht vermieden werden können, werden diese durch das Land ausgeglichen.

(2) [1]Die Landesregierung setzt zwei Jahre nach In-Kraft-Treten dieses Gesetzes den nach Absatz 1 erforderlichen Kostenausgleich und den Verteilungsschlüssel unter Beteiligung der kommunalen Landesverbände durch Rechtsverordnung fest. [2]§ 2 Absatz 2 des Finanzausgleichsgesetzes Mecklenburg-Vorpommern ist entsprechend anzuwenden.

§ 22 (In-Kraft-Treten)

Straßen- und Wegegesetz des Landes Mecklenburg-Vorpommern (StrWG – MV)

Vom 13. Januar 1993 (GVOBl. M-V S. 42)
(GS Meckl.-Vorp. Gl. Nr.90-1)

zuletzt geändert durch Art. 6 G zur Modernisierung des Landesrechts zur Umweltverträglichkeitsprüfung und zur Änd. anderer Rechtsvorschriften[1] vom 5. Juli 2018 (GVOBl. M-V S. 221)

Der Landtag hat das folgende Gesetz beschlossen:

Inhaltsübersicht

---

1) **Amtl. Anm.:** Dieses Gesetz dient der Umsetzung der Richtlinie 2011/92/EU des Europäischen Parlaments und des Rates vom 13. Dezember 2011 über die Umweltverträglichkeitsprüfung bei bestimmten öffentlichen und privaten Projekten in der Fassung der Richtlinie 2014/52/EU (ABl. L 124 vom 25.4.2014, S. 1), und der Richtlinie 2001/42/EG des Europäischen Parlaments und des Rates vom 27. Juni 2001 über die Prüfung der Umweltauswirkungen bestimmter Pläne und Programme (ABl. L 197 vom 21.7.2001, S. 30).

Erster Teil
Allgemeine Bestimmungen

§ 1 Geltungsbereich

[1]Dieses Gesetz regelt die Rechtsverhältnisse an öffentlichen Straßen. [2]Für Bundesfernstraßen gilt es nur, soweit dies ausdrücklich bestimmt ist.

§ 2 Öffentliche Straßen

(1) Öffentliche Straßen sind Straßen, Wege und Plätze, die dem öffentlichen Verkehr gewidmet sind.

(2) Zu den öffentlichen Straßen gehören:

1. der Straßenkörper, insbesondere der Straßengrund, der Straßenunterbau, der Straßenoberbau, die Sommerwege, die Brücken, Tunnel, Durchlässe, Dämme, Straßengräben, Entwässerungsanlagen, Böschungen, Stützmauern, Lärmschutzanlagen, Trenn-, Rand-, Seiten- und Sicherheitsstreifen, Haltestellenbuchten für den Linienverkehr sowie die Gehwege und Radwege, auch wenn sie ohne unmittelbaren räumlichen Zusammenhang im wesentlichen mit der für den Kraftfahrzeugverkehr bestimmten Fahrbahn gleichlaufen,
2. der Luftraum über dem Straßenkörper,
3. das Zubehör, das sind die Verkehrszeichen, die Verkehrseinrichtungen und -anlagen aller Art, die der Sicherheit oder Leichtigkeit des Straßenverkehrs oder dem Schutz der Anlieger dienen, die Lagerplätze, sofern sie an den übrigen Straßenkörper grenzen, und die Bepflanzung,
4. die Nebenanlagen, das sind Anlagen, die überwiegend den Aufgaben der Verwaltung der öffentlichen Straßen dienen, insbesondere Straßenmeistereien, Gerätehöfe, Lager, Lagerplätze, Ablagerungs- und Entnahmestellen, Hilfsbetriebe und -einrichtungen.

(3) [1]Straßen zu Fähranlegestellen und Straßen zu Anlegestellen an der Küste enden am Bauwerksende der Anlegestelle. [2]Bei öffentlichen Straßen auf Deichen und Staudämmen gehören zum Straßenkörper lediglich der Straßenunterbau, der Straßenoberbau, die Rand-, Seiten- und Sicherheitsstreifen.

§ 3 Einteilung der öffentlichen Straßen

[1]Die öffentlichen Straßen werden nach ihrer Verkehrsbedeutung in folgende Straßengruppen eingeteilt:

1. Landesstraßen,
   das sind Straßen, die innerhalb des Landesgebietes untereinander oder zusammen mit den Bundesfernstraßen ein Verkehrsnetz bilden und überwiegend dem weiträumigen Verkehr zu dienen bestimmt sind,

2. Kreisstraßen,
   das sind Straßen, die überwiegend dem Verkehr zwischen benachbarten Landkreisen und kreisfreien Städten, dem überörtlichen Verkehr innerhalb eines Landkreises oder dem Anschluß von Gemeinden oder räumlich getrennten Ortsteilen an überörtliche Verkehrswege zu dienen bestimmt sind. Kreisstraßen sind netzergänzend und beginnen und enden an Kreis-, Landes- oder Bundesfernstraßen.
3. Gemeindestraßen,
   das sind Straßen, die überwiegend dem Verkehr innerhalb einer Gemeinde oder zwischen benachbarten Gemeinden zu dienen bestimmt sind. Zu ihnen gehören:
   a) die Ortsstraßen,
      das sind Straßen, die dem Verkehr innerhalb der geschlossenen Ortslage oder innerhalb ausgewiesener Baugebiete dienen;
   b) die Gemeindeverbindungsstraßen,
      das sind Straßen, die vorwiegend den nachbarlichen Verkehr der Gemeinden oder Ortsteile untereinander oder den Verkehr mit anderen öffentlichen Verkehrswegen innerhalb des Gemeindegebietes vermitteln.

[2]Die Regelung des § 5 bleibt unberührt.

4. Sonstige öffentliche Straßen,
   das sind Straßen, Wege und Plätze, die dem öffentlichen Verkehr gewidmet sind und keiner anderen Straßengruppe angehören.

§ 4 Straßenverzeichnisse und Straßennummern

(1) [1]Für die öffentlichen Straßen werden Straßenverzeichnisse geführt. [2]Für Gemeindestraßen und sonstige öffentliche Straßen werden Straßenverzeichnisse in vereinfachter Form eingerichtet (Bestandsverzeichnisse). [3]Das Nähere über Zuständigkeit der Behörden, Einrichtung und Inhalt der Straßenverzeichnisse und die Einsichtnahme in diese wird durch Rechtsverordnung des für Straßenbau zuständigen Ministeriums geregelt.

(2) Die oberste Landesstraßenbaubehörde bestimmt die Numerierung der Landesstraßen, die Landkreise bestimmen die der Kreisstraßen.

§ 5 Ortsdurchfahrten

(1) [1]Die Ortsdurchfahrt ist der Teil einer Landesstraße oder Kreisstraße, der innerhalb der geschlossenen Ortslage liegt. [2]Geschlossene Ortslage ist der Teil des Gemeindegebietes, der in geschlossener oder offener Bauweise zusammenhängend bebaut ist. [3]Einzelne unbebaute Grundstücke oder einseitige Bebauung unterbrechen den Zusammenhang nicht.

(2) [1]Der Träger der Straßenbaulast setzt die Ortsdurchfahrt nach Anhörung der Gemeinde fest. [2]Er kann hierbei von der Regel des Absatzes 1 abweichen, insbesondere wenn die Mehrzahl der innerhalb der geschlossenen Ortslage liegenden Grundstücke nicht unmittelbar durch Zufahrten an die Landesstraße oder Kreisstraße angeschlossen ist oder wenn die geschlossene Ortslage eine geringe Länge hat.

(3) Reicht die Ortsdurchfahrt einer Landesstraße für den Durchgangsverkehr nicht aus, so kann eine Straße, die nach ihrem Ausbauzustand für die Aufnahme des Durchgangsverkehrs geeignet ist und an die Landesstraße nach beiden Seiten anschließt, durch Umstufung (§ 8) als zusätzliche Ortsdurchfahrt festgesetzt werden.

§ 6 Ortsumgehungen

[1]Die Ortsumgehung ist der Teil einer Landesstraße oder Kreisstraße, der zur Beseitigung oder Verbesserung einer Ortsdurchfahrt so angelegt ist, daß er im wesentlichen frei von Einmündungen sowie höhengleichen Kreuzungen ist und daß die anliegenden Grundstücke keine unmittelbare Zufahrt zur Straße haben. [2]Soweit die Ortsumgehung innerhalb der geschlossenen Ortslage liegt, muß sie grundsätzlich unmittelbar an die freie Strecke einer Bundesstraße oder Landesstraße oder Kreisstraße anschließen.

§ 7 Widmung

(1) [1]Die Widmung für den öffentlichen Verkehr verfügt der Träger der Straßenbaulast. [2]Soweit Nationalparke und Naturschutzgebiete berührt sind, ist die für die Entscheidung über die Zulässigkeit des Eingriffs zuständige Naturschutzbehörde zu hören. [3]Soll ein anderer als das Land, ein Landkreis oder eine Gemeinde Träger der Straßenbaulast werden, so verfügt die Widmung auf dessen Antrag die

Straßenaufsichtsbehörde. 4Satz 2 gilt entsprechend. 5Die erstmalige Einstufung in eine Straßengruppe und Beschränkung auf bestimmte Benutzungsarten sind in der Verfügung festzulegen.

(2) Die Widmung ist von der verfügenden Behörde öffentlich bekanntzumachen.

(3) Voraussetzung für die Widmung ist, daß der Träger der Straßenbaulast Eigentümer des der Straße dienenden Grundstückes ist oder der Eigentümer und ein sonst zur Nutzung dinglich Berechtigter der Widmung zugestimmt oder das Grundstück für die Straße zur Verfügung gestellt haben oder der Träger der Straßenbaulast nach § 48 Abs. 6 oder nach einem anderen förmlichen Verfahren unanfechtbar in den Besitz eingewiesen ist.

(4) 1Werden in einem förmlichen Verfahren aufgrund anderer gesetzlicher Vorschriften der Bau oder die Änderung von Straßen unanfechtbar angeordnet, so gilt die Straße mit der Überlassung für den öffentlichen Verkehr als gewidmet, sofern sie in der Anordnung als öffentlich bezeichnet, in eine Straßengruppe eingestuft und der Träger der Straßenbaulast bestimmt worden ist. 2Die Behörde, die nach Absatz 1 für die Widmung zuständig wäre, soll die Überlassung für den öffentlichen Verkehr, die Straßengruppe und Beschränkungen auf bestimmte Benutzungsarten öffentlich bekanntmachen.

(5) 1Wird eine öffentliche Straße verbreitert, begradigt, durch Verkehrsanlagen ergänzt oder unwesentlich verlegt, so gelten die neu hinzugekommenen Straßenteile mit der Überlassung für den öffentlichen Straßenverkehr als gewidmet, sofern die Voraussetzung des Absatzes 3 vorliegt. 2Einer öffentlichen Bekanntmachung bedarf es nicht.

(6) Durch privatrechtliche Verfügungen oder durch Verfügungen im Wege der Zwangsvollstreckung über die der Straße dienenden Grundstücke oder Rechte an ihnen wird die Widmung nicht berührt.

§ 8 Umstufung

(1) 1Hat sich die Verkehrsbedeutung einer Straße geändert, so ist sie in die entsprechende Straßengruppe umzustufen (Aufstufung, Abstufung). 2Die Umstufung ist öffentlich bekanntzumachen.

(2) 1Die Aufstufung zur Landesstraße oder Kreisstraße und die Abstufung von Landesstraßen oder Kreisstraßen verfügt die oberste Landesstraßenbaubehörde. 2Die beteiligten Träger der Straßenbaulast, die oberste Rechtsaufsichtsbehörde im Sinne der Kommunalverfassung und die oberste Naturschutzbehörde, sofern Nationalparke und Naturschutzgebiete berührt sind, sind zu hören.

(3) Die Umstufung soll nur zum Ende eines Haushaltsjahres ausgesprochen und sechs Monate vorher den beteiligten Trägern der Straßenbaulast angekündigt werden.

(4) 1Über die Aufstufung von sonstigen öffentlichen Straßen zu Gemeindestraßen und über die Abstufung von Gemeindestraßen zu sonstigen öffentlichen Straßen entscheidet der Träger der Straßenbaulast. 2§ 7 Abs. 1 Satz 2 gilt entsprechend.

§ 9 Einziehung, Teileinziehung

(1) Hat eine öffentliche Straße keine Verkehrsbedeutung mehr, so kann sie auf Antrag des Trägers der Straßenbaulast von der Straßenaufsichtsbehörde eingezogen werden.

(2) 1Aus überwiegenden Gründen des öffentlichen Wohles hat die Straßenaufsichtsbehörde die Straße einzuziehen oder die Widmung auf bestimmte Benutzungsarten oder Benutzerkreise zu beschränken (Teileinziehung). 2Der Träger der Straßenbaulast ist vorher anzuhören.

(3) 1In den Gemeinden, die die Straße berührt, sind Pläne der einzuziehenden Straße vier Wochen zur Einsicht auszulegen. 2Zeit und Ort der Auslegung sind ortsüblich bekanntzumachen, um jedermann, dessen Belange durch die Einziehung berührt werden, Gelegenheit zu Einwendungen zu geben. 3In der Bekanntmachung ist auf die Ausschlußfrist nach Absatz 4 hinzuweisen.

(4) Einwendungen gegen die Einziehung sind spätestens innerhalb von zwei Wochen nach Beendigung der Auslegung schriftlich oder zu Protokoll bei der zuständigen Gemeindeverwaltung zu erheben.

(5) Die Einziehung ist öffentlich bekanntzumachen, sie wird in diesem Zeitpunkt wirksam.

(6) Wird in einem förmlichen Verfahren aufgrund anderer gesetzlicher Vorschriften eine öffentliche Straße aufgehoben, so gilt sie als eingezogen, sobald das Verfahren unanfechtbar geworden ist, es sei denn, daß ein anderer Zeitpunkt bestimmt worden ist.

(7) Wird ein Teil einer öffentlichen Straße anläßlich eines Ausbaus oder Umbaus für dauernd dem Gemeingebrauch entzogen, ohne daß hierdurch der Bestand der Straße oder der bestehende Anschluß eines Nachbargrundstücks beeinträchtigt wird, so gilt der Straßenteil als eingezogen; die Absätze 1 bis 5 finden keine Anwendung.

(8) Bei Einziehung einer Straße kann der frühere Träger der Straßenbaulast innerhalb eines Jahres verlangen, daß ihm das Eigentum an Straßengrundstücken mit den in § 18 Abs. 1 genannten Rechten und Pflichten unentgeltlich übertragen wird, wenn es vorher nach § 18 Abs. 1 übergegangen war.

§ 10 Genehmigungen, bautechnische Sicherheit

(1) Die mit dem Bau, der Unterhaltung sowie der Erhaltung der Verkehrssicherheit auf öffentlichen Straßen einschließlich der Bundesfernstraßen zusammenhängenden Pflichten obliegen den Organen und Bediensteten der damit befaßten Körperschaften und Behörden als Amtspflicht in Ausübung hoheitlicher Tätigkeit.

(2) [1]Die öffentlichen Straßen sind so herzustellen und zu unterhalten, daß sie den Erfordernissen der öffentlichen Sicherheit und Ordnung, insbesondere den anerkannten Regeln der Baukunst und Technik, genügen. [2]Genehmigungen, Erlaubnisse, Anzeigen oder Abnahmen bedarf es nicht, wenn die Bauwerke unter verantwortlicher Leitung der Straßenbaubehörde des Landes, eines Landkreises oder einer kreisfreien Stadt ausgeführt und unterhalten werden; dies gilt nicht für Gebäude. [3]§ 15 Abs. 1 bis 6 des Bundesnaturschutzgesetzes gilt entsprechend. [4]Fachgenehmigungsbehörden für die Gemeindestraßen und sonstigen öffentlichen Straßen sind im übrigen die Aufsichtsbehörden nach den §§ 54 und 55. [5]Weitergehende Genehmigungen, Ausnahmen oder Befreiungen nach dem Naturschutzausführungsgesetz, dem Bundesnaturschutzgesetz oder nach aufgrund dieser Gesetze erlassenen oder fortgeltenden Rechtsvorschriften bleiben unberührt.

(3) [1]Das für Straßenbau zuständige Ministerium wird ermächtigt, Prüfaufgaben sowie durch Rechtsverordnung Aufgaben der Straßenbaubehörde auf Dritte als selbständig wahrzunehmende Pflichten zu übertragen. [2]Dies gilt auch für Bundesfernstraßen.

Zweiter Teil

Straßenbaulast und Eigentum

§ 11 Straßenbaulast

(1) [1]Die Straßenbaulast umfaßt alle mit dem Bau und der Unterhaltung der Straßen zusammenhängenden Aufgaben. [2]Die Träger der Straßenbaulast haben nach ihrer Leistungsfähigkeit die Straßen in einem dem regelmäßigen Verkehrsbedürfnis genügenden Zustand anzulegen, zu unterhalten, zu erweitern oder sonst zu verbessern; dabei sind die sonstigen öffentlichen Belange zu berücksichtigen. [3]Dem Natur- und Landschaftsschutz ist Rechnung zu tragen; weitergehende Vorschriften des Natur- und Landschaftsschutzrechts bleiben unberührt. [4]Soweit sie hierzu unter Berücksichtigung ihrer Leistungsfähigkeit außerstande sind, haben sie auf den nicht verkehrssicheren Zustand, vorbehaltlich anderweitiger Anordnung der Straßenverkehrsbehörden, durch Warnzeichen hinzuweisen.

(2) Beim Neu- oder Ausbau von öffentlichen Straßen sollen die Belange der Kinder, der Personen mit Kleinkindern sowie der behinderten und alten Menschen im Rahmen der technischen und wirtschaftlichen Möglichkeiten sowie der verfügbaren Mittel mit dem Ziel berücksichtigt werden, eine möglichst weit reichende Barrierefreiheit zu erreichen, soweit nicht überwiegende andere öffentliche Belange, insbesondere Erfordernisse der Verkehrssicherheit, entgegenstehen.

(3) [1]Zu den Aufgaben nach Absatz 1 gehören nicht das Schneeräumen, das Streuen bei Schnee- oder Eisglätte, die Reinigung und die Beleuchtung. [2]Die Träger der Straßenbaulast sollen jedoch nach besten Kräften die öffentlichen Straßen von Schnee räumen und bei Schnee- und Eisglätte streuen. [3]Die Vorschriften des § 50 bleiben unberührt.

§ 12 Träger der Straßenbaulast für die Landesstraßen und Kreisstraßen

(1) Träger der Straßenbaulast sind:

a) für die Landesstraßen das Land,

b) für die Kreisstraßen die Landkreise und die kreisfreien Städte.

(2) [1]Absatz 1 gilt auch für die Ortsumgehungen. [2]Mit den Gemeinden, die am Bau einer Ortsumgehung ein Interesse haben, ist über eine Kostenbeteiligung der Gemeinden eine Vereinbarung zu treffen.

(3) Absatz 1 gilt nicht für die Ortsdurchfahrten, soweit für diese die Straßenbaulast den Gemeinden obliegt (§ 13).

§ 13 Träger der Straßenbaulast für die Ortsdurchfahrten

(1) [1]Die Gemeinden mit mehr als 50 000 Einwohnern sind Träger der Straßenbaulast für die Ortsdurchfahrten. [2]Entsteht durch eine Gebietsänderung ein Gemeindegebiet, das mehr als 50 000 Einwohner umfaßt, wechselt die Straßenbaulast mit Ablauf des zweiten auf die Gebietsänderung folgenden Jahres. [3]Entsteht durch Gebietsänderung ein Gemeindegebiet, das weniger als 50 000 Einwohner umfaßt, wechselt die Straßenbaulast mit der Gebietsänderung.

(2) Soweit dem Land oder den Landkreisen die Straßenbaulast für Ortsdurchfahrten obliegt, erstreckt sich diese nicht auf Gehwege, Parkflächen und Straßengehölze.

(3) [1]Führt eine Ortsdurchfahrt in Gemeinden mit nicht mehr als 50 000 Einwohnern über Straßen und Plätze, die wesentlich breiter angelegt sind als die Landesstraßen oder Kreisstraßen, so ist die seitliche Begrenzung der Ortsdurchfahrt von der obersten Landesstraßenbaubehörde besonders festzulegen. [2]Kommt ein Einvernehmen nicht zustande, so entscheidet die Straßenaufsichtsbehörde.

(4) Die Gemeinden sind Träger der Straßenbaulast für die Straßenteile, die nach den Absätzen 2 und 3 nicht in der Straßenbaulast des Landes oder eines Landkreises stehen.

(5) [1]Eine Gemeinde mit mehr als 10 000, aber weniger als 50 000 Einwohnern kann Träger der Straßenbaulast für die Ortsdurchfahrten werden, wenn sie es mit Zustimmung der Rechtsaufsichtsbehörde gegenüber der obersten Landesstraßenbaubehörde erklärt. [2]Die Rechtsaufsichtsbehörde darf ihre Zustimmung nur versagen, wenn Tatsachen vorliegen, die die Leistungsfähigkeit der Gemeinde zur Übernahme der Straßenbaulast ausschließen.

(6) Soweit die Gemeinden Träger der Straßenbaulast für die Ortsdurchfahrten sind, bedürfen alle Straßenbaumaßnahmen, welche die Planungen und Ausbauabsichten des Trägers der Straßenbaulast für die anschließenden freien Strecken berühren können, der vorherigen Genehmigung der obersten Landesstraßenbaubehörde.

§ 14 Träger der Straßenbaulast für die Gemeindestraßen

Träger der Straßenbaulast für die Gemeindestraßen sind die Gemeinden.

§ 15 Kostenausgleich bei Gemeindeverbindungsstraßen

(1) [1]Soweit eine Gemeindeverbindungsstraße ausschließlich oder überwiegend dem Verkehrsbedürfnis anderer Gemeinden dient, haben diese nach Maßgabe ihres Nutzens der baulastpflichtigen Gemeinde die im Rahmen der Straßenbaulast erforderlichen Aufwendungen zu erstatten. [2]Dies gilt auch für Brücken und Kunstbauten an und auf der Gemeindegrenze.

(2) Die beteiligten Gemeinden können die Baulast mit Zustimmung der Straßenaufsichtsbehörde auch durch Vereinbarung regeln.

§ 16 Träger der Straßenbaulast für die sonstigen öffentlichen Straßen

(1) Träger der Straßenbaulast für die sonstigen öffentlichen Straßen sind die Gemeinden.

(2) [1]Absatz 1 gilt nicht für die Unterhaltung der öffentlichen Feld- und Waldwege. [2]Unterhaltungspflichtig sind die Eigentümer der Grundstücke, die über diese Wege bewirtschaftet werden. [3]Der Umfang der Unterhaltungspflicht der einzelnen Eigentümer richtet sich nach dem Verhältnis der Einheitswerte der Grundstücke. [4]Soweit Gemeinden oder kommunale Zweckverbände die Unterhaltung von öffentlichen Feld- und Waldwegen übernommen haben oder übernehmen, sind die Gemeinden unterhaltungspflichtig.

(3) [1]Werden öffentliche Feld- und Waldwege, die nach Absatz 2 von den Anliegern zu unterhalten sind, unter Verwendung öffentlicher Förderungsmittel mit Zustimmung der Gemeinde ausgebaut, so geht die Unterhaltungspflicht auf die Gemeinde über. [2]Die Gemeinde kann die Zustimmung nur aus wichtigem Grund verweigern. [3]Die Zustimmung kann durch eine Entscheidung der Straßenaufsichtsbehörde ersetzt werden.

§ 17 Verpflichtungen Dritter

(1) Die §§ 12 bis 16 finden keine Anwendung, soweit die Straßenbaulast oder eine sonstige Verpflichtung zur Herstellung, Änderung oder Unterhaltung von Straßen oder Straßenteilen aufgrund von Rechtsvorschriften oder sonstiger öffentlich-rechtlicher Verpflichtungen anderen obliegt oder übertragen wird.

(2) Bürgerlich-rechtliche Verpflichtungen über die Erfüllung der Aufgaben aus der Straßenbaulast lassen diese unberührt.

§ 18 Wechsel der Straßenbaulast

(1) [1]Wechselt die Straßenbaulast, so gehen das Eigentum an der öffentlichen Straße (§ 2 Abs. 2), soweit es bisher dem Land oder einer Gebietskörperschaft zustand, sowie alle Rechte und Pflichten, die mit der Straße im Zusammenhang stehen, ohne Entschädigung auf den neuen Träger der Straßenbaulast über. [2]Dies gilt nicht für Ansprüche auf Entgelte, die für die Duldung von Versorgungsleitungen zu zahlen sind.

(2) Verbindlichkeiten, die bei der Durchführung von Bau- und Unterhaltungsmaßnahmen entstanden sind, sind vom Übergang ausgeschlossen; soweit diese Verbindlichkeiten dinglich gesichert sind, hat der neue Eigentümer einen Befreiungsanspruch.

(3) Der bisherige Träger der Straßenbaulast hat dem neuen Träger der Straßenbaulast dafür einzustehen, daß er die Straße in dem für die bisherige Straßengruppe gebotenen Umfang ordnungsgemäß unterhalten hat.

(4) [1]Hat der bisherige Träger der Straßenbaulast oder mit dessen Zustimmung ein Dritter besondere Anlagen für Zwecke der öffentlichen Versorgung oder Abwasserbeseitigung in der Straße gehalten, so ist der neue Träger der Straßenbaulast verpflichtet, diese weiterhin zu dulden. [2]§ 22 Abs. 2 und 3 und § 29 finden entsprechend Anwendung.

§ 19 Ausübung der Eigentumsrechte

(1) [1]Ist der Träger der Straßenbaulast nicht Eigentümer der Grundstücke, die für die öffentliche Straße in Anspruch genommen worden sind, so steht ihm die Ausübung der Rechte des Eigentümers insoweit zu, als dies die Aufrechterhaltung des Gemeingebrauchs und die Verwaltung und Unterhaltung erfordern. [2]Im gleichen Umfang obliegt es ihm, die Pflichten des Eigentümers zu erfüllen.

(2) [1]Der Träger der Straßenbaulast hat die für die öffentliche Straße in Anspruch genommenen Grundstücke auf Antrag des Eigentümers, spätestens innerhalb einer Frist von drei Jahren nach der Antragstellung, zu erwerben. [2]Der Lauf dieser Frist ist gehemmt, solange der Erwerb der Grundstücke durch Umstände verzögert wird, die der Träger der Straßenbaulast nicht zu vertreten hat. [3]Das Recht des Eigentümers, die Zustimmung zur Inanspruchnahme seines Grundstückes für eine öffentliche Straße von dem vorherigen Abschluß eines Grunderwerbsvertrages abhängig zu machen, bleibt unberührt.

(3) [1]Kommt innerhalb der Frist des Absatzes 2 zwischen dem Eigentümer und dem Träger der Straßenbaulast eine Einigung über den Erwerb der Grundstücke nicht zustande, so kann jeder der Beteiligten die Durchführung des Enteignungsverfahrens beantragen. [2]§ 48 Abs. 4 findet Anwendung.

(4) Waren bei Inkrafttreten dieses Gesetzes Grundstücke für eine öffentliche Straße bereits in Anspruch genommen, so beginnt die Frist des Absatzes 2 mit Inkrafttreten dieses Gesetzes zu laufen.

(5) [1]Die Absätze 2 und 3 finden keine Anwendung, wenn und solange den Trägern der Straßenbaulast durch eine Dienstbarkeit oder ein sonstiges dingliches Recht die Verfügungsbefugnis eingeräumt ist. [2]Das gleiche gilt für öffentliche Straßen auf Deichen, die dem Hochwasserschutz oder dem Schutz vor Sturmfluten dienen.

§ 20 Grundbuchberichtigung und Vermessung

(1) [1]Bei Übergang des Eigentums an öffentlichen Straßen ist der Antrag auf Berichtigung des Grundbuches oder bei grundbuchfreien Grundstücken auf Fortführung des Katasters von dem neuen Träger der Straßenbaulast zu stellen. [2]Der Antrag muss vom Leiter der Behörde oder seinem Stellvertreter unterschrieben und mit dem Amtssiegel oder Amtsstempel versehen sein; zum Nachweis des Eigentums gegenüber dem Grundbuchamt oder dem Kataster genügt die Bestätigung des neuen Trägers der Straßenbaulast, dass ihm das Eigentum an dem Grundstück zusteht.

(2) [1]Der bisherige Träger der Straßenbaulast ist verpflichtet, das übergehende Grundstück auf seine Kosten vermessen zu lassen. [2]Er hat auch die durch die Fortführung des Katasters entstehenden Kosten zu tragen oder zu erstatten. [3]Wird diese Verpflichtung nicht innerhalb eines Jahres nach dem Übergang der Straßenbaulast erfüllt, so ist der neue Träger der Straßenbaulast berechtigt, die Vermessung auf Kosten des bisherigen Trägers der Straßenbaulast durchführen zu lassen.

Dritter Teil
Gemeingebrauch, Sondernutzung und Nutzung nach bürgerlichem Recht

§ 21 Gemeingebrauch

(1) [1]Der Gebrauch der öffentlichen Straßen ist jedermann im Rahmen der Widmung und der Straßenverkehrsvorschriften zum Verkehr gestattet (Gemeingebrauch). [2]Kein Gemeingebrauch liegt vor, wenn die Straße nicht vorwiegend zum Verkehr, sondern zu anderen Zwecken benutzt wird.

(2) Soweit nicht Vorschriften des Straßenverkehrsrechts etwas anderes bestimmen, hat im Rahmen des Gemeingebrauchs der fließende Verkehr den Vorrang vor dem ruhenden Verkehr.

(3) Der bisher ortsübliche Gemeingebrauch an sonstigen öffentlichen Straßen soll nicht eingeschränkt werden, solange dieser gemeinverträglich ist.

(4) [1]Für Straßenbauarbeiten und zur Verhütung außerordentlicher Schäden an der Straße, die durch deren baulichen Zustand bedingt sind, kann die Straßenbaubehörde den Gemeingebrauch vorübergehend beschränken. [2]Der Träger der Straßenbaulast hat die Beschränkung kenntlich zu machen.

(5) Auf die Aufrechterhaltung des Gemeingebrauchs besteht kein Anspruch.

§ 22 Sondernutzung

(1) [1]Die Benutzung der öffentlichen Straßen über den Gemeingebrauch hinaus (Sondernutzung) bedarf der Erlaubnis des Trägers der Straßenbaulast. [2]Die Erlaubnis darf, soweit es sich nicht um Zufahrten im Sinne des § 26 handelt, die der land- und forstwirtschaftlichen Nutzung dienen, nur auf Zeit oder auf Widerruf erteilt werden. [3]Für die Erlaubnis können Bedingungen und Auflagen festgesetzt werden. [4]Die Erlaubnis nach Satz 1 erteilt die Bauaufsichtsbehörde im Einvernehmen mit dem Träger der Straßenbaulast, wenn es sich bei der Sondernutzung um bauliche Anlagen handelt, die einer Baugenehmigung bedürfen.

(2) [1]Der Erlaubnisnehmer hat dem Träger der Straßenbaulast alle Kosten zu ersetzen, die diesem durch die Sondernutzung zusätzlich entstehen. [2]Hierfür kann der Träger der Straßenbaulast angemessene Vorschüsse und Sicherheiten verlangen.

(3) [1]Der Erlaubnisnehmer ist verpflichtet, mit der Sondernutzung verbundene Anlagen nach den gesetzlichen Vorschriften und anerkannten Regeln der Technik zu errichten und zu unterhalten. [2]Beim Erlöschen oder beim Widerruf der Erlaubnis sowie bei der Einziehung der Straße hat der Erlaubnisnehmer auf Verlangen des Trägers der Straßenbaulast innerhalb einer angemessenen Frist die Anlagen auf seine Kosten zu entfernen und den benutzten Straßenteil in einen ordnungsgemäßen Zustand zu versetzen.

(4) Sonstige nach öffentlichem Recht erforderliche Genehmigungen, Erlaubnisse oder Bewilligungen werden durch die Sondernutzungserlaubnis nicht ersetzt.

(5) Durch den Wechsel des Trägers der Straßenbaulast wird eine nach Absatz 1 erteilte Erlaubnis nicht berührt.

(6) Der Erlaubnisnehmer hat gegen den Träger der Straßenbaulast keinen Ersatzanspruch bei Widerruf oder bei Sperrung, Änderung oder Einziehung der Straße.

(7) [1]Der Erlaubnis nach Absatz 1 bedarf es nicht, wenn eine Erlaubnis oder Genehmigung zur übermäßigen Benutzung öffentlicher Straßen nach den Vorschriften des Straßenverkehrsrechts erforderlich ist. [2]Vor ihrer Entscheidung hat die hierfür zuständige Behörde die sonst für die Sondernutzungserlaubnis zuständige Straßenbaubehörde zu hören. [3]Die von dieser geforderten Bedingungen, Auflagen und Sondernutzungsgebühren sind dem Antragsteller in der Erlaubnis aufzuerlegen.

§ 23 Sondernutzung in Ortsdurchfahrten

(1) [1]In Ortsdurchfahrten ist die Gemeinde für die Entscheidung über die Sondernutzung zuständig. [2]Sie bedarf der Zustimmung des Trägers der Straßenbaulast, sofern durch die Sondernutzung auch der Gemeingebrauch an Straßenteilen, die in seiner Baulast stehen, beeinträchtigt werden kann.

(2) [1]Wird in den Fällen des Absatzes 1 einer Gemeinde die Zustimmung versagt, so entscheidet auf Antrag der Gemeinde die Straßenaufsichtsbehörde. [2]Das gleiche gilt im Falle des Widerrufs der Erlaubnis.

(3) [1]Die Sondernutzung in einer Ortsdurchfahrt bedarf nicht der Zustimmung nach § 22 Abs. 1, wenn sie nach einer von der Gemeinde mit Zustimmung des Trägers der Straßenbaulast der freien Strecke

nach § 24 erlassenen Satzung zulässig ist. [2]Die Zustimmung kann zurückgenommen werden, wenn die Verkehrsentwicklung dieses erfordert.

§ 24 Sondernutzung an Gemeindestraßen und sonstigen öffentlichen Straßen

(1) Die Gemeinden können den Gebrauch der Gemeindestraßen über den Gemeingebrauch hinaus sowie die Benutzung der Gemeindestraßen für die Zwecke der öffentlichen Versorgung abweichend von § 22 Abs. 1 bis 6 und § 30 Abs. 1 Nrn. 1 und 2 durch Satzung regeln.

(2) Die Benutzung der sonstigen öffentlichen Straßen über den Gemeingebrauch hinaus regelt sich nach bürgerlichem Recht; Absatz 1 sowie § 22 Abs. 7 finden entsprechende Anwendung.

(3) Wird eine Gemeindestraße oder eine sonstige öffentliche Straße durch Bewirtschaftung, Ausbeutung oder sonstige Art der Benutzung eines Grundstücks vorübergehend oder dauernd in einem das gewöhnliche Maß erheblich übersteigenden Umfang benutzt, so kann von dem Inhaber des Betriebes oder dem Eigentümer oder Besitzer oder sonst Nutzungsberechtigten des Grundstücks eine Beteiligung an den Kosten der Straßenunterhaltung und -instandsetzung insoweit gefordert werden, als sie durch die außergewöhnliche Benutzung veranlaßt werden.

§ 25 Unerlaubte Benutzung einer Straße

(1) [1]Wird eine Straße ohne die nach § 22 erforderliche Erlaubnis benutzt oder werden Autowracks, Schutt, Müll oder andere Gegenstände verbotswidrig abgestellt bzw. abgelegt oder kommt ein Erlaubnisnehmer seinen Verpflichtungen nicht nach, so kann die für die Erteilung der Erlaubnis zuständige Behörde die erforderlichen Maßnahmen zur Beendigung der Benutzung oder zur Erfüllung der Auflagen anordnen. [2]Sind solche Anordnungen nicht oder nur unter unverhältnismäßigem Aufwand möglich oder nicht erfolgversprechend, so kann sie den rechtswidrigen Zustand auf Kosten des Pflichtigen beseitigen oder beseitigen lassen.

(2) Die Straßenbaubehörde kann die von der Straße entfernten Gegenstände bis zur Erstattung ihrer Aufwendungen zurückbehalten.

(3) [1]Ist der Eigentümer oder Halter der von der Straße entfernten Gegenstände innerhalb angemessener Frist nicht zu ermitteln oder kommt er seinen Zahlungspflichten innerhalb von zwei Monaten nach Zahlungsaufforderung nicht nach oder holt er die Gegenstände innerhalb einer ihm schriftlich gestellten angemessenen Frist nicht ab, so sind die Gegenstände von der Straßenbaubehörde zu verwerten oder zu entsorgen. [2]In der Aufforderung zur Zahlung oder Abholung ist darauf hinzuweisen.

(4) Absatz 2 und 3 gelten für Bundesfernstraßen entsprechend.

§ 26 Zufahrten

(1) Zufahrten zu Landesstraßen und Kreisstraßen gelten außerhalb einer nach § 5 Abs. 2 festgesetzten Ortsdurchfahrt als Sondernutzung.

(2) Der Träger der Straßenbaulast kann von dem Erlaubnisnehmer alle Maßnahmen verlangen, die wegen der örtlichen Lage, der Art und Ausgestaltung der Zufahrt oder aus Gründen der Sicherheit oder Leichtigkeit des Verkehrs erforderlich sind.

(3) [1]Die Änderung einer Zufahrt bedarf ebenfalls der Erlaubnis nach § 22 Abs. 1. [2]Eine Änderung liegt auch vor, wenn die Zufahrt gegenüber dem bisherigen Zustand einem wesentlich größeren oder andersartigen Verkehr dienen soll.

(4) Eine Erlaubnis nach § 22 Abs. 1 ist nicht erforderlich, wenn Zufahrten geschaffen oder geändert werden

a) zu baulichen Anlagen, bei denen in einem Verfahren nach §§ 31 und 32 die Zufahrt nach Maßgabe des Dritten Teiles geregelt ist,

b) in einem Siedlungs- oder Flurbereinigungsverfahren, dem der Träger der Straßenbaulast insoweit zugestimmt hat.

(5) Die Absätze 1 bis 4 sind auch auf Zugänge sowie auf höhengleiche Kreuzungen durch sonstige öffentliche Straßen anzuwenden.

§ 27 Unterbrechung von Zufahrten

[1]Werden auf Dauer durch die Änderung oder Einbeziehung[1)] von Straßen Zufahrten zu Grundstücken unterbrochen, die keine anderweitige ausreichende Verbindung mit dem öffentlichen Verkehrsnetz besitzen, so hat der Träger der Straßenbaulast einen angemessenen Ersatz zu schaffen oder, soweit das

1) Richtig wohl: „Einziehung“.

nicht zumutbar ist, eine angemessene Entschädigung in Geld zu gewähren. [2]Das gilt nicht für Zufahrten, die aufgrund einer widerruflichen Erlaubnis bestehen.

§ 28 Gebühren für Sondernutzungen

(1) Für die Sondernutzungen können Gebühren erhoben werden.

(2) In den Fällen des § 23 stehen die Gebühren der Gemeinde zu.

(3) In den Fällen des § 26 Abs. 5 ist die Erhebung von Gebühren nicht zulässig.

(4) [1]Die Gemeinden und Landkreise regeln die Erhebung von Sondernutzungsgebühren durch Satzung. [2]Das für Straßenbau zuständige Ministerium regelt die Erhebung von Gebühren für die Sondernutzung an Straßen, für die das Land Träger der Straßenbaulast ist oder die vom Land verwaltet werden, durch Rechtsverordnung. [3]Die Gebührensätze sind nach Art und Ausmaß der Einwirkungen auf die Straße und nach dem wirtschaftlichen Interesse der Nutzungsberechtigten zu bemessen. [4]Die Sätze 1 bis 3 gelten entsprechend auch für die Bundesfernstraßen.

§ 29 Vergütung von Mehrkosten

[1]Wenn eine öffentliche Straße wegen der Art des Gebrauches durch einen anderen aufwendiger hergestellt werden muß, hat der andere dem Träger der Straßenbaulast die Mehrkosten für den Bau und die Unterhaltung zu vergüten. [2]Das gilt nicht für den Linien- und Schulbusverkehr. [3]Der Träger der Straßenbaulast kann angemessene Vorschüsse oder Sicherheiten verlangen.

§ 30 Nutzung nach bürgerlichem Recht; Sonstige Nutzung

(1) Die Einräumung von Rechten zur Nutzung der öffentlichen Straßen richtet sich nach bürgerlichem Recht, sofern

1. der Gemeingebrauch nicht beeinträchtigt wird oder
2. die Nutzung der öffentlichen Versorgung dient oder
3. weder das Land noch eine Gebietskörperschaft Träger der Straßenbaulast des genutzten Straßenteils ist.

(2) [1]Soweit die Gemeinde nicht Träger der Straßenbaulast für die Ortsdurchfahrten ist, hat der Träger der Straßenbaulast die Verlegung von Leitungen, die der öffentlichen Versorgung einschließlich der Abwasserbeseitigung dienen, auf Antrag der Gemeinde unentgeltlich zu gestatten, wenn die Verlegung in seine Straßenteile erforderlich ist. [2]Im übrigen dürfen solche Leitungen nur mit Zustimmung der Gemeinde in den Ortsdurchfahrten verlegt werden. [3]Die Gemeinde kann die Zustimmung nur aus wichtigem Grunde verweigern.

(3) [1]Kommt in den Fällen des Absatzes 2 Satz 1 keine Einigung zwischen der Gemeinde und dem Träger der Straßenbaulast zustande, so entscheidet die Straßenaufsichtsbehörde. [2]Die Zustimmung der Gemeinde nach Absatz 2 Satz 3 kann durch eine von dem für den Straßenbau zuständigen Ministerium im Einvernehmen mit dem Innenministerium getroffene Entscheidung ersetzt werden.

(4) [1]Erfolgt eine Straßenentwässerung über eine nicht straßeneigene, von der Gemeinde oder dem Abwasserverband eingerichtete Abwasseranlage, so beteiligt sich der Träger der Straßenbaulast an den Kosten der Herstellung oder Erneuerung dieser Anlage in dem Umfang, wie es der Bau einer eigenen Straßenentwässerung erfordern würde. [2]Der Gemeinde obliegt die schadlose Abführung des Straßenoberflächenwassers. [3]Für die Inanspruchnahme der Entwässerungsanlage ist darüber hinaus kein Entgelt zu erheben.

(5) § 29 sowie Bestimmungen, nach denen aufgrund anderer Rechtsvorschriften eine öffentlich-rechtliche Erlaubnis erforderlich ist, bleiben unberührt.

Vierter Teil

Anbau an Straßen und Schutzmaßnahmen

§ 31 Anbauverbote

(1) Außerhalb der nach § 5 Abs. 2 festgesetzten Ortsdurchfahrten dürfen bauliche Anlagen im Sinne der Landesbauordnung an Landes- und Kreisstraßen in einer Entfernung bis zu 20 m, jeweils gemessen vom äußeren Rand der befestigten, für den Kraftfahrzeugverkehr bestimmten Fahrbahn, nicht errichtet werden.

(2) [1]Anlagen der Außenwerbung außerhalb der Ortsdurchfahrten stehen den baulichen Anlagen des Absatzes 1 gleich. [2]An Brücken über Landes- oder Kreisstraßen außerhalb der Ortsdurchfahrten dürfen Anlagen der Außenwerbung nicht angebracht werden.

(3) [1]Der Träger der Straßenbaulast kann unbeschadet sonstiger Baubeschränkungen Ausnahmen von dem Anbauverbot, zulassen, wenn dies die Sicherheit oder Leichtigkeit des Verkehrs, die Sichtverhältnisse, die Ausbauabsichten oder die Straßenbaugestaltung nicht beeinträchtigt. [2]Die Entscheidung nach Satz 1 trifft die Bauaufsichtsbehörde im Einvernehmen mit dem Träger der Straßenbaulast, wenn es sich um bauliche Anlagen handelt, die einer Baugenehmigung bedürfen. [3]Bei Werbeanlagen ist eine Ausnahme nur am Ort der eigenen Leistung zulässig und nur, soweit Anlagen lediglich auf die eigene Leistung hinweisen. [4]Die Vorschriften des Dritten Teils bleiben unberührt.

(4) [1]Die Gemeinden können durch Satzung vorschreiben, daß bestimmte Gemeinde- oder sonstige öffentliche Straßen beim Anbau nach Absatz 1 freizuhalten sind, soweit dies für die Sicherheit oder Leichtigkeit des Verkehrs, die Sichtverhältnisse, die Ausbauabsichten oder die Straßenbaugestaltung erforderlich ist. [2]Das Anbauverbot darf sich nur auf eine Entfernung bis zu 10 m, gemessen vom äußeren Rand der befestigten, für den Kraftfahrzeugverkehr bestimmten Fahrbahn, erstrecken. [3]Die Absätze 2 und 3 finden Anwendung.

(5) Die Absätze 1 und 4 finden keine Anwendung, soweit das Bauvorhaben den Festsetzungen eines rechtsverbindlichen Bebauungsplanes entspricht, der außerdem mindestens die Begrenzung der Verkehrsflächen enthält und unter Mitwirkung des Trägers der Straßenbaulast zustande gekommen ist.

(6) [1]Die örtliche Ordnungsbehörde (Bauaufsicht) kann die Beseitigung der entgegen dem Verbot der Absätze 1 bis 3 errichteten Hochbauten im Wege des Verwaltungszwangs anordnen. [2]Zwangsmaßnahmen sind zulässig, wenn sie vorher angedroht wurden und wenn der Verpflichtete der Aufforderung, die Anlage zu beseitigen, innerhalb einer zu bestimmenden angemessenen Frist nicht nachkommt. [3]Die Kosten der Zwangsmaßnahme sind dem Verpflichteten aufzuerlegen. [4]Diese Vorschrift findet auch auf Bundesfernstraßen entsprechende Anwendung.

(7) Die Belange nach Absatz 3 Satz 1 sind auch bei der Erteilung von Baugenehmigungen innerhalb der nach § 5 Absatz 2 festgesetzten Ortsdurchfahrten zu beachten.

§ 32 Anbaubeschränkungen

(1) Außerhalb der nach § 5 Absatz 2 festgesetzten Ortsdurchfahrten dürfen Genehmigungen zur wesentlichen Änderung von baulichen Anlagen in einer Entfernung bis zu 20 m bei Landesstraßen und Kreisstraßen, jeweils gemessen vom äußeren Rand der befestigten, für den Kraftfahrzeugverkehr bestimmten Fahrbahn, von der Baugenehmigungsbehörde oder der Behörde, die nach anderen Vorschriften für eine Genehmigung zuständig ist, nur nach Zustimmung des Trägers der Straßenbaulast erteilt werden.

(2) Die Zustimmung des Trägers der Straßenbaulast ist auch erforderlich, wenn infolge der Errichtung oder Änderung von baulichen Anlagen Zufahrten zu einer Landes- oder Kreisstraße geschaffen oder geändert werden sollen.

(3) Bedürfen die baulichen Anlagen im Sinne des Absatzes 1 keiner Baugenehmigung oder keiner Genehmigung nach anderen Vorschriften, so tritt an die Stelle der Zustimmung die Genehmigung des Trägers der Straßenbaulast.

(4) [1]Die Zustimmung oder Genehmigung des Trägers der Straßenbaulast darf nur versagt oder mit Auflagen erteilt werden, soweit dies wegen der Sicherheit oder Leichtigkeit des Verkehrs, der Ausbauabsichten oder der Straßenbaugestaltung nötig ist. [2]Die Vorschriften des Dritten Teiles bleiben unberührt.

(5) [1]Die Vorschriften der Absätze 1 und 2 finden keine Anwendung, sofern die Voraussetzungen des § 31 Abs. 5 vorliegen. [2]§ 31 Absatz 7 gilt entsprechend.

§ 33 Baubeschränkung bei geplanten Straßen

(1) [1]Bei geplanten öffentlichen Straßen gelten die Beschränkungen des § 31 Abs. 1 bis 4 und des § 32 Abs. 1 bis 3 vom Beginn der Auslegung der Pläne im Planfeststellungsverfahren oder, falls ein Planfeststellungsverfahren nicht durchgeführt wird, vom Beginn der Bauausführung an. [2]Von gesetzlich zustehenden Möglichkeiten, eine Baugenehmigung schon in einem früheren Zeitpunkt zu verweigern, soll Gebrauch gemacht werden.

(2) Absatz 1 findet auf geplante öffentliche Straßen, die wegen ihrer künftigen Verkehrsbedeutung als Bundesfernstraßen geeignet sind, mit der Maßgabe Anwendung, daß die Baubeschränkungen des Bundesfernstraßengesetzes gelten.

(3) [1]Die Absätze 1 und 2 finden auch auf Straßen Anwendung, die noch nicht für den öffentlichen Verkehr gewidmet oder noch nicht in die vorgesehene Straßengruppe eingestuft worden sind oder von einem anderen Träger der Straßenbaulast mit der Maßgabe gebaut werden, daß sie nach Fertigstellung entsprechend ihrer Verkehrsbedeutung gewidmet oder aufgestuft und von dem Träger der Straßenbaulast übernommen werden, der sich aus §§ 12 bis 14 oder aus dem Bundesfernstraßengesetz ergibt. [2]In Zweifelsfällen entscheidet die oberste Landesstraßenbaubehörde.

§ 34 Entschädigung für Anbauverbote und Anbaubeschränkungen

(1) [1]Wird infolge der Anwendung des § 31 Abs. 1 bis 4, § 32 Abs. 1 bis 3 und § 33 die bauliche Nutzung eines Grundstückes, auf deren Zulassung bisher ein Rechtsanspruch bestand, ganz oder teilweise aufgehoben, so kann der Eigentümer insoweit eine angemessene Entschädigung in Geld verlangen, als seine Vorbereitung zur baulichen Nutzung des Grundstückes in dem bisher zulässigen Umfang für ihn an Wert verlieren oder eine wesentliche Wertminderung des Grundstücks eintritt. [2]Zur Entschädigung ist der Träger der Straßenbaulast verpflichtet.

(2) In den Fällen des § 33 entsteht der Anspruch nach Absatz 1 erst, wenn der Plan unanfechtbar festgestellt oder mit der Bauausführung begonnen worden ist, spätestens jedoch nach Ablauf von sechs Jahren, nachdem die Beschränkungen in Kraft getreten sind.

§ 35 Schutzmaßnahmen

(1) Zum Schutze der Straßen vor nachteiligen Einwirkungen der Natur, wie Schneeverwehungen, Steinschlag, Überschwemmungen, haben die Eigentümer und Besitzer von benachbarten Grundstücken die Anlage der notwendigen Einrichtungen vorübergehend zu dulden.

(2) [1]Der Träger der Straßenbaulast hat den Betroffenen die Durchführung der Maßnahmen nach Absatz 1 zwei Wochen vorher anzukündigen, es sei denn, daß Gefahr im Verzuge ist. [2]Die Betroffenen können die Maßnahmen im Benehmen mit dem Träger der Straßenbaulast selbst durchführen.

(3) Anpflanzungen, Zäune sowie Stapel, Haufen und andere mit dem Grundstück nicht fest verbundene Einrichtungen dürfen nicht angelegt oder unterhalten werden, wenn sie die Verkehrssicherheit beeinträchtigen.

(4) [1]Werden Einrichtungen entgegen Absatz 3 angelegt oder unterhalten, so sind sie auf schriftliches Verlangen des Trägers der Straßenbaulast von dem Eigentümer oder Besitzer des Grundstückes binnen einer angemessenen Frist zu beseitigen. [2]Nach Ablauf der Frist kann der Träger der Straßenbaulast die Einrichtungen auf Kosten des Betroffenen beseitigen. [3]Die Ersatzvornahme ist mindestens zwei Wochen vorher schriftlich anzukündigen, es sei denn, daß Gefahr im Verzuge ist.

(5) [1]Der Träger der Straßenbaulast hat den Betroffenen die durch Maßnahmen nach Absatz 1 verursachten Aufwendungen und Schäden in Geld zu ersetzen. [2]Das gleiche gilt für die Beseitigung von Einrichtungen nach Absatz 3, soweit die Einrichtungen beim Inkrafttreten dieses Gesetzes bereits vorhanden waren oder die Voraussetzungen für ihre Beseitigung erst später infolge des Neubaus oder Ausbaus einer öffentlichen Straße eingetreten sind.

§ 36 Bepflanzung des Straßenkörpers

[1]Zur Bepflanzung des Straßenkörpers und deren Pflege ist nur der Träger der Straßenbaulast befugt. [2]Dem Naturschutz und der Landschaftspflege ist Rechnung zu tragen. [3]Die Straßenanlieger haben alle Maßnahmen zu dulden, die zur Erhaltung und Ergänzung der auf den öffentlichen Straßen befindlichen Pflanzungen erforderlich sind, soweit die Beeinträchtigungen vorübergehend oder geringfügig sind.

Fünfter Teil

Kreuzungen und Umleitungen

§ 37 Kreuzungen und Einmündungen

(1) Kreuzungen im Sinne dieses Gesetzes sind Überschneidungen öffentlicher Straßen, auch wenn sie in verschiedenen Ebenen liegen.

(2) Einmündungen öffentlicher Straßen stehen den Kreuzungen gleich.

§ 38 Bau und Änderung von Kreuzungen, Kostentragung

(1) [1]Beim Bau einer neuen Kreuzung hat der Träger der Straßenbaulast der neu hinzukommenden öffentlichen Straße die entstehenden Kosten zu tragen. [2]Zu ihnen gehören auch die Kosten der durch die neue Kreuzung notwendigen Änderungen der anderen Straßen. [3]Die Änderung einer bestehenden Kreuzung ist als neue Kreuzung zu behandeln, wenn eine Straße, die nach Beschaffenheit ihrer Fahrbahn nicht geeignet und nicht dazu bestimmt war, einen allgemeinen Kraftfahrzeugverkehr aufzunehmen, zu einer diesem Verkehr dienenden öffentlichen Straße ausgebaut wird.

(2) [1]Werden mehrere öffentliche Straßen gleichzeitig neu angelegt, so haben die Träger der Straßenbaulast die Kosten der Kreuzungsanlage im Verhältnis der Fahrbahnbreiten zu tragen. [2]Bei der Bemessung der Fahrbahnbreite sind die Rad- und Gehwege, die Trennstreifen und befestigten Seitenstreifen einzubeziehen.

(3) [1]Wird eine öffentliche Straße ausgebaut, so hat der Träger der Straßenbaulast die Kosten der notwendigen Änderungen von Kreuzungen zu tragen. [2]Werden mehrere öffentliche Straßen gleichzeitig ausgebaut, so haben die beteiligten Träger der Straßenbaulast die Kosten der dadurch bedingten Änderungen von Kreuzungen anteilig in dem Verhältnis nach Absatz 2 zu tragen.

(4) [1]Wird die Änderung einer Kreuzung unabhängig von dem Ausbau einer Straße wegen der Entwicklung des Verkehrs erforderlich, so gilt für die Kosten dieser Änderung die Regelung des Absatzes 2. [2]Beträgt jedoch der durchschnittliche tägliche Verkehr mit Kraftfahrzeugen auf einer der Straßen nicht mehr als 20 vom Hundert des Verkehrs auf der anderen Straße, so hat der Träger der Straßenbaulast dieser anderen Straße die Änderungskosten allein zu tragen.

(5) Ergänzungen an Kreuzungsanlagen sind wie Änderungen zu behandeln.

(6) Die Absätze 1 bis 4 finden keine Anwendung, soweit etwas anderes vereinbart ist.

(7) Hat ein Träger der Straßenbaulast Schutzmaßnahmen nach § 35 durchgeführt, so kann er von den anderen Trägern der Straßenbaulast Kostenerstattung nach Maßgabe des Absatzes 4 verlangen.

(8) Wird über den Bau neuer oder die wesentliche Änderung bestehender Kreuzungen durch Planfeststellung entschieden, so soll zugleich die Aufteilung der Kosten geregelt werden.

(9) Das für Straßenbau zuständige Ministerium wird ermächtigt, im Einvernehmen mit dem Innenministerium durch Rechtsverordnung den Umfang der Kosten näher zu bestimmen.

§ 39 Kreuzungen mit Gewässern

(1) [1]Werden Straßen neu angelegt oder ausgebaut und müssen dazu Kreuzungen mit Gewässern (Brücken oder Unterführungen) hergestellt oder bestehende Kreuzungen geändert werden, so hat der Träger der Straßenbaulast die dadurch entstehenden Kosten zu tragen. [2]Die Kreuzungsanlagen sind so auszuführen, daß unter Berücksichtigung der übersehbaren Entwicklung der wasserwirtschaftlichen Verhältnisse der Wasserabfluß nicht nachteilig beeinflußt wird. [3]§ 36 Satz 2 gilt entsprechend.

(2) [1]Werden Gewässer ausgebaut (§ 67 Abs. 2 des Wasserhaushaltsgesetzes) und werden dazu Kreuzungen mit Straßen hergestellt oder bestehende Kreuzungen geändert, so hat der Träger des Ausbauvorhabens die dadurch entstehenden Kosten zu tragen. [2]Wird eine neue Kreuzung erforderlich, weil ein Gewässer hergestellt wird, so ist die übersehbare Verkehrsentwicklung auf der Straße zu berücksichtigen. [3]Wird die Herstellung oder Änderung einer Kreuzung erforderlich, weil das Gewässer wesentlich umgestaltet wird, so sind die gegenwärtigen Verkehrsbedürfnisse zu berücksichtigen. [4]Verlangt der Träger der Straßenbaulast weitergehende Änderungen, so hat er die Mehrkosten hierfür zu tragen.

(3) Wird eine Straße neu angelegt und wird gleichzeitig ein Gewässer aus anderen als straßenbaulichen Gründen hergestellt oder wesentlich umgestaltet, so daß eine neue Kreuzung entsteht, so haben der Träger der Straßenbaulast und der Unternehmer des Gewässerausbaus die Kosten der Kreuzung je zur Hälfte zu tragen.

(4) [1]Werden eine Straße und ein Gewässer aus anderen als straßenbaulichen Gründen gleichzeitig ausgebaut und wird infolgedessen eine bestehende Kreuzungsanlage geändert oder durch einen Neubau ersetzt, so haben der Träger des Gewässerausbaus und der Träger der Straßenbaulast die dadurch entstehenden Kosten für die Kreuzungsanlage in dem Verhältnis zu tragen, in dem Kosten bei getrennter Durchführung der Maßnahmen zueinander stehen würden. [2]Gleichzeitigkeit im Sinne des Satzes 1 liegt vor, wenn baureife Pläne vorhanden sind, die eine gleichzeitige Baudurchführung ermöglichen.

(5) Kommt über die Kreuzungsmaßnahme oder ihre Kosten eine Einigung nicht zustande, so ist darüber durch Planfeststellung zu entscheiden.

(6) Das für Straßenbau zuständige Ministerium wird ermächtigt, im Einvernehmen mit dem Innenministerium durch Rechtsverordnung den Umfang der Kosten näher zu bestimmen.

§ 40 Unterhaltung von Straßenkreuzungen

(1) Bei höhengleichen Kreuzungen obliegt dem Träger der Straßenbaulast der höheren Straßengruppe die Unterhaltung der Kreuzung in der Fahrbahnbreite seiner Straße und der kreuzungsbedingten Verkehrszeichen, -einrichtungen und -anlagen; im übrigen hat der jeweilige Träger der Straßenbaulast für die kreuzende Straße die Kreuzung zu unterhalten.

(2) Bei Über- und Unterführungen obliegt die Unterhaltung des Kreuzungsbauwerks dem Träger der Straßenbaulast der öffentlichen Straße der höheren Straßengruppe; die übrigen Teile der Kreuzung sind von dem Träger der Straßenbaulast der Straße, zu der sie gehören, zu unterhalten.

(3) Bei Kreuzungen von öffentlichen Straßen der gleichen Straßengruppe obliegt die Unterhaltung der einzelnen Teile der Kreuzung jeweils dem Träger der Straßenbaulast für die Straßen, zu der die Teile gehören.

(4) [1]In den Fällen des § 38 Abs. 1 hat der Träger der Straßenbaulast der neu hinzukommenden Straße dem Träger der Straßenbaulast der vorhandenen Straße die Mehrkosten für die Unterhaltung zu erstatten, die ihm durch die Regelung nach den Absätzen 1 bis 3 entstehen. [2]Die Mehrkosten sind auf Verlangen eines Beteiligten abzulösen.

(5) Nach einer wesentlichen Änderung einer bestehenden Kreuzung haben die Träger der Straßenbaulast ihre veränderten Kosten für Unterhaltung und Erneuerung sowie für Wiederherstellung im Falle der Zerstörung durch höhere Gewalt ohne Ausgleich zu tragen.

(6) Abweichende Regelungen bleiben solange in Kraft, bis eine wesentliche Änderung oder Ergänzung an der Kreuzung durchgeführt worden ist.

(7) Das für Straßenbau zuständige Ministerium wird ermächtigt, durch Rechtsverordnung im Einvernehmen mit dem Innenministerium zu bestimmen, welche Straßenanlagen zur Kreuzungsanlage und welche Teile einer Kreuzung zu der einen oder anderen Straße gehören sowie die Berechnung und Zahlung von Ablösebeträgen nach Absatz 4.

§ 41 Unterhaltung der Kreuzung mit Gewässern

(1) [1]Der Träger der Straßenbaulast hat die Kreuzungsanlage auf seine Kosten zu unterhalten, soweit nichts anderes vereinbart oder durch Planfeststellung bestimmt wird. [2]Die Unterhaltungspflicht des Trägers der Straßenbaulast erstreckt sich nicht auf Leitwerke, Leitpfähle, Dalben, Absetzpfähle oder ähnliche Einrichtungen zur Sicherung der Durchfahrt unter Brücken im Zuge von Straßen für die Schiffahrt sowie auf Schiffahrtszeichen. [3]Soweit diese Einrichtungen auf Kosten des Trägers der Straßenbaulast herzustellen waren, hat dieser dem Unterhaltungspflichtigen die Unterhaltungskosten und die Kosten des Betriebes dieser Einrichtungen zu ersetzen oder auf Verlangen, soweit ihm dies zumutbar ist, abzulösen. [4]§ 40 Abs. 7 gilt entsprechend.

(2) [1]Wird im Falle des § 39 Abs. 2 eine neue Kreuzung hergestellt, hat der Träger des Ausbauvorhabens die Mehrkosten für die Unterhaltung und den Betrieb der Kreuzungsanlage zu erstatten oder auf Verlangen, soweit ihm dies zumutbar ist, abzulösen. [2]Ersparte Unterhaltungskosten für den Fortfall vorhandener Kreuzungsanlagen sind abzurechnen. [3]§ 40 Abs. 7 gilt entsprechend.

(3) Die Absätze 1 und 2 gelten nicht, wenn bei dem Inkrafttreten dieses Gesetzes die Kostentragung aufgrund eines bestehenden Rechts anders geregelt ist.

(4) Das für Straßenbau zuständige Ministerium wird ermächtigt, durch Rechtsverordnung im Einvernehmen mit dem Innenministerium zu bestimmen, welche Anlagen einer Straße oder eines Gewässers zur Kreuzungsanlage gehören sowie die Berechnung und Zahlung von Ablösebeträgen nach Absatz 1.

§ 42 Sicherung von Kreuzungen

(1) [1]Bauliche Anlagen jeder Art dürfen außerhalb von Baugebieten oder, soweit solche nicht ausgewiesen sind, außerhalb einer geschlossenen Ortslage nicht errichtet oder geändert werden, wenn dadurch die Sicht bei höhengleichen Kreuzungen von Straßen oder von Straßen mit dem öffentlichen Verkehr dienenden Schienenbahnen behindert und die Verkehrssicherheit beeinträchtigt wird. [2]Das gilt auch für höhengleiche Einmündungen von Straßen.

(2) [1]Die §§ 34 und 35 Abs. 3 bis 5 finden entsprechende Anwendung. [2]Falls eine Enteignung erforderlich wird, finden die Vorschriften des Sechsten Teiles Anwendung.

(3) Das für Straßenbau zuständige Ministerium erläßt Richtlinien für die Gestaltung der freizuhaltenden Flächen.

§ 43 Umleitungen

(1) Bei vorübergehenden Verkehrsbeschränkungen auf einer öffentlichen Straße gemäß § 21 Abs. 4 sind die Träger der Straßenbaulast anderer öffentlicher Straßen verpflichtet, die Umleitung des Verkehrs zu dulden.

(2) [1]Vor Anordnung der Verkehrsbeschränkung haben die beteiligten Träger der Straßenbaulast im Benehmen miteinander festzustellen, welche Maßnahmen notwendig sind, um die Umleitungsstrecke für die Aufnahme des zusätzlichen Verkehrs verkehrssicher zu machen. [2]Die hierfür nötigen Mehraufwendungen sind dem Träger der Straßenbaulast der Umleitungsstrecke zu erstatten. [3]Dies gilt auch für Aufwendungen, die dieser zur Beseitigung wesentlicher durch die Umleitung verursachter Schäden machen muß. [4]Der Träger der Straßenbaulast der Umleitungsstrecke kann verlangen, daß der andere Träger die Maßnahme durchführt.

(3) [1]Muß die Umleitung ganz oder zum Teil über private Straßen geführt werden, die dem öffentlichen Verkehr dienen, ohne diesem gewidmet zu sein, so ist der Eigentümer zur Duldung der Umleitung auf schriftliche Anforderung des Trägers der Straßenbaulast verpflichtet. [2]Absatz 2 gilt entsprechend mit der Maßgabe, daß anstelle des Eigentümers der Träger der Straßenbaulast der umgeleiteten Strecke die erforderlichen Maßnahmen treffen kann. [3]Nach Aufhebung der Umleitung hat der Träger der Straßenbaulast auf Antrag des Eigentümers den früheren Zustand der Straße wiederherzustellen.

(4) Bei Straßen, die infolge Verkehrsbeschränkungen außerhalb der gekennzeichneten Umleitung benutzt werden, besteht keine Ersatz- oder Entschädigungspflicht.

(5) Die Absätze 1 bis 4 gelten entsprechend, wenn neue Landes- oder Kreisstraßen vorübergehend über andere dem öffentlichen Verkehr dienende Straßen oder Wege an das Straßennetz angeschlossen werden müssen.

Sechster Teil

Planung, Planfeststellung und Enteignung

§ 44 Planungen

(1) [1]Die Straßenplanungen haben den Zielen der Landesplanung Rechnung zu tragen. [2]Die Landesplanungsbehörde hat bei überörtlichen Planungen, die die Änderung bestehender oder den Bau neuer Straßen zur Folge haben können, unbeschadet weitergehender gesetzlicher Vorschriften rechtzeitig das Benehmen mit den beteiligten Trägern der Straßenbaulast herzustellen. [3]Die Träger der Straßenbaulast haben die Landesplanungsbehörde bei Straßenplanungen zu beteiligen, die für die Landesplanung von Bedeutung werden können.

(2) Radwege sind grundsätzlich in die Planungsuntersuchungen einzubeziehen.

§ 45 Planfeststellung

(1) Neue Landesstraßen dürfen nur gebaut werden, bestehende nur geändert werden, wenn der Plan vorher festgestellt ist.

(2) [1]Für den Bau oder die Änderung von Kreisstraßen und von Gemeindestraßen ist die Planfeststellung zulässig, insbesondere wenn es sich um Straßen von besonderer Verkehrsbedeutung wie Zubringerstraßen zu Bundesfernstraßen handelt oder ein Enteignungsverfahren notwendig ist. [2]Sofern es sich um ein UVP-pflichtiges Vorhaben handelt, ist für den Bau von Kreisstraßen, Gemeindestraßen und sonstigen Straßen eine Planfeststellung durchzuführen. [3]Für das Planfeststellungsverfahren gelten die Vorschriften des Landesverwaltungsverfahrensgesetzes.

(3) (aufgehoben)

(4) In einer Planfeststellung und Plangenehmigung kann im Rahmen der Gesamtplanung gleichzeitig auch über den Bau, die Veränderung oder Aufhebung anderer öffentlicher Straßen beschlossen werden.

(5) [1]Wird eine Planfeststellung nach dem Bundesfernstraßengesetz durchgeführt, so kann im Rahmen der Gesamtplanung gleichzeitig auch eine Planfeststellung für den Bau, die Veränderung oder Aufhebung anderer öffentlicher Straßen stattfinden. [2]Auf diese finden die Vorschriften des Bundesfern-

straßengesetzes über die Planfeststellung in ihrer jeweils geltenden Fassung entsprechende Anwendung mit Ausnahme des § 17 Abs. 5 des Bundesfernstraßengesetzes.

(6) [1]Die Planfeststellung und Plangenehmigung für Landesstraßen kann in Fällen von unwesentlicher Bedeutung entfallen, sofern sie nicht für die Durchführung des Enteignungsverfahrens erforderlich ist. [2]Diese Voraussetzungen liegen insbesondere vor,

a) wenn öffentlich-rechtliche Beziehungen nicht zu regeln sind oder
b) wenn die erforderliche öffentlich-rechtliche Bewilligung, Erlaubnis, Genehmigung, Verleihung oder Zustimmung erteilt ist oder Vereinbarungen darüber vorliegen oder
c) in den Fällen des § 48 Abs. 4 und § 68.

(7) [1]Bebauungspläne nach § 9 des Baugesetzbuches ersetzen die Planfeststellung nach den Absätzen 1 und 2. [2]Wird eine Ergänzung notwendig oder soll von Festsetzungen des Bebauungsplanes abgewichen werden, so ist die Planfeststellung insoweit zusätzlich durchzuführen. [3]In diesen Fällen gelten die §§ 40, 43 Abs. 1, 2, 4 und 5 sowie § 44 Abs. 1 bis 4 des Baugesetzbuches.

(8) [1]Einwendungen gegen den Plan sind nach Ablauf der Einwendungsfrist ausgeschlossen. [2]Hierauf ist in der Bekanntmachung der Auslegung oder der Einwendungsfrist hinzuweisen. [3]Nach dem Erörterungstermin eingehende Stellungnahmen der Behörden müssen bei der Feststellung des Plans nicht berücksichtigt werden; dies gilt nicht, wenn später von einer Behörde vorgebrachte öffentliche Belange der Planfeststellungsbehörde auch ohne ihr Vorbringen bekannt sind oder hätten bekannt sein müssen.

(9) Der Planfeststellungsbeschluß ist dem Träger des Vorhabens und denjenigen, über deren Einwendungen entschieden worden ist, mit Rechtsbehelfsbelehrung zuzustellen; die Vorschriften des Landesverwaltungsverfahrensgesetzes über die Bekanntgabe von Planfeststellungsbeschlüssen bleiben im übrigen unberührt.

(10) [1]Mängel im Abwägungsvorgang sind nur erheblich, wenn sie offensichtlich und auf das Abwägungsergebnis von Einfluß gewesen sind. [2]Erhebliche Mängel führen nur dann zur Aufhebung des Planfeststellungsbeschlusses oder der Plangenehmigung, wenn sie nicht durch Planergänzung oder -änderungen behoben werden können.

(11) [1]Wird mit der Durchführung des Plans nicht innerhalb von fünf Jahren nach Eintritt der Unanfechtbarkeit begonnen, so tritt er außer Kraft, es sei denn, er wird vorher auf Antrag des Trägers der Straßenbaulast von der Planfeststellungsbehörde um höchstens fünf Jahre verlängert. [2]Vor der Entscheidung ist eine auf den Antrag begrenzte Anhörung nach dem für die Planfeststellung vorgeschriebenen Verfahren durchzuführen. [3]Für die Zustellung und Auslegung sowie die Anfechtung der Entscheidung über die Verlängerung sind die Bestimmungen über den Planfeststellungsbeschluß entsprechend anzuwenden.

(12) [1]Wird das Vorhaben vor Erlaß des Planfeststellungsbeschlusses aufgegeben, so stellt die Planfeststellungsbehörde das Verfahren durch Beschluß ein. [2]Der Beschluß ist in den Gemeinden, in denen die Pläne ausgelegen haben, ortsüblich bekanntzumachen. [3]Damit enden die Veränderungssperre nach § 46 und die Baubeschränkungen nach § 33.

§ 45a Planfeststellungen in der Nähe von Störfallbetrieben

[1]Für den Bau oder die Änderung einer öffentlichen Straße im Sinne von § 2 Absatz 1 innerhalb eines angemessenen Sicherheitsabstandes von Betrieben nach Artikel 2 der Richtlinie 2012/18/EU des Europäischen Parlaments und des Rates vom 4. Juli 2012 zur Beherrschung der Gefahren schwerer Unfälle mit gefährlichen Stoffen, zur Änderung und anschließenden Aufhebung der Richtlinie 96/82/EG des Rates (ABl. L 197 vom 24.7.2012, S. 1) ist immer ein Planfeststellungsverfahren durchzuführen, wenn die geplante Maßnahme Ursache von schweren Unfällen sein kann, durch sie das Risiko eines schweren Unfalls vergrößert werden kann oder durch sie die Folgen eines solchen Unfalls verschlimmert werden können. [2]Die Vorschriften über die Plangenehmigung und das vereinfachte Verfahren nach §§ 73 Absatz 3 Satz 2, 74 Absatz 6 und 76 Absatz 2 und 3 des Landesverwaltungsverfahrensgesetzes finden keine Anwendung. [3]§ 45 Absatz 4 und 5 sowie 7 bis 12 finden entsprechende Anwendung. [4]Die Bekanntmachung der Auslegung muss neben den Angaben nach § 73 Absatz 5 des Landesverwaltungsverfahrensgesetzes die in Artikel 15 Absatz 2 der Richtlinie 2012/18/EU genannten Informationen enthalten. [5]Der Plan, der der betroffenen Öffentlichkeit zugänglich gemacht wird, umfasst neben den Zeichnungen und Erläuterungen nach § 73 Absatz 1 des Landesverwaltungsverfahrensgesetzes auch die erforderlichen Angaben nach Artikel 15 Absatz 3 der Richtlinie 2012/18/EU.

§ 46 Veränderungssperre und Planungsgebiete

(1) [1]Vom Beginn der Auslegung der Pläne im Planfeststellungsverfahren an dürfen auf den vom Plan betroffenen Flächen bis zu ihrer Übernahme durch den Träger der Straßenbaulast wertsteigernde oder den geplanten Straßenbau erschwerende Veränderungen nicht vorgenommen werden (Veränderungssperre). [2]Baurechtlich genehmigte Veränderungen, die vorher begonnen worden sind, Unterhaltungsarbeiten und die Fortführung einer bisher ausgeübten Nutzung werden hiervon nicht berührt.

(2) [1]Dauert die Veränderungssperre länger als vier Jahre, so können die Eigentümer für die dadurch entstandenen Vermögensnachteile vom Träger der Straßenbaulast eine angemessene Entschädigung in Geld sowie die Übernahme der von dem Plan betroffenen Flächen verlangen, wenn es ihnen mit Rücksicht auf die Veränderungssperre wirtschaftlich nicht mehr zuzumuten ist, die Grundstücke in der bisherigen oder einer anderen zulässigen Art zu benutzen. [2]Kommt keine Einigung über die Übernahme zustande, so können sie die Entziehung des Eigentums an den Flächen verlangen. [3]Im übrigen findet § 48 Anwendung.

(3) [1]Zur Sicherung der Planung von Landesstraßen und Kreisstraßen kann das für Straßenbau zuständige Ministerium durch Rechtsverordnung Planungsgebiete festlegen. [2]Absatz 1 ist entsprechend anzuwenden. [3]Die Festlegung tritt nach Ablauf von drei Jahren außer Kraft, sofern kein früherer Zeitpunkt bestimmt ist. [4]Die Frist kann, wenn besondere Umstände es erfordern, auf vier Jahre verlängert werden. [5]Die Festlegung tritt mit Beginn der Auslegung der Pläne im Planfeststellungsverfahren außer Kraft. [6]Ihre Dauer ist auf die Vierjahresfrist nach Absatz 2 anzurechnen.

(4) [1]Auf die Festlegung eines Planungsgebietes ist in Gemeinden, deren Gebiet betroffen wird, hinzuweisen. [2]Planungsgebiete sind außerdem in Karten kenntlich zu machen, die in den Gemeinden während der Geltungsdauer der Festlegung zur Einsicht auszulegen sind.

(5) Der Träger der Straßenbaulast kann im Einzelfalle Ausnahmen von der Veränderungssperre zulassen, wenn die Durchführung zu einer offenbar nicht beabsichtigten Härte führen würde und die Abweichung mit den öffentlichen Belangen vereinbar ist oder wenn Gründe des öffentlichen Wohles die Abweichungen erfordern.

§ 47 Vorarbeiten

(1) [1]Eigentümer und sonstige Nutzungsberechtigte haben zur Vorbereitung der Planung notwendige Vermessungen, Boden- und Grundwasseruntersuchungen, einschließlich der vorübergehenden Anbringung von Markierungszeichen, und sonstigen Vorarbeiten durch die Straßenbaubehörde oder von ihr Beauftragte zu dulden. [2]Wohnungen dürfen nur mit Zustimmung des Wohnungsinhabers betreten werden. [3]Satz 2 gilt nicht für Arbeits-, Betriebs- oder Geschäftsräume während der jeweiligen Arbeits-, Geschäfts- und Aufenthaltszeiten.

(2) [1]Die Absicht, solche Arbeiten auszuführen, ist dem Eigentümer oder sonstigem Nutzungsberechtigten mindestens zwei Wochen vorher durch die Straßenbaubehörde bekanntzugeben. [2]Sind Eigentümer oder sonstige Nutzungsberechtigte von Person nicht bekannt oder ist deren Aufenthalt unbekannt und lassen sie sich in angemessener Frist nicht ermitteln, kann die Benachrichtigung durch ortsübliche Bekanntmachung in den Gemeinden, in deren Bereich die Vorarbeiten durchzuführen sind, erfolgen.

(3) [1]Entstehen durch eine Maßnahme nach Absatz 1 einem Eigentümer oder sonstigen Nutzungsberechtigten unmittelbare Vermögensnachteile, so hat der Träger der Straßenbaulast eine angemessene Entschädigung in Geld zu leisten. [2]Kommt eine Einigung über die Geldentschädigung nicht zustande, so setzt die Enteignungsbehörde auf Antrag der Straßenbaubehörde oder des Berechtigten die Entschädigung fest. [3]Vor der Entscheidung sind die Beteiligten zu hören.

§ 48 Enteignung

(1) [1]Die Träger der Straßenbaulast für Landesstraßen und Kreisstraßen und für Gemeindestraßen haben das Enteignungsrecht, soweit eine Enteignung zur Erfüllung ihrer Aufgaben aus der Straßenbaulast erforderlich ist. [2]Sofern sich aus den Absätzen 2 bis 8 nichts Entgegenstehendes ergibt, gilt das Enteignungsgesetz des Landes Mecklenburg-Vorpommern.

(2) [1]Das Enteignungsverfahren ist zulässig zur Ausführung eines nach § 45 festgestellten Bauvorhabens, wenn

1. dieses zur Ausführung des Bauvorhabens notwendig ist,
2. der Träger der Straßenbaulast sich vergeblich um den freihändigen Erwerb der für das Bauvorhaben benötigten Grundstücke zu angemessenen Bedingungen bemüht hat,
3. das Grundstück innerhalb einer angemessenen Frist zu dem vorgesehenen Zweck verwendet werden soll.

[2]Der festgestellte Plan ist dem Enteignungsverfahren zugrunde zu legen und für die Enteignungsbehörde bindend. [3]Einer weiteren Feststellung der Zulässigkeit der Enteignung bedarf es nicht.

(3) Durch die Enteignung können
1. das Eigentum an Grundstücken und Grundstücksteilen,
2. grundstücksgleiche Rechte, Dienstbarkeiten, Reallasten und sonstige dingliche Rechte und
3. persönliche Rechte, die zum Besitz oder zur Nutzung von Grundstücken berechtigen oder die Benutzung von Grundstücken beschränken,

entzogen oder eingeschränkt werden.

(4) [1]Erklärt sich der Betroffene zur Übertragung oder Beschränkung des Grundeigentums oder eines grundstücksgleichen Rechts für eine öffentliche Straße nach Art und Umfang bereit, so kann abweichend von Absatz 2 unmittelbar das Entschädigungsfeststellungsverfahren durchgeführt werden. [2]Das gleiche gilt, soweit der Betroffene oder sein Rechtsvorgänger die Erlaubnis zur Inanspruchnahme seines Grundeigentums für das nach Art und Umfang bestimmte Bauvorhaben erteilt hatte.

(5) Sofern der Träger der Straßenbaulast die Durchführung des Entschädigungsfeststellungsverfahrens nicht binnen einer angemessenen Frist nach Abschluß des Bauvorhabens beantragt, ist die Straßenaufsichtsbehörde berechtigt, den Antrag zu stellen und das Entschädigungsfeststellungsverfahren auf Kosten des Trägers der Straßenbaulast durchführen zu lassen.

(6) [1]Ist der sofortige Beginn von Bauarbeiten geboten und weigert sich der Eigentümer oder Besitzer, den Besitz eines für die Straßenbaumaßnahme benötigten Grundstücks durch Vereinbarung unter Vorbehalt aller Entschädigungsansprüche zu überlassen, so hat die Enteignungsbehörde den Träger der Straßenbaulast auf Antrag nach Feststellung des Planes in den Besitz einzuweisen. [2]Weiterer Voraussetzungen bedarf es nicht.

(7) [1]Der Träger der Straßenbaulast hat für die durch die vorzeitige Besitzeinweisung entstehenden Vermögensnachteile Entschädigung zu leisten, soweit diese Nachteile nicht durch die Verzinsung der Geldentschädigung für die Entziehung oder Beschränkung des Eigentums oder eines anderen Rechtes ausgeglichen werden. [2]Art und Höhe der Entschädigung sind von der Enteignungsbehörde in einem Beschluß festzusetzen.

(8) [1]Kommt zwischen dem Betroffenen und dem Träger der Straßenbaulast über die Höhe der Entschädigung, soweit der Träger der Straßenbaulast nach §§ 27, 34 oder aufgrund eines Planfeststellungsbeschlusses oder einer Plangenehmigung nach § 45 verpflichtet ist, eine Entschädigung in Geld zu leisten, keine Einigung zustande, entscheidet auf Antrag eines der Beteiligten die Enteignungsbehörde. [2]Für das Verfahren gelten die enteignungsrechtlichen Vorschriften über die Feststellung von Entschädigungen entsprechend.

Siebenter Teil
Überschreitungen des Gemeingebrauchs; Reinigung und Bezeichnung der Straßen

§ 49 Überschreitung des Gemeingebrauchs

(1) Wer eine Straße über das übliche Maß hinaus verunreinigt, hat die Verunreinigung ohne Aufforderung unverzüglich zu beseitigen; anderenfalls kann der Träger der Straßenbaulast – in Ortsdurchfahrten die Gemeinde – die Verunreinigung auf Kosten des Verursachers beseitigen.

(2) [1]Wer eine Straße oder einzelne Bestandteile beschädigt oder zerstört, kann zur Übernahme der entstehenden Kosten verpflichtet werden. [2]Ordnungsrechtliche Maßnahmen bleiben davon unberührt.

(3) Die Ableitung von Abwässern oder Oberflächenwasser in oder auf die öffentlichen Straßen ist unzulässig.

(4) Abfall darf unbefugt nicht zum Zwecke der Entsorgung auf die öffentliche Straße gebracht werden.

(5) Die Bestimmungen der Absätze 2 bis 4 gelten auch für die Bundesfernstraßen.

§ 50 Straßenreinigung, Winterdienst

(1) [1]Alle innerhalb der geschlossenen Ortslage gelegenen öffentlichen Straßen sind zu reinigen. [2]Art und Umfang der Reinigung richten sich nach den örtlichen Erfordernissen der öffentlichen Sicherheit und Ordnung.

(2) [1]Zur Reinigung gehört auch die Schneeräumung auf den Gehwegen und Überwegen für Fußgänger sowie bei Schneeglätte und Glatteis das Bestreuen der Gehwege und Fußgängerüberwege. [2]Soweit in Fußgängerzonen und in verkehrsberuhigten Bereichen Gehwege nicht vorhanden sind, gilt als Gehweg ein Streifen von 1,50 m Breite entlang der Grundstücksgrenze.

(3) Die Reinigungspflichtigen haben im übrigen die Fahrbahnen der öffentlichen Straßen innerhalb der geschlossenen Ortslage nach Maßgabe ihrer Leistungsfähigkeit von Schnee zu räumen und bei Schnee- und Eisglätte zu streuen, soweit das zur Aufrechterhaltung der öffentlichen Sicherheit und Ordnung erforderlich ist.

(4) [1]Reinigungspflichtig sind die Gemeinden. [2]Sie sind berechtigt, durch Satzung

1. einzelne außerhalb der geschlossenen Ortslage gelegene Straßen oder Straßenteile in die Reinigungspflicht einzubeziehen, soweit die anliegenden Grundstücke in geschlossener oder offener Bauweise zusammenhängend bebaut sind; einzelne unbebaute Grundstücke unterbrechen den Zusammenhang nicht,
2. die Reinigungspflicht ganz oder teilweise den Eigentümern der anliegenden Grundstücke oder den zur Nutzung dinglich Berechtigten aufzuerlegen,
3. die Eigentümer oder die zur Nutzung dinglich Berechtigten der anliegenden Grundstücke sowie der durch die Straße erschlossenen Grundstücke zu den entstehenden Kosten heranzuziehen; soweit die Gemeinden zur Deckung der Kosten Gebühren erheben, gelten die Pflichtigen als Benutzer einer öffentlichen Einrichtung im Sinne des Kommunalabgabengesetzes des Landes Mecklenburg-Vorpommern,
4. vorzusehen, daß auf Antrag des Verpflichteten ein Dritter durch schriftliche Erklärung gegenüber der Gemeinde mit deren Zustimmung die Reinigungspflicht anstelle des Eigentümers oder zur Nutzung dinglich Berechtigter übernimmt,
5. Art und Umfang der Reinigungspflicht zu bestimmen.

(5) Bei diesen Maßnahmen ist den Belangen des Umweltschutzes angemessen Rechnung zu tragen.

(6) Die Absätze 1 bis 5 finden auf die Bundesfernstraßen Anwendung.

§ 51 Straßennamen und Hausnummern

(1) [1]Die Gemeinden können den Straßen Namen geben und Namensschilder anbringen. [2]Sie sollen dafür Sorge tragen, daß Hausnummern angebracht werden.

(2) Die Eigentümer und Besitzer von Grundstücken oder Baulichkeiten aller Art haben das Anbringen von Straßennamen und Hausnummern zu dulden.

(3) [1]Den Eigentümern können durch Satzung der Gemeinde die Kosten der Hausnumerierung auferlegt werden. [2]Die Satzung kann die Durchführung der Hausnumerierung durch die Eigentümer vorschreiben und die Art der Nummernschilder bestimmen.

Achter Teil
Aufsicht und Zuständigkeiten

§ 52 Straßenaufsicht

(1) [1]Die Erfüllung der Aufgaben, die den Trägern der Straßenbaulast nach den gesetzlichen Vorschriften obliegen, wird durch die Straßenaufsicht überwacht. [2]Sie ist gegenüber den Landkreisen, kreisfreien Städten, Gemeinden und Zweckverbänden nur Rechtsaufsicht.

(2) [1]Kommt ein Träger der Straßenbaulast seinen Pflichten nicht nach, so kann die Straßenaufsichtsbehörde anordnen, daß er die notwendigen Maßnahmen innerhalb einer bestimmten Frist durchführt. [2]Kommt der Träger der Straßenbaulast der Anordnung nicht nach, so kann die Straßenaufsichtsbehörde die notwendigen Maßnahmen an seiner Stelle und auf seine Kosten selbst durchführen oder durch einen anderen durchführen lassen.

§ 53 Straßenaufsicht über Landesstraßen

(1) Oberste Straßenaufsichtsbehörde des Landes ist das für Straßenbau zuständige Ministerium.

(2) Ist das Land Träger der Straßenbaulast, so werden die Befugnisse der Straßenaufsichtsbehörde von dem für den Straßenbau zuständigen Ministerium wahrgenommen.

§ 54 Straßenaufsicht über Landkreise und Gemeinden

(1) [1]Sind Landkreise oder Zweckverbände mit Beteiligung eines oder mehrerer Landkreise Träger der Straßenbaulast, so ist das Landesamt für Straßenbau und Verkehr Straßenaufsichtsbehörde. [2]Sind Gemeinden oder gemeindliche Zweckverbände Träger der Straßenbaulast, so ist die Rechtsaufsichtsbehörde Straßenaufsichtsbehörde. [3]Soweit hiernach das Innenministerium zuständig wäre, wird die Aufsicht von dem für den Straßenbau zuständigen Ministerium geführt. [4]Für die Anordnung von Zwangsmaßnahmen ist jedoch die oberste Rechtsaufsichtsbehörde im Sinne der Kommunalverfassung allein zuständig.

(2) Für die Durchführung der Straßenaufsicht finden außer den Vorschriften dieses Gesetzes die Vorschriften der Kommunalverfassung Anwendung.

§ 55 Straßenaufsicht über andere Träger der Straßenbaulast

Ist ein anderer als das Land, ein Landkreis, ein Zweckverband oder eine Gemeinde Träger der Straßenbaulast, so ist Straßenaufsichtsbehörde der Landrat; soweit die Straße im Gebiet einer kreisfreien Stadt liegt, ist Straßenaufsichtsbehörde der Oberbürgermeister (Bürgermeister).

§ 56 Ausbauvorschriften

(1) [1]Das für Straßenbau zuständige Ministerium wird ermächtigt, durch Rechtsverordnung Mindestanforderungen für die technische Ausgestaltung der öffentlichen Straßen mit Ausnahme der sonstigen öffentlichen Straßen festzusetzen, wenn dies in Auswertung der Erfahrungen und der Forschung auf dem Gebiete des Straßenbaus oder aus Gründen der Verkehrssicherheit geboten ist. [2]§ 36 Satz 2 gilt entsprechend.

(2) Ausbauvorschriften im Sinne des Absatzes 1 für Kreis- und Gemeindestraßen ergehen im Einvernehmen mit dem Innenministerium.

(3) Der Neubau oder Ausbau einer Straße, die für eine Aufstufung zur Landesstraße vorgesehen ist, bedarf hinsichtlich der Linienführung und der Ausbaumerkmale der Genehmigung der obersten Landesstraßenbaubehörde; sofern Nationalparke und Naturschutzgebiete berührt sind, ist die oberste Naturschutzbehörde zu hören.

§ 57 Straßenbaubehörden nach diesem Gesetz

(1) Oberste Landesstraßenbaubehörde ist das für Straßenbau zuständige Ministerium.

(2) Obere Straßenbaubehörde ist das Landesamt für Straßenbau und Verkehr.

(3) Untere Straßenbaubehörde des Landes sind die Straßenbauämter.

(4) Straßenbaubehörde für Kreisstraßen sind die Landräte der Landkreise und die Oberbürgermeister (Bürgermeister) der kreisfreien Städte, mit Ausnahme derjenigen Ortsdurchfahrten, die in der Baulast der Gemeinden stehen.

(5) Die Bürgermeister der Gemeinden sind Straßenbaubehörde für die in ihrer Baulast stehenden Straßen und Straßenteile sowie für die sonstigen öffentlichen Straßen.

(6) Das für Straßenbau zuständige Ministerium wird ermächtigt, durch Rechtsverordnung die Zuständigkeiten der Behörden zur Ausführung dieses Gesetzes nach den Absätzen 1 bis 3 zu bestimmen sowie Aufgaben der obersten Straßenbaubehörde auf andere Straßenbaubehörden zu übertragen.

§ 58 Aufgabenwahrnehmung für Dritte

Das Land kann durch öffentlich-rechtlichen Vertrag die Aufgaben des Baues, der Unterhaltung und der Verwaltung von den Trägern der Straßenbaulast übernehmen.

§ 59 Verwaltung der Ortsdurchfahrten von Bundesstraßen

(1) Die Verwaltung der Ortsdurchfahrten von Bundesstraßen obliegt den Gemeinden, soweit sie Träger der Straßenbaulast sind.

(2) Die oberste Landesstraßenbaubehörde kann die Verwaltung und Unterhaltung der Ortsdurchfahrten von Bundesstraßen, die in der Baulast des Bundes stehen, durch Vereinbarung den Gemeinden übertragen.

§ 60 Behörden nach dem Bundesfernstraßengesetz

(1) Oberste Landesstraßenbaubehörde im Sinne des Bundesfernstraßengesetzes ist das für Straßenbau zuständige Ministerium.

(2) Straßenbaubehörden im Sinne des Bundesfernstraßengesetzes sind
1. das Landesamt für Straßenbau und Verkehr,
2. die Straßenbauämter,
3. die Gemeinden für die Ortsdurchfahrten, soweit sie Träger der Straßenbaulast sind.

(3) Das für Straßenbau zuständige Ministerium wird ermächtigt, durch Rechtsverordnung die Zuständigkeiten der Straßenbaubehörden zur Ausführung des Bundesfernstraßengesetzes zu bestimmen.

(4) Das für Straßenbau zuständige Ministerium wird ermächtigt, durch Rechtsverordnung die nach dem Bundesfernstraßengesetz der obersten Straßenbaubehörde zugewiesenen Aufgaben auf nachgeordnete Behörden zu übertragen.

(5) Zuständige Behörde nach § 6 Absatz 3 des Bundesfernstraßengesetzes ist der Träger der Straßenbaulast.

Neunter Teil

Ordnungswidrigkeiten, Übergangs- und Schlußbestimmungen

§ 61 Ordnungswidrigkeiten

(1) Ordnungswidrig handelt, wer vorsätzlich oder fahrlässig
1. eine öffentliche Straße entgegen § 22 Abs. 1 ohne die erforderliche Erlaubnis zu Sondernutzungen gebraucht oder den nach dieser Vorschrift erteilten Bedingungen und Auflagen zuwiderhandelt;
2. entgegen § 25 Autowracks, Schutt, Müll oder andere Gegenstände verbotswidrig abstellt beziehungsweise ablegt;
3. entgegen § 26 und §§ 31 bis 33 Anlagen errichtet, wesentlich verändert oder erteilten Bedingungen und Auflagen zuwiderhandelt;
4. die der Absteckung oder Kenntlichmachung einer neuen Trasse dienenden Merkmale wie Steine, Stangen, Pfähle, Tafeln, Dränrohre oder dergleichen fortnimmt, umwirft oder unkenntlich macht;
5. Einrichtungen nach § 35 Abs. 1 ihrer bestimmungsmäßigen Verwendung entzieht;
6. entgegen § 35 Abs. 4 Einrichtungen nicht beseitigt oder nach Beseitigung erneut anlegt;
7. die ihm durch eine Satzung nach § 50 Abs. 4 auferlegte oder von ihm übernommene Reinigungspflicht nicht erfüllt, sofern die Satzung insoweit auf diese Vorschrift verweist;
8. entgegen § 49 die Beschädigung oder Verunreinigung einer öffentlichen Straße nicht beseitigt oder Abwässer oder Oberflächenwasser ableitet oder Abfall unbefugt entsorgt;
9. entgegen § 46 Abs. 1 Satz 1 auf der vom Plan betroffenen Fläche oder in dem Planungsgebiet nach § 46 Abs. 3 Veränderungen vornimmt.

(2) Die Ordnungswidrigkeit kann in den Fällen des Absatzes 1 Nummer 1 bis 3 mit einer Geldbuße bis zu 5 000 Euro, in Fällen des Absatzes 1 Nummer 8 mit einer Geldbuße von 2 500 Euro und in den Fällen des Absatzes 1 Nummer 4 bis 7 und 9 mit einer Geldbuße bis zu 1 300 Euro geahndet werden.

§ 62 Vorhandene öffentliche Straßen (Übergangsvorschrift zu §§ 2 und 3)

(1) [1]Alle Straßen, die nach bisherigem Recht die Eigenschaft einer öffentlichen Straße besitzen, bleiben öffentliche Straßen im Sinne dieses Gesetzes. [2]Innerhalb eines Zeitraums von zwei Jahren nach Inkrafttreten dieses Gesetzes ist zu überprüfen, ob die Straßen entsprechend ihrer Verkehrsbedeutung gemäß § 3 eingruppiert sind. [3]Das für Straßenbau zuständige Ministerium wird ermächtigt, durch Erlaß die notwendige Umstufung, die mit den Baulastträgern und den Verkehrsbehörden abzustimmen ist, anzuordnen. [4]§ 7 Absatz 1 Satz 2 gilt entsprechend, § 18 Absatz 3 und § 20 Absatz 2 finden keine Anwendung.

(2) Die bisherigen Bezirksstraßen (Landstraßen I. Ordnung und II. Ordnung) bleiben Landesstraßen im Sinne dieses Gesetzes bis zur Eingruppierung gemäß Absatz 1.

(3) Die bisherigen betrieblich-öffentlichen Straßen gemäß § 3 Abs. 3 der „Verordnung über die öffentlichen Straßen“ vom 22. August 1974 (GBl. DDR I S. 515) werden Gemeindestraßen, sofern sie die Voraussetzungen des § 3 Nr. 3 erfüllen, andernfalls sonstige öffentliche Straßen nach § 3 Nr. 4.

§ 63 Straßenverzeichnisse (Übergangsvorschrift zu § 4 Abs. 1)

[1]Die gemäß Anweisung zur Dokumentation der Straßenverkehrsanlagen (Durchführungsverordnung 0110/200) vom 7. Januar 1981 eingerichteten Straßendateien und die Dokumentationen von Straßen und Brücken in Kreisen, Städten und Gemeinden gemäß Anweisung vom 17. Juni 1988 sind weiter-

zuführen. [2]Sie gelten bis zum Inkrafttreten neuer Rechtsvorschriften als Straßenverzeichnisse im Sinne des § 4 Abs. 1.

§ 64 Ortsdurchfahrten (Übergangsvorschrift zu § 5)

Die Ortsdurchfahrten nach § 11 der „Verordnung über die öffentlichen Straßen" vom 22. August 1974 (GBl. DDR I S. 515) gelten fort, bis sie gemäß § 5 Abs. 2 neu festgesetzt worden sind.

§ 65 Haftung (Übergangsvorschrift zu § 10)

Das Staatshaftungsgesetz vom 12. Mai 1969 (GBl. DDR I Nr. 5 S. 34), zuletzt geändert durch Artikel 1 des Einigungsvertrages Anlage II Kapitel III Sachgebiet B Abschnitt III Nr. 1, findet auf hoheitliche Tätigkeit im Sinne des § 10 Abs. 2 keine Anwendung.

§ 66 Eigentumsübergang (Übergangsvorschrift zu §§ 18 bis 20)

(1) Mit Inkrafttreten dieses Gesetzes geht das Eigentum an öffentlichen Straßen auf den Träger der Straßenbaulast über.

(2) [1]§§ 18 bis 20 gelten entsprechend. [2]Hinsichtlich der Entschädigung für den Verlust des Grundeigentums gelten die §§ 93 bis 122 des Baugesetzbuches entsprechend.

(3) Weitergehende Entschädigungen, insbesondere für Aufwendungen beim Bau der Straße, sind ausgeschlossen.

§ 67 Sondernutzung (Übergangsvorschrift zu §§ 22 ff.)

(1) [1]Bei Inkrafttreten dieses Gesetzes bestehende Sondernutzungsrechte an öffentlichen Straßen können aufgehoben oder beschränkt werden, sofern die Entwicklung des Verkehrs dies erforderlich macht. [2]Ein Planfeststellungsverfahren findet nicht statt.

(2) Der bisher ortsüblich gewesene Gebrauch der Gemeindestraßen und der sonstigen öffentlichen Straßen, soweit diese in der Straßenbaulast der Gemeinde liegen, bleibt bis zum Erlaß einer Satzung nach § 24 Abs. 1 zugelassen.

(3) [1]Bei bereits vorhandenen Zufahrten an Landesstraßen oder Kreisstraßen im Sinne des § 26 Abs. 1 wird vermutet, daß die Erlaubnis unwiderruflich erteilt ist. [2]§ 26 findet entsprechende Anwendung.

(4) [1]Die Erlaubnis für die Verlegung vorhandener Zufahrten an Landesstraßen und Kreisstraßen, für die ein unwiderrufliches Nutzungsrecht besteht, kann nur unbefristet und ohne Widerrufsvorbehalt erteilt werden, es sei denn, daß eine Änderung der Zufahrt eintritt oder daß diese einem wesentlich größeren oder andersartigen Verkehr dienen soll. [2]Das gleiche gilt für Zufahrten, die beim Ausbau von Landesstraßen und Kreisstraßen als Ersatz für den unterbrochenen notwendigen Anschluß an das Verkehrsnetz erstmalig angelegt werden.

§ 68 Entschädigungsfeststellungsverfahren (Übergangsvorschrift zu § 48 Absatz 2)

Das Entschädigungsfeststellungsverfahren kann unmittelbar durchgeführt werden, wenn das Bauvorhaben bereits abgeschlossen ist und dem Betroffenen oder seinem Rechtsvorgänger die Inanspruchnahme des Grundeigentums bekannt war, und er sie geduldet hat oder wenn seit der Inanspruchnahme mehr als fünf Jahre vergangen sind.

§ 69 Heranziehen von Anliegern zur Straßenreinigung und deren Kosten (Übergangsvorschrift zu § 50)

Bis zum Erlaß neuer Satzungen nach § 50 Abs. 4 bleiben Satzungen und örtliches Gewohnheitsrecht, durch welche die Straßenanlieger zur Reinigung von Straßen innerhalb der geschlossenen Ortslage oder zu einem Kostenbeitrag verpflichtet sind, in Kraft.

§ 70 Aufhebung von Rechtsvorschriften

[1]Mit dem Inkrafttreten dieses Gesetzes tritt alles entgegenstehende oder gleichlautende Recht außer Kraft. [2]Insbesondere tritt die Verordnung vom 22. August 1974 über die öffentlichen Straßen – Straßenverordnung – (GBl. DDR I S. 515) außer Kraft.

§ 71 Inkrafttreten

Dieses Gesetz tritt am Tage nach seiner Verkündung[1)] in Kraft.

---

1) Verkündet am 29.1.1993.

Gesetz über den Vollzug der Freiheitsstrafe in Mecklenburg-Vorpommern (Strafvollzugsgesetz Mecklenburg-Vorpommern – StVollzG M-V)

Vom 7. Mai 2013 (GVOBl. M-V S. 322)
(GS Meckl.-Vorp. 312-10)

zuletzt geändert durch Art. 2 G über den Justizvollzugsdatenschutz in Mecklenburg-Vorpommern und zur Änd. weiterer G des Justizvollzuges vom 21. November 2020 (GVOBl. M-V S. 1254)

Der Landtag hat das folgende Gesetz beschlossen:

Inhaltsübersicht

Abschnitt 1
Allgemeine Bestimmungen

§ 1 Anwendungsbereich
Dieses Gesetz regelt den Vollzug der Freiheitsstrafe (Vollzug) und des Strafarrests in Justizvollzugsanstalten (Anstalten).

§ 2 Ziel und Aufgabe des Vollzugs
[1]Der Vollzug dient dem Ziel, die Gefangenen zu befähigen, künftig in sozialer Verantwortung ein Leben ohne Straftaten zu führen. [2]Er hat die Aufgabe, die Allgemeinheit vor weiteren Straftaten zu schützen.

§ 3 Grundsätze der Vollzugsgestaltung
(1) Der Vollzug ist auf die Auseinandersetzung der Gefangenen mit ihren Straftaten und deren Folgen auszurichten.
(2) Der Vollzug wirkt von Beginn an auf die Eingliederung der Gefangenen in das Leben in Freiheit hin.
(3) [1]Gefangene mit angeordneter oder vorbehaltener Sicherungsverwahrung sind individuell und intensiv zu betreuen, um ihre Unterbringung in der Sicherungsverwahrung entbehrlich zu machen. [2]Soweit standardisierte Maßnahmen nicht ausreichen oder keinen Erfolg versprechen, sind individuelle Maßnahmen zu entwickeln.
(4) Das Leben im Vollzug ist den allgemeinen Lebensverhältnissen soweit wie möglich anzugleichen.
(5) Schädlichen Folgen des Freiheitsentzugs ist entgegenzuwirken.
(6) [1]Der Bezug der Gefangenen zum gesellschaftlichen Leben ist zu wahren und zu fördern. [2]Personen und Einrichtungen außerhalb des Vollzugs sollen in den Vollzugsalltag einbezogen werden. [3]Den Gefangenen soll sobald wie möglich die Teilnahme am Leben in der Freiheit gewährt werden.
(7) Die unterschiedlichen Bedürfnisse der Gefangenen, insbesondere im Hinblick auf Geschlecht, Alter und Herkunft, werden bei der Vollzugsgestaltung im Allgemeinen und im Einzelfall berücksichtigt.

§ 4 Stellung der Gefangenen, Mitwirkung
(1) [1]Die Persönlichkeit der Gefangenen ist zu achten. [2]Ihre Selbstständigkeit im Vollzugsalltag ist soweit wie möglich zu erhalten und zu fördern.
(2) [1]Die Gefangenen werden an der Gestaltung des Vollzugsalltags beteiligt. [2]Vollzugliche Maßnahmen sollen ihnen erläutert werden.
(3) [1]Zur Erreichung des Vollzugsziels bedarf es der Mitwirkung der Gefangenen. [2]Ihre Bereitschaft hierzu ist zu fördern.
(4) [1]Die Gefangenen unterliegen den in diesem Gesetz vorgesehenen Beschränkungen ihrer Freiheit. [2]Soweit das Gesetz eine besondere Regelung nicht enthält, dürfen ihnen nur Beschränkungen auferlegt werden, die zur Aufrechterhaltung der Sicherheit oder zur Abwendung einer schwerwiegenden Störung der Ordnung der Anstalt unerlässlich sind.

§ 5 Soziale Hilfe und Wiedergutmachung
[1]Die Gefangenen werden darin unterstützt, ihre persönlichen, wirtschaftlichen und sozialen Schwierigkeiten zu beheben. [2]Sie sollen dazu angeregt und in die Lage versetzt werden, ihre Angelegenheiten selbst zu regeln, insbesondere Schulden zu regulieren und den durch die Straftat verursachten materiellen und immateriellen Schaden wieder gutzumachen.

Abschnitt 2
Aufnahme, Diagnose, Vollzugs- und Eingliederungsplanung

§ 6 Aufnahmeverfahren
(1) [1]Mit den Gefangenen wird unverzüglich nach der Aufnahme ein Zugangsgespräch geführt, in dem ihre gegenwärtige Lebenssituation erörtert wird und sie über ihre Rechte und Pflichten informiert werden. [2]Ihnen wird ein Exemplar der Hausordnung zur Verfügung gestellt. [3]Dieses Gesetz, die von ihm in Bezug genommenen Gesetze sowie die zu seiner Ausführung erlassenen Rechtsverordnungen und Verwaltungsvorschriften sind den Gefangenen auf Verlangen zugänglich zu machen.
(2) Während des Aufnahmeverfahrens dürfen andere Gefangene nicht zugegen sein.

(3) Die Gefangenen werden alsbald ärztlich untersucht.

(4) Die Gefangenen werden dabei unterstützt, etwa notwendige Maßnahmen für hilfsbedürftige Angehörige, zur Erhaltung des Arbeitsplatzes und der Wohnung und zur Sicherung ihrer Habe außerhalb der Anstalt zu veranlassen.

(5) [1]Bei Gefangenen, die eine Ersatzfreiheitsstrafe verbüßen oder zu verbüßen haben, sind die Möglichkeiten der Abwendung der Vollstreckung durch freie Arbeit oder ratenweise Tilgung der Geldstrafe zu erörtern. [2]Es ist auf eine möglichst baldige Entlassung hinzuwirken.

§ 7 Diagnoseverfahren

(1) An das Aufnahmeverfahren schließt sich zur Vorbereitung der Vollzugs- und Eingliederungsplanung das Diagnoseverfahren an.

(2) [1]Das Diagnoseverfahren muss wissenschaftlichen Erkenntnissen genügen. [2]Insbesondere bei Gefangenen mit angeordneter oder vorbehaltener Sicherungsverwahrung ist es von Personen mit einschlägiger wissenschaftlicher Qualifikation durchzuführen.

(3) [1]Das Diagnoseverfahren erstreckt sich auf die Persönlichkeit, die Lebensverhältnisse, die Ursachen und Umstände der Straftat sowie alle sonstigen Gesichtspunkte, deren Kenntnis für eine zielgerichtete und wirkungsorientierte Vollzugsgestaltung und die Eingliederung der Gefangenen nach der Entlassung notwendig erscheint. [2]Neben den Unterlagen aus der Vollstreckung und dem Vollzug vorangegangener Freiheitsentziehungen sind insbesondere auch Erkenntnisse der Gerichts- und Bewährungshilfe sowie der Führungsaufsichtsstelle einzubeziehen.

(4) [1]Im Diagnoseverfahren werden die im Einzelfall die Straffälligkeit begünstigenden Faktoren ermittelt. [2]Gleichzeitig sollen die Fähigkeiten der Gefangenen ermittelt werden, deren Stärkung einer erneuten Straffälligkeit entgegenwirken kann.

(5) [1]Bei einer voraussichtlichen Vollzugsdauer bis zu einem Jahr kann das Diagnoseverfahren auf die Umstände beschränkt werden, deren Kenntnis für eine angemessene Vollzugsgestaltung unerlässlich und für die Eingliederung erforderlich ist. [2]Unabhängig von der Vollzugsdauer gilt dies auch, wenn ausschließlich Ersatzfreiheitsstrafen zu vollziehen sind.

(6) Das Ergebnis des Diagnoseverfahrens wird mit den Gefangenen erörtert.

§ 8 Vollzugs- und Eingliederungsplanung

(1) [1]Auf der Grundlage des Ergebnisses des Diagnoseverfahrens wird ein Vollzugs- und Eingliederungsplan erstellt. [2]Er zeigt den Gefangenen unter Berücksichtigung der voraussichtlichen Vollzugsdauer die zur Erreichung des Vollzugsziels erforderlichen Maßnahmen auf. [3]Daneben kann er weitere Hilfsangebote und Empfehlungen enthalten. [4]Die Fähigkeiten, Fertigkeiten und Neigungen der Gefangenen sind zu berücksichtigen.

(2) [1]Der Vollzugs- und Eingliederungsplan wird regelmäßig innerhalb der ersten acht Wochen nach der Aufnahme erstellt. [2]Diese Frist verkürzt sich bei einer voraussichtlichen Vollzugsdauer von unter einem Jahr auf vier Wochen.

(3) [1]Die Vollzugs- und Eingliederungsplanung wird mit den Gefangenen erörtert. [2]Dabei werden deren Anregungen und Vorschläge einbezogen, soweit sie der Erreichung des Vollzugsziels dienen.

(4) [1]Der Vollzugs- und Eingliederungsplan sowie die darin vorgesehenen Maßnahmen werden regelmäßig alle sechs Monate überprüft und fortgeschrieben. [2]Die Entwicklung der Gefangenen und die in der Zwischenzeit gewonnenen Erkenntnisse sind zu berücksichtigen. [3]Die durchgeführten Maßnahmen sind zu dokumentieren.

(5) [1]Zur Erstellung und Fortschreibung des Vollzugs- und Eingliederungsplans führt der Anstaltsleiter oder die Anstaltsleiterin eine Konferenz mit den an der Vollzugsgestaltung maßgeblich Beteiligten durch. [2]Standen die Gefangenen vor ihrer Inhaftierung unter Bewährung oder Führungsaufsicht, können auch die für sie bislang zuständigen Bewährungshelfer oder Bewährungshelferinnen an der Konferenz beteiligt werden. [3]Den Gefangenen wird der Vollzugs- und Eingliederungsplan in der Konferenz eröffnet und erläutert.

(6) [1]An der Eingliederung mitwirkende Personen außerhalb des Vollzugs sind nach Möglichkeit in die Planung einzubeziehen. [2]Sie können mit Zustimmung der Gefangenen auch an der Konferenz beteiligt werden.

(7) [1]Werden die Gefangenen nach der Entlassung voraussichtlich unter Bewährungs- oder Führungsaufsicht gestellt, so ist dem künftig zuständigen Bewährungshelfer oder der künftig zuständigen Be-

währungshelferin in den letzten zwölf Monaten vor dem voraussichtlichen Entlassungszeitpunkt die Teilnahme an der Konferenz zu ermöglichen. [2]Der Vollzugs- und Eingliederungsplan und seine Fortschreibungen sind dem künftig zuständigen Bewährungshelfer oder der zukünftig zuständigen Bewährungshelferin zu übersenden.

(8) Abschriften des Vollzugs- und Eingliederungsplans und seiner Fortschreibungen werden den Gefangenen ausgehändigt.

§ 9 Inhalt des Vollzugs- und Eingliederungsplans

(1) [1]Der Vollzugs- und Eingliederungsplan sowie seine Fortschreibungen enthalten insbesondere folgende Angaben:

1. Zusammenfassung der für die Vollzugs- und Eingliederungsplanung maßgeblichen Ergebnisse des Diagnoseverfahrens,
2. voraussichtlicher Entlassungszeitpunkt,
3. Unterbringung im geschlossenen oder offenen Vollzug,
4. Maßnahmen zur Förderung der Mitwirkungsbereitschaft,
5. Unterbringung in einer Wohngruppe und Teilnahme am Wohngruppenvollzug,
6. Unterbringung in einer sozialtherapeutischen Abteilung und Teilnahme an deren Behandlungsprogrammen,
7. Teilnahme an einzel- oder gruppentherapeutischen Maßnahmen, insbesondere psychologische Intervention und Psychotherapie,
8. Teilnahme an psychiatrischen Behandlungsmaßnahmen,
9. Teilnahme an Maßnahmen zur Behandlung von Suchtmittelabhängigkeit und -missbrauch,
10. Teilnahme an Trainingsmaßnahmen zur Verbesserung der sozialen Kompetenz,
11. Teilnahme an schulischen und beruflichen Qualifizierungsmaßnahmen einschließlich Alphabetisierungs- und Deutschkursen,
12. Teilnahme an arbeitstherapeutischen Maßnahmen oder am Arbeitstraining,
13. Arbeit,
14. freies Beschäftigungsverhältnis, Selbstbeschäftigung,
15. Teilnahme an Sportangeboten und Maßnahmen zur strukturierten Gestaltung der Freizeit,
16. Ausführungen, Außenbeschäftigung,
17. Lockerungen zur Erreichung des Vollzugsziels,
18. Aufrechterhaltung, Förderung und Gestaltung von Außenkontakten,
19. Schuldnerberatung, Schuldenregulierung und Erfüllung von Unterhaltspflichten,
20. Ausgleich von Tatfolgen einschließlich Täter-Opfer-Ausgleich,
21. Maßnahmen zur Vorbereitung von Entlassung, Eingliederung und Nachsorge und
22. Frist zur Fortschreibung des Vollzugs- und Eingliederungsplans.

[2]Bei angeordneter oder vorbehaltener Sicherungsverwahrung enthalten der Vollzugs- und Eingliederungsplan sowie seine Fortschreibungen darüber hinaus Angaben zu sonstigen Maßnahmen im Sinne des § 3 Absatz 3 Satz 2 und einer Antragstellung im Sinne des § 119a Absatz 2 des Strafvollzugsgesetzes des Bundes.

(2) [1]Maßnahmen nach Absatz 1 Satz 1 Nummer 6 bis 13 und Satz 2, die nach dem Ergebnis des Diagnoseverfahrens als zur Erreichung des Vollzugsziels zwingend erforderlich erachtet werden, sind als solche zu kennzeichnen und gehen allen anderen Maßnahmen vor. [2]Andere Maßnahmen dürfen nicht gestattet werden, soweit sie die Teilnahme an Maßnahmen nach Satz 1 beeinträchtigen würden.

(3) [1]Spätestens ein Jahr vor dem voraussichtlichen Entlassungszeitpunkt hat die Planung zur Vorbereitung der Eingliederung zu beginnen. [2]Anknüpfend an die bisherige Vollzugsplanung werden ab diesem Zeitpunkt die Maßnahmen nach Absatz 1 Satz 1 Nummer 21 konkretisiert oder ergänzt. [3]Insbesondere ist Stellung zu nehmen zu:

1. Unterbringung im offenen Vollzug, Übergangseinrichtung,
2. Unterkunft sowie Arbeit oder Ausbildung nach der Entlassung,
3. Unterstützung bei notwendigen Behördengängen und der Beschaffung der notwendigen persönlichen Dokumente,
4. Beteiligung des Landesamtes für ambulante Straffälligenarbeit,
5. Kontaktaufnahme zu Einrichtungen der Entlassenenhilfe,
6. Fortsetzung von im Vollzug noch nicht abgeschlossenen Maßnahmen,

7. Anregung von Auflagen und Weisungen für die Bewährungs- oder Führungsaufsicht,
8. Vermittlung in weiterführende Betreuung,
9. nachgehender Betreuung durch Vollzugsbedienstete.

Abschnitt 3
Unterbringung, Verlegung

§ 10 Trennungsgrundsätze

(1) Weibliche und männliche Gefangene werden getrennt voneinander untergebracht.

(2) Strafgefangene werden getrennt von nach Jugendstrafrecht verurteilten Gefangenen untergebracht.

(3) Von den Trennungsgrundsätzen nach den Absätzen 1 und 2 darf abgewichen werden, um die Teilnahme an gemeinsamen Maßnahmen, insbesondere zur schulischen und beruflichen Qualifizierung sowie zur Beschäftigung, zu ermöglichen.

§ 11 Unterbringung während der Einschlusszeiten

(1) Die Gefangenen im geschlossenen Vollzug werden in ihren Hafträumen einzeln untergebracht.

(2) [1]Mit ihrer Zustimmung können sie gemeinsam untergebracht werden, wenn schädliche Einflüsse nicht zu befürchten sind. [2]Bei einer Gefahr für die Gesundheit oder bei Hilfsbedürftigkeit ist die Zustimmung der gefährdeten oder hilfsbedürftigen Gefangenen zur gemeinsamen Unterbringung entbehrlich.

(3) Darüber hinaus ist eine gemeinsame Unterbringung nur vorübergehend und aus zwingenden Gründen zulässig.

§ 12 Aufenthalt außerhalb der Einschlusszeiten

(1) Außerhalb der Einschlusszeiten dürfen sich die Gefangenen in Gemeinschaft aufhalten.

(2) Der gemeinschaftliche Aufenthalt kann eingeschränkt werden,
1. wenn ein schädlicher Einfluss auf andere Gefangene zu befürchten ist,
2. wenn es die Sicherheit oder Ordnung der Anstalt erfordert oder
3. während des Diagnoseverfahrens, jedoch nicht länger als acht Wochen.

§ 13 Wohngruppenvollzug

(1) [1]Der Wohngruppenvollzug dient der Einübung sozialverträglichen Zusammenlebens, insbesondere von Toleranz sowie der Übernahme von Verantwortung für sich und andere. [2]Er ermöglicht den dort untergebrachten Gefangenen, ihren Vollzugsalltag weitgehend selbstständig zu regeln.

(2) [1]Eine Wohngruppe wird in einem baulich abgegrenzten Bereich mit bis zu 15 Gefangenen eingerichtet, zu dem neben den Hafträumen weitere Räume und Einrichtungen zur gemeinsamen Nutzung gehören. [2]Sie wird in der Regel von fest zugeordneten Bediensteten betreut.

§ 14 Unterbringung von Müttern mit Kindern

(1) [1]Ist das Kind einer Gefangenen noch nicht drei Jahre alt, kann es mit Zustimmung der Aufenthaltsbestimmungsberechtigten in der Anstalt untergebracht werden, wenn die baulichen Gegebenheiten dies zulassen und Sicherheitsgründe nicht entgegenstehen. [2]Vor der Unterbringung ist das Jugendamt zu hören.

(2) [1]Die Unterbringung erfolgt auf Kosten der für das Kind Unterhaltspflichtigen. [2]Von der Geltendmachung des Kostenersatzanspruchs kann ausnahmsweise abgesehen werden, wenn hierdurch die gemeinsame Unterbringung von Mutter und Kind gefährdet würde.

§ 15 Geschlossener und offener Vollzug

(1) [1]Die Gefangenen werden im geschlossenen oder offenen Vollzug untergebracht. [2]Abteilungen des offenen Vollzugs sehen keine oder nur verminderte Vorkehrungen gegen Entweichungen vor.

(2) Die Gefangenen sollen im offenen Vollzug untergebracht werden, wenn sie dessen besonderen Anforderungen genügen, insbesondere verantwortet werden kann zu erproben, dass sie sich dem Vollzug nicht entziehen und die Möglichkeiten des offenen Vollzugs nicht zur Begehung von Straftaten missbrauchen werden.

(3) Genügen die Gefangenen den besonderen Anforderungen des offenen Vollzugs nicht mehr, werden sie im geschlossenen Vollzug untergebracht.

§ 16 Verlegung und Überstellung

(1) Die Gefangenen können abweichend vom Vollstreckungsplan in eine andere Anstalt verlegt werden, wenn die Erreichung des Vollzugsziels hierdurch gefördert wird oder wenn Gründe der Vollzugsorganisation oder andere wichtige Gründe dies erfordern.

(2) Die Gefangenen dürfen aus wichtigem Grund in eine andere Anstalt überstellt werden.

Abschnitt 4

Sozialtherapie, psychologische Intervention und Psychotherapie

§ 17 Sozialtherapie

(1) [1]Sozialtherapie dient der Verringerung einer erheblichen Gefährlichkeit der Gefangenen. [2]Auf der Grundlage einer therapeutischen Gemeinschaft bedient sie sich insbesondere psychotherapeutischer, sozialpädagogischer und arbeitstherapeutischer Methoden, die in umfassenden Behandlungsprogrammen verbunden werden. [3]Personen aus dem Lebensumfeld der Gefangenen außerhalb des Vollzugs können in die Behandlung einbezogen werden.

(2) [1]Gefangene sind in einer sozialtherapeutischen Abteilung unterzubringen, wenn ihre Teilnahme an den dortigen Behandlungsprogrammen zur Verringerung ihrer erheblichen Gefährlichkeit angezeigt ist. [2]Eine erhebliche Gefährlichkeit liegt vor, wenn schwerwiegende Straftaten gegen Leib oder Leben, die persönliche Freiheit oder gegen die sexuelle Selbstbestimmung zu erwarten sind.

(3) Andere Gefangene können in einer sozialtherapeutischen Abteilung untergebracht werden, wenn die Teilnahme an den dortigen Behandlungsprogrammen zur Erreichung des Vollzugsziels angezeigt ist.

(4) [1]Die Unterbringung soll zu einem Zeitpunkt erfolgen, der entweder den Abschluss der Behandlung zum voraussichtlichen Entlassungszeitpunkt erwarten lässt oder die Fortsetzung der Behandlung nach der Entlassung ermöglicht. [2]Ist Sicherungsverwahrung angeordnet oder vorbehalten, soll die Unterbringung zu einem Zeitpunkt erfolgen, der den Abschluss der Behandlung noch während des Vollzugs der Freiheitsstrafe erwarten lässt.

(5) Die Unterbringung wird beendet, wenn das Ziel der Behandlung aus Gründen, die in der Person der Gefangenen liegen, nicht erreicht werden kann.

§ 18 Psychologische Intervention und Psychotherapie

[1]Psychologische Intervention und Psychotherapie im Vollzug dienen insbesondere der Behandlung psychischer Störungen des Verhaltens und Erlebens, die in einem Zusammenhang mit der Straffälligkeit stehen. [2]Sie werden durch systematische Anwendung psychologisch wissenschaftlich fundierter Methoden der Gesprächsführung mit einer Person oder mehreren Personen durchgeführt.

Abschnitt 5

Arbeitstherapeutische Maßnahmen, Arbeitstraining, schulische und berufliche Qualifizierungsmaßnahmen, Arbeit

§ 19 Arbeitstherapeutische Maßnahmen

Arbeitstherapeutische Maßnahmen dienen dazu, dass die Gefangenen Eigenschaften wie Selbstvertrauen, Durchhaltevermögen und Konzentrationsfähigkeit einüben, um sie stufenweise an die Grundanforderungen des Arbeitslebens heranzuführen.

§ 20 Arbeitstraining

[1]Arbeitstraining dient dazu, Gefangenen, die nicht in der Lage sind, einer regelmäßigen und erwerbsorientierten Arbeit nachzugehen, Fähigkeiten und Fertigkeiten zu vermitteln, die eine Eingliederung in das leistungsorientierte Arbeitsleben fördern. [2]Die in der Anstalt dafür vorzuhaltenden Maßnahmen sind danach auszurichten, dass sie den Gefangenen für den Arbeitsmarkt relevante Qualifikationen vermitteln.

§ 21 Schulische und berufliche Qualifizierungsmaßnahmen

(1) [1]Schulische und berufliche Aus- und Weiterbildung im Vollzug (schulische und berufliche Qualifizierungsmaßnahmen) haben das Ziel, den Gefangenen Fähigkeiten und Fertigkeiten zur Eingliederung und zur Aufnahme einer Erwerbstätigkeit nach der Entlassung zu vermitteln sowie vorhandene Fähigkeiten zu erhalten, zu fördern und weiterzuentwickeln. [2]Sie werden in der Regel als Vollzeit-

maßnahme durchgeführt. [3]Bei der Festlegung von Inhalten, Methoden und Organisationsformen der Bildungsangebote werden die Besonderheiten der jeweiligen Zielgruppe berücksichtigt.

(2) Berufliche Qualifizierungsmaßnahmen sind darauf auszurichten, den Gefangenen für den Arbeitsmarkt relevante Qualifikationen zu vermitteln.

(3) Geeigneten Gefangenen soll die Teilnahme an einer schulischen oder beruflichen Ausbildung ermöglicht werden, die zu einem anerkannten Abschluss führt.

(4) [1]Bei der Vollzugs- und Eingliederungsplanung ist darauf zu achten, dass die Gefangenen Qualifizierungsmaßnahmen während ihrer Haftzeit abschließen oder danach fortsetzen können. [2]Können Maßnahmen während der Haftzeit nicht abgeschlossen werden, trägt die Anstalt in Zusammenarbeit mit außervollzuglichen Einrichtungen dafür Sorge, dass die begonnene Qualifizierungsmaßnahme nach der Haft fortgesetzt werden kann.

(5) Nachweise über schulische und berufliche Maßnahmen dürfen keinen Hinweis auf die Inhaftierung enthalten.

§ 22 Arbeitspflicht

[1]Gefangene sind im Rahmen des § 9 Absatz 2 verpflichtet, die ihnen zugewiesene Arbeit auszuüben, soweit sie zu deren Verrichtung körperlich in der Lage sind. [2]Es gelten die von der Anstalt festgelegten Arbeitsbedingungen. [3]Im Interesse einer störungsfreien Organisation der Anstaltsbetriebe darf die Arbeit nicht zur Unzeit niedergelegt werden.

§ 23 Freies Beschäftigungsverhältnis, Selbstbeschäftigung

(1) [1]Gefangenen, die zum Freigang (§ 38 Absatz 1 Nummer 4) zugelassen sind, soll gestattet werden, einer Arbeit, Berufsausbildung oder beruflichen Weiterbildung auf der Grundlage eines freien Beschäftigungsverhältnisses oder der Selbstbeschäftigung außerhalb der Anstalt nachzugehen, wenn die Beschäftigungsstelle geeignet ist und nicht überwiegende Gründe des Vollzugs entgegenstehen. [2]§ 40 gilt entsprechend.

(2) Das Entgelt ist der Anstalt zur Gutschrift für die Gefangenen zu überweisen.

§ 24 Freistellung von der Arbeit

(1) [1]Haben die Gefangenen ein halbes Jahr lang gearbeitet, so können sie beanspruchen, zehn Arbeitstage von der Arbeit freigestellt zu werden. [2]Zeiten, in denen die Gefangenen infolge Krankheit an der Arbeitsleistung verhindert waren, werden auf das Halbjahr mit bis zu 15 Arbeitstagen angerechnet. [3]Der Anspruch verfällt, wenn die Freistellung nicht innerhalb eines Jahres nach seiner Entstehung erfolgt ist.

(2) [1]Auf die Zeit der Freistellung wird Langzeitausgang (§ 38 Absatz 1 Nummer 3) angerechnet, soweit er in die Arbeitszeit fällt. [2]Gleiches gilt für einen Langzeitausgang nach § 39 Absatz 1, soweit er nicht wegen des Todes oder einer lebensgefährlichen Erkrankung naher Angehöriger erteilt worden ist.

(3) Die Gefangenen erhalten für die Zeit der Freistellung ihr Arbeitsentgelt weiter.

(4) Urlaubsregelungen freier Beschäftigungsverhältnisse bleiben unberührt.

(5) Für Maßnahmen nach den §§ 19, 20 oder 21 Absatz 1 gelten die Absätze 1 bis 4 entsprechend, sofern diese den Umfang der regelmäßigen wöchentlichen Arbeitszeit erreichen.

Abschnitt 6
Besuche, Telefongespräche, Schriftwechsel, andere Formen der Telekommunikation und Pakete

§ 25 Grundsatz

Die Gefangenen haben das Recht, mit Personen außerhalb der Anstalt im Rahmen der Bestimmungen dieses Gesetzes zu verkehren.

§ 26 Recht auf Besuch

(1) [1]Die Gefangenen dürfen regelmäßig Besuch empfangen. [2]Die Gesamtdauer beträgt mindestens zwei Stunden im Monat, bei Besuchen von Kindern unter 14 Jahren erhöht sich die Gesamtdauer um weitere zwei Stunden.

(2) Besuche von Angehörigen im Sinne von § 11 Absatz 1 Nummer 1 des Strafgesetzbuchs werden besonders unterstützt.

(3) Besuche sollen darüber hinaus zugelassen werden, wenn sie die Eingliederung der Gefangenen fördern oder persönlichen, rechtlichen oder geschäftlichen Angelegenheiten dienen, die nicht von den Gefangenen schriftlich erledigt, durch Dritte wahrgenommen oder bis zur Entlassung aufgeschoben werden können.

(4) Der Anstaltsleiter oder die Anstaltsleiterin kann über Absatz 1 hinausgehend mehrstündige, unbeaufsichtigte Besuche (Langzeitbesuche) zulassen, wenn dies zur Pflege der familiären, partnerschaftlichen oder ihnen gleichzusetzender Kontakte der Gefangenen geboten erscheint und die Gefangenen hierfür geeignet sind.

(5) Besuche von Verteidigern oder Verteidigerinnen sowie von Rechtsanwälten, Rechtsanwältinnen, Notaren und Notarinnen in einer die Gefangenen betreffenden Rechtssache sind zu gestatten.

§ 27 Untersagung der Besuche

Der Anstaltsleiter oder die Anstaltsleiterin kann Besuche untersagen, wenn

1. die Sicherheit oder Ordnung der Anstalt gefährdet würde,
2. zu befürchten ist, dass Personen, die nicht Angehörige der Gefangenen im Sinne von § 11 Absatz 1 Nummer 1 des Strafgesetzbuchs sind, einen schädlichen Einfluss auf die Gefangenen haben oder die Erreichung des Vollzugsziels behindern oder
3. zu befürchten ist, dass Personen, die Opfer der Straftat waren, durch die Begegnung mit den Gefangenen in schädlicher Weise beeinflusst werden.

§ 28 Durchführung der Besuche

(1) [1]Aus Gründen der Sicherheit können Besuche davon abhängig gemacht werden, dass sich die Besucher oder Besucherinnen mit technischen Hilfsmitteln absuchen oder durchsuchen lassen. [2]Eine inhaltliche Überprüfung der von Verteidigern oder Verteidigerinnen mitgeführten Schriftstücke und sonstigen Unterlagen ist nicht zulässig. [3]§ 34 Absatz 2 Satz 2 bis 4 bleibt unberührt.

(2) [1]Besuche werden regelmäßig beaufsichtigt. [2]Über Ausnahmen entscheidet der Anstaltsleiter oder die Anstaltsleiterin. [3]Die Beaufsichtigung kann mit technischen Hilfsmitteln zur optischen Überwachung durchgeführt werden, wenn die Besucher oder Besucherinnen und die Gefangenen vor dem Besuch erkennbar darauf hingewiesen werden.

(3) Besuche von Verteidigern oder Verteidigerinnen werden nicht beaufsichtigt.

(4) [1]Besuche dürfen abgebrochen werden, wenn Besucher oder Besucherinnen oder Gefangene gegen dieses Gesetz oder aufgrund dieses Gesetzes getroffene Anordnungen trotz Abmahnung verstoßen. [2]Die Abmahnung unterbleibt, wenn es unerlässlich ist, den Besuch sofort abzubrechen.

(5) [1]Gegenstände dürfen beim Besuch nicht übergeben werden. [2]Dies gilt nicht für die bei dem Besuch der Verteidiger oder Verteidigerinnen übergebenen Schriftstücke und sonstigen Unterlagen sowie für die bei dem Besuch von Rechtsanwälten, Rechtsanwältinnen, Notaren oder Notarinnen zur Erledigung einer die Gefangenen betreffenden Rechtssache übergebenen Schriftstücke und sonstigen Unterlagen. [3]Bei dem Besuch von Rechtsanwälten, Rechtsanwältinnen, Notaren oder Notarinnen kann die Übergabe aus Gründen der Sicherheit oder Ordnung der Anstalt von der Erlaubnis des Anstaltsleiters oder der Anstaltsleiterin abhängig gemacht werden. [4]§ 34 Absatz 2 Satz 2 bis 4 bleibt unberührt.

(6) Der Anstaltsleiter oder die Anstaltsleiterin kann im Einzelfall die Nutzung einer Trennvorrichtung anordnen, wenn dies zum Schutz von Personen oder zur Verhinderung einer Übergabe von Gegenständen erforderlich ist.

§ 29 Überwachung der Gespräche

(1) Gespräche dürfen im Einzelfall akustisch überwacht werden, soweit es wegen einer Gefährdung der Erreichung des Vollzugsziels oder aus Gründen der Sicherheit erforderlich ist.

(2) Gespräche mit Verteidigern oder Verteidigerinnen werden nicht überwacht.

§ 30 Telefongespräche

(1) [1]Den Gefangenen kann gestattet werden, Telefongespräche zu führen. [2]Die Bestimmungen über den Besuch gelten entsprechend. [3]Eine beabsichtigte Überwachung teilt die Anstalt den Gefangenen rechtzeitig vor Beginn des Telefongesprächs und den Gesprächspersonen der Gefangenen unmittelbar nach Herstellung der Verbindung mit.

(2) [1]Die Kosten der Telefongespräche tragen die Gefangenen. [2]Sind sie dazu nicht in der Lage, kann die Anstalt die Kosten in begründeten Fällen in angemessenem Umfang übernehmen.

(3) [1]Der Besitz und die Benutzung von Geräten zur funkbasierten Übertragung von Informationen sind auf dem Anstaltsgelände verboten, soweit diese nicht dienstlich zugelassen sind. [2]Der Anstaltsleiter oder die Anstaltsleiterin kann abweichende Regelungen treffen. [3]Die Anstalt darf technische Geräte betreiben, die
1. das Auffinden von Geräten zur Funkübertragung ermöglichen,
2. Geräte zur Funkübertragung zum Zwecke des Auffindens aktivieren können oder
3. Frequenzen stören oder unterdrücken, die der Herstellung oder Aufrechterhaltung unerlaubter Funkverbindungen auf dem Anstaltsgelände dienen.

[4]Sie hat dabei die von der Bundesnetzagentur gemäß § 55 Absatz 1 Satz 5 des Telekommunikationsgesetzes festgelegten Rahmenbedingungen zu beachten. [5]Frequenznutzungen außerhalb des Anstaltsgeländes dürfen nicht erheblich gestört werden.

§ 31 Recht auf Schriftwechsel

(1) Die Gefangenen haben das Recht, Schreiben abzusenden und zu empfangen.

(2) [1]Die Kosten des Schriftwechsels tragen die Gefangenen. [2]Sind sie dazu nicht in der Lage, kann die Anstalt die Kosten in begründeten Fällen in angemessenem Umfang übernehmen.

§ 32 Untersagung des Schriftwechsels

Der Anstaltsleiter oder die Anstaltsleiterin kann den Schriftwechsel mit bestimmten Personen untersagen, wenn
1. die Sicherheit oder Ordnung der Anstalt gefährdet würde,
2. zu befürchten ist, dass der Schriftwechsel bei Personen, die nicht Angehörige der Gefangenen im Sinne von § 11 Absatz 1 Nummer 1 des Strafgesetzbuchs sind, einen schädlichen Einfluss auf die Gefangenen hat oder die Erreichung des Vollzugsziels behindert oder
3. zu befürchten ist, dass Personen, die Opfer der Straftat waren, durch den Schriftwechsel mit den Gefangenen in schädlicher Weise beeinflusst werden.

§ 33 Sichtkontrolle, Weiterleitung und Aufbewahrung von Schreiben

(1) [1]Die Gefangenen haben das Absenden und den Empfang von Schreiben durch die Anstalt vermitteln zu lassen, soweit nichts anderes gestattet ist. [2]Ein- und ausgehende Schreiben sind unverzüglich weiterzuleiten.

(2) Ein- und ausgehende Schreiben werden in Gegenwart der Gefangenen, an die sie adressiert oder von denen sie verfasst sind, auf verbotene Gegenstände kontrolliert.

(3) [1]Die Gefangenen haben eingehende Schreiben unverschlossen zu verwahren, sofern nichts anderes gestattet wird. [2]Sie können sie verschlossen zu ihrer Habe geben.

§ 34 Überwachung des Schriftwechsels

(1) Der Schriftwechsel darf nur überwacht werden, soweit es im Einzelfall wegen einer Gefährdung der Erreichung des Vollzugsziels oder aus Gründen der Sicherheit erforderlich ist.

(2) [1]Der Schriftwechsel der Gefangenen mit ihren Verteidigern oder Verteidigerinnen wird nicht überwacht. [2]Liegt dem Vollzug eine Straftat nach § 129a, auch in Verbindung mit § 129b Absatz 1 des Strafgesetzbuchs zu Grunde, gelten § 148 Absatz 2 und § 148a der Strafprozessordnung entsprechend. [3]Dies gilt nicht, wenn die Gefangenen sich im offenen Vollzug befinden oder wenn ihnen Lockerungen nach § 38 gewährt worden sind und ein Grund, der den Anstaltsleiter oder die Anstaltsleiterin zur Aufhebung nach § 90 ermächtigt, nicht vorliegt. [4]Die Sätze 2 und 3 gelten auch, wenn eine Freiheitsstrafe wegen einer Straftat nach § 129a, auch in Verbindung mit § 129b Absatz 1 des Strafgesetzbuchs erst im Anschluss an den Vollzug der Freiheitsstrafe, der eine andere Verurteilung zu Grunde liegt, zu vollstrecken ist.

(3) [1]Nicht überwacht werden ferner Schreiben der Gefangenen an Volksvertretungen des Bundes und der Länder sowie an deren Mitglieder, soweit die Schreiben an die Anschriften dieser Volksvertretungen gerichtet sind und den Absender oder die Absenderin zutreffend angeben. [2]Entsprechendes gilt für Schreiben an das Europäische Parlament und dessen Mitglieder, den Europäischen Gerichtshof für Menschenrechte, den Europäischen Ausschuss zur Verhütung von Folter und unmenschlicher oder erniedrigender Behandlung oder Strafe, den Ausschuss der Vereinten Nationen gegen Folter, den zugehörigen Unterausschuss zur Verhütung von Folter und die entsprechenden Nationalen Präventionsmechanismen, die konsularische Vertretung ihres Heimatlandes und weitere Einrichtungen, mit denen der Schriftverkehr aufgrund völkerrechtlicher Verpflichtungen der Bundesrepublik Deutschland ge-

schützt ist. [3]Satz 1 gilt auch für den Schriftverkehr mit den Bürgerbeauftragten der Länder und den Datenschutzbeauftragten des Bundes und der Länder. [4]Schreiben der in den Sätzen 1 bis 3 genannten Stellen, die an die Gefangenen gerichtet sind, werden nicht überwacht, sofern die Identität des Absenders oder der Absenderin zweifelsfrei feststeht.

§ 35 Anhalten von Schreiben

(1) Der Anstaltsleiter oder die Anstaltsleiterin kann Schreiben anhalten, wenn

1. die Erreichung des Vollzugsziels oder die Sicherheit oder Ordnung der Anstalt gefährdet würde,
2. die Weitergabe in Kenntnis ihres Inhalts einen Straf- oder Bußgeldtatbestand verwirklichen würde,
3. sie grob unrichtige oder erheblich entstellende Darstellungen von Anstaltsverhältnissen oder grobe Beleidigungen enthalten,
4. sie die Eingliederung anderer Gefangener gefährden können oder
5. sie in Geheim- oder Kurzschrift, unlesbar, unverständlich oder ohne zwingenden Grund in einer fremden Sprache abgefasst sind.

(2) Ausgehenden Schreiben, die unrichtige Darstellungen enthalten, kann ein Begleitschreiben beigefügt werden, wenn die Gefangenen auf das Absenden bestehen.

(3) [1]Sind Schreiben angehalten worden, wird das den Gefangenen mitgeteilt. [2]Angehaltene Schreiben werden an den Absender oder die Absenderin zurückgegeben oder, sofern dies unmöglich oder aus besonderen Gründen nicht angezeigt ist, verwahrt.

(4) Schreiben, deren Überwachung ausgeschlossen ist, dürfen nicht angehalten werden.

§ 36 Andere Formen der Telekommunikation

[1]Nach Zulassung anderer Formen der Telekommunikation im Sinne des Telekommunikationsgesetzes durch die Aufsichtsbehörde kann der Anstaltsleiter oder die Anstaltsleiterin den Gefangenen gestatten, diese Formen auf ihre Kosten zu nutzen. [2]Die Bestimmungen dieses Abschnitts gelten entsprechend.

§ 37 Pakete

(1) [1]Den Gefangenen kann gestattet werden, Pakete zu empfangen. [2]Der Empfang von Paketen mit Nahrungs- und Genussmitteln ist untersagt. [3]Die Anstalt kann Anzahl, Gewicht und Größe von Sendungen und einzelnen Gegenständen festsetzen. [4]Über § 46 Absatz 1 Satz 2 hinaus kann sie Gegenstände und Verpackungsformen ausschließen, die einen unverhältnismäßigen Kontrollaufwand bedingen.

(2) Die Anstalt kann die Annahme von Paketen, deren Einbringung nicht gestattet ist oder die die Voraussetzungen des Absatzes 1 nicht erfüllen, ablehnen oder solche Pakete an den Absender oder die Absenderin zurücksenden.

(3) [1]Pakete sind in Gegenwart der Gefangenen, an die sie adressiert sind, zu öffnen und zu durchsuchen. [2]Mit nicht zugelassenen oder ausgeschlossenen Gegenständen ist gemäß § 49 Absatz 3 zu verfahren. [3]Sie können auch auf Kosten der Gefangenen zurückgesandt werden.

(4) Der Empfang von Paketen kann vorübergehend versagt werden, wenn dies wegen der Gefährdung der Sicherheit oder Ordnung unerlässlich ist.

(5) [1]Den Gefangenen kann gestattet werden, Pakete zu versenden. [2]Der Inhalt kann aus Gründen der Sicherheit oder Ordnung überprüft werden.

(6) [1]Die Kosten des Paketversandes tragen die Gefangenen. [2]Sind sie dazu nicht in der Lage, kann die Anstalt die Kosten in begründeten Fällen in angemessenem Umfang übernehmen.

Abschnitt 7
Lockerungen und sonstige Aufenthalte außerhalb der Anstalt

§ 38 Lockerungen zur Erreichung des Vollzugsziels

(1) Aufenthalte außerhalb der Anstalt ohne Aufsicht (Lockerungen) können den Gefangenen zur Erreichung des Vollzugsziels gewährt werden, insbesondere

1. das Verlassen der Anstalt für bis zu 24 Stunden in Begleitung einer von der Anstalt zugelassenen Person (Begleitausgang),
2. das Verlassen der Anstalt für bis zu 24 Stunden ohne Begleitung (unbegleiteter Ausgang),
3. das Verlassen der Anstalt für mehrere Tage (Langzeitausgang) und
4. die regelmäßige Beschäftigung außerhalb der Anstalt (Freigang).

(2) Die Lockerungen dürfen gewährt werden, wenn verantwortet werden kann zu erproben, dass die Gefangenen sich dem Vollzug der Freiheitsstrafe nicht entziehen und die Lockerungen nicht zu Straftaten missbrauchen werden.

(3) [1]Ein Langzeitausgang nach Absatz 1 Nummer 3 soll in der Regel erst gewährt werden, wenn die Gefangenen sich mindestens sechs Monate im Strafvollzug befunden haben. [2]Zu lebenslanger Freiheitsstrafe verurteilte Gefangene können einen Langzeitausgang erst erhalten, wenn sie sich einschließlich einer vorhergehenden Untersuchungshaft oder einer anderen Freiheitsentziehung zehn Jahre im Vollzug befunden haben oder wenn sie im offenen Vollzug untergebracht sind.

(4) Durch Lockerungen wird die Vollstreckung der Freiheitsstrafe nicht unterbrochen.

§ 39 Lockerungen aus sonstigen Gründen

(1) [1]Lockerungen können auch aus wichtigem Anlass gewährt werden. [2]Wichtige Anlässe sind insbesondere die Teilnahme an gerichtlichen Terminen, die medizinische Behandlung der Gefangenen sowie der Tod oder eine lebensgefährliche Erkrankung naher Angehöriger der Gefangenen.

(2) § 38 Absatz 2 und 4 gilt entsprechend.

§ 40 Weisungen für Lockerungen

[1]Für Lockerungen sind die nach den Umständen des Einzelfalles erforderlichen Weisungen zu erteilen. [2]Bei der Ausgestaltung der Lockerungen ist nach Möglichkeit den Belangen des Opfers Rechnung zu tragen.

§ 41 Ausführung, Außenbeschäftigung, Vorführung, Ausantwortung

(1) [1]Den Gefangenen kann das Verlassen der Anstalt unter ständiger und unmittelbarer Aufsicht gestattet werden, wenn dies aus besonderen Gründen notwendig ist (Ausführung). [2]Die Gefangenen können auch gegen ihren Willen ausgeführt werden. [3]Liegt die Ausführung ausschließlich im Interesse der Gefangenen, können ihnen die Kosten auferlegt werden, soweit dies die Behandlung oder die Eingliederung nicht behindert.

(2) [1]Den Gefangenen kann gestattet werden, außerhalb der Anstalt einer regelmäßigen Beschäftigung unter ständiger Aufsicht oder unter Aufsicht in unregelmäßigen Abständen (Außenbeschäftigung) nachzugehen. [2]§ 38 Absatz 2 gilt entsprechend.

(3) Auf Ersuchen eines Gerichts werden Gefangene vorgeführt, sofern ein Vorführungsbefehl vorliegt.

(4) Gefangene dürfen befristet dem Gewahrsam eines Gerichts, einer Staatsanwaltschaft oder einer Polizei-, Zoll-, Ausländer- oder Finanzbehörde auf Antrag überlassen werden (Ausantwortung).

Abschnitt 8

Vorbereitung der Eingliederung, Entlassung und nachgehende Betreuung

§ 42 Vorbereitung der Eingliederung

(1) [1]Die Maßnahmen zur sozialen und beruflichen Eingliederung sind auf den Zeitpunkt der voraussichtlichen Entlassung in die Freiheit abzustellen. [2]Die Gefangenen sind bei der Ordnung ihrer persönlichen, wirtschaftlichen und sozialen Angelegenheiten zu unterstützen. [3]Dies umfasst die Vermittlung in weiterführende Betreuung.

(2) [1]Die Anstalt arbeitet frühzeitig mit Personen und Einrichtungen außerhalb des Vollzugs zusammen, insbesondere, um zu erreichen, dass die Gefangenen nach ihrer Entlassung über eine geeignete Unterbringung und eine Arbeits- oder Ausbildungsstelle verfügen. [2]Das Landesamt für ambulante Straffälligenarbeit ist ein Jahr vor dem voraussichtlichen Entlassungszeitpunkt an der sozialen und beruflichen Eingliederung der Gefangenen zu beteiligen, die nach der Entlassung voraussichtlich der Bewährungshilfe oder Führungsaufsicht unterstellt werden.

(3) [1]Den Gefangenen können Aufenthalte in Einrichtungen außerhalb des Vollzugs (Übergangseinrichtungen) gewährt werden, wenn dies zur Vorbereitung der Eingliederung erforderlich ist. [2]Haben sich die Gefangenen mindestens sechs Monate im Vollzug befunden, kann ihnen auch ein zusammenhängender Langzeitausgang bis zu sechs Monaten gewährt werden, wenn dies zur Vorbereitung der Eingliederung zwingend erforderlich ist. [3]§ 38 Absatz 2 und 4 sowie § 40 gelten entsprechend.

(4) In einem Zeitraum von sechs Monaten vor der voraussichtlichen Entlassung sind den Gefangenen die zur Vorbereitung der Eingliederung zwingend erforderlichen Lockerungen zu gewähren, sofern

nicht mit hoher Wahrscheinlichkeit zu erwarten ist, dass die Gefangenen sich dem Vollzug der Freiheitsstrafe entziehen oder die Lockerungen zu Straftaten missbrauchen werden.

§ 43 Entlassung

(1) Die Gefangenen sollen am letzten Tag ihrer Strafzeit möglichst frühzeitig, jedenfalls noch am Vormittag, entlassen werden.

(2) Fällt das Strafende auf einen Sonnabend oder Sonntag, einen gesetzlichen Feiertag, den ersten Werktag nach Ostern oder Pfingsten oder in die Zeit vom 22. Dezember bis zum 6. Januar, so können die Gefangenen an dem diesem Tag oder Zeitraum vorhergehenden Werktag entlassen werden, wenn dies gemessen an der Dauer der Strafzeit vertretbar ist und fürsorgerische Gründe nicht entgegenstehen.

(3) Der Entlassungszeitpunkt kann bis zu zwei Tage vorverlegt werden, wenn die Gefangenen zu ihrer Eingliederung hierauf dringend angewiesen sind.

(4) Bedürftigen Gefangenen kann eine Entlassungsbeihilfe in Form eines Reisekostenzuschusses, angemessener Kleidung oder einer sonstigen notwendigen Unterstützung gewährt werden.

§ 44 Nachgehende Betreuung

[1]Mit Zustimmung des Anstaltsleiters oder der Anstaltsleiterin können Bedienstete an der nachgehenden Betreuung Entlassener mit deren Einverständnis mitwirken, wenn ansonsten die Eingliederung gefährdet wäre. [2]Die nachgehende Betreuung kann auch außerhalb der Anstalt erfolgen. [3]In der Regel ist sie auf die ersten sechs Monate nach der Entlassung beschränkt.

§ 45 Verbleib oder Aufnahme auf freiwilliger Grundlage

(1) [1]Sofern es die Belegungssituation zulässt, können die Gefangenen auf Antrag ausnahmsweise vorübergehend in der Anstalt verbleiben oder wieder aufgenommen werden, wenn die Eingliederung gefährdet und ein Aufenthalt in der Anstalt aus diesem Grunde gerechtfertigt ist. [2]Die Unterbringung erfolgt auf vertraglicher Basis.

(2) Gegen die in der Anstalt untergebrachten Entlassenen dürfen Maßnahmen des Vollzugs nicht mit unmittelbarem Zwang durchgesetzt werden.

(3) Bei Störung des Anstaltsbetriebes durch die Entlassenen oder aus vollzugsorganisatorischen Gründen kann die Unterbringung jederzeit beendet werden.

Abschnitt 9

Grundversorgung und Freizeit

§ 46 Einbringen von Gegenständen

(1) [1]Gegenstände dürfen durch oder für die Gefangenen nur mit Zustimmung der Anstalt eingebracht werden. [2]Die Anstalt kann die Zustimmung verweigern, wenn die Gegenstände geeignet sind, die Sicherheit oder Ordnung der Anstalt oder die Erreichung des Vollzugsziels zu gefährden oder ihre Aufbewahrung nach Art oder Umfang offensichtlich nicht möglich ist.

(2) [1]Das Einbringen von Nahrungs- und Genussmitteln im geschlossenen Vollzug ist nicht gestattet. [2]Der Anstaltsleiter oder die Anstaltsleiterin kann eine abweichende Regelung treffen.

§ 47 Gewahrsam an Gegenständen

(1) Die Gefangenen dürfen Gegenstände nur mit Zustimmung der Anstalt in Gewahrsam haben, annehmen oder abgeben.

(2) [1]Ohne Zustimmung dürfen sie Gegenstände von geringem Wert an andere Gefangene weitergeben und von anderen Gefangenen annehmen. [2]Die Anstalt kann Abgabe und Annahme dieser Gegenstände und den Gewahrsam daran von ihrer Zustimmung abhängig machen.

§ 48 Ausstattung des Haftraums

[1]Die Gefangenen dürfen ihren Haftraum in angemessenem Umfang mit eigenen Gegenständen ausstatten oder diese dort aufbewahren. [2]Vorkehrungen und Gegenstände, die die Übersichtlichkeit des Haftraums behindern oder in anderer Weise Sicherheit oder Ordnung der Anstalt oder die Erreichung des Vollzugsziels gefährden, sind auszuschließen oder aus dem Haftraum zu entfernen.

§ 49 Aufbewahrung und Vernichtung von Gegenständen

(1) Gegenstände, die die Gefangenen nicht im Haftraum aufbewahren dürfen oder wollen, werden von der Anstalt aufbewahrt, soweit dies nach Art und Umfang möglich ist.

(2) [1]Den Gefangenen wird Gelegenheit gegeben, ihre Gegenstände, die sie während des Vollzugs und für ihre Entlassung nicht benötigen, zu versenden. [2]§ 37 Absatz 6 gilt entsprechend.

(3) [1]Werden Gegenstände, deren Aufbewahrung nach Art oder Umfang nicht möglich ist, von den Gefangenen trotz Aufforderung nicht aus der Anstalt verbracht, so darf die Anstalt diese Gegenstände auf Kosten der Gefangenen außerhalb der Anstalt verwahren, verwerten oder vernichten. [2]Für die Voraussetzungen und das Verfahren der Verwertung und Vernichtung gelten die Bestimmungen des Sicherheits- und Ordnungsgesetzes Mecklenburg-Vorpommern entsprechend.

(4) Aufzeichnungen und andere Gegenstände, die Kenntnisse über Sicherungsvorkehrungen der Anstalt vermitteln oder Schlussfolgerungen auf diese zulassen, dürfen vernichtet oder unbrauchbar gemacht werden.

§ 50 Zeitungen und Zeitschriften, religiöse Schriften und Gegenstände

(1) [1]Die Gefangenen dürfen auf eigene Kosten Zeitungen und Zeitschriften in angemessenem Umfang durch Vermittlung der Anstalt beziehen. [2]Ausgeschlossen sind Zeitungen und Zeitschriften, deren Verbreitung mit Strafe oder Geldbuße bedroht ist. [3]Einzelne Ausgaben können den Gefangenen vorenthalten oder entzogen werden, wenn deren Inhalte die Erreichung des Vollzugsziels oder die Sicherheit oder Ordnung der Anstalt erheblich gefährden würden.

(2) [1]Die Gefangenen dürfen grundlegende religiöse Schriften sowie in angemessenem Umfang Gegenstände des religiösen Gebrauchs besitzen. [2]Diese dürfen den Gefangenen nur bei grobem Missbrauch entzogen werden.

§ 51 Rundfunk, Informations- und Unterhaltungselektronik

(1) Der Zugang zum Rundfunk ist zu ermöglichen.

(2) [1]Eigene Hörfunk- und Fernsehgeräte werden zugelassen, wenn nicht Gründe des § 48 Satz 2 entgegenstehen und wenn feststeht, dass sie keine unzulässigen Gegenstände enthalten. [2]Die dazu erforderliche Überprüfung und etwa notwendige Änderungen werden durch die Anstalt auf Kosten der Gefangenen veranlasst. [3]Andere Geräte der Informations- und Unterhaltungselektronik können unter diesen Voraussetzungen zugelassen werden. [4]§ 36 bleibt unberührt.

(3) [1]Die Gefangenen können auf Mietgeräte oder auf ein Haftraummediensystem verwiesen werden. [2]Die Anstalt kann die Bereitstellung und den Betrieb von Empfangsanlagen, die Bereitstellung, Vermietung oder Ausgabe von Hörfunk- und Fernsehgeräten sowie von anderen Geräten der Informations- und Unterhaltungselektronik einem Dritten gestatten oder übertragen.

(4) Der Rundfunk kann vorübergehend ausgesetzt oder einzelnen Gefangenen untersagt werden, wenn dies zur Aufrechterhaltung der Sicherheit und Ordnung der Anstalt unerlässlich ist.

§ 52 Kleidung

(1) Die Gefangenen tragen Anstaltskleidung.

(2) [1]Der Anstaltsleiter oder die Anstaltsleiterin kann eine abweichende Regelung treffen. [2]Für Reinigung und Instandsetzung eigener Kleidung haben die Gefangenen auf ihre Kosten durch Vermittlung der Anstalt zu sorgen.

§ 53 Verpflegung und Einkauf

(1) [1]Zusammensetzung und Nährwert der Anstaltsverpflegung haben den Anforderungen an eine gesunde Ernährung zu entsprechen und werden ärztlich überwacht. [2]Auf ärztliche Anordnung wird besondere Verpflegung gewährt. [3]Den Gefangenen ist zu ermöglichen, Speisevorschriften ihrer Religionsgemeinschaft zu befolgen.

(2) [1]Den Gefangenen wird ermöglicht einzukaufen. [2]Die Anstalt wirkt auf ein Angebot hin, das auf Wünsche und Bedürfnisse der Gefangenen Rücksicht nimmt. [3]Das Verfahren des Einkaufs regelt der Anstaltsleiter oder die Anstaltsleiterin. [4]Nahrungs-, Genuss- und Körperpflegemittel können nur vom Haus- und Taschengeld, andere Gegenstände in angemessenem Umfang auch vom Eigengeld eingekauft werden.

(3) [1]Gegenstände, die die Sicherheit oder Ordnung der Anstalt gefährden, können vom Einkauf ausgeschlossen werden. [2]Auf ärztliche Anordnung kann den Gefangenen der Einkauf einzelner Nahrungs- und Genussmittel ganz oder teilweise untersagt werden, wenn zu befürchten ist, dass sie die Gesundheit ernsthaft gefährden. [3]In Krankenhäusern oder Krankenabteilungen kann der Einkauf einzelner Nahrungs- und Genussmittel auf ärztliche Anordnung allgemein untersagt oder eingeschränkt werden.

§ 54 Freizeit

(1) [1]Zur Ausgestaltung der Freizeit hat die Anstalt insbesondere Angebote zur sportlichen und kulturellen Betätigung und Bildungsangebote vorzuhalten. [2]Dies gilt auch an Wochenenden und Feiertagen. [3]Die Anstalt stellt eine angemessen ausgestattete Bücherei zur Verfügung.

(2) Die Gefangenen sind zur Teilnahme und Mitwirkung an Angeboten der Freizeitgestaltung zu motivieren und anzuleiten.

Abschnitt 10

Vergütung, Gelder der Gefangenen und Kosten

§ 55 Vergütung und Anrechnung der Freistellung auf den Entlassungszeitpunkt

(1) Es gelten folgende Vergütungsregelungen:

1. Gefangene, die an schulischen oder beruflichen Qualifizierungsmaßnahmen nach § 9 Absatz 1 Satz 1 Nummer 11 teilnehmen, erhalten Ausbildungsbeihilfe,
2. Gefangene, die an einer arbeitstherapeutischen Maßnahme oder einem Arbeitstraining nach § 9 Absatz 1 Satz 1 Nummer 12 teilnehmen oder die einer Arbeit nach § 9 Absatz 1 Satz 1 Nummer 13 nachgehen, erhalten Arbeitsentgelt,
3. Gefangene, die während der Arbeitszeit ganz oder teilweise an einer schulischen oder beruflichen Orientierungs-, Aus- und Weiterbildungsmaßnahme oder an speziellen Maßnahmen zur Förderung ihrer schulischen, beruflichen oder persönlichen Entwicklung teilnehmen und zu diesem Zweck von ihrer Maßnahme nach § 9 Absatz 1 Satz 1 Nummer 11 bis 13 freigestellt werden, erhalten ihr Arbeitsentgelt oder ihre Ausbildungsbeihilfe fort.

(2) [1]Der Bemessung der Vergütung sind 9 Prozent der Bezugsgröße nach § 18 des Vierten Buches Sozialgesetzbuch zu Grunde zu legen (Eckvergütung). [2]Ein Tagessatz ist der 250. Teil der Eckvergütung; die Vergütung wird nach einem Stundensatz bemessen.

(3) [1]Die Vergütung kann je nach Art der Maßnahme und Leistung der Gefangenen gestuft werden. [2]Sie beträgt mindestens 60 Prozent der Eckvergütung. [3]Das für Justiz zuständige Ministerium wird ermächtigt, in einer Rechtsverordnung Vergütungsstufen zu bestimmen.

(4) Soweit Beiträge zur Bundesagentur für Arbeit zu entrichten sind, kann vom Arbeitsentgelt oder der Ausbildungsbeihilfe ein Betrag einbehalten werden, der dem Anteil der Gefangenen am Beitrag entsprechen würde, wenn sie diese Vergütung als Arbeitnehmer oder Arbeitnehmerin erhielten.

(5) Die Höhe der Vergütung ist den Gefangenen schriftlich bekannt zu geben.

(6) Die Gefangenen, die an einer Maßnahme nach § 21 teilnehmen, erhalten hierfür nur eine Ausbildungsbeihilfe, soweit kein Anspruch auf Leistungen zum Lebensunterhalt besteht, die außerhalb des Vollzugs aus solchem Anlass gewährt werden.

(7) [1]Unabhängig von einer Freistellung nach § 24 Absatz 1 erhalten Gefangene für jeweils drei Monate zusammenhängender Ausübung einer Tätigkeit nach den §§ 19 bis 22 eine Freistellung von zwei Werktagen. [2]Zeiträume von weniger als drei Monaten bleiben unberücksichtigt. [3]Nehmen die Gefangenen nicht innerhalb eines Jahres nach Vorliegen der Voraussetzungen die Freistellung nach Satz 1 in Anspruch, so wird diese von der Anstalt auf den Entlassungszeitpunkt angerechnet.

(8) Eine Anrechnung nach Absatz 7 Satz 3 ist ausgeschlossen

1. bei Gefangenen, die eine lebenslange Freiheitsstrafe verbüßen oder bei denen Sicherungsverwahrung angeordnet oder vorbehalten und ein Entlassungszeitpunkt noch nicht bestimmt ist,
2. bei einer Aussetzung der Vollstreckung des Restes einer Freiheitsstrafe zur Bewährung, soweit wegen des von der Entscheidung des Gerichts bis zur Entlassung verbleibenden Zeitraums eine Anrechnung nicht mehr möglich ist,
3. wenn dies vom Gericht angeordnet wird, weil bei einer Aussetzung der Vollstreckung des Restes einer Freiheitsstrafe zur Bewährung die Lebensverhältnisse der Gefangenen oder die Wirkungen, die von der Aussetzung für sie zu erwarten sind, die Vollstreckung bis zu einem bestimmten Zeitpunkt erfordern,
4. wenn nach § 456a Absatz 1 der Strafprozessordnung von der Vollstreckung abgesehen wird oder
5. wenn die Gefangenen im Gnadenwege aus der Haft entlassen werden.

(9) [1]Soweit eine Anrechnung nach Absatz 8 ausgeschlossen ist, erhalten die Gefangenen bei ihrer Entlassung für ihre Tätigkeit als Ausgleichsentschädigung zusätzlich 15 vom Hundert des ihnen ge-

währten Arbeitsentgelts oder der ihnen gewährten Ausbildungsbeihilfe. [2]Der Anspruch entsteht erst mit der Entlassung. [3]Gefangenen, bei denen eine Anrechnung nach Absatz 8 Nummer 1 ausgeschlossen ist, wird die Ausgleichszahlung bereits nach Verbüßung von jeweils zehn Jahren Freiheitsstrafe zum Eigengeld (§ 56) gutgeschrieben, soweit sie nicht vor diesem Zeitpunkt entlassen werden. [4]§ 57 Absatz 4 des Strafgesetzbuchs gilt entsprechend.

§ 56 Eigengeld

(1) Das Eigengeld besteht aus den Beträgen, die die Gefangenen bei Strafantritt in die Anstalt mitbringen und die sie während der Haftzeit erhalten, und den Teilen der Vergütung, die nicht als Hausgeld oder Haftkostenbeitrag in Anspruch genommen werden.

(2) [1]Die Gefangenen können über das Eigengeld verfügen, soweit dieses Maßnahmen nach § 9 Absatz 1 Satz 1 Nummer 19 bis 21 nicht entgegensteht. [2]§ 53 Absatz 2, § 59 und § 60 bleiben unberührt.

§ 57 Taschengeld

(1) [1]Bedürftigen Gefangenen wird auf Antrag Taschengeld gewährt. [2]Bedürftig sind Gefangene, soweit ihnen im laufenden Monat aus Hausgeld (§ 59) und Eigengeld (§ 56) ein Betrag bis zur Höhe des Taschengelds voraussichtlich nicht zur Verfügung steht. [3]§ 60 bleibt unberührt.

(2) [1]Gefangene gelten nicht als bedürftig, wenn ihnen ein Betrag nach Absatz 1 Satz 2 deshalb nicht zur Verfügung steht, weil sie eine ihnen angebotene zumutbare Arbeit nicht angenommen haben oder eine ausgeübte Arbeit verschuldet verloren haben. [2]Entsprechendes gilt in Bezug auf schulische und berufliche Qualifizierungsmaßnahmen.

(3) [1]Das Taschengeld beträgt 14 Prozent der Eckvergütung (§ 55 Absatz 2). [2]Es wird zu Beginn des Monats im Voraus gewährt. [3]Gehen den Gefangenen im Laufe des Monats Gelder zu, wird zum Ausgleich ein Betrag bis zur Höhe des gewährten Taschengeldes einbehalten.

(4) [1]Die Gefangenen dürfen über das Taschengeld im Rahmen der Bestimmungen dieses Gesetzes verfügen. [2]Es wird dem Hausgeldkonto gutgeschrieben.

§ 58 Konten, Bargeld

(1) Gelder der Gefangenen werden auf Hausgeld- und Eigengeldkonten in der Anstalt geführt.

(2) [1]Der Besitz von Bargeld in der Anstalt ist den Gefangenen nicht gestattet. [2]Über Ausnahmen entscheidet der Anstaltsleiter oder die Anstaltsleiterin.

§ 59 Hausgeld

(1) Das Hausgeld wird aus drei Siebteln der in diesem Gesetz geregelten Vergütung gebildet.

(2) Für Gefangene, die aus einem freien Beschäftigungsverhältnis, aus einer Selbstbeschäftigung oder anderweitig regelmäßige Einkünfte haben, wird daraus ein angemessenes monatliches Hausgeld festgesetzt.

(3) Für Gefangene, die über Eigengeld (§ 56) verfügen und keine hinreichende Vergütung nach diesem Gesetz erhalten, gilt Absatz 2 entsprechend.

(4) [1]Die Gefangenen dürfen über das Hausgeld im Rahmen der Bestimmungen dieses Gesetzes verfügen. [2]Der Anspruch auf Auszahlung ist nicht übertragbar.

§ 60 Zweckgebundene Einzahlungen

[1]Für Maßnahmen der Eingliederung, insbesondere Kosten der Gesundheitsfürsorge und der Aus- und Fortbildung, und für Maßnahmen der Pflege sozialer Beziehungen, insbesondere Telefonkosten und Fahrtkosten anlässlich Lockerungen, kann zweckgebunden Geld eingezahlt werden. [2]Das Geld darf nur für diese Zwecke verwendet werden. [3]Der Anspruch auf Auszahlung ist nicht übertragbar.

§ 61 Haftkostenbeitrag, Kostenbeteiligung

(1) [1]Die Anstalt erhebt von Gefangenen, die sich in einem freien Beschäftigungsverhältnis befinden, sich selbst beschäftigen oder über anderweitige regelmäßige Einkünfte verfügen, für diese Zeit einen Haftkostenbeitrag. [2]Von Gefangenen, die sich selbst beschäftigen, kann der Haftkostenbeitrag monatlich im Voraus ganz oder teilweise gefordert werden. [3]Vergütungen nach diesem Gesetz bleiben unberücksichtigt. [4]Den Gefangenen muss täglich ein Tagessatz gemäß § 55 Absatz 2 Satz 2 verbleiben. [5]Von der Geltendmachung des Anspruchs ist abzusehen, soweit die Wiedereingliederung der Gefangenen hierdurch gefährdet würde.

(2) [1]Der Haftkostenbeitrag wird in Höhe des Betrages erhoben, der nach § 17 Absatz 1 Nummer 4 des Vierten Buches Sozialgesetzbuch durchschnittlich zur Bewertung der Sachbezüge festgesetzt ist. [2]Die

Aufsichtsbehörde stellt den Durchschnittsbetrag für jedes Kalenderjahr nach den am 1. Oktober des vorhergehenden Jahres geltenden Bewertungen der Sachbezüge fest. [3]Bei Selbstverpflegung entfallen die für die Verpflegung vorgesehenen Beträge. [4]Für den Wert der Unterkunft ist die festgesetzte Belegungsfähigkeit maßgebend.

(3) Die Gefangenen können an den Betriebskosten der in ihrem Gewahrsam befindlichen Geräte beteiligt werden.

Abschnitt 11

Gesundheitsfürsorge

§ 62 Art und Umfang der medizinischen Leistungen, Kostenbeteiligung

(1) [1]Die Gefangenen haben einen Anspruch auf notwendige medizinische Leistungen unter Beachtung des Grundsatzes der Wirtschaftlichkeit und unter Berücksichtigung des allgemeinen Standards der gesetzlichen Krankenversicherung. [2]Der Anspruch umfasst auch Vorsorgeleistungen, ferner die Versorgung mit medizinischen Hilfsmitteln, soweit diese mit Rücksicht auf die Dauer des Freiheitsentzugs nicht ungerechtfertigt ist und die Hilfsmittel nicht als allgemeine Gebrauchsgegenstände des täglichen Lebens anzusehen sind.

(2) [1]An den Kosten nach Absatz 1 können die Gefangenen in angemessenem Umfang beteiligt werden, höchstens jedoch bis zum Umfang der Beteiligung vergleichbarer gesetzlich Versicherter. [2]Für Leistungen, die über Absatz 1 hinausgehen, können den Gefangenen die gesamten Kosten auferlegt werden.

(3) [1]Erhalten Gefangene Leistungen nach Absatz 1 infolge einer mutwilligen Selbstverletzung, sind sie in angemessenem Umfang an den Kosten zu beteiligen. [2]Die Kostenbeteiligung unterbleibt, wenn hierdurch die Erreichung des Vollzugsziels, insbesondere die Eingliederung der Gefangenen, gefährdet würde.

§ 63 Durchführung der medizinischen Leistungen, Forderungsübergang

(1) Medizinische Diagnostik, Behandlung und Versorgung kranker und hilfsbedürftiger Gefangener erfolgen in der Anstalt, erforderlichenfalls in einer hierfür besser geeigneten Anstalt, einem Vollzugskrankenhaus oder außerhalb des Vollzugs.

(2) Wird die Strafvollstreckung während einer Behandlung von Gefangenen unterbrochen oder beendet, so hat das Land nur diejenigen Kosten zu tragen, die bis zur Unterbrechung oder Beendigung der Strafvollstreckung angefallen sind.

(3) [1]Gesetzliche Schadensersatzansprüche, die Gefangenen gegen Dritte infolge einer Körperverletzung zustehen, gehen insoweit auf das Land über, als den Gefangenen Leistungen nach § 62 Absatz 1 zu gewähren sind. [2]Von der Geltendmachung der Ansprüche kann aus Billigkeitsgründen abgesehen werden, insbesondere, wenn hierdurch die Erreichung des Vollzugsziels gefährdet würde.

§ 64 Ärztliche Behandlung zur sozialen Eingliederung

[1]Mit Zustimmung der Gefangenen soll die Anstalt ärztliche Behandlungen, insbesondere Operationen oder prothetische Maßnahmen, durchführen lassen, die die soziale Eingliederung fördern. [2]Die Kosten tragen die Gefangenen. [3]Sind sie dazu nicht in der Lage, kann die Anstalt die Kosten in begründeten Fällen in angemessenem Umfang übernehmen.

§ 65 Gesundheitsschutz und Hygiene

(1) [1]Die Anstalt unterstützt die Gefangenen bei der Wiederherstellung und Erhaltung ihrer Gesundheit. [2]Sie fördert das Bewusstsein für gesunde Ernährung und Lebensführung. [3]Die Gefangenen haben die notwendigen Anordnungen zum Gesundheitsschutz und zur Hygiene zu befolgen. [4]Sie können an den Kosten für Hygienemaßnahmen angemessen beteiligt werden.

(2) Den Gefangenen wird ermöglicht, sich täglich mindestens eine Stunde im Freien aufzuhalten.

§ 66 Krankenbehandlung während Lockerungen

(1) [1]Während Lockerungen haben die Gefangenen einen Anspruch auf medizinische Leistungen gegen das Land nur in der für sie zuständigen Anstalt. [2]§ 39 bleibt unberührt.

(2) Der Anspruch auf Leistungen ruht, solange die Gefangenen aufgrund eines freien Beschäftigungsverhältnisses krankenversichert sind.

§ 67 Zwangsmaßnahmen auf dem Gebiet der Gesundheitsfürsorge

(1) Medizinische Untersuchung und Behandlung sowie Ernährung sind zwangsweise gegen den natürlichen Willen der Gefangenen nach Maßgabe der Absätze 2 bis 4 zulässig, soweit die Gefangenen krankheitsbedingt die Notwendigkeit dieser Maßnahmen nicht erkennen oder nicht nach dieser Einsicht handeln können und die Maßnahmen erforderlich sind,

1. um eine gegenwärtige Lebensgefahr oder schwerwiegende Gefahr für die Gesundheit der Gefangenen oder
2. um eine von ihnen infolge ihrer Krankheit ausgehende gegenwärtige Lebensgefahr oder erhebliche Gefahr für die Gesundheit anderer Menschen abzuwenden.

(2) Zwangsmaßnahmen nach Absatz 1 dürfen nur durchgeführt werden, wenn

1. die Maßnahmen zur Abwendung der Gefahren geeignet und erforderlich sind,
2. mildere Mittel keinen Erfolg versprechen,
3. der zu erwartende Nutzen die zu erwartenden Beeinträchtigungen deutlich überwiegt,
4. Art und Dauer der Maßnahmen auf das zwingend erforderliche Maß beschränkt werden,
5. in den Fällen des Absatzes 1 Nummer 1 eine Patientenverfügung im Sinne des § 1901a Absatz 1 Satz 1 des Bürgerlichen Gesetzbuches, deren Festlegungen auf die aktuelle Lebens- und Behandlungssituation zutreffen und gegen die Durchführung der Maßnahmen gerichtet sind, nicht vorliegt,
6. vor Beginn der beabsichtigen Maßnahme durch eine Ärztin oder einen Arzt ernsthaft versucht wurde, eine auf Vertrauen gegründete, freiwillige Zustimmung der Gefangenen zu der Untersuchung, Behandlung oder Ernährung zu erhalten,
7. die Gefangenen durch eine Ärztin oder einen Arzt über Notwendigkeit, Art, Umfang, Dauer, Erfolgsaussichten und Risiken der beabsichtigten Maßnahme in einer ihrer Auffassungsgabe und ihrem Gesundheitszustand angemessenen Weise aufgeklärt wurden und
8. den Gefangenen nach Scheitern der Gespräche nach Nummer 6 die Beantragung der gerichtlichen Zustimmung zur Anordnung einer Zwangsmaßnahme nach Absatz 1 nebst der Möglichkeit der Durchführung dieser Maßnahme angekündigt worden ist.

(3) [1]Zwangsmaßnahmen nach Absatz 1 dürfen mit Zustimmung der Anstaltsleitung nur auf Anordnung und unter der Leitung einer Ärztin oder eines Arztes durchgeführt werden. [2]Die Anordnung bedarf zudem der vorherigen Zustimmung des gemäß§ 121a des Strafvollzugsgesetzes des Bundes zuständigen Amtsgerichts. [3]Das Recht zur Leistung erster Hilfe für den Fall, dass eine Ärztin oder ein Arzt nicht rechtzeitig erreichbar und mit dem Aufschub Lebensgefahr verbunden ist, bleibt unberührt. [4]Die Maßnahmen sind zu dokumentieren; dabei werden festgehalten:

1. die Gründe für die Anordnung,
2. ihr Zwangscharakter,
3. die Art und Weise ihrer Durchführung,
4. die ärztliche Überwachung der Wirksamkeit,
5. der Versuch, nach Absatz 2 Nummer 6 die Zustimmung der Gefangenen zu erhalten, und die Aufklärung nach Absatz 2 Nummer 7 und 8 sowie
6. sonstige Erklärungen der Gefangenen, die im Zusammenhang mit Zwangsmaßnahmen von Bedeutung sind, insbesondere auch mit freiem Willen erklärte, freiwillige Zustimmungen gemäß Absatz 2 Nummer 6.

(4) [1]Bei Gefahr im Verzug findet Absatz 2 Nummer 6 bis 8 keine Anwendung; die Zwangsmaßnahmen nach Absatz 1 dürfen ohne vorherige Zustimmung der Anstaltsleitung und des zuständigen Gerichts umgesetzt werden. [2]Die Zustimmungen der Anstaltsleitung und des Gerichts sind unverzüglich nachträglich einzuholen.

(5) [1]Eine zwangsweise körperliche Untersuchung der Gefangenen zum Gesundheitsschutz und zur Hygiene ist über Absatz 1 hinaus zulässig, wenn sie nicht mit einem körperlichen Eingriff verbunden ist. [2]Sie bedarf einer ärztlichen Anordnung und ist unter ärztlicher Leitung durchzuführen.

§ 68 Benachrichtigungspflicht

[1]Erkranken Gefangene schwer oder versterben sie, werden die Angehörigen benachrichtigt. [2]Dem Wunsch der Gefangenen, auch andere Personen zu benachrichtigen, soll entsprochen werden.

Abschnitt 12
Religionsausübung

§ 69 Seelsorge
[1]Den Gefangenen darf religiöse Betreuung durch einen Seelsorger oder eine Seelsorgerin nicht versagt werden. [2]Auf Wunsch ist ihnen zu helfen, mit einem Seelsorger oder einer Seelsorgerin in Verbindung zu treten.

§ 70 Religiöse Veranstaltungen
(1) Die Gefangenen haben das Recht, am Gottesdienst und an anderen religiösen Veranstaltungen teilzunehmen.
(2) Gefangene können von der Teilnahme am Gottesdienst oder anderen religiösen Veranstaltungen ausgeschlossen werden, wenn dies aus überwiegenden Gründen der Sicherheit oder Ordnung geboten ist; der Seelsorger oder die Seelsorgerin soll vorher gehört werden.

§ 71 Weltanschauungsgemeinschaften
Für Angehörige weltanschaulicher Bekenntnisse gelten § 50 Absatz 2, § 69 und § 70 entsprechend.

Abschnitt 13
Sicherheit und Ordnung

§ 72 Grundsatz
(1) Sicherheit und Ordnung der Anstalt bilden die Grundlage des auf die Erreichung des Vollzugsziels ausgerichteten Anstaltslebens und tragen dazu bei, dass in der Anstalt ein gewaltfreies Klima herrscht.
(2) Die Pflichten und Beschränkungen, die den Gefangenen zur Aufrechterhaltung der Sicherheit oder Ordnung der Anstalt auferlegt werden, sind so zu wählen, dass sie in einem angemessenen Verhältnis zu ihrem Zweck stehen und die Gefangenen nicht mehr und nicht länger als notwendig beeinträchtigen.

§ 73 Allgemeine Verhaltenspflichten
(1) [1]Die Gefangenen sind für das geordnete Zusammenleben in der Anstalt mitverantwortlich und müssen mit ihrem Verhalten dazu beitragen. [2]Ihr Bewusstsein hierfür ist zu entwickeln und zu stärken. [3]Die Gefangenen sollen zu einvernehmlicher Streitbeilegung befähigt werden.
(2) [1]Die Gefangenen haben die Anordnungen der Bediensteten zu befolgen, auch wenn sie sich durch diese beschwert fühlen. [2]Einen ihnen zugewiesenen Bereich dürfen sie nicht ohne Erlaubnis verlassen.
(3) Die Gefangenen haben ihren Haftraum und die ihnen von der Anstalt überlassenen Sachen in Ordnung zu halten und schonend zu behandeln.
(4) Die Gefangenen haben Umstände, die eine Gefahr für das Leben oder eine erhebliche Gefahr für die Gesundheit einer Person bedeuten, unverzüglich zu melden.

§ 74 Absuchung, Durchsuchung
(1) [1]Die Gefangenen, ihre Sachen und die Hafträume dürfen mit technischen Mitteln oder sonstigen Hilfsmitteln abgesucht und durchsucht werden. [2]Die Durchsuchung männlicher Gefangener darf nur von Männern, die Durchsuchung weiblicher Gefangener darf nur von Frauen vorgenommen werden. [3]Das Schamgefühl ist zu schonen.
(2) [1]Nur bei Gefahr im Verzug oder auf Anordnung des Anstaltsleiters oder der Anstaltsleiterin im Einzelfall ist es zulässig, eine mit einer Entkleidung verbundene körperliche Durchsuchung vorzunehmen. [2]Sie darf bei männlichen Gefangenen nur von Männern, bei weiblichen Gefangenen nur von Frauen vorgenommen werden. [3]Sie ist in einem geschlossenen Raum durchzuführen. [4]Andere Gefangene dürfen nicht anwesend sein.
(3) Der Anstaltsleiter oder die Anstaltsleiterin kann allgemein anordnen, dass die Gefangenen in der Regel bei der Aufnahme, nach Kontakten mit Besuchern oder Besucherinnen sowie nach jeder Abwesenheit von der Anstalt nach Absatz 2 zu durchsuchen sind.

§ 75 Sichere Unterbringung
Gefangene können in eine Anstalt verlegt werden, die zu ihrer sicheren Unterbringung besser geeignet ist, wenn in erhöhtem Maße die Gefahr der Entweichung oder Befreiung gegeben ist oder sonst ihr Verhalten, ihr Zustand oder ihre Kontakte zu anderen Gefangenen eine Gefahr für die Sicherheit der Anstalt darstellen.

§ 76 Maßnahmen zur Feststellung von Suchtmittelgebrauch

(1) [1]Zur Aufrechterhaltung der Sicherheit oder Ordnung der Anstalt kann der Anstaltsleiter oder die Anstaltsleiterin allgemein oder im Einzelfall Maßnahmen anordnen, die geeignet sind, den Gebrauch von Suchtmitteln festzustellen. [2]Diese Maßnahmen dürfen nicht mit einem körperlichen Eingriff verbunden sein.

(2) Wird verbotener Suchtmittelgebrauch festgestellt, können die Kosten der Maßnahmen den Gefangenen auferlegt werden.

§ 77 Festnahmerecht

[1]Gefangene, die entwichen sind oder sich sonst ohne Erlaubnis außerhalb der Anstalt aufhalten, können durch die Anstalt oder auf deren Veranlassung festgenommen und zurückgebracht werden. [2]Führt die Verfolgung oder die von der Anstalt veranlasste Fahndung nicht alsbald zur Wiederergreifung, so sind die weiteren Maßnahmen der Vollstreckungsbehörde zu überlassen.

§ 78 Besondere Sicherungsmaßnahmen

(1) Soweit in den nachfolgenden Absätzen nicht abweichend geregelt, können gegen Gefangene besondere Sicherungsmaßnahmen angeordnet werden, wenn nach ihrem Verhalten oder aufgrund ihres seelischen Zustandes in erhöhtem Maße die Gefahr der Entweichung, von Gewalttätigkeiten gegen Personen oder Sachen, der Selbsttötung oder der Selbstverletzung besteht.

(2) Als besondere Sicherungsmaßnahmen sind zulässig:

1. der Entzug oder die Vorenthaltung von Gegenständen,
2. die Beobachtung der Gefangenen, auch mit technischen Hilfsmitteln,
3. die Trennung von allen anderen Gefangenen (Absonderung),
4. die Beschränkung des Aufenthalts im Freien,
5. die Unterbringung in einem besonders gesicherten Haftraum ohne gefährdende Gegenstände und
6. die Fesselung und die Fixierung.

(3) Maßnahmen nach Absatz 2 Nummer 1 und 3 bis 5 sind auch zulässig, wenn die Gefahr einer Befreiung oder eine erhebliche Störung der Ordnung anders nicht vermieden oder behoben werden kann.

(4) Eine Absonderung von mehr als 24 Stunden Dauer ist nur zulässig, wenn sie zur Abwehr einer in der Person der Gefangenen liegenden Gefahr unerlässlich ist.

(5) [1]In der Regel dürfen Fesseln nur an den Händen oder an den Füßen angelegt werden. [2]Im Interesse der Gefangenen kann der Anstaltsleiter oder die Anstaltsleiterin eine andere Art der Fesselung anordnen. [3]Die Fesselung wird zeitweise gelockert, soweit dies notwendig ist.

(6) Eine Fesselung, durch welche die Bewegungsfreiheit der Gefangenen vollständig aufgehoben wird (Fixierung), ist nur zulässig, soweit und solange eine gegenwärtige erhebliche Gefahr von Gewalttätigkeiten gegen Personen, der Selbsttötung oder der Selbstverletzung besteht und die Fixierung zur Abwehr dieser Gefahr unerlässlich ist.

(7) Besteht die Gefahr der Entweichung, dürfen die Gefangenen bei einer Ausführung, Vorführung oder beim Transport gefesselt werden.

§ 79 Anordnung besonderer Sicherungsmaßnahmen, Verfahren

(1) [1]Vorbehaltlich des Absatzes 3 Satz 1 ordnet die Anstaltsleitung besondere Sicherungsmaßnahmen an; dies gilt auch für kurzfristige Fixierungen, die absehbar die Dauer von einer halben Stunde unterschreiten. [2]Bei Gefahr im Verzug können auch andere Bedienstete diese Maßnahmen vorläufig anordnen; die Entscheidung der Anstaltsleitung ist unverzüglich einzuholen.

(2) [1]Werden die Gefangenen ärztlich behandelt oder beobachtet oder bildet ihr seelischer Zustand den Anlass der besonderen Sicherungsmaßnahme, ist vor der Anordnung einer besonderen Sicherungsmaßnahme nach Absatz 1 eine ärztliche Stellungnahme einzuholen. [2]Ist dies wegen Gefahr im Verzug nicht möglich, wird die Stellungnahme unverzüglich nachträglich eingeholt.

(3) [1]Eine nicht nur kurzfristige Fixierung, die absehbar die Dauer von einer halben Stunde überschreitet, bedarf grundsätzlich der vorherigen Anordnung durch das gemäß § 121a des Strafvollzugsgesetzes des Bundes zuständige Amtsgericht. [2]Bei Gefahr im Verzug kann die Anordnung der Fixierung durch die Anstaltsleitung oder einen anderen zuständigen Bediensteten der Anstalt getroffen werden. [3]Sofern nicht die in Satz 4 benannten Ausnahmen vorliegen, ist die gerichtliche Entscheidung unverzüglich nachträglich einzuholen. [4]Eine richterliche Entscheidung ist nicht erforderlich, wenn bereits zu Beginn

der Fixierung abzusehen ist, dass die Entscheidung erst nach Wegfall des Grundes für die Fixierung ergehen wird, oder die Fixierung vor Herbeiführung der Entscheidung tatsächlich beendet und auch keine zeitnahe Wiederholung zu erwarten ist. [5]Ist eine richterliche Entscheidung beantragt und die Fixierung vor deren Erlangung beendet worden, ist dies dem Gericht unverzüglich mitzuteilen.

(4) [1]Die Entscheidung über die Anordnung besonderer Sicherungsmaßnahmen nach Absatz 1 oder Absatz 3 Satz 2 wird den Gefangenen mündlich eröffnet und mit einer kurzen Begründung schriftlich abgefasst. [2]Bei einer Fixierung nach Absatz 1 oder Absatz 3 Satz 2 haben die Anstalten darüber hinaus die Anordnung und die dafür maßgeblichen Gründe zu dokumentieren.

(5) [1]Im Übrigen haben die Anstalten bei allen Fixierungen den Verlauf, die Dauer, die Art der Überwachung und die Beendigung zu dokumentieren. [2]Nach Beendigung einer Fixierung, die nicht gerichtlich angeordnet wurde, sind die Gefangenen auf ihr Recht hinzuweisen, die Zulässigkeit der durchgeführten Maßnahme bei dem für die Überprüfung vollzuglicher Maßnahmen zuständigen Gericht überprüfen zu lassen; auch dieser Hinweis ist aktenkundig zu machen.

(6) Die Anstalten haben besondere Sicherungsmaßnahmen in angemessenen Abständen daraufhin zu überprüfen, ob und in welchem Umfang sie aufrechterhalten werden müssen; dies gilt insbesondere bei Fixierungen.

(7) [1]Besondere Sicherungsmaßnahmen nach § 78 Absatz 2 Nummer 3, 5 und 6 sind der Aufsichtsbehörde unverzüglich mitzuteilen, wenn sie länger als drei Tage aufrechterhalten werden. [2]Absonderung und Unterbringung im besonders gesicherten Haftraum an mehr als 30 Tagen innerhalb von zwölf Monaten bedürfen der Zustimmung der Aufsichtsbehörde.

(8) [1]Während der Absonderung oder der Unterbringung im besonders gesicherten Haftraum sowie während einer Fixierung sind die Gefangenen in besonderem Maße zu betreuen. [2]Sind die Gefangenen fixiert oder sind sie während der Absonderung oder der Unterbringung im besonders gesicherten Haftraum in einer anderen Art gefesselt, sind sie durch Bedienstete ständig und in unmittelbarem Sicht- und Sprechkontakt zu beobachten. [3]Für diese Aufgaben dürfen bei einer Fixierung nur Bedienstete eingesetzt werden, die in diese Aufgaben eingewiesen worden sind.

§ 80 Ärztliche Überwachung

(1) [1]Sind die Gefangenen in einem besonders gesicherten Haftraum untergebracht oder gefesselt, sucht sie eine Ärztin oder ein Arzt alsbald und in der Folge möglichst täglich auf. [2]Während einer Fixierung ist unverzüglich eine Ärztin oder ein Arzt herbeizuziehen. [3]Satz 1 gilt nicht bei einer Fesselung während einer Ausführung, Vorführung oder eines Transportes sowie bei Bewegungen innerhalb der Anstalt.

(2) Die Ärztin oder der Arzt ist regelmäßig zu hören, solange die Gefangenen länger als 24 Stunden abgesondert sind.

Abschnitt 14
Unmittelbarer Zwang

§ 81 Begriffsbestimmungen

(1) Unmittelbarer Zwang ist die Einwirkung auf Personen oder Sachen durch körperliche Gewalt, Hilfsmittel der körperlichen Gewalt oder durch Waffen.

(2) Körperliche Gewalt ist jede unmittelbare körperliche Einwirkung auf Personen oder Sachen.

(3) [1]Hilfsmittel der körperlichen Gewalt sind insbesondere Fesseln und Reizstoffe. [2]Waffen sind Hieb- und Schusswaffen.

(4) Es dürfen nur dienstlich zugelassene Hilfsmittel und Waffen verwendet werden.

§ 82 Allgemeine Voraussetzungen

(1) Soweit es zur Durchführung rechtmäßiger Vollzugs- und Sicherungsmaßnahmen erforderlich ist, dürfen Bedienstete gegen Gefangene unmittelbaren Zwang anwenden, wenn der damit verfolgte Zweck auf keine andere Weise erreicht werden kann.

(2) Gegen andere Personen darf unmittelbarer Zwang angewendet werden, wenn sie es unternehmen, Gefangene zu befreien oder widerrechtlich in die Anstalt einzudringen, oder wenn sie sich unbefugt darin aufhalten.

(3) Das Recht zu unmittelbarem Zwang aufgrund anderer Regelungen bleibt unberührt.

§ 83 Grundsatz der Verhältnismäßigkeit

(1) Unter mehreren möglichen und geeigneten Maßnahmen des unmittelbaren Zwangs sind diejenigen zu wählen, die Einzelne und die Allgemeinheit voraussichtlich am wenigsten beeinträchtigen.

(2) Unmittelbarer Zwang unterbleibt, wenn ein durch ihn zu erwartender Schaden erkennbar außer Verhältnis zu dem angestrebten Erfolg steht.

§ 84 Androhung

[1]Unmittelbarer Zwang ist vorher anzudrohen. [2]Die Androhung darf nur dann unterbleiben, wenn die Umstände sie nicht zulassen oder unmittelbarer Zwang sofort angewendet werden muss, um eine rechtswidrige Tat, die den Tatbestand eines Strafgesetzes erfüllt, zu verhindern oder eine gegenwärtige Gefahr abzuwenden.

§ 85 Schusswaffengebrauch

(1) [1]Der Gebrauch von Schusswaffen durch Bedienstete innerhalb der Anstalt ist verboten. [2]Das Recht zum Schusswaffengebrauch durch Polizeivollzugsbedienstete bleibt davon unberührt.

(2) Außerhalb der Anstalt dürfen Schusswaffen nach Maßgabe der Absätze 3 bis 6 von den dazu bestimmten Bediensteten nur bei Aus- und Vorführungen sowie bei Gefangenentransporten gebraucht werden.

(3) [1]Schusswaffen dürfen nur gebraucht werden, wenn andere Maßnahmen des unmittelbaren Zwangs bereits erfolglos waren oder keinen Erfolg versprechen. [2]Gegen Personen ist ihr Gebrauch nur zulässig, wenn der Zweck nicht durch Waffenwirkung gegen Sachen erreicht werden kann und nur, um angriffs- oder fluchtunfähig zu machen. [3]Ihr Gebrauch unterbleibt, wenn eine Gefährdung Unbeteiligter nicht ausgeschlossen werden kann.

(4) [1]Der Gebrauch von Schusswaffen ist vorher anzudrohen. [2]Als Androhung gilt auch ein Warnschuss. [3]Ohne Androhung dürfen Schusswaffen nur dann gebraucht werden, wenn dies zur Abwehr einer gegenwärtigen Gefahr für Leib oder Leben erforderlich ist.

(5) Gegen Gefangene dürfen Schusswaffen gebraucht werden,

1. wenn sie eine Waffe oder ein anderes gefährliches Werkzeug trotz wiederholter Aufforderung nicht ablegen,
2. wenn sie eine Meuterei (§ 121 Strafgesetzbuch) unternehmen oder
3. um ihre Entweichung zu vereiteln oder um sie wiederzuergreifen.

(6) Gegen andere Personen dürfen Schusswaffen gebraucht werden, wenn sie es unternehmen, Gefangene gewaltsam zu befreien.

Abschnitt 15

Disziplinarmaßnahmen

§ 86 Disziplinarmaßnahmen

(1) Soweit andere Formen der Konfliktregelung oder eine Verwarnung nicht ausreichen, können Disziplinarmaßnahmen angeordnet werden, wenn die Gefangenen rechtswidrig und schuldhaft

1. andere Personen verbal oder tätlich angreifen,
2. Lebensmittel oder fremde Sachen zerstören oder beschädigen,
3. in sonstiger Weise gegen Strafgesetze verstoßen oder eine Ordnungswidrigkeit begehen,
4. verbotene Gegenstände in die Anstalt einbringen, sich an deren Einbringung beteiligen, sie besitzen oder weitergeben,
5. unerlaubt Betäubungsmittel oder andere berauschende Stoffe konsumieren,
6. entweichen oder zu entweichen versuchen,
7. gegen Weisungen im Zusammenhang mit der Gewährung von Lockerungen verstoßen oder
8. wiederholt oder schwerwiegend gegen sonstige Pflichten verstoßen, die ihnen durch dieses Gesetz oder aufgrund dieses Gesetzes auferlegt sind, und dadurch das geordnete Zusammenleben in der Anstalt stören.

(2) Zulässige Disziplinarmaßnahmen sind

1. der Verweis,
2. die Beschränkung oder der Entzug des Fernsehempfangs oder anderer Geräte der Informations- und Unterhaltungselektronik bis zu drei Monaten,

3. die Beschränkung oder der Entzug der Gegenstände für die Freizeitbeschäftigung mit Ausnahme des Lesestoffs bis zu drei Monaten,
4. die Beschränkung oder der Entzug des Aufenthalts in Gemeinschaft oder der Teilnahme an einzelnen Freizeitveranstaltungen bis zu drei Monaten,
5. die Beschränkung des Einkaufs bis zu drei Monaten,
6. die Kürzung des Arbeitsentgelts um 10 Prozent bis zu drei Monaten,
7. der Entzug der zugewiesenen Arbeit bis zu vier Wochen und
8. der Arrest bis zu vier Wochen.

(3) Arrest darf nur wegen schwerer oder wiederholter Verfehlungen verhängt werden.

(4) Mehrere Disziplinarmaßnahmen können miteinander verbunden werden.

(5) Disziplinarmaßnahmen sind auch zulässig, wenn wegen derselben Verfehlung ein Straf- oder Bußgeldverfahren eingeleitet wird.

§ 87 Vollzug der Disziplinarmaßnahmen, Aussetzung zur Bewährung

(1) Disziplinarmaßnahmen werden in der Regel sofort vollstreckt.

(2) [1]Disziplinarmaßnahmen können ganz oder teilweise bis zu sechs Monaten zur Bewährung ausgesetzt werden. [2]Die Aussetzung zur Bewährung kann ganz oder teilweise widerrufen werden, wenn die Gefangenen die ihr zu Grunde liegenden Erwartungen nicht erfüllen.

(3) [1]Für die Dauer des Arrests werden die Gefangenen getrennt von anderen Gefangenen untergebracht. [2]Sie können in einem besonderen Arrestraum untergebracht werden, der den Anforderungen entsprechen muss, die an einen zum Aufenthalt bei Tag und Nacht bestimmten Haftraum gestellt werden. [3]Soweit nichts anderes angeordnet wird, ruhen die Befugnisse der Gefangenen zur Teilnahme an Maßnahmen außerhalb des Raumes, in dem Arrest vollstreckt wird, sowie die Befugnisse zur Ausstattung des Haftraums mit eigenen Gegenständen, zum Fernsehempfang und Einkauf. [4]Gegenstände für die Freizeitbeschäftigung mit Ausnahme des Lesestoffs sind nicht zugelassen. [5]Die Rechte zur Teilnahme am Gottesdienst und auf Aufenthalt im Freien bleiben unberührt.

§ 88 Disziplinarbefugnis

(1) [1]Disziplinarmaßnahmen ordnet der Anstaltsleiter oder die Anstaltsleiterin an. [2]Bei einer Verfehlung auf dem Weg in eine andere Anstalt zum Zweck der Verlegung ist der Leiter oder die Leiterin der Bestimmungsanstalt zuständig.

(2) Die Aufsichtsbehörde entscheidet, wenn sich die Verfehlung gegen den Anstaltsleiter oder die Anstaltsleiterin richtet.

(3) [1]Disziplinarmaßnahmen, die gegen die Gefangenen in einer anderen Anstalt oder während einer Untersuchungshaft angeordnet worden sind, werden auf Ersuchen vollstreckt. [2]§ 87 Absatz 2 bleibt unberührt.

§ 89 Verfahren

(1) [1]Der Sachverhalt ist zu klären. [2]Hierbei sind sowohl belastende als auch entlastende Umstände zu ermitteln. [3]Die betroffenen Gefangenen werden gehört. [4]Sie werden darüber unterrichtet, welche Verfehlungen ihnen zur Last gelegt werden. [5]Sie sind darauf hinzuweisen, dass es ihnen freisteht sich zu äußern. [6]Die Erhebungen werden in einer Niederschrift festgelegt; die Einlassung der Gefangenen wird vermerkt.

(2) [1]In geeigneten Fällen können zur Abwendung von Disziplinarmaßnahmen im Wege einvernehmlicher Streitbeilegung Vereinbarungen getroffen werden. [2]Insbesondere kommen die Wiedergutmachung des Schadens, die Entschuldigung bei Geschädigten, die Erbringung von Leistungen für die Gemeinschaft und der vorübergehende Verbleib im Haftraum in Betracht. [3]Erfüllen die Gefangenen die Vereinbarung, ist die Anordnung einer Disziplinarmaßnahme aufgrund dieser Verfehlung unzulässig.

(3) Mehrere Verfehlungen, die gleichzeitig zu beurteilen sind, werden durch eine Entscheidung geahndet.

(4) [1]Der Anstaltsleiter oder die Anstaltsleiterin soll sich vor der Entscheidung mit Personen besprechen, die maßgeblich an der Vollzugsgestaltung mitwirken. [2]Die Gefangenen erhalten Gelegenheit, sich ihm oder ihr gegenüber zu dem Ergebnis der Ermittlungen zu äußern. [3]Bei Schwangeren, stillenden Müttern oder bei Gefangenen, die sich in ärztlicher Behandlung befinden, ist zusätzlich ein Arzt oder eine Ärztin zu hören.

(5) Die Entscheidung wird den Gefangenen vom Anstaltsleiter oder von der Anstaltsleiterin mündlich eröffnet und mit einer kurzen Begründung schriftlich abgefasst.

(6) [1]Bevor Arrest vollzogen wird, ist ein Arzt oder eine Ärztin zu hören. [2]Während des Arrests stehen die Gefangenen unter ärztlicher Aufsicht. [3]Der Vollzug unterbleibt oder wird unterbrochen, wenn ansonsten die Gesundheit der Gefangenen gefährdet würde.

Abschnitt 16
Aufhebung von Maßnahmen, Beschwerde

§ 90 Aufhebung von Maßnahmen

(1) Die Aufhebung von Maßnahmen zur Regelung einzelner Angelegenheiten auf dem Gebiet des Vollzugs richtet sich nach den folgenden Absätzen, soweit dieses Gesetz keine abweichende Bestimmung enthält.

(2) Rechtswidrige Maßnahmen können ganz oder teilweise mit Wirkung für die Vergangenheit und die Zukunft zurückgenommen werden.

(3) Rechtmäßige Maßnahmen können ganz oder teilweise mit Wirkung für die Zukunft widerrufen werden, wenn

1. aufgrund nachträglich eingetretener oder bekannt gewordener Umstände die Maßnahmen hätten versagt werden können,
2. die Maßnahmen missbraucht werden oder
3. Weisungen nicht befolgt werden.

(4) [1]Begünstigende Maßnahmen dürfen nach den Absätzen 2 oder 3 nur aufgehoben werden, wenn die vollzuglichen Interessen an der Aufhebung in Abwägung mit dem schutzwürdigen Vertrauen der Betroffenen auf den Bestand der Maßnahmen erheblich überwiegen. [2]Davon ist auszugehen, wenn eine Maßnahme unerlässlich ist, um insbesondere die Sicherheit der Anstalt zu gewährleisten.

(5) Der gerichtliche Rechtsschutz nach Maßgabe der §§ 109 bis 121 des Strafvollzugsgesetzes des Bundes bleibt unberührt.

§ 91 Beschwerderecht

(1) Die Gefangenen erhalten Gelegenheit, sich in Angelegenheiten, die sie selbst betreffen, mit Wünschen, Anregungen und Beschwerden an den Anstaltsleiter oder die Anstaltsleiterin zu wenden.

(2) Besichtigen Bedienstete der Aufsichtsbehörde die Anstalt, so ist zu gewährleisten, dass die Gefangenen sich in Angelegenheiten, die sie selbst betreffen, an diese wenden können.

(3) Die Möglichkeit der Dienstaufsichtsbeschwerde bleibt unberührt.

Abschnitt 17
Kriminologische Forschung

§ 92 Evaluation, kriminologische Forschung

(1) Behandlungsprogramme für die Gefangenen sind auf der Grundlage wissenschaftlicher Erkenntnisse zu konzipieren, zu standardisieren und auf ihre Wirksamkeit hin zu überprüfen.

(2) Der Vollzug, insbesondere seine Aufgabenerfüllung und Gestaltung, die Umsetzung seiner Leitlinien sowie die Behandlungsprogramme und deren Wirkungen auf die Erreichung des Vollzugsziels, soll regelmäßig durch den kriminologischen Dienst, durch eine Hochschule oder durch eine andere Stelle wissenschaftlich begleitet und erforscht werden.

Abschnitt 18
Aufbau und Organisation der Anstalten

§ 93 Anstalten

(1) [1]Es werden Anstalten und Abteilungen eingerichtet, die den unterschiedlichen vollzuglichen Anforderungen Rechnung tragen. [2]Insbesondere sind sozialtherapeutische Abteilungen vorzusehen.

(2) [1]Es ist eine bedarfsgerechte Anzahl und Ausstattung von Plätzen für therapeutische Maßnahmen, schulische und berufliche Qualifizierung, Arbeitstraining und Arbeitstherapie sowie für Arbeit vorzusehen. [2]Entsprechendes gilt für Besuche, Freizeit, Sport und Seelsorge.

(3) Haft- und Funktionsräume sind zweckentsprechend auszustatten.

(4) Unterhalten private Unternehmen Betriebe in Anstalten, kann die technische und fachliche Leitung ihrem Personal übertragen werden.

§ 94 Festsetzung der Belegungsfähigkeit, Verbot der Überbelegung

(1) [1]Die Aufsichtsbehörde setzt die Belegungsfähigkeit der Anstalt so fest, dass eine angemessene Unterbringung der Gefangenen gewährleistet ist. [2]§ 93 Absatz 2 ist zu berücksichtigen.

(2) Hafträume dürfen nicht mit mehr Gefangenen als zugelassen belegt werden.

(3) Ausnahmen von Absatz 2 sind nur vorübergehend und nur mit Zustimmung der Aufsichtsbehörde zulässig.

§ 95 Anstaltsleitung

(1) [1]Der Anstaltsleiter oder die Anstaltsleiterin trägt die Verantwortung für den gesamten Vollzug und vertritt die Anstalt nach außen. [2]Er oder sie kann einzelne Aufgabenbereiche auf andere Bedienstete übertragen. [3]Die Aufsichtsbehörde kann sich die Zustimmung zur Übertragung vorbehalten.

(2) Für jede Anstalt ist ein Beamter oder eine Beamtin der Laufbahngruppe 2 zweites Einstiegsamt zum hauptamtlichen Leiter oder zur hauptamtlichen Leiterin zu bestellen.

§ 96 Bedienstete

(1) [1]Die Anstalt wird mit dem für die Erreichung des Vollzugsziels und die Erfüllung ihrer Aufgaben erforderlichen Personal, insbesondere Bediensteten des allgemeinen Vollzugsdienstes und des sozialen, psychologischen und pädagogischen Dienstes ausgestattet. [2]Fortbildung sowie Praxisberatung und -begleitung für die Bediensteten sind zu gewährleisten.

(2) [1]Für die Betreuung von Gefangenen mit angeordneter oder vorbehaltener Sicherungsverwahrung ist besonders qualifiziertes Personal vorzusehen und eine fachübergreifende Zusammenarbeit zu gewährleisten. [2]Soweit erforderlich, sind externe Fachkräfte einzubeziehen.

(3) Alle im Vollzug Tätigen arbeiten zusammen und wirken daran mit, dessen Aufgaben zu erfüllen.

§ 97 Seelsorger und Seelsorgerinnen

(1) Seelsorger oder Seelsorgerinnen werden im Einvernehmen mit dem für Justiz zuständigen Ministerium durch die jeweilige Religionsgemeinschaft im Haupt- oder Nebenamt bestellt oder vertraglich verpflichtet.

(2) Wenn die geringe Anzahl der Angehörigen einer Religionsgemeinschaft eine Seelsorge nach Absatz 1 nicht rechtfertigt, ist die seelsorgerische Betreuung auf andere Weise zuzulassen.

(3) Mit Zustimmung des für Justiz zuständigen Ministeriums darf der Anstaltsseelsorger oder die Anstaltsseelsorgerin sich freier Seelsorgehelfer oder Seelsorgehelferinnen bedienen und diese für Gottesdienste sowie für andere religiöse Veranstaltungen von außen hinzuziehen.

§ 98 Medizinische Versorgung

(1) Die ärztliche Versorgung ist sicherzustellen,

(2) [1]Die Pflege der Kranken soll von Bediensteten ausgeführt werden, die eine Erlaubnis nach dem Krankenpflegegesetz vom 16. Juli 2003 (BGBl. I S. 1442), das zuletzt durch Artikel 35 des Gesetzes vom 6. Dezember 2011 (BGBl. I S. 2515) geändert worden ist, besitzen. [2]Solange diese nicht zur Verfügung stehen, können auch Bedienstete eingesetzt werden, die eine sonstige Ausbildung in der Krankenpflege erfahren haben.

§ 99 Interessenvertretung der Gefangenen

[1]Den Gefangenen soll ermöglicht werden, Vertretungen zu wählen. [2]Diese können in Angelegenheiten von gemeinsamem Interesse, die sich ihrer Eigenart nach für eine Mitwirkung eignen, Vorschläge und Anregungen an die Anstalt herantragen. [3]Diese sollen mit der Vertretung erörtert werden.

§ 100 Hausordnung

[1]Der Anstaltsleiter oder die Anstaltsleiterin erlässt zur Gestaltung und Organisation des Vollzugsalltags eine Hausordnung auf der Grundlage dieses Gesetzes. [2]Die Aufsichtsbehörde kann sich die Genehmigung vorbehalten.

Abschnitt 19
Aufsicht, Beirat

§ 101 Aufsichtsbehörde

(1) Das für Justiz zuständige Ministerium führt die Aufsicht über die Anstalten (Aufsichtsbehörde).

(2) Die Aufsichtsbehörde kann sich Entscheidungen über Verlegungen und Überstellungen vorbehalten.

§ 102 Vollstreckungsplan, Vollzugsgemeinschaften

(1) Die Aufsichtsbehörde regelt die örtliche und sachliche Zuständigkeit der Anstalten in einem Vollstreckungsplan.

(2) Im Rahmen von Vollzugsgemeinschaften kann der Vollzug auch in Vollzugseinrichtungen anderer Länder vorgesehen werden.

§ 103 Beirat

(1) [1]Bei der Anstalt ist ein Beirat zu bilden. [2]Bedienstete dürfen nicht Mitglieder des Beirats sein. [3]Das für Justiz zuständige Ministerium wird ermächtigt, durch Rechtsverordnung das Verfahren der Bestellung des Beirats, seine Amtsdauer und die wesentlichen Punkte seiner Tätigkeit sowie die Anzahl und Entschädigung seiner Mitglieder zu regeln.

(2) [1]Die Mitglieder des Beirats wirken beratend bei der Gestaltung des Vollzugs und der Eingliederung der Gefangenen mit. [2]Sie fördern das Verständnis für den Vollzug und seine gesellschaftliche Akzeptanz und vermitteln Kontakte zu öffentlichen und privaten Einrichtungen.

(3) Der Beirat steht dem Anstaltsleiter oder der Anstaltsleiterin, den Bediensteten und den Gefangenen als Ansprechpartner zur Verfügung.

(4) [1]Die Mitglieder des Beirats können sich über die Unterbringung der Gefangenen und die Gestaltung des Vollzugs unterrichten und die Anstalt besichtigen. [2]Sie können die Gefangenen in ihren Räumen aufsuchen. [3]Unterhaltung und Schriftwechsel werden nicht überwacht.

(5) [1]Die Mitglieder des Beirats sind verpflichtet, außerhalb ihres Amtes über alle Angelegenheiten, die ihrer Natur nach vertraulich sind, besonders über Namen und Persönlichkeit der Gefangenen, Verschwiegenheit zu bewahren. [2]Dies gilt auch nach Beendigung ihres Amtes.

Abschnitt 20
Vollzug des Strafarrests

§ 104 Grundsatz

(1) Für den Vollzug des Strafarrests in Anstalten gelten die Bestimmungen dieses Gesetzes entsprechend, soweit § 105 nichts Abweichendes bestimmt.

(2) § 105 Absatz 1 bis 3, 7 und 8 gilt nicht, wenn Strafarrest in Unterbrechung einer anderen freiheitsentziehenden Maßnahme vollzogen wird.

§ 105 Besondere Bestimmungen

(1) Strafarrestanten sollen im offenen Vollzug untergebracht werden.

(2) Eine gemeinsame Unterbringung ist nur mit Einwilligung der Strafarrestanten zulässig.

(3) Besuche, Telefongespräche und Schriftwechsel dürfen nur untersagt oder überwacht werden, wenn dies aus Gründen der Sicherheit oder Ordnung der Anstalt notwendig ist.

(4) Den Strafarrestanten soll gestattet werden, einmal wöchentlich Besuch zu empfangen.

(5) Strafarrestanten dürfen eigene Kleidung tragen und eigenes Bettzeug benutzen, wenn Gründe der Sicherheit nicht entgegenstehen und sie für Reinigung, Instandsetzung und regelmäßigen Wechsel auf eigene Kosten sorgen.

(6) Sie dürfen Nahrungs- und Genussmittel sowie Mittel zur Körperpflege in angemessenem Umfang durch Vermittlung der Anstalt auf eigene Kosten erwerben.

(7) Eine mit einer Entkleidung verbundene körperliche Durchsuchung ist nur bei Gefahr im Verzug zulässig.

(8) Zur Vereitelung einer Entweichung und zur Wiederergreifung dürfen Schusswaffen nicht gebraucht werden.

Abschnitt 21
[aufgehoben]

§§ 106–116 *[aufgehoben]*

Abschnitt 22
Schlussbestimmungen

§ 117 Einschränkung von Grundrechten
Durch dieses Gesetz werden die Rechte auf körperliche Unversehrtheit und Freiheit der Person (Artikel 2 Absatz 2 Satz 1 und 2 des Grundgesetzes) und auf Unverletzlichkeit des Brief-, Post- und Fernmeldegeheimnisses (Artikel 10 des Grundgesetzes) eingeschränkt.

§ 118 Inkrafttreten
Dieses Gesetz tritt am 1. Juni 2013 in Kraft.

Das vorstehende Gesetz wird hiermit ausgefertigt. Es ist im Gesetz- und Verordnungsblatt für Mecklenburg-Vorpommern zu verkünden.

Gesetz über Hilfen und Schutzmaßnahmen für Menschen mit psychischen Krankheiten (Psychischkrankengesetz – PsychKG M-V)

Vom 14. Juli 2016 (GVOBl. M-V S. 593)
(GS Meckl.-Vorp. Gl. Nr. 2127-6)
zuletzt geändert durch Art. 1 1. ÄndG vom 13. Dezember 2018 (GVOBl. M-V S. 410)

Der Landtag hat das folgende Gesetz beschlossen:

Inhaltsübersicht

Erster Abschnitt
Allgemeines

§ 1 Anwendungsbereich

(1) Dieses Gesetz regelt
1. die Hilfen für Menschen mit psychischen Krankheiten,
2. die Maßnahmen gegenüber Menschen mit psychischen Krankheiten,
3. a) die Unterbringung von Menschen mit psychischen Krankheiten nach diesem Gesetz, soweit das Verfahren nicht in dem Gesetz über das Verfahren in Familiensachen und in den Angelegenheiten der freiwilligen Gerichtsbarkeit geregelt ist,
   b) den Vollzug der als Maßregel der Besserung und Sicherung angeordneten Unterbringung nach § 61 Nummer 1 und 2 des Strafgesetzbuches (Maßregelvollzug), insbesondere auch auf der Grundlage der §§ 7 und 73 des Jugendgerichtsgesetzes und der §§ 81 und 126a der Strafprozessordnung.

(2) Menschen mit psychischen Krankheiten im Sinne dieses Gesetzes sind Personen, bei denen eine geistige oder seelische Krankheit oder Störung von erheblichem Ausmaß vorliegt oder die an einer mit dem Verlust der Selbstkontrolle einhergehenden Abhängigkeit von Suchtstoffen leiden oder bei denen Anzeichen einer solchen Krankheit oder Störung vorliegen.

§ 2 Grundsatz

[1]Bei allen Maßnahmen aufgrund dieses Gesetzes ist auf das Befinden der Menschen mit psychischen Krankheiten besondere Rücksicht zu nehmen. [2]Ihre Würde ist zu achten und ihr Persönlichkeitsrecht zu wahren.

Zweiter Abschnitt
Allgemeine Bestimmungen

§ 3 Ziel und Art der Hilfen

(1) [1]Ziel der Hilfen ist es, durch rechtzeitige und der Art der Erkrankung angemessene medizinische (psychiatrische oder sonstige ärztliche oder psychotherapeutische oder psychologische) Behandlung oder sozialpsychiatrische Beratung und persönliche Betreuung sowie durch Vermittlung oder Durchführung geeigneter Maßnahmen
1. die selbstständige Lebensführung und Teilhabe beeinträchtigende Maßnahmen, insbesondere eine Unterbringung, entbehrlich zu machen (vorsorgende Hilfe),
2. während einer Unterbringung zu versuchen, diese zu verkürzen und die Wiedereingliederung vorzubereiten (ergänzende Hilfe) oder
3. nach einer Unterbringung die Wiedereingliederung in die Gemeinschaft zu erleichtern, zu fördern und eine erneute Unterbringung zu verhindern (nachgehende Hilfe).

[2]Die vor sorgende und nachgehende Hilfe werden nach Möglichkeit so gewährt, dass die Menschen mit psychischen Krankheiten sie in Anspruch nehmen können, ohne ihren gewohnten Lebensbereich aufzugeben. [3]Befinden sich die Menschen mit psychischen Krankheiten in medizinischer Behandlung oder Beratung, werden die Hilfen zusätzlich gewährt.

(2) Die Hilfen sollen nach Möglichkeit ferner bei Personen, die mit Menschen mit psychischen Krankheiten in Beziehung stehen, Verständnis für die besondere Lage der Menschen mit psychischen Krankheiten wecken und insbesondere die Bereitschaft zur Mitwirkung bei der Behebung von Schwierigkeiten der Menschen mit psychischen Krankheiten erhalten und fördern.

(3) [1]Art, Ausmaß und Dauer der Hilfen richten sich, soweit dieses Gesetz nicht bestimmte Maßnahmen vorschreibt, nach den Besonderheiten des Einzelfalles. [2]Hilfen nach diesem Gesetz werden nur geleistet, wenn sie freiwillig angenommen werden.

§ 4 Anspruch auf Hilfen

[1]Auf die Hilfen nach § 3 Absatz 1 Nummer 1 und 3 besteht ein Rechtsanspruch. [2]Sie sind von dem Träger dieser Hilfen zu gewähren, sobald bekannt wird, dass die in § 1 Absatz 1 Nummer 1 in Verbindung mit Absatz 2 bezeichneten Voraussetzungen vorliegen.

§ 5 Träger der Hilfen

[1]Für die Gewährung der Hilfen sind die Landräte der Landkreise und Oberbürgermeister der kreisfreien Städte sachlich zuständig. [2]Örtlich zuständig ist der Landrat des Landkreises oder der Oberbürgermeister der kreisfreien Stadt, in dem oder in der die Hilfesuchenden ihren Wohnsitz haben. [3]Die Landkreise und kreisfreien Städte nehmen die in den Sätzen 1 und 2 genannten Aufgaben im übertragenden Wirkungskreis wahr. [4]Die Fachaufsicht übt das für Gesundheit zuständige Ministerium aus.

§ 6 Sozialpsychiatrischer Dienst und Psychiatriekoordination

(1) [1]Zur Gewährung der Hilfen richten die Landkreise und kreisfreien Städte einen Sozialpsychiatrischen Dienst ein. [2]Die Leitung des Sozialpsychiatrischen Dienstes soll einer Fachärztin oder einem Facharzt für Psychiatrie oder für Psychiatrie und Psychotherapie übertragen werden. [3]Der Sozialpsychiatrische Dienst ist mit dem für die Aufgabenstellung angemessenen und bedarfsgerechten medizinischen, psychiatrischen, psychotherapeutischen, psychologischen, sozialpädagogischen und sozialpsychiatrischen Fachpersonal auszustatten.

(2) Der Sozialpsychiatrische Dienst soll mit den psychiatrischen Krankenhäusern und sonstigen psychiatrischen Einrichtungen, den niedergelassenen Ärztinnen oder Ärzten, den niedergelassenen Psychotherapeutinnen oder Psychotherapeuten, den niedergelassenen Kinder- und Jugendlichenpsychotherapeutinnen oder Kinder- und Jugendlichenpsychotherapeuten, den Trägem der Sozial- und Jugendhilfe, den Verbänden der freien Wohlfahrtspflege, Selbsthilfegruppen, mit den mit Menschen mit psychischen Krankheiten in Beziehung stehenden Personen, anderen in Betracht kommenden Organisationen, Einrichtungen und Behörden zur Unterstützung und Ergänzung der eigenen Maßnahmen Zusammenarbeiten.

(3) [1]Die Landkreise und kreisfreien Städte bestellen Psychiatriekoordinatorinnen oder Psychiatriekoordinatoren, die diese Funktion hauptamtlich ausüben. [2]Sie koordinieren in Zusammenarbeit mit den in Absatz 2 genannten Stellen die Betreuung der Menschen mit psychischen Krankheiten in ihrem Zuständigkeitsbereich. [3]§ 5 Satz 3 und 4 gilt entsprechend.

Dritter Abschnitt

Vorsorgende Hilfe und Maßnahmen

§ 7 Gewährung und Durchführung der vorsorgenden Hilfe

(1) [1]Die vorsorgende Hilfe ist in Zusammenarbeit mit den in § 6 Absatz 2 genannten Stellen zu gewähren und durchzuführen. [2]Zur vorsorgenden Hilfe gehören insbesondere:

1. das Abhalten von regelmäßigen Sprechstunden unter der Leitung einer Fachärztin oder eines Facharztes für Psychiatrie oder für Psychiatrie und Psychotherapie, ausnahmsweise einer in der Psychiatrie erfahrenen Ärztin oder eines Arztes,
2. die Vornahme von Hausbesuchen, wenn dies zur Gewährung oder zur Durchführung der Hilfe angezeigt ist,
3. die Vermittlung von Hilfe und Leistungen für Menschen mit psychischen Krankheiten, die von anderen Anbietern und Trägern erbracht werden,
4. die Kooperation mit Anbietern und Trägem von Hilfe und Leistungen für Menschen mit psychischen Krankheiten,
5. die Beteiligung an der Koordination der Hilfs- und Leistungsangebote für Menschen mit psychischen Krankheiten.

(2) [1]Die vorsorgende Hilfe ist nur insoweit anzubieten, wie Menschen mit psychischen Krankheiten Leistungen nach dem Sozialgesetzbuch nicht nutzen können oder von diesen keinen oder nur geringen Nutzen haben. [2]Die vorsorgende Hilfe ist so auszugestalten, dass sie den Bedürfnissen der Menschen mit psychischen Krankheiten und den Besonderheiten ihrer Störungen gerecht wird. [3]Eine stationäre Behandlung soll nur dann vermittelt werden, wenn das Ziel der vorsorgenden Hilfe nicht auf anderem Wege erreicht werden kann.

(3) Ehrenamtliche Hilfe und Selbsthilfe sind zu fördern und in die Versorgung von Menschen mit psychischen Krankheiten einzubeziehen.

§ 8 Maßnahmen gegenüber Menschen mit psychischen Krankheiten

(1) [1]Wenn eine Sachlage besteht, bei der bei ungehindertem Ablauf des objektiv zu erwartenden Geschehens im konkreten Einzelfall in absehbarer Zeit mit hinreichender Wahrscheinlichkeit (bevorstehende Gefahr), Menschen mit psychischen Krankheiten ihre Gesundheit, ihr Leben oder andere eigene bedeutende Rechtsgüter oder bedeutende Rechtsgüter Dritter schädigen, hat der Sozialpsychiatrische Dienst

1. diese zunächst aufzufordern, sich innerhalb einer zu bestimmenden Frist beraten und bei einer Ärztin oder einem Arzt ihrer Wahl untersuchen zu lassen und diese zu ermächtigen, den Sozialpsychiatrischen Dienst von der Übernahme der Behandlung zu unterrichten,
2. wenn diese der Aufforderung nicht folgen, einen Hausbesuch vorzunehmen und
3. wenn angezeigt, eine ärztliche Untersuchung durchzuführen.

[2]Im begründeten Ausnahmefall kann von der vorstehenden Reihenfolge abgewichen werden.

(2) Die vom Sozialpsychiatrischen Dienst beauftragten Personen sind befugt, die Wohnung der Menschen mit psychischen Krankheiten zu betreten und diese ärztlich zu untersuchen, wenn dies zur Abwehr von gegenwärtigen Gefahren für Gesundheit, Leben oder andere bedeutende Rechtsgüter der Menschen mit psychischen Krankheiten oder Dritter aufgrund ihrer psychischen Erkrankung erforderlich ist.

(3) Eine gegenwärtige Gefahr ist eine Sachlage, bei der das schädigende Ereignis bereits eingetreten ist oder unmittelbar oder in allernächster Zeit mit an Sicherheit grenzender Wahrscheinlichkeit bevorsteht.

(4) [1]Der Sozialpsychiatrische Dienst teilt das Ergebnis der Untersuchung nach Absatz 1 Satz 1 Nummer 3 den Menschen mit psychischen Krankheiten in geeigneter Weise mit, sofern eine Verständigung mit ihnen wegen ihres Gesundheitszustandes möglich ist. [2]Ist bei einer vollständigen Auskunft mit schwerwiegenden gesundheitlichen Nachteilen bei den Menschen mit psychischen Krankheiten zu rechnen, sollen die entsprechenden Inhalte unter Berücksichtigung des Gesundheitszustandes an die Menschen mit psychischen Krankheiten vermittelt werden. [3]Die Art und der Umfang der Auskunftserteilung sind mit einer Begründung in den Akten zu vermerken. [4]Begeben sich die Menschen mit psychischen Krankheiten nach der Untersuchung wegen ihrer psychischen Erkrankung in medizinische Behandlung, so teilt der Sozialpsychiatrische Dienst das Untersuchungsergebnis der behandelnden Ärztin oder dem Arzt oder der behandelnden Psychotherapeutin oder dem Psychotherapeuten oder der behandelnden Kinder- und Jugendlichenpsychotherapeutin oder dem Kinder- und Jugendlichenpsychotherapeuten mit.

Vierter Abschnitt
Unterbringung

Erster Unterabschnitt
Voraussetzungen, Zweck und Einrichtungen

§ 9 Begriff der Unterbringung

(1) Eine Unterbringung im Sinne von § 1 Absatz 1 Nummer 3 Buchstabe a liegt vor, wenn Menschen mit psychischen Krankheiten gegen ihren Willen oder im Zustand der Willenlosigkeit in eine Einrichtung gemäß § 12 Absatz 1 eingewiesen worden sind und dort zurückgehalten werden.

(2) Eine Unterbringung im Sinne dieses Gesetzes liegt auch dann vor, wenn die Einweisung oder das Zurückhalten ohne Einwilligung des oder der Personensorgeberechtigten oder, soweit die Menschen mit psychischen Krankheiten nicht einwilligungsfähig sind, ohne Zustimmung einer anderen gesetzlichen Vertreterin oder eines anderen gesetzlichen Vertreters erfolgt, deren oder dessen Aufgabenkreis das Recht zur Aufenthaltsbestimmung oder die Sorge für die Gesundheit umfasst.

§ 10 Voraussetzungen der Unterbringung

(1) Eine Unterbringung von Menschen mit psychischen Krankheiten nach § 1 Absatz 1 Nummer 3 Buchstabe a kommt nur in Betracht, wenn andere Hilfen und Maßnahmen nach diesem Gesetz erfolglos

waren, nicht durchgeführt werden konnten oder nicht möglich sind und die Voraussetzungen nach Absatz 2 vorliegen.

(2) Die Unterbringung von Menschen mit psychischen Krankheiten ist nur zulässig, wenn dies zur Abwehr von gegenwärtigen Gefahren für Gesundheit, Leben oder andere bedeutende Rechtsgüter der Menschen mit psychischen Krankheiten oder Dritter aufgrund ihrer psychischen Erkrankung erforderlich ist.

(3) Die fehlende Bereitschaft, sich einer notwendigen medizinischen Behandlung zu unterziehen, rechtfertigt für sich allein keine Unterbringung.

§ 11 Zweck und Ziel der Unterbringung

Zweck der Unterbringung nach § 1 Absatz 1 Nummer 3 Buchstabe a ist es, die in § 10 Absatz 2 genannten Gefahren abzuwenden und die Menschen mit psychischen Krankheiten nach Maßgabe dieses Gesetzes mit dem Ziel zu behandeln, die in § 10 Absatz 2 genannten Gefahren zu beseitigen, um dadurch die Dauer der Unterbringung zu verkürzen und die Wiedereingliederung vorzubereiten.

§ 12 Einrichtungen

(1) Die Unterbringung erfolgt in psychiatrischen Krankenhäusern oder psychiatrischen Abteilungen in einem Krankenhaus (Einrichtungen).

(2) [1]Die Unterbringung wird in Einrichtungen durchgeführt, die durch geeignete Maßnahmen gegen Entweichen der Menschen mit psychischen Krankheiten gesichert sind. [2]Eine geeignete Maßnahme kann auch darin bestehen, den Menschen mit psychischen Krankheiten zu untersagen, die Einrichtung zu verlassen. [3]Die Einrichtungen müssen so gegliedert und ausgestattet sein, dass eine auf die unterschiedlichen Anforderungen abgestimmte Behandlung ermöglicht und die Wiedereingliederung der Menschen mit psychischen Krankheiten gefördert wird. [4]Insbesondere müssen die Voraussetzungen für eine offene und geschlossene Unterbringung sowie für die gesonderte Behandlung von Kindern, Jugendlichen und Heranwachsenden gegeben sein.

(3) [1]Die Befugnis zur Durchführung der Unterbringung in eigenem Namen und in Handlungsformen des öffentlichen Rechts kann geeigneten juristischen Personen des privaten Rechts mit deren Zustimmung widerruflich verliehen (Beleihung) oder Einrichtungen in öffentlich-rechtlicher Trägerschaft übertragen werden. [2]Das für Gesundheit zuständige Ministerium überträgt die Aufgaben nach Satz 1 durch Verwaltungsakt oder öffentlich-rechtlichen Vertrag.

(4) [1]Mit dem Verwaltungsakt oder in dem öffentlich-rechtlichen Vertrag sind alle wesentlichen Rechte und Pflichten der Beteiligten oder Vertragspartner zu regeln. [2]Darin sind insbesondere aufzunehmen, dass

1. in den Einrichtungen jederzeit die zur ordnungsgemäßen Durchführung der Unterbringung erforderlichen personellen, medizinischen, sachlichen, baulichen und organisatorischen Voraussetzungen gegeben sind,
2. das eingesetzte Personal über die dafür notwendige Fachkunde und persönliche Eignung verfügt und arbeitsvertraglich an das vorliegende Gesetz sowie umfassend an die Weisungen der in den Absätzen 6 und 7 genannten Behörden gebunden wird,
3. die juristischen Personen des privaten Rechts sowie das Personal von erwerbswirtschaftlichen Motiven und Zwängen freigestellt sind und bei der Durchführung der nach Satz 1 übertragenen hoheitlichen Aufgaben keinen Gewinn aufgrund der Anzahl der untergebrachten Menschen mit psychischen Krankheiten und deren Unterbringungsdauer erzielen,
4. die Besetzung der Stellen der ärztlichen Leitung, der Pflegedienstleitung und der oder des für die Sicherheit Verantwortlichen sowie deren jeweilige Stellvertretung sowie die Ausgestaltung von deren Verträgen im Einvernehmen mit dem für Gesundheit zuständigen Ministerium erfolgt,
5. die Einstellung von an der Durchführung der Unterbringung beteiligtem Personal von einem auf die persönliche und fachliche Eignung bezogenen Einwilligungsvorbehalt der ärztlichen Leitung der Einrichtung abhängig ist,
6. die Aufnahme- und Behandlungspflichten sowie die Ausgestaltung und Organisation der Durchführung der Unterbringung einschließlich Maßnahmen zum Qualitätsmanagement geregelt sind,
7. Weisungen durch die Geschäftsführung der juristischen Personen des privaten Rechts im Zuständigkeitsbereich der ärztlichen Leitung, der Pflegedienstleitung und der oder des für die Sicherheit

Verantwortlichen und deren Stellvertretung im Hinblick auf die Durchführung der Unterbringung ausgeschlossen sind,
8. im Fall eines Streiks die gebotene Vermeidung unverhältnismäßiger Gemeinwohlschädigungen oder unverhältnismäßiger Beeinträchtigungen Dritter durch Notdienste sichergestellt wird,
9. eine Aufgabenübertragung auf Dritte oder der Abschluss eines Beherrschungsvertrags (§ 291 des Aktiengesetzes) nicht ohne vorherige Zustimmung des für Gesundheit zuständige Ministeriums möglich sind.

(5) [1]Die ärztliche Leitung, die Pflegedienstleitung und der oder die für die Sicherheit Verantwortliche sowie deren jeweilige Stellvertretung werden durch das für Gesundheit zuständige Ministerium widerruflich durch Verwaltungsakt ermächtigt, die ihnen nach diesem Gesetz übertragenen Aufgaben im Auftrag der nach Absatz 2 beliehenen Einrichtungen und in Handlungsformen des öffentlichen Rechts wahrzunehmen. [2]Sie treffen die Ermessensentscheidungen, die in Grundrechte der Menschen mit psychischen Krankheiten eingreifen. [3]Die Ermächtigung nach Satz 1 setzt die persönliche und fachliche Eignung für die Wahrnehmung der Aufgaben voraus.

(6) [1]Die an der Unterbringung beteiligten Einrichtungen und Personen unterliegen der Fachaufsicht des zuständigen Landrates oder Oberbürgermeisters. [2]Diese haben zu diesem Zweck ein unbeschränktes Weisungsrecht gegenüber den an der Unterbringung beteiligten Einrichtungen und Personen. [3]Die §§ 16 und 17 des Landesorganisationsgesetzes finden entsprechende Anwendung.

(7) [1]Im Rahmen der Fachaufsicht ist dem zuständigen Landrat oder Oberbürgermeister insbesondere Auskunft zu erteilen und Einsicht in Akten und sonstige Schriftstücke zu gewähren, soweit dies für die konkrete Aufgabenerfüllung erforderlich ist. [2]Ihm ist jederzeit Zutritt zu den Räumlichkeiten, in dem die Unterbringung durchgeführt wird, zu gewähren.

(8) Die regionalen Versorgungsbereiche der Einrichtungen werden durch das für Gesundheit zuständige Ministerium im Benehmen mit den kommunalen Landesverbänden festgelegt.

Zweiter Unterabschnitt

Verfahren der Unterbringung

§ 13 Unterbringungsverfahren

(1) [1]Die Anordnung einer freiheitsentziehenden Unterbringung durch das Gericht kann nur auf Antrag des örtlich zuständigen Landrates oder Oberbürgermeisters erfolgen. [2]örtlich zuständig ist der Landrat oder Oberbürgermeister der kreisfreien Stadt, in dessen Gebiet der Anlass für die Unterbringung festgestellt wird. [3]Der Antrag ist zu begründen und das Ermittlungsergebnis sowie ein Zeugnis einer Ärztin oder eines Arztes mit Erfahrung auf dem Gebiet der Psychiatrie oder bei Minderjährigen ein Zeugnis einer Ärztin oder eines Arztes mit Erfahrung auf dem Gebiet der Kinder- und Jugendpsychiatrie sind beizufügen. [4]Aus dem Zeugnis muss hervorgehen, aus welchen Tatsachen und ärztlichen Beurteilungen sich ergibt, dass die Unterbringung geboten ist. [5]Das Zeugnis muss auf einer persönlichen Untersuchung beruhen, die bei Antragstellung höchstens eine Woche zurückliegt.

(2) Vor Anordnung einer Unterbringungsmaßnahme kann das Gericht neben den nach § 315 Absatz 1 Nummer 2 und 3, Absatz 3 und Absatz 4 Satz 1 des Gesetzes über das Verfahren in Familiensachen und in den Angelegenheiten der freiwilligen Gerichtsbarkeit beteiligten Personen und Stellen, insbesondere
1. dem Sozialpsychiatrischen Dienst,
2. der niedergelassenen behandelnden Ärztin oder dem Arzt oder der niedergelassenen behandelnden Psychotherapeutin oder dem Psychotherapeuten oder der niedergelassenen behandelnden Kinder- und Jugendlichenpsychotherapeutin oder dem Kinder- und Jugendlichenpsychotherapeuten und
3. der behandelnden Ärztin oder dem Arzt oder der behandelnden Psychotherapeutin oder dem Psychotherapeuten oder der behandelnden Kinder- und Jugendlichenpsychotherapeutin oder dem Kinder- und Jugendlichenpsychotherapeuten oder der behandelnden Psychologin oder dem Psychologen der Einrichtungen, sofern eine sofortige Unterbringung vorgenommen worden ist oder die Menschen mit psychischen Krankheiten sich schon in der Einrichtung befinden,

Gelegenheit zur Äußerung geben.

§ 14 Vollzug der Unterbringung

(1) [1]Die Zuführung zu den Einrichtungen wird von dem Landrat oder dem Oberbürgermeister vollzogen. [2]Die Verfahrenspflegerin oder der Verfahrenspfleger und der Sozialpsychiatrische Dienst sind zu unterrichten. [3]Haben die Menschen mit psychischen Krankheiten eine Rechtsanwältin oder einen Rechtsanwalt beauftragt, ist auch diese oder dieser zu unterrichten.

(2) [1]Der Vollzug durch den Landrat oder den Oberbürgermeister endet mit der Aufnahme in der zuständigen Einrichtung. [2]Der weitere Vollzug erfolgt durch die Einrichtung.

§ 15 Sofortige Unterbringung

(1) [1]Eine Unterbringung ohne vorherige gerichtliche Entscheidung (sofortige Unterbringung) kann durch den nach § 13 Absatz 1 Satz 2 örtlich zuständigen Landrat oder Oberbürgermeister vorgenommen werden, wenn

1. eine gerichtliche Entscheidung nicht rechtzeitig herbeigeführt werden kann,
2. die sofortige Unterbringung das einzige Mittel ist, um die von den Menschen mit psychischen Krankheiten aufgrund ihres krankheitsbedingten Verhaltens ausgehende gegenwärtige Gefahr im Sinne des § 10 abzuwenden und
3. ein ärztliches Zeugnis über den Gesundheitszustand der Menschen mit psychischen Krankheiten aufgrund einer frühestens am Vortage durchgeführten Untersuchung vorliegt.

[2]Vor der Entscheidung über die sofortige Unterbringung durch den Landrat oder den Oberbürgermeister bedarf es durch diese grundsätzlich einer persönlichen Inaugenscheinnahme der Menschen mit psychischen Krankheiten. [3]Abweichungen hiervon sind besonders zu begründen und zu dokumentieren. [4]Die persönliche Inaugenscheinnahme kann auch in der Einrichtung erfolgen. [5]Bis zur Bekanntgabe der Entscheidung über die sofortige Unterbringung kann der Landrat oder der Oberbürgermeister freiheitsentziehende Maßnahmen anordnen.

(2) [1]Die aufnehmende Ärztin oder der Arzt in der Einrichtung hat bei der Aufnahme unverzüglich zu überprüfen, ob die Voraussetzungen für die Unterbringung vorliegen. [2]Liegen diese nicht vor, sind die Menschen mit psychischen Krankheiten unverzüglich zu entlassen und der Landrat oder der Oberbürgermeister zu informieren.

(3) [1]Der Landrat oder Oberbürgermeister hat unverzüglich beim Gericht einen Antrag auf Anordnung der Unterbringung nach Absatz 1 zu stellen. [2]Die Menschen mit psychischen Krankheiten sind in geeigneter Weise zu unterrichten. [3]Ihnen ist Gelegenheit zu geben, Angehörige oder eine sonstige Vertrauensperson zu benachrichtigen. [4]Bei Minderjährigen sind die Personensorgeberechtigten zu unterrichten. [5]Entsprechend ist bei Menschen mit psychischen Krankheiten zu verfahren, für die eine gesetzliche Vertreterin oder ein gesetzlicher Vertreter bestellt ist, deren Aufgabenkreis das Recht zur Aufenthaltsbestimmung oder die Sorge für die Gesundheit umfasst. [6]Haben die Menschen mit psychischen Krankheiten eine Rechtsanwältin oder einen Rechtsanwalt beauftragt, ist auch diese oder dieser zu unterrichten.

(4) [1]Wird eine Unterbringung nicht bis zum Ablauf des auf den Beginn der sofortigen Unterbringung folgenden Tages durch das Gericht angeordnet, sind die Menschen mit psychischen Krankheiten unverzüglich zu entlassen, es sei denn, sie verbleiben aufgrund einer rechtswirksamen Einwilligung in der Einrichtung. [2]Von der Entlassung sind das Gericht, die in § 13 Absatz 2 genannten und die nach § 315 Absatz 1 Nummer 2 und 3, Absatz 3 und Absatz 4 Satz 1 des Gesetzes über das Verfahren in Familiensachen und in den Angelegenheiten der freiwilligen Gerichtsbarkeit beteiligten Personen und Stellen zu informieren.

(5) Personenbezogene Daten der Menschen mit psychischen Krankheiten oder Dritter, die den in Absatz 1 genannten Behörden bei der sofortigen Unterbringung bekannt werden, dürfen nur zum Vollzug dieses Gesetzes und des Gesetzes über das Verfahren in Familiensachen und in den Angelegenheiten der freiwilligen Gerichtsbarkeit verwendet, insbesondere übermittelt oder offenbart werden.

Dritter Unterabschnitt
Durchführung der Unterbringung

§ 16 Eingangsuntersuchung

(1) [1]Die ärztliche Leitung der Einrichtung veranlasst, dass die Menschen mit psychischen Krankheiten sofort nach der Einweisung ärztlich untersucht werden. [2]Hierbei soll die Art der vorzunehmenden Heilbehandlung festgelegt und dokumentiert werden.

(2) Ergibt die ärztliche Untersuchung, dass die Voraussetzungen der Unterbringung nach § 1 Absatz 1 Nummer 3 Buchstabe a nicht mehr vorliegen, hat die ärztliche Leitung der Einrichtung

1. den Landrat oder den Oberbürgermeister,
2. die in § 13 Absatz 2 genannten und die nach § 315 Absatz 1 Nummer 2 und 3, Absatz 3 und Absatz 4 Satz 1 des Gesetzes über das Verfahren in Familiensachen und in den Angelegenheiten der freiwilligen Gerichtsbarkeit beteiligten Personen und Stellen und
3. das Gericht

unverzüglich zu unterrichten sowie die Menschen mit psychischen Krankheiten unverzüglich zu entlassen, wenn nicht zum gleichen Zeitpunkt eine weitere Unterbringungsanordnung wirksam wird oder die Menschen mit psychischen Krankheiten aufgrund einer rechtswirksamen Einwilligung in der Einrichtung verbleiben.

§ 17 Behandlungsplan

(1) [1]Die Behandlung erfolgt nach einem Behandlungsplan, der nach der Aufnahme zu erstellen ist. [2]Der Behandlungsplan ist mit den Menschen mit psychischen Krankheiten und der oder dem Personensorgeberechtigten zu erörtern und unter Berücksichtigung des Behandlungsfortschritts regelmäßig zu überprüfen und fortzuschreiben.

(2) [1]Der Behandlungsplan hat die Persönlichkeit, das Alter, den Entwicklungsstand und die Lebensverhältnisse der Menschen mit psychischen Krankheiten zu berücksichtigen. [2]Er umfasst auch die erforderlichen Maßnahmen, die den Menschen mit psychischen Krankheiten nach der Entlassung ein eigenverantwortliches Leben in der Gemeinschaft ermöglichen sollen. [3]Der Behandlungsplan enthält Angaben insbesondere über:

1. die medizinische Behandlung und soziotherapeutische Beratung einschließlich der ihr zugrundeliegenden Anamnese,
2. die Einbeziehung von nahestehenden Personen in Behandlungsmaßnahmen,
3. Maßnahmen zur Freizeitgestaltung und
4. die in §§ 32 und 34 genannten Maßnahmen.

(3) Bei einer Unterbringung im Maßregelvollzug finden ergänzend die §§ 7 Absatz 2 Satz 1, Absatz 3, 4 und 6 sowie 8 Absatz 2 Satz 1, Absatz 3 und 4 des Strafvollzugsgesetzes Mecklenburg-Vorpommern entsprechende Anwendung.

§ 18 Gestaltung der Unterbringung, Ergänzende Hilfen

(1) [1]Die Unterbringung wird unter Berücksichtigung therapeutischer Gesichtspunkte den allgemeinen Lebensverhältnissen soweit wie möglich angeglichen. [2]Dabei sind erforderlichenfalls Sicherheitsinteressen in angemessener Weise zu berücksichtigen. [3]Ein regelmäßiger Aufenthalt im Freien ist zu gewährleisten. [4]Die Bereitschaft der Menschen mit psychischen Krankheiten an der Erreichung des Unterbringungsziels mitzuwirken, soll geweckt und das Verantwortungsbewusstsein für ein geordnetes Zusammenleben gefördert werden.

(2) Während der Unterbringung fördert die Einrichtung die Aufrechterhaltung bestehender und die Anbahnung neuer sozialer Kontakte der Menschen mit psychischen Krankheiten, soweit sie der Wiedereingliederung dienen.

(3) Der Sozialpsychiatrische Dienst kann den Menschen mit psychischen Krankheiten während der Unterbringung ergänzende Hilfen leisten, sofern dies der Behandlung in der Einrichtung nicht entgegensteht und die Einrichtung dieser Hilfe zugestimmt hat.

§ 19 Finanzielle Regelungen

(1) [1]Während der Unterbringung erhalten die Menschen mit psychischen Krankheiten einen Barbetrag zur persönlichen Verfügung und Bekleidungsbeihilfe nach den Grundsätzen und Maßstäben des Zwölften Buches Sozialgesetzbuch. [2]Die Verfügung über sonstige Geldbeträge kann eingeschränkt

werden, falls dadurch der Zweck der Unterbringung gefährdet oder das Zusammenleben in der Einrichtung beeinträchtigt wird.

(2) Geldbeträge, die von den Menschen mit psychischen Krankheiten in die Einrichtung eingebracht werden und für das tägliche Leben in der Einrichtung nicht benötigt werden, sind, soweit sie nicht von den gesetzlichen Vertreterinnen oder Vertretern oder Betreuerinnen oder Betreuern verwaltet werden, von der Einrichtung zu verwahren.

§ 20 Rechtliche Stellung und Belehrung

(1) [1]Die Menschen mit psychischen Krankheiten unterliegen nur den in diesem Gesetz vorgesehenen Beschränkungen. [2]Ihnen dürfen nur solche Beschränkungen auferlegt werden, die im Hinblick auf den Zweck der Unterbringung oder zur Aufrechterhaltung der Sicherheit der Einrichtung und zum Schutz von anderen Betroffenen unerlässlich sind.

(2) [1]Die Menschen mit psychischen Krankheiten und die oder der Personensorgeberechtigte und, soweit die Menschen mit psychischen Krankheiten nicht einwilligungsfähig sind, die gesetzliche Vertreterin oder der gesetzliche Vertreter, deren oder dessen Aufgabenkreis das Recht zur Aufenthaltsbestimmung oder die Sorge für die Gesundheit umfasst, sind über die Rechte und Pflichten der Menschen mit psychischen Krankheiten während der Unterbringung unverzüglich nach der Aufnahme aufzuklären; dies betrifft auch das Beschwerderecht. [2]Diese Informationen sind ihnen in schriftlicher Form auszuhändigen. [3]Die Aufklärung der Menschen mit psychischen Krankheiten hat entsprechend ihrer Verständnismöglichkeiten zu erfolgen.

§ 21 Besondere Sicherungsmaßnahmen

(1) Besondere Sicherungsmaßnahmen sind nur zulässig, wenn dies zur Abwehr von gegenwärtigen Gefahren für Gesundheit, Leben oder andere bedeutende Rechtsgüter der Menschen mit psychischen Krankheiten oder Dritter erforderlich ist oder absehbar ist, dass diese die Einrichtung ohne Erlaubnis verlassen werden (entweichen) und wenn diesen Gefahren nicht anders begegnet werden kann.

(2) Besondere Sicherungsmaßnahmen sind:

1. die Beschränkung des Aufenthalts im Freien,
2. die Wegnahme von Gegenständen,
3. die Absonderung in einen besonderen Raum,
4. die Fesselung und
5. die Fixierung als
   a) kurzfristige Fixierung mit einer absehbaren Gesamtdauer von weniger als einer halben Stunde, oder
   b) längerfristige Fixierung gemäß der Absätze. 6 bis 8.

(3) [1]Besondere Sicherungsmaßnahmen dürfen nur von einer Ärztin oder einem Arzt der Einrichtung aufgrund eigener Untersuchung befristet angeordnet werden. [2]Bei Gefahr im Verzug dürfen besondere Schutz- und Sicherungsmaßnahmen auch von anderen Mitarbeiterinnen und Mitarbeitern der Einrichtung angeordnet werden; die Entscheidung der Ärztin oder des Arztes ist unverzüglich nachzuholen.

(4) [1]Jede besondere Sicherungsmaßnahme ist ärztlich zu überwachen und unverzüglich aufzuheben, wenn die Voraussetzungen für ihre Anordnung weggefallen sind. [2]Anordnung, Durchführung und Aufhebung der besonderen Sicherungsmaßnahmen sind schriftlich zu dokumentieren. [3]Satz 1 findet auf die Fesselung keine Anwendung, sofern diese außerhalb der Einrichtung vorgenommen oder aufrechterhalten werden.

(5) Während der Absonderung in einem besonderen Raum sind die Menschen mit psychischen Krankheiten besonders zu betreuen.

(6) [1]Eine längerfristige Fixierung gemäß Absatz 2 Nummer 5 Buchstabe b bedarf grundsätzlich der vorherigen richterlichen Anordnung und ist nur zulässig, wenn

a) eine gegenwärtige erhebliche Gefahr für die in Absatz 1 genannten Rechtsgüter vorliegt, und
b) die Fixierung mit der in der Unterbringung stattfindenden psychiatrischen Behandlung der Grunderkrankung in einem engen Zusammenhang steht und mildere Mittel nicht in Betracht kommen.

[2]Ausnahmsweise kann zur Abwehr einer von dem Menschen mit psychischen Krankheiten ausgehenden akuten Selbst- oder Fremdgefährdung von einer vorherigen richterlichen Anordnung abgesehen werden; sie ist in diesem Fall unverzüglich nachträglich einzuholen. [3]Eine richterliche Anordnung ist nicht erforderlich, wenn bereits zu Beginn der Fixierung abzusehen ist, dass sie erst nach Wegfall des

Grundes der Fixierung ergehen wird oder die Fixierung vorher tatsächlich beendet sein wird und auch keine Wiederholung zu erwarten ist. [4]Zuständig ist das Betreuungsgericht sowie bei im Maßregelvollzug untergebrachten Menschen mit psychischen Krankheiten die Strafvollstreckungskammer oder die Jugendkammer oder bei vorläufig untergebrachten Menschen mit psychischen Krankheiten das Haftgericht oder das Gericht der Hauptsache. [5]Für die örtliche und sachliche Zuständigkeit gelten die jeweiligen Prozessordnungen. [6]Auf das übrige Verfahren finden die Vorschriften des Verfahrens in Unterbringungssachen gemäß Buch 3 . Abschnitt 2 des Gesetzes über das Verfahren in Familiensachen und in den Angelegen heiten der freiwilligen Gerichtsbarkeit Anwendung.

(7) Während der Durchführung der Fixierung ist grundsätzlich eine Eins-zu-eins-Betreuung durch therapeutisches oder pflegerisches Personal zu gewährleisten und die Erforderlichkeit der Fortdauer der Fixierung in jeweils kurzen Abständen regelmäßig neu einzuschätzen.

(8) [1]Nach Beendigung einer jeden Fixierung sind die Menschen mit psychischen Krankheiten auf die Möglichkeit einer nachträglichen gerichtlichen Überprüfung hinzuweisen. [2]§ 24 findet entsprechende Anwendung.

§ 22 Unmittelbarer Zwang und Festnahme

(1) [1]Soweit es die Durchführung der Maßnahmen nach diesem Gesetz gebietet, sind die Ärztinnen und Ärzte der Einrichtungen befugt, unmittelbaren Zwang anzuwenden. [2]Soweit es erforderlich ist, können sie diese Befugnis im Einzelfall auf andere Bedienstete der Einrichtung übertragen.

(2) Gegenüber anderen Personen als den Menschen mit psychischen Krankheiten darf unmittelbarer Zwang angewendet werden, wenn sie es unternehmen, Menschen mit psychischen Krankheiten zu befreien, oder wenn sie unbefugt in den Bereich der Einrichtung eindringen oder sich unbefugt dort aufhalten.

(3) Das Recht zur Anwendung unmittelbaren Zwanges aufgrund anderer Vorschriften bleibt unberührt.

(4) Unmittelbarer Zwang im Sinne dieses Gesetzes ist die Einwirkung auf Personen oder Sachen durch körperliche Gewalt und ihre Hilfsmittel, wobei unter körperlicher Gewalt jede unmittelbare körperliche Einwirkung auf Personen oder Sachen und unter Hilfsmitteln der körperlichen Gewalt insbesondere Fesseln und Reizstoffe zu verstehen sind.

(5) [1]Menschen mit psychischen Krankheiten, die entwichen sind oder sich sonst ohne Erlaubnis außerhalb der Einrichtungen aufhalten, können durch die Einrichtungen oder auf deren Veranlassung verfolgt, festgenommen und zurückgebracht werden. [2]Führt die Verfolgung oder die von der Einrichtung veranlasste Fahndung nicht alsbald zur Wiederergreifung, so sind die weiteren Maßnahmen den Strafverfolgungsbehörden zu überlassen.

§ 23 Durchsuchung und Untersuchung

(1) Die Menschen mit psychischen Krankheiten oder ihre Sachen oder die Räume der Einrichtung dürfen mit technischen Mitteln und sonstigen Hilfsmitteln durchsucht werden, sofern der Zweck der Unterbringung oder die Sicherheit der Einrichtung gefährdet ist.

(2) [1]Eine mit einer Entkleidung verbundene Durchsuchung ist nur bei begründetem Verdacht zulässig, dass die Menschen mit psychischen Krankheiten Waffen, andere gefährliche Gegenstände oder Stoffe, die dem Betäubungsmittelgesetz unterliegen, am Körper führen. [2]Diese Durchsuchung muss in einem geschlossenen Raum durchgeführt werden; andere Patientinnen oder Patienten dürfen nicht anwesend sein. [3]Frauen sollen nur durch weibliches Personal, Männer nur durch männliches Personal durchsucht werden. [4]Auf das Schamgefühl ist Rücksicht zu nehmen.

(3) Begründen Tatsachen den Verdacht, dass sich in Körperhöhlen oder im Körper der Menschen mit psychischen Krankheiten Waffen, andere gefährliche Gegenstände oder Stoffe, die dem Betäubungsmittelgesetz unterliegen, befinden, kann durch eine Ärztin oder einen Arzt eine Untersuchung der Menschen mit psychischen Krankheiten vorgenommen werden.

(4) [1]Die Entscheidungen über eine Durchsuchung oder Untersuchung dürfen nur von einer Ärztin oder einem Arzt der Einrichtung angeordnet werden. [2]Bei Gefahr im Verzug dürfen die Entscheidungen über eine Durchsuchung oder Untersuchung auch von anderen Mitarbeiterinnen und Mitarbeitern der Einrichtung angeordnet und durchgeführt werden; die Entscheidung der Ärztin oder des Arztes ist unverzüglich nachzuholen. [3]In den Fällen der Absätze 2 und 3 kann die ärztliche Leitung der Einrichtung auch allgemein anordnen, dass Menschen mit psychischen Krankheiten bei der Aufnahme,

vor und nach jedem Urlaub, Ausgang, jeder Ausführung und nach jedem Besuch zu durchsuchen oder zu untersuchen sind.

(5) Bei suchtgefährdeten Menschen mit psychischen Krankheiten können die Untersuchungen durchgeführt werden, die zum Nachweis von im Körper befindlichen Stoffen notwendig sind.

(6) Über die Durchsuchung und die Untersuchung ist ein Protokoll zu fertigen, das den Menschen mit psychischen Krankheiten zur Kenntnis zu geben ist.

§ 24 Bekanntgabe von Entscheidungen

[1]Entscheidungen und Anordnungen im Rahmen der Unterbringung sind den Menschen mit psychischen Krankheiten unverzüglich bekannt zu geben und den Verständnismöglichkeiten der Menschen mit psychischen Krankheiten entsprechend zu erläutern. [2]Sie sind in den jeweiligen Krankenakten zu vermerken und zu begründen.

§ 25 Behandlung

Behandlungsmaßnahmen bedürfen der Einwilligung der Menschen mit psychischen Krankheiten oder bei Minderjährigen der Personensorgeberechtigten.

§ 26 Ärztliche Zwangsmaßnahme

(1) Eine medizinische Behandlung gegen den natürlichen Willen der Menschen mit psychischen Krankheiten (ärztliche Zwangsmaßnahme) darf nur durchgeführt werden

1. mit dem Ziel, die fortdauernde Notwendigkeit einer Unterbringung nach den Abschnitten 4 und 6 zu beseitigen oder
2. soweit die Maßnahme erforderlich ist, um eine gegenwärtige Lebensgefahr oder schwerwiegende Gefahr für die Gesundheit der Menschen mit psychischen Krankheiten oder eine von ihnen infolge ihrer Krankheit ausgehende gegenwärtige Lebensgefahr oder erhebliche Gefahr für die Gesundheit anderer Menschen, die sich in der Einrichtung aufhalten, abzuwenden oder
3. soweit die Maßnahme dazu dient, eine sonst erforderliche besondere Sicherungsmaßnahme nach § 21 Absatz 2 Nummer 3 bis 5 zu vermeiden oder zu beenden und
4. wenn die Menschen mit psychischen Krankheiten aufgrund dieser Krankheiten die Notwendigkeit der ärztlichen Maßnahme nicht erkennen oder nicht nach dieser Einsicht handeln können und wenn
5. die Maßnahme im Hinblick auf das Behandlungsziel Erfolg verspricht,
6. es aussichtslos erscheint, mit einem milderen Mittel, insbesondere einer weniger eingreifende Behandlung, das mit der Maßnahme verfolgte Ziel zu erreichen und
7. der zu erwartende Nutzen der Behandlung die zu erwartenden Beeinträchtigungen deutlich überwiegt.

(2) [1]Eine ärztliche Zwangsmaßnahme setzt voraus, dass durch die behandelnde Ärztin oder den Arzt

1. vor Beginn der Behandlung ernsthaft versucht wurde, eine auf Vertrauen gegründete, freiwillige Einwilligung der Menschen mit psychischen Krankheiten zu erreichen,
2. eine den Verständnismöglichkeiten der Menschen mit psychischen Krankheiten entsprechende Information über die beabsichtigte Behandlung, ihre Wirkungen und Ziele vorausgegangen ist, und
3. den Menschen mit psychischen Krankheiten nach Scheitern des Gespräches nach Nummer 1 die Beantragung der gerichtlichen Anordnung nebst der Möglichkeit der Durchführung einer ärztlichen Zwangsmaßnahme angekündigt worden ist.

[2]Die behandelnde Ärztin oder der Arzt muss die Durchführung der Gespräche und deren Ergebnis dokumentieren.

(3) Die Behandlung muss von einer Ärztin oder einem Arzt angeordnet, überwacht und dokumentiert werden.

(4) [1]Eine ärztliche Zwangsmaßnahme ist nur mit vorheriger Zustimmung des Betreuungsgerichts auf Antrag der Einrichtung, bei im Maßregelvollzug untergebrachten Menschen mit psychischen Krankheiten der Strafvollstreckungskammer oder der Jugendkammer oder bei vorläufig untergebrachten Menschen mit psychischen Krankheiten des Haftgerichtes oder des Gerichtes der Hauptsache auf Antrag der Einrichtung des Maßregelvollzuges zulässig. [2]Dies gilt nicht in den Fällen, in denen eine ärztliche Zwangsmaßnahme dazu dient, eine gegenwärtige Lebensgefahr oder eine gegenwärtige schwerwiegende Gefahr für die Gesundheit der Menschen mit psychischen Krankheiten abzuwenden,

wenn hierdurch die Behandlung verzögert würde und sich hieraus Nachteile für das Leben oder die Gesundheit der Menschen mit psychischen Krankheiten ergeben würden. [3]Die Zustimmung ist unverzüglich nachträglich einzuholen. [4]Für die örtliche und sachliche Zuständigkeit der Strafvollstreckungs- und der Jugendkammern oder der Haftgerichte oder der Gerichte der Hauptsache gelten ihre jeweiligen Prozessordnungen. [5]Auf das übrige Verfahren finden die Vorschriften des Verfahrens in Unterbringungssachen gemäß Buch 3 Abschnitt 2 des Gesetzes über das Verfahren in Familiensachen und in den Angelegenheiten der freiwilligen Gerichtsbarkeit Anwendung. [6]In den Verfahren vor der Strafvollstreckungskammer oder der Jugendkammer oder bei vorläufig untergebrachten Menschen mit psychischen Krankheiten vor dem Haftgericht oder dem Gericht der Hauptsache ist den Menschen mit psychischen Krankheiten eine Verteidigerin oder ein Verteidiger als notwendige Verteidigung beizuordnen.

§ 27 Persönliche Habe

(1) Die Menschen mit psychischen Krankheiten haben das Recht, ihre persönliche Kleidung zu tragen.

(2) [1]Die Menschen mit psychischen Krankheiten haben das Recht, persönliche Gegenstände in ihrem Zimmer aufzubewahren. [2]Dieses Recht kann eingeschränkt werden, wenn gesundheitliche Nachteile für die Menschen mit psychischen Krankheiten oder Dritte zu befürchten sind oder die Sicherheit der Einrichtung oder das geordnete Zusammenleben in der Einrichtung erheblich gefährdet wird.

§ 28 Religionsausübung

[1]Die Menschen mit psychischen Krankheiten sind berechtigt, innerhalb der Einrichtung an Gottesdiensten und sonstigen religiösen Veranstaltungen ihrer Religionsgemeinschaft teilzunehmen, soweit diese angeboten werden. [2]An Veranstaltungen anderer Religionsgemeinschaften innerhalb der Einrichtung können sie teilnehmen, wenn deren Seelsorgerin oder Seelsorger zustimmt und der Zweck der Unterbringung oder die Sicherheit der Einrichtung hierdurch nicht gefährdet wird.

§ 29 Besuchsrecht und Telefongespräche

(1) Das Recht der Menschen mit psychischen Krankheiten, Besuch zu empfangen, darf nur eingeschränkt werden, wenn ihre Gesundheit oder die Sicherheit der Einrichtung durch den Besuch erheblich gefährdet ist.

(2) [1]Ein Besuch kann durch die zuständige Ärztin oder den Arzt der Einrichtung überwacht und abgebrochen oder die Übergabe von Gegenständen untersagt werden, wenn konkrete Anhaltspunkte erkennbar sind, dass anderenfalls gesundheitliche Nachteile für Menschen mit psychischen Krankheiten oder Dritte zu befürchten oder die Sicherheit der Einrichtung gefährdet wären. [2]Die Unterhaltung darf nur überwacht werden, soweit dies im Einzelfall aus diesen Gründen erforderlich ist.

(3) [1]Absatz 2 Satz 1 gilt für Besuche der anwaltlichen oder notariellen Vertretung in einer die Menschen mit psychischen Krankheiten betreffenden Rechtssache mit der Maßgabe, dass eine inhaltliche Überprüfung der von ihnen mitgeführten Schriftstücke und sonstigen Unterlagen unzulässig ist; die Übergabe dieser Schriftstücke oder Unterlagen an die Menschen mit psychischen Krankheiten darf nicht untersagt werden. [2]Für Besuche von Verteidigerinnen oder Verteidigern bleiben die §§ 148 und 148a der Strafprozessordnung unberührt.

(4) Die Absätze 1 und 2 gelten für das Führen von Telefongesprächen entsprechend.

(5) Die beabsichtigte Überwachung eines Telefongespräches oder eines Besuches oder deren Unterhaltung ist den Gesprächspartnern vor dem Gespräch oder dem Beginn des Besuches mitzuteilen.

§ 30 Recht auf Schriftwechsel

(1) [1]Der Schriftwechsel der Menschen mit psychischen Krankheiten mit Gerichten, ihrer anwaltlichen oder notariellen Vertretung und der Besuchskommission nach § 46 unterliegt keiner Einschränkung. [2]Dies gilt auch für Schreiben an Volksvertretungen des Bundes und der Länder, an kommunale Vertretungen sowie an deren Mitglieder, an die Aufsichtsorgane der Einrichtung, an die oder den Beauftragten für den Datenschutz des Bundes oder der Länder, an das Europäische Parlament und dessen Mitglieder, an die Europäische Kommission für Menschenrechte, an den Europäischen Gerichtshof für Menschenrechte, an den Europäischen Ausschuss zur Verhütung von Folter und unmenschlicher oder erniedrigender Behandlung oder Strafe, an den Ausschuss der Vereinten Nationen gegen Folter, an den zugehörigen Unterausschuss zur Verhütung von Folter und an die entsprechenden Nationalen Präventionsmechanismen sowie bei ausländischen Staatsangehörigen für Schreiben an die konsularische oder diplomatische Vertretung des Heimatlandes.

(2) Der übrige Schriftverkehr darf nur durch die behandelnde Ärztin oder den Arzt eingesehen werden, wenn konkrete Anhaltspunkte dafür vorliegen, dass eine Weiterleitung den Menschen mit psychischen Krankheiten gesundheitliche Schäden oder sonstige erhebliche Nachteile zufügen, den Zweck der Unterbringung gefährden oder die Sicherheit der Einrichtung oder anderer Personen beeinträchtigen könnte.

(3) Schreiben dürfen wegen ihres Inhalts nur angehalten werden, wenn ihre Weiterleitung den Menschen mit psychischen Krankheiten gesundheitliche Schäden oder sonstige erhebliche Nachteile zufügen oder die Sicherheit oder das geordnete Zusammenleben in der Einrichtung oder die Eingliederung der Menschen mit psychischen Krankheiten oder anderer nach der Entlassung gefährden würde.

(4) [1]Nach Absatz 3 angehaltene Schreiben sind den gesetzlichen Vertreterinnen oder Vertretern der Menschen mit psychischen Krankheiten zu übergeben. [2]Ist für den Aufgabenkreis des § 1896 Absatz 4 des Bürgerlichen Gesetzbuches eine Betreuerin oder ein Betreuer bestellt, sind sie dieser oder diesem zu übergeben. [3]Anderenfalls sind die Schreiben an die Absenderin oder den Absender zurückzugeben oder, wenn dies nicht möglich oder wegen einer zu erwartenden Besserung des Gesundheitszustandes der Menschen mit psychischen Krankheiten nicht zweckmäßig ist, für diese zu verwahren. [4]Die Verwahrung ist der Absenderin oder dem Absender und den Menschen mit psychischen Krankheiten mitzuteilen.

(5) Die Absätze 1 bis 4 gelten für andere Arten der Nachrichtenübermittlung, Päckchen, Pakete und bildliche Darstellungen entsprechend.

§ 31 Verwertung von Erkenntnissen

Erkenntnisse aus einer Überwachung der Besuche, des Schriftverkehrs, der Telefongespräche, der Pakete oder der sonstigen Nachrichtenübermittlung dürfen außer für den mit der Überwachung verfolgten Zweck nur für die Behandlung der Menschen mit psychischen Krankheiten und zur Abwehr von Gefahren für die Sicherheit und das geordnete Zusammenleben in der Einrichtung verwendet werden.

§ 32 Urlaub, Ausgang und Ausführung

(1) [1]Die Menschen mit psychischen Krankheiten können durch die ärztliche Leitung der Einrichtungen bis zu zwei Wochen beurlaubt werden, wenn es ihr Gesundheitszustand und die persönlichen Verhältnisse rechtfertigen und ein Missbrauch des Urlaubsrechts nicht zu befürchten ist. [2]Die Beurlaubung kann mit Auflagen, insbesondere der Verpflichtung zur Weiterführung der medizinischen Behandlung, verbunden werden.

(2) [1]Eine Beurlaubung von mehr als zwei Wochen bedarf

1. bei einer Unterbringung nach § 1 Absatz 1 Nummer 3 Buchstabe a der vorherigen Anhörung des Landrates oder des Oberbürgermeisters,
2. bei einer Unterbringung im Maßregelvollzug der vorherigen Anhörung der Vollstreckungsbehörde.

[2]Im Fall der Nummer 1 ist die Beurlaubung dem Gericht mitzuteilen.

(3) Die Beurlaubung soll widerrufen werden, wenn die Menschen mit psychischen Krankheiten eine Auflage nicht oder nicht vollständig erfüllt haben oder der Gesundheitszustand sich wesentlich verschlechtert hat oder ein Missbrauch des Urlaubsrechts zu befürchten ist.

(4) Von der bevorstehenden Beurlaubung und dem Widerruf der Beurlaubung sind der Landrat oder der Oberbürgermeister oder die Vollstreckungsbehörde und der oder die Personensorgeberechtigte oder die Personensorgeberechtigten oder, soweit die Menschen mit psychischen Krankheiten nicht einwilligungsfähig sind, die gesetzliche Vertreterin oder gesetzlichen Vertreterinnen oder der gesetzliche oder die gesetzlichen Vertreter, deren Aufgabenkreis das Recht zur Aufenthaltsbestimmung oder die Sorge für die Gesundheit umfasst, rechtzeitig zu unterrichten.

(5) Absatz 1 Satz 1 findet auf stundenweise Beurlaubung (Ausgang) entsprechende Anwendung.

(6) Die Menschen mit psychischen Krankheiten können mit Zustimmung der ärztlichen Leitung unter Aufsicht mindestens einer Mitarbeiterin oder eines Mitarbeiters der Einrichtungen das Gelände der Einrichtungen verlassen (Ausführung).

§ 33 Hausordnung

[1]Die Einrichtungen erlassen mit Zustimmung des für Gesundheit zuständigen Ministeriums Hausordnungen. [2]Die Hausordnungen können insbesondere Regelungen enthalten über die Einteilung des Ta-

ges in Beschäftigungs- und Behandlungszeiten, Freizeit und Ruhezeit, die Ausstattung der Räume mit persönlichen Gegenständen, den Umgang mit den Sachen der Einrichtungen, Besuchsregelungen, das Verfahren bei Absendung und Empfang von Schreiben und Paketen, die Telefonnutzung und die Nutzung von elektronischen Geräten und Medien, die Freizeitgestaltung, über den Umgang mit Alkohol, Tabakwaren, legalen und illegalen Drogen sowie die Verfügung über Geld. [3]Dem Personal der Einrichtungen und den Menschen mit psychischen Krankheiten ist Gelegenheit zur Mitwirkung zu geben.

§ 34 Offene Unterbringung

(1) Um das angestrebte Behandlungsziel zu erreichen, soll die Unterbringung nach Möglichkeit aufgelockert und weitgehend in freien Formen durchgeführt werden, sobald der Zweck der Unterbringung es zulässt.

(2) [1]Die Menschen mit psychischen Krankheiten sollen offen untergebracht werden, wenn dies ihrer Behandlung dient, sie den damit verbundenen Anforderungen genügen und nicht zu befürchten ist, dass sie die Möglichkeit der offenen Unterbringung missbrauchen. [2]§ 32 Absatz 2 ist entsprechend anzuwenden.

Vierter Unterabschnitt
Beendigung der Unterbringung

§ 35 Entlassung

Die Menschen mit psychischen Krankheiten sind bei Aufhebung der Unterbringung durch das Gericht oder nach Ablauf der vom Gericht bestimmten Dauer für die Unterbringungsmaßnahme zu entlassen, wenn nicht zum gleichen Zeitpunkt eine weitere Unterbringungsanordnung wirksam wird oder die Menschen mit psychischen Krankheiten aufgrund einer rechtswirksamen Einwilligung in den Einrichtungen verbleiben.

§ 36 Aussetzung und Entlassungsvorbereitung

(1) [1]Die Vollziehung einer Unterbringungsmaßnahme kann nach § 328 des Gesetzes über das Verfahren in Familiensachen und in den Angelegenheiten der freiwilligen Gerichtsbarkeit als Entlassungsvorbereitung ausgesetzt werden, wenn dies nach dem Gesundheitszustand und den persönlichen Verhältnissen der Menschen mit psychischen Krankheiten gerechtfertigt erscheint. [2]Je nach Betreuungs- und Behandlungsbedarf kann die Anordnung des Gerichtes mit der Auflage, den Sozialpsychiatrischen Dienst im Rahmen der nachgehenden Hilfen in Anspruch zu nehmen, sich in medizinische Behandlung zu begeben und die medizinischen Anordnungen zu befolgen, verbunden werden. [3]Name und Anschrift der medizinisch behandelnden Personen sind den Einrichtungen durch die Menschen mit psychischen Krankheiten oder die Personensorgeberechtigte oder den oder die Personensorgeberechtigten oder, soweit die Menschen mit psychischen Krankheiten nicht einwilligungsfähig sind, durch die gesetzliche Vertreterin oder gesetzlichen Vertreterinnen beziehungsweise den oder die gesetzlichen Vertreter, dessen oder deren Aufgabenkreis das Recht zur Aufenthaltsbestimmung oder die Sorge für die Gesundheit umfasst, unverzüglich mitzuteilen.

(2) [1]Die Einrichtungen benachrichtigen den Sozialpsychiatrischen Dienst, den Landrat oder den Oberbürgermeister und die Personensorgeberechtigte oder den oder die Personensorgeberechtigten oder, soweit die Menschen mit psychischen Krankheiten nicht einwilligungsfähig sind, die gesetzlichen Vertreterinnen oder Vertreter, deren Aufgabenkreis das Recht zur Aufenthaltsbestimmung oder die Sorge für die Gesundheit umfasst, rechtzeitig von der bevorstehenden Entlassung. [2]Die Einrichtungen teilen dem Sozialpsychiatrischen Dienst die bereits eingeleiteten Maßnahmen mit und ersuchen diesen, unverzüglich für die ambulante Betreuung zu sorgen und nachgehende Hilfen in die Wege zu leiten.

(3) Die Einrichtungen übersenden den in Absatz 1 genannten medizinisch behandelnden Personen und dem Sozialpsychiatrischen Dienst umgehend einen ärztlichen Entlassungsbericht.

Fünfter Abschnitt
Nachgehende Hilfe

§ 37 Nachgehende Hilfe

(1) [1]Die nachgehende Hilfe hat neben den in § 7 beschriebenen Maßnahmen zusätzlich mit anderen Trägern sozialer Hilfen und Behörden zusammenzuarbeiten, um den Menschen mit psychischen

Krankheiten bei der Beschaffung einer Unterkunft und einer Arbeitsstelle zu helfen. [2]§ 7 Absatz 2 findet entsprechende Anwendung.

(2) Ist die Aussetzung der Vollziehung einer Unterbringung nach § 328 des Gesetzes über das Verfahren in Familiensachen und in den Angelegenheiten der freiwilligen Gerichtsbarkeit mit Auflagen über eine medizinische Behandlung oder psychosoziale Beratung verbunden, gehört es zur Aufgabe der nachgehenden Hilfe, auf die Einhaltung dieser Auflagen hinzuwirken und insbesondere die Menschen mit psychischen Krankheiten über die Folgen einer Unterbrechung der notwendigen Behandlung und Beratung hinzuweisen.

Sechster Abschnitt

Durchführung freiheitsentziehender Maßregeln

§ 38 Unterbringung aufgrund strafgerichtlicher Entscheidung

(1) [1]Die Maßregeln werden in psychiatrischen Krankenhäusern, psychiatrischen Abteilungen von Krankenhäusern, Suchtfachabteilungen oder Suchtfachkliniken (Einrichtungen des Maßregelvollzuges) öffentlich-rechtlicher Träger, die vom für Gesundheit zuständigen Ministerium im Einvernehmen mit dem für Justiz zuständigen Ministerium bestimmt werden, vollzogen. [2]Die in Satz 1 genannten Aufsichtsbehörden regeln die örtliche und sachliche Zuständigkeit einvernehmlich in einem Vollstreckungsplan.

(2) [1]Die Befugnis zum Vollzug freiheitsentziehender Maßregeln in eigenem Namen und in Handlungsformen des öffentlichen Rechts kann geeigneten juristischen Personen des privaten Rechts mit deren Zustimmung widerruflich verliehen werden (Beleihung). [2]Das für Gesundheit zuständige Ministerium überträgt im Einvernehmen mit dem für Justiz zuständigen Ministerium die Aufgaben nach Satz 1 durch Verwaltungsakt oder öffentlich-rechtlichen Vertrag.

(3) [1]Mit dem Verwaltungsakt oder in dem öffentlich-rechtlichen Vertrag sind alle wesentlichen Rechte und Pflichten der Beteiligten oder Vertragspartner zu regeln. [2]Darin sind insbesondere aufzunehmen, dass

1. in den Einrichtungen des Maßregelvollzuges jederzeit die zur ordnungsgemäßen Durchführung des Vollzugs der Unterbringung erforderlichen personellen, medizinischen, sachlichen, baulichen und organisatorischen Voraussetzungen gegeben sind,
2. das eingesetzte Personal über die dafür notwendige Fachkunde und persönliche Eignung verfügt und arbeitsvertraglich an das vorliegende Gesetz sowie umfassend an die Weisungen der in Absatz 7 genannten Behörden gebunden wird,
3. die juristischen Personen des privaten Rechts sowie das Personal von erwerbswirtschaftlichen Motiven und Zwängen freigestellt sind und bei der Durchführung der nach Satz 1 übertragenen hoheitlichen Aufgaben keinen Gewinn aufgrund der Anzahl der untergebrachten Menschen mit psychischen Krankheiten und deren Unterbringungsdauer erzielen,
4. die Besetzung der Stellen der ärztlichen Leitung, der Pflegedienstleitung sowie deren jeweilige Stellvertretung sowie die Ausgestaltung deren Verträge im Einvernehmen mit dem für Gesundheit zuständigen Ministerium sowie bei der Besetzung der Stellen der oder des für die Sicherheit Verantwortlichen sowie deren jeweilige Stellvertretung sowie die Ausgestaltung von deren Verträgen im Einvernehmen mit dem für Gesundheit zuständigen Ministerium und des für Justiz zuständigen Ministeriums erfolgt,
5. die Einstellung von am Vollzug der Unterbringung beteiligtem Personal von einem auf die persönliche und fachliche Eignung bezogenen Einwilligungsvorbehalt der ärztlichen Leitung der Einrichtungen abhängig ist,
6. die Aufnahme- und Behandlungspflichten sowie die Ausgestaltung und Organisation des Vollzugs der Unterbringung einschließlich Maßnahmen zum Qualitätsmanagement geregelt sind,
7. Weisungen durch die Geschäftsführung der juristischen Personen des privaten Rechts im Zuständigkeitsbereich der ärztlichen Leitung, der Pflegedienstleitung und der oder des für die Sicherheit Verantwortlichen und deren Stellvertretung im Hinblick auf den Vollzug der Unterbringung ausgeschlossen sind,
8. im Fall eines Streiks die gebotene Vermeidung unverhältnismäßiger Gemeinwohlschädigungen oder unverhältnismäßiger Beeinträchtigungen Dritter durch Notdienste sichergestellt wird,

9. eine Aufgabenübertragung auf Dritte oder der Abschluss eines Beherrschungsvertrags (§ 291 des Aktiengesetzes) nicht ohne vorherige Zustimmung des für Gesundheit zuständigen Ministeriums möglich sind.

(4) [1]Die ärztliche Leitung, die Pflegedienstleitung und der oder die für die Sicherheit Verantwortliche sowie deren jeweilige Stellvertretung werden durch das für Gesundheit zuständige Ministerium widerruflich durch Verwaltungsakt ermächtigt, die ihnen nach diesem Gesetz übertragenen Aufgaben im Auftrag der nach Absatz 2 beliehenen Einrichtungen und in Handlungsformen des öffentlichen Rechts wahrzunehmen. [2]Sie treffen die Entscheidungen, die in Grundrechte der Menschen mit psychischen Krankheiten eingreifen. [3]Die Ermächtigung nach Satz 1 setzt die persönliche und fachliche Eignung für die Wahrnehmung der Aufgaben voraus.

(5) [1]Der Zweck der Unterbringung im Maßregelvollzug ist die Heilung oder Besserung des Zustandes im Sinne der §§ 136 und 137 des Strafvollzugsgesetzes insbesondere durch medizinische Behandlung und sozialtherapeutische oder heilpädagogische Maßnahmen sowie die soziale und berufliche Eingliederung. [2]Zur Umsetzung der in Satz 1 genannten Behandlung und Maßnahmen sind diese durch die Einrichtungen des Maßregelvollzuges in jeweils einem Therapiekonzept zusammenzufassen und vorzuhalten, welches der Zustimmung des für Gesundheit zuständigen Ministeriums bedarf. [3]Das jeweilige Therapiekonzept ist alle drei Jahre zu aktualisieren.

(6) [1]Die Einrichtungen des Maßregelvollzuges sind durch geeignete Maßnahmen gegen ein Entweichen der Menschen mit psychischen Krankheiten zu sichern. [2]Sie müssen so gegliedert oder ausgestattet sein, dass eine auf die unterschiedlichen Anforderungen abgestimmte Behandlung ermöglicht wird und dass der Zweck der Unterbringung nach Absatz 5 erreicht werden kann.

(7) [1]Das für Justiz zuständige Ministerium überwacht die Einrichtungen des Maßregelvollzuges daraufhin, dass die Anforderungen des Absatzes 6 Satz 1 eingehalten werden, und erlässt im Benehmen mit dem für Gesundheit zuständigen Ministerium allgemeine Sicherheitsbestimmungen. [2]Im Übrigen werden die Einrichtungen des Maßregelvollzuges durch das für Gesundheit zuständige Ministerium überwacht. [3]Für die Aufsicht nach den Sätzen 1 und 2 findet § 12 Absatz 6 und 7 entsprechende Anwendung.

(8) [1]Für die Unterbringung im Maßregelvollzug gelten die §§ 16 Absatz 1 und 17 bis 34, 35 Alternative 1 bis 3 und 37 sowie die Vorschriften dieses und der folgenden Abschnitte. [2]Abweichend von § 33 wird die Zustimmung zur Hausordnung vom für Gesundheit zuständigen Ministerium im Einvernehmen mit dem für Justiz zuständigen Ministerium erteilt.

§ 39 Beschäftigungs- und Arbeitstherapie, Ausbildung und Weiterbildung

(1) [1]Die Menschen mit psychischen Krankheiten erhalten im Rahmen des Behandlungsplans beschäftigungs- und arbeitstherapeutische Angebote. [2]Arbeitstherapeutische Angebote dienen insbesondere dem Ziel, Fähigkeiten für eine Erwerbstätigkeit nach der Entlassung zu vermitteln, zu erhalten oder zu fördern. [3]Bundesgesetzliche Regelungen bleiben unberührt.

(2) [1]Im Rahmen des Maßregelvollzuges soll Menschen mit psychischen Krankheiten, die den Abschluss der Haupt- oder Realschule nicht erreicht haben, aber diese anstreben, Unterricht in den zum jeweiligen Schulabschluss führenden Fächern erteilt oder Gelegenheit gegeben werden, an einem der Art und dem Grunde der Behinderung entsprechenden Unterricht teilzunehmen. [2]Bei der beruflichen Ausbildung oder Umschulung ist berufsbildender Unterricht zu ermöglichen. [3]Absatz 3 Satz 2 findet entsprechende Anwendung.

(3) [1]Im Rahmen des Maßregelvollzuges kann den Menschen mit psychischen Krankheiten Gelegenheit zur Berufsausbildung, beruflichen Fortbildung, Umschulung oder Teilnahme an anderen ausbildenden oder weiterbildenden Maßnahmen gegeben werden. [2]Es kann den Menschen mit psychischen Krankheiten auch gestattet werden, einer Arbeit, Berufsausbildung, beruflichen Fortbildung oder Umschulung außerhalb der Einrichtungen des Maßregelvollzugs nachzugehen oder an anderen ausbildenden oder weiterbildenden Maßnahmen teilzunehmen.

§ 40 Gewährung von Arbeitstherapieentgelt und Zuwendungen bei Eingliederungsmaßnahmen

(1) [1]Für Arbeitsleistungen im Rahmen einer Arbeitstherapie ist den Menschen mit psychischen Krankheiten durch die Einrichtungen des Maßregelvollzuges ein Arbeitstherapieentgelt zu gewähren. [2]Bei Teilnahme am Unterricht, an einer Maßnahme der Berufsausbildung, der beruflichen Fortbildung oder

Umschulung kann den Menschen mit psychischen Krankheiten durch die Einrichtungen des Maßregelvollzuges eine Zuwendung gewährt werden.

(2) [1]Das für Gesundheit zuständige Ministerium regelt im Einzelnen das für die Höhe des Arbeitsentgelts und der Zuwendung maßgebliche Verfahren. [2]Es regelt auch, dass von der Gewährung des Entgelts oder der Zuwendung aus Gründen des therapeutischen Konzepts ganz oder teilweise abgesehen werden kann.

§ 41 Erkennungsdienstliche Maßnahmen

(1) [1]Zur Sicherung des Vollzugs der Maßregel und zur Aufrechterhaltung der Sicherheit oder Ordnung der Einrichtung des Maßregelvollzuges, insbesondere zur Identitätsfeststellung, dürfen mit Kenntnis der Menschen mit psychischen Krankheiten erkennungsdienstliche Maßnahmen angeordnet werden. [2]Zum Zweck der eindeutigen Identifizierung dürfen die Einrichtungen des Maßregelvollzuges von den biometrischen Daten nach Artikel 9 Absatz 1 der Verordnung (EU) 2016/679 des Europäischen Parlaments und des Rates vom 27. April 2016 zum Schutz natürlicher Personen bei der Verarbeitung personenbezogener Daten, zum freien Datenverkehr und zur Aufhebung der Richtlinie 95/46/EG (Datenschutz-Grundverordnung; ABl. L EU 119 vom 4.5.2016, S. 1, L 314, S. 72) nur äußerliche körperliche Merkmale verarbeiten.

(2) [1]Die biometrischen Daten zur eindeutigen Identifizierung der betroffenen Person dürfen unbeschadet von § 47 Absatz 6 und 7 nur zur Identitätsfeststellung in den Einrichtungen des Maßregelvollzuges verarbeitet werden. [2]Sie sind getrennt von den Krankenakten aufzubewahren.

§ 42 Besondere Einschränkungen

(1) Abweichend von § 21 Absatz 1 sind besondere Sicherungsmaßnahmen zulässig, sobald die Gefahr besteht, dass die Menschen mit psychischen Krankheiten die Gesundheit, das Leben oder andere bedeutende Rechtsgüter von sich selbst oder Dritten beeinträchtigen oder ernsthaft zu befürchten ist, dass die Menschen mit psychischen Krankheiten entweichen und wenn dieser Gefahr nicht anders begegnet werden kann.

(2) [1]Abweichend von § 23 Absatz 1 bis 3 dürfen Durchsuchungen und Untersuchungen nicht von Bediensteten der Einrichtung des Maßregelvollzuges allein durchgeführt werden und nur in Gegenwart von Bediensteten der Einrichtung des Maßregelvollzuges, die nicht zu den diese Menschen mit psychischen Krankheiten regelmäßig betreuenden Bediensteten der Einrichtung des Maßregelvollzuges gehören. [2]Abweichend von § 23 Absatz 1 dürfen die Durchsuchungen verdachtsunabhängig erfolgen.

(3) [1]Abweichend von § 29 kann ein Besuch davon abhängig gemacht werden, dass die Besucherin oder der Besucher sich und seine beziehungsweise ihre Sachen mit technischen Mitteln und sonstigen Hilfsmitteln durchsuchen lässt und Gegenstände, die den Zweck der Unterbringung oder das geordnete Zusammenleben in den Einrichtungen des Maßregelvollzugs gefährden können, für die Dauer des Besuchs abgibt. [2]§ 23 Absatz 2 gilt entsprechend. [3]Besuche und Telefongespräche dürfen dahingehend überwacht werden, dass durch sie der Zweck der Unterbringung und das geordnete Zusammenleben in den Einrichtungen nicht gefährdet werden. [4]Die Unterhaltung darf nur überwacht werden, soweit dies im Einzelfall aus diesen Gründen erforderlich ist. [5]Wird eine Gefährdung erkennbar, so können Besuche und Telefongespräche untersagt oder abgebrochen werden. [6]Die beabsichtigte Überwachung eines Telefongespräches oder eines Besuches oder deren Unterhaltung ist den Gesprächspartnern vor dem Gespräch oder dem Beginn des Besuches mitzuteilen.

(4) Gegenstände und Stoffe, die den Zweck der Unterbringung oder das geordnete Zusammenleben in den Einrichtungen des Maßregelvollzugs gefährden können, dürfen den Menschen mit psychischen Krankheiten für die Dauer der Unterbringung weggenommen und verwahrt werden.

(5) [1]Abweichend von § 30 Absatz 2 bis 5 dürfen Päckchen und Pakete in Anwesenheit der Menschen mit psychischen Krankheiten auch mit technischen Mitteln und sonstigen Hilfsmitteln stets daraufhin kontrolliert werden, ob sie Gegenstände enthalten, die den Zweck der Unterbringung oder das geordnete Zusammenleben in den Einrichtungen des Maßregelvollzugs gefährden können. [2]Absatz 4 ist entsprechend anzuwenden.

(6) [1]Der Besitz und die Benutzung von Geräten zur funkbasierten Übertragung von Informationen sind auf dem Gelände der Einrichtung des Maßregelvollzuges verboten, soweit diese nicht dienstlich zugelassen sind. [2]Die ärztliche Leitung kann abweichende Regelungen treffen. [3]Die Einrichtung des Maßregelvollzuges darf technische Geräte betreiben, die

1. das Auffinden von Geräten zur Funkübertragung ermöglichen,
2. Geräte zur Funkübertragung zum Zwecke des Auffindens aktivieren können oder
3. Frequenzen stören oder unterdrücken, die der Herstellung oder Aufrechterhaltung unerlaubter Funkverbindungen auf dem Gelände der Einrichtung des Maßregelvollzuges dienen.

[4]Sie hat dabei die von der Bundesnetzagentur gemäß § 55 Absatz 1 Satz 5 des Telekommunikationsgesetzes festgelegten Rahmenbedingungen zu beachten. [5]Frequenznutzungen außerhalb des Geländes der Einrichtung des Maßregelvollzuges dürfen nicht erheblich gestört werden.

Siebenter Abschnitt
Forensisch-psychiatrische Ambulanzen

§ 43 Forensisch-psychiatrische Ambulanzen

(1) Die Träger der Einrichtungen des Maßregelvollzuges können bei diesen Forensisch-psychiatrische Ambulanzen einrichten.

(2) [1]Die Forensisch-psychiatrischen Ambulanzen haben die Aufgabe, die aus den Einrichtungen des Maßregelvollzuges entlassenen oder beurlaubten Menschen mit psychischen Krankheiten zu behandeln und durch geeignete medizinische Maßnahmen, die in den nach § 38 Absatz 5 Satz 2 vorzuhaltenden Therapiekonzepten enthalten sein müssen, vor Rückfällen zu bewahren, problematische Entwicklungen frühzeitig zu erkennen und darauf angemessen zu reagieren. [2]Sie sind auch zuständig für Menschen mit psychischen Krankheiten, gegenüber denen das Gericht eine Maßregel der Besserung und Sicherung nach § 61 Nummer 1 und 2 des Strafgesetzbuches angeordnet und die Vollstreckung zur Bewährung ausgesetzt sowie eine entsprechende Weisung erteilt hat (§ 67b in Verbindung mit § 68b Absatz 1 Satz 1 Nummer 11 und Absatz 2 Satz 2 des Strafgesetzbuches).

Achter Abschnitt
Kosten

§ 44 Kosten

(1) Die Kosten der Unterbringung nach § 1 Absatz 1 Nummer 3 Buchstabe a und der nach diesem Gesetz erforderlichen Untersuchungen tragen die Menschen mit psychischen Krankheiten, soweit nicht ein Träger von Sozialleistungen oder sonstige Dritte, insbesondere Unterhaltspflichtige, zur Kostentragung verpflichtet sind.

(2) Die Kosten einer sofortigen Unterbringung nach § 15 trägt das Land, wenn der Antrag auf Anordnung einer Unterbringungsmaßnahme abgelehnt oder zurückgenommen wird oder aus anderen Gründen seine Erledigung findet und die Voraussetzungen für eine Unterbringungsmaßnahme von Anfang an nicht Vorgelegen haben.

(3) [1]Die Kosten einer Unterbringung im Maßregelvollzug trägt das Land, soweit nicht die Menschen mit psychischen Krankheiten gemäß § 45 zu den Kosten beizutragen haben. [2]Zu diesen Kosten gehören auch die notwendigen Aufwendungen zur ärztlichen und zahnärztlichen Behandlung sowie für medizinische Hilfsmittel einschließlich Zahnersatz, die in den Einrichtungen des Maßregelvollzuges oder außerhalb in entsprechender Anwendung des Fünften Buches Sozialgesetzbuch entstehen (interkurrente Leistungen), sowie das Arbeitstherapieentgelt. [3]Abweichend von Satz 2 kann das Land ganz oder teilweise auch die Kosten für interkurrente Leistungen außerhalb des Leistungsumfanges des Fünften Buches Sozialgesetzbuch übernehmen, wenn dies zur Erreichung des Zwecks der Unterbringung im Maßregelvollzug erforderlich ist. [4]Hierzu kann das für Gesundheit zuständige Ministerium im Einvernehmen mit dem für Finanzen zuständigen Ministerium allgemeine Verwaltungsvorschriften erlassen, die auch Regelungen zum Kostenbeitrag nach § 45 Absatz 3 enthalten können.

(4) Die Kosten der Behandlung und Betreuung der Forensischpsychiatrischen Ambulanzen trägt das Land, soweit nicht ein Träger von Sozialleistungen zur Kostentragung verpflichtet ist.

(5) [1]Das Land kann mit dem Träger einer Einrichtung des Maßregelvollzuges für die nach den Absätzen 3 und 4 zu erstattenden Kosten Pflegesätze vereinbaren (Pflegesatzvereinbarung). [2]Pflegesätze sind Entgelte für die Leistungen, die zu Gunsten der Menschen mit psychischen Krankheiten erbracht werden.

(6) [1]Die Pflegesätze müssen medizinisch leistungsgerecht sein und dem Träger der Einrichtung des Maßregelvollzuges eine wirtschaftliche Betriebsführung ermöglichen. [2]Die Maßstäbe und Grundsätze

zur Ermittlung des durch die Pflegesätze zu deckenden finanziellen Aufwandes haben dem unterschiedlichen Behandlungs- und Sicherungsbedarf der Menschen mit psychischen Krankheiten unter Beachtung von Wirtschaftlichkeit und Sparsamkeit Rechnung zu tragen.

(7) [1]Die Pflegesatzvereinbarungen sind für einen bestimmten Zeitraum (Pflegesatzzeitraum) abzuschließen. [2]Die Pflegesätze sind im Voraus zu bemessen. [3]Sie können darüber hinaus auch rückwirkend für die Zeit ab der schriftlichen Aufforderung einer Vertragspartei zu Pflegesatzverhandlungen vereinbart werden.

(8) Nach Ablauf des Pflegesatzzeitraums gelten die vereinbarten Pflegesätze bis zum Abschluss einer neuen Pflegesatzvereinbarung weiter.

(9) Bei unvorhersehbaren wesentlichen Veränderungen der Annahmen, die der Vereinbarung oder Festsetzung der Pflegesätze zu Grunde lagen, sind die Pflegesätze auf Verlangen einer Vertragspartei für den laufenden Pflegesatzzeitraum neu zu verhandeln.

(10) Das für Gesundheit zuständige Ministerium kann im Einvernehmen mit dem Finanzministerium durch Rechtsverordnung das Nähere bestimmen über

1. die Ermittlung der Pflegesätze der Einrichtungen des Maßregelvollzugs,
2. die Maßstäbe und Grundsätze des Personalbedarfs,
3. die Rechnungs- und Buchführungspflichten der Einrichtungen,
4. die Bemessungsgrundlage für den pauschalen Aufwendungsersatz,
5. die Bemessung und Erhebung anteiliger Erstattungsleistungen für die Unterbringung von Menschen mit psychischen Krankheiten aus anderen Ländern.

(11) [1]Kommt eine Pflegesatzvereinbarung innerhalb von sechs Wochen nicht zu Stande, nachdem der Träger einer Einrichtung des Maßregelvollzuges oder das Land schriftlich zu Pflegesatzverhandlungen aufgefordert hat, kann das für Gesundheit zuständige Ministerium die Pflegesätze für einen Pflegesatzzeitraum durch Verwaltungsakt bestimmen. [2]Absatz 8 gilt entsprechend. [3]Gegen den Verwaltungsakt ist der Verwaltungsrechtsweg gegeben. [4]Ein Vorverfahren findet nicht statt; die Klage hat keine aufschiebende Wirkung.

§ 45 Kostenbeitrag für die Unterbringung

(1) Soweit Menschen mit psychischen Krankheiten über Einkommen oder Vermögen verfügen, kann von diesen ein Kostenbeitrag als Teil der Kosten der Vollstreckung der Rechtsfolgen einer Tat (§ 464a Absatz 1 Satz 2 der Strafprozessordnung) erhoben werden.

(2) [1]Der Kostenbeitrag wird in Höhe des Betrages erhoben, der nach § 17 Absatz 1 Nummer 4 des Vierten Buches Sozialgesetzbuch durchschnittlich zur Bewertung der Sachbezüge festgesetzt ist. [2]Der Durchschnittswert wird durch das für Justiz zuständige Ministerium festgesetzt. [3]Bei Selbstverpflegung entfallen die für die Verpflegung vorgesehenen Beträge. [4]Für den anrechenbaren Wert der Unterkunft sind die Art der Belegung und das Alter der Menschen mit psychischen Krankheiten maßgebend.

(3) [1]An den Kosten nach § 44 Absatz 3 Satz 2 können die Menschen mit psychischen Krankheiten in angemessenem Umfang beteiligt werden, höchstens jedoch bis zum Umfang der Beteiligung vergleichbarer gesetzlich Versicherter. [2]Für interkurrente Leistungen, die über den in § 44 Absatz 3 Satz 2 genannten Umfang hinausgehen, können den Menschen mit psychischen Krankheiten die gesamten Kosten auferlegt werden.

(4) [1]Erhalten Menschen mit psychischen Krankheiten interkurrente Leistungen nach § 44 Absatz 3 Satz 2 infolge einer mutwilligen Selbstverletzung, sind sie in angemessenem Umfang an den Kosten zu beteiligen. [2]Die Kostenbeteiligung unterbleibt, wenn hierdurch die Erreichung des Zwecks der Unterbringung im Maßregelvollzug, insbesondere die Eingliederung der Menschen mit psychischen Krankheiten, gefährdet würde.

(5) Die Menschen mit psychischen Krankheiten können an den Betriebskosten der in ihrem Gewahrsam befindlichen Geräte beteiligt werden.

(6) [1]Bei der Erhebung des Kostenbeitrages ist zu gewährleisten, dass den Menschen mit psychischen Krankheiten hinsichtlich ihres Einkommens mindestens ein Betrag in Höhe des Barbetrags verbleibt. [2]Auf das einzusetzende Vermögen finden § 90 des Zwölften Buches Sozialgesetzbuch und die hierzu ergangene Verordnung entsprechende Anwendung.

(7) [1]Zuständig für die Erhebung des Kostenbeitrags ist das Landesamt für Gesundheit und Soziales. [2]§ 40 Absatz 2 findet entsprechende Anwendung.

Neunter Abschnitt
Besuchskommission

§ 46 Besuchskommission

(1) [1]Das für Gesundheit zuständige Ministerium bildet eine Besuchskommission für die Einrichtungen des Maßregelvollzuges und die Landkreise und kreisfreien Städte bilden jeweils Besuchskommissionen für die sonstigen Einrichtungen. [2]Die Besuchskommissionen besuchen und überprüfen in der Regel ohne Anmeldung mindestens einmal jährlich die Einrichtungen oder die Einrichtungen des Maßregelvollzuges, in denen Menschen mit psychischen Krankheiten nach diesem Gesetz untergebracht sind, ob die mit der Unterbringung von verbundenen Aufgaben erfüllt und die Rechte der Menschen mit psychischen Krankheiten gewahrt werden. [3]Dabei ist den Menschen mit psychischen Krankheiten Gelegenheit zu geben, Wünsche oder Beschwerden vorzutragen.

(2) [1]Innerhalb von zwei Monaten nach jedem Besuch fertigt die Besuchskommission einen Bericht an, der auch die Wünsche und Beschwerden der Menschen mit psychischen Krankheiten enthält und zu ihnen Stellung nimmt. [2]Das für Gesundheit zuständige Ministerium übersendet dem Landtag einmal in der Legislaturperiode eine Zusammenfassung dieser Berichte in anonymisierter Form.

(3) [1]Der jeweiligen Besuchskommission gehören an:

1. eine Fachärztin oder ein Facharzt für Psychiatrie oder eine Fachärztin oder ein Facharzt für Kinder- und Jugendpsychiatrie und -psychotherapie,
2. eine Richterin oder ein Richter,
3. eine Sozialarbeiterin oder ein Sozialarbeiter des für den Bereich, in dem die besuchte Einrichtung oder die Einrichtung des Maßregelvollzuges liegt, zuständigen Sozialpsychiatrischen Dienstes,
4. eine Vertreterin oder ein Vertreter eines Interessenverbandes von Menschen mit psychischen Krankheiten, die oder der von dem Landkreis oder der kreisfreien Stadt benannt wird, in deren Zuständigkeit die besuchte Einrichtung oder die Einrichtung des Maßregelvollzuges liegt,
5. eine Vertreterin oder ein Vertreter eines Interessenverbandes der Freunde oder Angehörigen von Menschen mit psychischen Krankheiten, die oder der von dem Landkreis oder der kreisfreien Stadt benannt wird, in deren Zuständigkeit die besuchte Einrichtung oder die Einrichtung des Maßregelvollzuges liegt,
6. eine Bürgerin oder ein Bürger Mecklenburg-Vorpommerns ohne Fachkunde, die oder der von dem für Gesundheit zuständigen Ausschuss des Landtages beziehungsweise der Stadtvertretung oder der Bürgerschaft oder des Kreistages, in deren Zuständigkeit die besuchte Einrichtung oder die Einrichtung des Maßregelvollzuges liegt, benannt wird.

[2]Der Besuchskommission für die Einrichtungen des Maßregelvollzuges gehört zusätzlich eine sachkundige Mitarbeiterin oder ein sachkundiger Mitarbeiter des für Gesundheit zuständigen Ministeriums an. [3]Der zuständigen Amtsärztin oder dem zuständigen Amtsarzt ist Gelegenheit zur Teilnahme an den Besuchen zu geben. [4]Das für Gesundheit zuständige Ministerium kann im Benehmen mit der Besuchskommission weitere Personen zu den Besuchen hinzuziehen, soweit der Zweck des Besuches dadurch besser erfüllt werden kann.

(4) [1]Die Berufung der Mitglieder der Besuchskommissionen und die Einrichtung der Geschäftsstellen erfolgt

1. durch das für Gesundheit zuständige Ministerium für Besuche von Einrichtungen des Maßregelvollzuges und
2. durch die Landkreise und kreisfreien Städte für Besuche von sonstigen Einrichtungen.

[2]Für jedes Mitglied ist mindestens eine Stellvertreterin oder ein Stellvertreter zu berufen. [3]Die Geschäftsstellen der Besuchskommissionen übersenden die in Absatz 2 genannten Berichte an die Geschäftsstelle der Besuchskommission für die Einrichtungen des Maßregel Vollzuges. [4]Die Geschäftsstelle der Besuchskommission für die Einrichtungen des Maßregelvollzuges fasst die Berichte aller Besuchskommissionen zusammen und führt mindestens einmal im Berichtszeitraum eine Beratung der Geschäftsführungen aller Besuchskommissionen durch.

(5) [1]Die Mitglieder und ihre Steilvertreterinnen oder Stellvertreter werden für zwei Jahre berufen. [2]Eine erneute Berufung ist zulässig.

(6) [1]Die Mitglieder der Besuchskommission sind nicht an Weisungen gebunden. [2]Sie sind zur Verschwiegenheit verpflichtet. [3]Ihre Entschädigung richtet sich nach den gesetzlichen Vorschriften über die Entschädigung der ehrenamtlichen Richter.

(7) Die Aufsichtspflichten und -rechte der zuständigen Behörden sowie das Recht der Menschen mit psychischen Krankheiten, andere Überprüfungs- oder Beschwerdeinstanzen anzurufen, bleiben unberührt.

Zehnter Abschnitt
Übergangs- und Schlussvorschriften

§ 47 Datenschutzrechtliche Bestimmungen

(1) [1]Für die Verarbeitung personenbezogener Daten der Menschen mit psychischen Krankheiten oder Dritter gelten ergänzend zur Datenschutz-Grundverordnung und den nachfolgenden Regelungen die Vorschriften des Landesdatenschutzgesetzes und des Landeskrankenhausgesetzes. [2]Nehmen nicht öffentliche Stellen Aufgaben nach diesem Gesetz wahr, findet § 22 Absatz 3 des Landesdatenschutzgesetzes keine Anwendung.

(2) [1]Gesundheitsdaten der Menschen mit psychischen Krankheiten dürfen durch die einweisende Behörde, die Gerichte, das für Gesundheit zuständige Ministerium, den Sozialpsychiatrischen Dienst, den Landrat und den Oberbürgermeister sowie die Einrichtungen oder die Einrichtungen des Maßregelvollzuges verarbeitet werden, soweit es für die Gewährung von Hilfen, für die ordnungsgemäße Unterbringung und Behandlung einschließlich der staatlichen Aufsicht und der Abwehr von Gefahren, für die Sicherheit sowie das geordnete Zusammenleben in den Einrichtungen und für die Wiedereingliederung der Menschen mit psychischen Krankheiten nach der Entlassung erforderlich ist. [2]Bei Unterbringungen im Maßregelvollzug gilt dies auch für das für Justiz zuständige Ministerium. [3]Satz 1 findet auf den Europäischen Ausschuss zur Verhütung von Folter und unmenschlicher oder erniedrigender Behandlung oder Strafe im Rahmen eines Besuches einer Einrichtung oder einer Einrichtung des Maßregelvollzuges entsprechende Anwendung;

(3) Abweichend von den allgemeinen Regelungen über die Berufs- und Amtsverschwiegenheit sind die behandelnde Ärztin oder der Arzt oder die behandelnde Psychotherapeutin oder der Psychotherapeut oder die behandelnde Kinder- und Jugendlichenpsychotherapeutin oder der Kinder- und Jugendlichenpsychotherapeut oder die behandelnde Psychologin oder der Psychologe sowie Gerichte und Behörden im Rahmen der Unterbringung im Maßregelvollzug befugt, den Einrichtungen des Maßregelvollzuges Strafurteile, staatsanwaltliche Ermittlungssachverhalte, ärztliche, psychiatrische und psychologische Gutachten aus gerichtlichen oder staatsanwaltlichen Verfahren, den Lebenslauf und Angaben über die bisherige Entwicklung sowie Angaben über Krankheiten, Körperschäden und Verhaltensauffälligkeiten der Menschen mit psychischen Krankheiten zu übermitteln.

(4) [1]Im Rahmen der Unterbringung im Maßregelvollzug dürfen die Einrichtungen listenmäßig erfassen, welche Personen zu welchem Zeitpunkt die Einrichtungen betreten oder verlassen haben und bei welcher in der Einrichtung untergebrachten Person der Besuch erfolgte. [2]Zu diesem Zweck dürfen die Einrichtungen von den Personen, die die Einrichtungen betreten, Vor- und Nachnamen, das Datum sowie den Grund des Besuchs und von der untergebrachten Person den Namen verarbeiten.

(5) [1]Der Polizei sind zur Wahrnehmung der ihr obliegenden Aufgaben durch die Einrichtungen des Maßregelvollzuges

1. die Aufnahme von Menschen mit psychischen Krankheiten in eine Einrichtung des Maßregelvollzuges,
2. die Verlegung von Menschen mit psychischen Krankheiten in eine Einrichtung des Maßregelvollzuges außerhalb des Landes,
3. Beginn und Ende gewährter Vollzugslockerungen nach § 32 Absatz 1, 2 und 5 oder Maßnahmen nach § 39 Absatz 2 und 3 außerhalb der Einrichtung des Maßregelvollzuges einschließlich des angegebenen Aufenthaltsortes sowie
4. rechtzeitig, in der Regel spätestens drei Monate vor dem Entlassungszeitpunkt, jede bevorstehende Entlassung von Menschen mit psychischen Krankheiten einschließlich der Entlassungsadresse

mitzuteilen. [2]Die Mitteilungen sind zu dokumentieren und getrennt von den Krankenakten aufzubewahren,

(6) [1]Die nach § 41 Absatz 1 erhobenen Daten sind an die Polizei spätestens am Tag der Entlassung der Menschen mit psychischen Krankheiten, die nach der Entlassung unter Führungsaufsicht stehen, oder unverzüglich bei Vorliegen eines polizeilichen Ersuchens zu übermitteln. [2]Rechtzeitig vor Beginn gewährter Vollzugslockerungen nach § 32 Absatz 1, 2 und 5 oder Maßnahmen nach § 39 Absatz 2 und 3 außerhalb der Einrichtung ist der Polizei zusätzlich zur Mitteilung nach Absatz 5 Satz 1 Nummer 3 das aktuelle Lichtbild der Menschen mit psychischen Krankheiten zu übermitteln. [3]Absatz 5 Satz 2 findet entsprechende Anwendung.

(7) [1]Nach § 41 Absatz 1 und § 47 Absatz 2 erhobene Daten dürfen den Strafverfolgungsbehörden übermittelt werden, soweit dies zum Zweck der Identifizierung, Fahndung oder Festnahme der entwichenen oder sich sonst ohne Erlaubnis außerhalb der Anstalt aufhaltende Menschen mit psychischen Krankheiten erforderlich ist. [2]Absatz 5 Satz 2 findet entsprechende Anwendung.

(8) [1]Die beteiligten Stellen dürfen die gemäß Absatz 2 erhobenen und gespeicherten personenbezogenen Daten für die Einleitung oder Durchführung eines Verfahrens nach dem Betreuungsgesetz an die zuständigen Behörden und Gerichte übermitteln, soweit es für das Verfahren erforderlich ist. [2]Insoweit dürfen diese Daten auch für die Erstellung eines ärztlichen, psychiatrischen oder psychologischen Gutachtens verwendet werden.

(9) [1]Außerhalb von Krankenakten gespeicherte Daten sind spätestens zwei Jahre nach Beendigung der Unterbringung zu löschen. [2]Nach Absatz 4 gespeicherte Daten sind unmittelbar nach der Entlassung der Menschen mit psychischen Krankheiten, auf die sie sich beziehen, zu löschen. [3]Soweit ein solcher Bezug nicht besteht, sind diese Daten spätestens ein Jahr nach der Speicherung zu löschen. [4]Die nach § 41 Absatz 1 erhobenen Daten der Menschen mit psychischen Krankheiten sind bei deren Entlassung unverzüglich zu vernichten, sobald die Vollstreckung der richterlichen Entscheidung, die dem Vollzug zu Grunde gelegen hat, abgeschlossen ist und die Übermittlungen nach Absatz 6 Satz 1 erfolgt sind.

(10) [1]Das Auskunftsrecht nach Artikel 15 der Datenschutz-Grundverordnung besteht nicht, soweit konkrete Tatsachen den Verdacht begründen, dass die Auskunft zu schwerwiegenden gesundheitlichen Nachteilen bei dem Menschen mit psychischen Krankheiten führt. [2]Anstelle der Auskunft nach Artikel 15 der Datenschutz-Grundverordnung vermitteln die behandelnde Ärztin oder der Arzt oder die behandelnde Psychotherapeutin oder der Psychotherapeut oder die behandelnde Kinder- und Jugendlichenpsychotherapeutin oder der Kinder- und Jugendlichenpsychotherapeut oder die behandelnde Psychologin oder der Psychologe die entsprechenden Inhalte unter Berücksichtigung des Gesundheitszustandes an die Menschen mit psychischen Krankheiten. [3]Der Landesbeauftragte für den Datenschutz ist zu informieren, wenn nach Satz 1 keine Auskunft erteilt wird. [4]Die Verweigerung von Auskunft oder Einsicht ist mit einer Begründung in den Akten zu vermerken.

(11) [1]Die Absätze 1 bis 3 und 8 bis 10 finden auf die Forensischpsychiatrischen Ambulanzen entsprechende Anwendung. [2]Darüber hinaus sind die behandelnde Ärztin oder der Arzt oder die behandelnde Psychotherapeutin oder der Psychotherapeut oder die behandelnde Kinder- und Jugendlichenpsychotherapeutin oder der Kinder- und Jugendlichenpsychotherapeut oder die behandelnde Psychologin oder der Psychologe befugt, die Einrichtungen des Maßregelvollzugs, das Gericht oder die Strafvollstreckungskammer zu unterrichten, wenn die medizinischen Anordnungen von den Menschen mit psychischen Krankheiten nicht eingehalten werden oder eine medizinische Behandlung nicht mehr erforderlich ist.

§ 48 Datenverarbeitung mit optisch-elektronischen Vorrichtungen in Einrichtungen des Maßregel Vollzuges

(1) Die Überwachung von Außenanlagen, Gebäuden und allgemein zugänglichen Räumen der Einrichtungen des Maßregelvollzuges, mit Ausnahme der in Absatz 3 genannten Bereiche, mittels optisch-elektronischer Vorrichtungen ist zulässig, soweit dies zur Gewährleistung der Sicherheit und Ordnung erforderlich ist.

(2) [1]Die bei der Erfüllung der in Absatz 1 genannten Aufgaben erhobenen personenbezogenen Daten dürfen gespeichert werden, wenn dies zur Abwendung einer bevorstehenden Gefahr für Gesundheit, Leben oder andere besondere Rechtsgüter von Menschen mit psychischen Krankheiten oder von Dritten oder die Sicherheit der Einrichtung des Maßregelvollzuges oder das geordnete Zusammenleben in der Einrichtung des Maßregel Vollzuges oder zu Zwecken der Beweissicherung erforderlich ist. [2]Sie

sind unverzüglich zu löschen, wenn sie zum Erreichen des Zwecks, zu dem sie erhoben worden sind, nicht mehr erforderlich sind.

(3) [1]Die Nutzung optisch-elektronischer Vorrichtungen ist in Interventions-, Aufenthalts-, Wohn- und Schlafräumen im begründeten Einzelfall zeitlich befristet erlaubt, soweit dies von der ärztlichen Leitung der Einrichtung des Maßregel Vollzuges angeordnet wird und zur Abwehr einer gegenwärtigen erheblichen Selbst- oder Fremdgefährdung durch die Menschen mit psychischen Krankheiten erforderlich ist. [2]Die Speicherung personenbezogener Daten ist hierbei unzulässig.

(4) Die Datenverarbeitung nach den Absätzen 1 bis 3 darf auch dann erfolgen, wenn bei der Datenerhebung Dritte unvermeidbar betroffen sind.

(5) Auf den Umstand der Nutzung optisch-elektronischer Vorrichtungen ist durch geeignete Maßnahmen hinzuweisen.

§ 49 Einschränkung von Grundrechten

Durch dieses Gesetz werden die Grundrechte auf informationeile Selbstbestimmung (Artikel 2 Absatz 1 in Verbindung mit Artikel 1 Absatz 1 des Grundgesetzes), körperliche Unversehrtheit und Freiheit der Person (Artikel 2 Absatz 2 des Grundgesetzes), Religionsausübungsfreiheit (Artikel 4 Absatz 2 des Grundgesetzes), Schutz von Ehe und Familie (Artikel 6 des Grundgesetzes), Unverletzlichkeit des Brief-, Post- und Femmeldegeheimnisses (Artikel 10 des Grundgesetzes), Freizügigkeit (Artikel 11 des Grundgesetzes), Unverletzlichkeit der Wohnung (Artikel 13 des Grundgesetzes) und Eigentum (Artikel 14 des Grundgesetzes) eingeschränkt.

§ 50 Übergangsregelungen

Die Beleihungen nach § 12 Absatz 3 und § 38 Absatz 2 sowie die Ermächtigungen nach § 12 Absatz 5 und § 38 Absatz 4 haben innerhalb von zwölf Monaten nach Inkrafttreten dieses Gesetzes zu erfolgen.

§ 51 Inkrafttreten, Außerkrafttreten

[1]Dieses Gesetz tritt am Tag nach der Verkündung[1)] in Kraft. [2]Gleichzeitig tritt das Psychischkrankengesetz in der Fassung der Bekanntmachung vom 13. April 2000 (GVOBl. M-V S. 182), das zuletzt durch Artikel 4 des Gesetzes vom 9. November 2010 (GVOBl. M-V S. 642, 649) geändert worden ist, außer Kraft.

1) Verkündet am 29.7.2016.

Gerichtsstrukturgesetz

In der Fassung der Bekanntmachung vom 7. April 1998[1] (GVOBl. M-V S. 444, ber. S. 549)
(GS Meckl.-Vorp. Gl. Nr.300-1)
zuletzt geändert durch Art. 1 GerichtsstrukturneuordnungsG vom 11. November 2013 (GVOBl. M-V S. 609)

Inhaltsübersicht

§ 1 Geltungsbereich

(1) Das Gesetz regelt die Einrichtung der Gerichte des Landes und deren örtliche Zuständigkeit.

(2) Die Aufnahme der den Gerichten zugewiesenen Aufgaben sowie die damit verbundenen personellen, sachlichen und organisatorischen Angelegenheiten bleiben der Regelung durch ein Ausführungsgesetz vorbehalten.

§ 2 Oberlandesgericht

(1) Das Oberlandesgericht hat seinen Sitz in Rostock.

(2) Der Bezirk des Oberlandesgerichtes wird aus den Bezirken der zugehörigen Landgerichtsbezirke gebildet.

§ 3 Landgerichte

(1) Die Landgerichte haben ihren Sitz in Neubrandenburg, Rostock, Schwerin und Stralsund.

(2) [1]Die Bezirke der Landgerichte umfassen die Bezirke der zugeordneten Amtsgerichte. [2]Vorbehaltlich späterer Aufhebung gemäß § 4 Absatz 5 werden:

1. Dem Bezirk des Landgerichts Neubrandenburg die Amtsgerichte
   a) Demmin,
   b) Neubrandenburg,
   c) Neustrelitz,
   d) Pasewalk mit einer Zweigstelle in Anklam,
   e) Ueckermünde,
   f) Waren (Müritz);
2. dem Bezirk des Landgerichts Rostock die Amtsgerichte
   a) Bad Doberan,
   b) Güstrow,
   c) Rostock;
3. dem Bezirk des Landgerichts Schwerin die Amtsgerichte
   a) Grevesmühlen,
   b) Hagenow,
   c) Ludwigslust,
   d) Parchim,
   e) Schwerin,
   f) Wismar;
4. dem Bezirk des Landgerichts Stralsund die Amtsgerichte
   a) Bergen auf Rügen,
   b) Greifswald,

1) Neubekanntmachung des GerichtsstrukturG v. 19. 3. 1991 (GVOBl. M-V S. 103) in der seit dem 1. 1. 1998 geltenden Fassung.

c) Ribnitz-Damgarten,
d) Stralsund,
e) Wolgast

zugeordnet.

§ 4 Amtsgerichte

(1) Die Amtsgerichte haben ihren Sitz in den Gemeinden, deren Namen sie führen.

(2) [1]Die Bezirke der Amtsgerichte umfassen die in der Anlage zu diesem Gesetz aufgeführten Gemeinden. [2]Die vor dem 6. Oktober 2014 begründete örtliche Zuständigkeit eines fortbestehenden Amtsgerichts wird durch eine Neuordnung der Amtsgerichtsbezirke nicht berührt. [3]Die Anlage ist Bestandteil dieses Gesetzes.

(3) Die einem Amtsgerichtsbezirk zugeordnete Gemeinde gehört diesem mit ihrem gesamten jeweiligen Gemeindegebiet an.

(4) Wird eine neue Gemeinde aus Gemeinden oder Teilen von Gemeinden gebildet, die mehreren Amtsgerichtsbezirken angehören, so gilt die neue Gemeinde dem Amtsgerichtsbezirk zugeordnet, in dessen Bezirk zur Zeit des Wirksamwerdens der Gebietsänderung die Mehrheit der Einwohner der neuen Gemeinde ihren Wohnsitz hat; bei gleicher Einwohnerzahl ist die größere Fläche maßgebend.

(5) Folgende Amtsgerichte sowie deren Bezirke werden aufgehoben:

1. das AmtsgerichtAnklam zum 6. Oktober 2014,
2. das Amtsgericht Ueckermünde zum 1. Dezember 2014,
3. das Amtsgericht Neustrelitz zum 2. Februar 2015,
4. das Amtsgericht Hagenow zum 16. März 2015,
5. die Amtsgerichte Bad Doberan und Parchim zum 11. Mai 2015,
6. das Amtsgericht Grevesmühlen zum 13. Juli 2015,
7. das Amtsgericht Wolgast zum 31. August 2015,
8. das Amtsgericht Demmin zum 28. September 2015,
9. das Amtsgericht Bergen auf Rügen zum 23. November 2015 und
10. das Amtsgericht Ribnitz-Damgarten mit Wirkung zum 27. Februar 2017.

(6) Mit der Aufhebung der Amtsgerichte nach Absatz 5 Nummer 3, 5, 6, 8 und 9 werden folgende Zweigstellen errichtet:

1. eine Zweigstelle des Amtsgerichts Waren (Müritz) in Neustrelitz,
2. eine Zweigstelle des Amtsgerichts Ludwigslust in Parchim,
3. eine Zweigstelle des Amtsgerichts Wismar in Grevesmühlen,
4. eine Zweigstelle des Amtsgerichts Neubrandenburg in Demmin,
5. eine Zweigstelle des Amtsgerichts Stralsund in Bergen auf Rügen.

(7) Nachstehend aufgehobenen Amtsgerichten zugeordnete Gemeinden werden den aufnehmenden Amtsgerichten wie folgt zugeordnet:

1. die Gemeinden des Amtsgerichtsbezirks Ueckermünde dem Amtsgericht Pasewalk,
2. die Gemeinden des Amtsgerichtsbezirks Neustrelitz dem Amtsgericht Waren (Müritz),
3. die den Amtsgerichtsbezirken Hagenow und Parchim zugeordneten Gemeinden dem Amtsgericht Ludwigslust,
4. die Gemeinden des Amtsgerichtsbezirks Bad Doberan dem Amtsgericht Rostock,
5. die Gemeinden des Amtsgerichtsbezirks Grevesmühlen dem Amtsgericht Wismar,
6. die Gemeinden des Amtsgerichtsbezirks Wolgast dem Amtsgericht Greifswald,
7. die Gemeinden des Amtsgerichtsbezirks Demmin dem Amtsgericht Neubrandenburg,
8. die den Amtsgerichtsbezirken Bergen auf Rügen und Ribnitz-Damgarten zugeordneten Gemeinden dem Amtsgericht Stralsund.

§ 5 Landesarbeitsgericht

(1) Das Landesarbeitsgericht hat seinen Sitz in Rostock.

(2) Der Bezirk des Landesarbeitsgerichtes wird aus den Bezirken der zugehörigen Arbeitsgerichte gebildet.

§ 6 Arbeitsgerichte

(1) [1]Die Arbeitsgerichte haben ihren Sitz in Rostock, Schwerin und Stralsund. [2]Bei dem Arbeitsgericht Stralsund werden auswärtige Kammern mit Sitz in Neubrandenburg eingerichtet.

(2) Der Bezirk des Arbeitsgerichts Rostock umfasst das Gebiet des Landkreises Rostock sowie der kreisfreien Stadt Rostock.

(3) Der Bezirk des Arbeitsgerichts Schwerin umfasst das Gebiet der Landkreise Nordwestmecklenburg und Ludwigslust-Parchim sowie der kreisfreien Stadt Schwerin.

(4) Der Bezirk des Arbeitsgerichts Stralsund umfasst das Gebiet der Landkreise Mecklenburgische Seenplatte, Vorpommern-Greifswald und Vorpommern-Rügen.

(5) [1]Das Arbeitsgericht Neubrandenburg wird aufgehoben. [2]Die bei Wirksamwerden der Aufhebung noch anhängigen Verfahren gehen mit dem Verfahrensstand, in dem sie sich befinden, auf das Arbeitsgericht Stralsund über.

§ 7 Landessozialgericht

(1) Das Landessozialgericht hat seinen Sitz in Neustrelitz.

(2) Der Bezirk des Landessozialgerichtes umfaßt die Bezirke der zugehörigen Sozialgerichte.

§ 8 Sozialgerichte

(1) Die Sozialgerichte haben ihren Sitz in Neubrandenburg, Rostock, Schwerin und Stralsund.

(2) Der Bezirk des Sozialgerichts Neubrandenburg umfasst das Gebiet des Landkreises Mecklenburgische Seenplatte sowie nachfolgender Gemeinden oder ihrer Rechtsnachfolger des Landkreises Vorpommern-Greifswald: Ahlbeck, Altwarp, Altwigshagen, Anklam, Bargischow, Bergholz, Blankensee, Boldekow, Boock, Brietzig, Bugewitz, Ducherow, Eggesin, Fahrenwalde, Ferdinandshof, Glasow, Grambin, Grambow, Groß Luckow, Hammer an der Uecker, Heinrichsruh, Heinrichswalde, Hintersee, Jatznick, Koblentz, Krackow, Krugsdorf, Leopoldshagen, Liepgarten, Löcknitz, Lübs, Luckow, Meiersberg, Mönkebude, Nadrensee, Neu Kosenow, Nieden, Papendorf, Pasewalk, Penkun, Plöwen, Polzow, Ramin, Rollwitz, Rossin, Rossow, Rothemühl, Rothenklempenow, Sarnow, Schönwalde, Strasburg (Uckermark), Torgelow, Torgelow-Holländerei, Ueckermünde, Viereck, Vogelsang-Warsin, Wilhelmsburg, Zerrenthin.

(3) Der Bezirk des Sozialgerichts Rostock umfasst das Gebiet des Landkreises Rostock sowie der kreisfreien Stadt Rostock.

(4) Der Bezirk des Sozialgerichts Schwerin umfasst das Gebiet der Landkreise Nordwestmecklenburg und Ludwigslust-Parchim sowie der kreisfreien Stadt Schwerin.

(5) Der Bezirk des Sozialgerichts Stralsund umfasst das Gebiet der Landkreise Vorpommern-Rügen sowie Vorpommern-Greifswald mit Ausnahme der in Absatz 2 genannten Gemeinden oder ihrer Rechtsnachfolger.

§ 9 Oberverwaltungsgericht

(1) Das Oberverwaltungsgericht für das Land Mecklenburg-Vorpommern hat seinen Sitz in Greifswald.

(2) Der Bezirk des Oberverwaltungsgerichtes umfaßt die Bezirke der zugehörigen Verwaltungsgerichte.

§ 10 Verwaltungsgerichte

(1) Verwaltungsgerichte werden in Greifswald und Schwerin errichtet.

(2) Der Bezirk des Verwaltungsgerichts Schwerin umfasst das Gebiet der Landkreise Nordwestmecklenburg, Ludwigslust-Parchim, Rostock sowie der kreisfreien Städte Schwerin und Rostock.

(3) Der Bezirk des Verwaltungsgerichts Greifswald umfasst das Gebiet der Landkreise Mecklenburgische Seenplatte, Vorpommern-Greifswald und Vorpommern-Rügen.

§ 11 Finanzgericht

(1) Das Finanzgericht hat seinen Sitz in Greifswald.

(2) Der Bezirk des Finanzgerichtes umfaßt alle Landkreise und kreisfreien Städte des Landes.

§ 12 Staatsanwaltschaften

(1) Bei dem Oberlandesgericht wird eine Staatsanwaltschaft eingerichtet.

(2) Der Bezirk der Staatsanwaltschaft bei dem Oberlandesgericht umfaßt die Bezirke der zugehörigen Landgerichte.

(3) Bei den Landgerichten werden Staatsanwaltschaften eingerichtet.

(4) Der Bezirk der Staatsanwaltschaft bei dem Landgericht umfaßt den Bezirk des jeweiligen Landgerichtes.

§ 12a Rechtsverordnungen

(1) Das Justizministerium wird ermächtigt, im Einvernehmen mit dem Ministerium für Inneres und Sport durch Rechtsverordnung die Anlage zu § 4 Absatz 2 Satz 1 zu ändern, wenn sie durch eine Änderung der Gerichtsbezirke oder durch gemeindliche Gebiets- oder Namensänderungen unrichtig geworden ist.

(2) Das Justizministerium wird für den Fall der Aufhebung eines Gerichts mit der Folge, dass der Bezirk dieses Gerichts geteilt wird und diese Teile zwei oder mehr Gerichten zugelegt werden, ermächtigt, durch Rechtsverordnung die Regeln zu bestimmen, nach denen die am Tag der Aufhebung bei dem aufzuhebenden Gericht noch anhängigen Verfahren auf die aufnehmenden Gerichte zu verteilen sind.

(3) [1]Bei Aufhebung eines Gerichts wird das Justizministerium ferner ermächtigt, durch Rechtsverordnung die Zuweisung der bei dem aufzuhebenden Gericht tätigen Schöffinnen und Schöffen, Jugendschöffinnen und Jugendschöffen sowie ehrenamtlichen Richterinnen und Richter zu einem aufnehmenden Gericht oder zu den aufnehmenden Gerichten entsprechend der Zugehörigkeit des Wohnsitzes zum Bezirk des aufnehmenden Gerichts zu bestimmen. [2]Ist im Zeitpunkt der Aufhebung eines Gerichts die Hauptverhandlung in einer Strafsache noch nicht beendet, so ist sie von dem aufnehmenden Gericht fortzusetzen, wenn dieselben Richterinnen und Richter weiterhin an ihr teilnehmen. [3]Schöffinnen und Schöffen, die bei der Aufhebung ihres Gerichts in der Hauptverhandlung einer Strafsache mitwirken, bleiben für diese Hauptverhandlung Schöffin oder Schöffe.

§ 13 (Inkrafttreten)

Anlage
(zu § 4 Absatz 2 Satz 1)

(hier nicht wiedergegeben)

Gesetz
zur Ausführung des Gerichtsstrukturgesetzes[1)]

Vom 10. Juni 1992 (GVOBl. M-V S. 314, ber. S. 363)
(GS Meckl.-Vorp. Gl. Nr.300-2)

zuletzt geändert durch Art. 2 Gerichtsstrukturneuordnungsgesetz vom 11. November 2013 (GVOBl. M-V S. 609)

Inhaltsübersicht

Abschnitt 1

§ 1 Geltungsbereich

(1) [1]Die Bezirks- und Kreisgerichte des Landes werden aufgehoben. [2]An ihre Stelle treten die durch das Gerichtsstrukturgesetz vom 19. März 1991 (GVOBl. M-V S. 103) eingerichteten Gerichte.

(2) Dieses Gesetz regelt die Aufnahme der den Gerichten und Staatsanwaltschaften zugewiesenen Aufgaben sowie die damit verbundenen personellen, sachlichen und organisatorischen Angelegenheiten.

---

1) Verkündet als Art. 1 G v. 10. 6. 1992 (GVOBl. M-V S. 314, ber. S. 363); Inkrafttreten gem. Art. 5 dieses G am 1. 7. 1992.

Abschnitt 2
Allgemeine Vorschriften

§ 2 Wappen des Landes
Die Sitzungssäle der Gerichte werden mit dem Wappen des Landes Mecklenburg-Vorpommern ausgestattet.

§ 3 Dienstaufsicht
(1) Oberste Dienstaufsichtsbehörde für die Gerichte und Staatsanwaltschaften des Landes ist das Justizministerium.
(2) Die Dienstaufsicht üben im übrigen aus
1. der Präsident des Oberlandesgerichts und der Präsident des Landgerichts über die Gerichte ihres Bezirks,
2. der Präsident oder der Direktor des Amtsgerichts über dieses Gericht,
3. der Generalstaatsanwalt über die Staatsanwaltschaften,
4. der Leitende Oberstaatsanwalt über die Staatsanwaltschaft seines Bezirks,
5. der Präsident des Oberverwaltungsgerichts, der Präsident des Landessozialgerichts und der Präsident des Landesarbeitsgerichts über die Gerichte ihres Bezirks,
6. der Präsident des Finanzgerichts über dieses Gericht,
7. der Präsident des Verwaltungsgerichts über dieses Gericht,
8. der Direktor des Arbeitsgerichts und der Direktor des Sozialgerichts über dieses Gericht.

(3) Dem Präsidenten des Landgerichts steht die Dienstaufsicht über ein Amtsgericht, das mit einem Präsidenten besetzt ist, nicht zu.
(4) Das Justizministerium kann im Einzelfall die allgemeine Dienstaufsicht über ein Amtsgericht, das nicht mit einem Präsidenten besetzt ist, dem Präsidenten des Landgerichts übertragen.

§ 4 Dienstvorgesetzter
[1]Wer nach diesem Gesetz die Dienstaufsicht ausübt, ist Dienstvorgesetzter der Richter, Beamten, Angestellten und Arbeiter der seiner Dienstaufsicht unterstellten Gerichte und Behörden. [2]Dem Direktor des Amtsgerichts, des Arbeits- und des Sozialgerichts steht die Dienstaufsicht über die Richter dieses Gerichts nicht zu.

§ 5 Zahl der Spruchkörper
[1]Die Zahl der Kammern und Senate der Gerichte bestimmen die Präsidenten und Direktoren für das ihrer Dienstaufsicht unterstehende Gericht. [2]Im Dienstaufsichtswege können ihnen hierfür Weisungen erteilt werden.

§ 6 Justizverwaltung
[1]Die Präsidenten und Direktoren der Gerichte und die leitenden Beamten der Staatsanwaltschaften erledigen die ihnen zugewiesenen Geschäfte der Justizverwaltung einschließlich der Gerichtsverwaltung und erstatten auf Verlangen des Justizministeriums Gutachten über Angelegenheiten der Gesetzgebung oder der Justizverwaltung. [2]Sie können die ihrer Dienstaufsicht unterstellten Richter und Beamten zur Erledigung dieser Geschäfte heranziehen.

§ 7 Amtstracht
(1) Berufsrichter, Handelsrichter, Vertreter der Staatsanwaltschaft, Rechtsanwälte und Urkundsbeamte der Geschäftsstelle tragen eine von dem Justizministerium zu bestimmende Amtstracht.
(2) Die Amtstracht ist in den zur Verhandlung oder zur Verkündung einer Entscheidung bestimmten Sitzungen zu tragen, sofern nicht das Gericht im Einzelfall eine andere Regelung für geboten hält.

§ 8 Geschäftsjahr
Das Geschäftsjahr ist das Kalenderjahr.

Abschnitt 3
Ordentliche Gerichtsbarkeit

§ 9 Landgerichte
Soweit der ordentliche Rechtsweg eröffnet und gesetzlich nichts anderes bestimmt ist, sind die Landgerichte ohne Rücksicht auf den Wert des Streitgegenstandes ausschließlich zuständig

1. für Ansprüche gegen den Staat oder eine Körperschaft des öffentlichen Rechts wegen Verfügungen der Verwaltungsbehörde;
2. für Ansprüche wegen öffentlicher Abgaben.

§ 9a Amtsgerichte – Zweigstellen und Gerichtstage

Das Justizministerium wird ermächtigt, durch Rechtsverordnung die sachliche oder örtliche Zuständigkeit der Zweigstellen zu regeln und die Abhaltung von Gerichtstagen außerhalb des Gerichtsstandortes der Amtsgerichte anzuordnen, wenn dies im Interesse einer geordneten Rechtspflege geboten erscheint.

§ 9b Zuständigkeit für die gemeindefreien Küstengewässer

(1) Mit Wirksamwerden der Aufhebung des Amtsgerichts Wolgast sind für die dem Land Mecklenburg-Vorpommern vorgelagerten gemeindefreien Küstengewässer in Zivil- und Strafsachen das Amtsgericht Greifswald und, soweit die sachliche Zuständigkeit des Landgerichts gegeben ist, das Landgericht Stralsund für den Bezirk des Oberlandesgerichts Rostock ausschließlich zuständig.

(2) Die mit Wirksamwerden der Aufhebung des Amtsgerichts Wolgast bei diesem anhängigen Verfahren gehen mit dem Verfahrensstand, in dem sie sich befinden, auf das Amtsgericht Greifswald über.

§ 10 Gerichtsvollzieher

(1) Die Gerichtsvollzieher sind außer für die Aufgaben, die ihnen durch Bundesrecht oder nach anderen Vorschriften des Landesrechts obliegen, für folgende Geschäfte zuständig:
1. Wechsel- und Scheckproteste aufzunehmen;
2. Siegelungen und Entsiegelungen im Auftrag des Gerichts vorzunehmen;
3. Vermögensverzeichnisse oder Inventare im Auftrag des Gerichts aufzunehmen;
4. freiwillige Versteigerungen von beweglichen Sachen und von Früchten, die vom Boden noch nicht getrennt sind, durchzuführen;
5. das tatsächliche Angebot einer Leistung zu beurkunden oder die geschuldete Leistung tatsächlich anzubieten;
6. gerichtliche Anordnungen nach § 33 Abs. 2 des Gesetzes über die Angelegenheiten der freiwilligen Gerichtsbarkeit zu vollstrecken.

(2) Die Gerichtsvollzieher können Aufträge zur freiwilligen Versteigerung nach ihrem Ermessen ablehnen.

(3) § 155 des Gerichtsverfassungsgesetzes gilt in den durch die Prozeßordnungen nicht geregelten Angelegenheiten entsprechend.

Abschnitt 4

Staatsanwaltschaft

§ 11 Amtsanwälte

(1) Der Justizminister kann Beamte des gehobenen Dienstes zu Amtsanwälten ernennen.

(2) Anwärtern für die Laufbahn des Amtsanwalts kann zu Zwecken der Ausbildung die Wahrnehmung der Aufgaben eines Amtsanwalts unter der Aufsicht eines Staatsanwalts oder Amtsanwalts übertragen werden.

Abschnitt 5

Verwaltungsgerichtsbarkeit

§ 12 Besetzung des Oberverwaltungsgerichts

(1) Die Senate des Oberverwaltungsgerichts entscheiden außer in den Fällen des § 48 Abs. 1 der Verwaltungsgerichtsordnung in der Besetzung von drei Richtern und zwei ehrenamtlichen Richtern.

(2) Bei Beschlüssen außerhalb der mündlichen Verhandlung und Gerichtsbescheiden wirken die ehrenamtlichen Richter nicht mit.

§ 13 Normenkontrollverfahren

Das Oberverwaltungsgericht entscheidet in Normenkontrollverfahren nach § 47 der Verwaltungsgerichtsordnung auch über die Gültigkeit einer im Range unter dem Landesgesetz stehenden Rechtsvorschrift; in diesen Fällen entscheidet das Oberverwaltungsgericht in der Besetzung von fünf Richtern.

§ 13a Klagemöglichkeit ohne Vorverfahren

Ohne Durchführung des Vorverfahrens nach § 68 der Verwaltungsgerichtsordnung kann Klage erhoben werden

1. durch den Antragsteller bei Entscheidungen nach den §§ 4, 8, 8a, 9, 12, 15 Abs. 2 Satz 2 und 16 des Bundes-Immissionsschutzgesetzes,
2. bei Entscheidungen nach § 10 Abs. 2 sowie § 15 Abs. 1 und 3 des Baugesetzbuches,
3. bei Entscheidungen nach den §§ 72 und 75 der Landesbauordnung Mecklenburg-Vorpommern,
4. bei Entscheidungen nach dem Gesetz über die Änderung von Familiennamen und Vornamen sowie
5. bei Entscheidungen
   a) nach § 5 Abs. 2 und § 20 Abs. 1 Satz 3 des Landesfischereigesetzes,
   b) nach § 7 Abs. 1 und 3 des Landesfischereigesetzes in Verbindung mit Rechtsverordnungen nach § 10 Abs. 1 Nr. 1 des Landesfischereigesetzes,
   c) aufgrund von Rechtsverordnungen nach § 10 Abs. 1 Nr. 2 des Landesfischereigesetzes,
   d) nach § 20 Abs. 1 Satz 3 des Landesfischereigesetzes,
   e) aufgrund von Rechtsverordnungen nach § 13 Abs. 2 des Landesfischereigesetzes,
   f) aufgrund von Rechtsverordnungen nach § 22 des Landesfischereigesetzes.

§ 13b Wegfall des Vorverfahrens

(1) Ein Vorverfahren nach § 68 der Verwaltungsgerichtsordnung entfällt

1. bei Entscheidungen nach § 25 Abs. 2 des Staatsangehörigkeitsgesetzes,
2. bei Entscheidungen nach § 8 Abs. 2 des Feiertagsgesetzes Mecklenburg-Vorpommern,
3. bei Entscheidungen nach § 3 des Gesetzes zur Ausführung des Betreuungsgesetzes und des Betreuungsrechtsänderungsgesetzes,
4. (aufgehoben)
5. bei Entscheidungen nach § 13 des Bildungsfreistellungsgesetzes,
6. bei Entscheidungen nach § 41 des Waffengesetzes.

(2) Wird verwaltungsgerichtliche Klage in den in Absatz 1 genannten Fällen erhoben, hat die Behörde spätestens mit Eingang der Aufforderung des Gerichts nach § 85 Satz 2 der Verwaltungsgerichtsordnung die Möglichkeit einer Aufhebung oder Änderung des Verwaltungsakts zu prüfen und das Ergebnis schriftlich zu dokumentieren.

(3) Wendet sich ein Dritter gegen den an einen anderen gerichteten, diesen begünstigenden Verwaltungsakt, ist auch in den in Absatz 1 genannten Fällen ein Vorverfahren durchzuführen.

(4) In den Fällen des Absatzes 1 entfällt das Vorverfahren auch bei Nebenbestimmungen und Maßnahmen der Verwaltungsvollstreckung.

§ 13c Zuständigkeiten für Disziplinarsachen und numerus-clausus-Verfahren

(1) Für erstinstanzliche öffentlich-rechtliche Verfahren aus den Sachgebieten des Disziplinarrechts sowie der numerus-clausus-Verfahren ist das Verwaltungsgericht Greifswald für den Bezirk des Oberverwaltungsgerichts Mecklenburg-Vorpommern zuständig.

(2) [1]Die mit Ablauf des 5. Oktober 2014 bei dem Verwaltungsgericht Schwerin anhängigen Verfahren der in Absatz 1 bezeichneten Sachgebiete gehen mit dem Verfahrensstand, in dem sie sich befinden, auf das Verwaltungsgericht Greifswald über. [2]Gleichzeitig werden die für das Verwaltungsgericht Schwerin gewählten ehrenamtlichen Beamtenbeisitzer in Disziplinarsachen bis zum Ablauf der Wahlperiode als Beamtenbeisitzer dem Verwaltungsgericht Greifswald zugewiesen.

§ 14 Behörden als Verfahrensbeteiligte

(1) Behörden sind fähig, am Verfahren vor den Gerichten der allgemeinen Verwaltungsgerichtsbarkeit beteiligt zu sein.

(2) Anfechtungs- und Verpflichtungsklagen sind gegen die Behörde zu richten, die den angefochtenen Verwaltungsakt erlassen oder den beantragten Verwaltungsakt unterlassen hat.

Abschnitt 6
Finanzgerichtsbarkeit

§ 15 Finanzrechtsweg für Landesrecht
Der Finanzrechtsweg ist auch gegeben in öffentlich-rechtlichen Streitigkeiten
1. über Abgabenangelegenheiten, soweit diese Abgaben der Gesetzgebung des Landes unterliegen und durch Landesfinanzbehörden verwaltet werden;
2. über landesrechtlich geregelte Kosten (Gebühren und Auslagen), soweit der Finanzrechtsweg für die Hauptsache eröffnet ist.

Abschnitt 7
Sozialgerichtsbarkeit

§ 16 Konzentration von Zuständigkeiten
Das Justizministerium kann durch Rechtsverordnung den Bezirk der Kammer eines Sozialgerichts auf Bezirke anderer Sozialgerichte erstrecken.

§ 17 Behörden als Verfahrensbeteiligte
Behörden sind fähig, am Verfahren vor den Gerichten der Sozialgerichtsbarkeit beteiligt zu sein.

§ 18 Vollstreckungsbehörde
[1]Vollstreckungsbehörden im Sinne des § 200 Abs. 2 Satz 2 des Sozialgerichtsgesetzes sind die nach den Vorschriften über das Verwaltungszwangsverfahren wegen Beitreibung von Geldforderungen zuständigen Stellen. [2]Unterliegt die Körperschaft der Vollstreckungsbehörde selbst der Vollstreckung, so bestimmt die Aufsichtsbehörde die zuständige Vollstreckungsbehörde.

Abschnitt 8

§ 19 (weggefallen)

Abschnitt 9

§§ 20 bis 22 (weggefallen)

Abschnitt 10

§§ 23, 24 (weggefallen)

Abschnitt 11

§§ 25 bis 27 (weggefallen)

Abschnitt 12

§§ 28, 29 (weggefallen)

Gesetz über das Landesverfassungsgericht Mecklenburg-Vorpommern (Landesverfassungsgerichtsgesetz – LVerfGG M-V)[1)]

Vom 19. Juli 1994 (GVOBl. M-V S. 734)
(GS Meckl.-Vorp. Gl. Nr. 300-6)

zuletzt geändert durch Art. 1 Drittes ÄndG vom 19. Januar 2010 (GVOBl. M-V S. 22)

Inhaltsübersicht

1) Verkündet als Art. 1 G v. 19. 7. 1994 (GVOBl. M-V S. 734); Inkrafttreten gem. Art. 4 dieses G mit Beendigung der ersten Wahlperiode des Landtags, die mit dem 14. 11. 1994 zu Ende gegangen ist; vgl. § 3 G über die Verabschiedung und das Inkrafttreten der Verfassung von M-V v. 23. 5. 1993 (GVOBl. M-V S. 371) iVm Bek. über das endgültige Inkrafttreten der Verfassung des Landes M-V vom 23. Mai 1993 v. 23. 8. 1994 (GVOBl. M-V S. 811).

I. Teil
Verfassung, Organisation und Zuständigkeit

§ 1 Bezeichnung und Sitz

(1) Das Landesverfassungsgericht ist ein allen übrigen Verfassungsorganen gegenüber selbständiges und unabhängiges Gericht des Landes.

(2) [1]Das Landesverfassungsgericht führt die Bezeichnung „Landesverfassungsgericht Mecklenburg-Vorpommern". [2]Es hat seinen Sitz in der Hansestadt Greifswald.

§ 2 Zusammensetzung und Stellvertretung

(1) [1]Das Landesverfassungsgericht besteht aus dem Präsidenten, dem Vizepräsidenten und fünf weiteren Mitgliedern. [2]Jedes Mitglied hat einen Stellvertreter.

(2) Der Präsident, der Vizepräsident und zwei der weiteren Mitglieder sowie vier Stellvertreter müssen die Befähigung zum Richteramt haben.

(3) [1]Der Präsident wird aus dem Kreis der Präsidenten der Gerichte und der Vorsitzenden Richter an den oberen Landesgerichten gewählt. [2]Der Vizepräsident wird aus dem Kreis der Berufsrichter gewählt.

(4) [1]Der Stellvertreter vertritt das Mitglied bei dessen Verhinderung. [2]Ist auch der Stellvertreter verhindert, so tritt an seine Stelle einer der übrigen Stellvertreter, beginnend mit dem Lebensältesten, und, im Fall der Stellvertretung nach Absatz 2, zugleich mit der Befähigung zum Richteramt. [3]§ 10 Abs. 2 bleibt unberührt.

§ 3 Wählbarkeit

(1) [1]Zum Mitglied des Landesverfassungsgerichts kann gewählt werden, wer das 35. Lebensjahr vollendet hat und die Wählbarkeit zum Landtag besitzt oder im Fall des § 2 Abs. 2 als Richter oder Lehrer des Rechts an einer staatlichen Hochschule tätig ist. [2]Die Mitglieder sollen im öffentlichen Leben erfahrene Personen des allgemeinen Vertrauens und für das Amt besonders geeignet sein. [3]Sie müssen sich schriftlich bereit erklärt haben, Mitglied des Landesverfassungsgerichts zu werden.

(2) Mitglied des Landesverfassungsgerichts oder Stellvertreter kann nicht sein, wer einer gesetzgebenden Körperschaft oder der Regierung des Bundes oder eines Landes oder einem entsprechenden Organ der Europäischen Union, dem Bundesverfassungsgericht, einem anderen Landesverfassungsgericht oder dem Europäischen Gerichtshof angehört.

(3) Beamte und sonstige Personen, die im öffentlichen Dienst des Landes stehen, sind mit Ausnahme der Richter und Hochschullehrer nicht wählbar.

(4) Zum Mitglied des Landesverfassungsgerichts kann nicht gewählt werden, wer

1. gegen die Grundsätze der Menschlichkeit oder Rechtsstaatlichkeit verstoßen hat, insbesondere die im Internationalen Pakt über bürgerliche und politische Rechte vom 19. Dezember 1966 gewährleisteten Menschenrechte oder die in der allgemeinen Erklärung der Menschenrechte vom 10. Dezember 1948 enthaltenen Grundrechte verletzt hat oder

2. für das frühere Ministerium für Staatssicherheit/Amt für Nationale Sicherheit der Deutschen Demokratischen Republik tätig war.

§ 4 Wahl

(1) Die Mitglieder des Landesverfassungsgerichts und die stellvertretenden Mitglieder werden auf Vorschlag eines besonderen Ausschusses des Landtages vom Landtag ohne Aussprache mit einer Mehrheit von zwei Dritteln der anwesenden Abgeordneten gewählt.

(2) [1]Der Landtag regelt die Zusammensetzung und das Verfahren des Ausschusses durch seine Geschäftsordnung. [2]Dem Ausschuß sind auf Verlangen und mit Zustimmung des Betroffenen Personalakten vorzulegen und die zur Prüfung der Eignung erforderlichen Auskünfte zu erteilen. [3]Die Teilnahme an den Ausschußsitzungen ist anderen Abgeordneten als den Ausschußmitgliedern nicht gestattet. [4]Die Sitzungen sind vertraulich und nicht öffentlich.

(3) Die gewählten Mitglieder und Stellvertreter erhalten eine Urkunde über die Art und Dauer ihres Amtes.

§ 5 Amtszeit

(1) [1]Die Mitglieder des Landesverfassungsgerichts und ihre Stellvertreter werden auf zwölf Jahre gewählt. [2]Ein Stellvertreter kann für den Rest seiner Amtszeit zum Mitglied des Landesverfassungsgerichts gewählt werden. [3]Wiederwahl ist nicht zulässig.

(2) [1]Die Mitglieder des Landesverfassungsgerichts und die Stellvertreter führen nach Beendigung des Amtes gemäß § 6 Abs. 1 Satz 1 ihre Amtsgeschäfte bis zur Ernennung des Nachfolgers fort. [2]Scheidet ein Mitglied des Landesverfassungsgerichts oder ein Stellvertreter gemäß § 6 Abs. 2 aus, gilt § 2 Abs. 4 entsprechend.

(3) Endet das Amt eines Mitgliedes des Landesverfassungsgerichts oder eines Stellvertreters, findet innerhalb von drei Monaten nach dem Zeitpunkt des Ausscheidens aus dem Amt eine Neuwahl für das ausgeschiedene Mitglied oder den Stellvertreter statt.

§ 6 Beendigung der Amtszeit

(1) [1]Das Amt des Mitglieds des Verfassungsgerichts sowie des Stellvertreters endet mit Vollendung des 68. Lebensjahres oder durch Ablauf der Amtszeit. [2]Im übrigen endet es nur nach Maßgabe der folgenden Bestimmungen.

(2) Ein Mitglied des Landesverfassungsgerichts oder ein Stellvertreter scheidet aus dem Amt aus, wenn

1. die Entlassung schriftlich beantragt wird,
2. dauernde Dienstunfähigkeit eingetreten ist,
3. die Voraussetzungen für die Wählbarkeit zum Landtag entfallen sind (§ 3 Abs. 1), es sei denn, dass das Mitglied oder Stellvertreter seinen Wohnsitz nach seiner Versetzung in den Ruhestand außerhalb des Landes verlegt,
4. der nicht zum Landtag wählbare Richter oder Hochschullehrer sein Hauptamt in Mecklenburg-Vorpommern aufgibt,
5. ein Wählbarkeitshindernis nach § 3 Abs. 2 oder 3 eingetreten ist,
6. nachträglich ein Wählbarkeitshindernis nach § 3 Abs. 4 bekannt wird,
7. eine rechtskräftige Verurteilung zu einer Freiheitsstrafe erfolgt,
8. eine so grobe Pflichtverletzung vorliegt, daß sein Verbleiben im Amt mit der Bedeutung des Amtes und der Würde des Landesverfassungsgerichtes nicht mehr vereinbar ist.

§ 7 Verfahren

(1) [1]Das Landesverfassungsgericht stellt das Ausscheiden von Amts wegen, auf Antrag des Landtages, der Landesregierung, des Mitgliedes oder Stellvertreters durch Beschluß fest. [2]An Stelle des betroffenen Mitgliedes wirkt der Stellvertreter mit. [3]Der Beschluss bedarf der Mehrheit von fünf Mitgliedern des Landesverfassungsgerichts. [4]Mit der Verkündung des Beschlusses ist das Amt erloschen. [5]Für das Verfahren gelten die Vorschriften des Zweiten Teils entsprechend.

(2) [1]Nach Einleitung des Verfahrens nach Absatz 1 kann das Landesverfassungsgericht das Mitglied oder den Stellvertreter von Amts wegen, auf Antrag des Landtages oder der Landesregierung vorläufig seines Amtes entbinden. [2]Das gleiche gilt, wenn gegen das Mitglied oder seinen Stellvertreter wegen einer Straftat das Hauptverfahren eröffnet worden ist. [3]Für einen dahingehenden Beschluß gilt Absatz 1 Satz 2 und 3 entsprechend.

§ 8 Rechtsstellung

(1) Die Mitglieder des Landesverfassungsgerichts und ihre Stellvertreter sind als Richter unabhängig und nur dem Gesetz unterworfen.

(2) Sie üben ihr Amt ehrenamtlich aus und erhalten eine Entschädigung nach Maßgabe dieses Gesetzes.

(3) Die Tätigkeit als Mitglied des Landesverfassungsgerichts oder als Stellvertreter geht jeder anderen beruflichen Tätigkeit vor.

§ 9 Amtseid

[1]Die Mitglieder des Landesverfassungsgerichts und die Stellvertreter leisten vor Aufnahme ihres Amtes in öffentlicher Sitzung vor dem Landtag den für Richter des Landes (§ 4 des Landesrichtergesetzes des Landes Mecklenburg-Vorpommern) vorgesehenen Eid. [2]Der Eid kann auch ohne religiöse Beteuerung geleistet werden.

§ 10 Präsident

(1) [1]Der Präsident führt den Vorsitz und vertritt das Landesverfassungsgericht nach außen, insbesondere gegenüber den anderen Verfassungsorganen. [2]Er leitet die allgemeine Verwaltung, verfügt über die Einnahmen und Ausgaben des Gerichts nach Maßgabe des Landeshaushalts und vertritt das Land in allen Rechtsgeschäften und Rechtsstreitigkeiten des Verfassungsgerichts.

(2) [1]Der Präsident wird in seiner Eigenschaft als Vorsitzender und Vertreter des Landesverfassungsgerichts sowie in seinen weiteren Aufgaben als Präsident durch den Vizepräsidenten (§ 2 Abs. 3) vertreten. [2]Ist auch der Vizepräsident verhindert, wird der Präsident in seinen Aufgaben als Präsident durch das dienstälteste Mitglied des Landesverfassungsgerichts mit der Befähigung zum Richteramt vertreten. [3]Im übrigen wird der Präsident durch den gewählten Stellvertreter vertreten.

§ 11 Zuständigkeiten

(1) Das Landesverfassungsgericht entscheidet

1. über die Auslegung der Verfassung aus Anlaß einer Streitigkeit über den Umfang der Rechte und Pflichten eines obersten Landesorgans oder anderer Beteiligter, die durch die Verfassung oder in der Geschäftsordnung des Landtages mit eigenen Rechten ausgestattet sind (Artikel 53 Nr. 1 der Verfassung),
2. bei Meinungsverschiedenheiten oder Zweifeln über die förmliche oder sachliche Vereinbarkeit von Landesrecht mit der Verfassung (Artikel 53 Nr. 2 der Verfassung),
3. über die Vereinbarkeit eines Landesgesetzes mit der Verfassung, wenn ein Gericht das Verfahren gemäß Artikel 100 Abs. 1 des Grundgesetzes für die Bundesrepublik Deutschland ausgesetzt hat (Artikel 53 Nr. 5 der Verfassung),
4. über die Verfassungsmäßigkeit des Auftrages eines Untersuchungsausschusses auf Vorlage eines Gerichts (Artikel 53 Nr. 4 der Verfassung),
5. über die Anfechtung einer Entscheidung des Landtages in Wahlprüfungsangelegenheiten nach Artikel 21 Abs. 1 der Verfassung (Artikel 21 Abs. 2 in Verbindung mit Artikel 53 Nr. 9 der Verfassung),
6. über die Zulässigkeit eines Volksbegehrens (Artikel 60 Abs. 2 Satz 2 in Verbindung mit Artikel 53 Nr. 9 der Verfassung),
7. aus Anlaß von Streitigkeiten über die Durchführung von Volksinitiativen, Volksbegehren und Volksentscheiden (Artikel 53 Nr. 3 der Verfassung),
8. über Verfassungsbeschwerden, die mit der Behauptung erhoben werden, durch ein Landesgesetz unmittelbar in Grundrechten oder staatsbürgerlichen Rechten verletzt zu sein (Artikel 53 Nr. 6 der Verfassung),
9. über Verfassungsbeschwerden, die mit der Behauptung erhoben werden, durch die öffentliche Gewalt in einem in den Artikeln 6 bis 10 der Verfassung gewährten Grundrechte verletzt zu sein, soweit eine Zuständigkeit des Bundesverfassungsgerichts nicht gegeben ist (Artikel 53 Nr. 7 der Verfassung),
10. über Verfassungsbeschwerden von Gemeinden, Landkreisen und Landschaftsverbänden wegen Verletzung des Rechts auf Selbstverwaltung nach den Artikeln 72 bis 75 der Verfassung durch ein Landesgesetz (Artikel 53 Nr. 8 der Verfassung).

(2) Das Landesverfassungsgericht entscheidet ferner in den Angelegenheiten, die ihm durch Gesetz zugewiesen werden (Artikel 53 Nr. 9 der Verfassung).

§ 12 Geschäftsstelle und Geschäftsgang

(1) [1]Das Landesverfassungsgericht kann eine Geschäftsstelle beim Oberverwaltungsgericht Mecklenburg-Vorpommern einrichten. [2]Über die Einrichtung der Geschäftsstelle entscheidet der Präsident des Landesverfassungsgerichts.

(2) [1]Im Einvernehmen mit der Präsidentin des Oberverwaltungsgerichts kann der Präsident des Landesverfassungsgerichts die Wahrnehmung von Verwaltungsaufgaben dem Oberverwaltungsgericht übertragen. [2]Die alleinige Befugnis des Präsidenten des Landesverfassungsgerichts, den zur Verfügung gestellten Mitarbeitern im Rahmen ihrer Tätigkeit für das Landesverfassungsgericht Weisungen zu erteilen, bleibt unberührt.

(3) Das Landesverfassungsgericht kann sich im Übrigen der Geschäftseinrichtungen der Gerichte der Landes bedienen.

(4) [1]Das Landesverfassungsgericht gibt sich eine Geschäftsordnung. [2]Sie ist im Gesetz- und Verordnungsblatt für Mecklenburg-Vorpommern zu veröffentlichen.

II. Teil

Allgemeine Verfahrensvorschriften

§ 13 Anwendung der Vorschriften des Gerichtsverfassungsgesetzes

Soweit in diesem Gesetz nichts anderes bestimmt ist, sind hinsichtlich der Öffentlichkeit, Sitzungspolizei, Gerichtssprache, Beratung und Abstimmung die Vorschriften der Titel 14 bis 16 des Gerichtsverfassungsgesetzes und im übrigen die Vorschriften der Verwaltungsgerichtsordnung entsprechend anwendbar.

§ 14 Ausschließung eines Richters

(1) Ein Mitglied des Landesverfassungsgerichts ist von der Ausübung seines Richteramts ausgeschlossen, wenn er

1. an der Sache beteiligt oder mit einem Beteiligten verheiratet ist oder war oder mit einem Beteiligten eine Lebenspartnerschaft begründet hat, auch wenn die Lebenspartnerschaft nicht mehr besteht, in gerader Linie verwandt oder verschwägert oder in der Seitenlinie bis zum dritten Grade verwandt oder bis zum zweiten Grade verschwägert ist oder
2. in derselben Sache bereits von Amts oder Berufs wegen tätig gewesen ist.

(2) Beteiligt ist nicht, wer aufgrund seines Familienstandes, seines Berufes, seiner Abstammung, seiner Zugehörigkeit zu einer politischen Partei oder aus einem ähnlichen allgemeinen Grunde am Ausgang des Verfahrens interessiert ist.

(3) Als Tätigkeit im Sinne des Absatzes 1 Nr. 2 gilt nicht

1. die Mitwirkung im Gesetzgebungsverfahren,
2. die Äußerung einer wissenschaftlichen Meinung zu einer Rechtsfrage, die für das Verfahren bedeutsam sein kann.

(4) Die Vorschriften der Absätze 1 bis 3 gelten auch für die Stellvertreter.

§ 15 Ablehnung eines Richters wegen Besorgnis der Befangenheit

(1) [1]Wird ein Mitglied des Landesverfassungsgerichts oder ein in dem Verfahren mitwirkender Stellvertreter wegen Besorgnis der Befangenheit abgelehnt, so entscheidet das Gericht unter Ausschluß des Abgelehnten; eine Vertretung des Abgelehnten findet insoweit nicht statt. [2]Bei Stimmengleichheit gibt die Stimme des Vorsitzenden den Ausschlag.

(2) [1]Die Ablehnung ist zu begründen. [2]Der Abgelehnte hat sich dazu zu äußern. [3]Ein Beteiligter kann ein Mitglied des Landesverfassungsgerichts oder einen in dem Verfahren mitwirkenden Stellvertreter wegen Besorgnis der Befangenheit nicht mehr ablehnen, wenn er sich in eine Verhandlung eingelassen hat, ohne den ihm bekannten Ablehnungsgrund geltend gemacht zu haben.

(3) Erklärt sich ein Mitglied oder ein in dem Verfahren mitwirkender Stellvertreter selbst für befangen, so gilt Absatz 1 entsprechend.

(4) Nach erfolgreicher Ablehnung wirkt an der Entscheidung in der Sache selbst anstatt des abgelehnten Richters sein Vertreter mit (§ 2 Abs. 4).

§ 16 Akteneinsicht

Die Beteiligten haben das Recht der Akteneinsicht.

§ 17 Beauftragte von Personengruppen

Wenn das Verfahren von einer Personengruppe oder gegen eine Personengruppe beantragt wird, kann das Landesverfassungsgericht anordnen, daß sie ihre Rechte, insbesondere das Recht auf Anwesenheit im Termin, durch einen Beauftragten oder mehrere Beauftragte wahrnehmen läßt.

§ 18 Prozeßvertretung

(1) [1]Die Beteiligten können sich in jeder Lage des Verfahrens durch einen bei einem deutschen Gericht zugelassenen Rechtsanwalt oder durch einen Lehrer des Rechts an einer deutschen Hochschule vertreten lassen. [2]In der mündlichen Verhandlung müssen sie sich in dieser Weise vertreten lassen. [3]Der Landtag oder Teile von diesem, die in der Verfassung oder Geschäftsordnung mit eigenen Rechten ausgestattet sind, können sich auch durch ihre Mitglieder vertreten lassen. [4]Das Land und seine Verfassungsorgane können sich außerdem durch ihre Bediensteten vertreten lassen. [5]Das Landesverfassungsgericht kann auch eine andere Person als Beistand eines Beteiligten zulassen.

(2) [1]Die Vollmacht ist schriftlich zu erteilen. [2]Sie muß sich ausdrücklich auf das Verfahren beziehen.

(3) Ist ein Bevollmächtigter bestellt, so sind alle Mitteilungen des Gerichts an ihn zu richten.

§ 19 Einleitung des Verfahrens

(1) [1]Anträge, die das Verfahren einleiten, sind schriftlich beim Landesverfassungsgericht einzureichen. [2]Sie sind zu begründen; die erforderlichen Beweismittel sind anzugeben.

(2) Der Präsident stellt den Antrag dem Antragsgegner und den übrigen Beteiligten unverzüglich mit der Aufforderung zu, sich binnen einer zu bestimmenden Frist zu äußern.

(3) Der Präsident kann jedem Beteiligten aufgeben, binnen einer zu bestimmenden Frist die erforderliche Zahl von Abschriften seiner Schriftsätze für das Gericht und die übrigen Beteiligten nachzureichen.

§ 20 Verwerfung von Anträgen

[1]Unzulässige oder offensichtlich unbegründete Anträge können durch einstimmigen Beschluß des Landesverfassungsgerichts verworfen werden. [2]Der Beschluß bedarf keiner weiteren Begründung, wenn der Antragsteller vorher auf die Bedenken gegen die Zulässigkeit oder Begründetheit seines Antrags hingewiesen worden ist. [3]Über den Beschluss kann schriftlich, insbesondere im Wege des Umlaufs, abgestimmt werden.

§ 21 Zustandekommen und Form der Entscheidung

(1) Das Landesverfassungsgericht entscheidet, soweit nichts anderes bestimmt ist, aufgrund mündlicher Verhandlung, es sei denn, daß alle Beteiligten ausdrücklich auf sie verzichten.

(2) Die Entscheidung aufgrund mündlicher Verhandlung ergeht als Urteil, die Entscheidung ohne mündliche Verhandlung als Beschluß.

(3) Teil- und Zwischenentscheidungen sind zulässig.

(4) Die Entscheidungen des Landesverfassungsgerichts ergehen im Namen des Volkes.

§ 22 Beweiserhebung

(1) [1]Das Landesverfassungsgericht erhebt den nach seinem Ermessen zur Erforschung der Wahrheit erforderlichen Beweis. [2]Es kann damit außerhalb der mündlichen Verhandlung ein Mitglied des Gerichts beauftragen oder mit Begrenzung auf bestimmte Tatsachen und Personen ein anderes Gericht darum ersuchen.

(2) Aufgrund eines Beschlusses mit einer Mehrheit von fünf Stimmen des Gerichts kann die Beiziehung einzelner Urkunden unterbleiben, wenn ihre Verwendung mit der Sicherheit des Bundes oder eines Landes unvereinbar ist.

§ 23 Rechts- und Amtshilfe

[1]Alle Gerichte und Verwaltungsbehörden leisten dem Landesverfassungsgericht Rechts- und Amtshilfe. [2]Fordert das Landesverfassungsgericht Akten eines Ausgangsverfahrens an, werden ihm diese unmittelbar vorgelegt.

§ 24 Stellungnahme durch sachkundige Dritte

Das Landesverfassungsgericht kann sachkundigen Dritten Gelegenheit zur Stellungnahme geben.

§ 25 Zeugen und Sachverständige

(1) Für die Vernehmung von Zeugen und Sachverständigen gelten die Vorschriften der Zivilprozeßordnung entsprechend.

(2) [1]Soweit ein Zeuge oder Sachverständiger nur mit Genehmigung einer vorgesetzten Stelle vernommen werden darf, kann diese Genehmigung nur verweigert werden, wenn es das Wohl des Bundes oder eines Landes erfordert. [2]Der Zeuge oder Sachverständige kann sich nicht auf seine Schweigepflicht berufen, wenn das Landesverfassungsgericht mit einer Mehrheit von zwei Dritteln der Stimmen die Verweigerung der Aussagegenehmigung für unbegründet hält.

§ 26 Beweistermin

[1]Die Beteiligten werden von allen Beweisterminen benachrichtigt und können der Beweisaufnahme beiwohnen. [2]Sie können an Zeugen und Sachverständige Fragen richten. [3]Wird eine Frage beanstandet, so entscheidet das Gericht.

§ 27 Beratung und Abstimmung

(1) Bei der Beratung und Abstimmung dürfen nur die zur Entscheidung berufenen Mitglieder des Landesverfassungsgerichts anwesend sein.

(2) [1]Die zur Entscheidung berufenen Mitglieder des Landesverfassungsgerichts stimmen nach dem Lebensalter ab; der Jüngere stimmt vor dem Älteren. [2]Wenn ein Berichterstatter bestellt ist, stimmt er zuerst; nach ihm stimmt gegebenenfalls der Mitberichterstatter. [3]Zuletzt stimmt der Vorsitzende. [4]Stimmenthaltung ist nicht zulässig.

(3) [1]Eine schriftliche Abstimmung, insbesondere eine solche im Wege des Umlaufs, ist nicht zulässig. [2]§ 20 Satz 3 bleibt unberührt.

(4) [1]Die Mitglieder des Landesverfassungsgerichts sind verpflichtet, über den Gang der Beratung und Abstimmung Stillschweigen zu bewahren. [2]Das Stimmenverhältnis kann in der Entscheidung mitgeteilt werden.

(5) Jedes Mitglied des Landesverfassungsgerichts kann seine in der Beratung vertretene abweichende Meinung zu der Entscheidung oder zu deren Begründung in einem Sondervotum niederlegen; das Sondervotum ist der Entscheidung anzuschließen.

§ 28 Form der Verkündung und Entscheidung

(1) [1]Das Landesverfassungsgericht entscheidet nach seiner freien, aus dem Inhalt der Verhandlung und dem Ergebnis der Beweisaufnahme geschöpften Überzeugung. [2]Die Entscheidung ist schriftlich abzufassen, zu begründen und von den Richtern, die bei ihr mitgewirkt haben, zu unterzeichnen. [3]Ist ein Richter an der Unterzeichnung der Entscheidung verhindert, so wird dies unter Angabe des Verhinderungsgrundes von dem Vorsitzenden unter der Entscheidung vermerkt. [4]Im Fall der Verhinderung des Vorsitzenden gilt § 10 Abs. 2 entsprechend.

(2) [1]Die Entscheidung ist sodann, wenn eine mündliche Verhandlung stattgefunden hat, unter Mitteilung der wesentlichen Entscheidungsgründe öffentlich zu verkünden. [2]Der Termin zur Verkündung einer Entscheidung kann in der mündlichen Verhandlung bekanntgegeben oder nach Abschluß der Beratungen festgelegt werden; in diesem Fall ist er den Beteiligten unverzüglich mitzuteilen. [3]Der Termin kann durch Beschluß des Landesverfassungsgerichts verlegt werden. [4]Zwischen dem Abschluß der mündlichen Verhandlung und der Verkündung der Entscheidung dürfen nicht mehr als drei Monate liegen.

(3) Alle Entscheidungen sind den Beteiligten zuzustellen sowie dem Landtag und der Landesregierung mitzuteilen.

(4) [1]Die Entscheidung wird mit der Verkündung wirksam. [2]Entscheidet das Landesverfassungsgericht ohne mündliche Verhandlung, so wird die Entscheidung mit Zustellung an die Beteiligten wirksam.

§ 29 Verbindlichkeit der Entscheidung

(1) Die Entscheidungen des Landesverfassungsgerichts binden die Verfassungsorgane sowie alle Gerichte und Behörden des Landes.

(2) [1]In den Fällen des § 11 Abs. 1 Nr. 2 und 3 hat die Entscheidung des Landesverfassungsgerichts Gesetzeskraft. [2]Dies gilt auch in den Fällen des § 11 Abs. 1 Nr. 8 bis 10, wenn das Landesverfassungsgericht die Nichtigkeit einer gesetzlichen Bestimmung feststellt. [3]Die Entscheidungsformel ist durch den Ministerpräsidenten im Gesetz- und Verordnungsblatt für Mecklenburg-Vorpommern zu veröffentlichen.

(3) [1]Soweit das Landesverfassungsgericht nach den Vorschriften des III. Teils die Nichtigkeit einer Rechtsvorschrift festzustellen hat, kann es in Ausnahmefällen stattdessen feststellen, dass die Rechtsvorschrift mit der Verfassung des Landes Mecklenburg-Vorpommern unvereinbar ist. [2]Das Landesverfassungsgericht kann anordnen, dass die Rechtsvorschrift noch bis zu einem bestimmten Zeitpunkt anzuwenden ist. [3]Absatz 2 Satz 3 gilt entsprechend.

§ 30 Einstweilige Anordnungen

(1) Das Landesverfassungsgericht kann im Streitfall einen Zustand durch einstweilige Anordnung vorläufig regeln, wenn dies zur Abwehr schwerer Nachteile, zur Verhinderung drohender Gewalt oder aus einem anderen wichtigen Grund zum gemeinen Wohl dringend geboten ist.

(2) [1]Die einstweilige Anordnung kann ohne mündliche Verhandlung ergehen. [2]Bei besonderer Dringlichkeit kann das Landesverfassungsgericht davon absehen, den am Verfahren zur Hauptsache Beteiligten Gelegenheit zur Stellungnahme zu geben.

(3) [1]Wird über den Antrag auf Erlaß einer einstweiligen Anordnung durch Beschluß entschieden, kann binnen eines Monats Widerspruch erhoben werden. [2]Über den Widerspruch entscheidet das Landesverfassungsgericht nach mündlicher Verhandlung, die spätestens zwei Wochen nach Eingang der Begründung des Widerspruchs stattfindet.

(4) [1]Der Widerspruch gegen die einstweilige Anordnung hat keine aufschiebende Wirkung. [2]Das Landesverfassungsgericht kann die Vollziehung der einstweiligen Anordnung aussetzen.

(5) [1]Die einstweilige Anordnung tritt mit Beendigung des Verfahrens, spätestens nach drei Monaten, außer Kraft. [2]Sie kann mit einer Mehrheit von fünf Stimmen wiederholt werden.

(6) [1]Ist das Landesverfassungsgericht nicht beschlussfähig, so kann die einstweilige Anordnung bei besonderer Dringlichkeit erlassen werden, wenn mindestens drei Richter anwesend sind und der Beschluss einstimmig gefasst wird. [2]Sie tritt nach einem Monat außer Kraft. [3]Wird sie durch das Landesverfassungsgericht bestätigt, so tritt sie drei Monate nach ihrem Erlass außer Kraft.

§ 31 Aussetzung des Verfahrens

(1) Das Landesverfassungsgericht kann sein Verfahren bis zur Erledigung eines bei einem anderen Gericht anhängigen Verfahrens aussetzen, wenn für seine Entscheidung die Feststellungen oder die Entscheidung dieses anderen Gerichts von Bedeutung sein können.

(2) Das Landesverfassungsgericht kann seiner Entscheidung die tatsächlichen Feststellungen eines rechtskräftigen Urteils zugrunde legen, das in einem Verfahren ergangen ist, in dem die Wahrheit von Amts wegen zu erforschen war.

§ 32 Verbindung und Trennung von Verfahren

Das Landesverfassungsgericht kann anhängige Verfahren verbinden und verbundene trennen.

§ 33 Kosten

(1) Das Verfahren vor dem Landesverfassungsgericht ist kostenfrei.

(2) [1]Wird eine Verfassungsbeschwerde nach § 11 Abs. 1 Nr. 8 bis 10 oder eine Anfechtung im Verfahren nach § 11 Abs. 1 Nr. 5 verworfen (§ 20), so kann das Landesverfassungsgericht dem Beschwerdeführer oder Anfechtenden eine Gebühr bis zu 500 Euro auferlegen. [2]Die Entscheidung über die Gebühr und über ihre Höhe ist unter Berücksichtigung aller Umstände, insbesondere des Gewichts der geltend gemachten Gründe, der Bedeutung des Verfahrens für den Beschwerdeführer oder Antragsteller und seiner Vermögens- und Einkommensverhältnisse zu treffen. [3]Das Landesverfassungsgericht kann dem Antragsteller nach Maßgabe der Sätze 1 und 2 eine Gebühr auferlegen, wenn es einen Antrag auf Erlaß einer einstweiligen Anordnung zurückweist.

(3) Das Landesverfassungsgericht kann eine erhöhte Gebühr bis zu 2500 Euro auferlegen, wenn die Einlegung der Verfassungsbeschwerde oder die Anfechtung nach § 11 Abs. 1 Nr. 5 einen Mißbrauch darstellt oder wenn ein Antrag auf Erlaß einer einstweiligen Anordnung mißbräuchlich gestellt ist.

(4) Für die Einziehung der Gebühren gilt § 8 des Landesjustizkostengesetzes entsprechend.

(5) [1]Der Berichterstatter kann dem Beschwerdeführer oder Anfechtenden aufgeben, binnen eines Monats einen Vorschuß auf die Gebühr nach Absatz 2 Satz 1 zu zahlen. [2]Der Berichterstatter hebt die Anordnung auf oder ändert sie ab, wenn der Beschwerdeführer oder Anfechtende nachweist, daß er den Vorschuß nach seinen persönlichen und wirtschaftlichen Verhältnissen nicht, nur zum Teil oder nur in Raten aufbringen kann. [3]Die Anordnungen des Berichterstatters sind unanfechtbar.

§ 34 Auslagenerstattung

(1) Soweit sich eine Verfassungsbeschwerde als begründet erweist, sind dem Beschwerdeführer die notwendigen Auslagen zu erstatten.

(2) In den übrigen Fällen kann das Landesverfassungsgericht volle oder teilweise Erstattung der Auslagen anordnen.

§ 35 Vollstreckung

Das Landesverfassungsgericht kann bestimmen, wer seine Entscheidung vollstreckt; es kann im Einzelfall auch die Art und Weise der Vollstreckung regeln.

III. Teil

Besondere Verfahrensvorschriften

Erster Abschnitt

Verfahren in den Fällen des § 11 Abs. 1 Nr. 1 (Verfassungsstreitigkeiten)

§ 36 Antragsteller und Antragsgegner

Antragsteller und Antragsgegner können nur die in § 11 Abs. 1 Nr. 1 genannten Beteiligten sein.

§ 37 Zulässigkeit des Antrags

(1) Der Antrag ist nur zulässig, wenn der Antragsteller geltend macht, daß er oder das Organ, dem er angehört, durch eine Maßnahme oder Unterlassung des Antragsgegners in seinen ihm durch die Landesverfassung übertragenen Rechten und Pflichten verletzt oder unmittelbar gefährdet ist.

(2) Im Antrag ist die Bestimmung der Landesverfassung zu bezeichnen, gegen die durch die beanstandete Maßnahme oder Unterlassung des Antragsgegners verstoßen wird.

(3) Der Antrag muß binnen sechs Monaten, nachdem die beanstandete Maßnahme oder Unterlassung dem Antragsteller bekannt geworden ist, gestellt werden.

§ 38 Beitritt zum Verfahren

(1) Dem Antragsteller und dem Antragsgegner können in jeder Lage des Verfahrens andere der in § 11 Abs. 1 Nr. 1 genannten Antragsberechtigten beitreten, wenn die Entscheidung auch für die Abgrenzung ihrer Zuständigkeiten von Bedeutung ist.

(2) Das Landesverfassungsgericht gibt dem Landtag und der Landesregierung von der Einleitung des Verfahrens Kenntnis.

§ 39 Inhalt der Entscheidung

(1) [1]Das Landesverfassungsgericht stellt in seiner Entscheidung fest, ob die beanstandete Maßnahme oder Unterlassung des Antragsgegners gegen eine Bestimmung der Verfassung verstößt. [2]Die Bestimmung ist zu bezeichnen.

(2) Das Landesverfassungsgericht kann in seiner Entscheidungsformel zugleich eine für die Auslegung der Bestimmung der Verfassung erhebliche Rechtsfrage entscheiden, von der die Feststellung gemäß Absatz 1 abhängt.

Zweiter Abschnitt

Verfahren in den Fällen des § 11 Abs. 1 Nr. 2 (Abstrakte Normenkontrolle)

§ 40 Abstrakte Normenkontrolle

(1) Die Landesregierung oder mindestens ein Drittel der Mitglieder des Landtages können beim Landesverfassungsgericht eine Entscheidung gemäß § 11 Abs. 1 Nr. 2 über die Vereinbarkeit von Landesrecht mit der Verfassung beantragen.

(2) Der Antrag ist zulässig, wenn einer der Antragsberechtigten Landesrecht

1. wegen seiner förmlichen oder sachlichen Unvereinbarkeit mit der Verfassung für nichtig hält oder
2. für gültig hält, nachdem ein Gericht, eine Verwaltungsbehörde oder ein sonstiges Organ des Landes das Recht als unvereinbar mit der Verfassung nicht angewandt hat.

§ 41 Beteiligung des Landtages und der Landesregierung

[1]Das Landesverfassungsgericht hat dem Landtag und der Landesregierung Gelegenheit zur Äußerung binnen einer zu bestimmenden Frist zu geben. [2]Landtag und Landesregierung können in jeder Lage des Verfahrens diesem beitreten.

§ 42 Inhalt der Entscheidung
[1]Hält das Landesverfassungsgericht die beanstandete Rechtsvorschrift für unvereinbar mit der Verfassung, so stellt es in seiner Entscheidung ihre Nichtigkeit fest. [2]Sind weitere Bestimmungen der gleichen Rechtsvorschrift aus denselben Gründen mit der Verfassung unvereinbar, so kann das Landesverfassungsgericht ihre Nichtigkeit gleichfalls feststellen.

Dritter Abschnitt
Verfahren in den Fällen des § 11 Abs. 1 Nr. 3 (Konkrete Normenkontrolle)

§ 43 Vorlagebeschluß
(1) Hält ein Gericht ein Landesgesetz, auf dessen Gültigkeit es bei der Entscheidung ankommt, mit der Landesverfassung für unvereinbar, so hat es das Verfahren auszusetzen und die Entscheidung des Landesverfassungsgerichts einzuholen.
(2) [1]Das Gericht muß angeben, inwiefern von der Gültigkeit des Gesetzes seine Entscheidung abhängt und mit welcher Vorschrift der Landesverfassung dieses Gesetz unvereinbar sein soll. [2]Die Akten sind beizufügen.
(3) Der Antrag des Gerichts ist unabhängig von der Rüge der Nichtigkeit der Rechtsvorschrift durch einen Prozeßbeteiligten.

§ 44 Verfahren
(1) [1]Das Landesverfassungsgericht hat dem Landtag und der Landesregierung Gelegenheit zur Äußerung binnen einer zu bestimmenden Frist zu geben. [2]Sie können dem Verfahren jederzeit beitreten.
(2) Das Landesverfassungsgericht gibt auch den Beteiligten des Ausgangsverfahrens Gelegenheit zur Äußerung; es lädt sie zur mündlichen Verhandlung und erteilt ihren Bevollmächtigten das Wort.
(3) [1]Das Landesverfassungsgericht kann die oberen Landesgerichte um die Mitteilung ersuchen, wie und aufgrund welcher Erwägungen sie die Landesverfassung in der streitigen Frage bisher ausgelegt haben, ob und wie sie die in ihrer Gültigkeit streitige Rechtsvorschrift in ihrer Rechtsprechung angewandt haben und welche damit zusammenhängenden Rechtsfragen zur Entscheidung anstehen. [2]Es kann sie ferner ersuchen, ihre Erwägungen zu einer für die Entscheidung erheblichen Rechtsfrage darzulegen. [3]Das Landesverfassungsgericht gibt den Beteiligten und Äußerungsberechtigten Kenntnis von der Stellungnahme.

§ 45 Inhalt der Entscheidung
[1]Das Landesverfassungsgericht entscheidet nur über die Rechtsfrage. [2]Die Vorschrift des § 42 gilt entsprechend.

Vierter Abschnitt
Verfahren in den Fällen des § 11 Abs. 1 Nr. 4 (Prüfung eines Untersuchungsauftrages)

§ 46 Vorlagebeschluß
(1) Hält ein Gericht den Untersuchungsauftrag eines vom Landtag eingesetzten Untersuchungsausschusses oder einen Teil dieses Untersuchungsauftrages für verfassungswidrig und kommt es für seine Entscheidung auf diese Frage an, so hat es das Verfahren auszusetzen und die Entscheidung des Landesverfassungsgerichts einzuholen.
(2) Das Gericht muß angeben, inwiefern von der Verfassungsmäßigkeit des Untersuchungsauftrages seine Entscheidung abhängt und mit welcher Verfassungsbestimmung der Untersuchungsauftrag unvereinbar sein soll.
(3) Der Antrag des Gerichts ist unabhängig von der Rüge der Verfassungswidrigkeit des Untersuchungsauftrages durch einen Verfahrensbeteiligten.

§ 47 Verfahren
(1) [1]Das Landesverfassungsgericht hat dem Landtag und der Landesregierung Gelegenheit zur Äußerung binnen einer zu bestimmenden Frist zu geben. [2]Sie können dem Verfahren jederzeit beitreten.
(2) Die Rechte nach Absatz 1 stehen auch den Antragstellern einer Einsetzungsminderheit des Landtages im Sinne von Artikel 34 Abs. 1 Satz 1 der Verfassung zu.
(3) Das Landesverfassungsgericht gibt auch den Beteiligten des Ausgangsverfahrens Gelegenheit zur Äußerung; es lädt sie zur mündlichen Verhandlung und erteilt ihren Bevollmächtigten das Wort.

§ 48 Inhalt der Entscheidung

(1) Das Landesverfassungsgericht entscheidet nur über die Rechtsfrage.

(2) Kommt das Landesverfassungsgericht zu der Überzeugung, daß der Untersuchungsauftrag oder ein bestimmter Teil des Untersuchungsauftrages mit der Verfassung des Landes Mecklenburg-Vorpommern unvereinbar ist, so stellt es in seiner Entscheidung diese Unvereinbarkeit fest.

Fünfter Abschnitt

Verfahren in den Fällen des § 11 Abs. 1 Nr. 5 (Wahlprüfungsangelegenheiten)

§ 49 Anfechtungsrecht

(1) Die Anfechtung nach Artikel 21 Abs. 2 der Verfassung gegen den Beschluß des Landtages über die Gültigkeit einer Wahl oder den Verlust der Mitgliedschaft im Landtag können erheben:

1. der Abgeordnete, dessen Mitgliedschaft bestritten ist,
2. ein Wahlberechtigter, dessen Anfechtung der Wahl vom Landtag verworfen worden ist, wenn ihm mindestens 100 Wahlberechtigte beitreten,
3. eine Fraktion oder eine Minderheit des Landtages, die wenigstens ein Zehntel der gesetzlichen Mitgliederzahl umfaßt.

(2) Die Anfechtung muß binnen eines Monats nach der Beschlußfassung des Landtages beim Landesverfassungsgericht schriftlich erfolgen.

(3) In den Fällen des Absatzes 1 Nr. 2 kann nach den Vorschriften der Zivilprozeßordnung Prozeßkostenhilfe bewilligt werden.

Sechster Abschnitt

Verfahren in den Fällen des § 11 Abs. 1 Nr. 6 (Zulässigkeit eines Volksbegehrens)

§ 50 Antrag, Verfahren

(1) Das Landesverfassungsgericht entscheidet auf Antrag der Landesregierung oder eines Viertels der Mitglieder des Landtages über die Zulässigkeit eines Volksbegehrens.

(2) Das Landesverfassungsgericht gibt den Vertretern des Volksbegehrens Gelegenheit zur Äußerung binnen einer zu bestimmenden Frist.

Siebter Abschnitt

Verfahren in den Fällen des § 11 Abs. 1 Nr. 7 (Streitigkeiten über die Durchführung von Volksinitiativen, Volksbegehren und Volksentscheiden)

§ 51 Antrag, Verfahren

(1) [1]Einen Antrag auf Entscheidung des Landesverfassungsgerichts aus Anlaß von Streitigkeiten gemäß § 11 Abs. 1 Nr. 7 können nur stellen:

1. die Antragsteller einer Volksinitiative oder eines Volksbegehrens,
2. die Landesregierung,
3. mindestens ein Viertel der Mitglieder des Landtages.

[2]Die Antragsteller der Volksinitiative oder des Volksbegehrens müssen sich durch die nach Maßgabe des Volksabstimmungsgesetzes zu benennenden Vertreter vertreten lassen.

(2) Wird ein Antrag auf Zulassung einer Volksinitiative oder eines Volksbegehrens abgelehnt, muß der Antrag auf Entscheidung des Landesverfassungsgerichts binnen eines Monats nach Zustellung des Bescheids gestellt werden.

(3) [1]Die Entscheidung des Landtages gemäß § 24 Abs. 2 Satz 2 des Volksabstimmungsgesetzes kann nur binnen zwei Wochen angefochten werden. [2]Das Landesverfassungsgericht erklärt die Abstimmung nur insoweit für ungültig, als das Ergebnis des Volksentscheides dadurch beeinflußt sein kann, daß

1. bei der Vorbereitung oder Durchführung des Volksentscheides zwingende Vorschriften des Volksabstimmungsgesetzes oder der Stimmordnung unbeachtet geblieben oder unrichtig angewendet worden sind oder
2. in bezug auf den Volksentscheid vollendete Vergehen im Sinne der §§ 107, 107a, 107b, 107c, 108, 108a oder § 108b in Verbindung mit § 108d oder im Sinne des § 240 Strafgesetzbuch begangen worden sind.

Achter Abschnitt

Verfahren in den Fällen des § 11 Abs. 1 Nr. 8 und 10 (Verfassungsbeschwerde gegen Landesgesetze)

§ 52 Beschwerdebefugnis

(1) Jeder kann mit der Behauptung, durch ein Landesgesetz unmittelbar in seinen Grundrechten oder staatsbürgerlichen Rechten verletzt zu sein, Verfassungsbeschwerde zum Landesverfassungsgericht erheben.

(2) Gemeinden, Landkreise und Landschaftsverbände können die Verfassungsbeschwerde mit der Behauptung erheben, daß ein Landesgesetz das Recht auf Selbstverwaltung gemäß den Artikeln 72 bis 75 der Landesverfassung verletze.

§ 53 Frist

Die Verfassungsbeschwerde ist nur innerhalb eines Jahres seit dem Inkrafttreten des Landesgesetzes zulässig.

§ 54 Begründung der Beschwerde

In der Begründung der Beschwerde sind das Recht, das verletzt sein soll, und die gesetzliche Bestimmung, durch die der Beschwerdeführer sich verletzt fühlt, zu bezeichnen.

§ 55 Prozeßkostenhilfe

Dem Beschwerdeführer kann nach den Vorschriften der Zivilprozeßordnung Prozeßkostenhilfe bewilligt werden.

§ 56 Beteiligung des Landtages und der Landesregierung

Das Landesverfassungsgericht gibt dem Landtag und der Landesregierung Gelegenheit zur Äußerung binnen einer zu bestimmenden Frist.

§ 57 Inhalt der Entscheidung

Wird der Verfassungsbeschwerde stattgegeben, so stellt das Landesverfassungsgericht die Nichtigkeit der gesetzlichen Bestimmung fest.

Neunter Abschnitt

Verfahren in den Fällen des § 11 Abs. 1 Nr. 9 (Verfassungsbeschwerde wegen Verletzung von Landesgrundrechten)

§ 58 Beschwerdebefugnis

(1) Jeder kann mit der Behauptung, durch die öffentliche Gewalt in einem seiner in den Artikeln 6 bis 10 der Landesverfassung gewährten Grundrechte verletzt zu sein, Verfassungsbeschwerde zum Landesverfassungsgericht erheben.

(2) [1]Ist gegen die Verletzung der Rechtsweg zulässig, so kann die Verfassungsbeschwerde erst nach Erschöpfung des Rechtswegs erhoben werden. [2]Das Landesverfassungsgericht kann jedoch über eine vor Erschöpfung des Rechtswegs eingelegte Verfassungsbeschwerde sofort entscheiden, wenn sie von allgemeiner Bedeutung ist oder wenn dem Beschwerdeführer ein schwerer und unabwendbarer Nachteil entstünde, falls er zunächst auf den Rechtsweg verwiesen würde.

(3) Die Beschwerde ist nicht zulässig, soweit eine Zuständigkeit des Bundesverfassungsgerichts gegeben ist.

§ 59 Frist

[1]Die Verfassungsbeschwerde ist binnen eines Monats einzulegen. [2]Die Frist beginnt mit der Zustellung oder formlosen Mitteilung der in vollständiger Form abgefaßten Entscheidung.

§ 60 Begründung der Beschwerde

In der Begründung der Beschwerde sind das Recht, das verletzt sein soll, und die Handlung oder Unterlassung des Organs oder der Behörde, durch die der Beschwerdeführer sich verletzt fühlt, zu bezeichnen.

§ 61 Prozeßkostenhilfe

Dem Beschwerdeführer kann nach den Vorschriften der Zivilprozeßordnung Prozeßkostenhilfe bewilligt werden.

§ 62 Wirkung der Beschwerde

[1]Die Verfassungsbeschwerde hat keine aufschiebende Wirkung. [2]§ 30 bleibt unberührt.

§ 63 Anhörung Dritter

(1) Das Landesverfassungsgericht gibt dem Verfassungsorgan des Landes, dessen Handlung oder Unterlassung in der Verfassungsbeschwerde beanstandet wird, Gelegenheit, sich binnen einer zu bestimmenden Frist zu äußern.

(2) Ging die Handlung oder Unterlassung von einem Minister oder einer Behörde des Landes aus, so ist dem zuständigen Minister Gelegenheit zur Äußerung zu geben.

(3) Richtet sich die Verfassungsbeschwerde gegen eine gerichtliche Entscheidung, so gibt das Landesverfassungsgericht auch dem durch die Entscheidung Begünstigten Gelegenheit zur Äußerung.

§ 64 Inhalt der Entscheidung

(1) [1]Wird der Verfassungsbeschwerde stattgegeben, so ist in der Entscheidung festzustellen, welche Vorschrift der Landesverfassung und durch welche Handlung oder Unterlassung sie verletzt wurde. [2]Das Landesverfassungsgericht kann zugleich aussprechen, daß auch jede Wiederholung der beanstandeten Maßnahme die Landesverfassung verletzt.

(2) Wird der Verfassungsbeschwerde gegen eine Entscheidung stattgegeben, so hebt das Landesverfassungsgericht die Entscheidung auf.

(3) Wird der Verfassungsbeschwerde gemäß Absatz 2 stattgegeben, weil die aufgehobene Entscheidung auf einem verfassungswidrigen Gesetz beruht, so ist die Nichtigkeit des Gesetzes festzustellen.

IV. Teil
Übergangs- und Schlußvorschriften

§ 65 Entschädigung und Reisekosten

(1) [1]Die Mitglieder des Landesverfassungsgerichts erhalten eine monatliche Aufwandsentschädigung. [2]Sie beträgt für den Präsidenten 600 Euro, den Vizepräsidenten 400 Euro und die übrigen Mitglieder 300 Euro. [3]Darüber hinaus erhalten die Mitglieder des Landesverfassungsgerichts und die in dem Verfahren mitwirkenden Stellvertreter ein Tagegeld in Höhe von 100 Euro pro Sitzungstag als Aufwandsentschädigung.

(2) Die Mitglieder des Landesverfassungsgerichts und deren Stellvertreter erhalten Reisekostenvergütung nach den Regelungen für die Entschädigung von ehrenamtlichen Richtern gemäß § 15 Absatz 1 Nummer 1 und 2 des Justizvergütungs- und -entschädigungsgesetzes.

(3) Wird ein nicht berufsrichterliches Mitglied des Verfassungsgerichts oder einer deren Stellvertreter durch einen Dienstunfall verletzt, so wird ihm Unfallfürsorge in entsprechender Anwendung des § 30 Abs. 2 Nr. 1 bis 3 und der §§ 31 bis 35 des Beamtenversorgungsgesetzes gewährt.

Gesetz über die Juristenausbildung im Land Mecklenburg-Vorpommern (Juristenausbildungsgesetz – JAG M-V)

Vom 16. Dezember 1992 (GVOBl. M-V S. 725)
(GS Meckl.-Vorp. Gl. Nr.306-1)
zuletzt geändert durch Art. 1 Drittes ÄndG vom 19. Juli 2018 (GVOBl. M-V S. 245)

Der Landtag hat das folgende Gesetz beschlossen:

Inhaltsübersicht

Teil 1
Ausbildung und Prüfungen

§ 1 Studium

[1]Das rechtswissenschaftliche Studium hat das Ziel, das Recht mit Verständnis erfassen und anwenden zu können, die dazu erforderlichen rechtswissenschaftlichen Methoden zu beherrschen und die notwendigen Kenntnisse in den Prüfungsfächern mit ihren geschichtlichen, gesellschaftlichen, wirtschaftlichen, politischen und rechtsphilosophischen Grundlagen zu vermitteln. [2]Leitbild der Ausbildung ist der dem freiheitlichen, demokratischen und sozialen Rechtsstaat verpflichtete Jurist.

§ 2 Erste juristische Prüfung

[1]Die Erste juristische Prüfung besteht aus der staatlichen Pflichtfachprüfung und der universitären Schwerpunktbereichsprüfung. [2]Sie ist zugleich Eingangsprüfung für den Vorbereitungsdienst und be-

rücksichtigt die rechtsprechende, verwaltende und rechtsberatende Praxis einschließlich der hierfür erforderlichen Schlüsselqualifikationen. [3]Sie soll feststellen, ob das Studienziel erreicht und damit die fachliche Eignung für den juristischen Vorbereitungsdienst erworben worden ist.

§ 2a Schwerpunktbereichsprüfung

(1) [1]Die Schwerpunktbereichsprüfung bezieht sich auf einen von den Studierenden gewählten Schwerpunktbereich, dessen Studium mindestens 16 Semesterwochenstunden umfasst. [2]Die Schwerpunktbereiche sollen in der Regel mehrere Rechtsgebiete umfassen und aufgrund ihres Stoffzuschnittes einen Überblick über einen wesentlichen Teilbereich der Rechtswissenschaft ermöglichen. [3]Sie dürfen sich nicht überwiegend auf die Pflichtfachvertiefung beschränken.

(2) Die Prüfung trägt der Breite des Schwerpunktbereiches angemessen Rechnung und besteht mindestens aus einer wissenschaftlichen Studienarbeit mit einer Bearbeitungszeit von mindestens vier Wochen oder gleichwertigen schriftlichen Aufsichtsarbeiten und aus einer mündlichen Prüfungsleistung.

(3) [1]Die juristischen Fakultäten bestimmen im Rahmen von Studien- und Prüfungsordnungen nach Hochschulrecht die Schwerpunktbereiche und die Einzelheiten der Prüfungsanforderungen und des Prüfungsverfahrens. [2]Die Prüfungsordnung bedarf der Zustimmung des Justizministeriums. [3]Die Zustimmung ist zu versagen, wenn die Prüfungsordnung die erforderliche Einheitlichkeit und Gleichwertigkeit der Prüfung nicht gewährleistet.

§ 3 Vorbereitungsdienst

[1]Der Vorbereitungsdienst hat das Ziel, mit den Aufgaben der Rechtspflege, der Verwaltung und der rechtsberatenden Berufe und anderen juristischen Tätigkeitsfeldern vertraut zu machen. [2]Die inneren Zusammenhänge der Rechtsordnung sollen erkannt und das Recht mit Verständnis für wirtschaftliche, soziale und gesellschaftliche Fragen angewendet werden können. [3]Es soll erlernt werden, die bislang erworbenen und fortlaufend zu ergänzenden Kenntnisse und Fähigkeiten in der beruflichen Praxis umzusetzen, und zwar auch in solchen juristischen Tätigkeiten, die nicht Gegenstand der Ausbildung waren.

§ 4 Zweite juristische Staatsprüfung

(1) [1]Die Zweite juristische Staatsprüfung ist Abschluß- und Laufbahnprüfung. [2]Sie soll feststellen, ob das Ziel der Ausbildung erreicht und damit nach den fachlichen und allgemeinen Kenntnissen sowie dem praktischen Geschick die Befähigung zum Richteramt erworben worden ist.

(2) Mit dem Bestehen der Zweiten juristischen Staatsprüfung wird die Berechtigung erworben, die Bezeichnung „Assessorin" oder „Assessor" zu führen.

§ 5 Prüfungsabschnitte

Die Prüfungen bestehen aus Aufsichtsarbeiten und einem mündlichen Teil.

§ 6 Beiziehung von Akten zu Ausbildungs- und Prüfungszwecken

(1) Zu Ausbildungs- und Prüfungszwecken können Verwaltungs- und Prozeßakten beigezogen werden.

(2) [1]Werden Akten zu Prüfungszwecken beigezogen, müssen personenbezogene Daten Dritter durch die beiziehende Person anonymisiert werden. [2]Gleiches gilt, wenn die Akte der Ausbildung von Personen dienen soll, die der Ausbilderin oder dem Ausbilder nicht zur praktischen Ausbildung zugewiesen sind.

Teil 2

Gemeinsame Vorschriften für die staatliche Pflichtfachprüfung und die Zweite juristische Staatsprüfung

Abschnitt 1

Landesjustizprüfungsamt

§ 7 Prüfungsämter

Die staatliche Pflichtfachprüfung und die Zweite juristische Staatsprüfung führt das Justizministerium – Landesjustizprüfungsamt – durch.

§ 8 Besetzung

Dem Landesjustizprüfungsamt gehören als Mitglieder an

1. der Präsident,
2. der Stellvertreter sowie
3. weitere haupt- oder nebenamtliche Mitglieder.

§ 9 Nebenamtliche Mitglieder

Zu nebenamtlichen Mitgliedern des Landesjustizprüfungsamtes kann das Justizministerium berufen:

1. Professoren der Rechte sowie Hochschuldozenten, die an einer Universität des Landes in der juristischen Ausbildung tätig sind, im Benehmen mit der rechtswissenschaftlichen Fakultät;
2. Richter;
3. Staatsanwälte;
4. Rechtsanwälte im Benehmen mit der Rechtsanwaltskammer Mecklenburg-Vorpommern;
5. Notare im Benehmen mit der Notarkammer Mecklenburg-Vorpommern;
6. Juristen in der öffentlichen Verwaltung;
7. weitere Juristen, insbesondere aus Wirtschaft und Verbänden.

§ 10 Dauer der Mitgliedschaft

(1) [1]Die Berufung der nebenamtlichen Mitglieder erfolgt für fünf Jahre. [2]Eine mehrmalige Berufung ist möglich.

(2) [1]Die Mitgliedschaft endet mit dem Ausscheiden aus dem Hauptamt, dem Erlöschen der Zulassung zur Rechtsanwaltschaft und bei Hochschullehrerinnen und Hochschullehrern mit der Entpflichtung oder dem Ausscheiden aus den Universitäten des Landes. [2]In diesen Fällen kann das Landesjustizprüfungsamt auf Antrag die Mitgliedschaft um bis zu zwei Jahre verlängern. [3]Der Antrag ist gegenüber dem Landesjustizprüfungsamt spätestens einen Monat vor dem Ausscheiden gemäß Satz 1 schriftlich zu stellen. [4]Die Mitgliedschaft aller Mitglieder endet in jedem Fall zwei Jahre nach Ablauf des Monats, in welchem die Regelaltersgrenze gemäß § 5 Absatz 1 des Landesrichtergesetzes erreicht wird.

(3) Das Justizministerium kann ein Mitglied des Landesjustizprüfungsamtes jederzeit abberufen.

(4) [1]Dauert bei Ablauf der Mitgliedschaft ein bereits begonnenes Prüfungsverfahren an, so verlängert sich die Mitgliedschaft bis zum Abschluß des Prüfungsverfahrens. [2]Ein Prüfungsverfahren gilt im Sinne dieser Vorschrift als begonnen, sobald das Mitglied vom Landesjustizprüfungsamt über einen konkret geplanten Einsatz in einer mündlichen oder schriftlichen Prüfung informiert wurde.

§ 11 Prüfer und Prüfungsausschüsse

(1) Das Landesjustizprüfungsamt bestimmt die Prüfer für die Aufsichtsarbeiten und bildet die Prüfungsausschüsse für die mündliche Prüfung.

(2) [1]Den Vorsitz eines Prüfungsausschusses führt ein Mitglied nach § 8 Nr. 1 oder 2 oder ein von dem Landesjustizprüfungsamt bestelltes Mitglied. [2]Mindestens je ein Mitglied eines Prüfungsausschusses prüft das Zivilrecht, das Strafrecht und das öffentliche Recht.

(3) [1]Ein Prüfer hat, auch nach Ende der Mitgliedschaft im Landesjustizprüfungsamt, über die ihm bei seiner Tätigkeit als Prüfer bekannt gewordenen Angelegenheiten Verschwiegenheit zu bewahren. [2]Dies gilt nicht für Tatsachen, die offenkundig sind oder ihrer Bedeutung nach keiner Geheimhaltung bedürfen.

(4) [1]Der Prüfer darf ohne Genehmigung über Angelegenheiten nach Absatz 3 Satz 1 weder vor Gericht noch außergerichtlich aussagen oder Erklärungen abgeben. [2]Die Genehmigung erteilt das Landesjustizprüfungsamt.

§ 12 Unabhängigkeit

Die Mitglieder des Landesjustizprüfungsamtes sind in der Ausübung des Prüferamtes unabhängig.

Abschnitt 2

Verfahren

§ 13 Zuständigkeiten

Das Landesjustizprüfungsamt trifft alle Entscheidungen, soweit nicht dieses Gesetz oder aufgrund dieses Gesetzes erlassene Vorschriften etwas anderes bestimmen.

§ 14 Rücktritt und Versäumnis

(1) [1]Tritt ein Prüfling nach der Zulassung zur Prüfung ohne Genehmigung von der Prüfung zurück oder bleibt er der mündlichen oder schriftlichen Prüfung ohne Genehmigung fern, gilt die Prüfung insgesamt als nicht bestanden. [2]Das Gleiche gilt, wenn ein Prüfling die mündliche Prüfung ohne Genehmigung abbricht.

(2) [1]Bleibt ein Prüfling der Anfertigung einer Aufsichtsarbeit ohne Genehmigung fern oder gibt er sie nicht oder nicht rechtzeitig ab, wird sie mit der geringstmöglichen Note bewertet. [2]Betrifft ein solches Verhalten mehr als eine Aufsichtsarbeit im Rahmen derselben Prüfung, gilt die Prüfung insgesamt als nicht bestanden.

(3) [1]Wird das in den Absätzen 1 und 2 geregelte Verhalten genehmigt, so ist der jeweilige Prüfungsabschnitt (mündliche oder schriftliche Prüfung) nachzuholen. [2]Die Genehmigung ist zu erteilen, wenn ein wichtiger Grund für den Rücktritt oder das Versäumnis vorliegt.

§ 15 Ordnungswidriges Verhalten

(1) [1]Wer beim Anfertigen einer Aufsichtsarbeit sich oder einem Dritten einen Vorteil zu verschaffen versucht oder auf andere erhebliche Weise gegen die Ordnung verstößt, kann durch das Landesjustizprüfungsamt und, sofern eine sofortige Entscheidung geboten ist, auch durch die Aufsicht von der Fortsetzung dieses Prüfungsteils ausgeschlossen werden. [2]Bei einem Verstoß gegen die Ordnung im mündlichen Teil der Prüfung kann der Prüfungsausschuß den Ausschluß von der Fortsetzung dieses Prüfungsteils beschließen.

(2) [1]Besteht der Verdacht des Besitzes nicht zugelassener Hilfsmittel, sind die Aufsicht Führenden in der schriftlichen Prüfung, die den Vorsitz führenden Mitglieder der Prüfungskommissionen in der mündlichen Prüfung und die von der Präsidentin oder dem Präsidenten des Landesjustizprüfungsamtes Beauftragten befugt, diese Hilfsmittel sicherzustellen. [2]Prüflinge sind verpflichtet, an der Aufklärung mitzuwirken und beanstandete Hilfsmittel herauszugeben. [3]Im Rahmen ihrer Mitwirkungspflichten haben die Prüflinge auch verdachtsunabhängig an einer allgemeinen Überprüfung zum Auffinden elektronischer Hilfsmittel mittels geeigneter technischer Maßnahmen teilzunehmen. [4]Bei Prüflingen, die diesen Mitwirkungspflichten nicht nachkommen, indem sie eine Sicherstellung nicht zugelassener Hilfsmittel verhindern, die Mitwirkung an einer Aufklärung oder die Herausgabe dieser Hilfsmittel verweigern oder diese nach einer Beanstandung verändern, besteht die Vermutung des Begehens eines Täuschungsversuches. [5]Ein Anspruch auf Herausgabe sichergestellter Hilfsmittel besteht erst dann, wenn diese vom Landesjustizprüfungsamt nicht mehr als Beweismittel benötigt werden – spätestens nach rechtskräftigem Abschluss des Prüfungsverfahrens.

(3) Das Landesjustizprüfungsamt entscheidet je nach Schwere des Verstoßes, ob

1. die Prüfung für nicht bestanden erklärt wird,
2. die Wiederholung einzelner oder mehrerer Prüfungsleistungen aufgegeben wird oder
3. die Prüfungsleistung, auf die sich die Ordnungswidrigkeit bezieht, mit der geringstmöglichen Note bewertet wird.

§ 16 Wiederholung der Prüfung nach Nichtbestehen

[1]Ist die Prüfung nicht bestanden, so kann sie einmal wiederholt werden. [2]Im Ausnahmefall kann die Zweite juristische Staatsprüfung nochmals wiederholt werden.

§ 17 Widerspruchsverfahren

[1]Gegen Verwaltungsakte, denen eine Bewertung von Prüfungsleistungen zugrunde liegt, findet ein Widerspruchsverfahren statt. [2]Für das Widerspruchsverfahren werden Kosten erhoben. [3]Die §§ 3 bis 6, 10 bis 13, 14 Absatz 1 und 2, §§ 16 bis 22 des Landesverwaltungskostengesetzes gelten entsprechend.

§ 18 Aufbewahrung von Prüfungsunterlagen

(1) [1]Prüfungsunterlagen (Nachweise, Bescheinigungen, Aufsichtsarbeiten, Prüfungsniederschriften) bleiben zum Zwecke des Nachweises eines ordnungsgemäßen Prüfungsverfahrens sowie der Prüfungsentscheidungen verschlossen in amtlicher Verwahrung. [2]Die Aufsichtsarbeiten und zugehörige Aufzeichnungen werden nach Ablauf von fünf Jahren, die übrigen Prüfungsunterlagen nach Ablauf von 50 Jahren nach ihrer Fertigung und die allgemeinen Prüfungsvorgänge nach zehn Jahren vernichtet.

(2) [1]Die Aufbewahrungsfristen beginnen am 1. Januar des nach Abschluss der Prüfung (letzter Tag der mündlichen Prüfungen) folgenden Jahres. [2]Wird die Prüfung wiederholt, beginnen die Aufbewahrungsfristen am 1. Januar des auf den Abschluss der Wiederholungsprüfung folgenden Jahres. [3]Im

Falle der Anfechtung des Prüfungsergebnisses beginnen die Aufbewahrungsfristen erst am 1. Januar des auf den bestandskräftigen Abschluss des Widerspruchsverfahrens oder den rechtskräftigen Abschluss des verwaltungsgerichtlichen Verfahrens folgenden Jahres.

Teil 3

Staatliche Pflichtfachprüfung

§ 19 Zulassungsvoraussetzungen

(1) [1]Zur Prüfung wird auf Antrag zugelassen, wer

1. ein ordnungsgemäßes rechtswissenschaftliches Studium nachweist,
2. die vorgeschriebenen Unterlagen und Zeugnisse, insbesondere Studien- und Leistungsbescheinigungen, vorlegt und
3. in den zwei der Prüfung unmittelbar vorausgehenden Semestern an einer Universität des Landes im Fach Rechtswissenschaft eingeschrieben war.

[2]Von den Erfordernissen der Nummern 2 und 3 können aus wichtigem Grund Ausnahmen zugelassen werden.

(2) [1]Die Zulassung soll versagt werden, wenn

1. sie bereits bei einem anderen Prüfungsamt beantragt worden ist,
2. ein vorangehendes Prüfungsverfahren noch nicht abgeschlossen ist oder
3. die Prüfung bei einem anderen Prüfungsamt nicht bestanden worden ist.

[2]Maßgebend ist das Recht des Bundeslandes, in dem der frühere Prüfungsversuch unternommen worden ist.

§ 20 Zusammensetzung der Prüfungsausschüsse

[1]Ein Prüfungsausschuss für die staatliche Pflichtfachprüfung besteht aus drei Mitgliedern. [2]Ihm soll mindestens ein Mitglied nach § 9 Nr. 1 angehören.

§ 20a Wiederholung der Prüfung zum Zwecke der Notenverbesserung

[1]Ist die Prüfung in Mecklenburg-Vorpommern im ersten Versuch bestanden worden, so kann sie zum Zwecke der Notenverbesserung einmal wiederholt werden. [2]Für die Wiederholung zur Notenverbesserung werden Kosten erhoben. [3]Die §§ 3 bis 6, 10 bis 13, 14 Absatz 1 und 2, §§ 16 bis 22 des Landesverwaltungskostengesetzes gelten entsprechend. [4]Es werden keine Kosten erhoben, sofern die zu verbessernde Staatliche Pflichtfachprüfung im Freiversuch bestanden wurde.

Teil 4

Vorbereitungsdienst

§ 21 Aufnahme

(1) Voraussetzung für die Aufnahme in den Vorbereitungsdienst ist das Bestehen der Ersten juristischen Staatsprüfung oder der Ersten juristischen Prüfung.

(2) [1]Deutsche und Staatsangehörige eines Mitgliedsstaates der Europäischen Union sind auf Antrag in den Vorbereitungsdienst aufzunehmen. [2]Andere Bewerber können auf Antrag in den Vorbereitungsdienst aufgenommen werden.

(3) [1]Der Vorbereitungsdienst wird im Regelfall im Beamtenverhältnis auf Widerruf geleistet. [2]Wer die beamtenrechtlichen Voraussetzungen für die Aufnahme in das Beamtenverhältnis auf Widerruf nicht erfüllt oder den Vorbereitungsdienst nicht in einem Beamtenverhältnis auf Widerruf ableisten will, leistet den Vorbereitungsdienst in einem öffentlich rechtlichen Ausbildungsverhältnis nach § 21a ab. [3]Mit der Einstellung in den Vorbereitungsdienst wird die Bezeichnung „Rechtsreferendarin" oder „Rechtsreferendar" geführt.

(4) [1]Das Aufnahmegesuch ist bei Ungeeignetheit für den Erwerb der Befähigung zum Richteramt abzulehnen. [2]Diese liegt in der Regel nach einer rechtskräftigen Verurteilung in einem Strafverfahren durch ein Gericht im Geltungsbereich des Deutschen Richtergesetzes wegen vorsätzlicher Tat zu Freiheitsstrafe von mindestens einem Jahr vor. [3]Das Aufnahmegesuch soll abgelehnt werden, wenn

1. die Ablegung der Ersten juristischen Staatsprüfung oder die Erteilung des Zeugnisses über die Erste juristische Prüfung länger als vier Jahre zurückliegt oder die Wiederaufnahme des Vorbereitungsdienstes nach einer Entlassung beantragt wird, es sei denn, daß die Unterbrechung oder

Entlassung aus wichtigem Grund erfolgt ist oder die zwischenzeitliche Tätigkeit einen hinreichend engen Zusammenhang zwischen dem Rechtsstudium und der Ausbildung im Vorbereitungsdienst vermittelt, oder
2. bereits mehr als die Hälfte des Vorbereitungsdienstes in einem anderen Bundesland abgeleistet worden ist.

§ 21a Öffentlich-rechtliches Ausbildungsverhältnis

(1) [1]Rechtsreferendare haben sich der Ausbildung mit vollem Einsatz ihrer Arbeitskraft zu widmen. [2]Im Übrigen gelten für sie die für die Beamten auf Widerruf geltenden Bestimmungen mit Ausnahme von §§ 7 und 33 Absatz 1 Satz 3 des Beamtenstatusgesetzes vom 17. Juni 2008 (BGBl. I S. 1010), das zuletzt durch Artikel 15 des Gesetzes vom 5. Februar 2009 (BGBl. I S. 160) geändert worden ist. [3]Die Vorschriften über Beihilfen in Krankheits-, Pflege- und Geburtsfällen sowie zur Besoldung finden keine Anwendung.

(2) [1]Rechtsreferendare erhalten eine monatliche Unterhaltsbeihilfe, die an Feiertagen und im Krankheitsfall ungekürzt fortgezahlt wird. [2]Im Übrigen gilt das Entgeltfortzahlungsgesetz. [3]Das Justizministerium wird ermächtigt, im Einvernehmen mit der für die Besoldung zuständigen obersten Landesbehörde die näheren Einzelheiten der monatlichen Unterhaltsbeihilfe und deren Höhe durch Rechtsverordnung zu bestimmen.

(3) [1]Der Präsident des Oberlandesgerichts soll die monatliche Unterhaltsbeihilfe um bis zu 30 vom Hundert kürzen, wenn der Rechtsreferendar die Zweite juristische Staatsprüfung nicht bestanden hat oder sich der Vorbereitungsdienst aus einem von dem Rechtsreferendar zu vertretenden Grund verzögert. [2]Von der Kürzung ist abzusehen bei der Verlängerung des Vorbereitungsdienstes in Folge genehmigten Fernbleibens oder genehmigten Rücktritts von der Prüfung und in besonderen Härtefällen.

(4) Rechtsreferendaren wird nach beamtenrechtlichen Vorschriften Anwartschaft auf Versorgung bei verminderter Erwerbsfähigkeit und im Alter und auf Hinterbliebenenversorgung gewährt.

(5) [1]Anstelle eines Diensteides ist eine Verpflichtungserklärung abzugeben. [2]Nicht eingestellt werden darf, wer sich gegen die freiheitlich demokratische Grundordnung im Sinne des Grundgesetzes betätigt.

§ 22 Ausbildungskapazität und Vergabeverfahren

(1) Die Zahl der Ausbildungsplätze im Vorbereitungsdienst richtet sich
1. nach den im Haushaltsplan zur Verfügung stehenden Stellen für den Vorbereitungsdienst oder, soweit keine Stellen ausgewiesen sind, nach den hierfür ausgewiesenen Mitteln sowie
2. nach der räumlichen, sächlichen und personellen Ausstattung der Ausbildungsstellen und den fachlichen Gegebenheiten als Voraussetzung für eine sachgerechte Ausbildung; dabei darf die Erfüllung der Aufgaben der öffentlichen Einrichtung oder der Rechtspflege nicht unzumutbar beeinträchtigt werden.

(2) Übersteigt die Anzahl der Bewerbungen die vorhandene Ausbildungskapazität, so werden die Ausbildungsplätze in einem Auswahlverfahren nach folgenden Grundsätzen vergeben:
1. fünfunddreißig vom Hundert nach dem Ergebnis der Ersten juristischen Staatsprüfung (Prüfungsergebnis) oder der Ersten juristischen Prüfung (Prüfungsgesamtnote),
2. bis zu zehn vom Hundert für Fälle besonderer persönlicher oder sozialer Härte (Härtefälle),
3. die verbleibenden Ausbildungsplätze nach der Dauer der Zeit seit der ersten Antragstellung auf Aufnahme in den Vorbereitungsdienst des Landes bei ununterbrochener Meldung zu jedem Einstellungstermin (Wartezeit).

(3) Ein Nachteil darf nicht entstehen aus
1. der Erfüllung der Dienstpflicht nach Artikel 12a des Grundgesetzes,
2. einer entsprechenden Dienstleistung auf Zeit oder bis zur Dauer von zwei Jahren,
3. einer mindestens einjährigen Tätigkeit als Entwicklungshelfer im Sinne des Entwicklungshelfer-Gesetzes,
4. aufgrund der Leistung eines Jugendfreiwilligendienstes im Sinne des Gesetzes zur Förderung von Jugendfreiwilligendiensten oder
5. aufgrund der Leistung eines Bundesfreiwilligendienstes im Sinne des Bundesfreiwilligendienstgesetzes.

§ 23 Entlassung

[1]Die Entlassung aus dem Vorbereitungsdienst soll ausgesprochen werden, wenn

1. die Ausbildungspflichten schwerwiegend verletzt worden sind,
2. infolge einer Erkrankung innerhalb eines Zeitraumes von mehr als vier Monaten kein Dienst geleistet wurde und mit einer alsbaldigen dauerhaften Fortsetzung der Ausbildung nicht zu rechnen ist,
3. der Tatbestand des § 21 Abs. 4 Satz 1 und 2 bereits bei der Aufnahme in den Vorbereitungsdienst erfüllt war, und dies nachträglich bekannt wird, oder dieser Tatbestand nachträglich eingetreten ist oder
4. ein anderer wichtiger Grund vorliegt.

[2]Die beamtenrechtlichen Vorschriften über die Beendigung des Beamtenverhältnisses auf Widerruf bleiben unberührt.

§ 24 Beendigung

[1]Der Vorbereitungsdienst endet mit Ablauf des Tages, an dem die Prüfung für bestanden oder die erste Wiederholungsprüfung für nicht bestanden erklärt worden ist. [2]Im Ausnahmefall kann ein weiterer Vorbereitungsdienst angeordnet werden.

§ 25 Zuständigkeiten

(1) Der Präsident des Oberlandesgerichts entscheidet über das Aufnahmegesuch und die Entlassung und führt die Dienstaufsicht.

(2) Die Ausbildung in der Verwaltungsstation leitet das Innenministerium; im Übrigen leitet der Präsident des Oberlandesgerichts die Ausbildung, in der Station Rechtsberatung im Benehmen mit der Rechtsanwaltskammer des Landes Mecklenburg-Vorpommern.

Teil 5

Zweite juristische Staatsprüfung

§ 26 Zulassungsvoraussetzungen

Für die Zulassung zur Zweiten juristischen Staatsprüfung gilt § 21 Abs. 4 Satz 1 und 2 entsprechend.

§ 27 Zusammensetzung der Prüfungsausschüsse

[1]Ein Prüfungsausschuß für die Zweite juristische Staatsprüfung besteht aus vier Mitgliedern. [2]Ihm soll nicht mehr als ein der unter § 9 Nummer 1 genannten Mitglieder angehören.

§ 27a Wiederholung der Prüfung zum Zwecke der Notenverbessereng

[1]Ist die Prüfung bei erstmaligem Ablegen, vor dem Landesjustizprüfungsamt in Mecklenburg-Vorpommern bestanden, kann sie zum Zwecke der Notenverbesserung einmal wiederholt werden. [2]Für die Wiederholung der Zweiten juristischen Staatsprüfung zur Notenverbesserung werden Kosten erhoben. [3]Die §§ 3 bis 6, 10 bis 13, 14 Absatz 1 und 2, §§ 16 bis 22 des Landesverwaltungskostengesetzes gelten entsprechend.

Teil 6

Schlußvorschriften

§ 28 Ermächtigungen

(1) Das Justizministerium kann im Einvernehmen mit dem Innenministerium nähere Bestimmungen durch Rechtsverordnung treffen, insbesondere über

1. die Einrichtung des Landesjustizprüfungsamtes, die Berufung seiner Mitglieder sowie deren Rechte und Pflichten;
2. die Zusammensetzung, die Aufgaben und das Verfahren der Prüfungsausschüsse;
3. Ort und Zeitpunkt der Prüfungen;
4. die Prüfungsinhalte der staatlichen Pflichtfachprüfung und der Zweiten juristischen Staatsprüfung, insbesondere Art und Zahl der Prüfungsleistungen im mündlichen und schriftlichen Teil der Prüfungen, den Prüfungsstoff und die Bewertung der Prüfungsleistungen;
5. das Prüfungsverfahren in der staatlichen Pflichtfachprüfung und der Zweiten juristischen Staatsprüfung, insbesondere den Rücktritt und das Versäumnis der Prüfung oder von Prüfungsteilen, die Verhinderung von Prüflingen, die Geltendmachung und die Festlegung besonderer Bedin-

gungen für behinderte Prüflinge, die Wiederholungsmöglichkeiten nach Nichtbestehen und zum Zwecke der Notenverbesserung und die Voraussetzungen, unter denen ein Prüfungsversuch als nicht unternommen gilt und unter denen die Zweite juristische Staatsprüfung ein weiteres Mal wiederholt werden kann, einschließlich der Kosten;

6. die Bekanntgabe des Prüfungsergebnisses und der Noten sowie die Einsichtnahme in die Prüfungsarbeiten nach Abschluß der Prüfung;
7. die Ausgestaltung des Widerspruchsverfahrens nach § 17 einschließlich der Kosten;
8. die Anforderungen an ein ordnungsgemäßes rechtswissenschaftliches Studium in den Pflichtfächern, den anderweitigen Nachweis der Fremdsprachenkompetenz sowie die Prüfungsleistungen in der Schwerpunktbereichsausbildung;
9. die Voraussetzungen zur Zulassung zur staatlichen Pflichtfachprüfung, insbesondere über eine Regelstudienzeit, innerhalb derer die staatliche Pflichtfachprüfung abgelegt werden soll, eine Frist für die Meldung zur staatlichen Pflichtfachprüfung und die Folgen des Versäumnisses dieser Frist, die vorzulegenden Unterlagen und Zeugnisse, vornehmlich über die erfolgreiche Teilnahme an Pflichtveranstaltungen, sowie über den Verlust des Anspruches auf Zulassung, Einzelheiten der zeitlichen Verknüpfung der Prüfungsteile der Ersten juristischen Prüfung;
10. die Voraussetzungen und das Verfahren für die Aufnahme in und die Entlassung aus dem Vorbereitungsdienst sowie die Verlängerung des Vorbereitungsdienstes;
11. die Einstellungstermine, die Ermittlung der Ausbildungskapazität im Vorbereitungsdienst, die Anteile nach § 22 Abs. 2, die Entscheidungskriterien für und das Verfahren zur Bewerberauswahl sowie die Verkürzung der Annahmefristen im Nachrückverfahren;
12. die Einzelheiten der Ausgestaltung des Vorbereitungsdienstes nach § 21 Absatz 3;
13. die Gliederung und inhaltliche Gestaltung des Vorbereitungsdienstes, insbesondere über die Fertigung von Vorlagearbeiten, die Teilnahme an Arbeitsgemeinschaften und Lehrgängen sowie die Erteilung von Zeugnissen;
14. die Leitung und Organisation der Ausbildung im Vorbereitungsdienst;
15. das Verfahren und die Voraussetzungen für die Zulassung zur Zweiten juristischen Staatsprüfung;
16. die Anrechnung von Studienzeiten, anderen Ausbildungsgängen und Leistungsnachweisen auf die Ausbildung nach diesem Gesetz.

(2) [1]Das Justizministerium erläßt die zur Ausführung des Gesetzes erforderlichen Verwaltungsvorschriften. [2]Er kann insbesondere auf der Grundlage der §§ 1 bis 4 und einer nach Absatz 1 Nr. 4 erlassenen Rechtsverordnung die Prüfungsinhalte näher umschreiben.

§ 29 Übergangsvorschriften

Für Rechtsreferendarinnen und Rechtsreferendare, die vor dem 1. Dezember 2018 eingestellt wurden, gilt § 21 Absatz 3 in der bei Aufnahme in den Vorbereitungsdienst geltenden Form fort.

§ 30 Inkrafttreten

Dieses Gesetz tritt am Tage nach der Verkündung[1)] in Kraft.

1) Verkündet am 21.12.1992.

Verordnung zur Ausführung des Juristenausbildungsgesetzes (Juristenausbildungs- und Prüfungsordnung – JAPO M-V)

Vom 16. Juni 2004 (GVOBl. M-V S. 281)
(GS Meckl.-Vorp. Gl. Nr.306-1-5)

zuletzt geändert durch Art. 1 Fünfte VO zur Änd. der Juristenausbildungs- und Prüfungsordnung vom 17. November 2020 (GVOBl. M-V S. 1146)

Aufgrund des § 28 Abs. 1 des Juristenausbildungsgesetzes vom 16. Dezember 1992 (GVOBl. M-V S. 725), zuletzt geändert durch das Gesetz vom 21. Juni 2004 (GVOBl. M-V S. 278), verordnet das Justizministerium im Einvernehmen mit dem Innenministerium:

Inhaltsübersicht

§ 1 Zuständigkeiten

[1]Die staatliche Pflichtfachprüfung (Pflichtfachprüfung) der Ersten juristischen Prüfung und die Zweite juristische Staatsprüfung werden vom Landesjustizprüfungsamt, die universitäre Schwerpunktbereichsprüfung (Schwerpunktbereichsprüfung) der Ersten juristischen Prüfung von den Hochschulen in jeweils eigener Verantwortung vorbereitet und durchgeführt. [2]Dies gilt auch für das Nachprüfungsverfahren und für Verwaltungsstreitverfahren.

Teil 1

Studium und Erste juristische Prüfung

§ 2 Studienzeit

[1]Die Studienzeit beträgt viereinhalb Jahre. [2]Es gilt § 5a Absatz 1 des Deutschen Richtergesetzes.

§ 3 Praktische Studienzeiten

(1) [1]Während der vorlesungsfreien Zeit finden praktische Studienzeiten in den Bereichen Zivilrechtspflege, Strafrechtspflege, Verwaltung oder bei der Rechtsanwaltschaft von insgesamt drei Monaten statt. [2]Die praktische Studienzeit kann bei einer Stelle und zusammenhängend stattfinden. [3]Ausbildungsstelle kann jede Stelle im In- oder Ausland sein, bei der den Studierenden eine Anschauung von praktischer Rechtsanwendung vermittelt wird.

(2) Zu Beginn der praktischen Studienzeiten sind die Studierenden nach Maßgabe des Verpflichtungsgesetzes vom 2. März 1974 (BGBl. I S. 469, 547), geändert durch § 1 Nr. 4 des Gesetzes vom 15. August 1974 (BGBl. I S. 1942), zu verpflichten.

(3) Bei regelmäßiger Teilnahme an den praktischen Studienzeiten stellt die Ausbildungsstelle hierüber eine Bescheinigung aus.

Abschnitt 1

Pflichtfachprüfung

§ 4 Pflichtfachprüfung

(1) [1]Die Pflichtfachprüfung wird in der Regel zweimal jährlich abgehalten. [2]Die Zulassung ist für den Wintertermin zum 1. Juli, für den Sommertermin zum 15. Januar eines jeden Jahres zu beantragen. [3]Die Antragsfristen sind Ausschlussfristen, zu denen die Zulassungsvoraussetzungen nach § 5 nachgewiesen sein müssen.

(2) Abweichend hiervon hat ein Kandidat im Falle des Nichtbestehens der Pflichtfachprüfung im Freiversuch die Möglichkeit, sich innerhalb einer Frist von fünf Werktagen nach Zustellung des Bescheides über das Nichtbestehen der Prüfung zum nächstmöglichen Prüfungstermin einer Pflichtfachprüfung anzumelden.

§ 5 Voraussetzungen für die Zulassung zur Pflichtfachprüfung

(1) Zur Pflichtfachprüfung ist zuzulassen, wer

1. die nach § 5a Abs. 1 Satz 1 des Deutschen Richtergesetzes erforderliche Studienzeit durchlaufen hat,
2. an der praktischen Studienzeit (§ 3) teilgenommen hat,
3. an einer fremdsprachigen rechtswissenschaftlichen Veranstaltung oder einem rechtswissenschaftlich ausgerichteten Sprachkurs (§ 5a Abs. 2 Satz 2 des Deutschen Richtergesetzes) erfolgreich teilgenommen hat, sofern die Fremdsprachenkompetenz nicht fachbezogen gleichwertig nachgewiesen ist.

(2) Der Kandidat muss erfolgreich teilgenommen haben an

1. den Übungen für Fortgeschrittene im Zivilrecht, Strafrecht und Öffentlichen Recht,
2. einer Lehrveranstaltung in einem Grundlagenfach, in der geschichtliche, philosophische, wirtschaftliche, politische oder gesellschaftliche Grundlagen des Rechts und die Methodik seiner Anwendung beispielhaft behandelt worden sind, und
3. einer Lehrveranstaltung zur Vermittlung interdisziplinärer Schlüsselqualifikationen.

(3) [1]In den Übungen nach Absatz 2 Nr. 1 muss der Kandidat jeweils innerhalb desselben Semesters eine Hausarbeit und eine Aufsichtsarbeit, in den Lehrveranstaltungen nach Absatz 2 Nr. 2 eine Hausarbeit oder eine Aufsichtsarbeit gefertigt haben. [2]Sofern sich eine Übung nach Absatz 2 Nummer 1

über einen Zeitraum von zwei Semestern erstreckt, muss neben der Hausarbeit in jedem der beiden Semester eine Aufsichtsarbeit gefertigt werden. [3]In einer Lehrveranstaltung nach Absatz 2 Nr. 3 muss der Kandidat ein Referat halten oder eine vergleichbare Prüfungsleistung erbracht haben. [4]Die Teilnahme an den Veranstaltungen nach Absatz 2 war erfolgreich, wenn die erbrachten Leistungen mit mindestens „ausreichend" (4,00 Punkte) bewertet wurden.

§ 6 Allgemeine Anerkennung anderweitiger Studienleistungen

(1) Die Teilnahme an einer Veranstaltung oder einem Sprachkurs nach § 5 Abs. 1 Nr. 3 kann durch ein Semester eines fremdsprachigen rechtswissenschaftlichen Auslandsstudiums ersetzt werden, wenn der Kandidat an einer ausländischen Hochschule eingeschrieben war, in angemessenem Umfang, in der Regel mindestens acht Semester-Wochenstunden, rechtswissenschaftliche Lehrveranstaltungen im ausländischen Recht besucht hat, je Semester mindestens einen Leistungsnachweis im ausländischen Recht erworben hat und an der inländischen Hochschule zum Zwecke des Auslandsstudiums beurlaubt war.

(2) Die Teilnahme an einer Übung oder Lehrveranstaltung nach § 5 Abs. 2 Nr. 2 und 3 kann durch die erfolgreiche Teilnahme an einer Veranstaltung einer rechtswissenschaftlichen Fakultät im Ausland ersetzt werden, sofern die Veranstaltung auf Antrag des Kandidaten als gleichwertig anerkannt worden ist.

(3) Die Teilnahme an einer Lehrveranstaltung nach § 5 Abs. 2 Nr. 3 kann durch die erfolgreiche Teilnahme an einer Veranstaltung einer anderen Fakultät der Hochschule ersetzt werden, soweit die Veranstaltung auf Antrag des Kandidaten als gleichwertig anerkannt worden ist.

(4) [1]Für die Anerkennung und die Feststellung der Gleichwertigkeit nach § 5 Abs. 1 Nr. 3 ist die juristische Fakultät der Hochschule des Ortes zuständig, an der der Kandidat zurzeit der Stellung seines Antrages auf Anerkennung immatrikuliert ist. [2]Die Gleichwertigkeit von Studienleistungen im Übrigen stellt das Landesjustizprüfungsamt fest.

§ 7 Zulassungsantrag

(1) [1]Die Zulassung zur Pflichtfachprüfung ist unter Verwendung des amtlichen Vordrucks beim Landesjustizprüfungsamt zu beantragen. [2]In dem Antrag ist zu versichern, dass bei keinem anderen Prüfungsamt um die Zulassung zu einer juristischen Prüfung nachgesucht worden ist, oder zu erklären, wo und wann dies geschehen ist.

(2) Dem Antrag sind beizufügen:

1. ein tabellarischer Lebenslauf mit Lichtbild und eine Kopie des Personalausweises,
2. die Hochschulzugangsberechtigung und die Datenkontrollblätter der Hochschulen zum Nachweis der in § 5 genannten Voraussetzungen,
3. Nachweise über die erfolgreiche Teilnahme an den in § 5 Abs. 2 genannten Übungen und sonstigen Lehrveranstaltungen und
4. die nach § 5 Abs. 1 Nr. 2 und 3 erforderlichen Nachweise.

(3) Zeugnisse und Bescheinigungen sind in Urschrift oder beglaubigter Kopie vorzulegen.

§ 8 Entscheidung über die Zulassung

[1]Über die Zulassung zur Pflichtfachprüfung entscheidet das Landesjustizprüfungsamt. [2]Nach Bekanntgabe des Bescheides ist eine Rücknahme des Antrags nicht mehr zulässig.

§ 9 Rücktritt von der schriftlichen Prüfung

(1) [1]Ist der Kandidat wegen Krankheit oder aus einem anderen wichtigen Grunde gehindert, an der schriftlichen Prüfung teilzunehmen, wird der Rücktritt auf schriftlichen Antrag genehmigt. [2]Der Antrag ist unverzüglich zu stellen und mit der ausdrücklichen Erklärung zu verbinden, dass Einverständnis mit der Verarbeitung der mitgeteilten Gesundheitsdaten zum Zwecke der Antragsbearbeitung besteht. [3]Im Falle einer Erkrankung ist ihm ein amtsärztliches Zeugnis beizufügen, das die für die Beurteilung der Prüfungsunfähigkeit nötigen medizinischen Befundtatsachen enthält. [4]Hiervon kann abgesehen werden, wenn die Prüfungsunfähigkeit offensichtlich ist.

(2) [1]Hat sich der Kandidat in Kenntnis oder fahrlässiger Unkenntnis eines wichtigen Grundes nach Absatz 1 der schriftlichen Prüfung unterzogen, ist der Rücktritt wegen dieses Grundes ausgeschlossen. [2]Fahrlässige Unkenntnis liegt insbesondere vor, wenn der Kandidat bei Anhaltspunkten für eine gesundheitliche Beeinträchtigung nicht unverzüglich eine Klärung herbeigeführt hat.

(3) Die Geltendmachung eines Rücktrittsgrundes ist ausgeschlossen, sobald nach Abschluss der schriftlichen Prüfung ein Monat verstrichen ist.

(4) Bleibt der Kandidat der schriftlichen Prüfung insgesamt fern oder gibt er bei mehr als einer der Aufsichtsarbeiten keine Bearbeitung ab, gilt dies als Rücktritt.

(5) [1]Tritt während des Schreibens einer Aufsichtsarbeit ein wichtiger Grund für einen Rücktritt ein, ist er unverzüglich gegenüber der Aufsicht geltend zu machen. [2]Anderenfalls ist die Geltendmachung dieses Rücktrittsgrundes ausgeschlossen.

(6) [1]Wird der Rücktritt genehmigt, gilt die Prüfung insgesamt als nicht unternommen. [2]Die Prüfung ist im nächstmöglichen Prüfungstermin unter Neuanfertigung sämtlicher Klausuren nachzuholen (§ 14 Absatz 3 Satz 1 des Juristenausbildungsgesetzes). [3]Im Rahmen eines Freiversuchs oder eines Notenverbesserungsverfahrens ist die Zulassung zur Prüfung erneut zu beantragen. [4]§ 4 Absatz 2 und § 27 Absatz 1 Satz 4 sind entsprechend anzuwenden, wobei die Bekanntgabe der Genehmigung des Rücktritts den Fristbeginn bestimmt.

(7) [1]Wird der Rücktritt nicht genehmigt, kann die Prüfung fortgesetzt werden, wenn die Voraussetzungen für die Zulassung zur mündlichen Prüfung erfüllt sind. [2]Anderenfalls gilt sie als nicht bestanden.

§ 10 Rücktritt von der mündlichen Prüfung

(1) Nimmt der Kandidat ganz oder teilweise nicht an der mündlichen Prüfung teil, gilt dies als Rücktritt.

(2) [1]Ist der Kandidat wegen Krankheit oder aus einem anderen wichtigen Grunde gehindert, an der mündlichen Prüfung teilzunehmen, wird der Rücktritt auf schriftlichen Antrag genehmigt. [2]§ 9 Abs. 1 Satz 2 bis 4 und Abs. 2 gilt entsprechend.

(3) [1]Wird der Rücktritt genehmigt, gilt die mündliche Prüfung insgesamt als nicht unternommen. [2]Die mündliche Prüfung ist im nächstmöglichen Prüfungstermin insgesamt nachzuholen (§ 14 Absatz 3 Satz 1 des Juristenausbildungsgesetzes).

(4) Wird der Rücktritt nicht genehmigt, gilt die Prüfung als nicht bestanden.

(5) Eine Geltendmachung des wichtigen Grundes nach Ende der mündlichen Prüfung ist ausgeschlossen.

§ 11 Pflichtfächer

(1) [1]Pflichtfächer der Pflichtfachprüfung sind das Zivil-, das Straf- und das Öffentliche Recht. [2]Rechtsgestaltende und rechtsberatende Fragestellungen sind dabei angemessen zu berücksichtigen.

(2) Der Prüfungsstoff der Pflichtfächer umfasst:

1. Zivilrecht:
   a) aus dem Bürgerlichen Gesetzbuch:
      – Grundlagen des Privatrechts und Allgemeiner Teil des Bürgerlichen Gesetzbuches mit Ausnahme des Abschnitts 1 Titel 2 Untertitel 2 (Stiftungen),
      – der allgemeine Teil des Schuldrechts (Buch 2 Abschnitte 1 bis 7) mit Ausnahme der Vorschriften über die Draufgabe (§§ 336 bis 338 BGB),
      – der besondere Teil des Schuldrechts (Buch 2 Abschnitt 8) mit Ausnahme von Titel 2 (§§ 481 bis 487 BGB), Titel 3 Untertitel 2 bis 4 (§§ 506 bis 511 BGB), Titel 5 Untertitel 5 (§§ 585 bis 597 BGB), Titel 7 (§§ 607 bis 609 BGB), Titel 8 Untertitel 2 (§§ 630a bis 630h BGB), Titel 9 Untertitel 2 bis 4 (§§ 650p bis 651y BGB), Titel 11 (§§ 657 bis 661a BGB), Titel 12 Untertitel 3 (§§ 675c bis 676c BGB), Titel 15 (§§ 701 bis 704 BGB), Titel 18 (§§ 759 bis 761 BGB), Titel 19 (§§ 762 bis 764 BGB) und Titel 25 (§§ 809 bis 811 BGB),
      – aus dem Sachenrecht (Buch 3) die Abschnitte 1 bis 4 (§§ 854 bis 1093 BGB), Abschnitt 7 mit Ausnahme von Titel 2 Untertitel 2 (§§ 1199 bis 1203 BGB), Abschnitt 8 Titel 1 (§§ 1204 bis 1259 BGB),
      – aus dem Familienrecht (Buch 4) jeweils in Grundzügen: die Vorschriften über die Wirkungen der Ehe im Allgemeinen mit Ausnahme der Vorschriften zum Getrenntleben (§§ 1353 bis 1360b BGB), das gesetzliche Güterrecht (§§ 1363 bis 1390 BGB), die allgemeinen Vorschriften zu Gütertrennung und Gütergemeinschaft (§§ 1408 bis 1421 BGB), die allgemeinen Vorschriften zur Verwandtschaft (§§ 1589 bis 1590 BGB) sowie

aus dem Recht der elterlichen Sorge die Vorschriften über die Vertretung des Kindes und die Beschränkung der elterlichen Haftung (§§ 1629, 1664 BGB),

– aus dem Erbrecht (Buch 5) jeweils in Grundzügen: der Abschnitt 1 (Erbfolge, §§ 1922 bis 1941 BGB), Abschnitt 2 Titel 1 (Annahme und Ausschlagung der Erbschaft, §§ 1942 bis 1959 BGB), Titel 2 Untertitel 1 (Nachlassverbindlichkeiten, §§ 1967 bis 1969 BGB), Titel 3 (Erbschaftsanspruch, §§ 2018 bis 2031 BGB), Titel 4 (Mehrheit von Erben) mit Ausnahme der Vorschriften über die Haftungsbeschränkung der Miterben (§§ 2032 bis 2060 BGB), Abschnitt 3 (Testament, §§ 2064 bis 2272 BGB) mit Ausnahme der Vorschriften über den Testamentsvollstrecker (§§ 2197 bis 2228 BGB), Abschnitt 4 (Erbvertrag, §§ 2274 bis 2302 BGB), Abschnitt 5 (Pflichtteil, §§ 2303 bis 2338 BGB), aus dem Abschnitt 8 (Erbschein) die Wirkungen des Erbscheins (§§ 2365, 2366 BGB);

b) aus dem Straßenverkehrsgesetz in Grundzügen der Abschnitt II (Haftpflicht);

c) aus dem Handelsgesetzbuch jeweils in Grundzügen:
aus dem Ersten Buch (Handelsstand) die Vorschriften über Kaufleute (§§ 1 bis 7 HGB), die Publizität des Handelsregisters (§ 15 HGB), die Handelsfirma mit Ausnahme des Eintragungsverfahrens (§§ 17 bis 37a HGB), die Prokura und die Handlungsvollmacht (§§ 48 bis 58 HGB), aus dem Vierten Buch (Handelsgeschäfte) die allgemeinen Vorschriften (§§ 343 bis 372 HGB) mit Ausnahme der Vorschriften über Kontokorrent (§§ 355 bis 357 HGB) und kaufmännische Orderpapiere (§§ 363 bis 365 HGB), der Handelskauf (§§ 373 bis 382 HGB);

d) aus dem Gesellschaftsrecht jeweils in Grundzügen:
das Recht der offenen Handelsgesellschaft (§§ 105 bis 160 HGB), der Kommanditgesellschaft (§§ 161 bis 177a HGB), der Partnerschaftsgesellschaft (PartGG) sowie hinsichtlich der Gesellschaft mit beschränkter Haftung die Vorschriften über deren Errichtung (§§ 1 bis 12 GmbHG) sowie ihre Vertretung und Geschäftsführung (§§ 35 bis 52 GmbHG);

e) aus dem Arbeitsrecht jeweils in Grundzügen: Begründung, Inhalt und Beendigung des Arbeitsverhältnisses, Leistungsstörungen und Haftungen im Arbeitsverhältnis;

f) aus dem Zivilprozessrecht jeweils in Grundzügen: die Vorschriften über gerichtsverfassungsrechtliche Grundlagen einschließlich des Instanzenzugs, die zivilprozessualen Verfahrensgrundsätze, die Vorschriften der Zivilprozessordnung über das Verfahren im ersten Rechtszug, über einstweiligen Rechtsschutz sowie aus dem Recht der Zwangsvollstreckung die allgemeinen Vollstreckungsvoraussetzungen, die Arten der Zwangsvollstreckung sowie die Vollstreckungsabwehr- und die Drittwiderspruchsklage;

2. Strafrecht:

a) Allgemeiner Teil des Strafrechts mit Ausnahme der §§ 45 bis 51 StGB (Nebenfolgen und Strafbemessung), der §§ 56 bis 68g StGB (Strafaussetzung zur Bewährung, Verwarnung mit Strafvorbehalt, Absehen von Strafe, Maßregeln der Besserung und Sicherung, freiheitsentziehende Maßregeln, Führungsaufsicht), der §§ 70 bis 76b StGB (Berufsverbot und Einziehung) und der §§ 79 bis 79b StGB (Vollstreckungsverjährung);

b) aus dem Besonderen Teil des Strafgesetzbuches:
– aus dem Sechsten Abschnitt (Widerstand gegen die Staatsgewalt) nur die §§ 113 bis 115 StGB,
– aus dem Siebten Abschnitt (Straftaten gegen die öffentliche Ordnung) nur die §§ 123, 142 und 145d StGB,
– der Neunte Abschnitt (Falsche uneidliche Aussage und Meineid), §§ 153 bis 162 StGB,
– aus dem Zehnten Abschnitt (Falsche Verdächtigung) nur § 164 StGB,
– der Vierzehnte Abschnitt (Beleidigung), §§ 185 bis 200 StGB,
– aus dem Sechzehnten Abschnitt (Straftaten gegen das Leben) nur die §§ 211 bis 216, 221 und 222 StGB,
– der Siebzehnte Abschnitt (Straftaten gegen die körperliche Unversehrtheit), §§ 223 bis 231 StGB,
– aus dem Achtzehnten Abschnitt (Straftaten gegen die persönliche Freiheit) nur die §§ 238 bis 239b, 240 und 241 StGB,
– der Neunzehnte Abschnitt (Diebstahl und Unterschlagung), §§ 242 bis 248c StGB,

- der Zwanzigste Abschnitt (Raub und Erpressung), §§ 249 bis 256 StGB,
- aus dem Einundzwanzigsten Abschnitt (Begünstigung und Hehlerei) nur die §§ 257 bis 259 StGB,
- aus dem Einundzwanzigsten Abschnitt (Begünstigung und Hehlerei) nur die §§ 257 bis 259 StGB,
- aus dem Zweiundzwanzigsten Abschnitt (Betrug und Untreue) nur die §§ 263, 263a, 265, 265a, 266 und 266b StGB,
- aus dem Dreiundzwanzigsten Abschnitt (Urkundenfälschung) nur die §§ 267 bis 271 und 274 StGB,
- aus dem Siebenundzwanzigsten Abschnitt (Sachbeschädigung) nur die §§ 303, 303c und 304 StGB,
- aus dem Achtundzwanzigsten Abschnitt (Gemeingefährliche Straftaten) nur die §§ 306 bis 306e, 315 bis 316a, 323a und 323c StGB;

c) aus dem Strafverfahrensrecht jeweils in Grundzügen: die Vorschriften über gerichtsverfassungsrechtliche Grundlagen einschließlich des Instanzenzugs, die strafprozessualen Verfahrensgrundsätze, aus der Strafprozessordnung das Erste Buch (Allgemeine Vorschriften) und das Zweite Buch (Verfahren im ersten Rechtszug);

3. Öffentliches Recht:

a) das Staats- und Verfassungsrecht mit Ausnahme der Regelungen des Grundgesetzes zum Gesetzgebungsnotstand und zur Abwehr von Gefahren für den Bestand des Bundes (Artikel 81 und 91 GG), zum Finanzwesen (Artikel 104a bis 115 GG) und zum Verteidigungsfall (Artikel 115a bis 1151 GG);

b) das Verfassungsprozessrecht: jeweils in Grundzügen aus dem Gesetz über das Bundesverfassungsgericht der Erste Abschnitt des II. Teils (Allgemeine Verfahrensvorschriften) sowie aus dem III. Teil (Einzelne Verfahrensarten) der Sechste Abschnitt (Organstreitverfahren), der Siebte Abschnitt (Bund-Länder-Streitigkeit), der Zehnte Abschnitt (Abstrakte Normenkontrolle), der Elfte Abschnitt (Konkrete Normenkontrolle) sowie der Fünfzehnte Abschnitt (Verfassungsbeschwerde);

c) Allgemeines Verwaltungsrecht, Verwaltungsverfahrensrecht mit Ausnahme der förmlichen Verwaltungsverfahren (§§ 63 ff. VwVfG), Verwaltungszustellungsrecht; jeweils in Grundzügen das Recht der öffentlichen Ersatz- und Entschädigungsleistungen sowie das Verwaltungsvollstreckungsrecht;

d) aus dem besonderen Verwaltungsrecht:
- das allgemeine Polizei- und Ordnungsrecht sowie in Grundzügen das Versammlungsrecht,
- das Kommunalrecht mit Ausnahme des Kommunalwahlrechts, des kommunalen Abgabenrechts und des kommunalen Haushaltsrechts,
- aus dem Bauplanungsrecht jeweils in Grundzügen folgende Teile des Baugesetzbuches: aus dem Ersten Kapitel der Erste Teil (Bauleitplanung, §§ 1 bis 13b BauGB), aus dem Zweiten Teil (Sicherung der Bauleitplanung) der Erste Abschnitt (§§ 14 bis 18 BauGB), aus dem Dritten Teil (Regelung der baulichen und sonstigen Nutzung) der Erste Abschnitt (§§ 29 bis 38 BauGB) und aus dem Dritten Kapitel der Dritte Abschnitt (Verwaltungsverfahren, §§ 207 bis 213 BauGB) sowie der Vierte Abschnitt (Planerhaltung, §§ 214 bis 216 BauGB); zudem aus der Baunutzungsverordnung der Erste Abschnitt (Art der baulichen Nutzung), der Zweite Abschnitt (Maß der baulichen Nutzung) und der Dritte Abschnitt (Bauweise, überbaubare Grundstücksfläche),
- aus dem Bauordnungsrecht in Grundzügen folgende Teile der Landesbauordnung Mecklenburg-Vorpommern: Teil 1 (Allgemeine Vorschriften), Teil 2 (Das Grundstück und seine Bebauung), Teil 3 Abschnitt 1 (Gestaltung) und Teil 5 (Bauaufsichtsbehörden, Verfahren);

e) aus dem Recht der Europäischen Union jeweils in Grundzügen: Entwicklung, Organe und Kompetenzen sowie Handlungsformen der Europäischen Union; Rechtsquellen des Unionsrechts; Verhältnis des Unionsrechts zum nationalen Recht sowie Umsetzung des Unionsrechts in den Mitgliedstaaten; Grundfreiheiten; Grundrechte und rechtsstaatliche Verfahrensgarantien; aus dem Rechtsschutzsystem des Unionsrechts: Vorabentscheidungsverfahren, Vertragsverletzungsverfahren;

f) aus dem Verwaltungsprozessrecht jeweils in Grundzügen: Verfahrensgrundsätze, Zulässigkeit des Verwaltungsrechtswegs, Sachentscheidungsvoraussetzungen, Arten und Wirkungen von Klagen und gerichtlichen Entscheidungen, Instanzenzug und Arten der Rechtsmittel, vorläufiger Rechtsschutz, Vorverfahren.

(3) Zu den Pflichtfächern gehören ihre europarechtlichen Bezüge sowie ihre Bezüge zu Grundlagenfächern.

(4) [1]Soweit Rechtsgebiete in den Grundzügen Gegenstand des Prüfungsstoffes sind, wird die Kenntnis der Systematik, der wesentlichen Normen und Rechtsinstitute, des Regelungsgehalts sowie von Sinn, Zweck, Struktur und Bedeutung im Gesamtzusammenhang verlangt. [2]Detailkenntnisse dürfen nicht vorausgesetzt werden.

(5) Andere als die in Absatz 2 genannten Rechtsgebiete dürfen im Zusammenhang mit den Pflichtfächern zum Gegenstand der Prüfung gemacht werden, soweit lediglich Verständnis und Arbeitsmethode festgestellt werden sollen und Einzelwissen nicht vorausgesetzt wird.

§ 12 Schriftliche Prüfung

(1) Im schriftlichen Teil der Pflichtfachprüfung sind sechs Aufgaben mit einer Bearbeitungszeit von jeweils fünf Stunden zu bearbeiten.

(2) Es sind zu fertigen:

1. drei Aufgaben aus dem Zivilrecht,
2. eine Aufgabe aus dem Strafrecht,
3. zwei Aufgaben aus dem Öffentlichen Recht.

(3) Die Prüfungsaufgaben werden einheitlich durch das Landesjustizprüfungsamt gestellt; sie sind an allen Prüfungsorten zur selben Zeit zu bearbeiten.

§ 13 Hilfsmittel

[1]Die Kandidaten dürfen nur die durch das Landesjustizprüfungsamt zugelassenen Hilfsmittel benutzen. [2]Die Kandidaten haben die Hilfsmittel selbst zu stellen. [3]Die Hilfsmittel dürfen keine Eintragungen, Einlageblätter oder verlagsseitig nicht vorgesehene Register enthalten.

§ 14 Durchführung der schriftlichen Prüfung

(1) Das Landesjustizprüfungsamt teilt dem Kandidaten vor Beginn der schriftlichen Prüfung eine Kennzahl zu.

(2) [1]Der Kandidat nimmt im Prüfungsraum den mit seiner Kennzahl bezeichneten Platz ein. [2]Er versieht seine Arbeit anstelle des Namens mit der Kennzahl. [3]Hinweise auf die Person oder die persönlichen Verhältnisse des Kandidaten sind zu unterlassen.

(3) [1]Die Aufsicht führende Person fertigt eine Niederschrift an, in der besondere Vorkommnisse vermerkt werden. [2]Sie kann Kandidaten bei Ordnungsverstößen oder Täuschungsversuchen von der Fortsetzung der Arbeit ausschließen, falls dies als Sofortmaßnahme geboten ist.

§ 15 Angemessener Nachteilsausgleich

(1) [1]Bei prüfungsunabhängigen Beeinträchtigungen eines Kandidaten, die die Anfertigung der Aufsichtsarbeiten erschweren, kann das Landesjustizprüfungsamt auf schriftlichen Antrag angemessene Maßnahmen zum Ausgleich der Nachteile treffen. [2]Die Beeinträchtigung ist darzulegen und durch amtsärztliches Zeugnis nachzuweisen. [3]Der Antrag ist mit der ausdrücklichen Erklärung zu verbinden, dass Einverständnis mit der Verarbeitung der mitgeteilten Gesundheitsdaten zum Zwecke der Antragsbearbeitung besteht.

(2) Als Ausgleichsmaßnahmen können insbesondere die Bearbeitungszeit angemessen verlängert, Ruhepausen, die nicht auf die Bearbeitungszeit angerechnet werden, eingeräumt oder persönliche oder sächliche Hilfsmittel zugelassen werden.

(3) [1]Die Verlängerung der Bearbeitungszeit beträgt höchstens eine Stunde. [2]Ruhepausen betragen insgesamt höchstens 90 Minuten und sind regelmäßig außerhalb des Prüfungsraumes zu nehmen.

(4) Auf den Nachweis von Fähigkeiten, die zum Leistungsbild der abgenommenen Prüfungen gehören, darf nicht verzichtet werden.

§ 16 Bewertung der Aufsichtsarbeiten

(1) [1]Jede Aufsichtsarbeit wird von zwei Gutachtern persönlich bewertet. [2]Die Gutachter werden vom Landesjustizprüfungsamt bestimmt. [3]Dem zweiten Gutachter ist die Bewertung des ersten Gutachters mitzuteilen.

(2) [1]Weichen die Bewertungen der Gutachter um nicht mehr als drei Punkte voneinander ab, so gilt der Durchschnitt als Note. [2]Bei Abweichungen von mehr als drei Punkten haben die Gutachterinnen und Gutachter darüber mit dem Ziel zu beraten, eine Einigung oder eine Annäherung der Bewertungen herbeizuführen. [3]Verbleibt danach eine Abweichung von nicht mehr als drei Punkten, so gilt der Durchschnitt. [4]Bei größeren Abweichungen setzt ein vom Landesjustizprüfungsamt bestimmter weiterer Gutachter die Note mit einer der von den Gutachtern erteilten Punktezahl oder einer dazwischenliegenden Punktezahl fest (Stichentscheid).

(3) [1]Wird eine Arbeit nicht oder nicht rechtzeitig abgegeben, so erteilt das Landesjustizprüfungsamt die Note ungenügend (0 Punkte). [2]§ 9 Abs. 4 bleibt unberührt.

§ 17 Notenstufen, Punktezahl

(1) Sämtliche Bewertungen erfolgen nach der Verordnung über die Noten- und Punkteskala für die erste und zweite juristische Prüfung vom 3. Dezember 1981 (BGBl. I S. 1243).

(2) [1]Die auf zwei Dezimalstellen ohne Rundung zu errechnende Gesamtpunktzahl des schriftlichen Abschnitts der Prüfung errechnet sich aus der Summe der Einzelpunktzahlen geteilt durch sechs. [2]Sie wird dem Kandidaten zusammen mit den Einzelnoten spätestens mit der Ladung zur mündlichen Prüfung schriftlich mitgeteilt.

§ 18 Zulassung zur mündlichen Prüfung

[1]Zur mündlichen Prüfung ist zugelassen, wer im schriftlichen Abschnitt der Pflichtfachprüfung eine Gesamtnote von mindestens 3,58 Punkten erreicht hat. [2]Dabei muss mindestens die Hälfte der anzufertigenden Klausuren mit wenigstens 4,00 Punkten bewertet worden sein. [3]Anderenfalls ist die Prüfung nicht bestanden.

§ 19 Mündliche Prüfung

(1) Die mündliche Prüfung umfasst je einen Abschnitt im Zivilrecht, im Strafrecht und im Öffentlichen Recht.

(2) Der Kandidat ist spätestens zwei Wochen vor Beginn der mündlichen Prüfung schriftlich zu laden.

(3) [1]Der Prüfungsausschuss wird vom Landesjustizprüfungsamt bestimmt. [2]Er besteht aus dem Vorsitzenden und zwei weiteren Prüfern, die jeweils einen Prüfungsabschnitt übernehmen.

(4) Bei prüfungsunabhängigen Beeinträchtigungen einer Kandidatin oder eines Kandidaten, die die Teilnahme an der mündlichen Prüfung erschweren, gilt § 15 Absatz 1 und 4 entsprechend.

§ 20 Durchführung der mündlichen Prüfung

(1) [1]Der Vorsitzende leitet die mündliche Prüfung und achtet darauf, dass die Kandidaten in geeigneter Weise befragt werden. [2]Er bestimmt die Reihenfolge der Prüfungsteile. [3]Während der mündlichen Prüfung müssen alle Mitglieder des Prüfungsausschusses anwesend sein.

(2) [1]Die Dauer der mündlichen Prüfung soll je Kandidat etwa 45 Minuten betragen. [2]Regelmäßig werden vier Kandidaten zusammen geprüft. [3]Mehr als fünf Kandidaten dürfen nicht zusammen geprüft werden.

(3) Der Vorsitzende des Prüfungsausschusses kann Studierende der Rechtswissenschaften und mit der juristischen Ausbildung befasste Personen als Zuhörer bei der mündlichen Prüfung mit Ausnahme der Beratung und der Bekanntgabe des Prüfungsergebnisses zulassen.

§ 21 Bewertung der mündlichen Prüfung

[1]Der Prüfungsausschuss bewertet die Leistungen der einzelnen Kandidaten in jedem Prüfungsabschnitt. [2]Er ermittelt den Durchschnitt der Einzelbewertungen bis auf zwei Dezimalstellen ohne Rundung. [3]Weichen die Ansichten der Prüfer voneinander ab, so entscheidet der Ausschuss mit Stimmenmehrheit. [4]§ 17 Abs. 1 findet Anwendung.

§ 22 Gesamtnote der Pflichtfachprüfung

(1) Im Anschluss an die mündliche Prüfung berät der Prüfungsausschuss das Ergebnis der Pflichtfachprüfung und setzt die Gesamtnote der Pflichtfachprüfung fest.

(2) [1]Grundlage der Festsetzung sind die Einzelleistungen in der schriftlichen und mündlichen Prüfung. [2]Hierbei sind die ohne Rundung auf zwei Dezimalstellen errechnete Durchschnittspunktzahl der schriftlichen Prüfung mit einem Anteil von zwei Dritteln und die ohne Rundung auf zwei Dezimalstellen errechnete Durchschnittspunktzahl der mündlichen Prüfung mit einem Anteil von einem Drittel zu berücksichtigen.

(3) [1]Das Ergebnis ist ohne Rundung auf zwei Dezimalstellen zu errechnen (Durchschnittspunktezahl der Prüfung). [2]Der Prüfungsausschuss kann in Ausnahmefällen bis zu einem Punkt von der Durchschnittspunktzahl abweichen, wenn der Leistungsstand des Kandidaten aufgrund des Gesamteindrucks von den Prüfungsleistungen hierdurch besser gekennzeichnet wird und die Abweichung auf das Bestehen der Prüfung keinen Einfluss hat. [3]§ 21 Satz 3 gilt entsprechend. [4]Die Abweichung ist zu begründen.

(4) Aus der Endpunktzahl ergibt sich die Endnote der Pflichtfachprüfung, wobei der Endpunktzahl die sich aus der Verordnung über die Noten- und Punkteskala für die erste und zweite juristische Prüfung ergebende Notenbezeichnung zugrunde zu legen ist.

(5) Die Pflichtfachprüfung ist bestanden, wenn mindestens die Endnote ausreichend (4,00 Punkte) erreicht wurde.

§ 23 Bekanntgabe, Zeugniserteilung

(1) [1]Im Anschluss an die Beratung des Prüfungsausschusses wird das Ergebnis mitgeteilt und unter Bekanntgabe der Bewertung der Einzelleistungen kurz begründet. [2]Der Kandidat kann auf die Begründung der Bewertung der Einzelleistungen verzichten.

(2) Über das Bestehen der Pflichtfachprüfung erteilt das Landesjustizprüfungsamt ein Zeugnis.

§ 24 Niederschrift

(1) Über den Hergang der Prüfung ist eine Niederschrift aufzunehmen, in der festgehalten werden:

1. die Besetzung des Prüfungsausschusses und die Namen der Kandidaten,
2. die Bewertung der schriftlichen Arbeiten,
3. die Gegenstände und Einzelergebnisse der mündlichen Prüfung,
4. die Durchschnittspunktzahl, Abweichungen nach § 22 Abs. 3 Satz 2 und deren Begründung sowie die Endpunktzahl,
5. der Vorschlag zur Festlegung von Auflagen im Falle des Nichtbestehens gemäß § 25 Abs. 4 Satz 2.

(2) Die Niederschrift ist vom Vorsitzenden des Prüfungsausschusses zu unterzeichnen.

§ 25 Wiederholung der Pflichtfachprüfung

(1) [1]Wer die Pflichtfachprüfung nicht bestanden hat, kann sie einmal wiederholen. [2]Bis zur Wiederholung ist das Studium fortzusetzen.

(2) Die Zulassung ist ausgeschlossen, wenn der Kandidat die Prüfung bei einem anderen Prüfungsamt endgültig nicht bestanden hat.

(3) [1]Bei Vorliegen eines hinreichenden Grundes kann gestattet werden, dass der Kandidat die Wiederholungsprüfung an einem anderen Prüfungsort oder bei einem anderen Prüfungsamt ablegt. [2]Einem Kandidaten, der bei einem anderen Prüfungsamt einmal ohne Erfolg an der Prüfung teilgenommen hat, kann die Wiederholungsprüfung in Mecklenburg-Vorpommern gestattet werden, wenn ein hinreichender Grund den Wechsel rechtfertigt und das andere Prüfungsamt zustimmt.

(4) [1]Hat der Kandidat die Prüfung bereits nach dem schriftlichen Prüfungsteil nicht bestanden oder gilt die Prüfung als nicht bestanden, bestimmt das Landesjustizprüfungsamt, ob und wie lange er das Studium vor einem weiteren Prüfungsversuch fortzusetzen hat, insbesondere an welchen Lehrveranstaltungen er teilzunehmen und welche Leistungsnachweise er zu erbringen hat. [2]Hat der Kandidat die Prüfung nach der mündlichen Prüfung nicht bestanden, bestimmt das Landesjustizprüfungsamt auf Vorschlag des Vorsitzenden des Prüfungsausschusses Auflagen.

(5) Für die Wiederholung der Prüfung gelten die §§ 9 bis 24 entsprechend.

(6) Liegen die Voraussetzungen für die Zulassung zur mündlichen Prüfung oder die Voraussetzungen für das Bestehen der Prüfung nach § 22 Abs. 5 nicht vor oder hat der Kandidat die Prüfung wegen Rücktritts während des schriftlichen Teils der Prüfung vorzeitig beendet, ist die Prüfung im ganzen Umfang zu wiederholen.

§ 26 Freiversuch

(1) [1]Nimmt der Kandidat nach ununterbrochenem rechtwissenschaftlichem Studium spätestens an der nach dem Ende des achten Semesters unmittelbar folgenden Pflichtfachprüfung teil und besteht die Prüfung nicht, gilt diese als nicht unternommen (Freiversuch). [2]Eine mehrfache Inanspruchnahme dieser Regelung ist ausgeschlossen.

(2) Bei der Berechnung der Semesterzahlen nach Absatz 1 bleiben unberücksichtigt und gelten nicht als Unterbrechung des Studiums:

1. Semester, in denen wegen längerer schwerer Krankheit oder aus einem anderen zwingenden Grund ein Studienhindernis oder eine Beurlaubung bestand; im Falle einer Erkrankung ist diese grundsätzlich durch ein unverzüglich einzuholendes amtsärztliches Zeugnis nachzuweisen, das die für die Beurteilung der Studierunfähigkeit nötigen medizinischen Befundtatsachen enthält;
2. Zeiten, in denen die Kandidatin oder der Kandidat in entsprechender Anwendung von § 15 des Bundeselterngeld- und Elternzeitgesetzes eine Elternzeit hätte in Anspruch nehmen können und von der Universität vom Studium beurlaubt war und Zeiten des Mutterschutzes sowie Zeiten des Ableistens des Wehr- und Ersatzdienstes;
3. bis zu drei Semester eines rechtswissenschaftlichen Auslandsstudiums, wenn der Kandidat
   a) an einer ausländischen Hochschule eingeschrieben war,
   b) in angemessenem Umfang, in der Regel von mindestens acht Semesterwochenstunden, rechtswissenschaftliche Lehrveranstaltungen im ausländischen Recht besucht hat,
   c) je Semester mindestens einen Leistungsnachweis im ausländischen Recht erworben hat und
   d) an der inländischen Hochschule zum Zwecke des Auslandsstudiums beurlaubt war;

   darüber hinaus gehende Leistungsnachweise können als Zulassungsvoraussetzung nach § 5 anerkannt werden;
4. ein Semester, wenn der Studierende ein Jahr oder länger als gewähltes Mitglied in einem gesetzlich vorgesehenen Organ der Hochschule oder der Studierendenschaft tätig war; über die Dauer der Mitgliedschaft ist ein Nachweis zu führen;
5. zwei Semester, wenn der Kandidat den mit der Studienordnung vom 17. Juli 2003 in der Fassung vom 17. September 2003 errichteten Studiengang eines Bachelors of Laws (LL.B) der Rechts- und Staatswissenschaftlichen Fakultät der Ernst-Moritz-Arndt-Universität Greifswald innerhalb der Regelstudienzeit von sechs Semester als ausschließliches Hauptstudium erfolgreich abgeschlossen hat; der Nachweis über den erfolgreichen Abschluss ist durch eine Bestätigung der Fakultät zu erbringen;
6. bis zu zwei Semester werden als angemessener Ausgleich für unvermeidbare und erhebliche Verzögerungen im Studium, die Folge einer schweren körperlichen Behinderung oder einer schweren chronischen körperlichen Erkrankung sind, anerkannt. Diese Voraussetzungen sind grundsätzlich durch ein unverzüglich einzuholendes amtsärztliches Zeugnis nachzuweisen, das die für die Beurteilung nötigen medizinischen Befundtatsachen enthält;
7. ein Semester für die Teilnahme an einer fremdsprachigen Verfahrenssimulation (Moot-court), die von einer inländischen oder ausländischen Hochschule durchgeführt wird, wenn der Kandidat hierfür einen Leistungsnachweis erbringt. Der Leistungsnachweis muss ausweisen, dass die Verfahrenssimulation den deutlich überwiegenden Teil des Studienaufwandes während dieses Semesters dargestellt hat. Der Nachweis ist von einer juristischen Fakultät der Universitäten im Geltungsbereich des Deutschen Richtergesetzes auszustellen oder zu bestätigen;
8. ein Semester, wenn die Kandidatin oder der Kandidat mindestens ein Jahr an einem Programm einer Universität im Geltungsbereich des Deutschen Richtergesetzes zur vertieften praxisorientierten Aus- und Fortbildung für eine ehrenamtliche Rechtsberatung teilgenommen hat und hierfür ein von der juristischen Fakultät der Universität ausgestellter Leistungsnachweis erbracht wird, sofern die Teilnahme an dem Programm weder ganz noch in Teilen zur Erfüllung von Zulassungsvoraussetzungen der Pflichtfachprüfung oder als Prüfungsbestandteil der ersten juristischen Prüfung verwendet wird. Der ausgestellte Leistungsnachweis muss ausweisen, dass die der Rechtsberatung vorangegangene Wissensvermittlung an der Universität mindestens 16 Semesterwochenstunden in einem Semester erreicht hat und im Rahmen der von der Universität begleiteten Rechtsberatung durch die Kandidatin oder den Kandidaten mehrere Fälle mit einem Zeitaufwand von mindestens 16 Semesterwochenstunden wenigstens in einem Semester bear-

beitet wurden. Das Programm bedarf der Anerkennung durch das Landesjustizprüfungsamt, welches auch über die Anrechnungsfreiheit im Einzelfall entscheidet;

9. ein Semester, wenn der Studierende studienbegleitend eine fachspezifische Fremdsprachenausbildung, die sich über mindestens 16 Semesterwochenstunden erstreckt hat, an einer inländischen Universität erfolgreich abgeschlossen hat. Der Nachweis über den erfolgreichen Abschluss ist durch eine Bestätigung der juristischen Fakultät der Universität zu erbringen, an der die Ausbildung nach Satz 1 abgeschlossen wurde;
10. ein Semester, wenn der Prüfling die universitäre Schwerpunktbereichsprüfung bereits bestanden hat.

(3) Ingesamt können für die Tatbestände des Absatzes 2 Nummer 3 bis 8 nicht mehr als vier Semester unberücksichtigt bleiben.

(4) Werden im Falle eines Antrages auf Nichtberücksichtigung von Semestern Gesundheitsdaten oder personenbezogene Daten, aus denen die rassische und ethnische Herkunft, politische Meinungen, religiöse oder weltanschauliche Überzeugungen, die Gewerkschaftszugehörigkeit oder Daten zum Sexualleben oder der sexuellen Orientierung hervorgehen, mitgeteilt, so ist der Antrag mit der ausdrücklichen Erklärung zu verbinden, dass Einverständnis mit der Verarbeitung der mitgeteilten Daten zum Zwecke der Antragsbearbeitung besteht.

§ 27 Notenverbesserung

(1) [1]Wer die Pflichtfachprüfung im ersten Versuch im Land Mecklenburg-Vorpommern bestanden hat, kann diese zur Verbesserung der Note einmal wiederholen. [2]Die Möglichkeit der Notenverbesserung besteht in dem nach Bekanntgabe der Entscheidung über das Bestehen beginnenden nächsten oder übernächsten Prüfungstermin. [3]Es gilt § 4 Absatz 1. [4]Abweichend von den dort genannten Fristen besteht die Möglichkeit, sich innerhalb einer Frist von fünf Werktagen ab der Bekanntgabe der Entscheidung über das Bestehen für den nächstmöglichen Termin einer Pflichtfachprüfung anzumelden.

(2) [1]Wird in der Notenverbesserungsprüfung eine höhere Endpunktzahl erreicht, so erteilt das Landesjustizprüfungsamt ein Zeugnis (§ 23 Abs. 2). [2]Der erste Prüfungsversuch gilt als nicht unternommen.

(3) [1]Wer zur Verbesserung der Note zur Pflichtfachprüfung zugelassen ist, kann bis zum Beginn der mündlichen Prüfung durch schriftliche Erklärung auf die Fortsetzung des Prüfungsverfahrens verzichten. [2]Eine Verbesserung der Note gilt dann als nicht erreicht. [3]Das Nichterscheinen zur Bearbeitung einer oder mehrerer Aufsichtsarbeiten oder zur mündlichen Prüfung gilt als Verzicht auf die Fortsetzung des Prüfungsverfahrens, sofern nicht binnen drei Tagen gegenüber dem Landesjustizprüfungsamt schriftlich etwas anderes erklärt wird. [4]Wiederholungen nach Absatz 1 können nur im gesamten Umfang erfolgen.

§ 28 Verfahrensfehler

(1) [1]Das Landesjustizprüfungsamt kann Beeinträchtigungen des Prüfungsablaufes oder sonstige Verfahrensfehler von Amts wegen oder auf Antrag eines Kandidaten durch geeignete Maßnahmen oder Anordnungen heilen. [2]Es kann insbesondere anordnen, dass Prüfungsleistungen von einzelnen oder von allen Kandidaten zu wiederholen sind oder bei Verletzung der Chancengleichheit eine Schreibverlängerung oder eine andere angemessene Ausgleichsmaßnahme verfügen.

(2) [1]Beeinträchtigungen des Prüfungsablaufs und sonstige Verfahrensfehler sind während der schriftlichen Prüfung gegenüber der Aufsicht führenden Person und während der mündlichen Prüfung gegenüber dem Vorsitzenden des Prüfungsausschusses unverzüglich zu rügen. [2]Schuldhaft nicht rechtzeitig gerügte Beeinträchtigungen und sonstige Verfahrensfehler sind unbeachtlich.

(3) [1]Hat das Landesjustizprüfungsamt wegen einer rechtzeitig gerügten Beeinträchtigung des Prüfungsablaufs oder wegen eines sonstigen Verfahrensfehlers keine oder eine nicht ausreichende Ausgleichsmaßnahme nach Absatz 1 getroffen, so hat der Kandidat unverzüglich nach Abschluss des mängelbehafteten Prüfungsteils (schriftliche oder mündliche Prüfung), spätestens jedoch einen Monat nach diesem Zeitpunkt die für erforderlich gehaltenen Maßnahmen schriftlich beim Landesjustizprüfungsamt zu beantragen. [2]Der Antrag darf keine Bedingungen enthalten und kann nach Bekanntgabe der Bewertung der betroffenen Prüfungsleistungen nicht zurückgenommen werden. [3]Wird der Antrag nicht rechtzeitig gestellt, ist der Verfahrensfehler unbeachtlich.

Abschnitt 2
Universitäre Schwerpunktbereichsprüfung

§ 29 Allgemeine Regeln

(1) Die Hochschulen regeln die Ausbildung im Schwerpunktbereich und die Ausgestaltung der Schwerpunktbereichsprüfung durch universitäre Satzung.

(2) [1]Entscheidungen in den Angelegenheiten der Schwerpunktbereichsprüfung treffen die nach der universitären Satzung zuständigen Stellen in eigener Verantwortung. [2]Dies gilt auch für das prüfungsrechtliche Nachprüfungsverfahren und Verwaltungsstreitverfahren.

§ 30 Prüfungsleistungen

(1) [1]Im Rahmen der Schwerpunktbereichsprüfung sind mindestens eine schriftliche Studienarbeit auf wissenschaftlicher Grundlage mit einer Bearbeitungszeit von mindestens vier Wochen, eine Aufsichtsarbeit und eine mündliche Prüfung zu erbringen. [2]Die Prüfungsleistungen können studienbegleitend erbracht werden.

(2) Sämtliche Bewertungen erfolgen nach der Verordnung über die Noten- und Punkteskala für die erste und zweite juristische Prüfung.

§ 31 Endpunktzahl, Endnote

(1) Die Hochschulen bilden aus den Bewertungen der einzelnen Prüfungsleistungen eine Endpunktzahl, aus der sich die Endnote der Schwerpunktbereichsprüfung ergibt.

(2) Die Hochschulen teilen das Ergebnis der Schwerpunktbereichsprüfung dem für die Pflichtfachprüfung zuständigen Landesjustizprüfungsamt mit.

Abschnitt 3
Erste juristische Prüfung

§ 32 Gegenstand, Prüfungsgesamtnote

(1) Die Erste juristische Prüfung hat bestanden, wer die Pflichtfachprüfung und die Schwerpunktbereichsprüfung bestanden hat.

(2) [1]Aus den Endpunkzahlen der Pflichtfach- sowie der Schwerpunktbereichsprüfung errechnet das Landesjustizprüfungsamt die Gesamtpunktzahl der Ersten juristischen Prüfung. [2]Die Endpunktzahl der Pflichtfachprüfung wird zu 70 vom Hundert, die Endpunktzahl der Schwerpunktbereichsprüfung zu 30 vom Hundert in die Gesamtpunktzahl der Ersten juristischen Prüfung eingerechnet.

(3) Aus der Gesamtpunktzahl der Ersten juristischen Prüfung ergibt sich die Gesamtnote der Ersten juristischen Prüfung, die nach der Verordnung über die Noten- und Punkteskala für die erste und zweite juristische Prüfung ermittelt wird.

(4) Der Schwerpunktbereichsprüfung steht eine Schwerpunktbereichsprüfung an einer Hochschule im Geltungsbereich des Deutschen Richtergesetzes außerhalb Mecklenburg-Vorpommerns gleich.

§ 33 Zeugnis, Akteneinsicht

(1) [1]Über das Bestehen der Ersten juristischen Prüfung nach § 32 erteilt das Landesjustizprüfungsamt ein Zeugnis über die erreichte Gesamtpunktzahl und die Gesamtnote der Ersten juristischen Prüfung. [2]Dieses Zeugnis weist die erreichten Endpunktzahlen und Endnoten der Pflichtfachprüfung und der Schwerpunktbereichsprüfung gesondert aus. [3]In dem Zeugnis wird auch der Gegenstand der Schwerpunktbereichsprüfung angegeben.

(2) [1]Aufgrund der Endpunktzahlen der Pflichtfachprüfung setzt das Landesjustizprüfungsamt Platznummern fest, die den Kandidaten auf Antrag mitgeteilt werden. [2]Haben mehrere Kandidaten die gleiche Endpunktzahl erreicht, so erhalten sie die gleiche Platznummer.

(3) [1]Innerhalb von sechs Monaten nach Bekanntgabe des Ergebnisses der Pflichtfachprüfung kann der Kandidat die Prüfungsakte der Pflichtfachprüfung einsehen. [2]Das Einsichtsrecht kann aus wichtigem Grund versagt oder beschränkt werden. [3]Das Einsichtsrecht in die Akten der Schwerpunktbereichsprüfung regeln die Hochschulen.

Teil 2
Vorbereitungsdienst

§ 34 Aufnahme in den juristischen Vorbereitungsdienst

(1) Die Aufnahme in den juristischen Vorbereitungsdienst erfolgt zum 1. Juni und 1. Dezember eines jeden Jahres.

(2) [1]Über den Antrag auf Aufnahme in den juristischen Vorbereitungsdienst entscheidet der Präsident des Oberlandesgerichts. [2]Die Zulassung zum Vorbereitungsdienst berechtigt zum Führen der Bezeichnung „Rechtsreferendarin“ oder „Rechtsreferendar“.

(3) Der Antrag auf Aufnahme in den juristischen Vorbereitungsdienst ist spätestens vier Wochen vor dem jeweiligen Termin (Ausschlussfrist) zusammen mit den nach Absatz 4 erforderlichen Unterlagen schriftlich an den Präsidenten des Oberlandesgerichts zu richten.

(4) [1]Mit dem Zulassungsantrag sind vorzulegen:

1. eine beglaubigte Abschrift des Zeugnisses oder eine vorläufige Bescheinigung über das Bestehen der Ersten juristischen Prüfung oder der Ersten juristischen Staatsprüfung;
2. ein unterschriebener tabellarischer Lebenslauf mit Lichtbild neuen Datums in Passbildgröße;
3. eine beglaubigte Kopie des Reisepasses oder Personalausweises;
4. eine Erklärung darüber, ob gegen den Bewerber wegen eines Verbrechens oder Vergehens ein gerichtliches Strafverfahren oder ein staatsanwaltschaftliches Ermittlungsverfahren anhängig ist oder ob eine Disziplinarmaßnahme verhängt wurde;
5. die Vorlage eines erweiterten Führungszeugnisses nach § 30a Absatz 1 Nummer 1 in Verbindung mit § 30 Absatz 1 Satz 1 in Verbindung mit § 30 Absatz 5 des Bundeszentralregistergesetzes (Belegart 0) oder eine Bescheinigung über die Beantragung; diese Vorlagepflicht gilt im Falle der Erfüllung der Antragsvoraussetzungen des § 30b Absatz 1 des Bundeszentralregistergesetzes für das Europäische Führungszeugnis.

[2]Im Falle der angestrebten Ableistung im Beamtenverhältnis auf Widerruf sind außerdem vorzulegen:

1. ein amtsärztliches Gesundheitszeugnis, nicht älter als drei Monate, nebst ausdrücklicher Erklärung, dass Einverständnis mit der Verarbeitung der mitgeteilten Gesundheitsdaten zum Zwecke der Antragsbearbeitung besteht;
2. eine beglaubigte Abschrift der eigenen Geburtsurkunde, gegebenenfalls der Heiratsurkunde oder der Urkunde über eine eingetragene Lebenspartnerschaft sowie gegebenenfalls die Geburtsurkunde der Kinder;
3. in Zweifelsfällen auf besondere Anforderung ein Staatsangehörigkeitszeugnis.

§ 35 Gastreferendare

(1) [1]Wer in einem anderen Land in den Vorbereitungsdienst aufgenommen worden ist, kann mit Zustimmung der zuständigen Behörde als Gastreferendar einzelne Ausbildungsabschnitte in Mecklenburg-Vorpommern ablegen. [2]Über die Aufnahme als Gastreferendar entscheidet der Präsident des Oberlandesgerichts.

(2) Rechtsreferendaren des Landes Mecklenburg-Vorpommern, die den ersten Ausbildungsabschnitt abgeleistet haben, kann gestattet werden, einzelne Ausbildungsabschnitte bis zur Gesamtdauer von zwölf Monaten in einem anderen Land abzuleisten.

§ 36 Dienstaufsicht

(1) [1]Dienstvorgesetzter des Referendars ist während des gesamten Vorbereitungsdienstes der Präsident des Oberlandesgerichts. [2]Er kann eine andere Bestimmung treffen.

(2) Der Referendar hat im Rahmen seiner Ausbildung den Weisungen der Ausbilder und der Arbeitsgemeinschaftsleiter zu folgen.

(3) Die fachliche Aufsicht über die Ausbildung obliegt dem Leiter der Ausbildungsstelle.

(4) Zu Beginn des Vorbereitungsdienstes ist der Referendar nach Maßgabe des Verpflichtungsgesetzes zu verpflichten.

§ 37 Dauer und Gliederung des Vorbereitungsdienstes

(1) [1]Der Vorbereitungsdienst dauert 24 Monate. [2]Er umfasst:

1. die Pflichtstationen:

a) Zivilrechtspflege für die Dauer von fünf Monaten,
b) Verwaltung für die Dauer von drei Monaten,
c) Strafrechtspflege für die Dauer von vier Monaten,
d) Rechtsberatung für die Dauer von neun Monaten;

2. eine Wahlstation im Schwerpunktbereich
für die Dauer von drei Monaten.

(2) Die Reihenfolge der Stationen nach Absatz 1 sowie deren Dauer kann unter Beachtung des § 5b Abs. 4 des Deutschen Richtergesetzes im Ausnahmefall durch den Präsidenten des Oberlandesgerichts geändert werden.

(3) Der Präsident des Oberlandesgerichts kann im Einzelfall aus zwingenden Gründen, jedoch nicht wegen unzureichender Leistungen, den Vorbereitungsdienst bis zu sechs Monate verlängern.

(4) Das Notenverbesserungsverfahren nach § 54a verlängert nicht die Dauer des Vorbereitungsdienstes.

§ 38 Ausbildungsstellen und Zuweisungen

(1) [1]Die Ausbildungsstellen sind:

1. in der Pflichtstation Zivilrechtspflege:
ein Amtsgericht oder ein Landgericht;
2. in der Pflichtstation Verwaltung:
eine Verwaltungsbehörde, sofern bei dieser eine fachkundige Leitung der Ausbildung gewährleistet ist, oder ein Verwaltungsgericht;
3. in der Pflichtstation Strafrechtspflege:
eine Staatsanwaltschaft oder ein Amtsgericht oder ein Landgericht;
4. in der Pflichtstation Rechtsberatung:
ein Rechtsanwalt, für die Dauer von drei Monaten ein Notar oder eine sonstige Stelle, bei der eine sachgerechte Ausbildung in Rechtsgestaltung oder Rechtsberatung sichergestellt ist;
5. in der Wahlstation:
a) im Schwerpunktbereich Justiz:
ein Zivilgericht (Familiengericht, Gericht in Angelegenheiten der freiwilligen Gerichtsbarkeit), ein Notar;
b) im Schwerpunktbereich Rechtsanwalt:
ein Rechtsanwalt, ein Notar oder eine sonstige Stelle, bei der eine sachgerechte Ausbildung in Rechtsgestaltung oder Rechtsberatung sichergestellt ist;
c) im Schwerpunktbereich Wirtschaft:
ein Landgericht, ein Oberlandesgericht, ein Wirtschaftsprüfer oder ein Wirtschaftsberater, ein Wirtschaftsunternehmen, ein Notar oder ein Rechtsanwalt;
d) im Schwerpunktbereich Verwaltung:
eine der in Nummer 2 genannten Stellen, ein Oberverwaltungsgericht, ein gesetzgebendes Organ des Bundes oder eines Landes;
e) im Schwerpunktbereich Arbeitsrecht:
ein Arbeitsgericht, ein Landesarbeitsgericht, eine Gewerkschaft, ein Arbeitgeberverband, eine Körperschaft wirtschaftlicher, sozialer oder beruflicher Selbstverwaltung, ein Wirtschaftsunternehmen;
f) im Schwerpunktbereich Sozialrecht:
ein Sozialgericht, ein Landessozialgericht, eine Körperschaft der sozialen oder beruflicher Selbstverwaltung, ein Leistungsträger in der Sozialversicherung;
g) im Schwerpunktbereich Steuerrecht:
ein Finanzamt, eine Oberfinanzdirektion, ein Finanzgericht, ein Steuerberater;
h) im Schwerpunktbereich Europarecht:
die Europäische Union, der Europarat und die Organisation für wirtschaftliche Zusammenarbeit und Entwicklung, die internationalen Handelskammern, die Vereinten Nationen und ihre Sonderorganisationen und ein Wirtschaftsunternehmen, das Informationsbüro des Landes Mecklenburg-Vorpommern bei der Europäischen Union in Brüssel;
i) im Schwerpunktbereich Internationales Privatrecht:

ein Zivilgericht, ein Wirtschaftsunternehmen mit internationalen Beziehungen, die internationalen Handelskammern, ein Notar;

j) im Schwerpunktbereich Strafrecht:
ein Strafgericht (Amtsgericht – Jugendschöffengericht und Jugendrichter –, Landgericht – Jugendkammer und Strafvollstreckungskammer), eine Staatsanwaltschaft, ein Rechtsanwalt – vorwiegend im Bereich des Strafrechts tätig –.

[2]In den Schwerpunktbereichen ist Ausbildungsstelle auch jeweils eine sonstige inländische, ausländische, überstaatliche oder zwischenstaatliche Stelle oder mit Ausnahme im Schwerpunktbereich Justiz ein Rechtsanwalt, bei der oder bei dem eine sachgerechte Ausbildung in den Schwerpunktbereichen gewährleistet ist. [3]Der Präsident des Oberlandesgerichts kann weitere Ausbildungsstellen zulassen.

(2) [1]Der Präsident des Oberlandesgerichts überweist in die einzelnen Ausbildungsabschnitte. [2]In der Pflichtstation Strafrechtspflege soll die Zuweisung im Rahmen der verfügbaren Ausbildungsstellen vorrangig an eine Staatsanwaltschaft erfolgen. [3]Ein Anspruch auf Zuweisung zu einer bestimmten Ausbildungsstelle besteht nicht. [4]Vor der Zuweisung zu einer Ausbildungsstelle außerhalb des Geschäftsbereiches des Justizministeriums holt er die Zustimmung der zuständigen Stelle ein.

(3) [1]Eine Ausbildung bei der Deutschen Hochschule für Verwaltungswissenschaften in Speyer kann auf Antrag auf die Ausbildung in den Pflichtstationen nach Absatz 1 Satz 1 Nr. 2 und 4 angerechnet werden. [2]Bei einer Anrechnung nach Absatz 1 Satz 1 Nr. 2 entfällt die Pflicht zur Teilnahme am Einführungslehrgang, im Übrigen kann Befreiung von der Teilnahme erteilt werden.

(4) [1]Sofern Belange der Ausbildung nicht entgegenstehen, kann die Pflichtstation nach Absatz 1 Satz 1 Nummer 2 auf Antrag auch geteilt zwischen einem Verwaltungsgericht und einer sonstigen in Absatz 1 Satz 1 Nummer 2 genannten Stelle abgeleistet werden. [2]In diesem Fall muss die Ausbildung bei jeder Ausbildungsstelle dieser Pflichtstation mindestens einen Monat betragen. [3]Zeiten eines Einführungslehrganges werden auf die Erfüllung dieser Mindestdauer nicht angerechnet.

(5) In der Wahlstation kann eine Zuweisung an die Rechtswissenschaftliche Fakultät an einer Deutschen Hochschule erfolgen, sofern dort in besonderen Lehrveranstaltungen eine praxisbezogene, dem Kenntnisstand des Referendars entsprechende Ausbildung gewährleistet ist.

§ 39 Nebentätigkeiten

(1) Für Nebentätigkeiten der Rechtsreferendare in einem öffentlich-rechtlichen Ausbildungsverhältnis gemäß § 21a des Juristenausbildungsgesetzes gelten die §§ 70 und 72 bis 75 des Landesbeamtengesetzes sowie die Nebentätigkeitslandesverordnung, soweit § 21a des Juristenausbildungsgesetzes und die Verordnung zur Regelung der Unterhaltsbeihilfe für Rechtsreferendare nichts Abweichendes bestimmen.

(2) Der zulässige zeitliche Umfang einer Nebentätigkeit bestimmt sich nach den Erfordernissen einer ordnungsgemäßen Ausbildung.

§ 40 Lehrveranstaltungen

(1) [1]Im Vorbereitungsdienst werden begleitende Lehrveranstaltungen (Einführungslehrgänge und Arbeitsgemeinschaften) durchgeführt. [2]Zu Beginn der Ausbildung in der Zivilrechtspflege und der Verwaltung sollen ein zweiwöchiger und zu Beginn der Ausbildung in der Strafrechtspflege ein mindestens einwöchiger Einführungslehrgang stattfinden, während der Ausbildung in den Pflichtstationen nach § 37 Abs. 1 Nr. 1 Buchstabe a bis d sollen Arbeitsgemeinschaften von in der Regel wöchentlich mindestens vier Stunden Dauer oder eine gleichwertige Lehrveranstaltung stattfinden. [3]Das Nähere regelt der Präsident des Oberlandesgerichts, für die Station Rechtsberatung im Benehmen mit der Rechtsanwaltskammer des Landes. [4]Für die Verwaltungsstation regelt das Innenministerium das Nähere im Einvernehmen mit dem Präsidenten des Oberlandesgerichts. [5]Die Rechtsreferendare sind verpflichtet, an den Lehrveranstaltungen teilzunehmen, soweit ihnen nicht durch den Präsidenten des Oberlandesgerichtes Befreiung erteilt wird.

(2) Der Präsident des Oberlandesgerichts bestellt die Leiter der Einführungslehrgänge und Arbeitsgemeinschaften, für die Ausbildung in der Verwaltung auf Vorschlag des Innenministeriums und in der Rechtsanwaltsstation auf Vorschlag der Rechtsanwaltskammer.

(3) [1]Am Ende einer Arbeitsgemeinschaft ist ein Zeugnis zu erteilen. [2]§ 17 findet Anwendung.

(4) [1]Über die in Absatz 1 benannten Lehrgänge und Arbeitsgemeinschaften hinaus kann der Präsident des Oberlandesgerichts zusätzliche Lehrveranstaltungen anbieten. [2]Der Präsident des Oberlandesgerichts bestimmt, ob für die Veranstaltungen eine Teilnahmepflicht besteht.

§ 41 Zeugnisse

(1) [1]Über die praktische Ausbildung in den Stationen erteilen die Ausbilder jeweils ein Zeugnis, in dem die Fähigkeiten und Leistungen mit einer Note und Punktzahl nach § 17 bewertet werden. [2]Durch den Ausbilder ist ein Ausbildungsnachweis zu führen, in den jede schriftliche und mündliche Leistung von nicht nur untergeordneter Bedeutung aufzunehmen ist. [3]Waren bei einer Ausbildungsstelle mehrere Ausbilder tätig, erteilen diese eine gemeinsame Beurteilung.

(2) [1]Das Zeugnis über die Wahlstation im Schwerpunktbereich ist spätestens fünf Werktage nach Beendigung der Ausbildungsstation, die übrigen Zeugnisse sind spätestens einen Monat nach Beendigung der jeweiligen Ausbildungsstation dem Präsidenten des Oberlandesgerichts vorzulegen. [2]Es ist dem Rechtsreferendar bekannt zu geben und auf Verlangen mit ihm zu besprechen.

§ 42 Erholungsurlaub, Beurlaubung

(1) [1]Der Erholungsurlaub beträgt jährlich 26 Tage. [2]Das Ausbildungsjahr gilt als Urlaubsjahr. [3]Den Erholungsurlaub erteilt der Dienstvorgesetzte. [4]Bei der Urlaubsgewährung sind die Bedürfnisse der Ausbildung zu berücksichtigen. [5]Er ist so zu erteilen, dass das Ziel der Ausbildung trotz der Unterbrechung erreicht werden kann und die Ausbildung in den Stationen und Arbeitsgemeinschaften möglichst wenig beeinträchtigt wird. [6]Während der Dauer der Einführungslehrgänge soll Erholungsurlaub nicht bewilligt werden.

(2) [1]Der Dienstvorgesetzte kann Sonderurlaub bis zu fünf Arbeitstagen, in Ausnahmefällen bis zu zehn Arbeitstagen, unter Belassung der Unterhaltsbeihilfe nur bewilligen:

1. aus wichtigem persönlichem Anlass;
2. zur Ausübung ehrenamtlicher Tätigkeiten im öffentlichen Leben;
3. zur Teilnahme an Tagungen, Lehrgängen und sonstigen Veranstaltungen, soweit diese Ausbildungszwecken oder staatsbürgerlichen Zwecken dienen.

[2]Im Übrigen gilt § 7 Satz 1 Nr. 8 Buchstabe a und b und § 12 Abs. 3 der Sonderurlaubsverordnung.

(3) [1]Der Rechtsreferendar kann auf Antrag aus wichtigen persönlichen Gründen unter Wegfall der Unterhaltsbeihilfe für die Dauer von höchstens zwölf Monaten aus dem Vorbereitungsdienst beurlaubt werden. [2]Die Prüfungsvorbereitung gilt nicht als wichtiger Grund im Sinne dieser Vorschrift.

Teil 3
Zweite juristische Staatsprüfung

§ 43 Zuständigkeit

Entscheidungen in Angelegenheiten der Zweiten juristischen Staatsprüfung trifft das Landesjustizprüfungsamt, soweit die Entscheidungen nicht den Prüfungsausschüssen oder den Aufsichtführenden übertragen sind.

§ 44 Zulassungs- und Prüfungsunterlagen

Der Präsident des Oberlandesgerichts stellt dem Landesjustizprüfungsamt die Rechtsreferendare zur Prüfung vor.

§ 45 Prüfungsteile und Gebiete

(1) Die Prüfung besteht aus einem schriftlichen und einem mündlichen Teil.

(2) Die Prüfung erstreckt sich auf die Pflichtfächer sowie den vom Kandidaten gewählten Schwerpunktbereich einschließlich der geschichtlichen, philosophischen, wirtschaftlichen, politischen und gesellschaftlichen Grundlagen sowie der europarechtlichen Bezüge.

(3) Der Prüfungsstoff in den Pflichtfächern erstreckt sich auf den Stoff der Pflichtfachprüfung nach § 11, soweit sich aus Absatz 4 nicht etwas Abweichendes ergibt, sowie auf die vertieften verfahrensrechtlichen und berufspraktischen Inhalte der Ausbildung bei den Pflichtstationen (§ 37) und den von der Kandidatin oder dem Kandidaten gewählten Schwerpunktbereich.

(4) Ergänzend zu § 11 Absatz 2 erstreckt sich der Prüfungsstoff in den Pflichtfächern auf Folgendes:

1. Zivilrecht:

- aus dem Arbeitsgerichtsgesetz die Vorschriften über das Urteilsverfahren in Grundzügen,
- ohne Beschränkung auf Kenntnisse in Grundzügen: aus dem Zivilprozessrecht die Vorschriften über die gerichtsverfassungsrechtlichen Grundlagen sowie die Bücher 1 bis 8 der Zivilprozessordnung,

2. Strafrecht:
   - den Allgemeinen Teil des Strafgesetzbuchs ohne die in § 11 Absatz 2 Nummer 2 Buchstabe a genannten Einschränkungen,
   - ohne Beschränkung auf Kenntnisse in Grundzügen: aus dem Strafverfahrensrecht die Vorschriften über die gerichtsverfassungsrechtlichen Grundlagen sowie aus der Strafprozessordnung das 1. Buch (Allgemeine Vorschriften), das 2. Buch (Verfahren im ersten Rechtszug), das 3. Buch (Rechtsmittel), das 5. Buch (Beteiligung des Verletzten am Verfahren) sowie das 6. Buch (Besondere Arten des Verfahrens),
3. Öffentliches Recht:
   - aus dem Verwaltungsverfahrensrecht die Vorschriften über das Planfeststellungsverfahren (§ 72 ff. VwVfG),
   - ohne Beschränkung auf Kenntnisse in Grundzügen: die Vorschriften des Baugesetzbuchs zur Zulässigkeit von Vorhaben und der Erste Abschnitt der Baunutzungsverordnung,
   - das Straßen- und Wegerecht,
   - das Gewerberecht (einschließlich Gaststättenrecht),
   - ohne Beschränkung auf Kenntnisse in Grundzügen: das Verwaltungsprozessrecht.

§ 46 Schriftliche Prüfung

(1) Die schriftliche Prüfung findet in der Regel gegen Ende der Ausbildung in der letzten Pflichtstation (18. – 21. Ausbildungsmonat) statt.

(2) [1]In der schriftlichen Prüfung sind acht praktische Aufgaben mit einer Bearbeitungszeit von jeweils fünf Stunden zu bearbeiten. [2]§§ 13 bis 15 finden Anwendung.

(3) [1]Als schriftliche Aufsichtsarbeiten sind zu fertigen:
1. vier Aufgaben aus dem Zivilrecht,
2. zwei Aufgaben aus dem Strafrecht,
3. zwei Aufgaben aus dem Öffentlichen Recht.

[2]Die Aufgaben haben in angemessenem Umfang Rechtsgestaltung und Rechtsberatung zum Gegenstand.

§ 47 Schwerpunktbereiche

Prüfungsstoff in den Schwerpunktbereichen sind vertiefte Kenntnisse in folgenden Schwerpunktbereichen unter Berücksichtigung der jeweiligen verfahrensrechtlichen Bezüge:
1. im Schwerpunktbereich Justiz:
   Familienrecht, Erbrecht, Nachlassrecht und Grundbuchrecht,
2. im Schwerpunktbereich Rechtberatung:
   Anwaltsrecht mit den Gegenständen nach § 59 der Bundesrechtsanwaltsordnung, Streitschlichtung,
3. im Schwerpunktbereich Wirtschaftsrecht:
   Handels- und Gesellschaftsrecht, in Grundzügen: Wettbewerbs- und Kartellrecht,
4. im Schwerpunktbereich Verwaltung:
   Kommunales Finanz- und Haushaltswesen, Kreislaufwirtschafts- und Abfallrecht, in Grundzügen: Umweltverwaltungsrecht (Immissionsschutzrecht, Naturschutzrecht, Bodenschutzrecht),
5. im Schwerpunktbereich Arbeit:
   Individual- und Kollektivarbeitsrecht, Arbeitsgerichtsgesetz,
6. im Schwerpunktbereich Steuern:
   Steuerrecht und Bilanzrecht,
7. im Schwerpunktbereich Europarecht:
   Recht der Europäischen Union, in Grundzügen: Völkerrecht,
8. im Schwerpunktbereich soziale Sicherung:
   Sozialversicherungsrecht einschließlich Arbeitslosenversicherung,
9. im Schwerpunktbereich Internationales Privatrecht:

Internationales Privatrecht, in Grundzügen das Internationale Zivilprozessrecht,

10. im Schwerpunktbereich Strafrecht:
Jugendstrafrecht einschließlich Verfahrensrecht; Strafvollzugs- und Maßregelvollzugsrecht (ohne Jugendstrafvollzugsrecht).

§ 48 Bewertung der Aufsichtsarbeiten

(1) Die Bewertung der Aufsichtsarbeiten richtet sich nach den §§ 16 und 17 Abs. 1.

(2) [1]Die auf zwei Dezimalstellen ohne Rundung zu errechnende Gesamtnote des schriftlichen Abschnitts der Prüfung errechnet sich aus der Summe der Einzelnoten geteilt durch acht. [2]Sie wird dem Kandidaten zusammen mit den Einzelnoten spätestens mit der Ladung zur mündlichen Prüfung schriftlich mitgeteilt.

§ 49 Zulassung zur mündlichen Prüfung

[1]Zur mündlichen Prüfung ist zugelassen, wer im schriftlichen Abschnitt der Prüfung eine Gesamtnote von mindestens 3,56 Punkten erreicht. [2]Dabei muss mindestens die Hälfte der anzufertigenden Klausuren mit wenigstens 4,00 Punkten bewertet worden sein. [3]Sind diese Voraussetzungen nicht erfüllt, ist die Zweite juristische Staatsprüfung nicht bestanden.

§ 50 Mündliche Prüfung

(1) Die mündliche Prüfung findet an einem vom Landesjustizprüfungsamt bestimmten Ort statt.

(2) [1]Sie umfasst einen vom Landesjustizprüfungsamt bestimmten Aktenvortrag aus dem Zivil-, Straf- oder Öffentlichen Recht und je einen Prüfungsabschnitt in den Pflichtfächern sowie in dem vom Kandidaten gewählten Schwerpunktbereich. [2]Das Rechtsgebiet, aus dem der Aktenvortrag zu halten ist, wird dem Kandidaten mit der Ladung mitgeteilt.

(3) [1]Der Prüfungsausschuss besteht aus dem Vorsitzenden und weiteren drei Prüfern. [2]Ein Mitglied des Prüfungsausschusses ist Berichterstatter für den Aktenvortrag. [3]Die Dauer der mündlichen Prüfung soll je Kandidat ohne den Aktenvortrag etwa 50 Minuten betragen. [4]Regelmäßig werden drei Kandidaten zusammen geprüft.

(4) [1]Die Akten für den Vortrag werden dem Kandidaten 90 Minuten vor Beginn der Prüfung ausgehändigt. [2]Die Dauer des Vortrags soll zehn Minuten nicht überschreiten. [3]§ 13 findet Anwendung.

(5) [1]Der Prüfungsausschuss bewertet die Leistungen im Aktenvortrag und in jedem Prüfungsabschnitt mit einer Punktzahl nach § 21. [2]Die Regelungen des § 20 Abs. 1 sowie des § 24 sind anzuwenden. [3]Weichen die Ansichten der Prüfer voneinander ab, so entscheidet der Ausschuss mit Stimmenmehrheit. [4]Bei Stimmengleichheit gibt die Stimme des Vorsitzenden den Ausschlag.

(6) Der Vorsitzende des Prüfungsausschusses kann Rechtsreferendare und mit der juristischen Ausbildung befasste Personen als Zuhörer bei der mündlichen Prüfung mit Ausnahme der Beratung und der Bekanntgabe des Prüfungsergebnisses zulassen.

(7) Bei prüfungsunabhängigen Beeinträchtigungen einer Kandidatin oder eines Kandidaten, die die Teilnahme an der mündlichen Prüfung erschweren, gelten die Absätze 1 und 4 des § 15 entsprechend.

§ 51 Prüfungsgesamtnote

(1) [1]Grundlage der Prüfungsgesamtnote sind die Einzelleistungen der schriftlichen und mündlichen Prüfung. [2]Dazu sind zu berücksichtigen:

1. mit einem Anteil von zwei Dritteln die ohne Rundung auf zwei Dezimalstellen errechnete Durchschnittspunktzahl der schriftlichen Prüfung,
2. mit einem Anteil von einem Drittel die ohne Rundung auf zwei Dezimalstellen errechnete Durchschnittspunktzahl der mündlichen Prüfung. Hierbei wird die Punktzahl für die Prüfung im gewählten Schwerpunktbereich zweifach in die Bewertung einbezogen. Die Gesamtpunktzahl wird durch sechs geteilt.

(2) § 22 Absatz 3 gilt entsprechend.

(3) Die Prüfung ist bestanden, wenn der Kandidat wenigstens die Prüfungsgesamtnote ausreichend (4,00 Punkte) erreicht hat.

(4) Der Vorsitzende des Prüfungsausschusses gibt am Schluss der mündlichen Prüfung die Einzelnoten und Punktzahlen, die Gesamtnote der mündlichen Prüfung sowie die Prüfungsgesamtnote bekannt.

§ 52 Rücktritt

(1) Für den Rücktritt gelten die §§ 9 und 10 entsprechend.

(2) [1]Genehmigt das Landesjustizprüfungsamt den Rücktritt von der schriftlichen Prüfung, wird die Ausbildung im Vorbereitungsdienst in der laufenden Ausbildungsstation fortgesetzt, falls nicht die Zuweisung in die Wahlstation erfolgt oder der Ergänzungsvorbereitungsdienst anzutreten ist. [2]Die Aufsichtsarbeiten sind in dem nächstmöglichen Prüfungstermin zu fertigen.

(3) Die Einzelheiten des Ergänzungsvorbereitungsdienstes bestimmt der Präsident des Oberlandesgerichts.

§ 53 Prüfungszeugnis, Akteneinsicht

(1) Das Landesjustizprüfungsamt erteilt nach bestandener Prüfung ein Zeugnis über das Bestehen der Zweiten juristischen Staatsprüfung mit der erreichten Gesamtnote und Gesamtpunktzahl sowie ein Platznummernzeugnis nach Maßgabe des § 33 Absatz 2.

(2) [1]Innerhalb von sechs Monaten nach Bekanntgabe des Prüfungsergebnisses kann der Kandidat seine Prüfungsakte einsehen. [2]Die Einsichtnahme kann aus wichtigem Grunde versagt oder beschränkt werden.

(3) § 33 Absatz 3 Satz 1 und 2 gilt entsprechend.

§ 54 Wiederholung der Prüfung

(1) [1]Wer die Prüfung nicht bestanden hat, kann sie einmal wiederholen. [2]Die Prüfung ist vollständig zu wiederholen. [3]Der Kandidat hat einen Ergänzungsvorbereitungsdienst bis zum Beginn des nächsten vom Landesjustizprüfungsamt zu bestimmenden Prüfungstermins abzuleisten.

(2) [1]Für das Prüfungsverfahren gelten die §§ 43 bis 52. [2]Ein einmaliger Wechsel des Schwerpunktbereiches ist durch schriftliche Erklärung gegenüber der Präsidentin oder dem Präsidenten des Oberlandesgerichtes innerhalb einer Frist von fünf Werktagen ab Zustellung des Bescheids über das Nichtbestehen der Prüfung möglich.

(3) [1]Wird ein Ergänzungsvorbereitungsdienst abgeleistet, bestimmt der Präsident des Oberlandesgerichts die Ausbildungsstellen, an die eine Zuweisung zur weiteren Ausbildung erfolgt sowie die Verpflichtung zur Teilnahme an Lehrveranstaltungen gemäß § 40 Absatz 4. [2]Der Ergänzungsvorbereitungsdienst endet mit dem Ablegen der Wiederholungsprüfung.

§ 54a Wiederholung der Prüfung zum Zwecke der Notenverbesserung

(1) [1]Ist die Prüfung bei erstmaligem Ablegen gemäß § 53 Absatz 1 bestanden worden, hat das Landesjustizprüfungsamt dem Prüfling auf dessen Antrag einmalig eine erneute Prüfung zum Zwecke der Notenverbesserung zu gestatten. [2]Der Antrag ist innerhalb von zwei Monaten nach Ablegen der mündlichen Prüfung bei dem Landesjustizprüfungsamt zu stellen; der einmalig mögliche Wechsel des Schwerpunktbereiches ist gleichzeitig mit dem Antrag zu erklären. [3]Die Prüfung ist in dem nächst erreichbaren Prüfungstermin vollständig zu wiederholen. [4]Eine Anrechnung früherer Prüfungsleistungen findet nicht statt. [5]§ 27 Absatz 2 ist entsprechend anzuwenden.

(2) Nach Zulassung zum Notenverbesserungsverfahren kann der Prüfling jederzeit auf dessen Durchführung oder die Beendigung durch schriftliche Erklärung gegenüber dem Landesjustizprüfungsamt verzichten.

(3) Die Genehmigung eines Rücktritts vom Versuch der Notenverbesserung ist ausgeschlossen.

§ 55 Zweite Wiederholung der Prüfung

(1) Hat der Kandidat auch die Wiederholungsprüfung nicht bestanden, so kann er nach Eintritt der Bestandskraft der Bescheide über das erstmalige und wiederholte Nichtbestehen innerhalb von zwei Wochen einen Antrag auf Zulassung zur Zweiten Wiederholungsprüfung stellen.

(2) Die Zulassung setzt voraus, dass im schriftlichen Teil der erstmaligen Prüfung oder der Wiederholungsprüfung, die beide im Land Mecklenburg-Vorpommern durchgeführt worden sein müssen, ein Gesamtdurchschnitt von mindestens 3,50 Punkten erreicht wurde.

(3) Die Zulassung zur zweiten Wiederholung kann von der Erfüllung von Auflagen abhängig gemacht werden.

(4) Das Landesjustizprüfungsamt bestimmt den Termin, an dem die zweite Wiederholung abzulegen ist.

(5) Die zweite Wiederholung kann nur im gesamten Umfang erfolgen.

Teil 4
Schlussvorschriften

§ 56 Anrechnung von Ausbildungszeiten

(1) [1]Eine erfolgreich abgeschlossene Ausbildung für die Laufbahn des Rechtspflegers oder des gehobenen nicht technischen Verwaltungsdienstes kann auf Antrag bis zu sechs Monaten auf den Vorbereitungsdienst angerechnet werden. [2]Die Entscheidung trifft das Landesjustizprüfungsamt.

(2) Der Antrag ist mit dem Antrag auf Aufnahme in den Vorbereitungsdienst zu stellen.

§ 57 Übergangsbestimmungen

(1) [1]Für Teilnahmen an der staatlichen Pflichtfachprüfung im Sommertermin 2018 oder davor liegenden Prüfungsterminen gelten die §§ 18, 22, 26 in der am 1. April 2018 geltenden Fassung fort. [2]Liegt der frühestmögliche Beginn einer Elternzeit im Sinne des § 26 Absatz 2 Nummer 2 vor dem 1. Juni 2018, so gilt § 26 Absatz 2 Nummer 2 in der am 1. April 2018 geltenden Fassung fort.

(2) Für Aufnahmen in den juristischen Vorbereitungsdienst zu einem Termin vor dem 1. Juni 2018 gelten die §§ 34 und 39 in der am 1. April 2018 geltenden Fassung fort.

(3) Für Rechtsreferendarinnen und Rechtsreferendare, deren Wahlstation vor dem 1. September 2018 beginnt oder begonnen hat, gelten die §§ 38 und 47 in der am 1. April 2018 geltenden Fassung fort.

(4) Für Prüfungen der Zweiten juristischen Staatsprüfung in einem Termin, dessen erste schriftliche Aufsichtsarbeit vor dem 1. Juli 2018 stattfindet oder stattfand, gelten § 49 und § 51 in der am 1. April 2018 geltenden Fassung fort.

(5) Für Wiederholungsprüfungen der Zweiten juristischen Staatsprüfung, die auf eine Prüfung in einem Termin, dessen erste schriftliche Aufsichtsarbeit vor dem 1. Juli 2018 stattfindet oder stattfand, folgen, gelten die §§ 54 und 54a in der am 1. April 2018 geltenden Fassung fort.

§ 58 In-Kraft-Treten, Außer-Kraft-Treten

[1]Diese Verordnung tritt am Tage nach der Verkündung[1)] in Kraft. [2]Gleichzeitig tritt die Juristenausbildungs- und Prüfungsordnung vom 4. August 1998 (GVOBl. M-V S. 775, 817, 1999 S. 300), geändert durch die Verordnung vom 23. Mai 2002 (GVOBl. M-V S. 279), außer Kraft.

1) Verkündet am 30.6.2004.

Beamtengesetz für das Land Mecklenburg-Vorpommern (Landesbeamtengesetz – LBG M-V)[1)]

Vom 17. Dezember 2009 (GVOBl. M-V S. 687)
(GS Meckl.-Vorp. Gl. Nr. 2030-11)

zuletzt geändert durch Art. 4 G zur Neuregelung des Besoldungsrechts und zur Änd. weiterer dienstrechtlicher Vorschriften des Landes Mecklenburg-Vorpommern vom 11. Mai 2021 (GVOBl. M-V S. 600)

Inhaltsübersicht

1) Verkündet als Art. 1 BeamtenrechtsneuordnungsG v. 17.12.2009 (GVOBl. M-V S. 687); Inkrafttreten gem. Art. 12 Satz 1 dieses G am 31.12.2009.

Abschnitt 1
Allgemeine Vorschriften

§ 1 Geltungsbereich

(1) [1]Dieses Gesetz gilt neben dem Beamtenstatusgesetz (BeamtStG) vom 17. Juni 2008 (BGBl. I S. 1010). [2]Es gilt, soweit im Einzelnen nichts Anderes bestimmt, für die Beamten

1. des Landes (Landesbeamte),
2. der Gemeinden, Landkreise und Ämter sowie der Zweckverbände (Kommunalbeamte) und
3. der sonstigen, der Aufsicht des Landes unterstehenden Körperschaften sowie der rechtsfähigen Anstalten und Stiftungen des öffentlichen Rechts (Körperschaftsbeamte).

(2) [1]Dieses Gesetz gilt nicht für die öffentlich-rechtlichen Religionsgesellschaften und ihre Verbände. [2]Diesen bleibt es überlassen, die Rechtsverhältnisse ihrer Beamten sowie Seelsorger entsprechend zu regeln.

(3) Dieses Gesetz und die auf seiner Grundlage erlassenen Rechts- und Verwaltungsvorschriften sowie sonstige Rechts- und Verwaltungsvorschriften des Beamtenrechts des Landes Mecklenburg-Vorpommern gelten unterschiedslos für Personen beiderlei Geschlechts, soweit nicht ausdrücklich etwas Anderes bestimmt ist.

§ 2 Verleihung der Dienstherrnfähigkeit durch Satzung (§ 2 BeamtStG)

[1]Soweit die Dienstherrnfähigkeit durch Satzung verliehen wird, bedarf sie der Genehmigung der obersten Aufsichtsbehörde, die nur im Einvernehmen mit dem Innenministerium erteilt werden darf. [2]Die Bestimmungen der Kommunalverfassung zur Rechtsaufsicht bleiben unberührt mit der Maßgabe, dass bei Anstalten des öffentlichen Rechts im kreisangehörigen Raum das Benehmen mit dem Innenministerium herzustellen ist.

§ 3 Oberste Dienstbehörden, Dienstvorgesetzter, Vorgesetzter

(1) [1]Oberste Dienstbehörde ist die oberste Behörde des Dienstherrn, in deren Dienstbereich der Beamte ein Amt bekleidet. [2]Oberste Dienstbehörde ist für

1. die Landesbeamten die oberste Landesbehörde des Geschäftsbereichs, in dem sie ein Amt bekleiden,
2. die Beamten
   a) der Gemeinden die Gemeindevertretung,
   b) der Landkreise der Kreistag,
   c) der Ämter der Amtsausschuss,
   d) der Zweckverbände die Verbandsversammlung,
3. die Körperschaftsbeamten das nach Gesetz oder Satzung zuständige Organ.

(2) [1]Dienstvorgesetzter ist, wer für beamtenrechtliche Entscheidungen über die persönlichen Angelegenheiten der ihm nachgeordneten Beamten zuständig ist. [2]Nach Beendigung des Beamtenverhältnisses nimmt diese Aufgaben der letzte Dienstvorgesetzte wahr. [3]Dienstvorgesetzter ist

1. für die Landesbeamten die oberste Dienstbehörde
2. für
   a) die Oberbürgermeister, Bürgermeister, Landräte, Amtsvorsteher und Verbandsvorsteher der Zweckverbände die oberste Dienstbehörde,
   b) die übrigen Kommunalbeamten die durch die Kommunalverfassung bestimmte Stelle,
   c) für die Körperschaftsbeamten die durch Gesetz oder Satzung bestimmte Stelle.

[4]Die oberste Dienstbehörde kann Befugnisse des Dienstvorgesetzten auch in Teilen auf andere Behörden übertragen.

(3) [1]Vorgesetzter ist, wer einem Beamten für die dienstliche Tätigkeit Weisungen erteilen darf. [2]Wer Vorgesetzter ist, bestimmt sich nach der Aufbauorganisation der Behörde.

(4) Ist ein Dienstvorgesetzter nicht vorhanden und ist gesetzlich nicht geregelt, wer diese Aufgaben wahrnimmt, so bestimmt für die Landesbeamten die zuständige oberste Landesbehörde, im Übrigen die zuständige oberste Aufsichtsbehörde, ist eine solche ebenfalls nicht vorhanden, das Innenministerium, wer die Aufgaben des Dienstvorgesetzten wahrnimmt.

Abschnitt 2

Beamtenverhältnis

§ 4 Vorbereitungsdienst (§ 4 BeamtStG)

(1) Soweit ein Vorbereitungsdienst vorgesehen ist, soll dieser im Beamtenverhältnis auf Widerruf abgeleistet werden.

(2) [1]Soweit der Vorbereitungsdienst auch Voraussetzung für die Ausübung eines Berufs außerhalb des öffentlichen Dienstes ist, kann durch Rechtsverordnung der nach § 26 zuständigen Behörde bestimmt werden, dass anstelle des Beamtenverhältnisses auf Widerruf der Vorbereitungsdienst in einem öffentlich-rechtlichen Ausbildungsverhältnis außerhalb des Beamtenverhältnisses (Praktikantenverhältnis) abgeleistet werden kann. [2]Auf diese Praktikanten sind mit Ausnahme von § 7 Absatz 1 Nummer 2 und § 33 Absatz 1 Satz 3 des Beamtenstatusgesetzes die für Beamte im Vorbereitungsdienst geltenden Vorschriften entsprechend anzuwenden, soweit nicht durch Gesetz oder aufgrund eines Gesetzes etwas anderes bestimmt wird. [3]In den Vorbereitungsdienst darf nicht aufgenommen werden,

wer sich gegen die freiheitlich demokratische Grundordnung im Sinne des Grundgesetzes betätigt. [4]Anstelle des Diensteides ist eine Verpflichtungserklärung abzugeben.

§ 5 Ehrenbeamte (§ 5 BeamtStG)

(1) [1]Die Fälle der Ernennung von Ehrenbeamten sind gesetzlich zu bestimmen. [2]Für Ehrenbeamte gelten die Vorschriften des Beamtenstatusgesetzes und dieses Gesetzes mit folgenden Maßgaben:

1. Nach Erreichen der Regelaltersgrenze können Ehrenbeamte verabschiedet werden; bei nach der Kommunalverfassung gewählten Ehrenbeamten bedarf deren Verabschiedung ihrer Zustimmung. Sie sind zu verabschieden, wenn die sonstigen Voraussetzungen für die Versetzung eines Beamten in den Ruhestand gegeben sind. Das Ehrenbeamtenverhältnis endet auch
   a) durch Zeitablauf, wenn es für eine bestimmte Amtszeit begründet worden ist,
   b) durch Abberufung, wenn diese durch Rechtsvorschrift zugelassen ist.

   Die Beendigungsgründe nach § 21 Nummer 1 bis 3 des Beamtenstatusgesetzes bleiben unberührt.
2. Nicht anzuwenden sind die Vorschriften dieses Gesetzes, die mit der Rechtsnatur des Ehrenbeamtenverhältnisses unvereinbar sind, insbesondere die Vorschriften über das Erlöschen privatrechtlicher Arbeitsverhältnisse (§ 8 Absatz 5), die Laufbahnen (§§ 12 bis 26) mit Ausnahme von § 12 hinsichtlich der persönlichen und gesundheitlichen Eignung, die Abordnung und Versetzung (§§ 27 bis 29), die Wohnungswahl (§ 56), die Jubiläumszuwendung (§ 60), die dienstliche Beurteilung (§ 61 Absatz 1), die Arbeitszeit (§ 62), die anzeigepflichtigen Nebentätigkeiten (§ 40 Satz 1 des Beamtenstatusgesetzes, §§ 72 bis 75) sowie die Entlassung wegen Ernennung nach Erreichen der Altersgrenze (§ 23 Absatz 1 Nummer 5 des Beamtenstatusgesetzes).

(2) Die Unfallfürsorge für Ehrenbeamte und ihre Hinterbliebenen richtet sich nach § 68 des Beamtenversorgungsgesetzes in der Fassung der Bekanntmachung vom 16. März 1999 (BGBl. I S. 322, 847, 2033), zuletzt geändert durch § 22 Absatz 1 des Gesetzes vom 12. Dezember 2007 (BGBl. I S. 2861).

(3) Im Übrigen regeln sich die Rechtsverhältnisse der Ehrenbeamten nach den besonderen, für die einzelnen Gruppen der Ehrenbeamten geltenden Vorschriften.

§ 6 Beamte auf Zeit (§ 6 BeamtStG)

(1) [1]Die Fälle und die Voraussetzungen der Ernennung von Beamten auf Zeit sind gesetzlich zu bestimmen. [2]Für Beamte auf Zeit finden die Vorschriften des Abschnitts 3 mit Ausnahme von § 12 hinsichtlich der persönlichen und gesundheitlichen Eignung keine Anwendung.

(2) [1]Soweit durch Gesetz nichts Anderes bestimmt ist, ist der Beamte auf Zeit verpflichtet, nach Ablauf der Amtszeit das Amt weiterzuführen, wenn er unter mindestens gleich günstigen Bedingungen für wenigstens die gleiche Zeit wieder in dasselbe Amt berufen werden soll. [2]Kommt der Beamte auf Zeit dieser Verpflichtung nicht nach, ist er mit Ablauf der Amtszeit aus dem Beamtenverhältnis entlassen. [3]Wird der Beamte auf Zeit im Anschluss an seine Amtszeit erneut in dasselbe Amt für eine weitere Amtszeit berufen, so gilt das Beamtenverhältnis als nicht unterbrochen.

(3) [1]Soweit durch Gesetz nichts Anderes bestimmt ist, tritt der Beamte auf Zeit vor Erreichen der Regelaltersgrenze mit Ablauf der Amtszeit in den Ruhestand, wenn er nicht entlassen oder im Anschluss an seine Amtszeit für eine weitere Amtszeit erneut in dasselbe oder ein höherwertiges Amt berufen wird. [2]Ist der Beamte auf Zeit in den einstweiligen Ruhestand versetzt oder abberufen worden, befindet er sich ab dem Zeitpunkt des Ablaufs der vorgesehenen Amtszeit, für die er ernannt worden ist, dauernd im Ruhestand, soweit gesetzlich nichts Anderes bestimmt ist.

(4) [1]Das Beamtenverhältnis des Beamten auf Zeit, für dessen Berufung in das Beamtenverhältnis es einer Wahl bedarf (Wahlbeamte), endet auch durch Abberufung, wenn diese gesetzlich vorgesehen ist. [2]Der § 27 Absatz 1, §§ 28 und 29 dieses Gesetzes sowie die §§ 14, 15 und 20 des Beamtenstatusgesetzes finden auf Wahlbeamte keine Anwendung. [3]Der Eintritt in den Ruhestand richtet sich für kommunale Wahlbeamte nach § 35 Absatz 4.

(5) Ein Beamtenverhältnis auf Zeit kann nicht in ein solches auf Lebenszeit umgewandelt werden, ein Beamtenverhältnis auf Lebenszeit kann nicht in ein solches auf Zeit umgewandelt werden.

§ 7 Zulassung von Ausnahmen für die Berufung in das Beamtenverhältnis (§ 7 BeamtStG)

Ausnahmen nach § 7 Absatz 3 des Beamtenstatusgesetzes lässt die oberste Dienstbehörde zu.

§ 8 Zuständigkeit für die Ernennung, Wirkung der Ernennung (§ 8 BeamtStG)

(1) [1]Der Ministerpräsident ernennt die Landesbeamten. [2]Er kann diese Befugnis auf andere Stellen übertragen.

(2) Die Kommunalbeamten sowie die Körperschaftsbeamten werden von der obersten Dienstbehörde ernannt, soweit durch Gesetz oder aufgrund eines Gesetzes nichts Anderes bestimmt ist.

(3) Einer Ernennung bedarf es auch bei der Verleihung eines anderen Amtes mit anderer Amtsbezeichnung beim Wechsel der Laufbahngruppe.

(4) Die Ernennung wird mit dem Tage wirksam, an dem die Ernennungsurkunde ausgehändigt wird, wenn nicht in der Urkunde ausdrücklich ein späterer Tag bestimmt ist.

(5) [1]Mit der Begründung des Beamtenverhältnisses erlischt ein privatrechtliches Arbeitsverhältnis zum Dienstherrn. [2]Es lebt auch im Fall der Nichtigkeit oder der Rücknahme der Ernennung nicht wieder auf.

(6) [1]Liegt der Ernennung eine Wahl zu Grunde, ruht für die Dauer eines Wahlprüfungsverfahrens ein privatrechtliches Arbeits- oder ein Beamtenverhältnis bei demselben Dienstherrn. [2]Es endet mit der endgültigen Entscheidung über die Gültigkeit der Wahl. [3]Dies gilt nicht für Beamte auf Zeit.

§ 9 Stellenausschreibung, gesundheitliche Eignung, genetische Untersuchungen (§ 9 BeamtStG)

(1) [1]Die Bewerber sollen durch Stellenausschreibung ermittelt werden. [2]Einer Einstellung soll eine öffentliche Ausschreibung vorausgehen. [3]Ausnahmen von Satz 1 und 2 sind in den Laufbahnverordnungen zu regeln. [4]Die gesetzlichen Vorschriften über die Auswahl von Beamten auf Zeit bleiben unberührt.

(2) [1]Die gesundheitliche Eignung für die Berufung in ein Beamtenverhältnis auf Lebenszeit oder in ein anderes Beamten- oder Beschäftigtenverhältnis mit dem Ziel der späteren Verwendung im Beamtenverhältnis auf Lebenszeit ist auf Grund eines ärztlichen Gutachtens (§ 44) festzustellen. [2]Bei Beamten des Polizeivollzugsdienstes, der Berufsfeuerwehren und des Justizvollzugsdienstes erfolgt die Prüfung auch vor der Ernennung zum Widerrufsbeamten. [3]Die gesundheitliche Eignung für die Ernennung zum Ehrenbeamten oder zum Beamten auf Zeit ist aufgrund eines ärztlichen Gutachtens (§ 44) festzustellen.

(3) [1]Von schwerbehinderten und ihnen gleichgestellten Bewerbern darf für die Teilnahme am Auswahlverfahren nur das für die betreffende Laufbahn erforderliche Mindestmaß der durch die Behinderung eingeschränkten Eignung verlangt werden. [2]Bei gleicher Eignung sollen schwerbehinderte Bewerber vorrangig berücksichtigt werden.

(4) Die für Beschäftigte geltenden Rechtsvorschriften über genetische Untersuchungen und Analysen vor und nach Begründung des Beschäftigungsverhältnisses nach § 19 des Gendiagnostikgesetzes sind entsprechend anzuwenden.

§ 10 Feststellung der Nichtigkeit von Ernennungen, Verbot der Führung der Dienstgeschäfte (§ 11 BeamtStG)

(1) [1]Die Nichtigkeit der Ernennung wird von der obersten Dienstbehörde festgestellt. [2]Die Feststellung der Nichtigkeit ist dem Beamten oder im Fall seines Todes den versorgungsberechtigten Hinterbliebenen schriftlich bekannt zu geben.

(2) [1]Sobald der Grund für die Nichtigkeit bekannt wird, kann dem Ernannten jede weitere Führung der Dienstgeschäfte verboten werden, im Fall des § 8 Absatz 1 Nummer 1 des Beamtenstatusgesetzes ist sie zu verbieten. [2]Das Verbot der Amtsführung kann erst ausgesprochen werden, wenn im Fall

1. des § 11 Absatz 1 Nummer 1 des Beamtenstatusgesetzes die schriftliche Bestätigung der Wirksamkeit der Ernennung,
2. des § 11 Absatz 1 Nummer 2 des Beamtenstatusgesetzes die Bestätigung der Ernennung oder
3. des § 11 Absatz 1 Nummer 3 Buchstabe a des Beamtenstatusgesetzes die Zulassung einer Ausnahme

abgelehnt worden ist.

(3) [1]Die bis zu dem Verbot der Führung der Dienstgeschäfte vorgenommenen Amtshandlungen des Ernannten sind in gleicher Weise gültig, wie wenn die Ernennung wirksam gewesen wäre. [2]Die dem Ernannten gewährten Leistungen können belassen werden.

§ 11 Rücknahme von Ernennungen (§ 12 BeamtStG)

(1) [1]Die Rücknahme einer Ernennung wird von der obersten Dienstbehörde erklärt und ist dem Beamten schriftlich bekannt zu geben. [2]Die Rücknahme muss innerhalb einer Frist von sechs Monaten erfolgen. [3]Die Frist beginnt, wenn die oberste Dienstbehörde von der Ernennung und dem Grund der Rücknahme Kenntnis erlangt hat. [4]In den Fällen des § 12 Absatz 1 Nummer 3 des Beamtenstatusge-

setzes gilt dies vom Zeitpunkt der Ablehnung der nachträglichen Erteilung einer Ausnahme durch die nach § 7 zuständige Stelle, in den Fällen des § 12 Absatz 1 Nummer 4 des Beamtenstatusgesetzes vom Zeitpunkt der Ablehnung der Nachholung der Mitwirkung durch den Landesbeamtenausschuss oder durch die Aufsichtsbehörde. [5]Die Rücknahme der Ernennung ist auch nach Beendigung des Beamtenverhältnisses zulässig.
(2) § 10 Absatz 3 gilt entsprechend.

Abschnitt 3
Laufbahnen

§ 12 Befähigung (§ 7 BeamtStG)
In das Beamtenverhältnis darf nur berufen werden, wer die für die vorgesehene Laufbahn nach Maßgabe dieses Gesetzes und den Laufbahnverordnungen vorgeschriebene fachliche Befähigung besitzt und in persönlicher und gesundheitlicher Hinsicht für die Laufbahn geeignet ist.

§ 12a Zuverlässigkeitsüberprüfung
(1) [1]Vor der erstmaligen Begründung eines Beamtenverhältnisses in der Laufbahn des Polizeivollzugsdienstes ersucht die Einstellungsbehörde die Verfassungsschutzbehörde und die Polizei um Auskunft, ob und gegebenenfalls welche Erkenntnisse vorliegen, die Zweifel daran zu begründen vermögen, dass der Bewerber die Gewähr dafür bietet, jederzeit für die freiheitliche demokratische Grundordnung im Sinne des Grundgesetzes gemäß § 7 Absatz 1 Nummer 2 des Beamtenstatusgesetzes einzutreten. [2]Satz 1 gilt auch für die Laufbahn des Justizdienstes, soweit die Bewerber in einer Justizvollzugseinrichtung, als Gerichts- und Bewährungshelfer, als Psychologe der Forensischen Ambulanz im Landesamt für ambulante Straffälligenarbeit oder als Rechtspfleger tätig werden. [3] Zu diesem Zweck ist abweichend von Artikel 9 Absatz 1 Datenschutzgrundverordnung die Verarbeitung besonderer Kategorien personenbezogener Daten zulässig. [4]Hierzu übermittelt die Einstellungsbehörde den angefragten Stellen den Namen, die Vornamen, den Geburtsnamen, das Geburtsdatum, den Geburtsort, das Geschlecht und die Staatsangehörigkeit des Bewerbers. [5]Die angefragten Stellen teilen mit, ob zu der Person Erkenntnisse nach Satz 1 vorliegen. [6]Darüber hinaus übermitteln sie der Einstellungsbehörde die bei ihr vorliegenden sicherheitsrelevanten Erkenntnisse über den Bewerber, soweit Sicherheitsinteressen oder rechtliche Regelungen dem nicht entgegenstehen.
(2) Soweit erforderlich, ersucht die Polizei die Polizeibehörden der anderen Bundesländer und des Bundes um Auskunft.
(3) [1]Das Auskunftsverfahren ist nicht zulässig, wenn der Bewerber das 18. Lebensjahr noch nicht vollendet hat. [2]In diesem Fall erfolgt die Abfrage vor der Begründung des Beamtenverhältnisses auf Probe.
(4) [1]Die von der Verfassungsschutzbehörde und der Polizei übermittelten Daten dürfen nur von Personen verarbeitet werden, die einer gesetzlichen Verschwiegenheitspflicht unterliegen und hinsichtlich ihrer Tätigkeit sensibilisiert wurden. [2]Das von den Sicherheitsbehörden übermittelte Ergebnis wird verschlossen zu den Bewerbungsunterlagen genommen oder durch technische und organisatorische Maßnahmen vor dem Zugriff Unbefugter geschützt. [3]Es darf nur durch Befugte zur Kenntnis genommen werden. [4]Nach Abschluss des Bewerbungsverfahrens sind die Daten zu löschen. [5]Die Bewerber sind über die Abfrage bei der Verfassungsschutzbehörde und der Polizei vorab rechtzeitig zu informieren.
(5) [1]Der Bewerber ist durch die Einstellungsbehörde über das beabsichtigte Auskunftsverfahren, den Zweck und das Verfahren der Datenübermittlung einschließlich der weiteren Verarbeitung der erhobenen Daten zu unterrichten. [2]Die Verfassungsschutzbehörde und die Polizei dürfen die genannten Daten nur für die Durchführung der Abfrage verarbeiten, es sei denn, eine Verarbeitung ist aufgrund anderer Vorschriften zulässig. [3]Im Übrigen werden die Daten gelöscht, sobald die angefragten Stellen eine Mitteilung der Einstellungsbehörde über den Abschluss des Bewerbungsverfahrens erhalten.
(6) [1]Die Datenübermittlung nach Absatz 1 kann elektronisch erfolgen soweit die Vertraulichkeit, die Integrität und die Authentizität der Daten durch eine geeignete Verschlüsselung sichergestellt ist. [2]Das Innenministerium wird ermächtigt, die Einzelheiten der elektronischen Datenübermittlung durch Rechtsverordnung zu regeln.

§ 13 Laufbahn

(1) Eine Laufbahn umfasst alle Ämter, die derselben Fachrichtung und derselben Laufbahngruppe angehören.

(2) Es gibt folgende Fachrichtungen:

1. Justizdienst
2. Polizeidienst
3. Feuerwehrdienst
4. Steuerverwaltungsdienst
5. Bildungsdienst
6. Gesundheits- und sozialer Dienst
7. Agrar- und umweltbezogener Dienst
8. Technischer Dienst
9. Wissenschaftlicher Dienst
10. Allgemeiner Dienst

(3) [1]Es werden zwei Laufbahngruppen eingerichtet. [2]Die Zugehörigkeit zur Laufbahngruppe richtet sich nach der für die Laufbahn erforderlichen Vor- und Ausbildung. [3]Zur Laufbahngruppe 2 gehören alle Laufbahnen, die einen Hochschulabschluss oder einen gleichwertigen Bildungsstand voraussetzen. [4]Zur Laufbahngruppe 1 gehören alle übrigen Laufbahnen. [5]Innerhalb der Laufbahngruppen gibt es abhängig von der Vor- und Ausbildung unterschiedliche Einstiegsämter. [6]Die Ämter einer Laufbahngruppe sind regelmäßig zu durchlaufen. [7]Sind die Voraussetzungen des § 14 Absatz 2 oder 4 erfüllt, brauchen nur die Ämter oberhalb des zweiten Einstiegsamtes durchlaufen zu werden. [8]Ausnahmen von den Sätzen 6 und 7 sind in den Laufbahnverordnungen zu regeln. [9]Sofern die Aufgaben von Ämtern oberhalb des zweiten Einstiegsamtes es erfordern, sollen diese nur mit Beamten besetzt werden, die die Voraussetzungen nach § 14 Absatz 2 oder 4 erfüllen.

(4) [1]Innerhalb einer Laufbahn können fachspezifisch ausgerichtete Laufbahnzweige gebildet werden, soweit dies wegen laufbahnrechtlicher Besonderheiten notwendig ist. [2]Die Laufbahnbefähigung wird durch die Einrichtung eines Laufbahnzweiges nicht eingeschränkt.

§ 14 Zugangsvoraussetzungen zu den Laufbahnen

(1) Für die Laufbahnen der Laufbahngruppe 1 sind für das erste Einstiegsamt (einfacher Dienst) mindestens zu fordern

1. als Bildungsvoraussetzung
   a) der Erwerb der Berufsreife oder
   b) ein als gleichwertig anerkannter Bildungsstand und
2. als sonstige Voraussetzung
   a) ein abgeschlossener Vorbereitungsdienst oder
   b) eine abgeschlossene Berufsausbildung, bei Laufbahnen mit besonderen Anforderungen ein Vorbereitungsdienst und eine abgeschlossene Berufsausbildung.

(2) Für die Laufbahnen der Laufbahngruppe 1 sind für das zweite Einstiegsamt (mittlerer Dienst) mindestens zu fordern

1. als Bildungsvoraussetzung
   a) der Erwerb der mittleren Reife oder
   b) der Erwerb der Berufsreife und eine abgeschlossene Berufsausbildung oder
   c) der Erwerb der Berufsreife und eine Ausbildung in einem öffentlich-rechtlichen Ausbildungsverhältnis oder
   d) ein als gleichwertig anerkannter Bildungsstand und
2. als sonstige Voraussetzung
   a) ein mit einer Prüfung abgeschlossener Vorbereitungsdienst oder eine inhaltlich dessen Anforderungen entsprechende abgeschlossene berufliche Ausbildung oder Fortbildung oder
   b) bei Laufbahnen mit besonderen Anforderungen eine abgeschlossene Berufsausbildung und ein Vorbereitungsdienst oder
   c) eine abgeschlossene Berufsausbildung und eine hauptberufliche Tätigkeit.

(3) [1]Für die Laufbahnen der Laufbahngruppe 2 sind für das erste Einstiegsamt (gehobener Dienst) mindestens zu fordern

1. als Bildungsvoraussetzung
   a) eine zu einem Hochschulstudium berechtigende Schulbildung oder
   b) ein als gleichwertig anerkannter Bildungsstand und
2. als sonstige Voraussetzung
   a) ein mit einer Prüfung abgeschlossener Vorbereitungsdienst oder
   b) bei Laufbahnen mit besonderen Anforderungen ein mit einem Bachelorgrad oder einem gleichwertigen Abschluss abgeschlossenes Hochschulstudium und ein mit einer Prüfung abgeschlossener Vorbereitungsdienst oder
   c) ein mit einem Bachelorgrad oder einem gleichwertigen Abschluss abgeschlossenes Hochschulstudium und eine geeignete hauptberufliche Tätigkeit.

[2]In den Fällen des Satzes 1 Nummer 2 Buchstabe b und c kann der mit einer Prüfung abgeschlossene Vorbereitungsdienst oder die geeignete hauptberufliche Tätigkeit entfallen, wenn das Hochschulstudium die wissenschaftlichen Erkenntnisse und Methoden sowie die berufspraktischen Fähigkeiten und Kenntnisse vermittelt, die zur Erfüllung der Aufgaben in der Laufbahn erforderlich sind.

(4) [1]Für die Laufbahnen der Laufbahngruppe 2 sind für das zweite Einstiegsamt (höherer Dienst) mindestens zu fordern

1. als Bildungsvoraussetzung ein mit einem Staatsexamen, einem Mastergrad oder einem gleichwertigen Abschluss abgeschlossenes Hochschulstudium und
2. als sonstige Voraussetzung
   a) ein mit einer Prüfung abgeschlossener Vorbereitungsdienst oder
   b) eine geeignete hauptberufliche Tätigkeit.

[2]Absatz 3 Satz 2 gilt entsprechend.

§ 15 Bei einem anderen Dienstherrn erworbene Vorbildung und Laufbahnbefähigung

(1) Die Zulassung zum Vorbereitungsdienst einer Laufbahn darf nicht deshalb abgelehnt werden, weil der Bewerber die für seine Laufbahn vorgeschriebenen Bildungsvoraussetzungen im Bereich eines anderen Dienstherrn außerhalb des Geltungsbereiches dieses Gesetzes erworben hat.

(2) [1]Wer eine Laufbahnbefähigung bei einem anderen Dienstherrn außerhalb des Geltungsbereiches dieses Gesetzes erworben hat, besitzt die Befähigung für eine Laufbahn nach § 13. [2]Soweit erforderlich, kann der Beamte verpflichtet werden, zusätzliche Qualifizierungsmaßnahmen zu absolvieren.

§ 16 Erwerb der Laufbahnbefähigung aufgrund des Gemeinschaftsrechts und aufgrund in Drittstaaten erworbener Berufsqualifikationen

(1) Die Laufbahnbefähigung kann auch aufgrund

1. der Richtlinie 2005/36/EG des Europäischen Parlaments und des Rates vom 7. September 2005 über die Anerkennung von Berufsqualifikationen (ABl. EU L 255 vom 30. September 2005 S. 22), zuletzt geändert am 20. November 2013 durch die Richtlinie 2013/55/EU (ABl. EU L 354 S. 132),
2. eines mit einem Drittstaat geschlossenen Vertrages, in dem die Bundesrepublik Deutschland und die Europäische Union einen entsprechenden Anspruch auf Anerkennung der Berufsqualifikation eingeräumt haben, oder
3. einer auf eine Tätigkeit in einer öffentlichen Verwaltung vorbereitenden Berufsqualifikation, die in einem von § 7 Absatz 1 Nummer 1 Buchstabe c des Beamtenstatusgesetzes nicht erfassten Drittstaat erworben worden ist,

erworben werden.

(2) Die deutsche Sprache muss in dem für die Wahrnehmung der Aufgaben der Laufbahn erforderlichen Maß beherrscht werden.

(3) [1]Das Nähere regelt die Landesregierung durch Rechtsverordnung. [2]Darin sollen insbesondere geregelt werden

1. die Einzelheiten der Anerkennungsbedingungen,
2. die Ausgleichsmaßnahmen einschließlich der Voraussetzungen und der Durchführung der Eignungsprüfung und des Anpassungslehrgangs,
3. das Anerkennungsverfahren sowie
4. die Verwaltungszusammenarbeit nach Titel V der Richtlinie 2005/36/EG, insbesondere der Vorwarnmechanismus nach Artikel 56a der Richtlinie 2005/36/EG.

(4) [1]Für die Laufbahnen der Fachrichtung des Bildungsdienstes ist die Rechtsverordnung durch die für das Bildungswesen zuständige oberste Landesbehörde zu erlassen. [2]Absatz 6 gilt entsprechend.

(5) [1]Die Verfahren nach Absatz 1 Nummern 1 und 2 sowie aufgrund der Rechtsverordnungen nach Absatz 3 und 4 können über den Einheitlichen Ansprechpartner nach dem Gesetz zur Errichtung von Stellen mit der Bezeichnung „Einheitlicher Ansprechpartner" und zur Übertragung von Aufgaben auf die Wirtschaftskammern vom 17. Dezember 2009 (GVOBl. M-V S. 729) abgewickelt werden. [2]Der Einheitliche Ansprechpartner stellt die Informationen zur Verfügung und verweist auf die jeweils zuständigen Stellen zum Zwecke der elektronischen Verfahrensabwicklung nach Artikel 57a Absatz 1 Satz 1 der Richtlinie 2005/36/EG. [3]Es gelten die Bestimmungen zum Verfahren über die einheitliche Stelle nach §§ 71a bis 71e des Landesverwaltungsverfahrensgesetzes.

(6) Das Berufsqualifikationsfeststellungsgesetz ist, mit Ausnahme des § 17, nicht anzuwenden.

§ 17 Erwerb der Befähigung als anderer Bewerber

(1) [1]In das Beamtenverhältnis kann auch berufen werden, wer, ohne die vorgeschriebenen Zugangsvoraussetzungen zu erfüllen, die Befähigung für die Laufbahn durch langjährige Lebens- und Berufserfahrung innerhalb oder außerhalb des öffentlichen Dienstes erworben hat, die nach Fachrichtung, Breite und Wertigkeit dem Aufgabenspektrum in der angestrebten Laufbahn entsprechen muss (anderer Bewerber). [2]Dies gilt nicht, wenn eine bestimmte Vorbildung oder Ausbildung durch eine Regelung außerhalb des Beamtenrechts vorgeschrieben oder eine besondere Vorbildung oder Fachausbildung nach der Eigenart der Laufbahnaufgaben zwingend erforderlich ist.

(2) [1]Der Landesbeamtenausschuss oder ein von ihm bestimmter unabhängiger Unterausschuss stellt fest, ob der andere Bewerber nach Maßgabe des Absatzes 1 die Befähigung für die Laufbahn, in der er verwendet werden soll, besitzt. [2]Unter Beachtung dieser Vorgaben stellt der Ministerpräsident die Befähigung für die Staatssekretäre fest.

§ 18 Einstellung

[1]Eine Ernennung unter Begründung eines Beamtenverhältnisses (Einstellung) auf Probe oder auf Lebenszeit ist nur in einem Einstiegsamt der Laufbahn zulässig. [2]Abweichend von Satz 1 kann

1. bei speziellen beruflichen Erfahrungen oder Qualifikationen, die zusätzlich zu den in § 14 geregelten Zugangsvoraussetzungen erworben wurden, eine Einstellung auch in dem nächsten Amt vorgenommen werden, das dem Einstiegsamt folgt, in dem ansonsten die Einstellung erfolgen würde,
2. bei Beamten im Sinne des § 37 oder bei Zulassung einer Ausnahme durch den Landesbeamtenausschuss auch eine Einstellung in einem höheren Amt vorgenommen werden.

[3]Eine Einstellung in einem höheren Amt ist auch zulässig, wenn ein nach der laufbahn- und besoldungsrechtlichen Zuordnung entsprechendes Amt in einem früheren Beamtenverhältnis auf Lebenszeit erreicht worden ist; in diesen Fällen ist keine Probezeit abzuleisten.

§ 18a Höchstaltersgrenzen

(1) [1]Um ein ausgewogenes zeitliches Verhältnis zwischen der aktiven Dienstzeit und zukünftigen Versorgungsansprüchen zu gewährleisten, darf in das Beamtenverhältnis auf Probe nur eingestellt werden, wer das 40. Lebensjahr noch nicht vollendet hat. [2]Die Ermittlung des ausgewogenen Verhältnisses beruht auf der Einbeziehung von Höhe und Regularien der Ruhegehaltsfestsetzung, anderer Versorgungsanwartschaften, anderweitig erzielter Erwerbseinkommen, Beihilfeleistungen und Leistungen aus der Hinterbliebenenversorgung.

(2) [1]Schwerbehinderte und ihnen gemäß § 2 Absatz 3 des Neunten Sozialgesetzbuches gleichgestellte behinderte Menschen können in das Beamtenverhältnis auf Probe eingestellt werden, wenn sie das 43. Lebensjahr noch nicht vollendet haben. [2]Hat sich die Einstellung

1. wegen der Geburt oder der tatsächlichen Betreuung oder Pflege eines Kindes unter 18 Jahren oder
2. wegen der tatsächlichen Pflege eines nach einem Gutachten pflegebedürftigen sonstigen nahen Angehörigen, insbesondere aus dem Kreis der Eltern, Schwiegereltern, Eltern eingetragener Lebenspartner, Ehegatten, eingetragenen Lebenspartner, Geschwister sowie volljähiger Kinder

verzögert, so erhöht sich die Höchstaltersgrenze nach Absatz 1 Satz 1 und Satz 1 um die Zeit der Betreuung oder Pflege, höchstens jedoch um sechs Jahre, in den Fällen des Satzes 1 um höchstens 3 Jahre.

(3) Hat sich die Einstellung wegen Ableistung einer Dienstpflicht nach Artikel 12a des Grundgesetzes, nach dem Jugendfreiwilligendienstgesetz, nach dem Bundesfreiwilligendienstgesetz oder einem vergleichbaren staatlich anerkannten freiwilligen Dienst für das Allgemeinwohl verzögert, so erhöht sich die Höchstaltersgrenze nach Absatz 1 Satz 1 und Absatz 2 Satz 1 um die Zeit der Verzögerung.

(4) Absatz 1 Satz 1 und Absatz 2 Satz 1 gelten nicht in den Fällen, in denen die Voraussetzungen des § 7 Absatz 6 des Soldatenversorgungsgesetzes vorliegen und für Inhaber eines Eingliederungs- oder Zulassungsscheins nach § 9 des Soldatenversorgungsgesetzes.

(5) [1]In den Vorbereitungsdienst darf nur eingestellt werden, wer das 35. Lebensjahr noch nicht vollendet hat. [2]Die Höchstaltersgrenze gilt nicht bezüglich eines Vorbereitungsdienstes, dessen Abschluss gesetzliche Voraussetzung für die Ausübung eines Berufs außerhalb des öffentlichen Dienstes ist. [3]Schwerbehinderte und ihnen gemäß § 2 Absatz 3 des Neunten Sozialgesetzbuches gleichgestellte behinderte Menschen können in den Vorbereitungsdienst eingestellt werden, wenn sie das 38. Lebensjahr noch nicht vollendet haben. [4]Absatz 2 Satz 2, Absatz 3 und 4 gelten entsprechend.

(6) [1]Für Einsatzberufe im Sinne von§§ 107, 114 und 115 kann die oberste Dienstbehörde durch Rechtsverordnung Abweichungen von den in Absatz 1 Satz 1 und Absatz 5 Satz 1 genannten Höchstaltersgrenzen festlegen, soweit die Anforderungen der jeweiligen Laufbahn dies aufgrund typischer persönlicher Eignungsvoraussetzungen erfordern. [2]Belange Schwerbehinderter und ihnen gemäß § 2 Absatz 3 des Neunten Sozialgesetzbuches gleichgestellter behinderter Menschen sowie Verzögerungen aufgrund der Geburt eines Kindes oder durch Betreuungs- und Pflegeleistungen sind zu berücksichtigen. [3]Absatz 3 und 4 sowie Absatz 5 Satz 2 sind entsprechend anzuwenden.

(7) [1]Die oberste Dienstbehörde kann Ausnahmen von Absatz 1 Satz 1 und Absatz 2 Satz 1 für Arbeitnehmer zulassen, die das 45. Lebensjahr noch nicht vollendet haben und im Bereich derselben Dienststelle in das Beamtenverhältnis auf Probe eingestellt werden sollen, wenn

1. ihnen auf Dauer Aufgaben übertragen worden sind oder werden sollen, die die Ausübung hoheitlicher Befugnisse im Kernbereich beinhalten und
2. an der Wahrnehmung dieser Aufgaben durch sie ein erhebliches dienstliches Interesse besteht.

[2]Die Landesregierung wird ermächtigt, Verfahrensfragen und den Interessenausgleich zwischen den beteiligten Behörden in der Allgemeinen Laufbahnverordnung gemäß § 25 Absatz 1 Satz 2 zu regeln. [3]Das Bildungsministerium wird ermächtigt, eine entsprechende Regelung in der Bildungsdienst-Laufbahnverordnung aufzunehmen.

(8) [1]Der Landesbeamtenausschuss kann darüber hinaus Ausnahmen von dem Höchstalter nach Absatz 1 Satz 1 und Absatz 2 Satz 1 für die Einstellung in das Beamtenverhältnis auf Probe und nach Absatz 5 Satz 1 und 3 für die Einstellung in den Vorbereitungsdienst zulassen, wenn

1. hierfür in einzelnen Fällen oder Gruppen von Fällen ein erhebliches dienstliches Interesse besteht. Dies ist insbesondere dann anzunehmen, wenn beabsichtigt ist, Bewerber als Fachkräfte zu gewinnen oder zu behalten und ein außerordentlicher Mangel an geeigneten jüngeren Bewerbern besteht, der sich auch nicht im Wege der Aus- und Weiterbildung beheben lässt oder
2. in einzelnen Fällen sich der berufliche Werdegang nachweislich aus von Bewerbern nicht zu vertretenden, außerhalb des Verfahrens zur Entscheidung über die Einstellung liegenden Gründen in einem Maße verzögert hat, das die Anwendung der Höchstaltersgrenze unbillig erscheinen ließe.

[2]Soll mit der Einstellung in das Beamtenverhältnis auf Probe oder in den Vorbereitungsdienst ein Beamtenverhältnis zum Land begründet werden, kann die Ausnahme nur mit Zustimmung des Finanzministeriums zugelassen werden.

(9) Abweichend von Absatz 1 Satz 1 und Absatz 2 Satz 1 gilt bis zum 31. Oktober 2019 für Bewerber, die vor dem 1. November 2014 in das Beamtenverhältnis auf Widerruf zur Ableistung des Vorbereitungsdienstes eingestellt worden sind, § 26 der Allgemeinen Laufbahnverordnung in der am 16. Oktober 2010 geltenden Fassung.

§ 18b Höchstaltersgrenzen bei Dienstherrnwechsel

(1) [1]Bei bund- und länderübergreifenden Dienstherrnwechseln von Beamten auf Probe oder auf Lebenszeit gelten die Altersgrenzen nach § 18a Absatz 1 Satz 1 und § 18a Absatz 2 Satz 1 nicht, wenn sich frühere Dienstherrn an der Versorgungslastenteilung nach dem Versorgungslastenteilungs-Staatsvertrag beteiligen. [2]§ 18a Absatz 2 Satz 2 bis Absatz 4 und Absatz 8 bleiben entsprechend anwendbar. [3]Für landesinterne Dienstherrnwechsel gilt dies nach Maßgabe des Versorgungslastenteilungsgesetzes – VLTG M-V vom 24. Juni 2010 (GVOBl. M-V S. 320) entsprechend.

§ 19 Probezeit (§ 10 BeamtStG)

(1) [1]Die Probezeit ist die Zeit im Beamtenverhältnis auf Probe, während der sich der Beamte nach Erwerb der Befähigung bewähren soll. [2]Eignung, Befähigung und fachliche Leistung sind während der Probezeit in der Regel wiederholt zu bewerten. [3]Bei der Bewertung ist ein strenger Maßstab anzulegen. [4]Zum Abschluss der Probezeit darf die Bewährung nur festgestellt werden, wenn an ihr keine begründeten Zweifel bestehen.

(2) [1]Die regelmäßige Probezeit dauert drei Jahre. [2]Zeiten hauptberuflicher Tätigkeiten innerhalb oder außerhalb des öffentlichen Dienstes können auf die Probezeit angerechnet werden, soweit die Tätigkeiten nach Art und Bedeutung der Tätigkeit in der Laufbahn gleichwertig sind. [3]Die Mindestprobezeit beträgt ein Jahr; sie kann im Einzelfall mit Zustimmung des Landesbeamtenausschusses unterschritten werden, soweit anrechenbare Zeiten im Beamtenverhältnis mit Dienstbezügen abgeleistet worden sind. [4]Tätigkeiten im Richterverhältnis mit Dienstbezügen können ohne Beteiligung des Landesbeamtenausschusses in vollem Umfang auf die Probezeit angerechnet werden. [5]Die Probezeit kann im Ausnahmefall bis zu einer Höchstdauer von fünf Jahren verlängert werden.

(3) Beamte im Sinne des § 37 leisten keine Probezeit.

§ 20 Beförderung

(1) [1]Eine Beförderung ist eine Ernennung, durch die dem Beamten ein anderes Amt mit höherem Endgrundgehalt verliehen wird. [2]Für die Übertragung von Beförderungsämtern können Qualifizierungserfordernisse festgelegt werden. [3]Die Beförderung eines Beamten, der die Befähigung für das erste Einstiegsamt einer Laufbahn besitzt, in ein Amt oberhalb des zweiten Einstiegsamtes dieser Laufbahn ist nur zulässig, wenn er zuvor erfolgreich an Qualifizierungsmaßnahmen teilgenommen hat, die ihn in Verbindung mit den bisher wahrgenommenen beruflichen Tätigkeiten zu einer erfolgreichen Wahrnehmung der Aufgaben des höheren Amtes befähigen.

(2) [1]Eine Beförderung ist nicht zulässig

1. während der Probezeit,
2. vor Ablauf einer durch die Laufbahnverordnungen zu bestimmenden Frist, die mindestens ein Jahr seit Beendigung der Probezeit betragen muss, es sei denn, der Beamte ist zum Abschluss der Probezeit mit der höchsten Beurteilungsnote beurteilt worden,
3. im Fall der Übertragung einer höherwertigen Funktion vor Feststellung der Eignung in einer Erprobungszeit von mindestens sechs Monaten, soweit nicht Zeiten der Übertragung einer höherwertigen Funktion nach näherer Regelung in den Laufbahnverordnungen angerechnet werden können,
4. vor Ablauf einer durch die Laufbahnverordnungen zu bestimmenden Frist, die mindestens ein Jahr seit der letzten Beförderung betragen muss, es sei denn, dass das derzeitige Amt nicht durchlaufen zu werden braucht.

[2]Satz 1 Nummer 3 findet auf Beamte nach § 37 sowie auf Mitglieder des Landesrechnungshofes keine Anwendung.

(3) Ämter, die regelmäßig zu durchlaufen sind, dürfen nicht übersprungen werden.

(4) Der Landesbeamtenausschuss kann Ausnahmen von Absatz 2 Satz 1 und Absatz 3 zulassen.

§ 21 Beamtenverhältnis auf Probe in Ämtern mit leitender Funktion

(1) [1]Ein Amt mit leitender Funktion wird zunächst im Beamtenverhältnis auf Probe übertragen; dies gilt nicht für Beamte, die sich bereits in einem Amt mit leitender Funktion befinden, sofern damit keine wesentliche Änderung des bereits übertragenen Aufgabenkreises verbunden ist. [2]Die regelmäßige Probezeit beträgt zwei Jahre. [3]Zeiten, in denen dem Beamten die leitende Funktion oder eine vergleichbare Funktion bereits übertragen war, können auf die Probezeit angerechnet werden. [4]Zeiten einer Beurlaubung ohne Dienstbezüge, einer Elternzeit ohne Bewilligung von Teilzeitbeschäftigung und Krankheitszeiten hemmen den Lauf der Probezeit, wenn sie zusammengenommen die Dauer von drei Monaten überschreiten. [5]Eine Verlängerung der Probezeit ist nicht zulässig.

(2) [1]In ein Amt im Sinne des Absatzes 1 darf nur berufen werden, wer

1. sich in einem Beamtenverhältnis auf Lebenszeit oder einem Richterverhältnis auf Lebenszeit befindet und
2. in dieses Amt auch als Beamter auf Lebenszeit berufen werden könnte.

[2]Der Landesbeamtenausschuss kann hiervon Ausnahmen zulassen. [3]Befindet sich der Beamte nur in dem Beamtenverhältnis auf Probe nach Absatz 1, bleiben die für Beamte auf Probe geltenden disziplinarrechtlichen Regelungen unberührt.

(3) [1]Vom Tage der Ernennung ruhen für die Dauer der Probezeit die Rechte und Pflichten aus dem Amt, das dem Beamten zuletzt im Beamtenverhältnis auf Lebenszeit oder im Richterverhältnis auf Lebenszeit übertragen worden ist, mit Ausnahme der Pflicht zur Amtsverschwiegenheit und des Verbotes der Annahme von Belohnungen und Geschenken. [2]Das Beamtenverhältnis auf Lebenszeit oder das Richterverhältnis auf Lebenszeit besteht bei demselben Dienstherrn neben dem Beamtenverhältnis auf Probe fort. [3]Dienstvergehen, die mit Bezug auf das Beamtenverhältnis oder das Richterverhältnis auf Lebenszeit oder das Beamtenverhältnis auf Probe begangen worden sind, werden so verfolgt, als stünde der Beamte oder Richter nur im Beamtenverhältnis oder Richterverhältnis auf Lebenszeit.

(4) [1]Wird der Beamte während der Probezeit in ein anderes Amt mit leitender Funktion versetzt oder umgesetzt, das in dieselbe Besoldungsgruppe eingestuft ist wie das zuletzt übertragene Amt mit leitender Funktion, läuft die Probezeit weiter. [2]Wird dem Beamten ein höher eingestuftes Amt mit leitender Funktion übertragen, beginnt eine neue Probezeit. [3]Das bisherige Beamtenverhältnis auf Probe wird gemäß § 23 Absatz 1 Satz 1 Nummer 4 des Beamtenstatusgesetzes und § 31 Absatz 2 durch Entlassung beendet.

(5) Ämter im Sinne des Absatzes 1 sind
1. die der Besoldungsgruppe A 16 und der Besoldungsordnung B angehörenden Ämter,
2. Ämter in der Besoldungsgruppe A 15 als Leitung einer Landesbehörde oder einer sonstigen der Aufsicht des Landes unterstehenden Körperschaft, Anstalt oder Stiftung des öffentlichen Rechts,
3. bei kommunalen Körperschaften Ämter ab der Besoldungsgruppe A 13, wenn die Funktion als leitender Verwaltungsbeamter oder als Leiter eines Dezernates, eines Amtes, eines Fachdienstes oder einer vergleichbaren Organisationseinheit übertragen werden soll,
4. Ämter ab der Besoldungsgruppe A 14 als Kanzler einer Hochschule (§ 87 Absatz 2 Landeshochschulgesetz),

sofern die Funktion nicht in § 20 Absatz 2 Satz 2 genannt ist.

(6) [1]Der Beamte ist über die in § 22 Absatz 5 des Beamtenstatusgesetzes genannten Fälle hinaus auch
1. mit Beendigung des Beamtenverhältnisses auf Lebenszeit oder Richterverhältnisses auf Lebenszeit,
2. mit der Übertragung eines der in § 20 Absatz 2 Satz 2 genannten Ämter oder
3. mit Verhängung mindestens einer Kürzung der Dienstbezüge

aus dem Beamtenverhältnis auf Probe nach Absatz 1 entlassen. [2]Der Beamte ist zu entlassen, wenn bereits vor Ablauf der Probezeit ein Mangel besteht, der die Feststellung der Bewährung ausschließt und nachhaltige Zweifel bestehen, dass der Mangel in der restlichen Probezeit noch behoben werden kann.

(7) [1]Mit dem erfolgreichen Abschluss der Probezeit ist das Amt nach Absatz 1 auf Dauer im Beamtenverhältnis auf Lebenszeit zu übertragen. [2]Einem Richter darf das Amt in leitender Funktion auf Dauer im Beamtenverhältnis auf Lebenszeit nur übertragen werden, wenn er die Entlassung aus dem Richteramt schriftlich verlangt. [3]Wird das Amt nicht auf Dauer übertragen, endet der Anspruch auf Besoldung aus diesem Amt. [4]Weitergehende Ansprüche bestehen nicht. [5]Eine erneute Berufung in ein Beamtenverhältnis auf Probe zur Übertragung dieses Amtes ist innerhalb von zwei Jahren nicht zulässig.

(8) [1]Der Beamte führt während der Amtszeit im Dienst nur die Amtsbezeichnung des nach Absatz 1 übertragenen Amtes; dies gilt auch für die Befugnis zum Führen der Amtsbezeichnung außerhalb des Dienstes. [2]Wird das Amt nach Absatz 1 nicht auf Dauer übertragen, darf die Amtsbezeichnung nach Absatz 1 mit dem Ausscheiden aus dem Beamtenverhältnis auf Probe nicht weitergeführt werden.

(9) § 20 Absatz 2 Satz 1 Nummer 3 findet keine Anwendung.

(10) § 66 Absatz 1 findet keine Anwendung.

§ 22 Fortbildung

[1]Die berufliche Entwicklung des Beamten setzt die erforderliche Fortbildung zum Erhalt oder zur Fortentwicklung seiner Kenntnisse und Fähigkeiten voraus. [2]Die Beamten sind zur Teilnahme an der

dienstlichen Fortbildung verpflichtet und sollten sich darüber hinaus selbst fortbilden. [3]Der Dienstherr hat durch geeignete Maßnahmen für die Fortbildung der Beamten zu sorgen.

§ 23 Benachteiligungsverbot, Nachteilsausgleich

(1) [1]Schwangerschaft, Mutterschutz und Elternzeit dürfen sich bei der Einstellung und der beruflichen Entwicklung nicht nachteilig auswirken. [2]Gleiches gilt für die Betreuung von Kindern oder die Pflege eines nach ärztlichem Gutachten pflegebedürftigen Angehörigen sowie für Teilzeit, Telearbeit und familienbedingte Beurlaubung, soweit nicht zwingende sachliche Gründe, die sich aus dem jeweiligen Amt ergeben, vorliegen. [3]Für Beförderungen gilt Absatz 2.

(2) [1]Zum Ausgleich beruflicher Verzögerungen infolge

1. der Geburt oder der tatsächlichen Betreuung oder Pflege eines Kindes unter 18 Jahren oder
2. der tatsächlichen Pflege eines nach ärztlichem Gutachten pflegebedürftigen sonstigen Angehörigen

kann der Beamte ohne Mitwirkung des Landesbeamtenausschusses abweichend von § 20 Absatz 2 Satz 1 Nummer 1 während der Probezeit und abweichend von § 20 Absatz 2 Satz 1 Nummer 2 vor Ablauf der Beförderungssperrfrist befördert werden. [2]Das Ableisten der vorgeschriebenen Probezeit bleibt unberührt.

(3) Absatz 2 ist in den Fällen des Nachteilsausgleichs für ehemalige Soldaten nach dem Arbeitsplatzschutzgesetz und dem Soldatenversorgungsgesetz sowie für ehemalige Zivildienstleistende nach dem Zivildienstgesetz und Entwicklungshelfer nach dem Entwicklungshelfergesetz entsprechend anzuwenden.

(4) Die für Beschäftigte geltenden Rechtsvorschriften über das arbeitsrechtliche Benachteiligungsverbot aus genetischen Gründen nach § 21 des Gendiagnostikgesetzes sind entsprechend anzuwenden.

§ 24 Laufbahnwechsel

(1) [1]Ein Wechsel in eine andere Laufbahn derselben Laufbahngruppe ist zulässig, wenn der Beamte die Befähigung für die neue Laufbahn besitzt. [2]Besitzt der Beamte die Befähigung nicht, so ist ein Wechsel in die neue Laufbahn durch Entscheidung der obersten Dienstbehörde zulässig; dabei soll eine Einführung in die Aufgaben der neuen Laufbahn vorgesehen werden. [3]Ist eine bestimmte Vorbildung oder Ausbildung durch besondere gesetzliche Regelung vorgeschrieben oder eine besondere Vorbildung oder Fachausbildung nach der Eigenart der neuen Aufgaben zwingend erforderlich, so ist ein Wechsel nur durch entsprechende Maßnahmen zum Erwerb der Befähigung für die neue Laufbahn zulässig.

(2) [1]Der Wechsel von der Laufbahngruppe 1 in die Laufbahngruppe 2 ist auch ohne Erfüllung der Zugangsvoraussetzungen nach § 14 für diese Laufbahn im Wege des Aufstiegs möglich. [2]Vor dem Aufstieg soll die erforderliche Qualifikation durch eine Prüfung nachgewiesen werden. [3]Satz 1 gilt für den Wechsel in die niedrige Laufbahn (Abstieg) entsprechend.

§ 25 Laufbahnverordnungen

(1) [1]Die Landesregierung und obersten Landesbehörden werden ermächtigt, unter Berücksichtigung der §§ 12 bis 24 durch Rechtsverordnung Vorschriften für die Laufbahnen (Laufbahnverordnungen) zu erlassen. [2]Regelungen, die für mehrere Laufbahnen einheitlich gelten, sind in der Allgemeinen Laufbahnverordnung zu treffen, die von der Landesregierung erlassen wird. [3]Die übrigen Laufbahnverordnungen erlassen die für die Gestaltung der Laufbahn zuständigen obersten Landesbehörden im Einvernehmen mit dem Innenministerium. [4]Sind Ämter einer Laufbahn im Geschäftsbereich mehrerer obersten Landesbehörden vorhanden, bestimmt das Innenministerium im Benehmen mit den obersten Landesbehörden die für die Gestaltung dieser Laufbahn zuständige oberste Landesbehörde.

(2) In den Laufbahnverordnungen sollen unbeschadet der nach anderen Vorschriften dieses Gesetzes zugelassenen Regelungen insbesondere geregelt werden

1. die Gestaltung der Laufbahnen, insbesondere die Einrichtung von Laufbahnzweigen und die regelmäßig zu durchlaufenden Ämter (§ 13),
2. der Erwerb der Laufbahnbefähigung (§§ 14 bis 17) einschließlich der Prüfungen innerhalb der Vorbereitungsdienste,
3. die Einstellungsvoraussetzungen für andere Bewerber (§ 17),
4. Einzelheiten für die Einstellung in einem höheren Amt als einem Einstiegsamt (§ 18),

5. die Probezeit, insbesondere ihre Verlängerung, die Anrechnung von Zeiten hauptberuflicher Tätigkeiten auf die Probezeit und zur Bewährungsfeststellung (§ 19),
6. die Voraussetzungen und das Verfahren für Beförderungen einschließlich der Qualifizierungserfordernisse (§ 20),
7. die Einzelheiten und Ausnahmen von der Erprobung sowie die Einzelheiten des Beamtenverhältnisses auf Probe in Ämtern mit leitender Funktion (§ 20 und§ 21),
8. Grundsätze der Fortbildung (§ 22),
9. Einzelheiten des Nachteilsausgleichs (§ 23),
10. die Voraussetzungen und das Verfahren für den Laufbahnwechsel (§ 24),
11. Grundsätze für dienstliche Beurteilungen sowie Ausnahmen von der Beurteilungspflicht (§ 61),
12. Ausgleichsmaßnahmen zu Gunsten von schwerbehinderten und ihnen gleichgestellten Menschen,
13. soweit erforderlich, besondere Regelungen für Kommunal- und Körperschaftsbeamte.

§ 26 Ausbildungs- und Prüfungsordnungen

(1) [1]Die für die Gestaltung der Laufbahn zuständige oberste Landesbehörde wird ermächtigt, im Benehmen mit dem Innenministerium durch Rechtsverordnung Vorschriften über die Ausbildung und Prüfung (Ausbildungs- und Prüfungsordnungen) zu erlassen. [2]Soweit der durch eine Ausbildungs- und Prüfungsordnung eingerichtete Vorbereitungsdienst auf solche Verwendungen innerhalb einer Laufbahn vorbereitet, die schwerpunktmäßig bei anderen als der Gestaltung der Laufbahn zuständigen obersten Landesbehörde bestehen, bestimmt die für die Gestaltung der Laufbahn zuständige oberste Landesbehörde im Benehmen mit den obersten Landesbehörden die für den Erlass der Ausbildungs- und Prüfungsordnung zuständige oberste Landesbehörde.

(2) In den Ausbildungs- und Prüfungsordnungen sollen unter Berücksichtigung der Regelungen der Laufbahnverordnung insbesondere geregelt werden

1. die Voraussetzungen für die Zulassung zur Ausbildung,
2. die Ausgestaltung der Ausbildung einschließlich des Umfangs der theoretischen und der praktischen Ausbildung,
3. die Anrechnung von Zeiten einer für die Ausbildung förderlichen berufspraktischen Tätigkeit sowie sonstiger Zeiten auf die Dauer der Ausbildung,
4. Vorschriften über Zwischenprüfungen,
5. die Durchführung von Prüfungen,
6. die Wiederholung von Prüfungen und Prüfungsteilen sowie die Rechtsfolgen bei endgültigem Nichtbestehen der Prüfung,
7. die Folgen von Versäumnissen und Unregelmäßigkeiten,
8. das Rechtsverhältnis des Betroffenen während der Ausbildung.

(3) [1]Die in Absatz 1 Satz 1 genannte Ermächtigung umfasst auch die Befugnis, für Einsatzberufe im Sinne von §§ 107, 114 und 115 Abweichungen von den in § 18a Absatz 1 Satz 1 und § 18a Absatz 5 Satz 1 genannten Höchstaltersgrenzen festzulegen, soweit die Anforderungen der jeweiligen Laufbahn dies aufgrund typischer persönlicher Eignungsvoraussetzungen erfordern. [2]Belange Schwerbehinderter und ihnen gemäß § 2 Absatz 3 des Neunten Sozialgesetzbuches gleichgestellter behinderter Menschen sowie Verzögerungen aufgrund der Geburt eines Kindes oder durch Betreuungs- und Pflegeleistungen sind zu berücksichtigen. [3]Absatz 3 und 4 sowie Absatz 5 Satz 2 sind entsprechend anzuwenden.

Abschnitt 4

Landesinterne Abordnung, Versetzung und Umbildung von Körperschaften

§ 27 Grundsätze für Abordnung und Versetzung, Umbildung von Körperschaften

(1) [1]Die Vorschriften der §§ 28 und 29 gelten für Abordnungen und Versetzungen zwischen den und innerhalb der in § 1 Absatz 1 genannten Dienstherrn. [2]Die Abordnung und die Versetzung werden von der abgebenden Stelle verfügt. [3]Ist mit der Abordnung oder Versetzung ein Wechsel des Dienstherrn verbunden, darf sie nur im schriftlichen Einverständnis mit der aufnehmenden Stelle verfügt werden.

(2) [1]Auf landesinterne Umbildungen von Körperschaften sind die §§ 16 bis 19 des Beamtenstatusgesetzes und § 38 entsprechend anzuwenden, soweit gesetzlich nichts Anderes bestimmt ist. [2]Ist innerhalb

absehbarer Zeit mit einer Umbildung im Sinne des § 16 des Beamtenstatusgesetzes zu rechnen, so können die obersten Rechtsaufsichtsbehörden der beteiligten Körperschaften anordnen, dass Beamte, deren Aufgabengebiet von der Umbildung berührt wird, nur mit ihrer Genehmigung ernannt werden dürfen. [3]Die Anordnung darf höchstens für die Dauer eines Jahres ergehen. [4]Die Genehmigung soll nur versagt werden, wenn durch derartige Ernennungen die Durchführung der nach den §§ 16 bis 18 des Beamtenstatusgesetzes erforderlichen Maßnahmen wesentlich erschwert wird. [5]Die Sätze 1 bis 4 gelten in den in § 16 Absatz 4 des Beamtenstatusgesetzes genannten Fällen entsprechend.

§ 28 Abordnung (§ 14 BeamtStG)

(1) [1]Eine Abordnung ist die vorübergehende Übertragung einer dem Amt des Beamten entsprechenden Tätigkeit bei einer anderen Dienststelle desselben oder eines anderen Dienstherrn unter Beibehaltung der Zugehörigkeit zur bisherigen Dienststelle. [2]Die Abordnung kann ganz oder teilweise erfolgen.

(2) [1]Aus dienstlichen Gründen ist eine Abordnung auch zu einer nicht dem Amt entsprechenden Tätigkeit zulässig, wenn dem Beamten die Wahrnehmung der neuen Tätigkeit aufgrund der Vorbildung oder Berufsausbildung zuzumuten ist. [2]Dabei ist auch die Abordnung zu einer Tätigkeit, die nicht einem Amt mit demselben Endgrundgehalt entspricht, zulässig. [3]Die Abordnung nach den Sätzen 1 und 2 bedarf der Zustimmung des Beamten, wenn sie die Dauer von zwei Jahren übersteigt.

(3) [1]Die Abordnung zu einem anderen Dienstherrn bedarf der Zustimmung des Beamten. [2]Abweichend von Satz 1 ist die Abordnung auch ohne diese Zustimmung zulässig, wenn die neue Tätigkeit einem Amt mit demselben Endgrundgehalt entspricht, diese Tätigkeit zumutbar ist und die Abordnung die Dauer von fünf Jahren nicht übersteigt.

(4) [1]Wird der Beamte zu einem anderen Dienstherrn abgeordnet, finden auf ihn, soweit zwischen den Dienstherrn nichts Anderes vereinbart ist, die für den Bereich des aufnehmenden Dienstherrn geltenden Vorschriften über die Pflichten und Rechte der Beamten mit Ausnahme der Regelungen über Amtsbezeichnung, Besoldung, Krankenfürsorge, Versorgung und Altersgeld entsprechende Anwendung. [2]Zur Zahlung der dem Beamten zustehenden Leistungen ist auch der Dienstherr verpflichtet, zu dem der Beamte abgeordnet ist.

§ 29 Versetzung (§ 15 BeamtStG)

(1) [1]Versetzung ist die auf Dauer angelegte Übertragung eines anderen Amtes bei demselben oder einem anderen Dienstherrn. [2]Beamte können auf ihren Antrag oder aus dienstlichen Gründen in ein Amt einer Laufbahn versetzt werden, für die sie die Befähigung besitzen. [3]Eine Versetzung aus dienstlichen Gründen bedarf der Zustimmung des Beamten, soweit nachfolgend nichts Anderes bestimmt ist.

(2) [1]Eine Versetzung ist ohne Zustimmung des Beamten in ein Amt der bisherigen oder einer anderen Laufbahn zulässig, wenn das neue Amt mit mindestens demselben Endgrundgehalt verbunden ist wie das bisherige Amt Stellenzulagen gelten hierbei nicht als Bestandteil des Endgrundgehaltes. [2]Besitzt der Beamte nicht die Befähigung für die andere Laufbahn, ist er verpflichtet, an Maßnahmen für den Erwerb der neuen Befähigung teilzunehmen.

(3) [1]Bei Auflösung einer Behörde, einer wesentlichen Änderung des Aufbaus oder der Aufgaben einer Behörde oder bei der Verschmelzung von Behörden darf der Beamte, dessen Aufgabengebiet davon berührt wird, auch ohne seine Zustimmung in ein anderes Amt derselben Laufbahn oder einer anderen Laufbahn mit geringerem Endgrundgehalt im Bereich desselben Dienstherrn versetzt werden, wenn eine seinem bisherigen Amt entsprechende Verwendung nicht möglich ist. [2]Das Endgrundgehalt muss mindestens dem des Amtes entsprechen, das der Beamte vor dem bisherigen Amt inne hatte; Absatz 2 Satz 2 und 3 ist anzuwenden.

(4) Wird der Beamte in ein Amt eines anderen Dienstherrn versetzt, wird das Beamtenverhältnis mit dem neuen Dienstherrn fortgesetzt.

Abschnitt 5
Beendigung des Beamtenverhältnisses

Unterabschnitt 1
Entlassung und Verlust der Beamtenrechte

§ 30 Entlassung kraft Gesetzes (§ 22 BeamtStG)

(1) [1]Die oberste Dienstbehörde oder die von ihr bestimmte Behörde entscheidet darüber, ob die Voraussetzungen des § 22 Absatz 1, 2 oder 3 des Beamtenstatusgesetzes vorliegen und stellt den Tag der Beendigung des Beamtenverhältnisses fest. [2]Bei Kommunalbeamten und Körperschaftsbeamten tritt im Falle des § 22 Absatz 1 Nummer 1 des Beamtenstatusgesetzes an die Stelle der obersten Dienstbehörde die oberste Rechtsaufsichtsbehörde.

(2) [1]Für die Anordnung der Fortdauer des bisherigen Beamtenverhältnisses nach § 22 Absatz 2 des Beamtenstatusgesetzes ist die oberste Dienstbehörde zuständig. [2]Bei Landesbeamten ist das Einvernehmen mit dem Innenministerium und dem Finanzministerium, bei Kommunal- und Körperschaftsbeamten mit der obersten Rechtsaufsichtbehörde herzustellen.

(3) [1]Im Falle des § 22 Absatz 3 des Beamtenstatusgesetzes kann die oberste Dienstbehörde die Fortdauer des Beamtenverhältnisses neben dem Beamtenverhältnis auf Zeit anordnen. [2]Absatz 2 Satz 2 ist anzuwenden.

(4) [1]Der Beamte auf Widerruf im Vorbereitungsdienst ist mit dem Ablauf des Tages aus dem Beamtenverhältnis entlassen, an dem ihm

1. das Bestehen der Laufbahnprüfung oder
2. das endgültige Nichtbestehen der Laufbahnprüfung oder einer vorgeschriebenen Zwischenprüfung bekannt gegeben worden ist.

[2]Im Fall von Satz 1 Nummer 1 endet das Beamtenverhältnis jedoch frühestens nach Ablauf der für den Vorbereitungsdienst im Allgemeinen oder im Einzelfall festgesetzten Zeit.

§ 31 Entlassung durch Verwaltungsakt (§ 23 BeamtStG)

(1) Bei der Entlassung nach § 23 Absatz 1 Satz 1 Nummer 1 des Beamtenstatusgesetzes kann der Beamte ohne Einhaltung einer Frist entlassen werden.

(2) [1]Das Verlangen nach § 23 Absatz 1 Satz 1 Nummer 4 des Beamtenstatusgesetzes muss dem Dienstvorgesetzten gegenüber erklärt werden. [2]Die Erklärung kann, solange die Entlassungsverfügung noch nicht zugegangen ist, innerhalb von zwei Wochen nach Zugang bei dem Dienstvorgesetzten, mit Zustimmung der Entlassungsbehörde auch nach Ablauf dieser Frist, zurückgenommen werden. [3]Die Entlassung ist für den beantragten Zeitpunkt auszusprechen. [4]Sie kann jedoch so lange hinausgeschoben werden, bis der Beamte seine Amtsgeschäfte ordnungsgemäß erledigt hat, dabei darf ein Zeitraum von drei Monaten nicht überschritten werden; bei Lehrern kann die Entlassung bis zum Ende des Schulhalbjahres, bei Hochschullehrern bis zum Ablauf des Semesters hinausgeschoben werden.

(3) [1]Im Fall des § 23 Absatz 3 Satz 1 Nummer 1 des Beamtenstatusgesetzes ist vor der Entlassung der Sachverhalt aufzuklären. [2]Die Vorschriften der §§ 23 bis 31 des Landesdisziplinargesetzes gelten entsprechend. [3]Der Beamte kann ohne Einhaltung einer Frist entlassen werden.

(4) [1]Die Frist für die Entlassung nach § 23 Absatz 3 Satz 1 Nummer 2 und 3 des Beamtenstatusgesetzes beträgt bei einer Beschäftigungszeit

1. bis zu drei Monaten zwei Wochen zum Monatsschluss,
2. von mehr als drei Monaten sechs Wochen zum Schluss eines Kalendervierteljahres.

[2]Als Beschäftigungszeit gilt die Zeit ununterbrochener Tätigkeit als Beamter auf Probe bei demselben Dienstherrn.

(5) Ist ein Beamter nach § 23 Absatz 3 Satz 1 Nummer 3 des Beamtenstatusgesetzes entlassen worden, ist er bei Neueinstellungen auf seine Bewerbung bei gleichwertiger Eignung vorrangig zu berücksichtigen.

(6) Für die Entlassung eines Beamten auf Widerruf gilt Absatz 3 entsprechend.

§ 32 Zuständigkeit, Verfahren und Wirkung der Entlassung

(1) [1]Die Entlassung nach § 23 des Beamtenstatusgesetzes wird von der Stelle schriftlich verfügt, die nach § 8 Absatz 1 oder 2 für die Ernennung des Beamten zuständig wäre. [2]Soweit durch Gesetz, Verordnung oder Satzung nichts Anderes bestimmt ist, tritt die Entlassung im Fall des § 23 Absatz 1

Nummer 1 des Beamtenstatusgesetzes mit der Bekanntgabe, im Übrigen mit dem Ende des Monats ein, der auf den Monat folgt, in dem dem Beamten die Entlassungsverfügung bekannt gegeben wird.

(2) [1]Nach der Entlassung hat der frühere Beamte keinen Anspruch auf Leistungen des Dienstherrn, soweit gesetzlich nichts Anderes bestimmt ist. [2]Er darf die Amtsbezeichnung und die im Zusammenhang mit dem Amt verliehenen Titel nur führen, wenn ihm die Erlaubnis nach § 59 Absatz 4 erteilt worden ist.

§ 33 Wirkung des Verlustes der Beamtenrechte und eines Wiederaufnahmeverfahrens (§ 24 BeamtStG)

(1) [1]Endet das Beamtenverhältnis nach § 24 Absatz 1 des Beamtenstatusgesetzes, so hat der frühere Beamte ab Rechtskraft der gerichtlichen Entscheidung keinen Anspruch auf Leistungen des früheren Dienstherrn, soweit gesetzlich nichts Anderes bestimmt ist. [2]Er darf die Amtsbezeichnung und die im Zusammenhang mit dem Amt verliehenen Titel nicht führen.

(2) [1]Wird eine Entscheidung, durch die der Verlust der Beamtenrechte bewirkt worden ist, im Wiederaufnahmeverfahren durch eine Entscheidung ersetzt, die diese Wirkung nicht hat, so hat der Beamte, sofern er die Regelaltersgrenze noch nicht erreicht hat und noch dienstfähig ist, Anspruch auf Übertragung eines Amtes derselben oder einer vergleichbaren Laufbahn wie sein bisheriges Amt und mit mindestens demselben Endgrundgehalt. [2]Bis zur Übertragung des neuen Amtes erhält er, auch für die zurückliegende Zeit, die Leistungen des Dienstherrn, die ihm aus seinem bisherigen Amt zugestanden hätten. [3]Die Sätze 1 und 2 gelten entsprechend für Beamte auf Zeit, auf Probe und auf Widerruf; für Beamte auf Zeit jedoch nur insoweit, als ihre Amtszeit noch nicht abgelaufen ist. [4]Ist das frühere Amt eines Beamten auf Zeit inzwischen neu besetzt, so hat er für die restliche Dauer der Amtszeit Ansprach auf rechtsgleiche Verwendung in einem anderen Amt; steht ein solches Amt nicht zur Verfügung, stehen ihm nur die in Satz 2 geregelten Ansprüche zu.

(3) [1]Ist aufgrund des im Wiederaufnahmeverfahren festgestellten Sachverhalts oder aufgrund eines rechtskräftigen Strafurteils, das nach der früheren Entscheidung ergangen ist, ein Disziplinarverfahren mit dem Ziel der Entfernung aus dem Beamtenverhältnis eingeleitet worden, so verliert der Beamte die ihm nach Absatz 2 zustehenden Ansprüche, wenn auf Entfernung aus dem Beamtenverhältnis erkannt wird; bis zur rechtskräftigen Entscheidung können die Ansprüche nicht geltend gemacht werden. [2]Satz 1 gilt entsprechend in Fällen der Entlassung eines Beamten auf Probe oder auf Widerruf wegen eines Verhaltens der in § 23 Absatz 3 Satz 1 Nummer 1 des Beamtenstatusgesetzes bezeichneten Art.

(4) Der Beamte muss sich auf die ihm nach Absatz 2 zustehenden Bezüge ein anderes Arbeitseinkommen oder einen Unterhaltsbeitrag anrechnen lassen; er ist zur Auskunft hierüber verpflichtet.

§ 34 Gnadenrecht

Dem Ministerpräsidenten steht hinsichtlich des Verlustes der Beamtenrechte (§ 24 des Beamtenstatusgesetzes) das Gnadenrecht zu.

§ 34a Aufwendungsersatz für Fortbildungen

(1) [1]Ein Beamter, der innerhalb von vier Jahren nach Abschluss einer Fortbildung aufgrund eigenen Entschlusses aus dem Beamtenverhältnis zu seinem bisherigen Dienstherrn ausscheidet oder schuldhaft dessen Beendigung herbeiführt, ist verpflichtet, dem Dienstherrn die durch die Fortbildung entstandenen Aufwendungen nach Maßgabe des Absatzes 2 zu erstatten. [2]Satz 1 gilt nicht für ein Beamtenverhältnis auf Widerruf.

(2) [1]Der Aufwendungsersatz umfasst neben den Ausgaben für die Fortbildung auch die für Dienstreisen und für eine Abordnung entstandenen Kosten. [2]Er verringert sich ab dem ersten Jahr nach Abschluss der Fortbildung jährlich um jeweils ein Viertel. [3]Die Geltendmachung des Aufwendungsersatzes setzt voraus, dass die Fortbildung, bestehend aus einer oder mehreren Maßnahmen,

1. für die Befähigung sowie die Eignung des Beamten von erheblicher Bedeutung ist,
2. einen Zeitraum von insgesamt mindestens vier Wochen umfasst und
3. bei Bestehen dieser Voraussetzungen nach den Nummern 1 und 2 dem Beamten mit der Gewährung der Fortbildung eine entsprechende Auflage erteilt worden ist.

(3) Der Aufwendungsersatzanspruch verjährt in drei Jahren von dem jeweiligen Zeitpunkt an, in welchem er nach Maßgabe des Absatzes 2 entstanden ist.

Unterabschnitt 2
Ruhestand und einstweiliger Ruhestand

§ 35 Ruhestand wegen Erreichen der Regelaltersgrenze. (§ 25 BeamtStG)

(1) [1]Der Beamte auf Lebenszeit tritt mit Ablauf des Monats in den Ruhestand, in dem er die Regelaltersgrenze erreicht. [2]Soweit gesetzlich nichts Anderes bestimmt ist, bildet die Vollendung des 67. Lebensjahres die Regelaltersgrenze. [3]Lehrer treten mit Ablauf des letzten Monats des Schulhalbjahres in den Ruhestand, in welchem sie die Regelaltersgrenze erreichen.

(2) [1]Beamte auf Lebenszeit, die vor dem 1. Januar 1947 geboren sind, erreichen die Regelaltersgrenze mit Vollendung des 65. Lebensjahres. [2]Für Beamte auf Lebenszeit, die nach dem 31. Dezember 1946 geboren sind, wird die Regelaltersgrenze wie folgt angehoben:

Geburtsjahr	Anhebung um Monate	Anspruch ab Alter	
		Jahr	Monat
1947	1	65	1
1948	2	65	2
1949	3	65	3
1950	4	65	4
1951	5	65	5
1952	6	65	6
1953	7	65	7
1954	8	65	8
1955	9	65	9
1956	10	65	10
1957	11	65	11
1958	12	66	0
1959	14	66	2
1960	16	66	4
1961	18	66	6
1962	20	66	8
1963	22	66	10

(3) [1]Die oberste Dienstbehörde kann den Eintritt in den Ruhestand um bis zu drei Jahre hinausschieben
1. aus dienstlichen Gründen mit Zustimmung des Beamten oder
2. auf Antrag des Beamten, wenn dies im dienstlichen Interesse liegt.

[2]Der Antrag nach Satz 1 Nummer 2 soll spätestens sechs Monate vor Erreichen der Regelaltersgrenze gestellt werden. [3]Nach Überschreiten der Regelaltersgrenze kann der Beamte unter Einhaltung einer Frist von sechs Wochen zum Schluss eines Kalendervierteljahres verlangen, in den Ruhestand versetzt zu werden.

(4) [1]Kommunale Wahlbeamte treten mit dem Ende des Monats, in dem sie die Regelaltersgrenze erreichen, in den Ruhestand, wenn sie insgesamt eine mindestens siebenjährige ruhegehaltfähige Dienstzeit im Beamtenverhältnis auf Zeit erreicht haben; andernfalls sind sie entlassen. [2]Sie treten ferner mit Ablauf ihrer Amtszeit in den Ruhestand, wenn sie im Anschluss an ihre Amtszeit nicht für eine weitere Amtszeit erneut in dasselbe Amt berufen werden und
1. eine ruhegehaltfähige Dienstzeit von 14 Jahren erreicht und das 45. Lebensjahr vollendet haben oder
2. eine ruhegehaltfähige Dienstzeit von 14 Jahren, nach Vollendung des 60. Lebensjahres von sieben Jahren, im Beamtenverhältnis auf Zeit erreicht haben;

anderenfalls sind sie entlassen. [3]Nach Vollendung des 63. Lebensjahres sind kommunale Wahlbeamte auf Antrag in den Ruhestand zu versetzen, wenn sie insgesamt eine mindestens siebenjährige ruhegehaltfähige Dienstzeit im Beamtenverhältnis auf Zeit erreicht haben; § 36 findet keine Anwendung. [4]Absatz 3 ist entsprechend anzuwenden, wenn der Eintritt in den Ruhestand über die Regelaltersgrenze bis zum Ende der Amtszeit hinausgeschoben werden soll; auf Antrag eines von den Bürgern unmittelbar gewählten kommunalen Wahlbeamten ist der Eintritt in den Ruhestand hinauszuschieben.

(5) [1]Waren Beamte auf Lebenszeit vor einem Laufbahnwechsel oder Verwendungswechsel als Beamte nach §§ 108, 114 oder 115 tätig und haben sie hierbei zwanzig vollständige Jahre im Wechselschichtdienst erbracht, so verringert sich für sie die in Absatz 1 oder 2 festgelegte Regelaltersgrenze um zwei Jahre, wenn der Laufbahnwechsel oder der Verwendungswechsel im Rahmen einer anderweitigen Verwendung zur Vermeidung der Versetzung in den Ruhestand wegen Dienstunfähigkeit nach § 26 des Beamtenstatusgesetzes erfolgt ist; die Regelaltersgrenze verringert sich um weitere sechs Monate für jeweils fünf darüber hinaus vollständig erbrachte Jahre im Wechselschichtdienst. [2]Im Falle von Beamten nach§ 114 ist auch Schichtdienst zu berücksichtigen. [3]Der Beamte hat spätestens drei Jahre vor Erreichen der sich nach den Sätzen 1 und 2 ergebenden Regelaltersgrenze anzuzeigen, inwieweit er hierfür die Voraussetzungen erfüllt.

§ 36 Ruhestand auf Antrag

(1) [1]Der Beamte auf Lebenszeit kann auf seinen Antrag in den Ruhestand versetzt werden, wenn er das 63. Lebensjahr vollendet hat. [2]§ 35 Absatz 1 Satz 3 gilt entsprechend.

(2) [1]Der Beamte auf Lebenszeit, der schwerbehindert im Sinne des § 2 Absatz 2 des Neunten Buches Sozialgesetzbuch ist, kann auf seinen Antrag in den Ruhestand versetzt werden, wenn er das 62. Lebensjahr vollendet hat. [2]Der Beamte auf Lebenszeit, der schwerbehindert im Sinne des § 2 Absatz 2 des Neunten Buches Sozialgesetzbuch ist und der vor dem 1. Januar 1952 geboren ist, kann auf seinen Antrag in den Ruhestand versetzt werden, wenn er das 60. Lebensjahr vollendet hat. [3]Für einen Beamten auf Lebenszeit, der schwerbehindert im Sinne des § 2 Absatz 2 des Neunten Buches Sozialgesetzbuch ist und der nach dem 31. Dezember 1951 geboren ist, wird die Altersgrenze wie folgt angehoben:

Geburtsjahr	Anhebung um Monate	Anspruch ab Alter	
		Jahr	Monat
1952			
Januar	1	60	1
Februar	2	60	2
März	3	60	3
April	4	60	4
Mai	5	60	5
Juni bis Dezember	6	60	6
1953	7	60	7
1954	8	60	8
1955	9	60	9
1956	10	60	10
1957	11	60	11
1958	12	61	0
1959	14	61	2
1960	16	61	4
1961	18	61	6
1962	20	61	8
1963	22	61	10

§ 37 Einstweiliger Ruhestand (§ 30 BeamtStG)

Der Ministerpräsident kann einen Beamten in den einstweiligen Ruhestand versetzen, wenn ihm eines der folgenden Ämter übertragen worden ist:

1. Staatssekretär,
2. Sprecher der Landesregierung,
3. Leiter der Abteilung für Verfassungsschutz im Innenministerium.

§ 38 Einstweiliger Ruhestand bei Umbildung von Körperschaften (§ 18 BeamtStG)

Die Frist, innerhalb derer ein Beamter nach § 18 Absatz 2 des Beamtenstatusgesetzes in den einstweiligen Ruhestand versetzt werden kann, beträgt ein Jahr.

§ 39 Einstweiliger Ruhestand bei Umbildung und Auflösung von Behörden (§ 31 BeamtStG)

[1]Die Versetzung in den einstweiligen Ruhestand ist nur zulässig, soweit aus Anlass der Auflösung oder Umbildung Planstellen eingespart werden. [2]Die Versetzung in den einstweiligen Ruhestand kann nur innerhalb einer Frist von einem Jahr nach Auflösung oder Umbildung der Behörde ausgesprochen werden.

§ 40 Beginn des einstweiligen Ruhestandes

[1]Der einstweilige Ruhestand beginnt mit dem Zeitpunkt, in dem die Versetzung in den Ruhestand dem Beamten bekannt gegeben wird. [2]Ein späterer Zeitpunkt kann festgesetzt werden, in diesem Fall beginnt der einstweilige Ruhestand spätestens mit dem Ende der drei Monate, die auf den Monat der Bekanntgabe folgen. [3]Die Verfügung kann bis zum Beginn des einstweiligen Ruhestandes zurückgenommen werden.

Unterabschnitt 3
Dienstunfähigkeit

§ 41 Verfahren bei Dienstunfähigkeit (§ 26 BeamtStG)

(1) [1]Bestehen begründete Zweifel an der Dienstfähigkeit des Beamten, so ist er verpflichtet, sich nach Weisung des Dienstvorgesetzten ärztlich untersuchen und, falls der Arzt es für erforderlich hält, auch beobachten zu lassen. [2]Kommt der Beamte trotz wiederholter schriftlicher Weisung ohne hinreichenden Grund dieser Verpflichtung nicht nach, kann er so behandelt werden, als ob Dienstunfähigkeit vorläge.

(2) Die Frist nach § 26 Absatz 1 Satz 2 des Beamtenstatusgesetzes beträgt sechs Monate.

(3) [1]Gelangt der Dienstvorgesetzte aufgrund des ärztlichen Gutachtens zu der Schlussfolgerung, dass der Beamte dienstunfähig ist, entscheidet die nach § 46 Absatz 3 zuständige Behörde über die Versetzung in den Ruhestand. [2]Sie ist an die Erklärungen des Dienstvorgesetzten nicht gebunden; sie kann auch andere Beweise erheben.

§ 42 Ruhestand bei Beamtenverhältnis auf Probe (§ 28 BeamtStG)

Die Entscheidung über die Versetzung in den Ruhestand von Beamten, die sich im Beamtenverhältnis auf Probe befinden, trifft die oberste Dienstbehörde, bei Landesbeamten im Einvernehmen mit dem Finanzministerium.

§ 43 Wiederherstellung der Dienstfähigkeit (§ 29 BeamtStG)

(1) Die Frist, innerhalb derer der Ruhestandsbeamte bei wiederhergestellter Dienstfähigkeit die erneute Berufung in das Beamtenverhältnis nach § 29 Absatz 1 des Beamtenstatusgesetzes verlangen kann, beträgt fünf Jahre nach der Versetzung in den Ruhestand.

(2) Kommt der Beamte trotz wiederholter schriftlicher Weisung ohne hinreichenden Grund der Verpflichtung nach § 29 Absatz 5 Satz 1 des Beamtenstatusgesetzes nicht nach, kann er so behandelt werden, als ob Dienstfähigkeit vorläge.

(3) [1]Der Beamte ist verpflichtet, zur Wiederherstellung seiner Dienstfähigkeit an geeigneten und zumutbaren gesundheitlichen und beruflichen Rehabilitationsmaßnahmen teilzunehmen. [2]Diese Verpflichtung gilt auch zur Vermeidung einer drohenden Dienstunfähigkeit. [3]Vor der Versetzung in den Ruhestand ist er auf diese Pflicht hinzuweisen, es sei denn, nach den Umständen des Einzelfalls kommt eine erneute Berufung in das Beamtenverhältnis nicht in Betracht. [4]Der Dienstherr hat, sofern keine anderen Ansprüche bestehen, die Kosten für diese gesundheitlichen und beruflichen Rehabilitationsmaßnahmen zu tragen.

§ 44 Ärztliche Untersuchung

(1) Die ärztliche Untersuchung wird von Amtsärzten und beamteten Ärzten oder sonstigen von der zuständigen Behörde bestimmten Ärzten durchgeführt.

(2) [1]Der Arzt teilt der Behörde die tragenden Feststellungen und Gründe des Ergebnisses der ärztlichen Untersuchung mit. [2]Das ärztliche Gutachten ist in einem gesonderten und verschlossenen Umschlag zu übersenden. [3]Es ist verschlossen zu der Personalakte zu nehmen. [4]Die an die Behörde übermittelten Daten dürfen nur für die zu treffende Entscheidung verarbeitet oder genutzt werden.

(3) [1]Zu Beginn der Untersuchung ist der Beamte auf deren Zweck und die Übermittlungsbefugnis an die Behörde hinzuweisen. [2]Der Arzt übermittelt dem Beamten oder, soweit dem ärztliche Gründe

entgegenstehen, einer zu seiner Vertretung befugten Person eine Kopie der aufgrund dieser Vorschrift an die Behörde erteilten Auskünfte.

§ 45 Feststellung der begrenzten Dienstfähigkeit (§ 27 BeamtStG)

Für das Verfahren zur Feststellung der begrenzten Dienstfähigkeit gelten die Vorschriften über die Dienstunfähigkeit entsprechend.

Unterabschnitt 4

Gemeinsame Bestimmungen für den Ruhestand

§ 46 Zuständigkeiten und Wirksamwerden

(1) Der Eintritt oder die Versetzung in den Ruhestand setzt, soweit gesetzlich nichts Anderes bestimmt ist, eine Wartezeit von fünf Jahren nach Maßgabe des Versorgungsrechts voraus.

(2) [1]Der Ruhestand beginnt, soweit gesetzlich nichts Anderes bestimmt ist, mit dem Ende des Monats, in dem die Verfügung über die Versetzung in den Ruhestand dem Beamten bekannt gegeben worden ist. [2]Auf Antrag oder mit Zustimmung des Beamten kann in der Verfügung auch ein anderer Zeitpunkt festgesetzt werden.

(3) [1]Die Versetzung in den Ruhestand wird, soweit durch Gesetz, Rechtsverordnung oder Satzung nichts Anderes bestimmt ist, von der Stelle verfügt, die nach § 8 Absatz 1 oder 2 für die Ernennung des Beamten zuständig wäre. [2]Die Verfügung kann bis zum Beginn des Ruhestands zurückgenommen werden.

(4) Werden Rechtsbehelfe gegen die Verfügung über die Versetzung in den Ruhestand eingelegt, so werden mit Beginn des auf die Bekanntgabe der Verfügung folgenden Monats die Dienstbezüge einbehalten, die das Ruhegehalt übersteigen.

Abschnitt 6

Rechtliche Stellung im Beamtenverhältnis

Unterabschnitt 1

Allgemeines

§ 47 Verschwiegenheitspflicht, Aussagegenehmigung (§ 37 BeamtStG)

(1) [1]Die Genehmigung nach § 37 Absatz 3 des Beamtenstatusgesetzes erteilt der Dienstvorgesetzte oder, wenn das Beamtenverhältnis beendet ist, der letzte Dienstvorgesetzte. [2]Über die Genehmigung in den Fällen nach § 37 Absatz 4 Satz 1 und Absatz 5 Satz 1 des Beamtenstatusgesetzes entscheidet bei Landräten, Bürgermeistern sowie Amts- und Verbandsvorstehern die Rechtsaufsichtsbehörde.

(2) [1]Sind Aufzeichnungen nach § 37 Absatz 6 des Beamtenstatusgesetzes auf Bild-, Ton- oder Datenträgern gespeichert, die körperlich nicht herausgegeben werden können oder bei denen eine Herausgabe nicht zumutbar ist, so sind diese Aufzeichnungen auf Verlangen dem Dienstherrn zu übermitteln und zu löschen. [2]Der Beamte hat auf Verlangen über die nach Satz 1 zu löschenden Aufzeichnungen Auskunft zu geben.

§ 48 Diensteid (§ 38 BeamtStG)

(1) Der Beamte hat folgenden Diensteid zu leisten:

„Ich schwöre, das Grundgesetz für die Bundesrepublik Deutschland, die Verfassung des Landes Mecklenburg-Vorpommern und alle in der Bundesrepublik Deutschland geltenden Gesetze zu wahren und meine Amtspflichten gewissenhaft zu erfüllen, so wahr mir Gott helfe."

(2) Der Eid kann auch ohne die Wörter „so wahr mir Gott helfe" geleistet werden.

(3) Erklärt ein Beamter, dass er aus Glaubens- oder Gewissensgründen keinen Eid leisten wolle, kann er anstelle der Wörter „Ich schwöre" die Wörter „Ich gelobe" oder eine andere Beteuerungsformel sprechen.

(4) [1]In den Fällen, in denen nach § 7 Absatz 3 des Beamtenstatusgesetzes eine Ausnahme von § 7 Absatz 1 Nummer 1 des Beamtenstatusgesetzes zugelassen worden ist, kann von einer Eidesleistung abgesehen werden. [2]Der Beamte hat, sofern gesetzlich nichts Anderes bestimmt ist, zu geloben, dass er seine Amtspflichten gewissenhaft erfüllen wird.

§ 49 Verbot der Führung der Dienstgeschäfte (§ 39 BeamtStG)

(1) [1]Über das Verbot der Führung der Dienstgeschäfte nach § 39 des Beamtenstatusgesetzes entscheidet die oberste Dienstbehörde. [2]Sie kann die Befugnis auf den Dienstvorgesetzten übertragen.

(2) Wird einem Beamten die Führung seiner Dienstgeschäfte verboten, so können ihm auch das Tragen der Dienstkleidung und Ausrüstung, der Aufenthalt in den Diensträumen oder in den dienstlichen Unterkünften und die Führung der dienstlichen Ausweise und Abzeichen untersagt werden.

§ 50 Verbot der Annahme von Belohnungen und Geschenken (§ 42 BeamtStG)

(1) [1]Ausnahmen nach § 42 Absatz 1 des Beamtenstatusgesetzes erteilt die oberste Dienstbehörde oder die letzte oberste Dienstbehörde. [2]Die Befugnis zur Zustimmung kann auf andere Stellen übertragen werden.

(2) [1]Für den Umfang des Herausgabeanspruchs nach § 42 Absatz 2 des Beamtenstatusgesetzes gelten die Vorschriften des Bürgerlichen Gesetzbuches über die Herausgabe einer ungerechtfertigten Bereicherung entsprechend. [2]Die Herausgabepflicht nach Satz 1 umfasst auch die Pflicht, dem Dienstherrn Auskunft über Art, Umfang und Verbleib des Erlangten zu geben.

§ 51 Dienstvergehen von Ruhestandsbeamten (§ 47 BeamtStG)

(1) Bei einem Ruhestandsbeamten oder früheren Beamten mit Versorgungsbezügen gilt es als Dienstvergehen auch, wenn er

1. entgegen § 29 Absatz 2 oder 3 des Beamtenstatusgesetzes oder entgegen § 30 Absatz 3 des Beamtenstatusgesetzes in Verbindung mit § 29 Absatz 2 des Beamtenstatusgesetzes einer erneuten Berufung in das Beamtenverhältnis schuldhaft nicht nachkommt oder
2. seine Verpflichtung nach § 29 Absatz 4 oder 5 Satz 1 des Beamtenstatusgesetzes verletzt.

(2) Auf frühere Beamte mit Anspruch auf Altersgeld findet § 47 Absatz 2 Satz 1 des Beamtenstatusgesetzes entsprechende Anwendung.

§ 52 Schadensersatz (§ 48 BeamtStG)

(1) Hat der Dienstherr Dritten Schadensersatz geleistet, gilt als Zeitpunkt, in dem der Dienstherr Kenntnis im Sinne der Verjährungsvorschriften des Bürgerlichen Gesetzbuchs erlangt, der Zeitpunkt, in dem der Ersatzanspruch gegenüber dem Dritten vom Dienstherrn anerkannt oder dem Dienstherrn gegenüber rechtskräftig festgestellt wird.

(2) Leistet der Beamte dem Dienstherrn Ersatz und hat dieser einen Ersatzanspruch gegen einen Dritten, so geht der Ersatzanspruch auf den Beamten über.

§ 53 Übergang von Schadensersatzansprüchen

(1) [1]Wird ein Beamter oder Versorgungsberechtigter oder dessen Angehöriger verletzt oder getötet, so geht ein gesetzlicher Schadensersatzanspruch, der diesen Personen infolge der Körperverletzung oder der Tötung gegen einen Dritten zusteht, insoweit auf den Dienstherrn über, als dieser

1. während einer auf der Körperverletzung beruhenden Aufhebung der Dienstfähigkeit oder
2. infolge der Körperverletzung oder Tötung

zur Gewährung von Leistungen verpflichtet ist. [2]Ist eine Versorgungskasse zur Gewährung der Versorgung verpflichtet, so geht der Anspruch auf sie über. [3]Übergegangene Ansprüche dürfen nicht zum Nachteil des Verletzten oder der Hinterbliebenen geltend gemacht werden.

(2) Absatz 1 gilt für Altersgeldberechtigte und deren Hinterbliebene entsprechend.

§ 54 Befreiung and Ausschluss von Amtshandlungen

[1]Die §§ 20 und 21 des Landesverwaltungsverfahrensgesetzes gelten entsprechend für dienstliche Tätigkeiten außerhalb eines Verwaltungsverfahrens. [2]Satz 1 gilt nicht für Personen, die einem der in § 20 Absatz 1 Satz 1 Nummer 5 des Landesverwaltungsverfahrensgesetzes genannten Organe in amtlicher Eigenschaft angehören.

§ 55 Fernbleiben vom Dienst, Erkrankung

(1) Der Beamte darf dem Dienst nicht ohne Genehmigung seines Dienstvorgesetzten fernbleiben.

(2) [1]Der Beamte hat eine Dienstunfähigkeit infolge Krankheit unter Angabe ihrer voraussichtlichen Dauer unverzüglich anzuzeigen. [2]Dauert die Dienstunfähigkeit länger als drei Kalendertage, so hat er eine ärztliche Bescheinigung vorzulegen; dies gilt auf Verlangen des Dienstvorgesetzten auch bei kürzerer Dauer der Dienstunfähigkeit. [3]Bei längerer Dauer kann der Dienstvorgesetzte erneut die Vorlage von ärztlichen Bescheinigungen verlangen. [4]Der Beamte ist verpflichtet, sich nach Weisung des

Dienstvorgesetzten ärztlich (§ 44 Absatz 1) untersuchen zu lassen; die Kosten dieser Untersuchung trägt der Dienstherr.

§ 56 Wohnungswahl, Dienstwohnung

(1) Der Beamte hat seine Wohnung so zu nehmen, dass er in der ordnungsgemäßen Wahrnehmung seiner Dienstgeschäfte nicht beeinträchtigt wird.

(2) Wenn die dienstlichen Gründe es erfordern, kann der Dienstvorgesetzte den Beamten anweisen, seine Wohnung innerhalb einer bestimmten Entfernung von seiner Dienststelle zu nehmen oder eine Dienstwohnung zu beziehen.

§ 57 Aufenthalt in erreichbarer Nähe

Wenn und solange besondere dienstliche Gründe es dringend erfordern, kann der Beamte angewiesen werden, sich während der dienstfreien Zeit in erreichbarer Nähe seines Dienstortes aufzuhalten.

§ 58 Dienstkleidungsvorschriften, Kennzeichnungspflicht

(1) [1]Der Beamte ist verpflichtet, Dienstkleidung zu tragen, wenn dies bei der Ausübung des Dienstes üblich oder erforderlich ist. [2]Nähere Bestimmungen über die Dienstkleidung erlässt der Ministerpräsident. [3]Er kann die Ausübung dieser Befugnis auf andere Stellen übertragen.

(2) [1]Beamte der Fachrichtung des Polizeivollzugsdienstes im Sinne des § 107 tragen beim Einsatz in geschlossenen Einheiten eine zur nachträglichen Identitätsfeststellung geeignete Kennzeichnung. [2]Diese Kennzeichnungspflicht gilt nicht, soweit der Zweck der Maßnahme oder Amtshandlung oder überwiegende schutzwürdige Belange des Polizeivollzugsbediensteten dadurch beeinträchtigt werden. [3]Das Nähere zu Inhalt, Umfang und Ausnahmen von dieser Verpflichtung regelt das für Inneres zuständige Ministerium durch Verwaltungsvorschrift.

§ 59 Amtsbezeichnung

(1) Der Ministerpräsident setzt die Amtsbezeichnungen der Beamten fest, soweit gesetzlich nichts Anderes bestimmt ist oder er die Ausübung dieser Befugnis nicht anderen Stellen überträgt.

(2) [1]Der Beamte führt im Dienst die Amtsbezeichnung des ihm übertragenen Amtes. [2]Er darf sie auch außerhalb des Dienstes führen. [3]Nach dem Wechsel in ein anderes Amt darf der Beamte die bisherige Amtsbezeichnung nicht mehr führen. [4]Ist das neue Amt mit einem niedrigeren Endgrundgehalt verbunden, darf neben der neuen Amtsbezeichnung die des früheren Amtes mit dem Zusatz „außer Dienst“ oder „a.D.“ geführt werden.

(3) [1]Der Ruhestandsbeamte darf die ihm bei Eintritt in den Ruhestand zustehende Amtsbezeichnung mit dem Zusatz „außer Dienst“ oder „a.D.“ und die im Zusammenhang mit dem Amt verliehenen Titel weiter führen. [2]Ändert sich die Bezeichnung des früheren Amtes, so darf die geänderte Amtsbezeichnung geführt werden.

(4) [1]Einem entlassenen Beamten kann die für ihn zuletzt zuständige oberste Dienstbehörde die Erlaubnis erteilen, die Amtsbezeichnung mit dem Zusatz „außer Dienst“ oder „a.D.“ sowie die im Zusammenhang mit dem Amt verliehenen Titel zu führen. [2]Die Erlaubnis kann widerrufen werden, wenn der frühere Beamte sich ihrer als nicht würdig erweist.

§ 60 Jubiläumszuwendung

[1]Dem Beamten kann bei Dienstjubiläen eine Jubiläumszuwendung gewährt werden. [2]Das Nähere regelt die Landesregierung durch Rechtsverordnung.

§ 61 Dienstliche Beurteilung, Dienstzeugnis

(1) [1]Eignung, Befähigung und fachliche Leistung der Beamten sind dienstlich zu beurteilen. [2]Erfolgt eine Auswahlentscheidung auch auf der Grundlage dienstlicher Beurteilungen, besitzen die Beurteilungen hinreichende Aktualität, deren Ende des Beurteilungszeitraumes zum Zeitpunkt der Auswahlentscheidung nicht länger als drei Jahre zurückliegt.

(2) [1]Dem Beamten wird auf Antrag ein Dienstzeugnis über Art und Dauer der von ihm bekleideten Ämter erteilt, wenn er daran ein berechtigtes Interesse hat oder das Beamtenverhältnis beendet ist. [2]Das Dienstzeugnis muss auf Verlangen des Beamten auch über die von ihm ausgeübte Tätigkeit und seine erbrachten Leistungen Auskunft geben.

Unterabschnitt 2
Arbeitszeit und Urlaub

§ 62 Regelmäßige Arbeitszeit, Bereitschaftsdienst, Mehrarbeit

(1) Die regelmäßige Arbeitszeit darf wöchentlich im Durchschnitt 41 Stunden nicht überschreiten.

(2) Soweit der Dienst in Bereitschaft besteht, kann die regelmäßige Arbeitszeit entsprechend den dienstlichen Bedürfnissen angemessen verlängert werden.

(3) [1]Der Beamte ist verpflichtet, ohne Entschädigung über seine individuelle durchschnittliche wöchentliche Arbeitszeit hinaus Dienst zu leisten, wenn zwingende dienstliche Verhältnisse dies erfordern und sich die Mehrarbeit auf Ausnahmefälle beschränkt. [2]Wird er durch eine dienstlich angeordnete oder genehmigte Mehrarbeit im Umfang von mehr als einem Achtel der individuellen durchschnittlichen wöchentlichen Arbeitszeit im Monat beansprucht, so ist ihm innerhalb eines Jahres für die über die individuelle durchschnittliche wöchentliche Arbeitszeit hinaus geleistete Mehrarbeit entsprechende Dienstbefreiung zu gewähren. [3]Ist die Dienstbefreiung aus zwingenden dienstlichen Gründen nicht möglich, so können an ihrer Stelle Beamte in Besoldungsgruppen mit aufsteigenden Gehältern eine Mehrarbeitsvergütung erhalten.

(4) Das Nähere, insbesondere zur Dauer der Arbeitszeit, zu Möglichkeiten ihrer flexiblen Ausgestaltung und zur Verteilung der Bezugszeiträume einschließlich der Pausen und Ruhezeiten, regelt die Landesregierung durch Rechtsverordnung.

§ 63 Teilzeitbeschäftigung, Allgemeine Bestimmungen (§ 43 BeamtStG)

(1) Während der Teilzeitbeschäftigung dürfen entgeltliche Nebentätigkeiten nur in dem Umfang ausgeübt werden, wie es vollzeitbeschäftigten Beamten gestattet ist Ausnahmen sind zulässig, soweit durch die Tätigkeiten dienstliche Pflichten nicht verletzt werden.

(2) [1]Der Dienstvorgesetzte kann nachträglich die Dauer der Teilzeitbeschäftigung beschränken oder den Umfang der zu leistenden Arbeitszeit erhöhen, soweit zwingende dienstliche Gründe dies erfordern. [2]Er soll eine Änderung des Umfangs der Teilzeitbeschäftigung oder den Übergang zur Vollzeitbeschäftigung zulassen, wenn dem Beamten die Teilzeitbeschäftigung im bisherigen Umfang nicht mehr zugemutet werden kann und gewichtige dienstliche Gründe nicht entgegenstehen.

(3) [1]Wird eine Reduzierung der Arbeitszeit beantragt, ist der Beamte schriftlich auf die Folgen reduzierter Arbeitszeit hinzuweisen, insbesondere auf die Folgen für Ansprüche aufgrund beamtenrechtlicher Regelungen. [2]Der Hinweis ist aktenkundig zu machen.

§ 64 Umfang der Teilzeitbeschäftigung, Teilzeitbeschäftigung aus familiären Gründen

(1) Einem Beamten mit Dienstbezügen kann auf Antrag Teilzeitbeschäftigung mit mindestens der Hälfte der regelmäßigen Arbeitszeit und bis zur jeweils beantragten Dauer bewilligt werden, soweit dienstliche Gründe nicht entgegenstehen.

(2) [1]Einem Beamten mit Dienstbezügen ist auf Antrag, wenn zwingende dienstliche Gründe nicht entgegenstehen, Teilzeitbeschäftigung mit mindestens einem Viertel der regelmäßigen Arbeitszeit zu bewilligen, wenn er mindestens

1. ein Kind unter 18 Jahren oder
2. einen sonstigen Angehörigen, der nach ärztlichem Gutachten pflegebedürftig ist,

tatsächlich betreut oder pflegt. [2]Während einer Freistellung vom Dienst nach Satz 1 dürfen nur solche Nebentätigkeiten ausgeübt werden, die dem Zweck der Freistellung nicht zuwiderlaufen.

(3) Für Beamte auf Widerruf im Vorbereitungsdienst gilt Absatz 2 entsprechend, soweit dies nach der Struktur der Ausbildung möglich ist und der Erfolg der Ausbildung nicht gefährdet wird.

§ 64a Kurzzeitige Verhinderung, Pflegezeit

(1) [1]Beamte sind für bis zu zehn Arbeitstage, davon bis zu neun Arbeitstage unter Fortzahlung der Bezüge, vom Dienst freizustellen, wenn dies erforderlich ist, um für einen pflegebedürftigen nahen Angehörigen im Sinne des § 7 Absätze 3 und 4 des Pflegezeitgesetzes in einer akut aufgetretenen Pflegesituation eine bedarfsgerechte Pflege zu organisieren oder eine pflegerische Versorgung in dieser Zeit sicherzustellen (kurzzeitige Verhinderung). [2]Die Verhinderung an der Dienstleistung sowie deren voraussichtliche Dauer sind unverzüglich mitzuteilen. [3]Die Pflegebedürftigkeit des nahen Angehörigen und die Erforderlichkeit der Maßnahme nach Satz 1 sind durch eine ärztliche Bescheinigung nachzuweisen.

(2) [1]Beamten, die
1. einen pflegebedürftigen nahen Angehörigen im Sinne des § 7 Absätze 3 und 4 des Pflegezeitgesetzes in häuslicher Umgebung pflegen oder
2. einen minderjährigen pflegebedürftigen nahen Angehörigen in häuslicher oder außerhäuslicher Umgebung betreuen oder
3. einen nahen Angehörigen begleiten, der an einer Erkrankung leidet, die progredient verläuft und bereits ein weit fortgeschrittenes Stadium erreicht hat, bei der eine Heilung ausgeschlossen und eine palliativmedizinische Behandlung notwendig ist und die eine begrenzte Lebenserwartung von Wochen oder wenigen Monaten erwarten lässt,

ist auf Antrag Urlaub ohne Dienstbezüge oder Teilzeitbeschäftigung zu bewilligen (Pflegezeit). [2]Beamten auf Widerruf im Vorbereitungsdienst kann Teilzeitbeschäftigung mit mindestens einem Viertel der regelmäßigen Arbeitszeit bewilligt werden, soweit dies nach der Struktur der Ausbildung möglich ist und der Erfolg der Ausbildung nicht gefährdet wird. [3]Wird Teilzeit in Anspruch genommen, ist den Wünschen des Beamten hinsichtlich der Verteilung der Arbeitszeit zu entsprechen, soweit keine dringenden dienstlichen Belange entgegenstehen. [4]Die Pflegebedürftigkeit des nahen Angehörigen nach Nummer 1 und 2 ist durch Vorlage einer Bescheinigung der Pflegekasse oder des Medizinischen Dienstes der Krankenversicherung oder durch Vorlage einer entsprechenden Bescheinigung einer privaten Pflegeversicherung nachzuweisen. [5]Die Erkrankung nach Nummer 3 ist durch ärztliches Zeugnis nachzuweisen.

(3) [1]Die Pflegezeit ist spätestens zehn Arbeitstage vor ihrem Beginn schriftlich zu beantragen. [2]Gleichzeitig ist zu erklären, für welchen Zeitraum und in welchem Umfang die Freistellung vom Dienst in Anspruch genommen werden soll. [3]Bei Inanspruchnahme einer teilweisen Freistellung vom Dienst ist die gewünschte Verteilung der Arbeitszeit anzugeben. [4]Wird Pflegezeit nach einer Familienpflegezeit nach § 64b für die Pflege oder Betreuung desselben pflegebedürftigen nahen Angehörigen in Anspruch genommen, muss sie sich unmittelbar an die Familienpflegezeit anschließen und ist abweichend von Satz 1 spätestens acht Wochen vor Beginn der Pflegezeit zu beantragen.

(4) [1]Die Pflegezeit beträgt für jeden nahen Angehörigen in den Fällen von Absatz 2 Satz 1 Nummern 1 und 2 längstens sechs Monate, in den Fällen des Absatzes 2 Satz 1 Nummer 3 längstens drei Monate (Höchstdauer). [2]Für einen kürzeren Zeitraum in Anspruch genommene Pflegezeit kann mit Zustimmung des Dienstvorgesetzten bis zur Höchstdauer verlängert werden. [3]Der Zustimmung bedarf es nicht, wenn ein vorgesehener Wechsel in der Person des Pflegenden aus einem wichtigen Grund nicht erfolgen kann. [4]Pflegezeit und Familienpflegezeit nach § 64b dürfen insgesamt die Dauer von 24 Monaten je pflegebedürftigem nahen Angehörigen nicht überschreiten.

(5) [1]Ist der nahe Angehörige nicht mehr pflegebedürftig oder die häusliche Pflege unmöglich oder unzumutbar, so ist die Bewilligung der Pflegezeit mit Ablauf von vier Wochen nach Eintritt oder Kenntnis der veränderten Umstände zu widerrufen. [2]Der Dienstvorgesetzte ist über die veränderten Umstände unverzüglich zu unterrichten. [3]Im Übrigen bedarf eine vorzeitige Beendigung der Pflegezeit seiner Zustimmung.

(6) Für die Pflegezeit nach Absatz 2 gilt § 64 Absatz 2 Satz 2 entsprechend.

§ 64b Familienpflegezeit

(1) [1]Einem Beamten ist, wenn zwingende dienstliche Belange nicht entgegenstehen, auf Antrag für die Dauer von längstens 24 Monaten Teilzeitbeschäftigung im Umfang von durchschnittlich mindestens 15 Stunden je Woche als Familienpflegezeit
1. zur Pflege eines pflegebedürftigen nahen Angehörigen im Sinne des § 7 Absätze 3 und 4 des Pflegezeitgesetzes in häuslicher Umgebung oder
2. zur Betreuung eines minderjährigen pflegebedürftigen nahen Angehörigen in häuslicher oder außerhäuslicher Umgebung

zu bewilligen. [2]Beamten auf Widerruf im Vorbereitungsdienst kann eine Familienpflegezeit mit mindestens 15 Stunden je Woche bewilligt werden, soweit dies nach der Struktur der Ausbildung möglich ist und der Erfolg der Ausbildung nicht gefährdet wird. § 64a Absatz 2 Satz 4 gilt entsprechend.

(2) [1]Die Familienpflegezeit soll spätestens acht Wochen vor ihrem Beginn schriftlich beantragt werden. [2]Gleichzeitig ist zu erklären, für welchen Zeitraum und in welchem Umfang die Teilzeitbeschäftigung in Anspruch genommen werden soll. [3]Dabei ist auch die gewünschte Verteilung der Arbeitszeit anzugeben. [4]§ 64a Absatz 3 Satz 4 gilt entsprechend.

(3) Ist die Familienpflegezeit für weniger als 24 Monate bewilligt worden, kann sie mit Zustimmung des Dienstvorgesetzten nachträglich bis zur Dauer von 24 Monaten verlängert werden, wenn die Voraussetzungen des Absatzes 1 vorliegen. § 64a Absatz 4 Sätze 3 und 4 gilt entsprechend.

(4) [1]Liegen die Voraussetzungen des Absatzes 1 für die Bewilligung der Familienpflegezeit nicht mehr vor, so ist die Bewilligung mit Ablauf des Kalendermonats, der auf den Wegfall der Voraussetzungen folgt, zu widerrufen. [2]Der Beamte ist verpflichtet, jede Änderung der Tatsachen mitzuteilen, die für die Bewilligung maßgeblich sind. [3]Ist dem Beamten die Teilzeitbeschäftigung im bisherigen Umfang nicht mehr zumutbar, ist die Bewilligung zu widerrufen, wenn dringende dienstliche Belange nicht entgegenstehen. [4]Im Übrigen bedarf eine vorzeitige Beendigung der Familienpflegezeit der Zustimmung des Dienstvorgesetzten.

(5) Für die Familienpflegezeit nach Absatz 1 gilt § 64 Absatz 2 Satz 2 entsprechend.

§ 65 Teilzeitbeschäftigung zur Sicherung des Wissenstransfers

(1) [1]Zur Sicherung des Wissenstransfers kann die oberste Dienstbehörde einem Beamten mit Dienstbezügen, der das 63. Lebensjahr vollendet und einen Antrag auf Versetzung in den Ruhestand gemäß § 36 Absatz 1 gestellt hat, mit seiner Zustimmung Teilzeitbeschäftigung, die sich auf die Zeit bis zum Eintritt in den Ruhestand wegen Erreichens der Altersgrenze erstrecken muss, mit 50 Prozent der regelmäßigen Arbeitszeit bewilligen, wenn dies im dienstlichen Interesse liegt und seine bisherigen Leistungen dies rechtfertigen. [2]Der Antrag nach § 36 Absatz 1 gilt in diesem Fall als erledigt.

(2) Für Beamte, die schwerbehindert im Sinne des § 2 Absatz 2 des Neunten Buches Sozialgesetzbuch sind, gilt Absatz 1 mit der Maßgabe, dass

1. bei ihnen die nach § 36 Absatz 2 maßgebende Altersgrenze an die Stelle des 63. Lebensjahres tritt,
2. sich der Antrag mindestens auf die Zeit erstrecken muss, zu der sie nach vollendetem 65. Lebensjahr auf Antrag in den Ruhestand versetzt werden können.

(3) § 63 Absatz 1 gilt entsprechend.

§ 66 Urlaub ohne Dienstbezüge, Urlaub zur Betreuung und Pflege

(1) Einem Beamten mit Dienstbezügen kann auf Antrag

1. Urlaub ohne Dienstbezüge bis zur Dauer von insgesamt zehn Jahren oder
2. nach Vollendung des fünfzigsten Lebensjahres und einer Beschäftigungszeit im öffentlichen Dienst von mindestens 15 Jahren Urlaub ohne Dienstbezüge, der sich auf die Zeit bis zum Beginn des Ruhestandes erstrecken kann,

bewilligt werden, wenn dienstliche Gründe nicht entgegenstehen.

(2) Beamten mit Dienstbezügen ist auf Antrag Urlaub ohne Dienstbezüge zu gewähren, wenn mindestens

1. ein Kind unter 18 Jahren oder
2. eine sonstige Person, die nach ärztlichem Gutachten pflegebedürftig ist,

tatsächlich zu betreuen oder zu pflegen ist.

(3) [1]Während der Zeit der Beurlaubung nach Absatz 2 besteht ein Anspruch auf Leistungen der Krankheitsfürsorge in entsprechender Anwendung der Beihilferegelungen für Beamte mit Dienstbezügen; dies gilt nicht, wenn der Beamte berücksichtigungsfähiger Angehöriger eines Beihilfeberechtigten wird oder in der gesetzlichen Krankenversicherung nach § 10 Absatz 1 des Fünften Buches Sozialgesetzbuch versichert ist. [2]Der Dienstherr hat durch geeignete Maßnahmen den Beurlaubten die Verbindung zum Beruf und den beruflichen Wiedereinstieg zu erleichtern. [3]§ 63 Absatz 2 Satz 1 und § 64 Absatz 2 Satz 2 gelten entsprechend.

(4) [1]Ein Antrag auf Verlängerung eines Urlaubs soll spätestens sechs Monate vor Ablauf des genehmigten Urlaubs gestellt werden. [2]Der Dienstvorgesetzte soll eine vorzeitige Rückkehr aus dem Urlaub zulassen, wenn dem Beamten eine Fortsetzung des Urlaubs nicht zugemutet werden kann und gewichtige dienstliche Gründe nicht entgegenstehen.

(5) § 63 Absatz 3 gilt entsprechend.

§ 67 Höchstdauer von Urlaub ohne Dienstbezüge und unterhälftiger Teilzeitbeschäftigung

(1) [1]Teilzeitbeschäftigung mit weniger als der Hälfte der regelmäßigen Arbeitszeit (unterhälftige Teilzeitbeschäftigung) nach § 64 Absatz 2 und Urlaub nach § 66 dürfen insgesamt die Dauer von 15 Jahren nicht überschreiten. [2]Bei dieser Berechnung bleibt eine unterhälftige Teilzeitbeschäftigung während einer Elternzeit unberücksichtigt. [3]Satz 1 findet bei Urlaub nach § 66 Absatz 1 Nummer 2 keine An-

wendung, wenn es dem Beamten nicht mehr zuzumuten ist, zur Voll- oder Teilzeitbeschäftigung zurückzukehren.

(2) Bei Lehrern kann der Bewilligungszeitraum bis zum Ende des laufenden Schuljahres, bei Hochschullehrern bis zum Ende des laufenden Semesters ausgedehnt werden.

§ 68 Erholungsurlaub, Sonderurlaub (§ 44 BeamtStG).

(1) Die Landesregierung regelt durch Rechtsverordnung Einzelheiten der Gewährung von Erholungsurlaub einschließlich Zusatzurlaub, insbesondere dessen Dauer und Berechnung, die Voraussetzungen für die Gewährung, dessen Verfall, sowie das Verfahren, die Voraussetzungen und den Umfang einer Abgeltung.

(2) [1]Dem Beamten kann Urlaub aus besonderen Anlässen (Sonderurlaub) gewährt werden. [2]Die Landesregierung regelt durch Rechtsverordnung Einzelheiten der Gewährung von Sonderurlaub, insbesondere die Voraussetzungen und die Dauer des Sonderurlaubs, das Verfahren sowie ob und inwieweit die Dienstbezüge während eines Sonderurlaubs zu belassen sind.

§ 69 Wahlvorbereitungs- und Mandatsurlaub

(1) Für einen Beamten, der in die gesetzgebende Körperschaft eines anderen Landes gewählt worden ist und dessen Amt kraft Gesetzes mit dem Mandat unvereinbar ist, gelten die für in den Landtag gewählte Beamte maßgebenden Vorschriften nach den §§ 35 bis 37 des Abgeordnetengesetzes in der Fassung der Bekanntmachung vom 1. Februar 2007 (GVOBl. M-V S. 54) entsprechend.

(2) [1]Einem Beamten, der in die gesetzgebende Körperschaft eines anderen Landes gewählt worden ist und dessen Rechte und Pflichten aus dem Dienstverhältnis nicht nach Absatz 1 ruhen, ist zur Ausübung des Mandats auf Antrag

1. die Arbeitszeit bis auf 30 Prozent der regelmäßigen Arbeitszeit zu ermäßigen oder
2. Urlaub ohne Bezüge zu gewähren.

[2]Der Antrag soll jeweils für einen Zeitraum von mindestens sechs Monaten gestellt werden. [3]Auf einen Beamten, dem nach Satz 1 Nummer 2 Urlaub ohne Bezüge gewährt wird, ist § 37 Absatz 1, 3 und 4 des Abgeordnetengesetzes sinngemäß anzuwenden.

(3) [1]Zur Ausübung einer Tätigkeit als Mitglied einer kommunalen Vertretung oder eines nach Kommunalverfassungsrecht gebildeten Ausschusses ist dem Beamten der erforderliche Sonderurlaub unter Belassung der Dienstbezüge zu gewähren. [2]Dies gilt auch für die von einer kommunalen Vertretung berufenen Mitglieder von Ausschüssen, die aufgrund besonderer Rechtsvorschriften gebildet werden.

Unterabschnitt 3

Nebentätigkeit, Tätigkeit nach Beendigung des Beamtenverhältnisses

§ 70 Nebentätigkeit

(1) Nebentätigkeit ist die Wahrnehmung eines Nebenamtes oder einer Nebenbeschäftigung.

(2) Nebenamt ist ein nicht zu einem Hauptamt gehörender Kreis von Aufgaben, der aufgrund eines öffentlich-rechtlichen Dienst- oder Amtsverhältnisses wahrgenommen wird.

(3) Nebenbeschäftigung ist jede sonstige, nicht zu einem Hauptamt gehörende Tätigkeit innerhalb oder außerhalb des öffentlichen Dienstes.

(4) [1]Als Nebentätigkeit gilt nicht die Wahrnehmung öffentlicher Ehrenämter sowie einer unentgeltlichen Vormundschaft, Betreuung oder Pflegschaft eines Angehörigen. [2]Die Übernahme eines öffentlichen Ehrenamtes ist binnen Monatsfrist schriftlich mitzuteilen.

§ 71 Pflicht zur Übernahme einer Nebentätigkeit

Der Beamte ist verpflichtet, auf schriftliches Verlangen seines Dienstvorgesetzten

1. eine Nebentätigkeit im öffentlichen Dienst,
2. eine Nebentätigkeit im Vorstand, Aufsichtsrat, Verwaltungsrat oder in einem sonstigen Organ einer Gesellschaft, Genossenschaft oder eines in einer anderen Rechtsform betriebenen Unternehmens, wenn dies im öffentlichen Interesse liegt,

zu übernehmen und fortzuführen, sofern diese Tätigkeit seiner Vorbildung oder Berufsausbildung entspricht und ihn nicht über Gebühr in Anspruch nimmt.

§ 72 Anzeigefreie Nebentätigkeiten (§ 40 BeamtStG)

(1) [1]Der Anzeigepflicht nach § 40 Satz 1 des Beamtenstatusgesetzes unterliegen nicht

1. Nebentätigkeiten, zu deren Übernahme der Beamte nach § 71 verpflichtet ist,
2. die Verwaltung eigenen oder der Nutznießung des Beamten unterliegenden Vermögens,
3. die Tätigkeit zur Wahrung von Berufsinteressen in Gewerkschaften und Berufsverbänden oder in Organen von Selbsthilfeeinrichtungen der Beamten sowie die Tätigkeit in Organen und Gremien der kommunalen Landesverbände und
4. Nebentätigkeiten, die ohne Vergütung ausgeübt werden.

[2]Abweichend von Satz 1 Nummer 4 sind folgende Nebentätigkeiten anzeigepflichtig, auch wenn sie ohne Vergütung ausgeübt werden:

1. die Wahrnehmung eines nicht unter Satz 1 Nummer 1 fallenden Nebenamtes,
2. die Übernahme einer Testamentsvollstreckung oder einer anderen als in § 70 Absatz 4 genannten Vormundschaft, Betreuung oder Pflegschaft,
3. gewerbliche oder freiberufliche Tätigkeiten oder die Mitarbeit bei einer dieser Tätigkeiten,
4. der Eintritt in ein Organ eines Unternehmens mit Ausnahme einer Genossenschaft.

(2) Der Dienstvorgesetzte kann aus begründetem Anlass verlangen, dass der Beamte über eine von ihm ausgeübte anzeigefreie Nebentätigkeit, insbesondere über deren Art und Umfang sowie über die Vergütung hieraus, schriftlich Auskunft erteilt.

§ 73 Verbot einer Nebentätigkeit

(1) [1]Soweit durch die Nebentätigkeit die Beeinträchtigung dienstlicher Interessen zu besorgen ist, hat der Dienstvorgesetzte ihre Übernahme ganz oder teilweise zu verbieten. [2]Dies ist insbesondere der Fall, wenn die Nebentätigkeit

1. nach Art und Umfang die Arbeitskraft so stark in Anspruch nimmt, dass die ordnungsgemäße Erfüllung der dienstlichen Pflichten behindert werden kann,
2. den Beamten in einen Widerstreit mit den dienstlichen Pflichten bringen kann,
3. in einer Angelegenheit ausgeübt wird, in der die Behörde, der der Beamte angehört, tätig wird oder tätig werden kann,
4. die Unparteilichkeit oder Unbefangenheit des Beamten beeinflussen kann,
5. zu einer wesentlichen Einschränkung der künftigen dienstlichen Verwendbarkeit des Beamten führen kann,
6. dem Ansehen der öffentlichen Verwaltung abträglich sein kann.

[3]Die Voraussetzung des Satzes 2 Nummer 1 gilt in der Regel als erfüllt, wenn die zeitliche Beanspruchung durch eine oder mehrere Nebentätigkeiten acht Stunden in der Woche überschreitet.

(2) Schriftstellerische, wissenschaftliche, künstlerische oder Vortragstätigkeiten sowie die mit Lehr- oder Forschungsaufgaben zusammenhängende selbstständige Gutachtertätigkeit des wissenschaftlichen Personals an öffentlichen Hochschulen sowie an wissenschaftlichen Instituten und Anstalten dürfen ganz oder teilweise nur verboten werden, wenn die konkrete Gefahr besteht, dass bei ihrer Ausübung dienstliche Pflichten verletzt werden.

(3) Nach ihrer Übernahme ist eine Nebentätigkeit ganz oder teilweise zu verbieten, soweit bei ihrer Übernahme oder Ausübung in den Fällen des Absatzes 1 dienstliche Interessen beeinträchtigt oder in den Fällen des Absatzes 2 sowie des § 72 Absatz 1 dienstliche Pflichten verletzt werden.

§ 74 Ausübung von Nebentätigkeiten

(1) [1]Der Beamte darf Nebentätigkeiten nur außerhalb der Arbeitszeit ausüben, es sei denn,

1. er hat sie auf Verlangen, Vorschlag oder Veranlassung des Dienstvorgesetzten übernommen oder
2. der Dienstvorgesetzte hat ein dienstliches Interesse an der Übernahme der Nebentätigkeit durch den Beamten anerkannt.

[2]Liegen die Voraussetzungen des Satzes 1 Nummer 1 oder 2 nicht vor, so dürfen Ausnahmen nur in besonders begründeten Fällen, insbesondere im öffentlichen Interesse, zugelassen werden, wenn dienstliche Gründe nicht entgegenstehen und die versäumte Arbeitszeit vor- oder nachgeleistet wird.

(2) [1]Der Beamte darf bei der Ausübung von Nebentätigkeiten Einrichtungen, Personal oder Material des Dienstherrn nur bei Vorliegen eines öffentlichen oder wissenschaftlichen Interesses mit Genehmigung seines Dienstvorgesetzten und gegen Entrichtung eines angemessenen Entgelts in Anspruch nehmen. [2]Das Entgelt ist nach den dem Dienstherrn entstehenden Kosten zu bemessen und muss den besonderen Vorteil berücksichtigen, der dem Beamten durch die Inanspruchnahme entsteht.

§ 75 Verfahren

[1]Anzeigen, Anträge und Entscheidungen, die die Übernahme und Ausübung einer Nebentätigkeit betreffen, bedürfen der Schriftform. [2]Der Beamte hat dabei die für die Entscheidung erforderlichen Nachweise, insbesondere über Art und Umfang der Nebentätigkeit sowie die Vergütung hieraus, zu führen; jede Änderung ist unverzüglich schriftlich anzuzeigen. [3]Der Beamte darf ohne Zustimmung des Dienstvorgesetzten eine Nebentätigkeit nicht vor Ablauf eines Monats nach Eingang der Anzeige einschließlich der erforderlichen Nachweise nach Satz 2 beim Dienstvorgesetzten übernehmen. [4]Im Ausnahmefall kann der Dienstvorgesetzte die Frist nach Satz 3 um einen Monat verlängern.

§ 76 Rückgriffsanspruch des Beamten

[1]Der Beamte, der aus einer auf Verlangen, Vorschlag oder Veranlassung des Dienstvorgesetzten ausgeübten Tätigkeit im Vorstand, Aufsichtsrat, Verwaltungsrat oder in einem sonstigen Organ einer Gesellschaft, Genossenschaft oder eines in einer anderen Rechtsform betriebenen Unternehmens haftbar gemacht wird, hat gegen den Dienstherrn Anspruch auf Ersatz des ihm entstandenen Schadens. [2]Ist der Schaden vorsätzlich oder grob fahrlässig herbeigeführt worden, ist der Dienstherr nur dann ersatzpflichtig, wenn der Beamte auf Verlangen eines Vorgesetzten gehandelt hat.

§ 77 Erlöschen der mit dem Hauptamt verbundenen Nebentätigkeiten

Endet das Beamtenverhältnis, so enden, wenn im Einzelfall nichts Anderes bestimmt wird, auch die Nebenämter und Nebenbeschäftigungen, die im Zusammenhang mit dem Hauptamt übertragen oder die auf Verlangen, Vorschlag oder Veranlassung des Dienstvorgesetzten übernommen worden sind.

§ 78 Verordnungsermächtigung

[1]Die zur Ausführung der §§ 70 bis 77 notwendigen Vorschriften über die Nebentätigkeit der Beamten erlässt die Landesregierung durch Rechtsverordnung. [2]In ihr kann insbesondere bestimmt werden,

1. welche Tätigkeiten als öffentlicher Dienst im Sinne dieser Vorschriften anzusehen sind oder ihm gleichstehen,
2. welche Tätigkeiten als öffentliche Ehrenämter im Sinne des § 70 Absatz 4 anzusehen sind,
3. ob und inwieweit eine im öffentlichen Dienst ausgeübte oder auf Verlangen, Vorschlag oder Veranlassung des Dienstvorgesetzten übernommene Nebentätigkeit vergütet wird oder eine erhaltene Vergütung abzuführen ist,
4. unter welchen Voraussetzungen der Beamte bei der Ausübung einer Nebentätigkeit Einrichtungen, Personal oder Material des Dienstherrn in Anspruch nehmen darf und in welcher Höhe hierfür ein Entgelt an den Dienstherrn zu entrichten ist; das Entgelt kann pauschaliert und in einem Prozentsatz des aus der Nebentätigkeit erzielten Bruttoeinkommens festgelegt werden. Bei ohne Vergütung ausgeübter Nebentätigkeit oder bei einer Nebentätigkeit, die auf Verlangen, Vorschlag oder Veranlassung des Dienstvorgesetzten ausgeübt wird oder bei der dieser ein dienstliches Interesse anerkannt hat, kann auf das Entgelt ganz oder teilweise verzichtet werden.
5. dass der Beamte verpflichtet werden kann, nach Ablauf eines jeden Kalenderjahres dem Dienstvorgesetzten die gewährten Vergütungen aus Nebentätigkeiten anzugeben.

§ 79 Tätigkeit nach Beendigung des Beamtenverhältnisses (§ 41 BeamtStG).

(1) § 41 des Beamtenstatusgesetzes gilt für frühere Beamte mit Anspruch auf Altersgeld entsprechend.

(2) [1]Die Anzeigepflicht für die Aufnahme einer Tätigkeit nach § 41 Satz 1 des Beamtenstatusgesetzes besteht für Ruhestandsbeamte oder frühere Beamte mit Versorgungsbezügen oder Altersgeldbezügen für einen Zeitraum von fünf Jahren nach Beendigung des Beamtenverhältnisses (Karenzfrist), soweit es sich um eine Erwerbstätigkeit oder sonstige Beschäftigung handelt, die mit der dienstlichen Tätigkeit in den letzten fünf Jahren vor Beendigung des Beamtenverhältnisses im Zusammenhang steht. [2]Satz 1 gilt für Ruhestandsbeamte, die mit Erreichen der Regelaltersgrenze oder zu einem späteren Zeitpunkt in den Ruhestand treten, mit der Maßgabe, dass an die Stelle der fünfjährigen eine dreijährige Karenzfrist tritt. [3]Die Anzeige hat gegenüber dem letzten Dienstvorgesetzten zu erfolgen.

(3) Das Verbot nach § 41 Satz 2 des Beamtenstatusgesetzes wird durch den letzten Dienstvorgesetzten ausgesprochen.

Unterabschnitt 4

Fürsorge

§ 80 Beihilfe in Krankheits-, Pflege- und Geburtsfällen

(1) [1]Beihilfe erhalten:

1. Beamte, die Anspruch auf Besoldung haben, die Elternzeit in Anspruch nehmen oder nach § 64a für die Pflege, Betreuung oder Begleitung naher Angehöriger unter Fortfall der Bezüge freigestellt oder beurlaubt sind,
2. Versorgungsempfänger, die Anspruch auf Versorgungsbezüge haben,
3. frühere Beamte für den Zeitraum, in dem sie einen Unterhaltsbeitrag oder Übergangsgeld nach dem Landesbeamtenversorgungsgesetz beziehen,
4. frühere Beamte auf Zeit für den Zeitraum, in dem sie Übergangsgeld nach dem Landesbeamtenversorgungsgesetz beziehen.

[2]Satz 1 gilt auch, wenn Bezüge aufgrund der Anwendung von Ruhens- oder Anrechnungsvorschriften nicht gezahlt werden.

(2) [1]Beihilfe wird auch gewährt für Aufwendungen

1. der Ehegatten oder Lebenspartner, die kein zur wirtschaftlichen Selbständigkeit führendes Einkommen haben
2. der Kinder, die beim Familienzuschlag nach dem Besoldungsgesetz für das Land Mecklenburg-Vorpommern berücksichtigt werden.

[2]Satz 1 Nummer 2 gilt nicht für Kinder, die Waisengeld nach § 23 des Landesbeamtenversorgungsgesetzes erhalten.

(3) Beihilfefähig sind grundsätzlich nur notwendige und wirtschaftlich angemessene Aufwendungen

1. in Krankheits- und Pflegefällen,
2. für die Behandlung von Behinderungen,
3. für die Früherkennung von Krankheiten und für Schutzimpfungen,
4. in Geburtsfällen, für eine künstliche Befruchtung, für Maßnahmen zur Empfängnisregelung und -verhütung sowie in Ausnahmefällen bei Sterilisation und Schwangerschaftsabbruch sowie
5. bei Organspenden.

(4) [1]Aufwendungen für Wahlleistungen bei stationärer Behandlung sind nicht beihilfefähig. [2] Satz 1 gilt nicht:

1. für Beihilfeberechtigte und ihre berücksichtigungsfähigen Angehörigen, die
   a) bis zum 31. August 2003 ergänzend zur Regelung des § 6 Absatz 1 Nummer 6 Buchstabe b der Beihilfevorschriften bezüglich stationärer Wahlleistungen versichert waren oder die mit Rücksicht auf das bis zum 31. August 2003 geltende Beihilferecht keinen Anlass zur Versicherung stationärer Wahlleistungen hatten und
   b) ohne ihr Verschulden und entgegen ihrer erkennbar gewordenen Absicht aus anderen als finanziellen Gründen
      aa) keinen oder keinen vollständigen Versicherungsschutz für stationäre Wahlleistungen oder
      bb) keinen oder keinen vollständigen, dem neuen Beihilferecht angepassten Krankenversicherungsschutz unter Ausschluss stationärer Wahlleistungen erhalten konnten;
2. bei Aufwendungen für Wahlleistungen in den Fällen, in denen Beihilfeberechtigte und berücksichtigungsfähige Angehörige bis zum 31. August 2003
   a) die Behandlung bereits begonnen haben,
   b) wegen angeborener Leiden oder für bestimmte Krankheiten Wahlleistungen eines bestimmten Arztes in Anspruch genommen haben, soweit derselbe Arzt die Behandlung fortsetzt, oder
   c) wegen angeborener Leiden oder bestimmter Krankheiten Wahlleistungen in Anspruch genommen haben und in denen die Behandlung aufgrund eines bei Beendigung des früheren Behandlungsabschnitts bestehenden Behandlungsplans bis zu seinem Abschluss fortgesetzt wird.

[3]Dies gilt im Falle der Buchstaben b und c nur, wenn die Festsetzungsstelle die Beihilfefähigkeit vor Beginn der Behandlung anerkannt hat, es sei denn, dass eine sofortige stationäre Behandlung geboten war.

(5) [1]Die Beihilfe wird als Prozentsatz der beihilfefähigen Aufwendungen (Bemessungssatz) oder als Pauschale gewährt. [2]Der Bemessungssatz beträgt

1. bei Beamten 50 Prozent, während der Inanspruchnahme von Elternzeit 70 Prozent,
2. bei berücksichtigungsfähigen Ehegatten oder Lebenspartnern sowie bei Versorgungsempfängern 70 Prozent,
3. bei berücksichtigungsfähigen Kindern und eigenständig beihilfeberechtigten Waisen 80 Prozent.

[3]Sind zwei oder mehr Kinder berücksichtigungsfähig im Sinne des Absatzes 1 Satz 1 Nummer 1, beträgt der Bemessungssatz eines Beihilfeberechtigten 70 Prozent. [4]Dies gilt bei mehreren Beihilfeberechtigten nur für diejenigen, die den Familienzuschlag nach den §§ 41 und 42 des Besoldungsgesetzes für das Land Mecklenburg-Vorpommern beziehen. [5]In besonderen Ausnahmefällen kann eine Erhöhung der Bemessungssätze vorgesehen werden. [6]In Pflegefällen kann die Beihilfe auch in Form einer Pauschale gewährt werden, deren Höhe sich am tatsächlichen Versorgungsaufwand orientiert. [7]Sie kann auch im Wege der Beteiligung an den Kosten individueller Leistungen von Leistungserbringern gewährt werden. [8]Beihilfe darf nur gewährt werden, soweit sie zusammen mit anderen aus demselben Anlass zu gewährenden Leistungen die dem Grunde nach beihilfefähigen Aufwendungen nicht überschreitet. [9] Nicht beihilfefähig sind Aufwendungen beihilfeberechtigter Personen, denen Leistungen der Heilfürsorge nach § 112 zustehen.

(6) [1]Das Finanzministerium regelt im Einvernehmen mit dem für Inneres zuständigen Ministerium durch Verordnung die Beihilfegewährung. [2]In der Verordnung können insbesondere Bestimmungen zu Inhalt und Umfang der Beihilfe getroffen werden:

1. zur Höhe des Einkommens, die nach Absatz 2 Satz 1 Nummer 1 zum Ausschluss von Aufwendungen führen,
2. zu Höchstbeträgen,
3. in Anlehnung an das Fünfte Buch Sozialgesetzbuch
   a) zu dem Ausschluss der Beihilfefähigkeit von Aufwendungen für Untersuchungen, Behandlungen, Arznei-, Heil- und Hilfsmitteln, deren diagnostischer oder therapeutischer Nutzen nicht nach dem allgemein anerkannten Stand der medizinischen Erkenntnisse nachgewiesen ist,
   b) zu dem Ausschluss der Beihilfefähigkeit von Aufwendungen für Arznei-, Heil- und Hilfsmittel, die zur Behandlung geringfügiger Erkrankungen bestimmt sind und deren Kosten geringfügig oder der allgemeinen Lebenshaltung zuzurechnen sind,
   c) zu der Beschränkung der Beihilfefähigkeit von Aufwendungen für Untersuchungen und Behandlungen, Arznei-, Heil- und Hilfsmittel, Geräte zur Selbstbehandlung und Körperersatzstücke, Krankenhausleistungen, häusliche Krankenpflege, Familien- und Haushaltshilfen, Fahrt- und Unterkunftskosten, Anschlussheil- und Suchtbehandlungen sowie für Rehabilitationsmaßnahmen auf bestimmte Personengruppen, Umstände oder Indikationen,
4. zu Eigenbehalten,
5. zu Belastungsgrenzen,
6. zu der Beihilfefähigkeit von Aufwendungen für Präventionsmaßnahmen zur Verhinderung und Verminderung von Krankheitsrisiken,
7. zu dem Verfahren der Beihilfegewährung
   a) über die Ausschlussfrist und eine betragsmäßige Antragsgrenze für die Beantragung der Beihilfe,
   b) über die elektronische Erfassung und Speicherung von Anträgen und Belegen,
   c) über die Beteiligung von Gutachtern und sonstigen Stellen zur Überprüfung der Notwendigkeit und Angemessenheit beantragter Maßnahmen oder einzelner Aufwendungen einschließlich der Übermittlung erforderlicher Daten.

(7) [1]Bis zum Inkrafttreten der Verordnung nach Absatz 6 gelten die für die Beamten, Versorgungsempfänger und früheren Beamten des Bundes jeweils geltenden Vorschriften weiter mit Ausnahme der Aufwendungen des Absatzes 4. [2]Wird in diesen Vorschriften auf Gesetze des Bundes verwiesen, gelten die entsprechenden landesrechtlichen Vorschriften.

(8) [1]Das Landesamt für Finanzen setzt als zentrale Behörde für den Landesbereich die Beihilfe der Berechtigten fest und ordnet deren Zahlung an. [2]Im Übrigen setzen die obersten Dienstbehörden die Beihilfe fest und ordnen die Zahlungen an. [3]Sie können die Befugnisse auf andere Dienststellen über-

tragen. [4]Soweit in bundesrechtlichen Vorschriften die Zuständigkeit der obersten Dienstbehörde vorgesehen ist, tritt an deren Stelle für den Landesbereich das Finanzministerium.

(9) [1]Die Berechnung, Festsetzung und Zahlung der Beihilfen nach den Absätzen 1 bis 7 ist für die in § 1 Absatz 1 Nummer 2 genannten Beamten durch das Land oder einer der Aufsicht des Landes unterstehenden Körperschaft, Anstalt oder Stiftung des öffentlichen Rechts zulässig, sofern diese Aufgabe durch den jeweiligen Dienstherrn übertragen worden ist. [2]Sie handelt im Falle der Übertragung nach Satz 1 insoweit im Namen des jeweiligen Dienstherrn und vertritt ihn in den sich aus dieser Aufgabe ergebenden Rechtsstreitigkeiten. [3]Bei der Wahrnehmung der Aufgaben nach den Absätzen 1 bis 7 gelten die §§ 84, 85, 87, 88, 90, 91 entsprechend.

§ 81 Mutterschutz, Elternzeit (§ 46 BeamtStG).

[1]Die Landesregierung regelt durch Rechtsverordnung die der Eigenart des öffentlichen Dienstes entsprechende Anwendung der Vorschriften

1. des Mutterschutzgesetzes auf Beamtinnen,
2. des Bundeselterngeld- und Elternzeitgesetzes auf Beamte.

[2]Während der Elternzeit hat der Beamte Anspruch auf Leistungen nach § 80.

§ 82 Arbeitsschutz

(1) Die im Bereich des Arbeitsschutzes aufgrund der §§ 18 und 19 des Arbeitsschutzgesetzes vom 7. August 1996 (BGBl. I S. 1246), zuletzt geändert durch Gesetz vom 30. Juli 2004 (BGBl. I S. 1950), erlassenen Rechtsverordnungen der Bundesregierung gelten für die Beamten entsprechend, soweit nicht die Landesregierung durch Rechtsverordnung Abweichendes, regelt.

(2) [1]Die Landesregierung kann durch Rechtsverordnung für bestimmte Tätigkeiten im öffentlichen Dienst, insbesondere bei der Polizei, der Feuerwehr, den Zivil- und Katastrophenschutzdiensten oder dem Verfassungsschutz bestimmen, dass die Vorschriften des Arbeitsschutzgesetzes (Artikel 1 des Gesetzes zur Umsetzung der EG-Rahmenrichtlinie Arbeitsschutz und weiterer Arbeitsschutz-Richtlinien vom 7. August 1996) ganz oder zum Teil nicht anzuwenden sind, soweit öffentliche Belange dies zwingend erfordern, insbesondere zur Aufrechterhaltung oder Wiederherstellung der öffentlichen Sicherheit. [2]In der Rechtsverordnung ist gleichzeitig festzulegen, wie die Sicherheit und der Gesundheitsschutz bei der Arbeit unter Berücksichtigung der Ziele des Arbeitsschutzgesetzes auf andere Weise gewährleistet werden.

(3) [1]Das Jugendarbeitsschutzgesetz vom 12. April 1976 (BGBl. I S. 965), zuletzt geändert durch Verordnung vom 31. Oktober 2006 (BGBl. I S. 2407), gilt für jugendliche Beamte entsprechend. [2]Soweit die Eigenart des Polizeivollzugsdienstes und die Belange der inneren Sicherheit es erfordern, kann die Landesregierung durch Rechtsverordnung Ausnahmen von den Vorschriften des Jugendarbeitsschutzgesetzes für jugendliche Polizeivollzugsbeamte bestimmen.

(4) Die für Beschäftigte geltenden Rechtsvorschriften über genetische Untersuchungen und Analysen zum Arbeitsschutz nach § 20 Absätze 1, 2 und 4 des Gendiagnostikgesetzes sind entsprechend anzuwenden.

§ 83 Ersatz von Sachschäden

(1) [1]Sind private Gegenstände, die der Beamte dienstlich nutzt, bei der dienstlichen Nutzung beschädigt oder zerstört worden oder abhanden gekommen, ist der entstandene Schaden durch den Dienstherrn zu ersetzen, wenn die dienstliche Nutzung auf Veranlassung des Dienstherrn erfolgt oder durch diesen als dienstlich notwendig anerkannt worden ist. [2]Dies gilt nicht, wenn der Beamte den Eintritt des Schadens vorsätzlich oder grob fahrlässig herbeigeführt hat.

(2) [1]Sind durch Gewaltakte Dritter, die im Hinblick auf das pflichtgemäße dienstliche Verhalten eines Beamten oder wegen seiner Eigenschaft als Beamter begangen worden sind, Gegenstände beschädigt oder zerstört worden, die dem Beamten oder seinen Familienangehörigen gehören, oder sind dem Beamten dadurch sonstige, nicht unerhebliche Vermögensschäden zugefügt worden, so sollen zum Ausgleich einer hierdurch verursachten, außergewöhnlichen wirtschaftlichen Belastung Leistungen gewährt werden; ein Mitverschulden ist zu berücksichtigen. [2]Gleiches gilt in den Fällen, in denen sich der Gewaltakt gegen den Dienstherrn des Beamten richtet und ein Zusammenhang zum Dienst besteht.

(3) [1]Schadensfälle nach den Absätzen 1 und 2 sind dem Dienstvorgesetzten innerhalb einer Frist von einem Monat nach Eintritt des Schadens schriftlich anzuzeigen. [2]Leistungen werden nur gewährt, soweit dem Beamten der Schaden nicht auf andere Weise ersetzt werden kann. [3]Hat der Dienstherr

Leistungen gewährt, so gehen gesetzliche Schadenersatzansprüche des Beamten gegen Dritte insoweit auf den Dienstherrn über. [4]Übergegangene Ansprüche dürfen nicht zum Nachteil des Geschädigten geltend gemacht werden.

§ 83a Erfüllung durch den Dienstherrn bei Schmerzensgeldansprüchen

(1) [1]Hat der Beamte wegen einer vorsätzlichen Verletzung des Körpers, der Gesundheit, der Freiheit oder der sexuellen Selbstbestimmung, die ihm in Ausübung des Dienstes oder außerhalb des Dienstes wegen der Eigenschaft als Amtsträger zugefügt worden ist, einen durch ein rechtskräftiges Endurteil eines deutschen Gerichts festgestellten Anspruch auf Schmerzensgeld gegen einen Dritten, so soll der Dienstherr auf Antrag die Zahlung auf diesen Anspruch bis zur Höhe des zuerkannten Schmerzensgeldbetrags übernehmen, soweit die Vollstreckung innerhalb eines Jahres nach Erteilung des Vollstreckungsauftrages durch den Beamten erfolglos geblieben ist. [2]Der rechtskräftigen Feststellung steht ein nicht oder nicht mehr widerruflicher Vergleich nach § 794 Absatz 1 Nummer 1 Zivilprozessordnung gleich, wenn er der Höhe nach angemessen ist.

(2) Der Dienstherr soll die Übernahme der Erfüllung ablehnen, wenn aufgrund desselben Sachverhalts Zahlungen als Unfallausgleich gemäß § 35 des Landesbeamtenversorgungsgesetzes Mecklenburg-Vorpommern gewährt werden oder wenn eine Zahlung als einmalige Unfallentschädigung gemäß § 43 des Landesbeamtenversorgungsgesetzes Mecklenburg-Vorpommern gewährt wird.

(3) [1]Die Übernahme der Erfüllung ist innerhalb einer Ausschlussfrist von zwei Jahren nach Eintritt der Rechtskraft des Urteils nach Absatz 1 Satz 1 oder nach Eintritt der Unwiderruflichkeit des Vergleichs nach Absatz 1 Satz 2 schriftlich unter Vorlage des Titels und von Nachweisen der Vollstreckungsversuche zu beantragen. [2]Die Entscheidung trifft die oberste Dienstbehörde oder die von ihr bestimmte Behörde. [3]Soweit der Dienstherr die Erfüllung übernommen hat, gehen die Ansprüche auf ihn über. [4]Der Übergang der Ansprüche kann nicht zum Nachteil des Geschädigten geltend gemacht werden.

(4) Absatz 1 ist nicht anzuwenden auf Schmerzensgeldansprüche, die im Wege des Urkundenprozesses nach den §§ 592 bis 600 Zivilprozessordnung festgestellt worden sind.

(5) Für Schmerzensgeldansprüche, für die vor dem Inkrafttreten des § 83a ein Vollstreckungstitel erlangt wurde, der nicht älter als drei Jahre ist, kann der Antrag innerhalb einer Ausschlussfrist von sechs Monaten ab dem Inkrafttreten gestellt werden.

§ 83b Verzinsung, Abtretung, Verpfändung, Aufrechnung, Zurückbehaltung, Belassung und Rückforderung von Leistungen

Bei Leistungen aus dem Beamtenverhältnis, die weder Besoldung noch Versorgung sind, gelten für die Verzinsung § 4 Absatz 5, für die Abtretung, die Verpfändung sowie das Aufrechnungs- und Zurückbehaltungsrecht § 14 und für die Belassung und die Rückforderung § 15 des Landesbesoldungsgesetzes entsprechend.

Unterabschnitt 5
Personalakten (§ 50 BeamtStG)

§ 84 Verarbeitung personenbezogener Daten, Führung und Inhalt der Personalakten sowie Zugang zu Personalakten

(1) [1]Der Dienstherr darf personenbezogene Daten über Bewerber, Beamte sowie ehemalige Beamte nur verarbeiten, soweit dies im Rahmen der Personalverwaltung oder Personalwirtschaft, insbesondere zur Begründung, Durchführung, Beendigung oder Abwicklung des Dienstverhältnisses oder zur Durchführung organisatorischer, personeller und sozialer Maßnahmen einschließlich der Personalplanung und des Personaleinsatzes, erforderlich ist oder eine Rechtsvorschrift dies erlaubt; abweichend von Artikel 9 Absatz 1 der Verordnung (EU) 2016/679 des Europäischen Parlaments und des Rates vom 27. April 2016 zum Schutz natürlicher Personen bei der Verarbeitung personenbezogener Daten, zum freien Datenverkehr und zur Aufhebung der Richtlinie 95/46/EG (Datenschutz-Grundverordnung) (ABl. L 119 vom 04.05.2016, S. 1; L 314 vom 22.11.2016, S. 72) ist die Verarbeitung besonderer Kategorien personenbezogener Daten im Sinne von Artikel 9 Absatz 1 der Verordnung (EU) 2016/679 für Zwecke des Beamtenverhältnisses zulässig, wenn sie zur Ausübung von Rechten oder zur Erfüllung rechtlicher Pflichten aus dem Beamtenrecht, dem Recht der sozialen Sicherheit und des Sozialschutzes erforderlich ist und kein Grund zu der Annahme besteht, dass das schutzwürdige Interesse der betrof-

fenen Person an dem Ausschluss der Verarbeitung überwiegt. [2]Eine Erhebung und weitere Verarbeitung dieser Daten durch andere Stellen ist nach Maßgabe des § 88 Absatz 2 zulässig.

(2) [1]Andere Unterlagen als Personalaktendaten dürfen in die Personalakte nicht aufgenommen werden. [2]Die Akte kann in Teilen oder vollständig elektronisch geführt werden. [3]Wird bei einer vollständig elektronisch geführten Personalakte auf die Papierform verzichtet, ist jedes gespeicherte elektronische Dokument mit einer qualifizierten elektronischen Signatur nach dem Signaturgesetz vom 16. Mai 2001 (BGBl. I S. 876), zuletzt geändert durch Artikel 4 des Gesetzes vom 26. Februar 2007 (BGBl. I S. 179), zu versehen. [4]Die Signierung mit einem Pseudonym, das die Identifizierung der Person des Signaturschlüsselinhabers nicht ermöglicht, ist nicht zulässig. [5]Nicht Bestandteil der Personalakte sind Unterlagen, die besonderen, von der Person und dem Dienstverhältnis sachlich zu trennenden Zwecken dienen, insbesondere Prüfungs-, Sicherheits- und Kindergeldakten sowie Unterlagen über ärztliche und psychologische Untersuchungen und Tests mit Ausnahme deren Ergebnisse. [6]Kindergeldakten können mit Besoldungs- und Versorgungsakten verbunden geführt werden, wenn diese von der übrigen Personalakte getrennt sind und von einer von der Personalverwaltung getrennten Organisationseinheit bearbeitet werden.

(3) [1]Die Personalakte kann nach sachlichen Gesichtspunkten in Grundakte und Teilakten gegliedert werden. [2]Teilakten können bei der für den betreffenden Aufgabenbereich zuständigen Behörde geführt werden. [3]Nebenakten (Unterlagen, die sich auch in der Grundakte oder in Teilakten befinden) dürfen nur im Rahmen der Zweckbindung nach Absatz 1 Satz 1 und nur dann geführt werden, wenn die personalverwaltende Behörde nicht zugleich Beschäftigungsbehörde ist oder wenn mehrere personalverwaltende Behörden für den Beamten zuständig sind. [4]In die Grundakte ist ein vollständiges Verzeichnis aller Teil- und Nebenakten aufzunehmen. [5]Wird die Personalakte nicht vollständig in Schriftform oder nicht vollständig elektronisch geführt, legt die personalverwaltende Stelle jeweils schriftlich fest, welche Teile in welcher Form geführt werden. [6]Bei teilweise oder vollständig elektronisch geführten Personalakten ist festzulegen, welche Unterlagen neben ihrer elektronisch geführten Fassung zu Dokumentations- und Nachweiszwecken weiterhin aufbewahrt werden; für sie gelten die personalaktenrechtlichen Vorschriften entsprechend.

(4) Zugang zur Personalakte dürfen nur Beschäftigte haben, die im Rahmen der Personalverwaltung mit der Bearbeitung von Personalangelegenheiten beauftragt sind und nur, soweit dies im Rahmen der Zweckbindung nach Absatz 1 Satz 1 erforderlich ist.

(5) [1]Eine Verwendung für andere als die in § 50 Satz 4 des Beamtenstatusgesetzes genannten Zwecke liegt nicht vor, wenn Personalaktendaten ausschließlich für Zwecke der Datenschutzkontrolle verarbeitet werden. [2]Gleiches gilt, soweit im Rahmen der Datensicherung oder der Sicherung des ordnungsgemäßen Betriebes einer Datenverarbeitungsanlage eine nach dem Stand der Technik nicht oder nur mit unverhältnismäßigem Aufwand zu vermeidende Kenntnisnahme von Personalaktendaten erfolgt.

§ 85 Beihilfeunterlagen

[1]Unterlagen über Beihilfen sind stets als Teilakte zu führen. [2]Diese ist von der übrigen Personalakte getrennt aufzubewahren. [3]Sie soll in einer von der übrigen Personalverwaltung getrennten Organisationseinheit bearbeitet werden; Zugang sollen nur Beschäftigte dieser Organisationseinheit haben. [4]Die Beihilfeakte darf für andere als für Beihilfezwecke nur verwendet oder weitergegeben werden, wenn der Beihilfeberechtigte und die bei der Beihilfegewährung berücksichtigten Angehörigen im Einzelfall einwilligen, die Einleitung oder Durchführung eines im Zusammenhang mit einem Beihilfeantrag stehenden behördlichen oder gerichtlichen Verfahrens dies erfordert oder soweit es zur Abwehr erheblicher Nachteile für das Gemeinwohl, einer sonst unmittelbar drohenden Gefahr für die öffentliche Sicherheit oder einer schwerwiegenden Beeinträchtigung der Rechte einer anderen Person erforderlich ist. [5]Als Beihilfezweck nach Satz 4 gilt auch die Geltendmachung eines Anspruchs auf Abschläge nach § 1 des Gesetzes über Rabatte für Arzneimittel. [6]Die Organisationseinheit darf Beihilfeunterlagen auch zu diesem Zweck verarbeiten oder nach § 3 des Gesetzes über Rabatte für Arzneimittel übermitteln. [7]Die Sätze 1 bis 6 gelten entsprechend für Unterlagen über Heilfürsorge und Heilverfahren.

§ 86 Anhörung

[1]Der Beamte ist zu Beschwerden, Behauptungen und Bewertungen, die für ihn ungünstig sind oder ihm nachteilig werden können, vor deren Aufnahme in die Personalakte zu hören, soweit die Anhörung

nicht nach anderen Rechtsvorschriften erfolgt. [2]Die Äußerung des Beamten ist zur Personalakte zu nehmen.

§ 87 Auskunft an den betroffenen Beamten

(1) Der Anspruch des Beamten auf Auskunft aus seiner Personalakte oder aus anderen Akten, die personenbezogene Daten über ihn enthalten und für sein Dienstverhältnis verarbeitet werden, umfasst auch die Einsichtnahme.

(2) [1]Bevollmächtigten des Beamten ist Auskunft zu gewähren, soweit dienstliche Gründe nicht entgegenstehen. [2]Dies gilt auch für Hinterbliebene und deren Bevollmächtigte, wenn ein berechtigtes Interesse glaubhaft gemacht wird. [3]Absatz 1 gilt entsprechend.

(3) [1]Wird die Auskunft in Form der Einsichtnahme verlangt, so bestimmt die personalaktenführende Behörde, wo sie gewährt wird; sie soll dort erfolgen, wo die Akte geführt wird. [2]Auf Verlangen werden Auszüge, Abschriften, Ablichtungen oder Ausdrucke gefertigt. [3]Dem Beamten ist auf Verlangen ein Ausdruck der zu seiner Person elektronisch gespeicherten Personalaktendaten zu überlassen.

(4) Die Auskunft ist unzulässig, soweit ihr gesetzliche Bestimmungen entgegenstehen, bei Sicherheitsakten oder wenn die Daten der betroffenen Person mit Daten Dritter oder geheimhaltungsbedürftigen nichtpersonenbezogenen Daten derart verbunden sind, dass eine für die Gewährung der Auskunft gegebenenfalls notwendige Trennung nicht oder nur mit unverhältnismäßig großem Aufwand möglich ist.

§ 88 Übermittlung von Personalakten und Auskunft aus Personalakten

(1) [1]Ohne Einwilligung des Beamten ist es zulässig, die Personalakte für Zwecke nach § 84 Absatz 1 Satz 1 der obersten Dienstbehörde, dem Landesbeamtenausschuss oder einer im Rahmen der Dienstaufsicht weisungsbefugten Behörde zu übermitteln. [2]Das Gleiche gilt für andere Behörden desselben oder eines anderen Dienstherrn, soweit die Übermittlung zur Vorbereitung oder Durchführung einer Personalentscheidung notwendig ist. [3]Ärzten sowie Psychologen, die im Auftrag der personalverwaltenden Behörde ein Gutachten erstellen, darf die Personalakte ebenfalls ohne Einwilligung übermittelt werden. [4]Für Auskünfte aus der Personalakte gelten die Sätze 1 bis 3 entsprechend. [5]Soweit eine Auskunft ausreicht, ist von einer Übermittlung abzusehen.

(2) [1]Personenbezogene Daten aus der Personalakte dürfen auch ohne Einwilligung der betroffenen Person durch eine andere Behörde oder beauftragte Stelle im Auftrag des verantwortlichen Dienstherrn verarbeitet werden, soweit dies für die Festsetzung und Berechnung der Besoldung, Versorgung, Altersgeld, Beihilfe, für die Prüfung der Kindergeldberechtigung, für die überwiegend automatisierte Erledigung sonstiger Aufgaben nach § 84 Absatz 1 oder die Verrichtung technischer Hilfstätigkeiten durch überwiegend automatisierte Einrichtungen zur Vermeidung von Störungen im Geschäftsablauf des Dienstherrn oder zur Realisierung erheblich wirtschaftlicherer Arbeitsabläufe erforderlich ist. [2]Der Auftragsverarbeiter und seine mit der Datenverarbeitung beauftragten Beschäftigten sind zum besonderen Schutz der personenbezogenen Daten zu verpflichten.

(3) [1]Auskünfte an Dritte dürfen nur mit Einwilligung des Beamten erteilt werden, es sei denn, dass die Abwehr einer erheblichen Beeinträchtigung des Gemeinwohls oder der Schutz berechtigter, höherrangiger Interessen des Dritten die Auskunftserteilung zwingend erfordert. [2]Zur Erfüllung von Mitteilungs- und Auskunftspflichten im Rahmen der europäischen Verwaltungszusammenarbeit (§§ 8a bis 8e des Landesverwaltungsverfahrensgesetzes) dürfen den zuständigen Behörden der Mitgliedstaaten der Europäischen Union nach Maßgabe der Artikel 50, 56 und 56a der Richtlinie 2005/36/EG auch die dafür erforderlichen Personalaktendaten ohne Einwilligung des Beamten im Wege der Auskunft übermittelt werden. [3]Inhalt und Empfänger der Auskunft sind dem Beamten schriftlich zu übermitteln.

(4) Übermittlung und Auskunft sind auf den jeweils erforderlichen Umfang zu beschränken.

§ 89 Entfernung von Unterlagen aus Personalakten

(1) [1]Unterlagen über Beschwerden, Behauptungen und Bewertungen, auf die § 18 Absatz 3 und Absatz 4 Satz 3 des Landesdisziplinargesetzes keine Anwendung findet, sind,

1. falls sie sich als unbegründet oder falsch erwiesen haben, mit Zustimmung des Beamten unverzüglich aus der Personalakte zu entfernen und zu vernichten,
2. falls sie für den Beamten ungünstig sind oder ihm nachteilig werden können, auf Antrag des Beamten nach zwei Jahren zu entfernen und zu vernichten; dies gilt nicht für dienstliche Beurteilungen.

²Die Frist nach Satz 1 Nummer 2 wird durch erneute Sachverhalte im Sinne dieser Vorschrift oder durch die Einleitung eines Straf- oder Disziplinarverfahrens unterbrochen. ³Stellt sich der erneute Vorwurf als unbegründet oder falsch heraus, gilt die Frist als nicht unterbrochen.

(2) ¹Mitteilungen in Strafsachen, soweit sie nicht Bestandteil einer Disziplinarakte sind, sowie Auskünfte aus dem Bundeszentralregister sind mit Zustimmung des Beamten nach drei Jahren zu entfernen und zu vernichten. ²Absatz 1 Satz 2 und 3 gilt entsprechend.

§ 90 Aufbewahrung von Personalakten

(1) ¹Personalakten sind nach ihrem Abschluss von der personalführenden Behörde fünf Jahre aufzubewahren. ²Personalakten sind abgeschlossen,

1. wenn der Beamte ohne versorgungs- oder altersgeldberechtigte Hinterbliebene verstorben ist, mit Ablauf des Todesjahres,
2. wenn nach dem Tod des Beamten versorgungs- oder altersgeldberechtigte Hinterbliebene vorhanden sind, mit Ablauf des Jahres, in dem die letzte Versorgungsverpflichtung entfallen ist,
3. wenn der Beamte ohne Versorgungsansprüche, oder Altersgeldansprüche aus dem öffentlichen Dienst ausgeschieden ist, mit Ablauf des Jahres der Vollendung der Regelaltersgrenze, in den Fällen des § 24 des Beamtenstatusgesetzes und § 12 des Landesdisziplinargesetzes jedoch erst, wenn mögliche Versorgungsempfänger nicht mehr vorhanden sind.

(2) ¹Zahlungsbegründende Unterlagen über Beihilfen, Heilfürsorge, Heilverfahren, Unterstützungen, Erkrankungen, Umzugs- und Reisekosten sind sechs Jahre, Unterlagen über Urlaub sind drei Jahre nach Ablauf des Jahres, in dem die Bearbeitung des einzelnen Vorgangs abgeschlossen wurde, aufzubewahren. ²Werden Unterlagen über Beihilfe, Heilfürsorge oder Heilverfahren zur Durchführung des Verfahrens nach § 85 Sätze 5 und 6 über die nach Satz 1 vorgesehene Frist hinaus benötigt, sind sie unverzüglich nach Abschluss dieses Verfahrens zurückzugeben oder zu vernichten ³Unterlagen, aus denen die Art einer Erkrankung ersichtlich ist, sind unverzüglich zurückzugeben oder zu vernichten, wenn sie für den Zweck, zu dem sie vorgelegt worden sind, nicht mehr benötigt werden.

(3) Versorgungs- und Altersgeldakten sind fünf Jahre nach Ablauf des Jahres, in dem die letzte Versorgungszahlung geleistet worden ist, aufzubewahren; besteht die Möglichkeit eines Wiederauflebens des Anspruchs, sind die Akten 30 Jahre aufzubewahren.

(4) Die Personalakten und sonstige Personalunterlagen werden nach Ablauf der Aufbewahrungszeit vernichtet, sofern sie nicht vom Landesarchiv übernommen werden.

§ 91 Automatisierte Verarbeitung von Personalakten

(1) ¹Personalaktendaten dürfen in automatisierten Verfahren nur für Zwecke nach § 84 Absatz 1 Satz 1 verarbeitet und genutzt werden. ²Ihre Übermittlung ist nur nach Maßgabe des § 88 zulässig. ³Ein automatisierter Datenabruf durch andere als die von Satz 2 erfassten Behörden ist unzulässig, soweit durch besondere Rechtsvorschrift nichts Anderes bestimmt ist.

(2) Personalaktendaten im Sinne des § 85 dürfen automatisiert nur im Rahmen ihrer Zweckbestimmung und nur von den übrigen Personaldateien technisch und organisatorisch getrennt automatisiert verarbeitet und genutzt werden.

(3) Von den Unterlagen über medizinische oder psychologische Untersuchungen und Tests dürfen im Rahmen der Personalverwaltung nur die Ergebnisse automatisiert verarbeitet oder genutzt werden, soweit sie die Eignung betreffen und ihre Verarbeitung oder Nutzung dem Schutz des Beamten dient.

(4) Eine beamtenrechtliche Entscheidung darf nur dann auf einer ausschließlich automatisierten Verarbeitung personenbezogener Daten beruhen, wenn einem vorausgegangenen Antrag des Beamten entsprochen wird.

(5) Die Verarbeitungsformen automatisierter Personalverwaltungsmaßnahmen sind zu dokumentieren und einschließlich des jeweiligen Verwendungszweckes sowie der regelmäßigen Empfänger und des Inhalts automatisierter Datenübermittlung allgemein bekannt zu geben.

Abschnitt 7
Berufsvertretungen und Verbände

§ 92 Beteiligung der Spitzenorganisationen der Gewerkschaften und Berufsverbände und der kommunalen Landesverbände (§ 53 BeamtStG)

(1) [1]Die Spitzenorganisationen der zuständigen Gewerkschaften und der Berufsverbände wirken bei der Vorbereitung und Gestaltung des Beamtenrechts durch die obersten Landesbehörden in enger Zusammenarbeit mit. [2]Ziel der Beteiligung ist eine sachgerechte Verständigung.

(2) [1]Die obersten Landesbehörden und die Spitzenorganisationen der Gewerkschaften und Berufsverbände kommen regelmäßig zu Gesprächen über allgemeine und grundsätzliche Fragen des Beamtenrechts, die in ihre Zuständigkeit fallen, zusammen. [2]Sie unterrichten die Spitzenorganisationen frühzeitig, fortlaufend, umfassend und anhand der einschlägigen Unterlagen. [3]Aus besonderem Anlass kann innerhalb angemessener Zeit eine Erörterung mit dem für die oberste Landesbehörde zuständigen Minister oder Staatssekretär beantragt werden, bevor eine Entscheidung herbeigeführt wird.

(3) [1]Die obersten Landesbehörden übersenden die Entwürfe allgemeiner beamtenrechtlicher Regelungen den Spitzenorganisationen mit einer angemessenen Frist von in der Regel mindestens sechs Wochen zur Stellungnahme. [2]Daneben kann auch eine mündliche Erörterung erfolgen. [3]Jede Spitzenorganisation kann verlangen, dass ihre wesentlichen Vorschläge, die in Gesetzentwürfen keine Berücksichtigung gefunden haben, dem Landtag mitgeteilt werden.

(4) Die Absätze 1 bis 3 finden für die Beteiligung der kommunalen Landesverbände entsprechende Anwendung, soweit kommunale Belange betroffen sind.

Abschnitt 8
Landesbeamtenausschuss

§ 93 Errichtung

[1]Zur einheitlichen Durchführung der beamtenrechtlichen Vorschriften wird ein Landesbeamtenausschuss errichtet. [2]Er übt seine Tätigkeit unabhängig und in eigener Verantwortung aus.

§ 94 Mitglieder

(1) Der Landesbeamtenausschuss besteht aus neun ordentlichen und neun stellvertretenden Mitgliedern.

(2) Ständige ordentliche Mitglieder sind der Staatssekretär des Innenministeriums, der Präsident des Landesrechnungshofes, ein Präsident eines Gerichtes und der Leiter der für das Beamtenrecht zuständigen Abteilung des Innenministeriums.

(3) [1]Der Präsident eines Gerichts und die übrigen ordentlichen und die stellvertretenden Mitglieder werden vom Ministerpräsidenten für die Dauer von fünf Jahren berufen. [2]Zwei ordentliche und zwei stellvertretende Mitglieder werden auf Vorschlag der Spitzenorganisationen der zuständigen Gewerkschaften und Berufsverbände auf Landesebene und zwei ordentliche und zwei stellvertretende Mitglieder werden auf Vorschlag der kommunalen Landesverbände berufen. [3]Für die Berufung der Mitglieder nach Satz 1 sollen im gleichen Verhältnis Männer und Frauen vorgeschlagen werden.

(4) Alle ordentlichen und stellvertretenden Mitglieder müssen sich in einem nicht ruhenden Beamten- oder Richterverhältnis zu einem der in § 1 Absatz 1 genannten Dienstherrn befinden.

(5) [1]Den Vorsitz im Landesbeamtenausschuss führt der Staatssekretär des Innenministeriums. [2]Seine Vertretung ist durch die Geschäftsordnung zu regeln.

§ 95 Rechtsstellung der Mitglieder

(1) [1]Die Mitglieder des Landesbeamtenausschusses sind unabhängig und nur dem Gesetz unterworfen. [2]Sie üben ihre Tätigkeit innerhalb dieser Schranken in eigener Verantwortung aus. [3]Sie dürfen wegen ihrer Tätigkeit im Landesbeamtenausschuss dienstlich weder gemaßregelt, benachteiligt oder bevorzugt werden.

(2) [1]Die Mitgliedschaft im Landesbeamtenausschuss endet
1. durch Zeitablauf,
2. auf Antrag eines berufenen Mitglieds, wenn hierfür triftige Gründe vorliegen und der Ministerpräsident sowie der Landesbeamtenausschuss zugestimmt haben,
3. nach Wegfall einer der Voraussetzungen, unter denen das Mitglied berufen worden ist,

4. nach rechtskräftiger Verurteilung des Mitglieds in einem Strafverfahren zu einer Freiheitsstrafe oder,
5. wenn in einem Disziplinarverfahren eine Disziplinarmaßnahme, die über einen Verweis hinausgeht, unanfechtbar ausgesprochen worden ist.

[2]§ 39 des Beamtenstatusgesetzes findet keine Anwendung.

(3) Scheidet ein nach § 94 Absatz 3 berufenes Mitglied vor Ablauf der Amtszeit aus dem Landesbeamtenausschuss aus, so wird ein neues Mitglied nur für den Rest der Amtszeit berufen.

§ 96 Aufgaben des Landesbeamtenausschusses; Unterausschüsse

(1) Der Landesbeamtenausschuss hat folgende Aufgaben:
1. Treffen von Entscheidungen in den in diesem Gesetz vorgesehenen Fällen,
2. Mitwirkung bei der Vorbereitung allgemeiner beamtenrechtlicher Regelungen einschließlich der Vorschriften über Ausbildung, Prüfung und Fortbildung,
3. Erfüllung der übrigen ihm durch Gesetz oder Rechtsverordnung übertragenen Aufgaben.

(2) [1]Der Landesbeamtenausschuss kann zur Vorbereitung seiner Entscheidung im Überprüfungsverfahren nach § 17 Absatz 2 Satz 1 und zur Feststellung, ob die Qualifizierungsfortbildung für ein Beförderungsamt der Besoldungsgruppe A 14 erfolgreich abgeschlossen wurde, einen unabhängigen Unterausschuss einsetzen. [2]Der Landesbeamtenausschuss bestimmt einen Vorsitzenden aus seinem Kreis. [3]Dem vom Landesbeamtenausschuss eingesetzten Unterausschuss können neben Mitgliedern des Landesbeamtenausschusses auch andere fachkundige Personen angehören, die im öffentlichen Dienst tätig sind. [4]Zur Erledigung seiner Aufgaben darf dem Unterausschuss in dem hierfür erforderlichen Umfang die Personalakte der betroffenen Bewerber ohne deren Einwilligung übermittelt werden.

(3) Über die Durchführung seiner Aufgaben erstattet der Landesbeamtenausschuss nach Ablauf seiner Amtszeit der Landesregierung Bericht.

§ 97 Geschäftsordnung und Verfahren

(1) Der Landesbeamtenausschuss gibt sich eine Geschäftsordnung.

(2) Die Sitzungen des Landesbeamtenausschusses sind nicht öffentlich.

(3) [1]Der Landesbeamtenausschuss kann Beauftragten der beteiligten Verwaltungen und anderen Personen die Anwesenheit bei der Verhandlung gestatten. [2]Die Beauftragten der beteiligten Verwaltungen sind auf Verlangen zu hören. [3]Die Teilnahme an der abschließenden Beratung und an der Beschlussfassung ist ihnen nicht gestattet.

(4) [1]Der Vorsitzende des Landesbeamtenausschusses oder sein Vertreter leitet die Verhandlungen. [2]Sind beide verhindert, so tritt an ihre Stelle das dienstälteste Mitglied.

§ 98 Beschlüsse

(1) [1]Zur Beschlussfähigkeit ist die Anwesenheit von mindestens fünf Mitgliedern erforderlich. [2]Beschlüsse werden mit Stimmenmehrheit gefasst; bei Stimmengleichheit entscheidet die Stimme des Vorsitzenden. [3]Ist die rechtzeitige mündliche Behandlung einer Angelegenheit nicht möglich, kann ein Beschluss auch im schriftlichen Umlaufverfahren gefasst werden; die Sätze 1 und 2 gelten entsprechend.

(2) Soweit dem Landesbeamtenausschuss eine Entscheidungsbefugnis eingeräumt ist, binden seine Beschlüsse die beteiligten Verwaltungen.

(3) Beschlüsse des Landesbeamtenausschusses von allgemeiner Bedeutung sind im Amtsblatt für Mecklenburg-Vorpommern bekannt zu machen.

§ 99 Beweiserhebung, Amtshilfe

(1) [1]Der Landesbeamtenausschuss kann zur Durchführung seiner Aufgaben Beweise erheben. [2]Die Vorschriften über das förmliche Verwaltungsverfahren nach dem Landesverwaltungsverfahrensgesetz sind entsprechend anzuwenden.

(2) Alle Dienststellen haben dem Landesbeamtenausschuss unentgeltlich Amts- und Rechtshilfe zu leisten und ihm auf Verlangen Auskünfte zu erteilen und Akten einschließlich Personalakten vorzulegen, soweit dies zur Durchführung seiner Aufgaben erforderlich ist.

§ 100 Geschäftsstelle
Der Landesbeamtenausschuss bedient sich zur Vorbereitung der Verhandlungen und Durchführung seiner Beschlüsse einer Geschäftsstelle, die beim Innenministerium eingerichtet wird.

Abschnitt 9
Beschwerdeweg und Rechtsschutz

§ 101 Anträge und Beschwerden
(1) [1]Der Beamte kann Anträge und Beschwerden vorbringen; hierbei hat er den Dienstweg einzuhalten. [2]Der Beschwerdeweg bis zur obersten Dienstbehörde steht offen.
(2) Richtet sich die Beschwerde gegen den unmittelbaren Vorgesetzten oder Dienstvorgesetzten, so kann sie bei dem nächsthöheren Vorgesetzten oder Dienstvorgesetzten unmittelbar eingereicht werden.

§ 102 Verwaltungsrechtsweg (§ 54 BeamtStG)
Widerspruch und Anfechtungsklage gegen Abordnung (§ 28), Versetzung (§ 29) oder Verbot einer Nebentätigkeit (§ 73) haben keine aufschiebende Wirkung.

§ 103 Vertretung des Dienstherrn
(1) [1]Bei Klagen aus dem Beamtenverhältnis wird der Dienstherr durch die oberste Dienstbehörde vertreten, der der Beamte untersteht oder bei der Beendigung des Beamtenverhältnisses unterstanden hat. [2]Bei Ansprüchen nach den §§ 53 bis 61 des Beamtenversorgungsgesetzes wird der Dienstherr durch die oberste Dienstbehörde vertreten, deren sachlicher Weisung die Regelungsbehörde untersteht.
(2) Besteht die oberste Dienstbehörde nicht mehr und ist eine andere Dienstbehörde nicht bestimmt, tritt an ihre Stelle das Innenministerium.
(3) Die oberste Dienstbehörde kann die Vertretung durch allgemeine Anordnung anderen Behörden übertragen; die Anordnung ist im Amtsblatt für Mecklenburg-Vorpommern zu veröffentlichen.

§ 104 Zustellung von Verfügungen und Entscheidungen
Verfügungen oder Entscheidungen, die dem Beamten oder Versorgungsberechtigten nach den Vorschriften dieses Gesetzes bekannt zu geben sind, sind zuzustellen, wenn durch sie eine Frist in Lauf gesetzt wird oder Rechte des Beamten oder Versorgungsberechtigten durch sie berührt werden.

Abschnitt 10
Besondere Vorschriften für einzelne Beamtengruppen

§ 105 Allgemeines
Für die in diesem Abschnitt genannten Beamtengruppen gelten die Vorschriften dieses Gesetzes nach Maßgabe der folgenden Bestimmungen.

Unterabschnitt 1
Landtag

§ 106 Beamte beim Landtag
[1]Die Beamten beim Landtag sind Landesbeamte. [2]Ihre Ernennung, Entlassung und Versetzung in den Ruhestand werden durch den Präsidenten des Landtags vorgenommen. [3]Der Präsident des Landtags ist oberste Dienstbehörde. [4]Er erlässt die Bestimmungen über die Dienstkleidung der Landtagsbeamten.

Unterabschnitt 2
Polizeivollzug

§ 107 Laufbahnen der Polizeivollzugsbeamten
[1]Das Innenministerium erlässt durch Rechtsverordnung Vorschriften über die Laufbahnen der Polizeivollzugsbeamten; in ihnen ist auch zu regeln, welche Beamtengruppen zum Polizeivollzugsdienst gehören. [2]Dabei kann von den Vorschriften der §§ 14 und 24 Absatz 2 sowie von der sechsmonatigen Erprobungszeit gemäß § 20 Absatz 2 Satz 1 Nummer 3 abgewichen werden, soweit die besonderen Verhältnisse des Polizeivollzugsdienstes dies erfordern.

§ 108 Altersgrenze

(1) Die Regelaltersgrenze erreichen Polizeivollzugsbeamte,

1. die sich in einem Amt der Laufbahngruppe 1 oder in einem Amt der Laufbahngruppe 2 bis zum 2. Einstiegsamt befinden, mit Vollendung des 62. Lebensjahres,
2. die sich in einem Amt der Laufbahngruppe 2 oberhalb des 2. Einstiegsamtes befinden, mit Vollendung des 64. Lebensjahres.

(2) [1]Polizeivollzugsbeamte nach Absatz 1 Nummer 1, die vor dem 1. Januar 1952 geboren sind, erreichen die Regelaltersgrenze mit Vollendung des 60. Lebensjahres. [2]Für Polizeivollzugsbeamte, die nach dem 31. Dezember 1951 geboren sind, wird die Regelaltersgrenze gestaffelt wie folgt angehoben:

Geburtsjahr	Anhebung um Monate	Anspruch ab[1)] Jahr	Alter[1)] Monat
1952	1	60	1
1953	2	60	2
1954	4	60	4
1955	6	60	6
1956	8	60	8
1957	10	60	10
1958	12	61	0
1959	14	61	2
1960	16	61	4
1961	18	61	6
1962	20	61	8
1963	22	61	10

(3) [1]Polizeivollzugsbeamte nach Absatz 1 Nummer 2, die vor dem 1. Januar 1952 geboren sind, erreichen die Regelaltersgrenze mit Vollendung des 60. Lebensjahres. [2]Für Polizeivollzugsbeamte, die nach dem 31. Dezember 1951 geboren sind, wird die Regelaltersgrenze gestaffelt wie folgt angehoben:

Geburtsjahr	Anhebung um Monate	Anspruch ab[1)] Jahr	Alter[1)] Monat
1952	3	60	3
1953	6	60	6
1954	9	60	9
1955	12	61	0
1956	16	61	4
1957	20	61	8
1958	24	62	0
1959	28	62	4
1960	32	62	8
1961	36	63	0
1962	40	63	4
1963	44	63	8

(4) [1]Die Regelaltersgrenze verringert sich für Polizeivollzugsbeamte um einen Monat für jeweils zwei vollständig erbrachte Jahre im Wechselschichtdienst. [2]Befindet sich der Polizeivollzugsbeamte in einem Amt nach Absatz 1 Nummer 1, ist eine Verringerung der Regelaltersgrenze auf einen Zeitpunkt vor der Vollendung des 60. Lebensjahres ausgeschlossen. [3]Für Polizeivollzugsbeamte in einem Amt nach Absatz 1 Nummer 2 gilt Satz 1 nur, wenn der Beamte nach dem 31. Dezember 1958 geboren ist; eine Verringerung der Regelaltersgrenze auf einen Zeitpunkt vor der Vollendung des 62. Lebensjahres ist ausgeschlossen. [4]Schichtdienste, die Polizeivollzugsbeamte bis zum 2. Oktober 1990 in der Deutschen Volkspolizei geleistet und die dem Wechselschichtdienst nach Satz 1 entsprochen haben, sind entsprechend zu berücksichtigen, soweit der Beamte sie durch eigenverantwortliche Erklärung belegt.

1) Tabellenkopf amtlich, vgl. Tabelle in § 35 Abs. 2.

[5]Dies gilt auch für entsprechende Schichtdienste, die Polizeivollzugsbedienstete ab dem 3. Oktober 1990 vor der Ernennung im Angestelltenverhältnis erbracht haben. [6]Der Beamte hat spätestens fünf Jahre vor Erreichen der in Absatz 1 genannten Regelaltersgrenze anzuzeigen, inwieweit er die in Satz 1 genannte Voraussetzung erfüllt.

(5) Polizeivollzugsbeamte können auf ihren Antrag in den Ruhestand versetzt werden, wenn sie das 60. Lebensjahr vollendet haben.

§ 109 Gesundheitliche Vorsorge, Polizeidienstunfähigkeit

(1) [1]Im Rahmen der gesundheitlichen Vorsorge ist der Polizeivollzugsbeamte zum Erhalt der Polizeidienstfähigkeit verpflichtet, sich regelmäßig ärztlich untersuchen zu lassen. [2]Im Rahmen der Reihenvorsorgeuntersuchung bleibt die ärztliche Schweigepflicht unberührt.

(2) [1]Der Polizeivollzugsbeamte ist dienstunfähig, wenn er den besonderen gesundheitlichen Anforderungen des Polizeivollzugsdienstes nicht mehr genügt und nicht zu erwarten ist, dass er seine volle Verwendungsfähigkeit innerhalb von zwei Jahren wiedererlangt (Polizeidienstunfähigkeit). [2]Für Beamte auf Lebenszeit gilt dies nicht, wenn aufgrund der auszuübenden Funktion die besonderen gesundheitlichen Anforderungen auf Dauer nicht mehr uneingeschränkt erforderlich sind.

§ 110 Gemeinschaftsunterkunft

(1) Der Polizeivollzugsbeamte ist auf Anordnung des Dienstvorgesetzten verpflichtet, in einer Gemeinschaftsunterkunft zu wohnen und an einer Gemeinschaftsverpflegung teilzunehmen.

(2) [1]Die Verpflichtung nach Absatz 1 kann einem Polizeivollzugsbeamten, der Beamter auf Lebenszeit ist, nur für besondere Einsätze oder Lehrgänge oder für seine Aus- oder Weiterbildung auferlegt werden. [2]Für die übrigen Polizeivollzugsbeamten können unter den Voraussetzungen des § 64 Absatz 2 Ausnahmen von Absatz 1 zugelassen werden.

§ 111 Dienstkleidung, äußeres Erscheinungsbild, Ersatz von Sachschäden

(1) [1]Die Polizeivollzugsbeamten erhalten unentgeltlich die Bekleidung und Ausrüstung, die die besondere Art ihres Dienstes erfordert. [2]Die Beamten im Kriminalpolizeidienst und die dazu abgeordneten uniformierten Polizeivollzugsbeamten erhalten als Ausgleich für die besondere Beanspruchung ihrer Bekleidung eine Geldentschädigung. [3]Das Nähere regelt das Innenministerium im Einvernehmen mit dem Finanzministerium durch Verwaltungsvorschrift.

(2) [1]Soweit es das Amt erfordert, kann das für Inneres zuständige Ministerium nähere Bestimmungen über das Tragen von Dienstkleidung und das während des Dienstes zu wahrende äußere Erscheinungsbild der Polizeivollzugsbeamten treffen. [2]Dazu zählen auch Haar- und Barttracht sowie sonstige sichtbare und nicht sofort ablegbare Erscheinungsmerkmale.

(3) [1]Von § 83 Absatz 1 kann abgewichen werden, soweit die besondere Art des Dienstes dies erfordert. [2]Das Nähere regelt das Innenministerium durch Rechtsverordnung.

§ 112 Heilfürsorge

(1) Polizeivollzugsbeamte haben Anspruch auf Heilfürsorge, solange sie Dienst- oder Anwärterbezüge erhalten, Heilfürsorge wird auch gewährt

1. während einer Elternzeit, soweit nicht bereits aufgrund einer Teilzeitbeschäftigung unmittelbar ein Anspruch auf Heilfürsorge besteht,
2. Alleinerziehenden während einer Beurlaubung ohne Dienstbezüge nach § 66 Absatz 2 in Verbindung mit § 64 Absatz 2 Satz 1 Nummer 1,
3. bei einer sonstigen Freistellung vom Dienst unter Fortfall der Bezüge bis zur Dauer von einem Monat,
4. für die Erstversorgung der Neugeborenen im Zuge der Entbindung einer Heilfürsorgeberechtigten bis zum sechsten Lebenstag, soweit für das Kind kein anderer Versicherungsschutz besteht.
5. bei Fortfall der Bezüge für die Pflege, Betreuung oder Begleitung naher Angehöriger gemäß § 64a.

(2) [1]Heilfürsorge umfasst die ärztliche und zahnärztliche Versorgung und Vorsorge einschließlich der Verordnung von physikalischen und therapeutischen Maßnahmen sowie von Heil- und Hilfsmitteln grundsätzlich nach den Bestimmungen des Fünften Buches Sozialgesetzbuch. [2]Das Innenministerium regelt im Einvernehmen mit dem Finanzministerium durch Rechtsverordnung Art und Umfang der Heilfürsorge.

(3) [1]Zum Zweck der Erstellung einer Statistik über das Krankheitsbild des Polizeivollzugsdienstes ist die für die Heilfürsorgeabrechnung zuständige Stelle abweichend von Artikel 9 Absatz 1 der Daten-

schutzgrundverordnung befugt, Gesundheitsdaten der Polizeivollzugsbeamten zu verarbeiten. [2]Zu diesem Zweck werden von den Polizeivollzugskräften die Abschnitte der Arbeitsunfähigkeitsbescheinigungen, die zur Vorlage bei der Krankenkasse vorgesehen sind und eine Diagnose enthalten, durch die für die Heilfürsorgeabrechnung zuständige Stelle erhoben. [3]Die Polizeivollzugskräfte sind in Ergänzung zu § 55 Absatz 2 Satz 2 verpflichtet, diesen Abschnitt der Arbeitsunfähigkeitsbescheinigung zu übermitteln. [4]Diese personenbezogenen Gesundheitsdaten dürfen von der für die Heilfürsorgeabrechnung zuständige Stelle zu keinen anderen Zwecken verarbeitet werden.

(4) [1]Bei der Übermittlung der Abschnitte der Arbeitsunfähigkeitsbescheinigungen sind alle Angaben mit Ausnahme des Zeitraumes der Arbeitsunfähigkeit, der Diagnose und der Versichertennummer zu schwärzen. [2]Die für die Heilfürsorgeabrechnung zuständige Stelle ist verpflichtet, die personenbezogenen Daten umgehend nach Eingang zu pseudonymisieren und zu anonymisieren, sobald der Statistikzweck es zulässt. [3]Vor einer Anonymisierung dürfen die zu statistischen Zwecken verarbeiteten Gesundheitsdaten weder dem Dienstherrn noch Dritten offengelegt werden.

(5) [1]Die Verarbeitung nach Absatz 3 und 4 ist nur durch Personen zulässig, die einer ärztlichen Schweigepflicht unterliegen. [2]Mitwirkende der Berufsgeheimnisträger sind schriftlich über ihre Schweigepflicht zu belehren. [3]Die Schweigepflicht der verarbeitenden Personen gilt auch gegenüber dem Dienstherrn. [4]Sofern die Gesundheitsdaten vor der Anonymisierung elektronisch übermittelt werden sollen, ist die Vertraulichkeit durch entsprechende technische und organisatorische Maßnahmen, insbesondere eine geeignete Verschlüsselung, sicherzustellen.

§ 113 Verbot politischer Betätigung in Uniform

[1]Der Polizeivollzugsbeamte darf sich in der Öffentlichkeit in Dienstkleidung nicht politisch betätigen. [2]Das gilt nicht für die Ausübung des Wahlrechts und für Demonstrationen, die im Zusammenhang mit dem Dienstverhältnis stehen.

Unterabschnitt 3
Feuerwehren

§ 114 Beamte der Fachrichtung Feuerwehrdienst

[1]Für die Beamten des feuerwehrtechnischen Dienstes der Berufsfeuerwehren und die Beamten des feuerwehrtechnischen Dienstes des Landes an der Landesschule für Brand- und Katastrophenschutz gelten die §§ 108, 109, 111 Absatz 1 Satz 1, §§ 112 und 113 entsprechend. [2]§ 108 Absatz 4 gilt mit der Maßgabe, dass neben dem Wechselschichtdienst auch Schichtdienst berücksichtigt wird. [3]Für Beamte des feuerwehrtechnischen Dienstes im Landesamt für zentrale Aufgaben und Technik der Polizei, Brand- und Katastrophenschutz Mecklenburg-Vorpommern und im für Inneres zuständigen Ministerium gilt § 112 entsprechend. [4]Für die sonstigen feuerwehrtechnischen Beamten der Landkreise und kreisfreien Städte, die nicht den Berufsfeuerwehren zugehörig sind, können die Landkreise und kreisfreien Städte Regelungen zur Heilfürsorge nach § 112 treffen.

Unterabschnitt 4
Strafvollzug

§ 115 Beamte des Strafvollzugsdienstes

Für die Beamten des Strafvollzugsdienstes im Aufsichts- und Werkdienst gelten die §§ 108 und 109 entsprechend.

Unterabschnitt 5
Körperschaften

§ 116 Zuständigkeiten

(1) Die in diesem Gesetz übertragenen oder zu übertragenden Zuständigkeiten obliegen bei den der Aufsicht des Landes unterstehenden Körperschaften, den rechtsfähigen Anstalten und den Stiftungen des öffentlichen Rechts, die Behörden nicht besitzen, der zuständigen Verwaltungsstelle.

(2) Bei der Verleihung der früheren Amtsbezeichnung nach der Entlassung (§ 59 Absatz 4) tritt die Aufsichtsbehörde an die Stelle der obersten Dienstbehörde.

Unterabschnitt 6
Hochschulpersonal

§ 117 Wissenschaftliches und künstlerisches Personal der Hochschulen

(1) Für beamtete Professoren, Juniorprofessoren sowie wissenschaftliche und künstlerische Mitarbeiter gelten die Vorschriften dieses Gesetzes, soweit nicht das Landeshochschulgesetz etwas Anderes bestimmt.

(2) [1]Für einen Bewerber, der als Professor in ein Beamtenverhältnis auf Probe oder auf Lebenszeit berufen werden soll, erhöht sich die Altersgrenze nach § 18a Absatz 1 Satz 1 um zehn Jahre. [2]Die Altersgrenze nach Satz 1 gilt nicht, wenn der Bewerber bereits bei einem öffentlich-rechtlichen Dienstherrn im Sinne von § 1 des Versorgungslastenteilungs-Staatsvertrages als Professor im Beamtenverhältnis steht und sich frühere Dienstherrn an der Versorgungslastenteilung nach dem Versorgungslastenteilungs-Staatsvertrag beteiligen. [3]§ 18a Absätze 2 bis 4 gelten entsprechend. [4]Die oberste Dienstbehörde kann im Einvernehmen mit dem Finanzministerium im Falle eines erheblichen dienstlichen Interesses Ausnahmen von Satz 1 zulassen.

Abschnitt 11
Übergangs- und Schlussvorschriften

§ 118 Weitergeltung von Vorschriften des Bundes

Soweit die §§ 60 und 68 die Landesregierung zum Erlass von Rechtsverordnungen ermächtigen, gelten bis zu deren Inkrafttreten die jeweiligen für Bundesbeamte geltenden Vorschriften entsprechend.

§ 119 Verwaltungsvorschriften

[1]Das Innenministerium kann zur Durchführung des Gesetzes allgemeine Verwaltungsvorschriften erlassen. [2]Soweit es sich um besondere Rechtsmaterien handelt, die in den Zuständigkeitsbereich einer anderen obersten Landesbehörde fallen, werden die Verwaltungsvorschriften durch die zuständige oberste Landesbehörde erlassen. [3]Die Verwaltungsvorschriften sind im Amtsblatt für Mecklenburg-Vorpommern zu veröffentlichen.

§ 120 Übergangsregelungen für Beamte auf Probe

(1) Beamte, die sich zum Zeitpunkt des Inkrafttretens dieses Gesetzes im Beamtenverhältnis auf Probe befinden und die Probezeit erfolgreich abgeschlossen haben, sind zu Beamten auf Lebenszeit zu ernennen, wenn

1. sie das 27. Lebensjahr vollendet haben oder
2. seit der Berufung in das Beamtenverhältnis auf Probe mindestens drei Jahre vergangen sind; § 19 Absatz 2 Satz 2 gilt entsprechend.

(2) Beamten auf Probe, denen zum Zeitpunkt des Inkrafttretens des Gesetzes noch kein Amt verliehen war, ist mit Inkrafttreten des Beamtenstatusgesetzes ein Amt übertragen.

(3) Auf Beamte, die sich zum Zeitpunkt des Inkrafttretens des Gesetzes im Beamtenverhältnis auf Probe in leitender Funktion befinden, ist § 28 des Landesbeamtengesetzes in der Fassung der Bekanntmachung vom 12. Juli 1998 (GVOBl. M-V S. 708, 910), zuletzt geändert durch Artikel 20 des Gesetzes vom 20. Juli 2006 (GVOBl. M-V S. 576), anzuwenden.

§ 121 Übergangsregelungen für den Landesbeamtenausschuss

§ 115 des Landesbeamtengesetzes in der Fassung der Bekanntmachung vom 12. Juli 1998 (GVOBl. M-V S. 708, 910), zuletzt geändert durch Artikel 20 des Gesetzes vom 20. Juli 2006 (GVOBl. M-V S. 576), ist bis zum Ablauf der laufenden Amtszeit weiterhin anzuwenden.

§ 122 Übergangsregelung für Altersteilzeit und langfristigen Urlaub

(1) [1]Für einen Beamten auf Lebenszeit mit einer Altersteilzeitbeschäftigung gelten für den Ruhestand die Altersgrenzen nach Maßgabe des Landesbeamtengesetzes in der Fassung der Bekanntmachung vom 12. Juli 1998 (GVOBl. M-V S. 708, 910), zuletzt geändert durch Gesetz vom 20. Juli 2006 (GVOBl. M-V S. 576). [2]Auf seinen Antrag kann bei einem Beamten, der neben der Versorgung auch einen Anspruch auf Zahlung einer Altersrente aus der gesetzlichen Rentenversicherung hat, die Altersgrenze für den Eintritt in den Ruhestand und die Versetzung in den Ruhestand nach § 36 Absatz 2 nach Maßgabe dieses Gesetzes festgelegt werden, wenn dringende dienstliche Gründe nicht

dagegen stehen; ist dem Beamten Altersteilzeit im Rahmen des Blockmodells bewilligt worden, gilt dies nur, solange er noch nicht vom Dienst freigestellt ist.

(2) Absatz 1 gilt auch in den Fällen, in denen dem Beamten nach § 79b Absatz 1 Nummer 2 und Absatz 4 des Landesbeamtengesetzes in der Fassung der Bekanntmachung vom 12. Juli 1998 (GVOBl. M-V S. 708, 910), geändert durch Gesetz vom 10. Juli 2001 (GVOBl. M-V S. 256), oder nach § 79b Absatz 1 Nummer 2 des Landesbeamtengesetzes in der Fassung der Bekanntmachung vom 12. Juli 1998 (GVOBl. M-V S. 708, 910), geändert durch Gesetz vom 4. Juli 2005 (GVOBl. M-V S. 274), Urlaub bis zum Beginn des Ruhestandes bewilligt worden ist.

§ 123 Übergangsregelung für kommunale Wahlbeamte

[1]Für kommunale Wahlbeamte, die sich zum Zeitpunkt des Inkrafttretens des Gesetzes bereits im Amt befinden, ist für den Eintritt in den Ruhestand § 44 Absatz 1 und 2 des Landesbeamtengesetzes in der Fassung der Bekanntmachung vom 12. Juli 1998 (GVOBl. M-V S. 708, 910), zuletzt geändert durch Artikel 20 des Gesetzes vom 20. Juli 2006 (GVOBl. M-V S. 576), bis zum Ablauf ihrer Amtszeit und für unmittelbar folgende Amtszeiten, wenn der Beamte wieder gewählt wird, weiterhin anzuwenden. [2]Soweit dies im dienstlichen Interesse liegt, kann die oberste Dienstbehörde auf Antrag oder mit Zustimmung des Beamten den Eintritt in den Ruhestand über die Altersgrenze hinaus bis zum Ende der Amtszeit hinausschieben; auf Antrag eines unmittelbar von den Bürgern gewählten kommunalen Wahlbeamten ist der Eintritt in den Ruhestand bis zum Ende der Amtszeit hinauszuschieben.

§ 124 Übergangsregelung für vorhandene Laufbahnbefähigungen

[1]Beamte sowie Bewerber, die die Laufbahnbefähigung im Geltungsbereich dieses Gesetzes vor dem Tag des Inkrafttretens dieses Gesetzes erworben haben, besitzen die Befähigung für eine Laufbahn nach den §§ 13 und 14 in der ab dem Tag des Inkrafttretens dieses Gesetzes geltenden Fassung. [2]Dabei entspricht

1. die Laufbahngruppe des einfachen Dienstes der Laufbahngruppe 1 mit dem ersten Einstiegsamt,
2. die Laufbahngruppe des mittleren Dienstes der Laufbahngruppe 1 mit dem zweiten Einstiegsamt,
3. die Laufbahngruppe des gehobenen Dienstes der Laufbahngruppe 2 mit dem ersten Einstiegsamt,
4. die Laufbahngruppe des höheren Dienstes der Laufbahngruppe 2 mit dem zweiten Einstiegsamt.

§ 125 Übergangsregelung für vorhandene Regelungen über Laufbahngruppen und Laufbahnbefähigungen

(1) Soweit in landesrechtlichen Vorschriften auf eine Laufbahngruppe nach § 19 Absatz 2 oder § 132 Absatz 1 des Landesbeamtengesetzes in der Fassung der Bekanntmachung vom 12. Juli 1998 (GVOBl. M-V S. 708, 910), zuletzt geändert durch Artikel 20 des Gesetzes vom 20. Juli 2006 (GVOBl. M-V S. 576), oder eine Befähigung hierfür Bezug genommen wird, gilt die Zuordnung nach § 124 entsprechend.

(2) Bei der Anwendung von Bundesrecht gilt Absatz 1 sinngemäß.

(3) Bis zum Inkrafttreten der Allgemeinen Laufbahnverordnung nach § 25 Absatz 1 Satz 1 bedürfen Beförderungen von Beamten des bisherigen gehobenen Dienstes in ein Amt der Laufbahngruppe 2 oberhalb des zweiten Einstiegsamtes der vorherigen Zustimmung des Landesbeamtenausschusses.

§ 126 Übergangsregelung für erlassene Laufbahn-, Ausbildungs- und Prüfungsordnungen

In den Laufbahn-, Ausbildungs- und Prüfungsordnungen, die aufgrund der §§ 17 und 18 des Landesbeamtengesetzes in der Fassung der Bekanntmachung vom 12. Juli 1998 (GVOBl. M-V S. 708, 910), zuletzt geändert durch Artikel 20 des Gesetzes vom 20. Juli 2006 (GVOBl. M-V S. 576), erlassen worden sind, kann bis zum 30. Juni 2011 von § 13 Absatz 2 abgewichen werden.

§ 127 Übergangsregelung für Beamte in der Erprobungszeit für Ämter mit leitender Funktion

(1) [1]Beamte, die sich am 1. Juni 2021 in einer Erprobungszeit für Ämter mit leitender Funktion befinden, setzen die Erprobungszeit nach den§§ 20 und 21 des Landesbeamtengesetzes in der Fassung der Bekanntmachung vom 17. Dezember 2009 (GVOBI. M-V S. 687), zuletzt geändert durch Artikel 4 des Gesetzes vom 22. Mai 2018 (GVOBl. M-V S. 193, 201) fort, sofern das übertragene Amt ein Amt mit leitender Funktion nach § 21 Absatz 5 ist. [2]Bei Vorliegen der laufbahnrechtlichen sowie haushaltsrechtlichen Voraussetzungen erfolgt die Ernennung zum Beamten auf Probe zum nächst möglichen Zeitpunkt unter vorzeitiger Beendigung der Erprobungszeit; die Zeiten der bisher abgeleisteten Erprobungszeit werden angerechnet.

(2) [1]Beamte, die sich am 1. Juni 2021 in einer Erprobungszeit für Ämter mit leitender Funktion befinden, treten in die Erprobung nach § 20 Absatz 2 Satz 1 Nummer 3 über, wenn das zu übertragende Amt nach § 21 Absatz 5 kein Amt mit leitender Funktion mehr ist. [2]Soweit hiernach am 1. Juni 2021 die Erprobungszeit bereits abgeleistet wäre, gilt dieser Tag als Beendigung der Erprobungszeit; die Möglichkeit der Verlängerung der Erprobungszeit nach den Laufbahnverordnungen bleibt unberührt.

§ 128 Übergangsregelung für Beamte des feuerwehrtechnischen Dienstes

Beamte des feuerwehrtechnischen Dienstes, die beim Inkrafttreten dieses Gesetzes bereits im Landesamt für zentrale Aufgaben und Technik der Polizei, Brand- und Katastrophenschutz Mecklenburg-Vorpommern und im für Inneres zuständigen Ministerium tätig sind, können bis zum Ablauf des sechsten Monats nach Inkrafttreten dieses Gesetzes über einen Wechsel in die freie Heilfürsorge nach § 112 entscheiden.

Gesetz über die Hochschulen des Landes Mecklenburg-Vorpommern (Landeshochschulgesetz – LHG M-V)

In der Fassung der Bekanntmachung vom 25. Januar 2011[1)] (GVOBl. M-V S. 18)
(GS Meckl.-Vorp. Gl. Nr. 221-11)
zuletzt geändert durch Art. 1 Sechstes ÄndG vom 21. Juni 2021 (GVOBl. M-V S. 1018)

Inhaltsübersicht

1) Neubekanntmachung des LHG M-V v. 5.7.2002 (GVOBl. M-V S. 398) in der ab 1.1.2011 geltenden Fassung.

Teil 1
Allgemeine Bestimmungen

§ 1 Geltungsbereich; Bezeichnungen

(1) [1]Dieses Gesetz gilt für die staatlichen Hochschulen des Landes Mecklenburg-Vorpommern. [2]Staatliche Hochschulen sind
1. die Universitäten:
   Universität Greifswald,
   Universität Rostock,
2. die Hochschule für Musik und Theater Rostock,
3. die Fachhochschulen:
   Hochschule Neubrandenburg-University of Applied Sciences,
   Fachhochschule Stralsund,
   Hochschule Wismar,
   die Verwaltungsfachhochschule des Landes Mecklenburg-Vorpommern.

(2) Für die Verwaltungsfachhochschule des Landes Mecklenburg-Vorpommern gilt dieses Gesetz nach Maßgabe des zwölften Teiles dieses Gesetzes.

(3) [1]Der Name jeder Hochschule und die Bezeichnung der in Teil 9 vorgesehenen Ämter, Gremien und Organisationseinheiten werden in der Grundordnung festgelegt. [2]Namensbestandteil ist der jeweilige Sitz der Hochschule. [3]Die Fachhochschulen können die Bezeichnung „Hochschule“ oder „Hochschule für angewandte Wissenschaften“ verwenden."

(4) Staatliche Hochschulen werden durch Gesetz errichtet und aufgehoben.

(5) Für staatlich anerkannte Hochschulen sowie natürliche und juristische Personen gilt dieses Gesetz, soweit dies im dreizehnten Teil dieses Gesetzes bestimmt ist.

(6) Für die Universitätsmedizin Greifswald und die Universitätsmedizin Rostock gilt dieses Gesetz, soweit dies im Teil 10 bestimmt ist.

§ 2 Rechtsstellung

(1) [1]Die Hochschulen sind rechtsfähige Körperschaften des öffentlichen Rechts und zugleich staatliche Einrichtungen. [2]Sie haben das Recht der Selbstverwaltung im Rahmen der Gesetze. [3]Zur Erfüllung ihrer Aufgaben gibt sich jede Hochschule eine Grundordnung als Satzung und erlässt die übrigen Satzungen sowie die sonstigen Ordnungen. [4]Das Ministerium für Bildung, Wissenschaft und Kultur übt die Aufsicht nach Maßgabe dieses Gesetzes aus.

(2) [1]Die Universitäten haben das Promotionsrecht und das Habilitationsrecht. [2]Die Hochschule für Musik und Theater Rostock hat das Promotionsrecht und das Habilitationsrecht für ihre wissenschaftlichen Fächer; die Ausübung setzt eine ausreichend breite Vertretung des Faches an der Hochschule für Musik und Theater voraus. [3]Die Fachhochschulen und die Hochschulen mit Promotionsrecht entwickeln gemeinsame Strukturen zur Förderung und Betreuung kooperativer Promotionen.

(3) Die Hochschulen erfüllen ihre Verwaltungsaufgaben, auch soweit es sich um staatliche Angelegenheiten handelt, durch eine Einheitsverwaltung.

(4) Die in den Hochschulen beschäftigten Personen stehen im Dienst des Landes Mecklenburg-Vorpommern, soweit nicht nach § 47 Absatz 5 abweichende Regelungen zulässig sind.

§ 3 Aufgaben

(1) [1]Die Hochschulen dienen der Pflege und Entwicklung der Wissenschaften und Künste durch Forschung, Lehre und Studium sowie Weiterbildung; dabei berücksichtigen sie die Belange des Landes Mecklenburg-Vorpommern. [2]Sie gestalten das öffentliche Kulturleben mit. [3]Sie bereiten durch umfassende akademische Bildung auf berufliche Tätigkeiten vor, die die Anwendung wissenschaftlicher Erkenntnisse und wissenschaftlicher Methoden oder die Fähigkeit zu künstlerischer Gestaltung erfordern. [4]Die Fachhochschulen erfüllen diese Aufgaben insbesondere durch anwendungsbezogene Lehre und Forschung. [5]Die Universitäten haben eine besondere Verantwortung für die Grundlagenforschung. [6]Die Hochschulen tragen zur Verwirklichung und Vermittlung der Grundwerte eines freiheitlichen, demokratischen und sozialen Rechtsstaates bei. [7]Die Hochschulen orientieren sich in Forschung, Lehre, Weiterbildung und Dienstleistung am Leitbild der nachhaltigen Entwicklung. [8]Sie berücksichtigen die fortschreitende Entwicklung der Digitalisierung und ihre Konsequenzen bei der Wahrnehmung ihrer Aufgaben.

(2) [1]Die Hochschulen fördern entsprechend ihrer unterschiedlichen Aufgabenstellung den wissenschaftlichen und künstlerischen Nachwuchs unter besonderer Berücksichtigung des Gleichstellungsauftrages. [2]Sie unterstützen den wissenschaftlichen und künstlerischen Nachwuchs bei der Karriereentscheidung durch geeignete Qualifizierungsformate sowohl für eine Tätigkeit innerhalb als auch außerhalb der Wissenschaft.

(3) [1]Die Hochschulen tragen den berechtigten Interessen ihres Personals an guten Beschäftigungsbedingungen angemessen Rechnung und treffen Maßnahmen zur besseren Vereinbarkeit von Familie, Pflege und Berufstätigkeit. [2]Sie fördern die Weiterbildung ihres Personals. [3]Dabei gewährleisten sie für das zur Lehre verpflichtete Personal ein Angebot von Weiterbildungsveranstaltungen zur Vermittlung didaktischer Fähigkeiten sowie für Führungskräfte ein Angebot zur Stärkung der Führungskompetenz.

(4) Die Hochschulen dienen der wissenschaftlichen und künstlerischen Weiterbildung und bieten weiterbildende Studien an; darüber hinaus können sie sich an Veranstaltungen der Weiterbildung anderer Einrichtungen beteiligen.

(5) [1]Die Hochschulen fördern die Inklusion und tragen insbesondere dafür Sorge, dass Studienbewerberinnen und Studienbewerber mit Behinderung sowie Studierende mit Behinderung in ihrem Studium nicht benachteiligt werden und berücksichtigen dabei deren besondere Bedürfnisse insbesondere bei den Studienangeboten, der Studienorganisation und den Prüfungen, damit die Angebote der Hochschule möglichst ohne fremde Hilfe in Anspruch genommen werden können. [2]Sie berücksichtigen die Vielfalt ihrer Mitglieder und Angehörigen bei der Erfüllung ihrer Aufgaben und tragen insbesondere dafür Sorge, dass alle Mitglieder und Angehörigen unabhängig von der Herkunft und der ethnischen Zugehörigkeit, des Geschlechts, des Alters, der sexuellen Identität, einer Behinderung oder der Religion und Weltanschauung gleichberechtigt und diskriminierungsfrei an der Forschung, der Lehre, dem Studium und der Weiterbildung im Rahmen ihrer Aufgaben, Rechte und Pflichten innerhalb der Hochschule teilhaben können.

(6) [1]Die Hochschulen wirken in enger Zusammenarbeit mit den Studierendenwerken an der sozialen Förderung der Studierenden mit und tragen dabei der Situation von Studierenden mit Kindern Rechnung. [2]Sie berücksichtigen die besonderen Bedürfnisse behinderter Studierender. [3]Sie fördern in ihrem Bereich kulturelle und musische Belange sowie den Sport.

(7) [1]Befähigte und leistungsstarke Studierende sollen durch geeignete Lehrangebote gefördert werden. [2]Sie sollen frühzeitig an der Forschung oder an künstlerischen Vorhaben beteiligt werden.

(8) [1]Die Hochschulen fördern die internationale, insbesondere die europäische Zusammenarbeit. [2]Sie fördern den Austausch mit ausländischen Hochschulen und anderen wissenschaftlichen und künstlerischen Einrichtungen. [3]Sie berücksichtigen die besonderen Bedürfnisse ausländischer Studierender und fördern die Integration ausländischer Mitarbeiterinnen und Mitarbeiter.

(9) [1]Die Hochschulen betreiben Wissens- und Technologietransfer zur Umsetzung und Nutzung ihrer Forschungs- und Entwicklungsergebnisse in der Praxis. [2]Sie fördern die Patentierung und Verwertung von Forschungsergebnissen. [3]In diesem Rahmen unterstützen sie auch die Gründung von Unternehmen durch Mitglieder und Absolventinnen und Absolventen der Hochschule.

(10) [1]Die Hochschulen können im Rahmen ihrer Aufgaben Unternehmen gründen oder sich daran beteiligen. [2]Bei derartigen Vorhaben zu Zwecken des Wissens- und Technologietransfers liegen in der

Regel die Voraussetzungen des § 65 Absatz 1 Nummer 1 der Landeshaushaltsordnung Mecklenburg-Vorpommern vor.

(11) Die Universitäten erfüllen im Rahmen der medizinischen Forschung und Lehre auch Aufgaben der Krankenversorgung und im öffentlichen Gesundheitswesen.

(12) Die Hochschulen unterstützen ihre Absolventinnen und Absolventen beim Übergang in das Berufsleben und fördern die Verbindung zu ihren Absolventinnen und Absolventen.

(13) Die Hochschulen unterrichten die Öffentlichkeit über die Erfüllung ihrer Aufgaben.

(14) Andere als die in diesem Gesetz genannten Aufgaben dürfen den Hochschulen durch Rechtsverordnung des Ministeriums für Bildung, Wissenschaft und Kultur nur übertragen werden, wenn sie mit den in Absatz 1 genannten Aufgaben zusammenhängen und wenn die dafür benötigten Mittel zur Verfügung stehen.

§ 3a Qualitätssicherung und Qualitätsentwicklung

(1) [1]Die Hochschulen errichten ein System zur Sicherung der Qualität ihrer Aufgabenerfüllung. [2]Sie sorgen dafür, dass ihre Leistungen in Forschung, Lehre, Studium sowie bei künstlerischen Entwicklungsvorhaben, jeweils unter Berücksichtigung der entsprechenden Dienstleistungen, auch der Verwaltung, bei der Förderung des wissenschaftlichen und künstlerischen Nachwuchses sowie bei der Erfüllung des Gleichstellungsauftrages durch Hinzuziehung interner und externer Sachverständiger in regelmäßigen Abständen von höchstens sieben Jahren bewertet werden (interne und externe Evaluation).

(2) Die Mitglieder und Angehörigen der Hochschule sind zur Mitwirkung, insbesondere durch Erteilung der erforderlichen Auskünfte, verpflichtet.

(3) An der Bewertung der Lehre wirken die Studierenden in den Gremien und durch Bewertung der Lehrveranstaltungen mit.

(4) Einer Evaluation nach Absatz 1 bedarf es nicht, soweit deren Funktion im Wesentlichen im Rahmen eines Akkreditierungs- oder Reakkreditierungsverfahrens erfüllt wurde oder wenn die Hochschule als solche über ein akkreditiertes Verfahren zur Sicherung der Qualität von Lehre und Studium verfügt.

(5) Die Ergebnisse der Evaluation sind zu veröffentlichen.

(6) [1]Das Nähere zu den Qualitätssicherungsmaßnahmen nach den Absätzen 1 bis 3 regeln die Hochschulen durch Satzung. [2]Sie regeln darin insbesondere Standards, Verfahren sowie die Beteiligung der Mitglieder. [3]Verfahren zur Sicherung der Qualität in Studium und Lehre sollen die besondere Beteiligung der Studierenden vorsehen.

§ 4 Gleichberechtigung von Frauen und Männern

[1]Die Hochschulen fördern die tatsächliche Durchsetzung der Gleichberechtigung von Frauen und Männern und wirken auf die Beseitigung bestehender Nachteile hin. [2]Ziel der Förderung ist insbesondere die Erhöhung des Anteils der Frauen in der Wissenschaft. [3]Die Hochschulleitung wirkt darauf hin, dass bei der Besetzung von wissenschaftlichen Qualifikationsstellen und Professuren mindestens der Frauenanteil erreicht wird, der dem Frauenanteil der darunterliegenden Qualifikationsebene in der Fächergruppe entspricht. [4]Nähere regelt die Hochschule durch Satzung.

§ 5 Freiheit von Kunst und Wissenschaft, Forschung, Lehre und Studium

(1) Das Land und die Hochschulen stellen sicher, dass für die Mitglieder der Hochschulen im Rahmen ihrer Aufgaben die Freiheit von Kunst und Wissenschaft sowie von Forschung und Lehre (Artikel 5 Absatz 3 Satz 1 des Grundgesetzes) gewahrt wird.

(2) [1]Die Freiheit der Forschung umfasst insbesondere die Fragestellung, die Grundsätze der Methodik sowie die Verbreitung und Bewertung des Forschungsergebnisses. [2]Entscheidungen von Hochschulorganen zur Forschung sind insoweit zulässig, als sie sich auf die Organisation des Forschungsbetriebes, die Förderung und Koordinierung von Forschungsvorhaben und auf die Bildung von Forschungsschwerpunkten beziehen; sie dürfen die Freiheit im Sinne von Satz 1 nicht beeinträchtigen. [3]Die Sätze 1 und 2 gelten für künstlerische Vorhaben entsprechend.

(3) [1]Die Freiheit der Lehre umfasst, unbeschadet des Artikels 5 Absatz 3 Satz 2 des Grundgesetzes, im Rahmen der zu erfüllenden Lehraufgaben insbesondere die Abhaltung von Lehrveranstaltungen und deren inhaltliche und methodische Gestaltung sowie das Recht auf Äußerung von wissenschaftlichen und künstlerischen Lehrmeinungen. [2]Entscheidungen von Hochschulorganen zur Lehre sind insoweit zulässig, als sie sich auf die Organisation des Lehrbetriebes und auf die Aufstellung und

Einhaltung von Studien- und Prüfungsordnungen beziehen; sie dürfen die Freiheit im Sinne von Satz 1 nicht beeinträchtigen.

(4) [1]Die Freiheit des Studiums umfasst, unbeschadet der Studien- und Prüfungsordnungen, insbesondere die freie Wahl von Lehrveranstaltungen, das Recht, innerhalb eines Studienganges Schwerpunkte nach eigener Wahl zu bestimmen sowie die Erarbeitung und Äußerung wissenschaftlicher und künstlerischer Meinungen. [2]Entscheidungen von Hochschulorganen in Fragen des Studiums sind insoweit zulässig, als sie sich auf die Organisation und ordnungsgemäße Durchführung des Lehr- und Studienbetriebes und auf die Gewährleistung eines ordnungsgemäßen Studiums beziehen.

(5) Die in den Absätzen 2 bis 4 gewährleisteten Rechte sind in Verantwortung gegenüber Mensch, Gesellschaft und Natur wahrzunehmen; sie entbinden nicht von der Rücksicht auf die Rechte anderer und von der Beachtung der Regelungen, die das geordnete Zusammenwirken an der Hochschule erfordern.

§ 6 Studiengebühren

[1]Für ein Studium werden Gebühren bis zu einem ersten und bei gestuften Studiengängen bis zu einem zweiten berufsqualifizierenden Abschluss nicht erhoben. [2]Dies gilt auch für die im Rahmen dieser Studien zu erbringenden Hochschulprüfungen und für Promotionsverfahren sowie die mit dem Studium notwendig verbundene Nutzung von Hochschuleinrichtungen.

§ 7 Verarbeitung personenbezogener Daten

(1) Die Hochschulen dürfen unter Beachtung der datenschutzrechtlichen Bestimmungen personenbezogene Daten ihrer Mitglieder und Angehörigen, von Studienbewerberinnen und Studienbewerbern, von Absolventinnen und Absolventen sowie sonstigen Nutzerinnen und Nutzern von Hochschuleinrichtungen verarbeiten, soweit dies erforderlich ist für

1. den Zugang und die Zulassung zum Studium, die Durchführung des Studiums, die Durchführung des Weiterbildungsangebotes, die Zulassung zu Prüfungen, Promotions- oder Habilitationsverfahren,
2. die Qualitätssicherung und Evaluation nach § 3a,
3. die Hochschulplanung, die Bewertung der Arbeit der Hochschulen in Forschung, Lehre, Weiterbildung und Kunst sowie der Förderung des wissenschaftlichen und künstlerischen Nachwuchses,
4. Leistungsbewertungen zur hochschulinternen Mittelvergabe und Steuerung,
5. die Erfüllung von übertragenen Aufgaben oder Aufgaben der akademischen Selbstverwaltung,
6. die Umsetzung des Gleichstellungs- und Inklusionsauftrags,
7. die Benutzung von Einrichtungen der Hochschule sowie
8. die Erfüllung von Aufgaben im Rahmen der Hochschulstatistik und weiterer statistischer Zwecke.

(2) [1]Die Hochschulen dürfen personenbezogene Daten ihrer ehemaligen Mitglieder und Angehörigen verarbeiten, soweit dies zum Zwecke der Befragung im Rahmen der Qualitätssicherung und Evaluationen nach § 3a oder zur Pflege der Verbindung mit diesen Personen erforderlich ist und diese nicht widersprechen. [2]Die Befragten sind auf die Freiwilligkeit ihrer Angaben und ihre Widerspruchsmöglichkeit hinzuweisen.

(3) [1]Die Hochschulen sind zur Erfüllung ihrer Aufgaben berechtigt, von den Meldebehörden unter Berücksichtigung von § 31 des Landesmeldegesetzes Angaben zum gegenwärtigen Wohnsitz mit Hauptwohnung der bei ihnen eingeschriebenen Studierenden mit einer außerhalb von Mecklenburg-Vorpommern erworbenen Hochschulzugangsberechtigung abzufordern. [2]Diese Angaben dienen ausschließlich zu Prüfzwecken im Rahmen von Zuweisungen an die Hochschulen zur Verbesserung der Wettbewerbsfähigkeit der Hochschulen.

(4) [1]Das Nähere über die Verarbeitung der Daten regelt die Hochschule in einer Satzung. [2]Vor dem Inkrafttreten der Satzung ist der Landesbeauftragte für Datenschutz und Informationsfreiheit zu hören.

§ 7a Verarbeitung personenbezogener Daten bei Online-Prüfungen

(1) Die Verarbeitung personenbezogener Daten bei Online-Prüfungen (digitale Prüfungsformate) ist nur zulässig

1. zur Feststellung der Identität der an der Prüfung teilnehmenden Studierenden,
2. zur Beaufsichtigung der teilnehmenden Studierenden durch die prüfungsaufsichtsführenden Personen und
3. zur Kontrolle und Beweissicherung bei Täuschungshandlungen.

(2) Werden bei Videokontrollen personenbezogene Daten aufgezeichnet, so sind diese unverzüglich nach dem Ende der Prüfung zu löschen. Dies gilt nicht, wenn während der Prüfung Täuschungshandlungen festgestellt wurden oder Studierende eine Sichtung der Aufzeichnung durch den Prüfungsausschuss beantragen.
(3) Aufzeichnungen nach Absatz 2 werden bis zur Beendigung eines Rechtsbehelfsverfahrens Teil der Prüfungsakte und sind danach zu löschen.
(4) § 7 Absatz 4 gilt entsprechend.

§ 8 Zusammenwirken der Hochschulen

(1) [1]Zur besseren Erfüllung ihrer Aufgaben wirken die Hochschulen untereinander und mit anderen Forschungs- und Bildungseinrichtungen sowie mit Einrichtungen der Forschungsförderung zusammen. [2]Zur Erfüllung ihrer durch gemeinsame spezifische öffentliche Interessen bestimmten Aufgaben sind die Einzelheiten der Zusammenarbeit in einer öffentlich-rechtlichen Vereinbarung zu regeln. [3]Sie stimmen ihre Studienangebote im gestuften Studiensystem inhaltlich aufeinander ab und gestalten die Übergänge studierendenfreundlich.
(2) [1]Die Hochschulen bilden eine Landesrektorenkonferenz. [2]Sie werden durch ihre Leiterinnen oder Leiter vertreten. [3]Weitere Mitglieder können benannt werden. [4]Die Landesrektorenkonferenz fördert die Zusammenarbeit der Hochschulen. [5]Sie erhält Gelegenheit zur Stellungnahme zu Regelungen, die den Hochschulbereich insgesamt betreffen.

§ 9 Studienreform

(1) [1]Die Hochschulen haben die ständige Aufgabe, Inhalte und Formen ihrer Studienangebote im Hinblick auf die Entwicklungen in Wissenschaft und Kunst, die Bedürfnisse der beruflichen Praxis und die Veränderungen in der Berufswelt zu überprüfen und weiterzuentwickeln (Studienreform). [2]Hierbei entwickeln sie vor allem ein differenziertes Angebot an Hochschulabschlüssen nach § 41.
(2) [1]Zur Erprobung von Reformmodellen können besondere Studien- und Prüfungsordnungen erlassen werden. [2]Die Laufzeit eines Reformmodells muss gewährleisten, dass die Studierenden den berufsqualifizierenden Abschluss ohne zeitliche Verzögerung in einem ordnungsgemäßen Studium erreichen können. [3]Die allgemeinen Vorschriften über die Einrichtung und Änderung von Studiengängen sowie den Erlass von Studien- und Prüfungsordnungen bleiben unberührt.

§ 10 Erprobungsklausel

Das Ministerium für Bildung, Wissenschaft und Kultur kann auf Antrag einer Hochschule für eine begrenzte Zeit Abweichungen von den Vorschriften der §§ 28 bis 31, 35, 59, 60 sowie 80, 81, 86 und 88 bis 95 zulassen, soweit dies erforderlich ist, um neue Modelle in der Lehre oder der Leitung und Organisation zu erproben, die dem Ziel einer Verbesserung der Studienbedingungen, einer Vereinfachung der Entscheidungsprozesse, der Verbesserung der Wirtschaftlichkeit oder der Ermöglichung einer internationalen Hochschulkooperation dienen.

Teil 2
Staat und Hochschule

§ 11 Zusammenwirken von Staat und Hochschule

Staat und Hochschule wirken nach den Bestimmungen dieses Gesetzes zusammen, insbesondere bei
1. der Einrichtung, Änderung und Aufhebung von Studiengängen,
2. der Weiterentwicklung und Ordnung von Studium sowie Prüfungen,
3. der Regelung des Zugangs zum Studium,
4. der finanziellen Förderung des wissenschaftlichen und künstlerischen Nachwuchses,
5. der Einstellung von Professorinnen, Professoren, Juniorprofessorinnen und Juniorprofessoren,
6. der Bestellung der Hochschulleiterin oder des Hochschulleiters und der Kanzlerin oder des Kanzlers und
7. der Hochschulplanung.

§ 12 Selbstverwaltungs- und staatliche Angelegenheiten

(1) Die Hochschulen nehmen ihre Aufgaben als eigene Angelegenheiten (Selbstverwaltungsangelegenheiten) wahr, soweit sie ihnen nicht als staatliche Aufgaben zur Erfüllung im Auftrag des Landes übertragen sind (staatliche Angelegenheiten).

(2) Den Hochschulen sind entsprechend ihrer Aufgabenstellung insbesondere folgende Angelegenheiten als staatliche Angelegenheiten übertragen:
1. die Bewirtschaftung der Haushaltsmittel und Stellen,
2. die Personalverwaltung, soweit keine anderen gesetzlichen Regelungen gelten,
3. das Gebühren-, Kassen- und Rechnungswesen,
4. die Verwaltung des den Hochschulen dienenden Landesvermögens, insbesondere der Grundstücke und Einrichtungen, soweit gesetzlich nichts anderes bestimmt ist,
5. die Mitwirkung bei der Durchführung staatlicher Prüfungen,
6. Aufgaben bei der Ermittlung der Ausbildungskapazität, der Festsetzung von Zulassungszahlen und der Vergabe von Studienplätzen im Falle von Zulassungsbeschränkungen,
7. die Hochschulstatistik,
8. die Krankenversorgung einschließlich ihrer Organisation sowie die sonstigen der Hochschule übertragenen Aufgaben im öffentlichen Gesundheitswesen,
9. die Weiterbildung von Ärztinnen, Ärzten, Zahnärztinnen und Zahnärzten sowie in sonstigen Berufen des Gesundheitswesens, die ein Hochschulstudium erfordern, und die Aus- und Weiterbildung in sonstigen Berufen des Gesundheitswesens,
10. Aufgaben der Berufsausbildung nach dem Berufsbildungsgesetz,
11. Aufgaben der Materialprüfung sowie sonstige amtlich vorzunehmende Prüfungs- und Untersuchungsaufgaben und
12. Bauangelegenheiten, soweit gesetzlich nichts anderes bestimmt ist.

(3) In Selbstverwaltungsangelegenheiten unterstehen die Hochschulen der Rechtsaufsicht des Landes; in staatlichen Angelegenheiten unterstehen die Hochschulen der Fachaufsicht des Landes.

§ 13 Anhörungsrecht, Anzeige- und Genehmigungspflicht

(1) Vor Erlass einer Rechtsverordnung aufgrund dieses Gesetzes sind die Hochschulen und die Studierendenschaften, soweit sie betroffen sind, anzuhören.

(2) [1]Die Grundordnung und die Rahmenprüfungsordnung bedürfen der Genehmigung des Ministeriums für Bildung, Wissenschaft und Kultur. [2]Die Genehmigung ist zu versagen, wenn die Ordnungen gegen Rechtsvorschriften verstoßen oder Vereinbarungen mit dem Bund und den Ländern widersprechen oder wenn bei staatlichen Prüfungen die erforderliche Zustimmung des Fachministeriums nicht vorliegt.

(3) [1]Der Erlass von Prüfungs- und Studienordnungen für Studiengänge, die nach Maßgabe von § 28 Absatz 4 neu eingerichtet werden, ist dem Ministerium für Bildung, Wissenschaft und Kultur anzuzeigen. [2]Dasselbe gilt für Prüfungs- und Studienordnungen, deren Regelungsgehalt von den Vorgaben der Rahmenprüfungsordnung abweicht. [3]Verstoßen die angezeigten Prüfungs- und Studienordnungen gegen Rechtsvorschriften oder Vereinbarungen mit dem Bund oder den Ländern, widerspricht das Ministerium für Bildung, Wissenschaft und Kultur dem Inkrafttreten innerhalb von drei Monaten und verlangt, dass erforderliche Regelungen getroffen oder geltende Regelungen geändert oder aufgehoben werden. [4]Dasselbe gilt, wenn sie ohne sachlichen Grund von der Rahmenprüfungsordnung abweichen.

(4) Prüfungsordnungen von Studiengängen, die mit einer staatlichen Prüfung abgeschlossen werden, sind dem Ministerium für Bildung, Wissenschaft und Kultur anzuzeigen und bedürfen der Zustimmung des für die Prüfungsordnung zuständigen Fachministeriums.

(5) [1]Die Hochschule veröffentlicht ihre Satzungen in geeigneter Form. [2]Vor der Veröffentlichung der Prüfungs- und Studienordnungen, die in einer Satzung zusammengefasst werden können, sind das Genehmigungsverfahren der Hochschulleitung sowie das Anzeigeverfahren gemäß Absatz 3 abzuschließen. [3]Das Inkrafttreten der Prüfungs- und Studienordnungen wird dem Ministerium für Bildung, Wissenschaft und Kultur durch die Hochschule nachgewiesen.

§ 14 Informationsrecht, Aufsichtsmittel

(1) Das Ministerium für Bildung, Wissenschaft und Kultur kann sich über alle Angelegenheiten der Hochschulen unterrichten lassen.

(2) [1]Im Rahmen der Rechtsaufsicht kann das Ministerium für Bildung, Wissenschaft und Kultur rechtswidrige Entscheidungen und Maßnahmen der Hochschule beanstanden und ihre Aufhebung oder Änderung innerhalb einer zu bestimmenden angemessenen Frist verlangen. [2]Die Beanstandung hat aufschiebende Wirkung. [3]Kommt die Hochschule einer Beanstandung oder Anordnung nicht nach oder

erfüllt sie die ihr sonst obliegenden Pflichten nicht innerhalb der vorgeschriebenen oder vom Ministerium für Bildung, Wissenschaft und Kultur gesetzten Frist, so kann dieses die notwendigen Maßnahmen an ihrer Stelle treffen oder die erforderlichen Satzungen und Ordnungen erlassen. [4]Einer Fristsetzung bedarf es nicht, wenn die Hochschule die Befolgung einer Beanstandung oder Anordnung oder die Erfüllung einer ihr obliegenden Pflicht verweigert oder ihre Gremien dauernd beschlussunfähig sind.

(3) [1]Die Fachaufsicht in staatlichen Angelegenheiten wird durch Weisungen ausgeübt. [2]Vor einer Weisung ist der Hochschule Gelegenheit zur Stellungnahme zu geben. [3]Kommt die Hochschule einer Weisung nicht nach, kann das Ministerium für Bildung, Wissenschaft und Kultur anstelle der Hochschule das Erforderliche veranlassen. [4]Abweichende Zuständigkeitsregelungen bleiben unberührt.

§ 15 Hochschulplanung, Zielvereinbarungen

(1) [1]Das Ministerium für Bildung, Wissenschaft und Kultur erarbeitet im Benehmen mit den Hochschulen die Eckwerte der Hochschulentwicklung des Landes und legt sie nach Beschlussfassung der Landesregierung spätestens zwölf Monate vor Ablauf der Planungsperiode dem Landtag zur Zustimmung vor. [2]Die Eckwerte der Hochschulentwicklung des Landes legen unter Berücksichtigung nationaler und internationaler wissenschaftspolitischer Entwicklungen sowie der Belange des Landes Mecklenburg-Vorpommern im Einzelnen fest:

1. den Zeitraum der Planungsperiode,
2. die Fächer, die im Interesse eines landesweit ausgewogenen Grundangebots in Forschung und Lehre vorzuhalten sind,
3. die Schwerpunkte des Hochschulbaus,
4. das Volumen des für alle Hochschulen in Aussicht genommenen Gesamtbudgets.

(2) [1]Das Ministerium für Bildung, Wissenschaft und Kultur schließt spätestens sechs Monate nach Zustimmung des Landtages zu den Eckwerten unter deren Berücksichtigung sowie unter Berücksichtigung des Umsetzungsstandes der vorausgegangenen Zielvereinbarungen mit den Hochschulen Vereinbarungen über ihre jeweiligen Entwicklungs- und Leistungsziele (Zielvereinbarungen) ab. [2]Die Zielvereinbarungen treffen unter anderem Regelungen

1. zur Höhe des zur Verfügung gestellten Gesamtbudgets,
2. zur Bewirtschaftung der Haushaltsmittel und Stellen,
3. zu an den Hochschulen vorgehaltenen Fächern,
4. zur Eröffnung und Schließung von Studiengängen,
5. zu Forschungsschwerpunkten sowie
6. zu Vorgaben bei der Erhöhung der Anzahl der Frauen auf wissenschaftlichen Qualifikationsstellen und Professuren.

[3]Bei der Aufhebung von Studiengängen sind Regelungen zu treffen, die die Beendigung des Studiums für die in den aufzuhebenden Studiengängen immatrikulierten Studierenden an einer Hochschule gleicher Art in Mecklenburg-Vorpommern gewährleisten, sofern im Ausnahmefall das Lehrangebot zur Fortführung des Studiums an der bisherigen Hochschule nicht mehr aufrechterhalten werden kann. [4]Soweit Studiengänge aufgehoben werden, die durch staatliche Prüfungsordnungen geregelt sind, ist das Benehmen mit dem Fachministerium herzustellen. [5]Die Zielvereinbarungen bedürfen der Zustimmung des Landtages und laufen zum 31. Dezember des letzten Jahres der Planungsperiode der Eckwerte aus.

(3) Auf der Grundlage der Zielvereinbarungen erstellt jede Hochschule einen fünfjährigen Hochschulentwicklungsplan, in dem die Grundzüge der Entwicklung niedergelegt sind.

(4) [1]Wenn und soweit eine Zielvereinbarung in der Frist gemäß Absatz 2 nicht zustande kommt, kann das Ministerium für Bildung, Wissenschaft und Kultur zur Gewährleistung der Umsetzung der Eckwerte der Hochschulentwicklung Zielvorgaben erlassen. [2]Zielvorgaben treten an die Stelle von Zielvereinbarungen und bedürfen der Zustimmung des Landtages.

(5) Das Ministerium für Bildung, Wissenschaft und Kultur kann darüber hinaus unter Berücksichtigung aktueller fachlicher Entwicklungen Vereinbarungen kürzerer Laufzeit mit den Hochschulen treffen.

(6) Die Landesregierung kann beim Landtag wegen unvorhergesehener Entwicklungen Abweichungen von den Festlegungen und Fristen nach den Absätzen 1 und 2 beantragen.

§ 16 Staatliche Finanzierung, Hochschulhaushalte, Gebühren

(1) [1]Die staatliche Finanzierung der Hochschulen orientiert sich an deren Aufgaben, den in Forschung, künstlerischen Entwicklungsvorhaben und Lehre, in der Weiterbildung sowie bei der Förderung des wissenschaftlichen und künstlerischen Nachwuchses erbrachten Leistungen und den Fortschritten bei der Erfüllung des Gleichstellungsauftrages. [2]Die Landesregierung kann mit den Hochschulen einen über die Laufzeit der Eckwerte der Hochschulentwicklung nach § 15 Absatz 1 hinausgehenden längerfristigen gemeinsamen Vertrag über die Hochschulfinanzierung mit Zustimmung des Landtags abschließen.

(2) [1]Die Haushalte der Hochschulen werden als budgetierte Globalhaushalte ausgebracht. [2]In diesem Zusammenhang sind an den Hochschulen eine Kosten- und Leistungsrechnung, Verfahren zur Optimierung der Arbeitsabläufe sowie zur Zielverfolgung (Controlling) und Auslastungsberechnungen für alle Studiengänge durchzuführen. [3]Die Hochschulen stellen einen Wirtschaftsplan nach Maßgabe der Bestimmungen der Landeshaushaltsordnung auf.

(3) [1]Die Hochschulleitung verteilt die verfügbaren Ressourcen an die Fachbereiche und organisatorischen Grundeinheiten sowie die zentralen Einrichtungen nach einheitlichen Maßstäben unter Zugrundelegung der in Absatz 1 genannten Kriterien. [2]Absatz 1 gilt entsprechend für die Fachbereiche und organisatorischen Grundeinheiten. [3]Der Senat kann mit einer Mehrheit von zwei Dritteln abweichende Entscheidungen treffen.

(4) [1]Einnahmen, insbesondere Entgelte, die die Hochschulen für die Inanspruchnahme von Personal, Sachmitteln oder Einrichtungen erzielen, stehen ihnen für die Erfüllung ihrer Aufgaben nach § 3 zur Verfügung. [2]Einnahmen aus Vermietung, Nutzung und Verpachtung landeseigener Grundstücke, Gebäude, Wohnungen und vergleichbarer Einrichtungen sind den Hochschulen teilweise, mindestens in Höhe von 30 Prozent zur Verfügung zu stellen.

(5) [1]Die Hochschulen können für die nachfolgend genannten Verwaltungsdienstleistungen Gebühren, Beiträge und Entgelte nach Maßgabe dieses Gesetzes und auf der Grundlage von Satzungen erheben, die der Zustimmung des Ministeriums für Bildung, Wissenschaft und Kultur bedürfen. [2]Das Landesverwaltungskostengesetz findet entsprechende Anwendung. [3]Die Gebühren, Beiträge und Entgelte stehen den Hochschulen in vollem Umfang zur Verfügung.[1)]

(6) [1]Zu den Verwaltungsdienstleistungen gemäß Absatz 5 zählen insbesondere Leistungen im Zusammenhang mit der Immatrikulation, Rückmeldung, Beurlaubung, Exmatrikulation, Hochschulzulassung, Ausstellung von Ausweisen und Beglaubigungen, Organisation der Prüfungen, allgemeinen Studienberatung, Leistungen der Auslandsämter sowie der Vermittlung von Praktika und der Förderung des Übergangs in das Berufsleben. [2]Erheben die Hochschulen auf der Grundlage ihrer Satzungen einen einheitlichen Verwaltungskostenbeitrag für die genannten Verwaltungsdienstleistungen, darf dieser je Studierenden und Semester einen Betrag von 50 Euro nicht übersteigen. [3]Die Hochschule kann bestimmen, dass der Verwaltungskostenbeitrag mit dem Erstimmatrikulationsantrag an einer Hochschule des Landes und mit jeder folgenden Rückmeldung an dieser Hochschule fällig wird, ohne dass es eines gesonderten Beitragsbescheides bedarf.

(7) Zu den Verwaltungsdienstleistungen, für die die Hochschulen Gebühren oder Entgelte erheben können, zählen Prüfungen der ausländischen Hochschulzugangsberechtigung, Erbringung von Lehrangeboten, die nicht Bestandteil einer Prüfungs- und Studienordnung sind, insbesondere im Sprachbereich, die Zulassungsentscheidung zum Studienkolleg gemäß § 23, Teilnahme an Weiterbildungsangeboten gemäß § 31, Gasthörerschaft gemäß § 22, Fernstudien gemäß § 40, Benutzung und Inanspruchnahme von Leistungen von Hochschuleinrichtungen durch Dritte, Inanspruchnahme von Angeboten des Hochschulsports, Inanspruchnahme besonderer Leistungen in den Bereichen Bibliothek, Archiv und EDV, Kopien und Mehrfachschriften, Vermittlung künstlerischer Nebentätigkeiten, Durchführung von Eignungsprüfungen in Fächern, in denen Eignungsprüfungen einen besonderen Aufwand erfordern sowie die Beschaffung von Ersatzgegenständen.

(8) [1]Für Verwaltungsleistungen, die aufgrund von Versäumnissen anfallen, können die Satzungen die Erhebung von Säumnisgebühren vorsehen. [2]Hierzu zählen insbesondere Gebühren für eine verspätete Entrichtung von Gebühren, für eine verspätet beantragte Immatrikulation, Rückmeldung oder Prüfungsanmeldung, für eine nachträgliche Änderung der Fachrichtung, für die nachträgliche Änderung

1) § 16 Abs. 5 Satz 3 fehlt im Text der Neufassung.

des Belegens von Kursen sowie für eine verspätete Rückgabe von Druckschriften oder anderen Informationsträgern (Bibliotheksgut).

(9) Ausländische Studierende, die im Rahmen von zwischenstaatlichen oder übernationalen Abkommen oder von Hochschulvereinbarungen, die Gebührenfreiheit garantieren, oder im Rahmen von Förderprogrammen, die überwiegend aus öffentlichen Mitteln des Bundes oder der Länder finanziert werden, immatrikuliert sind, sind von der entsprechenden Gebühr- oder Beitragspflicht ausgenommen.

(10) Ist in einer Prüfungs- und Studienordnung bestimmt, dass das Studium durch gleichzeitige Immatrikulation an mehreren Hochschulen erfolgen kann oder muss, so ist die entsprechende Gebühr oder der Beitrag nur an der Hochschule zu entrichten, an der sich der Studierende als Haupthörer immatrikuliert hat.

(11) Die Hochschulen können auf Antrag die entsprechende Gebühr oder den Beitrag im Einzelfall ganz oder teilweise erlassen, wenn der Studierende binnen eines Monats nach Semesterbeginn in einem zulassungsbeschränkten Studiengang an einer anderen Hochschule zugelassen und immatrikuliert wird.

(12) [1]Weitere Gebühren, Beiträge und Entgelte sind unzulässig. [2]Gemäß §§ 6 und 19 Landesverwaltungskostengesetz können die Satzungen der Hochschulen Ermäßigungstatbestände oder den Erlass von Forderungen vorsehen.

Teil 3
Studierende

Kapitel 1
Stellung der Studierenden

§ 17 Immatrikulation und Exmatrikulation

(1) [1]Die Studierenden werden durch die Immatrikulation für einen bestimmten Studiengang in die Hochschule aufgenommen. [2]Bieten mehrere Hochschulen einen gemeinsamen Studiengang an, so werden die Studierenden an einer Hochschule ihrer Wahl immatrikuliert; im Übrigen regeln die Hochschulen die Durchführung hochschulübergreifender Studiengänge durch Vereinbarung.

(2) [1]Jede Deutsche und jeder Deutsche im Sinne des Artikels 116 des Grundgesetzes ist zu dem von ihm gewählten Hochschulstudium berechtigt, wenn sie oder er die für das Studium erforderliche Qualifikation nachweist und keine Immatrikulationshindernisse oder Gründe, aus denen die Immatrikulation versagt werden kann, vorliegen. [2]Staatsangehörige eines Mitgliedsstaates der Europäischen Union sind Deutschen gleichgestellt, wenn sie die für den jeweiligen Studiengang erforderlichen Sprachkenntnisse nachweisen. [3]Dasselbe gilt für andere Personen, die aufgrund von Rechtsvorschriften Deutschen gleichgestellt sind.

(3) Andere Ausländerinnen und Ausländer können unter den Voraussetzungen des Absatzes 2 und bei Vorliegen der gemäß § 18 verlangten besonderen Nachweise immatrikuliert werden, wenn sie die erforderlichen Sprachkenntnisse nachweisen.

(4) [1]Die Hochschulen können vorsehen, dass die Einschreibung in einem nicht zulassungsbeschränkten konsekutiven Masterstudiengang auf eine bestimmte Zeit befristet erfolgen kann, wenn der erforderliche Bachelorabschluss noch nicht vorliegt, die bisher erbrachten Studienleistungen aber erwarten lassen, dass der Abschluss innerhalb der Frist erlangt wird. [2]Voraussetzungen und Dauer dieser befristeten Einschreibung sind im Einzelnen durch Satzung festzulegen.

(5) Die Immatrikulation ist außer im Falle der nicht nachgewiesenen Voraussetzungen nach den Absätzen 2 und 3 sowie nach § 18 zu versagen, wenn die Studienbewerberin oder der Studienbewerber

1. in einem zulassungsbeschränkten Studiengang nicht zugelassen ist,
2. in dem gewählten oder einem verwandten Studiengang an einer Hochschule im Geltungsbereich des Grundgesetzes eine nach der Prüfungsordnung erforderliche Prüfung endgültig nicht bestanden oder einen nach der Prüfungsordnung erforderlichen Leistungsnachweis endgültig nicht erbracht hat,
3. die Zahlung von Gebühren und Beiträgen einschließlich der Beiträge zum Studierendenwerk nicht nachweist.

(6) Die Immatrikulation kann versagt werden, wenn die Studienbewerberin oder der Studienbewerber
1. an einer Krankheit im Sinne des § 34 Absatz 1 des Infektionsschutzgesetzes leidet oder bei Verdacht einer solchen Krankheit ein gefordertes amtsärztliches Zeugnis nicht beibringt,
2. eine Freiheitsstrafe verbüßt,
3. nach den Vorschriften des Bürgerlichen Gesetzbuches unter Betreuung steht oder
4. die für die Immatrikulation geltenden Verfahrensvorschriften nicht eingehalten hat.

(7) Die Immatrikulation eines Studierenden ist zu beenden, wenn
1. er dies beantragt,
2. die Immatrikulation durch Zwang, arglistige Täuschung oder Bestechung herbeigeführt wurde,
3. er bei der Rückmeldung trotz Mahnung und Fristsetzung die Zahlung fälliger Gebühren und Beiträge an die Hochschule oder an das zuständige Studierendenwerk nicht nachweist oder vorgesehene Bescheinigungen nicht vorlegt,
4. er in seinem Studiengang eine nach der Prüfungsordnung erforderliche Prüfung endgültig nicht bestanden, eine nach der Prüfungsordnung erforderliche Prüfungsleistung endgültig nicht erbracht hat oder einen erforderlichen Leistungsnachweis endgültig nicht erbracht hat, eine gemäß § 39 Absatz 3 nach der Studienordnung erforderliche Voraussetzung nach Fristsetzung endgültig nicht nachgewiesen ist oder nach Fristsetzung gemäß § 38 Absatz 10 eine Studienberatung nicht in Anspruch genommen hat.

(8) [1]Die Immatrikulation endet in Bachelorstudiengängen mit Ablauf des Semesters, in dem die Studierenden das Abschlusszeugnis erhalten haben oder in dem es an die von den Studierenden angegebene letzte Anschrift übersandt wird. [2]Im Übrigen endet die Immatrikulation, wenn die Studierenden das Abschlusszeugnis erhalten haben; sie endet, wenn das Abschlusszeugnis übersandt wird, spätestens einen Monat nach Absendung an die von den Studierenden angegebene letzte Anschrift.

(9) Die Immatrikulation soll beendet werden, wenn
1. ein Studierender, ohne beurlaubt zu sein, sich zum Weiterstudium nicht fristgemäß zurückmeldet oder
2. nach der Immatrikulation Tatsachen bekannt werden und noch fortbestehen, die zur Versagung der Immatrikulation führen müssen oder die zur Versagung der Immatrikulation führen können.

(10) [1]Exmatrikuliert werden können Studierende, die Einrichtungen der Hochschule zu strafbaren Handlungen nutzen oder gegenüber Mitgliedern und Angehörigen der Hochschule strafbare Handlungen begehen. [2]Studierende können auch exmatrikuliert werden, wenn sie mehrfach oder schwerwiegend gegen die Grundsätze wissenschaftlicher Redlichkeit nach § 51 Absatz 2 Satz 1 bis 3 verstoßen.

(11) Die Immatrikulation, die Exmatrikulation und weitere Einzelheiten des Verfahrens werden in der Immatrikulationsordnung geregelt, die von der Hochschule als Satzung zu erlassen ist.

§ 18 Hochschulzugang

(1) [1]Der Nachweis nach § 17 Abs. 2 wird für den Zugang zu einem Studium, das zu einem ersten berufsqualifizierenden Abschluss führt, durch den erfolgreichen Abschluss einer auf das Studium vorbereitenden Bildung erbracht. [2]Grundsätzlich wird die für ein Studium an einer Universität oder einer Kunsthochschule erforderliche Qualifikation durch den Erwerb der allgemeinen Hochschulreife, die für ein Studium an einer Fachhochschule erforderliche Qualifikation durch den Erwerb der Fachhochschulreife oder der allgemeinen Hochschulreife nachgewiesen. [3]Berufstätige ohne Hochschulzugangsberechtigung erhalten die erforderliche Qualifikation für ein Studium an einer Hochschule durch das Ablegen der Meisterprüfung. [4]Satz 3 gilt entsprechend für gleichgestellte berufliche Fortbildungsprüfungen sowie für Fachschulprüfungen. [5]Der Nachweis eines erfolgreich absolvierten Studienjahres von beruflich qualifizierten Studierenden an einer Hochschule im Geltungsbereich des Grundgesetzes wird als Qualifikation für ein Weiterstudium in dem gleichen oder in einem verwandten Studiengang an einer Hochschule des Landes anerkannt. [6]Das Ministerium für Bildung, Wissenschaft und Kultur kann im Einzelnen durch Rechtsverordnung regeln, welche Abschlüsse den Zugang zu Universitäts- und Fachhochschulstudiengängen eröffnen; dabei können auch andere Vorbildungen oder berufliche Fortbildungen als gleichwertig anerkannt werden.

(2) [1]Vor dem Studium können nach Maßgabe der Prüfungsordnung berufspraktische Tätigkeiten von höchstens drei Monaten vorgesehen werden. [2]Längere berufspraktische Tätigkeiten oder eine abgeschlossene Berufsausbildung vor dem Studium dürfen nur in besonders begründeten Fällen vorgesehen werden.

(3) [1]Für künstlerische Studiengänge kann zusätzlich zum Reifezeugnis oder an dessen Stelle das Bestehen einer Prüfung der Hochschule zum Nachweis der erforderlichen künstlerischen Eignung verlangt werden. [2]Für Sportstudiengänge können ein entsprechender Eignungsnachweis und eine sportärztliche Bescheinigung über die volle Sporttauglichkeit verlangt werden. [3]Das Nähere regeln die Prüfungsordnungen.

(4) [1]Die erforderliche Qualifikation für den Zugang zu einem Masterstudiengang wird durch einen ersten berufsqualifizierenden Hochschulabschluss oder einen gleichwertigen Abschluss an einer Berufsakademie nachgewiesen. [2]Der Zugang zu nicht zulassungsbeschränkten Masterstudiengängen darf nur dann versagt werden, wenn ein erfolgreicher Abschluss nicht zu erwarten ist. [3]Das Nähere regeln die Prüfungsordnungen. [4]Dabei darf nicht ausschließlich auf die Abschlussnote abgestellt werden. [5]Die Hochschule kann regeln, dass das Studium bereits vor dem Erwerb der Zugangsvoraussetzungen nach Satz 1 aufgenommen wird, wenn die Zugangsvoraussetzungen spätestens innerhalb eines Jahres nach Aufnahme des Studiums nachgewiesen werden.

§ 19 Zugangsprüfungen und Erweiterungsprüfungen

(1) [1]Bewerberinnen und Bewerber erhalten durch das Bestehen einer Hochschulzugangsprüfung eine fachgebundene Hochschulzugangsberechtigung. [2]Die Hochschulzugangsprüfung dient der Feststellung, ob die Person aufgrund der Motivation und Persönlichkeit sowie des allgemeinen und fachlichen Wissens für das angestrebte Studium geeignet ist.

(2) [1]Zur Zugangsprüfung wird zugelassen, wer eine mindestens zweijährige Berufsausbildung und eine mindestens dreijährige berufliche Tätigkeit nachweist. [2]Ausbildung und Tätigkeit sollen in einem Berufsfeld erfolgt sein, welches einen Sachzusammenhang zum angestrebten Studiengang aufweist. [3]Ein Sachzusammenhang ist gegeben, wenn die Berufsausbildung und die berufliche Tätigkeit jeweils hinreichende inhaltliche Zusammenhänge mit dem angestrebten Studiengang aufweisen, insbesondere Kenntnisse und Fähigkeiten vermitteln, die für dieses Studium förderlich sind. [4]Abweichend von Satz 1 genügt eine zweijährige berufliche Tätigkeit in einem zum angestrebten Studiengang fachlich verwandten Bereich bei Personen, die ein Aufstiegsstipendium des Bundes erhalten. [5]Zeiten der Kindererziehung und Zeiten der Pflege von Familienangehörigen können auf die berufliche Tätigkeit bis zu einem Jahr angerechnet werden.

(3) Die Hochschulen regeln die Einzelheiten der Hochschulzugangsprüfung durch Satzung. Dabei sind insbesondere die schriftlichen und mündlichen Prüfungsanteile der Zugangsprüfung zu regeln.

(4) [1]Bei Vorliegen der Voraussetzungen gemäß Absatz 2 kann die Zugangsprüfung in nicht zulassungsbeschränkten Studiengängen durch ein Probestudium von mindestens einem Jahr, längstens zwei Jahren, ersetzt werden. [2]Die Immatrikulation erfolgt befristet. [3]Das Probestudium ist erfolgreich absolviert, wenn die nach der Studien- und Prüfungsordnung vorgesehenen Studien- und Prüfungsleistungen nachgewiesen wurden. [4]Die Hochschule entscheidet über die endgültige Immatrikulation. [5]Vor Aufnahme des Probestudiums findet ein Beratungsgespräch an der Hochschule statt. [6]Das Nähere regelt die Hochschule durch Satzung.

(5) [1]Das Bestehen einer Erweiterungsprüfung berechtigt Bewerberinnen und Bewerber mit fachgebundener Hochschulzugangsberechtigung zur Fortsetzung des Studiums in einem nicht verwandten Studiengang. [2]Zur Erweiterungsprüfung wird zugelassen, wer mindestens die Hälfte des Studiums in einem Studiengang oder eine Zwischenprüfung in einem Studiengang erfolgreich absolviert hat. [3]Absatz 3 gilt entsprechend.

§ 20 Einstufungsprüfung, sonstige Leistungsnachweise

(1) In Studiengängen, die einen ersten berufsqualifizierenden Abschluss vermitteln, kann Bewerberinnen und Bewerbern, die für den entsprechenden Studiengang bisher an keiner Hochschule für ein Vollzeitstudium immatrikuliert waren, von der Hochschule aufgrund einer Einstufung der Zugang zum Studium in einem höheren als dem ersten Semester ermöglicht werden.

(2) Voraussetzungen für die Einstufung in ein höheres als das erste Fachsemester sind:

1. die Qualifikation für das gewählte Studium nach §§ 18 und 19,
2. eine einschlägige Berufsausbildung oder Berufstätigkeit von mindestens drei Jahren.

(3) [1]Die Einzelheiten der Einstufung werden durch die Hochschule in einer Einstufungsprüfungsordnung geregelt. [2]Die Einstufung in ein höheres Fachsemester kann unter Anrechnung von Kenntnissen und Fähigkeiten, die außerhalb des Hochschulwesens erworben wurden,

1. auf der Grundlage einer Einstufungsprüfung erfolgen, in der die Hochschule die individuellen Kenntnisse der Bewerberinnen oder der Bewerber prüft oder
2. durch die Hochschule aufgrund von Unterlagen der Bewerberinnen oder der Bewerber erfolgen, mit denen nachgewiesen wird, dass die außerhalb des Hochschulwesens erbrachten Leistungen gegenüber den Anteilen des Studiums, die ersetzt werden sollen, nach Inhalt und Niveau gleichwertig sind oder
3. bei homogenen Bewerbergruppen auch pauschal erfolgen, wenn Teile des Studienprogramms der Hochschule an eine nichthochschulische Einrichtung ausgelagert wurden und dort im Rahmen eines Kooperationsabkommens mit der Hochschule durchgeführt worden sind.

[3]In den Fällen der Nummern 1 bis 3 können die außerhalb des Hochschulwesens erworbenen Kenntnisse und Fähigkeiten höchstens bis zu 50 Prozent eines Hochschulstudiums ersetzen. [4]Die Kriterien für die Anrechnung sind im Rahmen der Akkreditierung zu überprüfen.

(4) Die Einstufungsprüfungsordnungen sind im Einvernehmen mit dem jeweils zuständigen Fachministerium zu erlassen, soweit sie Studiengänge betreffen, die mit einer staatlichen Prüfung abgeschlossen werden.

(5) [1]Im Übrigen sind außerhalb des Hochschulwesens erworbene Kenntnisse und Fähigkeiten auf ein Hochschulstudium anzurechnen, wenn sie nach Inhalt und Niveau dem Teil des Studiums gleichwertig sind, der ersetzt werden soll. [2]Insgesamt dürfen nicht mehr als 50 Prozent des Studiums ersetzt werden. [3]Die Hochschulen regeln in der jeweiligen Prüfungsordnung die Kriterien, nach welchen Kenntnisse und Fähigkeiten, die außerhalb der Hochschule erworben wurden, gleichwertig sind und ob und inwieweit diese berücksichtigt werden können.

§ 21 Rechte und Pflichten der Studierenden

(1) Die Studierenden haben sich zu jedem Semester innerhalb der von der Hochschule bekannt gegebenen Frist zum Weiterstudium anzumelden (Rückmeldung); dabei sind die fälligen Gebühren und Beiträge zu entrichten.

(2) [1]Die Studierenden können auf Antrag aus wichtigem Grund vom Studium befreit werden (Beurlaubung). [2]Eine Beurlaubung kann in der Regel bis zu insgesamt vier, zusammenhängend aber höchstens zwei, Semestern gewährt werden. [3]Beurlaubungen zum Zwecke der Betreuung und Erziehung eines Kindes sowie zur Pflege eines nahen Angehörigen im Sinn von § 7 Absatz 3 des Pflegezeitgesetzes, der pflegebedürftig im Sinne der §§ 14, 15 des Elften Buches Sozialgesetzbuch ist, sind auf die Frist nicht anzurechnen. [4]Während der Beurlaubung bleiben die Rechte und Pflichten der Studierenden unberührt. [5]Prüfungs- und Studienleistungen können während der Beurlaubung nur in Ausnahmefällen erbracht werden.

(3) Ein Antrag auf Wechsel des Studienganges, eines Hauptfaches in einem Magisterstudiengang oder eines Unterrichtsfaches im Rahmen eines Lehramtsstudienganges ist dann abzulehnen, wenn es sich um einen zweiten oder weiteren Wechsel handelt und kein wichtiger Grund hierfür vorliegt.

(4) Studierende dürfen die Einrichtungen der Hochschule nach den hierfür geltenden Vorschriften benutzen.

§ 22 Gasthörerinnen und Gasthörer

(1) Sofern ausreichende Kapazitäten vorhanden sind, können zu Lehrveranstaltungen Gasthörerinnen und Gasthörer zugelassen werden, auch wenn sie einen Schulabschluss nach § 18 nicht nachweisen können.

(2) [1]Gasthörerinnen und Gasthörern sowie Schülerinnen und Schülern, die nach einer einvernehmlichen Entscheidung von Schule und Hochschule besondere Begabungen aufweisen, kann im Einzelfall genehmigt werden, an Lehrveranstaltungen teilzunehmen sowie Studien- und Prüfungsleistungen zu erbringen und entsprechende Leistungspunkte zu erwerben, die bei einem späteren Studium anerkannt werden. [2]Das Nähere regeln die Hochschulen durch Satzung.

§ 23 Studienkollegs

(1) [1]Das Studienkolleg hat die Aufgabe, Studienbewerberinnen und Studienbewerbern mit ausländischen Vorbildungsnachweisen, die keinen unmittelbaren Hochschulzugang eröffnen, die Eignung zur Aufnahme eines Studiums, insbesondere hinreichende Kenntnisse der deutschen Sprache, zu vermitteln. [2]Der Besuch des Studienkollegs dauert in der Regel zwei Semester und wird mit einer Prüfung

abgeschlossen. [3]Die Prüfung kann auch ohne den vorherigen Besuch des Studienkollegs abgelegt werden.

(2) [1]Das Studienkolleg ist organisatorisch Teil einer Hochschule. [2]Das Ministerium für Bildung, Wissenschaft und Kultur regelt durch Rechtsverordnung das Nähere zur Errichtung und Schließung sowie zur Ausgestaltung der Studienkollegs und der Prüfungen, insbesondere

1. das Verfahren zur Zulassung zum Studienkolleg und der Auswahl bei einer die Aufnahmekapazität übersteigenden Bewerberzahl,
2. die Festlegung der Lehrinhalte,
3. die Zulassung zur Prüfung, Prüfungsanforderungen und das Prüfungsverfahren unter Berücksichtigung von § 38 Absatz 4.

(3) [1]Die Kollegiaten werden für die Dauer der Ausbildung am Studienkolleg an der Hochschule immatrikuliert. [2]Sie gehören keinem Fachbereich an. [3]§ 17 gilt entsprechend.

Kapitel 2
Studierendenschaft

§ 24 Rechtsstellung und Aufgaben der Studierendenschaft

(1) [1]Die an der Hochschule immatrikulierten Studierenden bilden die Studierendenschaft. [2]Die Studierendenschaft ist eine rechtsfähige Teilkörperschaft der Hochschule. [3]Sie nimmt ihre Angelegenheiten selbst wahr.

(2) [1]Die Studierendenschaft nimmt die Interessen der Studierenden wahr und wirkt bei der Erfüllung der Aufgaben der Hochschule mit. [2]Aufgabe der Studierendenschaft ist es,

1. bei der Verbesserung der Lehre, insbesondere bei der Erstellung der Lehrberichte mitzuwirken,
2. für die wirtschaftliche Förderung und die sozialen Belange der Studierenden einzutreten,
3. die hochschulpolitischen und fachlichen Belange zu vertreten und zu hochschulpolitischen Fragen Stellung zu nehmen,
4. die geistigen und kulturellen Interessen der Studierenden zu unterstützen,
5. den Studierendensport zu fördern, soweit nicht die Hochschule dafür zuständig ist,
6. die politische Bildung und das staatsbürgerliche Verantwortungsbewusstsein der Studierenden auf der Grundlage der verfassungsmäßigen Ordnung zu fördern,
7. die überregionalen und internationalen Studierendenbeziehungen zu pflegen,
8. die Integration ausländischer Studierender zu unterstützen und
9. die Meinungsbildung in der Studierendenschaft durch geeignete Medien zu fördern.

(3) [1]Die Hochschulleiterin oder der Hochschulleiter übt die Rechtsaufsicht über die Studierendenschaft aus. [2]§ 14 Absatz 1 und 2 gilt entsprechend.

§ 25 Organe der Studierendenschaft

(1) [1]Das Studierendenparlament ist ein Organ der Studierendenschaft. [2]Es beschließt die Satzung der Studierendenschaft, in der auch weitere Organe vorgesehen werden können. [3]Vorzusehen ist ein Organ, welches die Studierendenschaft nach Außen vertritt, die laufenden Geschäfte führt und die Beschlüsse des Studierendenparlaments ausführt. [4]Dieses Organ wird durch das Studierendenparlament gewählt und ist diesem gegenüber rechenschaftspflichtig.

(2) [1]Das Studierendenparlament wird von den Mitgliedern der Studierendenschaft in allgemeiner, unmittelbarer, freier, gleicher und geheimer Wahl nach den Grundsätzen der Mehrheitswahl (Personenwahl) oder der personalisierten Verhältniswahl alljährlich gewählt. [2]Im Studierendenparlament sollen Studierende aller Fachbereiche vertreten sein.

(3) Das Studierendenparlament entscheidet in allen grundsätzlichen Angelegenheiten der Studierendenschaft und beschließt deren Satzungen.

(4) [1]Die Studierendenschaft der Hochschule kann sich in Fachschaften gliedern. [2]Fachschaften vertreten die fachlichen Belange der ihnen angehörenden Studierenden und sind an Weisungen des Studierendenparlaments oder anderer Organe der Studierendenschaft nicht gebunden.

(5) [1]Die Satzung der Studierendenschaft kann Urabstimmungen vorsehen. [2]Durch Urabstimmung gefasste Beschlüsse binden die Organe der Studierendenschaft, wenn sie mit der Mehrheit der Stimmberechtigten gefasst werden.

(6) [1]Die im Land Mecklenburg-Vorpommern bestehenden Studierendenschaften bilden zur Wahrnehmung ihrer gemeinsamen Interessen die Landeskonferenz der Studierendenschaften. [2]Die Studierendenparlamente wählen dazu jeweils zwei stimmberechtigte Vertreter ihrer Studierendenschaften in die Landeskonferenz. [3]Die Landeskonferenz gibt sich eine Geschäftsordnung mit zwei Dritteln der Stimmen ihrer Mitglieder. [4]Die Landeskonferenz kann den Studierendenschaften keine Weisung erteilen.
(7) [1]Das Studierendenparlament kann während der Vorlesungszeit Vollversammlungen einberufen. [2]Während einer Vollversammlung pro Semester finden keine Lehrveranstaltungen statt.

§ 26 Satzungen der Studierendenschaft

(1) [1]Die Studierendenschaft regelt ihre innere Ordnung durch eine Satzung. [2]Sie bedarf der Genehmigung der Hochschulleiterin oder des Hochschulleiters.
(2) [1]Die Satzung der Studierendenschaft muss insbesondere Bestimmungen enthalten über
1. die Zusammensetzung, die Wahl, die Einberufung, die Befugnisse und die Beschlussfassung der Organe,
2. die Amtszeit der Mitglieder der Organe und den Verlust der Mitgliedschaft,
3. das Verfahren bei Vollversammlungen der Studierendenschaft.

[2]Die Bestimmungen über die Wahlen können auch in einer besonderen Ordnung (Wahlordnung) getroffen werden.
(3) Die Fachschaftsrahmenordnung bestimmt die Fachschaften und ihre Organe sowie die Grundsätze ihrer Arbeit.
(4) Satzungen der Studierendenschaft müssen mit den Stimmen von zwei Dritteln der Mitglieder des Studierendenparlaments beschlossen und hochschulöffentlich bekannt gemacht werden.

§ 27 Finanzen der Studierendenschaft

(1) [1]Die Studierendenschaft erhebt von ihren Mitgliedern Beiträge. [2]Die Beiträge sind jeweils bei der Immatrikulation oder vor der Rückmeldung der Studierenden bei der Hochschule einzuzahlen. [3]Die Höhe der Beiträge wird in einer Beitragsordnung geregelt, die auch nähere Bestimmungen über die Beitragspflicht enthält. [4]Die Beitragsordnung bedarf der Genehmigung der Hochschulleiterin oder des Hochschulleiters.
(2) [1]Die Studierendenschaft stellt alljährlich einen Haushaltsplan auf. [2]Dieser bedarf der Genehmigung durch die Hochschulleiterin oder den Hochschulleiter; die Genehmigung ist insbesondere zu versagen, wenn Ausgaben zur Erfüllung anderer als der in § 24 Absatz 2 genannten Aufgaben geplant sind oder der Inhalt oder das Verfahren der Aufstellung gegen Rechtsvorschriften verstößt.
(3) [1]Die Studierendenschaft gibt sich eine Finanzordnung, in der die Grundsätze über die Aufstellung und Ausführung des Haushaltsplanes, die Rechnungslegung und die Wahl eines Haushaltsausschusses geregelt werden. [2]Die Finanzordnung bedarf der Genehmigung der Hochschulleiterin oder des Hochschulleiters. [3]Die Rechnungslegung ist der Hochschulleiterin oder dem Hochschulleiter vorzulegen. [4]Für das Haushalts-, Kassen- und Rechnungswesen der Studierendenschaft sind die für das Land Mecklenburg-Vorpommern geltenden Vorschriften entsprechend anzuwenden, insbesondere bedarf die Entlastung des Vertretungsorgans der Studierendenschaft durch das Studierendenparlament der Zustimmung der Hochschulleiterin oder des Hochschulleiters. [5]Die Haushalts- und Wirtschaftsführung der Studierendenschaft unterliegt der Prüfung durch den Landesrechnungshof.
(4) [1]Für Verbindlichkeiten der Studierendenschaft haftet nur deren Vermögen. [2]Bei vorsätzlicher oder grob fahrlässiger Verwendung von Geldern der Studierendenschaft für die Erfüllung anderer als der in § 24 Absatz 2 genannten Aufgaben ist jeder Veranlasser der Studierendenschaft persönlich ersatzpflichtig.

Teil 4

Lehre, Studium und Prüfungen, Wissenschaftliche Weiterbildung

§ 28 Studienziel, Studiengänge

(1) [1]Lehre und Studium sollen Kenntnisse und Fähigkeiten vermitteln, die in einem beruflichen Tätigkeitsfeld zur selbständigen Wahrung, Mehrung, Anwendung und Weitergabe von Wissen und wissenschaftlichen oder künstlerischen Methoden sowie zu verantwortlichem Handeln in einem freiheitlichen, demokratischen und sozialen Rechtsstaat befähigen. [2]Durch Lehre und Studium soll auch die

Fähigkeit zu lebensbegleitender eigenverantwortlicher Weiterbildung entwickelt und gefördert werden. [3]Dabei sollen die besonderen Belange von Menschen mit Behinderungen berücksichtigt werden.

(2) [1]Studiengänge führen zu einem berufsqualifizierenden Abschluss. [2]Als berufsqualifizierend gilt auch der Abschluss eines Studienganges, durch den die fachliche Eignung für einen beruflichen Vorbereitungsdienst oder eine berufliche Einführung vermittelt wird. [3]Soweit das jeweilige Studienziel eine berufspraktische Tätigkeit erfordert, ist sie mit den übrigen Teilen des Studiums inhaltlich und zeitlich abzustimmen und in den Studiengang einzuordnen.

(3) [1]Die Hochschulen können im Zusammenwirken mit ausländischen Partnerhochschulen internationale Studiengänge entwickeln, bei denen bestimmte Studienabschnitte oder Prüfungen an den ausländischen Hochschulen zu erbringen sind. [2]Die Hochschulen stellen das Einvernehmen mit dem zuständigen Ministerium her, soweit Studiengänge betroffen sind, deren Inhalte zu einem nicht unwesentlichen Teil auch Gegenstand staatlicher Ausbildungs- und Prüfungsordnungen sind.

(4) [1]Die Einrichtung, Änderung und Aufhebung von Studiengängen erfolgt durch die Hochschule. [2]Entsprechende Vorhaben sind rechtzeitig dem Ministerium für Bildung, Wissenschaft und Kultur anzuzeigen. [3]Dabei legen die Hochschulen dar, dass die Einrichtung und Änderung im Rahmen der zur Verfügung stehenden Stellen und Mittel gesichert ist. [4]Die Hochschulen stellen das Einvernehmen mit dem zuständigen Ministerium her, soweit Studiengänge betroffen sind, deren Inhalte zu einem nicht unwesentlichen Teil auch Gegenstand staatlicher Ausbildungs- und Prüfungsordnungen sind. [5]Voraussetzung für die Einschreibung von Studierenden in einen neuen Studiengang ist die gemäß § 13 Absatz 5 veröffentlichte Prüfungsordnung. [6]Das Ministerium für Bildung, Wissenschaft und Kultur kann die Einrichtung, Änderung und Aufhebung von Studiengängen untersagen, wenn sie den Festlegungen nach § 15 Absatz 1, 2 und 4 widerspricht.

(5) [1]Neu einzurichtende Studiengänge sind zu modularisieren und mit einem Leistungspunktesystem zu versehen, welches das europäische Kredit-Transfer-System (ECTS) berücksichtigt. [2]Für Studiengänge, die zu einem Bachelor-(Bakkalaureus-) oder Master-(Magister-)Abschluss führen, soll eine Akkreditierung gemäß Studienakkreditierungsstaatsvertrag erfolgen. [3]Rechtsverordnungen nach Artikel 4 Absatz 1 bis 5 des Studienakkreditierungsstaatsvertrages erlässt das Ministerium für Bildung, Wissenschaft und Kultur.

§ 29 Regelstudienzeit

(1) [1]Für jeden Studiengang ist die Zeit festzulegen, in der in der Regel das Studium mit einer berufsqualifizierenden Prüfung (§ 36) abgeschlossen werden kann. [2]Für die Gestaltung der Studiengänge, die Sicherstellung des Lehrangebots, die Gestaltung der Prüfungsverfahren, die Ermittlung und Feststellung der Ausbildungskapazitäten sowie die Landeshochschulplanung ist die Regelstudienzeit maßgebend. [3]Sie beinhaltet die Prüfungszeiten, im Ausland zu erbringende Studienabschnitte und, sofern der Studiengang sie aufweist, eingeordnete Praxisphasen.

(2) [1]Die Regelstudienzeit beträgt bei Studiengängen, die abgeschlossen werden mit einem

1. Bachelorgrad mindestens drei und höchstens vier Jahre und
2. Mastergrad mindestens ein und höchstens zwei Jahre.

[2]In konsekutiven Studiengängen, die zu einem Bachelorgrad und einem darauf aufbauenden Mastergrad führen, beträgt die Gesamtregelstudienzeit höchstens fünf Jahre, in künstlerischen Kernfächern der Hochschule für Musik und Theater Rostock höchstens sechs Jahre.

(3) Die Regelstudienzeit bis zu einem ersten berufsqualifizierenden Abschluss beträgt

1. an Universitäten in Diplom- und Magisterstudiengängen viereinhalb Jahre,
2. an der Hochschule für Musik und Theater in Diplomstudiengängen in der Regel viereinhalb Jahre und
3. an Fachhochschulen in Diplomstudiengängen höchstens vier Jahre.

(4) Längere als die in diesem Gesetz genannten Regelstudienzeiten dürfen nur in besonders begründeten Fällen festgesetzt werden; dies gilt auch für Studiengänge, die in besonderen Studienformen durchgeführt werden.

(5) Die Hochschule hat durch entsprechende Gestaltung der Studien- und Prüfungsordnungen und die Sicherstellung des entsprechenden Lehrangebotes dafür Sorge zu tragen, dass die Regelstudienzeit bei ordnungsgemäßem Studienverlauf und regulären Studienbedingungen von den Studierenden eingehalten werden kann.

(6) [1]Die Prüfungsordnungen regeln, ob und in welchem Umfang besondere Studienzeiten wie Sprachsemester oder im In- oder Ausland absolvierte Praktika und Zeiten der aktiven Mitarbeit in Hochschulgremien nicht auf die Regelstudienzeit angerechnet werden. [2]Bei Studiengängen, in denen ein obligatorischer Auslandsstudienaufenthalt nicht vorgesehen ist (§ 38 Absatz 9), wird zumindest ein im Ausland verbrachtes Semester nicht auf die Regelstudienzeit angerechnet.

(7) [1]In geeigneten Studiengängen sollen die Hochschulen das Lehrangebot so organisieren, dass das Studium auch als Teilzeitstudium absolviert werden kann. [2]In diesen Fällen kann eine von den Absätzen 2 oder 3 abweichende Regelstudienzeit festgelegt werden. [3]Das Nähere, insbesondere zur höchstmöglichen Verlängerung der Regelstudienzeit, regelt die Hochschule durch Satzung.

(8) [1]Die Hochschulen können in den Prüfungsordnungen vorsehen, dass besonders begabte Studierende anstelle der vorgesehenen Prüfungsleistungen andere Prüfungsleistungen erbringen, wenn gewährleistet ist, dass damit mindestens eine gleichwertige Leistung erbracht wird. [2]Die Voraussetzungen für die Auswahl der Studierenden regeln die Hochschulen in der Prüfungsordnung.

§ 30 Lehrangebot

(1) [1]Die Hochschule stellt das Lehrangebot sicher, das zur Einhaltung der Studienordnungen erforderlich ist. [2]Darüber hinaus werden Lehrveranstaltungen zur Vermittlung fachübergreifender Grundkompetenzen (studium generale), zur Vermittlung von Fremdsprachen sowie zur Vermittlung von Medienkompetenz angeboten. [3]Bei der Bereitstellung des Lehrangebotes sollen auch Möglichkeiten des Fernstudiums sowie der multimedialen Informations- und Kommunikationstechnik genutzt und Maßnahmen zu deren Förderung getroffen werden.

(2) Der Fachbereich überträgt seinen in der Lehre tätigen Angehörigen im Rahmen der für ihr Dienstverhältnis geltenden Regelungen bestimmte Lehraufgaben, soweit das zur Gewährleistung des in den Studienordnungen vorgesehenen Lehrangebots notwendig ist.

§ 31 Wissenschaftliche Weiterbildung

(1) [1]Die Hochschulen entwickeln und bauen ihr wissenschaftliches und künstlerisches Weiterbildungsangebot zielgruppenorientiert und unter Berücksichtigung der Anforderungen an ein lebensbegleitendes Lernen aus. [2]Das wissenschaftliche und künstlerische Weiterbildungsangebot der Hochschulen umfasst

1. weiterbildende Masterstudiengänge,
2. grundständige, der Weiterbildung dienende Bachelorstudiengänge,
3. Weiterbildungsangebote mit Abschlusszertifikat und
4. sonstige Weiterbildungsveranstaltungen.

[3]Die Angebote der wissenschaftlichen Weiterbildung richten sich in der Regel an Personen mit qualifizierter berufspraktischer Erfahrung. [4]Die Hochschulen sollen eine Studienberatung für die von ihnen getragenen Weiterbildungsmaßnahmen durchführen. [5]In weiterbildenden Studiengängen sind die Voraussetzungen des Zugangs und das Verfahren der Zulassung durch Satzung zu regeln.

(2) [1]Voraussetzung für den Zugang zu weiterbildenden Masterstudiengängen sind grundsätzlich ein erster berufsqualifizierender Hochschulabschluss sowie qualifizierte berufspraktische Erfahrungen von in der Regel einem Jahr. [2]§ 19 Absatz 2 Satz 2 und 3 gilt entsprechend. [3]Abweichend von Satz 1 kann in Ausnahmefällen für weiterbildende Masterstudiengänge an die Stelle des Hochschulabschlusses eine Zugangsprüfung treten; die qualifizierten berufspraktischen Erfahrungen sollen mindestens fünf Jahre umfassen. [4]Zur Qualitätssicherung oder aus Kapazitätsgründen können für den Zugang oder die Zulassung zu Masterstudiengängen weitere Voraussetzungen bestimmt werden.

(3) Ein weiterbildender Bachelorstudiengang ist ein grundständiger Studiengang, der

1. sich an Personen richtet, die bereits über eine im sekundären Bildungsbereich erworbene Berufsausbildung verfügen,
2. an in dieser Berufsausbildung erworbene Kenntnisse und Kompetenzen anknüpft, auf diese aufbaut, sie vertieft und erweitert und
3. sich der Lernsituation dieses Personenkreises, insbesondere durch digitale Angebote, Fernstudienanteile oder Angebote in Randzeiten anpasst.

(4) Weiterbildungsangebote, die mit einem Zertifikat abschließen, stehen Personen mit abgeschlossenem Hochschulstudium und solchen Personen offen, die die für die Teilnahme erforderliche Eignung im Beruf oder auf andere Weise erworben haben.

§ 32 Organisation der wissenschaftlichen Weiterbildung und des Fernstudiums

(1) [1]Die Hochschulen führen Weiterbildungsstudiengänge selbst durch und bieten Weiterbildungsveranstaltungen mit Abschlusszertifikat und sonstige Weiterbildungsveranstaltungen in der Regel als eigene Veranstaltungen an. [2]Die Hochschulen können für gebühren- oder entgeltpflichtige Lehrveranstaltungen im Rahmen des wissenschaftlichen Weiterbildungs- und Fernstudienangebotes ihrem eigenen wissenschaftlichen Personal vergütete Lehraufträge erteilen, sofern die dienstlich festgelegte Lehrverpflichtung erfüllt ist und nebentätigkeitsrechtliche Bestimmungen nicht entgegenstehen.

(2) [1]Die Hochschulen können hochschuleigene Weiterbildungs- oder Fernstudiengänge auch in Kooperation mit Bildungsanbietern außerhalb des Hochschulbereichs durchführen. [2]Durch einen Kooperationsvertrag ist sicherzustellen, dass es Aufgabe der Hochschulen ist, das Lehrangebot inhaltlich und didaktisch zu entwickeln, durchzuführen und die Prüfungen abzunehmen. [3]Der kooperierende Bildungsanbieter muss sich verpflichten, der Hochschule für ihre Leistungen ein angemessenes Entgelt zu entrichten. [4]Im Rahmen des Kooperationsvertrages kann geregelt werden, dass der kooperierende Bildungsanbieter die gesamten organisatorischen Leistungen und Verwaltungsleistungen für den Studienbetrieb übernimmt. [5]Absatz 1 Satz 2 gilt entsprechend.

(3) [1]Die Hochschulen können zur Organisation ihres Weiterbildungs- und Fernstudienangebotes Unternehmen gründen, deren Anteile sie in vollem Umfang halten. [2]Den Unternehmen können auf vertraglicher Grundlage insbesondere folgende Aufgaben übertragen werden: die Studienangebote vermarkten, die Studierenden beraten, die organisatorische Abwicklung des Studiums sicherstellen, die Markterkundung und Bewertung der Marktfähigkeit neuer Studiengänge einschließlich ihrer betriebswirtschaftlichen Kalkulation durchführen sowie die Hochschule bei der Entwicklung neuer und der Änderung bestehender Studiengänge unterstützen einschließlich der Beurteilung ihrer Wirtschaftlichkeit. [3]Das Unternehmen kann mit den Studierenden Verträge insbesondere über die Leistungen der Hochschule abschließen. [4]Dabei kann es auch die Gebühren und Entgelte für die von den Hochschulen erbrachten Leistungen vereinnahmen. [5]Das Unternehmen ist verpflichtet, für die Verwaltungsleistungen der Hochschule ein angemessenes Entgelt zu entrichten. [6]Die Aufgabe der Hochschulen ist es, das Lehrangebot inhaltlich und didaktisch zu entwickeln, durchzuführen und die Prüfungen abzunehmen. [7]Soweit dies zur Gewährleistung des in der Studien- und Prüfungsordnung vorgesehenen Lehrangebotes erforderlich ist, kann sie ihrem eigenen wissenschaftlichen Personal Lehraufträge erteilen, sofern die dienstlich festgelegte Lehrverpflichtung erfüllt ist und nebentätigkeitsrechtliche Bestimmungen nicht entgegenstehen; das Unternehmen schließt die entsprechenden Verträge mit dem Lehrpersonal.

§ 33 (weggefallen)

§ 34 Studienberatung

[1]Die Hochschule unterrichtet Studierende, Studienbewerberinnen und Studienbewerber über die Studienmöglichkeiten und über Inhalte, Aufbau und Anforderungen eines Studiums (allgemeine Studienberatung). [2]Sie gewährleistet darüber hinaus die Beratung von Studierenden zur Erleichterung des Übergangs in das Berufsleben. [3]Während des gesamten Studiums unterstützt sie die Studierenden durch eine studienbegleitende fachliche Beratung (Studienfachberatung). [4]Sie orientiert sich bis zum Ende des ersten Jahres des Studiums sowie nach Ablauf der Regelstudienzeit über den bisherigen Studienverlauf, informiert die Studierenden und führt gegebenenfalls eine Studienberatung durch; die Studierenden sind zur Teilnahme an einer solchen Beratung verpflichtet. [5]Die Hochschule wirkt bei der Studienberatung insbesondere mit den für die Berufsberatung und den für die staatlichen Prüfungen zuständigen Stellen zusammen.

§ 35 Studienjahr

(1) [1]Das Studienjahr wird grundsätzlich in Semester eingeteilt. [2]Die Hochschulen regeln den Beginn und das Ende der Vorlesungszeit; die Dauer der Vorlesungszeit beträgt an Fachhochschulen mindestens 16 und an Universitäten mindestens 14 Wochen pro Semester. [3]Die zeitliche Lage der Vorlesungszeit muss zeitverlustfreie Wechsel zwischen den Hochschulen im Bundesgebiet gewährleisten sowie die Durchführung überregionaler Studienplatzvergabeverfahren ermöglichen.

(2) Die Hochschule ermöglicht die Nutzung ihrer Räume und Einrichtungen während des gesamten Studienjahres in dem für die Gewährleistung des Studien- und Lehrbetriebes gebotenen Umfang.

(3) Zur Verkürzung von Studienzeiten können die Hochschulen mit Zustimmung des Ministeriums für Bildung, Wissenschaft und Kultur das Studienjahr abweichend gliedern.

§ 36 Prüfungen

(1) Das Studium wird durch eine Hochschulprüfung, eine staatliche oder eine kirchliche Prüfung abgeschlossen.

(2) [1]In Studiengängen gemäß § 29 Absatz 2 sollen Prüfungen studienbegleitend abgenommen werden. [2]Zum Nachweis von Studien- und Prüfungsleistungen ist von den Hochschulen unter Berücksichtigung des europäischen Kredit-Transfer-Systems (ECTS) ein Leistungspunktesystem zu schaffen, das die Übertragung erbrachter Leistungen auf andere Studiengänge derselben oder einer anderen Hochschule ermöglicht.

(3) [1]In Studiengängen gemäß § 29 Absatz 3 mit einer Regelstudienzeit von mindestens vier Jahren, die zu einem ersten berufsqualifizierenden Abschluss führen, findet spätestens bis zum Ende des vierten Semesters eine Zwischenprüfung statt, soweit eine vergleichbare Prüfung nicht bereits in anderen Rechtsvorschriften vorgesehen ist; sie besteht aus Fachprüfungen. [2]Die Hochschulabschlussprüfungen bestehen aus Fachprüfungen und der Abschlussarbeit, gegebenenfalls mit einem Kolloquium. [3]Die Zwischenprüfung ist bestanden, wenn sämtliche Fachprüfungen bestanden sind; die Abschlussprüfung ist bestanden, wenn deren Fachprüfungen und die Abschlussarbeit, gegebenenfalls mit dem Kolloquium, bestanden sind. [4]Der Übergang in das Hauptstudium setzt in der Regel die erfolgreiche Ablegung einer Zwischenprüfung voraus. [5]Zwischenprüfungen und Hochschulabschlussprüfungen können in Abschnitte geteilt werden sowie durch studienbegleitende Prüfungsleistungen, die in Verbindung mit einzelnen Lehrveranstaltungen erbracht werden, entlastet werden. [6]Prüfungen, die ein Fach abschließen, sind bis zum Beginn des Folgesemesters abzulegen.

(4) [1]Zur Abnahme von Hochschulprüfungen sind das an der Hochschule hauptberuflich tätige wissenschaftliche und künstlerische Personal, Lehrbeauftragte und in der beruflichen Praxis und Ausbildung erfahrene Personen befugt. [2]Hochschulprüfungen sollen nur von Personen abgenommen werden, die Lehraufgaben erfüllen. [3]Prüfungsleistungen dürfen nur von Personen bewertet werden, die selbst die durch die Prüfung festzustellende oder eine gleichwertige Qualifikation besitzen.

(5) Prüfungsleistungen in Hochschulabschlussprüfungen und in Prüfungen, deren Bestehen Voraussetzung für die Fortsetzung des Studiums ist, sind in der Regel von mindestens zwei Prüferinnen oder Prüfern oder mindestens einer Prüferin und einem Prüfer zu bewerten; mündliche Prüfungen sind von mehreren Prüferinnen oder Prüfern oder von einer Prüferin oder einem Prüfer in Gegenwart einer sachkundigen Beisitzerin oder eines sachkundigen Beisitzers abzunehmen.

(6) Den Abschlusszeugnissen und den Urkunden über die Verleihung der akademischen Grade fügen die Hochschulen eine englischsprachige Übersetzung und eine Übersicht über die Inhalte des absolvierten Studiengangs (Diploma-Supplement) bei.

§ 37 *[aufgehoben]*

§ 38 Prüfungsordnungen

(1) [1]Prüfungen werden aufgrund von Prüfungsordnungen der Hochschule abgelegt, die vom Senat nach Anhörung des zuständigen Organs der Studierendenschaft als Satzungen beschlossen und vom Rektor genehmigt werden. [2]Die Hochschule erlässt die Prüfungsordnung auf der Grundlage einer Rahmenprüfungsordnung der Hochschule.

(2) [1]Die Rahmenprüfungsordnung muss insbesondere Folgendes regeln:

1. die Regelstudienzeit,
2. die Arbeitsbelastung bei modularisierten Studiengängen, ansonsten den in Semesterwochenstunden ausgedrückten Höchstumfang,
3. die Voraussetzungen, Dauer und Lage der in den Studiengang integrierten Auslandssemester, Praxissemester oder anderen berufspraktischen Studienphasen,
4. den Zweck der Prüfung, die fachlichen Anforderungen der Prüfung und die Zahl ihrer Wiederholungsmöglichkeiten,
5. die Voraussetzungen sowie Art und Zahl von Vorleistungen für die Zulassung zur Prüfung,
6. die Zahl und Art der Prüfungen sowie Zahl, Art und Umfang ihrer Prüfungsleistungen,
7. die Bearbeitungszeit für Studien- und Abschlussarbeiten sowie eine im Zusammenhang mit der Abschlussarbeit abzulegende mündliche Prüfung, soweit eine mündliche Prüfungsleistung nicht bereits zuvor in angemessenem Umfang nachgewiesen wurde,

8. die positive oder negative Anrechnung von Studienzeiten sowie Studien- und Prüfungsleistungen an anderen Hochschulen,
9. die Fristen für die Ablegung der Prüfungen und die Termine der ihnen durch die Prüfungsordnung zuzuordnenden Prüfungsleistungen (Regelprüfungstermine),
10. die Fristen für die Meldung zu den Prüfungen,
11. die Modalitäten zur Bekanntmachung der Prüfungstermine und zur Benachrichtigung der Prüfungsteilnehmenden,
12. die Prüfungsorgane, die Form und das Verfahren der Prüfung sowie die Folgen von Verstößen gegen Prüfungsvorschriften,
13. die Grundsätze für die Bewertung der einzelnen Prüfungsleistungen, die Ermittlung des Prüfungsgesamtergebnisses und Bestehensregeln,
14. Voraussetzung und Fristen für die Wiederholbarkeit einer nicht bestandenen Prüfung,
15. Fristen für die Bewertung schriftlicher Prüfungsarbeiten durch die Prüfenden,
16. den nach bestandener Prüfung zu verleihenden Hochschulgrad.

[2]Dabei kann die Rahmenprüfungsordnung ihrerseits Rahmenregelungen vorsehen, um den Besonderheiten verschiedener Studiengänge Rechnung zu tragen.

(3) [1]Die Prüfungsordnungen sind so zu gestalten, dass die Gleichwertigkeit einander entsprechender Hochschulabschlüsse sowie die Möglichkeit des Hochschulwechsels gewährleistet wird. [2]Sie können regeln, dass erstmals nicht bestandene Prüfungen als nicht unternommen gelten, wenn sie innerhalb der Regelstudienzeit und zu dem in der Prüfungsordnung festgelegten Regelprüfungstermin abgelegt werden (Freiversuch). [3]Dabei ist vorzusehen, dass im Freiversuch bestandene Prüfungen zur Notenverbesserung erneut abgelegt werden können.

(4) [1]In die Prüfungsordnungen sind Regelungen über den Nachteilsausgleich für Studierende aufzunehmen, die aufgrund einer Behinderung an der Ableistung einer Prüfung in der in der Prüfungsordnung vorgesehenen Weise gehindert sind. [2]Der Nachteilsausgleich kann insbesondere Abweichungen im Hinblick auf die Ableistung der Prüfung, die Benutzung von Hilfsmitteln oder -personen sowie die Fristen für den Freiversuch nach Absatz 3 vorsehen. [3]Der Nachteilsausgleich wird auf Antrag einzelfallbezogen gewährt; er soll sich, soweit nicht mit einer Änderung des Krankheits- oder Behinderungsbildes zu rechnen ist, auf alle im Verlauf des Studiums abzuleistenden Prüfungen erstrecken.

(5) In den Prüfungsordnungen soll in geeigneten Fächern vorgesehen werden, dass Lehrveranstaltungen auch in anderen Sprachen als Deutsch abgehalten werden können, Studien- und Prüfungsleistungen auch in anderen Sprachen als Deutsch zu erbringen sind oder erbracht werden können.

(6) Prüfungsanforderungen und Prüfungsverfahren sind so zu gestalten, dass die Abschlussprüfung innerhalb der Regelstudienzeit abgelegt werden kann.

(7) Soweit in Hochschulprüfungsordnungen zu treffende Regelungen für den gesamten Bereich einer Hochschule oder für mehrere Bereiche getroffen werden können, kann von der Hochschule eine gemeinsame Prüfungsordnung erlassen werden.

(8) Prüfungsordnungen müssen die Inanspruchnahme der gesetzlichen Mutterschutzfristen und der Fristen der Elternzeit sowie einer Pflegezeit nach Maßgabe des Pflegezeitgesetzes ermöglichen.

(9) [1]Für einen Studiengang kann ein obligatorischer Studienaufenthalt an einer ausländischen Hochschule vorgesehen werden, wenn dies aus fachlichen Gründen zweckmäßig erscheint. [2]Der Aufenthalt ist mit den übrigen Teilen des Studiums inhaltlich und zeitlich abzustimmen und in den Studiengang einzuordnen. [3]Die Lage und die Dauer des Auslandsaufenthaltes sind von der Hochschule in der Prüfungsordnung zu bestimmen.

(10) Überschreiten Studierende die in der Prüfungsordnung festgelegte Regelstudienzeit um mehr als vier Semester, ohne sich zu der Prüfung, mit der das Hochschulstudium abgeschlossen wird, gemeldet zu haben, so werden sie von der Hochschule unter Fristsetzung aufgefordert, an einer besonderen Studienberatung teilzunehmen; bei erfolglosem Fristablauf können die Studierenden gemäß § 17 exmatrikuliert werden.

(11) [1]Prüfungen in digitalen Formaten, die ohne die Verpflichtung durchgeführt werden, persönlich in einem vorgegebenen Prüfungsraum anwesend sein zu müssen, werden unter Verwendung elektronischer Kommunikationseinrichtungen mit Videoaufsicht durchgeführt. [2]Die Teilnahme für die zu Prüfenden ist freiwillig. [3]Die Hochschulen regeln das Nähere durch Satzung, die der Zustimmung des

Ministeriums für Bildung, Wissenschaft und Kultur bedarf. [4]In der Satzung sind insbesondere Regelungen

1. zum zulässigen Umfang digital basierter Prüfungen,
2. zur Sicherung des Datenschutzes,
3. zu technischen und organisatorischen Maßnahmen zur Sicherheit der Verarbeitung personenbezogener Daten,
4. zur Sicherstellung der persönlichen Leistungserbringung durch die zu Prüfenden und ihrer eindeutigen Authentifizierung,
5. zur Verhinderung von Täuschungshandlungen,
6. zur Nutzung elektronischer Informations- und Kommunikationssysteme sowie
7. zum Umgang mit technischen Problemen

zu treffen.

§ 39 Studienordnungen, Studienplan

(1) [1]Für jeden Studiengang erlässt die Hochschule eine Studienordnung als Satzung. [2]Diese regelt auf der Grundlage der Prüfungsordnung Inhalt und Aufbau des Studiums einschließlich eingeordneter berufspraktischer Tätigkeiten (Praxisphasen), obligatorisch vorgesehene Studienaufenthalte an einer ausländischen Hochschule sowie die Schwerpunkte, die der Studierende nach eigener Wahl bestimmen kann.

(2) [1]Die Studieninhalte sind unter Berücksichtigung der fachlichen Entwicklung und der Anforderungen der beruflichen Praxis auszuwählen. [2]Sie sind so zu begrenzen, dass das Studium einschließlich der Abschlussprüfung in der Regelstudienzeit abgeschlossen werden kann. [3]Der Aufbau des Studiums berücksichtigt didaktische Erfordernisse. [4]Die Studienordnung bezeichnet Gegenstand und Art der Lehrveranstaltungen und der Studienleistungen, die für den erfolgreichen Abschluss des Studiums erforderlich sind. [5]Sie bestimmt deren Anteil am zeitlichen Gesamtumfang der Lehrveranstaltungen. [6]Dieser ist so zu bemessen, dass den Studierenden Gelegenheit zur selbständigen Vorbereitung und Vertiefung des Stoffes und zur Teilnahme an zusätzlichen Lehrveranstaltungen nach eigener Wahl verbleibt.

(3) Die Studienordnung kann die Voraussetzungen für die Teilnahme an einzelnen Lehrveranstaltungen regeln, insbesondere die Teilnahme an bestimmten Veranstaltungen vom Nachweis ausreichender Vorkenntnisse oder Fertigkeiten abhängig machen.

(4) [1]Der Fachbereich soll auf der Grundlage der Studien- und Prüfungsordnung für jeden Studiengang einen Studienplan als Empfehlung an die Studierenden für einen sachgerechten Aufbau des Studiums aufstellen. [2]Der Studienplan erläutert den empfohlenen Verlauf, beschreibt Art, Umfang und Reihenfolge von Lehrveranstaltungen, Studien- und Prüfungsleistungen.

(5) [1]Studienordnung und Studienplan sollen zusammen mit der Prüfungsordnung aufgestellt werden. [2]Diese treten mit der hochschulöffentlichen Bekanntmachung in Kraft.

§ 40 Fernstudium

(1) [1]Bei der Bereitstellung des Lehrangebots sollen die Möglichkeiten des Fernstudiums genutzt werden. [2]Dabei sollen insbesondere Formen des digitalen Lehrens und Lernens einbezogen werden.

(2) [1]Eine in einer Prüfungs- oder Studienordnung vorgesehene Prüfungs- oder Studienleistung wird auch durch die erfolgreiche Teilnahme an einer entsprechenden Fernstudieneinheit nachgewiesen, wenn diese einer entsprechenden Leistung im Präsenzstudium gleichwertig ist. [2]Diese Gleichwertigkeit wird bei Studiengängen, die mit einer Hochschulprüfung abgeschlossen werden, von dem zuständigen Prüfungsausschuss, bei Studiengängen, die mit einer staatlichen Prüfung abgeschlossen werden, von der für die Prüfung zuständigen Stelle festgestellt.

Teil 5
Akademische Grade, Promotion, Habilitation

§ 41 Inländische Grade

(1) [1]Aufgrund einer Hochschulprüfung, mit der ein berufsqualifizierender Abschluss erworben wird, verleiht die Hochschule einen Diplom-, einen Bachelor- oder einen Mastergrad. [2]Die Universitäten können auch einen Bakkalaureus- oder Magistergrad verleihen. [3]Nach Maßgabe der jeweiligen Prüfungsordnung kann die Hochschule auf Antrag des Studierenden im Falle eines abgeschlossenen Mas-

terstudiums unter Einrechnung der im Rahmen des vorangegangenen Bachelor-Abschlusses erworbenen Leistungspunkte mit mindestens 300 Leistungspunkten (ECTS) anstelle des Mastergrades einen Diplomgrad verleihen, sofern sichergestellt ist, dass die erbrachten Studien- und Prüfungsleistungen denen eines Diplomstudiengangs mindestens gleichwertig sind. 4An Fachhochschulen kann anstelle eines Bachelorgrades ein Diplomgrad auch dann verliehen werden, sofern der Studienabschluss den Erwerb von mindestens 240 Leistungspunkten (ECTS) voraussetzt und Prüfungsleistungen denen eines Diplomstudiengangs mindestens gleichwertig sind.

(2) 1Diplomgrade enthalten die Angabe der Fachrichtung; Fachhochschulen verleihen den Diplomgrad mit dem Zusatz Fachhochschule (FH). 2Bachelor- oder Bakkalaureusgrade und Master- oder Magistergrade als weitere berufsqualifizierende Abschlüsse können mit einem fachlichen Zusatz versehen werden. 3Im Übrigen sollen Magistergrade ohne fachlichen Zusatz verliehen werden.

(3) 1Von der Hochschule können aufgrund einer Vereinbarung mit einer Hochschule außerhalb der Bundesrepublik Deutschland für den berufsqualifizierenden Abschluss andere als die in Absatz 1 genannten Grade verliehen werden. 2Das Nähere regelt die Hochschule in einer Satzung.

(4) Die Hochschulen können Hochschulgrade nach den Absätzen 1, 2 und 3 auch aufgrund von staatlichen oder kirchlichen Prüfungen verleihen, wenn der Studiengang mit einer solchen Prüfung abgeschlossen wird.

§ 42 Ausländische Grade

(1) 1Ein ausländischer Hochschulgrad, der aufgrund eines nach dem Recht des Herkunftslandes anerkannten Hochschulabschlusses nach einem ordnungsgemäß durch Prüfung abgeschlossenen Studium verliehen worden ist, kann in der Form, in der er verliehen wurde, unter Angabe der verleihenden Hochschule geführt werden. 2Dabei kann die verliehene Form gegebenenfalls transliteriert und die im Herkunftsland zugelassene oder nachweislich allgemein übliche Abkürzung geführt und eine wörtliche Übersetzung in Klammern hinzugefügt werden. 3Die Regelungen finden auch Anwendung auf staatliche und kirchliche Grade. 4Eine Umwandlung in einen entsprechenden deutschen Grad findet mit Ausnahme zu Gunsten der nach dem Bundesvertriebenengesetz Berechtigten nicht statt.

(2) 1Ein ausländischer Ehrengrad, der von einer nach dem Recht des Herkunftslandes zur Verleihung berechtigten Stelle verliehen wurde, kann nach Maßgabe der für die Verleihung geltenden Rechtsvorschriften in der verliehenen Form unter Angabe der verleihenden Stelle geführt werden. 2Ausgeschlossen von der Führung sind Ehrengrade, wenn die ausländische Institution kein Recht zur Vergabe des entsprechenden Grades im Sinne von Absatz 1 besitzt.

(3) Die Regelungen der Absätze 1 und 2 gelten entsprechend für Hochschultitel und Hochschultätigkeitsbezeichnungen.

(4) Soweit Vereinbarungen und Abkommen der Bundesrepublik Deutschland mit anderen Staaten über Gleichwertigkeiten im Hochschulbereich und Vereinbarungen der Länder in der Bundesrepublik Deutschland die Inhaber ausländischer Grade abweichend von den Absätzen 1 bis 3 begünstigen, gehen diese Regelungen vor.

(5) 1Das Ministerium für Bildung, Wissenschaft und Kultur wird ermächtigt, von den Absätzen 1 bis 3 abweichende, begünstigende Regelungen für Gradinhaberinnen und Gradinhaber durch Verordnung zu treffen. 2Die Verordnung kann den Erlass von Allgemeingenehmigungen für bestimmte ausländische Grade vorsehen.

(6) 1Eine von den Absätzen 1 bis 5 abweichende Grad- und Titelführung ist untersagt. 2Durch Titelkauf erworbene Grade dürfen nicht geführt werden. 3Wer einen Grad, Titel oder eine Hochschultätigkeitsbezeichnung führt, hat auf Verlangen der zuständigen Stelle die Berechtigung hierzu urkundlich nachzuweisen.

(7) Die Überwachung und Durchsetzung der Einhaltung dieser Vorschrift obliegt dem Ministerium für Bildung, Wissenschaft und Kultur.

§ 43 Promotion, Habilitation

(1) 1Durch die Promotion wird eine über das allgemeine Studienziel hinaus gehende Befähigung zu selbständiger vertiefter wissenschaftlicher Arbeit nachgewiesen. 2Die Zulassung zur Promotion setzt in der Regel ein mit einer Prüfung erfolgreich abgeschlossenes Studium in einem Masterstudiengang, in einem universitären Diplom- oder Magisterstudiengang oder in einem anderen universitären, mit einer staatlichen oder kirchlichen Prüfung abzuschließenden Studiengang voraus. 3Dabei gelten für

Fachhochschul- und Universitätsabsolventinnen und -absolventen mit Masterabschluss die gleichen Zulassungsvoraussetzungen zur Promotion. [4]Weitere Voraussetzungen zum Nachweis der Befähigung zu vertiefter wissenschaftlicher Arbeit können in der Promotionsordnung festgelegt werden.

(2) Promotionsverfahren werden von dem zuständigen Fachbereich durchgeführt.

(3) [1]Das Nähere zum Verfahren und zu einer angemessenen regelmäßigen Betreuung der Promovierenden regelt die Promotionsordnung, die vom Senat der Hochschule auf Vorschlag des zuständigen Fachbereiches als Satzung erlassen wird. [2]Die Promotionsordnung kann bestimmen, dass der Hochschule unentgeltlich Mehrstücke der Dissertation in angemessener Zahl zur Verbreitung in öffentlichen wissenschaftlichen Bibliotheken zu überlassen sind. [3]Die Promotionsordnung kann die Verleihung des Doktorgrades ehrenhalber aufgrund besonderer wissenschaftlicher Leistungen vorsehen.

(4) [1]Die Hochschulen mit Promotionsrecht und die Fachhochschulen wirken eng zusammen, um eine Promotion von Absolventinnen und Absolventen der Fachhochschulen zu ermöglichen. [2]In Promotionsordnungen sind Bestimmungen über ein kooperatives Promotionsverfahren sowie über die Bestellung von Professorinnen und Professoren von Fachhochschulen als Betreuende, Prüfende und Begutachtende aufzunehmen.

(5) Die Bewertung der Promotionsleistungen soll spätestens sechs Monate nach Vorlage der Dissertation abgeschlossen sein.

(6) [1]Die Universitäten und die Hochschule für Musik und Theater Rostock können Habilitationen durchführen. [2]Die Habilitation dient der förmlichen Feststellung der Befähigung zur selbständigen Forschung und Lehre in einem wissenschaftlichen Fach. [3]Aufgrund der Habilitation wird der akademische Grad eines habilitierten Doktors (doctor habilitatus) verliehen. [4]Die Verleihung berechtigt zur Führung dieses Grades mit einem den Wissenschaftszweig kennzeichnenden Zusatz anstelle des entsprechenden Doktorgrades.

(7) [1]Das Habilitationsverfahren wird vom Fachbereich aufgrund der Habilitationsordnung durchgeführt, die von den Senaten der Universitäten oder der Hochschule für Musik und Theater Rostock als Satzung erlassen wird. [2]Die Zulassung zur Habilitation setzt ein abgeschlossenes Hochschulstudium und die Promotion voraus. [3]Von dem Erfordernis der Promotion kann in Ausnahmefällen abgesehen werden.

(8) Das Nähere regeln die Habilitationsordnungen.

§ 44 Doktorandinnen und Doktoranden

(1) [1]Personen, die eine Doktorarbeit anfertigen, werden als Doktorandinnen oder Doktoranden an der Hochschule eingeschrieben, an der sie promovieren wollen. [2]Dies gilt auch dann, wenn ein Beschäftigungsverhältnis mit der Hochschule besteht. [3]Das Nähere regelt die Immatrikulationsordnung.

(2) Die Hochschulen wirken auf die wissenschaftliche Betreuung ihrer Doktorandinnen und Doktoranden hin.

(3) [1]Die Hochschulen sollen für ihre Doktorandinnen und Doktoranden forschungsorientierte Studien anbieten und ihnen den Erwerb von akademischen Schlüsselqualifikationen ermöglichen. [2]Das Nähere regeln die Hochschulen.

(4) Die Grundordnung kann vorsehen, dass die Doktorandinnen und Doktoranden eine eigene Interessenvertretung bilden.

Teil 6
Forschung und Entwicklung

§ 45 Aufgaben der Forschung

(1) [1]Die Forschung in den Hochschulen dient der Gewinnung wissenschaftlicher Erkenntnisse sowie der wissenschaftlichen Grundlegung und Weiterentwicklung von Lehre und Studium. [2]Gegenstand der Forschung in den Hochschulen können unter Berücksichtigung der unterschiedlichen Aufgabenstellung der Hochschulen alle wissenschaftlichen Bereiche sowie die Anwendung wissenschaftlicher Erkenntnisse in der Praxis einschließlich der Folgen sein, die sich aus der Anwendung wissenschaftlicher Erkenntnisse ergeben können.

(2) Die Studierenden sind frühzeitig und systematisch an die Forschung heranzuführen und entsprechend der bestehenden Möglichkeiten daran zu beteiligen.

§ 46 Koordinierung der Forschung

[1]Forschungsvorhaben und Forschungsschwerpunkte werden, unbeschadet der Freiheit von Wissenschaft und Forschung (§ 5), von der Hochschule in der sachlich gebotenen Weise koordiniert. [2]Zur gegenseitigen Abstimmung von Forschungsvorhaben und Forschungsschwerpunkten und zur Planung und Durchführung gemeinsamer Forschungsvorhaben wirken die Hochschulen untereinander und mit anderen Forschungseinrichtungen sowie mit Einrichtungen der überregionalen Forschungsplanung und Forschungsförderung zusammen. [3]Die Bildung von in der Regel landesweiten und interdisziplinären Forschungsschwerpunkten ist von den Hochschulen anzustreben.

§ 47 Forschung mit Mitteln Dritter

(1) [1]Die in der Forschung selbständig tätigen Mitglieder sind berechtigt und aufgefordert, Mittel Dritter zu Forschungszwecken einzuwerben und zu verwenden. [2]Ihre Verpflichtung zur Erfüllung der übrigen Dienstaufgaben bleibt unberührt.

(2) Ein Hochschulmitglied ist berechtigt, ein Forschungsvorhaben nach Absatz 1 in der Hochschule durchzuführen, wenn die Erfüllung anderer Aufgaben der Hochschule sowie die Rechte und Pflichten anderer Personen dadurch nicht beeinträchtigt werden und entstehende Folgelasten berücksichtigt sind.

(3) [1]Ein Forschungsvorhaben nach Absatz 1 ist der Hochschule anzuzeigen. [2]Die Durchführung darf nicht von einer Genehmigung abhängig gemacht werden. [3]Die Inanspruchnahme von Personal, Sachmitteln und Einrichtungen der Hochschule darf nur untersagt oder durch Auflagen beschränkt werden, soweit die Voraussetzungen des Absatzes 2 dies erfordern.

(4) [1]Die Mittel für Forschungsvorhaben, die in der Hochschule durchgeführt werden, sollen von der Hochschule verwaltet werden. [2]Die Mittel sind für den vom Geldgeber bestimmten Zweck zu verwenden und nach dessen Bedingungen zu bewirtschaften, soweit gesetzliche Bestimmungen nicht entgegenstehen. [3]Enthalten die Bedingungen keine Regelung, so gelten die Bewirtschaftungsbestimmungen des Landes. [4]Auf Antrag des Hochschulmitgliedes, dass das Vorhaben durchführt, soll von der Verwaltung der Mittel durch die Hochschule abgesehen werden, sofern dies mit den Bedingungen des Geldgebers vereinbar ist; Satz 3 gilt in diesem Falle nicht.

(5) [1]Aus Mitteln Dritter bezahlte hauptberufliche Mitarbeiterinnen und Mitarbeiter an Forschungsvorhaben, die in der Hochschule durchgeführt werden, sollen vorbehaltlich des Satzes 3 als Personal der Hochschule im Arbeitsvertragsverhältnis eingestellt werden. [2]Die Einstellung setzt voraus, dass die Mitarbeiterin oder der Mitarbeiter von dem Hochschulmitglied, das das Vorhaben durchführt, vorgeschlagen wurde. [3]Sofern dies mit den Bedingungen des Geldgebers vereinbar ist, kann das Hochschulmitglied in begründeten Fällen die Arbeitsverträge mit den Mitarbeiterinnen und Mitarbeitern abschließen; dabei sollen mindestens die im öffentlichen Dienst für vergleichbare Tätigkeiten üblichen Vergütungs- und Urlaubsregelungen vereinbart werden.

§ 48 Forschungsberichte, Veröffentlichung von Forschungsergebnissen

(1) [1]Die Hochschulen berichten in regelmäßigen Abständen über die Forschungstätigkeit an der Hochschule. [2]Der Bericht soll auch Angaben über wesentliche Forschungsergebnisse und Kosten der Forschung in der Hochschule und ihren Fachbereichen enthalten. [3]Er soll Forschungsschwerpunkte nennen und die Organisation der Forschung darstellen. [4]Der Bericht ist zu veröffentlichen.

(2) [1]Ergebnisse von Forschungsvorhaben sollen schnellstmöglich durch wissenschaftliche Veranstaltungen und Publikationen der Öffentlichkeit zur Verfügung gestellt werden. [2]Bei der Veröffentlichung von Forschungsergebnissen sind Mitarbeiter und Studierende, die einen eigenen wissenschaftlichen oder sonstigen wesentlichen Beitrag geleistet haben, als Mitautoren zu nennen; soweit möglich ist ihr Beitrag zu kennzeichnen.

§ 49 Entwicklungsvorhaben

Die Vorschriften dieses Abschnittes gelten für Entwicklungsvorhaben im Rahmen angewandter Forschung und für künstlerische Vorhaben sinngemäß.

Teil 7

Mitgliedschaft und Mitwirkung

§ 50 Mitgliedschaft

(1) Mitglieder der Hochschule sind die an der Hochschule hauptberuflich tätigen Angehörigen des öffentlichen Dienstes, die immatrikulierten Studierenden und die Doktorandinnen und Doktoranden.

(2) [1]Mitglieder der Hochschule sind weiter

1. das wissenschaftliche und künstlerische Personal im Sinne von § 55 Absatz 2,
2. Personen, die hauptberuflich, ohne Mitglieder nach Absatz 1 zu sein, mit Zustimmung des nach der Grundordnung zuständigen Organs an der Hochschule tätig sind,
3. Professorinnen und Professoren, die nach Erreichen der Altersgrenze noch regelmäßig Lehrveranstaltungen abhalten,
4. Seniorprofessorinnen und Seniorprofessoren.

[2]Sie sind in Ämter und Gremien der Hochschule nicht wählbar. [3]Die Grundordnung der Hochschule für Musik und Theater Rostock kann bestimmen, dass Satz 2 für die nebenberuflichen künstlerischen Professorinnen und Professoren sowie für Lehrbeauftragte nicht gilt.

(3) [1]Ohne Mitglieder zu sein, gehören der Hochschule an (Angehörige):

1. die Professorinnen und Professoren nach Erreichen der Altersgrenze, die nicht Hochschulmitglieder nach Absatz 2 sind,
2. Habilitandinnen und Habilitanden, die nicht unter die Absätze 1 oder 2 fallen,
3. Ehrenbürgerinnen, Ehrenbürger, Ehrensenatorinnen und Ehrensenatoren.

[2]Sie nehmen an Wahlen nicht teil.

§ 51 Allgemeine Pflichten und Grundsätze der Mitwirkung

(1) Die Mitglieder der Hochschule haben sich so zu verhalten, dass die Hochschule und ihre Organe ihre Aufgaben erfüllen können und niemand gehindert wird, seine Pflichten und Rechte an der Hochschule wahrzunehmen.

(2) [1]Die Mitglieder der Hochschule sind der wissenschaftlichen Redlichkeit verpflichtet. [2]Hierzu sind die allgemein anerkannten Grundsätze guter wissenschaftlicher Praxis einzuhalten. [3]Ein Verstoß hiergegen liegt insbesondere vor, wenn in einem wissenschaftserheblichen Zusammenhang vorsätzlich oder grob fahrlässig Falschangaben gemacht werden, geistiges Eigentum anderer verletzt oder die Forschungstätigkeit Dritter erheblich beeinträchtigt wird. [4]Die Hochschulen stellen Regeln zur Einhaltung der allgemein anerkannten Grundsätze guter wissenschaftlicher Praxis und zum Umgang mit wissenschaftlichem Fehlverhalten auf.

(3) [1]Die Mitwirkung an der Selbstverwaltung der Hochschule ist Recht und Pflicht der Mitglieder im Sinne des § 50 Absatz 1. [2]Die Hochschulmitglieder dürfen wegen ihrer Tätigkeit in der Selbstverwaltung nicht benachteiligt werden. [3]Während einer Beurlaubung für mehr als sechs Monate ruhen die Mitgliedschaftsrechte und -pflichten; durch Hochschulsatzung können Ausnahmen zugelassen werden.

(4) [1]Die Mitglieder eines Gremiums werden, soweit sie dem Gremium nicht kraft Amtes angehören, für eine bestimmte Amtszeit bestellt oder gewählt; sie sind an Weisungen nicht gebunden. [2]Eine angemessene Vertretung von Frauen und Männern ist anzustreben.

(5) Den Mitgliedern eines Gremiums sind die Unterlagen, die für Entscheidungen des Gremiums von Bedeutung sind, so rechtzeitig vor Beginn der Gremiensitzung zur Verfügung zu stellen, dass eine umfassende Vorbereitung erfolgen kann.

(6) Die Mitglieder der Hochschule sind zur Verschwiegenheit in Angelegenheiten verpflichtet, die ihnen als Träger eines Amtes oder einer Funktion bekannt geworden sind oder deren Vertraulichkeit sich aus Rechtsvorschriften, aufgrund besonderer Beschlussfassung des zuständigen Gremiums oder aus der Natur des Gegenstandes ergibt.

(7) [1]Bei Prüfungen, Promotionen und Habilitationen kann die Hochschule vorsehen, dass die Eigenständigkeit der Prüfungsleistung oder der wissenschaftlichen Arbeit durch eine Versicherung an Eides statt gegenüber der Hochschule erklärt wird. [2]Die Hochschulen regeln das Nähere in einer Ordnung.

(8) [1]Bei Prüfungen, Promotionen und Habilitationen kann die Hochschule eine schriftliche Erklärung verlangen, in der die Eigenständigkeit der Prüfungsleistung oder der wissenschaftlichen Arbeit bestätigt wird. [2]Wer eine falsche Erklärung abgibt, handelt ordnungswidrig. [3]Die Ordnungswidrigkeit wird mit einer Geldbuße bis zu zehntausend Euro geahndet. [4]Die Hochschulen regeln das Nähere in einer Ordnung. [5]Zuständige Verwaltungsbehörde für die Verfolgung und Ahndung von Ordnungswidrigkeiten ist die Hochschule.

§ 52 Zusammensetzung und Stimmrecht

(1) Art und Umfang der Mitwirkung der einzelnen Mitgliedergruppen und innerhalb der Mitgliedergruppen bestimmen sich nach der Qualifikation, Funktion, Verantwortung und Betroffenheit der Mitglieder der Hochschule.

(2) [1]Für die Vertretung in den Hochschulgremien bilden je eine Gruppe:
1. die Hochschullehrerinnen und Hochschullehrer (Professorinnen, Professoren, Juniorprofessorinnen und Juniorprofessoren),
2. die Studierenden,
3. die akademischen Mitarbeiterinnen und Mitarbeiter (wissenschaftliche, künstlerische und fachpraktische Mitarbeiterinnen und Mitarbeiter, Doktorandinnen und Doktoranden) und
4. die weiteren Mitarbeiterinnen und Mitarbeiter.

[2]Die Zuordnung des übrigen wissenschaftlichen und künstlerischen Personals im Sinne von § 55 Absatz 2 regeln die Grundordnungen der Hochschulen.

(3) Die Grundordnung kann eine gemeinsame Gruppenbildung für die in Absatz 2 Satz 1 Nummer 3 und 4 genannten Gruppen vorsehen, wenn eine nur geringe Zahl von Mitgliedern einer Gruppe dies rechtfertigt und ihre Mitglieder jeweils mehrheitlich zustimmen.

(4) Im Senat und im Fachbereichsrat müssen alle Mitgliedergruppen nach Maßgabe der folgenden Absätze stimmberechtigt vertreten sein; dies gilt nicht für Ausschüsse dieser Gremien ohne Entscheidungsbefugnisse.

(5) An Entscheidungen, die Forschung, künstlerische Entwicklungsvorhaben, Lehre oder die Berufung von Hochschullehrerinnen und Hochschullehrern unmittelbar berühren, wirken die dem Gremium angehörenden Hochschulmitglieder im Sinne des § 50 Absatz 1 mit Ausnahme der fachpraktischen und weiteren Mitarbeiterinnen und Mitarbeiter stimmberechtigt mit, soweit die Grundordnung im Hinblick auf die fachpraktischen und weiteren Mitarbeiterinnen und Mitarbeiter keine abweichenden Regelungen enthält.

(6) In nach Mitgliedergruppen zusammengesetzten Entscheidungsgremien verfügen die Hochschullehrerinnen und Hochschullehrer bei der Entscheidung in Angelegenheiten, die die Lehre mit Ausnahme der Bewertung der Lehre betreffen, mindestens über die Hälfte der Stimmen, in Angelegenheiten, die die Forschung, künstlerische Entwicklungsvorhaben oder die Berufung von Hochschullehrerinnen und Hochschullehrern unmittelbar betreffen, über die Mehrheit der Stimmen.

(7) [1]Kommt bei Entscheidungen, die Forschung, künstlerische Entwicklungsvorhaben und die Berufung von Hochschullehrerinnen und Hochschullehrern unmittelbar berühren, ein Beschluss auch im zweiten Abstimmungsgang nicht zustande, so genügt für eine Entscheidung die Mehrheit der dem Gremium angehörenden Hochschullehrerinnen und Hochschullehrer. [2]Hochschullehrerinnen und Hochschullehrer, die nach Absatz 5 berechtigt sind, an Entscheidungen über Berufungsvorschläge mitzuwirken, gelten bei der Bestimmung der Mehrheiten nach Absatz 5 als dem Gremium angehörend, soweit sie an der Entscheidung mitgewirkt haben.

§ 53 Wahlen

(1) [1]Die Vertreter der Mitgliedergruppen im Senat, im Konzil und im Fachbereichsrat werden in unmittelbarer, freier, gleicher und geheimer Wahl von den jeweiligen Mitgliedergruppen und nach den Grundsätzen der personalisierten Verhältniswahl gewählt. [2]Durch Bestimmung der Grundordnung kann von der Verhältniswahl abgesehen werden, wenn wegen einer überschaubaren Zahl von Wahlberechtigten in einer Mitgliedergruppe des Wahlbereiches die Mehrheitswahl angemessen ist.

(2) [1]Die vom Konzil als Satzung zu beschließende Wahlordnung der Hochschule trifft die erforderlichen Regelungen über die Ausübung des Wahlrechts, über Nachrücker und Stellvertreter, Fristen sowie Grundsätze zur Durchführung von Wahlen an der Hochschule einschließlich der Wahlen in der Gruppe der Studierenden. [2]Die Wahlordnung muss Briefwahl ermöglichen.

(3) Das Wahlrecht kann nur in jeweils einer Mitgliedergruppe und jeweils einem Fachbereich ausgeübt werden.

§ 54 Öffentlichkeit

(1) [1]Senat, Konzil und Fachbereichsrat tagen grundsätzlich hochschulöffentlich. [2]Sie können nichtöffentlich tagen, wenn die Mehrheit der Mitglieder dies beschließt. [3]Die Mitglieder der Hochschule sind regelmäßig über die Tätigkeit der Gremien zu unterrichten. [4]Näheres regelt die Grundordnung.

(2) [1]Personalangelegenheiten werden in nichtöffentlicher Sitzung behandelt. [2]Über Personalangelegenheiten wird in geheimer Abstimmung entschieden.

Teil 8
Personal der Hochschulen

Kapitel 1
Wissenschaftliches und künstlerisches Personal

§ 55 Allgemeines

(1) Das hauptberufliche wissenschaftliche und künstlerische Personal besteht aus den Hochschullehrerinnen und Hochschullehrern (Professorinnen, Professoren, Juniorprofessorinnen und Juniorprofessoren), den wissenschaftlichen und künstlerischen Mitarbeiterinnen und Mitarbeitern.

(2) Das wissenschaftliche und künstlerische Personal umfasst außerdem
1. die Privatdozentinnen und Privatdozenten,
2. die außerplanmäßigen Professorinnen und Professoren,
3. die Honorarprofessorinnen und Honorarprofessoren,
4. die Professorenvertreterinnen, Professorenvertreter, Gastprofessorinnen, Gastprofessoren,
5. die nebenberuflichen künstlerischen Professorinnen und Professoren,
6. die Lehrbeauftragten,
7. die Hilfskräfte (§ 79).

(3) Auf das beamtete hauptberufliche wissenschaftliche und künstlerische Personal finden die Vorschriften des Landesbeamtengesetzes Anwendung, soweit dieses Gesetz nichts anderes bestimmt.

§ 56 Dienstvorgesetzte oder Dienstvorgesetzter

[1]Das Ministerium für Bildung, Wissenschaft und Kultur ist Dienstvorgesetzter der Hochschulleiterin oder des Hochschulleiters und der Kanzlerin oder des Kanzlers. [2]Die Dienstvorgesetzte oder der Dienstvorgesetzte des übrigen Personals ist die Hochschulleiterin oder der Hochschulleiter. [3]Sie oder er kann die Befugnis für die der Kanzlerin oder dem Kanzler zugeordneten weiteren Mitarbeiterinnen und Mitarbeiter (§ 78) auf die Kanzlerin oder den Kanzler übertragen.

Kapitel 2
Hochschullehrerinnen und Hochschullehrer

§ 57 Dienstliche Aufgaben der Hochschullehrerinnen und Hochschullehrer

(1) [1]Die Hochschullehrerinnen und Hochschullehrer nehmen die ihrer Hochschule jeweils obliegenden Aufgaben in Wissenschaft und Kunst, Forschung, Lehre und Weiterbildung in ihrem Fach nach näherer Ausgestaltung ihres Dienstverhältnisses selbständig wahr. [2]Hochschullehrerinnen und Hochschullehrer in der Medizin nehmen darüber hinaus Aufgaben der Krankenversorgung und besondere Aufgaben im öffentlichen Gesundheitswesen wahr.

(2) [1]Die Hochschullehrerinnen und Hochschullehrer sind im Rahmen der für ihr Dienstverhältnis geltenden Regelungen berechtigt und verpflichtet, Lehrveranstaltungen ihrer Fächer in allen Studiengängen und allen Studienbereichen abzuhalten und die zur Sicherstellung des Lehrangebots gefassten Entscheidungen der Hochschulorgane auszuführen. [2]In der Vorlesungszeit haben die Lehrverpflichtungen grundsätzlich Vorrang vor anderen dienstlichen Aufgaben. [3]In den Lehrveranstaltungen können Hochschullehrerinnen und Hochschullehrer sich nur aus zwingenden Gründen vertreten lassen; die Vertretung ist der Fachbereichsleitung rechtzeitig anzuzeigen.

(3) Den Hochschullehrerinnen und Hochschullehrern obliegt im Rahmen des Absatzes 1 insbesondere die Mitwirkung an
1. der Weiterentwicklung der Studienangebote,
2. der Studienfachberatung,
3. der Betreuung des wissenschaftlichen oder künstlerischen Nachwuchses,
4. der Selbstverwaltung der Hochschule,
5. Hochschulprüfungen und Staatsprüfungen,
6. Aufgaben im Rahmen des Wissens- und Technologietransfers.

(4) Die Professorinnen und Professoren sind auf Anforderung des Ministeriums für Bildung, Wissenschaft und Kultur oder in Berufungsangelegenheiten auf Anforderung einer Hochschule verpflichtet, Gutachten einschließlich der erforderlichen Untersuchungen in ihrem Fach ohne besondere Vergütung zu erstatten.

(5) Auf Antrag der Hochschullehrerin oder des Hochschullehrers sollen die Hochschulen die Wahrnehmung von Aufgaben in Einrichtungen der Wissenschaftsförderung, die überwiegend aus staatlichen Mitteln finanziert werden, zu dienstlichen Aufgaben erklären.

(6) [1]Art und Umfang der von der einzelnen Hochschullehrerin oder dem einzelnen Hochschullehrer wahrzunehmenden Aufgaben richten sich unter Beachtung der Absätze 1 bis 4 nach der Ausgestaltung ihres oder seines Dienstverhältnisses und der Funktionsbeschreibung der jeweiligen Stelle. [2]Die Aufgaben der einzelnen Professorinnen und Professoren sollen fachlich möglichst breit festgelegt werden. [3]Die Festlegung muss unter dem Vorbehalt einer Überprüfung in angemessenen Abständen stehen.

§ 58 Einstellungsvoraussetzungen für Professorinnen und Professoren

(1) Einstellungsvoraussetzungen für Professorinnen und Professoren sind neben den allgemeinen dienstrechtlichen Voraussetzungen mindestens

1. ein abgeschlossenes Hochschulstudium,
2. pädagogische Eignung,
3. besondere Befähigung zu wissenschaftlicher Arbeit, die in der Regel durch die Qualität einer Promotion nachgewiesen wird, oder besondere Befähigung zu künstlerischer Arbeit und
4. darüber hinaus, je nach den Anforderungen der Stelle,
   a) zusätzliche wissenschaftliche Leistungen (Absatz 2),
   b) zusätzliche künstlerische Leistungen oder
   c) besondere Leistungen bei der Anwendung oder Entwicklung wissenschaftlicher Erkenntnisse und Methoden in einer mindestens fünfjährigen beruflichen Praxis, von der mindestens drei Jahre außerhalb des Hochschulbereiches ausgeübt worden sein müssen.

(2) [1]Die zusätzlichen wissenschaftlichen Leistungen nach Absatz 1 Nummer 4 Buchstabe a werden in der Regel im Rahmen einer Juniorprofessur oder durch eine Habilitation erbracht; im Übrigen durch gleichwertige wissenschaftliche Leistungen im Rahmen einer Tätigkeit als wissenschaftliche Mitarbeiterin oder wissenschaftlicher Mitarbeiter an einer Hochschule oder einer außeruniversitären Forschungseinrichtung oder im Rahmen einer wissenschaftlichen Tätigkeit in der Wirtschaft oder in einem anderen gesellschaftlichen Bereich im In- oder Ausland. [2]Satz 1 gilt nur bei der Berufung in ein erstes Professorenamt. [3]Die Qualität der für die Besetzung einer Professur erforderlichen zusätzlichen wissenschaftlichen Leistungen wird ausschließlich und umfassend in Berufungsverfahren bewertet.

(3) [1]Auf eine Stelle, deren Funktionsbeschreibung die Wahrnehmung erziehungswissenschaftlicher oder fachdidaktischer Aufgaben in der Lehrerbildung vorsieht, ist vorrangig zu berufen, wer eine Zweite Staatsprüfung oder eine gleichwertige Qualifikation sowie eine mindestens dreijährige Schulpraxis nachweist. [2]Professorinnen und Professoren an Fachhochschulen müssen die Einstellungsvoraussetzungen nach Absatz 1 Nummer 4 Buchstabe c erfüllen; in besonders begründeten Ausnahmefällen können solche Professorinnen und Professoren berufen werden, die die Einstellungsvoraussetzungen nach Absatz 1 Nummer 4 Buchstabe a oder b erfüllen.

(4) Soweit es der Eigenart des Faches und den Anforderungen der Stelle entspricht, kann abweichend von Absatz 1 Nummer 1 bis 4 und den Absätzen 2 und 3 als Professorin oder Professor auch eingestellt werden, wer hervorragende fachbezogene Leistungen in der Praxis und pädagogische Eignung nachweist.

(5) Professorinnen und Professoren mit ärztlichen, zahnärztlichen oder tierärztlichen Aufgaben müssen zusätzlich die Anerkennung als Fachärztin oder Facharzt nachweisen, soweit für das betreffende Fachgebiet im Geltungsbereich dieses Gesetzes eine entsprechende Weiterbildung vorgesehen ist.

§ 59 Berufungsverfahren

(1) [1]Professuren werden durch die Hochschule öffentlich und in der Regel international ausgeschrieben und dem Ministerium für Bildung, Wissenschaft und Kultur rechtzeitig vor Erscheinen angezeigt. [2]Auf eine Ausschreibung kann im Ausnahmefall und mit Zustimmung des Ministeriums für Bildung, Wissenschaft und Kultur verzichtet werden, wenn

1. eine befristet besetzte Professur mit der oder dem Berufenen unbefristet oder erneut befristet besetzt werden soll und eine Weiterbeschäftigung im besonderen Interesse der Hochschule liegt oder
2. im Falle des Absatzes 6 eine Juniorprofessorin oder ein Juniorprofessor berufen werden soll oder
3. für die Besetzung der Professur eine in besonderer Weise qualifizierte Person zur Verfügung steht, deren Gewinnung im Hinblick auf die Stärkung der Qualität und Profilbildung im besonderen Interesse der Hochschule liegt oder
4. dies erforderlich ist, um eine herausragend qualifizierte Professorin oder einen herausragend qualifizierten Professor der Hochschule, die oder der ein Berufungsangebot von einer anderen Hochschule auf eine höherwertige Professur oder ein vergleichbares Beschäftigungsangebot nachgewiesen hat, an der Hochschule zu halten.

(2) [1]Die Hochschulleitung prüft und entscheidet bei Wiederbesetzungen auf Vorschlag des Fachbereichs rechtzeitig, ob die Funktionsbeschreibung der Stelle geändert, die Stelle einem anderen Fachbereich zugewiesen oder nicht wieder besetzt wird. [2]§ 16 Absatz 3 Satz 3 gilt entsprechend. [3]Mit Rücksicht auf übergeordnete Aspekte der Landesentwicklung kann das Ministerium für Bildung, Wissenschaft und Kultur eine andere Zuweisung der frei werdenden Stelle verlangen.

(3) [1]Berufungskommissionen sind nach Gruppen zusammenzusetzen. [2]In ihnen müssen Hochschullehrerinnen und Hochschullehrer über die absolute Mehrheit der Sitze und Stimmen verfügen. [3]Auf eine paritätische Vertretung von Frauen und Männern soll hingewirkt werden. [4]Den stimmberechtigten Mitgliedern der Gruppe der Hochschullehrerinnen und Hochschullehrer sollen mindestens eine Frau sowie auswärtige Wissenschaftlerinnen und Wissenschaftler angehören.

(4) [1]Die Hochschule stellt den Berufungsvorschlag auf und legt ihn mit einer Liste aller Bewerber sowie der Stellungnahme der Gleichstellungsbeauftragten dem Ministerium für Bildung, Wissenschaft und Kultur unverzüglich nach Einrichtung, Zuweisung oder Freiwerden der Stelle vor, soweit es nicht auf eine Vorlage verzichtet. [2]Nichtbewerberinnen und Nichtbewerber dürfen berücksichtigt werden. [3]Das Ministerium für Bildung, Wissenschaft und Kultur kann die Vorlage aller Bewerbungen verlangen. [4]Wird eine Stelle frei, weil der Inhaber wegen Erreichens der Altersgrenze ausscheidet, so ist der Vorschlag sechs Monate vorher vorzulegen.

(5) [1]Im Berufungsvorschlag sollen drei Bewerberinnen und Bewerber in bestimmter Reihenfolge benannt werden. [2]Die fachliche und persönliche Eignung sowie die Eignung zur Lehre sind für jede Bewerberin oder jeden Bewerber und im Verhältnis zueinander zu begründen. [3]Dem Vorschlag sind zwei Gutachten über jede Bewerberin und jeden Bewerber sowie ein vergleichendes Gutachten von Professorinnen oder Professoren anderer Hochschulen beizufügen. [4]In künstlerischen Fächern kann ein Gutachten von einer künstlerisch ausgewiesenen Persönlichkeit außerhalb des Hochschulbereiches erstattet werden, oder auf Gutachten verzichtet werden, wenn mindestens drei künstlerisch ausgewiesene Persönlichkeiten der Berufungskommission als externe Mitglieder angehört haben. [5]Die Bewerberin oder der Bewerber hat kein Recht auf Einsicht in die Berufungsakten, insbesondere nicht in die Berufungsgutachten.

(6) [1]Mitglieder der eigenen Hochschule gemäß§ 55 Absatz 1 dürfen nur in begründeten Ausnahmefällen vorgeschlagen werden. [2]Sie sollen nach ihrer Promotion die Hochschule gewechselt oder eine mehrjährige wissenschaftliche Tätigkeit außerhalb der eigenen Hochschule ausgeübt haben.

(7) [1]Personen, die die Einstellungsvoraussetzungen für Professorinnen und Professoren erfüllen und die in einem gemeinsamen Berufungsverfahren mit einer außerhochschulischen Forschungseinrichtung ausgewählt und von dieser eingestellt würden, kann die Hochschule die Rechte und Pflichten von Mitgliedern nach § 50 Absatz 2 zuerkennen. [2]Ein Dienstverhältnis mit der Hochschule wird nicht begründet. [3]Ihnen können die sich aus § 57 Absatz 2 bis 5 ergebenden Rechte übertragen werden. [4]Sie sind verpflichtet, mindestens zwei, bei Fachhochschulen vier Semesterwochenstunden an der am gemeinsamen Berufungsverfahren beteiligten Hochschule zu lehren. [5]§ 61 Absatz 3 Satz 3 gilt entsprechend.

§ 60 Berufung von Professorinnen und Professoren

(1) [1]Professorinnen und Professoren werden durch die Hochschule aufgrund des Berufungsvorschlags berufen. [2]In begründeten Fällen kann von der Reihenfolge des Vorschlags abgewichen werden. [3]Die am Berufungsverfahren Beteiligten sind vorher zu hören.

(2) [1]Bestehen gegen den Berufungsvorschlag insgesamt Bedenken, wird er unter Angabe der Gründe zurückgegeben. [2]Es ist zu prüfen, ob die Liste ergänzt, die Stelle neu ausgeschrieben wird oder die Stelle eine neue Verwendung erhält.

(3) [1]Bei der Berufung dürfen Zusagen über die Ausstattung der Stelle nur im Rahmen der in der Ressourcenverteilung durch die Hochschulleitung vorgesehenen Mittel gegeben werden. [2]Die Zusage ist zu befristen; die Befristungsdauer beträgt höchstens fünf Jahre.

(4) [1]Um auszuschließen, dass eine erweiterte Ausstattung einer Professur nutzlos wird, kann eine Zusage der Hochschule in Berufungs- und Bleibeverhandlungen mit der Verpflichtung verbunden werden, dass die Professorin oder der Professor für eine angemessene, im Einzelnen zu bestimmende Zeit an der Hochschule verbleiben wird. [2]Für den Fall eines von der Professorin oder dem Professor zu vertretenden vorzeitigen Ausscheidens aus der Hochschule kann eine Erstattung der Mittel für eine erweiterte Ausstattung vereinbart werden. [3]Als angemessen ist in der Regel eine Frist von drei Jahren anzusehen. [4]Die Frist soll fünf Jahre nicht überschreiten.

§ 61 Dienstrechtliche Stellung der Professorinnen und Professoren

(1) [1]Die Professorinnen und Professoren werden, soweit sie in das Beamtenverhältnis berufen werden, nach Maßgabe des Landesbeamtengesetzes zu Beamtinnen oder Beamten auf Zeit oder auf Lebenszeit ernannt. [2]Die Dauer eines Beamtenverhältnisses auf Zeit darf fünf Jahre nicht übersteigen.

(2) [1]Professorinnen und Professoren können zu Beamtinnen und Beamten auf Probe ernannt werden. [2]Die Probezeit beträgt zwei Jahre.

(3) [1]Professorinnen und Professoren können in einem befristeten oder unbefristeten Arbeitsverhältnis beschäftigt werden. [2]Für die Befristung gelten die insoweit für das Beamtenverhältnis auf Zeit sowie auf Probe getroffenen Regelungen entsprechend. [3]Mit der Begründung des Arbeitsverhältnisses wird die Berechtigung zur Führung der Bezeichnung Professorin oder Professor entsprechend der Amtsbezeichnung erworben, die für die zu besetzende Stelle vorgesehen ist.

(4) Ein Beamtenverhältnis auf Zeit kann darüber hinaus begründet werden

1. zur Wahrnehmung leitender Funktionen in der Hochschulmedizin,
2. zur Gewinnung hervorragender wissenschaftlich oder künstlerisch Tätiger aus Bereichen außerhalb der Hochschule für eine befristete Tätigkeit im Hochschulbereich und
3. zur Wahrnehmung zeitlich begrenzter Aufgaben.

(5) Im Fall des § 59 Absatz 1 Satz 2 kann ein Beamtenverhältnis auf Zeit frühestens nach drei Jahren in ein Beamtenverhältnis auf Lebenszeit umgewandelt werden, wenn die Hochschule zuvor ein Bewertungsverfahren mit positivem Ergebnis durchgeführt hat.

(6) [1]Zur Gewährleistung der Aktualität des Lehrangebots durch Aufrechterhaltung der Verbindung zur Berufswelt können Teilzeitprofessuren errichtet werden. [2]Eine Teilzeitprofessur muss mindestens die Hälfte des Aufgabenbereichs einer Professur nach § 57 umfassen. [3]Die Regelungen des § 75 bleiben unberührt.

(7) [1]Den Professorinnen und Professoren stehen nach Erreichen der Altersgrenze die mit der Lehrbefugnis verbundenen Rechte zur Abhaltung von Lehrveranstaltungen und zur Beteiligung an Prüfungen zu. [2]Im Rahmen des Möglichen ist ihnen Zugang zu den Lehr- und Forschungseinrichtungen in ihren Fächern zu geben.

(8) [1]Die Hochschulleitung kann auf Vorschlag des Fachbereiches Professorinnen oder Professoren der eigenen Hochschule, die wegen Erreichens der Altersgrenze aus dem Hochschuldienst ausgeschieden sind, bis zur Vollendung des 75. Lebensjahres die Bezeichnung „Seniorprofessorin" oder „Seniorprofessor" verleihen, wenn Aufgaben der Forschung, die aus Drittmitteln finanziert werden, vorübergehend weiterhin wahrgenommen werden sollen. [2]Ein entgeltliches Beschäftigungsverhältnis darf nur begründet werden, wenn die Vergütung aus Drittmitteln finanziert wird. [3]Die Inanspruchnahme landesfinanzierter Haushaltsmittel und Stellen ist ausgeschlossen. [4]Absatz 7 bleibt unberührt.

§ 62 Juniorprofessorinnen und Juniorprofessoren

(1) [1]Einstellungsvoraussetzungen für Juniorprofessorinnen und Juniorprofessoren sind neben den allgemeinen dienstrechtlichen Bestimmungen

1. ein abgeschlossenes Hochschulstudium,
2. pädagogische Eignung und

3. besondere Befähigung zu wissenschaftlicher Arbeit, die in der Regel durch die herausragende Qualität einer Promotion nachgewiesen wird.

[2]Juniorprofessorinnen und Juniorprofessoren mit ärztlichen, zahnärztlichen oder tierärztlichen Aufgaben sollen zusätzlich die Anerkennung als Fachärztin oder Facharzt nachweisen. [3]§ 58 Absatz 3 Satz 1 gilt entsprechend. [4]Sofern vor oder nach der Promotion eine Beschäftigung als wissenschaftlicher Mitarbeiter oder wissenschaftliche Hilfskraft erfolgt ist, sollen Promotions- und Beschäftigungsphase zusammen nicht mehr als neun Jahre betragen haben. [5]Verlängerungen nach den in § 2 Absatz 5 Nummer 1 und 3 bis 5 des Wissenschaftszeitvertragsgesetzes vom 12. April 2007 (BGBl. I S. 506) genannten Fällen bleiben hierbei außer Betracht. [6]§ 2 Absatz 3 Satz 1 des Wissenschaftszeitvertragsgesetzes gilt entsprechend.

(2) [1]Juniorprofessorinnen und Juniorprofessoren werden für die Dauer von drei Jahren zu Beamten auf Zeit ernannt. [2]Juniorprofessorinnen und Juniorprofessoren können auch im Arbeitsverhältnis beschäftigt werden. [3]Das Beschäftigungsverhältnis soll mit ihrer oder seiner Zustimmung im Laufe des dritten Jahres um weitere drei Jahre verlängert werden, wenn sie oder er sich als Hochschullehrerin oder Hochschullehrer bewährt hat; anderenfalls kann das Beschäftigungsverhältnis mit ihrer oder seiner Zustimmung um bis zu einem Jahr verlängert werden. [4]Eine weitere Verlängerung ist abgesehen von den Fällen des § 70 Absatz 4 nicht zulässig. [5]Eine erneute Einstellung als Juniorprofessorin oder Juniorprofessor ist nur dann zulässig, wenn es sich um die Besetzung einer Tenure-Track-Professur handelt. [6]Im Fall des § 59 Absatz 1 Satz 2 kann das Beamtenverhältnis auf Zeit in ein Beamtenverhältnis auf Lebenszeit umgewandelt werden.

(3) [1]Die Stellen für Juniorprofessuren sind öffentlich auszuschreiben. [2]Die Hochschulen berufen die Juniorprofessorinnen und Juniorprofessoren. [3]Das Einstellungsverfahren erfolgt nach Maßgabe von § 59 Absatz 3 und 5. [4]Das Nähere regeln die Hochschulen in einer Ordnung.

§ 62a Tenure-Track-Professur

(1) [1]Die Einstellung auf eine Juniorprofessur oder auf eine Professur auf Zeit kann mit der Zusage verbunden werden, dass eine Professur im Beamtenverhältnis auf Lebenszeit oder in einem unbefristeten Beschäftigungsverhältnis unter der Voraussetzung zugesagt wird, dass im Einzelnen vorab festzulegende Leistungsanforderungen während des befristeten Beschäftigungsverhältnisses erfüllt werden (Tenure-Track). [2]Das Vorliegen der Voraussetzungen für eine Übernahme auf eine unbefristete Professur wird in einem qualitätsgesicherten Evaluationsverfahren geprüft, das sich auch auf die Prüfung der fachlichen und pädagogischen Eignung für die Professur erstreckt. [3]Mindestens die für Berufungsverfahren geltenden Qualitätsstandards sind auf die Evaluierung zu übertragen. [4]Die Hochschule kann im Falle der Einstellung auf eine Professur auf Zeit eine Zwischenevaluierung vorsehen; in diesem Fall gilt § 62 Absatz 2 entsprechend. [5]Bei negativer Tenure-Evaluation kann das Beschäftigungsverhältnis auf Antrag der Tenure-Track-Professorin oder des Tenure-Track-Professors um bis zu ein Jahr verlängert werden.

(2) [1]Die Hochschule entscheidet vor der Ausschreibung, ob die Einstellung mit einer Zusage nach Absatz 1 verbunden wird. [2]Nach erfolgter Ausschreibung oder Einstellung ist die Ausweisung der Professur als Tenure-Track-Professur unzulässig.

(3) Das Berufungsverfahren zur Besetzung einer Tenure-Track-Professur erfolgt gemäß §§ 59 und 60 mit folgenden Maßgaben:

1. die Stellen sind öffentlich und international auszuschreiben und mit einem Hinweis auf die Tenure-Track-Zusage zu versehen,
2. zusätzlich zu den Anforderungen gemäß § 59 Absatz 5 ist dem Berufungsvorschlag ein Einzelgutachten einer international ausgewiesenen Professorin oder eines international ausgewiesenen Professors beizufügen; wenn es das fachliche Profil der Professur gebietet, sind auch ausländische Gutachterinnen und Gutachter zu beteiligen.

(4) [1]Die Hochschulen regeln Struktur, Verfahren und Qualitätsstandards für Tenure-Track-Professuren in einer Satzung. [2]§ 62 Absatz 3 findet keine Anwendung.

§ 63 Führung der Bezeichnung Professorin oder Professor

(1) [1]Bei Beendigung des Dienstverhältnisses wegen Erreichens der Altersgrenze darf die Bezeichnung Professorin oder Professor weitergeführt werden. [2]Endet das Dienstverhältnis aus anderen Gründen,

so darf die Bezeichnung frühestens nach einer Dienstzeit von fünf Jahren und nur mit Zustimmung der Hochschule weitergeführt werden.

(2) Das Ministerium für Bildung, Wissenschaft und Kultur kann die Bezeichnung aberkennen, wenn Gründe vorliegen, die bei einer Beamtin oder einem Beamten zur Entfernung aus dem Dienst oder zur Aberkennung des Ruhegehalts führen.

§ 64 Forschungs- und Praxissemester

(1) [1]Die Hochschule kann Professorinnen oder Professoren erstmalig frühestens acht Semester nach Berufung auf ihren gegenwärtigen Aufgabenbereich und erneut nach einer Dienstzeit von mindestens acht Semestern seit der letzten Freistellung für bestimmte Forschungs- oder Entwicklungsvorhaben für die Dauer von einem Semester von ihren sonstigen Dienstaufgaben ganz oder teilweise freistellen, wenn insbesondere die ordnungsmäßige Erfüllung der Lehr- und Prüfungsaufgaben im Fach gewährleistet ist. [2]Die Freistellung erfolgt aufgrund eines Antrags, in welchem die Konzeption des Forschungs- oder Entwicklungsvorhabens eingehend dargelegt wird. [3]Stattgebende Entscheidungen sind dem Ministerium für Bildung, Wissenschaft und Kultur anzuzeigen. [4]In begründeten Ausnahmefällen kann von der zeitlichen Voraussetzung und von der Dauer der Freistellung abgewichen werden. [5]Das Ministerium für Bildung, Wissenschaft und Kultur ist über entsprechende Ausnahmefälle zu informieren.

(2) Unter den Voraussetzungen des Absatzes 1 und in gleichem Umfang können Professorinnen oder Professoren für die Wahrnehmung von Aufgaben des Wissens- und Technologietransfers und zur Erneuerung berufspraktischer Erfahrungen beurlaubt werden.

(3) [1]Die Entscheidung über Anträge nach den Absätzen 1 und 2 erfolgt unter Berücksichtigung der Leistungen der Professorin oder des Professors während der letzten acht Semester. [2]Über die Ergebnisse von Freistellungen und Beurlaubungen ist ein Rechenschaftsbericht zu fertigen. [3]Bei der Entscheidung über die Gewährung einer erneuten Freistellung oder Beurlaubung ist das Ergebnis vorheriger Freistellungen und Beurlaubungen zu berücksichtigten.

§ 65 Professorenvertreterin und Professorenvertreter

[1]Die Hochschule kann für die Wahrnehmung des vollständigen Aufgabenbereichs einer Professur übergangsweise eine Vertreterin oder einen Vertreter, der die Einstellungsvoraussetzungen nach § 58 erfüllt, beauftragen. [2]Die Beauftragung ist dem Ministerium für Bildung, Wissenschaft und Kultur anzuzeigen. [3]§ 59 findet keine Anwendung. [4]Die Professorenvertreterin oder der Professorenvertreter ist zu vergüten. [5]Die Beauftragung ist ein öffentlich-rechtliches Rechtsverhältnis eigener Art; sie begründet kein Dienstverhältnis.

Kapitel 3
Wissenschaftliche und künstlerische Mitarbeiterinnen und Mitarbeiter

§ 66 Wissenschaftliche und künstlerische Mitarbeiterinnen und Mitarbeiter

(1) [1]Wissenschaftlichen Mitarbeiterinnen und Mitarbeitern obliegen wissenschaftliche Dienstleistungen. [2]Zu den wissenschaftlichen Dienstleistungen gehört es auch, den Studierenden Fachwissen und praktische Fertigkeiten zu vermitteln und sie in der Anwendung wissenschaftlicher Methoden zu unterweisen. [3]Im Bereich der Medizin gehören zu den wissenschaftlichen Dienstleistungen auch Tätigkeiten in der Krankenversorgung. [4]Soweit wissenschaftliche Mitarbeiterinnen und Mitarbeiter Hochschullehrerinnen oder Hochschullehrern zugeordnet sind, erbringen sie ihre wissenschaftlichen Dienstleistungen unter deren fachlicher Verantwortung und Betreuung. [5]In begründeten Fällen kann wissenschaftlichen Mitarbeiterinnen und Mitarbeitern auch die selbstständige Wahrnehmung von Aufgaben in Forschung und Lehre übertragen werden.

(2) Einstellungsvoraussetzung für wissenschaftliche Mitarbeiterinnen und Mitarbeiter ist neben den allgemeinen dienstrechtlichen Voraussetzungen in der Regel ein abgeschlossenes Hochschulstudium.

(3) [1]Wissenschaftlichen Mitarbeiterinnen und Mitarbeitern, die mit dem Qualifikationsziel Promotion oder einer vergleichbaren Qualifikation eingestellt werden, werden in befristeten Arbeitsverhältnissen beschäftigt. [2]Die vereinbarte Befristungsdauer ist jeweils so zu bemessen, dass sie der angestrebten Qualifizierung angemessen ist; bei erstmaliger Einstellung in der Regel nicht unter drei Jahren. [3]Der Beschäftigungsumfang beträgt in der Regel mindestens die Hälfte der Arbeitszeit eines Vollbeschäf-

tigten. [4]Ihnen sollen Aufgaben übertragen werden, die der Vorbereitung einer Promotion oder vergleichbaren Qualifikation förderlich sind. [5]Ihnen soll im Rahmen ihrer Dienstaufgaben in einem zeitlichen Umfang von mindestens einem Drittel der jeweiligen Arbeitszeit Gelegenheit zu eigener wissenschaftlicher Arbeit gegeben werden, bis zur Hälfte der jeweiligen Arbeitszeit bei Teilzeitbeschäftigung im Umfang von höchstens der Hälfte der Arbeitszeit einer oder eines Vollbeschäftigten.

(4) [1]Wissenschaftliche Mitarbeiterinnen oder Mitarbeiter, die mit dem Qualifikationsziel Habilitation oder einer vergleichbaren Qualifikation eingestellt werden, werden in einem befristeten Arbeitsverhältnis oder im Beamtenverhältnis auf Zeit beschäftigt. [2]Das Beamtenverhältnis auf Zeit wird für die Dauer von drei Jahren begründet und im Laufe des dritten Jahres mit Zustimmung der oder des Beschäftigten um weitere drei Jahre verlängert, wenn die bisher erbrachten Leistungen positiv bewertet worden sind und zu erwarten ist, dass sie in dieser Zeit die zusätzlichen wissenschaftlichen Leistungen erbringen werden. [3]Ihnen ist ein Zeitanteil von mindestens einem Drittel der Arbeitszeit zur eigenen wissenschaftlichen Arbeit zu gewähren. [4]Einstellungsvoraussetzung ist der Nachweis einer qualifizierten Promotion oder einer vergleichbaren Qualifikation; in künstlerischen Fächern wird eine Promotion nicht vorausgesetzt.

(5) [1]Wissenschaftliche Mitarbeiterinnen und Mitarbeiter, die nicht nach den Absätzen 3 und 4 beschäftigt werden, werden in befristeten oder unbefristeten Arbeitsverhältnissen beschäftigt. [2]Die Dauer der Befristung der Arbeitsverhältnisse soll sich an den mit der Hochschule vereinbarten Qualifikationszielen orientieren. [3]Zur Wahrnehmung unbefristeter Aufgaben können sie in der Laufbahn der Fachrichtung Wissenschaftlicher Dienst im Beamtenverhältnis auf Probe zur späteren Verwendung auf Lebenszeit eingestellt werden.

(6) Die Absätze 1 und 3 bis 5 gelten für künstlerische Mitarbeiterinnen und Mitarbeiter entsprechend.

§ 67 Ärztliches Personal

Hauptberuflich an der Hochschule tätige Personen mit ausschließlich oder überwiegend ärztlichen oder zahnärztlichen Aufgaben, die nicht Professorin oder Professor, Juniorprofessorin oder Juniorprofessor sind, stehen in der Regel dienst- und mitgliedschaftsrechtlich den wissenschaftlichen Mitarbeiterinnen und Mitarbeitern gleich.

§ 68 (weggefallen)

Kapitel 4
Gemeinsame Vorschriften für das wissenschaftliche und künstlerische Personal

§ 69 Umfang der Lehrverpflichtung

(1) [1]Das Ministerium für Bildung, Wissenschaft und Kultur setzt durch Rechtsverordnung den Umfang der dienstrechtlichen Lehrverpflichtungen des hauptberuflichen wissenschaftlichen und künstlerischen Personals unter Berücksichtigung der sonstigen Dienstaufgaben nach Anhörung der Hochschulen im Einvernehmen mit dem Finanzministerium fest. [2]Dabei ist der unterschiedliche Zeitaufwand für die Durchführung der verschiedenen Arten von Lehrveranstaltungen zu berücksichtigen. [3]Jeder Wissenschaftlerin und jedem Wissenschaftler und jeder Künstlerin und jedem Künstler ist mindestens die Zeit für wissenschaftliche und künstlerische Arbeiten einzuräumen, die für eine ihren oder seinen Dienstaufgaben und den Zielen des Studiums entsprechende Qualität der Lehre erforderlich ist.

(2) [1]In der Rechtsverordnung nach Absatz 1 kann geregelt werden, dass das Ministerium für Bildung, Wissenschaft und Kultur Professorinnen und Professoren, Juniorprofessorinnen und Juniorprofessoren im Einzelfall verpflichten kann, einen Teil der Lehrverpflichtungen an einer anderen Hochschule gleicher Art zu erbringen und an entsprechenden Prüfungen mitzuwirken, soweit dies zur Deckung des Lehrbedarfs unabweisbar ist. [2]Die betroffenen Hochschulen und die Professorinnen und Professoren, Juniorprofessorinnen und Juniorprofessoren sind vorher anzuhören.

§ 70 Dienstrechtliche Sonderregelungen

(1) [1]Die Vorschriften des Landesbeamtengesetzes über die Laufbahnen, die dienstliche Beurteilung und den einstweiligen Ruhestand sind auf Hochschullehrerinnen und Hochschullehrer nicht anzuwenden. [2]Abweichend von § 10 Satz 1 des Beamtenstatusgesetzes setzt die Ernennung auf Lebenszeit keine Bewährung in einer Probezeit voraus. [3]Die Vorschriften über die Probezeit mit Ausnahme von § 19 Absatz 1 Satz 2 und 3 des Landesbeamtengesetzes gelten nur im Fall des § 61 Absatz 2. [4]Die Vor-

schriften des Landesbeamtengesetzes über die Arbeitszeit mit Ausnahme des § 43 des Beamtenstatusgesetzes sowie der §§ 63, 64, 64a, 64b und 67 des Landesbeamtengesetzes sind auf Hochschullehrerinnen und Hochschullehrer nicht anzuwenden. [5]Das Ministerium für Bildung, Wissenschaft und Kultur kann im Einvernehmen mit dem Innenministerium durch Rechtsverordnung für Hochschullehrerinnen und Hochschullehrer in Hochschuleinrichtungen, die eine regelmäßige oder planmäßige Anwesenheit erfordern, die Vorschriften über die Arbeitszeit für anwendbar erklären. [6]Die Vorschriften über den Verlust der Bezüge wegen nicht genehmigten schuldhaften Fernbleibens vom Dienst sind anzuwenden. [7]Professorinnen und Professoren treten mit Ablauf des letzten Monats des letzten Semesters, in dem sie die Altersgrenze erreichen, in den Ruhestand.

(2) [1]Hochschullehrerinnen und Hochschullehrer können nur mit ihrer Zustimmung abgeordnet oder versetzt werden. [2]Abordnung und Versetzung in ein gleichwertiges Amt an einer anderen Hochschule sind auch ohne Zustimmung zulässig, wenn die Hochschule oder die Hochschuleinrichtung, in der sie tätig sind, aufgelöst oder mit einer anderen Hochschule zusammengeschlossen wird, oder wenn die Studien- oder Fachrichtung, in der sie tätig sind, ganz oder teilweise aufgegeben oder an eine andere Hochschule verlegt wird; in diesen Fällen beschränkt sich eine Mitwirkung der aufnehmenden Hochschule oder Hochschuleinrichtung auf eine Anhörung.

(3) [1]Für das hauptberufliche wissenschaftliche und künstlerische Personal (§ 55 Absatz 1), das im Beamtenverhältnis auf Zeit eingestellt ist, gelten die Vorschriften für Beamtinnen und Beamte auf Lebenszeit entsprechend. [2]Ein Eintritt in den Ruhestand mit Ablauf der Dienstzeit ist ausgeschlossen. [3]Das Dienstverhältnis ist, sofern dienstliche Gründe nicht entgegenstehen, auf Antrag der Beamtin oder des Beamten aus den in Satz 4 genannten Gründen zu verlängern. [4]Gründe für die Verlängerung sind:

1. Beurlaubung nach § 66 Absatz 2 des Landesbeamtengesetzes,
2. Ruhen des Dienstverhältnisses nach § 35 Absatz 1 des Abgeordnetengesetzes und § 4 Absatz 1des Landesministergesetzes,
3. Beurlaubung für eine wissenschaftliche oder künstlerische Tätigkeit oder eine außerhalb des Hochschulbereiches oder im Ausland durchgeführte wissenschaftliche, künstlerische oder berufliche Aus-, Fort- oder Weiterbildung,
4. Grundwehr- und Zivildienst oder
5. Inanspruchnahme von Elternzeit nach der Elternzeitlandesverordnung vom 22. Februar 2002 (GVOBl. M-V S. 134), die zuletzt durch Artikel 4 der Verordnung vom 20. Januar 2010 (GVOBl. M-V S. 36) geändert worden ist, oder Beschäftigungsverbot nach der Mutterschutzverordnung vom 14. April 1994 (GVOBl. M-V S. 584), die zuletzt durch Artikel 3 der Verordnung vom 20. Januar 2010 (GVOBl. M-V S. 36) geändert worden ist, in dem Umfang, in dem eine Erwerbstätigkeit nicht erfolgt ist.

[5]Satz 3 gilt entsprechend im Falle einer

1. Teilzeitbeschäftigung,
2. Ermäßigung der Arbeitszeit nach einem der in Satz 4 Nummer 2 genannten Landesgesetze oder
3. Freistellung zur Wahrnehmung von Aufgaben in einer Personal- oder Schwerbehindertenvertretung oder zur Wahrnehmung von Aufgaben nach §§ 88 und 89,

wenn die Ermäßigung mindestens ein Fünftel der regelmäßigen Arbeitszeit betrug. [6]Eine Verlängerung darf den Umfang der Beurlaubung oder der Ermäßigung der Arbeitszeit und in den Fällen des Satzes 4 Nummer 1 bis 3 und des Satzes 5 die Dauer von jeweils zwei Jahren nicht überschreiten. [7]Mehrere Verlängerungen nach Satz 4 Nummer 1 bis 4 und Satz 5 dürfen insgesamt die Dauer von drei Jahren nicht überschreiten. [8]Verlängerungen nach Satz 4 Nummer 5 dürfen, auch wenn sie mit anderen Verlängerungen zusammentreffen, insgesamt vier Jahre nicht überschreiten. [9]Die Sätze 7 und 8 gelten nicht für wissenschaftliche und künstlerische Mitarbeiterinnen und Mitarbeiter.

(4) [1]Das Beamtenverhältnis auf Zeit der Juniorprofessorinnen und Juniorprofessoren, der Tenure-Track-Professorinnen und Tenure-Track-Professoren sowie der wissenschaftlichen und künstlerischen Mitarbeiterinnen und Mitarbeiter kann auf Antrag bei Betreuung eines oder mehrerer Kinder unter 18 Jahren um bis zu zwei Jahre je Kind, insgesamt höchstens vier Jahre, verlängert werden, sofern dienstliche Gründe nicht entgegenstehen. [2]Dies gilt auch, wenn hinsichtlich des Kindes die Voraussetzungen des § 2 Absatz 1 Satz 1 Buchstabe a bis c der Elternzeitlandesverordnung vorliegen.

(5) Soweit für Hochschullehrerinnen und Hochschullehrer ein befristetes Arbeitsverhältnis begründet worden ist, gilt Absatz 3 entsprechend.

(6) [1]Wissenschaftliches und künstlerisches Personal, das im Rahmen seiner Dienstaufgaben zur Lehrtätigkeit verpflichtet ist, muss den Erholungsurlaub in der vorlesungsfreien Zeit nehmen. [2]Ausnahmen bedürfen der Zustimmung der Fachbereichsleitung.

(7) Wird eine Beamtin oder ein Beamter von einem anderen Dienstherrn zur Vertretung einer Professur, als Gastwissenschaftlerin oder Gastwissenschaftler oder im Rahmen eines Lehrauftrages in ein öffentlich-rechtliches Dienstverhältnis auf Zeit berufen, findet § 22 Absatz 2 Satz 1 des Beamtenstatusgesetzes keine Anwendung.

§ 71 Nebentätigkeiten

(1) Zur Übernahme einer Nebentätigkeit sind Hochschullehrerinnen und Hochschullehrer insoweit verpflichtet, als die Nebentätigkeit im unmittelbaren Zusammenhang mit ihren Dienstaufgaben in Wissenschaft und Kunst, Forschung und Lehre in ihrem Fach steht.

(2) Bei Hochschullehrerinnen und Hochschullehrern ist anzustreben, dass Nebentätigkeiten mit den dienstlichen Aufgaben, besonders der Lehrtätigkeit, in Zusammenhang stehen; in keinem Fall dürfen die dienstlichen Aufgaben beeinträchtigt werden.

(3) [1]Die zur Ausführung der Absätze 1 und 2 und der §§ 70 bis 77 des Landesbeamtengesetzes notwendigen Vorschriften über die Nebentätigkeit des wissenschaftlichen und künstlerischen Personals erlässt das Ministerium für Bildung, Wissenschaft und Kultur im Einvernehmen mit dem Innenministerium und dem Finanzministerium durch Rechtsverordnung. [2]In der Rechtsverordnung kann insbesondere das Nähere zu

1. der Abgrenzung der Dienstaufgaben zu Nebentätigkeiten,
2. der Anzeigepflicht von Nebentätigkeiten,
3. der Untersagung einer Nebentätigkeit,
4. dem Verfahren der Genehmigung zur Inanspruchnahme von Einrichtungen, Personal und Material des Dienstherren,
5. dem für die Inanspruchnahme gemäß Nummer 4 zu entrichtenden Nutzungsentgelt und der für eine Nebentätigkeit im öffentlichen Dienst abzuführenden Vergütung,
6. dem Umfang einer ärztlichen oder tierärztlichen Nebentätigkeit für das in der Lehre tätige Hochschulpersonal der Medizin, insbesondere in den Einrichtungen der Universität,

geregelt werden.

Kapitel 5
Weiteres Hochschullehrpersonal

§ 72 Privatdozentinnen und Privatdozenten

(1) [1]Der Senat verleiht auf Antrag des zuständigen Fachbereichs einer Wissenschaftlerin oder einem Wissenschaftler, der sich im Fachbereich habilitiert hat und pädagogische Eignung aufweist, die Lehrbefugnis für ein bestimmtes Fach. [2]Die Lehrbefugnis berechtigt die Habilitierte oder den Habilitierten, in ihrem oder seinem Fach Lehrveranstaltungen an der Hochschule selbständig anzubieten. [3]Der Antrag darf nur aus Gründen abgelehnt werden, die die Ernennung zur beamteten Professorin oder zum beamteten Professor ausschließen. [4]Mit der Verleihung der Lehrbefugnis ist das Recht zur Führung der Bezeichnung „Privatdozentin“ oder „Privatdozent“ verbunden. [5]Die Verleihung begründet kein Dienstverhältnis, auch keine Anwartschaft auf Begründung eines Dienstverhältnisses. [6]Der Inhalt bestehender Dienstverhältnisse wird durch die Verleihung der Bezeichnung „Privatdozentin“ oder „Privatdozent“ nicht berührt.

(2) [1]Die Lehrbefugnis kann widerrufen werden, wenn die Privatdozentin oder der Privatdozent vor Vollendung der für die Beamtinnen und Beamten des Landes maßgeblichen Regelaltersgrenze ohne wichtigen Grund zwei Jahre keine selbstständige Lehrtätigkeit ausübt oder Gründe in ihrer oder seiner Person vorliegen, die bei einer Beamtin oder einem Beamten zur Entfernung aus dem Dienst führen. [2]Die Lehrbefugnis erlischt mit der Verleihung der Lehrbefugnis an einer anderen Hochschule (Umhabilitierung) oder der Ernennung zur Professorin, zum Professor, zur Juniorprofessorin oder zum Juniorprofessor; bei einer befristeten Ernennung zur Professorin, zum Professor oder zur Juniorprofessorin oder zum Juniorprofessor ruht die Lehrbefugnis.

§ 73 Außerplanmäßige Professorinnen und Professoren, Honorarprofessorinnen und Honorarprofessoren

(1) [1]Der Senat einer Universität kann einer Privatdozentin oder einem Privatdozenten die Bezeichnung „Professorin“ oder „Professor“ verleihen, wenn die Privatdozentin oder der Privatdozent in der Regel fünf Jahre selbstständige Lehrtätigkeit an einer Universität ausgeübt, hervorragende Leistungen in Forschung und Lehre erbracht hat, die den Anforderungen an die Berufung als Professorin oder Professor entsprechen, und durch die Gewinnung als außerplanmäßige Professorin oder außerplanmäßiger Professor das Lehrangebot wesentlich ergänzt wird. [2]Die hervorragenden Leistungen sind durch zwei auswärtige Gutachten darzulegen. [3]Die Bezeichnung „Professorin“ oder „Professor“ darf nicht neben einer entsprechenden Amtsbezeichnung oder anderen entsprechenden Bezeichnung verliehen werden. [4]Sie begründet kein Dienstverhältnis, auch keine Anwartschaft auf Begründung eines Dienstverhältnisses.

(2) [1]Der Senat einer Hochschule kann einer Wissenschaftlerin, einem Wissenschaftler oder einer Künstlerin, einem Künstler die Bezeichnung „Professorin“ oder „Professor“ verleihen, wenn sie in der Regel fünf Jahre selbständige Lehrtätigkeit an der Hochschule ausgeübt haben, hervorragende Leistungen in der beruflichen Praxis aufweisen, die den Anforderungen an die Berufung als Professorin oder Professor entsprechen, und durch ihre oder seine Gewinnung als Honorarprofessorin oder Honorarprofessor das Lehrangebot wesentlich ergänzt wird. [2]Die hervorragenden Leistungen sind im Vorschlag durch zwei auswärtige Gutachten darzulegen.

(3) § 72 Absatz 2 gilt entsprechend.

§ 74 Gastprofessorinnen und Gastprofessoren

[1]Wissenschaftlerinnen und Wissenschaftler, die nicht Mitglieder oder Angehörige der Hochschule sind und die Voraussetzungen für die Einstellung als Professorin oder Professor erfüllen, können als Gast vorübergehend an der Hochschule tätig sein und Aufgaben im Sinne des § 57 wahrnehmen. [2]Für die Dauer der Tätigkeit kann durch die Hochschule die Berechtigung zur Führung der Bezeichnung „Gastprofessorin“ oder „Gastprofessor“ verliehen werden.

§ 75 Nebenberufliche künstlerische Professorinnen und Professoren

(1) In künstlerischen Fächern können Professorinnen und Professoren nebenberuflich in einem öffentlich-rechtlichen Beschäftigungsverhältnis mit weniger als der Hälfte der Lehrverpflichtung der hauptberuflich tätigen Professorinnen und Professoren befristet oder unbefristet beschäftigt werden; die §§ 57 und 58 finden Anwendung.

(2) [1]Das Beschäftigungsverhältnis ist zu befristen, wenn die wahrzunehmende Aufgabe von begrenzter Dauer oder wenn die künstlerische Aktualität wesentlicher Grund der Beschäftigung ist. [2]Das Beschäftigungsverhältnis kann befristet werden, wenn das Fortbestehen der hauptberuflichen Tätigkeit in der bei Vertragsschluss bestehenden Form einer der Gründe der Beschäftigung ist. [3]Das Beschäftigungsverhältnis kann ohne Angabe von Gründen bis zum Ablauf des ersten Monats eines Semesters zum Semesterende gekündigt werden.

(3) Das Beschäftigungsverhältnis wird durch öffentlich-rechtlichen Vertrag in Anlehnung an die beamtenrechtlichen Vorschriften geregelt.

§ 76 Lehrbeauftragte

(1) [1]Zur Ergänzung und in Ausnahmefällen auch zur Sicherstellung des Lehrangebots können Lehraufträge erteilt werden. [2]In künstlerischen Studiengängen sind Lehraufträge zur Sicherstellung des Lehrangebotes grundsätzlich zulässig. [3]§ 32 Absatz 1 Satz 2 bleibt unberührt. [4]Die Lehrbeauftragten nehmen ihre Lehraufgaben selbstständig wahr.

(2) [1]Der Lehrauftrag ist ein öffentlich-rechtliches Rechtsverhältnis eigener Art; er begründet kein Dienstverhältnis. [2]Der Lehrauftrag ist zu vergüten. [3]Das gilt nicht, wenn die Lehrbeauftragte oder der Lehrbeauftragte auf eine Vergütung verzichtet oder der Lehrauftrag einer Angehörigen oder einem Angehörigen des öffentlichen Dienstes im Hauptamt oder in der Weise übertragen wird, dass die Dienstaufgaben im Hauptamt entsprechend vermindert werden.

Kapitel 6
Weitere Mitarbeiterinnen und Mitarbeiter

§ 77 Fachpraktische Mitarbeiterinnen und Mitarbeiter

(1) [1]Den fachpraktischen Mitarbeiterinnen und Mitarbeitern obliegen an den Fachhochschulen anwendungsbezogene Dienstleistungen in der Lehre, für Forschungs- und Entwicklungsaufgaben und für künstlerisch-gestalterische Aufgaben. [2]Insbesondere erbringen sie Dienstleistungen bei der fachpraktischen Anleitung und Betreuung der Studierenden sowie bei der Pflege und Verwaltung von Geräten und Anlagen.

(2) Voraussetzungen für die Einstellung als fachpraktische Mitarbeiterin oder als fachpraktischer Mitarbeiter sind neben den allgemeinen dienstrechtlichen Voraussetzungen ein abgeschlossenes einschlägiges Hochschulstudium sowie, wenn die Besonderheit der Stelle es erfordert, fachpraktische Erfahrungen in einer beruflichen Tätigkeit außerhalb der Hochschule.

§ 78 Weitere Mitarbeiterinnen und Mitarbeiter

(1) [1]Den weiteren Mitarbeiterinnen und Mitarbeitern obliegen nichtwissenschaftliche Dienstleistungen. [2]Dazu gehören insbesondere Aufgaben in der Hochschulverwaltung sowie in der Verwaltung, dem technischen Dienst und dem Pflegedienst der Fachbereiche, der wissenschaftlichen und medizinischen Einrichtungen und der Betriebseinheiten.

(2) Die Einstellungsvoraussetzungen und die dienstliche Zuordnung bestimmen sich nach den allgemeinen dienstrechtlichen Vorschriften und diesem Gesetz.

Kapitel 7
Hilfskräfte

§ 79 Wissenschaftliche und studentische Hilfskräfte

(1) [1]Den wissenschaftlichen und studentischen Hilfskräften obliegen Dienstleistungen in der Lehre, Forschung und in Entwicklungsvorhaben sowie die damit zusammenhängenden Verwaltungsaufgaben, die nicht die Einstellungsvoraussetzungen für wissenschaftliche und künstlerische Mitarbeiterinnen und Mitarbeiter erfordern. [2]Als Tutorinnen und Tutoren unterstützen sie im Rahmen der Studienordnungen studentische Arbeitsgruppen im Studium. [3]Sie werden mit weniger als der Hälfte der durchschnittlichen regelmäßigen wöchentlichen Arbeitszeit beschäftigt.

(2) [1]Die wissenschaftlichen und studentischen Hilfskräfte werden einem Fachbereich, einer wissenschaftlichen Einrichtung oder einer Betriebseinheit zugeordnet. [2]Diese sind für die fachliche und didaktische Betreuung der Tutorien verantwortlich. [3]Soweit sie dem Aufgabenbereich einer Professorin oder eines Professors oder einem sonstigen Hochschulangehörigen mit Lehr- und Forschungsaufgaben zugewiesen sind, sind diese weisungsbefugt.

(3) [1]Voraussetzung für die Einstellung als wissenschaftliche Hilfskraft ist ein abgeschlossenes Hochschulstudium. [2]Als studentische Hilfskraft kann eingestellt werden, wer in einem Studiengang immatrikuliert ist, der zu einem ersten oder einem weiteren berufsqualifizierenden Abschluss führt.

(4) Die Befristung von Arbeitsverhältnissen der wissenschaftlichen Hilfskräfte, die bereits ein Hochschulstudium mit einem Master oder einem vergleichbaren Grad abgeschlossen haben, ist bis zu einer Dauer von zwei Jahren zulässig.

Teil 9
Aufbau und Organisation der Hochschule

Kapitel 1
Zentrale Gremien und Verwaltung

§ 80 Konzil

(1) [1]Das Konzil berät über die grundlegenden Angelegenheiten der Hochschule. [2]Aufgaben des Konzils sind insbesondere:

1. der Beschluss der Grundordnung auf Vorschlag des Senats,
2. der Beschluss der Wahlordnung der Hochschule auf Vorschlag des Senats,
3. die Wahl der Mitglieder der Hochschulleitung,

4. die Wahl der Mitglieder des Hochschulrates,
5. die Abwahl der Hochschulleitung oder von Mitgliedern der Hochschulleitung auf Vorschlag des Senats,
6. Verabschiedung einer Stellungnahme zum Entwurf des Hochschulentwicklungsplans der Hochschule,
7. Verabschiedung einer Stellungnahme zum Entwurf des Wirtschaftsplanes.

(2) [1]Dem Konzil gehören nach Maßgabe der Grundordnung bis zu 66 Mitglieder an. [2]Das Verhältnis der Gruppenvertreter gemäß § 52 Absatz 2 beträgt 2:2:1:1.

(3) [1]Bei den Wahlen nach Absatz 1 Nummer 3 mit Ausnahme der Kanzlerin oder des Kanzlers und Nummer 4 können von den Vertretern jeder Gruppe eigene Wahlvorschläge eingebracht werden, die durch den Senat im Rahmen seiner Zuständigkeit gemäß § 81 Absatz 4 zu behandeln sind. [2]Bei den Stellungnahmen nach Absatz 1 Nummer 6 und 7 sollen Minderheitsvoten einer Gruppe ausdrücklich angeführt werden.

(4) [1]Das Konzil gibt sich eine Geschäftsordnung und wählt aus seiner Mitte eine Vorsitzende oder einen Vorsitzenden. [2]Die Amtszeit der Mitglieder des Konzils beträgt nach Maßgabe der Grundordnung einheitlich zwei bis vier Jahre. [3]Die Grundordnung kann bestimmen, dass die Amtszeit der Vertreterinnen und Vertreter der Gruppe der Studierenden ein Jahr beträgt; Wiederwahl ist zulässig.

§ 81 Senat

(1) [1]Der Senat beschließt über die Vorlage der Grundordnung sowie der Wahlordnung an das Konzil sowie über die sonstigen Satzungen und Ordnungen der Hochschule, soweit sie nicht von den Fachbereichen zu erlassen sind, und die Stellungnahme zu den Ordnungen der Fachbereiche. [2]Darüber hinaus obliegen ihm die Entscheidungs-, Wahl- und Mitwirkungsbefugnisse in den gesetzlich vorgesehenen Fällen.

(2) [1]Der Senat berät den Rechenschaftsbericht der Hochschulleitung und entscheidet über deren Entlastung. [2]Die Mitglieder des Senates haben ein umfassendes Informations- und Fragerecht gegenüber der Hochschulleitung. [3]Der Senat nimmt Stellung zum Entwurf des Wirtschaftsplanes.

(3) [1]Der Senat beschließt den Hochschulentwicklungsplan. [2]Vor der Errichtung, Änderung oder Aufhebung von Fachbereichen, organisatorischen Untergliederungen oder Studiengängen ist er zu hören. [3]Über die Verfahren zur Evaluation und Systemakkreditierung gemäß § 3a sowie deren Ergebnisse ist der Senat zu unterrichten.

(4) Der Senat unterbreitet dem Konzil Vorschläge:
1. zur Wahl der Mitglieder der Hochschulleitung mit Ausnahme der Kanzlerin oder des Kanzlers. Der Wahlvorschlag für die weiteren Mitglieder der Hochschulleitung gemäß § 82 Absatz 2 Nummer 3 und 4 erfolgt im Einvernehmen mit der Hochschulleiterin oder dem Hochschulleiter,
2. zur Wahl des Hochschulrates.

(5) [1]Dem Senat gehören entsprechend der Grundordnung Vertreter der Gruppen gemäß § 52 Absatz 2 an. [2]Die Gruppe der Hochschullehrerinnen und Hochschullehrer muss über eine Stimme mehr als die anderen Gruppen zusammen verfügen. [3]Der Senat wählt aus seiner Mitte eine Vorsitzende oder einen Vorsitzenden und gibt sich eine Geschäftsordnung. [4]Die Hochschul- und die Fachbereichsleitungen sowie die oder der Vorsitzende des Studierendenparlaments haben das Rede- und Antragsrecht im Senat.

(6) [1]Die Mitglieder des Senats werden durch Wahl bestimmt. [2]Ihre Amtszeit beträgt nach Maßgabe der Grundordnung einheitlich zwei bis vier Jahre. [3]Die Grundordnung kann bestimmen, dass die Amtszeit der Vertreterinnen oder der Vertreter der Gruppe der Studierenden ein Jahr beträgt.

(7) Der Senat kann gemäß Grundordnung Ausschüsse bilden, über deren Zusammensetzung und Kompetenz er gemäß Grundordnung entscheidet.

(8) [1]Die Grundordnung kann anstelle des Konzils die Einrichtung eines erweiterten Senats vorsehen. [2]Die Beschlussfassung hierüber bedarf der Mehrheit von zwei Dritteln der Mitglieder des Konzils. [3]Die Mitglieder des erweiterten Senats bestehen aus den Mitgliedern des Senats (engerer Senat) und weiteren Mitgliedern nach Maßgabe der Grundordnung. [4]Für den erweiterten Senat gilt § 80, für den engeren Senat § 81 entsprechend.

§ 82 Hochschulleitung

(1) Die Hochschulleitung ist für alle Angelegenheiten zuständig, für die dieses Gesetz nicht ausdrücklich eine andere Zuständigkeit bestimmt.

(2) Mitglieder der Hochschulleitung sind:
1. die Hochschulleiterin oder der Hochschulleiter,
2. die Kanzlerin oder der Kanzler sowie nach Maßgabe der Grundordnung,
3. bis zu zwei weitere hauptamtliche Professorinnen oder Professoren und
4. bis zu zwei weitere Mitglieder der Hochschule.

(3) Die Hochschulleitung legt dem Senat jährlich sowie auf dessen Verlangen Rechenschaft über die Erfüllung ihrer Aufgaben ab.

(4) [1]Die Amtszeit der Mitglieder der Hochschulleitung beträgt nach Maßgabe der Grundordnung:
1. zwischen vier und acht Jahre für die Hochschulleiterin oder den Hochschulleiter,
2. zwischen ein und vier Jahre für die weiteren hauptamtlichen Professorinnen und Professoren sowie die weiteren Mitglieder gemäß Absatz 2 Nummer 3 und 4.

[2]Sieht die Grundordnung die Mitgliedschaft eines Studierenden in der Hochschulleitung vor, beträgt seine Amtszeit ein Jahr. [3]Sieht die Grundordnung eine hauptamtliche Prorektorin oder einen hauptamtlichen Prorektor vor, gilt Nummer 2 entsprechend.

(5) [1]Auf Antrag des Senats, der einer Mehrheit von zwei Dritteln seiner Mitglieder bedarf, kann das Konzil mit einer Mehrheit von zwei Dritteln seiner Mitglieder Mitglieder der Hochschulleitung abwählen. [2]Dies gilt nicht für die Kanzlerin oder den Kanzler nach § 87.

§ 83 Hochschulleiterin oder Hochschulleiter

(1) Zur Hochschulleiterin oder zum Hochschulleiter kann gewählt werden, wer eine abgeschlossene Hochschulbildung besitzt, aufgrund einer mehrjährigen verantwortlichen Tätigkeit in Wissenschaft, Kultur, Wirtschaft, Verwaltung oder Rechtspflege erwarten lässt, dass sie oder er den Aufgaben des Amtes gewachsen ist, und während der ersten Amtszeit die für die Beamtinnen und Beamten des Landes maßgebliche Regelaltersgrenze nicht erreicht.

(2) [1]Die Hochschulleiterin oder der Hochschulleiter wird vom Konzil gewählt und vom Ministerium für Bildung, Wissenschaft und Kultur bestellt. [2]Die Stelle ist rechtzeitig öffentlich auszuschreiben.

(3) [1]Wird die Hochschulleiterin oder der Hochschulleiter aus einem Beamtenverhältnis auf Lebenszeit oder auf Zeit bestellt, wird sie oder er in ein Beamtenverhältnis auf Zeit berufen; anderenfalls übt sie oder er das Amt in einem privatrechtlichen Beschäftigungsverhältnis aus. [2]Ist die Hochschulleiterin oder der Hochschulleiter Beamtin oder Beamter auf Lebenszeit des Landes Mecklenburg-Vorpommern, wird sie oder er auf Antrag für die Dauer der Amtszeit ohne Dienstbezüge beurlaubt; das Beamtenverhältnis auf Lebenszeit besteht fort. [3]Die oder der aus einem Beamtenverhältnis auf Lebenszeit berufene Hochschulleiterin oder Hochschulleiter tritt mit Ablauf der Amtszeit oder Erreichen der Altersgrenze aus dem Beamtenverhältnis auf Zeit bei Erfüllung der versorgungsrechtlichen Wartezeit in den Ruhestand. [4]Die oder der aus einem Beamtenverhältnis auf Zeit berufene Hochschulleiterin oder Hochschulleiter tritt mit Ablauf der Amtszeit oder Erreichen der Altersgrenze nur dann in den Ruhestand, wenn sie oder er eine Dienstzeit von mindestens zehn Jahren in einem Beamtenverhältnis mit Dienstbezügen zurückgelegt hat; anderenfalls ist sie oder er zu entlassen. [5]Im Falle der Abwahl ist die Hochschulleiterin oder der Hochschulleiter aus dem Beamtenverhältnis auf Zeit zu entlassen.

(4) [1]Wird eine Professorin oder ein Professor (§ 58) der Hochschule zur Hochschulleiterin oder zum Hochschulleiter berufen, findet § 61 Absatz 7 während der Amtszeit entsprechend Anwendung. [2]Dies gilt nicht, wenn eine Beeinträchtigung dienstlicher Interessen zu besorgen ist.

§ 84 Aufgaben der Hochschulleiterin oder des Hochschulleiters

(1) Die Hochschulleiterin oder der Hochschulleiter vertritt die Hochschule nach außen.

(2) [1]Die Hochschulleiterin oder der Hochschulleiter trägt die Gesamtverantwortung für die Hochschule. [2]Sie oder er führt in der Hochschulleitung den Vorsitz. [3]Sie oder er weist den Mitgliedern der Hochschulleitung Aufgabenbereiche zur eigenverantwortlichen Wahrnehmung sowie die Fachvorgesetzteneigenschaft für die zugeordneten Mitarbeiter zu.

(3) [1]Die Hochschulleiterin oder der Hochschulleiter hat im Rahmen ihrer oder seiner Gesamtverantwortung die Richtlinienkompetenz inne und kann nach Beratung in der Hochschulleitung Einzelfallentscheidungen auch mit Wirkung für die übertragenen Geschäftsbereiche der Mitglieder der Hoch-

schulleitung treffen. [2]Sie sind insoweit an die Entscheidung der Hochschulleiterin oder des Hochschulleiters gebunden, es sei denn, die Hochschulleitung trifft mehrheitlich eine abweichende Entscheidung.

(4) [1]Die Hochschulleiterin oder der Hochschulleiter hat rechtswidrige Beschlüsse oder Maßnahmen anderer Organe, Gremien und Funktionsträger zu beanstanden. [2]Die Beanstandung hat aufschiebende Wirkung. [3]Wird keine Abhilfe geschaffen, unterrichtet sie oder er das Ministerium für Bildung, Wissenschaft und Kultur.

(5) [1]Die Hochschulleiterin oder der Hochschulleiter kann in unaufschiebbaren, zur Zuständigkeit anderer Stellen der Hochschule gehörenden Angelegenheiten vorläufige Maßnahmen treffen, wenn diese Stellen handlungsunfähig sind, es rechtswidrig unterlassen zu handeln oder aus sonstigen Gründen außerstande sind, eine erforderliche Entscheidung oder Maßnahme rechtzeitig zu treffen. [2]Die vorläufigen Maßnahmen treten außer Kraft, sobald die zuständigen Stellen die ihnen obliegenden Maßnahmen getroffen haben.

(6) Die Hochschulleiterin oder der Hochschulleiter übt das Hausrecht und die Ordnungsgewalt aus.

(7) Die Hochschulleiterin oder der Hochschulleiter der Hochschule für Musik und Theater Rostock nimmt zusätzlich zu ihrem oder seinem Amt Aufgaben in der Lehre wahr.

§ 85 (weggefallen)

§ 86 Hochschulrat

(1) An jeder Hochschule kann ein Hochschulrat gebildet werden.

(2) [1]Dem Hochschulrat gehören als Mitglieder unter Berücksichtigung der Aufgaben der jeweiligen Hochschule Persönlichkeiten aus dem Bereich der Wirtschaft, der beruflichen Praxis sowie aus Wissenschaft oder Kunst an, die nicht Mitglieder der Hochschule sein dürfen. [2]Näheres, einschließlich der Amtszeit, regelt die Grundordnung.

(3) [1]Der Hochschulrat berät die Hochschule in allen wichtigen strategischen Angelegenheiten, insbesondere in der Entwicklungsplanung. [2]Er gibt Empfehlungen zur Profilbildung der Hochschule und zur Schwerpunktsetzung in Forschung und Lehre und schlägt Maßnahmen vor, die der Erhöhung der Leistungs- und Wettbewerbsfähigkeit dienen. [3]In diesem Rahmen wirkt er insbesondere mit bei der Erstellung von Konzepten zur Hochschulentwicklung sowie der Festlegung von Grundsätzen für die Ausstattung und für den wirtschaftlichen und aufgabengerechten Einsatz der Mittel für Forschung und Lehre nach leistungs- und belastungsorientierten Kriterien.

(4) Der Hochschulrat hat gegenüber der Hochschulleitung im Rahmen seiner Aufgaben gemäß Absatz 3 ein Informationsrecht.

(5) Die Hochschulleiterin oder der Hochschulleiter hat das Teilnahmerecht an und das Rederecht in den Sitzungen des Hochschulrates.

(6) Die Vorsitzende oder der Vorsitzende des Hochschulrats hat ein Teilnahmerecht an und ein Rederecht in den Sitzungen des Senats.

§ 87 Kanzlerin oder Kanzler

(1) [1]Im Rahmen ihres oder seines Geschäftsbereiches übernimmt die Kanzlerin oder der Kanzler folgende Aufgaben:

1. Leitung der Bereiche Haushalt, Personal, Recht und Liegenschaften der Hochschule und
2. Beauftragte oder Beauftragter für den Haushalt (§ 9 der Landeshaushaltsordnung Mecklenburg-Vorpommern).

[2]Darüber hinaus nimmt sie oder er die sonstigen ihr oder ihm durch die Hochschulleiterin oder den Hochschulleiter übertragenen Aufgaben wahr. [3]Bei Entscheidungen gemäß § 84 Absatz 3 bleiben die Rechte als Beauftragte oder Beauftragter für den Haushalt unberührt.

(2) [1]Die Kanzlerin oder der Kanzler wird auf Vorschlag der Hochschulleiterin oder des Hochschulleiters vom Konzil gewählt und durch das Ministerium für Bildung, Wissenschaft und Kultur bestellt. [2]Mit der Kanzlerin oder dem Kanzler wird bei Vorliegen der laufbahnrechtlichen Voraussetzungen ein Beamtenverhältnis auf Lebenszeit begründet. [3]Ein privatrechtliches Beschäftigungsverhältnis kann begründet werden. [4]Die Stelle ist rechtzeitig öffentlich auszuschreiben.

(3) Zur Kanzlerin oder zum Kanzler kann nur bestellt werden, wer die Voraussetzungen für eine Einstellung in das zweite Einstiegsamt der Laufbahngruppe 2 in der Fachrichtung Allgemeiner Dienst erfüllt oder die Befähigung zum Richteramt besitzt und aufgrund einer mehrjährigen leitenden Tätig-

keit in Wirtschaft, Verwaltung oder Rechtspflege erwarten lässt, dass sie oder er den Anforderungen des Amtes gewachsen ist.

(4) [1]Die Grundordnung einer Hochschule kann vorsehen, dass die Aufgaben der Kanzlerin oder des Kanzlers durch eine hauptamtliche Prorektorin oder einen hauptamtlichen Prorektor wahrgenommen werden. [2]§ 83 Absatz 3 Satz 1 und 2, § 70 Absatz 3 Satz 2 sowie § 87 Absatz 3 gelten entsprechend.

§ 88 Gleichstellungsbeauftragte

(1) [1]Die Gleichstellungsbeauftragte unterstützt die Hochschule bei der Erfüllung des Auftrags aus § 4. [2]Sie wirkt darauf hin, dass gleichstellungsrelevante Aspekte bei der Aufgabenerfüllung der Hochschule, insbesondere in Lehre und Forschung, bei der Entwicklungsplanung und bei der Mittelvergabe berücksichtigt werden.

(2) [1]Die Gleichstellungsbeauftragte hat das Recht auf Teilnahme an den Sitzungen aller Gremien und Kollegialorgane sowie das Antrags- und Rederecht in allen ihren Aufgabenbereich nach Absatz 1 betreffenden Angelegenheiten. [2]Zu den Sitzungen ist sie rechtzeitig zu laden. [3]Im Berufungsverfahren für Professorinnen und Professoren hat sie das Recht auf Abgabe einer Stellungnahme. [4]Liegen nach der ersten Ausschreibung einer Professur keine Bewerbungen von Frauen mit der geforderten Qualifikationen[1)] vor, soll die betreffende Stelle auf begründetes Verlangen der Gleichstellungsbeauftragten neu ausgeschrieben werden.

(3) [1]Auf Fachbereichsebene ist jeweils eine Beschäftigte zu wählen, die die Gleichstellungsbeauftragte in fachbereichsspezifischen Fragen berät und unterstützt. [2]Die Gleichstellungsbeauftragte kann diesen Beschäftigten die Wahrnehmung einzelner Aufgaben und Rechte einheitlich übertragen. [3]Bei der Wahrnehmung dieser Aufgaben findet § 19 Absatz 4 Satz 1 und 2 des Gleichstellungsgesetzes entsprechende Anwendung.

(4) [1]Die Gleichstellungsbeauftragte wird mindestens zur Hälfte von ihren Dienstaufgaben freigestellt; bei mehr als 600 Beschäftigten hat die Entlastung auf Antrag der Gleichstellungsbeauftragten die volle regelmäßige Arbeitszeit zu betragen. [2]Für die Erfüllung ihrer Aufgaben erhält sie mindestens eine halbe Stelle für eine Mitarbeiterin oder einen Mitarbeiter sowie eine ausreichende Sachmittelausstattung.

§ 89 Behindertenbeauftragte oder Behindertenbeauftragter

[1]Die Hochschule wählt nach Maßgabe der Grundordnung eine Behindertenbeauftragte oder einen Behindertenbeauftragten, die oder der die Belange behinderter Hochschulmitglieder vertritt; ihre oder seine Amtszeit beträgt zwei Jahre. [2]Die Behindertenbeauftragte oder der Behindertenbeauftragte wirkt darauf hin, Nachteile für Menschen mit Behinderung (§ 3 Landesbehindertengleichstellungsgesetz) zu beseitigen. [3]Sie oder er wirkt insbesondere bei der Planung und Organisation der Lehr- und Studienbedingungen für Mitglieder und Angehörige der Hochschule mit. [4]In diesem Rahmen hat sie oder er das Recht zur Einholung sachdienlicher Informationen, zur beratenden Teilnahme an Gremiensitzungen, zur Abgabe von Stellungnahmen sowie zur Unterbreitung von Vorschlägen. [5]Die Rechte der Schwerbehindertenvertretung nach § 178 des Neunten Buches Sozialgesetzbuch bleiben unberührt.

Kapitel 2
Fachbereiche

§ 90 Fachbereiche

(1) [1]Die Hochschulen gliedern sich nach fachlichen Gesichtspunkten in Fachbereiche oder andere organisatorische Grundeinheiten, die fächerübergreifend die Aufgaben der Hochschule auf ihrem Gebiet erfüllen. [2]Die Regelungen des Gesetzes zu dem Vertrag zwischen dem Land Mecklenburg-Vorpommern und der Evangelisch-Lutherischen Landeskirche Mecklenburgs und der Pommerschen Evangelischen Kirche vom 20. Januar 1994 (GVOBl. M-V S. 559) bleiben unberührt. [3]Die Vorschriften über die Organisation der Fachbereiche gelten entsprechend für andere organisatorische Grundeinheiten.

(2) Organe des Fachbereiches sind der Fachbereichsrat und die Fachbereichsleitung.

§ 91 Fachbereichsrat

(1) [1]Der Fachbereichsrat ist zuständig für den Beschluss von Ordnungen des Fachbereiches, die Entscheidung über grundsätzliche Angelegenheiten von Studium und Lehre sowie für die sonstigen in

1) Richtig wohl: „Qualifikation“.

diesem Gesetz genannten Angelegenheiten. [2]Er wirkt an der Erarbeitung des Hochschulentwicklungsplanes sowie der Struktur- und Entwicklungsplanung des Fachbereiches mit. [3]Er nimmt Stellung zu der von der Fachbereichsleitung vorgeschlagenen Verteilung der dem Fachbereich zugewiesenen Ressourcen sowie zur Einrichtung, Änderung und Aufhebung von Studiengängen. [4]Er kann mit einer Mehrheit von zwei Dritteln seiner Mitglieder abweichende Entscheidungen zur Verteilung der Mittel treffen. [5]Die Mitglieder der Fachbereichsleitung sind nicht stimmberechtigt.

(2) [1]Die Mitglieder des Fachbereichsrates werden durch Wahl bestimmt. [2]Die Zahl der Mitglieder regelt die Grundordnung. [3]Hinsichtlich der Vertretung der Gruppen gilt § 81 Absatz 5 Satz 1 und 2 entsprechend. [4]Die Amtszeit beträgt nach Maßgabe der Grundordnung einheitlich zwei bis vier Jahre. [5]Die Grundordnung kann bestimmen, dass die Amtszeit der Mitglieder der Gruppe der Studierenden ein Jahr beträgt.

§ 92 Fachbereichsleitung

(1) [1]Der Fachbereich wird durch eine Fachbereichsleitung geleitet, der neben der Fachbereichsleiterin oder dem Fachbereichsleiter, die Studiendekanin oder der Studiendekan und nach Maßgabe der Grundordnung bis zu zwei weitere Mitglieder angehören. [2]Die Grundordnung kann vorsehen, dass die Aufgaben der Fachbereichsleitung durch eine Fachbereichsleiterin oder einen Fachbereichsleiter wahrgenommen werden; der Aufgabenbereich der Studiendekanin oder des Studiendekans als Mitglied der Fachbereichsleitung bleibt hierbei unberührt.

(2) [1]Die Fachbereichsleitung ist für alle Angelegenheiten des Fachbereiches zuständig, soweit dieses Gesetz nichts anderes bestimmt; sie ist dem Fachbereichsrat gegenüber verantwortlich. [2]Sie hat rechtswidrige Entscheidungen des Fachbereichsrats zu beanstanden und Abhilfe zu verlangen. [3]Die Beanstandung hat aufschiebende Wirkung. [4]Wird keine Abhilfe geschaffen, ist die Hochschulleitung zu informieren.

(3) [1]Die Fachbereichsleiterin oder der Fachbereichsleiter ist Vorsitzende oder Vorsitzender des Fachbereichsrats ohne Stimmrecht und vertritt den Fachbereich. [2]Sie oder er hat innerhalb der Fachbereichsleitung die Richtlinienkompetenz. [3]Sie oder er kann in unaufschiebbaren, zur Zuständigkeit des Fachbereichsrats gehörenden Angelegenheiten vorläufige Maßnahmen treffen, wenn diese Stellen handlungsunfähig sind, es rechtswidrig unterlassen haben zu handeln oder aus sonstigen Gründen außerstande sind, eine erforderliche Entscheidung rechtzeitig zu treffen. [4]Die vorläufigen Maßnahmen treten außer Kraft, sobald der Fachbereichsrat die ihm obliegenden Maßnahmen getroffen hat.

(4) [1]Die Fachbereichsleiterin oder der Fachbereichsleiter wird aus dem Kreis der hauptamtlichen Hochschullehrerinnen und Hochschullehrer des Fachbereiches durch den Fachbereichsrat gewählt. [2]Die weiteren Mitglieder der Fachbereichsleitung werden auf Vorschlag der Fachbereichsleiterin oder des Fachbereichsleiters durch den Fachbereichsrat gewählt. [3]Die Amtszeit der Mitglieder der Fachbereichsleitung beträgt nach Maßgabe der Grundordnung einheitlich zwei bis vier Jahre. [4]Sofern die Grundordnung die Mitgliedschaft einer Studentin oder eines Studenten in der Fachbereichsleitung vorsieht, kann deren oder dessen Amtszeit ein Jahr betragen. [5]Der Fachbereichsrat kann mit einer Mehrheit von zwei Dritteln seiner Mitglieder die Mitglieder der Fachbereichsleitung abwählen. [6]Die Mitglieder der Fachbereichsleitung sind nicht stimmberechtigt.

§ 92a Gemeinsame Fachbereiche und Einrichtungen

(1) [1]Zur gemeinsamen Wahrnehmung von Lehr- und Forschungsaufgaben können Hochschulen durch Vertrag mit Zustimmung der Senate gemeinsame Fachbereiche bilden. [2]Die §§ 91 bis 93 sind auf diese entsprechend anwendbar. [3]In dem Vertrag sind Regelungen zu treffen über:

1. das Zusammenwirken der beteiligten Hochschulen sowie deren Zuständigkeiten in Bezug auf den gemeinsamen Fachbereich,
2. die Organisation des gemeinsamen Fachbereichs, insbesondere die Organe und ihre Zuständigkeiten,
3. die körperschafts- und dienstrechtliche Zuordnung des im Bereich des gemeinsamen Fachbereichs tätigen Personals.

(2) [1]Zur gemeinsamen Wahrnehmung von Lehr- und Forschungsaufgaben können Hochschulen durch Vertrag mit Zustimmung der Senate regeln, dass Fachbereiche gemeinsame Einrichtungen bilden. [2]Absatz 1 gilt entsprechend.

§ 93 Studiendekanin oder Studiendekan

(1) [1]Der Fachbereichsrat wählt auf Vorschlag der ihm angehörenden studentischen Vertreterinnen und Vertreter aus dem Kreis der im Fachbereich hauptberuflich tätigen Professorinnen und Professoren eine für Studium und Lehre beauftragte Person (Studiendekanin oder Studiendekan). [2]Die Amtszeit entspricht der der übrigen Mitglieder der Fachbereichsleitung; Wiederwahl ist zulässig.

(2) [1]Die Studiendekanin oder der Studiendekan nimmt innerhalb der Gesamtverantwortung der Fachbereichsleiterin oder des Fachbereichsleiters die mit Lehre und Studium zusammenhängenden Aufgaben wahr. [2]Sie oder er wirkt insbesondere darauf hin, dass die Prüf- und Lehrverpflichtung erfüllt wird, das Lehrangebot den Studien- und Prüfungsordnungen entspricht, das Studium innerhalb der Regelstudienzeit abgeschlossen werden kann und eine angemessene Betreuung und Beratung der Studierenden gewährleistet ist. [3]Die Studiendekanin oder der Studiendekan erstellt den Lehrbericht des Fachbereichs und trägt für die Evaluation innerhalb des Fachbereichs Sorge.

(3) Die Studiendekanin oder der Studiendekan ist berechtigt, an den Sitzungen des Fachbereichsrats beratend teilzunehmen, sofern sie oder er nicht dessen Mitglied ist.

Kapitel 3
Organisationseinheiten

§ 94 Zentrale Einrichtungen und Organisationseinheiten

(1) [1]An der Hochschule können für die Durchführung von Aufgaben auf dem Gebiet von Forschung und Lehre, die die gesamte Hochschule oder mehrere Fachbereiche berühren, zentrale wissenschaftliche Einrichtungen gebildet werden, soweit mit Rücksicht auf die Aufgabenstellung, die Größe oder die Ausstattung die Zuordnung zu Fachbereichen nicht zweckmäßig ist. [2]Zentrale wissenschaftliche Einrichtungen können auch hochschulübergreifend gebildet werden.

(2) [1]An der Hochschule werden weitere organisatorische Einheiten gebildet, soweit dies zur effektiven Aufgabenwahrnehmung geboten ist. [2]Dazu gehören nach Maßgabe der Grundordnung insbesondere die Hochschulbibliothek zur Bereitstellung von Literatur und sonstigen Informationsmitteln sowie das Hochschulrechenzentrum zur Bereitstellung von Informations- und Kommunikationstechnologien und von Rechentechnik. [3]Die Hochschulen ermöglichen ihrem wissenschaftlichen Personal die Zweitveröffentlichung dadurch, dass sie Repositorien vorhalten, sich an solchen beteiligen oder den Zugang zu geeigneten Repositorien Dritter sicherstellen.

(3) [1]An der Hochschule können weitere organisatorische Einheiten gebildet werden, soweit dies zur Verbesserung der Aufgabenwahrnehmung geboten ist. [2]Für wissenschaftliche organisatorische Einheiten gelten die Vorschriften über die Organisation der Fachbereiche entsprechend.

§ 95 Wissenschaftliche Einrichtungen an der Hochschule

(1) [1]Die Hochschulen können eine außerhalb der Hochschule befindliche wissenschaftliche Einrichtung, die insbesondere in Forschung und Entwicklung, im Wissens- und Technologietransfer und in der Weiterbildung wissenschaftliche Aufgaben erfüllt, als Einrichtung an der Hochschule anerkennen. [2]Die Anerkennung soll nur ausgesprochen werden, wenn die Aufgaben nicht von einer Einrichtung der Hochschule erfüllt werden können. [3]Die anerkannte Einrichtung wirkt nach Maßgabe einer Kooperationsvereinbarung mit der Hochschule zusammen. [4]Die rechtliche Selbstständigkeit der Einrichtung und der Rechtsstellung der Bediensteten in der Einrichtung werden dadurch nicht berührt.

(2) Die Anerkennung kann widerrufen werden, wenn die Voraussetzungen nicht mehr erfüllt sind.

Teil 10
Universitätsmedizin

§ 96 Universitätsmedizin - Rechtsstellung, Mitgliedschaft

(1) [1]Die Universitätsmedizin Greifswald und die Universitätsmedizin Rostock sind rechtsfähige Teilkörperschaft der jeweiligen Universität. [2]Die Universitätsmedizin führt ein Dienstsiegel.

(2) Auf die Universitätsmedizin finden die Satzungen und die Beschlüsse der Gremien der Universität Anwendung sowie die Vorschriften dieses Gesetzes, soweit sie nicht ausdrücklich für die Hochschulen gelten und nachfolgend nichts Abweichendes geregelt ist.

(3) [1]Die Mitglieder der Universitätsmedizin sind zugleich Mitglieder der Universität. [2]Die §§ 50 bis 54 finden Anwendung.

(4) [1]Die Studierenden der Universitätsmedizin sind zugleich Mitglieder der Studierendenschaft der Universität. [2]Die §§ 7, 17 bis 22 finden Anwendung.

§ 97 Aufgaben der Universitätsmedizin

(1) Die Universitätsmedizin erfüllt im Rahmen der Universität und im Verbund mit deren anderen Fachbereichen die Aufgaben des Fachbereichs Medizin in Forschung und Lehre.

(2) [1]Die Universitätsmedizin dient der Pflege und Entwicklung der Wissenschaften durch Forschung, Lehre und Studium sowie Weiterbildung einschließlich der Ausbildung von Studierenden im Fachbereich Medizin und nimmt Aufgaben in der Krankenversorgung, der Hochleistungsmedizin sowie weitere Aufgaben im öffentlichen Gesundheitswesen wahr. [2]Sie ist darüber hinaus zuständig für die Aus-, Fort- und Weiterbildung von Ärztinnen und Ärzten, Zahnärztinnen und Zahnärzten, anderen wissenschaftlichen Mitarbeiterinnen und Mitarbeitern und Angehörigen nichtärztlicher Heil- und Fachberufe. [3]Die Universitätsmedizin stellt sicher, dass das bei ihr tätige wissenschaftliche Personal seine Aufgaben in der durch Artikel 5 Absatz 3 Satz 1 des Grundgesetzes für die Bundesrepublik Deutschland, durch Artikel 7 Absatz 1 der Verfassung des Landes Mecklenburg-Vorpommern und durch § 5 gewährleisteten Freiheiten erfüllen kann.

(3) Die Universitätsmedizin kann weitere Aufgaben wahrnehmen, soweit diese mit ihren Aufgaben im Zusammenhang stehen und die Finanzierung sichergestellt ist.

(4) [1]Die Universitätsmedizin kann einzelne der ihr übertragenen Aufgaben nach Maßgabe dieses Gesetzes auch in einer Rechtsform des privaten Rechtes wahrnehmen. [2]Sie kann sich zur Erfüllung ihrer Aufgaben Dritter bedienen, sich an Unternehmen beteiligen und Unternehmen gründen. [3]Einzahlungsverpflichtungen der Universitätsmedizin müssen auf einen bestimmten Betrag begrenzt sein. [4]Die Universitätsmedizin muss einen angemessenen Einfluss, insbesondere im Aufsichtsrat oder in einem entsprechenden Überwachungsorgan des anderen Unternehmens erhalten. [5]Durch Vereinbarung ist sicherzustellen, dass dem Landesrechnungshof die sich aus § 111 der Landeshaushaltsordnung Mecklenburg-Vorpommern ergebenden Prüfungsrechte eingeräumt werden.

(5) [1]Die Übertragung von Verwaltungsaufgaben zwischen Universitätsmedizin und Universität kann durch Vereinbarung erfolgen. [2]Die Vereinbarung bedarf der Zustimmung des Ministeriums für Bildung, Wissenschaft und Kultur.

(6) [1]Die Universitätsmedizin Greifswald, die Universitätsmedizin Rostock sowie die beiden Universitäten wirken zur Erfüllung ihrer durch gemeinsame spezifische öffentliche Interessen bestimmten Aufgaben zusammen. [2]Die Einzelheiten der Zusammenarbeit auf dieser Grundlage werden in einer öffentlich- rechtlichen Vereinbarung, die der Zustimmung des Ministeriums für Bildung, Wissenschaft und Kultur bedarf, geregelt. [3]§ 8 Absatz 1 Satz 1 gilt entsprechend.

§ 98 Organe

Organe der Universitätsmedizin sind:

1. der Fachbereichsrat,
2. die Fachbereichsleitung,
3. der Aufsichtsrat und
4. der Vorstand.

§ 99 Fachbereichsrat

(1) [1]Der § 91 gilt mit folgenden Maßgaben: [2]Der Fachbereichsrat

1. nimmt Stellung zum Beitrag der Fachbereichsleitung zum Wirtschaftsplan sowie zum Jahresabschluss und zum Lagebericht gemäß § 100 Absatz 2 Nummer 1,
2. genehmigt die Grundsätze für die leistungsorientierte Verteilung und Verwendung der Haushaltsmittel des Landes und Mittel Dritter gemäß § 100 Absatz 2 Nummer 2.

(2) [1]Die Mitglieder des Vorstands können an den Sitzungen des Fachbereichsrats mit beratender Stimme teilnehmen. [2]In Angelegenheiten von Forschung und Lehre kann auch ein Vertreter der Lehrkrankenhäuser mit beratender Stimme teilnehmen, soweit der Fachbereichsrat im Einzelfall nichts anderes beschließt.

§ 100 Fachbereichsleitung

(1) [1]Der § 92 Absatz 1 Satz 1 gilt mit folgenden Maßgaben: [2]Der Fachbereichsleitung gehören an
1. die Fachbereichsleiterin oder der Fachbereichsleiter,
2. die Studiendekanin oder der Studiendekan (gemäß § 93),
3. bis zu drei weitere Mitglieder nach Maßgabe der Grundordnung der Universität sowie
4. der Ärztliche Vorstand und der Kaufmännische Vorstand der Universitätsmedizin mit beratender Stimme.

(2) [1]Die Fachbereichsleitung ist nach Maßgabe des § 92 Absatz 2 insbesondere für folgende Aufgaben zuständig:
1. Erstellung des den Bereich Forschung und Lehre betreffenden Beitrags zum Wirtschaftsplan, zum Jahresabschluss und zum Lagebericht der Universitätsmedizin sowie des den Bereich Forschung und Lehre betreffenden Beitrags der Universitätsmedizin zum Voranschlag des Landeshaushalts; der den Bereich Forschung und Lehre betreffende Beitrag zum Lagebericht gibt insbesondere Auskunft über die den Teileinrichtungen für Forschung und Lehre zugewiesenen Stellen und Mittel, ihre Verwendung und die Leistungen bei der Erfüllung ihrer Aufgaben, insbesondere in Forschung und Lehre, bei der Förderung des wissenschaftlichen Nachwuchses und der Gleichstellung von Frauen und Männern,
2. Aufstellung von Grundsätzen für die leistungsorientierte Verteilung und Verwendung der Haushaltsmittel des Landes und der Drittmittel, die der Universitätsmedizin für Forschung und Lehre zur Verfügung stehen,
3. Beschlussfassung über die leistungsorientierte Verteilung der für die Grundausstattung von Forschung und Lehre und der für besondere Forschungs- und Lehrvorhaben vorgesehenen Stellen und Mittel.

[2]Im Übrigen gilt § 92 Absatz 2 mit der Maßgabe, dass bei fehlender Abhilfe der Vorstand zu informieren ist.

(3) [1]§ 92 Absatz 3 findet Anwendung. [2]§ 92 Absatz 4 gilt mit Ausnahme des Satzes 3 mit folgenden Maßgaben: [3]Die Satzung kann vorsehen, dass zur Fachbereichsleiterin oder zum Fachbereichsleiter auch gewählt werden kann, wer an einer anderen Hochschule zur Professorin oder zum Professor berufen worden ist und über hinreichende Erfahrungen in Forschung und Lehre sowie in der Leitung einer Einrichtung in der Hochschulmedizin verfügt. [4]Der Fachbereichsrat kann die Fachbereichsleiterin oder den Fachbereichsleiter aus wichtigem Grund im Einvernehmen mit dem Aufsichtsrat mit einer Mehrheit von zwei Dritteln seiner Mitglieder abwählen. [5]Die Fachbereichsleiterin oder der Fachbereichsleiter wird vom Aufsichtsrat zum Wissenschaftlichen Vorstand bestellt. [6]Die Bestellung kann vom Aufsichtsrat nur aus wichtigem Grund abgelehnt werden.

§ 101 Aufsichtsrat

(1) [1]Der Aufsichtsrat beschließt über die betrieblichen Ziele der Universitätsmedizin und überwacht die Geschäftsführung des Vorstandes. [2]Er trägt dafür Sorge, dass die Universitätsmedizin die ihr zur Gewährleistung von Forschung, Lehre und Krankenversorgung obliegenden Aufgaben erfüllt. [3]Der Aufsichtsrat hat ein umfassendes Informations-, Einsichts- und Prüfungsrecht gegenüber der Universitätsmedizin und deren organisatorischen Grundeinheiten. [4]Er entscheidet in den Angelegenheiten, in denen er angerufen werden kann. [5]Er entscheidet weiterhin in grundsätzlichen Angelegenheiten der Universitätsmedizin, soweit die Zuständigkeit in Angelegenheiten von Forschung und Lehre nicht dem Fachbereichsrat oder der Fachbereichsleitung zugewiesen ist, insbesondere über die
1. Beschlussfassung und Änderung der Satzung der Universitätsmedizin,
2. Bestellung der oder des Vorsitzenden und der übrigen Mitglieder des Vorstandes sowie deren Abberufung. Die Abberufung des Wissenschaftlichen Vorstandes bedarf der Zustimmung des Fachbereichsrates; die Abberufung des Mitgliedes der Hochschulleitung bedarf der Zustimmung der Hochschulleiterin oder des Hochschulleiters,
3. Beschlussfassung über Anstellungsverträge für die hauptberuflichen Mitglieder des Vorstandes,
4. Beschlussfassung zum Wirtschaftsplan,
5. Bestellung eines Wirtschaftsprüfungsunternehmens für längstens fünf Jahre,
6. Feststellung des Jahresabschlusses und Beschlussfassung über die Verwendung des Jahresergebnisses und von Rücklagen,
7. Entlastung des Vorstandes,

8. Beschlussfassung über die Grundsätze und das Verfahren für den Abschluss von Dienst- und Arbeitsverträgen mit einer übertariflichen Vergütung sowie die Beschlussfassung über die Verträge mit den Hochschullehrerinnen und Hochschullehrern.

(2) [1]Die über den Rahmen des laufenden Geschäftsbetriebes hinausgehenden Rechtsgeschäfte, Maßnahmen und Regelungen bedürfen der Einwilligung durch den Aufsichtsrat. [2]Dazu gehören insbesondere:

1. der Erwerb, die Veräußerung und die Belastung von Grundstücken und grundstücksgleichen Rechten,
2. der Abschluss, die Änderung und die Aufhebung von Miet- und Pachtverträgen sowie Projektverträgen in öffentlich-privaten Partnerschaften ab einer von ihm bestimmten Zeitdauer und Wertgrenze,
3. die Aufnahme von Kassen- und Investitionskrediten,
4. die Übernahme von Bürgschaften, Garantien und sonstigen Verpflichtungen, auch zum Einstehen für fremde Verbindlichkeiten außerhalb der von ihm bestimmten Wertgrenzen,
5. die Gründung und Beteiligung an anderen Unternehmen.

(3) [1]Dem Aufsichtsrat gehören an:

1. eine Vertreterin oder ein Vertreter des Ministeriums für Bildung, Wissenschaft und Kultur,
2. eine Vertreterin oder ein Vertreter des Finanzministeriums,
3. eine Vertreterin oder ein Vertreter des für Gesundheit zuständigen Ministeriums,
4. die Hochschulleiterin oder der Hochschulleiter,
5. eine externe sachverständige Person mit ausgewiesenen Erfahrungen in der medizinischen Forschung und Lehre,
6. eine externe sachverständige Person mit ausgewiesenen Erfahrungen in der Leitungsebene der universitären Krankenversorgung,
7. eine externe sachverständige Person mit einschlägigen wirtschaftswissenschaftlichen Kenntnissen und Erfahrungen,
8. die Vorsitzende oder der Vorsitzende des Gesamtpersonalrates der Universitätsmedizin,
9. die Gleichstellungsbeauftragte der Universitätsmedizin.

[2]Die externen Sachverständigen werden vom Ministerium für Bildung, Wissenschaft und Kultur bestellt; die externe sachverständige Person mit ausgewiesenen Erfahrungen in der medizinischen Forschung und Lehre auf Vorschlag der Hochschulleiterin oder des Hochschulleiters. [3]Eine gleichzeitige Mitgliedschaft der externen Sachverständigen in den Aufsichtsräten der Universitätsmedizin des Landes ist ausgeschlossen. [4]Jedes stimmberechtigte Aufsichtsratsmitglied hat eine Stimme. [5]Die Satzung der Universitätsmedizin kann weitere Mitglieder mit beratender Stimme vorsehen. [6]In den Fällen des § 104b Absatz 7 kann die Satzung bis zu zwei Mitglieder vorsehen.

(4) [1]Den Vorsitz des Aufsichtsrates führt die Vertreterin oder der Vertreter des Ministeriums für Bildung, Wissenschaft und Kultur. [2]Bei Stimmengleichheit gibt ihre oder seine Stimme den Ausschlag. [3]Die oder der Aufsichtsratsvorsitzende darf mit beratender Stimme an den Vorstandssitzungen, an den Sitzungen der Fachbereichsleitung sowie des Fachbereichsrates der Universitätsmedizin teilnehmen. [4]Sie oder er kann dieses Recht auf eine Vertreterin oder einen Vertreter des Ministeriums für Bildung, Wissenschaft und Kultur übertragen. [5]Das Weitere regelt die Satzung.

(5) [1]Entscheidungen des Aufsichtsrates nach Absatz 1 Satz 5 Nummer 2, 3, 4 und 8 und Absatz 2 Satz 2 Nummer 1, 3, 4 und 5 können nicht gegen die Stimmen des Ministeriums für Bildung, Wissenschaft und Kultur und des Finanzministeriums getroffen werden. [2]Entscheidungen des Aufsichtsrates nach Absatz 1 Satz 5 Nummer 3 den wissenschaftlichen Vorstand betreffend bedürfen der Zustimmung der Hochschulleiterin oder des Hochschulleiters, die nur aus wichtigem Grund verweigert werden darf. [3]Entscheidungen des Aufsichtsrates, die die Hochschulleiterin oder der Hochschulleiter nicht mit den Satzungen und Beschlüssen der Gremien der Universität für vereinbar hält, können nicht gegen ihre oder seine Stimme getroffen werden. [4]Der Aufsichtsrat hat innerhalb von zwei Wochen erneut in dieser Angelegenheit zu entscheiden. [5]Kommt keine Einigung zu Stande, entscheidet die zuständige Rechtsaufsichtsbehörde.

(6) [1]Der Aufsichtsrat gibt sich eine Geschäftsordnung, in der insbesondere die innere Ordnung und die Einberufung des Aufsichtsrates geregelt werden. [2]Der Vorstand nimmt beratend an den Sitzungen des Aufsichtsrates teil, sofern der Aufsichtsrat nichts Abweichendes beschließt. [3]Die Sitzungen des Auf-

sichtsrates werden vom Vorstand vorbereitet. [4]Die Vorsitzende oder der Vorsitzende des Aufsichtsrates vertritt die Universitätsmedizin gegenüber den Mitgliedern des Vorstandes.

§ 102 Vorstand

(1) [1]Der Vorstand leitet die Universitätsmedizin. [2]Die in Absatz 3 Nummer 1 bis 3 genannten Vorstandsmitglieder vertreten die Universitätsmedizin gerichtlich und außergerichtlich. [3]Je zwei stimmberechtigte Vorstandsmitglieder sind gemeinschaftlich und unabhängig von der internen Kompetenzverteilung zur Vertretung der Universitätsmedizin befugt. [4]Das Recht der Hochschulleiterin oder des Hochschulleiters zur Vertretung der Hochschule als Ganzes nach § 84 Absatz 1 unter Einschluss der Universitätsmedizin bleibt unberührt. [5]Rechtsgeschäfte der Hochschulleiterin oder des Hochschulleiters, die auch die Universitätsmedizin verpflichten, bedürfen der Zustimmung des Vorstandes.

(2) [1]Dem Vorstand obliegt die Entscheidung in allen Angelegenheiten der Universitätsmedizin, die nicht dem Aufsichtsrat, der Fachbereichsleitung oder dem Fachbereichsrat zugewiesen sind. [2]Er nimmt die Rechte gemäß § 16 Absatz 5 bis 12 und § 84 Absatz 4 bis 6 wahr, stellt den Wirtschaftsplan auf und überwacht seine Einhaltung. [3]Entwicklungen, die den Vollzug des Wirtschaftsplanes gefährden, teilt er dem Aufsichtsrat mit Vorschlägen zur Abhilfe unverzüglich mit. [4]Der Vorstand erteilt sein Einvernehmen zu den Berufungsvorschlägen. [5]Das Einvernehmen kann nur aus wichtigem Grund, insbesondere wegen begründeter Zweifel an der Eignung einer oder eines Vorgeschlagenen für die Aufgaben in der Krankenversorgung oder im öffentlichen Gesundheitswesen, verweigert werden. [6]Den Vorstandsmitgliedern steht der Zugang zu allen Daten frei, die zur Erfüllung der Aufgaben nach den Sätzen 1 und 2 dienen. [7]Rechte Dritter bleiben unberührt.

(3) Dem Vorstand gehören an:

1. der Wissenschaftliche Vorstand,
2. der Ärztliche Vorstand,
3. der Kaufmännische Vorstand,
4. der Pflegevorstand und
5. ein Mitglied der Hochschulleitung mit beratender Stimme.

(4) [1]Die Mitglieder des Vorstandes werden befristet bestellt, die Wiederbestellung ist möglich. [2]Die stimmberechtigten Mitglieder des Vorstandes nehmen ihre Ämter hauptberuflich wahr, soweit der Aufsichtsrat nichts anderes beschließt. [3]Die Stellen des Vorstandes nach Absatz 3 Nummer 2 bis 4 sind durch den Aufsichtsrat öffentlich auszuschreiben. [4]Mit den hauptberuflichen Mitgliedern werden für die Dauer ihrer Amtszeit leistungsabhängige Dienstverträge geschlossen. [5]Waren sie vor der Bestellung als Professorin oder Professor (§ 57) der Universitätsmedizin berufen, findet § 61 Absatz 7 während der hauptberuflichen Tätigkeit im Vorstand entsprechend Anwendung. [6]Dies gilt nicht, wenn eine Beeinträchtigung dienstlicher Interessen zu besorgen ist.

(5) [1]Der Wissenschaftliche Vorstand ist für die Angelegenheiten in Forschung und Lehre zuständig, soweit nicht die Zuständigkeit der Fachbereichsleitung oder des Fachbereichsrates gegeben ist. [2]Zur Sicherstellung des Lehrbetriebes kann er Weisungen erteilen. [3]Ihm obliegt die Budgetverantwortung für die für Forschung und Lehre zur Verfügung stehenden Stellen und Mittel hinsichtlich ihrer Verteilung. [4]Der Wissenschaftliche Vorstand vollzieht die Entscheidungen der Fachbereichsleitung oder des Fachbereichsrates durch die Herbeiführung entsprechender Beschlüsse des Vorstandes. [5]Kommt ein solcher Beschluss nicht zu Stande, kann der Wissenschaftliche Vorstand den Aufsichtsrat anrufen.

(6) [1]Der Ärztliche Vorstand ist für die Organisation der medizinischen Angelegenheiten der Universitätsmedizin zuständig. [2]Er ist Vorgesetzter der Hochschullehrerinnen und Hochschullehrer, soweit diese mit Aufgaben der Krankenversorgung und damit im Zusammenhang stehenden Aufgaben sowie den sonstigen Aufgaben auf dem Gebiet des öffentlichen Gesundheitswesens und der Schulen für nichtärztliche Berufe befasst sind. [3]In Angelegenheiten der Organisation der Krankenversorgung hat er ein übergeordnetes Weisungsrecht. [4]Der Ärztliche Vorstand soll die Einstellungsvoraussetzungen für Professorinnen und Professoren mit ärztlichen Aufgaben erfüllen und muss als Ärztin oder Arzt über einschlägige Erfahrungen in der Betriebsleitung sowie im Krankenhauswesen verfügen. [5]Die Bestellung zum Ärztlichen Vorstand erfolgt nach Anhörung des Fachbereichsrates sowie der an der Krankenversorgung beteiligten Kliniken und Institute.

(7) [1]Der Kaufmännische Vorstand ist für die wirtschaftlichen und administrativen Angelegenheiten der Universitätsmedizin zuständig. [2]Er leitet die Verwaltung und ist Vorgesetzter der seinem Geschäftsbereich zugeordneten weiteren Mitarbeiterinnen und Mitarbeiter nach § 78. [3]Die Wirtschafts-

führung der Universitätsmedizin steht unter seiner besonderen Verantwortung. [4]Er hat die anderen Vorstandsmitglieder bei der Erledigung ihrer Aufgaben zu unterstützen. [5]Ihm obliegen insbesondere die Planung und Durchführung von Investitionsmaßnahmen, die Aufstellung des Wirtschaftsplans und die Überwachung seiner Einhaltung sowie die Erstellung des Jahresabschlusses und des Lageberichtes der Universitätsmedizin. [6]Entscheidungen des Vorstandes, die der Kaufmännische Vorstand nicht mit den Grundsätzen der Wirtschaftlichkeit und Sparsamkeit für vereinbar hält, können nicht gegen seine Stimme getroffen werden. [7]Der Vorstand hat erneut in dieser Angelegenheit zu entscheiden. [8]Kommt eine Einigung im Vorstand nicht zu Stande, kann der Kaufmännische Vorstand die Angelegenheit dem Aufsichtsrat zur Entscheidung vorlegen. [9]Der Kaufmännische Vorstand muss über ein abgeschlossenes einschlägiges Studium verfügen und einschlägige Berufserfahrung besitzen. [10]Die erstmalige Bestellung zum Kaufmännischen Vorstand erfolgt nach Anhörung des Fachbereichsrates.

(8) [1]Der Pflegevorstand ist für die Organisation des Pflegedienstes sowie für die Weiterbildung der Pflegeberufe verantwortlich. [2]Er ist Vorgesetzter des Personals im Pflegedienst. [3]Er hat die Grundsätze eines wirtschaftlichen Pflegedienstes zu beachten. [4]Der Pflegevorstand soll über ein einschlägiges Hochschulstudium verfügen und muss einschlägige Berufserfahrung besitzen.

(9) [1]Das Mitglied der Hochschulleitung hat im Vorstand die Belange der Universität als Ganzes zu sichern. [2]Das Mitglied der Hochschulleitung wird auf Vorschlag der Hochschulleiterin oder des Hochschulleiters vom Aufsichtsrat bestellt, soweit seiner Bestellung nicht ein wichtiger Grund entgegensteht. [3]Das Mitglied der Hochschulleitung darf nicht zugleich dem Aufsichtsrat angehören. [4]Es wahrt die Einhaltung der Satzungen und Beschlüsse der Gremien der Universität. [5]Soweit diese unmittelbar betroffen sind, kann es gegen die Entscheidungen des Vorstandes Widerspruch einlegen. [6]Der Widerspruch hat aufschiebende Wirkung. [7]Die Hochschulleitung entscheidet unverzüglich über den Widerspruch. [8]Hält sie den Widerspruch für begründet, kann der Vorstand die betreffende Angelegenheit dem Aufsichtsrat vorlegen.

(10) [1]Bei Stimmengleichheit entscheidet grundsätzlich die Stimme der oder des Vorsitzenden. [2]Bei Stimmengleichheit bei Abstimmungen, die den Bereich Forschung und Lehre betreffen, entscheidet abweichend hiervon die Stimme des Wissenschaftlichen Vorstandes.

§ 103 Organisatorische Grundeinheiten

(1) Die Kliniken, die klinisch-theoretischen und die vorklinischen Institute und die selbstständigen Einrichtungen der Krankenversorgung sind organisatorische Grundeinheiten der Universitätsmedizin.

(2) [1]Die Leitung der organisatorischen Grundeinheiten wird vom Vorstand im Einvernehmen mit dem Aufsichtsrat bestellt. [2]Die Bestellung erfolgt gleichzeitig mit der Ernennung oder Einstellung als Professorin oder Professor. [3]Sie kann zeitlich befristet werden.

(3) [1]Die organisatorischen Grundeinheiten werden von einer Professorin oder einem Professor geleitet. [2]Sie oder er ist Vorgesetzte oder Vorgesetzter der in der Einrichtung Beschäftigten der Universitätsmedizin und des der Universitätsmedizin zur Dienstleistung zugewiesenen verbeamteten Personals mit Ausnahme der Professorenschaft, wenn es um die Angelegenheiten von Forschung und Lehre geht.

§ 103a Lehrkrankenhäuser und zugeordnete Einrichtungen

[1]Die Universitätsmedizin kann mit Trägern anderer Krankenhäuser auf der Grundlage eines Kooperationsvertrages vereinbaren, dass diese die Aufgabe eines Lehrkrankenhauses für die klinische Ausbildung der Studierenden übernimmt. [2]Der Kooperationsvertrag, der der Zustimmung des Aufsichtsrates bedarf, regelt insbesondere die Aufgaben, eine angemessene Erstattung der Mehraufwendungen des Trägers und die Beteiligung der Universitätsmedizin bei der Besetzung von Stellen für leitende Ärztinnen und Ärzte im Lehrkrankenhaus. [3]Vertreterinnen und Vertreter der leitenden Ärztinnen und Ärzte der Lehrkrankenhäuser können an den Sitzungen der zuständigen Gremien der Universitätsmedizin, soweit es sich um Angelegenheiten von Studium und Lehre handelt, beratend teilnehmen.

§ 104 Rechtsaufsicht

Die Universitätsmedizin untersteht der Rechtsaufsicht des Landes; § 14 Absatz 1 und 2 gilt entsprechend.

§ 104a Satzung der Universitätsmedizin

(1) Durch Satzung kann insbesondere Näheres geregelt werden über:

1. die Aufgaben der Universitätsmedizin,
2. die Geschäftsverteilung und die Vertretungsbefugnisse, die Einberufung und die Beschlussfassung, das Zusammenwirken sowie die Loyalitäts- und Verschwiegenheitspflicht der Mitglieder ihrer Organe,
3. die Amtszeit der Mitglieder des Aufsichtsrates sowie die Amtszeit und Aufgaben der Mitglieder des Vorstandes,
4. die Festlegungen zur Erstattung einer Aufwandspauschale für die Mitglieder des Aufsichtsrates,
5. die Bildung, Besetzung und Aufgaben einer Klinikumskonferenz, die den Vorstand berät,
6. die Wirtschaftsführung und das Rechnungswesen,
7. Aufstellung des Entwicklungsplanes der Universitätsmedizin,
8. die Errichtung, Änderung, Aufhebung und Leitung der organisatorischen Grundeinheiten der Universitätsmedizin, deren Zusammenfassung zu Zentren oder Untergliederung in Abteilungen, die jeweils durch eine Professorin oder einen Professor geleitet werden,
9. von § 103 abweichende Strukturen der organisatorischen Grundeinheiten im Interesse der Weiterentwicklung der Universitätsmedizin,
10. die Gestaltung des Dienstsiegels,
11. den steuerlichen Status der Universitätsmedizin,
12. weitere Einzelheiten gemäß § 104b Absatz 7 und
13. Art und Umfang der Betrauung der Universitätsmedizin mit Dienstleistungen von allgemeinem wirtschaftlichem Interesse.

(2) [1]Der Aufsichtsrat beschließt über die Satzung und deren Änderungen. [2]Soweit Belange von Forschung und Lehre betroffen sind, ist das Einvernehmen mit dem Fachbereichsrat herzustellen. [3]Die Satzung und jede Änderung der Satzung bedürfen der Genehmigung durch das Ministerium für Bildung, Wissenschaft und Kultur.

§ 104b Wirtschaftsführung, Rechnungswesen und Gewährträgerschaft

(1) [1]Die Wirtschaftsführung und das Rechnungswesen der Universitätsmedizin richten sich nach kaufmännischen Grundsätzen. [2]Die §§ 1 bis 87 und 106 bis 110, 112 der Landeshaushaltsordnung Mecklenburg-Vorpommern finden keine Anwendung. [3]Die Grundsätze der Wirtschaftlichkeit und Sparsamkeit sind in sinngemäßer Anwendung des § 7 der Landeshaushaltsordnung Mecklenburg-Vorpommern zu beachten. [4]Mittel für Investitionen werden auf Antrag der Universitätsmedizin durch das Land nach Maßgabe der haushaltsrechtlichen Bestimmungen gewährt.

(2) [1]Die Universitätsmedizin deckt ihre Aufwendungen in der Krankenversorgung durch die für ihre Leistungen vereinbarten oder festgelegten Entgelte und durch sonstige betriebliche Erträge. [2]Daneben gewährt das Land nach Maßgabe des Landeshaushaltes Mittel für die Aufgaben in Forschung und Lehre. [3]Als Nachweis der Verwendung dieser Mittel dient der vom Aufsichtsrat zu beschließende Jahresabschluss. [4]Die Mittel für Forschung und Lehre einschließlich Drittmittel einerseits sowie die Mittel für Krankenversorgung andererseits sind von der Universitätsmedizin getrennt zu verwalten und zu bewirtschaften. [5]Ein Ausgleich zwischen den getrennt zu verwaltenden und zu bewirtschaftenden Bereichen ist ausgeschlossen.

(3) [1]Das Geschäftsjahr ist das Kalenderjahr. [2]Für jedes Geschäftsjahr ist vor dessen Beginn ein Wirtschaftsplan, bestehend aus getrennten Finanz- und Erfolgsplänen für Forschung und Lehre einerseits und Krankenversorgung andererseits, aufzustellen. [3]Der Wirtschaftsplan ist im Laufe des Geschäftsjahres bei wesentlichen Änderungen der zu Grunde gelegten Annahmen anzupassen. [4]Der Aufsichtsrat ist darüber in Kenntnis zu setzen.

(4) [1]Der Jahresabschluss und der Lagebericht werden in entsprechender Anwendung der für große Kapitalgesellschaften geltenden Bestimmungen des Handelsgesetzbuches unter Berücksichtigung der ergänzenden Bestimmungen der Krankenhaus-Buchführungsverordnung in der Fassung der Bekanntmachung vom 24. März 1987 (BGBl. I S. 1046), die zuletzt durch Artikel 13 Absatz 1 des Gesetzes vom 25. Mai 2009 (BGBl. I S. 1102) geändert worden ist, zum Schluss eines jeden Wirtschaftsjahres aufgestellt und von einem Wirtschaftsprüfungsunternehmen geprüft. [2]Die Prüfung erfolgt auch nach den für die Beteiligung der öffentlichen Hand geltenden besonderen Prüfbestimmungen des § 53 des Haushaltsgrundsätzegesetzes vom 19. August 1969 (BGBl. I S. 1273), das zuletzt durch Artikel 1 des

Gesetzes vom 31. Juli 2009 (BGBl. I S. 2580) geändert worden ist. [3]Der geprüfte Jahresabschluss und der Prüfbericht sind dem Ministerium für Bildung, Wissenschaft und Kultur grundsätzlich bis zum 30. Juni des auf das Wirtschaftsjahr folgenden Jahres vorzulegen.

(5) [1]Können bestehende Zahlungsverpflichtungen vorübergehend nicht aus laufenden Einnahmen gedeckt werden, darf die Universitätsmedizin Kassenkredite aufnehmen. [2]Diese sollen nicht später als sechs Monate nach Ablauf des Geschäftsjahres, für das sie aufgenommen wurden, fällig werden. [3]Darüber hinaus können zur Finanzierung von Investitionen Kredite aufgenommen werden, für deren Rückzahlung der Zeitraum der technischen Nutzungsdauer, längstens ein Zeitraum von dreißig Jahren, vorzusehen ist. [4]Die Summe aller Kredite darf 50 Prozent des im jeweils jüngsten testierten Jahresabschluss ausgewiesenen Eigenkapitals zuzüglich der Sonderposten aus Zuwendungen zur Finanzierung des Sachanlagevermögens nicht überschreiten.

(6) Für die Verbindlichkeiten der Universitätsmedizin haftet neben dieser das Land als Träger unbeschränkt, wenn und soweit die Befriedung aus dem Vermögen der Universitätsmedizin nicht zu erlangen ist (Gewährträgerschaft).

(7) [1]Nach Anhörung des Finanzausschusses des Landtages kann durch Rechtsverordnung des Ministeriums für Bildung, Wissenschaft und Kultur für die Universitätsmedizin vorgesehen werden, dass ein Stammkapital gebildet wird. [2]Am Stammkapital können sich nur die Mitarbeiter der Universitätsmedizin mit bis zu insgesamt zehn Prozent zum Verkehrswert beteiligen. [3]In der Rechtsverordnung sind die näheren Bestimmungen, insbesondere über die Gemeinnützigkeit, die Höhe des Stammkapitals, die Höhe der Beteiligung am Stammkapital, die Bestimmung des Verkehrswertes, die Veräußerung von Geschäftsanteilen und die Ausgestaltung der Beteiligung zu treffen. [4]Weitere Einzelheiten können durch die Satzung und durch Vereinbarung zwischen der Universitätsmedizin und den Anteilseignern geregelt werden.

§ 104c [Baumaßnahmen]

(1) [1]Die Universitätsmedizin bedient sich bei der Umsetzung ihrer Baumaßnahmen der Kapazitäten und des Sachverstandes der Staatlichen Hochbauverwaltung. [2]Damit verbleibt die Bauherrenschaft bei der Staatlichen Hochbauverwaltung.

(2) [1]Die Universitätsmedizin legt die auszuführenden Maßnahmen und deren Prioritäten fest. [2]Die Zuständigkeiten der Staatlichen Hochbauverwaltung für Planung und Durchführung der Maßnahmen bleiben unberührt.

(3) Die Universitätsmedizin kann die vorrangige Erledigung von Baumaßnahmen, die allein von der Universitätsmedizin finanziert werden, gegenüber der Staatlichen Hochbauverwaltung anweisen.

(4) Das Finanzministerium kann im Einvernehmen mit dem Ministerium für Bildung, Wissenschaft und Kultur die Zuständigkeit für die Planung und Durchführung von Unterhaltungsmaßnahmen der Universitätsmedizin auf die Universitätsmedizin übertragen.

§ 104d Personal, Tarifrecht

(1) [1]Die Arbeitnehmerinnen und Arbeitnehmer sowie die Auszubildenden stehen in einem Arbeits- oder Ausbildungsverhältnis zur Universitätsmedizin. [2]Die Einstellung von Hochschullehrerinnen und Hochschullehrern erfolgt nach Maßgabe des Haushaltsplanes für die Universitätsmedizin. [3]Hochschullehrerinnen und Hochschullehrer, denen keine Aufgaben in der Krankenversorgung obliegen, können nach Maßgabe der dienstrechtlichen Bestimmungen der §§ 61, 62 und 62a in einem Beamtenverhältnis zum Land eingestellt werden. [4]Mit der Ernennung wird ihnen eine Tätigkeit entsprechend der näheren Ausgestaltung ihres Dienstverhältnisses und der Widmung oder Funktionsbeschreibung ihrer Stelle in Forschung und Lehre an der Universitätsmedizin zugewiesen, Anstellungsbehörde ist die Universität. [5]Absatz 3 Satz 3 gilt entsprechend.

(2) Auf das Personal der Universitätsmedizin finden die §§ 55 bis 79 mit Ausnahme der §§ 56, 60 und 77 Anwendung.

(3) [1]Wird eine Professorin oder ein Professor aus einem Beamtenverhältnis auf Lebenszeit ausnahmsweise in ein Beamtenverhältnis des Landes mit Aufgaben in der Krankenversorgung berufen, wird sie oder er auf Antrag für die Dauer der Tätigkeit an der Universitätsmedizin aus dem Beamtenverhältnis unter Wegfall der Dienstbezüge beurlaubt. [2]Für die Dauer der Beurlaubung wird ein Arbeitsverhältnis mit der Universitätsmedizin geschlossen. [3]Die Universitätsmedizin leistet die nach dem Versorgungsfondsgesetz vom 17. Dezember 2007 (GVOBl. M-V S. 472) erforderliche Zuführung an das Sonder-

vermögen für die beurlaubten Beamtinnen und Beamten. [4]Soll eine Beamtin oder ein Beamter des Landes auf Dauer oder vorübergehend für die Universitätsmedizin tätig werden, gelten die Sätze 1 und 2 entsprechend.

(4) [1]Die bei der Universitätsmedizin in einem Arbeits- oder Ausbildungsverhältnis zurückgelegten Zeiten werden bei einer Neueinstellung in den Landesdienst so angerechnet, als wären sie beim Land zurückgelegt worden. [2]Die beim Land oder einem anderen in der Rechtsform einer öffentlich-rechtlichen Körperschaft oder Anstalt des öffentlichen Rechts des Landes in einem Arbeits- oder Ausbildungsverhältnis zurückgelegten Zeiten werden bei einer Neueinstellung in den Dienst der Universitätsmedizin so angerechnet, als wären sie bei der Universitätsmedizin zurückgelegt worden.

(5) [1]Die oder der Vorsitzende des Aufsichtsrates nimmt für die stimmberechtigten Mitglieder des Vorstandes die personalrechtlichen Befugnisse wahr. [2]Der Vorstand übt für das übrige Personal der Universitätsmedizin die personalrechtlichen Befugnisse aus. [3]Er kann die personalrechtlichen Befugnisse für das nichtwissenschaftliche Personal ganz oder teilweise auf den Kaufmännischen Vorstand übertragen.

(6) Der Kaufmännische Vorstand übt die Funktion des Leiters der Dienststelle gemäß § 8 Absatz 4 des Personalvertretungsgesetzes aus.

(7) Die Universitätsmedizin schließt Tarifverträge zur Regelung der Arbeits- und Beschäftigungsbedingungen ab.

(8) [1]Für die Universitätsmedizin gilt § 4. [2]Auf die Gleichstellungsbeauftragte der Universitätsmedizin findet § 88 entsprechend Anwendung. [3]Die Wahl einer Beschäftigten für den Fachbereich Medizin gemäß § 88 Absatz 3 entfällt.

Teil 11
Körperschaftsvermögen

§ 105 Körperschaftsvermögen und Körperschaftseinnahmen

(1) [1]Die Hochschule kann durch eine Ordnung bestimmen, dass ein Körperschaftsvermögen gebildet wird. [2]Das Körperschaftsvermögen der Hochschule besteht aus den nichtstaatlichen Mitteln und den nicht mit staatlichen Mitteln erworbenen Gegenständen. [3]Einnahmen der Körperschaft sind

1. die Erträge des Vermögens der Körperschaft und
2. Zuwendungen Dritter an die Körperschaft.

[4]Zuwendungen Dritter fallen in das Körperschaftsvermögen, es sei denn, die Zuwendungsgeberin oder der Zuwendungsgeber schließen dies aus oder die Zuwendungen werden zur Finanzierung von Forschungsvorhaben im Sinne des § 47 gewährt.

(2) [1]Die Hochschule verwaltet das Körperschaftsvermögen nach Maßgabe der Landeshaushaltsordnung getrennt vom Landesvermögen. [2]Der Senat beschließt den von der Hochschulleitung eingebrachten Wirtschafts- und Haushaltsplan des Körperschaftsvermögens und entlastet die Hochschulleitung hinsichtlich des Körperschaftshaushaltes.

(3) [1]Aus Rechtsgeschäften, die die Hochschule als Körperschaft abschließt, wird das Land weder berechtigt noch verpflichtet. [2]Rechtsgeschäfte zulasten des Körperschaftsvermögens sind unter dem Namen der Hochschule mit dem Zusatz „Körperschaft des öffentlichen Rechts" abzuschließen. [3]Derartige Rechtsgeschäfte dürfen nur abgeschlossen werden, wenn sämtliche Folgekosten aus dem Körperschaftsvermögen erbracht werden können.

(4) [1]Die Hochschule kann sich mit ihrem Körperschaftsvermögen im Rahmen ihrer Aufgaben, insbesondere zur Förderung des Wissens- und Technologietransfers, an Unternehmen in der Rechtsform einer juristischen Person des privaten Rechts beteiligen oder solche Unternehmen gründen, soweit die Voraussetzungen des § 65 Absatz 1 der Landeshaushaltsordnung Mecklenburg-Vorpommern erfüllt sind. [2]Dabei ist § 65 Absatz 1 der Landeshaushaltsordnung Mecklenburg-Vorpommern mit folgenden Maßgaben anzuwenden:

1. die Einzahlungsverpflichtung der Hochschule als Gesellschafterin muss auf einen bestimmten, ihrer Leistungsfähigkeit angemessenen Betrag begrenzt werden,
2. das Ministerium für Bildung, Wissenschaft und Kultur kann ein Mitglied in den Aufsichtsrat oder das entsprechende Überwachungsorgan der Gesellschaft entsenden,

3. bei Unternehmen mit einem Jahresumsatz von unter 250 000 Euro kann mit Zustimmung des Ministeriums für Bildung, Wissenschaft und Kultur und im Benehmen mit dem Landesrechnungshof von der Anwendung der Vorschriften des Dritten Buches des Handelsgesetzbuches für große Kapitalgesellschaften abgewichen werden.

[3]§ 65 Absatz 2 und 3 der Landeshaushaltsordnung Mecklenburg-Vorpommern ist mit der Maßgabe anzuwenden, dass das Ministerium für Bildung, Wissenschaft und Kultur an die Stelle des Finanzministeriums tritt. [4]Die Grundordnung der Hochschule sieht vor, dass alle Entscheidungen der Gesellschafterin durch die Hochschulleitung getroffen werden und der Senat über alle wesentlichen Geschäfte der Unternehmen der Hochschule oder bei mehrheitlichen Beteiligungen der Hochschule durch die Hochschulleitung informiert wird. [5]Das Ministerium für Bildung, Wissenschaft und Kultur kann das Nähere zu den Voraussetzungen und der Ausgestaltung von Beteiligungen der Hochschulen an privatrechtlichen Unternehmen im Einvernehmen mit dem Finanzministerium und nach Anhörung des Landesrechnungshofes durch Verwaltungsvorschrift regeln.

(5) [1]Körperschaftseigene Grundstücke sind unentgeltlich bereitzustellen, soweit und solange dies für Zwecke der Hochschule erforderlich ist. [2]Mit staatlichen Mitteln bebaute körperschaftseigene Grundstücke und grundsanierte Liegenschaften, die nicht mehr Zwecken der Hochschule dienen, sind auf Verlangen dem Land Mecklenburg-Vorpommern zu übereignen, die Hochschule hat in einem solche Fall Anspruch auf Wertausgleich für das körperschaftseigene Grundstück. [3]Das Land hat Anspruch auf Wertausgleich zum jeweiligen Verkehrswert, wenn die mit seinen Mitteln bebauten körperschaftseigenen Grundstücke oder die mit seinen Mitteln grundsanierten Liegenschaften an Dritte veräußert werden.

§ 106 Rechnungslegung und Rechnungsprüfung

(1) [1]Innerhalb von drei Monaten nach Ablauf des Haushaltsjahres ist über die Ausführung des Körperschaftshaushalts Rechnung zu legen. [2]Die Rechnung ist von einem Rechnungsprüfungsausschuss des Senats zu prüfen; die Entlastung obliegt dem Senat. [3]Die Rechnung ist samt Mitteilung des Ergebnisses der Rechnungsprüfung und der Entscheidung über die Entlastung mit einer Vermögensübersicht über das Körperschaftsvermögen dem Ministerium für Bildung, Wissenschaft und Kultur vorzulegen.

(2) Die Rechnungsprüfung durch den Landesrechnungshof nach § 111 der Landeshaushaltsordnung Mecklenburg-Vorpommern bleibt unberührt.

Teil 12
Verwaltungsfachhochschule

§ 107 Rechtsstellung der Verwaltungsfachhochschule

(1) Die Verwaltungsfachhochschule des Landes Mecklenburg-Vorpommern als nichtrechtsfähige Körperschaft im Geschäftsbereich des Innenministeriums sowie die ihr angegliederten Institute dienen der Aus- und Fortbildung von Mitarbeitern der öffentlichen Verwaltung in Mecklenburg-Vorpommern.

(2) [1]Die Landesregierung wird ermächtigt, das Nähere über Namen, Organisation und Aufgaben der Verwaltungsfachhochschule des Landes Mecklenburg-Vorpommern einschließlich ihrer angegliederten Institute sowie über die aufgrund der besonderen Struktur und Aufgabenstellung erforderlichen Abweichungen von den Vorschriften dieses Gesetzes durch Verordnung zu regeln. [2]Die Anforderungen von § 17 Absatz 2 und § 28 Absatz 1 bis 3 dieses Gesetzes müssen erfüllt sein.

(3) In der Rechtsverordnung nach Absatz 2 kann bestimmt werden, dass im Rahmen der Ausbildungsmöglichkeiten auch Studenten aufgenommen werden können, die nicht in einem öffentlich-rechtlichen Ausbildungsverhältnis stehen.

Teil 13
Anerkennung von Hochschulen

§ 108 Anerkennung

(1) [1]Einrichtungen des Bildungswesens, die nicht Hochschulen des Landes nach § 1 Absatz 1 sind, können als Hochschulen staatlich anerkannt werden. [2]Die staatliche Anerkennung begründet keinen Anspruch auf staatliche Zuschüsse.

(2) Voraussetzungen der Anerkennung sind, dass

1. die Einrichtung Aufgaben nach § 3 wahrnimmt,
2. eine Mehrzahl von nebeneinander bestehenden oder aufeinander folgenden Studiengängen an der Einrichtung allein oder im Verbund mit anderen Einrichtungen des Bildungswesens vorhanden oder geplant ist; dies gilt nicht, wenn innerhalb einer Fachrichtung die Einrichtung einer Mehrzahl von Studiengängen durch die wissenschaftliche Entwicklung oder das entsprechende berufliche Tätigkeitsfeld nicht nahe gelegt wird,
3. das Studium an den in den §§ 5 und 28 genannten Zielen ausgerichtet ist,
4. das Studium und die Abschlüsse auf Grund der Studien- und Prüfungsordnungen und des tatsächlichen Lehrangebotes dem Studium und den Abschlüssen an staatlichen Hochschulen gleichwertig sind,
5. Prüfungen nur von Personen abgenommen werden, die nach Maßgabe dieses Gesetzes dazu berechtigt sind,
6. die Studienbewerberinnen und Studienbewerber die Voraussetzungen für die Aufnahme in eine entsprechende staatliche Hochschule erfüllen,
7. die hauptberuflich Lehrenden in vergleichbarem Umfang wie an entsprechenden staatlichen Hochschulen vorhanden sind und die Voraussetzungen erfüllen, die für entsprechende Tätigkeiten an staatlichen Hochschulen gefordert werden,
8. die Lehraufgaben überwiegend von hauptberuflich Lehrenden wahrgenommen werden, die ein Berufungsverfahren nach Maßgabe dieses Gesetzes an der Hochschule durchlaufen haben,
9. die Wissenschaftsfreiheit hinreichend gesichert ist; insbesondere muss im akademischen Kernbereich eine autonome Entscheidungsfindung durch die zuständigen Gremien sowie ein maßgeblicher Einfluss auf die Bestellung und Abberufung der Hochschulleitung gewährleistet sein,
10. die Mitglieder der Hochschule an der Gestaltung des Studiums in sinngemäßer Anwendung der Grundsätze dieses Gesetzes mitwirken,
11. der Bestand der Einrichtung sowie die wirtschaftliche und rechtliche Stellung des Hochschulpersonals als dauerhaft gesichert anzusehen ist, insbesondere durch Vorlage einer Bankbürgschaft oder einer vergleichbaren Sicherung in einer Höhe, die sicherstellt, dass die immatrikulierten Studierenden ihr Studium beenden können,
12. die Studiengänge durch unabhängige und wissenschaftsnahe Einrichtungen befristet akkreditiert sind,
13. das Hochschulgründungskonzept durch eine unabhängige und wissenschaftsnahe Einrichtung geprüft wurde.

(3) [1]Staatliche Hochschulen der anderen Mitgliedsstaaten der Europäischen Union oder dort staatlich anerkannte Hochschulen dürfen betrieben werden, soweit sie ihre im Herkunftsland anerkannte Ausbildung im Geltungsbereich dieses Gesetzes anbieten und ihre im Herkunftsstaat anerkannten Grade verleihen und diese Tätigkeit in Übereinstimmung mit den gesetzlichen Regelungen des Herkunftsstaates steht und die Qualitätssicherung durch die Hochschule des Herkunftsstaates gewährleistet ist. [2]Die Einrichtung der Niederlassung sowie die Ausweitung ihres Studienangebots sind dem Ministerium für Bildung, Wissenschaft und Kultur mindestens sechs Monate vor Aufnahme des Studienbetriebes anzuzeigen. [3]Mit der Anzeige ist die staatliche Anerkennung durch den Herkunftsstaat und der Umfang dieser Anerkennung nachzuweisen. [4]Die Voraussetzungen nach Satz 1 werden vor Aufnahme des Betriebs durch das Ministerium für Bildung, Wissenschaft und Kultur festgestellt. [5]Die Sätze 1 bis 4 gelten entsprechend im Falle staatlich anerkannter Hochschulen anderer Bundesländer.

(4) [1]Der Betrieb ausländischer Hochschulen aus Staaten außerhalb der Europäischen Union bedarf der Erlaubnis (Gestattung). [2]Die Gestattung kann erteilt werden, wenn

1. es sich um staatliche Hochschulen handelt oder wenn sie im Herkunftsstaat staatlich anerkannt sind,
2. sie ihre im Herkunftsstaat anerkannte Ausbildung anbieten,
3. sie ihre im Herkunftsstaat anerkannten Grade verleihen,
4. diese Tätigkeit in Übereinstimmung mit den gesetzlichen Regelungen des Herkunftsstaates steht,
5. sichergestellt ist, dass nur Studienbewerberinnen und Studienbewerber angenommen werden, die die Voraussetzungen für eine Aufnahme in eine entsprechende staatliche Hochschule erfüllen,
6. das Studienangebot der die Ausbildung durchführenden Niederlassung akkreditiert ist,

7. die Qualitätssicherung durch die Hochschule des Herkunftsstaates gesichert ist,
8. die Forschung und Lehre anerkannten wissenschaftlichen Grundsätzen entspricht und
9. die Interessen des Landes Mecklenburg-Vorpommern nicht entgegenstehen.

[3]Die Voraussetzungen nach Nummer 1 bis 7 sind dem Ministerium für Bildung, Wissenschaft und Kultur mit dem Antrag auf Gestattung und bei jeder Ausweitung des Studienangebots nachzuweisen. [4]Die Gestattung kann befristet erteilt und mit Auflagen versehen werden, die der Erfüllung der Voraussetzungen nach Satz 1 dienen. [5]Die Gestattung ist zu widerrufen, wenn die Voraussetzungen für die Gestattung weggefallen sind und diesem Mangel trotz Aufforderung nicht fristgerecht abgeholfen worden ist.

§ 109 Anerkennungsverfahren

(1) [1]Das Ministerium für Bildung, Wissenschaft und Kultur spricht auf Antrag die staatliche Anerkennung aus. [2]Der Antrag soll innerhalb einer Frist von neun Monaten bearbeitet werden und ist spätestens nach zwölf Monaten zu bescheiden. [3]Die Frist beginnt mit der Vorlage aller Unterlagen.

(2) Die Anerkennung wird zunächst befristet ausgesprochen und kann mit Auflagen versehen werden, die der Erfüllung der Voraussetzungen nach § 108 dienen.

(3) In dem Anerkennungsbescheid sind festzulegen:

1. die Studiengänge, auf die sich die Anerkennung bezieht,
2. welche Hochschulprüfungen abgenommen und welche Hochschulgrade verliehen werden dürfen,
3. welche Bezeichnung die Hochschule führt; Namensbestandteil sind der Sitz der Hochschule sowie eine Angabe zur Art der Hochschule,
4. Sitz und weitere Standorte der Hochschule,
5. die institutionelle Akkreditierung durch eine unabhängige und wissenschaftsnahe Einrichtung innerhalb von drei bis fünf Jahren nach Aufnahme des Studienbetriebes. Die Auswahl dieser Einrichtung erfolgt durch das Ministerium für Bildung, Wissenschaft und Kultur,
6. im Falle einer unbefristeten Anerkennung ist spätestens nach 15 Jahren eine institutionelle Reakkreditierung vorzusehen.

§ 110 Folgen der Anerkennung

(1) Das an einer staatlich anerkannten Hochschule abgeschlossene Studium ist ein abgeschlossenes Studium im Sinne dieses Gesetzes.

(2) Die Studien- und Prüfungsordnungen der Hochschule bedürfen der Genehmigung des Ministeriums für Bildung, Wissenschaft und Kultur.

(3) [1]Die Beschäftigung von hauptberuflichen Lehrenden, die Aufgaben von Hochschullehrerinnen und Hochschullehrern erfüllen sollen, ist dem Ministerium für Bildung, Wissenschaft und Kultur vorher anzuzeigen. [2]Das Ministerium für Bildung, Wissenschaft und Kultur kann die Beschäftigung insbesondere dann untersagen, wenn die Einstellungsvoraussetzungen nicht vorlagen, das Berufungsverfahren nicht ordnungsgemäß durchgeführt wurde oder Tatsachen vorliegen, die bei Hochschullehrerinnen und Hochschullehrern an staatlichen Hochschulen die Entlassung oder die Entfernung aus dem Dienst rechtfertigen können. [3]Das Ministerium für Bildung, Wissenschaft und Kultur kann im Einzelfall auf Antrag des Trägers der Hochschule gestatten, dass hauptberuflich Lehrende für die Dauer der Verwendung an der Hochschule die Bezeichnung Professorin oder Professor führen.

(4) [1]Der Träger der Einrichtung ist verpflichtet, das Ministerium für Bildung, Wissenschaft und Kultur auf dessen Verlangen über die Angelegenheiten der Hochschule zu unterrichten. [2]Zu Prüfungen kann das Ministerium für Bildung, Wissenschaft und Kultur Beauftragte entsenden.

(5) Auf Antrag ist eine staatlich anerkannte Hochschule in die zentrale Vergabe von Studienplätzen einzubeziehen.

§ 111 Verlust der Anerkennung

(1) Die Anerkennung erlischt, wenn die Hochschule nicht innerhalb einer vom Ministerium für Bildung, Wissenschaft und Kultur zu bestimmenden Frist den Studienbetrieb aufnimmt oder wenn der Studienbetrieb ein Jahr geruht hat.

(2) [1]Die Anerkennung ist durch das Ministerium für Bildung, Wissenschaft und Kultur zu widerrufen, wenn die Voraussetzungen des § 108 Absatz 2 nicht gegeben waren oder später weggefallen sind oder Auflagen gemäß § 109 Absatz 2 nicht erfüllt wurden und diesem Mangel trotz Beanstandung nicht innerhalb einer bestimmten Frist abgeholfen wurde. [2]Den Studierenden ist die Beendigung des Studi-

ums zu ermöglichen. [3]Unter den Voraussetzungen des Satzes 1 kann das Ministerium für Bildung, Wissenschaft und Kultur die weitere Einschreibung von Studierenden in alle oder einzelne Studiengänge der staatlich anerkannten Hochschule untersagen.

(3) Hochschulen, die nicht in der Trägerschaft des Landes stehen, dürfen nur betrieben werden, wenn sie staatlich anerkannt sind.

§ 112 Ordnungswidrigkeiten, Ordnungsmaßnahmen

(1) Ordnungswidrig handelt, wer

1. eine Einrichtung als Hochschule ohne staatliche Anerkennung betreibt,
2. unbefugt die Bezeichnung Universität, Hochschule, Fachhochschule, Kunsthochschule, Gesamthochschule oder eine sonstige nach Landesrecht eingeführte Hochschulbezeichnung oder eine deutsche oder entsprechende fremdsprachige Bezeichnung führt, die damit verwechselt werden kann,
3. Hochschulgrade oder ihnen zum Verwechseln ähnliche Grade und Titel verleiht, ohne hierzu berechtigt zu sein,
4. ohne die erforderliche staatliche Anerkennung Prüfungen abnimmt, die den Anschein von Hochschulprüfungen erwecken.

(2) Ordnungswidrigkeiten können mit einer Geldbuße bis zu fünfzigtausend Euro belegt werden.

(3) Zuständige Verwaltungsbehörde für die Verfolgung und Ahndung von Ordnungswidrigkeiten nach Absatz 1 ist das Ministerium für Bildung, Wissenschaft und Kultur.

(4) [1]Das Ministerium für Bildung, Wissenschaft und Kultur kann die Unterlassung der in Absatz 1 Nummer 1 bis 4 genannten Handlungen anordnen. [2]Es kann ferner die von den Bestimmungen der §§ 41 bis 43 abweichende Führung von Hochschulgraden, Hochschultiteln und Hochschultätigkeitsbezeichnungen untersagen.

Teil 14
Übergangs- und Schlussbestimmungen

§ 113 Bisherige Dienstverhältnisse und Berufungsvereinbarungen

(1) [1]Die beim In-Kraft-Treten des Landeshochschulgesetzes vom 5. Juli 2002 (GVOBl. M-V S. 398) beschäftigten wissenschaftlichen und künstlerischen Assistentinnen und Assistenten, Oberassistentinnen und Oberassistenten, Oberingenieurinnen und Oberingenieure sowie Hochschuldozentinnen und Hochschuldozenten verbleiben in ihren bisherigen Dienstverhältnissen. [2]Ihre mitgliedschaftliche Stellung bleibt unberührt. [3]Die sie betreffenden Vorschriften des Landeshochschulgesetzes vom 9. Februar 1994 (GVOBl. M-V S. 293) finden weiterhin Anwendung.

(2) Soweit Berufungsvereinbarungen über die personelle und sächliche Ausstattung der Professuren von Änderungen des zweiten Kapitels des achten Teils betroffen sind, sind sie unter angemessener Berücksichtigung der beiderseitigen Interessen der neuen Rechtslage anzupassen.

(3) [1]Mit Inkrafttreten des Vierten Gesetzes zur Änderung des Landeshochschulgesetzes vom 16. Dezember 2010 (GVOBl. M-V S. 730) gehören die vorhandenen Lehrkräfte für besondere Aufgaben zu der Personalkategorie der wissenschaftlichen Mitarbeiterinnen und Mitarbeiter. [2]Im Übrigen bleiben die dienst- und arbeitsrechtlichen Bestimmungen unberührt.

§ 114 Übergangsvorschriften

(1) Die Satzungen der Hochschulen sind innerhalb von vierundzwanzig Monaten nach Inkrafttreten dieses Gesetzes an die Vorschriften des geänderten Landeshochschulgesetzes anzupassen.

(2) Auf die Hochschullehrerinnen und Hochschullehrer des Fachbereiches Medizin der Universität Rostock findet § 57 Absatz 1 Satz 2 des Landeshochschulgesetzes in der bis zum 31. Dezember 2010 geltenden Fassung weiterhin Anwendung.

(3) § 81 Absatz 8 findet auf die Hochschulen, die bereits in einem Verfahren nach § 10 das Konzil aufgelöst haben, keine Anwendung.

(4) [1]Für die im Sommersemester 2020 in einem Studiengang an einer staatlichen Hochschule immatrikulierten und nicht beurlaubten Studierenden gilt eine von der Regelstudienzeit abweichende, um ein Semester verlängerte individuelle Regelstudienzeit. [2]Das Ministerium für Bildung, Wissenschaft und Kultur wird ermächtigt, bei einem Fortdauern der Pandemie-Situation auch für das nachfolgende Semester eine entsprechende Regelung durch Rechtsverordnung zu treffen.

§ 115 Folgeänderungen (Änderung anderer Vorschriften)

§ 116 (Inkrafttreten, Außerkrafttreten)

Pressegesetz für das Land Mecklenburg-Vorpommern (Landespressegesetz – LPrG M-V)

Vom 6. Juni 1993 (GVOBl. M-V S. 541)
(GS Meckl.-Vorp. Gl. Nr.2250-1)

zuletzt geändert durch Art. 8 G zur Anpassung des LandesdatenschutzG und weiterer datenschutzrechtlicher Vorschriften an die VO (EU) 2016/679 und zur Umsetzung der RL (EU) 2016/680 vom 22. Mai 2018 (GVOBl. M-V S. 193)

Nichtamtliche Inhaltsübersicht

§ 1 Freiheit der Presse

(1) [1]Die Presse ist frei. [2]Sie dient der freiheitlich-demokratischen Grundordnung.

(2) Die Freiheit der Presse unterliegt nur den Beschränkungen, die durch das Grundgesetz unmittelbar und in seinem Rahmen durch dieses Gesetz zugelassen sind.

(3) Sondermaßnahmen jeder Art, die die Pressefreiheit beeinträchtigen, sind verboten.

(4) Berufsorganisationen der Presse mit Zwangsmitgliedschaft und eine mit hoheitlicher Gewalt ausgestattete Standesgerichtsbarkeit der Presse sind unzulässig.

§ 2 Zulassungsfreiheit

Die Pressetätigkeit einschließlich der Errichtung eines Verlagsunternehmens oder eines sonstigen Betriebes des Pressegewerbes bedarf keiner Zulassung.

§ 3 Öffentliche Aufgabe der Presse

Die Presse erfüllt eine öffentliche Aufgabe, indem sie insbesondere in Angelegenheiten von öffentlichem Interesse Nachrichten beschafft und verbreitet, Stellung nimmt, Kritik übt, auf andere Weise an der Meinungsbildung mitwirkt oder der Bildung dient.

§ 4 Informationsrecht der Presse

(1) Die Presse hat gegenüber Behörden ein Recht auf Auskunft.

(2) Die Behörden sind verpflichtet, den Vertretern der Presse die der Erfüllung ihrer öffentlichen Aufgabe dienenden Auskünfte zu erteilen.

(3) Auskünfte können verweigert werden, soweit

1. hierdurch die sachgemäße Durchführung von schwebenden Verfahren oder Verwaltungsvorgängen zu Lasten Dritter vereitelt, erschwert, verzögert oder gefährdet werden könnte,
2. ein überwiegendes öffentliches oder schutzwürdiges privates Interesse verletzt würde,
3. Vorschriften über die Geheimhaltung oder den Datenschutz entgegenstehen,
4. ihr Umfang das zumutbare Maß überschreitet.

(4) Anordnungen, die einer Behörde Auskünfte an die Presse überhaupt, an diejenige einer bestimmten Richtung oder an ein bestimmtes periodisches Druckwerk allgemein verbieten, sind unzulässig.

(5) Der Verleger einer Zeitung oder Zeitschrift kann von den Behörden verlangen, daß ihm deren amtliche Bekanntmachungen nicht später als seinen Mitbewerbern zur Verwendung zugeleitet werden.

§ 5 Sorgfaltspflicht der Presse

[1]Die Presse hat alle Nachrichten vor ihrer Verbreitung mit der nach den Umständen gebotenen Sorgfalt auf Wahrheit, Inhalt und Herkunft zu prüfen. [2]Die Verpflichtung, Druckwerke von strafbarem Inhalt freizuhalten oder Druckwerke strafbaren Inhalts nicht zu verbreiten (§ 19 Abs. 2), bleibt unberührt. [3]Darüber hinaus trägt die Presse im Rahmen ihrer Berichterstattung besondere Verantwortung für die Privatsphäre der Betroffenen.

§ 6 Druckwerke

(1) Druckwerke im Sinne dieses Gesetzes sind alle mittels der Buchdruckerpresse oder eines sonstigen zur Massenherstellung geeigneten Vervielfältigungsverfahrens hergestellten und zur Verbreitung bestimmten Schriften, besprochenen Tonträger, bildlichen Darstellungen mit und ohne Schrift und Musikalien mit Text oder Erläuterungen.

(2) [1]Zu den Druckwerken gehören auch die vervielfältigten Mitteilungen, mit denen Nachrichtenagenturen, Pressekorrespondenzen und ähnliche Unternehmungen die Presse mit Beiträgen in Wort, Bild oder ähnlicher Weise versorgen. [2]Als Druckwerke gelten ferner die von einem presseredaktionellen Hilfsunternehmen gelieferten Mitteilungen ohne Rücksicht auf die technische Form, in der sie geliefert werden.

(3) Den Bestimmungen dieses Gesetzes über Druckwerke unterliegen nicht

1. amtliche Druckwerke, soweit sie ausschließlich amtliche Mitteilungen enthalten,
2. die nur Zwecken des Gewerbes und Verkehrs, des häuslichen und geselligen Lebens dienenden Druckwerke wie Formulare, Preislisten, Werbedrucksachen, Familienanzeigen, Geschäfts-, Jahres- und Verwaltungsberichte und dergleichen sowie Stimmzettel für Wahlen.

(4) Periodische Druckwerke sind Zeitungen, Zeitschriften und andere in ständiger, wenn auch unregelmäßiger Folge und im Abstand von nicht mehr als sechs Monaten erscheinende Druckwerke.

§ 7 Impressum

(1) Auf jedem im Lande Mecklenburg-Vorpommern erscheinenden Druckwerk müssen Name oder Firma und Anschrift des Druckers und des Verlegers, beim Selbstverlag die des Verfassers oder des Herausgebers genannt sein.

(2) [1]Auf den periodischen Druckwerken sind ferner der Name und die Anschrift des verantwortlichen Redakteurs anzugeben. [2]Sind mehrere Redakteure verantwortlich, so muß das Impressum die in Satz 1 geforderten Angaben für jeden von ihnen enthalten. [3]Hierbei ist kenntlich zu machen, für welchen Teil oder sachlichen Bereich des Druckwerks jeder einzelne verantwortlich ist. [4]Für den Anzeigenteil ist ein Verantwortlicher zu benennen; für diesen gelten die Vorschriften über den verantwortlichen Redakteur entsprechend.

(3) [1]Zeitungen und Anschlußzeitungen, die regelmäßig ganze Seiten des redaktionellen Teils fertig übernehmen, haben im Impressum auch den für den übernommen Teil verantwortlichen Redakteur und den Verleger des anderen Druckwerkes zu benennen. [2]Neben- oder Unterausgaben einer Hauptzeitung, insbesondere Kopfzeitungen, Bezirks- oder Lokalausgaben, müssen im Impressum auch den Verleger und Titel der Hauptzeitung angeben.

(4) [1]Der Verleger eines periodischen Druckwerkes muß in regelmäßigen Zeitabschnitten im Druckwerk offenlegen, wer an der Finanzierung des Unternehmens wirtschaftlich beteiligt ist, und zwar bei Tageszeitungen in der ersten Nummer jedes Kalendervierteljahres, bei anderen periodischen Druckschriften in der ersten Nummer jedes Kalenderjahres. [2]Hierfür ist die Wiedergabe der im Handelsregister eingetragenen Beteiligungsverhältnisse ausreichend.

§ 8 Persönliche Anforderungen an den verantwortlichen Redakteur

(1) Als verantwortlicher Redakteur kann nur tätig sein und beschäftigt werden, wer

1. innerhalb eines Mitgliedstaates der Europäischen Union seinen ständigen Aufenthalt hat,
2. die bürgerlichen Ehrenrechte besitzt und die Fähigkeit, ein öffentliches Amt zu bekleiden, nicht durch richterliche Entscheidung verloren hat,
3. unbeschränkt geschäftsfähig ist,
4. unbeschränkt strafrechtlich verfolgt werden kann.

(2) Die Vorschrift des Absatzes 1 Nr. 3 gilt nicht für Druckwerke, die von Jugendlichen für Jugendliche herausgegeben werden.

§ 9 Kennzeichnung entgeltlicher Veröffentlichungen

Hat der Verleger eines periodischen Druckwerkes für eine Veröffentlichung ein Entgelt erhalten, gefordert oder sich versprechen lassen, so ist diese Veröffentlichung deutlich mit dem Wort „Anzeige" zu bezeichnen, soweit sie nicht schon durch Anordnung und Gestaltung allgemein als Anzeige zu erkennen ist.

§ 10 Gegendarstellungsanspruch

(1) [1]Der verantwortliche Redakteur und der Verleger eines periodischen Druckwerkes sind verpflichtet, eine Gegendarstellung der Person oder Stelle zum Abdruck zu bringen, die durch eine in dem Druckwerk aufgestellte Tatsachenbehauptung betroffen ist. [2]Die Verpflichtung erstreckt sich auf alle Nebenausgaben des Druckwerkes, in denen die Tatsachenbehauptung erschienen ist.

(2) [1]Die Pflicht zum Abdruck einer Gegendarstellung besteht nicht, wenn die Gegendarstellung ihrem Umfang nach nicht angemessen ist. [2]Überschreitet die Gegendarstellung nicht den Umfang des beanstandeten Textes, so gilt sie als angemessen. [3]Die Gegendarstellung muß sich auf tatsächliche Angaben beschränken und darf keinen strafbaren Inhalt haben. [4]Sie bedarf der Schriftform und muß von dem Betroffenen oder seinem gesetzlichen Vertreter unterzeichnet sein. [5]Der Betroffene oder sein Vertreter kann den Abdruck nur verlangen, wenn er die Gegendarstellung unverzüglich, spätestens innerhalb von drei Monaten nach der Veröffentlichung dem verantwortlichen Redakteur oder Verleger zuleitet.

(3) [1]Die Gegendarstellung muß in der nach Empfang der Einsendung nächstfolgenden, für den Druck nicht abgeschlossenen Nummer in dem gleichen Teil des Druckwerkes und mit gleicher Schrift wie der beanstandete Text ohne Einschaltungen und Weglassungen abgedruckt werden. [2]Der Abdruck ist kostenfrei. [3]Wer sich zu der Gegendarstellung in derselben Nummer äußert, muß sich auf tatsächliche Angaben beschränken. [4]Die Gegendarstellung darf nicht in Form eines Leserbriefes erscheinen.

(4) [1]Für die Durchsetzung des Gegendarstellungsanspruches ist der ordentliche Rechtsweg gegeben. [2]Auf Antrag des Betroffenen kann das Gericht anordnen, daß der verantwortliche Redakteur und der Verleger in der Form des Absatzes 3 eine Gegendarstellung veröffentlichen. [3]Auf dieses Verfahren sind die Vorschriften der Zivilprozeßordnung über das Verfahren auf Erlaß einer einstweiligen Verfügung entsprechend anzuwenden. [4]Eine Gefährdung des Anspruchs braucht nicht glaubhaft gemacht zu werden.

(5) Die Absätze 1 bis 4 gelten nicht für wahrheitsgetreue Berichte über öffentliche Sitzungen der gesetzgebenden oder beschließenden Organe des Bundes, der Länder, der Gemeinden (Gemeindeverbände) und der Gerichte.

§ 11 Ablieferungspflicht der Verleger und Drucker

(1) [1]Von jedem Druckwerk, das in Mecklenburg-Vorpommern verlegt wird oder das als Verlagsort einen Ort innerhalb Mecklenburg-Vorpommerns neben einem anderen Ort nennt, hat der Verleger ein Stück binnen eines Monats nach dem Erscheinen kostenfrei an die von der Kultusministerin zu benennenden Stellen abzuliefern (Pflichtexemplare). [2]Satz 1 gilt entsprechend für den Drucker oder sonstigen Hersteller, wenn das Druckwerk keinen Verleger hat.

(2) Die von der Kultusministerin zu benennenden Stellen können auf die Ablieferung solcher Druckwerke verzichten, an deren Sammlung, Inventarisierung und bibliographischer Aufzeichnung kein öffentliches Interesse besteht.

(3) [1]Ist die Auflage eines Druckwerkes nicht höher als 500 Stück und beträgt der Ladenpreis eines Stücks der Auflage mindestens 200 Deutsche Mark, so ist dem Ablieferungspflichtigen abweichend von Absatz 1 die Hälfte des Ladenpreises zu erstatten. [2]Bei Druckwerken, die aus zwei oder mehreren einzeln verkäuflichen Teilen bestehen, ist eine Vergütung für jeden dieser Teile zu leisten, dessen Ladenpreis den angegebenen Betrag übersteigt. [3]Hat das Druckwerk keinen Ladenpreis, so ist das übliche Entgelt für ein Druckwerk dieser Art maßgebend.

(4) [1]Der Anspruch auf Erstattung besteht nur, wenn er spätestens einen Monat nach Ablieferung der Pflichtexemplare schriftlich bei den jeweils von der Kultusministerin zu benennenden Stellen geltend gemacht wird. [2]Er verjährt in zwei Jahren, beginnend mit dem Schluß des Jahres, in dem das Pflichtexemplar abgeliefert worden ist.

(5) Ein Anspruch auf Erstattung besteht nicht, wenn der Ablieferungspflichtige zur Herstellung des Druckwerkes einen Zuschuß aus öffentlichen Mitteln erhalten hat.

(6) Die zur Ausführung der Absätze 1, 2 und 4 erforderlichen Rechts- und Verwaltungsvorschriften erläßt die Kultusministerin.

§ 12 Anordnung der Beschlagnahme

[1]Die Beschlagnahme kann nur der Richter anordnen, unbeschädigt der Bestimmungen der Strafprozeßordnung. [2]Polizei und andere Behörden dürfen ein Druckwerk nur aufgrund einer solchen Anordnung beschlagnahmen. [3]Bei der Beschlagnahme sind die die Beschlagnahme veranlassenden Stellen des Druckwerkes unter Anführung der verletzten Gesetze zu bezeichnen.

§ 13 Voraussetzungen der Beschlagnahme

(1) Die Beschlagnahme eines Druckwerkes darf nur angeordnet werden, wenn

1. seine Herstellung oder Verbreitung als Friedensverrat (§§ 80, 80a), Hochverrat (§§ 81, 82, 83), Gefährdung des demokratischen Rechtsstaates (§§ 86 bis 90b), Landesverrat und Gefährdung der äußeren Sicherheit (§§ 94 bis 97a, 100 a), als Beleidigung (§§ 185 und 187a, 189) oder nach § 30, § 103, § 184 des Strafgesetzbuches mit Strafe bedroht ist und im Falle des § 184 des Strafgesetzbuches sein Inhalt auch das Schamgefühl offensichtlich grob verletzt,
2. dringende Gründe für die Annahme vorliegen, daß das Druckwerk eingezogen oder seine Einziehung vorbehalten (§ 74b Abs. 2 des Strafgesetzbuches) werden wird und
3. in den Fällen, in denen dies zur Strafverfolgung erforderlich ist, der Strafantrag oder die Ermächtigung vorliegen.

(2) Die Beschlagnahme darf nicht angeordnet werden, wenn

1. der mit ihr verfolgte und erreichbare Rechtsschutz deutlich geringer wiegt als ein durch die Beschlagnahme gefährdetes öffentliches Interesse an unverzögerter Unterrichtung durch das Druckwerk oder
2. ohne weiteres ersichtlich ist, daß die nachteiligen Folgen der Beschlagnahme außer Verhältnis zu der Bedeutung der Sache stehen.

§ 14 Umfang der Beschlagnahme

(1) [1]Der Beschlagnahme unterliegen nur die zur Verteilung bestimmten Druckstücke; die Beschlagnahme kann in der Anordnung noch weiter beschränkt werden. [2]Sie kann auf Druckformen, Platten und Matrizen oder entsprechende, den gedanklichen Inhalt der Veröffentlichung tragende Vervielfältigungsmittel ausgedehnt werden. [3]Trennbare Teile, die nichts Strafbares enthalten, sind von der Beschlagnahme auszuschließen.

(2) Die Beschlagnahme kann dadurch abgewendet werden, daß der Betroffene den die Beschlagnahme veranlassenden Teil des Druckwerkes von der Vervielfältigung oder der Verbreitung unverzüglich ausschließt.

§ 15 Verbreitungsverbot für beschlagnahmte Druckwerke

Während der Dauer einer Beschlagnahme ist die Verbreitung des von ihr betroffenen Druckwerkes oder der Wiederabdruck des die Beschlagnahme veranlassenden Teiles dieses Druckwerkes verboten.

§ 16 Aufhebung der Beschlagnahmeanordnung

(1) Die Beschlagnahmeanordnung ist aufzuheben, wenn nicht binnen eines Monats die öffentliche Klage erhoben oder die selbständige Einziehung beantragt ist.

(2) [1]Reicht die in Absatz 1 bezeichnete Frist wegen des Umfangs des Verfahrens oder infolge erheblicher Beweisschwierigkeiten nicht aus, so kann der Staatsanwalt bei dem Gericht beantragen, die Frist um einen Monat zu verlängern. [2]Der Antrag kann einmal wiederholt werden.

(3) [1]Solange weder die öffentliche Klage erhoben noch ein Antrag auf selbständige Einziehung gestellt ist, ist die Beschlagnahmeanordnung aufzuheben, wenn der Staatsanwalt dies beantragt. [2]Gleichzeitig mit dem Antrag tritt das Verbot nach § 15 außer Kraft. [3]Der Staatsanwalt hat die Betroffenen von der Antragstellung zu unterrichten.

§ 17 Entschädigung für fehlerhafte Beschlagnahme

(1) [1]War die Beschlagnahme unzulässig oder erweist sich ihre Anordnung als ungerechtfertigt, so ist dem durch die Beschlagnahme unmittelbar Betroffenen auf Antrag eine angemessene Entschädigung

in Geld zu gewähren. [2]Dies gilt auch, wenn die Beschlagnahmeanordnung fortbesteht, obwohl sie nach § 16 Abs. 1 aufzuheben war.

(2) Der Anspruch kann nur geltend gemacht werden, wenn die Beschlagnahme aufgehoben oder wenn weder im Hauptverfahren noch im Einziehungsverfahren (§§ 440, 441 Abs. 1 bis 3 der Strafprozeßordnung) die Einziehung des Druckwerkes angeordnet oder vorbehalten (§ 74b Abs. 2 des Strafgesetzbuches) worden ist.

(3) [1]Die Entschädigung wird für den durch die Beschlagnahme verursachten Vermögensschaden geleistet. [2]Entschädigungspflichtig ist das Land.

(4) [1]Der Antrag nach Absatz 1 ist binnen drei Monaten nach der Bekanntmachung der in Absatz 2 genannten Entscheidung bei der Staatsanwaltschaft des Landgerichts zu stellen, in dessen Bezirk die Entscheidung ergangen ist. [2]Über den Antrag entscheidet der Minister für Justiz, Bundes- und Europaangelegenheiten. [3]Gegen diesen Bescheid ist binnen einer Ausschlußfrist von sechs Monaten nach Zustellung die Klage zulässig. [4]Das Landgericht ist ohne Rücksicht auf den Wert des Streitgegenstandes ausschließlich zuständig.

§ 18 Beschlagnahme zur Beweissicherung

Auf die Beschlagnahme einzelner Stücke eines Druckwerkes zur Sicherung des Beweises finden die §§ 12 bis 17 keine Anwendung.

§ 18a Verarbeitung personenbezogener Daten durch die Presse

[1]Soweit Unternehmen und Hilfsunternehmen der Presse personenbezogene Daten zu journalistischen oder literarischen Zwecken verarbeiten, ist es den hiermit befassten Personen untersagt, diese personenbezogenen Daten zu anderen Zwecken zu verarbeiten (Datengeheimnis). [2]Diese Personen sind bei der Aufnahme ihrer Tätigkeit auf das Datengeheimnis zu verpflichten. [3]Das Datengeheimnis besteht auch nach Beendigung ihrer Tätigkeit fort. [4]Im Übrigen gelten für die Datenverarbeitung zu journalistischen oder literarischen Zwecken von den Kapiteln II bis VII und IX der Verordnung (EU) 2016/679 des Europäischen Parlaments und des Rates vom 27. April 2016 zum Schutz natürlicher Personen bei der Verarbeitung personenbezogener Daten, zum freien Datenverkehr und zur Aufhebung der Richtlinie 95/46/EG (Datenschutz-Grundverordnung) (ABl. L 119 vom 04.05.2016, S. 1; L 314 vom 22.11.2016, S. 72) nur Artikel 5 Absatz 1 Buchstabe f und Artikel 24 und 32 sowie § 83 des Bundesdatenschutzgesetzes. [5]Artikel 82 der Verordnung (EU) 2016/679 und § 83 des Bundesdatenschutzgesetzes gelten mit der Maßgabe, dass nur für Schäden gehaftet wird, die durch eine Verletzung des Datengeheimnisses nach Satz 1 oder durch unzureichende technische oder organisatorische Maßnahmen nach Artikel 5 Absatz 1 Buchstabe f und Artikel 24 der Verordnung (EU) 2016/679 eintreten.

§ 19 Strafrechtliche Verantwortung

(1) Die Verantwortlichkeit für strafbare Handlungen, die mittels eines Druckwerkes begangen werden, bestimmt sich nach den allgemeinen Strafgesetzen.

(2) Ist durch ein Druckwerk der Tatbestand einer mit Strafe bedrohten Handlung verwirklicht worden, so wird, soweit er nicht wegen dieser Handlung schon nach Absatz 1 als Täter oder Teilnehmer strafbar ist, mit Freiheitsstrafe bis zu einem Jahr oder mit Geldstrafe bestraft

1. bei periodischen Druckwerken der verantwortliche Redakteur, wenn er vorsätzlich oder fahrlässig seine Verpflichtung verletzt hat, Druckwerke von strafbarem Inhalt freizuhalten und die rechtswidrige Tat hierauf beruht,
2. bei sonstigen Druckwerken der Verleger, wenn er vorsätzlich oder fahrlässig seine Aufsichtspflicht verletzt hat und die Verwirklichung des Tatbestandes einer mit Strafe bedrohten Handlung hierauf beruht.

§ 20 Strafbare Verletzung der Presseordnung

Mit Freiheitsstrafe bis zu einem Jahr oder mit Geldstrafe wird bestraft, wer vorsätzlich

1. als Verleger eine Person zum verantwortlichen Redakteur bestellt, die nicht den Anforderungen des § 8 entspricht,
2. als verantwortlicher Redakteur zeichnet, obwohl er die Voraussetzungen des § 8 nicht erfüllt,
3. als verantwortlicher Redakteur oder Verleger – beim Selbstverlag als Verfasser oder Herausgeber – bei einem Druckwerk strafbaren Inhalts den Vorschriften über das Impressum (§ 7) zuwiderhandelt.

§ 21 Ordnungswidrigkeiten

(1) Ordnungswidrig handelt, wer vorsätzlich oder fahrlässig

1. als verantwortlicher Redakteur oder Verleger – beim Selbstverlag als Verfasser oder Herausgeber – den Vorschriften über das Impressum (§ 7) zuwiderhandelt oder als Unternehmer Druckwerke verbreitet, in denen das Impressum ganz oder teilweise fehlt,
2. als Verleger oder als Verantwortlicher für den Anzeigenteil eine Veröffentlichung gegen Entgelt nicht als Anzeige kenntlich macht oder kenntlich machen läßt (§ 9),
3. gegen die Verpflichtung aus § 10 Abs. 3 Satz 3 verstößt,
4. gegen die Verpflichtungen aus § 11 Abs. 1 oder die aufgrund des § 11 Abs. 6 erlassenen Rechtsvorschriften, sofern auf § 21 dieses Gesetzes verwiesen ist, verstößt.

(2) Ordnungswidrig handelt, wer fahrlässig einen der in § 20 genannten Tatbestände verwirklicht.

(3) Die Ordnungswidrigkeit kann mit einer Geldbuße bis zu 50 000 Euro geahndet werden.

(4) [1]Verwaltungsbehörde im Sinne des § 36 Abs. 1 Nr. 1 des Gesetzes über Ordnungswidrigkeiten ist in den Kreisen der Landrat, in den kreisfreien Städten der Oberbürgermeister als Ordnungsbehörde. [2]Sie entscheiden auch über die Abänderung und Aufhebung eines rechtskräftigen, gerichtlich nicht nachgeprüften Bußgeldbescheides (§ 66 Abs. 2 dieses Gesetzes).

(5) [1]Den Verwaltungsbehörden werden die Aufgaben zur Erfüllung nach Weisung übertragen. [2]Die Fachaufsicht wird vom Innenminister ausgeübt.

§ 22 Verjährung

(1) [1]Die Verfolgung von strafbaren Handlungen,

1. die durch die Veröffentlichung oder Verbreitung von Druckwerken strafbaren Inhalts begangen werden oder
2. die in diesem Gesetz sonst mit Strafe bedroht sind,

verjährt bei Verbrechen in einem Jahr, bei Vergehen in sechs Monaten. [2]Bei Vergehen nach §§ 86, 86a, 130, § 131 sowie § 184 Abs. 3 des Strafgesetzbuches gelten die Vorschriften des Strafgesetzbuches über die Verfolgungsverjährung.

(2) Die Verfolgung der in § 21 genannten Ordnungswidrigkeiten verjährt in drei Monaten.

(3) [1]Die Verjährung beginnt mit der Veröffentlichung oder Verbreitung des Druckwerkes. [2]Wird das Druckwerk in Teilen veröffentlicht oder verbreitet oder wird es neu aufgelegt, so beginnt die Verjährung erneut mit der Veröffentlichung oder Verbreitung der weiteren Teile oder Auflagen.

§ 23 Schlußbestimmungen

Dieses Gesetz tritt am Tage nach seiner Verkündung[1)] in Kraft.

1) Verkündet am 16.6.1993.

Register

Die **fetten** Zahlen verweisen auf die laufenden Nummern der Gesetze (vgl. Inhaltsverzeichnis), die **mageren** auf die Artikel, Paragraphen und Nummern.